Veranlagungshandbuch Energie- und Stromsteuer 2014

# Veranlagungshandbuch Energiesteuer 2014

Energiesteuergesetz
Energiesteuer-Durchführungsverordnung
Spitzenausgleich-Effizienzsystemverordnung
Stromsteuergesetz
Stromsteuer-Durchführungsverordnung

Energiewirtschaftsgesetz
Erneuerbare Energien Gesetz
Kraft-Wärme-Kopplungsgesetz

Anlagen
Anhang

Bearbeitet von
Dr. Karen Möhlenkamp
Knut Milewski

Stand: 31. Dezember 2014

2. Auflage

Das Werk einschließlich aller seiner Teile ist urheberrechtlich geschützt. Jede Verwertung außerhalb der engen Grenzen des Urheberrechtsgesetzes ist ohne vorherige schriftliche Einwilligung des Verlages unzulässig und strafbar. Dies gilt insbesondere für Vervielfältigungen, Übersetzungen, Mikroverfilmungen und die Einspeicherung und Verbreitung in elektronischen Systemen. Es wird darauf hingewiesen, dass im Werk verwendete Markennamen und Produktbezeichnungen dem marken-, kennzeichen- oder urheberrechtlichen Schutz unterliegen.

© 2015 IDW Verlag GmbH, Tersteegenstraße 14, 40474 Düsseldorf
Die IDW Verlag GmbH ist ein Unternehmen des Instituts der Wirtschaftsprüfer in Deutschland e.V. (IDW).

Satz: Merlin Digital GmbH, Essen
Druck und Verarbeitung: B.O.S.S Medien GmbH, Goch
PN 51906/0/0   KN 11555

Die Angaben in diesem Werk wurden sorgfältig erstellt und entsprechen dem Wissensstand bei Redaktionsschluss. Da Hinweise und Fakten jedoch dem Wandel der Rechtsprechung und der Gesetzgebung unterliegen, kann für die Richtigkeit und Vollständigkeit der Angaben in diesem Werk keine Haftung übernommen werden. Gleichfalls werden die in diesem Werk abgedruckten Texte und Abbildungen einer üblichen Kontrolle unterzogen; das Auftreten von Druckfehlern kann jedoch gleichwohl nicht völlig ausgeschlossen werden, so dass für aufgrund von Druckfehlern fehlerhafte Texte und Abbildungen ebenfalls keine Haftung übernommen werden kann.

ISBN 978-3-8021-2002-2

Bibliografische Information der Deutschen Bibliothek
Die Deutsche Bibliothek verzeichnet diese Publikation in der Deutschen Nationalbibliografie; detaillierte bibliografische Daten sind im Internet über http://www.d-nb.de abrufbar.

www.idw-verlag.de

# Vorwort

Die vorliegende Sammlung enthält die Rechtsgrundlagen für das Energie- und Stromsteuerrecht sowie eine Auswahl von Vorschriften des Energierechts, die Auswirkungen auf die Kostenstruktur der Energieträger haben, für das Kalenderjahr 2014. Auch Energiemanagementsysteme werden behandelt, sofern sie Voraussetzung für Vergünstigungen sind. Dem Nutzer liegt damit eine Zusammenstellung aller kostenrelevanten Rechtsvorschriften des immer mehr an Bedeutung gewinnenden Energie(steuer)rechts vor. Die systematische Zuordnung der relevanten Normen der Durchführungsverordnung, der einschlägigen Verwaltungsanweisungen sowie der wichtigsten Urteile zu den einzelnen Gesetzesparagrafen ermöglichen auch den nicht so tief mit der Rechtsmaterie Vertrauten eine schnelle Orientierung.

Das Energiesteuergesetz ist abgedruckt in der Fassung der Bekanntmachung der Neufassung vom 15. Juli 2006 (BGBl. I S. 1534; 2008 I S. 1007), zuletzt geändert durch Artikel 11 des Gesetzes vom 18. Juli 2014 (BGBl. I S. 1042) und das Stromsteuergesetz ist in der Fassung vom 24. März 1999 (BGBl. I S. 378; 2000 I S. 147), zuletzt geändert durch Artikel 2 des Gesetzes vom 5. Dezember 2012 (BGBl. I S. 2436, 2725). Beide Normen geben damit den Rechtsstand zum 1. Januar 2015 wieder. Gleiches gilt für das Energiewirtschaftsgesetz, das Erneuerbare Energien Gesetz, das KWK-Gesetz und das Treibhausgasemissionshandelsgesetz.

Den Paragrafen der jeweiligen Gesetze zugeordnet sind die dazugehörigen Vorschriften
- der Verordnung zur Durchführung des Energiesteuergesetzes (Energiesteuer-Durchführungsverordnung – EnergieStV) in der Fassung der Bekanntmachung vom 31. Juli 2007 (BGBl. I S. 1753), zuletzt geändert durch Artikel 1 der Verordnung vom 24. Juli 2013 (BGBl. I S. 2763),
- der Verordnung zur Durchführung des Stromsteuergesetzes (Stromsteuer-Durchführungsverordnung – StromStV) in der Fassung der Bekanntmachung vom 31. Mai 2000 (BGBl. I S. 794), zuletzt geändert durch Artikel 2 der Verordnung vom 24. Juli 2013 (BGBl. I S. 2763),
- die maßgeblichen europarechtlichen Vorgaben wie sie sich aus der Richtlinie 2008/118/EG des Rates vom 16. Dezember 2008 über das allgemeine Verbrauchsteuersystem und zur Aufhebung der Richtlinie 92/12/EWG (ABl. EU 2009 Nr. L 9 S. 12 und aus der Richtlinie 2003/96/EG des Rates vom 27. Oktober 2003 zur Restrukturierung der gemeinschaftlichen Rahmenvorschriften zur Besteuerung von Energieerzeugnissen und elektrischem Strom (ABl. EU Nr. L 283 S. 51),
- Textauszüge der Rechtsvorschriften auf die im Gesetz oder der Durchführungsverordnung verwiesen wird,
- sonstiges Durchführungsbestimmungen wie Nebengesetze, Verordnungen Übersichten über die in den Anlagen zusammengestellten aktuellen Verwaltungsanweisungen sowie
- die wichtigsten Gerichtsentscheidungen mit den entsprechenden Leitsätzen.

In den Anlagen sind die einschlägigen Verwaltungsvorschriften in der Paragrafenfolge des jeweiligen Gesetzes wiedergegeben. Abgedruckt sind über die in den amtlichen Veröffentlichungen aufgeführten Erlasse auch weitere BMF-Erlasse, BMF-Schreiben und Verfügungen der Bundesfinanzdirektion Südwest, als für Verbrauchsteuern zuständige zentrale Facheinheit sowie BAFA-Merkblätter.

Die Verbrauchsteuer-Systemrichtlinie, die Energiesteuer-Richtlinie, die Spitzenausgleich-Effizienzsystemverordnung und die EMCS-EU-Durchführungsverordnung runden den Inhalt ab. Gleiches gilt für die Strombinnenmarktrichtlinie, die Erneuerbare Energien Richtlinie und die diversen EU Rechtsakte zum Emissionshandel sowie deutsches Ausführungsrecht hierzu.

Düsseldorf und Königswinter, im Februar 2015    Dr. Karen Möhlenkamp
                                                Knut Milewski
                                                IDW Verlag

# Inhaltsverzeichnis

|  | Seite |
|---|---|
| Vorwort | V |
| Inhaltsverzeichnis | VII |
| Abkürzungsverzeichnis | XXV |

## Rechtstexte

| | |
|---|---|
| Energiesteuergesetz | 1 |
| Energiesteuer-Durchführungsverordnung | 35 |
| Spitzenausgleich-Effizienzsystemverordnung | 99 |
| Stromsteuergesetz | 107 |
| Stromsteuer-Durchführungsverordnung | 115 |
| Erneuerbare Energien Gesetz | 125 |
| Kraft-Wärme-Kopplungsgesetz | 195 |

## Energiesteuer

### Kapitel 1
### Allgemeine Bestimmungen

| | | | |
|---|---|---|---|
| § 1 | Steuergebiet, Energieerzeugnisse | | 207 |
| | EU-Vorgaben | | 207 |
| | Kombinierte Nomenklatur (Auszug) | | 208 |
| | Branntweinmonopolgesetz (Auszug) | | 212 |
| | Übersicht Verwaltungsregelungen zu § 1 | | 214 |
| | Rechtsprechungsauswahl | | 214 |
| § 1a | Sonstige Begriffsbestimmungen | | 215 |
| | EU-Vorgaben | | 216 |
| | EnergieStV | § 1 | Begriffsbestimmungen | 217 |
| | | § 1a | Zuständiges Hauptzollamt | 219 |
| | | § 1b | Ergänzende Bestimmungen zum Gesetz | 219 |
| | | | Anlage 1a (zu § 94 Abs. 3) Nachweis der Einhaltung von Normen | 220 |
| | Klärschlammverordnung (Auszug) | | 220 |
| | Abfallverzeichnis-Verordnung (Auszug) | | 221 |
| | Akkreditierungsstellengesetz (Auszug) | | 251 |
| | Umweltauditgesetz (Auszug) | | 251 |
| | UAG-Beleihungsverordnung | | 251 |
| | Rechtsprechungsauswahl | | 252 |
| § 2 | Steuertarif | | 253 |
| | EU-Vorgaben | | 254 |
| | EnergieStV | § 1c | Steuertarif für schwefelhaltige Energieerzeugnisse | 257 |
| | | § 2 | Ordnungsgemäße Kennzeichnung | 257 |
| | | § 3 | Antrag auf Zulassung von Kennzeichnungseinrichtungen | 258 |
| | | § 4 | Zulassung von Kennzeichnungseinrichtungen | 258 |
| | | § 5 | Antrag auf Bewilligung des Kennzeichnungsbetriebs | 259 |

| | § 6 | Bewilligung des Kennzeichnungsbetriebs | 259 |
|---|---|---|---|
| | § 7 | Pflichten des Inhabers des Kennzeichnungsbetriebs | 260 |
| | § 8 | Andere Energieerzeugnisse als Gasöle | 260 |
| | § 110 | Normen | 260 |

Anlage 2 (zu § 110 Satz 1 Nr. 7) Verfahren zur Bestimmung des Rotfarbstoffgehalts in leichtem Heizöl oder in Gemischen von leichtem Heizöl mit nicht gekennzeichnetem Gasöl mittels Hochdruckflüssigkeitschromatographie (HPLC-Verfahren) .......... 261

Anlage 3 (zu § 110 Satz 1 Nr. 8) Harmonisiertes Euromarker-Referenzanalyseverfahren der Gemeinschaft zur Ermittlung des Markierstoffs Solvent Yellow 124 in Gasölen .......... 263

Anlage 4 (zu § 110 Satz 1 Nr. 9) Verfahren zur Bestimmung des Farbäquivalents von Kennzeichnungsstoffen .......... 266

Übersicht Verwaltungsregelungen zu § 2 .......... 266

Rechtsprechungsauswahl .......... 267

| § 3 | **Begünstigte Anlagen, Ortsfestigkeit und Nutzungsgrad** | | 268 |
|---|---|---|---|
| | EnergieStV | § 9 | Anmeldung von begünstigten Anlagen | 269 |
| | | § 10 | Anlagenbegriff und Ermittlung der Nutzungsgrade | 269 |
| | | § 11 | Nachweis des Jahresnutzungsgrads | 269 |
| | Rechtsprechungsauswahl | | 270 |
| § 3a | **Sonstige begünstigte Anlagen** | | 271 |
| | EnergieStV | § 11a | Güterumschlag in Seehäfen | 271 |
| | Seeschifffahrtsstraßen-Ordnung (Auszug) | | 271 |

**Kapitel 2**
**Bestimmungen für Energieerzeugnisse außer Kohle und Erdgas**
**Abschnitt 1**
**Steueraussetzung**

| § 4 | **Anwendungsbereich** | | 273 |
|---|---|---|---|
| | EU-Vorgaben | | 273 |
| § 5 | **Steueraussetzungsverfahren** | | 275 |
| | Übersicht Verwaltungsregelungen zu § 5 | | 275 |
| | Rechtsprechungsauswahl | | 275 |
| § 6 | **Herstellungsbetriebe für Energieerzeugnisse** | | 276 |
| | EU-Vorgaben | | 276 |
| | EnergieStV | § 12 | Antrag auf Herstellererlaubnis | 277 |
| | | § 13 | Einrichtung des Herstellungsbetriebs | 278 |
| | | § 14 | Erteilen und Erlöschen der Herstellererlaubnis | 278 |
| | | § 15 | Pflichten des Herstellers, Steueraufsicht | 279 |
| | | § 25 | Anzeichen für eine Gefährdung der Steuer | 280 |
| | Kombinierte Nomenklatur (Auszug) | | 280 |
| | Rechtsprechungsauswahl | | 281 |
| § 7 | **Lager für Energieerzeugnisse** | | 282 |
| | EU-Vorgaben | | 282 |
| | EnergieStV | § 16 | Antrag auf Lagererlaubnis | 283 |
| | | § 17 | Einrichtung des Lagers | 283 |
| | | § 18 | Erteilung und Erlöschen der Lagererlaubnis | 283 |
| | | § 19 | Pflichten des Lagerinhabers, Steueraufsicht | 284 |
| | | § 20 | Lagerbehandlung | 284 |
| | | § 21 | Zugelassener Einlagerer, Erlaubnis und Pflichten | 285 |

| | § 22 | Lager ohne Lagerstätten | 285 |
|---|---|---|---|
| | Erdölbevorratungsgesetz (Auszug) | | 285 |
| | Übersicht Verwaltungsregelungen zu § 7 | | 285 |
| § 8 | **Entstehung der Steuer bei Entnahme in den steuerrechtlich freien Verkehr** | | **286** |
| | EU-Vorgaben | | 287 |
| | EnergieStV § 23 | Entfernung und Entnahme von Energieerzeugnissen | 288 |
| | § 23a | Steueranmeldung | 288 |
| | Übersicht Verwaltungsregelungen zu § 8 | | 288 |
| | Rechtsprechungsauswahl | | 289 |
| § 9 | **Herstellung außerhalb eines Herstellungsbetriebes** | | **290** |
| | EU-Vorgaben | | 290 |
| | EnergieStV § 24 | Herstellung außerhalb des Herstellungsbetriebs | 291 |
| § 9a | **Registrierte Empfänger** | | **292** |
| | EU-Vorgaben | | 292 |
| | EnergieStV § 26 | Registrierter Empfänger | 293 |
| | Übersicht Verwaltungsregelungen zu § 9a | | 293 |
| § 9b | **Registrierte Versender** | | **294** |
| | EnergieStV § 27 | Registrierter Versender | 294 |
| | Zollkodex-Durchführungsverordnung (Auszug) | | 294 |
| | Übersicht Verwaltungsregelungen zu § 9b | | 296 |
| § 9c | **Begünstigte** | | **297** |
| | EU-Vorgaben | | 298 |
| | EnergieStV § 28 | Begünstigte, Freistellungsbescheinigung | 298 |
| | NATO-Truppenstatut (Auszug) | | 298 |
| | Zusatzabkommen zum NATO-Truppenstatut (Auszug) | | 300 |
| | Hauptquartierprotokoll (Auszug) | | 303 |
| | Ergänzungsabkommen zum Hauptquartierprotokoll (Auszug) | | 303 |
| | Offshore-Steuerabkommen (Auszug) | | 304 |
| | Verordnung über die Verbrauchsteuerfreistellungsbescheinigung (Auszug) | | 305 |
| | Umsatzsteuer-Durchführungsverordnung (Auszug) | | 306 |
| | Übersicht Verwaltungsregelungen zu § 9c | | 306 |
| | Rechtsprechungsauswahl | | 306 |
| § 9d | **Beförderungen (Allgemeines)** | | **307** |
| | EU-Vorgaben | | 307 |
| | EnergieStV § 28a | Teilnahme am EDV-gestützten Beförderungs- und Kontrollsystem | 311 |
| | § 28b | Erstellen des elektronischen Verwaltungsdokuments, Mitführen eines Ausdrucks | 311 |
| | § 28c | Unbestimmter Empfänger | 312 |
| | § 29 | Art und Höhe der Sicherheitsleistung | 312 |
| | § 30 | Annullierung des elektronischen Verwaltungsdokuments | 312 |
| | § 31 | Änderung des Bestimmungsorts bei Verwendung des elektronischen Verwaltungsdokuments | 312 |
| | § 32 | Aufteilung von Warensendungen während der Beförderung | 313 |
| | § 33 | Beförderung aus anderen Mitgliedstaaten und Beendigung von Beförderungen unter Steueraussetzung | 314 |
| | § 34 | Eingangs- und Ausfuhrmeldung bei Verwendung des elektronischen Verwaltungsdokuments | 314 |
| | § 36 | Beginn der Beförderung im Ausfallverfahren | 315 |
| | § 36a | Annullierung im Ausfallverfahren | 315 |
| | § 36b | Änderung des Bestimmungsorts im Ausfallverfahren | 316 |

|  |  |  |  |
|---|---|---|---|
| | § 36c | Eingangs- und Ausfuhrmeldung im Ausfallverfahren | 316 |
| | § 36d | Eingangs- und Ausfuhrmeldung im Ausfallverfahren | 316 |
| | § 37 | Ersatznachweise für die Beendigung der Beförderung | 317 |

Übersicht Verwaltungsregelungen zu § 9d ................................. 317
Rechtsprechungsauswahl ....................................................... 317

**§ 10 Beförderungen im Steuergebiet** .............................................. 319
    EU-Vorgaben ....................................................................... 319
    EnergieStV § 35  Beförderung im Steuergebiet ohne elektronisches Verwaltungsdokument ........................................................................... 320

**§ 11 Beförderungen aus anderen und in andere Mitgliedstaaten** .......... 321
    EU-Vorgaben ....................................................................... 321

**§ 12 (weggefallen)** ................................................................. 324

**§ 13 Ausfuhr** ....................................................................... 325
    Übersicht Verwaltungsregelungen zu § 13 ................................. 325

**§ 14 Unregelmäßigkeiten während der Beförderung** ....................... 326
    EU-Vorgaben ....................................................................... 327
    EnergieStV § 37a  Unregelmäßigkeiten während der Beförderung unter Steueraussetzung ................................................................................ 328
    Übersicht Verwaltungsregelungen zu § 14 ................................. 329

**Abschnitt 2**
**Verbringen von Energieerzeugnissen des steuerrechtlich freien Verkehrs**

**§ 15 Verbringen zu gewerblichen Zwecken** ..................................... 330
    EU-Vorgaben ....................................................................... 330
    EnergieStV § 38  Anzeige und Zulassung ....................................... 332
               § 39  Beförderung ....................................................... 332
               § 40  Pflichten des Anzeigepflichtigen, Steueraufsicht ........... 332
               § 41  Hauptbehälter ..................................................... 333
               § 44  Verbringen von Energieerzeugnissen des steuerrechtlich freien Verkehrs zu gewerblichen Zwecken in andere Mitgliedstaaten ........ 333
               § 45  Beförderungen von Energieerzeugnissen des steuerrechtlich freien Verkehrs durch einen anderen Mitgliedstaat ................... 333
    Übersicht Verwaltungsregelungen zu § 15 ................................. 333
    Rechtsprechungsauswahl ....................................................... 334

**§ 16 Verbringen zu privaten Zwecken** ........................................... 335
    EU-Vorgaben ....................................................................... 335
    Rechtsprechungsauswahl ....................................................... 336

**§ 17 Entnahme aus Hauptbehältern** ............................................. 337
    EU-Vorgaben ....................................................................... 337
    EnergieStV § 60  Schiff- und Luftfahrt ........................................ 337
               § 61  Versteuerung von Energieerzeugnissen in Wasserfahrzeugen ...... 339
    Bundeswasserstraßengesetz (Auszug) ...................................... 339
    Seeschifffahrtsstraßen-Ordnung (Auszug) ................................. 340
    Verordnung zur Einführung der Schiffahrtsordnung Emsmündung (Auszug) ... 341
    Hafenverkehrs- und Schifffahrtgesetz (Auszug) ........................... 341
    Rechtsprechungsauswahl ....................................................... 342

**§ 18 Versandhandel** ............................................................... 343
    EU-Vorgaben ....................................................................... 343
    EnergieStV § 42  Versandhandel, Beauftragter ............................... 344

**§ 18a Unregelmäßigkeiten während der Beförderung im steuerrechtlich freien Verkehr** .. 345

|  |  |  |  |
|---|---|---|---|
| | EU-Vorgaben | | 345 |
| | EnergieStV § 42a | Unregelmäßigkeiten während der Beförderung von Energieerzeugnissen des steuerrechtlich freien Verkehrs anderer Mitgliedstaaten. . | 346 |

**Abschnitt 2a**
**Einfuhr von Energieerzeugnissen aus Drittländern oder Drittgebieten**

|  |  |  |  |
|---|---|---|---|
| § 19 | Einfuhr | | 347 |
| | EU-Vorgaben | | 347 |
| | EnergieStV § 43 | Einfuhr von Energieerzeugnissen aus Drittländern und Drittgebieten | 348 |
| | Zollkodex (Auszug) | | 348 |
| | Truppenzollgesetz (Auszug) | | 348 |
| | Übersicht Verwaltungsregelungen zu § 19 | | 348 |
| § 19a | Unregelmäßigkeiten im zollrechtlichen Nichterhebungsverfahren | | 349 |
| | Zollkodex (Auszug) | | 349 |
| | Rechtsprechungsauswahl | | 349 |
| § 19b | Steuerentstehung, Steuerschuldner | | 350 |
| | EU-Vorgaben | | 350 |
| | Zollkodex (Auszug) | | 351 |
| | Rechtsprechungsauswahl | | 352 |

**Abschnitt 3**
**Steuerrechtlich freier Verkehr in sonstigen Fällen**

|  |  |  |  |
|---|---|---|---|
| § 20 | Differenzversteuerung | | 353 |
| § 21 | Entstehung der Steuer für gekennzeichnete Energieerzeugnisse | | 354 |
| | EnergieStV § 46 | Verkehrs-, Verbringungs- und Verwendungsbeschränkungen | 354 |
| | § 47 | Vermischungen in Kennzeichnungs- und anderen Betrieben | 354 |
| | § 48 | Vermischungen bei der Abgabe aus Transportmittel | 358 |
| | § 49 | Spülvorgänge und sonstige Vermischungen | 359 |
| | Übersicht Verwaltungsregelungen zu § 21 | | 359 |
| | Rechtsprechungsauswahl | | 359 |
| § 22 | Entstehung der Steuer für Energieerzeugnisse im Sinn des § 4, Auffangtatbestand. . | | 357 |
| | EU-Vorgaben | | 357 |
| § 23 | Entstehung der Steuer für sonstige Energieerzeugnisse | | 359 |
| | EU-Vorgaben | | 359 |
| | EnergieStV § 49a | Abgabe von sonstigen Energieerzeugnissen | 360 |
| | § 50 | Anzeige | 361 |
| | § 51 | Pflichten, Steueraufsicht | 361 |

**Abschnitt 4**
**Steuerbefreiungen**

|  |  |  |  |
|---|---|---|---|
| § 24 | Begriffsbestimmungen, Erlaubnis | | 362 |
| | EU-Vorgaben | | 362 |
| | EnergieStV § 52 | Antrag auf Erlaubnis als Verwender oder Verteiler | 363 |
| | § 53 | Erteilung der Erlaubnis | 364 |
| | § 54 | Erlöschen der Erlaubnis | 364 |
| | § 55 | Allgemeine Erlaubnis | 365 |
| | § 56 | Pflichten des Erlaubnisinhabers, Steueraufsicht | 365 |
| | § 57 | Bezug und Abgabe von steuerfreien Energieerzeugnissen | 366 |
| | Anlage 1 (zu den §§ 55, 74 und 84a) Verzicht auf förmliche Einzelerlaubnis | | 367 |
| | Zollkodex-Durchführungsverordnung a.F. (Auszug) | | 371 |

| | Rechtsprechungsauswahl | 372 |
|---|---|---|
| § 25 | **Steuerbefreiung für Verwendungen zu anderen Zwecken** | 374 |
| | EnergieStV § 58 Verwendung zu anderen Zwecken | 374 |
| | Rechtsprechungsauswahl | 374 |
| § 26 | **Steuerbefreiung, Eigenverbrauch** | 375 |
| | EU-Vorgaben | 375 |
| | EnergieStV § 59 Eigenverbrauch | 376 |
| | Übersicht Verwaltungsregelungen zu § 26 | 377 |
| | Rechtsprechungsauswahl | 377 |
| § 27 | **Steuerbefreiung, Schiff- und Luftfahrt** | 378 |
| | EU-Vorgaben | 378 |
| | Übersicht Verwaltungsregelungen zu § 27 | 380 |
| | Rechtsprechungsauswahl | 380 |
| § 28 | **Steuerbefreiung für gasförmige Energieerzeugnisse** | 382 |
| | EU-Vorgaben | 382 |
| § 29 | **(weggefallen)** | 384 |
| § 30 | **Zweckwidrigkeit** | 385 |
| | Rechtsprechungsauswahl | 385 |

## Kapitel 3
## Bestimmungen für Kohle

| | | |
|---|---|---|
| § 31 | **Begriffsbestimmungen, Anmeldung, Erlaubnis** | 386 |
| | EnergieStV § 62 Anmeldung des Kohlebetriebs | 386 |
| | § 63 Einrichtung des Kohlebetriebs | 386 |
| | § 64 Pflichten des Betriebsinhabers | 387 |
| | § 65 Antrag auf Erlaubnis für Kohlebetriebe und Kohlelieferer | 387 |
| | § 66 Erteilen und Erlöschen der Erlaubnis | 387 |
| | § 67 Pflichten des Erlaubnisinhabers | 388 |
| | § 68 Bezug und Lagerung von unversteuerter Kohle | 388 |
| | § 69 Lieferung von unversteuerter Kohle | 388 |
| | Übersicht Verwaltungsregelungen zu § 31 | 389 |
| § 32 | **Entstehung der Steuer** | 390 |
| | EU-Vorgaben | 390 |
| § 33 | **Steueranmeldung, Fälligkeit** | 392 |
| § 34 | **Verbringen in das Steuergebiet** | 393 |
| | EnergieStV § 70 Verbringen von Kohle in das Steuergebiet | 393 |
| § 35 | **Einfuhr** | 394 |
| | EnergieStV § 71 Einfuhr von Kohle | 394 |
| § 36 | **Steuerentstehung, Auffangtatbestand** | 395 |
| § 37 | **Steuerbefreiung, Erlaubnis, Zweckwidrigkeit** | 396 |
| | EU-Vorgaben | 396 |
| | EnergieStV § 72 Antrag auf Erlaubnis als Kohleverwender | 397 |
| | § 73 Erteilung und Erlöschen der Erlaubnis | 398 |
| | § 74 Allgemeine Erlaubnis | 398 |
| | § 75 Pflichten des Erlaubnisinhabers | 398 |
| | § 76 Bezug und Lagerung von steuerfreier Kohle | 399 |
| | § 77 Eigenverbrauch | 399 |
| | Anlage I Nr. 8 und 9 | 399 |

## Kapitel 4
## Bestimmungen für Erdgas

| | | | |
|---|---|---|---|
| § 38 | **Entstehung der Steuer** | | 401 |
| | EU-Vorgaben | | 401 |
| | EnergieStV § 78 | Anmeldung für Lieferer, Entnehmer und Bezieher von Erdgas | 402 |
| | § 79 | Pflichten | 402 |
| | Übersicht Verwaltungsregelungen zu § 38 | | 403 |
| | Rechtsprechungsauswahl | | 403 |
| § 39 | **Steueranmeldung, Fälligkeit** | | 404 |
| | EnergieStV § 80 | Vorauszahlungen | 405 |
| § 40 | **Nicht leitungsgebundenes Verbringen** | | 406 |
| | EU-Vorgaben | | 406 |
| | EnergieStV § 81 | Nicht leitungsgebundenes Verbringen | 406 |
| § 41 | **Nicht leitungsgebundene Einfuhr** | | 407 |
| | EnergieStV § 82 | Nicht leitungsgebundene Einfuhr | 407 |
| § 42 | **Differenzversteuerung** | | 408 |
| | Übersicht Verwaltungsregelungen zu § 42 | | 408 |
| § 43 | **Steuerentstehung, Auffangtatbestand** | | 409 |
| § 44 | **Steuerbefreiung, Erlaubnis, Zweckwidrigkeit** | | 410 |
| | EU-Vorgaben | | 410 |
| | EnergieStV § 83 | Antrag auf Erlaubnis als Erdgasverwender oder als Erdgasverteiler | 411 |
| | § 84 | Erteilung und Erlöschen der Erlaubnis | 411 |
| | § 84a | Allgemeine Erlaubnis | 411 |
| | § 85 | Pflichten des Erlaubnisinhabers | 411 |
| | § 86 | Eigenverbrauch | 412 |

## Kapitel 5
## Steuerentlastungen

| | | | |
|---|---|---|---|
| § 45 | **Begriffsbestimmung** | | 413 |
| | Rechtsprechungsauswahl | | 413 |
| § 46 | **Steuerentlastung beim Verbringen aus dem Steuergebiet** | | 414 |
| | EU-Vorgaben | | 414 |
| | EnergieStV § 87 | Steuerentlastung beim Verbringen aus dem Steuergebiet | 415 |
| | Übersicht Verwaltungsregelungen zu § 46 | | 416 |
| § 47 | **Steuerentlastung bei Aufnahme in Betriebe und bei steuerfreien Zwecken** | | 417 |
| | EnergieStV § 88 | Steuerentlastung bei Aufnahme in Steuerlager | 417 |
| | § 89 | Steuerentlastung für Kohlenwasserstoffanteile | 418 |
| | § 90 | Steuerentlastung bei steuerfreien Zwecken | 418 |
| | § 91 | Steuerentlastung für Kohle | 419 |
| | § 91a | Steuerentlastung für Erdgas bei Einspeisung | 419 |
| | Rechtsprechungsauswahl | | 420 |
| § 48 | **Steuerentlastung bei Vermischungen von gekennzeichnetem mit anderen Gasölen** | | 421 |
| | EnergieStV § 92 | Steuerentlastung bei Spülvorgängen und versehentlichen Vermischungen | 421 |
| | Übersicht Verwaltungsregelungen zu § 48 | | 421 |
| | Rechtsprechungsauswahl | | 422 |
| § 49 | **Steuerentlastung für zum Verheizen oder in begünstigten Anlagen verwendete Energieerzeugnisse** | | 423 |
| | EU-Vorgaben | | 423 |

|  |  |  |
|---|---|---|
| | EnergieStV § 93 Steuerentlastung für zum Verheizen oder in begünstigten Anlagen verwendete Energieerzeugnisse | 423 |
| | Rechtsprechungsauswahl | 424 |
| § 50 | **Steuerentlastung für Biokraftstoffe** | 425 |
| | EU-Vorgaben | 427 |
| | EnergieStV § 94 Steuerentlastung für Biokraft- und Bioheizstoffe | 427 |
| | Anlage 1a | 428 |
| | § 37a Bundes-Immissionsschutzgesetz | 429 |
| | § 37d Bundes-Immissionsschutzgesetz | 430 |
| | Übersicht Verwaltungsregelungen zu § 50 | 431 |
| | Rechtsprechungsauswahl | 431 |
| § 51 | **Steuerentlastung für bestimmte Prozess und Verfahren** | 435 |
| | EU-Vorgaben | 435 |
| | EnergieStV § 95 Steuerentlastung für bestimmte Prozesse und Verfahren | 436 |
| | Übersicht Verwaltungsregelungen zu § 51 | 437 |
| | Rechtsprechungsauswahl | 437 |
| § 52 | **Steuerentlastung für die Schiff- und Luftfahrt** | 440 |
| | EU-Vorgaben | 440 |
| | EnergieStV § 96 Steuerentlastung für die Schifffahrt | 441 |
| | § 97 Steuerentlastung für die Luftfahrt | 441 |
| | Übersicht Verwaltungsregelungen zu § 52 | 442 |
| | Rechtsprechungsauswahl | 442 |
| § 53 | **Steuerentlastung für die Stromerzeugung in Anlagen mit einer elektrischen Nennleistung von mehr als zwei Megawatt** | 445 |
| | EU-Vorgaben | 445 |
| | EnergieStV § 98 Steuerentlastung für die Stromerzeugung und die gekoppelte Erzeugung von Kraft und Wärme, Allgemeines | 446 |
| | § 99 Steuerentlastung für die Stromerzeugung | 446 |
| | Übersicht Verwaltungsregelungen zu § 53 | 447 |
| | Rechtsprechungsauswahl | 447 |
| § 53a | **Vollständige Steuerentlastung für die gekoppelte Erzeugung von Kraft und Wärme** | 449 |
| | EU-Vorgaben | 450 |
| | EnergieStV § 99a Vollständige Steuerentlastung für die gekoppelte Erzeugung von Kraft und Wärme | 450 |
| | § 99b Nachweis der Hocheffizienz | 451 |
| | § 99c Betriebsgewöhnliche Nutzungsdauer | 451 |
| | § 7 EStG | 452 |
| | Übersicht Verwaltungsregelungen zu § 53a | 454 |
| § 53b | **Teilweise Steuerentlastung für die gekoppelte Erzeugung von Kraft und Wärme** | 455 |
| | EnergieStV § 99d teilweise Steuerentlastung für die gekoppelte Erzeugung von Kraft und Wärme | 456 |
| § 54 | **Steuerentlastung für Unternehmen** | 458 |
| | EU-Vorgaben | 458 |
| | EnergieStV § 100 Steuerentlastung für Unternehmen | 459 |
| | § 100a Verwendung von Wärme durch andere Unternehmen | 460 |
| § 55 | **Steuerentlastung für Unternehmen in Sonderfällen** | 461 |
| | Anlage zu § 55 | 463 |
| | EU-Vorgaben | 464 |
| | EnergieStV § 101 Steuerentlastung für Unternehmen in Sonderfällen | 465 |
| | Übersicht Verwaltungsregelungen zu § 55 EnergieStG | 466 |

| § 56 | Steuerentlastung für den Öffentlichen Personennahverkehr | 467 |
|---|---|---|
| | EU-Vorgaben | 467 |
| | EnergieStV § 102 Steuerentlastung für den Öffentlichen Personennahverkehr | 467 |
| | § 102a Steuerentlastung für den Öffentlichen Personennahverkehr mit Schienenbahnen | 468 |
| | § 102b Steuerentlastung für den Öffentlichen Personennahverkehr mit Kraftfahrzeugen | 469 |
| | §§ 42 und 43 Personenbeförderungsgesetz | 471 |
| | § 1 Freistellungs-Verordnung | 471 |
| | Übersicht Verwaltungsregelungen zu § 56 | 472 |
| | Rechtsprechungsauswahl | 472 |
| § 57 | Steuerentlastung für Betriebe der Land- und Forstwirtschaft | 473 |
| | EU-Vorgaben | 475 |
| | EnergieStV § 103 Steuerentlastung für Betriebe der Land- und Forstwirtschaft | 475 |
| | Flurbereinigungsgesetz (Auszug) | 476 |
| | Übersicht Verwaltungsregelungen zu § 57 | 476 |
| § 58 | (weggefallen) | 477 |
| § 59 | Steuerentlastung für Diplomatenbenzin und -dieselkraftstoff | 478 |
| | EU-Vorgaben | 478 |
| | EnergieStV § 104 Steuerentlastung für Diplomatenbenzin und dieselkraftstoff | 479 |
| | Übersicht Verwaltungsregelungen zu § 59 | 479 |
| § 60 | Steuerentlastung bei Zahlungsausfall | 480 |
| | Übersicht Verwaltungsregelungen zu § 60 | 480 |
| | Rechtsprechungsauswahl | 480 |

**Kapitel 6**
**Schlussbestimmungen**

| § 61 | Steueraufsicht | 483 |
|---|---|---|
| | EnergieStV § 106 Steueraufsicht, Pflichten | 483 |
| § 62 | Steuerliche Betriebsleiter, Steuerhilfspersonen | 484 |
| § 63 | Geschäftsstatistik | 485 |
| § 64 | Bußgeldvorschriften | 486 |
| | EnergieStV § 111 Ordnungswidrigkeiten | 486 |
| | Abgabenordnung (Auszug) | 488 |
| § 65 | Sicherstellung | 489 |
| | EnergieStV § 108 Kontrolle, Sicherstellung | 489 |
| | Abgabenordnung (Auszug) | 489 |
| § 66 | Ermächtigungen | 491 |
| | EnergieStV § 105 Steuerbegünstigung für Pilotprojekte | 497 |
| | § 105a Steuerentlastung für ausländische Streitkräfte und Hauptquartiere | 497 |
| | § 106 Steueraufsicht, Pflichten | 498 |
| | § 107 Hinweispflichten bei Abgabe von Energieerzeugnissen | 498 |
| | § 108 Kontrollen, Sicherstellung | 498 |
| | § 109 Vermischungen von versteuerten Energieerzeugnissen | 499 |
| | § 110 Normen | 499 |
| | Übersicht Verwaltungsregelungen zu § 66 | 500 |
| | Rechtsprechungsauswahl | 501 |
| § 66a | Gebühren und Auslagen; Verordnungsermächtigung | 502 |
| § 66b | Ermächtigung zu § 55 Abs. 4, 5 und 8 | 503 |
| § 67 | Anwendungsvorschriften | 504 |

XV

| | | | EnergieStV § 112 Übergangsregelung | 505 |

# Stromsteuer

| | | | | |
|---|---|---|---|---|
| § 1 | Steuergegenstand, Steuergebiet | | | 507 |
| | EU-Vorgaben | | | 507 |
| | Kombinierte Nomenklatur (Auszug) | | | 508 |
| § 2 | Begriffsbestimmungen | | | 509 |
| | StromStV | § 1 | Zuständiges Hauptzollamt | 509 |
| | | § 1a | Versorger | 509 |
| | | § 1b | Strom aus erneuerbaren Energieträgern | 510 |
| | | § 15 | Zuordnung von Unternehmen | 510 |
| | Biomasseverordnung (Auszug) | | | 511 |
| | Umsatzsteuergesetz (Auszug) | | | 512 |
| | Übersicht Verwaltungsregelungen zu § 2 | | | 513 |
| | Rechtsprechungsauswahl | | | 513 |
| § 3 | Steuertarif | | | 516 |
| | EU-Vorgaben | | | 516 |
| § 4 | Erlaubnis | | | 517 |
| | StromStV | § 2 | Antrag auf Erlaubnis | 517 |
| | | § 3 | Erteilung der Erlaubnis | 517 |
| | | § 4 | Pflichten des Versorgers, Eigenerzeugers oder erlaubnispflichtigen Letztverbrauchers | 518 |
| | Übersicht Verwaltungsregelungen zu § 4 | | | 518 |
| | Rechtsprechungsauswahl | | | 518 |
| § 5 | Entstehung der Steuer, Steuerschuldner | | | 519 |
| | EU-Vorgaben | | | 519 |
| | Übersicht Verwaltungsregelungen zu § 5 | | | 520 |
| | Rechtsprechungsauswahl | | | 520 |
| § 6 | Widerrechtliche Entnahme von Strom | | | 521 |
| § 7 | Leistung von Strom in das Steuergebiet | | | 522 |
| § 8 | Steueranmeldung, Fälligkeit der Steuer | | | 523 |
| | StromStV | § 5 | Anmeldung der Steuer | 524 |
| | | § 6 | Vorauszahlungen | 524 |
| | | § 7 | Mengenermittlung | 524 |
| § 9 | Steuerbefreiung, Steuerermäßigung | | | 525 |
| | StromStV | § 8 | Antrag auf Erteilung einer Erlaubnis zur steuerbegünstigten Entnahme | 526 |
| | | § 9 | Erteilung der Erlaubnis | 526 |
| | | § 10 | Allgemeine Erlaubnis | 526 |
| | | § 11 | Pflichten des Erlaubnisinhabers | 526 |
| | | § 12 | Strom zur Stromerzeugung | 527 |
| | | § 12a | Stromsteuerentlastung für Strom zur Stromerzeugung | 527 |
| | | § 12b | Anlage zur Stromerzeugung und elektrische Nennleistung | 527 |
| | | § 13 | Verkehr mit Oberleitungsomnibussen oder Schienenbahnen | 528 |
| | | § 13a | Differenzversteuerung | 528 |
| | | § 14 | Wasserfahrzeuge und Schifffahrt | 529 |
| | | § 14a | Steuerentlastung für die Landstromversorgung | 529 |

|  |  |  |  | |
|---|---|---|---|---|
|  | Übersicht Verwaltungsregelungen zu § 9 | | | 530 |
|  | Rechtsprechungsauswahl | | | 530 |
| § 9a | Erlass, Erstattung oder Vergütung der Steuer für bestimmt Prozesse und Verfahren | | | 534 |
|  | EU-Vorgaben | | | 534 |
|  | StromStV | § 15 | Zuordnung von Unternehmen | 535 |
|  |  | § 17a | Erlass, Erstattung oder Vergütung der Steuer für bestimmt Prozesse und Verfahren | 536 |
|  | Rechtsprechungsauswahl | | | 537 |
| § 9b | Steuerentlastung für Unternehmen | | | 538 |
|  | StromStV | § 17b | Steuerentlastung für Unternehmen | 538 |
|  |  | § 17c | Verwendung von Nutzenergie durch andere Unternehmen | 539 |
|  | Rechtsprechungsauswahl | | | 539 |
| § 10 | Erlass, Erstattung oder Vergütung in Sonderfällen | | | 541 |
|  | StromStV | § 18 | Begriffsbestimmungen | 543 |
|  |  | § 19 | Erlass, Erstattung oder Vergütung der Steuer in Sonderfällen | 543 |
|  |  | § 21 | Übergangsregelung | 544 |
|  | Übersicht Verwaltungsregelungen zu § 10 | | | 544 |
|  | Rechtsprechungsauswahl | | | 545 |
| § 11 | Ermächtigungen | | | 547 |
|  | StromStV | § 20 | Ordnungswidrigkeiten | 548 |
| § 12 | Ermächtigung zu § 10 Absatz 3, 4 und 7 | | | 549 |
| § 13 | Erlaß von Rechtsverordnungen, Verwaltungsvorschriften | | | 550 |
| § 14 | Anwendungsvorschriften | | | 551 |

# Energierecht

## Kapitel 1
### Energiewirtschaft
### Energiewirtschaftsgesetz

|  |  |  |
|---|---|---|
| § 6 | Anwendungsbereich und Ziel der Entflechtung | 553 |
|  | Rechtsprechungsauswahl | 553 |
| § 21a | Regulierungsvorgaben für Anreize für eine effiziente Leistungserbringung | 557 |
|  | Übersicht Verwaltungsregelungen zu § 21a | 559 |
|  | Rechtsprechungsauswahl | 559 |
| § 42 | Stromkennzeichnung, Transparenz der Stromrechnungen, Verordnungsermächtigung | 574 |
|  | Rechtsprechungsauswahl | 576 |

### Stromnetzentgeltverordnung

|  |  |  |
|---|---|---|
| § 19 | Sonderformen der Netznutzung | 578 |
|  | Übersicht Verwaltungsregelungen zu § 19 StromNEV | 579 |
|  | Rechtsprechungsauswahl | 579 |

### Kapitel 2
### Erneuerbare Energien (EEG)

|  |  |  |
|---|---|---|
| § 60 | EEG-Umlage für Elektrizitätsversorgungsunternehmen | 582 |
|  | Rechtsprechungsauswahl | 583 |
| § 61 | EEG-Umlage für Letztverbraucher und Eigenversorger | 584 |
| § 37 | Vermarktung und EEG-Umlage | 586 |

|  |  |  |
|---|---|---|
|  | Rechtsprechungsauswahl | 586 |
| § 64 | **Stromkostenintensive Unternehmen** | 589 |
|  | Übersicht Verwaltungsregelungen zu § 64 | 591 |
| § 41 | **Unternehmen des Produzierenden Gewerbes** | 592 |
|  | Rechtsprechungsauswahl | 593 |
| § 65 | **Schienenbahnen** | 595 |
| § 42 | **Schienenbahnen** | 596 |
| § 66 | **Antragstellung und Entscheidungswirkung** | 597 |
| § 43 | **Antragsfrist und Entscheidungswirkung** | 598 |
|  | Rechtsprechungsauswahl | 598 |

**Kapitel 3**
**Emissionshandelsrecht Treibhausemissionshandelsgesetz (TEHG)**

|  |  |  |
|---|---|---|
| § 1 | **Zweck des Gesetzes** | 599 |
|  | Rechtsprechungsauswahl | 599 |
| § 2 | **Anwendungsbereich** | 600 |
|  | Rechtsprechungsauswahl | 601 |
| § 3 | **Begriffsbestimmungen** | 602 |
|  | Rechtsprechungsauswahl | 603 |
| § 4 | **Emissionsgenehmigung** | 604 |
|  | Rechtsprechungsauswahl | 604 |
| § 6 | **Überwachungsplan** | 606 |
|  | Rechtsprechungsauswahl | 606 |
| § 9 | **Zuteilung von kostenlosen Berechtigungen an Anlagenbetreiber** | 607 |
|  | Rechtsprechungsauswahl | 607 |
| § 10 | **Rechtsverordnung über Zuteilungsregeln** | 608 |
|  | Rechtsprechungsauswahl | 608 |

**Zuteilungsgesetz 2007 (ZuG 2007)**

|  |  |  |
|---|---|---|
| § 7 | **Zuteilung für bestehende Anlagen auf Basis historischer Emissionen** | 610 |
|  | Rechtsprechungsauswahl | 612 |
| § 13 | **Prozessbedingte Emission** | 613 |
|  | Rechtsprechungsauswahl | 613 |

**Zuteilungsgesetz 2012 (ZuG 2012)**

|  |  |  |
|---|---|---|
| § 3 | **Begriffsbestimmungen** | 614 |
|  | Rechtsprechungsauswahl | 614 |
| § 4 | **Nationale Emissionsziele** | 615 |
|  | Rechtsprechungsauswahl | 615 |
| § 12 | **Besondere Härtefallregelung** | 616 |
|  | Rechtsprechungsauswahl | 616 |

**Projektmechanismengesetz (ProMechG)**

|  |  |  |
|---|---|---|
| § 5 | **Zustimmung und Registrierung** | 617 |
|  | Rechtsprechungsauswahl | 618 |

**Kapitel 4**
**Kraft Wärme Kopplung**

|  |  |  |
|---|---|---|
| § 1 | **Zweck des Gesetzes** | 619 |
|  | Übersicht Verwaltungsregelungen zu § 1 | 619 |
| § 2 | **Anwendungsbereich** | 620 |

|  |  |  |
|---|---|---|
| | Rechtsprechungsauswahl | 620 |
| § 3 | **Begriffsbestimmungen** | 622 |
| | Rechtsprechungsauswahl | 623 |
| § 4 | **Anschluss-, Abnahme- und Vergütungspflicht** | 625 |
| | Rechtsprechungsauswahl | 628 |
| § 5 | **Kategorien der zuschlagsberechtigten KWK-Anlagen** | 629 |
| | Übersicht Verwaltungsregelungen zu § 5 | 629 |
| § 9 | **Belastungsausgleich** | 630 |
| | Rechtsprechungsauswahl | 630 |

## Anlagen Energiesteuergesetz

| Anlage | Inhalt | Seite |
|---|---|---|
| § 001-01 | Verordnung zur Änderung der Energiesteuer- und der Stromsteuer-Durchführungsverordnung; Umsetzung der Änderungen | 633 |
| § 001-02 | Besteuerung von Abfällen | 636 |
| § 001-03 | Anmerkungen zu den Kapiteln der Kombinierten Nomenklatur | 637 |
| § 002-01 | Dienstvorschrift Energiesteuer – zu den §§ 2, 3, 37, 53, 53a sowie 53b EnergieStG und den §§ 1, 1b, 9 bis 11 und 98 bis 99d EnergieStV; Energiesteuerrechtliche Behandlung von Energieerzeugungsanlagen | 648 |
| § 002-02 | Dienstvorschrift zur energiesteuerrechtlichen Behandlung des Güterumschlages in Seehäfen nach den §§ 2 und 3a Energiesteuergesetz (EnergieStG) | 691 |
| § 002-03 | Kennzeichnung leichten Heizöls; Verwaltungsvorschrift zur Heizölkennzeichnung (VwV Heizölkennzeichnung) | 695 |
| § 002-04 | Kennzeichnung leichten Heizöls; Merkblatt für die Prüfung von Zulassungs- und Bewilligungsanträgen für die Kennzeichnung von Gasöl nach der Energiesteuer-Durchführungsverordnung (EnergieStV) und für die Überwachung der Kennzeichnung von leichtem Heizöl (Merkblatt Heizölkennzeichnung) | 706 |
| § 002-05 | Anlage 2 zum Merkblatt Heizölkennzeichnung | 715 |
| § 005-01 | Verwaltungsvorschrift Steueraussetzung | 717 |
| § 005-02 | Empfehlung der Kommission über Leitlinien für die Zulassung von Lagerinhabern gemäß Richtlinie 92/12/EWG des Rates in Bezug auf verbrauchsteuerpflichtige Waren | 743 |
| § 007-01 | Dienstvorschrift Energiesteuer – zu § 7 EnergieStG (Energiesteuerlager, Lager ohne Lagerstätten und zugelassener Einlagerer – DV Steuerlager) | 747 |
| § 008-01 | Abgabe steuerfreier Energieerzeugnisse im Streckengeschäft | 754 |
| § 009a-01 | Dienstvorschrift Energiesteuer – zu den §§ 9a bis 14 EnergieStG und den §§ 26 bis 37a EnergieStV (Steueraussetzung; Ergänzende Regelungen für Energieerzeugnisse) | 756 |
| § 009b-01 | Steueraussetzungsverfahren; Registrierter Versender | 764 |
| § 009c-01 | Liste der NATO-Hauptquartiere | 765 |
| § 009d-01 | Verfahrensanweisung zum IT-Verfahren EMCS | 771 |
| § 009d-02 | EMCS-Merkblatt für Teilnehmer | 802 |
| § 009d-03 | EMCS.Info 4/14 | 866 |
| § 013-01 | Erstellen von Ausfuhrmeldungen bei Ausfuhrvorgängen von Zugelassenen Ausführern | 867 |
| § 014-01 | Unregelmäßigkeiten im Zusammenhang mit der Beförderung verbrauchsteuerpflichtiger Waren unter Steueraussetzung in andere, aus anderen oder über andere Mitgliedstaaten Auslegung von Artikel 10 Absatz 2 und 4 der Richtlinie 2008/118/EG; Erhebungskompetenz der Mitgliedstaaten für beim Empfang festgestellte Fehlmengen | 868 |

| Anlage | Inhalt | Seite |
|---|---|---|
| § 015-01 | Kraftstofftanks von Nutzfahrzeuge im Straßenverkehr und von Spezialcontainer im grenzüberschreitenden Verkehr; Kontrolle und Abgabenerhebung | 869 |
| § 015-02 | Energiesteuer; Verbringen von Kraftstoffen aus dem freien Verkehr anderer Mitgliedstaaten; Hauptbehälter | 870 |
| § 019-01 | Einfuhrbegriff nach dem Verbrauchsteuerrecht | 871 |
| § 021-01 | Kennzeichnung leichten Heizöls; Merkblatt TKW – Restmengen | 874 |
| § 026-01 | Steuerfreier Eigenverbrauch gemäß § 26 des Energiesteuergesetzes | 877 |
| § 027-01 | Verwendung von Energieerzeugnissen für die Schifffahrt – Verwaltungsvorschrift zu G § 27 Abs. 1, § 52 und § 66 Abs. 1 Nr. 8 und 11 – VwV Energieerzeugnisse für die Schifffahrt | 878 |
| § 027-02 | Anlage 2 zu VwV Schifffahrt | 887 |
| § 027-03 | Verwendung von Energieerzeugnissen in der Schifffahrt – Steuerliche Behandlung von Arbeitsgeräten ohne eigenen Antrieb; Kirchenschiffe | 889 |
| § 027-04 | Anlage zu § 027-03 | 891 |
| § 027-05 | Verwendung von Energieerzeugnissen für die Luftfahrt – Verwaltungsvorschrift zu § 27 Abs. 2 und 3, § 52 und § 66 Abs. 1 Nr. 8 und 11 Energiesteuergesetz | 892 |
| § 031-01 | Dienstvorschrift zur energiesteuerrechtlichen Behandlung von Kohle nach Kapitel 3 Energiesteuergesetz (DV Kohle) | 900 |
| § 031-02 | Dienstvorschrift zur energiesteuerrechtlichen Behandlung von Kohle nach Kapitel 3 Energiesteuergesetz (DV Kohle) – Anlage 1: Glossar zur energiesteuerlichen Behandlung von Kohle | 913 |
| § 038-01 | Zulassung nach § 38 Abs. 4 Energiesteuergesetz (EnergieStG) | 917 |
| § 038-02 | Energiesteuerliche Behandlung von Erdgastankstellen | 918 |
| § 038-03 | Energiesteuer: Anmeldebestätigung für Lieferer von Erdgas | 919 |
| § 038-04 | Energiesteuer: Steuerliche Behandlung von Biogas | 920 |
| § 050-01 | Verwendung von Branntwein zur Herstellung von Kraftstoffen; Bioethanolherstellung | 921 |
| § 050-02 | Regelungen zur Biokraftstoffquote im Bundesimmissionsschutzgesetz | 922 |
| § 050-03 | Bekanntmachung über das In-Kraft-Treten und Außerkrafttreten von Teilen des Biokraftstoffquotengesetzes | 932 |
| § 050-04 | Richtlinie 2003/30/EG des Europäischen Parlaments und des Rates zur Förderung der Verwendung von Biokraftstoffen oder anderen erneuerbaren Kraftstoffen im Verkehrssektor | 933 |
| § 050-05 | Zehnte Verordnung zur Durchführung des Bundes-Immissionsschutzgesetzes (Verordnung über die Beschaffenheit und die Auszeichnung der Qualitäten von Kraft- und Brennstoffen – 10. BImSchV) | 939 |
| § 051-01 | Staatliche Beihilfe Nr. N 820/2006 – Deutschland: Steuerentlastung für bestimmte besonders energieintensive Prozesse und Verfahren | 952 |
| § 051-02 | Zusammenfassung der Dienstbesprechung der OFD Karlsruhe mit BMF zu § 51 EnergieStG und § 9a StromStG | 957 |
| § 051-03 | Steuerentlastung für Prozesse und Verfahren und Teildienstvorschrift zu § 51 EnergieStG (TAR) | 964 |
| § 052-01 | Staatliche Beihilfe N 643/2006 – Deutschland: Ermäßigung der Mineralölsteuer für Lade- und Löschunternehmen in deutschen Seehäfen | 974 |
| § 053a-01 | Anhang III der Richtlinie 2004/8/EG | 978 |
| § 053a-02 | Richtlinie 2004/8/EG – Wirkungsgrad-Referenzwerte | 980 |
| § 053a-03 | Entscheidung der Kommission zur Festlegung harmonisierter Wirkungsgrad-Referenzwerte für die getrennte Erzeugung von Strom und Wärme in Anwendung der Richtlinie 2004/8/EG des Europäischen Parlaments und des Rates | 984 |

| Anlage | Inhalt | Seite |
|---|---|---|
| § 053a-04 | Verordnung EG Nr. 219/2009/EG zur Anpassung einiger Rechtsakte, für die das Verfahren des Artikels 251 des Vertrags gilt, an den Beschluss 1999/468/EG des Rates in Bezug auf das Regelungsverfahren mit Kontrolle Anpassung an das Regelungsverfahren mit Kontrolle Zweiter Teil | 989 |
| § 055-03 | Empfehlung der Kommission betreffend die Definition der Kleinstunternehmen sowie der kleinen und mittleren Unternehmen | 1032 |
| § 055-04 | Verordnung (EG) Nr. 1221/2009 des Europäischen Parlaments und des Rates vom 25. November 2009 über die freiwillige Teilnahme von Organisationen an einem Gemeinschaftssystem für Umweltmanagement und Umweltbetriebsprüfung und zur Aufhebung der Verordnung (EG) Nr. 761/2001, sowie der Beschlüsse der Kommission 2001/681/EG und 2006/193/EG | 1039 |
| § 055-05 | Gesetz zur Ausführung der Verordnung (EG) Nr.1221/2009 des Europäischen Parlaments und des Rates vom 25. November 2009 über die freiwillige Teilnahme von Organisationen an einem Gemeinschaftssystem für Umweltmanagement und Umweltbetriebsprüfung und zur Aufhebung der Verordnung (EG) Nr. 761/2001, sowie der Beschlüsse der Kommission 2001/681EG und 2006/193/EG (Umweltauditgesetz – UAG) | 1089 |
| § 055-06 | Vereinbarung zwischen der Regierung der Bundesrepublik Deutschland und der deutschen Wirtschaft zur Steigerung der Energieeffizienz | 1106 |
| § 055-07 | Verordnung über Systeme zur Verbesserung der Energieeffizienz im Zusammenhang mit der Entlastung von der Energie- und der Stromsteuer in Sonderfällen (Spitzenausgleich-Effizienzsystemverordnung – SpaEfV 2014/2013) | 1111 |
| § 055-08 | Schreiben vom Bundesministerium für Wirtschaft und Technologie vom 27.09.2013 | 1120 |
| § 055-09 | Schreiben vom Bundesministerium für Wirtschaft und Energie vom 31.03.2014 | 1121 |
| § 055-10 | Schreiben vom Bundesministerium für Wirtschaft und Energie vom 20.12.2014 | 1131 |
| § 056-01 | Dienstvorschrift zur energiesteuerrechtlichen Behandlung der im öffentlichen Personennahverkehr (ÖPNV) verwendeten Kraftstoffe nach § 56 Energiesteuergesetz (DV ÖPNV) | 1132 |
| § 056-02 | Anlage 1 zur DV ÖPNV | 1137 |
| § 056-03 | Anlage 2 zur DV ÖPNV | 1142 |
| § 056-04 | Anlage 3 zur DV ÖPNV | 1143 |
| § 056-05 | Anlage 4 zur DV ÖPNV | 1145 |
| § 056-06 | Anlage 5 zur DV ÖPNV | 1148 |
| § 057-01 | Verordnung (EG) Nr. 1998/2006 der Kommission über die Anwendung der Artikel 87 und 88 EG-Vertrag auf „De-minimis"-Beihilfen | 1150 |
| § 057-02 | Anwendung der Artikel 107 und 108 des Vertrags über die Arbeitsweise der Europäischen Union auf De-minimis-Beihilfen | 1157 |
| § 059-01 | Verbrauchsteuern/Energieerzeugnisse; Dienstvorschrift zur Vergütung der Energiesteuer für Diplomatenbenzin und -dieselkraftstoff nach § 59 Energiesteuergesetz und § 104 Energiesteuer-Durchführungsverordnung (DV Diplomaten) | 1166 |
| § 060-01 | Dienstvorschrift zur Steuerentlastung bei Zahlungsausfall nach § 60 Energiesteuergesetz | 1167 |
| § 066-01 | Verwaltungsvorschrift zu § 66 Abs. 1 Nr. 2 EnergieStG und §105 EnergieStV – VwV Energieerzeugnisse für Pilotprojekte - | 1177 |
| § 066-02 | Dienstvorschrift Energiesteuer – zu § 105a EnergieStV (Steuerentlastung für ausländische Streitkräfte und Hauptquartiere - DV Streitkräfte) | 1179 |
| § 066-03 | Dienstvorschrift Kontrollen – Anlage 14: Verzeichnis der Zolldienststellen, bei denen die erneute Prüfung von Kraftstoffen durchgeführt werden kann | 1184 |
| § 066-04 | Verordnung 1186/2009/EG über Zollbefreiungen | 1202 |

XXI

## Anlagen Stromsteuergesetz

| Anlage | Inhalt | Seite |
|---|---|---|
| § 002-01 | Zuordnung von Tätigkeiten in die Klassifikation der Wirtschaftszweige, Ausgabe 2003 (WZ 2003) | 1241 |
| § 004-01 | Stromsteuer und Energiesteuer auf Erdgas; Bilanzkreise | 1243 |
| § 005-01 | Stromsteuergesetz – Versteuerung von so genannten Niederspannungsaufschlägen | 1246 |
| § 005-02 | Verbrauchsteuer/Stromsteuer; Batteriespeicher als Teil des Versorgungsnetzes | 1247 |

## Anlagen Energiewirtschaftsgesetz

| Anlage | Inhalt | Seite |
|---|---|---|
| § 021a-01 | Anreizregulierungsverordnung | 1248 |

## Anlagen Stromnetzentgeltverordnung

| Anlage | Inhalt | Seite |
|---|---|---|
| § 019-01 | BK4-12-1656 – sachgerechte Ermittlung Netzentgelte | 1267 |
| § 019-02 | BK4-13-739 zur Änderung BK4-12-1656 | 1288 |
| § 019-03 | Mustervereinbarung über ein individuelles Netzentgelt | 1332 |
| § 019-04 | Anlage zur Mustervereinbarung über ein individuelles Netzentgelt | 1336 |

## Anlagen Erneuerbare-Energiengesetz

| Anlage | Inhalt | Seite |
|---|---|---|
| § 064-01 | BAFA Merkblatt Unternehmen des Produzierenden Gewerbes 2014 | 1337 |
| § 064-02 | BAFA Merkblatt Unternehmen des Produzierenden Gewerbes 2013 | 1389 |
| § 065-01 | BAFA Merkblatt für Schienenbahnen 2014 | 1418 |
| § 065-02 | BAFA Merkblatt für Schienenbahnen 2013 | 1428 |

## Anlagen Kraft Wärme Kopplung Gesetz

| Anlage | Inhalt | Seite |
|---|---|---|
| § 001-01 | Merkblatt KWK-Förderung | 1435 |
| § 005-01 | Merkblatt Kraft-Wärmekopplungsanlagen mit einer elektrischen Leistung bis 50 KW | 1438 |
| § 005-02 | Merkblatt Mini-Kraft-Wärme-Kopplungsanlagen | 1441 |
| § 005-03 | Merkblatt Fernwärmedämmung | 1444 |
| § 005-04 | Merkblatt Speichereffizienz | 1445 |
| § 005-05 | Merkblatt Modernisierung | 1451 |

## Anhang 1 (Energie- und Stromsteuerrecht)

| | | |
|---|---|---|
| **Anhang 1-01** | RL 2003/96/EG – Energiesteuerrichtlinie | 1459 |
| **Anhang 1-02** | RL 2008/118/EG – Verbrauchsteuersystemrichtlinie | 1484 |
| **Anhang 1-03** | VO 3649/92/EWG – Vereinfachtes Begleitdokument | 1505 |
| **Anhang 1-04** | VO 684/2009/EG – EMCS | 1513 |
| **Anhang 1-05** | VO 1221/2012/EU – EMCS Änderungsverordnung | 1546 |
| **Anhang 1-06** | Einfuhr-Verbrauchsteuerbefreiungsverordnung | 1569 |
| **Anhang 1-07** | Einreise-Freimengen-Verordnung | 1571 |

## Anhang 2 (Energierecht)

| | | |
|---|---|---|
| **Anhang 2-01** | Stromnetzentgeltverordnung | 1574 |

**Stichwortverzeichnis** ............................................................. 1597

# Abkürzungsverzeichnis

| | | |
|---|---|---|
| ABl. EG | = | Amtsblatt der Europäischen Gemeinschaft |
| ABl. EU | = | Amtsblatt der Europäischen Union |
| a.f. | = | alte Fassung |
| AG | = | Aktiengesellschaft |
| Anh. | = | Anhang |
| Anl. | = | Anlage |
| AO | = | Abgabenordnung |
| ARegV | = | Anreizregulierungsverordnung |
| ATLAS | = | Automatisiertes Tarif- und Lokales Zollabwicklungssystem |
| Az. | = | Akten |
| BAFA | = | Bundesamt für Wirtschaft und Ausfuhrkontrolle |
| BayVwVfG | = | Bayerisches Verwaltungsverfahrensgesetz |
| BeckRS | = | Beck-Rechtsprechung |
| BFH | = | Bundesfinanzhof |
| BFHE | = | Entscheidungssammlung des Bundesfinanzhofs |
| BFH/NV | = | Entscheidungs- und Kommentierungssammlung des BFH |
| BFH/PR | = | Entscheidungen des BFH für die Praxis der Steuerberatung |
| BGB | = | Bürgerliches Gesetzbuch |
| BGBl. | = | Bundesgesetzblatt |
| BGH | = | Bundesgerichtshof |
| BGHZ | = | Amtliche Entscheidungssammlung des Bundesgerichtshofs in Zivilsachen |
| BImSchG | = | Bundesimmissionsschutzgesetz |
| BImSchV | = | Bundesimmissionsschutzverordnung |
| BMF | = | Bundesministerium der Finanzen |
| BMU | = | Bundesministerium für Umwelt, Naturschutz und Reaktorsicherheit |
| BStBl | = | Bundessteuerblatt |
| BK4 | = | Beschlusskammer 4 der Bundesnetzagentur |
| BK8 | = | Beschlusskammer 4 der Bundesnetzagentur |
| BNetzAg | = | Bundesnetzagentur |
| BVerfG | = | Bundesverfassungsgesetz |
| BVerfGE | = | Entscheidungssammlung des Bundesverfassungsgerichts |
| DB | = | Der Betrieb |
| DIN | = | Deutsche Industrie Norm |
| DStR | = | Deutsches Steuerrecht (Zeitschrift) |
| DStRE | = | Deutsches Steuerrecht |
| EEG | = | Erneuerbare Energien Gesetz |
| EFG | = | Entscheidung der Finanzgerichte (Zeitschrift) |
| EK | = | Eigenkapital |
| EMCS | = | Excise Movement and Control System (EDV gestütztes Beförderungs- und Kontrollsystem für verbrauchsteuerpflichtige Waren) |
| EnBW | = | Energie Baden-Württemberg AG |
| ENTSO-E | = | European Network of Transmission System Operators for Electricity |
| EnWG | = | Energiewirtschaftsgesetz |
| EuGH | = | Europäischer Gerichtshof |
| EG | = | Europäische Gemeinschaft |
| EU | = | Europäische Union |
| e.V. | = | eingetragener Verein |
| EVU | = | Europäische Wirtschaftsgemeinschaft |
| FA | = | Finanzamt |
| FG | = | Finanzgericht |
| GG | = | Grundgesetz |
| FGO | = | Finanzgerichtsordnung |
| GasNEV | = | Gasnetzentgeltverordnung |
| GRUR RR | = | Zeitschrift für Gewerblichen Rechtsschutz und Urheberrecht – Rechtsprechungsreport |
| GWB | = | Gesetz gegen Wettbewerbsbeschränkungen |
| GJ | = | Gigajoule |

| | | |
|---|---|---|
| HGB | = | Handelsgesetzbuch |
| h.M. | = | herrschende Meinung |
| HZA | = | Hauptzollamt |
| i.d.F. | = | in der Fassung |
| KWK | = | Kraft-Wärme-Kopplung |
| KWK-G | = | Gesetz zur Förderung der Kraft-Wärme-Kopplung |
| MinöStG | = | Mineralölsteuergesetz |
| MinöStV | = | Mineralölsteuerverordnung |
| NVwZ | = | Neue Zeitschrift für Verwaltungsrecht |
| ProMechG | = | Projektmechanismengesetz |
| OFD | = | Oberfinanzdirektion |
| OLG | = | Oberlandesgericht |
| ÖPNV | = | Öffentlicher Personennahverkehr |
| OWiG | = | Gesetz über Ordnungswidrigkeiten |
| PBefG | = | Personenbeförderungsgesetz |
| Rev. | = | Revision |
| rkr. | = | rechtskräftig |
| RL | = | Richtlinie (n) |
| S. | = | Satz, Seite |
| StromStG | = | Stromsteuergesetz |
| StromStV | = | Stromsteuerverordnung |
| StromNEV | = | Stromnetzentgeltverordnung |
| StromNZV | = | Stromnetzzugangsverordnung |
| TEHG | = | Treibhausemissionshandelsgesetz |
| UGP | = | unlautere Geschäftspraktiken |
| UWG | = | Gesetz gegen den unlauteren Wettbewerb |
| VG | = | Verwaltungsgericht |
| ZfZ | = | Zeitschrift für Zölle und Verbrauchsteuern |
| ZK | = | Zollkodex |
| ZuG | = | Zuteilungsgesetz |
| ZUR | = | Zeitschrift für Umweltrecht |

# Energiesteuergesetz (EnergieStG)

Energiesteuergesetz vom 15. Juli 2006 (BGBl. I S. 1534; 2008 I S. 660, 1007), das zuletzt durch Artikel 11 des Gesetzes vom 18. Juli 2014 (BGBl. I S. 1042) geändert worden ist

## Kapitel 1 Allgemeine Bestimmungen

### § 1
### Steuergebiet, Energieerzeugnisse

(1) ¹Energieerzeugnisse unterliegen im Steuergebiet der Energiesteuer. ²Steuergebiet im Sinne dieses Gesetzes ist das Gebiet der Bundesrepublik Deutschland ohne das Gebiet von Büsingen und ohne die Insel Helgoland. ³Die Energiesteuer ist eine Verbrauchsteuer im Sinne der Abgabenordnung.

(2) Energieerzeugnisse im Sinne dieses Gesetzes sind:
1. Waren der Positionen 1507 bis 1518 der Kombinierten Nomenklatur, die dazu bestimmt sind, als Kraft- oder Heizstoff verwendet zu werden,
2. Waren der Positionen 2701, 2702 und 2704 bis 2715 der Kombinierten Nomenklatur,
3. Waren der Positionen 2901 und 2902 der Kombinierten Nomenklatur,
4. Waren der Unterposition 2905 11 00 der Kombinierten Nomenklatur, die nicht von synthetischer Herkunft sind und die dazu bestimmt sind, als Kraft- oder Heizstoff verwendet zu werden,
5. Waren der Positionen 3403, 3811 und 3817 der Kombinierten Nomenklatur,
6. Waren der Unterposition 3824 90 99 der Kombinierten Nomenklatur, die dazu bestimmt sind, als Kraft- oder Heizstoff verwendet zu werden.

(3) ¹Als Energieerzeugnisse im Sinne dieses Gesetzes gelten mit Ausnahme von Torf und Waren der Positionen 4401 und 4402 der Kombinierten Nomenklatur auch:
1. andere als die in Absatz 2 genannten Waren, die zur Verwendung als Kraftstoff oder als Zusatz oder Verlängerungsmittel von Kraftstoffen bestimmt sind oder als solche zum Verkauf angeboten oder verwendet werden,
2. andere als die in Absatz 2 genannten Waren, ganz oder teilweise aus Kohlenwasserstoffen, die zur Verwendung als Heizstoff bestimmt sind oder als solche zum Verkauf angeboten oder verwendet werden.

²Satz 1 gilt nicht für Waren, die sich in einem Steueraussetzungsverfahren nach den Vorschriften des Gesetzes über das Branntweinmonopol in der im Bundesgesetzblatt Teil III, Gliederungsnummer 612-7, veröffentlichten bereinigten Fassung, zuletzt geändert durch Artikel 5 des Gesetzes vom 21. Juli 2004 (BGBl. I S. 1753), in der jeweils geltenden Fassung befinden.

(4) bis (11) (weggefallen)

### § 1a
### Sonstige Begriffsbestimmungen

¹Im Sinn dieses Gesetzes ist oder sind:
1. Systemrichtlinie: die Richtlinie 2008/118/EG des Rates vom 16. Dezember 2008 über das allgemeine Verbrauchsteuersystem und zur Aufhebung der Richtlinie 92/12/EWG (ABl. L 9 vom 14.1.2009, S. 12) in der jeweils geltenden Fassung;
2. Kombinierte Nomenklatur: die Warennomenklatur nach Artikel 1 der Verordnung (EWG) Nr. 2658/87 des Rates vom 23. Juli 1987 über die zolltarifliche und statistische Nomenklatur sowie den Gemeinsamen Zolltarif (ABl. L 256 vom 7.9.1987, S. 1, L 341 vom 3.12.1987, S. 38, L 378 vom 31.12.1987, S. 120, L 130 vom 26.5.1988, S. 42), die zuletzt durch die Verordnung (EG) Nr. 1031/2008 (ABl. L 291 vom 31.10.2008, S. 1) geändert worden ist, in der am 1. Januar 2002 geltenden Fassung;
3. Zollkodex: die Verordnung (EWG) Nr. 2913/92 des Rates vom 12. Oktober 1992 zur Festlegung des Zollkodex der Gemeinschaften (ABl. L 302 vom 19.10.1992, S. 1, L 79 vom 1.4.1993, S. 84, L 97 vom 18.4.1996, S. 38), die zuletzt durch die Verordnung (EG) Nr. 1791/2006 (ABl. L 363 vom 20.12.2006, S. 1) geändert worden ist;
4. Verbrauchsteuergebiet der Europäischen Gemeinschaft: das Gebiet, in dem die Systemrichtlinie gilt;
5. andere Mitgliedstaaten oder Gebiete anderer Mitgliedstaaten: das Verbrauchsteuergebiet der Europäischen Gemeinschaft ohne das Steuergebiet;
6. Drittgebiete: die Gebiete, die außerhalb des Verbrauchsteuergebiets der Europäischen Gemeinschaft liegen, aber zum Zollgebiet der Gemeinschaft gehören;
7. Drittländer: die Gebiete, die außerhalb des Verbrauchsteuergebiets der Europäischen Gemeinschaft liegen und nicht zum Zollgebiet der Gemeinschaft gehören;
8. Zollgebiet der Gemeinschaft: das Gebiet nach Artikel 3 des Zollkodex;
9. Ort der Einfuhr:
   a) beim Eingang von Energieerzeugnissen aus Drittländern der Ort, an dem sich die Energieerzeugnisse bei ihrer Überführung in den zollrechtlich freien Verkehr nach Artikel 79 des Zollkodex befinden,
   b) beim Eingang von Energieerzeugnissen aus Drittgebieten der Ort, an dem die Energieerzeugnisse in sinngemäßer Anwendung von Artikel 40 des Zollkodex zu gestellen sind;
10. steuerrechtlich freier Verkehr: weder ein Verfahren der Steueraussetzung (§ 5) noch ein zollrechtliches Nichterhebungsverfahren (§ 19 Absatz 2);
11. Personen: natürliche und juristische Personen sowie Personenvereinigungen ohne eigene Rechtspersönlichkeit;

# EnergieStG

12. Verheizen: das Verbrennen von Energieerzeugnissen zur Erzeugung von Wärme;

13. Kohle: Waren der Positionen 2701, 2702 und 2704 der Kombinierten Nomenklatur;

13a. ¹Biokraft- und Bioheizstoffe: Unbeschadet der Sätze 2 bis 5 sind Biokraft- und Bioheizstoffe Energieerzeugnisse ausschließlich aus Biomasse im Sinne der Biomasseverordnung vom 21. Juni 2001 (BGBl. I S. 1234), die durch die Verordnung vom 9. August 2005 (BGBl. I S. 2419) geändert worden ist, in der jeweils geltenden Fassung. ²Energieerzeugnisse, die anteilig aus Biomasse hergestellt werden, gelten in Höhe dieses Anteils als Biokraft- oder Bioheizstoffe. ³Fettsäuremethylester gelten in vollem Umfang als Biokraft- oder Bioheizstoffe, wenn sie durch Veresterung von pflanzlichen oder tierischen Ölen oder Fetten gewonnen werden, die selbst Biomasse im Sinne der Biomasseverordnung sind, und wenn ihre Eigenschaften mindestens den Anforderungen für Biodiesel nach der Verordnung über die Beschaffenheit und die Auszeichnung der Qualitäten von Kraft- und Brennstoffen in der jeweils geltenden Fassung entsprechen. ⁴Bioethanol gilt nur dann als Biokraftstoff, wenn es sich um Ethylalkohol ex Unterposition 2207 10 00 der Kombinierten Nomenklatur handelt und seine Eigenschaften im Fall von Bioethanol, das dem Ottokraftstoff beigemischt wird, mindestens den Anforderungen der DIN EN 15376, Ausgabe März 2008 oder Ausgabe November 2009, entsprechen und im Fall von Bioethanol, das im Ethanolkraftstoff (E85) enthalten ist, die Eigenschaften des Ethanolkraftstoffs (E85) mindestens den Anforderungen für Ethanolkraftstoff (E85) nach der Verordnung über die Beschaffenheit und die Auszeichnung der Qualitäten von Kraft- und Brennstoffen entsprechen. ⁵Für Energieerzeugnisse, die anteilig aus Bioethanol bestehen, gilt für den Bioethanolanteil Satz 4 sinngemäß. ⁶Pflanzenöl gilt nur dann als Biokraftstoff, wenn seine Eigenschaften mindestens den Anforderungen für Pflanzenölkraftstoff nach der Verordnung über die Beschaffenheit und die Auszeichnung der Qualitäten von Kraft- und Brennstoffen entsprechen. ⁷Den Energieerzeugnissen nach den Sätzen 1 bis 6 sind solche Energieerzeugnisse gleichgestellt, die einer anderen Norm oder technischen Spezifikation entsprechen, die in einem anderen Mitgliedstaat der Europäischen Union oder in einem anderen Vertragsstaat des Abkommens über den Europäischen Wirtschaftsraum (EWR-Abkommen) vom 3. Januar 1994 (ABl. L 1 vom 3.1.1994, S. 3), das zuletzt durch den Beschluss Nr. 54/2009 (ABl. L 162 vom 25.6.2009, S. 36) geändert worden ist, in der jeweils geltenden Fassung in Kraft ist, soweit diese Norm oder technische Spezifikation mit den in den Sätzen 1 bis 6 genannten Normen übereinstimmt und ein gleichwertiges Niveau der Beschaffenheit für die gleichen klimatischen Anforderungen sicherstellt;

14. Erdgas: Waren der Unterpositionen 2711 11 (verflüssigtes Erdgas) und 2711 21 der Kombinierten Nomenklatur und gasförmige Energieerzeugnisse, die beim Kohleabbau aufgefangen werden, ohne gasförmige Biokraft- und Bioheizstoffe;

15. Flüssiggase: Waren der Unterpositionen 2711 12 bis 2711 19 der Kombinierten Nomenklatur;

16. Gasförmige Kohlenwasserstoffe: Waren der Unterposition 2711 29 der Kombinierten Nomenklatur einschließlich gasförmiger Biokraft- und Bioheizstoffe;

17. Liter (l): das Liter bei + 15 Grad Celsius;

18. Megawattstunde (MWh): die Messeinheit der Energie der Gase, ermittelt aus dem Normvolumen (Vn) und dem Brennwert (Hs,n);

19. Gigajoule (GJ): die Messeinheit der Energie der Energieerzeugnisse nach § 2 Absatz 1 Nummer 9 und 10 und Absatz 4a, ermittelt aus dem Wägewert und dem Heizwert (Hi);

20. Kilogramm (kg): der Wägewert (Gewicht in Luft); das Gewicht der Umschließungen gehört nicht zum Gewicht der Energieerzeugnisse im Sinn dieses Gesetzes.

²DIN- und DIN-EN-Normen, auf die in diesem Gesetz verwiesen wird, sind im Beuth Verlag, Berlin, erschienen und beim Deutschen Patent- und Markenamt in München archivmäßig gesichert niedergelegt.

§ 2
Steuertarif

(1) Die Steuer beträgt

1. für 1 000 l Benzin der Unterpositionen 2710 11 41 bis 2710 11 49 der Kombinierten Nomenklatur
   a) mit einem Schwefelgehalt von mehr als 10 mg/kg 669,80 EUR,
   b) mit einem Schwefelgehalt von höchstens 10 mg/kg 654,50 EUR,

2. für 1 000 l Benzin der Unterpositionen 2710 11 31, 2710 11 51 und 2710 11 59 der Kombinierten Nomenklatur 721,00 EUR,

3. für 1 000 l mittelschwere Öle der Unterpositionen 2710 19 21 und 2710 19 25 der Kombinierten Nomenklatur 654,50 EUR,

4. für 1 000 l Gasöle der Unterpositionen 2710 19 41 bis 2710 19 49 der Kombinierten Nomenklatur
   a) mit einem Schwefelgehalt von mehr als 10 mg/kg 485,70 EUR
   b) mit einem Schwefelgehalt von höchstens 10 mg/kg 470,40 EUR,

5. für 1 000 kg Heizöle der Unterpositionen 2710 19 61 bis 2710 19 69 der Kombinierten Nomenklatur 130,00 EUR,

6. für 1 000 l Schmieröle und andere Öle der Unterpositionen 2710 19 81 bis 2710 19 99 der Kombinierten Nomenklatur 485,70 EUR,

7. für 1 MWh Erdgas und 1 MWh gasförmige Kohlenwasserstoffe 31,80 EUR,

8. für 1 000 kg Flüssiggase

| | |
|---|---|
| a) unvermischt mit anderen Energieerzeugnissen | 409,00 EUR, |
| b) andere | 1 217,00 EUR, |
| 9. für 1 GJ Kohle | 0,33 EUR, |
| 10. für 1 GJ Petrolkoks der Position 2713 der Kombinierten Nomenklatur | 0,33 EUR. |

(2) Abweichend von Absatz 1 beträgt die Steuer

1. für 1 MWh Erdgas und 1 MWh gasförmige Kohlenwasserstoffe bis zum 31. Dezember 2018  13,90 EUR,
2. für 1 000 kg Flüssiggase unvermischt mit anderen Energieerzeugnissen bis zum 31. Dezember 2018  180,32 EUR.

(3) ¹Abweichend von den Absätzen 1 und 2 beträgt die Steuer

1. für 1 000 l ordnungsgemäß gekennzeichnete Gasöle der Unterpositionen 2710 19 41 bis 2710 19 49 der Kombinierten Nomenklatur

   a) mit einem Schwefelgehalt von mehr als 50 mg/kg  76,35 EUR,
   b) mit einem Schwefelgehalt von höchstens 50 mg/kg  61,35 EUR,

2. für 1 000 kg Heizöle der Unterpositionen 2710 19 61 bis 2710 19 69 der Kombinierten Nomenklatur  25,00 EUR,
3. für 1 000 l Schmieröle und andere Öle der Unterpositionen 2710 19 81 bis 2710 19 99 der Kombinierten Nomenklatur  61,35 EUR,
4. für 1 MWh Erdgas und 1 MWh gasförmige Kohlenwasserstoffe  5,50 EUR,
5. für 1 000 kg Flüssiggase  60,60 EUR,

wenn sie zum Verheizen oder zum Antrieb von Gasturbinen und Verbrennungsmotoren in begünstigten Anlagen nach den §§ 3 und 3a verwendet oder zu diesen Zwecken abgegeben werden. ²Nach Satz 1 versteuerte Energieerzeugnisse können auch aus dem Steuergebiet verbracht oder ausgeführt oder zu den in den §§ 25 bis 27 Absatz 1 und § 44 Absatz 2 genannten steuerfreien Zwecken abgegeben oder verwendet werden, soweit die Energieerzeugnisse von diesen Vorschriften erfasst werden; nach Satz 1 Nummer 4 versteuertes Erdgas kann darüber hinaus zu den in den §§ 25 und 26 genannten steuerfreien Zwecken abgegeben oder verwendet werden.

(4) ¹Andere als die in den Absätzen 1 bis 3 genannten Energieerzeugnisse unterliegen der gleichen Steuer wie die Energieerzeugnisse, denen sie nach ihrer Beschaffenheit und ihrem Verwendungszweck am nächsten stehen. ²Werden Ölabfälle der Unterpositionen 2710 91 und 2710 99 der Kombinierten Nomenklatur oder andere vergleichbare Abfälle zu den in Absatz 3 genannten Zwecken verwendet oder abgegeben, sind abweichend von Satz 1 für den Vergleich mit der Beschaffenheit ausschließlich die in Absatz 1 Nummer 9 und 10 und Absatz 3 Satz 1 genannten Energieerzeugnisse heranzuziehen. ³Der Steuersatz nach Absatz 3 Satz 1 Nummer 1 kommt nur bei einer ordnungsgemäßen Kennzeichnung der Energieerzeugnisse zur Anwendung. ⁴Satz 3 gilt nicht für Biokraft- und Bioheizstoffe sowie Abfälle im Sinn des Satzes 2.

(4a) Abweichend von Absatz 4 Satz 1 und 2 beträgt die Steuer für 1 Gigajoule feste Energieerzeugnisse 0,33 Euro, soweit diese auf Grund ihrer Beschaffenheit keinem der in Absatz 1 genannten Energieerzeugnisse sinnvoll zugeordnet werden können.

(5) Das zuständige Hauptzollamt kann in Einzelfällen auf Antrag die Steuer für Leichtöle und mittelschwere Öle bis auf 20 Euro für 1 000 Liter ermäßigen, wenn diese Öle bei der Herstellung oder beim Verbrauch von Energieerzeugnissen angefallen sind und im Betrieb verheizt werden, weil sie zur Verwendung als Kraftstoff oder zu einer steuerfreien Verwendung im Betrieb nicht geeignet sind.

(6) (weggefallen)

(7) (weggefallen)

### § 3
### Begünstigte Anlagen, Ortsfestigkeit und Nutzungsgrad

(1) ¹Begünstigte Anlagen sind ortsfeste Anlagen,

1. deren mechanische Energie ausschließlich der Stromerzeugung dient,
2. die ausschließlich der gekoppelten Erzeugung von Kraft und Wärme dienen und einen Jahresnutzungsgrad von mindestens 60 Prozent erreichen, ausgenommen von Nummer 1 erfasste Anlagen, oder
3. die ausschließlich dem leitungsgebundenen Gastransport oder der Gasspeicherung dienen.

²Bei Anlagen nach Satz 1 Nummer 1 ist es unerheblich, ob die bei der Stromerzeugung anfallende thermische Energie genutzt wird. ³Anlagen nach Satz 1 Nummer 2 sind solche, deren mechanische Energie ganz oder teilweise anderen Zwecken als der Stromerzeugung dient.

(2) ¹Ortsfest im Sinn dieses Gesetzes sind Anlagen, die während des Betriebs ausschließlich an ihrem geografischen Standort verbleiben und nicht auch dem Antrieb von Fahrzeugen dienen. ²Der geografische Standort im Sinn des Satzes 1 ist ein durch geografische Koordinaten bestimmter Punkt.

(3) ¹Jahresnutzungsgrad im Sinn dieses Gesetzes ist der Quotient aus der Summe der genutzten erzeugten mechanischen und thermischen Energie in einem Kalenderjahr und der Summe der zugeführten Energie aus Energieerzeugnissen in derselben Berichtszeitspanne. ²Für die Berechnung des Monatsnutzungsgrads gilt Satz 1 sinngemäß. ³Zur Berechnung der Nutzungsgrade ist die als Brennstoffwärme verwendete Energie aus Energieerzeugnissen heranzuziehen, die vor der Erzeugung mechanischer Energie zugeführt wird. ⁴Dabei ist auf den Heizwert (Hi) abzustellen.

(4) ¹Der Berechnung des Nutzungsgrads von Anlagen zur gekoppelten Erzeugung von Kraft und Wärme wird der Kraft-Wärme-Kopplungsprozess zugrunde gelegt, der alle Wärmekraftmaschinen einschließt, die an einem Standort in Kraft-Wärme-Kopplung (KWK) betrieben werden und miteinander verbunden sind. ²Zum Kraft-Wärme-Kopplungsprozess nach Satz 1 gehören insbesondere nicht:

# EnergieStG

1. Dampfturbinen, die im Kondensationsbetrieb gefahren werden,

2. nachgeschaltete Dampferzeuger, die hinter der KWK-Kraftmaschine Dampf direkt in ein mit der KWK-Anlage gemeinsam genutztes Netz einspeisen,

3. nachgeschaltete Abluftbehandlungsanlagen,

4. Zusatzfeuerungen, soweit die damit erzeugte thermische Energie nicht in mechanische Energie umgewandelt wird, sondern vor der Wärmekraftmaschine, insbesondere einer Dampfturbine oder einem Stirlingmotor, ausgekoppelt wird,

5. Zusatzfeuerungen, soweit die damit erzeugte thermische Energie zwar in mechanische Energie umgewandelt wird, aber keine Nutzung der dabei anfallenden Restwärme stattfindet, und

6. Hilfskessel, die die Dampfversorgung beim Ausfall einer Kraftmaschine (Motor oder Gasturbine) sicherstellen.

³Abluftbehandlungsanlagen im Sinn des Satzes 2 Nummer 3 sind insbesondere Rauchgasentschwefelungsanlagen, Rauchgasentstickungsanlagen sowie Kombinationen davon.

(5) Wer Anlagen nach Absatz 1 Satz 1 Nummer 2 betreiben will, hat sie vor der erstmaligen Inbetriebnahme dem zuständigen Hauptzollamt anzumelden.

(6) ¹Die gemäß § 2 Absatz 3 Satz 1 festgelegten Steuersätze für die Verwendung von Energieerzeugnissen als Kraftstoff in begünstigten Anlagen werden angewendet nach Maßgabe und bis zum Auslaufen der hierfür erforderlichen Freistellungsanzeige bei der Europäischen Kommission nach der Verordnung (EG) Nr. 800/2008 der Kommission vom 6. August 2008 zur Erklärung der Vereinbarkeit bestimmter Gruppen von Beihilfen mit dem Gemeinsamen Markt in Anwendung der Artikel 87 und 88 EG-Vertrag (allgemeine Gruppenfreistellungsverordnung; ABl. L 214 vom 9.8.2008, S. 3) in der jeweils geltenden Fassung. ²Das Auslaufen der Freistellungsanzeige wird vom Bundesministerium der Finanzen im Bundesgesetzblatt gesondert bekannt gegeben.

## § 3a
### Sonstige begünstigte Anlagen

(1) Sonstige begünstigte Anlagen sind Arbeitsmaschinen und Fahrzeuge, die ausschließlich dem Güterumschlag in Seehäfen dienen.

(2) Als Arbeitsmaschinen und Fahrzeuge im Sinne des Absatzes 1 gelten ausschließlich solche, die bestimmungsgemäß abseits von öffentlichen Straßen eingesetzt werden oder über keine Genehmigung für die überwiegende Verwendung auf öffentlichen Straßen verfügen.

## Kapitel 2 Bestimmungen für Energieerzeugnisse außer Kohle und Erdgas

### Abschnitt 1 Steueraussetzung

#### § 4
#### Anwendungsbereich

Die folgenden Energieerzeugnisse unterliegen dem Steueraussetzungsverfahren (§ 5):

1. Waren der Positionen 1507 bis 1518 der Kombinierten Nomenklatur, die dazu bestimmt sind, als Kraft- oder Heizstoff verwendet zu werden,

2. Waren der Unterpositionen 2707 10, 2707 20, 2707 30 und 2707 50 der Kombinierten Nomenklatur,

3. Waren der Unterpositionen 2710 11 bis 2710 19 69 der Kombinierten Nomenklatur; für die Beförderung unter Steueraussetzung gilt dies für Waren der Unterpositionen 2710 11 21, 2710 11 25 und 2710 19 29 der Kombinierten Nomenklatur nur dann, wenn sie als lose Ware befördert werden,

4. Waren der Position 2711 der Kombinierten Nomenklatur mit Ausnahme der Unterpositionen 2711 11, 2711 21 und 2711 29 der Kombinierten Nomenklatur,

5. Waren der Unterposition 2901 10 der Kombinierten Nomenklatur,

6. Waren der Unterpositionen 2902 20, 2902 30, 2902 41, 2902 42, 2902 43 und 2902 44 der Kombinierten Nomenklatur,

7. Waren der Unterposition 2905 11 00 der Kombinierten Nomenklatur, die nicht von synthetischer Herkunft sind und die dazu bestimmt sind, als Kraft- oder Heizstoff verwendet zu werden,

8. Waren der Unterpositionen 3811 11 10, 3811 11 90, 3811 19 00 und 3811 90 00 der Kombinierten Nomenklatur,

9. Waren der Unterposition 3824 90 99 der Kombinierten Nomenklatur, die dazu bestimmt sind, als Kraft- oder Heizstoff verwendet zu werden.

#### § 5
#### Steueraussetzungsverfahren

(1) Die Steuer ist ausgesetzt (Steueraussetzungsverfahren) für Energieerzeugnisse im Sinn des § 4, die

1. sich in einem Steuerlager befinden,
2. nach den §§ 10 bis 13 befördert werden.

(2) Steuerlager sind

1. Herstellungsbetriebe für Energieerzeugnisse (§ 6),
2. Lager für Energieerzeugnisse (§ 7).

(3) Steuerlagerinhaber im Sinn dieses Gesetzes sind Personen, denen die Erlaubnis erteilt worden ist, Energieerzeugnisse im Sinn des § 4 unter Steueraussetzung herzustellen (§ 6 Absatz 3) oder unter Steueraussetzung zu lagern (§ 7 Absatz 2).

## § 6
### Herstellungsbetriebe für Energieerzeugnisse

(1) ¹Herstellungsbetriebe im Sinne dieses Gesetzes sind vorbehaltlich der Absätze 2 und 3 Betriebe, in denen Energieerzeugnisse im Sinn des § 4 hergestellt werden. ²Herstellungshandlungen sind das Gewinnen oder Bearbeiten und in den Fällen von § 4 Nummer 1, 7 und 9 das Bestimmen der Waren zur Verwendung als Kraft- oder Heizstoff.

(2) Für Betriebe, die nicht schon aus einem anderen Grunde Herstellungsbetriebe sind, gelten nicht als Herstellung von Energieerzeugnissen

1. das Mischen von Energieerzeugnissen miteinander,

2. das Mischen von Energieerzeugnissen mit anderen Stoffen

   a) im Lager für Energieerzeugnisse,

   b) zum Kennzeichnen von Energieerzeugnissen,

3. das Trocknen oder bloße mechanische Reinigen von Energieerzeugnissen vor der ersten Verwendung sowie die Entnahme von Energieerzeugnissen aus Waren der Abschnitte XVI und XVII der Kombinierten Nomenklatur,

4. das Gewinnen von Energieerzeugnissen

   a) in Vorrichtungen zur Reinigung oder Reinhaltung von Gewässern und in Wasseraufbereitungsanlagen,

   b) beim Reinigen von Putzstoffen, Arbeitskleidung oder Altpapier,

5. das Gewinnen und Bearbeiten von Energieerzeugnissen durch Aufbereiten von Ölabfällen der Unterpositionen 2710 91 und 2710 99 der Kombinierten Nomenklatur und von anderen mit diesen vergleichbaren gebrauchten Energieerzeugnissen in den Betrieben, in denen sie angefallen sind,

6. das Gewinnen und Bearbeiten von Energieerzeugnissen, die zuvor steuerfrei verwendet worden sind, in dem Betrieb des Verwenders.

(3) ¹Wer Energieerzeugnisse unter Steueraussetzung herstellen will, bedarf der Erlaubnis. ²Sie wird auf Antrag unter Widerrufsvorbehalt Personen erteilt, gegen deren steuerliche Zuverlässigkeit keine Bedenken bestehen und die – soweit nach dem Handelsgesetzbuch oder der Abgabenordnung dazu verpflichtet – ordnungsmäßig kaufmännische Bücher führen und rechtzeitig Jahresabschlüsse aufstellen. ³Vor der Erteilung ist Sicherheit für die Steuer zu leisten, die voraussichtlich während zweier Monate für aus dem Herstellungsbetrieb in den freien Verkehr entnommene Energieerzeugnisse entsteht (§ 8), wenn Anzeichen für eine Gefährdung der Steuer erkennbar sind.

(4) ¹Die Erlaubnis ist zu widerrufen, wenn eine der Voraussetzungen nach Absatz 3 Satz 2 nicht mehr erfüllt ist oder eine angeforderte Sicherheit nicht geleistet wird. ²Die Erlaubnis kann widerrufen werden, wenn eine geleistete Sicherheit nicht mehr ausreicht.

## § 7
### Lager für Energieerzeugnisse

(1) ¹Lager für Energieerzeugnisse im Sinne dieses Gesetzes sind vorbehaltlich Absatz 2 Betriebe, in denen Energieerzeugnisse im Sinn des § 4 unter Steueraussetzung gelagert werden. ²Das Lager muss dem Großhandel, dem Großhandelsvertrieb durch Hersteller, dem Mischen von Energieerzeugnissen, der Versorgung von Verwendern mit steuerfreien Energieerzeugnissen oder der Abgabe von Energieerzeugnissen nach § 2 Abs. 1 Nr. 8 Buchstabe a, Abs. 2 Nr. 2 oder Abs. 3 dienen. ³Energieerzeugnisse dürfen im Lager miteinander oder mit anderen Stoffen gemischt werden, wenn das Gemisch ein Energieerzeugnis im Sinn des § 4 ist.

(2) ¹Wer Energieerzeugnisse unter Steueraussetzung lagern will, bedarf der Erlaubnis. ²Sie wird auf Antrag unter Widerrufsvorbehalt Personen erteilt, gegen deren steuerliche Zuverlässigkeit keine Bedenken bestehen und die – soweit nach dem Handelsgesetzbuch oder der Abgabenordnung dazu verpflichtet – ordnungsmäßig kaufmännische Bücher führen und rechtzeitig Jahresabschlüsse aufstellen. ³Vor der Erteilung ist Sicherheit für die Steuer zu leisten, die voraussichtlich während zweier Monate für aus dem Lager in den freien Verkehr entnommene Energieerzeugnisse in Person des Antragstellers entsteht (§ 8), wenn Anzeichen für eine Gefährdung der Steuer erkennbar sind.

(3) ¹Die Erlaubnis ist zu widerrufen, wenn eine der Voraussetzungen nach Absatz 2 Satz 2 nicht mehr erfüllt ist oder eine angeforderte Sicherheit nicht geleistet wird. ²Die Erlaubnis kann widerrufen werden, wenn eine geleistete Sicherheit nicht mehr ausreicht.

(4) ¹Das Lager kann auch der Einlagerung von Energieerzeugnissen durch Dritte (Einlagerer) dienen. ²Will der Einlagerer Steuerschuldner nach § 8 Abs. 2 Satz 2 werden, muss ihm zuvor eine Erlaubnis erteilt worden sein (zugelassener Einlagerer). ³Diese wird auf Antrag erteilt, wenn die Einlagerung durch den Einlagerer dem Großhandel oder dem Großhandelsvertrieb durch Hersteller dient und der Einlagerer die eingelagerten Energieerzeugnisse im eigenen Namen vertreibt. ⁴Die Erlaubnis wird nicht erteilt, wenn die Energieerzeugnisse ausschließlich nach § 2 Abs. 1 Nr. 8 Buchstabe a, Abs. 2 Nr. 2 oder Abs. 3 versteuert oder zu steuerfreien Zwecken entnommen werden sollen. ⁵Absatz 2 Satz 2 und 3 und Absatz 3 gelten entsprechend.

(5) Abweichend von den Absätzen 1 und 2 kann das Hauptzollamt auf Antrag für Flüssiggase, ordnungsgemäß gekennzeichnete Gasöle der Unterpositionen 2710 19 41 bis 2710 19 49 der Kombinierten Nomenklatur und Heizöle der Unterpositionen 2710 19 61 bis 2710 19 69 der Kombinierten Nomenklatur, die nach § 2 Abs. 1 Nr. 8 Buchstabe b, Abs. 2 Nr. 2 oder Abs. 3 versteuert oder zu steuerfreien Zwecken nach den §§ 25, 26 oder § 27 Abs. 1 abgegeben werden sollen oder die unter Steueraussetzung in ein anderes Steuerlager im Steuergebiet verbracht werden sollen, auch dann eine Erlaubnis nach Absatz 2 erteilen, wenn das Lager keine Lagerstätten besitzt.

(6) Auf Antrag des Erdölbevorratungsverbandes nach § 2 Abs. 1 des Erdölbevorratungsgesetzes in der

Fassung der Bekanntmachung vom 6. April 1998 (BGBl. I S. 679), zuletzt geändert durch Artikel 129 der Verordnung vom 25. November 2003 (BGBl. I S. 2304), in der jeweils geltenden Fassung ist zuzulassen, dass Energieerzeugnisse zur Erfüllung der Verbandszwecke unter Steueraussetzung gelagert werden.

§ 8
Entstehung der Steuer bei Entnahme in den steuerrechtlich freien Verkehr

(1) [1]Die Steuer entsteht dadurch, dass Energieerzeugnisse im Sinn des § 4 aus dem Steuerlager entfernt werden, ohne dass sich ein weiteres Steueraussetzungsverfahren anschließt, oder dass sie zum Ge- oder Verbrauch innerhalb des Steuerlagers entnommen werden (Entnahme in den steuerrechtlich freien Verkehr). [2]Schließt sich an die Entnahme in den steuerrechtlich freien Verkehr ein Verfahren der Steuerbefreiung (§ 24 Abs. 1) an, kommt es zu keiner Steuerentstehung.

(1a) [1]Die Steuer entsteht nicht, wenn die Energieerzeugnisse auf Grund ihrer Beschaffenheit oder infolge unvorhersehbarer Ereignisse oder höherer Gewalt vollständig zerstört oder unwiederbringlich verloren gegangen sind. [2]Energieerzeugnisse gelten dann als vollständig zerstört oder unwiederbringlich verloren gegangen, wenn sie als solche nicht mehr genutzt werden können. [3]Die vollständige Zerstörung sowie der unwiederbringliche Verlust der Energieerzeugnisse sind hinreichend nachzuweisen.

(2) [1]Steuerschuldner ist vorbehaltlich Satz 2
1. der Steuerlagerinhaber,
2. daneben im Fall einer unrechtmäßigen Entnahme
   a) die Person, die die Energieerzeugnisse in den steuerrechtlich freien Verkehr entnommen hat oder in deren Namen die Energieerzeugnisse entnommen worden sind,
   b) jede Person, die an der unrechtmäßigen Entnahme beteiligt war.

[2]Der zugelassene Einlagerer (§ 7 Abs. 4 Satz 2) wird für die von ihm oder auf seine Veranlassung aus dem Steuerlager entfernten Energieerzeugnisse Steuerschuldner. [3]Bestehen Zweifel an der Zuordnung der Entnahme, so ist der Steuerlagerinhaber Steuerschuldner. [4]Werden Energieerzeugnisse zu steuerfreien Zwecken an einen Nichtberechtigten abgegeben, ist neben dem Inhaber des Steuerlagers auch der Nichtberechtigte Steuerschuldner. [5]Mehrere Steuerschuldner sind Gesamtschuldner.

(3) Der Steuerschuldner hat für Energieerzeugnisse, für die in einem Monat die Steuer entstanden ist, vorbehaltlich des Absatzes 4 bis zum 15. Tag des folgenden Monats eine Steuererklärung abzugeben und darin die Steuer selbst zu berechnen (Steueranmeldung).

(4) [1]Für Energieerzeugnisse, für die die Steuer in der Zeit vom 1. bis 18. Dezember entstanden ist, hat der Steuerschuldner bis zum 22. Dezember eine Steuererklärung abzugeben und darin die Steuer selbst zu berechnen (Steueranmeldung). [2]Dies gilt nicht für Unternehmen, die im vorangegangenen Kalenderjahr weniger als 60 Millionen Euro Energiesteuer entrichtet haben. [3]Das Bundesministerium der Finanzen kann im Verwaltungswege zulassen, dass statt der nach Satz 1 anzumeldenden Steuer ein Durchschnittsbetrag angemeldet wird. [4]Für die Anmeldung von Energieerzeugnissen, für die die Steuer in der Zeit vom 19. bis 31. Dezember entstanden ist, gilt Absatz 3 sinngemäß. [5]Ist die Anmeldung eines Durchschnittsbetrages zugelassen worden, hat der Steuerschuldner die Anmeldung der Steuer nach Satz 1 in der nach Satz 4 abzugebenden Steueranmeldung nachzuholen.

(5) Die Steuer, die in einem Monat entstanden ist, ist vorbehaltlich des Absatzes 6 am zehnten Tag des zweiten auf die Entstehung folgenden Monats fällig.

(6) [1]Abweichend von Absatz 5 ist die Steuer, die im November entstanden ist, am 27. Dezember fällig. [2]Säumniszuschläge werden abweichend von § 240 Abs. 3 der Abgabenordnung nur dann nicht erhoben, wenn die Steuer spätestens am letzten Werktag des Kalenderjahres entrichtet worden ist, wobei der Sonnabend nicht als Werktag gilt. [3]Die Sätze 1 und 2 gelten auch für die Steuer, die in der Zeit vom 1. bis 18. Dezember entstanden und nach Absatz 4 in voller Höhe oder als Durchschnittsbetrag anzumelden ist. [4]Ist ein Durchschnittsbetrag entrichtet worden, ist der Unterschiedsbetrag zwischen dem Durchschnittsbetrag und der angemeldeten Steuer am 10. Februar des folgenden Jahres fällig.

(6a) [1]Abweichend von den Absätzen 3 bis 6 haben Steuerschuldner nach Absatz 2 Satz 1 Nummer 2 Buchstabe a und b unverzüglich eine Steueranmeldung abzugeben. [2]Die Steuer ist sofort fällig.

(7) Für die nach Absatz 1 entstehende Steuer ist im Voraus Sicherheit zu leisten, wenn Anzeichen für eine Gefährdung der Steuer erkennbar sind.

§ 9
Herstellung außerhalb eines Herstellungsbetriebes

(1) Werden Energieerzeugnisse im Sinn des § 4 außerhalb eines Herstellungsbetriebes hergestellt, entsteht die Steuer mit der Herstellung, es sei denn, es schließt sich ein Verfahren der Steuerbefreiung (§ 24 Absatz 1) an.

(1a) Wer Energieerzeugnisse im Sinn des § 4 außerhalb eines Herstellungsbetriebs herstellen will, hat dies dem Hauptzollamt vorher anzuzeigen.

(2) [1]Steuerschuldner ist der Hersteller und, falls keine Anzeige nach Absatz 1a erstattet worden ist, jede an der Herstellung beteiligte Person; mehrere Steuerschuldner sind Gesamtschuldner. [2]Der Steuerschuldner hat für Energieerzeugnisse, für die die Steuer entstanden ist, unverzüglich eine Steuererklärung abzugeben und darin die Steuer selbst zu berechnen (Steueranmeldung). [3]Die Steuer ist sofort fällig. [4]Das Hauptzollamt kann auf Antrag eine § 8 Abs. 3 bis 6 entsprechende Regelung treffen; § 6 Abs. 3 Satz 2 und 3 und § 8 Abs. 7 gelten sinngemäß.

§ 9a
Registrierte Empfänger

(1) [1]Registrierte Empfänger sind Personen, die Energieerzeugnisse unter Steueraussetzung

1. nicht nur gelegentlich oder
2. im Einzelfall

in ihren Betrieben im Steuergebiet zu gewerblichen Zwecken empfangen dürfen, wenn die Energieerzeugnisse aus einem Steuerlager in einem anderen Mitgliedstaat oder von einem Ort der Einfuhr in einem anderen Mitgliedstaat versandt wurden. ²Der Empfang durch Einrichtungen des öffentlichen Rechts steht dem Empfang zu gewerblichen Zwecken gleich.

(2) ¹Registrierte Empfänger bedürfen der Erlaubnis. ²Sie wird auf Antrag unter Widerrufsvorbehalt Personen erteilt, gegen deren steuerliche Zuverlässigkeit keine Bedenken bestehen und die – soweit nach dem Handelsgesetzbuch oder der Abgabenordnung dazu verpflichtet – ordnungsmäßig kaufmännische Bücher führen und rechtzeitig Jahresabschlüsse aufstellen. ³In den Fällen des Absatzes 1 Satz 1 Nummer 1 ist vor Erteilung der Erlaubnis Sicherheit für die voraussichtlich während zweier Monate entstehende Steuer zu leisten. ⁴In den Fällen des Absatzes 1 Satz 1 Nummer 2 ist vor Erteilung der Erlaubnis Sicherheit in Höhe der im Einzelfall entstehenden Steuer zu leisten sowie die Erlaubnis auf eine bestimmte Menge, einen einzigen Versender und einen bestimmten Zeitraum zu beschränken. ⁵Die Voraussetzungen der Sätze 2, 3 und 4 erster Halbsatz gelten nicht für die Erlaubnis, die einer Einrichtung des öffentlichen Rechts erteilt wird.

(3) Die Erlaubnis ist zu widerrufen, wenn eine der in Absatz 2 Satz 2 genannten Voraussetzungen nicht mehr erfüllt ist oder eine geleistete Sicherheit nicht mehr ausreicht.

(4) ¹Die Steuer entsteht für Energieerzeugnisse, die in den Betrieb eines registrierten Empfängers aufgenommen werden, mit der Aufnahme in den Betrieb, es sei denn, es schließt sich ein Verfahren der Steuerbefreiung (§ 24 Absatz 1) an. ²Steuerschuldner ist der registrierte Empfänger.

(5) ¹Der Steuerschuldner hat für Energieerzeugnisse, die in einem Monat die Steuer entstanden ist, eine Steuererklärung abzugeben und darin die Steuer selbst zu berechnen (Steueranmeldung). ²Für die Fristen zur Abgabe der Steuererklärung und die Fälligkeit der Steuer gilt § 8 Absatz 3 bis 6 entsprechend.

## § 9b
### Registrierte Versender

(1) Registrierte Versender sind Personen, die Energieerzeugnisse vom Ort der Einfuhr unter Steueraussetzung versenden dürfen.

(2) ¹Registrierte Versender bedürfen der Erlaubnis. ²Sie wird auf Antrag unter Widerrufsvorbehalt Personen erteilt, gegen deren steuerliche Zuverlässigkeit keine Bedenken bestehen und die – soweit nach dem Handelsgesetzbuch oder der Abgabenordnung dazu verpflichtet – ordnungsmäßig kaufmännische Bücher führen und rechtzeitig Jahresabschlüsse aufstellen. ³Die Erlaubnis ist bei Beförderungen nach § 11 Absatz 1 Nummer 1 und bei der Ausfuhr (§ 13) über Gebiete anderer Mitgliedstaaten davon abhängig, dass Sicherheit nach § 11 Absatz 2 oder § 13 Absatz 2 Satz 1 geleistet worden ist.

(3) Die Erlaubnis ist zu widerrufen, wenn eine der in Absatz 2 Satz 2 genannten Voraussetzungen nicht mehr erfüllt ist oder eine geleistete Sicherheit nicht mehr ausreicht.

## § 9c
### Begünstigte

(1) Begünstigte, die Energieerzeugnisse im Sinn des § 4 unter Steueraussetzung im Steuergebiet empfangen dürfen, sind vorbehaltlich des Absatzes 2
1. die ausländische Truppe und deren ziviles Gefolge im Sinn von Artikel 1 des Abkommens vom 19. Juni 1951 zwischen den Parteien des Nordatlantikvertrages über die Rechtsstellung ihrer Truppen (BGBl. 1961 II S. 1183, 1190) in der jeweils geltenden Fassung (NATO-Truppenstatut);
2. in der Bundesrepublik Deutschland errichtete internationale militärische Hauptquartiere nach Artikel 1 des Protokolls über die Rechtsstellung der auf Grund des Nordatlantikvertrages errichteten internationalen militärischen Hauptquartiere vom 28. August 1952 (BGBl. 1969 II S. 2000) in der jeweils geltenden Fassung (Hauptquartierprotokoll) sowie Artikel 1 des Abkommens vom 13. März 1967 zwischen der Bundesrepublik Deutschland und dem Obersten Hauptquartier der Alliierten Mächte, Europa, über die besonderen Bedingungen für die Einrichtung und den Betrieb internationaler militärischer Hauptquartiere in der Bundesrepublik Deutschland (BGBl. 1969 II S. 1997, 2009) in der jeweils geltenden Fassung (Ergänzungsabkommen);
3. Stellen der Vereinigen Staaten von Amerika oder anderer von den Vereinigten Staaten bezeichneten Regierungen in der Bundesrepublik Deutschland nach dem Abkommen zwischen der Bundesrepublik Deutschland und den Vereinigten Staaten von Amerika vom 15. Oktober 1954 über die von der Bundesrepublik zu gewährenden Abgabenvergünstigungen für die von den Vereinigten Staaten im Interesse der gemeinsamen Verteidigung geleisteten Ausgaben (BGBl. 1955 II S. 821, 823) in der jeweils geltenden Fassung;
4. diplomatische Missionen und konsularische Vertretungen;
5. die in internationalen Übereinkommen vorgesehenen internationalen Einrichtungen.

(2) Ein Empfang unter Steueraussetzung ist nur möglich, wenn
1. im Fall des Absatzes 1 Nummer 1 die Voraussetzungen für die Steuerbefreiung nach Artikel XI des NATO-Truppenstatuts und den Artikeln 65 bis 67 des Zusatzabkommens vom 3. August 1959 zu dem Abkommen vom 19. Juni 1951 zwischen den Parteien des Nordatlantikvertrages über die Rechtsstellung ihrer Truppen hinsichtlich der in der Bundesrepublik Deutschland stationierten ausländischen Truppen (BGBl. 1961 II S. 1183, 1218) in der jeweils geltenden Fassung für die ausländische Truppe und deren ziviles Gefolge vorliegen,
2. im Fall des Absatzes 1 Nummer 2 die Voraussetzungen für die Steuerbefreiung nach Artikel XI des NATO-Truppenstatuts und Artikel 15 des

Ergänzungsabkommens für die in der Bundesrepublik Deutschland errichteten internationalen militärischen Hauptquartiere vorliegen,

3. im Fall des Absatzes 1 Nummer 3 die Voraussetzungen für die Steuerbefreiung nach Artikel III Nummer 2 und den Artikeln IV bis VI des unter Absatz 1 Nummer 3 genannten Abkommens vom 15. Oktober 1954 für die Stellen der Vereinigten Staaten von Amerika oder anderen von den Vereinigten Staaten bezeichneten Regierungen in der Bundesrepublik Deutschland vorliegen,

4. es sich im Fall des Absatzes 1 Nummer 4 bei den Energieerzeugnissen um Kraftstoff (Benzin oder Dieselkraftstoff) handelt, der für die in § 59 Absatz 2 und 3 bezeichneten Dienststellen oder Personen zum Betrieb ihrer Kraftfahrzeuge bestimmt ist, und für den jeweiligen Kraftstoff eine Steuerbefreiung auf Gegenseitigkeit besteht,

5. im Fall des Absatzes 1 Nummer 5 die Voraussetzungen für eine Steuerbefreiung nach den jeweiligen internationalen Übereinkommen für die internationalen Einrichtungen vorliegen.

§ 9d
Beförderungen (Allgemeines)

(1) Beförderungen gelten, soweit in diesem Gesetz oder den dazu ergangenen Rechtsverordnungen keine Ausnahmen vorgesehen sind, nur dann als unter Steueraussetzung durchgeführt, wenn sie mit einem elektronischen Verwaltungsdokument nach Artikel 21 der Systemrichtlinie erfolgen.

(2) [1]Unbeschadet Absatz 1 gelten in den Fällen des § 10 Absatz 1 Nummer 2 und des § 11 Absatz 1 Nummer 1 Buchstabe c Beförderungen nur dann als unter Steueraussetzung durchgeführt, wenn dem Inhaber des abgebenden Steuerlagers oder dem registrierten Versender eine Freistellungsbescheinigung nach Artikel 13 Absatz 1 der Systemrichtlinie vorliegt. [2]Die Freistellungsbescheinigung ist während der Beförderung mitzuführen. [3]Satz 2 gilt auch in den Fällen des § 11 Absatz 1 Nummer 2 Buchstabe c.

§ 10
Beförderungen im Steuergebiet

(1) Energieerzeugnisse im Sinn des § 4 dürfen unter Steueraussetzung, auch über Drittländer oder Drittgebiete, befördert werden aus Steuerlagern im Steuergebiet oder von registrierten Versendern vom Ort der Einfuhr im Steuergebiet

1. in andere Steuerlager im Steuergebiet oder
2. zu Begünstigten (§ 9c) im Steuergebiet.

(2) [1]Wenn Steuerbelange gefährdet erscheinen, hat der Steuerlagerinhaber als Versender oder der registrierte Versender Sicherheit für die Beförderung zu leisten. [2]Werden die Energieerzeugnisse über das Gebiet eines anderen Mitgliedstaats in ein anderes Steuerlager im Steuergebiet oder zu einem Begünstigten (§ 9c) im Steuergebiet befördert, hat der Steuerlagerinhaber als Versender oder der registrierte Versender abweichend von Satz 1 für die Beförderung unter Steueraussetzung eine in allen Mitgliedstaaten gültige Sicherheit zu leisten. [3]Das Hauptzollamt kann in den Fällen der Sätze 1 und 2 auf Antrag zulassen, dass die Sicherheit durch den Eigentümer, den Beförderer oder den Empfänger der Energieerzeugnisse geleistet wird.

(3) Die Energieerzeugnisse sind unverzüglich
1. vom Inhaber des empfangenden Steuerlagers in sein Steuerlager aufzunehmen oder
2. vom Begünstigten (§ 9c) zu übernehmen.

(4) [1]Die Beförderung unter Steueraussetzung beginnt, wenn die Energieerzeugnisse das abgebende Steuerlager verlassen oder am Ort der Einfuhr in den zollrechtlich freien Verkehr überführt worden sind. [2]Sie endet mit der Aufnahme der Energieerzeugnisse in das empfangende Steuerlager oder mit der Übernahme der Energieerzeugnisse durch den Begünstigten (§ 9c).

§ 11
Beförderungen aus anderen und in andere Mitgliedstaaten

(1) Energieerzeugnisse im Sinn des § 4 dürfen unter Steueraussetzung, auch über Drittländer oder Drittgebiete, befördert werden

1. aus Steuerlagern im Steuergebiet oder von registrierten Versendern vom Ort der Einfuhr im Steuergebiet
   a) in Steuerlager,
   b) in Betriebe von registrierten Empfängern,
   c) zu Begünstigten im Sinn des Artikels 12 Absatz 1 der Systemrichtlinie in anderen Mitgliedstaaten,

2. aus Steuerlagern in anderen Mitgliedstaaten oder von registrierten Versendern vom Ort der Einfuhr in anderen Mitgliedstaaten
   a) in Steuerlager,
   b) in Betriebe von registrierten Empfängern,
   c) zu Begünstigten (§ 9c) im Steuergebiet;

3. durch das Steuergebiet.

(2) [1]In den Fällen des Absatzes 1 Nummer 1 hat der Steuerlagerinhaber als Versender oder der registrierte Versender eine in allen Mitgliedstaaten gültige Sicherheit zu leisten. [2]Das Hauptzollamt kann auf Antrag zulassen, dass die Sicherheit durch den Eigentümer, den Beförderer oder den Empfänger der Energieerzeugnisse geleistet wird. [3]Werden die Energieerzeugnisse auf dem Seeweg oder durch feste Rohrleitungen befördert, kann der Steuerlagerinhaber oder der registrierte Versender von der Sicherheitsleistung befreit werden, wenn Steuerbelange nicht gefährdet erscheinen und die anderen betroffenen Mitgliedstaaten damit einverstanden sind.

(3) Die Energieerzeugnisse sind unverzüglich
1. vom Inhaber des abgebenden Steuerlagers, vom registrierten Versender oder vom Empfänger, wenn dieser der Energieerzeugnisse im Steuergebiet in Besitz genommen hat, aus dem Steuergebiet in den anderen Mitgliedstaat zu befördern,
2. vom Inhaber des empfangenden Steuerlagers in sein Steuerlager oder vom registrierten Empfänger in seinen Betrieb im Steuergebiet aufzunehmen oder
3. vom Begünstigten (§ 9c) zu übernehmen.

(4) ¹In den Fällen des Absatzes 1 Nummer 1 beginnt die Beförderung unter Steueraussetzung, wenn die Energieerzeugnisse das abgebende Steuerlager verlassen oder am Ort der Einfuhr in den zollrechtlich freien Verkehr überführt worden sind. ²In den Fällen des Absatzes 1 Nummer 2 endet die Beförderung unter Steueraussetzung mit der Aufnahme der Energieerzeugnisse in das empfangende Steuerlager oder den Betrieb des registrierten Empfängers oder mit der Übernahme der Energieerzeugnisse durch den Begünstigten (§ 9c).

## § 12
(weggefallen)

## § 13
Ausfuhr

(1) Energieerzeugnisse im Sinn des § 4 dürfen unter Steueraussetzung, auch über Drittländer oder Drittgebiete, aus Steuerlagern im Steuergebiet oder von registrierten Versendern vom Ort der Einfuhr im Steuergebiet zu einem Ort befördert werden, an dem die Energieerzeugnisse das Verbrauchsteuergebiet der Europäischen Gemeinschaft verlassen.

(2) ¹Werden Energieerzeugnisse über Gebiete anderer Mitgliedstaaten ausgeführt, hat der Steuerlagerinhaber als Versender oder der registrierte Versender für die Beförderung unter Steueraussetzung eine in allen Mitgliedstaaten gültige Sicherheit zu leisten. ²Das Hauptzollamt kann auf Antrag zulassen, dass die Sicherheit durch den Beförderer oder den Eigentümer der Energieerzeugnisse geleistet wird. ³Werden die Energieerzeugnisse auf dem Seeweg oder durch feste Rohrleitungen ausgeführt, kann der Steuerlagerinhaber oder der registrierte Versender von der Sicherheitsleistung befreit werden, wenn Steuerbelange nicht gefährdet erscheinen und die anderen betroffenen Mitgliedstaaten damit einverstanden sind. ⁴Werden Energieerzeugnisse nicht über Gebiete anderer Mitgliedstaaten befördert, hat der Steuerlagerinhaber oder der registrierte Versender Sicherheit zu leisten, wenn Steuerbelange gefährdet erscheinen.

(3) Die Energieerzeugnisse sind unverzüglich vom Inhaber des abgebenden Steuerlagers, vom registrierten Versender oder vom Empfänger, falls dieser die Energieerzeugnisse bereits im Steuergebiet in Besitz genommen hat, aus dem Steuergebiet auszuführen.

(4) ¹Die Beförderung unter Steueraussetzung beginnt, wenn die Energieerzeugnisse das abgebende Steuerlager verlassen oder am Ort der Einfuhr in den zollrechtlich freien Verkehr überführt worden sind. ²Sie endet, wenn die Energieerzeugnisse das Verbrauchsteuergebiet der Europäischen Gemeinschaft verlassen.

## § 14
Unregelmäßigkeiten während der Beförderung

(1) Als Unregelmäßigkeit gilt ein während der Beförderung unter Steueraussetzung eintretender Fall, mit Ausnahme der in § 8 Absatz 1a geregelten Fälle, auf Grund dessen die Beförderung oder ein Teil der Beförderung nicht ordnungsgemäß beendet werden kann.

(2) Tritt während der Beförderung von Energieerzeugnissen nach den §§ 10, 11 und 13 im Steuergebiet eine Unregelmäßigkeit ein, entsteht die Steuer, es sei denn, dass die Energieerzeugnisse nachweislich an Personen im Steuergebiet abgegeben worden sind, die zum Bezug von Energieerzeugnissen unter Steueraussetzung oder von steuerfreien Energieerzeugnissen berechtigt sind.

(3) Wird während der Beförderung unter Steueraussetzung aus einem Steuerlager in einem anderen Mitgliedstaat oder von einem Ort der Einfuhr in einem anderen Mitgliedstaat im Steuergebiet festgestellt, dass eine Unregelmäßigkeit eingetreten ist und kann nicht ermittelt werden, wo die Unregelmäßigkeit eingetreten ist, so gilt sie als im Steuergebiet und zum Zeitpunkt der Feststellung eingetreten.

(4) ¹Sind Energieerzeugnisse unter Steueraussetzung aus dem Steuergebiet in einen anderen Mitgliedstaat befördert worden (§ 11 Absatz 1 Nummer 1, § 13 Absatz 1) und nicht an ihrem Bestimmungsort eingetroffen, ohne dass während der Beförderung eine Unregelmäßigkeit festgestellt worden ist, so gilt die Unregelmäßigkeit nach Absatz 1 als im Steuergebiet zum Zeitpunkt des Beginns der Beförderung eingetreten, es sei denn, der Versender führt innerhalb einer Frist von vier Monaten nach Beginn der Beförderung den hinreichenden Nachweis, dass die Energieerzeugnisse

1. am Bestimmungsort eingetroffen sind und die Beförderung ordnungsgemäß beendet wurde oder
2. auf Grund einer außerhalb des Steuergebiets eingetretenen Unregelmäßigkeit nicht am Bestimmungsort eingetroffen sind.

²Hatte die Person, die Sicherheit geleistet hat (§ 11 Absatz 2, § 13 Absatz 2), keine Kenntnis davon, dass die Energieerzeugnisse nicht an ihrem Bestimmungsort eingetroffen sind, und konnte sie auch keine Kenntnis davon haben, so hat sie innerhalb einer Frist von einem Monat ab Übermittlung dieser Information durch das Hauptzollamt die Möglichkeit, den Nachweis nach Satz 1 zu führen.

(5) ¹Werden Energieerzeugnisse über das Gebiet eines anderen Mitgliedstaats in ein anderes Steuerlager im Steuergebiet oder zu einem Begünstigten (§ 9c) im Steuergebiet befördert, gelten die Absätze 2 bis 4 sinngemäß.

(6) Steuerschuldner ist
1. der Steuerlagerinhaber als Versender,
2. der registrierte Versender,
3. jede andere Person als unter Nummer 1 und 2, die Sicherheit geleistet hat,
4. die Person, die die Energieerzeugnisse aus der Beförderung entnommen hat oder in deren Namen die Energieerzeugnisse entnommen wurden,
5. jede Person, die an der Entnahme aus der Beförderung beteiligt war und wusste oder vernünftigerweise hätte wissen müssen, dass die Entnahme unrechtmäßig war.

²Mehrere Steuerschuldner sind Gesamtschuldner.

# EnergieStG

(7) ¹Der Steuerschuldner hat für die Energieerzeugnisse, für die die Steuer entstanden ist, unverzüglich eine Steuererklärung abzugeben und darin die Steuer selbst zu berechnen (Steueranmeldung). ²Die Steuer ist sofort fällig.

(8) Wird in den Fällen der Absätze 3 bis 5 vor Ablauf einer Frist von drei Jahren ab dem Tag, an dem die Beförderung begonnen hat, festgestellt, dass die Unregelmäßigkeit in einem anderen Mitgliedstaat eingetreten und die Steuer in diesem Mitgliedstaat nachweislich erhoben worden ist, wird die im Steuergebiet entrichtete Steuer auf Antrag erstattet.

## Abschnitt 2 Verbringen von Energieerzeugnissen des steuerrechtlich freien Verkehrs

### § 15
### Verbringen zu gewerblichen Zwecken

(1) ¹Werden Energieerzeugnisse im Sinn des § 4 aus dem steuerrechtlich freien Verkehr eines Mitgliedstaats zu gewerblichen Zwecken bezogen, entsteht die Steuer dadurch, dass der Bezieher

1. die Energieerzeugnisse im Steuergebiet in Empfang nimmt oder
2. die außerhalb des Steuergebiets in Empfang genommenen Energieerzeugnisse in das Steuergebiet verbringt oder verbringen lässt.

²Schließt sich an die Empfangnahme oder das Verbringen ein Verfahren der Steuerbefreiung (§ 24 Abs. 1) an, kommt es zu keiner Steuerentstehung. ³Steuerschuldner ist der Bezieher. ⁴Der Bezug durch eine Einrichtung des öffentlichen Rechts steht dem Bezug zu gewerblichen Zwecken gleich.

(2) ¹Werden Energieerzeugnisse im Sinn des § 4 aus dem steuerrechtlich freien Verkehr eines Mitgliedstaates in anderen als den in Absatz 1 Satz 1 Nr. 1 und 2 genannten Fällen in das Steuergebiet verbracht, entsteht die Steuer dadurch, dass sie erstmals im Steuergebiet zu gewerblichen Zwecken in Besitz gehalten oder verwendet werden. ²Dies gilt nicht, wenn die in Besitz gehaltenen Energieerzeugnisse für einen anderen Mitgliedstaat bestimmt sind und unter zulässiger Verwendung eines Begleitdokuments nach Artikel 34 der Systemrichtlinie durch das Steuergebiet befördert werden. ³Steuerschuldner ist, wer die Energieerzeugnisse versendet, in Besitz hält oder verwendet. ⁴Schließt sich an die Inbesitznahme ein Verfahren der Steuerbefreiung an (§ 24 Abs. 1) oder werden die Energieerzeugnisse in einem solchen Verfahren verwendet, kommt es zu keiner Steuerentstehung.

(2a) § 8 Absatz 1a gilt entsprechend.

(3) Wer Energieerzeugnisse nach Absatz 1 oder 2 beziehen, in Besitz halten oder verwenden will, hat dies dem Hauptzollamt vorher anzuzeigen und für die Steuer Sicherheit zu leisten.

(4) Die Absätze 1 bis 3 gelten nicht

1. für Kraftstoffe in Hauptbehältern von Fahrzeugen, Spezialcontainern, Arbeitsmaschinen und -geräten sowie Kühl- und Klimaanlagen,
2. für Kraftstoffe, die in Reservebehältern eines Fahrzeugs bis zu einer Gesamtmenge von 20 Litern mitgeführt werden,
3. für Heizstoffe im Vorratsbehälter der Standheizung eines Fahrzeugs.

(5) ¹Der Steuerschuldner hat für Energieerzeugnisse, für die die Steuer entstanden ist, unverzüglich eine Steuererklärung abzugeben und darin die Steuer selbst zu berechnen (Steueranmeldung). ²Die Steuer ist am 25. Tag des auf die Entstehung folgenden Monats fällig. ³Wird das Verfahren nach Absatz 3 nicht eingehalten, ist die Steuer sofort fällig. ⁴Das Hauptzollamt kann zur Steuervereinfachung zulassen, dass der Steuerschuldner abweichend von Satz 1 die Steueranmeldung für Energieerzeugnisse, für die die Steuer in einem Monat entstanden ist, bis zum 15. Tag des auf die Entstehung folgenden Monats abgibt.

### § 16
### Verbringen zu privaten Zwecken

(1) ¹Energieerzeugnisse im Sinn des § 4, die eine Privatperson für ihren Eigenbedarf in einem anderen Mitgliedstaat im steuerrechtlich freien Verkehr erwirbt und selbst in das Steuergebiet befördert, sind steuerfrei. ²Die Steuerfreiheit ist jedoch ausgeschlossen für

1. flüssige Heizstoffe, ausgenommen Flüssiggase in Flaschen, und
2. Kraftstoffe, die in anderen Behältnissen als dem Hauptbehälter des Fahrzeugs befördert werden, ausgenommen in Reservebehältern des Fahrzeugs bis zu einer Gesamtmenge von 20 Litern.

(2) ¹Die Steuer für Energieerzeugnisse, die nach Absatz 1 Satz 2 nicht steuerfrei sind oder die auf Rechnung der Privatperson befördert werden, entsteht mit dem Verbringen in das Steuergebiet. ²Steuerschuldner ist die Privatperson.

(3) ¹Für Energieerzeugnisse, für die die Steuer entstanden ist, hat der Steuerschuldner unverzüglich eine Steuererklärung abzugeben und darin die Steuer selbst zu berechnen (Steueranmeldung). ²Die Steuer ist sofort fällig.

### § 17
### Entnahme aus Hauptbehältern

(1) ¹Für Energieerzeugnisse, für die auf Grund der Ausnahmeregelungen des § 15 Abs. 4 Nr. 1 oder Abs. 4 Nr. 3 keine Steuer nach § 15 Abs. 1 oder 2 entstanden ist oder die nach § 16 Abs. 1 in Hauptbehältern von Fahrzeugen unversteuert in das Steuergebiet verbracht worden sind, entsteht die Steuer dadurch, dass sie

1. aus dem Hauptbehälter oder dem Vorratsbehälter ohne technische Notwendigkeit entnommen oder nach der Entnahme abgegeben oder verwendet werden, soweit die Steuer nicht nach § 21 Abs. 1 entsteht,
2. zur stationären Nutzung eines Wasserfahrzeugs als Wohn-, Hotelschiff oder zu ähnlichen Zwecken verwendet werden.

²Steuerschuldner ist, wer eine der genannten Handlungen vornimmt. ³Mehrere Steuerschuldner sind Gesamtschuldner.

(2) ¹Der Steuerschuldner hat für Energieerzeugnisse, für die die Steuer entstanden ist, unverzüglich eine Steuererklärung abzugeben und darin die

Steuer selbst zu berechnen (Steueranmeldung). ²Die Steuer ist sofort fällig. ³Das Hauptzollamt kann auf Antrag im Einzelfall abweichende Fristen bestimmen; § 8 Abs. 7 gilt sinngemäß.

## § 18
## Versandhandel

(1) ¹Versandhandel betreibt, wer Energieerzeugnisse im Sinn des § 4 aus dem steuerrechtlich freien Verkehr des Mitgliedstaats, in dem er seinen Sitz hat, an Privatpersonen in anderen Mitgliedstaaten liefert und den Versand der Energieerzeugnisse an den Erwerber selbst durchführt oder durch andere durchführen lässt (Versandhändler). ²Als Privatpersonen gelten alle Erwerber, die sich gegenüber dem Versandhändler nicht als Abnehmer ausweisen, deren innergemeinschaftliche Erwerbe nach den Vorschriften des Umsatzsteuergesetzes der Umsatzsteuer unterliegen.

(2) Werden Energieerzeugnisse nach Absatz 1 durch einen Versandhändler mit Sitz in einem anderen Mitgliedstaat in das Steuergebiet geliefert, entsteht die Steuer mit der Auslieferung der Energieerzeugnisse an die Privatperson im Steuergebiet.

(2a) § 8 Absatz 1a gilt entsprechend.

(3) ¹Wer als Versandhändler Energieerzeugnisse in das Steuergebiet liefern will, hat dies vorher anzuzeigen und eine im Steuergebiet ansässige Person als Beauftragten zu benennen. ²Die Anzeige und die Benennung haben gegenüber dem für den Beauftragten zuständigen Hauptzollamt zu erfolgen. ³Der Beauftragte bedarf der Erlaubnis. ⁴Sie wird auf Antrag unter Widerrufsvorbehalt Personen erteilt, gegen deren steuerliche Zuverlässigkeit keine Bedenken bestehen und die – soweit sie nach dem Handelsgesetzbuch oder der Abgabenordnung dazu verpflichtet – ordnungsmäßig kaufmännische Bücher führen und rechtzeitig Jahresabschlüsse aufstellen. ⁵Der Beauftragte hat dem Hauptzollamt jede Lieferung unter Angabe der für die Versteuerung maßgebenden Merkmale vorher anzuzeigen und für die entstehende Steuer Sicherheit zu leisten sowie Aufzeichnungen über die Lieferungen des Versandhändlers in das Steuergebiet zu führen.

(4) ¹Steuerschuldner ist der Beauftragte. ²Er hat für Energieerzeugnisse, für die die Steuer entstanden ist, unverzüglich eine Steuererklärung abzugeben und darin die Steuer selbst zu berechnen (Steueranmeldung). ³Die Steuer ist am 25. Tag des auf die Entstehung der Steuer folgenden Monats fällig. ⁴Werden Energieerzeugnisse nicht nur gelegentlich im Versandhandel geliefert, kann das Hauptzollamt auf Antrag des Beauftragten zulassen, dass der Beauftragte abweichend von Satz 2 die Steueranmeldung für Energieerzeugnisse, für die die Steuer in einem Monat entstanden ist, bis zum 15. Tag des auf die Entstehung der Steuer folgenden Monats abgibt, und dass die fristgerechte Abgabe der Steueranmeldung der Anzeige nach Absatz 3 Satz 5 gleichsteht. ⁵Voraussetzung dafür ist, dass der Beauftragte Sicherheit in Höhe der während eines Monats entstehenden Steuer leistet. ⁶Wird das Verfahren nach Absatz 3 nicht eingehalten, ist der Versandhändler Steuerschuldner. ⁷Er hat unverzüglich eine Steueranmeldung abzugeben. ⁸Die Steuer ist sofort fällig.

(5) Die Erlaubnis des Beauftragten ist zu widerrufen, wenn eine der in Absatz 3 Satz 4 und 5 genannten Voraussetzungen nicht mehr erfüllt ist oder eine geleistete Sicherheit nicht mehr ausreicht.

(6) ¹Wer als Versandhändler mit Sitz im Steuergebiet Energieerzeugnisse des steuerrechtlich freien Verkehrs in einen anderen Mitgliedstaat liefern will, hat dies vorher dem zuständigen Hauptzollamt anzuzeigen. ²Er hat Aufzeichnungen über die gelieferten Energieerzeugnisse zu führen und die von dem Mitgliedstaat geforderten Voraussetzungen für die Lieferung zu erfüllen.

## § 18a
## Unregelmäßigkeiten während der Beförderung im steuerrechtlich freien Verkehr

(1) ¹Tritt während der Beförderung von Energieerzeugnissen nach § 15 Absatz 1 und 2 oder § 18 Absatz 2 im Steuergebiet eine Unregelmäßigkeit ein, entsteht die Steuer, es sei denn, die Energieerzeugnisse sind nachweislich an Personen im Steuergebiet abgegeben worden, die zum Bezug von steuerfreien Energieerzeugnissen berechtigt sind. ²Dies gilt auch, wenn während der Beförderung im Steuergebiet eine Unregelmäßigkeit festgestellt wurde, ohne dass sich der Ort, an dem sie begangen wurde, bestimmen lässt.

(2) Als Unregelmäßigkeit gilt ein während der Beförderung eintretender Fall, mit Ausnahme der in § 8 Absatz 1a geregelten Fälle, auf Grund dessen die Beförderung oder ein Teil der Beförderung nicht ordnungsgemäß beendet werden kann.

(3) ¹Steuerschuldner ist derjenige, der die Sicherheit nach § 15 Absatz 3 oder § 18 Absatz 3 Satz 5 geleistet hat und im Fall des § 15 Absatz 2 Satz 2 die Person, die die Energieerzeugnisse in Besitz hält. ²Der Steuerschuldner hat für Energieerzeugnisse, für die die Steuer entstanden ist, unverzüglich eine Steueranmeldung abzugeben. ³Die Steuer ist sofort fällig.

(4) Wird im Fall des Absatzes 1 Satz 2 vor Ablauf einer Frist von drei Jahren nach Beginn der Beförderung der Energieerzeugnisse der Ort der Unregelmäßigkeit festgestellt und liegt dieser in einem anderen Mitgliedstaat, wird die nach Absatz 3 erhobene Steuer auf Antrag des Steuerschuldners erlassen oder erstattet, wenn er den Nachweis über die Entrichtung der Steuer in diesem Mitgliedstaat vorlegt.

## Abschnitt 2a Einfuhr von Energieerzeugnissen aus Drittländern oder Drittgebieten

## § 19
## Einfuhr

(1) Einfuhr ist

1. der Eingang von Energieerzeugnissen aus Drittländern oder Drittgebieten in das Steuergebiet, es sei denn, die Energieerzeugnisse befinden sich beim Eingang in einem zollrechtlichen Nichterhebungsverfahren;

2. die Entnahme von Energieerzeugnissen aus einem zollrechtlichen Nichterhebungsverfahren im Steuergebiet, es sei denn, es schließt sich ein

11

weiteres zollrechtliches Nichterhebungsverfahren an.

(2) Zollrechtliche Nichterhebungsverfahren sind

1. beim Eingang von Energieerzeugnissen im zollrechtlichen Status als Nichtgemeinschaftswaren aus Drittländern und Drittgebieten:
   a) die nach Titel III Kapitel 1 bis 4 des Zollkodex vorgesehenen besonderen Verfahren der Zollüberwachung beim Eingang in das Zollgebiet der Gemeinschaft,
   b) die vorübergehende Verwahrung nach Titel III Kapitel 5 des Zollkodex,
   c) die Verfahren in Freizonen oder Freilagern nach Titel IV Kapitel 3 Abschnitt 1 des Zollkodex,
   d) alle in Artikel 84 Absatz 1 Buchstabe a des Zollkodex genannten Verfahren,
   e) das nationale Zollverfahren der Truppenverwendung nach § 2 des Truppenzollgesetzes vom 19. Mai 2009 (BGBl. I S. 1090) in der jeweils geltenden Fassung,
   
   und die dazu ergangenen Vorschriften;

2. beim Eingang von Energieerzeugnissen im zollrechtlichen Status als Gemeinschaftswaren aus Drittgebieten in sinngemäßer Anwendung die nach Titel III Kapitel 1 bis 4 des Zollkodex vorgesehenen besonderen Verfahren der Zollüberwachung beim Eingang in das Zollgebiet der Gemeinschaft.

### § 19a
### Unregelmäßigkeiten im zollrechtlichen Nichterhebungsverfahren

Tritt in einem zollrechtlichen Nichterhebungsverfahren, in dem sich die Energieerzeugnisse im Sinn des § 4 befinden, eine Unregelmäßigkeit ein, gilt Artikel 215 des Zollkodex sinngemäß.

### § 19b
### Steuerentstehung, Steuerschuldner

(1) ¹Die Steuer entsteht zum Zeitpunkt der Überführung der Energieerzeugnisse im Sinn des § 4 in den steuerrechtlich freien Verkehr durch die Einfuhr, es sei denn, die Energieerzeugnisse werden unmittelbar am Ort der Einfuhr in ein Verfahren der Steueraussetzung (§ 5) oder ein Verfahren der Steuerbefreiung (§ 24 Absatz 1) überführt. ²Die Steuer entsteht nicht, wenn die Energieerzeugnisse unter Steueraussetzung aus dem Steuergebiet oder einem anderen Mitgliedstaat über Drittländer oder Drittgebiete in das Steuergebiet befördert wurden.

(2) ¹Steuerschuldner ist
1. die Person, die nach den Zollvorschriften verpflichtet ist, die Energieerzeugnisse anzumelden oder in deren Namen die Energieerzeugnisse angemeldet werden,
2. jede andere Person, die an einer unrechtmäßigen Einfuhr beteiligt war.

²Mehrere Steuerschuldner sind Gesamtschuldner.

(3) ¹Für die Fälligkeit, den Zahlungsaufschub, das Erlöschen, ausgenommen das Erlöschen durch Einziehung, das Steuerverfahren sowie die Nacherhebung, den Erlass und die Erstattung in anderen Fällen als nach Artikel 220 Absatz 2 Buchstabe b und Artikel 239 des Zollkodex gelten die Zollvorschriften sinngemäß. ²Abweichend von Satz 1 bleiben die §§ 163 und 227 der Abgabenordnung unberührt.

(4) Für Energieerzeugnisse, die in der Truppenverwendung (§ 19 Absatz 2 Nummer 1 Buchstabe e) zweckwidrig verwendet werden, finden abweichend von den Absätzen 1 bis 3 die Vorschriften des Truppenzollgesetzes Anwendung.

## Abschnitt 3 Steuerrechtlich freier Verkehr in sonstigen Fällen

### § 20
### Differenzversteuerung

(1) ¹Werden nach § 2 Abs. 3 Satz 1 versteuerte Energieerzeugnisse, ausgenommen Erdgas, zu den in § 2 Abs. 3 Satz 1 und 2 genannten Zwecken abgegeben oder verwendet, entsteht vorbehaltlich Absatz 3 und § 21 die Steuer in Höhe der Differenz zu dem zutreffenden Steuersatz des § 2 Abs. 1 oder 2. ²Kann der Verbleib der Energieerzeugnisse nicht festgestellt werden, gilt Satz 1 entsprechend.

(2) ¹Werden nach § 2 Abs. 1 Nr. 8 Buchstabe a oder Abs. 2 Nr. 2 versteuerte Flüssiggase nicht unvermischt mit anderen Energieerzeugnissen abgegeben oder verwendet, entsteht die Steuer in Höhe der Differenz zu dem Steuersatz des § 2 Abs. 1 Nr. 8 Buchstabe b. ²Satz 1 gilt entsprechend, wenn der Verbleib der Energieerzeugnisse nicht festgestellt werden kann.

(3) ¹Die Steuer entsteht nicht, wenn die Energieerzeugnisse untergegangen sind. ²Schwund steht dem Untergang gleich. ³Darüber hinaus entsteht keine Steuer, wenn Energieerzeugnisse im Sinn des § 4 an ein Steuerlager abgegeben werden.

(4) ¹Steuerschuldner ist, wer eine der genannten Handlungen vornimmt. ²Mehrere Steuerschuldner sind Gesamtschuldner. ³Der Steuerschuldner hat für Energieerzeugnisse, für die die Steuer entstanden ist, unverzüglich eine Steuererklärung abzugeben und darin die Steuer selbst zu berechnen (Steueranmeldung). ⁴Die Steuer ist sofort fällig.

### § 21
### Entstehung der Steuer für gekennzeichnete Energieerzeugnisse

(1) ¹Die Steuer entsteht für Energieerzeugnisse, die zugelassene Kennzeichnungsstoffe enthalten und die als Kraftstoff bereitgehalten, abgegeben, mitgeführt oder verwendet werden, in Höhe des Steuersatzes nach § 2 Abs. 1 Nr. 4 Buchstabe a. ²Satz 1 gilt nicht in den Fällen nach den §§ 3, 3a, 17 Abs. 1 Satz 1 Nr. 2, §§ 26, 27 Abs. 1 sowie in den nach § 66 Abs. 1 Nr. 12 zugelassenen Fällen. ³Zu versteuern ist abweichend von Satz 1
1. mindestens die Menge, die dem Fassungsvermögen des jeweiligen Hauptbehälters entspricht, wenn die genannten Handlungen bei der Überprüfung von Fahrzeugen oder Anlagen, in denen Energieerzeugnisse als Kraftstoff verwendet werden, festgestellt werden,
2. nur die in den Rohrleitungen, Armaturen oder im Abgabeschlauch eines Transportmittels ver-

bliebene Restmenge an gekennzeichnetem Gasöl in dem Fall, dass ein Gemisch dadurch entstanden ist, dass die Restmenge beim Abgabevorgang eines nicht gekennzeichneten Energieerzeugnisses diesem zugegeben wurde.

(2) [1]Steuerschuldner ist, wer eine der genannten Handlungen vornimmt. [2]Mehrere Steuerschuldner sind Gesamtschuldner. [3]Im Falle des Absatzes 1 bleiben Steuern, die auf Grund von anderen als den dort genannten Tatbeständen entstanden sind, unberührt. [4]Der Steuerschuldner hat für Energieerzeugnisse, für die die Steuer entstanden ist, unverzüglich eine Steuererklärung abzugeben und darin die Steuer selbst zu berechnen (Steueranmeldung). [5]Die Steuer ist sofort fällig.

### § 22
### Entstehung der Steuer für Energieerzeugnisse im Sinn des § 4, Auffangtatbestand

(1) [1]Ist für Energieerzeugnisse im Sinn des § 4 eine Steuer nicht auf Grund einer sonstigen Bestimmung dieses Gesetzes entstanden, so entsteht sie dadurch, dass die Energieerzeugnisse als Kraft- oder Heizstoff oder als Zusatz oder Verlängerungsmittel von Kraft- oder Heizstoffen abgegeben oder verwendet werden. [2]Satz 1 gilt nicht für Gemische, die bei den in § 6 Abs. 2 Nr. 1 und 2 genannten Mischvorgängen entstanden sind.

(2) [1]Steuerschuldner ist, wer eine der genannten Handlungen vornimmt. [2]Mehrere Steuerschuldner sind Gesamtschuldner. [3]Der Steuerschuldner hat für Energieerzeugnisse, für die die Steuer entstanden ist, unverzüglich eine Steuererklärung abzugeben und darin die Steuer selbst zu berechnen (Steueranmeldung). [4]Die Steuer ist sofort fällig. [5]Das Hauptzollamt kann auf Antrag eine § 8 Absatz 3 bis 6 entsprechende Regelung treffen; § 6 Absatz 3 Satz 2 und 3 und § 8 Absatz 7 gelten sinngemäß.

### § 23
### Entstehung der Steuer für sonstige Energieerzeugnisse

(1) [1]Für andere als in § 4 genannte Energieerzeugnisse, ausgenommen Kohle und Erdgas, entsteht die Steuer vorbehaltlich § 20 Abs. 1 dadurch, dass sie

1. erstmals im Steuergebiet als Kraft- oder Heizstoff oder als Zusatz oder Verlängerungsmittel von Kraft- oder Heizstoffen abgegeben werden,
2. im Steuergebiet als Kraft- oder Heizstoff verwendet werden, wenn eine Steuer nicht nach Nummer 1 entstanden ist,
3. mit Energieerzeugnissen nach § 4 außerhalb eines Steuerlagers gemischt werden, wenn das Gemisch ein Energieerzeugnis im Sinn des § 4 ist und als Kraft- oder Heizstoff oder als Zusatz oder Verlängerungsmittel von Kraft- oder Heizstoffen abgegeben oder verwendet wird, oder
4. mit versteuertem Erdgas gemischt werden, wenn das Gemisch Erdgas ist und als Kraft- oder Heizstoff oder als Zusatz oder Verlängerungsmittel von Kraft- oder Heizstoffen abgegeben oder verwendet wird.

[2]Nachweisliche Vorversteuerungen sind anzurechnen. [3]Die Steuer entsteht nicht, wenn die Voraussetzungen eines Verfahrens der Steuerbefreiung (§ 24 Abs. 1) vorliegen.

(2) Absatz 1 gilt nicht
1. für Schmierstoffe zur Herstellung von Zweitaktergemischen,
2. für Wasser zur Herstellung von Diesel-Wasser-Gemischen und
3. für andere Energieerzeugnisse, die zur Verwendung als Zusatz oder Verlängerungsmittel von Kraft- oder Heizstoffen bestimmt sind und an ein Steuerlager im Steuergebiet abgegeben werden.

(3) Steuerschuldner ist
1. im Falle des Absatzes 1 Satz 1 Nr. 1 derjenige, der die Energieerzeugnisse abgibt, wenn dieser im Steuergebiet ansässig ist, andernfalls der Empfänger,
2. im Übrigen derjenige, der eine der genannten Handlungen vornimmt.

(4) [1]Wer Energieerzeugnisse nach Absatz 1 abgeben, beziehen oder verwenden will, hat dies dem zuständigen Hauptzollamt vorher anzuzeigen. [2]Erfolgen die Handlungen nicht nur gelegentlich, kann das Hauptzollamt auf weitere Anzeigen verzichten.

(5) Für die nach Absatz 1 entstehende Steuer ist im Voraus Sicherheit zu leisten, wenn Anzeichen für eine Gefährdung der Steuer erkennbar sind.

(6) [1]Der Steuerschuldner hat für Energieerzeugnisse, für die in einem Monat die Steuer entstanden ist, eine Steuererklärung abzugeben und darin die Steuer selbst zu berechnen (Steueranmeldung). [2]Für die Fristen zur Abgabe der Steuererklärung und die Fälligkeit der Steuer gilt § 8 Abs. 3 bis 6 entsprechend. [3]Wird das Verfahren nach Absatz 4 nicht eingehalten oder eine nach Absatz 5 angeforderte Sicherheit nicht geleistet, hat der Steuerschuldner für die entstandene Steuer unverzüglich eine Steuererklärung abzugeben und darin die Steuer selbst zu berechnen (Steueranmeldung). [4]Die Steuer ist sofort fällig.

### Abschnitt 4 Steuerbefreiungen

### § 24
### Begriffsbestimmungen, Erlaubnis

(1) [1]Verfahren der Steuerbefreiung sind die steuerfreie Verwendung und die steuerfreie Verteilung. [2]Energieerzeugnisse, die nach den §§ 25 bis 29 steuerfrei verwendet werden dürfen, können zu diesen Zwecken steuerfrei abgegeben werden.

(2) [1]Wer Energieerzeugnisse steuerfrei in den Fällen der §§ 25 bis 29 verwenden will, bedarf der Erlaubnis als Verwender. [2]Wer Energieerzeugnisse steuerfrei in den Fällen der §§ 25 bis 29 abgeben will, bedarf vorbehaltlich Absatz 3 der Erlaubnis als Verteiler.

(3) [1]Einer Erlaubnis als Verteiler bedarf nicht der Inhaber eines Steuerlagers, soweit er Energieerzeugnisse aus dem Steuerlager zu steuerfreien Zwecken abgibt. [2]In diesem Fall befinden sich die Energieerzeugnisse mit der Entfernung aus dem Steuerlager im Verfahren der Steuerbefreiung des Empfängers.

# EnergieStG

(4) Inhabern einer Erlaubnis nach Absatz 2 kann auch die Ausfuhr und das Verbringen von Energieerzeugnissen aus dem Steuergebiet erlaubt werden, sofern Steuerbelange nicht beeinträchtigt sind.

(5) ¹Die Erlaubnis nach Absatz 2 und 4 wird auf Antrag unter Widerrufsvorbehalt Personen erteilt, gegen deren steuerliche Zuverlässigkeit keine Bedenken bestehen. ²Sie ist zu widerrufen, wenn die Voraussetzung nach Satz 1 nicht mehr erfüllt ist.

(6) ¹Der Erlaubnisinhaber hat die Energieerzeugnisse, soweit er sie in seinem Betrieb verwenden will, unverzüglich aufzunehmen. ²Die Energieerzeugnisse dürfen nur zu dem in der Erlaubnis genannten Zweck verwendet oder abgegeben werden.

## § 25
### Steuerbefreiung für Verwendungen zu anderen Zwecken

(1) ¹Energieerzeugnisse im Sinn des § 4 dürfen steuerfrei verwendet werden zu anderen Zwecken als
1. zur Verwendung als Kraft- oder Heizstoff,
2. zur Herstellung von in § 4 genannten Kraft- oder Heizstoffen.

²Eine steuerfreie Verwendung ist ausgeschlossen, wenn in der Verwendung eine Herstellung nach § 6 liegt. ³Satz 2 gilt nicht, wenn zur Herstellung eines Energieerzeugnisses im Sinn des § 4 Waren der Unterpositionen 2710 11 21, 2710 11 25 oder 2710 19 29 der Kombinierten Nomenklatur eingesetzt werden und diese nach § 4 Nr. 3 nicht unter Steueraussetzung befördert werden können.

(2) Energieerzeugnisse dürfen steuerfrei verwendet werden als Probe zu Untersuchungszwecken.

## § 26
### Steuerbefreiung, Eigenverbrauch

(1) Auf dem Betriebsgelände eines Herstellungsbetriebes (§ 6) und eines Gasgewinnungsbetriebes (§ 44 Abs. 3) dürfen Energieerzeugnisse vom Inhaber des Betriebes steuerfrei zur Aufrechterhaltung des Betriebes verwendet werden.

(2) ¹Auf dem Betriebsgelände eines Betriebes, der Energieerzeugnisse herstellt und nicht von Absatz 1 erfasst wird, dürfen auf dem Betriebsgelände hergestellte Energieerzeugnisse vom Inhaber des Betriebes steuerfrei zur Aufrechterhaltung des Betriebes verwendet werden. ²§ 1 Abs. 3 Satz 2 gilt nicht.

(3) ¹Auf dem Betriebsgelände eines Betriebes, der Energieerzeugnisse herstellt und nicht von Absatz 1 erfasst wird, dürfen auch nicht auf dem Betriebsgelände hergestellte Energieerzeugnisse vom Inhaber des Betriebes steuerfrei zur Aufrechterhaltung des Betriebes verwendet werden, soweit die im Betrieb hergestellten Energieerzeugnisse als Kraft- oder Heizstoff oder als Zusatz oder Verlängerungsmittel von Kraft- oder Heizstoffen abgegeben oder verwendet werden. ²§ 1 Abs. 3 Satz 2 gilt nicht. ³Satz 1 gilt nicht für Kohlebetriebe (§ 31 Abs. 1 Satz 1).

(4) ¹Die Absätze 1 bis 3 gelten nicht für
1. Kohle und Erdgas,
2. andere Energieerzeugnisse, soweit diese zum Antrieb von Fahrzeugen verwendet werden.

²Nicht erfasst werden von den Absätzen 2 und 3 die in § 6 Abs. 2 genannten Vorgänge.

## § 27
### Steuerbefreiung, Schiff- und Luftfahrt

(1) ¹Energieerzeugnisse der Unterpositionen 2710 19 41 bis 2710 19 99 der Kombinierten Nomenklatur dürfen steuerfrei verwendet werden in Wasserfahrzeugen
1. für die Schifffahrt mit Ausnahme der privaten nichtgewerblichen Schifffahrt,
2. bei der Instandhaltung von Wasserfahrzeugen nach Nummer 1 und
3. bei der Herstellung von Wasserfahrzeugen.

²Dies gilt für Energieerzeugnisse der Unterpositionen 2710 19 41 bis 2710 19 49 der Kombinierten Nomenklatur nur, wenn sie ordnungsgemäß gekennzeichnet sind.

(2) Flugbenzin der Unterposition 2710 11 31 der Kombinierten Nomenklatur, dessen Researchoktanzahl den Wert von 100 nicht unterschreitet, und Flugturbinenkraftstoff der Unterposition 2710 19 21 der Kombinierten Nomenklatur dürfen steuerfrei verwendet werden in Luftfahrzeugen
1. für die Luftfahrt mit Ausnahme der privaten nichtgewerblichen Luftfahrt,
2. bei der Instandhaltung von Luftfahrzeugen nach Nummer 1 sowie
3. bei der Entwicklung und Herstellung von Luftfahrzeugen.

(3) Die in Absatz 2 genannten Energieerzeugnisse dürfen steuerfrei verwendet werden in für Luftfahrzeuge bestimmten Triebwerken und Motoren bei deren Entwicklung und Herstellung.

## § 28
### Steuerbefreiung für gasförmige Energieerzeugnisse

¹Zu den in § 2 Abs. 3 Satz 1 genannten Zwecken dürfen steuerfrei verwendet werden:
1. gasförmige Kohlenwasserstoffe, die aus dem biologisch abbaubaren Anteil von Erzeugnissen der Land- und Forstwirtschaft oder von Abfällen gewonnen werden, die bei der Tierhaltung, bei der Lagerung von Abfällen oder bei der Abwasserreinigung anfallen oder die aus Gründen der Luftreinhaltung aus Sicherheitsgründen bei der Lagerung oder Verladung von Energieerzeugnissen, beim Betanken von Fahrzeugen, bei der Entgasung von Transportmitteln, bei Verfahren der chemischen Industrie, ausgenommen bei der Herstellung von Energieerzeugnissen, und beim Kohleabbau aufgefangen werden,
2. Energieerzeugnisse der Position 2705 der Kombinierten Nomenklatur.

²Ein Mischen mit anderen Energieerzeugnissen im Betrieb des Verwenders unmittelbar vor der Verwendung schließt für die den eingesetzten Anteil an Energieerzeugnissen nach Satz 1 die Steuerbefreiung nicht aus. ³Satz 1 Nr. 2 gilt nicht für Energieerzeugnisse der Position 2705 der Kombinierten Nomenklatur, soweit diese Waren der Position 2710 oder 2711 der Kombinierten Nomenklatur, die nicht nach

Satz 1 steuerfrei sind, durch Beimischung enthalten oder aus diesen Waren erzeugt worden sind.

§ 29
(weggefallen)

§ 30
Zweckwidrigkeit

(1) [1]Die Steuer entsteht vorbehaltlich § 21 nach dem zutreffenden Steuersatz des § 2, wenn die Energieerzeugnisse entgegen der in der Erlaubnis genannten Zweckbestimmung verwendet oder abgegeben werden, nicht in den Betrieb aufgenommen werden oder der Verbleib der Energieerzeugnisse nicht festgestellt werden kann. [2]Die Steuer entsteht nicht, wenn die Energieerzeugnisse untergegangen oder an Personen abgegeben worden sind, die zum Bezug von steuerfreien Energieerzeugnissen berechtigt sind. [3]Darüber hinaus entsteht auch keine Steuer, wenn Energieerzeugnisse im Sinn des § 4 an Steuerlagerinhaber abgegeben werden. [4]Schwund steht dem Untergang gleich.

(2) [1]Steuerschuldner ist der Erlaubnisinhaber, wenn er vor Entstehung der Steuer Besitz an den Energieerzeugnissen erlangt hat, sonst der Steuerlagerinhaber. [2]Werden Energieerzeugnisse zu steuerfreien Zwecken an einen Nichtberechtigten abgegeben, ist daneben auch der Nichtberechtigte Steuerschuldner. [3]Mehrere Steuerschuldner sind Gesamtschuldner. [4]Der Steuerschuldner hat für Energieerzeugnisse, für die die Steuer entstanden ist, unverzüglich eine Steuererklärung abzugeben und darin die Steuer selbst zu berechnen (Steueranmeldung). [5]Die Steuer ist sofort fällig.

### Kapitel 3  Bestimmungen für Kohle

§ 31
Begriffsbestimmungen, Anmeldung, Erlaubnis

(1) [1]Kohlebetriebe im Sinne dieses Gesetzes sind vorbehaltlich Absatz 2 Betriebe, in denen Kohle gewonnen oder bearbeitet wird. [2]Kohlelieferer im Sinne dieses Gesetzes ist, wer Kohle gewerbsmäßig liefert.

(2) Für Betriebe, die nicht schon aus anderen Gründen Kohlebetriebe sind, gelten das Mischen, Trocknen und Zerkleinern von Kohle nicht als Bearbeiten von Kohle.

(3) Wer Kohle gewinnen oder bearbeiten will, hat dies dem zuständigen Hauptzollamt vor Eröffnung des Betriebes anzumelden.

(4) [1]Wer als Inhaber eines Kohlebetriebes oder als Kohlelieferer Kohle unversteuert beziehen will, bedarf der Erlaubnis. [2]Sie wird auf Antrag unter Widerrufsvorbehalt Personen erteilt, gegen deren steuerliche Zuverlässigkeit keine Bedenken bestehen und die – soweit nach dem Handelsgesetzbuch oder der Abgabenordnung dazu verpflichtet – ordnungsmäßig kaufmännische Bücher führen und rechtzeitig Jahresabschlüsse aufstellen. [3]Vor der Erteilung ist Sicherheit für die Steuer zu leisten, die voraussichtlich während zweier Monate entsteht (§ 32), wenn Anzeichen für eine Gefährdung der Steuer erkennbar sind.

(5) [1]Die Erlaubnis ist zu widerrufen, wenn eine der Voraussetzungen nach Absatz 4 Satz 2 nicht mehr erfüllt ist oder eine angeforderte Sicherheit nicht geleistet wird. [2]Die Erlaubnis kann widerrufen werden, wenn eine geleistete Sicherheit nicht mehr ausreicht.

§ 32
Entstehung der Steuer

(1) [1]Die Steuer entsteht vorbehaltlich der §§ 34 und 35 dadurch, dass

1. Kohle im Steuergebiet erstmals an Personen geliefert wird, die die Kohle nicht als Inhaber einer Erlaubnis nach § 31 Abs. 4 oder § 37 Abs. 1 beziehen,
2. Kohle im Steuergebiet durch Inhaber einer Erlaubnis nach § 31 Abs. 4 verwendet wird,
3. selbst gewonnene oder bearbeitete Kohle im Steuergebiet verwendet wird, soweit die Steuer nicht nach Nummer 2 entsteht.

[2]Satz 1 Nr. 2 und 3 gilt nicht, wenn zugleich die Voraussetzungen des § 37 Abs. 1 und 2 vorliegen.

(2) [1]Steuerschuldner ist

1. im Falle des Absatzes 1 Satz 1 Nr. 1 der Kohlelieferer, wenn dieser im Steuergebiet ansässig ist, andernfalls der Empfänger,
2. im Falle des Absatzes 1 Satz 1 Nr. 2 der Inhaber der Erlaubnis,
3. im Falle des Absatzes 1 Satz 1 Nr. 3 derjenige, der die Kohle verwendet.

[2]Wird Kohle zu steuerfreien Zwecken an einen Nichtberechtigten geliefert, ist im Falle der Nummer 1 neben dem Kohlelieferer auch der Nichtberechtigte Steuerschuldner.

(3) Für die nach Absatz 1 entstehende Steuer ist im Voraus Sicherheit zu leisten, wenn Anzeichen für eine Gefährdung der Steuer erkennbar sind.

(4) [1]Die Kohle gilt als geliefert im Sinne des Absatzes 1 Nr. 1, wenn deren Verbleib im Steuergebiet nicht festgestellt werden kann. [2]Dies gilt nicht für untergegangene Kohle. [3]Schwund steht dem Untergang gleich. [4]Neben dem Steuerschuldner nach Absatz 2 Satz 1 Nr. 1 ist derjenige Steuerschuldner, der die Kohle verwendet. [5]Mehrere Steuerschuldner sind Gesamtschuldner.

§ 33
Steueranmeldung, Fälligkeit

(1) [1]Der Steuerschuldner hat für Kohle, für die in einem Monat die Steuer nach § 32 Abs. 1 entstanden ist, bis zum 15. Tag des folgenden Monats eine Steuererklärung abzugeben und darin die Steuer selbst zu berechnen (Steueranmeldung). [2]Die Steuer, die in einem Monat entstanden ist, ist am 25. Tag des folgenden Monats fällig.

(2) [1]In den Fällen des § 32 Abs. 4 hat der Steuerschuldner unverzüglich eine Steuererklärung abzugeben und darin die Steuer selbst zu berechnen (Steueranmeldung). [2]Die Steuer ist sofort fällig.

§ 34
Verbringen in das Steuergebiet

[1]Wird Kohle aus einem Mitgliedstaat in das Steuergebiet verbracht, gelten die §§ 15, 16 Abs. 1 Satz 1 und Abs. 2 und § 18 sinngemäß, es sei denn, dass im Falle des § 15 die Kohle durch den Inhaber einer Erlaubnis nach § 31 Abs. 4 oder § 37 Abs. 1 bezogen,

in Besitz gehalten oder verwendet wird. ²Abweichend von § 15 Absatz 2 Satz 2 muss bei der Beförderung von Kohle das dort genannte Begleitdokument nicht mitgeführt werden.

§ 35
Einfuhr

Wird Kohle in das Steuergebiet eingefürt (§ 19), gelten die §§ 19a und 19b mit der Maßgabe sinngemäß, dass die Steuer nicht entsteht, wenn die Einfuhr durch den Inhaber einer Erlaubnis nach § 31 Absatz 4 oder § 37 Absatz 1 erfolgt oder sich die Abgabe an einen solchen unmittelbar an die Einfuhr anschließt.

§ 36
Steuerentstehung, Auffangtatbestand

(1) Ist für Kohle eine Steuer nicht auf Grund einer sonstigen Bestimmung dieses Gesetzes entstanden, so entsteht sie dadurch, dass die Kohle im Steuergebiet als Kraft- oder Heizstoff verwendet wird.

(2) ¹Steuerschuldner ist derjenige, der die Kohle verwendet. ²Der Steuerschuldner hat für Kohle, für die die Steuer entstanden ist, unverzüglich eine Steuererklärung abzugeben und darin die Steuer selbst zu berechnen (Steueranmeldung). ³Die Steuer ist sofort fällig.

§ 37
Steuerbefreiung, Erlaubnis, Zweckwidrigkeit

(1) ¹Wer Kohle steuerfrei in den Fällen des Absatzes 2 verwenden will, bedarf der Erlaubnis. ²Sie wird auf Antrag unter Widerrufsvorbehalt Personen erteilt, gegen deren steuerliche Zuverlässigkeit keine Bedenken bestehen. ³Die Erlaubnis ist zu widerrufen, wenn die Voraussetzung nach Satz 2 nicht mehr erfüllt ist.

(2) ¹Kohle darf steuerfrei verwendet werden
1. zu anderen Zwecken als zur Verwendung als Kraft- oder Heizstoff,
2. auf dem Betriebsgelände eines Kohlebetriebes (§ 31 Abs. 1 Satz 1) vom Inhaber des Betriebes zur Aufrechterhaltung des Betriebes,
3. als Kraft- oder Heizstoff zur Stromerzeugung,
4. als Heizstoff für Prozesse und Verfahren nach § 51,
5. als Probe zu betrieblich erforderlichen Untersuchungen und Prüfungen oder zu Zwecken der Steuer- oder Gewerbeaufsicht,
6. bis zum 31. Dezember 2010 von privaten Haushalten als Heizstoff zur Deckung des eigenen Wärmebedarfs.

²Satz 1 Nummer 3 gilt nicht für Kohle, die in Stromerzeugungsanlagen mit einer elektrischen Nennleistung bis zwei Megawatt verwendet wird. ³Wenn im Falle von Satz 1 Nr. 3 die erzeugte mechanische Energie neben der Stromerzeugung auch anderen Zwecken dient, ist nur der auf die Stromerzeugung entfallende Anteil an Kohle von der Steuer befreit. ⁴Das Hauptzollamt kann auf Antrag in den Fällen des Satzes 1 Nr. 3 und 4 zulassen, dass Kohle aus betrieblichen Gründen auch zu anderen als den dort genannten Zwecken steuerfrei bezogen werden kann. ⁵Für diese Kohle entsteht die Steuer mit der Verwendung als Kraft- oder Heizstoff. ⁶Steuerschuldner ist der Inhaber der Erlaubnis. ⁷Für die Steueranmeldung und die Fälligkeit gilt § 33 Abs. 1 entsprechend.

(3) ¹Die Kohle darf nur zu den in der Erlaubnis genannten Zwecken verwendet werden. ²Die Steuer entsteht für Kohle, die entgegen der in der Erlaubnis genannten Zweckbestimmung verwendet wird oder deren Verbleib nicht festgestellt werden kann. ³Die Steuer entsteht nicht für Kohle, die untergegangen ist. ⁴Schwund steht dem Untergang gleich. ⁵Steuerschuldner ist der Erlaubnisinhaber. ⁶Der Steuerschuldner hat für Energieerzeugnisse, für die die Steuer entstanden ist, unverzüglich eine Steuererklärung abzugeben und darin die Steuer selbst zu berechnen (Steueranmeldung). ⁷Die Steuer ist sofort fällig.

(4) ¹Kohle gilt als entgegen der in der Erlaubnis genannten Zweckbestimmung verwendet (Absatz 3), soweit die Erlaubnis zur steuerfreien Verwendung von Kohle nach § 37 Absatz 2 Satz 1 Nummer 4 in Verbindung mit § 51 Absatz 1 Nummer 1 oder der Fortbestand einer solchen Erlaubnis durch Angaben erwirkt worden ist, die in wesentlicher Hinsicht unrichtig oder unvollständig waren. ²Abweichend von Absatz 3 Satz 6 und 7 bestimmt das Hauptzollamt die Frist für die Abgabe der Steueranmeldung und den Zeitpunkt der Fälligkeit der Steuer.

Kapitel 4  Bestimmungen für Erdgas

§ 38
Entstehung der Steuer

(1) ¹Die Steuer entsteht dadurch, dass geliefertes oder selbst erzeugtes Erdgas im Steuergebiet zum Verbrauch aus dem Leitungsnetz entnommen wird, es sei denn, es schließt sich ein Verfahren der Steuerbefreiung (§ 44 Absatz 1) an. ²Gasgewinnungsbetriebe und Gaslager gelten mit der Maßgabe als dem Leitungsnetz zugehörig, dass ein dortiger Verbrauch von Erdgas als Entnahme aus dem Leitungsnetz gilt. ³Die Entnahme aus dem Leitungsnetz zur nicht leitungsgebundenen Weitergabe gilt als Entnahme zum Verbrauch.

(2) Steuerschuldner ist
1. der Lieferer, wenn dieser im Steuergebiet ansässig ist und das gelieferte Erdgas nicht durch einen anderen Lieferer aus dem Leitungsnetz entnommen wird,
2. andernfalls derjenige, der das Erdgas aus dem Leitungsnetz entnimmt.

(3) Wer mit Sitz im Steuergebiet Erdgas liefern, selbst erzeugtes Erdgas zum Selbstverbrauch im Steuergebiet entnehmen oder Erdgas von einem nicht im Steuergebiet ansässigen Lieferer zum Verbrauch beziehen will, hat dies vorher beim Hauptzollamt anzumelden.

(4) ¹Das Hauptzollamt kann auf Antrag zulassen, dass derjenige, der Erdgas an seine Mieter, Pächter oder vergleichbare Vertragsparteien liefert, nicht als anderer Lieferer (Absatz 2 Nr. 1) gilt. ²An den Inhaber der Zulassung geliefertes Erdgas gilt dann mit der Lieferung an ihn als aus dem Leitungsnetz entnommen. ³§ 42 bleibt dadurch unberührt.

(5) ¹Erdgas gilt mit der Lieferung an einen Lieferer, der entgegen Absatz 3 nicht angemeldet ist, als im Steuergebiet zum Verbrauch aus dem Leitungsnetz entnommen, wenn die Lieferung des Erdgases in der Annahme erfolgt, dass eine Steuer nach Absatz 1 entstanden sei. ²Eine Steuerentstehung durch die tatsächliche Entnahme des Erdgases aus dem Leitungsnetz bleibt dadurch unberührt. ³Dem nicht angemeldeten Lieferer wird auf Antrag die Steuer, die der ihn beliefernde Lieferer entrichtet hat, vergütet, soweit er nachweist, dass die durch die tatsächliche Entnahme des Erdgases entstandene Steuer entrichtet worden ist, für das Erdgas keine Steuer entstanden ist oder das Erdgas steuerfrei entnommen worden ist.

(6) Für die nach Absatz 1 entstehende Steuer ist im Voraus Sicherheit zu leisten, wenn Anzeichen für eine Gefährdung der Steuer erkennbar sind.

## § 39
### Steueranmeldung, Fälligkeit

(1) ¹Der Steuerschuldner hat für Erdgas, für das in einem Monat (Veranlagungsmonat) die Steuer nach § 38 Abs. 1 entstanden ist, bis zum 15. Tag des folgenden Monats eine Steuererklärung abzugeben und darin die Steuer selbst zu berechnen (Steueranmeldung). ²Die Steuer, die in einem Monat entstanden ist, ist am 25. Tag des folgenden Monats fällig.

(2) ¹Abweichend von Absatz 1 kann der Steuerschuldner die Steuer auch jährlich anmelden. ²Das Wahlrecht kann nur für volle Kalenderjahre ausgeübt werden. ³Es ist durch eine schriftliche Erklärung auszuüben, die dem Hauptzollamt vor Beginn des Kalenderjahres, ab dem die Steuer jährlich angemeldet werden soll, vorliegen muss. ⁴Entsteht die Steuer in der Person eines Steuerschuldners erstmals innerhalb eines Kalenderjahres, hat dieser das Wahlrecht spätestens bis zum Ablauf des zweiten Kalendermonats auszuüben, der dem Monat folgt, in dem die Steuer erstmals entstanden ist. ⁵Das Wahlrecht kann nur vom Beginn eines Kalenderjahres an widerrufen werden. ⁶Der Widerruf ist vor Beginn des Kalenderjahres, für den er gelten soll, gegenüber dem Hauptzollamt schriftlich zu erklären.

(3) Bei jährlicher Anmeldung ist die Steuer für jedes Kalenderjahr (Veranlagungsjahr) bis zum 31. Mai des folgenden Kalenderjahres anzumelden und unter Anrechnung der geleisteten monatlichen Vorauszahlungen nach Absatz 5 am 25. Juni dieses Kalenderjahres fällig.

(4) ¹Scheidet ein Steuerschuldner während des Veranlagungsjahres aus der Steuerpflicht aus, ist die Höhe der zu entrichtenden Steuer bis zum Ablauf des fünften Kalendermonats, der dem Ende der Steuerpflicht folgt, anzumelden. ²Ein sich unter Anrechnung der geleisteten monatlichen Vorauszahlungen nach Absatz 6 ergebender Restbetrag ist am 25. Kalendertag des Folgemonats fällig.

(5) ¹Bei jährlicher Anmeldung sind auf die Steuerschuld monatliche Vorauszahlungen zu leisten. ²Die Vorauszahlungen für den einzelnen Kalendermonat sind jeweils am 25. Kalendertag des folgenden Kalendermonats fällig. ³Die Höhe der monatlichen Vorauszahlungen wird durch das Hauptzollamt festgesetzt und beträgt grundsätzlich ein Zwölftel der Steuer, die im vorletzten dem Veranlagungsjahr vorhergehenden Kalenderjahr entstanden ist. ⁴Das Hauptzollamt kann die monatlichen Vorauszahlungen abweichend festsetzen, wenn die Summe der vom Steuerschuldner zu leistenden Vorauszahlungen von der voraussichtlich zu erwartenden Jahressteuerschuld abweichen würde. ⁵Der Steuerschuldner hat mit der Ausübung des Wahlrechts nach Absatz 2 oder auf Anforderung dem Hauptzollamt die voraussichtlich zu erwartende Jahressteuerschuld mitzuteilen. ⁶Kommt der Steuerschuldner den Verpflichtungen nach Satz 5 nicht nach, kann das Hauptzollamt ihn von dem Verfahren nach Absatz 2 ausschließen.

(6) ¹Wird die Lieferung oder der Verbrauch von Erdgas nach Ablesezeiträumen abgerechnet oder ermittelt, die mehrere Veranlagungsmonate oder mehrere Veranlagungsjahre betreffen, ist insoweit eine sachgerechte, von einem Dritten nachvollziehbare Schätzung zur Aufteilung der im gesamten Ablesezeitraum entnommenen Erdgasmenge auf die betroffenen Veranlagungszeiträume zulässig. ²Sofern Ablesezeiträume später enden als der jeweilige Veranlagungszeitraum, ist für diese Ablesezeiträume die voraussichtlich im Veranlagungszeitraum entnommenen Erdgasmenge zur Versteuerung anzumelden. ³Nachdem ein solcher Ablesezeitraum beendet ist, hat der Steuerschuldner die nach Satz 2 angemeldete Erdgasmenge und die darauf entfallende Steuer entsprechend Satz 1 zu berichtigen. ⁴Die Berichtigung ist für den Veranlagungszeitraum vorzunehmen, in dem der Ablesezeitraum endet. ⁵Die Steuer oder der Erstattungsanspruch für die Differenzmenge zwischen der angemeldeten und der berichtigten Menge gilt insoweit in dem Zeitpunkt als entstanden, in dem der Ablesezeitraum endet.

(7) ¹Erfolgt die Anmeldung nach § 38 Abs. 3 nicht oder wird nach § 38 Abs. 6 angeforderte Sicherheit nicht geleistet, hat der Steuerschuldner unverzüglich eine Steuererklärung abzugeben und darin die Steuer selbst zu berechnen (Steueranmeldung). ²Die Steuer ist sofort fällig.

## § 40
### Nicht leitungsgebundenes Verbringen

(1) ¹Wird Erdgas nicht leitungsgebunden aus einem Mitgliedstaat in das Steuergebiet verbracht, gelten die §§ 15, 16 Absatz 1 Satz 1 und Absatz 2 und § 18 sinngemäß mit der Maßgabe, dass im Fall des § 15 keine Steuer entsteht, wenn sich an die Empfangnahme oder das Verbringen ein Verfahren der Steuerbefreiung (§ 44 Absatz 1) anschließt. ²Abweichend von § 15 Absatz 2 Satz 2 muss bei der Beförderung von Erdgas das dort genannte Begleitdokument nicht mitgeführt werden.

(2) Absatz 1 gilt nicht für verflüssigtes Erdgas, das im Anschluss an das Verbringen in das Steuergebiet in eine Anlage zur Wiederverdampfung von verflüssigtem Erdgas aufgenommen wird.

## § 41
### Nicht leitungsgebundene Einfuhr

(1) Wird Erdgas nicht leitungsgebunden in das Steuergebiet eingeführt (§ 19), gelten die §§ 19a und 19b sinngemäß mit der Maßgabe, dass keine Steuer entsteht, wenn das Erdgas unmittelbar am Ort der

**EnergieStG**

Einfuhr in ein Verfahren der Steuerbefreiung (§ 44 Absatz 1) überführt wird.

(2) Absatz 1 gilt nicht für verflüssigtes Erdgas, dass im Anschluss an die Einfuhr in eine Anlage zur Wiederverdampfung von verflüssigtem Erdgas aufgenommen wird.

§ 42
Differenzversteuerung

(1) Wird nach § 2 Abs. 3 Satz 1 Nr. 4 versteuertes Erdgas nicht zu den in § 2 Abs. 3 Satz 1 und 2 genannten Zwecken abgegeben oder verwendet, entsteht die Steuer in Höhe der Differenz zu dem zutreffenden Steuersatz des § 2 Abs. 1 Nr. 7 oder Abs. 2 Nr. 1. Kann der Verbleib des Erdgases nicht festgestellt werden, gilt Satz 1 entsprechend.

(2) ¹Steuerschuldner ist, wer eine der genannten Handlungen vornimmt. ²Der Steuerschuldner hat für Erdgas, für das die Steuer entstanden ist, unverzüglich eine Steuererklärung abzugeben und darin die Steuer selbst zu berechnen (Steueranmeldung). ³Die Steuer ist sofort fällig. ⁴Das Hauptzollamt kann im Einzelfall auf Antrag eine § 39 entsprechende Regelung treffen.

§ 43
Steuerentstehung, Auffangtatbestand

(1) ¹Ist für Erdgas eine Steuer nicht auf Grund einer sonstigen Bestimmung dieses Gesetzes entstanden, so entsteht sie dadurch, dass das Erdgas als Kraft- oder Heizstoff oder als Zusatz oder Verlängerungsmittel von Kraft- oder Heizstoffen abgegeben oder verwendet wird. ²Satz 1 gilt nicht für Gemische, die bei Mischvorgängen entstanden sind, die nach § 44 Abs. 3 Satz 2 nicht als Erdgasherstellung gelten.

(2) ¹Steuerschuldner ist, wer eine der genannten Handlungen vornimmt. ²Mehrere Steuerschuldner sind Gesamtschuldner. ³Der Steuerschuldner hat für Erdgas, für das die Steuer entstanden ist, unverzüglich eine Steuererklärung abzugeben und darin die Steuer selbst zu berechnen (Steueranmeldung). ⁴Die Steuer ist sofort fällig.

§ 44
Steuerbefreiung, Erlaubnis, Zweckwidrigkeit

(1) ¹Verfahren der Steuerbefreiung sind die steuerfreie Verwendung und im Fall des Absatzes 2b auch die steuerfreie Verteilung von Erdgas. ²Wer Erdgas nach Absatz 2, Absatz 2a oder Absatz 2b steuerfrei verwenden will, bedarf der Erlaubnis als Verwender. ³Wer Erdgas steuerfrei nach Absatz 2b abgeben will, bedarf der Erlaubnis als Verteiler. ⁴Die Erlaubnis wird auf Antrag unter Widerrufsvorbehalt Personen erteilt, gegen deren steuerliche Zuverlässigkeit keine Bedenken bestehen. ⁵Sie ist zu widerrufen, wenn die Voraussetzung nach Satz 4 nicht mehr erfüllt ist.

(1a) Inhabern einer Erlaubnis nach Absatz 1 kann auch die Ausfuhr und das Verbringen von verflüssigtem Erdgas aus dem Steuergebiet erlaubt werden, sofern Steuerbelange nicht beeinträchtigt werden.

(2) Auf dem Betriebsgelände eines Gasgewinnungsbetriebes (Absatz 3) darf Erdgas vom Inhaber des Betriebes steuerfrei zur Aufrechterhaltung des Betriebes verwendet werden, jedoch nicht zum Antrieb von Fahrzeugen.

(2a) Erdgas, das beim Kohleabbau aufgefangen wird, darf steuerfrei zum Antrieb von Gasturbinen und Verbrennungsmotoren in begünstigten Anlagen nach § 3 verwendet werden.

(2b) Verflüssigtes Erdgas darf steuerfrei zu den in § 27 Absatz 1 Satz 1 genannten Zwecken verwendet oder abgegeben werden.

(3) ¹Gasgewinnungsbetriebe im Sinne dieses Gesetzes sind Betriebe, in denen Erdgas gewonnen oder bearbeitet (hergestellt) wird. ²§ 6 Abs. 2 gilt mit der Maßgabe sinngemäß, dass für Betriebe, die nicht schon aus einem anderen Grunde Gasgewinnungsbetriebe sind, auch das Beimischen von Kleinstmengen anderer Stoffe zum Verbessern oder zum Riechbarmachen (Odorieren) von Erdgas nicht als Erdgasherstellung gilt.

(4) ¹Das Erdgas darf nur zu dem in der Erlaubnis genannten Zweck verwendet oder abgegeben werden. ²Wird Erdgas entgegen der in der Erlaubnis genannten Zweckbestimmung verwendet oder abgegeben, gilt § 30 sinngemäß.

Kapitel 5 Steuerentlastung

§ 45
Begriffsbestimmung

Die Steuerentlastung im Sinne dieses Gesetzes umfasst den Erlass, die Erstattung und die Vergütung einer entstandenen Steuer.

§ 46
Steuerentlastung beim Verbringen aus dem Steuergebiet

(1) ¹Eine Steuerentlastung wird auf Antrag gewährt für

1. nachweislich versteuerte, nicht gebrauchte Energieerzeugnisse im Sinn des § 4, die zu gewerblichen Zwecken oder im Versandhandel in einen anderen Mitgliedstaat verbracht worden sind,

2. nachweislich versteuerte Kohle, die zu gewerblichen Zwecken aus dem Steuergebiet verbracht oder ausgeführt worden ist,

3. nachweislich versteuertes Erdgas, das zu gewerblichen Zwecken aus dem Steuergebiet verbracht oder ausgeführt worden ist,

4. nachweislich versteuerte, nicht gebrauchte Energieerzeugnisse, die zu gewerblichen Zwecken aus dem Steuergebiet verbracht oder ausgeführt worden sind, ausgenommen Energieerzeugnisse im Sinn des § 4 sowie Kohle und Erdgas.

²Satz 1 gilt nicht für Kraftstoffe in Hauptbehältern von Fahrzeugen, Spezialcontainern, Arbeitsmaschinen und -geräten sowie Kühl- und Klimaanlagen, für Kraftstoffe in Reservebehältern von Fahrzeugen und für Heizstoffe im Vorratsbehälter der Standheizung von Fahrzeugen.

(2) Die Steuerentlastung wird im Fall des Absatzes 1 Satz 1 Nummer 1 nur gewährt, wenn

1. der Entlastungsberechtigte den Nachweis erbringt, dass die Steuer für die Energieerzeug-

nisse in dem anderen Mitgliedstaat entrichtet worden ist, oder

2. der Entlastungsberechtigte

   a) den Antrag auf Steuerentlastung vor dem Verbringen der Energieerzeugnisse beim Hauptzollamt stellt und die Energieerzeugnisse auf Verlangen vorführt,

   b) die Energieerzeugnisse mit den Begleitpapieren nach Artikel 34 der Systemrichtlinie befördert und

   c) eine ordnungsgemäße Empfangsbestätigung sowie eine amtliche Bestätigung des anderen Mitgliedstaats darüber vorlegt, dass die Energieerzeugnisse dort ordnungsgemäß steuerlich erfasst worden sind.

(2a) Die Steuerentlastung wird im Fall des Absatzes 1 Satz 1 Nummer 1 auch gewährt, wenn die Energieerzeugnisse nicht am Bestimmungsort angekommen sind, die Steuer jedoch in einem anderen Mitgliedstaat auf Grund einer dort festgestellten Unregelmäßigkeit nachweislich erhoben worden ist.

(3) Entlastungsberechtigt ist derjenige, der die Energieerzeugnisse aus dem Steuergebiet verbracht oder ausgeführt hat.

## § 47
### Steuerentlastung bei Aufnahme in Betriebe und bei steuerfreien Zwecken

(1) Eine Steuerentlastung wird auf Antrag gewährt

1. für nachweislich versteuerte, nicht gebrauchte Energieerzeugnisse im Sinn des § 4, die in ein Steuerlager aufgenommen worden sind,

2. für den Kohlenwasserstoffanteil in gasförmigen Gemischen aus nachweislich versteuerten, nicht gebrauchten Energieerzeugnissen und anderen Stoffen, die bei der Lagerung oder Verladung von Energieerzeugnissen, beim Betanken von Kraftfahrzeugen oder bei der Entgasung von Transportmitteln aufgefangen worden sind, wenn

   a) die Gemische unter den Voraussetzungen des § 25 oder des § 26 zu den dort genannten Zwecken verwendet worden sind oder

   b) aus den Gemischen auf dem Betriebsgelände eines Steuerlagers Energieerzeugnisse im Sinn des § 4 hergestellt werden,

3. für nachweislich versteuerte Schweröle, Erdgase, Flüssiggase und gasförmige Kohlenwasserstoffe sowie ihnen nach § 2 Absatz 4 und 4a gleichgestellte Energieerzeugnisse, die zu den in § 25 genannten Zwecken verwendet worden sind,

4. für nachweislich versteuerte Schweröle, Erdgase, Flüssiggase und gasförmige Kohlenwasserstoffe sowie ihnen nach § 2 Absatz 4 und 4a gleichgestellte Energieerzeugnisse, die unter den Voraussetzungen des § 26 zu den dort genannten Zwecken verwendet worden sind,

5. für nachweislich versteuerte Kohle, die

   a) in einen Kohlebetrieb aufgenommen worden ist oder

   b) unter den Voraussetzungen des § 37 Abs. 2 Satz 1 Nr. 1 und 2 zu den dort genannten Zwecken verwendet worden ist,

6. für nachweislich versteuertes Erdgas, das in ein Leitungsnetz für unversteuertes Erdgas eingespeist wird.

(2) ¹Entlastungsberechtigt ist

1. in den Fällen des Absatzes 1 Nr. 1 und 2 Buchstabe b der Inhaber des Steuerlagers oder der zugelassene Einlagerer,

2. im Falle des Absatzes 1 Nr. 5 Buchstabe a der Inhaber des Kohlebetriebes,

2a. im Fall des Absatzes 1 Nummer 6 derjenige, der das Erdgas eingespeist hat,

3. im Übrigen derjenige, der die Energieerzeugnisse verwendet hat.

²Der zugelassene Einlagerer ist im Falle der Nummer 1 nur entlastungsberechtigt, soweit der Inhaber des Steuerlagers gegenüber dem Hauptzollamt schriftlich seinen Verzicht auf den Steuerentlastungsanspruch erklärt.

## § 48
### Steuerentlastung bei Vermischungen von gekennzeichnetem mit anderem Gasöl

(1) ¹Eine Steuerentlastung wird auf Antrag gewährt für nachweislich versteuerte Anteile in Gemischen aus ordnungsgemäß gekennzeichnetem Gasöl und anderem Gasöl bis auf den Betrag nach dem Steuersatz des § 2 Abs. 3 Satz 1 Nr. 1, wenn die Gemische

1. bei vom Hauptzollamt bewilligten Spülvorgängen oder bei vom Antragsteller nachzuweisenden versehentlichen Vermischungen entstanden und

2. nachweislich verheizt oder nach § 2 Abs. 3 Satz 1 Nr. 1 versteuertem Gasöl zugeführt worden sind.

²Dies gilt nicht für die Anteile von Gemischen, die bei Kraftstoffkontrollen in Fahrzeugen oder Antriebsanlagen festgestellt worden sind.

(2) Entlastungsberechtigt ist der Inhaber des Betriebes, der vom Hauptzollamt zum Spülen zugelassen ist, für versehentlich entstandene Gemische der Verfügungsberechtigte.

## § 49
### Steuerentlastung für zum Verheizen oder in begünstigten Anlagen verwendete Energieerzeugnisse

(1) Eine Steuerentlastung wird auf Antrag gewährt für nachweislich nach § 2 Abs. 1 Nr. 4 versteuerte Gasöle bis auf den Betrag nach dem Steuersatz des § 2 Abs. 3 Satz 1 Nr. 1, soweit sie nachweislich verheizt worden sind und ein besonderes wirtschaftliches Bedürfnis für die Verwendung von nicht gekennzeichnetem Gasöl zum Verheizen vorliegt.

(2) Eine Steuerentlastung wird auf Antrag gewährt für nachweislich nach § 2 Abs. 2 Nr. 2 versteuerte Flüssiggase bis auf den Betrag nach dem Steuersatz des § 2 Abs. 3 Satz 1 Nr. 5, soweit sie nachweislich zu den in § 2 Abs. 3 Satz 1 genannten Zwecken abgegeben worden sind.

**EnergieStG**

(2a) ¹Eine Steuerentlastung wird auf Antrag gewährt für nachweislich nach § 2 Absatz 1 Nummer 1 bis 3 versteuerte Energieerzeugnisse bis auf den Betrag nach dem Steuersatz des § 2 Absatz 3 Satz 1 Nummer 1 Buchstabe b, soweit sie zu gewerblichen Zwecken nachweislich verheizt oder zum Antrieb von Gasturbinen und Verbrennungsmotoren in begünstigten Anlagen nach § 3 verwendet worden sind. ²Die Steuerentlastung wird nur gewährt, wenn der Entlastungsbetrag mindestens 50 Euro im Kalenderjahr beträgt.

(3) Entlastungsberechtigt ist, wer die Energieerzeugnisse nach Absatz 1 oder Absatz 2a verwendet oder die Flüssiggase nach Absatz 2 abgegeben hat.

## § 50
### Steuerentlastung für Biokraftstoffe

(1) ¹Auf Antrag wird dem Steuerschuldner eine Steuerentlastung gewährt
1. für nachweislich nach den Steuersätzen des § 2 Abs. 1 versteuerte Biokraftstoffe, unvermischt mit anderen Energieerzeugnissen, ausgenommen Biokraftstoffen oder Additiven der Position 3811 der Kombinierten Nomenklatur,
2. für nachweislich nach den Steuersätzen des § 2 Abs. 1 versteuerte Energieerzeugnisse, die besonders förderungswürdige Biokraftstoffe nach Absatz 4 Nr. 3 sind,
3. für nachweislich nach den Steuersätzen des § 2 Abs. 1 versteuerte Energieerzeugnisse, die besonders förderungswürdige Biokraftstoffe nach Absatz 4 Nr. 1 oder Nr. 2 sind oder enthalten,
4. für nachweislich nach den Steuersätzen des § 2 Abs. 2 versteuerte Energieerzeugnisse, die durch Vergärung oder synthetisch aus Biomasse erzeugtes und auf Erdgasqualität aufbereitetes Biogas (Biomethan) sind oder enthalten, vorausgesetzt, das so erzeugte Biomethan entspricht den Anforderungen für Erdgas nach der Verordnung über die Beschaffenheit und die Auszeichnung der Qualitäten von Kraft- und Brennstoffen in der jeweils geltenden Fassung.

²Die Steuerentlastung wird vorbehaltlich der Absätze 2 und 3 bis zum 31. Dezember 2009 gewährt. ³Der Steuerentlastungsanspruch entsteht in dem Zeitpunkt, in dem für die Energieerzeugnisse die Steuer nach den Steuersätzen des § 2 in Person des Entlastungsberechtigten entsteht. ⁴In den Fällen des Satzes 1 Nr. 1, 2 und 4 wird eine Steuerentlastung nur gewährt, soweit die Energieerzeugnisse nicht dazu dienen, Verpflichtungen nach § 37a Abs. 1 Satz 1 und 2 in Verbindung mit § 37a Abs. 3 und 3a des Bundes-Immissionsschutzgesetzes zu erfüllen. ⁵Eine Steuerentlastung wird nicht gewährt, sofern der Biokraftstoff bereits zuvor eine anderweitige direkte staatliche Förderung im In- oder Ausland erhalten hat und keine Ausgleichs- oder Antidumpingzölle erhoben wurden. ⁶Das Bundesministerium der Finanzen gibt die konkreten staatlichen Förderungen im Sinne des Satzes 5, die zu einem Ausschluss der Steuerentlastung führen, im Bundesanzeiger bekannt. ⁷Satz 5 gilt nicht für diejenigen Mengen von dort genannten Energieerzeugnissen aus Bezugsverträgen, die Hersteller von Biodiesel sowie Steuerschuldner vor dem 25. September 2008 abgeschlossen hatten und deren Nichtabnahme zudem zu vertraglich festgelegten finanziellen Belastungen für die Unternehmen führt. ⁸Im Fall von Satz 1 Nummer 1 und 2 wird eine Steuerentlastung nur gewährt, soweit der in § 37a Absatz 3 Satz 3 des Bundes-Immissionsschutzgesetzes genannte Mindestanteil an Biokraftstoff überschritten wird.

(2) Abweichend von Absatz 1 Satz 2 wird die Steuerentlastung nach Absatz 1 Satz 1 Nr. 2 bis 4 auch über den 31. Dezember 2009 hinaus bis zum 31. Dezember 2015 gewährt.

(3) ¹Die Steuerentlastung nach Absatz 1 Satz 1 Nummer 1 und 4 wird in Höhe der Steuer gewährt, die auf den Biokraftstoffanteil entfällt. ²Die Steuerentlastung nach Absatz 1 Satz 1 Nummer 2 und 3 wird in Höhe der Steuer gewährt, die auf den Anteil an besonders förderungswürdigen Biokraftstoffen entfällt. ³Abweichend von Satz 1 wird für Fettsäuremethylester und Pflanzenöl, die nach den Steuersätzen des § 2 Abs. 1 Nr. 4 versteuert worden sind, nur eine teilweise Steuerentlastung gewährt. ⁴Diese beträgt

1. für 1 000 l Fettsäuremethylester
   bis 31. Dezember 2007        399,40 EUR,
   vom 1. Januar 2008
   bis 31. Dezember 2008        336,40 EUR,
   vom 1. Januar 2009
   bis 31. Dezember 2012        303,40 EUR,
   ab 1. Januar 2013        21,40 EUR.
2. für 1 000 l Pflanzenöl
   bis 31. Dezember 2007        470,40 EUR,
   vom 1. Januar 2008
   bis 31. Dezember 2008        388,90 EUR,
   vom 1. Januar 2009
   bis 31. Dezember 2012        304,90 EUR,
   ab 1. Januar 2013        21,40 EUR.

⁵Für andere als die in Satz 2 genannten Biokraftstoffe, die nach den Steuersätzen des § 2 Abs. 1 Nr. 4 versteuert worden sind, gelten die Sätze 1 und 3 Nr. 1 entsprechend, soweit es sich dabei nicht um besonders förderungswürdige Biokraftstoffe nach Absatz 4 Nummer 1 oder Nummer 2 handelt.

(4) Besonders förderungswürdige Biokraftstoffe sind
1. synthetische Kohlenwasserstoffe oder synthetische Kohlenwasserstoffgemische, die durch thermochemische Umwandlung von Biomasse gewonnen werden,
2. Alkohole, die durch biotechnologische Verfahren zum Aufschluss von Zellulose gewonnen werden, oder
3. Energieerzeugnisse, die einen Bioethanolanteil von mindestens 70 Volumenprozent enthalten, hinsichtlich des Bioethanolanteils.

(5) ¹Die Steuerentlastung darf nicht zu einer Überkompensation der Mehrkosten im Zusammenhang mit der Erzeugung der in Absatz 1 Satz 1 Nummer 1 bis 4 genannten Biokraftstoffe führen; zu diesem Zweck hat das Bundesministerium der Finanzen unter Beteiligung des Bundesministeriums für Ernährung, Landwirtschaft und Verbraucher-

schutz, des Bundesministeriums für Wirtschaft und Technologie und des Bundesministeriums für Umwelt, Naturschutz und Reaktorsicherheit dem Bundestag jährlich bis zum 1. September einen Bericht über die Markteinführung der Biokraftstoffe und die Entwicklung der Preise für Biomasse und Rohöl sowie die Kraft- und Heizstoffpreise vorzulegen und darin – im Falle einer Überkompensation – eine Anpassung der Steuerbegünstigung für Biokraftstoffe entsprechend der Entwicklung der Rohstoffpreise an die Marktlage vorzuschlagen. ²Hierbei sind die Effekte für den Klima- und Umweltschutz, der Schutz natürlicher Ressourcen, die externen Kosten der verschiedenen Kraftstoffe, die Versorgungssicherheit und die Realisierung eines Mindestanteils an Biokraftstoffen und anderen erneuerbaren Kraftstoffen gemäß der Richtlinie 2003/30/EG des Europäischen Parlaments und des Rates vom 8. Mai 2003 zur Förderung der Verwendung von Biokraftstoffen oder anderen erneuerbaren Kraftstoffen im Verkehrssektor (ABl. EU Nr. ³L 123 S. 42) zu berücksichtigen. ⁴Für besonders förderungswürdige Biokraftstoffe nach Absatz 4 Nummer 1 und 2 ist zur Feststellung einer Überkompensation ein Vergleich dieser Biokraftstoffe mit vergleichbaren, nicht besonders förderungswürdigen Biokraftstoffen vorzunehmen. ⁵Werden Biokraftstoffe neu in den Markt eingeführt, hat das Bundesministerium der Finanzen unter Beteiligung der in Satz 1 genannten obersten Bundesbehörden eine erste Analyse der Mehrkosten in Relation zu der Steuerbegünstigung vorzunehmen.

(6) ¹Unternehmen, die Biokraftstoffe herstellen, sind verpflichtet, die für den Bericht nach Absatz 5 Satz 1 erforderlichen Daten für eine zollamtliche Überprüfung bereitzuhalten und auf Anforderung dem Hauptzollamt vorzulegen. ²Sie sind, wenn sie über eine jährliche Produktionskapazität von mindestens 1 000 Tonnen verfügen, ferner verpflichtet, der zuständigen Stelle im Sinne des § 37d Abs. 1 des Bundes-Immissionsschutzgesetzes bis zum 31. März jeden Jahres ihre Produktionskapazität und die produzierte Menge an Biokraftstoffen des Vorjahres zu melden. ³Das Hauptzollamt ist befugt, zu diesen Zwecken die Vorlage von Beweismitteln zu verlangen und jede Art von Überprüfung der Buchführung des Unternehmens oder sonstige von ihm für zweckdienlich erachtete Kontrollen durchzuführen. ⁴Die §§ 193 bis 203 der Abgabenordnung gelten entsprechend.

(7) Im Falle von Störungen des deutschen Biokraftstoffmarktes oder des Biokraftstoffmarktes in der Europäischen Union, die durch Einfuhren aus Drittländern hervorgerufen werden, wird die Bundesregierung bei der Kommission der Europäischen Union die Einleitung geeigneter Schutzmaßnahmen beantragen.

### § 51
### Steuerentlastung für bestimmte Prozesse und Verfahren

(1) Eine Steuerentlastung wird auf Antrag gewährt für Energieerzeugnisse, die nachweislich nach § 2 Absatz 1 Nummer 9 und 10, Absatz 3 Satz 1 oder Absatz 4a versteuert worden sind und

1. von einem Unternehmen des Produzierenden Gewerbes im Sinne des § 2 Nr. 3 des Stromsteuergesetzes vom 24. März 1999 (BGBl. I S. 378, 2000 I S. 147), das zuletzt durch Artikel 2 des Gesetzes vom 1. März 2011 (BGBl. I S. 282) geändert worden ist, in der jeweils geltenden Fassung

   a) für die Herstellung von Glas und Glaswaren, keramischen Erzeugnissen, keramischen Wand- und Bodenfliesen und -platten, Ziegeln und sonstiger Baukeramik, Zement, Kalk und gebranntem Gips, Erzeugnissen aus Beton, Zement und Gips, keramisch gebundenen Schleifkörpern, mineralischen Isoliermaterialien, Asphalt, Waren aus Graphit oder anderen Kohlenstoffen, Erzeugnissen aus Porenbetonerzeugnissen und mineralischen Düngemitteln zum Trocknen, Brennen, Schmelzen, Erwärmen, Warmhalten, Entspannen, Tempern oder Sintern der vorgenannten Erzeugnisse oder der zu ihrer Herstellung verwendeten Vorprodukte,

   b) für die Metallerzeugung und -bearbeitung sowie im Rahmen der Herstellung von Metallerzeugnissen für die Herstellung von Schmiede-, Press-, Zieh- und Stanzteilen, gewalzten Ringen und pulvermetallurgischen Erzeugnissen und zur Oberflächenveredlung und Wärmebehandlung,

   c) für chemische Reduktionsverfahren,

   d) gleichzeitig zu Heizzwecken und zu anderen Zwecken als als Heiz- oder Kraftstoff,

2. für die thermische Abfall- oder Abluftbehandlung verwendet worden sind.

(1a) ¹Abweichend von Absatz 1 beträgt die Steuerentlastung ab dem 1. Januar 2009 für nachweislich nach § 2 Abs. 3 Satz 1 Nr. 1 Buchstabe a versteuerte Energieerzeugnisse 61,35 Euro für 1 000 Liter. ²Eine weitere Steuerentlastung kann für diese Energieerzeugnisse nicht gewährt werden.

(2) Entlastungsberechtigt ist derjenige, der die Energieerzeugnisse verwendet hat.

### § 52
### Steuerentlastung für die Schiff- und Luftfahrt

(1) ¹Eine Steuerentlastung wird auf Antrag gewährt für nachweislich versteuerte Energieerzeugnisse, die zu den in § 27 genannten Zwecken verwendet worden sind. ²In den Fällen des § 27 Abs. 1 Satz 1 Nr. 1 und 2 wird die Steuerentlastung für Energieerzeugnisse der Unterpositionen 2710 19 41 bis 2710 19 49 der Kombinierten Nomenklatur nur gewährt, wenn diese ordnungsgemäß gekennzeichnet sind.

(2) Entlastungsberechtigt ist derjenige, der die Energieerzeugnisse verwendet hat.

### § 53
### Steuerentlastung für die Stromerzeugung in Anlagen mit einer elektrischen Nennleistung von mehr als zwei Megawatt

(1) ¹Eine Steuerentlastung wird auf Antrag gewährt für Energieerzeugnisse, die nachweislich nach § 2 Absatz 1 Nummer 9 und 10, Absatz 3 Satz 1 oder

Absatz 4a versteuert worden sind und die zur Stromerzeugung in ortsfesten Anlagen mit einer elektrischen Nennleistung von mehr als zwei Megawatt verwendet worden sind. ²Wenn die in der Anlage erzeugte mechanische Energie neben der Stromerzeugung auch anderen Zwecken dient, wird nur für den auf die Stromerzeugung entfallenden Anteil an Energieerzeugnissen eine Steuerentlastung gewährt.

(2) ¹Energieerzeugnisse gelten nur dann als zur Stromerzeugung verwendet, soweit sie in der Stromerzeugungsanlage unmittelbar am Energieumwandlungsprozess teilnehmen. ²Unbeschadet der technisch bedingten Umwandlungsverluste ist die gesamte im Stromerzeugungsprozess eingesetzte Menge an Energieerzeugnissen entlastungsfähig. ³Zum Stromerzeugungsprozess gehören insbesondere nicht:

1. Dampferzeuger, soweit deren thermische Energie (Dampf) nicht der Stromerzeugung dient,
2. nachgeschaltete Abluftbehandlungsanlagen,
3. Zusatzfeuerungen, soweit die damit erzeugte thermische Energie nicht zur Stromerzeugung genutzt, sondern vor der Wärmekraftmaschine, insbesondere einer Dampfturbine oder einem Stirlingmotor, ausgekoppelt wird.

⁴Abluftbehandlungsanlagen im Sinn des Satzes 3 Nummer 2 sind insbesondere Rauchgasentschwefelungsanlagen, Rauchgasentstickungsanlagen sowie Kombinationen davon.

(3) ¹Abweichend von Absatz 1 beträgt die Steuerentlastung für nachweislich nach § 2 Absatz 3 Satz 1 Nummer 1 Buchstabe a versteuerte Energieerzeugnisse 61,35 Euro für 1 000 Liter. ²Eine weitere Steuerentlastung kann für diese Energieerzeugnisse nicht gewährt werden.

(4) Entlastungsberechtigt ist derjenige, der Energieerzeugnisse zur Stromerzeugung verwendet hat.

### § 53a
### Vollständige Steuerentlastung für die gekoppelte Erzeugung von Kraft und Wärme

(1) ¹Eine vollständige Steuerentlastung wird auf Antrag gewährt für Energieerzeugnisse, die nachweislich nach § 2 Absatz 1 Nummer 9 und 10, Absatz 3 Satz 1 oder Absatz 4a versteuert worden sind und die zur gekoppelten Erzeugung von Kraft und Wärme in ortsfesten Anlagen verwendet worden sind. ²Die Steuerentlastung wird nur gewährt, wenn diese Anlagen

1. hocheffizient sind und
2. einen Monats- oder Jahresnutzungsgrad von mindestens 70 Prozent erreichen.

³Die Kraft-Wärme-Kopplung ist hocheffizient im Sinn von Satz 2 Nummer 1, wenn sie

1. die Kriterien des Anhangs III der Richtlinie 2004/8/EG des Europäischen Parlaments und des Rates vom 11. Februar 2004 über die Förderung einer am Nutzwärmebedarf orientierten Kraft-Wärme-Kopplung im Energiebinnenmarkt und zur Änderung der Richtlinie 92/42/EWG (ABl. L 52 vom 21.2.2004, S. 50, L 192 vom 29.5.2004, S. 34), die durch die Verordnung (EG) Nr. 219/2009 (ABl. L 87 vom 31.3.2009, S. 109) geändert worden ist, in der jeweils geltenden Fassung und
2. die harmonisierten Wirkungsgrad-Referenzwerte der Entscheidung 2007/74/EG der Kommission vom 21. Dezember 2006 zur Festlegung harmonisierter Wirkungsgrad-Referenzwerte für die getrennte Erzeugung von Strom und Wärme in Anwendung der Richtlinie 2004/8/EG des Europäischen Parlaments und des Rates (ABl. L 32 vom 6.2.2007, S. 183), in der jeweils geltenden Fassung

erfüllt.

(2) ¹Die Steuerentlastung wird nur bis zur vollständigen Absetzung für Abnutzung der Hauptbestandteile der Anlage entsprechend den Vorgaben des § 7 des Einkommensteuergesetzes in der Fassung der Bekanntmachung vom 8. Oktober 2009 (BGBl. I S. 3366, 3862), das zuletzt durch Artikel 3 des Gesetzes vom 8. Mai 2012 (BGBl. I S. 1030) geändert worden ist, in der jeweils geltenden Fassung gewährt. ²Hauptbestandteile nach Satz 1 sind Gasturbine, Motor, Dampferzeuger, Dampfturbine, Generator und Steuerung. ³Werden Hauptbestandteile der Anlage durch neue Hauptbestandteile ersetzt, verlängert sich die in Satz 1 genannte Frist bis zur vollständigen Absetzung für Abnutzung der neu eingefügten Hauptbestandteile, sofern die Kosten der Erneuerung mindestens 50 Prozent der Kosten für die Neuerrichtung der Anlage betragen.

(3) ¹Abweichend von Absatz 1 beträgt die Steuerentlastung für nachweislich nach § 2 Absatz 3 Satz 1 Nummer 1 Buchstabe a versteuerte Energieerzeugnisse 61,35 Euro für 1 000 Liter. ²Eine weitere Steuerentlastung kann für diese Energieerzeugnisse nicht gewährt werden.

(4) Entlastungsberechtigt ist derjenige, der die Energieerzeugnisse zur gekoppelten Erzeugung von Kraft und Wärme verwendet hat.

(5) Die Steuerentlastung nach den Absätzen 1 und 3 wird nur für den Monat oder das Jahr gewährt, in dem die in den Absätzen 1 und 2 genannten Voraussetzungen nachweislich erfüllt wurden.

(6) ¹Die Steuerentlastung nach den Absätzen 1 bis 3 wird gewährt nach Maßgabe und bis zum Auslaufen der hierfür erforderlichen beihilferechtlichen Genehmigung der Europäischen Kommission. ²Das Auslaufen der Genehmigung wird vom Bundesministerium der Finanzen im Bundesgesetzblatt gesondert bekannt gegeben.

### § 53b
### Teilweise Steuerentlastung für die gekoppelte Erzeugung von Kraft und Wärme

(1) Eine teilweise Steuerentlastung wird auf Antrag gewährt für Energieerzeugnisse, die nachweislich nach § 2 Absatz 1 Nummer 9 und 10, Absatz 3 Satz 1 oder Absatz 4a versteuert worden sind und die zur gekoppelten Erzeugung von Kraft und Wärme in ortsfesten Anlagen mit einem Monats- oder Jahresnutzungsgrad von mindestens 70 Prozent verheizt worden sind.

(2) ¹Die Steuerentlastung nach Absatz 1 beträgt

1. für 1 000 l nach § 2 Absatz 3 Satz 1 Nummer 1 oder Nummer 3 versteuerte Energieerzeugnisse 40,35 EUR,
2. für 1 000 kg nach § 2 Absatz 3 Satz 1 Nummer 2 versteuerte Energieerzeugnisse 10,00 EUR,
3. für 1 MWh nach § 2 Absatz 3 Satz 1 Nummer 4 versteuerte Energieerzeugnisse 4,42 EUR,
4. für 1 000 kg nach § 2 Absatz 3 Satz 1 Nummer 5 versteuerte Energieerzeugnisse 60,60 EUR.

²Eine weitere Steuerentlastung kann für diese Energieerzeugnisse nicht gewährt werden.

(3) Werden im Fall des Absatzes 1 die Energieerzeugnisse von einem Unternehmen des Produzierenden Gewerbes im Sinn des § 2 Nummer 3 des Stromsteuergesetzes oder von einem Unternehmen der Land- und Forstwirtschaft im Sinn des § 2 Nummer 5 des Stromsteuergesetzes zu betrieblichen Zwecken verheizt, gilt Absatz 2 mit der Maßgabe, dass die Steuerentlastung
1. für 1 GJ nach § 2 Absatz 1 Nummer 9, 10 oder Absatz 4a versteuerte Energieerzeugnisse 0,16 EUR,
2. für 1 MWh nach § 2 Absatz 3 Satz 1 Nummer 4 versteuerte Energieerzeugnisse 4,96 EUR,
beträgt.

(4) Eine teilweise Steuerentlastung wird auf Antrag gewährt für Energieerzeugnisse, die nachweislich nach § 2 Absatz 1 Nummer 9 und 10, Absatz 3 Satz 1 oder Absatz 4a versteuert worden sind und die zum Antrieb von Gasturbinen und Verbrennungsmotoren in begünstigten Anlagen zur gekoppelten Erzeugung von Kraft und Wärme nach § 3 mit einem Monats- oder Jahresnutzungsgrad von mindestens 70 Prozent verwendet worden sind.

(5) Die Steuerentlastung nach Absatz 4 beträgt
1. für 1 000 l nach § 2 Absatz 3 Satz 1 Nummer 1 oder Nummer 3 versteuerte Energieerzeugnisse 40,35 EUR,
2. für 1 000 kg nach § 2 Absatz 3 Satz 1 Nummer 2 versteuerte Energieerzeugnisse 10,00 EUR,
3. für 1 MWh nach § 2 Absatz 3 Satz 1 Nummer 4 versteuerte Energieerzeugnisse 4,42 EUR,
4. für 1 000 kg nach § 2 Absatz 3 Satz 1 Nummer 5 versteuerte Energieerzeugnisse 19,60 EUR,
5. für 1 GJ nach § 2 Absatz 1 Nummer 9, 10 oder Absatz 4a versteuerte Energieerzeugnisse 0,16 EUR.

²Eine weitere Steuerentlastung kann für diese Energieerzeugnisse nicht gewährt werden.

(6) Entlastungsberechtigt ist derjenige, der die Energieerzeugnisse zur gekoppelten Erzeugung von Kraft und Wärme verwendet hat.

(7) Die Steuerentlastung nach den Absätzen 1 und 4 wird nur für den Monat oder das Jahr gewährt, in dem der dort genannten Nutzungsgrad nachweislich erreicht wurde.

(8) ¹Die Steuerentlastung nach den Absätzen 1 und 4 wird gewährt nach Maßgabe und bis zum Auslaufen der hierfür erforderlichen Freistellungsanzeige bei der Europäischen Kommission nach der Verordnung (EG) Nr. 800/2008. ²Das Auslaufen der Freistellungsanzeige wird vom Bundesministerium der Finanzen im Bundesgesetzblatt gesondert bekannt gegeben.

### § 54
### Steuerentlastung für Unternehmen

(1) ¹Eine Steuerentlastung wird auf Antrag gewährt für Energieerzeugnisse, die nachweislich nach § 2 Absatz 3 Satz 1 Nummer 1, 3 bis 5 versteuert worden sind und von einem Unternehmen des Produzierenden Gewerbes im Sinne des § 2 Nr. 3 des Stromsteuergesetzes oder von einem Unternehmen der Land- und Forstwirtschaft im Sinne des § 2 Nr. 5 des Stromsteuergesetzes zu betrieblichen Zwecken verheizt oder in begünstigten Anlagen nach § 3 verwendet worden sind. ²Eine Steuerentlastung für Energieerzeugnisse, die zur Erzeugung von Wärme verwendet worden sind, wird jedoch nur gewährt, soweit die erzeugte Wärme nachweislich durch ein Unternehmen des Produzierenden Gewerbes oder ein Unternehmen der Land- und Forstwirtschaft genutzt worden ist.

(2) Die Steuerentlastung beträgt
1. für 1 000 l nach § 2 Absatz 3 Satz 1 Nummer 1 oder Nummer 3 versteuerte Energieerzeugnisse 15,34 EUR,
2. für 1 MWh nach § 2 Absatz 3 Satz 1 Nummer 4 versteuerte Energieerzeugnisse 1,38 EUR,
3. für 1 000 kg nach § 2 Absatz 3 Satz 1 Nummer 5 versteuerte Energieerzeugnisse 15,15 EUR.

(3) Eine Steuerentlastung wird nur gewährt, soweit der Entlastungsbetrag nach Absatz 2 im Kalenderjahr den Betrag von 250 Euro übersteigt.

(4) Entlastungsberechtigt ist derjenige, der die Energieerzeugnisse verwendet hat.

### § 55
### Steuerentlastung für Unternehmen in Sonderfällen

(1) ¹Eine Steuerentlastung wird auf Antrag gewährt für Energieerzeugnisse, die nachweislich nach § 2 Absatz 3 Satz 1 Nummer 1, 3 bis 5 versteuert worden sind und von einem Unternehmen des Produzierenden Gewerbes im Sinne des § 2 Nr. 3 des Stromsteuergesetzes zu betrieblichen Zwecken verheizt oder in begünstigten Anlagen nach § 3 verwendet worden sind. ²Eine Steuerentlastung für Energieerzeugnisse, die zur Erzeugung von Wärme verwendet worden sind, wird jedoch nur gewährt, soweit die erzeugte Wärme nachweislich durch ein Unternehmen des Produzierenden Gewerbes genutzt worden ist.

(1a) (weggefallen)

(2) ¹Die Steuerentlastung beträgt für ein Kalenderjahr 90 Prozent des Steueranteils nach Absatz 3, jedoch höchstens 90 Prozent des Betrags, um den die Summe aus dem Steueranteil nach Absatz 3 und der Stromsteuer nach § 10 Absatz 1 Satz 1 bis 4 des Stromsteuergesetzes im Kalenderjahr den Unterschiedsbetrag übersteigt zwischen
1. dem Arbeitgeberanteil an den Rentenversicherungsbeiträgen, der sich für das Unternehmen errechnet, wenn in dem Kalenderjahr, für das der Antrag gestellt wird (Antragsjahr), der Beitragssatz in der allgemeinen Rentenversicherung

20,3 Prozent und in der knappschaftlichen Rentenversicherung 26,9 Prozent betragen hätte, und

2. dem Arbeitgeberanteil an den Rentenversicherungsbeiträgen, der sich für das Unternehmen errechnet, wenn im Antragsjahr der Beitragssatz in der allgemeinen Rentenversicherung 19,5 Prozent und in der knappschaftlichen Rentenversicherung 25,9 Prozent betragen hätte.

²Sind die Beitragssätze in der Rentenversicherung im Antragsjahr niedriger als die in Satz 1 Nr. 2 genannten Beitragssätze, so sind die niedrigeren Beitragssätze für die Berechnung des Arbeitgeberanteils nach Satz 1 Nr. 2 maßgebend.

(3) Der Steueranteil (Absatz 2) beträgt

1. für 1 MWh nach § 2 Absatz 3 Satz 1 Nummer 4 versteuerte Energieerzeugnisse      2,28 EUR,
2. für 1 000 kg nach § 2 Absatz 3 Satz 1 Nummer 5 versteuerte Energieerzeugnisse    19,89 EUR,
3. für 1 000 l nach § 2 Absatz 3 Satz 1 Nummer 1 oder Nummer 3 versteuerte Energieerzeugnisse    5,11 EUR,

vermindert um 750 Euro.

(4) ¹Eine Steuerentlastung nach den Absätzen 1 und 2 wird gewährt, wenn

1. das Unternehmen für das Antragsjahr nachweist, dass es

    a) ein Energiemanagementsystem betrieben hat, das den Anforderungen der DIN EN ISO 50001, Ausgabe Dezember 2011, entspricht, oder

    b) eine registrierte Organisation nach Artikel 13 der Verordnung (EG) Nr. 1221/2009 des Europäischen Parlaments und des Rates vom 25. November 2009 über die freiwillige Teilnahme von Organisationen an einem Gemeinschaftssystem für Umweltmanagement und Umweltbetriebsprüfung und zur Aufhebung der Verordnung (EG) Nr. 61/2001, sowie der Beschlüsse der Kommission 2001/681/EG und 2006/193/EG (ABl. L 342 vom 22.12.2009, S. 1) ist, und

2. die Bundesregierung

    a) festgestellt hat, dass mindestens der nach der Anlage zu § 55 für das Antragsjahr vorgesehene Zielwert für eine Reduzierung der Energieintensität erreicht wurde; die Feststellung erfolgt auf der Grundlage des Berichts, den ein unabhängiges wissenschaftliches Institut im Rahmen des Monitorings nach der Vereinbarung zwischen der Regierung der Bundesrepublik Deutschland und der deutschen Wirtschaft zur Steigerung der Energieeffizienz vom 1. August 2012 (BAnz AT 16.10.2012 B1) erstellt hat, sowie

    b) die Feststellung nach Buchstabe a im Bundesgesetzblatt bekannt gemacht hat.

²Kleine und mittlere Unternehmen können anstelle der in Satz 1 Nummer 1 genannten Energie- und Umweltmanagementsysteme alternative Systeme zur Verbesserung der Energieeffizienz betreiben, die den Anforderungen der DIN EN 16247-1, Ausgabe Oktober 2012, entsprechen; kleine und mittlere Unternehmen sind solche im Sinn der Empfehlung 2003/361/EG der Kommission vom 6. Mai 2003 betreffend die Definition der Kleinstunternehmen sowie der kleinen und mittleren Unternehmen (ABl. L 124 vom 20.5.2003, S. 36) in der jeweils geltenden Fassung.

(5) ¹Abweichend von Absatz 4 wird die Steuerentlastung gewährt

1. für die Antragsjahre 2013 und 2014, wenn das Unternehmen nachweist, dass es im Antragsjahr oder früher begonnen hat, ein Energiemanagementsystem nach Absatz 4 Satz 1 Nummer 1 Buchstabe a oder ein Umweltmanagementsystem nach Absatz 4 Satz 1 Nummer 1 Buchstabe b einzuführen,

2. für das Antragsjahr 2015, wenn

    a) das Unternehmen nachweist, dass es im Antragsjahr oder früher die Einführung eines Energiemanagementsystems nach Absatz 4 Satz 1 Nummer 1 Buchstabe a abgeschlossen hat, oder wenn das Unternehmen nachweist, dass es im Jahr 2015 oder früher als Organisation nach Artikel 13 der Verordnung (EG) Nr. 1221/2009 registriert worden ist, und

    b) die Voraussetzungen des Absatzes 4 Satz 1 Nummer 2 erfüllt sind.

²Für kleine und mittlere Unternehmen gilt Absatz 4 Satz 2 entsprechend.

(6) ¹Für Unternehmen, die nach dem 31. Dezember 2013 neu gegründet werden, gilt Absatz 5 mit der Maßgabe, dass

1. an die Stelle des Jahres 2013 das Kalenderjahr der Neugründung und an die Stelle der Jahre 2014 und 2015 die beiden auf die Neugründung folgenden Jahre treten sowie

2. ab dem Antragsjahr 2015 die Voraussetzungen des Absatzes 4 Satz 1 Nummer 2 erfüllt sind; Absatz 7 gilt entsprechend.

²Als Zeitpunkt der Neugründung gilt der Zeitpunkt der erstmaligen Betriebsaufnahme. ³Neu gegründete Unternehmen sind nur solche, die nicht durch Umwandlung im Sinn des Umwandlungsgesetzes vom 28. Oktober 1994 (BGBl. I S. 3210; 1995 I S. 428), das zuletzt durch Artikel 2 Absatz 48 des Gesetzes vom 22. Dezember 2011 (BGBl. I S. 3044) geändert worden ist, in der jeweils geltenden Fassung entstanden sind.

(7) ¹Stellt die Bundesregierung fest, dass der nach der Anlage zu § 55 für das Antragsjahr vorgesehene Zielwert für eine Reduzierung der Energieintensität nicht erreicht wurde, erhalten die Unternehmen die Steuerentlastung abweichend von Absatz 4 Satz 1 Nummer 2 Buchstabe a

1. zu 60 Prozent, wenn die Bundesregierung festgestellt hat, dass der nach der Anlage zu § 55 vorgesehene Zielwert für eine Reduzierung der Energieintensität mindestens zu 92 Prozent erreicht wurde,

2. zu 80 Prozent, wenn die Bundesregierung festgestellt hat, dass der nach der Anlage zu § 55 vorgesehene Zielwert für eine Reduzierung der

Energieintensität mindestens zu 96 Prozent erreicht wurde. ²Die Feststellung, ob die Voraussetzungen nach Satz 1 Nummer 1 oder Nummer 2 vorliegen, erfolgt im Rahmen der Bekanntmachung der Bundesregierung nach Absatz 4 Satz 1 Nummer 2 Buchstabe b.

(8) Der Nachweis nach Absatz 4 Satz 1 Nummer 1 Buchstabe a sowie nach Absatz 5 Satz 1 Nummer 1 und 2 Buchstabe a erste Alternative ist von den Unternehmen zu erbringen durch

1. Umweltgutachter oder Umweltgutachterorganisationen, die nach dem Umweltauditgesetz in der Fassung der Bekanntmachung vom 4. September 2002 (BGBl. I S. 3490), das zuletzt durch Artikel 1 des Gesetzes vom 6. Dezember 2011 (BGBl. I S. 2509) geändert worden ist, in der jeweils geltenden Fassung als Umweltgutachter tätig werden dürfen, in ihrem jeweiligen Zulassungsbereich, oder

2. Konformitätsbewertungsstellen, die von der nationalen Akkreditierungsstelle für die Zertifizierung von Energiemanagementsystemen nach der DIN EN ISO 50001 akkreditiert sind.

(9) ¹Die Steuerentlastung nach den Absätzen 1 und 2 wird gewährt nach Maßgabe und bis zum Auslaufen der hierfür erforderlichen beihilferechtlichen Genehmigung der Europäischen Kommission oder der hierfür erforderlichen Freistellungsanzeige bei der Europäischen Kommission nach der Verordnung (EG) Nr. 800/2008 der Kommission vom 6. August 2008 zur Erklärung der Vereinbarkeit bestimmter Gruppen von Beihilfen mit dem Gemeinsamen Markt in Anwendung der Artikel 87 und 88 EG-Vertrag (allgemeine Gruppenfreistellungsverordnung; ABl. L 214 vom 9.8.2008, S. 3) in der jeweils geltenden Fassung. ²Das Auslaufen der Genehmigung oder der Freistellungsanzeige wird vom Bundesministerium der Finanzen im Bundesgesetzblatt gesondert bekannt gegeben.

(10) Entlastungsberechtigt ist das Unternehmen des Produzierenden Gewerbes, das die Energieerzeugnisse verwendet hat.

§ 56
Steuerentlastung für den Öffentlichen Personennahverkehr

(1) ¹Eine Steuerentlastung wird auf Antrag gewährt für Benzine nach § 2 Abs. 1 Nr. 1, Gasöle nach § 2 Abs. 1 Nr. 4, Erdgas, Flüssiggase und gasförmige Kohlenwasserstoffe sowie ihnen nach § 2 Abs. 4 gleichgestellte Energieerzeugnisse, die nachweislich nach § 2 Abs. 1 Nr. 1, 4 oder Abs. 2 versteuert worden sind und die

1. in zur allgemein zugänglichen Beförderung von Personen bestimmten Schienenbahnen mit Ausnahme von Bergbahnen oder

2. in Kraftfahrzeugen im genehmigten Linienverkehr nach den §§ 42 und 43 des Personenbeförderungsgesetzes in der Fassung der Bekanntmachung vom 8. August 1990 (BGBl. I S. 1690), das zuletzt durch Artikel 2 Abs. 7 des Gesetzes vom 7. Juli 2005 (BGBl. I S. 1954) geändert worden ist, in der jeweils geltenden Fassung oder

3. in Kraftfahrzeugen in Verkehren nach § 1 Nr. 4 Buchstabe d, g und i der Freistellungs-Verordnung vom 30. August 1962 (BGBl. I S. 601), die zuletzt durch Artikel 1 der Verordnung vom 30. Juni 1989 (BGBl. I S. 1273) geändert worden ist, in der jeweils geltenden Fassung

verwendet worden sind, wenn in der Mehrzahl der Beförderungsfälle eines Verkehrsmittels die gesamte Reiseweite 50 Kilometer oder die gesamte Reisezeit eine Stunde nicht übersteigt. ²Satz 1 gilt nicht für die Steuer nach § 21. ³Satz 1 gilt nicht, soweit für die Energieerzeugnisse eine vollständige Steuerentlastung nach § 50 gewährt wird. ³Die Steuerentlastung wird nur für Energieerzeugnisse oder den Anteil der Energieerzeugnisse nach Satz 1 gewährt, die im Steuergebiet nach § 1 Absatz 1 Satz 2 verwendet worden sind.

(2) ¹Die Steuerentlastung beträgt

1. für 1 000 l Benzine nach § 2 Abs. 1 Nr. 1 oder 1 000 l Gasöle nach § 2 Abs. 1 Nr.4    54,02 EUR,

2. für 1 000 kg Flüssiggase nach § 2 Abs. 2 Nr. 2 bis zum 31. Dezember 2018    13,37 EUR,

3. für 1 MWh Erdgas oder 1 MWh gasförmige Kohlenwasserstoffe nach § 2 Abs. 2 Nr. 1 bis zum 31. Dezember 2018    1,00 EUR.

²Satz 1 gilt für Energieerzeugnisse nach § 2 Abs. 4 sinngemäß.

(3) Ein Steuerentlastung wird nur gewährt, wenn der Entlastungsbetrag nach Absatz 2 mindestens 50 Euro im Kalenderjahr beträgt.

(4) Entlastungsberechtigt ist derjenige, der die Energieerzeugnisse verwendet hat.

§ 57
Steuerentlastung für Betriebe der Land- und Forstwirtschaft

(1) ¹Eine Steuerentlastung wird auf Antrag gewährt für nachweislich nach § 2 Abs. 1 Nr. 4 versteuerte Energieerzeugnisse, die in Betrieben der Land- und Forstwirtschaft zum Betrieb von

1. Ackerschleppern,

2. standfesten oder beweglichen Arbeitsmaschinen und Motoren oder

3. Sonderfahrzeugen

bei der Ausführung von Arbeiten zur Gewinnung pflanzlicher oder tierischer Erzeugnisse durch Bodenbewirtschaftung oder durch mit Bodenbewirtschaftung verbundene Tierhaltung verwendet worden sind. ²Soweit die Energieerzeugnisse für die Ausführung forstwirtschaftlicher Arbeiten verwendet worden sind, wird eine Steuerentlastung gewährt, wenn und soweit sie unter den Voraussetzungen der Verordnung (EG) Nr. 1998/2006 der Kommission vom 15. Dezember 2006 über die Anwendung der Artikel 87 und 88 EG-Vertrag auf „De-minimis"-Beihilfen (ABl. L 379 vom 28.12.2006, S. 5) zulässig ist. ³Eine Steuerentlastung wird abweichend von Satz 1 ebenfalls gewährt, wenn Gasöle in Betrieben der Imkerei zum Betrieb auch anderer als der dort aufgeführten Fahrzeuge verwendet worden sind. ⁴Eine Steuerentlastung wird jährlich für höchstens 15 Liter Gasöl je Bienenvolk gewährt.

(2) Betriebe der Land- und Forstwirtschaft im Sinne des Absatzes 1 sind

1. Betriebe, die durch Bodenbewirtschaftung oder durch mit Bodenbewirtschaftung verbundene Tierhaltung pflanzliche oder tierische Erzeugnisse gewinnen und
   a) aus denen natürliche Personen Einkünfte nach § 13 Abs. 1 Nr. 1 des Einkommensteuergesetzes erzielen oder
   b) deren Inhaber eine nichtrechtsfähige Personenvereinigung, eine juristische Person des privaten Rechts oder eine Hauberg-, Wald-, Forst- oder Laubgenossenschaft oder eine ähnliche Realgemeinde im Sinne des § 13 Abs. 1 Nr. 4 des Einkommensteuergesetzes ist und bei denen im Falle der Gewinnung tierischer Erzeugnisse die mit der Bodenbewirtschaftung verbundene Tierhaltung die Grenzen des § 51 des Bewertungsgesetzes in der Fassung der Bekanntmachung vom 1. Februar 1991 (BGBl. I S. 230), das zuletzt durch Artikel 14 des Gesetzes vom 20. Dezember 2001 (BGBl. I S. 3794) geändert worden ist, in der jeweils geltenden Fassung nicht überschreitet oder
   c) deren Inhaber eine Körperschaft, Personenvereinigung oder Vermögensmasse ist, die ausschließlich und unmittelbar kirchliche, gemeinnützige oder mildtätige Zwecke verfolgt,
2. Imkereien, aus denen natürliche Personen Einkünfte nach § 13 Abs. 1 Nr. 2 des Einkommensteuergesetzes erzielen oder deren Inhaber eine nichtrechtsfähige Personenvereinigung oder eine juristische Person des privaten Rechts ist,
3. Wanderschäfereien und Teichwirtschaften,
4. Schöpfwerke zur Be- und Entwässerung land- und forstwirtschaftlich genutzter Grundstücke,
5. Betriebe, insbesondere Lohnbetriebe, Betriebe von Genossenschaften und Maschinengemeinschaften, Wasser- und Bodenverbände und Teilnehmergemeinschaften nach dem Flurbereinigungsgesetz in der Fassung der Bekanntmachung vom 16. März 1976 (BGBl. I S. 546), zuletzt geändert durch Artikel 2 Abs. 23 des Gesetzes vom 12. August 2005 (BGBl. I S. 2354), soweit diese für die in den Nummern 1 bis 3 bezeichneten Betriebe Arbeiten zur Gewinnung pflanzlicher oder tierischer Erzeugnisse durch Bodenbewirtschaftung oder durch mit Bodenbewirtschaftung verbundene Tierhaltung ausführen.

(3) Als Arbeitsmaschinen oder Sonderfahrzeuge im Sinne des Absatzes 1 Satz 1 Nr. 2 und 3 gelten Maschinen und Fahrzeuge, die in Betrieben der Land- und Forstwirtschaft verwendet werden und nach ihrer Bauart und ihren Vorrichtungen für die Verwendung in diesen Betrieben geeignet und bestimmt sind.

(4) Als Ausführung von Arbeiten zur Gewinnung pflanzlicher oder tierischer Erzeugnisse durch Bodenbewirtschaftung oder durch mit Bodenbewirtschaftung verbundene Tierhaltung gelten auch

1. die in Betrieben der Land- und Forstwirtschaft übliche Beförderung von land- und forstwirtschaftlichen Bedarfsgütern oder gewonnenen Erzeugnissen durch den Betrieb selbst oder durch andere Betriebe der Land- und Forstwirtschaft,
2. die Durchführung von Meliorationen auf Flächen, die zu einem bereits vorhandenen Betrieb der Land- und Forstwirtschaft gehören,
3. die Unterhaltung von Wirtschaftswegen, deren Eigentümer Inhaber eines Betriebes der Land- und Forstwirtschaft ist,
4. die Beförderung von Bienenvölkern zu den Trachten und Heimatständen sowie Fahrten zur Betreuung der Bienen.

(5) Die Steuerentlastung beträgt
1. für 1 000 l Gasöle nach § 2 Abs. 1 Nr. 4     214,80 EUR,
2. für 1 000 l Biokraftstoffe
   a) nach § 50 Absatz 3 Satz 3 Nummer 1
      bis 31. Dezember 2007     90,00 EUR,
      vom 1. Januar 2008
      bis 31. Dezember 2008     150,00 EUR,
      vom 1. Januar 2009
      bis 31. Dezember 2009     182,92 EUR,
      vom 1. Januar 2010
      bis 31. Dezember 2012     185,96 EUR
      ab 1. Januar 2013     450,33 EUR,
   b) nach § 50 Absatz 3 Satz 3 Nummer 2
      bis 31. Dezember 2007     23,52 EUR,
      vom 1. Januar 2008
      bis 31. Dezember 2008     100,00 EUR,
      vom 1. Januar 2009
      bis 31. Dezember 2009     180,00 EUR,
      vom 1. Januar 2010
      bis 31. Dezember 2012     184,55 EUR,
      ab 1. Januar 2013     450,00 EUR,

jeweils unvermischt mit anderen Energieerzeugnissen, ausgenommen Biokraftstoffen oder Additiven der Position 3811 der Kombinierten Nomenklatur.

(6) (weggefallen)

(7) Eine Steuerentlastung wird nur gewährt, wenn der Entlastungsbetrag nach den Absätzen 5 und 6 mindestens 50 Euro im Kalenderjahr beträgt.

(8) Entlastungsberechtigt ist
1. im Falle des Absatzes 5 Nr. 1 der Betrieb der Land- und Forstwirtschaft nach Absatz 1 bis 4, der die Gasöle verwendet hat. [2]Dabei gelten Gasöle, die durch Betriebe nach Absatz 2 Nr. 5 bei der Ausführung von Arbeiten nach Absatz 1 Satz 1 für einen Betrieb der Land- und Forstwirtschaft nach Absatz 2 Nr. 1 bis 4 verwendet wurden, als durch den Betrieb der Land- und Forstwirtschaft verwendet, für den die Arbeiten ausgeführt wurden,
2. im Falle des Absatzes 5 Nr. 2 der Betrieb der Land- und Forstwirtschaft nach Absatz 2, der die Biokraftstoffe verwendet hat.

## § 58
(weggefallen)

## § 59
Steuerentlastung für Diplomatenbenzin und -dieselkraftstoff

(1) Unter der Voraussetzung der Gegenseitigkeit wird den in Absatz 2 aufgeführten Dienststellen und Personen auf Antrag die Steuer für Benzin und Dieselkraftstoff vergütet, die sie als Kraftstoff für den Betrieb ihrer Kraftfahrzeuge aus öffentlichen Tankstellen erworben haben.

(2) Begünstigt im Sinne des Absatzes 1 sind

1. die diplomatischen und konsularischen Vertretungen in der Bundesrepublik Deutschland, ausgenommen Wahlkonsulate,
2. die Leiter der in Nummer 1 genannten Vertretungen, ihre diplomatischen Mitglieder, Konsularbeamte, Mitglieder ihres Verwaltungs- und technischen Personals und ihr dienstliches Hauspersonal sowie die Familienmitglieder dieser Personen. ²Familienmitglieder im Sinne dieser Bestimmung sind der Ehegatte oder der Lebenspartner, die unverheirateten oder die nicht in einer Lebenspartnerschaft lebenden Kinder und die Eltern, wenn sie von diesen Personen wirtschaftlich abhängig sind und in ihrem Haushalt leben.

(3) Nicht begünstigt sind

1. Deutsche oder solche Staatenlose und Ausländer, die ihren ständigen Wohnsitz im Geltungsbereich dieses Gesetzes hatten, ehe sie zu den in Absatz 2 Nr. 2 genannten Personen gehörten,
2. Personen, die im Geltungsbereich dieses Gesetzes eine private Erwerbstätigkeit ausüben.

## § 60
Steuerentlastung bei Zahlungsausfall

(1) Eine Steuerentlastung wird auf Antrag dem Verkäufer von nachweislich nach § 2 Abs. 1 Nr. 1 bis 4 versteuerten Energieerzeugnissen für die im Verkaufspreis enthaltene Steuer gewährt, die beim Warenempfänger wegen Zahlungsunfähigkeit ausfällt, wenn

1. der Steuerbetrag bei Eintritt der Zahlungsunfähigkeit 5.000 Euro übersteigt,
2. keine Anhaltspunkte dafür vorliegen, dass die Zahlungsunfähigkeit im Einvernehmen mit dem Verkäufer herbeigeführt worden ist,
3. der Zahlungsausfall trotz vereinbarten Eigentumsvorbehalts, laufender Überwachung der Außenstände, rechtzeitiger Mahnung bei Zahlungsverzug unter Fristsetzung und gerichtlicher Verfolgung des Anspruchs nicht zu vermeiden war,
4. Verkäufer und Warenempfänger nicht wirtschaftlich miteinander verbunden sind; sie gelten auch als verbunden, wenn sie Teilhaber oder Gesellschafter desselben Unternehmens oder Angehörige im Sinne des § 15 der Abgabenordnung sind oder wenn Verkäufer oder Warenempfänger der Leitung des Geschäftsbetriebs des jeweils anderen angehören.

(2) ¹Die Steuerentlastung hängt davon ab, dass sie bis zum Ablauf des Jahres, das dem Jahr folgt, in dem die Zahlungsunfähigkeit des Warenempfängers eingetreten ist, schriftlich beantragt wird. ²Dem Antrag sind beizufügen:

1. Unterlagen über die Beschaffenheit, Herkunft und Versteuerung des Mineralöls,
2. Nachweise über den Verkauf an den Warenempfänger,
3. Nachweise über die eingetretene Zahlungsunfähigkeit des Warenempfängers.

(3) ¹Die Steuerentlastung erfolgt unter der auflösenden Bedingung einer nachträglichen Leistung des Warenempfängers. ²Der Verkäufer hat dem Hauptzollamt nachträgliche Leistungen des Warenempfängers unverzüglich anzuzeigen. ³Führt die Leistung nicht zum Erlöschen der Forderung des Verkäufers, vermindert sich die Erstattung oder Vergütung um den Teil der Teilleistung, der dem Steueranteil an der ausgefallenen Forderung entspricht. ⁴Das Hauptzollamt kann anordnen, dass der Verkäufer seine Forderung gegen den Warenempfänger in Höhe des ausgefallenen Steuerbetrages an die Bundesrepublik Deutschland (Bundesfinanzverwaltung) abtritt.

## Kapitel 6 Schlussbestimmungen

## § 61
Steueraufsicht

(1) Der Steueraufsicht im Sinne von § 209 der Abgabenordnung unterliegt,

1. wer Energieerzeugnisse herstellt, in das Steuergebiet verbringt, vertreibt, lagert, kennzeichnet, befördert oder verwendet,
2. wer als Beauftragter nach § 18 Absatz 3 tätig ist.

(2) ¹Die Amtsträger sind befugt, im öffentlichen Verkehr jederzeit, in Betriebsräumen und auf Betriebsgrundstücken während der Geschäfts- und Arbeitszeit unentgeltliche Proben aus Kraftfahrzeugtanks oder anderen Behältnissen zu entnehmen. ²Zur Probenahme dürfen die Amtsträger Fahrzeuge anhalten. ³Auf Verlangen haben die Betroffenen sich auszuweisen, die Herkunft des Energieerzeugnisses anzugeben und bei der Probenahme die erforderliche Hilfe zu leisten.

## § 62
Steuerliche Betriebsleiter, Steuerhilfspersonen

(1) ¹Der Steuerpflichtige kann sich zur Erfüllung seiner steuerlichen Pflichten Personen bedienen, die dem Betrieb oder dem Unternehmen nicht angehören (Steuerliche Betriebsleiter). ²Die Bestellung des steuerlichen Betriebsleiters wird erst wirksam, nachdem das Hauptzollamt zugestimmt hat.

(2) ¹Auf Antrag des Steuerpflichtigen kann das Hauptzollamt Personen, die von der Besteuerung nicht selbst betroffen werden, als Steuerhilfspersonen bestellen. ²Ihnen darf nur die Aufgabe übertragen werden, Tatsachen festzustellen, die für die Besteuerung erheblich sein können.

# EnergieStG

## § 63
### Geschäftsstatistik

(1) Nach näherer Bestimmung des Bundesministeriums der Finanzen stellen die Hauptzollämter für statistische Zwecke Erhebungen an und teilen die Ergebnisse dem Statistischen Bundesamt zur Auswertung mit.

(2) Die Bundesfinanzbehörden können auch bereits aufbereitete Daten dem Statistischen Bundesamt zur Darstellung und Veröffentlichung für allgemeine Zwecke übermitteln.

## § 64
### Bußgeldvorschriften

Ordnungswidrig im Sinne des § 381 Abs. 1 Nr. 1 der Abgabenordnung handelt, wer vorsätzlich oder leichtfertig

1. entgegen § 3 Absatz 5 eine begünstigte Anlage nicht, nicht richtig oder nicht rechtzeitig anmeldet,
2. entgegen § 9 Absatz 1a, § 15 Abs. 3, § 18 Abs. 3 Satz 1 oder Abs. 6 Satz 1, jeweils auch in Verbindung mit § 34 oder § 40 Abs. 1, oder § 23 Abs. 4 Satz 1 eine Anzeige nicht, nicht richtig, nicht vollständig oder nicht rechtzeitig erstattet,
3. entgegen § 10 Absatz 3, § 11 Absatz 3 oder § 13 Absatz 3 Energieerzeugnisse nicht oder nicht rechtzeitig aufnimmt, nicht oder nicht rechtzeitig übernimmt, nicht oder nicht rechtzeitig befördert oder nicht oder nicht rechtzeitig ausführt,
4. entgegen § 31 Abs. 3 oder § 38 Abs. 3 eine Anmeldung nicht, nicht richtig oder nicht rechtzeitig abgibt oder
5. entgegen § 61 Abs. 2 Satz 3 sich nicht, nicht richtig oder nicht rechtzeitig ausweist, eine Angabe nicht, nicht richtig, nicht vollständig oder nicht rechtzeitig macht oder nicht, nicht richtig, nicht vollständig oder nicht rechtzeitig Hilfe leistet.

## § 65
### Sicherstellung

(1) Sichergestellt werden können

1. Energieerzeugnisse, für die eine Steuer nach § 21 Abs. 1 entstanden ist,
2. Energieerzeugnisse, aus denen zugelassene Kennzeichnungsstoffe zu Unrecht entfernt oder bei denen diese in ihrer Wirksamkeit beeinträchtigt worden sind,
3. Energieerzeugnisse, die entgegen einem nach § 66 Abs. 1 Nr. 12 erlassenen Verbot zugelassene Kennzeichnungsstoffe oder andere rot färbende Stoffe enthalten.

(2) Energieerzeugnisse, die ein Amtsträger in Mengen und unter Umständen vorfindet, die auf eine gewerbliche Zweckbestimmung hinweisen, und für die der Nachweis nicht erbracht werden kann, dass sie
1. sich im Steueraussetzungsverfahren befinden oder
2. im Steuergebiet ordnungsgemäß versteuert worden oder zur ordnungsgemäßen Versteuerung angemeldet sind,

können sichergestellt werden.

(3) Die §§ 215 und 216 der Abgabenordnung gelten sinngemäß.

## § 66
### Ermächtigungen

(1) Das Bundesministerium der Finanzen wird ermächtigt, zur Durchführung dieses Gesetzes durch Rechtsverordnung ohne Zustimmung des Bundesrates

1. die nach § 1a Satz 1 Nummer 2 anzuwendende Fassung der Kombinierten Nomenklatur neu zu bestimmen und den Wortlaut dieses Gesetzes sowie der Durchführungsverordnungen der geänderten Nomenklatur anzupassen, soweit sich hieraus steuerliche Änderungen nicht ergeben,
1a. den Wortlaut dieses Gesetzes an geänderte Fassungen oder Neufassungen des Zollkodex anzupassen, soweit sich hieraus steuerliche Änderungen nicht ergeben,
2. im Einvernehmen mit dem Bundesministerium für Umwelt, Naturschutz und Reaktorsicherheit zu regeln, dass die Hauptzollämter im Verwaltungswege eine Steuerbegünstigung oder eine Steuerentlastung für Energieerzeugnisse gewähren können, die bei Pilotprojekten zur technologischen Entwicklung umweltverträglicherer Produkte oder in Bezug auf Kraftstoffe aus erneuerbaren Rohstoffen verwendet werden,
3. zur Verfahrensvereinfachung, zur Vermeidung unangemessener wirtschaftlicher Belastungen sowie zur Sicherung der Gleichmäßigkeit der Besteuerung und des Steueraufkommens Bestimmungen zu den §§ 1 bis 3a zu erlassen und dabei insbesondere
   a) die Begriffe der §§ 1 bis 2 näher zu bestimmen sowie Bestimmungen zu den in § 1a genannten Bemessungsgrundlagen zu erlassen,
   b) für Energieerzeugnisse nach § 1 Abs. 3 unter Berücksichtigung der Heizwertunterschiede abweichend von § 2 Abs. 4 besondere Steuersätze festzusetzen,
   c) die Begriffe des § 3 näher zu bestimmen, Vorgaben zur Ermittlung des Monats- oder Jahresnutzungsgrads, zur Abgrenzung des Kraft-Wärme-Kopplungsprozesses sowie zur Anmeldepflicht zu machen und den Betreibern von Anlagen nach § 3 Pflichten zum Nachweis der dort genannten Voraussetzungen aufzuerlegen,
   d) Näheres zu den sonstigen begünstigten Anlagen nach § 3a zu bestimmen und Betreibern von solchen Anlagen Pflichten zum Nachweis der dort genannten Voraussetzungen aufzuerlegen,
4. zur Verfahrensvereinfachung, zur Vermeidung unangemessener wirtschaftlicher Belastungen sowie zur Sicherung der Gleichmäßigkeit der

Besteuerung und des Steueraufkommens Bestimmungen zu den §§ 4 bis 9 zu erlassen und dabei insbesondere

a) das Erlaubnis- und das Steuerlagerverfahren näher zu regeln,

b) die Lager- und Herstellungshandlungen näher zu umschreiben sowie zu bestimmen, welche Räume, Flächen, Anlagen und Betriebsteile in das Steuerlager einzubeziehen sind,

c) für die Lagerung von Energieerzeugnissen unter Steueraussetzung in einer Freizone abweichend von § 7 geringere Anforderungen zu stellen, wenn dies wegen der besonderen Verhältnisse in der Freizone erforderlich erscheint und die Steuerbelange gesichert sind,

d) dem Hersteller für die Herstellung von Energieerzeugnissen außerhalb eines Herstellungsbetriebes besondere Pflichten aufzuerlegen,

5. zur Verfahrensvereinfachung, zur Vermeidung unangemessener wirtschaftlicher Belastungen sowie zur Sicherung der Gleichmäßigkeit der Besteuerung und des Steueraufkommens Bestimmungen zu den §§ 9a bis 14 zu erlassen und dabei insbesondere

a) das Erlaubnisverfahren sowie das Verfahren des Bezugs von Energieerzeugnissen als registrierter Empfänger näher zu regeln,

b) das Erlaubnisverfahren sowie das Verfahren des Versands von Energieerzeugnissen durch registrierte Versender näher zu regeln und dabei vorzusehen, den Versand vom Ort der Einfuhr nur dann zuzulassen, wenn steuerliche Belange dem nicht entgegenstehen,

c) das Verfahren der Beförderung von Energieerzeugnissen unter Steueraussetzung unter Berücksichtigung der Artikel 21 bis 31 der Systemrichtlinie und den dazu ergangenen Verordnungen sowie das Verfahren der Übermittlung des elektronischen Verwaltungsdokuments und den dazu erforderlichen Datenaustausch zu regeln und dabei das Verfahren abweichend von § 9d zu regeln sowie für Beförderungen unter Steueraussetzung im Steuergebiet Vereinfachungen zuzulassen,

d) zur Durchführung von Artikel 13 der Systemrichtlinie das Verfahren zum Bezug, zur Beförderung und zur Abgabe von Energieerzeugnissen mit Freistellungsbescheinigung näher zu regeln und bei Beförderungen im Steuergebiet anstelle der Freistellungsbescheinigung andere Dokumente vorzusehen,

e) Inhabern von Steuerlagern und registrierten Empfängern zu erlauben, Energieerzeugnisse allein durch Inbesitznahme in das Steuerlager oder den Betrieb aufzunehmen,

6. zur Verfahrensvereinfachung, zur Vermeidung unangemessener wirtschaftlicher Belastungen sowie zur Sicherung der Gleichmäßigkeit der Besteuerung und des Steueraufkommens Bestimmungen zu den §§ 15 bis 19b zu erlassen und dabei insbesondere

a) das Verfahren des Verbringens von Energieerzeugnissen zu gewerblichen Zwecken näher zu regeln,

b) die Begriffe Haupt- und Reservebehälter näher zu bestimmen,

c) das Verfahren des Versandhandels näher zu regeln,

d) die Anwendung der Zollvorschriften (§ 19b Absatz 3) näher zu regeln,

7. zur Verfahrensvereinfachung, zur Vermeidung unangemessener wirtschaftlicher Belastungen sowie zur Sicherung der Gleichmäßigkeit der Besteuerung und des Steueraufkommens Bestimmungen zu den §§ 20 bis 23 zu erlassen und dabei insbesondere

a) die Begriffe des § 23 näher zu bestimmen,

b) Näheres über die Anzeigepflicht nach § 23 Abs. 4 zu regeln und besondere Pflichten für die Anzeigepflichtigen vorzusehen,

8. zur Verfahrensvereinfachung, zur Vermeidung unangemessener wirtschaftlicher Belastungen sowie zur Sicherung der Gleichmäßigkeit der Besteuerung und des Steueraufkommens Bestimmungen zu den §§ 24 bis 30 zu erlassen und dabei insbesondere

a) die Voraussetzungen für die Steuerbefreiungen einschließlich der Begriffe näher zu bestimmen sowie das Erlaubnisverfahren und das Verfahren der Steuerbefreiung zu regeln und Pflichten für die Abgabe, den Bezug, die Lagerung und die Verwendung der Energieerzeugnisse vorzusehen,

b) die Verwendung, die Verteilung, das Verbringen und die Ausfuhr aus dem Steuergebiet von steuerfreien Energieerzeugnissen unter Verzicht auf eine förmliche Einzelerlaubnis allgemein zu erlauben,

c) zuzulassen, dass Energieerzeugnisse, die Erlaubnisinhaber in Besitz genommen haben, als in den Betrieb aufgenommen gelten,

d) die Teile des Betriebes zu bestimmen, in denen nach § 26 Energieerzeugnisse zur Aufrechterhaltung des Betriebes steuerfrei verwendet werden können,

e) die steuerfreie Verwendung nach § 27 Abs. 1 für den Bereich der Binnengewässer einzuschränken,

f) vorzusehen, dass Erlaubnisinhaber, die Energieerzeugnisse für Zwecke nach § 27 Abs. 1 steuerfrei verwenden, diese Energieerzeugnisse für nicht steuerfreie Zwecke mit der Maßgabe verwenden dürfen, dass bei ihnen eine Steuer nach dem zutreffenden Steuersatz des § 2 entsteht, und das dafür erforderliche Verfahren einschließlich des Verfahrens der Steuererhebung zu regeln,

g) die steuerfreie Verwendung nach § 27 Abs. 2 Nr. 2 und 3 und Abs. 3 auf Betriebe zu beschränken, die durch näher zu bezeichnende Behörden genehmigt wurden, sowie die steuerfreie Verwendung nach § 27 Abs. 3 auch für andere als in § 27 Abs. 2 genannte Energieerzeugnisse zuzulassen,

9. zur Verfahrensvereinfachung, zur Vermeidung unangemessener wirtschaftlicher Belastungen sowie zur Sicherung der Gleichmäßigkeit der Besteuerung und des Steueraufkommens Bestimmungen zu den §§ 31 bis 37 zu erlassen und dabei insbesondere

a) das Erlaubnisverfahren für Kohlebetriebe und Kohlelieferer sowie die Anmeldepflicht nach § 31 Abs. 3 näher zu regeln und besondere Pflichten für Inhaber von Kohlebetrieben und Kohlelieferer vorzusehen,

b) die sinngemäße Anwendung der beim Verbringen von Kohle in das Steuergebiet anzuwendenden Vorschriften und die anzuwendenden Verfahren näher zu regeln,

c) die sinngemäße Anwendung der bei der Einfuhr von Kohle in das Steuergebiet anzuwendenden Vorschriften und die anzuwendenden Verfahren näher zu regeln,

d) die Voraussetzungen für die steuerfreie Verwendung einschließlich der Begriffe näher zu bestimmen sowie das Erlaubnisverfahren und das Verfahren der steuerfreien Verwendung zu regeln und dabei Pflichten für die Abgabe, den Bezug, die Lagerung und die Verwendung der Kohle vorzusehen,

e) die Verwendung von steuerfreier Kohle unter Verzicht auf eine förmliche Einzelerlaubnis allgemein zu erlauben,

f) die Teile des Betriebes zu bestimmen, in denen nach § 37 Abs. 2 Satz 1 Nr. 2 Kohle zur Aufrechterhaltung des Betriebes steuerfrei verwendet werden kann,

10. zur Verfahrensvereinfachung, zur Vermeidung unangemessener wirtschaftlicher Belastungen sowie zur Sicherung der Gleichmäßigkeit der Besteuerung und des Steueraufkommens Bestimmungen zu den §§ 38 bis 44 zu erlassen und dabei insbesondere

a) das Nähere über die Anmeldepflicht nach § 38 Abs. 3 zu regeln und besondere Pflichten für die Anmeldepflichtigen vorzusehen,

b) die sinngemäße Anwendung der beim Verbringen von Erdgas in das Steuergebiet anzuwendenden Vorschriften und die anzuwendenden Verfahren näher zu regeln,

c) die sinngemäße Anwendung der bei der nicht leitungsgebundenen Einfuhr von Erdgas in das Steuergebiet anzuwendenden Vorschriften und die anzuwendenden Verfahren näher zu regeln,

d) die Voraussetzungen für die Steuerbefreiungen einschließlich der Begriffe näher zu bestimmen sowie das Erlaubnisverfahren und das Verfahren der Steuerbefreiung zu regeln und dabei Pflichten für die Abgabe, den Bezug, die Lagerung und die Verwendung des Erdgases vorzusehen,

e) die Verwendung, die Verteilung, das Verbringen und die Ausfuhr aus dem Steuergebiet von steuerfreiem Erdgas unter Verzicht auf eine förmliche Einzelerlaubnis allgemein zu erlauben,

f) die Teile des Betriebes zu bestimmen, in denen nach § 44 Abs. 2 Erdgas zur Aufrechterhaltung des Betriebes steuerfrei verwendet werden kann,

11. zur Verfahrensvereinfachung, zur Vermeidung unangemessener wirtschaftlicher Belastungen sowie zur Sicherung der Gleichmäßigkeit der Besteuerung und des Steueraufkommens Bestimmungen zu den §§ 45 bis 60 zu erlassen und dabei insbesondere

a) die Voraussetzungen für die Gewährung der Steuerentlastungen einschließlich der Begriffe näher zu bestimmen und das Verfahren der Steuerentlastung zu regeln sowie Vorschriften über die zum Zwecke der Steuerentlastung erforderlichen Angaben und Nachweise einschließlich ihrer Aufbewahrung zu erlassen,

b) zu bestimmen, dass der Anspruch auf Steuerentlastung innerhalb bestimmter Fristen geltend zu machen ist,

c) abweichend von § 52 Abs. 1 Satz 2 für näher zu bestimmende Einzelfälle auch eine Entlastungsmöglichkeit für nicht gekennzeichnete Energieerzeugnisse vorzusehen,

d) Näheres zur Ermittlung der elektrischen Nennleistung, zur Abgrenzung des Stromerzeugungsprozesses und zu den Hauptbestandteilen der Stromerzeugungsanlage (§ 53) zu bestimmen und den am Betrieb von solchen Anlagen Beteiligten Pflichten zum Nachweis der dort genannten Voraussetzungen aufzuerlegen,

e) im Einvernehmen mit dem Bundesministerium für Ernährung, Landwirtschaft und Verbraucherschutz zu § 57 Näheres zur Art der begünstigten Arbeiten, der Fahrzeuge und Maschinen und zur Abgrenzung des Kreises der Berechtigten zu regeln,

f) abweichend von § 59 Absatz 1 zu bestimmen, dass die Steuerentlastung dem Lieferer der Energieerzeugnisse gewährt wird, sowie das dafür erforderliche Verfahren zu regeln,

g) Näheres zur Ermittlung der Hocheffizienzkriterien, Abschreibungskriterien, zur Berechnung und zum Nachweis des Nutzungsgrads und zu den Hauptbestandteilen der Kraft-Wärme-Kopplungsanlage

(§ 53a) zu bestimmen und den am Betrieb von solchen Anlagen Beteiligten Pflichten zum Nachweis der dort genannten Voraussetzungen aufzuerlegen,

h) Näheres zur Berechnung und zum Nachweis des Nutzungsgrads und zu den Hauptbestandteilen der Kraft-Wärme-Kopplungsanlage sowie zum betrieblichen Verheizen (§ 53b) zu bestimmen und den am Betrieb von solchen Anlagen Beteiligten Pflichten zum Nachweis der dort genannten Voraussetzungen aufzuerlegen,

11a. im Einvernehmen mit dem Bundesministerium für Ernährung, Landwirtschaft und Verbraucherschutz, dem Bundesministerium für Umwelt, Naturschutz und Reaktorsicherheit, dem Bundesministerium für Verkehr, Bau und Stadtentwicklung und dem Bundesministerium für Wirtschaft und Technologie Bestimmungen zu § 50 zu erlassen und dabei

a) vorzuschreiben, dass für Biokraftstoffe eine Entlastung nach § 50 nur dann in Anspruch genommen werden kann, wenn bei der Erzeugung der eingesetzten Biomasse nachweislich bestimmte ökologische und soziale Anforderungen an eine nachhaltige Produktion der Biomasse sowie zum Schutz natürlicher Lebensräume erfüllt werden und wenn der Biokraftstoff eine bestimmte Treibhausgasminderung aufweist,

b) die Anforderungen im Sinne des Buchstaben a festzulegen,

c) unter Berücksichtigung der technischen Entwicklung auch in Abweichung von § 1a Satz 1 Nummer 13a Energieerzeugnisse als Biokraftstoffe zu bestimmen oder in Abweichung von § 1a Satz 1 Nummer 13a festzulegen, dass bestimmte Energieerzeugnisse nicht oder nicht mehr in vollem Umfang als Biokraftstoffe gelten,

d) die besonders förderungswürdigen Biokraftstoffe nach § 50 Absatz 4 näher zu bestimmen,

e) auch in Abweichung von § 50 Absatz 4 andere als die dort genannten Energieerzeugnisse als besonders förderungswürdige Biokraftstoffe zu bestimmen, sofern sie ein hohes $CO_2$-Verminderungspotenzial aufweisen und bei ihrer Herstellung auf eine breitere biogene Rohstoffgrundlage zurückgegriffen werden kann als bei herkömmlichen Biokraftstoffen,

11b. im Einvernehmen mit dem Bundesministerium für Umwelt, Naturschutz und Reaktorsicherheit nähere Bestimmungen zur Durchführung des § 50 sowie der auf Nummer 11a beruhenden Rechtsverordnungen zu erlassen und dabei insbesondere die erforderlichen Nachweise und die Überwachung der Einhaltung der Anforderungen an Biokraftstoffe sowie die hierfür erforderlichen Probenahmen näher zu regeln,

12. zur Sicherung der Gleichmäßigkeit der Besteuerung und des Steueraufkommens Regelungen zur Kennzeichnung von Energieerzeugnissen und zum Umgang mit gekennzeichneten Energieerzeugnissen zu erlassen sowie zur Verfahrensvereinfachung in bestimmten Fällen zu regeln, dass gekennzeichnete Energieerzeugnisse als Kraftstoff mitgeführt, bereitgehalten, abgegeben oder verwendet werden dürfen,

13. zur Sicherung der Gleichmäßigkeit der Besteuerung und zur Vermeidung von Wettbewerbsverzerrungen zu bestimmen, dass Energieerzeugnisse bestimmten chemisch-technischen Anforderungen genügen müssen, wenn sie nicht zum höchsten in Betracht kommenden Steuersatz versteuert werden, und dass für steuerliche Zwecke Energieerzeugnisse sowie Zusätze nach bestimmten Verfahren zu untersuchen und zu messen sind,

14. Verfahrensvorschriften zur Festsetzung und Erhebung der Steuer zu erlassen, insbesondere zur Steueranmeldung, zur Berechnung und Entrichtung der Steuer sowie zur Berechnung und Festsetzung der monatlichen Vorauszahlungen,

15. die Voraussetzungen für eine Sicherheitsleistung zu bestimmen und das Verfahren der Sicherheitsleistung zu regeln, soweit in diesem Gesetz die Leistung einer Sicherheit vorgesehen ist,

16. zur Sicherung der Gleichmäßigkeit der Besteuerung und des Steueraufkommens anzuordnen, dass Energieerzeugnisse in bestimmter Weise behandelt, bezeichnet, gelagert, versandt, befördert oder verwendet werden müssen und dass im Umgang mit Energieerzeugnissen besondere Pflichten zu erfüllen sind,

17. zur Sicherung der Gleichmäßigkeit der Besteuerung und des Steueraufkommens zu bestimmen, dass beim Mischen von Energieerzeugnissen, die verschiedenen Steuersätzen unterliegen oder für die eine Steuerentlastung nach § 50 gewährt wird, vor Abgabe in Haupt- und Reservebehälter von Motoren in der Person des Mischenden eine Steuer entsteht und das Verfahren der Steuererhebung zu regeln,

18. Bestimmungen zu erlassen zur Umsetzung der Steuerbefreiungen nach

a) Artikel XI des Abkommens vom 19. Juni 1951 zwischen den Parteien des Nordatlantikvertrages über die Rechtsstellung ihrer Truppen (BGBl. 1961 II S. 1183, 1190) in der jeweils geltenden Fassung und den Artikeln 65 bis 67 des Zusatzabkommens vom 3. August 1959 zu dem Abkommen vom 19. Juni 1951 zwischen den Parteien des Nordatlantikvertrages über die Rechtsstellung ihrer Truppen hinsichtlich der in der Bundesrepublik Deutschland stationierten ausländischen Truppen (BGBl. 1961 II S. 1183, 1218) in der jeweils geltenden Fassung,

b) Artikel 15 des Abkommens vom 13. März 1967 zwischen der Bundesrepublik Deutschland und dem Obersten Hauptquartier der Alliierten Mächte, Europa, über die besonderen Bedingungen für die Einrichtung und den Betrieb internationaler militärischer Hauptquartiere in der Bundesrepublik Deutschland (BGBl. 1969 II S. 1997, 2009) in der jeweils geltenden Fassung und

c) den Artikeln III bis V des Abkommens zwischen der Bundesrepublik Deutschland und den Vereinigten Staaten von Amerika vom 15. Oktober 1954 über die von der Bundesrepublik zu gewährenden Abgabenvergünstigungen für die von den Vereinigten Staaten im Interesse der gemeinsamen Verteidigung geleisteten Ausgaben (BGBl. 1955 II S. 821, 823) in der jeweils geltenden Fassung.

Dabei kann es anordnen, dass bei einem Missbrauch für alle daran Beteiligten die Steuer entsteht und dass bei der Lieferung von versteuerten Energieerzeugnissen dem Lieferer die entrichtete Steuer erstattet oder vergütet wird,

19. im Fall der Einfuhr Steuerfreiheit für Energieerzeugnisse, soweit dadurch nicht unangemessene Steuervorteile entstehen, unter den Voraussetzungen anzuordnen, unter denen sie nach der Verordnung (EG) Nr. 1186/2009 des Rates vom 16. November 2009 über das gemeinschaftliche System der Zollbefreiungen (ABl. L 324 vom 10.12.2009, S. 23) in der jeweils geltenden Fassung und anderen von den Europäischen Gemeinschaften oder der Europäischen Union erlassenen Rechtsvorschriften vom Zoll befreit werden können, und die notwendigen Vorschriften zu erlassen und zur Sicherung des Steueraufkommens anzuordnen, dass bei einem Missbrauch für alle daran Beteiligten die Steuer entsteht,

20. zur Erleichterung und zur Vereinfachung des automatisierten Besteuerungsverfahrens zu bestimmen, dass Steuererklärungen, Steueranmeldungen oder sonstige für das Besteuerungsverfahren erforderliche Daten durch Datenfernübertragung übermittelt werden können, und dabei insbesondere

a) die Voraussetzungen für die Anwendung des Verfahrens,

b) das Nähere über Form, Inhalt, Verarbeitung und Sicherung der zu übermittelnden Daten,

c) die Art und Weise der Übermittlung der Daten,

d) die Zuständigkeit für die Entgegennahme der zu übermittelnden Daten,

e) die Mitwirkungspflichten Dritter und deren Haftung für Steuern oder Steuervorteile, die auf Grund unrichtiger Erhebung, Verarbeitung oder Übermittlung der Daten verkürzt oder erlangt werden,

f) den Umfang und die Form der für dieses Verfahren erforderlichen besonderen Erklärungspflichten des Anmelde- oder Steuerpflichtigen

zu regeln sowie

g) im Benehmen mit dem Bundesministerium des Innern anstelle der qualifizierten elektronischen Signatur ein anderes sicheres Verfahren, das die Authentizität und die Integrität des übermittelten elektronischen Dokuments sicherstellt, und

h) Ausnahmen von der Pflicht zur Verwendung einer qualifizierten elektronischen Signatur oder eines anderen sicheren Verfahrens nach Buchstabe g

zuzulassen. [2]Zur Regelung der Datenübermittlung kann in der Rechtsverordnung auf Veröffentlichungen sachverständiger Stellen verwiesen werden; hierbei sind das Datum der Veröffentlichung, die Bezugsquelle und eine Stelle zu bezeichnen, bei der die Veröffentlichung archivmäßig gesichert niedergelegt ist.

(2) Das Bundesministerium der Finanzen wird ermächtigt, mit anderen Mitgliedstaaten Vereinbarungen zu schließen, durch die

1. für alle oder einige der in § 4 genannten Energieerzeugnisse, soweit sie nicht von § 2 Abs. 1 Nr. 1 bis 5 und 8 erfasst werden, die Kontrollmaßnahmen für die verbrauchsteuerrechtliche Überwachung der innergemeinschaftlichen Beförderung von Energieerzeugnissen ganz oder teilweise ausgesetzt werden,

2. für häufig und regelmäßig wiederkehrende Fälle der Beförderung von Energieerzeugnissen des freien Verkehrs im Transitweg durch das Gebiet eines anderen Mitgliedstaates Verfahrensvereinfachungen bei den Kontrollmaßnahmen für die verbrauchsteuerrechtliche Überwachung der innergemeinschaftlichen Beförderung von Energieerzeugnissen vorgesehen werden,

3. für häufig und regelmäßig stattfindende Beförderungen von Energieerzeugnissen in einem Verfahren der Steueraussetzung zwischen den Gebieten von zwei oder mehr Mitgliedstaaten vereinfachte Verfahren festgelegt werden,

4. vereinfachte Verfahren für Beförderungen von Energieerzeugnissen in festen Rohrleitungen in einem Verfahren der Steueraussetzung zwischen den Gebieten von zwei oder mehreren Mitgliedstaaten festgelegt werden,

5. auf eine Sicherheitsleistung in einem Verfahren der Steueraussetzung bei Beförderungen von Energieerzeugnissen auf dem Seeweg oder durch feste Rohrleitungen zwischen den Gebieten von zwei oder mehreren Mitgliedstaaten verzichtet wird.

(3) In Rechtsverordnungen, die auf Grund der in diesem Gesetz enthaltenen Ermächtigungen erlassen werden, kann auf Veröffentlichungen sachverständiger Stellen verwiesen werden; hierbei sind das Datum der Veröffentlichung, die Bezugsquelle und eine Stelle zu bezeichnen, bei der die Veröffentlichung archivmäßig gesichert niedergelegt ist.

(4) Das Bundesministerium der Finanzen erlässt die allgemeinen Verwaltungsvorschriften zur Durchführung dieses Gesetzes und der auf Grund dieses Gesetzes erlassenen Rechtsverordnungen.

## § 66a
### Gebühren und Auslagen; Verordnungsermächtigung

(1) Für Amtshandlungen, die auf Rechtsverordnungen auf der Grundlage des § 66 Abs. 1 Nr. 11a Buchstabe a beruhen und die in Zusammenhang mit der Anerkennung von Systemen oder mit der Anerkennung und Überwachung einer unabhängigen Kontrollstelle stehen, werden zur Deckung des Verwaltungsaufwands Gebühren und Auslagen erhoben.

(2) ¹Das Bundesministerium der Finanzen wird ermächtigt, im Einvernehmen mit dem Bundesministerium für Umwelt, Naturschutz und Reaktorsicherheit und dem Bundesministerium für Ernährung, Landwirtschaft und Verbraucherschutz durch Rechtsverordnung ohne Zustimmung des Bundesrates die gebührenpflichtigen Tatbestände und die Gebührensätze zu bestimmen und dabei feste Sätze, auch in Form von Zeitgebühren oder Rahmensätzen, vorzusehen. ²In der Rechtsverordnung kann die Erstattung von Auslagen auch abweichend vom Verwaltungskostengesetz geregelt werden.

## § 66b
### Ermächtigung zu § 55 Absatz 4, 5 und 8

(1) Das Bundesministerium für Wirtschaft und Technologie wird ermächtigt, im Einvernehmen mit dem Bundesministerium der Finanzen und dem Bundesministerium für Umwelt, Naturschutz und Reaktorsicherheit durch Rechtsverordnung ohne Zustimmung des Bundesrates durch das Bundesamt für Wirtschaft und Ausfuhrkontrolle, die nationale Akkreditierungsstelle und die Zulassungsstelle nach § 28 des Umweltauditgesetzes zu vollziehende Bestimmungen zu § 55 Absatz 4, 5 und 8 zu erlassen.

(2) Durch Rechtsverordnung nach Absatz 1 kann geregelt werden,
1. dass kleine und mittlere Unternehmen auch andere alternative Systeme mit festgelegten Komponenten zur Verbesserung der Energieeffizienz als die in § 55 Absatz 4 Satz 2 genannten alternativen Systeme betreiben können,
2. welche bereits normierten oder anderweitig konkretisierten Systeme als Systeme im Sinn der Nummer 1 betrieben werden können,
3. welche Anforderungen an die inhaltliche Ausgestaltung von noch nicht normierten oder anderweitig konkretisierten Systemen nach Nummer 1 gestellt werden mit der Maßgabe, dass eine Anerkennung dieser Systeme der standardisierten Vorgaben für solche Systeme durch eine der in Absatz 1 genannten Stellen erfolgen muss, und
4. wie die Einhaltung der Anforderungen des § 55 Absatz 4 Satz 1 Nummer 1 und Absatz 5 Satz 1 Nummer 1 und 2 Buchstabe a und gegebenenfalls die Einhaltung der Anforderungen der Rechtsverordnung nach den Nummern 1 bis 3 durch die Stellen nach § 55 Absatz 8 nachzuweisen ist.

(3) Regelungen nach Absatz 2 Nummer 4 umfassen insbesondere

1. Vorgaben für die Nachweisführung durch die in § 55 Absatz 8 genannten Stellen,
2. die Anforderungen an die Akkreditierung oder Zulassung der in § 55 Absatz 8 genannten Stellen und Bestimmungen zu ihrer Überwachung einschließlich erforderlicher Auskunfts-, Einsichts- und Weisungsrechte, soweit sie nicht bereits von den bestehenden Akkreditierungs- und Zulassungsregelungen erfasst sind, sowie
3. die Befugnisse der in § 55 Absatz 8 genannten Stellen, während der Betriebszeit Geschäfts-, Betriebs- und Lagerräume sowie Transportmittel zu betreten, soweit dies für die Überwachung oder Kontrolle erforderlich ist.

## § 67
### Anwendungsvorschriften

(1) ¹Eine Steuerentlastung wird auf Antrag gewährt für Erdgas, das nachweislich nach § 3 Abs. 1 Nr. 2 oder § 3 Abs. 2 Nr. 3 Buchstabe a des Mineralölsteuergesetzes in der am 31. Juli 2006 geltenden Fassung versteuert wurde und sich am 1. August 2006, 0 Uhr, im Leitungsnetz befindet. ²Der Steuerentlastungsanspruch entsteht am 1. August 2006. ³Entlastungsberechtigt ist, wer in diesem Zeitpunkt Eigentümer des Erdgases ist. ⁴Der Entlastungsberechtigte hat die Steuerentlastung mit einer Anmeldung nach amtlich vorgeschriebenem Vordruck zu beantragen und in ihr alle für die Bemessung der Entlastung erforderlichen Angaben zu machen sowie die Höhe der Entlastung darin selbst zu berechnen.

(2) Für Anlagen nach § 3 Abs. 1 Satz 1 Nr. 2, die erstmalig vor dem 1. August 2006 in Betrieb genommen worden sind, gilt § 3 Abs. 4 und für Kohlebetriebe, die vor dem 1. August 2006 eröffnet worden sind, gilt § 31 Abs. 3 sinngemäß.

(3) Nach § 6 Abs. 2, § 7 Abs. 2, § 7a Abs. 2 und § 15 Abs. 3 des Mineralölsteuergesetzes in der am 31. Juli 2006 geltenden Fassung erteilte Erlaubnisse gelten bis zum 31. Dezember 2006 als nach § 6 Abs. 3, § 7 Abs. 2 oder § 44 Abs. 4 oder § 11 Abs. 4 dieses Gesetzes erteilte Erlaubnisse fort.

(4) Nach § 12 des Mineralölsteuergesetzes in der am 31. Juli 2006 geltenden Fassung erteilte Erlaubnisse gelten bis zum 31. Dezember 2006 als nach § 24 Abs. 2 oder § 44 Abs. 1 dieses Gesetzes erteilte Erlaubnisse mit der Maßgabe fort, dass die §§ 30 und 44 Abs. 4 anzuwenden sind, wenn die Energieerzeugnisse für andere als die in den §§ 24 bis 29 und 44 Abs. 2 genannten steuerfreien Zwecke verwendet werden.

(5) Abweichend von § 27 Abs. 1 Satz 2 dürfen Energieerzeugnisse der Unterpositionen 2710 19 41 bis 2710 19 49 der Kombinierten Nomenklatur bis zum 30. April 2007 auch nicht gekennzeichnet steuerfrei zu den in § 27 Abs. 1 Satz 1 genannten Zwecken abgegeben oder verwendet werden.

(6) Bis zum 31. Oktober 2006 sind der unversteuerte Bezug von Kohle nach § 31 Abs. 4 und die steuerfreie Verwendung von Kohle nach § 37 Abs. 2 Nr. 2, 3 und 4 allgemein erlaubt.

(7) Abweichend von § 32 Abs. 1 und § 36 Abs. 1 entsteht keine Steuer für am 1. August 2006, 0 Uhr, vorhandene Bestände an Kohle im unmittelbaren

Besitz von Personen, wenn der Bestand 100 Tonnen nicht übersteigt.

(8) Soweit im Kalenderjahr 2007 ein Steuerentlastungsanspruch nach § 55 für Schweröle nach § 2 Absatz 3 Satz 1 Nummer 1 oder Nummer 3 entstanden ist, beginnt die Festsetzungsfrist für diesen Anspruch mit Ablauf des 31. Dezember 2008. Antragsfristen in einer auf Grund des § 66 Absatz 1 Nummer 11 Buchstabe b ergangenen Verordnung sind insoweit nicht anwendbar.

(9) Für Beförderungen unter Steueraussetzung, die vor dem 1. Januar 2011 begonnen worden sind, gelten dieses Gesetz und die Energiesteuer-Durchführungsverordnung in der jeweils am 31. März 2010 geltenden Fassung fort, es sei denn, die Beförderungen sind mit einem elektronischen Verwaltungsdokument (§ 9d Absatz 1) eröffnet worden.

(10) § 55 in der am 31. Dezember 2012 geltenden Fassung gilt fort für Energieerzeugnisse, die bis zum 31. Dezember 2012 verwendet worden sind.

Anlage (zu § 55)
Zielwerte für die zu erreichende Reduzierung der Energieintensität
(Fundstelle: BGBl. I 2012, 2441 – 2442)

| Antragsjahr | Bezugsjahr | Zielwert |
|---|---|---|
| 2015 | 2013 | 1,3 % |
| 2016 | 2014 | 2,6 % |
| 2017 | 2015 | 3,9 % |
| 2018 | 2016 | 5,25 % |
| 2019 | 2017 | 6,6 % |
| 2020 | 2018 | 7,95 % |
| 2021 | 2019 | 9,3 % |
| 2022 | 2020 | 10,65 % |

Für die Bestimmung des Zielwertes gelten folgende Festlegungen:
1. Der Zielwert bezeichnet den Prozentsatz, um den sich die Energieintensität in dem für das Antragsjahr maßgeblichen Bezugsjahr gegenüber dem Basiswert verringert. Der Basiswert ist die jahresdurchschnittliche Energieintensität in den Jahren 2007 bis 2012.
2. Die Energieintensität ist der Quotient aus dem temperatur- und konjunkturbereinigten Gesamtenergieverbrauch und der Gesamtsumme der inflationsbereinigten Bruttoproduktionswerte. Der temperatur- und konjunkturbereinigte Gesamtenergieverbrauch und die inflationsbereinigten Bruttoproduktionswerte werden nach dem in der Vereinbarung zwischen der Regierung der Bundesrepublik Deutschland und der deutschen Wirtschaft zur Steigerung der Energieeffizienz vom 1. August 2012 festgelegten Verfahren und Berechnungsansatz ermittelt. Die Energieintensität wird in der Bezugsgröße GJ/1 000 Euro Bruttoproduktionswert angegeben.
3. Die Zielwerte für die Antragsjahre 2019 bis 2022 sind im Rahmen einer Evaluation im Jahr 2017 zu überprüfen. Im Fall einer Anpassung werden die jährlichen Steigerungen diejenige des Zielwertes für das Bezugsjahr 2016 nicht unterschreiten.

# Energiesteuer-Durchführungsverordnung (EnergieStV)

Energiesteuer-Durchführungsverordnung vom 31. Juli 2006 (BGBl. I S. 1753), die zuletzt durch Artikel 1 der Verordnung vom 24. Juli 2013 (BGBl. I S. 2763) geändert worden ist

## Allgemeines

### § 1
### Begriffsbestimmungen

¹Im Sinne dieser Verordnung ist oder sind:

1. zugelassene Kennzeichnungsstoffe:
   die in § 2 Abs. 1 genannten Rotfarbstoffe und der Markierstoff Solvent Yellow 124 sowie die nach § 2 Abs. 2 und 3 anzuerkennenden ausländischen Kennzeichnungsstoffe;

2. Kennzeichnungslösungen:
   Lösungen der in § 2 Abs. 1 aufgeführten Kennzeichnungsstoffe in Energieerzeugnissen oder anderen Lösungsmitteln, die zum Kennzeichnen von Gasölen oder ihnen gleichgestellten Energieerzeugnissen nach § 2 Abs. 4 des Gesetzes bestimmt sind;

3. Kennzeichnungseinrichtungen:
   Anlagen, in denen die Kennzeichnungslösung durch eine von einer Messeinrichtung gesteuerten Pumpe oder Regeleinrichtung in einem bestimmten Verhältnis dem zu kennzeichnenden Energieerzeugnis zugegeben oder in anderer Weise mengenproportional zugeführt und darin gleichmäßig verteilt wird. ²Eine Kennzeichnungseinrichtung umfasst auch das erforderliche Zubehör und Leitungen;

4. wesentliche Bauteile von Kennzeichnungseinrichtungen:
   Regel- und Messeinrichtungen, Mengen- und Messwerterfassungssysteme, Sicherungseinrichtungen, Impfstellen und Behälter für Kennzeichnungslösung;

5. Kennzeichnungsbetriebe:
   Betriebe, deren Inhabern die Kennzeichnung von Energieerzeugnissen nach § 6 bewilligt ist;

6. leichtes Heizöl:
   Gasöle der Unterpositionen 2710 19 41 bis 2710 19 49 der Kombinierten Nomenklatur (§ 1 Abs. 4 des Gesetzes), die nach § 2 Abs. 1 gekennzeichnet sind oder nach § 2 Abs. 2 und 3 als gekennzeichnet gelten;

7. Lagerstätten für Energieerzeugnisse:
   Räume, Gefäße und Lagerplätze, in oder auf denen Energieerzeugnisse gelagert werden;

8. EDV-gestütztes Beförderungs- und Kontrollsystem:
   System, über das Personen, die an Beförderungen unter Steueraussetzung beteiligt sind, elektronische Meldungen über Bewegungen von Energieerzeugnissen mit der Zollverwaltung austauschen; das System dient der Kontrolle dieser Bewegungen;

9. elektronisches Verwaltungsdokument:
   der Entwurf des elektronischen Verwaltungsdokuments nach amtlich vorgeschriebenem Datensatz, der mit einem eindeutigen Referenzcode versehen ist;

10. Ausfallverfahren:
    Verfahren, das zu Beginn, während oder nach Beendigung der Beförderung von Energieerzeugnissen unter Steueraussetzung verwendet wird, wenn das EDV-gestützte Beförderungs- und Kontrollsystem nicht zur Verfügung steht;

11. Ausgangszollstelle:
    a) für im Eisenbahnverkehr, mit der Post, im Luft- oder im Seeverkehr beförderte Energieerzeugnisse die Zollstelle, die für den Ort zuständig ist, an dem die Energieerzeugnisse von Eisenbahngesellschaften, Postdiensten, Luftverkehrs- oder Schifffahrtsgesellschaften im Rahmen eines durchgehenden Beförderungsvertrags zur Beförderung mit Bestimmung in ein Drittland oder Drittgebiet übernommen werden,

    b) für in Rohrleitungen beförderte Energieerzeugnisse die vom Mitgliedstaat, in dessen Gebiet der Ausführer ansässig ist, bezeichnete Zollstelle,

    c) für in sonstiger Weise oder unter anderen als in Buchstabe a und b genannten Umständen beförderte Energieerzeugnisse die letzte Zollstelle vor dem Ausgang der Energieerzeugnisse aus dem Verbrauchsteuergebiet der Europäischen Gemeinschaft;

12. vereinfachtes Begleitdokument:
    Versanddokument nach Artikel 2 Abs. 1 in Verbindung mit dem Anhang der Verordnung (EWG) Nr. 3649/92 der Kommission vom 17. Dezember 1992 über ein vereinfachtes Begleitdokument für die Beförderung von verbrauchsteuerpflichtigen Waren, die sich bereits im steuerrechtlich freien Verkehr des Abgangsmitgliedstaats befinden (ABl. EG Nr. L 369 S. 17), in der jeweils geltenden Fassung. ²Als vereinfachte Begleitdokument gelten auch Handelsdokumente, wenn sie die gleichen Angaben unter Hinweis auf das entsprechende Feld im Vordruck des vereinfachten Begleitdokuments enthalten und an gut sichtbarer Stelle mit dem Aufdruck „Vereinfachtes Begleitdokument (verbrauchsteuerpflichtige Waren)" zu verbrauchsteuerlichen Kontrollzwecken" versehen sind;

13. Zollkodex-Durchführungsverordnung:
    die Verordnung (EWG) Nr. 2454/93 der Kommission vom 2. Juli 1993 mit Durchführungsvorschriften zu der Verordnung (EWG) Nr. 2913/92 des Rates zur Festlegung des Zollkodex der Gemeinschaften (ABl. EG Nr. L 253 S. 1, 1994 Nr. L 268 S. 32, 1996 Nr. L 180 S. 34, 1997 Nr. L 156 S. 59, 1999 Nr. L 111 S. 88), die zuletzt durch die Verordnung (EU) Nr. 1063/2010 (ABl.

## EnergieStV

L 307 vom 23.11.2010, S. 1) geändert worden ist, in der jeweils geltenden Fassung;

14. Stromsteuer-Durchführungsverordnung:

    die Stromsteuer-Durchführungsverordnung vom 31. Mai 2000 (BGBl. I S. 794), die zuletzt durch Artikel 2 der Verordnung vom 20. September 2011 (BGBl. I S. 1890) geändert worden ist, in der jeweils geltenden Fassung;

15. lose Ware:

    unverpackte Energieerzeugnisse in einem Behältnis, das entweder Bestandteil des Beförderungsmittels oder ein ISO-Tankcontainer ist, sowie unverpackte Energieerzeugnisse in anderen Behältnissen mit einem Volumen von mehr als 210 Litern Inhalt;

16. KWK-Einheit:

    kleinste technisch selbständige Einrichtung zur gekoppelten Erzeugung von Kraft und Wärme (§ 1b Absatz 5);

17. Stromerzeugungseinheit:

    kleinste technisch selbständige Einrichtung, mit der elektrische Energie erzeugt werden kann.

²Die Begriffsbestimmung nach Satz 1 Nummer 1 gilt für § 21 Absatz 1 Satz 1 und § 65 Absatz 1 Satz 1 Nummer 2 und 3 des Gesetzes entsprechend und die Begriffsbestimmung nach Satz 1 Nummer 15 gilt für § 4 Nummer 3 des Gesetzes entsprechend.

### § 1a
### Zuständiges Hauptzollamt

¹Soweit in dieser Verordnung nichts anderes bestimmt ist, ist für den Anwendungsbereich dieser Verordnung das Hauptzollamt örtlich zuständig, von dessen Bezirk aus die in den einzelnen Vorschriften jeweils bezeichnete Person ihr Unternehmen betreibt oder, falls sie kein Unternehmen betreibt, in dessen Bezirk sie ihren Wohnsitz hat. ²Für Unternehmen, die von einem Ort außerhalb des Steuergebiets betrieben werden, oder für Personen ohne Wohnsitz im Steuergebiet ist das Hauptzollamt örtlich zuständig, in dessen Bezirk sie erstmalig steuerlich in Erscheinung treten.

### Zu den §§ 1 bis 3, 53 bis 53b und 55 des Gesetzes

### § 1b
### Ergänzende Begriffsbestimmungen zum Gesetz

(1) Als andere Waren im Sinn des § 1 Absatz 3 Satz 1 Nummer 2 des Gesetzes, die ganz oder teilweise aus Kohlenwasserstoffen bestehen, gelten nicht:

1. Klärschlamm nach § 2 Absatz 2 Satz 1 und 4 der Klärschlammverordnung vom 15. April 1992 (BGBl. I S. 912), die zuletzt durch Artikel 9 der Verordnung vom 9. November 2010 (BGBl. I S. 1504) geändert worden ist, in der jeweils geltenden Fassung,

2. Siedlungsabfälle des Abfallschlüssels 20 03 nach der Anlage zu § 2 Absatz 1 der Abfallverzeichnis-Verordnung vom 10. Dezember 2001 (BGBl. I S. 3379), die zuletzt durch Artikel 7 des Gesetzes vom 15. Juli 2006 (BGBl. I S. 1619) geändert worden ist, in der jeweils geltenden Fassung,

3. andere Abfälle nach der Anlage zu § 2 Absatz 1 der Abfallverzeichnis-Verordnung, in der jeweils geltenden Fassung, die im Durchschnitt einen Heizwert von höchstens 18 Megajoule je Kilogramm haben. ²Die Ermittlung des durchschnittlichen Heizwerts erfolgt

    a) monatlich je Verbrennungslinie oder

    b) bezogen auf einzelne oder mehrere Abfalllieferungen, wenn der Heizwert durch repräsentative Referenzanalysen nachgewiesen ist, und

4. gasförmige Abfälle der Positionen 3824 und 3825 der Kombinierten Nomenklatur, die

    a) im Durchschnitt einen Heizwert von höchstens 18 Megajoule je Kilogramm haben und

    b) aus umweltrechtlichen Vorschriften behandelt werden müssen.

Die Ermittlung des durchschnittlichen Heizwerts erfolgt monatlich

a) je Verbrennungslinie oder

b) rechnerisch auf der Grundlage von Analysen repräsentativer, durch mengenproportionale Probeentnahme gewonnener Sammelproben.

(2) Eine Verwendung von Energieerzeugnissen zum Verheizen im Sinn des § 1a Satz 1 Nummer 12 des Gesetzes liegt nicht vor, wenn das Energieerzeugnis ausschließlich zur Beseitigung seines Schadstoffpotenzials oder aus Sicherheitsgründen verbrannt wird oder wenn Energieerzeugnisse ausschließlich aus Sicherheitsgründen zum Betrieb von Zünd- oder Lockflammen verwendet werden.

(3) Im Sinn des § 1a Satz 1 Nummer 14 des Gesetzes gelten nur solche gasförmigen Energieerzeugnisse als beim Kohleabbau aufgefangen, die aus aktiven oder stillgelegten Kohlebergwerken stammen.

(4) ¹Als andere vergleichbare Abfälle im Sinn des § 2 Absatz 4 Satz 2 des Gesetzes gelten Energieerzeugnisse, die gebraucht oder verunreinigt sind und somit nicht mehr ohne weitere Aufbereitung zu ihrem ursprünglichen Verwendungszweck eingesetzt werden können. ²Andere vergleichbare Abfälle nach § 2 Absatz 4 Satz 2 des Gesetzes sind auch Rückstände aus der Alkoholgewinnung und Alkoholrektifikation, die zu den in § 2 Absatz 3 des Gesetzes genannten Zwecken verwendet oder abgegeben werden.

(5) Als gekoppelte Erzeugung von Kraft und Wärme (KWK) im Sinn der §§ 3 und 53 bis 53b des Gesetzes gilt die gleichzeitige Umwandlung von eingesetzter Energie in nutzbare mechanische oder elektrische Energie und nutzbare Wärme innerhalb eines thermodynamischen Prozesses.

(6) Als akkreditierte Konformitätsbewertungsstelle im Sinn des § 55 Absatz 8 Nummer 2 des Gesetzes gelten Stellen, die Konformitätsbewertungen einschließlich Kalibrierungen, Prüfungen, Zertifizierungen und Inspektionen durchführen und über eine Akkreditierung einer nationalen Akkreditierungsstelle nach Artikel 4 Absatz 1 der Verordnung (EG) Nr. 765/2008 des Europäischen Parlaments und

des Rates vom 9. Juli 2008 über die Vorschriften für die Akkreditierung und Marktüberwachung im Zusammenhang mit der Vermarktung von Produkten und zur Aufhebung der Verordnung (EWG) Nr. 339/93 des Rates (ABl. L 218 vom 13.8.2008, S. 30) in der jeweils geltenden Fassung verfügen.

(7) Als nationale Akkreditierungsstelle im Sinn des § 55 Absatz 8 Nummer 2 des Gesetzes gelten folgende Stellen:
1. die nach § 8 des Akkreditierungsstellengesetzes vom 31. Juli 2009 (BGBl. I S. 2625), das durch Artikel 2 Absatz 80 des Gesetzes vom 22. Dezember 2011 (BGBl. I S. 3044) geändert worden ist, in der jeweils geltenden Fassung beliehene oder errichtete Stelle, und
2. jede andere von einem Mitgliedstaat der Europäischen Union oder einem Staat des Europäischen Wirtschaftsraums nach Artikel 4 Absatz 1 der Verordnung (EG) Nr. 765/2008 als nationale Akkreditierungsstelle benannte Stelle.

(8) Zulassungsstelle nach § 28 des Umweltauditgesetzes im Sinn des § 66b Absatz 1 des Gesetzes ist die nach § 1 der UAG-Beleihungsverordnung vom 18. Dezember 1995 (BGBl. I S. 2013), die zuletzt durch Artikel 1 der Verordnung vom 13. Dezember 2011 (BGBl. I S. 2727) geändert worden ist, in der jeweils geltenden Fassung mit den Aufgaben einer Zulassungs- und Aufsichtsstelle für Umweltgutachter und Umweltgutachterorganisationen jeweils beliehene Stelle.

### § 1c
### Steuertarif für schwefelhaltige Energieerzeugnisse

Energieerzeugnisse nach § 2 Absatz 4 Satz 2 des Gesetzes werden bei einem Schwefelgehalt von mehr als 50 Milligramm je Kilogramm abweichend von § 2 Absatz 3 Satz 1 Nummer 1 Buchstabe a des Gesetzes ausschließlich nach dem Steuersatz des § 2 Absatz 3 Satz 1 Nummer 1 Buchstabe b des Gesetzes versteuert.

**Zu § 2 Abs. 3 und 4, § 27 Abs. 1, § 48 Abs. 1, § 52 Abs. 1 und § 66 Abs. 1 Nr. 12 des Gesetzes**

### § 2
### Ordnungsgemäße Kennzeichnung

(1) Gasöle der Unterpositionen 2710 19 41 bis 2710 19 49 der Kombinierten Nomenklatur sind dann ordnungsgemäß gekennzeichnet im Sinne von § 2 Abs. 3 Satz 1 Nr. 1, § 27 Abs. 1 Satz 2, § 48 Abs. 1 Satz 1 und § 52 Abs. 1 Satz 2 des Gesetzes, wenn sie im Steuergebiet vor der erstmaligen Abgabe in einem Kennzeichnungsbetrieb unter Verwendung von zugelassenen Kennzeichnungseinrichtungen mit 4,1 g N-Ethyl-1-(4-phenylazophenylazo)naphthyl-2-amin oder 5,3 g N-Ethylhexyl-1-(tolylazotolylazo)naphthyl-2-amin oder 6,1 g N-Tridecyl-1-(tolylazotolylazo)naphthyl-2-amin oder einem in der Farbwirkung äquivalenten Gemisch aus diesen Farbstoffen (Rotfarbstoffe) und 6,0 g N-Ethyl-N-(2-(1-isobutoxyethoxy)ethyl)-4-(phenylazo)-anilin (Solvent Yellow 124 – Markierstoff) auf 1 000 Liter bei 15 Grad Celsius gleichmäßig vermischt (gekennzeichnet) wurden.

(2) [1]Werden Gasöle der Unterpositionen 2710 19 41 bis 2710 19 49 der Kombinierten Nomenklatur aus einem anderen Mitgliedstaat (§ 1a Satz 1 Nummer 5 des Gesetzes), einem Drittgebiet (§ 1a Satz 1 Nummer 6 des Gesetzes) oder einem Drittland (§ 1a Satz 1 Nummer 7 des Gesetzes) in das Steuergebiet verbracht oder eingeführt, gelten sie vorbehaltlich gegenteiliger Feststellung als ordnungsgemäß gekennzeichnet, wenn eine Bescheinigung in einer Amtssprache der Europäischen Gemeinschaft der für den Lieferer zuständigen Verbrauchsteuerverwaltung, des Herstellers oder des ausländischen Kennzeichners darüber vorgelegt wird, dass das Gasöl außerhalb des Steuergebiets gekennzeichnet worden ist und nach Art und Menge mindestens den Gehalt der in Absatz 1 genannten Kennzeichnungsstoffe und höchstens 9,0 g Solvent Yellow 124 auf 1 000 Liter bei 15 Grad Celsius gleichmäßig verteilt enthält. [2]Wird ein zu geringer Anteil an Kennzeichnungsstoffen festgestellt, gilt § 7 Abs. 2 Satz 5 bis 7 sinngemäß.

(3) [1]Gasöle der Unterpositionen 2710 19 41 bis 2710 19 49 der Kombinierten Nomenklatur, die aus einem anderen Mitgliedstaat in das Steuergebiet verbracht werden und neben der nach Absatz 2 Satz 1 vorgeschriebenen Menge Solvent Yellow 124 andere als in Absatz 1 genannte Kennzeichnungsstoffe enthalten, gelten vorbehaltlich gegenteiliger Feststellung als ordnungsgemäß gekennzeichnet, wenn diese Kennzeichnungsstoffe in gleicher Weise (Rotfärbung) und mit vergleichbarer Zuverlässigkeit wie die in Absatz 1 genannten Kennzeichnungsstoffe das Erkennen als gekennzeichnetes Energieerzeugnis und die Unterscheidung von anderen Energieerzeugnissen ermöglichen. [2]Das Bundesministerium der Finanzen bestimmt im Verwaltungswege, welche der in den anderen Mitgliedstaaten zugelassenen Kennzeichnungsverfahren die Voraussetzungen erfüllen. [3]Weitere Voraussetzung ist, dass eine Bescheinigung in einer Amtssprache der Europäischen Gemeinschaft der für den Lieferer zuständigen Verbrauchsteuerverwaltung, des Herstellers oder des ausländischen Kennzeichners darüber vorgelegt wird, dass das Gasöl nach dem Recht des anderen Mitgliedstaats ordnungsgemäß gekennzeichnet ist.

### § 3
### Antrag auf Zulassung von Kennzeichnungseinrichtungen

(1) [1]Die Zulassung von vollständigen Kennzeichnungseinrichtungen eines Herstellers sowie neuer wesentlicher Bauteile ist bei dem Hauptzollamt schriftlich zu beantragen, das für den Hersteller zuständig ist. [2]Die Zulassung von Kennzeichnungseinrichtungen als Teilen verschiedener Hersteller sowie der Umbau bestehender Einrichtungen ist bei dem Hauptzollamt schriftlich zu beantragen, das für die Bewilligung des Kennzeichnungsbetriebs zuständig ist.

(2) Dem Antrag sind beizufügen:
1. eine genaue Beschreibung der Kennzeichnungseinrichtung oder der wesentlichen Bauteile und ihrer Arbeitsweise; dabei ist auch anzugeben, in welcher Konzentration Kennzeichnungslösungen zugegeben werden sollen;

## EnergieStV

2. eine schematische Darstellung der Kennzeichnungseinrichtung oder der wesentlichen Bauteile.

(3) Der Antragsteller hat auf Verlangen des Hauptzollamts weitere Angaben zu machen, wenn sie für die Zulassung erforderlich erscheinen.

### § 4
### Zulassung von Kennzeichnungseinrichtungen

(1) ¹Das Hauptzollamt lässt Kennzeichnungseinrichtungen unter Widerrufsvorbehalt schriftlich zu, wenn sie den folgenden Anforderungen entsprechen:
1. Sie müssen übersichtlich sein und gut zugänglich eingebaut werden können,
2. Es muss gewährleistet sein, dass der Kennzeichnungsvorgang nicht beeinträchtigt und die Kennzeichnungslösung nicht abgeleitet werden kann,
3. Sie müssen mit Messeinrichtungen ausgestattet sein, die die Menge leichten Heizöls oder – bei Zugabe der Kennzeichnungslösung hinter der Messeinrichtung – das zu kennzeichnende Gasöl mit einem besonderen, nicht verstellbaren Zählwerk anzeigen oder bei denen ein entsprechend gesichertes Zählwerk die gemessene Menge unter Angabe der Art des Messgutes und der Reihenfolge der Abgabe fortlaufend dokumentiert; die Zugabe von Kennzeichnungslösung hinter dem Zählwerk ist nur zulässig, wenn ihre zur ordnungsgemäßen Kennzeichnung erforderliche Menge 0,01 Raumhundertteile nicht übersteigt,
4. Sie müssen mit technischen Vorrichtungen ausgestattet sein, die für die Verladung, Abgabe oder besondere Mengenerfassung von leichtem Heizöl bestimmte Vorrichtungen abstellen oder blockieren, wenn der Kennzeichnungsvorgang unterbrochen wird,
5. Störungen müssen durch Warneinrichtungen angezeigt und dokumentiert werden,
6. Sie müssen sicher gegen unbefugte Eingriffe sein oder hiergegen durch Anlegen von Verschlüssen gesichert werden können,
7. Sie müssen eine Vermischung von leichtem Heizöl mit nicht gekennzeichnetem Gasöl ausschließen.

²Die Zulassung kann mit Nebenbestimmungen nach § 120 Absatz 2 der Abgabenordnung verbunden werden. ³Die Zulassung ist zu widerrufen, wenn eine der in Satz 1 Nr. 1 bis 7 genannten Voraussetzungen nicht mehr erfüllt ist.

(2) Das Hauptzollamt kann auf einzelne Anforderungen verzichten, wenn die Steuerbelange auf andere Weise ausreichend gesichert sind.

(3) ¹Hersteller von zugelassenen Kennzeichnungseinrichtungen haben dem Hauptzollamt Änderungen an den Kennzeichnungseinrichtungen vor ihrer Durchführung schriftlich anzuzeigen. ²Die veränderten Einrichtungen dürfen erst nach erneuter Zulassung in Betrieb genommen werden. ³Das Hauptzollamt kann hiervon Ausnahmen zulassen, wenn die Änderungen aus betrieblichen Unterlagen jederzeit erkennbar sind und die Steuerbelange nicht beeinträchtigt werden.

(4) Für die Zulassung von wesentlichen Bauteilen gelten die Absätze 1 bis 3 sinngemäß.

### § 5
### Antrag auf Bewilligung des Kennzeichnungsbetriebs

(1) Inhaber von Betrieben, in denen Gasöle der Unterpositionen 2710 19 41 bis 2710 19 49 der Kombinierten Nomenklatur gekennzeichnet werden sollen, haben die Bewilligung spätestens sechs Wochen vor der beabsichtigten Aufnahme der Kennzeichnung beim Hauptzollamt schriftlich zu beantragen.

(2) Dem Antrag sind beizufügen:
1. eine Darstellung des gesamten technischen Ablaufs der Kennzeichnung einschließlich der vorgesehenen Kennzeichnungseinrichtungen, -stoffe und -lösungen,
2. die Zulassung der Kennzeichnungseinrichtungen (§ 4) und die Erklärung des Antragstellers oder des Herstellers der Kennzeichnungseinrichtungen darüber, dass die eingebauten oder einzubauenden Kennzeichnungseinrichtungen der Zulassung entsprechen,
3. eine Darstellung der für die Mengenermittlung des leichten Heizöls vorgesehenen Einrichtungen,
4. eine Zeichnung und Beschreibung der Lagerstätten für Gasöl, aus denen dieses den für die Kennzeichnung bestimmten Einrichtungen zugeführt und in denen es nach der Kennzeichnung als leichtes Heizöl gelagert oder aus Zapfstellen abgegeben werden soll,
5. ein Gesamtplan der Rohrleitungen mit allen Abzweigungen, der Lagerbehälter, der Kennzeichnungseinrichtungen, der Zapfstellen und der Entnahmestellen, in dem alle Einrichtungen, aus denen Gasöl, leichtes Heizöl oder Kennzeichnungslösung entnommen werden können, besonders zu bezeichnen sind,
6. eine Darstellung der Maßnahmen zur Sicherung der Kennzeichnungseinrichtungen und damit zusammenhängender Anlagen gegen unbefugte Eingriffe,
7. gegebenenfalls eine Erklärung über die Bestellung eines Beauftragten nach § 214 der Abgabenordnung oder eines Betriebsleiters nach § 62 Abs. 1 des Gesetzes, in der dieser sein Einverständnis erklärt hat.

(3) ¹Der Antragsteller hat auf Verlangen des Hauptzollamts weitere Angaben zu machen, wenn sie für die Erteilung der Bewilligung erforderlich erscheinen. ²Das Hauptzollamt kann auf einzelne Anforderungen verzichten, wenn sie zur Darstellung des Ablaufs der Kennzeichnung nicht erforderlich sind oder wenn im Fall des Absatzes 2 Nr. 5 ein Gesamtplan schon vorliegt.

### § 6
### Bewilligung des Kennzeichnungsbetriebs

(1) ¹Das Hauptzollamt bewilligt Inhabern von Steuerlagern, die Gasöle der Unterpositionen 2710 19 41 bis 2710 19 49 der Kombinierten Nomenklatur unter Steueraussetzung beziehen und lagern dürfen, und Dienstleistungsbetrieben, die unter Steueraussetzung stehendes Gasöl Dritter für diese lagern,

unter Widerrufsvorbehalt schriftlich die Kennzeichnung, wenn die folgenden Voraussetzungen erfüllt sind:
1. Gegen die steuerliche Zuverlässigkeit des Antragstellers dürfen keine Bedenken bestehen,
2. Die Kennzeichnungseinrichtungen müssen zugelassen sein und entsprechend der Zulassung installiert und verwendet werden,
3. ¹Die Kennzeichnungseinrichtung und andere Anlagenteile, in denen der Ablauf des Kennzeichnungsvorgangs beeinflusst werden kann, müssen durch amtliche Verschlüsse gegen unbefugte Eingriffe gesichert sein. ²Wenn eine Gefährdung der Steuerbelange nicht zu befürchten ist, kann das Hauptzollamt Firmenverschlüsse zulassen oder darüber hinaus auf Verschlüsse verzichten, soweit durch bauliche oder andere Einrichtungen sichergestellt ist, dass der Kennzeichnungsvorgang nicht unbefugt beeinflusst werden kann,
4. Eine Vermischung von leichtem Heizöl mit nicht gekennzeichnetem Gasöl muss ausgeschlossen sein; § 47 bleibt unberührt,
5. Die Kennzeichnungsstoffe müssen auch in der kleinsten nach den betrieblichen Verhältnissen in Betracht kommenden Abgabemenge an leichtem Heizöl in dem nach § 2 Abs. 1 bestimmten Mengenverhältnis gleichmäßig verteilt enthalten sein.

²Die Bewilligung ist zu widerrufen, wenn eine der in Satz 1 Nr. 1 bis 5 genannten Voraussetzungen nicht mehr erfüllt ist.

(2) Das Hauptzollamt kann die Bewilligung der Kennzeichnung mit Nebenbestimmungen nach § 120 Absatz 2 der Abgabenordnung versehen, die eine Gefährdung der Steuerbelange ausschließen sollen.

§ 7
Pflichten des Inhabers des Kennzeichnungsbetriebs

(1) ¹Der Inhaber des Kennzeichnungsbetriebs hat eine ordnungsgemäße Kennzeichnung im Sinne von § 2 Abs. 1 vorzunehmen und zu überwachen. ²Die in § 2 Abs. 1 genannten Mengen an Kennzeichnungsstoffen dürfen dabei höchstens um 20 Prozent überschritten werden. ³Er hat dem Hauptzollamt unverzüglich anzuzeigen, wenn der zulässige Höchstgehalt überschritten wird. ⁴Das Hauptzollamt kann Ausnahmen von Satz 1 und 2 zulassen, wenn eine Gefährdung der Steuerbelange nicht zu befürchten ist oder wenn das leichte Heizöl unmittelbar an Verwender geliefert wird.

(2) ¹Der Inhaber des Kennzeichnungsbetriebs hat auf Verlangen des Hauptzollamts innerhalb von vorgegebenen Fristen Proben des leichten Heizöls zu entnehmen und auf die ordnungsgemäße Kennzeichnung zu untersuchen. ²Störungen an der Kennzeichnungsanlage, die zu einer fehlerhaften Kennzeichnung geführt haben, und Unterschreitungen des Mindestgehalts an Kennzeichnungsstoffen in nicht ordnungsgemäß gekennzeichnetem Gasöl hat er dem Hauptzollamt unverzüglich anzuzeigen. ³Zur Fortführung des Betriebs kann das Hauptzollamt in solchen Fällen zusätzliche Überwachungsmaßnahmen anordnen. ⁴Der Inhaber des Kennzeichnungsbetriebs darf amtliche Verschlüsse nur mit Zustimmung des Hauptzollamts entfernen. ⁵Das Hauptzollamt kann zulassen, dass Gasöl mit zu geringem Gehalt an Kennzeichnungsstoffen nachgekennzeichnet oder leichtem Heizöl beigemischt wird. ⁶Es kann auf eine Nachkennzeichnung verzichten und zulassen, dass das Gasöl unter Versteuerung nach dem Steuersatz des § 2 Abs. 3 Satz 1 Nr. 1 des Gesetzes zu den in § 2 Abs. 3 Satz 1, § 25 Abs. 1, § 26 oder § 27 Abs. 1 des Gesetzes genannten Zwecken abgegeben wird, wenn eine Nachkennzeichnung aus wirtschaftlichen Gründen nicht zumutbar ist und ungerechtfertigte Steuervorteile auszuschließen sind. ⁷Die Sätze 5 und 6 gelten sinngemäß auch für Fälle, in denen Gasöl vor Feststellung seiner fehlerhaften Kennzeichnung zu den in § 2 Abs. 3 Satz 1, § 25 Abs. 1, § 26 oder § 27 Abs. 1 des Gesetzes genannten Zwecken abgegeben worden ist.

(3) Der Inhaber des Kennzeichnungsbetriebs hat
1. die bezogenen und verwendeten Kennzeichnungsstoffe und Kennzeichnungslösungen nach Zeitpunkt und Menge, Kennzeichnungslösungen auch nach Gehalt an Kennzeichnungsstoffen, beim Bezug, beim Mischen untereinander und bei der Verwendung zur Kennzeichnung in zugelassenen Aufzeichnungen und
2. die Menge an selbst gekennzeichnetem leichten Heizöl nach Weisung des Hauptzollamts gesondert im Herstellungs- oder Lagerbuch oder in den an ihrer Stelle zugelassenen Aufzeichnungen oder – soweit er Inhaber eines Dienstleistungsbetriebs nach § 6 Abs. 1 Satz 1 ist – in anderen zugelassenen Aufzeichnungen

zu erfassen.

(4) ¹Der Inhaber des Kennzeichnungsbetriebs hat Änderungen an Anlagen oder im technischen Ablauf dem Hauptzollamt oder ihrer Durchführung schriftlich anzuzeigen. ²Er darf geänderte Anlagen erst benutzen oder geänderte technische Abläufe erst anwenden, wenn das Hauptzollamt zugestimmt hat. ³Das Hauptzollamt kann hiervon Ausnahmen zulassen, wenn die Änderungen aus betrieblichen Unterlagen jederzeit erkennbar sind und die Steuerbelange nicht beeinträchtigt werden.

§ 8
Andere Energieerzeugnisse als Gasöle

(1) ¹Für andere Energieerzeugnisse als Gasöle, die nach § 2 Abs. 4 des Gesetzes einer ordnungsgemäßen Kennzeichnung bedürfen, gelten die §§ 2 bis 7 sinngemäß. ²Werden Energieerzeugnisse trotz des Verzichts auf eine Kennzeichnung (§ 2 Absatz 4 Satz 4 des Gesetzes) gekennzeichnet, sind sie ordnungsgemäß zu kennzeichnen; die §§ 2 bis 7 gelten sinngemäß.

(2) ¹Auf Antrag kann das Hauptzollamt zulassen, dass Heizöladditive der Position 3811 der Kombinierten Nomenklatur abweichend von § 2 Abs. 3 Satz 1 und Abs. 4 des Gesetzes nicht gekennzeichnet werden, wenn nach den Umständen eine Verwendung der Additive als Kraftstoff oder zur Herstellung oder Verbesserung von Kraftstoff nicht anzunehmen ist. ²Die Zulassung kann mit Nebenbestimmungen (§ 120 der Abgabenordnung) versehen werden.

## Zu § 3 Absatz 1 Satz 1 Nummer 1 und 2, § 37 Absatz 2 Satz 2 und den §§ 53 bis 53b des Gesetzes

### § 9
### Anlagenbegriff

(1) ¹Als Anlage im Sinn des § 3 Absatz 1 Satz 1 Nummer 1 und 2, § 37 Absatz 2 Satz 2 und der §§ 53 bis 53b des Gesetzes gilt ein Verbund aus technischen Komponenten, mit dem der Energiegehalt von Energieerzeugnissen in Zielenergie umgewandelt wird. ²Zielenergie ist die Energieform, die aus einem Energieumwandlungsprozess entstehen soll. ³Als Anlage nach Satz 1 gelten insbesondere
1. KWK-Einheiten,
2. Stromerzeugungseinheiten,
3. mehrere an einem ¹Standort unmittelbar miteinander verbundene KWK-Einheiten, Stromerzeugungseinheiten oder KWK- und Stromerzeugungseinheiten. ²Als unmittelbar miteinander verbunden gelten insbesondere Erzeugungseinheiten in Modulbauweise, die sich im selben baulichen Objekt befinden.

⁴Werden zu einer Anlage nach Satz 3 später weitere Einheiten im Sinn des Satzes 3 hinzugefügt und mit dieser unmittelbar verbunden (Zubau), gelten sie als Bestandteil dieser Anlage.

(2) Als Anlage im Sinn des § 53 des Gesetzes gelten unbeschadet des Absatzes 1 auch mehrere Stromerzeugungseinheiten an unterschiedlichen Standorten, wenn sie zum Zweck der Stromerzeugung zentral gesteuert werden und der erzeugte Strom zumindest teilweise in das Versorgungsnetz eingespeist werden soll.

## Zu den §§ 3, 53a und 53b des Gesetzes

### § 10
### Nutzungsgradermittlung

(1) ¹Zur Ermittlung des Nutzungsgrads sind zu messen:
1. die Mengen der eingesetzten Energieerzeugnisse,
2. die Mengen weiterer eingesetzter Brennstoffe,
3. die Mengen der eingesetzten Hilfsenergie und
4. die Mengen der genutzten erzeugten thermischen und mechanischen oder elektrischen Energie.

²Das zuständige Hauptzollamt kann auf Antrag andere Ermittlungsmethoden zulassen, wenn steuerliche Belange nicht beeinträchtigt werden. ³Bei Anlagen zur gekoppelten Erzeugung von Kraft und Wärme, die ausschließlich nachgeführt betrieben werden und weder über einen Notkühler noch über einen Bypass zur Umgehung des Abgaswärmetauschers verfügen, kann der Nutzungsgrad den technischen Beschreibungen entnommen werden. ⁴Unabhängige technische Gutachten über die individuellen Anlageneigenschaften können zur Bestimmung des Nutzungsgrads herangezogen werden.

(2) ¹Erzeugte thermische Energie gilt dann als genutzt, wenn sie außerhalb des Kraft-Wärme-Kopplungsprozesses verwendet wird, insbesondere für die Raumheizung, Warmwasserbereitung, Kälteerzeugung oder als Prozesswärme. ²Abwärme gilt nicht als genutzte thermische Energie im Sinn des Satzes 1. Abwärme ist insbesondere thermische Energie in Form von Strahlungswärme, die ungenutzt an die Umgebung abgegeben wird.

## Zu § 3 Absatz 1 Satz 1 Nummer 2 und Absatz 5 des Gesetzes

### § 11
### Pflichten des Anlagenbetreibers

(1) ¹Der Betreiber einer Anlage nach § 3 Absatz 1 Satz 1 Nummer 2 des Gesetzes hat den Jahresnutzungsgrad der Anlage jährlich bis zum 31. März für das vorangegangene Kalenderjahr nachzuweisen. ²Der Nachweis ist dem zuständigen Hauptzollamt vorzulegen.

(2) Die Anmeldung nach § 3 Absatz 5 des Gesetzes ist nach amtlich vorgeschriebenem Vordruck bei dem für den Anlagenbetreiber zuständigen Hauptzollamt abzugeben.

(3) ¹In der Anmeldung sind für jede Anlage anzugeben:
1. der Name und die Anschrift des Betreibers,
2. ihr Standort,
3. der Hersteller, der Typ und die Seriennummer,
4. eine technische Beschreibung mit der Angabe des Durchschnittsverbrauchs je Betriebsstunde,
5. eine Beschreibung der installierten und betriebsfähigen Vorrichtungen zur Kraft- und Wärmenutzung,
6. eine Erklärung zur Nutzung der erzeugten thermischen und mechanischen Energie,
7. eine vorläufige Nutzungsgradberechnung und
8. eine Darstellung der Mengenermittlung der eingesetzten Energieerzeugnisse.

²Der Betreiber hat auf Verlangen des Hauptzollamts weitere Angaben zu machen, wenn sie zur Sicherung des Steueraufkommens oder für die Steueraufsicht erforderlich erscheinen.

(4) Der Betreiber hat dem zuständigen Hauptzollamt Änderungen der nach Absatz 3 angegebenen Verhältnisse und eine endgültige Einstellung des Betriebs der Anlage innerhalb von vier Wochen schriftlich anzuzeigen.

## Zu § 3a des Gesetzes

### § 11a
### Güterumschlag in Seehäfen

(1) Seehäfen im Sinn des § 3a Absatz 1 des Gesetzes sind Häfen oder Teile von Hafengebieten mit Güterumschlag, die an Wasserflächen liegen oder angrenzen, die vom Geltungsbereich der Seeschifffahrtsstraßen-Ordnung in der Fassung der Bekanntmachung vom 22. Oktober 1998 (BGBl. I S. 3209; 1999 I S. 193), die zuletzt durch Artikel 1 der Verordnung vom 7. April 2010 (BGBl. I S. 399) geändert worden ist, in der jeweils geltenden Fassung erfasst werden.

(2) Der Güterumschlag in Seehäfen im Sinn des § 3a Absatz 1 des Gesetzes umfasst folgende Tätigkeiten durch Lade- und Löschunternehmen:

1. den Frachtumschlag,
2. die Lagerei und
3. Hilfs- und Nebentätigkeiten bei der Beförderung von Gütern zu Wasser.

(3) ¹Als Frachtumschlag gilt die Stauerei sowie das Be- und Entladen von Gütern Dritter, unabhängig von der Art des benutzten Beförderungsmittels. ²Die Lagerei umfasst den Betrieb von Lagereinrichtungen für alle Arten von Gütern Dritter, wie zum Beispiel Getreidesilos, Lagerhäuser, Lagertanks oder Kühlhäuser. ³Unter Hilfs- und Nebentätigkeiten bei der Beförderung von Gütern Dritter zu Wasser ist der Betrieb von Abfertigungseinrichtungen in Seehäfen zu verstehen, deren Aufgabe es ist, Schiffen beim Fest- und Losmachen behilflich zu sein. ⁴Lade- und Löschunternehmen sind solche, die Tätigkeiten nach Absatz 2 für Dritte ausüben. ⁵In Seehäfen liegende Produktions-, Betriebs- oder Lagerstätten von Unternehmen des Produzierenden Gewerbes, von anderen produzierenden Unternehmen als solchen des Produzierenden Gewerbes oder von Unternehmen des Handels sind jedoch keine Lade- und Löschunternehmen nach Satz 4. Andere als die in Absatz 2 genannten Tätigkeiten sind von dieser Begünstigung ausgeschlossen, auch wenn sie von Lade- und Löschunternehmen in Seehäfen ausgeübt werden.

(4) Güter Dritter gemäß Absatz 3 sind Waren, an denen Lade- und Löschunternehmen vorübergehend oder auf Dauer kein Nutzungsrecht haben.

(5) Als Güterumschlag in Seehäfen im Sinn des § 3a Absatz 1 des Gesetzes gilt nicht der Betrieb von

1. Service- und Wartungsfahrzeugen,
2. Bau- und Instandhaltungsfahrzeugen sowie
3. Fahrzeugen, die dem Personentransport in Seehäfen dienen.

(6) Als Fahrzeuge im Sinn des § 3a Absatz 1 des Gesetzes gelten

1. Kraftfahrzeuge,
2. schienengebundene Fahrzeuge und
3. Kombinationen aus Kraftfahrzeugen und schienengebundenen Fahrzeugen.

## Zu § 6 des Gesetzes

### § 12
### Antrag auf Herstellererlaubnis

(1) ¹Wer Energieerzeugnisse unter Steueraussetzung herstellen will, hat die Erlaubnis nach § 6 Absatz 3 Satz 1 des Gesetzes vor Eröffnung des Betriebs nach amtlich vorgeschriebenem Vordruck beim Hauptzollamt zu beantragen. ²Dem Antrag sind beizufügen:

1. eine Beschreibung der Herstellungsanlagen, der Lagerstätten, der Zapfstellen und der mit ihnen in Verbindung stehenden oder an sie angrenzenden Räume sowie in zweifacher Ausfertigung ein Lage- und Rohrleitungsplan.
2. eine Betriebserklärung; darin sind allgemeinverständlich zu beschreiben
   a) das Herstellungsverfahren,
   b) die zu bearbeitenden Rohstoffe,
   c) die herzustellenden Erzeugnisse sowie deren für die Steuer maßgebenden Merkmale,
   d) die Nebenerzeugnisse und Abfälle;
   die Betriebserklärung ist durch eine schematische Darstellung zu ergänzen, soweit dies zu ihrem Verständnis erforderlich ist;
3. eine Darstellung der Mengenermittlung und der Fabrikationsbuchführung;
4. von Unternehmen, die in das Handels-, Genossenschafts- oder Vereinsregister eingetragen sind, ein aktueller Registerauszug.

(2) ¹Der Antragsteller hat auf Verlangen des Hauptzollamts weitere Angaben zu machen, wenn sie zur Sicherung des Steueraufkommens oder für die Steueraufsicht erforderlich erscheinen. ²Das Hauptzollamt kann auf Angaben verzichten, soweit die Steuerbelange dadurch nicht beeinträchtigt werden.

(3) Beabsichtigt der Inhaber des Herstellungsbetriebs weitere Herstellungsbetriebe zu betreiben, beantragt er in entsprechender Anwendung der Absätze 1 und 2 eine Erweiterung der Erlaubnis.

### § 13
### Einrichtung des Herstellungsbetriebs

(1) ¹Der Herstellungsbetrieb muss so eingerichtet sein, dass die mit der Steueraufsicht betrauten Amtsträger den Gang der Herstellung und den Verbleib der Erzeugnisse im Betrieb verfolgen können. ²Das Hauptzollamt kann besondere Anforderungen stellen, die im Interesse der Steueraufsicht erforderlich erscheinen.

(2) ¹Die Lagertanks für Energieerzeugnisse im Herstellungsbetrieb müssen eichamtlich vermessen und die Zapfstellen zur Entnahme von Energieerzeugnissen mit geeichten Messeinrichtungen versehen sein. ²Das Hauptzollamt kann Ausnahmen zulassen, wenn die Steuerbelange dadurch nicht beeinträchtigt werden.

(3) Die Lagerstätten für Energieerzeugnisse und die Zapfstellen zur Entnahme von Energieerzeugnissen bedürfen der Zulassung durch das Hauptzollamt.

(4) Der Inhaber des Herstellungsbetriebs darf Energieerzeugnisse nur in den angemeldeten Betriebsanlagen herstellen, nur in den zugelassenen Lagerstätten lagern und nur an den zugelassenen Zapfstellen entnehmen.

### § 14
### Erteilung und Erlöschen der Herstellererlaubnis

(1) ¹Das Hauptzollamt erteilt schriftlich die Erlaubnis. ²Es kann die Erlaubnis schon vor Abschluss einer Prüfung des Antrags erteilen, wenn Sicherheit in Höhe der Steuer geleistet ist, die voraussichtlich entstehen wird. ³Die Erlaubnis kann mit Nebenbestimmungen nach § 120 Absatz 2 der Abgabenordnung verbunden werden. ⁴In den Fällen des § 12 Absatz 3 wird die Erlaubnis erweitert.

(1a) ¹Mit der Erlaubnis werden nach einer Verwaltungsvorschrift des Bundesministeriums der Finanzen für den Inhaber des Herstellungsbetriebs und für jeden Herstellungsbetrieb Verbrauchsteuernummern vergeben. ²Wurde dem Inhaber des Herstellungsbetriebs bereits eine Verbrauchsteuernummer als Inhaber eines Lagers für Energieerzeugnisse erteilt (§ 18 Absatz 1a), gilt diese Verbrauchsteuernummer auch für ihn als Inhaber des Herstellungsbetriebs.

(2) Die Erlaubnis zur Herstellung erlischt
1. durch Widerruf,
2. durch Verzicht,
3. durch Fristablauf,
4. durch Übergabe des Herstellungsbetriebs an Dritte,
5. durch Tod des Inhabers der Erlaubnis,
6. durch Auflösung der juristischen Person oder Personenvereinigung ohne Rechtspersönlichkeit, der die Erlaubnis erteilt worden ist,
7. durch Eröffnung des Insolvenzverfahrens über das Vermögen des Inhabers der Erlaubnis oder durch Abweisung der Eröffnung mangels Masse

im Zeitpunkt des maßgebenden Ereignisses, soweit die folgenden Absätze nichts anderes bestimmen.

(3) Das Hauptzollamt kann beim Erlöschen der Erlaubnis eine angemessene Frist für die Räumung des Herstellungsbetriebs gewähren, wenn keine Anzeichen für eine Gefährdung der Steuer erkennbar sind.

(4) Beantragen in den Fällen des Absatzes 2 Nr. 5 bis 7 die Erben, die Liquidatoren oder der Insolvenzverwalter innerhalb eines Monats nach dem maßgebenden Ereignis die Fortführung des Herstellungsbetriebs bis zur Erteilung der Erlaubnis für Erben oder einen Erwerber oder bis zur Abwicklung des Herstellungsbetriebs, gilt die Erlaubnis für die Antragsteller fort nicht vor Ablauf einer angemessenen Frist, die das Hauptzollamt festsetzt.

(5) Energieerzeugnisse, die sich im Zeitpunkt des Erlöschens der Erlaubnis im Betrieb befinden, gelten als im Zeitpunkt des Erlöschens in den steuerrechtlich freien Verkehr entnommen (§ 8 Abs. 1 Satz 1 des Gesetzes).

§ 15
Pflichten des Herstellers, Steueraufsicht

(1) [1]Der Inhaber des Herstellungsbetriebs hat ein Belegheft zu führen. [2]Das Hauptzollamt kann dazu Anordnungen treffen.

(2) [1]Der Inhaber des Herstellungsbetriebs hat über den Zugang und den Abgang an Energieerzeugnissen und anderen Stoffen ein Herstellungsbuch nach amtlich vorgeschriebenem Vordruck zu führen. [2]Das Hauptzollamt kann dazu Anordnungen treffen. [3]Der Inhaber des Herstellungsbetriebs hat auf Verlangen des Hauptzollamts weitere Aufzeichnungen zu führen und Art und Menge der aus dem Herstellungsbetrieb entfernten Energieerzeugnisse unter Angabe der Verkaufspreise, gewährter Preisnachlässe und der Lieferungs- und Zahlungsbedingungen dem Hauptzollamt am Tag nach der Entfernung anzuzeigen. [4]Das Hauptzollamt kann anstelle des Herstellungsbuchs betriebliche Aufzeichnungen zulassen, wenn die Steuerbelange dadurch nicht beeinträchtigt werden. [5]Das Herstellungsbuch ist jeweils für ein Kalenderjahr zu führen und spätestens am 31. Januar des folgenden Jahres abzuschließen. [6]Der Inhaber des Herstellungsbetriebs hat dem Hauptzollamt auf Verlangen das abgeschlossene Herstellungsbuch abzuliefern.

(3) [1]Der Inhaber des Herstellungsbetriebs hat dem Hauptzollamt auf Verlangen Zusammenstellungen über die Abgabe von steuerfreien Energieerzeugnissen vorzulegen. [2]Er hat dem zuständigen Hauptzollamt bis zum 15. Februar jeden Jahres andere als die in § 28 des Gesetzes genannten Energieerzeugnisse anzumelden, die er im abgelaufenen Kalenderjahr zu den in der Anlage 1 aufgeführten steuerfreien Zwecken abgegeben hat.

(4) [1]Der Inhaber des Herstellungsbetriebs hat einmal im Kalenderjahr den Bestand an Energieerzeugnissen und anderen Stoffen aufzunehmen und ihn gleichzeitig mit dem Sollbestand dem Hauptzollamt spätestens sechs Wochen nach der Bestandsaufnahme nach amtlich vorgeschriebenem Vordruck anzumelden. [2]Er hat den Zeitpunkt der Bestandsaufnahme dem Hauptzollamt drei Wochen vorher anzuzeigen. [3]Das Hauptzollamt kann auf die Anzeige verzichten, wenn die Steuerbelange dadurch nicht beeinträchtigt werden. [4]Die mit der Steueraufsicht betrauten Amtsträger können an der Bestandsaufnahme teilnehmen.

(5) [1]Auf Anordnung des Hauptzollamts sind im Herstellungsbetrieb die Bestände an Energieerzeugnissen und anderen Stoffen amtlich festzustellen. [2]Dazu hat der Inhaber des Herstellungsbetriebs das Herstellungsbuch oder die an seiner Stelle zugelassenen Aufzeichnungen aufzurechnen und auf Verlangen des Hauptzollamts die Bestände nach amtlich vorgeschriebenem Vordruck anzumelden. [3]Der Inhaber des Herstellungsbetriebs hat auf Verlangen des Hauptzollamts auch andere Energieerzeugnisse, mit denen er handelt, die er lagert oder verwendet, in die Bestandsaufnahme oder Anmeldung einzubeziehen.

(6) Die mit der Steueraufsicht betrauten Amtsträger können für steuerliche Zwecke unentgeltlich Proben von Energieerzeugnissen und von Stoffen, die zu ihrer Herstellung bestimmt sind oder als Nebenerzeugnisse bei der Herstellung anfallen, zur Untersuchung entnehmen.

(7) Der Inhaber des Herstellungsbetriebs hat dem Hauptzollamt auf Verlangen für die Steueraufsicht wichtige Betriebsvorgänge schriftlich anzumelden und Zwischenabschlüsse zu fertigen.

(8) Der Inhaber des Herstellungsbetriebs hat dem Hauptzollamt vorbehaltlich Absatz 9 Änderungen der nach § 12 angegebenen Verhältnisse sowie Überschuldung, drohende oder eingetretene Zahlungsunfähigkeit, Zahlungseinstellung und Stellung des Antrags auf Eröffnung eines Insolvenzverfahrens unverzüglich schriftlich anzuzeigen.

(9) [1]Beabsichtigt der Inhaber des Herstellungsbetriebs, die angemeldeten Räume, Anlagen, Lagerstätten oder Zapfstellen oder die in der Betriebserklärung dargestellten Verhältnisse zu ändern, hat er dies dem Hauptzollamt mindestens eine Woche vorher schriftlich anzuzeigen. [2]Er darf die Änderung erst durchführen, wenn das Hauptzollamt zugestimmt hat. [3]Das Hauptzollamt kann auf Antrag auf die Anzeige verzichten, wenn die Änderung auf

andere Weise jederzeit erkennbar ist und der Inhaber des Herstellungsbetriebs sich verpflichtet, die Änderung unverzüglich rückgängig zu machen, wenn die nachträgliche Zustimmung des Hauptzollamts nicht erteilt wird. [4]Das Hauptzollamt kann den Verzicht außerdem davon abhängig machen, dass über die An- und Abmeldung von Lagerstätten besondere Aufzeichnungen oder Verzeichnisse geführt werden. [5]Der Inhaber des Herstellungsbetriebs hat auf Verlangen des Hauptzollamts die Unterlagen nach § 12 Absatz 1 Satz 2 neu zu erstellen, wenn sie unübersichtlich geworden sind.

(10) Die Erben haben den Tod des Inhabers des Herstellungsbetriebs, die Liquidatoren haben den Auflösungsbeschluss, der Inhaber des Herstellungsbetriebs und der Insolvenzverwalter haben die Eröffnung des Insolvenzverfahrens jeweils dem Hauptzollamt unverzüglich schriftlich anzuzeigen.

(11) Der Inhaber des Herstellungsbetriebs hat dem Hauptzollamt die Einstellung des Betriebs unverzüglich, die Wiederaufnahme des Betriebs mindestens eine Woche vorher schriftlich anzuzeigen.

### Zu § 7 des Gesetzes

### § 16
### Antrag auf Lagererlaubnis

(1) [1]Wer Energieerzeugnisse unter Steueraussetzung lagern will, hat die Erlaubnis nach § 7 Absatz 2 Satz 1 des Gesetzes nach amtlich vorgeschriebenem Vordruck beim Hauptzollamt zu beantragen. [2]Dem Antrag sind beizufügen:
1. eine Beschreibung der Lagerstätten, der Zapfstellen und der mit ihnen in Verbindung stehenden oder an sie angrenzenden Räume sowie in zweifacher Ausfertigung ein Lage- und Rohrleitungsplan,
2. eine Darstellung der Mengenermittlung und der Buchführung,
3. von Unternehmen, die in das Handels-, Genossenschafts- oder Vereinsregister eingetragen sind, ein aktueller Registerauszug.

(2) [1]Der Antragsteller hat auf Verlangen des Hauptzollamts weitere Angaben zu machen, wenn sie zur Sicherung des Steueraufkommens oder für die Steueraufsicht erforderlich erscheinen. [2]Das Hauptzollamt kann auf Angaben verzichten, soweit die Steuerbelange dadurch nicht beeinträchtigt werden.

(3) Beabsichtigt der Inhaber des Lagers weitere Lager zu betreiben, beantragt er in entsprechender Anwendung der Absätze 1 und 2 eine Erweiterung der Erlaubnis.

### § 17
### Einrichtung des Lagers

(1) Die Lagerstätten eines Lagers für Energieerzeugnisse müssen so beschaffen sein, dass Energieerzeugnisse verschiedener Art voneinander getrennt und übersichtlich gelagert werden können.

(2) [1]Lagertanks für Energieerzeugnisse im Lager müssen eichamtlich vermessen und die Zapfstellen zur Entnahme von Energieerzeugnissen mit geeichten Messeinrichtungen versehen sein. [2]Das Hauptzollamt kann Ausnahmen zulassen, wenn die Steuerbelange dadurch nicht beeinträchtigt werden.

(3) Die Lagerstätten für Energieerzeugnisse und die Zapfstellen zur Entnahme von Energieerzeugnissen bedürfen der Zulassung durch das Hauptzollamt.

(4) Der Inhaber des Lagers darf Energieerzeugnisse nur in den zugelassenen Lagerstätten lagern und nur an den zugelassenen Zapfstellen entnehmen.

### § 18
### Erteilung und Erlöschen der Lagererlaubnis

(1) [1]Das Hauptzollamt erteilt schriftlich die Erlaubnis. [2]Es kann die Erlaubnis schon vor Abschluss einer Prüfung des Antrags erteilen, wenn Sicherheit in Höhe der Steuer geleistet ist, die voraussichtlich entstehen wird. [3]Die Erlaubnis kann mit Nebenbestimmungen nach § 120 Absatz 2 der Abgabenordnung verbunden werden. [4]In den Fällen des § 16 Absatz 3 wird die Erlaubnis erweitert.

(1a) [1]Mit der Erlaubnis werden nach einer Verwaltungsvorschrift des Bundesministeriums der Finanzen für den Inhaber des Lagers und für jedes Lager Verbrauchsteuernummern vergeben. [2]Wurde dem Inhaber des Lagers bereits eine Verbrauchsteuernummer als Inhaber eines Herstellungsbetriebs erteilt (§ 14 Absatz 1a), gilt diese Verbrauchsteuernummer auch für ihn als Inhaber des Lagers.

(2) Für das Erlöschen der Erlaubnis gilt § 14 Abs. 2 bis 5 sinngemäß.

### § 19
### Pflichten des Lagerinhabers, Steueraufsicht

(1) [1]Der Inhaber des Lagers hat ein Belegheft zu führen. [2]Das Hauptzollamt kann dazu Anordnungen treffen.

(2) [1]Der Inhaber des Lagers hat über den Zugang und den Abgang an Energieerzeugnissen und anderen Stoffen, die zum Vermischen mit Energieerzeugnissen in das Lager aufgenommen werden, ein Lagerbuch nach amtlich vorgeschriebenem Vordruck zu führen. [2]Das Hauptzollamt kann dazu Anordnungen treffen. [3]Der Inhaber des Lagers hat auf Verlangen des Hauptzollamts weitere Aufzeichnungen zu führen und Art und Menge der aus dem Lager entfernten Energieerzeugnisse unter Angabe der Verkaufspreise, gewährter Preisnachlässe und der Lieferungs- und Zahlungsbedingungen dem Hauptzollamt am Tag nach der Entfernung anzuzeigen. [4]Das Hauptzollamt kann anstelle des Lagerbuchs betriebliche Aufzeichnungen zulassen, wenn die Steuerbelange dadurch nicht beeinträchtigt werden. [5]Das Lagerbuch ist jeweils für ein Kalenderjahr zu führen und spätestens bis zum 31. Januar des folgenden Jahres abzuschließen. [6]Der Inhaber des Lagers hat dem Hauptzollamt auf Verlangen das abgeschlossene Lagerbuch abzuliefern.

(3) [1]Der Inhaber des Lagers hat dem Hauptzollamt auf Verlangen Zusammenstellungen über die Abgabe von steuerfreien Energieerzeugnissen vorzulegen. [2]Er hat dem zuständigen Hauptzollamt bis zum 15. Februar jeden Jahres andere als die in § 28 des Gesetzes genannten Energieerzeugnisse anzumelden, die er im abgelaufenen Kalenderjahr zu

den in der Anlage 1 aufgeführten steuerfreien Zwecken abgegeben hat.

(4) [1]Der Inhaber des Lagers hat einmal im Kalenderjahr den Bestand an Energieerzeugnissen und anderen Stoffen aufzunehmen und ihn gleichzeitig mit dem Sollbestand dem Hauptzollamt spätestens sechs Wochen nach der Bestandsaufnahme nach amtlich vorgeschriebenem Vordruck anzumelden. [2]Der Inhaber des Lagers hat den Zeitpunkt der Bestandsaufnahme dem Hauptzollamt drei Wochen vorher anzuzeigen. [3]Das Hauptzollamt kann auf die Anzeige verzichten, wenn die Steuerbelange dadurch nicht beeinträchtigt werden. [4]Die mit der Steueraufsicht betrauten Amtsträger können an der Bestandsaufnahme teilnehmen.

(5) [1]Auf Anordnung des Hauptzollamts sind im Lager die Bestände an Energieerzeugnissen und anderen Stoffen amtlich festzustellen. [2]Dazu hat der Inhaber des Lagers das Lagerbuch oder die an seiner Stelle zugelassenen Aufzeichnungen aufzurechnen und auf Verlangen des Hauptzollamts die Bestände nach amtlich vorgeschriebenem Vordruck anzumelden. [3]Der Inhaber des Lagers hat auf Verlangen des Hauptzollamts auch andere Energieerzeugnisse, mit denen er handelt, die er lagert oder verwendet, in die Bestandsaufnahme oder Anmeldung einzubeziehen.

(6) Die mit der Steueraufsicht betrauten Amtsträger können für steuerliche Zwecke unentgeltlich Proben von Energieerzeugnissen und anderen im Lager befindlichen Erzeugnissen zur Untersuchung entnehmen.

(7) Der Inhaber des Lagers hat dem Hauptzollamt auf Verlangen für die Steueraufsicht wichtige Betriebsvorgänge schriftlich anzumelden und Zwischenabschlüsse zu fertigen.

(8) Der Inhaber des Lagers hat dem Hauptzollamt vorbehaltlich Absatz 9 Änderungen der nach § 16 Abs. 2 angegebenen Verhältnisse sowie Überschuldung, drohende oder eingetretene Zahlungsunfähigkeit, Zahlungseinstellung und Stellung des Antrags auf Eröffnung eines Insolvenzverfahrens unverzüglich schriftlich anzuzeigen.

(9) [1]Beabsichtigt der Inhaber des Lagers, die angemeldeten Lagerstätten oder Zapfstellen oder die in der Betriebserklärung dargestellten Verhältnisse zu ändern, hat er dies dem Hauptzollamt mindestens eine Woche vorher schriftlich anzuzeigen. [2]Er darf die Änderung erst durchführen, wenn das Hauptzollamt zugestimmt hat. [3]Das Hauptzollamt kann auf Antrag auf die Anzeige verzichten, wenn die Änderung auf andere Weise jederzeit erkennbar ist und der Inhaber des Lagers sich verpflichtet, die Änderungen unverzüglich rückgängig zu machen, wenn die nachträgliche Zustimmung des Hauptzollamts nicht erteilt wird. [4]Das Hauptzollamt kann den Verzicht außerdem davon abhängig machen, dass über die An- und Abmeldung von Lagerstätten besondere Aufzeichnungen oder Verzeichnisse geführt werden. [5]Der Inhaber des Lagers hat auf Verlangen des Hauptzollamts die Unterlagen nach § 16 Absatz 1 Satz 2 neu zu erstellen, wenn sie unübersichtlich geworden sind.

(10) Die Erben haben den Tod des Inhabers des Lagers, die Liquidatoren haben den Auflösungsbeschluss, der Inhaber des Lagers und der Insolvenzverwalter haben die Eröffnung des Insolvenzverfahrens jeweils dem Hauptzollamt unverzüglich schriftlich anzuzeigen.

§ 20
Lagerbehandlung

(1) Energieerzeugnisse dürfen im Lager miteinander oder mit anderen Stoffen gemischt werden, wenn das Gemisch ein Energieerzeugnis im Sinn des § 4 des Gesetzes ist.

(2) [1]Energieerzeugnisse dürfen im Lager umgepackt, umgefüllt und in jeder anderen Weise behandelt werden, die sie vor Schaden durch die Lagerung schützen soll. [2]Das Hauptzollamt kann weitere Behandlungen zulassen, wenn die Steuerbelange dadurch nicht beeinträchtigt werden.

(3) [1]Kohlenwasserstoffhaltige Dämpfe, die im Lager aufgefangen werden bei

a) der Lagerung,

b) der Verladung von Energieerzeugnissen oder

c) der Entgasung von Transportmitteln,

dürfen im Lager verflüssigt werden. [2]Der Lagerinhaber hat über die aufgefangenen Dämpfe und die verflüssigten Mengen Aufzeichnungen zu führen; die verflüssigten Mengen sind als Zugang im Lagerbuch zu führen.

§ 21
Zugelassener Einlagerer, Erlaubnis und Pflichten

(1) [1]Die Erlaubnis nach § 7 Abs. 4 Satz 2 des Gesetzes ist nach amtlich vorgeschriebenem Vordruck bei dem Hauptzollamt zu beantragen, das die Erlaubnis für das Lager erteilt hat. [2]Mit dem Antrag ist die schriftliche Zustimmung des Inhabers des Lagers zur Einlagerung vorzulegen. [3]Der Antragsteller hat sich schriftlich damit einverstanden zu erklären, dass dem Inhaber des Lagers im Rahmen der Durchführung von Besteuerung, Außenprüfung und Steueraufsicht Sachverhalte, die für die ordnungsgemäße Besteuerung des Einlagerers erforderlich sind, bekannt werden. [4]Im Übrigen gilt § 16 Absatz 1 Satz 2 und Absatz 2 sinngemäß; auf bereits beim Hauptzollamt vorliegende Unterlagen kann Bezug genommen werden. [5]Das Hauptzollamt erteilt die Erlaubnis schriftlich.

(2) [1]Für das Erlöschen der Erlaubnis gilt § 14 Abs. 1 und 4 sinngemäß. [2]Daneben erlischt die Erlaubnis auch durch Erlöschen der Erlaubnis für das Lager.

(3) [1]Der Einlagerer hat über die von ihm oder auf seine Veranlassung eingelagerten und aus dem Lager entnommenen Energieerzeugnisse Aufzeichnungen zu führen. [2]Der Einlagerer hat auf Verlangen des Hauptzollamts weitere Aufzeichnungen zu führen. [3]Mit Zustimmung des Hauptzollamts können die Aufzeichnungen auch vom Inhaber des Lagers geführt werden. [4]§ 19 Abs. 1, 8 und 10 gilt sinngemäß.

§ 22
Lager ohne Lagerstätten

Für den Antrag, die Erteilung und das Erlöschen der Erlaubnis für ein Lager ohne Lagerstätten (§ 7 Abs. 5 des Gesetzes) gelten die §§ 16 und 18, für die

Pflichten des Inhabers des Lagers gilt § 19 sinngemäß.

### Zu § 8 des Gesetzes

#### § 23
#### Entfernung und Entnahme von Energieerzeugnissen

Energieerzeugnisse gelten als aus dem Steuerlager entfernt oder als innerhalb des Steuerlagers entnommen, sobald sie aus den zugelassenen Lagerstätten entnommen sind.

### Zu den §§ 8, 9, 9a, 14, 15, 16, 22 und 23 des Gesetzes

#### § 23a
#### Steueranmeldung

Die Steueranmeldungen nach § 8 Absatz 3 und 4, § 9 Absatz 2, § 9a Absatz 5, § 14 Absatz 7 Satz 1, § 15 Absatz 5, § 16 Absatz 3, § 22 Absatz 2 Satz 3 und § 23 Absatz 6 des Gesetzes sind nach amtlich vorgeschriebenem Vordruck und, soweit sie Kraftstoffe betreffen, die nach § 2 Absatz 1 Nummer 1 und 4 des Gesetzes zu versteuern sind, in doppelter Ausfertigung abzugeben.

### Zu § 9 des Gesetzes

#### § 24
#### Herstellung außerhalb eines Herstellungsbetriebs

(1) Die Anzeige nach § 9 Absatz 1a des Gesetzes ist schriftlich bei dem für den Hersteller zuständigen Hauptzollamt zu erstatten.

(2) Das Hauptzollamt kann vom Hersteller die für den Antrag auf Erteilung einer Herstellererlaubnis (§ 12 Absatz 1) erforderlichen sowie weitere Angaben und Unterlagen fordern und ihm die in § 15 genannten sowie weitere Pflichten auferlegen, soweit dies zur Sicherung des Steueraufkommens oder für die Steueraufsicht erforderlich erscheint.

### Zu den §§ 6 bis 9, 23, 31, 32 und 38 des Gesetzes

#### § 25
#### Anzeichen für eine Gefährdung der Steuer

Als Anzeichen für eine Gefährdung der Steuer nach § 6 Abs. 3, § 7 Abs. 2, § 8 Abs. 7, auch in Verbindung mit § 9 Abs. 2, § 23 Abs. 5, § 31 Abs. 4, § 32 Abs. 3 und § 38 Abs. 6 des Gesetzes ist insbesondere anzusehen, wenn Antragsteller oder Steuerpflichtige

1. Auskünfte über ihre wirtschaftliche Lage einschließlich der Herkunft des Betriebskapitals verweigern, die Prüfung ihrer wirtschaftlichen Lage ablehnen oder die für die Prüfung erforderlichen Bilanzen, Inventare, Bücher und Aufzeichnungen nicht, nicht rechtzeitig oder nicht mit richtigem Inhalt vorlegen,
2. zur Zahlung fälliger Energiesteuer nicht oder nur teilweise gedeckte Schecks vorlegen oder vorlegen lassen,
3. die Steuer mehrfach innerhalb der Frist nach § 240 Abs. 3 der Abgabenordnung oder nach deren Ablauf gezahlt haben,
4. die Steuer mehrmals durch einen Dritten haben entrichten lassen, ohne dass sie Ansprüche auf die Zahlung durch den Dritten aus einem wirtschaftlich begründeten gegenseitigen Vertrag nachweisen können,
5. Forderungen gegen Abnehmer fortlaufend abgetreten haben und zugleich Energieerzeugnisse an andere Abnehmer auf Kredit liefern, ohne dass der Zahlungseingang gesichert ist,
6. Energieerzeugnisse längere Zeit unter Einstandspreisen mit Verlust ohne begründete Aussicht auf Ausgleich des Verlusts, insbesondere unter Absatzausweitung verkaufen,
7. wirtschaftlich von einem Dritten abhängig sind oder fortlaufend Energieerzeugnisse eines Dritten in erheblichem Umfang herstellen oder lagern, ohne für den Eingang der zur Entrichtung der Steuer erforderlichen Mittel gesichert zu sein,
8. nicht übersehbare Unternehmensbeteiligungen oder -verbindungen, insbesondere im Ausland, eingehen oder
9. Personen maßgeblich am Kapital des Unternehmens oder an der Geschäftsabwicklung beteiligt, die Energiesteuer vorsätzlich oder leichtfertig verkürzt haben, vorsätzlich oder leichtfertig an einer Verkürzung beteiligt waren, die nach den im Einzelfall vorliegenden tatsächlichen Anhaltspunkten mit Wahrscheinlichkeit Täter oder Teilnehmer einer Steuerstraftat sind, oder die in einen Fall von Zahlungsunfähigkeit verwickelt sind oder waren, auf Grund dessen Energiesteuer nicht in voller Höhe vereinnahmt werden konnte.

### Zu § 9a des Gesetzes

#### § 26
#### Registrierter Empfänger

(1) ¹Wer als registrierter Empfänger Energieerzeugnisse unter Steueraussetzung nicht nur gelegentlich empfangen will (§ 9a Absatz 1 Satz 1 Nummer 1 des Gesetzes), hat die Erlaubnis nach § 9a Absatz 2 Satz 1 des Gesetzes im Voraus beim Hauptzollamt nach amtlich vorgeschriebenem Vordruck zu beantragen. ²Dem Antrag sind beizufügen:

1. von Unternehmen, die in das Handels-, Genossenschafts- oder Vereinsregister eingetragen sind, ein aktueller Registerauszug,
2. ein Lageplan mit dem beantragten Empfangsort im Betrieb mit Angabe der Anschrift,
3. eine Darstellung der Aufzeichnungen über den Empfang und den Verbleib der Energieerzeugnisse,
4. eine Darstellung der Mengenermittlung, wenn die Energieerzeugnisse nach § 2 des Gesetzes versteuert werden sollen.

(2) ¹Der Antragsteller hat auf Verlangen des Hauptzollamts weitere Angaben zu machen, wenn diese zur Sicherung des Steueraufkommens oder für die Steueraufsicht erforderlich erscheinen. ²Das Hauptzollamt kann auf Angaben nach Absatz 1 verzichten, soweit die Steuerbelange dadurch nicht beeinträchtigt werden.

(3) ¹Das Hauptzollamt erteilt schriftlich die Erlaubnis als registrierter Empfänger. ²Mit der Erlaubnis wird nach einer Verwaltungsvorschrift des

# EnergieStV

Bundesministeriums der Finanzen für jeden Empfangsort eine Verbrauchsteuernummer vergeben. ³Für die Sicherheitsleistung gilt § 29 sinngemäß. ⁴Die Erlaubnis kann mit Nebenbestimmungen nach § 120 Absatz 2 der Abgabenordnung verbunden werden.

(4) ¹Der registrierte Empfänger hat Aufzeichnungen über die in seinen Betrieb aufgenommenen Energieerzeugnisse sowie ein Belegheft zu führen. ²Das Hauptzollamt kann dazu Anordnungen treffen. ³Registrierte Empfänger, die die empfangenen Energieerzeugnisse im Rahmen einer förmlichen Einzelerlaubnis verwenden oder verteilen, haben den Empfang nur im Verwendungsbuch oder in den an seiner Stelle zugelassenen Aufzeichnungen nachzuweisen.

(5) Die mit der Steueraufsicht betrauten Personen können für steuerliche Zwecke unentgeltlich Proben von Energieerzeugnissen und anderen Erzeugnissen zur Untersuchung entnehmen, die sich im Betrieb des registrierten Empfängers befinden.

(6) Beabsichtigt der registrierte Empfänger, die nach Absatz 1 angegebenen Verhältnisse zu ändern, hat er dies dem Hauptzollamt unverzüglich schriftlich anzuzeigen.

(7) Für das Erlöschen der Erlaubnis gilt § 14 Absatz 2 und 4 sinngemäß.

(8) ¹Wer als registrierter Empfänger im Einzelfall Energieerzeugnisse unter Steueraussetzung empfangen will (§ 9a Absatz 1 Satz 1 Nummer 2 des Gesetzes), hat die Erlaubnis nach § 9a Absatz 2 Satz 1 des Gesetzes im Voraus beim Hauptzollamt nach amtlich vorgeschriebenem Vordruck zu beantragen. ²Der Antragsteller hat auf Verlangen des Hauptzollamts weitere Angaben zu machen, wenn diese zur Sicherung des Steueraufkommens oder für die Steueraufsicht erforderlich erscheinen. ³Für die Erteilung der Erlaubnis gilt Absatz 3 entsprechend mit der Maßgabe, dass die Erlaubnis auf die beantragte Menge, den angegebenen Versender sowie auf eine Beförderung und auf einen bestimmten Zeitraum zu beschränken ist. ⁴Der registrierte Empfänger im Einzelfall hat auf Verlangen des Hauptzollamts Aufzeichnungen über die in seinen Betrieb aufgenommenen Energieerzeugnisse zu führen.

## Zu § 9b des Gesetzes

### § 27
### Registrierter Versender

(1) ¹Wer als registrierter Versender Energieerzeugnisse vom Ort der Einfuhr unter Steueraussetzung versenden will (§ 9b Absatz 1 des Gesetzes), hat die Erlaubnis nach § 9b Absatz 2 Satz 1 des Gesetzes im Voraus beim Hauptzollamt nach amtlich vorgeschriebenem Vordruck zu beantragen. ²Dem Antrag sind beizufügen:

1. von Unternehmen, die in das Handels-, Genossenschafts- oder Vereinsregister eingetragen sind, ein aktueller Registerauszug,
2. eine Aufstellung mit den Orten der Einfuhr beim Eingang der Energieerzeugnisse aus Drittländern und Drittgebieten (§ 1a Satz 1 Nummer 6, 7 und 9 des Gesetzes),
3. eine Darstellung der Aufzeichnungen über den Versand und den Verbleib der Energieerzeugnisse.

(2) ¹Der Antragsteller hat auf Verlangen des Hauptzollamts weitere Angaben zu machen, wenn diese zur Sicherung des Steueraufkommens oder für die Steueraufsicht erforderlich erscheinen. ²Das Hauptzollamt kann auf Angaben nach Absatz 1 verzichten, soweit die Steuerbelange dadurch nicht beeinträchtigt werden.

(3) ¹Das Hauptzollamt erteilt schriftlich die Erlaubnis als registrierter Versender. ²Mit der Erlaubnis wird nach einer Verwaltungsvorschrift des Bundesministeriums der Finanzen für den registrierten Versender eine Verbrauchsteuernummer vergeben. ³Für die Sicherheitsleistung gilt § 29 sinngemäß. ⁴Die Erlaubnis kann mit Nebenbestimmungen nach § 120 Absatz 2 der Abgabenordnung verbunden werden.

(4) ¹Die Erlaubnis als registrierter Versender gilt nicht für die Orte der Einfuhr, an denen die Energieerzeugnisse nach den Artikeln 263 bis 267 der Zollkodex-Durchführungsverordnung oder aus einem Zolllager des Typs D im Sinn des Artikels 525 Absatz 2 Buchstabe a der Zollkodex-Durchführungsverordnung in den zollrechtlich freien Verkehr überführt werden. ²Hiervon ausgenommen sind die Fälle, in denen das Hauptzollamt die Überlassung der Energieerzeugnisse zum zollrechtlich freien Verkehr prüft und gegenüber dem Beteiligten erklärt.

(5) ¹Der registrierte Versender hat Aufzeichnungen über die unter Steueraussetzung versandten Energieerzeugnisse sowie ein Belegheft zu führen. ²Das Hauptzollamt kann dazu Anordnungen treffen. ³Die unter Steueraussetzung versandten Energieerzeugnisse sind vom registrierten Versender unverzüglich aufzuzeichnen.

(6) Beabsichtigt der registrierte Versender, die nach Absatz 1 angegebenen Verhältnisse zu ändern, hat er dies dem Hauptzollamt unverzüglich schriftlich anzuzeigen.

(7) Für das Erlöschen der Erlaubnis gilt § 14 Absatz 2 und 4 sinngemäß.

## Zu den §§ 9c und 9d Absatz 2 des Gesetzes

### § 28
### Begünstigte, Freistellungsbescheinigung

(1) ¹Ein Begünstigter, der Energieerzeugnisse unter Steueraussetzung empfangen will, hat vor Beginn der Beförderung eine Freistellungsbescheinigung nach der Verordnung (EG) Nr. 31/96 der Kommission vom 10. Januar 1996 über die Verbrauchsteuerbescheinigung (ABl. L 8 vom 11.1.1996, S. 11) in der jeweils geltenden Fassung in Verbindung mit Artikel 13 der Systemrichtlinie in drei Exemplaren auszufertigen und dem zuständigen Hauptzollamt zur Bestätigung in Feld 6 vorzulegen. ²Der Begünstigte hat die mit Bestätigungsvermerk des Hauptzollamts versehene erste und zweite Ausfertigung dem Steuerlagerinhaber als Versender oder dem registrierten Versender auszuhändigen. ³Die dritte Ausfertigung verbleibt beim Hauptzollamt. ⁴Die zweite Ausfertigung hat der Beförderer während der Beförderung der Energieerzeugnisse

mitzuführen. ⁵Die erste Ausfertigung hat der Versender im Steuergebiet zu seinen steuerlichen Aufzeichnungen zu nehmen. ⁶Nach der Übernahme der Energieerzeugnisse verbleibt die zweite Ausfertigung der Freistellungsbescheinigung beim Begünstigten.

(2) Zuständiges Hauptzollamt ist für Begünstigte

1. nach § 9c Absatz 1 Nummer 1 bis 3 des Gesetzes das Hauptzollamt, in dessen Bezirk sich der Sitz der amtlichen Beschaffungsstelle oder der Organisation der ausländischen Streitkräfte befindet, die zur Erteilung des Auftrags berechtigt ist,
2. nach § 9c Absatz 1 Nummer 4 des Gesetzes das Hauptzollamt, bei dem die Anträge auf Steuerentlastung nach § 59 des Gesetzes zu stellen sind,
3. nach § 9c Absatz 1 Nummer 5 des Gesetzes das Hauptzollamt, in dessen Bezirk sich der Sitz der internationalen Einrichtung befindet.

(3) ¹Von der Bestätigung nach Absatz 1 Satz 1 in Feld 6 der Freistellungsbescheinigung wird abgesehen, wenn eine ausländische Truppe (§ 9c Absatz 1 Nummer 1 des Gesetzes) Energieerzeugnisse unter Steueraussetzung empfängt. ²An ihre Stelle tritt eine Eigenbestätigung der ausländischen Truppe.

(4) ¹Werden Energieerzeugnisse unter Steueraussetzung von Begünstigten im Sinn des § 9c Absatz 1 Nummer 1 bis 3 des Gesetzes aus Steuerlagern im Steuergebiet oder von registrierten Versendern vom Ort der Einfuhr im Steuergebiet empfangen, kann anstelle der Freistellungsbescheinigung ein Abwicklungsschein nach § 73 Absatz 1 Nummer 1 der Umsatzsteuer-Durchführungsverordnung verwendet werden. ²Die zweite Ausfertigung des Abwicklungsscheins hat der Versender im Steuergebiet zu seinen steuerlichen Aufzeichnungen zu nehmen.

### Zu den §§ 9d bis 13 des Gesetzes

### § 28a
### Teilnahme am EDV-gestützten Beförderungs- und Kontrollsystem

¹Das Bundesministerium der Finanzen legt durch eine Verfahrensanweisung fest, unter welchen Voraussetzungen und Bedingungen Personen, die für Beförderungen unter Steueraussetzung das elektronische Verwaltungsdokument verwenden, mit den Zollbehörden elektronische Nachrichten über das EDV-gestützte Beförderungs- und Kontrollsystem austauschen. ²Um auf diese Weise elektronisch Nachrichten austauschen zu können, bedarf es der vorherigen Anmeldung bei einer vom Bundesministerium der Finanzen in der Verfahrensanweisung bekannt gegebenen Stelle. ³Die Verfahrensanweisung wird vom Bundesministerium der Finanzen im Internet unter www.zoll.de veröffentlicht. ⁴Die Personen nach Satz 1 und ihre IT-Dienstleister sind verpflichtet, die in der Verfahrensanweisung festgelegten Voraussetzungen und Bedingungen einzuhalten.

### § 28b
### Erstellen des elektronischen Verwaltungsdokuments, Mitführen eines Ausdrucks

(1) Sollen Energieerzeugnisse unter Steueraussetzung aus einem Steuerlager im Steuergebiet oder vom Ort der Einfuhr im Steuergebiet

1. in ein Steuerlager oder zu einem Begünstigten im Steuergebiet befördert werden (§ 10 Absatz 1 des Gesetzes),
2. in ein Steuerlager, in den Betrieb eines registrierten Empfängers oder zu einem Begünstigten in einem anderen Mitgliedstaat befördert werden (§ 11 Absatz 1 Nummer 1 des Gesetzes) oder
3. zu einem Ort, an dem die Energieerzeugnisse das Verbrauchsteuergebiet der Europäischen Gemeinschaft verlassen, befördert werden (§ 13 Absatz 1 des Gesetzes),

hat der Steuerlagerinhaber als Versender oder der registrierte Versender dem für ihn zuständigen Hauptzollamt vor Beginn der Beförderung unter Verwendung des EDV-gestützten Beförderungs- und Kontrollsystems den Entwurf des elektronischen Verwaltungsdokuments nach amtlich vorgeschriebenem Datensatz zu übermitteln.

(2) ¹Das Hauptzollamt überprüft automatisiert die Angaben in dem Entwurf des elektronischen Verwaltungsdokuments. ²Bei Beförderungen vom Ort der Einfuhr erfolgt zusätzlich ein Abgleich mit der Zollanmeldung. ³Gibt es keine Beanstandungen, wird der Entwurf des elektronischen Verwaltungsdokuments mit einem eindeutigen Referenzcode versehen und dem Versender als elektronisches Verwaltungsdokument übermittelt. ⁴Beanstandungen werden dem Versender mitgeteilt.

(3) ¹Der Beförderer hat während der Beförderung einen Ausdruck des vom Hauptzollamt übermittelten elektronischen Verwaltungsdokuments mitzuführen. ²Anstelle des ausgedruckten elektronischen Verwaltungsdokuments kann ein Handelspapier mitgeführt werden, wenn dieses genügend Daten enthält oder wenn aus diesem der eindeutige Referenzcode hervorgeht.

(4) ¹Der Versender hat auf Verlangen des Hauptzollamts die Energieerzeugnisse unverändert vorzuführen. ²Dabei kann das Hauptzollamt Verschlussmaßnahmen anordnen.

(5) ¹Ist der Empfänger im Fall des Absatzes 1 Nummer 1 ein Steuerlagerinhaber, leitet das für diesen zuständige Hauptzollamt das elektronische Verwaltungsdokument an ihn weiter. ²Dies gilt auch für Beförderungen über das Gebiet eines anderen Mitgliedstaats. ³Ein elektronisches Verwaltungsdokument, das von den zuständigen Behörden eines anderen Mitgliedstaats übermittelt wurde, wird vom zuständigen Hauptzollamt an den Empfänger im Steuergebiet weitergeleitet, wenn dieser ein Steuerlagerinhaber oder ein registrierter Empfänger ist.

### § 28c
### Unbestimmter Empfänger

(1) Stehen in den Fällen des § 10 Absatz 1 des Gesetzes oder des § 11 Absatz 1 des Gesetzes zu Beginn einer Beförderung im Seeverkehr oder auf Binnenwasserstraßen der Empfänger und der Bestimmungsort noch nicht endgültig fest, kann das Hauptzollamt auf Antrag des Steuerlagerinhabers als Versender oder des registrierten Versenders unter Widerrufsvorbehalt zulassen, diese Angaben im Entwurf des elektronischen Verwaltungsdokuments wegzulassen.

(2) Der Steuerlagerinhaber als Versender oder der registrierte Versender hat den zu Beginn der Beförderung noch nicht festgelegten Empfänger und Bestimmungsort während der Beförderung der Energieerzeugnisse über das EDV-gestützte Beförderungs- und Kontrollsystem zu ergänzen, sobald er Kenntnis über die Angaben zum Empfänger und zum zugelassenen Bestimmungsort hat, spätestens jedoch zum Ende der Beförderung.

(3) Für die Datenübermittlung mittels des EDV-gestützten Beförderungs- und Kontrollsystems gilt § 31 entsprechend.

### § 29
### Art und Höhe der Sicherheitsleistung

(1) Die Sicherheit für die Beförderung von Energieerzeugnissen unter Steueraussetzung kann für mehrere Verfahren als Gesamtbürgschaft oder für jedes Verfahren einzeln als Einzelbürgschaft oder als Barsicherheit geleistet werden.

(2) [1]Die Sicherheit als Gesamtbürgschaft oder Einzelbürgschaft wird durch eine selbstschuldnerische Bürgschaft eines tauglichen Steuerbürgen nach § 244 der Abgabenordnung geleistet. [2]Die Bürgschaft ist in einer Urkunde nach amtlich vorgeschriebenem Vordruck bei dem für den Versender zuständigen Hauptzollamt zu leisten.

(3) [1]Das zuständige Hauptzollamt bestimmt die Bürgschaftssumme und die Höhe der Barsicherheit insbesondere unter Berücksichtigung der Steuer, die bei der Überführung der Energieerzeugnisse in den steuerrechtlich freien Verkehr entstehen würde. [2]Die Angemessenheit der Bürgschaftssumme ist im Fall der Gesamtbürgschaft regelmäßig zu überprüfen.

### § 30
### Annullierung des elektronischen Verwaltungsdokuments

(1) Der Versender kann das elektronische Verwaltungsdokument annullieren, solange die Beförderung der Energieerzeugnisse noch nicht begonnen hat.

(2) Um das elektronische Verwaltungsdokuments zu annullieren, hat der Steuerlagerinhaber als Versender oder der registrierte Versender dem für ihn zuständigen Hauptzollamt unter Verwendung des EDV-gestützten Beförderungs- und Kontrollsystems vor Beginn der Beförderung den Entwurf der elektronischen Annullierungsmeldung nach amtlich vorgeschriebenem Datensatz zu übermitteln.

(3) [1]Das Hauptzollamt überprüft automatisiert die Angaben in der Annullierungsmeldung. [2]Gibt es keine Beanstandungen, wird dies dem Versender unter Angabe des Datums und der Zeit der Prüfung mitgeteilt. [3]Beanstandungen werden dem Versender ebenfalls mitgeteilt.

(4) Ist ein elektronisches Verwaltungsdokument für die Beförderung von Energieerzeugnissen unter Steueraussetzung annulliert worden, die für einen Empfänger im Steuergebiet bestimmt waren, der entweder ein Steuerlagerinhaber oder ein registrierter Empfänger ist, leitet das für den Empfänger zuständige Hauptzollamt die eingehende Annullierungsmeldung an diesen weiter.

### § 31
### Änderung des Bestimmungsorts bei Verwendung des elektronischen Verwaltungsdokuments

(1) [1]Während der Beförderung der Energieerzeugnisse unter Steueraussetzung kann der Steuerlagerinhaber als Versender oder der registrierte Versender den Bestimmungsort ändern und einen anderen zulässigen Bestimmungsort (§ 10 Absatz 1 Nummer 1, § 11 Absatz 1 Nummer 1 Buchstabe a und b, § 13 Absatz 1 des Gesetzes) angeben. [2]Satz 1 gilt auch für Energieerzeugnisse, die nicht vom Empfänger aufgenommen oder übernommen oder nicht ausgeführt werden.

(2) Um den Bestimmungsort zu ändern, hat der Steuerlagerinhaber als Versender oder der registrierte Versender dem für ihn zuständigen Hauptzollamt unter Verwendung des EDV-gestützten Beförderungs- und Kontrollsystems den Entwurf der elektronischen Änderungsmeldung nach amtlich vorgeschriebenem Datensatz zu übermitteln.

(3) [1]Das Hauptzollamt überprüft automatisiert die Angaben in dem Entwurf der elektronischen Änderungsmeldung. [2]Gibt es keine Beanstandungen, wird dem Entwurf der Änderungsmeldung eine fortlaufende Vorgangsnummer zugewiesen und dem Versender die Änderungsmeldung zum ursprünglichen elektronischen Verwaltungsdokument übermittelt. [3]Beanstandungen werden dem Versender mitgeteilt.

(4) Wird durch eine Aktualisierung eines elektronischen Verwaltungsdokuments der darin angegebene Empfänger geändert, der entweder ein Steuerlagerinhaber im Steuergebiet oder ein registrierter Empfänger im Steuergebiet ist, gilt für die Weiterleitung des aktualisierten elektronischen Verwaltungsdokuments § 28b Absatz 5 entsprechend.

(5) Ändert sich der im elektronischen Verwaltungsdokument angegebene Empfänger, wird der ursprüngliche Empfänger, der entweder ein Steuerlagerinhaber im Steuergebiet oder ein registrierter Empfänger im Steuergebiet ist, von dem für ihn zuständigen Hauptzollamt durch eine entsprechende Meldung unterrichtet.

(6) Wird durch eine Aktualisierung eines elektronischen Verwaltungsdokuments das darin angegebene Steuerlager des Empfängers geändert, so leitet das für den Empfänger zuständige Hauptzollamt die Änderungsmeldung an diesen weiter.

### § 32
### Aufteilung von Warensendungen während der Beförderung

(1) [1]Während der Beförderung von Energieerzeugnissen unter Steueraussetzung (§ 10 des Gesetzes) kann der Steuerlagerinhaber als Versender oder der registrierte Versender die Energieerzeugnisse im Steuergebiet in zwei oder mehrere Warensendungen aufteilen, wenn

1. sich die Gesamtmenge der beförderten Energieerzeugnisse dadurch nicht ändert,

2. es sich bei den anschließenden Beförderungen ebenfalls um Beförderungen unter Steueraussetzungen im Steuergebiet handelt und

3. die in der Verfahrensanweisung (§ 28a) festgelegten Bedingungen eingehalten werden.

²Um Energieerzeugnisse aufteilen zu können, hat der Steuerlagerinhaber als Versender oder der registrierte Versender dem für ihn zuständigen Hauptzollamt den Entwurf der Aufteilungsmitteilung nach amtlich vorgeschriebenem Datensatz unter Verwendung des EDV-gestützten Beförderungs- und Kontrollsystems zu übermitteln.

(2) ¹Während der Beförderung von Energieerzeugnissen unter Steueraussetzung in andere Mitgliedstaaten (§ 11 Absatz 1 Nummer 1 des Gesetzes) kann der Steuerlagerinhaber als Versender oder der registrierte Versender die Energieerzeugnisse im Steuergebiet in zwei oder mehrere Warensendungen aufteilen, wenn die Voraussetzungen nach Absatz 1 Nummer 1 und 3 vorliegen. ²Um Energieerzeugnisse aufteilen zu können, hat der Steuerlagerinhaber als Versender oder der registrierte Versender dem für ihn zuständigen Hauptzollamt den Entwurf der Aufteilungsmitteilung nach amtlich vorgeschriebenem Datensatz unter Verwendung des EDV-gestützten Beförderungs- und Kontrollsystems zu übermitteln.

(3) ¹Während der Beförderung von Energieerzeugnissen unter Steueraussetzung in andere Mitgliedstaaten (§ 11 Absatz 1 Nummer 1 des Gesetzes) kann der Steuerlagerinhaber als Versender oder der registrierte Versender die Energieerzeugnisse außerhalb des Steuergebiets in zwei oder mehrere Warensendungen aufteilen, wenn die Voraussetzungen nach Absatz 1 Nummer 1 und 3 vorliegen und der Mitgliedstaat, in dem die Energieerzeugnisse aufgeteilt werden, eine solche Aufteilung auf seinem Gebiet zulässt. ²Um Energieerzeugnisse aufteilen zu können, hat der Steuerlagerinhaber als Versender oder der registrierte Versender dem für ihn zuständigen Hauptzollamt den Entwurf der Aufteilungsmitteilung nach amtlich vorgeschriebenem Datensatz unter Verwendung des EDV- gestützten Beförderungs- und Kontrollsystems zu übermitteln.

(4) ¹Während der Beförderung von Energieerzeugnissen unter Steueraussetzung aus anderen Mitgliedstaaten (§ 11 Absatz 1 Nummer 2 und 3 des Gesetzes) kann der Versender die Energieerzeugnisse im Steuergebiet in zwei oder mehrere Warensendungen aufteilen, wenn die Voraussetzungen nach Absatz 1 Nummer 1 und 3 vorliegen. ²Der Versender hat die Zollverwaltung rechtzeitig, mindestens aber 24 Stunden vor der Aufteilung, darüber zu unterrichten, wo die Energieerzeugnisse im Steuergebiet aufgeteilt werden sollen, und Kontrollen zu dulden.

(5) ¹Wenn Steuerbelange gefährdet erscheinen, kann das zuständige Hauptzollamt die Aufteilung der Energieerzeugnisse nach den Absätzen 1 bis 4 versagen. ²Es hat den Versandmitgliedstaat und den Versender über diese Entscheidung zu informieren.

(6) Eine Aufteilung von Energieerzeugnissen nach den Absätzen 1 bis 4 ist jeweils erst ab dem Zeitpunkt möglich, zu dem das EDV-gestützte Beförderungs- und Kontrollsystem dies zulässt.

## § 33
### Beförderung aus anderen Mitgliedstaaten und Beendigung von Beförderungen unter Steueraussetzung

(1) Werden Energieerzeugnisse unter Steueraussetzung aus anderen Mitgliedstaaten zu einem Empfänger im Steuergebiet oder durch das Steuergebiet befördert, hat der Beförderer während der Beförderung einen Ausdruck des elektronischen Verwaltungsdokuments oder ein entsprechendes Handelsdokument für die Energieerzeugnisse mitzuführen.

(2) Ein elektronisches Verwaltungsdokument, das von den zuständigen Behörden eines anderen Mitgliedstaats übermittelt wurde, wird an den Empfänger im Steuergebiet von dem für ihn zuständigen Hauptzollamt weitergeleitet, wenn dieser ein Steuerlagerinhaber oder ein registrierter Empfänger ist.

(3) Der Steuerlagerinhaber hat die unter Steueraussetzung bezogenen Energieerzeugnisse nach der Aufnahme in sein Steuerlager unverzüglich in das Herstellungs- oder Lagerbuch einzutragen oder in den an ihrer Stelle zugelassenen Aufzeichnungen zu erfassen.

(4) Der registrierte Empfänger hat die bezogenen Energieerzeugnisse nach der Aufnahme in seinen Betrieb unverzüglich in seinen Aufzeichnungen zu erfassen.

(5) ¹Auf Antrag kann das Hauptzollamt unter Widerrufsvorbehalt zulassen, dass der Steuerlagerinhaber Energieerzeugnisse unter Steueraussetzung nur durch Inbesitznahme in sein Steuerlager aufnimmt, wenn die Energieerzeugnisse wie folgt abgegeben werden:

1. unter Steueraussetzung an ein anderes Steuerlager im Steuergebiet oder an einen Begünstigten im Sinne des § 9c des Gesetzes im Steuergebiet,

2. zu steuerfreien Zwecken oder

3. nach § 2 Absatz 1 Nummer 8 Buchstabe a, Absatz 1 Nummer 2 oder Absatz 3 des Gesetzes versteuert.

²Werden die Energieerzeugnisse außerhalb des Steuergebiets in Besitz genommen, ist die Aufnahme durch Inbesitznahme jedoch erst bewirkt, wenn der Steuerlagerinhaber erstmals im Steuergebiet Besitz an den Energieerzeugnissen ausübt. ³In den Fällen der Nummern 1 und 2 gilt die Inbesitznahme der Energieerzeugnisse durch den empfangenden Steuerlagerinhaber, im Fall der Nummer 3 gilt die Inbesitznahme durch denjenigen, an den die Energieerzeugnisse abgegeben werden, als Entfernung aus dem Steuerlager (§ 8 Absatz 1 Satz 1 des Gesetzes).

(6) ¹Auf Antrag kann das Hauptzollamt zulassen, dass der registrierte Empfänger Energieerzeugnisse unter Steueraussetzung nur durch Inbesitznahme in seinen Betrieb aufnimmt. ²Werden die Energieerzeugnisse außerhalb des Steuergebiets in Besitz genommen, ist die Aufnahme durch Inbesitznahme jedoch erst bewirkt, wenn der registrierte Empfänger erstmals im Steuergebiet Besitz an den Energieerzeugnissen ausübt. ³Die Sätze 1 und 2 gelten nicht für registrierte Empfänger im Einzelfall.

**EnergieStV**

(7) ¹Für Lager ohne Lagerstätten (§ 7 Absatz 5 des Gesetzes) gilt die Inbesitznahme der Energieerzeugnisse durch den empfangenden Steuerlagerinhaber als Aufnahme in das Steuerlager und die Inbesitznahme durch denjenigen, an den die Energieerzeugnisse abgegeben werden, als Entfernung aus dem Steuerlager. ²Werden die Energieerzeugnisse außerhalb des Steuergebiets in Besitz genommen, ist die Aufnahme durch Inbesitznahme jedoch erst bewirkt, wenn der Steuerlagerinhaber erstmals im Steuergebiet Besitz an den Energieerzeugnissen ausübt.

### § 34
### Eingangs- und Ausfuhrmeldung bei Verwendung des elektronischen Verwaltungsdokuments

(1) ¹Nach der Aufnahme der Energieerzeugnisse, auch von Teilmengen, an einem Bestimmungsort, der in § 10 Absatz 1 oder § 11 Absatz 1 Nummer 2 Buchstabe a und b des Gesetzes genannt ist, hat der Empfänger dem für ihn zuständigen Hauptzollamt unter Verwendung des EDV-gestützten Beförderungs- und Kontrollsystems unverzüglich, spätestens jedoch fünf Werktage nach Beendigung der Beförderung, eine Eingangsmeldung nach amtlich vorgeschriebenem Datensatz zu übermitteln. ²Das Hauptzollamt kann zur Vermeidung unbilliger Härten auf Antrag des Empfängers die Frist nach Satz 1 verlängern.

(2) ¹Das für den Empfänger zuständige Hauptzollamt überprüft automatisiert die Angaben in der Eingangsmeldung. ²Gibt es keine Beanstandungen, wird dies dem Empfänger mitgeteilt. ³Beanstandungen werden dem Empfänger ebenfalls mitgeteilt. ⁴Das für den Versender zuständige Hauptzollamt übermittelt dem Versender die Eingangsmeldung, wenn dieser ein Steuerlagerinhaber im Steuergebiet oder ein registrierter Versender im Steuergebiet ist. ⁵Eine Eingangsmeldung, die von den zuständigen Behörden eines anderen Mitgliedstaats übermittelt wurde, wird an den Versender im Steuergebiet von dem für ihn zuständigen Hauptzollamt weitergeleitet.

(3) ¹Ist der Empfänger ein Begünstigter (§ 9c Absatz 1 des Gesetzes), hat er dem zuständigen Hauptzollamt nach der Übernahme der Energieerzeugnisse, auch von Teilmengen, die Daten, die für die Eingangsmeldung nach Absatz 1 erforderlich sind, und eine Kopie der ihm vorliegenden Ausfertigung der Freistellungsbescheinigung innerhalb der dort genannten Frist schriftlich zu übermitteln. ²Das Hauptzollamt erstellt nach Prüfung der Angaben die Eingangsmeldung nach Absatz 1. Absatz 2 Satz 4 gilt entsprechend.

(4) Der Empfänger hat auf Verlangen des Hauptzollamts die Energieerzeugnisse unverändert vorzuführen.

(5) ¹In den Fällen des § 13 des Gesetzes erstellt das für den Versender zuständige Hauptzollamt auf Grundlage der von der Ausgangszollstelle übermittelten Ausgangsbestätigung eine Ausfuhrmeldung, mit der bestätigt wird, dass die Energieerzeugnisse das Verbrauchsteuergebiet der Europäischen Gemeinschaft verlassen haben. ²Dies gilt auch bei der Ausfuhr von Teilmengen. ³Das Hauptzollamt übermittelt die Ausfuhrmeldung an den Steuerlagerinhaber als Versender im Steuergebiet oder an den registrierten Versender im Steuergebiet. ⁴Ausfuhrmeldungen, die von den zuständigen Behörden eines anderen Mitgliedstaats übermittelt wurden, werden an den Versender im Steuergebiet von dem für ihn zuständigen Hauptzollamt weitergeleitet.

(6) ¹Die Eingangsmeldung nach Absatz 1 oder die Ausfuhrmeldung nach Absatz 5 gilt als Nachweis, dass die Beförderung der Energieerzeugnisse beendet wurde. ²Die Ausfuhrmeldung gilt nicht als Nachweis, wenn nachträglich festgestellt wird, dass die Energieerzeugnisse das Verbrauchsteuergebiet der Europäischen Gemeinschaft nicht verlassen haben.

### § 35
### Beförderung im Steuergebiet ohne elektronisches Verwaltungsdokument

¹Auf Antrag des Versenders kann das Hauptzollamt, wenn die Steuerbelange dadurch nicht gefährdet sind, anstelle des EDV-gestützten Beförderungs- und Kontrollsystems vereinfachte Verfahren zulassen für Beförderungen

1. von Energieerzeugnissen zwischen Steuerlagern desselben Steuerlagerinhabers im Steuergebiet,

1a. von Energieerzeugnissen, die zwischen einem Ort der Einfuhr im Steuergebiet und einem Steuerlager befördert werden, wenn der registrierte Versender gleichzeitig Inhaber des Steuerlagers ist,

2. von Flüssiggasen, leichtem Heizöl oder Heizölen der Unterpositionen 2710 19 61 bis 2710 19 69 der Kombinierten Nomenklatur im Steuergebiet,

3. von Energieerzeugnissen in Rohrleitungen im Steuergebiet.

²Dies gilt nicht, wenn die Energieerzeugnisse über das Gebiet eines anderen Mitgliedstaats befördert werden.

### § 36
### Beginn der Beförderung im Ausfallverfahren

(1) Steht das EDV-gestützte Beförderungs- und Kontrollsystem nicht zur Verfügung, kann der Steuerlagerinhaber als Versender oder der registrierte Versender abweichend von § 28b nur dann eine Beförderung von Energieerzeugnissen unter Steueraussetzung beginnen, wenn ein Ausfalldokument nach amtlich vorgeschriebenem Vordruck verwendet wird.

(2) ¹Der Versender hat vor Beginn der ersten Beförderung im Ausfallverfahren das für ihn zuständige Hauptzollamt schriftlich über den Ausfall des EDV-gestützten Beförderungs- und Kontrollsystems zu unterrichten. ²Eine Unterrichtung ist nicht erforderlich, wenn es sich um einen von der Zollverwaltung veranlassten Ausfall handelt.

(3) ¹Der Versender hat das Ausfalldokument in drei Exemplaren auszufertigen. ²Er hat die erste Ausfertigung zu seinen Aufzeichnungen zu nehmen. ³Die zweite Ausfertigung hat er unverzüglich dem für ihn zuständigen Hauptzollamt zu übermitteln. ⁴Der Beförderer der Energieerzeugnisse hat wäh-

rend der Beförderung die dritte Ausfertigung mitzuführen. ⁵Abweichend von Satz 3 kann das Hauptzollamt Ausnahmen von der unverzüglichen Übermittlung sowie weitere Verfahrensvereinfachungen zulassen, wenn die Steuerbelange dadurch nicht beeinträchtigt werden.

(4) ¹Der Versender hat auf Verlangen des Hauptzollamts jede Beförderung im Ausfallverfahren vor Beginn anzuzeigen. ²Daneben hat er auf Verlangen des Hauptzollamts die zweite Ausfertigung des Ausfalldokuments bereits vor Beginn der Beförderung zu übermitteln. ³§ 28b Absatz 4 gilt entsprechend.

(5) ¹Steht das EDV-gestützte Beförderungs- und Kontrollsystem wieder zur Verfügung, hat der Versender dem für ihn zuständigen Hauptzollamt unverzüglich für alle im Ausfallverfahren durchgeführten Beförderungen unter Verwendung des EDV-gestützten Beförderungs- und Kontrollsystems den Entwurf des elektronischen Verwaltungsdokuments zu übermitteln, der dieselben Daten wie das Ausfalldokument nach Absatz 1 enthält und in dem auf die Verwendung des Ausfallverfahrens hingewiesen wird. ²§ 28b Absatz 2 und 5 gilt entsprechend.

(6) ¹Das Ausfallverfahren gilt bis zur Übermittlung des elektronischen Verwaltungsdokuments durch das Hauptzollamt. ²Nach der Übermittlung tritt das elektronische Verwaltungsdokument an die Stelle des Ausfalldokuments.

(7) ¹Der mit dem elektronischen Verwaltungsdokument übermittelte eindeutige Referenzcode ist vom Versender auf der ersten Ausfertigung des Ausfalldokuments in dem dafür vorgesehenen Feld einzutragen. ²Ist die Beförderung noch nicht beendet, ist der Referenzcode dem Beförderer der Energieerzeugnisse mitzuteilen und von diesem auf der dritten Ausfertigung des Ausfalldokuments in dem dafür vorgesehenen Feld einzutragen, wenn ihm kein Ausdruck des elektronischen Verwaltungsdokuments übermittelt wurde. ³Die mit dem Referenzcode versehene dritte Ausfertigung des Ausfalldokuments gilt als Papier im Sinn des § 28b Absatz 3 Satz 1. ⁴Für die Eingangs- und Ausfuhrmeldung ist § 34 anzuwenden.

### § 36a
### Annullierung im Ausfallverfahren

(1) Steht das EDV-gestützte Beförderungs- und Kontrollsystem nicht zur Verfügung, kann der Steuerlagerinhaber als Versender oder der registrierte Versender das elektronische Verwaltungsdokument abweichend von § 30 oder das Ausfalldokument nach amtlich vorgeschriebenem Vordruck annullieren (Annullierungsdokument), solange die Beförderung der Energieerzeugnisse noch nicht begonnen hat.

(2) ¹Der Versender hat das Annullierungsdokument in zwei Exemplaren auszufertigen. ²Er hat die erste Ausfertigung zu seinen Aufzeichnungen zu nehmen. ³Mit der zweiten Ausfertigung hat er unverzüglich das für ihn zuständige Hauptzollamt zu unterrichten.

(3) ¹Steht das EDV-gestützte Beförderungs- und Kontrollsystem wieder zur Verfügung und liegt dem Versender das elektronische Verwaltungsdokument vor, hat er dem für ihn zuständigen Hauptzollamt unverzüglich unter Verwendung des EDV-gestützten Beförderungs- und Kontrollsystems den Entwurf einer elektronischen Annullierungsmeldung nach § 30 Absatz 2 zu übermitteln. ²§ 30 Absatz 3 und 4 gilt entsprechend.

### § 36b
### Änderung des Bestimmungsorts im Ausfallverfahren

(1) ¹Steht das EDV-gestützte Beförderungs- und Kontrollsystem nicht zur Verfügung, kann der Steuerlagerinhaber als Versender oder der registrierte Versender den Bestimmungsort während der Beförderung der Energieerzeugnisse abweichend von § 31 nach amtlich vorgeschriebenem Vordruck ändern (Änderungsdokument). ²Satz 1 gilt auch für Energieerzeugnisse, die nicht vom Empfänger aufgenommen oder übernommen oder nicht ausgeführt werden.

(2) ¹Der Versender hat das Änderungsdokument in zwei Exemplaren auszufertigen. ²Er hat die erste Ausfertigung zu seinen Aufzeichnungen zu nehmen. ³Die zweite Ausfertigung hat er dem für ihn zuständigen Hauptzollamt unverzüglich zu übermitteln. ⁴Er hat den Beförderer unverzüglich über die geänderten Angaben im elektronischen Verwaltungsdokument oder im Ausfalldokument zu unterrichten. ⁵Der Beförderer hat die Angaben unverzüglich auf der Rückseite des mitgeführten Dokuments zu vermerken, wenn ihm nicht das Änderungsdokument übermittelt wurde.

(3) ¹Steht das EDV-gestützte Beförderungs- und Kontrollsystem wieder zur Verfügung, hat der Versender für alle im Ausfallverfahren durchgeführten Änderungen des Bestimmungsorts dem für ihn zuständigen Hauptzollamt unverzüglich unter Verwendung des EDV-gestützten Beförderungs- und Kontrollsystems den Entwurf einer elektronischen Änderungsmeldung nach § 31 Absatz 2 zu übermitteln, der dieselben Daten wie das Änderungsdokument nach Absatz 1 enthält. ²§ 31 Absatz 3 bis 6 gilt entsprechend.

(4) Für die Unterrichtung über den Ausfall des EDV-gestützten Beförderungs- und Kontrollsystems, die Anzeigepflicht bei jeder Änderung des Bestimmungsorts sowie die Übermittlung der zweiten Ausfertigung des Änderungsdokuments gilt § 36 Absatz 2 und 4 Satz 1 und 2 entsprechend.

### § 36c
### Aufteilung im Ausfallverfahren

(1) ¹Steht das EDV-gestützte Beförderungs- und Kontrollsystem nicht zur Verfügung, kann der Steuerlagerinhaber als Versender oder der registrierte Versender während der Beförderung von Energieerzeugnissen unter Steueraussetzung die Energieerzeugnisse nach Maßgabe des § 32 Absatz 1 bis 3 in zwei oder mehrere Warensendungen aufteilen. ²Für die Aufteilung im Ausfallverfahren ist abweichend von § 32 das Ausfalldokument nach amtlich vorgeschriebenem Vordruck zu verwenden.

(2) ¹Der Versender hat je Teilsendung ein Ausfalldokument in zwei Exemplaren auszufertigen. ²Er hat die jeweils erste Ausfertigung zu seinen Aufzeichnungen zu nehmen. ³Die jeweils zweite Ausfertigung hat er dem für ihn zuständigen Hauptzollamt unver-

züglich zu übermitteln. ⁴Er hat den Beförderer unverzüglich über die Einzelheiten der neuen Teilsendungen zu unterrichten. ⁵Der Beförderer hat die Angaben unverzüglich auf der Rückseite des mitgeführten Dokuments zu vermerken, wenn ihm nicht die Ausfalldokumente der neuen Teilsendungen übermittelt wurden.

(3) Steht das EDV-gestützte Beförderungs- und Kontrollsystem wieder zur Verfügung, hat der Versender für alle im Ausfallverfahren durchgeführten Aufteilungen dem für ihn zuständigen Hauptzollamt unverzüglich unter Verwendung des EDV-gestützten Beförderungs- und Kontrollsystems den Entwurf einer elektronischen Aufteilungsmitteilung nach § 32 zu übermitteln, der dieselben Daten wie die Ausfalldokumente nach Absatz 1 enthält.

(4) Für die Unterrichtung über den Ausfall des EDV-gestützten Beförderungs- und Kontrollsystems, für die Anzeigepflicht bei jeder Aufteilung sowie für die Übermittlung der jeweils zweiten Ausfertigung der Ausfalldokumente gilt § 36 Absatz 2 und 4 Satz 1 und 2 entsprechend.

(5) § 32 Absatz 5 gilt entsprechend.

§ 36d
Eingangs- und Ausfuhrmeldung im Ausfallverfahren

(1) ¹Kann der Empfänger die Eingangsmeldung nach § 34 Absatz 1 nach Beendigung einer Beförderung unter Steueraussetzung nicht innerhalb der dort festgelegten Frist übermitteln, weil entweder das EDV-gestützte Beförderungs- und Kontrollsystem nicht zur Verfügung steht oder ihm das elektronische Verwaltungsdokument oder die Änderungsmeldung nach § 31 Absatz 6 nicht zugeleitet wurde, hat er dem für ihn zuständigen Hauptzollamt ein Eingangsdokument nach amtlich vorgeschriebenem Vordruck vorzulegen, mit dem er den Empfang der Energieerzeugnisse bestätigt. ²Für die Frist zur Vorlage des Eingangsdokuments und deren Verlängerung gilt § 34 Absatz 1 entsprechend.

(2) ¹Der Empfänger hat das Eingangsdokument in drei Exemplaren auszufertigen. ²Das Hauptzollamt bestätigt die drei Exemplare und gibt dem Empfänger die erste Ausfertigung zurück. ³Der Empfänger hat diese Ausfertigung zu seinen Aufzeichnungen zu nehmen. ⁴Wird die Eingangsmeldung nicht innerhalb der in § 34 Absatz 1 genannten Frist vom Empfänger übermittelt, übersendet das für den Empfänger zuständige Hauptzollamt die zweite Ausfertigung des Eingangsdokuments dem für den Versender zuständigen Hauptzollamt, das diese an den Versender weiterleitet. ⁵Eingangsdokumente, die von den zuständigen Behörden eines anderen Mitgliedstaats übersendet wurden, werden an den Versender im Steuergebiet von dem für ihn zuständigen Hauptzollamt weitergeleitet.

(3) ¹Steht das EDV-gestützte Beförderungs- und Kontrollsystem wieder zur Verfügung und liegt das elektronische Verwaltungsdokument oder die Meldung nach § 31 Absatz 5 oder Absatz 6 dem Empfänger vor, hat dieser dem für ihn zuständigen Hauptzollamt unverzüglich für das im Ausfallverfahren erstellte Eingangsdokument unter Verwendung des EDV-gestützten Beförderungs- und Kontrollsystems eine Eingangsmeldung nach § 34 Absatz 1 zu übermitteln, die dieselben Daten wie das Eingangsdokument nach Absatz 1 enthält. ²§ 34 Absatz 2 gilt entsprechend.

(4) ¹Kann nach Beendigung einer Beförderung von Energieerzeugnissen unter Steueraussetzung die Ausfuhrmeldung nach § 34 Absatz 5 nicht erstellt werden, weil entweder das EDV-gestützte Beförderungs- und Kontrollsystem nicht zur Verfügung steht oder das elektronische Verwaltungsdokument nicht übermittelt wurde, so erstellt das Hauptzollamt ein Ausfuhrdokument, in dem bestätigt wird, dass die Energieerzeugnisse das Verbrauchsteuergebiet der Europäischen Gemeinschaft verlassen haben. ²Dies gilt auch bei der Ausfuhr von Teilmengen. ³Das Hauptzollamt übersendet dem Versender eine Ausfertigung dieses Ausfuhrdokuments, wenn die Energieerzeugnisse aus dem Steuergebiet versendet wurden. ⁴In den Fällen, in denen ein entsprechendes Ausfuhrdokument von den zuständigen Behörden eines anderen Mitgliedstaats übermittelt wurde, übersendet das Hauptzollamt dem Versender eine Ausfertigung.

(5) Steht das EDV-gestützte Beförderungs- und Kontrollsystem wieder zur Verfügung und liegt das elektronische Verwaltungsdokument vor, erstellt das zuständige Hauptzollamt eine Ausfuhrmeldung nach § 34 Absatz 5 Satz 1. § 34 Absatz 5 Satz 2 und 3 gilt entsprechend.

§ 37
Ersatznachweise für die Beendigung der Beförderung

¹Liegt kein Nachweis nach § 34 Absatz 6 vor, bestätigt das für den Empfänger zuständige Hauptzollamt oder das Hauptzollamt, in dessen Bezirk sich die Ausgangszollstelle befindet, in den Fällen, in denen keine Eingangs- oder Ausfuhrmeldung nach § 36c vorliegt, die Beendigung der Beförderung unter Steueraussetzung, wenn hinreichend belegt ist, dass die Energieerzeugnisse den angegebenen Bestimmungsort erreicht oder das Verbrauchsteuergebiet der Europäischen Gemeinschaft verlassen haben (Ersatznachweis). ²Als hinreichender Beleg im Sinn von Satz 1 gilt insbesondere ein vom Empfänger vorgelegtes Dokument, das dieselben Angaben enthält wie die Eingangsmeldung und in dem dieser den Empfang der Energieerzeugnisse bestätigt.

Zu § 14 des Gesetzes

§ 37a
Unregelmäßigkeiten während der Beförderung unter Steueraussetzung

Sind Energieerzeugnisse während der Beförderung unter Steueraussetzung infolge unvorhersehbarer Ereignisse oder höherer Gewalt vollständig zerstört oder unwiederbringlich verloren gegangen, hat der Beförderer dies dem Hauptzollamt unverzüglich anzuzeigen und durch geeignete Unterlagen nachzuweisen.

## Zu § 15 des Gesetzes

### § 38
### Anzeige und Zulassung

(1) ¹Die Anzeige nach § 15 Absatz 3 des Gesetzes ist nach amtlich vorgeschriebenem Vordruck bei dem für den Anzeigepflichtigen zuständigen Hauptzollamt zu erstatten. ²Sollen die bezogenen Energieerzeugnisse in ein Verfahren der Steuerbefreiung (§ 24 Absatz 1 des Gesetzes) überführt werden, ist der Erlaubnisschein beizufügen, soweit die Erlaubnis nicht allgemein erteilt ist.

(2) ¹Der Anzeigepflichtige hat auf Verlangen des Hauptzollamts weitere Angaben zu machen, wenn sie zur Sicherung des Steueraufkommens oder für die Steueraufsicht erforderlich erscheinen. ²Das Hauptzollamt kann auf Angaben verzichten, soweit die Steuerbelange dadurch nicht beeinträchtigt werden.

(3) ¹Das Hauptzollamt erteilt schriftlich die Zulassung zum Bezug, zum Inbesitzhalten oder zur Verwendung der Energieerzeugnisse, wenn der Anzeigepflichtige Sicherheit in Höhe der Steuer geleistet hat, die voraussichtlich entsteht. ²Für die Sicherheitsleistung gilt § 29, für das Erlöschen der Zulassung § 14 Abs. 2 und 4 sinngemäß. ³Die Zulassung kann mit Nebenbestimmungen nach § 120 Absatz 2 der Abgabenordnung verbunden werden.

### § 39
### Beförderung

(1) ¹Werden Energieerzeugnisse im Sinn des § 4 des Gesetzes in anderen als den in § 15 Absatz 4 des Gesetzes genannten Fällen aus dem steuerrechtlich freien Verkehr eines anderen Mitgliedstaats zu gewerblichen Zwecken in das Steuergebiet verbracht, hat der Beförderer während der Beförderung die zweite und dritte Ausfertigung des vereinfachten Begleitdokuments mitzuführen, das für die Energieerzeugnisse ordnungsgemäß ausgefertigt wurde. ²Dies gilt für Energieerzeugnisse der Unterpositionen 2710 11 21, 2710 11 25 und 2710 19 29 der Kombinierten Nomenklatur jedoch nur, soweit sie als lose Ware verbracht werden.

(2) ¹Der Anzeigepflichtige im Sinn des § 15 Absatz 3 des Gesetzes hat dem Hauptzollamt mit der Steueranmeldung die mit seiner Empfangsbestätigung versehene zweite und dritte Ausfertigung des vereinfachten Begleitdokuments vorzulegen. ²Auf Antrag bestätigt das Hauptzollamt die Anmeldung oder Entrichtung der Steuer. ³Ist der Beförderung eine Empfangsbestätigung nach Artikel 4 Satz 4 der Verordnung (EWG) Nr. 3649/92 erforderlich, hat der Anzeigepflichtige die für den Lieferer bestimmte Ausfertigung des vereinfachten Begleitdokuments mit der vom Abgangsmitgliedstaat vorgesehenen Empfangsbestätigung unverzüglich an den Lieferer zurückzusenden.

### § 40
### Pflichten des Anzeigepflichtigen, Steueraufsicht

(1) ¹Der Anzeigepflichtige hat ein Empfangsbuch über den Bezug, die Lieferung, die Lagerung oder die Verwendung der Energieerzeugnisse zu führen, aus dem jeweils Art, Kennzeichnung und Menge der Energieerzeugnisse, der Lieferer, der Empfänger und die Reihenfolge der Lieferungen hervorgehen. ²Das Hauptzollamt kann dazu Anordnungen treffen. ³Anzeigepflichtige, die die Energieerzeugnisse im Rahmen einer förmlichen Einzelerlaubnis verwenden oder verteilen, haben den Bezug und den weiteren Verbleib der Energieerzeugnisse nur im Verwendungsbuch nachzuweisen. ⁴Der Anzeigepflichtige hat auf Verlangen des Hauptzollamts weitere Aufzeichnungen zu führen. ⁵Das Hauptzollamt kann einfachere Aufzeichnungen zulassen, wenn die Steuerbelange dadurch nicht beeinträchtigt werden. ⁶Das Empfangsbuch ist jeweils für ein Kalenderjahr zu führen und spätestens am 31. Januar des folgenden Jahres abzuschließen. ⁷Der Anzeigepflichtige hat dem Hauptzollamt auf Verlangen das abgeschlossene Empfangsbuch abzuliefern.

(2) ¹Auf Anordnung des Hauptzollamts sind im Betrieb des Anzeigepflichtigen die Bestände an Energieerzeugnissen amtlich festzustellen. ²Dazu hat der Anzeigepflichtige die Empfangsbücher oder die an seiner Stelle zugelassenen Aufzeichnungen aufzurechnen und auf Verlangen des Hauptzollamts die Bestände nach amtlich vorgeschriebenem Vordruck anzumelden. ³Der Anzeigepflichtige hat auf Verlangen des Hauptzollamts auch andere Energieerzeugnisse, mit denen er handelt, die er lagert oder verwendet, oder auch andere Stoffe in die Bestandsaufnahme oder Anmeldung einzubeziehen.

(3) Die mit der Steueraufsicht betrauten Amtsträger können für steuerliche Zwecke unentgeltlich Proben von Energieerzeugnissen und anderen im Betrieb des Anzeigepflichtigen befindlichen Erzeugnissen zur Untersuchung entnehmen.

(4) Absatz 2 gilt nicht, wenn der Anzeigepflichtige bereits als Inhaber einer förmlichen Einzelerlaubnis die in § 56 genannten Pflichten zu erfüllen hat.

## Zu den §§ 15, 17, 21 und 46 des Gesetzes

### § 41
### Hauptbehälter

¹Hauptbehälter im Sinn des § 15 Absatz 4 Nummer 1, § 21 Absatz 1 Satz 3 Nummer 1 und § 46 Absatz 1 Satz 2 des Gesetzes sind:

1. die vom Hersteller für alle Fahrzeuge desselben Typs fest eingebauten Behälter, die die unmittelbare Verwendung des Kraftstoffs für den Antrieb der Fahrzeuge und gegebenenfalls für den Betrieb der Kühlanlage oder sonstigen Anlagen während der Beförderung ermöglichen,

2. die vom Hersteller in alle Container desselben Typs fest eingebauten Behälter, die die unmittelbare Verwendung des Kraftstoffs für den Betrieb der Kühlanlage oder sonstiger Anlagen von Spezialcontainern während der Beförderung ermöglichen.

²Besteht ein Hauptbehälter aus mehr als einem Kraftstoffbehälter, ist ein Absperrventil in der Leitung zwischen zwei Kraftstoffbehältern unschädlich.

## Zu § 18 des Gesetzes

### § 42
### Versandhandel, Beauftragter

(1) Die Anzeige nach § 18 Absatz 3 Satz 1 des Gesetzes ist nach amtlich vorgeschriebenem Vordruck bei dem für den Beauftragten zuständigen Hauptzollamt zu erstatten.

(2) [1]Der Beauftragte des Versandhändlers hat die Erlaubnis nach § 18 Absatz 3 Satz 3 des Gesetzes nach amtlich vorgeschriebenem Vordruck vor Aufnahme seiner Tätigkeit bei dem für ihn zuständigen Hauptzollamt zu beantragen. [2]Dem Antrag ist von Unternehmen, die in das Handels-, Genossenschafts- oder Vereinsregister eingetragen sind, ein aktueller Registerauszug beizufügen. [3]Der Antragsteller hat auf Verlangen des Hauptzollamts weitere Angaben zu machen, wenn diese zur Sicherung des Steueraufkommens oder für die Steueraufsicht erforderlich erscheinen.

(3) [1]Das Hauptzollamt erteilt dem Beauftragten des Versandhändlers schriftlich die Erlaubnis, wenn der Beauftragte Sicherheit nach § 18 Absatz 3 Satz 5 oder Absatz 4 Satz 5 des Gesetzes geleistet hat. [2]Für die Sicherheitsleistung gilt § 29, für das Erlöschen der Erlaubnis gilt § 14 Absatz 2 und 4 sinngemäß. [3]Die Erlaubnis kann mit Nebenbestimmungen nach § 120 Absatz 2 der Abgabenordnung verbunden werden.

(4) [1]Der Beauftragte hat ein Belegheft zu führen. [2]Er hat in den Anzeigen nach § 18 Absatz 3 Satz 5 des Gesetzes die Art der Energieerzeugnisse nach der Bezeichnung im Gesetz, den voraussichtlichen Lieferumfang und, soweit sie zum Zeitpunkt der Anzeige bereits bekannt sind, Name und Anschrift des Empfängers oder der Empfänger sowie den Tag der jeweiligen Lieferung anzugeben. [3]Das Hauptzollamt kann dazu sowie zu den vom Beauftragten zu führenden Aufzeichnungen weitere Anordnungen treffen. [4]Der Beauftragte hat dem Hauptzollamt Änderungen der die Erlaubnis betreffenden Verhältnisse unverzüglich schriftlich anzuzeigen.

## Zu § 18a des Gesetzes

### § 42a
### Unregelmäßigkeiten während der Beförderung von Energieerzeugnissen des steuerrechtlich freien Verkehrs anderer Mitgliedstaaten

[1]Stellt der Empfänger der Energieerzeugnisse Abweichungen gegenüber den Angaben im vereinfachten Begleitdokument fest, hat er dies dem für ihn zuständigen Hauptzollamt unverzüglich schriftlich anzuzeigen. [2]§ 37a Absatz 1 gilt entsprechend.

## Zu den §§ 19 bis 19b des Gesetzes

### § 43
### Einfuhr von Energieerzeugnissen aus Drittländern und Drittgebieten

[1]Energieerzeugnisse aus Drittländern und Drittgebieten sind in den Fällen des § 19b Absatz 3 des Gesetzes nach den Zollvorschriften mit den für die Besteuerung maßgeblichen Merkmalen anzumelden. [2]Die Steuererklärung ist in der Zollmeldung oder nach amtlich vorgeschriebenem Vordruck abzugeben.

## Zu § 66 Abs. 1 Nr. 16 des Gesetzes

### § 44
### Verbringen von Energieerzeugnissen des steuerrechtlich freien Verkehrs zu gewerblichen Zwecken in andere Mitgliedstaaten

[1]Wer in § 4 des Gesetzes genannte Energieerzeugnisse des steuerrechtlich freien Verkehrs zu gewerblichen Zwecken in andere Mitgliedstaaten verbringen will, hat das vereinfachte Begleitdokument auszufertigen. [2]Dies gilt für Energieerzeugnisse der Unterpositionen 2710 11 21, 2710 11 25 und 2710 19 29 der Kombinierten Nomenklatur jedoch nur, soweit sie als lose Ware verbracht werden. [3]Der Lieferer hat die erste Ausfertigung des Begleitdokuments zu seinen Aufzeichnungen zu nehmen. [4]Der Beförderer hat die zweite und dritte Ausfertigung des Begleitdokuments bei der Beförderung der Energieerzeugnisse mitzuführen.

### § 45
### Beförderungen von Energieerzeugnissen des steuerrechtlich freien Verkehrs durch einen anderen Mitgliedstaat

(1) [1]Werden die in § 4 des Gesetzes genannten Energieerzeugnisse des steuerrechtlich freien Verkehrs durch das Gebiet eines anderen Mitgliedstaats an einen Empfänger im Steuergebiet befördert, hat der Versender das vereinfachte Begleitdokument auszufertigen. [2]Dies gilt für Energieerzeugnisse der Unterpositionen 2710 11 21, 2710 11 25 und 2710 19 29 der Kombinierten Nomenklatur jedoch nur, soweit sie als lose Ware befördert werden. [3]Der Versender hat in Feld 3 des vereinfachten Begleitdokuments den Hinweis

„Transit/Energieerzeugnisse des steuerrechtlich freien Verkehrs"

anzubringen sowie die Anschrift des für ihn zuständigen Hauptzollamts zu vermerken.

(2) [1]Der Versender hat das vereinfachte Begleitdokument in drei Exemplaren auszufertigen. [2]Er hat die erste Ausfertigung des vereinfachten Begleitdokuments spätestens am Versandtag dem für ihn zuständigen Hauptzollamt zu übermitteln. [3]Der Beförderer hat während der Beförderung der Energieerzeugnisse die zweite und dritte Ausfertigung des vereinfachten Begleitdokuments mitzuführen. [4]Er hat die Energieerzeugnisse auf dem kürzesten zumutbaren Weg durch das Gebiet des anderen Mitgliedstaats (Transitmitgliedstaat) zu befördern. [5]Nach Beendigung der Beförderung hat der Empfänger die Übernahme der Energieerzeugnisse auf der dritten Ausfertigung des vereinfachten Begleitdokuments zu bestätigen und sie dem für den Versender zuständigen Hauptzollamt zu übermitteln.

(3) [1]Tritt während der Beförderung auf dem Gebiet des Transitmitgliedstaats eine Unregelmäßigkeit ein, hat der Beförderer die zuständige Steuerbehörde des Mitgliedstaats und das für den Versender zuständige Hauptzollamt unverzüglich zu unterrichten. [2]§ 18a Absatz 2 des Gesetzes gilt entsprechend.

**Zu den §§ 21, 65 Abs. 1 und § 66 Abs. 1 Nr. 12 des Gesetzes**

**§ 46**
**Verkehrs-, Verbringungs- und Verwendungsbeschränkungen**

(1) [1]Energieerzeugnisse, die zugelassene Kennzeichnungsstoffe enthalten, dürfen nicht mit anderen Energieerzeugnissen gemischt sowie nicht als Kraftstoff bereitgehalten, abgegeben, mitgeführt oder verwendet werden, es sei denn, die Vermischung ist nach § 47 Abs. 2 oder Abs. 3, § 48 Abs. 1 oder § 49 zulässig oder das Bereithalten, Abgeben, Mitführen oder die Verwendung als Kraftstoff erfolgt zu den in § 2 Abs. 3 Satz 1, § 26 oder § 27 Abs. 1 des Gesetzes genannten Zwecken oder ist nach § 47 Abs. 5, § 48 Abs. 5, § 61 oder Absatz 2 Satz 2 zulässig. [2]Die Kennzeichnungsstoffe dürfen nicht entfernt oder in ihrer Wirksamkeit beeinträchtigt werden. [3]Dies gilt nicht für die Aufarbeitung in Herstellungsbetrieben.

(2) [1]Gasöle der Unterpositionen 2710 19 41 bis 2710 19 49 der Kombinierten Nomenklatur und ihnen gleichgestellte Energieerzeugnisse nach § 2 Absatz 4 des Gesetzes dürfen nicht mit zugelassenen Kennzeichnungsstoffen oder anderen rot färbenden Stoffen vermischt in das Steuergebiet verbracht oder eingeführt, in den Verkehr gebracht oder verwendet werden, wenn

1. sie zu den in § 2 Absatz 3 Satz 1, § 25 Absatz 1, § 26 oder § 27 Absatz 1 des Gesetzes genannten Zwecken bestimmt sind, oder
2. das Verbringen oder die Einfuhr in das Steuergebiet in Verbindung mit einer Verwendung nach § 61 Absatz 1 Satz 1 Nummer 2 zulässig ist;

das Hauptzollamt kann in besonderen Einzelfällen Ausnahmen zulassen. [2]Abweichend von Satz 1 dürfen Energieerzeugnisse, die zugelassene Kennzeichnungsstoffe oder andere rot färbende Stoffe enthalten, als Kraftstoff in das Steuergebiet verbracht und verwendet werden, wenn sie in Hauptbehältern von Fahrzeugen, Spezialcontainern, Arbeitsmaschinen und -geräten sowie Kühl- und Klimaanlagen enthalten sind und wenn die Verwendung der Energieerzeugnisse als Kraftstoff

1. in Fahrzeugen, ausgenommen Wasserfahrzeuge der privaten nicht gewerblichen Schifffahrt im Sinn des § 60 Absatz 3, in dem Land der Fahrzeugzulassung erlaubt ist,
2. in Wasserfahrzeugen der privaten nicht gewerblichen Schifffahrt im Sinn des § 60 Absatz 3 in dem Land der Betankung erlaubt ist,
3. in Spezialcontainern, Arbeitsmaschinen und -geräten sowie Kühl- und Klimaanlagen in dem Land, in dem der Besitzer seinen Firmensitz hat, erlaubt ist und sie nach ihrem Arbeitseinsatz regelmäßig dorthin zurückkehren.

**§ 47**
**Vermischungen in Kennzeichnungs- und anderen Betrieben**

(1) Werden aus Kennzeichnungs- oder anderen Betrieben leichtes Heizöl und nicht gekennzeichnete Gasöle der Unterpositionen 2710 19 41 bis 2710 19 49 der Kombinierten Nomenklatur in wechselnder Folge abgegeben, sind Vermischungen nicht zulässig, wenn sie durch zumutbaren Aufwand vermieden werden können.

(2) [1]Unbeschadet des Absatzes 1 darf der Inhaber eines Betriebs leichtes Heizöl und nicht gekennzeichnete Gasöle der Unterpositionen 2710 19 41 bis 2710 19 49 der Kombinierten Nomenklatur in wechselnder Folge unter Vermischung nur abgeben, wenn dabei der Anteil der für die jeweilige Abgabe nicht bestimmten Energieerzeugnisart 1 Prozent der in ein Behältnis abzugebenden Menge nicht übersteigt; er darf jedoch höchstens 60 Liter betragen. [2]Eine größere Menge als 60 Liter ist zulässig, wenn der Anteil der für die jeweilige Abgabe nicht bestimmten Energieerzeugnisart nach Absatz 1 0,5 Prozent der in ein Behältnis abzugebenden Menge nicht übersteigt. [3]Vermischungen nach den Sätzen 1 und 2 sind nur zulässig, wenn bei aufeinander folgenden Wechseln das nicht zur Abgabe bestimmte Energieerzeugnis in gleicher Menge abgegeben und dadurch ein Steuervorteil ausgeschlossen wird. [4]Der nach den Sätzen 1 und 2 zulässige Anteil verringert sich nach Maßgabe des Absatzes 3.

(3) [1]Sind Vermischungen von Energieerzeugnissen nach Absatz 1 schon bei der Einlagerung oder Umlagerung in Kennzeichnungs- oder anderen Betrieben nicht vermeidbar, darf der Anteil der für die Abgabe nicht vorgesehenen Energieerzeugnisart im Gemisch 0,5 Prozent nicht überschreiten. [2]Kommt es in solchen Betrieben bei der Auslagerung oder Abgabe von Energieerzeugnissen erneut zu einer Vermischung, darf der in diesem Betrieb insgesamt entstandene Anteil der für die Abgabe nicht bestimmten Energieerzeugnisart 0,5 Prozent, im Fall des Absatzes 2 Satz 1 1 Prozent der jeweiligen Abgabemenge nicht übersteigen. [3]Absatz 2 Satz 3 gilt sinngemäß.

(4) Für die Fälle von Vermischungen nach den Absätzen 2 und 3 kann das Hauptzollamt mit dem Inhaber des Betriebs das nach den betrieblichen Verhältnissen zumutbare Verfahren vereinbaren.

(5) Gemische, die bei zulässigen Vermischungen nach den Absätzen 2 und 3 entstanden sind und in denen der Anteil der für die jeweilige Abgabe nicht bestimmten Energieerzeugnisart als leichtes Heizöl besteht, dürfen als Kraftstoff bereitgehalten, abgegeben, mitgeführt und verwendet werden.

**§ 48**
**Vermischungen bei der Abgabe aus Transportmitteln**

(1) [1]Wer leichtes Heizöl, nicht gekennzeichnete Gasöle der Unterpositionen 2710 19 41 bis 2710 19 49 der Kombinierten Nomenklatur und gleichgestellte Energieerzeugnisse nach § 2 Abs. 4 des Gesetzes aus verschiedenen Kammern eines Transportmittels in wechselnder Folge oder nach Beladung eines Transportmittels mit dem jeweils energiesteuergleichgestellten Energieerzeugnis abgibt, darf das Energieerzeugnis, das in den Rohrleitungen, in den Armaturen und im Abgabeschlauch oder in einzelnen dieser Teile des Transportmittels von der vorhergehenden Abgabe verblieben ist (Restmenge), nur beimischen, wenn

1. folgende Mindestabgabemengen eingehalten werden:

a) das Einhundertfache der Restmenge bei der Abgabe an Verwender oder an Einrichtungen, aus denen Kraftfahrzeuge oder Motoren unmittelbar mit Kraftstoff versorgt werden,

b) das Zweihundertfache der Restmenge in anderen Fällen,

2. die Mindestabgabemenge in ein Behältnis abgegeben wird und
3. das Beimischen der Restmenge zu Beginn des Abgabevorgangs erfolgt.

²Das Beimischen der Restmenge zu dem bereits abgegebenen Energieerzeugnis ist nicht zulässig. ³Bei der wechselseitigen Abgabe ist darauf zu achten, dass keine ungerechtfertigten Steuervorteile entstehen.

(2) Der Beförderer hat zur Wahrung der Steuerbelange auf Verlangen des Hauptzollamts für Transportmittel Aufzeichnungen über Reihenfolge, Art, Menge und Empfänger der im einzelnen Fall abgegebenen Energieerzeugnisse zu führen, soweit sich dies nicht aus betrieblichen Unterlagen ergibt.

(3) An den Abgabevorrichtungen von Tankkraftfahrzeugen und Schiffen, die für den Transport der in Absatz 1 genannten Energieerzeugnisse bestimmt sind, hat der Beförderer deutlich sichtbar das auf jeweils zehn Liter nach unten gerundete Einhundert- und Zweihundertfache der Restmengen nach Absatz 1 als die bei wechselweiser Abgabe oder Ladungswechsel zulässigen geringsten steuerlichen Abgabemengen anzugeben.

(4) Beschränkungen für das Vermischen von leichtem Heizöl mit nicht gekennzeichneten Gasölen der Unterpositionen 2710 19 41 bis 2710 19 49 der Kombinierten Nomenklatur und ihnen gleichgestellten Energieerzeugnissen nach § 2 Abs. 4 des Gesetzes nach anderen als energiesteuerrechtlichen Vorschriften bleiben unberührt.

(5) Gemische, die bei zulässigen Vermischungen nach Absatz 1 entstanden sind und in denen der Anteil der Restmenge aus leichtem Heizöl besteht, dürfen als Kraftstoff bereitgehalten, abgegeben, mitgeführt und verwendet werden.

§ 49
Spülvorgänge und sonstige Vermischungen

(1) ¹Auf Antrag kann das Hauptzollamt zulassen, dass in Betrieben bei der Reinigung von Transportmitteln, Lagerbehältern und Rohrleitungen leichtes Heizöl und nicht gekennzeichnete Energieerzeugnisse in der notwendigen Menge miteinander vermischt werden. ²Das Bundesministerium der Finanzen legt im Verwaltungswege fest, mit welchen Auflagen und Nebenbestimmungen im Sinne des § 120 der Abgabenordnung die Zulassung zu versehen ist. ³Der Inhaber des Betriebs hat über die vermischten Energieerzeugnisse Aufzeichnungen zu führen. ⁴§ 7 Abs. 2 Satz 5 und 6 gilt sinngemäß.

(2) Auf Antrag des Verwenders kann das Hauptzollamt zulassen, dass leichtes Heizöl mit nicht gekennzeichneten Energieerzeugnissen oder Wasser vermischt wird, wenn das Gemisch zu Zwecken nach § 2 Abs. 3 Satz 1 des Gesetzes verwendet wird, die Vermischung im Hauptbehälter der jeweiligen Anlage erfolgt und eine andere Verwendung oder die Abgabe des Gemisches nicht zu befürchten ist.

(3) Heizöladditive der Position 3811 der Kombinierten Nomenklatur, auf deren Kennzeichnung verzichtet worden ist (§ 8 Abs. 2), dürfen mit leichtem Heizöl gemischt werden.

(4) Ist leichtes Heizöl versehentlich mit nicht gekennzeichneten Gasölen der Unterpositionen 2710 19 41 bis 2710 19 49 der Kombinierten Nomenklatur vermischt worden, gilt § 7 Abs. 2 Satz 5 bis 7 sinngemäß.

(5) Die Absätze 1 bis 4 gelten sinngemäß für gekennzeichnete Energieerzeugnisse nach § 2 Abs. 4 des Gesetzes.

Zu § 23 des Gesetzes

§ 49a
Abgabe von sonstigen Energieerzeugnissen

¹Andere als in § 4 des Gesetzes genannte Energieerzeugnisse gelten als erstmals im Steuergebiet als Kraft- oder Heizstoff oder als Zusatz oder Verlängerungsmittel von Kraft- oder Heizstoffen abgegeben, wenn der Abgebende einen nach außen hin objektiv erkennbaren Willen offenbart, ein Energieerzeugnis zu den genannten Zwecken abzugeben. ²Eine erstmalige Abgabe als Heizstoff im Sinn des § 23 Absatz 1 Satz 1 Nummer 1 des Gesetzes liegt bei Energieerzeugnissen nach § 1 Absatz 3 Satz 1 Nummer 2 des Gesetzes dann nicht vor, wenn die Energieerzeugnisse zur Abfallentsorgung ausgesondert oder geliefert werden und nicht ausdrücklich eine Bestimmung als Heizstoff vorgenommen wird.

§ 50
Anzeige

(1) Die Anzeige nach § 23 Absatz 4 Satz 1 des Gesetzes ist schriftlich bei dem für den Anzeigepflichtigen zuständigen Hauptzollamt zu erstatten.

(2) ¹In der Anzeige sind anzugeben: Name, Geschäfts- oder Wohnsitz, Rechtsform, die Steuernummer beim zuständigen Finanzamt und – falls erteilt – die Umsatzsteuer-Identifikationsnummer (§ 27a des Umsatzsteuergesetzes) sowie die Art der Energieerzeugnisse nach der Bezeichnung im Gesetz und die voraussichtliche Höhe der durchschnittlich in einem Kalendermonat entstehenden Steuer. ²Der Anzeige sind beizufügen:

1. ein Verzeichnis der Betriebsstätten im Steuergebiet nach § 12 der Abgabenordnung, aus oder in denen die Energieerzeugnisse abgegeben oder verwendet werden,
2. eine Darstellung der Mengenermittlung einschließlich der Messvorrichtungen,
3. von Unternehmen, die in das Handels-, Genossenschafts- oder Vereinsregister eingetragen sind, ein Registerauszug nach dem neuesten Stand,
4. gegebenenfalls eine Erklärung über die Bestellung eines Beauftragten nach § 214 der Abgabenordnung oder eines Betriebsleiters nach § 62 Abs. 1 des Gesetzes, in der dieser sein Einverständnis erklärt hat.

(3) ¹Auf Verlangen des Hauptzollamts hat der Anzeigepflichtige weitere Angaben zu machen, wenn sie zur Sicherung des Steueraufkommens oder für die Steueraufsicht erforderlich erscheinen. ²Es kann auf Angaben verzichten, soweit die Steuerbelange dadurch nicht beeinträchtigt werden.

(4) Eine Anzeige ist in den Fällen des § 23 Abs. 2 Nr. 1 und 2 des Gesetzes nicht erforderlich.

### § 51
### Pflichten, Steueraufsicht

(1) ¹Der Anzeigepflichtige hat ein Belegheft zu führen. ²Das Hauptzollamt kann dazu Anordnungen treffen.

(2) ¹Der Anzeigepflichtige hat Aufzeichnungen zu führen, aus denen unter Angabe der für die Versteuerung maßgeblichen Merkmale ersichtlich sein müssen:
1. die Art und die Menge der als Kraft- oder Heizstoff oder als Zusatz oder Verlängerungsmittel von Kraft- oder Heizstoffen abgegebenen Energieerzeugnisse sowie der Tag der Abgabe; im Fall des § 23 Abs. 2 Nr. 3 des Gesetzes muss den Aufzeichnungen bei der Abgabe an ein Steuerlager zusätzlich die Bezeichnung und die Anschrift dieses Betriebs zu entnehmen sein,
2. die Art und die Menge der als Kraft- oder Heizstoff verwendeten Energieerzeugnisse, für die die Steuer nach § 23 Absatz 1 Satz 1 Nummer 2 des Gesetzes entstanden ist, sowie der Tag der Verwendung,
3. die Art und die Menge der Energieerzeugnisse, für die die Steuer nach § 23 Abs. 1 Satz 1 Nr. 3 oder Nr. 4 des Gesetzes entstanden ist, sowie der Tag der Abgabe oder der Verwendung,
4. die Art und die Menge der als Kraft- oder Heizstoff abgegebenen oder verwendeten Energieerzeugnisse, für die die Voraussetzungen eines Verfahrens der Steuerbefreiung vorliegen, sowie im Fall der Abgabe den Namen und die Anschrift des Empfängers sowie dessen Bezugsberechtigung,
5. der Betrag der anzumeldenden und zu entrichtenden Steuer.

²Die Aufzeichnungen müssen so beschaffen sein, dass es einem sachverständigen Dritten innerhalb einer angemessenen Frist möglich ist, die Grundlagen für die Besteuerung festzustellen. ³Das Hauptzollamt kann weitere Aufzeichnungen vorschreiben oder besondere Anordnungen zu den Aufzeichnungen treffen, wenn dies zur Sicherung des Steueraufkommens oder für die Steueraufsicht erforderlich erscheint. ⁴Es kann einfachere Aufzeichnungen zulassen oder auf Aufzeichnungen verzichten, wenn die Steuerbelange dadurch nicht beeinträchtigt werden.

(3) Die mit der Steueraufsicht betrauten Amtsträger können für steuerliche Zwecke unentgeltlich Proben von Energieerzeugnissen zur Untersuchung entnehmen.

(4) Der Anzeigepflichtige hat dem Hauptzollamt Änderungen der nach § 50 Abs. 2 angegebenen Verhältnisse sowie Überschuldung, drohende oder eingetretene Zahlungsunfähigkeit, Zahlungseinstellung und Stellung des Antrags auf Eröffnung eines Insolvenzverfahrens unverzüglich schriftlich anzuzeigen, soweit das Hauptzollamt nicht darauf verzichtet.

### Zu den §§ 24 bis 30 des Gesetzes

### § 52
### Antrag auf Erlaubnis als Verwender oder Verteiler

(1) ¹Die Erlaubnis als Verwender nach § 24 Absatz 2 Satz 1 des Gesetzes und die Erlaubnis als Verteiler nach § 24 Absatz 2 Satz 2 des Gesetzes sind, soweit sie nicht allgemein erteilt sind (§ 55), bei dem für den Verwender oder den Verteiler zuständigen Hauptzollamt schriftlich zu beantragen. ²In den Fällen des § 27 Abs. 2 Nr. 1 des Gesetzes ist der Antrag nach amtlich vorgeschriebenem Vordruck abzugeben.

(2) ¹In dem Antrag sind die Art der Energieerzeugnisse nach der Bezeichnung im Gesetz und der Verwendungszweck anzugeben; dabei ist auch anzugeben, ob gleichartige versteuerte Energieerzeugnisse gehandelt, gelagert oder verwendet werden. ²Dem Antrag sind beizufügen:
1. eine Beschreibung der Betriebs- und Lagerräume oder mit ihnen in Verbindung stehenden oder an sie angrenzenden Räume sowie in zweifacher Ausfertigung ein Plan der Betriebsanlage, in dem die Lagerstätte für die Energieerzeugnisse kenntlich gemacht ist,
2. eine Betriebserklärung, in der die Verwendung der Energieerzeugnisse genau beschrieben ist; darin ist anzugeben, ob und wie bei der Verwendung nicht aufgebrauchte Energieerzeugnisse weiter verwendet werden sollen sowie ob bei der Verwendung Energieerzeugnisse gewonnen werden und wiedergewonnen werden und wie sie verwendet werden sollen,
3. eine Darstellung der Buchführung über die Verwendung oder Verteilung der steuerfreien Energieerzeugnisse,
4. in den Fällen des § 27 Abs. 2 Nr. 1 des Gesetzes
   a) in den Fällen einer gewerbsmäßigen Beförderung von Personen oder Sachen die erforderliche Genehmigung als Luftfahrtunternehmen, alle nachträglichen Änderungen und alle auf das Unternehmen bezogenen Verfügungen der Luftfahrtbehörde, in anderen Fällen die Beschreibung des Gegenstands des Dienstleistungsbetriebs und ein Nachweis der Gewerbsmäßigkeit,
   b) eine Erklärung, in der anzugeben ist, welche Luftfahrzeuge, gegliedert nach Luftfahrzeugmuster und Kennzeichen, ausschließlich zu steuerfreien Zwecken nach § 27 Abs. 2 Nr. 1 des Gesetzes eingesetzt werden sollen,
   c) der Nachweis der Nutzungsberechtigung und
   d) die Lufttüchtigkeitszeugnisse der Luftfahrzeuge,
5. in den Fällen des § 27 Abs. 2 Nr. 2, 3 und Abs. 3 des Gesetzes die Genehmigung des Luftfahrt-Bundesamts, der zuständigen Europäischen Agentur für Flugsicherheit oder des Bundesamts für Wehrtechnik und Beschaffung,

6. von Unternehmen, die in das Handels-, Genossenschafts- oder Vereinsregister eingetragen sind, ein Registerauszug nach dem neuesten Stand,
7. gegebenenfalls eine Erklärung über die Bestellung eines Beauftragten nach § 214 der Abgabenordnung oder eines Betriebsleiters nach § 62 Abs. 1 des Gesetzes, in der dieser sein Einverständnis erklärt hat.

(3) ¹Der Antragsteller hat auf Verlangen des Hauptzollamts weitere Angaben zu machen, wenn sie für die Steueraufsicht erforderlich erscheinen. ²Das Hauptzollamt kann auf Angaben verzichten, soweit die Steuerbelange dadurch nicht beeinträchtigt werden.

(4) Wer als Erlaubnisinhaber steuerfreie Energieerzeugnisse aus dem Steuergebiet verbringen will, hat die Erlaubnis nach § 24 Abs. 4 des Gesetzes, soweit sie nicht allgemein erteilt ist, schriftlich bei dem für ihn zuständigen Hauptzollamt zu beantragen.

## § 53
### Erteilung der Erlaubnis

¹Das Hauptzollamt erteilt schriftlich die Erlaubnis nach § 52 Abs. 1 oder Abs. 4 (förmliche Einzelerlaubnis) und stellt einen Erlaubnisschein als Nachweis der Bezugsberechtigung aus. ²Die Erlaubnis kann mit Nebenbestimmungen nach § 120 Absatz 2 der Abgabenordnung verbunden werden.

## § 54
### Erlöschen der Erlaubnis

(1) Die förmliche Einzelerlaubnis erlischt
1. durch Widerruf,
2. durch Verzicht,
3. durch Fristablauf,
4. durch Übergabe des Betriebs an Dritte,
5. durch Tod des Erlaubnisinhabers,
6. durch Auflösung der juristischen Person oder Personenvereinigung ohne Rechtspersönlichkeit, der die Erlaubnis erteilt worden ist,
7. durch Eröffnung des Insolvenzverfahrens über das Vermögen des Erlaubnisinhabers oder durch Abweisung der Eröffnung mangels Masse

im Zeitpunkt des maßgebenden Ereignisses, soweit die Absätze 2, 3 und 5 nichts anderes bestimmen.

(2) ¹Beantragen in den Fällen des Absatzes 1 Nr. 5 bis 7 die Erben, die Liquidatoren oder der Insolvenzverwalter innerhalb von drei Monaten nach dem maßgebenden Ereignis die Fortführung des Betriebs bis zu seinem endgültigen Übergang auf einen anderen Inhaber oder bis zur Abwicklung des Betriebs, gilt die Erlaubnis für die Rechtsnachfolger oder die anderen Antragsteller entgegen Absatz 1 fort. ²Sie erlischt nicht vor Ablauf einer angemessenen Frist, die das Hauptzollamt festsetzt. ³Absatz 1 Nr. 1 bleibt unberührt.

(3) ¹Beantragen in den Fällen des Absatzes 1 Nr. 4 und 5 der neue Inhaber oder die Erben innerhalb von drei Monaten nach dem maßgebenden Ereignis eine neue Erlaubnis, gilt die Erlaubnis des Rechtsvorgängers für die Antragsteller entgegen Absatz 1 fort. ²Sie erlischt nicht vor Eintritt der Rechtskraft der Entscheidung über den Antrag. ³Absatz 1 Nr. 1 bleibt unberührt.

(4) Macht der Erlaubnisinhaber innerhalb eines Zeitraums von zwei Jahren keinen Gebrauch von der Erlaubnis, ist die Erlaubnis zu widerrufen.

(5) Soll im Fall des Absatzes 1 Nr. 3 ein beim Ablauf der Frist vorhandener Bestand an Energieerzeugnissen noch aufgebraucht werden, kann dafür das Hauptzollamt die Gültigkeitsfrist der Erlaubnis auf Antrag angemessen verlängern.

(6) In den Fällen des Absatzes 1 Nr. 2 und 4 bis 7 haben der Erlaubnisinhaber den Nichtgebrauch, der neue Inhaber die Übergabe des Betriebs, die Erben den Tod des Erlaubnisinhabers, die Liquidatoren und der Insolvenzverwalter jeweils die Eröffnung des Insolvenzverfahrens oder die Abweisung der Eröffnung des Insolvenzverfahrens dem Hauptzollamt unverzüglich schriftlich anzuzeigen.

## § 55
### Allgemeine Erlaubnis

Unter Verzicht auf eine förmliche Einzelerlaubnis werden nach Maßgabe der Anlage 1 zu dieser Verordnung die Verwendung und die Verteilung von steuerfreien Energieerzeugnissen sowie das Verbringen von steuerfreien Energieerzeugnissen aus dem Steuergebiet allgemein erlaubt.

## § 56
### Pflichten des Erlaubnisinhabers, Steueraufsicht

(1) ¹Die Lagerstätte für steuerfreie Energieerzeugnisse ist möglichst in einem besonderen Raum unterzubringen. ²Sie bedarf der Zulassung durch das Hauptzollamt.

(2) ¹Der Erlaubnisinhaber hat ein Belegheft zu führen. ²Das Hauptzollamt kann dazu Anordnungen treffen.

(3) ¹Der Erlaubnisinhaber hat ein Verwendungsbuch nach amtlich vorgeschriebenem Vordruck zu führen. ²Das Hauptzollamt kann dazu Anordnungen treffen. ³Der Erlaubnisinhaber hat auf Verlangen des Hauptzollamts weitere Aufzeichnungen zu führen, wenn Steuerbelange dies erfordern. ⁴Das Hauptzollamt kann anstelle des Verwendungsbuchs betriebliche Aufzeichnungen zulassen, wenn die Steuerbelange dadurch nicht beeinträchtigt werden. ⁵Inhaber von Herstellungsbetrieben, die Energieerzeugnisse im eigenen Herstellungsbetrieb steuerfrei verwenden, haben den Verbleib der Energieerzeugnisse nur im Herstellungsbuch nachzuweisen. ⁶Verteiler haben dem Hauptzollamt auf Verlangen Zusammenstellungen über die Abgabe von Energieerzeugnissen zu steuerfreien Zwecken an bestimmte Empfänger vorzulegen.

(4) ¹Das Verwendungsbuch ist spätestens zwei Monate nach Erlöschen der Erlaubnis abzuschließen. ²Der Erlaubnisinhaber hat dem Hauptzollamt auf Verlangen das abgeschlossene Verwendungsbuch abzuliefern.

(5) Der Erlaubnisinhaber hat dem zuständigen Hauptzollamt bis zum 15. Februar jeden Jahres andere als die in § 28 des Gesetzes genannten Energieerzeugnisse anzumelden, die er im abgelaufenen Kalenderjahr

1. als Verwender bezogen,
2. als Verteiler zu den in der Anlage 1 aufgeführten steuerfreien Zwecken abgegeben oder
3. als [1]Verwender oder Verteiler aus dem Steuergebiet verbracht oder ausgeführt hat. [2]Das Hauptzollamt kann Ausnahmen zulassen.

(6) [1]Der Erlaubnisinhaber hat einmal im Kalenderjahr den Bestand an steuerfreien Energieerzeugnissen aufzunehmen und ihn gleichzeitig mit dem Sollbestand dem Hauptzollamt spätestens sechs Wochen nach der Bestandsaufnahme nach amtlich vorgeschriebenem Vordruck anzumelden. [2]Der Erlaubnisinhaber hat den Zeitpunkt der Bestandsaufnahme dem Hauptzollamt drei Wochen vorher anzuzeigen. [3]Das Hauptzollamt kann auf die Bestandsaufnahme, die Anmeldung und die Anzeige verzichten, wenn die Steuerbelange dadurch nicht beeinträchtigt werden. [4]Die mit der Steueraufsicht betrauten Amtsträger können an der Bestandsaufnahme teilnehmen.

(7) [1]Auf Anordnung des Hauptzollamts sind die Bestände amtlich festzustellen. [2]Dazu hat der Erlaubnisinhaber die Verwendungsbuch oder die an seiner Stelle zugelassenen Aufzeichnungen aufzurechnen und auf Verlangen des Hauptzollamts die Bestände nach amtlich vorgeschriebenem Vordruck anzumelden. [3]Der Erlaubnisinhaber hat auf Verlangen des Hauptzollamts auch andere Energieerzeugnisse, mit denen er handelt, die er lagert oder verwendet, oder auch andere Stoffe in die Bestandsaufnahme oder Anmeldung einzubeziehen.

(8) Treten Verluste an steuerfreien Energieerzeugnissen ein, die die betriebsüblichen unvermeidbaren Verluste übersteigen, hat der Erlaubnisinhaber dies dem Hauptzollamt unverzüglich anzuzeigen.

(9) Die mit der Steueraufsicht betrauten Amtsträger können für steuerliche Zwecke unentgeltlich Proben von Energieerzeugnissen und von den steuerfrei hergestellten Erzeugnissen zur Untersuchung entnehmen.

(10) [1]Der Erlaubnisinhaber hat dem Hauptzollamt Änderungen der nach § 52 Abs. 2 angegebenen Verhältnisse unverzüglich schriftlich anzuzeigen. [2]Versteuert der Erlaubnisinhaber Energieerzeugnisse nach § 61, hat er dem Hauptzollamt außerdem Überschuldung, drohende oder eingetretene Zahlungsunfähigkeit, Zahlungseinstellung und Stellung des Antrags auf Eröffnung eines Insolvenzverfahrens unverzüglich schriftlich anzuzeigen.

(11) Der Erlaubnisinhaber hat den Erlaubnisschein dem Hauptzollamt unverzüglich zurückzugeben, wenn die Erlaubnis erlischt (§ 54) oder die Verwendung oder Verteilung von steuerfreien Energieerzeugnissen eingestellt wird.

(12) [1]Geht der Erlaubnisschein verloren, hat der Erlaubnisinhaber dies dem Hauptzollamt unverzüglich anzuzeigen. [2]Das Hauptzollamt stellt auf Antrag einen neuen Erlaubnisschein aus, es sei denn, die Erlaubnis ist zu widerrufen.

(13) [1]Die Absätze 1 bis 7 und 10 bis 12 gelten nicht für den Inhaber einer allgemeinen Erlaubnis (§ 55). [2]Das zuständige Hauptzollamt kann jedoch Überwachungsmaßnahmen anordnen, wenn sie zur Sicherung der Steuerbelange erforderlich erscheinen. [3]Insbesondere kann es anordnen, dass

1. der Inhaber der allgemeinen Erlaubnis über den Bezug, die Verwendung und die Abgabe der steuerfreien Energieerzeugnisse Aufzeichnungen führt und sie dem Hauptzollamt vorlegt und
2. die Bestände amtlich festzustellen sind.

§ 57
Bezug und Abgabe von steuerfreien Energieerzeugnissen

(1) Werden steuerfreie Energieerzeugnisse aus einem Steuerlager an einen Erlaubnisinhaber abgegeben, hat der Inhaber des abgebenden Steuerlagers vorbehaltlich des § 45 die einzelnen Lieferungen durch Empfangsbestätigungen des Empfängers oder mit Zulassung des Hauptzollamts durch betriebliche Versandpapiere nachzuweisen, die den Namen und die Anschrift des Empfängers sowie Art, Menge und steuerlichen Zustand der Energieerzeugnisse und den Zeitpunkt der Lieferung enthalten.

(2) (weggefallen)

(3) Der Versender hat die abgegebenen Energieerzeugnisse unverzüglich in das Herstellungs- oder Lagerbuch einzutragen oder in den an ihrer Stelle zugelassenen Aufzeichnungen zu erfassen.

(4) [1]Der Versender darf steuerfreie Energieerzeugnisse nur übergeben, wenn ihm oder seinem Beauftragten ein gültiger Erlaubnisschein des Empfängers vorliegt oder spätestens bei der Übergabe vorgelegt wird. [2]Bei Liefergeschäften über einen oder mehrere Verteiler (Zwischenhändler), die die Energieerzeugnisse nicht selbst in Besitz nehmen (Streckengeschäft), genügt die Vorlage des gültigen Erlaubnisscheins des ersten Zwischenhändlers beim Versender, wenn jedem Zwischenhändler der gültige Erlaubnisschein des nachfolgenden Zwischenhändlers und dem letzten Zwischenhändler der gültige Erlaubnisschein des Empfängers vorliegt.

(5) [1]Sollen Energieerzeugnisse im Anschluss an die Einfuhr in den Betrieb eines Erlaubnisinhabers befördert werden, ist dies mit der Zollanmeldung schriftlich zu beantragen. [2]Dem Antrag ist der Erlaubnisschein beizufügen, soweit die Erlaubnis nicht allgemein erteilt ist.

(6) (weggefallen)

(7) [1]Der Erlaubnisinhaber hat steuerfreie Energieerzeugnisse, die er in Besitz genommen hat, unverzüglich in das Verwendungsbuch einzutragen oder an seiner Stelle zugelassenen Aufzeichnungen zu erfassen. [2]Mit der Inbesitznahme gelten die Energieerzeugnisse als in den Betrieb aufgenommen.

(8) [1]Das Hauptzollamt kann auf Antrag zulassen, dass steuerfreie Energieerzeugnisse zusammen mit anderen gleichartigen Energieerzeugnissen gelagert werden, wenn dafür ein Bedürfnis besteht, Steuerbelange nicht gefährdet werden und Steuervorteile nicht entstehen. [2]Das Gemisch wird in diesem Fall so behandelt, als ob die Energieerzeugnisse getrennt gehalten worden wären. [3]Die entnommenen Energieerzeugnisse werden je nach Wahl des Erlaubnisinhabers als aus einem der Gemischanteile stammend behandelt.

(9) Für die Verteilung von steuerfreien Energieerzeugnissen gelten die Absätze 1 bis 4 sinngemäß.

(10) [1]Wer als Erlaubnisinhaber steuerfreie Energieerzeugnisse nach § 4 des Gesetzes in ein Drittland ausführen will, hat das vereinfachte Begleitdokument auszufertigen. [2]Dies gilt für Energieerzeugnisse der Unterpositionen 2710 11 21, 2710 11 25 und 2710 19 29 der Kombinierten Nomenklatur jedoch nur, soweit sie als lose Ware ausgeführt werden. [3]An die Stelle des Empfängers tritt die Zollstelle, an der die Energieerzeugnisse das Verbrauchsteuergebiet der Europäischen Gemeinschaft verlassen. [4]Der Beförderer hat die zweite und dritte Ausfertigung des vereinfachten Begleitdokuments bei der Beförderung der Energieerzeugnisse mitzuführen.

(11) [1]Werden die Energieerzeugnisse von einer Eisenbahngesellschaft, einem Postdienst oder einer Luftverkehrsgesellschaft im Rahmen eines durchgehenden Beförderungsvertrags zur Beförderung aus dem Verbrauchsteuergebiet der Europäischen Gemeinschaft übernommen, gelten die Energieerzeugnisse vorbehaltlich gegenteiliger Feststellung mit der Bestätigung der Übernahme als ausgeführt. [2]Wird der Beförderungsvertrag mit der Folge geändert, dass eine Beförderung, die außerhalb des Verbrauchsteuergebiets der Europäischen Gemeinschaft enden sollte, innerhalb dieses Gebiets endet, erteilt die zuständige Zollstelle (Ausgangszollstelle im Sinne des Artikels 793 Abs. 2 Buchstabe a der Zollkodex-Durchführungsverordnung) die Zustimmung zur Änderung nach Artikel 796 Abs. 2 der Zollkodex-Durchführungsverordnung nur, wenn gewährleistet ist, dass die Energieerzeugnisse im Verbrauchsteuergebiet der Europäischen Gemeinschaft ordnungsgemäß steuerlich erfasst werden.

(12) [1]Der Erlaubnisinhaber hat im Fall des Absatzes 11 den Inhalt der Sendung auf dem Beförderungspapier gut sichtbar mit der Kurzbezeichnung „VSt" als verbrauchsteuerpflichtige Ware zu kennzeichnen, die Sendung in ein Eisenbahn-, Post- oder Luftfrachtausgangsbuch nach amtlich vorgeschriebenem Vordruck einzutragen und das Buch dem Beförderer zur Bestätigung der Übernahme der Sendung vorzulegen. [2]Das Hauptzollamt kann anstelle des Eisenbahn-, Post- oder Luftfrachtausgangsbuchs andere Aufzeichnungen zulassen, wenn die Steuerbelange dadurch nicht gefährdet werden.

(13) Das Hauptzollamt kann den Erlaubnisinhaber auf Antrag von dem Verfahren nach Absatz 10 oder Absatz 11 freistellen, wenn die Energieerzeugnisse unmittelbar ausgeführt werden und die Ausfuhr der Energieerzeugnisse nach dem Ermessen des Hauptzollamts zweifelsfrei nachgewiesen werden kann.

(14) Das Bundesministerium der Finanzen kann zulassen, dass andere als die in § 2 Absatz 1 Nummer 1 bis 5 und 8 des Gesetzes genannten Energieerzeugnisse oder Energieerzeugnisse, deren Verwendung, Verteilung oder Verbringen und Ausfuhr aus dem Steuergebiet allgemein erlaubt ist, unter Verzicht auf das Verfahren nach Absatz 10 oder Absatz 11 ausgeführt werden, wenn die Steuerbelange dadurch nicht beeinträchtigt werden.

(15) [1]Der Erlaubnisinhaber hat die nach den Absätzen 10 bis 14 aus dem Steuergebiet verbrachten oder ausgeführten Energieerzeugnisse unverzüglich in das Verwendungsbuch einzutragen oder in den an seiner Stelle zugelassenen Aufzeichnungen zu erfassen.

(16) Der Erlaubnisinhaber darf die steuerfreien Energieerzeugnisse

1. an den Versender oder Verteiler zurückgeben,
2. unmittelbar oder über eine abfallrechtlich genehmigte Sammelstelle in ein Steuerlager verbringen oder
3. an andere Personen nur abgeben, wenn dies durch das Hauptzollamt zugelassen worden ist.

[2]Die Absätze 1 bis 3 gelten sinngemäß.

(17) Die Absätze 4 und 7 Satz 1 sowie die Absätze 9 und 15 gelten nicht für den Inhaber einer allgemeinen Erlaubnis.

## Zu § 25 des Gesetzes

### § 58
### Verwendung zu anderen Zwecken

(1) Die Verwendung von Schmierstoffen zur Herstellung von Zweitaktergemischen ist keine Verwendung im Sinne des § 25 Abs. 1 Satz 1 Nr. 2 des Gesetzes.

(2) Eine Untersuchung im Sinne des § 25 Abs. 2 des Gesetzes ist nur die im Laboratorium übliche chemisch- technische Prüfung.

## Zu § 26 des Gesetzes

### § 59
### Eigenverbrauch

[1]Teile des Herstellungs-, Gasgewinnungs- oder sonstigen Betriebs, in denen nach § 26 des Gesetzes Energieerzeugnisse zur Aufrechterhaltung des Betriebs steuerfrei verwendet werden können, sind

1. Anlagen zur Gewinnung oder Bearbeitung von Energieerzeugnissen,
1a. Anlagen zur Erzeugung von Hilfsstoffen für die Energieerzeugnisherstellung, die mit den Anlagen nach Nummer 1 räumlich zusammenhängen, soweit die Hilfsstoffe für die Herstellung von Energieerzeugnissen im Betrieb verwendet werden,
2. Lagerstätten für die hergestellten Energieerzeugnisse und für die Roh- und Hilfsstoffe, Zwischen- und Nebenerzeugnisse der Energieerzeugnisherstellung, die mit den Anlagen nach Nummer 1 räumlich zusammenhängen,
3. Rohrleitungen, Pump-, Transport- und Beheizungsanlagen, die mit den in den Nummern 1, 1a, 2, 4, 5 und 6 bezeichneten Anlagen räumlich zusammenhängen und dem Entladen und Verladen der hergestellten Energieerzeugnisse und von Roh- und Hilfsstoffen, Zwischen- und Nebenerzeugnissen der Energieerzeugnisherstellung oder der Beförderung zu den oder innerhalb der bezeichneten Anlagen dienen,
4. Anlagen zur Reinigung oder Beseitigung von Abwässern der Energieerzeugnisherstellung,
5. Bewetterungs- und Entwässerungsanlagen,

6. zum Betrieb gehörige Anlagen zur Energiegewinnung, die mit den Anlagen nach Nummer 1 räumlich zusammenhängen, soweit sie Energie zum Verbrauch im Betrieb abgeben; wird in den Anlagen Energie aus Energieerzeugnissen und anderen Stoffen gewonnen und den Verbrauchsstellen über ein einheitliches Leitungssystem zugeleitet, gilt die Energie aus Energieerzeugnissen in dem Umfang als zum Verbrauch im Betrieb abgegeben, in dem dort Energie zur Aufrechterhaltung des Betriebs verbraucht wird.

²Die in den Betriebsteilen nach Satz 1 verwendeten Energieerzeugnisse sind nur insoweit von der Steuer befreit, als die weiteren Voraussetzungen des § 26 des Gesetzes gegeben sind.

### Zu den §§ 17 und 27 des Gesetzes

### § 60
### Schiff- und Luftfahrt

(1) Als Schifffahrt im Sinn des § 27 Absatz 1 des Gesetzes gelten nicht
1. die stationäre Nutzung eines Wasserfahrzeugs als Wohnschiff, Hotelschiff oder zu ähnlichen Zwecken,
2. der Antrieb von Arbeitsmaschinen, die auf einem schwimmenden Arbeitsgerät fest montiert sind und aufgrund eines eigenen Motors unabhängig vom Antriebsmotor des schwimmenden Arbeitsgeräts betrieben werden.

(1a) Als schwimmende Arbeitsgeräte im Sinn des Absatzes 1 Nummer 2 gelten die in der Position 8905 der Kombinierten Nomenklatur erfassten Wasserfahrzeuge und schwimmenden Vorrichtungen mit eigenem motorischen Antrieb zur Fortbewegung.

(2) Als Wasserfahrzeuge im Sinn des § 17 Absatz 1 Satz 3 Nummer 2 und des § 27 Absatz 1 des Gesetzes gelten alle im Kapitel 89 der Kombinierten Nomenklatur erfassten Fahrzeuge und schwimmenden Vorrichtungen mit eigenem motorischen Antrieb zur Fortbewegung.

(3) Private nichtgewerbliche Schifffahrt im Sinne des § 27 Abs. 1 Satz 1 Nr. 1 des Gesetzes ist die Nutzung eines Wasserfahrzeugs durch seinen Eigentümer oder den durch Anmietung oder aus sonstigen Gründen Nutzungsberechtigten zu anderen Zwecken als
1. zur gewerbsmäßigen Beförderung von Personen oder Sachen,
2. zur gewerbsmäßigen Erbringung von Dienstleistungen, ausgenommen die Nutzung von Wasserfahrzeugen der Position 8903 der Kombinierten Nomenklatur auf Binnengewässern,
3. zur Seenotrettung durch Seenotrettungsdienste,
4. zu Forschungszwecken,
5. zur dienstlichen Nutzung durch Behörden oder
6. zur Haupterwerbsfischerei.

(4) Private nichtgewerbliche Luftfahrt im Sinne des § 27 Abs. 2 Nr. 1 des Gesetzes ist die Nutzung eines Luftfahrzeugs durch seinen Eigentümer oder den durch Anmietung oder aus sonstigen Gründen Nutzungsberechtigten zu anderen Zwecken als

1. zur gewerbsmäßigen Beförderung von Personen oder Sachen durch Luftfahrtunternehmen oder in einem Luftsportgerät,
2. zur gewerbsmäßigen Erbringung von Dienstleistungen,
3. zur Luftrettung durch Luftrettungsdienste,
4. zu Forschungszwecken,
5. zur dienstlichen Nutzung durch Behörden.

(5) Gewerbsmäßigkeit liegt vor, wenn die mit Luft- oder Wasserfahrzeugen gegen Entgelt ausgeübte Tätigkeit mit Gewinnerzielungsabsicht betrieben wird und der Unternehmer auf eigenes Risiko und eigene Verantwortung handelt.

(6) Binnengewässer im Sinn des Absatzes 3 Nummer 2 sind die Binnenwasserstraßen nach § 1 Absatz 1 Nummer 1 des Bundeswasserstraßengesetzes in der Fassung der Bekanntmachung vom 23. Mai 2007 (BGBl. I S. 962; 2008 I S. 1980), das zuletzt durch § 2 der Verordnung vom 27. April 2010 (BGBl. I S. 540) geändert worden ist, in der jeweils geltenden Fassung und die sonstigen im Binnenland gelegenen Gewässer, die für die Schifffahrt geeignet und bestimmt sind, mit Ausnahme

1. der Seeschifffahrtsstraßen gemäß § 1 Absatz 1 der Seeschifffahrtsstraßen-Ordnung in der Fassung der Bekanntmachung vom 22. Oktober 1998 (BGBl. I S. 3209; 1999 I S. 193), die zuletzt durch Artikel 1 der Verordnung vom 7. April 2010 (BGBl. I S. 399) geändert worden ist, in der jeweils geltenden Fassung,
2. der Ems und der Leda in den Grenzen, die in § 1 Absatz 1 Satz 1 Nummer 2 der Verordnung zur Einführung der Schifffahrtsordnung Emsmündung vom 8. August 1989 (BGBl. I S. 1583), die zuletzt durch Artikel 3 § 17 der Verordnung vom 19. Dezember 2008 (BGBl. I S. 2868; 2010 I S. 380) geändert worden ist, in der jeweils geltenden Fassung genannt werden, und
3. der Elbe von Kilometer 607,5 bis Kilometer 639 und des Hamburger Hafens in den Grenzen, die in § 1 Absatz 2 des Hafenverkehrs- und Schifffahrtsgesetzes vom 3. Juli 1979 (Hamburgisches Gesetz- und Verordnungsblatt Teil I Seite 177), das zuletzt durch Artikel 4 des Gesetzes vom 6. Oktober 2005 (Hamburgisches Gesetz- und Verordnungsblatt Teil I Seite 424) geändert worden ist, in der jeweils geltenden Fassung werden.

(7) Die Verwendung von steuerfreien Energieerzeugnissen in Luftfahrzeugen für die Luftfahrt mit Ausnahme der privaten nichtgewerblichen Luftfahrt und in Wasserfahrzeugen für die Schifffahrt mit Ausnahme der privaten nichtgewerblichen Schifffahrt wird vorbehaltlich des § 61 nur erlaubt, wenn diese ausschließlich zu steuerfreien Zwecken nach § 27 des Gesetzes eingesetzt werden.

(8) Die Verwendung von steuerfreien Energieerzeugnissen in den Fällen des § 27 Abs. 2 Nr. 2 und 3 und Abs. 3 des Gesetzes wird nur erlaubt, wenn die Energieerzeugnisse in Instandhaltungs-, Entwicklungs- und Herstellungsbetrieben verwendet werden, die vom Luftfahrt-Bundesamt, von der zuständigen Europäischen Agentur für Flugsicherheit oder vom

Bundesamt für Wehrtechnik und Beschaffung genehmigt worden sind.

### § 61
### Versteuerung von Energieerzeugnissen in Wasserfahrzeugen

(1) ¹Inhaber von Erlaubnissen zur steuerfreien Verwendung von Energieerzeugnissen nach § 27 Absatz 1 des Gesetzes dürfen die Energieerzeugnisse unter Versteuerung nach dem jeweils zutreffenden Steuersatz des § 2 des Gesetzes

1. in Wasserfahrzeugen verwenden, die vorübergehend stationär als Wohnschiff, Hotelschiff oder zu ähnlichen Zwecken genutzt werden,
2. zum Antrieb von Arbeitsmaschinen verwenden, die auf einem schwimmenden Arbeitsgerät nach § 60 Absatz 1a fest montiert sind und aufgrund eines eigenen Motors unabhängig vom Antriebsmotor des schwimmenden Arbeitsgeräts betrieben werden.

²Der Erlaubnisinhaber hat dem zuständigen Hauptzollamt die Verwendung der Energieerzeugnisse zu den nicht steuerfreien Zwecken unverzüglich anzuzeigen. ³Das Bundesministerium der Finanzen kann im Verwaltungswege eine Frist für die Abgabe der Anzeige bestimmen.

(2) In begründeten Ausnahmefällen kann das Hauptzollamt auf Antrag zulassen, dass Inhaber von Erlaubnissen zur steuerfreien Verwendung von Energieerzeugnissen nach § 27 Abs. 1 des Gesetzes die Energieerzeugnisse unter Versteuerung nach dem jeweils zutreffenden Steuersatz des § 2 des Gesetzes zu nicht steuerfreien Zwecken verwenden.

(3) ¹Die Steuer entsteht in den Fällen der Absätze 1 und 2 mit der Verwendung der Energieerzeugnisse zu den nicht steuerfreien Zwecken. ²Steuerschuldner ist der Erlaubnisinhaber.

(4) ¹Der Steuerschuldner hat für Energieerzeugnisse, für die die Steuer entstanden ist, eine Steuererklärung abzugeben und darin die Steuer selbst zu berechnen (Steueranmeldung). ²Den Zeitraum, für den die Steuererklärung abzugeben ist, die Frist für die Abgabe der Steuererklärung und den Zeitpunkt der Fälligkeit der Steuer bestimmt das Hauptzollamt. ³Wird die Anzeige nach Absatz 1 Satz 2 nicht oder nicht rechtzeitig erstattet, ist die Steueranmeldung unverzüglich abzugeben und die Steuer sofort fällig.

### Zu § 31 des Gesetzes

### § 62
### Anmeldung des Kohlebetriebs

(1) Wer Kohle gewinnen oder bearbeiten will, hat die Anmeldung nach § 31 Absatz 3 des Gesetzes vor der Eröffnung des Betriebs schriftlich beim Hauptzollamt abzugeben.

(2) ¹In der Anmeldung sind anzugeben: Name, Geschäftssitz (§ 23 Abs. 2 der Abgabenordnung), Rechtsform, die Steuernummer beim Finanzamt und – falls erteilt – die Umsatzsteuer-Identifikationsnummer (§ 27a des Umsatzsteuergesetzes). ²Der Anmeldung sind beizufügen:
1. eine ¹Beschreibung der Gewinnungs- und Bearbeitungsvorgänge unter Angabe der der Lagerung dienenden Einrichtungen und der Verladestellen, über die die Kohle den Kohlebetrieb verlässt oder zum Eigenverbrauch entnommen wird. ²Die Beschreibung ist durch eine schematische Darstellung zu ergänzen, soweit dies zu ihrem Verständnis erforderlich ist,
2. eine Aufstellung der zu gewinnenden oder zu bearbeitenden Erzeugnisse unter Darstellung der für die Steuer maßgeblichen Merkmale und der gegebenenfalls anfallenden Nebenerzeugnisse und Abfälle,
3. eine Darstellung der Mengenermittlung und der Fabrikationsbuchführung,
4. von Unternehmen, die in das Handels-, Genossenschafts- oder Vereinsregister eingetragen sind, ein Registerauszug nach dem neuesten Stand.

(3) ¹Der Anmeldepflichtige hat auf Verlangen des Hauptzollamts weitere Angaben zu machen, wenn sie zur Sicherung des Steueraufkommens oder für die Steueraufsicht erforderlich erscheinen. ²Das Hauptzollamt kann auf Angaben verzichten, soweit die Steuerbelange dadurch nicht beeinträchtigt werden.

(4) Das Hauptzollamt bestätigt schriftlich die Anmeldung des Kohlebetriebs.

### § 63
### Einrichtung des Kohlebetriebs

¹Der Kohlebetrieb muss so eingerichtet sein, dass die mit der Steueraufsicht betrauten Amtsträger den Gang der Gewinnung und Bearbeitung und den Verbleib der Erzeugnisse im Betrieb verfolgen können. ²Das Hauptzollamt kann besondere Anforderungen stellen, die im Interesse der Steueraufsicht erforderlich erscheinen.

### § 64
### Pflichten des Betriebsinhabers

(1) ¹Der Inhaber des Kohlebetriebs hat ein Belegheft zu führen. ²Das Hauptzollamt kann dazu Anordnungen treffen.

(2) ¹Der Inhaber des Kohlebetriebs hat Aufzeichnungen zu führen, aus denen für den jeweiligen Abrechnungszeitraum unter Angabe der für die Besteuerung maßgeblichen Merkmale ersichtlich sein müssen:
1. die Menge der Kohle, für die die Steuer nach § 32 Abs. 1 Satz 1 Nr. 1 oder Nr. 3 des Gesetzes entstanden ist,
2. die Menge der unversteuert an Inhaber einer Erlaubnis nach § 31 Abs. 4 oder § 37 Abs. 1 des Gesetzes gelieferten Kohle unter Angabe des Namens und der Anschrift des Empfängers sowie dessen Bezugsberechtigung,
3. die Menge der unversteuert aus dem Steuergebiet verbrachten oder ausgeführten Kohle unter Angabe des Namens und der Anschrift des Empfängers.

²Die Aufzeichnungen müssen so beschaffen sein, dass es einem sachverständigen Dritten innerhalb einer angemessenen Frist möglich ist, die Grundlagen für die Besteuerung festzustellen. ³Das Hauptzollamt kann weitere Aufzeichnungen vorschreiben oder be-

sondere Anordnungen zu den Aufzeichnungen treffen, wenn dies zur Sicherung des Steueraufkommens oder für die Steueraufsicht erforderlich erscheint. ⁴Es kann einfachere Aufzeichnungen zulassen, soweit die Steuerbelange dadurch nicht beeinträchtigt werden.

(3) ¹Das Hauptzollamt kann eine Bestandsaufnahme anordnen. ²Es trifft in diesem Fall besondere Regelungen.

(4) Die mit der Steueraufsicht betrauten Amtsträger können für steuerliche Zwecke unentgeltlich Proben von Kohle zur Untersuchung entnehmen.

(5) Der Inhaber des Kohlebetriebs hat dem Hauptzollamt Änderungen der nach § 62 Abs. 2 angegebenen Verhältnisse, Überschuldung, drohende oder eingetretene Zahlungsunfähigkeit, Zahlungseinstellung und Stellung des Antrags auf Eröffnung eines Insolvenzverfahrens unverzüglich schriftlich anzuzeigen.

§ 65
Antrag auf Erlaubnis für Kohlebetriebe und Kohlelieferer

(1) Wer als Inhaber eines Kohlebetriebs oder als Kohlelieferer Kohle unversteuert beziehen will, hat die Erlaubnis nach § 31 Absatz 4 des Gesetzes schriftlich beim Hauptzollamt zu beantragen.

(2) ¹In dem Antrag ist anzugeben, ob auch versteuerte Kohle gehandelt, gelagert oder verwendet wird. ²Dem Antrag sind beizufügen:
1. eine Beschreibung der Betriebs- und Lagerräume und der mit ihnen in Verbindung stehenden oder an sie angrenzenden Räume sowie in zweifacher Ausfertigung ein Plan der Betriebsanlage, in dem die Einrichtungen für die Lagerung von unversteuerter Kohle kenntlich gemacht sind,
2. eine Darstellung der Buchführung über den Bezug und die Abgabe der Kohle,
3. eine Darstellung der Mengenermittlung,
4. von Unternehmen, die in das Handels-, Genossenschafts- oder Vereinsregister eingetragen sind, ein Registerauszug nach dem neuesten Stand,
5. gegebenenfalls die Erklärung über die Bestellung eines Beauftragten nach § 214 der Abgabenordnung oder eines Betriebsleiters nach § 62 des Gesetzes, in der dieser sein Einverständnis erklärt hat.

(3) ¹Der Antragsteller hat auf Verlangen des Hauptzollamts weitere Angaben zu machen, wenn sie zur Sicherung des Steueraufkommens oder für die Steueraufsicht erforderlich erscheinen. ²Das Hauptzollamt kann auf Angaben verzichten, soweit die Steuerbelange dadurch nicht beeinträchtigt werden.

§ 66
Erteilung und Erlöschen der Erlaubnis

(1) ¹Das Hauptzollamt erteilt schriftlich die Erlaubnis nach § 31 Abs. 4 des Gesetzes und stellt einen Erlaubnisschein als Nachweis der Bezugsberechtigung aus. ²Die Erlaubnis kann mit Nebenbestimmungen nach § 120 Absatz 2 der Abgabenordnung verbunden werden.

(2) Für das Erlöschen der Erlaubnis gilt § 14 Abs. 2 bis 5 sinngemäß.

§ 67
Pflichten des Erlaubnisinhabers

(1) ¹Der Erlaubnisinhaber hat ein Belegheft zu führen. ²Das Hauptzollamt kann dazu Anordnungen treffen.

(2) ¹Der Erlaubnisinhaber hat Aufzeichnungen zu führen, aus denen für den jeweiligen Abrechnungszeitraum unter Angabe der für die Besteuerung maßgeblichen Merkmale ersichtlich sein müssen:
1. die Mengen der unversteuert und versteuert bezogenen Kohle,
2. die Menge der Kohle, für die die Steuer nach § 32 Absatz 1 Satz 1 Nummer 1 oder Nummer 2 des Gesetzes entstanden ist,
3. die Menge der unversteuert an Inhaber einer Erlaubnis nach § 31 Abs. 4 oder § 37 Abs. 1 des Gesetzes gelieferten Kohle unter Angabe des Namens und der Anschrift des Empfängers sowie dessen Bezugsberechtigung,
4. die Menge der unversteuert aus dem Steuergebiet verbrachten oder ausgeführten Kohle unter Angabe des Namens und der Anschrift des Empfängers,
5. der Betrag der anzumeldenden und zu entrichtenden Steuer.

²Die Aufzeichnungen müssen so beschaffen sein, dass es einem sachverständigen Dritten innerhalb einer angemessenen Frist möglich ist, die Grundlagen für die Besteuerung festzustellen. ³Das Hauptzollamt kann weitere Aufzeichnungen vorschreiben oder besondere Anordnungen zu den Aufzeichnungen treffen, wenn dies zur Sicherung des Steueraufkommens oder für die Steueraufsicht erforderlich erscheint. ⁴Es kann einfachere Aufzeichnungen zulassen, soweit die Steuerbelange dadurch nicht beeinträchtigt werden.

(3) ¹Das Hauptzollamt kann eine Bestandsaufnahme anordnen. ²Es trifft in diesem Fall besondere Regelungen.

(4) Treten Verluste an unversteuerter Kohle ein, die die betriebsüblichen unvermeidbaren Verluste übersteigen, hat der Erlaubnisinhaber dies dem Hauptzollamt unverzüglich anzuzeigen.

(5) Die mit der Steueraufsicht betrauten Amtsträger können für steuerliche Zwecke unentgeltlich Proben von Kohle zur Untersuchung entnehmen.

(6) Der Erlaubnisinhaber hat dem Hauptzollamt Änderungen der nach § 65 Abs. 2 angegebenen Verhältnisse, Überschuldung, drohende oder eingetretene Zahlungsunfähigkeit, Zahlungseinstellung und Stellung des Antrags auf Eröffnung eines Insolvenzverfahrens unverzüglich schriftlich anzuzeigen.

(7) Der Erlaubnisinhaber hat den Erlaubnisschein dem Hauptzollamt unverzüglich zurückzugeben, wenn die Erlaubnis erlischt oder der Bezug von unversteuerter Kohle eingestellt wird.

(8) ¹Geht der Erlaubnisschein verloren, hat der Erlaubnisinhaber dies dem Hauptzollamt unver-

züglich anzuzeigen. ²Das Hauptzollamt stellt auf Antrag einen neuen Erlaubnisschein aus, es sei denn, die Erlaubnis ist zu widerrufen.

### § 68
### Bezug und Lagerung von unversteuerter Kohle

(1) ¹Der Erlaubnisinhaber hat unversteuerte Kohle, die er in Besitz genommen hat, unverzüglich in seinen Aufzeichnungen zu erfassen. ²Mit der Inbesitznahme gilt die Kohle als in seinen Betrieb aufgenommen.

(2) ¹Der Erlaubnisinhaber darf versteuerte und unversteuerte Kohle als Gemisch lagern. ²Das Gemisch wird in diesem Fall so behandelt, als ob die Kohle getrennt gehalten worden wäre. ³Aus dem Gemisch entnommene Kohle wird je nach Wahl des Erlaubnisinhabers als aus einem der Gemischanteile stammend behandelt.

### § 69
### Lieferung von unversteuerter Kohle

(1) Wird Kohle unversteuert an den Inhaber einer Erlaubnis nach § 31 Abs. 4 oder § 37 Abs. 1 des Gesetzes geliefert, hat der Kohlelieferer die einzelnen Lieferungen durch betriebliche Versandpapiere nachzuweisen, die den Namen und die Anschrift des Empfängers sowie Art, Menge und Zeitpunkt der Lieferung enthalten.

(2) Der Kohlelieferer hat die nach Absatz 1 gelieferte Kohle unverzüglich in seinen Aufzeichnungen zu erfassen.

(3) Der Kohlelieferer darf unversteuerte Kohle an den Inhaber einer Erlaubnis nach § 31 Abs. 4 oder § 37 Abs. 1 des Gesetzes nur übergeben, wenn ihm oder seinem Beauftragten dessen gültiger Erlaubnisschein vorliegt oder spätestens bei der Übergabe vorgelegt wird, es sei denn, die Lieferung erfolgt auf Grund einer allgemeinen Erlaubnis.

(4) Wird unversteuerte Kohle in einen anderen Mitgliedstaat verbracht, gelten die Absätze 1 und 2 sinngemäß.

(5) Wird unversteuerte Kohle in ein Drittland ausgeführt, gelten die Absätze 1 und 2 sinngemäß mit der Maßgabe, dass die Ausfuhr durch eine Bestätigung der Ausgangszollstelle oder durch andere geeignete Unterlagen nachzuweisen ist.

### Zu § 34 des Gesetzes
### § 70
### Verbringen von Kohle in das Steuergebiet

Wird Kohle aus einem anderen Mitgliedstaat in das Steuergebiet verbracht, finden sinngemäß Anwendung

1. die §§ 38 und 40 in den Fällen, in denen § 15 des Gesetzes nach § 34 des Gesetzes sinngemäß gilt,
2. § 42 in den Fällen, in denen § 18 des Gesetzes nach § 34 des Gesetzes sinngemäß gilt.

### Zu § 35 des Gesetzes
### § 71
### Einfuhr von Kohle

(1) ¹Kohle aus Drittländern und Drittgebieten ist in den Fällen des § 35 des Gesetzes in Verbindung mit § 19b Absatz 3 des Gesetzes nach den Zollvorschriften mit den für die Besteuerung maßgeblichen Merkmalen anzumelden. ²Die Steuererklärung ist in der Zollanmeldung oder nach amtlich vorgeschriebenem Vordruck abzugeben.

(2) ¹Soll Kohle im Anschluss an die Überführung in den steuerrechtlich freien Verkehr in den Betrieb des Inhabers einer Erlaubnis nach § 31 Absatz 4 oder § 37 Absatz 1 des Gesetzes befördert werden, ist dies mit der Zollanmeldung schriftlich zu beantragen. ²Dem Antrag ist, soweit die Erlaubnis nicht allgemein erteilt ist, der Erlaubnisschein beizufügen.

### Zu § 37 des Gesetzes
### § 72
### Antrag auf Erlaubnis als Kohleverwender

(1) Wer Kohle steuerfrei verwenden will, hat die Erlaubnis nach § 37 Absatz 1 des Gesetzes, soweit sie nicht allgemein erteilt ist (§ 74), schriftlich beim Hauptzollamt zu beantragen.

(2) ¹In dem Antrag ist der Verwendungszweck anzugeben und ob versteuerte Kohle gelagert oder verwendet wird. ²Dem Antrag sind beizufügen:

1. eine Beschreibung der Betriebs- und Lagerräume und der mit ihnen in Verbindung stehenden oder an sie angrenzenden Räume sowie in zweifacher Ausfertigung ein Plan der Betriebsanlage, in dem die Einrichtungen für die Lagerung steuerfreier Kohle kenntlich gemacht sind,

2. eine Betriebserklärung, in der die Verwendung der Kohle genau beschrieben ist,

2a. eine Beschreibung der wirtschaftlichen Tätigkeiten des Unternehmens nach amtlich vorgeschriebenem Vordruck, wenn im Fall des § 37 Absatz 2 Satz 1 Nummer 4 des Gesetzes Kohle steuerfrei für Prozesse und Verfahren nach § 51 Absatz 1 Nummer 1 des Gesetzes verwendet werden soll; die Beschreibung muss es dem Hauptzollamt ermöglichen, das Unternehmen dem Produzierenden Gewerbe zuzuordnen; der maßgebende Zeitraum für die Zuordnung des Unternehmens zum Produzierenden Gewerbe bestimmt sich nach § 15 Absatz 3 Satz 1 der Stromsteuer-Durchführungsverordnung,

3. eine Darstellung der Buchführung über den Bezug und die Verwendung der steuerfreien Kohle,

4. von Unternehmen, die in das Handels-, Genossenschafts- oder Vereinsregister eingetragen sind, ein Registerauszug nach dem neuesten Stand,

5. gegebenenfalls die Erklärung über die Bestellung eines Beauftragten nach § 214 der Abgabenordnung oder eines Betriebsleiters nach § 62 des Gesetzes, in der dieser sein Einverständnis erklärt hat.

(3) ¹Der Antragsteller hat auf Verlangen des Hauptzollamts weitere Angaben zu machen, wenn sie zur Sicherung des Steueraufkommens oder für die Steueraufsicht erforderlich erscheinen. ²Das Hauptzollamt kann auf Angaben verzichten, soweit die Steuerbelange dadurch nicht beeinträchtigt werden.

### § 73
### Erteilung und Erlöschen der Erlaubnis

(1) ¹Das Hauptzollamt erteilt schriftlich die Erlaubnis nach § 37 Abs. 1 des Gesetzes (förmliche Einzelerlaubnis) und stellt einen Erlaubnisschein als Nachweis der Bezugsberechtigung aus. ²Die Erlaubnis kann mit Nebenbestimmungen nach § 120 Absatz 2 der Abgabenordnung verbunden werden.

(2) Für das Erlöschen der Erlaubnis gilt § 54 sinngemäß.

(3) ¹Unbeschadet Absatz 2 ist die Erlaubnis zur steuerfreien Verwendung von Kohle nach § 37 Abs. 2 Satz 1 Nr. 4 in Verbindung mit § 51 Abs. 1 Nr. 1 des Gesetzes zu widerrufen, wenn das Unternehmen auf Grund der nach § 75 Abs. 2a jährlich vorzulegenden Beschreibung nicht dem Produzierenden Gewerbe zugeordnet werden kann. ²Legt der Erlaubnisinhaber die Beschreibung nach Satz 1 nicht oder nicht fristgerecht vor, kann das Hauptzollamt die Erlaubnis unmittelbar widerrufen.

(4) ¹Wird die Erlaubnis nach Absatz 3 Satz 1 oder Satz 2 widerrufen, gilt die auf Grund der Erlaubnis seit 1. Januar des Kalenderjahres, in dem die Beschreibung nach § 75 Abs. 2a vorzulegen war, steuerfrei bezogene Kohle als entgegen der Zweckbestimmung verwendet (§ 37 Abs. 3 des Gesetzes). ²Abweichend von § 37 Abs. 3 des Gesetzes bestimmt das Hauptzollamt die Frist für die Abgabe der Steueranmeldung und den Zeitpunkt der Fälligkeit der Steuer.

### § 74
### Allgemeine Erlaubnis

Unter Verzicht auf eine förmliche Einzelerlaubnis wird nach Maßgabe der Anlage 1 zu dieser Verordnung die steuerfreie Verwendung von Kohle allgemein erlaubt.

### § 75
### Pflichten des Erlaubnisinhabers

(1) ¹Der Erlaubnisinhaber hat ein Belegheft zu führen. ²Das Hauptzollamt kann dazu Anordnungen treffen.

(2) ¹Der Erlaubnisinhaber hat Aufzeichnungen zu führen, aus denen für den jeweiligen Abrechnungszeitraum unter Angabe der für die Besteuerung maßgeblichen Merkmale ersichtlich sein müssen:
1. die Menge der steuerfrei bezogenen Kohle und
2. die Menge der steuerfrei verwendeten Kohle getrennt nach den jeweiligen Verwendungszwecken,
3. die Menge der Kohle, für die die Steuer nach § 37 Absatz 2 Satz 4 des Gesetzes entstanden ist.

²Die Aufzeichnungen müssen so beschaffen sein, dass es einem sachverständigen Dritten innerhalb einer angemessenen Frist möglich ist zu prüfen, ob die Kohle zu dem in der Erlaubnis genannten Zweck verwendet wurde. ³Das Hauptzollamt kann weitere Anordnungen vorschreiben oder besondere Anordnungen zu den Aufzeichnungen treffen, wenn dies zur Sicherung des Steueraufkommens oder für die Steueraufsicht erforderlich erscheint. ⁴Es kann einfachere Aufzeichnungen zulassen, wenn die Steuerbelange dadurch nicht beeinträchtigt werden.

(2a) Der Inhaber einer Erlaubnis zur steuerfreien Verwendung von Kohle nach § 37 Abs. 2 Satz 1 Nr. 4 in Verbindung mit § 51 Abs. 1 Nr. 1 des Gesetzes hat dem Hauptzollamt nach Ablauf jeden Kalenderjahres bis zum 31. März des folgenden Kalenderjahres eine Beschreibung der wirtschaftlichen Tätigkeiten nach § 72 Abs. 2 Nr. 2a für das abgelaufene Kalenderjahr erneut vorzulegen.

(3) ¹Das Hauptzollamt kann eine Bestandsaufnahme anordnen. ²Es trifft in diesem Fall besondere Regelungen.

(4) Treten Verluste an steuerfreier Kohle ein, die die betriebsüblichen unvermeidbaren Verluste übersteigen, hat der Erlaubnisinhaber dies dem Hauptzollamt unverzüglich anzuzeigen.

(5) Die mit der Steueraufsicht betrauten Amtsträger können für steuerliche Zwecke unentgeltlich Proben von Kohle und von den steuerfrei hergestellten Erzeugnissen zur Untersuchung entnehmen.

(6) ¹Der Erlaubnisinhaber hat dem Hauptzollamt Änderungen der nach § 72 Abs. 2 Satz 1 und 2 Nr. 1, 2 und 3 bis 5 angegebenen Verhältnisse unverzüglich schriftlich anzuzeigen. ²Versteuert der Erlaubnisinhaber Kohle nach § 37 Abs. 2 Satz 3 bis 6 des Gesetzes, hat er dem Hauptzollamt außerdem Überschuldung, drohende oder eingetretene Zahlungsunfähigkeit, Zahlungseinstellung und Stellung des Antrags auf Eröffnung eines Insolvenzverfahrens unverzüglich schriftlich anzuzeigen.

(7) Der Erlaubnisinhaber hat den Erlaubnisschein dem Hauptzollamt unverzüglich zurückzugeben, wenn die Erlaubnis erloschen ist oder die Verwendung von steuerfreier Kohle eingestellt wird.

(8) ¹Geht der Erlaubnisschein verloren, hat der Erlaubnisinhaber dies dem Hauptzollamt unverzüglich anzuzeigen. ²Das Hauptzollamt stellt auf Antrag einen neuen Erlaubnisschein aus, es sei denn, die Erlaubnis ist zu widerrufen.

(9) ¹Die Absätze 1 bis 3 und 6 bis 8 gelten nicht für den Inhaber einer allgemeinen Erlaubnis. ²Das zuständige Hauptzollamt kann jedoch Überwachungsmaßnahmen anordnen, wenn sie zur Sicherung der Steuerbelange erforderlich erscheinen. ³Insbesondere kann es anordnen, dass
1. der Inhaber der allgemeinen Erlaubnis über den Bezug und die Verwendung der steuerfreien Kohle Aufzeichnungen führt und sie dem Hauptzollamt vorlegt,
2. die Bestände aufzunehmen sind.

### § 76
### Bezug und Lagerung von steuerfreier Kohle

(1) ¹Der Erlaubnisinhaber hat steuerfreie Kohle, die er in Besitz genommen hat, unverzüglich in seinen Aufzeichnungen zu erfassen. ²Mit der Inbesitznahme gilt die Kohle als in seinen Betrieb aufgenommen.

(2) ¹Der Erlaubnisinhaber darf versteuerte und steuerfreie Kohle als Gemisch lagern. ²Das Gemisch wird in diesem Fall so behandelt, als ob die Kohle getrennt gehalten worden wäre. ³Aus dem Gemisch entnommene Kohle wird je nach Wahl des Erlaubnisinhabers als aus einem der Gemischanteile stammend behandelt.

# EnergieStV

(3) ¹Der Erlaubnisinhaber darf steuerfreie Kohle in begründeten Ausnahmefällen an Dritte nur liefern, wenn dies durch das Hauptzollamt zugelassen worden ist. ²§ 69 Abs. 1 und 2 gilt sinngemäß.

(4) Die Absätze 1 und 2 gelten nicht für Inhaber einer allgemeinen Erlaubnis.

### § 77
### Eigenverbrauch

Für die Teile des Kohlebetriebs, in denen Kohle nach § 37 Abs. 2 Satz 1 Nr. 2 des Gesetzes steuerfrei zur Aufrechterhaltung des Betriebs verwendet werden kann, gilt § 59 sinngemäß.

## Zu § 38 des Gesetzes

### § 78
### Anmeldung für Lieferer, Entnehmer und Bezieher von Erdgas

(1) Die Anmeldung nach § 38 Absatz 3 des Gesetzes ist schriftlich bei dem für den Anmeldepflichtigen zuständigen Hauptzollamt abzugeben.

(2) ¹In der Anmeldung sind anzugeben: Name, Geschäfts- oder Wohnsitz, Rechtsform, bei jährlicher Steueranmeldung die voraussichtlich zu erwartende Jahressteuerschuld, die Steuernummer beim Finanzamt und – falls erteilt – die Umsatzsteuer-Identifikationsnummer (§ 27a des Umsatzsteuergesetzes). ²Der Anmeldung sind beizufügen:

1. ein Verzeichnis der Betriebsstätten im Steuergebiet nach § 12 der Abgabenordnung,
2. eine Darstellung der Mengenermittlung und -abrechnung,
3. von Unternehmen, die in das Handels-, Genossenschafts- oder Vereinsregister eingetragen sind, ein Registerauszug nach dem neuesten Stand,
4. gegebenenfalls eine Erklärung über die Bestellung eines Beauftragten nach § 214 der Abgabenordnung oder eines Betriebsleiters nach § 62 Abs. 1 des Gesetzes, in der dieser sein Einverständnis erklärt hat.

(3) ¹Der Anmeldepflichtige hat auf Verlangen des Hauptzollamts weitere Angaben zu machen, wenn sie zur Sicherung des Steueraufkommens oder für die Steueraufsicht erforderlich erscheinen. ²Das Hauptzollamt kann auf Angaben verzichten, soweit die Steuerbelange dadurch nicht beeinträchtigt werden.

(4) Das Hauptzollamt erteilt Lieferern von Erdgas einen schriftlichen Nachweis über die erfolgte Anmeldung.

### § 79
### Pflichten[1)]

(1) ¹Der Anmeldepflichtige nach § 38 Abs. 3 des Gesetzes hat ein Belegheft zu führen. ²Das Hauptzollamt kann dazu Anordnungen treffen.

(2) ¹Der Anmeldepflichtige hat Aufzeichnungen zu führen, aus denen für den jeweiligen Veranlagungszeitraum unter Angabe der für die Besteuerung maßgeblichen Merkmale ersichtlich sein müssen:

1. bei Lieferern die Menge des unversteuert bezogenen Erdgases,
2. bei Lieferern die Menge des gelieferten Erdgases, für das der Lieferer Steuerschuldner nach § 38 Abs. 2 Nr. 1 des Gesetzes ist, getrennt nach den unterschiedlichen Steuersätzen des § 2 des Gesetzes,
3. die Menge des Erdgases, für das der Anmeldepflichtige Steuerschuldner nach § 38 Absatz 2 Nummer 2 des Gesetzes ist, getrennt nach den unterschiedlichen Steuersätzen des § 2 des Gesetzes,
4. im Fall des § 39 Absatz 6 des Gesetzes die dort näher bezeichneten Mengen und Steuerbeträge,
5. bei Lieferern die Menge des unversteuert gelieferten Erdgases unter Angabe des Namens oder der Firma und der Anschrift des Empfängers,
6. der Betrag der anzumeldenden und zu entrichtenden Steuer.

²Die Aufzeichnungen müssen so beschaffen sein, dass es einem sachverständigen Dritten innerhalb einer angemessenen Frist möglich ist, die Grundlagen für die Besteuerung festzustellen. ³Das Hauptzollamt kann weitere Aufzeichnungen vorschreiben oder besondere Anordnungen zu den Aufzeichnungen treffen, wenn dies zur Sicherung des Steueraufkommens oder für die Steueraufsicht erforderlich erscheint. ⁴Es kann einfachere Aufzeichnungen zulassen, wenn die Steuerbelange dadurch nicht beeinträchtigt werden.

(3) Der Anmeldepflichtige hat dem Hauptzollamt Änderungen der nach § 78 Abs. 2 angegebenen Verhältnisse sowie Überschuldung, drohende oder eingetretene Zahlungsunfähigkeit, Zahlungseinstellung und Stellung des Antrags auf Eröffnung eines Insolvenzverfahrens unverzüglich schriftlich anzuzeigen, soweit das Hauptzollamt nicht darauf verzichtet.

## Zu § 39 des Gesetzes

### § 80[2)]
### Vorauszahlungen

(1) ¹Die Festsetzung der Vorauszahlungen erfolgt durch Vorauszahlungsbescheid. ²Ist die Steuer nur in einem Teil des vorletzten dem Veranlagungsjahr vorhergehenden Kalenderjahres entstanden, ist die tatsächlich entstandene Steuer in eine Jahressteuerschuld umzurechnen. ³Ist die Steuer erstmals im vorangegangenen oder laufenden Kalenderjahr oder bisher noch nicht entstanden, ist die voraussichtlich zu erwartende Jahressteuerschuld maßgebend.

(2) ¹Das Hauptzollamt kann auf Antrag bei der Festsetzung der Höhe der Vorauszahlungen dem Steuerschuldner voraussichtlich im gleichen Zeitraum zu gewährende Steuerentlastungen berücksichtigen, soweit die Steuerbelange dadurch nicht gefährdet sind. ²Eine Steuerentlastung kann nach

---

1) § 79 Abs. 2 Satz 1 Nr. 3 geänd., Nr. 4 eingef., bish. Nr. 4 und 5 werden Nr. 5 und 6 mWv 1. 8. 2013 durch VO v. 24. 7. 2013 (BGBl. I S. 2763).
2) § 80 Abs. 2 Satz 2 angef. mWv 1. 8. 2013 durch VO v. 24. 7. 2013 (BGBl. I S. 2763).

Satz 1 nur berücksichtigt werden, wenn in den Fällen des

1. § 51 Absatz 1 Nummer 1 des Gesetzes
   a) sich der maßgebende Zeitraum für die Zuordnung des Unternehmens zum Produzierenden Gewerbe nach § 15 Absatz 3 Satz 1 der Stromsteuer-Durchführungsverordnung bestimmt und
   b) die nach § 95 Absatz 3 erforderliche Beschreibung der wirtschaftlichen Tätigkeiten und die Betriebserklärung vom Antragsteller bereits vorgelegt worden sind;
2. § 53 des Gesetzes die nach § 99 Absatz 3 erforderlichen Unterlagen vom Antragsteller bereits vorgelegt worden sind;
3. § 53a des Gesetzes
   a) die nach § 99a Absatz 3 erforderlichen Unterlagen vom Antragsteller bereits vorgelegt worden sind und
   b) die Voraussetzungen der §§ 99b und 99c erfüllt sind;
4. § 53b des Gesetzes
   a) die nach § 99d Absatz 4 erforderlichen Unterlagen vom Antragsteller bereits vorgelegt worden sind und
   b) im Fall des § 53b Absatz 1 in Verbindung mit Absatz 3 des Gesetzes darüber hinaus sich der maßgebende Zeitraum für die Zuordnung des Unternehmens zum Produzierenden Gewerbe oder zur Land- und Forstwirtschaft nach § 15 Absatz 3 Satz 1 der Stromsteuer-Durchführungsverordnung bestimmt sowie die nach § 99d Absatz 5 erforderliche Beschreibung der wirtschaftlichen Tätigkeiten bereits vorgelegt worden ist;
5. § 54 des Gesetzes
   a) sich der maßgebende Zeitraum für die Zuordnung des Unternehmens zum Produzierenden Gewerbe oder zur Land- und Forstwirtschaft nach § 15 Absatz 3 Satz 1 der Stromsteuer-Durchführungsverordnung bestimmt und
   b) die nach § 100 Absatz 3 erforderliche Beschreibung der wirtschaftlichen Tätigkeiten vom Antragsteller bereits vorgelegt worden ist;
6. § 55 des Gesetzes
   a) sich der maßgebende Zeitraum für die Zuordnung des Unternehmens zum Produzierenden Gewerbe nach § 15 Absatz 3 Satz 1 der Stromsteuer-Durchführungsverordnung bestimmt,
   b) die nach § 101 Absatz 4 in Verbindung mit § 100 Absatz 3 erforderliche Beschreibung der wirtschaftlichen Tätigkeiten vom Antragsteller bereits vorgelegt worden ist,
   c) der Antragsteller den nach § 55 Absatz 4 Satz 1 Nummer 1 oder Absatz 5 des Gesetzes erforderlichen Nachweis bereits erbracht hat,
   d) die nach § 55 Absatz 4 Satz 1 Nummer 2 Buchstabe b des Gesetzes erforderliche Bekanntmachung der Bundesregierung bereits erfolgt ist und
   e) die nach § 101 Absatz 4 Satz 2 erforderliche Selbsterklärung bereits vorgelegt worden ist.

(3) Beträgt die Höhe der monatlichen Vorauszahlungen nicht mehr als 200 Euro, kann das Hauptzollamt auf die Festsetzung von Vorauszahlungen verzichten.

## Zu § 40 des Gesetzes

### § 81
### Nicht leitungsgebundenes Verbringen

Wird Erdgas nicht leitungsgebunden aus einem anderen Mitgliedstaat in das Steuergebiet verbracht, finden sinngemäß Anwendung

1. die §§ 38 und 40 in den Fällen, in denen § 15 des Gesetzes nach § 40 des Gesetzes sinngemäß gilt,
2. § 42 in den Fällen, in denen § 18 des Gesetzes nach § 40 des Gesetzes sinngemäß gilt.

## Zu § 41 des Gesetzes

### § 82
### Nicht leitungsgebundene Einfuhr

¹Erdgas aus Drittländern und Drittgebieten ist in den Fällen des § 41 Absatz 1 des Gesetzes in Verbindung mit § 19b Absatz 3 des Gesetzes nach den Zollvorschriften mit den für die Besteuerung maßgeblichen Merkmalen anzumelden. ²Die Steuererklärung ist in der Zollanmeldung oder nach amtlich vorgeschriebenem Vordruck abzugeben.

## Zu § 44 des Gesetzes

### § 83[1)]
### Antrag auf Erlaubnis als Erdgasverwender oder als Erdgasverteiler

(1) Die Erlaubnis als Verwender nach § 44 Absatz 1 Satz 2 des Gesetzes und die Erlaubnis als Verteiler nach § 44 Absatz 1 Satz 3 des Gesetzes sind, soweit sie nicht allgemein erteilt sind (§ 84a), bei dem für den Verwender oder den Verteiler zuständigen Hauptzollamt zu beantragen.

(2) ¹In dem Antrag sind anzugeben: Name, Geschäfts- oder Wohnsitz, Rechtsform, die Steuernummer beim Finanzamt und – falls erteilt – die Umsatzsteuer-Identifikationsnummer (§ 27a des Umsatzsteuergesetzes). ²Dem Antrag sind beizufügen:
1. im Fall einer steuerfreien Verwendung oder einer steuerfreien Verteilung von verflüssigtem Erdgas eine Beschreibung der Betriebs- und Lagerräume und der mit ihnen in Verbindung stehenden oder an sie angrenzenden Räume sowie in zweifacher Ausfertigung ein Plan der Betriebsanlage, in dem die Lagerstätte für das verflüssigte Erdgas kenntlich gemacht ist,

---
1) § 83 Überschr. geänd., Abs. 1 neu gef., Abs. 2 Satz 2 Nr. 1 eingef., bish. Nr. 1–4 werden Nr. 2–5, neue Nr. 3 geänd., Abs. 4 angef. mWv 1. 8. 2013 durch VO v. 24. 7. 2013 (BGBl. I S. 2763).

# EnergieStV

2. eine Betriebserklärung, in der die Verwendung des Erdgases genau beschrieben ist,
3. eine Darstellung der Buchführung über die Verwendung oder Verteilung des steuerfreien Erdgases,
4. von Unternehmen, die in das Handels-, Genossenschafts- oder Vereinsregister eingetragen sind, ein Registerauszug nach dem neuesten Stand,
5. gegebenenfalls eine Erklärung über die Bestellung eines Beauftragten nach § 214 der Abgabenordnung oder eines Betriebsleiters nach § 62 Abs. 1 des Gesetzes.

(3) ¹Der Antragsteller hat auf Verlangen des Hauptzollamts weitere Angaben zu machen, wenn sie zur Sicherung des Steueraufkommens oder für die Steueraufsicht erforderlich erscheinen. ²Das Hauptzollamt kann auf Angaben verzichten, soweit die Steuerbelange dadurch nicht beeinträchtigt werden.

(4) Wer als Erlaubnisinhaber verflüssigtes Erdgas steuerfrei aus dem Steuergebiet verbringen oder ausführen will, hat die Erlaubnis nach § 44 Absatz 1a des Gesetzes, soweit sie nicht allgemein erteilt ist (§ 84a), schriftlich bei dem für ihn zuständigen Hauptzollamt zu beantragen.

## § 84[1)]
### Erteilung und Erlöschen der Erlaubnis

(1) ¹Das Hauptzollamt erteilt die Erlaubnis nach § 44 Absatz 1 und 1a des Gesetzes schriftlich (förmliche Einzelerlaubnis) und stellt auf Antrag als Nachweis der Bezugsberechtigung einen Erlaubnisschein aus. ²Die Erlaubnis kann mit Nebenbestimmungen nach § 120 Absatz 2 der Abgabenordnung verbunden werden.

(2) Für das Erlöschen der Erlaubnis gilt § 54 sinngemäß.

Geltungszeitraum ab 01.08.2013

## § 84a[2)]
### Allgemeine Erlaubnis

Unter Verzicht auf eine förmliche Einzelerlaubnis werden nach Maßgabe der Anlage 1 zu dieser Verordnung die Verwendung von steuerfreiem Erdgas sowie das Verbringen und die Ausfuhr von steuerfreiem Erdgas aus dem Steuergebiet allgemein erlaubt.

## § 85[3)]
### Pflichten des Erlaubnisinhabers

(1) ¹Der Erlaubnisinhaber hat ein Belegheft zu führen. ²Das Hauptzollamt kann dazu Anordnungen treffen.

(2) ¹Der Erlaubnisinhaber hat Aufzeichnungen zu führen, aus denen unter Angabe der für die Besteuerung maßgeblichen Merkmale folgende Mengen ersichtlich sein müssen:

1. die Menge des steuerfrei bezogenen Erdgases,
2. die Menge des steuerfrei verwendeten Erdgases und der genaue Verwendungszweck,
3. die Menge des verflüssigten Erdgases, das steuerfrei an Inhaber einer Erlaubnis nach § 44 Absatz 1 des Gesetzes abgegeben worden ist, unter Angabe des Namens und der Anschrift des Empfängers sowie dessen Bezugsberechtigung, und
4. die Menge des verflüssigten Erdgases, das steuerfrei aus dem Steuergebiet verbracht oder ausgeführt worden ist, unter Angabe des Namens und der Anschrift des Empfängers.

²Die Aufzeichnungen müssen so beschaffen sein, dass es einem sachverständigen Dritten innerhalb einer angemessenen Frist möglich ist zu prüfen, ob das Erdgas zu dem in der Erlaubnis genannten Zweck verwendet oder abgegeben wurde. ³Das Hauptzollamt kann weitere Aufzeichnungen vorschreiben oder besondere Anordnungen zu den Aufzeichnungen treffen, wenn dies zur Sicherung des Steueraufkommens oder für die Steueraufsicht erforderlich erscheint. ⁴Es kann einfachere Aufzeichnungen zulassen, wenn die Steuerbelange dadurch nicht beeinträchtigt werden.

(3) ¹Der Erlaubnisinhaber hat dem zuständigen Hauptzollamt bis zum 15. Februar jeden Jahres das Erdgas anzumelden, das er im abgelaufenen Kalenderjahr

1. als Verwender zu steuerfreien Zwecken nach § 44 Absatz 2b des Gesetzes bezogen oder zu anderen steuerfreien Zwecken verwendet hat,
2. als Verteiler zu den in der Anlage 1 zu dieser Verordnung aufgeführten steuerfreien Zwecken abgegeben hat oder
3. als Verwender oder Verteiler aus dem Steuergebiet verbracht oder ausgeführt hat.

²Das Hauptzollamt kann Ausnahmen zulassen.

(4) Der Erlaubnisinhaber hat dem Hauptzollamt Änderungen der nach § 83 Abs. 2 angegebenen Verhältnisse unverzüglich schriftlich anzuzeigen, soweit das Hauptzollamt nicht darauf verzichtet.

(5) Der Erlaubnisinhaber hat den Erlaubnisschein dem Hauptzollamt unverzüglich zurückzugeben, wenn die Erlaubnis erlischt oder die Verwendung oder Verteilung von steuerfreiem Erdgas eingestellt wird.

(6) ¹Geht der Erlaubnisschein verloren, hat der Erlaubnisinhaber dies dem Hauptzollamt unverzüglich anzuzeigen. ²Das Hauptzollamt stellt auf Antrag einen neuen Erlaubnisschein aus, es sei denn, die Erlaubnis ist zu widerrufen.

(7) Für die steuerfreie Verwendung und die steuerfreie Verteilung von verflüssigtem Erdgas gilt § 56 Absatz 1 und 6 bis 9 entsprechend.

---

1) § 84 Abs. 1 Satz 2 neu gef. mWv 30. 9. 2011 durch VO v. 20. 9. 2011 (BGBl. I S. 1890); Abs. 1 Satz 1 geänd. mWv 1. 8. 2013 durch VO v. 24. 7. 2013 (BGBl. I S. 2763).
2) § 84a neu gef. mWv 1. 8. 2013 durch VO v. 24. 7. 2013 (BGBl. I S. 2763).
3) § 85 Abs. 7 angef. mWv 30. 9. 2011 durch VO v. 20. 9. 2011 (BGBl. I S. 1890); Abs. 2 Satz 1 neu gef., Satz 2 geänd., Abs. 3 neu gef., Abs. 5 geänd., Abs. 7 eingef., bish. Abs. 7 wird Abs. 8 und Satz 1 geänd., Satz 3 neu gef. mWv 1. 8. 2013 durch VO v. 24. 7. 2013 (BGBl. I S. 2763).

(8) ¹Die Absätze 1 bis 6 und § 56 Absatz 1, 6 und 7, jeweils in Verbindung mit Absatz 7, gelten nicht für den Inhaber einer allgemeinen Erlaubnis (§ 84a). ²Das zuständige Hauptzollamt kann jedoch Überwachungsmaßnahmen anordnen, wenn sie zur Sicherung der Steuerbelange erforderlich erscheinen. ³Insbesondere kann es anordnen, dass

1. der Inhaber der allgemeinen Erlaubnis über den Bezug, die Abgabe und die Verwendung des Erdgases Aufzeichnungen führt und die Aufzeichnungen dem Hauptzollamt vorlegt und
2. die Bestände an verflüssigtem Erdgas amtlich festzustellen sind.

§ 86
Eigenverbrauch

Für die Teile des Gasgewinnungsbetriebs (§ 44 Abs. 3 des Gesetzes), in denen Erdgas steuerfrei nach § 44 Abs. 2 des Gesetzes verwendet werden kann, gilt § 59 sinngemäß.

Zu § 46 des Gesetzes

§ 87
Steuerentlastung beim Verbringen aus dem Steuergebiet

(1) ¹Die Steuerentlastung nach § 46 des Gesetzes ist, ausgenommen in den Fällen des § 46 Absatz 2 Nummer 2 des Gesetzes, bei dem für den Antragsteller zuständigen Hauptzollamt mit einer Anmeldung nach amtlich vorgeschriebenem Vordruck für alle Energieerzeugnisse zu beantragen, die innerhalb eines Entlastungsabschnitts aus dem Steuergebiet verbracht oder ausgeführt worden sind. ²Der Antragsteller hat in der Anmeldung alle für die Bemessung der Steuerentlastung erforderlichen Angaben zu machen und die Steuerentlastung selbst zu berechnen. ³Die Steuerentlastung wird nur gewährt, wenn der Antrag spätestens bis zum 31. Dezember des Jahres, das auf das Kalenderjahr folgt, in dem die Energieerzeugnisse aus dem Steuergebiet verbracht oder ausgeführt worden sind, beim Hauptzollamt gestellt wird. ⁴Erfolgt die Festsetzung der Steuer erst, nachdem die Energieerzeugnisse verbracht oder ausgeführt worden sind, wird abweichend von Satz 3 die Steuerentlastung gewährt, wenn der Antrag spätestens bis zum 31. Dezember des Jahres gestellt wird, das auf das Kalenderjahr folgt, in dem die Steuer festgesetzt worden ist.

(2) ¹Entlastungsabschnitt ist nach Wahl des Antragstellers ein Zeitraum von einem Kalendervierteljahr, einem Kalenderhalbjahr oder einem Kalenderjahr. ²Das Hauptzollamt kann auf Antrag einen Zeitraum von einem Kalendermonat als Entlastungsabschnitt zulassen oder in Einzelfällen die Steuerentlastung unverzüglich gewähren.

(3) ¹Im Fall des § 46 Absatz 1 Satz 1 Nummer 1 des Gesetzes in Verbindung mit § 46 Absatz 2 Nummer 2 des Gesetzes ist bei dem für den Antragsteller zuständigen Hauptzollamt mit einer Anmeldung nach amtlich vorgeschriebenem Vordruck für die Energieerzeugnisse zu beantragen, die aus dem Steuergebiet verbracht oder ausgeführt werden sollen. ²Der Antragsteller hat in der Anmeldung alle für die Bemessung der Steuerentlastung erforderlichen Angaben zu machen und die Steuerentlastung selbst zu berechnen.

(4) ¹Dem Antrag ist im Fall des § 46 Absatz 1 Satz 1 Nummer 1 des Gesetzes der Versteuerungsnachweis nach § 46 Absatz 2 Nummer 1 des Gesetzes beizufügen oder eine amtliche Bestätigung nach § 46 Absatz 2 Nummer 2 Buchstabe c oder Absatz 2a des Gesetzes nachzureichen. ²In den Fällen des § 46 Absatz 1 Satz 1 Nummer 2, 3 und 4 des Gesetzes hat der Antragsteller das Verbringen oder die Ausfuhr durch eindeutige, leicht nachprüfbare Belege nachzuweisen.

Zu § 47 des Gesetzes

§ 88
Steuerentlastung bei Aufnahme in Steuerlager

(1) ¹Die Steuerentlastung nach § 47 Abs. 1 Nr. 1 des Gesetzes ist bei dem für den Antragsteller zuständigen Hauptzollamt mit einer Anmeldung nach amtlich vorgeschriebenem Vordruck für alle Energieerzeugnisse zu beantragen, die innerhalb eines Entlastungsabschnitts in das Steuerlager aufgenommen worden sind. ²Der Antragsteller hat in der Anmeldung alle für die Bemessung der Steuerentlastung erforderlichen Angaben zu machen und die Steuerentlastung selbst zu berechnen. ³Die Steuerentlastung wird nur gewährt, wenn der Antrag spätestens bis zum 31. Dezember des Jahres, das auf das Kalenderjahr folgt, in dem die Energieerzeugnisse in das Steuerlager aufgenommen worden sind, beim Hauptzollamt gestellt wird. ⁴Erfolgt die Festsetzung der Steuer erst, nachdem die Energieerzeugnisse in das Steuerlager aufgenommen worden sind, wird abweichend von Satz 3 die Steuerentlastung gewährt, wenn der Antrag spätestens bis zum 31. Dezember des Jahres gestellt wird, das auf das Kalenderjahr folgt, in dem die Steuer festgesetzt worden ist.

(2) ¹Entlastungsabschnitt ist ein Zeitraum von einem Kalendermonat. ²Das Hauptzollamt kann auf Antrag einen längeren Zeitraum, höchstens jedoch ein Kalenderjahr, als Entlastungsabschnitt zulassen, außerdem die Steuerentlastung in Einzelfällen unverzüglich gewähren.

(3) Der Entlastungsberechtigte hat auf Verlangen des Hauptzollamts über die einzelnen Mengen an versteuerten, nicht gebrauchten Energieerzeugnissen, die in das Steuerlager aufgenommen werden, besondere Aufzeichnungen zu führen.

§ 89
Steuerentlastung für Kohlenwasserstoffanteile

(1) ¹Die Steuerentlastung nach § 47 Abs. 1 Nr. 2 des Gesetzes ist bei dem für den Antragsteller zuständigen Hauptzollamt mit einer Anmeldung nach amtlich vorgeschriebenem Vordruck für alle Gemische zu beantragen, die innerhalb eines Entlastungsabschnitts verwendet oder aus denen innerhalb eines Entlastungsabschnitts Energieerzeugnisse im Sinne des § 4 des Gesetzes hergestellt worden sind. ²Der Antragsteller hat in der Anmeldung alle für die Bemessung der Steuerentlastung erforderlichen Angaben zu machen und die Steuerentlastung selbst zu berechnen. ³Die Steuerentlastung wird nur gewährt, wenn der Antrag spätestens bis zum 31. Dezember

**EnergieStV**

des Jahres, das auf das Kalenderjahr folgt, in dem die Gemische verwendet oder aus ihnen Energieerzeugnisse im Sinn des § 4 des Gesetzes hergestellt worden sind, beim Hauptzollamt gestellt wird. [4]Erfolgt die Festsetzung der Steuer erst, nachdem die Gemische verwendet oder aus ihnen Energieerzeugnisse im Sinn des § 4 des Gesetzes hergestellt worden sind, wird abweichend von Satz 3 die Steuerentlastung gewährt, wenn der Antrag spätestens bis zum 31. Dezember des Jahres gestellt wird, das auf das Kalenderjahr folgt, in dem die Steuer festgesetzt worden ist.

(2) [1]Entlastungsabschnitt ist ein Zeitraum von einem Kalendermonat. [2]Das Hauptzollamt kann auf Antrag einen längeren Zeitraum, höchstens jedoch ein Kalenderjahr, als Entlastungsabschnitt zulassen, außerdem die Steuerentlastung in Einzelfällen unverzüglich gewähren.

(3) Der Antragsteller hat einen buchmäßigen Nachweis zu führen, aus dem sich für den Entlastungsabschnitt folgende Angaben ergeben müssen:
1. im Fall des § 47 Abs. 1 Nr. 2 Buchstabe a des Gesetzes die Art, die Menge und die Herkunft der Gemische, die zu den dort genannten Zwecken verwendet worden sind,
2. im Fall des § 47 Abs. 1 Nr. 2 Buchstabe b des Gesetzes die Art, die Menge und die Herkunft der Gemische, aus denen Energieerzeugnisse im Sinn des § 4 des Gesetzes hergestellt worden sind, sowie die Art und die Menge der aus den Gemischen hergestellten Energieerzeugnisse.

(4) Das Bundesministerium der Finanzen kann zur steuerlichen Vereinfachung im Verwaltungswege pauschale Sätze für die in den gasförmigen Gemischen enthaltenen Kohlenwasserstoffanteile festlegen.

§ 90
Steuerentlastung bei steuerfreien Zwecken

(1) [1]Die Steuerentlastung nach § 47 Abs. 1 Nr. 3 und 4 des Gesetzes ist bei dem für den Antragsteller zuständigen Hauptzollamt mit einer Anmeldung nach amtlich vorgeschriebenem Vordruck für alle Energieerzeugnisse zu beantragen, die innerhalb eines Entlastungsabschnitts verwendet worden sind. [2]Der Antragsteller hat in der Anmeldung alle für die Bemessung der Steuerentlastung erforderlichen Angaben zu machen und die Steuerentlastung selbst zu berechnen. [3]Die Steuerentlastung wird nur gewährt, wenn der Antrag spätestens bis zum 31. Dezember des Jahres, das auf das Kalenderjahr folgt, in dem die Energieerzeugnisse verwendet worden sind, beim Hauptzollamt gestellt wird. [4]Erfolgt die Festsetzung der Steuer erst, nachdem die Energieerzeugnisse verwendet worden sind, wird abweichend von Satz 3 die Steuerentlastung gewährt, wenn der Antrag spätestens bis zum 31. Dezember des Jahres gestellt wird, das auf das Kalenderjahr folgt, in dem die Steuer festgesetzt worden ist.

(2) [1]Entlastungsabschnitt ist nach Wahl des Antragstellers ein Zeitraum von einem Kalendervierteljahr, einem Kalenderhalbjahr oder einem Kalenderjahr. [2]Das Hauptzollamt kann auf Antrag einen Zeitraum von einem Kalendermonat als Entlastungsabschnitt zulassen oder in Einzelfällen die Steuerentlastung unverzüglich gewähren.

(3) [1]Bei erstmaliger Antragstellung ist dem Antrag eine Betriebserklärung beizufügen, in der die Verwendung der Energieerzeugnisse genau beschrieben ist. [2]Weiteren Anträgen muss eine Betriebserklärung nur beigefügt werden, wenn sich Änderungen gegenüber der dem Hauptzollamt bereits vorliegenden Betriebserklärung ergeben haben. [3]Der Antragsteller hat die Änderungen besonders kenntlich zu machen.

(4) Der Antragsteller hat einen buchmäßigen Nachweis zu führen, aus dem sich für den Entlastungsabschnitt die Art, die Menge, die Herkunft und der genaue Verwendungszweck der Energieerzeugnisse ergeben müssen.

§ 91
Steuerentlastung für Kohle

(1) [1]Die Steuerentlastung nach § 47 Abs. 1 Nr. 5 des Gesetzes ist bei dem für den Antragsteller zuständigen Hauptzollamt mit einer Anmeldung nach amtlich vorgeschriebenem Vordruck für Kohle zu beantragen, die innerhalb eines Entlastungsabschnitts in den Kohlebetrieb aufgenommen oder verwendet worden ist. [2]Der Antragsteller hat in der Anmeldung alle für die Bemessung der Steuerentlastung erforderlichen Angaben zu machen und die Steuerentlastung selbst zu berechnen. [3]Die Steuerentlastung wird nur gewährt, wenn der Antrag spätestens bis zum 31. Dezember des Jahres, das auf das Kalenderjahr folgt, in dem die Kohle in den Kohlebetrieb aufgenommen oder verwendet worden ist, beim Hauptzollamt gestellt wird. [4]Erfolgt die Festsetzung der Steuer erst, nachdem die Kohle in den Kohlebetrieb aufgenommen oder verwendet worden ist, wird abweichend von Satz 3 die Steuerentlastung gewährt, wenn der Antrag spätestens bis zum 31. Dezember des Jahres gestellt wird, das auf das Kalenderjahr folgt, in dem die Steuer festgesetzt worden ist.

(2) [1]Entlastungsabschnitt ist nach Wahl des Antragstellers ein Zeitraum von einem Kalendervierteljahr, einem Kalenderhalbjahr oder einem Kalenderjahr. [2]Das Hauptzollamt kann auf Antrag einen Zeitraum von einem Kalendermonat als Entlastungsabschnitt zulassen oder in Einzelfällen die Steuerentlastung unverzüglich gewähren.

(3) [1]Bei erstmaliger Antragstellung ist dem Antrag im Fall des § 47 Abs. 1 Nr. 5 Buchstabe b des Gesetzes eine Betriebserklärung beizufügen, in der die Verwendung der Kohle genau beschrieben ist. [2]Weiteren Anträgen muss eine Betriebserklärung nur beigefügt werden, wenn sich Änderungen gegenüber der dem Hauptzollamt bereits vorliegenden Betriebserklärung ergeben haben. [3]Der Antragsteller hat die Änderungen besonders kenntlich zu machen.

(4) Der Antragsteller hat einen buchmäßigen Nachweis zu führen, aus dem sich für den Entlastungsabschnitt ergeben müssen:
1. im Fall des § 47 Abs. 1 Nr. 5 Buchstabe a des Gesetzes die Art, die Menge und die Herkunft der in den Kohlebetrieb aufgenommenen Kohle,

2. im Fall des § 47 Abs. 1 Nr. 5 Buchstabe b des Gesetzes die Art, die Menge, die Herkunft und der genaue Verwendungszweck der Kohle.

§ 91a
Steuerentlastung für Erdgas bei Einspeisung

(1) [1]Die Steuerentlastung nach § 47 Absatz 1 Nummer 6 des Gesetzes ist bei dem für den Antragsteller zuständigen Hauptzollamt mit einer Anmeldung nach amtlich vorgeschriebenem Vordruck für Erdgas zu beantragen, das innerhalb eines Entlastungsabschnitts in ein Leitungsnetz für unversteuertes Erdgas eingespeist worden ist. [2]Der Antragsteller hat in der Anmeldung alle für die Bemessung der Steuerentlastung erforderlichen Angaben zu machen und die Steuerentlastung selbst zu berechnen. [3]Die Steuerentlastung wird nur gewährt, wenn der Antrag spätestens bis zum 31. Dezember des Jahres, das auf das Kalenderjahr folgt, in dem das Erdgas in ein Leitungsnetz für unversteuertes Erdgas eingespeist worden ist, beim Hauptzollamt gestellt wird. [4]Erfolgt die Festsetzung der Steuer erst, nachdem das Erdgas in ein Leitungsnetz für unversteuertes Erdgas eingespeist worden ist, wird abweichend von Satz 3 die Steuerentlastung gewährt, wenn der Antrag spätestens bis zum 31. Dezember des Jahres gestellt wird, das auf das Kalenderjahr folgt, in dem die Steuer festgesetzt worden ist.

(2) [1]Entlastungsabschnitt ist nach Wahl des Antragstellers ein Zeitraum von einem Kalendervierteljahr, einem Kalenderhalbjahr oder einem Kalenderjahr. [2]Das Hauptzollamt kann auf Antrag einen Zeitraum von einem Kalendermonat als Entlastungsabschnitt zulassen oder in Einzelfällen die Steuerentlastung unverzüglich gewähren.

(3) Der Antragsteller hat einen buchmäßigen Nachweis zu führen, aus dem sich für den Entlastungsabschnitts die Herkunft und die eingespeisten Mengen des versteuerten Erdgases ergeben müssen.

Zu § 48 des Gesetzes

§ 92
Steuerentlastung bei Spülvorgängen und versehentlichen Vermischungen

(1) Bewilligte Spülvorgänge im Sinne des § 48 Abs. 1 Satz 1 Nr. 1 des Gesetzes sind die vom Hauptzollamt nach § 49 Abs. 1 zugelassenen Vermischungen von leichtem Heizöl und Gasölen der Unterpositionen 2710 19 41 bis 2710 19 49 der Kombinierten Nomenklatur.

(2) [1]Die Steuerentlastung nach § 48 des Gesetzes ist bei dem für den Antragsteller zuständigen Hauptzollamt mit einer Anmeldung nach amtlich vorgeschriebenem Vordruck zu beantragen, wobei im Fall der Steuerentlastung für bewilligte Spülvorgänge alle Spülvorgänge eines Entlastungsabschnitts in einer Anmeldung zusammenzufassen sind. [2]Der Antragsteller hat in der Anmeldung alle für die Bemessung der Steuerentlastung erforderlichen Angaben zu machen und die Steuerentlastung selbst zu berechnen. [3]Die Steuerentlastung wird nur gewährt, wenn der Antrag für Gemische, die bei bewilligten Spülvorgängen angefallen sind, spätestens bis zum 31. Dezember des Jahres, das auf das Kalenderjahr folgt, in dem die Energieerzeugnisse vermischt wurden, und für Gemische, die versehentlich entstanden sind, unmittelbar nach Feststellung der Vermischung beim Hauptzollamt gestellt wird. [4]Erfolgt die Festsetzung der Steuer erst, nachdem Gemische, die bei bewilligten Spülvorgängen angefallen sind, vermischt worden sind oder nachdem Gemische, die versehentlich entstanden sind, festgestellt worden sind, wird abweichend von Satz 3 die Steuerentlastung gewährt, wenn der Antrag spätestens bis zum 31. Dezember des Jahres gestellt wird, das auf das Kalenderjahr folgt, in dem die Steuer festgesetzt worden ist.

(3) [1]Entlastungsabschnitt ist im Fall der Steuerentlastung für bewilligte Spülvorgänge nach Wahl des Antragstellers ein Zeitraum von einem Kalendervierteljahr, einem Kalenderhalbjahr oder einem Kalenderjahr. [2]Das Hauptzollamt kann auf Antrag einen Zeitraum von einem Kalendermonat als Entlastungsabschnitt zulassen oder in Einzelfällen die Steuerentlastung unverzüglich gewähren.

(4) Dem Antrag sind Unterlagen über die Versteuerung und die Herkunft der Gemischanteile beizufügen.

Zu § 49 des Gesetzes

§ 93
Steuerentlastung für zum Verheizen oder in begünstigten Anlagen verwendete Energieerzeugnisse

(1) [1]Die Steuerentlastung nach § 49 des Gesetzes ist bei dem für den Antragsteller zuständigen Hauptzollamt mit einer Anmeldung nach amtlich vorgeschriebenem Vordruck für alle Energieerzeugnisse zu beantragen, die innerhalb eines Entlastungsabschnitts verwendet oder abgegeben worden sind. [2]Der Antragsteller hat in der Anmeldung alle für die Bemessung der Steuerentlastung erforderlichen Angaben zu machen und die Steuerentlastung selbst zu berechnen. [3]Die Steuerentlastung wird nur gewährt, wenn der Antrag spätestens bis zum 31. Dezember des Jahres, das auf das Kalenderjahr folgt, in dem die Energieerzeugnisse verwendet oder abgegeben worden sind, beim Hauptzollamt gestellt wird. [4]Erfolgt die Festsetzung der Steuer erst, nachdem die Energieerzeugnisse verwendet oder abgegeben worden sind, wird abweichend von Satz 3 die Steuerentlastung gewährt, wenn der Antrag spätestens bis zum 31. Dezember des Jahres gestellt wird, das auf das Kalenderjahr folgt, in dem die Steuer festgesetzt worden ist.

(2) [1]Entlastungsabschnitt ist nach Wahl des Antragstellers ein Zeitraum von einem Kalendervierteljahr, einem Kalenderhalbjahr oder einem Kalenderjahr. [2]Das Hauptzollamt kann auf Antrag einen Zeitraum von einem Kalendermonat als Entlastungsabschnitt zulassen oder in Einzelfällen die Steuerentlastung unverzüglich gewähren.

(3) Der Antragsteller hat einen buchmäßigen Nachweis zu führen, aus dem sich für den Entlastungsabschnitt ergeben müssen:

1. im Fall des § 49 Abs. 1 des Gesetzes die Menge, die Herkunft und der genaue Verwendungszweck der Gasöle,

2. im Fall des § 49 Abs. 2 des Gesetzes die Menge und die Herkunft der Flüssiggase,

3. im Fall des § 49 Absatz 2a des Gesetzes die Menge, die Herkunft und der genaue Verwendungszweck der Energieerzeugnisse.

(3a) Energieerzeugnisse, für die eine Steuerentlastung nach § 49 des Gesetzes gewährt wird, gelten als Energieerzeugnisse, die nach § 2 Absatz 3 des Gesetzes versteuert worden sind.

(4) § 107 Abs. 2 gilt im Fall des § 49 Abs. 2 des Gesetzes sinngemäß.

## Zu § 50 des Gesetzes

### § 94
### Steuerentlastung für Biokraftstoffe

(1) ¹Die Steuerentlastung nach § 50 des Gesetzes ist bei dem für den Antragsteller zuständigen Hauptzollamt mit einer Anmeldung nach amtlich vorgeschriebenem Vordruck in doppelter Ausfertigung für alle Energieerzeugnisse zu beantragen, für die innerhalb eines Entlastungsabschnitts der Steuerentlastungsanspruch entstanden ist. ²Der Antragsteller hat in der Anmeldung alle für die Bemessung der Steuerentlastung erforderlichen Angaben zu machen, die Steuerentlastung selbst zu berechnen und zu erklären, dass die Biokraftstoffe, für die die Entlastung beantragt wird, nicht der Erfüllung einer Verpflichtung nach § 37a Abs. 1 Satz 1 und 2 in Verbindung mit § 37a Abs. 3 des Bundes-Immissionsschutzgesetzes in der Fassung der Bekanntmachung vom 26. September 2002 (BGBl. I S. 3830), das zuletzt durch Artikel 3 des Gesetzes vom 1. März 2011 (BGBl. I S. 282) geändert worden ist, in der jeweils geltenden Fassung dienen. ³Bei der Berechnung der Steuerentlastung je Entlastungsabschnitt für die in § 50 Abs. 1 Satz 1 Nr. 1 oder Nr. 2 des Gesetzes genannten Biokraftstoffe sind die in § 37a Absatz 3 Satz 3 des Bundes-Immissionsschutzgesetzes festgelegten Mindestanteile, bezogen auf die jeweilige Menge des Biokraftstoffs, vermindernd zu berücksichtigen. ⁴Die Steuerentlastung wird nur gewährt, wenn der Antrag spätestens bis zum 31. Dezember des Jahres, das auf das Kalenderjahr folgt, in dem der Steuerentlastungsanspruch entstanden ist, beim Hauptzollamt gestellt wird.

(2) ¹Entlastungsabschnitt ist ein Zeitraum von einem Kalendermonat. ²Das Hauptzollamt kann auf Antrag einen längeren Zeitraum, höchstens jedoch ein Kalenderjahr, als Entlastungsabschnitt zulassen, außerdem die Steuerentlastung in Einzelfällen unverzüglich gewähren.

(3) ¹Der Antragsteller hat die Biokraftstoffeigenschaft sicherzustellen und diese neben Art und Menge des Biokraftstoffs nachzuweisen. ²Der Nachweis ist durch eine Herstellererklärung oder mit Zustimmung des Hauptzollamts in anderer geeigneter Form zu führen und diesem auf Verlangen vorzulegen. ³Daneben hat er auf Verlangen des Hauptzollamts Proben zu entnehmen, diese auf die aus der Anlage 1a zu dieser Verordnung ersichtlichen Normparameter zu untersuchen und dem Hauptzollamt die entsprechenden Analysezertifikate oder Untersuchungsergebnisse vorzulegen. ⁴Soweit Analysezertifikate oder Untersuchungsergebnisse vorliegen, die auf Grund anderer rechtlicher Bestimmungen gefordert sind, können diese anerkannt werden.

(4) Der Entlastungsberechtigte hat auf Verlangen des Hauptzollamts über die einzelnen Mengen an Biokraftstoffen, für die eine Steuerentlastung beantragt wird, besondere Aufzeichnungen zu führen.

(5) ¹Die Steuerentlastung nach § 50 des Gesetzes kann zurückgezahlt werden. ²Die Rückzahlung der Steuerentlastung nach § 50 des Gesetzes ist bis zum 1. April des auf die Steuerentstehung folgenden Jahres nach amtlich vorgeschriebenem Vordruck in doppelter Ausfertigung anzumelden und unverzüglich nach der Anmeldung zu entrichten.

## Zu § 51 des Gesetzes

### § 95
### Steuerentlastung für bestimmte Prozesse und Verfahren

(1) ¹Die Steuerentlastung nach § 51 des Gesetzes ist bei dem für den Antragsteller zuständigen Hauptzollamt mit einer Anmeldung nach amtlich vorgeschriebenem Vordruck für alle Energieerzeugnisse zu beantragen, die innerhalb eines Entlastungsabschnitts verwendet worden sind. ²Der Antragsteller hat in der Anmeldung alle für die Bemessung der Steuerentlastung erforderlichen Angaben zu machen und die Steuerentlastung selbst zu berechnen. ³Die Steuerentlastung wird nur gewährt, wenn der Antrag spätestens bis zum 31. Dezember des Jahres, das auf das Kalenderjahr folgt, in dem die Energieerzeugnisse verwendet worden sind, beim Hauptzollamt gestellt wird. ⁴Erfolgt die Festsetzung der Steuer erst, nachdem die Energieerzeugnisse verwendet worden sind, wird abweichend von Satz 3 die Steuerentlastung gewährt, wenn der Antrag spätestens bis zum 31. Dezember des Jahres gestellt wird, das auf das Kalenderjahr folgt, in dem die Steuer festgesetzt worden ist.

(2) ¹Entlastungsabschnitt für Anträge auf Gewährung einer Steuerentlastung nach § 51 Absatz 1 Nummer 1 des Gesetzes ist das Kalenderjahr. ²Bestimmt sich der maßgebende Zeitraum für die Zuordnung des Unternehmens zum Produzierenden Gewerbe nach § 15 Absatz 3 Satz 1 der Stromsteuer-Durchführungsverordnung, kann der Antragsteller abweichend von Satz 1 das Kalendervierteljahr oder das Kalenderhalbjahr als Entlastungsabschnitt wählen. ³Das Hauptzollamt kann im Fall des Satzes 2 auf Antrag auch einen Zeitraum von einem Kalendermonat als Entlastungsabschnitt zulassen oder in Einzelfällen die Steuerentlastung unverzüglich gewähren.

(2a) ¹Entlastungsabschnitt für Anträge auf Gewährung der Steuerentlastung nach § 51 Absatz 1 Nummer 2 des Gesetzes ist nach Wahl des Antragstellers ein Zeitraum von einem Kalendervierteljahr, einem Kalenderhalbjahr oder einem Kalenderjahr. ²Das Hauptzollamt kann auf Antrag einen Zeitraum von einem Kalendermonat als Entlastungsabschnitt zulassen oder in Einzelfällen die Steuerentlastung unverzüglich gewähren.

(3) ¹Dem Antrag sind beizufügen:

1. im Fall des § 51 Absatz 1 Nummer 1 des Gesetzes eine Beschreibung der wirtschaftlichen Tätig-

keiten des Antragstellers im maßgebenden Zeitraum nach amtlich vorgeschriebenem Vordruck, es sei denn, die Beschreibung liegt dem Hauptzollamt für den maßgebenden Zeitraum bereits vor; die Beschreibung muss es dem Hauptzollamt ermöglichen zu prüfen, ob die Energieerzeugnisse durch ein Unternehmen des Produzierenden Gewerbes verwendet worden sind,

2. bei erstmaliger Antragstellung eine Betriebserklärung, in der die Verwendung der Energieerzeugnisse genau beschrieben ist.

²Weiteren Anträgen muss eine Betriebserklärung nur beigefügt werden, wenn sich Änderungen gegenüber der dem Hauptzollamt bereits vorliegenden Betriebserklärung ergeben haben. ³Der Antragsteller hat die Änderungen besonders kenntlich zu machen.

(4) Der Antragsteller hat einen buchmäßigen Nachweis zu führen, aus dem sich für den Entlastungsabschnitt die Art, die Menge, die Herkunft und der genaue Verwendungszweck der Energieerzeugnisse ergeben müssen.

## Zu § 52 des Gesetzes

### § 96
### Steuerentlastung für die Schifffahrt

(1) Abweichend von § 52 Abs. 1 Satz 2 des Gesetzes wird eine Steuerentlastung auch für nicht gekennzeichnete Energieerzeugnisse der Unterpositionen 2710 19 41 bis 2710 19 49 der Kombinierten Nomenklatur gewährt, wenn das Wasserfahrzeug sowohl zu steuerfreien Zwecken nach § 27 Abs. 1 Satz 1 Nr. 1 oder Nr. 2 des Gesetzes als auch zu nicht steuerfreien Zwecken eingesetzt wird oder wenn glaubhaft gemacht wird, dass eine Betankung unvermeidlich war und ordnungsgemäß gekennzeichnete Energieerzeugnisse der Unterpositionen 2710 19 41 bis 2710 19 49 der Kombinierten Nomenklatur kurzfristig nicht verfügbar waren.

(2) ¹Die Steuerentlastung nach § 52 des Gesetzes für in Wasserfahrzeugen verwendete Energieerzeugnisse ist bei dem für den Antragsteller zuständigen Hauptzollamt mit einer Anmeldung nach amtlich vorgeschriebenem Vordruck für alle Energieerzeugnisse zu beantragen, die innerhalb eines Entlastungsabschnitts verwendet worden sind. ²Der Antragsteller hat in der Anmeldung alle für die Bemessung der Steuerentlastung erforderlichen Angaben zu machen und die Steuerentlastung selbst zu berechnen. ³Die Steuerentlastung wird nur gewährt, wenn der Antrag spätestens bis zum 31. Dezember des Jahres, das auf das Kalenderjahr folgt, in dem die Energieerzeugnisse verwendet worden sind, beim Hauptzollamt gestellt wird. ⁴Erfolgt die Festsetzung der Steuer erst, nachdem die Energieerzeugnisse verwendet worden sind, wird abweichend von Satz 3 die Steuerentlastung gewährt, wenn der Antrag spätestens bis zum 31. Dezember des Jahres gestellt wird, das auf das Kalenderjahr folgt, in dem die Steuer festgesetzt worden ist.

(3) ¹Entlastungsabschnitt ist nach Wahl des Antragstellers ein Zeitraum von einem Kalendervierteljahr, einem Kalenderhalbjahr oder einem Kalenderjahr. ²Das Hauptzollamt kann auf Antrag einen Zeitraum von einem Kalendermonat als Entlastungsabschnitt zulassen oder in Einzelfällen die Steuerentlastung unverzüglich gewähren.

(4) Dem Antrag sind beizufügen:
1. für jedes Wasserfahrzeug ein buchmäßiger Nachweis mit folgenden Angaben:
   a) Tag und Art der Fahrt,
   b) Abgangs- und Zielhafen, weitere Anlegestellen,
   c) Fahrtdauer und gegebenenfalls Betriebsstunden des Antriebsmotors und der Hilfsaggregate,
   d) gegebenenfalls Art und Mengen der außerhalb des Steuergebiets bezogenen Energieerzeugnisse,
   e) Art und Mengen der im Steuergebiet bezogenen und zu begünstigten Fahrten verwendeten Energieerzeugnisse,
2. Nachweise, dass das Wasserfahrzeug zu den in § 27 Abs. 1 des Gesetzes genannten Zwecken eingesetzt wurde,
3. Unterlagen über die Versteuerung der Energieerzeugnisse.

²Das zuständige Hauptzollamt kann auf Antrag unter Auflagen von den Pflichten nach Satz 1 befreien, soweit die Steuerbelange dadurch nicht beeinträchtigt werden.

(5) ¹Werden versteuerte Energieerzeugnisse für die Herstellung oder im Rahmen von Instandhaltungsmaßnahmen von Wasserfahrzeugen bezogen, kann das zuständige Hauptzollamt andere als die in Absatz 4 genannten Nachweise zulassen, wenn die Steuerbelange dadurch nicht beeinträchtigt werden. ²Absatz 4 Satz 2 gilt sinngemäß.

### § 97
### Steuerentlastung für die Luftfahrt

(1) ¹Die Steuerentlastung nach § 52 des Gesetzes für Energieerzeugnisse, die zu den in § 27 Abs. 2 oder Abs. 3 des Gesetzes genannten Zwecken verwendet worden sind, ist bei dem für den Antragsteller zuständigen Hauptzollamt mit einer Anmeldung nach amtlich vorgeschriebenem Vordruck für alle innerhalb eines Entlastungsabschnitts verwendeten Energieerzeugnisse zu beantragen. ²Der Antragsteller hat in der Anmeldung alle für die Bemessung der Steuerentlastung erforderlichen Angaben zu machen und die Steuerentlastung selbst zu berechnen. ³Die Steuerentlastung wird nur gewährt, wenn der Antrag spätestens bis zum 31. Dezember des Jahres, das auf das Kalenderjahr folgt, in dem die Energieerzeugnisse verwendet worden sind, beim Hauptzollamt gestellt wird. ⁴Erfolgt die Festsetzung der Steuer erst, nachdem die Energieerzeugnisse verwendet worden sind, wird abweichend von Satz 3 die Steuerentlastung gewährt, wenn der Antrag spätestens bis zum 31. Dezember des Jahres gestellt wird, das auf das Kalenderjahr folgt, in dem die Steuer festgesetzt worden ist.

(2) ¹Entlastungsabschnitt ist nach Wahl des Antragstellers ein Zeitraum von einem Kalendervierteljahr, einem Kalenderhalbjahr oder einem Kalenderjahr. ²Das Hauptzollamt kann auf Antrag ei-

nen Zeitraum von einem Kalendermonat als Entlastungsabschnitt zulassen oder in Einzelfällen die Steuerentlastung unverzüglich gewähren.

(3) ¹Dem Antrag sind im Fall des § 27 Abs. 2 des Gesetzes beizufügen:

1. die in § 52 Abs. 2 Satz 2 Nr. 4 Buchstabe a, c und d bezeichneten Unterlagen,

2. für jedes Luftfahrzeug ein buchmäßiger Nachweis mit folgenden Angaben:
   a) Tag und Art des Fluges,
   b) Start- und Bestimmungsflugplatz, Ort der Zwischenlandung,
   c) Flugdauer,
   d) Art und Mengen der übernommenen und verbrauchten Energieerzeugnisse,

3. Nachweise, dass das Luftfahrzeug zu den in § 27 Abs. 2 des Gesetzes genannten Zwecken eingesetzt wurde,

4. Unterlagen über die Versteuerung der Energieerzeugnisse.

²Das zuständige Hauptzollamt kann auf Antrag unter Auflagen von den Pflichten nach Satz 1 befreien, soweit die Steuerbelange dadurch nicht beeinträchtigt werden.

(4) ¹Werden versteuerte Energieerzeugnisse für die Entwicklung und Herstellung von Luftfahrzeugen oder im Rahmen von Instandhaltungsmaßnahmen von Luftfahrzeugen durch die in § 60 Abs. 8 genannten Betriebe bezogen, kann das zuständige Hauptzollamt andere als die in Absatz 3 genannten Nachweise zulassen, wenn die Steuerbelange dadurch nicht beeinträchtigt werden. ²Zusätzlich ist die in § 52 Abs. 2 Satz 2 Nr. 5 bezeichnete Genehmigung vorzulegen. ³Absatz 3 Satz 2 gilt sinngemäß.

### Zu den §§ 53 bis 53b des Gesetzes

### § 98 [1]
**Steuerentlastung für die Stromerzeugung und die gekoppelte Erzeugung von Kraft und Wärme, Allgemeines**

(1) ¹Zur Ermittlung der entlastungsfähigen Mengen sind die zur Stromerzeugung oder zur gekoppelten Erzeugung von Kraft und Wärme eingesetzten Energieerzeugnisse und die weiteren eingesetzten Brennstoffe und Hilfsenergie zu messen. ²Das zuständige Hauptzollamt kann auf Antrag andere Ermittlungsmethoden zulassen, wenn die steuerlichen Belange nicht beeinträchtigt werden.

(2) Die zur Dampferzeugung eingesetzten Energieerzeugnisse sind den Dampfentnahmestellen entsprechend der jeweils entnommenen Dampfmenge und ihres Anteils an der Gesamtdampferzeugung zuzurechnen.

### Zu § 53 des Gesetzes

### § 99 [2]
**Steuerentlastung für die Stromerzeugung**

(1) ¹Die Steuerentlastung nach § 53 des Gesetzes ist für jede Anlage (§ 9) bei dem für den Antragsteller zuständigen Hauptzollamt mit einer Anmeldung nach amtlich vorgeschriebenem Vordruck für alle Energieerzeugnisse zu beantragen, die innerhalb eines Entlastungsabschnitts verwendet worden sind. ²Der Antragsteller hat in der Anmeldung alle für die Bemessung der Steuerentlastung erforderlichen Angaben zu machen und die Steuerentlastung selbst zu berechnen. ³Die Steuerentlastung wird nur gewährt, wenn der Antrag spätestens bis zum 31. Dezember des Jahres, das auf das Kalenderjahr folgt, in dem die Energieerzeugnisse verwendet worden sind, beim zuständigen Hauptzollamt gestellt wird. ⁴Erfolgt die Festsetzung der Steuer erst, nachdem die Energieerzeugnisse verwendet worden sind, wird abweichend von Satz 3 die Steuerentlastung gewährt, wenn der Antrag spätestens bis zum 31. Dezember des Jahres gestellt wird, das auf das Kalenderjahr folgt, in dem die Steuer festgesetzt worden ist.

(2) ¹Entlastungsabschnitt ist nach Wahl des Antragstellers ein Zeitraum von einem Kalendervierteljahr, einem Kalenderhalbjahr oder einem Kalenderjahr. ²Das Hauptzollamt kann auf Antrag einen Zeitraum von einem Kalendermonat als Entlastungsabschnitt zulassen oder in Einzelfällen die Steuerentlastung unverzüglich gewähren.

(3) ¹Bei erstmaliger Antragstellung sind für jede Anlage anzugeben oder dem Antrag beizufügen:

1. der Name und die Anschrift des Betreibers sowie Angaben über die erstmalige Inbetriebnahme,

2. ihr Standort,

3. der Hersteller, der Typ und die Seriennummer,

4. eine technische Beschreibung mit der Angabe des Durchschnittsverbrauchs je Betriebsstunde,

5. Angaben zur elektrischen Nennleistung und zur Verwendung der mechanischen Energie,

6. eine Darstellung der Mengenermittlung der eingesetzten Energieerzeugnisse und

7. Angaben zur Verwendung der bezogenen Energieerzeugnisse.

²Das Hauptzollamt kann weitere Angaben und Unterlagen verlangen, wenn dies zur Sicherung des Steueraufkommens oder für die Steueraufsicht erforderlich ist. ³Bei Anlagen nach § 9 Absatz 1 Satz 3 Nummer 3 oder § 9 Absatz 2 sind die nach den Sätzen 1 und 2 erforderlichen Angaben für jede zur Anlage gehörende KWK-Einheit oder Stromerzeugungseinheit vorzulegen. ⁴Der Antragsteller hat Änderungen der nach den Sätzen 1 bis 3 angegebenen Verhältnisse dem Hauptzollamt mit dem nächsten Antrag mitzuteilen.

---

1) § 98 Abs. 1 Satz 1 geänd. mWv 1. 4. 2010 durch VO v. 5. 10. 2009 (BGBl. I S. 3262); Abs. 1 Satz 4 angef. mWv 30. 9. 2011 durch VO v. 20. 9. 2011 (BGBl. I S. 1890).

2) Zwischenüberschr. und § 99 neu gef. mWv 1. 8. 2013 durch VO v. 24. 7. 2013 (BGBl. I S. 2830).

## Zu § 53a des Gesetzes

### § 99a[1)]
### Vollständige Steuerentlastung für die gekoppelte Erzeugung von Kraft und Wärme

(1) [1]Die Steuerentlastung nach § 53a des Gesetzes ist für jede Anlage (§ 9) bei dem für den Antragsteller zuständigen Hauptzollamt mit einer Anmeldung nach amtlich vorgeschriebenem Vordruck für alle Energieerzeugnisse zu beantragen, die innerhalb eines Entlastungsabschnitts verwendet worden sind. [2]Der Antragsteller hat in der Anmeldung alle für die Bemessung der Steuerentlastung erforderlichen Angaben zu machen und die Steuerentlastung selbst zu berechnen. [3]Die Steuerentlastung wird nur gewährt, wenn der Antrag spätestens bis zum 31. Dezember des Jahres, das auf das Kalenderjahr folgt, in dem die Energieerzeugnisse verwendet worden sind, beim zuständigen Hauptzollamt gestellt wird. [4]Erfolgt die Festsetzung der Steuer erst, nachdem die Energieerzeugnisse verwendet worden sind, wird abweichend von Satz 3 die Steuerentlastung gewährt, wenn der Antrag spätestens bis zum 31. Dezember des Jahres gestellt wird, das auf das Kalenderjahr folgt, in dem die Steuer festgesetzt worden ist.

(2) [1]Entlastungsabschnitt ist nach Wahl des Antragstellers ein Zeitraum von einem Kalendervierteljahr, einem Kalenderhalbjahr oder einem Kalenderjahr. [2]Das Hauptzollamt kann auf Antrag einen Zeitraum von einem Kalendermonat als Entlastungsabschnitt zulassen oder in Einzelfällen die Steuerentlastung unverzüglich gewähren. [3]Wird als Entlastungsabschnitt das Kalenderjahr gewählt, ist der Jahresnutzungsgrad der Anlage nachzuweisen. [4]Wird dagegen ein anderer Entlastungsabschnitt gewählt, ist für jeden Monat des Entlastungsabschnitts der jeweilige Monatsnutzungsgrad nachzuweisen.

(3) [1]Bei erstmaliger Antragstellung sind für jede Anlage anzugeben oder dem Antrag beizufügen:
1. der Name und die Anschrift des Betreibers sowie Angaben über die erstmalige Inbetriebnahme,
2. ihr Standort,
3. der Hersteller, der Typ und die Seriennummer,
4. Angaben zur elektrischen Nennleistung,
5. eine technische Beschreibung mit der Angabe des Durchschnittsverbrauchs je Betriebsstunde,
6. eine Beschreibung der installierten und betriebsfähigen Vorrichtungen für Kraft- und Wärmenutzung,
7. eine Darstellung der Mengenermittlung der eingesetzten Energieerzeugnisse,
8. Angaben zur Nutzungsgradberechnung der Anlage,
9. ein Nachweis der Hocheffizienz nach § 99b,
10. Angaben zur Absetzung für Abnutzung der Hauptbestandteile nach § 7 des Einkommensteuergesetzes und
11. Angaben zur Verwendung der bezogenen Energieerzeugnisse.

[2]Das Hauptzollamt kann weitere Angaben und Unterlagen verlangen, wenn dies zur Sicherung des Steueraufkommens oder für die Steueraufsicht erforderlich ist. [3]Bei Anlagen nach § 9 Absatz 1 Satz 3 Nummer 3 oder § 9 Absatz 2 sind die nach den Sätzen 1 und 2 erforderlichen Angaben für jede zur Anlage gehörende KWK-Einheit oder Stromerzeugungseinheit vorzulegen. [4]Der Antragsteller hat Änderungen der nach den Sätzen 1 bis 3 angegebenen Verhältnisse dem Hauptzollamt jeweils mit dem nächsten Antrag auf eine Steuerentlastung mitzuteilen.

### § 99b[2)]
### Nachweis der Hocheffizienz

(1) [1]Als Nachweis für die Hocheffizienz werden anerkannt:
1. vorbehaltlich Satz 2 ein Gutachten, das von einem unabhängigen Sachverständigen nach den allgemein anerkannten Regeln der Technik erstellt wurde,
2. für Anlagen mit einer elektrischen Nennleistung bis 50 Kilowatt: eine Kopie der Eingangsbestätigung des Bundesamtes für Wirtschaft und Ausfuhrkontrolle über die Anzeige nach Nummer 2 Buchstabe a oder Buchstabe b der Allgemeinverfügung vom 26. Juli 2012 zur Erteilung der Zulassung für kleine KWK-Anlagen mit einer elektrischen Leistung bis 50 Kilowatt (BAnz AT 6. 8. 2012 B2) oder
3. für Anlagen mit einer elektrischen Nennleistung von 50 Kilowatt bis zwei Megawatt: eine Kopie des jeweiligen Zulassungsbescheids des Bundesamtes für Wirtschaft und Ausfuhrkontrolle.

[2]Die Einhaltung der allgemein anerkannten Regeln der Technik wird vermutet, wenn das Sachverständigengutachten auf der Grundlage und nach den Rechenmethoden der Richtlinie 2004/8/EG des Europäischen Parlaments und des Rates vom 11. Februar 2004 über die Förderung einer am Nutzwärmebedarf orientierten Kraft-Wärme-Kopplung im Energiebinnenmarkt und zur Änderung der Richtlinie 92/42/EWG (ABl. L 52 vom 21. 2. 2004, S. 50; L 192 vom 29. 5. 2004, S. 34), die zuletzt durch die Richtlinie 2012/27/EU (ABl. L 315 vom 14. 11. 2012, S. 1) geändert worden ist, in der jeweils geltenden Fassung in Verbindung mit der Entscheidung der Kommission vom 19. November 2008 zur Festlegung detaillierter Leitlinien für die Umsetzung und Anwendung des Anhangs II der Richtlinie 2004/8/EG des Europäischen Parlaments und des Rates (ABl. L 338 vom 17. 12. 2008, S. 55) erstellt worden ist. [3]Der Antragsteller kann den Nachweis der Hocheffizienz entsprechend den Vorgaben des Anhangs III der Richtlinie 2004/8/EG insbesondere durch die Vorlage von Herstellernachweisen führen, wenn die Angaben von einem sachverständigen Dritten in angemessener Zeit nachvollzogen werden können und die steuerlichen Belange dadurch nicht beeinträchtigt werden.

(2) [1]Ist der Entlastungsberechtigte im Sinn des § 53a Absatz 4 des Gesetzes nicht zugleich Inhaber

---

1) Zwischenüberschr. (§§ 99a–99c) eingef. mWv 1. 8. 2013 durch VO v. 24. 7. 2013 (BGBl. I S. 2763).
2) Zwischenüberschr. (§§ 99a–99c) eingef. mWv 1. 8. 2013 durch VO v. 24. 7. 2013 (BGBl. I S. 2763).

eines Nachweises nach Absatz 1, hat er neben dem Nachweis nach Absatz 1 eine Erklärung abzugeben, dass die dem Nachweis zugrunde liegenden technischen Parameter nicht verändert wurden. ²Das Hauptzollamt kann vom Inhaber des Nachweises nach Absatz 1 die Auskünfte verlangen, die für die Prüfung der Hocheffizienz der Anlage erforderlich sind.

### § 99c [1]
### Betriebsgewöhnliche Nutzungsdauer

(1) ¹Die betriebsgewöhnliche Nutzungsdauer für die Hauptbestandteile einer Anlage entsprechend § 53a Absatz 2 des Gesetzes wird regelmäßig unter Einbeziehung der Erfahrungswerte der steuerlichen Betriebsprüfung nach den §§ 193 ff. der Abgabenordnung beim Vollzug des § 7 des Einkommensteuergesetzes in der Form von Abschreibungstabellen für bestimmte Anlagegüter (AfA-Tabellen) bestimmt. ²Diese werden vom Bundesministerium der Finanzen in regelmäßigen Abständen aktualisiert und im Bundessteuerblatt Teil I sowie auf den Internetseiten des Bundesministeriums der Finanzen (www.bundesfinanzministerium.de) bekannt gegeben. ³Stellt das Finanzamt ausnahmsweise eine von den AfA-Tabellen abweichende Nutzungsdauer fest, ist diese zugrunde zu legen. ⁴Die Steuerentlastung wird nur in dem Umfang und nur für diejenigen Kalendermonate gewährt, für die eine Absetzung für Abnutzung nach § 7 des Einkommensteuergesetzes in Anspruch genommen werden kann. ⁵Bei Wechsel des Eigentümers der Anlage gelten die Sätze 1 bis 4 sinngemäß.

(2) ¹Schreibt der Entlastungsberechtigte die Anlage (§ 9) nach § 7 des Einkommensteuergesetzes nicht selbst und im eigenen Namen ab, hat er den Nachweis zu erbringen, in welchem Umfang die Voraussetzungen nach Absatz 1 gegeben sind. ²Das zuständige Hauptzollamt kann von demjenigen, der die Anlage abschreibt, die Auskünfte verlangen, die für die Prüfung der Absetzung für Abnutzung (AfA) der Anlage erforderlich sind.

(3) Erfolgt für die Anlage keine Absetzung für Abnutzung nach § 7 des Einkommensteuergesetzes, sind die Absätze 1 und 2 sinngemäß anzuwenden.

(4) ¹Die Kosten für eine Neuerrichtung der Anlage im Sinn des § 53a Absatz 2 Satz 3 des Gesetzes werden anhand der Marktpreise errechnet, die zum Zeitpunkt der Erneuerung der Hauptbestandteile der gesamten Anlage üblich sind. ²Die Kosten für einen Zubau (§ 9) stehen in diesem Fall den Kosten einer Erneuerung von Hauptbestandteilen der Anlage gleich.

(5) ¹Eine Entlastung wird nur gewährt, soweit die eingesetzten Energieerzeugnisse innerhalb des KWK-Prozesses verwendet worden sind. ²Für Energieerzeugnisse, die in den in § 3 Absatz 4 Satz 2 des Gesetzes genannten technischen Einrichtungen verwendet worden sind, wird keine Steuerentlastung gewährt.

### Zu § 53b des Gesetzes
### § 99d [2]
### Teilweise Steuerentlastung für die gekoppelte Erzeugung von Kraft und Wärme

(1) ¹Die Steuerentlastung nach § 53b des Gesetzes ist für jede Anlage (§ 9) bei dem für den Antragsteller zuständigen Hauptzollamt mit einer Anmeldung nach amtlich vorgeschriebenem Vordruck für alle Energieerzeugnisse zu beantragen, die innerhalb eines Entlastungsabschnitts verwendet worden sind. ²Der Antragsteller hat in der Anmeldung alle für die Bemessung der Steuerentlastung erforderlichen Angaben zu machen und die Steuerentlastung selbst zu berechnen. ³Die Steuerentlastung wird nur gewährt, wenn der Antrag spätestens bis zum 31. Dezember des Jahres, das auf das Kalenderjahr folgt, in dem die Energieerzeugnisse verwendet worden sind, beim zuständigen Hauptzollamt gestellt wird. ⁴Erfolgt die Festsetzung der Steuer erst, nachdem die Energieerzeugnisse verwendet worden sind, wird abweichend von Satz 3 Steuerentlastung gewährt, wenn der Antrag spätestens bis zum 31. Dezember des Jahres gestellt wird, das auf das Kalenderjahr folgt, in dem die Steuer festgesetzt worden ist.

(2) ¹Entlastungsabschnitt im Fall des § 53b Absatz 1 des Gesetzes in Verbindung mit § 53b Absatz 2 des Gesetzes und im Fall des § 53b Absatz 4 des Gesetzes ist nach Wahl des Antragstellers ein Zeitraum von einem Kalendervierteljahr, einem Kalenderhalbjahr oder einem Kalenderjahr. ²Das Hauptzollamt kann auf Antrag einen Zeitraum von einem Kalendermonat als Entlastungsabschnitt zulassen. ³Wird als Entlastungsabschnitt das Kalenderjahr gewählt, ist der Jahresnutzungsgrad nachzuweisen. ⁴Wird dagegen ein anderer Entlastungsabschnitt gewählt, ist für jeden Monat des Entlastungsabschnitts der jeweilige Monatsnutzungsgrad nachzuweisen.

(3) ¹Entlastungsabschnitt im Fall des § 53b Absatz 1 des Gesetzes in Verbindung mit § 53b Absatz 3 des Gesetzes ist das Kalenderjahr. ²Bestimmt sich der maßgebende Zeitraum für die Zuordnung eines Unternehmens zum Produzierenden Gewerbe oder zur Land- und Forstwirtschaft nach § 15 Absatz 3 Satz 1 der Stromsteuer-Durchführungsverordnung, kann der Antragsteller abweichend von Satz 1 das Kalendervierteljahr oder das Kalenderhalbjahr als Entlastungsabschnitt wählen. ³Das Hauptzollamt kann im Fall des Satzes 2 auf Antrag auch einen Zeitraum von einem Kalendermonat als Entlastungsabschnitt zulassen. ⁴Wird als Entlastungsabschnitt das Kalenderjahr gewählt, ist der Jahresnutzungsgrad nachzuweisen. ⁵Wird dagegen ein anderer Entlastungsabschnitt gewählt, ist für jeden Monat des Entlastungsabschnitts der jeweilige Monatsnutzungsgrad nachzuweisen.

(4) ¹Bei erstmaliger Antragstellung nach § 53b Absatz 1 und 4 des Gesetzes sind für jede Anlage anzugeben oder dem Antrag beizufügen:
1. der Name und die Anschrift des Betreibers sowie Angaben über die erstmalige Inbetriebnahme,

---

1) Zwischenüberschr. (§§ 99a–99c) eingef. mWv 1. 8. 2013 durch VO v. 24. 7. 2013 (BGBl. I S. 2763).
2) Zwischenüberschr. (§ 99d) eingef. mWv 1. 8. 2013 durch VO v. 24. 7. 2013 (BGBl. I S. 2763).

2. ihr Standort,
3. der Hersteller, der Typ und die Seriennummer,
4. Angaben zur elektrischen Nennleistung,
5. eine technische Beschreibung mit der Angabe des Durchschnittsverbrauchs je Betriebsstunde,
6. eine Beschreibung der installierten und betriebsfähigen Vorrichtungen zur Kraft- und Wärmenutzung,
7. eine Darstellung der Mengenermittlung der eingesetzten Energieerzeugnisse,
8. Angaben zur Nutzungsgradberechnung der Anlage und
9. Angaben zur Verwendung der bezogenen Energieerzeugnisse.

²Das Hauptzollamt kann weitere Angaben und Unterlagen verlangen, wenn dies zur Sicherung des Steueraufkommens oder für die Steueraufsicht erforderlich ist. ³Bei Anlagen nach § 9 Absatz 1 Satz 3 Nummer 3 oder § 9 Absatz 2 sind die nach den Sätzen 1 und 2 erforderlichen Angaben für jede zur Anlage gehörende KWK-Einheit oder Stromerzeugungseinheit vorzulegen. ⁴Der Antragsteller hat Änderungen der nach den Sätzen 1 bis 3 angegebenen Verhältnisse dem Hauptzollamt mit dem nächsten Antrag mitzuteilen.

(5) ¹Im Fall einer Steuerentlastung nach § 53b Absatz 1 des Gesetzes in Verbindung mit § 53b Absatz 3 des Gesetzes hat der Antragsteller dem Antrag eine Beschreibung der wirtschaftlichen Tätigkeiten für den maßgebenden Zeitraum nach amtlich vorgeschriebenem Vordruck beizufügen, es sei denn, die Beschreibung liegt dem Hauptzollamt für den maßgebenden Zeitraum bereits vor. ²Die Beschreibung muss es dem Hauptzollamt ermöglichen zu prüfen, ob die Energieerzeugnisse durch ein Unternehmen des Produzierenden Gewerbes oder der Land- und Forstwirtschaft im Sinn des § 53b Absatz 3 des Gesetzes verwendet worden sind.

(6) ¹Eine Entlastung wird nur gewährt, soweit die eingesetzten Energieerzeugnisse innerhalb des KWK-Prozesses verwendet worden sind. ²Für Energieerzeugnisse, die in den in § 3 Absatz 4 Satz 2 des Gesetzes genannten technischen Einrichtungen verwendet worden sind, wird keine Steuerentlastung gewährt.

### Zu § 54 des Gesetzes

#### § 100
#### Steuerentlastung für Unternehmen

(1) ¹Die Steuerentlastung nach § 54 des Gesetzes ist bei dem für den Antragsteller zuständigen Hauptzollamt mit einer Anmeldung nach amtlich vorgeschriebenem Vordruck für alle Energieerzeugnisse zu beantragen, die innerhalb eines Entlastungsabschnitts verwendet worden sind. ²Der Antragsteller hat in der Anmeldung alle für die Bemessung der Steuerentlastung erforderlichen Angaben zu machen und die Steuerentlastung selbst zu berechnen. ³Die Steuerentlastung wird nur gewährt, wenn der Antrag spätestens bis zum 31. Dezember des Jahres, das auf das Kalenderjahr folgt, in dem die Energieerzeugnisse verwendet worden sind, beim Hauptzollamt gestellt wird. ⁴Erfolgt die Festsetzung der Steuer erst, nachdem die Energieerzeugnisse verwendet worden sind, wird abweichend von Satz 3 die Steuerentlastung gewährt, wenn der Antrag spätestens bis zum 31. Dezember des Jahres gestellt wird, das auf das Kalenderjahr folgt, in dem die Steuer festgesetzt worden ist.

(2) ¹Entlastungsabschnitt ist das Kalenderjahr. ²Bestimmt sich der maßgebende Zeitraum für die Zuordnung eines Unternehmens zum Produzierenden Gewerbe oder zur Land- und Forstwirtschaft nach § 15 Absatz 3 Satz 1 der Stromsteuer-Durchführungsverordnung, kann der Antragsteller abweichend von Satz 1 das Kalendervierteljahr oder das Kalenderhalbjahr als Entlastungsabschnitt wählen. ³Das Hauptzollamt kann im Fall des Satzes 2 auf Antrag auch den Kalendermonat als Entlastungsabschnitt zulassen. ⁴Eine Steuerentlastung wird in den Fällen der Sätze 2 und 3 jedoch nur gewährt, wenn der Entlastungsbetrag den Betrag nach § 54 Absatz 3 des Gesetzes bereits im jeweils ersten Entlastungsabschnitt eines Kalenderjahres überschreitet.

(3) ¹Der Antragsteller hat dem Antrag eine Beschreibung seiner wirtschaftlichen Tätigkeiten im maßgebenden Zeitraum gemäß § 15 Absatz 3 der Stromsteuer-Durchführungsverordnung nach amtlich vorgeschriebenem Vordruck beizufügen, es sei denn, die Beschreibung liegt dem Hauptzollamt bereits vor. ²Die Beschreibung muss es dem Hauptzollamt ermöglichen zu prüfen, ob die Energieerzeugnisse durch ein Unternehmen im Sinn des § 2 Nummer 3 oder Nummer 5 des Stromsteuergesetzes verwendet worden sind.

(4) Eine Schätzung der jeweils selbst oder von einem anderen Unternehmen (§ 100a) des Produzierenden Gewerbes oder der Land- und Forstwirtschaft verwendeten Wärmemengen und der für die Erzeugung der Wärme verbrauchten Energieerzeugnisse ist zulässig, soweit

1. eine genaue Ermittlung der Mengen nur mit unvertretbarem Aufwand möglich wäre und
2. die Schätzung nach allgemein anerkannten Regeln der Technik erfolgt und für nicht sachverständige Dritte jederzeit nachprüf- und nachvollziehbar ist.

(5) Der Antragsteller hat einen buchmäßigen Nachweis zu führen, aus dem sich für den jeweiligen Entlastungsabschnitt ergeben müssen:

1. die Art, die Menge, die Herkunft und der genaue Verwendungszweck der verbrauchten Energieerzeugnisse,
2. soweit die erzeugte Wärme durch ein anderes Unternehmen des Produzierenden Gewerbes oder der Land- und Forstwirtschaft verwendet worden ist (§ 100a):

a) der Name und die Anschrift dieses anderen Unternehmens sowie

b) die Wärmemengen, die durch dieses andere Unternehmen jeweils verwendet worden sind, sowie die Menge der für die Erzeugung der Wärme jeweils verbrauchten Energieerzeugnisse.

## § 100a
### Verwendung von Wärme durch andere Unternehmen

(1) ¹Soweit eine Steuerentlastung für die Erzeugung von Wärme, die durch ein anderes Unternehmen des Produzierenden Gewerbes oder der Land- und Forstwirtschaft im Sinn des § 2 Nummer 3 oder Nummer 5 des Stromsteuergesetzes verwendet worden ist, beantragt wird, sind dem Antrag nach § 100 Absatz 1 zusätzlich beizufügen:

1. für jedes die Wärme verwendende andere Unternehmen des Produzierenden Gewerbes oder der Land- und Forstwirtschaft eine Selbsterklärung dieses anderen Unternehmens nach Absatz 2 und
2. eine Aufstellung, in der die für die Wärmeerzeugung verwendeten Energieerzeugnisse diesen anderen Unternehmen jeweils zugeordnet werden.

²Die Vorlage einer Selbsterklärung nach Satz 1 Nummer 1 ist nicht erforderlich, wenn diese dem zuständigen Hauptzollamt für das Kalenderjahr, für das die Steuerentlastung beantragt wird, bereits vorliegt.

(2) ¹Die Selbsterklärung ist gemäß Satz 2 und 3 nach amtlich vorgeschriebenem Vordruck abzugeben. ²Darin hat das andere Unternehmen des Produzierenden Gewerbes oder der Land- und Forstwirtschaft insbesondere seine wirtschaftlichen Tätigkeiten im maßgebenden Zeitraum zu beschreiben. ³§ 100 Absatz 3 Satz 2 gilt entsprechend. ⁴Auf die Beschreibung der wirtschaftlichen Tätigkeiten wird verzichtet, wenn dem für das andere Unternehmen des Produzierenden Gewerbes oder der Land- und Forstwirtschaft zuständigen Hauptzollamt eine Beschreibung der wirtschaftlichen Tätigkeiten für den maßgebenden Zeitraum bereits vorliegt. ⁵Die Selbsterklärung gilt als Steuererklärung im Sinn der Abgabenordnung.

(3) ¹Der Antragsteller hat sich die von einem anderen Unternehmen des Produzierenden Gewerbes oder der Land- und Forstwirtschaft jeweils verwendeten Wärmemengen bestätigen zu lassen. ²Soweit die jeweils bezogene Wärmemenge von einem anderen Unternehmen des Produzierenden Gewerbes oder der Land- und Forstwirtschaft vollständig selbst verwendet worden ist, reicht eine Bestätigung des anderen Unternehmens über die vollständige Verwendung der Wärme ohne Angabe der Menge aus. ³Die vollständige oder anteilige Nutzung durch ein anderes Unternehmen des Produzierenden Gewerbes oder der Land- und Forstwirtschaft muss sich eindeutig und leicht nachprüfbar aus den bei dem Antragsteller vorhandenen Belegen ergeben. ⁴Der Antragsteller nimmt die Bestätigungen zu seinen steuerlichen Aufzeichnungen.

(4) ¹Wer eine Bestätigung nach Absatz 3 ausstellt, hat gemäß Satz 2 Aufzeichnungen zu führen, aus denen sich die insgesamt selbst verwendeten und die an Dritte abgegebenen Wärmemengen herleiten lassen. ²Die Aufzeichnungen müssen so beschaffen sein, dass es einem sachverständigen Dritten innerhalb einer angemessenen Frist möglich ist, die Aufzeichnungen zu prüfen. ³§ 100 Absatz 4 gilt entsprechend. ⁴Das andere Unternehmen unterliegt im Entlastungsverfahren der Steueraufsicht nach § 209 Absatz 3 der Abgabenordnung.

(5) Vom Antragsteller erzeugte Wärme gilt nicht als durch ein anderes Unternehmen verwendet, wenn

1. dieses andere Unternehmen die Wärme im Betrieb des Antragstellers verwendet,
2. solche Wärme üblicherweise nicht gesondert abgerechnet wird und
3. der Empfänger der unter Verwendung der Wärme erbrachten Leistungen der Antragsteller ist.

### Zu § 55 des Gesetzes

### § 101¹⁾
### Steuerentlastung für Unternehmen in Sonderfällen

(1) ¹Die Steuerentlastung nach § 55 des Gesetzes ist bei dem für den Antragsteller zuständigen Hauptzollamt nach amtlich vorgeschriebenem Vordruck für alle Energieerzeugnisse zu beantragen, die innerhalb eines Kalenderjahres (Abrechnungszeitraum) verwendet worden sind. ²Die Steuerentlastung wird nur gewährt, wenn der Antrag spätestens bis zum 31. Dezember des Jahres, das auf das Kalenderjahr folgt, in dem die Energieerzeugnisse verwendet worden sind, bei dem für den Antragsteller zuständigen Hauptzollamt gestellt wird. ³Erfolgt die Festsetzung der Steuer erst, nachdem die Energieerzeugnisse verwendet worden sind, wird abweichend von Satz 2 die Steuerentlastung gewährt, wenn der Antrag spätestens bis zum 31. Dezember des Jahres gestellt wird, das auf das Kalenderjahr folgt, in dem die Steuer festgesetzt worden ist.

(2) ¹Bestimmt sich der maßgebende Zeitraum für die Zuordnung eines Unternehmens zum Produzierenden Gewerbe nach § 15 Absatz 3 Satz 1 der Stromsteuer-Durchführungsverordnung, kann das Hauptzollamt auf Antrag einen vorläufigen Entlastungszeitraum von einem Kalendermonat, einem Kalendervierteljahr oder einem Kalenderhalbjahr (vorläufiger Abrechnungszeitraum) zulassen und die Steuerentlastung für innerhalb eines vorläufigen Abrechnungszeitraums verwendete Energieerzeugnisse gewähren. ²Zur Errechnung der Höhe der Steuerentlastung ist § 55 des Gesetzes sinngemäß auf den vorläufigen Abrechnungszeitraum anzuwenden. ³Eine Steuerentlastung nach Satz 1 wird nur dann gewährt, wenn

1. die Summe aus dem Steueranteil nach § 55 Absatz 3 des Gesetzes und der Stromsteuer nach § 10 Absatz 1 Satz 1 bis 4 des Stromsteuergesetzes bereits im ersten vorläufigen Abrechnungszeitraum im Kalenderjahr den Unterschiedsbetrag nach der Rentenversicherung (§ 55 Absatz 2 Satz 1 Nummer 1 und 2 des Gesetzes) für diesen Zeitraum übersteigt,

---

1) § 101 neu gef. mWv 30. 9. 2011 durch VO v. 20. 9. 2011 (BGBl. I S. 1890); Abs. 2 Satz 3 neu gef., Abs. 4 Satz 2 und Abs. 5 angef. mWv 1. 8. 2013 durch VO v. 24. 7. 2013 (BGBl. I S. 2763).

2. der Antragsteller den nach § 55 Absatz 4 Satz 1 Nummer 1 oder Absatz 5 des Gesetzes erforderlichen Nachweis bereits erbracht hat und

3. die nach § 55 Absatz 4 Satz 1 Nummer 2 Buchstabe b des Gesetzes erforderliche Bekanntmachung der Bundesregierung bereits erfolgt ist.

(3) ¹Wurde eine Steuerentlastung für innerhalb eines vorläufigen Abrechnungszeitraums verwendete Energieerzeugnisse nach Absatz 2 gewährt, hat der Antragsteller einen zusammenfassenden Antrag nach Absatz 1 für das Kalenderjahr bis zum 31. Juli des folgenden Kalenderjahres abzugeben. ²Wird der zusammenfassende Antrag nicht oder nicht rechtzeitig abgegeben, fordert das Hauptzollamt die nach Absatz 2 gewährte Steuerentlastung zurück.

(4) ¹§ 100 Absatz 3 bis 5 und § 100a gelten entsprechend. ²Sofern der Antragsteller Betreiber eines alternativen Systems zur Verbesserung der Energieeffizienz gemäß der Verordnung zu § 66b des Gesetzes ist, hat er dem Antrag nach Absatz 1 eine Selbsterklärung nach amtlich vorgeschriebenem Vordruck beizufügen, aus der hervorgeht, dass das Unternehmen im Antragsjahr die Voraussetzungen der Definition für kleine und mittlere Unternehmen im Sinn des § 55 Absatz 4 Satz 2 des Gesetzes erfüllt hat.

(5) Wurde das Unternehmen nach dem 31. Dezember 2013 neu gegründet (§ 55 Absatz 6 des Gesetzes), hat es die Art der Neugründung und den Zeitpunkt der Betriebsaufnahme durch geeignete Unterlagen nachzuweisen.

### Zu § 56 des Gesetzes

### § 102
### Steuerentlastung für den öffentlichen Personennahverkehr, Allgemeines

(1) ¹Die Steuerentlastung nach § 56 des Gesetzes ist bei dem für den Antragsteller zuständigen Hauptzollamt mit einer Anmeldung nach amtlich vorgeschriebenem Vordruck für alle Energieerzeugnisse zu beantragen, die innerhalb eines Entlastungsabschnitts verwendet worden sind. ²Der Antragsteller hat in der Anmeldung alle für die Bemessung der Steuerentlastung erforderlichen Angaben zu machen und die Steuerentlastung selbst zu berechnen. ³Die Steuerentlastung wird nur gewährt, wenn der Antrag spätestens bis zum 31. Dezember des Jahres, das auf das Kalenderjahr folgt, in dem die Energieerzeugnisse verwendet worden sind, beim Hauptzollamt gestellt wird. ⁴Erfolgt die Festsetzung der Steuer erst, nachdem die Energieerzeugnisse verwendet worden sind, wird abweichend von Satz 3 die Steuerentlastung gewährt, wenn der Antrag spätestens bis zum 31. Dezember des Jahres gestellt wird, das auf das Kalenderjahr folgt, in dem die Steuer festgesetzt worden ist.

(2) ¹Entlastungsabschnitt ist nach Wahl des Antragstellers ein Zeitraum von einem Kalendervierteljahr, einem Kalenderhalbjahr oder einem Kalenderjahr. ²Das Hauptzollamt kann auf Antrag einen Zeitraum von einem Kalendermonat als Entlastungsabschnitt zulassen oder in Einzelfällen die Steuerentlastung unverzüglich gewähren.

(3) ¹Unternehmen mit Geschäftssitz im Ausland wird eine Steuerentlastung nur gewährt, wenn nachgewiesen ist, dass eine den begünstigten Beförderungen entsprechende Menge Kraftstoff verwendet wurde, die im Steuergebiet des Energiesteuergesetzes durch das Unternehmen versteuert worden ist oder versteuert bezogen worden ist. ²Das Hauptzollamt kann Regelungen über die Art des Nachweises festlegen.

(4) Weicht der ermittelte Entlastungsbetrag erheblich von dem Entlastungsbetrag ab, der für einen vergleichbaren vorhergehenden Entlastungsabschnitt gewährt worden ist, sind die Abweichungen zu erläutern.

(5) ¹Dem Antrag müssen die tatsächlich zurückgelegten begünstigten Strecken zugrunde gelegt werden, wie sie sich aus dem buchmäßigen Nachweis ergeben. ²Pauschalansätze sind nicht zulässig.

(6) ¹Der öffentliche Personennahverkehr mit Schienenbahnen oder mit Kraftfahrzeugen umfasst auch die damit zusammenhängenden notwendigen Betriebsfahrten. ²Notwendige Betriebsfahrten sind

1. An- und Abfahrten

   a) von und zu der Einsatzstelle,

   b) von und zu dem Betriebshof,

   c) von der und zu der Wohnung des Fahrzeugführers; dies umfasst auch Sammeltransporte mit Fahrzeugen, die nicht im genehmigten Linienverkehr eingesetzt sind,

   d) vom Endhaltepunkt einer Linie oder Strecke zum Anfangspunkt der nächsten Linie oder Strecke.

2. Fahrten zur Sicherstellung von Betriebsumläufen und Fahrplanwechseln, zum Beispiel Rangierfahrten,

3. Werkstattfahrten,

4. Ersatzwagengestellfahrten,

5. Hilfszugeinsatzfahrten,

6. Überführungsfahrten,

7. Lehr- und Schulungsfahrten zur Einweisung von Fahrzeugführern sowie

8. Lehr- und Schulungsfahrten zur Aus-, Fort- und Weiterbildung, nicht jedoch zur Erlangung einer Fahrerlaubnis.

³Keine notwendigen Fahrten im Sinn des Satzes 1 sind Fahrten

1. zu Dienst- und Einsatzbesprechungen,

2. zum Austausch von Fahrplänen an Haltestellen,

3. von Werkstatt- und Servicefahrzeugen sowie

4. zur Beförderung von Personal und Material für unternehmenseigene Zwecke.

⁴Dabei ist es unerheblich, ob diese Fahrten mit Kraftfahrzeugen oder Schienenfahrzeugen durchgeführt werden. ⁵Beförderungen von Personal und Material für unternehmenseigene Zwecke sind insbesondere Fahrten für den Streckenunterhalt und zur Sicherung des Fahrbetriebs.

## § 102a
### Steuerentlastung für den öffentlichen Personennahverkehr mit Schienenbahnen

(1) Der erstmalige Antrag auf Steuerentlastung muss – soweit zutreffend – folgende Angaben enthalten:

1. den Namen und den Zweck des Unternehmens,
2. den Namen des Betriebsinhabers (außer bei Kapitalgesellschaften) und, sofern ein solcher bestellt ist, des Betriebsleiters und gegebenenfalls seines Stellvertreters; bei juristischen Personen und Personengesellschaften sind die nach Gesetz, Gesellschaftsvertrag oder Satzung zur Vertretung berechtigten Personen anzugeben,
3. die Bezeichnung der mit Schienenbahnen befahrenen Strecken (zum Beispiel Strecken-Nummer) und die Länge der befahrenen Strecken in Kilometern,
4. die Angabe des Rechtsverhältnisses, sofern der Antragsteller für einen anderen Verkehrsunternehmer Beförderungen im öffentlichen Personennahverkehr durchführt,
5. ein Verzeichnis der im Schienenverkehr eingesetzten Fahrzeuge, für deren Verbrauch an Kraftstoffen die Entlastung beansprucht wird, unter Angabe des Typs und der Baureihe, der Motornummer, der Fabriknummer und der installierten Leistung in Kilowatt sowie
6. den spezifischen Kraftstoffverbrauch je Motortyp in Gramm je Kilowattstunde.

(2) Änderungen der nach Absatz 1 maßgeblichen betrieblichen Verhältnisse sind dem Hauptzollamt spätestens mit dem nächsten Antrag auf Steuerentlastung anzuzeigen.

(3) ¹Der Antragsteller hat in den Fällen des § 56 Absatz 1 Satz 1 Nummer 1 des Gesetzes für jedes Schienenfahrzeug, in dem die Energieerzeugnisse verwendet worden sind, einen buchmäßigen Nachweis mit folgenden Angaben zu führen:

1. der Betriebsbezeichnung (Typ oder Baureihe) des Schienenfahrzeugs,
2. dem Tag des Einsatzes,
3. der Zahl der einsatztäglich gefahrenen Kilometer, gegebenenfalls aufgeteilt nach begünstigten und nicht begünstigten Verkehrsleistungen,
4. der Menge des getankten Kraftstoffs.

²Der nach Satz 1 zu führende buchmäßige Nachweis ist entsprechend dem jeweiligen Entlastungsabschnitt (§ 102 Absatz 2) abzuschließen. ³Werden betriebliche Aufzeichnungen geführt, die den Nachweis des begünstigten Kraftstoffverbrauchs für jeden Entlastungsabschnitt auf andere Weise erbringen, so können diese Aufzeichnungen auf Antrag vom zuständigen Hauptzollamt als buchmäßiger Nachweis zugelassen werden.

## § 102b
### Steuerentlastung für den öffentlichen Personennahverkehr mit Kraftfahrzeugen

(1) Der erstmalige Antrag auf Steuerentlastung muss – soweit zutreffend – folgende Angaben enthalten:

1. den Namen und den Zweck des Unternehmens,
2. den Namen des Betriebsinhabers (außer bei Kapitalgesellschaften) und, sofern ein solcher bestellt ist, des Betriebsleiters und seines Stellvertreters; bei juristischen Personen und Personengesellschaften sind die nach Gesetz, Gesellschaftsvertrag oder Satzung zur Vertretung berechtigten Personen anzugeben,
3. ein Verzeichnis der dem Antragsteller selbst genehmigten Linien und solcher Linien, für die ihm die Rechte und Pflichten übertragen worden sind, die aus der Genehmigung erwachsen (Genehmigungsübertragung), sowie derjenigen Linien, die der Antragsteller auf Grund einer Übertragung der Betriebsführung bedient; bei sämtlichen Linien sind die Linienlänge (längster Linienweg) und die Behörde anzugeben, die

    a) die Genehmigung für den Linienverkehr nach den §§ 42 und 43 des Personenbeförderungsgesetzes in der Fassung der Bekanntmachung vom 8. August 1990 (BGBl. I S. 1690), das zuletzt durch Artikel 4 des Gesetzes vom 5. April 2011 (BGBl. I S. 544) geändert worden ist, in der jeweils geltenden Fassung, erteilt hat,

    b) die Übertragung der aus der Genehmigung erwachsenden Rechte und Pflichten genehmigt hat oder

    c) die Übertragung der Betriebsführung nach § 2 Absatz 2 Nummer 3 des Personenbeförderungsgesetzes bewilligt hat,

4. ein Verzeichnis der vom Antragsteller in eigenem Namen, in eigener Verantwortung und für eigene Rechnung oder im Auftrag durchgeführten Beförderungen nach § 1 Nummer 4 Buchstabe d, g und i der Freistellungs-Verordnung in der im Bundesgesetzblatt Teil III, Gliederungsnummer 9240-1-1, veröffentlichten bereinigten Fassung, die durch Artikel 1 der Verordnung vom 30. Juni 1989 (BGBl. I S. 1273) geändert worden ist, in der jeweils geltenden Fassung, unter Angabe des Schulträgers oder der jeweiligen Einrichtung,
5. die Angabe des Rechtsverhältnisses, sofern der Antragsteller für ein anderes Verkehrsunternehmen Beförderungen im öffentlichen Personennahverkehr durchführt,
6. eine Erklärung, dass auf den einzelnen Linien oder Strecken, für die eine Entlastung beantragt wird, in der Mehrzahl der Beförderungsfälle die gesamte Reichweite 50 Kilometer oder die gesamte Reisezeit eine Stunde nicht übersteigt,
7. ein Verzeichnis der Verkehrsunternehmen, die im Auftrag des Antragstellers begünstigte Beförderungen durchführen, unter Angabe der übertragenen Linien und Strecken.

(2) Änderungen der für die Angaben nach Absatz 1 maßgeblichen betrieblichen Verhältnisse sind dem Hauptzollamt spätestens mit dem nächsten Antrag auf Steuerentlastung anzuzeigen.

(3) ¹Die für jeden Entlastungsabschnitt nach § 102 Absatz 2 zu erstellenden Berechnungsbögen zum Antrag auf Steuerentlastung müssen folgende Angaben enthalten:

1. entweder für alle Fahrzeuge, für die eine Entlastung beantragt wird, gemeinsam (Berechnungsbogen A) oder für jede Fahrzeuggruppe (Berechnungsbogen B) oder für jedes Fahrzeug einzeln (Berechnungsbogen C)
   a) die sich aus dem buchmäßigen Nachweis nach Absatz 4 ergebenden im Entlastungszeitraum insgesamt gefahrenen Kilometer und die im Rahmen von begünstigten Beförderungen zurückgelegten Kilometer,
   b) die Menge des insgesamt getankten Kraftstoffs in Litern, in Kilogramm oder in Kilowattstunden; Bruchteile eines Liters, eines Kilogramms oder einer Kilowattstunde sind auf den nächsten vollen Liter, das nächste volle Kilogramm oder die nächste volle Kilowattstunde aufzurunden,
   c) den Durchschnittsverbrauch je 100 Kilometer Fahrleistung, der sich aus den Angaben zu den Buchstaben a und b ergibt, auf drei Dezimalstellen gerundet, wobei Teile von weniger als 0,0005 entfallen und Teile von 0,0005 und mehr als ein Tausendstel anzusetzen sind,
   d) den Verbrauch bei den begünstigten Beförderungen, errechnet aus dem Durchschnittsverbrauch nach Buchstabe c und der Kilometerleistung für die begünstigten Beförderungen nach Buchstabe a, auf volle Liter, auf volle Kilogramm oder auf volle Kilowattstunden gerundet, wobei Teile von weniger als 0,5 entfallen und Teile von 0,5 oder mehr als volle Einheit anzusetzen sind;

2. für Kraftfahrzeuge, deren buchmäßiger Nachweis nach Absatz 4 Satz 2 geführt wird (Berechnungsbogen D für Taxen und Mietwagen im Anrufsammelverkehr, Berechnungsbogen E für sonstige im genehmigten Linienverkehr eingesetzte Kraftfahrzeuge)
   a) die sich aus dem buchmäßigen Nachweis nach Absatz 4 Satz 2 ergebenden Kilometer, die im Rahmen von begünstigten Beförderungen zurückgelegt wurden,
   b) den pauschalierten Durchschnittsverbrauch je 100 Kilometer Fahrleistung nach Absatz 4 Satz 2 Nummer 5,
   c) den Verbrauch bei den begünstigten Beförderungen, errechnet aus dem Durchschnittsverbrauch nach Buchstabe b und der Kilometerleistung für die begünstigten Beförderungen nach Buchstabe a, auf volle Liter, auf volle Kilogramm oder auf volle Kilowattstunden gerundet, wobei Teile von weniger als 0,5 entfallen und Teile von 0,5 oder mehr als volle Einheit anzusetzen sind.

²Bei der Ermittlung des pauschalierten Durchschnittsverbrauchs nach Satz 1 Nummer 2 Buchstabe b ist nur auf eine Dezimalstelle zu runden. ³Hierbei sind die kaufmännischen Rundungsregeln anzuwenden.

(4) ¹Der Antragsteller hat in den Fällen des § 56 Absatz 1 Nummer 2 und 3 des Gesetzes für jedes Fahrzeug, in dem die Energieerzeugnisse verwendet worden sind, einen buchmäßigen Nachweis mit folgenden Angaben zu führen:
1. dem amtlichen Kennzeichen des Fahrzeugs,
2. dem Tag des Einsatzes,
3. der Zahl der einsatztäglich gefahrenen Kilometer, aufgeteilt nach begünstigten und nicht begünstigten Beförderungen,
4. der Menge und der Art des getankten Kraftstoffs.

²Der buchmäßige Nachweis kann alternativ mit folgenden Angaben geführt werden:
1. dem amtlichen Kennzeichen des Kraftfahrzeugs,
2. den begünstigungsfähigen Einsatztagen während des jeweiligen Entlastungsabschnitts,
3. der Zahl der während des Entlastungsabschnitts im Rahmen begünstigter Beförderungen gefahrenen Kilometer,
4. dem Nachweis des Einsatzes für begünstigte Beförderungen im öffentlichen Personennahverkehr,
5. der Menge des während des Entlastungsabschnitts im Rahmen begünstigter Beförderungen verbrauchten Kraftstoffs; für die Mengenermittlung kann der Durchschnittsverbrauch je 100 Kilometer Fahrleistung nach den Fahrzeugunterlagen zuzüglich eines pauschalen Zuschlags in Höhe von 20 Prozent des Durchschnittsverbrauchs zugrunde gelegt werden.

³Der nach Satz 1 und 2 zu führende buchmäßige Nachweis ist entsprechend dem jeweiligen Entlastungsabschnitt (§ 102 Absatz 2) abzuschließen. ⁴Werden betriebliche Aufzeichnungen geführt, die den Nachweis des begünstigten Kraftstoffverbrauchs für jeden Entlastungsabschnitt auf andere Weise erbringen, so können diese Aufzeichnungen auf Antrag vom zuständigen Hauptzollamt als buchmäßiger Nachweis zugelassen werden.

### Zu § 57 des Gesetzes

#### § 103 [1)]
#### Steuerentlastung für Betriebe der Land- und Forstwirtschaft

(1) ¹Der Antrag nach § 57 des Gesetzes ist bei dem für den Betrieb des Antragstellers zuständigen Hauptzollamt zu stellen. ²Hat der Inhaber eines Betriebs nach § 57 Abs. 2 des Gesetzes seinen Wohnsitz nicht im Steuergebiet und führt er im Steuergebiet Arbeiten im Sinne des § 57 Abs. 1 des Gesetzes aus, so ist der Antrag bei dem Hauptzollamt zu stellen, das für die Steuerentlastung nach § 57 des Gesetzes

---

1) § 103 Abs. 1 Satz 2 geänd., Abs. 6 neu gef. mWv 8. 2. 2007 durch VO v. 29. 1. 2007 (BGBl. I S. 60); Abs. 2 Satz 2 geänd., Sätze 5 und 6 eingef., bish. Sätze 5 und 6 werden Sätze 7 und 8 und neuer Satz 8 geänd. mWv 30. 9. 2011 durch VO v. 20. 9. 2011 (BGBl. I S. 1890); Abs. 6 geänd. mWv 1. 8. 2013 durch VO v. 24. 7. 2013 (BGBl. I S. 2763).

# EnergieStV

in der Gemeinde, in der die Arbeiten überwiegend ausgeführt werden, zuständig ist.

(2) ¹Die Steuerentlastung ist mit einer Anmeldung nach amtlich vorgeschriebenem Vordruck für die innerhalb eines Kalenderjahrs (Entlastungsabschnitt) zu begünstigten Zwecken nach § 57 Abs. 1 des Gesetzes verwendeten Energieerzeugnisse (begünstigter Verbrauch) zu beantragen. ²Die elektronische Übermittlung der Antragsdaten ist zugelassen, soweit für die Datenübermittlung und den Ausdruck des Entlastungsantrags (komprimierter Vordruck) die von der Finanzverwaltung hierfür zur Verfügung gestellten elektronischen Komponenten genutzt werden. ³Der Antragsteller hat in der Anmeldung alle für die Bemessung der Steuerentlastung erforderlichen Angaben zu machen und die Steuerentlastung selbst zu berechnen. ⁴Die Steuerentlastung wird nur gewährt, wenn der Antrag bis zum 30. September des Jahres, das dem Kalenderjahr folgt, in dem die Energieerzeugnisse verwendet worden sind, beim zuständigen Hauptzollamt gestellt wird. ⁵Bei einer elektronischen Übermittlung der Antragsdaten gilt der Antrag erst als gestellt, wenn dem zuständigen Hauptzollamt zusätzlich zu den elektronisch übermittelten Daten der unterschriebene komprimierte Vordruck zugeht. ⁶Für die Fristwahrung ist allein der Eingang des unterschriebenen komprimierten Vordrucks maßgeblich. ⁷Bei erstmaliger Antragstellung sind dem Antrag beizufügen:
1. Quittungen oder Lieferbescheinigungen nach Absatz 4 über im Entlastungsabschnitt insgesamt bezogene Gasöle und Biokraftstoffe,
2. die Aufzeichnungen nach Absatz 5, soweit der Antragsteller zu deren Führung verpflichtet ist,
3. von Betrieben der Imkerei ein Nachweis über die Anzahl der Bienenvölker (Völkermeldung) und
4. Bescheinigungen nach Absatz 6 über das im Entlastungsabschnitt von Betrieben im Sinne des § 57 Abs. 2 Nr. 5 des Gesetzes verbrauchte Gasöl.

⁸Bei Folgeanträgen hat der Antragsteller die in Satz 7 genannten Unterlagen lediglich auf Verlangen des Hauptzollamts vorzulegen.

(3) ¹Antragsberechtigt ist der Inhaber eines Betriebs im Sinne des § 57 Abs. 2 des Gesetzes (Begünstigter). ²Wechselt innerhalb eines Entlastungsabschnitts der Inhaber eines Betriebs, so bleibt der bisherige Inhaber für die Zeit bis zum Inhaberwechsel Begünstigter.

(4) ¹Der Begünstigte hat sich Quittungen oder Lieferbescheinigungen über die im Entlastungsabschnitt insgesamt für begünstigte und nicht begünstigte Zwecke bezogene Gasöle und Biokraftstoffe ausstellen zu lassen, welche die Anschriften des Empfängers und des Lieferers, das Datum der Lieferung, die gelieferte Menge und den zu zahlenden Betrag enthalten. ²Tankbelege gelten auch ohne die Anschrift des Empfängers als Lieferbescheinigung, wenn sie die übrigen Angaben nach Satz 1 enthalten. ³Der Antragsteller hat die Belege nach § 147 Abs. 1 und 3 der Abgabenordnung aufzubewahren.

(5) ¹Inhaber von Betrieben im Sinne des § 57 Abs. 2 Nr. 5 des Gesetzes haben für jedes oder jede der in § 57 Abs. 1 des Gesetzes genannten Fahrzeuge, Geräte und Maschinen geeignete Aufzeichnungen zu führen, aus denen das Datum und der Umfang der ausgeführten Arbeiten sowie die Raummenge der beim Betrieb verbrauchten Energieerzeugnisse ersichtlich sein müssen. ²Die Aufzeichnungen sind am Schluss des Kalenderjahrs abzuschließen.

(6) Für Arbeiten, die ein in § 57 Abs. 2 Nr. 5 des Gesetzes genannter Betrieb im Betrieb des Begünstigten unter Verwendung von selbst bezogenem Gasöl ausgeführt hat, hat sich der Begünstigte von dem ausführenden Betrieb Bescheinigungen ausstellen zu lassen, welche seine Anschrift, die des ausführenden Betriebs, das Datum sowie Art und Umfang der ausgeführten Arbeiten, die hierfür verbrauchte Gasölmenge und den hierfür zu zahlenden Geldbetrag enthalten.

(7) Der Steuerentlastungsanspruch nach § 57 des Gesetzes entsteht mit Ablauf des Entlastungsabschnitts (Absatz 2 Satz 1).

## Zu § 59 des Gesetzes

### § 104 ¹⁾
### Steuervergütung für Diplomatenbenzin und -dieselkraftstoff

(1) ¹Die Steuervergütung nach § 59 des Gesetzes ist bei dem Hauptzollamt, das für den Dienstsitz der ausländischen Vertretung zuständig ist, nach amtlich vorgeschriebenem Vordruck für die innerhalb eines Vergütungsabschnitts bezogenen Mengen an Benzin und Dieselkraftstoff zu beantragen. ²Sie muss spätestens in dem auf den Bezug folgenden Kalenderjahr beantragt werden. ³Die Steuervergütung wird nicht gewährt für Benzin und Dieselkraftstoffe, die in Fahrzeugen verwendet worden sind, die für eine ausländische Vertretung oder andere Begünstigte zugelassen, jedoch nicht begünstigten Dritten zur ständigen Benutzung überlassen worden sind. ⁴Eine entsprechende Erklärung ist mit jedem Antrag abzugeben.

(2) ¹Die Vergütung ist, wenn nicht besondere Gründe eine Ausnahme rechtfertigen, erst zu beantragen, wenn die vergütungsfähige Menge 300 Liter übersteigt. ²Vergütungsabschnitt ist unter den Voraussetzungen des Satzes 1 nach Wahl des Antragstellers ein Zeitraum von einem Kalendervierteljahr, einem Kalenderhalbjahr oder einem Kalenderjahr. ³Das Hauptzollamt kann auf Antrag einen Zeitraum von einem Kalendermonat als Vergütungsabschnitt zulassen. ⁴Eine Änderung des Vergütungsabschnitts ist mit Beginn eines neuen Kalenderjahres möglich. ⁵Der Antrag nach Satz 1 muss alle im Vergütungsabschnitt entstandenen Vergütungsansprüche umfassen. ⁶Ist über ihn entschieden, können für den gleichen Zeitraum keine weiteren Ansprüche geltend gemacht werden.

(3) ¹Die Steuervergütung wird gewährt, wenn
1. der Antrag einer Vertretung nach § 59 Absatz 2 Nummer 1 des Gesetzes mit der Unterschrift einer unterschriftsberechtigten Person und dem Dienststempelabdruck der Vertretung versehen ist,

---

1) § 104 neu gef. mWv 1. 8. 2013 durch VO v. 24. 7. 2013 (BGBl. I S. 2763).

2. der Antrag einer begünstigten Person nach § 59 Absatz 2 Nummer 2 des Gesetzes von dieser selbst unterschrieben ist, eine unterschriftsberechtigte Person mit dem Dienststempelabdruck der Vertretung bestätigt hat, dass der Antragsteller zu den nach § 59 Absatz 2 Nummer 2 des Gesetzes begünstigten Personen gehört, und keine Gründe vorliegen, die die Begünstigung nach § 59 Absatz 3 des Gesetzes ausschließen. ²Die unterschriftsberechtigte Person ist in der Regel der Leiter der ausländischen Vertretung oder sein Stellvertreter. ³Sie wird von der Vertretung gegenüber dem Auswärtigen Amt bestimmt.

(4) ¹Dem Antrag sind die Rechnungen des Lieferers über die Abgabe von Benzin oder Dieselkraftstoff an den Begünstigten beizufügen; darin müssen der Tag der Lieferung, die gelieferte Menge und die Anschrift des Lieferers angegeben sein. ²Das Hauptzollamt kann sich weitere für die Bearbeitung des Antrags erforderliche Unterlagen vorlegen lassen.

(5) ¹Die Steuervergütung wird nicht gewährt für einen Vergütungsabschnitt, für den eine gefälschte, verfälschte oder für andere als die angegebenen Fahrzeuge erteilte Rechnung vorgelegt wird. ²Das Hauptzollamt kann eine teilweise Vergütung gewähren, wenn eine Rechnung, die für ein anderes als das angegebene Fahrzeug ausgestellt wurde, offenkundig versehentlich vorgelegt worden ist.

### Zu § 66 Abs. 1 Nr. 2 des Gesetzes

### § 105
### Steuerbegünstigung für Pilotprojekte

¹Das zuständige Hauptzollamt kann auf Antrag im Verwaltungswege eine Steuerbegünstigung (Steuerbefreiung, Steuerermäßigung) gewähren für Energieerzeugnisse, die bei Pilotprojekten zur technologischen Entwicklung umweltverträglicher Produkte oder in Bezug auf Kraftstoffe aus erneuerbaren Rohstoffen verwendet werden. ²Die §§ 24 und 30 des Gesetzes und die §§ 52 bis 57 gelten sinngemäß. ³Das Hauptzollamt kann die Steuerbegünstigung für nachweislich versteuerte Energieerzeugnisse auch im Wege einer Steuerentlastung gewähren.

### Zu § 66 Absatz 1 Nummer 18 des Gesetzes

### § 105a
### Steuerentlastung für ausländische Streitkräfte und Hauptquartiere

(1) ¹Eine Steuerentlastung wird auf Antrag gewährt für nachweislich versteuerte Energieerzeugnisse, die an die ausländischen Streitkräfte oder Hauptquartiere geliefert werden. ²Artikel 67 Absatz 3 Buchstabe a Ziffer i des Zusatzabkommens vom 3. August 1959 (§ 66 Nummer 18 Satz 1 Buchstabe a des Gesetzes), Artikel 15 des Abkommens vom 13. März 1967 (§ 66 Nummer 18 Satz 1 Buchstabe b des Gesetzes) und Artikel III des Abkommens vom 15. Oktober 1954 (§ 66 Nummer 18 Satz 1 Buchstabe c des Gesetzes) gelten auch für diese Steuerentlastung. ³Entlastungsberechtigt ist derjenige, der die Energieerzeugnisse geliefert hat.

(2) Der Lieferung an die ausländischen Streitkräfte oder Hauptquartiere steht die Abgabe an zum Bezug berechtigte Mitglieder der ausländischen Streitkräfte oder der Hauptquartiere gegen besondere Gutscheine oder im Rahmen eines Tankkartenverfahrens gleich.

(3) Ausländische Streitkräfte, Hauptquartiere und Mitglieder der ausländischen Streitkräfte oder der Hauptquartiere sind ausländische Streitkräfte, Hauptquartiere und Mitglieder der ausländischen Streitkräfte oder der Hauptquartiere im Sinn des Truppenzollgesetzes vom 19. Mai 2009 (BGBl. I S. 1090), das durch Artikel 8 des Gesetzes vom 15. Juli 2009 (BGBl. I S. 1870) geändert worden ist, in der jeweils geltenden Fassung.

(4) ¹Die Steuerentlastung ist bei dem für den Antragsteller zuständigen Hauptzollamt mit einer Anmeldung nach amtlich vorgeschriebenem Vordruck für alle Energieerzeugnisse zu beantragen, die innerhalb eines Entlastungsabschnitts geliefert worden sind. ²Der Antragsteller hat in der Anmeldung alle Angaben zu machen, die für die Bemessung der Steuerentlastung erforderlich sind, und die Steuerentlastung selbst zu berechnen. ³Die Steuerentlastung wird nur gewährt, wenn der Antrag spätestens bis zum 31. Dezember des Jahres, das auf das Kalenderjahr folgt, in dem die Energieerzeugnisse geliefert oder abgegeben worden sind, beim Hauptzollamt gestellt wird. ⁴Erfolgt die Festsetzung der Steuer erst, nachdem die Energieerzeugnisse geliefert oder abgegeben worden sind, wird abweichend von Satz 3 die Steuerentlastung gewährt, wenn der Antrag spätestens bis zum 31. Dezember des Jahres gestellt wird, das auf das Kalenderjahr folgt, in dem die Steuer festgesetzt worden ist.

(5) ¹Entlastungsabschnitt ist nach Wahl des Antragstellers der Zeitraum von einem Kalendervierteljahr, einem Kalenderhalbjahr oder einem Kalenderjahr. ²Das Hauptzollamt kann auf Antrag einen Zeitraum von einem Kalendermonat als Entlastungsabschnitt zulassen oder in Einzelfällen die Steuerentlastung unverzüglich gewähren.

(6) ¹Dem Antrag sind die Abwicklungsscheine nach § 73 Absatz 1 Nummer 1 der Umsatzsteuer-Durchführungsverordnung beizufügen. ²Das Hauptzollamt kann auf Abwicklungsscheine verzichten, wenn die vorgeschriebenen Angaben anderen Belegen und den Aufzeichnungen des Antragstellers eindeutig und leicht nachprüfbar zu entnehmen sind.

(7) Der Antragsteller hat einen buchmäßigen Nachweis zu führen, dem für jede Lieferung oder Abgabe im Entlastungsabschnitt die Art, die Menge, die Herkunft und der Empfänger der Energieerzeugnisse zu entnehmen sein müssen.

### Zu den §§ 61 und 66 Abs. 1 Nr. 16 des Gesetzes

### § 106
### Steueraufsicht, Pflichten

¹Wer der Steueraufsicht unterliegt (§ 61 des Gesetzes), hat auf Verlangen des Hauptzollamts über den Bezug, den Vertrieb, den Transport, die Lagerung und die Verwendung von Energieerzeugnissen besondere Aufzeichnungen zu führen, aus denen jeweils Art, Kennzeichnung und Menge der Energieerzeugnisse, der Lieferer, der Empfänger und die Reihenfolge der Lieferungen hervorgehen, wenn diese Angaben aus den betrieblichen Unterlagen

nicht ersichtlich sind. ²Darüber hinaus kann das Hauptzollamt weitere Überwachungsmaßnahmen anordnen, wenn sie zur Sicherung der Steuerbelange erforderlich erscheinen.

### § 107
### Hinweispflichten bei Abgabe von Energieerzeugnissen

(1) Wer Energieerzeugnisse nach § 1 Abs. 2 Nr. 1, 4, 6 oder § 1 Abs. 3 des Gesetzes, für die die Steuer nach den Steuersätzen des § 2 Abs. 1 des Gesetzes entstanden ist, im Steuergebiet an Dritte abgibt, hat die für den Empfänger bestimmten Belege (Rechnungen, Lieferscheine, Lieferverträge oder dergleichen) mit einem Hinweis zu versehen, dass es sich bei den abgegebenen Waren um Energieerzeugnisse im Sinne des Energiesteuergesetzes handelt.

(2) ¹Wer Energieerzeugnisse, für die die Steuer nach den Steuersätzen des § 2 Abs. 3 des Gesetzes entstanden ist, im Steuergebiet an Dritte abgibt, hat die für den Empfänger bestimmten Belege (Rechnungen, Lieferscheine, Lieferverträge oder dergleichen) mit folgendem Hinweis zu versehen:

„Steuerbegünstigtes Energieerzeugnis! Darf nicht als Kraftstoff verwendet werden, es sei denn, eine solche Verwendung ist nach dem Energiesteuergesetz oder der Energiesteuer-Durchführungsverordnung zulässig. Jede andere Verwendung als Kraftstoff hat steuer- und strafrechtliche Folgen! In Zweifelsfällen wenden Sie sich bitte an Ihr zuständiges Hauptzollamt."

²Der Hinweis kann bei der Abgabe von Flüssiggasen in Kleinflaschen oder Kartuschen mit einem Füllgewicht bis 5 Kilogramm entfallen. ³Bei anderen Flaschen mit einem Füllgewicht bis 11 Kilogramm kann der Hinweis auch in Form eines Aufdrucks oder Aufklebers auf der Flüssiggasflasche angebracht werden.

### Zu den §§ 65 und 66 Abs. 1 Nr. 16 des Gesetzes

### § 108
### Kontrollen, Sicherstellung

¹In Fahrzeugen mitgeführte oder in Behältern von Antriebsanlagen enthaltene Energieerzeugnisse hat der Fahrzeugführer oder der für den Betrieb der Antriebsanlage Verantwortliche zur Sicherstellung nach § 65 des Gesetzes aus den Behältern abzulassen, wenn die mit der Steueraufsicht betrauten Amtsträger dies verlangen. ²Über die Sicherstellung ist eine Bescheinigung zu erteilen. ³Die Amtsträger können die Energieerzeugnisse in den Behältern sicherstellen oder von einer Sicherstellung absehen, wenn ein unverzüglicher Austausch der Energieerzeugnisse den öffentlichen Verkehr stören würde. ⁴Sie können auch zulassen, dass der Fahrzeugführer die Energieerzeugnisse bis zum Erreichen der nächsten Gelegenheit zum Ablassen, jedoch längstens 24 Stunden, weiterverwendet. ⁵In diesem Fall hat der Fahrzeugführer das Fahrzeug mit den Ablassen der nicht verwendeten Energieerzeugnisse unverzüglich einer von den Amtsträgern bestimmten Zollstelle zur erneuten Prüfung vorzuführen. ⁶Den Rest der Energieerzeugnisse hat der Fahrzeugführer auf Verlangen der Amtsträger bei der Zollstelle oder einer von ihr bestimmten Stelle abzuliefern. ⁷Eine zugelassene Weiterverwendung gilt nicht als Verwendung im Sinne des § 21 Abs. 1 Satz 1 des Gesetzes.

### Zu § 66 Abs. 1 Nr. 17 des Gesetzes

### § 109
### Vermischungen von versteuerten Energieerzeugnissen

(1) ¹Werden Energieerzeugnisse, die nach verschiedenen Steuersätzen des § 2 Abs. 1 des Gesetzes, auch in Verbindung mit § 2 Abs. 4 des Gesetzes, versteuert worden sind, vor der Abgabe in Haupt- oder Reservebehälter von Motoren miteinander gemischt, entsteht für die niedriger belasteten Anteile eine Steuer, wenn das Gemisch ein Benzin nach § 2 Abs. 1 Nr. 1 oder Nr. 2 des Gesetzes oder ein Kraftstoff nach § 2 Abs. 4 des Gesetzes ist, der nach seiner Beschaffenheit dem Benzin entspricht. ²Dies gilt nicht für niedriger belastete Anteile, die eine Menge von 300 Litern nicht übersteigen, wenn sie in Transportmitteln, beim Entleeren von Transportmitteln, beim Spülen von Tankstellenbehältern, bei der Herstellung von Zweitaktergemischen oder durch Endverwender vermischt werden.

(2) Die Steuer beträgt,

1. falls das Gemisch ein Benzin nach § 2 Abs. 1 Nr. 1 Buchstabe a des Gesetzes oder ein entsprechender Kraftstoff nach § 2 Abs. 4 des Gesetzes ist,
   a) für 1 000 l Energieerzeugnisse nach § 2 Abs. 1 Nr. 3 des Gesetzes 15,30 EUR,
   b) für 1 000 l Energieerzeugnisse nach § 2 Abs. 1 Nr. 4 Buchstabe a des Gesetzes 184,10 EUR,
   c) für 1 000 l Energieerzeugnisse nach § 2 Abs. 1 Nr. 4 Buchstabe b des Gesetzes 199,40 EUR,
   d) für 1 000 l Energieerzeugnisse nach § 2 Abs. 1 Nr. 6 des Gesetzes 184,10 EUR;

2. falls das Gemisch ein Benzin nach § 2 Abs. 1 Nr. 1 Buchstabe b des Gesetzes oder ein entsprechender Kraftstoff nach § 2 Abs. 4 des Gesetzes ist,
   a) für 1 000 l Energieerzeugnisse nach § 2 Abs. 1 Nr. 4 Buchstabe a des Gesetzes 168,80 EUR,
   b) für 1 000 l Energieerzeugnisse nach § 2 Abs. 1 Nr. 4 Buchstabe b des Gesetzes 184,10 EUR,
   c) für 1 000 l Energieerzeugnisse nach § 2 Abs. 1 Nr. 6 des Gesetzes 168,80 EUR;

3. falls das Gemisch ein Benzin nach § 2 Abs. 1 Nr. 2 des Gesetzes oder ein entsprechender Kraftstoff nach § 2 Abs. 4 des Gesetzes ist,
   a) für 1 000 l Energieerzeugnisse nach § 2 Abs. 1 Nr. 1 Buchstabe a des Gesetzes 51,20 EUR,
   b) für 1 000 l Energieerzeugnisse nach § 2 Abs. 1 Nr. 1 Buchstabe b des Gesetzes 66,50 EUR,
   c) für 1 000 l Energieerzeugnisse nach § 2 Abs. 1 Nr. 3 des Gesetzes 66,50 EUR,

d) für 1 000 l Energieerzeugnisse nach § 2 Abs. 1 Nr. 4 Buchstabe a des Gesetzes 235,30 EUR,

e) für 1 000 l Energieerzeugnisse nach § 2 Abs. 1 Nr. 4 Buchstabe b des Gesetzes 250,60 EUR,

f) für 1 000 l Energieerzeugnisse nach § 2 Abs. 1 Nr. 6 des Gesetzes 235,30 EUR.

(3) ¹Werden Energieerzeugnisse, für die eine Steuerentlastung nach § 50 Abs. 1 Satz 1 Nr. 1 oder Nr. 2 des Gesetzes vorgesehen ist, vor der Abgabe in Haupt- oder Reservebehälter von Motoren mit anderen Energieerzeugnissen, ausgenommen Biokraftstoffen oder Additiven der Position 3811 der Kombinierten Nomenklatur, gemischt, entsteht für den enthaltenen Anteil Biokraftstoffs eine Steuer in Höhe der vorgesehenen Steuerentlastung. ²Dies gilt nicht für Energieerzeugnisse, die durch Endverwender zum Eigenverbrauch vermischt werden und für Energieerzeugnisse, die eine Menge von 300 Litern nicht übersteigen, wenn sie in Transportmitteln, beim Entleeren von Transportmitteln oder beim Spülen von Tankstellenbehältern vermischt werden.

(4) ¹Steuerschuldner ist, wer die Energieerzeugnisse mischt. ²Dieser hat für Energieerzeugnisse, für die in einem Monat die Steuer entstanden ist, bis zum 15. Tag des folgenden Monats eine Steuererklärung abzugeben und darin die Steuer selbst zu berechnen (Steueranmeldung). ³Für die Fälligkeit der Steuer gilt § 8 Abs. 5 und 6 des Gesetzes sinngemäß.

(5) ¹Wer Energieerzeugnisse nach Absatz 1 Satz 1 mischen will, hat dies dem zuständigen Hauptzollamt drei Wochen vorher schriftlich anzumelden. ²§ 12 Absatz 1 Satz 2 und Absatz 2 sowie die §§ 13 und 15 Absatz 1, 2 und 4 bis 11 gelten sinngemäß.

### Zu § 66 Abs. 1 Nr. 13 des Gesetzes

### § 110 ¹⁾
### Normen

¹Es gelten

1. für die Ermittlung der Menge von Energieerzeugnissen die DIN 51650, Ausgabe Juli 2006, in Verbindung mit der DIN 51757, Ausgabe Januar 2011, soweit die Energieerzeugnisse durch diese Normen erfasst werden,

2. für die Berechnung des Normvolumens von Erdgas und gasförmigen Kohlenwasserstoffen die DIN 1343, Ausgabe Januar 1990,

3. für die Bestimmung des Brennwerts von Erdgas und gasförmigen Kohlenwasserstoffen die DIN 51857, Ausgabe März 1997, oder die DIN EN ISO 6976, Ausgabe September 2005,

4. für die Bestimmung des Bleigehalts von Benzin nach § 2 Abs. 1 Nr. 1 und 2 des Gesetzes die DIN EN 13723 (Ausgabe Oktober 2002),

5. ²⁾ für die Bestimmung des Schwefelgehalts von Energieerzeugnissen nach § 2 Absatz 1 Nummer 1 und 4 und Absatz 3 Satz 1 Nummer 1 des Gesetzes, in Abhängigkeit von dem in der jeweiligen Norm vorgesehenen Anwendungsbereich,

a) die DIN EN ISO 8754, Ausgabe Dezember 2003,

b) die DIN EN ISO 14596, Ausgabe Dezember 2007,

c) die DIN EN ISO 20846, Ausgabe Januar 2012,

d) die DIN EN ISO 20884, Ausgabe Juli 2011, und

e) die DIN EN 24260, Ausgabe Mai 1994,

f) die DIN EN ISO 13032, Ausgabe Juni 2012,

6. für die Bestimmung des Heizwerts von Energieerzeugnissen nach § 2 Absatz 1 Nummer 9 und 10 des Gesetzes die DIN 51900-1, Ausgabe April 2000,

7. für die Bestimmung des Gehalts der in § 2 Absatz 1 genannten Rotfarbstoffe

a) das in der Anlage 2 dieser Verordnung genannte Verfahren (Hochdruckflüssigkeitschromatographie),

b) die DIN 51426, Ausgabe September 2011, sofern die Bestimmung nicht durch Biokomponenten gestört wird, oder

c) die DIN 51430, Ausgabe Oktober 2011; im Streitfall ist das Ergebnis der Untersuchung nach dem in der Anlage 2 dieser Verordnung genannten Verfahren maßgeblich,

8. für die Bestimmung des Gehalts des in § 2 Absatz 1 genannten Markierstoffs Solvent Yellow 124 das in der Anlage 3 dieser Verordnung genannte Verfahren (Euromarker-Referenzanalyseverfahren) oder die DIN 51430, Ausgabe Oktober 2011; im Streitfall ist das Ergebnis der Untersuchung nach der in der Anlage 3 dieser Verordnung genannten Verfahren maßgeblich,

9. für die Bestimmung des Färbeäquivalents von Gemischen der in § 2 Abs. 1 genannten Rotfarbstoffe die Anlage 4 zu dieser Verordnung,

10. für die Probeentnahme nach § 1b Absatz 1 Nummer 4 die DIN EN ISO 10715, Ausgabe September 2000.

²DIN- und ISO/IEC-Normen, auf die in dieser Verordnung verwiesen wird, sind im Beuth-Verlag GmbH, Berlin, erschienen und bei der Deutschen Nationalbibliothek archivmäßig gesichert niedergelegt. ³⁾

---

1) § 110 Satz 1 Nr. 1–3 neu gef., Nr. 5 Buchst. c und d geänd., Buchst. f angef., Nr. 6–8 neu gef., Nr. 9 geänd., Nr. 10 angef. mWv 1. 8. 2013 durch VO v. 24. 7. 2013 (BGBl. I S. 2763).
2) § 110 Satz 1 Nr. 5 neu gef. mWv 10. 10. 2009 durch VO v. 5. 10. 2009 (BGBl. I S. 3262).
3) § 110 Satz 2 neu gef. mWv 30. 9. 2011 durch VO v. 20. 9. 2011 (BGBl. I S. 1890).

# EnergieStV

Zu § 381 Abs. 1 der Abgabenordnung

### § 111
### Ordnungswidrigkeiten

(1)[1] Ordnungswidrig im Sinne des § 381 Abs. 1 Nr. 1 der Abgabenordnung handelt, wer vorsätzlich oder leichtfertig

1. [2] entgegen § 4 Abs. 3 Satz 1, auch in Verbindung mit § 4 Abs. 4, entgegen § 7 Abs. 1 Satz 3, Abs. 2 Satz 2 oder Abs. 4 Satz 1, jeweils auch in Verbindung mit § 8 Abs. 1, entgegen § 11 Absatz 4, § 15 Abs. 2 Satz 3, Abs. 4 Satz 2, Abs. 8, 9 Satz 1, Abs. 10 oder Abs. 11, jeweils auch in Verbindung mit § 109 Abs. 5 Satz 2, entgegen § 19 Abs. 2 Satz 3, Abs. 4 Satz 2 oder Abs. 9 Satz 1, jeweils auch in Verbindung mit § 22, entgegen § 19 Abs. 8 oder Abs. 10, jeweils auch in Verbindung mit § 21 Abs. 3 Satz 3 oder § 22, entgegen § 26 Absatz 6, § 27 Absatz 6, § 36 Absatz 4 Satz 1, auch in Verbindung mit § 36b Absatz 4 oder § 36c Absatz 4, § 37a, § 42 Absatz 4 Satz 4, § 42a Satz 1, § 51 Abs. 4, § 54 Abs. 6, auch in Verbindung mit § 73 Abs. 2 oder § 84 Abs. 2, § 56 Absatz 6 Satz 2 oder Absatz 8, jeweils auch in Verbindung mit § 85 Absatz 7, entgegen § 56 Absatz 10, § 61 Abs. 1 Satz 2, § 64 Abs. 5, § 67 Abs. 4, 6 oder Abs. 8 Satz 1, § 75 Abs. 4, 6 oder Abs. 8 Satz 1, § 79 Abs. 3 oder § 85 Abs. 4 oder Abs. 5 Satz 1 eine Anzeige nicht, nicht richtig, nicht vollständig, nicht in der vorgeschriebenen Weise oder nicht rechtzeitig erstattet,

2. [3] entgegen § 7 Abs. 3, auch in Verbindung mit § 8 Abs. 1, § 15 Abs. 2 Satz 3, auch in Verbindung mit § 109 Abs. 5 Satz 2, § 19 Abs. 2 Satz 3, auch in Verbindung mit § 22, § 26 Absatz 4 Satz 1 oder Absatz 8 Satz 4, § 27 Absatz 5 Satz 1, § 40 Abs. 1 Satz 4, § 48 Abs. 2, § 51 Abs. 2 Satz 1 oder Satz 3, § 64 Abs. 2 Satz 1 oder Satz 3, § 67 Abs. 2 Satz 1 oder Satz 3, § 75 Abs. 2 Satz 1 oder Satz 3, § 79 Abs. 2 Satz 1 oder Satz 3, § 85 Abs. 2 Satz 1 oder Satz 3, § 100a Absatz 4 Satz 1, auch in Verbindung mit § 101 Absatz 4, oder § 106 Satz 1 eine Aufzeichnung nicht, nicht richtig oder nicht vollständig führt,

3. [4] entgegen § 15 Abs. 2 Satz 1, auch in Verbindung mit § 109 Abs. 5 Satz 2, § 19 Abs. 2 Satz 1, auch in Verbindung mit § 22, § 40 Abs. 1 Satz 1 oder § 56 Abs. 3 Satz 1 ein Buch nicht oder nicht richtig führt,

4. [5] entgegen § 15 Abs. 2 Satz 6, auch in Verbindung mit § 109 Abs. 5 Satz 2, § 19 Abs. 2 Satz 6, auch in Verbindung mit § 22, § 40 Abs. 1 Satz 7 oder § 56 Abs. 4 Satz 2 ein Buch nicht oder nicht rechtzeitig abliefert,

5. [6] entgegen § 15 Abs. 3 Satz 1, § 19 Abs. 3 Satz 1, auch in Verbindung mit § 22, oder § 56 Abs. 3 Satz 6 eine Zusammenstellung nicht, nicht richtig oder nicht rechtzeitig vorlegt,

6. entgegen § 15 Absatz 3 Satz 2, § 15 Absatz 4 Satz 1, auch in Verbindung mit § 109 Absatz 5 Satz 2, § 19 Absatz 3 Satz 2 oder Absatz 4 Satz 1, jeweils auch in Verbindung mit § 22, § 56 Absatz 5 Satz 1, § 56 Absatz 6 Satz 1, auch in Verbindung mit § 85 Absatz 7, § 85 Absatz 3 Satz 1 oder § 109 Absatz 5 Satz 1 eine Anmeldung nicht, nicht richtig oder nicht rechtzeitig abgibt,

7. [7] entgegen § 15 Abs. 5 Satz 2 oder Satz 3, jeweils auch in Verbindung mit § 109 Abs. 5 Satz 2, § 19 Abs. 5 Satz 2 oder Satz 3, jeweils auch in Verbindung mit § 22, § 40 Abs. 2 Satz 2 oder Satz 3 oder § 56 Abs. 7 Satz 2 oder Satz 3, jeweils auch in Verbindung mit § 85 Absatz 7, ein Buch oder eine Aufzeichnung nicht, nicht richtig oder nicht rechtzeitig aufrechnet, einen Bestand nicht, nicht richtig oder nicht rechtzeitig anmeldet oder ein anderes Energieerzeugnis nicht, nicht richtig oder nicht vollständig einbezieht,

8. [8] entgegen § 27 Absatz 5 Satz 3, § 33 Absatz 3 oder Absatz 4, § 36 Absatz 7 Satz 1 oder Absatz 8, § 36b Absatz 2 Satz 5, § 36c Absatz 2 Satz 5, § 57 Absatz 3, auch in Verbindung mit § 57 Absatz 9, § 57 Absatz 7 Satz 1 oder Absatz 15, § 68 Absatz 1 Satz 1, § 69 Absatz 2, auch in Verbindung mit § 69 Absatz 4, 5 oder § 76 Absatz 3 Satz 2, oder § 76 Absatz 4 Satz 1 eine Eintragung, eine Aufzeichnung oder einen Vermerk nicht, nicht richtig, nicht in der vorgeschriebenen Weise oder nicht rechtzeitig vornimmt,

9. [9] entgegen § 28 Absatz 1 Satz 4, § 28b Absatz 3, § 33 Absatz 1, § 36 Absatz 3 Satz 4, § 39 Absatz 1 Satz 1, § 44 Satz 4, § 45 Absatz 2 Satz 3 oder § 57 Absatz 10 Satz 4 ein Dokument nicht mitführt,

10. [10] entgegen § 28b Absatz 4 Satz 1, auch in Verbindung mit § 36 Absatz 4 Satz 3, oder § 34 Absatz 4 Energieerzeugnisse nicht, nicht vollständig oder nicht rechtzeitig vorführt,

11. entgegen § 32 Absatz 4 Satz 2, § 36 Absatz 2 Satz 1, auch in Verbindung mit § 36b Absatz 4 oder § 36c Absatz 4, entgegen § 36a Absatz 2

---

[1] § 111 Abs. 1 Nr. 1 geänd., Nr. 6 neu gef., Nr. 7 und 8 geänd., Nr. 11 und 12 neu gef., Nr. 13 geänd. und Nr. 17 neu gef. mWv 1. 8. 2013 durch VO v. 24. 7. 2013 (BGBl. I S. 2765).

[2] § 111 Abs. 1 Nr. 1 geänd. mWv 1. 4. 2010 durch VO v. 5. 10. 2009 (BGBl. I S. 3262).

[3] § 111 Abs. 1 Nr. 2 geänd. mWv 1. 4. 2010 durch VO v. 5. 10. 2009 (BGBl. I S. 3262); Nr. 2 geänd. mWv 30. 9. 2011 durch VO v. 20. 9. 2011 (BGBl. I S. 1890).

[4] § 111 Abs. 1 Nr. 3 geänd. mWv 1. 4. 2010 durch VO v. 5. 10. 2009 (BGBl. I S. 3262).

[5] § 111 Abs. 1 Nr. 4 geänd. mWv 1. 4. 2010 durch VO v. 5. 10. 2009 (BGBl. I S. 3262).

[6] § 111 Abs. 1 Nr. 5 geänd. mWv 1. 4. 2010 durch VO v. 5. 10. 2009 (BGBl. I S. 3262).

[7] § 111 Abs. 1 Nr. 7 geänd. mWv 1. 4. 2010 durch VO v. 5. 10. 2009 (BGBl. I S. 3262).

[8] § 111 Abs. 1 Nr. 8 bis 12 neu gef. mWv 1. 4. 2010 durch VO v. 5. 10. 2009 (BGBl. I S. 3262); Abs. 1 Nr. 8 geänd. mWv 1. 7. 2011 durch VO v. 1. 7. 2011 (BGBl. I S. 1308).

[9] § 111 Abs. 1 Nr. 8 bis 12 neu gef. mWv 1. 4. 2010 durch VO v. 5. 10. 2009 (BGBl. I S. 3262).

[10] § 111 Abs. 1 Nr. 8 bis 12 neu gef. mWv 1. 4. 2010 durch VO v. 5. 10. 2009 (BGBl. I S. 3262).

Satz 3, § 36b Absatz 2 Satz 4, § 36c Absatz 2 Satz 4 oder § 45 Absatz 3 Satz 1 eine Unterrichtung nicht, nicht richtig, nicht in der vorgeschriebenen Weise oder nicht rechtzeitig vornimmt,

12. entgegen § 34 Absatz 1 Satz 1, entgegen § 36 Absatz 3 Satz 3 oder entgegen § 36 Absatz 4 Satz 2, auch in Verbindung mit § 36b Absatz 4 oder § 36c Absatz 4, entgegen § 36 Absatz 5 Satz 1 oder Absatz 7 Satz 2, entgegen § 36a Absatz 3 Satz 1, entgegen § 36b Absatz 2 Satz 3 oder Absatz 3 Satz 1, entgegen § 36c Absatz 2 Satz 3 oder Absatz 3 oder entgegen § 36d Absatz 3 Satz 1 eine Übermittlung oder Mitteilung nicht, nicht richtig, nicht in der vorgeschriebenen Weise oder nicht rechtzeitig vornimmt,

13. [1)] entgegen § 36d Absatz 1 Satz 1 oder Absatz 2 Satz 1 oder § 39 Absatz 2 Satz 1 ein Dokument nicht, nicht richtig oder nicht rechtzeitig vorlegt,

14. [2)] entgegen § 39 Absatz 2 Satz 3 eine Ausfertigung nicht oder nicht rechtzeitig zurücksendet,

15. [3)] entgegen § 44 Satz 1, § 45 Absatz 1 Satz 1 oder § 57 Absatz 10 Satz 1 ein Dokument nicht, nicht richtig, nicht in der vorgeschriebenen Weise oder nicht rechtzeitig ausfertigt,

16. [4)] entgegen § 56 Abs. 11, § 67 Abs. 7 oder § 85 Abs. 5 den Erlaubnisschein nicht oder nicht rechtzeitig zurückgibt oder

17. entgegen § 100a Absatz 2 Satz 1, auch in Verbindung mit § 101 Absatz 4 Satz 1, oder entgegen § 101 Absatz 4 Satz 2 eine Selbsterklärung nicht richtig oder nicht vollständig abgibt oder nicht richtig oder nicht vollständig beifügt.

(2) Ordnungswidrig im Sinne des § 381 Abs. 1 Nr. 2 der Abgabenordnung handelt, wer vorsätzlich oder leichtfertig

1. entgegen § 7 Abs. 1 Satz 1, auch in Verbindung mit § 8 Abs. 1, eine Kennzeichnung nicht oder nicht richtig vornimmt,
2. entgegen § 7 Abs. 2 Satz 1, auch in Verbindung mit § 8 Abs. 1, eine Probe nicht oder nicht rechtzeitig untersucht,
3. entgegen § 7 Abs. 4 Satz 2, auch in Verbindung mit § 8 Abs. 1, eine Anlage benutzt oder einen technischen Ablauf anwendet,
4. entgegen § 13 Abs. 4, auch in Verbindung mit § 109 Abs. 5 Satz 2, oder § 17 Abs. 4 ein Energieerzeugnis herstellt, lagert oder entnimmt,
5. [5)] entgegen § 57 Abs. 12 Satz 1 den Inhalt einer Sendung nicht oder nicht richtig kennzeichnet,
6. entgegen § 46 Abs. 1 Satz 1 Energieerzeugnisse mischt oder sie als Kraftstoff bereithält, abgibt, mitführt oder verbraucht,
7. entgegen § 46 Abs. 1 Satz 2 einen Kennzeichnungsstoff entfernt oder in seiner Wirksamkeit beeinträchtigt,
8. entgegen § 46 Abs. 2 Satz 1 ein Energieerzeugnis in das Steuergebiet verbringt, in den Verkehr bringt oder verwendet,
9. entgegen § 47 Abs. 2 Satz 1 ein dort genanntes Energieerzeugnis abgibt,
10. entgegen § 47 Abs. 2 Satz 3 Energieerzeugnisse vermischt,
11. entgegen § 48 Abs. 1 Satz 1 oder Satz 2 eine Restmenge beimischt,
12. entgegen § 48 Abs. 3 eine Angabe nicht, nicht richtig oder nicht vollständig macht,
13. entgegen § 57 Abs. 4 Satz 1, auch in Verbindung mit § 57 Abs. 9, oder § 69 Abs. 3 ein Energieerzeugnis übergibt oder verteilt,
14. entgegen § 57 Abs. 16 Satz 1 Nr. 3 oder § 76 Abs. 3 Satz 1 ein Energieerzeugnis abgibt oder liefert,
15. entgegen § 107 Abs. 1 oder Abs. 2 Satz 1 einen Hinweis nicht oder nicht richtig gibt,
16. entgegen § 108 Satz 1 ein Energieerzeugnis nicht oder nicht rechtzeitig ablässt,
17. entgegen § 108 Satz 5 ein Fahrzeug nicht oder nicht rechtzeitig vorführt oder
18. entgegen § 108 Satz 6 ein Energieerzeugnis nicht oder nicht rechtzeitig abliefert.

### Schlussbestimmungen

### § 112
### Übergangsregelung

(1) ¹Für Beförderungen

1. von Energieerzeugnissen unter Steueraussetzung im Steuergebiet, die vor dem 1. Januar 2012 begonnen worden sind,
2. von Energieerzeugnissen, die unter Steueraussetzung unmittelbar aus dem Steuergebiet in Drittländer oder Drittgebiete ausgeführt werden und deren Beförderungen vor dem 1. Januar 2012 begonnen worden sind,

ist diese Verordnung in der bis zum 31. März 2010 geltenden Fassung weiter anzuwenden, es sei denn, die Beförderungen sind mit einem elektronischen Verwaltungsdokument begonnen worden. ²Für die Ausfuhrförmlichkeiten ist in den Fällen des Satzes 1 Nummer 2 der Artikel 793c der Zollkodex-Durchführungsverordnung in der bis zum 31. Dezember 2010 geltenden Fassung weiter anzuwenden.

(2) Für Anträge auf eine Steuerentlastung nach § 53 des Gesetzes in der am 31. März 2012 geltenden Fassung sind die §§ 9 bis 11, 98 und 99 in der zu die-

---

1) § 111 Abs. 1 Nr. 13 bis 15 angef. mWv 1. 4. 2010 durch VO v. 5. 10. 2009 (BGBl. I S. 3262).
2) § 111 Abs. 1 Nr. 13 bis 15 angef. mWv 1. 4. 2010 durch VO v. 5. 10. 2009 (BGBl. I S. 3262).
3) § 111 Abs. 1 Nr. 13 bis 15 angef. mWv 1. 4. 2010 durch VO v. 5. 10. 2009 (BGBl. I S. 3262).
4) § 111 Abs. 1 bish. Nr. 13 wird Nr. 16 mWv 1. 4. 2010 durch VO v. 5. 10. 2009 (BGBl. I S. 3262); Nr. 16 geänd. mWv 30. 9. 2011 durch VO v. 20. 9. 2011 (BGBl. I S. 1890).
5) § 111 Abs. 2 Nr. 5 geänd. mWv 1. 4. 2010 durch VO v. 5. 10. 2009 (BGBl. I S. 3262).

sem Zeitpunkt geltenden Fassung weiter anzuwenden.

(3) Für Anträge auf eine Steuerentlastung nach § 55 des Gesetzes in der am 31. Dezember 2012 geltenden Fassung ist § 101 in der bis zu diesem Zeitpunkt geltenden Fassung weiter anzuwenden.

# EnergieStV

Anlage 1 (zu den §§ 55, 74 und 84a) Verzicht auf förmliche Einzelerlaubnis
(Fundstelle: BGBl. I 2011, 1902 – 1904; bezüglich der einzelnen Änderungen vgl. Fußnote)
Die Verwendung und die Verteilung von steuerfreien Energieerzeugnissen oder das Verbringen und die Ausfuhr aus dem Steuergebiet ist in den nachstehenden Fällen unter Verzicht auf eine förmliche Einzelerlaubnis allgemein erlaubt:

| Nr. | a) Art des Energieerzeugnisses<br>b) Personenkreis | Begünstigung | Voraussetzungen |
|---|---|---|---|
| 1 | a) Flüssiggase | | |
| 1.1 | a) Flüssiggase der Unterposition 2711 14 00 der Kombinierten Nomenklatur (KN)<br>b) Verteiler, Verwender | Verteilung und Verwendung zu steuerfreien Zwecken nach § 25 Absatz 1 des Gesetzes, ausgenommen zur Herstellung von Kraft- oder Heizstoffen | Jeder Lieferer hat die in die Hand des Empfängers übergehenden Rechnungen, Lieferscheine, Lieferverträge oder dergleichen mit folgendem Hinweis zu versehen: „Steuerfreies Energieerzeugnis! Darf nicht als Kraft- oder Heizstoff oder zur Herstellung solcher Stoffe verwendet werden!" |
| 1.2 | a) wie Nummer 1<br>b) Beförderer, Empfänger | Beförderung | nicht entleerbare Restmengen in Druckbehältern von Tankwagen, Kesselwagen und Schiffen |
| 2 | a) Spezialbenzine der Unterpositionen 2710 11 21 und 2710 11 25 und entsprechende Erzeugnisse der Unterpositionen 2707 10 bis 2707 30 und 2707 50 der KN; mittelschwere Öle der Position 2710 und entsprechende Erzeugnisse der Unterpositionen 2707 10 bis 2707 30 und 2707 50 der KN; Gasöle der Position 2710 der KN; Energieerzeugnisse der Unterpositionen 2901 10 und 2902 20 bis 2902 44 der KN; Energieerzeugnisse mit Pharmakopoe- oder Analysenbezeichnung | | |

# EnergieStV

| Nr. | a) Art des Energieerzeugnisses<br>b) Personenkreis | Begünstigung | Voraussetzungen |
|---|---|---|---|
| 2.1 | a) wie Nummer 2<br>b) Verteiler, Verwender | Verteilung und Verwendung nach § 25 Absatz 1 des Gesetzes als Schmierstoffe (auch zur Herstellung von Zweitaktergemischen), Formenöl, Stanzöl, Schalungs- und Entschalungsöl, Trennmittel, Gaswaschöl, Rostlösungs- und Korrosionsschutzmittel, Konservierungs- und Entkonservierungsmittel, Reinigungsmittel, Bindemittel, Presswasserzusatz, Imprägniermittel, Isolieröl und – mittel, Fußboden-, Leder- und Hufpflegemittel, Weichmacher – auch zur Plastifizierung der Beschichtungsmassen von Farbschichtenpapier –, Saturierungs- und Schaumdämpfungsmittel, Schädlingsbekämpfungs- und Pflanzenschutzmittel oder Trägerstoffe dafür, Vergüteöl, Materialbearbeitungsöl, Brünierungsöl, Wärmeübertragungsöl und Wärmeträgeröl, Hydrauliköl, Dichtungsschmieren, Tränköl, Schmälz-, Hechel- und Batschöl, Textil- und Lederhilfsmittel, Prüföl für Einspritzpumpen | Jeder Lieferer hat die in die Hand des Empfängers übergehenden Rechnungen, Lieferscheine, Lieferverträge oder dergleichen mit folgendem Hinweis zu versehen: „Steuerfreie Energieerzeugnis! Darf nicht als Kraft- oder Heizstoff oder zur Herstellung solcher Stoffe verwendet werden!" Bei Packungen für den Einzelverkauf genügt der Hinweis auf den inneren Umschließungen. Er kann bei Packungen bis zu 5 l oder 5 kg entfallen. |
| 2.2 | a) wie Nummer 2<br>b) Verteiler, Verwender | Verteilung und Verwendung zu anderen als den in Nummer 2.1 genannten, nach § 25 Absatz 1 des Gesetzes steuerfreien Zwecken, ausgenommen zur Herstellung von Kraft- oder Heizstoffen | Gasöl in Ampullen bis zu 250 ccm; andere in handelsüblichen Behältern bis zu 220 l Nenninhalt. Jeder Lieferer hat die in die Hand des Empfängers übergehenden Rechnungen, Lieferscheine, Lieferverträge oder dergleichen mit folgendem Hinweis zu versehen: „Steuerfreies Energieerzeugnis! Darf nicht als Kraft- oder Heizstoff oder zur Herstellung solcher Stoffe verwendet werden!" Bei Packungen für den Einzelverkauf genügt der Hinweis auf den inneren Umschließungen. Er kann bei Packungen bis zu 5 l oder 5 kg entfallen. |
| 3 | a) Energieerzeugnisse nach § 27 Absatz 1 des Gesetzes und verflüssigtes Erdgas der Unterposition 2711 11 der KN | Verwendung für die Schifffahrt nach § 27 Absatz 1 Satz 1 Nummer 1 des Gesetzes; auch bei Instandhaltungen nach § 27 Absatz 1 Satz 1 Nummer 2 des Gesetzes; jeweils auch in Verbindung mit § 44 Absatz 2b des Gesetzes | |

| Nr. | a) Art des Energieerzeugnisses<br>b) Personenkreis | Begünstigung | Voraussetzungen |
|---|---|---|---|
| 3.1 | a) wie Nummer 3<br>b) Nutzungsberechtigte nach § 60 Absatz 3 | Verwendung in Wasserfahrzeugen ausschließlich zu den in Nummer 3 genannten Zwecken auf Meeresgewässern; ausgenommen sind Wasserfahrzeuge der Position 8903 der KN und Wasserfahrzeuge der Position 8905 der KN, auf denen die in § 60 Absatz 1 Nummer 2 genannten Arbeitsmaschinen betrieben werden | Die Energieerzeugnisse müssen sich in Tankanlagen befinden, die mit dem Wasserfahrzeug fest verbunden sind. |
| 3.2 | a) wie Nummer 3<br>b) Nutzungsberechtigte nach § 60 Absatz 3; mit Ausnahme der Haupterwerbsfischer | Verwendung in Wasserfahrzeugen ausschließlich zu den in Nummer 3 genannten Zwecken auf Binnengewässern; ausgenommen sind Wasserfahrzeuge der Position 8903 der KN und Wasserfahrzeuge der Position 8905 der KN, auf denen die in § 60 Absatz 1 Nummer 2 genannten Arbeitsmaschinen betrieben werden | Die Energieerzeugnisse müssen sich in Tankanlagen befinden, die mit dem Wasserfahrzeug fest verbunden sind. |
| 3.3 | a) wie Nummer 3<br>b) Bundeswehr sowie in- und ausländische Behördenschiffe | Verwendung für die Schifffahrt, ausschließlich für dienstliche Zwecke, ausgenommen sind Wasserfahrzeuge der Position 8905 der KN, auf denen die in § 60 Absatz 1 Nummer 2 genannten Arbeitsmaschinen betrieben werden | |
| 4 | a) Flugbenzin und Flugturbinenkraftstoff nach § 27 Absatz 2 des Gesetzes | Verwendung für die Luftfahrt nach § 27 Absatz 2 Nummer 1 des Gesetzes, auch bei Instandhaltungen nach § 27 Absatz 2 Nummer 2 des Gesetzes | |
| 4.1 | a) wie Nummer 4<br>b) Nutzungsberechtigte nach § 60 Absatz 4 | Verwendung in Luftfahrzeugen mit einem Höchstgewicht von mehr als 12 t, ausschließlich zu den in Nummer 4 genannten Zwecken | Die Energieerzeugnisse müssen sich in Tankanlagen befinden, die mit dem Luftfahrzeug fest verbunden sind. |
| 4.2 | a) wie Nummer 4<br>b) Luftrettungsdienste | Verwendung für Primär- und Sekundäreinsätze der Luftrettung | |
| 4.3 | a) wie Nummer 4<br>b) Bundeswehr sowie in- und ausländische Behörden | Verwendung für die Luftfahrt, ausschließlich für dienstliche Zwecke | |

# EnergieStV

| Nr. | a) Art des Energieerzeugnisses<br>b) Personenkreis | Begünstigung | Voraussetzungen |
|---|---|---|---|
| 5 | a) gasförmige Kohlenwasserstoffe nach § 28 Satz 1 Nummer 1 des Gesetzes und Energieerzeugnisse der Position 2705 der KN<br>b) Verteiler, Verwender | Verteilung und Verwendung zu steuerfreien Zwecken nach § 28 des Gesetzes | Jeder Lieferer hat die in die Hand des Empfängers übergehenden Rechnungen, Lieferscheine, Lieferverträge oder dergleichen mit folgendem Hinweis zu versehen: „Steuerfreies Energieerzeugnis! Darf nicht als Kraftstoff verwendet werden, es sei denn, eine solche Verwendung ist nach dem Energiesteuergesetz oder der Energiesteuer-Durchführungsverordnung zulässig. Jede andere Verwendung als Kraftstoff hat steuer- und strafrechtliche Folgen! In Zweifelsfällen wenden Sie sich bitte an Ihr zuständiges Hauptzollamt. " |
| 6 | a) Erdgas, das beim Kohleabbau aufgefangen wird<br>b) Verwender | Verwendung zu steuerfreien Zwecken nach § 44 Absatz 2a des Gesetzes | |
| 7 | a) Heizöle der Position 2710 der KN<br>b) Beförderer | Beförderung | Nicht entleerbare Restmengen (sog. Slops) in Tankschiffen. Die Restmengen sind unter der Bezeichnung „Slop" im Schiffsbedarfsbuch aufzuführen. Sie können bei den nach dem Kreislaufwirtschaftsgesetz genehmigten oder zugelassenen Sammelstellen oder Abfallentsorgungsanlagen abgeliefert werden. Die Empfangsbescheinigung ist dem Schiffsbedarfsbuch beizufügen. Die Unterlagen sind den Bediensteten der Zollverwaltung auf Verlangen vorzulegen. Das Verbringen aus dem Steuergebiet steht dem Abliefern gleich. |
| 8 | a) Kohle<br>b) Verwender | Verwendung zu steuerfreien Zwecken nach § 37 Absatz 2 Satz 1 Nummer 1 des Gesetzes | Jeder Lieferer hat die in die Hand des Empfängers übergehenden Rechnungen, Lieferscheine, Lieferverträge oder dergleichen mit folgendem Hinweis zu versehen: „Steuerfreie Kohle! Darf nicht als Kraft- oder Heizstoff oder zur Herstellung solcher Stoffe verwendet werden!" |
| 9 | a) alle Energieerzeugnisse nach § 1 Absatz 2 und 3 des Gesetzes, ausgenommen Erdgas<br>b) Verteiler, Verwender | Verwendung als Probe nach § 25 Absatz 2 oder § 37 Absatz 2 Satz 1 Nummer 5 des Gesetzes | |
| 10 | a) alle Energieerzeugnisse, die nach den Nummern 1 bis 5 im Rahmen einer allgemeinen Erlaubnis verteilt oder verwendet werden dürfen<br>b) Verteiler, Verwender | Ausfuhr und Verbringen aus dem Steuergebiet | |
| 11 | a) alle Energieerzeugnisse nach § 4 des Gesetzes<br>b) Verteiler, Verwender | thermische Vernichtung im Sinn des § 1b Absatz 2 | |

# EnergieStV

**Anlage 1a (zu § 94 Absatz 3)**
**Nachweis der Einhaltung der Normen**
(Fundstelle: BGBl. I 2011, 1905; bezüglich der einzelnen Änderungen vgl. Fußnote)

Auf Verlangen des Hauptzollamts hat der Verpflichtete Proben auf folgende Parameter der jeweils für das Energieerzeugnis gemäß
- § 1a Satz 1 Nummer 13a des Energiesteuergesetzes in Verbindung mit den Vorschriften
- der Verordnung über die Beschaffenheit und die Auszeichnung der Qualitäten von Kraft- und Brennstoffen vom 8. Dezember 2010 (BGBl. I S. 1849) in der jeweils geltenden Fassung geltenden Norm zu untersuchen:

| Energieerzeugnis | Normparameter |
|---|---|
| Fettsäuremethylester | Dichte bei 15 °C<br>Schwefelgehalt<br>Wassergehalt<br>Monoglycerid-Gehalt<br>Diglycerid-Gehalt<br>Triglycerid-Gehalt<br>Gehalt an freiem Glycerin<br>Gehalt an Alkali<br>Gehalt an Erdalkali<br>Phosphorgehalt<br>CFPP<br>Jodzahl |
| Pflanzenöl | Dichte bei 15 °C<br>Schwefelgehalt<br>Wassergehalt<br>Säurezahl<br>Phosphorgehalt<br>Summengehalt Magnesium/Calcium<br>Jodzahl |
| Ethanolkraftstoff (E 85) | Ethanolgehalt<br>Wassergehalt<br>Methanol<br>Ethergehalt (5 oder mehr C-Atome)<br>Höhere Alkohole C3-C5 |

**Anlage 2 (zu § 110 Satz 1 Nr. 7)**
**Verfahren zur Bestimmung des Rotfarbstoffgehalts in leichtem Heizöl oder in Gemischen von leichtem Heizöl mit nicht gekennzeichnetem Gasöl mittels Hochdruckflüssigkeitschromatographie (HPLC-Verfahren)**
(Fundstelle: BGBl. I 2006, 1796 – 1797)

1    Zweck und Anwendungsbereich

Das HPLC-Verfahren dient der quantitativen Bestimmung der in § 2 Abs. 1 genannten Rotfarbstoffe in leichtem Heizöl und in Gemischen von leichtem Heizöl mit nicht gekennzeichneten Gasölen der Unterpositionen 2710 19 41 bis 2710 19 49 der Kombinierten Nomenklatur.

2    Begriffsbestimmung

Als Farbstoffgehalt der in Abschnitt 1 genannten Energieerzeugnisse gilt der nach dem nachstehend beschriebenen Verfahren ermittelte Gehalt an Farbstoffen.

3    Kurzbeschreibung des Verfahrens

Die zu untersuchende Probe wird auf eine mit Kieselgel gefüllte Säule für die Hochdruckflüssigkeitschromatographie gegeben. Durch Elution mit einem Lösemittel werden die Farbstoffe von den anderen Bestandteilen der Probe getrennt und treten am Ende der Säule aus. Die Farbintensität dieser Lösung wird mit einem Spektralphotometer bei 535 nm gemessen. Die Auswertung erfolgt mit Hilfe eines Integrators.

4    Geräte

4.1    Hochdruckflüssigkeitschromatographie-System, bestehend aus:

4.1.1    Hochdruckpumpe,

4.1.2    Injektionssystem mit Probenschleife 20 µl bis 50 µl,

4.1.3    Vorsäule: Länge mindestens 30 mm, Innendurchmesser 4,0 mm oder 4,6 mm, gefüllt mit gebrochenem Kieselgel von 5 µm Korngröße,

4.1.4    Trennsäule aus Stahl: Länge mindestens 100 mm, Innendurchmesser mindestens 4,0 mm, gefüllt mit sphärischem Kieselgel von 5 µm Korngröße,

4.1.5    UV/VIS-Detektor für Messungen bei 535 nm,

4.1.6    Integrator mit Schreiber und Einrichtung zur rechnergestützten Auswertung von Chromatogrammen,

4.2    250-ml- und 1 000-ml-Messkolben der Güteklasse A, mit Konformitätszeichen,

4.3    10-ml-Vollpipette der Güteklasse AS, mit Konformitätszeichen.

5    Chemikalien

5.1    Toluol, zur Analyse,

5.2    n-Heptan, zur Analyse,

5.3    Dichlormethan, zur Analyse,

5.4    N-Ethyl-1-(4-phenylazophenylazo)naphthyl-2-amin (Standard-Farbstoff)[1)]

---

1) Über die Bezugsquellen gibt Auskunft: DIN-Bezugsquellen für normgerechte Erzeugnisse im DIN Deutsches Institut für Normung e.V., Burggrafenstraße 6, 10787 Berlin.

**5.5** Lösemittel zur Säulenregenerierung nach jeweiliger Vorschrift.

**6 Vorbereitung**

**6.1** Vorbereitung der Probe

Wasserhaltige Proben sind unter Verwendung von wasserfreiem Natriumsulfat zu entwässern. Verschmutzte Proben werden vor der Farbstoffgehaltsbestimmung filtriert.

**6.2** Herstellung der Standard-Farbstofflösung

0,125 g Standard-Farbstoff (vgl. Unterabschnitt 5.4) werden auf 0,0001 g genau in den 250-ml-Messkolben eingewogen und nach dem Temperieren auf 20 Grad Celsius mit Toluol bis zur Ringmarke aufgefüllt. Von dieser Lösung werden mit der Vollpipette 10 ml in den 1 000-ml-Messkolben gegeben und mit Toluol bis zur Ringmarke aufgefüllt. Die Massenkonzentration an Farbstoff in dieser Lösung beträgt 5 mg/l.

**6.3** Herstellung des Elutionsmittels

Als Elutionsmittel wird ein Gemisch aus vier Volumenteilen n-Heptan (vgl. Unterabschnitt 5.2) und einem Volumenteil Dichlormethan (vgl. Unterabschnitt 5.3) verwendet.

**6.4** Vorbereitung der Säule

Zur Konditionierung lässt man durch die Säule bei einer Flussrate von 2 ml/min Elutionsmittel (vgl. Unterabschnitt 6.3) strömen. Die Konditionierung ist beendet, wenn bei drei aufeinander folgenden Messungen der Standard-Farbstofflösung (vgl. Unterabschnitt 6.2) die Retentionszeiten des Farbstoffs um nicht mehr als 5 Prozent vom Mittelwert abweichen.

**6.5** Ermittlung des Flächenfaktors aus den Peakflächen der Chromatogramme des Standard-Farbstoffs. Der für die Berechnung des Farbstoffgehalts in den Proben erforderliche Faktor wird ermittelt, indem mit der Standard-Farbstofflösung (vgl. Unterabschnitt 6.2) drei Messungen unter den gleichen Bedingungen wie bei der späteren Messung der Proben durchgeführt werden. Aus den dabei erhaltenen Peakflächen für den Standard-Farbstoff bildet man den Mittelwert und berechnet den Faktor nach folgender Formel:

$$f_s = \frac{C_s}{A_s}$$

Darin bedeuten:

$f_s$ = Flächenfaktor

$C_s$ = Massenkonzentration der Standard-Farbstofflösung (5 mg/l)

$A_s$ = Mittelwert der Peakfläche des Standard-Farbstoffs aus drei Messungen

**7** Durchführung der Messung

Die Probenschleife des Einlassventils der vorbereiteten Säule (vgl. Unterabschnitt 6.4) wird mit der Probe gefüllt. Durch Umschalten des Ventils wird die Probe auf die Säule gegeben. Gleichzeitig wird der Integrator gestartet. Die Flächenauswertung des Integrators ist so zu wählen, dass alle möglichen Farbstoffpeaks ausgewertet werden. Bei den zurzeit gesetzlich zugelassenen Farbstoffen können dies bis zu sieben Peaks sein. Dabei ist zu beachten, dass sowohl bei der Standard-Farbstofflösung als auch bei der zu untersuchenden Probe je nach Trennvermögen der Säule zuerst zwischen zwei bis fünf (beim Öl) Peaks auftreten, die auf den Toluol- oder Ölgehalt der Standard-Farbstofflösung oder der zu untersuchenden Probe zurückzuführen sind und nicht in die Auswertung durch den Integrator mit einbezogen werden dürfen. Nach Erscheinen des letzten Farbstoffpeaks, der vom Standard-Farbstoff hervorgerufen wird, ist die Messung beendet.

**8** Auswertung

Zur Auswertung wird die Flächensumme aller Farbstoffpeaks gebildet. Daraus berechnet man den Farbstoffgehalt in mg/l nach der folgenden Formel:

$$\text{mg/l Farbstoff} = A_p \cdot f_s$$

Darin bedeuten:

$A_p$ = Flächensumme der Farbstoffpeaks

$f_s$ = Flächenfaktor nach Unterabschnitt 6.5

**9** Angabe des Ergebnisses

Der Farbstoffgehalt wird in mg/l auf 0,1 mg/l gerundet angegeben. Beim Runden auf die letzte anzugebende Stelle ist die DIN 1333 (Ausgabe Februar 1992) zu berücksichtigen.

**10** Präzision des Verfahrens

(nach DIN 51848 Teil I, Ausgabe Dezember 1981)

| Wiederholbarkeit mg/l | Vergleichbarkeit mg/l |
|---|---|
| 0,1 | 0,2 |

Anlage 3 (zu § 110 Satz 1 Nr. 8)
Harmonisiertes Euromarker – Referenzanalyseverfahren der Gemeinschaft zur Ermittlung des Markierstoffs Solvent Yellow 124 in Gasölen
(Fundstelle: BGBl. I 2006, 1798 – 1800)

Für ein reibungsloses Funktionieren des Binnenmarktes und insbesondere zur Vermeidung von Steuerhinterziehung wurde durch die Richtlinie 95/60/EG des Rates vom 27. November 1995 über die steuerliche Kennzeichnung von Gasölen und Kerosin (ABl. EG Nr. L 291 S. 46) ein gemeinsames System zur Kennzeichnung von Gasöl und Kerosin eingeführt, die einem ermäßigten Verbrauchsteuersatz unterliegen. Mit der Entscheidung 2001/574/EG der Kommission vom 13. Juli 2001 zur Bestimmung eines gemeinsamen Stoffs zur steuerlichen Kennzeichnung von Gasölen und Kerosin (ABl. EG Nr. L 203 S. 20, Nr. L 208 S. 48) wurde Solvent Yellow 124 (systematischer Name gemäß IUPAC: N-Ethyl-N-[2-(1-isobutoxyethoxy)ethyl]-4-(phenylazo)anilin; CAS-Nr.: 34432-92-3) als gemeinsamer Stoff zur steuerlichen Kennzeichnung von Gasölen und Kerosin bestimmt. Diese Anlage enthält ein Verfahren zur Ermittlung von Solvent Yellow 124 in Gasöl und Kerosin, welches auf der Methode 455 MAD, Rev. 1 (HPLC) basiert. Das Verfahren ist nach der Leitlinie des Verbrauchsteuerausschusses der Kommission der Europäischen Gemeinschaften vom 13. Januar 2005 (CED Nr. 494 rev.1) in Streitfällen als Referenzverfahren zur Untersuchung von gekennzeichneten, einem ermäßigten Verbrauchsteuersatz unterliegenden Energieerzeugnissen und Dieselkraftstoffgemischen anzuwenden.

1 Zweck und Anwendungsbereich

1.1 Erläuterung

Das Verfahren beschreibt die Ermittlung von Solvent Yellow 124 in einem Konzentrationsbereich zwischen der Nachweisgrenze bis 10 mg Solvent Yellow 124 pro Liter. Liegt die Konzentration über 10 mg/l, wird zur genauen Ermittlung der Konzentration eine Verdünnung mit Xylol (Unterabschnitt 3.3) erforderlich.

1.2 Nachweisgrenze

Die Nachweisgrenze bei Gasöl und Kerosin liegt bei 0,02 mg/l.

1.3 Quantifizierungsgrenze (Bestimmungsgrenze)

Die Quantifizierungsgrenze bei Gasöl und Kerosin liegt bei 0,07 mg/l.

2 Prinzip und Reaktionen

Die Probe wird in ein kleines Probengefäß gefüllt. Das Produkt wird mittels Normalphasenchromatographie getrennt und mittels UV/Vis-Nachweis bei 450 nm bestimmt. Um weitere Informationen zu erhalten, kann eine Analyse der Proben mittels Diodenarraydetektor durchgeführt werden, und zwar ebenfalls bei 410 nm. Externe Kalibrierung wird verwendet, die Reinheit des verwendeten Solvent Yellow 124 sollte berücksichtigt werden.

3 Reagenzien und andere Materialien

Verwenden Sie ausschließlich Reagenzien anerkannter Qualität.

3.1 Solvent Yellow 124,
3.2 Toluol, für Flüssigchromatographie,
3.3 o-Xylol, p.a.,
3.4 Ethylacetat, p.a.

4 Geräte

4.1 Übliche Laborglaswaren. Messkolben (2 000 ml und 100 ml) sowie Pipetten (1 ml, 5 ml und 10 ml) der Klasse B oder besser,

4.2 HPLC-Gerät, ausgerüstet mit:

4.2.1 HPLC-Pumpe, die pulsationsfrei arbeitet und einen konstanten Fluss bei dem erforderlichen Durchflussvolumen,

4.2.2 Probengeber mit Schleifeninjektor (manuell oder Teil eines automatischen Probengebers) mit einer Kapazität von 20 μl,

4.2.3 Säule, 5 μm Siliciumdioxid Länge 200 bis 250 mm, Innendurchmesser 3,0 bis 5,0 mm, zum Beispiel Waters Spherisorb 5 μm oder Luna 5 μm Silica Phenomenex,

4.2.4 Vorsäule, Siliciumdioxid zum Beispiel Spherisorb S5W Waters. Verwendung ratsam, aber nicht obligatorisch,

4.2.5 Säulenofen: Sollte verwendet werden, wenn die Retentionszeit der Solvent Yellow 124-Peaks von Durchlauf zu Durchlauf nicht stabil ist. Temperatur 40 Grad Celsius.

4.2.6 Detektor: UV 450 nm oder bei Verwendung eines Diodenarray 410 nm und 450 nm,

4.2.7 Integrationssystem mit elektronischem Integrator mit Rechen- und Berichtfunktion, kompatibel mit dem Ausgang des Nachweisinstruments.

5 Ablauf

5.1 Allgemein

Entnehmen Sie eine repräsentative Probe des zu analysierenden Produkts.

5.2 Vorbehandlung der Probe

Übertragen Sie die Probe in ein kleines Probengefäß. Sollte die Probe Schmutz enthalten, filtern Sie sie mittels eines Spritzenfilters, zum Beispiel 0,45 μm PTFE.

5.3 Mobile Phase

Elutionsmittel: Mischen Sie 40 ml Ethylacetat (Unterabschnitt 3.4) und 1 960 ml Toluol (Unterabschnitt 3.2) in einem 2 000-ml-Messkolben und homogenisieren Sie das Gemisch.

5.4 Referenzstammlösung

Stellen Sie eine Referenzstammlösung aus Solvent Yellow 124 von 100 mg/l her durch Verwiegung der erforderlichen Menge Solvent Yellow 124 (Unterabschnitt 3.1) in einem 500-ml-Messkolben und Auffüllen mit Xylol (Unterabschnitt 3.3) bei einer Temperatur von 20 ± 1 Grad Celsius. Notieren Sie das Gewicht mit vier Nachkommastellen. Die Reinheit des verwendeten Solvent Yellow 124 sollte berücksichtigt werden. Gründlich vermischen, eine Nacht stehen lassen. Dann erneut gründlich vermischen und die Kalibrierlösungen vorbereiten.

## 5.5 Kalibrierlösungen

| Konzentration | Volumen Referenzstammlösung | Endvolumen-Messkolben |
|---|---|---|
| ungefähr 10 mg/l | 10 ml | 100 ml |
| ungefähr 5 mg/l | 5 ml | 100 ml |
| ungefähr 1 mg/l | 1 ml | 100 ml |

## 5.6 Systemkontrolle

Vor Analyse der Proben müssen die Stabilität des HPLC-Systems und die Retention des Solvent Yellow 124 geprüft werden. Injizieren Sie die Kalibrierlösung mit einer Konzentration von 10 mg/l dreimal und führen Sie jeweils eine Chromatographie durch. Die relative Standardabweichung der Peakfläche bei den drei Injektionen sollte unter 1 Prozent liegen. Die Retentionszeit des Solvent Yellow 124 muss zwei- bis viermal länger sein als die Zeitspanne bis zum Erscheinen des Signals für das Leervolumen $t_0$. Die relative Standardabweichung der Retentionszeit des Solvent Yellow 124 sollte unter 2 Prozent liegen. Bei zu kurzer oder zu langer Retentionszeit muss das Elutionsmittel angepasst werden. Durch Zufügen von Ethylacetat zum Elutionsmittel verkürzt sich die Retentionszeit.

## 5.7 Bestimmung

Proben und Kalibriersubstanzen werden zweimal analysiert. Beginnen Sie mit den drei Kalibrierlösungen. Es können höchstens zwölf Proben zweimal analysiert werden, dann wird eine neue Kalibrierung erforderlich. Die Sequenz wird immer mit drei Kalibrierlösungen abgeschlossen. Die Kalibrierkurve wird durch den Nullpunkt gezwungen. Liegt der Korrelationskoeffizient der linearen Regression aller Kalibrierpunkte über 0,999, ist die Kalibrierung angemessen. Liegt der Korrelationskoeffizient unter 0,999, muss die Leistung des Systems überprüft und, wenn möglich, verbessert werden.

## 6 Auswertung

Zur Auswertung wird nach Unterabschnitt 5.7 aus den Mittelwerten der Peakflächen der zusammengehörigen Kalibrierlösungen $A_s$ und deren Konzentration $C_s$ ein Flächenfaktor a wie folgt ermittelt:

$$a = \frac{C_s}{A_s}$$

Bei der Konzentration des Standards in mg/l ist seine Reinheit zu berücksichtigen.

Aus den Flächen der Solvent Yellow 124-Peaks der Proben berechnet man die Konzentration wie folgt:

$$c = A_p \cdot a$$

Darin bedeutet:

$c =$ Konzentration des Solvent Yellow 124 in der Probe in mg/l

$A_p =$ Fläche des Solvent Yellow 124-Peaks

$a =$ Flächenfaktor

## 7 Angabe des Ergebnisses

Bei einem Gehalt an Solvent Yellow 124 bis 0,3 mg/l ist der Gehalt in mg/l mit zwei Nachkommastellen, bei höheren Gehalten mit einer Nachkommastelle anzugeben. Beim Runden auf die letzte anzugebende Stelle ist die DIN 1333 (Ausgabe Februar 1992) zu berücksichtigen.

## 8 Präzision

### 8.1 Wiederholbarkeit

Unterschiede zwischen den Ergebnissen zweier Ermittlungen, die in kurzem Abstand nacheinander von derselben Person unter denselben Umständen mit identischem Probengut durchgeführt werden, dürfen bei 95 Prozent der Analysen die nachstehenden Werte nicht übersteigen:

| Probeninhalt, Bereich | Wiederholbarkeit |
|---|---|
| 0,12 bis 0,27 mg/l | 0,03 mg/l |
| 4 bis 10 mg/l | 0,16 mg/l |

### 8.2 Vergleichbarkeit

Unterschiede zwischen den Ergebnissen zweier voneinander unabhängiger Ermittlungen, die zwei verschiedene Personen in verschiedenen Labors unter verschiedenen Umständen mit identischem Probengut durchführen, dürfen bei 95 Prozent der Analysen die nachstehenden Werte nicht übersteigen:

| Probeninhalt, Bereich | Wiederholbarkeit |
|---|---|
| 0,12 bis 0,27 mg/l | 0,05 mg/l |
| 4 bis 10 mg/l | 0,10 mg/l |

Dabei bedeutet X den Durchschnitt der beiden Ergebnisse.

### 8.3 Messunsicherheit

Die Messunsicherheit kann aufgrund der Daten zur Vergleichbarkeit geschätzt werden, nachdem bestätigt ist, dass das eigene Labor ebenso gut arbeitet wie die an der Validierungsstudie beteiligten Labors. Die Kalibrierungenauigkeit ist in den Daten zur Vergleichbarkeit nicht enthalten und kommt daher noch hinzu. Die Messunsicherheit wird dann folgendermaßen geschätzt:

$$U = k \cdot c \cdot v \sqrt{u_R^2 + u_{st}^2}$$

Darin bedeuten:

$U =$ erweiterte Messunsicherheit

$k =$ Erweiterungsfaktor (für ein Vertrauensintervall von 95 Prozent, k = 2)

$c =$ Konzentration, für die die Messunsicherheit berechnet werden soll

$U_R =$ relative Messunsicherheit aufgrund der Vergleichbarkeit

$u_{st}$ = relative Messunsicherheit des Kalibrierstandards (in erster Linie Reinheit); kann ignoriert werden, wenn 1/3 uR

9 **Anmerkungen**

Die Vergleichbarkeit ist in der Methode nur für die Bereiche 0,12 bis 0,27 mg/l und 4 bis 10 mg/l angegeben. Die für den oberen Bereich angegebene Formel (R = 0,1 x) wird auf den Bereich von 0,28 bis 3,9 mg/l extrapoliert.

Anlage 4 (zu § 110 Satz 1 Nr. 9)
**Verfahren zur Bestimmung des Färbeäquivalents von Kennzeichnungsstoffen**
(Fundstelle: BGBl. I 2006, 1801)

Das Färbeäquivalent von Gemischen der in § 2 Abs. 1 genannten Rotfarbstoffe ist spektralphotometrisch durch Vergleich der Extinktionen in Toluol zu ermitteln. Äquivalenz liegt vor, wenn sich die Extinktionskurve des Farbstoffgemisches und die Extinktionskurve von 5 g N-Ethyl-1-(4-phenylazophenylazo)-naphthyl-2-amin (Standard-Farbstoff) unter gleichen Messbedingungen im Maximum decken.

# Spitzenausgleich-Effizienzsystemverordnung (SpaEfV)

Spitzenausgleich-Effizienzsystemverordnung vom 31. Juli 2013 (BGBl. I S. 2858), die zuletzt durch Artikel 1 der Verordnung vom 31. Oktober 2014 (BGBl. I S. 1656) geändert worden ist

## § 1
### Zweck, Anwendungsbereich

Diese Verordnung regelt

1. Anforderungen an alternative Systeme zur Verbesserung der Energieeffizienz, die von kleinen und mittleren Unternehmen anstelle eines Energie- oder Umweltmanagementsystems betrieben werden können (§ 55 Absatz 4 Satz 2 des Energiesteuergesetzes sowie § 10 Absatz 3 Satz 2 des Stromsteuergesetzes),
2. Anforderungen an die Nachweisführung über den Beginn und den Abschluss der Einführung sowie den Betrieb
   a) eines Energie- oder eines Umweltmanagementsystems nach § 55 Absatz 4 Satz 1 Nummer 1 Buchstabe a oder Buchstabe b des Energiesteuergesetzes und § 10 Absatz 3 Satz 1 Nummer 1 Buchstabe a oder Buchstabe b des Stromsteuergesetzes,
   b) eines alternativen Systems zur Verbesserung der Energieeffizienz nach § 3 sowie
3. Vorgaben für die Nachweisführung durch die in § 55 Absatz 8 des Energiesteuergesetzes und in § 10 Absatz 7 des Stromsteuergesetzes genannten Stellen sowie deren Überwachung und Kontrolle.

## § 2
### Begriffsbestimmungen

(1) Im Sinne dieser Verordnung ist

1. ein Energiemanagementsystem: ein System, das den Anforderungen der DIN EN ISO 50001, Ausgabe Dezember 2011, entspricht,
2. ein Umweltmanagementsystem: ein System im Sinne der Verordnung (EG) Nr. 1221/2009 des Europäischen Parlaments und des Rates vom 25. November 2009 über die freiwillige Teilnahme von Organisationen an einem Gemeinschaftssystem für Umweltmanagement und Umweltbetriebsprüfung und zur Aufhebung der Verordnung (EG) Nr. 761/2001, sowie der Beschlüsse der Kommission 2001/681/EG und 2006/193/EG (ABl. L 342 vom 22.12.2009, S. 1) in der jeweils geltenden Fassung,
3. ein alternatives System zur Verbesserung der Energieeffizienz: eins der in § 3 genannten Systeme,
4. ein Energieaudit: ein systematisches Verfahren zur Erlangung ausreichender Informationen über das bestehende Energieverbrauchsprofil eines Unternehmens, zur Ermittlung und Quantifizierung der Möglichkeiten für wirtschaftliche Energieeinsparungen und zur Erfassung der Ergebnisse in einem Bericht,
5. eine EMAS-Registrierungsstelle: die nach § 32 des Umweltauditgesetzes in der Fassung der Bekanntmachung vom 4. September 2002 (BGBl. I S. 3490), das zuletzt durch Artikel 2 Absatz 43 des Gesetzes vom 7. August 2013

(BGBl. I S. 3154) geändert worden ist, in der jeweils geltenden Fassung für die Eintragung in das EMAS-Register zuständige Industrie- und Handelskammer oder Handwerkskammer,
6. der Energieverbrauch: die Menge der eingesetzten Energie und der eingesetzten Energieträger,
7. der Gesamtenergieverbrauch: die gesamte Menge der Energie und der Energieträger, die in dem Unternehmen, auf das sich die Nachweisführung in einem bestimmten Zeitraum bezieht, eingesetzt worden sind,
8. ein Unternehmen: ein Unternehmen im Sinne des § 2 Nummer 4 des Stromsteuergesetzes,
9. ein Nachweis: eine Bescheinigung nach amtlich vorgeschriebenem Vordruck der Bundesfinanzbehörden gemäß § 4 Absatz 6 oder § 5 Absatz 5,
10. ein Testat: ein Zertifikat nach der DIN EN ISO 50001, Ausgabe Dezember 2011, ein Bericht zum Überwachungsaudit, ein EMAS-Eintragungs- oder EMAS-Verlängerungsbescheid oder eine Bestätigung der EMAS-Registrierungsstelle.

(2) Die DIN EN ISO- und DIN EN-Normen, auf die in dieser Verordnung verwiesen wird, sind im Beuth Verlag, Berlin, erschienen und bei der Deutschen Nationalbibliothek archivmäßig gesichert niedergelegt.

## § 3
### Alternative Systeme zur Verbesserung der Energieeffizienz für kleine und mittlere Unternehmen

Als alternative Systeme zur Verbesserung der Energieeffizienz für kleine und mittlere Unternehmen (§ 55 Absatz 4 Satz 2 des Energiesteuergesetzes und § 10 Absatz 3 Satz 2 des Stromsteuergesetzes) gelten folgende Systeme:

1. ein Energieaudit entsprechend den Anforderungen der DIN EN 16247-1, Ausgabe Oktober 2012, das mit einem Energieauditbericht gemäß der Anlage 1 dieser Verordnung abschließt, oder
2. ein alternatives System gemäß der Anlage 2 dieser Verordnung.

## § 4
### Nachweisführung im Regelverfahren

(1) Voraussetzung für die Nachweisführung über den Betrieb eines Energiemanagementsystems nach § 55 Absatz 4 Satz 1 Nummer 1 Buchstabe a des Energiesteuergesetzes und § 10 Absatz 3 Satz 1 Nummer 1 Buchstabe a des Stromsteuergesetzes ist:

1. ein gültiges DIN EN ISO 50001-Testat, das frühestens zwölf Monate vor Beginn des Antragsjahres ausgestellt wurde, oder
2. ein gültiges DIN EN ISO 50001-Zertifikat, das zu einem früheren Zeitpunkt als nach Nummer 1 ausgestellt wurde in Verbindung mit einem frühestens zwölf Monate vor Beginn des Antrags-

jahres ausgestellten Bericht zum Überwachungsaudit, der belegt, dass das Energiemanagementsystem betrieben wurde.

(2) Voraussetzung für die Nachweisführung über den Betrieb eines Umweltmanagementsystems nach § 55 Absatz 4 Satz 1 Nummer 1 Buchstabe b des Energiesteuergesetzes und § 10 Absatz 3 Satz 1 Nummer 1 Buchstabe b des Stromsteuergesetzes ist:

1. ein gültiger Eintragungs- oder Verlängerungsbescheid der EMAS-Registrierungsstelle über die Eintragung in das EMAS-Register, der frühestens zwölf Monate vor Beginn des Antragsjahres ausgestellt wurde, oder
2. eine Bestätigung der EMAS-Registrierungsstelle über eine aktive Registrierung mit der Angabe eines Zeitpunkts, bis zu dem die Registrierung gültig ist, auf der Grundlage einer frühestens zwölf Monate vor Beginn des Antragsjahres ausgestellten validierten Aktualisierung der Umwelterklärung, die belegt, dass das Umweltmanagementsystem betrieben wurde. Für kleine und mittlere Unternehmen, die gemäß Artikel 7 der Verordnung (EG) Nr. 1221/2009 für das Antragsjahr oder das Jahr davor von der Verpflichtung zur Vorlage einer validierten aktualisierten Umwelterklärung befreit wurden, kann davon abweichend eine frühestens zwölf Monate vor Beginn des Antragsjahres ausgestellte nicht validierte aktualisierte Umwelterklärung herangezogen werden. Die Befreiung von der Verpflichtung zur Vorlage einer validierten aktualisierten Umwelterklärung ist dem zuständigen Hauptzollamt (§ 1a der Energiesteuer-Durchführungsverordnung sowie § 1 der Stromsteuer-Durchführungsverordnung) mit dem Nachweis nach Absatz 6 vorzulegen.

(3) [1]Voraussetzung für die Nachweisführung über den Betrieb eines alternativen Systems zur Verbesserung der Energieeffizienz durch ein kleines oder mittleres Unternehmen gemäß § 3 ist:

1. die Einhaltung der in der Anlage 1 aufgeführten Anforderungen an einen Energieauditbericht, oder
2. die Einhaltung der in der Anlage 2 aufgeführten Anforderungen.

[2]Die Nachweisführung nach Satz 1 muss sich auf alle Unternehmensteile, Anlagen, Standorte, Einrichtungen, Systeme und Prozesse eines Unternehmens beziehen. [3]Abweichend von Satz 2 können einzelne Unternehmensteile oder Standorte von der Nachweisführung mit Ausnahme der Erfassung des Gesamtenergieverbrauchs ausgenommen werden, wenn diese für den Gesamtenergieverbrauch des Unternehmens nicht relevant sind und die Bereiche mit einem wesentlichen Energieeinsatz durch die Nachweisführung abgedeckt werden. [4]Zur Erfüllung der Anforderungen nach Satz 1 muss sich die Nachweisführung auf mindestens 90 Prozent des Gesamtenergieverbrauchs des Unternehmens beziehen. [5]Die in Satz 1 Nummer 1 oder Nummer 2 genannten Anforderungen müssen frühestens zwölf Monate vor Beginn des Antragsjahres erfüllt sein. [6]Dabei sind die Daten eines Zwölf-Monats-Zeitraums heranzuziehen, die für die Nachweisführung

über die Erfüllung der Anforderungen jeweils nur für ein Antragsjahr zugrunde gelegt werden dürfen. [7]Die Erfüllung der Anforderungen ist durch die in § 55 Absatz 8 des Energiesteuergesetzes und § 10 Absatz 7 des Stromsteuergesetzes genannten Stellen jährlich zu bestätigen. [8]Die zuständigen Stellen nach § 6 Absatz 1 Satz 2 können die Anwendung von Verfahrensvereinfachungen bei der Überprüfung der Voraussetzungen nach Satz 1, die den Verfahrensvereinfachungen bei der Ausstellung von Testaten nach Absatz 1 oder 2 entsprechen, zulassen.

(4) [1]Bei Unternehmen mit mehreren Unternehmensteilen oder Standorten ist es für die Nachweisführung unschädlich, wenn für die einzelnen Unternehmensteile oder Standorte

1. unterschiedliche Systeme nach § 2 Absatz 1 Nummer 1 und 2,
2. bei kleinen und mittleren Unternehmen unterschiedliche Systeme nach § 2 Absatz 1 Nummer 1 bis 3 oder
3. mehrere standortbezogene gleichartige Systeme nach § 2 Absatz 1 Nummer 1 und 2

betrieben werden. [2]In diesen Fällen können einzelne Unternehmensteile oder Standorte von der Nachweisführung ausgenommen werden, wenn der Gesamtenergieverbrauch des Unternehmens erfasst wird und sich die von der Nachweisführung ausgenommenen Unternehmensteile und Standorte auf insgesamt nicht mehr als 5 Prozent des Gesamtenergieverbrauchs des Unternehmens beziehen.

(5) [1]Die in den Absätzen 1 bis 4 genannten Anforderungen an die Nachweisführung müssen in dem nachweisführenden Unternehmen spätestens bis zum Ablauf des Antragsjahres erfüllt sein. [2]Der Nachweisführung zugrunde gelegte Testate müssen spätestens vor Ablauf des Antragsjahres ausgestellt sein. [3]Für die Ausstellung eines Nachweises über den Betrieb eines alternativen Systems zur Verbesserung der Energieeffizienz nach § 3 müssen bis zum Ablauf des Antragsjahres sämtliche Unterlagen, die zur Nachweisführung erforderlich sind, der für die Ausstellung des Nachweises zuständigen Stelle vorgelegt und etwaige Vor-Ort-Prüfungen durchgeführt worden sein. [4]Sind die Voraussetzungen nach den Sätzen 1 bis 3 erfüllt, kann die für die Ausstellung eines Nachweises zuständige Stelle auch noch nach Ablauf des Antragsjahres eine weitere rein dokumentenbasierte Prüfung durchführen und den Nachweis nach Ablauf des Antragsjahres ausstellen.

(6) [1]Ein Nachweis über das Vorliegen der Voraussetzungen nach den Absätzen 1 bis 5 erfolgt jeweils für ein Antragsjahr und ist von einer der in § 55 Absatz 8 des Energiesteuergesetzes und in § 10 Absatz 7 des Stromsteuergesetzes genannten Stellen nach amtlich vorgeschriebenem Vordruck der Bundesfinanzbehörden schriftlich auszustellen. [2]Der Nachweis ist dem zuständigen Hauptzollamt von dem Unternehmen zusammen mit dem Antrag nach § 101 der Energiesteuer-Durchführungsverordnung oder nach § 19 der Stromsteuer-Durchführungsverordnung vorzulegen. [3]Im Falle eines Nachweises im Rahmen des Verfahrens nach der Verordnung (EG) Nr. 1221/2009 (EMAS-Verfahren) ist ein Nachweis nach Satz 1 durch Umweltgutachter oder Umwelt-

gutachterorganisationen auszustellen; § 18 des Umweltauditgesetzes gilt entsprechend. ³Sofern ein Nachweis nach dem EMAS-Verfahren das gesamte Unternehmen abdeckt, kann der Nachweis nach Satz 1 unter den Voraussetzungen des Absatzes 2 auch durch die EMAS-Registrierungsstelle ausgestellt werden. ⁴Nachweise von Konformitätsbewertungsstellen, die akkreditiert wurden von einer nationalen Akkreditierungsstelle im Sinne des § 1b Absatz 7 Nummer 2 der Energiesteuer-Durchführungsverordnung oder des § 18 Absatz 2 Nummer 2 der Stromsteuer-Durchführungsverordnung im Einklang mit der Verordnung (EG) Nr. 765/2008 des Europäischen Parlaments und des Rates vom 9. Juli 2008 über die Vorschriften für die Akkreditierung und Marktüberwachung im Zusammenhang mit der Vermarktung von Produkten und zur Aufhebung der Verordnung (EWG) Nr. 339/93 des Rates (ABl. L 218 vom 13.8.2008, S. 30) in der jeweils geltenden Fassung für die Zertifizierung von Energiemanagementsystemen nach der DIN EN ISO 50001 werden anerkannt, sofern dem zuständigen Hauptzollamt eine Kopie der entsprechenden Akkreditierungsurkunde vorgelegt wird.

§ 5
Nachweisführung in der Einführungsphase

(1) ¹Voraussetzung für die Nachweisführung über den Beginn der Einführung nach § 55 Absatz 5 Satz 1 Nummer 1, Satz 2 des Energiesteuergesetzes und § 10 Absatz 4 Satz 1 Nummer 1, Satz 2 des Stromsteuergesetzes ist für die Antragsjahre 2013 und 2014:

1. ein Testat nach § 4 Absatz 1 über den Betrieb eines Energiemanagementsystems, ein Testat nach § 4 Absatz 2 über den Betrieb eines Umweltmanagementsystems oder die Erfüllung der Voraussetzungen für die Nachweisführung nach § 4 Absatz 3 über den Betrieb eines alternativen Systems zur Verbesserung der Energieeffizienz für kleine oder mittlere Unternehmen für Teile des Unternehmens, sofern sich dieses Testat oder die Nachweisführung für das Antragsjahr 2013 auf mindestens 25 Prozent und für das Antragsjahr 2014 auf mindestens 60 Prozent des Gesamtenergieverbrauchs des Unternehmens bezieht,

2. für das Antragsjahr 2013 ein Testat nach § 4 Absatz 1 mit der Maßgabe, dass an die Stelle der DIN EN ISO 50001 die DIN EN 16001, Ausgabe August 2009, tritt, für Teile des Unternehmens, sofern sich dieses Testat auf mindestens 25 Prozent des Gesamtenergieverbrauchs des Unternehmens bezieht, oder

3. die Erfüllung folgender Anforderungen:

   a) die Abgabe einer schriftlichen oder elektronischen Erklärung der Geschäftsführung mit folgendem Inhalt:

      aa) das Unternehmen verpflichtet sich oder beauftragt eine der in § 55 Absatz 8 des Energiesteuergesetzes und § 10 Absatz 7 des Stromsteuergesetzes genannten Stellen,

         aaa) ein Energiemanagementsystem nach § 2 Absatz 1 Nummer 1,

         bbb) ein Umweltmanagementsystem nach § 2 Absatz 1 Nummer 2 oder

         ccc) sofern es sich um ein kleines oder mittleres Unternehmen handelt, ein alternatives System zur Verbesserung der Energieeffizienz nach § 3

      einzuführen, und

      bb) das Unternehmen ernennt namentlich mindestens eine unternehmensinterne oder unternehmensexterne natürliche oder juristische Person zum Energiebeauftragen des Unternehmens mit der Verantwortung für die Koordination der Systemeinführung nach Doppelbuchstabe aa; das Unternehmen bestätigt, dass dieser Person die nötigen Befugnisse zur Erfassung der für die Einführung und Durchführung notwendigen Informationen, insbesondere für die Erfassung der erforderlichen Daten, erteilt werden, und

   b) das Unternehmen hat mit der Einführung des Systems (Buchstabe a Doppelbuchstabe aa) begonnen und dabei folgende Maßnahmen umgesetzt:

      aa) für das Antragsjahr 2013

         aaa) für ein Energiemanagementsystem nach § 2 Absatz 1 Nummer 1 die Nummer 4.4.3 Buchstabe a der DIN EN ISO 50001;

         bbb) für ein Umweltmanagementsystem nach § 2 Absatz 1 Nummer 2 mindestens die Erfassung und Analyse eingesetzter Energieträger mit einer Bestandsaufnahme der Energieströme und Energieträger, der Ermittlung wichtiger Kenngrößen in Form von absoluten und prozentualen Einsatzmengen gemessen in technischen und bewertet in monetären Einheiten und der Dokumentation der eingesetzten Energieträger mit Hilfe einer Tabelle; oder

         ccc) sofern es sich um ein kleines oder mittleres Unternehmen handelt, für ein alternatives System zur Verbesserung der Energieeffizienz nach § 3 die Anforderungen nach Anlage 2 Nummer 1;

      bb) für das Antragsjahr 2014

         aaa) für ein Energiemanagementsystem nach § 2 Absatz 1 Nummer 1 die Nummer 4.4.3 Buchstabe a und Buchstabe b der DIN EN ISO 50001;

         bbb) für ein Umweltmanagementsystem nach § 2 Absatz 1 Nummer 2 mindestens die Anforderungen nach Buchstabe b Doppelbuchstabe aa Dreifachbuchstabe bbb sowie die Erfassung und Analyse von Energie verbrauchenden Anlagen und Geräten mit einer Energieverbrauchsanalyse in Form einer Aufteilung der eingesetzten Energieträger auf die Verbraucher, der Erfassung der Leistungs- und Verbrauchsdaten der Produktionsanlagen sowie Nebenanlagen, für gängige Geräte (zum Beispiel Geräte zur Drucklufterzeugung, Pumpen, Ventilatoren, Antriebsmotoren, Anlagen zur Wärme- und Kälteerzeugungsowie Geräte zur Beleuchtung und Bürogeräte) die Ermittlung des Energieverbrauchs durch kontinuierliche Messung oder durch Schätzung mittels zeitweise installierter Messeinrichtungen (zum Beispiel Stromzange, Wärmezähler) und nachvollziehbarer Hochrechnungen über Betriebs- und Lastkenndaten, und der Dokumentation des Energieverbrauchs mit Hilfe einer Tabelle. Für gängige Geräte, für die eine Ermittlung des Energieverbrauchs mittels Messung nicht oder nur mit einem erheblichen Aufwand möglich ist, kann der Energieverbrauch durch nachvollziehbare Hochrechnungen über bestehende Betriebs- und Lastkenndaten ermittelt werden. Für Geräte zur Beleuchtung und für Bürogeräte kann eine Schätzung des Energieverbrauchs mittels anderer nachvollziehbarer Methoden vorgenommen werden;

ccc) sofern es sich um ein kleines oder mittleres Unternehmen handelt, für ein alternativesSystem zur Verbesserung der Energieeffizienz nach § 3 die Anforderungen nach Anlage2 Nummer 1 und 2. Bei der Erfassung und Analyse von Energie verbrauchenden Anlagen und Geräten nach der Anlage 2 Nummer 2 müssen mindestens 90 Prozent des ermittelten Energieverbrauchs den Energie verbrauchenden Anlagen und Geräten des Unternehmens zugeordnet werden.

²Die zuständigen Stellen nach § 6 Absatz 1 Satz 2 können für das Antragsjahr 2013 die Anwendung von Verfahrensvereinfachungen bei der Überprüfung der Voraussetzungen nach Nummer 3 Buchstabe b, insbesondere einen Verzicht auf Vor-Ort-Begutachtungen, zulassen. ²In der Antragsjahre 2013 und 2014 können die zuständigen Stellen nach § 6 Absatz 1 Satz 2 bei Unternehmen mit mehreren Standorten Verfahrensvereinfachungen, insbesondere stichprobenartige Überprüfungen, zulassen; ein vollständiger Verzicht auf Vor-Ort-Begutachtungen ist im Antragsjahr 2014 nicht zulässig.

(2) Ab dem Antragsjahr 2015 gilt die Nachweisführung im Regelverfahren (§ 4).

(3) ¹In den Fällen des § 55 Absatz 6 des Energiesteuergesetzes und des § 10 Absatz 5 des Stromsteuergesetzes gelten die Absätze 1 und 2 entsprechend. ²Im Jahr der Neugründung eines Unternehmens sind der Nachweisführung Daten über den Energieverbrauch aus dem Zeitraum ab dem Beginn der erstmaligen Betriebsaufnahme bis zum 15. Dezember des Antragsjahres zugrunde zu legen. ³Der Nachweisführung für Antragsjahre, die unmittelbar auf das Jahr der Neugründung folgen, sind Daten über den Energieverbrauch eines vollständigen Zwölf-Monats-Zeitraums zugrunde zu legen. ⁴Der Zwölf-Monats-Zeitraum nach Satz 3 darf sich mit dem in Satz 2 genannten Zeitraum höchstens um sechs Monate überschneiden.

(4) ¹Die in den Absätzen 1 und 3 genannten Anforderungen an die Nachweisführung müssen in dem nachweisführenden Unternehmen spätestens bis zum Ablauf des Antragsjahres erfüllt sein. ²Der Nachweisführung zugrunde gelegte Testate müssen spätestens vor Ablauf des Antragsjahres ausgestellt sein. ³Für die Nachweisführung nach Absatz 1 Satz 1 Nummer 3 für das Antragsjahr 2014 müssen sämtliche Unterlagen, die Voraussetzung für die Ausstellung eines Nachweises sind, der für die Ausstellung des Nachweises zuständigen Stelle bis zum Ablauf des Antragsjahres vorgelegt worden sein. ⁴Etwaige Vor-Ort-Prüfungen müssen bis zum Ablauf des Antragsjahres durchgeführt worden sein. ⁵Sind die Voraussetzungen nach den Sätzen 1 bis 4 erfüllt, kann die für die Ausstellung eines Nachweises zuständige Stelle auch noch nach Ablauf des Antragsjahres eine weitere rein dokumentenbasierte Prüfung durchführen und den Nachweis nach Ablauf des Antragsjahres ausstellen.

(5) Der Nachweis über das Vorliegen der Voraussetzungen nach den Absätzen 1 bis 3 ist von einer der in § 55 Absatz 8 des Energiesteuergesetzes und in § 10 Absatz 7 des Stromsteuergesetzes genannten Stellen nach amtlich vorgeschriebenem Vordruck der Bundesfinanzbehörden schriftlich auszustellen. § 4 Absatz 6 gilt im Übrigen entsprechend.

(6) ¹Bei den Berechnungen nach Absatz 1 Satz 1 Nummer 1 und 2 zur Ermittlung des anteiligen Energieverbrauchs am gesamten Unternehmen ist eine Schätzung zulässig, soweit eine genaue Ermittlung nur mit unvertretbarem Aufwand möglich wäre und die Schätzung so beschaffen ist, dass sie für nicht sachverständige Dritte jederzeit nachprüf- und nachvollziehbar ist. ²Für die Erfassung der eingesetzten Energieträger und der Energie verbrauchenden Anlagen und Geräte (Absatz 1 Satz 1 Nummer 3 Buchstabe b) gilt Satz 1 entsprechend. Bei Unternehmen mit mehreren Standorten, an denen unterschiedliche Systeme betrieben werden, gelten die Voraussetzungen für den Nachweis nach § 55 Absatz 5 Satz 1 Nummer 1, Satz 2 des Energiesteuergesetzes und § 10 Absatz 4 Satz 1 Nummer 1, Satz 2 des Stromsteuergesetzes

1. für das Antragsjahr 2013 als erfüllt, sofern sich die Gesamtheit der in Absatz 1 Satz 1 Nummer 1 und 2 genannten Testate auf mindestens 25 Prozent und

2. für das Antragsjahr 2014 die Gesamtheit der in Absatz 1 Satz 1 Nummer 1 genannten Testate auf mindestens 60 Prozent des Gesamtenergieverbrauchs des Unternehmens bezieht; Satz 1 gilt entsprechend.

(7) ¹Bei der Nachweisführung nach Absatz 1 Satz 1 Nummer 3 Buchstabe b müssen sich die verwendeten Daten über den Energieeinsatz und den Energieverbrauch auf einen vollständigen Zwölf-Monats-Zeitraum beziehen, der frühestens zwölf Monate vor Beginn des Antragsjahres beginnt und spätestens mit Ablauf des Antragsjahres endet. ²Der Zwölf-Monats-Zeitraum, der der Nachweisführung für das Antragsjahr 2014 zugrunde gelegt wird, darf sich mit dem Zwölf-Monats-Zeitraum, der der Nachweisführung für das Antragsjahr 2013 zugrunde gelegt wurde, höchstens um sechs Monate überschneiden. ³Ab dem in Absatz 2 genannten Zeitpunkt ist jeweils ein Zwölf-Monats-Zeitraum zugrunde zu legen, der mit demselben Kalendermonat beginnt und mit demselben Kalendermonat endet wie der Zwölf-Monats-Zeitraum, der im vorherigen Antragsjahr der Nachweisführung zugrunde gelegt worden ist. ⁴Von Satz 3 kann abgewichen werden, wenn die Nachweisführung unverhältnismäßig erschwert würde und unternehmerisch veranlasste, objektiv nachvollziehbare Gründe die Abweichung rechtfertigen. ⁵In diesem Fall darf sich der Zwölf-Monats-Zeitraum, der der Nachweisführung für ein Antragsjahr zugrunde gelegt wird, mit dem Zwölf-Monats-Zeitraum, der der Nachweisführung für das vorherige Antragsjahr zugrunde gelegt wurde, höchstens um drei Monate überschneiden.

## § 6
### Überwachung und Kontrolle

(1) Die Tätigkeit der Umweltgutachter und Umweltgutachterorganisationen oder der Konformitätsbewertungsstellen wird im Rahmen dieser Verordnung von der zuständigen Stelle überwacht und kontrolliert. Zuständige Stelle im Sinne dieser Verordnung ist

1. die in § 1b Absatz 8 der Energiesteuer-Durchführungsverordnung und § 18 Absatz 3 der Stromsteuer- Durchführungsverordnung genannte Stelle für die Überwachung der Umweltgutachter und Umweltgutachterorganisationen sowie
2. die in § 1b Absatz 7 Nummer 1 der Energiesteuer-Durchführungsverordnung und § 18 Absatz 2 Nummer 1 der Stromsteuer-Durchführungsverordnung genannte Stelle für die Überwachung der von ihr akkreditierten Konformitätsbewertungsstellen.

(2) Die zuständige Stelle hat im Rahmen der Überwachung und Kontrolle insbesondere die erforderlichen Anordnungen zu treffen, um festgestellte Mängel zu beseitigen und künftige Mängel zu verhüten, sowie die erforderlichen Prüfungen und Kontrollen vor Ort durchzuführen. Soweit dies für die Erfüllung der Aufgaben nach Absatz 1 erforderlich ist, sind die Bediensteten und sonstigen Beauftragten der zuständigen Stelle befugt,

1. zu den Betriebs- und Geschäftszeiten Betriebsstätten, Geschäfts- und Betriebsräume sowie Transportmittel sowohl von Umweltgutachtern und Umweltgutachterorganisationen oder Konformitätsbewertungsstellen als auch von Unternehmen, denen ein Nachweis nach § 4 oder § 5 ausgestellt oder bestätigt wurde oder werden soll, zu betreten,

2. alle erforderlichen Geschäftsunterlagen sowohl bei Umweltgutachtern und Umweltgutachterorganisationen oder Konformitätsbewertungsstellen als auch bei Unternehmen, denen ein Nachweis nach § 4 oder § 5 ausgestellt oder bestätigt wurde oder werden soll, einzusehen, zu prüfen und hieraus Abschriften, Auszüge, Ausdrucke oder Kopien anzufertigen, und

3. die erforderlichen Auskünfte sowohl von Umweltgutachtern und Umweltgutachterorganisationen oder Konformitätsbewertungsstellen als auch von Unternehmen, denen ein Nachweis nach § 4 oder § 5 ausgestellt oder bestätigt wurde oder werden soll, zu verlangen.

(3) Die Bundesfinanzbehörden können der zuständigen Stelle die erforderlichen Informationen übermitteln, die sie braucht, um die Aufgaben nach dieser Verordnung zu erfüllen.

(4) Die Vorschriften des Umweltauditgesetzes und des Akkreditierungsstellengesetzes vom 31. Juli 2009 (BGBl. I S. 2625), das zuletzt durch Artikel 2 Absatz 80 des Gesetzes vom 22. Dezember 2012 (BGBl. I S. 3044) geändert worden ist, in der jeweils geltenden Fassung sowie der auf der Grundlage dieser Gesetze erlassenen Verordnungen bleiben unberührt.

## § 7
### Datenübermittlung

(1) Soweit dies für die Kontrolle und Überwachung der im Bereich der Durchführung dieser Verordnung tätigen Umweltgutachter und Umweltgutachterorganisationen oder Konformitätsbewertungsstellen erforderlich ist, darf die zuständige Stelle nach § 6 Absatz 1 Satz 2 folgende Daten an die Bundesfinanzbehörden übermitteln:

1. Erkenntnisse oder Informationen über Zulassungs- und Aufsichtsmaßnahmen, die die Stelle nach § 6 Absatz 1 Satz 2 Nummer 1 ergriffen hat und die sich auf die Gültigkeit von Testaten eines Umweltgutachters oder einer Umweltgutachterorganisation auswirken können,

2. Erkenntnisse oder Informationen über Akkreditierungstätigkeiten sowie Maßnahmen, die die Stelle nach § 6 Absatz 1 Satz 2 Nummer 2 ergriffen hat und die sich auf die Gültigkeit von Testaten einer Konformitätsbewertungsstelle auswirken können.

(2) Die in Absatz 1 aufgeführten Daten werden übermittelt, um den Hauptzollämtern die Prüfung der Gültigkeit eines Testates zu ermöglichen, das von einer Stelle nach § 55 Absatz 8 des Energiesteuergesetzes oder § 10 Absatz 7 des Stromsteuergesetzes ausgestellt worden ist.

(3) ¹Die in Absatz 1 aufgeführten Daten dürfen nur für den in Absatz 2 genannten Zweck verwendet werden. ²Unternehmensdaten sind nur insoweit zu übermitteln, als es erforderlich ist, um die über-

mittelten Informationen einem zu überprüfenden Testat oder einem Steuerverfahren zuzuordnen.

(4) Die bei den Bundesfinanzbehörden gespeicherten Daten sind zu löschen, wenn sie zur Erfüllung der Aufgaben im Steuerverfahren nicht mehr erforderlich sind, spätestens jedoch nach Ablauf der Festsetzungsfrist nach § 169 der Abgabenordnung.

### § 8
### Berichtspflicht der zuständigen Stelle

¹Die zuständige Stelle legt dem Bundesministerium für Wirtschaft und Energie, dem Bundesministerium für Umwelt, Naturschutz, Bau und Reaktorsicherheit sowie dem Bundesministerium der Finanzen jeweils jährlich einen Bericht über die nach § 6 Absatz 1 und 2 durchgeführten Überwachungs- und Kontrollmaßnahmen vor. ²Der Berichtspflicht kann nachgekommen werden im Rahmen

1. des Berichts nach § 21 Absatz 2 des Umweltauditgesetzes durch die Stelle nach § 6 Absatz 1 Satz 2 Nummer 1 an die in Satz 1 genannten Ministerien sowie
2. des Berichts nach § 3 der AkkStelleG-Beleihungsverordnung vom 21. Dezember 2009 (BGBl. I S. 3962) in der jeweils geltenden Fassung durch die Stelle nach § 6 Absatz 1 Satz 2 Nummer 2 an die in Satz 1 genannten Ministerien.

³§ 9 des Akkreditierungsstellengesetzes und § 29 des Umweltauditgesetzes bleiben unberührt.

### § 9
### Ordnungswidrigkeiten

Ordnungswidrig im Sinne des § 381 Absatz 1 Nummer 1 der Abgabenordnung handelt, wer vorsätzlich oder leichtfertig entgegen § 4 Absatz 6 Satz 1 oder § 5 Absatz 5 Satz 1 einen dort genannten Nachweis nicht richtig ausstellt oder nicht richtig bestätigt.

### § 10
### Inkrafttreten

Diese Verordnung tritt am Tag nach der Verkündung in Kraft.

Anlage 1 (zu § 3 Satz 1 Nummer 1)
Inhaltliche Anforderungen an einen Energieaudit-Bericht entsprechend DIN EN 16247-1
(Fundstelle: BGBl. I 2013, 2863)

Der genaue Inhalt des Berichts muss dem Anwendungsbereich, dem Ziel und der Gründlichkeit des Energieaudits entsprechen.

Der Bericht des Energieaudits muss enthalten:

1. Zusammenfassung:
   a) Rangfolge der Möglichkeiten zur Verbesserung der Energieeffizienz;
   b) vorgeschlagenes Umsetzungsprogramm.
2. Hintergrund:
   a) allgemeine Informationen über die auditierte Organisation, den Energieauditor und die Energieauditmethodik;
   b) Kontext des Energieaudits;
   c) Beschreibung des/der auditierten Objekte (s);
   d) relevante Normen und Vorschriften.
3. Energieaudit:
   a) Beschreibung des Energieaudits, Anwendungsbereich, Ziel und Gründlichkeit, Zeitrahmen und Grenzen;
   b) Informationen zur Datenerfassung:
      aa) Messaufbau (aktuelle Situation);
      bb) Aussage, welche Werte verwendet wurden (und welche Werte davon gemessen und welche geschätzt sind);
      cc) Kopie der verwendeten Schlüsseldaten und der Kalibrierungszertifikate, soweit solche Unterlagen vorgeschrieben sind.
   c) Analyse des Energieverbrauchs;
   d) Kriterien für die Rangfolge von Maßnahmen zur Verbesserung der Energieeffizienz.
4. Möglichkeiten zur Verbesserung der Energieeffizienz:
   a) vorgeschlagene Maßnahmen, Empfehlungen, Plan und Ablaufplan für die Umsetzung;
   b) Annahmen, von denen bei der Berechnung von Einsparungen ausgegangen wurde, und die resultierende Genauigkeit der Empfehlungen;
   c) Informationen über anwendbare Zuschüsse und Beihilfen;
   d) geeignete Wirtschaftlichkeitsanalyse;
   e) mögliche Wechselwirkungen mit anderen vorgeschlagenen Empfehlungen;
   f) Mess- und Nachweisverfahren, die für eine Abschätzung der Einsparungen nach der Umsetzung der empfohlenen Möglichkeiten anzuwenden sind.
5. Schlussfolgerungen.

SpaEfV

Anlage 2 (zu § 3 Satz 1 Nummer 2)
Alternatives System
(Fundstelle: BGBl. I 2013, 2864)

1. Erfassung und Analyse eingesetzter Energieträger
   – Bestandsaufnahme der Energieströme und Energieträger.
   – Ermittlung wichtiger Kenngrößen in Form von absoluten und prozentualen Einsatzmengen, gemessen in technischen und bewertet in monetären Einheiten.
   – Dokumentation der eingesetzten Energieträger mit Hilfe einer Tabelle (siehe Tabelle 1).

Tabelle 1
Erfassung und Analyse eingesetzter Energieträger

| Jahr | Eingesetzte Energie/ Energieträger | Verbrauch (kWh/Jahr) | Anteil am Gesamtenergieverbrauch | Kosten | Kostenanteil | Messsystem | Genauigkeit/ Kalibrierung |
|---|---|---|---|---|---|---|---|
|  |  |  |  |  |  |  |  |

2. Erfassung und Analyse von Energie verbrauchenden Anlagen und Geräten
   – Energieverbrauchsanalyse in Form einer Aufteilung der eingesetzten Energieträger auf die Verbraucher.
   – Erfassung der Leistungs- und Verbrauchsdaten der Produktionsanlagen sowie Nebenanlagen.
   – Für gängige Geräte wie zum Beispiel Drucklufterzeugung, Pumpen, Ventilatoren, Antriebsmotoren, Wärme- und Kälteerzeugung sowie Beleuchtung und Bürogeräte Ermittlung des Verbrauchs durch kontinuierliche Messung oder durch Schätzung mittels zeitweise installierter Messeinrichtungen (zum Beispiel Stromzange, Wärmezähler) und nachvollziehbarer Hochrechnungen über Betriebs- und Lastkenndaten. Schätzungen bei Anlagen zur Wärme- und Kälteerzeugung müssen unter der Verwendung von Methoden zur Temperaturbereinigung erfolgen.
   – Dokumentation des Energieverbrauchs mit Hilfe einer Tabelle (siehe Tabelle 2).

Tabelle 2
Erfassung und Analyse von Energieverbrauchern

| Energieverbraucher | | | | Eingesetze Energie (kWh) und Energieträger | Abwärme (Temperaturniveau) | Messsystem/ Messart oder alternative Art der Erfassung und Analyse | Genauigkeit/ Kalibrierung |
|---|---|---|---|---|---|---|---|
| Nr. | Anlage/Teil | Alter | Kapazität |  |  |  |  |
|  |  |  |  |  |  |  |  |

3. Bewertung der Einsparpotenziale
   – Identifizierung der Energieeinsparpotenziale (wie zum Beispiel die energetische Optimierung der Anlagen und Systeme sowie die Effizienzsteigerung einzelner Geräte).
   – Bewertung der Potenziale zur Verminderung des Energieverbrauchs anhand wirtschaftlicher Kriterien.
   – Ermittlung der energetischen Einsparpotenziale in Energieeinheiten und monetären Größen und Aufstellung der Aufwendungen für Energiesparmaßnahmen, beispielsweise für Investitionen.
   – Bewertung der Wirtschaftlichkeit der Maßnahmen anhand geeigneter Methoden zur Investitionsbeurteilung, wie interner Verzinsung (Rentabilität) und Amortisationszeit (Risiko); vgl. hierzu das Beispiel der Tabelle 3.

Tabelle 3
Bewertung nach interner Verzinsung und Amortisationszeit

| Allgemeine Angaben | | | | Interne Verzinsung | Statische Amortisation |
|---|---|---|---|---|---|
| Investition/ Maßnahme | Investitionssumme | Einsparung | Technische Nutzung | Rentabilität der Investition/a | Kapitalrückfluss |
|  | [Euro] | [Euro/Jahr] | [Jahre] | [%] | [Jahre] |
|  |  |  |  |  |  |
|  |  |  |  |  |  |

4. **Rückkopplung zur Geschäftsführung und Entscheidung über den Umgang mit den Ergebnissen**
   Einmal jährlich hat sich die Geschäftsführung über die Ergebnisse der Nummern 1 bis 3 zu informieren und auf dieser Grundlage entsprechende Beschlüsse über Maßnahmen und Termine zu fassen.

# Stromsteuergesetz (StromStG)

Stromsteuergesetz vom 24. März 1999 (BGBl. I S. 378; 2000 I S. 147), das zuletzt durch Artikel 2 des Gesetzes vom 5. Dezember 2012 (BGBl. I S. 2436, 2725) geändert worden ist

## § 1
### Steuergegenstand, Steuergebiet

(1) ¹Elektrischer Strom (Strom) der Position 2716 der Kombinierten Nomenklatur unterliegt im Steuergebiet der Stromsteuer. ²Steuergebiet ist das Gebiet der Bundesrepublik Deutschland ohne das Gebiet von Büsingen und ohne die Insel Helgoland. ³Die Stromsteuer ist eine Verbrauchsteuer im Sinne der Abgabenordnung.

(2) Kombinierte Nomenklatur im Sinne dieses Gesetzes ist die Warennomenklatur nach Artikel 1 der Verordnung (EWG) Nr. 2658/87 des Rates vom 23. Juli 1987 über die zolltarifliche und statistische Nomenklatur sowie den Gemeinsamen Zolltarif (ABl. EG Nr. L 256 S. 1, Nr. L 341 S. 38, Nr. L 378 S. 120, 1988 Nr. L 130 S. 42) in der am 1. Januar 2002 geltenden Fassung.

## § 2
### Begriffsbestimmungen

Im Sinne dieses Gesetzes sind
1. Versorger: Derjenige, der Strom leistet;
2. Eigenerzeuger: derjenige, der Strom zum Selbstverbrauch erzeugt;
2a. Klassifikation der Wirtschaftszweige: die vom Statistischen Bundesamt in 65189 Wiesbaden, Gustav-Stresemann-Ring 11, herausgegebene Klassifikation der Wirtschaftszweige, Ausgabe 2003 (WZ 2003), auch zu beziehen über www-ec.destatis.de;
3. Unternehmen des Produzierenden Gewerbes: Unternehmen, die dem Abschnitt C (Bergbau und Gewinnung von Steine und Erden), D (Verarbeitendes Gewerbe), E (Energie- und Wasserversorgung) oder F (Baugewerbe) der Klassifikation der Wirtschaftszweige zuzuordnen sind, sowie die anerkannten Werkstätten für behinderte Menschen im Sinne des § 136 des Neunten Buches Sozialgesetzbuch, wenn sie überwiegend eine wirtschaftliche Tätigkeit ausüben, die den vorgenannten Abschnitten der Klassifikation der Wirtschaftszweige zuzuordnen ist;
4. Unternehmen im Sinne der Nummer 3: Kleinste rechtlich selbständige Einheit sowie kommunale Eigenbetriebe, die auf Grundlage der Eigenbetriebsgesetze oder Eigenbetriebsverordnungen der Länder geführt werden;
5. Unternehmen der Land- und Forstwirtschaft: Unternehmen, die dem Abschnitt A (Land- und Forstwirtschaft) oder der Klasse 05.02 (Teichwirtschaft und Fischzucht) der Klassifikation der Wirtschaftszweige zuzuordnen sind, sowie die anerkannten Werkstätten für behinderte Menschen im Sinne des § 136 des Neunten Buches Sozialgesetzbuch, wenn sie überwiegend eine wirtschaftliche Tätigkeit ausüben, die dem Abschnitt A oder der Klasse 05.02 der Klassifikation der Wirtschaftszweige zuzuordnen ist;
6. Unternehmen im Sinne der Nummer 5: Wirtschaftliche, finanzielle und rechtliche Einheit, die unter einheitlicher und selbständiger Führung steht;
7. Strom aus erneuerbaren Energieträgern: Strom, der ausschließlich aus Wasserkraft, Windkraft, Sonnenenergie, Erdwärme, Deponiegas, Klärgas oder aus Biomasse erzeugt wird, ausgenommen Strom aus Wasserkraftwerken mit einer installierten Generatorleistung über zehn Megawatt.

## § 3
### Steuertarif

Die Steuer beträgt 20,50 Euro für eine Megawattstunde.

## § 4
### Erlaubnis

(1) ¹Wer als Versorger mit Sitz im Steuergebiet Strom leisten oder als Eigenerzeuger Strom zum Selbstverbrauch entnehmen oder als Letztverbraucher Strom aus einem Gebiet außerhalb des Steuergebiets beziehen will, bedarf der Erlaubnis. ²Einer Erlaubnis als Eigenerzeuger bedarf es nicht, wenn der Eigenerzeuger Inhaber einer Erlaubnis als Versorger ist oder soweit der Eigenerzeuger Strom zum Selbstverbrauch entnimmt, der nach § 9 Abs. 1 Nr. 3 Buchstabe a, Nr. 4 oder Nr. 5 von der Steuer befreit ist.

(2) ¹Die Erlaubnis wird auf Antrag vom Hauptzollamt unter Widerrufsvorbehalt Personen erteilt, die ordnungsgemäß kaufmännische Bücher führen, rechtzeitig Jahresabschlüsse aufstellen und gegen deren steuerliche Zuverlässigkeit keine Bedenken bestehen. ²Das Hauptzollamt kann nach Absatz 1 erlaubnispflichtige Versorger, Eigenerzeuger oder Letztverbraucher, die weder nach dem Handelsgesetzbuch noch nach der Abgabenordnung zur Führung von kaufmännischen Büchern oder zur Aufstellung von Jahresabschlüssen verpflichtet sind, von diesen Erfordernissen befreien, soweit Steuerbelange dadurch nicht gefährdet werden.

(3) Vor Erteilung der Erlaubnis kann das Hauptzollamt Sicherheit für die voraussichtlich während zweier Monate entstehende Steuer verlangen, wenn Anzeichen für eine Gefährdung der Steuer erkennbar sind.

(4) Die Erlaubnis ist zu widerrufen, wenn eine der Voraussetzungen nach Absatz 2 nicht mehr erfüllt ist oder eine angeforderte Sicherheit nicht geleistet wird.

(5) (weggefallen)

## § 5
### Entstehung der Steuer, Steuerschuldner

(1) ¹Die Steuer entsteht dadurch, daß vom im Steuergebiet ansässigen Versorger geleisteter Strom durch Letztverbraucher im Steuergebiet aus dem Versorgungsnetz entnommen wird, oder dadurch,

daß der Versorger dem Versorgungsnetz Strom zum Selbstverbrauch entnimmt. [2]Bei Eigenerzeugern entsteht die Steuer vorbehaltlich Satz 1 mit der Entnahme von Strom zum Selbstverbrauch im Steuergebiet.

(2) Steuerschuldner ist in den Fällen des Absatzes 1 Satz 1 der Versorger und im Falle des Absatzes 1 Satz 2 der Eigenerzeuger.

(3) [1]Strom gilt mit der Leistung an einen Versorger, der nicht Inhaber einer nach § 4 Abs. 1 erforderlichen Erlaubnis als Versorger ist, als durch einen Letztverbraucher im Steuergebiet aus dem Versorgungsnetz entnommen, wenn die Leistung des Stroms in der Annahme erfolgt, dass eine Steuer nach Absatz 1 Satz 1 entstanden sei. [2]Eine Steuerentstehung durch die tatsächliche Entnahme des Stroms aus dem Versorgungsnetz bleibt dadurch unberührt. [3]Dem Versorger ohne Erlaubnis wird die durch den an ihn leistenden Versorger entrichtete Steuer auf Antrag vergütet, soweit er nachweist, dass die durch die tatsächliche Entnahme des Stroms entstandene Steuer entrichtet worden ist, für den Strom keine Steuer entstanden ist oder der Strom steuerfrei entnommen worden ist.

§ 6
Widerrechtliche Entnahme von Strom

[1]Die Steuer entsteht auch dadurch, daß widerrechtlich Strom aus dem Versorgungsnetz entnommen wird. [2]Steuerschuldner ist, wer widerrechtlich Strom entnimmt.

§ 7
Leistung von Strom in das Steuergebiet

[1]Bezieht ein Letztverbraucher Strom aus einem Gebiet außerhalb des Steuergebiets, entsteht die Steuer dadurch, daß der Strom durch den Letztverbraucher im Steuergebiet aus dem Versorgungsnetz entnommen wird. [2]Steuerschuldner ist der Letztverbraucher.

§ 8
Steueranmeldung, Fälligkeit der Steuer

(1) Der Steuerschuldner hat für Strom, für den die Steuer nach § 5 Abs. 1 oder § 7 entstanden ist, vorbehaltlich des Absatzes 9 eine Steuererklärung abzugeben und darin die Steuer selbst zu berechnen (Steueranmeldung).

(2) [1]Der Steuerschuldner kann zwischen monatlicher und jährlicher Steueranmeldung wählen. [2]Das Wahlrecht kann nur für jeweils ein Kalenderjahr ausgeübt werden. [3]Es ist durch eine Erklärung auszuüben, die spätestens am 31. Dezember des Vorjahres beim Hauptzollamt eingegangen sein muß. [4]Wird die Erklärung nicht rechtzeitig abgegeben, ist die Steuer jährlich anzumelden und zu entrichten.

(3) Bei monatlicher Anmeldung ist die Steuer für jeden Kalendermonat (Veranlagungsmonat) bis zum 15. Kalendertag des folgenden Kalendermonats anzumelden und bis zum 25. Kalendertag dieses Kalendermonats an das Hauptzollamt zu entrichten.

(4) Bei jährlicher Anmeldung ist die Steuer für jedes Kalenderjahr (Veranlagungsjahr) bis zum 31. Mai des folgenden Kalenderjahres anzumelden und unter Anrechnung der geleisteten monatlichen Vorauszahlungen nach Absatz 7 bis zum 25. Juni dieses Kalenderjahres an das Hauptzollamt zu entrichten.

(4a) [1]Wird die Leistung von Strom oder die Entnahme von Strom zum Selbstverbrauch nach Ablesezeiträumen abgerechnet oder ermittelt, die mehrere Veranlagungsmonate oder mehrere Veranlagungsjahre betreffen, ist insoweit eine sachgerechte, von einem Dritten nachvollziehbare Schätzung zur Aufteilung der im gesamten Ablesezeitraum entnommenen Menge auf die betroffenen Veranlagungszeiträume zulässig. [2]Sofern Ablesezeiträume später enden als der jeweilige Veranlagungszeitraum, ist für diese Ablesezeiträume die voraussichtlich im Veranlagungszeitraum entnommene Menge zur Versteuerung anzumelden. [3]Nachdem ein solcher Ablesezeitraum beendet ist, hat der Steuerschuldner die nach Satz 2 angemeldete Menge und die darauf entfallende Steuer entsprechend Satz 1 zu berichtigen. [4]Die Berichtigung ist für den Veranlagungszeitraum vorzunehmen, in dem der Ablesezeitraum endet. [5]Die Steuer oder der Erstattungsanspruch für die Differenzmenge zwischen der angemeldeten und der berichtigten Menge gilt insoweit in dem Zeitpunkt als entstanden, in dem der Ablesezeitraum endet. [6]Die Sätze 1 bis 5 gelten für Steuerschuldner nach § 7 Satz 2 sinngemäß.

(5) [1]Scheidet ein Steuerschuldner während des Veranlagungsjahres aus der Steuerpflicht aus, ist die Höhe der zu entrichtenden Steuer bis zum Ablauf des fünften Kalendermonats, der dem Ende der Steuerpflicht folgt, anzumelden. [2]Ein sich unter Anrechnung der geleisteten monatlichen Vorauszahlungen nach Absatz 7 ergebender Restbetrag ist bis zum 25. Kalendertag des Folgemonats an das Hauptzollamt zu zahlen.

(6) [1]Bei jährlicher Anmeldung sind auf die Steuerschuld monatliche Vorauszahlungen zu leisten. [2]Die Höhe der monatlichen Vorauszahlungen wird durch das Hauptzollamt festgesetzt und beträgt ein Zwölftel der Steuer, die im vorletzten dem Veranlagungsjahr vorhergehenden Kalenderjahr entstanden ist. [3]Das Hauptzollamt kann die monatlichen Vorauszahlungen abweichend festsetzen, wenn die Summe der vom Steuerschuldner zu leistenden Vorauszahlungen erheblich von der zu erwartenden Jahressteuerschuld abweichen würde.

(7) Die Vorauszahlungen für den einzelnen Kalendermonat sind jeweils bis zum 25. Kalendertag des folgenden Kalendermonats an das Hauptzollamt zu entrichten.

(8) (weggefallen)

(9) [1]Wird Strom ohne Erlaubnis nach § 4 Abs. 1 oder steuerbegünstigt an einen Nichtberechtigten nach § 9 Abs. 8 geleistet oder ohne Erlaubnis nach § 4 Abs. 1 zum Selbstverbrauch, widerrechtlich nach § 6 oder zweckwidrig nach § 9 Abs. 6 entnommen, hat der Steuerschuldner unverzüglich eine Steuererklärung abzugeben und darin die Steuer selbst zu berechnen (Steueranmeldung). [2]Die Steuer ist sofort zu entrichten. [3]Die Sätze 1 und 2 gelten im Falle des § 9 Abs. 8 nur für den Nichtberechtigten.

(10) Für die nach § 5 oder § 7 entstehende Steuer kann das Hauptzollamt im Voraus Sicherheit ver-

langen, wenn Anzeichen für eine Gefährdung der Steuer erkennbar sind.

§ 9
Steuerbefreiungen, Steuerermäßigungen

(1) Von der Steuer ist befreit:
1. Strom aus erneuerbaren Energieträgern, wenn dieser aus einem ausschließlich mit Strom aus erneuerbaren Energieträgern gespeisten Netz oder einer entsprechenden Leitung entnommen wird;
2. Strom, der zur Stromerzeugung entnommen wird;
3. Strom, der in Anlagen mit einer elektrischen Nennleistung von bis zu zwei Megawatt erzeugt wird und
   a) vom Betreiber der Anlage als Eigenerzeuger im räumlichen Zusammenhang zu der Anlage zum Selbstverbrauch entnommen wird oder
   b) von demjenigen, der die Anlage betreibt oder betreiben lässt, an Letztverbraucher geleistet wird, die den Strom im räumlichen Zusammenhang zu der Anlage entnehmen;
4. Strom, der in Anlagen erzeugt wird, soweit diese der vorübergehenden Stromversorgung im Falle des Ausfalls oder der Störung der sonst üblichen Stromversorgung dienen (Notstromanlagen);
5. Strom, der auf Wasserfahrzeugen oder in Luftfahrzeugen erzeugt und eben dort verbraucht wird, sowie Strom, der in Schienenfahrzeugen im Schienenbahnverkehr erzeugt und zu begünstigten Zwecken nach Absatz 2 entnommen wird.

(2) Strom unterliegt einem ermäßigten Steuersatz von 11,42 Euro für eine Megawattstunde, wenn er im Verkehr mit Oberleitungsomnibussen oder für den Fahrbetrieb im Schienenbahnverkehr, mit Ausnahme der betriebsinternen Werkverkehre und Bergbahnen, entnommen wird und nicht gemäß Absatz 1 von der Steuer befreit ist.

(2a) (weggefallen)

(3) Strom unterliegt einem ermäßigten Steuersatz von 0,50 Euro für eine Megawattstunde, wenn er im Fall einer landseitigen Stromversorgung von Wasserfahrzeugen für die Schifffahrt, mit Ausnahme der privaten nichtgewerblichen Schifffahrt, verbraucht wird.

(4) [1]Wer nach Absatz 1 Nr. 2 von der Steuer befreiten oder nach Absatz 2 oder Absatz 3 begünstigten Strom entnehmen will, bedarf der Erlaubnis. [2]Die Erlaubnis wird auf Antrag unter Widerrufsvorbehalt Personen erteilt, gegen deren steuerliche Zuverlässigkeit keine Bedenken bestehen. [3]Sie ist zu widerrufen, wenn die Voraussetzung nach Satz 2 nicht mehr erfüllt ist.

(5) (weggefallen)

(6) [1]Der Erlaubnisinhaber darf den steuerbegünstigt bezogenen Strom nur zu dem in der Erlaubnis genannten Zweck entnehmen. [2]Die Steuer entsteht für Strom, der zu anderen als in der Erlaubnis genannten Zwecken entnommen wird, nach dem Steuersatz des §3. Besteht die Steuerbegünstigung in einer Steuerermäßigung, gilt Satz 2 nur für den ermäßigten Teil der Steuer. [3]Steuerschuldner ist der Erlaubnisinhaber.

(7) (weggefallen)

(8) [1]Wird Strom steuerbegünstigt an einen Nichtberechtigten geleistet, entsteht die Steuer auch in der Person des Nichtberechtigten. [2]Mehrere Steuerschuldner sind Gesamtschuldner.

§ 9a
Erlass, Erstattung oder Vergütung der Steuer für bestimmte Prozesse und Verfahren

(1) Auf Antrag wird die Steuer für nachweislich versteuerten Strom erlassen, erstattet oder vergütet, den ein Unternehmen des Produzierenden Gewerbes
1. für die Elektrolyse,
2. für die Herstellung von Glas und Glaswaren, keramischen Erzeugnissen, keramischen Wand- und Bodenfliesen und -platten, Ziegeln und sonstiger Baukeramik, Zement, Kalk und gebranntem Gips, Erzeugnissen aus Beton, Zement und Gips, keramisch gebundenen Schleifkörpern, mineralischen Isoliermaterialien, Asphalt, Waren aus Graphit oder anderen Kohlenstoffen, Erzeugnissen aus Porenbetonerzeugnissen und mineralischen Düngemitteln zum Trocknen, Brennen, Schmelzen, Erwärmen, Warmhalten, Entspannen, Tempern oder Sintern der vorgenannten Erzeugnisse oder der zu ihrer Herstellung verwendeten Vorprodukte,
3. für die Metallerzeugung und -bearbeitung sowie im Rahmen der Herstellung von Metallerzeugnissen für die Herstellung von Schmiede-, Press-, Zieh- und Stanzteilen, gewalzten Ringen und pulvermetallurgischen Erzeugnissen sowie zur Oberflächenveredlung und Wärmebehandlung jeweils zum Schmelzen, Erwärmen, Warmhalten, Entspannen oder sonstigen Wärmebehandlung oder
4. für chemische Reduktionsverfahren

entnommen hat.

(2) Erlass-, erstattungs- oder vergütungsberechtigt ist das Unternehmen des Produzierenden Gewerbes, das den Strom entnommen hat.

§ 9b
Steuerentlastung für Unternehmen

(1) [1]Eine Steuerentlastung wird auf Antrag gewährt für nachweislich nach § 3 versteuerten Strom, den ein Unternehmen des Produzierenden Gewerbes oder ein Unternehmen der Land- und Forstwirtschaft für betriebliche Zwecke entnommen hat und der nicht nach § 9 Absatz 1 von der Steuer befreit ist. [2]Die Steuerentlastung wird jedoch für die Entnahme von Strom zur Erzeugung von Licht, Wärme, Kälte, Druckluft und mechanischer Energie nur gewährt, soweit die vorgenannten Erzeugnisse nachweislich durch ein Unternehmen des Produzierenden Gewerbes oder ein Unternehmen der Land- und Forstwirtschaft genutzt worden sind. [3]Abweichend von Satz 2 wird die Steuerentlastung auch für Strom zur Erzeugung von Druckluft gewährt, soweit diese in Druckflaschen oder anderen Behältern abgegeben wird.

# StromStG

(2) ¹Die Steuerentlastung beträgt 5,13 Euro für eine Megawattstunde. ²Eine Steuerentlastung wird nur gewährt, soweit der Entlastungsbetrag nach Satz 1 im Kalenderjahr den Betrag von 250 Euro übersteigt.

(3) Entlastungsberechtigt ist derjenige, der den Strom entnommen hat.

## § 10
### Erlass, Erstattung oder Vergütung in Sonderfällen

(1) ¹Die Steuer für nachweislich versteuerten Strom, den ein Unternehmen des Produzierenden Gewerbes für betriebliche Zwecke, ausgenommen solche nach § 9 Absatz 2 oder Absatz 3, entnommen hat, wird auf Antrag nach Maßgabe der Absätze 2 bis 8 erlassen, erstattet oder vergütet, soweit die Steuer im Kalenderjahr den Betrag von 1 000 Euro übersteigt. ²Eine nach § 9b mögliche Steuerentlastung wird dabei abgezogen. ³Die Steuer für Strom, der zur Erzeugung von Licht, Wärme, Kälte, Druckluft und mechanischer Energie entnommen worden ist, wird jedoch nur erlassen, erstattet oder vergütet, soweit die vorgenannten Erzeugnisse nachweislich durch ein Unternehmen des Produzierenden Gewerbes genutzt worden sind. ⁴Abweichend von Satz 3 wird die Steuer auch in dem in § 9b Absatz 1 Satz 3 genannten Fall erlassen, erstattet oder vergütet. ⁵Erlass-, erstattungs- oder vergütungsberechtigt ist das Unternehmen des Produzierenden Gewerbes, das den Strom entnommen hat.

(1a) (weggefallen)

(2) ¹Erlassen, erstattet oder vergütet werden für ein Kalenderjahr 90 Prozent der Steuer, jedoch höchstens 90 Prozent des Betrags, um den die Steuer im Kalenderjahr den Unterschiedsbetrag übersteigt zwischen

1. dem Arbeitgeberanteil an den Rentenversicherungsbeiträgen, der sich für das Unternehmen errechnet, wenn in dem Kalenderjahr, für das der Antrag gestellt wird (Antragsjahr), der Beitragssatz in der allgemeinen Rentenversicherung 20,3 Prozent und in der knappschaftlichen Rentenversicherung 26,9 Prozent betragen hätte, und

2. dem Arbeitgeberanteil an den Rentenversicherungsbeiträgen, der sich für das Unternehmen errechnet, wenn im Antragsjahr der Beitragssatz in der allgemeinen Rentenversicherung 19,5 Prozent und in der knappschaftlichen Rentenversicherung 25,9 Prozent betragen hätte.

²Sind die Beitragssätze in der Rentenversicherung im Antragsjahr niedriger als die in Satz 1 Nr. 2 genannten Beitragssätze, so sind die niedrigeren Beitragssätze für die Berechnung des Arbeitgeberanteils nach Satz 1 Nr. 2 maßgebend.

(3) Die Steuer wird nach den Absätzen 1 und 2 erlassen, erstattet oder vergütet, wenn

1. das Unternehmen für das Antragsjahr nachweist, dass es

   a) ein Energiemanagementsystem betrieben hat, das den Anforderungen der DIN EN ISO 50001, Ausgabe Dezember 2011, entspricht, oder

   b) eine registrierte Organisation nach Artikel 13 der Verordnung (EG) Nr. 1221/2009 des Europäischen Parlaments und des Rates vom 25. November 2009 über die freiwillige Teilnahme von Organisationen an einem Gemeinschaftssystem für Umweltmanagement und Umweltbetriebsprüfung und zur Aufhebung der Verordnung (EG) Nr. 61/2001, sowie der Beschlüsse der Kommission 2001/691/EG und 2006/193/EG (ABl. L 342 vom 22.12.2009, S. 1) ist, und

2. die Bundesregierung

   a) festgestellt hat, dass mindestens der nach der Anlage zu § 10 für das Antragsjahr vorgesehene Zielwert für eine Reduzierung der Energieintensität erreicht wurde; die Feststellung erfolgt auf der Grundlage des Berichts, den ein unabhängiges wissenschaftliches Institut im Rahmen des Monitorings nach der Vereinbarung zwischen der Regierung der Bundesrepublik Deutschland und der deutschen Wirtschaft zur Steigerung der Energieeffizienz vom 1. August 2012 (BAnz AT 16.10.2012 B1) erstellt hat, sowie

   b) die Feststellung nach Buchstabe a im Bundesgesetzblatt bekannt gemacht hat.

Kleine und mittlere Unternehmen können anstelle der in Satz 1 Nummer 1 genannten Energie- und Umweltmanagementsysteme alternative Systeme zur Verbesserung der Energieeffizienz betreiben, die den Anforderungen der DIN EN 16247-1, Ausgabe Oktober 2012, entsprechen; kleine und mittlere Unternehmen sind solche im Sinn der Empfehlung 2003/361/EG der Kommission vom 6. Mai 2003 betreffend die Definition der Kleinstunternehmen sowie der kleinen und mittleren Unternehmen (ABl. L 124 vom 20.5.2003, S. 36) in der jeweils geltenden Fassung.[1)]

(4) ¹Abweichend von Absatz 3 wird die Steuer erlassen, erstattet oder vergütet

1. für die Antragsjahre 2013 und 2014, wenn das Unternehmen nachweist, dass es im Antragsjahr oder früher begonnen hat, ein Energiemanagementsystem nach Absatz 3 Satz 1 Nummer 1 Buchstabe a oder ein Umweltmanagementsystem nach Absatz 3 Satz 1 Nummer 1 Buchstabe b einzuführen,

2. für das Antragsjahr 2015, wenn

   a) das Unternehmen nachweist, dass es im Antragsjahr oder früher die Einführung eines Energiemanagementsystems nach Absatz 3 Satz 1 Nummer 1 Buchstabe a abgeschlossen hat, oder wenn das Unternehmen nachweist, dass es im Jahr 2015 oder früher als Orga-

---

1) § 10 Abs. 3 Nr. 2 Satz 2 (Kursivdruck): Müsste richtigerweise nicht der Nr. 2 zugeordnet und daher noch weiter nach links ausgerückt werden. Der Abs. 3 müsste insgesamt zwei Sätze besitzen: den Satz 1 mit der Untergliederung Nr. 1 u. Nr. 2 (bestehend je aus den Buchst. a u. b) sowie den weiteren Satz 2.

nisation nach Artikel 13 der Verordnung (EG) Nr. 1221/2009 registriert worden ist, und

b) die Voraussetzungen des Absatzes 3 Satz 1 Nummer 2 erfüllt sind.

²Für kleine und mittlere Unternehmen gilt Absatz 3 Satz 2 entsprechend.

(5) ¹Für Unternehmen, die nach dem 31. Dezember 2013 neu gegründet werden, gilt Absatz 4 mit der Maßgabe, dass

1. an die Stelle des Jahres 2013 das Kalenderjahr der Neugründung und an die Stelle der Jahre 2014 und 2015 die beiden auf die Neugründung folgenden Jahre treten sowie

2. ab dem Antragsjahr 2015 die Voraussetzungen des Absatzes 3 Satz 1 Nummer 2 erfüllt sind; Absatz 6 gilt entsprechend.

²Als Zeitpunkt der Neugründung gilt der Zeitpunkt der erstmaligen Betriebsaufnahme. ³Neu gegründete Unternehmen sind nur solche, die nicht durch Umwandlung im Sinn des Umwandlungsgesetzes vom 28. Oktober 1994 (BGBl. I S. 3210; 1995 I S. 428), das zuletzt durch Artikel 2 Absatz 48 des Gesetzes vom 22. Dezember 2011 (BGBl. I S. 3044) geändert worden ist, in der jeweils geltenden Fassung entstanden sind.

(6) ¹Stellt die Bundesregierung fest, dass der nach der Anlage zu § 10 für das Antragsjahr vorgesehene Zielwert für eine Reduzierung der Energieintensität nicht erreicht wurde, erhalten die Unternehmen die Steuerentlastung abweichend von Absatz 3 Satz 1 Nummer 2 Buchstabe a

1. zu 60 Prozent, wenn die Bundesregierung festgestellt hat, dass der nach der Anlage zu § 10 vorgesehene Zielwert für eine Reduzierung der Energieintensität mindestens zu 92 Prozent erreicht wurde,

2. zu 80 Prozent, wenn die Bundesregierung festgestellt hat, dass der nach der Anlage zu § 10 vorgesehene Zielwert für eine Reduzierung der Energieintensität mindestens zu 96 Prozent erreicht wurde.

²Die Feststellung, ob die Voraussetzungen nach Satz 1 Nummer 1 oder Nummer 2 vorliegen, erfolgt im Rahmen der Bekanntmachung der Bundesregierung nach Absatz 3 Satz 1 Nummer 2 Buchstabe b.

(7) Der Nachweis nach Absatz 3 Satz 1 Nummer 1 Buchstabe a sowie nach Absatz 4 Satz 1 Nummer 1 und 2 Buchstabe a erste Alternative ist von den Unternehmen zu erbringen durch

1. Umweltgutachter oder Umweltgutachterorganisationen, die nach dem Umweltauditgesetz in der Fassung der Bekanntmachung vom 4. September 2002 (BGBl. I S. 3490), das zuletzt durch Artikel 1 des Gesetzes vom 6. Dezember 2011 (BGBl. I S. 2509) geändert worden ist, in der jeweils geltenden Fassung als Umweltgutachter tätig werden dürfen, in ihrem jeweiligen Zulassungsbereich, oder

2. Konformitätsbewertungsstellen, die von der nationalen Akkreditierungsstelle für die Zertifizierung von Energiemanagementsystemen nach der DIN EN ISO 50001 akkreditiert sind.

(8) ¹Der Erlass, die Erstattung oder die Vergütung der Steuer wird gewährt nach Maßgabe und bis zum Auslaufen der hierfür erforderlichen beihilferechtlichen Genehmigung der Europäischen Kommission oder der hierfür erforderlichen Freistellungsanzeige bei der Europäischen Kommission nach der Verordnung (EG) Nr. 800/2008 der Kommission vom 6. August 2008 zur Erklärung der Vereinbarkeit bestimmter Gruppen von Beihilfen mit dem Gemeinsamen Markt in Anwendung der Artikel 87 und 88 EG-Vertrag (allgemeine Gruppenfreistellungsverordnung; ABl. L 214 vom 9.8.2008, S. 3) in der jeweils geltenden Fassung. ²Das Auslaufen der Genehmigung oder der Freistellungsanzeige wird vom Bundesministerium der Finanzen im Bundesgesetzblatt gesondert bekannt gegeben.

(9) DIN-, DIN EN- und DIN EN ISO-Normen, auf die in diesem Gesetz verwiesen wird, sind in der Beuth Verlag GmbH, Berlin, erschienen und bei der Nationalbibliothek archivmäßig gesichert niedergelegt.

### § 11
### Ermächtigungen

¹Das Bundesministerium der Finanzen wird ermächtigt, zur Durchführung dieses Gesetzes durch Rechtsverordnung

1. die nach § 1 Abs. 2 anzuwendende Fassung der Kombinierten Nomenklatur neu zu bestimmen und den Wortlaut dieses Gesetzes sowie der Durchführungsverordnungen an die geänderte Nomenklatur anzupassen, soweit sich hieraus steuerliche Änderungen nicht ergeben;

2. zur Steuervereinfachung vorzusehen, dass derjenige, der Strom an seine Mieter, Pächter oder vergleichbare Vertragspartner leistet, nicht als Versorger gilt;

3. zur Sicherung des Steueraufkommens und zur Verfahrensvereinfachung den Begriff des Versorgers abweichend von § 2 Nr. 1 zu bestimmen;

4. die Zuordnung von Unternehmen zu einem Abschnitt oder einer Klasse der Klassifikation der Wirtschaftszweige zu regeln (§ 2 Nr. 3 und 5);

5. zur Sicherung des Steueraufkommens und der Gleichmäßigkeit der Besteuerung das Erlaubnisverfahren nach § 4 einschließlich des Verfahrens der Sicherheitsleistung näher zu regeln;

6. zur Verfahrensvereinfachung vorzusehen, dass Versorger Strom als Letztverbraucher im Sinne von § 5 Abs. 1 Satz 1 beziehen können, und die dafür erforderlichen Bestimmungen zu erlassen;

7. Verfahrensvorschriften zu § 8 zu erlassen, insbesondere zur Steueranmeldung, zur Berechnung und Entrichtung der Steuer sowie zur Berechnung und Festsetzung der monatlichen Vorauszahlungen;

8. zur Sicherung der Gleichmäßigkeit der Besteuerung, zur Verfahrensvereinfachung und zur Vermeidung unangemessener wirtschaftlicher Belastungen Bestimmungen zu § 9 zu erlassen und dabei insbesondere

a) die Voraussetzungen für die steuerbegünstigte Entnahme von Strom einschließlich der Begriffe näher zu bestimmen sowie das Erlaubnisverfahren zu regeln und die Erlaubnis allgemein zu erteilen. ²Dabei kann es anordnen, dass die Steuer in Person des Erlaubnisinhabers entsteht, wenn die Voraussetzungen der Steuerbegünstigung nicht oder nicht mehr vorliegen, und das erforderliche Verfahren regeln;

b) statt der Steuerbegünstigung eine Steuerentlastung durch Erlass, Erstattung oder Vergütung der Steuer anzuordnen und das dafür erforderliche Verfahren regeln. ²Dabei kann es anordnen, dass der Anspruch auf Erlass, Erstattung oder Vergütung der Steuer innerhalb bestimmter Fristen geltend zu machen ist;

c) vorzusehen, dass Inhaber von Erlaubnissen zur steuerbegünstigten Entnahme von Strom, die Strom auch zu anderen Zwecken entnehmen oder Strom sowohl entnehmen als auch an Dritte leisten, auf Antrag den zu anderen Zwecken entnommenen oder den an Dritte geleisteten Strom mit dem Unterschiedsbetrag zwischen den jeweiligen Steuersätzen versteuern können; dabei kann es die dafür erforderlichen Bestimmungen erlassen;

9. zur Sicherung der Gleichmäßigkeit der Besteuerung auf das Erfordernis der Ausschließlichkeit in § 2 Nr. 7 bei aus Deponie-, Klärgas oder Biomasse erzeugtem Strom zu verzichten, wenn die Zuführung anderer Energieträger technisch zwingend erforderlich ist. ²Dabei kann es bestimmen, dass der aus den zugeführten anderen Energieträgern erzeugte Strom nicht steuerfrei nach § 9 Abs. 1 Nr. 1 entnommen werden kann und Regelungen zur Ermittlung und zum Verfahren des Nachweises des aus den anderen Energieträgern erzeugten Stroms erlassen;

10. zur Sicherung des Steueraufkommens und der Gleichmäßigkeit der Besteuerung die Voraussetzungen für die Steuerentlastungen nach den §§ 9a bis 10 einschließlich der Begriffe näher zu bestimmen und das Verfahren der Steuerentlastung zu regeln sowie Vorschriften über Angaben und Nachweise zu erlassen, die zum Zwecke der Steuerentlastung erforderlich sind. ²Dabei kann es zur Verwaltungsvereinfachung anordnen, dass der Anspruch auf Erlass, Erstattung oder Vergütung der Steuer innerhalb bestimmter Fristen geltend zu machen ist;

11. zur Sicherung des Steueraufkommens und der Gleichmäßigkeit der Besteuerung Regelungen zur Ermittlung der steuerrelevanten Strommengen zu erlassen und dabei aus Vereinfachungsgründen Mengenschätzungen durch den Steuerpflichtigen zuzulassen, soweit eine genaue Ermittlung nur mit unvertretbarem Aufwand möglich ist;

12. Bestimmungen zu erlassen zur Umsetzung der Steuerbefreiungen nach

a) Artikel XI des Abkommens vom 19. Juni 1951 zwischen den Parteien des Nordatlantikvertrages über die Rechtsstellung ihrer Truppen (BGBl. 1961 II S. 1183, 1190) in der jeweils geltenden Fassung und den Artikeln 65 bis 67 des Zusatzabkommens vom 3. August 1959 zu dem Abkommen vom 19. Juni 1951 zwischen den Parteien des Nordatlantikvertrages über die Rechtsstellung ihrer Truppen hinsichtlich der in der Bundesrepublik Deutschland stationierten ausländischen Truppen (BGBl. 1961 II S. 1183, 1218) in der jeweils geltenden Fassung,

b) Artikel 15 des Abkommens vom 13. März 1967 zwischen der Bundesrepublik Deutschland und dem Obersten Hauptquartier der Alliierten Mächte, Europa, über die besonderen Bedingungen für die Einrichtung und den Betrieb internationaler militärischer Hauptquartiere in der Bundesrepublik Deutschland (BGBl. 1969 II S. 1997, 2009) in der jeweils geltenden Fassung und

c) den Artikeln III bis V des Abkommens zwischen der Bundesrepublik Deutschland und den Vereinigten Staaten von Amerika vom 15. Oktober 1954 über die von der Bundesrepublik zu gewährenden Abgabenvergünstigungen für die von den Vereinigten Staaten im Interesse der gemeinsamen Verteidigung geleisteten Ausgaben (BGBl. 1955 II S. 821, 823) in der jeweils geltenden Fassung.

²Dabei kann es anordnen, dass bei einem Missbrauch für alle daran Beteiligten die Steuer entsteht.

### § 12
Ermächtigung zu § 10 Absatz 3, 4 und 7

(1) Das Bundesministerium für Wirtschaft und Technologie wird ermächtigt, im Einvernehmen mit dem Bundesministerium der Finanzen und dem Bundesministerium für Umwelt, Naturschutz und Reaktorsicherheit durch Rechtsverordnung ohne Zustimmung des Bundesrates durch das Bundesamt für Wirtschaft und Ausfuhrkontrolle, die nationale Akkreditierungsstelle und die Zulassungsstelle nach § 28 des Umweltauditgesetzes zu vollziehende Bestimmungen zu § 10 Absatz 3, 4 und 7 zu erlassen.

(2) Durch Rechtsverordnung nach Absatz 1 kann geregelt werden,

1. dass kleine und mittlere Unternehmen auch andere alternative Systeme mit festgelegten Komponenten zur Verbesserung der Energieeffizienz als die in § 10 Absatz 3 Satz 2 genannten alternativen Systeme betreiben können,

2. welche bereits normierten oder anderweitig konkretisierten Systeme als Systeme im Sinn der Nummer 1 betrieben werden können,

3. welche Anforderungen an die inhaltliche Ausgestaltung von noch nicht normierten oder anderweitig konkretisierten Systemen nach Nummer 1 gestellt werden mit der Maßgabe, dass eine Anerkennung dieser Systeme oder der standardisierten Vorgaben für solche Systeme durch

eine der in Absatz 1 genannten Stellen erfolgen muss, und

4. wie die Einhaltung der Anforderungen des § 10 Absatz 3 Satz 1 Nummer 1 und Absatz 4 Satz 1 Nummer 1 und 2 Buchstabe a und gegebenenfalls die Einhaltung der Anforderungen der Rechtsverordnung nach den Nummern 1 bis 3 durch die Stellen nach § 10 Absatz 7 nachzuweisen ist.

(3) Regelungen nach Absatz 2 Nummer 4 umfassen insbesondere

1. Vorgaben für die Nachweisführung durch die in § 10 Absatz 7 genannten Stellen,
2. die Anforderungen an die Akkreditierung oder Zulassung der in § 10 Absatz 7 genannten Stellen und Bestimmungen zu ihrer Überwachung einschließlich erforderlicher Auskunfts-, Einsichts- und Weisungsrechte, soweit sie nicht von den bestehenden Akkreditierungs- und Zulassungsregelungen erfasst sind, sowie
3. die Befugnisse der in § 10 Absatz 7 genannten Stellen, während der Betriebszeit Geschäfts-, Betriebs- und Lagerräume sowie Transportmittel zu betreten, soweit dies für die Überwachung oder Kontrolle erforderlich ist.

## § 13
### Erlaß von Rechtsverordnungen, Verwaltungsvorschriften

(1) Rechtsverordnungen, die auf Grund der in diesem Gesetz enthaltenen Ermächtigungen erlassen werden, bedürfen nicht der Zustimmung des Bundesrates.

(2) Das Bundesministerium für Wirtschaft und Technologie und das Bundesministerium für Umwelt, Naturschutz und Reaktorsicherheit erlassen im Einvernehmen mit dem Bundesministerium der Finanzen die allgemeinen Verwaltungsvorschriften, die sich an die Stellen nach § 10 Absatz 7 richten, zur Durchführung von Rechtsverordnungen nach § 12.

## § 14
### Anwendungsvorschriften

(1) Nach § 9 Absatz 4 in Verbindung mit § 9 Absatz 3 dieses Gesetzes in der am 31. Dezember 2010 geltenden Fassung erteilte Erlaubnisse und den Inhabern dieser Erlaubnisse erteilte Zulassungen nach § 16 Absatz 1 der Stromsteuer-Durchführungsverordnung in der am 31. Dezember 2010 geltenden Fassung erlöschen mit Ablauf des 31. Dezember 2010.

(2) § 10 in der am 31. Dezember 2012 geltenden Fassung gilt fort für Strom, der bis zum 31. Dezember 2012 entnommen worden ist.

Anlage (zu § 10)
Zielwerte für die zu erreichende Reduzierung der Energieintensität
(Fundstelle: BGBl. I 2012, 2444)

| Antragsjahr | Bezugsjahr | Zielwert |
| --- | --- | --- |
| 2015 | 2013 | 1,3 % |
| 2016 | 2014 | 2,6 % |
| 2017 | 2015 | 3,9 % |
| 2018 | 2016 | 5,25 % |
| 2019 | 2017 | 6,6 % |
| 2020 | 2018 | 7,95 % |
| 2021 | 2019 | 9,3 % |
| 2022 | 2020 | 10,65 % |

Für die Bestimmung des Zielwertes gelten folgende Festlegungen:

1. Der Zielwert bezeichnet den Prozentsatz, um den sich die Energieintensität in dem für das Antragsjahr maßgeblichen Bezugsjahr gegenüber dem Basiswert verringert. Der Basiswert ist die jahresdurchschnittliche Energieintensität in den Jahren 2007 bis 2012.
2. Die Energieintensität ist der Quotient aus dem temperatur- und konjunkturbereinigten Gesamtenergieverbrauch und der Gesamtsumme der inflationsbereinigten Bruttoproduktionswerte. Der temperatur- und konjunkturbereinigte Gesamtenergieverbrauch und die inflationsbereinigten Bruttoproduktionswerte werden nach dem in der Vereinbarung zwischen der Regierung der Bundesrepublik Deutschland und der deutschen Wirtschaft zur Steigerung der Energieeffizienz vom 1. August 2012 festgelegten Verfahren und Berechnungsansatz ermittelt. Die Energieintensität wird in der Bezugsgröße GJ/1 000 Euro Bruttoproduktionswert angegeben.
3. Die Zielwerte für die Antragsjahre 2019 bis 2022 sind im Rahmen einer Evaluation im Jahr 2017 zu überprüfen. Im Fall einer Anpassung werden die jährlichen Steigerungen diejenige des Zielwertes für das Bezugsjahr 2016 nicht unterschreiten.

# Stromsteuer-Durchführungsverordnung (StromStV)

Stromsteuer-Durchführungsverordnung vom 31. Mai 2000 (BGBl. I S. 794), die zuletzt durch Artikel 2 der Verordnung vom 24. Juli 2013 (BGBl. I S. 2763) geändert worden ist

## Allgemeines

### § 1
### Zuständiges Hauptzollamt

[1]Soweit in dieser Verordnung nichts anderes bestimmt ist, ist für den Anwendungsbereich dieser Verordnung das Hauptzollamt örtlich zuständig, von dessen Bezirk aus die in den einzelnen Vorschriften jeweils bezeichnete Person ihr Unternehmen betreibt oder, falls sie kein Unternehmen betreibt, in dessen Bezirk sie ihren Wohnsitz hat. [2]Für Unternehmen, die von einem Ort außerhalb des Steuergebiets betrieben werden, oder für Personen ohne Wohnsitz im Steuergebiet ist das Hauptzollamt örtlich zuständig, in dessen Bezirk sie erstmalig steuerlich in Erscheinung treten.

## Zu § 2 des Gesetzes

### § 1a
### Versorger

(1) Soweit im Stromsteuergesetz oder in dieser Verordnung nichts anderes bestimmt ist, sind Versorger keine Letztverbraucher im Sinn des § 5 Absatz 1 Satz 1 des Gesetzes.

(2) [1]Wer ausschließlich nach § 3 des Gesetzes zu versteuernden Strom bezieht und diesen ausschließlich an seine Mieter, Pächter oder vergleichbare Vertragsparteien als Letztverbraucher leistet, gilt nicht als Versorger, sondern als Letztverbraucher im Sinne von § 5 Abs. 1 Satz 1 des Gesetzes. [2]Dies gilt jedoch nicht dann, wenn er ausschließlich von einem im Steuergebiet ansässigen Versorger bezogenen Strom an seine Vertragsparteien leistet. [3]Die §§ 9a bis 10 des Gesetzes bleiben dadurch unberührt.

(3) [1]Das Hauptzollamt kann in anderen Fällen als nach Absatz 1 auf Antrag zulassen, dass derjenige, der Strom leistet, nicht als Versorger, sondern als Letztverbraucher im Sinne von § 5 Abs. 1 Satz 1 des Gesetzes gilt, soweit er nach § 3 des Gesetzes zu versteuernden Strom an seine Mieter, Pächter oder vergleichbare Vertragsparteien leistet und ihm dieser Strom von einem im Steuergebiet ansässigen Versorger geleistet wird. [2]Die Zulassung wird nur dann erteilt, wenn die nach § 3 des Gesetzes zu versteuernde Strommenge durch den letztgenannten Versorger ermittelt wird. [3]Die §§ 9a bis 10 des Gesetzes bleiben dadurch unberührt.

(4) Versorger gelten als Letztverbraucher im Sinne von § 5 Abs. 1 Satz 1 des Gesetzes, soweit sie Strom zum Selbstverbrauch entnehmen, ihnen dieser Strom als Letztverbraucher von einem im Steuergebiet ansässigen Versorger geleistet wird und die entsprechende Strommenge getrennt nach den Steuersätzen und den jeweiligen Steuerbegünstigungen der §§ 3 und 9 des Gesetzes durch den letztgenannten Versorger ermittelt wird.

(5) [1]Wer Strom in Anlagen mit einer elektrischen Nennleistung von bis zu zwei Megawatt erzeugt und ausschließlich diesen Strom leistet, ist nur dann Versorger, wenn er den Strom an Letztverbraucher leistet und dieser Strom nicht nach § 9 Abs. 1 Nr. 1 des Gesetzes von der Steuer befreit ist. [2]Wer Strom leistet, der nach § 9 Abs. 1 Nr. 4 oder Nr. 5 des Gesetzes von der Steuer befreit ist, gilt insoweit nicht als Versorger.

### § 1b
### Strom aus erneuerbaren Energieträgern

(1) Soweit eine Stromerzeugung aus Deponiegas, Klärgas oder Biomasse nur durch eine Zünd- oder Stützfeuerung mit anderen als den vorgenannten Stoffen technisch möglich ist, wird auf das Erfordernis der Ausschließlichkeit in § 2 Nummer 7 des Gesetzes verzichtet.

(2) [1]Biomasse im Sinn des § 2 Nummer 7 des Gesetzes sind ausschließlich Stoffe, die nach der Biomasseverordnung vom 21. Juli 2001 (BGBl. I S. 1234), die zuletzt durch Artikel 5 Absatz 10 des Gesetzes vom 24. Februar 2012 (BGBl. I S. 212) geändert worden ist, in der jeweils geltenden Fassung als Biomasse anerkannt werden. [2]§ 2 Absatz 4 der Biomasseverordnung findet keine Anwendung. [3]Für Altholz, das zuletzt in Biomasseanlagen eingesetzt wird, die vor dem 1. Januar 2013 in Betrieb genommen worden sind, gilt die Biomasseverordnung in der am 31. Dezember 2011 geltenden Fassung.

## Zu § 4 des Gesetzes

### § 2
### Antrag auf Erlaubnis

(1) [1]Die Erlaubnis nach § 4 Absatz 1 des Gesetzes ist schriftlich beim zuständigen Hauptzollamt zu beantragen. [2]Darin sind Name, Geschäfts- oder Wohnsitz, Rechtsform, bei jährlicher Steueranmeldung die voraussichtlich zu erwartende Jahressteuerschuld, die Steuernummer beim zuständigen Finanzamt und – sofern erteilt – die Umsatzsteuer-Identifikationsnummer anzugeben.

(2) Dem Antrag sind beizufügen:

1. von Unternehmen, die in das Handels-, Genossenschafts- oder Vereinsregister eingetragen sind, ein Registerauszug nach dem neuesten Stand;

2. ein Verzeichnis der Betriebsstätten im Steuergebiet nach § 12 der Abgabenordnung;

3. eine Darstellung der Mengenermittlung und Mengenabrechnung;

4. wenn der Strom nach § 9 Abs. 1 Nr. 1 des Gesetzes steuerfrei zum Selbstverbrauch oder durch Letztverbraucher entnommen werden soll, eine Betriebserklärung, in der die Anlage zur Erzeugung von Strom beschrieben und das Versorgungsnetz oder die entsprechende Leistung dargestellt sind, bei Wasserkraftwerken ist die installierte Generatorleistung anzugeben;

5. wenn der Strom nach § 9 Abs. 1 Nr. 3 des Gesetzes steuerfrei entnommen werden soll, eine

Betriebserklärung, in der die Anlage zur Erzeugung von Strom unter Angabe der Nennleistung beschrieben und der räumliche Zusammenhang dargestellt wird sowie ein Nachweis, dass der Antragsteller die Anlage betreibt oder betreiben lässt;

6. gegebenenfalls eine Erklärung über die Bestellung eines Beauftragten nach § 214 der Abgabenordnung.

(3) ¹Das Hauptzollamt kann vom Antragsteller weitere Angaben und Unterlagen verlangen, wenn sie zur Sicherung des Steueraufkommens oder für die Steueraufsicht erforderlich erscheinen. ²Es kann auf Angaben und Unterlagen verzichten, soweit die Steuerbelange dadurch nicht beeinträchtigt werden.

### § 3
### Erteilung der Erlaubnis

¹Das Hauptzollamt erteilt die Erlaubnis schriftlich und stellt Versorgern einen Erlaubnisschein als Nachweis über die erteilte Erlaubnis aus. ²Die Erlaubnis kann mit Nebenbestimmungen nach § 120 Absatz 2 der Abgabenordnung verbunden werden.

### § 4
### Pflichten des Versorgers, Eigenerzeugers oder erlaubnispflichtigen Letztverbrauchers

(1) ¹Der Versorger hat ein Belegheft zu führen. ²Das Hauptzollamt kann dazu Anordnungen treffen.

(2) ¹Der Versorger hat zur Ermittlung der Steuer und der Grundlagen ihrer Berechnung gemäß Satz 2 und Absatz 3 Aufzeichnungen zu führen. ²Aus den Aufzeichnungen müssen für den Veranlagungszeitraum ersichtlich sein:

1. der geleistete, durch Letztverbraucher im Steuergebiet entnommene Strom, getrennt nach den Steuersätzen und den jeweiligen Steuerbegünstigungen der §§ 3 und 9 des Gesetzes sowie bei steuerbegünstigten Entnahmen getrennt nach den jeweiligen Letztverbrauchern. ²Bei steuerbegünstigten Entnahmen durch Inhaber einer förmlichen Einzelerlaubnis nach § 9 ist die Erlaubnisscheinnummer anzugeben;
2. die in § 8 Absatz 4a des Gesetzes näher bezeichneten Strommengen und Steuerbeträge,
3. der an andere Versorger unversteuert geleistete Strom getrennt nach Versorgern;
4. die Entnahmen von Strom zum Selbstverbrauch getrennt nach den Steuersätzen und den jeweiligen Steuerbegünstigungen der §§ 3 und 9 des Gesetzes;
5. der Betrag der anzumeldenden und zu entrichtenden Steuer.

³Das Hauptzollamt kann weitere Aufzeichnungen vorschreiben, wenn sie zur Sicherung des Steueraufkommens oder für die Steueraufsicht erforderlich erscheinen. ⁴Es kann einfachere Aufzeichnungen oder einen belegmäßigen Nachweis zulassen, wenn die Steuerbelange dadurch nicht beeinträchtigt werden.

(3) Die Aufzeichnungen und der belegmäßige Nachweis nach Absatz 2 müssen so beschaffen sein, dass es einem sachverständigen Dritten innerhalb einer angemessenen Frist möglich ist, die Grundlagen für die Steuerberechnung festzustellen.

(4) Der Versorger hat dem Hauptzollamt Änderungen der nach § 2 angegebenen Verhältnisse sowie Überschuldung, drohende oder eingetretene Zahlungsunfähigkeit, Zahlungseinstellung und Stellung des Antrags auf Eröffnung eines Insolvenzverfahrens unverzüglich schriftlich anzuzeigen, soweit das Hauptzollamt nicht darauf verzichtet.

(5) ¹Der Versorger hat den Erlaubnisschein dem Hauptzollamt unverzüglich zurückzugeben, wenn die Erlaubnis erlischt oder die Leistung von Strom nicht nur vorübergehend eingestellt wird. ²Geht der Erlaubnisschein verloren, hat der Versorger dies dem Hauptzollamt unverzüglich anzuzeigen. ³Das Hauptzollamt stellt auf Antrag einen neuen Erlaubnisschein aus.

(6) Der Versorger hat dem Hauptzollamt für jedes Kalenderjahr bis zum 31. Mai des folgenden Kalenderjahres diejenigen Strommengen anzumelden, die steuerfrei nach § 9 Absatz 1 Nummer 3 Buchstabe b des Gesetzes entnommen worden sind.

(7) Die Absätze 1 bis 4 gelten sinngemäß für Eigenerzeuger und Letztverbraucher nach § 4 Abs. 1 des Gesetzes.

### Zu § 8 des Gesetzes
### § 5
### Anmeldung der Steuer

Die Steueranmeldung ist nach amtlich vorgeschriebenem Vordruck abzugeben.

### § 6¹⁾
### Vorauszahlungen

(1) ¹Die Festsetzung der Vorauszahlungen erfolgt durch Vorauszahlungsbescheid. ²Ist die Steuer nur in einem Teil des vorletzten dem Veranlagungsjahr vorhergehenden Kalenderjahres entstanden, ist die tatsächlich entstandene Steuer in eine Jahressteuerschuld umzurechnen. ³Ist die Steuer erstmals im vorangegangenen oder laufenden Kalenderjahr oder bisher noch nicht entstanden, ist die voraussichtlich zu erwartende Jahressteuerschuld maßgebend.

(2) ¹Das Hauptzollamt kann auf Antrag bei der Festsetzung der Höhe der Vorauszahlungen die voraussichtlich dem Steuerschuldner im gleichen Zeitraum nach den §§ 9a, 9b und 10 des Gesetzes zu erlassende, zu erstattende oder zu vergütende Steuer berücksichtigen, soweit die Steuerbelange dadurch nicht gefährdet sind. ²Satz 1 gilt nur, wenn in den Fällen des

1. § 9a des Gesetzes
   a) sich der maßgebende Zeitraum für die Zuordnung des Unternehmens zum Produzierenden Gewerbe nach § 15 Absatz 3 Satz 1 bestimmt und

---

1) § 6 Abs. 3 geänd. mWv 1. 1. 2002 durch VO v. 20. 12. 2001 (BGBl. I S. 3901); Abs. 2 neu gef. mWv 4. 8. 2006 durch VO v. 31. 7. 2006 (BGBl. I S. 1753); Abs. 2 geänd. mWv 30. 9. 2011 durch VO v. 20. 9. 2011 (BGBl. I S. 1890); Abs. 2 Satz 2 angef. mWv 1. 8. 2013 durch VO v. 24. 7. 2013 (BGBl. I S. 2763).

b) die nach § 17a Absatz 3 erforderliche Beschreibung der wirtschaftlichen Tätigkeiten und die Betriebserklärung vom Antragsteller bereits vorgelegt worden sind;

2. § 9b des Gesetzes
   a) sich der maßgebende Zeitraum für die Zuordnung des Unternehmens zum Produzierenden Gewerbe oder zur Land- und Forstwirtschaft nach § 15 Absatz 3 Satz 1 bestimmt und
   b) die nach § 17b Absatz 3 erforderliche Beschreibung der wirtschaftlichen Tätigkeiten vom Antragsteller bereits vorgelegt worden ist;

3. § 10 des Gesetzes
   a) sich der maßgebende Zeitraum für die Zuordnung des Unternehmens zum Produzierenden Gewerbe nach § 15 Absatz 3 Satz 1 bestimmt,
   b) die nach § 19 Absatz 4 in Verbindung mit § 17b Absatz 3 erforderliche Beschreibung der wirtschaftlichen Tätigkeiten vom Antragsteller bereits vorgelegt worden ist,
   c) der Antragsteller den nach § 10 Absatz 3 Satz 1 Nummer 1 oder Absatz 4 des Gesetzes erforderlichen Nachweis bereits erbracht hat,
   d) die nach § 10 Absatz 3 Satz 1 Nummer 2 Buchstabe b des Gesetzes erforderliche Bekanntmachung der Bundesregierung bereits erfolgt ist und
   e) die nach § 19 Absatz 4 Satz 2 erforderliche Selbsterklärung bereits vorgelegt worden ist.

(3) Beträgt die Höhe der monatlichen Vorauszahlungen nicht mehr als 200 Euro, kann das Hauptzollamt auf die Festsetzung von Vorauszahlungen verzichten.

§ 7
Mengenermittlung

Wird die durch Mieter, Pächter oder vergleichbare Vertragsparteien des Versorgers entnommene Strommenge nicht ermittelt, ist eine sachgerechte, von einem Dritten nachvollziehbare Schätzung zulässig, soweit eine genaue Ermittlung nur mit unvertretbarem Aufwand möglich ist.

Zu § 9 des Gesetzes

§ 8
Antrag auf Erteilung einer Erlaubnis zur steuerbegünstigten Entnahme

(1) [1]Wer Strom steuerbegünstigt entnehmen will, hat die Erlaubnis nach § 9 Abs. 4 des Gesetzes, soweit sie nicht nach § 10 allgemein erteilt ist, schriftlich beim zuständigen Hauptzollamt zu beantragen. [2]Darin sind Name, Geschäfts- oder Wohnsitz, Rechtsform, die Steuernummer beim zuständigen Finanzamt und – sofern erteilt – die Umsatzsteuer-Identifikationsnummer anzugeben.

(2) Dem Antrag sind beizufügen:

1. von Unternehmen, die in das Handels-, Genossenschafts- oder Vereinsregister eingetragen sind, ein Registerauszug nach dem neuesten Stand;
2. eine Betriebserklärung, in der die steuerbegünstigten Zwecke genau beschrieben sind,
3. eine Erklärung, ob die zu steuerbegünstigten Zwecken entnommene Verbrauchsmenge durch separate Zähl- oder Messeinrichtungen ermittelt wird;
4. ein Verzeichnis der Betriebsstätten nach § 12 der Abgabenordnung, in denen Strom steuerbegünstigt entnommen werden soll;
5. gegebenenfalls eine Erklärung über die Bestellung eines Beauftragten nach § 214 der Abgabenordnung.

(3) [1]Das Hauptzollamt kann vom Antragsteller weitere Angaben und Unterlagen verlangen, wenn sie zur Sicherung des Steueraufkommens oder für die Steueraufsicht erforderlich erscheinen. [2]Es kann auf Angaben und Unterlagen verzichten, soweit die Steuerbelange dadurch nicht beeinträchtigt werden.

§ 9
Erteilung der Erlaubnis

[1]Das zuständige Hauptzollamt erteilt die Erlaubnis nach § 9 Absatz 4 des Gesetzes schriftlich (förmliche Einzelerlaubnis) und stellt als Nachweis der Bezugsberechtigung einen Erlaubnisschein aus. [2]Die Erlaubnis kann mit Nebenbestimmungen nach § 120 Absatz 2 der Abgabenordnung verbunden werden.

§ 10[1)]
Allgemeine Erlaubnis

[1]Unter Verzicht auf eine förmliche Einzelerlaubnis (§ 9) ist die Entnahme von Strom für steuerbegünstigte Zwecke nach § 9 Absatz 3 des Gesetzes allgemein erlaubt. [2]Dies gilt nicht für die Entnahme von Strom für Wasserfahrzeuge der Haupterwerbsfischerei auf Binnengewässern, für Wasserfahrzeuge der Position 8903 der Kombinierten Nomenklatur (§ 1 Absatz 2 des Gesetzes) und für Wasserfahrzeuge der Position 8905 der Kombinierten Nomenklatur, auf denen die in § 14 Absatz 2 Nummer 2 genannten Arbeitsmaschinen betrieben werden.

§ 11
Pflichten des Erlaubnisinhabers

(1) [1]Der Erlaubnisinhaber hat ein Belegheft zu führen. [2]Das Hauptzollamt kann dazu Anordnungen treffen.

(2) [1]Der Erlaubnisinhaber hat Aufzeichnungen über die im Kalenderjahr steuerbegünstigt entnommenen Strommengen zu führen sowie die steuerbegünstigten Zwecke nachprüfbar aufzuzeichnen. [2]Das Hauptzollamt kann einfachere Aufzeichnungen oder einen belegmäßigen Nachweis zulassen, wenn die Steuerbelange dadurch nicht beeinträchtigt werden.

(3) Die Aufzeichnungen und der belegmäßige Nachweis nach Absatz 2 müssen so beschaffen sein, dass es einem sachverständigen Dritten innerhalb

---

1) § 10 eingef. mWv 30. 9. 2011 durch VO v. 20. 9. 2011 (BGBl. I S. 1890); Satz 2 geänd. mWv 1. 8. 2013 durch VO v. 24. 7. 2013 (BGBl. I S. 2763).

einer angemessenen Frist möglich ist zu prüfen, ob der Strom zu dem in der Erlaubnis genannten Zweck entnommen wurde.

(4) Der Erlaubnisinhaber hat dem Hauptzollamt Änderungen der nach § 8 Absatz 1 und 2 Nummer 2 bis 5 angemeldeten Verhältnisse unverzüglich schriftlich anzuzeigen, soweit das Hauptzollamt nicht darauf verzichtet.

(5) [1]Der Erlaubnisinhaber hat den Erlaubnisschein dem Hauptzollamt unverzüglich zurückzugeben, wenn die Erlaubnis erlischt oder die steuerbegünstigte Entnahme von Strom nicht nur vorübergehend eingestellt wird. [2]Geht der Erlaubnisschein verloren, hat der Erlaubnisinhaber dies dem Hauptzollamt unverzüglich anzuzeigen. [3]Das Hauptzollamt stellt auf Antrag einen neuen Erlaubnisschein aus.

(6) [1]Die Absätze 1 bis 5 gelten nicht für den Inhaber einer allgemeinen Erlaubnis nach § 10. Das zuständige Hauptzollamt kann jedoch Überwachungsmaßnahmen anordnen, wenn diese zur Sicherung der Steuerbelange erforderlich erscheinen. [2]Insbesondere kann das Hauptzollamt anordnen, dass der Erlaubnisinhaber Aufzeichnungen über die zu steuerbegünstigten Zwecken entnommenen Strommengen führt und die Aufzeichnungen dem Hauptzollamt vorlegt.

(7) (weggefallen)

(8) (weggefallen)

### § 12
### Strom zur Stromerzeugung

(1) Zur Stromerzeugung entnommen im Sinne von § 9 Abs. 1 Nr. 2 des Gesetzes wird Strom,
1. der in den Neben- und Hilfsanlagen einer Stromerzeugungseinheit insbesondere zur Wasseraufbereitung, Dampferzeugerwasserspeisung, Frischluftversorgung, Brennstoffversorgung oder Rauchgasreinigung oder
2. der in Pumpspeicherkraftwerken von den Pumpen zum Fördern der Speichermedien

zur Erzeugung von Strom im technischen Sinne verbraucht wird.

(2) Soweit die Verbrauchsmenge nach Absatz 1 wegen des Nichtvorhandenseins von Mess- oder Zähleinrichtungen nicht ermittelt werden kann, ist eine sachgerechte, von einem Dritten nachvollziehbare Schätzung zulässig.

### § 12a
### Steuerentlastung für Strom zur Stromerzeugung

(1) [1]Auf Antrag wird eine Steuerentlastung für nachweislich nach § 3 des Gesetzes versteuerten Strom gewährt, der zu dem in § 9 Absatz 1 Nummer 2 des Gesetzes genannten Zweck entnommen worden ist. [2]§ 12 gilt entsprechend.

(2) Entlastungsberechtigt ist derjenige, der den Strom entnommen hat.

(3) [1]Die Steuerentlastung ist bei dem für den Antragsteller zuständigen Hauptzollamt mit einer Anmeldung nach amtlich vorgeschriebenem Vordruck für den Strom zu beantragen, der innerhalb eines Entlastungsabschnitts entnommen worden ist. [2]Der Antragsteller hat in der Anmeldung alle Angaben zu machen, die für die Bemessung der Steuerentlastung erforderlich sind, und die Steuerentlastung selbst zu berechnen. [3]Die Steuerentlastung wird nur gewährt, wenn der Antrag spätestens bis zum 31. Dezember des Jahres, das auf das Kalenderjahr folgt, in dem der Strom entnommen wurde, beim Hauptzollamt gestellt wird. [4]Erfolgt die Festsetzung der Steuer erst, nachdem der Strom entnommen worden ist, wird abweichend von Satz 3 die Steuerentlastung gewährt, wenn der Antrag spätestens bis zum 31. Dezember des Jahres gestellt wird, das auf das Kalenderjahr folgt, in dem die Steuer festgesetzt worden ist.

(4) [1]Entlastungsabschnitt ist nach Wahl des Antragstellers ein Zeitraum von einem Kalendervierteljahr, einem Kalenderhalbjahr oder einem Kalenderjahr. [2]Das Hauptzollamt kann auf Antrag einen Zeitraum von einem Kalendermonat als Entlastungsabschnitt zulassen oder in Einzelfällen die Steuerentlastung unverzüglich gewähren.

(5) Der Antragsteller hat einen buchmäßigen Nachweis zu führen, aus dem sich für den Entlastungsabschnitt die Menge und der genaue Verwendungszweck des Stroms ergeben müssen.

### § 12b [1)]
### Steuerbefreiung für Anlagen mit einer elektrischen Nennleistung von bis zu zwei Megawatt

(1) [1]Mehrere unmittelbar miteinander verbundene Stromerzeugungseinheiten an einem Standort gelten als eine Anlage zur Stromerzeugung nach § 9 Abs. 1 Nr. 3 des Gesetzes. [2]Als unmittelbar miteinander verbunden gelten insbesondere auch Anlagen in Modulbauweise, die sich im selben baulichen Objekt befinden.

(2) [1]Stromerzeugungseinheiten an unterschiedlichen Standorten gelten als eine Anlage zur Stromerzeugung nach § 9 Absatz 1 Nummer 3 des Gesetzes, sofern
1. die einzelnen Stromerzeugungseinheiten zum Zweck der Stromerzeugung zentral gesteuert werden und
2. der erzeugte Strom zumindest teilweise in das Versorgungsnetz eingespeist werden soll.

[2]Eine Entnahme von Strom im räumlichen Zusammenhang zu einer Anlage im Sinn des Satzes 1 liegt nur vor, soweit der in den einzelnen Stromerzeugungseinheiten der Anlage erzeugte Strom im räumlichen Zusammenhang zu der Stromerzeugungseinheit entnommen wird, in der der Strom erzeugt worden ist.

(3) In den Fällen der Absätze 1 und 2 gilt die Summe der elektrischen Nennleistungen der einzelnen Stromerzeugungseinheiten als elektrische Nennleistung im Sinn des § 9 Absatz 1 Nummer 3 des Gesetzes.

---

1) Bish. § 12a eingef. mWv 4. 8. 2006 durch VO v. 31. 7. 2006 (BGBl. I S. 1753); bish. § 12a wird § 12b, Abs. 1 Satz 3 aufgeh., Abs. 2 und 3 angef. mWv 30. 9. 2011 durch VO v. 20. 9. 2011 (BGBl. I S. 1890); Überschr. und Abs. 2 neu gef., Abs. 4 angef. mWv 1. 8. 2013 durch VO v. 24. 7. 2013 (BGBl. I S. 2763).

(4) ¹Eine Leistung von Strom an Letztverbraucher durch denjenigen, der die Anlage betreibt oder betreiben lässt (§ 9 Absatz 1 Nummer 3 Buchstabe b des Gesetzes), liegt nur dann vor, wenn an den Leistungsbeziehungen über den in der Anlage erzeugten Strom keine weiteren als die in § 9 Absatz 1 Nummer 3 Buchstabe b des Gesetzes genannten Personen beteiligt sind. ²Wird der erzeugte Strom zunächst an einen Netzbetreiber geleistet und sogleich zurückerworben, ist dies für die Steuerbefreiung unschädlich, soweit die Leistung an den Netzbetreiber ausschließlich erfolgt, um Folgendes zu erhalten:

1. die Einspeisevergütung nach dem Erneuerbare-Energien-Gesetz vom 25. Oktober 2008 (BGBl. I S. 2074), das zuletzt durch Artikel 5 des Gesetzes vom 20. Dezember 2012 (BGBl. I S. 2730) geändert worden ist, in der jeweils geltenden Fassung oder
2. den Zuschlag nach dem Kraft-Wärme-Kopplungsgesetz vom 19. März 2002 (BGBl. I S. 1092), das zuletzt durch Artikel 1 des Gesetzes vom 12. Juli 2012 (BGBl. I S. 1494) geändert worden ist, in der jeweils geltenden Fassung.

³Die Sätze 1 und 2 gelten für die Steuerbefreiung nach § 9 Absatz 1 Nummer 3 Buchstabe a des Gesetzes sinngemäß.

### § 13
### Verkehr mit Oberleitungsomnibussen oder Schienenbahnen

Für steuerbegünstigte Zwecke im Sinne von § 9 Absatz 2 des Gesetzes entnommen wird Strom, der im Verkehr mit Oberleitungsomnibussen oder Schienenbahnen zum Antrieb der Fahrzeuge sowie zum Betrieb ihrer sonstigen elektrischen Anlagen und der im Verkehr mit Schienenbahnen für die Zugbildung, Zugvorbereitung sowie für die Bereitstellung und Sicherung der Fahrtrassen und Fahrwege verbraucht wird.

### § 13a
### Differenzversteuerung

(1) ¹Das Hauptzollamt kann auf Antrag zulassen, dass Inhaber von Erlaubnissen zur steuerbegünstigten Entnahme von Strom steuerbegünstigt nach § 9 Absatz 2 des Gesetzes bezogenen Strom
1. zu steuerbegünstigten Zwecken nach § 9 Absatz 2 des Gesetzes oder
2. unter Versteuerung mit dem Unterschiedsbetrag der jeweils gültigen Steuersätze nach § 9 Absatz 2 und § 3 des Gesetzes für nicht steuerbegünstigte Zwecke

an ihre Mieter, Pächter oder an vergleichbare Vertragsparteien leisten. ²Der Erlaubnisinhaber gilt insoweit nicht als Versorger, seine Mieter als Letztverbraucher im Sinn des § 5 Absatz 1 Satz 1 des Gesetzes. ³§ 9 Absatz 6 Satz 2 und 3 des Gesetzes gilt sinngemäß. ⁴Steuerschuldner für den Unterschiedsbetrag ist der Erlaubnisinhaber, dem die Zulassung nach Satz 1 erteilt wurde. ⁵Die für die Vertragsparteien des Erlaubnisinhabers geltenden Bestimmungen des Gesetzes und dieser Verordnung bleiben dadurch unberührt.

(2) ¹Das Hauptzollamt kann auf Antrag zulassen, dass Inhaber von Erlaubnissen zur steuerbegünstigten Entnahme von Strom steuerbegünstigt nach § 9 Absatz 2 des Gesetzes bezogenen Strom unter Versteuerung mit dem Unterschiedsbetrag der jeweils gültigen Steuersätze nach § 9 Absatz 2 und § 3 des Gesetzes für nicht steuerbegünstigte Zwecke entnehmen. ²§ 9 Absatz 6 Satz 2 und 3 des Gesetzes gilt sinngemäß. ³Steuerschuldner für den Unterschiedsbetrag ist der Erlaubnisinhaber, dem die Zulassung nach Satz 1 erteilt wurde.

(3) ¹Der Steuerschuldner nach Absatz 1 oder Absatz 2 hat für Strom, für den die Steuer entstanden ist, eine Steuererklärung abzugeben und darin die Steuer selbst zu berechnen (Steueranmeldung). ²§ 8 Absatz 2 bis 7 und 10 des Gesetzes sowie § 4 Absatz 2 bis 4 gelten sinngemäß.

### § 14 [1)]
### Wasserfahrzeuge und Schifffahrt

(1) Als Wasserfahrzeuge im Sinn des § 9 Absatz 1 Nummer 5 und Absatz 3 des Gesetzes gelten alle im Kapitel 89 der Kombinierten Nomenklatur (§ 1 Absatz 2 des Gesetzes) erfassten Fahrzeuge und schwimmenden Vorrichtungen mit eigenem motorischen Antrieb zur Fortbewegung.

(2) Als Schifffahrt im Sinn des § 9 Absatz 3 des Gesetzes gelten nicht
1. die stationäre Nutzung eines Wasserfahrzeugs als Wohnschiff, Hotelschiff oder zu ähnlichen Zwecken,
2. der Antrieb von Arbeitsmaschinen, die auf einem schwimmenden Arbeitsgerät fest montiert sind und aufgrund eines eigenen Motors unabhängig vom Antriebsmotor des schwimmenden Arbeitsgeräts betrieben werden.

(2a) Als schwimmende Arbeitsgeräte im Sinn des Absatzes 2 Nummer 2 gelten die in der Position 8905 der Kombinierten Nomenklatur erfassten Wasserfahrzeuge und schwimmenden Vorrichtungen mit eigenem motorischen Antrieb zur Fortbewegung.

(3) Private nichtgewerbliche Schifffahrt im Sinn des § 9 Absatz 3 des Gesetzes ist die Nutzung eines Wasserfahrzeugs durch seinen Eigentümer oder den durch Anmietung oder aus sonstigen Gründen Nutzungsberechtigten zu anderen Zwecken als
1. zur gewerbsmäßigen Beförderung von Personen oder Sachen,
2. zur gewerbsmäßigen Erbringung von Dienstleistungen, ausgenommen die Nutzung von Wasserfahrzeugen der Position 8903 der Kombinierten Nomenklatur auf Binnengewässern,
3. zur Seenotrettung durch Seenotrettungsdienste,
4. zu Forschungszwecken,
5. zur dienstlichen Nutzung durch Behörden oder
6. zur Haupterwerbsfischerei.

(4) Gewerbsmäßigkeit im Sinn des Absatzes 3 Nummer 1 und 2 liegt vor, wenn die mit Wasser-

---

[1)] § 14 eingef. mWv 30. 9. 2011 durch VO v. 20. 9. 2011 (BGBl. I S. 1890); Abs. 2 neu gef., Abs. 2a eingef., Abs. 3 Nr. 3 aufgeh., bish. Nr. 4–7 werden Nr. 3–6 mWv 1. 8. 2013 durch VO v. 24. 7. 2013 (BGBl. I S. 2763).

fahrzeugen gegen Entgelt ausgeübte Tätigkeit mit Gewinnerzielungsabsicht betrieben wird und der Unternehmer auf eigenes Risiko und eigene Verantwortung handelt.

(5) Binnengewässer im Sinn des Absatzes 3 Nummer 2 sind die Binnenwasserstraßen nach § 1 Absatz 1 Nummer 1 des Bundeswasserstraßengesetzes in der Fassung der Bekanntmachung vom 23. Mai 2007 (BGBl. I S. 962; 2008 I S. 1980), das zuletzt durch § 2 der Verordnung vom 27. April 2010 (BGBl. I S. 540) geändert worden ist, in der jeweils geltenden Fassung und die sonstigen im Binnenland gelegenen Gewässer, die für die Schifffahrt geeignet und bestimmt sind, mit Ausnahme

1. der Seeschifffahrtsstraßen gemäß § 1 Absatz 1 der Seeschifffahrtsstraßen-Ordnung in der Fassung der Bekanntmachung vom 22. Oktober 1998 (BGBl. I S. 3209; 1999 I S. 193), die zuletzt durch Artikel 1 der Verordnung vom 7. April 2010 (BGBl. I S. 399) geändert worden ist, in der jeweils geltenden Fassung,
2. der Ems und der Leda in den Grenzen, die in § 1 Absatz 1 Satz 1 Nummer 2 der Verordnung zur Einführung der Schifffahrtsordnung Emsmündung vom 8. August 1989 (BGBl. I S. 1583), die zuletzt durch Artikel 3 § 17 der Verordnung vom 19. Dezember 2008 (BGBl. I S. 2868; 2010 I S. 380) geändert worden ist, in der jeweils geltenden Fassung genannt werden, und
3. der Elbe von Kilometer 607,5 bis Kilometer 639 und des Hamburger Hafens in den Grenzen, die in § 1 Absatz 2 des Hafenverkehrs- und Schifffahrtsgesetzes vom 3. Juli 1979 (HmbGVBl. I S. 177), das zuletzt durch Artikel 4 des Gesetzes vom 6. Oktober 2005 (HmbGVBl. I S. 424) geändert worden ist, in der jeweils geltenden Fassung genannt werden.

§ 14a
Steuerentlastung für die Landstromversorgung

(1) ¹Auf Antrag wird eine Steuerentlastung für nachweislich nach § 3 des Gesetzes versteuerten Strom gewährt, der zu dem in § 9 Absatz 3 des Gesetzes genannten Zweck verbraucht worden ist. ²Die Steuerentlastung beträgt 20 Euro je Megawattstunde. ³§ 14 gilt entsprechend.

(2) Entlastungsberechtigt ist

1. im Fall einer Leistung des Stroms unmittelbar zu dem in § 9 Absatz 3 des Gesetzes genannten Zweck derjenige, der den Strom geleistet hat,
2. andernfalls derjenige, der den Strom entnommen hat.

(3) ¹Die Steuerentlastung ist bei dem für den Antragsteller zuständigen Hauptzollamt mit einer Anmeldung nach amtlich vorgeschriebenem Vordruck für den Strom zu beantragen, der innerhalb eines Entlastungsabschnitts entnommen worden ist. ²Der Antragsteller hat in der Anmeldung alle Angaben zu machen, die für die Bemessung der Steuerentlastung erforderlich sind, und die Steuerentlastung selbst zu berechnen. ³Die Steuerentlastung wird nur gewährt, wenn der Antrag spätestens bis zum 31. Dezember des Jahres, das auf das Kalenderjahr folgt, in dem der Strom entnommen worden ist, beim Hauptzollamt gestellt wird. ⁴Erfolgt die Festsetzung der Steuer erst, nachdem der Strom entnommen worden ist, wird abweichend von Satz 3 die Steuerentlastung gewährt, wenn der Antrag spätestens bis zum 31. Dezember des Jahres gestellt wird, das auf das Kalenderjahr folgt, in dem die Steuer festgesetzt worden ist.

(4) ¹Entlastungsabschnitt ist nach Wahl des Antragstellers ein Zeitraum von einem Kalendervierteljahr, einem Kalenderhalbjahr oder einem Kalenderjahr. ²Das Hauptzollamt kann auf Antrag einen Zeitraum von einem Kalendermonat als Entlastungsabschnitt zulassen oder in Einzelfällen die Steuerentlastung unverzüglich gewähren.

## Zu § 2 Nummer 3 bis 6 und den §§ 9a bis 10 des Gesetzes

§ 15[1)]
Zuordnung von Unternehmen

(1) ¹Das Hauptzollamt entscheidet über die Zuordnung eines Unternehmens nach § 2 Nummer 3 und 5 des Gesetzes zu einem Abschnitt oder einer Klasse der Klassifikation der Wirtschaftszweige. ²Für die Zuordnung sind die Abgrenzungsmerkmale maßgebend, die in der Klassifikation der Wirtschaftszweige und in deren Vorbemerkungen genannt sind, soweit die folgenden Absätze nichts anderes bestimmen.

(2) Die Zuordnung eines Unternehmens zu einem Abschnitt oder einer Klasse der Klassifikation der Wirtschaftszweige erfolgt nach den wirtschaftlichen Tätigkeiten des Unternehmens im maßgebenden Zeitraum.

(3) ¹Vorbehaltlich der Sätze 2 und 3 ist maßgebender Zeitraum das Kalenderjahr, das dem Kalenderjahr vorhergeht, für das eine Steuerentlastung beantragt wird. ²Abweichend von Satz 1 kann das Unternehmen als maßgebenden Zeitraum das Kalenderjahr wählen, für das eine Steuerentlastung beantragt wird. ³Das Kalenderjahr nach Satz 2 ist maßgebender Zeitraum, wenn das Unternehmen wirtschaftlichen Tätigkeiten, die dem Produzierenden Gewerbe oder der Land- und Forstwirtschaft im Sinne des § 2 Nummer 3 oder Nummer 5 des Gesetzes zuzuordnen sind, im vorhergehenden Kalenderjahr eingestellt und bis zu dessen Ende nicht wieder aufgenommen hat.

(4) ¹Unternehmen, die im maßgebenden Zeitraum mehrere wirtschaftliche Tätigkeiten ausüben, die entweder nicht alle dem Produzierenden Gewerbe

---

1) § 15 Abs. 2 Satz 3 Nr. 1 geänd. mWv 10. 10. 2009 durch VO v. 5. 10. 2009 (BGBl. I S. 3262); Abs. 1 neu gef., Abs. 2 und 3 eingef., bish. Abs. 2 wird Abs. 4 und Satz 1 aufgeh., bish. Sätze 2 bis 4 werden Sätze 1 bis 3, neuer Satz 2 einl. Satzteil, Nr. 1 bis 3 und 4 Satz 1, neuer Satz 2 Nr. 3 und 4, Abs. 3 wird Abs. 5, bish. Abs. 4 wird Abs. 6 und Satz 1 geänd., bish. Abs. 5 wird Abs. 7 und Satz 1 geänd., bish. Abs. 6 und 7 aufgeh., Abs. 8 eingef., bish. Abs. 8 wird Abs. 9 und geänd. mWv 30. 9. 2011 durch VO v. 20. 9. 2011 (BGBl. I S. 1890); Abs. 4 Satz 2 Nr. 4 Satz 3 angef., Abs. 9 neu gef., bish. Abs. 9 wird Abs. 10 mWv 1. 8. 2013 durch VO v. 24. 7. 2013 (BGBl. I S. 2763).

oder nicht alle der Land- und Forstwirtschaft im Sinn des § 2 Nummer 3 oder Nummer 5 des Gesetzes zuzuordnen sind, sind nach dem Schwerpunkt ihrer wirtschaftlichen Tätigkeit einem Abschnitt der Klassifikation der Wirtschaftszweige zuzuordnen. ²Der Schwerpunkt der wirtschaftlichen Tätigkeit wird nach Wahl des Unternehmens durch den Abschnitt der Klassifikation der Wirtschaftszweige bestimmt,

1. auf dessen Tätigkeiten im maßgebenden Zeitraum der größte Anteil der Bruttowertschöpfung zu Herstellungspreisen im Sinne der Vorbemerkungen zur Klassifikation der Wirtschaftszweige entfiel,
2. auf dessen Tätigkeiten im maßgebenden Zeitraum der größte Anteil der Wertschöpfung entfiel,
3. in dessen Tätigkeiten im maßgebenden Zeitraum im Durchschnitt die meisten Personen tätig waren oder
4. in dessen Tätigkeiten im maßgebenden Zeitraum der höchste steuerbare Umsatz im Sinne von § 1 Abs. 1 Nr. 1 des Umsatzsteuergesetzes erzielt wurde. Als steuerbarer Umsatz gilt dabei auch das den Leistungen von juristischen Personen des öffentlichen Rechts und kommunalen Eigenbetrieben zuzurechnende Aufkommen aus Beiträgen und Gebühren. Die umsatzsteuerlichen Vorschriften zur Organschaft (§ 2 Absatz 2 Nummer 2 des Umsatzsteuergesetzes) sind nicht anwendbar.

³Das Hauptzollamt kann die Wahl des Unternehmens zurückweisen, wenn diese offensichtlich nicht geeignet ist, den Schwerpunkt der wirtschaftlichen Tätigkeit des Unternehmens zu bestimmen.

(5) Ist ein Unternehmen dem Abschnitt B der Klassifikation der Wirtschaftszweige zuzuordnen, gilt für die Zuordnung zu einer Klasse dieses Abschnitts Absatz 4 sinngemäß.

(6) ¹Die Wertschöpfungsanteile nach Absatz 4 Satz 2 Nummer 2 ergeben sich als Differenz zwischen der Summe aus dem steuerbaren Umsatz nach § 1 Abs. 1 Nr. 1 des Umsatzsteuergesetzes, den nicht steuerbaren Lieferungen und sonstigen Leistungen, der Bestandsmehrung an unfertigen und fertigen Erzeugnissen sowie den Herstellungskosten für selbst erstellte Anlagen in den jeweiligen Abschnitten einerseits und der Summe aus den Vorleistungen, den linearen und degressiven Abschreibungen sowie der Bestandsminderung an unfertigen und fertigen Erzeugnissen andererseits. ²Vorleistungen sind die Kosten für Rohstoffe, Hilfsstoffe, Betriebsstoffe, Handelswaren und Fremdleistungen, nicht jedoch Löhne, Gehälter, Mieten, Pachten und Fremdkapitalzinsen.

(7) ¹Als Zahl der im Durchschnitt tätigen Personen nach Absatz 4 Satz 2 Nummer 3 gilt die Summe der Zahlen der am 15. Tag eines Kalendermonats tätigen Personen geteilt durch die Anzahl der entsprechenden Monate. ²Tätige Personen sind:

1. Personen, die in einem Arbeitsverhältnis zum Unternehmen stehen, auch wenn sie vorübergehend abwesend sind, nicht jedoch im Ausland tätige Personen;
2. tätige Inhaber und tätige Mitinhaber von Personengesellschaften;
3. unbezahlt mithelfende Familienangehörige, soweit sie mindestens ein Drittel der üblichen Arbeitszeit im Unternehmen tätig sind;
4. Arbeitskräfte, die von anderen Unternehmen gegen Entgelt gemäß dem Arbeitnehmerüberlassungsgesetz zur Arbeitsleistung überlassen wurden.

(8) Unternehmen oder Unternehmensteile im Vertrieb und in der Produktion von Gütern ohne eigene Warenproduktion (Converter) sind abweichend von Abschnitt 3.4 der Vorbemerkungen zur Klassifikation der Wirtschaftszweige auch dann, wenn sie die gewerblichen Schutzrechte an den Produkten besitzen, nicht so zu klassifizieren, als würden sie die Waren selbst herstellen.

(9) Soweit in den Erläuterungen zur Abteilung 45 der Klassifikation der Wirtschaftszweige bestimmt wird, dass Arbeiten im Baugewerbe auch durch Subunternehmen ausgeführt werden können, gilt dies nicht, wenn die Arbeiten für das zuzuordnende Unternehmen Investitionen darstellen.

(10) Die Absätze 1 bis 8 gelten sinngemäß, wenn ein Unternehmen für andere Rechtsvorschriften dem Produzierenden Gewerbe oder der Land- und Forstwirtschaft nach § 2 Nummer 3 oder Nummer 5 des Gesetzes zuzuordnen ist.

§ 16
(weggefallen)

§ 17
(weggefallen)

Zu § 9a des Gesetzes

§ 17a
Erlass, Erstattung oder Vergütung der Steuer für bestimmte Prozesse und Verfahren

(1) ¹Der Erlass, die Erstattung oder die Vergütung der Steuer nach § 9a des Gesetzes ist bei dem für den Antragsteller zuständigen Hauptzollamt mit einer Anmeldung nach amtlich vorgeschriebenem Vordruck für innerhalb eines Erlass-, Erstattungs- oder Vergütungsabschnitts entnommenen Strom zu beantragen. ²Der Antragsteller hat in der Anmeldung alle für die Bemessung des Erlasses, der Erstattung oder der Vergütung erforderlichen Angaben zu machen und den Erlass, die Erstattung oder die Vergütung selbst zu berechnen. ³Der Erlass, die Erstattung oder die Vergütung wird nur gewährt, wenn der Antrag spätestens bis zum 31. Dezember des Jahres, das auf das Kalenderjahr folgt, in dem der Strom entnommen wurde, beim Hauptzollamt gestellt wird. ⁴Erfolgt die Festsetzung der Steuer erst, nachdem der Strom entnommen worden ist, wird abweichend von Satz 3 die Steuerentlastung gewährt, wenn der Antrag spätestens bis zum 31. Dezember des Jahres gestellt wird, das auf das Kalenderjahr folgt, in dem die Steuer festgesetzt worden ist.

(2) ¹Erlass-, Erstattungs- oder Vergütungsabschnitt ist das Kalenderjahr. ²Bestimmt sich der

maßgebende Zeitraum für die Zuordnung des Unternehmens zum Produzierenden Gewerbe nach § 15 Absatz 3 Satz 1, kann der Antragsteller das Kalendervierteljahr oder das Kalenderhalbjahr als Erlass-, Erstattungs- oder Vergütungsabschnitt wählen. [3]Das Hauptzollamt kann im Fall des Satzes 2 auf Antrag auch den Kalendermonat als Erlass-, Erstattungs- oder Vergütungsabschnitt zulassen.

(3) Dem Antrag sind beizufügen:

1. eine Beschreibung der wirtschaftlichen Tätigkeiten des Unternehmens im maßgebenden Zeitraum nach amtlich vorgeschriebenem Vordruck, die dem Hauptzollamt eine Zuordnung des Unternehmens zu einem Abschnitt oder gegebenenfalls einer Klasse der Klassifikation der Wirtschaftszweige ermöglicht, es sei denn, die Beschreibung liegt dem Hauptzollamt für den maßgebenden Zeitraum bereits vor,
2. bei erstmaliger Antragstellung eine Betriebserklärung, in der die Verwendung des Stroms genau beschrieben ist.

[4]Weiteren Anträgen muss eine Betriebserklärung nur beigefügt werden, wenn sich Änderungen gegenüber der dem Hauptzollamt bereits vorliegenden Betriebserklärung ergeben haben. [5]Der Antragsteller hat die Änderungen besonders kenntlich zu machen.

(4) Der Antragsteller hat einen buchmäßigen Nachweis zu führen, aus dem sich für den Entlastungsabschnitt die Menge und der genaue Verwendungszweck des Stroms ergeben müssen.

(5) Das Laden und das Wiederaufladen von Batterien und Akkumulatoren gelten nicht als Elektrolyse oder chemisches Reduktionsverfahren im Sinn des § 9a Absatz 1 Nummer 1 oder Nummer 4 des Gesetzes.

## Zu § 9b des Gesetzes

### § 17b
### Steuerentlastung für Unternehmen

(1) [1]Die Steuerentlastung nach § 9b des Gesetzes ist bei dem für den Antragsteller zuständigen Hauptzollamt mit einer Anmeldung nach amtlich vorgeschriebenem Vordruck für den Strom zu beantragen, der innerhalb eines Entlastungsabschnitts entnommen worden ist. [2]Der Antragsteller hat in der Anmeldung alle Angaben zu machen, die für die Bemessung der Steuerentlastung erforderlich sind, und die Steuerentlastung selbst zu berechnen. [3]Die Steuerentlastung wird nur gewährt, wenn der Antrag spätestens bis zum 31. Dezember des Jahres, das auf das Kalenderjahr folgt, in dem der Strom entnommen worden ist, beim Hauptzollamt gestellt wird. [4]Erfolgt die Festsetzung der Steuer erst, nachdem der Strom entnommen worden ist, wird abweichend von Satz 3 die Steuerentlastung gewährt, wenn der Antrag spätestens bis zum 31. Dezember des Jahres gestellt wird, das auf das Kalenderjahr folgt, in dem die Steuer festgesetzt worden ist.

(2) [1]Entlastungsabschnitt ist das Kalenderjahr. [2]Bestimmt sich der maßgebende Zeitraum für die Zuordnung eines Unternehmens zum Produzierenden Gewerbe oder zur Land- und Forstwirtschaft nach § 15 Absatz 3 Satz 1, kann der Antragsteller abweichend von Satz 1 das Kalendervierteljahr oder das Kalenderhalbjahr als Entlastungsabschnitt wählen. [3]Das Hauptzollamt kann im Fall des Satzes 2 auf Antrag auch den Kalendermonat als Entlastungsabschnitt zulassen. [4]Eine Steuerentlastung wird in den Fällen der Sätze 2 und 3 jedoch nur gewährt, wenn der Entlastungsbetrag den Betrag nach § 9b Absatz 2 Satz 2 des Gesetzes bereits im jeweils ersten Entlastungsabschnitt eines Kalenderjahres überschreitet.

(3) [1]Der Antragsteller hat dem Antrag eine Beschreibung seiner wirtschaftlichen Tätigkeiten im maßgebenden Zeitraum nach amtlich vorgeschriebenem Vordruck beizufügen, es sei denn, die Beschreibung liegt dem Hauptzollamt bereits vor. [2]Die Beschreibung muss es dem Hauptzollamt ermöglichen, das Unternehmen einem Abschnitt oder einer Klasse der Klassifikation der Wirtschaftszweige zuzuordnen.

(4) Eine Schätzung der jeweils selbst oder von einem anderen Unternehmen (§ 17c) des Produzierenden Gewerbes oder der Land- und Forstwirtschaft verwendeten Nutzenergiemengen und der für die Erzeugung der Nutzenergie entnommenen Strommengen ist zulässig, soweit

1. eine genaue Ermittlung der Mengen nur mit unvertretbarem Aufwand möglich wäre und
2. die Schätzung nach allgemein anerkannten Regeln der Technik erfolgt und für nicht sachverständige Dritte jederzeit nachprüf- und nachvollziehbar ist.

(5) Der Antragsteller hat einen buchmäßigen Nachweis zu führen, aus dem sich für den jeweiligen Entlastungsabschnitt ergeben müssen:

1. die Menge des vom Antragsteller verbrauchten Stroms,
2. der genaue Verwendungszweck des Stroms,
3. soweit die erzeugte Nutzenergie durch ein anderes Unternehmen des Produzierenden Gewerbes oder der Land- und Forstwirtschaft verwendet worden ist (§ 17c):

    a) der Name und die Anschrift dieses anderen Unternehmens sowie

    b) die Nutzenergiemengen, die durch dieses andere Unternehmen jeweils verwendet worden sind, sowie die für die Erzeugung der Nutzenergie jeweils entnommenen Strommengen.

(6) Nutzenergie sind Licht, Wärme, Kälte, mechanische Energie und Druckluft, ausgenommen Druckluft, die in Druckflaschen oder anderen Behältern abgegeben wird.

### § 17c
### Verwendung von Nutzenergie durch andere Unternehmen

(1) [1]Soweit eine Steuerentlastung für die Erzeugung von Nutzenergie, die durch ein anderes Unternehmen des Produzierenden Gewerbes oder der Land- und Forstwirtschaft im Sinn des § 2 Nummer 3 oder Nummer 5 des Gesetzes verwendet worden ist, beantragt wird, sind dem Antrag nach § 17b Absatz 1 zusätzlich beizufügen:

1. für jedes die Nutzenergie verwendende andere Unternehmen des Produzierenden Gewerbes oder der Land- und Forstwirtschaft eine Selbsterklärung dieses anderen Unternehmens nach Absatz 2 und

2. eine Aufstellung, in der die für die Nutzenergieerzeugung entnommenen Strommengen diesen anderen Unternehmen jeweils zugeordnet werden.

²Die Vorlage einer Selbsterklärung nach Satz 1 Nummer 1 ist nicht erforderlich, wenn diese für das Kalenderjahr, für das die Steuerentlastung beantragt wird, dem Hauptzollamt bereits vorliegt.

(2) ¹Die Selbsterklärung ist gemäß Satz 2 und 3 nach amtlich vorgeschriebenem Vordruck abzugeben. ²Darin hat das andere Unternehmen des Produzierenden Gewerbes oder der Land- und Forstwirtschaft insbesondere seine wirtschaftlichen Tätigkeiten im maßgebenden Zeitraum zu beschreiben. ³§ 17b Absatz 3 Satz 2 gilt entsprechend. ⁴Auf die Beschreibung der wirtschaftlichen Tätigkeiten wird verzichtet, wenn dem für das andere Unternehmen des Produzierenden Gewerbes oder der Land- und Forstwirtschaft zuständigen Hauptzollamt eine Beschreibung der wirtschaftlichen Tätigkeiten für den maßgebenden Zeitraum bereits vorliegt. ⁵Die Selbsterklärung gilt als Steuererklärung im Sinn der Abgabenordnung.

(3) ¹Der Antragsteller hat sich die von einem anderen Unternehmen des Produzierenden Gewerbes oder der Land- und Forstwirtschaft jeweils verwendeten Nutzenergiemengen bestätigen zu lassen. ²Soweit die jeweils bezogene Nutzenergiemenge von einem anderen Unternehmen des Produzierenden Gewerbes oder der Land- und Forstwirtschaft vollständig selbst verwendet worden ist, reicht eine Bestätigung über die vollständige Verwendung der Nutzenergie ohne Angabe der Menge aus. ³Die vollständige oder anteilige Verwendung der Nutzenergie durch ein anderes Unternehmen des Produzierenden Gewerbes oder der Land- und Forstwirtschaft muss sich eindeutig und leicht nachprüfbar aus den bei dem Antragsteller vorhandenen Belegen ergeben. ⁴Der Antragsteller nimmt die Bestätigungen zu seinen steuerlichen Aufzeichnungen.

(4) ¹Wer eine Bestätigung nach Absatz 3 ausstellt, hat gemäß Satz 2 Aufzeichnungen zu führen, aus denen sich die insgesamt bezogenen, die selbst verwendeten und die an Dritte abgegebenen Nutzenergiemengen herleiten lassen. ²Die Aufzeichnungen müssen so beschaffen sein, dass es einem sachverständigen Dritten innerhalb einer angemessenen Frist möglich ist, die Aufzeichnungen zu prüfen. ³§ 17b Absatz 4 gilt entsprechend. ⁴Das andere Unternehmen unterliegt im Entlastungsverfahren der Steueraufsicht nach § 209 Absatz 3 der Abgabenordnung.

(5) Vom Antragsteller erzeugte Nutzenergie gilt nicht als durch ein anderes Unternehmen verwendet, wenn

1. dieses andere Unternehmen die Nutzenergie im Betrieb des Antragstellers verwendet,

2. solche Nutzenergie üblicherweise nicht gesondert abgerechnet wird und

3. der Empfänger der unter Verwendung der Nutzenergie erbrachten Leistungen der Antragsteller ist.

## Zu § 10 des Gesetzes

### § 18 ¹⁾
Begriffsbestimmungen zu § 10 des Gesetzes

(1) Als akkreditierte Konformitätsbewertungsstelle im Sinn des § 10 Absatz 7 Nummer 2 des Gesetzes gelten Stellen, die Konformitätsbewertungen einschließlich Kalibrierungen, Prüfungen, Zertifizierungen und Inspektionen durchführen und über eine Akkreditierung einer nationalen Akkreditierungsstelle nach Artikel 4 Absatz 1 der Verordnung (EG) Nr. 765/2008 des Europäischen Parlaments und des Rates vom 9. Juli 2008 über die Vorschriften für die Akkreditierung und Marktüberwachung im Zusammenhang mit der Vermarktung von Produkten und zur Aufhebung der Verordnung (EWG) Nr. 339/93 des Rates (ABl. L 218 vom 13. 8. 2008, S. 30) in der jeweils geltenden Fassung verfügen.

(2) Als nationale Akkreditierungsstelle im Sinn des § 10 Absatz 7 Nummer 2 des Gesetzes gelten folgende Stellen:

1. die nach § 8 des Akkreditierungsstellengesetzes vom 31. Juli 2009 (BGBl. I S. 2625), das durch Artikel 2 Absatz 80 des Gesetzes vom 22. Dezember 2011 (BGBl. I S. 3044) geändert worden ist, in der jeweils geltenden Fassung beliehene oder errichtete Stelle und

2. jede andere von einem Mitgliedstaat der Europäischen Union oder einem Staat des Europäischen Wirtschaftsraums nach Artikel 4 Absatz 1 der Verordnung (EG) Nr. 765/2008 als nationale Akkreditierungsstelle benannte Stelle.

(3) Zulassungsstelle nach § 28 des Umweltauditgesetzes im Sinn des § 12 Absatz 1 des Gesetzes ist die nach § 1 der UAG-Beleihungsverordnung vom 18. Dezember 1995 (BGBl. I S. 2013), die zuletzt durch Artikel 21 der Verordnung vom 13. Dezember 2011 (BGBl. I S. 2727) geändert worden ist, in der jeweils geltenden Fassung mit den Aufgaben einer Zulassungs- und Aufsichtsstelle für Umweltgutachter und Umweltgutachterorganisationen jeweils beliehene Stelle.

### § 19
Erlass, Erstattung oder Vergütung der Steuer in Sonderfällen

(1) Der Erlass, die Erstattung oder die Vergütung der Steuer nach § 10 des Gesetzes ist bei dem für den Antragsteller zuständigen Hauptzollamt nach amtlich vorgeschriebenem Vordruck für den Strom zu beantragen, der innerhalb eines Kalenderjahres (Abrechnungszeitraum) entnommen worden ist. Die Steuerentlastung wird nur gewährt, wenn der Antrag spätestens bis zum 31. Dezember des Jahres, das auf das Kalenderjahr folgt, in dem der Strom entnommen worden ist, beim Hauptzollamt gestellt wird. Erfolgt die Festsetzung der Steuer erst, nach-

---

¹⁾ § 18 eingef. mWv 1. 8. 2013 durch VO v. 24. 7. 2013 (BGBl. I S. 2763).

dem der Strom entnommen worden ist, wird abweichend von Satz 2 die Steuerentlastung gewährt, wenn der Antrag spätestens bis zum 31. Dezember des Jahres gestellt wird, das auf das Kalenderjahr folgt, in dem die Steuer festgesetzt worden ist.

(2) Bestimmt sich der maßgebende Zeitraum für die Zuordnung des Unternehmens zum Produzierenden Gewerbe nach § 15 Absatz 3 Satz 1, kann das Hauptzollamt unbeschadet des § 6 Abs. 2 auf Antrag einen vorläufigen Erlass-, Erstattungs- oder Vergütungszeitraum von einem Kalendermonat, einem Kalendervierteljahr oder einem Kalenderhalbjahr (vorläufiger Abrechnungszeitraum) zulassen und die Steuer für innerhalb eines vorläufigen Abrechnungszeitraumes entnommenen Strom erlassen, erstatten oder vergüten. Zur Errechnung der Höhe des Erlasses, der Erstattung oder der Vergütung ist § 10 des Gesetzes sinngemäß auf den vorläufigen Abrechnungszeitraum anzuwenden. Die Steuer wird nur dann nach Satz 1 erlassen, erstattet oder vergütet, wenn

1. die Steuer nach § 10 Absatz 1 Satz 1 bis 4 des Gesetzes bereits im ersten vorläufigen Abrechnungszeitraum im Kalenderjahr den Unterschiedsbetrag in der Rentenversicherung (§ 10 Absatz 2 Satz 1 Nummer 1 und 2 des Gesetzes) für diesen Zeitraum übersteigt,
2. der Antragsteller den nach § 10 Absatz 3 Satz 1 Nummer 1 oder Absatz 4 des Gesetzes erforderlichen Nachweis bereits erbracht hat und
3. die nach § 10 Absatz 3 Satz 1 Nummer 2 Buchstabe b des Gesetzes erforderliche Bekanntmachung der Bundesregierung bereits erfolgt ist.

(3) Wurde die voraussichtlich zu erlassende, zu erstattende oder zu vergütende Steuer bei der Berechnung der Höhe der Vorauszahlungen nach § 6 Abs. 2 berücksichtigt oder die Steuer für innerhalb eines vorläufigen Abrechnungszeitraumes entnommenen Strom nach Absatz 2 erlassen, erstattet oder vergütet, hat der Antragsteller einen zusammenfassenden Antrag nach Absatz 1 für das Kalenderjahr bis zum 31. Juli des folgenden Kalenderjahres abzugeben. Wird der zusammenfassende Antrag nicht oder nicht rechtzeitig abgegeben, fordert das Hauptzollamt die nach Absatz 2 erlassene, erstattete oder vergütete Steuer zurück.

(4) § 17b Absatz 3 bis 6 und § 17c gelten entsprechend. Sofern der Antragsteller Betreiber eines alternativen Systems zur Verbesserung der Energieeffizienz gemäß der Verordnung zu § 12 des Gesetzes ist, hat er dem Antrag nach Absatz 1 eine Selbsterklärung nach amtlich vorgeschriebenem Vordruck beizufügen, aus der hervorgeht, dass das Unternehmen im Antragsjahr die Voraussetzungen der Definition für kleine und mittlere Unternehmen im Sinn des § 10 Absatz 3 Satz 2 des Gesetzes erfüllt hat.

(5) Wurde das Unternehmen nach dem 31. Dezember 2013 neu gegründet (§ 10 Absatz 5 des Gesetzes), hat es die Art der Neugründung und den Zeitpunkt der Betriebsaufnahme durch geeignete Unterlagen nachzuweisen.

### Zu § 381 Absatz 1 der Abgabenordnung

### § 20
### Ordnungswidrigkeiten

Ordnungswidrig im Sinn des § 381 Absatz 1 Nummer 1 der Abgabenordnung handelt, wer vorsätzlich oder leichtfertig

1. entgegen § 4 Absatz 2 Satz 1, auch in Verbindung mit § 4 Absatz 7 oder § 13a Absatz 3 Satz 2, entgegen § 11 Absatz 2 Satz 1 oder entgegen § 17c Absatz 4 Satz 1, auch in Verbindung mit § 18 Absatz 4, eine Aufzeichnung nicht, nicht richtig oder nicht vollständig führt,
2. entgegen § 4 Absatz 4, auch in Verbindung mit § Absatz 7 oder § 13a Absatz 3 Satz 2, entgegen § 4 Absatz 5 Satz 2, entgegen § 11 Absatz 4 oder entgegen § 11 Absatz 5 Satz 2 eine Anzeige nicht, nicht richtig, nicht vollständig, nicht in der vorgeschriebenen Weise oder nicht rechtzeitig erstattet,
3. entgegen § 4 Absatz 5 Satz 1 oder entgegen § 11 Absatz 5 Satz 1 einen Erlaubnisschein nicht oder nicht rechtzeitig zurückgibt,
4. entgegen § 4 Absatz 6 eine Anmeldung nicht, nicht richtig oder nicht rechtzeitig abgibt oder
5. entgegen § 17c Absatz 2 Satz 1, auch in Verbindung mit § 19 Absatz 4 Satz 1, oder entgegen § 19 Absatz 4 Satz 2 eine Selbsterklärung nicht richtig oder nicht vollständig abgibt.

### Schlussbestimmungen

### § 21[1]
### Übergangsregelung

Für Anträge auf eine Steuerentlastung nach § 10 des Gesetzes in der am 31. Dezember 2012 geltenden Fassung ist § 18 in der zu diesem Zeitpunkt geltenden Fassung weiter anzuwenden.

---

[1] Zwischenüberschr. und § 21 angef. mWv 1. 8. 2013 durch VO v. 24. 7. 2013 (BGBl. I S. 2763).

# Erneuerbare-Energien-Gesetz (EEG)

Erneuerbare-Energien-Gesetz vom 25. Oktober 2008 (BGBl. I S. 2074), das zuletzt durch Artikel 5 des Gesetzes vom 20. Dezember 2012 (BGBl. I S. 2730) geändert worden ist

## § 1
### Zweck und Ziel des Gesetzes

(1) Zweck dieses Gesetzes ist es, insbesondere im Interesse des Klima- und Umweltschutzes eine nachhaltige Entwicklung der Energieversorgung zu ermöglichen, die volkswirtschaftlichen Kosten der Energieversorgung auch durch die Einbeziehung langfristiger externer Effekte zu verringern, fossile Energieressourcen zu schonen und die Weiterentwicklung von Technologien zur Erzeugung von Strom aus erneuerbaren Energien zu fördern.

(2) ¹Um den Zweck des Absatzes 1 zu erreichen, verfolgt dieses Gesetz das Ziel, den Anteil des aus erneuerbaren Energien erzeugten Stroms am Bruttostromverbrauch stetig und kosteneffizient auf mindestens 80 Prozent bis zum Jahr 2050 zu erhöhen. ²Hierzu soll dieser Anteil betragen:

1. 40 bis 45 Prozent bis zum Jahr 2025 und
2. 55 bis 60 Prozent bis zum Jahr 2035.

(3) Das Ziel nach Absatz 2 Satz 2 Nummer 1 dient auch dazu, den Anteil erneuerbarer Energien am gesamten Bruttoendenergieverbrauch bis zum Jahr 2020 auf mindestens 18 Prozent zu erhöhen.

Geltungszeitraum: ab 01.08.2014

## § 1 [1)]
### Zweck des Gesetzes

(1) Zweck dieses Gesetzes ist es, insbesondere im Interesse des Klima- und Umweltschutzes eine nachhaltige Entwicklung der Energieversorgung zu ermöglichen, die volkswirtschaftlichen Kosten der Energieversorgung auch durch die Einbeziehung langfristiger externer Effekte zu verringern, fossile Energieressourcen zu schonen und die Weiterentwicklung von Technologien zur Erzeugung von Strom aus Erneuerbaren Energien zu fördern.

(2) Um den Zweck des Absatzes 1 zu erreichen, verfolgt dieses Gesetz das Ziel, den Anteil erneuerbarer Energien an der Stromversorgung mindestens zu erhöhen auf

1. 35 Prozent spätestens bis zum Jahr 2020,
2. 50 Prozent spätestens bis zum Jahr 2030,
3. 65 Prozent spätestens bis zum Jahr 2040 und
4. 80 Prozent spätestens bis zum Jahr 2050

und diese Strommengen in das Elektrizitätsversorgungssystem zu integrieren.

(3) Das Ziel nach Absatz 2 Nummer 1 dient auch dazu, den Anteil erneuerbarer Energien am gesamten Bruttoendenergieverbrauch bis zum Jahr 2020 auf mindestens 18 Prozent zu erhöhen.

Geltungszeitraum: bis 31.07.2014

## § 2
### Grundsätze des Gesetzes

(1) ¹Strom aus erneuerbaren Energien und aus Grubengas soll in das Elektrizitätsversorgungssystem integriert werden. ²Die verbesserte Markt- und Netzintegration der erneuerbaren Energien soll zu einer Transformation des gesamten Energieversorgungssystems beitragen.

(2) Strom aus erneuerbaren Energien und aus Grubengas soll zum Zweck der Marktintegration direkt vermarktet werden.

(3) ¹Die finanzielle Förderung für Strom aus erneuerbaren Energien und aus Grubengas soll stärker auf kostengünstige Technologien konzentriert werden. ²Dabei ist auch die mittel- und langfristige Kostenperspektive zu berücksichtigen.

(4) Die Kosten für die finanzielle Förderung von Strom aus erneuerbaren Energien und aus Grubengas sollen unter Einbeziehung des Verursacherprinzips und energiewirtschaftlicher Aspekte angemessen verteilt werden.

(5) ¹Die finanzielle Förderung und ihre Höhe sollen für Strom aus erneuerbaren Energien und aus Grubengas bis spätestens 2017 durch Ausschreibungen ermittelt werden. ²Zu diesem Zweck werden zunächst für Strom aus Freiflächenanlagen Erfahrungen mit einer wettbewerblichen Ermittlung der Höhe der finanziellen Förderung gesammelt. ³Bei der Umstellung auf Ausschreibungen soll die Akteursvielfalt bei der Stromerzeugung aus erneuerbaren Energien erhalten bleiben.

(6) Die Ausschreibungen nach Absatz 5 sollen in einem Umfang von mindestens 5 Prozent der jährlich neu installierten Leistung europaweit geöffnet werden, soweit

1. eine völkerrechtliche Vereinbarung vorliegt, die die Kooperationsmaßnahmen im Sinne der Artikel 5 bis 8 oder des Artikels 11 der Richtlinie 2009/28/EG des Europäischen Parlaments und des Rates vom 23. April 2009 zur Förderung der Nutzung von Energie aus erneuerbaren Quellen und zur Änderung und anschließenden Aufhebung der Richtlinien 2001/77/EG und 2003/30/EG (ABl. L 140 vom 5. 6. 2009, S. 16) umsetzt,
2. die Förderung nach dem Prinzip der Gegenseitigkeit erfolgt und
3. der physikalische Import des Stroms nachgewiesen werden kann.

Geltungszeitraum: ab 01.08.2014

## § 2 [2)]
### Anwendungsbereich

Dieses Gesetz regelt

1. den vorrangigen Anschluss von Anlagen zur Erzeugung von Strom aus Erneuerbaren Energien

---

1) § 1 Abs. 2 neu gef., Abs. 3 angef. mWv 1. 1. 2012 durch G v. 28. 7. 2011 (BGBl. I S. 1634).
2) § 2 Nr. 2, 3 neu gef. mWv 1. 1. 2012 durch G v. 28. 7. 2011 (BGBl. I S. 1634).

und aus Grubengas im Bundesgebiet einschließlich der deutschen ausschließlichen Wirtschaftszone (Geltungsbereich des Gesetzes) an die Netze für die allgemeine Versorgung mit Elektrizität,
2. die vorrangige Abnahme, Übertragung, Verteilung und Vergütung dieses Stroms durch die Netzbetreiber einschließlich des Verhältnisses zu Strom aus Kraft-Wärme-Kopplung (KWK) sowie einschließlich Prämien für die Integration dieses Stroms in das Elektrizitätsversorgungssystem,
3. den bundesweiten Ausgleich des abgenommenen Stroms, für den eine Vergütung oder eine Prämie gezahlt worden ist.

Geltungszeitraum: bis 31.07.2014

### § 3
### Ausbaupfad

Die Ziele nach § 1 Absatz 2 Satz 2 sollen erreicht werden durch
1. eine Steigerung der installierten Leistung der Windenergieanlagen an Land um 2 500 Megawatt pro Jahr (netto),
2. eine Steigerung der installierten Leistung der Windenergieanlagen auf See auf insgesamt 6 500 Megawatt im Jahr 2020 und 15 000 Megawatt im Jahr 2030,
3. eine Steigerung der installierten Leistung der Anlagen zur Erzeugung von Strom aus solarer Strahlungsenergie um 2 500 Megawatt pro Jahr (brutto) und
4. eine Steigerung der installierten Leistung der Anlagen zur Erzeugung von Strom aus Biomasse um bis zu 100 Megawatt pro Jahr (brutto).

Geltungszeitraum: ab 01.08.2014

### § 3[1)]
### Begriffsbestimmungen

Im Sinne dieses Gesetzes ist
1. „Anlage" jede Einrichtung zur Erzeugung von Strom aus Erneuerbaren Energien oder aus Grubengas. Als Anlagen zur Erzeugung von Strom aus Erneuerbaren Energien oder aus Grubengas gelten auch solche Einrichtungen, die zwischengespeicherte Energie, die ausschließlich aus Erneuerbaren Energien oder aus Grubengas stammt, aufnehmen und in elektrische Energie umwandeln,
2. „Anlagenbetreiberin oder Anlagenbetreiber", wer unabhängig vom Eigentum die Anlage für die Erzeugung von Strom aus Erneuerbaren Energien oder aus Grubengas nutzt,
2a. „Bemessungsleistung" einer Anlage der Quotient aus der Summe der in dem jeweiligen Kalenderjahr erzeugten Kilowattstunden und der Summe der vollen Zeitstunden des jeweiligen Kalenderjahres abzüglich der vollen Stunden vor der erstmaligen Erzeugung von Strom aus

erneuerbaren Energien durch die Anlage und nach endgültiger Stilllegung der Anlage,
2b. „Biogas" Gas, das durch anaerobe Vergärung von Biomasse gewonnen wird,
2c. „Biomethan" Biogas oder sonstiges gasförmiges Biomasse, das oder die aufbereitet und in das Erdgasnetz eingespeist worden ist,
2d. „Elektrizitätsversorgungsunternehmen" jede natürliche oder juristische Person, die Elektrizität an Letztverbraucherinnen oder Letztverbraucher liefert,
3. „Erneuerbare Energien" Wasserkraft einschließlich der Wellen-, Gezeiten-, Salzgradienten- und Strömungsenergie, Windenergie, solare Strahlungsenergie, Geothermie, Energie aus Biomasse einschließlich Biogas, Biomethan, Deponiegas und Klärgas sowie aus dem biologisch abbaubaren Anteil von Abfällen aus Haushalten und Industrie,
4. „Generator" jede technische Einrichtung, die mechanische, chemische, thermische oder elektromagnetische Energie direkt in elektrische Energie umwandelt,
4a. „Gewerbe" ein nach Art und Umfang in kaufmännischer Weise eingerichteter Geschäftsbetrieb, der unter Beteiligung am allgemeinen wirtschaftlichen Verkehr nachhaltig mit eigener Gewinnerzielungsabsicht betrieben wird,
4b. „Gülle" alle Stoffe, die Gülle sind im Sinne der Verordnung (EG) Nr. 1069/2009 des Europäischen Parlaments und des Rates vom 21. Oktober 2009 mit Hygienevorschriften für nicht für den menschlichen Verzehr bestimmte tierische Nebenprodukte und zur Aufhebung der Verordnung (EG) Nr. 1774/2002 (ABl. L 300 vom 14. 11. 2009, S. 1), die durch die Richtlinie 2010/63/EU (ABl. L 276 vom 20. 10. 2010, S. 33) geändert worden ist,
4c. „Herkunftsnachweis" ein elektronisches Dokument, das ausschließlich dazu dient, gegenüber einem Endkunden im Rahmen der Stromkennzeichnung nach § 42 Absatz 1 Nummer 1 des Energiewirtschaftsgesetzes nachzuweisen, dass ein bestimmter Anteil oder eine bestimmte Menge des Stroms aus Erneuerbaren Energien erzeugt wurde,
5. „Inbetriebnahme" die erstmalige Inbetriebsetzung des Generators der Anlage nach Herstellung der technischen Betriebsbereitschaft der Anlage, unabhängig davon, ob der Generator mit erneuerbaren Energien, Grubengas oder sonstigen Energieträgern in Betrieb gesetzt wurde; die technische Betriebsbereitschaft setzt voraus, dass die Anlage fest an dem für den dauerhaften Betrieb vorgesehenen Ort und dauerhaft mit dem für die Erzeugung von Wechselstrom erforderlichen Zubehör installiert wurde; der Austausch des Generators oder

---

1) § 3 Nr. 12 neu gef. mWv 18. 8. 2010 durch G v. 11. 8. 2010 (BGBl. I S. 1163); Nr. 4a eingef. mWv 1. 5. 2011 durch G v. 12. 4. 2011 (BGBl. I S. 619); Nr. 2a–2d eingef., Nr. 3 geänd., Nr. 4a, b eingef., bish. Nr. 4a wird Nr. 4c, Nr. 5 neu gef., Nr. 5a eingef., Nr. 6, 9 geänd., Nr. 9a eingef., Nr. 10 neu gef., Nr. 12 geänd., Nr. 13, 14 angef. mWv 1. 1. 2012 durch G v. 28. 7. 2011 (BGBl. I S. 1634); Nr. 5 geänd. mWv 1. 4. 2012 durch G v. 17. 8. 2012 (BGBl. I S. 1754).

sonstiger technischer oder baulicher Teile nach der erstmaligen Inbetriebnahme führt nicht zu einer Änderung des Zeitpunkts der Inbetriebnahme,

5a. „KWK-Anlage" eine KWK-Anlage im Sinne von § 3 Absatz 2 des Kraft-Wärme-Kopplungsgesetzes,

6. „installierte Leistung" einer Anlage die elektrische Wirkleistung, die die Anlage bei bestimmungsgemäßem Betrieb ohne zeitliche Einschränkungen unbeschadet kurzfristiger geringfügiger Abweichungen technisch erbringen kann,

7. „Netz" die Gesamtheit der miteinander verbundenen technischen Einrichtungen zur Abnahme, Übertragung und Verteilung von Elektrizität für die allgemeine Versorgung,

8. „Netzbetreiber" die Betreiber von Netzen aller Spannungsebenen für die allgemeine Versorgung mit Elektrizität,

9. „Offshore-Anlage" eine Windenergieanlage, die auf See in einer Entfernung von mindestens drei Seemeilen gemessen von der Küstenlinie aus seewärts errichtet worden ist. Als Küstenlinie gilt die in der Karte Nummer 2920 Deutsche Nordseeküste und angrenzende Gewässer, Ausgabe 1994, XII., sowie in der Karte Nummer 292[1)] Deutsche Ostseeküste und angrenzende Gewässer, Ausgabe 1994, XII., des Bundesamtes für Seeschifffahrt und Hydrographie im Maßstab 1 : 375000[2)] dargestellte Küstenlinie,

9a. „Speichergas" jedes Gas, das keine erneuerbare Energie ist, aber zum Zweck der Zwischenspeicherung von Strom aus erneuerbaren Energien ausschließlich unter Einsatz von Strom aus erneuerbaren Energien erzeugt wird,

10. „Strom aus Kraft-Wärme-Kopplung" Strom im Sinne von § 3 Absatz 4 des Kraft-Wärme-Kopplungsgesetzes,

11. „Übertragungsnetzbetreiber" der regelverantwortliche Netzbetreiber von Hoch- und Höchstspannungsnetzen, die der überregionalen Übertragung von Elektrizität zu nachgeordneten Netzen dienen,

12. „Umweltgutachterin oder Umweltgutachter" eine Person oder Organisation, die nach dem Umweltauditgesetz in der Fassung der Bekanntmachung vom 4. September 2002 (BGBl. I S. 3490), das zuletzt durch Artikel 11 des Gesetzes vom 17. März 2008 (BGBl. I S. 399) geändert worden ist, in der jeweils geltenden Fassung, als Umweltgutachterin, Umweltgutachter oder Umweltgutachterorganisation tätig werden darf,

13. „Unternehmen" die kleinste rechtlich selbständige Einheit,

14. „Unternehmen des produzierenden Gewerbes" jedes Unternehmen, das an der zu begünstigenden Abnahmestelle dem Bergbau, der Gewinnung von Steinen und Erden oder dem verarbeitenden Gewerbe in entsprechender Anwendung der Abschnitte B und C der Klassifikation der Wirtschaftszweige des Statistischen Bundesamtes, Ausgabe 20083 zuzuordnen ist.

Geltungszeitraum: bis 31.07.2014

§ 4
Geltungsbereich

Dieses Gesetz gilt für Anlagen, wenn und soweit die Erzeugung des Stroms im Bundesgebiet einschließlich der deutschen ausschließlichen Wirtschaftszone erfolgt.

Geltungszeitraum: ab 01.08.2014

§ 4[3)]
Gesetzliches Schuldverhältnis

(1) Netzbetreiber dürfen die Erfüllung ihrer Verpflichtungen aus diesem Gesetz nicht vom Abschluss eines Vertrages abhängig machen.

(2) ¹Von den Bestimmungen dieses Gesetzes darf unbeschadet des § 8 Absatz 3 und 3a nicht zu Lasten der Anlagenbetreiberin, des Anlagenbetreibers oder des Netzbetreibers abgewichen werden. ²Dies gilt nicht für abweichende vertragliche Vereinbarungen zu den §§ 3 bis 33i, 45, 46, 56 und 66 sowie zu den auf Grund dieses Gesetzes erlassenen Rechtsverordnungen, die

1. Gegenstand eines Prozessvergleichs im Sinne des § 794 Absatz 1 Nummer 1 der Zivilprozessordnung sind,

2. dem Ergebnis eines von den Parteien vor der Clearingstelle durchgeführten Verfahrens nach § 57 Absatz 3 Satz 1 Nummer 1 entsprechen,

3. einer für die Parteien von der Clearingstelle abgegebenen Stellungnahme nach § 57 Absatz 3 Satz 1 Nummer 2 entsprechen oder

4. einer Entscheidung der Bundesnetzagentur nach § 61 entsprechen.

Geltungszeitraum: bis 31.07.2014

§ 5
Begriffsbestimmungen

Im Sinne dieses Gesetzes ist oder sind

1. „Anlage" jede Einrichtung zur Erzeugung von Strom aus erneuerbaren Energien oder aus Grubengas; als Anlage gelten auch Einrichtungen, die zwischengespeicherte Energie, die ausschließlich aus erneuerbaren Energien oder Grubengas stammt, aufnehmen und in elektrische Energie umwandeln,

2. „Anlagenbetreiber", wer unabhängig vom Eigentum die Anlage für die Erzeugung von Strom aus erneuerbaren Energien oder aus Grubengas nutzt,

---

1) [Amtl. Anm.:] Amtlicher Hinweis: Zu beziehen beim Bundesamt für Seeschifffahrt und Hydrographie, 20359 Hamburg.
2) [Amtl. Anm.:] Amtlicher Hinweis: Zu beziehen beim Statistischen Bundesamt, Gustav-Stresemann-Ring 11, 65189 Wiesbaden; auch zu beziehen über www.destatis.de.
3) § 4 Abs. 2 neu gef. mWv 1. 1. 2012 durch G v. 28. 7. 2011 (BGBl. I S. 1634).

3. „Ausschreibung" ein objektives, transparentes, diskriminierungsfreies und wettbewerbliches Verfahren zur Bestimmung der Höhe der finanziellen Förderung,
4. „Bemessungsleistung" einer Anlage der Quotient aus der Summe der in dem jeweiligen Kalenderjahr erzeugten Kilowattstunden und der Summe der vollen Zeitstunden des jeweiligen Kalenderjahres abzüglich der vollen Stunden vor der erstmaligen Erzeugung von Strom aus erneuerbaren Energien oder aus Grubengas durch die Anlage und nach endgültiger Stilllegung der Anlage,
5. „Bilanzkreis" ein Bilanzkreis nach § 3 Nummer 10a des Energiewirtschaftsgesetzes,
6. „Bilanzkreisvertrag" ein Vertrag nach § 26 Absatz 1 der Stromnetzzugangsverordnung,
7. „Biogas" Gas, das durch anaerobe Vergärung von Biomasse gewonnen wird,
8. „Biomethan" Biogas oder sonstige gasförmige Biomasse, das oder die aufbereitet und in das Erdgasnetz eingespeist worden ist,
9. „Direktvermarktung" die Veräußerung von Strom aus erneuerbaren Energien oder aus Grubengas an Dritte, es sei denn, der Strom wird in unmittelbarer räumlicher Nähe zur Anlage verbraucht und nicht durch ein Netz durchgeleitet,
10. „Direktvermarktungsunternehmer", wer von dem Anlagenbetreiber mit der Direktvermarktung von Strom aus erneuerbaren Energien oder aus Grubengas beauftragt ist oder Strom aus erneuerbaren Energien oder aus Grubengas kaufmännisch abnimmt, ohne insoweit Letztverbraucher dieses Stroms oder Netzbetreiber zu sein,
11. „Energie- oder Umweltmanagementsystem" ein System, das den Anforderungen der DIN EN ISO 50 001, Ausgabe Dezember 2011[1]), entspricht, oder ein System im Sinne der Verordnung (EG) Nr. 1221/2009 des Europäischen Parlaments und des Rates vom 25. November 2009 über die freiwillige Teilnahme von Organisationen an einem Gemeinschaftssystem für Umweltmanagement und Umweltbetriebsprüfung und zur Aufhebung der Verordnung (EG) Nr. 761/2001, sowie die Beschlüsse der Kommission 2001/681/EG und 2006/193/EG (ABl. L 342 vom 22. 12. 2009, S. 1) in der jeweils geltenden Fassung,
12. „Eigenversorgung" der Verbrauch von Strom, den eine natürliche oder juristische Person im unmittelbaren räumlichen Zusammenhang mit der Stromerzeugungsanlage selbst verbraucht, wenn der Strom nicht durch ein Netz durchgeleitet wird und diese Person die Stromerzeugungsanlage selbst betreibt,
13. „Elektrizitätsversorgungsunternehmen" jede natürliche oder juristische Person, die Elektrizität an Letztverbraucher liefert,
14. „erneuerbare Energien"
   a) Wasserkraft einschließlich der Wellen-, Gezeiten-, Salzgradienten- und Strömungsenergie,
   b) Windenergie,
   c) solare Strahlungsenergie,
   d) Geothermie,
   e) Energie aus Biomasse einschließlich Biogas, Biomethan, Deponiegas und Klärgas sowie aus dem biologisch abbaubaren Anteil von Abfällen aus Haushalten und Industrie,
15. „finanzielle Förderung" die Zahlung des Netzbetreibers an den Anlagenbetreiber auf Grund der Ansprüche nach § 19 oder § 52,
16. „Freiflächenanlage" jede Anlage zur Erzeugung von Strom aus solarer Strahlungsenergie, die nicht in, an oder auf einem Gebäude oder einer sonstigen baulichen Anlage, die vorrangig zu anderen Zwecken als der Erzeugung von Strom aus solarer Strahlungsenergie errichtet worden ist, angebracht ist,
17. „Gebäude" jede selbständig benutzbare, überdeckte bauliche Anlage, die von Menschen betreten werden kann und vorrangig dazu bestimmt ist, dem Schutz von Menschen, Tieren oder Sachen zu dienen,
18. „Generator" jede technische Einrichtung, die mechanische, chemische, thermische oder elektromagnetische Energie direkt in elektrische Energie umwandelt,
19. „Gülle" jeder Stoff, der Gülle ist im Sinne der Verordnung (EG) Nr. 1069/2009 des Europäischen Parlaments und des Rates vom 21. Oktober 2009 mit Hygienevorschriften für nicht für den menschlichen Verzehr bestimmte tierische Nebenprodukte und zur Aufhebung der Verordnung (EG) Nr. 1774/2002 (ABl. L 300 vom 14. 11. 2009, S. 1), die durch die Richtlinie 2010/63/EU (ABl. L 276 vom 20. 10. 2010, S. 33) geändert worden ist,
20. „Herkunftsnachweis" ein elektronisches Dokument, das ausschließlich dazu dient, gegenüber einem Letztverbraucher im Rahmen der Stromkennzeichnung nach § 42 Absatz 1 Nummer 1 des Energiewirtschaftsgesetzes nachzuweisen, dass ein bestimmter Anteil oder eine bestimmte Menge des Stroms aus erneuerbaren Energien erzeugt wurde,
21. „Inbetriebnahme" die erstmalige Inbetriebsetzung der Anlage nach Herstellung ihrer technischen Betriebsbereitschaft ausschließlich mit erneuerbaren Energien oder Grubengas; die technische Betriebsbereitschaft setzt voraus, dass die Anlage fest an dem für den dauerhaften Betrieb vorgesehenen Ort und dauerhaft mit dem für die Erzeugung von Wechselstrom erforderlichen Zubehör installiert wurde; der Austausch des Generators oder sonstiger technischer oder baulicher Teile nach der erstmaligen Inbetriebnahme führt nicht zu einer Änderung des Zeitpunkts der Inbetriebnahme,

---

[1]) [Amtl. Anm.:] Zu beziehen bei der Beuth Verlag GmbH, 10772 Berlin, und in der Deutschen Nationalbibliothek archivmäßig gesichert niedergelegt.

22. „installierte Leistung" einer Anlage die elektrische Wirkleistung, die die Anlage bei bestimmungsgemäßem Betrieb ohne zeitliche Einschränkungen unbeschadet kurzfristiger geringfügiger Abweichungen technisch erbringen kann,

23. „KWK-Anlage" eine KWK-Anlage im Sinne von § 3 Absatz 2 des Kraft-Wärme-Kopplungsgesetzes,

24. „Letztverbraucher" jede natürliche oder juristische Person, die Strom verbraucht,

25. „Monatsmarktwert" der nach Anlage 1 rückwirkend berechnete tatsächliche Monatsmittelwert des energieträgerspezifischen Marktwerts von Strom aus erneuerbaren Energien oder aus Grubengas am Spotmarkt der Strombörse EPEX Spot SE in Paris für die Preiszone Deutschland/Österreich in Cent pro Kilowattstunde,

26. „Netz" die Gesamtheit der miteinander verbundenen technischen Einrichtungen zur Abnahme, Übertragung und Verteilung von Elektrizität für die allgemeine Versorgung,

27. „Netzbetreiber" jeder Betreiber eines Netzes für die allgemeine Versorgung mit Elektrizität, unabhängig von der Spannungsebene,

28. „Schienenbahn" jedes Unternehmen, das zum Zweck des Personen- oder Güterverkehrs Fahrzeuge wie Eisenbahnen, Magnetschwebebahnen, Straßenbahnen oder nach ihrer Bau- und Betriebsweise ähnliche Bahnen auf Schienen oder die für den Betrieb dieser Fahrzeuge erforderlichen Infrastrukturanlagen betreibt,

29. „Speichergas" jedes Gas, das keine erneuerbare Energie ist, aber zum Zweck der Zwischenspeicherung von Strom aus erneuerbaren Energien ausschließlich unter Einsatz von Strom aus erneuerbaren Energien erzeugt wird,

30. „Strom aus Kraft-Wärme-Kopplung" Strom im Sinne von § 3 Absatz 4 des Kraft-Wärme-Kopplungsgesetzes,

31. „Übertragungsnetzbetreiber" der regelverantwortliche Netzbetreiber von Hoch- und Höchstspannungsnetzen, die der überregionalen Übertragung von Elektrizität zu nachgeordneten Netzen dienen,

32. „Umwandlung" jede Umwandlung von Unternehmen nach dem Umwandlungsgesetz oder jede Übertragung sämtlicher Wirtschaftsgüter eines Unternehmens oder Unternehmensteils im Wege der Singularsukzession,

33. „Umweltgutachter" jede Person oder Organisation, die nach dem Umweltauditgesetz in der jeweils geltenden Fassung als Umweltgutachter oder Umweltgutachterorganisation tätig werden darf,

34. „Unternehmen" jede rechtsfähige Personenvereinigung oder juristische Person, die über einen nach Art und Umfang in kaufmännischer Weise eingerichteten Geschäftsbetrieb verfügt, der unter Beteiligung am allgemeinen wirtschaftlichen Verkehr nachhaltig mit eigener Gewinnerzielungsabsicht betrieben wird,

35. „Windenergieanlage an Land" jede Anlage zur Erzeugung von Strom aus Windenergie, die keine Windenergieanlage auf See ist,

36. „Windenergieanlage auf See" jede Anlage zur Erzeugung von Strom aus Windenergie, die auf See in einer Entfernung von mindestens drei Seemeilen gemessen von der Küstenlinie aus seewärts errichtet worden ist; als Küstenlinie gilt die in der Karte Nummer 2920 Deutsche Nordseeküste und angrenzende Gewässer, Ausgabe 1994, XII., sowie in der Karte Nummer 2921 Deutsche Ostseeküste und angrenzende Gewässer, Ausgabe 1994, XII., des Bundesamtes für Seeschifffahrt und Hydrographie im Maßstab 1:375 000[1)] dargestellte Küstenlinie,

37. „Wohngebäude" jedes Gebäude, das nach seiner Zweckbestimmung überwiegend dem Wohnen dient, einschließlich Wohn-, Alten- und Pflegeheimen sowie ähnlichen Einrichtungen.

Geltungszeitraum: ab 01.08.2014

§ 5[2)]
Anschluss

(1) [1]Netzbetreiber sind verpflichtet, Anlagen zur Erzeugung von Strom aus Erneuerbaren Energien und aus Grubengas unverzüglich vorrangig an der Stelle an ihr Netz anzuschließen (Verknüpfungspunkt), die im Hinblick auf die Spannungsebene geeignet ist, und die in der Luftlinie kürzeste Entfernung zum Standort der Anlage aufweist, wenn nicht ein anderes Netz einen technisch und wirtschaftlich günstigeren Verknüpfungspunkt aufweist. [2]Bei einer oder mehreren Anlagen mit einer installierten Leistung von insgesamt bis zu 30 Kilowatt, die sich auf einem Grundstück mit bereits bestehendem Netzanschluss befinden, gilt der Verknüpfungspunkt des Grundstücks mit dem Netz als günstigster Verknüpfungspunkt.

(2) Anlagenbetreiberinnen und -betreiber sind berechtigt, einen anderen Verknüpfungspunkt dieses oder eines anderen im Hinblick auf die Spannungsebene geeigneten Netzes zu wählen.

(3) [1]Der Netzbetreiber ist abweichend von den Absätzen 1 und 2 berechtigt, der Anlage einen anderen Verknüpfungspunkt zuzuweisen. [2]Dies gilt nicht, wenn die Abnahme des Stroms aus der betroffenen Anlage nach § 8 Abs. 1 nicht sichergestellt wäre.

(4) Die Pflicht zum Netzanschluss besteht auch dann, wenn die Abnahme des Stroms erst durch die Optimierung, die Verstärkung oder den Ausbau des Netzes nach § 9 möglich wird.

(5) [1]Netzbetreiber sind verpflichtet, Einspeisewilligen nach Eingang eines Netzanschlussbegehrens unverzüglich einen genauen Zeitplan für die Bearbeitung des Netzanschlussbegehrens zu übermitteln. [2]In diesem Zeitplan ist anzugeben:

---
1) [Amtl. Anm.:] Zu beziehen beim Bundesamt für Seeschifffahrt und Hydrographie, 20359 Hamburg.
2) § 5 Abs. 5 neu gef., Abs. 6 angef. mWv 1. 5. 2011 durch G v. 12. 4. 2011 (BGBl. I S. 619); Abs. 1 Satz 2 geänd. mWv 1. 1. 2012 durch G v. 28. 7. 2011 (BGBl. I S. 1634).

1. in welchen Arbeitsschritten das Netzanschlussbegehren bearbeitet wird und
2. welche Informationen die Einspeisewilligen aus ihrem Verantwortungsbereich den Netzbetreibern übermitteln müssen, damit die Netzbetreiber den Verknüpfungspunkt ermitteln oder ihre Planungen nach § 9 durchführen können.

(6) ¹Netzbetreiber sind verpflichtet, Einspeisewilligen nach Eingang der erforderlichen Informationen unverzüglich, spätestens aber innerhalb von acht Wochen, Folgendes zu übermitteln:
1. einen Zeitplan für die unverzügliche Herstellung des Netzanschlusses mit allen erforderlichen Arbeitsschritten,
2. alle Informationen, die Einspeisewillige für die Prüfung des Verknüpfungspunktes benötigen, sowie auf Antrag die für eine Netzverträglichkeitsprüfung erforderlichen Netzdaten,
3. einen nachvollziehbaren und detaillierten Voranschlag der Kosten, die den Anlagenbetreiberinnen oder Anlagenbetreibern durch den Netzanschluss entstehen; dieser Kostenvoranschlag umfasst nur die Kosten, die durch die technische Herstellung des Netzanschlusses entstehen, und insbesondere nicht die Kosten für die Gestattung der Nutzung fremder Grundstücke für die Verlegung der Netzanschlussleitung.

²Das Recht der Anlagenbetreiberinnen oder Anlagenbetreiber nach § 7 Absatz 1 bleibt auch dann unberührt, wenn der Netzbetreiber den Kostenvoranschlag nach Satz 1 Nummer 3 übermittelt hat.

Geltungszeitraum: bis 31.07.2014

§ 6
Anlagenregister

(1) ¹Die Bundesnetzagentur für Elektrizität, Gas, Telekommunikation, Post und Eisenbahnen (Bundesnetzagentur) errichtet und betreibt ein Verzeichnis, in dem Anlagen zu registrieren sind (Anlagenregister). ²Im Anlagenregister sind die Angaben zu erheben und bereitzustellen, die erforderlich sind, um
1. die Integration des Stroms aus erneuerbaren Energien und Grubengas in das Elektrizitätsversorgungssystem zu fördern,
2. die Grundsätze nach § 2 Absatz 1 bis 3 und den Ausbaupfad nach § 3 zu überprüfen,
3. die Absenkung der Förderung nach den §§ 28, 29 und 31 umzusetzen,
4. den bundesweiten Ausgleich des abgenommenen Stroms sowie der finanziellen Förderung zu erleichtern und
5. die Erfüllung nationaler, europäischer und internationaler Berichtspflichten zum Ausbau der erneuerbaren Energien zu erleichtern.

(2) Anlagenbetreiber müssen an das Anlagenregister insbesondere übermitteln:
1. Angaben zu ihrer Person und ihre Kontaktdaten,
2. den Standort der Anlage,
3. den Energieträger, aus dem der Strom erzeugt wird,
4. die installierte Leistung der Anlage,
5. die Angabe, ob für den in der Anlage erzeugten Strom eine finanzielle Förderung in Anspruch genommen werden soll.

(3) ¹Zur besseren Nachvollziehbarkeit des Ausbaus der erneuerbaren Energien wird das Anlagenregister der Öffentlichkeit zugänglich gemacht. ²Hierzu werden die Angaben der registrierten Anlagen mit Ausnahme der Angaben nach Absatz 2 Nummer 1 auf der Internetseite des Anlagenregisters veröffentlicht und mindestens monatlich aktualisiert.

(4) ¹Das Nähere einschließlich der Übermittlung weiterer Angaben und die Weitergabe der im Anlagenregister gespeicherten Angaben an Netzbetreiber und Dritte bestimmt eine Rechtsverordnung nach § 93. ²Durch Rechtsverordnung nach § 93 kann auch geregelt werden, dass die Aufgaben des Anlagenregisters ganz oder teilweise durch das Gesamtanlagenregister der Bundesnetzagentur nach § 53b des Energiewirtschaftsgesetzes zu erfüllen sind.

Geltungszeitraum: ab 01.08.2014

§ 6¹⁾
Technische Vorgaben

(1) Anlagenbetreiberinnen und Anlagenbetreiber sowie Betreiberinnen und Betreiber von KWK-Anlagen müssen ihre Anlagen mit einer installierten Leistung von mehr als 100 Kilowatt mit technischen Einrichtungen ausstatten, mit denen der Netzbetreiber jederzeit
1. die Einspeiseleistung bei Netzüberlastung ferngesteuert reduzieren kann und
2. die jeweilige Ist-Einspeisung abrufen kann.

(2) Anlagenbetreiberinnen und Anlagenbetreiber von Anlagen zur Erzeugung von Strom aus solarer Strahlungsenergie
1. mit einer installierten Leistung von mehr als 30 Kilowatt und höchstens 100 Kilowatt müssen die Pflicht nach Absatz 1 Nummer 1 erfüllen,
2. mit einer installierten Leistung von höchstens 30 Kilowatt müssen
   a) die Pflicht nach Absatz 1 Nummer 1 erfüllen oder
   b) am Verknüpfungspunkt ihrer Anlage mit dem Netz die maximale Wirkleistungseinspeisung auf 70 Prozent der installierten Leistung begrenzen.

(3) ¹Mehrere Anlagen zur Erzeugung von Strom aus solarer Strahlungsenergie gelten unabhängig von den Eigentumsverhältnissen und ausschließlich zum Zweck der Ermittlung der installierten Leistung im Sinne der Absätze 1 und 2 als eine Anlage, wenn
1. sie sich auf demselben Grundstück oder sonst in unmittelbarer räumlicher Nähe befinden und
2. innerhalb von zwölf aufeinanderfolgenden Kalendermonaten in Betrieb genommen worden sind.

¹⁾ § 6 neu gef. mWv 1. 1. 2012 durch G v. 28. 7. 2011 (BGBl. I S. 1634).

²Entsteht eine Pflicht nach den Absätzen 1 und 2 für eine Anlagenbetreiberin oder einen Anlagenbetreiber erst durch den Zubau von Anlagen einer anderen Anlagenbetreiberin oder eines anderen Anlagenbetreibers, kann sie oder er von dieser anderen Anlagenbetreiberin oder diesem anderen Anlagenbetreiber den Ersatz der daraus entstehenden Kosten verlangen.

(4) ¹Anlagenbetreiberinnen und Anlagenbetreiber von Anlagen zur Erzeugung von Strom aus Biogas müssen sicherstellen, dass bei der Erzeugung des Biogases
1. ein neu zu errichtendes Gärrestlager am Standort der Biogaserzeugung technisch gasdicht abgedeckt ist und die hydraulische Verweilzeit in dem gasdichten und an eine Gasverwertung angeschlossenen System mindestens 150 Tage beträgt und
2. zusätzliche Gasverbrauchseinrichtungen zur Vermeidung einer Freisetzung von Biogas verwendet werden.

²Die Anforderung nach Satz 1 Nummer 1 gilt nicht, wenn zur Erzeugung des Biogases ausschließlich Gülle im Sinne des § 2 Satz 1 Nummer 4 des Düngegesetzes eingesetzt wird.

(5) Anlagenbetreiberinnen und Anlagenbetreiber von Windenergieanlagen müssen sicherstellen, dass am Verknüpfungspunkt ihrer Anlage mit dem Netz die Anforderungen der Systemdienstleistungsverordnung erfüllt werden.

(6) ¹Die Rechtsfolgen von Verstößen gegen Absatz 1, 2, 4 oder 5 richten sich bei Anlagen, für deren Stromerzeugung dem Grunde nach ein Anspruch auf Vergütung nach § 16 besteht, nach § 17 Absatz 1. ²Bei den übrigen Anlagen entfällt der Anspruch der Anlagenbetreiberinnen und Anlagenbetreiber auf vorrangige Abnahme, Übertragung und Verteilung nach § 8 für die Dauer des Verstoßes gegen Absatz 1, 2, 4 oder 5; Betreiberinnen und Betreiber von KWK-Anlagen verlieren in diesem Fall ihren Anspruch auf Zuschlagzahlung nach § 4 Absatz 3 des Kraft-Wärme-Kopplungsgesetzes oder, soweit ein solcher nicht besteht, ihren Anspruch auf vorrangigen Netzzugang nach § 4 Absatz 4 des Kraft-Wärme-Kopplungsgesetzes.

Geltungszeitraum: bis 31.07.2014

§ 7
Gesetzliches Schuldverhältnis

(1) Netzbetreiber dürfen die Erfüllung ihrer Pflichten nach diesem Gesetz nicht vom Abschluss eines Vertrages abhängig machen.

(2) ¹Von den Bestimmungen dieses Gesetzes darf unbeschadet des § 11 Absatz 3 und 4 nicht zu Lasten des Anlagenbetreibers oder des Netzbetreibers abgewichen werden. ²Dies gilt nicht für abweichende vertragliche Vereinbarungen zu den §§ 5 bis 55, 70, 71, 80 und 100 sowie zu den auf Grund dieses Gesetzes erlassenen Rechtsverordnungen, wenn
1. Gegenstand eines Prozessvergleichs im Sinne des § 794 Absatz 1 Nummer 1 der Zivilprozessordnung sind,

2. dem Ergebnis eines von den Verfahrensparteien bei der Clearingstelle durchgeführten Verfahrens nach § 81 Absatz 4 Satz 1 Nummer 1 entsprechen oder
3. einer Entscheidung der Bundesnetzagentur nach § 85 entsprechen.

Geltungszeitraum: ab 01.08.2014

§ 7[1]
Ausführung und Nutzung des Anschlusses

(1) ¹Anlagenbetreiberinnen und -betreiber sind berechtigt, den Anschluss der Anlagen sowie die Einrichtung und den Betrieb der Messeinrichtungen einschließlich der Messung von dem Netzbetreiber oder einer fachkundigen dritten Person vornehmen zu lassen. ²Für Messstellenbetrieb und Messung gelten die Vorschriften der §§ 21b bis 21h des Energiewirtschaftsgesetzes und der auf Grund von § 21i des Energiewirtschaftsgesetzes erlassenen Rechtsverordnungen.

(2) Die Ausführung des Anschlusses und die übrigen für die Sicherheit des Netzes notwendigen Einrichtungen müssen den im Einzelfall notwendigen technischen Anforderungen des Netzbetreibers nach § 49 des Energiewirtschaftsgesetzes vom 7. Juli 2005 (BGBl. I S. 1970, 3621), das zuletzt durch Artikel 2 des Gesetzes vom 18. Dezember 2007 (BGBl. I S. 2966) geändert worden ist, entsprechen.

(3) Bei der Einspeisung von Strom aus Erneuerbaren Energien und Grubengas gilt zugunsten der Anlagenbetreiberin oder des Anlagenbetreibers § 18 Abs. 2 der Niederspannungsanschlussverordnung vom 1. November 2006 (BGBl. I S. 2477) entsprechend.

Geltungszeitraum: bis 31.07.2014

§ 8
Anschluss

(1) ¹Netzbetreiber müssen Anlagen zur Erzeugung von Strom aus erneuerbaren Energien und aus Grubengas unverzüglich vorrangig an der Stelle an ihr Netz anschließen, die im Hinblick auf die Spannungsebene geeignet ist und die in der Luftlinie kürzeste Entfernung zum Standort der Anlage aufweist, wenn nicht dieses oder ein anderes Netz einen technisch und wirtschaftlich günstigeren Verknüpfungspunkt aufweist; bei der Prüfung des wirtschaftlich günstigeren Verknüpfungspunkts sind die unmittelbar durch den Netzanschluss entstehenden Kosten zu berücksichtigen. ²Bei einer oder mehreren Anlagen mit einer installierten Leistung von insgesamt höchstens 30 Kilowatt, die sich auf einem Grundstück mit bereits bestehendem Netzanschluss befinden, gilt der Verknüpfungspunkt des Grundstücks mit dem Netz als günstigster Verknüpfungspunkt.

(2) Anlagenbetreiber dürfen einen anderen Verknüpfungspunkt dieses oder eines anderen im Hinblick auf die Spannungsebene geeigneten Netzes wählen, es sei denn, die daraus resultierenden Mehrkosten des Netzbetreibers sind nicht unerheblich.

(3) Der Netzbetreiber darf abweichend von den Absätzen 1 und 2 der Anlage einen anderen Ver-

---

[1] § 7 Abs. 1 Satz 2 angef. mWv 1. 1. 2012 durch G v. 28. 7. 2011 (BGBl. I S. 1634).

knüpfungspunkt zuweisen, es sei denn, die Abnahme des Stroms aus der betroffenen Anlage nach § 11 Absatz 1 wäre an diesem Verknüpfungspunkt nicht sichergestellt.

(4) Die Pflicht zum Netzanschluss besteht auch dann, wenn die Abnahme des Stroms erst durch die Optimierung, die Verstärkung oder den Ausbau des Netzes nach § 12 möglich wird.

(5) ¹Netzbetreiber müssen Einspeisewilligen nach Eingang eines Netzanschlussbegehrens unverzüglich einen genauen Zeitplan für die Bearbeitung des Netzanschlussbegehrens übermitteln. ²In diesem Zeitplan ist anzugeben,

1. in welchen Arbeitsschritten das Netzanschlussbegehren bearbeitet wird und
2. welche Informationen die Einspeisewilligen aus ihrem Verantwortungsbereich den Netzbetreibern übermitteln müssen, damit die Netzbetreiber den Verknüpfungspunkt ermitteln oder ihre Planungen nach § 12 durchführen können.

(6) ¹Netzbetreiber müssen Einspeisewilligen nach Eingang der erforderlichen Informationen unverzüglich, spätestens aber innerhalb von acht Wochen, Folgendes übermitteln:

1. einen Zeitplan für die unverzügliche Herstellung des Netzanschlusses mit allen erforderlichen Arbeitsschritten,
2. alle Informationen, die Einspeisewillige für die Prüfung des Verknüpfungspunktes benötigen, sowie auf Antrag die für eine Netzverträglichkeitsprüfung erforderlichen Netzdaten,
3. einen nachvollziehbaren und detaillierten Voranschlag der Kosten, die den Anlagenbetreibern durch den Netzanschluss entstehen; dieser Kostenvoranschlag umfasst nur die Kosten, die durch die technische Herstellung des Netzanschlusses entstehen, und insbesondere nicht die Kosten für die Gestattung der Nutzung fremder Grundstücke für die Verlegung der Netzanschlussleitung,
4. die zur Erfüllung der Pflichten nach § 9 Absatz 1 und 2 erforderlichen Informationen.

²Das Recht der Anlagenbetreiber nach § 10 Absatz 1 bleibt auch dann unberührt, wenn der Netzbetreiber den Kostenvoranschlag nach Satz 1 Nummer 3 übermittelt hat.

Geltungszeitraum: ab 01.08.2014

### § 8[1])
### Abnahme, Übertragung und Verteilung

(1) ¹Netzbetreiber sind vorbehaltlich des § 11 verpflichtet, den gesamten angebotenen Strom aus Erneuerbaren Energien und aus Grubengas unverzüglich vorrangig abzunehmen, zu übertragen und zu verteilen. ²Die Verpflichtung nach Satz 1 und die Verpflichtungen nach § 4 Absatz 1 Satz 1 und Absatz 4 Satz 2 des Kraft-Wärme-Kopplungsgesetzes sind gleichrangig.

(2) Die Verpflichtungen nach Absatz 1 bestehen auch, wenn die Anlage an das Netz der Anlagenbetreiberin, des Anlagenbetreibers oder einer dritten Person, die nicht Netzbetreiber im Sinne von § 3 Nr. 8 ist, angeschlossen ist und der Strom mittels kaufmännisch-bilanzieller Weitergabe durch dieses Netz in ein Netz nach § 3 Nr. 7 angeboten wird.

(3) Die Verpflichtungen nach Absatz 1 bestehen nicht, soweit Anlagenbetreiberinnen oder -betreiber und Netzbetreiber unbeschadet des § 12 zur besseren Integration der Anlage in das Netz ausnahmsweise vertraglich vereinbaren, vom Abnahmevorrang abzuweichen.

(3a) Die Verpflichtungen nach Absatz 1 bestehen nicht, soweit Anlagenbetreiberinnen oder Anlagenbetreiber und Netzbetreiber ausnahmsweise auf Grund vertraglicher Vereinbarungen vom Abnahmevorrang abweichen und dies durch die Ausgleichsmechanismusverordnung zugelassen ist.

(4) Die Verpflichtungen zur vorrangigen Abnahme, Übertragung und Verteilung treffen im Verhältnis zum aufnehmenden Netzbetreiber, der nicht Übertragungsnetzbetreiber ist,

1. den vorgelagerten Übertragungsnetzbetreiber,
2. den nächstgelegenen inländischen Übertragungsnetzbetreiber, wenn im Netzbereich des abgabeberechtigten Netzbetreibers kein inländisches Übertragungsnetz betrieben wird, oder,
3. insbesondere im Fall der Weitergabe nach Absatz 2, jeden sonstigen Netzbetreiber.

Geltungszeitraum: bis 31.07.2014

### § 9[2])
### Technische Vorgaben

(1) ¹Anlagenbetreiber und Betreiber von KWK-Anlagen müssen ihre Anlagen mit einer installierten Leistung von mehr als 100 Kilowatt mit technischen Einrichtungen ausstatten, mit denen der Netzbetreiber jederzeit

1. die Einspeiseleistung bei Netzüberlastung ferngesteuert reduzieren kann und
2. die Ist-Einspeisung abrufen kann.

²Die Pflicht nach Satz 1 gilt auch als erfüllt, wenn mehrere Anlagen, die gleichartige erneuerbare Energien einsetzen und über denselben Verknüpfungspunkt mit dem Netz verbunden sind, mit einer gemeinsamen technischen Einrichtung ausgestattet sind, mit der der Netzbetreiber jederzeit

1. die gesamte Einspeiseleistung bei Netzüberlastung ferngesteuert reduzieren kann und
2. die gesamte Ist-Einspeisung der Anlagen abrufen kann.

(2) Betreiber von Anlagen zur Erzeugung von Strom aus solarer Strahlungsenergie

1. mit einer installierten Leistung von mehr als 30 Kilowatt und höchstens 100 Kilowatt müssen die Pflicht nach Absatz 1 Satz 1 Nummer 1 oder Absatz 1 Satz 2 Nummer 1 erfüllen,
2. mit einer installierten Leistung von höchstens 30 Kilowatt müssen

---

1) § 8 Abs. 1 Satz 2 angef., Abs. 3a eingef. mWv 1. 1. 2012 durch G v. 28. 7. 2011 (BGBl. I S. 1634).
2) § 9 Abs. 5 Satz 1 Nr. 2 geänd. mWv 1. 8. 2014 durch G v. 22. 7. 2014 (BGBl. I S. 1218).

a) die Pflicht nach Absatz 1 Satz 1 Nummer 1 oder Absatz 1 Satz 2 Nummer 1 erfüllen oder

b) am Verknüpfungspunkt ihrer Anlage mit dem Netz die maximale Wirkleistungseinspeisung auf 70 Prozent der installierten Leistung begrenzen.

(3) ¹Mehrere Anlagen zur Erzeugung von Strom aus solarer Strahlungsenergie gelten unabhängig von den Eigentumsverhältnissen und ausschließlich zum Zweck der Ermittlung der installierten Leistung im Sinne der Absätze 1 und 2 als eine Anlage, wenn

1. sie sich auf demselben Grundstück oder Gebäude befinden und

2. sie innerhalb von zwölf aufeinanderfolgenden Kalendermonaten in Betrieb genommen worden sind.

²Entsteht eine Pflicht nach Absatz 1 oder 2 für einen Anlagenbetreiber erst durch den Zubau von Anlagen eines anderen Anlagenbetreibers, kann er von diesem den Ersatz der daraus entstehenden Kosten verlangen.

(4) Solange ein Netzbetreiber die Informationen nach § 8 Absatz 6 Satz 1 Nummer 4 nicht übermittelt, greifen die in Absatz 7 bei Verstößen gegen Absatz 1 oder 2 genannten Rechtsfolgen nicht, wenn

1. die Anlagenbetreiber oder die Betreiber von KWK-Anlagen den Netzbetreiber schriftlich oder elektronisch zur Übermittlung der erforderlichen Informationen nach § 8 Absatz 6 Satz 1 Nummer 4 aufgefordert haben und

2. die Anlagen mit technischen Vorrichtungen ausgestattet sind, die geeignet sind, die Anlagen ein- und auszuschalten und ein Kommunikationssignal einer Empfangsvorrichtung zu verarbeiten.

(5) ¹Betreiber von Anlagen zur Erzeugung von Strom aus Biogas müssen sicherstellen, dass bei der Erzeugung des Biogases

1. ein neu zu errichtendes Gärrestlager am Standort der Biogaserzeugung technisch gasdicht abgedeckt ist,

2. die hydraulische Verweilzeit in dem gasdichten und an eine Gasverwertung angeschlossenen neuen System nach Nummer 1 mindestens 150 Tage beträgt und

3. zusätzliche Gasverbrauchseinrichtungen zur Vermeidung einer Freisetzung von Biogas verwendet werden.

²Satz 1 Nummer 1 und 2 ist nicht anzuwenden, wenn zur Erzeugung des Biogases ausschließlich Gülle eingesetzt wird. ³Satz 1 Nummer 2 ist ferner nicht anzuwenden, wenn für den in der Anlage erzeugten Strom der Anspruch nach § 19 in Verbindung mit § 45 geltend gemacht wird.

(6) Betreiber von Windenergieanlagen an Land, die vor dem 1. Januar 2017 in Betrieb genommen worden sind, müssen sicherstellen, dass am Verknüpfungspunkt ihrer Anlage mit dem Netz die Anforderungen der Systemdienstleistungsverordnung erfüllt werden.

(7) ¹Die Rechtsfolgen von Verstößen gegen die Absätze 1, 2, 5 oder 6 richten sich bei Anlagen, für deren Stromerzeugung dem Grunde nach ein Anspruch auf finanzielle Förderung nach § 19 besteht, nach § 25 Absatz 2 Nummer 1. ²Bei den übrigen Anlagen entfällt der Anspruch der Anlagenbetreiber auf vorrangige Abnahme, Übertragung und Verteilung nach § 11 für die Dauer des Verstoßes gegen die Absätze 1, 2, 5 oder 6; Betreiber von KWK-Anlagen verlieren in diesem Fall ihren Anspruch auf Zuschlagzahlung nach § 4 Absatz 3 des Kraft-Wärme-Kopplungsgesetzes oder, soweit ein solcher nicht besteht, ihren Anspruch auf vorrangigen Netzzugang nach § 4 Absatz 4 des Kraft-Wärme-Kopplungsgesetzes.

(8) Die Pflichten und Anforderungen nach den §§ 21c, 21d und 21e des Energiewirtschaftsgesetzes und nach den auf Grund des § 21i Absatz 1 des Energiewirtschaftsgesetzes erlassenen Rechtsverordnungen bleiben unberührt.

Geltungszeitraum: ab 01.08.2014

§ 9 ¹⁾
Erweiterung der Netzkapazität

(1) ¹Netzbetreiber sind auf Verlangen der Einspeisewilligen verpflichtet, unverzüglich ihre Netze entsprechend dem Stand der Technik zu optimieren, zu verstärken und auszubauen, um die Abnahme, Übertragung und Verteilung des Stroms aus Erneuerbaren Energien oder Grubengas sicherzustellen. ²Dieser Anspruch besteht auch gegenüber Netzbetreibern, an deren Netz die Anlage nicht unmittelbar angeschlossen ist, sondern auch für vorgelagerte Netze mit einer Spannung bis einschließlich 110 Kilovolt, wenn dies erforderlich ist, um die Abnahme, Übertragung und Verteilung des Stroms sicherzustellen.

(2) Die Pflicht erstreckt sich auf sämtliche für den Betrieb des Netzes notwendigen technischen Einrichtungen sowie die im Eigentum des Netzbetreibers stehenden oder in sein Eigentum übergehenden Anschlussanlagen.

(3) Der Netzbetreiber ist nicht zur Optimierung, zur Verstärkung und zum Ausbau seines Netzes verpflichtet, soweit dies wirtschaftlich unzumutbar ist.

(4) Die Verpflichtungen nach § 4 Abs. 6 des Kraft-Wärme-Kopplungsgesetzes sowie nach § 12 Abs. 3 des Energiewirtschaftsgesetzes bleiben unberührt.

Geltungszeitraum: bis 31.07.2014

§ 10
Ausführung und Nutzung des Anschlusses

(1)¹Anlagenbetreiber dürfen den Anschluss der Anlagen sowie die Einrichtung und den Betrieb der Messeinrichtungen einschließlich der Messung von dem Netzbetreiber oder einer fachkundigen dritten Person vornehmen lassen. ²Für Messstellenbetrieb und Messung gelten die Bestimmungen der §§ 21b bis 21h des Energiewirtschaftsgesetzes und der auf Grund des § 21i des Energiewirtschaftsgesetzes erlassenen Rechtsverordnungen.

(2) Die Ausführung des Anschlusses und die übrigen für die Sicherheit des Netzes notwendigen Ein-

---

1) § 9 Abs. 1 Satz 2 neu gef., Satz 3 aufgeh. mWv 1. 1. 2012 durch G v. 28. 7. 2011 (BGBl. I S. 1634).

richtungen müssen den im Einzelfall notwendigen technischen Anforderungen des Netzbetreibers und § 49 des Energiewirtschaftsgesetzes entsprechen.

(3) Bei der Einspeisung von Strom aus erneuerbaren Energien oder Grubengas ist zugunsten des Anlagenbetreibers § 18 Absatz 2 der Niederspannungsanschlussverordnung entsprechend anzuwenden.

Geltungszeitraum: ab 01.08.2014

## § 10
### Schadensersatz

(1) [1]Verletzt der Netzbetreiber seine Verpflichtungen aus § 9 Abs. 1, können Einspeisewillige Ersatz des hierdurch entstandenen Schadens verlangen. [2]Die Ersatzpflicht tritt nicht ein, wenn der Netzbetreiber die Pflichtverletzung nicht zu vertreten hat.

(2) [1]Liegen Tatsachen vor, die die Annahme begründen, dass der Netzbetreiber seine Pflicht aus § 9 Abs. 1 nicht erfüllt hat, können Anlagenbetreiberinnen und -betreiber Auskunft von dem Netzbetreiber darüber verlangen, ob und inwieweit der Netzbetreiber seiner Verpflichtung zur Optimierung, zur Verstärkung und zum Ausbau des Netzes nachgekommen ist. [2]Die Auskunft kann verweigert werden, wenn sie zur Feststellung, ob ein Anspruch nach Absatz 1 vorliegt, nicht erforderlich ist.

Geltungszeitraum: 01.01.2009 – 31.07.2014

## § 11
### Abnahme, Übertragung und Verteilung

(1) [1]Netzbetreiber müssen vorbehaltlich des § 14 den gesamten Strom aus erneuerbaren Energien oder aus Grubengas, der in einer Veräußerungsform nach § 20 Absatz 1 veräußert wird, unverzüglich vorrangig physikalisch abnehmen, übertragen und verteilen. [2]Macht der Anlagenbetreiber den Anspruch nach § 19 in Verbindung mit § 37 oder § 38 geltend, umfasst die Pflicht aus Satz 1 auch die kaufmännische Abnahme. [3]Die Pflichten nach den Sätzen 1 und 2 sowie die Pflichten nach § 4 Absatz 1 Satz 1 und Absatz 4 Satz 2 des Kraft-Wärme-Kopplungsgesetzes sind gleichrangig.

(2) Absatz 1 ist entsprechend anzuwenden, wenn die Anlage an das Netz des Anlagenbetreibers oder einer dritten Person, die nicht Netzbetreiber ist, angeschlossen ist und der Strom mittels kaufmännisch-bilanzieller Weitergabe in ein Netz angeboten wird.

(3) [1]Die Pflichten nach Absatz 1 bestehen nicht, soweit Anlagenbetreiber oder Direktvermarktungsunternehmer und Netzbetreiber unbeschadet des § 15 zur besseren Integration der Anlage in das Netz ausnahmsweise vertraglich vereinbaren, vom Abnahmevorrang abzuweichen. [2]Bei Anwendung vertraglicher Vereinbarungen nach Satz 1 ist sicherzustellen, dass der Vorrang für Strom aus erneuerbaren Energien angemessen berücksichtigt und insgesamt die größtmögliche Strommenge aus erneuerbaren Energien abgenommen wird.

(4) Die Pflichten nach Absatz 1 bestehen ferner nicht, soweit dies durch die Ausgleichsmechanismusverordnung zugelassen ist.

(5) Die Pflichten zur vorrangigen Abnahme, Übertragung und Verteilung treffen im Verhältnis zum aufnehmenden Netzbetreiber, der nicht Übertragungsnetzbetreiber ist,
1. den vorgelagerten Übertragungsnetzbetreiber,
2. den nächstgelegenen inländischen Übertragungsnetzbetreiber, wenn im Netzbereich des abgabeberechtigten Netzbetreibers kein inländisches Übertragungsnetz betrieben wird, oder
3. insbesondere im Fall der Weitergabe nach Absatz 2 jeden sonstigen Netzbetreiber.

Geltungszeitraum: ab 01.08.2014

## § 11[1)]
### Einspeisemanagement

(1) [1]Netzbetreiber sind unbeschadet ihrer Pflicht nach § 9 ausnahmsweise berechtigt, an ihr Netz unmittelbar oder mittelbar angeschlossene Anlagen und KWK-Anlagen, die mit einer Einrichtung zur ferngesteuerten Reduzierung der Einspeiseleistung bei Netzüberlastung im Sinne von § 6 Absatz 1 Nummer 1, Absatz 2 Nummer 1 oder 2 Buchstabe a ausgestattet sind, zu regeln, soweit
1. andernfalls im jeweiligen Netzbereich einschließlich des vorgelagerten Netzes ein Netzengpass entstünde,
2. der Vorrang für Strom aus erneuerbaren Energien, Grubengas und Kraft-Wärme-Kopplung gewahrt wird, soweit nicht sonstige Anlagen zur Stromerzeugung am Netz bleiben müssen, um die Sicherheit und Zuverlässigkeit des Elektrizitätsversorgungssystems zu gewährleisten, und
3. sie die verfügbaren Daten über die Ist-Einspeisung in der jeweiligen Netzregion abgerufen haben.

[2]Bei der Regelung der Anlagen nach Satz 1 sind Anlagen im Sinne des § 6 Absatz 2 erst nachrangig gegenüber den übrigen Anlagen zu regeln. [3]Im Übrigen müssen die Netzbetreiber sicherstellen, dass insgesamt die größtmögliche Strommenge aus erneuerbaren Energien und Kraft-Wärme-Kopplung abgenommen wird.

(2) Netzbetreiber sind verpflichtet, Betreiberinnen und Betreiber von Anlagen nach § 6 Absatz 1 spätestens am Vortag, ansonsten unverzüglich über den zu erwartenden Zeitpunkt, den Umfang und die Dauer der Regelung zu unterrichten, sofern die Durchführung der Maßnahme vorhersehbar ist.

(3) [1]Die Netzbetreiber müssen die von Maßnahmen nach Absatz 1 Betroffenen unverzüglich über die tatsächlichen Zeitpunkte, den jeweiligen Umfang, die Dauer und die Gründe der Regelung unterrichten und auf Verlangen innerhalb von vier Wochen Nachweise über die Erforderlichkeit der Maßnahme vorlegen. [2]Die Nachweise müssen eine sachkundige dritte Person in die Lage versetzen, ohne weitere Informationen die Erforderlichkeit der Maßnahme vollständig nachvollziehen zu können; zu diesem Zweck sind im Fall eines Verlangens nach Satz 1 letzter Halbsatz insbesondere die nach Ab-

---

1) § 11 neu gef. mWv 1. 1. 2012 durch G v. 28. 7. 2011 (BGBl. I S. 1634).

satz 1 Satz 1 Nummer 3 erhobenen Daten vorzulegen. ³Die Netzbetreiber können abweichend von Satz 1 Anlagenbetreiberinnen und Anlagenbetreiber von Anlagen nach § 6 Absatz 2 in Verbindung mit Absatz 3 nur einmal jährlich über die Maßnahmen nach Absatz 1 unterrichten, solange die Gesamtdauer dieser Maßnahmen 15 Stunden pro Anlage im Kalenderjahr nicht überschritten hat; diese Unterrichtung muss bis zum 31. Januar des Folgejahres erfolgen. ⁴§ 13 Absatz 5 Satz 3 des Energiewirtschaftsgesetzes bleibt unberührt.

Geltungszeitraum: bis 31.07.2014

## § 12
### Erweiterung der Netzkapazität

(1) ¹Netzbetreiber müssen auf Verlangen der Einspeisewilligen unverzüglich ihre Netze entsprechend dem Stand der Technik optimieren, verstärken und ausbauen, um die Abnahme, Übertragung und Verteilung des Stroms aus erneuerbaren Energien oder Grubengas sicherzustellen. ²Dieser Anspruch besteht auch gegenüber den Betreibern von vorgelagerten Netzen mit einer Spannung bis 110 Kilovolt, an die die Anlage nicht unmittelbar angeschlossen ist, wenn dies erforderlich ist, um die Abnahme, Übertragung und Verteilung des Stroms sicherzustellen.

(2) Die Pflicht erstreckt sich auf sämtliche für den Betrieb des Netzes notwendigen technischen Einrichtungen sowie die im Eigentum des Netzbetreibers stehenden oder in sein Eigentum übergehenden Anschlussanlagen.

(3) Der Netzbetreiber muss sein Netz nicht optimieren, verstärken und ausbauen, soweit dies wirtschaftlich unzumutbar ist.

(4) Die Pflichten nach § 4 Absatz 1 des Kraft-Wärme-Kopplungsgesetzes sowie nach § 12 Absatz 3 des Energiewirtschaftsgesetzes bleiben unberührt.

Geltungszeitraum: ab 01.08.2014

## § 12¹⁾
### Härtefallregelung

(1) ¹Wird die Einspeisung von Strom aus Anlagen zur Erzeugung von Strom aus erneuerbaren Energien, Grubengas oder Kraft-Wärme-Kopplung wegen eines Netzengpasses im Sinne von § 11 Absatz 1 reduziert, sind die von der Maßnahme betroffenen Betreiberinnen und Betreiber abweichend von § 13 Absatz 4 des Energiewirtschaftsgesetzes für 95 Prozent der entgangenen Einnahmen zuzüglich der zusätzlichen Aufwendungen und abzüglich der ersparten Aufwendungen zu entschädigen. ²Übersteigen die entgangenen Einnahmen nach Satz 1 in einem Jahr 1 Prozent der Einnahmen dieses Jahres, sind die von der Regelung betroffenen Betreiberinnen und Betreiber ab diesem Zeitpunkt zu 100 Prozent zu entschädigen. ³Der Netzbetreiber, in dessen Netz die Ursache für die Regelung nach § 11 liegt, hat die Kosten der Entschädigung zu tragen. ⁴Gegenüber den betroffenen Betreiberinnen und Betreibern haftet er gesamtschuldnerisch mit dem Netzbetreiber, an dessen Netz die Anlage angeschlossen ist.

(2) ¹Der Netzbetreiber kann die Kosten nach Absatz 1 bei der Ermittlung der Netzentgelte in Ansatz bringen, soweit die Maßnahme erforderlich war und er sie nicht zu vertreten hat. ²Der Netzbetreiber hat sie insbesondere zu vertreten, soweit er nicht alle Möglichkeiten zur Optimierung, zur Verstärkung und zum Ausbau des Netzes ausgeschöpft hat.

(3) Schadensersatzansprüche von Anlagenbetreiberinnen und -betreibern gegen den Netzbetreiber bleiben unberührt.

Geltungszeitraum: bis 31.07.2014

## § 13
### Schadensersatz

(1) ¹Verletzt der Netzbetreiber seine Pflicht aus § 12 Absatz 1, können Einspeisewillige Ersatz des hierdurch entstandenen Schadens verlangen. ²Die Ersatzpflicht tritt nicht ein, wenn der Netzbetreiber die Pflichtverletzung nicht zu vertreten hat.

(2) Liegen Tatsachen vor, die die Annahme begründen, dass der Netzbetreiber seine Pflicht aus § 12 Absatz 1 nicht erfüllt hat, können Anlagenbetreiber Auskunft von dem Netzbetreiber darüber verlangen, ob und inwieweit der Netzbetreiber das Netz optimiert, verstärkt und ausgebaut hat.

Geltungszeitraum: ab 01.08.2014

## § 13
### Netzanschluss

(1) Die notwendigen Kosten des Anschlusses von Anlagen zur Erzeugung von Strom aus Erneuerbaren Energien oder aus Grubengas an den Verknüpfungspunkt nach § 5 Abs. 1 oder 2 sowie der notwendigen Messeinrichtungen zur Erfassung des gelieferten und des bezogenen Stroms trägt die Anlagenbetreiberin oder der Anlagenbetreiber.

(2) Weist der Netzbetreiber den Anlagen nach § 5 Abs. 3 einen anderen Verknüpfungspunkt zu, muss er die daraus resultierenden Mehrkosten tragen.

Geltungszeitraum: bis 31.07.2014

## § 14
### Einspeisemanagement

(1) ¹Netzbetreiber dürfen unbeschadet ihrer Pflicht nach § 12 ausnahmsweise an ihr Netz unmittelbar oder mittelbar angeschlossene Anlagen und KWK-Anlagen, die mit einer Einrichtung zur ferngesteuerten Reduzierung der Einspeiseleistung bei Netzüberlastung im Sinne von § 9 Absatz 1 Satz 1 Nummer 1, Satz 2 Nummer 1 oder Absatz 2 Nummer 1 oder 2 Buchstabe a ausgestattet sind, regeln, soweit

1. andernfalls im jeweiligen Netzbereich einschließlich des vorgelagerten Netzes ein Netzengpass entstünde,

2. der Vorrang für Strom aus erneuerbaren Energien, Grubengas und Kraft-Wärme-Kopplung gewahrt wird, soweit nicht sonstige Stromerzeuger am Netz bleiben müssen, um die Sicherheit und Zuverlässigkeit des Elektrizitätsversorgungssystems zu gewährleisten, und

---
1) § 12 Abs. 1 neu gef. mWv 1. 1. 2012 durch G v. 28. 7. 2011 (BGBl. I S. 1634).

3. sie die verfügbaren Daten über die Ist-Einspeisung in der jeweiligen Netzregion abgerufen haben.

²Bei der Regelung der Anlagen nach Satz 1 sind Anlagen im Sinne des § 9 Absatz 2 erst nachrangig gegenüber den übrigen Anlagen zu regeln. ³Im Übrigen müssen die Netzbetreiber sicherstellen, dass insgesamt die größtmögliche Strommenge aus erneuerbaren Energien und Kraft-Wärme-Kopplung abgenommen wird.

(2) Netzbetreiber müssen Betreiber von Anlagen nach § 9 Absatz 1 spätestens am Vortag, ansonsten unverzüglich über den zu erwartenden Zeitpunkt, den Umfang und die Dauer der Regelung unterrichten, sofern die Durchführung der Maßnahme vorhersehbar ist.

(3)¹Netzbetreiber müssen die von Maßnahmen nach Absatz 1 Betroffenen unverzüglich über die tatsächlichen Zeitpunkte, den jeweiligen Umfang, die Dauer und die Gründe der Regelung unterrichten und auf Verlangen innerhalb von vier Wochen Nachweise über die Erforderlichkeit der Maßnahme vorlegen. ²Die Nachweise müssen eine sachkundige dritte Person in die Lage versetzen, ohne weitere Informationen die Erforderlichkeit der Maßnahme vollständig nachvollziehen zu können; zu diesem Zweck sind im Fall eines Verlangens nach Satz 1 letzter Halbsatz insbesondere die nach Absatz 1 Satz 1 Nummer 3 erhobenen Daten vorzulegen. ³Die Netzbetreiber können abweichend von Satz 1 Betreiber von Anlagen nach § 9 Absatz 2 in Verbindung mit Absatz 3 nur einmal jährlich über die Maßnahmen nach Absatz 1 unterrichten, solange die Gesamtdauer dieser Maßnahmen 15 Stunden pro Anlage im Kalenderjahr nicht überschritten hat; diese Unterrichtung muss bis zum 31. Januar des Folgejahres erfolgen. ⁴§ 13 Absatz 5 Satz 3 des Energiewirtschaftsgesetzes bleibt unberührt.

Geltungszeitraum: ab 01.08.2014

§ 14
Kapazitätserweiterung

Die Kosten der Optimierung, der Verstärkung und des Ausbaus des Netzes trägt der Netzbetreiber.

Geltungszeitraum: bis 31.07.2014

§ 15
Härtefallregelung

(1) ¹Wird die Einspeisung von Strom aus einer Anlage zur Erzeugung von Strom aus erneuerbaren Energien, Grubengas oder Kraft-Wärme-Kopplung wegen eines Netzengpasses im Sinne von § 14 Absatz 1 reduziert, muss der Netzbetreiber, an dessen Netz die Anlage angeschlossen ist, die von der Maßnahme betroffenen Betreiber abweichend von § 13 Absatz 4 des Energiewirtschaftsgesetzes für 95 Prozent der entgangenen Einnahmen zuzüglich der zusätzlichen Aufwendungen und abzüglich der ersparten Aufwendungen entschädigen. ²Übersteigen die entgangenen Einnahmen nach Satz 1 in einem Jahr 1 Prozent der Einnahmen dieses Jahres, sind die von der Regelung betroffenen Betreiber ab diesem Zeitpunkt zu 100 Prozent zu entschädigen. ³Der Netzbetreiber, in dessen Netz die Ursache für die Regelung nach § 14 liegt, muss dem Netzbetreiber, an dessen Netz die Anlage angeschlossen ist, die Kosten für die Entschädigung ersetzen.

(2) ¹Der Netzbetreiber kann die Kosten nach Absatz 1 bei der Ermittlung der Netzentgelte in Ansatz bringen, soweit die Maßnahme erforderlich war und er sie nicht zu vertreten hat. ²Der Netzbetreiber hat sie insbesondere zu vertreten, soweit er nicht alle Möglichkeiten zur Optimierung, zur Verstärkung und zum Ausbau des Netzes ausgeschöpft hat.

(3) Schadensersatzansprüche von Anlagenbetreibern gegen den Netzbetreiber bleiben unberührt.

Geltungszeitraum: ab 01.08.2014

§ 15¹⁾
Vertragliche Vereinbarung

(1) Netzbetreiber können infolge der Vereinbarung nach § 8 Abs. 3 entstandene Kosten im nachgewiesenen Umfang bei der Ermittlung des Netzentgelts in Ansatz bringen, soweit diese Kosten im Hinblick auf § 1 wirtschaftlich angemessen sind.

(2) Die Kosten unterliegen der Prüfung auf Effizienz durch die Regulierungsbehörde nach Maßgabe der Vorschriften des Energiewirtschaftsgesetzes.

Geltungszeitraum: bis 31.07.2014

§ 16
Netzanschluss

(1) Die notwendigen Kosten des Anschlusses von Anlagen zur Erzeugung von Strom aus erneuerbaren Energien oder aus Grubengas an den Verknüpfungspunkt nach § 8 Absatz 1 oder 2 sowie der notwendigen Messeinrichtungen zur Erfassung des gelieferten und des bezogenen Stroms trägt der Anlagenbetreiber.

(2) Weist der Netzbetreiber den Anlagen nach § 8 Absatz 2 einen anderen Verknüpfungspunkt zu, muss er die daraus resultierenden Mehrkosten tragen.

Geltungszeitraum: ab 01.08.2014

§ 16²⁾
Vergütungsanspruch

(1) ¹Netzbetreiber müssen Anlagenbetreiberinnen und Anlagenbetreibern Strom aus Anlagen, die ausschließlich erneuerbare Energien oder Grubengas einsetzen, mindestens nach Maßgabe der §§ 18 bis 33 vergüten. ²Dies gilt nur für Strom, der tatsächlich nach § 8 abgenommen worden ist. ³Auf die zu erwartenden Zahlungen sind monatliche Abschläge in angemessenem Umfang zu leisten.

(2) ¹Die Verpflichtung nach Absatz 1 besteht auch dann, wenn der Strom vor der Einspeisung in das Netz zwischengespeichert worden ist. ²In diesem Fall bezieht sie sich auf die Strommenge, die aus dem Zwischenspeicher in das Netz eingespeist wird. ³Die Vergütungshöhe bestimmt sich nach der Höhe der Vergütung, die der Netzbetreiber nach Absatz 1 bei

---

1) § 15 Abs. 1 geänd. mWv 1. 1. 2012 durch G v. 28. 7. 2011 (BGBl. I S. 1634).
2) § 16 neu gef. mWv 1. 1. 2012 durch G v. 28. 7. 2011 (BGBl. I S. 1634); Abs. 1 Satz 2 geänd., Abs. 2 Satz 5 aufgeh. mWv 1. 4. 2012 durch G v. 17. 8. 2012 (BGBl. I S. 1754).

einer Einspeisung des Stroms in das Netz ohne Zwischenspeicherung an die Anlagenbetreiberin oder den Anlagenbetreiber zahlen müsste. ⁴Die Verpflichtung nach Satz 1 besteht auch bei einem gemischten Einsatz von erneuerbaren Energien und Speichergasen.

(3) Anlagenbetreiberinnen und Anlagenbetreiber, die den Vergütungsanspruch nach Absatz 1 für Strom aus einer Anlage geltend machen, sind verpflichtet, ab diesem Zeitpunkt dem Netzbetreiber den gesamten in dieser Anlage erzeugten Strom,

1. für den dem Grunde nach ein Vergütungsanspruch nach Absatz 1 besteht,
2. der nicht von ihnen selbst oder von Dritten in unmittelbarer räumlicher Nähe zur Anlage verbraucht wird und
3. der durch ein Netz durchgeleitet wird,

zur Verfügung zu stellen, und sie dürfen den in der Anlage erzeugten Strom nicht als Regelenergie vermarkten.

Geltungszeitraum: bis 31.07.2014

§ 17
Kapazitätserweiterung

Die Kosten der Optimierung, der Verstärkung und des Ausbaus des Netzes trägt der Netzbetreiber.

Geltungszeitraum: ab 01.08.2014

§ 17[1]
Verringerung des Vergütungsanspruchs

(1) Der Vergütungsanspruch nach § 16 verringert sich auf Null, solange Anlagenbetreiberinnen und Anlagenbetreiber gegen § 6 Absatz 1, 2, 4 oder 5 verstoßen.

(2) Der Vergütungsanspruch nach § 16 verringert sich auf den tatsächlichen Monatsmittelwert des energieträgerspezifischen Marktwerts nach Nummer 1.1 der Anlage 4 zu diesem Gesetz („MW"),

1. solange Anlagenbetreiberinnen und Anlagenbetreiber von Anlagen zur Erzeugung von Strom aus solarer Strahlungsenergie die Anlage nicht als geförderte Anlage im Sinne des § 20a Absatz 5 registriert und den Standort und die installierte Leistung der Anlage nicht übermittelt haben an
   a) die Bundesnetzagentur mittels der von ihr bereitgestellten Formularvorgaben oder
   b) einen Dritten, der zum Betrieb eines Anlagenregisters abweichend von Buchstabe a durch eine Rechtsverordnung auf Grund von § 64e Nummer 2 verpflichtet worden ist oder der in einer solchen Verordnung als Adressat der Meldungen benannt worden ist, nach Maßgabe dieser Verordnung,
2. solange Anlagenbetreiberinnen und Anlagenbetreiber im Fall der Errichtung eines allgemeinen Anlagenregisters die Eintragung der Anlage in das Anlagenregister nicht nach Maßgabe einer Rechtsverordnung auf Grund von § 64e beantragt haben,

3. solange Anlagenbetreiberinnen und Anlagenbetreiber gegen § 16 Absatz 3 verstoßen, mindestens jedoch für die Dauer des gesamten Kalendermonats, in dem ein solcher Verstoß erfolgt ist, und soweit sie den Strom dem Netzbetreiber zur Verfügung gestellt haben oder

4. soweit die Errichtung oder der Betrieb der Anlage dazu dient, die Vorbildfunktion öffentlicher Gebäude auf Grund einer landesrechtlichen Regelung nach § 3 Absatz 4 Nummer 1 des Erneuerbare-Energien-Wärmegesetzes zu erfüllen, und wenn die Anlage keine KWK-Anlage ist.

(3) ¹Der Vergütungsanspruch nach § 16 verringert sich ferner auf den tatsächlichen Monatsmittelwert des energieträgerspezifischen Marktwerts nach Nummer 1.1 der Anlage 4 zu diesem Gesetz („MW"), wenn Anlagenbetreiberinnen und Anlagenbetreiber, die ihren Strom direkt vermarktet haben, dem Netzbetreiber den Wechsel in die Vergütung nach § 16 nicht nach Maßgabe des § 33d Absatz 2 in Verbindung mit § 33d Absatz 1 Nummer 3 und Absatz 4 übermittelt haben. ²Satz 1 gilt bis zum Ablauf des dritten Kalendermonats, der auf die Beendigung der Direktvermarktung folgt.

Geltungszeitraum: bis 31.07.2014

§ 18
Vertragliche Vereinbarung

(1) Netzbetreiber können infolge der Vereinbarung nach § 11 Absatz 3 entstandene Kosten im nachgewiesenen Umfang bei der Ermittlung des Netzentgelts in Ansatz bringen, soweit diese Kosten im Hinblick auf § 1 oder § 2 Absatz 1 wirtschaftlich angemessen sind.

(2) Die Kosten unterliegen der Prüfung auf Effizienz durch die Regulierungsbehörde nach Maßgabe der Bestimmungen des Energiewirtschaftsgesetzes.

Geltungszeitraum: ab 01.08.2014

§ 18[2]
Vergütungsberechnung

(1) Die Höhe der Vergütung für Strom, der in Abhängigkeit von der Bemessungsleistung oder der installierten Leistung der Anlage vergütet wird, bestimmt sich

1. bei den §§ 23 bis 28 jeweils anteilig nach der Bemessungsleistung der Anlage und
2. bei dem § 32 jeweils anteilig nach der installierten Leistung der Anlage

im Verhältnis zu dem jeweils anzuwendenden Schwellenwert.

(2) In den Vergütungen ist die Umsatzsteuer nicht enthalten.

Geltungszeitraum: bis 31.07.2014

§ 19
Förderanspruch für Strom

(1) Betreiber von Anlagen, in denen ausschließlich erneuerbare Energien oder Grubengas eingesetzt

---

1) § 17 neu gef. mWv 1. 1. 2012 durch G v. 28. 7. 2011 (BGBl. I S. 1634); Abs. 2 Nr. 1 einl. Satzteil geänd. mWv 1. 4. 2012 durch G v. 17. 8. 2012 (BGBl. I S. 1754).
2) § 18 neu gef. mWv 1. 1. 2012 durch G v. 28. 7. 2011 (BGBl. I S. 1634); Abs. 1 Nr. 2 geänd. mWv 1. 4. 2012 durch G v. 17. 8. 2012 (BGBl. I S. 1754).

werden, haben für den in diesen Anlagen erzeugten Strom gegen den Netzbetreiber einen Anspruch

1. auf die Marktprämie nach § 34, wenn sie den Strom direkt vermarkten und dem Netzbetreiber das Recht überlassen, diesen Strom als „Strom aus erneuerbaren Energien oder aus Grubengas" zu kennzeichnen (geförderte Direktvermarktung), oder
2. auf eine Einspeisevergütung nach § 37 oder § 38, wenn sie den Strom dem Netzbetreiber zur Verfügung stellen und soweit dies abweichend von § 2 Absatz 2 ausnahmsweise zugelassen ist.

(2) Auf die zu erwartenden Zahlungen nach Absatz 1 sind monatlich jeweils zum 15. Kalendertag für den Vormonat Abschläge in angemessenem Umfang zu leisten.

(3) Der Anspruch nach Absatz 1 wird nicht fällig und der Anspruch auf monatliche Abschläge nach Absatz 2 entfällt, solange Anlagenbetreiber ihre Pflichten zur Datenübermittlung für das jeweilige Vorjahr nach § 71 nicht erfüllt haben.

(4) [1]Der Anspruch nach Absatz 1 besteht auch dann, wenn der Strom vor der Einspeisung in das Netz zwischengespeichert worden ist. [2]In diesem Fall bezieht sich der Anspruch auf die Strommenge, die aus dem Zwischenspeicher in das Netz eingespeist wird. [3]Die Förderhöhe bestimmt sich nach der Höhe der finanziellen Förderung, die der Netzbetreiber nach Absatz 1 bei einer Einspeisung des Stroms in das Netz ohne Zwischenspeicherung an den Anlagenbetreiber zahlen müsste. [4]Der Anspruch nach Absatz 1 besteht auch bei einem gemischten Einsatz von erneuerbaren Energien und Speichergasen.

Geltungszeitraum: ab 01.08.2014

§ 19[1)]
Vergütung für Strom aus mehreren Anlagen

(1) [1]Mehrere Anlagen gelten unabhängig von den Eigentumsverhältnissen und ausschließlich zum Zweck der Ermittlung der Vergütung für den jeweils zuletzt in Betrieb gesetzten Generator als eine Anlage, wenn

1. sie sich auf demselben Grundstück oder sonst in unmittelbarer räumlicher Nähe befinden,
2. sie Strom aus gleichartigen Erneuerbaren Energien erzeugen,
3. der in ihnen erzeugte Strom nach den Regelungen dieses Gesetzes in Abhängigkeit von der Bemessungsleistung oder der installierten Leistung der Anlage vergütet wird und
4. sie innerhalb von zwölf aufeinander folgenden Kalendermonaten in Betrieb genommen worden sind.

[2]Abweichend von Satz 1 gelten mehrere Anlagen unabhängig von den Eigentumsverhältnissen und ausschließlich zum Zweck der Ermittlung der Vergütung für den jeweils zuletzt in Betrieb gesetzten Generator als eine Anlage, wenn sie Strom aus Biogas mit Ausnahme von Biomethan erzeugen und das Biogas aus derselben Biogaserzeugungsanlage stammt.

(1a) Unbeschadet von Absatz 1 Satz 1 gelten mehrere Anlagen nach § 32 Absatz 1 Nummer 2 und 3 unabhängig von den Eigentumsverhältnissen und ausschließlich zum Zweck der Ermittlung der Vergütung für den jeweils zuletzt in Betrieb gesetzten Generator als eine Anlage, wenn sie

1. innerhalb derselben Gemeinde errichtet worden sind und
2. innerhalb von 24 aufeinanderfolgenden Kalendermonaten in einem Abstand von bis zu 2 Kilometern in der Luftlinie, gemessen vom äußeren Rand der jeweiligen Anlage, in Betrieb genommen worden sind.

(2) [1]Anlagenbetreiberinnen und -betreiber können Strom aus mehreren Generatoren, die gleichartige Erneuerbare Energien oder Grubengas einsetzen, über eine gemeinsame Messeinrichtung abrechnen. [2]In diesem Fall ist für die Berechnung der Vergütungen vorbehaltlich des Absatzes 1 die Bemessungsleistung jeder einzelnen Anlage maßgeblich; bei Anlagen zur Erzeugung von Strom aus solarer Strahlungsenergie ist abweichend von dem ersten Halbsatz die installierte Leistung jeder einzelnen Anlage maßgeblich.

(3) Wenn Strom aus mehreren Windenergieanlagen, für die sich unterschiedliche Vergütungshöhen errechnen, über eine gemeinsame Messeinrichtung abgerechnet wird, erfolgt die Zuordnung der Strommengen zu den Windenergieanlagen im Verhältnis der jeweiligen Referenzerträge.

Geltungszeitraum: bis 31.07.2014

§ 20
Wechsel zwischen Veräußerungsformen

(1) Anlagenbetreiber dürfen mit jeder Anlage nur zum ersten Kalendertag eines Monats zwischen den folgenden Veräußerungsformen wechseln:

1. der geförderten Direktvermarktung,
2. einer sonstigen Direktvermarktung,
3. der Einspeisevergütung nach § 37 und
4. der Einspeisevergütung nach § 38.

(2) [1]Anlagenbetreiber dürfen den in ihren Anlagen erzeugten Strom prozentual auf verschiedene Veräußerungsformen nach Absatz 1 Nummer 1, 2 oder 3 aufteilen. [2]In diesem Fall müssen sie die Prozentsätze nachweislich jederzeit einhalten.

(3) Unbeschadet von Absatz 1 können Anlagenbetreiber jederzeit

1. ihren Direktvermarktungsunternehmer wechseln oder
2. den Strom vollständig oder anteilig an Dritte veräußern, sofern diese den Strom in unmittelbarer räumlicher Nähe zur Anlage verbrauchen und der Strom nicht durch ein Netz durchgeleitet wird.

Geltungszeitraum: ab 01.08.2014

---

1) § 19 Abs. 1 Satz 1 Nr. 3, 4 geänd., Satz 2 angef., Abs. 2 Sätze 1, 2 geänd. mWv 1. 1. 2012 durch G v. 28. 7. 2011 (BGBl. I S. 1634); Abs. 1a eingef., Abs. 2 Satz 2 zweiter Halbs. angef. mWv 1. 4. 2012 durch G v. 17. 8. 2012 (BGBl. I S. 1754).

## § 20[1)]
### Absenkungen von Vergütungen und Boni

(1) ¹Die Vergütungen und Boni nach den §§ 23 bis 31 gelten unbeschadet des § 66 für Strom aus Anlagen, die vor dem 1. Januar 2013 in Betrieb genommen werden. ²Sie gelten ferner für Strom aus Anlagen, die nach dem 31. Dezember 2012 in Betrieb genommen werden, mit der Maßgabe, dass sich die Vergütungen und Boni nach Maßgabe der Absätze 2 und 3 verringern. ³Die zum jeweiligen Inbetriebnahmezeitpunkt errechneten Vergütungen und Boni gelten jeweils für die gesamte Vergütungsdauer nach § 21 Absatz 2.

(2) Die Vergütungen und Boni verringern sich jährlich zum 1. Januar für Strom aus

1. Wasserkraft (§ 23) ab dem Jahr 2013: um 1,0 Prozent,
2. Deponiegas (§§ 24 und 27c Absatz 2) ab dem Jahr 2013: um 1,5 Prozent,
3. Klärgas (§§ 25 und 27c Absatz 2) ab dem Jahr 2013: um 1,5 Prozent,
4. Grubengas (§ 26) ab dem Jahr 2013: um 1,5 Prozent,
5. Biomasse (§ 27 Absatz 1, §§ 27a, 27b und 27c Absatz 2) ab dem Jahr 2013: um 2,0 Prozent,
6. Geothermie (§ 28) ab dem Jahr 2018: um 5,0 Prozent,
7. Windenergie
   a) aus Offshore-Anlagen (§ 31) ab dem Jahr 2018: um 7,0 Prozent und
   b) aus sonstigen Anlagen (§§ 29 und 30) ab dem Jahr 2013: um 1,5 Prozent.

(3) ¹Die jährlichen Vergütungen und Boni werden nach der Berechnung gemäß den Absätzen 1 und 2 auf zwei Stellen nach dem Komma gerundet. ²Für die Berechnung der Höhe der Vergütungen und Boni des jeweils darauffolgenden Kalenderjahres sind die ungerundeten Werte des Vorjahres zugrunde zu legen.

Geltungszeitraum: bis 31.07.2014

## § 21
### Verfahren für den Wechsel

(1) ¹Anlagenbetreiber müssen dem Netzbetreiber einen Wechsel zwischen den Veräußerungsformen nach § 20 Absatz 1 vor Beginn des jeweils vorangegangenen Kalendermonats mitteilen. ²Wechseln sie in die Veräußerungsform nach § 20 Absatz 1 Nummer 4 oder aus dieser heraus, können sie dem Netzbetreiber einen Wechsel abweichend von Satz 1 bis zum fünftletzten Werktag des Vormonats mitteilen.

(2) Bei den Mitteilungen nach Absatz 1 müssen die Anlagenbetreiber auch angeben:

1. die Veräußerungsform nach § 20 Absatz 1, in die gewechselt wird,
2. bei einem Wechsel in eine Direktvermarktung nach § 20 Absatz 1 Nummer 1 oder 2 den Bilanzkreis, dem der direkt vermarktete Strom zugeordnet werden soll, und
3. bei einer prozentualen Aufteilung des Stroms auf verschiedene Veräußerungsformen nach § 20 Absatz 2 die Prozentsätze, zu denen der Strom den Veräußerungsformen zugeordnet wird.

(3) Soweit die Bundesnetzagentur eine Festlegung nach § 85 Absatz 3 Nummer 3 getroffen hat, müssen Anlagenbetreiber für die Übermittlung von Mitteilungen nach den Absätzen 1 und 2 das festgelegte Verfahren und Format nutzen.

Geltungszeitraum: ab 01.08.2014

## § 21[2)]
### Vergütungsbeginn und -dauer

(1) Die Vergütungen sind ab dem Zeitpunkt zu zahlen, ab dem der Generator erstmals Strom ausschließlich aus erneuerbaren Energien oder Grubengas erzeugt und in das Netz nach § 8 Absatz 1 oder 2 eingespeist hat.

(2) ¹Die Vergütungen sind jeweils für die Dauer von 20 Kalenderjahren zuzüglich des Inbetriebnahmejahres zu zahlen. ²Beginn der Frist nach Satz 1 ist der Zeitpunkt der Inbetriebnahme, soweit sich aus den nachfolgenden Vorschriften nichts anderes ergibt.

Geltungszeitraum: bis 31.07.2014

## § 22
### Förderbeginn und Förderdauer

¹Die finanzielle Förderung ist jeweils für die Dauer von 20 Kalenderjahren zuzüglich des Inbetriebnahmejahres der Anlage zu zahlen. ²Beginn der Frist nach Satz 1 ist der Zeitpunkt der Inbetriebnahme der Anlage, soweit sich aus den nachfolgenden Bestimmungen nichts anderes ergibt.

Geltungszeitraum: ab 01.08.2014

## § 22
### Aufrechnung

(1) Die Aufrechnung von Vergütungsansprüchen der Anlagenbetreiberin oder des Anlagenbetreibers nach § 16 mit einer Forderung des Netzbetreibers ist nur zulässig, soweit die Forderung unbestritten oder rechtskräftig festgestellt ist.

(2) Das Aufrechnungsverbot des § 23 Abs. 3 der Niederspannungsanschlussverordnung gilt nicht, soweit mit Ansprüchen aus diesem Gesetz aufgerechnet wird.

Geltungszeitraum: bis 31.07.2014

## § 23
### Berechnung der Förderung

(1) ¹Die Höhe des Anspruchs auf finanzielle Förderung bestimmt sich nach den hierfür als Berechnungsgrundlage anzulegenden Werten für Strom aus erneuerbaren Energien oder aus Grubengas. ²Anzulegender Wert ist der zur Ermittlung der Markt-

---

1) § 20 neu gef. mWv 1. 1. 2012 durch G v. 28. 7. 2011 (BGBl. I S. 1634); Abs. 2 Nr. 7 Buchst. b geänd. mWv 1. 4. 2012 durch G v. 17. 8. 2012 (BGBl. I S. 1754).
2) § 21 neu gef. mWv 1. 1. 2012 durch G v. 28. 7. 2011 (BGBl. I S. 1634); Abs. 1 geänd. mWv 1. 4. 2012 durch G v. 17. 8. 2012 (BGBl. I S. 1754).

prämie oder der Einspeisevergütung für Strom aus erneuerbaren Energien oder aus Grubengas zugrunde zu legende Betrag nach den §§ 40 bis 51 oder 55 in Cent pro Kilowattstunde.

(2) Die Höhe der anzulegenden Werte für Strom, der in Abhängigkeit von der Bemessungsleistung oder der installierten Leistung der Anlage gefördert wird, bestimmt sich

1. bei einer finanziellen Förderung für Strom aus solarer Strahlungsenergie jeweils anteilig nach der installierten Leistung der Anlage im Verhältnis zu dem jeweils anzuwendenden Schwellenwert und
2. bei einer finanziellen Förderung in allen anderen Fällen jeweils anteilig nach der Bemessungsleistung der Anlage.

(3) In den anzulegenden Werten ist die Umsatzsteuer nicht enthalten.

(4) Die Höhe des Anspruchs auf finanzielle Förderung verringert sich

1. nach Maßgabe des § 24 bei negativen Preisen,
2. nach Maßgabe der §§ 25, 47 Absatz 4 oder der Nummer I.5 der Anlage 3 bei einem Verstoß gegen eine Bestimmung dieses Gesetzes,
3. nach Maßgabe der §§ 26 bis 31 wegen der degressiven Ausgestaltung der finanziellen Förderung,
4. nach Maßgabe des § 37 Absatz 3 oder des § 38 Absatz 2 bei der Inanspruchnahme einer Einspeisevergütung,
5. nach Maßgabe des § 47 Absatz 1 Satz 2 für den dort genannten Anteil der in einem Kalenderjahr erzeugten Strommenge aus Biogas oder
6. nach Maßgabe des § 55 Absatz 3 für Strom aus Freiflächenanlagen.

Geltungszeitraum: ab 01.08.2014

§ 23[1)]
Wasserkraft

(1) Für Strom aus Wasserkraft beträgt die Vergütung

1. bis einschließlich einer Bemessungsleistung von 500 Kilowatt 12,7 Cent pro Kilowattstunde,
2. bis einschließlich einer Bemessungsleistung von 2 Megawatt 8,3 Cent pro Kilowattstunde,
3. bis einschließlich einer Bemessungsleistung von 5 Megawatt 6,3 Cent pro Kilowattstunde,
4. bis einschließlich einer Bemessungsleistung von 10 Megawatt 5,5 Cent pro Kilowattstunde,
5. bis einschließlich einer Bemessungsleistung von 20 Megawatt 5,3 Cent pro Kilowattstunde,
6. bis einschließlich einer Bemessungsleistung von 50 Megawatt 4,2 Cent pro Kilowattstunde und
7. ab einer Bemessungsleistung von mehr als 50 Megawatt 3,4 Cent pro Kilowattstunde.

(2) ¹Der Anspruch auf Vergütung nach Absatz 1 besteht auch für Strom aus Anlagen, die vor dem 1. Januar 2009 in Betrieb genommen wurden, wenn nach dem 31. Dezember 2011

1. die installierte Leistung oder das Leistungsvermögen der Anlage erhöht wurde oder
2. die Anlage mit einer technischen Einrichtung zur ferngesteuerten Reduzierung der Einspeiseleistung nach § 6 Absatz 1 Nummer 1 erstmals nachgerüstet wurde.

²Der Anspruch auf die Vergütung nach Satz 1 besteht ab dem Abschluss der Maßnahme für die Dauer von 20 Jahren zuzüglich des restlich verbleibenden Teils des Jahres, in dem die Maßnahme nach Satz 1 abgeschlossen worden ist.

(3) ¹Für Strom aus Wasserkraft, der in Anlagen nach Absatz 2 mit einer installierten Leistung von mehr als 5 Megawatt erzeugt wird, besteht der Anspruch auf Vergütung nach Absatz 1 nur für den Strom, der der Leistungserhöhung nach Absatz 2 Satz 1 Nummer 1 zuzurechnen ist. ²Wenn die Anlage vor dem 1. Januar 2012 eine installierte Leistung bis einschließlich 5 Megawatt aufwies, besteht für den Strom, der diesem Leistungsanteil entspricht, der Vergütungsanspruch nach der bislang geltenden Regelung.

(4) ¹Der Anspruch auf Vergütung nach den Absätzen 1 und 2 besteht für Anlagen an oberirdischen Gewässern nur, wenn die Wasserkraftnutzung den Anforderungen nach den §§ 33 bis 35 und 6 Absatz 1 Satz 1 Nummer 1 und 2 des Wasserhaushaltsgesetzes entspricht. ²Als Nachweis der Erfüllung der Voraussetzungen des Satzes 1 gilt für Anlagen nach Absatz 1 und, soweit im Rahmen der Maßnahmen nach Absatz 2 eine Neuzulassung der Wasserkraftnutzung erfolgt ist, für Anlagen nach Absatz 2 die Zulassung der Wasserkraftnutzung. ³Im Übrigen kann die Erfüllung der Voraussetzungen nach Satz 1 wie folgt nachgewiesen werden:

1. durch eine Bescheinigung der zuständigen Wasserbehörde oder
2. durch ein Gutachten einer Umweltgutachterin oder eines Umweltgutachters mit einer Zulassung für den Bereich Elektrizitätserzeugung aus Wasserkraft, das der Bestätigung durch die zuständige Wasserbehörde bedarf; äußert sich die Behörde innerhalb von zwei Monaten nach Vorlage des Gutachtens nicht, gilt die Bestätigung als erteilt; diese Bestätigung darf nur versagt werden, wenn die Behörde erhebliche Zweifel an der Richtigkeit des Gutachtens hat.

(5) Der Anspruch auf Vergütung nach Absatz 1 besteht ferner nur, wenn die Anlage

1. im räumlichen Zusammenhang mit einer ganz oder teilweise bereits bestehenden oder vorrangig zu anderen Zwecken als der Erzeugung von Strom aus Wasserkraft neu zu errichtenden Staustufe oder Wehranlage oder
2. ohne durchgehende Querverbauung

errichtet worden ist.

(6) Der Anspruch auf Vergütung nach Absatz 1 besteht bei Speicherkraftwerken nur, wenn sie an einem bestehenden Speicher oder einem bestehenden Speicherkraftwerk errichtet worden sind.

Geltungszeitraum: bis 31.07.2014

---

▌ 1) § 23 neu gef. mWv 1. 1. 2012 durch G v. 28. 7. 2011 (BGBl. I S. 1634).

## § 24[1)]
### Verringerung der Förderung bei negativen Preisen

(1) Wenn der Wert der Stundenkontrakte für die Preiszone Deutschland/Österreich am Spotmarkt der Strombörse EPEX Spot SE in Paris an mindestens sechs aufeinanderfolgenden Stunden negativ ist, verringert sich der anzulegende Wert nach § 23 Absatz 1 Satz 2 für den gesamten Zeitraum, in denen die Stundenkontrakte ohne Unterbrechung negativ sind, auf null.

(2) Wenn der Strom in einem Kalendermonat, in dem die Voraussetzungen nach Absatz 1 mindestens einmal erfüllt sind, in der Einspeisevergütung nach § 38 veräußert wird, muss der Anlagenbetreiber dem Netzbetreiber bei der Datenübermittlung nach § 71 Nummer 1 die Strommenge mitteilen, die er in dem Zeitraum eingespeist hat, in dem die Stundenkontrakte ohne Unterbrechung negativ gewesen sind; andernfalls verringert sich der Anspruch nach § 38 in diesem Kalendermonat um 5 Prozent pro Kalendertag, in dem dieser Zeitraum ganz oder teilweise liegt.

(3) Die Absätze 1 und 2 sind nicht anzuwenden auf
1. Anlagen, die vor dem 1. Januar 2016 in Betrieb genommen worden sind,
2. Windenergieanlagen mit einer installierten Leistung von weniger als 3 Megawatt oder sonstige Anlagen mit einer installierten Leistung von weniger als 500 Kilowatt, wobei jeweils § 32 Absatz 1 Satz 1 entsprechend anzuwenden ist,
3. Demonstrationsprojekte.

Geltungszeitraum: ab 01.08.2014

## § 24[2)]
### Deponiegas

Für Strom aus Deponiegas beträgt die Vergütung
1. bis einschließlich einer Bemessungsleistung von 500 Kilowatt 8,60 Cent pro Kilowattstunde und
2. bis einschließlich einer Bemessungsleistung von 5 Megawatt 5,89 Cent pro Kilowattstunde.

Geltungszeitraum: bis 31.07.2014

## § 25
### Verringerung der Förderung bei Pflichtverstößen

(1) [1]Der anzulegende Wert nach § 23 Absatz 1 Satz 2 verringert sich auf null,
1. solange Anlagenbetreiber die zur Registrierung der Anlage erforderlichen Angaben nicht nach Maßgabe der Rechtsverordnung nach § 93 übermittelt haben,
2. solange und soweit Anlagenbetreiber einer nach Maßgabe der Rechtsverordnung nach § 93 registrierten Anlage eine Erhöhung der installierten Leistung der Anlage nicht nach Maßgabe der Rechtsverordnung nach § 93 übermittelt haben,
3. wenn Anlagenbetreiber gegen § 20 Absatz 2 Satz 2 verstoßen,
4. solange bei Anlagen nach § 100 Absatz 2 Satz 2 der Nachweis nach § 100 Absatz 2 Satz 3 nicht erbracht ist.

[2]Satz 1 Nummer 3 gilt bis zum Ablauf des dritten Kalendermonats, der auf die Beendigung des Verstoßes gegen § 20 Absatz 2 Satz 2 folgt.

(2) [1]Der anzulegende Wert nach § 23 Absatz 1 Satz 2 verringert sich auf den Monatsmarktwert,
1. solange Anlagenbetreiber gegen § 9 Absatz 1, 2, 5 oder 6 verstoßen,
2. wenn Anlagenbetreiber dem Netzbetreiber den Wechsel zwischen den verschiedenen Veräußerungsformen nach § 20 Absatz 1 nicht nach Maßgabe des § 21 übermittelt haben,
3. wenn der Strom mit Strom aus mindestens einer anderen Anlage über eine gemeinsame Messeinrichtung abgerechnet wird und nicht
   a) der gesamte über diese Messeinrichtung abgerechnete Strom direkt vermarktet wird oder
   b) für den gesamten über diese Messeinrichtung abgerechneten Strom eine Einspeisevergütung in Anspruch genommen wird,
4. solange Anlagenbetreiber, die den in der Anlage erzeugten Strom dem Netzbetreiber nach § 19 Absatz 1 Nummer 2 zur Verfügung stellen, gegen § 39 Absatz 2 verstoßen, mindestens jedoch für die Dauer des gesamten Kalendermonats, in dem ein solcher Verstoß erfolgt ist,
5. wenn Anlagenbetreiber gegen die in § 80 geregelten Pflichten verstoßen,
6. soweit die Errichtung oder der Betrieb der Anlage dazu dient, die Vorbildfunktion öffentlicher Gebäude auf Grund einer landesrechtlichen Regelung nach § 3 Absatz 4 Nummer 1 des Erneuerbare-Energien-Wärmegesetzes zu erfüllen, und wenn die Anlage keine KWK-Anlage ist.

[2]Die Verringerung gilt im Fall des Satzes 1 Nummer 2 oder Nummer 3 bis zum Ablauf des Kalendermonats, der auf die Beendigung des Verstoßes folgt, und im Fall des Satzes 1 Nummer 5 für die Dauer des Verstoßes zuzüglich der darauf folgenden sechs Kalendermonate.

Geltungszeitraum: ab 01.08.2014

## § 25[3)]
### Klärgas

Für Strom aus Klärgas beträgt die Vergütung
1. bis einschließlich einer Bemessungsleistung von 500 Kilowatt 6,79 Cent pro Kilowattstunde und
2. bis einschließlich einer Bemessungsleistung von 5 Megawatt 5,89 Cent pro Kilowattstunde.

Geltungszeitraum: bis 31.07.2014

---

1) § 24 Abs. 3 einl. Satzteil neu gef. mWv 1. 8. 2014 durch G v. 22. 7. 2014 (BGBl. I S. 1218).
2) § 24 neu gef. mWv 1. 1. 2012 durch G v. 28. 7. 2011 (BGBl. I S. 1634).
3) § 25 neu gef. mWv 1. 1. 2012 durch G v. 28. 7. 2011 (BGBl. I S. 1634).

## § 26
### Allgemeine Bestimmungen zur Absenkung der Förderung

(1) ¹Die anzulegenden Werte sind unbeschadet der §§ 100 und 101 der Berechnung der finanziellen Förderung zugrunde zu legen

1. für Strom aus Anlagen zur Erzeugung von Strom aus solarer Strahlungsenergie, die vor dem 1. September 2014 in Betrieb genommen worden sind,
2. für Strom aus Anlagen zur Erzeugung von Strom aus Geothermie und für Strom aus Windenergieanlagen auf See, die vor dem 1. Januar 2018 in Betrieb genommen worden sind, und
3. für Strom aus sonstigen Anlagen, die vor dem 1. Januar 2016 in Betrieb genommen worden sind.

²Sie sind ferner der Berechnung der finanziellen Förderung für Strom aus Anlagen zugrunde zu legen, die ab den in Satz 1 genannten Zeitpunkten in Betrieb genommen werden, mit der Maßgabe, dass sich die anzulegenden Werte nach Maßgabe der §§ 27 bis 31, 37 Absatz 3 und § 38 Absatz 2 Satz 1 verringern. ³Die zum jeweiligen Inbetriebnahmezeitpunkt errechneten anzulegenden Werte sind jeweils für die gesamte Förderdauer nach § 22 anzuwenden.

(2) Die Veröffentlichungen, die für die Anwendung der §§ 28, 29, 31 und der Nummer I.5 der Anlage 3 erforderlich sind, einschließlich der Veröffentlichung der nach den §§ 28, 29 und 31 jeweils geltenden anzulegenden Werte regelt die Rechtsverordnung nach § 93, wobei für jeden Kalendermonat bis zum Ende des Folgemonats nach Maßgabe dieser Rechtsverordnung veröffentlicht werden muss:

1. für Anlagen zur Erzeugung von Strom aus Biomasse:
   a) die Summe der installierten Leistung der Anlagen, die in diesem Zeitraum als in Betrieb genommen registriert worden sind (Brutto-Zubau),
   b) die Summe der installierten Leistung, die nach dem 31. Juli 2014 erstmalig in Anlagen in Betrieb gesetzt wird, die vor dem 1. August 2014 in Betrieb genommen worden sind,
2. für Windenenergieanlagen an Land:
   a) die Summe der installierten Leistung der Anlagen, die in diesem Zeitraum als in Betrieb genommen registriert worden sind,
   b) die Summe der installierten Leistung der Anlagen, die in diesem Zeitraum als endgültig stillgelegt registriert worden sind, und
   c) die Differenz zwischen den Werten nach den Buchstaben a und b (Netto-Zubau),
3. für Anlagen zur Erzeugung von Strom aus solarer Strahlungsenergie die Summe der installierten Leistung der Anlagen, die in diesem Zeitraum als in Betrieb genommen registriert worden sind (Brutto-Zubau).

(3) ¹Die anzulegenden Werte werden nach der Berechnung nach Absatz 1 in Verbindung mit den §§ 27 bis 31 auf zwei Stellen nach dem Komma gerundet. ²Für die Berechnung der Höhe der anzulegenden Werte auf Grund einer erneuten Anpassung nach Absatz 1 in Verbindung mit den §§ 27 bis 31 sind die ungerundeten Werte der vorherigen Anpassung zugrunde zu legen.

Geltungszeitraum: ab 01.08.2014

## § 26[1)]
### Grubengas

(1) Für Strom aus Grubengas beträgt die Vergütung

1. bis einschließlich einer Bemessungsleistung von 1 Megawatt 6,84 Cent pro Kilowattstunde,
2. bis einschließlich einer Bemessungsleistung von 5 Megawatt 4,93 Cent pro Kilowattstunde und
3. ab einer Bemessungsleistung von mehr als 5 Megawatt 3,98 Cent pro Kilowattstunde.

(2) Die Pflicht zur Vergütung besteht nur, wenn das Grubengas aus Bergwerken des aktiven oder stillgelegten Bergbaus stammt.

Geltungszeitraum: bis 31.07.2014

## § 27
### Absenkung der Förderung für Strom aus Wasserkraft, Deponiegas, Klärgas, Grubengas und Geothermie

(1) Die anzulegenden Werte verringern sich ab dem Jahr 2016 jährlich zum 1. Januar für Strom aus

1. Wasserkraft nach § 40 um 0,5 Prozent,
2. Deponiegas nach § 41 um 1,5 Prozent,
3. Klärgas nach § 42 um 1,5 Prozent und
4. Grubengas nach § 43 um 1,5 Prozent.

(2) Die anzulegenden Werte für Strom aus Geothermie nach § 48 verringern sich ab dem Jahr 2018 jährlich zum 1. Januar um 5,0 Prozent.

Geltungszeitraum: ab 01.08.2014

## § 27[2)]
### Biomasse

(1) ¹Für Strom aus Biomasse im Sinne der Biomasseverordnung beträgt die Vergütung

1. bis einschließlich einer Bemessungsleistung von 150 Kilowatt 14,3 Cent pro Kilowattstunde,
2. bis einschließlich einer Bemessungsleistung von 500 Kilowatt 12,3 Cent pro Kilowattstunde,
3. bis einschließlich einer Bemessungsleistung von 5 Megawatt 11,0 Cent pro Kilowattstunde und
4. bis einschließlich einer Bemessungsleistung von 20 Megawatt 6,0 Cent pro Kilowattstunde.

²Pflanzenölmethylester gilt in dem Umfang, der zur Anfahr-, Zünd- und Stützfeuerung notwendig ist, als Biomasse.

(2) Die Vergütung nach Absatz 1 erhöht sich,

---

1) § 26 neu gef. mWv 1. 1. 2012 durch G v. 28. 7. 2011 (BGBl. I S. 1634).
2) § 27 neu gef. mWv 1. 1. 2012 durch G v. 28. 7. 2011 (BGBl. I S. 1634); Abs. 6 Satz 1 einl. Satzteil neu gef., Nr. 1, 4 geänd., Satz 2 angef. mWv 1. 4. 2012 durch G v. 17. 8. 2012 (BGBl. I S. 1754).

# EEG

1. soweit der Strom entsprechend dem jeweiligen Einsatzstoff-Energieertrag aus Einsatzstoffen der Anlage 2 zur Biomasseverordnung erzeugt wird (Einsatzstoffvergütungsklasse I),
   a) bis einschließlich einer Bemessungsleistung von 500 Kilowatt um 6,0 Cent pro Kilowattstunde,
   b) bis einschließlich einer Bemessungsleistung von 750 Kilowatt um 5,0 Cent pro Kilowattstunde und
   c) bis einschließlich einer Bemessungsleistung von 5 Megawatt um 4,0 Cent pro Kilowattstunde oder
   d) im Fall von Strom aus Rinde oder aus Waldrestholz abweichend von den Buchstaben b und c bis einschließlich einer Bemessungsleistung von 5 Megawatt um 2,5 Cent pro Kilowattstunde,
2. soweit der Strom entsprechend dem jeweiligen Einsatzstoff-Energieertrag aus Einsatzstoffen der Anlage 3 zur Biomasseverordnung erzeugt wird (Einsatzstoffvergütungsklasse II),
   a) bis einschließlich einer Bemessungsleistung von 5 Megawatt um 8,0 Cent pro Kilowattstunde oder
   b) im Fall von Strom aus Gülle im Sinne der Nummern 3, 9, 11 bis 15 der Anlage 3 zur Biomasseverordnung abweichend von Buchstabe a
      aa) bis einschließlich einer Bemessungsleistung von 500 Kilowatt um 8,0 Cent pro Kilowattstunde und
      bb) bis einschließlich einer Bemessungsleistung von 5 Megawatt um 6,0 Cent pro Kilowattstunde.

(3) Für Strom aus Anlagen, die Biogas einsetzen und nach dem 31. Dezember 2013 in Betrieb genommen werden, gelten die Absätze 1 und 2 nur, wenn die installierte Leistung der Anlage 750 Kilowatt nicht übersteigt.

(4) Der Vergütungsanspruch nach den Absätzen 1 und 2 besteht in der dort genannten Höhe nur, wenn und solange
1. mindestens
   a) 25 Prozent bis zum Ende des ersten auf die erstmalige Erzeugung von Strom in der Anlage folgenden Kalenderjahres und danach
   b) 60 Prozent
   des in dem jeweiligen Kalenderjahr in der Anlage erzeugten Stroms in Kraft-Wärme-Kopplung nach Maßgabe der Anlage 2 zu diesem Gesetz erzeugt wird; hierbei wird im Fall der Stromerzeugung aus Biogas die Wärme in Höhe von 25 Prozentpunkten des in Kraft-Wärme-Kopplung erzeugten Stroms zur Beheizung des Fermenters angerechnet, oder
2. der Strom in Anlagen erzeugt wird, die Biogas einsetzen, und zur Erzeugung des Biogases in dem jeweiligen Kalenderjahr durchschnittlich ein Anteil von Gülle von mindestens 60 Masseprozent eingesetzt wird.

(5) Der Vergütungsanspruch nach den Absätzen 1 und 2 besteht ferner in der dort genannten Höhe nur, wenn die Anlagenbetreiberin oder der Anlagenbetreiber durch eine Kopie eines Einsatzstoff-Tagebuchs mit Angaben und Belegen über Art, Menge und Einheit sowie Herkunft der eingesetzten Stoffe den Nachweis führt, welche Biomasse eingesetzt wird und dass keine anderen Stoffe eingesetzt werden, und für Strom
1. aus Anlagen, die Biogas einsetzen, nur, wenn der zur Erzeugung des Biogases eingesetzte Anteil von Mais (Ganzpflanze) und Getreidekorn einschließlich Corn-Cob-Mix und Körnermais sowie Lieschkolbenschrot in jedem Kalenderjahr insgesamt höchstens 60 Masseprozent beträgt,
2. aus Anlagen, die Biomethan nach § 27c Absatz 1 einsetzen, abweichend von Absatz 4 nur, soweit der Strom in Kraft-Wärme-Kopplung nach Maßgabe der Anlage 2 zu diesem Gesetz erzeugt wird,
3. aus Anlagen, die flüssige Biomasse einsetzen, nur für den Stromanteil aus flüssiger Biomasse, die zur Anfahr-, Zünd- und Stützfeuerung notwendig ist; flüssige Biomasse ist Biomasse, die zum Zeitpunkt des Eintritts in den Brenn- oder Feuerraum flüssig ist.

(6) ¹Bei Inanspruchnahme des Vergütungsanspruchs nach § 16 sind ab dem ersten Kalenderjahr, das auf die erstmalige Inanspruchnahme des Vergütungsanspruchs nach § 16 oder die erstmalige Direktvermarktung nach § 33b Nummer 1 oder 2 folgt, jährlich bis zum 28. Februar eines Jahres jeweils für das vorangegangene Kalenderjahr nachzuweisen:
1. die Erfüllung der Voraussetzungen nach Absatz 2 durch Gutachten einer Umweltgutachterin oder eines Umweltgutachters mit einer Zulassung für den Bereich Elektrizitätserzeugung aus erneuerbaren Energien,
2. die Erfüllung der Voraussetzungen nach Absatz 4 Nummer 1 nach Maßgabe der Nummer 2 der Anlage 2 zu diesem Gesetz,
3. die Erfüllung der Voraussetzungen nach Absatz 4 Nummer 2 durch Gutachten einer Umweltgutachterin oder eines Umweltgutachters mit einer Zulassung für den Bereich Elektrizitätserzeugung aus erneuerbaren Energien,
4. die Erfüllung der Voraussetzungen nach Absatz 5 Nummer 1 und der Stromanteil aus flüssiger Biomasse nach Absatz 5 Nummer 3 durch Vorlage einer Kopie eines Einsatzstoff-Tagebuchs,
5. die Erfüllung der Voraussetzungen nach Absatz 5 Nummer 2 nach Maßgabe der Nummer 2 der Anlage 2 zu diesem Gesetz.

²Bei der erstmaligen Inanspruchnahme des Vergütungsanspruchs nach § 16 ist ferner die Eignung der Anlage zur Erfüllung der Voraussetzungen im Sinne von Satz 1 Nummer 2, 3 und 5 durch ein Gutachten einer Umweltgutachterin oder eines Umweltgutachters mit einer Zulassung für den Bereich Elektrizitätserzeugung aus erneuerbaren Energien nachzuweisen; die Eignung zur Erfüllung der Voraussetzungen im Sinne von Satz 1 Nummer 2 und 5 kann abweichend von dem ersten Halbsatz auch durch ein

**EEG**

Gutachten einer Umweltgutachterin oder eines Umweltgutachters mit einer Zulassung für den Bereich Wärmeversorgung nachgewiesen werden.

(7) ¹Der Vergütungsanspruch nach den Absätzen 1 und 2 verringert sich in dem jeweiligen Kalenderjahr insgesamt auf den tatsächlichen Monatsmittelwert der Stundenkontrakte am Spotmarkt der Strombörse EPEX Spot SE in Leipzig, wenn die Voraussetzungen der Absätze 4 und 5 nicht nachweislich eingehalten werden. ²Abweichend von Satz 1 verringert sich der Vergütungsanspruch nach Absatz 1 nach dem Ende des fünften auf die erstmalige Geltendmachung des Vergütungsanspruchs nach § 16 folgenden Kalenderjahres auf 80 Prozent der Vergütung für jedes folgende Kalenderjahr, für das die Voraussetzungen nach Absatz 4 nicht nachgewiesen werden, sofern alle übrigen erforderlichen Voraussetzungen nachgewiesen werden.

(8) Soweit nach Absatz 5 oder 6 der Nachweis des Vergütungsanspruchs durch eine Kopie eines Einsatzstoff-Tagebuchs zu führen ist, sind die für den Nachweis nicht erforderlichen personenbezogenen Angaben im Einsatzstoff-Tagebuch von der Anlagenbetreiberin oder dem Anlagenbetreiber zu schwärzen.

Geltungszeitraum: bis 31.07.2014

**§ 28**
**Absenkung der Förderung für Strom aus Biomasse**

(1) Der Brutto-Zubau von Anlagen zur Erzeugung von Strom aus Biomasse soll nicht mehr als 100 Megawatt installierter Leistung pro Jahr betragen.

(2) Die anzulegenden Werte nach den §§ 44 bis 46 verringern sich ab dem Jahr 2016 jeweils zum 1. Januar, 1. April, 1. Juli und 1. Oktober eines Jahres um 0,5 Prozent gegenüber den in den jeweils vorangegangenen drei Kalendermonaten geltenden anzulegenden Werten.

(3) Die Absenkung nach Absatz 2 erhöht sich auf 1,27 Prozent, wenn der nach § 26 Absatz 2 Nummer 1 Buchstabe a veröffentlichte Brutto-Zubau von Anlagen zur Erzeugung von Strom aus Biomasse in dem gesamten Bezugszeitraum nach Absatz 4 das Ziel nach Absatz 1 überschreitet.

(4) Bezugszeitraum ist der Zeitraum nach dem letzten Kalendertag des 18. Monats und vor dem ersten Kalendertag des fünften Monats, der einem Zeitpunkt nach Absatz 2 vorangeht.

Geltungszeitraum: ab 01.08.2014

**§ 28**[1)]
**Geothermie**

(1) Für Strom aus Geothermie beträgt die Vergütung 25,0 Cent pro Kilowattstunde.

(2) Die Vergütung nach Absatz 1 erhöht sich für Strom, der auch durch Nutzung petrothermaler Techniken erzeugt wird, um 5,0 Cent pro Kilowattstunde.

Geltungszeitraum: bis 31.07.2014

**§ 29**
**Absenkung der Förderung für Strom aus Windenergie an Land**

(1) Der Zielkorridor für den Netto-Zubau von Windenergieanlagen an Land beträgt 2 400 bis 2 600 Megawatt pro Jahr.

(2) Die anzulegenden Werte nach § 49 verringern sich ab dem Jahr 2016 jeweils zum 1. Januar, 1. April, 1. Juli und 1. Oktober eines Jahres um 0,4 Prozent gegenüber den in den jeweils vorangegangenen drei Kalendermonaten geltenden anzulegenden Werten.

(3) Die Absenkung der anzulegenden Werte nach Absatz 2 erhöht sich, wenn der nach § 26 Absatz 2 Nummer 2 Buchstabe c veröffentlichte Netto-Zubau von Windenergieanlagen an Land in dem gesamten Bezugszeitraum nach Absatz 6 den Zielkorridor nach Absatz 1

1. um bis zu 200 Megawatt überschreitet, auf 0,5 Prozent,

2. um mehr als 200 Megawatt überschreitet, auf 0,6 Prozent,

3. um mehr als 400 Megawatt überschreitet, auf 0,8 Prozent,

4. um mehr als 600 Megawatt überschreitet, auf 1,0 Prozent oder

5. um mehr als 800 Megawatt überschreitet, auf 1,2 Prozent.

(4) Die Absenkung der anzulegenden Werte nach Absatz 2 verringert sich, wenn der nach § 26 Absatz 2 Nummer 2 Buchstabe c veröffentlichte Netto-Zubau von Windenergieanlagen an Land in dem gesamten Bezugszeitraum nach Absatz 6 den Zielkorridor nach Absatz 1

1. um bis zu 200 Megawatt unterschreitet, auf 0,3 Prozent,

2. um mehr als 200 Megawatt unterschreitet, auf 0,2 Prozent oder

3. um mehr als 400 Megawatt unterschreitet, auf null.

(5) Die Absenkung der anzulegenden Werte nach Absatz 2 verringert sich auf null und es erhöhen sich die anzulegenden Werte nach § 49 gegenüber den in den jeweils vorangegangenen drei Kalendermonaten geltenden anzulegenden Werten, wenn der nach § 26 Absatz 2 Nummer 2 Buchstabe c veröffentlichte Netto-Zubau von Windenergieanlagen an Land in dem gesamten Bezugszeitraum nach Absatz 6 den Zielkorridor nach Absatz 1

1. um mehr als 600 Megawatt unterschreitet, um 0,2 Prozent oder

2. um mehr als 800 Megawatt unterschreitet, um 0,4 Prozent.

(6) Bezugszeitraum ist der Zeitraum nach dem letzten Kalendertag des 18. Monats und vor dem ersten Kalendertag des fünften Monats, der einem Zeitpunkt nach Absatz 2 vorangeht.

Geltungszeitraum: ab 01.08.2014

---

1) § 28 neu gef. mWv 1. 1. 2012 durch G v. 28. 7. 2011 (BGBl. I S. 1634).

## § 29[1]
### Windenergie

(1) Für Strom aus Windenergieanlagen beträgt die Vergütung 4,87 Cent pro Kilowattstunde (Grundvergütung).

(2) ¹Abweichend von Absatz 1 beträgt die Vergütung in den ersten fünf Jahren ab der Inbetriebnahme der Anlage 8,93 Cent pro Kilowattstunde (Anfangsvergütung). ²Diese Frist verlängert sich um zwei Monate je 0,75 Prozent des Referenzertrags, um den der Ertrag der Anlage 150 Prozent des Referenzertrags unterschreitet. ³Referenzertrag ist der errechnete Ertrag der Referenzanlage nach Maßgabe der Anlage 3 zu diesem Gesetz. ⁴Die Anfangsvergütung erhöht sich für Strom aus Windenergieanlagen, die vor dem 1. Januar 2015 in Betrieb genommen worden sind, um 0,48 Cent pro Kilowattstunde (Systemdienstleistungs-Bonus), wenn sie ab dem Zeitpunkt der Inbetriebnahme die Anforderungen nach § 6 Absatz 5 nachweislich erfüllen.

(3) Anlagen mit einer installierten Leistung bis einschließlich 50 Kilowatt gelten im Sinne des Absatzes 2 als Anlagen mit einem Ertrag von 60 Prozent ihres Referenzertrags.

Geltungszeitraum: bis 31.07.2014

## § 30
### Absenkung der Förderung für Strom aus Windenergie auf See

(1) Für aus Windenergie auf See verringern sich die anzulegenden Werte
1. nach § 50 Absatz 2
   a) zum 1. Januar 2018 um 0,5 Cent pro Kilowattstunde,
   b) zum 1. Januar 2020 um 1,0 Cent pro Kilowattstunde und
   c) ab dem Jahr 2021 jährlich zum 1. Januar um 0,5 Cent pro Kilowattstunde,
2. nach § 50 Absatz 3 zum 1. Januar 2018 um 1,0 Cent pro Kilowattstunde.

(2) Für die Anwendung des Absatzes 1 ist abweichend von § 26 Absatz 1 Satz 2 und 3 der Zeitpunkt der Betriebsbereitschaft der Windenergieanlage auf See nach § 17e Absatz 2 Satz 1 und 4 des Energiewirtschaftsgesetzes maßgeblich, wenn die Netzanbindung nicht zu dem verbindlichen Fertigstellungstermin nach § 17d Absatz 2 Satz 5 des Energiewirtschaftsgesetzes fertiggestellt ist.

Geltungszeitraum: ab 01.08.2014

## § 30[2]
### Windenergie Repowering

(1) ¹Für Strom aus Windenergieanlagen, die in ihrem Landkreis oder einem an diesen angrenzenden Landkreis eine oder mehrere bestehende Anlagen endgültig ersetzen (Repowering-Anlagen), erhöht sich die Anfangsvergütung um 0,5 Cent pro Kilowattstunde, wenn
1. die ersetzten Anlagen vor dem 1. Januar 2002 in Betrieb genommen worden sind,
2. für die ersetzten Anlagen dem Grunde nach ein Vergütungsanspruch nach den Vergütungsbestimmungen des Erneuerbare-Energien-Gesetzes in der für die jeweilige Anlage maßgeblichen Fassung besteht,
3. die installierte Leistung der Repowering-Anlage mindestens das Zweifache der ersetzten Anlagen beträgt und
4. die Anzahl der Repowering-Anlagen die Anzahl der ersetzten Anlagen nicht übersteigt.

²Im Übrigen gilt § 29 entsprechend.

(2) ¹Eine Anlage wird ersetzt, wenn sie höchstens ein Jahr vor und spätestens ein halbes Jahr nach der Inbetriebnahme der Repowering-Anlage vollständig abgebaut und vor Inbetriebnahme der Repowering-Anlage außer Betrieb genommen wurde. ²Der Vergütungsanspruch für die ersetzten Anlagen entfällt endgültig.

Geltungszeitraum: bis 31.07.2014

## § 31
### Absenkung der Förderung für Strom aus solarer Strahlungsenergie

(1) Der Zielkorridor für den Brutto-Zubau von Anlagen zur Erzeugung von Strom aus solarer Strahlungsenergie beträgt 2 400 bis 2 600 Megawatt pro Jahr.

(2) ¹Die anzulegenden Werte nach § 51 verringern sich ab dem 1. September 2014 monatlich zum ersten Kalendertag eines Monats um 0,5 Prozent gegenüber den in dem jeweils vorangegangenen Kalendermonat geltenden anzulegenden Werten. ²Die monatliche Absenkung nach Satz 1 erhöht oder verringert sich jeweils zum 1. Januar, 1. April, 1. Juli und 1. Oktober jedes Jahres nach Maßgabe der Absätze 3 und 4.

(3) Die monatliche Absenkung der anzulegenden Werte nach Absatz 2 Satz 2 erhöht sich, wenn der nach § 26 Absatz 2 Nummer 3 veröffentlichte Brutto-Zubau von Anlagen zur Erzeugung von Strom aus solarer Strahlungsenergie in dem gesamten Bezugszeitraum nach Absatz 5 den Zielkorridor nach Absatz 1
1. um bis zu 900 Megawatt überschreitet, auf 1,00 Prozent,
2. um mehr als 900 Megawatt überschreitet, auf 1,40 Prozent,
3. um mehr als 1 900 Megawatt überschreitet, auf 1,80 Prozent,
4. um mehr als 2 900 Megawatt überschreitet, auf 2,20 Prozent,
5. um mehr als 3 900 Megawatt überschreitet, auf 2,50 Prozent oder
6. um mehr als 4 900 Megawatt überschreitet, auf 2,80 Prozent.

(4) Die monatliche Absenkung der anzulegenden Werte nach Absatz 2 Satz 2 verringert sich, wenn der nach § 26 Absatz 2 Nummer 3 veröffentlichte Brutto-Zubau von Anlagen zur Erzeugung von Strom aus solarer Strahlungsenergie in dem gesamten Bezugs-

---

1) § 29 neu gef. mWv 1. 1. 2012 durch G v. 28. 7. 2011 (BGBl. I S. 1634).
2) § 30 neu gef. mWv 1. 1. 2012 durch G v. 28. 7. 2011 (BGBl. I S. 1634).

zeitraum nach Absatz 5 den Zielkorridor nach Absatz 1

1. um bis zu 900 Megawatt unterschreitet, auf 0,25 Prozent,
2. um mehr als 900 Megawatt unterschreitet, auf null oder
3. um mehr als 1 400 Megawatt unterschreitet, auf null; die anzulegenden Werte nach § 51 erhöhen sich zum ersten Kalendertag des jeweiligen Quartals einmalig um 1,50 Prozent.

(5) Bezugszeitraum ist der Zeitraum nach dem letzten Kalendertag des 14. Monats und vor dem ersten Kalendertag des letzten Monats, der einem Zeitpunkt nach Absatz 2 vorangeht.

(6) ¹Wenn die Summe der installierten Leistung geförderter Anlagen zur Erzeugung von Strom aus solarer Strahlungsenergie erstmals den Wert 52 000 Megawatt überschreitet, verringern sich die anzulegenden Werte nach § 51 zum ersten Kalendertag des zweiten auf die Überschreitung folgenden Kalendermonats auf null. ²Geförderte Anlagen sind alle Anlagen zur Erzeugung von Strom aus solarer Strahlungsenergie,

1. die nach Maßgabe der Rechtsverordnung nach § 93 als geförderte Anlage registriert worden sind,
2. für die der Standort und die installierte Leistung nach § 16 Absatz 2 Satz 2 des Erneuerbare-Energien-Gesetzes in der am 31. Dezember 2011 geltenden Fassung, nach § 17 Absatz 2 Nummer 1 Buchstabe a des Erneuerbare-Energien-Gesetzes in der am 31. März 2012 geltenden Fassung oder nach § 17 Absatz 2 Nummer 1 Buchstabe a des Erneuerbare-Energien-Gesetzes in der am 31. Juli 2014 geltenden Fassung an die Bundesnetzagentur übermittelt worden sind oder
3. die vor dem 1. Januar 2010 in Betrieb genommen worden sind; die Summe der installierten Leistung ist von der Bundesnetzagentur unter Berücksichtigung der Meldungen in ihrem Photovoltaik-Meldeportal und der Daten der Übertragungsnetzbetreiber und des Statistischen Bundesamtes zu schätzen.

Geltungszeitraum: ab 01.08.2014

§ 31[1)]
Windenergie Offshore

(1) Für Strom aus Offshore-Anlagen beträgt die Vergütung 3,5 Cent pro Kilowattstunde (Grundvergütung).

(2) ¹In den ersten zwölf Jahren ab der Inbetriebnahme der Offshore-Anlage beträgt die Vergütung 15,0 Cent pro Kilowattstunde (Anfangsvergütung). ²Der Zeitraum der Anfangsvergütung nach Satz 1 verlängert sich für jede über zwölf Seemeilen hinausgehende volle Seemeile, die die Anlage von der Küstenlinie nach § 3 Nummer 9 Satz 2 entfernt ist, um 0,5 Monate und für jeden über eine Wassertiefe von 20 Metern hinausgehenden vollen Meter Wassertiefe um 1,7 Monate.

(3) ¹Wenn die Offshore-Anlage vor dem 1. Januar 2018 in Betrieb genommen worden ist und die Anlagenbetreiberin oder der Anlagenbetreiber dies vor Inbetriebnahme der Anlage von dem Netzbetreiber verlangt, erhält sie oder er in den ersten acht Jahren ab der Inbetriebnahme eine erhöhte Anfangsvergütung von 19,0 Cent pro Kilowattstunde. ²In diesem Fall entfällt der Anspruch nach Absatz 2 Satz 1, während der Anspruch auf die Zahlung nach Absatz 2 Satz 2 mit der Maßgabe entsprechend anzuwenden ist, dass die verlängerte Anfangsvergütung 15,0 Cent pro Kilowattstunde beträgt.

(4) ¹Ist die Einspeisung aus einer Offshore-Anlage länger als sieben aufeinanderfolgende Tage nicht möglich, weil die Leitung nach § 17d Absatz 1 Satz 1 des Energiewirtschaftsgesetzes nicht rechtzeitig fertiggestellt oder gestört ist und der Netzbetreiber dies nicht zu vertreten hat, verlängert sich die Vergütung nach den Absätzen 2 und 3, beginnend mit dem achten Tag der Störung, um den Zeitraum der Störung. ²Satz 1 ist nicht anzuwenden, soweit der Betreiber der Offshore-Anlage die Entschädigung nach § 17e Absatz 1 oder 2 des Energiewirtschaftsgesetzes in Anspruch nimmt. ³Nimmt der Betreiber der Offshore-Anlage die Entschädigung nach § 17e Absatz 2 in Anspruch, verkürzt sich der Anspruch auf Vergütung nach den Absätzen 2 und 3 um den Zeitraum der Verzögerung.

(5) ¹Die Absätze 1 bis 3 gelten nicht für Strom aus Offshore-Anlagen, deren Errichtung nach dem 31. Dezember 2004 in einem Gebiet der deutschen ausschließlichen Wirtschaftszone oder des Küstenmeeres genehmigt worden ist, das nach § 57 in Verbindung mit § 32 Absatz 2 des Bundesnaturschutzgesetzes oder nach Landesrecht zu einem geschützten Teil von Natur und Landschaft erklärt worden ist. ²Satz 1 gilt bis zur Unterschutzstellung auch für solche Gebiete, die das Bundesministerium für Umwelt, Naturschutz und Reaktorsicherheit der Europäischen Kommission als Gebiete von gemeinschaftlicher Bedeutung oder als Europäische Vogelschutzgebiete benannt hat.

Geltungszeitraum: bis 31.07.2014

§ 32
Förderung für Strom aus mehreren Anlagen

(1) ¹Mehrere Anlagen gelten unabhängig von den Eigentumsverhältnissen und ausschließlich zum Zweck der Ermittlung des Anspruchs nach § 19 für den jeweils zuletzt in Betrieb gesetzten Generator als eine Anlage, wenn

1. sie auf demselben Grundstück oder sonst in unmittelbarer räumlicher Nähe befinden,
2. sie Strom aus gleichartigen erneuerbaren Energien erzeugen,
3. der in ihnen erzeugte Strom nach den Regelungen dieses Gesetzes in Abhängigkeit von der Bemessungsleistung oder der installierten Leistung der Anlage finanziell gefördert wird und
4. sie innerhalb von zwölf aufeinanderfolgenden Kalendermonaten in Betrieb genommen worden sind.

---

1) § 31 Abs. 4 Nr. 3 geänd. mWv 1. 8. 2014 durch G v. 22. 7. 2014 (BGBl. I S. 1218).

²Abweichend von Satz 1 stehen mehrere Anlagen unabhängig von den Eigentumsverhältnissen und ausschließlich zum Zweck der Ermittlung des Anspruchs nach § 19 für den jeweils zuletzt in Betrieb gesetzten Generator einer Anlage gleich, wenn sie Strom aus Biogas mit Ausnahme von Biomethan erzeugen und das Biogas aus derselben Biogaserzeugungsanlage stammt.

(2) Unbeschadet von Absatz 1 Satz 1 stehen mehrere Anlagen nach § 51 Absatz 1 Nummer 2 und 3 unabhängig von den Eigentumsverhältnissen und ausschließlich zum Zweck der Ermittlung des Anspruchs nach § 19 für den jeweils zuletzt in Betrieb gesetzten Generator einer Anlage gleich, wenn sie

1. innerhalb derselben Gemeinde, die für den Erlass des Bebauungsplans zuständig ist, errichtet worden sind und
2. innerhalb von 24 aufeinanderfolgenden Kalendermonaten in einem Abstand von bis zu 2 Kilometern in der Luftlinie, gemessen vom äußeren Rand der jeweiligen Anlage, in Betrieb genommen worden sind.

(3) ¹Anlagenbetreiber können Strom aus mehreren Anlagen, die gleichartige erneuerbare Energien oder Grubengas einsetzen, über eine gemeinsame Messeinrichtung abrechnen. ²In diesem Fall ist für die Berechnung der Förderung vorbehaltlich des Absatzes 1 die installierte Leistung jeder einzelnen Anlage maßgeblich.

(4) Wird Strom aus mehreren Windenergieanlagen über eine gemeinsame Messeinrichtung abgerechnet, erfolgt abweichend von Absatz 3 die Zuordnung der Strommengen zu den Windenergieanlagen im Verhältnis des jeweiligen Referenzertrags.

Geltungszeitraum: ab 01.08.2014

### § 32 [1)2)]
### Solare Strahlungsenergie

(1) Für Strom aus Anlagen zur Erzeugung von Strom aus solarer Strahlungsenergie beträgt die Vergütung vorbehaltlich der Absätze 2 und 3 bis einschließlich einer installierten Leistung von 10 Megawatt 13,50 Cent pro Kilowattstunde abzüglich der Verringerung nach § 20b, wenn die Anlage

1. in, an oder auf einem Gebäude oder einer sonstigen baulichen Anlage angebracht ist und das Gebäude oder die sonstige bauliche Anlage vorrangig zu anderen Zwecken als der Erzeugung von Strom aus solarer Strahlungsenergie errichtet worden ist,
2. auf einer Fläche errichtet worden ist, für die ein Verfahren nach § 38 Satz 1 des Baugesetzbuchs durchgeführt worden ist, oder
3. im Bereich eines beschlossenen Bebauungsplans im Sinne des § 30 des Baugesetzbuchs errichtet worden ist und

a) der Bebauungsplan vor dem 1. September 2003 aufgestellt und später nicht mit dem Zweck geändert worden ist, eine Anlage zur Erzeugung von Strom aus solarer Strahlungsenergie zu errichten,

b) der Bebauungsplan vor dem 1. Januar 2010 für die Fläche, auf der die Anlage errichtet worden ist, ein Gewerbe- oder Industriegebiet im Sinne des §§ 8 und 9 der Baunutzungsverordnung ausgewiesen hat, auch wenn die Festsetzung nach dem 1. Januar 2010 zumindest auch mit dem Zweck geändert wurde, eine Anlage zur Erzeugung von Strom aus solarer Strahlungsenergie zu errichten, oder

c) der Bebauungsplan nach dem 1. September 2003 zumindest auch mit dem Zweck der Errichtung einer Anlage zur Erzeugung von Strom aus solarer Strahlungsenergie aufgestellt worden ist und sich die Anlage

  aa) auf Flächen befindet, die längs von Autobahnen oder Schienenwegen liegen, und sie in einer Entfernung bis zu 110 Metern, gemessen vom äußeren Rand der befestigten Fahrbahn, errichtet worden ist,

  bb) auf Flächen befindet, die zum Zeitpunkt des Beschlusses über die Aufstellung oder Änderung des Bebauungsplans bereits versiegelt waren, oder

  cc) auf Konversionsflächen aus wirtschaftlicher, verkehrlicher, wohnungsbaulicher oder militärischer Nutzung befindet und diese Flächen zum Zeitpunkt des Beschlusses über die Aufstellung oder Änderung des Bebauungsplans nicht rechtsverbindlich als Naturschutzgebiet im Sinne des § 23 des Bundesnaturschutzgesetzes oder als Nationalpark im Sinne des § 24 des Bundesnaturschutzgesetzes festgesetzt worden sind.

(2) Für Strom aus Anlagen zur Erzeugung von Strom aus solarer Strahlungsenergie, die ausschließlich in, an oder auf einem Gebäude oder einer Lärmschutzwand angebracht sind, beträgt die Vergütung, jeweils abzüglich der Verringerung nach § 20b,

1. bis einschließlich einer installierten Leistung von 10 Kilowatt 19,50 Cent pro Kilowattstunde,
2. bis einschließlich einer installierten Leistung von 40 Kilowatt 18,50 Cent pro Kilowattstunde,
3. bis einschließlich einer installierten Leistung von 1 Megawatt 16,50 Cent pro Kilowattstunde und
4. bis einschließlich einer installierten Leistung von 10 Megawatt 13,50 Cent pro Kilowattstunde.

---

1) § 32 neu gef. mWv 1. 4. 2012 durch G v. 17. 8. 2012 (BGBl. I S. 1754).
2) Zu den Degressions- und Vergütungssätzen nach § 32 siehe
   – zum 1. 8. 2013, zum 1. 9. 2013 und zum 1. 10. 2013 die Bek. v. 24. 7. 2013 (BAnz AT 31.07.2013 B7);
   – zum 1. 11. 2013, zum 1. 12. 2013 und zum 1. 1. 2014 die Bek. v. 25. 10. 2013 (BAnz AT 31.10.2013 B6);
   – zum 1. 2. 2014, zum 1. 3. 2014 und zum 1. 4. 2014 die Bek. v. 29. 1. 2014 (BAnz AT 31.01.2014 B4);
   – zum 1. 5. 2014, zum 1. 6. 2014 und zum 1. 7. 2014 die Bek. v. 23. 4. 2014 (BAnz AT 30.04.2014 B8).

(3) Für Anlagen zur Erzeugung von Strom aus solarer Strahlungsenergie, die ausschließlich in, an oder auf einem Gebäude angebracht sind, das kein Wohngebäude ist und das im Außenbereich nach § 35 des Baugesetzbuchs errichtet wurde, gilt Absatz 2 nur, wenn
1. nachweislich vor dem 1. April 2012
   a) für das Gebäude der Bauantrag oder der Antrag auf Zustimmung gestellt oder die Bauanzeige erstattet worden ist,
   b) im Fall einer nicht genehmigungsbedürftigen Errichtung, die nach Maßgabe des Bauordnungsrechts der zuständigen Behörde zur Kenntnis zu bringen ist, für das Gebäude die erforderliche Kenntnisgabe an die Behörde erfolgt ist oder
   c) im Fall einer sonstigen nicht genehmigungsbedürftigen, insbesondere genehmigungs-, anzeige- und verfahrensfreien Errichtung mit der Bauausführung des Gebäudes begonnen worden ist,
2. das Gebäude im räumlich-funktionalen Zusammenhang mit einer nach dem 31. März 2012 errichteten Hofstelle eines land- oder forstwirtschaftlichen Betriebes steht oder
3. das Gebäude der dauerhaften Stallhaltung von Tieren dient und von der zuständigen Baubehörde genehmigt worden ist;

im Übrigen ist Absatz 1 Nummer 1 anzuwenden.

(4) [1]Gebäude sind selbstständig benutzbare, überdeckte bauliche Anlagen, die von Menschen betreten werden können und vorrangig dazu bestimmt sind, dem Schutz von Menschen, Tieren oder Sachen zu dienen. [2]Wohngebäude sind Gebäude, die nach ihrer Zweckbestimmung überwiegend dem Wohnen dienen, einschließlich Wohn-, Alten- und Pflegeheimen sowie ähnlichen Einrichtungen.

(5) [1]Anlagen zur Erzeugung von Strom aus solarer Strahlungsenergie, die Anlagen zur Erzeugung von Strom aus solarer Strahlungsenergie auf Grund eines technischen Defekts, einer Beschädigung oder eines Diebstahls an demselben Standort ersetzen, gelten abweichend von § 3 Nummer 5 bis zur Höhe der vor der Ersetzung an demselben Standort installierten Leistung von Anlagen zur Erzeugung von Strom aus solarer Strahlungsenergie als zu dem Zeitpunkt in Betrieb genommen, zu dem die ersetzten Anlagen in Betrieb genommen worden sind. [2]Der Vergütungsanspruch für die nach Satz 1 ersetzten Anlagen entfällt endgültig.

Geltungszeitraum: bis 31.07.2014

### § 33
### Aufrechnung

(1) Die Aufrechnung von Ansprüchen des Anlagenbetreibers nach § 19 mit einer Forderung des Netzbetreibers ist nur zulässig, soweit die Forderung unbestritten oder rechtskräftig festgestellt ist.

(2) Das Aufrechnungsverbot des § 23 Absatz 3 der Niederspannungsanschlussverordnung gilt nicht, soweit mit Ansprüchen aus diesem Gesetz aufgerechnet wird.

Geltungszeitraum: ab 01.08.2014

### § 33 [1)]
### Marktintegrationsmodell für Anlagen zur Erzeugung von Strom aus solarer Strahlungsenergie

(1) [1]Die Vergütung nach § 32 Absatz 2, auch in Verbindung mit Absatz 3, ist für Strom aus Anlagen ab einer installierten Leistung von mehr als 10 Kilowatt bis einschließlich einer installierten Leistung von 1 Megawatt in jedem Kalenderjahr begrenzt auf 90 Prozent der insgesamt in diesem Kalenderjahr in der Anlage erzeugten Strommenge. [2]Soweit die nach Satz 1 nicht vergütungsfähige Strommenge in der Form des § 33b Nummer 3 direkt vermarktet wird, besteht der Anspruch auf Vergütung nach § 32 Absatz 2, auch in Verbindung mit Absatz 3, nur für die in dem Kalenderjahr jeweils zuerst eingespeiste Strommenge. [3]Die Begrenzung nach Satz 1 ist im gesamten Kalenderjahr bei den monatlichen Abschlägen nach § 16 Absatz 1 Satz 3 zu berücksichtigen.

(2) [1]Für den Strom, der über die vergütungsfähige Strommenge nach Absatz 1 hinaus in einem Kalenderjahr eingespeist wird, verringert sich die Vergütung auf den tatsächlichen Monatsmittelwert des Marktwerts für Strom aus solarer Strahlungsenergie nach Nummer 2.4.2 der Anlage 4 zu diesem Gesetz („MWSolar"). [2]Soweit Anlagen nach Absatz 1 nicht mit technischen Einrichtungen nach § 6 Absatz 1 Nummer 2 ausgestattet sind, verringert sich die Vergütung abweichend von Satz 1 auf den tatsächlichen Jahresmittelwert des Marktwerts für Strom aus solarer Strahlungsenergie („MWSolar(a)"); § 17 Absatz 1 bleibt hiervon unberührt. [3]Sind die Werte „MWSolar" oder „MWSolar(a)" kleiner Null, werden sie mit dem Wert Null festgesetzt.

(3) Der Wert „MWSolar(a)" ist der Quotient aus der Summe der nach Nummer 2.4.2 der Anlage 4 zu diesem Gesetz für die Monate Januar bis Dezember eines Kalenderjahres berechneten tatsächlichen Monatsmittelwerte des Marktwerts für Strom aus solarer Strahlungsenergie („MWSolar") und dem Wert 12.

(4) [1]Anlagenbetreiberinnen und Anlagenbetreiber dürfen Strom aus einer Anlage zur Erzeugung von Strom aus solarer Strahlungsenergie nur mit Strom aus anderen Anlagen über eine gemeinsame Messeinrichtung abrechnen, soweit alle Anlagen jeweils derselben Begrenzung der nach Absatz 1 Satz 1 vergütungsfähigen Strommenge nach Absatz 1 Satz 1 unterliegen. [2]Bei Verstößen gegen Satz 1 verringert sich der Vergütungsanspruch für den gesamten Strom, der über die gemeinsame Messeinrichtung abgerechnet wird, auf den Wert „MWSolar(a)"; dies gilt bis zum Ablauf des ersten Kalendermonats, der auf die Beendigung des Verstoßes folgt.

(5) [1]Anlagenbetreiberinnen und Anlagenbetreiber müssen die Strommenge, die in ihrer Anlage insgesamt in einem Kalenderjahr erzeugt wird, gegenüber dem Netzbetreiber bis zum 28. Februar des Folgejahres nachweisen; andernfalls gilt die insgesamt in dem jeweiligen Kalenderjahr aus der Anlage tatsächlich in das Netz eingespeiste Strommenge

---

[1)] § 33 neu gef. mWv 1. 4. 2012 durch G v. 17. 8. 2012 (BGBl. I S. 1754).

als erzeugte Strommenge im Sinne von Absatz 1 Satz 1.

Geltungszeitraum: bis 31.07.2014

§ 34
Marktprämie

(1) Anlagenbetreiber können für Strom aus erneuerbaren Energien oder aus Grubengas, den sie nach § 20 Absatz 1 Nummer 1 direkt vermarkten und der tatsächlich eingespeist sowie von einem Dritten abgenommen worden ist, von dem Netzbetreiber eine Marktprämie verlangen.

(2) ¹Die Höhe der Marktprämie wird kalendermonatlich berechnet. ²Die Berechnung erfolgt rückwirkend anhand der für den jeweiligen Kalendermonat berechneten Werte nach Anlage 1.

Geltungszeitraum: ab 01.08.2014

§ 34
Weitergabe an den Übertragungsnetzbetreiber

Netzbetreiber sind verpflichtet, den nach § 16 vergüteten Strom unverzüglich an den vorgelagerten Übertragungsnetzbetreiber weiterzugeben.

Geltungszeitraum: bis 31.07.2014

§ 35
Voraussetzungen der Marktprämie

¹Der Anspruch auf Zahlung der Marktprämie besteht nur, wenn
1. für den Strom kein vermiedenes Netzentgelt nach § 18 Absatz 1 Satz 1 der Stromnetzentgeltverordnung in Anspruch genommen wird,
2. der Strom in einer Anlage erzeugt wird, die fernsteuerbar im Sinne von § 36 Absatz 1 ist, und
3. der Strom in einem Bilanz- oder Unterbilanzkreis bilanziert wird, in dem ausschließlich folgender Strom bilanziert wird:
   a) Strom aus erneuerbaren Energien oder aus Grubengas, der in der Veräußerungsform des § 20 Absatz 1 Nummer 1 direkt vermarktet wird, oder
   b) Strom, der nicht unter Buchstabe a fällt und dessen Einstellung in den Bilanz- oder Unterbilanzkreis nicht von dem Anlagenbetreiber oder dem Direktvermarktungsunternehmer zu vertreten ist.

²Die Voraussetzung nach Satz 1 Nummer 2 muss nicht vor dem Beginn des zweiten auf die Inbetriebnahme der Anlage folgenden Kalendermonats erfüllt sein.

Geltungszeitraum: ab 01.08.2014

§ 35[1)]
Ausgleich zwischen Netzbetreibern und Übertragungsnetzbetreibern

(1) Vorgelagerte Übertragungsnetzbetreiber sind zur Vergütung der von Netzbetreibern nach § 16 vergüteten Strommenge entsprechend den §§ 16 bis 33 verpflichtet.

(1a) Vorgelagerte Übertragungsnetzbetreiber sind ferner zur Vergütung der Prämien verpflichtet, die Netzbetreiber nach den §§ 33g und 33i gezahlt haben.

(1b) ¹Übertragungsnetzbetreiber sind verpflichtet, Netzbetreibern 50 Prozent der notwendigen Kosten zu ersetzen, die ihnen durch eine effiziente Nachrüstung von Anlagen zur Erzeugung von Strom aus solarer Strahlungsenergie entstehen, wenn die Netzbetreiber auf Grund einer Verordnung nach § 12 Absatz 3a und § 49 Absatz 4 des Energiewirtschaftsgesetzes zu der Nachrüstung verpflichtet sind. ²§ 8 Absatz 4 ist entsprechend anzuwenden.

(2) ¹Netzbetreiber sind verpflichtet, vermiedene Netzentgelte nach § 18 der Stromnetzentgeltverordnung, nach § 18 Absatz 1 Satz 3 Nummer 1 der Stromnetzentgeltverordnung nicht an Anlagenbetreiberinnen und Anlagenbetreiber gewährt werden und nach § 18 Absatz 2 und 3 der Stromnetzentgeltverordnung ermittelt worden sind, an die vorgelagerten Übertragungsnetzbetreiber auszuzahlen. ²§ 8 Absatz 4 Nummer 2 gilt entsprechend.

(3) ¹Die Zahlungen nach den Absätzen 1 bis 2 sind zu saldieren. ²Auf die Zahlungen sind monatliche Abschläge in angemessenem Umfang zu entrichten.

(4) ¹Zahlt ein Übertragungsnetzbetreiber dem Netzbetreiber eine höhere als in den §§ 16 bis 18 vorgesehene Vergütung oder eine höhere als in den §§ 33g und 33i vorgesehene Prämie, ist er zur Rückforderung des Mehrbetrages verpflichtet. ²Der Rückforderungsanspruch verjährt mit Ablauf des 31. Dezember des zweiten auf die Einspeisung folgenden Kalenderjahres; die Pflicht nach Satz 1 erlischt insoweit. ³Die Sätze 1 und 2 gelten im Verhältnis von aufnehmendem Netzbetreiber und Anlagenbetreiberin oder Anlagenbetreiber entsprechend, es sei denn, die Zahlungspflicht ergibt sich aus einer vertraglichen Vereinbarung. ⁴§ 22 Absatz 1 ist auf Ansprüche nach Satz 3 nicht anzuwenden.

Geltungszeitraum: bis 31.07.2014

§ 36
Fernsteuerbarkeit

(1) ¹Anlagen sind fernsteuerbar im Sinne von § 35 Satz 1 Nummer 2, wenn die Anlagenbetreiber
1. die technischen Einrichtungen vorhalten, die erforderlich sind, damit ein Direktvermarktungsunternehmer oder eine andere Person, an die der Strom veräußert wird, jederzeit
   a) die jeweilige Ist-Einspeisung abrufen kann und
   b) die Einspeiseleistung ferngesteuert reduzieren kann, und
2. dem Direktvermarktungsunternehmer oder der anderen Person, an die der Strom veräußert wird, die Befugnis einräumen, jederzeit
   a) die jeweilige Ist-Einspeisung abzurufen und
   b) die Einspeiseleistung ferngesteuert in einem Umfang zu reduzieren, der für eine bedarfsgerechte Einspeisung des Stroms erforderlich und nicht nach den genehmi-

---

1) § 35 neu gef. mWv 1. 1. 2012 durch G v. 28. 7. 2011 (BGBl. I S. 1634); Abs. 1b eingef. mWv 1. 4. 2012 durch G v. 17. 8. 2012 (BGBl. I S. 1754).

gungsrechtlichen Vorgaben nachweislich ausgeschlossen ist.

²Satz 1 Nummer 1 ist auch erfüllt, wenn für mehrere Anlagen, die über denselben Verknüpfungspunkt mit dem Netz verbunden sind, gemeinsame technische Einrichtungen vorgehalten werden, mit der der Direktvermarktungsunternehmer oder die andere Person jederzeit die gesamte Ist-Einspeisung der Anlagen abrufen und die gesamte Einspeiseleistung der Anlagen ferngesteuert reduzieren kann.

(2) ¹Für Anlagen, bei denen nach § 21c des Energiewirtschaftsgesetzes Messsysteme im Sinne des § 21d des Energiewirtschaftsgesetzes einzubauen sind, die die Anforderungen nach § 21e des Energiewirtschaftsgesetzes erfüllen, muss die Abrufung der Ist-Einspeisung und die ferngesteuerte Reduzierung der Einspeiseleistung nach Absatz 1 über das Messsystem erfolgen; § 21g des Energiewirtschaftsgesetzes ist zu beachten. ²Solange der Einbau eines Messsystems nicht technisch möglich im Sinne des § 21c Absatz 2 des Energiewirtschaftsgesetzes ist, sind unter Berücksichtigung der einschlägigen Standards und Empfehlungen des Bundesamtes für Sicherheit in der Informationstechnik Übertragungstechniken und Übertragungswege zulässig, die dem Stand der Technik bei Inbetriebnahme der Anlage entsprechen; § 21g des Energiewirtschaftsgesetzes ist zu beachten. 3 Satz 2 ist entsprechend anzuwenden für Anlagen, bei denen aus sonstigen Gründen keine Pflicht zum Einbau eines Messsystems nach § 21c des Energiewirtschaftsgesetzes besteht.

(3) Die Nutzung der technischen Einrichtungen nach Absatz 1 Satz 1 Nummer 1 sowie die Befugnis, die nach Absatz 1 Satz 2 Nummer 2 dem Direktvermarktungsunternehmer oder der anderen Person eingeräumt wird, dürfen das Recht des Netzbetreibers zum Einspeisemanagement nach § 14 nicht beschränken.

Geltungszeitraum: ab 01.08.2014

§ 36 [1)]
Ausgleich zwischen den Übertragungsnetzbetreibern

(1) ¹Die Übertragungsnetzbetreiber sind verpflichtet,
1. den unterschiedlichen Umfang und den zeitlichen Verlauf der nach § 16 vergüteten Strommengen zu speichern,
2. die Zahlungen von Vergütungen nach § 16 zu speichern,
3. die Zahlungen von Prämien nach den §§ 33g und 33i zu speichern,
4. die Strommengen nach Nummer 1 unverzüglich untereinander vorläufig auszugleichen,
5. monatliche Abschläge in angemessenem Umfang auf die Zahlungen nach den Nummern 2 und 3 zu entrichten sowie
6. die Strommengen nach Nummer 1 und die Zahlungen nach den Nummern 2 und 3 nach Maßgabe von Absatz 2 abzurechnen.

²Bei der Speicherung und Abrechnung der Zahlungen nach Satz 1 Nummer 2, 3 und 5 sind die Saldierungen auf Grund des § 35 Absatz 3 zugrunde zu legen.

(2) Die Übertragungsnetzbetreiber ermitteln bis zum 31. Juli eines jeden Jahres die Strommenge, die sie im vorangegangenen Kalenderjahr nach § 8 oder § 34 abgenommen und nach § 16 oder § 35 vergütet oder nach den §§ 33g und 33i prämiert sowie nach Absatz 1 vorläufig ausgeglichen haben, und den Anteil dieser Menge an der gesamten Strommenge, die Elektrizitätsversorgungsunternehmen im Bereich des jeweiligen Übertragungsnetzbetreibers im vorangegangenen Kalenderjahr an Letztverbraucherinnen und Letztverbraucher geliefert haben.

(3) ¹Übertragungsnetzbetreiber, die größere Mengen abgenommen hatten, als es diesem durchschnittlichen Anteil entspricht, haben gegen die anderen Übertragungsnetzbetreiber einen Anspruch auf Abnahme und Vergütung nach den §§ 16 bis 33, bis auch diese Netzbetreiber eine Strommenge abnehmen, die dem Durchschnittswert entspricht. ²Übertragungsnetzbetreiber, die, bezogen auf die gesamte von Elektrizitätsversorgungsunternehmen im Bereich des jeweiligen Übertragungsnetzbetreibers im vorangegangenen Kalenderjahr gelieferte Strommenge, einen höheren Anteil der Prämien nach § 35 Absatz 1a zu vergüten oder einen höheren Anteil der Kosten nach § 35 Absatz 1b zu ersetzen haben, als es dem durchschnittlichen Anteil aller Übertragungsnetzbetreiber entspricht, haben gegen die anderen Übertragungsnetzbetreiber einen Anspruch auf Erstattung der Prämien oder Kosten, bis die Prämien- oder Kostenbelastung aller Übertragungsnetzbetreiber dem Durchschnittswert entspricht.

Geltungszeitraum: bis 31.07.2014

§ 37
Einspeisevergütung für kleine Anlagen

(1) Anlagenbetreiber können für Strom aus erneuerbaren Energien oder aus Grubengas, den sie nach § 20 Absatz 1 Nummer 3 dem Netzbetreiber zur Verfügung stellen, von diesem Netzbetreiber eine Einspeisevergütung verlangen.

(2) Der Anspruch auf eine Einspeisevergütung besteht
1. für Strom aus Anlagen, die vor dem 1. Januar 2016 in Betrieb genommen worden sind und eine installierte Leistung von höchstens 500 Kilowatt haben, und
2. für Strom aus Anlagen, die nach dem 31. Dezember 2015 in Betrieb genommen worden sind und eine installierte Leistung von höchstens 100 Kilowatt haben.

(3) Die Höhe der Einspeisevergütung berechnet sich aus den anzulegenden Werten und den §§ 20 bis 32, wobei von den anzulegenden Werten vor der Absenkung nach den §§ 26 bis 31
1. 0,2 Cent pro Kilowattstunde für Strom im Sinne der §§ 40 bis 48 abzuziehen sind und
2. 0,4 Cent pro Kilowattstunde für Strom im Sinne der §§ 49 bis 51 abzuziehen sind.

---

1) § 36 neu gef. mWv 1. 1. 2012 durch G v. 28. 7. 2011 (BGBl. I S. 1634); Abs. 1 Satz 1 Nr. 2 geänd., Abs. 3 Satz 2 angef. mWv 1. 4. 2012 durch G v. 17. 8. 2012 (BGBl. I S. 1754).

# EEG

(4) Unabhängig von den Eigentumsverhältnissen und ausschließlich zum Zweck der Ermittlung der installierten Leistung nach Absatz 2 ist § 32 Absatz 1 Satz 1 entsprechend anzuwenden.

Geltungszeitraum: ab 01.08.2014

### § 37[1)]
### Vermarktung und EEG-Umlage

(1) Die Übertragungsnetzbetreiber müssen selbst oder gemeinsam den nach den §§ 16 und 35 Absatz 1 vergüteten Strom diskriminierungsfrei, transparent und unter Beachtung der Vorgaben der Ausgleichsmechanismusverordnung vermarkten.

(2) [1]Die Übertragungsnetzbetreiber können von Elektrizitätsversorgungsunternehmen, die Strom an Letztverbraucherinnen und Letztverbraucher liefern, anteilig zu dem jeweils von den Elektrizitätsversorgungsunternehmen an ihre Letztverbraucherinnen und Letztverbraucher gelieferten Strom die Kosten für die erforderlichen Ausgaben nach Abzug der erzielten Einnahmen und nach Maßgabe der Ausgleichsmechanismusverordnung verlangen (EEG-Umlage). [2]Der Anteil ist so zu bestimmen, dass jedes Elektrizitätsversorgungsunternehmen für jede von ihm an eine Letztverbraucherin oder einen Letztverbraucher gelieferte Kilowattstunde Strom dieselben Kosten trägt. [3]Auf die Zahlung der EEG-Umlage sind monatliche Abschläge in angemessenem Umfang zu entrichten.

(3) [1]Letztverbraucherinnen und Letztverbraucher stehen Elektrizitätsversorgungsunternehmen gleich, wenn sie Strom verbrauchen, der nicht von einem Elektrizitätsversorgungsunternehmen geliefert wird. [2]Betreibt die Letztverbraucherin oder der Letztverbraucher die Stromerzeugungsanlage als Eigenerzeuger und verbraucht den erzeugten Strom selbst, so entfällt für diesen Strom der Anspruch der Übertragungsnetzbetreiber auf Zahlung der EEG-Umlage nach Absatz 2 oder Satz 1, sofern der Strom

1. nicht durch ein Netz durchgeleitet wird oder
2. im räumlichen Zusammenhang zu der Stromerzeugungsanlage verbraucht wird.

(4) [1]Für Strom, der zum Zweck der Zwischenspeicherung an einen elektrischen, chemischen, mechanischen oder physikalischen Stromspeicher geliefert oder geleitet wird, entfällt der Anspruch der Übertragungsnetzbetreiber auf Zahlung der EEG-Umlage nach Absatz 2 oder 3, wenn dem Stromspeicher Energie ausschließlich zur Wiedereinspeisung von Strom in das Netz entnommen wird. [2]Satz 1 gilt auch für Strom, der zur Erzeugung von Speichergas eingesetzt wird, das in das Erdgasnetz eingespeist wird, wenn das Speichergas unter Berücksichtigung der Anforderungen nach § 27c Absatz 1 Nummer 1 und 2 zur Stromerzeugung eingesetzt und der Strom tatsächlich in das Netz eingespeist wird.

(5) [1]Elektrizitätsversorgungsunternehmen, die ihrer Pflicht zur Zahlung der EEG-Umlage nach Absatz 2 nicht rechtzeitig nachgekommen sind, müssen diese Geldschuld nach § 352 Absatz 2 des Handelsgesetzbuchs ab Eintritt der Fälligkeit verzinsen.

[2]Satz 1 ist entsprechend anzuwenden, wenn die Fälligkeit nicht eintreten konnte, weil das Elektrizitätsversorgungsunternehmen die von ihm gelieferten Strommengen entgegen § 49 nicht oder nicht rechtzeitig dem Übertragungsnetzbetreiber gemeldet hat; ausschließlich zum Zweck der Verzinsung gilt in diesem Fall die Geldschuld für die Zahlung der EEG-Umlage auf die nach § 49 mitzuteilende Strommenge eines Jahres spätestens am 1. August des Folgejahres als fällig. [3]Die Sätze 1 und 2 sind auf Letztverbraucherinnen und Letztverbraucher, die keine Verbraucher im Sinne des § 13 des Bürgerlichen Gesetzbuchs sind und nach Absatz 3 Satz 1 Elektrizitätsversorgungsunternehmen gleichstehen, für die verbrauchten Strommengen entsprechend anzuwenden.

Geltungszeitraum: bis 31.07.2014

### § 38
### Einspeisevergütung in Ausnahmefällen

(1) Anlagenbetreiber können für Strom aus erneuerbaren Energien oder aus Grubengas, den sie nach § 20 Absatz 1 Nummer 4 dem Netzbetreiber zur Verfügung stellen, von diesem Netzbetreiber eine Einspeisevergütung verlangen.

(2) [1]Die Höhe der Einspeisevergütung berechnet sich aus den anzulegenden Werten und den §§ 20 bis 32, wobei sich die anzulegenden Werte nach der Absenkung nach den §§ 26 bis 31 um 20 Prozent gegenüber dem nach § 26 Absatz 3 Satz 1 anzulegenden Wert verringern. [2]Auf die nach Satz 1 ermittelten anzulegenden Werte ist § 26 Absatz 3 Satz 1 entsprechend anzuwenden.

Geltungszeitraum: ab 01.08.2014

### § 38[2)]
### Nachträgliche Korrekturen

Ergeben sich durch

1. Rückforderungen auf Grund von § 35 Absatz 4,
2. eine rechtskräftige Gerichtsentscheidung im Hauptsacheverfahren,
3. ein zwischen den Parteien durchgeführtes Verfahren vor der Clearingstelle nach § 57 Absatz 3 Satz 1 Nummer 1,
4. eine für die Parteien abgegebene Stellungnahme der Clearingstelle nach § 57 Absatz 3 Satz 1 Nummer 2,
5. Entscheidungen des Bundesnetzagentur nach § 61 Absatz 1a oder
6. einen vollstreckbaren Titel, der erst nach der Abrechnung nach § 36 Absatz 1 ergangen ist,

Änderungen der abzurechnenden Strommenge oder Vergütungs- oder Prämienzahlungen, sind diese Änderungen bei der jeweils nächsten Abrechnung zu berücksichtigen.

Geltungszeitraum: bis 31.07.2014

---

1) § 37 neu gef. mWv 1. 1. 2012 durch G v. 28. 7. 2011 (BGBl. I S. 1634); Abs. 3 neu gef., Abs. 4 angef. mWv 1. 1. 2012, Abs. 5 angef. mWv 1. 4. 2012 durch G v. 17. 8. 2012 (BGBl. I S. 1754).
2) §§ 35–39 neu gef. mWv 1. 1. 2012 durch G v. 28. 7. 2011 (BGBl. I S. 1634).

## § 39
### Gemeinsame Bestimmungen für die Einspeisevergütung

(1) Der Anspruch auf eine Einspeisevergütung besteht nur für Strom, der nach § 11 tatsächlich von einem Netzbetreiber abgenommen worden ist.

(2) ¹Anlagenbetreiber, die dem Netzbetreiber Strom nach § 20 Absatz 1 Nummer 3 oder Nummer 4 zur Verfügung stellen, müssen ab diesem Zeitpunkt und für diesen Zeitraum dem Netzbetreiber den gesamten in dieser Anlage erzeugten Strom,

1. für den dem Grunde nach ein Anspruch nach § 19 besteht,
2. der nicht in unmittelbarer räumlicher Nähe zur Anlage verbraucht wird und
3. der durch ein Netz durchgeleitet wird,

zur Verfügung stellen. ²Sie dürfen mit dieser Anlage nicht am Regelenergiemarkt teilnehmen.

Geltungszeitraum: ab 01.08.2014

## § 39 [1)
### Verringerung der EEG-Umlage

(1) Die EEG-Umlage verringert sich für Elektrizitätsversorgungsunternehmen in einem Kalenderjahr um 2,0 Cent pro Kilowattstunde, höchstens jedoch in Höhe der EEG-Umlage, wenn

1. der Strom, den sie an ihre gesamten Letztverbraucherinnen und Letztverbraucher liefern, in diesem Kalenderjahr sowie zugleich jeweils in mindestens drei Monaten dieses Kalenderjahres folgende Anforderungen erfüllt:

    a) mindestens 50 Prozent des Stroms ist Strom im Sinne der §§ 23 bis 33 und

    b) mindestens 20 Prozent des Stroms ist Strom im Sinne der §§ 29 bis 33;

    bei der Berechnung der Anteile nach Halbsatz 1 darf Strom im Sinne der §§ 23 bis 33 nur bis zu der Höhe des aggregierten Bedarfs der gesamten belieferten Letztverbraucherinnen und Letztverbraucher, bezogen auf jedes 15-Minuten-Intervall, berücksichtigt werden; bei der Berechnung der Anteile nach dem ersten Halbsatz darf Strom aus Anlagen zur Erzeugung von Strom aus solarer Strahlungsenergie, die nach dem 31. März 2012 in Betrieb genommen worden sind, ferner nur berücksichtigt werden, soweit die Strommenge, die nach § 33 Absatz 1 dem Grunde nach in dem Kalenderjahr vergütungsfähig ist, nicht überschritten worden ist,

2. die Elektrizitätsversorgungsunternehmen ihrem regelverantwortlichen Übertragungsnetzbetreiber die Inanspruchnahme der Verringerung der EEG-Umlage bis zum 30. September des jeweils vorangegangenen Kalenderjahres übermittelt haben; hierbei ist auch die Strommenge anzugeben, die die Elektrizitätsversorgungsunternehmen voraussichtlich in dem Kalenderjahr an ihre gesamten Letztverbraucherinnen und Letztverbraucher liefern werden; diese Menge ist auf Grund der Stromlieferungen der ersten Hälfte des vorangegangenen Kalenderjahres abzuschätzen,

3. die Elektrizitätsversorgungsunternehmen ihrem regelverantwortlichen Übertragungsnetzbetreiber das Vorliegen der Voraussetzungen nach Nummer 1 nach Maßgabe des § 50 nachweisen und

4. gelieferter Strom im Sinne der Nummer 1 Buchstabe a und b gegenüber Letztverbraucherinnen und Letztverbrauchern im Rahmen der Stromkennzeichnung nach § 42 des Energiewirtschaftsgesetzes nur dann als erneuerbare Energien ausgewiesen wird, wenn die Eigenschaft des Stroms als erneuerbare Energie nicht getrennt von dem Strom, bezogen auf jedes 15-Minuten-Intervall, verwendet worden ist.

(2) ¹Für die Berechnung der Strommengen nach Absatz 1 Nummer 1 Buchstabe a und b darf nur Strom aus erneuerbaren Energien und Grubengas angerechnet werden, wenn die jeweiligen Anlagenbetreiberinnen und Anlagenbetreiber

1. den Strom nach § 33b Nummer 2 direkt vermarkten,
2. nicht gegen § 33c Absatz 1 oder 2 verstoßen,
3. dem Netzbetreiber den Wechsel in die Form der Direktvermarktung nach § 33b Nummer 2 nach Maßgabe des § 33d Absatz 2 in Verbindung mit Absatz 1 Nummer 1 oder 2 und Absatz 4 übermittelt haben und
4. nicht gegen § 33f Absatz 1 verstoßen.

²Soweit Strom nicht nach Satz 1 angerechnet werden darf, gilt dies bei der jeweiligen Strommenge für den gesamten Kalendermonat, in dem die Voraussetzungen nach Satz 1 ganz oder teilweise nicht erfüllt sind.

(3) Die EEG-Umlage verringert sich ferner für Elektrizitätsversorgungsunternehmen in einem Kalendermonat um 2,0 Cent pro Kilowattstunde, höchstens jedoch in Höhe der EEG-Umlage, wenn

1. der Strom, den sie in diesem Kalendermonat an ihre gesamten Letztverbraucherinnen und Letztverbraucher liefern,

    a) ausschließlich Strom aus Anlagen zur Erzeugung von Strom aus solarer Strahlungsenergie ist und für diesen Strom dem Grunde nach ein Vergütungsanspruch nach § 16 besteht, der nicht nach § 17 verringert ist; § 33 Absatz 1 ist nicht anzuwenden,

    b) von den Letztverbraucherinnen und Letztverbrauchern in unmittelbarer räumlicher Nähe zur Anlage verbraucht und nicht durch ein Netz durchgeleitet wird und

    c) nach § 33a Absatz 2 an Dritte veräußert und nicht nach § 8 abgenommen worden ist und

2. die Elektrizitätsversorgungsunternehmen ihrem regelverantwortlichen Übertragungsnetzbetreiber die erstmalige Inanspruchnahme der Verringerung der EEG-Umlage vor Beginn des vorangegangenen Kalendermonats übermittelt haben.

---

1) § 39 neu gef. mWv 1. 1. 2012 durch G v. 28. 7. 2011 (BGBl. I S. 1634); Abs. 1 Nr. 1 geänd., Abs. 3, 4 angef. mWv 1. 4. 2012 durch G v. 17. 8. 2012 (BGBl. I S. 1754).

(4) ¹Die Übertragungsnetzbetreiber müssen unverzüglich, spätestens jedoch ab dem 1. September 2012, bundesweit einheitliche Verfahren für die vollständig automatisierte elektronische Übermittlung der Daten nach Absatz 1 Nummer 2 oder Absatz 3 Nummer 2 zur Verfügung stellen, die den Vorgaben des Bundesdatenschutzgesetzes genügen. ²Für den elektronischen Datenaustausch nach Maßgabe des Bundesdatenschutzgesetzes ist ein einheitliches Datenformat vorzusehen.

Geltungszeitraum: bis 31.07.2014

Geltungszeitraum: ab 01.08.2014

### § 40
### Wasserkraft

(1) Für Strom aus Wasserkraft beträgt der anzulegende Wert

1. bis einschließlich einer Bemessungsleistung von 500 Kilowatt 12,52 Cent pro Kilowattstunde,
2. bis einschließlich einer Bemessungsleistung von 2 Megawatt 8,25 Cent pro Kilowattstunde,
3. bis einschließlich einer Bemessungsleistung von 5 Megawatt 6,31 Cent pro Kilowattstunde,
4. bis einschließlich einer Bemessungsleistung von 10 Megawatt 5,54 Cent pro Kilowattstunde,
5. bis einschließlich einer Bemessungsleistung von 20 Megawatt 5,34 Cent pro Kilowattstunde,
6. bis einschließlich einer Bemessungsleistung von 50 Megawatt 4,28 Cent pro Kilowattstunde,
7. ab einer Bemessungsleistung von mehr als 50 Megawatt 3,50 Cent pro Kilowattstunde.

(2) ¹Der Anspruch auf finanzielle Förderung besteht auch für Strom aus Anlagen, die vor dem 1. Januar 2009 in Betrieb genommen wurden, wenn nach dem 31. Juli 2014 durch eine wasserrechtlich zugelassene Ertüchtigungsmaßnahme das Leistungsvermögen der Anlage erhöht wurde. ²Satz 1 ist auf nicht zulassungspflichtige Ertüchtigungsmaßnahmen anzuwenden, wenn das Leistungsvermögen um mindestens 10 Prozent erhöht wurde. ³Der Anspruch nach Satz 1 oder 2 besteht ab dem Abschluss der Maßnahme für die Dauer von 20 Jahren zuzüglich des restlich verbleibenden Teils des Jahres, in dem die Ertüchtigungsmaßnahme abgeschlossen worden ist.

(3) ¹Für Strom aus Wasserkraft, der in Anlagen nach Absatz 2 mit einer installierten Leistung von mehr als 5 Megawatt erzeugt wird, besteht ein Anspruch auf finanzielle Förderung nur für den Strom, der der Leistungserhöhung nach Absatz 2 Satz 1 oder 2 zuzurechnen ist. ²Wenn die Anlage vor dem 1. August 2014 eine installierte Leistung bis einschließlich 5 Megawatt aufwies, besteht für den Strom, der diesem Leistungsanteil entspricht, der Anspruch nach der bislang geltenden Regelung.

(4) Der Anspruch auf finanzielle Förderung nach Absatz 1 besteht nur, wenn die Anlage errichtet worden ist

1. im räumlichen Zusammenhang mit einer ganz oder teilweise bereits bestehenden oder einer vorrangig zu anderen Zwecken als der Erzeugung von Strom aus Wasserkraft neu zu errichtenden Stauanlage oder
2. ohne durchgehende Querverbauung.

Geltungszeitraum: ab 01.08.2014

### § 40 [1)]
### Grundsatz

¹Das Bundesamt für Wirtschaft und Ausfuhrkontrolle begrenzt auf Antrag für eine Abnahmestelle die EEG-Umlage, die von Elektrizitätsversorgungsunternehmen an Letztverbraucher, die stromintensive Unternehmen des produzierenden Gewerbes mit hohem Stromverbrauch oder Schienenbahnen sind, weitergegeben wird, entsprechend der §§ 41 und 42. ²Die Begrenzung erfolgt, um die Stromkosten dieser Unternehmen zu senken und so ihre internationale und intermodale Wettbewerbsfähigkeit zu erhalten, soweit hierdurch die Ziele des Gesetzes nicht gefährdet werden und die Begrenzung mit den Interessen der Gesamtheit der Stromverbraucherinnen und Stromverbraucher vereinbar ist.

Geltungszeitraum: bis 31.07.2014

### § 41
### Deponiegas

Für Strom aus Deponiegas beträgt der anzulegende Wert

1. bis einschließlich einer Bemessungsleistung von 500 Kilowatt 8,42 Cent pro Kilowattstunde und
2. bis einschließlich einer Bemessungsleistung von 5 Megawatt 5,83 Cent pro Kilowattstunde.

Geltungszeitraum: ab 01.08.2014

### § 41 [2)]
### Unternehmen des produzierenden Gewerbes

(1) Bei einem Unternehmen des produzierenden Gewerbes erfolgt die Begrenzung nur, soweit es nachweist, dass und inwieweit

1. im letzten abgeschlossenen Geschäftsjahr
    a) der von einem Elektrizitätsversorgungsunternehmen bezogene und selbst verbrauchte Strom an einer Abnahmestelle mindestens 1 Gigawattstunde betragen hat,
    b) das Verhältnis der von dem Unternehmen zu tragenden Stromkosten zur Bruttowertschöpfung des Unternehmens nach der Definition des Statistischen Bundesamtes, Fachserie 4, Reihe 4.3, Wiesbaden 2007[3)], mindestens 14 Prozent betragen hat,
    c) die EEG-Umlage anteilig an das Unternehmen weitergereicht wurde und

---

1) § 40 neu gef. mWv 1. 1. 2012 durch G v. 28. 7. 2011 (BGBl. I S. 1634).
2) § 41 neu gef. mWv 1. 1. 2012 durch G v. 28. 7. 2011 (BGBl. I S. 1634); Abs. 2 Satz 1 geänd. mWv 1. 4. 2012 durch G v. 17. 8. 2012 (BGBl. I S. 1754).
3) [Amtl. Anm.:] Amtlicher Hinweis: Zu beziehen beim Statistischen Bundesamt, Gustav-Stresemann-Ring 11, 65189 Wiesbaden; auch zu beziehen über www.destatis.de.

2. eine Zertifizierung erfolgt ist, mit der der Energieverbrauch und die Potenziale zur Verminderung des Energieverbrauchs erhoben und bewertet worden sind; dies gilt nicht für Unternehmen mit einem Stromverbrauch von unter 10 Gigawattstunden.

(2) ¹Die Erfüllung der Voraussetzungen nach Absatz 1 Nummer 1 ist durch die Stromlieferungsverträge und die Stromrechnungen für das letzte abgeschlossene Geschäftsjahr sowie die Bescheinigung einer Wirtschaftsprüferin, eines Wirtschaftsprüfers, einer Wirtschaftsprüfungsgesellschaft, einer vereidigten Buchprüferin, eines vereidigten Buchprüfers oder einer Buchprüfungsgesellschaft auf Grundlage des Jahresabschlusses für das letzte abgeschlossene Geschäftsjahr nachzuweisen. ²Für die Bescheinigungen nach Satz 1 gelten § 319 Absatz 2 bis 4, § 319b Absatz 1, § 320 Absatz 2 und § 323 des Handelsgesetzbuches entsprechend. ³Die Voraussetzung nach Absatz 1 Nummer 2 ist durch die Bescheinigung der Zertifizierungsstelle nachzuweisen.

(2a) ¹Unternehmen, die nach dem 30. Juni des Vorjahres neu gegründet wurden, können abweichend von Absatz 1 Daten über ein Rumpfgeschäftsjahr übermitteln. ²Absatz 2 gilt entsprechend. ³Neu gegründete Unternehmen sind nur solche, die unter Schaffung von im Wesentlichen neuem Betriebsvermögen ihre Tätigkeit erstmals aufnehmen; sie dürfen nicht durch Umwandlung entstanden sein. ⁴Als Zeitpunkt der Neugründung gilt der Zeitpunkt, an dem erstmals Strom zu Produktions- oder Fahrbetriebszwecken abgenommen wird.

(3) ¹Für Unternehmen, deren Strombezug im Sinne von Absatz 1 Nummer 1 Buchstabe a

1. mindestens 1 Gigawattstunde betragen hat, wird die EEG-Umlage hinsichtlich des an der betreffenden Abnahmestelle im Begrenzungszeitraum selbst verbrauchten Stroms
    a) für den Stromanteil bis einschließlich 1 Gigawattstunde nicht begrenzt,
    b) für den Stromanteil über 1 bis einschließlich 10 Gigawattstunden auf 10 Prozent der nach § 37 Absatz 2 ermittelten EEG-Umlage begrenzt,
    c) für den Stromanteil über 10 bis einschließlich 100 Gigawattstunden auf 1 Prozent der nach § 37 Absatz 2 ermittelten EEG-Umlage begrenzt und
    d) für den Stromanteil über 100 Gigawattstunden auf 0,05 Cent je Kilowattstunde begrenzt oder
2. mindestens 100 Gigawattstunden und deren Verhältnis der Stromkosten zur Bruttowertschöpfung mehr als 20 Prozent betragen hat, wird die nach § 37 Absatz 2 ermittelte EEG-Umlage auf 0,05 Cent je Kilowattstunde begrenzt.

²Die Nachweise sind in entsprechender Anwendung des Absatzes 2 zu führen.

(4) Eine Abnahmestelle ist die Summe aller räumlich und physikalisch zusammenhängenden elektrischen Einrichtungen eines Unternehmens, die sich auf einem in sich abgeschlossenen Betriebsgelände befinden und über eine oder mehrere Entnahmepunkte mit dem Netz des Netzbetreibers verbunden sind.

(5) ¹Die Absätze 1 bis 4 gelten für selbständige Teile des Unternehmens entsprechend. ²Ein selbständiger Unternehmensteil liegt nur vor, wenn es sich um einen eigenen Standort oder einen vom übrigen Unternehmen am Standort abgegrenzten Teilbetrieb mit den wesentlichen Funktionen eines Unternehmens handelt und der Unternehmensteil jederzeit als rechtlich selbständiges Unternehmen seine Geschäfte führen könnte. ³Für den selbständigen Unternehmensteil sind eine eigene Bilanz und eine eigene Gewinn- und Verlustrechnung in entsprechender Anwendung der für alle Kaufleute geltenden Vorschriften des Handelsgesetzbuches aufzustellen. ⁴Die Bilanz und die Gewinn- und Verlustrechnung nach Satz 3 sind in entsprechender Anwendung der §§ 317 bis 323 des Handelsgesetzbuches zu prüfen.

Geltungszeitraum: bis 31.07.2014

### § 42
### Klärgas

Für Strom aus Klärgas beträgt der anzulegende Wert

1. bis einschließlich einer Bemessungsleistung von 500 Kilowatt 6,69 Cent pro Kilowattstunde und
2. bis einschließlich einer Bemessungsleistung von 5 Megawatt 5,83 Cent pro Kilowattstunde.

Geltungszeitraum: ab 01.08.2014

### § 42[1)]
### Schienenbahnen

(1) ¹Eine Begrenzung der EEG-Umlage für Schienenbahnen ist nur für die Strommenge möglich, die über 10 Prozent des im Begrenzungszeitraum an der betreffenden Abnahmestelle bezogenen oder selbst verbrauchten Stroms hinausgeht. ²Die begrenzte EEG-Umlage beträgt 0,05 Cent pro Kilowattstunde.

(2) Bei Schienenbahnen erfolgt die Begrenzung der EEG-Umlage, sofern diese nachweisen, dass und inwieweit

1. die bezogene Strommenge unmittelbar für den Fahrbetrieb im Schienenbahnverkehr verbraucht wird und mindestens 10 Gigawattstunden pro Jahr und
2. die EEG-Umlage anteilig an das Unternehmen weitergereicht wurde.

(3) ¹Abnahmestelle im Sinne des Absatzes 1 ist die Summe der Verbrauchsstellen für den Fahrbetrieb im Schienenbahnverkehr des Unternehmens. ²§ 41 Absatz 2 und 2a gilt entsprechend.

Geltungszeitraum: bis 31.07.2014

### § 43
### Grubengas

(1) Für Strom aus Grubengas beträgt der anzulegende Wert

---

1) § 42 neu gef. mWv 1. 1. 2012 durch G v. 28. 7. 2011 (BGBl. I S. 1634).

1. bis einschließlich einer Bemessungsleistung von 1 Megawatt 6,74 Cent pro Kilowattstunde,
2. bis einschließlich einer Bemessungsleistung von 5 Megawatt 4,30 Cent pro Kilowattstunde und
3. ab einer Bemessungsleistung von mehr als 5 Megawatt 3,80 Cent pro Kilowattstunde.

(2) Der Anspruch nach Absatz 1 besteht nur, wenn das Grubengas aus Bergwerken des aktiven oder stillgelegten Bergbaus stammt.

Geltungszeitraum: ab 01.08.2014

§ 43[1)]
Antragsfrist und Entscheidungswirkung

(1) [1]Der Antrag nach § 40 Abs. 1 in Verbindung mit § 41 oder § 42 einschließlich der vollständigen Antragsunterlagen ist jeweils zum 30. Juni des laufenden Jahres zu stellen (materielle Ausschlussfrist). [2]Die Entscheidung ergeht mit Wirkung gegenüber der antragstellenden Person, dem Elektrizitätsversorgungsunternehmen und dem regelverantwortlichen Übertragungsnetzbetreiber. [3]Sie wird zum 1. Januar des Folgejahres mit einer Geltungsdauer von einem Jahr wirksam. [4]Die durch eine vorangegangene Entscheidung hervorgerufenen Wirkungen bleiben bei der Berechnung des Verhältnisses der Stromkosten zur Bruttowertschöpfung nach § 41 Absatz 1 Nummer 1 Buchstabe b und Absatz 3 außer Betracht.

(2) [1]Neu gegründete Unternehmen im Sinne des § 41 Abs. 2a können den Antrag abweichend von Absatz 1 Satz 1 bis zum 30. September des laufenden Jahres stellen. [2]Satz 1 gilt für Schienenbahnunternehmen entsprechend.

(3) Der Anspruch des an der betreffenden Abnahmestelle regelverantwortlichen Übertragungsnetzbetreibers auf Zahlung der EEG-Umlage gegenüber dem betreffenden Elektrizitätsversorgungsunternehmen wird entsprechend der Entscheidung des Bundesamtes für Wirtschaft und Ausfuhrkontrolle begrenzt; die Übertragungsnetzbetreiber haben diese Begrenzungen im Rahmen von § 36 zu berücksichtigen.

Geltungszeitraum: bis 31.07.2014

§ 44
Biomasse

Für Strom aus Biomasse im Sinne der Biomasseverordnung beträgt der anzulegende Wert

1. bis einschließlich einer Bemessungsleistung von 150 Kilowatt 13,66 Cent pro Kilowattstunde,
2. bis einschließlich einer Bemessungsleistung von 500 Kilowatt 11,78 Cent pro Kilowattstunde,
3. bis einschließlich einer Bemessungsleistung von 5 Megawatt 10,55 Cent pro Kilowattstunde und
4. bis einschließlich einer Bemessungsleistung von 20 Megawatt 5,85 Cent pro Kilowattstunde.

Geltungszeitraum: ab 01.08.2014

§ 44
Auskunftspflicht

[1]Die Begünstigten der Entscheidung nach § 40 haben dem Bundesministerium für Umwelt, Naturschutz und Reaktorsicherheit und seinen Beauftragten auf Verlangen Auskunft über alle Tatsachen zu geben, die für die Beurteilung erforderlich sind, ob die Ziele des § 40 Abs. 1 Satz 2 erreicht werden. [2]Betriebs- und Geschäftsgeheimnisse werden gewahrt.

Geltungszeitraum: bis 31.07.2014

§ 45
Vergärung von Bioabfällen

(1) Für Strom aus Anlagen, in denen Biogas eingesetzt wird, das durch anaerobe Vergärung von Biomasse im Sinne der Biomasseverordnung mit einem Anteil von getrennt erfassten Bioabfällen im Sinne der Abfallschlüssel Nummer 20 02 01, 20 03 01 und 20 03 02 der Nummer 1 des Anhangs 1 der Bioabfallverordnung in dem jeweiligen Kalenderjahr von durchschnittlich mindestens 90 Masseprozent gewonnen worden ist, beträgt der anzulegende Wert

1. bis einschließlich einer Bemessungsleistung von 500 Kilowatt 15,26 Cent pro Kilowattstunde und
2. bis einschließlich einer Bemessungsleistung von 20 Megawatt 13,38 Cent pro Kilowattstunde.

(2) Der Anspruch auf finanzielle Förderung besteht nur, wenn die Einrichtungen zur anaeroben Vergärung der Bioabfälle unmittelbar mit einer Einrichtung zur Nachrotte der festen Gärrückstände verbunden sind und die nachgerotteten Gärrückstände stofflich verwertet werden.

Geltungszeitraum: ab 01.08.2014

§ 45[2)]
Grundsatz

[1]Anlagenbetreiberinnen, Anlagenbetreiber, Netzbetreiber und Elektrizitätsversorgungsunternehmen sind verpflichtet, einander die für den bundesweiten Ausgleich nach den §§ 34 bis 39 jeweils erforderlichen Daten, insbesondere die in den §§ 46 bis 50 genannten, unverzüglich zur Verfügung zu stellen. [2]§ 38 gilt entsprechend.

Geltungszeitraum: bis 31.07.2014

§ 46
Vergärung von Gülle

Für Strom aus Anlagen, in denen Biogas eingesetzt wird, das durch anaerobe Vergärung von Biomasse im Sinne der Biomasseverordnung gewonnen worden ist, beträgt der anzulegende Wert 23,73 Cent pro Kilowattstunde, wenn

1. der Strom am Standort der Biogaserzeugungsanlage erzeugt wird,
2. die installierte Leistung am Standort der Biogaserzeugungsanlage insgesamt höchstens 75 Kilowatt beträgt und
3. zur Erzeugung des Biogases in dem jeweiligen Kalenderjahr durchschnittlich ein Anteil von Gülle mit Ausnahme von Geflügelmist und Ge-

---

1) § 43 Abs. 1 Sätze 1, 4 und Abs. 3 geänd. mWv 1. 1. 2012 durch G v. 28. 7. 2011 (BGBl. I S. 1634).
2) § 45 Satz 3 aufgeh. mWv 1. 1. 2012 durch G v. 28. 7. 2011 (BGBl. I S. 1634).

flügeltrockenkot von mindestens 80 Masseprozent eingesetzt wird.

Geltungszeitraum: ab 01.08.2014

### § 46[1)]
### Anlagenbetreiberinnen und -betreiber

Anlagenbetreiberinnen und -betreiber sind verpflichtet, dem Netzbetreiber
1. den Standort und die installierte Leistung der Anlage mitzuteilen,
2. bei Biomasseanlagen nach den §§ 27 bis 27b die Art und Menge der Einsatzstoffe nach § 27 Absatz 1 und 2, den §§ 27a und 27b sowie Angaben zu Wärmenutzungen und eingesetzten Technologien nach § 27 Absatz 4 Nummer 1 und Absatz 5 Nummer 2 und § 27a Absatz 3 oder zu dem Anteil eingesetzter Gülle nach § 27 Absatz 4 Nummer 2 und § 27b Absatz 1 Nummer 3 in der für die Nachweisführung nach den §§ 27 und 27a vorgeschriebenen Weise zu übermitteln und
3. bis zum 28. Februar eines Jahres die für die Endabrechnung des Vorjahres erforderlichen Daten zur Verfügung zu stellen.

Geltungszeitraum: bis 31.07.2014

### § 47
### Gemeinsame Bestimmungen für Strom aus Biomasse und Gasen

(1) ¹Der Anspruch auf finanzielle Förderung für Strom aus Biogas besteht für Strom, der in Anlagen mit einer installierten Leistung von mehr als 100 Kilowatt erzeugt wird, nur für den Anteil der in einem Kalenderjahr erzeugten Strommenge, der einer Bemessungsleistung der Anlage von 50 Prozent des Wertes der installierten Leistung entspricht. ²Für den darüber hinausgehenden Anteil der in dem Kalenderjahr erzeugten Strommenge verringert sich der Anspruch auf finanzielle Förderung in der Veräußerungsform nach § 20 Absatz 1 Nummer 1 auf null und in den Veräußerungsformen nach § 20 Absatz 1 Nummer 3 und 4 auf den Monatsmarktwert.

(2) ¹Der Anspruch auf finanzielle Förderung für Strom aus Biomasse besteht ferner nur,
1. wenn der Anlagenbetreiber durch eine Kopie eines Einsatzstoff-Tagebuchs mit Angaben und Belegen über Art, Menge und Einheit sowie Herkunft der eingesetzten Stoffe den Nachweis führt, welche Biomasse und in welchem Umfang Speichergas oder Grubengas eingesetzt werden,
2. soweit bei Anlagen, in denen Biomethan eingesetzt wird, der Strom aus Kraft-Wärme-Kopplung erzeugt wird, und
3. wenn in Anlagen flüssige Biomasse eingesetzt wird, für den Stromanteil aus flüssiger Biomasse, die zur Anfahr-, Zünd- und Stützfeuerung notwendig ist; flüssige Biomasse ist Biomasse, die zum Zeitpunkt des Eintritts in den Brenn- oder Feuerraum flüssig ist.

²Pflanzenölmethylester ist in dem Umfang als Biomasse anzusehen, der zur Anfahr-, Zünd- und Stützfeuerung notwendig ist.

(3) ¹Für den Anspruch auf finanzielle Förderung für Strom aus Biomasse nach den §§ 44, 45 oder § 46 ist ab dem ersten Kalenderjahr, das auf seine erstmalige Inanspruchnahme folgt, jährlich bis zum 28. Februar eines Jahres jeweils für das vorangegangene Kalenderjahr nachzuweisen:
1. die Erfüllung der Voraussetzungen nach Absatz 2 Satz 1 Nummer 2 nach den anerkannten Regeln der Technik; die Einhaltung der anerkannten Regeln der Technik wird vermutet, wenn die Anforderungen des von der Arbeitsgemeinschaft für Wärme und Heizkraftwirtschaft – AGFW – e.V. herausgegebenen Arbeitsblatts FW 308 „Zertifizierung von KWK-Anlagen – Ermittlung des KWK-Stromes" in der jeweils geltenden Fassung nachgewiesen werden; der Nachweis muss durch Vorlage eines Gutachtens eines Umweltgutachters mit einer Zulassung für den Bereich Elektrizitätserzeugung aus erneuerbaren Energien oder für den Bereich Wärmeversorgung erfolgen; anstelle des Nachweises nach dem ersten Halbsatz können für serienmäßig hergestellte KWK-Anlagen mit einer installierten Leistung von bis zu 2 Megawatt geeignete Unterlagen des Herstellers vorgelegt werden, aus denen die thermische und elektrische Leistung sowie die Stromkennzahl hervorgehen,
2. der Stromanteil aus flüssiger Biomasse nach Absatz 2 Satz 1 Nummer 3 durch Vorlage einer Kopie eines Einsatzstoff-Tagebuchs.

²Bei der erstmaligen Inanspruchnahme des Anspruchs nach § 19 in Verbindung mit § 44 oder § 45 ist ferner die Eignung der Anlage zur Erfüllung der Voraussetzungen im Sinne von Satz 1 Nummer 1 durch ein Gutachten eines Umweltgutachters mit einer Zulassung für den Bereich Elektrizitätserzeugung aus erneuerbaren Energien oder für den Bereich Wärmeversorgung nachzuweisen.

(4) Der Anspruch auf finanzielle Förderung für Strom aus Biomasse verringert sich in dem jeweiligen Kalenderjahr insgesamt auf den Wert „MWE-PEX" nach Nummer 2.1 der Anlage 1 zu diesem Gesetz, wenn die Voraussetzungen nach Absatz 3 nicht nachgewiesen werden.

(5) Der Anspruch auf finanzielle Förderung für Strom aus Biomasse nach § 45 oder § 46 kann nicht mit § 44 kombiniert werden.

(6) Aus einem Erdgasnetz entnommenes Gas ist jeweils als Deponiegas, Klärgas, Grubengas, Biomethan oder Speichergas anzusehen,
1. soweit die Menge des entnommenen Gases im Wärmeäquivalent am Ende eines Kalenderjahres der Menge von Deponiegas, Klärgas, Grubengas, Biomethan oder Speichergas entspricht, die an anderer Stelle im Geltungsbereich dieses Gesetzes in das Erdgasnetz eingespeist worden ist, und
2. wenn für den gesamten Transport und Vertrieb des Gases von seiner Herstellung oder Gewinnung, seiner Einspeisung in das Erdgasnetz und

---

1) § 46 Nr. 1 geänd., Nr. 2 neu gef. mWv 1. 1. 2012 durch G v. 28. 7. 2011 (BGBl. I S. 1634); Nr. 1 geänd. mWv 1. 4. 2012 durch G v. 17. 8. 2012 (BGBl. I S. 1754).

seinem Transport im Erdgasnetz bis zu seiner Entnahme aus dem Erdgasnetz Massenbilanzsysteme verwendet worden sind.

(7) ¹Der Anspruch auf finanzielle Förderung für Strom aus Biomethan nach § 44 oder § 45 besteht auch, wenn das Biomethan vor seiner Entnahme aus dem Erdgasnetz anhand der Energieerträge der zur Biomethanerzeugung eingesetzten Einsatzstoffe bilanziell in einsatzstoffbezogene Teilmengen geteilt wird. ²Die bilanzielle Teilung in einsatzstoffbezogene Teilmengen einschließlich der Zuordnung der eingesetzten Einsatzstoffe zu der jeweiligen Teilmenge ist im Rahmen der Massenbilanzierung nach Absatz 6 Nummer 2 zu dokumentieren.

(8) Soweit nach den Absätzen 2 oder 3 der Nachweis durch eine Kopie eines Einsatzstoff-Tagebuchs zu führen ist, sind die für den Nachweis nicht erforderlichen personenbezogenen Angaben im Einsatzstoff-Tagebuch von dem Anlagenbetreiber zu schwärzen.

Geltungszeitraum: ab 01.08.2014

### § 47 [1]
### Netzbetreiber

(1) Netzbetreiber, die nicht Übertragungsnetzbetreiber sind, sind verpflichtet,
1. ihrem vorgelagerten Übertragungsnetzbetreiber die tatsächlich geleisteten Vergütungszahlungen nach § 16, die Prämien nach den §§ 33g und 33i, die von den Anlagenbetreiberinnen und Anlagenbetreibern erhaltenen Meldungen nach § 33d Absatz 2 (jeweils gesondert für die verschiedenen Formen der Direktvermarktung nach § 33b), die Kosten für die Nachrüstung nach § 35 Absatz 1b in Verbindung mit einer Verordnung nach § 12 Absatz 3a und § 49 Absatz 4 des Energiewirtschaftsgesetzes, die Anzahl der nachgerüsteten Anlagen und die von ihnen erhaltenen Angaben nach § 46 sowie die sonstigen für den bundesweiten Ausgleich erforderlichen Angaben unverzüglich, nachdem sie verfügbar sind, zusammengefasst zu übermitteln und
2. bis zum 31. Mai eines Jahres mittels Formularvorlagen, die der Übertragungsnetzbetreiber auf seiner Internetseite zur Verfügung stellt, in elektronischer Form die Endabrechnung für das Vorjahr sowohl für jede einzelne Anlage als auch zusammengefasst vorzulegen; § 19 Abs. 2 und 3 gilt entsprechend; bis zum 31. Mai eines Jahres ist dem vorgelagerten Übertragungsnetzbetreiber ein Nachweis über die nach § 35 Absatz 1b Satz 1 zu ersetzenden Kosten vorzulegen; spätere Änderungen der Ansätze sind dem Übertragungsnetzbetreiber unverzüglich mitzuteilen und bei der nächsten Abrechnung zu berücksichtigen.

(2) Für die Ermittlung der auszugleichenden Energiemengen und Vergütungszahlungen nach Absatz 1 sind insbesondere erforderlich

1. die Angabe der Spannungsebene, an die die Anlage angeschlossen ist,
2. die Höhe der vermiedenen Netzentgelte nach § 35 Abs. 2,
3. die Angabe, inwieweit der Netzbetreiber die Energiemengen von einem nachgelagerten Netz abgenommen hat, und
4. die Angabe, inwieweit der Netzbetreiber die Energiemengen nach Nummer 3 an Letztverbraucherinnen, Letztverbraucher, Netzbetreiber oder Elektrizitätsversorgungsunternehmen abgegeben oder sie selbst verbraucht hat.

Geltungszeitraum: bis 31.07.2014

### § 48
### Geothermie

Für Strom aus Geothermie beträgt der anzulegende Wert 25,20 Cent pro Kilowattstunde.

Geltungszeitraum: ab 01.08.2014

### § 48 [2]
### Übertragungsnetzbetreiber

(1) Für Übertragungsnetzbetreiber gilt § 47 entsprechend mit der Maßgabe, dass die Angaben und die Endabrechnung nach § 47 Abs. 1 für Anlagen, die unmittelbar oder mittelbar nach § 8 Abs. 2 an ihr Netz angeschlossen sind, auf ihrer Internetseite zu veröffentlichen sind.

(2) ¹Übertragungsnetzbetreiber sind ferner verpflichtet, den Elektrizitätsversorgungsunternehmen, für die sie regelverantwortlich sind, bis zum 31. Juli eines Jahres die Endabrechnung für die EEG-Umlage des jeweiligen Vorjahres vorzulegen. ²§ 47 Absatz 2 gilt entsprechend.

(3) Die Übertragungsnetzbetreiber sind weiterhin verpflichtet,
1. die Daten für die Berechnung der Marktprämie und den Wert „MWSolar(a)" nach Maßgabe der Nummer 3 der Anlage 4 zu diesem Gesetz in nicht personenbezogener Form zu veröffentlichen,
2. die Daten für den Ausgleichsmechanismus nach Maßgabe des § 7 der Ausgleichsmechanismusverordnung zu veröffentlichen und der Bundesnetzagentur zu übermitteln.

Geltungszeitraum: bis 31.07.2014

### § 49
### Windenergie an Land

(1) Für Strom aus Windenergieanlagen an Land beträgt der anzulegende Wert 4,95 Cent pro Kilowattstunde (Grundwert).

(2) ¹Abweichend von Absatz 1 beträgt der anzulegende Wert in den ersten fünf Jahren ab der Inbetriebnahme der Anlage 8,90 Cent pro Kilowattstunde (Anfangswert). ²Diese Frist verlängert sich um einen Monat pro 0,36 Prozent des Referenzertrags, um den der Ertrag der Anlage 130 Prozent des Referenzertrags unterschreitet. ³Zusätzlich ver-

---
1) § 47 Abs. 1 Nr. 1 neu gef. mWv 1. 1. 2012 durch G v. 28. 7. 2011 (BGBl. I S. 1634); Abs. 1 Nr. 1, 2 geänd. mWv 1. 4. 2012 durch G v. 17. 8. 2012 (BGBl. I S. 1754).
2) § 48 Abs. 2 neu gef., Abs. 3 angef. mWv 1. 1. 2012 durch G v. 28. 7. 2011 (BGBl. I S. 1634); Abs. 3 Nr. 1 geänd. mWv 1. 4. 2012 durch G v. 17. 8. 2012 (BGBl. I S. 1754).

längert sich die Frist um einen Monat pro 0,48 Prozent des Referenzertrags, um den der Ertrag der Anlage 100 Prozent des Referenzertrags unterschreitet. ⁴Referenzertrag ist der errechnete Ertrag der Referenzanlage nach Maßgabe der Anlage 2 zu diesem Gesetz.

(3) Für Anlagen mit einer installierten Leistung bis einschließlich 50 Kilowatt wird für die Berechnung der Dauer der Anfangsvergütung angenommen, dass ihr Ertrag 75 Prozent des Referenzertrags beträgt.

Geltungszeitraum: ab 01.08.2014

### § 49
### Elektrizitätsversorgungsunternehmen

Elektrizitätsversorgungsunternehmen sind verpflichtet, ihrem regelverantwortlichen Übertragungsnetzbetreiber unverzüglich die an Letztverbraucherinnen oder Letztverbraucher gelieferte Energiemenge elektronisch mitzuteilen und bis zum 31. Mai die Endabrechnung für das Vorjahr vorzulegen.

Geltungszeitraum: bis 31.07.2014

### § 50
### Windenergie auf See

(1) Für Strom aus Windenergieanlagen auf See beträgt der anzulegende Wert 3,90 Cent pro Kilowattstunde (Grundwert).

(2) ¹Abweichend von Absatz 1 beträgt der anzulegende Wert in den ersten zwölf Jahren ab der Inbetriebnahme der Windenergieanlage auf See 15,40 Cent pro Kilowattstunde (Anfangswert). ²Der Zeitraum nach Satz 1 verlängert sich für jede über zwölf Seemeilen hinausgehende volle Seemeile, die Anlage von der Küstenlinie nach § 5 Nummer 36 zweiter Halbsatz entfernt ist, um 0,5 Monate und für jeden über eine Wassertiefe von 20 Metern hinausgehenden vollen Meter Wassertiefe um 1,7 Monate. ³Die Wassertiefe ist ausgehend von dem Seekartennull zu bestimmen.

(3) ¹Wenn vor dem 1. Januar 2020 die Windenergieanlage auf See in Betrieb genommen oder ihre Betriebsbereitschaft unter den Voraussetzungen des § 30 Absatz 2 hergestellt worden ist, beträgt der anzulegende Wert abweichend von Absatz 1 in den ersten acht Jahren ab der Inbetriebnahme der Anlage 19,40 Cent pro Kilowattstunde, wenn dies der Anlagenbetreiber vor Inbetriebnahme der Anlage von dem Netzbetreiber verlangt. ²In diesem Fall entfällt der Anspruch nach Absatz 2 Satz 1, während der Anspruch auf die Zahlung nach Absatz 2 Satz 2 mit der Maßgabe entsprechend anzuwenden ist, dass der Anfangswert im Zeitraum der Verlängerung 15,40 Cent pro Kilowattstunde beträgt.

(4) ¹Ist die Einspeisung aus einer Windenergieanlage auf See länger als sieben aufeinanderfolgende Tage nicht möglich, weil die Leitung nach § 17d Absatz 1 Satz 1 des Energiewirtschaftsgesetzes nicht rechtzeitig fertiggestellt oder gestört ist und der Netzbetreiber dies nicht zu vertreten hat, verlängert sich der Zeitraum der finanziellen Förderung nach den Absätzen 2 und 3, beginnend mit dem achten Tag der Störung, um den Zeitraum der Störung.

²Satz 1 ist nicht anzuwenden, soweit der Betreiber der Windenergieanlage auf See die Entschädigung nach § 17e Absatz 1 oder Absatz 2 des Energiewirtschaftsgesetzes in Anspruch nimmt. ³Nimmt der Betreiber der Windenergieanlage auf See die Entschädigung nach § 17e Absatz 2 des Energiewirtschaftsgesetzes in Anspruch, verkürzt sich der Anspruch auf Förderung nach den Absätzen 2 und 3 um den Zeitraum der Verzögerung.

(5) ¹Die Absätze 1 bis 4 sind nicht auf Windenergieanlagen auf See anzuwenden, deren Errichtung nach dem 31. Dezember 2004 in einem Gebiet der deutschen ausschließlichen Wirtschaftszone oder des Küstenmeeres genehmigt worden ist, das nach § 57 in Verbindung mit § 32 Absatz 2 des Bundesnaturschutzgesetzes oder nach Landesrecht zu einem geschützten Teil von Natur und Landschaft erklärt worden ist. ²Satz 1 ist bis zur Unterschutzstellung auch für solche Gebiete anzuwenden, die das Bundesministerium für Umwelt, Naturschutz, Bau und Reaktorsicherheit der Europäischen Kommission als Gebiete von gemeinschaftlicher Bedeutung oder als Europäische Vogelschutzgebiete benannt hat.

Geltungszeitraum: ab 01.08.2014

### § 50 [1)]
### Testierung

¹Netzbetreiber und Elektrizitätsversorgungsunternehmen können verlangen, dass die Endabrechnungen nach § 47 Absatz 1 Nummer 2, den §§ 48 und 49 bei Vorlage durch eine Wirtschaftsprüferin, einen Wirtschaftsprüfer, eine Wirtschaftsprüfungsgesellschaft, eine vereidigte Buchprüferin, einen vereidigten Buchprüfer oder eine Buchprüfungsgesellschaft geprüft werden. ²Bei der Prüfung sind die höchstrichterliche Rechtsprechung sowie Entscheidungen der Clearingstelle nach § 57 Absatz 3 Satz 1 Nummer 2, die über den Einzelfall hinausgehende Bedeutung haben, und Entscheidungen nach § 57 Absatz 4 zu berücksichtigen. ³Für die Prüfung nach Satz 1 gelten § 319 Absatz 2 bis 4, § 319b Absatz 1, § 320 Absatz 2 und § 323 des Handelsgesetzbuches entsprechend.

Geltungszeitraum: bis 31.07.2014

### § 51
### Solare Strahlungsenergie

(1) Für Strom aus Anlagen zur Erzeugung von Strom aus solarer Strahlungsenergie beträgt der anzulegende Wert vorbehaltlich der Absätze 2 und 3 bis einschließlich einer installierten Leistung von 10 Megawatt 9,23 Cent pro Kilowattstunde unter Berücksichtigung der Absenkung oder Erhöhung nach § 31, wenn die Anlage

1. in, an oder auf einem Gebäude oder einer sonstigen baulichen Anlage angebracht ist und das Gebäude oder die sonstige bauliche Anlage vorrangig zu anderen Zwecken als der Erzeugung von Strom aus solarer Strahlungsenergie errichtet worden ist,

---

1) § 50 neu gef. mWv 1. 1. 2012 durch G v. 28. 7. 2011 (BGBl. I S. 1634).

2. auf einer Fläche errichtet worden ist, für die ein Verfahren nach § 38 Satz 1 des Baugesetzbuchs durchgeführt worden ist, oder
3. im Bereich eines beschlossenen Bebauungsplans im Sinne des § 30 des Baugesetzbuchs errichtet worden ist und
   a) der Bebauungsplan vor dem 1. September 2003 aufgestellt und später nicht mit dem Zweck geändert worden ist, eine Anlage zur Erzeugung von Strom aus solarer Strahlungsenergie zu errichten,
   b) der Bebauungsplan vor dem 1. Januar 2010 für die Fläche, auf der die Anlage errichtet worden ist, ein Gewerbe- oder Industriegebiet im Sinne der §§ 8 und 9 der Baunutzungsverordnung ausgewiesen hat, auch wenn die Festsetzung nach dem 1. Januar 2010 zumindest auch mit dem Zweck geändert wurde, eine Anlage zur Erzeugung von Strom aus solarer Strahlungsenergie zu errichten, oder
   c) der Bebauungsplan nach dem 1. September 2003 zumindest auch mit dem Zweck der Errichtung einer Anlage zur Erzeugung von Strom aus solarer Strahlungsenergie aufgestellt oder geändert worden ist und sich die Anlage
       aa) auf Flächen befindet, die längs von Autobahnen oder Schienenwegen liegen, und die Anlage in einer Entfernung bis zu 110 Metern, gemessen vom äußeren Rand der befestigten Fahrbahn, errichtet worden ist,
       bb) auf Flächen befindet, die zum Zeitpunkt des Beschlusses über die Aufstellung oder Änderung des Bebauungsplans bereits versiegelt waren, oder
       cc) auf Konversionsflächen aus wirtschaftlicher, verkehrlicher, wohnungsbaulicher oder militärischer Nutzung befindet und diese Flächen zum Zeitpunkt des Beschlusses über die Aufstellung oder Änderung des Bebauungsplans nicht rechtsverbindlich als Naturschutzgebiet im Sinne des § 23 des Bundesnaturschutzgesetzes oder als Nationalpark im Sinne des § 24 des Bundesnaturschutzgesetzes festgesetzt worden sind.

(2) Für Strom aus Anlagen zur Erzeugung von Strom aus solarer Strahlungsenergie, die ausschließlich in, an oder auf einem Gebäude oder einer Lärmschutzwand angebracht sind, beträgt der anzulegende Wert, jeweils unter Berücksichtigung der Absenkung oder Erhöhung nach § 31,
1. bis einschließlich einer installierten Leistung von 10 Kilowatt 13,15 Cent pro Kilowattstunde,
2. bis einschließlich einer installierten Leistung von 40 Kilowatt 12,80 Cent pro Kilowattstunde,
3. bis einschließlich einer installierten Leistung von 1 Megawatt 11,49 Cent pro Kilowattstunde und
4. bis einschließlich einer installierten Leistung von 10 Megawatt 9,23 Cent pro Kilowattstunde.

(3) Für Anlagen zur Erzeugung von Strom aus solarer Strahlungsenergie, die ausschließlich in, an oder auf einem Gebäude angebracht sind, das kein Wohngebäude ist und das im Außenbereich nach § 35 des Baugesetzbuchs errichtet wurde, ist Absatz 2 nur anzuwenden, wenn
1. nachweislich vor dem 1. April 2012
   a) für das Gebäude der Bauantrag oder der Antrag auf Zustimmung gestellt oder der Bauanzeige erstattet worden ist,
   b) im Fall einer nicht genehmigungsbedürftigen Errichtung, die nach Maßgabe des Bauordnungsrechts der zuständigen Behörde zur Kenntnis zu bringen ist, für das Gebäude die erforderliche Kenntnisgabe an die Behörde erfolgt ist oder
   c) im Fall einer sonstigen nicht genehmigungsbedürftigen, insbesondere genehmigungs-, anzeige- und verfahrensfreien Errichtung mit der Bauausführung des Gebäudes begonnen worden ist,
2. das Gebäude im räumlich-funktionalen Zusammenhang mit einer nach dem 31. März 2012 errichteten Hofstelle eines land- oder forstwirtschaftlichen Betriebes steht oder
3. das Gebäude der dauerhaften Stallhaltung von Tieren dient und von der zuständigen Baubehörde genehmigt worden ist;
im Übrigen ist Absatz 1 Nummer 1 anzuwenden.

(4) ¹Anlagen zur Erzeugung von Strom aus solarer Strahlungsenergie, die Anlagen zur Erzeugung von Strom aus solarer Strahlungsenergie auf Grund eines technischen Defekts, einer Beschädigung oder eines Diebstahls an demselben Standort ersetzen, sind abweichend von § 5 Nummer 21 bis zur Höhe der vor der Ersetzung an demselben Standort installierten Leistung von Anlagen zur Erzeugung von Strom aus solarer Strahlungsenergie als zu dem Zeitpunkt in Betrieb genommen anzusehen, zu dem die ersetzten Anlagen in Betrieb genommen worden sind. ²Der Anspruch auf Förderung für die nach Satz 1 ersetzten Anlagen entfällt endgültig.

Geltungszeitraum: 01.08.2014

## § 51[1)]
### Information der Bundesnetzagentur

(1) Netzbetreiber sind verpflichtet, die Angaben, die sie nach § 46 von den Anlagenbetreiberinnen oder -betreibern erhalten, die Angaben nach § 47 Abs. 2 Nr. 1 und die Endabrechnungen nach § 47 Abs. 1 Nr. 2 sowie § 48 Absatz 2 einschließlich der zu ihrer Überprüfung erforderlichen Daten zum Ablauf der jeweiligen Fristen der Bundesnetzagentur in elektronischer Form vorzulegen; für Elektrizitätsversorgungsunternehmen gilt dies hinsichtlich der Angaben nach § 49 entsprechend.

(2) [aufgehoben]

(3) ¹Soweit die Bundesnetzagentur Formularvorlagen bereitstellt, sind Netzbetreiber, Elektrizitäts-

---
1) § 51 Abs. 1, 3 Satz 2 geänd., Abs. 2 aufgeh. mWv 1. 1. 2012 durch G v. 28. 7. 2011 (BGBl. I S. 1634, ber. S. 2255).

versorgungsunternehmen, Anlagenbetreiberinnen und -betreiber verpflichtet, die Daten in dieser Form zu übermitteln. ²Die Daten nach Absatz 1 mit Ausnahme der Strombezugskosten werden dem Bundesministerium für Umwelt, Naturschutz und Reaktorsicherheit und dem Bundesministerium für Wirtschaft und Technologie von der Bundesnetzagentur für statistische Zwecke sowie die Evaluation des Gesetzes und die Berichterstattungen nach den §§ 65 und 65a zur Verfügung gestellt.

Geltungszeitraum: bis 31.07.2014

§ 52
Förderanspruch für Flexibilität

(1) Anlagenbetreiber haben gegen den Netzbetreiber einen Anspruch auf finanzielle Förderung nach Maßgabe der §§ 53, 54 oder § 55 für die Bereitstellung installierter Leistung, wenn für den in der Anlage erzeugten Strom dem Grunde nach auch ein Anspruch auf finanzielle Förderung nach dem Erneuerbare-Energien-Gesetz in der für die Anlage maßgeblichen Fassung besteht; dieser Anspruch bleibt unberührt.

(2) § 19 Absatz 2 und 3, § 32 Absatz 1 und § 33 sind entsprechend anzuwenden.

Geltungszeitraum: ab 01.08.2014

§ 52[1]
Information der Öffentlichkeit

(1) Netzbetreiber und Elektrizitätsversorgungsunternehmen sind verpflichtet, auf ihren Internetseiten

1. die Angaben nach den §§ 45 bis 49 unverzüglich nach ihrer Übermittlung und

2. einen Bericht über die Ermittlung der von ihnen nach den §§ 45 bis 49 mitgeteilten Daten unverzüglich nach dem 30. September eines Jahres

zu veröffentlichen und bis zum Ablauf des Folgejahres vorzuhalten; § 48 Abs. 1 bleibt unberührt.

(1a) Die Übertragungsnetzbetreiber sind verpflichtet, die nach § 35 Absatz 1 vergüteten und nach § 37 Absatz 1 vermarkteten Strommengen nach Maßgabe der Ausgleichsmechanismusverordnung auf einer gemeinsamen Internetseite in nicht personenbezogener Form zu veröffentlichen.

(2) Die Angaben und der Bericht müssen eine sachkundige dritte Person in die Lage versetzen, ohne weitere Informationen die ausgeglichenen Energiemengen und Vergütungszahlungen vollständig nachvollziehen zu können.

Geltungszeitraum: bis 31.07.2014

§ 53
Flexibilitätszuschlag für neue Anlagen

(1) Der Anspruch nach § 52 beträgt für die Bereitstellung flexibler installierter Leistung in Anlagen zur Erzeugung von Strom aus Biogas mit einer installierten Leistung von mehr als 100 Kilowatt 40 Euro pro Kilowatt installierter Leistung und Jahr (Flexibilitätszuschlag).

(2) Ein Anspruch auf einen Flexibilitätszuschlag besteht nur, wenn der Anlagenbetreiber für den in § 47 Absatz 1 bestimmten Anteil der in einem Kalenderjahr erzeugten Strommenge eine finanzielle Förderung nach § 19 in Verbindung mit § 44 oder § 45 in Anspruch nimmt und dieser Anspruch nicht nach § 25 verringert ist.

(3) Der Flexibilitätszuschlag kann für die gesamte Förderdauer nach § 22 verlangt werden.

Geltungszeitraum: ab 01.08.2014

§ 53[2]
Ausweisung der EEG-Umlage

(1) Elektrizitätsversorgungsunternehmen sind berechtigt, die EEG-Umlage gegenüber Letztverbraucherinnen und Letztverbrauchern auszuweisen, soweit für diesen Strom keine Begrenzung der EEG-Umlage nach § 40 erfolgt ist.

(2) ¹Bei der Anzeige der EEG-Umlage ist deutlich sichtbar und in gut lesbarer Schrift anzugeben, wie viele Kilowattstunden Strom aus erneuerbaren Energien und aus Grubengas für die Berechnung der EEG-Umlage zugrunde gelegt wurden. ²Die Berechnung der EEG-Umlage ist so zu begründen, dass sie ohne weitere Informationen nachvollziehbar ist.

Geltungszeitraum: bis 31.07.2014

§ 54
Flexibilitätsprämie für bestehende Anlagen

¹Betreiber von Anlagen zur Erzeugung von Strom aus Biogas, die nach dem am 31. Juli 2014 geltenden Inbetriebnahmebegriff vor dem 1. August 2014 in Betrieb genommen worden sind, können ergänzend zu einer Veräußerung des Stroms in den Veräußerungsformen nach § 20 Absatz 1 Nummer 1 und 2 von dem Netzbetreiber eine Prämie für die Bereitstellung zusätzlich installierter Leistung für eine bedarfsorientierte Stromerzeugung (Flexibilitätsprämie) verlangen. ²Der Anspruch nach Satz 1 beträgt 130 Euro pro Kilowatt flexibel bereitgestellter zusätzlich installierter Leistung und Jahr, wenn die Voraussetzungen nach Nummer I der Anlage 3 erfüllt sind. ³Die Höhe der Flexibilitätsprämie bestimmt sich nach Nummer II der Anlage 3.

Geltungszeitraum: ab 01.08.2014

§ 54[3]
Stromkennzeichnung entsprechend der EEG-Umlage

(1) Elektrizitätsversorgungsunternehmen sind verpflichtet, gegenüber Letztverbraucherinnen und Letztverbrauchern im Rahmen der Stromkennzeichnung nach § 42 des Energiewirtschaftsgesetzes den nach Absatz 2 berechneten Wert als Anteil in Prozent für „Erneuerbare Energien, gefördert nach dem Erneuerbare-Energien-Gesetz" auszuweisen.

(2) ¹Der nach Absatz 1 gegenüber ihren Letztverbraucherinnen und Letztverbrauchern auszuweisende Anteil berechnet sich in Prozent, indem die EEG-Umlage, die das Elektrizitätsversorgungsunternehmen tatsächlich für die an ihre Letztver-

---

1) § 52 Abs. 1a eingef. mWv 1. 1. 2012 durch G v. 28. 7. 2011 (BGBl. I S. 1634).
2) § 53 neu gef. mWv 1. 1. 2012 durch G v. 28. 7. 2011 (BGBl. I S. 1634).
3) § 54 neu gef. mWv 1. 9. 2011 durch G v. 28. 7. 2011 (BGBl. I S. 1634).

braucherinnen und Letztverbraucher gelieferte Strommenge in einem Jahr gezahlt hat,

1. mit dem EEG-Quotienten nach Absatz 3 multipliziert,
2. danach durch die gesamte in diesem Jahr an ihre Letztverbraucherinnen und Letztverbraucher gelieferte Strommenge dividiert und
3. anschließend mit Hundert multipliziert

wird. [2]Der nach Absatz 1 auszuweisende Anteil ist unmittelbarer Bestandteil der gelieferten Strommenge und kann nicht getrennt ausgewiesen oder weiter vermarktet werden.

(3) [1]Der EEG-Quotient ist das Verhältnis der Summe der Strommengen, für die in dem vergangenen Kalenderjahr eine Vergütung nach § 16 in Anspruch genommen wurde, und der Strommenge, die in der Form des § 33b Nummer 1 direkt vermarktet wurde, zu den gesamten durch die Übertragungsnetzbetreiber erhaltenen Einnahmen aus der EEG-Umlage für die von den Elektrizitätsversorgungsunternehmen im vergangenen Kalenderjahr gelieferten Strommengen an Letztverbraucherinnen und Letztverbraucher. [2]Die Übertragungsnetzbetreiber veröffentlichen auf einer gemeinsamen Internetplattform in einheitlichem Format bis zum 30. September 2011 und in den folgenden Jahren bis zum 31. Juli den EEG-Quotienten in nicht personenbezogener Form für das jeweils vorangegangene Kalenderjahr.

(4) Die Anteile der nach § 42 Absatz 1 Nummer 1 und Absatz 3 des Energiewirtschaftsgesetzes anzugebenden Energieträger sind mit Ausnahme des Anteils für Strom aus „Erneuerbare Energien, gefördert nach dem Erneuerbare-Energien-Gesetz" entsprechend anteilig für die jeweilige Letztverbraucherin oder den jeweiligen Letztverbraucher um den nach Absatz 1 auszuweisenden Prozentsatz zu reduzieren.

(5) [1]Elektrizitätsversorgungsunternehmen sind verpflichtet, gegenüber Letztverbraucherinnen und Letztverbrauchern, deren Pflicht zur Zahlung der EEG-Umlage nach den §§ 40 bis 43 begrenzt ist, zusätzlich zu dem Gesamtenergieträgermix einen gesonderten nach den Sätzen 3 und 4 zu berechnenden „Energieträgermix für nach dem Erneuerbare-Energien-Gesetz privilegierte Unternehmen" auszuweisen. [2]In diesem Energieträgermix sind die Anteile nach § 42 Absatz 1 Nummer 1 des Energiewirtschaftsgesetzes auszuweisen. [3]Der Anteil in Prozent für „Erneuerbare Energien, gefördert nach dem Erneuerbare-Energien-Gesetz" berechnet sich abweichend von Absatz 2, indem die EEG-Umlage, die das Elektrizitätsversorgungsunternehmen tatsächlich für die in einem Jahr an die jeweilige Letztverbraucherin oder den jeweiligen Letztverbraucher gelieferte Strommenge gezahlt hat,

1. mit dem EEG-Quotienten nach Absatz 3 multipliziert,
2. danach durch die gesamte an die jeweilige Letztverbraucherin oder den jeweiligen Letztverbraucher gelieferte Strommenge dividiert und
3. anschließend mit Hundert multipliziert

wird. [4]Die Anteile der anderen nach § 42 Absatz 1 Nummer 1 des Energiewirtschaftsgesetzes anzugebenden Energieträger sind entsprechend anteilig für die jeweilige Letztverbraucherin oder den jeweiligen Letztverbraucher um den nach Satz 3 berechneten Prozentsatz zu reduzieren.

Geltungszeitraum: bis 31.07.2014

§ 55
Ausschreibung der Förderung für Freiflächenanlagen

(1) [1]Die Bundesnetzagentur muss die finanzielle Förderung und ihre Höhe für Strom aus Freiflächenanlagen nach § 19 oder für die Bereitstellung installierter Leistung aus Freiflächenanlagen nach § 52 nach Maßgabe der Rechtsverordnung nach § 88 im Rahmen von Ausschreibungen ermitteln. [2]Die Bundesnetzagentur macht die Ausschreibungen nach Maßgabe der Rechtsverordnung nach § 88 bekannt.

(2) Ein Anspruch auf eine finanzielle Förderung im Fall der Ausschreibung besteht, wenn

1. der Anlagenbetreiber über eine Förderberechtigung verfügt, die im Rahmen der Ausschreibung nach Maßgabe der Rechtsverordnung nach § 88 für die Anlage durch Zuschlag erteilt oder später der Anlage verbindlich zugeordnet worden ist,
2. die Anlage im Bereich eines beschlossenen Bebauungsplans im Sinne des § 30 des Baugesetzbuchs errichtet worden ist, der zumindest auch mit dem Zweck aufgestellt oder geändert worden ist, die Anlage zur Erzeugung von Strom aus solarer Strahlungsenergie zu errichten,
3. ab der Inbetriebnahme der Anlage der gesamte während der Förderdauer nach § 22 in der Anlage erzeugte Strom in das Netz eingespeist und nicht selbst verbraucht wird und
4. die weiteren Voraussetzungen nach diesem Gesetz mit Ausnahme der Voraussetzungen nach § 51 Absatz 1 und die Voraussetzungen der Rechtsverordnung nach § 88 erfüllt sind.

(3) [1]Für Strom aus Freiflächenanlagen, die ab dem ersten Tag des siebten auf die erstmalige Bekanntmachung einer Ausschreibung nach Absatz 1 Satz 2 folgenden Kalendermonats in Betrieb genommen worden sind, verringert sich der anzulegende Wert nach § 51 Absatz 1 Nummer 2 und 3 auf null. [2]Für Strom aus Freiflächenanlagen, die vor dem in Satz 1 genannten Zeitpunkt in Betrieb genommen worden sind, sind die Absätze 1 und 2 nicht anzuwenden.

(4) [1]Die Bundesnetzagentur veröffentlicht nach Maßgabe der Rechtsverordnung nach § 88 das Ergebnis der Ausschreibungen einschließlich der Höhe der finanziellen Förderung, zu der jeweils der Zuschlag erteilt wurde. [2]Die Bundesnetzagentur teilt den betroffenen Netzbetreibern die Zuordnung einer Förderberechtigung zu einer Anlage im Sinne des Absatzes 2 Nummer 1 einschließlich der Höhe der finanziellen Förderung nach Maßgabe der Rechtsverordnung nach § 88 mit.

Geltungszeitraum: ab 01.08.2014

## § 55[1)]
### Herkunftsnachweise

(1) [1]Die zuständige Behörde stellt Anlagenbetreiberinnen und Anlagenbetreibern Herkunftsnachweise für Strom aus erneuerbaren Energien aus. [2]Satz 1 gilt nicht für Strom, der nach § 33b Nummer 1 direkt vermarktet oder für den eine Vergütung nach § 16 in Anspruch genommen wird. [3]Die zuständige Behörde überträgt und entwertet Herkunftsnachweise. [4]Ausstellung, Übertragung und Entwertung erfolgen elektronisch und nach Maßgabe der Rechtsverordnung nach § 64d; sie müssen vor Missbrauch geschützt sein.

(2) [1]Die zuständige Behörde erkennt auf Antrag nach Maßgabe der Rechtsverordnung nach § 64d Herkunftsnachweise für Strom aus erneuerbaren Energien aus dem Ausland an. [2]Das gilt nur für Herkunftsnachweise, die mindestens die Vorgaben des Artikels 15 Absatz 6 und 9 der Richtlinie 2009/28/EG des Europäischen Parlaments und des Rates vom 23. April 2009 zur Förderung der Nutzung von Energie aus erneuerbaren Quellen und zur Änderung und anschließenden Aufhebung der Richtlinien 2001/77/EG und 2003/30/EG (ABl. L 140 vom 5. 6. 2009, S. 16) erfüllen. [3]Strom, für den ein Herkunftsnachweis nach Satz 1 anerkannt worden ist, gilt als Strom, der nach § 33b Nummer 3 direkt vermarktet wird.

(3) Die zuständige Behörde richtet eine elektronische Datenbank ein, in der die Ausstellung, Anerkennung, Übertragung und Entwertung von Herkunftsnachweisen registriert werden (Herkunftsnachweisregister).[2)]

(4) Zuständige Behörde im Sinne der Absätze 1 bis 3 ist das Umweltbundesamt.

(5) Herkunftsnachweise sind keine Finanzinstrumente im Sinne des § 1 Absatz 11 des Kreditwesengesetzes oder des § 2 Absatz 2b des Wertpapierhandelsgesetzes.

Geltungszeitraum: bis 31.07.2014

## § 56
### Weitergabe an den Übertragungsnetzbetreiber

Netzbetreiber müssen unverzüglich an den vorgelagerten Übertragungsnetzbetreiber weitergeben:

1. den nach § 19 Absatz 1 Nummer 2 vergüteten Strom und
2. für den gesamten nach § 19 Absatz 1 finanziell geförderten Strom das Recht, diesen Strom als „Strom aus erneuerbaren Energien, gefördert nach dem Erneuerbare-Energien-Gesetz" zu kennzeichnen.

Geltungszeitraum: ab 01.08.2014

## § 56[3)]
### Doppelvermarktungsverbot

(1) [1]Strom aus erneuerbaren Energien und aus Grubengas sowie in ein Gasnetz eingespeistes Deponie- oder Klärgas sowie Gas aus Biomasse dürfen nicht mehrfach verkauft, anderweitig überlassen werden oder entgegen § 34 an eine dritte Person veräußert werden. [2]Strom aus erneuerbaren Energien oder aus Grubengas darf insbesondere nicht in mehreren Formen nach § 33b oder mehrfach in derselben Form nach § 33b veräußert werden. [3]Die Vermarktung als Regelenergie gilt im Rahmen der Direktvermarktung nicht als mehrfacher Verkauf oder anderweitige Überlassung von Strom.

(2) [1]Anlagenbetreiberinnen oder Anlagenbetreiber, die eine Vergütung nach § 16 für Strom aus erneuerbaren Energien oder aus Grubengas in Anspruch nehmen oder diesen Strom in den Formen nach § 33b Nummer 1 direkt vermarkten, dürfen Herkunftsnachweise oder sonstige Nachweise, die die Herkunft des Stroms belegen, für diesen Strom nicht weitergeben. [2]Gibt eine Anlagenbetreiberin oder ein Anlagenbetreiber einen Herkunftsnachweis oder sonstigen Nachweis, der die Herkunft des Stroms belegt, für Strom aus erneuerbaren Energien oder aus Grubengas weiter, darf für diesen Strom weder eine Vergütung nach § 16 noch eine Marktprämie nach § 33g in Anspruch genommen werden.

(3) Solange im Rahmen einer gemeinsamen Projektumsetzung nach dem Projekt-Mechanismen-Gesetz für die Emissionsminderungen der Anlage Emissionsreduktionseinheiten erzeugt werden können, darf für den Strom aus der betreffenden Anlage weder eine Vergütung nach § 16 noch eine Prämie nach § 33g oder § 33i in Anspruch genommen werden.

(4) Unbeschadet des § 62 Absatz 1 Nummer 1 gilt bei Verstößen gegen die Absätze 1 bis 3 Folgendes:

1. Der Anspruch auf die Vergütung nach § 16 verringert sich im Fall einer Abnahme des Stroms durch die Netzbetreiber auf den tatsächlichen Monatsmittelwert des energieträgerspezifischen Marktwerts nach Nummer 1.1 der Anlage 4 zu diesem Gesetz („MW"); in sonstigen Fällen entfällt der Anspruch,
2. der Anspruch auf die Marktprämie nach § 33g entfällt,
3. der Strom darf nicht für die Berechnung der Strommengen nach § 39 Absatz 1 Nummer 1 Buchstabe a und b angerechnet werden,

jeweils für den Zeitraum der Dauer des Verstoßes zuzüglich der darauffolgenden sechs Kalendermonate.

Geltungszeitraum: bis 31.07.2014

## § 57
### Ausgleich zwischen Netzbetreibern und Übertragungsnetzbetreibern

(1) Vorgelagerte Übertragungsnetzbetreiber müssen den Netzbetreibern die nach § 19 oder § 52 geleisteten finanziellen Förderungen nach Maßgabe des Teils 3 erstatten.

---

1) § 55 neu gef. mWv 1. 5. 2011 durch G v. 12. 4. 2011 (BGBl. I S. 619); Abs. 1, 2 neu gef., Abs. 5 angef. mWv 1. 1. 2012 durch G v. 28. 7. 2011 (BGBl. I S. 1634).
2) Das Herkunftsnachweisregister (HKNR) beim Umweltbundesamt hat am 1. 1. 2013 seinen Betrieb aufgenommen. Anschrift: Wörlitzer Platz 1, 06844 Dessau-Roßlau, www.hknr.de.
3) § 56 neu gef. mWv 1. 1. 2012 durch G v. 28. 7. 2011 (BGBl. I S. 1634).

# EEG

(2) ¹Übertragungsnetzbetreiber müssen Netzbetreibern 50 Prozent der notwendigen Kosten erstatten, die ihnen durch eine effiziente Nachrüstung von Anlagen zur Erzeugung von Strom aus solarer Strahlungsenergie entstehen, wenn die Netzbetreiber auf Grund der Systemstabilitätsverordnung zu der Nachrüstung verpflichtet sind. ²§ 11 Absatz 5 ist entsprechend anzuwenden.

(3) ¹Netzbetreiber müssen vermiedene Netzentgelte nach § 18 der Stromnetzentgeltverordnung, die nach § 18 Absatz 1 Satz 3 Nummer 1 der Stromnetzentgeltverordnung nicht an Anlagenbetreiber gewährt werden und nach § 18 Absatz 2 und 3 der Stromnetzentgeltverordnung ermittelt worden sind, an die vorgelagerten Übertragungsnetzbetreiber auszahlen. ²§ 11 Absatz 5 Nummer 2 ist entsprechend anzuwenden.

(4) ¹Die Zahlungen nach den Absätzen 1 bis 3 sind zu saldieren. ²Auf die Zahlungen sind monatliche Abschläge in angemessenem Umfang zu entrichten.

(5) ¹Zahlt ein Übertragungsnetzbetreiber dem Netzbetreiber eine höhere als im Teil 3 vorgesehene finanzielle Förderung, muss er den Mehrbetrag zurückfordern. ²Der Rückforderungsanspruch verjährt mit Ablauf des 31. Dezember des zweiten auf die Einspeisung folgenden Kalenderjahres; die Pflicht nach Satz 1 erlischt insoweit. ³Die Sätze 1 und 2 sind im Verhältnis von aufnehmendem Netzbetreiber und Anlagenbetreiber entsprechend anzuwenden, es sei denn, die Zahlungspflicht ergibt sich aus einer vertraglichen Vereinbarung. ⁴§ 33 Absatz 1 ist auf Ansprüche nach Satz 3 nicht anzuwenden.

Geltungszeitraum: ab 01.08.2014

## § 57¹⁾
### Clearingstelle

(1) Zu diesem Gesetz wird eine Clearingstelle durch eine juristische Person des Privatrechts betrieben, die von dem Bundesministerium für Umwelt, Naturschutz und Reaktorsicherheit hierzu beauftragt worden ist.²⁾

(2) ¹Aufgabe der Clearingstelle ist die Klärung von Fragen und Streitigkeiten zur Anwendung der §§ 3 bis 33i, 45, 46, 56 und 66 sowie der hierzu auf Grund dieses Gesetzes erlassenen Rechtsverordnungen (Anwendungsfragen) nach Maßgabe der Absätze 3 und 4. ²Bei der Wahrnehmung dieser Aufgaben müssen die Regelungen zum Schutz personenbezogener Daten sowie Entscheidungen der Bundesnetzagentur nach § 61 beachtet werden. ³Ferner sollen die Empfehlungen der Kommission 98/257/EG vom 30. März 1998 betreffend die Grundsätze für Einrichtungen, die für die außergerichtliche Beilegung von Verbraucherrechtsstreitigkeiten zuständig sind (ABl. L 115 vom 17. 4. 1998, S. 31), und 2001/310/EG vom 4. April 2001 über die Grundsätze für an der einvernehmlichen Beilegung von Verbraucherrechtsstreitigkeiten beteiligte außergerichtliche Einrichtungen (ABl. L 109 vom 19. 4. 2001, S. 56) berücksichtigt werden. ⁴Soweit die Clearingstelle Anwendungsfragen geklärt hat und diese Klärung nicht im Widerspruch zu Entscheidungen der Bundesnetzagentur nach § 61 steht, richten sich die Rechtsfolgen nach § 4 Absatz 2, § 38 Nummer 3 und 4 sowie § 50 Satz 2; im Übrigen richten sich die Rechtsfolgen der Entscheidungen der Clearingstelle nach den vertraglichen Vereinbarungen zwischen Anlagenbetreiberinnen und Anlagenbetreibern sowie Netzbetreibern.

(3) ¹Zur Klärung von Anwendungsfragen zwischen Anlagenbetreiberinnen und Anlagenbetreibern sowie Netzbetreibern (Parteien) kann die Clearingstelle

1. Verfahren zur Klärung der Anwendungsfragen zwischen den Parteien auf ihren gemeinsamen Antrag durchführen,
2. Stellungnahmen für die Parteien zu Anwendungsfragen auf ihren gemeinsamen Antrag abgeben oder
3. Stellungnahmen für ordentliche Gerichte, bei denen diese Anwendungsfragen rechtshängig sind, auf deren Ersuchen abgeben.

²In den Fällen des Satzes 1 Nummer 1 und 2 findet § 204 Absatz 1 Nummer 11 des Bürgerlichen Gesetzbuchs entsprechende Anwendung. ³Verfahren nach Satz 1 Nummer 1 können ferner im Einvernehmen der Parteien auch als schiedsrichterliche Verfahren im Sinne des Zehnten Buchs der Zivilprozessordnung durchgeführt werden. ⁴Das Recht der Parteien, die ordentlichen Gerichte anzurufen, bleibt unberührt.

(4) ¹Zur Klärung von Anwendungsfragen über den Einzelfall hinaus kann die Clearingstelle Verfahren durchführen, sofern dies mindestens eine Anlagenbetreiberin oder ein Anlagenbetreiber, ein Netzbetreiber oder ein betroffener Verband beantragt und ein öffentliches Interesse an der Klärung dieser Anwendungsfragen besteht. ²Betroffene Verbände sind zu beteiligen.

(5) ¹Die Wahrnehmung der Aufgaben nach den Absätzen 2 bis 4 erfolgt nach Maßgabe der Verfahrensordnung, die sich die Clearingstelle selbst gibt; Erlass und Änderungen der Verfahrensordnung bedürfen der vorherigen Zustimmung des Bundesministeriums für Umwelt, Naturschutz und Reaktorsicherheit. ²Die Wahrnehmung der Aufgaben steht jeweils unter dem Vorbehalt der vorherigen Zustimmung der Parteien oder sonstigen Verfahrensbeteiligten zu der Verfahrensordnung. ³Sie ist keine Rechtsdienstleistung im Sinne des § 2 Absatz 1 des Rechtsdienstleistungsgesetzes. ⁴Eine Haftung der Betreiberin der Clearingstelle für Vermögensschäden, die aus der Wahrnehmung der Aufgaben entstehen, wird ausgeschlossen; dies gilt nicht bei Vorsatz.

(6) ¹Die Clearingstelle muss jährlich einen Tätigkeitsbericht über die Wahrnehmung der Aufgaben nach den Absätzen 2 bis 4 auf ihrer Internetseite in nicht personenbezogener Form veröffentlichen. ²Berichtspflichten auf Grund anderer Bestimmungen bleiben hiervon unberührt.

---

1) § 57 neu gef. mWv 1. 1. 2012 durch G v. 28. 7. 2011 (BGBl. I S. 1634).
2) Die Clearingstelle EEG hat am 15. 10. 2007 ihre Arbeit aufgenommen. Anschrift: Charlottenstraße 65, 10117 Berlin, www.clearingstelle-eeg.de.

(7) ¹Die Clearingstelle kann nach Maßgabe ihrer Verfahrensordnung Entgelte zur Deckung des Aufwands für Handlungen nach Absatz 3 von den Parteien erheben. ²Verfahren nach Absatz 4 sind unentgeltlich durchzuführen. ³Für sonstige Handlungen, die im Zusammenhang mit den Aufgaben nach den Absätzen 2 bis 4 stehen, kann die Clearingstelle zur Deckung des Aufwands Entgelte erheben.

Geltungszeitraum: bis 31.07.2014

§ 58
Ausgleich zwischen den Übertragungsnetzbetreibern

(1) ¹Die Übertragungsnetzbetreiber müssen
1. die Informationen über den unterschiedlichen Umfang und den zeitlichen Verlauf der nach § 19 finanziell geförderten Strommengen speichern,
2. die Informationen über die Zahlungen von finanziellen Förderungen nach § 19 oder § 52 speichern,
3. die Strommengen nach Nummer 1 unverzüglich untereinander vorläufig ausgleichen,
4. monatliche Abschläge in angemessenem Umfang auf die Zahlungen nach Nummer 2 entrichten und
5. die Strommengen nach Nummer 1 und die Zahlungen nach Nummer 2 nach Maßgabe von Absatz 2 abrechnen.

²Bei der Speicherung und Abrechnung der Zahlungen nach Satz 1 Nummer 2, 4 und 5 sind die Saldierungen auf Grund des § 57 Absatz 4 zugrunde zu legen.

(2) Die Übertragungsnetzbetreiber ermitteln jährlich bis zum 31. Juli die Strommenge, die sie im vorangegangenen Kalenderjahr nach § 11 oder § 56 abgenommen und nach § 19 oder § 57 finanziell gefördert sowie nach Absatz 1 vorläufig ausgeglichen haben, einschließlich der Strommenge, für die sie das Recht erhalten haben, den Strom als „Strom aus erneuerbaren Energien oder Grubengas" zu kennzeichnen, und den Anteil dieser Menge an der gesamten Strommenge, die Elektrizitätsversorgungsunternehmen im Bereich des jeweiligen Übertragungsnetzbetreibers im vorangegangenen Kalenderjahr an Letztverbraucher geliefert haben.

(3) ¹Übertragungsnetzbetreiber, die größere Mengen abzunehmen hatten, als es diesem durchschnittlichen Anteil entspricht, haben gegen die anderen Übertragungsnetzbetreiber einen Anspruch auf Abnahme und Vergütung nach den §§ 19 und 52, bis auch diese Netzbetreiber eine Übertragungsmenge abnehmen, die dem Durchschnittswert entspricht. ²Übertragungsnetzbetreiber, die, bezogen auf die gesamte von Elektrizitätsversorgungsunternehmen im Bereich des jeweiligen Übertragungsnetzbetreibers im vorangegangenen Kalenderjahr gelieferte Strommenge, einen höheren Anteil der finanziellen Förderung nach § 57 Absatz 1 zu vergüten oder einen höheren Anteil der Kosten nach § 57 Absatz 2 zu ersetzen haben, als es dem durchschnittlichen Anteil aller Übertragungsnetzbetreiber entspricht, haben gegen die anderen Übertragungsnetzbetreiber einen Anspruch auf Erstattung der finanziellen Förderung oder Kosten, bis die Kostenbelastung aller Übertragungsnetzbetreiber dem Durchschnittswert entspricht.

Geltungszeitraum: ab 01.08.2014

§ 58
Verbraucherschutz

Die §§ 8 bis 14 des Gesetzes gegen den unlauteren Wettbewerb gelten für Verstöße gegen die §§ 16 bis 33 entsprechend.

Geltungszeitraum: bis 31.07.2014

§ 59
Vermarktung durch die Übertragungsnetzbetreiber

Die Übertragungsnetzbetreiber müssen selbst oder gemeinsam den nach § 19 Absatz 1 Nummer 2 vergüteten Strom diskriminierungsfrei, transparent und unter Beachtung der Vorgaben der Ausgleichsmechanismusverordnung vermarkten.

Geltungszeitraum: ab 01.08.2014

§ 59
Einstweiliger Rechtsschutz

(1) Auf Antrag der Anlagenbetreiberin oder des Anlagenbetreibers kann das für die Hauptsache zuständige Gericht bereits vor Errichtung der Anlage unter Berücksichtigung der Umstände des Einzelfalles durch einstweilige Verfügung regeln, dass die Schuldnerin oder der Schuldner der in den §§ 5, 8, 9 und 16 bezeichneten Ansprüche Auskunft zu erteilen, die Anlage vorläufig anzuschließen, sein Netz unverzüglich zu optimieren, zu verstärken oder auszubauen, den Strom abzunehmen und hierfür einen als billig und gerecht zu erachtenden Betrag als Abschlagszahlung zu leisten hat.

(2) Die einstweilige Verfügung kann erlassen werden, auch wenn die in den §§ 935, 940 der Zivilprozessordnung bezeichneten Voraussetzungen nicht vorliegen.

Geltungszeitraum: bis 31.07.2014

§ 60¹⁾
EEG-Umlage für
Elektrizitätsversorgungsunternehmen

(1) ¹Die Übertragungsnetzbetreiber können von Elektrizitätsversorgungsunternehmen, die Strom an Letztverbraucher liefern, anteilig zu dem jeweils von den Elektrizitätsversorgungsunternehmen an ihre Letztverbraucher gelieferten Strom die Kosten für die erforderlichen Ausgaben nach Abzug der erzielten Einnahmen und nach Maßgabe der Ausgleichsmechanismusverordnung verlangen (EEG-Umlage). ²Es wird widerleglich vermutet, dass Energiemengen, die aus einem beim Übertragungsnetzbetreiber geführten Bilanzkreis an physikalische Entnahmestellen abgegeben werden und für die keine bilanzkreisscharfe Meldung eines Elektrizitätsversorgungsunternehmens nach § 74 vorliegt, von dem Inhaber des betreffenden Bilanzkreises an Letztverbraucher geliefert wurden. ³Der Anteil ist so zu bestimmen, dass jedes Elektrizitätsversorgungsunternehmen für jede von ihm an einen Letztverbraucher gelieferte Kilowattstunde Strom dieselben Kosten trägt. ⁴Auf die Zahlung der EEG-Umlage

---

1) § 60 Abs. 3 Satz 2 geänd. mWv 1. 8. 2014 durch G v. 22. 7. 2014 (BGBl. I S. 1218).

sind monatliche Abschläge in angemessenem Umfang zu entrichten.

(2) ¹Einwände gegen Forderungen der Übertragungsnetzbetreiber auf Zahlungen nach Absatz 1 berechtigen zum Zahlungsaufschub oder zur Zahlungsverweigerung nur, soweit die ernsthafte Möglichkeit eines offensichtlichen Fehlers besteht. ²Eine Aufrechnung gegen Forderungen nach Absatz 1 ist nicht zulässig. ³Im Fall von Zahlungsrückständen von mehr als einer Abschlagsforderung dürfen die Übertragungsnetzbetreiber den Bilanzkreisvertrag gegenüber dem Elektrizitätsversorgungsunternehmen kündigen, wenn die Zahlung der Rückstände trotz Mahnung und Androhung der Kündigung drei Wochen nach Androhung der Kündigung nicht vollständig erfolgt ist. ⁴Die Androhung der Kündigung kann mit der Mahnung verbunden werden. ⁵Die Sätze 1, 3 und 4 sind für die Meldung der Energiemengen nach § 74 mit der Maßgabe entsprechend anzuwenden, dass die Frist für die Meldung der Daten nach Androhung der Kündigung sechs Wochen beträgt.

(3) ¹Für Strom, der zum Zweck der Zwischenspeicherung an einen elektrischen, chemischen, mechanischen oder physikalischen Stromspeicher geliefert oder geleitet wird, entfällt der Anspruch der Übertragungsnetzbetreiber auf Zahlung der EEG-Umlage nach den Absätzen 1 oder 2, wenn dem Stromspeicher Energie ausschließlich zur Wiedereinspeisung von Strom in das Netz entnommen wird. ²Satz 1 ist auch für Strom anzuwenden, der zur Erzeugung von Speichergas eingesetzt wird, das in das Erdgasnetz eingespeist wird, wenn das Speichergas unter Berücksichtigung der Anforderungen nach § 47 Absatz 6 Nummer 1 und 2 zur Stromerzeugung eingesetzt und der Strom tatsächlich in das Netz eingespeist wird. ³Der Anspruch der Übertragungsnetzbetreiber auf Zahlung der EEG-Umlage nach den Absätzen 1 und 2 entfällt ferner für Strom, der an Netzbetreiber zum Ausgleich physikalisch bedingter Netzverluste als Verlustenergie nach § 10 der Stromnetzentgeltverordnung geliefert wird.

(4) ¹Elektrizitätsversorgungsunternehmen, die ihrer Pflicht zur Zahlung der EEG-Umlage nach Absatz 1 nicht rechtzeitig nachgekommen sind, müssen diese Geldschuld nach § 352 Absatz 2 des Handelsgesetzbuchs ab Eintritt der Fälligkeit verzinsen. ²Satz 1 ist entsprechend anzuwenden, wenn die Fälligkeit nicht eintreten konnte, weil das Elektrizitätsversorgungsunternehmen die von ihm gelieferten Strommengen entgegen § 74 nicht oder nicht rechtzeitig dem Übertragungsnetzbetreiber gemeldet hat; ausschließlich zum Zweck der Verzinsung ist in diesem Fall die Geldschuld für die Zahlung der EEG-Umlage auf die nach § 74 mitzuteilende Strommenge eines Jahres spätestens am 1. Januar des Folgejahres als fällig zu betrachten.

Geltungszeitraum: ab 01.08.2014

§ 60[1])
Nutzung von Seewasserstraßen

Solange Anlagenbetreiberinnen oder -betreiber den Vergütungsanspruch nach § 16 geltend machen oder den Strom in der Form nach § 33b Nummer 1 oder 2 direkt vermarkten, können sie die deutsche ausschließliche Wirtschaftszone oder das Küstenmeer unentgeltlich für den Betrieb der Anlagen nutzen.

Geltungszeitraum: bis 31.07.2014

§ 61[2])
EEG-Umlage für Letztverbraucher und Eigenversorger

(1) ¹Die Übertragungsnetzbetreiber können von Letztverbrauchern für die Eigenversorgung folgende Anteile der EEG-Umlage nach § 60 Absatz 1 verlangen:

1. 30 Prozent für Strom, der nach dem 31. Juli 2014 und vor dem 1. Januar 2016 verbraucht wird,
2. 35 Prozent für Strom, der nach dem 31. Dezember 2015 und vor dem 1. Januar 2017 verbraucht wird, und
3. 40 Prozent für Strom, der ab dem 1. Januar 2017 verbraucht wird.

²Der Wert nach Satz 1 erhöht sich auf 100 Prozent der EEG-Umlage, wenn

1. die Stromerzeugungsanlage weder eine Anlage nach § 5 Nummer 1 noch eine KWK-Anlage ist, die hocheffizient im Sinne des § 53a Absatz 1 Satz 3 des Energiesteuergesetzes ist und einen Monats- oder Jahresnutzungsgrad von mindestens 70 Prozent nach § 53a Absatz 1 Satz 2 Nummer 2 des Energiesteuergesetzes erreicht, oder
2. der Eigenversorger seine Meldepflicht nach § 74 bis zum 31. Mai des Folgejahres nicht erfüllt hat.

³Die Übertragungsnetzbetreiber können von Letztverbrauchern ferner für den sonstigen Verbrauch von Strom, der nicht von einem Elektrizitätsversorgungsunternehmen geliefert wird, 100 Prozent der EEG-Umlage nach § 60 Absatz 1 verlangen. ⁴Die Bestimmungen dieses Gesetzes für Elektrizitätsversorgungsunternehmen sind auf Letztverbraucher, die nach den Sätzen 1 bis 3 zur Zahlung verpflichtet sind, entsprechend anzuwenden.

(2) Der Anspruch nach Absatz 1 entfällt bei Eigenversorgungen,

1. soweit der Strom in den Neben- und Hilfsanlagen einer Stromerzeugungsanlage zur Erzeugung von Strom im technischen Sinne verbraucht wird (Kraftwerkseigenverbrauch),
2. wenn der Eigenversorger weder unmittelbar noch mittelbar an ein Netz angeschlossen ist,
3. wenn sich der Eigenversorger selbst vollständig mit Strom aus erneuerbaren Energien versorgt und für den Strom aus seiner Anlage, den er nicht selbst verbraucht, keine finanzielle Förderung nach Teil 3 in Anspruch nimmt, oder

---

1) § 60 geänd. mWv 1. 1. 2012 durch G v. 28. 7. 2011 (BGBl. I S. 1634).
2) § 61 Abs. 2 Nr. 3 und Abs. 4 Nr. 2 Buchst. b geänd. mWv 1. 8. 2014 durch G v. 22. 7. 2014 (BGBl. I S. 1218).

4. wenn Strom aus Stromerzeugungsanlagen mit einer installierten Leistung von höchstens 10 Kilowatt erzeugt wird, für höchstens 10 Megawattstunden selbst verbrauchten Stroms pro Kalenderjahr; dies gilt ab der Inbetriebnahme der Stromerzeugungsanlage für die Dauer von 20 Kalenderjahren zuzüglich des Inbetriebnahmejahres; § 32 Absatz 1 Satz 1 ist entsprechend anzuwenden.

(3) ¹Der Anspruch nach Absatz 1 entfällt ferner bei Bestandsanlagen,
1. wenn der Letztverbraucher die Stromerzeugungsanlage als Eigenerzeuger betreibt,
2. soweit der Letztverbraucher den Strom selbst verbraucht und
3. sofern der Strom nicht durch ein Netz durchgeleitet wird, es sei denn, der Strom wird im räumlichen Zusammenhang zu der Stromerzeugungsanlage verbraucht.

²Eine Bestandsanlage ist jede Stromerzeugungsanlage,
1. die der Letztverbraucher vor dem 1. August 2014 als Eigenerzeuger unter Einhaltung der Anforderungen des Satzes 1 betrieben hat,
2. die vor dem 23. Januar 2014 nach dem Bundes-Immissionsschutzgesetz genehmigt oder nach einer anderen Bestimmung des Bundesrechts zugelassen worden ist, nach dem 1. August 2014 erstmals Strom erzeugt hat und vor dem 1. Januar 2015 unter Einhaltung der Anforderungen des Satzes 1 genutzt worden ist oder
3. die eine Stromerzeugungsanlage nach den Nummern 1 oder 2 an demselben Standort erneuert, erweitert oder ersetzt, es sei denn, die installierte Leistung ist durch die Erneuerung, Erweiterung oder Ersetzung um mehr als 30 Prozent erhöht worden.

(4) Für Bestandsanlagen, die bereits vor dem 1. September 2011 in Betrieb genommen worden sind, ist Absatz 3 anzuwenden mit den Maßgaben, dass
1. Absatz 3 Satz 1 Nummer 3 nicht anzuwenden ist und
2. Absatz 3 Satz 2 Nummer 3 nur anzuwenden ist, wenn
   a) die Anforderungen von Absatz 3 Satz 1 Nummer 3 erfüllt sind oder
   b) die gesamte Stromerzeugungsanlage schon vor dem 1. Januar 2011 im Eigentum des Letztverbrauchers stand, der die Privilegierung nach Absatz 3 in Anspruch nimmt, und die Stromerzeugungsanlage auf dem Betriebsgrundstück des Letztverbrauchers errichtet wurde.

(5) ¹Für die Überprüfung der Pflicht von Eigenversorgern zur Zahlung der EEG-Umlage können sich die Übertragungsnetzbetreiber die folgenden Daten übermitteln lassen, soweit dies erforderlich ist:

1. von den Hauptzollämtern Daten über Eigenerzeuger und Eigenversorger, wenn und soweit dies im Stromsteuergesetz oder in einer auf der Grundlage des Stromsteuergesetzes erlassenen Rechtsverordnung zugelassen ist,
2. vom Bundesamt für Wirtschaft und Ausfuhrkontrolle die Daten über die Eigenversorger nach § 8 Absatz 1 des Kraft-Wärme-Kopplungsgesetzes in der jeweils geltenden Fassung und
3. von den Betreibern von nachgelagerten Netzen Kontaktdaten der Eigenversorger sowie weitere Daten zur Eigenversorgung einschließlich des Stromverbrauchs von an ihr Netz angeschlossenen Eigenversorgern.

²Die Übertragungsnetzbetreiber können die Daten nach Satz 1 Nummer 2 und 3 automatisiert mit den Daten nach § 74 Satz 3 abgleichen. ³Die nach Satz 1 erhobenen Daten dürfen ausschließlich so genutzt werden, dass deren unbefugte Offenbarung ausgeschlossen ist. ⁴Sie sind nach Abschluss der Überprüfung nach Satz 1 Nummer 1 oder des Abgleichs nach Satz 2 jeweils unverzüglich zu löschen.

(6) Strom, für den die Übertragungsnetzbetreiber nach Absatz 1 die Zahlung der EEG-Umlage verlangen können, muss von dem Letztverbraucher durch geeichte Messeinrichtungen erfasst werden.

(7) ¹Bei der Berechnung der selbst erzeugten und verbrauchten Strommengen nach den Absätzen 1 bis 6 darf Strom nur bis zu der Höhe des aggregierten Eigenverbrauchs, bezogen auf jedes 15-Minuten-Intervall (Zeitgleichheit), berücksichtigt werden. ²Eine Messung der Ist-Einspeisung ist nicht erforderlich, wenn nicht schon technisch sichergestellt ist, dass Erzeugung und Verbrauch des Stroms zeitgleich erfolgen. ³Andere Bestimmungen, die eine Messung der Ist-Einspeisung verlangen, bleiben unberührt.

Geltungszeitraum: ab 01.08.2014

§ 61[1)]
Aufgaben der Bundesnetzagentur

(1) ¹Die Bundesnetzagentur hat vorbehaltlich weiterer Aufgaben, die ihr in Rechtsverordnungen auf Grund dieses Gesetzes übertragen werden, die Aufgabe, zu überwachen, dass
1. Netzbetreiber nur Anlagen nach § 11 regeln, zu deren Regelung sie berechtigt sind,
2. die Übertragungsnetzbetreiber den nach den §§ 16 und 35 vergüteten Strom entsprechend der Vorschriften des § 37 Absatz 1 in Verbindung mit der Ausgleichsmechanismusverordnung vermarkten, die EEG-Umlage ordnungsgemäß ermitteln, festlegen, veröffentlichen und den Elektrizitätsversorgungsunternehmen berechnen und dass insbesondere den Übertragungsnetzbetreibern nur die Vergütungen nach den §§ 16 bis 33 sowie die Prämien nach den §§ 33g und 33i berechnet werden und hierbei die Saldierungen nach § 35 Absatz 3 berücksichtigt worden sind sowie dass sich die EEG-Umlage nur für Elek-

---

1) § 61 Abs. 4 aufgeh. mWv 1. 5. 2011 durch G v. 12. 4. 2011 (BGBl. I S. 619); Abs. 1 Satz 1 neu gef., Abs. 1a, b eingef., Abs. 2 geänd. mWv 1. 1. 2012 durch G v. 28. 7. 2011 (BGBl. I S. 1634); Abs. 1b Nr. 4 geänd. mWv 1. 4. 2012 durch G v. 17. 8. 2012 (BGBl. I S. 1754).

trizitätsversorgungsunternehmen verringert, die die Voraussetzungen nach § 39 erfüllen,
3. die Daten nach § 51 übermittelt sowie nach § 52 veröffentlicht werden,
4. Dritten die EEG-Umlage nur nach Maßgabe des § 53 angezeigt wird und die Kennzeichnung des nach diesem Gesetz geförderten Stroms nur nach Maßgabe des § 54 erfolgt.

²Sie unterstützt das Bundesministerium für Umwelt, Naturschutz und Reaktorsicherheit bei der Evaluierung dieses Gesetzes und der Erstellung des Erfahrungsberichts.

(1a) ¹Für die Wahrnehmung der Aufgaben nach Absatz 1 Nummer 2 können bei begründetem Verdacht auch bei Anlagenbetreiberinnen und Anlagenbetreibern Kontrollen durchgeführt werden. ²Das Recht von Anlagenbetreiberinnen und Anlagenbetreibern oder Netzbetreibern, die ordentlichen Gerichte anzurufen oder ein Verfahren vor der Clearingstelle nach § 57 Absatz 3 einzuleiten, bleibt unberührt.

(1b) Die Bundesnetzagentur kann unter Berücksichtigung des Zwecks und Ziels nach § 1 Festlegungen nach § 29 Absatz 1 des Energiewirtschaftsgesetzes treffen
1. zu den technischen Einrichtungen nach § 6 Absatz 1 und 2, insbesondere zu den Datenformaten,
2. im Anwendungsbereich des § 11 dazu,
   a) in welcher Reihenfolge die verschiedenen von einer Maßnahme nach § 11 betroffenen Anlagen und KWK-Anlagen geregelt werden,
   b) nach welchen Kriterien der Netzbetreiber über diese Reihenfolge entscheiden muss,
   c) welche Stromerzeugungsanlagen nach § 11 Absatz 1 Satz 1 Nummer 2 auch bei Anwendung des Einspeisemanagements am Netz bleiben müssen, um die Sicherheit und Zuverlässigkeit des Elektrizitätsversorgungssystems zu gewährleisten,
3. zur Übermittlung der Daten nach § 17 Absatz 2 Nummer 1 oder § 33i Absatz 1 Nummer 3, zur Abwicklung von Wechseln nach § 33d Absatz 2 und 3, jeweils insbesondere zu Verfahren, Fristen und Datenformaten,
4. zur Berücksichtigung von Strom aus solarer Strahlungsenergie, der selbst verbraucht wird, bei den Veröffentlichungspflichten nach § 48 und bei der Berechnung des tatsächlichen Monatsmittelwerts des Marktwerts von Strom aus solarer Strahlungsenergie nach Nummer 2.4.2.4 der Anlage 4 zu diesem Gesetz, jeweils insbesondere zu Berechnung oder Abschätzung der Strommengen.

(2) Für die Wahrnehmung der Aufgaben nach Absätzen 1 bis 1b gelten die Vorschriften des Teils 8 des Energiewirtschaftsgesetzes mit Ausnahme von § 69 Abs. 1 Satz 2, Abs. 10, der §§ 91, 92 und 95 bis 101 sowie des Abschnitts sechs entsprechend.

(3) Die Entscheidungen der Bundesnetzagentur nach Absatz 2 werden von den Beschlusskammern getroffen; § 59 Abs. 1 Satz 2 und 3, Abs. 2 und 3 sowie § 60 des Energiewirtschaftsgesetzes gelten entsprechend.

Geltungszeitraum: bis 31.07.2014

§ 62
Nachträgliche Korrekturen

(1) Bei der jeweils nächsten Abrechnung sind Änderungen der abzurechnenden Strommenge oder der finanziellen Förderungen zu berücksichtigen, die sich aus folgenden Gründen ergeben:
1. aus Rückforderungen auf Grund von § 57 Absatz 5,
2. aus einer rechtskräftigen Gerichtsentscheidung im Hauptsacheverfahren,
3. aus der Übermittlung und den[1)] Abgleich von Daten nach § 61 Absatz 5,
4. aus einem zwischen den Verfahrensparteien durchgeführten Verfahren bei der Clearingstelle nach § 81 Absatz 4 Satz 1 Nummer 1,
5. aus einer Entscheidung der Bundesnetzagentur nach § 85 oder
6. aus einem vollstreckbaren Titel, der erst nach der Abrechnung nach § 58 Absatz 1 ergangen ist.

(2) ¹Ergeben sich durch die Verbrauchsabrechnung der Elektrizitätsversorgungsunternehmen gegenüber Letztverbrauchern Abweichungen gegenüber den Strommengen, die einer Endabrechnung nach § 74 zugrunde liegen, sind diese Änderungen bei der jeweils nächsten Abrechnung zu berücksichtigen. ²§ 75 ist entsprechend anzuwenden.

Geltungszeitraum: ab 01.08.2014

§ 62[2)]
Bußgeldvorschriften

(1) Ordnungswidrig handelt, wer vorsätzlich oder fahrlässig
1. entgegen § 56 Abs. 1 Strom oder Gas mehrfach verkauft, anderweitig überlässt oder[3)] an eine dritte Person veräußert,
2. einer vollziehbaren Anordnung nach § 61 Abs. 2 in Verbindung mit § 65 Abs. 1 oder 2 oder § 69 Abs. 7 Satz 1 oder Abs. 8 Satz 1 des Energiewirtschaftsgesetzes zuwiderhandelt oder
3. einer Rechtsverordnung
   a) nach § 64b Nummer 3,
   b) nach § 64d Nummer 1,
   c) nach § 64d Nummer 3 oder 4,
   d) nach § 64e Nummer 2, 3 oder 4
oder einer vollziehbaren Anordnung auf Grund einer solchen Rechtsverordnung zuwiderhan-

---

1) Richtig wohl: „dem".
2) § 62 Abs. 1 Nr. 1, 2 geänd., Nr. 3 angef., Abs. 2, 3 neu gef. mWv 1. 5. 2011 durch G v. 12. 4. 2011 (BGBl. I S. 619); Abs. 1 Nr. 3 neu gef., Abs. 2, 3 Nr. 3 geänd., Nr. 4 angef. mWv 1. 1. 2012 durch G v. 28. 7. 2011 (BGBl. I S. 1634). [2] Wortlaut nichtamtlich.
3) Wortlaut nichtamtlich.

delt, soweit die Rechtsverordnung für einen bestimmten Tatbestand auf diese Bußgeldvorschrift verweist.

(2) Die Ordnungswidrigkeit kann in den Fällen des Absatzes 1 Nummer 3 Buchstabe c mit einer Geldbuße bis zu fünfzigtausend Euro und in den übrigen Fällen mit einer Geldbuße bis zu zweihunderttausend Euro geahndet werden.

(3) Verwaltungsbehörde im Sinne des § 36 Absatz 1 Nummer 1 des Gesetzes über Ordnungswidrigkeiten ist

1. in den Fällen des Absatzes 1 Nummer 1 und 2 die Bundesnetzagentur,
2. in den Fällen des Absatzes 1 Nummer 3 Buchstabe a die Bundesanstalt für Landwirtschaft und Ernährung,
3. in den Fällen des Absatzes 1 Nummer 3 Buchstabe b und c das Umweltbundesamt,
4. in den Fällen des Absatzes 1 Nummer 3 Buchstabe d die Behörde nach § 64e Nummer 2.

Geltungszeitraum: bis 31.07.2014

§ 63
Grundsatz

Auf Antrag begrenzt das Bundesamt für Wirtschaft und Ausfuhrkontrolle abnahmestellenbezogen

1. nach Maßgabe des § 64 die EEG-Umlage für Strom, der von stromkostenintensiven Unternehmen selbst verbraucht wird, um den Beitrag dieser Unternehmen zur EEG-Umlage in einem Maße zu halten, das mit ihrer internationalen Wettbewerbssituation vereinbar ist, und ihre Abwanderung in das Ausland zu verhindern, und
2. nach Maßgabe des § 65 die EEG-Umlage für Strom, der von Schienenbahnen selbst verbraucht wird, um die intermodale Wettbewerbsfähigkeit der Schienenbahnen zu erhalten,

soweit hierdurch jeweils die Ziele des Gesetzes nicht gefährdet werden und die Begrenzung mit dem Interesse der Gesamtheit der Stromverbraucher vereinbar ist.

Geltungszeitraum: ab 01.08.2014

§ 63
Fachaufsicht

¹Soweit Bundesbehörden Aufgaben nach diesem Gesetz wahrnehmen, unterliegen sie der Fachaufsicht des Bundesministeriums für Umwelt, Naturschutz und Reaktorsicherheit. ²Dies gilt nicht für die Fachaufsicht über die Bundesnetzagentur.

Geltungszeitraum: bis 31.07.2014

§ 64
Stromkostenintensive Unternehmen

(1) Bei einem Unternehmen, das einer Branche nach Anlage 4 zuzuordnen ist, erfolgt die Begrenzung nur, soweit es nachweist, dass und inwieweit

1. im letzten abgeschlossenen Geschäftsjahr die nach § 60 Absatz 1 oder § 61 umlagepflichtige und selbst verbrauchte Strommenge an einer Abnahmestelle, an der das Unternehmen einer Branche nach Anlage 4 zuzuordnen ist, mehr als 1 Gigawattstunde betragen hat,
2. die Stromkostenintensität
   a) bei einem Unternehmen, das einer Branche nach Liste 1 der Anlage 4 zuzuordnen ist, mindestens den folgenden Wert betragen hat:
      aa) 16 Prozent für die Begrenzung im Kalenderjahr 2015 und
      bb) 17 Prozent für die Begrenzung ab dem Kalenderjahr 2016,
   b) bei einem Unternehmen, das einer Branche nach Liste 2 der Anlage 4 zuzuordnen ist, mindestens 20 Prozent betragen hat und
3. das Unternehmen ein zertifiziertes Energie- oder Umweltmanagementsystem oder, sofern das Unternehmen im letzten abgeschlossenen Geschäftsjahr weniger als 5 Gigawattstunden Strom verbraucht hat, ein alternatives System zur Verbesserung der Energieeffizienz nach § 3 der Spitzenausgleich-Effizienzsystemverordnung in der jeweils zum Zeitpunkt des Endes des letzten abgeschlossenen Geschäftsjahrs geltenden Fassung betreibt.

(2) Die EEG-Umlage wird an den Abnahmestellen, an denen das Unternehmen einer Branche nach Anlage 4 zuzuordnen ist, für den Strom, den das Unternehmen dort im Begrenzungszeitraum selbst verbraucht, wie folgt begrenzt:

1. Die EEG-Umlage wird für den Stromanteil bis einschließlich 1 Gigawattstunde nicht begrenzt (Selbstbehalt). Dieser Selbstbehalt muss im Begrenzungsjahr zuerst gezahlt werden.
2. Die EEG-Umlage wird für den Stromanteil über 1 Gigawattstunde auf 15 Prozent der nach § 60 Absatz 1 ermittelten EEG-Umlage begrenzt.
3. Die Höhe der nach Nummer 2 zu zahlenden EEG-Umlage wird in Summe aller begrenzten Abnahmestellen des Unternehmens auf höchstens den folgenden Anteil der Bruttowertschöpfung begrenzt, die das Unternehmen im arithmetischen Mittel der letzten drei abgeschlossenen Geschäftsjahre erzielt hat:
   a) 0,5 Prozent der Bruttowertschöpfung, sofern die Stromkostenintensität des Unternehmens mindestens 20 Prozent betragen hat, ode
   b) 4,0 Prozent der Bruttowertschöpfung, sofern die Stromkostenintensität des Unternehmens weniger als 20 Prozent betragen hat.
4. Die Begrenzung nach den Nummern 2 und 3 erfolgt nur soweit, dass die von dem Unternehmen zu zahlende EEG-Umlage für den Stromanteil über 1 Gigawattstunde den folgenden Wert nicht unterschreitet:
   a) 0,05 Cent pro Kilowattstunde an Abnahmestellen, an denen das Unternehmen einer Branche mit der laufenden Nummer 130, 131 oder 132 nach Anlage 4 zuzuordnen ist, oder
   b) 0,1 Cent pro Kilowattstunde an sonstigen Abnahmestellen;

der Selbstbehalt nach Nummer 1 bleibt unberührt.

(3) Die Erfüllung der Voraussetzungen nach Absatz 1 und die Bruttowertschöpfung, die nach Absatz 2 Nummer 3 für die Begrenzungsentscheidung zugrunde gelegt werden muss (Begrenzungsgrundlage), sind wie folgt nachzuweisen:

1. für die Voraussetzungen nach Absatz 1 Nummer 1 und 2 und die Begrenzungsgrundlage nach Absatz 2 durch

   a) die Stromlieferungsverträge und die Stromrechnungen für das letzte abgeschlossene Geschäftsjahr,

   b) die Angabe der jeweils in den letzten drei abgeschlossenen Geschäftsjahren von einem Elektrizitätsversorgungsunternehmen gelieferten oder selbst erzeugten und selbst verbrauchten sowie weitergeleiteten Strommengen und

   c) die Bescheinigung eines Wirtschaftsprüfers, einer Wirtschaftsprüfungsgesellschaft, eines vereidigten Buchprüfers oder einer Buchprüfungsgesellschaft auf Grundlage der geprüften Jahresabschlüsse nach den Vorgaben des Handelsgesetzbuchs für die letzten drei abgeschlossenen Geschäftsjahre; die Bescheinigung muss die folgenden Angaben enthalten:

      aa) Angaben zum Betriebszweck und zu der Betriebstätigkeit des Unternehmens,

      bb) Angaben zu den Strommengen des Unternehmens, die von Elektrizitätsversorgungsunternehmen geliefert oder selbst erzeugt und selbst verbraucht wurden, einschließlich der Angabe, in welcher Höhe ohne Begrenzung für diese Strommengen die EEG-Umlage zu zahlen gewesen wäre, und

      cc) sämtliche Bestandteile der Bruttowertschöpfung;

   auf die Bescheinigung sind § 319 Absatz 2 bis 4, § 319b Absatz 1, § 320 Absatz 2 und § 323 des Handelsgesetzbuchs entsprechend anzuwenden; in der Bescheinigung ist darzulegen, dass die in ihr enthaltenen Daten mit hinreichender Sicherheit frei von wesentlichen Falschangaben und Abweichungen sind; bei der Prüfung der Bruttowertschöpfung ist eine Wesentlichkeitsschwelle von 5 Prozent ausreichend,

   d) einen Nachweis über die Klassifizierung des Unternehmens durch die statistischen Ämter der Länder in Anwendung der Klassifikation der Wirtschaftszweige des Statistischen Bundesamtes, Ausgabe 2008[1]), und die Einwilligung des Unternehmens, dass sich das Bundesamt für Wirtschaft und Ausfuhrkontrolle von den statistischen Ämtern der Länder die Klassifizierung des bei ihnen registrierten Unternehmens und seiner Betriebsstätten übermitteln lassen kann,

2. für die Voraussetzungen nach Absatz 1 Nummer 3 durch ein gültiges DIN EN ISO 50001-Zertifikat, einen gültigen Eintragungs- oder Verlängerungsbescheid der EMAS-Registrierungsstelle über die Eintragung in das EMAS-Register oder einen gültigen Nachweis des Betriebs eines alternativen Systems zur Verbesserung der Energieeffizienz; § 4 Absatz 1 bis 3 der Spitzenausgleich-Effizienzsystemverordnung in der jeweils zum Zeitpunkt des Endes des letzten abgeschlossenen Geschäftsjahrs geltenden Fassung ist entsprechend anzuwenden.

(4) [1]Unternehmen, die nach dem 30. Juni des Vorjahres neu gegründet wurden, können abweichend von Absatz 3 Nummer 1 im ersten Jahr nach der Neugründung Daten über ein Rumpfgeschäftsjahr übermitteln, im zweiten Jahr nach der Neugründung Daten für das erste abgeschlossene Geschäftsjahr und im dritten Jahr nach der Neugründung Daten für das erste und zweite abgeschlossene Geschäftsjahr. [2]Für das erste Jahr nach der Neugründung ergeht die Begrenzungsentscheidung unter Vorbehalt des Widerrufs. [3]Nach Vollendung des ersten abgeschlossenen Geschäftsjahres erfolgt eine nachträgliche Überprüfung der Antragsvoraussetzungen und des Begrenzungsumfangs durch das Bundesamt für Wirtschaft und Ausfuhrkontrolle anhand der Daten des abgeschlossenen Geschäftsjahres. [4]Absatz 3 ist im Übrigen entsprechend anzuwenden. [5]Neu gegründete Unternehmen sind nur solche, die unter Schaffung von im Wesentlichen neuem Betriebsvermögen ihre Tätigkeit erstmals aufnehmen; sie dürfen nicht durch Umwandlung entstanden sein. [6]Neu geschaffenes Betriebsvermögen liegt vor, wenn über das Grund- und Stammkapital hinaus weitere Vermögensgegenstände des Anlage- oder Umlaufvermögens erworben, gepachtet oder geleast wurden. [7]Es wird unwiderleglich vermutet, dass der Zeitpunkt der Neugründung der Zeitpunkt ist, an dem erstmals Strom zu Produktionszwecken verbraucht wird.

(5) [1]Die Absätze 1 bis 4 sind für selbständige Teile eines Unternehmens, das einer Branche nach Liste 1 der Anlage 4 zuzuordnen ist, entsprechend anzuwenden. [2]Ein selbständiger Unternehmensteil liegt nur vor, wenn es sich um einen Teilbetrieb mit eigenem Standort oder einen vom übrigen Unternehmen am Standort abgegrenzten Betrieb mit den wesentlichen Funktionen eines Unternehmens handelt, der Unternehmensteil jederzeit als rechtlich selbständiges Unternehmen seine Geschäfte führen könnte, seine Erlöse wesentlich mit externen Dritten erzielt und über eine eigene Abnahmestelle verfügt. [3]Für den selbständigen Unternehmensteil ist eine eigene Bilanz und eine eigene Gewinn- und Verlustrechnung in entsprechender Anwendung der für alle Kaufleute geltenden Vorschriften des Handelsgesetzbuchs aufzustellen. [4]Die Bilanz und die Gewinn- und Verlustrechnung nach Satz 3 sind in entsprechender Anwendung der §§ 317 bis 323 des Handelsgesetzbuchs zu prüfen.

(6) Im Sinne dieses Paragrafen ist

---

1) [Amtl. Anm.:] Zu beziehen beim Statistischen Bundesamt, Gustav-Stresemann-Ring 11, 65189 Wiesbaden; auch zu beziehen über www.destatis.de.

1. „Abnahmestelle" die Summe aller räumlich und physikalisch zusammenhängenden elektrischen Einrichtungen einschließlich der Eigenversorgungsanlagen eines Unternehmens, die sich auf einem in sich abgeschlossenen Betriebsgelände befinden und über einen oder mehrere Entnahmepunkte mit dem Netz verbunden sind; sie muss über eigene Stromzähler an allen Entnahmepunkten und Eigenversorgungsanlagen verfügen,

2. „Bruttowertschöpfung" die Bruttowertschöpfung des Unternehmens zu Faktorkosten nach der Definition des Statistischen Bundesamtes, Fachserie 4, Reihe 4.3, Wiesbaden 2007[1]), ohne Abzug der Personalkosten für Leiharbeitsverhältnisse; die durch vorangegangene Begrenzungsentscheidungen hervorgerufenen Wirkungen bleiben bei der Berechnung der Bruttowertschöpfung außer Betracht, und

3. „Stromkostenintensität" das Verhältnis der maßgeblichen Stromkosten einschließlich der Stromkosten für nach § 61 umlagepflichtige selbst verbrauchten Strommengen zum arithmetischen Mittel der Bruttowertschöpfung in den letzten drei abgeschlossenen Geschäftsjahren des Unternehmens; hierbei werden die maßgeblichen Stromkosten berechnet durch die Multiplikation des arithmetischen Mittels des Stromverbrauchs des Unternehmens in den letzten drei abgeschlossenen Geschäftsjahren oder dem standardisierten Stromverbrauch, der nach Maßgabe einer Rechtsverordnung nach § 94 Nummer 1 ermittelt wird, mit dem durchschnittlichen Strompreis für Unternehmen mit ähnlichen Stromverbräuchen, der nach Maßgabe einer Rechtsverordnung nach § 94 Nummer 2 zugrunde zu legen ist; die durch vorangegangene Begrenzungsentscheidungen hervorgerufenen Wirkungen bleiben bei der Berechnung der Stromkostenintensität außer Betracht.

(7) Für die Zuordnung eines Unternehmens zu den Branchen nach Anlage 4 ist der Zeitpunkt des Endes des letzten abgeschlossenen Geschäftsjahrs maßgeblich.

Geltungszeitraum: ab 01.08.2014

§ 64[2])
Verordnungsermächtigung zu Systemdienstleistungen

[1]Die Bundesregierung wird ermächtigt, durch Rechtsverordnung[3]) ohne Zustimmung des Bundesrates die Anforderungen nach § 6 Absatz 5 und § 66 Absatz 1 Nummer 8 an Windenergieanlagen zur Verbesserung der Netzintegration und zur Befeuerung (Systemdienstleistungen) zu regeln. [2]Die Rechtsverordnung nach Satz 1 soll insbesondere folgende Anforderungen enthalten, soweit deren Umsetzung wirtschaftlich zumutbar ist:

1. für Anlagen nach den §§ 29 und 30 Anforderungen

    a) an das Verhalten der Anlagen im Fehlerfall,

    b) an die Spannungshaltung und Blindleistungsbereitstellung,

    c) an die Frequenzhaltung,

    d) an das Nachweisverfahren,

    e) an den Versorgungswiederaufbau und

    f) bei der Erweiterung bestehender Windparks,

2. für Anlagen nach § 66 Absatz 1 Nummer 8 Anforderungen

    a) an das Verhalten der Anlagen im Fehlerfall,

    b) an die Frequenzhaltung,

    c) an das Nachweisverfahren,

    d) an den Versorgungswiederaufbau und

    e) bei der Nachrüstung von Altanlagen in bestehenden Windparks.

Geltungszeitraum: bis 31.07.2014

§ 65
Schienenbahnen

(1) Bei einer Schienenbahn erfolgt die Begrenzung der EEG-Umlage nur, sofern sie nachweist, dass und inwieweit im letzten abgeschlossenen Geschäftsjahr die an der betreffenden Abnahmestelle selbst verbrauchte Strommenge unmittelbar für den Fahrbetrieb im Schienenbahnverkehr verbraucht wurde und unter Ausschluss der rückgespeisten Energie mindestens 2 Gigawattstunden betrug.

(2) Für eine Schienenbahn wird die EEG-Umlage für die gesamte Strommenge, die das Unternehmen unmittelbar für den Fahrbetrieb im Schienenbahnverkehr selbst verbraucht, unter Ausschluss der rückgespeisten Energie an der betreffenden Abnahmestelle auf 20 Prozent der nach § 60 Absatz 1 ermittelten EEG-Umlage begrenzt.

(3) [1]Abnahmestelle im Sinne der Absätze 1 und 2 ist die Summe der Verbrauchsstellen für den Fahrbetrieb im Schienenbahnverkehr des Unternehmens. [2]§ 64 Absatz 3 Nummer 1 Buchstabe a bis c und Absatz 4 ist entsprechend anzuwenden; es wird unwiderleglich vermutet, dass der Zeitpunkt der Neugründung der Zeitpunkt ist, zu dem erstmals Strom zu Fahrbetriebszwecken verbraucht wird.

Geltungszeitraum: ab 01.08.2014

§ 65[4])
Erfahrungsbericht

Die Bundesregierung evaluiert dieses Gesetz und legt dem Bundestag bis zum 31. Dezember 2014 und dann alle vier Jahre einen Erfahrungsbericht vor.

Geltungszeitraum: bis 31.07.2014

---

1) [Amtl. Anm.:] Zu beziehen beim Statistischen Bundesamt, Gustav-Stresemann-Ring 11, 65189 Wiesbaden; auch zu beziehen über www.destatis.de.
2) § 64 neu gef. mWv 1. 1. 2012 durch G v. 28. 7. 2011 (BGBl. I S. 1634).
3) Siehe die SystemdienstleistungsVO.
4) § 65 neu gef. mWv 1. 1. 2012 durch G v. 28. 7. 2011 (BGBl. I S. 1634).

## § 66
### Antragstellung und Entscheidungswirkung

(1) ¹Der Antrag nach § 63 in Verbindung mit § 64 einschließlich der Bescheinigungen nach § 64 Absatz 3 Nummer 1 Buchstabe c und Nummer 2 ist jeweils zum 30. Juni eines Jahres (materielle Ausschlussfrist) für das folgende Kalenderjahr zu stellen. ²Satz 1 ist entsprechend anzuwenden auf Anträge nach § 63 in Verbindung mit § 65 einschließlich der Bescheinigungen nach § 64 Absatz 3 Nummer 1 Buchstabe c. ³Einem Antrag nach den Sätzen 1 und 2 müssen die übrigen in den §§ 64 oder 65 genannten Unterlagen beigefügt werden.

(2) ¹Ab dem Antragsjahr 2015 muss der Antrag elektronisch über das vom Bundesamt für Wirtschaft und Ausfuhrkontrolle eingerichtete Portal gestellt werden. ²Das Bundesamt für Wirtschaft und Ausfuhrkontrolle wird ermächtigt, Ausnahmen von der Pflicht zur elektronischen Antragsstellung nach Satz 1 durch Allgemeinverfügung, die im Bundesanzeiger bekannt zu machen ist, verbindlich festzulegen.

(3) ¹Neu gegründete Unternehmen im Sinne des § 64 Absatz 4 können den Antrag abweichend von Absatz 1 Satz 1 bis zum 30. September eines Jahres für das folgende Kalenderjahr stellen. ²Satz 1 ist für neu gegründete Schienenbahnen entsprechend anzuwenden.

(4) ¹Die Entscheidung ergeht mit Wirkung gegenüber der antragstellenden Person, dem Elektrizitätsversorgungsunternehmen und dem regelverantwortlichen Übertragungsnetzbetreiber. ²Sie wirkt jeweils für das dem Antragsjahr folgende Kalenderjahr.

(5) ¹Der Anspruch des an der betreffenden Abnahmestelle regelverantwortlichen Übertragungsnetzbetreibers auf Zahlung der EEG-Umlage gegenüber den betreffenden Elektrizitätsversorgungsunternehmen wird nach Maßgabe der Entscheidung des Bundesamtes für Wirtschaft und Ausfuhrkontrolle begrenzt. ²Die Übertragungsnetzbetreiber haben diese Begrenzung beim Ausgleich nach § 58 zu berücksichtigen. ³Erfolgt während des Geltungszeitraums der Entscheidung ein Wechsel des an der betreffenden Abnahmestelle regelverantwortlichen Übertragungsnetzbetreibers oder des betreffenden Elektrizitätsversorgungsunternehmens, muss die begünstigte Person dies dem Übertragungsnetzbetreiber oder dem Elektrizitätsversorgungsunternehmen und dem Bundesamt für Wirtschaft und Ausfuhrkontrolle unverzüglich mitteilen.

Geltungszeitraum: ab 01.08.2014

### § 66¹⁾
### Übergangsbestimmungen

(1) Für Strom aus Anlagen, die nach dem am 31. Dezember 2011 geltenden Inbetriebnahmebegriff vor dem 1. Januar 2012 in Betrieb genommen worden sind, sind unbeschadet des § 23 Absatz 2 bis 4 die Vorschriften des Erneuerbare-Energien-Gesetzes vom 25. Oktober 2008 (BGBl. I S. 2074) in der am 31. Dezember 2011 geltenden Fassung mit folgenden Maßgaben anzuwenden:

1. Die technischen Vorgaben nach § 6 Absatz 1 müssen ab dem 1. Juli 2012 von Anlagenbetreiberinnen und Anlagenbetreibern von Anlagen zur Erzeugung von Strom aus solarer Strahlungsenergie mit einer installierten Leistung von mehr als 100 Kilowatt eingehalten werden; § 6 Absatz 3 ist anzuwenden.

2. Die technischen Vorgaben nach § 6 Absatz 2 Nummer 1 müssen ab dem 1. Januar 2014 von Anlagenbetreiberinnen und Anlagenbetreibern von Anlagen zur Erzeugung von Strom aus solarer Strahlungsenergie mit einer installierten Leistung von mehr als 30 Kilowatt und höchstens 100 Kilowatt eingehalten werden, die nach dem 31. Dezember 2008 in Betrieb genommen worden sind; § 6 Absatz 3 ist anzuwenden.

3. Die technischen Vorgaben nach § 6 Absatz 2 Satz 1 Nummer 2 müssen von Anlagenbetreiberinnen und Anlagenbetreibern von Anlagen zur Stromerzeugung aus Biogas ab dem 1. Januar 2014 eingehalten werden; dies gilt nicht für Anlagen, die die Voraussetzungen nach Nummer I.4 der Anlage 2 zu dem Erneuerbare-Energien-Gesetz in der am 31. Dezember 2011 geltenden Fassung erfüllen.

4. Bei Verstößen gegen die Nummern 1 bis 3 ist § 17 Absatz 1 entsprechend anzuwenden.

5. § 11 ist entsprechend auf Anlagen anzuwenden, die vor dem 1. Januar 2012 in Betrieb genommen worden sind,
   a) wenn für diese Anlagen eine Verpflichtung zur Ausrüstung mit einer technischen oder betrieblichen Einrichtung nach § 6 Nummer 1 Buchstabe a des Erneuerbare-Energien-Gesetzes in der am 31. Dezember 2011 geltenden Fassung bestand,
   b) sobald sie nach § 23 Absatz 2 Nummer 2 mit einer technischen Einrichtung zur Reduzierung der Einspeiseleistung ausgestattet sind oder
   c) sobald sie nach den Nummern 1 und 2 verpflichtet sind, die Anforderungen des § 6 Absatz 1 oder Absatz 2 Nummer 1 einzuhalten.

   § 11 Absatz 1 gilt nicht, soweit die Regelung einer Wasserkraftanlage wasserrechtlichen oder anderen rechtlichen Vorgaben widersprechen würde.

5a. § 12 ist für Strom aus Anlagen und KWK-Anlagen, die bereits vor dem 1. Januar 2012 in Betrieb genommen worden sind, ab dem 1. Juli 2012 mit der Maßgabe anzuwenden, dass die Entschädigung 100 Prozent der entgangenen Einnahmen zuzüglich der zusätzlichen Aufwendungen und abzüglich der ersparten Aufwendungen beträgt.

---

1) § 66 neu gef. mWv 1. 1. 2012 durch G v. 28. 7. 2011 (BGBl. I S. 1634, ber. S. 2255); Abs. 9 Satz 2 geänd. mWv 1. 4. 2012 durch G v. 22. 12. 2011 (BGBl. I S. 3044); Abs. 1 einl. Satzteil geänd., Nr. 5a eingef., Nr. 6 Satz 1 geänd., Nr. 12 neu gef., Nr. 14 angef., Abs. 7 neu gef., Abs. 8 geänd., Abs. 11 neu gef., Abs. 16 Nr. 1 Buchst. c Doppelbuchst. bb geänd., Abs. 17–22 angef. mWv 1. 4. 2012 durch G v. 17. 8. 2012 (BGBl. I S. 1754).

6. § 16 Absatz 1 Satz 2 und 3, Absatz 2 Satz 2 bis 4 sowie ab dem 1. Juli 2012 Absatz 3 letzter Halbsatz ist ergänzend zu § 16 Absatz 1 und 3 des Erneuerbare-Energien-Gesetzes in der am 31. Dezember 2011 geltenden Fassung anzuwenden. Anstelle des § 16 Absatz 2 Satz 1 des Erneuerbare-Energien-Gesetzes in der am 31. Dezember 2011 geltenden Fassung ist § 17 Absatz 2 Nummer 2 mit der Maßgabe anzuwenden, dass an die Stelle des Vergütungsanspruchs nach § 16 der Vergütungsanspruch des Erneuerbare-Energien-Gesetzes in der für die jeweilige Anlage maßgeblichen Fassung tritt.

7. Für Strom aus Deponiegas, Klärgas oder Biomasse ist anstelle der Nummer I.1 Buchstabe a der Anlage 1 zu dem Erneuerbare-Energien-Gesetz in der am 31. Dezember 2011 geltenden Fassung ab dem 1. Mai 2012 die Nummer 1 Buchstabe a der Anlage 1 zu diesem Gesetz anzuwenden.

8. Die Vergütung für Strom aus Windenergieanlagen, die nach dem 31. Dezember 2001 und vor dem 1. Januar 2009 in Betrieb genommen worden sind, erhöht sich für die Dauer von fünf Jahren um 0,7 Cent pro Kilowattstunde (Systemdienstleistungs-Bonus), sobald sie infolge einer Nachrüstung nach dem 1. Januar 2012 und vor dem 1. Januar 2016 die Anforderungen der Systemdienstleistungsverordnung erstmals einhalten.

9. Für Strom aus Anlagen zur Erzeugung von Strom aus solarer Strahlungsenergie an oder auf Gebäuden oder Lärmschutzwänden, die nach dem 31. Dezember 2008 und vor dem 1. Januar 2012 in Betrieb genommen worden sind und die die Voraussetzungen des § 33 Absatz 2 des Erneuerbare-Energien-Gesetzes in der jeweils zum Zeitpunkt der Inbetriebnahme der Anlage geltenden Fassung erfüllen, besteht ein Anspruch auf Vergütung des verbrauchten Stroms nur, soweit die Anlagenbetreiberin, der Anlagenbetreiber oder Dritte den Strom in unmittelbarer räumlicher Nähe zur Anlage selbst verbrauchen, dies nachweisen und der Strom nicht durch ein Netz durchgeleitet wird.

10. Die §§ 33a bis 33g sind mit der Maßgabe anzuwenden, dass bei der Berechnung der Marktprämie nach § 33g der anzulegende Wert nach § 33h die Höhe der Vergütung in Cent pro Kilowattstunde ist, die für den direkt vermarkteten Strom bei der konkreten Anlage im Fall einer Vergütung nach den Vergütungsbestimmungen des Erneuerbare-Energien-Gesetzes in der für die jeweilige Anlage maßgeblichen Fassung tatsächlich in Anspruch genommen werden könnte. § 17 Absatz 3 ist mit der Maßgabe anzuwenden, dass an die Stelle des Vergütungsanspruchs nach § 16 der Vergütungsanspruch des Erneuerbare-Energien-Gesetzes in der für die jeweilige Anlage maßgeblichen Fassung tritt. § 16 Absatz 5, die §§ 17 und 51 Absatz 2 des Erneuerbare-Energien-Gesetzes in der am 31. Dezember 2011 geltenden Fassung sind ab dem 1. Januar 2012 nicht mehr anzuwenden.

11. § 33i ist vorbehaltlich einer Rechtsverordnung auf Grund von § 64f Nummer 4 auch auf Anlagen zur Erzeugung von Strom aus Biogas anzuwenden, die vor dem 1. Januar 2012 in Betrieb genommen worden sind. Satz 1 gilt nur, wenn für den gesamten in der Anlage erzeugten Strom unbeschadet des § 33e Satz 1 dem Grunde nach ein Vergütungsanspruch nach den Vergütungsbestimmungen des Erneuerbare-Energien-Gesetzes in der für die jeweilige Anlage maßgeblichen Fassung besteht; im Übrigen sind vorbehaltlich einer Rechtsverordnung auf Grund von § 64f Nummer 4 , § 33i und die Anlage 5 zu diesem Gesetz anzuwenden.

12. § 32 Absatz 5 findet auch Anwendung auf Anlagen zur Erzeugung von Strom aus solarer Strahlungsenergie, die vor dem 1. Januar 2012 in Betrieb genommen worden sind. Soweit Anlagen zur Erzeugung von Strom aus solarer Strahlungsenergie vor dem 1. Januar 2012 durch Anlagen zur Erzeugung von Strom aus solarer Strahlungsenergie auf Grund eines technischen Defekts, einer Beschädigung oder eines Diebstahls an demselben Standort ersetzt worden sind, gelten diese mit Wirkung ab dem 1. Januar 2012 abweichend von § 3 Nummer 5 bis zur Höhe der vor der Ersetzung an demselben Standort installierten Leistung von Anlagen zur Erzeugung von Strom aus solarer Strahlungsenergie als zu dem Zeitpunkt in Betrieb genommen, zu dem die ersetzten Anlagen in Betrieb genommen worden sind.

13. § 27a Absatz 1, 3, 4 und 5 ist auf Anlagen, die vor dem 1. Januar 2012 in Betrieb genommen worden sind, entsprechend anzuwenden.

14. Für jeden Kalendermonat, in dem Anlagenbetreiberinnen und Anlagenbetreiber ganz oder teilweise Verpflichtungen im Rahmen einer Nachrüstung zur Sicherung der Systemstabilität auf Grund einer Verordnung nach § 12 Absatz 3a und § 49 Absatz 4 des Energiewirtschaftsgesetzes nach Ablauf der von den Netzbetreibern nach Maßgabe der Rechtsverordnung gesetzten Frist nicht nachgekommen sind, verringert sich

   a) der Vergütungsanspruch oder der Anspruch auf die Marktprämie nach § 33g für Anlagen, die mit einer technischen Einrichtung nach § 6 Absatz 1 Nummer 2 ausgestattet sind, auf Null oder

   b) der in einem Kalenderjahr entstandene Vergütungsanspruch für Anlagen, die nicht mit einer technischen Einrichtung nach § 6 Absatz 1 Nummer 2 ausgestattet sind, um ein Zwölftel.

(2) Für Strom aus Biomasseanlagen, die

1. vor dem 1. Januar 2013 in Betrieb genommen worden sind und Altholz zur Stromerzeugung einsetzen oder

2. Pflanzenölmethylester zur Stromerzeugung einsetzen und vor dem 27. Juni 2004 in Betrieb genommen worden sind oder, sofern es sich um nach den Vorschriften des Bundes-Immissionsschutzgesetzes genehmigungsbedürftige Anlagen

handelt, deren Genehmigung nach § 4 in Verbindung mit § 6 oder § 16 des Bundes-Immissionsschutzgesetzes zur Errichtung und zum Betrieb vor dem 27. Juni 2004 erteilt wurde, gilt die Biomasseverordnung in der am 31. Dezember 2011 geltenden Fassung.

(3) Für Strom aus Biomasseanlagen, die vor dem 1. Januar 2012 in Betrieb genommen worden sind, ist Nummer I.1 Buchstabe c der Anlage 2 zu dem Erneuerbare-Energien-Gesetz in der am 31. Dezember 2011 geltenden Fassung ab dem 1. Januar 2012 nicht mehr anzuwenden.

(4) Für Strom aus Biomasseanlagen, die Biogas zur Stromerzeugung einsetzen, findet § 27 Absatz 5 Nummer 1 keine Anwendung, soweit das Biogas aus Biogaserzeugungsanlagen stammt, die bereits vor dem 1. Januar 2012 Biogas erzeugt haben.

(5) Für Strom aus Anlagen zur Erzeugung von Strom aus Wasserkraft mit einer installierten Leistung von mehr als 500 Kilowatt und höchstens 5 Megawatt, bei denen die Wasserkraftnutzung vor dem 1. Januar 2012 wasserrechtlich zugelassen worden ist und die vor dem 1. Januar 2014 in Betrieb genommen werden, erhält die Anlagenbetreiberin oder der Anlagenbetreiber abweichend von § 23 Absatz 1 und 2 die Vergütung nach § 23 Absatz 1 und 2 des Erneuerbare-Energien-Gesetzes in der am 31. Dezember 2011 geltenden Fassung, wenn sie oder er dies verlangt, bevor der Netzbetreiber zum ersten Mal eine Vergütung für Strom aus dieser Anlage gezahlt hat.

(6) Für Strom aus Anlagen, die
1. Strom aus fester Biomasse erzeugen,
2. nach dem Bundes-Immissionsschutzgesetz genehmigungsbedürftig sind,
3. vor dem 1. Januar 2012 nach dem Bundes-Immissionsschutzgesetz genehmigt worden sind und
4. vor dem 1. Januar 2013 in Betrieb genommen werden,

erhält die Anlagenbetreiberin oder der Anlagenbetreiber abweichend von § 27 die Vergütung nach § 27 des Erneuerbare-Energien-Gesetzes in der am 31. Dezember 2011 geltenden Fassung, wenn sie oder er dies verlangt, bevor der Netzbetreiber zum ersten Mal eine Vergütung für Strom aus dieser Anlage gezahlt hat.

(7) [1]Anlagenbetreiberinnen und Anlagenbetreiber von Anlagen zur Erzeugung von Strom aus solarer Strahlungsenergie müssen die Anforderungen nach § 6 Absatz 2 in Verbindung mit Absatz 3 erst nach dem 31. Dezember 2012 einhalten. [2]Netzbetreiber dürfen diese Anlagen vor dem 1. Januar 2013 nicht nach § 11 regeln.

(8) Auf Strom, den Elektrizitätsversorgungsunternehmen nach dem 31. Dezember 2011 und vor dem 1. Januar 2013 an Letztverbraucherinnen und Letztverbraucher liefern, findet § 39 Absatz 1 mit der Maßgabe Anwendung, dass die Elektrizitätsversorgungsunternehmen ihrem regelverantwortlichen Übertragungsnetzbetreiber die Inanspruchnahme der Verringerung der EEG-Umlage abweichend von § 39 Absatz 1 Nummer 2 bis zum 29. Februar 2012 mitgeteilt haben müssen.

(9) [1]Bis zu dem Tag, an dem das Umweltbundesamt oder die auf Grund einer Rechtsverordnung gemäß § 64d Nummer 7 betraute oder beliehene juristische Person ein Herkunftsnachweisregister nach § 55 Absatz 3 in Betrieb genommen hat[1]), erfolgen die Ausstellung, Anerkennung, Übertragung und Entwertung von Herkunftsnachweisen nach § 55 des Erneuerbare-Energien-Gesetzes in der am 30. April 2011 geltenden Fassung. [2]Das Bundesministerium für Umwelt, Naturschutz und Reaktorsicherheit macht den Tag der Inbetriebnahme nach Satz 1 im Bundesanzeiger bekannt.

(10) § 27c Absatz 1 Nummer 2 ist nicht anzuwenden bei Strom, der vor dem 1. Januar 2013 erzeugt worden ist.

(11) Der Vergütungsanspruch für Strom aus Anlagen zur Erzeugung von Strom aus solarer Strahlungsenergie auf Konversionsflächen im Sinne des § 32 Absatz 1 Nummer 3 Buchstabe c Doppelbuchstabe cc besteht auch auf Flächen, die rechtsverbindlich als Naturschutzgebiet im Sinne des § 23 des Bundesnaturschutzgesetzes oder als Nationalpark im Sinne des § 24 des Bundesnaturschutzgesetzes festgesetzt worden sind, wenn die sonstigen Voraussetzungen des § 32 Absatz 1 Nummer 3 erfüllt sind, die Anlagen vor dem 1. Januar 2014 in Betrieb genommen worden sind und der Beschluss über die Aufstellung oder Änderung des Bebauungsplans vor dem 30. Juni 2011 gefasst worden ist.

(12) § 57 gilt auch für Anwendungsfragen zu dem Erneuerbare-Energien-Gesetz in der am 31. Dezember 2011 geltenden Fassung.

(13) § 41 findet für die Antragstellung im Jahr 2012 mit folgenden Maßgaben Anwendung:

1. Unternehmen, die für bestimmte Abnahmestellen im Jahr 2012 erstmals Anträge stellen, weil sie auf Grund der Regelung in § 37 Absatz 3 Nummer 2 erstmals zur Zahlung der EEG-Umlage verpflichtet sind, werden von den Anforderungen des § 41 Absatz 1 Nummer 1 Buchstabe c befreit.

2. Für Unternehmen mit einem Stromverbrauch von mindestens 10 Gigawattstunden gilt anstelle des § 41 Absatz 1 Nummer 2 § 41 Absatz 1 Nummer 4 in der am 31. Dezember 2011 geltenden Fassung.

(13a) § 41 Absatz 5 Satz 3 und 4 gilt nicht für selbständige Unternehmensteile, bei denen der Anteil der Strommenge nach § 41 des Erneuerbare-Energien-Gesetzes in der am 31. Dezember 2011 geltenden Fassung oder die EEG-Umlage nach Maßgabe des § 6 der Verordnung zur Weiterentwicklung des bundesweiten Ausgleichsmechanismus in der am 31. Dezember 2011 geltenden Fassung bereits vor dem 1. Januar 2012 begrenzt worden ist.

(14) Für Strom aus Anlagen zur Erzeugung von Strom aus Wasserkraft, die vor dem 1. August 2004

---

[1]) Das Herkunftsnachweisregister (HKNR) beim Umweltbundesamt hat am 1. 1. 2013 seinen Betrieb aufgenommen. Anschrift: Wörlitzer Platz 1, 06844 Dessau-Roßlau, www.hknr.de.

in Betrieb genommen worden sind, findet anstelle von § 23 Absatz 2 in Verbindung mit Absatz 4 § 23 Absatz 2 in Verbindung mit Absatz 5 des Erneuerbare-Energien-Gesetzes in der am 31. Dezember 2011 geltenden Fassung Anwendung, wenn die Modernisierung der Anlage vor dem 1. Januar 2014 abgeschlossen ist und die Anlagenbetreiberin oder der Anlagenbetreiber dies verlangt, bevor der Netzbetreiber erstmals die Vergütung nach § 23 Absatz 2 in Verbindung mit Absatz 1 gezahlt hat.

(15) Soweit Letztverbraucherinnen und Letztverbraucher bereits vor dem 1. September 2011 ihren Strom nicht von einem Elektrizitätsversorgungsunternehmen und nicht von einem Dritten bezogen haben und die Stromerzeugungsanlage schon vor dem 1. September 2011 in Betrieb genommen wurde, gilt für den Strom § 37 Absatz 6 in der am 31. Dezember 2011 geltenden Fassung anstelle des § 37 Absatz 3.

(16) Die EEG-Umlage verringert sich unbeschadet des § 39 für Elektrizitätsversorgungsunternehmen, für die bereits vor dem 1. September 2011 die Pflicht zur Vergütung nach § 37 Absatz 1 Satz 2 in Verbindung mit Satz 1 des Erneuerbare-Energien-Gesetzes in der am 31. Dezember 2011 geltenden Fassung verringert war, bei Strom, den sie vor dem 1. Januar 2014 an Letztverbraucherinnen und Letztverbraucher liefern, in einem Kalendermonat auf Null, wenn

1. mindestens 50 Prozent des Stroms, den sie an ihre gesamten Letztverbraucherinnen und Letztverbraucher liefern, in diesem Kalendermonat Strom im Sinne der §§ 23, 24, 25, 27 bis 30, 32 und 33 ist; für die Berechnung dieser Strommenge darf nur Strom aus erneuerbaren Energien angerechnet werden, wenn

   a) für den Strom unbeschadet des § 33e Satz 1 dem Grunde nach ein Vergütungsanspruch nach § 16 besteht, der nicht nach § 17 verringert ist,

   b) der Strom

      aa) von den Letztverbraucherinnen und Letztverbrauchern in unmittelbarer räumlicher Nähe zur Anlage verbraucht wird oder

      bb) nicht durch ein Netz durchgeleitet wird,

   c) der Strom

      aa) nach § 33b Nummer 2 direkt vermarktet wird oder

      bb) nach § 33a Absatz 2 an Dritte veräußert und nicht tatsächlich nach § 8 abgenommen oder nach Maßgabe des § 33 Absatz 2 des Erneuerbare-Energien-Gesetzes in der am 31. März 2012 geltenden Fassung verbraucht worden ist und

   d) die jeweiligen Anlagenbetreiberinnen und Anlagenbetreiber nicht gegen § 33c Absatz 1 verstoßen;

   bei der Berechnung des Anteils ist im Übrigen § 39 Absatz 1 Nummer 1 Halbsatz 2 entsprechend anzuwenden,

2. die Elektrizitätsversorgungsunternehmen ihrem regelverantwortlichen Übertragungsnetzbetreiber die Inanspruchnahme der Verringerung der EEG-Umlage vor Beginn des jeweils vorangegangenen Kalendermonats übermittelt haben und

3. die Anforderungen nach § 39 Absatz 1 Nummer 4 eingehalten werden.

(17) Für Strom aus Biomasseanlagen, die vor dem 1. Januar 2009 in Betrieb genommen worden sind, besteht der Anspruch auf Vergütung abweichend von den Vergütungsbestimmungen des Erneuerbare-Energien-Gesetzes in der für die jeweilige Anlage maßgeblichen Fassung bis einschließlich einer Bemessungsleistung von 20 Megawatt mit Wirkung vom 1. April 2012 auch, wenn die installierte Leistung der Anlage 20 Megawatt überschreitet.

(18) [1]Für Strom aus Anlagen zur Erzeugung von Strom aus solarer Strahlungsenergie, die vor dem 1. April 2012 in Betrieb genommen worden sind, gilt nach dem 31. Dezember 2013 § 33 Absatz 4; im Übrigen gilt das Erneuerbare-Energien-Gesetz in der am 31. März 2012 geltenden Fassung. [2]Satz 1 gilt auch für Strom aus Anlagen zur Erzeugung von Strom aus solarer Strahlungsenergie, in an oder auf Gebäuden oder Lärmschutzwänden, die nach dem 31. März 2012 und vor dem 1. Juli 2012 nach § 3 Nummer 5 in Betrieb genommen worden sind, wenn für die Anlage vor dem 24. Februar 2012 nachweislich ein schriftliches oder elektronisches Netzanschlussbegehren unter Angabe des genauen Standorts und der zu installierenden Leistung der Anlage gestellt worden ist.

(18a) [1]Für Strom aus Anlagen zur Erzeugung von Strom aus solarer Strahlungsenergie nach § 32 Absatz 1, die nach dem 31. März 2012 und vor dem 1. Juli 2012 nach § 3 Nummer 5 in Betrieb genommen worden sind, gilt nach dem 31. Dezember 2013 § 33 Absatz 4 und im Übrigen, unabhängig von der installierten Leistung und vorbehaltlich des Absatzes 11, das Erneuerbare-Energien-Gesetz in der am 31. März 2012 geltenden Fassung, wenn

1. zur Errichtung der Anlagen ein Bebauungsplan erforderlich ist und der Beschluss über die letzte Änderung des Bebauungsplans, in dessen Geltungsbereich die Anlagen errichtet werden sind, oder, soweit noch keine Änderung dieses Bebauungsplans erfolgt ist, der Beschluss über dessen Aufstellung vor dem 1. März 2012 gefasst worden ist oder

2. in den Fällen des § 32 Absatz 1 Nummer 2 kein Verfahren zur Aufstellung oder Änderung eines Bebauungsplans durchgeführt worden ist und der Antrag auf Einleitung eines Verfahrens nach § 38 Satz 1 des Baugesetzbuchs vor dem 1. März 2012 gestellt worden ist.

[2]Für Strom aus Anlagen nach § 32 Absatz 1 Nummer 3 Buchstabe c Doppelbuchstabe cc, die nach dem 30. Juni 2012 und vor dem 1. Oktober 2012 nach § 3 Nummer 5 in Betrieb genommen worden sind, ist Satz 1 entsprechend anzuwenden mit der Maßgabe, dass die Vergütung 15,95 Cent pro Kilowattstunde beträgt; werden diese Anlagen nach § 17 Absatz 2 Nummer 1 registriert, gelten sie abwei-

chend von § 20a Absatz 5 Satz 2 unabhängig von der installierten Leistung als geförderte Anlagen im Sinne des § 20a Absatz 5 Satz 1.

(19) [1]Für Strom aus Anlagen zur Erzeugung von Strom aus solarer Strahlungsenergie, die nach dem 31. März 2012 und vor dem 1. Januar 2014 in Betrieb genommen worden sind, findet § 33 erst ab dem 1. Januar 2014 Anwendung. [2]Satz 1 gilt nicht für Anlagen, die in den Anwendungsbereich der Absätze 18 Satz 2 und 18a fallen; auf diese Anlagen findet § 33 Absatz 1 bis 3 und 5 keine Anwendung.

(20) Für Anlagen, die nach dem 31. Dezember 2011 und vor dem 1. April 2012 nach § 3 Nummer 5 in der am 31. März 2012 geltenden Fassung in Betrieb genommen worden sind, bestimmt sich der Inbetriebnahmezeitpunkt weiterhin nach § 3 Nummer 5 in der am 31. März 2012 geltenden Fassung.

(21) [1]Für Strom aus Biomasseanlagen, die vor dem 1. Januar 2012 in Betrieb genommen worden sind und nach § 9 des Treibhausgas-Emissionshandelsgesetzes für die Handelsperiode 2013 bis 2020 eine Zuteilung kostenloser Berechtigungen erhalten, ist

1. § 46 Nummer 2 des Erneuerbare-Energien-Gesetzes in der am 31. Dezember 2011 geltenden Fassung mit der Maßgabe anzuwenden, dass Anlagenbetreiberinnen und Anlagenbetreiber dem Netzbetreiber zusätzlich die Anzahl der für die Wärmeproduktion der Anlage zugeteilten kostenlosen Berechtigungen mitteilen müssen, und

2. § 66 Absatz 1 Nummer 3 und 5 des Erneuerbare-Energien-Gesetzes in der am 31. Dezember 2011 geltenden Fassung mit der Maßgabe anzuwenden, dass für die Erhöhung der Vergütung nach § 66 Absatz 1 Nummer 3 Satz 1 und 3 sowie für die Vergütung nach § 66 Absatz 1 Nummer 5 Satz 2 die Anrechnung nach Anlage 3 Nummer VI des Erneuerbare-Energien-Gesetzes in der am 31. Dezember 2011 geltenden Fassung entsprechend gilt.

[2]Für Strom aus Biomasseanlagen, die vor dem 1. Januar 2009 in Betrieb genommen worden sind und die Erhöhung der Mindestvergütung nach § 8 Absatz 3 Satz 1 des Erneuerbare- Energien-Gesetzes in der am 31. Dezember 2008 geltenden Fassung in Anspruch nehmen, gilt die Anrechnung nach Anlage 3 Nummer VI des Erneuerbare-Energien-Gesetzes in der am 31. Dezember 2011 geltenden Fassung entsprechend.

(22) § 37 Absatz 5 ist nicht auf Geldschulden anzuwenden, die vor dem 1. Januar 2011 fällig geworden sind oder erstmals als fällig gegolten haben.

Geltungszeitraum: bis 31.07.2014

§ 67
Umwandlung von Unternehmen

(1) [1]Wurde das antragstellende Unternehmen in seinen letzten drei abgeschlossenen Geschäftsjahren vor der Antragstellung oder in dem danach liegenden Zeitraum bis zum Ende der materiellen Ausschlussfrist umgewandelt, so kann das antragstellende Unternehmen für den Nachweis der Anspruchsvoraussetzungen auf die Daten des Unternehmens vor seiner Umwandlung nur zurückgreifen, wenn die wirtschaftliche und organisatorische Einheit dieses Unternehmens nach der Umwandlung nahezu vollständig in dem antragstellenden Unternehmen erhalten geblieben ist. [2]Andernfalls ist § 64 Absatz 4 Satz 1 bis 4 entsprechend anzuwenden.

(2) Wird das antragstellende oder begünstigte Unternehmen umgewandelt, so hat es dies dem Bundesamt für Wirtschaft und Ausfuhrkontrolle unverzüglich schriftlich anzuzeigen.

(3) [1]Geht durch die Umwandlung eines begünstigten Unternehmens dessen wirtschaftliche und organisatorische Einheit nahezu vollständig auf ein anderes Unternehmen über, so überträgt auf Antrag des anderen Unternehmens das Bundesamt für Wirtschaft und Ausfuhrkontrolle den Begrenzungsbescheid auf dieses. [2]Die Pflicht des antragstellenden Unternehmens zur Zahlung der nach § 60 Absatz 1 ermittelten EEG-Umlage besteht nur dann, wenn das Bundesamt für Wirtschaft und Ausfuhrkontrolle den Antrag auf Übertragung des Begrenzungsbescheides ablehnt. [3]In diesem Fall beginnt die Zahlungspflicht der nach § 60 Absatz 1 ermittelten EEG-Umlage mit dem Wirksamwerden der Umwandlung.

(4) Die Absätze 1 und 3 sind auf selbständige Unternehmensteile und auf Schienenbahnen entsprechend anzuwenden.

Geltungszeitraum: ab 01.08.2014

§ 68
Rücknahme der Entscheidung, Auskunft, Betretungsrecht

(1) Die Entscheidung nach § 63 ist mit Wirkung auch für die Vergangenheit zurückzunehmen, wenn bekannt wird, dass bei ihrer Erteilung die Voraussetzungen nach den §§ 64 oder 65 nicht vorlagen.

(2) [1]Zum Zweck der Prüfung der gesetzlichen Voraussetzungen sind die Bediensteten des Bundesamtes für Wirtschaft und Ausfuhrkontrolle und dessen Beauftragte befugt, von den für die Begünstigten handelnden natürlichen Personen für die Prüfung erforderliche Auskünfte zu verlangen, innerhalb der üblichen Geschäftszeiten die geschäftlichen Unterlagen einzusehen und zu prüfen sowie Betriebs- und Geschäftsräume sowie die dazugehörigen Grundstücke der begünstigten Personen während der üblichen Geschäftszeiten zu betreten. [2]Die für die Begünstigten handelnden natürlichen Personen müssen die verlangten Auskünfte erteilen und die Unterlagen zur Einsichtnahme vorlegen. [3]Zur Auskunft Verpflichtete können die Auskunft auf solche Fragen verweigern, deren Beantwortung sie selbst oder in § 383 Absatz 1 Nummer 1 bis 3 der Zivilprozessordnung bezeichnete Angehörige der Gefahr strafrechtlicher Verfolgung oder eines Verfahrens nach dem Gesetz über Ordnungswidrigkeiten aussetzen würde.

Geltungszeitraum: ab 01.08.2014

§ 69 Mitwirkungs- und Auskunftspflicht

[1]Unternehmen und Schienenbahnen, die eine Entscheidung nach § 63 beantragen oder erhalten haben, müssen bei der Evaluierung und Fortschreibung der §§ 63 bis 68 durch das Bundesministerium für Wirtschaft und Energie, das Bundesamt für Wirtschaft und Ausfuhrkontrolle oder deren Beauf-

tragte mitwirken. ²Sie müssen auf Verlangen erteilen:
1. Auskunft über sämtliche von ihnen selbst verbrauchten Strommengen, auch solche, die nicht von der Begrenzungsentscheidung erfasst sind, um eine Grundlage für die Entwicklung von Effizienzanforderungen zu schaffen,
2. Auskunft über mögliche und umgesetzte effizienzsteigernde Maßnahmen, insbesondere Maßnahmen, die durch den Betrieb des Energie- oder Umweltmanagementsystems oder eines alternativen Systems zur Verbesserung der Energieeffizienz aufgezeigt wurden,
3. Auskunft über sämtliche Bestandteile der Stromkosten des Unternehmens, soweit dies für die Ermittlung durchschnittlicher Strompreise für Unternehmen mit ähnlichen Stromverbräuchen erforderlich ist, und
4. weitere Auskünfte, die zur Evaluierung und Fortschreibung der §§ 63 bis 68 erforderlich sind.

³Das Bundesamt für Wirtschaft und Ausfuhrkontrolle kann die Art der Auskunftserteilung nach Satz 2 näher ausgestalten. ⁴Betriebs- und Geschäftsgeheimnisse müssen gewahrt werden.

Geltungszeitraum: ab 01.08.2014

### § 70
### Grundsatz

¹Anlagenbetreiber, Netzbetreiber und Elektrizitätsversorgungsunternehmen müssen einander die für den bundesweiten Ausgleich nach den §§ 56 bis 62 jeweils erforderlichen Daten, insbesondere die in den §§ 71 bis 74 genannten Daten, unverzüglich zur Verfügung stellen. ²§ 62 ist entsprechend anzuwenden.

Geltungszeitraum: ab 01.08.2014

### § 71
### Anlagenbetreiber

Anlagenbetreiber müssen dem Netzbetreiber
1. bis zum 28. Februar eines Jahres alle für die Endabrechnung des Vorjahres erforderlichen Daten zur Verfügung stellen und
2. bei Biomasseanlagen nach den §§ 44 bis 46 die Art und Menge der Einsatzstoffe sowie Angaben zu Wärmenutzungen und eingesetzten Technologien nach § 45 Absatz 2 oder § 47 Absatz 2 Satz 1 Nummer 2 oder zu dem Anteil eingesetzter Gülle nach § 46 Nummer 3 in der für die Nachweisführung nach § 47 vorgeschriebenen Weise übermitteln.

Geltungszeitraum: ab 01.08.2014

### § 72
### Netzbetreiber

(1) Netzbetreiber, die nicht Übertragungsnetzbetreiber sind, müssen ihrem vorgelagerten Übertragungsnetzbetreiber
1. die folgenden Angaben unverzüglich, nachdem sie verfügbar sind, zusammengefasst übermitteln:

a) die tatsächlich geleisteten finanziellen Förderungen für Strom aus erneuerbaren Energien und aus Grubengas oder für die Bereitstellung installierter Leistung nach den Förderbestimmungen des Erneuerbare-Energien-Gesetzes in der für die jeweilige Anlage anzuwendenden Fassung,
b) die von den Anlagenbetreibern erhaltenen Meldungen nach § 21 Absatz 1, jeweils gesondert für die verschiedenen Veräußerungsformen nach § 20 Absatz 1,
c) bei Wechseln in die Veräußerungsform nach § 20 Absatz 1 Nummer 4 zusätzlich zu den Angaben nach Buchstabe b den Energieträger, aus dem der Strom in der jeweiligen Anlage erzeugt wird, die installierte Leistung der Anlage sowie die Dauer, seit der die betreffende Anlage diese Veräußerungsform bereits nutzt,
d) die Kosten für die Nachrüstung nach § 57 Absatz 2 in Verbindung mit der Systemstabilitätsverordnung, die Anzahl der nachgerüsteten Anlagen und die von ihnen erhaltenen Angaben nach § 71 sowie
e) die sonstigen für den bundesweiten Ausgleich erforderlichen Angaben,
2. bis zum 31. Mai eines Jahres mittels Formularvorlagen, die der Übertragungsnetzbetreiber auf seiner Internetseite zur Verfügung stellt, in elektronischer Form die Endabrechnung für das Vorjahr sowohl für jede einzelne Anlage als auch zusammengefasst vorlegen; § 32 Absatz 3 und 4 ist entsprechend anzuwenden; bis zum 31. Mai eines Jahres ist dem vorgelagerten Übertragungsnetzbetreiber ein Nachweis über die nach § 57 Absatz 2 Satz 1 zu ersetzenden Kosten vorzulegen; spätere Änderungen der Ansätze sind dem Übertragungsnetzbetreiber unverzüglich mitzuteilen und bei der nächsten Abrechnung zu berücksichtigen.

(2) Für die Ermittlung der auszugleichenden Energiemengen und Zahlungen finanzieller Förderungen nach Absatz 1 sind insbesondere erforderlich
1. die Angabe der Spannungsebene, an die die Anlage angeschlossen ist,
2. die Höhe der vermiedenen Netzentgelte nach § 57 Absatz 3,
3. die Angabe, inwieweit der Netzbetreiber die Energiemengen von einem nachgelagerten Netz abgenommen hat, und
4. die Angabe, inwieweit der Netzbetreiber die Energiemengen nach Nummer 3 an Letztverbraucher, Netzbetreiber oder Elektrizitätsversorgungsunternehmen abgegeben oder sie selbst verbraucht hat.

Geltungszeitraum: ab 01.08.2014

### § 73 [1)]
### Übertragungsnetzbetreiber

(1) Für Übertragungsnetzbetreiber ist § 72 entsprechend anzuwenden mit der Maßgabe, dass die Angaben und die Endabrechnung nach § 72 Absatz 1

---

1) § 73 Abs. 4 geänd. mWv 1. 8. 2014 durch G v. 22. 7. 2014 (BGBl. I S. 1218).

# EEG

für Anlagen, die unmittelbar oder mittelbar nach § 11 Absatz 2 an ihr Netz angeschlossen sind, unbeschadet des § 77 Absatz 4 auf ihrer Internetseite veröffentlicht werden müssen.

(2) ¹Übertragungsnetzbetreiber müssen ferner den Elektrizitätsversorgungsunternehmen, für die sie regelverantwortlich sind, bis zum 31. Juli eines Jahres die Endabrechnung für die EEG-Umlage des jeweiligen Vorjahres vorlegen. ²§ 72 Absatz 2 ist entsprechend anzuwenden.

(3) Die Übertragungsnetzbetreiber müssen weiterhin die Daten für die Berechnung der Marktprämie nach Maßgabe der Anlage 1 Nummer 3 zu diesem Gesetz in nicht personenbezogener Form und den tatsächlichen Jahresmittelwert des Marktwerts für Strom aus solarer Strahlungsenergie („MWSolar (a)") veröffentlichen.

(4) Übertragungsnetzbetreiber, die von ihrem Recht nach § 60 Absatz 2 Satz 3 Gebrauch machen, müssen alle Netzbetreiber, in deren Netz der Bilanzkreis physische Entnahmestellen hat, über die Kündigung des Bilanzkreisvertrages informieren.

Geltungszeitraum: ab 01.08.2014

## § 74
### Elektrizitätsversorgungsunternehmen

¹Elektrizitätsversorgungsunternehmen müssen ihrem regelverantwortlichen Übertragungsnetzbetreiber unverzüglich die an Letztverbraucher gelieferte Energiemenge elektronisch mitteilen und bis zum 31. Mai die Endabrechnung für das Vorjahr vorlegen. ²Soweit die Belieferung über Bilanzkreise erfolgt, müssen die Energiemengen bilanzkreisscharf mitgeteilt werden. ³Satz 1 ist auf Eigenversorger entsprechend anzuwenden; ausgenommen sind Strom aus Bestandsanlagen, für den nach § 61 Absatz 3 und 4 keine Umlagepflicht besteht, und Strom aus Stromerzeugungsanlagen im Sinne des § 61 Absatz 2 Nummer 4, wenn die installierte Leistung der Eigenerzeugungsanlage 10 Kilowatt und die selbst verbrauchte Strommenge 10 Megawattstunden pro Kalenderjahr nicht überschreitet. ⁴Die Übertragungsnetzbetreiber müssen unverzüglich, spätestens jedoch ab dem 1. Januar 2016, bundesweit einheitliche Verfahren für die vollständig automatisierte elektronische Übermittlung der Daten nach Satz 2 zur Verfügung stellen, die den Vorgaben des Bundesdatenschutzgesetzes genügen.

Geltungszeitraum: ab 01.08.2014

## § 75
### Testierung

¹Die zusammengefassten Endabrechnungen der Netzbetreiber nach § 72 Absatz 1 Nummer 2 müssen durch einen Wirtschaftsprüfer, eine Wirtschaftsprüfungsgesellschaft, einen vereidigten Buchprüfer oder eine Buchprüfungsgesellschaft geprüft werden. ²Im Übrigen können die Netzbetreiber und Elektrizitätsversorgungsunternehmen verlangen, dass die Endabrechnungen nach den §§ 73 und 74 bei Vorlage durch einen Wirtschaftsprüfer, eine Wirtschaftsprüfungsgesellschaft, einen vereidigten Buchprüfer oder eine Buchprüfungsgesellschaft geprüft werden. ³Bei der Prüfung sind zu berücksichtigen:
1. die höchstrichterliche Rechtsprechung,
2. die Entscheidungen der Bundesnetzagentur nach § 85 und
3. die Entscheidungen der Clearingstelle nach § 81 Absatz 4 Satz 1 Nummer 1 oder Absatz 5.

⁴Für die Prüfungen nach den Sätzen 1 und 2 sind § 319 Absatz 2 bis 4, § 319b Absatz 1, § 320 Absatz 2 und § 323 des Handelsgesetzbuchs entsprechend anzuwenden.

Geltungszeitraum: ab 01.08.2014

## § 76
### Information der Bundesnetzagentur

(1) Netzbetreiber müssen die Angaben, die sie nach § 71 von den Anlagenbetreibern erhalten, die Angaben nach § 72 Absatz 2 Nummer 1 und die Endabrechnungen nach § 72 Absatz 1 Nummer 2 sowie § 73 Absatz 2 einschließlich der zu ihrer Überprüfung erforderlichen Daten zum Ablauf der jeweiligen Fristen der Bundesnetzagentur in elektronischer Form vorlegen; für Elektrizitätsversorgungsunternehmen und Eigenversorger ist der erste Halbsatz hinsichtlich der Angaben nach § 74 entsprechend anzuwenden.

(2) ¹Soweit die Bundesnetzagentur Formularvorlagen bereitstellt, müssen Netzbetreiber, Elektrizitätsversorgungsunternehmen und Anlagenbetreiber die Daten in dieser Form übermitteln. ²Die Daten nach Absatz 1 mit Ausnahme der Strombezugskosten werden dem Bundesministerium für Wirtschaft und Energie von der Bundesnetzagentur für statistische Zwecke sowie die Evaluation des Gesetzes und die Berichterstattungen nach den §§ 97 bis 99 zur Verfügung gestellt.

Geltungszeitraum: ab 01.08.2014

## § 77
### Information der Öffentlichkeit

(1) ¹Netzbetreiber und Elektrizitätsversorgungsunternehmen müssen auf ihren Internetseiten veröffentlichen:
1. die Angaben nach den §§ 70 bis 74 unverzüglich nach ihrer Übermittlung und
2. einen Bericht über die Ermittlung der von ihnen nach den §§ 70 bis 74 mitgeteilten Daten unverzüglich nach dem 30. September eines Jahres.

²Sie müssen die Angaben und den Bericht zum Ablauf des Folgejahres vorhalten. ³§ 73 Absatz 1 bleibt unberührt.

(2) Die Übertragungsnetzbetreiber müssen die nach § 57 Absatz 1 finanziell geförderten und nach § 59 vermarkteten Strommengen sowie die Angaben nach § 72 Absatz 1 Nummer 1 Buchstabe c nach Maßgabe der Ausgleichsmechanismusverordnung auf einer gemeinsamen Internetseite in nicht personenbezogener Form veröffentlichen.

(3) Die Angaben und der Bericht müssen eine sachkundige dritte Person in die Lage versetzen, ohne weitere Informationen die finanziellen Förderungen und die geförderten Energiemengen vollständig nachvollziehen zu können.

(4) Angaben, die auf Grund der Rechtsverordnung nach § 93 im Internet veröffentlicht werden, müssen von den Netzbetreibern nicht veröffentlicht werden.

Geltungszeitraum: ab 01.08.2014

### § 78[1)]
### Stromkennzeichnung entsprechend der EEG-Umlage

(1) [1]Elektrizitätsversorgungsunternehmen erhalten im Gegenzug zur Zahlung der EEG-Umlage nach § 60 Absatz 1 das Recht, Strom als „Erneuerbare Energien, gefördert nach dem Erneuerbare-Energien-Gesetz" zu kennzeichnen. [2]Die Eigenschaft des Stroms ist gegenüber Letztverbrauchern im Rahmen der Stromkennzeichnung nach Maßgabe der Absätze 2 bis 4 und des § 42 des Energiewirtschaftsgesetzes auszuweisen.

(2) [1]Der nach Absatz 1 gegenüber ihren Letztverbrauchern ausgewiesene Anteil berechnet sich in Prozent, indem die EEG-Umlage, die das Elektrizitätsversorgungsunternehmen tatsächlich für die an ihre Letztverbraucher gelieferte Strommenge in einem Jahr gezahlt hat,

1. mit dem EEG-Quotienten nach Absatz 3 multipliziert wird,
2. danach durch die gesamte in diesem Jahr an ihre Letztverbraucher gelieferte Strommenge dividiert wird und
3. anschließend mit Hundert multipliziert wird.

[2]Der nach Absatz 1 ausgewiesene Anteil ist unmittelbarer Bestandteil der gelieferten Strommenge und kann nicht getrennt ausgewiesen oder weiter vermarktet werden.

(3) [1]Der EEG-Quotient ist das Verhältnis der Summe der Strommenge, für die in dem vergangenen Kalenderjahr eine finanzielle Förderung nach § 19 in Anspruch genommen wurde, zu den gesamten durch die Übertragungsnetzbetreiber erhaltenen Einnahmen aus der EEG-Umlage für die von den Elektrizitätsversorgungsunternehmen im vergangenen Kalenderjahr gelieferten Strommengen an Letztverbraucher. [2]Die Übertragungsnetzbetreiber veröffentlichen auf einer gemeinsamen Internetplattform in einheitlichem Format jährlich bis zum 31. Juli den EEG-Quotienten in nicht personenbezogener Form für das jeweils vorangegangene Kalenderjahr.

(4) Die Anteile der nach § 42 Absatz 1 Nummer 1 und Absatz 3 des Energiewirtschaftsgesetzes anzugebenden Energieträger sind mit Ausnahme des Anteils für „Strom aus erneuerbaren Energien, gefördert nach dem Erneuerbare-Energien-Gesetz" entsprechend anteilig für den jeweiligen Letztverbraucher um den nach Absatz 1 auszuweisenden Prozentsatz zu reduzieren.

(5) [1]Elektrizitätsversorgungsunternehmen weisen gegenüber Letztverbrauchern, deren Pflicht zur Zahlung der EEG-Umlage nach den §§ 63 bis 68 begrenzt ist, zusätzlich zu dem Gesamtenergieträgermix einen gesonderten, nach den Sätzen 3 und 4 zu berechnenden „Energieträgermix für nach dem Erneuerbare-Energien-Gesetz privilegierte Unternehmen" aus. [2]In diesem Energieträgermix sind die Anteile nach § 42 Absatz 1 Nummer 1 des Energiewirtschaftsgesetzes auszuweisen. [3]Der Anteil in Prozent für „Erneuerbare Energien, gefördert nach dem Erneuerbare-Energien-Gesetz" berechnet sich abweichend von Absatz 2, indem die EEG-Umlage, die das Elektrizitätsversorgungsunternehmen tatsächlich für die in einem Jahr an den jeweiligen Letztverbraucher gelieferte Strommenge gezahlt hat,

1. mit dem EEG-Quotienten nach Absatz 3 multipliziert wird,
2. danach durch die gesamte an den jeweiligen Letztverbraucher gelieferte Strommenge dividiert wird und
3. anschließend mit Hundert multipliziert wird.

[4]Die Anteile der anderen nach § 42 Absatz 1 Nummer 1 des Energiewirtschaftsgesetzes anzugebenden Energieträger sind entsprechend anteilig für den jeweiligen Letztverbraucher um den nach Satz 3 berechneten Prozentsatz zu reduzieren.

(6) Für Eigenversorger, die nach § 61 die EEG-Umlage zahlen müssen, sind die Absätze 1 bis 5 mit der Maßgabe entsprechend anzuwenden, dass ihr eigener Strom anteilig als „Strom aus erneuerbaren Energien, gefördert nach dem Erneuerbare-Energien-Gesetz" anzusehen ist.

Geltungszeitraum: ab 01.08.2014

### § 79
### Herkunftsnachweise

(1) [1]Die zuständige Behörde stellt Anlagenbetreibern Herkunftsnachweise für Strom aus erneuerbaren Energien aus, der nach § 20 Absatz 1 Nummer 2 auf sonstige Weise direkt vermarktet wird. [2]Die zuständige Behörde überträgt und entwertet Herkunftsnachweise. [3]Ausstellung, Übertragung und Entwertung erfolgen elektronisch und nach Maßgabe der Herkunftsnachweisverordnung. [4]Die Herkunftsnachweise müssen vor Missbrauch geschützt sein.

(2) [1]Die zuständige Behörde erkennt auf Antrag nach Maßgabe der Herkunftsnachweisverordnung ausländische Herkunftsnachweise für Strom aus erneuerbaren Energien an. [2]Satz 1 ist nur für Herkunftsnachweise anzuwenden, die mindestens die Vorgaben des Artikels 15 Absatz 6 und 9 der Richtlinie 2009/28/EG des Europäischen Parlaments und des Rates vom 23. April 2009 zur Förderung der Nutzung von Energie aus erneuerbaren Quellen und zur Änderung und anschließenden Aufhebung der Richtlinien 2001/77/EG und 2003/30/EG (ABl. L 140 vom 5. 6. 2009, S. 16) erfüllen. [3]Strom, für den ein Herkunftsnachweis nach Satz 1 anerkannt worden ist, gilt als Strom, der nach § 20 Absatz 1 Nummer 2 auf sonstige Weise direkt vermarktet wird.

(3) Die zuständige Behörde richtet eine elektronische Datenbank ein, in der die Ausstellung, Anerkennung, Übertragung und Entwertung von Herkunftsnachweisen registriert werden (Herkunftsnachweisregister).[2)]

---

1) § 78 Abs. 1 Satz 1 und Abs. 3 Satz 2 geänd. mWv 1. 8. 2014 durch G v. 22. 7. 2014 (BGBl. I S. 1218).
2) Das Herkunftsnachweisregister (HKNR) beim Umweltbundesamt hat am 1. 1. 2013 seinen Betrieb aufgenommen. Anschrift: Wörlitzer Platz 1, 06844 Dessau-Roßlau, www.hknr.de.

(4) Zuständige Behörde im Sinne der Absätze 1 bis 3 ist das Umweltbundesamt.

(5) Herkunftsnachweise sind keine Finanzinstrumente im Sinne des § 1 Absatz 11 des Kreditwesengesetzes oder des § 2 Absatz 2b des Wertpapierhandelsgesetzes.

Geltungszeitraum: ab 01.08.2014

## § 80
### Doppelvermarktungsverbot

(1) [1]Strom aus erneuerbaren Energien und aus Grubengas sowie in ein Gasnetz eingespeistes Deponie- oder Klärgas und Gas aus Biomasse dürfen nicht mehrfach verkauft, anderweitig überlassen oder entgegen § 56 an eine dritte Person veräußert werden. [2]Strom aus erneuerbaren Energien oder aus Grubengas darf insbesondere nicht in mehreren Veräußerungsformen nach § 20 Absatz 1 oder mehrfach in derselben Form nach § 20 Absatz 1 veräußert werden. [3]Solange Anlagenbetreiber Strom aus ihrer Anlage in einer Veräußerungsform nach § 20 Absatz 1 veräußern, bestehen keine Ansprüche aus einer anderen Veräußerungsform nach § 20 Absatz 1. [4]Die Vermarktung als Regelenergie ist im Rahmen der Direktvermarktung nicht als mehrfacher Verkauf oder anderweitige Überlassung von Strom anzusehen.

(2) [1]Anlagenbetreiber, die eine finanzielle Förderung nach § 19 für Strom aus erneuerbaren Energien oder aus Grubengas in Anspruch nehmen, dürfen Herkunftsnachweise oder sonstige Nachweise, die die Herkunft des Stroms belegen, für diesen Strom nicht weitergeben. [2]Gibt ein Anlagenbetreiber einen Herkunftsnachweis oder sonstigen Nachweis, der die Herkunft des Stroms belegt, für Strom aus erneuerbaren Energien oder aus Grubengas weiter, darf für diesen Strom keine finanzielle Förderung nach § 19 in Anspruch genommen werden.

(3) Solange im Rahmen einer gemeinsamen Projektumsetzung nach dem Projekt-Mechanismen-Gesetz für die Emissionsminderungen der Anlage Emissionsreduktionseinheiten erzeugt werden können, darf für den Strom aus der betreffenden Anlage der Anspruch nach § 19 nicht geltend gemacht werden.

Geltungszeitraum: ab 01.08.2014

## § 81
### Clearingstelle

(1) [1]Zu diesem Gesetz wird eine Clearingstelle eingerichtet.[1)] [2]Der Betrieb erfolgt im Auftrag des Bundesministeriums für Wirtschaft und Energie durch eine juristische Person des Privatrechts.

(2) Die Clearingstelle ist zuständig für Fragen und Streitigkeiten
1. zur Anwendung der §§ 5, 7 bis 55, 70, 71, 80, 100 und 101 sowie der hierzu auf Grund dieses Gesetzes erlassenen Rechtsverordnungen,
2. zur Anwendung der Bestimmungen, die den in Nummer 1 genannten Bestimmungen in einer vor dem 1. August 2014 geltenden Fassung dieses Gesetzes entsprochen haben,
3. zur Anwendung des § 61, soweit Anlagen betroffen sind, und
4. zur Messung des für den Betrieb einer Anlage gelieferten oder verbrauchten Stroms.

(3) [1]Die Aufgaben der Clearingstelle sind:
1. die Vermeidung von Streitigkeiten und
2. die Beilegung von Streitigkeiten.

[2]Bei der Wahrnehmung dieser Aufgaben müssen die Regelungen zum Schutz personenbezogener Daten und zum Schutz von Betriebs- oder Geschäftsgeheimnissen sowie Entscheidungen der Bundesnetzagentur nach § 85 beachtet werden. [3]Ferner sollen die Grundsätze der Richtlinie 2013/11/EU des Europäischen Parlaments und des Rates vom 21. Mai 2013 über die alternative Beilegung verbraucherrechtlicher Streitigkeiten und zur Änderung der Verordnung (EG) Nr. 2006/2004 und der Richtlinie 2009/22/EG (ABl. L 165 vom 18. 6. 2013, S. 63) in entsprechender Anwendung berücksichtigt werden.

(4) [1]Die Clearingstelle kann zur Vermeidung oder Beilegung von Streitigkeiten zwischen Verfahrensparteien
1. Verfahren zwischen den Verfahrensparteien auf ihren gemeinsamen Antrag durchführen; § 204 Absatz 1 Nummer 11 des Bürgerlichen Gesetzbuchs ist entsprechend anzuwenden; die Verfahren können auch als schiedsgerichtliches Verfahren im Sinne des Zehnten Buches der Zivilprozessordnung durchgeführt werden, wenn die Parteien eine Schiedsvereinbarung getroffen haben, oder
2. Stellungnahmen für ordentliche Gerichte, bei denen diese Streitigkeiten rechtshängig sind, auf deren Ersuchen abgeben.

[2]Verfahrensparteien können Anlagenbetreiber, Direktvermarktungsunternehmer und Netzbetreiber sein. [3]Ihr Recht, die ordentlichen Gerichte anzurufen, bleibt unberührt.

(5) [1]Die Clearingstelle kann zur Vermeidung von Streitigkeiten ferner Verfahren zur Klärung von Fragen über den Einzelfall hinaus durchführen, sofern dies mindestens ein Anlagenbetreiber, ein Direktvermarktungsunternehmer, ein Netzbetreiber oder ein Verband beantragt und ein öffentliches Interesse an der Klärung dieser Fragen besteht. [2]Verbände, deren satzungsgemäßer Aufgabenbereich von der Frage betroffen ist, sind zu beteiligen.

(6) [1]Die Wahrnehmung der Aufgaben nach den Absätzen 3 bis 5 erfolgt nach Maßgabe der Verfahrensordnung, die sich die Clearingstelle selbst gibt. [2]Die Verfahrensordnung muss auch Regelungen dazu enthalten, wie ein schiedsgerichtliches Verfahren durch die Clearingstelle durchgeführt wird. [3]Erlass und Änderungen der Verfahrensordnung bedürfen der vorherigen Zustimmung des Bundesministeriums für Wirtschaft und Energie. [4]Die Wahrnehmung der Aufgaben nach den Absätzen 3 bis 5 steht jeweils unter dem Vorbehalt der vorherigen Zustimmung der Verfahrensparteien zu der Verfahrensordnung.

---

1) Die Clearingstelle EEG hat am 15. 10. 2007 ihre Arbeit aufgenommen. Anschrift: Charlottenstraße 65, 10117 Berlin, www.clearingstelle-eeg.de.

(7) ¹Die Clearingstelle muss die Aufgaben nach den Absätzen 3 bis 5 vorrangig und beschleunigt durchführen. ²Sie kann den Verfahrensparteien Fristen setzen und Verfahren bei nicht ausreichender Mitwirkung der Verfahrensparteien einstellen.

(8) ¹Die Wahrnehmung der Aufgaben nach den Absätzen 3 bis 5 ist keine Rechtsdienstleistung im Sinne des § 2 Absatz 1 des Rechtsdienstleistungsgesetzes. ²Eine Haftung der Betreiberin der Clearingstelle für Vermögensschäden, die aus der Wahrnehmung der Aufgaben entstehen, wird ausgeschlossen; dies gilt nicht für Vorsatz.

(9) Die Clearingstelle muss jährlich einen Tätigkeitsbericht über die Wahrnehmung der Aufgaben nach den Absätzen 3 bis 5 auf ihrer Internetseite in nicht personenbezogener Form veröffentlichen.

(10) ¹Die Clearingstelle kann nach Maßgabe ihrer Verfahrensordnung Entgelte zur Deckung des Aufwands für Handlungen nach Absatz 4 von den Verfahrensparteien erheben. ²Verfahren nach Absatz 5 sind unentgeltlich durchzuführen. ³Für sonstige Handlungen, die im Zusammenhang mit den Aufgaben nach den Absätzen 3 bis 5 stehen, kann die Clearingstelle zur Deckung des Aufwands Entgelte erheben.

Geltungszeitraum: ab 01.08.2014

§ 82
Verbraucherschutz

Die §§ 8 bis 14 des Gesetzes gegen den unlauteren Wettbewerb gelten für Verstöße gegen die §§ 19 bis 55 entsprechend.

Geltungszeitraum: ab 01.08.2014

§ 83
Einstweiliger Rechtsschutz

(1) Auf Antrag des Anlagenbetreibers kann das für die Hauptsache zuständige Gericht bereits vor Errichtung der Anlage unter Berücksichtigung der Umstände des Einzelfalles durch einstweilige Verfügung regeln, dass der Schuldner der in den §§ 8, 11, 12, 19 und 52 bezeichneten Ansprüche Auskunft erteilen, die Anlage vorläufig anschließen, sein Netz unverzüglich optimieren, verstärken oder ausbauen, den Strom abnehmen und einen als billig und gerecht zu erachtenden Betrag als Abschlagszahlung für die finanzielle Förderung leisten muss.

(2) Die einstweilige Verfügung kann erlassen werden, auch wenn die in den §§ 935 und 940 der Zivilprozessordnung bezeichneten Voraussetzungen nicht vorliegen.

Geltungszeitraum: ab 01.08.2014

§ 84
Nutzung von Seewasserstraßen

Solange Anlagenbetreiber eine finanzielle Förderung nach § 19 in Anspruch nehmen, können sie die deutsche ausschließliche Wirtschaftszone oder das Küstenmeer unentgeltlich für den Betrieb der Anlagen nutzen.

Geltungszeitraum: ab 01.08.2014

§ 85
Aufgaben der Bundesnetzagentur

(1) Die Bundesnetzagentur hat vorbehaltlich weiterer Aufgaben, die ihr in Rechtsverordnungen auf Grund dieses Gesetzes übertragen werden, die Aufgabe, zu überwachen, dass

1. die Netzbetreiber nur Anlagen nach § 14 regeln, zu deren Regelung sie berechtigt sind,

2. die Übertragungsnetzbetreiber den nach den §§ 19 und 57 finanziell geförderten Strom nach § 59 in Verbindung mit der Ausgleichsmechanismusverordnung vermarkten, die EEG-Umlage ordnungsgemäß ermitteln, festlegen, veröffentlichen und den Elektrizitätsversorgungsunternehmen berechnen und dass insbesondere den Übertragungsnetzbetreibern nur die finanzielle Förderung nach den §§ 19 bis 55 berechnet wird und hierbei die Saldierungen nach § 57 Absatz 4 berücksichtigt worden sind,

3. die Daten nach § 76 übermittelt sowie nach § 77 veröffentlicht werden,

4. die Kennzeichnung des nach diesem Gesetz geförderten Stroms nur nach Maßgabe des § 78 erfolgt.

(2) ¹Für die Wahrnehmung der Aufgaben nach Absatz 1 Nummer 2 können bei begründetem Verdacht bei Anlagenbetreibern, Elektrizitätsversorgungsunternehmen und Netzbetreibern Kontrollen durchgeführt werden. ²Das Recht von Anlagenbetreibern oder Netzbetreibern, die ordentlichen Gerichte anzurufen oder ein Verfahren vor der Clearingstelle nach § 81 Absatz 4 einzuleiten, bleibt unberührt.

(3) Die Bundesnetzagentur kann unter Berücksichtigung des Zwecks und Ziels nach § 1 Festlegungen nach § 29 Absatz 1 des Energiewirtschaftsgesetzes treffen

1. zu den technischen Einrichtungen nach § 9 Absatz 1 und 2, insbesondere zu den Datenformaten,

2. im Anwendungsbereich des § 14 dazu,
   a) in welcher Reihenfolge die verschiedenen von einer Maßnahme nach § 14 betroffenen Anlagen und KWK-Anlagen geregelt werden,
   b) nach welchen Kriterien der Netzbetreiber über diese Reihenfolge entscheiden muss,
   c) welche Stromerzeugungsanlagen nach § 14 Absatz 1 Satz 1 Nummer 2 auch bei Anwendung des Einspeisemanagements am Netz bleiben müssen, um die Sicherheit und Zuverlässigkeit des Elektrizitätsversorgungssystems zu gewährleisten,

3. zur Abwicklung von Wechseln nach § 21, insbesondere zu Verfahren, Fristen und Datenformaten,

4. zum Nachweis der Fernsteuerbarkeit nach § 36, insbesondere zu Verfahren, Fristen und Datenformaten, und

5. zur Berücksichtigung von Strom aus solarer Strahlungsenergie, der selbst verbraucht wird, bei den Veröffentlichungspflichten nach § 73 und

bei der Berechnung des Monatsmarktwerts von Strom aus solarer Strahlungsenergie nach Anlage 1 Nummer 2.2.4 zu diesem Gesetz, jeweils insbesondere zu Berechnung oder Abschätzung der Strommengen.

(4) Für die Wahrnehmung der Aufgaben der Bundesnetzagentur nach diesem Gesetz und den auf Grund dieses Gesetzes ergangenen Rechtsverordnungen sind die Bestimmungen des Teils 8 des Energiewirtschaftsgesetzes mit Ausnahme des § 69 Absatz 1 Satz 2 und Absatz 10, der §§ 91, 92 und 95 bis 101 sowie des Abschnitts 6 entsprechend anzuwenden.

(5) ¹Die Entscheidungen der Bundesnetzagentur nach Absatz 4 werden von den Beschlusskammern getroffen. ²Satz 1 gilt nicht für Entscheidungen im Zusammenhang mit der Ausschreibung von finanziellen Förderungen nach § 55 und der Rechtsverordnung auf Grund von § 88. ³§ 59 Absatz 1 Satz 2 und 3, Absatz 2 und 3 sowie § 60 des Energiewirtschaftsgesetzes sind entsprechend anzuwenden.

Geltungszeitraum: ab 01.08.2014

§ 86
Bußgeldvorschriften

(1) Ordnungswidrig handelt, wer vorsätzlich oder fahrlässig

1. entgegen § 80 Absatz 1 Satz 1 Strom oder Gas verkauft, überlässt oder veräußert,
2. einer vollziehbaren Anordnung nach § 69 Satz 2 zuwiderhandelt,
3. einer vollziehbaren Anordnung nach § 85 Absatz 4 in Verbindung mit § 65 Absatz 1 oder Absatz 2 oder § 69 Absatz 7 Satz 1 oder Absatz 8 Satz 1 des Energiewirtschaftsgesetzes zuwiderhandelt oder
4. einer Rechtverordnung[1)]
    a) nach § 90 Nummer 3,
    b) nach § 92 Nummer 1,
    c) nach § 92 Nummer 3 oder Nummer 4,
    d) nach § 93 Nummer 1, 4 oder Nummer 9

oder einer vollziehbaren Anordnung auf Grund einer solchen Rechtsverordnung zuwiderhandelt, soweit die Rechtsverordnung für einen bestimmten Tatbestand auf diese Bußgeldvorschrift verweist.

(2) Die Ordnungswidrigkeit kann in den Fällen des Absatzes 1 Nummer 4 Buchstabe a, c und d mit einer Geldbuße bis zu fünfzigtausend Euro und in den übrigen Fällen mit einer Geldbuße bis zu zweihunderttausend Euro geahndet werden.

(3) Verwaltungsbehörde im Sinne des § 36 Absatz 1 Nummer 1 des Gesetzes über Ordnungswidrigkeiten ist

1. die Bundesnetzagentur in den Fällen des Absatzes 1 Nummer 1, 3 oder Nummer 4 Buchstabe d,

2. das Bundesamt für Wirtschaft und Ausfuhrkontrolle in den Fällen des Absatzes 1 Nummer 2,

3. die Bundesanstalt für Landwirtschaft und Ernährung in den Fällen des Absatzes 1 Nummer 4 Buchstabe a und

4. das Umweltbundesamt in den Fällen des Absatzes 1 Nummer 4 Buchstabe b oder Buchstabe c.

Geltungszeitraum: ab 01.08.2014

§ 87
Gebühren und Auslagen

(1) ¹Für Amtshandlungen nach diesem Gesetz und auf diesem Gesetz beruhenden Rechtsverordnungen sowie für die Nutzung des Herkunftsnachweisregisters und des Anlagenregisters werden Gebühren und Auslagen erhoben; hierbei kann auch der Verwaltungsaufwand berücksichtigt werden, der jeweils bei der Fachaufsichtsbehörde entsteht. ²Hinsichtlich der Gebührenerhebung für Amtshandlungen nach Satz 1 ist das Verwaltungskostengesetz vom 23. Juni 1970 (BGBl. I S. 821) in der am 14. August 2013 geltenden Fassung anzuwenden. ³Für die Nutzung des Herkunftsnachweisregisters und des Anlagenregisters sind die Bestimmungen der Abschnitte 2 und 3 des Verwaltungskostengesetzes in der am 14. August 2013 geltenden Fassung entsprechend anzuwenden.

(2) ¹Die gebührenpflichtigen Tatbestände und die Gebührensätze sind durch Rechtsverordnung[2)] ohne Zustimmung des Bundesrates zu bestimmen. ²Dabei können feste Sätze, auch in Form von Zeitgebühren, oder Rahmensätze vorgesehen und die Erstattung von Auslagen auch abweichend vom Verwaltungskostengesetz geregelt werden. ³Zum Erlass der Rechtsverordnungen ist das Bundesministerium für Wirtschaft und Energie ermächtigt. ⁴Es kann diese Ermächtigung durch Rechtsverordnung ohne Zustimmung des Bundesrates auf eine Bundesoberbehörde übertragen, soweit diese Aufgaben auf Grund dieses Gesetzes oder einer Rechtsverordnung nach den §§ 88, 90, 92 oder § 93 wahrnimmt. ⁵Abweichend von Satz 3 ist das Bundesministerium für Ernährung und Landwirtschaft im Einvernehmen mit dem Bundesministerium der Finanzen, dem Bundesministerium für Wirtschaft und Energie und dem Bundesministerium für Umwelt, Naturschutz, Bau und Reaktorsicherheit zum Erlass der Rechtsverordnung für Amtshandlungen der Bundesanstalt für Landwirtschaft und Ernährung im Zusammenhang mit der Anerkennung von Systemen oder mit der Anerkennung und Überwachung einer unabhängigen Kontrollstelle nach der Biomassestrom-Nachhaltigkeitsverordnung ermächtigt.

Geltungszeitraum: ab 01.08.2014

---

1) Richtig wohl: „Rechtsverordnung".
2) Siehe die Biomassestrom- sowie Biokraftstoff-NachhaltigkeitsgebührenVO, die Herkunftsnachweis-GebührenVO und die Besondere-Ausgleichsregelung-GebührenVO.

## § 88
**Verordnungsermächtigung zur Ausschreibung der Förderung für Freiflächenanlagen**

(1) Die Bundesregierung wird ermächtigt, durch Rechtsverordnung ohne Zustimmung des Bundesrates im Anwendungsbereich des § 55 Regelungen vorzusehen

1. zu Verfahren und Inhalt der Ausschreibungen, insbesondere
   a) zur kalenderjährlich insgesamt auszuschreibenden zu installierenden Leistung in Megawatt oder elektrischer Arbeit in Megawattstunden,
   b) zur Aufteilung der jährlichen Ausschreibungsmenge in Teilmengen und zu der Bestimmung von Mindest- und Maximalgrößen von Teillosen,
   c) zur Festlegung von Mindest- und Höchstbeträgen für die finanzielle Förderung für elektrische Arbeit oder für die Bereitstellung installierter Leistung,
   d) zu der Preisbildung, der Anzahl der Bieterrunden und dem Ablauf der Ausschreibungen,
   e) abweichend von § 51 oder § 55 Absatz 2 Nummer 2 Flächen zu bestimmen, auf denen Anlagen errichtet werden können,

2. zu weiteren Voraussetzungen nach § 55 Absatz 2 Nummer 4, insbesondere
   a) die Anlagengröße zu begrenzen und abweichend von § 32 Absatz 1 und 2 die Zusammenfassung von Anlagen zu regeln,
   b) Anforderungen zu stellen, die der Netz- oder Systemintegration der Anlagen dienen,
   c) abweichende Regelungen zu den §§ 19 bis 39 und 55 Absatz 2 Nummer 2 zu treffen,

3. zu den Anforderungen für die Teilnahme an den Ausschreibungen, insbesondere
   a) Mindestanforderungen an die Eignung der Teilnehmer zu stellen,
   b) Anforderungen an den Planungs- und Genehmigungsstand der Projekte zu stellen,
   c) Anforderungen zu der Art, der Form und dem Inhalt von Sicherheiten zu stellen, die von allen Teilnehmern an Ausschreibungen oder nur im Fall der Zuschlagserteilung zu leisten sind, um eine Inbetriebnahme und den Betrieb der Anlage sicherzustellen, und die entsprechenden Regelungen zur teilweisen oder vollständigen Zurückzahlung dieser Sicherheiten,
   d) festzulegen, wie Teilnehmer an den Ausschreibungen die Einhaltung der Anforderungen nach den Buchstaben a bis c nachweisen müssen,

4. zu der Art, der Form und dem Inhalt der Zuschlagserteilung im Rahmen einer Ausschreibung und zu den Kriterien für die Zuschlagserteilung,

5. zu der Art, der Form und dem Inhalt der durch einen Zuschlag vergebenen finanziellen Förderung, insbesondere zu regeln, dass
   a) die finanzielle Förderung für elektrische Arbeit pro Kilowattstunde, für die Bereitstellung installierter Leistung in Euro pro Kilowatt oder für eine Kombination beider Varianten auch abweichend von den Bestimmungen in den §§ 19 bis 39 zu zahlen ist,
   b) eine durch Zuschlag erteilte Förderberechtigung unabhängig von Rechtsschutzverfahren Dritter gegen das Ausschreibungsverfahren oder die Zuschlagserteilung bestehen bleibt,

6. zu einem Aufwendungsersatz für die Erstellung von nicht bezuschlagten Geboten,

7. zu Anforderungen, die den Betrieb der Anlagen sicherstellen sollen, insbesondere wenn eine Anlage nicht oder verspätet in Betrieb genommen worden ist oder nicht in einem ausreichenden Umfang betrieben wird,
   a) eine Pflicht zu einer Geldzahlung vorzusehen und deren Höhe und die Voraussetzungen für die Zahlungspflicht zu regeln,
   b) Kriterien für einen Ausschluss von Bietern bei künftigen Ausschreibungen zu regeln und
   c) die Möglichkeit vorzusehen, die im Rahmen der Ausschreibungen vergebenen Förderberechtigungen nach Ablauf einer bestimmten Frist zu entziehen oder zu ändern und danach erneut zu vergeben, oder die Dauer oder Höhe des Förderanspruchs nach Ablauf einer bestimmten Frist zu ändern,

8. zu der Art, der Form und dem Inhalt der Veröffentlichungen der Bekanntmachung von Ausschreibungen, der Ausschreibungsergebnisse und der erforderlichen Mitteilungen an die Netzbetreiber,

9. zur Übertragbarkeit von Förderberechtigungen vor der Inbetriebnahme der Anlage und ihrer verbindlichen Zuordnung zu einer Anlage, insbesondere
   a) zu den zu beachtenden Frist- und Formerfordernissen und Mitteilungspflichten,
   b) zu dem Kreis der berechtigten Personen und den an diese zu stellenden Anforderungen,

10. zu den nach den Nummern 1 bis 9 zu übermittelnden Informationen und dem Schutz der in diesem Zusammenhang übermittelten personenbezogenen Daten.

(2) Die Bundesregierung wird ermächtigt, durch Rechtsverordnung ohne Zustimmung des Bundesrates im Anwendungsbereich des § 55 und in Abweichung von dem Geltungsbereich dieses Gesetzes für Strom aus Freiflächenanlagen, die in einem anderen Mitgliedstaat der Europäischen Union errichtet worden sind, zur Umsetzung des § 2 Absatz 6

1. zu regeln, dass ein Anspruch auf finanzielle Förderung nach diesem Gesetz besteht, wenn
   a) der Anlagenbetreiber über eine Förderberechtigung verfügt, die im Rahmen einer

Ausschreibung durch Zuschlag erteilt worden ist,

b) ab der Inbetriebnahme der Anlage der gesamte während der Förderdauer in der Anlage erzeugte Strom nicht selbst verbraucht wird,

c) sichergestellt ist, dass die tatsächliche Auswirkung des in der Anlage erzeugten Stroms auf das deutsche Stromnetz oder auf den deutschen Strommarkt vergleichbar ist zu der Auswirkung, die der Strom bei einer Einspeisung im Bundesgebiet hätte,

d) mit dem Mitgliedstaat der Europäischen Union, in dem die Anlage errichtet werden soll, ein völkerrechtlicher Vertrag oder ein entsprechendes Verwaltungsabkommen abgeschlossen worden ist, in dem die weiteren Voraussetzungen für den Anspruch auf die finanzielle Förderung, das Verfahren sowie der Inhalt und der Umfang der finanziellen Förderung mit dem Mitgliedstaat der Europäischen Union geregelt worden sind, und dieser völkerrechtliche Vertrag oder dieses Verwaltungsabkommen dem Prinzip der gegenseitigen Kooperation bei der Förderung, dem Ausschluss der Doppelförderung sowie einer angemessenen Kosten- und Nutzenverteilung zwischen Deutschland und dem anderen Mitgliedstaat Rechnung trägt,

e) die weiteren Voraussetzungen nach diesem Gesetz oder der Rechtsverordnung nach Absatz 1 mit Ausnahme der Voraussetzungen nach § 51 Absatz 1 erfüllt sind, soweit auf der Grundlage der Nummern 2 bis 5 keine abweichenden Regelungen in der Rechtsverordnung getroffen worden sind,

2. entsprechende Regelungen nach Absatz 1 Nummer 1 bis 10 zu treffen, insbesondere

a) abweichend von der in den §§ 19, 34, 35 Nummer 3, den §§ 37 bis 39 geregelten Voraussetzung der tatsächlichen Einspeisung in das Netz im Bundesgebiet Regelungen zu treffen, die sicherstellen, dass auch ohne eine Einspeisung in dieses Netz die geförderte Strommenge einen mit der Einspeisung im Bundesgebiet vergleichbaren tatsächlichen Effekt auf das deutsche Stromnetz oder auf den deutschen Strommarkt hat, sowie die Voraussetzungen und das Verfahren für den Nachweis,

b) Regelungen zu dem betroffenen Anspruchsgegner, der zur Zahlung der finanziellen Förderung verpflichtet ist, die Erstattung der entsprechenden Kosten und die Voraussetzungen des Anspruchs auf finanzielle Förderung in Abweichung von den §§ 19, 23 bis 26 vorzusehen,

c) Regelungen zum Umfang der finanziellen Förderung und zur anteiligen finanziellen Förderung des erzeugten Stroms durch dieses Gesetz und durch den anderen Mitgliedstaat der Europäischen Union vorzusehen,

3. von § 6 Absatz 2, § 55 Absatz 4, von den §§ 70 bis 72 und 75 bis 77 sowie von der Rechtsverordnung nach § 93 abweichende Regelungen zu Mitteilungs- und Veröffentlichungspflichten zu treffen,

4. von den §§ 8 bis 18 abweichende Regelungen zur Netz- und Systemintegration zu treffen,

5. Regelungen vorzusehen, wie die Anlagen bei der Berechnung des Zielkorridors nach § 31 Absatz 1 zu berücksichtigen sind,

6. von den §§ 56 bis 61 abweichende Regelungen zu den Kostentragungspflichten und dem bundesweiten Ausgleich der Kosten der finanziellen Förderung der Anlagen zu treffen,

7. von § 81 abweichende Regelungen zur Vermeidung oder Beilegung von Streitigkeiten durch die Clearingstelle und von § 85 abweichende Regelungen zur Kompetenz der Bundesnetzagentur vorzusehen.

(3) Zur Umsetzung des völkerrechtlichen Vertrages oder des Verwaltungsabkommens nach Absatz 2 Nummer 1 Buchstabe d wird die Bundesregierung ermächtigt, durch Rechtsverordnung ohne Zustimmung des Bundesrates für Anlagenbetreiber von Freiflächenanlagen, die im Bundesgebiet errichtet worden sind und einen Anspruch auf finanzielle Förderung in einem Fördersystem eines anderen Mitgliedstaates der Europäischen Union haben,

1. abweichend von den §§ 19 bis 55 die Höhe der finanziellen Förderung oder den Wegfall des Anspruchs auf finanzielle Förderung nach diesem Gesetz zu regeln, wenn ein Förderanspruch aus einem anderen Mitgliedstaat besteht,

2. abweichend von § 15 die Entschädigung zu regeln.

(4) Die Bundesregierung wird ermächtigt, durch Rechtsverordnung ohne Zustimmung des Bundesrates im Anwendungsbereich des § 55

1. abweichend von den Absätzen 1 und 2 und von § 55 nicht die Bundesnetzagentur, sondern eine andere juristische Person des öffentlichen Rechts mit den Ausschreibungen zu betrauen oder in entsprechendem Umfang eine juristische Person des Privatrechts zu beauftragen und hierzu Einzelheiten zu regeln,

2. die Bundesnetzagentur zu ermächtigen, unter Berücksichtigung des Zwecks und Ziels nach § 1 Festlegungen nach § 29 Absatz 1 des Energiewirtschaftsgesetzes zu den Ausschreibungen zu regeln einschließlich der konkreten Ausgestaltung der Regelungen nach Absatz 1 Nummer 1 bis 10 und Absatz 2.

Geltungszeitraum: ab 01.08.2014

§ 89
Verordnungsermächtigung zur Stromerzeugung aus Biomasse

(1) Die Bundesregierung wird ermächtigt, durch Rechtsverordnung[1)] ohne Zustimmung des Bundesrates im Anwendungsbereich der §§ 44 bis 46 zu regeln,

---

1) Siehe die BiomasseVO.

1. welche Stoffe als Biomasse gelten und
2. welche technischen Verfahren zur Stromerzeugung angewandt werden dürfen.

(2) Die Bundesregierung wird ferner ermächtigt, durch Rechtsverordnung ohne Zustimmung des Bundesrates im Anwendungsbereich des § 47 Absatz 6 Nummer 2 Anforderungen an ein Massenbilanzsystem zur Rückverfolgung von aus einem Erdgasnetz entnommenem Gas zu regeln.

Geltungszeitraum: ab 01.08.2014

§ 90
Verordnungsermächtigung zu Nachhaltigkeitsanforderungen für Biomasse

Das Bundesministerium für Umwelt, Naturschutz, Bau und Reaktorsicherheit wird ermächtigt, im Einvernehmen mit dem Bundesministerium für Wirtschaft und Energie und dem Bundesministerium für Ernährung und Landwirtschaft durch Rechtsverordnung[1] ohne Zustimmung des Bundesrates

1. zu regeln, dass der Anspruch auf finanzielle Förderung für Strom aus fester, flüssiger oder gasförmiger Biomasse nur besteht, wenn die zur Stromerzeugung eingesetzte Biomasse folgende Anforderungen erfüllt:
    a) bestimmte ökologische und sonstige Anforderungen an einen nachhaltigen Anbau und an die durch den Anbau in Anspruch genommenen Flächen, insbesondere zum Schutz natürlicher Lebensräume, von Grünland mit großer biologischer Vielfalt im Sinne der Richtlinie 2009/28/EG und von Flächen mit hohem Kohlenstoffbestand,
    b) bestimmte ökologische und soziale Anforderungen an eine nachhaltige Herstellung,
    c) ein bestimmtes Treibhausgas-Minderungspotenzial, das bei der Stromerzeugung mindestens erreicht werden muss,
2. die Anforderungen nach Nummer 1 einschließlich der Vorgaben zur Ermittlung des Treibhausgas-Minderungspotenzials nach Nummer 1 Buchstabe c zu regeln,
3. festzulegen, wie Anlagenbetreiber die Einhaltung der Anforderungen nach den Nummern 1 und 2 nachweisen müssen; dies schließt Regelungen ein
    a) zum Inhalt, zu der Form und der Gültigkeitsdauer dieser Nachweise einschließlich Regelungen zur Anerkennung von Nachweisen, die nach dem Recht der Europäischen Union oder eines anderen Staates als Nachweis über die Erfüllung von Anforderungen nach Nummer 1 anerkannt wurden,
    b) zur Einbeziehung von Systemen und unabhängigen Kontrollstellen in die Nachweisführung und
    c) zu den Anforderungen an die Anerkennung von Systemen und unabhängigen Kontrollstellen sowie zu den Maßnahmen zu ihrer Überwachung einschließlich erforderlicher Auskunfts-, Einsichts-, Probenentnahme- und Weisungsrechte sowie des Rechts der zuständigen Behörde oder unabhängiger Kontrollstellen, während der Geschäfts- oder Betriebszeit Grundstücke, Geschäfts-, Betriebs- und Lagerräume sowie Transportmittel zu betreten, soweit dies für die Überwachung oder Kontrolle erforderlich ist,
4. die Bundesanstalt für Landwirtschaft und Ernährung mit Aufgaben zu betrauen, die die Einhaltung der in der Rechtsverordnung nach den Nummern 1 bis 3 geregelten Anforderungen sicherstellen, insbesondere mit der näheren Bestimmung der in der Rechtsverordnung auf Grund der Nummern 1 und 2 geregelten Anforderungen sowie mit der Wahrnehmung von Aufgaben nach Nummer 3.

Geltungszeitraum: ab 01.08.2014

§ 91
Verordnungsermächtigung zum Ausgleichsmechanismus

Die Bundesregierung wird ermächtigt, zur Weiterentwicklung des bundesweiten Ausgleichsmechanismus durch Rechtsverordnung[2] ohne Zustimmung des Bundesrates zu regeln,

1. dass Vorgaben zur Vermarktung des nach diesem Gesetz geförderten Stroms gemacht werden können, einschließlich
    a) der Möglichkeit, die Vergütungszahlungen und Transaktionskosten durch finanzielle Anreize abzugelten oder Übertragungsnetzbetreiber an den Gewinnen und Verlusten bei der Vermarktung zu beteiligen,
    b) der Überwachung der Vermarktung,
    c) Anforderungen an die Vermarktung, Kontoführung und Ermittlung der EEG-Umlage einschließlich von Veröffentlichungs- und Transparenzpflichten, Fristen und Übergangsregelungen für den finanziellen Ausgleich,
2. dass und unter welchen Voraussetzungen die Übertragungsnetzbetreiber berechtigt werden können,
    a) mit Anlagenbetreibern vertragliche Vereinbarungen zu treffen, die unter angemessener Berücksichtigung des Einspeisevorrangs der Optimierung der Vermarktung des Stroms dienen; dies schließt die Berücksichtigung der durch solche Vereinbarungen entstehenden Kosten im Rahmen des Ausgleichsmechanismus ein, sofern sie volkswirtschaftlich angemessen sind,
    b) Anlagen, die nach dem 31. Dezember 2015 in Betrieb genommen werden, bei andauernden negativen Preisen abzuregeln,

---

[1] Siehe die Biomassestrom-NachhaltigkeitsVO.
[2] Siehe die VO zur Weiterentwicklung des bundesweiten Ausgleichsmechanismus und die Ausgleichsmechanismus-AusführungsVO.

3. dass die Übertragungsnetzbetreiber verpflichtet werden können, insbesondere für die Verrechnung der Verkaufserlöse, der notwendigen Transaktionskosten und der Vergütungszahlungen ein gemeinsames transparentes EEG-Konto zu führen,

4. dass die Übertragungsnetzbetreiber verpflichtet werden können, gemeinsam auf Grundlage der prognostizierten Strommengen aus erneuerbaren Energien und Grubengas die voraussichtlichen Kosten und Erlöse einschließlich einer Liquiditätsreserve für das folgende Kalenderjahr und unter Verrechnung des Saldos des EEG-Kontos für das folgende Kalenderjahr eine bundesweit einheitliche EEG-Umlage zu ermitteln und in nicht personenbezogener Form zu veröffentlichen,

5. dass die Aufgaben der Übertragungsnetzbetreiber ganz oder teilweise auf Dritte übertragen werden können, die im Rahmen eines Ausschreibungs- oder anderen objektiven, transparenten und diskriminierungsfreien Verfahrens ermittelt worden sind; dies schließt Regelungen für das hierfür durchzuführende Verfahren einschließlich der Ausschreibung der von den Übertragungsnetzbetreibern im Rahmen des bundesweiten Ausgleichs erbrachten Dienstleistungen oder der EEG-Strommengen sowie die Möglichkeit ein, die Aufgabenwahrnehmung durch Dritte abweichend von jener durch die Übertragungsnetzbetreiber zu regeln,

6. die erforderlichen Anpassungen an die Regelungen der Direktvermarktung sowie die erforderlichen Anpassungen der besonderen Ausgleichsregelung für stromintensive Unternehmen und Schienenbahnen, der Regelung zur nachträglichen Korrekturmöglichkeit, der Befugnisse der Bundesnetzagentur, der Übermittlungs- und Veröffentlichungspflichten sowie der EEG-Umlage an den weiterentwickelten Ausgleichsmechanismus,

7. dass im Fall des § 61 die EEG-Umlage für Strom aus Anlagen oder anderen Stromerzeugungsanlagen abweichend von den §§ 60 und 61 an den Netzbetreiber gezahlt werden muss, an dessen Netz die Anlage angeschlossen ist, und dieser Netzbetreiber die Zahlung an den Übertragungsnetzbetreiber weitergibt; dabei können Ansprüche auf Zahlung der EEG-Umlage auch abweichend von § 33 Absatz 1 mit Ansprüchen auf eine finanzielle Förderung aufgerechnet werden und es kann geregelt werden,

   a) wann Zahlungen auf die EEG-Umlage geleistet oder Abschläge gezahlt werden müssen und

   b) wie die Mitteilungs- und Veröffentlichungspflichten auch abweichend von den §§ 70 bis 76 angepasst werden.

Geltungszeitraum: ab 01.08.2014

## § 92
### Verordnungsermächtigung zu Herkunftsnachweisen

Das Bundesministerium für Wirtschaft und Energie wird ermächtigt, durch Rechtsverordnung[1]) ohne Zustimmung des Bundesrates

1. die Anforderungen zu regeln an

   a) die Ausstellung, Übertragung und Entwertung von Herkunftsnachweisen nach § 79 Absatz 1,

   b) die Anerkennung, Übertragung und Entwertung von Herkunftsnachweisen, die vor der Inbetriebnahme des Herkunftsnachweisregisters ausgestellt worden sind, sowie

   c) die Anerkennung von Herkunftsnachweisen nach § 79 Absatz 2,

2. den Inhalt, die Form und die Gültigkeitsdauer der Herkunftsnachweise festzulegen,

3. das Verfahren für die Ausstellung, Anerkennung, Übertragung und Entwertung von Herkunftsnachweisen zu regeln sowie festzulegen, wie Antragsteller dabei die Einhaltung der Anforderungen nach Nummer 1 nachweisen müssen,

4. die Ausgestaltung des Herkunftsnachweisregisters nach § 79 Absatz 3 zu regeln sowie festzulegen, welche Angaben an das Herkunftsnachweisregister übermittelt werden müssen und wer zur Übermittlung verpflichtet ist; dies schließt Regelungen zum Schutz personenbezogener Daten ein,

5. abweichend von § 79 Absatz 5 zu regeln, dass Herkunftsnachweise Finanzinstrumente im Sinne des § 1 Absatz 11 des Kreditwesengesetzes oder des § 2 Absatz 2b des Wertpapierhandelsgesetzes sind,

6. abweichend von § 78 im Rahmen der Stromkennzeichnung die Ausweisung von Strom zu regeln, für den eine finanzielle Förderung nach § 19 in Anspruch genommen wird; hierbei kann insbesondere abweichend von § 79 Absatz 1 auch die Ausstellung von Herkunftsnachweisen für diesen Strom an die Übertragungsnetzbetreiber geregelt werden,

7. abweichend von § 79 Absatz 4 eine juristische Person des öffentlichen Rechts mit den Aufgaben nach § 79 Absatz 1 bis 3, insbesondere mit der Einrichtung und dem Betrieb des Herkunftsnachweisregisters sowie mit der Ausstellung, Anerkennung, Übertragung oder Entwertung von Herkunftsnachweisen einschließlich der Vollstreckung der hierzu ergehenden Verwaltungsakte zu betrauen oder in entsprechendem Umfang eine juristische Person des Privatrechts zu beleihen und hierzu die Einzelheiten, einschließlich der Rechts- und Fachaufsicht durch das Umweltbundesamt, zu regeln.

Geltungszeitraum: ab 01.08.2014

---

1) Siehe die HerkunftsnachweisVO und die Herkunftsnachweis-DurchführungsVO.

## § 93
### Verordnungsermächtigung zum Anlagenregister

Das Bundesministerium für Wirtschaft und Energie wird ermächtigt, zur Ausgestaltung des Anlagenregisters nach § 6 durch Rechtsverordnung[1)] ohne Zustimmung des Bundesrates zu regeln:

1. die Angaben nach § 6 Absatz 2 und weitere Angaben, die an das Anlagenregister übermittelt werden müssen, einschließlich der Anforderungen an die Art, die Formate, den Umfang und die Aufbereitung; zu den weiteren Angaben zählen insbesondere Angaben über:
    a) die Eigenversorgung durch die Anlage,
    b) das Datum der Inbetriebnahme der Anlage,
    c) technische Eigenschaften der Anlage,
    d) das Netz, an das die Anlage angeschlossen ist,
2. wer die weiteren Angaben nach Nummer 1 übermitteln muss, insbesondere ob Anlagenbetreiber, Netzbetreiber, öffentliche Stellen oder sonstige Personen zur Übermittlung verpflichtet sind,
3. das Verfahren zur Registrierung der Anlagen einschließlich der Fristen sowie der Regelung, dass die Registrierung durch Anlagenbetreiber abweichend von § 6 Absatz 2 bei einem Dritten erfolgen muss, der zur Übermittlung an das Anlagenregister verpflichtet ist,
4. die Überprüfung der im Anlagenregister gespeicherten Angaben einschließlich hierzu erforderlicher Mitwirkungspflichten von Anlagenbetreibern und Netzbetreibern,
5. dass Wechsel der Veräußerungsformen abweichend von § 21 Absatz 1 dem Anlagenregister mitzuteilen sind, einschließlich der Fristen für die Datenübermittlung sowie Bestimmungen zu Format und Verfahren,
6. dass die Angaben mit den Angaben des Herkunftsnachweisregisters nach § 79 Absatz 3 oder mit anderen Registern und Datensätzen abgeglichen werden, die eingerichtet oder erstellt werden
    a) auf Grund dieses Gesetzes oder einer hierauf erlassenen Rechtsverordnung,
    b) auf Grund des Energiewirtschaftsgesetzes oder einer hierauf erlassenen Rechtsverordnung oder Festlegung oder
    c) auf Grund des Gesetzes gegen Wettbewerbsbeschränkungen oder einer hierauf erlassenen Rechtsverordnung oder Festlegung,
    soweit die für diese Register und Datensätze jeweils maßgeblichen Bestimmungen einem Abgleich nicht entgegenstehen,
7. dass Angaben der Anlagenbetreiber über genehmigungsbedürftige Anlagen mit Daten der zuständigen Genehmigungsbehörde abgeglichen werden,
8. welche registrierten Angaben im Internet veröffentlicht werden; hierbei ist unter angemessener Berücksichtigung des Datenschutzes ein hohes Maß an Transparenz anzustreben; dies schließt ferner Bestimmungen nach § 26 Absatz 2 über die erforderlichen Veröffentlichungen zur Überprüfung des Zubaus von Anlagen zur Erzeugung von Strom aus Biomasse, Windenergieanlagen an Land und Anlagen zur Erzeugung von Strom aus solarer Strahlungsenergie sowie der nach den §§ 28, 29 und 31 jeweils geltenden anzulegenden Werte ein,
9. die Pflicht der Netzbetreiber, die jeweilige Ist-Einspeisung von Anlagen, die im Anlagenregister registriert werden und mit technischen Einrichtungen im Sinne von § 9 Absatz 1 Nummer 2 ausgestattet sind, abzurufen und diese Angaben an das Anlagenregister zu übermitteln, einschließlich der Fristen sowie der Anforderungen an die Art, die Formate, den Umfang und die Aufbereitung der zu übermittelnden Daten,
10. das Verhältnis zu den Übermittlungs- und Veröffentlichungspflichten nach den §§ 70 bis 73; hierbei kann insbesondere geregelt werden, in welchem Umfang Angaben, die im Anlagenregister erfasst und veröffentlicht werden, ab dem Zeitpunkt ihrer Veröffentlichung nicht mehr nach den §§ 70 bis 73 übermittelt und veröffentlicht werden müssen,
11. Art und Umfang der Weitergabe der Angaben an
    a) Netzbetreiber zur Erfüllung ihrer Aufgaben nach diesem Gesetz und dem Energiewirtschaftsgesetz,
    b) öffentliche Stellen zur Erfüllung ihrer Aufgaben im Zusammenhang mit dem Ausbau der erneuerbaren Energien,
    c) Dritte, soweit dies zur Erfüllung der Aufgaben nach Buchstabe b erforderlich ist oder soweit ein berechtigtes Interesse an den Angaben besteht, für das die Veröffentlichung nach Nummer 8 nicht ausreicht; Angaben nach § 6 Absatz 2 Nummer 1 dürfen nicht an Dritte weitergegeben werden,
12. die Ermächtigung der Bundesnetzagentur, durch Festlegung nach § 29 des Energiewirtschaftsgesetzes zu regeln:
    a) weitere Angaben, die von Anlagenbetreibern oder Netzbetreibern zu übermitteln sind, soweit dies nach § 6 Absatz 1 Satz 2 erforderlich ist,
    b) dass abweichend von einer Rechtsverordnung nach Nummer 1 bestimmte Angaben nicht mehr übermittelt werden müssen, soweit diese nicht länger nach § 6 Absatz 1 Satz 2 erforderlich sind; hiervon ausgenommen sind die Angaben nach § 6 Absatz 2,
    c) Art und Umfang eines erweiterten Zugangs zu Angaben im Anlagenregister für bestimmte Personenkreise zur Verbesserung der Markt- und Netzintegration,

---

1) Siehe die AnlagenregisterVO.

13. Regelungen zum Schutz personenbezogener Daten im Zusammenhang mit den nach den Nummern 1 bis 11 zu übermittelnden Angaben, insbesondere Aufklärungs-, Auskunfts- und Löschungspflichten,

14. die Überführung des Anlagenregisters nach § 6 Absatz 4 in das Gesamtanlagenregister nach § 53b des Energiewirtschaftsgesetzes einschließlich der erforderlichen Regelungen zur Übertragung der registrierten Angaben sowie zur Wahrnehmung der Aufgaben nach § 6 Absatz 1 Satz 2 durch das Gesamtanlagenregister.

Geltungszeitraum: ab 01.08.2014

## § 94
### Verordnungsermächtigungen zur Besonderen Ausgleichsregelung

Das Bundesministerium für Wirtschaft und Energie wird ermächtigt, durch Rechtsverordnung ohne Zustimmung des Bundesrates

1. Vorgaben zu regeln zur Festlegung von Effizienzanforderungen, die bei der Berechnung des standardisierten Stromverbrauchs im Rahmen der Berechnung der Stromkostenintensität nach § 64 Absatz 6 Nummer 3 anzuwenden sind, insbesondere zur Festlegung von Stromeffizienzreferenzwerten, die dem Stand fortschrittlicher stromeffizienter Produktionstechnologien entsprechen, oder von sonstigen Effizienzanforderungen, sodass nicht der tatsächliche Stromverbrauch, sondern der standardisierte Stromverbrauch bei der Berechnung der Stromkosten angesetzt werden kann; hierbei können

   a) Vorleistungen berücksichtigt werden, die von Unternehmen durch Investitionen in fortschrittliche Produktionstechnologien getätigt wurden, oder

   b) Erkenntnisse aus den Auskünften über den Betrieb von Energie- oder Umweltmanagementsystemen oder alternativen Systemen zur Verbesserung der Energieeffizienz durch die Unternehmen nach § 69 Satz 2 Nummer 1 und 2 herangezogen werden,

2. festzulegen, welche durchschnittlichen Strompreise nach § 64 Absatz 6 Nummer 3 für die Berechnung der Stromkostenintensität eines Unternehmens zugrunde gelegt werden müssen und wie diese Strompreise berechnet werden; hierbei können insbesondere

   a) Strompreise für verschiedene Gruppen von Unternehmen mit ähnlichem Stromverbrauch oder Stromverbrauchsmuster gebildet werden, die die Strommarktrealitäten abbilden, und

   b) verfügbare statistische Erfassungen von Strompreisen in der Industrie berücksichtigt werden,

3. Branchen in die Anlage 4 aufzunehmen oder aus dieser herauszunehmen, sobald und soweit dies für eine Angleichung an Beschlüsse der Europäischen Kommission erforderlich ist.

Geltungszeitraum: ab 01.08.2014

## § 95
### Weitere Verordnungsermächtigungen

Die Bundesregierung wird ferner ermächtigt, durch Rechtsverordnung ohne Zustimmung des Bundesrates

1. das Berechnungsverfahren für die Entschädigung nach § 15 Absatz 1 zu regeln, insbesondere ein pauschaliertes Verfahren zur Ermittlung der jeweils entgangenen Einnahmen und ersparten Aufwendungen, sowie ein Nachweisverfahren für die Abrechnung im Einzelfall,

2. zu regeln, dass bei der Inanspruchnahme der Einspeisevergütung nach § 38

   a) Anlagenbetreiber den Strom aus ihrer Anlage abweichend von § 19 Absatz 1 Nummer 2 einem Dritten zur Verfügung stellen müssen,

   b) sich der Anspruch nach § 38 Absatz 1 gegen den Dritten richtet, dem der Strom nach Buchstabe a zur Verfügung gestellt wird,

   c) der Dritte nach den Buchstaben a und b im Rahmen eines Ausschreibungs- oder anderen objektiven, transparenten und diskriminierungsfreien Verfahrens ermittelt wird und mit der Umsetzung des § 38 betraut wird; hierbei können insbesondere die ausschreibende Behörde sowie Anforderungen an die Durchführung des Verfahrens, Anforderungen an den mit der Umsetzung des § 38 beauftragten Dritten, die Voraussetzungen, die Anlagen für die Inanspruchnahme des § 38 erfüllen müssen, Anforderungen an die Bedingungen und Durchführung des § 38 und Anforderungen an die Höhe der finanziellen Förderung im Rahmen des § 38 bestimmt werden,

3. für die Berechnung der Marktprämie nach Nummer 1.2 der Anlage 1 zu diesem Gesetz für Strom aus Anlagen, die nach dem am 31. Juli 2014 geltenden Inbetriebnahmebegriff vor dem 1. August 2014 in Betrieb genommen worden sind, die Höhe der Erhöhung des jeweils anzulegenden Wertes „AW" abweichend von § 100 Absatz 1 Nummer 8 zu regeln für Strom, der nach dem Inkrafttreten dieses Gesetzes direkt vermarktet wird, auch aus Anlagen, die bereits vor dem Inkrafttreten dieses Gesetzes erstmals die Marktprämie in Anspruch genommen haben; hierbei können verschiedene Werte für verschiedene Energieträger oder für Vermarktungen auf verschiedenen Märkten oder auch negative Werte festgesetzt werden,

4. ergänzend zu Anlage 2 Bestimmungen zur Ermittlung und Anwendung des Referenzertrags zu regeln,

5. Anforderungen an Windenergieanlagen zur Verbesserung der Netzintegration (Systemdienstleistungen) zu regeln, insbesondere

   a) für Windenergieanlagen an Land Anforderungen

aa) an das Verhalten der Anlagen im Fehlerfall,

bb) an die Spannungshaltung und Blindleistungsbereitstellung,

cc) an die Frequenzhaltung,

dd) an das Nachweisverfahren,

ee) an den Versorgungswiederaufbau und

ff) bei der Erweiterung bestehender Windparks und

b) für Windenergieanlagen an Land, die bereits vor dem 1. Januar 2012 in Betrieb genommen wurden, Anforderungen

aa) an das Verhalten der Anlagen im Fehlerfall,

bb) an die Frequenzhaltung,

cc) an das Nachweisverfahren,

dd) an den Versorgungswiederaufbau und

ee) bei der Nachrüstung von Altanlagen in bestehenden Windparks,

6. ein System zur Direktvermarktung von Strom aus erneuerbaren Energien an Letztverbraucher einzuführen, bei der dieser Strom als „Strom aus erneuerbaren Energien" gekennzeichnet werden kann, insbesondere zu regeln:

a) Anforderungen, die von Anlagenbetreibern und Elektrizitätsversorgungsunternehmen erfüllt werden müssen, um an diesem System teilnehmen zu dürfen; dies umfasst insbesondere

aa) Anforderungen an das Lieferportfolio der teilnehmenden Elektrizitätsversorgungsunternehmen zu Mindestanteilen an Strom aus Anlagen, die Strom aus Windenergie oder solarer Strahlungsenergie erzeugen,

bb) Pflichten zu Investitionen in neue Anlagen zur Erzeugung von Strom aus erneuerbaren Energien oder zu Einzahlungen in einen Fonds, aus dem Anlagen zur Erzeugung von Strom aus erneuerbaren Energien finanziert werden;

diese Anforderungen können auch Strommengen aus Ländern der Europäischen Union umfassen und als zusätzliche Voraussetzung vorsehen, dass sichergestellt ist, dass die tatsächliche Auswirkung des in der Anlage erzeugten Stroms auf das deutsche Stromnetz oder auf den deutschen Strommarkt vergleichbar ist mit der Auswirkung, die der Strom bei einer Einspeisung im Bundesgebiet hätte,

b) Anforderungen an Zahlungen der teilnehmenden Elektrizitätsversorgungsunternehmen an die Übertragungsnetzbetreiber oder an Anlagenbetreiber als Voraussetzung der Teilnahme an diesem System,

c) abweichend von § 78 Regelungen im Rahmen der Stromkennzeichnung, wonach Strom, der nach § 20 Absatz 1 Nummer 1 direkt vermarktet wird, als „Strom aus erneuerbaren Energien" gekennzeichnet werden darf,

d) abweichend von § 79 die Ausstellung von Herkunftsnachweisen für den in diesem System veräußerten Strom,

e) das Verfahren zum Nachweis der Erfüllung der Anforderungen nach den Buchstaben a bis d und, soweit erforderlich, Ergänzungen oder Abweichungen zu den in diesem Gesetz bestimmten Verfahrensregelungen, insbesondere zu Melde-, Kennzeichnungs- und Veröffentlichungspflichten der Elektrizitätsversorgungsunternehmen und Übertragungsnetzbetreiber,

f) Regelungen, nach denen für Elektrizitätsversorgungsunternehmen keine oder eine verringerte Pflicht zur Zahlung der EEG-Umlage besteht, soweit sich diese Unternehmen durch Zahlung der durchschnittlichen Kosten des Stroms aus erneuerbaren Energien, deren Ausbau durch dieses Gesetz gefördert wird, an der Finanzierung der nach diesem Gesetz förderungsfähigen Anlagen angemessen beteiligen und die Höhe der EEG-Umlage für andere Elektrizitätsversorgungsunternehmen dadurch nicht steigt, darunter auch Regelungen, nach denen die Elektrizitätsversorgungsunternehmen zu anderweitigen Zahlungen, etwa in einen Fonds, verpflichtet werden können,

g) ergänzende oder abweichende Regelungen im Hinblick auf Ausgleichsansprüche zwischen Übertragungsnetzbetreibern sowie zwischen Elektrizitätsversorgungsunternehmen und Netzbetreibern, um eine angemessene Kostentragung der an diesem System teilnehmenden Elektrizitätsversorgungsunternehmen sicherzustellen;

hierbei ist auch zu berücksichtigen, dass durch die Einführung dieses Systems eine unbegrenzte Pflicht zur finanziellen Förderung für Strom aus erneuerbaren Energien, der außerhalb des Bundesgebiets erzeugt worden ist, nicht begründet werden darf.

Geltungszeitraum: ab 01.08.2014

## § 96
### Gemeinsame Bestimmungen

(1) Die Rechtsverordnungen auf Grund der §§ 89, 91 und 92 bedürfen der Zustimmung des Bundestages.

(2) [1]Wenn Rechtsverordnungen nach Absatz 1 der Zustimmung des Bundestages bedürfen, kann diese Zustimmung davon abhängig gemacht werden, dass

dessen Änderungswünsche übernommen werden. ²Übernimmt der Verordnungsgeber die Änderungen, ist eine erneute Beschlussfassung durch den Bundestag nicht erforderlich. ³Hat sich der Bundestag nach Ablauf von sechs Sitzungswochen seit Eingang der Rechtsverordnung nicht mit ihr befasst, gilt im Fall der §§ 89 und 91 seine Zustimmung zu der unveränderten Rechtsverordnung als erteilt.

(3) ¹Die Ermächtigungen zum Erlass von Rechtsverordnungen auf Grund der §§ 91 bis 93 können durch Rechtsverordnung ohne Zustimmung des Bundesrates und im Fall der §§ 91 und 92 mit Zustimmung des Bundestages auf eine Bundesoberbehörde übertragen werden. ²Die Rechtsverordnungen, die auf dieser Grundlage von der Bundesoberbehörde erlassen werden, bedürfen nicht der Zustimmung des Bundesrates oder des Bundestages.

Geltungszeitraum: ab 01.08.2014

### § 97
### Erfahrungsbericht

¹Die Bundesregierung evaluiert dieses Gesetz und legt dem Bundestag bis zum 31. Dezember 2018 und dann alle vier Jahre einen Erfahrungsbericht vor. ²Die Bundesnetzagentur, das Bundesamt für Wirtschaft und Ausfuhrkontrolle und das Umweltbundesamt unterstützen die Bundesregierung bei der Erstellung des Erfahrungsberichts.

Geltungszeitraum: ab 01.08.2014

### § 98
### Monitoringbericht

(1) Die Bundesregierung berichtet dem Bundestag bis zum 31. Dezember 2014 und dann jährlich über

1. den Stand des Ausbaus der erneuerbaren Energien und die Erreichung der Ziele nach § 1 Absatz 2,
2. die Erfüllung der Grundsätze nach § 2,
3. den Stand der Direktvermarktung von Strom aus erneuerbaren Energien,
4. die Entwicklung der Eigenversorgung im Sinne des § 61 und
5. die Herausforderungen, die sich aus den Nummern 1 bis 4 ergeben.

(2) Die Bundesregierung legt rechtzeitig vor Erreichung des in § 31 Absatz 6 Satz 1 bestimmten Ziels einen Vorschlag für eine Neugestaltung der bisherigen Regelung vor.

(3) Die Bundesregierung überprüft § 61 Absatz 3 und 4 bis zum Jahr 2017 und legt rechtzeitig einen Vorschlag für eine Neugestaltung der bisherigen Regelung vor.

Geltungszeitraum: ab 01.08.2014

### § 99
### Ausschreibungsbericht

¹Die Bundesregierung berichtet dem Bundestag spätestens bis zum 30. Juni 2016 über die Erfahrungen mit Ausschreibungen insbesondere nach § 55. ²Der Bericht enthält auch Handlungsempfehlungen

1. zur Ermittlung der finanziellen Förderung und ihrer Höhe durch Ausschreibungen im Hinblick auf § 2 Absatz 5 Satz 1 und
2. zur Menge der für die Erreichung der Ziele nach § 1 Absatz 2 erforderlichen auszuschreibenden Strommengen oder installierten Leistungen.

Geltungszeitraum: ab 01.08.2014

### § 100[1)]
### Allgemeine Übergangsbestimmungen

(1) Für Strom aus Anlagen und KWK-Anlagen, die nach dem am 31. Juli 2014 geltenden Inbetriebnahmebegriff vor dem 1. August 2014 in Betrieb genommen worden sind, sind die Bestimmungen dieses Gesetzes anzuwenden mit der Maßgabe, dass

1. statt § 5 Nummer 21 § 3 Nummer 5 des Erneuerbare-Energien-Gesetzes in der am 31. Juli 2014 geltenden Fassung anzuwenden ist,
2. statt § 9 Absatz 3 und 7 § 6 Absatz 3 und 6 des Erneuerbare-Energien-Gesetzes in der am 31. Juli 2014 geltenden Fassung anzuwenden ist,
3. § 25 mit folgenden Maßgaben anzuwenden ist:
   a) an die Stelle des anzulegenden Wertes nach § 23 Absatz 1 Satz 2 tritt der Vergütungsanspruch des Erneuerbare-Energien-Gesetzes in der für die jeweilige Anlage maßgeblichen Fassung und
   b) für Betreiber von Anlagen zur Erzeugung von Strom aus solarer Strahlungsenergie, die nach dem 31. Dezember 2011 in Betrieb genommen worden sind, ist Absatz 1 Satz 1 anzuwenden, solange der Anlagenbetreiber die Anlage nicht nach § 17 Absatz 2 Nummer 1 Buchstabe a des Erneuerbare-Energien-Gesetzes in der am 31. Juli 2014 geltenden Fassung als geförderte Anlage im Sinne des § 20a Absatz 5 des Erneuerbare-Energien-Gesetzes in der am 31. Juli 2014 geltenden Fassung registriert und den Standort und die installierte Leistung der Anlage nicht an die Bundesnetzagentur mittels der von ihr bereitgestellten Formularvorgaben übermittelt hat;
4. statt der §§ 26 bis 31, 40 Absatz 1, der §§ 41 bis 51, 53 und 55, 71 Nummer 2 die §§ 20 bis 20b, 23 bis 33, 46 Nummer 2 sowie die Anlagen 1 und 2 des Erneuerbare-Energien-Gesetzes in der am 31. Juli 2014 geltenden Fassung anzuwenden sind; abweichend hiervon ist § 47 Absatz 7 ausschließlich für Anlagen entsprechend anzuwenden, die nach dem 31. Juli 2014 geltenden Inbetriebnahmebegriff nach dem 31. Dezember 2011 in Betrieb genommen worden sind,
5. § 35 Satz 1 Nummer 2 ab dem 1. April 2015 anzuwenden ist,
6. § 37 entsprechend anzuwenden ist mit Ausnahme von § 37 Absatz 2 und 3 zweiter Halbsatz,

---

1) § 100 Abs. 1 Nr. 10 Buchst. a geänd., Buchst. b eingef., bish. Buchst. b–d werden Buchst. c–e, neue Buchst. c und e geänd., bish. Buchst. e aufgeh., Abs. 2 Satz 2 neu gef., Satz 4 angef., Abs. 4 Nr. 1 und 2 geänd. mWv 1. 8. 2014 durch G v. 22. 7. 2014 (BGBl. I S. 1218).

7. für Strom aus Anlagen zur Erzeugung von Strom aus Wasserkraft, die vor dem 1. Januar 2009 in Betrieb genommen worden sind, anstelle des § 40 Absatz 2 § 23 des Erneuerbare-Energien-Gesetzes in der am 31. Juli 2014 geltenden Fassung anzuwenden ist, wenn die Maßnahme nach § 23 Absatz 2 Satz 1 des Erneuerbare-Energien-Gesetzes in der am 31. Juli 2014 geltenden Fassung vor dem 1. August 2014 abgeschlossen worden ist,
8. Nummer 1.2 der Anlage 1 mit der Maßgabe anzuwenden ist, dass der jeweils anzulegende Wert „AW" erhöht wird
   a) für vor dem 1. Januar 2015 erzeugten Strom
      aa) aus Windenergie und solarer Strahlungsenergie um 0,60 Cent pro Kilowattstunde, wenn die Anlage fernsteuerbar im Sinne des § 3 der Managementprämienverordnung vom 2. November 2012 (BGBl. I S. 2278) ist, und im Übrigen um 0,45 Cent pro Kilowattstunde,
      bb) aus Wasserkraft, Deponiegas, Klärgas, Grubengas, Biomasse und Geothermie um 0,25 Cent pro Kilowattstunde,
   b) für nach dem 31. Dezember 2014 erzeugten Strom
      aa) aus Windenergie und solarer Strahlungsenergie um 0,40 Cent pro Kilowattstunde; abweichend vom ersten Halbsatz wird der anzulegende Wert für Strom, der nach dem 31. Dezember 2014 und vor dem 1. April 2015 erzeugt wird, nur um 0,30 Cent pro Kilowattstunde erhöht, wenn die Anlage nicht fernsteuerbar im Sinne des § 36 ist, oder
      bb) aus Wasserkraft, Deponiegas, Klärgas, Grubengas, Biomasse und Geothermie um 0,20 Cent pro Kilowattstunde.
9. § 66 Absatz 2 Nummer 1, Absatz 4, 5, 6, 11, 18, 18a, 19 und 20 des Erneuerbare-Energien-Gesetzes in der am 31. Juli 2014 geltenden Fassung anzuwenden ist,
10. für Strom aus Anlagen, die nach dem am 31. Dezember 2011 geltenden Inbetriebnahmebegriff vor dem 1. Januar 2012 in Betrieb genommen worden sind, abweichend hiervon und unbeschadet der Nummern 3, 5, 6, 7 und 8 § 66 Absatz 1 Nummer 1 bis 13, Absatz 2, 3, 4, 14, 17 und 21 des Erneuerbare-Energien-Gesetzes in der am 31. Juli 2014 geltenden Fassung anzuwenden ist, wobei die in § 66 Absatz 1 erster Halbsatz angeordnete allgemeine Anwendung der Bestimmungen des Erneuerbare-Energien-Gesetzes in der am 31. Dezember 2011 geltenden Fassung nicht anzuwenden ist, sowie die folgenden Maßgaben gelten:
    a) statt § 5 Nummer 21 ist § 3 Nummer 5 des Erneuerbare-Energien-Gesetzes in der am 31. Dezember 2011 geltenden Fassung anzuwenden; abweichend hiervon ist für Anlagen, die vor dem 1. Januar 2009 nach § 3 Absatz 4 zweiter Halbsatz des Erneuerbare-Energien-Gesetzes in der am 31. Dezember 2008 geltenden Fassung erneuert worden sind, ausschließlich für diese Erneuerung § 3 Absatz 4 des Erneuerbare-Energien-Gesetzes in der am 31. Dezember 2008 geltenden Fassung anzuwenden,
    b) statt § 9 ist § 6 des Erneuerbare-Energien-Gesetzes in der am 31. Dezember 2011 geltenden Fassung unbeschadet des § 66 Absatz 1 Nummer 1 bis 3 des Erneuerbare-Energien-Gesetzes in der am 31. Juli 2014 geltenden Fassung mit folgenden Maßgaben anzuwenden:
       aa) § 9 Absatz 1 Satz 2 und Absatz 4 ist entsprechend anzuwenden,
       bb) § 9 Absatz 8 ist anzuwenden, und
       cc) bei Verstößen ist § 16 Absatz 6 des Erneuerbare-Energien-Gesetzes in der am 31. Dezember 2011 geltenden Fassung entsprechend anzuwenden,
    c) statt der §§ 26 bis 29, 32, 40 Absatz 1, den §§ 41 bis 51, 53 und 55, 71 Nummer 2 sind die §§ 19, 20, 23 bis 33 und 66 sowie die Anlagen 1 bis 4 des Erneuerbare-Energien-Gesetzes in der am 31. Dezember 2011 geltenden Fassung anzuwenden,
    d) statt § 66 Absatz 1 Nummer 10 Satz 1 und 2 des Erneuerbare-Energien-Gesetzes in der am 31. Juli 2014 geltenden Fassung sind die §§ 20, 21, 34 bis 36 und Anlage 1 zu diesem Gesetz mit der Maßgabe anzuwenden, dass abweichend von § 20 Absatz 1 Nummer 3 und 4 die Einspeisevergütung nach den Bestimmungen des Erneuerbare-Energien-Gesetzes in der für die jeweilige Anlage maßgeblichen Fassung maßgeblich ist und dass bei der Berechnung der Marktprämie nach § 34 der anzulegende Wert die Höhe der Vergütung in Cent pro Kilowattstunde ist, die für den direkt vermarkteten Strom bei der konkreten Anlage im Fall einer Vergütung nach den Vergütungsbestimmungen des Erneuerbare-Energien-Gesetzes in der für die jeweilige Anlage maßgeblichen Fassung tatsächlich in Anspruch genommen werden könnte,
    e) statt § 66 Absatz 1 Nummer 11 des Erneuerbare-Energien-Gesetzes in der am 31. Juli 2014 geltenden Fassung sind die §§ 52 und 54 sowie Anlage 3 anzuwenden.

(2) [1]Für Strom aus Anlagen, die
1. nach dem am 31. Juli 2014 geltenden Inbetriebnahmebegriff vor dem 1. August 2014 in Betrieb genommen worden sind und
2. vor dem 1. August 2014 zu keinem Zeitpunkt Strom ausschließlich aus erneuerbaren Energien oder Grubengas erzeugt haben, ist § 5 Nummer 21 erster Halbsatz anzuwenden. [2]Abweichend von Satz 1 gilt für Anlagen nach Satz 1, die ausschließlich Biomethan einsetzen, der am 31. Juli 2014 geltende Inbetriebnahmebegriff, wenn das ab dem 1. August 2014 zur Stromerzeugung eingesetzte Biomethan ausschließlich aus Gasaufbereitungsanlagen stammt, die vor

dem 23. Januar 2014 zum ersten Mal Biomethan in das Erdgasnetz eingespeist haben. ³Für den Anspruch auf finanzielle Förderung für Strom aus einer Anlage nach Satz 2 ist nachzuweisen, dass vor ihrem erstmaligen Betrieb ausschließlich mit Biomethan eine andere Anlage nach Maßgabe der Rechtsverordnung nach § 93 als endgültig stillgelegt registriert worden ist, die
1. schon vor dem 1. August 2014 ausschließlich mit Biomethan betrieben wurde und
2. mindestens dieselbe installierte Leistung hat wie die Anlage nach Satz 2.

⁴Satz 2 ist auf Anlagen entsprechend anzuwenden, die ausschließlich Biomethan einsetzen, das aus einer Gasaufbereitungsanlage stammt, die nach dem Bundes-Immissionsschutzgesetz genehmigungsbedürftig ist und vor dem 23. Januar 2014 genehmigt worden ist und die vor dem 1. Januar 2015 zum ersten Mal Biomethan in das Erdgasnetz eingespeist hat, wenn die Anlage vor dem 1. Januar 2015 nicht mit Biomethan aus einer anderen Gasaufbereitungsanlage betrieben wurde; wird die Anlage erstmalig nach dem 31. Dezember 2014 ausschließlich mit Biomethan betrieben, ist Satz 3 entsprechend anzuwenden.

(3) Für Strom aus Anlagen, die nach dem 31. Juli 2014 und vor dem 1. Januar 2015 in Betrieb genommen worden sind, ist Absatz 1 anzuwenden, wenn die Anlagen nach dem Bundes-Immissionsschutzgesetz genehmigungsbedürftig sind oder für ihren Betrieb einer Zulassung nach einer anderen Bestimmung des Bundesrechts bedürfen und vor dem 23. Januar 2014 genehmigt oder zugelassen worden sind.

(4) Für Strom aus Anlagen, die nach dem am 31. Dezember 2011 geltenden Inbetriebnahmebegriff vor dem 1. Januar 2012 in Betrieb genommen worden sind, verringert sich für jeden Kalendermonat, in dem Anlagenbetreiber ganz oder teilweise Verpflichtungen im Rahmen einer Nachrüstung zur Sicherung der Systemstabilität auf Grund einer Rechtsverordnung nach § 12 Absatz 3a und § 49 Absatz 4 des Energiewirtschaftsgesetzes nicht Ablauf der in der Rechtsverordnung oder der von den Netzbetreibern nach Maßgabe der Rechtsverordnung gesetzten Frist nicht nachgekommen sind,
1. der Anspruch auf die Marktprämie oder die Einspeisevergütung für Anlagen, die mit einer technischen Einrichtung nach § 9 Absatz 1 Satz 1 Nummer 2 oder Satz 2 Nummer 2 ausgestattet sind, auf null oder
2. der in einem Kalenderjahr entstandene Anspruch auf eine Einspeisevergütung für Anlagen, die nicht mit einer technischen Einrichtung nach § 9 Absatz 1 Satz 1 Nummer 2 oder Satz 2 Nummer 2 ausgestattet sind, um ein Zwölftel.

(5) Nummer 3.1 Satz 2 der Anlage 1 ist nicht vor dem 1. Januar 2015 anzuwenden.

Geltungszeitraum: ab 01.08.2014

§ 101 [1)]
Übergangsbestimmungen für Strom aus Biogas

(1) ¹Für Strom aus Anlagen zur Erzeugung von Strom aus Biogas, die nach dem 31. Juli 2014 geltenden Inbetriebnahmebegriff vor dem 1. August 2014 in Betrieb genommen worden sind, verringert sich ab dem 1. August 2014 der Vergütungsanspruch nach den Bestimmungen des Erneuerbare-Energien-Gesetzes in der für die Anlage jeweils anzuwendenden Fassung für jede Kilowattstunde Strom, um die in einem Kalenderjahr die vor dem 1. August 2014 erreichte Höchstbemessungsleistung der Anlage überschritten wird, auf den Monatsmarktwert; für Anlagen zur Erzeugung von Strom aus Biogas, die vor dem 1. Januar 2009 in Betrieb genommen worden sind, verringert sich entsprechend der Vergütungsanspruch nach § 8 Absatz 1 des Erneuerbare-Energien-Gesetzes vom 21. Juli 2004 (BGBl. I S. 1918) in der am 31. Dezember 2008 geltenden Fassung nach Maßgabe des ersten Halbsatzes. ²Höchstbemessungsleistung im Sinne von Satz 1 ist die höchste Bemessungsleistung der Anlage in einem Kalenderjahr seit dem Zeitpunkt ihrer Inbetriebnahme und vor dem 1. Januar 2014. ³Abweichend von Satz 2 gilt der um 5 Prozent verringerte Wert der am 31. Juli 2014 installierten Leistung der Anlage als Höchstbemessungsleistung, wenn der so ermittelte Wert höher als die tatsächliche Höchstbemessungsleistung nach Satz 2 ist.

(2) Für Strom aus Anlagen, die nach dem am 31. Dezember 2011 geltenden Inbetriebnahmebegriff vor dem 1. Januar 2012 in Betrieb genommen worden sind,
1. besteht der Anspruch auf Erhöhung des Bonus für Strom aus nachwachsenden Rohstoffen nach § 27 Absatz 4 Nummer 2 in Verbindung mit Anlage 2 Nummer VI.2.c zu dem Erneuerbare-Energien-Gesetz in der am 31. Dezember 2011 geltenden Fassung ab dem 1. August 2014 nur, wenn zur Stromerzeugung überwiegend Landschaftspflegematerial einschließlich Landschaftspflegegras im Sinne von Anlage 3 Nummer 5 zur Biomasseverordnung in der am 31. Juli 2014 geltenden Fassung eingesetzt werden,
2. ist § 47 Absatz 6 Nummer 2 anzuwenden für Strom, der nach dem 31. Juli 2014 erzeugt worden ist.

(3) Für Anlagen, die nach dem 31. Dezember 2011 und vor dem 1. August 2014 in Betrieb genommen worden sind, ist auch nach dem 31. Juli 2014 die Biomasseverordnung in ihrer am 31. Juli 2014 geltenden Fassung anzuwenden.

Geltungszeitraum: ab 01.08.2014

§ 102
Übergangsbestimmung zur Umstellung auf Ausschreibungen

Nachdem die finanzielle Förderung im Sinne von § 2 Absatz 5 auf Ausschreibungen umgestellt worden ist, besteht auch ohne eine im Rahmen einer Ausschreibung erhaltene Förderberechtigung ein Anspruch nach § 19 Absatz 1 für Anlagenbetreiber von
1. Windenergieanlagen auf See, die vor dem 1. Januar 2017 eine unbedingte Netzanbindungszusage oder Anschlusskapazitäten nach § 17d Absatz 3 des Energiewirtschaftsgesetzes erhalten

---

1) § 101 Abs. 2 Nr. 1 geänd. mWv 1. 8. 2014 durch G v. 22. 7. 2014 (BGBl. I S. 1218).

haben und vor dem 1. Januar 2021 in Betrieb genommen worden sind,

2. Anlagen zur Erzeugung von Strom aus Geothermie, die vor dem 1. Januar 2017 erstmals eine Zulassung nach § 51 Absatz 1 des Bundesberggesetzes für die Aufsuchung erhalten haben und vor dem 1. Januar 2021 in Betrieb genommen worden sind, oder

3. allen anderen Anlagen, die nach dem Bundes-Immissionsschutzgesetz genehmigungsbedürftig sind oder für ihren Betrieb einer Zulassung nach einer anderen Bestimmung des Bundesrechts bedürfen und vor dem 1. Januar 2017 genehmigt oder zugelassen und vor dem 1. Januar 2019 in Betrieb genommen worden sind; dies gilt nicht für die Betreiber von Freiflächenanlagen.

Geltungszeitraum: ab 01.08.2014

## § 103[1)]
### Übergangs- und Härtefallbestimmungen zur Besonderen Ausgleichsregelung

(1) Für Anträge für das Begrenzungsjahr 2015 sind die §§ 63 bis 69 mit den folgenden Maßgaben anzuwenden:

1. § 64 Absatz 1 Nummer 3 ist für Unternehmen mit einem Stromverbrauch von unter 10 Gigawattstunden im letzten abgeschlossenen Geschäftsjahr nicht anzuwenden, wenn das Unternehmen dem Bundesamt für Wirtschaft und Ausfuhrkontrolle nachweist, dass es innerhalb der Antragsfrist nicht in der Lage war, eine gültige Bescheinigung nach § 64 Absatz 3 Nummer 2 zu erlangen.

2. § 64 Absatz 2 und 3 Nummer 1 ist mit der Maßgabe anzuwenden, dass anstelle des arithmetischen Mittels der Bruttowertschöpfung der letzten drei abgeschlossenen Geschäftsjahre auch nur die Bruttowertschöpfung nach § 64 Absatz 6 Nummer 2 des letzten abgeschlossenen Geschäftsjahrs des Unternehmens zugrunde gelegt werden kann.

3. § 64 Absatz 6 Nummer 1 letzter Halbsatz ist nicht anzuwenden.

4. § 64 Absatz 6 Nummer 3 ist mit der Maßgabe anzuwenden, dass die Stromkostenintensität das Verhältnis der von dem Unternehmen in dem letzten abgeschlossenen Geschäftsjahr zu tragenden tatsächlichen Stromkosten einschließlich der Stromkosten für nach § 61 umlagepflichtige selbst verbrauchte Strommengen zu der Bruttowertschöpfung zu Faktorkosten des Unternehmens nach Nummer 2 ist; Stromkosten für nach § 61 nicht umlagepflichtige selbst verbrauchte Strommengen können berücksichtigt werden, soweit diese im letzten abgeschlossenen Geschäftsjahr dauerhaft von nach § 60 Absatz 1 oder nach § 61 umlagepflichtigen Strommengen abgelöst wurden; die Bescheinigung nach § 64 Absatz 3 Nummer 1 Buchstabe c muss sämtliche Bestandteile der vom Unternehmen getragenen Stromkosten enthalten.

5. Abweichend von § 66 Absatz 1 Satz 1 und 2 kann ein Antrag einmalig bis zum 30. September 2014 (materielle Ausschlussfrist) gestellt werden.

6. Im Übrigen sind die §§ 63 bis 69 anzuwenden, es sei denn, dass Anträge für das Begrenzungsjahr 2015 bis zum Ablauf des 31. Juli 2014 bestandskräftig entschieden worden sind.

(2) Für Anträge für das Begrenzungsjahr 2016 sind die §§ 63 bis 69 mit den folgenden Maßgaben anzuwenden:

1. § 64 Absatz 2 und 3 Nummer 1 ist mit der Maßgabe anzuwenden, dass anstelle des arithmetischen Mittels der Bruttowertschöpfung der letzten drei abgeschlossenen Geschäftsjahre auch das arithmetische Mittel der Bruttowertschöpfung nach § 64 Absatz 6 Nummer 2 der letzten beiden abgeschlossenen Geschäftsjahre des Unternehmens zugrunde gelegt werden kann.

2. § 64 Absatz 6 Nummer 3 ist mit der Maßgabe anzuwenden, dass die Stromkostenintensität das Verhältnis der von dem Unternehmen in dem letzten abgeschlossenen Geschäftsjahr zu tragenden tatsächlichen Stromkosten einschließlich der Stromkosten für nach § 61 umlagepflichtige selbst verbrauchte Strommengen zu der Bruttowertschöpfung zu Faktorkosten des Unternehmens nach Nummer 1 ist; Stromkosten für nach § 61 nicht umlagepflichtige selbst verbrauchte Strommengen können berücksichtigt werden, soweit diese im letzten abgeschlossenen Geschäftsjahr dauerhaft von nach § 60 Absatz 1 oder nach § 61 umlagepflichtigen Strommengen abgelöst wurden; die Bescheinigung nach § 64 Absatz 3 Nummer 1 Buchstabe c muss sämtliche Bestandteile der vom Unternehmen getragenen Stromkosten enthalten.

3. Im Übrigen sind die §§ 63 bis 69 anzuwenden.

(3) [1]Für Unternehmen oder selbständige Unternehmensteile, die als Unternehmen des produzierenden Gewerbes nach § 3 Nummer 14 des Erneuerbare-Energien-Gesetzes in der am 31. Juli 2014 geltenden Fassung für das Begrenzungsjahr 2014 über eine bestandskräftige Begrenzungsentscheidung nach den §§ 40 bis 44 des Erneuerbare-Energien-Gesetzes in der am 31. Juli 2014 geltenden Fassung verfügen, begrenzt das Bundesamt für Wirtschaft und Ausfuhrkontrolle die EEG-Umlage für die Jahre 2015 bis 2018 nach den §§ 63 bis 69 so, dass die EEG-Umlage für ein Unternehmen in einem Begrenzungsjahr jeweils nicht mehr als das Doppelte des Betrags in Cent pro Kilowattstunde beträgt, der für den selbst verbrauchten Strom an den begrenzten Abnahmestellen des Unternehmens im jeweils dem Antragsjahr vorangegangenen Geschäftsjahr nach Maßgabe des für dieses Jahr geltenden Begrenzungsbescheides zu zahlen war. [2]Satz 1 gilt entsprechend für Unternehmen oder selbständige Unternehmensteile, die für das Begrenzungsjahr 2014 über eine bestandskräftige Begrenzungsentscheidung verfügen und die Voraussetzungen nach § 64 nicht erfüllen, weil sie einer Branche nach Liste 1 der Anlage 4 zuzuordnen sind, aber ihre Stromkosten-

---

[1)] § 103 Abs. 4 Satz 2 geänd. mWv 1. 8. 2014 durch G v. 22. 7. 2014 (BGBl. I S. 1218).

intensität weniger als 16 Prozent für das Begrenzungsjahr 2015 oder weniger als 17 Prozent ab dem Begrenzungsjahr 2016 beträgt, wenn und insoweit das Unternehmen oder der selbständige Unternehmensteil nachweist, dass seine Stromkostenintensität im Sinne des § 64 Absatz 6 Nummer 3 in Verbindung mit Absatz 1 und 2 dieses Paragrafen mindestens 14 Prozent betragen hat; im Übrigen sind die §§ 64, 66, 68 und 69 entsprechend anzuwenden.

(4) [1]Für Unternehmen oder selbständige Unternehmensteile, die

1. als Unternehmen des produzierenden Gewerbes nach § 3 Nummer 14 des Erneuerbare-Energien-Gesetzes in der am 31. Juli 2014 geltenden Fassung für das Begrenzungsjahr 2014 über eine bestandskräftige Begrenzungsentscheidung nach den §§ 40 bis 44 des Erneuerbare-Energien-Gesetzes in der am 31. Juli 2014 geltenden Fassung verfügen und

2. die Voraussetzungen nach § 64 dieses Gesetzes nicht erfüllen, weil sie

   a) keiner Branche nach Anlage 4 zuzuordnen sind oder

   b) einer Branche nach Liste 2 der Anlage 4 zuzuordnen sind, aber ihre Stromkostenintensität weniger als 20 Prozent beträgt,

begrenzt das Bundesamt für Wirtschaft und Ausfuhrkontrolle auf Antrag die EEG-Umlage für den Stromanteil über 1 Gigawattstunde auf 20 Prozent der nach § 60 Absatz 1 ermittelten EEG-Umlage, wenn und insoweit das Unternehmen oder der selbständige Unternehmensteil nachweist, dass seine Stromkostenintensität im Sinne des § 64 Absatz 6 Nummer 3 in Verbindung mit Absatz 1 und 2 dieses Paragrafen mindestens 14 Prozent betragen hat. [2]Satz 1 ist auch anzuwenden für selbständige Unternehmensteile, die abweichend von Satz 1 Nummer 2 Buchstabe a oder b die Voraussetzungen nach § 64 dieses Gesetzes deshalb nicht erfüllen, weil das Unternehmen einer Branche nach Liste 2 der Anlage 4 zuzuordnen ist. [3]Im Übrigen sind Absatz 3 und die §§ 64, 66, 68 und 69 entsprechend anzuwenden.

(5) Für Schienenbahnen, die noch keine Begrenzungsentscheidung für das Begrenzungsjahr 2014 haben, sind die §§ 63 bis 69 für die Antragstellung auf Begrenzung für die zweite Jahreshälfte des Jahres 2014 mit den Maßgaben anzuwenden, dass

1. die EEG-Umlage für die gesamte Strommenge, die das Unternehmen unmittelbar für den Fahrbetrieb im Schienenbahnverkehr selbst verbraucht hat, auf 20 Prozent der nach § 37 Absatz 2 des Erneuerbare-Energien-Gesetzes in der am 31. Juli 2014 geltenden Fassung ermittelten EEG-Umlage für das Jahr 2014 begrenzt wird,

2. der Antrag nach § 63 in Verbindung mit § 65 einschließlich der Bescheinigungen nach § 64 Absatz 3 Nummer 1 Buchstabe c bis zum 30. September 2014 zu stellen ist (materielle Ausschlussfrist) und

3. die Entscheidung rückwirkend zum 1. Juli 2014 mit einer Geltungsdauer bis zum 31. Dezember 2014 wirksam wird.

(6) [1]Die Übertragungsnetzbetreiber haben gegen Elektrizitätsversorgungsunternehmen für die außerhalb der Regelverantwortung eines Übertragungsnetzbetreibers eigens für die Versorgung von Schienenbahnen erzeugten, unmittelbar in das Bahnstromnetz eingespeisten und unmittelbar für den Fahrbetrieb im Schienenverkehr verbrauchten Strommengen (Bahnkraftwerksstrom) für die Jahre 2009 bis 2013 nur Anspruch auf Zahlung einer EEG-Umlage von 0,05 Cent pro Kilowattstunde. [2]Die Ansprüche werden wie folgt fällig:

1. für Bahnkraftwerksstrom, der in den Jahren 2009 bis 2011 verbraucht worden ist, zum 31. August 2014,

2. für Bahnkraftwerksstrom, der im Jahr 2012 verbraucht worden ist, zum 31. Januar 2015 und

3. für Bahnkraftwerksstrom, der im Jahr 2013 verbraucht worden ist, zum 31. Oktober 2015.

[3]Elektrizitätsversorgungsunternehmen müssen ihrem Übertragungsnetzbetreiber unverzüglich die Endabrechnungen für die Jahre 2009 bis 2013 für den Bahnkraftwerksstrom vorlegen; § 75 ist entsprechend anzuwenden. [4]Elektrizitätsversorgungsunternehmen können für Bahnkraftwerksstrom, den sie vor dem 1. Januar 2009 geliefert haben, die Abnahme und Vergütung nach § 37 Absatz 1 Satz 1 des Erneuerbare-Energien-Gesetzes in der am 31. Dezember 2011 geltenden Fassung und nach § 14 Absatz 3 Satz 1 des Erneuerbare-Energien-Gesetzes in der am 31. Juli 2008 geltenden Fassung verweigern.

Geltungszeitraum: ab 01.08.2014

### § 104
### Weitere Übergangsbestimmungen

(1) [1]Für Anlagen und KWK-Anlagen, die vor dem 1. August 2014 in Betrieb genommen worden sind und mit einer technischen Einrichtung nach § 6 Absatz 1 oder Absatz 2 Nummer 1 und 2 Buchstabe a des am 31. Juli 2014 geltenden Erneuerbare-Energien-Gesetzes ausgestattet werden mussten, ist § 9 Absatz 1 Satz 2 ab dem 1. Januar 2009 rückwirkend anzuwenden. [2]Ausgenommen hiervon sind Fälle, in denen vor dem 9. April 2014 ein Rechtsstreit zwischen Anlagenbetreiber und Netzbetreiber anhängig oder rechtskräftig entschieden worden ist.

(2) § 39 Absatz 1 und 2 des Erneuerbare-Energien-Gesetzes in der am 31. Juli 2014 geltenden Fassung ist auf Strom, den Elektrizitätsversorgungsunternehmen nach dem 31. Dezember 2013 und vor dem 1. August 2014 an ihre gesamten Letztverbraucher geliefert haben, mit den Maßgaben anzuwenden, dass abweichend von § 39 Absatz 1 Nummer 1 des Erneuerbare-Energien-Gesetzes in der am 31. Juli 2014 geltenden Fassung dieser Strom die dort genannten Anforderungen in dem Zeitraum nach dem 31. Dezember 2013 und vor dem 1. August 2014 sowie zugleich jeweils in mindestens vier Monaten dieses Zeitraums erfüllt, wobei § 39 Absatz 1 Nummer 1 zweiter Halbsatz des Erneuerbare-Energien-Gesetzes in der am 31. Juli 2014 geltenden Fassung nicht anzuwenden ist.

(3) ¹Für Eigenversorgungsanlagen, die vor dem 1. August 2014 ausschließlich Strom mit Gichtgas, Konvertergas oder Kokereigas (Kuppelgase) erzeugt haben, das bei der Stahlerzeugung entstanden ist, ist § 61 Absatz 7 nicht anzuwenden und die Strommengen dürfen, soweit sie unter die Ausnahmen nach § 61 Absatz 2 bis 4 fallen, rückwirkend zum 1. Januar 2014 jährlich bilanziert werden. ²Erdgas ist in dem Umfang als Kuppelgas anzusehen, in dem es zur Anfahr-, Zünd- und Stützfeuerung erforderlich ist.

Geltungszeitraum: ab 01.08.2014

# Kraft-Wärme-Kopplungsgesetz (KWKG)

Kraft-Wärme-Kopplungsgesetz vom 19. März 2002 (BGBl. I S. 1092), das zuletzt durch Artikel 4 Absatz 77 des Gesetzes vom 7. August 2013 (BGBl. I S. 3154) geändert worden ist

## § 1
### Zweck des Gesetzes

Zweck des Gesetzes ist es, im Interesse der Energieeinsparung, des Umweltschutzes und der Erreichung der Klimaschutzziele der Bundesregierung einen Beitrag zur Erhöhung der Stromerzeugung aus Kraft-Wärme-Kopplung in der Bundesrepublik Deutschland auf 25 Prozent bis zum Jahr 2020 durch die Förderung der Modernisierung und des Neubaus von Kraft-Wärme-Kopplungsanlagen (KWK-Anlagen), die Unterstützung der Markteinführung der Brennstoffzelle und die Förderung des Neu- und Ausbaus von Wärme- und Kältenetzen sowie des Neu- und Ausbaus von Wärme- und Kältespeichern, in die Wärme oder Kälte aus KWK-Anlagen eingespeist wird, zu leisten.

## § 2 [1)]
### Anwendungsbereich

[1]Dieses Gesetz regelt die Abnahme und die Vergütung von Kraft-Wärme-Kopplungsstrom (KWK-Strom) aus Kraftwerken mit KWK-Anlagen auf Basis von Steinkohle, Braunkohle, Abfall, Abwärme, Biomasse, gasförmigen oder flüssigen Brennstoffen sowie Zuschläge für den Neu- und Ausbau von Wärme- und Kältenetzen sowie Zuschläge für den Neu- und Ausbau von Wärme- und Kältespeichern, sofern die KWK-Anlagen, die Wärmenetze und die Wärmespeicher sowie die Kältenetze und die Kältespeicher im Geltungsbereich dieses Gesetzes gelegen sind. [2]KWK-Strom, der nach § 19 des Erneuerbare-Energien-Gesetzes finanziell gefördert wird, fällt nicht in den Anwendungsbereich dieses Gesetzes.

Geltungszeitraum: ab 01.08.2014

## § 2 [2)]
### Anwendungsbereich

[1]Dieses Gesetz regelt die Abnahme und die Vergütung von Kraft-Wärme-Kopplungsstrom (KWK-Strom) aus Kraftwerken mit KWK-Anlagen auf Basis von Steinkohle, Braunkohle, Abfall, Abwärme, Biomasse, gasförmigen oder flüssigen Brennstoffen sowie Zuschläge für den Neu- und Ausbau von Wärme- und Kältenetzen sowie Zuschläge für den Neu- und Ausbau von Wärme- und Kältespeichern, sofern die KWK-Anlagen, die Wärmenetze und die Wärmespeicher sowie die Kältenetze und die Kältespeicher im Geltungsbereich dieses Gesetzes gelegen sind. [2]KWK-Strom, der nach § 16 des Erneuerbare-Energien-Gesetzes vergütet oder in den Formen des § 33b Nummer 1 oder 2 des Erneuerbare-Energien-Gesetzes in der jeweils geltenden Fassung direkt vermarktet wird, fällt nicht in den Anwendungsbereich dieses Gesetzes.

Geltungszeitraum: bis 31.07.2014

## § 3 [3)]
### Begriffsbestimmungen

(1) [1]Kraft-Wärme-Kopplung ist die gleichzeitige Umwandlung von eingesetzter Energie in elektrische Energie und in Nutzwärme in einer ortsfesten technischen Anlage. [2]Als ortsfest gilt auch eine Anlage, die zur Erzielung einer höheren Auslastung für eine abwechselnde Nutzung an zwei Standorten errichtet worden ist. [3]Kraft-Wärme-Kälte-Kopplung (KWKK) im Sinne dieses Gesetzes ist die Umwandlung von Nutzwärme aus KWK in Nutzkälte durch thermisch angetriebene Kältemaschinen. [4]Bei thermisch angetriebenen Kältemaschinen wird Wärme auf einem hohen Temperaturniveau (zum Beispiel Wasserdampf, Heißwasser, Warmwasser) gezielt zum Antrieb eines Prozesses oder mehrerer Prozesse zur Kälteerzeugung eingesetzt.

(2) [1]KWK-Anlagen im Sinne dieses Gesetzes sind Feuerungsanlagen mit Dampfturbinen-Anlagen (Gegendruckanlagen, Entnahme- und Anzapfkondensationsanlagen) oder Dampfmotoren, Gasturbinen-Anlagen (mit Abhitzekessel oder mit Abhitzekessel und Dampfturbinen-Anlage), Verbrennungsmotoren-Anlagen, Stirling-Motoren, ORC (Organic Rankine Cycle)-Anlagen sowie Brennstoffzellen-Anlagen, in denen Strom und Nutzwärme erzeugt werden. [2]Bei KWKK-Anlagen werden die KWK-Anlagen durch eine thermisch angetriebene Kältemaschine ergänzt.

(3) [1]Kleine KWK-Anlagen sind Anlagen nach Absatz 2, mit Ausnahme von Brennstoffzellen-Anlagen, mit einer installierten elektrischen Leistung von bis zu 2 Megawatt. [2]Mehrere unmittelbar miteinander verbundene kleine KWK-Anlagen an einem Standort gelten in Bezug auf die in Satz 1 sowie in den §§ 5 und 7 genannten Leistungsgrenzen als eine KWK-Anlage, soweit sie innerhalb von zwölf aufeinanderfolgenden Kalendermonaten in Dauerbetrieb genommen worden sind.

(3a) Hauptbestandteile sind wesentliche Effizienz bestimmende Anlagenteile.

(4) [1]KWK-Strom ist das rechnerische Produkt aus Nutzwärme und Stromkennzahl der KWK-Anlage. [2]Bei Anlagen, die nicht über Vorrichtungen zur Ab-

---

1) § 2 Satz 1 geänd. mWv 1. 1. 2009 durch G v. 25. 10. 2008 (BGBl. I S. 2101); Satz 2 geänd. mWv 1. 1. 2012 durch G v. 28. 7. 2011 (BGBl. I S. 1634); Sätze 1 und 2 geänd. mWv 19. 7. 2012 durch G v. 12. 7. 2012 (BGBl. I S. 1494); Satz 2 neu gef. mWv 1. 8. 2014 durch G v. 21. 7. 2014 (BGBl. I S. 1066).

2) § 2 Satz 1 geänd. mWv 1. 1. 2009 durch G v. 25. 10. 2008 (BGBl. I S. 2101); Satz 2 geänd. mWv 1. 1. 2012 durch G v. 28. 7. 2011 (BGBl. I S. 1634); Sätze 1 und 2 geänd. mWv 19. 7. 2012 durch G v. 12. 7. 2012 (BGBl. I S. 1494).

3) § 3 Abs. 3 Satz 2, Abs. 4 Satz 2, Abs. 5, Abs. 10 Satz 1 geänd., Abs. 10 Satz 3, Abs. 11–16 angef. mWv 1. 1. 2009 durch G v. 25. 10. 2008 (BGBl. I S. 2101); Abs. 17 angef. mWv 26. 8. 2009 durch G v. 21. 8. 2009 (BGBl. I S. 2870); Abs. 1 Sätze 3 und 4 angef., Abs. 2 und 3 neu gef., Abs. 3a angef., Abs. 14 Satz 1 neu gef., Abs. 14a eingef., Abs. 15 geänd., Abs. 18–21 angef. mWv 19. 7. 2012 durch G v. 12. 7. 2012 (BGBl. I S. 1494).

wärmeabfuhr verfügen, ist die gesamte Nettostromerzeugung KWK-Strom.

(5) Nettostromerzeugung ist die an den Generatorklemmen gemessene Stromerzeugung einer Anlage abzüglich des für ihren Betrieb erforderlichen Eigenverbrauchs.

(6) Nutzwärme ist die aus einem KWK-Prozess ausgekoppelte Wärme, die außerhalb der KWK-Anlage für die Raumheizung, die Warmwasserbereitung, die Kälteerzeugung oder als Prozesswärme verwendet wird.

(7) [1]Stromkennzahl ist das Verhältnis der KWK-Nettostromerzeugung zur KWK-Nutzwärmeerzeugung in einem bestimmten Zeitraum. [2]Die KWK-Nettostromerzeugung entspricht dabei dem Teil der Nettostromerzeugung, der physikalisch unmittelbar mit der Erzeugung der Nutzwärme gekoppelt ist.

(8) Vorrichtungen zur Abwärmeabfuhr im Sinne dieses Gesetzes sind Kondensations-, Kühl- oder Bypass-Einrichtungen, in denen die Strom- und Nutzwärmeerzeugung entkoppelt werden können.

(9) Netzbetreiber sind die Betreiber von Netzen aller Spannungsebenen für die allgemeine Versorgung mit Elektrizität.

(10) [1]Betreiber von KWK-Anlagen im Sinne dieses Gesetzes sind diejenigen, die den Strom in eines der in Absatz 9 genannten Netze einspeisen oder für die Eigenversorgung bereitstellen. [2]Die Betreibereigenschaft ist unabhängig von der Eigentümerstellung des Anlagenbetreibers. [3]Eigenversorgung ist die unmittelbare Versorgung eines Letztverbrauchers aus der für seinen Eigenbedarf errichteten Eigenanlage oder aus einer KWK-Anlage, die von einem Dritten ausschließlich oder überwiegend für die Versorgung bestimmbarer Letztverbraucher errichtet und betrieben wird.

(11) Eine KWK-Anlage ist hocheffizient im Sinne dieses Gesetzes, sofern sie hocheffizient im Sinne der Richtlinie 2004/8/EG des Europäischen Parlaments und des Rates vom 11. Februar 2004 über die Förderung einer am Nutzwärmebedarf orientierten Kraft-Wärme-Kopplung im Energiebinnenmarkt und zur Änderung der Richtlinie 92/42/EWG (ABl. EU Nr. L 52 S. 50) ist.

(12) Die Anzahl der Vollbenutzungsstunden ist der Quotient aus der jährlichen KWK-Nettostromerzeugung und der maximalen KWK-Nettostromerzeugung im Auslegungszustand während einer Betriebsstunde.

(13) [1]Wärmenetze im Sinne dieses Gesetzes sind Einrichtungen zur leitungsgebundenen Versorgung mit Wärme, die eine horizontale Ausdehnung über die Grundstücksgrenze des Standorts der einspeisenden KWK-Anlage hinaus haben und an die als öffentliches Netz eine unbestimmte Anzahl von Abnehmenden angeschlossen werden kann. [2]An das Wärmenetz muss mindestens ein Abnehmender angeschlossen sein, der nicht gleichzeitig Eigentümer oder Betreiber der in das Wärmenetz einspeisenden KWK-Anlage ist.

(14) [1]Wärmenetzbetreiber im Sinne dieses Gesetzes sind diejenigen, die Wärme über das Wärmenetz verteilen und verantwortlich sind für den Betrieb, die Wartung und den Ausbau des Wärmenetzes. [2]Die Betreibereigenschaft setzt nicht das Eigentum am Wärmenetz voraus.

(14a) Für Kältenetze und Kältenetzbetreiber gelten die Absätze 13 und 14 entsprechend.

(15) Trasse ist die Gesamtheit aller Komponenten, die zur Übertragung von Wärme oder Kälte vom Standort der einspeisenden KWK-Anlagen bis zum Verbraucherabgang notwendig sind.

(16) Verarbeitendes Gewerbe sind Unternehmen, die den Abschnitten B und C der Klassifikation der Wirtschaftszweige 2008 (WZ 2008) zuzuordnen sind.

(17) Verbraucherabgang ist die Übergabestelle nach § 10 Absatz 1 der Verordnung über Allgemeine Bedingungen für die Versorgung mit Fernwärme vom 20. Juni 1980 (BGBl. I S. 742), die zuletzt durch Artikel 20 des Gesetzes vom 9. Dezember 2004 (BGBl. I S. 3214) geändert worden ist.

(18) [1]Wärmespeicher im Sinne dieses Gesetzes sind technische Vorrichtungen zur zeitlich befristeten Speicherung von Nutzwärme gemäß Absatz 6 einschließlich aller technischen Vorrichtungen zur Be- und Entladung des Wärmespeichers. [2]Mehrere unmittelbar miteinander verbundene Wärmespeicher an einem Standort gelten in Bezug auf die in § 7b genannte Begrenzung des Zuschlags als ein Wärmespeicher. [3]Absatz 3 Satz 2 ist entsprechend anzuwenden.

(19) [1]Kältespeicher im Sinne dieses Gesetzes sind Anlagen zur Speicherung von Kälte, die direkt oder über ein Kältenetz mit einer KWK-KAnlage verbunden sind. [2]Mehrere unmittelbar miteinander verbundene Kältespeicher an einem Standort gelten in Bezug auf die in § 7b genannte Begrenzung des Zuschlags als ein Kältespeicher. [3]Absatz 3 Satz 2 ist entsprechend anzuwenden.

(20) [1]Betreiber von Wärme- oder Kältespeichern im Sinne dieses Gesetzes sind diejenigen, welche die Speicherung von Wärme oder Kälte aus KWK-Anlagen in Speichern wahrnehmen und die für dessen Betrieb verantwortlich sind. [2]Die Betreibereigenschaft setzt nicht das Eigentum am Wärme- oder Kältespeicher oder an den einspeisenden KWK-Anlage voraus.

(21) Wasseräquivalent ist die Wärmekapazität eines Speichermediums, die der eines Kubikmeters Wassers im flüssigen Zustand bei Normaldruck entspricht.

## § 4[1)]
### Anschluss-, Abnahme- und Vergütungspflicht

(1) [1]Netzbetreiber sind verpflichtet, hocheffiziente KWK-Anlagen im Sinne dieses Gesetzes an ihr Netz unverzüglich vorrangig anzuschließen und den in diesen Anlagen erzeugten KWK-Strom unverzüglich vorrangig abzunehmen, zu übertragen und zu verteilen. [2]§ 8 des Erneuerbare-Energien-Gesetzes in der jeweils geltenden Fassung ist auf den vorrangigen Netzanschluss und die §§ 9, 12 Absatz 4 sowie die §§ 14 und 15 des Erneuerbare-Energien-Gesetzes in der jeweils geltenden Fassung sind auf den vorrangigen Netzzugang entsprechend anzuwenden. [3]Die Verpflichtung nach Satz 1 und die Verpflichtung nach dem Erneuerbare-Energien-Gesetz zur Abnahme von Strom aus erneuerbaren Energien und aus Grubengas sind gleichrangig.

(1a) Bei Neuanschlüssen und Anschlussveränderungen von KWK-Anlagen finden die Regelungen nach § 8 der Kraftwerks-Netzanschlussverordnung für Anlagen unterhalb 100 Megawatt ungeachtet der Spannungsebene entsprechend Anwendung.

(2) Netzbetreiber können den aufgenommenen KWK-Strom verkaufen oder zur Deckung ihres eigenen Strombedarfs verwenden.

(2a) [1]Der Netzbetreiber ist verpflichtet, auf Wunsch des Anlagenbetreibers nach einer eigenen Vermarktung den eingespeisten Strom direkt dem Bilanzkreis des Anlagenbetreibers oder dem eines Dritten zuzuordnen. [2]Für den vom Anlagenbetreiber nach Satz 1 vermarkteten Strom entfällt die Ankaufs- und die Vergütungspflicht des Netzbetreibers hinsichtlich des eingespeisten Stroms, jedoch nicht die Pflicht zur Zahlung der Zuschläge gemäß § 7. [3]Verzichtet der Anlagenbetreiber auf eine solche Bilanzkreiszuordnung nach Satz 1, ist der Netzbetreiber verpflichtet, den eingespeisten Strom in einen eigenen Bilanzkreis aufzunehmen.

(2b) [1]Die Netzbetreiber müssen für den Bilanzkreiswechsel von Anlagen im Sinne des Absatzes 2a ab dem 1. Januar 2013 bundesweit einheitliche Verfahren zur Verfügung stellen, die den Vorgaben des Bundesdatenschutzgesetzes genügen. [2]Einheitliche Verfahren nach Satz 1 beinhalten auch Verfahren für die vollständig automatisierte elektronische Übermittlung der für den Bilanzkreiswechsel erforderlichen Daten und deren Nutzung für die Durchführung des Bilanzkreiswechsels. [3]Die Netzbetreiber sind befugt, die für die Durchführung des Bilanzkreiswechsels erforderlichen Daten bei den Anlagenbetreibern zu erheben, zu speichern und hierfür zu nutzen. [4]Für den elektronischen Datenaustausch ist dabei unter Beachtung von § 9 des Bundesdatenschutzgesetzes und der Anlage zu § 9 Satz 1 des Bundesdatenschutzgesetzes ein einheitliches Datenformat vorzusehen. [5]Die Verbände der Energiewirtschaft sind an der Entwicklung der Verfahren und Formate für den Datenaustausch angemessen zu beteiligen.

(3) [1]Für den aufgenommenen KWK-Strom gemäß Absatz 2 sind der Preis, den der Betreiber der KWK-Anlage und der Netzbetreiber vereinbaren, und ein Zuschlag zu entrichten. [2]Kommt eine Vereinbarung nicht zustande, gilt der übliche Preis als vereinbart, zuzüglich dem nach den maßgeblichen Rechtsvorschriften, ansonsten nach den anerkannten Regeln der Technik berechneten Teil der Netznutzungsentgelte, der durch die dezentrale Einspeisung durch diese KWK-Anlage vermieden wird. [3]Als üblicher Preis gilt für KWK-Anlagen mit einer elektrischen Leistung von bis zu zwei Megawatt der durchschnittliche Preis für Grundlaststrom an der Strombörse EEX in Leipzig im jeweils vorangegangenen Quartal. [4]Weist der Betreiber der KWK-Anlage dem Netzbetreiber einen Dritten nach, der bereit ist, den eingespeisten KWK-Strom zu kaufen, ist der Netzbetreiber verpflichtet, den KWK-Strom vom Betreiber der KWK-Anlage zu dem vom Dritten angebotenen Strompreis abzunehmen. [5]Der Dritte ist verpflichtet, den KWK-Strom zum Preis seines Angebotes an den Betreiber der KWK-Anlage vom Netzbetreiber abzunehmen. [6]Für vor dem 1. April 2002 abgeschlossene Verträge zwischen dem Betreiber der KWK-Anlage und einem Dritten gilt Satz 4 entsprechend.

(3a) [1]Ein Zuschlag ist auch für KWK-Strom zu entrichten, der nicht in ein Netz für die allgemeine Versorgung eingespeist wird. [2]Die Verpflichtung zur Zahlung des Zuschlags trifft den Betreiber eines Netzes für die allgemeine Versorgung, mit dessen Netz die in Satz 1 genannte KWK-Anlage unmittelbar oder mittelbar verbunden ist. [3]Absatz 1 Satz 3 gilt entsprechend.

(3b) [1]Anschlussnehmer im Sinne des § 1 Abs. 2 der Niederspannungsanschlussverordnung, in deren elektrische Anlage hinter der Hausanschlusssicherung Strom aus KWK-Anlagen eingespeist wird, haben Anspruch auf einen abrechnungsrelevanten Zählpunkt gegenüber dem Netzbetreiber, an dessen Netz die elektrische Anlage angeschlossen ist. [2]Bei Belieferung des Letztverbrauchers durch Dritte findet eine Verrechnung der Zählwerte über Unterzähler statt.

(4) [1]Die Verpflichtung zur Abnahme und zur Vergütung von KWK-Strom aus KWK-Anlagen mit einer elektrischen Leistung größer 50 Kilowatt entfällt, wenn der Netzbetreiber nicht mehr zur Zuschlagszahlung nach Absatz 3 Satz 1 verpflichtet ist. [2]Betreibern von KWK-Anlagen steht jedoch unabhängig vom Bestehen der Pflicht zur Zuschlagzahlung ein Anspruch auf physische Aufnahme des KWK-Stroms durch den Netzbetreiber und auf vorrangigen Netzzugang im Sinne des Absatzes 1 zu.

---

1) § 4 Abs. 3 Satz 3 eingef., bish. Sätze 3–5 werden Sätze 4–6 mWv 1. 8. 2004 durch G v. 21. 7. 2004 (BGBl. I S. 1918); Abs. 3 Satz 3 neu gef. mWv 10. 5. 2005 durch G v. 3. 5. 2005 (BGBl. I S. 1224); Abs. 5 geänd. mWv 13. 7. 2005 durch G v. 7. 7. 2005 (BGBl. I S. 1970); Abs. 1 Satz 1 geänd., Satz 2 eingef., bish. Satz 2 wird Satz 3, Abs. 1a eingef., Abs. 3 Satz 1 geänd., Abs. 3 Satz 6 geänd., Abs. 3a Satz 1 geänd., Abs. 4 Satz 1 geänd., Sätze 2 und 3 angef. mWv 1. 1. 2009 durch G v. 25. 10. 2008 (BGBl. I S. 2101); Abs. 1 Satz 1 neu gef., Satz 2 eingef., bish. Satz 2 wird Satz 3, bish. Satz 3 aufgeh., Abs. 2a und 2b eingef., Abs. 3 Satz 1 geänd., Abs. 4 Satz 2 neu gef., Satz 3 aufgeh., Abs. 6 aufgeh., bish. Abs. 7 wird Abs. 6 mWv 19. 7. 2012 durch G v. 12. 7. 2012 (BGBl. I S. 1494); Abs. 1 Satz 2 geänd. mWv 1. 8. 2014 durch G v. 21. 7. 2014 (BGBl. I S. 1066).

(5) Netzbetreiber müssen für die Zuschlagszahlungen getrennte Konten führen; § 10 Abs. 3 des Energiewirtschaftsgesetzes gilt entsprechend.

(6) Die Bundesregierung wird ermächtigt, durch Rechtsverordnung ohne Zustimmung des Bundesrates Grundlagen und Berechnungsgrundsätze zur Bestimmung des Vergütungsanspruchs für aufgenommenen KWK-Strom nach Absatz 3 Satz 1 näher zu bestimmen.

Geltungszeitraum: ab 01.08.2014

## § 4[1)]
### Anschluss-, Abnahme- und Vergütungspflicht

(1) [1]Netzbetreiber sind verpflichtet, hocheffiziente KWK-Anlagen im Sinne dieses Gesetzes an ihr Netz unverzüglich vorrangig anzuschließen und den in diesen Anlagen erzeugten KWK-Strom unverzüglich vorrangig abzunehmen, zu übertragen und zu verteilen. [2]§ 5 des Erneuerbare-Energien-Gesetzes in der jeweils geltenden Fassung ist auf den vorrangigen Netzanschluss und die §§ 6, 8 Absatz 4, die §§ 11 und 12 des Erneuerbare-Energien-Gesetzes in der jeweils geltenden Fassung sind auf den vorrangigen Netzzugang entsprechend anzuwenden. [3]Die Verpflichtung nach Satz 1 und die Verpflichtung nach dem Erneuerbare-Energien-Gesetz zur Abnahme von Strom aus erneuerbaren Energien und aus Grubengas sind gleichrangig.

(1a) Bei Neuanschlüssen und Anschlussveränderungen von KWK-Anlagen finden die Regelungen nach § 8 der Kraftwerks-Netzanschlussverordnung für Anlagen unterhalb 100 Megawatt ungeachtet der Spannungsebene entsprechend Anwendung.

(2) Netzbetreiber können den aufgenommenen KWK-Strom verkaufen oder zur Deckung ihres eigenen Strombedarfs verwenden.

(2a) [1]Der Netzbetreiber ist verpflichtet, auf Wunsch des Anlagenbetreibers nach einer eigenen Vermarktung den eingespeisten Strom direkt dem Bilanzkreis des Anlagenbetreibers oder dem eines Dritten zuzuordnen. [2]Für den vom Anlagenbetreiber nach Satz 1 vermarkteten Strom entfällt die Ankaufs- und die Vergütungspflicht des Netzbetreibers hinsichtlich des eingespeisten Stroms, jedoch nicht die Pflicht zur Zahlung der Zuschläge gemäß § 7. [3]Verzichtet der Anlagenbetreiber auf eine solche Bilanzkreiszuordnung nach Satz 1, ist der Netzbetreiber verpflichtet, den eingespeisten Strom in einen eigenen Bilanzkreis aufzunehmen.

(2b) [1]Die Netzbetreiber müssen für den Bilanzkreiswechsel von Anlagen im Sinne des Absatzes 2a ab dem 1. Januar 2013 bundesweit einheitliche Verfahren zur Verfügung stellen, die den Vorgaben des Bundesdatenschutzgesetzes genügen. [2]Einheitliche Verfahren nach Satz 1 beinhalten auch Verfahren für die vollständig automatisierte elektronische Übermittlung der für den Bilanzkreiswechsel erforderlichen Daten und deren Nutzung für die Durchführung des Bilanzkreiswechsels. [3]Die Netzbetreiber sind befugt, die für die Durchführung des Bilanzkreiswechsels erforderlichen Daten bei den Anlagenbetreibern zu erheben, zu speichern und hierfür zu nutzen. [4]Für den elektronischen Datenaustausch ist dabei unter Beachtung von § 9 des Bundesdatenschutzgesetzes und der Anlage zu § 9 Satz 1 des Bundesdatenschutzgesetzes ein einheitliches Datenformat vorzusehen. [5]Die Verbände der Energiewirtschaft sind an der Entwicklung der Verfahren und Formate für den Datenaustausch angemessen zu beteiligen.

(3) [1]Für den aufgenommenen KWK-Strom gemäß Absatz 2 sind der Preis und der Zuschlag zwischen dem KWK-Anlage und dem Netzbetreiber vereinbaren, und ein Zuschlag zu entrichten. [2]Kommt eine Vereinbarung nicht zustande, gilt der übliche Preis als vereinbart, zuzüglich dem nach den maßgeblichen Rechtsvorschriften, ansonsten nach den anerkannten Regeln der Technik berechneten Teil der Netznutzungsentgelte, der durch die dezentrale Einspeisung durch diese KWK-Anlage vermieden wird. [3]Als üblicher Preis gilt für KWK-Anlagen mit einer elektrischen Leistung von bis zu zwei Megawatt der durchschnittliche Preis für Grundlaststrom an der Strombörse EEX in Leipzig im jeweils vorangegangenen Quartal. [4]Weist der Betreiber der KWK-Anlage dem Netzbetreiber einen Dritten nach, der bereit ist, den eingespeisten KWK-Strom zu kaufen, ist der Netzbetreiber verpflichtet, den KWK-Strom vom Betreiber der KWK-Anlage zu dem vom Dritten angebotenen Strompreis abzunehmen. [5]Der Dritte ist verpflichtet, den KWK-Strom zum Preis seines Angebotes an den Betreiber der KWK-Anlage vom Netzbetreiber abzunehmen. [6]Für vor dem 1. April 2002 abgeschlossene Verträge zwischen dem Betreiber der KWK-Anlage und einem Dritten gilt Satz 4 entsprechend.

(3a) [1]Ein Zuschlag ist auch für KWK-Strom zu entrichten, der nicht in ein Netz für die allgemeine Versorgung eingespeist wird. [2]Die Verpflichtung zur Zahlung des Zuschlags trifft den Betreiber eines Netzes für die allgemeine Versorgung, mit dessen Netz die in Satz 1 genannte KWK-Anlage unmittelbar oder mittelbar verbunden ist. [3]Absatz 1 Satz 3 gilt entsprechend.

(3b) [1]Anschlussnehmer im Sinne des § 1 Abs. 2 der Niederspannungsanschlussverordnung, in deren elektrische Anlage hinter der Hausanschlusssicherung Strom aus KWK-Anlagen eingespeist wird, haben Anspruch auf einen abrechnungsrelevanten Zählpunkt gegenüber dem Netzbetreiber, an dessen Netz ihre elektrische Anlage angeschlossen ist. [2]Bei Belieferung der Letztverbraucher durch Dritte findet eine Verrechnung der Zählwerte über Unterzähler statt.

---

1) § 4 Abs. 3 Satz 3 eingef., bish. Sätze 3 bis 5 werden Sätze 4 bis 6 mWv 1. 8. 2004 durch G v. 21. 7. 2004 (BGBl. I S. 1918); Abs. 3 Satz 3 neu gef. mWv 10. 5. 2005 durch G v. 3. 5. 2005 (BGBl. I S. 1224); Abs. 5 geänd. mWv 13. 7. 2005 durch G v. 7. 7. 2005 (BGBl. I S. 1970); Abs. 1 Satz 1 geänd., Satz 2 eingef., bish. Satz 2 wird Satz 3, Abs. 1a eingef., Abs. 3 Sätze 2, 6 geänd., Abs. 3a, b eingef., Abs. 4 Satz 4 geänd., Abs. 4 Sätze 2 und 3 angef. mWv 1. 1. 2009 durch G v. 25. 10. 2008 (BGBl. I S. 2101); Abs. 1 Satz 1 neu gef., Satz 2 eingef., bish. Satz 2 wird Satz 3, bish. Satz 3 aufgeh., Abs. 2a und 2b eingef., Abs. 3 Satz 1 geänd., Abs. 4 Satz 2 neu gef., Satz 3 aufgeh., Abs. 6 aufgeh., bish. Abs. 7 wird Abs. 6 mWv 19. 7. 2012 durch G v. 12. 7. 2012 (BGBl. I S. 1494).

# KWKG

(4) ¹Die Verpflichtung zur Abnahme und zur Vergütung von KWK-Strom aus KWK-Anlagen mit einer elektrischen Leistung größer 50 Kilowatt entfällt, wenn der Netzbetreiber nicht mehr zur Zuschlagszahlung nach Absatz 3 Satz 1 verpflichtet ist. ²Betreibern von KWK-Anlagen steht jedoch unabhängig vom Bestehen der Pflicht zur Zuschlagzahlung ein Anspruch auf physische Aufnahme des KWK-Stroms durch den Netzbetreiber und auf vorrangigen Netzzugang im Sinne des Absatzes 1 zu.

(5) Netzbetreiber müssen für die Zuschlagszahlungen getrennte Konten führen; § 10 Abs. 3 des Energiewirtschaftsgesetzes gilt entsprechend.

(6) Die Bundesregierung wird ermächtigt, durch Rechtsverordnung ohne Zustimmung des Bundesrates Grundlagen und Berechnungsgrundsätze zur Bestimmung des Vergütungsanspruchs für aufgenommenen KWK-Strom nach Absatz 3 Satz 1 näher zu bestimmen.

Geltungszeitraum: bis 31.07.2014

## § 5 [1)]
**Kategorien der zuschlagberechtigten KWK-Anlagen**

(1) ¹Anspruch auf Zahlung des Zuschlags besteht für KWK-Strom aus folgenden hocheffizienten Anlagen, die nach dem 1. Januar 2009 und bis zum 31. Dezember 2020 in Dauerbetrieb genommen sind:

1. kleinen KWK-Anlagen mit fabrikneuen Hauptbestandteilen, soweit sie nicht eine bereits bestehende Fernwärmeversorgung aus KWK-Anlagen verdrängen, und
2. Brennstoffzellen-Anlagen.

²Eine Verdrängung von Fernwärmeversorgung liegt nicht vor, wenn der Umfang der Wärmeeinspeisung aus KWK-Anlagen nicht mehr den Anforderungen nach § 5a Absatz 1 Nummer 2 Buchstabe b entspricht oder wenn eine bestehende KWK-Anlage vom selben Betreiber oder im Einvernehmen mit diesem durch eine oder mehrere neue KWK-Anlagen ersetzt wird. ³Die bestehende KWK-Anlage muss nicht stillgelegt werden.

(2) ¹Anspruch auf Zahlung des Zuschlags besteht ferner für KWK-Strom aus KWK-Anlagen mit fabrikneuen Hauptbestandteilen mit einer elektrischen Leistung von mehr als 2 Megawatt, die ab dem 1. Januar 2009 und bis zum 31. Dezember 2020 in Dauerbetrieb genommen worden sind, sofern die Anlage hocheffizient ist und keine bereits bestehende Fernwärmeversorgung aus KWK-Anlagen verdrängt wird. ²Absatz 1 Satz 2 und 3 gilt entsprechend.

(3) ¹Anspruch auf Zahlung des Zuschlags besteht für KWK-Strom aus Anlagen, die modernisiert oder durch eine neue Anlage ersetzt werden und ab dem 1. Januar 2009 bis zum 31. Dezember 2020 wieder in Dauerbetrieb genommen worden sind, sofern die modernisierte KWK-Anlage oder die Ersatzanlage hocheffizient ist. ²Eine Modernisierung liegt vor, wenn wesentliche die Effizienz bestimmende Anlagenteile erneuert worden sind und die Kosten der Erneuerung mindestens 25 Prozent der Kosten für die Neuerrichtung der KWK-Anlage betragen. ³Für neue hocheffiziente KWK-Anlagen, die eine bestehende KWK-Anlage ersetzen und ab dem 1. Januar 2009 in Dauerbetrieb genommen werden, gelten die Regelungen zum Verbot der Verdrängung einer bestehenden Fernwärmeversorgung aus KWK-Anlagen nach Absatz 1 Satz 2 und 3.

(4) ¹Anspruch auf Zahlung des Zuschlags besteht für KWK-Strom aus Anlagen der ungekoppelten Strom- oder Wärmeerzeugung, bei denen Komponenten zur Nutzung der Wärmeauskopplung nachgerüstet werden, wenn die nachgerüstete Anlage eine elektrische Leistung von mehr als 2 Megawatt hat, hocheffizient ist und ab dem 19. Juli 2012 bis zum 31. Dezember 2020 wieder in Dauerbetrieb genommen wird, sofern keine bereits bestehende Fernwärmeversorgung aus KWK-Anlagen verdrängt wird. ²Im Hinblick auf die Verdrängung gelten die entsprechenden Regelungen nach Absatz 1 Satz 2 und 3.

## § 6 [2)]
**Zulassung von KWK-Anlagen**

(1) ¹Voraussetzung für den Anspruch auf Zahlung des Zuschlags ist die Zulassung als KWK-Anlage im Sinne des § 5. ²Die Zulassung ist zu erteilen, wenn die KWK-Anlage die Voraussetzungen nach § 5 erfüllt. ³Der Antrag muss enthalten:

1. Angaben zum Anlagenbetreiber,
2. Angaben und Nachweise über den Zeitpunkt der Aufnahme des Dauerbetriebs sowie über die sonstigen Voraussetzungen für eine Zulassung nach Satz 2,
3. Angaben zum Anschluss an das Netz für die allgemeine Versorgung oder, soweit erforderlich, an ein Netz im Sinne von § 110 Abs. 1 des Energiewirtschaftsgesetzes,
4. ein nach den anerkannten Regeln der Technik erstelltes Sachverständigengutachten über die Eigenschaften der Anlage, die für die Feststellung des Vergütungsanspruchs von Bedeutung sind; die Einhaltung der allgemein anerkannten Regeln der Technik wird vermutet, wenn das Sachverständigengutachten nach den Grundlagen und Rechenmethoden der AGFW | Der Energieeffizienzverband für Wärme, Kälte und KWK e. V. in Nummer 4 bis 6 des Arbeitsblattes FW 308 „Zertifizierung von KWK-Anlagen – Ermittlung des KWK-Stromes" in der jeweiligen gültigen Fassung erstellt wurde. Ergänzend dazu ist das Sachverständigengutachten für KWK-Anlagen gemäß § 5 Abs. 1 Nr. 4, Abs. 2 und 3, die nach dem 1. Januar 2009 in Dauerbetrieb genommen worden sind, zu erstellen. Dabei sind die Anhänge II und III der Richtlinie 2004/8/EG des Europäischen Parlaments und

---

1) § 5 neu gef. mWv 19. 7. 2012 durch G v. 12. 7. 2012 (BGBl. I S. 1494).
2) § 6 Überschrift neu gef., Abs. 1 Satz 1 geänd., Satz 3 Nr. 2 neu gef., Nr. 3 geänd., Nr. 4 eingef., bish. Nr. 4 wird Nr. 5 und neu gef., Abs. 2 neu gef., Abs. 6 angef. mWv 1. 1. 2009 durch G v. 25. 10. 2008 (BGBl. I S. 2101); Abs. 1 Satz 3 Nr. 4 aufgeh., bish. Nr. 5 wird Nr. 4, Abs. 6 neu gef. mWv 19. 7. 2012 durch G v. 12. 7. 2012 (BGBl. I S. 1494).

des Rates vom 11. Februar 2004 über die Förderung einer am Nutzwärmebedarf orientierten Kraft-Wärme-Kopplung im Energiebinnenmarkt und zur Änderung der Richtlinie 92/42/EWG (ABl. EU Nr. L 52 S. 50) sowie die dazu erlassenen Leitlinien zu beachten. Anstelle des Gutachtens nach Satz 1 und Satz 2 können für serienmäßig hergestellte kleine KWK-Anlagen geeignete Unterlagen des Herstellers vorgelegt werden, aus denen die thermische und elektrische Leistung sowie die Stromkennzahl hervorgehen.

(2) [1]Die Zulassung wird rückwirkend zum Zeitpunkt der Aufnahme des Dauerbetriebs der Anlage erteilt, wenn der Antrag in demselben Kalenderjahr gestellt worden ist. [2]Wird der Antrag später gestellt, so wird die Zulassung rückwirkend zum 1. Januar des Kalenderjahres erteilt, in dem der Antrag gestellt worden ist. [3]Bei Wiederaufnahme des Dauerbetriebs der Anlage nach Änderung oder Modernisierung gelten die Sätze 1 und 2 entsprechend.

(3) Die Zulassung erlischt, wenn Eigenschaften der Anlage im Sinne des Absatzes 1 Satz 3 Nr. 4 verändert werden.

(4) Die von der zuständigen Stelle beauftragten Personen sind berechtigt, während der üblichen Geschäftszeiten Betriebsgrundstücke, Geschäftsräume und Einrichtungen des Betreibers der KWK-Anlage zu betreten, dort Prüfungen vorzunehmen und die betrieblichen Unterlagen des Betreibers der KWK-Anlage einzusehen, soweit dies für die Überprüfung der Zulassungsvoraussetzungen erforderlich ist.

(5) Der Netzbetreiber kann von dem Betreiber der KWK-Anlage Einsicht in die Zulassung und die Antragsunterlagen verlangen, soweit dies für die Prüfung der Ansprüche des Betreibers der KWK-Anlage erforderlich ist.

(6) [1]Die zuständige Stelle kann Zulassungen für kleine KWK-Anlagen sowie von Brennstoffzellen mit einer elektrischen Leistung bis 50 Kilowatt in Form der Allgemeinverfügung (§ 35 Satz 2 Verwaltungsverfahrensgesetzes) von Amts wegen erteilen. [2]Die Allgemeinverfügung nach Satz 1 kann mit Auflagen verbunden werden.

§ 7[1)]
Höhe des Zuschlags und Dauer der Zahlung, Verordnungsermächtigung

(1) [1]Betreiber kleiner KWK-Anlagen mit einer elektrischen Leistung bis 50 Kilowatt nach § 5 Absatz 1 Satz 1 Nummer 1 sowie Betreiber von Brennstoffzellen nach § 5 Absatz 1 Satz 1 Nummer 2, die nach dem 19. Juli 2012 und bis zum 31. Dezember 2020 in Dauerbetrieb genommen worden sind, haben für KWK-Strom einen Anspruch auf Zahlung eines Zuschlags in Höhe von 5,41 Cent pro Kilowattstunde wahlweise für einen Zeitraum von zehn Jahren oder für die Dauer von 30 000 Vollbenutzungsstunden ab Aufnahme des Dauerbetriebs der Anlage. [2]Das Recht zur Wahl zwischen einer an Jahren und einer an Vollbenutzungsstunden orientierten Förderung im Sinne von Satz 1 erlischt mit der Stellung des Antrags auf Zulassung bei der zuständigen Stelle oder im Fall der Zulassung durch Allgemeinverfügung mit der Anzeige unter Nutzung einer der genannten Optionen.

(2) [1]Betreiber kleiner KWK-Anlagen nach § 5 Absatz 1 Satz 1 Nummer 1 mit einer elektrischen Leistung von mehr als 50 Kilowatt, die nach dem 19. Juli 2012 und bis zum 31. Dezember 2020 in Dauerbetrieb genommen worden sind, haben ab Aufnahme des Dauerbetriebs einen Anspruch auf Zahlung eines Zuschlags für KWK-Strom für 30 000 Vollbenutzungsstunden. [2]Kleine KWK-Anlagen nach Satz 1 mit einer elektrischen Leistung von mehr als 50 Kilowatt bis zu 2 Megawatt erhalten für den Leistungsanteil bis 50 Kilowatt einen Zuschlag in Höhe von 5,41 Cent pro Kilowattstunde, für den Leistungsanteil zwischen 50 und 250 Kilowatt einen Zuschlag in Höhe von 4 Cent pro Kilowattstunde und für den Leistungsanteil über 250 Kilowatt einen Zuschlag von 2,4 Cent pro Kilowattstunde.

(3) [1]Betreiber sehr kleiner KWK-Anlagen sowie Betreiber von Brennstoffzellen mit einer elektrischen Leistung von bis zu 2 Kilowatt, die ab dem Inkrafttreten dieses Gesetzes in Betrieb genommen werden, können sich auf Antrag vom Netzbetreiber vorab eine pauschalierte Zahlung der Zuschläge für die Erzeugung von KWK-Strom für die Dauer von 30 000 Vollbenutzungsstunden auszahlen lassen. [2]Der Netzbetreiber ist in diesem Fall verpflichtet, die entsprechende Summe innerhalb von zwei Monaten nach Antragstellung auszuzahlen. [3]Mit Antragstellung erlischt die Möglichkeit des Betreibers zur Einzelabrechnung der erzeugten Strommenge.

(4) [1]Betreiber von hocheffizienten Neuanlagen nach § 5 Absatz 2, die nach dem 19. Juli 2012 bis zum 31. Dezember 2020 in Dauerbetrieb genommen worden sind, haben ab Aufnahme des Dauerbetriebs einen Anspruch auf Zahlung eines Zuschlags für KWK-Strom für 30 000 Vollbenutzungsstunden. [2]Der Zuschlag beträgt für den Leistungsanteil bis 50 Kilowatt 5,41 Cent pro Kilowattstunde, für den Leistungsanteil zwischen 50 und 250 Kilowatt 4 Cent pro Kilowattstunde, für den Leistungsanteil von 250 Kilowatt bis 2 Megawatt 2,4 Cent pro Kilowattstunde und für den Leistungsanteil über 2 Megawatt 1,8 Cent pro Kilowattstunde. [3]Ab dem 1. Januar 2013 erhöht sich der Zuschlag für KWK-Anlagen im Anwendungsbereich des Treibhausgas-Emissionshandelsgesetzes, die ab diesem Datum in Dauerbetrieb genommen worden sind, um weitere 0,3 Cent pro Kilowattstunde.

(5) [1]Betreiber von modernisierten hocheffizienten KWK-Anlagen nach § 5 Absatz 3 mit einer elektrischen Leistung bis 50 Kilowatt, die nach dem 19. Juli 2012 und bis zum 31. Dezember 2020 in Dauerbetrieb genommen worden sind, haben ab Aufnahme des Dauerbetriebs einen Anspruch auf Zahlung eines Zuschlags in Höhe von 5,41 Cent pro Kilowattstunde wahlweise für die Dauer von fünf Jahren oder für die Dauer von 15 000 Vollbenutzungsstunden; die Dauer beträgt wahlweise zehn Jahre oder 30 000 Vollbenutzungsstunden, wenn die

---

1) § 7 neu gef. mWv 19. 7. 2012 durch G v. 12. 7. 2012 (BGBl. I S. 1494); Überschrift geänd, Abs. 7 eingef., bish. Abs. 7 wird Abs. 8 mWv 1. 8. 2014 durch G v. 21. 7. 2014 (BGBl. I S. 1066).

Kosten der Erneuerung mindestens 50 Prozent der Kosten für die Neuerrichtung der KWK-Anlage betragen; für die Wahl zwischen einer an Jahren und einer an Vollbenutzungsstunden orientierten Förderung gilt Absatz 1 Satz 1. ²KWK-Anlagen mit einer elektrischen Leistung von über 50 Kilowatt, die nach dem 19. Juli 2012 und bis zum 31. Dezember 2020 in Dauerbetrieb genommen worden sind, haben ab Aufnahme des Dauerbetriebs einen Anspruch auf Zahlung eines Zuschlags für die Dauer von

1. 30 000 Vollbenutzungsstunden, wenn die Kosten der Modernisierung mindestens 50 Prozent der Kosten für die Neuerrichtung der KWK-Anlage betragen. Der Zuschlag ermittelt sich nach Absatz 4,
2. 15 000 Vollbenutzungsstunden, wenn die Kosten der Modernisierung mindestens 25 Prozent der Kosten für die Neuerrichtung der KWK-Anlage betragen. Der Zuschlag ermittelt sich nach Absatz 4.

(6) Betreiber von hocheffizienten nachgerüsteten KWK-Anlagen nach § 5 Absatz 4 haben ab Aufnahme des Dauerbetriebs einen Anspruch auf Zahlung eines Zuschlags

1. für 30 000 Vollbenutzungsstunden, wenn die Kosten der Nachrüstung mindestens 50 Prozent der Kosten für die Neuerrichtung der KWK-Anlage betragen. Der Zuschlag ermittelt sich nach Absatz 4,
2. für 15 000 Vollbenutzungsstunden, wenn die Kosten der Nachrüstung mindestens 25 Prozent der Kosten für die Neuerrichtung der KWK-Anlage betragen. Der Zuschlag ermittelt sich nach Absatz 4,
3. für 10 000 Vollbenutzungsstunden, wenn die Kosten der Nachrüstung weniger als 25, mindestens aber 10 Prozent der Kosten für die Neuerrichtung der KWK-Anlage betragen. Der Zuschlag ermittelt sich nach Absatz 4.

(7) Die Bundesregierung wird ermächtigt, durch Rechtsverordnung, die nicht der Zustimmung des Bundesrates bedarf, die Zuschlagzahlungen für KWK-Strom nach § 4 Absatz 3a Satz 1 anzupassen, soweit dieser Strom durch die EEG-Umlage nach § 61 des Erneuerbare-Energien-Gesetzes belastet wird und dies erforderlich ist, um einen wirtschaftlichen Betrieb der Anlage zu ermöglichen.

(8) ¹Die Zuschlagzahlungen für KWK-Strom aus KWK-Anlagen dürfen insgesamt 750 Millionen Euro pro Kalenderjahr abzüglich des Jahresbetrags der Zuschlagzahlungen für Wärme- und Kältenetze sowie Wärme- und Kältespeicher nach § 7a Absatz 5 nicht überschreiten. ²Überschreiten die Zuschlagzahlungen die Obergrenze nach Satz 1, werden die Zuschlagzahlungen für KWK-Anlagen nach § 5 Absatz 2, 3 und 4 mit einer elektrischen Leistung von mehr als 10 Megawatt entsprechend gekürzt. ³Die Übertragungsnetzbetreiber übermitteln der zuständigen Stelle die zur Ermittlung der Kürzung erforderlichen Daten bis zum 30. April des Folgejahres in nicht personenbezogener Form. ⁴Die zuständige Stelle veröffentlicht den entsprechenden Kürzungssatz im Bundesanzeiger. ⁵Die gekürzten Zuschlagzahlungen werden in den Folgejahren in der Reihenfolge der Zulassung vollständig nachgezahlt. ⁶Die Nachzahlungen erfolgen vorrangig vor den Ansprüchen auf KWK-Zuschlag der KWK-Anlagen nach Satz 2 aus dem vorangegangenen Kalenderjahr.

Geltungszeitraum: ab 01.08.2014

§ 7[1)]
Höhe des Zuschlags und Dauer der Zahlung

(1) ¹Betreiber kleiner KWK-Anlagen mit einer elektrischen Leistung bis 50 Kilowatt nach § 5 Absatz 1 Satz 1 Nummer 1 sowie Betreiber von Brennstoffzellen nach § 5 Absatz 1 Satz 1 Nummer 2, die nach dem 19. Juli 2012 und bis zum 31. Dezember 2020 in Dauerbetrieb genommen worden sind, haben für KWK-Strom einen Anspruch auf Zahlung eines Zuschlags in Höhe von 5,41 Cent pro Kilowattstunde wahlweise für einen Zeitraum von zehn Jahren oder für die Dauer von 30000 Vollbenutzungsstunden ab Aufnahme des Dauerbetriebs der Anlage. ²Das Recht zur Wahl zwischen einer an Jahren und einer an Vollbenutzungsstunden orientierten Förderung im Sinne von Satz 1 erlischt mit der Stellung des Antrags auf Zulassung bei der zuständigen Stelle oder im Fall der Zulassung durch Allgemeinverfügung mit der Anzeige unter Nutzung einer der genannten Optionen.

(2) ¹Betreiber kleiner KWK-Anlagen nach § 5 Absatz 1 Satz 1 Nummer 1 mit einer elektrischen Leistung von mehr als 50 Kilowatt, die nach dem 19. Juli 2012 und bis zum 31. Dezember 2020 in Dauerbetrieb genommen worden sind, haben ab Aufnahme des Dauerbetriebs einen Anspruch auf Zahlung eines Zuschlags für KWK-Strom für 30 000 Vollbenutzungsstunden. ²Kleine KWK-Anlagen nach Satz 1 mit einer elektrischen Leistung von mehr als 50 Kilowatt bis zu 2 Megawatt erhalten für den Leistungsanteil bis 50 Kilowatt einen Zuschlag in Höhe von 5,41 Cent pro Kilowattstunde, für den Leistungsanteil zwischen 50 und 250 Kilowatt einen Zuschlag in Höhe von 4 Cent pro Kilowattstunde und für den Leistungsanteil über 250 Kilowatt einen Zuschlag von 2,4 Cent pro Kilowattstunde.

(3) ¹Betreiber sehr kleiner KWK-Anlagen sowie Betreiber von Brennstoffzellen mit einer elektrischen Leistung von bis zu 2 Kilowatt, die ab dem Inkrafttreten dieses Gesetzes in Betrieb genommen werden, können sich auf Antrag vom Netzbetreiber vorab eine pauschalierte Zahlung der Zuschläge für die Erzeugung von KWK-Strom für die Dauer von 30 000 Vollbenutzungsstunden auszahlen lassen. ²Der Netzbetreiber ist in diesem Fall verpflichtet, die entsprechende Summe innerhalb von zwei Monaten nach Antragstellung auszuzahlen. ³Mit Antragstellung erlischt die Möglichkeit des Betreibers zur Einzelabrechnung der erzeugten Strommenge.

(4) ¹Betreiber von hocheffizienten Neuanlagen nach § 5 Absatz 2, die nach dem 19. Juli 2012 und bis zum 31. Dezember 2020 in Dauerbetrieb genommen worden sind, haben ab Aufnahme des Dauerbetriebs einen Anspruch auf Zahlung eines Zuschlags für

---

1) § 7 neu gef. mWv 19. 7. 2012 durch G v. 12. 7. 2012 (BGBl. I S. 1494).

KWK-Strom für 30000 Vollbenutzungsstunden. ²Der Zuschlag beträgt für den Leistungsanteil bis 50 Kilowatt 5,41 Cent pro Kilowattstunde, für den Leistungsanteil zwischen 50 und 250 Kilowatt 4 Cent pro Kilowattstunde, für den Leistungsanteil von 250 Kilowatt bis 2 Megawatt 2,4 Cent pro Kilowattstunde und für den Leistungsanteil über 2 Megawatt 1,8 Cent pro Kilowattstunde. ³Ab dem 1. Januar 2013 erhöht sich der Zuschlag für KWK-Anlagen im Anwendungsbereich des Treibhausgas-Emissionshandelsgesetzes, die ab diesem Datum in Dauerbetrieb genommen worden sind, um weitere 0,3 Cent pro Kilowattstunde.

(5) ¹Betreiber von modernisierten hocheffizienten KWK-Anlagen nach § 5 Absatz 3 mit einer elektrischen Leistung bis 50 Kilowatt, die nach dem 19. Juli 2012 und bis zum 31. Dezember 2020 in Dauerbetrieb genommen worden sind, haben ab Aufnahme des Dauerbetriebs einen Anspruch auf Zahlung eines Zuschlags in Höhe von 5,41 Cent pro Kilowattstunde wahlweise für die Dauer von fünf Jahren oder für die Dauer von 15000 Vollbenutzungsstunden; die Dauer beträgt wahlweise zehn Jahre oder 30000 Vollbenutzungsstunden, wenn die Kosten der Erneuerung mindestens 50 Prozent der Kosten für die Neuerrichtung der KWK-Anlage betragen; für die Wahl zwischen einer an Jahren und einer an Vollbenutzungsstunden orientierten Förderung gilt Absatz 1 Satz 1. ²KWK-Anlagen mit einer elektrischen Leistung von über 50 Kilowatt, die nach dem 19. Juli 2012 und bis zum 31. Dezember 2020 in Dauerbetrieb genommen worden sind, haben ab Aufnahme des Dauerbetriebs einen Anspruch auf Zahlung eines Zuschlags für die Dauer von

1. 30 000 Vollbenutzungsstunden, wenn die Kosten der Modernisierung mindestens 50 Prozent der Kosten für die Neuerrichtung der KWK-Anlage betragen. Der Zuschlag ermittelt sich nach Absatz 4,
2. 15000 Vollbenutzungsstunden, wenn die Kosten der Modernisierung mindestens 25 Prozent der Kosten für die Neuerrichtung der KWK-Anlage betragen. Der Zuschlag ermittelt sich nach Absatz 4.

(6) Betreiber von hocheffizienten nachgerüsteten KWK-Anlagen nach § 5 Absatz 4 haben ab Aufnahme des Dauerbetriebs einen Anspruch auf Zahlung eines Zuschlags:

1. für 30 000 Vollbenutzungsstunden, wenn die Kosten der Nachrüstung mindestens 50 Prozent der Kosten für die Neuerrichtung der KWK-Anlage betragen. Der Zuschlag ermittelt sich nach Absatz 4,
2. für 15 000 Vollbenutzungsstunden, wenn die Kosten der Nachrüstung mindestens 25 Prozent der Kosten für die Neuerrichtung der KWK-Anlage betragen. Der Zuschlag ermittelt sich nach Absatz 4,
3. für 10 000 Vollbenutzungsstunden, wenn die Kosten der Nachrüstung weniger als 25, mindestens aber 10 Prozent der Kosten für die Neuerrichtung der KWK-Anlage betragen. Der Zuschlag ermittelt sich nach Absatz 4.

(7) ¹Die Zuschlagzahlungen für KWK-Strom aus KWK-Anlagen dürfen insgesamt 750 Millionen Euro pro Kalenderjahr abzüglich des Jahresbetrags der Zuschlagzahlungen für Wärme- und Kältenetze sowie Wärme- und Kältespeicher nach § 7a Absatz 5 nicht überschreiten. ²Überschreiten die Zuschlagzahlungen die Obergrenze nach Satz 1, werden die Zuschlagzahlungen für KWK-Anlagen nach § 5 Absatz 2, 3 und 4 mit einer elektrischen Leistung von mehr als 10 Megawatt entsprechend gekürzt. ³Die Übertragungsnetzbetreiber übermitteln der zuständigen Stelle die zur Ermittlung der Kürzung erforderlichen Daten bis zum 30. April des Folgejahres in nicht personenbezogener Form. ⁴Die zuständige Stelle veröffentlicht den entsprechenden Kürzungssatz im Bundesanzeiger. ⁵Die gekürzten Zuschlagzahlungen werden in den Folgejahren in der Reihenfolge der Zulassung vollständig nachgezahlt. ⁶Die Nachzahlungen erfolgen vorrangig vor den Ansprüchen auf KWK-Zuschlag der KWK-Anlagen nach Satz 2 aus dem vorangegangenen Kalenderjahr.

Geltungszeitraum: bis 31.07.2014

### § 8[1)]
### Nachweis des eingespeisten KWK-Stroms

(1) ¹Der Betreiber einer KWK-Anlage oder ein von ihm beauftragter Dritter macht der zuständigen Stelle und dem Netzbetreiber monatlich Mitteilung über die in das Netz für die allgemeine Versorgung eingespeiste KWK-Strommenge und die im Sinne von § 4 Abs. 3a Satz 1 gelieferte KWK-Strommenge. ²Zur Feststellung der eingespeisten Strommenge und der abgegebenen Nutzwärmemenge hat der Netzbetreiber auf Kosten des Betreibers der KWK-Anlage Messeinrichtungen anzubringen, die den eichrechtlichen Vorschriften entsprechen. ³Im Falle von § 4 Abs. 3a Satz 1 trifft die Verpflichtung nach Satz 2 unmittelbar den Betreiber der KWK-Anlage. ⁴Betreiber von KWK-Anlagen mit einer elektrischen Leistung bis einschließlich 100 Kilowatt sind abweichend von Satz 2 selbst zur Anbringung der Messeinrichtungen berechtigt. ⁵Die Feststellung der eingespeisten Strommenge sowie die Anbringung der Messeinrichtungen zu diesem Zweck kann auch durch einen Dritten im Sinne des § 21b des Energiewirtschaftsgesetzes in der jeweils geltenden Fassung erfolgen. ⁶Für den Messstellenbetrieb und die Messung gelten die Vorschriften der §§ 21b bis 21h des Energiewirtschaftsgesetzes in der jeweils geltenden Fassung und der auf Grund von § 21i des Energiewirtschaftsgesetzes ergangenen Rechtsverordnungen in der jeweils geltenden Fassung. ⁷Der Betreiber der KWK-Anlage hat Beauftragten des Netzbe-

---

1) § 8 Abs. 1 Satz 1 geänd., Satz 3 eingef., bish. Sätze 3 und 4 werden Sätze 4 und 5, bish. Satz 5 wird Satz 6 und neu gef., Sätze 7–10 angef., Abs. 2 Satz 2 geänd., Satz 4 angef., Abs. 3 Satz 1 und Abs. 4 geänd. mWv 1. 1. 2009 durch G v. 25. 10. 2008 (BGBl. I S. 2101); Abs. 2 Satz 2 geänd. mWv 4. 8. 2011 durch G v. 26. 7. 2011 (BGBl. I S. 1554); Abs. 1 Satz 1 geänd., Sätze 5 und 6 eingef., bish. Sätze 5–10 werden Sätze 7–12, neuer Satz 11 neu gef., neuer Satz 12 und Abs. 2 Satz 2 geänd., Satz 4 und Abs. 3 Satz 1 neu gef., Abs. 4 geänd. mWv 19. 7. 2012 durch G v. 12. 7. 2012 (BGBl. I S. 1494).

treibers auf Verlangen Zutritt zu den Messeinrichtungen zu gewähren. [8]Der Betreiber der KWK-Anlage legt der zuständigen Stelle und dem Netzbetreiber bis zum 31. März eines jeden Jahres eine nach den anerkannten Regeln der Technik erstellte Abrechnung vor; die Einhaltung der allgemein anerkannten Regeln der Technik wird vermutet, wenn das Sachverständigengutachten nach den Grundlagen und Rechenmethoden der AGFW | Der Energieeffizienzverband für Wärme, Kälte und KWK e. V. in Nummer 4 bis 6 des Arbeitsblattes FW 308 „Zertifizierung von KWK-Anlagen – Ermittlung des KWK-Stromes" in der jeweils gültigen Fassung erstellt wurde. [9]Die Abrechnung betrifft die KWK-Strommenge, die im vorangegangenen Kalenderjahr in das Netz für die allgemeine Versorgung eingespeist wurde, und die im Sinne von § 4 Abs. 3a Satz 1 gelieferte KWK-Strommenge. [10]Sie muss von einem Wirtschaftsprüfer oder einer Wirtschaftsprüferin oder einem vereidigten Buchprüfer oder einer vereidigten Buchprüferin testiert sein. [11]Ergänzend zu Satz 1 muss die Abrechnung Angaben zur KWK-Nettostromerzeugung, zur KWK-Nutzwärmeerzeugung, zu Brennstoffart und -einsatz sowie bei den Anlagen nach § 5 Absatz 2, 3 und 4 (Neuanlagen, modernisierte KWK-Anlagen und nachgerüstete KWK-Anlagen) Angaben zu den seit Aufnahme des Dauerbetriebs erreichten Vollbenutzungsstunden enthalten. [12]Die Abrechnung muss die Empfänger und Empfängerinnen als sachkundige Dritte in die Lage versetzen, ohne weitere Informationen die Ermittlung der KWK-Strommengen im Hinblick auf § 7 Absatz 7 und § 9 nachzuvollziehen.

(2) [1]Der Betreiber einer kleinen KWK-Anlage, die nicht über Vorrichtungen zur Abwärmeabfuhr verfügt, ist von den Mitteilungspflichten nach Absatz 1 Satz 1 und der Messung der abgegebenen Nutzwärme befreit. [2]Abweichend von Absatz 1 Satz 8 teilt der Betreiber einer kleinen KWK-Anlage der zuständigen Stelle und dem Netzbetreiber bis zum 31. März eines jeden Jahres die im vorangegangenen Kalenderjahr eingespeiste KWK-Strommenge und, sofern es sich um eine Anlage mit einer elektrischen Leistung von mehr als 50 Kilowatt handelt, die ab dem 1. Januar 2009 und bis zum 31. Dezember 2020 in Dauerbetrieb genommen worden ist, die Anzahl der Vollbenutzungsstunden seit der Aufnahme des Dauerbetriebs mit. [3]Der Betreiber einer kleinen KWK-Anlage macht der zuständigen Stelle darüber hinaus bis zum 31. März eines jeden Jahres Angaben zu Brennstoffart und -einsatz. [4]Betreiber kleiner KWK-Anlagen mit einer elektrischen Leistung bis 50 Kilowatt sind gegenüber der zuständigen Stelle auch von den in den Sätzen 2 und 3 genannten Mitteilungspflichten befreit.

(3) [1]Bei begründeten Zweifeln an der Richtigkeit der Mitteilung nach Absatz 1 Satz 1, der Abrechnung beziehungsweise den Angaben nach Absatz 1 Satz 8, 9 und 10 oder der Mitteilung nach Absatz 2 Satz 2 und 3 kann die zuständige Stelle Maßnahmen zur Überprüfung ergreifen. [2]§ 6 Abs. 4 gilt entsprechend.

(4) Vor der Vorlage der Abrechnung nach Absatz 1 Satz 8 oder der Mitteilung nach Absatz 2 Satz 2 kann der Betreiber der KWK-Anlage monatliche Abschlagszahlungen vom Netzbetreiber verlangen, wenn die Anlage zugelassen ist oder der Antrag auf Zulassung gestellt worden ist.

(5) [1]Die zuständige Stelle übermittelt jährlich die nach § 6 Abs. 1 Nr. 1 bis 4 anfallenden Daten der KWK-Anlagen sowie die KWK-Nettostromerzeugung, die KWK-Nutzwärmeerzeugung und die eingespeiste KWK-Strommenge und die Angaben zu Brennstoffart und -einsatz an das Statistische Bundesamt zum Zwecke der Aufbereitung von Bundesergebnissen sowie zur Erfüllung von Mitteilungspflichten der Bundesrepublik Deutschland gegenüber supra- und internationalen Organisationen. [2]Für die zu übermittelnden Daten gelten die Regelungen zur Geheimhaltung gemäß § 16 des Bundesstatistikgesetzes.

### § 9[1)]
### Belastungsausgleich

(1) Netzbetreiber, die im Kalenderjahr Zuschläge zu leisten haben, können finanziellen Ausgleich von dem vorgelagerten Übertragungsnetzbetreiber für diese Zahlungen verlangen.

(2) Übertragungsnetzbetreiber ermitteln bis zum 30. Juni eines jeden Jahres die von ihnen im vorangegangenen Kalenderjahr geleisteten Zuschlags- und Ausgleichszahlungen und die von ihnen oder anderen Netzbetreibern im Bereich ihres Übertragungsnetzes an Letztverbraucher im Sinne des Absatzes 7 Satz 2, des Absatzes 7 Satz 3 und an andere Letztverbraucher ausgespeisten Strommengen.

(3) [1]Übertragungsnetzbetreiber sind verpflichtet, den unterschiedlichen Umfang ihrer Zuschlagszahlungen und ihrer Ausgleichszahlungen nach Maßgabe der von ihnen oder anderen Netzbetreibern im Bereich ihres Übertragungsnetzes an Letztverbraucher im Sinne des Absatzes 7 Satz 2, des Absatzes 7 Satz 3 und an andere Letztverbraucher gelieferten Strommengen über eine finanzielle Verrechnung untereinander auszugleichen. [2]Die Übertragungsnetzbetreiber ermitteln hierfür die Belastungen, die sie gemessen an den Strommengen nach Absatz 2 und den Belastungsgrenzen nach Absatz 7 Satz 2 und 3 zu tragen hätten. [3]Übertragungsnetzbetreiber, die bezogen auf die Stromabgabe an Letztverbraucher im Bereich ihres Netzes höhere Zahlungen zu leisten hatten oder größere Strommengen an Letztverbraucher im Sinne des Absatzes 7 Satz 2 und 3 abgegeben haben, als es dem Durchschnitt aller Übertragungsnetzbetreiber entspricht, haben einen finanziellen Anspruch auf Belastungsausgleich, bis alle Übertragungsnetzbetreiber eine Belastung tragen, die dem Durchschnittswert für jede Letztverbrauchergruppe entspricht.

(4) Übertragungsnetzbetreiber haben einen Anspruch auf Belastungsausgleich gegen die unmittelbar oder mittelbar nachgelagerten Netzbetreiber, bis alle Netzbetreiber gleiche Belastungen nach Absatz 3 tragen.

---
1) § 9 Abs. 2 geänd. mWv 1. 1. 2009 durch G v. 25. 10. 2008 (BGBl. I S. 2101).

(5) Auf die zu erwartenden Ausgleichsbeträge sind monatliche Abschläge zu zahlen.

(6) ¹Jeder Netzbetreiber ist verpflichtet, den anderen Netzbetreibern die für die Berechnung des Belastungsausgleichs erforderlichen Daten rechtzeitig zur Verfügung zu stellen. ²Jeder Netzbetreiber kann verlangen, dass die anderen ihre Angaben durch einen im gegenseitigen Einvernehmen bestellten Wirtschaftsprüfer oder vereidigten Buchprüfer testieren lassen.

(7) ¹Netzbetreiber sind berechtigt, geleistete Zuschlagszahlungen, soweit sie nicht erstattet worden sind, und Ausgleichszahlungen bei der Berechnung der Netznutzungsentgelte in Ansatz zu bringen, sofern sie die Zahlungen durch Testat eines Wirtschaftsprüfers oder vereidigten Buchprüfers nachweisen. ²Für Letztverbraucher, deren Jahresverbrauch an einer Abnahmestelle mehr als 100 000 Kilowattstunden beträgt, darf sich das Netznutzungsentgelt für über 100 000 Kilowattstunden hinausgehende Strombezüge aus dem Netz für die allgemeine Versorgung an dieser Abnahmestelle höchstens um 0,05 Cent pro Kilowattstunde erhöhen. ³Sind Letztverbraucher Unternehmen des Produzierenden Gewerbes, deren Stromkosten im vorangegangenen Kalenderjahr 4 Prozent des Umsatzes überstiegen, darf sich das Netznutzungsentgelt für über 100 000 Kilowattstunden hinausgehende Lieferungen höchstens um die Hälfte des Betrages nach Satz 2 erhöhen. ⁴Letztverbraucher nach Satz 3 haben dem Netzbetreiber auf Verlangen durch Testat eines Wirtschaftsprüfers oder vereidigten Buchprüfers den Stromkostenanteil am Umsatz nachzuweisen. ⁵Die Sätze 2 und 3 gelten entsprechend für Unternehmen des schienengebundenen Verkehrs sowie Eisenbahninfrastrukturunternehmen; beim schienengebundenen Verkehr ist für die Zuordnung zum Übertragungsnetzbereich auf die Einspeisestelle in das Bahnstromnetz bzw. die Unterwerke abzustellen. ⁶Werden Netznutzungsentgelte nicht gesondert in Rechnung gestellt, können die Zahlungen nach Satz 1 bei dem Gesamtpreis für den Strombezug entsprechend in Ansatz gebracht werden.

§ 10 [1)
Zuständigkeit

(1) Zuständig für die Durchführung dieses Gesetzes ist das Bundesamt für Wirtschaft und Ausfuhrkontrolle, soweit im Gesetz nichts Abweichendes bestimmt ist.

(2) Das Bundesministerium für Wirtschaft und Technologie wird ermächtigt, die Durchführung der Aufgaben nach den §§ 6 und 8 durch Rechtsverordnung ohne Zustimmung des Bundesrates ganz oder teilweise auf eine juristische Person des privaten Rechts zu übertragen, soweit deren Bereitschaft und Eignung zur ordnungsgemäßen Erfüllung der Aufgaben gegeben ist.

§ 11 [2)
Gebühren und Auslagen

(1) Für individuell zurechenbare öffentliche Leistungen nach diesem Gesetz werden Gebühren und Auslagen erhoben.

(2) ¹Das Bundesministerium für Wirtschaft und Technologie wird ermächtigt, durch Rechtsverordnung [3)] ohne Zustimmung des Bundesrates die gebührenpflichtigen Tatbestände und die Gebührenhöhe zu bestimmen. ²Die Rechtsverordnung nach Satz 1 kann für die Einlegung eines Widerspruchs Gebühren vorsehen.

§ 12 [4)
Zwischenüberprüfung

¹Das Bundesministerium für Wirtschaft und Energie führt im Jahr 2014 unter Mitwirkung von Verbänden der deutschen Wirtschaft und Energiewirtschaft unter Berücksichtigung bereits eingetretener und sich abzeichnender Entwicklungen bei der KWK-Stromerzeugung eine Zwischenüberprüfung über die Entwicklung der KWK-Stromerzeugung in Deutschland, insbesondere mit Blick auf die Erreichung der energie- und klimapolitischen Ziele der Bundesregierung und dieses Gesetzes, der Rahmenbedingungen für den wirtschaftlichen Betrieb von KWK-Anlagen und der jährlichen Zuschlagzahlungen durch. ²Im Hinblick auf die Erreichung der klimapolitischen Ziele der Bundesregierung erfolgt die Zwischenüberprüfung in Abstimmung mit dem Bundesministerium für Umwelt, Naturschutz, Bau und Reaktorsicherheit.

Geltungszeitraum: ab 01.08.2014

§ 12 [5)
Zwischenüberprüfung

Das Bundesministerium für Wirtschaft und Technologie führt im Jahr 2014 gemeinsam mit dem Bundesministerium für Umwelt, Naturschutz und Reaktorsicherheit unter Mitwirkung von Verbänden der deutschen Wirtschaft und Energiewirtschaft unter Berücksichtigung bereits eingetretener und sich abzeichnender Entwicklungen bei der KWK-Stromerzeugung eine Zwischenüberprüfung über die Entwicklung der KWK-Stromerzeugung in Deutschland, insbesondere mit Blick auf die Erreichung der energie- und klimapolitischen Ziele der Bundes-

---

1) § 10 Abs. 2 geänd. mWv 28. 11. 2003 durch VO v. 25. 11. 2003 (BGBl. I S. 2304); Abs. 2 geänd. mWv 8. 11. 2006 durch VO v. 31. 10. 2006 (BGBl. I S. 2407).
2) § 11 Abs. 2 geänd. mWv 28. 11. 2003 durch VO v. 25. 11. 2003 (BGBl. I S. 2304); Abs. 2 geänd. mWv 8. 11. 2006 durch VO v. 31. 10. 2006 (BGBl. I S. 2407); Abs. 2 Satz 2 angef. mWv 26. 8. 2009 durch G v. 21. 8. 2009 (BGBl. I S. 2870); Überschrift und Abs. 1 neu gef. mWv 15. 8. 2013 durch G v. 7. 8. 2013 (BGBl. I S. 3154).
3) Siehe die VO über Gebühren und Auslagen des Bundesamtes für Wirtschaft und Ausfuhrkontrolle bei der Durchführung des Kraft-Wärme-KopplungsG.
4) § 12 neu gef. mWv 1. 1. 2009 durch G v. 25. 10. 2008 (BGBl. I S. 2101); geänd. mWv 19. 7. 2012 durch G v. 12. 7. 2012 (BGBl. I S. 1494); Satz 1 geänd. und Satz 2 angef. mWv 1. 8. 2014 durch G v. 21. 7. 2014 (BGBl. I S. 1066).
5) § 12 neu gef. mWv 1. 1. 2009 durch G v. 25. 10. 2008 (BGBl. I S. 2101); geänd. mWv 19. 7. 2012 durch G v. 12. 7. 2012 (BGBl. I S. 1494).

regierung und dieses Gesetzes, der Rahmenbedingungen für den wirtschaftlichen Betrieb von KWK-Anlagen und der jährlichen Zuschlagzahlungen durch.

Geltungszeitraum: bis 31.07.2014

§ 13[1)]
Übergangsbestimmungen

(1) Für Ansprüche der Betreiber von KWK-Anlagen, die bis zum 19. Juli 2012 in Dauerbetrieb genommen wurden, auf Zahlung eines Zuschlags sind die §§ 5 und 7 in der bis zum 19. Juli 2012 geltenden Fassung anzuwenden.

(2) Für Ansprüche der Wärmenetzbetreiber, wenn die Inbetriebnahme eines neuen oder ausgebauten Wärmenetzes bis zum 31. Dezember 2011 erfolgt ist, auf Zahlung eines Zuschlags sind die §§ 5a und 7a in der bis zum 19. Juli 2012 geltenden Fassung anzuwenden.

---

1) § 13 aufgeh. mWv 1. 1. 2009 durch G v. 25. 10. 2008 (BGBl. I S. 2101); angef. mWv 19. 7. 2012 durch G v. 12. 7. 2012 (BGBl. I S. 1494).

EU-Vorgaben § 1

## Energiesteuergesetz

## Kapitel 1  Allgemeine Bestimmungen

**§ 1 Steuergebiet, Energieerzeugnisse**

(1) ¹Energieerzeugnisse unterliegen im Steuergebiet der Energiesteuer. ²Steuergebiet im Sinne dieses Gesetzes ist das Gebiet der Bundesrepublik Deutschland ohne das Gebiet von Büsingen und ohne die Insel Helgoland. ³Die Energiesteuer ist eine Verbrauchsteuer im Sinne der Abgabenordnung.

(2) Energieerzeugnisse im Sinne dieses Gesetzes sind:
1. Waren der Positionen 1507 bis 1518 der Kombinierten Nomenklatur, die dazu bestimmt sind, als Kraft- oder Heizstoff verwendet zu werden,
2. Waren der Positionen 2701, 2702 und 2704 bis 2715 der Kombinierten Nomenklatur,
3. Waren der Positionen 2901 und 2902 der Kombinierten Nomenklatur,
4. Waren der Unterposition 2905 11 00 der Kombinierten Nomenklatur, die nicht von synthetischer Herkunft sind und die dazu bestimmt sind, als Kraft- oder Heizstoff verwendet zu werden,
5. Waren der Positionen 3403, 3811 und 3817 der Kombinierten Nomenklatur,
6. Waren der Unterposition 3824 90 99 der Kombinierten Nomenklatur, die dazu bestimmt sind, als Kraft- oder Heizstoff verwendet zu werden.

(3) ¹Als Energieerzeugnisse im Sinne dieses Gesetzes gelten mit Ausnahme von Torf und Waren der Positionen 4401 und 4402 der Kombinierten Nomenklatur auch:
1. andere als die in Absatz 2 genannten Waren, die zur Verwendung als Kraftstoff oder als Zusatz oder Verlängerungsmittel von Kraftstoffen bestimmt sind oder als solche zum Verkauf angeboten oder verwendet werden,
2. andere als die in Absatz 2 genannten Waren, ganz oder teilweise aus Kohlenwasserstoffen, die zur Verwendung als Heizstoff bestimmt sind oder als solche zum Verkauf angeboten oder verwendet werden.

²Satz 1 gilt nicht für Waren, die sich in einem Steueraussetzungsverfahren nach den Vorschriften des Gesetzes über das Branntweinmonopol in der im Bundesgesetzblatt Teil III, Gliederungsnummer 612-7, veröffentlichten bereinigten Fassung, zuletzt geändert durch Artikel 5 des Gesetzes vom 21. Juli 2004 (BGBl. I S. 1753), in der jeweils geltenden Fassung befinden.

(4) bis (11) (weggefallen)

*EU-Vorgaben*

**RL 2008/118/EG  Systemrichtlinie (Auszug)**
**Artikel 1**

(1) Diese Richtlinie legt ein allgemeines System für die Verbrauchsteuern fest, die mittelbar oder unmittelbar auf den Verbrauch folgender Waren (nachstehend „verbrauchsteuerpflichtige Waren" genannt) erhoben werden:
 a) Energieerzeugnisse und elektrischer Strom gemäß der Richtlinie 2003/96/EG;
 b) Alkohol und alkoholische Getränke gemäß den Richtlinien 92/83/EWG und 92/84/EWG;
 c) Tabakwaren gemäß den Richtlinien 95/59/EG, 92/79/EWG und 92/80/EWG.

(2) Die Mitgliedstaaten können für besondere Zwecke auf verbrauchsteuerpflichtige Waren andere indirekte Steuern erheben, sofern diese Steuern in Bezug auf die Bestimmung der Bemessungsgrundlage, die Berechnung der Steuer, die Entstehung des Steueranspruchs und die steuerliche Überwachung mit den gemeinschaftlichen Vorschriften für die Verbrauchsteuer oder die Mehrwertsteuer vereinbar sind, wobei die Bestimmungen über die Steuerbefreiungen ausgenommen sind.

(3) Die Mitgliedstaaten können Steuern erheben auf:

# § 1 EU-Vorgaben

a) andere als verbrauchsteuerpflichtige Waren;
b) Dienstleistungen, auch im Zusammenhang mit verbrauchsteuerpflichtigen Waren, sofern es sich nicht um umsatzbezogene Steuern handelt.

Die Erhebung solcher Steuern darf jedoch im grenzüberschreitenden Handelsverkehr zwischen Mitgliedstaaten keine mit dem Grenzübertritt verbundenen Formalitäten nach sich ziehen.

## RL 2003/96/EG Energiesteuerrichtlinie (Auszug)
### Artikel 1
Die Mitgliedstaaten erheben nach Maßgabe dieser Richtlinie Steuern auf Energieerzeugnisse und elektrischen Strom.

### Kombinierte Nomenklatur (Auszug)

**Kapitel 15**

1507: Sojaöl
1508: Erdnussöl
1509: Olivenöl
1510: Andere Öle und ihre Fraktionen, ausschließlich aus Oliven gewonnen
1511: Palmöl
1512: Sonnenblumen-, Saflor- und Baumwollsamenöl
1513: Kokos-, Palmkern- und Babassuöl
1514: Raps-, Rübsen- und Senföl
1515: Andere pflanzliche Fette und fette Öle
1516: Tierische und pflanzliche Fette und Öle, hydriert, umgeestert, wiederverestert oder elaidiniert, auch raffiniert, jedoch nicht weiterverarbeitet
1517: Margarine
1518: Tierische und pflanzliche Fette und Öle, gekocht, oxidiert, dehydratisiert, geschwefelt, geblasen, durch Hitze im Vakuum

**Kapitel 27**

2701: Steinkohle, Steinkohlebriketts und ähnliche aus Steinkohle gewonnene feste Brennstoffe
2702: Braunkohle, auch agglomiert, ausgenommen Gagat (Jett)
2704: Koks und Schwelkoks, aus Steinkohle, Braunkohle oder Torf, auch agglomeriert; Retortenkohle
2705: Steinkohlengas, Wassergas, Generatorengas, Schwachgas und ähnliche Gase, ausgenommen Erdgas und andere gasförmige Kohlenwasserstoffe
2706: Teer aus Steinkohle, Braunkohle oder Torf und andere Mineralteere, auch entwässert oder teilweise destilliert, einschließlich rekonstituierte Teere
2707: Öle und andere Erzeugnisse der Destillation des Hochtemperatur–Steinkohlenteers; ähnliche Erzeugnisse, in denen die aromatischen Bestandteile in Bezug auf das Gewicht gegenüber den nicht aromatischen Bestandteilen überwiegen:

2707 10 – Benzole
2707 20 – Toluole
2707 30 – Xylole
2707 4000 – Naphthalin
2707 50 – andere Mischungen aromatischer Kohlenwasserstoffe, bei deren Destillation nach ASTM D 86 bis 250°C einschließlich der Destillationsverluste mindestens 65 RHT übergehen
2707 6000 – Phenole
– andere
2707 9100 – – Kresotöle
2707 99 – – andere:
– – – rohe Öle
2707 9911 – – – – rohe Leichtöle, bei deren Destillation 90 RHT oder mehr bis 200°C übergehen

# § 1

| | |
|---|---|
| 2707 9919 | – – – – andere |
| 2707 9930 | – – – schwefelhaltige Kopfprodukte |
| 2707 9950 | – – – basische Erzeugnisse |
| 2707 9970 | – – – Anthracen |
| | – – – andere |
| 2707 9991 | – – – – zum Herstellen von Waren der Position 2803 |
| 2707 9999 | – – – – andere |
| 2708: | Pech und Pechkoks aus Steinkohlenteer oder anderen Mineralteeren |
| 2709: | Erdöl und Öl aus bituminösen Mineralien, roh |
| 2710: | Erdöl und Öl aus bituminösen Mineralien, ausgenommen rohe Öle; Zubereitungen mit einem Gehalt an Erdöl oder Öl aus bituminösen Mineralien von 70 GHT oder mehr, in denen diese Öle den Charakter der Waren bestimmen; anderweitig weder genannt noch inbegriffen; Ölabfälle: |
| | – Erdöl und Öl aus bituminösen Mineralien (ausgenommen rohe Öle) und Zubereitungen mit einem Gehalt an Erdöl oder Öl aus bituminösen Mineralien von 70 GHT oder mehr, in denen diese Öle den Charakter der Waren bestimmen, anderweitig weder genannt noch inbegriffen, ausgenommen Ölabfälle: |
| 2710 11 | – – Leichtöle und Zubereitungen |
| 2710 1111 | – – – zur Bearbeitung im begünstigten Verfahren |
| 2710 1115 | – – – zur chemischen Umwandlung, ausgenommen Verfahren der Unterposition 2710 1111 |
| | – – – zu anderer Verwendung: |
| | – – – – Spezialbenzine: |
| 2710 1121 | – – – – – Testbenzin (white spirit) |
| 2710 1125 | – – – – – andere |
| | – – – – andere |
| | – – – – – Motorenbenzin: |
| 2710 1131 | – – – – – – Flugbenzin |
| | – – – – – – anderes, mit einem Bleigehalt von: |
| | – – – – – – – 0,013 g/l oder weniger: |
| 2710 1141 | – – – – – – – – mit einer Oktanzahl (ROZ) von weniger als 95 |
| 2710 1145 | – – – – – – – – mit einer Oktanzahl (ROZ) von 95 oder mehr, jedoch weniger als 98 |
| 2710 1149 | – – – – – – – – mit einer Oktanzahl (ROZ) von 98 oder mehr |
| | – – – – – – – mehr als 0,013 g/l: |
| 2710 1151 | – – – – – – – – mit einer Oktanzahl (ROZ) von weniger als 98 |
| 2710 1159 | – – – – – – – – mit einer Oktanzahl (ROZ) von 98 oder mehr |
| 2710 1170 | – – – – – Flugturbinenkraftstoff |
| 2710 1190 | – – – – – andere Leichtöle |
| 2710 19 | – – andere: |
| | – – – mittelschwere Öle: |
| 2710 1911 | – – – – zur Bearbeitung in begünstigten Verfahren |
| 2710 1915 | – – – – zur chemischen Umwandlung, ausgenommen Verfahren der Unterposition 2710 1911 |
| | – – – – zu anderer Verwendung: |
| | – – – – – Leuchtöl (Kerosin): |
| 2710 1921 | – – – – – – Flugturbinenkraftstoff |
| 2710 1925 | – – – – – – anderes |
| 2710 1929 | – – – – – andere |
| | – – – Schweröle: |
| | – – – – Gasöl: |
| 2710 1931 | – – – – – zur Bearbeitung in begünstigten Verfahren |

## § 1

| | |
|---|---|
| 2710 1935 | – – – – – zur chemischen Umwandlung, ausgenommen Verfahren der Unterposition 2710 1931 |
| | – – – – – zu anderer Verwendung: |
| 2710 1941 | – – – – – – mit einem Schwefelgehalt von 0,05 GHT oder weniger |
| 2710 1945 | – – – – – – mit einem Schwefelgehalt von mehr als 0,05 GHT bis 0,2 GHT |
| 2710 1949 | – – – – – – mit einem Schwefelgehalt von mehr als 0,2 GHT |
| | – – – – Heizöle: |
| 2710 1951 | – – – – – zur Bearbeitung in begünstigten Verfahren |
| 2710 1955 | – – – – – zur chemischen Umwandlung, ausgenommen Verfahren der Unterposition 2710 1951 |
| | – – – – – zu anderer Verwendung: |
| 2710 1961 | – – – – – – mit einem Schwefelgehalt von 1GHT oder weniger |
| 2710 1963 | – – – – – – mit einem Schwefelgehalt von mehr als 1GHT bis 2 GHT |
| 2710 1965 | – – – – – – mit einem Schwefelgehalt von mehr als 2 GHT bis 2,8 GHT |
| 2710 1969 | – – – – – – mit einem Schwefelgehalt von mehr als 2,8 GHT |
| | – – – – Schmieröle; andere Öle |
| 2710 1971 | – – – – – zur Bearbeitung in begünstigten Verfahren |
| 2710 1975 | – – – – – zur chemischen Umwandlung, ausgenommen Verfahren der Unterposition 2710 1971 |
| | – – – – – zu anderer Verwendung: |
| 2710 1981 | – – – – – – Motorenöle, Kompressorenöle, Turbinenöle |
| 2710 1983 | – – – – – – Hydrauliköle |
| 2710 1985 | – – – – – – Weißöle, Paraffinum liquidum |
| 2710 1987 | – – – – – – Getriebeöle |
| 2710 1991 | – – – – – – Metallbearbeitungsöle, Formöle, Korrosionsschutzöle |
| 2710 1993 | – – – – – – Elektroisolieröle |
| 2710 1999 | – – – – – – andere Schmieröle und andere Öle |
| | – Ölabfälle: |
| 2710 9100 | – – polychlorierte Biphenyle (PCB), polychlorierte Terphenyle (PCT) oder polybromierte Biphenyle (PBB) enthaltend |
| 2710 9900 | – – andere |
| 2711: | Erdgas und andere gasförmige Kohlenwasserstoffe: |
| | – verflüssigt: |
| 2711 1100 | – – Erdgas |
| 2711 12 | – – Propan: |
| | – – – Propan mit einem Reinheitsgrad von 99 Hundertteilen und mehr: |
| 2711 1211 | – – – – zur Verwendung als Kraft– oder Heizstoff |
| 2711 1219 | – – – – zu anderer Verwendung |
| | – – – anderes: |
| 2711 1291 | – – – – zur Bearbeitung in begünstigten Verfahren |
| 2711 1293 | – – – – zur chemischen Umwandlung, ausgenommen Verfahren der Unterposition 2711 1291 |
| | – – – – zu anderer Verwendung: |
| 2711 1294 | – – – – – mit einem Reinheitsgrad von mehr als 90, jedoch weniger als 99 Hundertteilen |
| 2711 1297 | – – – – – andere |
| 2711 13 | – – Butane |
| 2711 1310 | – – – zur Bearbeitung in begünstigten Verfahren |
| 2711 1330 | – – – zur chemischen Umwandlung, ausgenommen Verfahren der Unterposition 2711 1310 |
| | – – – zu anderer Verwendung: |
| 2711 1391 | – – – – mit einem Reinheitsgrad von mehr als 90, jedoch weniger als 95 Hundertteilen |

# § 1

| | | |
|---|---|---|
| 2711 1397 | – – – – andere | |
| 2711 1400 | – – Ethylen, Propylen, Butylen und Butadien | |
| 2711 1900 | – – andere | |
| | – in gasförmigem Zustand: | |
| 2711 2100 | – – Erdgas | |
| 2711 2900 | – – andere | |
| 2712: | Vaselin; Paraffin, mikrokristallines Erdölwachs, paraffinische Rückstände („slack wax"), Ozokerit, Montanwachs, Torfwachs, andere Mineralwachse und ähnliche durch Synthese oder andere Verfahren gewonnene Erzeugnisse, auch gefärbt | |
| 2713: | Petrolkoks, Bitumen aus Erdöl und andere Rückstände aus Erdöl oder Öl aus bituminösen Mineralien | |
| 2714: | Naturbitumen und Naturasphalt; bituminöse oder ölhaltige Schiefer und Sande; Asphaltite und Asphaltgestein | |
| 2715: | Bituminöse Mischungen auf der Grundlage von Naturasphalt oder Naturbitumen, Bitumen aus Erdöl, Mineralteer oder Mineralpech (z.b. Asphaltmastix, Verschnittbitumen) | |

**Positionen 2901 und 2902**

| | |
|---|---|
| 2901: | Acyclische Kohlenwasserstoffe |
| 2901 10 | – gesättigt |
| | – ungesättigt |
| 2901 21 | – –Ethylen |
| 2901 22 | – – Propen (Propylen) |
| 2901 23 | – – Buten (Butylen) und seine Isomeren |
| 2901 24 | – – Buta–1,3dien und isopren |
| 2901 29 | – – andere |
| 2902: | Cyclische Kohlenwasserstoffe |
| | – alicyclische: |
| 2902 1100 | – – Cyclohexan |
| 2902 19 | – – andere: |
| 2902 1910 | – – – Cycloterpene |
| 2902 1930 | – – – Azulen und seine Alkylderivate |
| 2902 1990 | – – – andere |
| 2902 2000 | – Benzol |
| 2902 3000 | – Toluol |
| | – Xylole: |
| 2902 4100 | – – o–Xylol |
| 2902 4200 | – – m–Xylol |
| 2902 4300 | – – p–Xylol |
| 2902 4400 | – – Xylol–Isomerengemische |
| 2902 5000 | – Styrol |
| 2902 6000 | – Ethylbenzol |
| 2902 7000 | – Cumol |
| 2902 90 | – andere |
| 2902 9010 | – – Napthalin und Antracen |
| 2902 9030 | – – Biphenyl und Terphenyle |
| 2902 9050 | – – Vinyltoluole |
| 2902 9060 | – – 1,3–Diisopropylbenzol |
| 2902 9080 | – – andere |

**Positionen 3403, 3811 und 3817**

| | |
|---|---|
| 3403: | Zubereitete Schmiermittel (einschließlich Schneidöle, Zubereitungen zum Lösen von Schrauben oder Bolzen, zubereitete Rostschutzmittel oder Korrosionsschutzmittel und zu- |

# § 1

| | bereitete Form– und Trennöle, auf der Grundlage von Schmierstoffen) und Zubereitungen nach Art der Schmälzmittel für Spinnstoffe oder Mittel zum Ölen oder Fetten von Leder, Pelzfellen oder anderen Stoffen, ausgenommen solche, die als charakterbestimmenden Bestandteil 70 GHT oder mehr an Erdöl oder Öl aus bituminösen Mineralien enthalten |
|---|---|
| 3811: | Zubereitete Antiklopfmittel, Antioxidantien, Antigums, Viskositätsverbesserer, Antikorrosivadditive und andere zubereitete Additive für Mineralöle (einschließlich Kraftstoffe) oder für andere, zu denselben Zwecken wie Mineralöle verwendeten Flüssigkeiten |
| 3817: | Alkylbenzol–Gemische und Alkylnaphtalin–Gemische, ausgenommen Waren der Positionen 2707 und 2902 |

## *Branntweinmonopolgesetz (Auszug)*

### § 138 Beförderungen (Allgemeines)

(1) Beförderungen gelten, soweit in diesem Gesetz oder in den dazu ergangenen Rechtsverordnungen keine Ausnahmen vorgesehen sind, nur dann als unter Steueraussetzung durchgeführt, wenn sie mit einem elektronischen Verwaltungsdokument nach Artikel 21 der Systemrichtlinie erfolgen.

(2) Für Beförderungen unter Steueraussetzung an Begünstigte im Sinn des Artikels 12 Absatz 1 der Systemrichtlinie ist zusätzlich eine Freistellungsbescheinigung erforderlich. Dies gilt für Beförderungen unter Steueraussetzung an Begünstigte (§ 137) entsprechend, soweit nicht nach § 137 Absatz 3 andere Dokumente anstelle der Freistellungsbescheinigung zugelassen worden sind.

(3) Das Bundesministerium der Finanzen wird ermächtigt, durch Rechtsverordnung das Verfahren der Beförderung unter Steueraussetzung entsprechend den Artikeln 21 bis 31 der Systemrichtlinie und den dazu ergangenen Verordnungen sowie das Verfahren der Übermittlung des elektronischen Verwaltungsdokuments und den dazu erforderlichen Datenaustausch zu regeln und dabei das Verfahren abweichend von Absatz 1 zu bestimmen.

### § 139 Beförderungen im Steuergebiet

(1) Erzeugnisse dürfen unter Steueraussetzung, auch über Drittländer oder Drittgebiete, befördert werden aus Steuerlagern im Steuergebiet oder von registrierten Versendern vom Ort der Einfuhr im Steuergebiet

1. in andere Steuerlager,
2. in Betriebe von Verwendern (§ 153 Absatz 1) oder
3. zu Begünstigten (§ 137)

im Steuergebiet.

(2) Wenn Steuerbelange gefährdet erscheinen, hat der Steuerlagerinhaber als Versender oder der registrierte Versender Sicherheit für die Beförderung zu leisten. Das Hauptzollamt kann auf Antrag zulassen, dass die Sicherheit durch den Eigentümer, den Beförderer oder den Empfänger der Erzeugnisse geleistet wird.

(3) Die Erzeugnisse sind unverzüglich

1. vom Steuerlagerinhaber in sein Steuerlager oder
2. vom Verwender (§ 153 Absatz 1) in seinen Betrieb aufzunehmen oder
3. vom Begünstigten (§ 137) zu übernehmen.

(4) In den Fällen des Absatzes 1 beginnt die Beförderung unter Steueraussetzung, wenn die Erzeugnisse das Steuerlager verlassen oder am Ort der Einfuhr in den zollrechtlich freien Verkehr übergeführt worden sind und endet mit der Aufnahme oder Übernahme.

(5) Das Bundesministerium der Finanzen wird ermächtigt, durch Rechtsverordnung

1. zur Sicherung des Steueraufkommens und zur Wahrung der Gleichmäßigkeit der Besteuerung Vorschriften zu den Absätzen 1 bis 4, insbesondere zur Sicherheitsleistung, zu erlassen,
2. zur Verfahrensvereinfachung zuzulassen, dass Erzeugnisse, die Steuerlagerinhaber oder Verwender in Besitz genommen haben, als in ihr Steuerlager oder ihren Betrieb aufgenommen gelten, soweit Steuerbelange dadurch nicht beeinträchtigt werden.

### § 140 Beförderungen aus anderen, in andere oder über andere Mitgliedstaaten

(1) Erzeugnisse dürfen unter Steueraussetzung, auch über Drittländer oder Drittgebiete, befördert werden

## § 1

1. aus Steuerlagern im Steuergebiet oder von registrierten Versendern vom Ort der Einfuhr im Steuergebiet
   a) in Steuerlager,
   b) in Betriebe von registrierten Empfängern oder
   c) zu Begünstigten im Sinn des Artikels 12 Absatz 1 der Systemrichtlinie
   in anderen Mitgliedstaaten;
2. aus Steuerlagern in anderen Mitgliedstaaten oder von registrierten Versendern vom Ort der Einfuhr in anderen Mitgliedstaaten
   a) in Steuerlager,
   b) in Betriebe von registrierten Empfängern oder
   c) zu Begünstigten (§ 137)
   im Steuergebiet;
3. durch das Steuergebiet.

(2) In den Fällen des Absatzes 1 Nummer 1 hat der Steuerlagerinhaber als Versender oder der registrierte Versender Sicherheit zu leisten. Die Sicherheit muss in allen Mitgliedstaaten gültig sein. Das Hauptzollamt kann auf Antrag zulassen, dass die Sicherheit durch den Eigentümer, den Beförderer oder den Empfänger der Erzeugnisse geleistet wird.

(3) Das Verfahren der Steueraussetzung unter Sicherheitsleistung ist auch dann anzuwenden, wenn Erzeugnisse, die für Steuerlager im Steuergebiet oder Begünstigte (§ 137) im Steuergebiet bestimmt sind, über einen anderen Mitgliedstaat befördert werden.

(4) Die Erzeugnisse sind unverzüglich
1. vom Steuerlagerinhaber des abgebenden Steuerlagers,
2. vom registrierten Versender oder
3. vom Empfänger, wenn dieser im Steuergebiet Besitz an den Erzeugnissen erlangt hat, aus dem Steuergebiet in den anderen Mitgliedstaat zu befördern oder
4. vom Steuerlagerinhaber des empfangenden Steuerlagers in sein Steuerlager oder
5. vom registrierten Empfänger in seinen Betrieb
im Steuergebiet aufzunehmen oder
6. vom Begünstigten (§ 137) zu übernehmen.

(5) In den Fällen des Absatzes 1 Nummer 1 beginnt die Beförderung unter Steueraussetzung, wenn die Erzeugnisse das Steuerlager verlassen oder am Ort der Einfuhr in den zollrechtlich freien Verkehr übergeführt worden sind. In den Fällen des Absatzes 1 Nummer 2 in Verbindung mit Absatz 4 endet die Beförderung unter Steueraussetzung mit der Aufnahme oder Übernahme.

(6) Das Bundesministerium der Finanzen wird ermächtigt, durch Rechtsverordnung zur Sicherung des Steueraufkommens Vorschriften zu den Absätzen 1 bis 4, insbesondere zur Sicherheitsleistung zu erlassen; dabei kann es
1. zur Verfahrensvereinfachung zulassen, dass Erzeugnisse, die Steuerlagerinhaber oder registrierte Empfänger in Besitz genommen haben, als in ihr Steuerlager oder ihren Betrieb aufgenommen gelten, soweit Steuerbelange dadurch nicht beeinträchtigt werden;
2. für häufig und regelmäßig stattfindende Beförderungen von Erzeugnissen in einem Verfahren der Steueraussetzung zwischen den Gebieten von zwei oder mehr Mitgliedstaaten Vereinfachungen durch bilaterale Vereinbarungen mit den betroffenen Mitgliedstaaten vorsehen.

### § 141 Ausfuhr

(1) Erzeugnisse dürfen unter Steueraussetzung, auch über Drittländer oder Drittgebiete, aus Steuerlagern im Steuergebiet oder von registrierten Versendern vom Ort der Einfuhr im Steuergebiet zu einem Ort befördert werden, an dem die Erzeugnisse das Verbrauchsteuergebiet der Europäischen Gemeinschaft verlassen.

(2) Der Steuerlagerinhaber, der registrierte Versender oder der Empfänger, wenn dieser im Steuergebiet Besitz an den Erzeugnissen erlangt hat, hat die Erzeugnisse unverzüglich auszuführen.

(3) In den Fällen des Absatzes 1 beginnt die Beförderung unter Steueraussetzung, wenn die Erzeugnisse das Steuerlager verlassen oder am Ort der Einfuhr in den zollrechtlich freien Verkehr übergeführt worden sind. Die Beförderung unter Steueraussetzung endet, wenn die Erzeugnisse das Verbrauchsteuergebiet der Europäischen Gemeinschaft verlassen.

# § 1

(4) Für die Verfahrensvorschriften, die Sicherheitsleistung und die Zulassung von Verfahrensvereinfachungen gilt für die unmittelbare Ausfuhr aus dem Steuergebiet § 139 Absatz 2 und 5, für die Ausfuhr über andere Mitgliedstaaten § 140 Absatz 2 und 6 entsprechend.

## Verwaltungsregelungen zu § 1 EnergieStG

| Datum | Anlage | Quelle | Inhalt |
|---|---|---|---|
| 01.12.2012 | § 001-01 | BMF | Verordnung zur Änderung der Energiesteuer- und der Stromsteuer-Durchführungsverordnung; Umsetzung der Änderungen |
| 28.02.2012 | § 001-02 | EU-KOM | Besteuerung von Abfällen |
| 23.10.2001 | § 001-03 | EU-KOM | Anmerkungen zu den Kapiteln der Kombinierten Nomenklatur |

## Rechtsprechungsauswahl zu § 1 EnergieStG

**EuGH vom 05.07.2007, C-145/06 (Slg. 2007 I-5869):** Die Richtlinie 2003/96/EG des Rates vom 27. Oktober 2003 zur Restrukturierung der gemeinschaftlichen Rahmenvorschriften zur Besteuerung von Energieerzeugnissen und elektrischem Strom in der durch die Richtlinie 2004/75/EG des Rates vom 29. April 2004 geänderten Fassung ist dahin auszulegen, dass sie nationalen Rechtsvorschriften wie den in den Ausgangsverfahren in Rede stehenden nicht entgegensteht, die die Erhebung einer Verbrauchsteuer auf Schmieröle vorsehen, falls diese zu anderen Zwecken als zum Verbrauch als Heiz- oder Kraftstoff bestimmt sind oder zu anderen als diesen Zwecken zum Verkauf angeboten oder verwendet werden.

**BFH vom 05.05.1982, VII R 96/78:**
1. Durch § 1 Abs. 2 Nr. 6 MinöStG i. d. F. des Änderungsgesetzes vom 20. Dezember 1968 (BGBl. I 1968, 1391) kommt der Wille des Gesetzgebers zum Ausdruck, auch solche Erzeugnisse als Mineralöle zu besteuern, die nicht aus der Destillation von Steinkohlenteer oder der Bearbeitung von Erdölen oder Schieferölen hervorgegangen sind, aber ganz oder teilweise aus Kohlenwasserstoff bestehen und als Betriebsstoffe für den Antrieb von Verbrennungskraftmaschinen geeignet sind.
2. Die rechtliche Eigenschaft dieser Erzeugnisse als „Mineralöl" hängt wie bei den in § 1 Abs. 2 Nrn 1 bis 4 MinöStG erwähnten Waren allein von ihrer stofflichen Beschaffenheit ab, nicht etwa davon, dass sie dazu bestimmt sind, als Kraftstoffe verwendet zu werden.

**BFH vom 26.07.1988, VII R 8/85 (BFHE 154 S. 295):** Methyltertiärbutyläther mit geringen Verunreinigungen an Kohlenwasserstoffen ist kein steuerpflichtiges Mineralöl.

# § 1a

§ 1a Sonstige Begriffsbestimmungen

¹Im Sinn dieses Gesetzes ist oder sind:

1. Systemrichtlinie: die Richtlinie 2008/118/EG des Rates vom 16. Dezember 2008 über das allgemeine Verbrauchsteuersystem und zur Aufhebung der Richtlinie 92/12/EWG (ABl. L 9 vom 14.1.2009, S. 12) in der jeweils geltenden Fassung;
2. Kombinierte Nomenklatur: die Warennomenklatur nach Artikel 1 der Verordnung (EWG) Nr. 2658/87 des Rates vom 23. Juli 1987 über die zolltarifliche und statistische Nomenklatur sowie den Gemeinsamen Zolltarif (ABl. L 256 vom 7.9.1987, S. 1, L 341 vom 3.12.1987, S. 38, L 378 vom 31.12.1987, S. 120, L 130 vom 26.5.1988, S. 42), die zuletzt durch die Verordnung (EG) Nr. 1031/2008 (ABl. L 291 vom 31.10.2008, S. 1) geändert worden ist, in der am 1. Januar 2002 geltenden Fassung;
3. Zollkodex: die Verordnung (EWG) Nr. 2913/92 des Rates vom 12. Oktober 1992 zur Festlegung des Zollkodex der Gemeinschaften (ABl. L 302 vom 19.10.1992, S. 1, L 79 vom 1.4.1993, S. 84, L 97 vom 18.4.1996, S. 38), die zuletzt durch die Verordnung (EG) Nr. 1791/2006 (ABl. L 363 vom 20.12.2006, S. 1) geändert worden ist;
4. Verbrauchsteuergebiet der Europäischen Gemeinschaft: das Gebiet, in dem die Systemrichtlinie gilt;
5. andere Mitgliedstaaten oder Gebiete anderer Mitgliedstaaten: das Verbrauchsteuergebiet der Europäischen Gemeinschaft ohne das Steuergebiet;
6. Drittgebiete: die Gebiete, die außerhalb des Verbrauchsteuergebiets der Europäischen Gemeinschaft liegen, aber zum Zollgebiet der Gemeinschaft gehören;
7. Drittländer: die Gebiete, die außerhalb des Verbrauchsteuergebiets der Europäischen Gemeinschaft liegen und nicht zum Zollgebiet der Gemeinschaft gehören;
8. Zollgebiet der Gemeinschaft: das Gebiet nach Artikel 3 des Zollkodex;
9. Ort der Einfuhr:
   a) beim Eingang von Energieerzeugnissen aus Drittländern der Ort, an dem sich die Energieerzeugnisse bei ihrer Überführung in den zollrechtlich freien Verkehr nach Artikel 79 des Zollkodex befinden,
   b) beim Eingang von Energieerzeugnissen aus Drittgebieten der Ort, an dem die Energieerzeugnisse in sinngemäßer Anwendung von Artikel 40 des Zollkodex zu gestellen sind;
10. steuerrechtlich freier Verkehr: weder ein Verfahren der Steueraussetzung (§ 5) noch ein zollrechtliches Nichterhebungsverfahren (§ 19 Absatz 2);
11. Personen: natürliche und juristische Personen sowie Personenvereinigungen ohne eigene Rechtspersönlichkeit;
12. Verheizen: das Verbrennen von Energieerzeugnissen zur Erzeugung von Wärme;
13. Kohle: Waren der Positionen 2701, 2702 und 2704 der Kombinierten Nomenklatur;
13a. ¹Biokraft- und Bioheizstoffe: Unbeschadet der Sätze 2 bis 5 sind Biokraft- und Bioheizstoffe Energieerzeugnisse ausschließlich aus Biomasse im Sinne der Biomasseverordnung vom 21. Juni 2001 (BGBl. I S. 1234), die durch die Verordnung vom 9. August 2005 (BGBl. I S. 2419) geändert worden ist, in der jeweils geltenden Fassung. ²Energieerzeugnisse, die anteilig aus Biomasse hergestellt werden, gelten in Höhe dieses Anteils als Biokraft- oder Bioheizstoffe. ³Fettsäuremethylester gelten in vollem Umfang als Biokraft- oder Bioheizstoffe, wenn sie durch Veresterung von pflanzlichen oder tierischen Ölen oder Fetten gewonnen werden, die selbst Biomasse im Sinne der Biomasseverordnung sind, und wenn ihre Eigenschaften mindestens den Anforderungen für Biodiesel nach der Verordnung über die Beschaffenheit und die Auszeichnung der Qualitäten von Kraft- und Brennstoffen in der jeweils geltenden Fassung entsprechen. ⁴Bioethanol gilt nur dann als Biokraftstoff, wenn es sich um Ethylalkohol ex Unterposition 2207 10 00 der Kombinierten Nomenklatur handelt und seine Eigenschaften im Fall von Bioethanol, das dem Ottokraftstoff beigemischt wird, mindestens den An-

# § 1a EU-Vorgaben

forderungen der DIN EN 15376, Ausgabe März 2008 oder Ausgabe November 2009, entsprechen und im Fall von Bioethanol, das im Ethanolkraftstoff (E85) enthalten ist, die Eigenschaften des Ethanolkraftstoffs (E85) mindestens den Anforderungen für Ethanolkraftstoff (E85) nach der Verordnung über die Beschaffenheit und die Auszeichnung der Qualitäten von Kraft- und Brennstoffen entsprechen. ⁵Für Energieerzeugnisse, die anteilig aus Bioethanol bestehen, gilt für den Bioethanolanteil Satz 4 sinngemäß. ⁶Pflanzenöl gilt nur dann als Biokraftstoff, wenn seine Eigenschaften mindestens den Anforderungen für Pflanzenölkraftstoff nach der Verordnung über die Beschaffenheit und die Auszeichnung der Qualitäten von Kraft- und Brennstoffen entsprechen. ⁷Den Energieerzeugnissen nach den Sätzen 1 bis 6 sind solche Energieerzeugnisse gleichgestellt, die einer anderen Norm oder technischen Spezifikation entsprechen, die in einem anderen Mitgliedstaat der Europäischen Union oder in einem anderen Vertragsstaat des Abkommens über den Europäischen Wirtschaftsraum (EWR-Abkommen) vom 3. Januar 1994 (ABl. L 1 vom 3.1.1994, S. 3), das zuletzt durch den Beschluss Nr. 54/2009 (ABl. L 162 vom 25.6.2009, S. 36) geändert worden ist, in der jeweils geltenden Fassung in Kraft ist, soweit diese Norm oder technische Spezifikation mit den in den Sätzen 1 bis 6 genannten Normen übereinstimmt und ein gleichwertiges Niveau der Beschaffenheit für die gleichen klimatischen Anforderungen sicherstellt;

14. Erdgas: Waren der Unterpositionen 2711 11 (verflüssigtes Erdgas) und 2711 21 der Kombinierten Nomenklatur und gasförmige Energieerzeugnisse, die beim Kohleabbau aufgefangen werden, ohne gasförmige Biokraft- und Bioheizstoffe;
15. Flüssiggase: Waren der Unterpositionen 2711 12 bis 2711 19 der Kombinierten Nomenklatur;
16. Gasförmige Kohlenwasserstoffe: Waren der Unterposition 2711 29 der Kombinierten Nomenklatur einschließlich gasförmiger Biokraft- und Bioheizstoffe;
17. Liter (l): das Liter bei + 15 Grad Celsius;
18. Megawattstunde (MWh): die Messeinheit der Energie der Gase, ermittelt aus dem Normvolumen (Vn) und dem Brennwert (Hs,n);
19. Gigajoule (GJ): die Messeinheit der Energie der Energieerzeugnisse nach § 2 Absatz 1 Nummer 9 und 10 und Absatz 4a, ermittelt aus dem Wägewert und dem Heizwert (Hi);
20. Kilogramm (kg): der Wägewert (Gewicht in Luft); das Gewicht der Umschließungen gehört nicht zum Gewicht der Energieerzeugnisse im Sinn dieses Gesetzes.

²DIN- und DIN-EN-Normen, auf die in diesem Gesetz verwiesen wird, sind im Beuth Verlag, Berlin, erschienen und beim Deutschen Patent- und Markenamt in München archivmäßig gesichert niedergelegt.

*EU-Vorgaben*

**RL 2008/118/EG Systemrichtlinie (Auszug)**
**Artikel 4**
Im Sinne dieser Richtlinie und ihrer Durchführungsbestimmungen gelten folgende Definitionen:
1. Ein „zugelassener Lagerinhaber" ist eine natürliche oder juristische Person, die von den zuständigen Behörden eines Mitgliedstaats ermächtigt wurde, in Ausübung ihres Berufs im Rahmen eines Verfahrens der Steueraussetzung verbrauchsteuerpflichtige Waren in einem Steuerlager herzustellen, zu verarbeiten, zu lagern, zu empfangen oder zu versenden.
2. „Mitgliedstaat" und „Gebiet eines Mitgliedstaats" ist das Gebiet eines jeden Mitgliedstaats der Gemeinschaft, auf das der Vertrag gemäß seinem Artikel 299 Anwendung findet, mit Ausnahme von Drittgebieten.
3. „Gemeinschaft" und „Gebiet der Gemeinschaft" sind die Gebiete der Mitgliedstaaten im Sinne von Ziffer 2.
4. „Drittgebiete" sind die in Artikel 5 Absätze 2 und 3 genannten Gebiete.
5. „Drittland" ist jeder Staat oder jedes Gebiet, auf den/das der Vertrag keine Anwendung findet.

EU-Vorgaben    *DV § 1*    **§ 1a**

6. „Zollrechtliche Nichterhebungsverfahren" sind alle nach der Verordnung (EWG) Nr. 2913/92 vorgesehenen besonderen Verfahren der Zollüberwachung für Nichtgemeinschaftswaren bei ihrem Eingang in das Zollgebiet der Gemeinschaft, die vorübergehende Verwahrung, Freizonen oder Freilager sowie alle Verfahren gemäß Artikel 84 Absatz 1 Buchstabe a der genannten Verordnung.

7. Das „Verfahren der Steueraussetzung" ist eine steuerliche Regelung, die auf die Herstellung, die Verarbeitung, die Lagerung sowie die Beförderung verbrauchsteuerpflichtiger Waren, die keinem zollrechtlichen Nichterhebungsverfahren unterliegen, unter Aussetzung der Verbrauchsteuer Anwendung findet.

8. Die „Einfuhr verbrauchsteuerpflichtiger Waren" ist der Eingang verbrauchsteuerpflichtiger Waren in das Gebiet der Gemeinschaft, sofern die Waren bei ihrem Eingang in die Gemeinschaft nicht in ein zollrechtliches Nichterhebungsverfahren überführt werden, sowie die Entlassung dieser Waren aus einem zollrechtlichen Nichterhebungsverfahren.

9. Ein „registrierter Empfänger" ist eine natürliche oder juristische Person, die von den zuständigen Behörden des Bestimmungsmitgliedstaats ermächtigt wurde, in Ausübung ihres Berufs und gemäß den von diesen Behörden festgesetzten Voraussetzungen, in einem Verfahren der Steueraussetzung beförderte verbrauchsteuerpflichtige Waren aus einem anderen Mitgliedstaat zu empfangen.

10. Ein „registrierter Versender" ist eine natürliche oder juristische Person, die von den zuständigen Behörden des Einfuhrmitgliedstaats ermächtigt wurde, in Ausübung ihres Berufs und entsprechend den von diesen Behörden festgesetzten Voraussetzungen, verbrauchsteuerpflichtige Waren nach ihrer Überführung in den zollrechtlich freien Verkehr gemäß Artikel 79 der Verordnung (EWG) Nr. 2913/92 in einem Verfahren der Steueraussetzung lediglich zu versenden.

11. Ein „Steuerlager" ist jeder Ort, an dem unter bestimmten von den zuständigen Behörden des Mitgliedstaats, in dem sich das Steuerlager befindet, festgelegten Voraussetzungen verbrauchsteuerpflichtige Waren im Rahmen eines Verfahrens der Steueraussetzung vom zugelassenen Lagerinhaber in Ausübung seines Berufs hergestellt, verarbeitet, gelagert, empfangen oder versandt werden.

## *Energiesteuer-Durchführungsverordnung*
## *Allgemeines*

### § 1 Begriffsbestimmungen

[1]*Im Sinne dieser Verordnung ist oder sind:*

1. *zugelassene Kennzeichnungsstoffe:*

    *die in § 2 Abs. 1 genannten Rotfarbstoffe und der Markierstoff Solvent Yellow 124 sowie die nach § 2 Abs. 2 und 3 anzuerkennenden ausländischen Kennzeichnungsstoffe;*

2. *Kennzeichnungslösungen:*

    *Lösungen der in § 2 Abs. 1 aufgeführten Kennzeichnungsstoffe in Energieerzeugnissen oder anderen Lösungsmitteln, die zum Kennzeichnen von Gasölen oder ihnen gleichgestellten Energieerzeugnissen nach § 2 Abs. 4 des Gesetzes bestimmt sind;*

3. *Kennzeichnungseinrichtungen:*

    *Anlagen, in denen die Kennzeichnungslösung durch eine von einer Messeinrichtung gesteuerten Pumpe oder Regeleinrichtung in einem bestimmten Verhältnis dem zu kennzeichnenden Energieerzeugnis zugegeben oder in anderer Weise mengenproportional zugeführt und darin gleichmäßig verteilt wird.* [2]*Eine Kennzeichnungseinrichtung umfasst auch das erforderliche Zubehör und Leitungen;*

4. *wesentliche Bauteile von Kennzeichnungseinrichtungen:*

    *Regel- und Messeinrichtungen, Mengen- und Messwerterfassungssysteme, Sicherungseinrichtungen, Impfstellen und Behälter für Kennzeichnungslösung;*

5. *Kennzeichnungsbetriebe:*

    *Betriebe, deren Inhabern die Kennzeichnung von Energieerzeugnissen nach § 6 bewilligt ist;*

6. *leichtes Heizöl:*

    *Gasöle der Unterpositionen 2710 19 41 bis 2710 19 49 der Kombinierten Nomenklatur (§ 1 Abs. 4 des Gesetzes), die nach § 2 Abs. 1 gekennzeichnet sind oder nach § 2 Abs. 2 und 3 als gekennzeichnet gelten;*

7. *Lagerstätten für Energieerzeugnisse:*

    *Räume, Gefäße und Lagerplätze, in oder auf denen Energieerzeugnisse gelagert werden;*

## § 1a
### DV § 1

8. *EDV-gestütztes Beförderungs- und Kontrollsystem:*

    System, über das Personen, die an Beförderungen unter Steueraussetzung beteiligt sind, elektronische Meldungen über Bewegungen von Energieerzeugnissen mit der Zollverwaltung austauschen; das System dient der Kontrolle dieser Bewegungen;

9. *elektronisches Verwaltungsdokument:*

    der Entwurf des elektronischen Verwaltungsdokuments nach amtlich vorgeschriebenem Datensatz, der mit einem eindeutigen Referenzcode versehen ist;

10. *Ausfallverfahren:*

    Verfahren, das zu Beginn, während oder nach Beendigung der Beförderung von Energieerzeugnissen unter Steueraussetzung verwendet wird, wenn das EDV-gestützte Beförderungs- und Kontrollsystem nicht zur Verfügung steht;

11. *Ausgangszollstelle:*

    a) für im Eisenbahnverkehr, mit der Post, im Luft- oder im Seeverkehr beförderte Energieerzeugnisse die Zollstelle, die für den Ort zuständig ist, an dem die Energieerzeugnisse von Eisenbahngesellschaften, Postdiensten, Luftverkehrs- oder Schifffahrtsgesellschaften im Rahmen eines durchgehenden Beförderungsvertrags zur Beförderung mit Bestimmung in ein Drittland oder Drittgebiet übernommen werden,

    b) für in Rohrleitungen beförderte Energieerzeugnisse die von dem Mitgliedstaat, in dessen Gebiet der Ausführer ansässig ist, bezeichnete Zollstelle,

    c) für in sonstiger Weise oder unter anderen als in Buchstabe a und b genannten Umständen beförderte Energieerzeugnisse die letzte Zollstelle vor dem Ausgang der Energieerzeugnisse aus dem Verbrauchsteuergebiet der Europäischen Gemeinschaft;

12. *vereinfachtes Begleitdokument:*

    Versanddokument nach Artikel 2 Abs. 1 in Verbindung mit dem Anhang der Verordnung (EWG) Nr. 3649/92 der Kommission vom 17. Dezember 1992 über ein vereinfachtes Begleitdokument für die Beförderung von verbrauchsteuerpflichtigen Waren, die sich bereits im steuerrechtlich freien Verkehr des Abgangsmitgliedstaats befinden (ABl. EG Nr. L 369 S. 17), in der jeweils geltenden Fassung. [2]Als vereinfachte Begleitdokumente gelten auch Handelsdokumente, wenn sie die gleichen Angaben unter Hinweis auf das entsprechende Feld im Vordruck des vereinfachten Begleitdokuments enthalten und an gut sichtbarer Stelle mit dem Aufdruck „Vereinfachtes Begleitdokument (verbrauchsteuerpflichtige Waren) zu verbrauchsteuerlichen Kontrollzwecken" versehen sind;

13. *Zollkodex-Durchführungsverordnung:*

    die Verordnung (EWG) Nr. 2454/93 der Kommission vom 2. Juli 1993 mit Durchführungsvorschriften zu der Verordnung (EWG) Nr. 2913/92 des Rates zur Festlegung des Zollkodex der Gemeinschaften (ABl. EG Nr. L 253 S. 1, 1994 Nr. L 268 S. 32, 1996 Nr. L 180 S. 34, 1997 Nr. L 156 S. 59, 1999 Nr. L 111 S. 88), die zuletzt durch die Verordnung (EU) Nr. 1063/2010 (ABl. L 307 vom 23.11.2010, S. 1) geändert worden ist, in der jeweils geltenden Fassung;

14. *Stromsteuer-Durchführungsverordnung:*

    die Stromsteuer-Durchführungsverordnung vom 31. Mai 2000 (BGBl. I S. 794), die zuletzt durch Artikel 2 der Verordnung vom 20. September 2011 (BGBl. I S. 1890) geändert worden ist, in der jeweils geltenden Fassung;

15. *lose Ware:*

    unverpackte Energieerzeugnisse in einem Behältnis, das entweder Bestandteil des Beförderungsmittels oder ein ISO-Tankcontainer ist, sowie unverpackte Energieerzeugnisse in anderen Behältnissen mit einem Volumen von mehr als 210 Litern Inhalt;

16. *KWK-Einheit:*

    kleinste technisch selbständige Einrichtung zur gekoppelten Erzeugung von Kraft und Wärme (§ 1b Absatz 5);

17. *Stromerzeugungseinheit:*

    kleinste technisch selbständige Einrichtung, mit der elektrische Energie erzeugt werden kann.

[2]Die Begriffsbestimmung nach Satz 1 Nummer 1 gilt für § 21 Absatz 1 Satz 1 und § 65 Absatz 1 Satz 1 Nummer 2 und 3 des Gesetzes entsprechend und die Begriffsbestimmung nach Satz 1 Nummer 15 gilt für § 4 Nummer 3 des Gesetzes entsprechend.

## § 1a  Zuständiges Hauptzollamt

¹Soweit in dieser Verordnung nichts anderes bestimmt ist, ist für den Anwendungsbereich dieser Verordnung das Hauptzollamt örtlich zuständig, von dessen Bezirk aus die in den einzelnen Vorschriften jeweils bezeichnete Person ihr Unternehmen betreibt oder, falls sie kein Unternehmen betreibt, in dessen Bezirk sie ihren Wohnsitz hat. ²Für Unternehmen, die von einem Ort außerhalb des Steuergebiets betrieben werden, oder für Personen ohne Wohnsitz im Steuergebiet ist das Hauptzollamt örtlich zuständig, in dessen Bezirk sie erstmalig steuerlich in Erscheinung treten.

### Zu den §§ 1 bis 3, 53 bis 53b und 55 des Gesetzes

## § 1b  Ergänzende Begriffsbestimmungen zum Gesetz

(1) Als andere Waren im Sinn des § 1 Absatz 3 Satz 1 Nummer 2 des Gesetzes, die ganz oder teilweise aus Kohlenwasserstoffen bestehen, gelten nicht:

1. Klärschlamm nach § 2 Absatz 2 Satz 1 und 4 der Klärschlammverordnung vom 15. April 1992 (BGBl. I S. 912), die zuletzt durch Artikel 9 der Verordnung vom 9. November 2010 (BGBl. I S. 1504) geändert worden ist, in der jeweils geltenden Fassung,
2. Siedlungsabfälle des Abfallschlüssels 20 03 nach der Anlage zu § 2 Absatz 1 der Abfallverzeichnis-Verordnung vom 10. Dezember 2001 (BGBl. I S. 3379), die zuletzt durch Artikel 7 des Gesetzes vom 15. Juli 2006 (BGBl. I S. 1619) geändert worden ist, in der jeweils geltenden Fassung,
3. andere Abfälle nach der Anlage zu § 2 Absatz 1 der Abfallverzeichnis-Verordnung, in der jeweils geltenden Fassung, die im Durchschnitt einen Heizwert von höchstens 18 Megajoule je Kilogramm haben. ²Die Ermittlung des durchschnittlichen Heizwerts erfolgt

   a) monatlich je Verbrennungslinie oder

   b) bezogen auf einzelne oder mehrere Abfalllieferungen, wenn der Heizwert durch repräsentative Referenzanalysen nachgewiesen ist, und

4. gasförmige Abfälle der Positionen 3824 und 3825 der Kombinierten Nomenklatur, die

   a) im Durchschnitt einen Heizwert von höchstens 18 Megajoule je Kilogramm haben und

   b) nach umweltrechtlichen Vorschriften behandelt werden müssen.

Die Ermittlung des durchschnittlichen Heizwerts erfolgt monatlich

   a) je Verbrennungslinie oder

   b) rechnerisch auf der Grundlage von Analysen repräsentativer, durch mengenproportionale Probeentnahme gewonnener Sammelproben.

(2) Eine Verwendung von Energieerzeugnissen zum Verheizen im Sinn des § 1a Satz 1 Nummer 12 des Gesetzes liegt nicht vor, wenn das Energieerzeugnis ausschließlich zur Beseitigung seines Schadstoffpotenzials oder aus Sicherheitsgründen verbrannt wird oder wenn Energieerzeugnisse ausschließlich aus Sicherheitsgründen zum Betrieb von Zünd- oder Lockflammen verwendet werden.

(3) Im Sinn des § 1a Satz 1 Nummer 14 des Gesetzes gelten nur solche gasförmigen Energieerzeugnisse als beim Kohleabbau aufgefangen, die aus aktiven oder stillgelegten Kohlebergwerken stammen.

(4) ¹Als andere vergleichbare Abfälle im Sinn des § 2 Absatz 4 Satz 2 des Gesetzes gelten Energieerzeugnisse, die gebraucht oder verunreinigt sind und somit nicht mehr ohne weitere Aufbereitung zu ihrem ursprünglichen Verwendungszweck eingesetzt werden können. ²Andere vergleichbare Abfälle nach § 2 Absatz 4 Satz 2 des Gesetzes sind auch Rückstände aus der Alkoholgewinnung und Alkoholrektifikation, die zu den in § 2 Absatz 3 des Gesetzes genannten Zwecken verwendet oder abgegeben werden.

(5) Als gekoppelte Erzeugung von Kraft und Wärme (KWK) im Sinn der §§ 3 und 53 bis 53b des Gesetzes gilt die gleichzeitige Umwandlung von eingesetzter Energie in nutzbare mechanische oder elektrische Energie und nutzbare Wärme innerhalb eines thermodynamischen Prozesses.

(6) Als akkreditierte Konformitätsbewertungsstelle im Sinn des § 55 Absatz 8 Nummer 2 des Gesetzes gelten Stellen, die Konformitätsbewertungen einschließlich Kalibrierungen, Prüfungen, Zertifizierungen und Inspektionen durchführen und über eine Akkreditierung einer nationalen Akkreditierungsstelle nach Artikel 4 Absatz 1 der Verordnung (EG) Nr. 765/2008 des Europäischen Parlaments und des Rates vom 9. Juli 2008 über die Vorschriften für die Akkreditierung und Marktüberwachung im Zusammenhang mit der Vermarktung von Produkten und zur Aufhebung der Verordnung (EWG) Nr. 339/93 des Rates (ABl. L 218 vom 13.8.2008, S. 30) in der jeweils geltenden Fassung verfügen.

(7) Als nationale Akkreditierungsstelle im Sinn des § 55 Absatz 8 Nummer 2 des Gesetzes gelten folgende Stellen:

## § 1a  DV § 1b, Anlage 1a

1. die nach § 8 des Akkreditierungsstellengesetzes vom 31. Juli 2009 (BGBl. I S. 2625), das durch Artikel 2 Absatz 80 des Gesetzes vom 22. Dezember 2011 (BGBl. I S. 3044) geändert worden ist, in der jeweils geltenden Fassung beliehene oder errichtete Stelle, und

2. jede andere von einem Mitgliedstaat der Europäischen Union oder einem Staat des Europäischen Wirtschaftsraums nach Artikel 4 Absatz 1 der Verordnung (EG) Nr. 765/2008 als nationale Akkreditierungsstelle benannte Stelle.

(8) Zulassungsstelle nach § 28 des Umweltauditgesetzes im Sinn des § 66b Absatz 1 des Gesetzes ist die nach § 1 der UAG-Beleihungsverordnung vom 18. Dezember 1995 (BGBl. I S. 2013), die zuletzt durch Artikel 1 der Verordnung vom 13. Dezember 2011 (BGBl. I S. 2727) geändert worden ist, in der jeweils geltenden Fassung mit den Aufgaben einer Zulassungs- und Aufsichtsstelle für Umweltgutachter und Umweltgutachterorganisationen jeweils beliehene Stelle.

### Anlage 1a (zu § 94 Absatz 3)
### Nachweis der Einhaltung der Normen

*Auf Verlangen des Hauptzollamts hat der Verpflichtete Proben auf folgende Parameter der jeweils für das Energieerzeugnis gemäß*
- *§ 1a Satz 1 Nummer 13a des Energiesteuergesetzes in Verbindung mit den Vorschriften*
- *der Verordnung über die Beschaffenheit und die Auszeichnung der Qualitäten von Kraft- und Brennstoffen vom 8. Dezember 2010 (BGBl. I S. 1849) in der jeweils geltenden Fassung geltenden Norm zu untersuchen:*

| Energieerzeugnis | Normparameter |
|---|---|
| Fettsäuremethylester | Dichte bei 15 °C<br>Schwefelgehalt<br>Wassergehalt<br>Monoglycerid-Gehalt<br>Diglycerid-Gehalt<br>Triglycerid-Gehalt<br>Gehalt an freiem Glycerin<br>Gehalt an Alkali<br>Gehalt an Erdalkali<br>Phosphorgehalt<br>CFPP<br>Jodzahl |
| Pflanzenöl | Dichte bei 15 °C<br>Schwefelgehalt<br>Wassergehalt<br>Säurezahl<br>Phosphorgehalt<br>Summengehalt Magnesium/Calcium<br>Jodzahl |
| Ethanolkraftstoff (E 85) | Ethanolgehalt<br>Wassergehalt<br>Methanol<br>Ethergehalt (5 oder mehr C-Atome)<br>Höhere Alkohole C3-C5 |
| Bioethanol | Ethanolgehalt<br>Wassergehalt |

### Klärschlammverordnung (Auszug)

### § 2 Begriffsbestimmungen

(1) Abwasserbehandlungsanlagen sind Anlagen zur Behandlung von Abwasser, ungeachtet deren Ausbaugröße und Behandlungsart. Kleinkläranlagen sind Anlagen mit mehreren Kammern zur Behandlung häuslichen Abwassers mit einem Schmutzwasserzufluß von weniger als 8 Kubikmetern je Tag. Abwassersammelgruben ohne Abfluß sind keine Abwasserbehandlungsanlagen im Sinne der Verordnung.

## § 1a

(2) Klärschlamm ist der bei der Behandlung von Abwasser in Abwasserbehandlungsanlagen einschließlich zugehöriger Anlagen zur weitergehenden Abwasserreinigung anfallende Schlamm, auch entwässert oder getrocknet oder in sonstiger Form behandelt. Rohschlamm ist Schlamm, der Abwasserbehandlungsanlagen unbehandelt entnommen wird. Die Entwässerung von Rohschlamm gilt nicht als Behandlung von Klärschlamm. In Kleinkläranlagen anfallender Schlamm gilt als Klärschlamm im Sinne dieser Verordnung. Als Klärschlamm im Sinne dieser Verordnung gelten auch Klärschlammkomposte und Klärschlammgemische. Klärschlammgemische sind Mischungen aus Klärschlamm mit anderen geeigneten Stoffen nach Anlage 2 Tabellen 11 und 12 der Düngemittelverordnung in der jeweils geltenden Fassung. Klärschlammkomposte sind kompostierte Klärschlammgemische.

(3) Feldfutter im Sinne dieser Verordnung sind Pflanzenarten, die auf Ackerflächen angebaut werden und deren vegetative Teile für eine Verfütterung an Tiere vorgesehen sind. Der Anbau von Mais zählt nicht zum Feldfutteranbau im Sinne dieser Verordnung.

*Abfallverzeichnisverordnung (Auszug)*

### § 2 Abfallbezeichnung

(1) Soweit Abfälle nach anderen Rechtsvorschriften zu bezeichnen sind, sind die Bezeichnungen nach der Anlage (Abfallverzeichnis) zu dieser Verordnung (Art und sechsstelliger Schlüssel) zu verwenden.

(2) Zur Bezeichnung sind die Abfälle den im Abfallverzeichnis mit einem sechsstelligen Abfallschlüssel gekennzeichneten Abfallarten zuzuordnen. Die Zuordnung zu den Abfallarten erfolgt unter den im Abfallverzeichnis vorgegebenen Kapiteln (zweistellige Kapitelüberschrift) und Gruppen (vierstellige Kapitelüberschrift). Innerhalb einer Gruppe ist die speziellere vor der allgemeineren Abfallart maßgebend. Die weiteren Vorgaben für die Zuordnung der Abfälle in Nummer 2 der Einleitung des Abfallverzeichnisses sind einzuhalten.

(3) Die zuständigen Behörden können die Anordnungen treffen, die zur Umstellung behördlicher Entscheidungen auf die Abfallschlüssel und -bezeichnungen nach der Anlage zu dieser Verordnung erforderlich sind.

**Anlage (zu § 2 Abs. 1)**
**Abfallverzeichnis**
Einleitung

1. Dieses Verzeichnis ist ein gemeinschaftsrechtlich harmonisiertes Abfallverzeichnis, das regelmäßig auf der Grundlage neuer Erkenntnisse und insbesondere neuer Forschungsergebnisse überprüft und erforderlichenfalls gemäß Artikel 18 der Richtlinie 75/442/EWG geändert wird. Allerdings bedeutet die Aufnahme eines Stoffes in das Verzeichnis nicht, dass dieser Stoff unter allen Umständen ein Abfall ist. Stoffe werden nur dann als Abfall betrachtet, wenn die Voraussetzungen der Begriffsbestimmung von § 3 Absatz 1 des Kreislaufwirtschaftsgesetzes erfüllt sind.
2. Die verschiedenen Abfallarten in diesem Verzeichnis sind vollständig definiert durch den sechsstelligen Abfallschlüssel und die entsprechenden zwei- bzw. vierstelligen Kapitelüberschriften. Deshalb ist ein Abfall im Verzeichnis in den folgenden vier Schritten zu bestimmen:
    a) Bestimmung der Herkunft der Abfälle in den Kapiteln 01 bis 12 bzw. 17 bis 20 und des entsprechenden sechsstelligen Abfallschlüssels (ausschließlich der auf 99 endenden Schlüssel dieser Kapitel). Eine bestimmte Anlage muss ihre Abfälle je nach der Tätigkeit gegebenenfalls auf mehrere Kapitel aufteilen. So kann z. B. ein Automobilhersteller seine Abfälle je nach Prozessstufe unter Kapitel 12 (Abfälle aus Prozessen der mechanischen Formgebung und Oberflächenbearbeitung von Metallen), 11 (anorganische metallhaltige Abfälle aus der Metallbearbeitung und -beschichtung) und 08 (Abfälle aus der Anwendung von Überzügen) finden. Anmerkung: Getrennt gesammelte Verpackungsabfälle (einschließlich Mischverpackungen aus unterschiedlichen Materialien) werden nicht in 20 01, sondern in 15 01 eingestuft.
    b) Lässt sich in den Kapiteln 01 bis 12 und 17 bis 20 kein passender Abfallschlüssel finden, dann müssen zur Bestimmung des Abfalls die Kapitel 13, 14 und 15 geprüft werden.
    c) Trifft keiner dieser Abfallschlüssel zu, dann ist der Abfall gemäß Kapitel 16 zu bestimmen.
    d) Fällt der Abfall auch nicht unter Kapitel 16, dann ist der auf 99 endende Schlüssel (Abfälle a. n. g.) in dem Teil des Verzeichnisses zu verwenden, der der in Schritt 1 bestimmten abfallerzeugenden Tätigkeit entspricht.
3. Für die Zwecke dieser Verordnung bedeutet „gefährlicher Stoff" jeder Stoff, der gemäß der Gefahrstoffverordnung als gefährlich eingestuft wurde oder künftig so eingestuft wird; „Schwermetall"

## § 1a

bedeutet jede Verbindung von Antimon, Arsen, Kadmium, Chrom (VI), Kupfer, Blei, Quecksilber, Nickel, Selen, Tellur, Thallium und Zinn sowie diese Stoffe in metallischer Form, sofern sie als gefährliche Stoffe eingestuft sind.

4. Die Bestimmungen von § 3 Abs. 2 gelten nicht für reine Metalllegierungen, sofern diese nicht durch gefährliche Stoffe verunreinigt sind.

**Kapitel des Verzeichnisses**

1. Abfälle, die beim Aufsuchen, Ausbeuten und Gewinnen sowie bei der physikalischen und chemischen Behandlung von Bodenschätzen entstehen
2. Abfälle aus Landwirtschaft, Gartenbau, Teichwirtschaft, Forstwirtschaft, Jagd und Fischerei sowie der Herstellung und Verarbeitung von Nahrungsmitteln
3. Abfälle aus der Holzbearbeitung und der Herstellung von Platten, Möbeln, Zellstoffen, Papier und Pappe
4. Abfälle aus der Leder-, Pelz- und Textilindustrie
5. Abfälle aus der Erdölraffination, Erdgasreinigung und Kohlepyrolyse
6. Abfälle aus anorganisch-chemischen Prozessen
7. Abfälle aus organisch-chemischen Prozessen
8. Abfälle aus Herstellung, Zubereitung, Vertrieb und Anwendung (HZVA) von Beschichtungen (Farben, Lacken, Email), Klebstoffen, Dichtmassen und Druckfarben
9. Abfälle aus der fotografischen Industrie
10. Abfälle aus thermischen Prozessen
11. Abfälle aus der chemischen Oberflächenbearbeitung und Beschichtung von Metallen und anderen Werkstoffen; Nichteisen-Hydrometallurgie
12. Abfälle aus Prozessen der mechanischen Formgebung sowie der physikalischen und mechanischen Oberflächenbearbeitung von Metallen und Kunststoffen
13. Ölabfälle und Abfälle aus flüssigen Brennstoffen (außer Speiseöle, 05 und 12)
14. Abfälle aus organischen Lösemitteln, Kühlmitteln und Treibgasen (außer 07 und 08)
15. Verpackungsabfall, Aufsaugmassen, Wischtücher, Filtermaterialien und Schutzkleidung (a.n.g.)
16. Abfälle, die nicht anderswo im Verzeichnis aufgeführt sind
17. Bau- und Abbruchabfälle (einschließlich Aushub von verunreinigten Standorten)
18. Abfälle aus der humanmedizinischen oder tierärztlichen Versorgung und Forschung (ohne Küchen- und Restaurantabfälle, die nicht aus der unmittelbaren Krankenpflege stammen)
19. Abfälle aus Abfallbehandlungsanlagen, öffentlichen Abwasserbehandlungsanlagen sowie der Aufbereitung von Wasser für den menschlichen Gebrauch und Wasser für industrielle Zwecke
20. Siedlungsabfälle (Haushaltsabfälle und ähnliche gewerbliche und industrielle Abfälle sowie Abfälle aus Einrichtungen), einschließlich getrennt gesammelter Fraktionen

| Abfallschlüssel | Abfallbezeichnung |
| --- | --- |
| 01 | Abfälle, die beim Aufsuchen, Ausbeuten und Gewinnen sowie bei der physikalischen und chemischen Behandlung von Bodenschätzen entstehen |
| 01 01 | Abfälle aus dem Abbau von Bodenschätzen |
| 01 01 01 | Abfälle aus dem Abbau von metallhaltigen Bodenschätzen |
| 01 01 02 | Abfälle aus dem Abbau von nichtmetallhaltigen Bodenschätzen |
| 01 03 | Abfälle aus der physikalischen und chemischen Verarbeitung von metallhaltigen Bodenschätzen |
| 01 03 04* | Säure bildende Aufbereitungsrückstände aus der Verarbeitung von sulfidischem Erz |
| 01 03 05* | andere Aufbereitungsrückstände, die gefährliche Stoffe enthalten |
| 01 03 06 | Aufbereitungsrückstände mit Ausnahme derjenigen, die unter 01 03 04 und 01 03 05 fallen |
| 01 03 07* | andere, gefährliche Stoffe enthaltende Abfälle aus der physikalischen und chemischen Verarbeitung von metallhaltigen Bodenschätzen |

# § 1a

| Abfallschlüssel | Abfallbezeichnung |
|---|---|
| 01 03 08 | staubende und pulvrige Abfälle mit Ausnahme derjenigen, die unter 01 03 07 fallen |
| 01 03 09 | Rotschlamm aus der Aluminiumoxidherstellung mit Ausnahme von Rotschlamm, der unter 01 03 07 fällt |
| 01 03 99 | Abfälle a. n. g. |
| 01 04 | Abfälle aus der physikalischen und chemischen Weiterverarbeitung von nichtmetallhaltigen Bodenschätzen |
| 01 04 07* | gefährliche Stoffe enthaltende Abfälle aus der physikalischen und chemischen Weiterverarbeitung von nichtmetallhaltigen Bodenschätzen |
| 01 04 08 | Abfälle von Kies- und Gesteinsbruch mit Ausnahme derjenigen, die unter 01 04 07 fallen |
| 01 04 09 | Abfälle von Sand und Ton |
| 01 04 10 | staubende und pulvrige Abfälle mit Ausnahme derjenigen, die unter 01 04 07 fallen |
| 01 04 11 | Abfälle aus der Verarbeitung von Kali- und Steinsalz mit Ausnahme derjenigen, die unter 01 04 07 fallen |
| 01 04 12 | Aufbereitungsrückstände und andere Abfälle aus der Wäsche und Reinigung von Bodenschätzen mit Ausnahme derjenigen, die unter 01 04 07 und 01 04 11 fallen |
| 01 04 13 | Abfälle aus Steinmetz- und -sägearbeiten mit Ausnahme derjenigen, die unter 01 04 07 fallen |
| 01 04 99 | Abfälle a. n. g. |
| 01 05 | Bohrschlämme und andere Bohrabfälle |
| 01 05 04 | Schlämme und Abfälle aus Süßwasserbohrungen |
| 01 05 05* | ölhaltige Bohrschlämme und -abfälle |
| 01 05 06* | Bohrschlämme und andere Bohrabfälle, die gefährliche Stoffe enthalten |
| 01 05 07 | barythaltige Bohrschlämme und -abfälle mit Ausnahme derjenigen, die unter 01 05 05 und 01 05 06 fallen |
| 01 05 08 | chloridhaltige Bohrschlämme und -abfälle mit Ausnahme derjenigen, die unter 01 05 05 und 01 05 06 fallen |
| 01 05 99 | Abfälle a. n. g. |
| 02 | Abfälle aus Landwirtschaft, Gartenbau, Teichwirtschaft, Forstwirtschaft, Jagd und Fischerei sowie der Herstellung und Verarbeitung von Nahrungsmitteln |
| 02 01 | Abfälle aus Landwirtschaft, Gartenbau, Teichwirtschaft, Forstwirtschaft, Jagd und Fischerei |
| 02 01 01 | Schlämme von Wasch- und Reinigungsvorgängen |
| 02 01 02 | Abfälle aus tierischem Gewebe |
| 02 01 03 | Abfälle aus pflanzlichem Gewebe |
| 02 01 04 | Kunststoffabfälle (ohne Verpackungen) |
| 02 01 06 | tierische Ausscheidungen, Gülle/Jauche und Stallmist (einschließlich verdorbenes Stroh), Abwässer, getrennt gesammelt und extern behandelt |
| 02 01 07 | Abfälle aus der Forstwirtschaft |
| 02 01 08* | Abfälle von Chemikalien für die Landwirtschaft, die gefährliche Stoffe enthalten |
| 02 01 09 | Abfälle von Chemikalien für die Landwirtschaft mit Ausnahme derjenigen, die unter 02 01 08 fallen |
| 02 01 10 | Metallabfälle |
| 02 01 99 | Abfälle a. n. g. |

# § 1a

| Abfallschlüssel | Abfallbezeichnung |
|---|---|
| 02 02 | Abfälle aus der Zubereitung und Verarbeitung von Fleisch, Fisch und anderen Nahrungsmitteln tierischen Ursprungs |
| 02 02 01 | Schlämme von Wasch- und Reinigungsvorgängen |
| 02 02 02 | Abfälle aus tierischem Gewebe |
| 02 02 03 | für Verzehr oder Verarbeitung ungeeignete Stoffe |
| 02 02 04 | Schlämme aus der betriebseigenen Abwasserbehandlung |
| 02 02 99 | Abfälle a. n. g. |
| 02 03 | Abfälle aus der Zubereitung und Verarbeitung von Obst, Gemüse, Getreide, Speiseölen, Kakao, Kaffee, Tee und Tabak, aus der Konservenherstellung, der Herstellung von Hefe und Hefeextrakt sowie der Zubereitung und Fermentierung von Melasse |
| 02 03 01 | Schlämme aus Wasch-, Reinigungs-, Schäl-, Zentrifugier- und Abtrennprozessen |
| 02 03 02 | Abfälle von Konservierungsstoffen |
| 02 03 03 | Abfälle aus der Extraktion mit Lösemitteln |
| 02 03 04 | für Verzehr oder Verarbeitung ungeeignete Stoffe |
| 02 03 05 | Schlämme aus der betriebseigenen Abwasserbehandlung |
| 02 03 99 | Abfälle a. n. g. |
| 02 04 | Abfälle aus der Zuckerherstellung |
| 02 04 01 | Rübenerde |
| 02 04 02 | nicht spezifikationsgerechter Calciumcarbonatschlamm |
| 02 04 03 | Schlämme aus der betriebseigenen Abwasserbehandlung |
| 02 04 99 | Abfälle a. n. g. |
| 02 05 | Abfälle aus der Milchverarbeitung |
| 02 05 01 | für Verzehr oder Verarbeitung ungeeignete Stoffe |
| 02 05 02 | Schlämme aus der betriebseigenen Abwasserbehandlung |
| 02 05 99 | Abfälle a. n. g. |
| 02 06 | Abfälle aus der Herstellung von Back- und Süßwaren |
| 02 06 01 | für Verzehr oder Verarbeitung ungeeignete Stoffe |
| 02 06 02 | Abfälle von Konservierungsstoffen |
| 02 06 03 | Schlämme aus der betriebseigenen Abwasserbehandlung |
| 02 06 99 | Abfälle a. n. g. |
| 02 07 | Abfälle aus der Herstellung von alkoholischen und alkoholfreien Getränken (ohne Kaffee, Tee und Kakao) |
| 02 07 01 | Abfälle aus der Wäsche, Reinigung und mechanischen Zerkleinerung des Rohmaterials |
| 02 07 02 | Abfälle aus der Alkoholdestillation |
| 02 07 03 | Abfälle aus der chemischen Behandlung |
| 02 07 04 | für Verzehr oder Verarbeitung ungeeignete Stoffe |
| 02 07 05 | Schlämme aus der betriebseigenen Abwasserbehandlung |
| 02 07 99 | Abfälle a. n. g. |
| 03 | Abfälle aus der Holzbearbeitung und der Herstellung von Platten, Möbeln, Zellstoffen, Papier und Pappe |

## § 1a

| Abfallschlüssel | Abfallbezeichnung |
|---|---|
| 03 01 | Abfälle aus der Holzbearbeitung und der Herstellung von Platten und Möbeln |
| 03 01 01 | Rinden- und Korkabfälle |
| 03 01 04* | Sägemehl, Späne, Abschnitte, Holz, Spanplatten und Furniere, die gefährliche Stoffe enthalten |
| 03 01 05 | Sägemehl, Späne, Abschnitte, Holz, Spanplatten und Furniere mit Ausnahme derjenigen, die unter 03 01 04 fallen |
| 03 01 99 | Abfälle a. n. g. |
| 03 02 | Abfälle aus der Holzkonservierung |
| 03 02 01* | halogenfreie organische Holzschutzmittel |
| 03 02 02* | chlororganische Holzschutzmittel |
| 03 02 03* | metallorganische Holzschutzmittel |
| 03 02 04* | anorganische Holzschutzmittel |
| 03 02 05* | andere Holzschutzmittel, die gefährliche Stoffe enthalten |
| 03 02 99 | Holzschutzmittel a. n. g. |
| 03 03 | Abfälle aus der Herstellung und Verarbeitung von Zellstoff, Papier, Karton und Pappe |
| 03 03 01 | Rinden- und Holzabfälle |
| 03 03 02 | Sulfitschlämme (aus der Rückgewinnung von Kochlaugen) |
| 03 03 05 | De-inking-Schlämme aus dem Papierrecycling |
| 03 03 07 | mechanisch abgetrennte Abfälle aus der Auflösung von Papier- und Pappabfällen |
| 03 03 08 | Abfälle aus dem Sortieren von Papier und Pappe für das Recycling |
| 03 03 09 | Kalkschlammabfälle |
| 03 03 10 | Faserabfälle, Faser-, Füller- und Überzugsschlämme aus der mechanischen Abtrennung |
| 03 03 11 | Schlämme aus der betriebseigenen Abwasserbehandlung mit Ausnahme derjenigen, die unter 03 03 10 fallen |
| 03 03 99 | Abfälle a. n. g. |
| 04 | Abfälle aus der Leder-, Pelz- und Textilindustrie |
| 04 01 | Abfälle aus der Leder- und Pelzindustrie |
| 04 01 01 | Fleischabschabungen und Häuteabfälle |
| 04 01 02 | geäschertes Leimleder |
| 04 01 03* | Entfettungsabfälle, lösemittelhaltig, ohne flüssige Phase |
| 04 01 04 | chromhaltige Gerbereibrühe |
| 04 01 05 | chromfreie Gerbereibrühe |
| 04 01 06 | chromhaltige Schlämme, insbesondere aus der betriebseigenen Abwasserbehandlung |
| 04 01 07 | chromfreie Schlämme, insbesondere aus der betriebseigenen Abwasserbehandlung |
| 04 01 08 | chromhaltige Abfälle aus gegerbtem Leder (Abschnitte, Schleifstaub, Falzspäne) |
| 04 01 09 | Abfälle aus der Zurichtung und dem Finish |
| 04 01 99 | Abfälle a. n. g. |
| 04 02 | Abfälle aus der Textilindustrie |
| 04 02 09 | Abfälle aus Verbundmaterialien (imprägnierte Textilien, Elastomer, Plastomer) |

# § 1a

| Abfallschlüssel | Abfallbezeichnung |
|---|---|
| 04 02 10 | organische Stoffe aus Naturstoffen (z. B. Fette, Wachse) |
| 04 02 14* | Abfälle aus dem Finish, die organische Lösungsmittel enthalten |
| 04 02 15 | Abfälle aus dem Finish mit Ausnahme derjenigen, die unter 04 02 14 fallen |
| 04 02 16* | Farbstoffe und Pigmente, die gefährliche Stoffe enthalten |
| 04 02 17 | Farbstoffe und Pigmente mit Ausnahme derjenigen, die unter 04 02 16 fallen |
| 04 02 19* | Schlämme aus der betriebseigenen Abwasserbehandlung, die gefährliche Stoffe enthalten |
| 04 02 20 | Schlämme aus der betriebseigenen Abwasserbehandlung mit Ausnahme derjenigen, die unter 04 02 19 fallen |
| 04 02 21 | Abfälle aus unbehandelten Textilfasern |
| 04 02 22 | Abfälle aus verarbeiteten Textilfasern |
| 04 02 99 | Abfälle a. n. g. |
| 05 | Abfälle aus der Erdölraffination, Erdgasreinigung und Kohlepyrolyse |
| 05 01 | Abfälle aus der Erdölraffination |
| 05 01 02* | Entsalzungsschlämme |
| 05 01 03* | Bodenschlämme aus Tanks |
| 05 01 04* | saure Alkylschlämme |
| 05 01 05* | verschüttetes Öl |
| 05 01 06* | ölhaltige Schlämme aus Betriebsvorgängen und Instandhaltung |
| 05 01 07* | Säureteere |
| 05 01 08* | andere Teere |
| 05 01 09* | Schlämme aus der betriebseigenen Abwasserbehandlung, die gefährliche Stoffe enthalten |
| 05 01 10 | Schlämme aus der betriebseigenen Abwasserbehandlung mit Ausnahme derjenigen, die unter 05 01 09 fallen |
| 05 01 11* | Abfälle aus der Brennstoffreinigung mit Basen |
| 05 01 12* | säurehaltige Öle |
| 05 01 13 | Schlämme aus der Kesselspeisewasseraufbereitung |
| 05 01 14 | Abfälle aus Kühlkolonnen |
| 05 01 15* | gebrauchte Filtertone |
| 05 01 16 | schwefelhaltige Abfälle aus der Ölentschwefelung |
| 05 01 17 | Bitumen |
| 05 01 99 | Abfälle a. n. g. |
| 05 06 | Abfälle aus der Kohlepyrolyse |
| 05 06 01* | Säureteere |
| 05 06 03* | andere Teere |
| 05 06 04 | Abfälle aus Kühlkolonnen |
| 05 06 99 | Abfälle a. n. g. |
| 05 07 | Abfälle aus Erdgasreinigung und -transport |
| 05 07 01* | quecksilberhaltige Abfälle |
| 05 07 02 | schwefelhaltige Abfälle |

§ 1a

| Abfallschlüssel | Abfallbezeichnung |
|---|---|
| 05 07 99 | Abfälle a. n. g. |
| 06 | Abfälle aus anorganisch-chemischen Prozessen |
| 06 01 | Abfälle aus Herstellung, Zubereitung, Vertrieb und Anwendung (HZVA) von Säuren |
| 06 01 01* | Schwefelsäure und schweflige Säure |
| 06 01 02* | Salzsäure |
| 06 01 03* | Flusssäure |
| 06 01 04* | Phosphorsäure und phosphorige Säure |
| 06 01 05* | Salpetersäure und salpetrige Säure |
| 06 01 06* | andere Säuren |
| 06 01 99 | Abfälle a. n. g. |
| 06 02 | Abfälle aus HZVA von Basen |
| 06 02 01* | Calciumhydroxid |
| 06 02 03* | Ammoniumhydroxid |
| 06 02 04* | Natrium- und Kaliumhydroxid |
| 06 02 05* | andere Basen |
| 06 02 99 | Abfälle a. n. g. |
| 06 03 | Abfälle aus HZVA von Salzen, Salzlösungen und Metalloxiden |
| 06 03 11* | feste Salze und Lösungen, die Cyanid enthalten |
| 06 03 13* | feste Salze und Lösungen, die Schwermetalle enthalten |
| 06 03 14 | feste Salze und Lösungen mit Ausnahme derjenigen, die unter 06 03 11 und 06 03 13 fallen |
| 06 03 15* | Metalloxide, die Schwermetalle enthalten |
| 06 03 16 | Metalloxide mit Ausnahme derjenigen, die unter 06 03 15 fallen |
| 06 03 99 | Abfälle a. n. g. |
| 06 04 | Metallhaltige Abfälle mit Ausnahme derjenigen, die unter 06 03 fallen |
| 06 04 03* | arsenhaltige Abfälle |
| 06 04 04* | quecksilberhaltige Abfälle |
| 06 04 05* | Abfälle, die andere Schwermetalle enthalten |
| 06 04 99 | Abfälle a. n. g. |
| 06 05 | Schlämme aus der betriebseigenen Abwasserbehandlung |
| 06 05 02* | Schlämme aus der betriebseigenen Abwasserbehandlung, die gefährliche Stoffe enthalten |
| 06 05 03 | Schlämme aus der betriebseigenen Abwasserbehandlung mit Ausnahme derjenigen, die unter 06 05 02 fallen |
| 06 06 | Abfälle aus HZVA von schwefelhaltigen Chemikalien, aus Schwefelchemie und Entschwefelungsprozessen |
| 06 06 02* | Abfälle, die gefährliche Sulfide enthalten |
| 06 06 03 | sulfidhaltige Abfälle mit Ausnahme derjenigen, die unter 06 06 02 fallen |
| 06 06 99 | Abfälle a. n. g. |
| 06 07 | Abfälle aus HZVA von Halogenen und aus der Halogenchemie |
| 06 07 01* | asbesthaltige Abfälle aus der Elektrolyse |

# § 1a

| Abfallschlüssel | Abfallbezeichnung |
|---|---|
| 06 07 02* | Aktivkohle aus der Chlorherstellung |
| 06 07 03* | quecksilberhaltige Bariumsulfatschlämme |
| 06 07 04* | Lösungen und Säuren, z. B. Kontaktsäure |
| 06 07 99 | Abfälle a. n. g. |
| 06 08 | Abfälle aus HZVA von Silizium und Siliziumverbindungen |
| 06 08 02* | gefährliche Chlorsilane enthaltende Abfälle |
| 06 08 99 | Abfälle a. n. g. |
| 06 09 | Abfälle aus HZVA von phosphorhaltigen Chemikalien aus der Phosphorchemie |
| 06 09 02 | phosphorhaltige Schlacke |
| 06 09 03* | Reaktionsabfälle auf Calciumbasis, die gefährliche Stoffe enthalten |
| 06 09 04 | Reaktionsabfälle auf Calciumbasis mit Ausnahme derjenigen, die unter 06 09 03 fallen |
| 06 09 99 | Abfälle a. n. g. |
| 06 10 | Abfälle aus HZVA von stickstoffhaltigen Chemikalien aus der Stickstoffchemie und der Herstellung von Düngemitteln |
| 06 10 02* | Abfälle, die gefährliche Stoffe enthalten |
| 06 10 99 | Abfälle a. n. g. |
| 06 11 | Abfälle aus der Herstellung von anorganischen Pigmenten und Farbgebern |
| 06 11 01 | Reaktionsabfälle auf Calciumbasis aus der Titandioxidherstellung |
| 06 11 99 | Abfälle a. n. g. |
| 06 13 | Abfälle aus anorganischen chemischen Prozessen a. n. g. |
| 06 13 01* | anorganische Pflanzenschutzmittel, Holzschutzmittel und andere Biozide |
| 06 13 02* | gebrauchte Aktivkohle (außer 06 07 02) |
| 06 13 03 | Industrieruß |
| 06 13 04* | Abfälle aus der Asbestverarbeitung |
| 06 13 05* | Ofen- und Kaminruß |
| 06 13 99 | Abfälle a. n. g. |
| 07 | Abfälle aus organisch-chemischen Prozessen |
| 07 01 | Abfälle aus Herstellung, Zubereitung, Vertrieb und Anwendung (HZVA) organischer Grundchemikalien |
| 07 01 01* | wässrige Waschflüssigkeiten und Mutterlaugen |
| 07 01 03* | halogenorganische Lösemittel, Waschflüssigkeiten und Mutterlaugen |
| 07 01 04* | andere organische Lösemittel, Waschflüssigkeiten und Mutterlaugen |
| 07 01 07* | halogenierte Reaktions- und Destillationsrückstände |
| 07 01 08* | andere Reaktions- und Destillationsrückstände |
| 07 01 09* | halogenierte Filterkuchen, gebrauchte Aufsaugmaterialien |
| 07 01 10* | andere Filterkuchen, gebrauchte Aufsaugmaterialien |
| 07 01 11* | Schlämme aus der betriebseigenen Abwasserbehandlung, die gefährliche Stoffe enthalten |
| 07 01 12 | Schlämme aus der betriebseigenen Abwasserbehandlung mit Ausnahme derjenigen, die unter 07 01 11 fallen |
| 07 01 99 | Abfälle a. n. g. |

# § 1a

| Abfallschlüssel | Abfallbezeichnung |
|---|---|
| 07 02 | Abfälle aus HZVA von Kunststoffen, synthetischem Gummi und Kunstfasern |
| 07 02 01* | wässrige Waschflüssigkeiten und Mutterlaugen |
| 07 02 03* | halogenorganische Lösemittel, Waschflüssigkeiten und Mutterlaugen |
| 07 02 04* | andere organische Lösemittel, Waschflüssigkeiten und Mutterlaugen |
| 07 02 07* | halogenierte Reaktions- und Destillationsrückstände |
| 07 02 08* | andere Reaktions- und Destillationsrückstände |
| 07 02 09* | halogenierte Filterkuchen, gebrauchte Aufsaugmaterialien |
| 07 02 10* | andere Filterkuchen, gebrauchte Aufsaugmaterialien |
| 07 02 11* | Schlämme aus der betriebseigenen Abwasserbehandlung, die gefährliche Stoffe enthalten |
| 07 02 12 | Schlämme aus der betriebseigenen Abwasserbehandlung mit Ausnahme derjenigen, die unter 07 02 11 fallen |
| 07 02 13 | Kunststoffabfälle |
| 07 02 14* | Abfälle von Zusatzstoffen, die gefährliche Stoffe enthalten |
| 07 02 15 | Abfälle von Zusatzstoffen mit Ausnahme derjenigen, die unter 07 02 14 fallen |
| 07 02 16* | gefährliche Silicone enthaltende Abfälle |
| 07 02 17 | siliconhaltige Abfälle, andere als die in 07 02 16 genannten |
| 07 02 99 | Abfälle a. n. g. |
| 07 03 | Abfälle aus HZVA von organischen Farbstoffen und Pigmenten (außer 06 11) |
| 07 03 01* | wässrige Waschflüssigkeiten und Mutterlaugen |
| 07 03 03* | halogenorganische Lösemittel, Waschflüssigkeiten und Mutterlaugen |
| 07 03 04* | andere organische Lösemittel, Waschflüssigkeiten und Mutterlaugen |
| 07 03 07* | halogenierte Reaktions- und Destillationsrückstände |
| 07 03 08* | andere Reaktions- und Destillationsrückstände |
| 07 03 09* | halogenierte Filterkuchen, gebrauchte Aufsaugmaterialien |
| 07 03 10* | andere Filterkuchen, gebrauchte Aufsaugmaterialien |
| 07 03 11* | Schlämme aus der betriebseigenen Abwasserbehandlung, die gefährliche Stoffe enthalten |
| 07 03 12 | Schlämme aus der betriebseigenen Abwasserbehandlung mit Ausnahme derjenigen, die unter 07 03 11 fallen |
| 07 03 99 | Abfälle a. n. g. |
| 07 04 | Abfälle aus HZVA von organischen Pflanzenschutzmitteln (außer 02 01 08 und 02 01 09), Holzschutzmitteln (außer 03 02) und anderen Bioziden |
| 07 04 01* | wässrige Waschflüssigkeiten und Mutterlaugen |
| 07 04 03* | halogenorganische Lösemittel, Waschflüssigkeiten und Mutterlaugen |
| 07 04 04* | andere organische Lösemittel, Waschflüssigkeiten und Mutterlaugen |
| 07 04 07* | halogenierte Reaktions- und Destillationsrückstände |
| 07 04 08* | andere Reaktions- und Destillationsrückstände |
| 07 04 09* | halogenierte Filterkuchen, gebrauchte Aufsaugmaterialien |
| 07 04 10* | andere Filterkuchen, gebrauchte Aufsaugmaterialien |
| 07 04 11* | Schlämme aus der betriebseigenen Abwasserbehandlung, die gefährliche Stoffe enthalten |

## § 1a

| Abfallschlüssel | Abfallbezeichnung |
|---|---|
| 07 04 12 | Schlämme aus der betriebseigenen Abwasserbehandlung mit Ausnahme derjenigen, die unter 07 04 11 fallen |
| 07 04 13* | feste Abfälle, die gefährliche Stoffe enthalten |
| 07 04 99 | Abfälle a. n. g. |
| 07 05 | Abfälle aus HZVA von Pharmazeutika |
| 07 05 01* | wässrige Waschflüssigkeiten und Mutterlaugen |
| 07 05 03* | halogenorganische Lösemittel, Waschflüssigkeiten und Mutterlaugen |
| 07 05 04* | andere organische Lösemittel, Waschflüssigkeiten und Mutterlaugen |
| 07 05 07* | halogenierte Reaktions- und Destillationsrückstände |
| 07 05 08* | andere Reaktions- und Destillationsrückstände |
| 07 05 09* | halogenierte Filterkuchen, gebrauchte Aufsaugmaterialien |
| 07 05 10* | andere Filterkuchen, gebrauchte Aufsaugmaterialien |
| 07 05 11* | Schlämme aus der betriebseigenen Abwasserbehandlung, die gefährliche Stoffe enthalten |
| 07 05 12 | Schlämme aus der betriebseigenen Abwasserbehandlung mit Ausnahme derjenigen, die unter 07 05 11 fallen |
| 07 05 13* | feste Abfälle, die gefährliche Stoffe enthalten |
| 07 05 14 | feste Abfälle mit Ausnahme derjenigen, die unter 07 05 13 fallen |
| 07 05 99 | Abfälle a. n. g. |
| 07 06 | Abfälle aus HZVA von Fetten, Schmierstoffen, Seifen, Waschmitteln, Desinfektionsmitteln und Körperpflegemitteln |
| 07 06 01* | wässrige Waschflüssigkeiten und Mutterlaugen |
| 07 06 03* | halogenorganische Lösemittel, Waschflüssigkeiten und Mutterlaugen |
| 07 06 04* | andere organische Lösemittel, Waschflüssigkeiten und Mutterlaugen |
| 07 06 07* | halogenierte Reaktions- und Destillationsrückstände |
| 07 06 08* | andere Reaktions- und Destillationsrückstände |
| 07 06 09* | halogenierte Filterkuchen, gebrauchte Aufsaugmaterialien |
| 07 06 10* | andere Filterkuchen, gebrauchte Aufsaugmaterialien |
| 07 06 11* | Schlämme aus der betriebseigenen Abwasserbehandlung, die gefährliche Stoffe enthalten |
| 07 06 12 | Schlämme aus der betriebseigenen Abwasserbehandlung mit Ausnahme derjenigen, die unter 07 06 11 fallen |
| 07 06 99 | Abfälle a. n. g. |
| 07 07 | Abfälle aus HZVA von Feinchemikalien und Chemikalien a. n. g. |
| 07 07 01* | wässrige Waschflüssigkeiten und Mutterlaugen |
| 07 07 03* | halogenorganische Lösemittel, Waschflüssigkeiten und Mutterlaugen |
| 07 07 04* | andere organische Lösemittel, Waschflüssigkeiten und Mutterlaugen |
| 07 07 07* | halogenierte Reaktions- und Destillationsrückstände |
| 07 07 08* | andere Reaktions- und Destillationsrückstände |
| 07 07 09* | halogenierte Filterkuchen, gebrauchte Aufsaugmaterialien |
| 07 07 10* | andere Filterkuchen, gebrauchte Aufsaugmaterialien |

§ 1a

| Abfallschlüssel | Abfallbezeichnung |
|---|---|
| 07 07 11* | Schlämme aus der betriebseigenen Abwasserbehandlung, die gefährliche Stoffe enthalten |
| 07 07 12 | Schlämme aus der betriebseigenen Abwasserbehandlung mit Ausnahme derjenigen, die unter 07 07 11 fallen |
| 07 07 99 | Abfälle a. n. g. |
| 08 | Abfälle aus HZVA von Beschichtungen (Farben, Lacke, Email), Klebstoffen, Dichtmassen und Druckfarben |
| 08 01 | Abfälle aus HZVA und Entfernung von Farben und Lacken |
| 08 01 11* | Farb- und Lackabfälle, die organische Lösemittel oder andere gefährliche Stoffe enthalten |
| 08 01 12 | Farb- und Lackabfälle mit Ausnahme derjenigen, die unter 08 01 11 fallen |
| 08 01 13* | Farb- oder Lackschlämme, die organische Lösemittel oder andere gefährliche Stoffe enthalten |
| 08 01 14 | Farb- oder Lackschlämme mit Ausnahme derjenigen, die unter 08 ß1 13 fallen |
| 08 01 15* | wässrige Schlämme, die Farben oder Lacke mit organischen Lösemitteln oder anderen gefährlichen Stoffen enthalten |
| 08 01 16 | wässrige Schlämme, die Farben oder Lacke enthalten, mit Ausnahme derjenigen, die unter 08 01 15 fallen |
| 08 01 17* | Abfälle aus der Farb- oder Lackentfernung, die organische Lösemittel oder andere gefährliche Stoffe enthalten |
| 08 01 18 | Abfälle aus der Farb- oder Lackentfernung mit Ausnahme derjenigen, die unter 08 01 17 fallen |
| 08 01 19* | wässrige Suspensionen, die Farben oder Lacke mit organischen Lösemitteln oder anderen gefährlichen Stoffen enthalten |
| 08 01 20 | wässrige Suspensionen, die Farben oder Lacke enthalten, mit Ausnahme derjenigen, die unter 08 01 19 fallen |
| 08 01 21* | Farb- oder Lackentfernerabfälle |
| 08 01 99 | Abfälle a. n. g. |
| 08 02 | Abfälle aus HZVA anderer Beschichtungen (einschließlich keramischer Werkstoffe) |
| 08 02 01 | Abfälle von Beschichtungspulver |
| 08 02 02 | wässrige Schlämme, die keramische Werkstoffe enthalten |
| 08 02 03 | wässrige Suspensionen, die keramische Werkstoffe enthalten |
| 08 02 99 | Abfälle a. n. g. |
| 08 03 | Abfälle aus HZVA von Druckfarben |
| 08 03 07 | wässrige Schlämme, die Druckfarben enthalten |
| 08 03 08 | wässrige flüssige Abfälle, die Druckfarben enthalten |
| 08 03 12* | Druckfarbenabfälle, die gefährliche Stoffe enthalten |
| 08 03 13 | Druckfarbenabfälle mit Ausnahme derjenigen, die unter 08 03 12 fallen |
| 08 03 14* | Druckfarbenschlämme, die gefährliche Stoffe enthalten |
| 08 03 15 | Druckfarbenschlämme mit Ausnahme derjenigen, die unter 08 03 14 fallen |
| 08 03 16* | Abfälle von Ätzlösungen |
| 08 03 17* | Tonerabfälle, die gefährliche Stoffe enthalten |
| 08 03 18 | Tonerabfälle mit Ausnahme derjenigen, die unter 08 03 17 fallen |
| 08 03 19* | Dispersionsöl |

## § 1a

| Abfallschlüssel | Abfallbezeichnung |
|---|---|
| 08 03 99 | Abfälle a. n. g. |
| 08 04 | Abfälle aus HZVA von Klebstoffen und Dichtmassen (einschließlich wasserabweisender Materialien) |
| 08 04 09* | Klebstoff- und Dichtmassenabfälle, die organische Lösemittel oder andere gefährliche Stoffe enthalten |
| 08 04 10 | Klebstoff- und Dichtmassenabfälle mit Ausnahme derjenigen, die unter 08 04 09 fallen |
| 08 04 11* | klebstoff- und dichtmassenhaltige Schlämme, die organische Lösemittel oder andere gefährliche Stoffe enthalten |
| 08 04 12 | klebstoff- und dichtmassenhaltige Schlämme mit Ausnahme derjenigen, die unter 08 04 11 fallen |
| 08 04 13* | wässrige Schlämme, die Klebstoffe oder Dichtmassen mit organischen Lösemitteln oder anderen gefährlichen Stoffen enthalten |
| 08 04 14 | wässrige Schlämme, die Klebstoffe oder Dichtmassen enthalten, mit Ausnahme derjenigen, die unter 08 04 13 fallen |
| 08 04 15* | wässrige flüssige Abfälle, die Klebstoffe oder Dichtmassen mit organischen Lösemitteln oder anderen gefährlichen Stoffen enthalten |
| 08 04 16 | wässrige flüssige Abfälle, die Klebstoffe oder Dichtmassen enthalten, mit Ausnahme derjenigen, die unter 08 04 15 fallen |
| 08 04 17* | Harzöle |
| 08 04 99 | Abfälle a. n. g. |
| 08 05 | Nicht unter 08 aufgeführte Abfälle |
| 08 05 01* | Isocyanatabfälle |
| 09 | Abfälle aus der fotografischen Industrie |
| 09 01 | Abfälle aus der fotografischen Industrie |
| 09 01 01* | Entwickler und Aktivatorenlösungen auf Wasserbasis |
| 09 01 02* | Offsetdruckplatten-Entwicklerlösungen auf Wasserbasis |
| 09 01 03* | Entwicklerlösungen auf Lösemittelbasis |
| 09 01 04* | Fixierbäder |
| 09 01 05* | Bleichlösungen und Bleich-Fixier-Bäder |
| 09 01 06* | silberhaltige Abfälle aus der betriebseigenen Behandlung fotografischer Abfälle |
| 09 01 07 | Filme und fotografische Papiere, die Silber oder Silberverbindungen enthalten |
| 09 01 08 | Filme und fotografische Papiere, die kein Silber und keine Silberverbindungen enthalten |
| 09 01 10 | Einwegkameras ohne Batterien |
| 09 01 11* | Einwegkameras mit Batterien, die unter 16 06 01, 16 06 02 oder 16 06 03 fallen |
| 09 01 12 | Einwegkameras mit Batterien mit Ausnahme derjenigen, die unter 09 01 11 fallen |
| 09 01 13* | wässrige flüssige Abfälle aus der betriebseigenen Silberrückgewinnung mit Ausnahme derjenigen, die unter 09 01 06 fallen |
| 09 01 99 | Abfälle a. n. g. |
| 10 | Abfälle aus thermischen Prozessen |
| 10 01 | Abfälle aus Kraftwerken und anderen Verbrennungsanlagen (außer 19) |
| 10 01 01 | Rost- und Kesselasche, Schlacken und Kesselstaub mit Ausnahme von Kesselstaub, der unter 10 01 04 fällt |

# § 1a

| Abfallschlüssel | Abfallbezeichnung |
|---|---|
| 10 01 02 | Filterstäube aus Kohlefeuerung |
| 10 01 03 | Filterstäube aus Torffeuerung und Feuerung mit (unbehandeltem) Holz |
| 10 01 04* | Filterstäube und Kesselstaub aus Ölfeuerung |
| 10 01 05 | Reaktionsabfälle auf Calciumbasis aus der Rauchgasentschwefelung in fester Form |
| 10 01 07 | Reaktionsabfälle auf Calciumbasis aus der Rauchgasentschwefelung in Form von Schlämmen |
| 10 01 09* | Schwefelsäure |
| 10 01 13* | Filterstäube aus emulgierten, als Brennstoffe verwendeten Kohlenwasserstoffen |
| 10 01 14* | Rost- und Kesselasche, Schlacken und Kesselstaub aus der Abfallmitverbrennung, die gefährliche Stoffe enthalten |
| 10 01 15 | Rost- und Kesselasche, Schlacken und Kesselstaub aus der Abfallmitverbrennung mit Ausnahme derjenigen, die unter 10 01 14 fallen |
| 10 01 16* | Filterstäube aus der Abfallmitverbrennung, die gefährliche Stoffe enthalten |
| 10 01 17 | Filterstäube aus der Abfallmitverbrennung mit Ausnahme derjenigen, die unter 10 01 16 fallen |
| 10 01 18* | Abfälle aus der Abgasbehandlung, die gefährliche Stoffe enthalten |
| 10 01 19 | Abfälle aus der Abgasbehandlung mit Ausnahme derjenigen, die unter 10 01 05, 10 01 07 und 10 01 18 fallen |
| 10 01 20* | Schlämme aus der betriebseigenen Abwasserbehandlung, die gefährliche Stoffe enthalten |
| 10 01 21 | Schlämme aus der betriebseigenen Abwasserbehandlung mit Ausnahme derjenigen, die unter 10 01 20 fallen |
| 10 01 22* | wässrige Schlämme aus der Kesselreinigung, die gefährliche Stoffe enthalten |
| 10 01 23 | wässrige Schlämme aus der Kesselreinigung mit Ausnahme derjenigen, die unter 10 01 22 fallen |
| 10 01 24 | Sande aus der Wirbelschichtfeuerung |
| 10 01 25 | Abfälle aus der Lagerung und Vorbereitung von Brennstoffen für Kohlekraftwerke |
| 10 01 26 | Abfälle aus der Kühlwasserbehandlung |
| 10 01 99 | Abfälle a. n. g. |
| 10 02 | Abfälle aus der Eisen- und Stahlindustrie |
| 10 02 01 | Abfälle aus der Verarbeitung von Schlacke |
| 10 02 02 | unbearbeitete Schlacke |
| 10 02 07* | feste Abfälle aus der Abgasbehandlung, die gefährliche Stoffe enthalten |
| 10 02 08 | Abfälle aus der Abgasbehandlung mit Ausnahme derjenigen, die unter 10 02 07 fallen |
| 10 02 10 | Walzzunder |
| 10 02 11* | ölhaltige Abfälle aus der Kühlwasserbehandlung |
| 10 02 12 | Abfälle aus der Kühlwasserbehandlung mit Ausnahme derjenigen, die unter 10 02 11 fallen |
| 10 02 13* | Schlämme und Filterkuchen aus der Abgasbehandlung, die gefährliche Stoffe enthalten |
| 10 02 14 | Schlämme und Filterkuchen aus der Abgasbehandlung mit Ausnahme derjenigen, die unter 10 02 13 fallen |
| 10 02 15 | andere Schlämme und Filterkuchen |

# § 1a

| Abfallschlüssel | Abfallbezeichnung |
|---|---|
| 10 02 99 | Abfälle a. n. g. |
| 10 03 | Abfälle aus der thermischen Aluminium-Metallurgie |
| 10 03 02 | Anodenschrott |
| 10 03 04* | Schlacken aus der Erstschmelze |
| 10 03 05 | Aluminiumoxidabfälle |
| 10 03 08* | Salzschlacken aus der Zweitschmelze |
| 10 03 09* | schwarze Krätzen aus der Zweitschmelze |
| 10 03 15* | Abschaum, der entzündlich ist oder in Kontakt mit Wasser entzündliche Gase in gefährlicher Menge abgibt |
| 10 03 16 | Abschaum mit Ausnahme desjenigen, der unter 10 03 15 fällt |
| 10 03 17* | teerhaltige Abfälle aus der Anodenherstellung |
| 10 03 18 | Abfälle aus der Anodenherstellung, die Kohlenstoffe enthalten, mit Ausnahme derjenigen, die unter 10 03 17 fallen |
| 10 03 19* | Filterstaub, der gefährliche Stoffe enthält |
| 10 03 20 | Filterstaub mit Ausnahme von Filterstaub, der unter 10 03 19 fällt |
| 10 03 21* | andere Teilchen und Staub (einschließlich Kugelmühlenstaub), die gefährliche Stoffe enthalten |
| 10 03 22 | Teilchen und Staub (einschließlich Kugelmühlenstaub) mit Ausnahme derjenigen, die unter 10 03 21 fallen |
| 10 03 23* | feste Abfälle aus der Abgasbehandlung, die gefährliche Stoffe enthalten |
| 10 03 24 | feste Abfälle aus der Abgasbehandlung mit Ausnahme derjenigen, die unter 10 03 23 fallen |
| 10 03 25* | Schlämme und Filterkuchen aus der Abgasbehandlung, die gefährliche Stoffe enthalten |
| 10 03 26 | Schlämme und Filterkuchen aus der Abgasbehandlung mit Ausnahme derjenigen, die unter 10 03 25 fallen |
| 10 03 27* | ölhaltige Abfälle aus der Kühlwasserbehandlung |
| 10 03 28 | Abfälle aus der Kühlwasserbehandlung mit Ausnahme derjenigen, die unter 10 03 27 fallen |
| 10 03 29* | gefährliche Stoffe enthaltende Abfälle aus der Behandlung von Salzschlacken und schwarzen Krätzen |
| 10 03 30 | Abfälle aus der Behandlung von Salzschlacken und schwarzen Krätzen mit Ausnahme derjenigen, die unter 10 03 29 fallen |
| 10 03 99 | Abfälle a. n. g. |
| 10 04 | Abfälle aus der thermischen Bleimetallurgie |
| 10 04 01* | Schlacken (Erst- und Zweitschmelze) |
| 10 04 02* | Krätzen und Abschaum (Erst- und Zweitschmelze) |
| 10 04 03* | Calciumarsenat |
| 10 04 04* | Filterstaub |
| 10 04 05* | andere Teilchen und Staub |
| 10 04 06* | feste Abfälle aus der Abgasbehandlung |
| 10 04 07* | Schlämme und Filterkuchen aus der Abgasbehandlung |
| 10 04 09* | ölhaltige Abfälle aus der Kühlwasserbehandlung |

## § 1a

| Abfallschlüssel | Abfallbezeichnung |
|---|---|
| 10 04 10 | Abfälle aus der Kühlwasserbehandlung mit Ausnahme derjenigen, die unter 10 04 09 fallen |
| 10 04 99 | Abfälle a. n. g. |
| 10 05 | Abfälle aus der thermischen Zinkmetallurgie |
| 10 05 01 | Schlacken (Erst- und Zweitschmelze) |
| 10 05 03* | Filterstaub |
| 10 05 04 | andere Teilchen und Staub |
| 10 05 05* | feste Abfälle aus der Abgasbehandlung |
| 10 05 06* | Schlämme und Filterkuchen aus der Abgasbehandlung |
| 10 05 08* | ölhaltige Abfälle aus der Kühlwasserbehandlung |
| 10 05 09 | Abfälle aus der Kühlwasserbehandlung mit Ausnahme derjenigen, die unter 10 05 08 fallen |
| 10 05 10* | Krätzen und Abschaum, die entzündlich sind oder in Kontakt mit Wasser entzündliche Gase in gefährlicher Menge abgeben |
| 10 05 11 | Krätzen und Abschaum mit Ausnahme derjenigen, die unter 10 05 10 fallen |
| 10 05 99 | Abfälle a. n. g. |
| 10 06 | Abfälle aus der thermischen Kupfermetallurgie |
| 10 06 01 | Schlacken (Erst- und Zweitschmelze) |
| 10 06 02 | Krätzen und Abschaum (Erst- und Zweitschmelze) |
| 10 06 03* | Filterstaub |
| 10 06 04 | andere Teilchen und Staub |
| 10 06 06* | feste Abfälle aus der Abgasbehandlung |
| 10 06 07* | Schlämme und Filterkuchen aus der Abgasbehandlung |
| 10 06 09* | ölhaltige Abfälle aus der Kühlwasserbehandlung |
| 10 06 10 | Abfälle aus der Kühlwasserbehandlung mit Ausnahme derjenigen, die unter 10 06 09 fallen |
| 10 06 99 | Abfälle a. n. g. |
| 10 07 | Abfälle aus der thermischen Silber-, Gold- und Platinmetallurgie |
| 10 07 01 | Schlacken (Erst- und Zweitschmelze) |
| 10 07 02 | Krätzen und Abschaum (Erst- und Zweitschmelze) |
| 10 07 03 | feste Abfälle aus der Abgasbehandlung |
| 10 07 04 | andere Teilchen und Staub |
| 10 07 05 | Schlämme und Filterkuchen aus der Abgasbehandlung |
| 10 07 07* | ölhaltige Abfälle aus der Kühlwasserbehandlung |
| 10 07 08 | Abfälle aus der Kühlwasserbehandlung mit Ausnahme derjenigen, die unter 10 07 07 fallen |
| 10 07 99 | Abfälle a. n. g. |
| 10 08 | Abfälle aus sonstiger thermischer Nichteisenmetallurgie |
| 10 08 04 | Teilchen und Staub |
| 10 08 08* | Salzschlacken (Erst- und Zweitschmelze) |
| 10 08 09 | andere Schlacken |

## § 1a

| Abfallschlüssel | Abfallbezeichnung |
|---|---|
| 10 08 10* | Krätzen und Abschaum, die entzündlich sind oder in Kontakt mit Wasser entzündliche Gase in gefährlicher Menge abgeben |
| 10 08 11 | Krätzen und Abschaum mit Ausnahme derjenigen, die unter 10 08 10 fallen |
| 10 08 12* | teerhaltige Abfälle aus der Anodenherstellung |
| 10 08 13 | kohlenstoffhaltige Abfälle aus der Anodenherstellung mit Ausnahme derjenigen, die unter 10 08 12 fallen |
| 10 08 14 | Anodenschrott |
| 10 08 15* | Filterstaub, der gefährliche Stoffe enthält |
| 10 08 16 | Filterstaub mit Ausnahme desjenigen, der unter 10 08 15 fällt |
| 10 08 17* | Schlämme und Filterkuchen aus der Abgasbehandlung, die gefährliche Stoffe enthalten |
| 10 08 18 | Schlämme und Filterkuchen aus der Abgasbehandlung mit Ausnahme derjenigen, die unter 10 08 17 fallen |
| 10 08 19* | ölhaltige Abfälle aus der Kühlwasserbehandlung |
| 10 08 20 | Abfälle aus der Kühlwasserbehandlung mit Ausnahme derjenigen, die unter 10 08 19 fallen |
| 10 08 99 | Abfälle a. n. g. |
| 10 09 | Abfälle vom Gießen von Eisen und Stahl |
| 10 09 03 | Ofenschlacke |
| 10 09 05* | gefährliche Stoffe enthaltende Gießformen und -sande vor dem Gießen |
| 10 09 06 | Gießformen und -sande vor dem Gießen mit Ausnahme derjenigen, die unter 10 09 05 fallen |
| 10 09 07* | gefährliche Stoffe enthaltende Gießformen und -sande nach dem Gießen |
| 10 09 08 | Gießformen und -sande nach dem Gießen mit Ausnahme derjenigen, die unter 10 09 07 fallen |
| 10 09 09* | Filterstaub, der gefährliche Stoffe enthält |
| 10 09 10 | Filterstaub mit Ausnahme desjenigen, der unter 10 09 09 fällt |
| 10 09 11* | andere Teilchen, die gefährliche Stoffe enthalten |
| 10 09 12 | Teilchen mit Ausnahme derjenigen, die unter 10 09 11 fallen |
| 10 09 13* | Abfälle von Bindemitteln, die gefährliche Stoffe enthalten |
| 10 09 14 | Abfälle von Bindemitteln mit Ausnahme derjenigen, die unter 10 09 13 fallen |
| 10 09 15* | Abfälle aus rissanzeigenden Substanzen, die gefährliche Stoffe enthalten |
| 10 09 16 | Abfälle aus rissanzeigenden Substanzen mit Ausnahme derjenigen, die unter 10 09 15 fallen |
| 10 09 99 | Abfälle a. n. g. |
| 10 10 | Abfälle vom Gießen von Nichteisenmetallen |
| 10 10 03 | Ofenschlacke |
| 10 10 05* | gefährliche Stoffe enthaltende Gießformen und -sande vor dem Gießen |
| 10 10 06 | Gießformen und -sande vor dem Gießen mit Ausnahme derjenigen, die unter 10 10 05 fallen |
| 10 10 07* | gefährliche Stoffe enthaltende Gießformen und -sande nach dem Gießen |
| 10 10 08 | Gießformen und -sande nach dem Gießen mit Ausnahme derjenigen, die unter 10 10 07 fallen |

§ 1a

| Abfallschlüssel | Abfallbezeichnung |
|---|---|
| 10 10 09* | Filterstaub, der gefährliche Stoffe enthält |
| 10 10 10 | Filterstaub mit Ausnahme desjenigen, der unter 10 10 09 fällt |
| 10 10 11* | andere Teilchen, die gefährliche Stoffe enthalten |
| 10 10 12 | Teilchen mit Ausnahme derjenigen, die unter 10 10 11 fallen |
| 10 10 13* | Abfälle von Bindemitteln, die gefährliche Stoffe enthalten |
| 10 10 14 | Abfälle von Bindemitteln mit Ausnahme derjenigen, die unter 10 10 13 fallen |
| 10 10 15* | Abfälle aus rissanzeigenden Substanzen, die gefährliche Stoffe enthalten |
| 10 10 16 | Abfälle aus rissanzeigenden Substanzen mit Ausnahme derjenigen, die unter 10 10 15 fallen |
| 10 10 99 | Abfälle a. n. g. |
| 10 11 | Abfälle aus der Herstellung von Glas und Glaserzeugnissen |
| 10 11 03 | Glasfaserabfall |
| 10 11 05 | Teilchen und Staub |
| 10 11 09* | Gemengeabfall mit gefährlichen Stoffen vor dem Schmelzen |
| 10 11 10 | Gemengeabfall vor dem Schmelzen mit Ausnahme desjenigen, der unter 10 11 09 fällt |
| 10 11 11* | Glasabfall in kleinen Teilchen und Glasstaub, die Schwermetalle enthalten (z. B. aus Elektronenstrahlröhren) |
| 10 11 12 | Glasabfall mit Ausnahme desjenigen, der unter 10 11 11 fällt |
| 10 11 13* | Glaspolier- und Glasschleifschlämme, die gefährliche Stoffe enthalten |
| 10 11 14 | Glaspolier- und Glasschleifschlämme mit Ausnahme derjenigen, die unter 10 11 13 fallen |
| 10 11 15* | feste Abfälle aus der Abgasbehandlung, die gefährliche Stoffe enthalten |
| 10 11 16 | feste Abfälle aus der Abgasbehandlung mit Ausnahme derjenigen, die unter 10 11 15 fallen |
| 10 11 17* | Schlämme und Filterkuchen aus der Abgasbehandlung, die gefährliche Stoffe enthalten |
| 10 11 18 | Schlämme und Filterkuchen aus der Abgasbehandlung mit Ausnahme derjenigen, die unter 10 11 17 fallen |
| 10 11 19* | feste Abfälle aus der betriebseigenen Abwasserbehandlung, die gefährliche Stoffe enthalten |
| 10 11 20 | feste Abfälle aus der betriebseigenen Abwasserbehandlung mit Ausnahme derjenigen, die unter 10 11 19 fallen |
| 10 11 99 | Abfälle a. n. g. |
| 10 12 | Abfälle aus der Herstellung von Keramikerzeugnissen und keramischen Baustoffen wie Ziegeln, Fliesen, Steinzeug |
| 10 12 01 | Rohmischungen vor dem Brennen |
| 10 12 03 | Teilchen und Staub |
| 10 12 05 | Schlämme und Filterkuchen aus der Abgasbehandlung |
| 10 12 06 | verworfene Formen |
| 10 12 08 | Abfälle aus Keramikerzeugnissen, Ziegeln, Fliesen und Steinzeug (nach dem Brennen) |
| 10 12 09* | feste Abfälle aus der Abgasbehandlung, die gefährliche Stoffe enthalten |

# § 1a

| Abfallschlüssel | Abfallbezeichnung |
|---|---|
| 10 12 10 | feste Abfälle aus der Abgasbehandlung mit Ausnahme derjenigen, die unter 10 12 09 fallen |
| 10 12 11* | Glasurabfälle, die Schwermetalle enthalten |
| 10 12 12 | Glasurabfälle mit Ausnahme derjenigen, die unter 10 12 11 fallen |
| 10 12 13 | Schlämme aus der betriebseigenen Abwasserbehandlung |
| 10 12 99 | Abfälle a. n. g. |
| 10 13 | Abfälle aus der Herstellung von Zement, Branntkalk, Gips und Erzeugnissen aus diesen |
| 10 13 01 | Abfälle von Rohgemenge vor dem Brennen |
| 10 13 04 | Abfälle aus der Kalzinierung und Hydratisierung von Branntkalk |
| 10 13 06 | Teilchen und Staub (außer 10 13 12 und 10 13 13) |
| 10 13 07 | Schlämme und Filterkuchen aus der Abgasbehandlung |
| 10 13 09* | asbesthaltige Abfälle aus der Herstellung von Asbestzement |
| 10 13 10 | Abfälle aus der Herstellung von Asbestzement mit Ausnahme derjenigen, die unter 10 13 09 fallen |
| 10 13 11 | Abfälle aus der Herstellung anderer Verbundstoffe auf Zementbasis mit Ausnahme derjenigen, die unter 10 13 09 und 10 13 10 fallen |
| 10 13 12* | feste Abfälle aus der Abgasbehandlung, die gefährliche Stoffe enthalten |
| 10 13 13 | feste Abfälle aus der Abgasbehandlung mit Ausnahme derjenigen, die unter 10 13 12 fallen |
| 10 13 14 | Betonabfälle und Betonschlämme |
| 10 13 99 | Abfälle a. n. g. |
| 10 14 | Abfälle aus Krematorien |
| 10 14 01* | quecksilberhaltige Abfälle aus der Gasreinigung |
| 11 | Abfälle aus der chemischen Oberflächenbearbeitung und Beschichtung von Metallen und anderen Werkstoffen; Nichteisen-Hydrometallurgie |
| 11 01 | Abfälle aus der chemischen Oberflächenbearbeitung und Beschichtung von Metallen und anderen Werkstoffen (z. B. Galvanik, Verzinkung, Beizen, Ätzen, Phosphatieren, alkalisches Entfetten und Anodisierung) |
| 11 01 05* | saure Beizlösungen |
| 11 01 06* | Säuren a. n. g. |
| 11 01 07* | alkalische Beizlösungen |
| 11 01 08* | Phosphatierschlämme |
| 11 01 09* | Schlämme und Filterkuchen, die gefährliche Stoffe enthalten |
| 11 01 10 | Schlämme und Filterkuchen mit Ausnahme derjenigen, die unter 11 01 09 fallen |
| 11 01 11* | wässrige Spülflüssigkeiten, die gefährliche Stoffe enthalten |
| 11 01 12 | wässrige Spülflüssigkeiten mit Ausnahme derjenigen, die unter 11 01 11 fallen |
| 11 01 13* | Abfälle aus der Entfettung, die gefährliche Stoffe enthalten |
| 11 01 14 | Abfälle aus der Entfettung mit Ausnahme derjenigen, die unter 11 01 13 fallen |
| 11 01 15* | Eluate und Schlämme aus Membransystemen oder Ionenaustauschsystemen, die gefährliche Stoffe enthalten |
| 11 01 16* | gesättigte oder verbrauchte Ionenaustauscherharze |
| 11 01 98* | andere Abfälle, die gefährliche Stoffe enthalten |

## § 1a

| Abfallschlüssel | Abfallbezeichnung |
|---|---|
| 11 01 99 | Abfälle a. n. g. |
| 11 02 | Abfälle aus Prozessen der Nichteisen-Hydrometallurgie |
| 11 02 02* | Schlämme aus der Zink-Hydrometallurgie (einschließlich Jarosit, Goethit) |
| 11 02 03 | Abfälle aus der Herstellung von Anoden für wässrige elektrolytische Prozesse |
| 11 02 05* | Abfälle aus Prozessen der Kupfer-Hydrometallurgie, die gefährliche Stoffe enthalten |
| 11 02 06 | Abfälle aus Prozessen der Kupfer-Hydrometallurgie mit Ausnahme derjenigen, die unter 11 02 05 fallen |
| 11 02 07* | andere Abfälle, die gefährliche Stoffe enthalten |
| 11 02 99 | Abfälle a. n. g. |
| 11 03 | Schlämme und Feststoffe aus Härteprozessen |
| 11 03 01* | cyanidhaltige Abfälle |
| 11 03 02* | andere Abfälle |
| 11 05 | Abfälle aus Prozessen der thermischen Verzinkung |
| 11 05 01 | Hartzink |
| 11 05 02 | Zinkasche |
| 11 05 03* | feste Abfälle aus der Abgasbehandlung |
| 11 05 04* | gebrauchte Flussmittel |
| 11 05 99 | Abfälle a. n. g. |
| 12 | Abfälle aus Prozessen der mechanischen Formgebung sowie der physikalischen und mechanischen Oberflächenbearbeitung vom Metallen und Kunststoffen |
| 12 01 | Abfälle aus Prozessen der mechanischen Formgebung sowie der physikalischen und mechanischen Oberflächenbearbeitung von Metallen und Kunststoffen |
| 12 01 01 | Eisenfeil- und -drehspäne |
| 12 01 02 | Eisenstaub und -teile |
| 12 01 03 | NE-Metallfeil- und -drehspäne |
| 12 01 04 | NE-Metallstaub und -teilchen |
| 12 01 05 | Kunststoffspäne und -drehspäne |
| 12 01 06* | halogenhaltige Bearbeitungsöle auf Mineralölbasis (außer Emulsionen und Lösungen) |
| 12 01 07* | halogenfreie Bearbeitungsöle auf Mineralölbasis (außer Emulsionen und Lösungen) |
| 12 01 08* | halogenhaltige Bearbeitungsemulsionen und -lösungen |
| 12 01 09* | halogenfreie Bearbeitungsemulsionen und -lösungen |
| 12 01 10* | synthetische Bearbeitungsöle |
| 12 01 12* | gebrauchte Wachse und Fette |
| 12 01 13 | Schweißabfälle |
| 12 01 14* | Bearbeitungsschlämme, die gefährliche Stoffe enthalten |
| 12 01 15 | Bearbeitungsschlämme mit Ausnahme derjenigen, die unter 12 01 14 fallen |
| 12 01 16* | Strahlmittelabfälle, die gefährliche Stoffe enthalten |
| 12 01 17 | Strahlmittelabfälle mit Ausnahme derjenigen, die unter 12 01 16 fallen |
| 12 01 18* | ölhaltige Metallschlämme (Schleif-, Hon- und Läppschlämme) |
| 12 01 19* | biologisch leicht abbaubare Bearbeitungsöle |

# § 1a

| Abfallschlüssel | Abfallbezeichnung |
|---|---|
| 12 01 20* | gebrauchte Hon- und Schleifmittel, die gefährliche Stoffe enthalten |
| 12 01 21 | gebrauchte Hon- und Schleifmittel mit Ausnahme derjenigen, die unter 12 01 20 fallen |
| 12 01 99 | Abfälle a. n. g. |
| 12 03 | Abfälle aus der Wasser- und Dampfentfettung (außer 11) |
| 12 03 01* | wässrige Waschflüssigkeiten |
| 12 03 02* | Abfälle aus der Dampfentfettung |
| 13 | Ölabfälle und Abfälle aus flüssigen Brennstoffen (außer Speiseöle und Ölabfälle, die unter 05, 12 und 19 fallen) |
| 13 01 | Abfälle von Hydraulikölen |
| 13 01 01* | Hydrauliköle, die PCB [1] enthalten |
| 13 01 04* | chlorierte Emulsionen |
| 13 01 05* | nichtchlorierte Emulsionen |
| 13 01 09* | chlorierte Hydrauliköle auf Mineralölbasis |
| 13 01 10* | nichtchlorierte Hydrauliköle auf Mineralölbasis |
| 13 01 11* | synthetische Hydrauliköle |
| 13 01 12* | biologisch leicht abbaubare Hydrauliköle |
| 13 01 13* | andere Hydrauliköle |
| 13 02 | Abfälle von Maschinen-, Getriebe- und Schmierölen |
| 13 02 04* | chlorierte Maschinen-, Getriebe- und Schmieröle auf Mineralölbasis |
| 13 02 05* | nichtchlorierte Maschinen-, Getriebe- und Schmieröle auf Mineralölbasis |
| 13 02 06* | synthetische Maschinen-, Getriebe- und Schmieröle |
| 13 02 07* | biologisch leicht abbaubare Maschinen-, Getriebe- und Schmieröle |
| 13 02 08* | andere Maschinen-, Getriebe- und Schmieröle |
| 13 03 | Abfälle von Isolier- und Wärmeübertragungsölen |
| 13 03 01* | Isolier- und Wärmeübertragungsöle, die PCB enthalten |
| 13 03 06* | chlorierte Isolier- und Wärmeübertragungsöle auf Mineralölbasis mit Ausnahme derjenigen, die unter 13 03 01 fallen |
| 13 03 07* | nichtchlorierte Isolier- und Wärmeübertragungsöle auf Mineralölbasis |
| 13 03 08* | synthetische Isolier- und Wärmeübertragungsöle |
| 13 03 09* | biologisch leicht abbaubare Isolier- und Wärmeübertragungsöle |
| 13 03 10* | andere Isolier- und Wärmeübertragungsöle |
| 13 04 | Bilgenöle |
| 13 04 01* | Bilgenöle aus der Binnenschifffahrt |
| 13 04 02* | Bilgenöle aus Molenablaufkanälen |
| 13 04 03* | Bilgenöle aus der übrigen Schifffahrt |
| 13 05 | Inhalte von Öl-/Wasserabscheidern |
| 13 05 01* | feste Abfälle aus Sandfanganlagen und Öl-/Wasserabscheidern |
| 13 05 02* | Schlämme aus Öl-/Wasserabscheidern |
| 13 05 03* | Schlämme aus Einlaufschächten |

---

[1] Für PCB gilt in dieser Abfallliste die Begriffsbestimmung der Richtlinie 96/59/EG.

# § 1a

| Abfallschlüssel | Abfallbezeichnung |
|---|---|
| 13 05 06* | Öle aus Öl-/Wasserabscheidern |
| 13 05 07* | öliges Wasser aus Öl-/Wasserabscheidern |
| 13 05 08* | Abfallgemische aus Sandfanganlagen und Öl-/Wasserabscheidern |
| 13 07 | Abfälle aus flüssigen Brennstoffen |
| 13 07 01* | Heizöl und Diesel |
| 13 07 02* | Benzin |
| 13 07 03* | andere Brennstoffe (einschließlich Gemische) |
| 13 08 | Ölabfälle a. n. g. |
| 13 08 01* | Schlämme oder Emulsionen aus Entsalzern |
| 13 08 02* | andere Emulsionen |
| 13 08 99* | Abfälle a. n. g. |
| 14 | Abfälle aus organischen Lösemitteln, Kühlmitteln und Treibgasen (außer 07 und 08) |
| 14 06 | Abfälle aus organischen Lösemitteln, Kühlmitteln sowie Schaum- und Aerosoltreibgasen |
| 14 06 01* | Fluorchlorkohlenwasserstoffe, H-FCKW, H-FKW |
| 14 06 02* | andere halogenierte Lösemittel und Lösemittelgemische |
| 14 06 03* | andere Lösemittel und Lösemittelgemische |
| 14 06 04* | Schlämme oder feste Abfälle, die halogenierte Lösemittel enthalten |
| 14 06 05* | Schlämme oder feste Abfälle, die andere Lösemittel enthalten |
| 15 | Verpackungsabfall, Aufsaugmassen, Wischtücher, Filtermaterialien und Schutzkleidung (a. n. g.) |
| 15 01 | Verpackungen (einschließlich getrennt gesammelter kommunaler Verpackungsabfälle) |
| 15 01 01 | Verpackungen aus Papier und Pappe |
| 15 01 02 | Verpackungen aus Kunststoff |
| 15 01 03 | Verpackungen aus Holz |
| 15 01 04 | Verpackungen aus Metall |
| 15 01 05 | Verbundverpackungen |
| 15 01 06 | gemischte Verpackungen |
| 15 01 07 | Verpackungen aus Glas |
| 15 01 09 | Verpackungen aus Textilien |
| 15 01 10* | Verpackungen, die Rückstände gefährlicher Stoffe enthalten oder durch gefährliche Stoffe verunreinigt sind |
| 15 01 11* | Verpackungen aus Metall, die eine gefährliche feste poröse Matrix (z. B. Asbest) enthalten, einschließlich geleerter Druckbehältnisse |
| 15 02 | Aufsaug- und Filtermaterialien, Wischtücher und Schutzkleidung |
| 15 02 02* | Aufsaug- und Filtermaterialien (einschließlich Ölfilter a. n. g.), Wischtücher und Schutzkleidung, die durch gefährliche Stoffe verunreinigt sind |
| 15 02 03 | Aufsaug- und Filtermaterialien, Wischtücher und Schutzkleidung mit Ausnahme derjenigen, die unter 15 02 02 fallen |
| 16 | Abfälle, die nicht anderswo im Verzeichnis aufgeführt sind |

## § 1a

| Abfallschlüssel | Abfallbezeichnung |
|---|---|
| 16 01 | Altfahrzeuge verschiedener Verkehrsträger (einschließlich mobiler Maschinen) und Abfälle aus der Demontage von Altfahrzeugen sowie der Fahrzeugwartung (außer 13, 14, 16 06 und 16 08) |
| 16 01 03 | Altreifen |
| 16 01 04* | Altfahrzeuge |
| 16 01 06 | Altfahrzeuge, die weder Flüssigkeiten noch andere gefährliche Bestandteile enthalten |
| 16 01 07* | Ölfilter |
| 16 01 08* | quecksilberhaltige Bestandteile |
| 16 01 09* | Bestandteile, die PCB enthalten |
| 16 01 10* | explosive Bauteile (z. B. aus Airbags) |
| 16 01 11* | asbesthaltige Bremsbeläge |
| 16 01 12 | Bremsbeläge mit Ausnahme derjenigen, die unter 16 01 11 fallen |
| 16 01 13* | Bremsflüssigkeiten |
| 16 01 14* | Frostschutzmittel, die gefährliche Stoffe enthalten |
| 16 01 15 | Frostschutzmittel mit Ausnahme derjenigen, die unter 16 01 14 fallen |
| 16 01 16 | Flüssiggasbehälter |
| 16 01 17 | Eisenmetalle |
| 16 01 18 | Nichteisenmetalle |
| 16 01 19 | Kunststoffe |
| 16 01 20 | Glas |
| 16 01 21* | gefährliche Bauteile mit Ausnahme derjenigen, die unter 16 01 07 bis 16 01 11, 16 01 13 und 16 01 14 fallen |
| 16 01 22 | Bauteile a.n.g. |
| 16 01 99 | Abfälle a. n. g. |
| 16 02 | Abfälle aus elektrischen und elektronischen Geräten |
| 16 02 09* | Transformatoren und Kondensatoren, die PCB enthalten |
| 16 02 10* | gebrauchte Geräte, die PCB enthalten oder damit verunreinigt sind, mit Ausnahme derjenigen, die unter 16 02 09 fallen |
| 16 02 11* | gebrauchte Geräte, die teil- und vollhalogenierte Fluorchlorkohlenwasserstoffe enthalten |
| 16 02 12* | gebrauchte Geräte, die freies Asbest enthalten |
| 16 02 13* | gefährliche Bestandteile[1] enthaltende gebrauchte Geräte mit Ausnahme derjenigen, die unter 16 02 09 bis 16 02 12 fallen |
| 16 02 14 | gebrauchte Geräte mit Ausnahme derjenigen, die unter 16 02 09 bis 16 02 13 fallen |
| 16 02 15* | aus gebrauchten Geräten entfernte gefährliche Bestandteile |
| 16 02 16 | aus gebrauchten Geräten entfernte Bestandteile mit Ausnahme derjenigen, die unter 16 02 15 fallen |
| 16 03 | Fehlchargen und ungebrauchte Erzeugnisse |
| 16 03 03* | anorganische Abfälle, die gefährliche Stoffe enthalten |

---

[1] Gefährliche Bestandteile elektrischer und elektronischer Geräte umfassen z. B. Akkumulatoren und unter 16 06 aufgeführte und als gefährlich eingestufte Batterien, Quecksilberschalter, Glas aus Kathodenstrahlröhren und sonstiges beschichtetes Glas.

## § 1a

| Abfallschlüssel | Abfallbezeichnung |
|---|---|
| 16 03 04 | anorganische Abfälle mit Ausnahme derjenigen, die unter 16 03 03 fallen |
| 16 03 05* | organische Abfälle, die gefährliche Stoffe enthalten |
| 16 03 06 | organische Abfälle mit Ausnahme derjenigen, die unter 16 03 05 fallen |
| 16 04 | Explosivabfälle |
| 16 04 01* | Munition |
| 16 04 02* | Feuerwerkskörperabfälle |
| 16 04 03* | andere Explosivabfälle |
| 16 05 | Gase in Druckbehältern und gebrauchte Chemikalien |
| 16 05 04* | gefährliche Stoffe enthaltende Gase in Druckbehältern (einschließlich Halonen) |
| 16 05 05 | Gase in Druckbehältern mit Ausnahme derjenigen, die unter 16 05 04 fallen |
| 16 05 06* | Laborchemikalien, die aus gefährlichen Stoffen bestehen oder solche enthalten, einschließlich Gemische von Laborchemikalien |
| 16 05 07* | gebrauchte anorganische Chemikalien, die aus gefährlichen Stoffen bestehen oder solche enthalten |
| 16 05 08* | gebrauchte organische Chemikalien, die aus gefährlichen Stoffen bestehen oder solche enthalten |
| 16 05 09 | gebrauchte Chemikalien mit Ausnahme derjenigen, die unter 16 05 06, 16 05 07 oder 16 05 08 fallen |
| 16 06 | Batterien und Akkumulatoren |
| 16 06 01* | Bleibatterien |
| 16 06 02* | Ni-Cd-Batterien |
| 16 06 03* | Quecksilber enthaltende Batterien |
| 16 06 04 | Alkalibatterien (außer 16 06 03) |
| 16 06 05 | andere Batterien und Akkumulatoren |
| 16 06 06* | getrennt gesammelte Elektrolyte aus Batterien und Akkumulatoren |
| 16 07 | Abfälle aus der Reinigung von Transport- und Lagertanks und Fässern (außer 05 und 13) |
| 16 07 08* | ölhaltige Abfälle |
| 16 07 09* | Abfälle, die sonstige gefährliche Stoffe enthalten |
| 16 07 99 | Abfälle a. n. g. |
| 16 08 | Gebrauchte Katalysatoren |
| 16 08 01 | gebrauchte Katalysatoren, die Gold, Silber, Rhenium, Rhodium, Palladium, Iridium oder Platin enthalten (außer 16 08 07) |
| 16 08 02* | gebrauchte Katalysatoren, die gefährliche Übergangsmetalle[1] oder deren Verbindungen enthalten |
| 16 08 03 | gebrauchte Katalysatoren, die Übergangsmetalle oder deren Verbindungen enthalten, a. n. g. |
| 16 08 04 | gebrauchte Katalysatoren von Crackprozessen (außer 16 08 07) |
| 16 08 05* | gebrauchte Katalysatoren, die Phosphorsäure enthalten |
| 16 08 06* | gebrauchte Flüssigkeiten, die als Katalysatoren verwendet wurden |

---

1) Übergangsmetalle im Sinne dieses Eintrages sind: Scandium, Vanadium, Mangan, Kobalt, Kupfer, Yttrium, Niob, Hafnium, Wolfram, Titan, Chrom, Eisen, Nickel, Zink, Zirkonium, Molybdän und Tantal. Diese Metalle und ihre Verbindungen werden als gefährlich betrachtet, wenn sie als gefährliche Stoffe eingestuft wurden. Somit entscheidet die Einstufung als gefährliche Stoffe darüber, welche Übergangsmetalle und übergangsmetallhaltigen Verbindungen gefährlich sind.

# § 1a

| Abfallschlüssel | Abfallbezeichnung |
|---|---|
| 16 08 07* | gebrauchte Katalysatoren, die durch gefährliche Stoffe verunreinigt sind |
| 16 09 | Oxidierende Stoffe |
| 16 09 01* | Permanganate, z. B. Kaliumpermanganat |
| 16 09 02* | Chromate, z. B. Kaliumchromat, Kalium- oder Natriumdichromat |
| 16 09 03* | Peroxide, z. B. Wasserstoffperoxid |
| 16 09 04* | oxidierende Stoffe a. n. g. |
| 16 10 | Wässrige flüssige Abfälle zur externen Behandlung |
| 16 10 01* | wässrige flüssige Abfälle, die gefährliche Stoffe enthalten |
| 16 10 02 | wässrige flüssige Abfälle mit Ausnahme derjenigen, die unter 16 10 01 fallen |
| 16 10 03* | wässrige Konzentrate, die gefährliche Stoffe enthalten |
| 16 10 04 | wässrige Konzentrate mit Ausnahme derjenigen, die unter 16 10 03 fallen |
| 16 11 | Gebrauchte Auskleidungen und feuerfeste Materialien |
| 16 11 01* | Auskleidungen und feuerfeste Materialien auf Kohlenstoffbasis aus metallurgischen Prozessen, die gefährliche Stoffe enthalten |
| 16 11 02 | Auskleidungen und feuerfeste Materialien auf Kohlenstoffbasis aus metallurgischen Prozessen mit Ausnahme derjenigen, die unter 16 11 01 fallen |
| 16 11 03* | andere Auskleidungen und feuerfeste Materialien aus metallurgischen Prozessen, die gefährliche Stoffe enthalten |
| 16 11 04 | Auskleidungen und feuerfeste Materialien aus metallurgischen Prozessen mit Ausnahme derjenigen, die unter 16 11 03 fallen |
| 16 11 05* | Auskleidungen und feuerfeste Materialien aus nichtmetallurgischen Prozessen, die gefährliche Stoffe enthalten |
| 16 11 06 | Auskleidungen und feuerfeste Materialien aus nichtmetallurgischen Prozessen mit Ausnahme derjenigen, die unter 16 11 05 fallen |
| 17 | Bau- und Abbruchabfälle (einschließlich Aushub von verunreinigten Standorten) |
| 17 01 | Beton, Ziegel, Fliesen und Keramik |
| 17 01 01 | Beton |
| 17 01 02 | Ziegel |
| 17 01 03 | Fliesen, Ziegel und Keramik |
| 17 01 06* | Gemische aus oder getrennte Fraktionen von Beton, Ziegeln, Fliesen und Keramik, die gefährliche Stoffe enthalten |
| 17 01 07 | Gemische aus Beton, Ziegeln, Fliesen und Keramik mit Ausnahme derjenigen, die unter 17 01 06 fallen |
| 17 02 | Holz, Glas und Kunststoff |
| 17 02 01 | Holz |
| 17 02 02 | Glas |
| 17 02 03 | Kunststoff |
| 17 02 04* | Glas, Kunststoff und Holz, die gefährliche Stoffe enthalten oder durch gefährliche Stoffe verunreinigt sind |
| 17 03 | Bitumengemische, Kohlenteer und teerhaltige Produkte |
| 17 03 01* | kohlenteerhaltige Bitumengemische |
| 17 03 02 | Bitumengemische mit Ausnahme derjenigen, die unter 17 03 01 fallen |
| 17 03 03* | Kohlenteer und teerhaltige Produkte |

## § 1a

| Abfallschlüssel | Abfallbezeichnung |
|---|---|
| 17 04 | Metalle (einschließlich Legierungen) |
| 17 04 01 | Kupfer, Bronze, Messing |
| 17 04 02 | Aluminium |
| 17 04 03 | Blei |
| 17 04 04 | Zink |
| 17 04 05 | Eisen und Stahl |
| 17 04 06 | Zinn |
| 17 04 07 | gemischte Metalle |
| 17 04 09* | Metallabfälle, die durch gefährliche Stoffe verunreinigt sind |
| 17 04 10* | Kabel, die Öl, Kohlenteer oder andere gefährliche Stoffe enthalten |
| 17 04 11 | Kabel mit Ausnahme derjenigen, die unter 17 04 10 fallen |
| 17 05 | Boden (einschließlich Aushub von verunreinigten Standorten), Steine und Baggergut |
| 17 05 03* | Boden und Steine, die gefährliche Stoffe enthalten |
| 17 05 04 | Boden und Steine mit Ausnahme derjenigen, die unter 17 05 03 fallen |
| 17 05 05* | Baggergut, das gefährliche Stoffe enthält |
| 17 05 06 | Baggergut mit Ausnahme desjenigen, das unter 17 05 05 fällt |
| 17 05 07* | Gleisschotter, der gefährliche Stoffe enthält |
| 17 05 08 | Gleisschotter mit Ausnahme desjenigen, der unter 17 05 07 fällt |
| 17 06 | Dämmmaterial und asbesthaltige Baustoffe |
| 17 06 01* | Dämmmaterial, das Asbest enthält |
| 17 06 03* | anderes Dämmmaterial, das aus gefährlichen Stoffen besteht oder solche Stoffe enthält |
| 17 06 04 | Dämmmaterial mit Ausnahme desjenigen, das unter 17 06 01 und 17 06 03 fällt |
| 17 06 05* | asbesthaltige Baustoffe |
| 17 08 | Baustoffe auf Gipsbasis |
| 17 08 01* | Baustoffe auf Gipsbasis, die durch gefährliche Stoffe verunreinigt sind |
| 17 08 02 | Baustoffe auf Gipsbasis mit Ausnahme derjenigen, die unter 17 08 01 fallen |
| 17 09 | Sonstige Bau- und Abbruchabfälle |
| 17 09 01* | Bau- und Abbruchabfälle, die Quecksilber enthalten |
| 17 09 02* | Bau- und Abbruchabfälle, die PCB enthalten (z. B. PCB-haltige Dichtungsmassen, PCB-haltige Bodenbeläge auf Harzbasis, PCB-haltige Isolierverglasungen, PCB-haltige Kondensatoren) |
| 17 09 03* | sonstige Bau- und Abbruchabfälle (einschließlich gemischte Abfälle), die gefährliche Stoffe enthalten |
| 17 09 04 | gemischte Bau- und Abbruchabfälle mit Ausnahme derjenigen, die unter 17 09 01, 17 09 02 und 17 09 03 fallen |
| 18 | Abfälle aus der humanmedizinischen oder tierärztlichen Versorgung und Forschung (ohne Küchen- und Restaurantabfälle, die nicht aus der unmittelbaren Krankenpflege stammen) |
| 18 01 | Abfälle aus der Geburtshilfe, Diagnose, Behandlung oder Vorbeugung von Krankheiten beim Menschen |
| 18 01 01 | spitze oder scharfe Gegenstände (außer 18 01 03) |

# § 1a

| Abfallschlüssel | Abfallbezeichnung |
|---|---|
| 18 01 02 | Körperteile und Organe, einschließlich Blutbeutel und Blutkonserven (außer 18 01 03) |
| 18 01 03* | Abfälle, an deren Sammlung und Entsorgung aus infektionspräventiver Sicht besondere Anforderungen gestellt werden |
| 18 01 04 | Abfälle, an deren Sammlung und Entsorgung aus infektionspräventiver Sicht keine besonderen Anforderungen gestellt werden (z. B. Wund- und Gipsverbände, Wäsche, Einwegkleidung, Windeln) |
| 18 01 06* | Chemikalien, die aus gefährlichen Stoffen bestehen oder solche enthalten |
| 18 01 07 | Chemikalien mit Ausnahme derjenigen, die unter 18 01 06 fallen |
| 18 01 08* | zytotoxische und zytostatische Arzneimittel |
| 18 01 09 | Arzneimittel mit Ausnahme derjenigen, die unter 18 01 08 fallen |
| 18 01 10* | Amalgamabfälle aus der Zahnmedizin |
| 18 02 | Abfälle aus Forschung, Diagnose, Krankenbehandlung und Vorsorge bei Tieren |
| 18 02 01 | spitze oder scharfe Gegenstände mit Ausnahme derjenigen, die unter 18 02 02 fallen |
| 18 02 02* | Abfälle, an deren Sammlung und Entsorgung aus infektionspräventiver Sicht besondere Anforderungen gestellt werden |
| 18 02 03 | Abfälle, an deren Sammlung und Entsorgung aus infektionspräventiver Sicht keine besonderen Anforderungen gestellt werden |
| 18 02 05* | Chemikalien, die aus gefährlichen Stoffen bestehen oder solche enthalten |
| 18 02 06 | Chemikalien mit Ausnahme derjenigen, die unter 18 02 05 fallen |
| 18 02 07* | zytotoxische und zytostatische Arzneimittel |
| 18 02 08 | Arzneimittel mit Ausnahme derjenigen, die unter 18 02 07 fallen |
| 19 | Abfälle aus Abfallbehandlungsanlagen, öffentlichen Abwasserbehandlungsanlagen sowie der Aufbereitung von Wasser für den menschlichen Gebrauch und Wasser für industrielle Zwecke |
| 19 01 | Abfälle aus der Verbrennung oder Pyrolyse von Abfällen |
| 19 01 02 | Eisenteile, aus der Rost- und Kesselasche entfernt |
| 19 01 05* | Filterkuchen aus der Abgasbehandlung |
| 19 01 06* | wässrige flüssige Abfälle aus der Abgasbehandlung und andere wässrige flüssige Abfälle |
| 19 01 07* | feste Abfälle aus der Abgasbehandlung |
| 19 01 10* | gebrauchte Aktivkohle aus der Abgasbehandlung |
| 19 01 11* | Rost- und Kesselaschen sowie Schlacken, die gefährliche Stoffe enthalten |
| 19 01 12 | Rost- und Kesselaschen sowie Schlacken mit Ausnahme derjenigen, die unter 19 01 11 fallen |
| 19 01 13* | Filterstaub, der gefährliche Stoffe enthält |
| 19 01 14 | Filterstaub mit Ausnahme desjenigen, der unter 19 01 13 fällt |
| 19 01 15* | Kesselstaub, der gefährliche Stoffe enthält |
| 19 01 16 | Kesselstaub mit Ausnahme desjenigen, der unter 19 01 15 fällt |
| 19 01 17* | Pyrolyseabfälle, die gefährliche Stoffe enthalten |
| 19 01 18 | Pyrolyseabfälle mit Ausnahme derjenigen, die unter 19 01 17 fallen |
| 19 01 19 | Sande aus der Wirbelschichtfeuerung |
| 19 01 99 | Abfälle a. n. g. |

# § 1a

| Abfallschlüssel | Abfallbezeichnung |
|---|---|
| 19 02 | Abfälle aus der physikalisch-chemischen Behandlung von Abfällen (einschließlich Dechromatisierung, Cyanidentfernung, Neutralisation) |
| 19 02 03 | vorgemischte Abfälle, die ausschließlich aus nicht gefährlichen Abfällen bestehen |
| 19 02 04* | vorgemischte Abfälle, die wenigstens einen gefährlichen Abfall enthalten |
| 19 02 05* | Schlämme aus der physikalisch-chemischen Behandlung, die gefährliche Stoffe enthalten |
| 19 02 06 | Schlämme aus der physikalisch-chemischen Behandlung mit Ausnahme derjenigen, die unter 19 02 05 fallen |
| 19 02 07* | Öl und Konzentrate aus Abtrennprozessen |
| 19 02 08* | flüssige brennbare Abfälle, die gefährliche Stoffe enthalten |
| 19 02 09* | feste brennbare Abfälle, die gefährliche Stoffe enthalten |
| 19 02 10 | brennbare Abfälle mit Ausnahme derjenigen, die unter 19 02 08 und 19 02 09 fallen |
| 19 02 11* | sonstige Abfälle, die gefährliche Stoffe enthalten |
| 19 02 99 | Abfälle a. n. g. |
| 19 03 | Stabilisierte und verfestigte Abfälle [1] |
| 19 03 04* | als gefährlich eingestufte teilweise stabilisierte [2] Abfälle |
| 19 03 05 | stabilisierte Abfälle mit Ausnahme derjenigen, die unter 19 03 04 fallen |
| 19 03 06* | als gefährlich eingestufte verfestigte Abfälle |
| 19 03 07 | verfestigte Abfälle mit Ausnahme derjenigen, die unter 19 03 06 fallen |
| 19 04 | Verglaste Abfälle und Abfälle aus der Verglasung |
| 19 04 01 | verglaste Abfälle |
| 19 04 02* | Filterstaub und andere Abfälle aus der Abgasbehandlung |
| 19 04 03* | nicht verglaste Festphase |
| 19 04 04 | wässrige flüssige Abfälle aus dem Tempern |
| 19 05 | Abfälle aus der aeroben Behandlung von festen Abfällen |
| 19 05 01 | nicht kompostierte Fraktion von Siedlungs- und ähnlichen Abfällen |
| 19 05 02 | nicht kompostierte Fraktion von tierischen und pflanzlichen Abfällen |
| 19 05 03 | nicht spezifikationsgerechter Kompost |
| 19 05 99 | Abfälle a. n. g. |
| 19 06 | Abfälle aus der anaeroben Behandlung von Abfällen |
| 19 06 03 | Flüssigkeiten aus der anaeroben Behandlung von Siedlungsabfällen |
| 19 06 04 | Gärrückstand/-schlamm aus der anaeroben Behandlung von Siedlungsabfällen |
| 19 06 05 | Flüssigkeiten aus der anaeroben Behandlung von tierischen und pflanzlichen Abfällen |
| 19 06 06 | Gärrückstand/-schlamm aus der anaeroben Behandlung von tierischen und pflanzlichen Abfällen |
| 19 06 99 | Abfälle a. n. g. |

---

1) Stabilisierungsprozesse ändern die Gefährlichkeit der Bestandteile des Abfalls und wandeln somit gefährlichen Abfall in nicht gefährlichen Abfall um. Verfestigungsprozesse ändern die physikalische Beschaffenheit des Abfalls (z. B. flüssig in fest) durch die Verwendung von Zusatzstoffen, ohne die chemischen Eigenschaften zu berühren.

2) Ein Abfall gilt als teilweise stabilisiert, wenn nach erfolgtem Stabilisierungsprozess kurz-, mittel- oder langfristig gefährliche Inhaltsstoffe, die nicht vollständig in nicht gefährliche Inhaltsstoffe umgewandelt wurden, in die Umwelt abgegeben werden könnten.

# § 1a

| Abfallschlüssel | Abfallbezeichnung |
|---|---|
| 19 07 | Deponiesickerwasser |
| 19 07 02* | Deponiesickerwasser, das gefährliche Stoffe enthält |
| 19 07 03 | Deponiesickerwasser mit Ausnahme desjenigen, das unter 19 07 02 fällt |
| 19 08 | Abfälle aus Abwasserbehandlungsanlagen a. n. g. |
| 19 08 01 | Sieb- und Rechenrückstände |
| 19 08 02 | Sandfangrückstände |
| 19 08 05 | Schlämme aus der Behandlung von kommunalem Abwasser |
| 19 08 06* | gesättigte oder verbrauchte Ionenaustauscherharze |
| 19 08 07* | Lösungen und Schlämme aus der Regeneration von Ionenaustauschern |
| 19 08 08* | schwermetallhaltige Abfälle aus Membransystemen |
| 19 08 09 | Fett- und Ölmischungen aus Ölabscheidern, die ausschließlich Speiseöle und -fette enthalten |
| 19 08 10* | Fett- und Ölmischungen aus Ölabscheidern mit Ausnahme derjenigen, die unter 19 08 09 fallen |
| 19 08 11* | Schlämme aus der biologischen Behandlung von industriellem Abwasser, die gefährliche Stoffe enthalten |
| 19 08 12 | Schlämme aus der biologischen Behandlung von industriellem Abwasser mit Ausnahme derjenigen, die unter 19 08 11 fallen |
| 19 08 13* | Schlämme, die gefährliche Stoffe aus einer anderen Behandlung von industriellem Abwasser enthalten |
| 19 08 14 | Schlämme aus einer anderen Behandlung von industriellem Abwasser mit Ausnahme derjenigen, die unter 19 08 13 fallen |
| 19 08 99 | Abfälle a. n. g. |
| 19 09 | Abfälle aus der Zubereitung von Wasser für den menschlichen Gebrauch oder industriellem Brauchwasser |
| 19 09 01 | feste Abfälle aus der Erstfiltration und Siebrückstände |
| 19 09 02 | Schlämme aus der Wasserklärung |
| 19 09 03 | Schlämme aus der Dekarbonatisierung |
| 19 09 04 | gebrauchte Aktivkohle |
| 19 09 05 | gesättigte oder gebrauchte Ionenaustauscherharze |
| 19 09 06 | Lösungen und Schlämme aus der Regeneration von Ionenaustauschern |
| 19 09 99 | Abfälle a. n. g. |
| 19 10 | Abfälle aus dem Schreddern von metallhaltigen Abfällen |
| 19 10 01 | Eisen- und Stahlabfälle |
| 19 10 02 | NE-Metall-Abfälle |
| 19 10 03* | Schredderleichtfraktionen und Staub, die gefährliche Stoffe enthalten |
| 19 10 04 | Schredderleichtfraktionen und Staub mit Ausnahme derjenigen, die unter 19 10 03 fallen |
| 19 10 05* | andere Fraktionen, die gefährliche Stoffe enthalten |
| 19 10 06 | andere Fraktionen mit Ausnahme derjenigen, die unter 19 10 05 fallen |
| 19 11 | Abfälle aus der Altölaufbereitung |
| 19 11 01* | gebrauchte Filtertone |
| 19 11 02* | Säureteere |

## § 1a

| Abfallschlüssel | Abfallbezeichnung |
|---|---|
| 19 11 03* | wässrige flüssige Abfälle |
| 19 11 04* | Abfälle aus der Brennstoffreinigung mit Basen |
| 19 11 05* | Schlämme aus der betriebseigenen Abwasserbehandlung, die gefährliche Stoffe enthalten |
| 19 11 06 | Schlämme aus der betriebseigenen Abwasserbehandlung mit Ausnahme derjenigen, die unter 19 11 05 fallen |
| 19 11 07* | Abfälle aus der Abgasreinigung |
| 19 11 99 | Abfälle a. n. g. |
| 19 12 | Abfälle aus der mechanischen Behandlung von Abfällen (z. B. Sortieren, Zerkleinern, Verdichten, Pelletieren) a. n. g. |
| 19 12 01 | Papier und Pappe |
| 19 12 02 | Eisenmetalle |
| 19 12 03 | Nichteisenmetalle |
| 19 12 04 | Kunststoff und Gummi |
| 19 12 05 | Glas |
| 19 12 06* | Holz, das gefährliche Stoffe enthält |
| 19 12 07 | Holz mit Ausnahme desjenigen, das unter 19 12 06 fällt |
| 19 12 08 | Textilien |
| 19 12 09 | Mineralien (z. B. Sand, Steine) |
| 19 12 10 | brennbare Abfälle (Brennstoffe aus Abfällen) |
| 19 12 11* | sonstige Abfälle (einschließlich Materialmischungen) aus der mechanischen Behandlung von Abfällen, die gefährliche Stoffe enthalten |
| 19 12 12 | sonstige Abfälle (einschließlich Materialmischungen) aus der mechanischen Behandlung von Abfällen mit Ausnahme derjenigen, die unter 19 12 11 fallen |
| 19 13 | Abfälle aus der Sanierung von Böden und Grundwasser |
| 19 13 01* | feste Abfälle aus der Sanierung von Böden, die gefährliche Stoffe enthalten |
| 19 13 02 | feste Abfälle aus der Sanierung von Böden mit Ausnahme derjenigen, die unter 19 13 01 fallen |
| 19 13 03* | Schlämme aus der Sanierung von Böden, die gefährliche Stoffe enthalten |
| 19 13 04 | Schlämme aus der Sanierung von Böden mit Ausnahme derjenigen, die unter 19 13 03 fallen |
| 19 13 05* | Schlämme aus der Sanierung von Grundwasser, die gefährliche Stoffe enthalten |
| 19 13 06 | Schlämme aus der Sanierung von Grundwasser mit Ausnahme derjenigen, die unter 19 13 05 fallen |
| 19 13 07* | wässrige flüssige Abfälle und wässrige Konzentrate aus der Sanierung von Grundwasser, die gefährliche Stoffe enthalten |
| 19 13 08 | wässrige flüssige Abfälle und wässrige Konzentrate aus der Sanierung von Grundwasser mit Ausnahme derjenigen, die unter 19 13 07 fallen |
| 20 | Siedlungsabfälle (Haushaltsabfälle und ähnliche gewerbliche und industrielle Abfälle sowie Abfälle aus Einrichtungen), einschließlich getrennt gesammelter Fraktionen |
| 20 01 | Getrennt gesammelte Fraktionen (außer 15 01) |
| 20 01 01 | Papier und Pappe |
| 20 01 02 | Glas |

# § 1a

| Abfallschlüssel | Abfallbezeichnung |
|---|---|
| 20 01 08 | biologisch abbaubare Küchen- und Kantinenabfälle |
| 20 01 10 | Bekleidung |
| 20 01 11 | Textilien |
| 20 01 13* | Lösemittel |
| 20 01 14* | Säuren |
| 20 01 15* | Laugen |
| 20 01 17* | Fotochemikalien |
| 20 01 19* | Pestizide |
| 20 01 21* | Leuchtstoffröhren und andere quecksilberhaltige Abfälle |
| 20 01 23* | gebrauchte Geräte, die Fluorchlorkohlenwasserstoffe enthalten |
| 20 01 25 | Speiseöle und -fette |
| 20 01 26* | Öle und Fette mit Ausnahme derjenigen, die unter 20 01 25 fallen |
| 20 01 27* | Farben, Druckfarben, Klebstoffe und Kunstharze, die gefährliche Stoffe enthalten |
| 20 01 28 | Farben, Druckfarben, Klebstoffe und Kunstharze mit Ausnahme derjenigen, die unter 20 01 27 fallen |
| 20 01 29* | Reinigungsmittel, die gefährliche Stoffe enthalten |
| 20 01 30 | Reinigungsmittel mit Ausnahme derjenigen, die unter 20 01 29 fallen |
| 20 01 31* | zytotoxische und zytostatische Arzneimittel |
| 20 01 32 | Arzneimittel mit Ausnahme derjenigen, die unter 20 01 31 fallen |
| 20 01 33* | Batterien und Akkumulatoren, die unter 16 06 01, 16 06 02 oder 16 06 03 fallen, sowie gemischte Batterien und Akkumulatoren, die solche Batterien enthalten |
| 20 01 34 | Batterien und Akkumulatoren mit Ausnahme derjenigen, die unter 20 01 33 fallen |
| 20 01 35* | gebrauchte elektrische und elektronische Geräte, die gefährliche Bauteile[1] enthalten, mit Ausnahme derjenigen, die unter 20 01 21 und 20 01 23 fallen |
| 20 01 36 | gebrauchte elektrische und elektronische Geräte mit Ausnahme derjenigen, die unter 20 01 21, 20 01 23 und 20 01 35 fallen |
| 20 01 37* | Holz, das gefährliche Stoffe enthält |
| 20 01 38 | Holz mit Ausnahme desjenigen, das unter 20 01 37 fällt |
| 20 01 39 | Kunststoffe |
| 20 01 40 | Metalle |
| 20 01 41 | Abfälle aus der Reinigung von Schornsteinen |
| 20 01 99 | sonstige Fraktionen a. n. g. |
| 20 02 | Garten- und Parkabfälle (einschließlich Friedhofsabfälle) |
| 20 02 01 | biologisch abbaubare Abfälle |
| 20 02 02 | Boden und Steine |
| 20 02 03 | andere nicht biologisch abbaubare Abfälle |
| 20 03 | Andere Siedlungsabfälle |
| 20 03 01 | gemischte Siedlungsabfälle |
| 20 03 02 | Marktabfälle |

---

[1] Gefährliche Bauteile elektrischer und elektronischer Geräte umfassen z. B. unter 16 06 aufgeführte und als gefährlich eingestufte Akkumulatoren und Batterien, Quecksilberschalter, Glas aus Kathodenstrahlröhren und sonstiges beschichtetes Glas.

# § 1a

| Abfallschlüssel | Abfallbezeichnung |
|---|---|
| 20 03 03 | Straßenkehricht |
| 20 03 04 | Fäkalschlamm |
| 20 03 06 | Abfälle aus der Kanalreinigung |
| 20 03 07 | Sperrmüll |
| 20 03 99 | Siedlungsabfälle a. n. g. |

## Akkreditierungsstellengesetz (Auszug)

### § 8 Beleihung oder Errichtung

(1) Das Bundesministerium für Wirtschaft und Technologie kann im Einvernehmen mit dem
1. Bundesministerium des Innern,
2. Bundesministerium der Finanzen,
3. Bundesministerium für Arbeit und Soziales,
4. Bundesministerium für Ernährung, Landwirtschaft und Verbraucherschutz,
5. Bundesministerium für Gesundheit,
6. Bundesministerium für Verkehr, Bau und Stadtentwicklung,
7. Bundesministerium für Umwelt, Naturschutz und Reaktorsicherheit

durch Rechtsverordnung mit Zustimmung des Bundesrates eine juristische Person des Privatrechts mit Aufgaben und Befugnissen einer Akkreditierungsstelle beleihen, wenn die Voraussetzungen nach § 10 vorliegen. In der Rechtsverordnung nach Satz 1 können ferner nähere Bestimmungen getroffen werden über

1. die Zuständigkeit der dort genannten Bundesministerien für die Aufsicht und
2. die Ausgestaltung der Aufsicht.

(2) Für den Fall, dass eine juristische Person des Privatrechts nicht nach Absatz 1 beliehen wird oder die Beleihung nach § 10 Absatz 3 beendet wird, kann das Bundesministerium für Wirtschaft und Technologie im Einvernehmen mit den in Absatz 1 genannten Ministerien ein Bundesamt für Akkreditierung errichten.

## Umweltauditgesetz (Auszug)

### § 28 Zulassungsstelle

Das Bundesministerium für Umwelt, Naturschutz und Reaktorsicherheit wird ermächtigt, eine oder mehrere juristische Personen des Privatrechts mit den Aufgaben der Zulassungsstelle durch Rechtsverordnung, die nicht der Zustimmung des Bundesrates bedarf, zu beleihen, wenn deren Bereitschaft und Eignung zur ordnungsgemäßen Erfüllung der Zulassungs- und Aufsichtsaufgaben gegeben sind. Die Zulassungsstelle nimmt die Aufgaben der Zulassung und Beaufsichtigung der Umweltgutachter und Umweltgutachterorganisationen sowie der Inhaber von Fachkenntnisbescheinigungen gemäß Artikel 20 bis 24 und 27 bis 29 der Verordnung (EG) Nr. 1221/2009 und diesem Gesetz wahr. Sie berichtet dem Bundesministerium für Umwelt, Naturschutz und Reaktorsicherheit und dem Umweltgutachterausschuss regelmäßig über die Treffen und weiteren Aktivitäten des Forums der Zulassungsstellen der Mitgliedstaaten gemäß Artikel 30 und 31 der Verordnung (EG) Nr. 1221/2009.

## UAG-Beleihungsverordnung (Auszug)

### § 1 Beleihung

(1) Die im Handelsregister, Abteilung B des Amtsgerichts Bonn unter der Nummer 6946 eingetragene DAU - Deutsche Akkreditierungs- und Zulassungsgesellschaft für Umweltgutachter mit beschränkter Haftung wird mit den Aufgaben der Zulassungsstelle nach der Verordnung (EG) Nr. 1221/2009 des Europäischen Parlaments und des Rates vom 25. November 2009 über die freiwillige Teilnahme von Organisationen an einem Gemeinschaftssystem für Umweltmanagement und Umweltbetriebsprüfung und zur Aufhebung der Verordnung (EG) Nr. 761/2001, sowie der Beschlüsse der Kommission 2001/681/EG und 2006/193/EG (ABl. L 342 vom 22.12.2009, S. 1) in Verbindung mit dem Umwelt-

# § 1a

auditgesetz und den auf Grund dieses Gesetzes erlassenen Rechts- und Verwaltungsvorschriften beliehen (Beliehene). Die Zulassungsstelle hat ihren Sitz in Bonn.

(2) Die Beleihung umfaßt auch die Zusammenarbeit mit anderen Zulassungs- und Aufsichtsstellen sowie den für die Führung von Standortregistern zuständigen Stellen.

### Rechtsprechungsauswahl zu § 1a EnergieStG

**EuGH vom 29.04.2004, C-240/01 (Slg. 2004 I-4733):** Die Bundesrepublik Deutschland hat durch die Anwendung von § 4 Absatz 1 Nummer 2 Buchstabe b des Mineralölsteuergesetzes vom 21. Dezember 1992 gegen ihre Verpflichtungen aus Artikel 2 Absatz 2 Satz 1 der Richtlinie 92/81/EWG des Rates vom 19. Oktober 1992 zur Harmonisierung der Struktur der Verbrauchsteuern auf Mineralöle in der durch die Richtlinie 94/74/EG des Rates vom 22. Dezember 1994 geänderten Fassung verstoßen, indem sie nicht alle Mineralöle, die zum Verbrauch als Heizstoff bestimmt sind, der Verbrauchsteuer unterworfen hat.

2. Die Bundesrepublik Deutschland trägt die Kosten des Verfahrens.

**BFH vom 28.08.2008, VII R 6/08 (BFHE 223 S. 280):**

1. Das Absengen von Textilfasern mit einer durch das Verbrennen von Erdgas erzeugten offenen Flamme stellt ein Verheizen des Erdgases i. S. von § 2 Abs. 6 EnergieStG dar.

2. Gemeinschaftsrechtskonform ist § 51 Abs. 1 Nr. 1 Buchst. d EnergieStG dahin auszulegen, dass Energieerzeugnisse nur dann gleichzeitig zu Heizzwecken und zu anderen Zwecken als als Heizstoff verwendet werden, wenn das Energieerzeugnis im Rahmen eines industriellen Prozesses oder Verfahrens sowohl als Heizstoff als auch als Roh-, Grund- oder Hilfsstoff eingesetzt wird.

## § 2

§ 2 Steuertarif
(1) Die Steuer beträgt
1. für 1 000 l Benzin der Unterpositionen 2710 11 41 bis 2710 11 49 der Kombinierten Nomenklatur
   a) mit einem Schwefelgehalt von mehr als 10 mg/kg         669,80 EUR,
   b) mit einem Schwefelgehalt von höchstens 10 mg/kg       654,50 EUR,
2. für 1 000 l Benzin der Unterpositionen 2710 11 31, 2710 11 51 und 2710 11 59 der Kombinierten Nomenklatur         721,00 EUR,
3. für 1 000 l mittelschwere Öle der Unterpositionen 2710 19 21 und 2710 19 25 der Kombinierten Nomenklatur         654,50 EUR,
4. für 1 000 l Gasöle der Unterpositionen 2710 19 41 bis 2710 19 49 der Kombinierten Nomenklatur
   a) mit einem Schwefelgehalt von mehr als 10 mg/kg         485,70 EUR
   b) mit einem Schwefelgehalt von höchstens 10 mg/kg       470,40 EUR,
5. für 1 000 kg Heizöle der Unterpositionen 2710 19 61 bis 2710 19 69 der Kombinierten Nomenklatur         130,00 EUR,
6. für 1 000 l Schmieröle und andere Öle der Unterpositionen 2710 19 81 bis 2710 19 99 der Kombinierten Nomenklatur         485,70 EUR,
7. für 1 MWh Erdgas und 1 MWh gasförmige Kohlenwasserstoffe         31,80 EUR,
8. für 1 000 kg Flüssiggase
   a) unvermischt mit anderen Energieerzeugnissen         409,00 EUR,
   b) andere         1 217,00 EUR,
9. für 1 GJ Kohle         0,33 EUR,
10. für 1 GJ Petrolkoks der Position 2713 der Kombinierten Nomenklatur         0,33 EUR.

(2) Abweichend von Absatz 1 beträgt die Steuer
1. für 1 MWh Erdgas und 1 MWh gasförmige Kohlenwasserstoffe bis zum 31. Dezember 2018         13,90 EUR,
2. für 1 000 kg Flüssiggase unvermischt mit anderen Energieerzeugnissen bis zum 31. Dezember 2018         180,32 EUR.

(3) ¹Abweichend von den Absätzen 1 und 2 beträgt die Steuer
1. für 1 000 l ordnungsgemäß gekennzeichnete Gasöle der Unterpositionen 2710 19 41 bis 2710 19 49 der Kombinierten Nomenklatur
   a) mit einem Schwefelgehalt von mehr als 50 mg/kg         76,35 EUR,
   b) mit einem Schwefelgehalt von höchstens 50 mg/kg         61,35 EUR,
2. für 1 000 kg Heizöle der Unterpositionen 2710 19 61 bis 2710 19 69 der Kombinierten Nomenklatur         25,00 EUR,
3. für 1 000 l Schmieröle und andere Öle der Unterpositionen 2710 19 81 bis 2710 19 99 der Kombinierten Nomenklatur         61,35 EUR,
4. für 1 MWh Erdgas und 1 MWh gasförmige Kohlenwasserstoffe         5,50 EUR,
5. für 1 000 kg Flüssiggase         60,60 EUR,
wenn sie zum Verheizen oder zum Antrieb von Gasturbinen und Verbrennungsmotoren in begünstigten Anlagen nach den §§ 3 und 3a verwendet oder zu diesen Zwecken abgegeben werden. ²Nach Satz 1 versteuerte Energieerzeugnisse können auch aus dem Steuergebiet verbracht oder ausgeführt oder zu den in den §§ 25 bis 27 Absatz 1 und § 44 Absatz 2 genannten steuerfreien Zwecken abgegeben oder verwendet werden, soweit die Energieerzeugnisse von diesen Vorschriften erfasst werden; nach Satz 1 Nummer 4 versteuertes

Erdgas kann darüber hinaus zu den in den §§ 25 und 26 genannten steuerfreien Zwecken abgegeben oder verwendet werden.

(4) ¹Andere als die in den Absätzen 1 bis 3 genannten Energieerzeugnisse unterliegen der gleichen Steuer wie die Energieerzeugnisse, denen sie nach ihrer Beschaffenheit und ihrem Verwendungszweck am nächsten stehen. ²Werden Ölabfälle der Unterpositionen 2710 91 und 2710 99 der Kombinierten Nomenklatur oder andere vergleichbare Abfälle zu den in Absatz 3 genannten Zwecken verwendet oder abgegeben, sind abweichend von Satz 1 für den Vergleich mit der Beschaffenheit ausschließlich die in Absatz 1 Nummer 9 und 10 und Absatz 3 Satz 1 genannten Energieerzeugnisse heranzuziehen. ³Der Steuersatz nach Absatz 3 Satz 1 Nummer 1 kommt nur bei einer ordnungsgemäßen Kennzeichnung der Energieerzeugnisse zur Anwendung. ⁴Satz 3 gilt nicht für Biokraft- und Bioheizstoffe sowie Abfälle im Sinn des Satzes 2.

(4a) Abweichend von Absatz 4 Satz 1 und 2 beträgt die Steuer für 1 Gigajoule feste Energieerzeugnisse 0,33 Euro, soweit diese auf Grund ihrer Beschaffenheit keinem der in Absatz 1 genannten Energieerzeugnisse sinnvoll zugeordnet werden können.

(5) Das zuständige Hauptzollamt kann in Einzelfällen auf Antrag die Steuer für Leichtöle und mittelschwere Öle bis auf 20 Euro für 1 000 Liter ermäßigen, wenn diese Öle bei der Herstellung oder beim Verbrauch von Energieerzeugnissen angefallen sind und im Betrieb verheizt werden, weil sie zur Verwendung als Kraftstoff oder zu einer steuerfreien Verwendung im Betrieb nicht geeignet sind.

(6) (weggefallen)

(7) (weggefallen)

*EU-Vorgaben*

**RL 2003/96/EG Energiesteuerrichtlinie (Auszug)**

**Artikel 4**

(1) Die Steuerbeträge, die die Mitgliedstaaten für Energieerzeugnisse und elektrischen Strom nach Artikel 2 vorschreiben, dürfen die in dieser Richtlinie vorgesehenen Mindeststeuerbeträge nicht unterschreiten.

(2) Im Sinne dieser Richtlinie bezeichnet der Begriff „Steuerbetrag" die Gesamtheit der als indirekte Steuern (mit Ausnahme der Mehrwertsteuer) erhobenen Abgaben, die zum Zeitpunkt der Überführung in den freien Verkehr direkt oder indirekt anhand der Menge an Energieerzeugnissen und elektrischem Strom berechnet werden.

**Artikel 6**

Den Mitgliedstaaten steht es frei, die in dieser Richtlinie vorgesehenen Steuerbefreiungen oder Steuerermäßigungen zu gewähren, und zwar entweder:

a) direkt

b) über einen gestaffelten Steuersatz oder

c) indem sie die entrichteten Steuern vollständig oder teilweise

erstatten.

**Artikel 7**

(1) Ab dem 1. Januar 2004 und ab dem 1. Januar 2010 gelten für Kraftstoffe die in Anhang I Tabelle A festgelegten Mindeststeuerbeträge. Spätestens am 1. Januar 2012 beschließt der Rat einstimmig nach Anhörung des Europäischen Parlaments auf der Grundlage eines Berichts und eines Vorschlags der Kommission die Mindeststeuerbeträge für Gasöl für einen weiteren am 1. Januar 2013 beginnenden Zeitraum.

(2) Die Mitgliedstaaten dürfen zwischen gewerblich und nicht gewerblich genutztem Gasöl, das als Kraftstoff verwendet wird, differenzieren, vorausgesetzt, die gemeinschaftlichen Mindeststeuerbeträge werden eingehalten und der Steuersatz für gewerbliches Gasöl, das als Kraftstoff verwendet wird, wird nicht unter den am 1. Januar 2003 geltenden nationalen Steuerbetrag abgesenkt; dies gilt ungeachtet der in dieser Richtlinie für diese Nutzung festgelegten Ausnahmeregelungen.

# EU-Vorgaben § 2

(3) „Gewerblich genutztes Gasöl, das als Kraftstoff verwendet wird", ist Gasöl, das zu folgenden Zwecken als Kraftstoff genutzt wird:

a) Güterbeförderung für Rechnung anderer oder für eigene Rechnung mit einem Kraftfahrzeug oder Lastzug, die ausschließlich zur Beförderung von Gütern im Kraftverkehr bestimmt sind und ein zulässiges Gesamtgewicht von nicht weniger als 7,5 Tonnen aufweisen;

b) regelmäßige oder gelegentliche Personenbeförderung mit einem Kraftfahrzeug der Kategorie M2 oder der Kategorie M3 gemäß der Definition in Richtlinie 70/156/EWG des Rates vom 6. Februar 1970 zur Angleichung der Rechtsvorschriften der Mitgliedstaaten über die Betriebserlaubnis für Kraftfahrzeuge und Kraftfahrzeuganhänger.

(4) Unbeschadet des Absatzes 2 können die Mitgliedstaaten, die ein System von Straßenbenutzungsabgaben für Kraftfahrzeuge oder Lastzüge einführen, die ausschließlich zur Beförderung von Gütern im Kraftverkehr bestimmt sind, auf das von diesen Fahrzeugen verwendete Gasöl einen ermäßigten Steuersatz anwenden, der unter dem am 1. Januar 2003 geltenden nationalen Steuerbetrag liegt, solange die Gesamtsteuerlast weit gehend gleich bleibt und sofern die gemeinschaftlichen Mindeststeuerbeträge eingehalten werden sowie der am 1. Januar 2003 für – als Kraftstoff verwendetes – Gasöl geltende nationale Steuerbetrag mindestens doppelt so hoch ist wie der am 1. Januar 2004 geltende Mindeststeuerbetrag.

### Artikel 8

(1) Unbeschadet des Artikels 7 gelten ab dem 1. Januar 2004 für die Erzeugnisse, die als Kraftstoff im Sinne von Absatz 2 verwendet werden, die in Anhang I Tabelle B festgelegten Mindeststeuerbeträge.

(2) Dieser Artikel gilt für die nachstehend genannten industriellen und gewerblichen Verwendungszwecke:

a) Arbeiten in Landwirtschaft und Gartenbau, in der Fischzucht und in der Forstwirtschaft;

b) ortsfeste Motoren;

c) Betrieb von technischen Einrichtungen und Maschinen, die im Hoch- und Tiefbau und bei öffentlichen Bauarbeiten eingesetzt werden;

d) Fahrzeuge, die bestimmungsgemäß abseits von öffentlichen Straßen eingesetzt werden oder über keine Genehmigung für die überwiegende Verwendung auf öffentlichen Straßen verfügen.

### Artikel 9

(1) Ab dem 1. Januar 2004 gelten für Heizstoffe die in Anhang I Tabelle C festgelegten Mindeststeuerbeträge.

(2) Die Mitgliedstaaten, die am 1. Januar 2003 ermächtigt sind, eine Kontrollgebühr auf Gasöl für Heizzwecke zu erheben, können auch weiterhin für dieses Produkt einen verringerten Satz von 10 EUR je 1 000 l erheben. Diese Ermächtigung wird am 1. Januar 2007 aufgehoben, sofern der Rat dies auf der Grundlage eines Berichts und eines Vorschlags der Kommission einstimmig beschließt, nachdem er festgestellt hat, dass der ermäßigte Satz zu niedrig ist, um Probleme im Zusammenhang mit Handelsverzerrungen zwischen den Mitgliedstaaten zu vermeiden.

### Artikel 15

(1) Unbeschadet anderer Gemeinschaftsvorschriften können die Mitgliedstaaten unter Steueraufsicht uneingeschränkte oder eingeschränkte Steuerbefreiungen oder Steuerermäßigungen gewähren für

a) steuerbare Erzeugnisse, die bei Pilotprojekten zur technologischen Entwicklung umweltverträglicherer Produkte oder in Bezug auf Kraftstoffe aus erneuerbaren Rohstoffen unter Steueraufsicht verwendet werden;

b) elektrischen Strom,
  - der auf der Nutzung der Sonnenenergie, Windkraft, Wellen- oder Gezeitenenergie oder Erdwärme beruht;
  - der in Wasserkraftwerken gewonnen wird;
  - der aus Biomasse oder aus Biomasse hergestellten Erzeugnissen gewonnen wird;
  - der aus den Methanemissionen aufgegebener Kohlengruben erzeugt wird;
  - der aus Brennstoffzellen erzeugt wird;

c) Energieerzeugnisse und elektrischen Strom, die für die Kraft-Wärme-Kopplung verwendet werden;

d) elektrischen Strom, der bei der Kraft-Wärme-Kopplung erzeugt wird, sofern die Anlagen der Kraft-Wärme-Kopplung umweltverträglich sind. Die Mitgliedstaaten können für den Begriff der „um-

## § 2 EU-Vorgaben

weltverträglichen" (oder hoch effizienten) Kraft-Wärme-Kopplung nationale Definitionen verwenden, bis der Rat auf der Grundlage eines Berichts und Vorschlags der Kommission einstimmig eine gemeinsame Definition annimmt;

e) Energieerzeugnisse und elektrischen Strom zur Verwendung als Kraftstoff für den Personen- und Gütertransport im Eisenbahn-, im U-Bahn-, im Straßenbahn- und im Oberleitungsbusverkehr;

f) Lieferungen von Energieerzeugnissen zur Verwendung als Kraftstoff für die Schifffahrt in Binnengewässern der Gemeinschaft (einschließlich des Fischfangs), mit Ausnahme der privaten nichtgewerblichen Schifffahrt, und an Bord von Schiffen erzeugter elektrischer Strom;

g) Erdgas in den Mitgliedstaaten, in denen der Erdgasanteil am Endenergieverbrauch im Jahr 2000 unter 15 % lag;

Die uneingeschränkten oder eingeschränkten Steuerbefreiungen oder Steuerbetragermäßigungen dürfen höchstens für einen Zeitraum von zehn Jahren nach Inkrafttreten dieser Richtlinie oder so lange gewährt werden, bis der nationale Erdgasanteil am Endenergieverbrauch 25 % beträgt, wenn dieser Wert eher erreicht wird. Sobald der nationale Erdgasanteil am Endenergieverbrauch jedoch 20 % erreicht, wenden die betreffenden Mitgliedstaaten nur noch einen positiven Steuerbetrag an, der jährlich ansteigt und am Ende der oben genannten Frist zumindest den Mindestsatz erreicht. Das Vereinigte Königreich Großbritannien und Nordirland können die uneingeschränkten oder eingeschränkten Steuerbefreiungen oder Steuerermäßigungen für Erdgas auf Nordirland gesondert anwenden.

h) elektrischen Strom, Erdgas, Kohle und feste Heizstoffe, die von privaten Haushalten und/oder von vom betreffenden Mitgliedstaat als gemeinnützig anerkannten Organisationen verwendet werden. Bei solchen gemeinnützigen Organisationen können die Mitgliedstaaten die Steuerbefreiung oder Steuerermäßigung auf nichtbetriebliche Tätigkeiten beschränken. Bei gemischter Verwendung erfolgt eine anteilige Besteuerung für jeden Verwendungszweck, wobei allerdings eine nur geringfügige Verwendung außer Acht gelassen werden kann;

i) Erdgas und Flüssiggas, die als Kraftstoff verwendet werden;

j) Kraftstoffe, die bei der Fertigung, Entwicklung, Erprobung und Wartung von Luftfahrzeugen und Schiffen verwendet werden;

k) Kraftstoffe, die bei Baggerarbeiten an Wasserstraßen und in Häfen verwendet werden;

l) Erzeugnisse des KN-Codes 2705, die zu Heizzwecken verwendet werden;

(2) Die Mitgliedstaaten können dem Stromerzeuger den Steuerbetrag, den der Verbraucher für elektrischen Strom zahlt, der aus Erzeugnissen gemäß Absatz 1 Buchstabe b) gewonnen wird, auch teilweise oder ganz erstatten.

(3) Die Mitgliedstaaten können einen bis zu Null gehenden Steuerbetrag auf Energieerzeugnisse und elektrischen Strom anwenden, die für Arbeiten in Landwirtschaft und Gartenbau, in der Fischzucht und in der Forstwirtschaft verwendet werden. Der Rat prüft auf der Grundlage eines Vorschlags der Kommission vor dem 1. Januar 2008, ob die Möglichkeit der Anwendung eines bis zu Null gehenden Steuerbetrags aufgehoben werden soll.

### Anhang I
**Tabelle A – Mindeststeuerbeträge für Kraftstoffe**

| | 1. Januar 2004 | 1. Januar 2010 |
|---|---|---|
| Verbleites Benzin (in EUR je 1 000 l) KN-Codes 2710 11 31, 2710 11 51 und 2710 11 59 | 421 | 421 |
| Unverbleites Benzin (in EUR je 1 000 l) KN-Codes 2710 11 31, 2710 11 41, 2710 11 45 und 2710 11 49 | 359 | 359 |
| Gasöl (in EUR je 1 000 l) KN-Codes 2710 19 41 bis 2710 19 49 | 302 | 330 |
| Kerosin (in EUR je 1 000 l) KN-Codes 2710 19 21 und 2710 19 25 | 302 | 330 |
| Flüssiggas (in EUR je 1 000 kg) KN-Codes 2711 12 11 bis 2711 19 00 | 125 | 125 |
| Erdgas (in EUR je Gigajoule/Bruttoheizwert) KN-Code 2711 11 00 und 2711 21 00 | 2,6 | 2,6 |

EU-Vorgaben    DV § 1c, § 2    § 2

**Tabelle B – Mindeststeuerbeträge für Kraftstoffe, die für die in Artikel 8 Absatz 2 genannten Zwecke verwendet werden**

| | |
|---|---|
| Gasöl (in EUR je 1 000 l) KN-Codes 2710 19 41 bis 2710 19 49 | 21 |
| Kerosin (in EUR je 1 000 l) KN-Codes 2710 19 21 und 2710 19 25 | 21 |
| Flüssiggas (in EUR je 1 000 kg) KN-Codes 2711 12 11 bis 2711 19 00 | 41 |
| Erdgas (in EUR je Gigajoule/Bruttoheizwert) KN-Code 2711 11 00 und 2711 21 00 | 0,3 |

**Tabelle C – Mindeststeuerbeträge für Heizstoffe und elektrischen Strom**

| | Betriebliche Verwendung | Nichtbetriebliche Verwendung |
|---|---|---|
| Gasöl (in EUR je 1 000 l) KN-Codes 2710 19 41 bis 2710 19 49 | 21 | 21 |
| Schweres Heizöl (in EUR je 1 000 kg) KN-Codes 2710 19 61 bis 2710 19 69 | 15 | 15 |
| Kerosin (in EUR je 1 000 l) KN-Codes 2710 19 21 und 2710 19 25 | 0 | 0 |
| Flüssiggas (in EUR je 1 000 kg) KN-Codes 2711 12 11 bis 2711 19 00 | 0 | 0 |
| Erdgas (in EUR je Gigajoule/Bruttoheizwert) KN-Codes 2711 11 00 und 2711 21 00 | 0,15 | 0,3 |
| Kohle und Koks (in EUR je Gigajoule/Bruttoheizwert) KN-Codes 2701, 2702 und 2704 | 0,15 | 0,3 |
| Elektrischer Strom (in EUR je MWh) KN-Code 2716 | 0,5 | 1,0 |

*Energiesteuer-Durchführungsverordnung*

**§ 1c Steuertarif für schwefelhaltige Energieerzeugnisse**

*Energieerzeugnisse nach § 2 Absatz 4 Satz 2 des Gesetzes werden bei einem Schwefelgehalt von mehr als 50 Milligramm je Kilogramm abweichend von § 2 Absatz 3 Satz 1 Nummer 1 Buchstabe a des Gesetzes ausschließlich nach dem Steuersatz des § 2 Absatz 3 Satz 1 Nummer 1 Buchstabe b des Gesetzes versteuert.*

**Zu § 2 Abs. 3 und 4, § 27 Abs. 1, § 48 Abs. 1, § 52 Abs. 1 und § 66 Abs. 1 Nr. 12 des Gesetzes**

**§ 2 Ordnungsgemäße Kennzeichnung**

*(1) Gasöle der Unterpositionen 2710 19 41 bis 2710 19 49 der Kombinierten Nomenklatur sind dann ordnungsgemäß gekennzeichnet im Sinne von § 2 Abs. 3 Satz 1 Nr. 1, § 27 Abs. 1 Satz 2, § 48 Abs. 1 Satz 1 und § 52 Abs. 1 Satz 2 des Gesetzes, wenn sie im Steuergebiet vor der erstmaligen Abgabe in einem Kennzeichnungsbetrieb unter Verwendung von zugelassenen Kennzeichnungseinrichtungen mit 4,1 g N-Ethyl-1-(4-phenylazophenylazo)naphthyl-2-amin oder 5,3 g N-Ethylhexyl-1-(tolylazotolylazo)naphthyl-2-amin oder 6,1 g N-Tridecyl-1-(tolylazotolylazo)naphthyl-2-amin oder einem in der Farbwirkung äquivalenten Gemisch aus diesen Farbstoffen (Rotfarbstoffe) und 6,0 g N-Ethyl-N-(2-(1-isobutoxyethoxy)ethyl)-4-(phenylazo)-anilin (Solvent Yellow 124 – Markierstoff) auf 1 000 Liter bei 15 Grad Celsius gleichmäßig vermischt (gekennzeichnet) wurden.*

*(2) ¹Werden Gasöle der Unterpositionen 2710 19 41 bis 2710 19 49 der Kombinierten Nomenklatur aus einem anderen Mitgliedstaat (§ 1a Satz 1 Nummer 5 des Gesetzes), einem Drittgebiet (§ 1a Satz 1 Nummer 6 des Gesetzes) oder einem Drittland (§ 1a Satz 1 Nummer 7 des Gesetzes) in das Steuergebiet verbracht oder eingeführt, gelten sie vorbehaltlich gegenteiliger Feststellung als ordnungsgemäß gekennzeichnet, wenn eine Bescheinigung in einer Amtssprache der Europäischen Gemeinschaft der für den Lieferer zuständigen Verbrauchsteuerverwaltung, des Herstellers oder des ausländischen Kennzeichners darüber vorgelegt wird, dass das Gasöl außerhalb des Steuergebiets gekennzeichnet worden ist und nach Art und Menge mindestens den Gehalt der in Absatz 1 genannten Kennzeichnungsstoffe und*

## § 2

*höchstens 9,0 g Solvent Yellow 124 auf 1 000 Liter bei 15 Grad Celsius gleichmäßig verteilt enthält. ²Wird ein zu geringer Anteil an Kennzeichnungsstoffen festgestellt, gilt § 7 Abs. 2 Satz 5 bis 7 sinngemäß.*

*(3) ¹Gasöle der Unterpositionen 2710 19 41 bis 2710 19 49 der Kombinierten Nomenklatur, die aus einem anderen Mitgliedstaat in das Steuergebiet verbracht werden und neben der nach Absatz 2 Satz 1 vorgeschriebenen Menge Solvent Yellow 124 andere als in Absatz 1 genannte Kennzeichnungsstoffe enthalten, gelten vorbehaltlich gegenteiliger Feststellung als ordnungsgemäß gekennzeichnet, wenn diese Kennzeichnungsstoffe in gleicher Weise (Rotfärbung) und mit vergleichbarer Zuverlässigkeit wie die in Absatz 1 genannten Kennzeichnungsstoffe das Erkennen als gekennzeichnetes Energieerzeugnis und die Unterscheidung von anderen Energieerzeugnissen ermöglichen. ²Das Bundesministerium der Finanzen bestimmt im Verwaltungswege, welche der in den anderen Mitgliedstaaten zugelassenen Kennzeichnungsverfahren die Voraussetzungen erfüllen. ³Weitere Voraussetzung ist, dass eine Bescheinigung in einer Amtssprache der Europäischen Gemeinschaft der für den Lieferer zuständigen Verbrauchsteuerverwaltung, des Herstellers oder des ausländischen Kennzeichners darüber vorgelegt wird, dass das Gasöl nach dem Recht des anderen Mitgliedstaats ordnungsgemäß gekennzeichnet ist.*

### § 3 Antrag auf Zulassung von Kennzeichnungseinrichtungen

*(1) ¹Die Zulassung von vollständigen Kennzeichnungseinrichtungen eines Herstellers sowie neuer wesentlicher Bauteile ist bei dem Hauptzollamt schriftlich zu beantragen, das für den Hersteller zuständig ist. ²Die Zulassung von Kennzeichnungseinrichtungen aus Teilen verschiedener Hersteller sowie der Umbau bestehender Einrichtungen ist bei dem Hauptzollamt schriftlich zu beantragen, das für die Bewilligung des Kennzeichnungsbetriebs zuständig ist.*

*(2) Dem Antrag sind beizufügen:*

1. *eine genaue Beschreibung der Kennzeichnungseinrichtung oder der wesentlichen Bauteile und ihrer Arbeitsweise; dabei ist auch anzugeben, in welcher Konzentration Kennzeichnungslösungen zugegeben werden sollen,*
2. *eine schematische Darstellung der Kennzeichnungseinrichtung oder der wesentlichen Bauteile.*

*(3) Der Antragsteller hat auf Verlangen des Hauptzollamts weitere Angaben zu machen, wenn sie für die Zulassung erforderlich erscheinen.*

### § 4 Zulassung von Kennzeichnungseinrichtungen

*(1) ¹Das Hauptzollamt lässt Kennzeichnungseinrichtungen unter Widerrufsvorbehalt schriftlich zu, wenn sie den folgenden Anforderungen entsprechen:*

1. *Sie müssen übersichtlich sein und gut zugänglich eingebaut werden können,*
2. *Es muss gewährleistet sein, dass der Kennzeichnungsvorgang nicht beeinträchtigt und die Kennzeichnungslösung nicht abgeleitet werden kann,*
3. *Sie müssen mit Messeinrichtungen ausgestattet sein, die die Menge leichten Heizöls oder – bei Zugabe der Kennzeichnungslösung hinter der Messeinrichtung – das zu kennzeichnende Gasöl mit einem besonderen, nicht verstellbaren Zählwerk anzeigen oder bei denen ein entsprechend gesichertes Zählwerk die gemessene Menge unter Angabe der Art des Messgutes und der Reihenfolge der Abgabe fortlaufend dokumentiert; die Zugabe von Kennzeichnungslösung hinter dem Zählwerk ist nur zulässig, wenn ihre zur ordnungsgemäßen Kennzeichnung erforderliche Menge 0,01 Raumhundertteile nicht übersteigt,*
4. *Sie müssen mit technischen Vorrichtungen ausgestattet sein, die für die Verladung, Abgabe oder besondere Mengenerfassung von leichtem Heizöl bestimmte Vorrichtungen abstellen oder blockieren, wenn der Kennzeichnungsvorgang unterbrochen wird,*
5. *Störungen müssen durch Warneinrichtungen angezeigt und dokumentiert werden,*
6. *Sie müssen sicher gegen unbefugte Eingriffe sein oder hiergegen durch Anlegen von Verschlüssen gesichert werden können,*
7. *Sie müssen eine Vermischung von leichtem Heizöl mit nicht gekennzeichnetem Gasöl ausschließen.*

*²Die Zulassung kann mit Nebenbestimmungen nach § 120 Absatz 2 der Abgabenordnung verbunden werden. ³Die Zulassung ist zu widerrufen, wenn eine der in Satz 1 Nr. 1 bis 7 genannten Voraussetzungen nicht mehr erfüllt ist.*

*(2) Das Hauptzollamt kann auf einzelne Anforderungen verzichten, wenn die Steuerbelange auf andere Weise ausreichend gesichert sind.*

*(3) ¹Hersteller von zugelassenen Kennzeichnungseinrichtungen haben dem Hauptzollamt Änderungen an den Kennzeichnungseinrichtungen vor ihrer Durchführung schriftlich anzuzeigen. ²Die veränderten Einrichtungen dürfen erst nach erneuter Zulassung in Betrieb genommen werden. ³Das Hauptzollamt*

kann hiervon Ausnahmen zulassen, wenn die Änderungen aus betrieblichen Unterlagen jederzeit erkennbar sind und die Steuerbelange nicht beeinträchtigt werden.

(4) Für die Zulassung von wesentlichen Bauteilen gelten die Absätze 1 bis 3 sinngemäß.

## § 5 Antrag auf Bewilligung des Kennzeichnungsbetriebs

(1) Inhaber von Betrieben, in denen Gasöle der Unterpositionen 2710 19 41 bis 2710 19 49 der Kombinierten Nomenklatur gekennzeichnet werden sollen, haben die Bewilligung spätestens sechs Wochen vor der beabsichtigten Aufnahme der Kennzeichnung beim Hauptzollamt schriftlich zu beantragen.

(2) Dem Antrag sind beizufügen:

1. eine Darstellung des gesamten technischen Ablaufs der Kennzeichnung einschließlich der vorgesehenen Kennzeichnungseinrichtungen, -stoffe und -lösungen,
2. die Zulassung der Kennzeichnungseinrichtungen (§ 4) und die Erklärung des Antragstellers oder des Herstellers der Kennzeichnungseinrichtungen darüber, dass die eingebauten oder einzubauenden Kennzeichnungseinrichtungen der Zulassung entsprechen,
3. eine Darstellung der für die Mengenermittlung des leichten Heizöls vorgesehenen Einrichtungen,
4. eine Zeichnung und Beschreibung der Lagerstätten für Gasöl, aus denen dieses den für die Kennzeichnung bestimmten Einrichtungen zugeführt und in denen es nach der Kennzeichnung als leichtes Heizöl gelagert oder aus Zapfstellen abgegeben werden soll,
5. ein Gesamtplan der Rohrleitungen mit allen Abzweigungen, der Lagerbehälter, der Kennzeichnungseinrichtungen, der Zapfstellen und der Entnahmestellen, in dem alle Einrichtungen, aus denen Gasöl, leichtes Heizöl oder Kennzeichnungslösung entnommen werden können, besonders zu bezeichnen sind,
6. eine Darstellung der Maßnahmen zur Sicherung der Kennzeichnungseinrichtungen und damit zusammenhängender Anlagen gegen unbefugte Eingriffe,
7. gegebenenfalls eine Erklärung über die Bestellung eines Beauftragten nach § 214 der Abgabenordnung oder eines Betriebsleiters nach § 62 Abs. 1 des Gesetzes, in der dieser sein Einverständnis erklärt hat.

(3) [1]Der Antragsteller hat auf Verlangen des Hauptzollamts weitere Angaben zu machen, wenn sie für die Erteilung der Bewilligung erforderlich erscheinen. [2]Das Hauptzollamt kann auf einzelne Anforderungen verzichten, wenn sie zur Darstellung des Ablaufs der Kennzeichnung nicht erforderlich sind oder wenn im Fall des Absatzes 2 Nr. 5 ein Gesamtplan schon vorliegt.

## § 6 Bewilligung des Kennzeichnungsbetriebs

(1) [1]Das Hauptzollamt bewilligt Inhabern von Steuerlagern, die Gasöle der Unterpositionen 2710 19 41 bis 2710 19 49 der Kombinierten Nomenklatur unter Steueraussetzung beziehen und lagern dürfen, und Dienstleistungsbetrieben, die unter Steueraussetzung stehendes Gasöl Dritter für diese lagern, unter Widerrufsvorbehalt schriftlich die Kennzeichnung, wenn die folgenden Voraussetzungen erfüllt sind:

1. Gegen die steuerliche Zuverlässigkeit des Antragstellers dürfen keine Bedenken bestehen,
2. Die Kennzeichnungseinrichtungen müssen zugelassen sein und entsprechend der Zulassung installiert und verwendet werden,
3. [1]Die Kennzeichnungseinrichtung und andere Anlagenteile, in denen der Ablauf des Kennzeichnungsvorgangs beeinflusst werden kann, müssen durch amtliche Verschlüsse gegen unbefugte Eingriffe gesichert sein. [2]Wenn eine Gefährdung der Steuerbelange nicht zu befürchten ist, kann das Hauptzollamt Firmenverschlüsse zulassen oder darüber hinaus auf Verschlüsse verzichten, soweit durch bauliche oder andere Einrichtungen sichergestellt ist, dass der Kennzeichnungsvorgang nicht unbefugt beeinflusst werden kann,
4. Eine Vermischung von leichtem Heizöl mit nicht gekennzeichnetem Gasöl muss ausgeschlossen sein; § 47 bleibt unberührt,
5. Die Kennzeichnungsstoffe müssen auch in der kleinsten nach den betrieblichen Verhältnissen in Betracht kommenden Abgabemenge an leichtem Heizöl in dem nach § 2 Abs. 1 bestimmten Mengenverhältnis gleichmäßig verteilt enthalten sein.

[2]Die Bewilligung ist zu widerrufen, wenn eine der in Satz 1 Nr. 1 bis 5 genannten Voraussetzungen nicht mehr erfüllt ist.

(2) Das Hauptzollamt kann die Bewilligung der Kennzeichnung mit Nebenbestimmungen nach § 120 Absatz 2 der Abgabenordnung versehen, die eine Gefährdung der Steuerbelange ausschließen sollen.

## § 7 Pflichten des Inhabers des Kennzeichnungsbetriebs

*(1) ¹Der Inhaber des Kennzeichnungsbetriebs hat eine ordnungsgemäße Kennzeichnung im Sinne von § 2 Abs. 1 vorzunehmen und zu überwachen. ²Die in § 2 Abs. 1 genannten Mengen an Kennzeichnungsstoffen dürfen dabei höchstens um 20 Prozent überschritten werden. ³Er hat dem Hauptzollamt unverzüglich anzuzeigen, wenn der zulässige Höchstgehalt überschritten wird. ⁴Das Hauptzollamt kann Ausnahmen von Satz 1 und 2 zulassen, wenn eine Gefährdung der Steuerbelange nicht zu befürchten ist oder wenn das leichte Heizöl unmittelbar an Verwender geliefert wird.*

*(2) ¹Der Inhaber des Kennzeichnungsbetriebs hat auf Verlangen des Hauptzollamts innerhalb von vorgegebenen Fristen Proben des leichten Heizöls zu entnehmen und sie auf die ordnungsgemäße Kennzeichnung zu untersuchen. ²Störungen in der Kennzeichnungsanlage, die zu einer fehlerhaften Kennzeichnung geführt haben, und Unterschreitungen des Mindestgehalts an Kennzeichnungsstoffen in nicht ordnungsgemäß gekennzeichnetem Gasöl hat er dem Hauptzollamt unverzüglich anzuzeigen. ³Zur Fortführung des Betriebs kann das Hauptzollamt in solchen Fällen zusätzliche Überwachungsmaßnahmen anordnen. ⁴Der Inhaber des Kennzeichnungsbetriebs darf amtliche Verschlüsse nur mit Zustimmung des Hauptzollamts entfernen. ⁵Das Hauptzollamt kann zulassen, dass Gasöl mit zu geringem Gehalt an Kennzeichnungsstoffen nachgekennzeichnet oder leichtem Heizöl beigemischt wird. ⁶Es kann auch auf eine Nachkennzeichnung verzichten und zulassen, dass das Gasöl unter Versteuerung nach dem Steuersatz des § 2 Abs. 3 Satz 1 Nr. 1 des Gesetzes zu den in § 2 Abs. 3 Satz 1, § 25 Abs. 1, § 26 oder § 27 Abs. 1 des Gesetzes genannten Zwecken abgegeben wird, wenn eine Nachkennzeichnung aus wirtschaftlichen Gründen nicht zumutbar ist und ungerechtfertigte Steuervorteile auszuschließen sind. ⁷Die Sätze 5 und 6 gelten sinngemäß auch für Fälle, in denen Gasöl vor Feststellung seiner fehlerhaften Kennzeichnung zu den in § 2 Abs. 3 Satz 1, § 25 Abs. 1, § 26 oder § 27 Abs. 1 des Gesetzes genannten Zwecken abgegeben worden ist.*

*(3) Der Inhaber des Kennzeichnungsbetriebs hat*

1. *die bezogenen und verwendeten Kennzeichnungsstoffe und Kennzeichnungslösungen nach Zeitpunkt und Menge, Kennzeichnungslösungen auch nach Gehalt an Kennzeichnungsstoffen, beim Bezug, beim Mischen untereinander und bei der Verwendung zur Kennzeichnung in zugelassenen Aufzeichnungen und*

2. *die Menge an selbst gekennzeichnetem leichten Heizöl nach Weisung des Hauptzollamts gesondert im Herstellungs- oder Lagerbuch oder in den an ihrer Stelle zugelassenen Aufzeichnungen oder – soweit er Inhaber eines Dienstleistungsbetriebs nach § 6 Abs. 1 Satz 1 ist – in anderen zugelassenen Aufzeichnungen*

*zu erfassen.*

*(4) ¹Der Inhaber des Kennzeichnungsbetriebs hat Änderungen an Anlagen oder im technischen Ablauf dem Hauptzollamt vor ihrer Durchführung schriftlich anzuzeigen. ²Er darf geänderte Anlagen erst benutzen oder geänderte technische Abläufe erst anwenden, wenn das Hauptzollamt zugestimmt hat. ³Das Hauptzollamt kann hiervon Ausnahmen zulassen, wenn die Änderungen aus betrieblichen Unterlagen jederzeit erkennbar sind und die Steuerbelange nicht beeinträchtigt werden.*

## § 8 Andere Energieerzeugnisse als Gasöle

*(1) ¹Für andere Energieerzeugnisse als Gasöle, die nach § 2 Abs. 4 des Gesetzes einer ordnungsgemäßen Kennzeichnung bedürfen, gelten die §§ 2 bis 7 sinngemäß. ²Werden Energieerzeugnisse trotz des Verzichts auf eine Kennzeichnung (§ 2 Absatz 4 Satz 4 des Gesetzes) gekennzeichnet, sind sie ordnungsgemäß zu kennzeichnen; die §§ 2 bis 7 gelten sinngemäß.*

*(2) ¹Auf Antrag kann das Hauptzollamt zulassen, dass Heizöladditive der Position 3811 der Kombinierten Nomenklatur abweichend von § 2 Abs. 3 Satz 1 und Abs. 4 des Gesetzes nicht gekennzeichnet werden, wenn nach den Umständen eine Verwendung der Additive als Kraftstoff oder zur Herstellung oder Verbesserung von Kraftstoff nicht anzunehmen ist. ²Die Zulassung kann mit Nebenbestimmungen (§ 120 der Abgabenordnung) versehen werden.*

### Zu § 66 Abs. 1 Nr. 13 des Gesetzes

## § 110 Normen

*¹Es gelten*

1. *für die Ermittlung der Menge von Energieerzeugnissen die DIN 51650, Ausgabe Juli 2006, in Verbindung mit der DIN 51757, Ausgabe Januar 2011, soweit die Energieerzeugnisse durch diese Normen erfasst werden,*

# DV § 110, Anlage 2 § 2

2. *für die Berechnung des Normvolumens von Erdgas und gasförmigen Kohlenwasserstoffen die DIN 1343, Ausgabe Januar 1990,*

3. *für die Bestimmung des Brennwerts von Erdgas und gasförmigen Kohlenwasserstoffen die DIN 51857, Ausgabe März 1997, oder die DIN EN ISO 6976, Ausgabe September 2005,*

4. *für die Bestimmung des Bleigehalts von Benzin nach § 2 Abs. 1 Nr. 1 und 2 des Gesetzes die DIN EN 13723 (Ausgabe Oktober 2002),*

5. *für die Bestimmung des Schwefelgehalts von Energieerzeugnissen nach § 2 Absatz 1 Nummer 1 und 4 und Absatz 3 Satz 1 Nummer 1 des Gesetzes, in Abhängigkeit von dem in der jeweiligen Norm vorgesehenen Anwendungsbereich,*

   a) *die DIN EN ISO 8754, Ausgabe Dezember 2003,*

   b) *die DIN EN ISO 14596, Ausgabe Dezember 2007,*

   c) *die DIN EN ISO 20846, Ausgabe Januar 2012,*

   d) *die DIN EN ISO 20884, Ausgabe Juli 2011, und*

   e) *die DIN EN 24260, Ausgabe Mai 1994,*

   f) *die DIN EN ISO 13032, Ausgabe Juni 2012,*

6. *für die Bestimmung des Heizwerts von Energieerzeugnissen nach § 2 Absatz 1 Nummer 9 und 10 des Gesetzes die DIN 51900-1, Ausgabe April 2000,*

7. *für die Bestimmung des Gehalts der in § 2 Absatz 1 genannten Rotfarbstoffe*

   a) *das in der Anlage 2 dieser Verordnung genannte Verfahren (Hochdruckflüssigkeitschromatographie),*

   b) *die DIN 51426, Ausgabe September 2011, sofern die Bestimmung nicht durch Biokomponenten gestört wird, oder*

   c) *die DIN 51430, Ausgabe Oktober 2011;*

   *im Streitfall ist das Ergebnis der Untersuchung nach dem in der Anlage 2 dieser Verordnung genannten Verfahren maßgeblich,*

8. *für die Bestimmung des Gehalts des in § 2 Absatz 1 genannten Markierstoffs Solvent Yellow 124 das in der Anlage 3 dieser Verordnung genannte Verfahren (Euromarker-Referenzanalyseverfahren) oder die DIN 51430, Ausgabe Oktober 2011; im Streitfall ist das Ergebnis der Untersuchung nach dem in der Anlage 3 dieser Verordnung genannten Verfahren maßgeblich,*

9. *für die Bestimmung des Färbeäquivalents von Gemischen der in § 2 Abs. 1 genannten Rotfarbstoffe die Anlage 4 zu dieser Verordnung,*

10. *für die Probeentnahme nach § 1b Absatz 1 Nummer 4 die DIN EN ISO 10715, Ausgabe September 2000.*

[2]*DIN- und ISO/IEC-Normen, auf die in dieser Verordnung verwiesen wird, sind im Beuth-Verlag GmbH, Berlin, erschienen und bei der Deutschen Nationalbibliothek archivmäßig gesichert niedergelegt.*

**Anlage 2 (zu § 110 Satz 1 Nr. 7)**
**Verfahren zur Bestimmung des Rotfarbstoffgehalts in leichtem Heizöl oder in Gemischen von leichtem Heizöl mit nicht gekennzeichnetem Gasöl mittels Hochdruckflüssigkeitschromatographie (HPLC-Verfahren)**

*(Fundstelle: BGBl. I 2006, 1796 – 1797)*

1   Zweck und Anwendungsbereich

   *Das HPLC-Verfahren dient der quantitativen Bestimmung der in § 2 Abs. 1 genannten Rotfarbstoffe in leichtem Heizöl und in Gemischen von leichtem Heizöl mit nicht gekennzeichneten Gasölen der Unterpositionen 2710 19 41 bis 2710 19 49 der Kombinierten Nomenklatur.*

2   Begriffsbestimmung

   *Als Farbstoffgehalt der in Abschnitt 1 genannten Energieerzeugnisse gilt der nach dem nachstehend beschriebenen Verfahren ermittelte Gehalt an Farbstoffen.*

3   Kurzbeschreibung des Verfahrens

   *Die zu untersuchende Probe wird auf eine mit Kieselgel gefüllte Säule für die Hochdruckflüssigkeitschromatographie gegeben. Durch Elution mit einem Lösemittel werden die Farbstoffe von den anderen Bestandteilen der Probe getrennt und treten am Ende der Säule aus. Die Farbintensität dieser Lösung wird mit einem Spektralphotometer bei 535 nm gemessen. Die Auswertung erfolgt mit Hilfe eines Integrators.*

## § 2 DV Anlage 2

**4 Geräte**

4.1 Hochdruckflüssigkeitschromatographie-System, bestehend aus:

4.1.1 Hochdruckpumpe,

4.1.2 Injektionssystem mit Probenschleife 20 µl bis 50 µl,

4.1.3 Vorsäule: Länge mindestens 30 mm, Innendurchmesser 4,0 mm oder 4,6 mm, gefüllt mit gebrochenem Kieselgel von 5 µm Korngröße,

4.1.4 Trennsäule aus Stahl: Länge mindestens 100 mm, Innendurchmesser mindestens 4,0 mm, gefüllt mit sphärischem Kieselgel von 5 µm Korngröße,

4.1.5 UV/VIS-Detektor für Messungen bei 535 nm,

4.1.6 Integrator mit Schreiber und Einrichtung zur rechnergestützten Auswertung von Chromatogrammen,

4.2 250-ml- und 1 000-ml-Messkolben der Güteklasse A, mit Konformitätszeichen,

4.3 10-ml-Vollpipette der Güteklasse AS, mit Konformitätszeichen.

**5 Chemikalien**

5.1 Toluol, zur Analyse,

5.2 n-Heptan, zur Analyse,

5.3 Dichlormethan, zur Analyse,

5.4 N-Ethyl-1-(4-phenylazophenylazo)naphthyl-2-amin (Standard-Farbstoff) [1]

5.5 Lösemittel zur Säulenregenerierung nach jeweiliger Vorschrift.

**6 Vorbereitung**

6.1 Vorbereitung der Probe

Wasserhaltige Proben sind unter Verwendung von wasserfreiem Natriumsulfat zu entwässern. Verschmutzte Proben werden vor der Farbstoffgehaltsbestimmung filtriert.

6.2 Herstellung der Standard-Farbstofflösung

0,125 g Standard-Farbstoff (vgl. Unterabschnitt 5.4) werden auf 0,0001 g genau in den 250-ml-Messkolben eingewogen und nach dem Temperieren auf 20 Grad Celsius mit Toluol bis zur Ringmarke aufgefüllt. Von dieser Lösung werden mit der Vollpipette 10 ml in den 1 000-ml-Messkolben gegeben und mit Toluol bis zur Ringmarke aufgefüllt. Die Massenkonzentration an Farbstoff in dieser Lösung beträgt 5 mg/l.

6.3 Herstellung des Elutionsmittels

Als Elutionsmittel wird ein Gemisch aus vier Volumenteilen n-Heptan (vgl. Unterabschnitt 5.2) und einem Volumenteil Dichlormethan (vgl. Unterabschnitt 5.3) verwendet.

6.4 Vorbereitung der Säule

Zur Konditionierung lässt man durch die Säule bei einer Flussrate von 2 ml/min Elutionsmittel (vgl. Unterabschnitt 6.3) strömen. Die Konditionierung ist beendet, wenn bei drei aufeinander folgenden Messungen der Standard-Farbstofflösung (vgl. Unterabschnitt 6.2) die Retentionszeiten des Farbstoffs um nicht mehr als 5 Prozent vom Mittelwert abweichen.

6.5 Ermittlung des Flächenfaktors aus den Peakflächen der Chromatogramme des Standard-Farbstoffs. Der für die Berechnung des Farbstoffgehalts in den Proben erforderliche Faktor wird ermittelt, indem mit der Standard-Farbstofflösung (vgl. Unterabschnitt 6.2) drei Messungen unter den gleichen Bedingungen wie bei der späteren Messung der Proben durchgeführt werden. Aus den dabei erhaltenen Peakflächen für den Standard-Farbstoff bildet man den Mittelwert und berechnet den Faktor nach folgender Formel:

$$f_s = \frac{C_s}{A_s}$$

Darin bedeuten:

$f_s$ = Flächenfaktor

$C_s$ = Massenkonzentration der Standard-Farbstofflösung (5 mg/l)

$A_s$ = Mittelwert der Peakfläche des Standard-Farbstoffs aus drei Messungen

---

[1] Über die Bezugsquellen gibt Auskunft: DIN-Bezugsquellen für normgerechte Erzeugnisse im DIN Deutsches Institut für Normung e.V., Burggrafenstraße 6, 10787 Berlin.

7 **Durchführung der Messung**
Die Probenschleife des Einlassventils der vorbereiteten Säule (vgl. Unterabschnitt 6.4) wird mit der Probe gefüllt. Durch Umschalten des Ventils wird die Probe auf die Säule gegeben. Gleichzeitig wird der Integrator gestartet. Die Flächenauswertung des Integrators ist so zu wählen, dass alle möglichen Farbstoffpeaks ausgewertet werden. Bei den zurzeit gesetzlich zugelassenen Farbstoffen können dies bis zu sieben Peaks sein. Dabei ist zu beachten, dass sowohl bei der Standard-Farbstofflösung als auch bei der zu untersuchenden Probe je nach Trennvermögen der Säule zuerst zwischen zwei bis fünf (beim Öl) Peaks auftreten, die auf den Toluol- oder Ölgehalt der Standard-Farbstofflösung oder der zu untersuchenden Probe zurückzuführen sind und nicht in die Auswertung durch den Integrator mit einbezogen werden dürfen. Nach Erscheinen des letzten Farbstoffpeaks, der vom Standard-Farbstoff hervorgerufen wird, ist die Messung beendet.

8 **Auswertung**
Zur Auswertung wird die Flächensumme aller Farbstoffpeaks gebildet. Daraus berechnet man den Farbstoffgehalt in mg/l nach der folgenden Formel:

$mg/l\ Farbstoff = A_p \cdot f_s$

Darin bedeuten:
$A_p =$ Flächensumme der Farbstoffpeaks
$f_s =$ Flächenfaktor nach Unterabschnitt 6.5

9 **Angabe des Ergebnisses**
Der Farbstoffgehalt wird in mg/l auf 0,1 mg/l gerundet angegeben. Beim Runden auf die letzte anzugebende Stelle ist die DIN 1333 (Ausgabe Februar 1992) zu berücksichtigen.

10 **Präzision des Verfahrens**
(nach DIN 51848 Teil I, Ausgabe Dezember 1981)

| Wiederholbarkeit mg/l | Vergleichbarkeit mg/l |
|---|---|
| 0,1 | 0,2 |

*Über die Bezugsquellen gibt Auskunft:*
*DIN-Bezugsquellen für normgerechte Erzeugnisse im DIN Deutsches Institut für Normung e.V., Burggrafenstraße 6, 10787 Berlin.*

**Anlage 3 (zu § 110 Satz 1 Nr. 8)**
**Harmonisiertes Euromarker – Referenzanalyseverfahren der Gemeinschaft zur Ermittlung des Markierstoffs Solvent Yellow 124 in Gasölen**
(Fundstelle: BGBl. I 2006, 1798 – 1800)

*Für ein reibungsloses Funktionieren des Binnenmarktes und insbesondere zur Vermeidung von Steuerhinterziehung wurde durch die Richtlinie 95/60/EG des Rates vom 27. November 1995 über die steuerliche Kennzeichnung von Gasölen und Kerosin (ABl. EG Nr. L 291 S. 46) ein gemeinsames System zur Kennzeichnung von Gasöl und Kerosin eingeführt, die einem ermäßigten Verbrauchsteuersatz unterliegen. Mit der Entscheidung 2001/574/EG der Kommission vom 13. Juli 2001 zur Bestimmung eines gemeinsamen Stoffs zur steuerlichen Kennzeichnung von Gasölen und Kerosin (ABl. EG Nr. L 203 S. 20, Nr. L 208 S. 48) wurde Solvent Yellow 124 (systematischer Name gemäß IUPAC: N-Ethyl-N-[2-(1-isobutoxyethoxy)ethyl]-4-(phenylazo)anilin; CAS-Nr.: 34432-92-3) als gemeinsamer Stoff zur steuerlichen Kennzeichnung von Gasölen und Kerosin bestimmt. Diese Anlage enthält ein Verfahren zur Ermittlung von Solvent Yellow 124 in Gasöl und Kerosin, welches auf der Methode 455 MAD, Rev. 1 (HPLC) basiert. Das Verfahren ist nach der Leitlinie des Verbrauchsteuerausschusses der Kommission der Europäischen Gemeinschaften vom 13. Januar 2005 (CED Nr. 494 rev.1) in Streitfällen als Referenzverfahren zur Untersuchung von gekennzeichneten, einem ermäßigten Verbrauchsteuersatz unterliegenden Energieerzeugnissen und Dieselkraftstoffgemischen anzuwenden.*

1 Zweck und Anwendungsbereich
1.1 Erläuterung
Das Verfahren beschreibt die Ermittlung von Solvent Yellow 124 in einem Konzentrationsbereich zwischen der Nachweisgrenze bis 10 mg Solvent Yellow 124 pro Liter. Liegt die Konzentration über 10 mg/l, wird zur genauen Ermittlung der Konzentration eine Verdünnung mit Xylol (Unterabschnitt 3.3) erforderlich.

1.2 Nachweisgrenze
Die Nachweisgrenze bei Gasöl und Kerosin liegt bei 0,02 mg/l.

## § 2  DV Anlage 3

1.3  Quantifizierungsgrenze (Bestimmungsgrenze)
Die Quantifizierungsgrenze bei Gasöl und Kerosin liegt bei 0,07 mg/l.

2  Prinzip und Reaktionen
Die Probe wird in ein kleines Probengefäß gefüllt. Das Produkt wird mittels Normalphasenchromatographie getrennt und mittels UV/Vis-Nachweis bei 450 nm bestimmt. Um weitere Informationen zu erhalten, kann eine Analyse der Proben mittels Diodenarraydetektor durchgeführt werden, und zwar ebenfalls bei 410 nm. Externe Kalibrierung wird verwendet, die Reinheit des verwendeten Solvent Yellow 124 sollte berücksichtigt werden.

3  Reagenzien und andere Materialien
Verwenden Sie ausschließlich Reagenzien anerkannter Qualität.

3.1  Solvent Yellow 124,

3.2  Toluol, für Flüssigchromatographie,

3.3  o-Xylol, p.a.,

3.4  Ethylacetat, p.a.

4  Geräte

4.1  Übliche Laborglaswaren. Messkolben (2 000 ml und 100 ml) sowie Pipetten (1 ml, 5 ml und 10 ml) der Klasse B oder besser,

4.2  HPLC-Gerät, ausgerüstet mit:

4.2.1  HPLC-Pumpe, die pulsationsfrei arbeitet und einen konstanten Fluss bei dem erforderlichen Durchflussvolumen,

4.2.2  Probengeber mit Schleifeninjektor (manuell oder Teil eines automatischen Probengebers) mit einer Kapazität von 20 µl,

4.2.3  Säule, 5 µm Siliciumdioxid Länge 200 bis 250 mm, Innendurchmesser 3,0 bis 5,0 mm, zum Beispiel Waters Spherisorb 5 µm oder Luna 5 µm Silica Phenomenex,

4.2.4  Vorsäule, Siliciumdioxid zum Beispiel Spherisorb S5W Waters. Verwendung ratsam, aber nicht obligatorisch,

4.2.5  Säulenofen: Sollte verwendet werden, wenn die Retentionszeit der Solvent Yellow 124-Peaks von Durchlauf zu Durchlauf nicht stabil ist. Temperatur 40 Grad Celsius,

4.2.6  Detektor: UV 450 nm oder bei Verwendung eines Diodenarray 410 nm und 450 nm,

4.2.7  Integrationssystem mit elektronischem Integrator mit Rechen- und Berichtfunktion, kompatibel mit dem Ausgang des Nachweisinstruments.

5  Ablauf

5.1  Allgemein
Entnehmen Sie eine repräsentative Probe des zu analysierenden Produkts.

5.2  Vorbehandlung der Probe
Übertragen Sie die Probe in ein kleines Probengefäß. Sollte die Probe Schmutz enthalten, filtern Sie sie mittels eines Spritzenfilters, zum Beispiel 0,45 µm PTFE.

5.3  Mobile Phase
Elutionsmittel: Mischen Sie 40 ml Ethylacetat (Unterabschnitt 3.4) und 1 960 ml Toluol (Unterabschnitt 3.2) in einem 2 000-ml-Messkolben und homogenisieren Sie das Gemisch.

5.4  Referenzstammlösung
Stellen Sie eine Referenzstammlösung aus Solvent Yellow 124 von 100 mg/l her durch Verwiegung der erforderlichen Menge Solvent Yellow 124 (Unterabschnitt 3.1) in einem 500-ml-Messkolben und Auffüllen mit Xylol (Unterabschnitt 3.3) bei einer Temperatur von 20 ± 1 Grad Celsius. Notieren Sie das Gewicht mit vier Nachkommastellen. Die Reinheit des verwendeten Solvent Yellow 124 sollte berücksichtigt werden. Gründlich vermischen, eine Nacht stehen lassen. Dann erneut gründlich vermischen und die Kalibrierlösungen vorbereiten.

5.5  Kalibrierlösungen

| Konzentration | Volumen Referenzstammlösung | Endvolumen-Messkolben |
|---|---|---|
| ungefähr 10 mg/l | 10 ml | 100 ml |
| ungefähr 5 mg/l | 5 ml | 100 ml |
| ungefähr 1 mg/l | 1 ml | 100 ml |

*DV Anlage 3* **§ 2**

5.6 Systemkontrolle

*Vor Analyse der Proben müssen die Stabilität des HPLC-Systems und die Retention des Solvent Yellow 124 geprüft werden. Injizieren Sie die Kalibrierlösung mit einer Konzentration von 10 mg/l dreimal und führen Sie jeweils eine Chromatographie durch. Die relative Standardabweichung der Peakfläche bei den drei Injektionen sollte unter 1 Prozent liegen. Die Retentionszeit des Solvent Yellow 124 muss zwei- bis viermal länger sein als die Zeitspanne bis zum Erscheinen des Signals für das Leervolumen $t_o$. Die relative Standardabweichung der Retentionszeit des Solvent Yellow 124 sollte unter 2 Prozent liegen. Bei zu kurzer oder zu langer Retentionszeit muss das Elutionsmittel angepasst werden. Durch Zufügen von Ethylacetat zum Elutionsmittel verkürzt sich die Retentionszeit.*

5.7 Bestimmung

*Proben und Kalibriersubstanzen werden zweimal analysiert. Beginnen Sie mit den drei Kalibrierlösungen. Es können höchstens zwölf Proben zweimal analysiert werden, dann wird eine neue Kalibrierung erforderlich. Die Sequenz wird immer mit drei Kalibrierlösungen abgeschlossen. Die Kalibrierkurve wird durch den Nullpunkt gezwungen. Liegt der Korrelationskoeffizient der linearen Regression aller Kalibrierpunkte über 0,999, ist die Kalibrierung angemessen. Liegt der Korrelationskoeffizient unter 0,999, muss die Leistung des Systems überprüft und, wenn möglich, verbessert werden.*

6 Auswertung

*Zur Auswertung wird nach Unterabschnitt 5.7 aus den Mittelwerten der Peakflächen der zusammengehörigen Kalibrierlösungen $A_s$ und deren Konzentration $C_s$ ein Flächenfaktor a wie folgt ermittelt:*

$$a = \frac{C_s}{A_s}$$

*Bei der Konzentration des Standards in mg/l ist seine Reinheit zu berücksichtigen.*

*Aus den Flächen der Solvent Yellow 124-Peaks der Proben berechnet man die Konzentration wie folgt:*

$$c = A_p \cdot a$$

*Darin bedeuten:*

$c =$    *Konzentration des Solvent Yellow 124 in der Probe in mg/l*

$A_p =$   *Fläche des Solvent Yellow 124-Peaks*

$a =$    *Flächenfaktor*

7 Angabe des Ergebnisses

*Bei einem Gehalt an Solvent Yellow 124 bis 0,3 mg/l ist der Gehalt in mg/l mit zwei Nachkommastellen, bei höheren Gehalten mit einer Nachkommastelle anzugeben. Beim Runden auf die letzte anzugebende Stelle ist die DIN 1333 (Ausgabe Februar 1992) zu berücksichtigen.*

8 Präzision

8.1 Wiederholbarkeit

*Unterschiede zwischen den Ergebnissen zweier Ermittlungen, die in kurzem Abstand nacheinander von derselben Person unter denselben Umständen mit identischem Probengut durchgeführt werden, dürfen bei 95 Prozent der Analysen die nachstehenden Werte nicht übersteigen:*

| Probeninhalt, Bereich | Wiederholbarkeit |
|---|---|
| 0,12 bis 0,27 mg/l | 0,03 mg/l |
| 4 bis 10 mg/l | 0,16 mg/l |

8.2 Vergleichbarkeit

*Unterschiede zwischen den Ergebnissen zweier voneinander unabhängiger Ermittlungen, die zwei verschiedene Personen in verschiedenen Labors unter verschiedenen Umständen mit identischem Probengut durchführen, dürfen bei 95 Prozent der Analysen die nachstehenden Werte nicht übersteigen:*

## § 2 Anlagen 3, 4

| Probeninhalt, Bereich | Wiederholbarkeit |
|---|---|
| 0,12 bis 0,27 mg/l | 0,05 mg/l |
| 4 bis 10 mg/l | 0,10 mg/l |

Dabei bedeutet X den Durchschnitt der beiden Ergebnisse.

8.3 Messunsicherheit

Die Messunsicherheit kann aufgrund der Daten zur Vergleichbarkeit geschätzt werden, nachdem bestätigt ist, dass das eigene Labor ebenso gut arbeitet wie die an der Validierungsstudie beteiligten Labors. Die Kalibrierungenauigkeit ist in den Daten zur Vergleichbarkeit nicht enthalten und kommt daher noch hinzu. Die Messunsicherheit wird dann folgendermaßen geschätzt:

$$U = k \cdot c \, v \sqrt{u\frac{2}{R} + u\frac{2}{st}}$$

Darin bedeuten:
$U$ = erweiterte Messunsicherheit
$k$ = Erweiterungsfaktor (für ein Vertrauensintervall von 95 Prozent, $k = 2$)
$c$ = Konzentration, für die die Messunsicherheit berechnet werden soll
$U_R$ = relative Messunsicherheit aufgrund der Vergleichbarkeit
$u_{st}$ = relative Messunsicherheit des Kalibrierstandards (in erster Linie Reinheit); kann ignoriert werden, wenn 1/3 uR

9 Anmerkungen

Die Vergleichbarkeit ist in der Methode nur für die Bereiche 0,12 bis 0,27 mg/l und 4 bis 10 mg/l angegeben. Die für den oberen Bereich angegebene Formel ($R = 0,1$ x) wird auf den Bereich von 0,28 bis 3,9 mg/l extrapoliert.

**Anlage 4 (zu § 110 Satz 1 Nr. 9)**
**Verfahren zur Bestimmung des Färbeäquivalents von Kennzeichnungsstoffen**
*(Fundstelle: BGBl. I 2006, 1801)*

*Das Färbeäquivalent von Gemischen der in § 2 Abs. 1 genannten Rotfarbstoffe ist spektralphotometrisch durch Vergleich der Extinktionen in Toluol zu ermitteln. Äquivalenz liegt vor, wenn sich die Extinktionskurve des Farbstoffgemisches und die Extinktionskurve von 5 g N-Ethyl-1-(4-phenylazophenylazo)-naphthyl-2-amin (Standard-Farbstoff) unter gleichen Messbedingungen im Maximum decken.*

### Verwaltungsregelungen zu § 2 EnergieStG

| Datum | Anlage | Quelle | Inhalt |
|---|---|---|---|
| 20.01.2014 | § 002-01 | BMF | Dienstvorschrift Energiesteuer – zu den §§ 2, 3, 37, 53, 53a sowie 53bEnergieStG und den §§ 1, 1b, 9 bis 11 und 98 bis 99d EnergieStV; Energiesteuerrechtliche Behandlung von Energieerzeugungsanlagen |
| 10.03.2010 | § 002-02 | BMF | Dienstvorschrift zur energiesteuerrechtlichen Behandlung des Güterumschlages in Seehäfen nach den §§ 2 und 3a Energiesteuergesetz (EnergieStG) |
| 10.08.2012 | § 002-03 | BMF | Kennzeichnung leichten Heizöls; Verwaltungsvorschrift zur Heizölkennzeichnung (VwV Heizölkennzeichnung) |
| 31.07.2007 | § 002-04 | BMF | Kennzeichnung leichten Heizöls; Merkblatt für die Prüfung von Zulassungs-und Bewilligungsanträgen zur Kennzeichnung von Gasöl nach der Energiesteuer-Durchführungsverordnung (EnergieStV) und für die Überwachung der Kennzeichnung von leichtem Heizöl (Merkblatt Heizölkennzeichnung) |
| 31.07.2007 | § 002-05 | BMF | Anlage 2 zum Merkblatt Heizölkennzeichnung |

# § 2

*Rechtsprechungsauswahl zu § 2 EnergieStG*

**EuGH vom 03.04.2014, C-43/13 und C-44/13:** Die Vorgabe in Art. 2 Abs. 3 der Richtlinie 2003/96/EG des Rates vom 27. Oktober 2003 zur Restrukturierung der gemeinschaftlichen Rahmenvorschriften zur Besteuerung von Energieerzeugnissen und elektrischem Strom, dass andere Energieerzeugnisse als diejenigen, für die in dieser Richtlinie ein Steuerbetrag festgelegt wurde, je nach Verwendung zu dem für einen gleichwertigen Heiz- oder Kraftstoff erhobenen Steuersatz besteuert werden, ist dahin auszulegen, dass in einem ersten Schritt zu bestimmen ist, ob das fragliche Erzeugnis als Heiz- oder als Kraftstoff verwendet wird, bevor in einem zweiten Schritt festgestellt wird, an die Stelle welches der Kraft- oder der Heizstoffe, die in der entsprechenden Tabelle in Anhang I dieser Richtlinie jeweils aufgeführt sind, das fragliche Erzeugnis bei seiner Verwendung tatsächlich tritt oder in Ermangelung eines solchen, welcher dieser Kraft- oder dieser Heizstoffe ihm nach seiner Beschaffenheit und seinem Verwendungszweck am nächsten steht.

## § 3

§ 3 Begünstigte Anlagen, Ortsfestigkeit und Nutzungsgrad

(1) ¹Begünstigte Anlagen sind ortsfeste Anlagen,

1. deren mechanische Energie ausschließlich der Stromerzeugung dient,
2. die ausschließlich der gekoppelten Erzeugung von Kraft und Wärme dienen und einen Jahresnutzungsgrad von mindestens 60 Prozent erreichen, ausgenommen von Nummer 1 erfasste Anlagen, oder
3. die ausschließlich dem leitungsgebundenen Gastransport oder der Gasspeicherung dienen.

²Bei Anlagen nach Satz 1 Nummer 1 ist es unerheblich, ob die bei der Stromerzeugung anfallende thermische Energie genutzt wird. ³Anlagen nach Satz 1 Nummer 2 sind solche, deren mechanische Energie ganz oder teilweise anderen Zwecken als der Stromerzeugung dient.

(2) ¹Ortsfest im Sinn dieses Gesetzes sind Anlagen, die während des Betriebs ausschließlich an ihrem geografischen Standort verbleiben und nicht auch dem Antrieb von Fahrzeugen dienen. ²Der geografische Standort im Sinn des Satzes 1 ist ein durch geografische Koordinaten bestimmter Punkt.

(3) ¹Jahresnutzungsgrad im Sinn dieses Gesetzes ist der Quotient aus der Summe der genutzten erzeugten mechanischen und thermischen Energie in einem Kalenderjahr und der Summe der zugeführten Energie aus Energieerzeugnissen in derselben Berichtszeitspanne. ²Für die Berechnung des Monatsnutzungsgrads gilt Satz 1 sinngemäß. ³Zur Berechnung der Nutzungsgrade ist die als Brennstoffwärme verwendete Energie aus Energieerzeugnissen heranzuziehen, die vor der Erzeugung mechanischer Energie zugeführt wird. ⁴Dabei ist auf den Heizwert (Hi) abzustellen.

(4) ¹Der Berechnung des Nutzungsgrads von Anlagen zur gekoppelten Erzeugung von Kraft und Wärme wird der Kraft-Wärme-Kopplungsprozess zugrunde gelegt, der alle Wärmekraftmaschinen einschließt, die an einem Standort in Kraft-Wärme-Kopplung (KWK) betrieben werden und miteinander verbunden sind. ²Zum Kraft-Wärme-Kopplungsprozess nach Satz 1 gehören insbesondere nicht:

1. Dampfturbinen, die im Kondensationsbetrieb gefahren werden,
2. nachgeschaltete Dampferzeuger, die hinter der KWK-Kraftmaschine Dampf direkt in ein mit der KWK-Anlage gemeinsam genutztes Netz einspeisen,
3. nachgeschaltete Abluftbehandlungsanlagen,
4. Zusatzfeuerungen, soweit die damit erzeugte thermische Energie nicht in mechanische Energie umgewandelt wird, sondern vor der Wärmekraftmaschine, insbesondere einer Dampfturbine oder einem Stirlingmotor, ausgekoppelt wird,
5. Zusatzfeuerungen, soweit die damit erzeugte thermische Energie zwar in mechanische Energie umgewandelt wird, aber keine Nutzung der dabei anfallenden Restwärme stattfindet, und
6. Hilfskessel, die die Dampfversorgung beim Ausfall einer Kraftmaschine (Motor oder Gasturbine) sicherstellen.

³Abluftbehandlungsanlagen im Sinn des Satzes 2 Nummer 3 sind insbesondere Rauchgasentschwefelungsanlagen, Rauchgasentstickungsanlagen sowie Kombinationen davon.

(5) Wer Anlagen nach Absatz 1 Satz 1 Nummer 2 betreiben will, hat sie vor der erstmaligen Inbetriebnahme dem zuständigen Hauptzollamt anzumelden.

(6) ¹Die gemäß § 2 Absatz 3 Satz 1 festgelegten Steuersätze für die Verwendung von Energieerzeugnissen als Kraftstoff in begünstigten Anlagen werden angewendet nach Maßgabe und bis zum Auslaufen der hierfür erforderlichen Freistellungsanzeige bei der Europäischen Kommission nach der Verordnung (EG) Nr. 800/2008 der Kommission vom 6. August 2008 zur Erklärung der Vereinbarkeit bestimmter Gruppen von Beihilfen mit dem Gemeinsamen Markt in Anwendung der Artikel 87 und 88 EG-Vertrag (allgemeine Gruppenfreistellungsverordnung; ABl. L 214 vom 9.8.2008, S. 3) in der jeweils geltenden Fassung. ²Das Auslaufen

der Freistellungsanzeige wird vom Bundesministerium der Finanzen im Bundesgesetzblatt gesondert bekannt gegeben.

## Energiesteuer-Durchführungsverordnung

### Zu § 3 Absatz 1 Satz 1 Nummer 1 und 2, § 37 Absatz 2 Satz 2 und den §§ 53 bis 53b des Gesetzes

### § 9 Anlagenbegriff

*(1) ¹Als Anlage im Sinn des § 3 Absatz 1 Satz 1 Nummer 1 und 2, § 37 Absatz 2 Satz 2 und der §§ 53 bis 53b des Gesetzes gilt ein Verbund aus technischen Komponenten, mit dem der Energiegehalt von Energieerzeugnissen in Zielenergie umgewandelt wird. ²Zielenergie ist die Energieform, die aus einem Energieumwandlungsprozess entstehen soll. ³Als Anlage nach Satz 1 gelten insbesondere*

*1. KWK-Einheiten,*

*2. Stromerzeugungseinheiten,*

*3. mehrere an einem ¹Standort unmittelbar miteinander verbundene KWK-Einheiten, Stromerzeugungseinheiten oder KWK- und Stromerzeugungseinheiten. ²Als unmittelbar miteinander verbunden gelten insbesondere Erzeugungseinheiten in Modulbauweise, die sich im selben baulichen Objekt befinden.*

*⁴Werden zu einer Anlage nach Satz 3 später weitere Einheiten im Sinn des Satzes 3 hinzugefügt und mit dieser unmittelbar verbunden (Zubau), gelten sie als Bestandteil dieser Anlage.*

*(2) Als Anlage im Sinn des § 53 des Gesetzes gelten unbeschadet des Absatzes 1 auch mehrere Stromerzeugungseinheiten an unterschiedlichen Standorten, wenn sie zum Zweck der Stromerzeugung zentral gesteuert werden und der erzeugte Strom zumindest teilweise in das Versorgungsnetz eingespeist werden soll.*

### Zu den §§ 3, 53a und 53b des Gesetzes

### § 10 Nutzungsgradermittlung

*(1) ¹Zur Ermittlung des Nutzungsgrads sind zu messen:*

*1. die Mengen der eingesetzten Energieerzeugnisse,*

*2. die Mengen weiterer eingesetzter Brennstoffe,*

*3. die Mengen der eingesetzten Hilfsenergie und*

*4. die Mengen der genutzten erzeugten thermischen und mechanischen oder elektrischen Energie.*

*²Das zuständige Hauptzollamt kann auf Antrag andere Ermittlungsmethoden zulassen, wenn steuerliche Belange nicht beeinträchtigt werden. ³Bei Anlagen zur gekoppelten Erzeugung von Kraft und Wärme, die ausschließlich wärmegeführt betrieben werden und weder über einen Notkühler noch über einen Bypass zur Umgehung des Abgaswärmetauschers verfügen, kann der Nutzungsgrad den technischen Beschreibungen entnommen werden. ⁴Unabhängige technische Gutachten über die individuellen Anlageneigenschaften können zur Bestimmung des Nutzungsgrads herangezogen werden.*

*(2) ¹Erzeugte thermische Energie gilt dann als genutzt, wenn sie außerhalb des Kraft-Wärme-Kopplungsprozesses verwendet wird, insbesondere für die Raumheizung, Warmwasserbereitung, Kälteerzeugung oder als Prozesswärme. ²Abwärme gilt nicht als genutzte thermische Energie im Sinn des Satzes 1.Abwärme ist insbesondere thermische Energie in Form von Strahlungswärme, die ungenutzt an die Umgebung abgegeben wird.*

### Zu § 3 Absatz 1 Satz 1 Nummer 2 und Absatz 5 des Gesetzes

### § 11 Pflichten des Anlagenbetreibers

*(1) ¹Der Betreiber einer Anlage nach § 3 Absatz 1 Satz 1 Nummer 2 des Gesetzes hat den Jahresnutzungsgrad der Anlage jährlich bis zum 31. März für das vorangegangene Kalenderjahr nachzuweisen. ²Der Nachweis ist dem zuständigen Hauptzollamt vorzulegen.*

*(2) Die Anmeldung nach § 3 Absatz 5 des Gesetzes ist nach amtlich vorgeschriebenem Vordruck bei dem für den Anlagenbetreiber zuständigen Hauptzollamt abzugeben.*

*(3) ¹In der Anmeldung sind für jede Anlage anzugeben:*

*1. der Name und die Anschrift des Betreibers,*

2. *ihr Standort,*
3. *der Hersteller, der Typ und die Seriennummer,*
4. *eine technische Beschreibung mit der Angabe des Durchschnittsverbrauchs je Betriebsstunde,*
5. *eine Beschreibung der installierten und betriebsfähigen Vorrichtungen zur Kraft- und Wärmenutzung,*
6. *eine Erklärung zur Nutzung der erzeugten thermischen und mechanischen Energie,*
7. *eine vorläufige Nutzungsgradberechnung und*
8. *eine Darstellung der Mengenermittlung der eingesetzten Energieerzeugnisse.*

*²Der Betreiber hat auf Verlangen des Hauptzollamts weitere Angaben zu machen, wenn sie zur Sicherung des Steueraufkommens oder für die Steueraufsicht erforderlich erscheinen.*

*(4) Der Betreiber hat dem zuständigen Hauptzollamt Änderungen der nach Absatz 3 angegebenen Verhältnisse und eine endgültige Einstellung des Betriebs der Anlage innerhalb von vier Wochen schriftlich anzuzeigen.*

## Rechtsprechungsauswahl zu § 3 EnergieStG

**BFH vom 11.11.2008, VII R 33/07 (BFH/NV 2009 S. 610):** Steuerbegünstigung für das innerhalb einer Kraft-Wärme-Kopplungs-Anlage zum Betrieb einer Rauchgasreinigungsanlage verwendete Mineralöl.

**BFH vom 01.04.2008, VII R 26/06 (BFH/NV 2008 S. 1624):** Bei der Berechnung des Monatsnutzungsgrades i.S. von § 25 Abs. 3b MinöStG 1993 von Gas- und Dampfturbinenanlagen (GuD-Anlagen) mit Wärmeauskopplung ist wie bei herkömmlichen Kraft-Wärme-Kopplungs-Anlagen ohne nachgeschaltete Dampfturbine allein die durch die Gasturbine erzeugte thermische und mechanische Energie (sog. kleiner Bilanzkreis) zugrunde zu legen.

**BFH vom 08.02.2008, VII B 123/07 (BFH/NV 2008 S. 993):**
1. Einen Steuerpflichtigen trifft eine gesteigerte Mitwirkungspflicht, wenn er eine Steuerbegünstigung begehrt, die an bestimmte, von ihm geltend zu machende und von ihm darzulegende Umstände oder Tatsachen anknüpft.
2. Lässt sich der Jahresnutzungsgrad aufgrund eines defekten Stromzählers und mangels Anschreibungen des Steuerpflichtigen nicht oder nicht zuverlässig ermitteln, ist eine Steuerbegünstigung nach § 25 Abs. 3a MinöStG 1993 nicht zu gewähren.

## § 3a Sonstige begünstigte Anlagen

(1) Sonstige begünstigte Anlagen sind Arbeitsmaschinen und Fahrzeuge, die ausschließlich dem Güterumschlag in Seehäfen dienen.

(2) Als Arbeitsmaschinen und Fahrzeuge im Sinne des Absatzes 1 gelten ausschließlich solche, die bestimmungsgemäß abseits von öffentlichen Straßen eingesetzt werden oder über keine Genehmigung für die überwiegende Verwendung auf öffentlichen Straßen verfügen.

### *Energiesteuer-Durchführungsverordnung*

### Zu § 3a des Gesetzes

#### § 11a Güterumschlag in Seehäfen

*(1) Seehäfen im Sinn des § 3a Absatz 1 des Gesetzes sind Häfen oder Teile von Hafengebieten mit Güterumschlag, die an Wasserflächen liegen oder angrenzen, die vom Geltungsbereich der Seeschiffahrtsstraßen-Ordnung in der Fassung der Bekanntmachung vom 22. Oktober 1998 (BGBl. I S. 3209; 1999 I S. 193), die zuletzt durch Artikel 1 der Verordnung vom 7. April 2010 (BGBl. I S. 399) geändert worden ist, in der jeweils geltenden Fassung erfasst werden.*

*(2) Der Güterumschlag in Seehäfen im Sinn des § 3a Absatz 1 des Gesetzes umfasst folgende Tätigkeiten durch Lade- und Löschunternehmen:*
1. *den Frachtumschlag,*
2. *die Lagerei und*
3. *Hilfs- und Nebentätigkeiten bei der Beförderung von Gütern zu Wasser.*

*(3) [1]Als Frachtumschlag gilt die Stauerei sowie das Be- und Entladen von Gütern Dritter, unabhängig von der Art des benutzten Beförderungsmittels. [2]Die Lagerei umfasst den Betrieb von Lagereinrichtungen für alle Arten von Gütern Dritter, wie zum Beispiel Getreidesilos, Lagerhäuser, Lagertanks oder Kühlhäuser. [3]Unter Hilfs- und Nebentätigkeiten bei der Beförderung von Gütern Dritter zu Wasser ist der Betrieb von Abfertigungseinrichtungen in Seehäfen zu verstehen, deren Aufgabe es ist, Schiffen beim Fest- und Losmachen behilflich zu sein. [4]Lade- und Löschunternehmen sind solche, die Tätigkeiten nach Absatz 2 für Dritte ausüben. [5]In Seehäfen liegende Produktions-, Betriebs- oder Lagerstätten von Unternehmen des Produzierenden Gewerbes, von anderen produzierenden Unternehmen als solchen des Produzierenden Gewerbes oder von Unternehmen des Handels sind jedoch keine Lade- und Löschunternehmen nach Satz 4. Andere als die in Absatz 2 genannten Tätigkeiten sind von dieser Begünstigung ausgeschlossen, auch wenn sie von Lade- und Löschunternehmen in Seehäfen ausgeübt werden.*

*(4) Güter Dritter gemäß Absatz 3 sind Waren, an denen Lade- und Löschunternehmen vorübergehend oder auf Dauer kein Nutzungsrecht haben.*

*(5) Als Güterumschlag in Seehäfen im Sinn des § 3a Absatz 1 des Gesetzes gilt nicht der Betrieb von*
1. *Service- und Wartungsfahrzeugen,*
2. *Bau- und Instandhaltungsfahrzeugen sowie*
3. *Fahrzeugen, die dem Personentransport in Seehäfen dienen.*

*(6) Als Fahrzeuge im Sinn des § 3a Absatz 1 des Gesetzes gelten*
1. *Kraftfahrzeuge,*
2. *schienengebundene Fahrzeuge und*
3. *Kombinationen aus Kraftfahrzeugen und schienengebundenen Fahrzeugen.*

### *Seeschifffahrtsstraßen-Ordnung (Auszug)*

#### § 1 Geltungsbereich

(1) Die Verordnung gilt auf den Seeschiffahrtsstraßen mit Ausnahme der Emsmündung, die im Osten durch eine Verbindungslinie zwischen dem Pilsumer Watt (53 Grad 29' 08" N; 07 Grad 01' 52" O), Borkum (53 Grad 34' 06" N; 06 Grad 45' 31" O) und dem Schnittpunkt der Koordinaten 53 Grad 39' 35" N; 06 Grad 35' 00" O begrenzt wird. Seeschiffahrtsstraßen im Sinne dieser Verordnung sind
1. die Wasserflächen zwischen der Küstenlinie bei mittlerem Hochwasser oder der seewärtigen Begrenzung der Binnenwasserstraßen und einer Linie von drei Seemeilen Abstand seewärts der Basislinie,

## § 3a

2. die durchgehend durch Sichtzeichen B.11 der Anlage 1 begrenzten Wasserflächen der seewärtigen Teile der Fahrwasser im Küstenmeer. Darüber hinaus sind Seeschiffahrtsstraßen im Sinne dieser Verordnung die Wasserflächen zwischen den Ufern der nachstehend bezeichneten Teile der angrenzenden Binnenwasserstraßen:

3. Weser bis zur Nordwestkante der Eisenbahnbrücke in Bremen mit den Nebenarmen Schweiburg, Rechter Nebenarm, Rekumer Loch;
4. Lesum und Wümme bis zur Ostkante der Franzosenbrücke in Borgfeld;
5. Hunte bis zum Hafen Oldenburg einerseits und bis 140 Meter unterhalb der Amalienbrücke in Oldenburg andererseits;
6. Elbe bis zur unteren Grenze des Hamburger Hafens bei km 638,98 rechtes Ufer (Tinsdal) und km 633,35 linkes Ufer (Finkenwerder) mit der Wischhafener Süderelbe (von km 8,03 bis zur Mündung in die Elbe), dem Ruthenstrom (von km 3,75 bis zur Mündung in die Elbe) und der Bützflether Süderelbe (von km 0,69 bis zur Mündung in die Elbe);
7. Oste bis 210 m oberhalb der Achse der Straßenbrücke über das Ostesperrwerk (km 69,360);
8. Freiburger Hafenpriel bis zur Ostkante der Deichschleuse in Freiburg an der Elbe;
9. Schwinge bis zur Nordkante der Salztorschleuse in Stade;
10. Lühe bis zum Unterwasser der Au-Mühle in Horneburg;
11. Este bis zum Unterwasser der Schleuse Buxtehude;
12. Stör bis 46 m oberhalb des Pegel Rensing;
13. Krückau bis zur Südwestkante der im Verlauf der Straße Wedenkamp liegenden Straßenbrücke in Elmshorn;
14. Pinnau bis zur Westkante der im Verlauf der Elmshorner Straße liegenden Straßenbrücke in Pinneberg;
15. Eider bis Rendsburg und Sorge bis zur Südwestkante der im Verlauf der Bundesstraße 202 liegenden Straßenbrücke an der Sandschleuse;
16. Gieselaukanal;
17. Nord-Ostsee-Kanal – einschließlich Audorfer See und Schirnauer See – von der Verbindungslinie zwischen den Molenköpfen in Brunsbüttel bis zu der Verbindungslinie zwischen den Einfahrtsfeuern in Kiel-Holtenau mit Borgstedter See mit Enge, Flemhuder See und Achterwehrer Schiffahrtskanal;
18. Trave bis zur Nordwestkante der Eisenbahnhubbrücke in Lübeck mit Pötenitzer Wiek und Dassower See;
19. Warnow bis zur Südkante der Eisenbahnbrücke Rostock-Stralsund;
20. Ryck bis zur Ostkante der Steinbecker-Brücke in Greifswald;
21. Uecker bis zur Südwestkante der Straßenbrücke in Ueckermünde.

(2) Auf den Wasserflächen zwischen der seewärtigen Begrenzung im Sinne des Absatzes 1 Satz 2 und der seewärtigen Begrenzung des Küstenmeeres sind lediglich § 2 Abs. 1 Nr. 3, Nr. 13 Buchstabe b, Nr. 22 bis 25 und 27, die §§ 3, 4, 5, 7 und § 32 Abs. 3, § 35 Abs. 1 und 2 sowie die §§ 55 bis 61 anzuwenden.

(3) Die Verordnung gilt im Bereich der Seeschiffahrtsstraßen, auch auf den bundeseigenen Schiffahrtsanlagen, den dem Verkehr auf den Bundeswasserstraßen dienenden Grundstücken und in den öffentlichen bundeseigenen Häfen.

(4) Im Geltungsbereich dieser Verordnung gelten die Internationalen Regeln von 1972 zur Verhütung von Zusammenstößen auf See - Kollisionsverhütungsregeln (Anlage zu § 1 der Verordnung zu den Internationalen Regeln von 1972 zur Verhütung von Zusammenstößen auf See vom 13. Juni 1977 – (BGBl. I S. 813), zuletzt geändert durch Artikel 4 Nr. 6 der Verordnung vom 7. Dezember 1994 (BGBl. I S. 3744), in der jeweils für die Bundesrepublik Deutschland geltenden Fassung, soweit diese Verordnung nicht ausdrücklich etwas anderes bestimmt.

(5) Die Wasserflächen und Seegebiete, die vom Geltungsbereich dieser Verordnung (§ 1 Abs. 1 bis 3) erfaßt werden, sind aus der als Anlage III zu dieser Verordnung beigefügten Karte ersichtlich.

## Kapitel 2 Bestimmungen für Energieerzeugnisse außer Kohle und Erdgas

### Abschnitt 1 Steueraussetzung
**§ 4 Anwendungsbereich**

Die folgenden Energieerzeugnisse unterliegen dem Steueraussetzungsverfahren (§ 5):

1. Waren der Positionen 1507 bis 1518 der Kombinierten Nomenklatur, die dazu bestimmt sind, als Kraft- oder Heizstoff verwendet zu werden,
2. Waren der Unterpositionen 2707 10, 2707 20, 2707 30 und 2707 50 der Kombinierten Nomenklatur,
3. Waren der Unterpositionen 2710 11 bis 2710 19 69 der Kombinierten Nomenklatur; für die Beförderung unter Steueraussetzung gilt dies für Waren der Unterpositionen 2710 11 21, 2710 11 25 und 2710 19 29 der Kombinierten Nomenklatur nur dann, wenn sie als lose Ware befördert werden,
4. Waren der Position 2711 der Kombinierten Nomenklatur mit Ausnahme der Unterpositionen 2711 11, 2711 21 und 2711 29 der Kombinierten Nomenklatur,
5. Waren der Unterposition 2901 10 der Kombinierten Nomenklatur,
6. Waren der Unterpositionen 2902 20, 2902 30, 2902 41, 2902 42, 2902 43 und 2902 44 der Kombinierten Nomenklatur,
7. Waren der Unterposition 2905 11 00 der Kombinierten Nomenklatur, die nicht von synthetischer Herkunft sind und die dazu bestimmt sind, als Kraft- oder Heizstoff verwendet zu werden,
8. Waren der Unterpositionen 3811 11 10, 3811 11 90, 3811 19 00 und 3811 90 00 der Kombinierten Nomenklatur,
9. Waren der Unterposition 3824 90 99 der Kombinierten Nomenklatur, die dazu bestimmt sind, als Kraft- oder Heizstoff verwendet zu werden.

*EU-Vorgaben*

**RL 2003/96/EG Energiesteuerrichtlinie (Auszug)**
**Artikel 20**

(1) Die Kontroll- und Beförderungsbestimmungen der Richtlinie 92/12/EWG gelten ausschließlich für die nachstehend aufgeführten Energieerzeugnisse:

a) Erzeugnisse der KN-Codes 1507 bis 1518, die als Kraftstoff oder zu Heizzwecken verwendet werden;
b) Erzeugnisse der KN-Codes 2707 10, 2707 20, 2707 30 und 2707 50;
c) Erzeugnisse der KN-Codes 2710 11 bis 2710 19 69. Für Erzeugnisse der KN-Codes 2710 11 21, 2710 11 25 und 2710 19 29 gelten die Bestimmungen über die Kontrolle und die Beförderung nur, soweit sie als lose Ware befördert werden;
d) Erzeugnisse des KN-Codes 2711 (mit Ausnahme von 2711 11, 2711 21 und 2711 29);
e) Erzeugnisse des KN-Codes 2901 10;
f) Erzeugnisse der KN-Codes 2902 20, 2902 30, 2902 41, 2902 42, 2902 43 und 2902 44;
g) Erzeugnisse des KN-Codes 2905 11 00, die nicht von synthetischer Herkunft sind und die als Kraftstoff oder zu Heizzwecken verwendet werden.
h) Erzeugnisse des KN-Codes 3824 90 99, die als Kraftstoff oder zu Heizzwecken verwendet werden.

(2) Ist ein Mitgliedstaat der Ansicht, dass andere als die in Absatz 1 genannten Energieerzeugnisse zum Verbrauch als Heizstoff oder Kraftstoff bestimmt sind oder als solche zum Verkauf angeboten bzw. verwendet werden oder anderweitig Anlass zu Steuerhinterziehung, -vermeidung oder Missbrauch geben, so setzt er die Kommission unverzüglich davon in Kenntnis. Diese Bestimmung gilt auch für elektrischen Strom. Die Kommission leitet die Mitteilung innerhalb eines Monats nach ihrem Erhalt an die anderen Mitgliedstaaten weiter. Ob für die betreffenden Erzeugnisse die Bestimmungen der Richtlinie

# § 4 EU-Vorgaben

92/12/EWG über die Kontrolle und Beförderung angewendet werden, wird nach dem in Artikel 27 Absatz 2 genannten Verfahren entschieden.

(3) Im Rahmen bilateraler Vereinbarungen können die Mitgliedstaaten für alle oder einige der in Absatz 1 genannten Erzeugnisse, soweit sie nicht unter die Artikel 7, 8 und 9 dieser Richtlinie fallen, die in der Richtlinie 92/12/EWG vorgesehenen Kontrollmaßnahmen ganz oder teilweise aussetzen. Diese Vereinbarungen gelten nur für Mitgliedstaaten, die die betreffenden Vereinbarungen unterzeichnet haben. Alle bilateralen Vereinbarungen dieser Art sind der Kommission mitzuteilen, die ihrerseits die anderen Mitgliedstaaten davon in Kenntnis setzt.

## § 5 Steueraussetzungsverfahren

(1) Die Steuer ist ausgesetzt (Steueraussetzungsverfahren) für Energieerzeugnisse im Sinn des § 4, die
1. sich in einem Steuerlager befinden,
2. nach den §§ 10 bis 13 befördert werden.

(2) Steuerlager sind
1. Herstellungsbetriebe für Energieerzeugnisse (§ 6),
2. Lager für Energieerzeugnisse (§ 7).

(3) Steuerlagerinhaber im Sinn dieses Gesetzes sind Personen, denen die Erlaubnis erteilt worden ist, Energieerzeugnisse im Sinn des § 4 unter Steueraussetzung herzustellen (§ 6 Absatz 3) oder unter Steueraussetzung zu lagern (§ 7 Absatz 2).

### Verwaltungsregelungen zu § 5 EnergieStG

| Datum | Anlage | Quelle | Inhalt |
|---|---|---|---|
| 12.05.2014 | § 005-01 | BMF | Verwaltungsvorschrift Steueraussetzung |
| 29.11.2000 | § 005-02 | EU-KOM | Empfehlung der Kommission über Leitlinien für die Zulassung von Lagerinhabern gemäß Richtlinie 92/12/EWG des Rates in Bezug auf verbrauchsteuerpflichtige Waren |

### Rechtsprechungsauswahl zu § 5 EnergieStG

**BFH vom 10.11.2009, VII R 39/08 (BFH/NV 2010 S. 759):**
1. Die wirksame Eröffnung eines innergemeinschaftlichen Steuerversandverfahrens, mit dem verbrauchsteuerpflichtige Erzeugnisse unter Steueraussetzung in einen anderen Mitgliedstaat befördert werden können, setzt eine Zulassung des Empfängers als Steuerlagerinhaber oder berechtigter Empfänger voraus.
2. Wird an einen Nichtberechtigten geliefert, entsteht die Mineralölsteuer nach § 9 Abs. 1 MinöStG 1993 mit der Entfernung des Mineralöls aus dem Steuerlager, ohne dass es darauf ankommt, dass das Mineralöl im Steuergebiet verbraucht wird.
3. Die Regelung der Steuerentstehung in § 9 Abs. 1 MinöStG 1993 verstößt weder gegen das Bestimmungslandprinzip noch gegen verfassungsrechtliche Vorgaben.
4. Die Rechtsprechung des EuGH und des BFH zu den Voraussetzungen für eine umsatzsteuerfreie innergemeinschaftliche Lieferung und zum Gutglaubensschutz kann nicht auf verbrauchsteuerrechtliche Sachverhalte übertragen werden.

## § 6 Herstellungsbetriebe für Energieerzeugnisse

(1) ¹Herstellungsbetriebe im Sinne dieses Gesetzes sind vorbehaltlich der Absätze 2 und 3 Betriebe, in denen Energieerzeugnisse im Sinn des § 4 hergestellt werden. ²Herstellungshandlungen sind das Gewinnen oder Bearbeiten und in den Fällen von § 4 Nummer 1, 7 und 9 das Bestimmen der Waren zur Verwendung als Kraft- oder Heizstoff.

(2) Für Betriebe, die nicht schon aus einem anderen Grunde Herstellungsbetriebe sind, gelten nicht als Herstellung von Energieerzeugnissen

1. das Mischen von Energieerzeugnissen miteinander,
2. das Mischen von Energieerzeugnissen mit anderen Stoffen
    a) im Lager für Energieerzeugnisse,
    b) zum Kennzeichnen von Energieerzeugnissen,
3. das Trocknen oder bloße mechanische Reinigen von Energieerzeugnissen vor der ersten Verwendung sowie die Entnahme von Energieerzeugnissen aus Waren der Abschnitte XVI und XVII der Kombinierten Nomenklatur,
4. das Gewinnen von Energieerzeugnissen
    a) in Vorrichtungen zur Reinigung oder Reinhaltung von Gewässern und in Wasseraufbereitungsanlagen,
    b) beim Reinigen von Putzstoffen, Arbeitskleidung oder Altpapier,
5. das Gewinnen und Bearbeiten von Energieerzeugnissen durch Aufbereiten von Ölabfällen der Unterpositionen 2710 91 und 2710 99 der Kombinierten Nomenklatur und von anderen mit diesen vergleichbaren gebrauchten Energieerzeugnissen in den Betrieben, in denen sie angefallen sind,
6. das Gewinnen und Bearbeiten von Energieerzeugnissen, die zuvor steuerfrei verwendet worden sind, in dem Betrieb des Verwenders.

(3) ¹Wer Energieerzeugnisse unter Steueraussetzung herstellen will, bedarf der Erlaubnis. ²Sie wird auf Antrag unter Widerrufsvorbehalt Personen erteilt, gegen deren steuerliche Zuverlässigkeit keine Bedenken bestehen und die – soweit nach dem Handelsgesetzbuch oder der Abgabenordnung dazu verpflichtet – ordnungsmäßig kaufmännische Bücher führen und rechtzeitig Jahresabschlüsse aufstellen. ³Vor der Erteilung ist Sicherheit für die Steuer zu leisten, die voraussichtlich während zweier Monate für aus dem Herstellungsbetrieb in den freien Verkehr entnommene Energieerzeugnisse entsteht (§ 8), wenn Anzeichen für eine Gefährdung der Steuer erkennbar sind.

(4) ¹Die Erlaubnis ist zu widerrufen, wenn eine der Voraussetzungen nach Absatz 3 Satz 2 nicht mehr erfüllt ist oder eine angeforderte Sicherheit nicht geleistet wird. ²Die Erlaubnis kann widerrufen werden, wenn eine geleistete Sicherheit nicht mehr ausreicht.

*EU-Vorgaben*

**RL 2008/118/EG Systemrichtlinie (Auszug)**

**Artikel 2**

Verbrauchsteuerpflichtige Waren werden verbrauchsteuerpflichtig mit
a) ihrer Herstellung, gegebenenfalls einschließlich ihrer Förderung, innerhalb des Gebiets der Gemeinschaft;
b) ihrer Einfuhr in das Gebiet der Gemeinschaft.

**Artikel 15**

(1) Jeder Mitgliedstaat erlässt die Vorschriften für die Herstellung, die Verarbeitung und die Lagerung verbrauchsteuerpflichtiger Waren vorbehaltlich der Bestimmungen dieser Richtlinie.

(2) Die Herstellung, die Verarbeitung und die Lagerung verbrauchsteuerpflichtiger und noch nicht versteuerter Waren erfolgen in einem Steuerlager.

## Artikel 16

(1) Die Eröffnung und der Betrieb eines Steuerlagers durch einen zugelassenen Lagerinhaber bedürfen der Zulassung durch die zuständigen Behörden des Mitgliedstaates, in dem das Steuerlager belegen ist. Die Zulassung unterliegt den Bedingungen, die die Behörden zur Vorbeugung von Steuerhinterziehung oder -missbrauch festlegen können.

(2) Der zugelassene Lagerinhaber ist verpflichtet:

a) erforderlichenfalls eine Sicherheit zur Abdeckung der mit der Herstellung, der Verarbeitung und der Lagerung der verbrauchsteuerpflichtigen Waren verbundenen Risiken zu leisten;

b) den von dem Mitgliedstaat, in dessen Gebiet sich das Steuerlager befindet, vorgeschriebenen Verpflichtungen nachzukommen;

c) eine nach Lagern getrennte Buchhaltung über die Bestände und Warenbewegungen verbrauchsteuerpflichtiger Waren zu führen;

d) alle in einem Verfahren der Steueraussetzung beförderten verbrauchsteuerpflichtigen Waren nach Beendigung der Beförderung in sein Steuerlager zu verbringen und in seinen Büchern zu erfassen, sofern Artikel 17 Absatz 2 keine Anwendung findet;

e) alle Maßnahmen zur Kontrolle oder zur amtlichen Bestandsaufnahme zu dulden.

Die Bedingungen für die Leistung der unter Buchstabe a aufgeführten Sicherheit werden von den zuständigen Behörden des Mitgliedstaats festgelegt, in dem das Steuerlager zugelassen ist.

## RL 2003/96/EG Energiesteuerrichtlinie (Auszug)
### Artikel 21

...

(2) Im Sinne dieser Richtlinie schließt der in Artikel 4 Buchstabe c) und in Artikel 5 Absatz 1 der Richtlinie 92/12/EWG genannte Begriff „Herstellung" gegebenenfalls die „Förderung" ein.

...

(6) Die Mitgliedstaaten brauchen folgende Vorgänge nicht als „Erzeugung von Energieerzeugnissen" zu behandeln:

a) Vorgänge, bei denen als Nebenprodukte kleinere Mengen an Energieerzeugnissen anfallen;

b) Vorgänge, durch die der Verwender eines Energieerzeugnisses dessen Wiederverwendung in seinem eigenen Unternehmen ermöglicht, sofern der Betrag der für dieses Erzeugnis bereits entrichteten Steuer nicht geringer ist als der Steuerbetrag, der zu entrichten wäre, wenn das wieder verwendete Energieerzeugnis erneut der Besteuerung unterliegen würde;

c) das bloße Mischen von Energieerzeugnissen untereinander oder mit anderen Stoffen außerhalb eines Herstellungsbetriebes oder eines Zolllagers, sofern

　i) die Steuer für die einzelnen Bestandteile zuvor entrichtet worden ist und

　ii) der entrichtete Betrag nicht niedriger ist als der Steuerbetrag, mit dem das Gemisch belastet würde.

Die in Ziffer i) genannte Bedingung gilt nicht, wenn für das Gemisch bei einer bestimmten Verwendung Steuerbefreiung gewährt wird.

*Energiesteuer-Durchführungsverordnung*

*Zu § 6 des Gesetzes*

### § 12 Antrag auf Herstellererlaubnis

*(1) ¹Wer Energieerzeugnisse unter Steueraussetzung herstellen will, hat die Erlaubnis nach § 6 Absatz 3 Satz 1 des Gesetzes vor Eröffnung des Betriebs nach amtlich vorgeschriebenem Vordruck beim Hauptzollamt zu beantragen. ²Dem Antrag sind beizufügen:*

1. *eine Beschreibung der Herstellungsanlagen, der Lagerstätten, der Zapfstellen und der mit ihnen in Verbindung stehenden oder an sie angrenzenden Räume sowie in zweifacher Ausfertigung ein Lage- und Rohrleitungsplan;*

2. *eine Betriebserklärung; darin sind allgemeinverständlich zu beschreiben*

　a) *das Herstellungsverfahren,*

　b) *die zu bearbeitenden Rohstoffe,*

　c) *die herzustellenden Erzeugnisse sowie deren für die Steuer maßgebenden Merkmale,*

d) *die Nebenerzeugnisse und Abfälle;*

*die Betriebserklärung ist durch eine schematische Darstellung zu ergänzen, soweit dies zu ihrem Verständnis erforderlich ist;*

3. *eine Darstellung der Mengenermittlung und der Fabrikationsbuchführung;*
4. *von Unternehmen, die in das Handels-, Genossenschafts- oder Vereinsregister eingetragen sind, ein aktueller Registerauszug.*

*(2) ¹Der Antragsteller hat auf Verlangen des Hauptzollamts weitere Angaben zu machen, wenn sie zur Sicherung des Steueraufkommens oder für die Steueraufsicht erforderlich erscheinen. ²Das Hauptzollamt kann auf Angaben verzichten, soweit die Steuerbelange dadurch nicht beeinträchtigt werden.*

*(3) Beabsichtigt der Inhaber des Herstellungsbetriebs weitere Herstellungsbetriebe zu betreiben, beantragt er in entsprechender Anwendung der Absätze 1 und 2 eine Erweiterung der Erlaubnis.*

## § 13 Einrichtung des Herstellungsbetriebs

*(1) ¹Der Herstellungsbetrieb muss so eingerichtet sein, dass die mit der Steueraufsicht betrauten Amtsträger den Gang der Herstellung und den Verbleib der Erzeugnisse im Betrieb verfolgen können. ²Das Hauptzollamt kann besondere Anforderungen stellen, die im Interesse der Steueraufsicht erforderlich erscheinen.*

*(2) ¹Die Lagertanks für Energieerzeugnisse im Herstellungsbetrieb müssen eichamtlich vermessen und die Zapfstellen zur Entnahme von Energieerzeugnissen mit geeichten Messeinrichtungen versehen sein. ²Das Hauptzollamt kann Ausnahmen zulassen, wenn die Steuerbelange dadurch nicht beeinträchtigt werden.*

*(3) Die Lagerstätten für Energieerzeugnisse und die Zapfstellen zur Entnahme von Energieerzeugnissen bedürfen der Zulassung durch das Hauptzollamt.*

*(4) Der Inhaber des Herstellungsbetriebs darf Energieerzeugnisse nur in den angemeldeten Betriebsanlagen herstellen, nur in den zugelassenen Lagerstätten lagern und nur an den zugelassenen Zapfstellen entnehmen.*

## § 14 Erteilung und Erlöschen der Herstellererlaubnis

*(1) ¹Das Hauptzollamt erteilt schriftlich die Erlaubnis. ²Es kann die Erlaubnis schon vor Abschluss einer Prüfung des Antrags erteilen, wenn Sicherheit in Höhe der Steuer geleistet ist, die voraussichtlich entstehen wird. ³Die Erlaubnis kann mit Nebenbestimmungen nach § 120 Absatz 2 der Abgabenordnung verbunden werden. ⁴In den Fällen des § 12 Absatz 3 wird die Erlaubnis erweitert.*

*(1a) ¹Mit der Erlaubnis werden nach einer Verwaltungsvorschrift des Bundesministeriums der Finanzen für den Inhaber des Herstellungsbetriebs und für jeden Herstellungsbetrieb Verbrauchsteuernummern vergeben. ²Wurde dem Inhaber des Herstellungsbetriebs bereits eine Verbrauchsteuernummer als Inhaber eines Lagers für Energieerzeugnisse erteilt (§ 18 Absatz 1a), gilt diese Verbrauchsteuernummer auch für ihn als Inhaber des Herstellungsbetriebs.*

*(2) Die Erlaubnis zur Herstellung erlischt*

1. *durch Widerruf,*
2. *durch Verzicht,*
3. *durch Fristablauf,*
4. *durch Übergabe des Herstellungsbetriebs an Dritte,*
5. *durch Tod des Inhabers der Erlaubnis,*
6. *durch Auflösung der juristischen Person oder Personenvereinigung ohne Rechtspersönlichkeit, der die Erlaubnis erteilt worden ist,*
7. *durch Eröffnung des Insolvenzverfahrens über das Vermögen des Inhabers der Erlaubnis oder durch Abweisung der Eröffnung mangels Masse*

*im Zeitpunkt des maßgebenden Ereignisses, soweit die folgenden Absätze nichts anderes bestimmen.*

*(3) Das Hauptzollamt kann beim Erlöschen der Erlaubnis eine angemessene Frist für die Räumung des Herstellungsbetriebs gewähren, wenn keine Anzeichen für eine Gefährdung der Steuer erkennbar sind.*

*(4) Beantragen in den Fällen des Absatzes 2 Nr. 5 bis 7 die Erben, die Liquidatoren oder der Insolvenzverwalter innerhalb eines Monats nach dem maßgebenden Ereignis die Fortführung des Herstellungsbetriebs bis zur Erteilung der Erlaubnis für Erben oder einen Erwerber oder bis zur Abwicklung des Herstellungsbetriebs, gilt die Erlaubnis für die Antragsteller fort und erlischt nicht vor Ablauf einer angemessenen Frist, die das Hauptzollamt festsetzt.*

(5) *Energieerzeugnisse, die sich im Zeitpunkt des Erlöschens der Erlaubnis im Betrieb befinden, gelten als im Zeitpunkt des Erlöschens in den steuerrechtlich freien Verkehr entnommen (§ 8 Abs. 1 Satz 1 des Gesetzes).*

## § 15 Pflichten des Herstellers, Steueraufsicht

*(1) ¹Der Inhaber des Herstellungsbetriebs hat ein Belegheft zu führen. ²Das Hauptzollamt kann dazu Anordnungen treffen.*

*(2) ¹Der Inhaber des Herstellungsbetriebs hat über den Zugang und den Abgang an Energieerzeugnissen und anderen Stoffen ein Herstellungsbuch nach amtlich vorgeschriebenem Vordruck zu führen. ²Das Hauptzollamt kann dazu Anordnungen treffen. ³Der Inhaber des Herstellungsbetriebs hat auf Verlangen des Hauptzollamts weitere Aufzeichnungen zu führen und Art und Menge der aus dem Herstellungsbetrieb entfernten Energieerzeugnisse unter Angabe der Verkaufspreise, gewährter Preisnachlässe und der Lieferungs- und Zahlungsbedingungen dem Hauptzollamt am Tag nach der Entfernung anzuzeigen. ⁴Das Hauptzollamt kann anstelle des Herstellungsbuchs betriebliche Aufzeichnungen zulassen, wenn die Steuerbelange dadurch nicht beeinträchtigt werden. ⁵Das Herstellungsbuch ist jeweils für ein Kalenderjahr zu führen und spätestens am 31. Januar des folgenden Jahres abzuschließen. ⁶Der Inhaber des Herstellungsbetriebs hat dem Hauptzollamt auf Verlangen das abgeschlossene Herstellungsbuch abzuliefern.*

*(3) ¹Der Inhaber des Herstellungsbetriebs hat dem Hauptzollamt auf Verlangen Zusammenstellungen über die Abgabe von steuerfreien Energieerzeugnissen vorzulegen. ²Er hat dem zuständigen Hauptzollamt bis zum 15. Februar jeden Jahres andere als die in § 28 des Gesetzes genannten Energieerzeugnisse anzumelden, die er im abgelaufenen Kalenderjahr zu den in der Anlage 1 aufgeführten steuerfreien Zwecken abgegeben hat.*

*(4) ¹Der Inhaber des Herstellungsbetriebs hat einmal im Kalenderjahr den Bestand an Energieerzeugnissen und anderen Stoffen aufzunehmen und ihn gleichzeitig mit dem Sollbestand dem Hauptzollamt spätestens sechs Wochen nach der Bestandsaufnahme nach amtlich vorgeschriebenem Vordruck anzumelden. ²Er hat den Zeitpunkt der Bestandsaufnahme dem Hauptzollamt drei Wochen vorher anzuzeigen. ³Das Hauptzollamt kann auf die Anzeige verzichten, wenn die Steuerbelange dadurch nicht beeinträchtigt werden. ⁴Die mit der Steueraufsicht betrauten Amtsträger können an der Bestandsaufnahme teilnehmen.*

*(5) ¹Auf Anordnung des Hauptzollamts sind im Herstellungsbetrieb die Bestände an Energieerzeugnissen und anderen Stoffen amtlich festzustellen. ²Dazu hat der Inhaber des Herstellungsbetriebs das Herstellungsbuch oder die an seiner Stelle zugelassenen Aufzeichnungen aufzurechnen und auf Verlangen des Hauptzollamts die Bestände nach amtlich vorgeschriebenem Vordruck anzumelden. ³Der Inhaber des Herstellungsbetriebs hat auf Verlangen des Hauptzollamts auch andere Energieerzeugnisse, mit denen er handelt, die er lagert oder verwendet, in die Bestandsaufnahme oder Anmeldung einzubeziehen.*

*(6) Die mit der Steueraufsicht betrauten Amtsträger können für steuerliche Zwecke unentgeltlich Proben von Energieerzeugnissen und von Stoffen, die zu ihrer Herstellung bestimmt sind oder als Nebenerzeugnisse bei der Herstellung anfallen, zur Untersuchung entnehmen.*

*(7) Der Inhaber des Herstellungsbetriebs hat dem Hauptzollamt auf Verlangen für die Steueraufsicht wichtige Betriebsvorgänge schriftlich anzumelden und Zwischenabschlüsse zu fertigen.*

*(8) Der Inhaber des Herstellungsbetriebs hat dem Hauptzollamt vorbehaltlich Absatz 9 Änderungen der nach § 12 angegebenen Verhältnisse sowie Überschuldung, drohende oder eingetretene Zahlungsunfähigkeit, Zahlungseinstellung und Stellung des Antrags auf Eröffnung eines Insolvenzverfahrens unverzüglich schriftlich anzuzeigen.*

*(9) ¹Beabsichtigt der Inhaber des Herstellungsbetriebs, die angemeldeten Räume, Anlagen, Lagerstätten oder Zapfstellen oder die in der Betriebserklärung dargestellten Verhältnisse zu ändern, hat er dies dem Hauptzollamt mindestens eine Woche vorher schriftlich anzuzeigen. ²Er darf die Änderung erst durchführen, wenn das Hauptzollamt zugestimmt hat. ³Das Hauptzollamt kann auf Antrag auf die Anzeige verzichten, wenn die Änderung auf andere Weise jederzeit erkennbar ist und der Inhaber des Herstellungsbetriebs sich verpflichtet, die Änderung unverzüglich rückgängig zu machen, wenn die nachträgliche Zustimmung des Hauptzollamts nicht erteilt wird. ⁴Das Hauptzollamt kann den Verzicht außerdem davon abhängig machen, dass über die An- und Abmeldung von Lagerstätten besondere Aufzeichnungen oder Verzeichnisse geführt werden. ⁵Der Inhaber des Herstellungsbetriebs hat auf Verlangen des Hauptzollamts die Unterlagen nach § 12 Absatz 1 Satz 2 neu zu erstellen, wenn sie unübersichtlich geworden sind.*

## § 6 DV § 15, § 25

*(10) Die Erben haben den Tod des Inhabers des Herstellungsbetriebs, die Liquidatoren haben den Auflösungsbeschluss, der Inhaber des Herstellungsbetriebs und der Insolvenzverwalter haben die Eröffnung des Insolvenzverfahrens jeweils dem Hauptzollamt unverzüglich schriftlich anzuzeigen.*

*(11) Der Inhaber des Herstellungsbetriebs hat dem Hauptzollamt die Einstellung des Betriebs unverzüglich, die Wiederaufnahme des Betriebs mindestens eine Woche vorher schriftlich anzuzeigen.*

### Zu den §§ 6 bis 9, 23, 31, 32 und 38 des Gesetzes

### § 25 Anzeichen für eine Gefährdung der Steuer

Als Anzeichen für eine Gefährdung der Steuer nach § 6 Abs. 3, § 7 Abs. 2, § 8 Abs. 7, auch in Verbindung mit § 9 Abs. 2, § 23 Abs. 5, § 31 Abs. 4, § 32 Abs. 3 und § 38 Abs. 6 des Gesetzes ist insbesondere anzusehen, wenn Antragsteller oder Steuerpflichtige

1. Auskünfte über ihre wirtschaftliche Lage einschließlich der Herkunft des Betriebskapitals verweigern, die Prüfung ihrer wirtschaftlichen Lage ablehnen oder die für die Prüfung erforderlichen Bilanzen, Inventare, Bücher und Aufzeichnungen nicht, nicht rechtzeitig oder nicht mit richtigem Inhalt vorlegen,
2. zur Zahlung fälliger Energiesteuer nicht oder nur teilweise gedeckte Schecks vorlegen oder vorlegen lassen,
3. die Steuer mehrfach innerhalb der Frist nach § 240 Abs. 3 der Abgabenordnung oder nach deren Ablauf gezahlt haben,
4. die Steuer mehrmals durch einen Dritten haben entrichten lassen, ohne dass sie Ansprüche auf die Zahlung durch den Dritten aus einem wirtschaftlich begründeten gegenseitigen Vertrag nachweisen können,
5. Forderungen gegen Abnehmer fortlaufend abgetreten haben und zugleich Energieerzeugnisse an andere Abnehmer auf Kredit liefern, ohne dass der Zahlungseingang gesichert ist,
6. Energieerzeugnisse längere Zeit unter Einstandspreisen mit Verlust ohne begründete Aussicht auf Ausgleich des Verlusts, insbesondere unter Absatzausweitung verkaufen,
7. wirtschaftlich von einem Dritten abhängig sind oder fortlaufend Energieerzeugnisse eines Dritten in erheblichem Umfang herstellen oder lagern, ohne für den Eingang der zur Entrichtung der Steuer erforderlichen Mittel gesichert zu sein,
8. nicht übersehbare Unternehmensbeteiligungen oder -verbindungen, insbesondere im Ausland, eingehen oder
9. Personen maßgeblich am Kapital des Unternehmens oder an der Geschäftsabwicklung beteiligen, die Energiesteuer vorsätzlich oder leichtfertig verkürzt haben, vorsätzlich oder leichtfertig an einer Verkürzung beteiligt waren, die nach den im Einzelfall vorliegenden tatsächlichen Anhaltspunkten mit Wahrscheinlichkeit Täter oder Teilnehmer einer Steuerstraftat sind, oder die in einen Fall von Zahlungsunfähigkeit verwickelt sind oder waren, auf Grund dessen Energiesteuer nicht in voller Höhe vereinnahmt werden konnte.

### *Kombinierte Nomenklatur (Auszug)*

**Abschnitt XVI**
**Maschinen, Apparate, mechanische Geräte und elektrotechnische Waren, Teile davon; Tonaufnahme- oder Tonwiedergabegeräte, Fernseh-Bild- und -Tonaufzeichnungsgeräte oder Fernseh-Bild- und -Tonwiedergabegeräte, Teile und Zubehör für diese Geräte**

- 84 Kernreaktoren, Kessel, Maschinen, Apparate und mechanische Geräte; Teile davon
- 85 Elektrische Maschinen, Apparate, Geräte und andere elektrotechnische Waren, Teile davon; Tonaufnahme- oder Tonwiedergabegeräte, Bild- und Tonaufzeichnungs- oder -Wiedergabegeräte, für das Fernsehen, Teile und Zubehör für diese Geräte

**Abschnitt XVII**
**Beförderungsmittel**

- 86 Schienenfahrzeuge und ortsfestes Gleismaterial, Teile davon; mechanische (auch elektromechanische) Signalgeräte für Verkehrswege
- 87 Zugmaschinen, Kraftwagen, Krafträder, Fahrräder und andere nicht schienengebundene Landfahrzeuge, Teile davon und Zubehör

88 Luftfahrzeuge und Raumfahrzeuge, Teile davon
89 Wasserfahrzeuge und schwimmende Vorrichtungen

## Rechtsprechungsauswahl zu § 6 EnergieStG

**BFH vom 29.10.2013, VII R 26/12:**
1. Eine Energiesteuerentlastung nach § 47 Abs. 1 Nr. 4 i.V.m. § 26 Abs. 1 EnergieStG kann nur insoweit gewährt werden, als die auf dem Betriebsgelände eingesetzten Energieerzeugnisse in hierzu bestimmten Anlagen oder Anlagenteilen zur Herstellung von Energieerzeugnissen verwendet werden.
2. Werden die in einer Tierkörperverwertungsanlage gewonnenen Tierfette nur zu einem bestimmten Anteil zur Verwendung als Kraft- oder Heizstoff bestimmt und wird der restliche Anteil an Tierfetten und Knochenmehl zu anderen Zwecken weiterveräußert, so ist zur Berechnung des entlastungsfähigen Anteils der eingesetzten Energieerzeugnisse das Verhältnis zwischen der Gesamterzeugung und den hergestellten Energieerzeugnissen zu bestimmen.

**BFH vom 23.02.2010, VII R 34/09 (BFH/NV 2010 S. 1359):**
1. Ein Betrieb, der tierische Fette der Unterposition 1518 00 95 KN erzeugt, die nicht dazu bestimmt sind, als Kraftstoff oder Heizstoff verwendet zu werden, ist kein Herstellungsbetrieb i.s. des § 6 EnergieStG.
2. Für die zum Betrieb einer Dampfkesselanlage eingesetzten fremden Energieerzeugnisse kommt daher die Gewährung einer Steuerbefreiung im Rahmen des Herstellerprivilegs nicht in Betracht.

**BFH vom 26.07.1977, VII R 90/75 (BFHE 123 S. 250):**
1. „Herstellungsbetrieb" im Sinne des § 3 MinöStG 1964 ist auch der Erdtank einer Tankstelle, in dem ein Mineralöl dadurch neu entsteht, dass im Tank bereits vorhandenes Benzin mit einem anderen nicht als Mineralöl geltenden Stoff durch dessen Zufüllung vermischt wird. Der Erdtank einer Tankstelle, der nur noch den sog „Toten Bestand" enthält, ist steuerrechtlich leer.
2. Ein Mineralölsteuerhaftungsbescheid braucht keine Auskunft darüber zu geben, von welchen einzelnen Personen und in welcher jeweiligen Höhe der Haftungsbetrag als Steuer geschuldet wird.

## § 7 Lager für Energieerzeugnisse

(1) ¹Lager für Energieerzeugnisse im Sinne dieses Gesetzes sind vorbehaltlich Absatz 2 Betriebe, in denen Energieerzeugnisse im Sinn des § 4 unter Steueraussetzung gelagert werden. ²Das Lager muss dem Großhandel, dem Großhandelsvertrieb durch Hersteller, dem Mischen von Energieerzeugnissen, der Versorgung von Verwendern mit steuerfreien Energieerzeugnissen oder der Abgabe von Energieerzeugnissen nach § 2 Abs. 1 Nr. 8 Buchstabe a, Abs. 2 Nr. 2 oder Abs. 3 dienen. ³Energieerzeugnisse dürfen im Lager miteinander oder mit anderen Stoffen gemischt werden, wenn das Gemisch ein Energieerzeugnis im Sinn des § 4 ist.

(2) ¹Wer Energieerzeugnisse unter Steueraussetzung lagern will, bedarf der Erlaubnis. ²Sie wird auf Antrag unter Widerrufsvorbehalt Personen erteilt, gegen deren steuerliche Zuverlässigkeit keine Bedenken bestehen und die – soweit nach dem Handelsgesetzbuch oder der Abgabenordnung dazu verpflichtet – ordnungsmäßig kaufmännische Bücher führen und rechtzeitig Jahresabschlüsse aufstellen. ³Vor der Erteilung ist Sicherheit für die Steuer zu leisten, die voraussichtlich während zweier Monate für aus dem Lager in den freien Verkehr entnommene Energieerzeugnisse in Person des Antragstellers entsteht (§ 8), wenn Anzeichen für eine Gefährdung der Steuer erkennbar sind.

(3) ¹Die Erlaubnis ist zu widerrufen, wenn eine der Voraussetzungen nach Absatz 2 Satz 2 nicht mehr erfüllt ist oder eine angeforderte Sicherheit nicht geleistet wird. ²Die Erlaubnis kann widerrufen werden, wenn eine geleistete Sicherheit nicht mehr ausreicht.

(4) ¹Das Lager kann auch der Einlagerung von Energieerzeugnissen durch Dritte (Einlagerer) dienen. ²Will der Einlagerer Steuerschuldner nach § 8 Abs. 2 Satz 2 werden, muss ihm zuvor eine Erlaubnis erteilt worden sein (zugelassener Einlagerer). ³Diese wird auf Antrag erteilt, wenn die Einlagerung durch den Einlagerer dem Großhandel oder dem Großhandelsvertrieb durch Hersteller dient und der Einlagerer die eingelagerten Energieerzeugnisse im eigenen Namen vertreibt. ⁴Die Erlaubnis wird nicht erteilt, wenn die Energieerzeugnisse ausschließlich nach § 2 Abs. 1 Nr. 8 Buchstabe a, Abs. 2 Nr. 2 oder Abs. 3 versteuert oder zu steuerfreien Zwecken entnommen werden sollen. ⁵Absatz 2 Satz 2 und 3 und Absatz 3 gelten entsprechend.

(5) Abweichend von den Absätzen 1 und 2 kann das Hauptzollamt auf Antrag für Flüssiggase, ordnungsgemäß gekennzeichnete Gasöle der Unterpositionen 2710 19 41 bis 2710 19 49 der Kombinierten Nomenklatur und Heizöle der Unterpositionen 2710 19 61 bis 2710 19 69 der Kombinierten Nomenklatur, die nach § 2 Abs. 1 Nr. 8 Buchstabe a, Abs. 2 Nr. 2 oder Abs. 3 versteuert oder zu steuerfreien Zwecken nach den §§ 25, 26 oder § 27 Abs. 1 abgegeben werden sollen oder die unter Steueraussetzung in ein anderes Steuerlager im Steuergebiet verbracht werden sollen, auch dann eine Erlaubnis nach Absatz 2 erteilen, wenn das Lager keine Lagerstätten besitzt.

(6) Auf Antrag des Erdölbevorratungsverbandes nach § 2 Abs. 1 des Erdölbevorratungsgesetzes in der Fassung der Bekanntmachung vom 6. April 1998 (BGBl. I S. 679), zuletzt geändert durch Artikel 129 der Verordnung vom 25. November 2003 (BGBl. I S. 2304), in der jeweils geltenden Fassung ist zuzulassen, dass Energieerzeugnisse zur Erfüllung der Verbandszwecke unter Steueraussetzung gelagert werden.

*EU-Vorgaben*

**RL 2008/118/EG Systemrichtlinie (Auszug)**
**Artikel 15**
(1) Jeder Mitgliedstaat erlässt die Vorschriften für die Herstellung, die Verarbeitung und die Lagerung verbrauchsteuerpflichtiger Waren vorbehaltlich der Bestimmungen dieser Richtlinie.
(2) Die Herstellung, die Verarbeitung und die Lagerung verbrauchsteuerpflichtiger und noch nicht versteuerter Waren erfolgen in einem Steuerlager.

**Artikel 16**
(1) Die Eröffnung und der Betrieb eines Steuerlagers durch einen zugelassenen Lagerinhaber bedürfen der Zulassung durch die zuständigen Behörden des Mitgliedstaates, in dem das Steuerlager belegen ist.

Die Zulassung unterliegt den Bedingungen, die die Behörden zur Vorbeugung von Steuerhinterziehung oder -missbrauch festlegen können.

(2) Der zugelassene Lagerinhaber ist verpflichtet:
a) erforderlichenfalls eine Sicherheit zur Abdeckung der mit der Herstellung, der Verarbeitung und der Lagerung der verbrauchsteuerpflichtigen Waren verbundenen Risiken zu leisten;
b) den von dem Mitgliedstaat, in dessen Gebiet sich das Steuerlager befindet, vorgeschriebenen Verpflichtungen nachzukommen;
c) eine nach Lagern getrennte Buchhaltung über die Bestände und Warenbewegungen verbrauchsteuerpflichtiger Waren zu führen;
d) alle in einem Verfahren der Steueraussetzung beförderten verbrauchsteuerpflichtigen Waren nach Beendigung der Beförderung in sein Steuerlager zu verbringen und in seinen Büchern zu erfassen, sofern Artikel 17 Absatz 2 keine Anwendung findet;
e) alle Maßnahmen zur Kontrolle oder zur amtlichen Bestandsaufnahme zu dulden.

Die Bedingungen für die Leistung der unter Buchstabe a aufgeführten Sicherheit werden von den zuständigen Behörden des Mitgliedstaats festgelegt, in dem das Steuerlager zugelassen ist.

*Energiesteuer-Durchführungsverordnung*

*Zu § 7 des Gesetzes*

### § 16 Antrag auf Lagererlaubnis

*(1) ¹Wer Energieerzeugnisse unter Steueraussetzung lagern will, hat die Erlaubnis nach § 7 Absatz 2 Satz 1 des Gesetzes nach amtlich vorgeschriebenem Vordruck beim Hauptzollamt zu beantragen. ²Dem Antrag sind beizufügen:*
1. *eine Beschreibung der Lagerstätten, der Zapfstellen und der mit ihnen in Verbindung stehenden oder an sie angrenzenden Räume sowie in zweifacher Ausfertigung ein Lage- und Rohrleitungsplan,*
2. *eine Darstellung der Mengenermittlung und der Buchführung,*
3. *von Unternehmen, die in das Handels-, Genossenschafts- oder Vereinsregister eingetragen sind, ein aktueller Registerauszug.*

*(2) ¹Der Antragsteller hat auf Verlangen des Hauptzollamts weitere Angaben zu machen, wenn sie zur Sicherung des Steueraufkommens oder für die Steueraufsicht erforderlich erscheinen. ²Das Hauptzollamt kann auf Angaben verzichten, soweit die Steuerbelange dadurch nicht beeinträchtigt werden.*

*(3) Beabsichtigt der Inhaber des Lagers weitere Lager zu betreiben, beantragt er in entsprechender Anwendung der Absätze 1 und 2 eine Erweiterung der Erlaubnis.*

### § 17 Einrichtung des Lagers

*(1) Die Lagerstätten eines Lagers für Energieerzeugnisse müssen so beschaffen sein, dass Energieerzeugnisse verschiedener Art voneinander getrennt und übersichtlich gelagert werden können.*

*(2) ¹Lagertanks für Energieerzeugnisse im Lager müssen eichamtlich vermessen und die Zapfstellen zur Entnahme von Energieerzeugnissen mit geeichten Messeinrichtungen versehen sein. ²Das Hauptzollamt kann Ausnahmen zulassen, wenn die Steuerbelange dadurch nicht beeinträchtigt werden.*

*(3) Die Lagerstätten für Energieerzeugnisse und die Zapfstellen zur Entnahme von Energieerzeugnissen bedürfen der Zulassung durch das Hauptzollamt.*

*(4) Der Inhaber des Lagers darf Energieerzeugnisse nur in den zugelassenen Lagerstätten lagern und nur an den zugelassenen Zapfstellen entnehmen.*

### § 18 Erteilung und Erlöschen der Lagererlaubnis

*(1) ¹Das Hauptzollamt erteilt schriftlich die Erlaubnis. ²Es kann die Erlaubnis schon vor Abschluss einer Prüfung des Antrags erteilen, wenn Sicherheit in Höhe der Steuer geleistet ist, die voraussichtlich entstehen wird. ³Die Erlaubnis kann mit Nebenbestimmungen nach § 120 Absatz 2 der Abgabenordnung verbunden werden. ⁴In den Fällen des § 16 Absatz 3 wird die Erlaubnis erweitert.*

*(1a) ¹Mit der Erlaubnis werden nach einer Verwaltungsvorschrift des Bundesministeriums der Finanzen für den Inhaber des Lagers und für jedes Lager Verbrauchsteuernummern vergeben. ²Wurde dem Inhaber des Lagers bereits eine Verbrauchsteuernummer als Inhaber eines Herstellungsbetriebs erteilt (§ 14 Absatz 1a), gilt diese Verbrauchsteuernummer auch für ihn als Inhaber des Lagers.*

*(2) Für das Erlöschen der Erlaubnis gilt § 14 Abs. 2 bis 5 sinngemäß.*

## § 19 Pflichten des Lagerinhabers, Steueraufsicht

*(1)* ¹*Der Inhaber des Lagers hat ein Belegheft zu führen.* ²*Das Hauptzollamt kann dazu Anordnungen treffen.*

*(2)* ¹*Der Inhaber des Lagers hat über den Zugang und den Abgang an Energieerzeugnissen und anderen Stoffen, die zum Vermischen mit Energieerzeugnissen in das Lager aufgenommen werden, ein Lagerbuch nach amtlich vorgeschriebenem Vordruck zu führen.* ²*Das Hauptzollamt kann dazu Anordnungen treffen.* ³*Der Inhaber des Lagers hat auf Verlangen des Hauptzollamts weitere Aufzeichnungen zu führen und Art und Menge der aus dem Lager entfernten Energieerzeugnisse unter Angabe der Verkaufspreise, gewährter Preisnachlässe und der Lieferungs- und Zahlungsbedingungen dem Hauptzollamt am Tag nach der Entfernung anzuzeigen.* ⁴*Das Hauptzollamt kann anstelle des Lagerbuchs betriebliche Aufzeichnungen zulassen, wenn die Steuerbelange dadurch nicht beeinträchtigt werden.* ⁵*Das Lagerbuch ist jeweils für ein Kalenderjahr zu führen und spätestens am 31. Januar des folgenden Jahres abzuschließen.* ⁶*Der Inhaber des Lagers hat dem Hauptzollamt auf Verlangen das abgeschlossene Lagerbuch abzuliefern.*

*(3)* ¹*Der Inhaber des Lagers hat dem Hauptzollamt auf Verlangen Zusammenstellungen über die Abgabe von steuerfreien Energieerzeugnissen vorzulegen.* ²*Er hat dem zuständigen Hauptzollamt bis zum 15. Februar jeden Jahres andere als die in § 28 des Gesetzes genannten Energieerzeugnisse anzumelden, die er im abgelaufenen Kalenderjahr zu den in der Anlage 1 aufgeführten steuerfreien Zwecken abgegeben hat.*

*(4)* ¹*Der Inhaber des Lagers hat einmal im Kalenderjahr den Bestand an Energieerzeugnissen und anderen Stoffen aufzunehmen und ihn gleichzeitig mit dem Sollbestand dem Hauptzollamt spätestens sechs Wochen nach der Bestandsaufnahme nach amtlich vorgeschriebenem Vordruck anzumelden.* ²*Der Inhaber des Lagers hat den Zeitpunkt der Bestandsaufnahme dem Hauptzollamt drei Wochen vorher anzuzeigen.* ³*Das Hauptzollamt kann auf die Anzeige verzichten, wenn die Steuerbelange dadurch nicht beeinträchtigt werden.* ⁴*Die mit der Steueraufsicht betrauten Amtsträger können an der Bestandsaufnahme teilnehmen.*

*(5)* ¹*Auf Anordnung des Hauptzollamts sind im Lager die Bestände an Energieerzeugnissen und anderen Stoffen amtlich festzustellen.* ²*Dazu hat der Inhaber des Lagers das Lagerbuch oder die an seiner Stelle zugelassenen Aufzeichnungen aufzurechnen und auf Verlangen des Hauptzollamts die Bestände nach amtlich vorgeschriebenem Vordruck anzumelden.* ³*Der Inhaber des Lagers hat auf Verlangen des Hauptzollamts auch andere Energieerzeugnisse, mit denen er handelt, die er lagert oder verwendet, in die Bestandsaufnahme oder Anmeldung einzubeziehen.*

*(6) Die mit der Steueraufsicht betrauten Amtsträger können für steuerliche Zwecke unentgeltlich Proben von Energieerzeugnissen und anderen im Lager befindlichen Erzeugnissen zur Untersuchung entnehmen.*

*(7) Der Inhaber des Lagers hat dem Hauptzollamt auf Verlangen für die Steueraufsicht wichtige Betriebsvorgänge schriftlich anzumelden und Zwischenabschlüsse zu fertigen.*

*(8) Der Inhaber des Lagers hat dem Hauptzollamt vorbehaltlich Absatz 9 Änderungen der nach § 16 Abs. 2 angegebenen Verhältnisse sowie Überschuldung, drohende oder eingetretene Zahlungsunfähigkeit, Zahlungseinstellung und Stellung des Antrags auf Eröffnung eines Insolvenzverfahrens unverzüglich schriftlich anzuzeigen.*

*(9)* ¹*Beabsichtigt der Inhaber des Lagers, die angemeldeten Lagerstätten oder Zapfstellen oder die in der Betriebserklärung dargestellten Verhältnisse zu ändern, hat er dies dem Hauptzollamt mindestens eine Woche vorher schriftlich anzuzeigen.* ²*Er darf die Änderung erst durchführen, wenn das Hauptzollamt zugestimmt hat.* ³*Das Hauptzollamt kann auf Antrag auf die Anzeige verzichten, wenn die Änderung auf andere Weise jederzeit erkennbar ist und der Inhaber des Lagers sich verpflichtet, die Änderungen unverzüglich rückgängig zu machen, wenn die nachträgliche Zustimmung des Hauptzollamts nicht erteilt wird.* ⁴*Das Hauptzollamt kann den Verzicht außerdem davon abhängig machen, dass über die An- und Abmeldung von Lagerstätten besondere Aufzeichnungen oder Verzeichnisse geführt werden.* ⁵*Der Inhaber des Lagers hat auf Verlangen des Hauptzollamts die Unterlagen nach § 16 Absatz 1 Satz 2 neu zu erstellen, wenn sie unübersichtlich geworden sind.*

*(10) Die Erben haben den Tod des Inhabers des Lagers, die Liquidatoren haben den Auflösungsbeschluss, der Inhaber des Lagers und der Insolvenzverwalter haben die Eröffnung des Insolvenzverfahrens jeweils dem Hauptzollamt unverzüglich schriftlich anzuzeigen.*

## § 20 Lagerbehandlung

*(1) Energieerzeugnisse dürfen im Lager miteinander oder mit anderen Stoffen gemischt werden, wenn das Gemisch ein Energieerzeugnis im Sinn des § 4 des Gesetzes ist.*

(2) ¹*Energieerzeugnisse dürfen im Lager umgepackt, umgefüllt und in jeder anderen Weise behandelt werden, die sie vor Schaden durch die Lagerung schützen soll.* ²*Das Hauptzollamt kann weitere Behandlungen zulassen, wenn die Steuerbelange dadurch nicht beeinträchtigt werden.*

(3) ¹*Kohlenwasserstoffhaltige Dämpfe, die im Lager aufgefangen werden bei*
a) *der Lagerung,*
b) *der Verladung von Energieerzeugnissen oder*
c) *der Entgasung von Transportmitteln,*
*dürfen im Lager verflüssigt werden.* ²*Der Lagerinhaber hat über die aufgefangenen Dämpfe und die verflüssigten Mengen Aufzeichnungen zu führen; die verflüssigten Mengen sind als Zugang im Lagerbuch zu führen.*

### § 21 Zugelassener Einlagerer, Erlaubnis und Pflichten

*(1) ¹Die Erlaubnis nach § 7 Abs. 4 Satz 2 des Gesetzes ist nach amtlich vorgeschriebenem Vordruck bei dem Hauptzollamt zu beantragen, das die Erlaubnis für das Lager erteilt hat. ²Mit dem Antrag ist die schriftliche Zustimmung des Inhabers des Lagers zur Einlagerung vorzulegen. ³Der Antragsteller hat sich schriftlich damit einverstanden zu erklären, dass dem Inhaber des Lagers im Rahmen der Durchführung von Besteuerung, Außenprüfung und Steueraufsicht Sachverhalte, die für die ordnungsgemäße Besteuerung des Einlagerers erforderlich sind, bekannt werden. ⁴Im Übrigen gilt § 16 Absatz 1 Satz 2 und Absatz 2 sinngemäß; auf bereits beim Hauptzollamt vorliegende Unterlagen kann Bezug genommen werden. ⁵Das Hauptzollamt erteilt die Erlaubnis schriftlich.*

*(2) ¹Für das Erlöschen der Erlaubnis gilt § 14 Abs. 2 und 4 sinngemäß. ²Daneben erlischt die Erlaubnis auch durch Erlöschen der Erlaubnis für das Lager.*

*(3) ¹Der Einlagerer hat über die von ihm oder auf seine Veranlassung eingelagerten und aus dem Lager entnommenen Energieerzeugnisse Aufzeichnungen zu führen. ²Der Einlagerer hat auf Verlangen des Hauptzollamts weitere Aufzeichnungen zu führen. ³Mit Zustimmung des Hauptzollamts können die Aufzeichnungen auch vom Inhaber des Lagers geführt werden. ⁴§ 19 Abs. 1, 8 und 10 gilt sinngemäß.*

### § 22 Lager ohne Lagerstätten

*Für den Antrag, die Erteilung und das Erlöschen der Erlaubnis für ein Lager ohne Lagerstätten (§ 7 Abs. 5 des Gesetzes) gelten die §§ 16 und 18, für die Pflichten des Inhabers des Lagers gilt § 19 sinngemäß.*

### *Erdölbevorratungsgesetz (Auszug)*

### § 2 Allgemeines

(1) Der Erdölbevorratungsverband ist eine bundesunmittelbare rechtsfähige Körperschaft des öffentlichen Rechts mit Sitz in Hamburg.

(2) Aufgabe des Erdölbevorratungsverbandes ist die Erfüllung der ihm nach diesem Gesetz obliegenden Bevorratungspflicht.

(3) Der Erdölbevorratungsverband kann von anderen Mitgliedstaaten der Europäischen Union oder deren zentralen Bevorratungsstellen für einen bestimmten Zeitraum Aufgaben, die die Verwaltung ihrer Vorräte betreffen, übernehmen. Dies setzt die Einwilligung des Bundesministeriums für Wirtschaft und Technologie voraus.

(4) Der Erdölbevorratungsverband kann sich an privatrechtlichen Gesellschaften beteiligen, sofern sich der angestrebte Zweck nicht besser und wirtschaftlicher auf andere Weise erreichen lässt und die Einzahlungsverpflichtung des Erdölbevorratungsverbandes auf einen bestimmten Betrag begrenzt ist. Der Erwerb setzt die Einwilligung des Bundesministeriums für Wirtschaft und Technologie im Einvernehmen mit dem Bundesministerium der Finanzen voraus.

### *Verwaltungsregelungen zu § 7 EnergieStG*

| Datum | Anlage | Quelle | Inhalt |
|---|---|---|---|
| 21.01.2014 | § 007-01 | BMF | Dienstvorschrift Energiesteuer – zu § 7 EnergieStG (Energiesteuerlager, Lagerohne Lagerstätten und zugelassener Einlagerer – DV Steuerlager –) |

## § 8

**§ 8 Entstehung der Steuer bei Entnahme in den steuerrechtlich freien Verkehr**

(1) [1]Die Steuer entsteht dadurch, dass Energieerzeugnisse im Sinn des § 4 aus dem Steuerlager entfernt werden, ohne dass sich ein weiteres Steueraussetzungsverfahren anschließt, oder dass sie zum Ge- oder Verbrauch innerhalb des Steuerlagers entnommen werden (Entnahme in den steuerrechtlich freien Verkehr). [2]Schließt sich an die Entnahme in den steuerrechtlich freien Verkehr ein Verfahren der Steuerbefreiung (§ 24 Abs. 1) an, kommt es zu keiner Steuerentstehung.

(1a) [1]Die Steuer entsteht nicht, wenn die Energieerzeugnisse auf Grund ihrer Beschaffenheit oder infolge unvorhersehbarer Ereignisse oder höherer Gewalt vollständig zerstört oder unwiederbringlich verloren gegangen sind. [2]Energieerzeugnisse gelten dann als vollständig zerstört oder unwiederbringlich verloren gegangen, wenn sie als solche nicht mehr genutzt werden können. [3]Die vollständige Zerstörung sowie der unwiederbringliche Verlust der Energieerzeugnisse sind hinreichend nachzuweisen.

(2) [1]Steuerschuldner ist vorbehaltlich Satz 2

1. der Steuerlagerinhaber,

2. daneben im Fall einer unrechtmäßigen Entnahme

   a) die Person, die die Energieerzeugnisse in den steuerrechtlich freien Verkehr entnommen hat oder in deren Namen die Energieerzeugnisse entnommen worden sind,

   b) jede Person, die an der unrechtmäßigen Entnahme beteiligt war.

[2]Der zugelassene Einlagerer (§ 7 Abs. 4 Satz 2) wird für die von ihm oder auf seine Veranlassung aus dem Steuerlager entfernten Energieerzeugnisse Steuerschuldner. [3]Bestehen Zweifel an der Zuordnung der Entnahme, so ist der Steuerlagerinhaber Steuerschuldner. [4]Werden Energieerzeugnisse zu steuerfreien Zwecken an einen Nichtberechtigten abgegeben, ist neben dem Inhaber des Steuerlagers auch der Nichtberechtigte Steuerschuldner. [5]Mehrere Steuerschuldner sind Gesamtschuldner.

(3) Der Steuerschuldner hat für Energieerzeugnisse, für die in einem Monat die Steuer entstanden ist, vorbehaltlich des Absatzes 4 bis zum 15. Tag des folgenden Monats eine Steuererklärung abzugeben und darin die Steuer selbst zu berechnen (Steueranmeldung).

(4) [1]Für Energieerzeugnisse, für die die Steuer in der Zeit vom 1. bis 18. Dezember entstanden ist, hat der Steuerschuldner bis zum 22. Dezember eine Steuererklärung abzugeben und darin die Steuer selbst zu berechnen (Steueranmeldung). [2]Dies gilt nicht für Unternehmen, die im vorangegangenen Kalenderjahr weniger als 60 Millionen Euro Energiesteuer entrichtet haben. [3]Das Bundesministerium der Finanzen kann im Verwaltungswege zulassen, dass statt der nach Satz 1 anzumeldenden Steuer ein Durchschnittsbetrag angemeldet wird. [4]Für die Anmeldung von Energieerzeugnissen, für die die Steuer in der Zeit vom 19. bis 31. Dezember entstanden ist, gilt Absatz 3 sinngemäß. [5]Ist die Anmeldung eines Durchschnittsbetrages zugelassen worden, hat der Steuerschuldner die Anmeldung der Steuer nach Satz 1 in der nach Satz 4 abzugebenden Steueranmeldung nachzuholen.

(5) Die Steuer, die in einem Monat entstanden ist, ist vorbehaltlich des Absatzes 6 am zehnten Tag des zweiten auf die Entstehung folgenden Monats fällig.

(6) [1]Abweichend von Absatz 5 ist die Steuer, die im November entstanden ist, am 27. Dezember fällig. [2]Säumniszuschläge werden abweichend von § 240 Abs. 3 der Abgabenordnung nur dann nicht erhoben, wenn die Steuer spätestens am letzten Werktag des Kalenderjahres entrichtet worden ist, wobei der Sonnabend nicht als Werktag gilt. [3]Die Sätze 1 und 2 gelten auch für die Steuer, die in der Zeit vom 1. bis 18. Dezember entstanden und nach Absatz 4 in voller Höhe oder als Durchschnittsbetrag anzumelden ist. [4]Ist ein Durchschnittsbetrag entrichtet worden, ist der Unterschiedsbetrag zwischen dem Durchschnittsbetrag und der angemeldeten Steuer am 10. Februar des folgenden Jahres fällig.

(6a) [1]Abweichend von den Absätzen 3 bis 6 haben Steuerschuldner nach Absatz 2 Satz 1 Nummer 2 Buchstabe a und b unverzüglich eine Steueranmeldung abzugeben. [2]Die Steuer ist sofort fällig.

(7) Für die nach Absatz 1 entstehende Steuer ist im Voraus Sicherheit zu leisten, wenn Anzeichen für eine Gefährdung der Steuer erkennbar sind.

## § 9 Herstellung außerhalb eines Herstellungsbetriebes

(1) Werden Energieerzeugnisse im Sinn des § 4 außerhalb eines Herstellungsbetriebes hergestellt, entsteht die Steuer mit der Herstellung, es sei denn, es schließt sich ein Verfahren der Steuerbefreiung (§ 24 Absatz 1) an.

(1a) Wer Energieerzeugnisse im Sinn des § 4 außerhalb eines Herstellungsbetriebs herstellen will, hat dies dem Hauptzollamt vorher anzuzeigen.

(2) ¹Steuerschuldner ist der Hersteller und, falls keine Anzeige nach Absatz 1a erstattet worden ist, jede an der Herstellung beteiligte Person; mehrere Steuerschuldner sind Gesamtschuldner. ²Der Steuerschuldner hat für Energieerzeugnisse, für die die Steuer entstanden ist, unverzüglich eine Steuererklärung abzugeben und darin die Steuer selbst zu berechnen (Steueranmeldung). ³Die Steuer ist sofort fällig. ⁴Das Hauptzollamt kann auf Antrag eine § 8 Abs. 3 bis 6 entsprechende Regelung treffen; § 6 Abs. 3 Satz 2 und 3 und § 8 Abs. 7 gelten sinngemäß.

*EU-Vorgaben*

**RL 2008/118/EG Systemrichtlinie (Auszug)**
**Artikel 7**

(1) Der Verbrauchsteueranspruch entsteht zum Zeitpunkt und im Mitgliedstaat der Überführung in den steuerrechtlich freien Verkehr.

(2) Als Überführung in den steuerrechtlich freien Verkehr im Sinne dieser Richtlinie gilt

a) die Entnahme verbrauchsteuerpflichtiger Waren, einschließlich der unrechtmäßigen Entnahme, aus dem Verfahren der Steueraussetzung;

b) der Besitz verbrauchsteuerpflichtiger Waren außerhalb eines Verfahrens der Steueraussetzung, wenn keine Verbrauchsteuer gemäß den geltenden Bestimmungen des Gemeinschaftsrechts und des einzelstaatlichen Rechts erhoben wurde;

c) die Herstellung verbrauchsteuerpflichtiger Waren, einschließlich der unrechtmäßigen Herstellung, außerhalb eines Verfahrens der Steueraussetzung;

d) die Einfuhr verbrauchsteuerpflichtiger Waren, einschließlich der unrechtmäßigen Einfuhr, es sei denn, die verbrauchsteuerpflichtigen Waren werden unmittelbar bei ihrer Einfuhr in ein Verfahren der Steueraussetzung überführt.

(3) Als Zeitpunkt der Überführung in den steuerrechtlich freien Verkehr gilt

a) n den Fällen des Artikels 17 Absatz 1 Buchstabe a Ziffer ii der Empfang der verbrauchsteuerpflichtigen Waren durch den registrierten Empfänger;

b) in den Fällen des Artikels 17 Absatz 1 Buchstabe a Ziffer iv der Empfang der verbrauchsteuerpflichtigen Waren durch den Empfänger;

c) in den Fällen des Artikels 17 Absatz 2 der Empfang der verbrauchsteuerpflichtigen Waren am Ort der Direktlieferung.

(4) Die vollständige Zerstörung oder der unwiederbringliche Verlust einem Verfahren der Steueraussetzung unterstellter verbrauchsteuerpflichtiger Waren aufgrund ihrer Beschaffenheit, infolge unvorhersehbarer Ereignisse oder höherer Gewalt oder einer von den zuständigen Behörden des Mitgliedstaates erteilten Genehmigung gelten nicht als Überführung in den steuerrechtlich freien Verkehr. Im Sinne dieser Richtlinie gelten Waren dann als vollständig zerstört oder unwiederbringlich verloren gegangen, wenn sie nicht mehr als verbrauchsteuerpflichtige Waren genutzt werden können. Die vollständige Zerstörung oder der unwiederbringliche Verlust der betreffenden verbrauchsteuerpflichtigen Waren ist den zuständigen Behörden des Mitgliedstaats, in dem die vollständige Zerstörung oder der unwiederbringliche Verlust eingetreten ist, oder, wenn nicht festgestellt werden kann, wo der Verlust eingetreten ist, den zuständigen Behörden des Mitgliedstaats, in dem der Verlust entdeckt wurde, hinreichend nachzuweisen.

(5) Jeder Mitgliedstaat legt seine eigenen Regeln und Bedingungen fest, nach denen ein Verlust nach Absatz 4 bestimmt wird.

## Artikel 8

(1) Steuerschuldner eines entstandenen Verbrauchsteueranspruchs ist:
a) im Zusammenhang mit der Entnahme verbrauchsteuerpflichtiger Waren aus dem Verfahren der Steueraussetzung nach Artikel 7 Absatz 2 Buchstabe a:
 i) der zugelassene Lagerinhaber, der registrierte Empfänger oder jede andere Person, die die verbrauchsteuerpflichtigen Waren aus dem Verfahren der Steueraussetzung entnimmt oder in deren Namen die Waren aus diesem Verfahren entnommen werden, und — im Falle der unrechtmäßigen Entnahme aus dem Steuerlager — jede Person, die an dieser Entnahme beteiligt war;
 ii) im Falle einer Unregelmäßigkeit bei der Beförderung verbrauchsteuerpflichtiger Waren in einem Verfahren der Steueraussetzung nach Artikel 10 Absätze 1, 2 und 4 der zugelassene Lagerinhaber, der registrierte Versender oder jede andere Person, die die Sicherheit nach Artikel 18 Absätze 1 und 2 geleistet hat, und jede Person, die an der unrechtmäßigen Entnahme beteiligt war und wusste oder vernünftigerweise hätte wissen müssen, dass die Entnahme unrechtmäßig war;
b) im Zusammenhang mit dem Besitz verbrauchsteuerpflichtiger Waren nach Artikel 7 Absatz 2 Buchstabe b: jede Person, die im Besitz der verbrauchsteuerpflichtigen Waren ist, oder jede andere am Besitz dieser Waren beteiligte Person;
c) im Zusammenhang mit der Herstellung verbrauchsteuerpflichtiger Waren nach Artikel 7 Absatz 2 Buchstabe c: jede Person, die die verbrauchsteuerpflichtigen Waren herstellt, und – im Falle der unrechtmäßigen Herstellung – jede andere an der Herstellung dieser Waren beteiligte Person;
d) im Zusammenhang mit der Einfuhr verbrauchsteuerpflichtiger Waren nach Artikel 7 Absatz 2 Buchstabe d: die Person, die die verbrauchsteuerpflichtigen Waren anmeldet oder in deren Namen diese Waren bei der Einfuhr angemeldet werden, und – im Falle der unrechtmäßigen Einfuhr – jede andere an der Einfuhr beteiligte Person.

(2) Gibt es für eine Verbrauchsteuerschuld mehrere Steuerschuldner, so sind diese gesamtschuldnerisch zur Erfüllung dieser Steuerschuld verpflichtet.

## Artikel 9

Die Voraussetzungen für das Entstehen des Steueranspruchs und der anzuwendende Verbrauchsteuersatz richten sich nach den Bestimmungen, die zum Zeitpunkt des Entstehens des Steueranspruchs in dem Mitgliedstaat gelten, in dem die Überführung in den steuerrechtlich freien Verkehr stattfindet.
Die Verbrauchsteuer wird nach den von jedem Mitgliedstaat festgelegten Verfahren erhoben und eingezogen, bzw. gegebenenfalls erstattet oder erlassen. Die Mitgliedstaaten wenden auf im Inland hergestellte Waren und auf Waren mit Herkunft aus anderen Mitgliedstaaten dieselben Verfahren an.

*Energiesteuer-Durchführungsverordnung*

*Zu § 8 des Gesetzes*

### § 23 Entfernung und Entnahme von Energieerzeugnissen

*Energieerzeugnisse gelten als aus dem Steuerlager entfernt oder als innerhalb des Steuerlagers entnommen, sobald sie aus den zugelassenen Lagerstätten entnommen sind.*

*Zu den §§ 8, 9, 9a, 14, 15, 16, 22 und 23 des Gesetzes*

### § 23a Steueranmeldung

*Die Steueranmeldungen nach § 8 Absatz 3 und 4, § 9 Absatz 2, § 9a Absatz 5, § 14 Absatz 7 Satz 1, § 15 Absatz 5, § 16 Absatz 3, § 22 Absatz 2 Satz 3 und § 23 Absatz 6 des Gesetzes sind nach amtlich vorgeschriebenem Vordruck und, soweit sie Kraftstoffe betreffen, die nach § 2 Absatz 1 Nummer 1 und 4 des Gesetzes zu versteuern sind, in doppelter Ausfertigung abzugeben.*

*Verwaltungsregelungen zu § 8 EnergieStG*

| Datum | Anlage | Quelle | Inhalt |
|---|---|---|---|
| 14.05.2014 | § 008-01 | BMF | Abgabe steuerfreier Energieerzeugnisse im Streckengeschäft |

## § 8

*Rechtsprechungsauswahl zu § 8 EnergieStG*

**EuGH vom 18.12.2007, C-314/06 (Slg. 2007 I-12273):**

1. Der Begriff der „höheren Gewalt" im Sinne von Art. 14 Abs. 1 Satz 1 der Richtlinie 92/12/EWG des Rates vom 25. Februar 1992 über das allgemeine System, den Besitz, die Beförderung und die Kontrolle verbrauchsteuerpflichtiger Waren in der durch die Richtlinie 94/74/EG des Rates vom 22. Dezember 1994 geänderten Fassung bezieht sich auf außerhalb der Sphäre des zugelassenen Lagerinhabers liegende Umstände, die ungewöhnlich und unvorhersehbar sind und deren Folgen trotz aller von ihm aufgewandten Sorgfalt nicht hätten vermieden werden können. Die Voraussetzung, dass es sich um außerhalb der Sphäre des zugelassenen Lagerinhabers liegende Umstände handeln muss, ist nicht auf aus seiner Sicht in einem materiellen oder physischen Sinne äußere Umstände beschränkt, sondern erfasst auch solche Umstände, die objektiv der Kontrolle durch den zugelassenen Lagerinhaber entzogen sind oder außerhalb seines Verantwortungsbereichs liegen.

2. Die Verluste, die dadurch entstehen, dass Erdölprodukte infolge ihres flüssigen Zustands zu einem Teil aus einer Rohrleitung ausgetreten sind und dass die Beschaffenheit des Bodens, in dem sie sich ausgebreitet haben, ihre Rückgewinnung verhindert hat, können nicht als „Schwund, der sich aus der Eigenart der Waren ergibt", im Sinne von Art. 14 Abs. 1 Satz 2 der Richtlinie 92/12 in der durch die Richtlinie 94/74 geänderten Fassung angesehen werden.

## § 9 Herstellung außerhalb eines Herstellungsbetriebes

(1) Werden Energieerzeugnisse im Sinn des § 4 außerhalb eines Herstellungsbetriebes hergestellt, entsteht die Steuer mit der Herstellung, es sei denn, es schließt sich ein Verfahren der Steuerbefreiung (§ 24 Absatz 1) an.

(1a) Wer Energieerzeugnisse im Sinn des § 4 außerhalb eines Herstellungsbetriebs herstellen will, hat dies dem Hauptzollamt vorher anzuzeigen.

(2) ¹Steuerschuldner ist der Hersteller und, falls keine Anzeige nach Absatz 1a erstattet worden ist, jede an der Herstellung beteiligte Person; mehrere Steuerschuldner sind Gesamtschuldner. ²Der Steuerschuldner hat für Energieerzeugnisse, für die die Steuer entstanden ist, unverzüglich eine Steuererklärung abzugeben und darin die Steuer selbst zu berechnen (Steueranmeldung). ³Die Steuer ist sofort fällig. ⁴Das Hauptzollamt kann auf Antrag eine § 8 Abs. 3 bis 6 entsprechende Regelung treffen; § 6 Abs. 3 Satz 2 und 3 und § 8 Abs. 7 gelten sinngemäß.

## EU-Vorgaben

### RL 2008/118/EG Systemrichtlinie (Auszug)

**Artikel 7**

(1) Der Verbrauchsteueranspruch entsteht zum Zeitpunkt und im Mitgliedstaat der Überführung in den steuerrechtlich freien Verkehr.

(2) Als Überführung in den steuerrechtlich freien Verkehr im Sinne dieser Richtlinie gilt

a) die Entnahme verbrauchsteuerpflichtiger Waren, einschließlich der unrechtmäßigen Entnahme, aus dem Verfahren der Steueraussetzung;

b) der Besitz verbrauchsteuerpflichtiger Waren außerhalb eines Verfahrens der Steueraussetzung, wenn keine Verbrauchsteuer gemäß den geltenden Bestimmungen des Gemeinschaftsrechts und des einzelstaatlichen Rechts erhoben wurde;

c) die Herstellung verbrauchsteuerpflichtiger Waren, einschließlich der unrechtmäßigen Herstellung, außerhalb eines Verfahrens der Steueraussetzung;

d) die Einfuhr verbrauchsteuerpflichtiger Waren, einschließlich der unrechtmäßigen Einfuhr, es sei denn, die verbrauchsteuerpflichtigen Waren werden unmittelbar bei ihrer Einfuhr in ein Verfahren der Steueraussetzung überführt.

(3) Als Zeitpunkt der Überführung in den steuerrechtlich freien Verkehr gilt

a) n den Fällen des Artikels 17 Absatz 1 Buchstabe a Ziffer ii der Empfang der verbrauchsteuerpflichtigen Waren durch den registrierten Empfänger;

b) in den Fällen des Artikels 17 Absatz 1 Buchstabe a Ziffer iv der Empfang der verbrauchsteuerpflichtigen Waren durch den Empfänger;

c) in den Fällen des Artikels 17 Absatz 2 der Empfang der verbrauchsteuerpflichtigen Waren am Ort der Direktlieferung.

(4) Die vollständige Zerstörung oder der unwiederbringliche Verlust einem Verfahren der Steueraussetzung unterstellter verbrauchsteuerpflichtiger Waren aufgrund ihrer Beschaffenheit, infolge unvorhersehbarer Ereignisse oder höherer Gewalt oder einer von den zuständigen Behörden des Mitgliedstaates erteilten Genehmigung gelten nicht als Überführung in den steuerrechtlich freien Verkehr. Im Sinne dieser Richtlinie gelten Waren dann als vollständig zerstört oder unwiederbringlich verloren gegangen, wenn sie nicht mehr als verbrauchsteuerpflichtige Waren genutzt werden können. Die vollständige Zerstörung oder der unwiederbringliche Verlust der betreffenden verbrauchsteuerpflichtigen Waren ist den zuständigen Behörden des Mitgliedstaats, in dem die vollständige Zerstörung oder der unwiederbringliche Verlust eingetreten ist, oder, wenn nicht festgestellt werden kann, wo der Verlust eingetreten ist, den zuständigen Behörden des Mitgliedstaats, in dem der Verlust entdeckt wurde, hinreichend nachzuweisen.

(5) Jeder Mitgliedstaat legt seine eigenen Regeln und Bedingungen fest, nach denen ein Verlust nach Absatz 4 bestimmt wird.

**Artikel 8**

(1) Steuerschuldner eines entstandenen Verbrauchssteueranspruchs ist:

| EU-Vorgaben | DV § 24 | § 9 |

a) im Zusammenhang mit der Entnahme verbrauchsteuerpflichtiger Waren aus dem Verfahren der Steueraussetzung nach Artikel 7 Absatz 2 Buchstabe a:
   i) der zugelassene Lagerinhaber, der registrierte Empfänger oder jede andere Person, die die verbrauchsteuerpflichtigen Waren aus dem Verfahren der Steueraussetzung entnimmt oder in deren Namen die Waren aus diesem Verfahren entnommen werden, und — im Falle der unrechtmäßigen Entnahme aus dem Steuerlager — jede Person, die an dieser Entnahme beteiligt war;
   ii) im Falle einer Unregelmäßigkeit bei der Beförderung verbrauchsteuerpflichtiger Waren in einem Verfahren der Steueraussetzung nach Artikel 10 Absätze 1, 2 und 4 der zugelassene Lagerinhaber, der registrierte Versender oder jede andere Person, die die Sicherheit nach Artikel 18 Absätze 1 und 2 geleistet hat, und jede Person, die an der unrechtmäßigen Entnahme beteiligt war und wusste oder vernünftigerweise hätte wissen müssen, dass die Entnahme unrechtmäßig war;
b) im Zusammenhang mit dem Besitz verbrauchsteuerpflichtiger Waren nach Artikel 7 Absatz 2 Buchstabe b: jede Person, die im Besitz der verbrauchsteuerpflichtigen Waren ist, oder jede andere am Besitz dieser Waren beteiligte Person;
c) im Zusammenhang mit der Herstellung verbrauchsteuerpflichtiger Waren nach Artikel 7 Absatz 2 Buchstabe c: jede Person, die die verbrauchsteuerpflichtigen Waren herstellt, und – im Falle der unrechtmäßigen Herstellung – jede andere an der Herstellung dieser Waren beteiligte Person;
d) im Zusammenhang mit der Einfuhr verbrauchsteuerpflichtiger Waren nach Artikel 7 Absatz 2 Buchstabe d: die Person, die die verbrauchsteuerpflichtigen Waren anmeldet oder in deren Namen diese Waren bei der Einfuhr angemeldet werden, und – im Falle der unrechtmäßigen Einfuhr – jede andere an der Einfuhr beteiligte Person.

(2) Gibt es für eine Verbrauchsteuerschuld mehrere Steuerschuldner, so sind diese gesamtschuldnerisch zur Erfüllung dieser Steuerschuld verpflichtet.

**Artikel 9**

Die Voraussetzungen für das Entstehen des Steueranspruchs und der anzuwendende Verbrauchsteuersatz richten sich nach den Bestimmungen, die zum Zeitpunkt des Entstehens des Steueranspruchs in dem Mitgliedstaat gelten, in dem die Überführung in den steuerrechtlich freien Verkehr stattfindet.

Die Verbrauchsteuer wird nach den von jedem Mitgliedstaat festgelegten Verfahren erhoben und eingezogen, bzw. gegebenenfalls erstattet oder erlassen. Die Mitgliedstaaten wenden auf im Inland hergestellte Waren und auf Waren mit Herkunft aus anderen Mitgliedstaaten dieselben Verfahren an.

*Energiesteuer-Durchführungsverordnung*

*Zu § 9 des Gesetzes*

**§ 24 Herstellung außerhalb eines Herstellungsbetriebs**

*(1) Die Anzeige nach § 9 Absatz 1a des Gesetzes ist schriftlich bei dem für den Hersteller zuständigen Hauptzollamt zu erstatten.*

*(2) Das Hauptzollamt kann vom Hersteller die für den Antrag auf Erteilung einer Herstellererlaubnis (§ 12 Absatz 1) erforderlichen sowie weitere Angaben und Unterlagen fordern und ihm die in § 15 genannten sowie weitere Pflichten auferlegen, soweit dies zur Sicherung des Steueraufkommens oder für die Steueraufsicht erforderlich erscheint.*

## § 9a Registrierte Empfänger

(1) ¹Registrierte Empfänger sind Personen, die Energieerzeugnisse unter Steueraussetzung

1. nicht nur gelegentlich oder

2. im Einzelfall

in ihren Betrieben im Steuergebiet zu gewerblichen Zwecken empfangen dürfen, wenn die Energieerzeugnisse aus einem Steuerlager in einem anderen Mitgliedstaat oder von einem Ort der Einfuhr in einem anderen Mitgliedstaat versandt wurden. ²Der Empfang durch Einrichtungen des öffentlichen Rechts steht dem Empfang zu gewerblichen Zwecken gleich.

(2) ¹Registrierte Empfänger bedürfen der Erlaubnis. ²Sie wird auf Antrag unter Widerrufsvorbehalt Personen erteilt, gegen deren steuerliche Zuverlässigkeit keine Bedenken bestehen und die – soweit nach dem Handelsgesetzbuch oder der Abgabenordnung dazu verpflichtet – ordnungsmäßig kaufmännische Bücher führen und rechtzeitig Jahresabschlüsse aufstellen. ³In den Fällen des Absatzes 1 Satz 1 Nummer 1 ist vor Erteilung der Erlaubnis Sicherheit für die voraussichtlich während zweier Monate entstehende Steuer zu leisten. ⁴In den Fällen des Absatzes 1 Satz 1 Nummer 2 ist vor Erteilung der Erlaubnis Sicherheit in Höhe der im Einzelfall entstehenden Steuer zu leisten sowie die Erlaubnis auf eine bestimmte Menge, einen einzigen Versender und einen bestimmten Zeitraum zu beschränken. ⁵Die Voraussetzungen der Sätze 2, 3 und 4 erster Halbsatz gelten nicht für die Erlaubnis, die einer Einrichtung des öffentlichen Rechts erteilt wird.

(3) Die Erlaubnis ist zu widerrufen, wenn eine der in Absatz 2 Satz 2 genannten Voraussetzungen nicht mehr erfüllt ist oder eine geleistete Sicherheit nicht mehr ausreicht.

(4) ¹Die Steuer entsteht für Energieerzeugnisse, die in den Betrieb eines registrierten Empfängers aufgenommen werden, mit der Aufnahme in den Betrieb, es sei denn, es schließt sich ein Verfahren der Steuerbefreiung (§ 24 Absatz 1) an. ²Steuerschuldner ist der registrierte Empfänger.

(5) ¹Der Steuerschuldner hat für Energieerzeugnisse, für die in einem Monat die Steuer entstanden ist, eine Steuererklärung abzugeben und darin die Steuer selbst zu berechnen (Steueranmeldung). ²Für die Fristen zur Abgabe der Steuererklärung und die Fälligkeit der Steuer gilt § 8 Absatz 3 bis 6 entsprechend.

*EU-Vorgaben*

**RL 2008/118/EG Systemrichtlinie**
**Artikel 19**

(1) Ein registrierter Empfänger darf verbrauchsteuerpflichtige Waren in einem Verfahren der Steueraussetzung weder lagern noch versenden.

(2) Ein registrierter Empfänger ist verpflichtet:

a) Vor dem Versand der verbrauchsteuerpflichtigen Waren eine Sicherheit für die Entrichtung der Verbrauchsteuer nach Maßgabe der von den zuständigen Behörden des Bestimmungsmitgliedstaats festgelegten Bedingungen zu leisten;

b) nach Beendigung der Beförderung alle in einem Verfahren der Steueraussetzung empfangenen verbrauchsteuerpflichtigen Waren in seinen Büchern zu erfassen;

c) alle Kontrollen zu dulden, die es den zuständigen Behörden des Bestimmungsmitgliedstaats ermöglichen, sich vom tatsächlichen Empfang der Waren zu überzeugen.

(3) Die Berechtigung nach Artikel 4 Nummer 9 ist für einen registrierten Empfänger, der nur gelegentlich verbrauchsteuerpflichtige Waren empfängt, auf eine bestimmte Menge verbrauchsteuerpflichtiger Waren, einen einzigen Versender und einen bestimmten Zeitraum beschränkt. Die Mitgliedstaaten können die Berechtigung auf eine einzige Beförderung beschränken.

*Energiesteuer-Durchführungsverordnung*

**Zu § 9a des Gesetzes**

**§ 26 Registrierter Empfänger**

*(1) ¹Wer als registrierter Empfänger Energieerzeugnisse unter Steueraussetzung nicht nur gelegentlich empfangen will (§ 9a Absatz 1 Satz 1 Nummer 1 des Gesetzes), hat die Erlaubnis nach § 9a Absatz 2 Satz 1 des Gesetzes im Voraus beim Hauptzollamt nach amtlich vorgeschriebenem Vordruck zu beantragen. ²Dem Antrag sind beizufügen:*

1. *von Unternehmen, die in das Handels-, Genossenschafts- oder Vereinsregister eingetragen sind, ein aktueller Registerauszug,*
2. *ein Lageplan mit dem beantragten Empfangsort im Betrieb mit Angabe der Anschrift,*
3. *eine Darstellung der Aufzeichnungen über den Empfang und den Verbleib der Energieerzeugnisse,*
4. *eine Darstellung der Mengenermittlung, wenn die Energieerzeugnisse nach § 2 des Gesetzes versteuert werden sollen.*

*(2) ¹Der Antragsteller hat auf Verlangen des Hauptzollamts weitere Angaben zu machen, wenn diese zur Sicherung des Steueraufkommens oder für die Steueraufsicht erforderlich erscheinen. ²Das Hauptzollamt kann auf Angaben nach Absatz 1 verzichten, soweit die Steuerbelange dadurch nicht beeinträchtigt werden.*

*(3) ¹Das Hauptzollamt erteilt schriftlich die Erlaubnis als registrierter Empfänger. ²Mit der Erlaubnis wird nach einer Verwaltungsvorschrift des Bundesministeriums der Finanzen für jeden Empfangsort eine Verbrauchsteuernummer vergeben. ³Für die Sicherheitsleistung gilt § 29 sinngemäß. ⁴Die Erlaubnis kann mit Nebenbestimmungen nach § 120 Absatz 2 der Abgabenordnung verbunden werden.*

*(4) ¹Der registrierte Empfänger hat Aufzeichnungen über die in seinen Betrieb aufgenommenen Energieerzeugnisse sowie ein Belegheft zu führen. ²Das Hauptzollamt kann dazu Anordnungen treffen. ³Registrierte Empfänger, die die empfangenen Energieerzeugnisse im Rahmen einer förmlichen Einzelerlaubnis verwenden oder verteilen, haben den Empfang nur im Verwendungsbuch oder in den an seiner Stelle zugelassenen Aufzeichnungen nachzuweisen.*

*(5) Die mit der Steueraufsicht betrauten Personen können für steuerliche Zwecke unentgeltlich Proben von Energieerzeugnissen und anderen Erzeugnissen zur Untersuchung entnehmen, die sich im Betrieb des registrierten Empfängers befinden.*

*(6) Beabsichtigt der registrierte Empfänger, die nach Absatz 1 angegebenen Verhältnisse zu ändern, hat er dies dem Hauptzollamt unverzüglich schriftlich anzuzeigen.*

*(7) Für das Erlöschen der Erlaubnis gilt § 14 Absatz 2 und 4 sinngemäß.*

*(8) ¹Wer als registrierter Empfänger im Einzelfall Energieerzeugnisse unter Steueraussetzung empfangen will (§ 9a Absatz 1 Satz 1 Nummer 2 des Gesetzes), hat die Erlaubnis nach § 9a Absatz 2 Satz 1 des Gesetzes im Voraus beim Hauptzollamt nach amtlich vorgeschriebenem Vordruck zu beantragen. ²Der Antragsteller hat auf Verlangen des Hauptzollamts weitere Angaben zu machen, wenn diese zur Sicherung des Steueraufkommens oder für die Steueraufsicht erforderlich erscheinen. ³Für die Erteilung der Erlaubnis gilt Absatz 3 entsprechend mit der Maßgabe, dass die Erlaubnis auf die beantragte Menge, den angegebenen Versender sowie auf eine Beförderung und auf einen bestimmten Zeitraum zu beschränken ist. ⁴Der registrierte Empfänger im Einzelfall hat auf Verlangen des Hauptzollamts Aufzeichnungen über die in seinen Betrieb aufgenommenen Energieerzeugnisse zu führen.*

### Verwaltungsregelungen zu § 9a EnergieStG

| Datum | Anlage | Quelle | Inhalt |
|---|---|---|---|
| 29.01.2014 | § 009a-01 | BMF | Dienstvorschrift Energiesteuer – zu den §§ 9a bis 14 EnergieStG und den §§ 26 bis 37a EnergieStV (Steueraussetzung; Ergänzende Regelungen für Energieerzeugnisse) |

## § 9b  DV § 27

**§ 9b Registrierte Versender**

(1) Registrierte Versender sind Personen, die Energieerzeugnisse vom Ort der Einfuhr unter Steueraussetzung versenden dürfen.

(2) ¹Registrierte Versender bedürfen der Erlaubnis. ²Sie wird auf Antrag unter Widerrufsvorbehalt Personen erteilt, gegen deren steuerliche Zuverlässigkeit keine Bedenken bestehen und die – soweit nach dem Handelsgesetzbuch oder der Abgabenordnung dazu verpflichtet – ordnungsmäßig kaufmännische Bücher führen und rechtzeitig Jahresabschlüsse aufstellen. ³Die Erlaubnis ist bei Beförderungen nach § 11 Absatz 1 Nummer 1 und bei der Ausfuhr (§ 13) über Gebiete anderer Mitgliedstaaten davon abhängig, dass Sicherheit nach § 11 Absatz 2 oder § 13 Absatz 2 Satz 1 geleistet worden ist.

(3) Die Erlaubnis ist zu widerrufen, wenn eine der in Absatz 2 Satz 2 genannten Voraussetzungen nicht mehr erfüllt ist oder eine geleistete Sicherheit nicht mehr ausreicht.

*Energiesteuer-Durchführungsverordnung*

*Zu § 9b des Gesetzes*

**§ 27 Registrierter Versender**

*(1) ¹Wer als registrierter Versender Energieerzeugnisse vom Ort der Einfuhr unter Steueraussetzung versenden will (§ 9b Absatz 1 des Gesetzes), hat die Erlaubnis nach § 9b Absatz 2 Satz 1 des Gesetzes im Voraus beim Hauptzollamt nach amtlich vorgeschriebenem Vordruck zu beantragen. ²Dem Antrag sind beizufügen:*

1. *von Unternehmen, die in das Handels-, Genossenschafts- oder Vereinsregister eingetragen sind, ein aktueller Registerauszug,*
2. *eine Aufstellung mit den Orten der Einfuhr beim Eingang der Energieerzeugnisse aus Drittländern und Drittgebieten (§ 1a Satz 1 Nummer 6, 7 und 9 des Gesetzes),*
3. *eine Darstellung der Aufzeichnungen über den Versand und den Verbleib der Energieerzeugnisse.*

*(2) ¹Der Antragsteller hat auf Verlangen des Hauptzollamts weitere Angaben zu machen, wenn diese zur Sicherung des Steueraufkommens oder für die Steueraufsicht erforderlich erscheinen. ²Das Hauptzollamt kann auf Angaben nach Absatz 1 verzichten, soweit die Steuerbelange dadurch nicht beeinträchtigt werden.*

*(3) ¹Das Hauptzollamt erteilt schriftlich die Erlaubnis als registrierter Versender. ²Mit der Erlaubnis wird nach einer Verwaltungsvorschrift des Bundesministeriums der Finanzen für den registrierten Versender eine Verbrauchsteuernummer vergeben. ³Für die Sicherheitsleistung gilt § 29 sinngemäß. ⁴Die Erlaubnis kann mit Nebenbestimmungen nach § 120 Absatz 2 der Abgabenordnung verbunden werden.*

*(4) ¹Die Erlaubnis als registrierter Versender gilt nicht für die Orte der Einfuhr, an denen die Energieerzeugnisse nach den Artikeln 263 bis 267 der Zollkodex-Durchführungsverordnung oder aus einem Zolllager des Typs D im Sinne des Artikels 525 Absatz 2 Buchstabe a der Zollkodex-Durchführungsverordnung in den zollrechtlich freien Verkehr überführt werden. ²Hiervon ausgenommen sind die Fälle, in denen das Hauptzollamt die Überlassung der Energieerzeugnisse zum zollrechtlich freien Verkehr prüft und gegenüber dem Beteiligten erklärt.*

*(5) ¹Der registrierte Versender hat Aufzeichnungen über die unter Steueraussetzung versandten Energieerzeugnisse sowie ein Belegheft zu führen. ²Das Hauptzollamt kann dazu Anordnungen treffen. ³Die unter Steueraussetzung versandten Energieerzeugnisse sind vom registrierten Versender unverzüglich aufzuzeichnen.*

*(6) Beabsichtigt der registrierte Versender, die nach Absatz 1 angegebenen Verhältnisse zu ändern, hat er dies dem Hauptzollamt unverzüglich schriftlich anzuzeigen.*

*(7) Für das Erlöschen der Erlaubnis gilt § 14 Absatz 2 und 4 sinngemäß.*

*Zollkodex-Durchführungsverordnung (Auszug)*

**Artikel 263**

Die Bewilligung für das Anschreibeverfahren wird unter den Voraussetzungen und nach den Modalitäten der Artikel 264, 265 und 266 allen Personen, die die Überführung von Waren in den zollrechtlich freien Verkehr in ihren Geschäftsräumen oder an den anderen in Artikel 253 genannten Orten vornehmen

# § 9b

lassen möchten und den Zollbehörden zu diesem Zweck einen schriftlichen Antrag vorlegen, der alle erforderlichen Angaben für die Erteilung dieser Bewilligung enthält, für folgende Waren erteilt:
- für Waren im gemeinschaftlichen oder gemeinsamen Versandverfahren, für die den vorgenannten Personen eine Vereinfachung der Förmlichkeiten bei der Bestimmungsstelle gemäß den Artikeln 406, 407 und 408 bewilligt worden ist;
- unbeschadet des Artikels 278 für Waren, die zuvor in ein Zollverfahren mit wirtschaftlicher Bedeutung übergeführt worden sind;
- für Waren, die nach ihrer Gestellung gemäß Artikel 40 des Zollkodex in einem anderen als dem nach dem ersten Gedankenstrich genannten Versandverfahren in die betreffenden Geschäftsräume oder an die betreffenden Orte verbracht worden sind;
- für Waren, die unter Befreiung von der Gestellung bei einer Zollstelle gemäß Artikel 41 Buchstabe b) des Zollkodex in das Zollgebiet der Gemeinschaft verbracht worden sind.

**Artikel 264**

(1) Die Bewilligung des Anschreibeverfahrens wird dem Antragsteller erteilt, wenn die Voraussetzungen und Kriterien gemäß den Artikeln 253, 253a, 253b und 253c erfüllt sind.

(2) Ist der Antragsteller Inhaber eines AEO-Zertifikats gemäß Artikel 14a Absatz 1 Buchstabe a oder Buchstabe c, so erteilt die bewilligende Zollbehörde die Bewilligung, sobald der erforderliche Informationsaustausch zwischen dem Antragsteller und der bewilligenden Zollbehörde organisiert wurde. Alle Voraussetzungen und Kriterien gemäß Absatz 1 gelten als erfüllt.

**Artikel 266**

(1) Damit sich die Zollbehörden von der Ordnungsmäßigkeit der Vorgänge überzeugen können, hat der Inhaber der in Artikel 263 genannten Bewilligung
a) in Fällen nach Artikel 263 erster und dritter Gedankenstrich
  i) bei Überführung der Waren in den zollrechtlich freien Verkehr unmittelbar nach dem Eintreffen der Waren an dem dazu bezeichneten Ort
    - den zuständigen Zollbehörden in der Form und nach den Modalitäten, die von ihnen vorgeschrieben worden sind, das Eintreffen der Waren mitzuteilen, um deren Überlassung zu erlangen, und
    - die Waren in seiner Buchführung anzuschreiben;
  ii) bei Überführung der Waren in den zollrechtlich freien Verkehr nach vorübergehender Verwahrung im Sinne des Artikels 50 des Zollkodex am selben Ort vor Ablauf der nach Artikel 49 des Zollkodex festgelegten Frist
    - den zuständigen Zollbehörden in der Form und nach den Modalitäten, die von ihnen vorgeschrieben worden sind, seine Absicht zur Überführung der Waren in den zollrechtlich freien Verkehr mitzuteilen, um deren Überlassung zu erlangen, und
    - die Waren in seiner Buchführung anzuschreiben;
b) in Fällen nach Artikel 263 zweiter Gedankenstrich
    - den zuständigen Zollbehörden in der Form und nach den Modalitäten, die von ihnen vorgeschrieben worden sind, seine Absicht zur Überführung der Waren in den zollrechtlich freien Verkehr mitzuteilen, um deren Überlassung zu erlangen, und
    - die Waren in seiner Buchführung anzuschreiben;
  schließt sich die Überführung in den zollrechtlich freien Verkehr an ein Zollagerverfahren des Lagertyps D an, so ist die Mitteilung nach dem ersten Gedankenstrich nicht erforderlich;
c) in Fällen nach Artikel 263 vierter Gedankenstrich unmittelbar nach dem Eintreffen der Waren an dem dazu bezeichneten Ort
    - die Waren in seiner Buchführung anzuschreiben;
d) den Zollbehörden vom Zeitpunkt der Anschreibung gemäß den Buchstaben a), b) und c) sämtliche Unterlagen zur Verfügung zu halten, von deren Vorlage gegebenenfalls die Anwendung der Vorschriften über die Überführung in den zollrechtlich freien Verkehr abhängig ist.

(2) Soweit die Prüfung der Ordnungsmäßigkeit der Vorgänge dadurch nicht beeinträchtigt wird, können die zuständigen Zollbehörden
a) dem Bewilligungsinhaber gestatten, die Mitteilung gemäß Absatz 1 Buchstaben a) und b) bereits dann zu machen, wenn das Eintreffen der Waren unmittelbar bevorsteht;

# § 9b

b) den Bewilligungsinhaber unter besonderen Umständen, die durch die Art der Waren und die Häufigkeit der Einfuhren gekennzeichnet sind, davon befreien, der zuständige Zollstelle jedes Eintreffen von Waren mitzuteilen, sofern er der Zollstelle alle Angaben zur Verfügung stellt, die sie für erforderlich hält, um gegebenenfalls von ihrem Beschaurecht Gebrauch zu machen.

Die Anschreibung der Waren in der Buchführung des Beteiligten gilt in diesem Fall als Überlassung.

(3) Die in Absatz 1 Buchstaben a, b und c genannte Anschreibung in der Buchführung kann durch eine andere von den Zollbehörden verlangte Förmlichkeit ersetzt werden, die eine ähnliche Gewähr bietet. Sie muss das Anschreibedatum und die nach Anhang 30A für die Zollanmeldung im Anschreibeverfahren erforderlichen Angaben enthalten.

**Artikel 267**

Die Bewilligung nach Artikel 263 regelt die Einzelheiten der Abwicklung des Verfahrens, insbesondere
- die Waren, für die sie gilt;
- die Form der in Artikel 266 genannten Verpflichtungen sowie den Hinweis auf die vom Beteiligten zu leistende Sicherheit;
- den Zeitpunkt, zu dem die Waren dem Anmelder überlassen werden;
- die Frist, innerhalb derer die ergänzende Zollanmeldung bei der hierfür bezeichneten zuständigen Zollstelle vorzulegen ist;
- die Voraussetzungen, unter denen für die Waren gegebenenfalls globale, periodische oder zusammenfassende Zollanmeldungen abgegeben werden können.

**Artikel 525**

(1) Öffentliche Zolllager werden wie folgt unterschieden:

a) Lager des Typs A, bei denen die Verantwortung beim Lagerhalter liegt;
b) Lager des Typs B, bei denen die Verantwortung beim Einlagerer liegt;
c) Lager des Typs F, bei denen die Zollbehörden das Zolllager betreiben.

(2) Private Zolllager, bei denen die Verantwortung beim Lagerhalter liegt, der zugleich auch Einlagerer, nicht aber zwangsläufig auch Eigentümer der Waren ist, werden wie folgt unterschieden:

a) Lager des Typs D, bei denen die Überführung in den zollrechtlich freien Verkehr im Anschreibeverfahren vorgenommen wird, wobei die Beschaffenheit, der Zollwert und die Menge der Waren maßgeblich sind, die im Zeitpunkt ihrer Überführung in das Verfahren festgehalten werden;
b) Lager des Typs E, bei denen das Verfahren mit der Maßgabe anzuwenden ist, dass die Lagerung der Waren nicht notwendigerweise an einem als Zolllager zugelassenen Ort erfolgt;
c) Lager des Typs C, bei denen keine der vorgenannten besonderen Modalitäten Anwendung finden.

(3) Eine Bewilligung für das Zolllager des Typs E kann vorsehen, dass die für das Lager des Typs D geltenden Vorschriften anzuwenden sind.

*Verwaltungsregelungen zu § 9b EnergieStG*

| Datum | Anlage | Quelle | Inhalt |
|---|---|---|---|
| 22.03.2010 | § 009b-01 | BMF | Steueraussetzungsverfahren; Registrierter Versender |

## § 9c Begünstigte

(1) Begünstigte, die Energieerzeugnisse im Sinn des § 4 unter Steueraussetzung im Steuergebiet empfangen dürfen, sind vorbehaltlich des Absatzes 2

1. die ausländische Truppe und deren ziviles Gefolge im Sinn von Artikel 1 des Abkommens vom 19. Juni 1951 zwischen den Parteien des Nordatlantikvertrages über die Rechtsstellung ihrer Truppen (BGBl. 1961 II S. 1183, 1190) in der jeweils geltenden Fassung (NATO-Truppenstatut);

2. in der Bundesrepublik Deutschland errichtete internationale militärische Hauptquartiere nach Artikel 1 des Protokolls über die Rechtsstellung der auf Grund des Nordatlantikvertrages errichteten internationalen militärischen Hauptquartiere vom 28. August 1952 (BGBl. 1969 II S. 2000) in der jeweils geltenden Fassung (Hauptquartierprotokoll) sowie Artikel 1 des Abkommens vom 13. März 1967 zwischen der Bundesrepublik Deutschland und dem Obersten Hauptquartier der Alliierten Mächte, Europa, über die besonderen Bedingungen für die Einrichtung und den Betrieb internationaler militärischer Hauptquartiere in der Bundesrepublik Deutschland (BGBl. 1969 II S. 1997, 2009) in der jeweils geltenden Fassung (Ergänzungsabkommen);

3. Stellen der Vereinigen Staaten von Amerika oder anderer von den Vereinigten Staaten bezeichneten Regierungen in der Bundesrepublik Deutschland nach dem Abkommen zwischen der Bundesrepublik Deutschland und den Vereinigten Staaten von Amerika vom 15. Oktober 1954 über die von der Bundesrepublik zu gewährenden Abgabenvergünstigungen für die von den Vereinigten Staaten im Interesse der gemeinsamen Verteidigung geleisteten Ausgaben (BGBl. 1955 II S. 821, 823) in der jeweils geltenden Fassung;

4. diplomatische Missionen und konsularische Vertretungen;

5. die in internationalen Übereinkommen vorgesehenen internationalen Einrichtungen.

(2) Ein Empfang unter Steueraussetzung ist nur möglich, wenn

1. im Fall des Absatzes 1 Nummer 1 die Voraussetzungen für die Steuerbefreiung nach Artikel XI des NATO-Truppenstatuts und den Artikeln 65 bis 67 des Zusatzabkommens vom 3. August 1959 zu dem Abkommen vom 19. Juni 1951 zwischen den Parteien des Nordatlantikvertrages über die Rechtsstellung ihrer Truppen hinsichtlich der in der Bundesrepublik Deutschland stationierten ausländischen Truppen (BGBl. 1961 II S. 1183, 1218) in der jeweils geltenden Fassung für die ausländische Truppe und deren ziviles Gefolge vorliegen,

2. im Fall des Absatzes 1 Nummer 2 die Voraussetzungen für die Steuerbefreiung nach Artikel XI des NATO-Truppenstatuts und Artikel 15 des Ergänzungsabkommens für die in der Bundesrepublik Deutschland errichteten internationalen militärischen Hauptquartiere vorliegen,

3. im Fall des Absatzes 1 Nummer 3 die Voraussetzungen für die Steuerbefreiung nach Artikel III Nummer 2 und den Artikeln IV bis VI des unter Absatz 1 Nummer 3 genannten Abkommens vom 15. Oktober 1954 für die Stellen der Vereinigten Staaten von Amerika oder anderen von den Vereinigten Staaten bezeichneten Regierungen in der Bundesrepublik Deutschland vorliegen,

4. es sich im Fall des Absatzes 1 Nummer 4 bei den Energieerzeugnissen um Kraftstoff (Benzin oder Dieselkraftstoff) handelt, der für die in § 59 Absatz 2 und 3 bezeichneten Dienststellen oder Personen zum Betrieb ihrer Kraftfahrzeuge bestimmt ist, und für den jeweiligen Kraftstoff eine Steuerbefreiung auf Gegenseitigkeit besteht,

5. im Fall des Absatzes 1 Nummer 5 die Voraussetzungen für eine Steuerbefreiung nach den jeweiligen internationalen Übereinkommen für die internationalen Einrichtungen vorliegen.

## § 9c    DV § 28    EU-Vorgaben

*EU-Vorgaben*

**RL 2008/118/EG Systemrichtlinie (Auszug)**
**Artikel 13**

(1) Unbeschadet des Artikels 21 Absatz 1 ist bei der Beförderung verbrauchsteuerpflichtiger Waren in einem Verfahren der Steueraussetzung zu einem der in Artikel 12 Absatz 1 genannten Empfänger eine Freistellungsbescheinigung mitzuführen.

(2) Die Kommission legt Form und Inhalt der Freistellungsbescheinigung im Einklang mit dem Verfahren gemäß Artikel 43 Absatz 2 fest.

(3) Das in den Artikeln 21 bis 27 festgelegte Verfahren gilt nicht für die Beförderungen verbrauchsteuerpflichtiger Waren in einem Verfahren der Steueraussetzung zu den in Artikel 12 Absatz 1 Buchstabe c genannten Streitkräften, wenn diese einem Verfahren unterliegen, das unmittelbar auf dem Nordatlantikpakt beruht. Die Mitgliedstaaten können jedoch vorsehen, dass das in den Artikeln 21 bis 27 festgelegte Verfahren bei entsprechenden Beförderungen angewandt wird, die gänzlich in ihrem Hoheitsgebiet oder – aufgrund einer Vereinbarung zwischen den betroffenen Mitgliedstaaten – zwischen deren Hoheitsgebieten stattfinden.

*Energiesteuer-Durchführungsverordnung*

**Zu den §§ 9c und 9d Absatz 2 des Gesetzes**

**§ 28 Begünstigte, Freistellungsbescheinigung**

*(1) ¹Ein Begünstigter, der Energieerzeugnisse unter Steueraussetzung empfangen will, hat vor Beginn der Beförderung eine Freistellungsbescheinigung nach der Verordnung (EG) Nr. 31/96 der Kommission vom 10. Januar 1996 über die Verbrauchsteuerfreistellungsbescheinigung (ABl. L 8 vom 11.1.1996, S. 11) in der jeweils geltenden Fassung in Verbindung mit Artikel 13 der Systemrichtlinie in drei Exemplaren auszufertigen und dem zuständigen Hauptzollamt zur Bestätigung in Feld 6 vorzulegen. ²Der Begünstigte hat die mit Bestätigungsvermerk des Hauptzollamts versehene erste und zweite Ausfertigung dem Steuerlagerinhaber als Versender oder dem registrierten Versender auszuhändigen. ³Die dritte Ausfertigung verbleibt beim Hauptzollamt. ⁴Die zweite Ausfertigung hat der Beförderer während der Beförderung der Energieerzeugnisse mitzuführen. ⁵Die erste Ausfertigung hat der Versender im Steuergebiet zu seinen steuerlichen Aufzeichnungen zu nehmen. ⁶Nach der Übernahme der Energieerzeugnisse verbleibt die zweite Ausfertigung der Freistellungsbescheinigung beim Begünstigten.*

*(2) Zuständiges Hauptzollamt ist für Begünstigte*

*1. nach § 9c Absatz 1 Nummer 1 bis 3 des Gesetzes das Hauptzollamt, in dessen Bezirk sich der Sitz der amtlichen Beschaffungsstelle oder der Organisation der ausländischen Streitkräfte befindet, die zur Erteilung des Auftrags berechtigt ist,*

*2. nach § 9c Absatz 1 Nummer 4 des Gesetzes das Hauptzollamt, bei dem die Anträge auf Steuerentlastung nach § 59 des Gesetzes zu stellen sind,*

*3. nach § 9c Absatz 1 Nummer 5 des Gesetzes das Hauptzollamt, in dessen Bezirk sich der Sitz der internationalen Einrichtung befindet.*

*(3) ¹Von der Bestätigung nach Absatz 1 Satz 1 in Feld 6 der Freistellungsbescheinigung wird abgesehen, wenn eine ausländische Truppe (§ 9c Absatz 1 Nummer 1 des Gesetzes) Energieerzeugnisse unter Steueraussetzung empfängt. ²An ihre Stelle tritt eine Eigenbestätigung der ausländischen Truppe.*

*(4) ¹Werden Energieerzeugnisse unter Steueraussetzung von Begünstigten im Sinn des § 9c Absatz 1 Nummer 1 bis 3 des Gesetzes aus Steuerlagern im Steuergebiet oder von registrierten Versendern vom Ort der Einfuhr im Steuergebiet empfangen, kann anstelle der Freistellungsbescheinigung ein Abwicklungsschein nach § 73 Absatz 1 Nummer 1 der Umsatzsteuer-Durchführungsverordnung verwendet werden. ²Die zweite Ausfertigung des Abwicklungsscheins hat der Versender im Steuergebiet zu seinen steuerlichen Aufzeichnungen zu nehmen.*

*NATO-Truppenstatut*

**Artikel I (Begriffsbestimmungen)**

(1) In diesem Abkommen bedeutet der Ausdruck

(a) „Truppe" das zu den Land-, See- oder Luftstreitkräften gehörende Personal einer Vertragspartei, wenn es sich im Zusammenhang mit seinen Dienstobliegenheiten in dem Hoheitsgebiet einer anderen Vertragspartei innerhalb des Gebietes des Nordatlantikvertrags beifindet, mit der Maßgabe jedoch, dass die beiden beteiligten Vertragsparteien vereinbaren können, dass gewisse Personen, Einheiten oder Verbände nicht als eine „Truppe" im Sinne dieses Abkommens oder als deren Bestandteil anzusehen sind;

(b) „Ziviles Gefolge" das die Truppe einer Vertragspartei begleitende Zivilpersonal, das bei den Streitkräften, dieser Vertragspartei beschäftigt ist, soweit es sich nicht um Staatenlose handelt oder um Staatsangehörige eines Staates, der nicht Partei des Nordatlantikvertrags ist, oder um Staatsangehörige des Staates, in welchem die Truppe stationiert ist, oder um Personen, die dort ihren gewöhnlichen Aufenthalt haben;

(c) „Angehöriger" den Ehegatten eines Mitglieds einer Truppe oder eines zivilen Gefolges, sowie ein dem Mitglied gegenüber unterhaltsberechtigtes Kind;

(d) „Entsendestaat" die Vertragspartei, der die Truppe angehört;

(e) „Aufnahmestaat" die Vertragspartei in deren Hoheitsgebiet sich die Truppe oder das zivile Gefolge befinden, sei es, dass sie dort stationiert oder auf der Durchreise sind;

(f) „Militärbehörden des Entsendestaates" diejenigen Behörden eines Entsendestaates, die nach dessen Recht befugt sind, das Militärrecht dieses Staates auf die Mitglieder seiner Truppen oder zivilen Gefolge anzuwenden;

(g) „Nordatlantikrat" den gemäß Art. 9 des Nordatlantikvertrags errichteten Rat oder die zum Handeln in seinem Namen befugten nachgeordneten Stellen.

(2) Dieses Abkommen gilt für die Behörden politischer Untergliederungen der Vertragsparteien innerhalb der Hoheitsgebiete, auf die das Abkommen gemäß Art. XX angewendet oder erstreckt wird, ebenso wie für die Zentralbehörden dieser Vertragsparteien, jedoch mit der Maßgabe, dass Vermögenswerte, die politischen Untergliederungen gehören, nicht als Vermögenswerte einer Vertragspartei im Sinne des Artikels VIII anzusehen sind.

### Artikel XI (Zölle und sonstige Abgaben)

(1) Vorbehaltlich der durch dieses Abkommen ausdrücklich festgelegten Abweichungen unterstehen die Mitglieder einer Truppe oder eines zivilen Gefolges sowie deren Angehörige den Gesetzen und Bestimmungen, für deren Durchführung die Zollverwaltung des Aufnahmestaates zuständig ist. Die Zollbediensteten des Aufnahmestaates haben insbesondere das Recht, unter den allgemeinen, durch die Gesetze und Bestimmungen des Aufnahmestaates festgelegten Bedingungen die Mitglieder einer Truppe oder eines zivilen Gefolges und deren Angehörige, ihr Gepäck und ihre Fahrzeuge zu durchsuchen und gemäß diesen Gesetzen und Bestimmungen Gegenstände zu beschlagnahmen.

(2) (a) Die vorübergehende Einfuhr und die Wiederausfuhr mit eigener Kraft fahrender Dienstfahrzeuge einer Truppe oder eines zivilen Gefolges sind gegen Vorweisung eines Triptiks nach dem als Anlage zu diesem Abkommen beigefügten Muster ohne Erhebung von Zöllen statthaft.

(b) Die vorübergehende Einfuhr nicht mit eigener Kraft fahrender Dienstfahrzeuge erfolgt gemäß Absatz (4), ihre Wiederausfuhr gemäß Absatz (8).

(c) Dienstfahrzeuge einer Truppe oder eines zivilen Gefolges sind von allen Abgaben befreit, die wegen der Verwendung der Fahrzeuge im Straßenverkehr erhoben werden.

(3) Amtliche Urkunden, die amtliche versiegelt sind, unterliegen nicht der Zollkontrolle. Die Kuriere, die diese Urkunden befördern, müssen ohne Rücksicht auf ihre Stellung im Besitz eines gemäß Art. III Absatz (2) Buchstabe (b) ausgestellten Einzelmarschbefehls sein. Aus diesem Marschbefehl muss die Zahl der beförderten Sendungen zu ersehen sein und es muss darin bestätigt sein, dass diese Sendungen nur amtliche Schriftstücke enthalten.

(4) Eine Truppe kann ihre Ausrüstung und angemessene Mengen von Verpflegung, Versorgungsgütern und sonstigen Waren zollfrei einführen, die zur ausschließlichen Verwendung durch die Truppe und, falls der Aufnahmestaat dies genehmigt, auch zur Verwendung durch das zivile Gefolge und die Angehörigen bestimmt sind. Diese zollfreie Einfuhr ist davon abhängig, dass bei der Zollstelle des Einfuhrortes zusammen mit den vereinbarten Zollurkunden eine Bescheinigung hinterlegt wird, deren Form zwischen dem Aufnahmestaat und dem Entsendestaat vereinbart wird und die von einer durch den Entsendestaat hierzu ermächtigten Person unterzeichnet ist. Die Benennung der zur Unterzeichnung der Bescheinigungen ermächtigten Person sowie Proben ihrer Unterschrift und der zu verwendenden Stempel werden der Zollverwaltung des Aufnahmestaates übermittelt.

(5) Ein Mitglied einer Truppe oder eines zivilen Gefolges kann, wenn es erstmalig zum Antritt seines Dienstes in dem Aufnahmestaate eintrifft oder wenn ein Angehöriger erstmalig eintrifft, um sich ihm

# § 9c

anzuschließen, seine persönliche Habe und seinen Hausrat für die Dauer seines dienstlichen Aufenthalts zollfrei einführen.

(6) Die Mitglieder einer Truppe oder eines zivilen Gefolges können ihre privaten Kraftfahrzeuge für ihren persönlichen Gebrauch oder für den ihrer Angehörigen vorübergehend zollfrei einführen. Diese Bestimmung begründet keine Verpflichtung zur Befreiung von Abgaben, die wegen der Verwendung privater Kraftfahrzeuge im Straßenverkehr erhoben werden.

(7) Einfuhren durch die Behörden einer Truppe, die für andere Zwecke als zur ausschließlichen Verwendung durch diese Truppe und ihr ziviles Gefolge bestimmt sind, sowie Einfuhren durch Mitglieder einer Truppe oder eines zivilen Gefolges, mit Ausnahme der in den Absätzen (2) und (6) behandelten Einfuhren, genießen auf Grund dieses Artikels keine Befreiung von Zöllen oder Einfuhrvorschriften.

(8) Waren, die auf Grund der Absätze (2) Buchstabe (b), (4), (5), oder (6) zollfrei eingeführt worden sind, dürfen

(a) frei wiederausgeführt werden, wobei für die auf Grund von Absatz (4) eingeführten Waren der Zollstelle eine nach jenem Absatz ausgestellte Bescheinigung vorzulegen ist; die Zollbehörden können jedoch nachprüfen, ob die wiederausgeführten Waren mit den in der gegebenenfalls erforderlichen Bescheinigung aufgeführten Waren übereinstimmen, sowie ob sie wirklich gemäß den je nach Lage des Falles in Betracht kommenden Absätzen (2) Buchstabe (b), (4), (5) oder (6) eingeführt wurden;

(b) im Aufnahmestaat in der Regel weder entgeltlich noch unentgeltlich veräußert werden; in besonderen Fällen kann jedoch eine Veräußerung unter Bedingungen gestattet werden, die von den zuständigen Behörden des Aufnahmestaates festgelegt werden (z. B. gegen Zahlung der Zölle und Abgaben, sowie Erfüllung der Erfordernisse der Außenhandels- und Devisenkontrolle).

(9) Die Ausfuhr von Waren, die im Aufnahmestaat gekauft wurden, ist nur nach den in diesem Staate geltenden Vorschriften statthaft.

(10) Die Zollbehörden gewähren ordnungsmäßig aufgestellten Einheiten oder Verbänden besondere Erleichterungen für den Grenzübertritt, vorausgesetzt, dass die beteiligten Zollbehörden vorher ordnungsgemäß unterrichtet worden sind.

(11) Der Aufnahmestaat trifft besondere Anordnungen, damit die Heiz-, Treib- und Schmierstoffe für die im dienstlichen Gebrauch stehenden Land-, Luft- und Wasserfahrzeuge einer Truppe oder eines zivilen Gefolges frei von allen Zöllen und Abgaben geliefert werden können.

(12) Im Sinne der Absätze (1) bis (10) sind unter „Zöllen" Zollabgaben und alle anderen Abgaben und Steuern zu verstehen, mit denen die Einfuhr oder die Ausfuhr belegt wird, mit Ausnahme von Gebühren und Abgaben, die nur eine Abgeltung für geleistete Dienste darstellen; schließt der Ausdruck „Einfuhr" die Entnahme von Waren aus einem Zolllager oder aus ständiger Zollaufsicht ein, sofern die betreffenden Waren in dem Aufnahmestaat nicht geerntet, gewonnen, erzeugt oder hergestellt worden sind.

(13) Dieser Artikel findet auf die betreffenden Waren nicht nur Anwendung, wenn sie in den Aufnahmestaat eingeführt oder aus ihm ausgeführt werden, sondern auch dann, wenn sie durch das Hoheitsgebiet einer Vertragspartei hindurch befördert werden; insoweit ist in diesem Artikel unter dem Ausdruck „Aufnahmestaat" auch jede Vertragspartei zu verstehen, durch deren Hoheitsgebiet die Waren befördert werden.

## *Zusatzabkommen zum NATO-Truppenstatut (Auszug)*

**Artikel 65 (Zollvergünstigungen und Zollkontrolle bei Ein- und Ausfuhrsendungen)**

(1) (a) Die in Artikel XI Absatz (4) des NATO-Truppenstatuts genannten Zollvergünstigungen werden nicht nur für Waren gewährt, die bei der Einfuhr im Eigentum einer Truppe oder eines zivilen Gefolges stehen, sondern auch für Waren, die einer Truppe oder einem zivilen Gefolge auf Grund von Verträgen geliefert werden, die die Truppe oder das zivile Gefolge unmittelbar mit nicht in der Bundesrepublik oder in Berlin (West) ansässigen Personen geschlossen haben. Sie gelten ohne Rücksicht darauf, ob die Waren von der Truppe oder dem zivilen Gefolge selbst mit eigenen Transportmitteln oder durch Transportunternehmer befördert werden.

(b) Für eingeführte Waren, die sich in Zollausschlüssen oder im Zollverkehr befinden und einer Truppe oder einem zivilen Gefolge auf Grund von Verträgen geliefert werden, die eine amtliche Beschaffungsstelle der Truppe oder des zivilen Gefolges mit in der Bundesrepublik oder in Berlin (West) ansässigen Personen geschlossen haben, werden Zölle und Verbrauchsteuern einschließlich der Umsatzausgleichsteuer nicht erhoben unter der Voraussetzung, dass das Entgelt mit Zahlungsmitteln in der Währung des Entsendestaates entrichtet wird. Diese Vo-

## § 9c

raussetzung gilt auch als erfüllt, wenn die Zahlung in Deutscher Mark geleistet wird, die die Truppe oder das zivile Gefolge durch den Umtausch derartiger Zahlungsmittel in der Bundesrepublik bei vereinbarten Umtauschstellen erworben hat oder deren Verwendung zu diesem Zweck durch besondere Vereinbarung zwischen den beteiligten Regierungen zugelassen worden ist.

(2) Die in Absatz (1) genannten Vergünstigungen gelten auch für solche Waren, die eine Truppe oder ein ziviles Gefolge eingeführt oder erworben hat, um sie an ihre Mitglieder oder an deren Angehörige zu ihrem privaten Gebrauch oder Verbrauch zu veräußern. Sofern nicht im Einzelfall zwischen den Behörden der Truppe und den deutschen Behörden etwas anderes vereinbart worden ist oder wird, soll die Veräußerung nur durch bestimmte Einrichtungen der Truppe oder des zivilen Gefolges oder in ihrem Dienste stehende Organisationen geschehen, die der Bundesregierung benannt werden.

(3) Einer Truppe und einem zivilen Gefolge wird gestattet, im Bundesgebiet Waren an andere Personen als die Mitglieder der Truppe, des zivilen Gefolges oder deren Angehörige gemäß näherer Vereinbarungen mit den deutschen Behörden zu veräußern. Die Erfüllung der Verpflichtungen, die die Veräußerung nach der deutschen Zollgesetzgebung zur Folge hat, ist Sache des Erwerbers. Die Truppe und das zivile Gefolge gestatten die Entfernung der Waren nur dann, wenn der Beteiligte eine Bescheinigung der deutschen Zollbehörde vorlegt, in der bestätigt wird, dass er alles Erforderliche mit der Zollverwaltung geregelt hat.

(4) Eine Truppe und die zuständigen deutschen Behörden treffen alle geeigneten Maßnahmen, um die schnelle und reibungslose Abfertigung der Ein- und Ausfuhrsendungen der Truppe und des zivilen Gefolges durch die deutschen Zollbehörden zu gewährleisten.

(5) Die Zollkontrolle von Ein- und Ausfuhrsendungen einer Truppe und eines zivilen Gefolges wird von den deutschen Zollbehörden nach Maßgabe der folgenden Grundsätze durchgeführt:

(a) Vorbehaltlich Artikel XI Absatz (3) des NATO-Truppenstatuts und der Buchstaben (b) bis (d) dieses Absatzes können Sendungen einer Truppe und eines zivilen Gefolges von den deutschen Zollbehörden einer Prüfung nach Zahl, Art, Kennzeichen und Gewicht der einzelnen Packstücke unterzogen werden.

(b) (i) Die deutschen Zollbehörden können die Sendungen auch auf ihren Inhalt prüfen. Diese Prüfling darf bei Packstücken, die mit amtlichen Verschlüssen einer Truppe oder der Militärbehörden eines Entsendestaates verschlossen sind, nur in Verdachtsfällen vorgenommen werden. Bei anderen Sendungen kann sie auch stichprobenweise durchgeführt werden. Laderäume von Fahrzeugen, die in der in Satz 2 genannten Weise verschlossen sind, und geschlossene Packstücke werden einer solchen Prüfung nur in Anwesenheit von dazu bestimmten Vertretern der Truppe oder des zivilen Gefolges unterzogen, es sei denn, dass die Truppe oder an deren zivile Gefolge im Einzelfall auf deren Anwesenheit verzichtet.

(ii) Der Umfang der Prüfungen und die Art und Weise ihrer Durchführung werden durch besondere Vereinbarungen zwischen den Behörden einer Truppe und den deutschen Zollbehörden geregelt. Bei diesen Vereinbarungen sollen die verschiedenen Arten von Sendungen, die Beförderungsweise, die besondere Arbeitsweise der Truppe und alle anderen wesentlichen Umstände berücksichtigt werden. Eine Truppe und ein ziviles Gefolge können beantragen, dass die Prüfung nicht an der Grenze, sondern am Bestimmungsort der Sendung oder in seiner Nähe vorgenommen wird. In einem solchen Fall sind die deutschen Zollbehörden berechtigt, die erforderlichen Maßnahmen zu treffen, um sicherzustellen, dass die Sendung unverändert am Prüfungsort eintrifft.

(c) Sendungen, die nach von den Behörden einer Truppe ausgestellten Bescheinigungen militärische Ausrüstungsgegenstände enthalten, die aus Sicherheitsgründen besonderen Schutzbestimmungen unterliegen, werden auf Ersuchen der deutschen Zollbehörden einer Prüfung unterzogen, die nur durch dazu besonders bestimmte Vertreter der Truppe vorgenommen wird. Das Ergebnis der Prüfung wird der zuständigen deutschen Behörde mitgeteilt.

(d) Die Buchstaben (a) bis (c) gelten grundsätzlich auch für die Sendungen einer Truppe, die über Militärflugplätze ein- oder ausgeführt werden. Die deutschen Zollbehörden begnügen sich jedoch hierbei mit gelegentlichen Kontrollen, die nach Vereinbarung mit den für den betreffenden Flugplatz zuständigen Behörden der Truppe stattfinden. Die Behörden der Truppe führen eine regelmäßige Kontrolle der gesamten Sendungen durch. Zollkontrollen im Innern von Flugzeugen, die militärische Ausrüstungsgegenstände darstellen, die aus Sicherheitsgründen besonderen Schutzbestimmungen unterliegen, werden nur von besonders bestimmten Vertretern der Truppe vorgenommen.

# § 9c

(6) Bei der Ausfuhr von Waren, die von einer Truppe oder einem zivilen Gefolge im Bundesgebiet erworben worden sind, ist der Zollstelle eine entsprechend Artikel XI Absatz (4) des NATO-Truppenstatuts ausgestellte Bescheinigung vorzulegen, soweit nicht im Rahmen von Absatz (10) des genannten Artikels hierauf verzichtet wird.

**Artikel 66 (Ein- und Ausfuhr privater KFZ, Gebrauchs- und Verbrauchsgüter)**

(1) Die Mitglieder einer Truppe, eines zivilen Gefolges und die Angehörigen können außer ihrem Übersiedlungsgut und ihren privaten Kraftfahrzeugen auch andere Waren, die zu ihrem persönlichen oder häuslichen Gebrauch oder Verbrauch bestimmt sind, ohne Entrichtung von Zöllen und sonstigen Eingangsabgaben einführen. Diese Vergünstigung gilt nicht nur für Waren, die im Eigentum dieser Personen stehen, sondern auch für Waren, die ihnen als Geschenk zu gesandt oder auf Grund von Verträgen geliefert werden, die sie unmittelbar mit nicht in der Bundesrepublik oder in Berlin (West) ansässigen Personen geschlossen haben.

(2) Für bestimmte, von den zuständigen deutschen Behörden bezeichnete Waren, die vornehmlich den Gegenstand von Zollzuwiderhandlungen bilden, gilt die in Absatz (1) genannte Vergünstigung nur, wenn diese Waren von den Mitgliedern einer Truppe, eines zivilen Gefolges oder den Angehörigen persönlich im mitgeführten Gepäck eingebracht werden, und nur in Mengen, die von den zuständigen deutschen Behörden im Einvernehmen mit den Behörden der Truppe festgesetzt worden sind.

(3) In Zweifelsfällen können die deutschen Zollbeamten die Vorlage einer Bescheinigung fordern, in der bestätigt wird, dass die eingeführten Waren zum persönlichen oder häuslichen Gebrauch oder Verbrauch der Einführenden bestimmt sind; dies gilt jedoch nicht für die Waren, deren Einfuhr gemäß Absatz (2) beschränkt worden ist. Derartige Bescheinigungen werden nur von einer begrenzten Anzahl hierfür von den Behörden der Truppe besonders bestimmter Beamter ausgestellt, deren Namen und Unterschriftsproben den deutschen Behörden mitgeteilt worden sind.

(4) Den Mitgliedern der Truppen, der zivilen Gefolge und den Angehörigen ist die Veräußerung von zollfrei eingeführten oder abgabenbegünstigt erworbenen Waren untereinander gestattet. Verfügungen zugunsten anderer Personen sind ihnen nur nach Benachrichtigung und Genehmigung der zuständigen deutschen Behörden gestattet, soweit diese nicht Ausnahmen hiervon allgemein zugelassen haben.

(5) (a) Werden Waren über den Post- oder Frachtdienst einer Truppe durch Mitglieder der Truppe, des zivilen Gefolges oder durch deren Angehörige versandt oder von den genannten Personen empfangen, so wird die Zollkontrolle dieser Waren von den deutschen Behörden an Orten durchgeführt, die zwischen diesen Behörden und den zuständigen Behörden der Truppe vereinbart werden. Die Zollbeschau findet in Gegenwart von Vertretern der Behörden der Truppe statt.

(b) Falls sich zur Durchführung der in Artikel 69 enthaltenen Devisenbestimmungen die Notwendigkeit ergibt, in den Militärpostämtern einer Truppe eine Nachschau von Briefen und Päckchen vorzunehmen, die durch Mitglieder der Truppe, des zivilen Gefolges oder durch deren Angehörige versandt oder von den genannten Personen empfangen werden, muss bei der Öffnung dieser Briefe und Päckchen der Absender, der Empfänger oder ein von einem der beiden bevollmächtigter Vertreter anwesend sein. Der Umfang dieser Nachschau und die Art ihrer Durchführung werden zwischen den Behörden der Truppe und den deutschen Behörden vereinbart.

(6) Die Mitglieder einer Truppe, eines zivilen Gefolges und die Angehörigen können die von ihnen in die Bundesrepublik verbrachten Waren ohne Erhebung von Ausgangsabgaben wieder ausführen. Sie können außerdem Waren, die in ihrem Eigentum stehen und nicht zum Handel bestimmt sind, in einem Ausmaß, das ihren wirtschaftlichen Verhältnissen entspricht, frei von wirtschaftlichen Ausfuhrverboten und Ausfuhrbeschränkungen und frei von Ausgangsabgaben ausführen. In Zweifelsfällen können die deutschen Behörden die Vorlage einer Bescheinigung fordern, in der bestätigt wird, dass diese Voraussetzungen vorliegen, Diese Bescheinigung wird nach Maßgabe des Absatz (3) Satz 3 ausgestellt.

(7) Findet die Zollkontrolle von Mitgliedern einer Truppe, eines zivilen Gefolges oder Angehörigen an einer Zollstelle statt, bei der Grenzverbindungspersonal einer Truppe stationiert ist, so ziehen die deutschen Zollbeamten dieses Personal hinzu, wenn Zuwiderhandlungen aufgedeckt werden oder Schwierigkeiten anlässlich dieser Kontrolle auftreten.

**Artikel 67 (Umfang der Steuerpflicht; Abgabenvergünstigungen)**

(1) Eine Truppe unterliegt nicht der Steuerpflicht auf Grund von Tatbeständen, die ausschließlich in den Bereich ihrer dienstlichen Tätigkeit fallen, und hinsichtlich des dieser Tätigkeit gewidmeten Vermögens. Dies gilt jedoch nicht, soweit die Steuern durch eine Beteiligung der Truppe am deutschen Wirtschaftsverkehr und hinsichtlich des diesem Wirtschaftsverkehr gewidmeten Vermögens entstehen. Lieferungen

## § 9c

und sonstige Leistungen der Truppe an ihre Mitglieder, an die Mitglieder des zivilen Gefolges sowie an deren Angehörige werden nicht als Beteiligung am deutschen Wirtschaftsverkehr angesehen.

(2) Die Befreiung einer Truppe und eines zivilen Gefolges von Zöllen und sonstigen Ein- und Ausfuhrabgaben für Waren, die von ihnen eingeführt oder ausgeführt oder aus Zollausschlüssen oder aus dem Zollverkehr erworben werden, bestimmt sich nach Artikel XI des NATO-Truppenstatuts und nach Artikel 65 dieses Abkommens.

(3) (a) (i) Für Lieferungen und sonstige Leistungen an eine Truppe oder ein ziviles Gefolge, die von einer amtlichen Beschaffungsstelle der Truppe oder des zivilen Gefolges in Auftrag gegeben werden für den Gebrauch oder den Verbrauch durch die Truppe, des zivile Gefolges, ihre Mitglieder oder deren Angehörige bestimmt sind, werden die unter den Ziffern (ii) und (iv) genannten Abgabenvergünstigungen gewährt. Die Abgabenvergünstigungen sind bei der Berechnung des Preises zu berücksichtigen.

(ii) Lieferungen und sonstige Leistungen an eine Truppe oder ein ziviles Gefolge sind von der Umsatzsteuer befreit. Diese Steuerbefreiung gilt nicht für die Lieferung von unbebauten und bebauten Grundstücken sowie für die Herstellung von Gebäuden, wenn diese Umsätze für den privaten Bedarf der Mitglieder der Truppe, oder des zivilen Gefolges oder von Angehörigen bestimmt sind.

(iii) (gestrichen)

(iv) Für Waren, die aus dem zollrechtlich freien Verkehr an eine Truppe oder ein ziviles Gefolge geliefert werden, werden die Abgabenvergünstigungen gewährt, die in den Zoll- und Verbrauchsteuergesetzen für den Fall der Ausfuhr vorgesehen sind.

(b) Buchstabe a wird auch angewendet, wenn die deutschen Behörden Beschaffungen oder Baumaßnahmen für eine Truppe oder ein ziviles Gefolge durchführen.

(c) Die Vergünstigungen der Buchstaben (a) und (b) sind davon abhängig, dass das Vorliegen ihrer Voraussetzungen den zuständigen deutschen Behörden nachgewiesen wird. Die Art dieser Nachweise wird durch Vereinbarungen zwischen den deutschen Behörden und den Behörden des betreffenden Entsendestaates festgelegt.

(4) Die besonderen Anordnungen, die gemäß Artikel XI Absatz (11) des NATO-Truppenstatuts für Treib- und Schmierstoffe vorgesehen sind, werden im Einklang mit Artikel 65 dieses Abkommens, Absatz (1) Buchstabe (b), sowie mit Absatz (3) dieses Artikels getroffen.

### *Hauptquartierprotokoll (Auszug)*

**Artikel 1**

In diesem Protokoll bedeutet der Ausdruck

a) „Abkommen" das am 19. Juni 1951 in London von den Parteien des Nordatlantikvertrags unterzeichnete Abkommen über die Rechtsstellung ihrer Truppen;

b) „Oberstes Hauptquartier" das Oberste Hauptquartier der Alliierten Mächte, Europa, das Hauptquartier des Obersten Alliierten Befehlshabers Atlantik sowie jedes entsprechende, auf Grund des Nordatlantikvertrags errichtete internationale militärische Hauptquartier;

c) „Alliiertes Hauptquartier" jedes Oberste Hauptquartier und jedes auf Grund des Nordatlantikvertrags errichtete internationale militärische Hauptquartier, das einem Obersten Hauptquartier unmittelbar unterstellt ist;

d) „Nordatlantikrat" den nach Artikel 9 des Nordatlantikvertrags errichteten Rat oder die zum Handeln in seinem Namen befugten nachgeordneten Stellen.

### *Ergänzungsabkommen zum Hauptquartierprotokoll (Auszug)*

**Artikel 1**

In diesem Abkommen (im folgenden "Ergänzungsabkommen" bezeichnet) bedeutet der Ausdruck

a) „Bundesregierung" die Regierung der Bundesrepublik Deutschland;

b) „SHAPE" das Oberste Hauptquartier der Alliierten Mächte, Europa;

c) „Hauptquartier"
    i) SHAPE,

## § 9c

    ii) jedes SHAPE unmittelbar unterstellte internationale militärische Hauptquartier, das einem der unter Ziffer iii genannten Hauptquartiere übergeordnet ist,

    iii) sonstige SHAPE unterstellte, in der Bundesrepublik Deutschland errichtete internationale militärische Hauptquartiere, soweit auf diese das Protokoll gemäß seinem Artikel 14 Anwendung findet;

d) „Abkommen" das am 19. Juni 1951 in London unterzeichnete Abkommen zwischen den Parteien des Nordatlantikvertrags über die Rechtsstellung ihrer Truppen;

e) „Protokoll" das am 28. August 1952 in Paris unterzeichnete Protokoll über die Rechtsstellung der auf Grund des Nordatlantikvertrags errichteten internationalen militärischen Hauptquartiere.

**Artikel 15**

(1) Die in Artikel XI Absatz 4 des Abkommens genannten Zollvergünstigungen werden den Hauptquartieren bei der Einfuhr von Waren gewährt, die im Eigentum von SHAPE stehen oder die den Hauptquartieren auf Grund von Verträgen geliefert werden, die unmittelbar mit nicht im Geltungsbereich des deutschen Zollgesetzes vom 14. Juni 1961 ansässigen Personen geschlossen worden sind.

(2) Für Waren, die sich in Zollfreigebieten oder im Zollverkehr befinden und den Hauptquartieren auf Grund von Verträgen geliefert werden, die mit im Geltungsbereich des deutschen Zollgesetzes vom 14. Juni 1961 ansässigen Personen geschlossen worden sind, werden die Zölle und Verbrauchsteuern einschließlich der Umsatzausgleichsteuer nicht erhoben unter der Voraussetzung, daß das Entgelt aus Mitteln der Hauptquartiere geleistet wird. Unter der gleichen Voraussetzung werden für Waren, die aus dem zollrechtlich freien Verkehr an die Hauptquartiere geliefert werden, die Abgabenbefreiungen oder – vergütungen oder Preisvergünstigungen gewährt, die in den Zoll-, Verbrauchsteuer- und Monopolvorschriften für den Fall der Ausfuhr vorgesehen sind.

(3) Die besonderen Anordnungen, die in Artikel XI Absatz 11 des Abkommens für Treib- und Schmierstoffe vorgesehen sind, werden im Einklang mit dem vorstehenden Absatz 2 getroffen.

(4) Die vorgenannten Vergünstigungen sind davon abhängig, daß das Vorliegen ihrer Voraussetzungen den zuständigen deutschen Behörden nachgewiesen wird. Die Art dieses Nachweises wird durch Vereinbarung zwischen den deutschen Behörden und SHAPE festgelegt.

### *Offshore-Steuerabkommen (Auszug)*

**Artikel I**

Die Bundesrepublik Deutschland, im folgenden die Bundesrepublik genannt, wird Vergünstigungen bei Bundessteuern und Zöllen gewähren, soweit durch die Erhebung der Abgaben Verteidigungsausgaben der Vereinigten Staaten von Amerika, im folgenden die Vereinigten Staaten genannt, betroffen werden. Die Art und Weise dieser Abgabenvergünstigungen bestimmt sich nach den nachstehenden Artikeln.

**Artikel III**

Hinsichtlich der Steuern und Zölle, die die Verteidigungsausgaben der Vereinigten Staaten im Sinne des Artikels II und der Bestimmungen des Anhangs berühren, werden folgende Vergünstigungen gewährt:

1. Umsatzsteuer

    a) Umsatzsteuerbefreiung wird gewährt für Lieferungen von Waren einschließlich Werklieferungen und für sonstige Leistungen an Stellen der Vereinigten Staaten und an Stellen anderer von den Vereinigten Staaten bezeichneter Regierungen ohne Rücksicht darauf, ob eine Ausfuhr tatsächlich stattfindet oder nicht.

    b) Auf Antrag werden dem Lieferer für die nach Buchstabe a umsatzsteuerbefreiten Lieferungen von Waren einschließlich Werklieferungen Umsatzsteuervergütungen in dem im Anhang vereinbarten Umfange gewährt ohne Rücksicht darauf, ob eine Ausfuhr tatsächlich stattfindet oder nicht.

    c) Die nach den Buchstaben a und b vorgesehenen Befreiungen und Vergütungen werden auch einem Lieferer gewährt, der nachweist, daß er Waren an private Personen oder Firmen exportiert hat, die von Stellen der Vereinigten Staaten oder Stellen anderer von den Vereinigten Staaten bezeichneter Regierungen ermächtigt worden sind.

2. Zölle, Verbrauchsteuern einschließlich der Umsatzausgleichsteuer und Monopolabgaben

    a) Für Ausrüstung, Materialien und Einrichtungen, die an Stellen der Vereinigten Staaten oder an Stellen anderer von den Vereinigten Staaten bezeichneter Regierungen aus Zollausschlüssen (z. B. Freihäfen) oder aus dem Zollverkehr (z. B. Zollagern) übergeben werden, werden Zölle

## § 9c

und Verbrauchsabgaben einschließlich der Umsatzausgleichsteuer nicht erhoben. Die gleichen Vergünstigungen werden gewährt, wenn solche Waren ordnungsmäßig ausgeführt werden.

b) Für sonstige Ausrüstung, Materialien und Einrichtungen, die Stellen der Vereinigten Staaten oder Stellen anderer von den Vereinigten Staaten bezeichneter Regierungen übergeben werden, werden die weitestgehenden Befreiungen, Vergütungen oder Preisvergünstigungen gewährt, die in den deutschen Zoll-, Verbrauchsteuer- und Monopolgesetzen für ausgeführte Waren vorgesehen sind. Für ordnungsmäßig ausgeführte Waren werden ebenfalls die Abgaben- oder Preisvergünstigungen gewährt, die in den deutschen Zoll-, Verbrauchsteuer- und Monopolgesetzen für den Fall der Ausfuhr vorgesehen sind.

**Artikel IV**
Zölle und Verbrauchsteuern einschließlich der Umsatzausgleichsteuer werden nicht erhoben für Ausrüstung, Materialien und Einrichtungen der in Artikel II bezeichneten Art, die aus dem Zollauslande eingeführt und Stellen der Vereinigten Staaten oder Stellen anderer von den Vereinigten Staaten bezeichneter Regierungen übergeben oder die durch das deutsche Zollgebiet zur Lieferung an solche Stellen durchgeführt werden.

**Artikel V**
Für die in Artikel III Nr. 2 Buchstabe a und in Artikel IV bezeichneten Ausrüstungsgegenstände, Materialien und Einrichtungen, die im deutschen Zollgebiet veredelt werden, wird Befreiung von Zöllen und Verbrauchsteuern einschließlich der Umsatzausgleichsteuer nach Maßgabe der deutschen Zollbestimmungen gewährt werden, die auf solche Veredelungen anwendbar sind. Für die Ausbesserung von militärischen Ausrüstungsgegenständen wird ein vereinfachtes Verfahren vorgesehen werden.

**Artikel VI**
Die Vergünstigungen bei Bundessteuern und Zöllen sind davon abhängig, daß den zuständigen deutschen Stellen von Stellen der Vereinigten Staaten in geeigneter Weise der Nachweis dafür erbracht wird, daß bei den betreffenden Rechtsgeschäften die in diesem Abkommen aufgeführten Voraussetzungen für derartige Abgabenvergünstigungen vorliegen. Die Art dieses Nachweises wird durch gegenseitige Vereinbarung zwischen den beiden Regierungen festgelegt werden.

### *Verordnung 31/96/EG über die Freistellungsbescheinigung (Auszug)*

**Artikel 1**
Das im Anhang aufgeführte Dokument gilt als Freistellungsbescheinigung im Sinne von Artikel 23 Absatz 1 a der Richtlinie 92/12/EWG, sofern es den im Anhang aufgeführten Erläuterungen entspricht.

**Artikel 2**
Die Mitgliedstaaten können die in Artikel 1 genannte Freistellungsbescheinigung anpassen, um sie in anderen Bereichen der indirekten Besteuerung anwenden zu können und um sicherzustellen, daß die Freistellung mit den Bedingungen und Beschränkungen vereinbar ist, die nach innerstaatlichem Recht für die Gewährung von Steuerbefreiungen gelten.

**Artikel 3**
Wünscht der Mitgliedstaat die Freistellungsbescheinigung anzupassen, so hat er die Kommission hiervon in Kenntnis zu setzen und ihr alle einschlägigen oder notwendigen Informationen zu übermitteln. Die Kommission setzt die anderen Mitgliedstaaten hiervon in Kenntnis.

**Artikel 4**
Die Freistellungsbescheinigung ist in zwei Exemplaren auszufertigen:
– Ein Exemplar bleibt beim Versender,
– und ein Exemplar wird neben dem Begleitdokument im Sinne von Artikel 18 der Richtlinie 92/12/EWG mitgeführt.

Die Mitgliedstaaten können zu Verwaltungszwecken ein zusätzliches Exemplar verlangen.

**Artikel 5**
(1) Ein zugelassener Lagerinhaber, der im Verfahren der Verbrauchsteueraussetzung Waren an Streitkräfte und Einrichtungen im Sinne von Artikel 23 Absatz 1 der Richtlinie 92/12/EWG liefert, hat eine Freistellungsbescheinigung in seine Aufzeichnungen aufzunehmen.

# § 9c

(2) Zum Zwecke des Absatzes 1 hat der Empfänger dem zugelassenen Lagerinhaber die mit dem Dienstsiegel der zuständigen Gaststaatbehörde versehene Freistellungsbescheinigung zugehen zu lassen.

Sind die gelieferten Waren jedoch für amtliche Zwecke bestimmt, so kann ein Mitgliedstaat den Empfänger von der Verpflichtung entbinden, das Dienstsiegel auf der Bescheinigung anbringen zu lassen, und hierzu entsprechende Bedingungen festlegen.

**Artikel 6**

(1) Die Mitgliedstaaten teilen der Kommission mit, welche Dienststelle das Dienstsiegel auf der Freistellungsbescheinigung anbringt.

(2) Ein Mitgliedstaat, der nach Artikel 5 Absatz 2 zweiter Unterabsatz auf die Anbringung des Dienstsiegels auf der Bescheinigung verzichtet, teilt dies der Kommission mit.

(3) Die Kommission setzt die anderen Mitgliedstaaten innerhalb eines Monates von den Angaben in Kenntnis, die die Mitgliedstaaten nach den Absätzen 1 und 2 übermittelt haben.

**Artikel 7**
Diese Verordnung tritt am siebten Tag nach ihrer Veröffentlichung im Amtsblatt der Europäischen Gemeinschaften in Kraft.

## *Umsatzsteuer-Durchführungsverordnung (Auszug)*

**§ 73 Nachweis der Voraussetzungen der in bestimmten Abkommen enthaltenen Steuerbefreiungen**
(1) Der Unternehmer hat die Voraussetzungen der in § 26 Abs. 5 des Gesetzes bezeichneten Steuerbefreiungen wie folgt nachzuweisen:
1. bei Lieferungen und sonstigen Leistungen, die von einer amtlichen Beschaffungsstelle in Auftrag gegeben worden sind, durch eine Bescheinigung der amtlichen Beschaffungsstelle nach amtlich vorgeschriebenem Vordruck (Abwicklungsschein);
2. bei Lieferungen und sonstigen Leistungen, die von einer deutschen Behörde für eine amtliche Beschaffungsstelle in Auftrag gegeben worden sind, durch eine Bescheinigung der deutschen Behörde.

(2) Zusätzlich zu Absatz 1 muss der Unternehmer die Voraussetzungen der Steuerbefreiungen im Geltungsbereich dieser Verordnung buchmäßig nachweisen. Die Voraussetzungen müssen eindeutig und leicht nachprüfbar aus den Aufzeichnungen zu ersehen sein. In den Aufzeichnungen muss auf die in Absatz 1 bezeichneten Belege hingewiesen sein.

(3) Das Finanzamt kann auf die in Absatz 1 Nr. 1 bezeichnete Bescheinigung verzichten, wenn die vorgeschriebenen Angaben aus anderen Belegen und aus den Aufzeichnungen des Unternehmers eindeutig und leicht nachprüfbar zu ersehen sind.

(4) Bei Beschaffungen oder Baumaßnahmen, die von deutschen Behörden durchgeführt und von den Entsendestaaten oder den Hauptquartieren nur zu einem Teil finanziert werden, gelten Absatz 1 Nr. 2 und Absatz 2 hinsichtlich der anteiligen Steuerbefreiung entsprechend.

## *Verwaltungsregelungen zu § 9c EnergieStG*

| Datum | Anlage | Quelle | Inhalt |
|---|---|---|---|
| 28.09.2011 | § 009c-01 | BMF | Liste der NATO-Hauptquartiere |

## *Rechtsprechungsauswahl zu § 9c EnergieStG*

**BFH vom 03.11.2010, VII R 4/10 (BFH/NV 2001 S. 510):**
1. Den NATO-Truppen und ihrem zivilen Gefolge zu gewährende Verbrauchsteuervergünstigungen können unmittelbar auf Art. 67 Abs. 3 Buchst. a Ziff. i und iv NATOTrStatZAbk gestützt werden.
2. Aus Sinn und Zweck der in Art. 67 Abs. 3 Buchst. a NATOTrStatZAbk getroffenen Regelungen sowie aus dem darin festgelegten Erfordernis, dass die Abgabenvergünstigungen bei der Berechnung des Preises zu berücksichtigen sind, ergibt sich, dass eine Verbrauchsteuerentlastung nicht beanspruchen kann, wer deutsche Abnehmer und Angehörige ausländischer Truppen zu gleichen Verkaufspreisen beliefert.

# § 9d Beförderungen (Allgemeines)

(1) Beförderungen gelten, soweit in diesem Gesetz oder den dazu ergangenen Rechtsverordnungen keine Ausnahmen vorgesehen sind, nur dann als unter Steueraussetzung durchgeführt, wenn sie mit einem elektronischen Verwaltungsdokument nach Artikel 21 der Systemrichtlinie erfolgen.

(2) [1]Unbeschadet Absatz 1 gelten in den Fällen des § 10 Absatz 1 Nummer 2 und des § 11 Absatz 1 Nummer 1 Buchstabe c Beförderungen nur dann als unter Steueraussetzung durchgeführt, wenn dem Inhaber des abgebenden Steuerlagers oder dem registrierten Versender eine Freistellungsbescheinigung nach Artikel 13 Absatz 1 der Systemrichtlinie vorliegt. [2]Die Freistellungsbescheinigung ist während der Beförderung mitzuführen. [3]Satz 2 gilt auch in den Fällen des § 11 Absatz 1 Nummer 2 Buchstabe c.

## EU-Vorgaben

**RL 2008/118/EG Systemrichtlinie (Auszug)**
**Artikel 17**

(1) Verbrauchsteuerpflichtige Waren können in einem Verfahren der Steueraussetzung wie folgt innerhalb des Gebiets der Gemeinschaft befördert werden, und zwar auch dann, wenn die Waren über ein Drittland oder ein Drittgebiet befördert werden:

a) aus einem Steuerlager zu

   i) einem anderen Steuerlager,

   ii) einem registrierten Empfänger,

   iii) einem Ort, an dem die verbrauchsteuerpflichtigen Waren entsprechend Artikel 25 Absatz 1 das Gebiet der Gemeinschaft verlassen;

   iv) einem der in Artikel 12 Absatz 1 aufgeführten Empfänger, wenn die Waren von einem anderen Mitgliedstaat aus versandt werden;

b) vom Ort der Einfuhr zu jedem der unter Buchstabe a aufgeführten Bestimmungsorte, wenn die Waren von einem registrierten Versender versandt werden. Der „Ort der Einfuhr" im Sinne dieses Artikels ist der Ort, an dem sich die Waren bei ihrer Überführung in den zollrechtlich freien Verkehr nach Artikel 79 der Verordnung (EWG) Nr. 2913/92 befinden.

(2) Abweichend von Absatz 1 Buchstabe a Ziffern i und ii und Absatz 1 Buchstabe b dieses Artikels und außer in dem in Artikel 19 Absatz 3 genannten Fall kann der Bestimmungsmitgliedstaat nach von ihm festzusetzenden Bedingungen die Beförderung verbrauchsteuerpflichtiger Waren in einem Verfahren der Steueraussetzung an einen in seinem Gebiet befindlichen Bestimmungsort für eine Direktlieferung zulassen, wenn dieser Ort vom zugelassenen Lagerinhaber im Bestimmungsmitgliedstaat oder vom registrierten Empfänger angegeben wurde. Dieser zugelassene Lagerinhaber oder dieser registrierte Empfänger bleiben für die Übermittlung der Eingangsmeldung nach Artikel 24 Absatz 1 verantwortlich.

(3) Die Absätze 1 und 2 gelten auch für die Beförderung verbrauchsteuerpflichtiger Waren, die dem Nullsatz unterliegen und nicht in den steuerrechtlich freien Verkehr überführt worden sind.

**Artikel 18**

(1) Die zuständigen Behörden des Abgangsmitgliedstaats verlangen unter von ihnen festgelegten Bedingungen, dass die mit der Beförderung verbrauchsteuerpflichtiger Waren unter Steueraussetzung verbundenen Risiken durch eine Sicherheit abgedeckt werden, die von dem zugelassenen Lagerinhaber als Versender oder dem registrierten Versender zu leisten ist.

(2) Abweichend von Absatz 1 können die zuständigen Behörden des Abgangsmitgliedstaats unter den von ihnen festgesetzten Bedingungen gestatten, dass die in Absatz 1 genannte Sicherheit von dem Beförderer, dem Eigentümer der verbrauchsteuerpflichtigen Waren, dem Empfänger oder gemeinsam von zwei oder mehreren dieser Personen und den in Absatz 1 genannten Personen geleistet wird.

(3) Die Sicherheitsleistung ist für die gesamte Gemeinschaft gültig. Ihre Einzelheiten werden von den Mitgliedstaaten geregelt.

(4) Der Abgangsmitgliedstaat kann bei folgenden Beförderungen verbrauchsteuerpflichtiger Waren in einem Verfahren der Steueraussetzung auf die Sicherheitsleistung verzichten:

a) Beförderungen, die ausschließlich in seinem Gebiet erfolgen;

# § 9d EU-Vorgaben

b) Beförderungen von Energieerzeugnissen innerhalb der Gemeinschaft auf dem Seeweg oder durch feste Rohrleitungen, wenn die anderen betroffenen Mitgliedstaaten dem zustimmen.

**Artikel 21**

(1) Eine Beförderung verbrauchsteuerpflichtiger Waren gilt nur dann als in einem Verfahren der Steueraussetzung durchgeführt, wenn sie mit einem elektronischen Verwaltungsdokument erfolgt, das nach den Absätzen 2 und 3 erstellt wurde.

(2) Für die Zwecke des Absatzes 1 dieses Artikels übermittelt der Versender den zuständigen Behörden des Abgangsmitgliedstaats unter Verwendung des in Artikel 1 der Entscheidung Nr. 1152/2003/EG genannten EDV-gestützten Systems (nachstehend „EDV-gestütztes System" genannt) einen Entwurf des elektronischen Verwaltungsdokuments.

(3) Die zuständigen Behörden des Abgangsmitgliedstaats überprüfen elektronisch die Angaben in dem Entwurf des elektronischen Verwaltungsdokuments. Sind diese Angaben fehlerhaft, so wird dies dem Versender unverzüglich mitgeteilt. Sind diese Angaben korrekt, so weisen die zuständigen Behörden des Abgangsmitgliedstaats dem Dokument einen einzigen administrativen Referenzcode zu und teilen diesen dem Versender mit.

(4) In den in Artikel 17 Absatz 1 Buchstabe a Ziffern i, ii und iv sowie Artikel 17 Absatz 1 Buchstabe b und Absatz 2 genannten Fällen übermitteln die zuständigen Behörden des Abgangsmitgliedstaats das elektronische Verwaltungsdokument unverzüglich den zuständigen Behörden des Bestimmungsmitgliedstaats, die es ihrerseits an den Empfänger weiterleiten, wenn dieser ein zugelassener Lagerinhaber oder ein registrierter Empfänger ist. Sind die verbrauchsteuerpflichtigen Waren für einen zugelassenen Lagerinhaber im Abgangsmitgliedstaat bestimmt, senden die zuständigen Behörden dieses Mitgliedstaats das elektronische Verwaltungsdokument direkt an ihn.

(5) Im Falle des Artikels 17 Absatz 1 Buchstabe a Ziffer iii dieser Richtlinie leiten die zuständigen Behörden des Abgangsmitgliedstaats das elektronische Verwaltungsdokument an die zuständigen Behörden des Mitgliedstaats, in dem nach Artikel 161 Absatz 5 der Verordnung (EG) Nr. 2913/92 die Ausfuhranmeldung abgegeben wird (nachfolgend „Ausfuhrmitgliedstaat" genannt), weiter, sofern dieser Mitgliedstaat nicht der Abgangsmitgliedstaat ist.

(6) Der Versender übermittelt der Person, die die verbrauchsteuerpflichtigen Waren begleitet, ein schriftliches Exemplar des elektronischen Verwaltungsdokuments oder eines anderen Handelspapiers, aus dem der einzige administrative Referenzcode eindeutig hervorgeht. Dieses Dokument muss den zuständigen Behörden während der gesamten Beförderung in einem Verfahren der Steueraussetzung auf Verlangen jederzeit vorgelegt werden können.

(7) Der Versender kann das elektronische Verwaltungsdokument annullieren, solange die Beförderung gemäß Artikel 20 Absatz 1 noch nicht begonnen hat.

(8) Während der Beförderung verbrauchsteuerpflichtiger Waren in einem Verfahren der Steueraussetzung kann der Versender den Bestimmungsort über das EDV-gestützte System ändern und einen anderen Bestimmungsort angeben, der einer der in Artikel 17 Absatz 1 Buchstabe a Ziffern i, ii oder iii oder gegebenenfalls in Artikel 17 Absatz 2 genannten Bestimmungsorte sein muss.

**Artikel 22**

(1) Steht bei einer Beförderung von Energieerzeugnissen in einem Verfahren der Steueraussetzung im Seeverkehr oder auf Binnenwasserstraßen der Empfänger bei Übermittlung des Entwurfs des elektronischen Verwaltungsdokuments nach Artikel 21 Absatz 2 noch nicht endgültig fest, so können die zuständigen Behörden des Abgangsmitgliedstaats dem Versender gestatten, in dem Dokument die Angaben zum Empfänger wegzulassen.

(2) Sobald die Angaben zum Empfänger bekannt sind, spätestens jedoch bei Ende der Beförderung, übermittelt der Versender diese den zuständigen Behörden des Abgangsmitgliedstaats nach dem Verfahren gemäß Artikel 21 Absatz 8.

**Artikel 23**

Die zuständigen Behörden des Abgangsmitgliedstaats können dem Versender nach den vom Abgangsmitgliedstaat festgelegten Bedingungen gestatten, eine Beförderung von Energieerzeugnissen in einem Verfahren der Steueraussetzung in zwei oder mehrere Beförderungen aufzuteilen, sofern

1. sich an der Gesamtmenge der verbrauchsteuerpflichtigen Waren nichts ändert,
2. die Aufteilung in dem Gebiet eines Mitgliedstaats vorgenommen wird, der eine solche Vorgehensweise gestattet;

# EU-Vorgaben § 9d

3. die zuständigen Behörden dieses Mitgliedstaates darüber informiert werden, wo die Aufteilung erfolgt.

Die Mitgliedstaaten teilen der Kommission mit, ob und unter welchen Bedingungen sie die Aufteilung von Beförderungen in ihrem Gebiet gestatten. Die Kommission leitet diese Informationen an die anderen Mitgliedstaaten weiter.

**Artikel 24**

(1) Beim Empfang verbrauchsteuerpflichtiger Waren an einem der in Artikel 17 Absatz 1 Buchstabe a Ziffern i, ii oder iv oder Artikel 17 Absatz 2 genannten Bestimmungsorte übermittelt der Empfänger den zuständigen Behörden des Bestimmungsmitgliedstaats über das EDV-gestützte System unverzüglich, spätestens jedoch fünf Werktage nach Beendigung der Beförderung, außer in den zuständigen Behörden ordnungsgemäß nachgewiesenen Fällen, eine Meldung über den Eingang der Waren (nachfolgend „Eingangsmeldung" genannt).

(2) Die zuständigen Behörden des Bestimmungsmitgliedstaates legen die Einzelheiten der Übermittlung der Eingangsmeldung über den Empfang der Waren durch die Empfänger nach Artikel 12 Absatz 1 fest.

(3) Die zuständigen Behörden des Bestimmungsmitgliedstaats überprüfen elektronisch die Angaben in der Eingangsmeldung. Sind diese Angaben fehlerhaft, so wird dies dem Empfänger unverzüglich mitgeteilt. Sind diese Angaben korrekt, so bestätigen die zuständigen Behörden des Bestimmungsmitgliedstaats dem Empfänger den Erhalt der Eingangsmeldung und übermitteln sie den zuständigen Behörden des Abgangsmitgliedstaats.

(4) Die zuständigen Behörden des Abgangsmitgliedstaats leiten die Eingangsmeldung an den Versender weiter. Befinden sich der Abgangs- und der Bestimmungsort im selben Mitgliedstaat, so übermitteln dessen zuständige Behörden die Eingangsmeldung direkt dem Versender.

**Artikel 25**

(1) In den Fällen nach Artikel 17 Absatz 1 Buchstabe a Ziffer iii sowie gegebenenfalls Artikel 17 Absatz 1 Buchstabe b dieser Richtlinie erstellen die zuständigen Behörden des Ausfuhrmitgliedstaats auf der Grundlage des von der Ausgangszollstelle nach Artikel 793 Absatz 2 der Verordnung (EWG) Nr. 2454/93 der Kommission vom 2. Juli 1993 mit Durchführungsvorschriften zu der Verordnung (EWG) Nr. 2913/92 des Rates zur Festlegung des Zollkodex der Gemeinschaften (1) oder von der Zollstelle, bei der die Formalitäten nach Artikel 3 Absatz 2 dieser Richtlinie erledigt werden, erteilten Sichtvermerks eine Ausfuhrmeldung, in der bestätigt wird, dass die verbrauchsteuerpflichtigen Waren das Gebiet der Gemeinschaft verlassen haben.

(2) Die zuständigen Behörden des Ausfuhrmitgliedstaats überprüfen elektronisch die Angaben, die sich aus dem in Absatz 1 genannten Sichtvermerk ergeben. Sobald diese Angaben überprüft wurden, senden die zuständigen Behörden des Ausfuhrmitgliedstaats die Ausfuhrmeldung an die zuständigen Behörden des Abgangsmitgliedstaats, falls der Abgangsmitgliedstaat nicht auch der Ausfuhrmitgliedstaat ist.

(3) Die zuständigen Behörden des Abgangsmitgliedstaats leiten die Ausfuhrmeldung an den Versender weiter.

**Artikel 26**

(1) Steht das EDV-gestützte System im Abgangsmitgliedstaat nicht zur Verfügung, kann der Versender abweichend von Artikel 21 Absatz 1 eine Beförderung verbrauchsteuerpflichtiger Waren in einem Verfahren der Steueraussetzung beginnen, vorausgesetzt,

a) den Waren ist ein Dokument in Papierform beigefügt, das dieselben Daten enthält wie der Entwurf des elektronischen Verwaltungsdokuments nach Artikel 21 Absatz 2;
b) er unterrichtet die zuständigen Behörden des Abgangsmitgliedstaats vor Beginn der Beförderung.

Der Abgangsmitgliedstaat kann auch eine Kopie des Dokuments nach Buchstabe a, die Überprüfung der in dieser Kopie enthaltenen Daten und – sofern der Versender für die Nichtverfügbarkeit verantwortlich ist – sachdienliche Informationen über die Gründe für diese Nichtverfügbarkeit vor Beginn der Beförderung anfordern.

(2) Steht das EDV-gestützte System wieder zur Verfügung, legt der Versender einen Entwurf des elektronischen Verwaltungsdokuments nach Artikel 21 Absatz 2 vor. Sobald die in dem elektronischen Verwaltungsdokument enthaltenen Angaben gemäß Artikel 21 Absatz 3 validiert wurden, ersetzt dieses Dokument das Papierdokument nach Absatz 1 Buchstabe a dieses Artikels. Artikel 21 Absätze 4 und 5 sowie die Artikel 24 und 25 finden entsprechend Anwendung.

# § 9d EU-Vorgaben

(3) Bis zu dem Zeitpunkt, zu dem die in dem elektronischen Verwaltungsdokument enthaltenen Angaben validiert werden, gilt die Beförderung als in einem Verfahren der Steueraussetzung mit dem Papierdokument nach Absatz 1 Buchstabe a durchgeführt.

(4) Der Versender bewahrt eine Kopie des Papierdokuments nach Absatz 1 Buchstabe a für seine Bücher auf.

(5) Steht das EDV-gestützte System im Abgangsmitgliedstaat nicht zur Verfügung, teilt der Versender die Informationen nach Artikel 21 Absatz 8 oder Artikel 23 mit, indem er andere Kommunikationsmittel nutzt. Hierzu unterrichtet er die zuständigen Behörden des Abgangsmitgliedstaats, bevor die Änderung des Bestimmungsortes oder die Aufteilung der Beförderung vorgenommen wird. Die Absätze 2 bis 4 dieses Artikels finden entsprechend Anwendung.

**Artikel 27**

(1) Kann in den Fällen nach Artikel 17 Absatz 1 Buchstabe a Ziffern i, ii und iv, nach Artikel 17 Absatz 1 Buchstabe b sowie nach Artikel 17 Absatz 2 die Eingangsmeldung gemäß Artikel 24 Absatz 1 bei Beendigung der Beförderung der verbrauchsteuerpflichtigen Waren nicht innerhalb der in letztgenanntem Artikel niedergelegten Fristen vorgelegt werden, weil entweder das EDV-gestützte System im Bestimmungsmitgliedstaat nicht zur Verfügung steht oder – in dem in Artikel 26 Absatz 1 genannten Fall – die in Artikel 26 Absatz 2 vorgesehenen Verfahren noch nicht durchgeführt worden sind, so legt der Empfänger den zuständigen Behörden des Bestimmungsmitgliedstaats – außer in ordnungsgemäß nachgewiesenen Fällen – ein Papierdokument vor, das dieselben Angaben wie die Eingangsmeldung enthält und das Ende der Beförderung bestätigt.

Außer in dem Fall, dass die Eingangsmeldung nach Artikel 24 Absatz 1 vom Empfänger über das EDV-gestützte System kurzfristig vorgelegt werden kann, oder in ordnungsgemäß begründeten Fällen übermitteln die zuständigen Behörden des Bestimmungsmitgliedstaats eine Kopie des Papierdokuments nach Unterabsatz 1 an die zuständigen Behörden des Abgangsmitgliedstaats, die diese wiederum an den Versender weiterleiten oder für ihn aufbewahren.

Sobald das EDV-gestützte System im Bestimmungsmitgliedstaat wieder zur Verfügung steht oder die in Artikel 26 Absatz 2 genannten Verfahren durchgeführt worden sind, legt der Empfänger eine Eingangsmeldung nach Artikel 24 Absatz 1 vor. Artikel 24 Absätze 3 und 4 gelten sinngemäß.

(2) Kann in den Fällen nach Artikel 17 Absatz 1 Buchstabe a Ziffern iii die Ausfuhrmeldung gemäß Artikel 25 Absatz 1 bei Beendigung einer Beförderung verbrauchsteuerpflichtiger Waren nicht erstellt werden, weil entweder das EDV-gestützte System im Ausfuhrmitgliedstaat nicht zur Verfügung steht oder – in dem in Artikel 26 Absatz 1 genannten Fall – die in Artikel 26 Absatz 2 genannten Verfahren noch nicht durchgeführt worden sind, so übermitteln die zuständigen Behörden des Ausfuhrmitgliedstaats den zuständigen Behörden des Abgangsmitgliedstaats ein Papierdokument, das dieselben Angaben wie die Ausfuhrmeldung enthält und das Ende der Beförderung bestätigt; dies gilt außer in dem Fall, dass die Ausfuhrmeldung nach Artikel 25 Absatz 1 über das EDV-gestützte System kurzfristig erstellt werden kann oder in ordnungsgemäß begründeten Fällen. Die zuständigen Behörden des Abgangsmitgliedstaats übermitteln dem Versender eine Kopie des Papierdokuments nach Unterabsatz 1 oder bewahren sie für ihn auf. Sobald das EDV-gestützte System im Ausfuhrmitgliedstaat wieder verfügbar ist oder die in Artikel 26 Absatz 2 genannten Verfahren durchgeführt worden sind, übermitteln die zuständigen Behörden des Ausfuhrmitgliedstaats eine Ausfuhrmeldung nach Artikel 25 Absatz 1. Artikel 25 Absätze 2 und 3 gelten entsprechend.

**Artikel 28**

(1) Unbeschadet des Artikels 27 gilt die Eingangsmeldung nach Artikel 24 Absatz 1 oder die Ausfuhrmeldung nach Artikel 25 Absatz 1 als Nachweis, dass eine Beförderung verbrauchsteuerpflichtiger Waren nach Artikel 20 Absatz 2 beendet wurde.

(2) Abweichend von Absatz 1 kann für den Fall, dass – aus anderen als den in Artikel 27 genannten Gründen – keine Eingangs- oder Ausfuhrmeldung vorliegt, das Ende der Beförderung verbrauchsteuerpflichtiger Waren in einem Verfahren der Steueraussetzung in den Fällen nach Artikel 17 Absatz 1 Buchstabe a Ziffern i, ii und iv, nach Artikel 17 Absatz 1 Buchstabe b sowie nach Artikel 17 Absatz 2 auch durch einen Sichtvermerk der zuständigen Behörden des Bestimmungsmitgliedstaats nachgewiesen werden, wenn hinreichend belegt ist, dass die versandten verbrauchsteuerpflichtigen Waren den angegebenen Bestimmungsort erreicht haben, oder in dem in Artikel 17 Absatz 1 Buchstabe a Ziffer iii genannten Fall, durch einen Sichtvermerk der zuständigen Behörden des Mitgliedstaats, in dem sich die Ausgangszollstelle befindet, durch den bestätigt wird, dass die verbrauchsteuerpflichtigen Waren das Gebiet der Gemeinschaft verlassen haben.

EU-Vorgaben  DV § 28a, § 28b  § 9d

Ein vom Empfänger vorgelegtes Dokument, das dieselben Angaben enthält wie die Eingangsmeldung oder die Ausfuhrmeldung, gilt als hinreichender Beleg im Sinne von Unterabsatz 1. Wurden die entsprechenden Belege von den zuständigen Behörden des Abgangsmitgliedstaats akzeptiert, so gilt die Beförderung im EDV-gestützten System als abgeschlossen.

**Artikel 29**

(1) Die Kommission erlässt nach dem in Artikel 43 Absatz 2 genannten Verfahren Bestimmungen zur Festlegung

a) der Struktur und des Inhalt der Meldungen, die für die Zwecke der Artikel 21 bis 25 bei einer Beförderung verbrauchsteuerpflichtiger Waren in einem Verfahren der Steueraussetzung zwischen den betreffenden Personen und den zuständigen Behörden auszutauschen sind;

b) der Vorschriften und Verfahren im Zusammenhang mit dem Austausch von Meldungen nach Buchstabe a;

c) der Struktur der Papierdokumente nach den Artikeln 26 und 27.

(2) Jeder Mitgliedstaat legt für die Zwecke der und im Einklang mit den Artikeln 26 und 27 die Fälle fest, in denen das EDV-gestützte System als nicht verfügbar betrachtet werden kann, sowie die in diesen Fällen einzuhaltenden Vorschriften und Verfahren.

*Energiesteuer-Durchführungsverordnung*

**Zu den §§ 9d bis 13 des Gesetzes**

**§ 28a  Teilnahme am EDV-gestützten Beförderungs- und Kontrollsystem**

*¹Das Bundesministerium der Finanzen legt durch eine Verfahrensanweisung fest, unter welchen Voraussetzungen und Bedingungen Personen, die für Beförderungen unter Steueraussetzung das elektronische Verwaltungsdokument verwenden, mit den Zollbehörden elektronisch Nachrichten über das EDV-gestützte Beförderungs- und Kontrollsystem austauschen. ²Um auf diese Weise elektronisch Nachrichten austauschen zu können, bedarf es der vorherigen Anmeldung bei einer vom Bundesministerium der Finanzen in der Verfahrensanweisung bekannt gegebenen Stelle. ³Die Verfahrensanweisung wird vom Bundesministerium der Finanzen im Internet unter www.zoll.de veröffentlicht. ⁴Die Personen nach Satz 1 und ihre IT-Dienstleister sind verpflichtet, die in der Verfahrensanweisung festgelegten Voraussetzungen und Bedingungen einzuhalten.*

**§ 28b  Erstellen des elektronischen Verwaltungsdokuments, Mitführen eines Ausdrucks**

*(1) Sollen Energieerzeugnisse unter Steueraussetzung aus einem Steuerlager im Steuergebiet oder vom Ort der Einfuhr im Steuergebiet*

*1. in ein Steuerlager oder zu einem Begünstigten im Steuergebiet befördert werden (§ 10 Absatz 1 des Gesetzes),*

*2. in ein Steuerlager, in den Betrieb eines registrierten Empfängers oder zu einem Begünstigten in einem anderen Mitgliedstaat befördert werden (§ 11 Absatz 1 Nummer 1 des Gesetzes) oder*

*3. zu einem Ort, an dem die Energieerzeugnisse das Verbrauchsteuergebiet der Europäischen Gemeinschaft verlassen, befördert werden (§ 13 Absatz 1 des Gesetzes),*

*hat der Steuerlagerinhaber als Versender oder der registrierte Versender dem für ihn zuständigen Hauptzollamt vor Beginn der Beförderung unter Verwendung des EDV-gestützten Beförderungs- und Kontrollsystems den Entwurf des elektronischen Verwaltungsdokuments nach amtlich vorgeschriebenem Datensatz zu übermitteln.*

*(2) ¹Das Hauptzollamt überprüft automatisiert die Angaben in dem Entwurf des elektronischen Verwaltungsdokuments. ²Bei Beförderungen vom Ort der Einfuhr erfolgt zusätzlich ein Abgleich mit der Zollanmeldung. ³Gibt es keine Beanstandungen, wird der Entwurf des elektronischen Verwaltungsdokuments mit einem eindeutigen Referenzcode versehen und dem Versender als elektronisches Verwaltungsdokument übermittelt. ⁴Beanstandungen werden dem Versender mitgeteilt.*

*(3) ¹Der Beförderer hat während der Beförderung einen Ausdruck des vom Hauptzollamt übermittelten elektronischen Verwaltungsdokuments mitzuführen. ²Anstelle des ausgedruckten elektronischen Verwaltungsdokuments kann ein Handelspapier mitgeführt werden, wenn dieses dieselben Daten enthält oder wenn aus diesem der eindeutige Referenzcode hervorgeht.*

*(4) ¹Der Versender hat auf Verlangen des Hauptzollamts die Energieerzeugnisse unverändert vorzuführen. ²Dabei kann das Hauptzollamt Verschlussmaßnahmen anordnen.*

## § 9d   *DV §§ 28b–31*

*(5)* ¹*Ist der Empfänger im Fall des Absatzes 1 Nummer 1 ein Steuerlagerinhaber, leitet das für diesen zuständige Hauptzollamt das elektronische Verwaltungsdokument an ihn weiter.* ²*Dies gilt auch für Beförderungen über das Gebiet eines anderen Mitgliedstaats.* ³*Ein elektronisches Verwaltungsdokument, das von den zuständigen Behörden eines anderen Mitgliedstaats übermittelt wurde, wird vom zuständigen Hauptzollamt an den Empfänger im Steuergebiet weitergeleitet, wenn dieser ein Steuerlagerinhaber oder ein registrierter Empfänger ist.*

### § 28c   Unbestimmter Empfänger

*(1) Stehen in den Fällen des § 10 Absatz 1 des Gesetzes oder des § 11 Absatz 1 des Gesetzes zu Beginn einer Beförderung im Seeverkehr oder auf Binnenwasserstraßen der Empfänger und der Bestimmungsort noch nicht endgültig fest, kann das Hauptzollamt auf Antrag des Steuerlagerinhabers als Versender oder des registrierten Versenders unter Widerrufsvorbehalt zulassen, diese Angaben im Entwurf des elektronischen Verwaltungsdokuments wegzulassen.*

*(2) Der Steuerlagerinhaber als Versender oder der registrierte Versender hat den zu Beginn der Beförderung noch nicht festgelegten Empfänger und Bestimmungsort während der Beförderung der Energieerzeugnisse über das EDV-gestützte Beförderungs- und Kontrollsystem zu ergänzen, sobald er Kenntnis über die Angaben zum Empfänger und zum zugelassenen Bestimmungsort hat, spätestens jedoch zum Ende der Beförderung.*

*(3) Für die Datenübermittlung mittels des EDV-gestützten Beförderungs- und Kontrollsystems gilt § 31 entsprechend.*

### § 29   Art und Höhe der Sicherheitsleistung

*(1) Die Sicherheit für die Beförderung von Energieerzeugnissen unter Steueraussetzung kann für mehrere Verfahren als Gesamtbürgschaft oder für jedes Verfahren einzeln als Einzelbürgschaft oder als Barsicherheit geleistet werden.*

*(2)* ¹*Die Sicherheit als Gesamtbürgschaft oder Einzelbürgschaft wird durch eine selbstschuldnerische Bürgschaft eines tauglichen Steuerbürgen nach § 244 der Abgabenordnung geleistet.* ²*Die Bürgschaft ist in einer Urkunde nach amtlich vorgeschriebenem Vordruck bei dem für den Versender zuständigen Hauptzollamt zu leisten.*

*(3)* ¹*Das zuständige Hauptzollamt bestimmt die Bürgschaftssumme und die Höhe der Barsicherheit insbesondere unter Berücksichtigung der Steuer, die bei der Überführung der Energieerzeugnisse in den steuerrechtlich freien Verkehr entstehen würde.* ²*Die Angemessenheit der Bürgschaftssumme ist im Fall der Gesamtbürgschaft regelmäßig zu überprüfen.*

### § 30   Annullierung des elektronischen Verwaltungsdokuments

*(1) Der Versender kann das elektronische Verwaltungsdokument annullieren, solange die Beförderung der Energieerzeugnisse noch nicht begonnen hat.*

*(2) Um das elektronische Verwaltungsdokuments zu annullieren, hat der Steuerlagerinhaber als Versender oder der registrierte Versender dem für ihn zuständigen Hauptzollamt unter Verwendung des EDV- gestützten Beförderungs- und Kontrollsystems vor Beginn der Beförderung den Entwurf der elektronischen Annullierungsmeldung nach amtlich vorgeschriebenem Datensatz zu übermitteln.*

*(3)* ¹*Das Hauptzollamt überprüft automatisiert die Angaben in der Annullierungsmeldung.* ²*Gibt es keine Beanstandungen, wird dies dem Versender unter Angabe des Datums und der Zeit der Prüfung mitgeteilt.* ³*Beanstandungen werden dem Versender ebenfalls mitgeteilt.*

*(4) Ist ein elektronisches Verwaltungsdokument für die Beförderung von Energieerzeugnissen unter Steueraussetzung annulliert worden, die für einen Empfänger im Steuergebiet bestimmt waren, der entweder ein Steuerlagerinhaber oder ein registrierter Empfänger ist, leitet das für den Empfänger zuständige Hauptzollamt die eingehende Annullierungsmeldung an diesen weiter.*

### § 31   Änderung des Bestimmungsorts bei Verwendung des elektronischen Verwaltungsdokuments

*(1)* ¹*Während der Beförderung der Energieerzeugnisse unter Steueraussetzung kann der Steuerlagerinhaber als Versender oder der registrierte Versender den Bestimmungsort ändern und einen anderen zulässigen Bestimmungsort (§ 10 Absatz 1 Nummer 1, § 11 Absatz 1 Nummer 1 Buchstabe a und b, § 13 Absatz 1 des Gesetzes) angeben.* ²*Satz 1 gilt auch für Energieerzeugnisse, die nicht vom Empfänger aufgenommen oder übernommen oder nicht ausgeführt werden.*

*(2) Um den Bestimmungsort zu ändern, hat der Steuerlagerinhaber als Versender oder der registrierte Versender dem für ihn zuständigen Hauptzollamt unter Verwendung des EDV-gestützten Beförderungs-*

und Kontrollsystems den Entwurf der elektronischen Änderungsmeldung nach amtlich vorgeschriebenem Datensatz zu übermitteln.

(3) ¹Das Hauptzollamt überprüft automatisiert die Angaben in dem Entwurf der elektronischen Änderungsmeldung. ²Gibt es keine Beanstandungen, wird dem Entwurf der Änderungsmeldung eine fortlaufende Vorgangsnummer zugewiesen und dem Versender als Änderungsmeldung zum ursprünglichen elektronischen Verwaltungsdokument übermittelt. ³Beanstandungen werden dem Versender mitgeteilt.

(4) Wird durch eine Aktualisierung eines elektronischen Verwaltungsdokuments der darin angegebene Empfänger geändert, der entweder ein Steuerlagerinhaber im Steuergebiet oder ein registrierter Empfänger im Steuergebiet ist, gilt für die Weiterleitung des aktualisierten elektronischen Verwaltungsdokuments § 28b Absatz 5 entsprechend.

(5) Ändert sich der im elektronischen Verwaltungsdokument angegebene Empfänger, wird der ursprüngliche Empfänger, der entweder ein Steuerlagerinhaber im Steuergebiet oder ein registrierter Empfänger im Steuergebiet ist, von dem für ihn zuständigen Hauptzollamt durch eine entsprechende Meldung unterrichtet.

(6) Wird durch eine Aktualisierung eines elektronischen Verwaltungsdokuments das darin angegebene Steuerlager des Empfängers geändert, so leitet das für den Empfänger zuständige Hauptzollamt die Änderungsmeldung an diesen weiter.

### § 32 Aufteilung von Warensendungen während der Beförderung

(1) ¹Während der Beförderung von Energieerzeugnissen unter Steueraussetzung im Steuergebiet (§ 10 des Gesetzes) kann der Steuerlagerinhaber als Versender oder der registrierte Versender die Energieerzeugnisse im Steuergebiet in zwei oder mehrere Warensendungen aufteilen, wenn

1. sich die Gesamtmenge der beförderten Energieerzeugnisse dadurch nicht ändert,
2. es sich bei den anschließenden Beförderungen ebenfalls um Beförderungen unter Steueraussetzungen im Steuergebiet handelt und
3. die in der Verfahrensanweisung (§ 28a) festgelegten Bedingungen eingehalten werden.

²Um Energieerzeugnisse aufteilen zu können, hat der Steuerlagerinhaber als Versender oder der registrierte Versender dem für ihn zuständigen Hauptzollamt den Entwurf der Aufteilungsmitteilung nach amtlich vorgeschriebenem Datensatz unter Verwendung des EDV-gestützten Beförderungs- und Kontrollsystems zu übermitteln.

(2) ¹Während der Beförderung von Energieerzeugnissen unter Steueraussetzung in andere Mitgliedstaaten (§ 11 Absatz 1 Nummer 1 des Gesetzes) kann der Steuerlagerinhaber als Versender oder der registrierte Versender die Energieerzeugnisse im Steuergebiet in zwei oder mehrere Warensendungen aufteilen, wenn die Voraussetzungen nach Absatz 1 Nummer 1 und 3 vorliegen. ²Um Energieerzeugnisse aufteilen zu können, hat der Steuerlagerinhaber als Versender oder der registrierte Versender dem für ihn zuständigen Hauptzollamt den Entwurf der Aufteilungsmitteilung nach amtlich vorgeschriebenem Datensatz unter Verwendung des EDV-gestützten Beförderungs- und Kontrollsystems zu übermitteln.

(3) ¹Während der Beförderung von Energieerzeugnissen unter Steueraussetzung in andere Mitgliedstaaten (§ 11 Absatz 1 Nummer 1 des Gesetzes) kann der Steuerlagerinhaber als Versender oder der registrierte Versender die Energieerzeugnisse außerhalb des Steuergebiets in zwei oder mehrere Warensendungen aufteilen, wenn die Voraussetzungen nach Absatz 1 Nummer 1 und 3 vorliegen und der Mitgliedstaat, in dem die Energieerzeugnisse aufgeteilt werden, eine solche Aufteilung auf seinem Gebiet zulässt. ²Um Energieerzeugnisse aufteilen zu können, hat der Steuerlagerinhaber als Versender oder der registrierte Versender dem für ihn zuständigen Hauptzollamt den Entwurf der Aufteilungsmitteilung nach amtlich vorgeschriebenem Datensatz unter Verwendung des EDV- gestützten Beförderungs- und Kontrollsystems zu übermitteln.

(4) ¹Während der Beförderung von Energieerzeugnissen unter Steueraussetzung aus anderen Mitgliedstaaten (§ 11 Absatz 1 Nummer 2 und 3 des Gesetzes) kann der Versender die Energieerzeugnisse im Steuergebiet in zwei oder mehrere Warensendungen aufteilen, wenn die Voraussetzungen nach Absatz 1 Nummer 1 und 3 vorliegen. ²Der Versender hat die Zollverwaltung rechtzeitig, mindestens aber 24 Stunden vor der Aufteilung, darüber zu unterrichten, wo die Energieerzeugnisse im Steuergebiet aufgeteilt werden sollen, und Kontrollen zu dulden.

(5) ¹Wenn Steuerbelange gefährdet erscheinen, kann das zuständige Hauptzollamt die Aufteilung der Energieerzeugnisse nach den Absätzen 1 bis 4 versagen. ²Es hat den Versandmitgliedstaat und den Versender über diese Entscheidung zu informieren.

(6) Eine Aufteilung von Energieerzeugnissen nach den Absätzen 1 bis 4 ist jeweils erst ab dem Zeitpunkt möglich, zu dem das EDV-gestützte Beförderungs- und Kontrollsystem dies zulässt.

## § 33 Beförderung aus anderen Mitgliedstaaten und Beendigung von Beförderungen unter Steueraussetzung

*(1) Werden Energieerzeugnisse unter Steueraussetzung aus anderen Mitgliedstaaten zu einem Empfänger im Steuergebiet oder durch das Steuergebiet befördert, hat der Beförderer während der Beförderung einen Ausdruck des elektronischen Verwaltungsdokuments oder ein entsprechendes Handelsdokument für die Energieerzeugnisse mitzuführen.*

*(2) Ein elektronisches Verwaltungsdokument, das von den zuständigen Behörden eines anderen Mitgliedstaats übermittelt wurde, wird an den Empfänger im Steuergebiet von dem für ihn zuständigen Hauptzollamt weitergeleitet, wenn dieser ein Steuerlagerinhaber oder ein registrierter Empfänger ist.*

*(3) Der Steuerlagerinhaber hat die unter Steueraussetzung bezogenen Energieerzeugnisse nach der Aufnahme in sein Steuerlager unverzüglich in das Herstellungs- oder Lagerbuch einzutragen oder in den an ihrer Stelle zugelassenen Aufzeichnungen zu erfassen.*

*(4) Der registrierte Empfänger hat die bezogenen Energieerzeugnisse nach der Aufnahme in seinen Betrieb unverzüglich in seinen Aufzeichnungen zu erfassen.*

*(5) [1]Auf Antrag kann das Hauptzollamt unter Widerrufsvorbehalt zulassen, dass der Steuerlagerinhaber Energieerzeugnisse unter Steueraussetzung nur durch Inbesitznahme in sein Steuerlager aufnimmt, wenn die Energieerzeugnisse wie folgt abgegeben werden:*

1. *unter Steueraussetzung an ein anderes Steuerlager im Steuergebiet oder an einen Begünstigten im Sinn des § 9c des Gesetzes im Steuergebiet,*
2. *zu steuerfreien Zwecken oder*
3. *nach § 2 Absatz 1 Nummer 8 Buchstabe a, Absatz 2 Nummer 2 oder Absatz 3 des Gesetzes versteuert.*

*[2]Werden die Energieerzeugnisse außerhalb des Steuergebiets in Besitz genommen, ist die Aufnahme durch Inbesitznahme jedoch erst bewirkt, wenn der Steuerlagerinhaber erstmals im Steuergebiet Besitz an den Energieerzeugnissen ausübt. [3]In den Fällen der Nummern 1 und 2 gilt die Inbesitznahme der Energieerzeugnisse durch den empfangenden Steuerlagerinhaber, im Fall der Nummer 3 gilt die Inbesitznahme durch denjenigen, an den die Energieerzeugnisse abgegeben werden, als Entfernung aus dem Steuerlager (§ 8 Absatz 1 Satz 1 des Gesetzes).*

*(6) [1]Auf Antrag kann das Hauptzollamt zulassen, dass der registrierte Empfänger Energieerzeugnisse unter Steueraussetzung nur durch Inbesitznahme in seinen Betrieb aufnimmt. [2]Werden die Energieerzeugnisse außerhalb des Steuergebiets in Besitz genommen, ist die Aufnahme durch Inbesitznahme jedoch erst bewirkt, wenn der registrierte Empfänger erstmals im Steuergebiet Besitz an den Energieerzeugnissen ausübt. [3]Die Sätze 1 und 2 gelten nicht für registrierte Empfänger im Einzelfall.*

*(7) [1]Für Lager ohne Lagerstätten (§ 7 Absatz 5 des Gesetzes) gilt die Inbesitznahme der Energieerzeugnisse durch den empfangenden Steuerlagerinhaber als Aufnahme in das Steuerlager und die Inbesitznahme durch denjenigen, an den die Energieerzeugnisse abgegeben werden, als Entfernung aus dem Steuerlager. [2]Werden die Energieerzeugnisse außerhalb des Steuergebiets in Besitz genommen, ist die Aufnahme durch Inbesitznahme jedoch erst bewirkt, wenn der Steuerlagerinhaber erstmals im Steuergebiet Besitz an den Energieerzeugnissen ausübt.*

## § 34 Eingangs- und Ausfuhrmeldung bei Verwendung des elektronischen Verwaltungsdokuments

*(1) [1]Nach der Aufnahme der Energieerzeugnisse, auch von Teilmengen, an einem Bestimmungsort, der in § 10 Absatz 1 oder § 11 Absatz 1 Nummer 2 Buchstabe a und b des Gesetzes genannt ist, hat der Empfänger dem für ihn zuständigen Hauptzollamt unter Verwendung des EDV-gestützten Beförderungs- und Kontrollsystems unverzüglich, spätestens jedoch fünf Werktage nach Beendigung der Beförderung, eine Eingangsmeldung nach amtlich vorgeschriebenem Datensatz zu übermitteln. [2]Das Hauptzollamt kann zur Vermeidung unbilliger Härten auf Antrag des Empfängers die Frist nach Satz 1 verlängern.*

*(2) [1]Das für den Empfänger zuständige Hauptzollamt überprüft automatisiert die Angaben in der Eingangsmeldung. [2]Gibt es keine Beanstandungen, wird dies dem Empfänger mitgeteilt. [3]Beanstandungen werden dem Empfänger ebenfalls mitgeteilt. [4]Das für den Versender zuständige Hauptzollamt übermittelt dem Versender die Eingangsmeldung, wenn dieser ein Steuerlagerinhaber im Steuergebiet oder ein registrierter Versender im Steuergebiet ist. [5]Eine Eingangsmeldung, die von den zuständigen Behörden eines anderen Mitgliedstaats übermittelt wurde, wird an den Versender im Steuergebiet von dem für ihn zuständigen Hauptzollamt weitergeleitet.*

*(3) [1]Ist der Empfänger ein Begünstigter (§ 9c Absatz 1 des Gesetzes), hat er dem zuständigen Hauptzollamt nach der Übernahme der Energieerzeugnisse, auch von Teilmengen, die Daten, die für die Eingangsmeldung nach Absatz 1 erforderlich sind, und eine Kopie der ihm vorliegenden Ausfertigung der Freistellungsbescheinigung innerhalb der dort genannten Frist schriftlich zu übermitteln. [2]Das Haupt-*

zollamt erstellt nach Prüfung der Angaben die Eingangsmeldung nach Absatz 1. Absatz 2 Satz 4 gilt entsprechend.

*(4) Der Empfänger hat auf Verlangen des Hauptzollamts die Energieerzeugnisse unverändert vorzuführen.*

*(5) ¹In den Fällen des § 13 des Gesetzes erstellt das für den Versender zuständige Hauptzollamt auf Grundlage der von der Ausgangszollstelle übermittelten Ausgangsbestätigung eine Ausfuhrmeldung, mit der bestätigt wird, dass die Energieerzeugnisse das Verbrauchsteuergebiet der Europäischen Gemeinschaft verlassen haben. ²Dies gilt auch bei der Ausfuhr von Teilmengen. ³Das Hauptzollamt übermittelt die Ausfuhrmeldung an den Steuerlagerinhaber als Versender im Steuergebiet oder an den registrierten Versender im Steuergebiet. ⁴Ausfuhrmeldungen, die von den zuständigen Behörden eines anderen Mitgliedstaats übermittelt wurden, werden an den Versender im Steuergebiet von dem für ihn zuständigen Hauptzollamt weitergeleitet.*

*(6) ¹Die Eingangsmeldung nach Absatz 1 oder die Ausfuhrmeldung nach Absatz 5 gilt als Nachweis, dass die Beförderung der Energieerzeugnisse beendet wurde. ²Die Ausfuhrmeldung gilt nicht als Nachweis, wenn nachträglich festgestellt wird, dass die Energieerzeugnisse das Verbrauchsteuergebiet der Europäischen Gemeinschaft nicht verlassen haben.*

### § 36 Beginn der Beförderung im Ausfallverfahren

*(1) Steht das EDV-gestützte Beförderungs- und Kontrollsystem nicht zur Verfügung, kann der Steuerlagerinhaber als Versender oder der registrierte Versender abweichend von § 28b nur dann eine Beförderung von Energieerzeugnissen unter Steueraussetzung beginnen, wenn ein Ausfalldokument nach amtlich vorgeschriebenem Vordruck verwendet wird.*

*(2) ¹Der Versender hat vor Beginn der ersten Beförderung im Ausfallverfahren das für ihn zuständige Hauptzollamt schriftlich über den Ausfall des EDV-gestützten Beförderungs- und Kontrollsystems zu unterrichten. ²Eine Unterrichtung ist nicht erforderlich, wenn es sich um einen von der Zollverwaltung veranlassten Ausfall handelt.*

*(3) ¹Der Versender hat das Ausfalldokument in drei Exemplaren auszufertigen. ²Er hat die erste Ausfertigung zu seinen Aufzeichnungen zu nehmen. ³Die zweite Ausfertigung hat er unverzüglich dem für ihn zuständigen Hauptzollamt zu übermitteln. ⁴Der Beförderer der Energieerzeugnisse hat während der Beförderung die dritte Ausfertigung mitzuführen. ⁵Abweichend von Satz 3 kann das Hauptzollamt Ausnahmen von der unverzüglichen Übermittlung sowie weitere Verfahrensvereinfachungen zulassen, wenn die Steuerbelange dadurch nicht beeinträchtigt werden.*

*(4) ¹Der Versender hat auf Verlangen des Hauptzollamts jede Beförderung im Ausfallverfahren vor Beginn anzuzeigen. ²Daneben hat er auf Verlangen des Hauptzollamts die zweite Ausfertigung des Ausfalldokuments bereits vor Beginn der Beförderung zu übermitteln. ³§ 28b Absatz 4 gilt entsprechend.*

*(5) ¹Steht das EDV-gestützte Beförderungs- und Kontrollsystem wieder zur Verfügung, hat der Versender dem für ihn zuständigen Hauptzollamt unverzüglich für alle im Ausfallverfahren durchgeführten Beförderungen unter Verwendung des EDV-gestützten Beförderungs- und Kontrollsystems den Entwurf des elektronischen Verwaltungsdokuments zu übermitteln, der dieselben Daten wie das Ausfalldokument nach Absatz 1 enthält und in dem auf die Verwendung des Ausfallverfahrens hingewiesen wird. ²§ 28b Absatz 2 und 5 gilt entsprechend.*

*(6) ¹Das Ausfallverfahren gilt bis zur Übermittlung des elektronischen Verwaltungsdokuments durch das Hauptzollamt. ²Nach der Übermittlung tritt das elektronische Verwaltungsdokument an die Stelle des Ausfalldokuments.*

*(7) ¹Der mit dem elektronischen Verwaltungsdokument übermittelte eindeutige Referenzcode ist vom Versender auf der ersten Ausfertigung des Ausfalldokuments in dem dafür vorgesehenen Feld einzutragen. ²Ist die Beförderung noch nicht beendet, ist der Referenzcode dem Beförderer der Energieerzeugnisse mitzuteilen und von diesem auf der dritten Ausfertigung des Ausfalldokuments in dem dafür vorgesehenen Feld einzutragen, wenn ihm kein Ausdruck des elektronischen Verwaltungsdokuments übermittelt wurde. ³Die mit dem Referenzcode versehene dritte Ausfertigung des Ausfalldokuments gilt als Papier im Sinn des § 28b Absatz 3 Satz 1. ⁴Für die Eingangs- und Ausfuhrmeldung ist § 34 anzuwenden.*

### § 36a Annullierung im Ausfallverfahren

*(1) Steht das EDV-gestützte Beförderungs- und Kontrollsystem nicht zur Verfügung, kann der Steuerlagerinhaber als Versender oder der registrierte Versender das elektronische Verwaltungsdokument abweichend von § 30 oder das Ausfalldokument nach amtlich vorgeschriebenem Vordruck annullieren (Annullierungsdokument), solange die Beförderung der Energieerzeugnisse noch nicht begonnen hat.*

## § 9d DV §§ 36a–36d

*(2) ¹Der Versender hat das Annullierungsdokument in zwei Exemplaren auszufertigen. ²Er hat die erste Ausfertigung zu seinen Aufzeichnungen zu nehmen. ³Mit der zweiten Ausfertigung hat er unverzüglich das für ihn zuständige Hauptzollamt zu unterrichten.*

*(3) ¹Steht das EDV-gestützte Beförderungs- und Kontrollsystem wieder zur Verfügung und liegt dem Versender das elektronische Verwaltungsdokument vor, hat er dem für ihn zuständigen Hauptzollamt unverzüglich unter Verwendung des EDV-gestützten Beförderungs- und Kontrollsystems den Entwurf einer elektronischen Annullierungsmeldung nach § 30 Absatz 2 zu übermitteln. ²§ 30 Absatz 3 und 4 gilt entsprechend.*

### § 36b Änderung des Bestimmungsorts im Ausfallverfahren

*(1) ¹Steht das EDV-gestützte Beförderungs- und Kontrollsystem nicht zur Verfügung, kann der Steuerlagerinhaber als Versender oder der registrierte Versender den Bestimmungsort während der Beförderung der Energieerzeugnisse abweichend von § 31 nach amtlich vorgeschriebenem Vordruck ändern (Änderungsdokument). ²Satz 1 gilt auch für Energieerzeugnisse, die nicht vom Empfänger aufgenommen oder übernommen oder nicht ausgeführt werden.*

*(2) ¹Der Versender hat das Änderungsdokument in zwei Exemplaren auszufertigen. ²Er hat die erste Ausfertigung zu seinen Aufzeichnungen zu nehmen. ³Die zweite Ausfertigung hat er dem für ihn zuständigen Hauptzollamt unverzüglich zu übermitteln. ⁴Er hat den Beförderer unverzüglich über die geänderten Angaben im elektronischen Verwaltungsdokument oder im Ausfalldokument zu unterrichten. ⁵Der Beförderer hat die Angaben unverzüglich auf der Rückseite des mitgeführten Dokuments zu vermerken, wenn ihm nicht das Änderungsdokument übermittelt wurde.*

*(3) ¹Steht das EDV-gestützte Beförderungs- und Kontrollsystem wieder zur Verfügung, hat der Versender für alle im Ausfallverfahren durchgeführten Änderungen des Bestimmungsorts dem für ihn zuständigen Hauptzollamt unverzüglich unter Verwendung des EDV-gestützten Beförderungs- und Kontrollsystems den Entwurf einer elektronischen Änderungsmeldung nach § 31 Absatz 2 zu übermitteln, der dieselben Daten wie das Änderungsdokument nach Absatz 1 enthält. ²§ 31 Absatz 3 bis 6 gilt entsprechend.*

*(4) Für die Unterrichtung über den Ausfall des EDV-gestützten Beförderungs- und Kontrollsystems, die Anzeigepflicht bei jeder Änderung des Bestimmungsorts sowie die Übermittlung der zweiten Ausfertigung des Änderungsdokuments gilt § 36 Absatz 2 und 4 Satz 1 und 2 entsprechend.*

### § 36c Aufteilung im Ausfallverfahren

*(1) ¹Steht das EDV-gestützte Beförderungs- und Kontrollsystem nicht zur Verfügung, kann der Steuerlagerinhaber als Versender oder der registrierte Versender während der Beförderung von Energieerzeugnissen unter Steueraussetzung die Energieerzeugnisse nach Maßgabe des § 32 Absatz 1 bis 3 in zwei oder mehrere Warensendungen aufteilen. ²Für die Aufteilung im Ausfallverfahren ist abweichend von § 32 das Ausfalldokument nach amtlich vorgeschriebenem Vordruck zu verwenden.*

*(2) ¹Der Versender hat je Teilsendung ein Ausfalldokument in zwei Exemplaren auszufertigen. ²Er hat die jeweils erste Ausfertigung zu seinen Aufzeichnungen zu nehmen. ³Die jeweils zweite Ausfertigung hat er dem für ihn zuständigen Hauptzollamt unverzüglich zu übermitteln. ⁴Er hat den Beförderer unverzüglich über die Einzelheiten der neuen Teilsendungen zu unterrichten. ⁵Der Beförderer hat die Angaben unverzüglich auf der Rückseite des mitgeführten Dokuments zu vermerken, wenn ihm nicht die Ausfalldokumente der neuen Teilsendungen übermittelt wurden.*

*(3) Steht das EDV-gestützte Beförderungs- und Kontrollsystem wieder zur Verfügung, hat der Versender für alle im Ausfallverfahren durchgeführten Aufteilungen dem für ihn zuständigen Hauptzollamt unverzüglich unter Verwendung des EDV-gestützten Beförderungs- und Kontrollsystems den Entwurf einer elektronischen Aufteilungsmitteilung nach § 32 zu übermitteln, der dieselben Daten wie die Ausfalldokumente nach Absatz 1 enthält.*

*(4) Für die Unterrichtung über den Ausfall des EDV-gestützten Beförderungs- und Kontrollsystems, für die Anzeigepflicht bei jeder Aufteilung sowie für die Übermittlung der jeweils zweiten Ausfertigung der Ausfalldokumente gilt § 36 Absatz 2 und 4 Satz 1 und 2 entsprechend.*

*(5) § 32 Absatz 5 gilt entsprechend.*

### § 36d Eingangs- und Ausfuhrmeldung im Ausfallverfahren

*(1) ¹Kann der Empfänger die Eingangsmeldung nach § 34 Absatz 1 nach Beendigung einer Beförderung unter Steueraussetzung nicht innerhalb der dort festgelegten Frist übermitteln, weil entweder das EDV-gestützte Beförderungs- und Kontrollsystem nicht zur Verfügung steht oder ihm das elektronische Verwaltungsdokument oder die Änderungsmeldung nach § 31 Absatz 6 nicht zugeleitet wurde, hat er dem für ihn zuständigen Hauptzollamt ein Eingangsdokument nach amtlich vorgeschriebenem Vordruck vor-*

*zulegen, mit dem er den Empfang der Energieerzeugnisse bestätigt.* ²*Für die Frist zur Vorlage des Eingangsdokuments und deren Verlängerung gilt § 34 Absatz 1 entsprechend.*

*(2)* ¹*Der Empfänger hat das Eingangsdokument in drei Exemplaren auszufertigen.* ²*Das Hauptzollamt bestätigt die drei Exemplare und gibt dem Empfänger die erste Ausfertigung zurück.* ³*Der Empfänger hat diese Ausfertigung zu seinen Aufzeichnungen zu nehmen.* ⁴*Wird die Eingangsmeldung nicht innerhalb der in § 34 Absatz 1 genannten Frist vom Empfänger übermittelt, übersendet das für den Empfänger zuständige Hauptzollamt die zweite Ausfertigung des Eingangsdokuments dem für den Versender zuständigen Hauptzollamt, das diese an den Versender weiterleitet.* ⁵*Eingangsdokumente, die von den zuständigen Behörden eines anderen Mitgliedstaats übersendet wurden, werden an den Versender im Steuergebiet von dem für ihn zuständigen Hauptzollamt weitergeleitet.*

*(3)* ¹*Steht das EDV-gestützte Beförderungs- und Kontrollsystem wieder zur Verfügung und liegt das elektronische Verwaltungsdokument oder die Meldung nach § 31 Absatz 5 oder Absatz 6 dem Empfänger vor, hat dieser dem für ihn zuständigen Hauptzollamt unverzüglich für das im Ausfallverfahren erstellte Eingangsdokument unter Verwendung des EDV-gestützten Beförderungs- und Kontrollsystems eine Eingangsmeldung nach § 34 Absatz 1 zu übermitteln, die dieselben Daten wie das Eingangsdokument nach Absatz 1 enthält.* ²*§ 34 Absatz 2 gilt entsprechend.*

*(4)* ¹*Kann nach Beendigung einer Beförderung von Energieerzeugnissen unter Steueraussetzung die Ausfuhrmeldung nach § 34 Absatz 5 nicht erstellt werden, weil entweder das EDV-gestützte Beförderungs- und Kontrollsystem nicht zur Verfügung steht oder das elektronische Verwaltungsdokument nicht übermittelt wurde, so erstellt das Hauptzollamt ein Ausfuhrdokument, in dem bestätigt wird, dass die Energieerzeugnisse das Verbrauchsteuergebiet der Europäischen Gemeinschaft verlassen haben.* ²*Dies gilt auch bei der Ausfuhr von Teilmengen.* ³*Das Hauptzollamt übersendet dem Versender eine Ausfertigung dieses Ausfuhrdokuments, wenn die Energieerzeugnisse aus dem Steuergebiet versendet wurden.* ⁴*In den Fällen, in denen ein entsprechendes Ausfuhrdokument von den zuständigen Behörden eines anderen Mitgliedstaats übermittelt wurde, übersendet das Hauptzollamt dem Versender eine Ausfertigung.*

*(5) Steht das EDV-gestützte Beförderungs- und Kontrollsystem wieder zur Verfügung und liegt das elektronische Verwaltungsdokument vor, erstellt das zuständige Hauptzollamt eine Ausfuhrmeldung nach § 34 Absatz 5 Satz 1. § 34 Absatz 5 Satz 2 und 3 gilt entsprechend.*

## § 37 Ersatznachweise für die Beendigung der Beförderung

¹*Liegt kein Nachweis nach § 34 Absatz 6 vor, bestätigt das für den Empfänger zuständige Hauptzollamt oder das Hauptzollamt, in dessen Bezirk sich die Ausgangszollstelle befindet, in den Fällen, in denen keine Eingangs- oder Ausfuhrmeldung nach § 36c vorliegt, die Beendigung der Beförderung unter Steueraussetzung, wenn hinreichend belegt ist, dass die Energieerzeugnisse den angegebenen Bestimmungsort erreicht oder das Verbrauchsteuergebiet der Europäischen Gemeinschaft verlassen haben (Ersatznachweis).* ²*Als hinreichender Beleg im Sinn von Satz 1 gilt insbesondere ein vom Empfänger vorgelegtes Dokument, das dieselben Angaben enthält wie die Eingangsmeldung und in dem dieser den Empfang der Energieerzeugnisse bestätigt.*

### Verwaltungsregelungen zu § 9d EnergieStG

| Datum | Anlage | Quelle | Inhalt |
|---|---|---|---|
| 27.02.2013 | § 009d-01 | BFD Südwest | Verfahrensanweisung zum IT-Verfahren EMCS |
| 04.11.2013 | § 009d-02 | BMF | EMCS-Merkblatt für Teilnehmer |
| 03.02.2014 | § 009d-03 | BFD Südwest | EMCS.Info 4/14 |

### Rechtsprechungsauswahl zu § 9d EnergieStG

**BFH vom 10.11.2009, VII R 39/08 (BFH/NV 2010 S. 759):**

1. Die wirksame Eröffnung eines innergemeinschaftlichen Steuerversandverfahrens, mit dem verbrauchsteuerpflichtige Erzeugnisse unter Steueraussetzung in einen anderen Mitgliedstaat befördert werden können, setzt eine Zulassung des Empfängers als Steuerlagerinhaber oder berechtigter Empfänger voraus.
2. Wird an einen Nichtberechtigten geliefert, entsteht die Mineralölsteuer nach § 9 Abs. 1 MinöStG 1993 mit der Entfernung des Mineralöls aus dem Steuerlager, ohne dass es darauf ankommt, dass das Mineralöl im Steuergebiet verbraucht wird.
3. Die Regelung der Steuerentstehung in § 9 Abs. 1 MinöStG 1993 verstößt weder gegen das Bestimmungslandprinzip noch gegen verfassungsrechtliche Vorgaben.

## § 9d

4. Die Rechtsprechung des EuGH und des BFH zu den Voraussetzungen für eine umsatzsteuerfreie innergemeinschaftliche Lieferung und zum Gutglaubensschutz kann nicht auf verbrauchsteuerrechtliche Sachverhalte übertragen werden.

# § 10

**EU-Vorgaben**

**§ 10 Beförderungen im Steuergebiet**

(1) Energieerzeugnisse im Sinn des § 4 dürfen unter Steueraussetzung, auch über Drittländer oder Drittgebiete, befördert werden aus Steuerlagern im Steuergebiet oder von registrierten Versendern vom Ort der Einfuhr im Steuergebiet

1. in andere Steuerlager im Steuergebiet oder
2. zu Begünstigten (§ 9c) im Steuergebiet.

(2) ¹Wenn Steuerbelange gefährdet erscheinen, hat der Steuerlagerinhaber als Versender oder der registrierte Versender Sicherheit für die Beförderung zu leisten. ²Werden die Energieerzeugnisse über das Gebiet eines anderen Mitgliedstaats in ein anderes Steuerlager im Steuergebiet oder zu einem Begünstigten (§ 9c) im Steuergebiet befördert, hat der Steuerlagerinhaber als Versender oder der registrierte Versender abweichend von Satz 1 für die Beförderung unter Steueraussetzung eine in allen Mitgliedstaaten gültige Sicherheit zu leisten. ³Das Hauptzollamt kann in den Fällen der Sätze 1 und 2 auf Antrag zulassen, dass die Sicherheit durch den Eigentümer, den Beförderer oder den Empfänger der Energieerzeugnisse geleistet wird.

(3) Die Energieerzeugnisse sind unverzüglich

1. vom Inhaber des empfangenden Steuerlagers in sein Steuerlager aufzunehmen oder
2. vom Begünstigten (§ 9c) zu übernehmen.

(4) ¹Die Beförderung unter Steueraussetzung beginnt, wenn die Energieerzeugnisse das abgebende Steuerlager verlassen oder am Ort der Einfuhr in den zollrechtlich freien Verkehr überführt worden sind. ²Sie endet mit der Aufnahme der Energieerzeugnisse in das empfangende Steuerlager oder mit der Übernahme der Energieerzeugnisse durch den Begünstigten (§ 9c).

*EU-Vorgaben*

**RL 2008/118/EG  Systemrichtlinie (Auszug)**
**Artikel 17**

(1) Verbrauchsteuerpflichtige Waren können in einem Verfahren der Steueraussetzung wie folgt innerhalb des Gebiets der Gemeinschaft befördert werden, und zwar auch dann, wenn die Waren über ein Drittland oder ein Drittgebiet befördert werden:

a) aus einem Steuerlager zu

   i) einem anderen Steuerlager,

   ii) einem registrierten Empfänger,

   iii) einem Ort, an dem die verbrauchsteuerpflichtigen Waren entsprechend Artikel 25 Absatz 1 das Gebiet der Gemeinschaft verlassen;

   iv) einem der in Artikel 12 Absatz 1 aufgeführten Empfänger, wenn die Waren von einem anderen Mitgliedstaat aus versandt werden;

b) vom Ort der Einfuhr zu jedem der unter Buchstabe a aufgeführten Bestimmungsorte, wenn die Waren von einem registrierten Versender versandt werden. Der „Ort der Einfuhr" im Sinne dieses Artikels ist der Ort, an dem sich die Waren bei ihrer Überführung in den zollrechtlich freien Verkehr nach Artikel 79 der Verordnung (EWG) Nr. 2913/92 befinden.

(2) Abweichend von Absatz 1 Buchstabe a Ziffern i und ii und Absatz 1 Buchstabe b dieses Artikels und außer in dem in Artikel 19 Absatz 3 genannten Fall kann der Bestimmungsmitgliedstaat nach von ihm festzusetzenden Bedingungen die Beförderung verbrauchsteuerpflichtiger Waren in einem Verfahren der Steueraussetzung an einen in seinem Gebiet befindlichen Bestimmungsort für eine Direktlieferung zulassen, wenn dieser Ort vom zugelassenen Lagerinhaber im Bestimmungsmitgliedstaat oder vom registrierten Empfänger angegeben wurde. Dieser zugelassene Lagerinhaber oder dieser registrierte Empfänger bleiben für die Übermittlung der Eingangsmeldung nach Artikel 24 Absatz 1 verantwortlich.

(3) Die Absätze 1 und 2 gelten auch für die Beförderung verbrauchsteuerpflichtiger Waren, die dem Nullsatz unterliegen und nicht in den steuerrechtlich freien Verkehr überführt worden sind.

**Artikel 18**

(1) Die zuständigen Behörden des Abgangsmitgliedstaats verlangen unter von ihnen festgelegten Bedingungen, dass die mit der Beförderung verbrauchsteuerpflichtiger Waren unter Steueraussetzung verbundenen Risiken durch eine Sicherheit abgedeckt werden, die von dem zugelassenen Lagerinhaber als Versender oder dem registrierten Versender zu leisten ist.

(2) Abweichend von Absatz 1 können die zuständigen Behörden des Abgangsmitgliedstaats unter den von ihnen festgesetzten Bedingungen gestatten, dass die in Absatz 1 genannte Sicherheit von dem Beförderer, dem Eigentümer der verbrauchsteuerpflichtigen Waren, dem Empfänger oder gemeinsam von zwei oder mehreren dieser Personen und den in Absatz 1 genannten Personen geleistet wird.

(3) Die Sicherheitsleistung ist für die gesamte Gemeinschaft gültig. Ihre Einzelheiten werden von den Mitgliedstaaten geregelt.

(4) Der Abgangsmitgliedstaat kann bei folgenden Beförderungen verbrauchsteuerpflichtiger Waren in einem Verfahren der Steueraussetzung auf die Sicherheitsleistung verzichten:
a) Beförderungen, die ausschließlich in seinem Gebiet erfolgen;
b) Beförderungen von Energieerzeugnissen innerhalb der Gemeinschaft auf dem Seeweg oder durch feste Rohrleitungen, wenn die anderen betroffenen Mitgliedstaaten dem zustimmen.

**Artikel 20**

(1) Die Beförderung verbrauchsteuerpflichtiger Waren in einem Verfahren der Steueraussetzung beginnt in den in Artikel 17 Absatz 1 Buchstabe a dieser Richtlinie genannten Fällen, wenn die verbrauchsteuerpflichtigen Waren das Abgangssteuerlager verlassen, und in den in Artikel 17 Absatz 1 Buchstabe b dieser Richtlinie genannten Fällen bei ihrer Überführung in den zollrechtlich freien Verkehr nach Artikel 79 der Verordnung (EWG) Nr. 2913/92.

(2) Die Beförderung verbrauchsteuerpflichtiger Waren in einem Verfahren der Steueraussetzung endet in den in Artikel 17 Absatz 1 Buchstabe a Ziffern i, ii und iv und Artikel 17 Absatz 1 Buchstabe b genannten Fällen, wenn der Empfänger die verbrauchsteuerpflichtigen Waren übernommen hat, und in den in Artikel 17 Absatz 1 Buchstabe a Ziffer iii genannten Fällen, wenn die Waren das Gebiet der Gemeinschaft verlassen haben.

**Artikel 30**

Die Mitgliedstaaten können für Beförderungen verbrauchsteuerpflichtiger Waren, die in einem Verfahren der Steueraussetzung ausschließlich in ihrem Gebiet durchgeführt werden, vereinfachte Verfahren festlegen; dies schließt auch die Möglichkeit der Befreiung von der elektronischen Kontrolle dieser Beförderungen ein.

*Energiesteuer-Durchführungsverordnung*

**§ 35 Beförderung im Steuergebiet ohne elektronisches Verwaltungsdokument**

*[1]Auf Antrag des Versenders kann das Hauptzollamt, wenn die Steuerbelange dadurch nicht gefährdet sind, anstelle des EDV-gestützten Beförderungs- und Kontrollsystems vereinfachte Verfahren zulassen für Beförderungen*

1. *von Energieerzeugnissen zwischen Steuerlagern desselben Steuerlagerinhabers im Steuergebiet,*
1a. *von Energieerzeugnissen, die zwischen einem Ort der Einfuhr im Steuergebiet und einem Steuerlager befördert werden, wenn der registrierte Versender gleichzeitig Inhaber des Steuerlagers ist,*
2. *von Flüssiggasen, leichtem Heizöl oder Heizölen der Unterpositionen 2710 19 61 bis 2710 19 69 der Kombinierten Nomenklatur im Steuergebiet,*
3. *von Energieerzeugnissen in Rohrleitungen im Steuergebiet.*

*[2]Dies gilt nicht, wenn die Energieerzeugnisse über das Gebiet eines anderen Mitgliedstaats befördert werden.*

# § 11 Beförderungen aus anderen und in andere Mitgliedstaaten

(1) Energieerzeugnisse im Sinn des § 4 dürfen unter Steueraussetzung, auch über Drittländer oder Drittgebiete, befördert werden

1. aus Steuerlagern im Steuergebiet oder von registrierten Versendern vom Ort der Einfuhr im Steuergebiet

   a) in Steuerlager,

   b) in Betriebe von registrierten Empfängern,

   c) zu Begünstigten im Sinn des Artikels 12 Absatz 1 der Systemrichtlinie in anderen Mitgliedstaaten;

2. aus Steuerlagern in anderen Mitgliedstaaten oder von registrierten Versendern vom Ort der Einfuhr in anderen Mitgliedstaaten

   a) in Steuerlager,

   b) in Betriebe von registrierten Empfängern,

   c) zu Begünstigten (§ 9c) im Steuergebiet;

3. durch das Steuergebiet.

(2) ¹In den Fällen des Absatzes 1 Nummer 1 hat der Steuerlagerinhaber als Versender oder der registrierte Versender eine in allen Mitgliedstaaten gültige Sicherheit zu leisten. ²Das Hauptzollamt kann auf Antrag zulassen, dass die Sicherheit durch den Eigentümer, den Beförderer oder den Empfänger der Energieerzeugnisse geleistet wird. ³Werden die Energieerzeugnisse auf dem Seeweg oder durch feste Rohrleitungen befördert, kann der Steuerlagerinhaber oder der registrierte Versender von der Sicherheitsleistung befreit werden, wenn Steuerbelange nicht gefährdet erscheinen und die anderen betroffenen Mitgliedstaaten damit einverstanden sind.

(3) Die Energieerzeugnisse sind unverzüglich

1. vom Inhaber des abgebenden Steuerlagers, vom registrierten Versender oder vom Empfänger, wenn dieser die Energieerzeugnisse im Steuergebiet in Besitz genommen hat, aus dem Steuergebiet in den anderen Mitgliedstaat zu befördern,

2. vom Inhaber des empfangenden Steuerlagers in sein Steuerlager oder vom registrierten Empfänger in seinen Betrieb im Steuergebiet aufzunehmen oder

3. vom Begünstigten (§ 9c) zu übernehmen.

(4) ¹In den Fällen des Absatzes 1 Nummer 1 beginnt die Beförderung unter Steueraussetzung, wenn die Energieerzeugnisse das abgebende Steuerlager verlassen oder am Ort der Einfuhr in den zollrechtlich freien Verkehr überführt worden sind. ²In den Fällen des Absatzes 1 Nummer 2 endet die Beförderung unter Steueraussetzung mit der Aufnahme der Energieerzeugnisse in das empfangende Steuerlager oder den Betrieb des registrierten Empfängers oder mit der Übernahme der Energieerzeugnisse durch den Begünstigten (§ 9c).

*EU-Vorgaben*

**RL 2008/118/EG Systemrichtlinie (Auszug)**
**Artikel 5**

(1) Diese Richtlinie sowie die in Artikel 1 genannten Richtlinien gelten für das Gebiet der Gemeinschaft.

(2) Diese Richtlinie sowie die in Artikel 1 genannten Richtlinien gelten nicht für folgende Gebiete, die Teil des Zollgebiets der Gemeinschaft sind:

  a) Kanarische Inseln;

  b) französische überseeische Departements;

  c) Ålandinseln;

  d) Kanalinseln.

# § 11 EU-Vorgaben

(3) Diese Richtlinie sowie die in Artikel 1 genannten Richtlinien gelten weder für Gebiete im Sinne des Artikels 299 Absatz 4 des Vertrags, noch für folgende sonstige Gebiete, die nicht Teil des Zollgebiets der Gemeinschaft sind:

a) Insel Helgoland;
b) Gebiet von Büsingen;
c) Ceuta;
d) Melilla;
e) Livigno;
f) Campione d'Italia;
g) den zum italienischen Gebiet gehörenden Teil des Luganer Sees.

(4) Spanien kann mittels einer Erklärung notifizieren, dass auf den Kanarischen Inseln – vorbehaltlich bestimmter Anpassungen zur Berücksichtigung ihrer äußersten Randlage – sowohl diese Richtlinie als auch die in Artikel 1 genannten Richtlinien auf alle oder einen Teil der in Artikel 1 genannten verbrauchsteuerpflichtigen Waren ab dem ersten Tag des zweiten Monats, der auf die Hinterlegung einer solchen Erklärung folgt, anwendbar sind.

(5) Frankreich kann mittels einer Erklärung notifizieren, dass in den französischen überseeischen Departements – vorbehaltlich bestimmter Anpassungen zur Berücksichtigung ihrer äußersten Randlage – sowohl diese Richtlinie als auch die in Artikel 1 genannten Richtlinien auf alle oder einen Teil der in Artikel 1 genannten verbrauchsteuerpflichtigen Waren ab dem ersten Tag des zweiten Monats, der auf die Hinterlegung einer solchen Erklärung folgt, anwendbar sind.

(6) Die Bestimmungen dieser Richtlinie stehen der Beibehaltung des durch Artikel 105 der griechischen Verfassung garantierten Sonderstatus für den Berg Athos in Griechenland nicht entgegen.

**Artikel 6**

(1) Angesichts der Abkommen und Verträge, die sie mit Frankreich, Italien, Zypern und dem Vereinigten Königreich geschlossen haben, gelten das Fürstentum Monaco, San Marino, die Hoheitszonen des Vereinigten Königreichs Akrotiri und Dhekelia sowie die Insel Man für die Zwecke dieser Richtlinie nicht als Drittländer.

(2) Die Mitgliedstaaten ergreifen die erforderlichen Maßnahmen, um sicherzustellen, dass die Beförderung verbrauchsteuerpflichtiger Waren von oder nach

a) dem Fürstentum Monaco so behandelt wird, als befinde sich der Ausgangs- oder Bestimmungsort in Frankreich;
b) San Marino so behandelt wird, als befinde sich der Ausgangs- oder Bestimmungsort in Italien;
c) den Hoheitszonen Akrotiri und Dhekelia des Vereinigten Königreichs so behandelt wird, als befinde sich der Ausgangs- oder Bestimmungsort auf Zypern;
d) der Insel Man so behandelt wird, als befinde sich der Ausgangs- oder Bestimmungsort im Vereinigten Königreich.

(3) Die Mitgliedstaaten ergreifen die erforderlichen Maßnahmen, um sicherzustellen, dass die Beförderung verbrauchsteuerpflichtiger Waren von oder nach Jungholz und Mittelberg (Kleines Walsertal) so behandelt wird, als befinde sich der Ausgangs- oder Bestimmungsort in Deutschland.

**Artikel 17**

(1) Verbrauchsteuerpflichtige Waren können in einem Verfahren der Steueraussetzung wie folgt innerhalb des Gebiets der Gemeinschaft befördert werden, und zwar auch dann, wenn die Waren über ein Drittland oder ein Drittgebiet befördert werden:

a) aus einem Steuerlager zu
　i) einem anderen Steuerlager,
　ii) einem registrierten Empfänger,
　iii) einem Ort, an dem die verbrauchsteuerpflichtigen Waren entsprechend Artikel 25 Absatz 1 das Gebiet der Gemeinschaft verlassen;
　iv) einem der in Artikel 12 Absatz 1 aufgeführten Empfänger, wenn die Waren von einem anderen Mitgliedstaat aus versandt werden;
b) vom Ort der Einfuhr zu jedem der unter Buchstabe a aufgeführten Bestimmungsorte, wenn die Waren von einem registrierten Versender versandt werden. Der „Ort der Einfuhr" im Sinne dieses Artikels

# EU-Vorgaben § 11

ist der Ort, an dem sich die Waren bei ihrer Überführung in den zollrechtlich freien Verkehr nach Artikel 79 der Verordnung (EWG) Nr. 2913/92 befinden.

(2) Abweichend von Absatz 1 Buchstabe a Ziffern i und ii und Absatz 1 Buchstabe b dieses Artikels und außer in dem in Artikel 19 Absatz 3 genannten Fall kann der Bestimmungsmitgliedstaat nach von ihm festzusetzenden Bedingungen die Beförderung verbrauchsteuerpflichtiger Waren in einem Verfahren der Steueraussetzung an einen in seinem Gebiet befindlichen Bestimmungsort für eine Direktlieferung zulassen, wenn dieser Ort vom zugelassenen Lagerinhaber im Bestimmungsmitgliedstaat oder vom registrierten Empfänger angegeben wurde. Dieser zugelassene Lagerinhaber oder dieser registrierte Empfänger bleiben für die Übermittlung der Eingangsmeldung nach Artikel 24 Absatz 1 verantwortlich.

(3) Die Absätze 1 und 2 gelten auch für die Beförderung verbrauchsteuerpflichtiger Waren, die dem Nullsatz unterliegen und nicht in den steuerrechtlich freien Verkehr überführt worden sind.

**Artikel 18**

(1) Die zuständigen Behörden des Abgangsmitgliedstaats verlangen unter von ihnen festgelegten Bedingungen, dass die mit der Beförderung verbrauchsteuerpflichtiger Waren unter Steueraussetzung verbundenen Risiken durch eine Sicherheit abgedeckt werden, die von dem zugelassenen Lagerinhaber als Versender oder dem registrierten Versender zu leisten ist.

(2) Abweichend von Absatz 1 können die zuständigen Behörden des Abgangsmitgliedstaats unter den von ihnen festgesetzten Bedingungen gestatten, dass die in Absatz 1 genannte Sicherheit von dem Beförderer, dem Eigentümer der verbrauchsteuerpflichtigen Waren, dem Empfänger oder gemeinsam von zwei oder mehreren dieser Personen und den in Absatz 1 genannten Personen geleistet wird.

(3) Die Sicherheitsleistung ist für die gesamte Gemeinschaft gültig. Ihre Einzelheiten werden von den Mitgliedstaaten geregelt.

(4) Der Abgangsmitgliedstaat kann bei folgenden Beförderungen verbrauchsteuerpflichtiger Waren in einem Verfahren der Steueraussetzung auf die Sicherheitsleistung verzichten:
a) Beförderungen, die ausschließlich in seinem Gebiet erfolgen;
b) Beförderungen von Energieerzeugnissen innerhalb der Gemeinschaft auf dem Seeweg oder durch feste Rohrleitungen, wenn die anderen betroffenen Mitgliedstaaten dem zustimmen.

**Artikel 20**

(1) Die Beförderung verbrauchsteuerpflichtiger Waren in einem Verfahren der Steueraussetzung beginnt in den in Artikel 17 Absatz 1 Buchstabe a dieser Richtlinie genannten Fällen, wenn die verbrauchsteuerpflichtigen Waren das Abgangssteuerlager verlassen, und in den in Artikel 17 Absatz 1 Buchstabe b dieser Richtlinie genannten Fällen bei ihrer Überführung in den zollrechtlich freien Verkehr nach Artikel 79 der Verordnung (EWG) Nr. 2913/92.

(2) Die Beförderung verbrauchsteuerpflichtiger Waren in einem Verfahren der Steueraussetzung endet in den in Artikel 17 Absatz 1 Buchstabe a Ziffern i, ii und iv und Artikel 17 Absatz 1 Buchstabe b genannten Fällen, wenn der Empfänger die verbrauchsteuerpflichtigen Waren übernommen hat, und in den in Artikel 17 Absatz 1 Buchstabe a Ziffer iii genannten Fällen, wenn die Waren das Gebiet der Gemeinschaft verlassen haben.

**Artikel 31**

Im Wege von Vereinbarungen und entsprechend den von allen betroffenen Mitgliedstaaten festgelegten Bedingungen können vereinfachte Verfahren für häufig und regelmäßig stattfindende Beförderungen von verbrauchsteuerpflichtigen Waren in einem Verfahren der Steueraussetzung zwischen den Gebieten von zwei oder mehr Mitgliedstaaten festgelegt werden.

Diese Bestimmung gilt auch für Beförderungen durch feste Rohrleitungen.

# § 12

## § 12 (weggefallen)

## § 13

**§ 13 Ausfuhr**

(1) Energieerzeugnisse im Sinn des § 4 dürfen unter Steueraussetzung, auch über Drittländer oder Drittgebiete, aus Steuerlagern im Steuergebiet oder von registrierten Versendern vom Ort der Einfuhr im Steuergebiet zu einem Ort befördert werden, an dem die Energieerzeugnisse das Verbrauchsteuergebiet der Europäischen Gemeinschaft verlassen.

(2) ¹Werden Energieerzeugnisse über Gebiete anderer Mitgliedstaaten ausgeführt, hat der Steuerlagerinhaber als Versender oder der registrierte Versender für die Beförderung unter Steueraussetzung eine in allen Mitgliedstaaten gültige Sicherheit zu leisten. ²Das Hauptzollamt kann auf Antrag zulassen, dass die Sicherheit durch den Beförderer oder den Eigentümer der Energieerzeugnisse geleistet wird. ³Werden die Energieerzeugnisse auf dem Seeweg oder durch feste Rohrleitungen ausgeführt, kann der Steuerlagerinhaber oder der registrierte Versender von der Sicherheitsleistung befreit werden, wenn Steuerbelange nicht gefährdet erscheinen und die anderen betroffenen Mitgliedstaaten damit einverstanden sind. ⁴Werden Energieerzeugnisse nicht über Gebiete anderer Mitgliedstaaten befördert, hat der Steuerlagerinhaber oder der registrierte Versender Sicherheit zu leisten, wenn Steuerbelange gefährdet erscheinen.

(3) Die Energieerzeugnisse sind unverzüglich vom Inhaber des abgebenden Steuerlagers, vom registrierten Versender oder vom Empfänger, falls dieser die Energieerzeugnisse bereits im Steuergebiet in Besitz genommen hat, aus dem Steuergebiet auszuführen.

(4) ¹Die Beförderung unter Steueraussetzung beginnt, wenn die Energieerzeugnisse das abgebende Steuerlager verlassen oder am Ort der Einfuhr in den zollrechtlich freien Verkehr überführt worden sind. ²Sie endet, wenn die Energieerzeugnisse das Verbrauchsteuergebiet der Europäischen Gemeinschaft verlassen.

*Verwaltungsregelungen zu § 13 EnergieStG*

| Datum | Anlage | Quelle | Inhalt |
|---|---|---|---|
| 08.11.2011 | § 013-01 | BFD Südwest | Erstellen von Ausfuhrmeldungen bei Ausfuhrvorgängen von ZugelassenenAusführern |

## § 14

**§ 14 Unregelmäßigkeiten während der Beförderung**

(1) Als Unregelmäßigkeit gilt ein während der Beförderung unter Steueraussetzung eintretender Fall, mit Ausnahme der in § 8 Absatz 1a geregelten Fälle, auf Grund dessen die Beförderung oder ein Teil der Beförderung nicht ordnungsgemäß beendet werden kann.

(2) Tritt während der Beförderung von Energieerzeugnissen nach den §§ 10, 11 und 13 im Steuergebiet eine Unregelmäßigkeit ein, entsteht die Steuer, es sei denn, dass die Energieerzeugnisse nachweislich an Personen im Steuergebiet abgegeben worden sind, die zum Bezug von Energieerzeugnissen unter Steueraussetzung oder von steuerfreien Energieerzeugnissen berechtigt sind.

(3) Wird während der Beförderung unter Steueraussetzung aus einem Steuerlager in einem anderen Mitgliedstaat oder von einem Ort der Einfuhr in einem anderen Mitgliedstaat im Steuergebiet festgestellt, dass eine Unregelmäßigkeit eingetreten ist und kann nicht ermittelt werden, wo die Unregelmäßigkeit eingetreten ist, so gilt sie als im Steuergebiet und zum Zeitpunkt der Feststellung eingetreten.

(4) [1]Sind Energieerzeugnisse unter Steueraussetzung aus dem Steuergebiet in einen anderen Mitgliedstaat befördert worden (§ 11 Absatz 1 Nummer 1, § 13 Absatz 1) und nicht an ihrem Bestimmungsort eingetroffen, ohne dass während der Beförderung eine Unregelmäßigkeit festgestellt worden ist, so gilt die Unregelmäßigkeit nach Absatz 1 als im Steuergebiet zum Zeitpunkt des Beginns der Beförderung eingetreten, es sei denn, der Versender führt innerhalb einer Frist von vier Monaten nach Beginn der Beförderung den hinreichenden Nachweis, dass die Energieerzeugnisse

1. am Bestimmungsort eingetroffen sind und die Beförderung ordnungsgemäß beendet wurde oder

2. auf Grund einer außerhalb des Steuergebiets eingetretenen Unregelmäßigkeit nicht am Bestimmungsort eingetroffen sind.

[2]Hatte die Person, die Sicherheit geleistet hat (§ 11 Absatz 2, § 13 Absatz 2), keine Kenntnis davon, dass die Energieerzeugnisse nicht an ihrem Bestimmungsort eingetroffen sind, und konnte sie auch keine Kenntnis davon haben, so hat sie innerhalb einer Frist von einem Monat ab Übermittlung dieser Information durch das Hauptzollamt die Möglichkeit, den Nachweis nach Satz 1 zu führen.

(5) [1]Werden Energieerzeugnisse über das Gebiet eines anderen Mitgliedstaats in ein anderes Steuerlager im Steuergebiet oder zu einem Begünstigten (§ 9c) im Steuergebiet befördert, gelten die Absätze 2 bis 4 sinngemäß.

(6) Steuerschuldner ist

1. der Steuerlagerinhaber als Versender,

2. der registrierte Versender,

3. jede andere Person als unter Nummer 1 und 2, die Sicherheit geleistet hat,

4. die Person, die die Energieerzeugnisse aus der Beförderung entnommen hat oder in deren Namen die Energieerzeugnisse entnommen wurden,

5. jede Person, die an der Entnahme aus der Beförderung beteiligt war und wusste oder vernünftigerweise hätte wissen müssen, dass die Entnahme unrechtmäßig war.

[2]Mehrere Steuerschuldner sind Gesamtschuldner.

(7) [1]Der Steuerschuldner hat für die Energieerzeugnisse, für die die Steuer entstanden ist, unverzüglich eine Steuererklärung abzugeben und darin die Steuer selbst zu berechnen (Steueranmeldung). [2]Die Steuer ist sofort fällig.

(8) Wird in den Fällen der Absätze 3 bis 5 vor Ablauf einer Frist von drei Jahren ab dem Tag, an dem die Beförderung begonnen hat, festgestellt, dass die Unregelmäßigkeit in einem anderen Mitgliedstaat eingetreten und die Steuer in diesem Mitgliedstaat nachweislich erhoben worden ist, wird die im Steuergebiet entrichtete Steuer auf Antrag erstattet.

# EU-Vorgaben § 14

## EU-Vorgaben

**RL 2008/118/EG Systemrichtlinie (Auszug)**

**Artikel 7**

(1) Der Verbrauchsteueranspruch entsteht zum Zeitpunkt und im Mitgliedstaat der Überführung in den steuerrechtlich freien Verkehr.

(2) Als Überführung in den steuerrechtlich freien Verkehr im Sinne dieser Richtlinie gilt

a) die Entnahme verbrauchsteuerpflichtiger Waren, einschließlich der unrechtmäßigen Entnahme, aus dem Verfahren der Steueraussetzung;

b) der Besitz verbrauchsteuerpflichtiger Waren außerhalb eines Verfahrens der Steueraussetzung, wenn keine Verbrauchsteuer gemäß den geltenden Bestimmungen des Gemeinschaftsrechts und des einzelstaatlichen Rechts erhoben wurde;

c) die Herstellung verbrauchsteuerpflichtiger Waren, einschließlich der unrechtmäßigen Herstellung, außerhalb eines Verfahrens der Steueraussetzung;

d) die Einfuhr verbrauchsteuerpflichtiger Waren, einschließlich der unrechtmäßigen Einfuhr, es sei denn, die verbrauchsteuerpflichtigen Waren werden unmittelbar bei ihrer Einfuhr in ein Verfahren der Steueraussetzung überführt.

(3) Als Zeitpunkt der Überführung in den steuerrechtlich freien Verkehr gilt

a) in den Fällen des Artikels 17 Absatz 1 Buchstabe a Ziffer ii der Empfang der verbrauchsteuerpflichtigen Waren durch den registrierten Empfänger;

b) in den Fällen des Artikels 17 Absatz 1 Buchstabe a Ziffer iv der Empfang der verbrauchsteuerpflichtigen Waren durch den Empfänger;

c) in den Fällen des Artikels 17 Absatz 2 der Empfang der verbrauchsteuerpflichtigen Waren am Ort der Direktlieferung.

(4) Die vollständige Zerstörung oder der unwiederbringliche Verlust einem Verfahren der Steueraussetzung unterstellter verbrauchsteuerpflichtiger Waren aufgrund ihrer Beschaffenheit, infolge unvorhersehbarer Ereignisse oder höherer Gewalt oder einer von den zuständigen Behörden des Mitgliedstaates erteilten Genehmigung gelten nicht als Überführung in den steuerrechtlich freien Verkehr. Im Sinne dieser Richtlinie gelten Waren dann als vollständig zerstört oder unwiederbringlich verlorengegangen, wenn sie nicht mehr als verbrauchsteuerpflichtige Waren genutzt werden können. Die vollständige Zerstörung oder der unwiederbringliche Verlust der betreffenden verbrauchsteuerpflichtigen Waren ist den zuständigen Behörden des Mitgliedstaats, in dem die vollständige Zerstörung oder der unwiederbringliche Verlust eingetreten ist, oder, wenn nicht festgestellt werden kann, wo der Verlust eingetreten ist, den zuständigen Behörden des Mitgliedstaats, in dem der Verlust entdeckt wurde, hinreichend nachzuweisen.

(5) Jeder Mitgliedstaat legt seine eigenen Regeln und Bedingungen fest, nach denen ein Verlust nach Absatz 4 bestimmt wird.

**Artikel 8**

(1) Steuerschuldner eines entstandenen Verbrauchsteueranspruchs ist:

a) im Zusammenhang mit der Entnahme verbrauchsteuerpflichtiger Waren aus dem Verfahren der Steueraussetzung nach Artikel 7 Absatz 2 Buchstabe a:

  i) der zugelassene Lagerinhaber, der registrierte Empfänger oder jede andere Person, die die verbrauchsteuerpflichtigen Waren aus dem Verfahren der Steueraussetzung entnimmt oder in deren Namen die Waren aus diesem Verfahren entnommen werden, und – im Falle der unrechtmäßigen Entnahme aus dem Steuerlager – jede Person, die an dieser Entnahme beteiligt war;

  ii) im Falle einer Unregelmäßigkeit bei der Beförderung verbrauchsteuerpflichtiger Waren in einem Verfahren der Steueraussetzung nach Artikel 10 Absätze 1, 2 und 4 der zugelassene Lagerinhaber, der registrierte Versender oder jede andere Person, die die Sicherheit nach Artikel 18 Absätze 1 und 2 geleistet hat, und jede Person, die an der unrechtmäßigen Entnahme beteiligt war und wusste oder vernünftigerweise hätte wissen müssen, dass die Entnahme unrechtmäßig war;

b) im Zusammenhang mit dem Besitz verbrauchsteuerpflichtiger Waren nach Artikel 7 Absatz 2 Buchstabe b: jede Person, die im Besitz der verbrauchsteuerpflichtigen Waren ist, oder jede andere am Besitz dieser Waren beteiligte Person;

c) im Zusammenhang mit der Herstellung verbrauchsteuerpflichtiger Waren nach Artikel 7 Absatz 2 Buchstabe c: jede Person, die die verbrauchsteuerpflichtigen Waren herstellt, und – im Falle der unrechtmäßigen Herstellung – jede andere an der Herstellung dieser Waren beteiligte Person;

d) im Zusammenhang mit der Einfuhr verbrauchsteuerpflichtiger Waren nach Artikel 7 Absatz 2 Buchstabe d: die Person, die die verbrauchsteuerpflichtigen Waren anmeldet oder in deren Namen diese Waren bei der Einfuhr angemeldet werden, und – im Falle der unrechtmäßigen Einfuhr – jede andere an der Einfuhr beteiligte Person.

(2) Gibt es für eine Verbrauchsteuerschuld mehrere Steuerschuldner, so sind diese gesamtschuldnerisch zur Erfüllung dieser Steuerschuld verpflichtet.

**Artikel 10**

(1) Wurde bei der Beförderung verbrauchsteuerpflichtiger Waren in einem Verfahren der Steueraussetzung eine Unregelmäßigkeit begangen, die eine Überführung dieser Waren in den steuerrechtlich freien Verkehr nach Artikel 7 Absatz 2 Buchstabe a zur Folge hatte, so findet die Überführung der verbrauchsteuerpflichtigen Waren in den steuerrechtlich freien Verkehr in dem Mitgliedstaat statt, in dem die Unregelmäßigkeit begangen wurde.

(2) Wurde bei der Beförderung verbrauchsteuerpflichtiger Waren in einem Verfahren der Steueraussetzung eine Unregelmäßigkeit festgestellt, die eine Überführung dieser Waren in den steuerrechtlich freien Verkehr nach Artikel 7 Absatz 2 Buchstabe a zur Folge hatte, und kann der Ort, an dem die Unregelmäßigkeit begangen wurde, nicht bestimmt werden, so gilt die Unregelmäßigkeit als in dem Mitgliedstaat und zu dem Zeitpunkt eingetreten, in dem bzw. zu dem sie entdeckt wurde.

(3) In den in den Absätzen 1 und 2 genannten Fällen unterrichten die zuständigen Behörden des Mitgliedstaats, in dem die Waren in den steuerrechtlich freien Verkehr überführt wurden oder als in den steuerrechtlich freien Verkehr überführt gelten, die zuständigen Behörden des Abgangsmitgliedstaats.

(4) Sind verbrauchsteuerpflichtige Waren, die in einem Verfahren der Steueraussetzung befördert werden, nicht an ihrem Bestimmungsort eingetroffen und wurde während der Beförderung keine Unregelmäßigkeit festgestellt, die eine Überführung dieser Waren in den steuerrechtlich freien Verkehr nach Artikel 7 Absatz 2 Buchstabe a zur Folge hatte, so gilt eine Unregelmäßigkeit als im Abgangsmitgliedstaat und zu dem Zeitpunkt begangen, zu dem die Beförderung begonnen hat, es sei denn, dass den zuständigen Behörden des Abgangsmitgliedstaats innerhalb von vier Monaten nach Beginn der Beförderung gemäß Artikel 20 Absatz 1 ein hinreichender Nachweis über die Beendigung der Beförderung nach Artikel 20 Absatz 2 oder über den Ort, an dem die Unregelmäßigkeit begangen wurde, erbracht wird.

Falls die Person, die die Sicherheit nach Artikel 18 geleistet hat, keine Kenntnis davon hatte oder haben konnte, dass die Waren nicht an ihrem Bestimmungsort eingetroffen sind, so wird ihr eine Frist von einem Monat ab Übermittlung dieser Information durch die zuständigen Behörden des Abgangsmitgliedstaats eingeräumt, um ihr zu ermöglichen, den Nachweis für das Ende der Beförderung nach Artikel 20 Absatz 2 oder den Ort, an dem die Unregelmäßigkeit eingetreten ist, zu erbringen.

(5) Wird jedoch in den in den Absätzen 2 und 4 genannten Fällen vor Ablauf einer Frist von drei Jahren ab dem Tag, an dem die Beförderung nach Artikel 20 Absatz 1 begonnen hat, ermittelt, in welchem Mitgliedstaat die Unregelmäßigkeit tatsächlich begangen wurde, so findet Absatz 1 Anwendung.
In diesen Fällen unterrichten die zuständigen Behörden des Mitgliedstaates, in dem die Unregelmäßigkeit begangen wurde, die zuständigen Behörden desjenigen Mitgliedstaates, in dem die Verbrauchsteuer erhoben wurde; diese erstatten oder erlassen die Verbrauchsteuer, sobald der Nachweis vorliegt, dass diese in dem anderen Mitgliedstaat erhoben wurde.

(6) Als Unregelmäßigkeit im Sinne dieses Artikels gilt ein während der Beförderung verbrauchsteuerpflichtiger Waren in einem Verfahren der Steueraussetzung eintretender Fall – mit Ausnahme des in Artikel 7 Absatz 4 genannten Falls –, aufgrund dessen eine Beförderung oder ein Teil einer Beförderung verbrauchsteuerpflichtiger Waren nicht nach Artikel 20 Absatz 2 beendet wurde.

### *Energiesteuer-Durchführungsverordnung*

### Zu § 14 des Gesetzes

**§ 37a Unregelmäßigkeiten während der Beförderung unter Steueraussetzung**
*Sind Energieerzeugnisse während der Beförderung unter Steueraussetzung infolge unvorhersehbarer Ereignisse oder höherer Gewalt vollständig zerstört oder unwiederbringlich verloren gegangen, hat der Beförderer dies dem Hauptzollamt unverzüglich anzuzeigen und durch geeignete Unterlagen nachzuweisen.*

## § 14

### Verwaltungsregelungen zu § 14 EnergieStG

| Datum | Anlage | Quelle | Inhalt |
|---|---|---|---|
| 18.09.2014 | § 014-01 | BMF | Unregelmäßigkeiten im Zusammenhang mit der Beförderung verbrauchsteuerpflichtiger Waren unter Steueraussetzung |

## § 15 EU-Vorgaben

**Abschnitt 2 Verbringen von Energieerzeugnissen des steuerrechtlich freien Verkehrs**

**§ 15 Verbringen zu gewerblichen Zwecken**

(1) ¹Werden Energieerzeugnisse im Sinn des § 4 aus dem steuerrechtlich freien Verkehr eines Mitgliedstaats zu gewerblichen Zwecken bezogen, entsteht die Steuer dadurch, dass der Bezieher

1. die Energieerzeugnisse im Steuergebiet in Empfang nimmt oder
2. die außerhalb des Steuergebiets in Empfang genommenen Energieerzeugnisse in das Steuergebiet verbringt oder verbringen lässt.

²Schließt sich an die Empfangnahme oder das Verbringen ein Verfahren der Steuerbefreiung (§ 24 Abs. 1) an, kommt es zu keiner Steuerentstehung. ³Steuerschuldner ist der Bezieher. ⁴Der Bezug durch eine Einrichtung des öffentlichen Rechts steht dem Bezug zu gewerblichen Zwecken gleich.

(2) ¹Werden Energieerzeugnisse im Sinn des § 4 aus dem steuerrechtlich freien Verkehr eines Mitgliedstaates in anderen als den in Absatz 1 Satz 1 Nr. 1 und 2 genannten Fällen in das Steuergebiet verbracht, entsteht die Steuer dadurch, dass sie erstmals im Steuergebiet zu gewerblichen Zwecken in Besitz gehalten oder verwendet werden. ²Dies gilt nicht, wenn die in Besitz gehaltenen Energieerzeugnisse für einen anderen Mitgliedstaat bestimmt sind und unter zulässiger Verwendung eines Begleitdokuments nach Artikel 34 der Systemrichtlinie durch das Steuergebiet befördert werden. ³Steuerschuldner ist, wer die Energieerzeugnisse versendet, in Besitz hält oder verwendet. ⁴Schließt sich an die Inbesitznahme ein Verfahren der Steuerbefreiung an (§ 24 Abs. 1) oder werden die Energieerzeugnisse in einem solchen Verfahren verwendet, kommt es zu keiner Steuerentstehung.

(2a) § 8 Absatz 1a gilt entsprechend.

(3) Wer Energieerzeugnisse nach Absatz 1 oder 2 beziehen, in Besitz halten oder verwenden will, hat dies dem Hauptzollamt vorher anzuzeigen und für die Steuer Sicherheit zu leisten.

(4) Die Absätze 1 bis 3 gelten nicht

1. für Kraftstoffe in Hauptbehältern von Fahrzeugen, Spezialcontainern, Arbeitsmaschinen und -geräten sowie Kühl- und Klimaanlagen,
2. für Kraftstoffe, die in Reservebehältern eines Fahrzeugs bis zu einer Gesamtmenge von 20 Litern mitgeführt werden,
3. für Heizstoffe im Vorratsbehälter der Standheizung eines Fahrzeugs.

(5) ¹Der Steuerschuldner hat für Energieerzeugnisse, für die die Steuer entstanden ist, unverzüglich eine Steuererklärung abzugeben und darin die Steuer selbst zu berechnen (Steueranmeldung). ²Die Steuer ist am 25. Tag des auf die Entstehung folgenden Monats fällig. ³Wird das Verfahren nach Absatz 3 nicht eingehalten, ist die Steuer sofort fällig. ⁴Das Hauptzollamt kann zur Steuervereinfachung zulassen, dass der Steuerschuldner abweichend von Satz 1 die Steueranmeldung für Energieerzeugnisse, für die die Steuer in einem Monat entstanden ist, bis zum 15. Tag des auf die Entstehung folgenden Monats abgibt.

*EU-Vorgaben*

**RL 2008/118/EG Systemrichtlinie**
**Artikel 33**

(1) Unbeschadet des Artikels 36 Absatz 1 unterliegen verbrauchsteuerpflichtige Waren, die in einem Mitgliedstaat bereits in den steuerrechtlich freien Verkehr überführt worden sind, sofern sie zu gewerblichen Zwecken in einem anderen Mitgliedstaat in Besitz gehalten und dort zur Lieferung oder Verwendung vorgesehen sind, der Verbrauchsteuer, die in diesem anderen Mitgliedstaat erhoben wird. Als „Besitz zu gewerblichen Zwecken" im Sinne dieses Artikels gilt der Besitz verbrauchsteuerpflichtiger Waren durch eine Person, die keine Privatperson ist, oder durch eine Privatperson, sofern diese die Waren nicht für den Eigenbedarf erworben und, im Einklang mit Artikel 32, selbst befördert hat.

# EU-Vorgaben § 15

(2) Die Voraussetzungen für das Entstehen des Steueranspruchs und der anzuwendende Verbrauchsteuersatz richten sich nach den Bestimmungen, die zum Zeitpunkt des Entstehens des Steueranspruchs in diesem anderen Mitgliedstaat gelten.

(3) Steuerschuldner der zu entrichtenden Verbrauchsteuer ist entsprechend der in Absatz 1 genannten Fälle entweder die Person, die die Lieferung vornimmt oder in deren Besitz sich die zur Lieferung vorgesehenen Waren befinden oder an die die Waren im anderen Mitgliedstaat geliefert werden.

(4) Unbeschadet des Artikels 38 gilt der Besitz verbrauchsteuerpflichtiger Waren, die in einem Mitgliedstaat bereits in den steuerrechtlich freien Verkehr überführt wurden und anschließend innerhalb der Gemeinschaft zu gewerblichen Zwecken befördert werden, vor ihrer Ankunft im Bestimmungsmitgliedstaat nicht als solchen Zwecken dienend, wenn die Waren unter Einhaltung der in Artikel 34 festgelegten Formalitäten befördert werden.

(5) Der Besitz verbrauchsteuerpflichtiger Waren, die sich an Bord eines zwischen zwei Mitgliedstaaten verkehrenden Wasser- oder Luftfahrzeugs befinden, aber nicht zum Verkauf stehen, solange sich das betreffende Fahrzeug im Gebiet eines Mitgliedstaats befindet, gilt in diesem Mitgliedstaat nicht als gewerblichen Zwecken dienend.

(6) Die Verbrauchsteuer wird im Mitgliedstaat der Überführung in den steuerrechtlich freien Verkehr auf Antrag erstattet oder erlassen, wenn die zuständigen Behörden des anderen Mitgliedstaats feststellen, dass der Steueranspruch in diesem Mitgliedstaat entstanden ist und die Steuerschuld dort auch erhoben wurde.

**Artikel 34**

(1) In den in Artikel 33 Absatz 1 genannten Fällen werden verbrauchsteuerpflichtige Waren zwischen den Gebieten der verschiedenen Mitgliedstaaten unter Mitführung eines Begleitdokuments befördert, das die wichtigsten Angaben des Dokuments nach Artikel 21 Absatz 1 enthält.

Die Kommission legt nach dem in Artikel 43 Absatz 2 genannten Verfahren Bestimmungen zu Form und Inhalt dieses Dokuments fest.

(2) Die in Artikel 33 Absatz 3 genannten Personen sind verpflichtet:

a) vor dem Versand der Waren bei den zuständigen Behörden des Bestimmungsmitgliedstaats eine Anmeldung abzugeben und eine Sicherheit für die Entrichtung der Verbrauchsteuern zu leisten;

b) nach dem vom Bestimmungsmitgliedstaats festgelegten Verfahren die Verbrauchsteuer des Bestimmungsmitgliedstaats zu entrichten;

c) alle Kontrollen zu dulden, die es den zuständigen Behörden des Bestimmungsmitgliedstaats ermöglichen, sich vom tatsächlichen Eingang der verbrauchsteuerpflichtigen Waren und der Entrichtung der dafür geschuldeten Verbrauchsteuern zu überzeugen.

Der Bestimmungsmitgliedstaat kann in den Fällen und nach den Modalitäten, die er festlegt, die Vorschriften unter Buchstabe a vereinfachen oder eine Abweichung von diesen Vorschriften gestatten. In diesem Fall setzt er die Kommission hiervon in Kenntnis, die ihrerseits die übrigen Mitgliedstaaten informiert.

**Artikel 35**

(1) Für verbrauchsteuerpflichtige Waren, die in einem Mitgliedstaat bereits in den steuerrechtlich freien Verkehr überführt wurden und die durch das Gebiet eines anderen Mitgliedstaats zu einem Bestimmungsort im erstgenannten Mitgliedstaat befördert werden, gilt Folgendes:

a) bei einer solchen Beförderung ist das Begleitdokument nach Artikel 34 Absatz 1 mitzuführen, und es ist ein geeigneter Transportweg zu wählen;

b) der Versender gibt vor dem Versand der verbrauchsteuerpflichtigen Waren bei den zuständigen Behörden des Abgangsortes eine Anmeldung ab;

c) der Empfänger bescheinigt den Empfang der Waren nach den Vorschriften der zuständigen Behörden des Bestimmungsortes;

d) Versender und Empfänger dulden alle Kontrollen, die es ihren jeweiligen zuständigen Behörden ermöglichen, sich vom tatsächlichen Eingang der Waren zu überzeugen.

(2) Werden verbrauchsteuerpflichtige Waren häufig und regelmäßig unter den in Absatz 1 genannten Voraussetzungen befördert, so können die betreffenden Mitgliedstaaten im gegenseitigen Einvernehmen nach den von ihnen festzulegenden Modalitäten die Vorschriften nach Absatz 1 vereinfachen.

*Energiesteuer-Durchführungsverordnung*

## Zu § 15 des Gesetzes

### § 38 Anzeige und Zulassung

*(1) ¹Die Anzeige nach § 15 Absatz 3 des Gesetzes ist nach amtlich vorgeschriebenem Vordruck bei dem für den Anzeigepflichtigen zuständigen Hauptzollamt zu erstatten. ²Sollen die bezogenen Energieerzeugnisse in ein Verfahren der Steuerbefreiung (§ 24 Absatz 1 des Gesetzes) überführt werden, ist der Erlaubnisschein beizufügen, soweit die Erlaubnis nicht allgemein erteilt ist.*

*(2) ¹Der Anzeigepflichtige hat auf Verlangen des Hauptzollamts weitere Angaben zu machen, wenn sie zur Sicherung des Steueraufkommens oder für die Steueraufsicht erforderlich erscheinen. ²Das Hauptzollamt kann auf Angaben verzichten, soweit die Steuerbelange dadurch nicht beeinträchtigt werden.*

*(3) ¹Das Hauptzollamt erteilt schriftlich die Zulassung zum Bezug, zum Inbesitzhalten oder zur Verwendung der Energieerzeugnisse, wenn der Anzeigepflichtige Sicherheit in Höhe der Steuer geleistet hat, die voraussichtlich entsteht. ²Für die Sicherheitsleistung gilt § 29, für das Erlöschen der Zulassung § 14 Abs. 2 und 4 sinngemäß. ³Die Zulassung kann mit Nebenbestimmungen nach § 120 Absatz 2 der Abgabenordnung verbunden werden.*

### § 39 Beförderung

*(1) ¹Werden Energieerzeugnisse im Sinn des § 4 des Gesetzes in anderen als den in § 15 Absatz 4 des Gesetzes genannten Fällen aus dem steuerrechtlich freien Verkehr eines anderen Mitgliedstaats zu gewerblichen Zwecken in das Steuergebiet verbracht, hat der Beförderer während der Beförderung die zweite und dritte Ausfertigung des vereinfachten Begleitdokuments mitzuführen, das für die Energieerzeugnisse ordnungsgemäß ausgefertigt wurde. ²Dies gilt für Energieerzeugnisse der Unterpositionen 2710 11 21, 2710 11 25 und 2710 19 29 der Kombinierten Nomenklatur jedoch nur, soweit sie als lose Ware verbracht werden.*

*(2) ¹Der Anzeigepflichtige im Sinn des § 15 Absatz 3 des Gesetzes hat dem Hauptzollamt mit der Steueranmeldung die mit seiner Empfangsbestätigung versehene zweite und dritte Ausfertigung des vereinfachten Begleitdokuments vorzulegen. ²Auf Antrag bestätigt das Hauptzollamt die Anmeldung oder Entrichtung der Steuer. ³Ist bei der Beförderung eine Empfangsbestätigung nach Artikel 4 Satz 4 der Verordnung (EWG) Nr. 3649/92 erforderlich, hat der Anzeigepflichtige die für den Lieferer bestimmte Ausfertigung des vereinfachten Begleitdokuments mit der vom Abgangsmitgliedstaat vorgesehenen Empfangsbestätigung unverzüglich an den Lieferer zurückzusenden.*

### § 40 Pflichten des Anzeigepflichtigen, Steueraufsicht

*(1) ¹Der Anzeigepflichtige hat ein Empfangsbuch über den Bezug, die Lieferung, die Lagerung oder die Verwendung der Energieerzeugnisse zu führen, aus dem jeweils Art, Kennzeichnung und Menge der Energieerzeugnisse, der Lieferer, der Empfänger und die Reihenfolge der Lieferungen hervorgehen. ²Das Hauptzollamt kann dazu Anordnungen treffen. ³Anzeigepflichtige, die die Energieerzeugnisse im Rahmen einer förmlichen Einzelerlaubnis verwenden oder verteilen, haben den Bezug und den weiteren Verbleib der Energieerzeugnisse nur im Verwendungsbuch nachzuweisen. ⁴Der Anzeigepflichtige hat auf Verlangen des Hauptzollamts weitere Aufzeichnungen zu führen. ⁵Das Hauptzollamt kann einfachere Aufzeichnungen zulassen, wenn die Steuerbelange dadurch nicht beeinträchtigt werden. ⁶Das Empfangsbuch ist jeweils für ein Kalenderjahr zu führen und spätestens am 31. Januar des folgenden Jahres abzuschließen. ⁷Der Anzeigepflichtige hat dem Hauptzollamt auf Verlangen das abgeschlossene Empfangsbuch abzuliefern.*

*(2) ¹Auf Anordnung des Hauptzollamts sind im Betrieb des Anzeigepflichtigen die Bestände an Energieerzeugnissen amtlich festzustellen. ²Dazu hat der Anzeigepflichtige das Empfangsbuch oder die an seiner Stelle zugelassenen Aufzeichnungen aufzurechnen und auf Verlangen des Hauptzollamts die Bestände nach amtlich vorgeschriebenem Vordruck anzumelden. ³Der Anzeigepflichtige hat auf Verlangen des Hauptzollamts auch andere Energieerzeugnisse, mit denen er handelt, die er lagert oder verwendet, oder auch andere Stoffe in die Bestandsaufnahme oder Anmeldung einzubeziehen.*

*(3) Die mit der Steueraufsicht betrauten Amtsträger können für steuerliche Zwecke unentgeltlich Proben von Energieerzeugnissen und anderen im Betrieb des Anzeigepflichtigen befindlichen Erzeugnissen zur Untersuchung entnehmen.*

*(4) Absatz 2 gilt nicht, wenn der Anzeigepflichtige bereits als Inhaber einer förmlichen Einzelerlaubnis die in § 56 genannten Pflichten zu erfüllen hat.*

## Zu den §§ 15, 17, 21 und 46 des Gesetzes

### § 41 Hauptbehälter

¹*Hauptbehälter im Sinn des § 15 Absatz 4 Nummer 1, § 21 Absatz 1 Satz 3 Nummer 1 und § 46 Absatz 1 Satz 2 des Gesetzes sind:*

1. *die vom Hersteller für alle Fahrzeuge desselben Typs fest eingebauten Behälter, die die unmittelbare Verwendung des Kraftstoffs für den Antrieb der Fahrzeuge und gegebenenfalls für den Betrieb der Kühlanlage oder sonstigen Anlagen während der Beförderung ermöglichen,*
2. *die vom Hersteller in alle Container desselben Typs fest eingebauten Behälter, die die unmittelbare Verwendung des Kraftstoffs für den Betrieb der Kühlanlage oder sonstiger Anlagen von Spezialcontainern während der Beförderung ermöglichen.*

²*Besteht ein Hauptbehälter aus mehr als einem Kraftstoffbehälter, ist ein Absperrventil in der Leitung zwischen zwei Kraftstoffbehältern unschädlich.*

### Zu § 66 Abs. 1 Nr. 16 des Gesetzes

### § 44 Verbringen von Energieerzeugnissen des steuerrechtlich freien Verkehrs zu gewerblichen Zwecken in andere Mitgliedstaaten

¹*Wer in § 4 des Gesetzes genannte Energieerzeugnisse des steuerrechtlich freien Verkehrs zu gewerblichen Zwecken in andere Mitgliedstaaten verbringen will, hat das vereinfachte Begleitdokument auszufertigen.* ²*Dies gilt für Energieerzeugnisse der Unterpositionen 2710 11 21, 2710 11 25 und 2710 19 29 der Kombinierten Nomenklatur jedoch nur, soweit sie als lose Ware verbracht werden.* ³*Der Lieferer hat die erste Ausfertigung des Begleitdokuments zu seinen Aufzeichnungen zu nehmen.* ⁴*Der Beförderer hat die zweite und dritte Ausfertigung des Begleitdokuments bei der Beförderung der Energieerzeugnisse mitzuführen.*

### § 45 Beförderungen von Energieerzeugnissen des steuerrechtlich freien Verkehrs durch einen anderen Mitgliedstaat

*(1)* ¹*Werden die in § 4 des Gesetzes genannten Energieerzeugnisse des steuerrechtlich freien Verkehrs durch das Gebiet eines anderen Mitgliedstaats an einen Empfänger im Steuergebiet befördert, hat der Versender das vereinfachte Begleitdokument auszufertigen.* ²*Dies gilt für Energieerzeugnisse der Unterpositionen 2710 11 21, 2710 11 25 und 2710 19 29 der Kombinierten Nomenklatur jedoch nur, soweit sie als lose Ware befördert werden.* ³*Der Versender hat in Feld 3 des vereinfachten Begleitdokuments den Hinweis*

„*Transit/Energieerzeugnisse des steuerrechtlich freien Verkehrs*"

*anzubringen sowie die Anschrift des für ihn zuständigen Hauptzollamts zu vermerken.*

*(2)* ¹*Der Versender hat das vereinfachte Begleitdokument in drei Exemplaren auszufertigen.* ²*Er hat die erste Ausfertigung des vereinfachten Begleitdokuments spätestens am Versandtag dem für ihn zuständigen Hauptzollamt zu übermitteln.* ³*Der Beförderer hat während der Beförderung der Energieerzeugnisse die zweite und dritte Ausfertigung des vereinfachten Begleitdokuments mitzuführen.* ⁴*Er hat die Energieerzeugnisse auf dem kürzesten zumutbaren Weg durch das Gebiet des anderen Mitgliedstaats (Transitmitgliedstaat) zu befördern.* ⁵*Nach Beendigung der Beförderung hat der Empfänger die Übernahme der Energieerzeugnisse auf der dritten Ausfertigung des vereinfachten Begleitdokuments zu bestätigen und sie dem für den Versender zuständigen Hauptzollamt zu übermitteln.*

*(3)* ¹*Tritt während der Beförderung auf dem Gebiet des Transitmitgliedstaats eine Unregelmäßigkeit ein, hat der Beförderer die zuständige Steuerbehörde des Mitgliedstaats und das für den Versender zuständige Hauptzollamt unverzüglich zu unterrichten.* ²*§ 18a Absatz 2 des Gesetzes gilt entsprechend.*

### Verwaltungsregelungen zu § 15 EnergieStG

| Datum | Anlage | Quelle | Inhalt |
|---|---|---|---|
| 15.02.2013 | § 015-01 | BMF | Kraftstofftanks von Nutzfahrzeuge im Straßenverkehr und von Spezialcontainer im grenzüberschreitenden Verkehr;Kontrolle und Abgabenerhebung |
| 03.08.2011 | § 015-02 | BFD Südwest | Energiesteuer; Verbringen von Kraftstoffen aus dem freien Verkehr anderer Mitgliedstaaten; Hauptbehälter |

## § 15

### Rechtsprechungsauswahl zu § 15 EnergieStG

**EuGH vom 03.12.1998, C-247/97 (Slg. 1998 I-8095):** ... Die dort gegebene Definition erfasst Treibstoffbehälter nicht, die auf für den Straßenfernverkehr bestimmten und mit einer Kühlanlage versehenen Containern angebracht sind, wenn diese Behälter von einem Vertragshändler des Herstellers oder einem Karosseriebauer fest eingebaut worden sind, um bestimmte wirtschaftliche Ziele zu verfolgen.

**BFH vom 15.10.2008, VII B 21/08 (BFH/NV 2009 S. 219):** Kraftstoffbehälter eines Fahrzeugs als Hauptbehälter i.S. von § 19 Abs. 2 Satz 3 MinöStG

**FG Düsseldorf vom 18.03.2013, 4 K 3691/12 VE:** Der Gerichtshof der Europäischen Union wird um eine Vorabentscheidung zu folgenden Fragen ersucht (anhängig C-152/13):

1. Ist der Begriff des Herstellers im Sinne des Art. 24 Abs. 2 erster Spiegelstrich der Richtlinie (EG) Nr. 2003/96 des Rates vom 27. Oktober 2003 zur Restrukturierung der gemeinschaftlichen Rahmenvorschriften zur Besteuerung von Energieerzeugnissen und elektrischem Strom, ABl. EU Nr. L 283/51, dahingehend auszulegen, dass hiervon auch Karosseriebauer oder Vertragshändler erfasst werden, wenn diese den Kraftstoffbehälter im Rahmen eines Herstellungsprozesses des Fahrzeugs eingebaut haben und der Herstellungsprozess aus technischen und/oder wirtschaftlichen Gründen im Wege der Arbeitsteilung durch mehrere selbständige Unternehmen erfolgt ist.

2. Sollte die erste Frage zu bejahen sein: Wie ist in diesen Fällen das Tatbestandsmerkmal des Art. 24 Abs. 2 erster Spiegelstrich der Richtlinie (EG) Nr. 2003/96 des Rates vom 27. Oktober 2003 zur Restrukturierung der gemeinschaftlichen Rahmenvorschriften zur Besteuerung von Energieerzeugnissen und elektrischem Strom, ABl. EU Nr. L 283/51, auszulegen, wonach es sich um Kraftfahrzeuge „desselben Typs" handeln muss.

EU-Vorgaben § 16

**§ 16 Verbringen zu privaten Zwecken**

(1) ¹Energieerzeugnisse im Sinn des § 4, die eine Privatperson für ihren Eigenbedarf in einem anderen Mitgliedstaat im steuerrechtlich freien Verkehr erwirbt und selbst in das Steuergebiet befördert, sind steuerfrei. ²Die Steuerfreiheit ist jedoch ausgeschlossen für
1. flüssige Heizstoffe, ausgenommen Flüssiggase in Flaschen, und
2. Kraftstoffe, die in anderen Behältnissen als dem Hauptbehälter des Fahrzeugs befördert werden, ausgenommen in Reservebehältern des Fahrzeugs bis zu einer Gesamtmenge von 20 Litern.

(2) ¹Die Steuer für Energieerzeugnisse, die nach Absatz 1 Satz 2 nicht steuerfrei sind oder die auf Rechnung der Privatperson befördert werden, entsteht mit dem Verbringen in das Steuergebiet. ²Steuerschuldner ist die Privatperson.

(3) ¹Für Energieerzeugnisse, für die die Steuer entstanden ist, hat der Steuerschuldner unverzüglich eine Steuererklärung abzugeben und darin die Steuer selbst zu berechnen (Steueranmeldung). ²Die Steuer ist sofort fällig.

*EU-Vorgaben*

**RL 2008/118/EG Systemrichtlinie (Auszug)**
**Artikel 14**
(1) Die Mitgliedstaaten können eine Steuerbefreiung für Waren gewähren, die von Tax-free-Verkaufsstellen abgegeben und im persönlichen Gepäck von Reisenden mitgeführt werden, die sich an Bord eines Flugzeugs oder Schiffs in ein Drittgebiet oder ein Drittland begeben.
(2) Waren, die im Verlauf einer Flug- oder Schiffsreise in ein Drittgebiet oder ein Drittland an Bord des Flugzeugs oder Schiffes abgegeben werden, sind den durch Tax-free-Verkaufsstellen abgegebenen Waren gleichgestellt.
(3) Die Mitgliedstaaten treffen die erforderlichen Maßnahmen, um zu gewährleisten, dass bei Anwendung der Steuerbefreiung nach den Absätzen 1 und 2 Steuerhinterziehung, -umgehung oder -missbrauch vorgebeugt wird.
(4) Mitgliedstaaten, die zum 1. Juli 2008 über Tax-free-Verkaufsstellen außerhalb von Flug- oder Seehäfen verfügen, können bis zum 1. Januar 2017 weiterhin eine Steuerbefreiung für verbrauchsteuerpflichtige Waren gewähren, die von diesen Verkaufsstellen abgegeben und im persönlichen Gepäck von Reisenden mitgeführt werden, die sich in ein Drittgebiet oder ein Drittland begeben.
(5) Im Sinne dieses Artikels gelten als
a) „Tax-free-Verkaufsstelle" jede Verkaufsstelle innerhalb eines Flug- oder Seehafens, welche die Bedingungen erfüllt, die von den zuständigen Behörden des Mitgliedstaats, insbesondere in Anwendung des Absatzes 3, festgelegt wurden;
b) „Reisende, die sich in ein Drittgebiet oder ein Drittland begeben" alle Reisenden, die im Besitz eines Flugscheines oder einer Schiffsfahrkarte sind, worin als Endbestimmungsort ein Flug- oder Seehafen in einem Drittgebiet oder Drittland genannt ist.

**Artikel 32**
(1) Die Verbrauchsteuer auf verbrauchsteuerpflichtige Waren, die eine Privatperson für ihren Eigenbedarf erwirbt und selbst von einem Mitgliedstaat in einen anderen befördert, wird nur im Mitgliedstaat des Erwerbs erhoben.
(2) Um festzustellen, ob die verbrauchsteuerpflichtigen Waren nach Absatz 1 für den Eigenbedarf einer Privatperson bestimmt sind, berücksichtigen die Mitgliedstaaten insbesondere folgende Kriterien:
a) die handelsrechtliche Stellung und die Gründe des Besitzers für den Besitz der verbrauchsteuerpflichtigen Waren;
b) den Ort, an dem die verbrauchsteuerpflichtigen Waren sich befinden, oder gegebenenfalls die Art ihrer Beförderung;
c) alle Dokumente, die mit den verbrauchsteuerpflichtigen Waren zusammenhängen;
d) die Art der verbrauchsteuerpflichtigen Waren;
e) die Menge der verbrauchsteuerpflichtigen Waren.

# § 16 EU-Vorgaben

(3) Für die Anwendung von Absatz 2 Buchstabe e können die Mitgliedstaaten Richtmengen festlegen, jedoch nur, um einen Anhaltspunkt zu gewinnen. Diese Richtmengen dürfen folgende Werte nicht unterschreiten:
a) für Tabakwaren:
   - Zigaretten: 800 Stück,
   - Zigarillos (Zigarren mit einem Höchstgewicht von 3 g/Stück): 400 Stück,
   - Zigarren: 200 Stück,
   - Rauchtabak: 1,0 kg;
b) für alkoholische Getränke:
   - Spirituosen: 10 Liter,
   - Zwischenerzeugnisse: 20 Liter,
   - Wein: 90 Liter (davon höchstens 60 Liter Schaumwein),
   - Bier: 110 Liter.

(4) Die Mitgliedstaaten können ferner vorsehen, dass im Verbrauchsmitgliedstaat ein Verbrauchsteueranspruch beim Erwerb von Mineralölen entsteht, die bereits in einem anderen Mitgliedstaat in den steuerrechtlich freien Verkehr überführt worden sind, wenn diese Waren von einer Privatpersonen oder auf deren Rechnung auf atypische Weise befördert worden sind.

Als „atypische Beförderungsarten" im Sinne dieses Absatzes gelten die Beförderung von Kraftstoff in anderen Behältnissen als dem Fahrzeugtank oder einem geeigneten Reservebehälter sowie die Beförderung von flüssigen Heizstoffen auf andere Weise als in Tankwagen, die auf Rechnung eines gewerblichen Unternehmers eingesetzt werden.

### Rechtsprechungsauswahl zu § 16 EnergieStG

**EuGH vom 15.11.2007, C-330/05 (Slg. 2007 I-9871):**
1. Art. 9 Abs. 3 der Richtlinie 92/12/EWG des Rates vom 25. Februar 1992 über das allgemeine System, den Besitz, die Beförderung und die Kontrolle verbrauchsteuerpflichtiger Waren in der durch die Richtlinie 92/108/EWG des Rates vom 14. Dezember 1992 geänderten Fassung erlaubt es nicht, Heizöl generell im Verbrauchsmitgliedstaat der Verbrauchsteuer zu unterwerfen, das in einem anderen Mitgliedstaat von einer Privatperson für ihren Eigenbedarf erworben und von ihr selbst, gleich auf welche Weise, in den Verbrauchsmitgliedstaat befördert worden ist.
2. Die Beförderung von 3 000 l Heizöl durch eine Privatperson mittels dreier sogenannter IBC-Behälter im Laderaum eines Lieferwagens ist eine „atypische Beförderungsart" im Sinne des Art. 9 Abs. 3 der Richtlinie 92/12 in der durch die Richtlinie 92/108 geänderten Fassung.
3. Art. 7 Abs. 4 der Richtlinie 92/12 in der durch die Richtlinie 92/108 geänderten Fassung steht der Regelung eines Bestimmungsmitgliedstaats, in dem, wie es Art. 9 Abs. 3 dieser Richtlinie gestattet, ein Verbrauchsteueranspruch besteht, nicht entgegen, nach der jede Privatperson, die selbst und für ihren Eigenbedarf Heizöl in einem anderen Mitgliedstaat, in dem es in den steuerrechtlich freien Verkehr übergeführt worden ist, erworben hat und so selbst im Sinne des Art. 9 Abs. 3 der Richtlinie in den Bestimmungsmitgliedstaat „auf atypische Weise befördert", verpflichtet ist, im Voraus eine Sicherheit für die Zahlung der Verbrauchsteuern zu leisten sowie ein Begleitdokument und einen Nachweis über die geleistete Sicherheit mitzuführen.

## § 17 Entnahme aus Hauptbehältern

(1) ¹Für Energieerzeugnisse, für die auf Grund der Ausnahmeregelungen des § 15 Abs. 4 Nr. 1 oder Abs. 4 Nr. 3 keine Steuer nach § 15 Abs. 1 oder 2 entstanden ist oder die nach § 16 Abs. 1 in Hauptbehältern von Fahrzeugen unversteuert in das Steuergebiet verbracht worden sind, entsteht die Steuer dadurch, dass sie

1. aus dem Hauptbehälter oder dem Vorratsbehälter ohne technische Notwendigkeit entnommen oder nach der Entnahme abgegeben oder verwendet werden, soweit die Steuer nicht nach § 21 Abs. 1 entsteht,
2. zur stationären Nutzung eines Wasserfahrzeugs als Wohn-, Hotelschiff oder zu ähnlichen Zwecken verwendet werden.

²Steuerschuldner ist, wer eine der genannten Handlungen vornimmt. ³Mehrere Steuerschuldner sind Gesamtschuldner.

(2) ¹Der Steuerschuldner hat für Energieerzeugnisse, für die die Steuer entstanden ist, unverzüglich eine Steuererklärung abzugeben und darin die Steuer selbst zu berechnen (Steueranmeldung). ²Die Steuer ist sofort fällig. ³Das Hauptzollamt kann auf Antrag im Einzelfall abweichende Fristen bestimmen; § 8 Abs. 7 gilt sinngemäß.

### EU-Vorgaben

**RL 2003/96/EG Energiesteuerrichtlinie (Auszug)**
**Artikel 24**

(1) In den steuerrechtlich freien Verkehr eines Mitgliedstaats überführte Energieerzeugnisse, die in den Hauptbehältern von Nutzfahrzeugen enthalten und als Kraftstoff für diese Fahrzeuge bestimmt sind bzw. in Spezialcontainern mitgeführt werden und dem Betrieb der Anlagen, mit denen diese Container ausgestattet sind, während der Beförderung dienen, sind in den anderen Mitgliedstaaten von der Verbrauchsteuer befreit.

(2) Für die Anwendung dieses Artikels gelten als „Hauptbehälter"

– die vom Hersteller für alle Kraftfahrzeuge desselben Typs fest eingebauten Behälter, die die unmittelbare Verwendung des Treibstoffs für den Antrieb der Kraftfahrzeuge und gegebenenfalls für den Betrieb der Kühlanlage oder sonstigen Anlagen während der Beförderung ermöglichen. Als Hauptbehälter gelten auch Gasbehälter in Kraftfahrzeugen, die unmittelbar mit Gas betrieben werden können, sowie die Behälter für sonstige Einrichtungen, mit denen die Fahrzeuge gegebenenfalls ausgerüstet sind;

– die vom Hersteller in alle Container desselben Typs fest eingebauten Behälter, die die unmittelbare Verwendung des Treibstoffs für den Betrieb der Kühlanlage oder sonstiger Anlagen von Spezialcontainern während der Beförderung ermöglichen. „Spezialcontainer" alle Behälter mit Vorrichtungen, die speziell für Systeme der Kühlung, Sauerstoffzufuhr oder Wärmeisolierung oder für andere Systeme geeignet sind.

### Energiesteuer-Durchführungsverordnung
### Zu den §§ 17 und 27 des Gesetzes

**§ 60 Schiff- und Luftfahrt**

*(1) Als Schifffahrt im Sinn des § 27 Absatz 1 des Gesetzes gelten nicht*

*1. die stationäre Nutzung eines Wasserfahrzeugs als Wohnschiff, Hotelschiff oder zu ähnlichen Zwecken,*

*2. der Antrieb von Arbeitsmaschinen, die auf einem schwimmenden Arbeitsgerät fest montiert sind und aufgrund eines eigenen Motors unabhängig vom Antriebsmotor des schwimmenden Arbeitsgeräts betrieben werden.*

*(1a) Als schwimmende Arbeitsgeräte im Sinn des Absatzes 1 Nummer 2 gelten die in der Position 8905 der Kombinierten Nomenklatur erfassten Wasserfahrzeuge und schwimmenden Vorrichtungen mit eigenem motorischen Antrieb zur Fortbewegung.*

## § 17  DV § 60

*(2) Als Wasserfahrzeuge im Sinn des § 17 Absatz 1 Satz 3 Nummer 2 und des § 27 Absatz 1 des Gesetzes gelten alle im Kapitel 89 der Kombinierten Nomenklatur erfassten Fahrzeuge und schwimmenden Vorrichtungen mit eigenem motorischen Antrieb zur Fortbewegung.*

*(3) Private nichtgewerbliche Schifffahrt im Sinne des § 27 Abs. 1 Satz 1 Nr. 1 des Gesetzes ist die Nutzung eines Wasserfahrzeugs durch seinen Eigentümer oder den durch Anmietung oder aus sonstigen Gründen Nutzungsberechtigten zu anderen Zwecken als*

1. *zur gewerbsmäßigen Beförderung von Personen oder Sachen,*
2. *zur gewerbsmäßigen Erbringung von Dienstleistungen, ausgenommen die Nutzung von Wasserfahrzeugen der Position 8903 der Kombinierten Nomenklatur auf Binnengewässern,*
3. *zur Seenotrettung durch Seenotrettungsdienste,*
4. *zu Forschungszwecken,*
5. *zur dienstlichen Nutzung durch Behörden oder*
6. *zur Haupterwerbsfischerei.*

*(4) Private nichtgewerbliche Luftfahrt im Sinne des § 27 Abs. 2 Nr. 1 des Gesetzes ist die Nutzung eines Luftfahrzeugs durch seinen Eigentümer oder den durch Anmietung oder aus sonstigen Gründen Nutzungsberechtigten zu anderen Zwecken als*

1. *zur gewerbsmäßigen Beförderung von Personen oder Sachen durch Luftfahrtunternehmen oder in einem Luftsportgerät,*
2. *zur gewerbsmäßigen Erbringung von Dienstleistungen,*
3. *zur Luftrettung durch Luftrettungsdienste,*
4. *zu Forschungszwecken,*
5. *zur dienstlichen Nutzung durch Behörden.*

*(5) Gewerbsmäßigkeit liegt vor, wenn die mit Luft- oder Wasserfahrzeugen gegen Entgelt ausgeübte Tätigkeit mit Gewinnerzielungsabsicht betrieben wird und der Unternehmer auf eigenes Risiko und eigene Verantwortung handelt.*

*(6) Binnengewässer im Sinn des Absatzes 3 Nummer 2 sind die Binnenwasserstraßen nach § 1 Absatz 1 Nummer 1 des Bundeswasserstraßengesetzes in der Fassung der Bekanntmachung vom 23. Mai 2007 (BGBl. I S. 962; 2008 I S. 1980), das zuletzt durch § 2 der Verordnung vom 27. April 2010 (BGBl. I S. 540) geändert worden ist, in der jeweils geltenden Fassung und die sonstigen im Binnenland gelegenen Gewässer, die für die Schifffahrt geeignet und bestimmt sind, mit Ausnahme*

1. *der Seeschifffahrtsstraßen gemäß § 1 Absatz 1 der Seeschifffahrtsstraßen-Ordnung in der Fassung der Bekanntmachung vom 22. Oktober 1998 (BGBl. I S. 3209; 1999 I S. 193), die zuletzt durch Artikel 1 der Verordnung vom 7. April 2010 (BGBl. I S. 399) geändert worden ist, in der jeweils geltenden Fassung,*
2. *der Ems und der Leda in den Grenzen, die in § 1 Absatz 1 Satz 1 Nummer 2 der Verordnung zur Einführung der Schifffahrtsordnung Emsmündung vom 8. August 1989 (BGBl. I S. 1583), die zuletzt durch Artikel 3 § 17 der Verordnung vom 19. Dezember 2008 (BGBl. I S. 2868; 2010 I S. 380) geändert worden ist, in der jeweils geltenden Fassung genannt werden, und*
3. *der Elbe von Kilometer 607,5 bis Kilometer 639 und des Hamburger Hafens in den Grenzen, die in § 1 Absatz 2 des Hafenverkehrs- und Schifffahrtsgesetzes vom 3. Juli 1979 (Hamburgisches Gesetz- und Verordnungsblatt Teil I Seite 177), das zuletzt durch Artikel 4 des Gesetzes vom 6. Oktober 2005 (Hamburgisches Gesetz- und Verordnungsblatt Teil I Seite 424) geändert worden ist, in der jeweils geltenden Fassung genannt werden.*

*(7) Die Verwendung von steuerfreien Energieerzeugnissen in Luftfahrzeugen für die Luftfahrt mit Ausnahme der privaten nichtgewerblichen Luftfahrt und in Wasserfahrzeugen für die Schifffahrt mit Ausnahme der privaten nichtgewerblichen Schifffahrt wird vorbehaltlich des § 61 nur erlaubt, wenn diese ausschließlich zu steuerfreien Zwecken nach § 27 des Gesetzes eingesetzt werden.*

*(8) Die Verwendung von steuerfreien Energieerzeugnissen in den Fällen des § 27 Abs. 2 Nr. 2 und 3 und Abs. 3 des Gesetzes wird nur erlaubt, wenn die Energieerzeugnisse in Instandhaltungs-, Entwicklungs- und Herstellungsbetrieben verwendet werden, die vom Luftfahrt-Bundesamt, von der zuständigen Europäischen Agentur für Flugsicherheit oder vom Bundesamt für Wehrtechnik und Beschaffung genehmigt worden sind.*

**§ 61 Versteuerung von Energieerzeugnissen in Wasserfahrzeugen**

*(1) ¹Inhaber von Erlaubnissen zur steuerfreien Verwendung von Energieerzeugnissen nach § 27 Absatz 1 des Gesetzes dürfen die Energieerzeugnisse unter Versteuerung nach dem jeweils zutreffenden Steuersatz des § 2 des Gesetzes*

1. *in Wasserfahrzeugen verwenden, die vorübergehend stationär als Wohnschiff, Hotelschiff oder zu ähnlichen Zwecken genutzt werden,*
2. *zum Antrieb von Arbeitsmaschinen verwenden, die auf einem schwimmenden Arbeitsgerät nach § 60 Absatz 1a fest montiert sind und aufgrund eines eigenen Motors unabhängig vom Antriebsmotor des schwimmenden Arbeitsgeräts betrieben werden.*

*²Der Erlaubnisinhaber hat dem zuständigen Hauptzollamt die Verwendung der Energieerzeugnisse zu den nicht steuerfreien Zwecken unverzüglich anzuzeigen. ³Das Bundesministerium der Finanzen kann im Verwaltungswege eine Frist für die Abgabe der Anzeige bestimmen.*

*(2) In begründeten Ausnahmefällen kann das Hauptzollamt auf Antrag zulassen, dass Inhaber von Erlaubnissen zur steuerfreien Verwendung von Energieerzeugnissen nach § 27 Abs. 1 des Gesetzes die Energieerzeugnisse unter Versteuerung nach dem jeweils zutreffenden Steuersatz des § 2 des Gesetzes zu nicht steuerfreien Zwecken verwenden.*

*(3) ¹Die Steuer entsteht in den Fällen der Absätze 1 und 2 mit der Verwendung der Energieerzeugnisse zu den nicht steuerfreien Zwecken. ²Steuerschuldner ist der Erlaubnisinhaber.*

*(4) ¹Der Steuerschuldner hat für Energieerzeugnisse, für die die Steuer entstanden ist, eine Steuererklärung abzugeben und darin die Steuer selbst zu berechnen (Steueranmeldung). ²Den Zeitraum, für den die Steuererklärung abzugeben ist, die Frist für die Abgabe der Steuererklärung und den Zeitpunkt der Fälligkeit der Steuer bestimmt das Hauptzollamt. ³Wird die Anzeige nach Absatz 1 Satz 2 nicht oder nicht rechtzeitig erstattet, ist die Steueranmeldung unverzüglich abzugeben und die Steuer sofort fällig.*

## *Bundeswasserstraßengesetz (Auszug)*

**§ 1 Binnenwasserstraßen, Seewasserstraßen**

(1) Bundeswasserstraßen nach diesem Gesetz sind

1. die Binnenwasserstraßen des Bundes, die dem allgemeinen Verkehr dienen; als solche gelten die in der Anlage 1 aufgeführten Wasserstraßen; dazu gehören auch alle Gewässerteile, die
    a) mit der Bundeswasserstraße in ihrem Erscheinungsbild als natürliche Einheit anzusehen sind,
    b) mit der Bundeswasserstraße durch einen Wasserzu- oder -abfluss in Verbindung stehen,
    c) einen Schiffsverkehr mit der Bundeswasserstraße zulassen und
    d) im Eigentum des Bundes stehen.
2. die Seewasserstraßen.

(2) Seewasserstraßen sind die Flächen zwischen der Küstenlinie bei mittlerem Hochwasser oder der seewärtigen Begrenzung der Binnenwasserstraßen und der seewärtigen Begrenzung des Küstenmeeres. Zu den Seewasserstraßen gehören nicht die Hafeneinfahrten, die von Leitdämmen oder Molen ein- oder beidseitig begrenzt sind, die Außentiefs, die Küstenschutz-, Entwässerungs-, Landgewinnungsbauwerke, Badeanlagen und der trockenfallende Badestrand.

(3) Soweit die Erfüllung der Verwaltungsaufgaben des Bundes nicht beeinträchtigt wird, kann das jeweilige Land das Eigentum des Bundes an den Seewasserstraßen und an den angrenzenden Mündungstrichtern der Binnenwasserstraßen unentgeltlich nutzen,

1. wenn die Nutzung öffentlichen Interessen dient, insbesondere zur Landgewinnung, Boden- und Wasserentnahme, Errichtung von Hafenanlagen, zu Maßnahmen für den Küstenschutz und für den Wasserabfluss sowie für die Durchführung des Badebetriebes,
2. zur Ausübung des Jagdrechts, der Muschelfischerei, der Schillgewinnung, der Landwirtschaft sowie der aus dem Eigentum sich ergebenden Befugnisse zur Nutzung von Bodenschätzen.

Das Land wird Eigentümer der nach Nummer 1 gewonnenen Land- und Hafenflächen und errichteten Bauwerke. Es kann die Nutzungsbefugnisse nach Nummer 1 und 2 im Einzelfall auf einen Dritten übertragen. Rechte Dritter bleiben unberührt.

(4) Zu den Bundeswasserstraßen gehören auch

1. die bundeseigenen Schifffahrtsanlagen, besonders Schleusen, Schiffshebewerke, Wehre, Schutz-, Liege- und Bauhäfen sowie bundeseigene Talsperren, Speicherbecken und andere Speisungs- und Entlastungsanlagen,

## § 17

2. die ihrer Unterhaltung dienenden bundeseigenen Ufergrundstücke, Bauhöfe und Werkstätten,
3. bundeseigene Einrichtungen oder Gewässerteile, die der Erhaltung oder Wiederherstellung der Durchgängigkeit bei Stauanlagen, die von der Wasser- und Schifffahrtsverwaltung des Bundes errichtet oder betrieben werden, dienen.

(5) Das Bundesministerium für Verkehr, Bau und Stadtentwicklung wird vorbehaltlich des § 2 ermächtigt, die Anlage 1 durch Rechtsverordnung mit Zustimmung des Bundesrates so zu ändern, dass dort aufgeführte Bundeswasserstraßen ganz oder teilweise zusammengefasst oder getrennt, Bezeichnungen für sie festgesetzt oder geändert werden.

### *Seeschifffahrtstraßen-Ordnung (Auszug)*

### § 1 Geltungsbereich

(1) Die Verordnung gilt auf den Seeschiffahrtsstraßen mit Ausnahme der Emsmündung, die im Osten durch eine Verbindungslinie zwischen dem Pilsumer Watt (53 Grad 29' 08" N; 07 Grad 01' 52" O), Borkum (53 Grad 34' 06" N; 06 Grad 45' 31" O) und dem Schnittpunkt der Koordinaten 53 Grad 39' 35" N; 06 Grad 35' 00" O begrenzt wird. Seeschiffahrtsstraßen im Sinne dieser Verordnung sind

1. die Wasserflächen zwischen der Küstenlinie bei mittlerem Hochwasser oder der seewärtigen Begrenzung der Binnenwasserstraßen und einer Linie von drei Seemeilen Abstand seewärts der Basislinie,
2. die durchgehend durch Sichtzeichen B.11 der Anlage 1 begrenzten Wasserflächen der seewärtigen Teile der Fahrwasser im Küstenmeer. Darüber hinaus sind Seeschiffahrtsstraßen im Sinne dieser Verordnung die Wasserflächen zwischen den Ufern der nachstehend bezeichneten Teile der angrenzenden Binnenwasserstraßen:
3. Weser bis zur Nordwestkante der Eisenbahnbrücke in Bremen mit den Nebenarmen Schweiburg, Rechter Nebenarm, Rekumer Loch;
4. Lesum und Wümme bis zur Ostkante der Franzosenbrücke in Borgfeld;
5. Hunte bis zum Hafen Oldenburg einerseits und bis 140 Meter unterhalb der Amalienbrücke in Oldenburg andererseits;
6. Elbe bis zur unteren Grenze des Hamburger Hafens bei km 638,98 rechtes Ufer (Tinsdal) und km 633,35 linkes Ufer (Finkenwerder) mit der Wischhafener Süderelbe (von km 8,03 bis zur Mündung in die Elbe), dem Ruthenstrom (von km 3,75 bis zur Mündung in die Elbe) und der Bützflether Süderelbe (von km 0,69 bis zur Mündung in die Elbe);
7. Oste bis 210 m oberhalb der Achse der Straßenbrücke über das Ostesperrwerk (km 69,360);
8. Freiburger Hafenpriel bis zur Ostkante der Deichschleuse in Freiburg an der Elbe;
9. Schwinge bis zur Nordkante der Salztorschleuse in Stade;
10. Lühe bis zum Unterwasser der Au-Mühle in Horneburg;
11. Este bis zum Unterwasser der Schleuse Buxtehude;
12. Stör bis 46 m oberhalb des Pegel Rensing;
13. Krückau bis zur Südwestkante der im Verlauf der Straße Wedenkamp liegenden Straßenbrücke in Elmshorn;
14. Pinnau bis zur Westkante der im Verlauf der Elmshorner Straße liegenden Straßenbrücke in Pinneberg;
15. Eider bis Rendsburg und Sorge bis zur Südwestkante der im Verlauf der Bundesstraße 202 liegenden Straßenbrücke an der Sandschleuse;
16. Gieselaukanal;
17. Nord-Ostsee-Kanal – einschließlich Audorfer See und Schirnauer See – von der Verbindungslinie zwischen den Molenköpfen in Brunsbüttel bis zu der Verbindungslinie zwischen den Einfahrtsfeuern in Kiel-Holtenau mit Borgstedter See mit Enge, Flemhuder See und Achterwehrer Schiffahrtskanal;
18. Trave bis zur Nordwestkante der Eisenbahnhubbrücke in Lübeck mit Pötenitzer Wiek und Dassower See;
19. Warnow bis zur Südkante der Eisenbahnbrücke Rostock-Stralsund;
20. Ryck bis zur Ostkante der Steinbecker-Brücke in Greifswald;
21. Uecker bis zur Südwestkante der Straßenbrücke in Ueckermünde.

## § 17

(2) Auf den Wasserflächen zwischen der seewärtigen Begrenzung im Sinne des Absatzes 1 Satz 2 und der seewärtigen Begrenzung des Küstenmeeres sind lediglich § 2 Abs. 1 Nr. 3, Nr. 13 Buchstabe b, Nr. 22 bis 25 und 27, die §§ 3, 4, 5, 7 und § 32 Abs. 3, § 35 Abs. 1 und 2 sowie die §§ 55 bis 61 anzuwenden.

(3) Die Verordnung gilt im Bereich der Seeschiffahrtsstraßen, auch auf den bundeseigenen Schiffahrtsanlagen, den dem Verkehr auf den Bundeswasserstraßen dienenden Grundstücken und in den öffentlichen bundeseigenen Häfen.

(4) Im Geltungsbereich dieser Verordnung gelten die Internationalen Regeln von 1972 zur Verhütung von Zusammenstößen auf See - Kollisionsverhütungsregeln (Anlage zu § 1 der Verordnung zu den Internationalen Regeln von 1972 zur Verhütung von Zusammenstößen auf See vom 13. Juni 1977 – (BGBl. I S. 813), zuletzt geändert durch Artikel 4 Nr. 6 der Verordnung vom 7. Dezember 1994 (BGBl. I S. 3744), in der jeweils für die Bundesrepublik Deutschland geltenden Fassung, soweit diese Verordnung nicht ausdrücklich etwas anderes bestimmt.

(5) Die Wasserflächen und Seegebiete, die vom Geltungsbereich dieser Verordnung (§ 1 Abs. 1 bis 3) erfaßt werden, sind aus der als Anlage III zu dieser Verordnung beigefügten Karte ersichtlich.

### *Verordnung zur Einführung der Schiffahrtsordnung Emsmündung (Auszug)*

**§ 1 Anwendungsbereich**

(1) Diese Verordnung sowie die Schiffahrtsordnung Emsmündung (Anlage A zu dem deutsch-niederländischen Abkommen vom 22. Dezember 1986 über die Schiffahrtsordnung in der Emsmündung – BGBl. 1987 II S. 141, 144 geändert durch das deutsch-niederländische Abkommen vom 5. April 2001 – BGBl. 2001 II S. 1050) finden Anwendung

1. auf den Wasserflächen in der Emsmündung, die begrenzt werden durch die Küstenlinie bei mittlerem Hochwasser oder die seewärtige Begrenzung der Binnenwasserstraßen, die seewärtige Begrenzung des Küstenmeeres sowie im Osten durch die Verbindungslinie zwischen dem Pilsumer Watt (53 Grad 29' 08" N; 07 Grad 01' 52" O), Borkum (53 Grad 34' 06" N; 06 Grad 45' 31" O) und dem Schnittpunkt mit der seewärtigen Begrenzung des Küstenmeeres (53 Grad 40' 12" N; 06 Grad 35' 00" O),
2. zwischen den Ufern der nachstehend bezeichneten Teile der angrenzenden Binnenwasserstraßen:
   a) Ems bis zu der bei der Hafeneinfahrt nach Papenburg über die Ems gehenden Verbindungslinie zwischen dem Diemer Schöpfwerk und dem Deichdurchlaß bei Halte;
   b) Leda bis zur Einfahrt in den Vorhafen der Seeschleuse von Leer.

Diese Wasserflächen sind Seeschiffahrtsstraßen.

(2) Diese Verordnung und die Schiffahrtsordnung Emsmündung finden ferner auf den bundeseigenen Schiffahrtsanlagen, den dem Verkehr auf den Bundeswasserstraßen dienenden Grundstücken und im Schutz- und Sicherheitshafen Borkum Anwendung.

(3) Soweit diese Verordnung und die Schiffahrtsordnung Emsmündung nicht ausdrücklich etwas anderes bestimmen, finden in deren Anwendungsbereich auch die Internationalen Regeln von 1972 zur Verhütung von Zusammenstößen auf See (Anlage zur Verordnung vom 13. Juni 1977 – BGBl. I S. 813, 816) in der jeweils für die Bundesrepublik Deutschland geltenden Fassung, im folgenden als Internationale Regeln bezeichnet, Anwendung.

### *Hafenverkehrs- und Schiffahrtsgesetz (Auszug)*

**§ 1 Geltungsgebiet**

(1) Die Vorschriften dieses Gesetzes und der auf Grund dieses Gesetzes erlassenen Rechtsverordnungen gelten im Hamburger Hafen. 2 Soweit nichts anderes bestimmt ist, gelten sie außerdem in den Randgebieten: auf der Alster und ihren Kanälen und Fleeten unterhalb der Hasenbergbrücke, auf der Bille und ihren Kanälen unterhalb des Billeschöpfwerkes, auf der Dove Elbe (Bezirk Bergedorf), der Gose Elbe, dem Neuen Schleusengraben, dem Schleusengraben bis zum Serrahnwehr und in den Häfen Oortkaten und Zollenspieker.

(2) Zum Hamburger Hafen im Sinne dieses Gesetzes gehören alle Elbarme und die mit ihnen in Verbindung stehenden Gewässer zwischen einer bei Oortkaten (km 607,5) quer über die Elbe verlaufenden Linie und der von Tinsdal (km 639) nach Cranz über die Elbe führenden hamburgischen Landesgrenze mit Ausnahme

1. der in Absatz 1 Satz 2 genannten Gewässer oberhalb der sie gegen die Elbe abgrenzenden Schleusen und Sperrwerke,

## § 17

2. der Este,
3. der Wasserfläche zwischen dem südlichen Elbufer bei Cranz und der Südgrenze des Finkenwerder Dreiecks sowie der anschließenden südlichen Regulierungslinie des Hauptfahrwassers bis zur Landesgrenze,
4. des Hafens Bullenhausen.

(3) Die genauen Grenzen der in den Absätzen 1 und 2 genannten Gebiete sind aus der Anlage ersichtlich.

(4) Unter die Vorschriften dieses Gesetzes fallen ferner Landungsanlagen und ihre Zugangsbrücken, öffentliche Lösch- und Ladeplätze, gekennzeichnete Bereitstellungsplätze für gefährliche Güter, Uferbefestigungen und Kaimauern sowie die angrenzenden Landflächen mit den darauf befindlichen baulichen Anlagen, die der Abfertigung von Fahrzeugen oder dem Umschlag dienen.

### Rechtsprechungsauswahl zu § 17 EnergieStG

**BFH vom 06.09.2007, VII B 296/06 (BFH/NV 2008 S. 115):** Die Steuer entsteht auch, wenn das aus dem steuerrechtlich freien Verkehr eines anderen Mitgliedstaats in das Steuergebiet verbrachte Mineralöl aus dem Tank des Fahrzeugs entnommen und zum Antrieb eines anderen Fahrzeugs verwendet wird.

# § 18 Versandhandel

**(1)** [1]Versandhandel betreibt, wer Energieerzeugnisse im Sinn des § 4 aus dem steuerrechtlich freien Verkehr des Mitgliedstaats, in dem er seinen Sitz hat, an Privatpersonen in anderen Mitgliedstaaten liefert und den Versand der Energieerzeugnisse an den Erwerber selbst durchführt oder durch andere durchführen lässt (Versandhändler). [2]Als Privatpersonen gelten alle Erwerber, die sich gegenüber dem Versandhändler nicht als Abnehmer ausweisen, deren innergemeinschaftliche Erwerbe nach den Vorschriften des Umsatzsteuergesetzes der Umsatzsteuer unterliegen.

**(2)** Werden Energieerzeugnisse nach Absatz 1 durch einen Versandhändler mit Sitz in einem anderen Mitgliedstaat in das Steuergebiet geliefert, entsteht die Steuer mit der Auslieferung der Energieerzeugnisse an die Privatperson im Steuergebiet.

**(2a)** § 8 Absatz 1a gilt entsprechend.

**(3)** [1]Wer als Versandhändler Energieerzeugnisse in das Steuergebiet liefern will, hat dies vorher anzuzeigen und eine im Steuergebiet ansässige Person als Beauftragten zu benennen. [2]Die Anzeige und die Benennung haben gegenüber dem für den Beauftragten zuständigen Hauptzollamt zu erfolgen. [3]Der Beauftragte bedarf der Erlaubnis. [4]Sie wird auf Antrag unter Widerrufsvorbehalt Personen erteilt, gegen deren steuerliche Zuverlässigkeit keine Bedenken bestehen und die – soweit nach dem Handelsgesetzbuch oder der Abgabenordnung dazu verpflichtet – ordnungsmäßig kaufmännische Bücher führen und rechtzeitig Jahresabschlüsse aufstellen. [5]Der Beauftragte hat dem Hauptzollamt jede Lieferung unter Angabe der für die Versteuerung maßgebenden Merkmale vorher anzuzeigen und für die entstehende Steuer Sicherheit zu leisten sowie Aufzeichnungen über die Lieferungen des Versandhändlers in das Steuergebiet zu führen.

**(4)** [1]Steuerschuldner ist der Beauftragte. [2]Er hat für Energieerzeugnisse, für die die Steuer entstanden ist, unverzüglich eine Steuererklärung abzugeben und darin die Steuer selbst zu berechnen (Steueranmeldung). [3]Die Steuer ist am 25. Tag des auf die Entstehung der Steuer folgenden Monats fällig. [4]Werden Energieerzeugnisse nicht nur gelegentlich im Versandhandel geliefert, kann das Hauptzollamt auf Antrag des Beauftragten zulassen, dass der Beauftragte abweichend von Satz 2 die Steueranmeldung für Energieerzeugnisse, für die die Steuer in einem Monat entstanden ist, bis zum 15. Tag des auf die Entstehung der Steuer folgenden Monats abgibt, und dass die fristgerechte Abgabe der Steueranmeldung der Anzeige nach Absatz 3 Satz 5 gleichsteht. [5]Voraussetzung dafür ist, dass der Beauftragte Sicherheit in Höhe der während eines Monats entstehenden Steuer leistet. [6]Wird das Verfahren nach Absatz 3 nicht eingehalten, ist der Versandhändler Steuerschuldner. [7]Er hat unverzüglich eine Steueranmeldung abzugeben. [8]Die Steuer ist sofort fällig.

**(5)** Die Erlaubnis des Beauftragten ist zu widerrufen, wenn eine der in Absatz 3 Satz 4 und 5 genannten Voraussetzungen nicht mehr erfüllt ist oder eine geleistete Sicherheit nicht mehr ausreicht.

**(6)** [1]Wer als Versandhändler mit Sitz im Steuergebiet Energieerzeugnisse des steuerrechtlich freien Verkehrs in einen anderen Mitgliedstaat liefern will, hat dies vorher dem zuständigen Hauptzollamt anzuzeigen. [2]Er hat Aufzeichnungen über die gelieferten Energieerzeugnisse zu führen und die von dem Mitgliedstaat geforderten Voraussetzungen für die Lieferung zu erfüllen.

*EU-Vorgaben*

RL 2008/118/EG Systemrichtlinie (Auszug)
**Artikel 18**

(1) Die zuständigen Behörden des Abgangsmitgliedstaats verlangen unter von ihnen festgelegten Bedingungen, dass die mit der Beförderung verbrauchsteuerpflichtiger Waren unter Steueraussetzung verbundenen Risiken durch eine Sicherheit abgedeckt werden, die von dem zugelassenen Lagerinhaber als Versender oder dem registrierten Versender zu leisten ist.

(2) Abweichend von Absatz 1 können die zuständigen Behörden des Abgangsmitgliedstaats unter den von ihnen festgesetzten Bedingungen gestatten, dass die in Absatz 1 genannte Sicherheit von dem Be-

förderer, dem Eigentümer der verbrauchsteuerpflichtigen Waren, dem Empfänger oder gemeinsam von zwei oder mehreren dieser Personen und den in Absatz 1 genannten Personen geleistet wird.

(3) Die Sicherheitsleistung ist für die gesamte Gemeinschaft gültig. Ihre Einzelheiten werden von den Mitgliedstaaten geregelt.

(4) Der Abgangsmitgliedstaat kann bei folgenden Beförderungen verbrauchsteuerpflichtiger Waren in einem Verfahren der Steueraussetzung auf die Sicherheitsleistung verzichten:
a) Beförderungen, die ausschließlich in seinem Gebiet erfolgen;
b) Beförderungen von Energieerzeugnissen innerhalb der Gemeinschaft auf dem Seeweg oder durch feste Rohrleitungen, wenn die anderen betroffenen Mitgliedstaaten dem zustimmen.

*Energiesteuer-Durchführungsverordnung*

Zu § 18 des Gesetzes

§ 42  Versandhandel, Beauftragter

*(1) Die Anzeige nach § 18 Absatz 3 Satz 1 des Gesetzes ist nach amtlich vorgeschriebenem Vordruck bei dem für den Beauftragten zuständigen Hauptzollamt zu erstatten.*

*(2) [1]Der Beauftragte des Versandhändlers hat die Erlaubnis nach § 18 Absatz 3 Satz 3 des Gesetzes nach amtlich vorgeschriebenem Vordruck vor Aufnahme seiner Tätigkeit bei dem für ihn zuständigen Hauptzollamt zu beantragen. [2]Dem Antrag ist von Unternehmen, die in das Handels-, Genossenschafts- oder Vereinsregister eingetragen sind, ein aktueller Registerauszug beizufügen. [3]Der Antragsteller hat auf Verlangen des Hauptzollamts weitere Angaben zu machen, wenn diese zur Sicherung des Steueraufkommens oder für die Steueraufsicht erforderlich erscheinen.*

*(3) [1]Das Hauptzollamt erteilt dem Beauftragten des Versandhändlers schriftlich die Erlaubnis, wenn der Beauftragte Sicherheit nach § 18 Absatz 3 Satz 5 oder Absatz 4 Satz 5 des Gesetzes geleistet hat. [2]Für die Sicherheitsleistung gilt § 29, für das Erlöschen der Erlaubnis gilt § 14 Absatz 2 und 4 sinngemäß. [3]Die Erlaubnis kann mit Nebenbestimmungen nach § 120 Absatz 2 der Abgabenordnung verbunden werden.*

*(4) [1]Der Beauftragte hat ein Belegheft zu führen. [2]Er hat in den Anzeigen nach § 18 Absatz 3 Satz 5 des Gesetzes die Art der Energieerzeugnisse nach der Bezeichnung im Gesetz, den voraussichtlichen Lieferumfang und, soweit sie zum Zeitpunkt der Anzeige bereits bekannt sind, Name und Anschrift des Empfängers oder der Empfänger sowie den Tag der jeweiligen Lieferung anzugeben. [3]Das Hauptzollamt kann dazu sowie zu den vom Beauftragten zu führenden Aufzeichnungen weitere Anordnungen treffen. [4]Der Beauftragte hat dem Hauptzollamt Änderungen der die Erlaubnis betreffenden Verhältnisse unverzüglich schriftlich anzuzeigen.*

# § 18a

**§ 18a Unregelmäßigkeiten während der Beförderung im steuerrechtlich freien Verkehr**

(1) ¹Tritt während der Beförderung von Energieerzeugnissen nach § 15 Absatz 1 und 2 oder § 18 Absatz 2 im Steuergebiet eine Unregelmäßigkeit ein, entsteht die Steuer, es sei denn, die Energieerzeugnisse sind nachweislich an Personen im Steuergebiet abgegeben worden, die zum Bezug von steuerfreien Energieerzeugnissen berechtigt sind. ²Dies gilt auch, wenn während der Beförderung im Steuergebiet eine Unregelmäßigkeit festgestellt wurde, ohne dass sich der Ort, an dem sie begangen wurde, bestimmen lässt.

(2) Als Unregelmäßigkeit gilt ein während der Beförderung eintretender Fall, mit Ausnahme der in § 8 Absatz 1a geregelten Fälle, auf Grund dessen die Beförderung oder ein Teil der Beförderung nicht ordnungsgemäß beendet werden kann.

(3) ¹Steuerschuldner ist derjenige, der die Sicherheit nach § 15 Absatz 3 oder § 18 Absatz 3 Satz 5 geleistet hat und im Fall des § 15 Absatz 2 Satz 2 die Person, die die Energieerzeugnisse in Besitz hält. ²Der Steuerschuldner hat für Energieerzeugnisse, für die die Steuer entstanden ist, unverzüglich eine Steueranmeldung abzugeben. ³Die Steuer ist sofort fällig.

(4) Wird im Fall des Absatzes 1 Satz 2 vor Ablauf einer Frist von drei Jahren nach Beginn der Beförderung der Energieerzeugnisse der Ort der Unregelmäßigkeit festgestellt und liegt dieser in einem anderen Mitgliedstaat, wird die nach Absatz 3 erhobene Steuer auf Antrag des Steuerschuldners erlassen oder erstattet, wenn er den Nachweis über die Entrichtung der Steuer in diesem Mitgliedstaat vorlegt.

*EU-Vorgaben*

**RL 2008/118/EG Systemrichtlinie (Auszug)**
**Artikel 38**

(1) Wurde während der Beförderung verbrauchsteuerpflichtiger Waren gemäß Artikel 33 Absatz 1 oder Artikel 36 Absatz 1 in einem Mitgliedstaat, der nicht der Mitgliedstaat ist, in dem die Waren in den steuerrechtlich freien Verkehr überführt wurden, eine Unregelmäßigkeit begangen, so unterliegen diese Waren der Verbrauchsteuer, die in dem Mitgliedstaat anfällt, in dem die Unregelmäßigkeit eingetreten ist.

(2) Wurde während der Beförderung verbrauchsteuerpflichtiger Waren gemäß Artikel 33 Absatz 1 oder Artikel 36 Absatz 1 in einem Mitgliedstaat, der nicht der Mitgliedstaat ist, in dem die Waren in den steuerrechtlich freien Verkehr überführt wurden, eine Unregelmäßigkeit festgestellt und lässt sich der Ort, an dem sie begangen wurde, nicht feststellen, so gilt die Unregelmäßigkeit als in dem Mitgliedstaat begangen, in dem sie entdeckt wurde, und die Verbrauchsteuer ist in diesem Mitgliedstaat zu entrichten.

Lässt sich jedoch vor Ablauf einer Frist von drei Jahren ab dem Zeitpunkt des Erwerbs der verbrauchsteuerpflichtigen Waren bestimmen, in welchem Mitgliedstaat die Unregelmäßigkeit tatsächlich begangen wurde, so findet Absatz 1 Anwendung.

(3) Steuerschuldner ist die Person, die nach Artikel 34 Absatz 2 Buchstabe a oder Artikel 36 Absatz 4 Buchstabe a die Sicherheit für die Entrichtung der Steuer geleistet hat, und jede Person, die an der Unregelmäßigkeit beteiligt war.

Die zuständigen Behörden des Mitgliedstaats, in dem die verbrauchsteuerpflichtigen Waren in den steuerrechtlich freien Verkehr überführt wurden, erstatten oder erlassen auf Antrag die Verbrauchsteuer, wenn diese in dem Mitgliedstaat erhoben wurde, in dem die Unregelmäßigkeit begangen oder entdeckt wurde. Die zuständigen Behörden des Bestimmungsmitgliedstaats geben die Sicherheitsleistung nach Artikel 34 Absatz 2 Buchstabe a oder Artikel 36 Absatz 4 Buchstabe a frei.

(4) Als „Unregelmäßigkeit" im Sinne des vorliegenden Artikels gilt ein während einer Beförderung verbrauchsteuerpflichtiger Waren nach Artikel 33 Absatz 1 oder Artikel 36 Absatz 1 eintretender Fall, der nicht durch Artikel 37 abgedeckt ist, aufgrund dessen eine Beförderung oder ein Teil einer Beförderung verbrauchsteuerpflichtiger Waren nicht ordnungsgemäß beendet wurde.

## § 18a    DV § 42a

***Energiesteuer-Durchführungsverordnung***

**Zu § 18a des Gesetzes**

**§ 42a Unregelmäßigkeiten während der Beförderung von Energieerzeugnissen des steuerrechtlich freien Verkehrs anderer Mitgliedstaaten**

[1]*Stellt der Empfänger der Energieerzeugnisse Abweichungen gegenüber den Angaben im vereinfachten Begleitdokument fest, hat er dies dem für ihn zuständigen Hauptzollamt unverzüglich schriftlich anzuzeigen.* [2]*§ 37a Absatz 1 gilt entsprechend.*

**Abschnitt 2a Einfuhr von Energieerzeugnissen aus Drittländern oder Drittgebieten**

**§ 19 Einfuhr**

(1) Einfuhr ist

1. der Eingang von Energieerzeugnissen aus Drittländern oder Drittgebieten in das Steuergebiet, es sei denn, die Energieerzeugnisse befinden sich beim Eingang in einem zollrechtlichen Nichterhebungsverfahren;
2. die Entnahme von Energieerzeugnissen aus einem zollrechtlichen Nichterhebungsverfahren im Steuergebiet, es sei denn, es schließt sich ein weiteres zollrechtliches Nichterhebungsverfahren an.

(2) Zollrechtliche Nichterhebungsverfahren sind

1. beim Eingang von Energieerzeugnissen im zollrechtlichen Status als Nichtgemeinschaftswaren aus Drittländern und Drittgebieten:

    a) die nach Titel III Kapitel 1 bis 4 des Zollkodex vorgesehenen besonderen Verfahren der Zollüberwachung beim Eingang in das Zollgebiet der Gemeinschaft,

    b) die vorübergehende Verwahrung nach Titel III Kapitel 5 des Zollkodex,

    c) die Verfahren in Freizonen oder Freilagern nach Titel IV Kapitel 3 Abschnitt 1 des Zollkodex,

    d) alle in Artikel 84 Absatz 1 Buchstabe a des Zollkodex genannten Verfahren,

    e) das nationale Zollverfahren der Truppenverwendung nach § 2 des Truppenzollgesetzes vom 19. Mai 2009 (BGBl. I S. 1090) in der jeweils geltenden Fassung,

    und die dazu ergangenen Vorschriften;

2. beim Eingang von Energieerzeugnissen im zollrechtlichen Status als Gemeinschaftswaren aus Drittgebieten in sinngemäßer Anwendung die nach Titel III Kapitel 1 bis 4 des Zollkodex vorgesehenen besonderen Verfahren der Zollüberwachung beim Eingang in das Zollgebiet der Gemeinschaft.

*EU-Vorgaben*

**RL 2008/118/EG Systemrichtlinie (Auszug)**
**Artikel 2**

Verbrauchsteuerpflichtige Waren werden verbrauchsteuerpflichtig mit

a) ihrer Herstellung, gegebenenfalls einschließlich ihrer Förderung, innerhalb des Gebiets der Gemeinschaft;

b) ihrer Einfuhr in das Gebiet der Gemeinschaft.

**Artikel 3**

(1) Auf den Eingang verbrauchsteuerpflichtiger Waren aus einem der in Artikel 5 Absatz 2 aufgeführten Gebiete in die Gemeinschaft sind die in den gemeinschaftlichen zollrechtlichen Vorschriften vorgesehenen Formalitäten für den Eingang von Waren in das Zollgebiet der Gemeinschaft entsprechend anzuwenden.

(2) Auf den Ausgang verbrauchsteuerpflichtiger Waren aus der Gemeinschaft in eines der in Artikel 5 Absatz 2 aufgeführten Gebiete sind die in den gemeinschaftlichen zollrechtlichen Vorschriften vorgesehenen Formalitäten für den Ausgang von Waren aus dem Zollgebiet der Gemeinschaft entsprechend anzuwenden.

(3) In Abweichung von den Absätzen 1 und 2 wird Finnland ermächtigt, auf Beförderungen verbrauchsteuerpflichtiger Waren zwischen seinem Gebiet gemäß der Definition in Artikel 4 Ziffer 2 und den in Artikel 5 Absatz 2 Buchstabe c genannten Gebieten dieselben Verfahren anzuwenden wie auf Beförderungen innerhalb seines Gebiets gemäß der Definition in Artikel 4 Ziffer 2.

(4) Die Kapitel III und IV gelten nicht für verbrauchsteuerpflichtige Waren, die einem zollrechtlichen Nichterhebungsverfahren unterliegen.

# § 19 DV § 43

## Energiesteuer-Durchführungsverordnung

### Zu den §§ 19 bis 19b des Gesetzes

**§ 43 Einfuhr von Energieerzeugnissen aus Drittländern und Drittgebieten**

¹Energieerzeugnisse aus Drittländern und Drittgebieten sind in den Fällen des § 19b Absatz 3 des Gesetzes nach den Zollvorschriften mit den für die Besteuerung maßgeblichen Merkmalen anzumelden. ²Die Steuererklärung ist in der Zollanmeldung oder nach amtlich vorgeschriebenem Vordruck abzugeben.

### Zollkodex (Auszug)

**Artikel 84**

(1) Im Sinne der Artikel 85 bis 90

a) bezeichnet der Ausdruck „Nichterhebungsverfahren" im Falle von Nichtgemeinschaftswaren nachstehende Zollverfahren:
 – das Versandverfahren;
 – das Zollagerverfahren;
 – die aktive Veredelung nach dem Nichterhebungsverfahren;
 – die Umwandlung unter zollamtlicher Überwachung;
 – die vorübergehende Verwendung;

b) bezeichnet der Ausdruck „Zollverfahren mit wirtschaftlicher Bedeutung" folgende Zollverfahren:
 – das Zollagerverfahren;
 – die aktive Veredelung;
 – die Umwandlung unter zollamtlicher Überwachung;
 – die vorübergehende Verwendung;
 – die passive Veredelung.

(2) Einfuhrwaren sind Waren, die in ein Nichterhebungsverfahren übergeführt worden sind, sowie Waren, für die im Verfahren der Zollrückvergütung die Förmlichkeiten für die Überführung in den zollrechtlich freien Verkehr und die Förmlichkeiten nach Artikel 125 erfüllt worden sind.

(3) Unveränderte Waren sind Einfuhrwaren, die im Rahmen des aktiven Veredelungsverkehrs oder der Umwandlung unter zollamtlicher Überwachung keinerlei Veredelungs- oder Umwandlungsvorgängen unterzogen worden sind.

### Truppenzollgesetz (Auszug)

**§ 2 Grundsatz, Geltungsbereich, Truppenverwendung**

(1) Dieses Gesetz dient der Ausführung der zoll- und umsatzsteuerlichen Bestimmungen des NATO-Truppenstatuts, des Zusatzabkommens, des Hauptquartierprotokolls, des Ergänzungsabkommens, des Statusübereinkommens und des Unterzeichnungsprotokolls sowie der dazu geschlossenen Verwaltungsvereinbarungen. Die Regelungen der genannten Abkommen finden uneingeschränkt Anwendung. Die dort genannten Vergünstigungen für die ausländischen Streitkräfte, deren Mitglieder oder für die Hauptquartiere und deren Mitglieder werden durch dieses Gesetz nicht berührt.

(2) Dieses Gesetz gilt im deutschen Teil des Zollgebiets der Gemeinschaft im Sinne des Artikels 3 Abs. 1 dritter Anstrich des Zollkodex.

(3) Die Truppenverwendung ist ein nationales Zollverfahren. Sie gilt als Zollverfahren und Nichterhebungsverfahren im Sinne des Zollkodex. Der Zollkodex und die Zollkodex-Durchführungsverordnung finden Anwendung, soweit in den in Absatz 1 genannten Abkommen und den dazu geschlossenen Verwaltungsvereinbarungen in diesem Gesetz oder in der Rechtsverordnung zu diesem Gesetz nichts anderes geregelt ist. Jede aus einer Einfuhrware hergestellte oder gewonnene Ware gilt als Nichtgemeinschaftsware und als in die Truppenverwendung übergeführt.

### Verwaltungsregelungen zu § 19 EnergieStG

| Datum | Anlage | Quelle | Inhalt |
|---|---|---|---|
| 25.06.2012 | § 019-01 | BMF | Einfuhrbegriff nach dem Verbrauchsteuerrecht |

## § 19a

**§ 19a Unregelmäßigkeiten im zollrechtlichen Nichterhebungsverfahren**

Tritt in einem zollrechtlichen Nichterhebungsverfahren, in dem sich die Energieerzeugnisse im Sinn des § 4 befinden, eine Unregelmäßigkeit ein, gilt Artikel 215 des Zollkodex sinngemäß.

### Zollkodex (Auszug)

**Artikel 215**

(1) Die Zollschuld entsteht:
- an dem Ort, an dem der Tatbestand eintritt, der die Zollschuld entstehen läßt;
- oder, wenn dieser Ort nicht bestimmt werden kann, an dem Ort, an dem die Zollbehörden feststellen, daß die Ware sich in einer Lage befindet, die eine Zollschuld hat entstehen lassen;
- oder, wenn die Ware in ein noch nicht erledigtes Zollverfahren übergeführt worden ist und der Ort innerhalb einer gegebenenfalls nach dem Ausschußverfahren festgelegten Frist weder nach dem ersten noch nach dem zweiten Gedankenstrich bestimmt werden kann, an dem Ort, an dem die Ware in das betreffende Verfahren übergeführt oder im Rahmen dieses Verfahrens in das Zollgebiet der Gemeinschaft verbracht worden ist.

(2) Können die Zollbehörden aus ihnen bekannten Umständen schließen, daß die Zollschuld bereits entstanden war, als sich die Ware noch an einem anderen Ort befand, so gilt die Zollschuld als an dem Ort entstanden, an dem sich die Ware aufgrund der Feststellungen zu dem am weitesten zurückliegenden Zeitpunkt, für den das Bestehen der Zollschuld nachgewiesen werden kann, befand.

(3) Die Zollbehörden im Sinne von Artikel 217 Absatz 1 sind die Zollbehörden des Mitgliedstaats, in dem die Zollschuld nach diesem Artikel entsteht oder als entstanden gilt.

(4) Stellt eine Zollbehörde fest, dass eine Zollschuld gemäß Artikel 202 in einem anderen Mitgliedstaat entstanden ist, so gilt die Zollschuld, sofern sie weniger als 5 000 EUR beträgt, als in dem Mitgliedstaat entstanden, in dem ihre Entstehung festgestellt wurde.

### Rechtsprechungsauswahl zu § 19a EnergieStG

**EuGH vom 03.04.2008, C-230/06, (Slg. 2008 I-1895):**

1. Bei der Prüfung der Zuständigkeit des Mitgliedstaats, der die Abgaben erhoben hat, ist es Sache des vorlegenden Gerichts, zu bestimmen, ob zu dem Zeitpunkt, zu dem festgestellt wurde, dass die Sendung der Bestimmungsstelle nicht gestellt worden ist, der Ort der Zuwiderhandlung ermittelt werden konnte. Ist dies der Fall, kann nach Art. 203 Abs. 1 und Art. 215 Abs. 1 der Verordnung (EWG) Nr. 2913/92 des Rates vom 12. Oktober 1992 zur Festlegung des Zollkodex der Gemeinschaften der Mitgliedstaat als für die Erhebung der Zollschuld zuständig bestimmt werden, in dessen Gebiet die erste Zuwiderhandlung begangen wurde, die sich als Entziehung aus der zollamtlichen Überwachung qualifizieren lässt. Konnte der Ort der Zuwiderhandlung hingegen nicht ermittelt werden, ist nach den Art. 378 und 379 der Verordnung (EWG) Nr. 2454/93 der Kommission vom 2. Juli 1993 mit Durchführungsvorschriften zu der Verordnung Nr. 2913/92 für die Erhebung der Zollschuld der Mitgliedstaat zuständig, zu dem die Abgangsstelle gehört.
2. Ist eine Sendung der Bestimmungsstelle nicht gestellt worden und kann der Ort der Zuwiderhandlung nicht ermittelt werden, ist es allein Sache der Abgangsstelle, unter Beachtung der in Art. 379 Abs. 1 und 2 der Verordnung Nr. 2454/93 genannten Fristen von elf und von drei Monaten die vorgesehene Mitteilung vorzunehmen.
3. Der Umstand, dass ein Zollspediteur als Hauptverpflichteter für die Zollschuld haftbar gemacht wird, verstößt nicht gegen den Grundsatz der Verhältnismäßigkeit.

## § 19b Steuerentstehung, Steuerschuldner

(1) ¹Die Steuer entsteht zum Zeitpunkt der Überführung der Energieerzeugnisse im Sinn des § 4 in den steuerrechtlich freien Verkehr durch die Einfuhr, es sei denn, die Energieerzeugnisse werden unmittelbar am Ort der Einfuhr in ein Verfahren der Steueraussetzung (§ 5) oder ein Verfahren der Steuerbefreiung (§ 24 Absatz 1) überführt. ²Die Steuer entsteht nicht, wenn die Energieerzeugnisse unter Steueraussetzung aus dem Steuergebiet oder einem anderen Mitgliedstaat über Drittländer oder Drittgebiete in das Steuergebiet befördert wurden.

(2) ¹Steuerschuldner ist

1. die Person, die nach den Zollvorschriften verpflichtet ist, die Energieerzeugnisse anzumelden oder in deren Namen die Energieerzeugnisse angemeldet werden,

2. jede andere Person, die an einer unrechtmäßigen Einfuhr beteiligt war.

²Mehrere Steuerschuldner sind Gesamtschuldner.

(3) ¹Für die Fälligkeit, den Zahlungsaufschub, das Erlöschen, ausgenommen das Erlöschen durch Einziehung, das Steuerverfahren sowie die Nacherhebung, den Erlass und die Erstattung in anderen Fällen als nach Artikel 220 Absatz 2 Buchstabe b und Artikel 239 des Zollkodex gelten die Zollvorschriften sinngemäß. ²Abweichend von Satz 1 bleiben die §§ 163 und 227 der Abgabenordnung unberührt.

(4) Für Energieerzeugnisse, die in der Truppenverwendung (§ 19 Absatz 2 Nummer 1 Buchstabe e) zweckwidrig verwendet werden, finden abweichend von den Absätzen 1 bis 3 die Vorschriften des Truppenzollgesetzes Anwendung.

*EU-Vorgaben*

**RL 2008/118/EG Systemrichtlinie (Auszug)**
**Artikel 8**

(1) Steuerschuldner eines entstandenen Verbrauchsteueranspruchs ist:

a) im Zusammenhang mit der Entnahme verbrauchsteuerpflichtiger Waren aus dem Verfahren der Steueraussetzung nach Artikel 7 Absatz 2 Buchstabe a:

 i) der zugelassene Lagerinhaber, der registrierte Empfänger oder jede andere Person, die die verbrauchsteuerpflichtigen Waren aus dem Verfahren der Steueraussetzung entnimmt oder in deren Namen die Waren aus diesem Verfahren entnommen werden, und – im Falle der unrechtmäßigen Entnahme aus dem Steuerlager – jede Person, die an dieser Entnahme beteiligt war;

 ii) im Falle einer Unregelmäßigkeit bei der Beförderung verbrauchsteuerpflichtiger Waren in einem Verfahren der Steueraussetzung nach Artikel 10 Absätze 1, 2 und 4 der zugelassene Lagerinhaber, der registrierte Versender oder jede andere Person, die die Sicherheit nach Artikel 18 Absätze 1 und 2 geleistet hat, und jede Person, die an der unrechtmäßigen Entnahme beteiligt war und wusste oder vernünftigerweise hätte wissen müssen, dass die Entnahme unrechtmäßig war;

b) im Zusammenhang mit dem Besitz verbrauchsteuerpflichtiger Waren nach Artikel 7 Absatz 2 Buchstabe b: jede Person, die im Besitz der verbrauchsteuerpflichtigen Waren ist, oder jede andere am Besitz dieser Waren beteiligte Person;

c) im Zusammenhang mit der Herstellung verbrauchsteuerpflichtiger Waren nach Artikel 7 Absatz 2 Buchstabe c: jede Person, die die verbrauchsteuerpflichtigen Waren herstellt, und – im Falle der unrechtmäßigen Herstellung – jede andere an der Herstellung dieser Waren beteiligte Person;

d) im Zusammenhang mit der Einfuhr verbrauchsteuerpflichtiger Waren nach Artikel 7 Absatz 2 Buchstabe d: die Person, die die verbrauchsteuerpflichtigen Waren anmeldet oder in deren Namen diese Waren bei der Einfuhr angemeldet werden, und – im Falle der unrechtmäßigen Einfuhr – jede andere an der Einfuhr beteiligte Person.

(2) Gibt es für eine Verbrauchsteuerschuld mehrere Steuerschuldner, so sind diese gesamtschuldnerisch zur Erfüllung dieser Steuerschuld verpflichtet.

## § 19b

### Zollkodex (Auszug)

**Artikel 220**

(1) Ist der einer Zollschuld entsprechende Abgabenbetrag nicht nach den Artikeln 218 und 219 buchmäßig erfaßt oder mit einem geringeren als dem gesetzlich geschuldeten Betrag buchmäßig erfaßt worden, so hat die buchmäßige Erfassung des zu erhebenden Betrags oder des nachzuerhebenden Restbetrags innerhalb von zwei Tagen nach dem Tag zu erfolgen, an dem die Zollbehörden diesen Umstand feststellen und in der Lage sind, den gesetzlich geschuldeten Betrag zu berechnen sowie den Zollschuldner zu bestimmen (nachträgliche buchmäßige Erfassung). Diese Frist kann nach Artikel 219 verlängert werden.

(2) Außer in den Fällen gemäß Artikel 217 Absatz 1 Unterabsätze 2 und 3 erfolgt keine nachträgliche buchmäßige Erfassung, wenn

a) die ursprüngliche Entscheidung, keine Zölle oder einen niedrigeren als den gesetzlich geschuldeten Abgabenbetrag buchmäßig zu erfassen, aufgrund von allgemeinen Vorschriften, die später durch eine gerichtliche Entscheidung für ungültig erklärt worden sind, gefaßt worden ist;

b) der gesetzlich geschuldete Abgabenbetrag aufgrund eines Irrtums der Zollbehörden nicht buchmäßig erfasst worden ist, sofern dieser Irrtum vom Zollschuldner vernünftigerweise nicht erkannt werden konnte und dieser gutgläubig gehandelt und alle geltenden Vorschriften über die Zollanmeldung eingehalten hat.

Wird der Präferenzstatus einer Ware im Rahmen eines Systems der administrativen Zusammenarbeit unter Beteiligung der Behörden eines Drittlands ermittelt, so gilt die Ausstellung einer Bescheinigung durch diese Behörden, falls sich diese Bescheinigung als unrichtig erweist, als ein Irrtum, der im Sinne des Unterabsatzes 1 vernünftigerweise nicht erkannt werden konnte.

Die Ausstellung einer unrichtigen Bescheinigung stellt jedoch keinen Irrtum dar, wenn die Bescheinigung auf einer unrichtigen Darstellung der Fakten seitens des Ausführers beruht, außer insbesondere dann, wenn offensichtlich ist, dass die ausstellenden Behörden wussten oder hätten wissen müssen, dass die Waren die Voraussetzungen für eine Präferenzbehandlung nicht erfüllten.

Der Abgabenschuldner kann Gutgläubigkeit geltend machen, wenn er darlegen kann, dass er sich während der Zeit des betreffenden Handelsgeschäfts mit gebotener Sorgfalt vergewissert hat, dass alle Voraussetzungen für eine Präferenzbehandlung erfüllt worden sind.

Der Abgabenschuldner kann Gutgläubigkeit jedoch nicht geltend machen, wenn die Kommission in einer Mitteilung im Amtsblatt der Europäischen Gemeinschaften darauf hingewiesen hat, dass begründete Zweifel an der ordnungsgemäßen Anwendung der Präferenzregelung durch das begünstigte Land bestehen;

c) die gemäß dem Ausschußverfahren erlassenen Bestimmungen die Zollbehörden von ihrer Pflicht entheben, Abgabenbeträge nachträglich buchmäßig zu erfassen, die niedriger als ein festgesetzter Betrag liegen.

**Artikel 239**

(1) Einfuhr- oder Ausfuhrabgaben können in anderen als den in den Artikeln 236, 237 und 238 genannten Fällen erstattet oder erlassen werden; diese Fälle

– werden nach dem Ausschußverfahren festgelegt;

– ergeben sich aus Umständen, die nicht auf betrügerische Absicht oder offensichtliche Fahrlässigkeit des Beteiligten zurückzuführen sind. Nach dem Ausschußverfahren wird festgelegt, in welchen Fällen diese Bestimmung angewandt werden kann und welche Verfahrensvorschriften dabei zu beachten sind. Die Erstattung oder der Erlaß kann von besonderen Voraussetzungen abhängig gemacht werden.

(2) Die Erstattung oder der Erlaß der Abgaben aus den in Absatz 1 genannten Gründen erfolgt auf Antrag; dieser ist innerhalb von zwölf Monaten nach der Mitteilung der Abgaben an den Zollschuldner bei der zuständigen Zollstelle zu stellen.

Jedoch können

– in begründeten Ausnahmefällen die Zollbehörden diese Frist verlängern,

– in bestimmten Fällen kürzere Fristen im Ausschußverfahren festgelegt werden.

# § 19b

## Rechtsprechungsauswahl zu § 19b EnergieStG

**EuGH vom 29.04.2010, C-230-08 (Slg. 2010 I-3799):**

1. Die Waren, die bei ihrem Verbringen in das Zollgebiet der Gemeinschaft von den örtlichen Zoll- und Steuerbehörden in der Zone, in der sich die erste an einer Außengrenze der Gemeinschaft liegende Zollstelle befindet, in Verwahrung genommen und gleichzeitig oder später von diesen Behörden vernichtet werden, ohne dass sie dem Besitz der Behörden entzogen gewesen sind, fallen unter den Tatbestand „beschlagnahmt und gleichzeitig oder später eingezogen" des Art. 233 Abs. 1 Buchst. d der Verordnung (EWG) Nr. 2913/92 des Rates vom 12. Oktober 1992 zur Festlegung des Zollkodex der Gemeinschaften in der durch die Verordnung (EG) Nr. 955/1999 des Europäischen Parlaments und des Rates vom 13. April 1999 geänderten Fassung, so dass die Zollschuld gemäß dieser Bestimmung erlischt.

2. Die Art. 5 Abs. 1 Unterabs. 3 und Art. 6 Abs. 1 der Richtlinie 92/12/EWG des Rates vom 25. Februar 1992 über das allgemeine System, den Besitz, die Beförderung und die Kontrolle verbrauchsteuerpflichtiger Waren in der durch die Richtlinie 96/99/EG des Rates vom 30. Dezember 1996 geänderten Fassung sind dahin auszulegen, dass Waren, die von den örtlichen Zoll- und Steuerbehörden bei ihrem Verbringen in das Gebiet der Gemeinschaft beschlagnahmt und gleichzeitig oder später von diesen Behörden vernichtet worden sind, ohne dass sie dem Besitz der Behörden entzogen gewesen sind, als nicht in die Gemeinschaft eingeführt anzusehen sind, so dass für diese Waren der Steuertatbestand nicht eintritt. Die Waren, die nach ihrem vorschriftswidrigen Verbringen in dieses Gebiet, d. h. nach dem Verlassen der Zone, in der sich die erste innerhalb dieses Gebiets liegende Zollstelle befindet, von diesen Behörden beschlagnahmt und gleichzeitig oder später vernichtet worden sind, ohne dass sie dem Besitz der Behörden entzogen gewesen sind, gelten nicht als „unter Steueraussetzung stehend" im Sinne des Art. 5 Abs. 2 Unterabs. 1 und Art. 6 Abs. 1 Buchst. c dieser Richtlinie in Verbindung mit Art. 84 Abs. 1 Buchst. a und Art. 98 der Verordnung Nr. 2913/92 in der durch die Verordnung Nr. 955/99 geänderten Fassung und Art. 867a Verordnung (EWG) Nr. 2454/93 der Kommission vom 2. Juli 1993 mit Durchführungsvorschriften zu der Verordnung Nr. 2913/92 in der durch die Verordnung (EG) Nr. 1662/1999 der Kommission vom 28. Juli 1999 geänderten Fassung, so dass hinsichtlich dieser Waren der Steuertatbestand eintritt und der Verbrauchsteueranspruch entsteht.

3. Die Art. 2 Nr. 2, Art. 7 und 10 Abs. 3 der Sechsten Richtlinie 77/388/EWG des Rates vom 17. Mai 1977 zur Harmonisierung der Rechtsvorschriften der Mitgliedstaaten über die Umsatzsteuern – Gemeinsames Mehrwertsteuersystem: einheitliche steuerpflichtige Bemessungsgrundlage in der durch die Richtlinie 1999/85/EG des Rates vom 22. Oktober 1999 geänderten Fassung sind dahin auszulegen, dass Waren, die von den örtlichen Zoll- und Steuerbehörden bei ihrem vorschriftswidrigen Verbringen in das Gebiet der Gemeinschaft beschlagnahmt und gleichzeitig oder später von diesen Behörden vernichtet worden sind, ohne dass sie dem Besitz der Behörden entzogen gewesen sind, als nicht in die Gemeinschaft eingeführt anzusehen sind, so dass der Mehrwertsteuertatbestand hinsichtlich dieser Waren nicht eingetreten und der Mehrwertsteueranspruch daher nicht entstanden ist. Die Bestimmungen der Art. 10 Abs. 3 Unterabs. 2 in Verbindung mit Art. 16 Abs. 1 Teil B Buchst. c dieser Richtlinie sowie Art. 867a der Verordnung Nr. 2454/93 in der durch die Verordnung Nr. 1662/1999 geänderten Fassung sind jedoch dahin auszulegen, dass hinsichtlich der Waren, die nach ihrem vorschriftswidrigen Verbringen in dieses Gebiet, d. h. von dem Zeitpunkt an, zu dem sie die Zone verlassen haben, in der sich die erste innerhalb der Gemeinschaft liegende Zollstelle befindet, von diesen Behörden beschlagnahmt und gleichzeitig oder später vernichtet worden sind, ohne dass sie dem Besitz der Behörden entzogen gewesen sind, der Mehrwertsteuertatbestand und der Mehrwertsteueranspruch eingetreten sind, auch wenn die Waren später einer Zollregelung unterstellt werden.

4. Die Art. 202, 215 Abs. 1 und 3 und Art. 217 der Verordnung Nr. 2913/92 in der durch die Verordnung Nr. 955/1999 geänderten Fassung sowie die Art. 7 Abs. 2 und Art. 10 Abs. 3 der Sechsten Richtlinie 77/388 in der durch die Richtlinie 1999/85 geänderten Fassung sind dahin auszulegen, dass die Behörden des Mitgliedstaats, der an der Außengrenze der Gemeinschaft gelegen ist, über welche Waren vorschriftswidrig in das Zollgebiet der Gemeinschaft verbracht worden sind, für die Erhebung der Zölle und der Mehrwertsteuer zuständig sind, auch wenn diese Waren später in einen anderen Mitgliedstaat verbracht worden sind, wo sie entdeckt und dann beschlagnahmt worden sind. Die Art. 6 Abs. 1 und Art. 7 Abs. 1 der Richtlinie 92/12 in der durch die Richtlinie 96/99 geänderten Fassung sind dahin auszulegen, dass die Behörden des letztgenannten Mitgliedstaats für die Erhebung der Verbrauchsteuern zuständig sind, vorausgesetzt, dass diese Waren sich dort zu gewerblichen Zwecken befinden. Es obliegt dem vorlegenden Gericht, zu entscheiden, ob diese Bedingung in dem bei ihm anhängigen Rechtsstreit erfüllt ist.

## § 20

**Abschnitt 3 Steuerrechtlich freier Verkehr in sonstigen Fällen**
§ 20 Differenzversteuerung

(1) ¹Werden nach § 2 Abs. 3 Satz 1 versteuerte Energieerzeugnisse, ausgenommen Erdgas, nicht zu den in § 2 Abs. 3 Satz 1 und 2 genannten Zwecken abgegeben oder verwendet, entsteht vorbehaltlich Absatz 3 und § 21 die Steuer in Höhe der Differenz zu dem zutreffenden Steuersatz des § 2 Abs. 1 oder 2. ²Kann der Verbleib der Energieerzeugnisse nicht festgestellt werden, gilt Satz 1 entsprechend.

(2) ¹Werden nach § 2 Abs. 1 Nr. 8 Buchstabe a oder Abs. 2 Nr. 2 versteuerte Flüssiggase nicht unvermischt mit anderen Energieerzeugnissen abgegeben oder verwendet, entsteht die Steuer in Höhe der Differenz zu dem Steuersatz des § 2 Abs. 1 Nr. 8 Buchstabe b. ²Satz 1 gilt entsprechend, wenn der Verbleib der Energieerzeugnisse nicht festgestellt werden kann.

(3) ¹Die Steuer entsteht nicht, wenn die Energieerzeugnisse untergegangen sind. ²Schwund steht dem Untergang gleich. ³Darüber hinaus entsteht keine Steuer, wenn Energieerzeugnisse im Sinn des § 4 an ein Steuerlager abgegeben werden.

(4) ¹Steuerschuldner ist, wer eine der genannten Handlungen vornimmt. ²Mehrere Steuerschuldner sind Gesamtschuldner. ³Der Steuerschuldner hat für Energieerzeugnisse, für die die Steuer entstanden ist, unverzüglich eine Steuererklärung abzugeben und darin die Steuer selbst zu berechnen (Steueranmeldung). ⁴Die Steuer ist sofort fällig.

## § 21 Entstehung der Steuer für gekennzeichnete Energieerzeugnisse

(1) ¹Die Steuer entsteht für Energieerzeugnisse, die zugelassene Kennzeichnungsstoffe enthalten und die als Kraftstoff bereitgehalten, abgegeben, mitgeführt oder verwendet werden, in Höhe des Steuersatzes nach § 2 Abs. 1 Nr. 4 Buchstabe a. ²Satz 1 gilt nicht in den Fällen nach den §§ 3, 3a, 17 Abs. 1 Satz 1 Nr. 2, §§ 26, 27 Abs. 1 sowie in den nach § 66 Abs. 1 Nr. 12 zugelassenen Fällen. ³Zu versteuern ist abweichend von Satz 1

1. mindestens die Menge, die dem Fassungsvermögen des jeweiligen Hauptbehälters entspricht, wenn die genannten Handlungen bei der Überprüfung von Fahrzeugen oder Anlagen, in denen Energieerzeugnisse als Kraftstoff verwendet werden, festgestellt werden,
2. nur die in den Rohrleitungen, Armaturen oder im Abgabeschlauch eines Transportmittels verbliebene Restmenge an gekennzeichnetem Gasöl in dem Fall, dass ein Gemisch dadurch entstanden ist, dass die Restmenge beim Abgabevorgang eines nicht gekennzeichneten Energieerzeugnisses diesem zugegeben wurde.

(2) ¹Steuerschuldner ist, wer eine der genannten Handlungen vornimmt. ²Mehrere Steuerschuldner sind Gesamtschuldner. ³Im Falle des Absatzes 1 bleiben Steuern, die auf Grund von anderen als den dort genannten Tatbeständen entstanden sind, unberührt. ⁴Der Steuerschuldner hat für Energieerzeugnisse, für die die Steuer entstanden ist, unverzüglich eine Steuererklärung abzugeben und darin die Steuer selbst zu berechnen (Steueranmeldung). ⁵Die Steuer ist sofort fällig.

### Energiesteuer-Durchführungsverordnung

### Zu den §§ 21, 65 Abs. 1 und § 66 Abs. 1 Nr. 12 des Gesetzes

### § 46 Verkehrs-, Verbringungs- und Verwendungsbeschränkungen

*(1) ¹Energieerzeugnisse, die zugelassene Kennzeichnungsstoffe enthalten, dürfen nicht mit anderen Energieerzeugnissen gemischt sowie nicht als Kraftstoff bereitgehalten, abgegeben, mitgeführt oder verwendet werden, es sei denn, die Vermischung ist nach § 47 Abs. 2 oder Abs. 3, § 48 Abs. 1 oder § 49 zulässig oder das Bereithalten, Abgeben, Mitführen oder die Verwendung als Kraftstoff erfolgt zu den in § 2 Abs. 3 Satz 1, § 26 oder § 27 Abs. 1 des Gesetzes genannten Zwecken oder ist nach § 47 Abs. 5, § 48 Abs. 5, § 61 oder Absatz 2 Satz 2 zulässig. ²Die Kennzeichnungsstoffe dürfen nicht entfernt oder in ihrer Wirksamkeit beeinträchtigt werden. ³Dies gilt nicht für die Aufarbeitung in Herstellungsbetrieben.*

*(2) ¹Gasöle der Unterpositionen 2710 19 41 bis 2710 19 49 der Kombinierten Nomenklatur und ihnen gleichgestellte Energieerzeugnisse nach § 2 Absatz 4 des Gesetzes dürfen nur dann mit zugelassenen Kennzeichnungsstoffen oder anderen rot färbenden Stoffen vermischt in das Steuergebiet verbracht oder eingeführt, in den Verkehr gebracht oder verwendet werden, wenn*

*1. sie zu den in § 2 Absatz 3 Satz 1, § 25 Absatz 1, § 26 oder § 27 Absatz 1 des Gesetzes genannten Zwecken bestimmt sind, oder*
*2. das Verbringen oder die Einfuhr in das Steuergebiet in Verbindung mit einer Verwendung nach § 61 Absatz 1 Satz 1 Nummer 2 zulässig ist;*

*das Hauptzollamt kann in besonderen Einzelfällen Ausnahmen zulassen. ²Abweichend von Satz 1 dürfen Energieerzeugnisse, die zugelassene Kennzeichnungsstoffe oder andere rot färbende Stoffe enthalten, als Kraftstoff in das Steuergebiet verbracht und verwendet werden, wenn sie in Hauptbehältern von Fahrzeugen, Spezialcontainern, Arbeitsmaschinen und -geräten sowie Kühl- und Klimaanlagen enthalten sind und die Verwendung der Energieerzeugnisse als Kraftstoff*

*1. in Fahrzeugen, ausgenommen Wasserfahrzeuge der privaten nicht gewerblichen Schifffahrt im Sinn des § 60 Absatz 3, in dem Land der Fahrzeugzulassung erlaubt ist,*
*2. in Wasserfahrzeugen der privaten nicht gewerblichen Schifffahrt im Sinn des § 60 Absatz 3 in dem Land der Betankung erlaubt ist,*
*3. in Spezialcontainern, Arbeitsmaschinen und -geräten sowie Kühl- und Klimaanlagen in dem Land, in dem der Besitzer seinen Firmensitz hat, erlaubt ist und sie nach ihrem Arbeitseinsatz regelmäßig dorthin zurückkehren.*

### § 47 Vermischungen in Kennzeichnungs- und anderen Betrieben

*(1) Werden aus Kennzeichnungs- oder anderen Betrieben leichtes Heizöl und nicht gekennzeichnete Gasöle der Unterpositionen 2710 19 41 bis 2710 19 49 der Kombinierten Nomenklatur in wechselnder*

*Folge abgegeben, sind Vermischungen nicht zulässig, wenn sie durch zumutbaren Aufwand vermieden werden können.*

*(2) ¹Unbeschadet des Absatzes 1 darf der Inhaber eines Betriebs leichtes Heizöl und nicht gekennzeichnete Gasöle der Unterpositionen 2710 19 41 bis 2710 19 49 der Kombinierten Nomenklatur in wechselnder Folge unter Vermischung nur abgeben, wenn dabei der Anteil der für die jeweilige Abgabe nicht bestimmten Energieerzeugnisart 1 Prozent der in ein Behältnis abzugebenden Menge nicht übersteigt; er darf jedoch höchstens 60 Liter betragen. ²Eine größere Menge als 60 Liter ist zulässig, wenn der Anteil der für die Abgabe nicht bestimmten Energieerzeugnisart nach Absatz 1 0,5 Prozent der in ein Behältnis abzugebenden Menge nicht übersteigt. ³Vermischungen nach den Sätzen 1 und 2 sind nur zulässig, wenn bei aufeinander folgenden Wechseln das nicht zur Abgabe bestimmte Energieerzeugnis in gleicher Menge abgegeben und dadurch ein Steuervorteil ausgeschlossen wird. ⁴Der nach den Sätzen 1 und 2 zulässige Anteil verringert sich nach Maßgabe des Absatzes 3.*

*(3) ¹Sind Vermischungen von Energieerzeugnissen nach Absatz 1 schon bei der Einlagerung oder Umlagerung in Kennzeichnungs- oder anderen Betrieben nicht vermeidbar, darf der Anteil der für die Abgabe nicht vorgesehenen Energieerzeugnisart im Gemisch 0,5 Prozent nicht übersteigen. ²Kommt es in solchen Betrieben bei der Auslagerung oder Abgabe von Energieerzeugnissen erneut zu einer Vermischung, darf der in diesem Betrieb insgesamt entstandene Anteil der für die Abgabe nicht bestimmten Energieerzeugnisart 0,5 Prozent, im Fall des Absatzes 2 Satz 1 1 Prozent der jeweiligen Abgabemenge nicht übersteigen. ³Absatz 2 Satz 3 gilt sinngemäß.*

*(4) Für die Fälle von Vermischungen nach den Absätzen 2 und 3 kann das Hauptzollamt mit dem Inhaber des Betriebs das nach den betrieblichen Verhältnissen zumutbare Verfahren vereinbaren.*

*(5) Gemische, die bei zulässigen Vermischungen nach den Absätzen 2 und 3 entstanden sind und in denen der Anteil der für die jeweilige Abgabe nicht bestimmten Energieerzeugnisart aus leichtem Heizöl besteht, dürfen als Kraftstoff bereitgehalten, abgegeben, mitgeführt und verwendet werden.*

### § 48 Vermischungen bei der Abgabe aus Transportmitteln

*(1) ¹Wer leichtes Heizöl, nicht gekennzeichnete Gasöle der Unterpositionen 2710 19 41 bis 2710 19 49 der Kombinierten Nomenklatur und ihnen gleichgestellte Energieerzeugnisse nach § 2 Abs. 4 des Gesetzes aus verschiedenen Kammern eines Transportmittels in wechselnder Folge oder nach Beladung eines Transportmittels mit dem jeweils anderen Energieerzeugnis abgibt, darf das Energieerzeugnis, das in den Rohrleitungen, in den Armaturen und im Abgabeschlauch oder in einzelnen dieser Teile des Transportmittels von der vorhergehenden Abgabe verblieben ist (Restmenge), nur beimischen, wenn*

1. *folgende Mindestabgabemengen eingehalten werden:*
   a) *das Einhundertfache der Restmenge bei der Abgabe an Verwender oder an Einrichtungen, aus denen Kraftfahrzeuge oder Motoren unmittelbar mit Kraftstoff versorgt werden,*
   b) *das Zweihundertfache der Restmenge in anderen Fällen,*
2. *die Mindestabgabemenge in ein Behältnis abgegeben wird und*
3. *das Beimischen der Restmenge zu Beginn des Abgabevorgangs erfolgt.*

*²Das Beimischen der Restmenge zu dem bereits abgegebenen Energieerzeugnis ist nicht zulässig. ³Bei der wechselseitigen Abgabe ist darauf zu achten, dass keine ungerechtfertigten Steuervorteile entstehen.*

*(2) Der Beförderer hat zur Wahrung der Steuerbelange auf Verlangen des Hauptzollamts für Transportmittel Aufzeichnungen über Reihenfolge, Art, Menge und Empfänger der im einzelnen Fall abgegebenen Energieerzeugnisse zu führen, soweit sich dies nicht aus betrieblichen Unterlagen ergibt.*

*(3) An den Abgabevorrichtungen von Tankkraftfahrzeugen und Schiffen, die für den Transport der in Absatz 1 genannten Energieerzeugnisse bestimmt sind, hat der Beförderer deutlich sichtbar das auf jeweils zehn Liter nach unten gerundete Einhundert- und Zweihundertfache der Restmengen nach Absatz 1 als die bei wechselweiser Abgabe oder Ladungswechsel zulässigen geringsten steuerlichen Abgabemengen anzugeben.*

*(4) Beschränkungen für das Vermischen von leichtem Heizöl mit nicht gekennzeichneten Gasölen der Unterpositionen 2710 19 41 bis 2710 19 49 der Kombinierten Nomenklatur und ihnen gleichgestellten Energieerzeugnissen nach § 2 Abs. 4 des Gesetzes nach anderen als energiesteuerrechtlichen Vorschriften bleiben unberührt.*

*(5) Gemische, die bei zulässigen Vermischungen nach Absatz 1 entstanden sind und in denen der Anteil der Restmenge aus leichtem Heizöl besteht, dürfen als Kraftstoff bereitgehalten, abgegeben, mitgeführt und verwendet werden.*

## § 21 DV § 49

**§ 49 Spülvorgänge und sonstige Vermischungen**

*(1) [1]Auf Antrag kann das Hauptzollamt zulassen, dass in Betrieben bei der Reinigung von Transportmitteln, Lagerbehältern und Rohrleitungen leichtes Heizöl und nicht gekennzeichnete Energieerzeugnisse in der notwendigen Menge miteinander vermischt werden. [2]Das Bundesministerium der Finanzen legt im Verwaltungswege fest, mit welchen Auflagen und Nebenbestimmungen im Sinne des § 120 der Abgabenordnung die Zulassung zu versehen ist. [3]Der Inhaber des Betriebs hat über die vermischten Energieerzeugnisse Aufzeichnungen zu führen. [4]§ 7 Abs. 2 Satz 5 und 6 gilt sinngemäß.*

*(2) Auf Antrag des Verwenders kann das Hauptzollamt zulassen, dass leichtes Heizöl mit nicht gekennzeichneten Energieerzeugnissen oder Wasser vermischt wird, wenn das Gemisch zu Zwecken nach § 2 Abs. 3 Satz 1 des Gesetzes verwendet wird, die Vermischung im Hauptbehälter der jeweiligen Anlage erfolgt und eine andere Verwendung oder die Abgabe des Gemisches nicht zu befürchten ist.*

*(3) Heizöladditive der Position 3811 der Kombinierten Nomenklatur, auf deren Kennzeichnung verzichtet worden ist (§ 8 Abs. 2), dürfen mit leichtem Heizöl gemischt werden.*

*(4) Ist leichtes Heizöl versehentlich mit nicht gekennzeichneten Gasölen der Unterpositionen 2710 19 41 bis 2710 19 49 der Kombinierten Nomenklatur vermischt worden, gilt § 7 Abs. 2 Satz 5 bis 7 sinngemäß.*

*(5) Die Absätze 1 bis 4 gelten sinngemäß für gekennzeichnete Energieerzeugnisse nach § 2 Abs. 4 des Gesetzes.*

### Verwaltungsregelungen zu § 1 EnergieStG

| Datum | Anlage | Quelle | Inhalt |
|---|---|---|---|
| 31.07.2007 | § 021-01 | BMF | Kennzeichnung leichten Heizöls;Merkblatt TKW – Restmengen |

### Rechtsprechungsauswahl zu § 21 EnergieStG

**BFH vom 25.09.2013, VII R 7/12:** Kein Erlass der Mineralölsteuer aus sachlichen Billigkeitsgründen bei Steuerentstehung nach § 26 Abs. 6 Satz 1 MinöStG 1993.

**BFH vom 22.09.1992, VII R 82/90 (BFHE 169 S. 279):** Zur Steuerentstehung bei Bereithalten von gekennzeichnetem Mineralöl als Kraftstoff.

**BFH vom 04.12.1990, VII R 52/88 (BFHE 162 S. 531):**
1. Der Steuertatbestand nach § 12 Abs. 9 MinöStG ist auch gegeben, wenn ein im Ausland getanktes Gemisch aus gekennzeichnetem und nicht gekennzeichnetem Mineralöl im Tank eines Sportschiffs eingeführt wird. Eine Einfuhrsteuerbefreiung ist insoweit ausgeschlossen.
2. Der Steuertatbestand (1.) stellt allein auf objektive, nicht auch auf subjektive Merkmale ab.

**BFH vom 16.11.1982, VII R 58/82 (BFHE 137 S. 518):**
1. Wer gekennzeichnetes Heizöl mit Dieselkraftstoff mischt und das Gemisch danach als Kraftstoff bereithält, abgibt, mit sich führt und zum Antrieb seines Fahrzeugs verwendet, hat, wenn dieser Sachverhalt bei der Überprüfung seines Fahrzeugs festgestellt wird, nur einmal Mineralölsteuer zu entrichten. Die Steuer ist von der höchsten in Betracht kommenden Menge, also dem Fassungsvermögen des Treibstoffbehälters, zu berechnen. Satz 1 gilt auch dann, wenn der Steuerschuldner der ihm erteilten Auflage, den Treibstoff auszutauschen und danach das Fahrzeug dem ZA vorzuführen, nicht nachkommt und das Gemisch verbraucht.
2. § 12 Abs. 7 und 9 MinöStG geht dem § 23 Abs. 3 Nr. 2 MinöStDV vor.

**FG Hamburg vom 06.04.2005, IV 172/03:** Wird in einem Fahrzeugtank rot eingefärbter Kraftstoff festgestellt und befindet sich auf dem Betriebsgelände des Fahrzeugeigentümers ein Heizöltank, und kann nicht festgestellt werden, dass der Heizöltank lediglich der Versorgung einer Heizungsanlage diente, entsteht eine Mineralölsteuerschuld. Hinsichtlich der Menge kann das Fassungsvermögen des Fahrzeugtanks sowie der Inhalt des Heizungstanks für die Steuerberechnung zu Grunde gelegt werde.

# § 22 Entstehung der Steuer für Energieerzeugnisse im Sinn des § 4, Auffangtatbestand

(1) ¹Ist für Energieerzeugnisse im Sinn des § 4 eine Steuer nicht auf Grund einer sonstigen Bestimmung dieses Gesetzes entstanden, so entsteht sie dadurch, dass die Energieerzeugnisse als Kraft- oder Heizstoff oder als Zusatz oder Verlängerungsmittel von Kraft- oder Heizstoffen abgegeben oder verwendet werden. ²Satz 1 gilt nicht für Gemische, die bei den in § 6 Abs. 2 Nr. 1 und 2 genannten Mischvorgängen entstanden sind.

(2) ¹Steuerschuldner ist, wer eine der genannten Handlungen vornimmt. ²Mehrere Steuerschuldner sind Gesamtschuldner. ³Der Steuerschuldner hat für Energieerzeugnisse, für die die Steuer entstanden ist, unverzüglich eine Steuererklärung abzugeben und darin die Steuer selbst zu berechnen (Steueranmeldung). ⁴Die Steuer ist sofort fällig. ⁵Das Hauptzollamt kann auf Antrag eine § 8 Absatz 3 bis 6 entsprechende Regelung treffen; § 6 Absatz 3 Satz 2 und 3 und § 8 Absatz 7 gelten sinngemäß.

## EU-Vorgaben

**RL 2003/96/EG Energiesteuerrichtlinie (Auszug)**
**Artikel 21**

(1) Über die allgemeinen Vorschriften zur Definition des Steuertatbestands und die Vorschriften für die Entrichtung der Steuer gemäß der Richtlinie 92/12/EWG hinaus entsteht die Steuer auf Energieerzeugnisse ferner bei Eintritt eines Steuertatbestands gemäß Artikel 2 Absatz 3 der vorliegenden Richtlinie.

(2) Im Sinne dieser Richtlinie schließt der in Artikel 4 Buchstabe c) und in Artikel 5 Absatz 1 der Richtlinie 92/12/EWG genannte Begriff „Herstellung" gegebenenfalls die „Förderung" ein.

(3) Der Verbrauch von Energieerzeugnissen innerhalb des Betriebsgeländes eines Betriebes, der Energieerzeugnisse herstellt, gilt nicht als einen Steueranspruch begründender Steuerentstehungstatbestand, sofern es sich bei dem Verbrauch um Energieerzeugnisse handelt, die innerhalb des Betriebsgeländes dieses Betriebes hergestellt worden sind. Die Mitgliedstaaten können auch den Verbrauch von elektrischem Strom und von anderen Energieerzeugnissen, die nicht innerhalb des Betriebsgeländes eines solchen Betriebes hergestellt worden sind, sowie den Verbrauch von Energieerzeugnissen und elektrischem Strom innerhalb des Betriebsgeländes eines Betriebes, der Kraftstoffe für die Erzeugung von elektrischem Strom herstellt, als nicht einen Steueranspruch begründenden Steuerentstehungstatbestand ansehen. Erfolgt der Verbrauch jedoch zu Zwecken, die nicht mit der Herstellung von Energieerzeugnissen im Zusammenhang stehen, und zwar insbesondere zum Antrieb von Fahrzeugen, so gilt dies als einen Steueranspruch begründender Steuerentstehungstatbestand.

(4) Die Mitgliedstaaten können ferner vorsehen, dass die Steuer auf Energieerzeugnisse und elektrischen Strom entsteht, wenn festgestellt wird, dass eine Voraussetzung für den Endverbrauch, die in den einzelstaatlichen Rechtsvorschriften für die Gewährung eines ermäßigten Steuersatzes oder einer Steuerbefreiung vorgesehen ist, nicht oder nicht mehr erfüllt wird.

(5) In Anwendung der Artikel 5 und 6 der Richtlinie 92/12/EWG werden für elektrischen Strom und Erdgas Steuern erhoben; diese entstehen zum Zeitpunkt der Lieferung durch den Verteiler oder Weiterverteiler. Erfolgt die Lieferung zum Verbrauch in einem Mitgliedstaat, in dem der Verteiler oder Weiterverteiler nicht niedergelassen ist, so ist die Steuer des Lieferungsmitgliedstaats von einem Unternehmen zu entrichten, das in diesem Staat registriert sein muss. Die Steuer wird in allen Fällen nach den Verfahren des jeweiligen Mitgliedstaats erhoben und eingezogen.

Unbeschadet von Unterabsatz 1 haben die Mitgliedstaaten für den Fall, dass es keine Verbindung zwischen ihren Gasfernleitungen und denen anderer Mitgliedstaaten gibt, das Recht, den Steuerentstehungstatbestand festzulegen.

Eine Einheit, die elektrischen Strom zur eigenen Verwendung erzeugt, gilt als Verteiler. Unbeschadet des Artikels 14 Absatz 1 Buchstabe a) können die Mitgliedstaaten kleine Stromerzeuger von der Steuer befreien, sofern sie die zur Erzeugung dieses Stroms verwendeten Energieerzeugnisse besteuern.

In Anwendung der Artikel 5 und 6 der Richtlinie 92/12/EWG werden für Steinkohle, Koks und Braunkohle Steuern erhoben; diese entstehen zum Zeitpunkt der Lieferung durch Unternehmen, die zu diesem Zweck bei den zuständigen Behörden registriert sein müssen. Die genannten Behörden können es dem Erzeuger, dem Händler, dem Einführer oder einem Steuervertreter gestatten, anstelle des registrierten Unternehmens dessen steuerliche Verpflichtungen zu übernehmen. Die Steuer wird nach den Verfahren des jeweiligen Mitgliedstaats erhoben und eingezogen.

## § 22 EU-Vorgaben

(6) Die Mitgliedstaaten brauchen folgende Vorgänge nicht als „Erzeugung von Energieerzeugnissen" zu behandeln:
a) Vorgänge, bei denen als Nebenprodukte kleinere Mengen an Energieerzeugnissen anfallen;
b) Vorgänge, durch die der Verwender eines Energieerzeugnisses dessen Wiederverwendung in seinem eigenen Unternehmen ermöglicht, sofern der Betrag der für dieses Erzeugnis bereits entrichteten Steuer nicht geringer ist als der Steuerbetrag, der zu entrichten wäre, wenn das wieder verwendete Energieerzeugnis erneut der Besteuerung unterliegen würde;
c) das bloße Mischen von Energieerzeugnissen untereinander oder mit anderen Stoffen außerhalb eines Herstellungsbetriebes oder eines Zolllagers, sofern
  i) die Steuer für die einzelnen Bestandteile zuvor entrichtet worden ist und
  ii) der entrichtete Betrag nicht niedriger ist als der Steuerbetrag, mit dem das Gemisch belastet würde.

Die in Ziffer i) genannte Bedingung gilt nicht, wenn für das Gemisch bei einer bestimmten Verwendung Steuerbefreiung gewährt wird.

# EU-Vorgaben § 23

**§ 23 Entstehung der Steuer für sonstige Energieerzeugnisse**

(1) ¹Für andere als in § 4 genannte Energieerzeugnisse, ausgenommen Kohle und Erdgas, entsteht die Steuer vorbehaltlich § 20 Abs. 1 dadurch, dass sie

1. erstmals im Steuergebiet als Kraft- oder Heizstoff oder als Zusatz oder Verlängerungsmittel von Kraft- oder Heizstoffen abgegeben werden,
2. im Steuergebiet als Kraft- oder Heizstoff verwendet werden, wenn eine Steuer nicht nach Nummer 1 entstanden ist,
3. mit Energieerzeugnissen nach § 4 außerhalb eines Steuerlagers gemischt werden, wenn das Gemisch ein Energieerzeugnis im Sinn des § 4 ist und als Kraft- oder Heizstoff oder als Zusatz oder Verlängerungsmittel von Kraft- oder Heizstoffen abgegeben oder verwendet wird, oder
4. mit versteuertem Erdgas gemischt werden, wenn das Gemisch Erdgas ist und als Kraft- oder Heizstoff oder als Zusatz oder Verlängerungsmittel von Kraft- oder Heizstoffen abgegeben oder verwendet wird.

²Nachweisliche Vorversteuerungen sind anzurechnen. ³Die Steuer entsteht nicht, wenn die Voraussetzungen eines Verfahrens der Steuerbefreiung (§ 24 Abs. 1) vorliegen.

(2) Absatz 1 gilt nicht

1. für Schmierstoffe zur Herstellung von Zweitaktergemischen,
2. für Wasser zur Herstellung von Diesel-Wasser-Gemischen und
3. für andere Energieerzeugnisse, die zur Verwendung als Zusatz oder Verlängerungsmittel von Kraft- oder Heizstoffen bestimmt sind und an ein Steuerlager im Steuergebiet abgegeben werden.

(3) Steuerschuldner ist

1. im Falle des Absatzes 1 Satz 1 Nr. 1 derjenige, der die Energieerzeugnisse abgibt, wenn dieser im Steuergebiet ansässig ist, andernfalls der Empfänger,
2. im Übrigen derjenige, der eine der genannten Handlungen vornimmt.

(4) ¹Wer Energieerzeugnisse nach Absatz 1 abgeben, beziehen oder verwenden will, hat dies dem zuständigen Hauptzollamt vorher anzuzeigen. ²Erfolgen die Handlungen nicht nur gelegentlich, kann das Hauptzollamt auf weitere Anzeigen verzichten.

(5) Für die nach Absatz 1 entstehende Steuer ist im Voraus Sicherheit zu leisten, wenn Anzeichen für eine Gefährdung der Steuer erkennbar sind.

(6) ¹Der Steuerschuldner hat für Energieerzeugnisse, für die in einem Monat die Steuer entstanden ist, eine Steuererklärung abzugeben und darin die Steuer selbst zu berechnen (Steueranmeldung). ²Für die Fristen zur Abgabe der Steuererklärung und die Fälligkeit der Steuer gilt § 8 Abs. 3 bis 6 entsprechend. ³Wird das Verfahren nach Absatz 4 nicht eingehalten oder eine nach Absatz 5 angeforderte Sicherheit nicht geleistet, hat der Steuerschuldner für die entstandene Steuer unverzüglich eine Steuererklärung abzugeben und darin die Steuer selbst zu berechnen (Steueranmeldung). ⁴Die Steuer ist sofort fällig.

*EU-Vorgaben*

**RL 2003/96/EG Energiesteuerrichtlinie (Auszug)**
**Artikel 21**

(1) Über die allgemeinen Vorschriften zur Definition des Steuertatbestands und die Vorschriften für die Entrichtung der Steuer gemäß der Richtlinie 92/12/EWG hinaus entsteht die Steuer auf Energieerzeugnisse ferner bei Eintritt eines Steuertatbestands gemäß Artikel 2 Absatz 3 der vorliegenden Richtlinie.

(2) Im Sinne dieser Richtlinie schließt der in Artikel 4 Buchstabe c) und Artikel 5 Absatz 1 der Richtlinie 92/12/EWG genannte Begriff „Herstellung" gegebenenfalls die „Förderung" ein.

(3) Der Verbrauch von Energieerzeugnissen innerhalb des Betriebsgeländes eines Betriebes, der Energieerzeugnisse herstellt, gilt nicht als einen Steueranspruch begründender Steuerentstehungstatbestand, sofern es sich bei dem Verbrauch um Energieerzeugnisse handelt, die innerhalb des Betriebsgeländes

dieses Betriebes hergestellt worden sind. Die Mitgliedstaaten können auch den Verbrauch von elektrischem Strom und von anderen Energieerzeugnissen, die nicht innerhalb des Betriebsgeländes eines solchen Betriebes hergestellt worden sind, sowie den Verbrauch von Energieerzeugnissen und elektrischem Strom innerhalb des Betriebsgeländes eines Betriebes, der Kraftstoffe für die Erzeugung von elektrischem Strom herstellt, als nicht einen Steueranspruch begründenden Steuerentstehungstatbestand ansehen. Erfolgt der Verbrauch jedoch zu Zwecken, die nicht mit der Herstellung von Energieerzeugnissen im Zusammenhang stehen, und zwar insbesondere zum Antrieb von Fahrzeugen, so gilt dies als einen Steueranspruch begründender Steuerentstehungstatbestand.

(4) Die Mitgliedstaaten können ferner vorsehen, dass die Steuer auf Energieerzeugnisse und elektrischen Strom entsteht, wenn festgestellt wird, dass eine Voraussetzung für den Endverbrauch, die in den einzelstaatlichen Rechtsvorschriften für die Gewährung eines ermäßigten Steuersatzes oder einer Steuerbefreiung vorgesehen ist, nicht oder nicht mehr erfüllt wird.

(5) In Anwendung der Artikel 5 und 6 der Richtlinie 92/12/EWG werden für elektrischen Strom und Erdgas Steuern erhoben; diese entstehen zum Zeitpunkt der Lieferung durch den Verteiler oder Weiterverteiler. Erfolgt die Lieferung zum Verbrauch in einem Mitgliedstaat, in dem der Verteiler oder Weiterverteiler nicht niedergelassen ist, so ist die Steuer des Liefermitgliedstaats von einem Unternehmen zu entrichten, das in diesem Staat registriert sein muss. Die Steuer wird in allen Fällen nach den Verfahren des jeweiligen Mitgliedstaats erhoben und eingezogen.

Unbeschadet von Unterabsatz 1 haben die Mitgliedstaaten für den Fall, dass es keine Verbindung zwischen ihren Gasfernleitungen und denen anderer Mitgliedstaaten gibt, das Recht, den Steuerentstehungstatbestand festzulegen.

Eine Einheit, die elektrischen Strom zur eigenen Verwendung erzeugt, gilt als Verteiler. Unbeschadet des Artikels 14 Absatz 1 Buchstabe a) können die Mitgliedstaaten kleine Stromerzeuger von der Steuer befreien, sofern sie die zur Erzeugung dieses Stroms verwendeten Energieerzeugnisse besteuern.

In Anwendung der Artikel 5 und 6 der Richtlinie 92/12/EWG werden für Steinkohle, Koks und Braunkohle Steuern erhoben; diese entstehen zum Zeitpunkt der Lieferung durch Unternehmen, die zu diesem Zweck bei den zuständigen Behörden registriert sein müssen. Die genannten Behörden können es dem Erzeuger, dem Händler, dem Einführer oder einem Steuervertreter gestatten, anstelle der registrierten Unternehmens dessen steuerliche Verpflichtungen zu übernehmen. Die Steuer wird nach den Verfahren des jeweiligen Mitgliedstaats erhoben und eingezogen.

(6) Die Mitgliedstaaten brauchen folgende Vorgänge nicht als „Erzeugung von Energieerzeugnissen" zu behandeln:

a) Vorgänge, bei denen als Nebenprodukte kleinere Mengen an Energieerzeugnissen anfallen;
b) Vorgänge, durch die der Verwender eines Energieerzeugnisses dessen Wiederverwendung in seinem eigenen Unternehmen ermöglicht, sofern der Betrag der für dieses Erzeugnis bereits entrichteten Steuer nicht geringer ist als der Steuerbetrag, der zu entrichten wäre, wenn das wieder verwendete Energieerzeugnis erneut der Besteuerung unterliegen würde;
c) das bloße Mischen von Energieerzeugnissen untereinander oder mit anderen Stoffen außerhalb eines Herstellungsbetriebes oder eines Zolllagers, sofern
 i) die Steuer für die einzelnen Bestandteile zuvor entrichtet worden ist und
 ii) der entrichtete Betrag nicht niedriger ist als der Steuerbetrag, mit dem das Gemisch belastet würde.

Die in Ziffer i) genannte Bedingung gilt nicht, wenn für das Gemisch bei einer bestimmten Verwendung Steuerbefreiung gewährt wird.

### *Energiesteuer-Durchführungsverordnung*

### Zu § 23 des Gesetzes

#### § 49a Abgabe von sonstigen Energieerzeugnissen

[1]*Andere als in § 4 des Gesetzes genannte Energieerzeugnisse gelten als erstmals im Steuergebiet als Kraft- oder Heizstoff oder als Zusatz oder Verlängerungsmittel von Kraft- oder Heizstoffen abgegeben, wenn der Abgebende einen nach außen hin objektiv erkennbaren Willen offenbart, ein Energieerzeugnis zu den genannten Zwecken abzugeben.* [2]*Eine erstmalige Abgabe als Heizstoff im Sinn des § 23 Absatz 1 Satz 1 Nummer 1 des Gesetzes liegt bei Energieerzeugnissen nach § 1 Absatz 3 Satz 1 Nummer 2 des Gesetzes dann nicht vor, wenn die Energieerzeugnisse zur Abfallentsorgung ausgesondert oder geliefert werden und nicht ausdrücklich eine Bestimmung als Heizstoff vorgenommen wird.*

## § 50 Anzeige

*(1) Die Anzeige nach § 23 Absatz 4 Satz 1 des Gesetzes ist schriftlich bei dem für den Anzeigepflichtigen zuständigen Hauptzollamt zu erstatten.*

*(2) ¹In der Anzeige sind anzugeben: Name, Geschäfts- oder Wohnsitz, Rechtsform, die Steuernummer beim zuständigen Finanzamt und – falls erteilt – die Umsatzsteuer-Identifikationsnummer (§ 27a des Umsatzsteuergesetzes) sowie die Art der Energieerzeugnisse nach der Bezeichnung im Gesetz und die voraussichtliche Höhe der durchschnittlich in einem Kalendermonat entstehenden Steuer. ²Der Anzeige sind beizufügen:*

1. *ein Verzeichnis der Betriebsstätten im Steuergebiet nach § 12 der Abgabenordnung, aus oder in denen die Energieerzeugnisse abgegeben oder verwendet werden,*
2. *eine Darstellung der Mengenermittlung einschließlich der Messvorrichtungen,*
3. *von Unternehmen, die in das Handels-, Genossenschafts- oder Vereinsregister eingetragen sind, ein Registerauszug nach dem neuesten Stand,*
4. *gegebenenfalls eine Erklärung über die Bestellung eines Beauftragten nach § 214 der Abgabenordnung oder eines Betriebsleiters nach § 62 Abs. 1 des Gesetzes, in der dieser sein Einverständnis erklärt hat.*

*(3) ¹Auf Verlangen des Hauptzollamts hat der Anzeigepflichtige weitere Angaben zu machen, wenn sie zur Sicherung des Steueraufkommens oder für die Steueraufsicht erforderlich erscheinen. ²Es kann auf Angaben verzichten, soweit die Steuerbelange dadurch nicht beeinträchtigt werden.*

*(4) Eine Anzeige ist in den Fällen des § 23 Abs. 2 Nr. 1 und 2 des Gesetzes nicht erforderlich.*

## § 51 Pflichten, Steueraufsicht

*(1) ¹Der Anzeigepflichtige hat ein Belegheft zu führen. ²Das Hauptzollamt kann dazu Anordnungen treffen.*

*(2) ¹Der Anzeigepflichtige hat Aufzeichnungen zu führen, aus denen unter Angabe der für die Versteuerung maßgeblichen Merkmale ersichtlich sein müssen:*

1. *die Art und die Menge der als Kraft- oder Heizstoff oder als Zusatz oder Verlängerungsmittel von Kraft- oder Heizstoffen abgegebenen Energieerzeugnisse sowie der Tag der Abgabe; im Fall des § 23 Abs. 2 Nr. 3 des Gesetzes muss den Aufzeichnungen bei der Abgabe an ein Steuerlager zusätzlich die Bezeichnung und die Anschrift dieses Betriebs zu entnehmen sein,*
2. *die Art und die Menge der als Kraft- oder Heizstoff verwendeten Energieerzeugnisse, für die die Steuer nach § 23 Absatz 1 Satz 1 Nummer 2 des Gesetzes entstanden ist, sowie der Tag der Verwendung,*
3. *die Art und die Menge der Energieerzeugnisse, für die die Steuer nach § 23 Abs. 1 Satz 1 Nr. 3 oder Nr. 4 des Gesetzes entstanden ist, sowie der Tag der Abgabe oder der Verwendung,*
4. *die Art und die Menge der als Kraft- oder Heizstoff abgegebenen oder verwendeten Energieerzeugnisse, für die die Voraussetzungen eines Verfahrens zur Steuerbefreiung vorliegen, sowie im Fall der Abgabe den Namen und die Anschrift des Empfängers sowie dessen Bezugsberechtigung,*
5. *der Betrag der anzumeldenden und zu entrichtenden Steuer.*

*²Die Aufzeichnungen müssen so beschaffen sein, dass es einem sachverständigen Dritten innerhalb einer angemessenen Frist möglich ist, die Grundlagen für die Besteuerung festzustellen. ³Das Hauptzollamt kann weitere Aufzeichnungen vorschreiben oder besondere Anordnungen zu den Aufzeichnungen treffen, wenn dies zur Sicherung des Steueraufkommens oder für die Steueraufsicht erforderlich erscheint. ⁴Es kann einfachere Aufzeichnungen zulassen oder auf Aufzeichnungen verzichten, wenn die Steuerbelange dadurch nicht beeinträchtigt werden.*

*(3) Die mit der Steueraufsicht betrauten Amtsträger können für steuerliche Zwecke unentgeltlich Proben von Energieerzeugnissen zur Untersuchung entnehmen.*

*(4) Der Anzeigepflichtige hat dem Hauptzollamt Änderungen der nach § 50 Abs. 2 angegebenen Verhältnisse sowie Überschuldung, drohende oder eingetretene Zahlungsunfähigkeit, Zahlungseinstellung und Stellung des Antrags auf Eröffnung eines Insolvenzverfahrens unverzüglich schriftlich anzuzeigen, soweit das Hauptzollamt nicht darauf verzichtet.*

## Abschnitt 4 Steuerbefreiungen
### § 24 Begriffsbestimmungen, Erlaubnis

(1) ¹Verfahren der Steuerbefreiung sind die steuerfreie Verwendung und die steuerfreie Verteilung. ²Energieerzeugnisse, die nach den §§ 25 bis 29 steuerfrei verwendet werden dürfen, können zu diesen Zwecken steuerfrei abgegeben werden.

(2) ¹Wer Energieerzeugnisse steuerfrei in den Fällen der §§ 25 bis 29 verwenden will, bedarf der Erlaubnis als Verwender. ²Wer Energieerzeugnisse steuerfrei in den Fällen der §§ 25 bis 29 abgeben will, bedarf vorbehaltlich Absatz 3 der Erlaubnis als Verteiler.

(3) ¹Einer Erlaubnis als Verteiler bedarf nicht der Inhaber eines Steuerlagers, soweit er Energieerzeugnisse aus dem Steuerlager zu steuerfreien Zwecken abgibt. ²In diesem Fall befinden sich die Energieerzeugnisse mit der Entfernung aus dem Steuerlager im Verfahren der Steuerbefreiung des Empfängers.

(4) Inhabern einer Erlaubnis nach Absatz 2 kann auch die Ausfuhr und das Verbringen von Energieerzeugnissen aus dem Steuergebiet erlaubt werden, sofern Steuerbelange nicht beeinträchtigt sind.

(5) ¹Die Erlaubnis nach Absatz 2 und 4 wird auf Antrag unter Widerrufsvorbehalt Personen erteilt, gegen deren steuerliche Zuverlässigkeit keine Bedenken bestehen. ²Sie ist zu widerrufen, wenn die Voraussetzung nach Satz 1 nicht mehr erfüllt ist.

(6) ¹Der Erlaubnisinhaber hat die Energieerzeugnisse, soweit er sie in seinem Betrieb verwenden will, unverzüglich aufzunehmen. ²Die Energieerzeugnisse dürfen nur zu dem in der Erlaubnis genannten Zweck verwendet oder abgegeben werden.

### *EU-Vorgaben*

**RL 2003/96/EG Energiesteuerrichtlinie (Auszug)**
**Artikel 2**

(1) Als Energieerzeugnisse im Sinne dieser Richtlinie gelten die Erzeugnisse:
a) der KN-Codes 1507 bis 1518, die als Heiz- oder Kraftstoff verwendet werden;
b) der KN-Codes 2701, 2702 und 2704 bis 2715;
c) der KN-Codes 2901 bis 2902;
d) des KN-Codes 2905 11 00, die nicht von synthetischer Herkunft sind und die als Heiz- oder Kraftstoff verwendet werden;
e) des KN-Codes 3403;
f) des KN-Codes 3811;
g) des KN-Codes 3817;
h) des KN-Codes 3824 90 99, die als Heiz- oder Kraftstoff verwendet werden.

(2) Diese Richtlinie gilt ferner für folgendes Erzeugnis: Elektrischer Strom im Sinne des KN-Codes 2716.

(3) Zum Verbrauch als Heiz- oder Kraftstoff bestimmte oder als solche zum Verkauf angebotene bzw. verwendete andere Energieerzeugnisse als diejenigen, für die in dieser Richtlinie ein Steuerbetrag festgelegt wurde, werden je nach Verwendung zu dem für einen gleichwertigen Heiz- oder Kraftstoff erhobenen Steuersatz besteuert.

Neben den in Absatz 1 genannten steuerbaren Erzeugnissen sind alle zur Verwendung als Kraftstoff oder als Zusatz oder Verlängerungsmittel von Kraftstoffen bestimmten oder als solche zum Verkauf angebotenen bzw. verwendeten Erzeugnisse zu dem für einen gleichwertigen Kraftstoff erhobenen Steuersatz zu besteuern.

Neben den in Absatz 1 genannten steuerbaren Erzeugnissen wird mit Ausnahme von Torf jeder andere Kohlenwasserstoff, der zum Verbrauch zu Heizzwecken bestimmt ist oder als solcher zum Verbrauch angeboten bzw. verwendet wird, zu dem für ein gleichwertiges Energieerzeugnis erhobenen Steuersatz besteuert.

(4) Diese Richtlinie gilt nicht für:

a) die Endenergiebesteuerung der Wärme und für die Besteuerung von Erzeugnissen der KN-Codes 4401 und 4402.

b) für folgende Verwendungen von Energieerzeugnissen und elektrischem Strom:
   - für Energieerzeugnisse, die für andere Zwecke als als Heiz- oder Kraftstoff verwendet werden;
   - für Energieerzeugnisse mit zweierlei Verwendungszweck;
   
   Ein Energieerzeugnis hat dann zweierlei Verwendungszweck, wenn es sowohl als Heizstoff als auch für andere Zwecke als als Heiz- oder Kraftstoff verwendet wird. Die Verwendung von Energieerzeugnissen bei der chemischen Reduktion, bei Elektrolysen und bei Prozessen in der Metallindustrie ist als zweierlei Verwendungszweck anzusehen.
   
   - für elektrischen Strom, der hauptsächlich für die Zwecke der chemischen Reduktion, bei der Elektrolyse und bei Prozessen in der Metallindustrie verwendet wird;
   - für elektrischen Strom, wenn er mehr als 50 % der Kosten für ein Erzeugnis ausmacht. Die Kosten eines Erzeugnisses errechnen sich durch die Addition der insgesamt erworbenen Waren und Dienstleistungen sowie der Personalkosten zuzüglich der Abschreibungen auf Ebene des Betriebs im Sinne von Artikel 11. Dabei werden die durchschnittlichen Kosten pro Einheit berechnet. Die „Kosten des elektrischen Stroms" werden bestimmt durch den tatsächlich gezahlten Strompreis oder die Kosten für die Stromerzeugung, wenn der Strom im Betrieb gewonnen wird;
   - für mineralogische Verfahren;
   
   Als mineralogische Verfahren gelten Verfahren, die gemäß der Verordnung (EWG) Nr. 3037/90 des Rates vom 9. Oktober 1990 betreffend die statistische Systematik der Wirtschaftszweige in der Europäischen Gemeinschaft (1) unter die NACE-Klasse DI 26 „Verarbeitung nicht-metallischer Mineralien" fallen. Für diese Energieerzeugnisse gilt jedoch Artikel 20.

(5) Die in dieser Richtlinie genannten Codes der Kombinierten Nomenklatur beziehen sich auf die gemäß der Verordnung (EG) Nr. 2031/2001 der Kommission vom 6. August 2001 zur Änderung des Anhangs I der Verordnung (EWG) Nr. 2658/87 des Rates über die zolltarifliche und statistische Nomenklatur sowie den Gemeinsamen Zolltarif geltende Fassung.

Einmal jährlich wird nach dem in Artikel 27 genannten Verfahren eine Entscheidung über die Aktualisierung der Codes der Kombinierten Nomenklatur für die in dieser Richtlinie genannten Erzeugnisse getroffen. Diese Entscheidung darf nicht dazu führen, dass die Mindeststeuersätze nach dieser Richtlinie geändert werden oder dass Energieerzeugnisse oder elektrischer Strom zu der Liste hinzugefügt oder daraus gestrichen werden.

## *Energiesteuer-Durchführungsverordnung*
### *Zu den §§ 24 bis 30 des Gesetzes*

### § 52 Antrag auf Erlaubnis als Verwender oder Verteiler

*(1) ¹Die Erlaubnis als Verwender nach § 24 Absatz 2 Satz 1 des Gesetzes und die Erlaubnis als Verteiler nach § 24 Absatz 2 Satz 2 des Gesetzes sind, soweit sie nicht allgemein erteilt sind (§ 55), bei dem für den Verwender oder den Verteiler zuständigen Hauptzollamt schriftlich zu beantragen. ²In den Fällen des § 27 Abs. 2 Nr. 1 des Gesetzes ist der Antrag nach amtlich vorgeschriebenem Vordruck abzugeben.*

*(2) ¹In dem Antrag sind die Art der Energieerzeugnisse nach der Bezeichnung im Gesetz und der Verwendungszweck anzugeben; dabei ist auch anzugeben, ob gleichartige versteuerte Energieerzeugnisse gehandelt, gelagert oder verwendet werden. ²Dem Antrag sind beizufügen:*

1. *eine Beschreibung der Betriebs- und Lagerräume und der mit ihnen in Verbindung stehenden oder an sie angrenzenden Räume sowie in zweifacher Ausfertigung ein Plan der Betriebsanlage, in dem die Lagerstätte für die Energieerzeugnisse kenntlich gemacht ist,*
2. *eine Betriebserklärung, in der die Verwendung der Energieerzeugnisse genau beschrieben ist; darin ist anzugeben, ob und wie bei der Verwendung nicht aufgebrauchte Energieerzeugnisse weiter verwendet werden sollen sowie ob bei der Verwendung Energieerzeugnisse gewonnen oder wiedergewonnen werden und wie sie verwendet werden sollen,*
3. *eine Darstellung der Buchführung über die Verwendung oder Verteilung der steuerfreien Energieerzeugnisse,*
4. *in den Fällen des § 27 Abs. 2 Nr. 1 des Gesetzes*
   a) *in den Fällen einer gewerbsmäßigen Beförderung von Personen oder Sachen die erforderliche Genehmigung als Luftfahrtunternehmen, alle nachträglichen Änderungen und alle auf das Un-*

ternehmen bezogenen Verfügungen der Luftfahrtbehörde, in anderen Fällen eine Beschreibung des Gegenstands des Dienstleistungsbetriebs und ein Nachweis der Gewerbsmäßigkeit,

    b) eine Erklärung, in der anzugeben ist, welche Luftfahrzeuge, gegliedert nach Luftfahrzeugmuster und Kennzeichen, ausschließlich zu steuerfreien Zwecke nach § 27 Abs. 2 Nr. 1 des Gesetzes eingesetzt werden sollen,

    c) der Nachweis der Nutzungsberechtigung und

    d) die Lufttüchtigkeitszeugnisse der Luftfahrzeuge,

5. in den Fällen des § 27 Abs. 2 Nr. 2, 3 und Abs. 3 des Gesetzes die Genehmigung des Luftfahrt-Bundesamts, der zuständigen Europäischen Agentur für Flugsicherheit oder des Bundesamts für Wehrtechnik und Beschaffung,

6. von Unternehmen, die in das Handels-, Genossenschafts- oder Vereinsregister eingetragen sind, ein Registerauszug nach dem neuesten Stand,

7. gegebenenfalls eine Erklärung über die Bestellung eines Beauftragten nach § 214 der Abgabenordnung oder eines Betriebsleiters nach § 62 Abs. 1 des Gesetzes, in der dieser sein Einverständnis erklärt hat.

(3) ¹Der Antragsteller hat auf Verlangen des Hauptzollamts weitere Angaben zu machen, wenn sie für die Steueraufsicht erforderlich erscheinen. ²Das Hauptzollamt kann auf Angaben verzichten, soweit die Steuerbelange dadurch nicht beeinträchtigt werden.

(4) Wer als Erlaubnisinhaber steuerfreie Energieerzeugnisse aus dem Steuergebiet verbringen will, hat die Erlaubnis nach § 24 Abs. 4 des Gesetzes, soweit sie nicht allgemein erteilt ist, schriftlich bei dem für ihn zuständigen Hauptzollamt zu beantragen.

## § 53 Erteilung der Erlaubnis

¹Das Hauptzollamt erteilt schriftlich die Erlaubnis nach § 52 Abs. 1 oder Abs. 4 (förmliche Einzelerlaubnis) und stellt einen Erlaubnisschein als Nachweis der Bezugsberechtigung aus. ²Die Erlaubnis kann mit Nebenbestimmungen nach § 120 Absatz 2 der Abgabenordnung verbunden werden.

## § 54 Erlöschen der Erlaubnis

(1) Die förmliche Einzelerlaubnis erlischt

1. durch Widerruf,
2. durch Verzicht,
3. durch Fristablauf,
4. durch Übergabe des Betriebs an Dritte,
5. durch Tod des Erlaubnisinhabers,
6. durch Auflösung der juristischen Person oder Personenvereinigung ohne Rechtspersönlichkeit, der die Erlaubnis erteilt worden ist,
7. durch Eröffnung des Insolvenzverfahrens über das Vermögen des Erlaubnisinhabers oder durch Abweisung der Eröffnung mangels Masse

im Zeitpunkt des maßgebenden Ereignisses, soweit die Absätze 2, 3 und 5 nichts anderes bestimmen.

(2) ¹Beantragen in den Fällen des Absatzes 1 Nr. 5 bis 7 die Erben, die Liquidatoren oder der Insolvenzverwalter innerhalb von drei Monaten nach dem maßgebenden Ereignis die Fortführung des Betriebs bis zu seinem endgültigen Übergang auf einen anderen Inhaber oder bis zur Abwicklung des Betriebs, gilt die Erlaubnis für die Rechtsnachfolger oder die anderen Antragsteller entgegen Absatz 1 fort. ²Sie erlischt nicht vor Ablauf einer angemessenen Frist, die das Hauptzollamt festsetzt. ³Absatz 1 Nr. 1 bleibt unberührt.

(3) ¹Beantragen in den Fällen des Absatzes 1 Nr. 4 und 5 der neue Inhaber oder die Erben innerhalb von drei Monaten nach dem maßgebenden Ereignis eine neue Erlaubnis, gilt die Erlaubnis des Rechtsvorgängers für die Antragsteller entgegen Absatz 1 fort. ²Sie erlischt nicht vor Eintritt der Rechtskraft der Entscheidung über den Antrag. ³Absatz 1 Nr. 1 bleibt unberührt.

(4) Macht der Erlaubnisinhaber innerhalb eines Zeitraums von zwei Jahren keinen Gebrauch von der Erlaubnis, ist die Erlaubnis zu widerrufen.

(5) Soll im Fall des Absatzes 1 Nr. 3 ein beim Ablauf der Frist vorhandener Bestand an Energieerzeugnissen noch aufgebraucht werden, kann dafür das Hauptzollamt die Gültigkeitsfrist der Erlaubnis auf Antrag angemessen verlängern.

*(6) In den Fällen des Absatzes 1 Nr. 2 und 4 bis 7 haben der Erlaubnisinhaber den Nichtgebrauch, der neue Inhaber die Übergabe des Betriebs, die Erben den Tod des Erlaubnisinhabers, die Liquidatoren und der Insolvenzverwalter jeweils die Eröffnung des Insolvenzverfahrens oder die Abweisung der Eröffnung des Insolvenzverfahrens dem Hauptzollamt unverzüglich schriftlich anzuzeigen.*

### § 55 Allgemeine Erlaubnis
*Unter Verzicht auf eine förmliche Einzelerlaubnis werden nach Maßgabe der Anlage 1 zu dieser Verordnung die Verwendung und die Verteilung von steuerfreien Energieerzeugnissen sowie das Verbringen von steuerfreien Energieerzeugnissen aus dem Steuergebiet allgemein erlaubt.*

### § 56 Pflichten des Erlaubnisinhabers, Steueraufsicht
*(1) ¹Die Lagerstätte für steuerfreie Energieerzeugnisse ist möglichst in einem besonderen Raum unterzubringen. ²Sie bedarf der Zulassung durch das Hauptzollamt.*

*(2) ¹Der Erlaubnisinhaber hat ein Belegheft zu führen. ²Das Hauptzollamt kann dazu Anordnungen treffen.*

*(3) ¹Der Erlaubnisinhaber hat ein Verwendungsbuch nach amtlich vorgeschriebenem Vordruck zu führen. ²Das Hauptzollamt kann dazu Anordnungen treffen. ³Der Erlaubnisinhaber hat auf Verlangen des Hauptzollamts weitere Aufzeichnungen zu führen, wenn Steuerbelange dies erfordern. ⁴Das Hauptzollamt kann anstelle des Verwendungsbuchs betriebliche Aufzeichnungen zulassen, wenn die Steuerbelange dadurch nicht beeinträchtigt werden. ⁵Inhaber von Herstellungsbetrieben, die Energieerzeugnisse im eigenen Herstellungsbetrieb steuerfrei verwenden, haben den Verbleib der Energieerzeugnisse nur im Herstellungsbuch nachzuweisen. ⁶Verteiler haben dem Hauptzollamt auf Verlangen Zusammenstellungen über die Abgabe von Energieerzeugnissen zu steuerfreien Zwecken an bestimmte Empfänger vorzulegen.*

*(4) ¹Das Verwendungsbuch ist spätestens zwei Monate nach Erlöschen der Erlaubnis abzuschließen. ²Der Erlaubnisinhaber hat dem Hauptzollamt auf Verlangen das abgeschlossene Verwendungsbuch abzuliefern.*

*(5) Der Erlaubnisinhaber hat dem zuständigen Hauptzollamt bis zum 15. Februar jeden Jahres andere als die in § 28 des Gesetzes genannten Energieerzeugnisse anzumelden, die er im abgelaufenen Kalenderjahr*

1. *als Verwender bezogen,*
2. *als Verteiler zu den in der Anlage 1 aufgeführten steuerfreien Zwecken abgegeben oder*
3. *als ¹Verwender oder Verteiler aus dem Steuergebiet verbracht oder ausgeführt hat. ²Das Hauptzollamt kann Ausnahmen zulassen.*

*(6) ¹Der Erlaubnisinhaber hat einmal im Kalenderjahr den Bestand an steuerfreien Energieerzeugnissen aufzunehmen und ihn gleichzeitig mit dem Sollbestand dem Hauptzollamt spätestens sechs Wochen nach der Bestandsaufnahme nach amtlich vorgeschriebenem Vordruck anzumelden. ²Der Erlaubnisinhaber hat den Zeitpunkt der Bestandsaufnahme dem Hauptzollamt drei Wochen vorher anzuzeigen. ³Das Hauptzollamt kann auf die Bestandsaufnahme, die Anmeldung und die Anzeige verzichten, wenn die Steuerbelange dadurch nicht beeinträchtigt werden. ⁴Die mit der Steueraufsicht betrauten Amtsträger können an der Bestandsaufnahme teilnehmen.*

*(7) ¹Auf Anordnung des Hauptzollamts sind die Bestände amtlich festzustellen. ²Dazu hat der Erlaubnisinhaber das Verwendungsbuch oder die an seiner Stelle zugelassenen Aufzeichnungen aufzurechnen und auf Verlangen des Hauptzollamts die Bestände nach amtlich vorgeschriebenem Vordruck anzumelden. ³Der Erlaubnisinhaber hat auf Verlangen des Hauptzollamts auch andere Energieerzeugnisse, mit denen er handelt, die er lagert oder verwendet, oder auch andere Stoffe in die Bestandsaufnahme oder Anmeldung einzubeziehen.*

*(8) Treten Verluste an steuerfreien Energieerzeugnissen ein, die die betriebsüblichen unvermeidbaren Verluste übersteigen, hat der Erlaubnisinhaber dies dem Hauptzollamt unverzüglich anzuzeigen.*

*(9) Die mit der Steueraufsicht betrauten Amtsträger können für steuerliche Zwecke unentgeltlich Proben von Energieerzeugnissen und von den steuerfrei hergestellten Erzeugnissen zur Untersuchung entnehmen.*

*(10) ¹Der Erlaubnisinhaber hat dem Hauptzollamt Änderungen der nach § 52 Abs. 2 angegebenen Verhältnisse unverzüglich schriftlich anzuzeigen. ²Versteuert der Erlaubnisinhaber Energieerzeugnisse nach § 61, hat er dem Hauptzollamt außerdem Überschuldung, drohende oder eingetretene Zahlungsunfähigkeit, Zahlungseinstellung und Stellung des Antrags auf Eröffnung eines Insolvenzverfahrens unverzüglich schriftlich anzuzeigen.*

*(11) Der Erlaubnisinhaber hat den Erlaubnisschein dem Hauptzollamt unverzüglich zurückzugeben, wenn die Erlaubnis erlischt (§ 54) oder die Verwendung oder Verteilung von steuerfreien Energieerzeugnissen eingestellt wird.*

*(12) ¹Geht der Erlaubnisschein verloren, hat der Erlaubnisinhaber dies dem Hauptzollamt unverzüglich anzuzeigen. ²Das Hauptzollamt stellt auf Antrag einen neuen Erlaubnisschein aus, es sei denn, die Erlaubnis ist zu widerrufen.*

*(13) ¹Die Absätze 1 bis 7 und 10 bis 12 gelten nicht für den Inhaber einer allgemeinen Erlaubnis (§ 55). ²Das zuständige Hauptzollamt kann jedoch Überwachungsmaßnahmen anordnen, wenn sie zur Sicherung der Steuerbelange erforderlich erscheinen. ³Insbesondere kann es anordnen, dass*

1. *der Inhaber der allgemeinen Erlaubnis über den Bezug, die Verwendung und die Abgabe der steuerfreien Energieerzeugnisse Aufzeichnungen führt und sie dem Hauptzollamt vorlegt und*
2. *die Bestände amtlich festzustellen sind.*

### § 57 Bezug und Abgabe von steuerfreien Energieerzeugnissen

*(1) Werden steuerfreie Energieerzeugnisse aus einem Steuerlager an einen Erlaubnisinhaber abgegeben, hat der Inhaber des abgebenden Steuerlagers vorbehaltlich des § 45 die einzelnen Lieferungen durch Empfangsbestätigungen des Empfängers oder mit Zulassung des Hauptzollamts durch betriebliche Versandpapiere nachzuweisen, die den Namen und die Anschrift des Empfängers sowie Art, Menge und steuerlichen Zustand der Energieerzeugnisse und den Zeitpunkt der Lieferung enthalten.*

*(2) (weggefallen)*

*(3) Der Versender hat die abgegebenen Energieerzeugnisse unverzüglich in das Herstellungs- oder Lagerbuch einzutragen oder in den an ihrer Stelle zugelassenen Aufzeichnungen zu erfassen.*

*(4) ¹Der Versender darf steuerfreie Energieerzeugnisse nur übergeben, wenn ihm oder seinem Beauftragten ein gültiger Erlaubnisschein des Empfängers vorliegt oder spätestens bei der Übergabe vorgelegt wird. ²Bei Liefergeschäften über einen oder mehrere Verteiler (Zwischenhändler), die die Energieerzeugnisse nicht selbst in Besitz nehmen (Streckengeschäft), genügt die Vorlage des gültigen Erlaubnisscheins des ersten Zwischenhändlers beim Versender, wenn jedem Zwischenhändler der gültige Erlaubnisschein des nachfolgenden Zwischenhändlers und dem letzten Zwischenhändler der gültige Erlaubnisschein des Empfängers vorliegt.*

*(5) ¹Sollen Energieerzeugnisse im Anschluss an die Einfuhr in den Betrieb eines Erlaubnisinhabers befördert werden, ist dies mit der Zollanmeldung schriftlich zu beantragen. ²Dem Antrag ist der Erlaubnisschein beizufügen, soweit die Erlaubnis nicht allgemein erteilt ist.*

*(6) (weggefallen)*

*(7) ¹Der Erlaubnisinhaber hat steuerfreie Energieerzeugnisse, die er in Besitz genommen hat, unverzüglich in das Verwendungsbuch einzutragen oder in den an seiner Stelle zugelassenen Aufzeichnungen zu erfassen. ²Mit der Inbesitznahme gelten die Energieerzeugnisse als in den Betrieb aufgenommen.*

*(8) ¹Das Hauptzollamt kann auf Antrag zulassen, dass steuerfreie Energieerzeugnisse zusammen mit anderen gleichartigen Energieerzeugnissen gelagert werden, wenn dafür ein Bedürfnis besteht, Steuerbelange nicht gefährdet werden und Steuervorteile nicht entstehen. ²Das Gemisch wird in diesem Fall so behandelt, als ob die Energieerzeugnisse getrennt gehalten worden wären. ³Die entnommenen Energieerzeugnisse werden je nach Wahl des Erlaubnisinhabers als aus einem der Gemischanteile stammend behandelt.*

*(9) Für die Verteilung von steuerfreien Energieerzeugnissen gelten die Absätze 1 bis 4 sinngemäß.*

*(10) ¹Wer als Erlaubnisinhaber steuerfreie Energieerzeugnisse nach § 4 des Gesetzes in ein Drittland ausführen will, hat das vereinfachte Begleitdokument auszufertigen. ²Dies gilt für Energieerzeugnisse der Unterpositionen 2710 11 21, 2710 11 25 und 2710 19 29 der Kombinierten Nomenklatur jedoch nur, soweit sie als lose Ware ausgeführt werden. ³An die Stelle des Empfängers tritt die Zollstelle, bei der die Energieerzeugnisse das Verbrauchsteuergebiet der Europäischen Gemeinschaft verlassen. ⁴Der Beförderer hat die zweite und dritte Ausfertigung des vereinfachten Begleitdokuments bei der Beförderung der Energieerzeugnisse mitzuführen.*

*(11) ¹Werden die Energieerzeugnisse von einer Eisenbahngesellschaft, einem Postdienst oder einer Luftverkehrsgesellschaft im Rahmen eines durchgehenden Beförderungsvertrags zur Beförderung aus dem Verbrauchsteuergebiet der Europäischen Gemeinschaft übernommen, gelten die Energieerzeugnisse vorbehaltlich gegenteiliger Feststellung mit der Bestätigung der Übernahme als ausgeführt. ²Wird der Beförderungsvertrag mit der Folge geändert, dass eine Beförderung, die außerhalb des Verbrauchsteuergebiets der Europäischen Gemeinschaft enden sollte, innerhalb dieses Gebiets endet, erteilt die zuständige Zollstelle (Ausgangszollstelle im Sinne des Artikels 793 Abs. 2 Buchstabe a der Zollkodex-*

*DV § 57, Anlage 1* **§ 24**

*Durchführungsverordnung) die Zustimmung zur Änderung nach Artikel 796 Abs. 2 der Zollkodex-Durchführungsverordnung nur, wenn gewährleistet ist, dass die Energieerzeugnisse im Verbrauchsteuergebiet der Europäischen Gemeinschaft ordnungsgemäß steuerlich erfasst werden.*

*(12) ¹Der Erlaubnisinhaber hat im Fall des Absatzes 11 den Inhalt der Sendung auf dem Beförderungspapier gut sichtbar mit der Kurzbezeichnung „VSt" als verbrauchsteuerpflichtige Ware zu kennzeichnen, die Sendung in ein Eisenbahn-, Post- oder Luftfrachtausgangsbuch nach amtlich vorgeschriebenem Vordruck einzutragen und das Buch dem Beförderer zur Bestätigung der Übernahme der Sendung vorzulegen. ²Das Hauptzollamt kann anstelle des Eisenbahn-, Post- oder Luftfrachtausgangsbuchs andere Aufzeichnungen zulassen, wenn die Steuerbelange dadurch nicht gefährdet werden.*

*(13) Das Hauptzollamt kann den Erlaubnisinhaber auf Antrag von dem Verfahren nach Absatz 10 oder Absatz 11 freistellen, wenn die Energieerzeugnisse unmittelbar ausgeführt werden und die Ausfuhr der Energieerzeugnisse nach dem Ermessen des Hauptzollamts zweifelsfrei nachgewiesen werden kann.*

*(14) Das Bundesministerium der Finanzen kann zulassen, dass andere als die in § 2 Absatz 1 Nummer 1 bis 5 und 8 des Gesetzes genannten Energieerzeugnisse oder Energieerzeugnisse, deren Verwendung, Verteilung oder Verbringen und Ausfuhr aus dem Steuergebiet allgemein erlaubt ist, unter Verzicht auf das Verfahren nach Absatz 10 oder Absatz 11 ausgeführt werden, wenn die Steuerbelange dadurch nicht beeinträchtigt werden.*

*(15) ¹Der Erlaubnisinhaber hat die nach den Absätzen 10 bis 14 aus dem Steuergebiet verbrachten oder ausgeführten Energieerzeugnisse unverzüglich in das Verwendungsbuch einzutragen oder in den an seiner Stelle zugelassenen Aufzeichnungen zu erfassen.*

*(16) Der Erlaubnisinhaber darf die steuerfreien Energieerzeugnisse*

*1. an den Versender oder Verteiler zurückgeben,*

*2. unmittelbar oder über eine abfallrechtlich genehmigte Sammelstelle in ein Steuerlager verbringen oder*

*3. an andere Personen nur abgeben, wenn dies durch das Hauptzollamt zugelassen worden ist.*

*²Die Absätze 1 bis 3 gelten sinngemäß.*

*(17) Die Absätze 4 und 7 Satz 1 sowie die Absätze 9 und 15 gelten nicht für den Inhaber einer allgemeinen Erlaubnis.*

**Anlage 1 (zu den §§ 55, 74 und 84a) Verzicht auf förmliche Einzelerlaubnis**
*(Fundstelle: BGBl. I 2011, 1902 – 1904)*

*Die Verwendung und die Verteilung von steuerfreien Energieerzeugnissen oder das Verbringen und die Ausfuhr aus dem Steuergebiet ist in den nachstehenden Fällen unter Verzicht auf eine förmliche Einzelerlaubnis allgemein erlaubt:*

| Nr. | a) Art des Energieerzeugnisses b) Personenkreis | Begünstigung | Voraussetzungen |
|---|---|---|---|
| 1 | a) Flüssiggase | | |
| 1.1 | a) Flüssiggase der Unterposition 2711 14 00 der Kombinierten Nomenklatur (KN) b) Verteiler, Verwender | Verteilung und Verwendung zu steuerfreien Zwecken nach § 25 Absatz 1 des Gesetzes, ausgenommen zur Herstellung von Kraft- oder Heizstoffen | Jeder Lieferer hat die in die Hand des Empfängers übergehenden Rechnungen, Lieferscheine, Lieferverträge oder dergleichen mit folgendem Hinweis zu versehen: „Steuerfreies Energieerzeugnis! Darf nicht als Kraft- oder Heizstoff oder zur Herstellung solcher Stoffe verwendet werden!" |
| 1.2 | a) wie Nummer 1 b) Beförderer, Empfänger | Beförderung | nicht entleerbare Restmengen in Druckbehältern von Tankwagen, Kesselwagen und Schiffen |

367

## § 24 DV Anlage 1

| Nr. | a) Art des Energieerzeugnisses b) Personenkreis | Begünstigung | Voraussetzungen |
|---|---|---|---|
| 2 | a) Spezialbenzine der Unterpositionen 2710 11 21 und 2710 11 25 und entsprechende Erzeugnisse der Unterpositionen 2707 10 bis 2707 30 und 2707 50 der KN; mittelschwere Öle der Position 2710 und entsprechende Erzeugnisse der Unterpositionen 2707 10 bis 2707 30 und 2707 50 der KN; Gasöle der Position 2710 der KN; Energieerzeugnisse der Unterpositionen 2901 10 und 2902 20 bis 2902 44 der KN; Energieerzeugnisse mit Pharmakopoe- oder Analysenbezeichnung | | |
| 2.1 | a) wie Nummer 2 b) Verteiler, Verwender | Verteilung und Verwendung nach § 25 Absatz 1 des Gesetzes als Schmierstoffe (auch zur Herstellung von Zweitaktergemischen), Formenöl, Stanzöl, Schalungs- und Entschalungsöl, Trennmittel, Gaswaschöl, Rostlösungs- und Korrosionsschutzmittel, Konservierungs- und Entkonservierungsmittel, Reinigungsmittel, Bindemittel, Presswasserzusatz, Imprägniermittel, Isolieröl und – mittel, Fußboden-, Leder- und Hufpflegemittel, Weichmacher – auch zur Plastifizierung der Beschichtungsmassen von Farbschichtenpapier –, Saturierungs- und Schaumdämpfungsmittel, Schädlingsbekämpfungs- und Pflanzenschutzmittel oder Trägerstoffe dafür, Vergüteöl, Materialbearbeitungsöl, Brünierungsöl, Wärmeübertragungsöl und Wärmeträgeröl, Hydrauliköl, Dichtungsschmieren, Tränköl, Schmälz-, Hechel- und Batschöl, Textil- und Lederhilfsmittel, Prüföl für Einspritzpumpen | Jeder Lieferer hat die in die Hand des Empfängers übergehenden Rechnungen, Lieferscheine, Lieferverträge oder dergleichen mit folgendem Hinweis zu versehen: „Steuerfreie Energieerzeugnis! Darf nicht als Kraft- oder Heizstoff oder zur Herstellung solcher Stoffe verwendet werden!" Bei Packungen für den Einzelverkauf genügt der Hinweis auf den inneren Umschließungen. Er kann bei Packungen bis zu 5 l oder 5 kg entfallen. |

## DV Anlage 1 § 24

| Nr. | a) Art des Energieerzeugnisses b) Personenkreis | Begünstigung | Voraussetzungen |
|---|---|---|---|
| 2.2 | a) wie Nummer 2<br>b) Verteiler, Verwender | Verteilung und Verwendung zu anderen als den in Nummer 2.1 genannten, nach § 25 Absatz 1 des Gesetzes steuerfreien Zwecken, ausgenommen zur Herstellung von Kraft- oder Heizstoffen | Gasöl in Ampullen bis zu 250 ccm; andere in handelsüblichen Behältern bis zu 220 l Nenninhalt. Jeder Lieferer hat die in die Hand des Empfängers übergehenden Rechnungen, Lieferscheine, Lieferverträge oder dergleichen mit folgendem Hinweis zu versehen: „Steuerfreies Energieerzeugnis! Darf nicht als Kraft- oder Heizstoff oder zur Herstellung solcher Stoffe verwendet werden!" Bei Packungen für den Einzelverkauf genügt der Hinweis auf den inneren Umschließungen. Er kann bei Packungen bis zu 5 l oder 5 kg entfallen. |
| 3 | a) Energieerzeugnisse nach § 27 Absatz 1 des Gesetzes und verflüssigtes Erdgas der Unterposition 2711 11 der KN | Verwendung für die Schifffahrt nach § 27 Absatz 1 Satz 1 Nummer 1 des Gesetzes; auch bei Instandhaltungen nach § 27 Absatz 1 Satz 1 Nummer 2 des Gesetzes; jeweils auch in Verbindung mit § 44 Absatz 2b des Gesetzes | |
| 3.1 | a) wie Nummer 3<br>b) Nutzungsberechtigte nach § 60 Absatz 3 | Verwendung in Wasserfahrzeugen ausschließlich zu den in Nummer 3 genannten Zwecken auf Meeresgewässern; ausgenommen sind Wasserfahrzeuge der Position 8903 der KN und Wasserfahrzeuge der Position 8905 der KN, auf denen die in § 60 Absatz 1 Nummer 2 genannten Arbeitsmaschinen betrieben werden | Die Energieerzeugnisse müssen sich in Tankanlagen befinden, die mit dem Wasserfahrzeug fest verbunden sind. |
| 3.2 | a) wie Nummer 3<br>b) Nutzungsberechtigte nach § 60 Absatz 3; mit Ausnahme der Haupterwerbsfischer | Verwendung in Wasserfahrzeugen ausschließlich zu den in Nummer 3 genannten Zwecken auf Binnengewässern; ausgenommen sind Wasserfahrzeuge der Position 8903 der KN und Wasserfahrzeuge der Position 8905 der KN, auf denen die in § 60 Absatz 1 Nummer 2 genannten Arbeitsmaschinen betrieben werden | Die Energieerzeugnisse müssen sich in Tankanlagen befinden, die mit dem Wasserfahrzeug fest verbunden sind. |

| Nr. | a) Art des Energieerzeugnisses b) Personenkreis | Begünstigung | Voraussetzungen |
|---|---|---|---|
| 3.3 | a) wie Nummer 3 b) Bundeswehr sowie in- und ausländische Behördenschiffe | Verwendung für die Schifffahrt, ausschließlich für dienstliche Zwecke, ausgenommen sind Wasserfahrzeuge der Position 8905 der KN, auf denen die in § 60 Absatz 1 Nummer 2 genannten Arbeitsmaschinen betrieben werden | |
| 4 | a) Flugbenzin und Flugturbinenkraftstoff nach § 27 Absatz 2 des Gesetzes | Verwendung für die Luftfahrt nach § 27 Absatz 2 Nummer 1 des Gesetzes, auch bei Instandhaltungen nach § 27 Absatz 2 Nummer 2 des Gesetzes | |
| 4.1 | a) wie Nummer 4 b) Nutzungsberechtigte nach § 60 Absatz 4 | Verwendung in Luftfahrzeugen mit einem Höchstgewicht von mehr als 12 t, ausschließlich zu den in Nummer 4 genannten Zwecken | Die Energieerzeugnisse müssen sich in Tankanlagen befinden, die mit dem Luftfahrzeug fest verbunden sind. |
| 4.2 | a) wie Nummer 4 b) Luftrettungsdienste | Verwendung für Primär- und Sekundäreinsätze der Luftrettung | |
| 4.3 | a) wie Nummer 4 b) Bundeswehr sowie in- und ausländische Behörden | Verwendung für die Luftfahrt, ausschließlich für dienstliche Zwecke | |
| 5 | a) gasförmige Kohlenwasserstoffe nach § 28 Satz 1 Nummer 1 des Gesetzes und Energieerzeugnisse der Position 2705 der KN b) Verteiler, Verwender | Verteilung und Verwendung zu steuerfreien Zwecken nach § 28 des Gesetzes | Jeder Lieferer hat die in die Hand des Empfängers übergehenden Rechnungen, Lieferscheine, Lieferverträge oder dergleichen mit folgendem Hinweis zu versehen: „Steuerfreies Energieerzeugnis! Darf nicht als Kraftstoff verwendet werden, es sei denn, eine solche Verwendung ist nach dem Energiesteuergesetz oder der Energiesteuer-Durchführungsverordnung zulässig. Jede andere Verwendung als Kraftstoff hat steuer- und strafrechtliche Folgen! In Zweifelsfällen wenden Sie sich bitte an Ihr zuständiges Hauptzollamt. " |
| 6 | a) Erdgas, das beim Kohleabbau aufgefangen wird b) Verwender | Verwendung zu steuerfreien Zwecken nach § 44 Absatz 2a des Gesetzes | |

## § 24 DV Anlage 1

| Nr. | a) Art des Energieerzeugnisses b) Personenkreis | Begünstigung | Voraussetzungen |
|---|---|---|---|
| 7 | a) Heizöle der Position 2710 der KN<br>b) Beförderer | Beförderung | Nicht entleerbare Restmengen (sog. Slops) in Tankschiffen. Die Restmengen sind unter der Bezeichnung „Slop" im Schiffsbedarfsbuch aufzuführen. Sie können bei den nach dem Kreislaufwirtschaftsgesetz genehmigten oder zugelassenen Sammelstellen oder Abfallentsorgungsanlagen abgeliefert werden. Die Empfangsbescheinigung ist dem Schiffsbedarfsbuch beizufügen. Die Unterlagen sind den Bediensteten der Zollverwaltung auf Verlangen vorzulegen. Das Verbringen aus dem Steuergebiet steht dem Abliefern gleich. |
| 8 | a) Kohle<br>b) Verwender | Verwendung zu steuerfreien Zwecken nach § 37 Absatz 2 Satz 1 Nummer 1 des Gesetzes | Jeder Lieferer hat die in die Hand des Empfängers übergehenden Rechnungen, Lieferscheine, Lieferverträge oder dergleichen mit folgendem Hinweis zu versehen: „Steuerfreie Kohle! Darf nicht als Kraft- oder Heizstoff oder zur Herstellung solcher Stoffe verwendet werden!" |
| 9 | a) alle Energieerzeugnisse nach § 1 Absatz 2 und 3 des Gesetzes, ausgenommen Erdgas<br>b) Verteiler, Verwender | Verwendung als Probe nach § 25 Absatz 2 oder § 37 Absatz 2 Satz 1 Nummer 5 des Gesetzes | |
| 10 | a) alle Energieerzeugnisse, die nach den Nummern 1 bis 5 im Rahmen einer allgemeinen Erlaubnis verteilt oder verwendet werden dürfen<br>b) Verteiler, Verwender | Ausfuhr und Verbringen aus dem Steuergebiet | |
| 11 | a) alle Energieerzeugnisse nach § 4 des Gesetzes<br>b) Verteiler, Verwender | thermische Vernichtung im Sinn des § 1b Absatz 2 | |

### Zollkodex-Durchführungsverordnung a.F. (Auszug)

**Artikel 793**

(1) Das Exemplar Nr. 3 des Einheitspapiers. ist der Ausgangszollstelle vorzulegen, und die zur Ausfuhr überlassenen Waren sind dieser Zollstelle zu gestellen.

(2) Als Ausgangszollstelle gilt:

a) für im Eisenbahnverkehr, mit der Post, im Luftverkehr oder im Seeverkehr beförderte Waren die Zollstelle, die für den Ort zuständig ist, an dem die Waren von der Eisenbahnverwaltung, der Postverwaltung, der Luftverkehrsgesellschaft oder der Schifffahrtsgesellschaft im Rahmen eines durchgehenden Beförderungsvertrags zur Beförderung mit Bestimmung in ein Drittland übernommen werden;

## § 24

b) für in Rohrleitungen beförderte Waren und für elektrische Energie die von dem Mitgliedstaat, in dessen Gebiet der Ausführer ansässig ist, bezeichnete Zollstelle;

c) für in sonstiger Weise oder unter anderen als den unter den Buchstaben a) oder b) genannten Umständen beförderte Waren die letzte Zollstelle vor dem Ausgang der Waren aus dem Zollgebiet der Gemeinschaft.

(3) Die Ausgangszollstelle vergewissert sich, ob die gestellten Waren den angemeldeten Waren entsprechen, und überwacht und bescheinigt den körperlichen Ausgang der Waren aus dem Zollgebiet durch einen Vermerk auf der Rückseite von Exemplar Nr. 3. Der Vermerk erfolgt durch einen Dienststempelabdruck, der den Namen der Zollstelle und das Datum enthält. Die Ausgangszollstelle gibt Exemplar Nr. 3 der Person, die es ihr vorgelegt hat, zurück, damit diese es an den Anmelder weiterleitet.

Im Falle einer Ausfuhr in Teilsendungen wird der Vermerk nur für die Waren angebracht, die tatsächlich das Zollgebiet verlassen. Im Falle einer Ausfuhr in Teilsendungen über mehrere Zollstellen beglaubigt auf begründeten Antrag die Ausgangszollstelle, bei der das Original des Exemplars Nr. 3 vorgelegt worden ist, Kopien des Exemplars Nr. 3 für die betreffenden Teilsendungen im Hinblick auf ihre Vorlage bei den übrigen in Betracht kommenden Ausgangszollstellen. Das Original des Exemplars Nr. 3 erhält einen entsprechenden Vermerk.

Wenn der gesamte Ausfuhrvorgang auf dem Gebiet eines einzigen Mitgliedstaats erfolgt, so kann der betreffende Mitgliedstaat vorsehen, daß Exemplar Nr. 3 nicht mit einem Vermerk zu versehen ist. In diesem Fall wird Exemplar Nr. 3 einbehalten.

(4) Stellt die Ausgangszollstelle eine Mindermenge fest, vermerkt sie dies auf dem vorgelegten Exemplar der Ausfuhranmeldung und informiert die Ausfuhrzollstelle.

Stellt die Ausgangszollstelle eine Mehrmenge fest, so untersagt sie den Ausgang der Mehrmenge aus dem Zollgebiet, bis die Ausfuhrförmlichkeiten für sie erfüllt worden sind.

Stellt die Ausgangszollstelle eine andere Warenbeschaffenheit fest, so untersagt sie den Ausgang der Waren, bis die Ausfuhrförmlichkeiten erfüllt worden sind, und informiert die Ausfuhrzollstelle.

(5) In den Fällen des Absatzes 2 Buchstabe a) versieht die Ausgangszollstelle Exemplar Nr. 3 der Ausfuhranmeldung mit einem Vermerk nach Absatz 3, nachdem sie auf dem Beförderungspapier einen roten Stempelabdruck „Export" und ihren Dienststempelabdruck angebracht hat. Sind die Beteiligten im Falle eines Linienverkehrs oder einer unmittelbaren Beförderung in ein Drittland in der Lage, die Ordnungsgemäßheit der Verfahren auf andere Weise zu gewährleisten, so kann vom Anbringen des Stempelabdrucks „Export" abgesehen werden.

(6) Bei Waren, die unter einem Versandverfahren befördert werden, dessen Bestimmungsort in einem Drittland liegt oder die einer Ausgangszollstelle ist, versieht die Abgangsstelle das Exemplar Nr. 3 mit einem Vermerk nach Absatz 3 und händigt es dem Anmelder aus, wenn sie zuvor alle Exemplare des Versandpapiers oder gegebenenfalls des Ersatzpapiers mit einem roten Stempelabdruck „Export" versehen hat. Die Ausgangszollstelle überwacht den körperlichen Ausgang der Waren.

Vorstehender Unterabsatz findet keine Anwendung im Falle einer Gestellungsbefreiung bei der Abgangsstelle gemäß Artikel 419 Absatz 4 und 7 sowie Artikel 434 Absatz 6 und 9.

(7) Die Ausfuhrzollstelle kann vom Ausführer verlangen, ihr den Nachweis des Ausgangs der Waren aus dem Zollgebiet der Gemeinschaft vorzulegen.

### Artikel 796

(1) Verläßt eine zur Ausfuhr überlassene Ware das Zollgebiet der Gemeinschaft nicht, so teilt der Anmelder dies unverzüglich der Ausfuhrzollstelle mit. Exemplar Nr. 3 der betreffenden Ausfuhranmeldung ist in diesem Fall der Ausfuhrzollstelle zurückzugeben.

(2) Erfolgt in den Fällen nach Artikel 793 Absätze 5 oder 6 eine Änderung des Beförderungsvertrags mit der Folge, daß eine Beförderung, die außerhalb des Zollgebiets der Gemeinschaft enden sollte, innerhalb dieses Zollgebiets endet, so können die betreffenden Verwaltungen bzw. Gesellschaften den geänderten Vertrag nur mit Zustimmung der in Artikel 713 Absatz 2 Buchstabe a) genannten Zollstelle oder im Falle eines Versandverfahrens der Abgangsstelle ausführen. In diesem Fall ist das Exemplar Nr. 3 zurückzugeben.

### *Rechtsprechungsauswahl zu § 24 EnergieStG*

**BFH vom 13.11.2007, VII B 112/07 (BFH/NV 2008 S. 409):** Keine rückwirkende Erteilung einer Erlaubnis.

## § 24

**BFH vom 08.03.2004, VII B 150/03 (BFH/NV 2004 S. 981):** Förmliche Erlaubnis zwingende Voraussetzung für eine Steuerbegünstigung.

**FG München vom 18.09.2008, 14 K 999/05:** Steuerentstehung für Mineralöl, das zu einem anderen als in der Erlaubnis genannten Zweck abgegeben wird; Steuerentstehung bei Weitergabe von Kraftstoff durch den zur Verwendung aber nicht zur Weitergabe berechtigten Erlaubnisinhaber.

## § 25 Steuerbefreiung für Verwendungen zu anderen Zwecken

(1) ¹Energieerzeugnisse im Sinn des § 4 dürfen steuerfrei verwendet werden zu anderen Zwecken als
1. zur Verwendung als Kraft- oder Heizstoff,
2. zur Herstellung von in § 4 genannten Kraft- oder Heizstoffen.

²Eine steuerfreie Verwendung ist ausgeschlossen, wenn in der Verwendung eine Herstellung nach § 6 liegt. ³Satz 2 gilt nicht, wenn zur Herstellung eines Energieerzeugnisses im Sinn des § 4 Waren der Unterpositionen 2710 11 21, 2710 11 25 oder 2710 19 29 der Kombinierten Nomenklatur eingesetzt werden und diese nach § 4 Nr. 3 nicht unter Steueraussetzung befördert werden können.

(2) Energieerzeugnisse dürfen steuerfrei verwendet werden als Probe zu Untersuchungszwecken.

*Energiesteuer-Durchführungsverordnung*

*Zu § 25 des Gesetzes*

**§ 58 Verwendung zu anderen Zwecken**
*(1) Die Verwendung von Schmierstoffen zur Herstellung von Zweitaktergemischen ist keine Verwendung im Sinne des § 25 Abs. 1 Satz 1 Nr. 2 des Gesetzes.*
*(2) Eine Untersuchung im Sinne des § 25 Abs. 2 des Gesetzes ist nur die im Laboratorium übliche chemisch- technische Prüfung.*

### Rechtsprechungsauswahl zu § 25 EnergieStG

**BFH vom 26.10.2010, VII R 53/09 (BFH/NV 2011 S. 369):** Werden Energieerzeugnisse im Rahmen der Entwicklung von Kraftstoffen in größeren Mengen zum Antrieb von Schiffsmotoren eingesetzt, kommt eine steuerfreie Verwendun der in den Motoren verbrannten Energieerzeugnisse als Probe zu Untersuchungszwecken nach § 25 Abs. 2 EnergieStG nicht in Betracht.

**BFH vom 06.12.2005, VII R 43/04 (BFHE 212 S. 340):**
1. Bei den in Altölen vorhandenen Anteilen an Benzin und Dieselkraftstoff, die aus der unvollständigen Verbrennung dieser Kraftstoffe im Motorinneren stammen, handelt es sich um gebrauchte Mineralöle, für die nach § 25 Abs. 1 Nr. 2 MinöStG 1993 keine Vergütung beansprucht werden kann.
2. Eine solche Vergütung ist auch für Heizölrückstände ausgeschlossen, die nach der vollständigen Entleerung eines Heizöltanks bei der Tankreinigung anfallen und in Gemischen aus Wasser und Reinigungsmittel gelöst sind.
3. Das bloße Einfüllen von Mineralölen in Kraftstoff- und Heizöltanks oder in Reservekanister stellt noch keinen Ge- oder Verbrauch des Mineralöls dar.

**BFH vom 23.03.1982, VII R 62/79 (BFHE 135 S. 246):**
1. Eine auf einer Verfügung des HZA beruhende betriebliche Bestandsaufnahme eines Erlaubnisscheinnehmers ist weder eine amtliche Bestandsaufnahme i. S. des § 196 AO noch eine vorgeschriebene Bestandsaufnahme i. S. des § 161 AO 1977.
2. Bestandsaufnahmen i. S. des § 196 AO (i.V. m. §§ 192 Nr. 4 und 191 AO) können nicht nur in anmeldepflichtigen Betrieben, sondern in allen anderen Betrieben durchgeführt werden, für die sie in Verbrauchsteuergesetzen oder den darauf beruhenden Ausführungsbestimmungen mit Rechtsnormcharakter angeordnet sind.
3. Zur Frage der Verjährung von auf Fehlmengen zu entrichtenden Verbrauchsteuern, wenn der der Fehlmengenbesteuerung unterliegende Zeitraum mehrere Jahre beträgt.

# EU-Vorgaben § 26

**§ 26 Steuerbefreiung, Eigenverbrauch**

(1) Auf dem Betriebsgelände eines Herstellungsbetriebes (§ 6) und eines Gasgewinnungsbetriebes (§ 44 Abs. 3) dürfen Energieerzeugnisse vom Inhaber des Betriebes steuerfrei zur Aufrechterhaltung des Betriebes verwendet werden.

(2) ¹Auf dem Betriebsgelände eines Betriebes, der Energieerzeugnisse herstellt und nicht von Absatz 1 erfasst wird, dürfen auf dem Betriebsgelände hergestellte Energieerzeugnisse vom Inhaber des Betriebes steuerfrei zur Aufrechterhaltung des Betriebes verwendet werden. ²§ 1 Abs. 3 Satz 2 gilt nicht.

(3) ¹Auf dem Betriebsgelände eines Betriebes, der Energieerzeugnisse herstellt und nicht von Absatz 1 erfasst wird, dürfen auch nicht auf dem Betriebsgelände hergestellte Energieerzeugnisse vom Inhaber des Betriebes steuerfrei zur Aufrechterhaltung des Betriebes verwendet werden, soweit die im Betrieb hergestellten Energieerzeugnisse als Kraft- oder Heizstoff oder als Zusatz oder Verlängerungsmittel von Kraft- oder Heizstoffen abgegeben oder verwendet werden. ²§ 1 Abs. 3 Satz 2 gilt nicht. ³Satz 1 gilt nicht für Kohlebetriebe (§ 31 Abs. 1 Satz 1).

(4) ¹Die Absätze 1 bis 3 gelten nicht für

1. Kohle und Erdgas,
2. andere Energieerzeugnisse, soweit diese zum Antrieb von Fahrzeugen verwendet werden.

²Nicht erfasst werden von den Absätzen 2 und 3 die in § 6 Abs. 2 genannten Vorgänge.

## EU-Vorgaben

**RL 2003/96/EG Energiesteuerrichtlinie (Auszug)**
**Artikel 21**

(1) Über die allgemeinen Vorschriften zur Definition des Steuertatbestands und die Vorschriften für die Entrichtung der Steuer gemäß der Richtlinie 92/12/EWG hinaus entsteht die Steuer auf Energieerzeugnisse ferner bei Eintritt eines Steuertatbestands gemäß Artikel 2 Absatz 3 der vorliegenden Richtlinie.

(2) Im Sinne dieser Richtlinie schließt der in Artikel 4 Buchstabe c) und in Artikel 5 Absatz 1 der Richtlinie 92/12/EWG genannte Begriff „Herstellung" gegebenenfalls die „Förderung" ein.

(3) Der Verbrauch von Energieerzeugnissen innerhalb des Betriebsgeländes eines Betriebes, der Energieerzeugnisse herstellt, gilt nicht als einen Steueranspruch begründender Steuerentstehungstatbestand, sofern es sich bei dem Verbrauch um Energieerzeugnisse handelt, die innerhalb des Betriebsgeländes dieses Betriebes hergestellt worden sind. Die Mitgliedstaaten können auch den Verbrauch von elektrischem Strom und von anderen Energieerzeugnissen, die nicht innerhalb des Betriebsgeländes eines solchen Betriebes hergestellt worden sind, sowie den Verbrauch von Energieerzeugnissen und elektrischem Strom innerhalb des Betriebsgeländes eines Betriebes, der Kraftstoffe für die Erzeugung von elektrischem Strom herstellt, nicht einen Steueranspruch begründender Steuerentstehungstatbestand ansehen. Erfolgt der Verbrauch jedoch zu Zwecken, die nicht mit der Herstellung von Energieerzeugnissen im Zusammenhang stehen, und zwar insbesondere zum Antrieb von Fahrzeugen, so gilt dies als einen Steueranspruch begründender Steuerentstehungstatbestand.

(4) Die Mitgliedstaaten können ferner vorsehen, dass die Steuer auf Energieerzeugnisse und elektrischen Strom entsteht, wenn festgestellt wird, dass eine Voraussetzung für den Endverbrauch, die in den einzelstaatlichen Rechtsvorschriften für die Gewährung eines ermäßigten Steuersatzes oder einer Steuerbefreiung vorgesehen ist, nicht oder nicht mehr erfüllt wird.

(5) In Anwendung der Artikel 5 und 6 der Richtlinie 92/12/EWG werden für elektrischen Strom und Erdgas Steuern erhoben; diese entstehen zum Zeitpunkt der Lieferung durch den Verteiler oder Weiterverteiler. Erfolgt die Lieferung zum Verbrauch in einem Mitgliedstaat, in dem der Verteiler oder Weiterverteiler nicht niedergelassen ist, so ist die Steuer des Lieferungsmitgliedstaats von einem Unternehmen zu entrichten, das in diesem Staat registriert sein muss. Die Steuer wird in allen Fällen nach der Verfahren des jeweiligen Mitgliedstaats erhoben und eingezogen.

Unbeschadet von Unterabsatz 1 haben die Mitgliedstaaten für den Fall, dass es keine Verbindung zwischen ihren Gasfernleitungen und denen anderer Mitgliedstaaten gibt, das Recht, den Steuerentstehungstatbestand festzulegen.

Eine Einheit, die elektrischen Strom zur eigenen Verwendung erzeugt, gilt als Verteiler. Unbeschadet des Artikels 14 Absatz 1 Buchstabe a) können die Mitgliedstaaten kleine Stromerzeuger von der Steuer befreien, sofern sie die zur Erzeugung dieses Stroms verwendeten Energieerzeugnisse besteuern.

In Anwendung der Artikel 5 und 6 der Richtlinie 92/12/EWG werden für Steinkohle, Koks und Braunkohle Steuern erhoben; diese entstehen zum Zeitpunkt der Lieferung durch Unternehmen, die zu diesem Zweck bei den zuständigen Behörden registriert sein müssen. Die genannten Behörden können es dem Erzeuger, dem Händler, dem Einführer oder einem Steuervertreter gestatten, anstelle des registrierten Unternehmens dessen steuerliche Verpflichtungen zu übernehmen. Die Steuer wird nach den Verfahren des jeweiligen Mitgliedstaats erhoben und eingezogen.

(6) Die Mitgliedstaaten brauchen folgende Vorgänge nicht als „Erzeugung von Energieerzeugnissen" zu behandeln:

a) Vorgänge, bei denen als Nebenprodukte kleinere Mengen an Energieerzeugnissen anfallen;

b) Vorgänge, durch die der Verwender eines Energieerzeugnisses dessen Wiederverwendung in seinem eigenen Unternehmen ermöglicht, sofern der Betrag der für dieses Erzeugnis bereits entrichteten Steuer nicht geringer ist als der Steuerbetrag, der zu entrichten wäre, wenn das wieder verwendete Energieerzeugnis erneut der Besteuerung unterliegen würde;

c) das bloße Mischen von Energieerzeugnissen untereinander oder mit anderen Stoffen außerhalb eines Herstellungsbetriebes oder eines Zolllagers, sofern

  i) die Steuer für die einzelnen Bestandteile zuvor entrichtet worden ist und

  ii) der entrichtete Betrag nicht niedriger ist als der Steuerbetrag, mit dem das Gemisch belastet würde.

Die in Ziffer i) genannte Bedingung gilt nicht, wenn für das Gemisch bei einer bestimmten Verwendung Steuerbefreiung gewährt wird.

## Energiesteuer-Durchführungsverordnung

## Zu § 26 des Gesetzes

### § 59 Eigenverbrauch

[1]Teile des Herstellungs-, Gasgewinnungs- oder sonstigen Betriebs, in denen nach § 26 des Gesetzes Energieerzeugnisse zur Aufrechterhaltung des Betriebs steuerfrei verwendet werden können, sind

1. Anlagen zur Gewinnung oder Bearbeitung von Energieerzeugnissen,

1a. Anlagen zur Erzeugung von Hilfsstoffen für die Energieerzeugnisherstellung, die mit den Anlagen nach Nummer 1 räumlich zusammenhängen, soweit die Hilfsstoffe für die Herstellung von Energieerzeugnissen im Betrieb verwendet werden,

2. Lagerstätten für die hergestellten Energieerzeugnisse und für die Roh- und Hilfsstoffe, Zwischen- und Nebenerzeugnisse der Energieerzeugnisherstellung, die mit den Anlagen nach Nummer 1 räumlich zusammenhängen,

3. Rohrleitungen, Pump-, Transport- und Beheizungsanlagen, die mit den in den Nummern 1, 1a, 2, 4, 5 und 6 bezeichneten Anlagen räumlich zusammenhängen und die dem Entladen und Verladen der hergestellten Energieerzeugnisse und von Roh- und Hilfsstoffen, Zwischen- und Nebenerzeugnissen der Energieerzeugnisherstellung oder zu deren Beförderung zu den oder innerhalb der bezeichneten Anlagen dienen,

4. Anlagen zur Reinigung oder Beseitigung von Abwässern der Energieerzeugnisherstellung,

5. Bewetterungs- und Entwässerungsanlagen,

6. zum Betrieb gehörige Anlagen zur Energiegewinnung, die mit den Anlagen nach Nummer 1 räumlich zusammenhängen, soweit sie Energie zum Verbrauch im Betrieb abgeben; wird in den Anlagen Energie aus Energieerzeugnissen und anderen Stoffen gewonnen und den Verbrauchsstellen über ein einheitliches Leitungssystem zugeleitet, gilt die Energie aus Energieerzeugnissen in dem Umfang als zum Verbrauch im Betrieb abgegeben, in dem dort Energie zur Aufrechterhaltung des Betriebs verbraucht wird.

[2]Die in den Betriebsteilen nach Satz 1 verwendeten Energieerzeugnisse sind nur insoweit von der Steuer befreit, als die weiteren Voraussetzungen des § 26 des Gesetzes gegeben sind.

# § 26

## Verwaltungsregelungen zu § 26 EnergieStG

| Datum | Anlage | Quelle | Inhalt |
|---|---|---|---|
| 04.07.2008 | § 026-01 | BMF | Steuerfreier Eigenverbrauch gemäß § 26 des Energiesteuergesetzes |

## Rechtsprechungsauswahl zu § 1 EnergieStG

**BFH vom 29.10.2013, VII R 26/12 (BB 2014 S. 227):**

1. Eine Energiesteuerentlastung nach § 47 Abs. 1 Nr. 4 i.V.m. § 26 Abs. 1 EnergieStG kann nur insoweit gewährt werden, als die auf dem Betriebsgelände eingesetzten Energieerzeugnisse in hierzu bestimmten Anlagen oder Anlagenteilen zur Herstellung von Energieerzeugnissen verwendet werden.
2. Werden die in einer Tierkörperverwertungsanlage gewonnenen Tierfette nur zu einem bestimmten Anteil zur Verwendung als Kraft- oder Heizstoff bestimmt und wird der restliche Anteil an Tierfetten und Knochenmehl zu anderen Zwecken weiterveräußert, so ist zur Berechnung des entlastungsfähigen Anteils der eingesetzten Energieerzeugnisse das Verhältnis zwischen der Gesamterzeugung und den hergestellten Energieerzeugnissen zu bestimmen.

**BFH vom 23.02.2010, VII R 34/09 (BFH/NV 2010 S. 1359):**

1. Ein Betrieb, der tierische Fette der Unterposition 1518 00 95 KN erzeugt, die nicht dazu bestimmt sind, als Kraftstoff oder Heizstoff verwendet zu werden, ist kein Herstellungsbetrieb i.S. des § 6 EnergieStG.
2. Für die zum Betrieb einer Dampfkesselanlage eingesetzten fremden Energieerzeugnisse kommt daher die Gewährung einer Steuerbefreiung im Rahmen des Herstellerprivilegs nicht in Betracht.

## § 27 Steuerbefreiung, Schiff- und Luftfahrt

(1) ¹Energieerzeugnisse der Unterpositionen 2710 19 41 bis 2710 19 99 der Kombinierten Nomenklatur dürfen steuerfrei verwendet werden in Wasserfahrzeugen

1. für die Schifffahrt mit Ausnahme der privaten nichtgewerblichen Schifffahrt,
2. bei der Instandhaltung von Wasserfahrzeugen nach Nummer 1 und
3. bei der Herstellung von Wasserfahrzeugen.

²Dies gilt für Energieerzeugnisse der Unterpositionen 2710 19 41 bis 2710 19 49 der Kombinierten Nomenklatur nur, wenn sie ordnungsgemäß gekennzeichnet sind.

(2) Flugbenzin der Unterposition 2710 11 31 der Kombinierten Nomenklatur, dessen Researchoktanzahl den Wert von 100 nicht unterschreitet, und Flugturbinenkraftstoff der Unterposition 2710 19 21 der Kombinierten Nomenklatur dürfen steuerfrei verwendet werden in Luftfahrzeugen

1. für die Luftfahrt mit Ausnahme der privaten nichtgewerblichen Luftfahrt,
2. bei der Instandhaltung von Luftfahrzeugen nach Nummer 1 sowie
3. bei der Entwicklung und Herstellung von Luftfahrzeugen.

(3) Die in Absatz 2 genannten Energieerzeugnisse dürfen steuerfrei verwendet werden in für Luftfahrzeuge bestimmten Triebwerken und Motoren bei deren Entwicklung und Herstellung.

*EU-Vorgaben*

### RL 2008/118/EG Systemrichtlinie (Auszug)
**Artikel 41**

Die Mitgliedstaaten können ihre Bestimmungen über Steuerbefreiungen für die Versorgung von Seeschiffen und Luftfahrzeugen beibehalten, bis der Rat Gemeinschaftsbestimmungen für diesen Bereich erlässt.

### RL 2003/96/EG Energiesteuerrichtlinie (Auszug)
**Artikel 14**

(1) Über die allgemeinen Vorschriften für die steuerbefreite Verwendung steuerpflichtiger Erzeugnisse gemäß der Richtlinie 92/12/ EWG hinaus und unbeschadet anderer Gemeinschaftsvorschriften befreien die Mitgliedstaaten unter den Voraussetzungen, die sie zur Sicherstellung der korrekten und einfachen Anwendung solcher Befreiungen und zur Verhinderung von Steuerhinterziehung und -vermeidung oder Missbrauch festlegen, die nachstehenden Erzeugnisse von der Steuer:

a) bei der Stromerzeugung verwendete Energieerzeugnisse bzw. verwendeter elektrischer Strom sowie elektrischer Strom, der zur Aufrechterhaltung der Fähigkeit, elektrischen Strom zu erzeugen, verwendet wird. Es steht den Mitgliedstaaten allerdings frei, diese Erzeugnisse aus umweltpolitischen Gründen zu besteuern, ohne die in der Richtlinie vorgesehenen Mindeststeuerbeträge einhalten zu müssen. In diesem Fall wird die Besteuerung dieser Erzeugnisse in Bezug auf die Einhaltung der Mindeststeuerbeträge für elektrischen Strom im Sinne von Artikel 10 nicht berücksichtigt;

b) Lieferungen von Energieerzeugnissen zur Verwendung als Kraftstoff für die Luftfahrt mit Ausnahme der privaten nichtgewerblichen Luftfahrt.

Im Sinne dieser Richtlinie ist unter der „privaten nichtgewerblichen Luftfahrt" zu verstehen, dass das Luftfahrzeug von seinem Eigentümer oder der durch Anmietung oder aus sonstigen Gründen nutzungsberechtigten natürlichen oder juristischen Person für andere als kommerzielle Zwecke und insbesondere nicht für die entgeltliche Beförderung von Passagieren oder Waren oder für die entgeltliche Erbringung von Dienstleistungen oder für behördliche Zwecke genutzt wird.

Die Mitgliedstaaten können die Steuerbefreiung auf Lieferungen von Flugturbinenkraftstoff (KN-Code 2710 19 21) beschränken;

c) Lieferungen von Energieerzeugnissen zur Verwendung als Kraftstoff für die Schifffahrt in Meeresgewässern der Gemeinschaft (einschließlich des Fischfangs), mit Ausnahme der privaten nichtgewerblichen Schifffahrt, und an Bord von Schiffen erzeugter elektrischer Strom.

# EU-Vorgaben § 27

Im Sinne dieser Richtlinie ist unter der „privaten nichtgewerblichen Schifffahrt" zu verstehen, dass das Wasserfahrzeug von seinem Eigentümer oder der durch Anmietung oder aus sonstigen Gründen nutzungsberechtigten natürlichen oder juristischen Person für andere als kommerzielle Zwecke und insbesondere nicht für die entgeltliche Beförderung von Passagieren oder Waren oder für die entgeltliche Erbringung von Dienstleistungen oder für behördliche Zwecke genutzt wird.

(2) Die Mitgliedstaaten können diese in Absatz 1 Buchstaben b) und c) vorgesehenen Steuerbefreiungen auf internationale oder innergemeinschaftliche Transporte beschränken. In den Fällen, wo ein Mitgliedstaat ein bilaterales Abkommen mit einem anderen Mitgliedstaat geschlossen hat, kann von den in Absatz 1 Buchstaben b) und c) vorgesehenen Befreiungen abgesehen werden. In diesen Fällen können die Mitgliedstaaten einen Steuerbetrag vorschreiben, der die in dieser Richtlinie festgesetzten Mindestbeträge unterschreitet.

## Artikel 15

(1) Unbeschadet anderer Gemeinschaftsvorschriften können die Mitgliedstaaten unter Steueraufsicht uneingeschränkte oder eingeschränkte Steuerbefreiungen oder Steuerermäßigungen gewähren für

a) steuerbare Erzeugnisse, die bei Pilotprojekten zur technologischen Entwicklung umweltverträglicherer Produkte oder in Bezug auf Kraftstoffe aus erneuerbaren Rohstoffen unter Steueraufsicht verwendet werden;

b) elektrischen Strom,
 – der auf der Nutzung der Sonnenenergie, Windkraft, Wellen- oder Gezeitenenergie oder Erdwärme beruht;
 – der in Wasserkraftwerken gewonnen wird;
 – der aus Biomasse oder aus Biomasse hergestellten Erzeugnissen gewonnen wird;
 – der aus den Methanemissionen aufgegebener Kohlengruben erzeugt wird;
 – der aus Brennstoffzellen erzeugt wird;

c) Energieerzeugnisse und elektrischen Strom, die für die Kraft-Wärme-Kopplung verwendet werden;

d) elektrischen Strom, der bei der Kraft-Wärme-Kopplung erzeugt wird, sofern die Anlagen der Kraft-Wärme-Kopplung umweltverträglich sind. Die Mitgliedstaaten können für den Begriff der „umweltverträglichen" (oder hoch effizienten) Kraft-Wärme-Kopplung nationale Definitionen verwenden, bis der Rat auf der Grundlage eines Berichts und Vorschlags der Kommission einstimmig eine gemeinsame Definition annimmt;

e) Energieerzeugnisse und elektrischen Strom zur Verwendung als Kraftstoff für den Personen- und Gütertransport im Eisenbahn-, im U-Bahn-, im Straßenbahn- und im Oberleitungsbusverkehr;

f) Lieferungen von Energieerzeugnissen zur Verwendung als Kraftstoff für die Schifffahrt in Binnengewässern der Gemeinschaft (einschließlich des Fischfangs), mit Ausnahme der privaten nichtgewerblichen Schifffahrt, und an Bord von Schiffen erzeugter elektrischer Strom;

g) Erdgas in den Mitgliedstaaten, in denen der Erdgasanteil am Endenergieverbrauch im Jahr 2000 unter 15 % lag;

Die uneingeschränkten oder eingeschränkten Steuerbefreiungen oder Steuerbetragermäßigungen dürfen höchstens für einen Zeitraum von zehn Jahren nach Inkrafttreten dieser Richtlinie oder so lange gewährt werden, bis der nationale Erdgasanteil am Endenergieverbrauch 25 % beträgt, wenn dieser Wert eher erreicht wird. Sobald der nationale Erdgasanteil am Endenergieverbrauch jedoch 20 % erreicht, wenden die betreffenden Mitgliedstaaten nur noch einen positiven Steuerbetrag an, der jährlich ansteigt und am Ende der oben genannten Frist zumindest den Mindestsatz erreicht.

Das Vereinigte Königreich Großbritannien und Nordirland können die uneingeschränkten oder eingeschränkten Steuerbefreiungen oder Steuerermäßigungen für Erdgas auf Nordirland gesondert anwenden.

h) elektrischen Strom, Erdgas, Kohle und feste Heizstoffe, die von privaten Haushalten und/oder von vom betreffenden Mitgliedstaat als gemeinnützig anerkannten Organisationen verwendet werden. Bei solchen gemeinnützigen Organisationen können die Mitgliedstaaten die Steuerbefreiung oder Steuerermäßigung auf nichtbetriebliche Tätigkeiten beschränken. Bei gemischter Verwendung erfolgt eine anteilige Besteuerung für jeden Verwendungszweck, wobei allerdings eine nur geringfügige Verwendung außer Acht gelassen werden kann;

i) Erdgas und Flüssiggas, die als Kraftstoff verwendet werden;

j) Kraftstoffe, die bei der Fertigung, Entwicklung, Erprobung und Wartung von Luftfahrzeugen und Schiffen verwendet werden;

379

# § 27 EU-Vorgaben

k) Kraftstoffe, die bei Baggerarbeiten an Wasserstraßen und in Häfen verwendet werden;

l) Erzeugnisse des KN-Codes 2705, die zu Heizzwecken verwendet werden;

(2) Die Mitgliedstaaten können dem Stromerzeuger den Steuerbetrag, den der Verbraucher für elektrischen Strom zahlt, der aus Erzeugnissen gemäß Absatz 1 Buchstabe b) gewonnen wird, auch teilweise oder ganz erstatten.

(3) Die Mitgliedstaaten können einen bis zu Null gehenden Steuerbetrag auf Energieerzeugnisse und elektrischen Strom anwenden, die für Arbeiten in Landwirtschaft und Gartenbau, in der Fischzucht und in der Forstwirtschaft verwendet werden.

Der Rat prüft auf der Grundlage eines Vorschlags der Kommission vor dem 1. Januar 2008, ob die Möglichkeit der Anwendung eines bis zu Null gehenden Steuerbetrags aufgehoben werden soll.

## Verwaltungsregelungen zu § 27 EnergieStG

| Datum | Anlage | Quelle | Inhalt |
| --- | --- | --- | --- |
| 05.10.2006 | § 027-01 | OFD Hamburg | Verwendung von Energieerzeugnissen für die Schifffahrt - Verwaltungsvorschrift zu G § 27 Abs. 1, § 52 und § 66 Abs. 1 Nr. 8 und 11 – VwV Energieerzeugnisse für die Schifffahrt |
| 05.10.2006 | § 027-02 | OFD Hamburg | Anlage 2 zu VwV Schifffahrt |
| 04.09.2007 | § 027-03 | BMF | Verwendung von Energieerzeugnissen in der Schifffahrt – Steuerliche Behandlung von Arbeitsgeräten ohne eigenen Antrieb; Kirchenschiffe |
| 04.09.2007 | § 027-04 | BMF | Anlage zu § 027-03 |
| 05.11.2010 | § 027-05 | BMF | Verwendung von Energieerzeugnissen für die Luftfahrt – Verwaltungsvorschrift zu § 27 Abs. 2 und 3, § 52 und § 66 Abs. 1 Nr. 8 und 11 Energiesteuergesetz |

## Rechtsprechungsauswahl zu § 27 EnergieStG

**EuGH vom 21.12.2011, C-250/10:** Art. 14 Abs. 1 Buchst. b der Richtlinie 2003/96/EG des Rates vom 27. Oktober 2003 zur Restrukturierung der gemeinschaftlichen Rahmenvorschriften zur Besteuerung von Energieerzeugnissen und elektrischem Strom ist dahin auszulegen, dass die in dieser Bestimmung vorgesehene Steuerbefreiung für Lieferungen von Energieerzeugnissen zur Verwendung als Kraftstoff für die Luftfahrt mit Ausnahme der privaten nichtgewerblichen Luftfahrt einem Unternehmen wie dem am Ausgangsverfahren beteiligten nicht zugute kommen kann, wenn es ein ihm gehörendes Luftfahrzeug einschließlich des Kraftstoffs an Unternehmen vermietet oder verchartert, deren Luftfahrttätigkeiten nicht unmittelbar der entgeltlichen Erbringung von Luftfahrt-Dienstleistungen durch diese Unternehmen dienen.

**EuGH vom 01.12.2011, C-79/10:**

1. Art. 14 Abs. 1 Buchst. b der Richtlinie 2003/96/EG des Rates vom 27. Oktober 2003 zur Restrukturierung der gemeinschaftlichen Rahmenvorschriften zur Besteuerung von Energieerzeugnissen und elektrischem Strom ist dahin auszulegen, dass die in dieser Vorschrift vorgesehene Steuerbefreiung für Kraftstoff, der für die Luftfahrt verwendet wird, einem Unternehmen wie dem im Ausgangsverfahren in Rede stehenden, das zur Anbahnung von Geschäften ein ihm gehörendes Flugzeug nutzt, um Mitarbeiter zu Kunden oder Messen zu befördern, nicht zugutekommt, da diese Beförderung nicht unmittelbar der entgeltlichen Erbringung von Luftfahrt-Dienstleistungen durch dieses Unternehmen dient.

2. Art. 15 Abs. 1 Buchst. j der Richtlinie 2003/96 ist dahin auszulegen, dass Kraftstoffe, die für Flüge zu einer Flugzeugwerft und wieder zurück verwendet werden, nicht in den Anwendungsbereich dieser Vorschrift fallen.

**EuGH vom 10.11.2011, C-505/10:** Art. 8 Abs. 1 Buchst. c der Richtlinie 92/81/EWG des Rates vom 19. Oktober 1992 zur Harmonisierung der Struktur der Verbrauchsteuern auf Mineralöle in der durch die Richtlinie 94/74/EG des Rates vom 22. Dezember 1994 geänderten Fassung ist dahin auszulegen, dass Mineralöle, die zur Verwendung in einem Bagger geliefert werden, der auf einem Schiff fest montiert ist, jedoch aufgrund eines eigenen Motors und Kraftstofftanks unabhängig vom Antriebsmotor des Schiffs arbeitet, nicht von der Verbrauchsteuer befreit sind.

# § 27

**EuGH vom 01.03.2007, C-391/05 (Slg. 2007 I-1793):**
1. Der Begriff „Meeresgewässer der Gemeinschaft" im Sinne von Art. 8 Abs. 1 Buchst. c Unterabs. 1 der Richtlinie 92/81/EWG des Rates vom 19. Oktober 1992 zur Harmonisierung der Struktur der Verbrauchsteuern auf Mineralöle in der Fassung der Richtlinie 94/74/EG des Rates vom 22. Dezember 1994 bezieht sich auf alle Gewässer, die von sämtlichen für den gewerblichen Seeverkehr tauglichen Seeschiffen einschließlich derjenigen mit der größten Kapazität befahren werden können.
2. Die Manövriertätigkeit eines Hopperbaggers während der Saug- und Spülarbeiten, d. h. die mit der Ausführung der Baggerarbeiten unmittelbar zusammenhängenden Fahrten, fällt unter den Begriff „Schifffahrt" im Sinne von Art. 8 Abs. 1 Buchst. c Unterabs. 1 der Richtlinie 92/81 in der Fassung der Richtlinie 94/74.

**EuGH vom 01.04.2004, C-389/02 (Slg. 2004 I-3537):** Artikel 8 Absatz 1 Buchstabe c der Richtlinie 92/81/EWG des Rates vom 19. Oktober 1992 zur Harmonisierung der Struktur der Verbrauchsteuern auf Mineralöle ist dahin auszulegen, dass unter „Schifffahrt in Meeresgewässern der Gemeinschaft (einschließlich Fischerei); ... ausgenommen ... die private nichtgewerbliche Schifffahrt" jede Form der Schifffahrt unabhängig vom Zweck der jeweiligen Fahrt zu verstehen ist, wenn sie zu kommerziellen Zwecken erfolgt.

**BFH vom 17.7.2012, VII R 26/09 (BFH/NV 2012 S. 1908):**
1. Einem Unternehmen, das kein Luftfahrtunternehmen ist, und ein eigenes Flugzeug flugbereit, versichert und vollgetankt nebst einem Piloten anderen Unternehmen im Rahmen eines Chartervertrags für beliebige Flüge im Werkflugverkehr zur Verfügung stellt, steht für das auf diesen Flügen verbrauchte Mineralöl kein Anspruch auf Befreiung von der Mineralölsteuer zu.
2. Eine Mineralölsteuerentlastung kommt nicht in Betracht, weil das Unternehmen selbst keine Luftfahrt-Dienstleistungen erbringt und nicht Verwender des Mineralöls ist. Verwender ist der Charterer, der während des Charterzeitraums die Sachherrschaft über das Flugzeug ausübt.

**BFH vom 28.02.2012, VII R 9/09 (BFHE 237 S. 475):** Setzt ein Unternehmen ein eigenes Flugzeug für Flüge zu anderen Firmen und zu Messen ein, hat es keinen Anspruch auf Befreiung von der Mineralölsteuer für das in diesem Zusammenhang verwendete Mineralöl.

## § 28 Steuerbefreiung für gasförmige Energieerzeugnisse

¹Zu den in § 2 Abs. 3 Satz 1 genannten Zwecken dürfen steuerfrei verwendet werden:

1. gasförmige Kohlenwasserstoffe, die aus dem biologisch abbaubaren Anteil von Erzeugnissen der Land- und Forstwirtschaft oder von Abfällen gewonnen werden, die bei der Tierhaltung, bei der Lagerung von Abfällen oder bei der Abwasserreinigung anfallen oder die aus Gründen der Luftreinhaltung und aus Sicherheitsgründen bei der Lagerung oder Verladung von Energieerzeugnissen, beim Betanken von Fahrzeugen, bei der Entgasung von Transportmitteln, bei Verfahren der chemischen Industrie, ausgenommen bei der Herstellung von Energieerzeugnissen, und beim Kohleabbau aufgefangen werden,
2. Energieerzeugnisse der Position 2705 der Kombinierten Nomenklatur.

²Ein Mischen mit anderen Energieerzeugnissen im Betrieb des Verwenders unmittelbar vor der Verwendung schließt für den eingesetzten Anteil an Energieerzeugnissen nach Satz 1 die Steuerbefreiung nicht aus. ³Satz 1 Nr. 2 gilt nicht für Energieerzeugnisse der Position 2705 der Kombinierten Nomenklatur, soweit diese Waren der Position 2710 oder 2711 der Kombinierten Nomenklatur, die nicht nach Satz 1 steuerfrei sind, durch Beimischung enthalten oder aus diesen Waren erzeugt worden sind.

### *EU-Vorgaben*

**RL 2003/96/EG Energiesteuerrichtlinie (Auszug)**
**Artikel 15**

(1) Unbeschadet anderer Gemeinschaftsvorschriften können die Mitgliedstaaten unter Steueraufsicht uneingeschränkte oder eingeschränkte Steuerbefreiungen oder Steuerermäßigungen gewähren für

a) steuerbare Erzeugnisse, die bei Pilotprojekten zur technologischen Entwicklung umweltverträglicherer Produkte oder in Bezug auf Kraftstoffe aus erneuerbaren Rohstoffen unter Steueraufsicht verwendet werden;

b) elektrischen Strom,
- der auf der Nutzung der Sonnenenergie, Windkraft, Wellen- oder Gezeitenenergie oder Erdwärme beruht;
- der in Wasserkraftwerken gewonnen wird;
- der aus Biomasse oder aus Biomasse hergestellten Erzeugnissen gewonnen wird;
- der aus den Methanemissionen aufgegebener Kohlengruben erzeugt wird;
- der aus Brennstoffzellen erzeugt wird;

c) Energieerzeugnisse und elektrischen Strom, die für die Kraft-Wärme-Kopplung verwendet werden;

d) elektrischen Strom, der bei der Kraft-Wärme-Kopplung erzeugt wird, sofern die Anlagen der Kraft-Wärme-Kopplung umweltverträglich sind. Die Mitgliedstaaten können für den Begriff der „umweltverträglichen" (oder hoch effizienten) Kraft-Wärme-Kopplung nationale Definitionen verwenden, bis der Rat auf der Grundlage eines Berichts und Vorschlags der Kommission einstimmig eine gemeinsame Definition annimmt;

e) Energieerzeugnisse und elektrischen Strom zur Verwendung als Kraftstoff für den Personen- und Gütertransport im Eisenbahn-, im U-Bahn-, im Straßenbahn- und im Oberleitungsbusverkehr;

f) Lieferungen von Energieerzeugnissen zur Verwendung als Kraftstoff für die Schifffahrt in Binnengewässern der Gemeinschaft (einschließlich des Fischfangs), mit Ausnahme der privaten nichtgewerblichen Schifffahrt, und an Bord von Schiffen erzeugter elektrischer Strom;

g) Erdgas in den Mitgliedstaaten, in denen der Erdgasanteil am Endenergieverbrauch im Jahr 2000 unter 15 % lag;

Die uneingeschränkten oder eingeschränkten Steuerbefreiungen oder Steuerbetragermäßigungen dürfen höchstens für einen Zeitraum von zehn Jahren nach Inkrafttreten dieser Richtlinie oder so lange gewährt werden, bis der nationale Erdgasanteil am Endenergieverbrauch 25 % beträgt, wenn dieser Wert eher erreicht wird. Sobald der nationale Erdgasanteil am Endenergieverbrauch jedoch 20 % erreicht, wenden die betreffenden Mitgliedstaaten nur noch einen positiven Steuerbetrag an, der jährlich ansteigt und am Ende der oben genannten Frist zumindest den Mindestsatz erreicht.

# EU-Vorgaben § 28

Das Vereinigte Königreich Großbritannien und Nordirland können die uneingeschränkten oder eingeschränkten Steuerbefreiungen oder Steuerermäßigungen für Erdgas auf Nordirland gesondert anwenden.

h) elektrischen Strom, Erdgas, Kohle und feste Heizstoffe, die von privaten Haushalten und/oder von vom betreffenden Mitgliedstaat als gemeinnützig anerkannten Organisationen verwendet werden. Bei solchen gemeinnützigen Organisationen können die Mitgliedstaaten die Steuerbefreiung oder Steuerermäßigung auf nichtbetriebliche Tätigkeiten beschränken. Bei gemischter Verwendung erfolgt eine anteilige Besteuerung für jeden Verwendungszweck, wobei allerdings eine nur geringfügige Verwendung außer Acht gelassen werden kann;
i) Erdgas und Flüssiggas, die als Kraftstoff verwendet werden;
j) Kraftstoffe, die bei der Fertigung, Entwicklung, Erprobung und Wartung von Luftfahrzeugen und Schiffen verwendet werden;
k) Kraftstoffe, die bei Baggerarbeiten an Wasserstraßen und in Häfen verwendet werden;
l) Erzeugnisse des KN-Codes 2705, die zu Heizzwecken verwendet werden;

(2) Die Mitgliedstaaten können dem Stromerzeuger den Steuerbetrag, den der Verbraucher für elektrischen Strom zahlt, der aus Erzeugnissen gemäß Absatz 1 Buchstabe b) gewonnen wird, auch teilweise oder ganz erstatten.

(3) Die Mitgliedstaaten können einen bis zu Null gehenden Steuerbetrag auf Energieerzeugnisse und elektrischen Strom anwenden, die für Arbeiten in Landwirtschaft und Gartenbau, in der Fischzucht und in der Forstwirtschaft verwendet werden.

Der Rat prüft auf der Grundlage eines Vorschlags der Kommission vor dem 1. Januar 2008, ob die Möglichkeit der Anwendung eines bis zu Null gehenden Steuerbetrags aufgehoben werden soll.

# § 29

§ 29 (weggefallen)

## § 30 Zweckwidrigkeit

(1) ¹Die Steuer entsteht vorbehaltlich § 21 nach dem zutreffenden Steuersatz des § 2, wenn die Energieerzeugnisse entgegen der in der Erlaubnis genannten Zweckbestimmung verwendet oder abgegeben werden, nicht in den Betrieb aufgenommen werden oder der Verbleib der Energieerzeugnisse nicht festgestellt werden kann. ²Die Steuer entsteht nicht, wenn die Energieerzeugnisse untergegangen oder an Personen abgegeben worden sind, die zum Bezug von steuerfreien Energieerzeugnissen berechtigt sind. ³Darüber hinaus entsteht auch keine Steuer, wenn Energieerzeugnisse im Sinn des § 4 an Steuerlagerinhaber abgegeben werden. ⁴Schwund steht dem Untergang gleich.

(2) ¹Steuerschuldner ist der Erlaubnisinhaber, wenn er vor Entstehung der Steuer Besitz an den Energieerzeugnissen erlangt hat, sonst der Steuerlagerinhaber. ²Werden Energieerzeugnisse zu steuerfreien Zwecken an einen Nichtberechtigten abgegeben, ist daneben auch der Nichtberechtigte Steuerschuldner. ³Mehrere Steuerschuldner sind Gesamtschuldner. ⁴Der Steuerschuldner hat für Energieerzeugnisse, für die die Steuer entstanden ist, unverzüglich eine Steuererklärung abzugeben und darin die Steuer selbst zu berechnen (Steueranmeldung). ⁵Die Steuer ist sofort fällig.

### *Rechtsprechungsauswahl zu § 30 EnergieStG*

**BFH vom 14.05.2013, VII B 39/11 (BFH/NV 2013 S. 438):**
1. Eine Abgabe von Energieerzeugnissen i. S. des § 30 Abs. 1 Satz 1 EnergieStG liegt auch in den Fällen vor, in denen der Abgebende einer anderen Person aufgrund eines vereinbarten Besitzmittlungsverhältnisses den mittelbaren Besitz an den Energieerzeugnissen verschafft.
2. Die in § 30 Abs. 1 Satz 2 EnergieStG getroffene Regelung kann nicht als allgemeine Heilungsvorschrift verstanden werden, die ungeachtet eines Zwischenerwerbs durch einen Nichtberechtigten den in § 30 Abs. 1 Satz 1 EnergieStG normierten Steuerentstehungstatbestand verdrängt.

## Kapitel 3 Bestimmungen für Kohle

**§ 31**[1] **Begriffsbestimmungen, Anmeldung, Erlaubnis**

(1) ¹Kohlebetriebe im Sinne dieses Gesetzes sind vorbehaltlich Absatz 2 Betriebe, in denen Kohle gewonnen oder bearbeitet wird. ²Kohlelieferer im Sinne dieses Gesetzes ist, wer Kohle gewerbsmäßig liefert.

(2) Für Betriebe, die nicht schon aus anderen Gründen Kohlebetriebe sind, gelten das Mischen, Trocknen und Zerkleinern von Kohle nicht als Bearbeiten von Kohle.

(3) Wer Kohle gewinnen oder bearbeiten will, hat dies dem zuständigen Hauptzollamt vor Eröffnung des Betriebes anzumelden.

(4) ¹Wer als Inhaber eines Kohlebetriebes oder als Kohlelieferer Kohle unversteuert beziehen will, bedarf der Erlaubnis. ²Sie wird auf Antrag unter Widerrufsvorbehalt Personen erteilt, gegen deren steuerliche Zuverlässigkeit keine Bedenken bestehen und die – soweit nach dem Handelsgesetzbuch oder der Abgabenordnung dazu verpflichtet – ordnungsmäßig kaufmännische Bücher führen und rechtzeitig Jahresabschlüsse aufstellen. ³Vor der Erteilung ist Sicherheit für die Steuer zu leisten, die voraussichtlich während zweier Monate entsteht (§ 32), wenn Anzeichen für eine Gefährdung der Steuer erkennbar sind.

(5) ¹Die Erlaubnis ist zu widerrufen, wenn eine der Voraussetzungen nach Absatz 4 Satz 2 nicht mehr erfüllt ist oder eine angeforderte Sicherheit nicht geleistet wird. ²Die Erlaubnis kann widerrufen werden, wenn eine geleistete Sicherheit nicht mehr ausreicht.

*Energiesteuer-Durchführungsverordnung*

*Zu § 31 des Gesetzes*

**§ 62 Anmeldung des Kohlebetriebs**

*(1)*[2] *Wer Kohle gewinnen oder bearbeiten will, hat die Anmeldung nach § 31 Absatz 3 des Gesetzes vor der Eröffnung des Betriebs schriftlich beim Hauptzollamt abzugeben.*

*(2) ¹In der Anmeldung sind anzugeben: Name, Geschäftssitz (§ 23 Abs. 2 der Abgabenordnung), Rechtsform, die Steuernummer beim Finanzamt und – falls erteilt – die Umsatzsteuer-Identifikationsnummer (§ 27a des Umsatzsteuergesetzes). ²Der Anmeldung sind beizufügen:*

1. *eine ¹Beschreibung der Gewinnungs- und Bearbeitungsvorgänge unter Angabe der der Lagerung dienenden Einrichtungen und der Verladestellen, über die die Kohle den Kohlebetrieb verlässt oder zum Eigenverbrauch entnommen wird. ²Die Beschreibung ist durch eine schematische Darstellung zu ergänzen, soweit dies zu ihrem Verständnis erforderlich ist,*
2. *eine Aufstellung der zu gewinnenden oder zu bearbeitenden Erzeugnisse unter Darstellung der für die Steuer maßgeblichen Merkmale und der gegebenenfalls anfallenden Nebenerzeugnisse und Abfälle,*
3. *eine Darstellung der Mengenermittlung und der Fabrikationsbuchführung,*
4. *von Unternehmen, die in das Handels-, Genossenschafts- oder Vereinsregister eingetragen sind, ein Registerauszug nach dem neuesten Stand.*

*(3) ¹Der Anmeldepflichtige hat auf Verlangen des Hauptzollamts weitere Angaben zu machen, wenn sie zur Sicherung des Steueraufkommens oder für die Steueraufsicht erforderlich erscheinen. ²Das Hauptzollamt kann auf Angaben verzichten, soweit die Steuerbelange dadurch nicht beeinträchtigt werden.*

*(4) Das Hauptzollamt bestätigt schriftlich die Anmeldung des Kohlebetriebs.*

**§ 63 Einrichtung des Kohlebetriebs**

*¹Der Kohlebetrieb muss so eingerichtet sein, dass die mit der Steueraufsicht betrauten Amtsträger den Gang der Gewinnung und Bearbeitung und den Verbleib der Erzeugnisse im Betrieb verfolgen können. ²Das Hauptzollamt kann besondere Anforderungen stellen, die im Interesse der Steueraufsicht erforderlich erscheinen.*

---

1) § 31 Abs. 4 Satz 2 neu gef. mWv 1.4.2010 durch G v. 15.7.2009 (BGBl. I S. 1870).
2) § 62 Abs. 1 neu gef. mWv 1.4.2010 durch VO v. 5.10.2009 (BGBl. I S. 3262).

## § 64 Pflichten des Betriebsinhabers

*(1) ¹Der Inhaber des Kohlebetriebs hat ein Belegheft zu führen. ²Das Hauptzollamt kann dazu Anordnungen treffen.*

*(2) ¹Der Inhaber des Kohlebetriebs hat Aufzeichnungen zu führen, aus denen für den jeweiligen Abrechnungszeitraum unter Angabe der für die Besteuerung maßgeblichen Merkmale ersichtlich sein müssen:*

1. *die Menge der Kohle, für die die Steuer nach § 32 Abs. 1 Satz 1 Nr. 1 oder Nr. 3 des Gesetzes entstanden ist,*
2. *die Menge der unversteuert an Inhaber einer Erlaubnis nach § 31 Abs. 4 oder § 37 Abs. 1 des Gesetzes gelieferten Kohle unter Angabe des Namens und der Anschrift des Empfängers sowie dessen Bezugsberechtigung,*
3. *die Menge der unversteuert aus dem Steuergebiet verbrachten oder ausgeführten Kohle unter Angabe des Namens und der Anschrift des Empfängers.*

*²Die Aufzeichnungen müssen so beschaffen sein, dass es einem sachverständigen Dritten innerhalb einer angemessenen Frist möglich ist, die Grundlagen für die Besteuerung festzustellen. ³Das Hauptzollamt kann weitere Aufzeichnungen vorschreiben oder besondere Anordnungen zu den Aufzeichnungen treffen, wenn dies zur Sicherung des Steueraufkommens oder für die Steueraufsicht erforderlich erscheint. ⁴Es kann einfachere Aufzeichnungen zulassen, soweit die Steuerbelange dadurch nicht beeinträchtigt werden.*

*(3) ¹Das Hauptzollamt kann eine Bestandsaufnahme anordnen. ²Es trifft in diesem Fall besondere Regelungen.*

*(4) Die mit der Steueraufsicht betrauten Amtsträger können für steuerliche Zwecke unentgeltlich Proben von Kohle zur Untersuchung entnehmen.*

*(5) Der Inhaber des Kohlebetriebs hat dem Hauptzollamt Änderungen der nach § 62 Abs. 2 angegebenen Verhältnisse, Überschuldung, drohende oder eingetretene Zahlungsunfähigkeit, Zahlungseinstellung und Stellung des Antrags auf Eröffnung eines Insolvenzverfahrens unverzüglich schriftlich anzuzeigen.*

## § 65 Antrag auf Erlaubnis für Kohlebetriebe und Kohlelieferer

*(1)¹⁾ Wer als Inhaber eines Kohlebetriebs oder als Kohlelieferer Kohle unversteuert beziehen will, hat die Erlaubnis nach § 31 Absatz 4 des Gesetzes schriftlich beim Hauptzollamt zu beantragen.*

*(2) ¹In dem Antrag ist anzugeben, ob auch versteuerte Kohle gehandelt, gelagert oder verwendet wird. ²Dem Antrag sind beizufügen:*

1. *eine Beschreibung der Betriebs- und Lagerräume und der mit ihnen in Verbindung stehenden oder an sie angrenzenden Räume sowie in zweifacher Ausfertigung ein Plan der Betriebsanlage, in dem die Einrichtungen für die Lagerung von unversteuerter Kohle kenntlich gemacht sind,*
2. *eine Darstellung der Buchführung über den Bezug und die Abgabe der Kohle,*
3. *eine Darstellung der Mengenermittlung,*
4. *von Unternehmen, die in das Handels-, Genossenschafts- oder Vereinsregister eingetragen sind, ein Registerauszug nach dem neuesten Stand,*
5. *gegebenenfalls die Erklärung über die Bestellung eines Beauftragten nach § 214 der Abgabenordnung oder eines Betriebsleiters nach § 62 des Gesetzes, in der dieser sein Einverständnis erklärt hat.*

*(3) ¹Der Antragsteller hat auf Verlangen des Hauptzollamts weitere Angaben zu machen, wenn sie zur Sicherung des Steueraufkommens oder für die Steueraufsicht erforderlich erscheinen. ²Das Hauptzollamt kann auf Angaben verzichten, soweit die Steuerbelange dadurch nicht beeinträchtigt werden.*

## § 66 Erteilung und Erlöschen der Erlaubnis

*(1)²⁾ ¹Das Hauptzollamt erteilt schriftlich die Erlaubnis nach § 31 Abs. 4 des Gesetzes und stellt einen Erlaubnisschein als Nachweis der Bezugsberechtigung aus. ²Die Erlaubnis kann mit Nebenbestimmungen nach § 120 Absatz 2 der Abgabenordnung verbunden werden.*

*(2) Für das Erlöschen der Erlaubnis gilt § 14 Abs. 2 bis 5 sinngemäß.*

---

1) § 65 Abs. 1 neu gef. mWv 1.4.2010 durch VO v. 5.10.2009 (BGBl. I S. 3262).
2) § 66 Abs. 1 Satz 2 neu gef. mWv 30.9.2011 durch VO v. 20.9.2011 (BGBl. I S. 1890).

## § 67 Pflichten des Erlaubnisinhabers

*(1) ¹Der Erlaubnisinhaber hat ein Belegheft zu führen. ²Das Hauptzollamt kann dazu Anordnungen treffen.*

*(2) ¹Der Erlaubnisinhaber hat Aufzeichnungen zu führen, aus denen für den jeweiligen Abrechnungszeitraum unter Angabe der für die Besteuerung maßgeblichen Merkmale ersichtlich sein müssen:*
1. *die Mengen der unversteuert und versteuert bezogenen Kohle,*
2. *die Menge der Kohle, für die die Steuer nach § 32 Absatz 1 Satz 1 Nummer 1 oder Nummer 2 des Gesetzes entstanden ist,*
3. *die Menge der unversteuert an Inhaber einer Erlaubnis nach § 31 Abs. 4 oder § 37 Abs. 1 des Gesetzes gelieferten Kohle unter Angabe des Namens und der Anschrift des Empfängers sowie dessen Bezugsberechtigung,*
4. *die Menge der unversteuert aus dem Steuergebiet verbrachten oder ausgeführten Kohle unter Angabe des Namens und der Anschrift des Empfängers,*
5. *der Betrag der anzumeldenden und zu entrichtenden Steuer.*

²*Die Aufzeichnungen müssen so beschaffen sein, dass es einem sachverständigen Dritten innerhalb einer angemessenen Frist möglich ist, die Grundlagen für die Besteuerung festzustellen.* ³*Das Hauptzollamt kann weitere Aufzeichnungen vorschreiben oder besondere Anordnungen zu den Aufzeichnungen treffen, wenn dies zur Sicherung des Steueraufkommens oder für die Steueraufsicht erforderlich erscheint.* ⁴*Es kann einfachere Aufzeichnungen zulassen, soweit die Steuerbelange dadurch nicht beeinträchtigt werden.*

*(3) ¹Das Hauptzollamt kann eine Bestandsaufnahme anordnen. ²Es trifft in diesem Fall besondere Regelungen.*

*(4) Treten Verluste an unversteuerter Kohle ein, die die betriebsüblichen unvermeidbaren Verluste übersteigen, hat der Erlaubnisinhaber dies dem Hauptzollamt unverzüglich anzuzeigen.*

*(5) Die mit der Steueraufsicht betrauten Amtsträger können für steuerliche Zwecke unentgeltlich Proben von Kohle zur Untersuchung entnehmen.*

*(6) Der Erlaubnisinhaber hat dem Hauptzollamt Änderungen der nach § 65 Abs. 2 angegebenen Verhältnisse, Überschuldung, drohende oder eingetretene Zahlungsunfähigkeit, Zahlungseinstellung und Stellung des Antrags auf Eröffnung eines Insolvenzverfahrens unverzüglich schriftlich anzuzeigen.*

*(7) Der Erlaubnisinhaber hat den Erlaubnisschein dem Hauptzollamt unverzüglich zurückzugeben, wenn die Erlaubnis erlischt oder der Bezug von unversteuerter Kohle eingestellt wird.*

*(8) ¹Geht der Erlaubnisschein verloren, hat der Erlaubnisinhaber dies dem Hauptzollamt unverzüglich anzuzeigen. ²Das Hauptzollamt stellt auf Antrag einen neuen Erlaubnisschein aus, es sei denn, die Erlaubnis ist zu widerrufen.*

## § 68 Bezug und Lagerung von unversteuerter Kohle

*(1) ¹Der Erlaubnisinhaber hat unversteuerte Kohle, die er in Besitz genommen hat, unverzüglich in seinen Aufzeichnungen zu erfassen. ²Mit der Inbesitznahme gilt die Kohle als in seinen Betrieb aufgenommen.*

*(2) ¹Der Erlaubnisinhaber darf versteuerte und unversteuerte Kohle als Gemisch lagern. ²Das Gemisch wird in diesem Fall so behandelt, als ob die Kohle getrennt gehalten worden wäre. ³Aus dem Gemisch entnommene Kohle wird je nach Wahl des Erlaubnisinhabers als aus einem der Gemischanteile stammend behandelt.*

## § 69 Lieferung von unversteuerter Kohle

*(1) Wird Kohle unversteuert an den Inhaber einer Erlaubnis nach § 31 Abs. 4 oder § 37 Abs. 1 des Gesetzes geliefert, hat der Kohlelieferer die einzelnen Lieferungen durch betriebliche Versandpapiere nachzuweisen, die den Namen und die Anschrift des Empfängers sowie Art, Menge und Zeitpunkt der Lieferung enthalten.*

*(2) Der Kohlelieferer hat die nach Absatz 1 gelieferte Kohle unverzüglich in seinen Aufzeichnungen zu erfassen.*

*(3) Der Kohlelieferer darf unversteuerte Kohle an den Inhaber einer Erlaubnis nach § 31 Abs. 4 oder § 37 Abs. 1 des Gesetzes nur übergeben, wenn ihm oder seinem Beauftragten dessen gültiger Erlaubnisschein vorliegt oder spätestens bei der Übergabe vorgelegt wird, es sei denn, die Lieferung erfolgt auf Grund einer allgemeinen Erlaubnis.*

*(4) Wird unversteuerte Kohle in einen anderen Mitgliedstaat verbracht, gelten die Absätze 1 und 2 sinngemäß.*

*(5) Wird unversteuerte Kohle in ein Drittland ausgeführt, gelten die Absätze 1 und 2 sinngemäß mit der Maßgabe, dass die Ausfuhr durch eine Bestätigung der Ausgangszollstelle oder durch andere geeignete Unterlagen nachzuweisen ist.*

## Verwaltungsregelungen zu § 31 EnergieStG

| Datum | Anlage | Quelle | Inhalt |
|---|---|---|---|
| 03.08.2012 | § 031-01 | BMF | Dienstvorschrift zur energiesteuerrechtlichen Behandlung von Kohle nach Kapitel 3 Energiesteuergesetz (DV Kohle) |
| 03.08.2012 | § 031-02 | BMF | Dienstvorschrift zur energiesteuerrechtlichen Behandlung von Kohle nach Kapitel 3 Energiesteuergesetz (DV Kohle) – Anlage 1: Glossar zur energiesteuerlichen Behandlung von Kohle |

## § 32 Entstehung der Steuer

(1) ¹Die Steuer entsteht vorbehaltlich der §§ 34 und 35 dadurch, dass
1. Kohle im Steuergebiet erstmals an Personen geliefert wird, die die Kohle nicht als Inhaber einer Erlaubnis nach § 31 Abs. 4 oder § 37 Abs. 1 beziehen,
2. Kohle im Steuergebiet durch Inhaber einer Erlaubnis nach § 31 Abs. 4 verwendet wird,
3. selbst gewonnene oder bearbeitete Kohle im Steuergebiet verwendet wird, soweit die Steuer nicht nach Nummer 2 entsteht.

²Satz 1 Nr. 2 und 3 gilt nicht, wenn zugleich die Voraussetzungen des § 37 Abs. 1 und 2 vorliegen.

(2) ¹Steuerschuldner ist
1. im Falle des Absatzes 1 Satz 1 Nr. 1 der Kohlelieferer, wenn dieser im Steuergebiet ansässig ist, andernfalls der Empfänger,
2. im Falle des Absatzes 1 Satz 1 Nr. 2 der Inhaber der Erlaubnis,
3. im Falle des Absatzes 1 Satz 1 Nr. 3 derjenige, der die Kohle verwendet.

²Wird Kohle zu steuerfreien Zwecken an einen Nichtberechtigten geliefert, ist im Falle der Nummer 1 neben dem Kohlelieferer auch der Nichtberechtigte Steuerschuldner.

(3) Für die nach Absatz 1 entstehende Steuer ist im Voraus Sicherheit zu leisten, wenn Anzeichen für eine Gefährdung der Steuer erkennbar sind.

(4) ¹Die Kohle gilt als geliefert im Sinne des Absatzes 1 Nr. 1, wenn deren Verbleib bei der Beförderung im Steuergebiet nicht festgestellt werden kann. ²Dies gilt nicht für untergegangene Kohle. ³Schwund steht dem Untergang gleich. ⁴Neben dem Steuerschuldner nach Absatz 2 Satz 1 Nr. 1 ist derjenige Steuerschuldner, der die Kohle verwendet. ⁵Mehrere Steuerschuldner sind Gesamtschuldner.

### *EU-Vorgaben*

**RL 2003/96/EG Energiesteuerrichtlinie (Auszug)**

**Artikel 20 Absatz 1**

(1) Die Kontroll- und Beförderungsbestimmungen der Richtlinie 92/12/EWG gelten ausschließlich für die nachstehend aufgeführten Energieerzeugnisse:
a) Erzeugnisse der KN-Codes 1507 bis 1518, die als Kraftstoff oder zu Heizwecken verwendet werden;
b) Erzeugnisse der KN-Codes 2707 10, 2707 20, 2707 30 und 2707 50;
c) Erzeugnisse der KN-Codes 2710 11 bis 2710 19 69. Für Erzeugnisse der KN-Codes 2710 11 21, 2710 11 25 und 2710 19 29 gelten die Bestimmungen über die Kontrolle und die Beförderung nur, soweit sie als lose Ware befördert werden;
d) Erzeugnisse des KN-Codes 2711 (mit Ausnahme von 2711 11, 2711 21 und 2711 29);
e) Erzeugnisse des KN-Codes 2901 10;
f) Erzeugnisse der KN-Codes 2902 20, 2902 30, 2902 41, 2902 42, 2902 43 und 2902 44;
g) Erzeugnisse des KN-Codes 2905 11 00, die nicht von synthetischer Herkunft sind und die als Kraftstoff oder zu Heizwecken verwendet werden.
h) Erzeugnisse des KN-Codes 3824 90 99, die als Kraftstoff oder zu Heizwecken verwendet werden.

**Artikel 21 Absatz 5 UA 4**

(5) In Anwendung der Artikel 5 und 6 der Richtlinie 92/12/EWG werden für elektrischen Strom und Erdgas Steuern erhoben; diese entstehen zum Zeitpunkt der Lieferung durch den Verteiler oder Weiterverteiler. Erfolgt die Lieferung zum Verbrauch in einem Mitgliedstaat, in dem der Verteiler oder Weiterverteiler nicht niedergelassen ist, so ist die Steuer des Lieferungsmitgliedstaats von einem Unternehmen zu entrichten, das in diesem Staat registriert sein muss. Die Steuer wird in allen Fällen nach den Verfahren des jeweiligen Mitgliedstaats erhoben und eingezogen. Unbeschadet von Unterabsatz 1 haben die Mitgliedstaaten für den Fall, dass es keine Verbindung zwischen ihren Gasfernleitungen und denen anderer Mitgliedstaaten gibt, das Recht, den Steuerentstehungstatbestand festzulegen. Eine Einheit, die

# EU-Vorgaben § 32

elektrischen Strom zur eigenen Verwendung erzeugt, gilt als Verteiler. Unbeschadet des Artikels 14 Absatz 1 Buchstabe a) können die Mitgliedstaaten kleine Stromerzeuger von der Steuer befreien, sofern sie die zur Erzeugung dieses Stroms verwendeten Energieerzeugnisse besteuern. In Anwendung der Artikel 5 und 6 der Richtlinie 92/12/EWG werden für Steinkohle, Koks und Braunkohle Steuern erhoben; diese entstehen zum Zeitpunkt der Lieferung durch Unternehmen, die zu diesem Zweck bei den zuständigen Behörden registriert sein müssen. Die genannten Behörden können es dem Erzeuger, dem Händler, dem Einführer oder einem Stellvertreter gestatten, anstelle des registrierten Unternehmens dessen steuerliche Verpflichtungen zu übernehmen. Die Steuer wird nach den Verfahren des jeweiligen Mitgliedstaats erhoben und eingezogen.

## § 33

§ 33 Steueranmeldung, Fälligkeit

(1) [1]Der Steuerschuldner hat für Kohle, für die in einem Monat die Steuer nach § 32 Abs. 1 entstanden ist, bis zum 15. Tag des folgenden Monats eine Steuererklärung abzugeben und darin die Steuer selbst zu berechnen (Steueranmeldung). [2]Die Steuer, die in einem Monat entstanden ist, ist am 25. Tag des folgenden Monats fällig.

(2) [1]In den Fällen des § 32 Abs. 4 hat der Steuerschuldner unverzüglich eine Steuererklärung abzugeben und darin die Steuer selbst zu berechnen (Steueranmeldung). [2]Die Steuer ist sofort fällig.

## § 34[1]) Verbringen in das Steuergebiet

¹Wird Kohle aus einem Mitgliedstaat in das Steuergebiet verbracht, gelten die §§ 15, 16 Abs. 1 Satz 1 und Abs. 2 und § 18 sinngemäß, es sei denn, dass im Falle des § 15 die Kohle durch den Inhaber einer Erlaubnis nach § 31 Abs. 4 oder § 37 Abs. 1 bezogen, in Besitz gehalten oder verwendet wird. ²Abweichend von § 15 Absatz 2 Satz 2 muss bei der Beförderung von Kohle das dort genannte Begleitdokument nicht mitgeführt werden.

*Energiesteuer-Durchführungsverordnung*

*Zu § 34 des Gesetzes*

### § 70 Verbringen von Kohle in das Steuergebiet

*Wird Kohle aus einem anderen Mitgliedstaat in das Steuergebiet verbracht, finden sinngemäß Anwendung*

*1. die §§ 38 und 40 in den Fällen, in denen § 15 des Gesetzes nach § 34 des Gesetzes sinngemäß gilt,*

*2. § 42 in den Fällen, in denen § 18 des Gesetzes nach § 34 des Gesetzes sinngemäß gilt.*

---

1) § 34 Satz 2 angef. mWv 1.4.2010 durch G v. 15.7.2009 (BGBl. I S. 1870).

## § 35[1)] Einfuhr

Wird Kohle in das Steuergebiet eingeführt (§ 19), gelten die §§ 19a und 19b mit der Maßgabe sinngemäß, dass die Steuer nicht entsteht, wenn die Einfuhr durch den Inhaber einer Erlaubnis nach § 31 Absatz 4 oder § 37 Absatz 1 erfolgt oder sich die Abgabe an einen solchen unmittelbar an die Einfuhr anschließt.

*Energiesteuer-Durchführungsverordnung*
*Zu § 35 des Gesetzes*

### § 71 Einfuhr von Kohle

*(1) [1]Kohle aus Drittländern und Drittgebieten ist in den Fällen des § 35 des Gesetzes in Verbindung mit § 19b Absatz 3 des Gesetzes nach den Zollvorschriften mit den für die Besteuerung maßgeblichen Merkmalen anzumelden. [2]Die Steuererklärung ist in der Zollanmeldung oder nach amtlich vorgeschriebenem Vordruck abzugeben.*

*(2) [1]Soll Kohle im Anschluss an die Überführung in den steuerrechtlich freien Verkehr in den Betrieb des Inhabers einer Erlaubnis nach § 31 Absatz 4 oder § 37 Absatz 1 des Gesetzes befördert werden, ist dies mit der Zollanmeldung schriftlich zu beantragen. [2]Dem Antrag ist, soweit die Erlaubnis nicht allgemein erteilt ist, der Erlaubnisschein beizufügen.*

---

1) § 35 neu gef. mWv 1.4.2010 durch G v. 15.7.2009 (BGBl. I S. 1870).

## § 36

**§ 36 Steuerentstehung, Auffangtatbestand**

(1) Ist für Kohle eine Steuer nicht auf Grund einer sonstigen Bestimmung dieses Gesetzes entstanden, so entsteht sie dadurch, dass die Kohle im Steuergebiet als Kraft- oder Heizstoff verwendet wird.

(2) [1]Steuerschuldner ist derjenige, der die Kohle verwendet. [2]Der Steuerschuldner hat für Kohle, für die die Steuer entstanden ist, unverzüglich eine Steuererklärung abzugeben und darin die Steuer selbst zu berechnen (Steueranmeldung). [3]Die Steuer ist sofort fällig.

## § 37

§ 37[1)] Steuerbefreiung, Erlaubnis, Zweckwidrigkeit

(1) [1]Wer Kohle steuerfrei in den Fällen des Absatzes 2 verwenden will, bedarf der Erlaubnis. [2]Sie wird auf Antrag unter Widerrufsvorbehalt Personen erteilt, gegen deren steuerliche Zuverlässigkeit keine Bedenken bestehen. [3]Die Erlaubnis ist zu widerrufen, wenn die Voraussetzung nach Satz 2 nicht mehr erfüllt ist.

(2) [1]Kohle darf steuerfrei verwendet werden
1. zu anderen Zwecken als zur Verwendung als Kraft- oder Heizstoff,
2. auf dem Betriebsgelände eines Kohlebetriebes (§ 31 Abs. 1 Satz 1) vom Inhaber des Betriebes zur Aufrechterhaltung des Betriebes,
3. als Kraft- oder Heizstoff zur Stromerzeugung,
4. als Heizstoff für Prozesse und Verfahren nach § 51,
5. als Probe zu betrieblich erforderlichen Untersuchungen und Prüfungen oder zu Zwecken der Steuer- oder Gewerbeaufsicht,
6. bis zum 31. Dezember 2010 von privaten Haushalten als Heizstoff zur Deckung des eigenen Wärmebedarfs.

[2]Satz 1 Nummer 3 gilt nicht für Kohle, die in Stromerzeugungsanlagen mit einer elektrischen Nennleistung bis zwei Megawatt verwendet wird. [3]Wenn im Falle von Satz 1 Nr. 3 die erzeugte mechanische Energie neben der Stromerzeugung auch anderen Zwecken dient, ist nur der auf die Stromerzeugung entfallende Anteil an Kohle von der Steuer befreit. [4]Das Hauptzollamt kann auf Antrag in den Fällen des Satzes 1 Nr. 3 und 4 zulassen, dass Kohle aus betrieblichen Gründen auch zu anderen als den dort genannten Zwecken steuerfrei bezogen werden kann. [5]Für diese Kohle entsteht die Steuer mit der Verwendung als Kraft- oder Heizstoff. [6]Steuerschuldner ist der Inhaber der Erlaubnis. [7]Für die Steueranmeldung und die Fälligkeit gilt § 33 Abs. 1 entsprechend.

(3) [1]Die Kohle darf nur zu den in der Erlaubnis genannten Zwecken verwendet werden. [2]Die Steuer entsteht für Kohle, die entgegen der in der Erlaubnis genannten Zweckbestimmung verwendet wird oder deren Verbleib nicht festgestellt werden kann. [3]Die Steuer entsteht nicht für Kohle, die untergegangen ist. [4]Schwund steht dem Untergang gleich. [5]Steuerschuldner ist der Erlaubnisinhaber. [6]Der Steuerschuldner hat für Energieerzeugnisse, für die die Steuer entstanden ist, unverzüglich eine Steuererklärung abzugeben und darin die Steuer selbst zu berechnen (Steueranmeldung). [7]Die Steuer ist sofort fällig.

(4) [1]Kohle gilt als entgegen der in der Erlaubnis genannten Zweckbestimmung verwendet (Absatz 3), soweit die Erlaubnis zur steuerfreien Verwendung von Kohle nach § 37 Absatz 2 Satz 1 Nummer 4 in Verbindung mit § 51 Absatz 1 Nummer 1 oder der Fortbestand einer solchen Erlaubnis durch Angaben erwirkt worden ist, die in wesentlicher Hinsicht unrichtig oder unvollständig waren. [2]Abweichend von Absatz 3 Satz 6 und 7 bestimmt das Hauptzollamt die Frist für die Abgabe der Steueranmeldung und den Zeitpunkt der Fälligkeit der Steuer.

*EU-Vorgaben*

RL 2003/96/EG Energiesteuerrichtlinie (Auszug)
**Artikel 2 Absatz 4 Buchstabe b)**
(4) Diese Richtlinie gilt nicht für:
b) für folgende Verwendungen von Energieerzeugnissen und elektrischem Strom:
 – für Energieerzeugnisse, die für andere Zwecke als als Heiz- oder Kraftstoff verwendet werden;
 – für Energieerzeugnisse mit zweierlei Verwendungszweck;
  Ein Energieerzeugnis hat dann zweierlei Verwendungszweck, wenn es sowohl als Heizstoff als auch für andere Zwecke als als Heiz- oder Kraftstoff verwendet wird. Die Verwendung von

---
1) § 37 Abs. 2 Satz 1 Nr. 4 neu gef. mWv 1.1.2007 durch G v. 18.12.2006 (BGBl. I S. 3180); Abs. 4 angef. mWv 22.7.2009 durch G v. 15.7.2009 (BGBl. I S. 1870); Abs. 2 Satz 2 eingef., bish. Sätze 2–6 werden Sätze 3–7 mWv 1.1.2013 durch G v. 5.12.2012 (BGBl. I S. 2436).

**EU-Vorgaben** *DV § 72* **§ 37**

Energieerzeugnissen bei der chemischen Reduktion, bei Elektrolysen und bei Prozessen in der Metallindustrie ist als zweierlei Verwendungszweck anzusehen.
- für elektrischen Strom, der hauptsächlich für die Zwecke der chemischen Reduktion, bei der Elektrolyse und bei Prozessen in der Metallindustrie verwendet wird;
- für elektrischen Strom, wenn er mehr als 50 % der Kosten für ein Erzeugnis ausmacht. Die Kosten eines Erzeugnisses errechnen sich durch die Addition der insgesamt erworbenen Waren und Dienstleistungen sowie der Personalkosten zuzüglich der Abschreibungen auf Ebene des Betriebs im Sinne von Artikel 11. Dabei werden die durchschnittlichen Kosten pro Einheit berechnet. Die „Kosten des elektrischen Stroms" werden bestimmt durch den tatsächlich gezahlten Strompreis oder die Kosten für die Stromerzeugung, wenn der Strom im Betrieb gewonnen wird;
- für mineralogische Verfahren;

Als mineralogische Verfahren gelten Verfahren, die gemäß der Verordnung (EWG) Nr. 3037/90 des Rates vom 9. Oktober 1990 betreffend die statistische Systematik der Wirtschaftszweige in der Europäischen Gemeinschaft (2) unter die NACE-Klasse DI 26 „Verarbeitung nicht-metallischer Mineralien" fallen.

Für diese Energieerzeugnisse gilt jedoch Artikel 20.

**Artikel 14 Absatz 1 Buchstabe a)**
(1) Über die allgemeinen Vorschriften für die steuerbefreite Verwendung steuerpflichtiger Erzeugnisse gemäß der Richtlinie 92/12/EWG hinaus und unbeschadet anderer Gemeinschaftsvorschriften befreien die Mitgliedstaaten unter den Voraussetzungen, die sie zur Sicherstellung der korrekten und einfachen Anwendung solcher Befreiungen und zur Verhinderung von Steuerhinterziehung und -vermeidung oder Missbrauch festlegen, die nachstehenden Erzeugnisse von der Steuer:
a) bei der Stromerzeugung verwendete Energieerzeugnisse bzw. verwendeter elektrischer Strom sowie elektrischer Strom, der zur Aufrechterhaltung der Fähigkeit, elektrischen Strom zu erzeugen, verwendet wird. Es steht den Mitgliedstaaten allerdings frei, diese Erzeugnisse aus umweltpolitischen Gründen zu besteuern, ohne die in der Richtlinie vorgesehenen Mindeststeuerbeträge einhalten zu müssen. In diesem Fall wird die Besteuerung dieser Erzeugnisse in Bezug auf die Einhaltung der Mindeststeuerbeträge für elektrischen Strom im Sinne von Artikel 10 nicht berücksichtigt;

**Artikel 21 Absatz 3**
(3) Der Verbrauch von Energieerzeugnissen innerhalb des Betriebsgeländes eines Betriebes, der Energieerzeugnisse herstellt, gilt nicht als einen Steueranspruch begründender Steuerentstehungstatbestand, sofern es sich bei dem Verbrauch um Energieerzeugnisse handelt, die innerhalb des Betriebsgeländes dieses Betriebes hergestellt worden sind. Die Mitgliedstaaten können auch den Verbrauch von elektrischem Strom und von anderen Energieerzeugnissen, die nicht innerhalb des Betriebsgeländes eines solchen Betriebes hergestellt worden sind, sowie den Verbrauch von Energieerzeugnissen und elektrischem Strom innerhalb des Betriebsgeländes eines Betriebes, der Kraftstoffe für die Erzeugung von elektrischem Strom herstellt, als nicht einen Steueranspruch begründenden Steuerentstehungstatbestand ansehen. Erfolgt der Verbrauch jedoch zu Zwecken, die nicht mit der Herstellung von Energieerzeugnissen im Zusammenhang stehen, und zwar insbesondere zum Antrieb von Fahrzeugen, so gilt dies als einen Steueranspruch begründender Steuerentstehungstatbestand.

*Energiesteuer-Durchführungsverordnung*

*Zu § 37 des Gesetzes*

**§ 72 Antrag auf Erlaubnis als Kohleverwender**
*(1)[1] Wer Kohle steuerfrei verwenden will, hat die Erlaubnis nach § 37 Absatz 1 des Gesetzes, soweit sie nicht allgemein erteilt ist (§ 74), schriftlich beim Hauptzollamt zu beantragen.*
*(2) ¹In dem Antrag ist der Verwendungszweck anzugeben und ob versteuerte Kohle gelagert oder verwendet wird. ²Dem Antrag sind beizufügen:*
*1. eine Beschreibung der Betriebs- und Lagerräume und der mit ihnen in Verbindung stehenden oder an sie angrenzenden Räume sowie in zweifacher Ausfertigung ein Plan der Betriebsanlage, in dem die Einrichtungen für die Lagerung steuerfreier Kohle kenntlich gemacht sind,*
*2. eine Betriebserklärung, in der die Verwendung der Kohle genau beschrieben ist,*

---
1) § 72 Abs. 1 neu gef. mWv 1.4.2010 durch VO v. 5.10.2009 (BGBl. I S. 3262).

2a. [1)] *eine Beschreibung der wirtschaftlichen Tätigkeiten des Unternehmens nach amtlich vorgeschriebenem Vordruck, wenn im Fall des § 37 Absatz 2 Satz 1 Nummer 4 des Gesetzes Kohle steuerfrei für Prozesse und Verfahren nach § 51 Absatz 1 Nummer 1 des Gesetzes verwendet werden soll; die Beschreibung muss es dem Hauptzollamt ermöglichen, das Unternehmen dem Produzierenden Gewerbe zuzuordnen; der maßgebende Zeitraum für die Zuordnung des Unternehmens zum Produzierenden Gewerbe bestimmt sich nach § 15 Absatz 3 Satz 1 der Stromsteuer-Durchführungsverordnung,*
3. *eine Darstellung der Buchführung über den Bezug und die Verwendung der steuerfreien Kohle,*
4. *von Unternehmen, die in das Handels-, Genossenschafts- oder Vereinsregister eingetragen sind, ein Registerauszug nach dem neuesten Stand,*
5. *gegebenenfalls die Erklärung über die Bestellung eines Beauftragten nach § 214 der Abgabenordnung oder eines Betriebsleiters nach § 62 des Gesetzes, in der dieser sein Einverständnis erklärt hat.*

*(3) ¹Der Antragsteller hat auf Verlangen des Hauptzollamts weitere Angaben zu machen, wenn sie zur Sicherung des Steueraufkommens oder für die Steueraufsicht erforderlich erscheinen. ²Das Hauptzollamt kann auf Angaben verzichten, soweit die Steuerbelange dadurch nicht beeinträchtigt werden.*

### § 73 Erteilung und Erlöschen der Erlaubnis

*(1)* [2)] *¹Das Hauptzollamt erteilt schriftlich die Erlaubnis nach § 37 Abs. 1 des Gesetzes (förmliche Einzelerlaubnis) und stellt einen Erlaubnisschein als Nachweis der Bezugsberechtigung aus. ²Die Erlaubnis kann mit Nebenbestimmungen nach § 120 Absatz 2 der Abgabenordnung verbunden werden.*

*(2) Für das Erlöschen der Erlaubnis gilt § 54 sinngemäß.*

*(3)* [3)] *¹Unbeschadet Absatz 2 ist die Erlaubnis zur steuerfreien Verwendung von Kohle nach § 37 Abs. 2 Satz 1 Nr. 4 in Verbindung mit § 51 Abs. 1 Nr. 1 des Gesetzes zu widerrufen, wenn das Unternehmen auf Grund der nach § 75 Abs. 2a jährlich vorzulegenden Beschreibung nicht dem Produzierenden Gewerbe zugeordnet werden kann. ²Legt der Erlaubnisinhaber die Beschreibung nach Satz 1 nicht oder nicht fristgerecht vor, kann das Hauptzollamt die Erlaubnis unmittelbar widerrufen.*

*(4)* [4)] *¹Wird die Erlaubnis nach Absatz 3 Satz 1 oder Satz 2 widerrufen, gilt die auf Grund der Erlaubnis seit 1. Januar des Kalenderjahres, in dem die Beschreibung nach § 75 Abs. 2a vorzulegen war, steuerfrei bezogene Kohle als entgegen der Zweckbestimmung verwendet (§ 37 Abs. 3 des Gesetzes). ²Abweichend von § 37 Abs. 3 des Gesetzes bestimmt das Hauptzollamt die Frist für die Abgabe der Steueranmeldung und den Zeitpunkt der Fälligkeit der Steuer.*

### § 74 Allgemeine Erlaubnis

*Unter Verzicht auf eine förmliche Einzelerlaubnis wird nach Maßgabe der Anlage 1 zu dieser Verordnung die steuerfreie Verwendung von Kohle allgemein erlaubt.*

### § 75 Pflichten des Erlaubnisinhabers

*(1) ¹Der Erlaubnisinhaber hat ein Belegheft zu führen. ²Das Hauptzollamt kann dazu Anordnungen treffen.*

*(2)* [5)] *¹Der Erlaubnisinhaber hat Aufzeichnungen zu führen, aus denen für den jeweiligen Abrechnungszeitraum unter Angabe der für die Besteuerung maßgeblichen Merkmale ersichtlich sein müssen:*
1. *die Menge der steuerfrei bezogenen Kohle und*
2. *die Menge der steuerfrei verwendeten Kohle getrennt nach den jeweiligen Verwendungszwecken,*
3. *die Menge der Kohle, für die die Steuer nach § 37 Absatz 2 Satz 4 des Gesetzes entstanden ist.*

*²Die Aufzeichnungen müssen so beschaffen sein, dass es einem sachverständigen Dritten innerhalb einer angemessenen Frist möglich ist zu prüfen, ob die Kohle zu dem in der Erlaubnis genannten Zweck verwendet wurde. ³Das Hauptzollamt kann weitere Aufzeichnungen vorschreiben oder besondere Anordnungen zu den Aufzeichnungen treffen, wenn dies zur Sicherung des Steueraufkommens oder für die Steueraufsicht erforderlich erscheint. ⁴Es kann einfachere Aufzeichnungen zulassen, wenn die Steuerbelange dadurch nicht beeinträchtigt werden.*

---

1) § 72 Abs. 2 Satz 2 Nr. 2a neu gef. mWv 30.9.2011 durch VO v. 20.9.2011 (BGBl. I S. 1890).
2) § 73 Abs. 1 Satz 2 neu gef. mWv 30.9.2011 durch VO v. 20.9.2011 (BGBl. I S. 1890).
3) § 73 Abs. 3 und 4 angef. mWv 8.2.2007 durch VO v. 29.1.2007 (BGBl. I S. 60).
4) § 73 Abs. 3 und 4 angef. mWv 8.2.2007 durch VO v. 29.1.2007 (BGBl. I S. 60).
5) § 75 Abs. 2 Satz 1 Nr. 2 geänd., Nr. 3 angef. mWv 10.10.2009 durch VO v. 5.10.2009 (BGBl. I S. 3262).

*(2a)[1] Der Inhaber einer Erlaubnis zur steuerfreien Verwendung von Kohle nach § 37 Abs. 2 Satz 1 Nr. 4 in Verbindung mit § 51 Abs. 1 Nr. 1 des Gesetzes hat dem Hauptzollamt nach Ablauf jeden Kalenderjahres bis zum 31. März des folgenden Kalenderjahres eine Beschreibung der wirtschaftlichen Tätigkeiten nach § 72 Abs. 2 Nr. 2a für das abgelaufene Kalenderjahr erneut vorzulegen.*

*(3) [1]Das Hauptzollamt kann eine Bestandsaufnahme anordnen. [2]Es trifft in diesem Fall besondere Regelungen.*

*(4) Treten Verluste an steuerfreier Kohle ein, die die betriebsüblichen unvermeidbaren Verluste übersteigen, hat der Erlaubnisinhaber dies dem Hauptzollamt unverzüglich anzuzeigen.*

*(5) Die mit der Steueraufsicht betrauten Amtsträger können für steuerliche Zwecke unentgeltlich Proben von Kohle und von den steuerfrei hergestellten Erzeugnissen zur Untersuchung entnehmen.*

*(6) [1]Der Erlaubnisinhaber hat dem Hauptzollamt Änderungen der nach § 72 Abs. 2 Satz 1 und 2 Nr. 1, 2 und 3 bis 5[2] angegebenen Verhältnisse unverzüglich schriftlich anzuzeigen. [2]Versteuert der Erlaubnisinhaber Kohle nach § 37 Abs. 2 Satz 3 bis 6 des Gesetzes, hat er dem Hauptzollamt außerdem Überschuldung, drohende oder eingetretene Zahlungsunfähigkeit, Zahlungseinstellung und Stellung des Antrags auf Eröffnung eines Insolvenzverfahrens unverzüglich schriftlich anzuzeigen.*

*(7) Der Erlaubnisinhaber hat den Erlaubnisschein dem Hauptzollamt unverzüglich zurückzugeben, wenn die Erlaubnis erloschen ist oder die Verwendung von steuerfreier Kohle eingestellt wird.*

*(8) [1]Geht der Erlaubnisschein verloren, hat der Erlaubnisinhaber dies dem Hauptzollamt unverzüglich anzuzeigen. [2]Das Hauptzollamt stellt auf Antrag einen neuen Erlaubnisschein aus, es sei denn, die Erlaubnis ist zu widerrufen.*

*(9) [1]Die Absätze 1 bis 3 und 6 bis 8 gelten nicht für den Inhaber einer allgemeinen Erlaubnis. [2]Das zuständige Hauptzollamt kann jedoch Überwachungsmaßnahmen anordnen, wenn sie zur Sicherung der Steuerbelange erforderlich erscheinen. [3]Insbesondere kann es anordnen, dass*
1. *der Inhaber der allgemeinen Erlaubnis über den Bezug und die Verwendung der steuerfreien Kohle Aufzeichnungen führt und sie dem Hauptzollamt vorlegt,*
2. *die Bestände aufzunehmen sind.*

### § 76 Bezug und Lagerung von steuerfreier Kohle

*(1) [1]Der Erlaubnisinhaber hat steuerfreie Kohle, die er in Besitz genommen hat, unverzüglich in seinen Aufzeichnungen zu erfassen. [2]Mit der Inbesitznahme gilt die Kohle als in seinen Betrieb aufgenommen.*

*(2) [1]Der Erlaubnisinhaber darf versteuerte und steuerfreie Kohle als Gemisch lagern. [2]Das Gemisch wird in diesem Fall so behandelt, als ob die Kohle getrennt gehalten worden wäre. [3]Aus dem Gemisch entnommene Kohle wird je nach Wahl des Erlaubnisinhabers als aus einem der Gemischanteile stammend behandelt.*

*(3) [1]Der Erlaubnisinhaber darf steuerfreie Kohle in begründeten Ausnahmefällen an Dritte nur liefern, wenn dies durch das Hauptzollamt zugelassen worden ist. [2]§ 69 Abs. 1 und 2 gilt sinngemäß.*

*(4) Die Absätze 1 und 2 gelten nicht für Inhaber einer allgemeinen Erlaubnis.*

### § 77 Eigenverbrauch

*Für die Teile des Kohlebetriebs, in denen Kohle nach § 37 Abs. 2 Satz 1 Nr. 2 des Gesetzes steuerfrei zur Aufrechterhaltung des Betriebs verwendet werden kann, gilt § 59 sinngemäß.*

### Anlage 1 Nr. 8 und 9

| Nr. | a) Art des Energieerzeugnisses b) Personenkreis | Begünstigung | Voraussetzungen |
|---|---|---|---|
| 8 | a) Kohle b) Verwender | Verwendung zu steuerfreien Zwecken nach § 37 Absatz 2 Satz 1 Nummer 1 des Gesetzes | Jeder Lieferer hat die in die Hand des Empfängers übergehenden Rechnungen, Lieferscheine, Lieferverträge oder dergleichen mit folgendem Hinweis zu versehen: „Steuerfreie Kohle! Darf nicht als Kraft- oder Heizstoff oder zur Herstellung solcher Stoffe verwendet werden!" |

---
1) § 75 Abs. 2a eingef. mWv 8. 2. 2007 durch VO v. 29.1.2007 (BGBl. I S. 60).
2) § 75 Abs. 6 Satz 1 Zitat geänd. mWv 8. 2. 2007 durch VO v. 29.1.2007 (BGBl. I S. 60).

## § 37  DV Anlage 1

| Nr. | a) Art des Energieerzeugnisses b) Personenkreis | Begünstigung | Voraussetzungen |
|---|---|---|---|
| 9 | a) alle Energieerzeugnisse nach § 1 Absatz 2 und 3 des Gesetzes, ausgenommen Erdgas<br>b) Verteiler, Verwender | Verwendung als Probe nach § 25 Absatz 2 oder § 37 Absatz 2 Satz 1 Nummer 5 des Gesetzes | |

# Kapitel 4 Bestimmungen für Erdgas

## § 38[1)] Entstehung der Steuer

(1) ¹Die Steuer entsteht dadurch, dass geliefertes oder selbst erzeugtes Erdgas im Steuergebiet zum Verbrauch aus dem Leitungsnetz entnommen wird, es sei denn, es schließt sich ein Verfahren der Steuerbefreiung (§ 44 Absatz 1) an. ²Gasgewinnungsbetriebe und Gaslager gelten mit der Maßgabe als dem Leitungsnetz zugehörig, dass ein dortiger Verbrauch von Erdgas als Entnahme aus dem Leitungsnetz gilt. ³Die Entnahme aus dem Leitungsnetz zur nicht leitungsgebundenen Weitergabe gilt als Entnahme zum Verbrauch.

(2) Steuerschuldner ist

1. der Lieferer, wenn dieser im Steuergebiet ansässig ist und das gelieferte Erdgas nicht durch einen anderen Lieferer aus dem Leitungsnetz entnommen wird,

2. andernfalls derjenige, der das Erdgas aus dem Leitungsnetz entnimmt.

(3) Wer mit Sitz im Steuergebiet Erdgas liefern, selbst erzeugtes Erdgas zum Selbstverbrauch im Steuergebiet entnehmen oder Erdgas von einem nicht im Steuergebiet ansässigen Lieferer zum Verbrauch beziehen will, hat dies vorher beim Hauptzollamt anzumelden.

(4) ¹Das Hauptzollamt kann auf Antrag zulassen, dass derjenige, der Erdgas an seine Mieter, Pächter oder vergleichbare Vertragsparteien liefert, nicht als anderer Lieferer (Absatz 2 Nr. 1) gilt. ²An den Inhaber der Zulassung geliefertes Erdgas gilt dann mit der Lieferung an ihn als aus dem Leitungsnetz entnommen. ³§ 42 bleibt dadurch unberührt.

(5) ¹Erdgas gilt mit der Lieferung an einen Lieferer, der entgegen Absatz 3 nicht angemeldet ist, als im Steuergebiet zum Verbrauch aus dem Leitungsnetz entnommen, wenn die Lieferung des Erdgases in der Annahme erfolgt, dass eine Steuer nach Absatz 1 entstanden sei. ²Eine Steuerentstehung durch die tatsächliche Entnahme des Erdgases aus dem Leitungsnetz bleibt dadurch unberührt. ³Dem nicht angemeldeten Lieferer wird auf Antrag die Steuer, die der ihn beliefernde Lieferer entrichtet hat, vergütet, soweit er nachweist, dass die durch die tatsächliche Entnahme des Erdgases entstandene Steuer entrichtet worden ist, für das Erdgas keine Steuer entstanden ist oder das Erdgas steuerfrei entnommen worden ist.

(6) Für die nach Absatz 1 entstehende Steuer ist im Voraus Sicherheit zu leisten, wenn Anzeichen für eine Gefährdung der Steuer erkennbar sind.

*EU-Vorgaben*

**RL 2003/96/EG Energiesteuerrichtlinie (Auszug)**
**Artikel 21 Absatz 5 UA 1**

(5) In Anwendung der Artikel 5 und 6 der Richtlinie 92/12/EWG werden für elektrischen Strom und Erdgas Steuern erhoben; diese entstehen zum Zeitpunkt der Lieferung durch den Verteiler oder Weiterverteiler. Erfolgt die Lieferung zum Verbrauch in einem Mitgliedstaat, in dem der Verteiler oder Weiterverteiler nicht niedergelassen ist, so ist die Steuer des Lieferungsmitgliedstaats von einem Unternehmen zu entrichten, das dort registriert sein muss. Die Steuer wird in allen Fällen nach dem Verfahren des jeweiligen Mitgliedstaats erhoben und eingezogen.

Unbeschadet von Unterabsatz 1 haben die Mitgliedstaaten für den Fall, dass es keine Verbindung zwischen ihren Gasfernleitungen und denen anderer Mitgliedstaaten gibt, das Recht, den Steuerentstehungstatbestand festzulegen. Eine Einheit, die elektrischen Strom zur eigenen Verwendung erzeugt, gilt als Verteiler. Unbeschadet des Artikels 14 Absatz 1 Buchstabe a) können die Mitgliedstaaten kleine Stromerzeuger von der Steuer befreien, sofern sie die zur Erzeugung dieses Stroms verwendeten Energieerzeugnisse besteuern. In Anwendung der Artikel 5 und 6 der Richtlinie 92/12/EWG werden für Steinkohle, Koks und Braunkohle Steuern erhoben; diese entstehen zum Zeitpunkt der Lieferung durch Unternehmen, die zu diesem Zweck bei den zuständigen Behörden registriert sein müssen. Die genannten Behörden können es dem Erzeuger, dem Händler, dem Einführer oder einem Steuervertreter gestatten, anstelle des registrierten Unternehmens dessen steuerliche Verpflichtungen zu übernehmen. Die Steuer wird nach den Verfahren des jeweiligen Mitgliedstaats erhoben und eingezogen.

---

1) § 38 Abs. 1 Satz 1 geänd. mWv 1.1.2013 durch G v. 5.12.2012 (BGBl. I S. 2436). Geltungszeiträume: ab 1.1.2013, 1.8.2006 – 31.12.2012.

## § 38 DV §§ 78–79

### Energiesteuer-Durchführungsverordnung
### Zu § 38 des Gesetzes

**§ 78 Anmeldung für Lieferer, Entnehmer und Bezieher von Erdgas**

*(1)*[1] *Die Anmeldung nach § 38 Absatz 3 des Gesetzes ist schriftlich bei dem für den Anmeldepflichtigen zuständigen Hauptzollamt abzugeben.*

*(2) ¹In der Anmeldung sind anzugeben: Name, Geschäfts- oder Wohnsitz, Rechtsform, bei jährlicher Steueranmeldung die voraussichtlich zu erwartende Jahressteuerschuld, die Steuernummer beim Finanzamt und – falls erteilt – die Umsatzsteuer-Identifikationsnummer (§ 27a des Umsatzsteuergesetzes). ²Der Anmeldung sind beizufügen:*

1. *ein Verzeichnis der Betriebsstätten im Steuergebiet nach § 12 der Abgabenordnung,*
2. *eine Darstellung der Mengenermittlung und -abrechnung,*
3. *von Unternehmen, die in das Handels-, Genossenschafts- oder Vereinsregister eingetragen sind, ein Registerauszug nach dem neuesten Stand,*
4. *gegebenenfalls eine Erklärung über die Bestellung eines Beauftragten nach § 214 der Abgabenordnung oder eines Betriebsleiters nach § 62 Abs. 1 des Gesetzes, in der dieser sein Einverständnis erklärt hat.*

*(3) ¹Der Anmeldepflichtige hat auf Verlangen des Hauptzollamts weitere Angaben zu machen, wenn sie zur Sicherung des Steueraufkommens oder für die Steueraufsicht erforderlich erscheinen. ²Das Hauptzollamt kann auf Angaben verzichten, soweit die Steuerbelange dadurch nicht beeinträchtigt werden.*

*(4) Das Hauptzollamt erteilt Lieferern von Erdgas einen schriftlichen Nachweis über die erfolgte Anmeldung.*

**§ 79**[2] **Pflichten**

*(1) ¹Der Anmeldepflichtige nach § 38 Abs. 3 des Gesetzes hat ein Belegheft zu führen. ²Das Hauptzollamt kann dazu Anordnungen treffen.*

*(2) ¹Der Anmeldepflichtige hat Aufzeichnungen zu führen, aus denen für den jeweiligen Veranlagungszeitraum unter Angabe der für die Besteuerung maßgeblichen Merkmale ersichtlich sein müssen:*

1. *bei Lieferern die Menge des unversteuert bezogenen Erdgases,*
2. *bei Lieferern die Menge des gelieferten Erdgases, für das der Lieferer Steuerschuldner nach § 38 Abs. 2 Nr. 1 des Gesetzes ist, getrennt nach den unterschiedlichen Steuersätzen des § 2 des Gesetzes,*
3. *die Menge des Erdgases, für das der Anmeldepflichtige Steuerschuldner nach § 38 Absatz 2 Nummer 2 des Gesetzes ist, getrennt nach den unterschiedlichen Steuersätzen des § 2 des Gesetzes,*
4. *im Fall des § 39 Absatz 6 des Gesetzes die dort näher bezeichneten Mengen und Steuerbeträge,*
5. *bei Lieferern die Menge des unversteuert gelieferten Erdgases unter Angabe des Namens oder der Firma und der Anschrift des Empfängers,*
6. *der Betrag der anzumeldenden und zu entrichtenden Steuer.*

*²Die Aufzeichnungen müssen so beschaffen sein, dass es einem sachverständigen Dritten innerhalb einer angemessenen Frist möglich ist, die Grundlagen für die Besteuerung festzustellen. ³Das Hauptzollamt kann weitere Aufzeichnungen vorschreiben oder besondere Anordnungen zu den Aufzeichnungen treffen, wenn dies zur Sicherung des Steueraufkommens oder für die Steueraufsicht erforderlich erscheint. ⁴Es kann einfachere Aufzeichnungen zulassen, wenn die Steuerbelange dadurch nicht beeinträchtigt werden.*

*(3) Der Anmeldepflichtige hat dem Hauptzollamt Änderungen der nach § 78 Abs. 2 angegebenen Verhältnisse sowie Überschuldung, drohende oder eingetretene Zahlungsunfähigkeit, Zahlungseinstellung und Stellung des Antrags auf Eröffnung eines Insolvenzverfahrens unverzüglich schriftlich anzuzeigen, soweit das Hauptzollamt nicht darauf verzichtet.*

*Geltungszeitraum ab 1.8.2013*

---

1) § 78 Abs. 1 neu gef. mWv 1.4.2010 durch VO v. 5.10.2009 (BGBl. I S. 3262).
2) § 79 Abs. 2 Satz 1 Nr. 3 geänd., Nr. 4 eingef., bish. Nr. 4 und 5 werden Nr. 5 und 6 mWv 1.8.2013 durch VO v. 24.7.2013 (BGBl. I S. 2763).

## § 79 Pflichten[1)]

*(1) ¹Der Anmeldepflichtige nach § 38 Abs. 3 des Gesetzes hat ein Belegheft zu führen. ²Das Hauptzollamt kann dazu Anordnungen treffen.*

*(2) ¹Der Anmeldepflichtige hat Aufzeichnungen zu führen, aus denen für den jeweiligen Veranlagungszeitraum unter Angabe der für die Besteuerung maßgeblichen Merkmale ersichtlich sein müssen:*
1. *bei Lieferern die Menge des unversteuert bezogenen Erdgases,*
2. *bei Lieferern die Menge des gelieferten Erdgases, für das der Lieferer Steuerschuldner nach § 38 Abs. 2 Nr. 1 des Gesetzes ist, getrennt nach den unterschiedlichen Steuersätzen des § 2 des Gesetzes,*
3. *die Menge des Erdgases, für das der Anmeldepflichtige Steuerschuldner nach § 38 Absatz 2 Nummer 2 des Gesetzes ist, getrennt nach den unterschiedlichen Steuersätzen des § 2 des Gesetzes,*
4. *im Fall des § 39 Absatz 6 des Gesetzes die dort näher bezeichneten Mengen und Steuerbeträge,*
5. *bei Lieferern die Menge des unversteuert gelieferten Erdgases unter Angabe des Namens oder der Firma und der Anschrift des Empfängers,*
6. *der Betrag der anzumeldenden und zu entrichtenden Steuer.*

*²Die Aufzeichnungen müssen so beschaffen sein, dass es einem sachverständigen Dritten innerhalb einer angemessenen Frist möglich ist, die Grundlagen für die Besteuerung festzustellen. ³Das Hauptzollamt kann weitere Aufzeichnungen vorschreiben oder besondere Anordnungen zu den Aufzeichnungen treffen, wenn dies zur Sicherung des Steueraufkommens oder für die Steueraufsicht erforderlich erscheint. ⁴Es kann einfachere Aufzeichnungen zulassen, wenn die Steuerbelange dadurch nicht beeinträchtigt werden.*

*(3) Der Anmeldepflichtige hat dem Hauptzollamt Änderungen der nach § 78 Abs. 2 angegebenen Verhältnisse sowie Überschuldung, drohende oder eingetretene Zahlungsunfähigkeit, Zahlungseinstellung und Stellung des Antrags auf Eröffnung eines Insolvenzverfahrens unverzüglich schriftlich anzuzeigen, soweit das Hauptzollamt nicht darauf verzichtet.*

### Verwaltungsregelungen zu § 38 EnergieStG

| Datum | Anlage | Quelle | Inhalt |
|---|---|---|---|
| 07.12.2006 | § 038-02 | BMF | Energiesteuerliche Behandlung von Erdgastankstellen |
| 14.03.2008 | § 038-03 | BMF | Energiesteuer: Anmeldebestätigung für Lieferer von Erdgas |
| 02.07.2008 | § 038-04 | BMF | Energiesteuer: Steuerliche Behandlung von Biogas |

### Rechtsprechungsauswahl zu § 38 EnergieStG

**FG Hamburg vom 30.08.2005, IV-420/02 – rechtskräftig:** Betreiber eines Leitungsnetzes für Erdgas ist gleichzeitig Bezieher

Der Betreiber eines Leitungsnetzes für Erdgas ist grundsätzlich als Bezieher von Erdgas anzusehen. Die gesetzliche Regelung soll beim grenzüberschreitenden Bezug die sofortige Besteuerung im Steuergebiet ermöglichen. Dementsprechend ist derjenige als Bezieher anzusehen, der über das Erdgas im Steuergebiet erstmals verfügen kann.

---

1) § 79 Abs. 2 Satz 1 Nr. 3 geänd., Nr. 4 eingef., bish. Nr. 4 und 5 werden Nr. 5 und 6 mWv 1. 8. 2013 durch VO v. 24. 7. 2013 (BGBl. I S. 2763).

# § 39

**§ 39[1) Steueranmeldung, Fälligkeit**

(1) [1]Der Steuerschuldner hat für Erdgas, für das in einem Monat (Veranlagungsmonat) die Steuer nach § 38 Abs. 1 entstanden ist, bis zum 15. Tag des folgenden Monats eine Steuererklärung abzugeben und darin die Steuer selbst zu berechnen (Steueranmeldung). [2]Die Steuer, die in einem Monat entstanden ist, ist am 25. Tag des folgenden Monats fällig.

(2) [1]Abweichend von Absatz 1 kann der Steuerschuldner die Steuer auch jährlich anmelden. [2]Das Wahlrecht kann nur für volle Kalenderjahre ausgeübt werden. [3]Es ist durch eine schriftliche Erklärung auszuüben, die dem Hauptzollamt vor Beginn des Kalenderjahres, ab dem die Steuer jährlich angemeldet werden soll, vorliegen muss. [4]Entsteht die Steuer in der Person eines Steuerschuldners erstmals innerhalb eines Kalenderjahres, hat dieser das Wahlrecht spätestens bis zum Ablauf des zweiten Kalendermonats auszuüben, der dem Monat folgt, in dem die Steuer erstmals entstanden ist. [5]Das Wahlrecht kann nur vom Beginn eines Kalenderjahres an widerrufen werden. [6]Der Widerruf ist vor Beginn des Kalenderjahres, für den er gelten soll, gegenüber dem Hauptzollamt schriftlich zu erklären.

(3) Bei jährlicher Anmeldung ist die Steuer für jedes Kalenderjahr (Veranlagungsjahr) bis zum 31. Mai des folgenden Kalenderjahres anzumelden und unter Anrechnung der geleisteten monatlichen Vorauszahlungen nach Absatz 5 am 25. Juni dieses Kalenderjahres fällig.

(4) [1]Scheidet ein Steuerschuldner während des Veranlagungsjahres aus der Steuerpflicht aus, ist die Höhe der zu entrichtenden Steuer bis zum Ablauf des fünften Kalendermonats, der dem Ende der Steuerpflicht folgt, anzumelden. [2]Ein sich unter Anrechnung der geleisteten monatlichen Vorauszahlungen nach Absatz 6 ergebender Restbetrag ist am 25. Kalendertag des Folgemonats fällig.

(5) [1]Bei jährlicher Anmeldung sind auf die Steuerschuld monatliche Vorauszahlungen zu leisten. [2]Die Vorauszahlungen für den einzelnen Kalendermonat sind jeweils am 25. Kalendertag des folgenden Kalendermonats fällig. [3]Die Höhe der monatlichen Vorauszahlungen wird durch das Hauptzollamt festgesetzt und beträgt grundsätzlich ein Zwölftel der Steuer, die im vorletzten dem Veranlagungsjahr vorhergehenden Kalenderjahr entstanden ist. [4]Das Hauptzollamt kann die monatlichen Vorauszahlungen abweichend festsetzen, wenn die Summe der vom Steuerschuldner zu leistenden Vorauszahlungen von der voraussichtlich zu erwartenden Jahressteuerschuld abweichen würde. [5]Der Steuerschuldner hat mit der Ausübung des Wahlrechts nach Absatz 2 oder auf Anforderung dem Hauptzollamt die voraussichtlich zu erwartende Jahressteuerschuld mitzuteilen. [6]Kommt der Steuerschuldner den Verpflichtungen nach Satz 5 nicht nach, kann das Hauptzollamt ihn von dem Verfahren nach Absatz 2 ausschließen.

(6) [1]Wird die Lieferung oder der Verbrauch von Erdgas nach Ablesezeiträumen abgerechnet oder ermittelt, die mehrere Veranlagungsmonate oder mehrere Veranlagungsjahre betreffen, ist insoweit eine sachgerechte, von einem Dritten nachvollziehbare Schätzung zur Aufteilung der im gesamten Ablesezeitraum entnommenen Erdgasmenge auf die betroffenen Veranlagungszeiträume zulässig. [2]Sofern Ablesezeiträume später enden als der jeweilige Veranlagungszeitraum, ist für diese Ablesezeiträume die voraussichtlich im Veranlagungszeitraum entnommenen Erdgasmenge zur Versteuerung anzumelden. [3]Nachdem ein solcher Ablesezeitraum beendet ist, hat der Steuerschuldner die nach Satz 2 angemeldete Erdgasmenge und die darauf entfallende Steuer entsprechend Satz 1 zu berichtigen. [4]Die Berichtigung ist für den Veranlagungszeitraum vorzunehmen, in dem der Ablesezeitraum endet. [5]Die Steuer oder der Erstattungsanspruch für die Differenzmenge zwischen der angemeldeten und der berichtigten Menge gilt insoweit in dem Zeitpunkt als entstanden, in dem der Ablesezeitraum endet.

(7) [1]Erfolgt die Anmeldung nach § 38 Abs. 3 nicht oder wird eine nach § 38 Abs. 6 angeforderte Sicherheit nicht geleistet, hat der Steuerschuldner unverzüglich eine Steuererklärung abzugeben und darin die Steuer selbst zu berechnen (Steueranmeldung). [2]Die Steuer ist sofort fällig.

---

1) § 39 Abs. 6 Sätze 1, 2 geänd. mWv 22.7.2009 durch G v. 15.7.2009 (BGBl. I S. 1870).Geltungszeiträume: ab 22.7.2009, 1.8.2006 – 21.7.2009.

*Energiesteuer-Durchführungsverordnung*

## Zu § 39 des Gesetzes

### § 80[1]) Vorauszahlungen

*(1)* [1]*Die Festsetzung der Vorauszahlungen erfolgt durch Vorauszahlungsbescheid.* [2]*Ist die Steuer nur in einem Teil des vorletzten dem Veranlagungsjahr vorhergehenden Kalenderjahres entstanden, ist die tatsächlich entstandene Steuer in eine Jahressteuerschuld umzurechnen.* [3]*Ist die Steuer erstmals im vorangegangenen oder laufenden Kalenderjahr oder bisher noch nicht entstanden, ist die voraussichtlich zu erwartende Jahressteuerschuld maßgebend.*

*(2)* [1]*Das Hauptzollamt kann auf Antrag bei der Festsetzung der Höhe der Vorauszahlungen dem Steuerschuldner voraussichtlich im gleichen Zeitraum zu gewährende Steuerentlastungen berücksichtigen, soweit die Steuerbelange dadurch nicht gefährdet sind.* [2]*Eine Steuerentlastung kann nach Satz 1 nur berücksichtigt werden, wenn in den Fällen des*

1. *§ 51 Absatz 1 Nummer 1 des Gesetzes*

    *a) sich der maßgebende Zeitraum für die Zuordnung des Unternehmens zum Produzierenden Gewerbe nach § 15 Absatz 3 Satz 1 der Stromsteuer-Durchführungsverordnung bestimmt und*

    *b) die nach § 95 Absatz 3 erforderliche Beschreibung der wirtschaftlichen Tätigkeiten und die Betriebserklärung vom Antragsteller bereits vorgelegt worden sind;*

2. *§ 53 des Gesetzes die nach § 99 Absatz 3 erforderlichen Unterlagen vom Antragsteller bereits vorgelegt worden sind;*

3. *§ 53a des Gesetzes*

    *a) die nach § 99a Absatz 3 erforderlichen Unterlagen vom Antragsteller bereits vorgelegt worden sind und*

    *b) die Voraussetzungen der §§ 99b und 99c erfüllt sind;*

4. *§ 53b des Gesetzes*

    *a) die nach § 99d Absatz 4 erforderlichen Unterlagen vom Antragsteller bereits vorgelegt worden sind und*

    *b) im Fall des § 53b Absatz 1 in Verbindung mit Absatz 3 des Gesetzes darüber hinaus sich der maßgebende Zeitraum für die Zuordnung des Unternehmens zum Produzierenden Gewerbe oder zur Land- und Forstwirtschaft nach § 15 Absatz 3 Satz 1 der Stromsteuer-Durchführungsverordnung bestimmt sowie die nach § 99d Absatz 5 erforderliche Beschreibung der wirtschaftlichen Tätigkeiten bereits vorgelegt worden ist;*

5. *§ 54 des Gesetzes*

    *a) sich der maßgebende Zeitraum für die Zuordnung des Unternehmens zum Produzierenden Gewerbe oder zur Land- und Forstwirtschaft nach § 15 Absatz 3 Satz 1 der Stromsteuer-Durchführungsverordnung bestimmt und*

    *b) die nach § 100 Absatz 3 erforderliche Beschreibung der wirtschaftlichen Tätigkeiten vom Antragsteller bereits vorgelegt worden ist;*

6. *§ 55 des Gesetzes*

    *a) sich der maßgebende Zeitraum für die Zuordnung des Unternehmens zum Produzierenden Gewerbe nach § 15 Absatz 3 Satz 1 der Stromsteuer-Durchführungsverordnung bestimmt,*

    *b) die nach § 101 Absatz 4 in Verbindung mit § 100 Absatz 3 erforderliche Beschreibung der wirtschaftlichen Tätigkeiten vom Antragsteller bereits vorgelegt worden ist,*

    *c) der Antragsteller den nach § 55 Absatz 4 Satz 1 Nummer 1 oder Absatz 5 des Gesetzes erforderlichen Nachweis bereits erbracht hat,*

    *d) die nach § 55 Absatz 4 Satz 1 Nummer 2 Buchstabe b des Gesetzes erforderliche Bekanntmachung der Bundesregierung bereits erfolgt ist und*

    *e) die nach § 101 Absatz 4 Satz 2 erforderliche Selbsterklärung bereits vorgelegt worden ist.*

*(3) Beträgt die Höhe der monatlichen Vorauszahlungen nicht mehr als 200 Euro, kann das Hauptzollamt auf die Festsetzung von Vorauszahlungen verzichten.*

Geltungszeitraum ab 1.8.2013.

---

1) § 80 Abs. 2 Satz 2 angef. mWv 1.8.2013 durch VO v. 24.7.2013 (BGBl. I S. 2763).

## § 40 Nicht leitungsgebundenes Verbringen[1)]

(1) ¹Wird Erdgas nicht leitungsgebunden aus einem Mitgliedstaat in das Steuergebiet verbracht, gelten die §§ 15, 16 Absatz 1 Satz 1 und Absatz 2 und § 18 sinngemäß mit der Maßgabe, dass im Fall des § 15 keine Steuer entsteht, wenn sich an die Empfangnahme oder das Verbringen ein Verfahren der Steuerbefreiung (§ 44 Absatz 1) anschließt. ²Abweichend von § 15 Absatz 2 Satz 2 muss bei der Beförderung von Erdgas das dort genannte Begleitdokument nicht mitgeführt werden.

(2) Absatz 1 gilt nicht für verflüssigtes Erdgas, das im Anschluss an das Verbringen in das Steuergebiet in eine Anlage zur Wiederverdampfung von verflüssigtem Erdgas aufgenommen wird.

*EU-Vorgaben*

**RL 2003/96/EG Energiesteuerrichtlinie (Auszug)**
**Artikel 21 Absatz 5 UA 1**

(5) In Anwendung der Artikel 5 und 6 der Richtlinie 92/12/EWG werden für elektrischen Strom und Erdgas Steuern erhoben; diese entstehen zum Zeitpunkt der Lieferung durch den Verteiler oder Weiterverteiler. Erfolgt die Lieferung zum Verbrauch in einem Mitgliedstaat, in dem der Verteiler oder Weiterverteiler nicht niedergelassen ist, so ist die Steuer des Lieferungsmitgliedstaats von einem Unternehmen zu entrichten, das in diesem Staat registriert sein muss. Die Steuer wird in allen Fällen nach den Verfahren des jeweiligen Mitgliedstaats erhoben und eingezogen.

Unbeschadet von Unterabsatz 1 haben die Mitgliedstaaten für den Fall, dass es keine Verbindung zwischen ihren Gasfernleitungen und denen anderer Mitgliedstaaten gibt, das Recht, den Steuerentstehungstatbestand festzulegen. Eine Einheit, die elektrischen Strom zur eigenen Verwendung erzeugt, gilt als Verteiler. Unbeschadet des Artikels 14 Absatz 1 Buchstabe a) können die Mitgliedstaaten kleine Stromerzeuger von der Steuer befreien, sofern sie die zur Erzeugung dieses Stroms verwendeten Energieerzeugnisse besteuern. In Anwendung der Artikel 5 und 6 der Richtlinie 92/12/EWG werden für Steinkohle, Koks und Braunkohle Steuern erhoben; diese entstehen zum Zeitpunkt der Lieferung durch Unternehmen, die zu diesem Zweck bei den zuständigen Behörden registriert sein müssen. Die genannten Behörden können es dem Erzeuger, dem Händler, dem Einführer oder einem Steuervertreter gestatten, anstelle des registrierten Unternehmens dessen steuerliche Verpflichtungen zu übernehmen. Die Steuer wird nach den Verfahren des jeweiligen Mitgliedstaats erhoben und eingezogen.

*Energiesteuer-Durchführungsverordnung*
*Zu § 40 des Gesetzes*

**§ 81 Nicht leitungsgebundenes Verbringen**
*Wird Erdgas nicht leitungsgebunden aus einem anderen Mitgliedstaat in das Steuergebiet verbracht, finden sinngemäß Anwendung*
*1. die §§ 38 und 40 in den Fällen, in denen § 15 des Gesetzes nach § 40 des Gesetzes sinngemäß gilt,*
*2. § 42 in den Fällen, in denen § 18 des Gesetzes nach § 40 des Gesetzes sinngemäß gilt.*

---

1) § 40 Abs. 1 Satz 2 angef. mWv 1.4.2010 durch G v. 15.7.2009 (BGBl. I S. 1870); Abs. 1 Satz 1 neu gef. mWv 1.1.2013 durch G v. 5.12.2012 (BGBl. I S. 2436). Geltungszeiträume: ab 1.1.2013, 1.4.2010 – 31.12.2012, 1.8.2006 – 31.3.2010.

## § 41[1)] Nicht leitungsgebundene Einfuhr

(1) Wird Erdgas nicht leitungsgebunden in das Steuergebiet eingeführt (§ 19), gelten die §§ 19a und 19b sinngemäß mit der Maßgabe, dass keine Steuer entsteht, wenn das Erdgas unmittelbar am Ort der Einfuhr in ein Verfahren der Steuerbefreiung (§ 44 Absatz 1) überführt wird.

(2) Absatz 1 gilt nicht für verflüssigtes Erdgas, dass im Anschluss an die Einfuhr in eine Anlage zur Wiederverdampfung von verflüssigtem Erdgas aufgenommen wird.

*Energiesteuer-Durchführungsverordnung*

*Zu § 41 des Gesetzes*

## § 82[2)] Nicht leitungsgebundene Einfuhr

*[1]Erdgas aus Drittländern und Drittgebieten ist in den Fällen des § 41 Absatz 1 des Gesetzes in Verbindung mit § 19b Absatz 3 des Gesetzes nach den Zollvorschriften mit den für die Besteuerung maßgeblichen Merkmalen anzumelden. [2]Die Steuererklärung ist in der Zollanmeldung oder nach amtlich vorgeschriebenem Vordruck abzugeben.*

---

1) § 41 neu gef. mWv 1.4.2010 durch G v. 15.7.2009 (BGBl. I S. 1870); Abs. 1 neu gef. mWv 1. 1. 2013 durch G v. 5.12.2012 (BGBl. I S. 2436). Geltungszeiträume: ab 1.1.2013.
2) § 82 neu gef. mWv 1.4.2010 durch VO v. 5.10.2009 (BGBl. I S. 3262).

## § 42

**§ 42 Differenzversteuerung**

(1) Wird nach § 2 Abs. 3 Satz 1 Nr. 4 versteuertes Erdgas nicht zu den in § 2 Abs. 3 Satz 1 und 2 genannten Zwecken abgegeben oder verwendet, entsteht die Steuer in Höhe der Differenz zu dem zutreffenden Steuersatz des § 2 Abs. 1 Nr. 7 oder Abs. 2 Nr. 1. Kann der Verbleib des Erdgases nicht festgestellt werden, gilt Satz 1 entsprechend.

(2) ¹Steuerschuldner ist, wer eine der genannten Handlungen vornimmt. ²Der Steuerschuldner hat für Erdgas, für das die Steuer entstanden ist, unverzüglich eine Steuererklärung abzugeben und darin die Steuer selbst zu berechnen (Steueranmeldung). ³Die Steuer ist sofort fällig. ⁴Das Hauptzollamt kann im Einzelfall auf Antrag eine § 39 entsprechende Regelung treffen.

*Verwaltungsregelungen zu § 42 EnergieStG*

| Datum | Anlage | Quelle | Inhalt |
|---|---|---|---|
| 07.12.2006 | § 038-02 | BMF | Energiesteuerliche Behandlung von Erdgastankstellen |

## § 43 Steuerentstehung, Auffangtatbestand

(1) [1]Ist für Erdgas eine Steuer nicht auf Grund einer sonstigen Bestimmung dieses Gesetzes entstanden, so entsteht sie dadurch, dass das Erdgas als Kraft- oder Heizstoff oder als Zusatz oder Verlängerungsmittel von Kraft- oder Heizstoffen abgegeben oder verwendet wird. [2]Satz 1 gilt nicht für Gemische, die bei Mischvorgängen entstanden sind, die nach § 44 Abs. 3 Satz 2 nicht als Erdgasherstellung gelten.

(2) [1]Steuerschuldner ist, wer eine der genannten Handlungen vornimmt. [2]Mehrere Steuerschuldner sind Gesamtschuldner. [3]Der Steuerschuldner hat für Erdgas, für das die Steuer entstanden ist, unverzüglich eine Steuererklärung abzugeben und darin die Steuer selbst zu berechnen (Steueranmeldung). [4]Die Steuer ist sofort fällig.

## § 44 Steuerbefreiung, Erlaubnis, Zweckwidrigkeit

(1) ¹Verfahren der Steuerbefreiung sind die steuerfreie Verwendung und im Fall des Absatzes 2b auch die steuerfreie Verteilung von Erdgas. ²Wer Erdgas nach Absatz 2, Absatz 2a oder Absatz 2b steuerfrei verwenden will, bedarf der Erlaubnis als Verwender. ³Wer Erdgas steuerfrei nach Absatz 2b abgeben will, bedarf der Erlaubnis als Verteiler. ⁴Die Erlaubnis wird auf Antrag unter Widerrufsvorbehalt Personen erteilt, gegen deren steuerliche Zuverlässigkeit keine Bedenken bestehen. ⁵Sie ist zu widerrufen, wenn die Voraussetzung nach Satz 4 nicht mehr erfüllt ist.

(1a) Inhabern einer Erlaubnis nach Absatz 1 kann auch die Ausfuhr und das Verbringen von verflüssigtem Erdgas aus dem Steuergebiet erlaubt werden, sofern Steuerbelange nicht beeinträchtigt werden.

(2) Auf dem Betriebsgelände eines Gasgewinnungsbetriebes (Absatz 3) darf Erdgas vom Inhaber des Betriebes steuerfrei zur Aufrechterhaltung des Betriebes verwendet werden, jedoch nicht zum Antrieb von Fahrzeugen.

(2a) Erdgas, das beim Kohleabbau aufgefangen wird, darf steuerfrei zum Antrieb von Gasturbinen und Verbrennungsmotoren in begünstigten Anlagen nach § 3 verwendet werden.

(2b) Verflüssigtes Erdgas darf steuerfrei zu den in § 27 Absatz 1 Satz 1 genannten Zwecken verwendet oder abgegeben werden.

(3) ¹Gasgewinnungsbetriebe im Sinne dieses Gesetzes sind Betriebe, in denen Erdgas gewonnen oder bearbeitet (hergestellt) wird. ²§ 6 Abs. 2 gilt mit der Maßgabe sinngemäß, dass für Betriebe, die nicht schon aus einem anderen Grunde Gasgewinnungsbetriebe sind, auch das Beimischen von Kleinstmengen anderer Stoffe zum Verbessern oder zum Riechbarmachen (Odorieren) von Erdgas nicht als Erdgasherstellung gilt.

(4) ¹Das Erdgas darf nur zu dem in der Erlaubnis genannten Zweck verwendet oder abgegeben werden. ²Wird Erdgas entgegen der in der Erlaubnis genannten Zweckbestimmung verwendet oder abgegeben, gilt § 30 sinngemäß.

*EU-Vorgaben*

**RL 2003/96/EG Energiesteuerrichtlinie (Auszug)**
**Artikel 21 Absatz 3**
Der Verbrauch von Energieerzeugnissen innerhalb des Betriebsgeländes eines Betriebes, der Energieerzeugnisse herstellt, gilt nicht als einen Steueranspruch begründender Steuerentstehungstatbestand, sofern es sich bei dem Verbrauch um Energieerzeugnisse handelt, die innerhalb des Betriebsgeländes dieses Betriebes hergestellt worden sind. Die Mitgliedstaaten können auch den Verbrauch von elektrischem Strom und von anderen Energieerzeugnissen, die nicht innerhalb des Betriebsgeländes eines solchen Betriebes hergestellt worden sind, sowie den Verbrauch von Energieerzeugnissen und elektrischem Strom innerhalb des Betriebsgeländes eines Betriebes, der Kraftstoffe für die Erzeugung von elektrischem Strom herstellt, als nicht einen Steueranspruch begründenden Steuerentstehungstatbestand ansehen. Erfolgt der Verbrauch jedoch zu Zwecken, die nicht mit der Herstellung von Energieerzeugnissen im Zusammenhang stehen, und zwar insbesondere zum Antrieb von Fahrzeugen, so gilt dies als einen Steueranspruch begründender Steuerentstehungstatbestand.

---

1) § 44 Abs. 1 Satz 1 geänd., Abs. 2a eingef. mWv 1.4.2011 durch G v. 1.3.2011 (BGBl. I S. 282); Abs. 1 neu gef., Abs. 1a, 2b eingef., Abs. 4 Satz 1 und 2 geänd. mWv 1.1.2013 durch G v. 5.12.2012 (BGBl. I S. 2436).

## Energiesteuer-Durchführungsverordnung

### Zu § 44 des Gesetzes

**§ 83**[1]) **Antrag auf Erlaubnis als Erdgasverwender oder als Erdgasverteiler**

*(1) Die Erlaubnis als Verwender nach § 44 Absatz 1 Satz 2 des Gesetzes und die Erlaubnis als Verteiler nach § 44 Absatz 1 Satz 3 des Gesetzes sind, soweit sie nicht allgemein erteilt sind (§ 84a), bei dem für den Verwender oder den Verteiler zuständigen Hauptzollamt zu beantragen.*

*(2)* [1]*In dem Antrag sind anzugeben: Name, Geschäfts- oder Wohnsitz, Rechtsform, die Steuernummer beim Finanzamt und – falls erteilt – die Umsatzsteuer-Identifikationsnummer (§ 27a des Umsatzsteuergesetzes).* [2]*Dem Antrag sind beizufügen:*

1. *im Fall einer steuerfreien Verwendung oder einer steuerfreien Verteilung von verflüssigtem Erdgas eine Beschreibung der Betriebs- und Lagerräume und der mit ihnen in Verbindung stehenden oder an sie angrenzenden Räume sowie in zweifacher Ausfertigung ein Plan der Betriebsanlage, in dem die Lagerstätte für das verflüssigte Erdgas kenntlich gemacht ist,*
2. *eine Betriebserklärung, in der die Verwendung des Erdgases genau beschrieben ist,*
3. *eine Darstellung der Buchführung über die Verwendung oder Verteilung des steuerfreien Erdgases,*
4. *von Unternehmen, die in das Handels-, Genossenschafts- oder Vereinsregister eingetragen sind, ein Registerauszug nach dem neuesten Stand,*
5. *gegebenenfalls eine Erklärung über die Bestellung eines Beauftragten nach § 214 der Abgabenordnung oder eines Betriebsleiters nach § 62 Abs. 1 des Gesetzes.*

*(3)* [1]*Der Antragsteller hat auf Verlangen des Hauptzollamts weitere Angaben zu machen, wenn sie zur Sicherung des Steueraufkommens oder für die Steueraufsicht erforderlich erscheinen.* [2]*Das Hauptzollamt kann auf Angaben verzichten, soweit die Steuerbelange dadurch nicht beeinträchtigt werden.*

*(4) Wer als Erlaubnisinhaber verflüssigtes Erdgas steuerfrei aus dem Steuergebiet verbringen oder ausführen will, hat die Erlaubnis nach § 44 Absatz 1a des Gesetzes, soweit sie nicht allgemein erteilt ist (§ 84a), schriftlich bei dem für ihn zuständigen Hauptzollamt zu beantragen.*
Geltungszeitraum ab 1.8.2013.

**§ 84**[2]) **Erteilung und Erlöschen der Erlaubnis**

*(1)* [1]*Das Hauptzollamt erteilt die Erlaubnis nach § 44 Absatz 1 und 1a des Gesetzes schriftlich (förmliche Einzelerlaubnis) und stellt auf Antrag als Nachweis der Bezugsberechtigung einen Erlaubnisschein aus.* [2]*Die Erlaubnis kann mit Nebenbestimmungen nach § 120 Absatz 2 der Abgabenordnung verbunden werden.*

*(2) Für das Erlöschen der Erlaubnis gilt § 54 sinngemäß.*
Geltungszeitraum ab 1.8.2013.

**§ 84a**[3]) **Allgemeine Erlaubnis**

*Unter Verzicht auf eine förmliche Einzelerlaubnis werden nach Maßgabe der Anlage 1 zu dieser Verordnung die Verwendung von steuerfreiem Erdgas sowie das Verbringen und die Ausfuhr von steuerfreiem Erdgas aus dem Steuergebiet allgemein erlaubt.*

**§ 85**[4]) **Pflichten des Erlaubnisinhabers**

*(1)* [1]*Der Erlaubnisinhaber hat ein Belegheft zu führen.* [2]*Das Hauptzollamt kann dazu Anordnungen treffen.*

*(2)* [1]*Der Erlaubnisinhaber hat Aufzeichnungen zu führen, aus denen unter Angabe der für die Besteuerung maßgeblichen Merkmale folgende Mengen ersichtlich sein müssen:*
1. *die Menge des steuerfrei bezogenen Erdgases,*
2. *die Menge des steuerfrei verwendeten Erdgases und der genaue Verwendungszweck,*

---

1) § 83 Überschr. geänd., Abs. 1 neu gef., Abs. 2 Satz 2 Nr. 1 eingef., bish. Nr. 1–4 werden Nr. 2–5, neue Nr. 3 geänd., Abs. 4 angef. mWv 1. 8. 2013 durch VO v. 24.7.2013 (BGBl. I S. 2763).
2) § 84 Abs. 1 Satz 2 neu gef. mWv 30.9.2011 durch VO v. 20.9.2011 (BGBl. I S. 1890); Abs. 1 Satz 1 geänd. mWv 1.8.2013 durch VO v. 24.7.2013 (BGBl. I S. 2763).
3) § 84a neu gef. mWv 1. 8. 2013 durch VO v. 24. 7. 2013 (BGBl. I S. 2763).
4) § 85 Abs. 7 angef. mWv 30.9.2011 durch VO v. 20.9.2011 (BGBl. I S. 1890); Abs. 2 Satz 1 neu gef., Satz 2 geänd., Abs. 3 neu gef., Abs. 5 geänd., Abs. 7 eingef., bish. Abs. 7 wird Abs. 8 und Satz 1 geänd., Satz 3 neu gef. mWv 1.8.2013 durch VO v. 24.7.2013 (BGBl. I S. 2763).

## § 44   DV § 85, § 86

3. die Menge des verflüssigten Erdgases, das steuerfrei an Inhaber einer Erlaubnis nach § 44 Absatz 1 des Gesetzes abgegeben worden ist, unter Angabe des Namens und der Anschrift des Empfängers sowie dessen Bezugsberechtigung, und
4. die Menge des verflüssigten Erdgases, das steuerfrei aus dem Steuergebiet verbracht oder ausgeführt worden ist, unter Angabe des Namens und der Anschrift des Empfängers.

²Die Aufzeichnungen müssen so beschaffen sein, dass es einem sachverständigen Dritten innerhalb einer angemessenen Frist möglich ist zu prüfen, ob das Erdgas zu dem in der Erlaubnis genannten Zweck verwendet oder abgegeben wurde. ³Das Hauptzollamt kann weitere Aufzeichnungen vorschreiben oder besondere Anordnungen zu den Aufzeichnungen treffen, wenn dies zur Sicherung des Steueraufkommens oder für die Steueraufsicht erforderlich erscheint. ⁴Es kann einfachere Aufzeichnungen zulassen, wenn die Steuerbelange dadurch nicht beeinträchtigt werden.

(3) ¹Der Erlaubnisinhaber hat dem zuständigen Hauptzollamt bis zum 15. Februar jeden Jahres das Erdgas anzumelden, das er im abgelaufenen Kalenderjahr

1. als Verwender zu steuerfreien Zwecken nach § 44 Absatz 2b des Gesetzes bezogen oder zu anderen steuerfreien Zwecken verwendet hat,
2. als Verteiler zu den in der Anlage 1 zu dieser Verordnung aufgeführten steuerfreien Zwecken abgegeben hat oder
3. als Verwender oder Verteiler aus dem Steuergebiet verbracht oder ausgeführt hat.

²Das Hauptzollamt kann Ausnahmen zulassen.

(4) Der Erlaubnisinhaber hat dem Hauptzollamt Änderungen der nach § 83 Abs. 2 angegebenen Verhältnisse unverzüglich schriftlich anzuzeigen, soweit das Hauptzollamt nicht darauf verzichtet.

(5) Der Erlaubnisinhaber hat den Erlaubnisschein dem Hauptzollamt unverzüglich zurückzugeben, wenn die Erlaubnis erlischt oder die Verwendung oder Verteilung von steuerfreiem Erdgas eingestellt wird.

(6) ¹Geht der Erlaubnisschein verloren, hat der Erlaubnisinhaber dies dem Hauptzollamt unverzüglich anzuzeigen. ²Das Hauptzollamt stellt auf Antrag einen neuen Erlaubnisschein aus, es sei denn, die Erlaubnis ist zu widerrufen.

(7) Für die steuerfreie Verwendung und die steuerfreie Verteilung von verflüssigtem Erdgas gilt § 56 Absatz 1 und 6 bis 9 entsprechend.

(8) ¹Die Absätze 1 bis 6 und § 56 Absatz 1, 6 und 7, jeweils in Verbindung mit Absatz 7, gelten nicht für den Inhaber einer allgemeinen Erlaubnis (§ 84a). ²Das zuständige Hauptzollamt kann jedoch Überwachungsmaßnahmen anordnen, wenn sie zur Sicherung der Steuerbelange erforderlich erscheinen. ³Insbesondere kann es anordnen, dass

1. der Inhaber der allgemeinen Erlaubnis über den Bezug, die Abgabe und die Verwendung des Erdgases Aufzeichnungen führt und die Aufzeichnungen dem Hauptzollamt vorlegt und
2. die Bestände an verflüssigtem Erdgas amtlich festzustellen sind.

Geltungszeitraum ab 1.8.2013.

### § 86 Eigenverbrauch

Für die Teile des Gasgewinnungsbetriebs (§ 44 Abs. 3 des Gesetzes), in denen Erdgas steuerfrei nach § 44 Abs. 2 des Gesetzes verwendet werden kann, gilt § 59 sinngemäß.

# § 45

## Kapitel 5 Steuerentlastung

### § 45 Begriffsbestimmung

**Die Steuerentlastung im Sinne dieses Gesetzes umfasst den Erlass, die Erstattung und die Vergütung einer entstandenen Steuer.**

### *Rechtsprechungsauswahl zu § 45 EnergieStG*

**FG Hamburg vom 02.03.2011, 4-K-181/10 – rechtskräftig:** Energiesteuerliche Entlastung bei Besteuerung des Energieerzeugnisses erst nach seiner Verwendung

Ein Energieerzeugnis ist im Sinne der energiesteuerlichen Entlastungstatbestände „nachweislich versteuert" nicht bereits mit dem Entstehen des Steueranspruchs, sondern erst mit seiner verbindlichen Konkretisierung, etwa durch Anmeldung oder Festsetzung der Steuer.

Eine Entlastung bei der Verwendung eines nachweislich versteuerten Energieerzeugnisses ist auch dann möglich, wenn die Versteuerung erst nach der Verwendung erfolgt.

Die für den Beginn der Antragsfrist maßgebliche Entstehung des Steuerentlastungsanspruchs ist nicht gegeben, bevor die Energiesteuer angemeldet oder festgesetzt ist.

**FG Hamburg vom 01.03.2010, 4-K-264/09 – rechtskräftig:** Entlastung von Verbrauchsteuern; Keine Wiedereinsetzungsfähigkeit der Festsetzungsfristen des § 169 Abs. 2 AO

Die Festsetzungsfristen des § 169 Abs. 2 AO sind nicht wiedereinsetzungsfähig.

§ 169 Abs. 1 S. 3 AO ist aus Sicht der Verwaltung konzipiert und gilt ausdrücklich nur für Bescheide der Finanzbehörden.

# § 46 EU-Vorgaben

**§ 46[1] Steuerentlastung beim Verbringen aus dem Steuergebiet**

(1) ¹Eine Steuerentlastung wird auf Antrag gewährt für

1. nachweislich versteuerte, nicht gebrauchte Energieerzeugnisse im Sinn des § 4, die zu gewerblichen Zwecken oder im Versandhandel in einen anderen Mitgliedstaat verbracht worden sind,

2. nachweislich versteuerte Kohle, die zu gewerblichen Zwecken aus dem Steuergebiet verbracht oder ausgeführt worden ist,

3. nachweislich versteuertes Erdgas, das zu gewerblichen Zwecken aus dem Steuergebiet verbracht oder ausgeführt worden ist,

4. nachweislich versteuerte, nicht gebrauchte Energieerzeugnisse, die zu gewerblichen Zwecken aus dem Steuergebiet verbracht oder ausgeführt worden sind, ausgenommen Energieerzeugnisse im Sinn des § 4 sowie Kohle und Erdgas.

²Satz 1 gilt nicht für Kraftstoffe in Hauptbehältern von Fahrzeugen, Spezialcontainern, Arbeitsmaschinen und – geräten sowie Kühl- und Klimaanlagen, für Kraftstoffe in Reservebehältern von Fahrzeugen und für Heizstoffe im Vorratsbehälter der Standheizung von Fahrzeugen.

(2) Die Steuerentlastung wird im Fall des Absatzes 1 Satz 1 Nummer 1 nur gewährt, wenn

1. der Entlastungsberechtigte den Nachweis erbringt, dass die Steuer für die Energieerzeugnisse in dem anderen Mitgliedstaat entrichtet worden ist, oder

2. der Entlastungsberechtigte

   a) den Antrag auf Steuerentlastung vor dem Verbringen der Energieerzeugnisse beim Hauptzollamt stellt und die Energieerzeugnisse auf Verlangen vorführt,

   b) die Energieerzeugnisse mit den Begleitpapieren nach Artikel 34 der Systemrichtlinie befördert und

   c) eine ordnungsgemäße Empfangsbestätigung sowie eine amtliche Bestätigung des anderen Mitgliedstaats darüber vorlegt, dass die Energieerzeugnisse dort ordnungsgemäß steuerlich erfasst worden sind.

(2a) Die Steuerentlastung wird im Fall des Absatzes 1 Satz 1 Nummer 1 auch gewährt, wenn die Energieerzeugnisse nicht am Bestimmungsort angekommen sind, die Steuer jedoch in einem anderen Mitgliedstaat auf Grund einer dort festgestellten Unregelmäßigkeit nachweislich erhoben worden ist.

(3) Entlastungsberechtigt ist derjenige, der die Energieerzeugnisse aus dem Steuergebiet verbracht oder ausgeführt hat.

*EU-Vorgaben*

**RL 2008/118/EG Systemrichtlinie (Auszug)**
**Erwägung 28**

Werden verbrauchsteuerpflichtige Waren nach ihrer Überführung in den steuerrechtlich freien Verkehr in einem anderen Mitgliedstaat als dem, in dem die Überführung erfolgte, zu gewerblichen Zwecken in Besitz gehalten, ist es erforderlich festzulegen, dass die Verbrauchsteuer in diesem zweiten Mitgliedstaat zu entrichten ist. Hierzu ist es insbesondere erforderlich, den Begriff „gewerbliche Zwecke" zu definieren.

**Artikel 12 Absatz 1 Buchstabe e)**

Verbrauchsteuerpflichtige Waren sind von der Verbrauchsteuer befreit, wenn sie zur Verwendung für einen der folgenden Zwecke oder durch einen der folgenden Empfänger bestimmt sind:

---

1) § 46 Abs. 1 Satz 1 Nr. 2, 3 geänd., Nr. 4 angef., Abs. 2 neu gef. mWv 22.7.2009, Abs. 1 Satz 1 Nr. 1 geänd., Abs. 2a eingef. mWv 1. 4. 2010 durch G v. 15.7.2009 (BGBl. I S. 1870). Geltungszeiträume: ab 1.4.2010

e) für den Verbrauch im Rahmen von mit Drittländern oder internationalen Einrichtungen geschlossenen Abkommen, so fern das Abkommen hinsichtlich der Mehrwertsteuerbefreiung zugelassen oder genehmigt worden ist

**Artikel 17 Absatz 1 Satz 1 Buchstabe a) Ziffer iii**
(1) Verbrauchsteuerpflichtige Waren können in einem Verfahren der Steueraussetzung wie folgt innerhalb des Gebiets der Gemeinschaft befördert werden, und zwar auch dann, wenn die Waren über ein Drittland oder ein Drittgebiet befördert werden: a) aus einem Steuerlager zu

iii) einem Ort, an dem die verbrauchsteuerpflichtigen Waren entsprechend Artikel 25 Absatz 1 das Gebiet der Gemeinschaft verlassen;

**Artikel 33 Absatz 6**
(6) Die Verbrauchsteuer wird im Mitgliedstaat der Überführung in den steuerrechtlich freien Verkehr auf Antrag erstattet oder erlassen, wenn die zuständigen Behörden des anderen Mitgliedstaats feststellen, dass der Steueranspruch in diesem Mitgliedstaat entstanden ist und die Steuerschuld dort auch erhoben wurde.

**Artikel 36 Absatz 5**
(5) In dem in Absatz 1 genannten Fall werden die im ersten Mitgliedstaat erhobenen Verbrauchsteuern auf Antrag des Verkäufers erstattet oder erlassen, wenn er oder sein Steuervertreter das Verfahren nach Absatz 4 eingehalten hat.

**Artikel 38 Absatz 3**
(3) Steuerschuldner ist die Person, die nach Artikel 34 Absatz 2 Buchstabe a oder Artikel 36 Absatz 4 Buchstabe a die Sicherheit für die Entrichtung der Steuer geleistet hat, und jede Person, die an der Unregelmäßigkeit beteiligt war.

**RL 2003/96/EG Energiesteuerrichtlinie (Auszug)**
**Artikel 24**
(1) In den steuerrechtlich freien Verkehr eines Mitgliedstaats überführte Energieerzeugnisse, die in den Hauptbehältern von Nutzfahrzeugen enthalten und als Kraftstoff für diese Fahrzeuge bestimmt sind bzw. in Spezialcontainern mitgeführt werden und dem Betrieb der Anlagen, mit denen diese Container ausgestattet sind, während der Beförderung dienen, sind in den anderen Mitgliedstaaten von der Verbrauchsteuer befreit.

(2) Für die Anwendung dieses Artikels gelten als „Hauptbehälter" – die vom Hersteller für alle Kraftfahrzeuge desselben Typs fest eingebauten Behälter, die die unmittelbare Verwendung des Treibstoffs für den Antrieb der Kraftfahrzeuge und gegebenenfalls für den Betrieb.

*Energiesteuer-Durchführungsverordnung*
*Zu § 46 des Gesetzes*

**§ 87 Steuerentlastung beim Verbringen aus dem Steuergebiet**

*(1)[1] ¹Die Steuerentlastung nach § 46 des Gesetzes ist, ausgenommen in den Fällen des § 46 Absatz 2 Nummer 2 des Gesetzes, bei dem für den Antragsteller zuständigen Hauptzollamt mit einer Anmeldung nach amtlich vorgeschriebenem Vordruck für alle Energieerzeugnisse zu beantragen, die innerhalb eines Entlastungsabschnitts aus dem Steuergebiet verbracht oder ausgeführt worden sind. ²Der Antragsteller hat in der Anmeldung alle für die Bemessung der Steuerentlastung erforderlichen Angaben zu machen und die Steuerentlastung selbst zu berechnen. ³Die Steuerentlastung wird nur gewährt, wenn der Antrag spätestens bis zum 31. Dezember des Jahres, das auf das Kalenderjahr folgt, in dem die Energieerzeugnisse aus dem Steuergebiet verbracht oder ausgeführt worden sind, beim Hauptzollamt gestellt wird. ⁴Erfolgt die Festsetzung der Steuer erst, nachdem die Energieerzeugnisse verbracht oder ausgeführt worden sind, wird abweichend von Satz 3 die Steuerentlastung gewährt, wenn der Antrag spätestens bis zum 31. Dezember des Jahres gestellt wird, das auf das Kalenderjahr folgt, in dem die Steuer festgesetzt worden ist.*

*(2) ¹Entlastungsabschnitt ist nach Wahl des Antragstellers ein Zeitraum von einem Kalendervierteljahr, einem Kalenderhalbjahr oder einem Kalenderjahr. ²Das Hauptzollamt kann auf Antrag einen Zeitraum*

---
1) § 87 Abs. 1 Satz 1 neu gef. mWv 1.4.2010 durch VO v. 5.10.2009 (BGBl. I S. 3262); Abs. 1 Satz 4 angef. mWv 30.9.2011 durch VO v. 20.9.2011 (BGBl. I S. 1890).

## § 46 DV § 87

von einem Kalendermonat als Entlastungsabschnitt zulassen oder in Einzelfällen die Steuerentlastung unverzüglich gewähren.

(3)[1] ¹Im Fall des § 46 Absatz 1 Satz 1 Nummer 1 des Gesetzes in Verbindung mit § 46 Absatz 2 Nummer 2 des Gesetzes ist die Steuerentlastung bei dem für den Antragsteller zuständigen Hauptzollamt mit einer Anmeldung nach amtlich vorgeschriebenem Vordruck für die Energieerzeugnisse zu beantragen, die aus dem Steuergebiet verbracht oder ausgeführt werden sollen. ²Der Antragsteller hat in der Anmeldung alle für die Bemessung der Steuerentlastung erforderlichen Angaben zu machen und die Steuerentlastung selbst zu berechnen.

(4)[2] ¹Dem Antrag ist im Fall des § 46 Absatz 1 Satz 1 Nummer 1 des Gesetzes der Versteuerungsnachweis nach § 46 Absatz 2 Nummer 1 des Gesetzes beizufügen oder eine amtliche Bestätigung nach § 46 Absatz 2 Nummer 2 Buchstabe c oder Absatz 2a des Gesetzes nachzureichen. ²In den Fällen des § 46 Absatz 1 Satz 1 Nummer 2, 3 und 4 des Gesetzes hat der Antragsteller das Verbringen oder die Ausfuhr durch eindeutige, leicht nachprüfbare Belege nachzuweisen.

### Verwaltungsregelungen zu § 46 EnergieStG

| Datum | Anlage | Quelle | Inhalt |
|---|---|---|---|
| 03.08.2011 | § 015-02 | BFD Süd-West | Energiesteuer: Verbringen von Kraftstoffen aus dem freien Verkehr von anderen Mitgliedstaaten; Hauptbehälter |

---

1) § 87 Abs. 3 neu gef. mWv 1.4.2010 durch VO v. 5.10.2009 (BGBl. I S. 3262); Abs. 3 Satz 1 geänd. mWv 30.9.2011 durch VO v. 20.9.2011 (BGBl. I S. 1890).
2) § 87 Abs. 4 angef. mWv 1. 4. 2010 durch VO v. 5.10.2009 (BGBl. I S. 3262); Abs. 4 Satz 1 geänd. mWv 30.9.2011 durch VO v. 20.9.2011 (BGBl. I S. 1890).

**§ 47**[1]**) Steuerentlastung bei Aufnahme in Betriebe und bei steuerfreien Zwecken**

(1) Eine Steuerentlastung wird auf Antrag gewährt

1. für nachweislich versteuerte, nicht gebrauchte Energieerzeugnisse im Sinn des § 4, die in ein Steuerlager aufgenommen worden sind,
2. für den Kohlenwasserstoffanteil in gasförmigen Gemischen aus nachweislich versteuerten, nicht gebrauchten Energieerzeugnissen und anderen Stoffen, die bei der Lagerung oder Verladung von Energieerzeugnissen, beim Betanken von Kraftfahrzeugen oder bei der Entgasung von Transportmitteln aufgefangen worden sind, wenn
   a) die Gemische unter den Voraussetzungen des § 25 oder des § 26 zu den dort genannten Zwecken verwendet worden sind oder
   b) aus den Gemischen auf dem Betriebsgelände eines Steuerlagers Energieerzeugnisse im Sinn des § 4 hergestellt werden,
3. für nachweislich versteuerte Schweröle, Erdgase, Flüssiggase und gasförmige Kohlenwasserstoffe sowie ihnen nach § 2 Absatz 4 und 4a gleichgestellte Energieerzeugnisse, die zu den in § 25 genannten Zwecken verwendet worden sind,
4. für nachweislich versteuerte Schweröle, Erdgase, Flüssiggase und gasförmige Kohlenwasserstoffe sowie ihnen nach § 2 Absatz 4 und 4a gleichgestellte Energieerzeugnisse, die unter den Voraussetzungen des § 26 zu den dort genannten Zwecken verwendet worden sind,
5. für nachweislich versteuerte Kohle, die
   a) in einen Kohlebetrieb aufgenommen worden ist oder
   b) unter den Voraussetzungen des § 37 Abs. 2 Satz 1 Nr. 1 und 2 zu den dort genannten Zwecken verwendet worden ist,
6. für nachweislich versteuertes Erdgas, das in ein Leitungsnetz für unversteuertes Erdgas eingespeist wird.

(2) [1]Entlastungsberechtigt ist

1. in den Fällen des Absatzes 1 Nr. 1 und 2 Buchstabe b der Inhaber des Steuerlagers oder der zugelassene Einlagerer,
2. im Falle des Absatzes 1 Nr. 5 Buchstabe a der Inhaber des Kohlebetriebes,
2a. im Fall des Absatzes 1 Nummer 6 derjenige, der das Erdgas eingespeist hat,
3. im Übrigen derjenige, der die Energieerzeugnisse verwendet hat.

[2]Der zugelassene Einlagerer ist im Falle der Nummer 1 nur entlastungsberechtigt, soweit der Inhaber des Steuerlagers gegenüber dem Hauptzollamt schriftlich seinen Verzicht auf den Steuerentlastungsanspruch erklärt.

*Energiesteuer-Durchführungsverordnung*

*Zu § 47 des Gesetzes*

**§ 88 Steuerentlastung bei Aufnahme in Steuerlager**

*(1)*[2]*) [1]Die Steuerentlastung nach § 47 Abs. 1 Nr. 1 des Gesetzes ist bei dem für den Antragsteller zuständigen Hauptzollamt mit einer Anmeldung nach amtlich vorgeschriebenem Vordruck für alle Energieerzeugnisse zu beantragen, die innerhalb eines Entlastungsabschnitts in das Steuerlager aufgenommen worden sind. [2]Der Antragsteller hat in der Anmeldung alle für die Bemessung der Steuerentlastung erforderlichen Angaben zu machen und die Steuerentlastung selbst zu berechnen. [3]Die Steuerentlastung wird nur gewährt, wenn der Antrag spätestens bis zum 31. Dezember des Jahres, das auf*

---

1) § 47 Abs. 1 Nr. 5 geänd., Nr. 6 angef., Abs. 2 Satz 1 Nr. 2a eingef. mWv 22.7.2009, Abs. 1 Nr. 1, 2 Buchst. b geänd. mWv 1. 4. 2010 durch G v. 15.7.2009 (BGBl. I S. 1870); Abs. 1 Nr. 2 neu gef., Nr. 3, 4 geänd. mWv 1. 4. 2011 durch G v. 1.3.2011 (BGBl. I S. 282).
2) § 88 Abs. 1 Satz 1 geänd. mWv 1.4.2010 durch VO v. 5.10.2009 (BGBl. I S. 3262); Abs. 1 Satz 4 angef. mWv 30.9.2011 durch VO. v. 20.9.2011 (BGBl. I S. 1890).

§ 47 DV §§ 88–90

das Kalenderjahr folgt, in dem die Energieerzeugnisse in das Steuerlager aufgenommen worden sind, beim Hauptzollamt gestellt wird. ⁴Erfolgt die Festsetzung der Steuer erst, nachdem die Energieerzeugnisse in das Steuerlager aufgenommen worden sind, wird abweichend von Satz 3 die Steuerentlastung gewährt, wenn der Antrag spätestens bis zum 31. Dezember des Jahres gestellt wird, das auf das Kalenderjahr folgt, in dem die Steuer festgesetzt worden ist.

(2) ¹Entlastungsabschnitt ist ein Zeitraum von einem Kalendermonat. ²Das Hauptzollamt kann auf Antrag einen längeren Zeitraum, höchstens jedoch ein Kalenderjahr, als Entlastungsabschnitt zulassen, außerdem die Steuerentlastung in Einzelfällen unverzüglich gewähren.

(3) Der Entlastungsberechtigte hat auf Verlangen des Hauptzollamts über die einzelnen Mengen an versteuerten, nicht gebrauchten Energieerzeugnissen, die in das Steuerlager aufgenommen werden, besondere Aufzeichnungen zu führen.

### § 89 Steuerentlastung für Kohlenwasserstoffanteile

*(1)*[1] ¹*Die Steuerentlastung nach § 47 Abs. 1 Nr. 2 des Gesetzes ist bei dem für den Antragsteller zuständigen Hauptzollamt mit einer Anmeldung nach amtlich vorgeschriebenem Vordruck für alle Gemische zu beantragen, die innerhalb eines Entlastungsabschnitts verwendet oder aus denen innerhalb eines Entlastungsabschnitts Energieerzeugnisse im Sinn des § 4 des Gesetzes hergestellt worden sind. ²Der Antragsteller hat in der Anmeldung alle für die Bemessung der Steuerentlastung erforderlichen Angaben zu machen und die Steuerentlastung selbst zu berechnen. ³Die Steuerentlastung wird nur gewährt, wenn der Antrag spätestens bis zum 31. Dezember des Jahres, das auf das Kalenderjahr folgt, in dem die Gemische verwendet oder aus ihnen Energieerzeugnisse im Sinn des § 4 des Gesetzes hergestellt worden sind, beim Hauptzollamt gestellt wird. ⁴Erfolgt die Festsetzung der Steuer erst, nachdem die Gemische verwendet oder aus ihnen Energieerzeugnisse im Sinn des § 4 des Gesetzes hergestellt worden sind, wird abweichend von Satz 3 die Steuerentlastung gewährt, wenn der Antrag spätestens bis zum 31. Dezember des Jahres gestellt wird, das auf das Kalenderjahr folgt, in dem die Steuer festgesetzt worden ist.*

(2) ¹*Entlastungsabschnitt ist ein Zeitraum von einem Kalendermonat.* ²*Das Hauptzollamt kann auf Antrag einen längeren Zeitraum, höchstens jedoch ein Kalenderjahr, als Entlastungsabschnitt zulassen, außerdem die Steuerentlastung in Einzelfällen unverzüglich gewähren.*

*(3)*[2] *Der Antragsteller hat einen buchmäßigen Nachweis zu führen, aus dem sich für den Entlastungsabschnitt folgende Angaben ergeben müssen:*

1. *im Fall des § 47 Abs. 1 Nr. 2 Buchstabe a des Gesetzes die Art, die Menge und die Herkunft der Gemische, die zu den dort genannten Zwecken verwendet worden sind,*
2. *im Fall des § 47 Abs. 1 Nr. 2 Buchstabe b des Gesetzes die Art, die Menge und die Herkunft der Gemische, aus denen Energieerzeugnisse im Sinn des § 4 des Gesetzes hergestellt worden sind, sowie die Art und die Menge der aus den Gemischen hergestellten Energieerzeugnisse.*

*(4) Das Bundesministerium der Finanzen kann zur steuerlichen Vereinfachung im Verwaltungswege pauschale Sätze für die in den gasförmigen Gemischen enthaltenen Kohlenwasserstoffanteile festlegen.*

### § 90 Steuerentlastung bei steuerfreien Zwecken

*(1)*[3] ¹*Die Steuerentlastung nach § 47 Abs. 1 Nr. 3 und 4 des Gesetzes ist bei dem für den Antragsteller zuständigen Hauptzollamt mit einer Anmeldung nach amtlich vorgeschriebenem Vordruck für alle Energieerzeugnisse zu beantragen, die innerhalb eines Entlastungsabschnitts verwendet worden sind.* ²*Der Antragsteller hat in der Anmeldung alle für die Bemessung der Steuerentlastung erforderlichen Angaben zu machen und die Steuerentlastung selbst zu berechnen.* ³*Die Steuerentlastung wird nur gewährt, wenn der Antrag spätestens bis zum 31. Dezember des Jahres, das auf das Kalenderjahr folgt, in dem die Energieerzeugnisse verwendet worden sind, beim Hauptzollamt gestellt wird.* ⁴*Erfolgt die Festsetzung der Steuer erst, nachdem die Energieerzeugnisse verwendet worden sind, wird abweichend von Satz 3 die Steuerentlastung gewährt, wenn der Antrag spätestens bis zum 31. Dezember des Jahres gestellt wird, das auf das Kalenderjahr folgt, in dem die Steuer festgesetzt worden ist.*

*(2) ¹Entlastungsabschnitt ist nach Wahl des Antragstellers ein Zeitraum von einem Kalendervierteljahr, einem Kalenderhalbjahr oder einem Kalenderjahr.* ²*Das Hauptzollamt kann auf Antrag einen Zeitraum*

---

1) § 89 Abs. 1 Satz 1 geänd. mWv 1.4.2010 durch VO v. 5.10.2009 (BGBl. I S. 3262); Satz 1 und 3 geänd., Satz 4 angef. mWv 30.9.2011 durch VO v. 20.9.2011 (BGBl. I S. 1890).
2) § 89 Abs. 3 Nr. 2 geänd. mWv 1.4.2010 durch VO v. 5.10.2009 (BGBl. I S. 3262).
3) § 90 Abs. 1 Satz 1 geänd. mWv 1.4.2010 durch VO v. 5.10.2009 (BGBl. I S. 3262); Abs. 1 Satz 4 angef. mWv 30.9.2011 durch VO v. 20.9.2011 (BGBl. I S. 1890).

*von einem Kalendermonat als Entlastungsabschnitt zulassen oder in Einzelfällen die Steuerentlastung unverzüglich gewähren.*

*(3) ¹Bei erstmaliger Antragstellung ist dem Antrag eine Betriebserklärung beizufügen, in der die Verwendung der Energieerzeugnisse genau beschrieben ist. ²Weiteren Anträgen muss eine Betriebserklärung nur beigefügt werden, wenn sich Änderungen gegenüber der dem Hauptzollamt bereits vorliegenden Betriebserklärung ergeben haben. ³Der Antragsteller hat die Änderungen besonders kenntlich zu machen.*

*(4) Der Antragsteller hat einen buchmäßigen Nachweis zu führen, aus dem sich für den Entlastungsabschnitt die Art, die Menge, die Herkunft und der genaue Verwendungszweck der Energieerzeugnisse ergeben müssen.*

### § 91 Steuerentlastung für Kohle

*(1)*[1] *¹Die Steuerentlastung nach § 47 Abs. 1 Nr. 5 des Gesetzes ist bei dem für den Antragsteller zuständigen Hauptzollamt mit einer Anmeldung nach amtlich vorgeschriebenem Vordruck für Kohle zu beantragen, die innerhalb eines Entlastungsabschnitts in den Kohlebetrieb aufgenommen oder verwendet worden ist. ²Der Antragsteller hat in der Anmeldung alle für die Bemessung der Steuerentlastung erforderlichen Angaben zu machen und die Steuerentlastung selbst zu berechnen. ³Die Steuerentlastung wird nur gewährt, wenn der Antrag spätestens bis zum 31. Dezember des Jahres, das auf das Kalenderjahr folgt, in dem die Kohle in den Kohlebetrieb aufgenommen oder nachdem sie verwendet worden ist, beim Hauptzollamt gestellt wird. ⁴Erfolgt die Festsetzung der Steuer erst, nachdem die Kohle in den Kohlebetrieb aufgenommen oder verwendet worden ist, wird abweichend von Satz 3 die Steuerentlastung gewährt, wenn der Antrag spätestens bis zum 31. Dezember des Jahres gestellt wird, das auf das Kalenderjahr folgt, in dem die Steuer festgesetzt worden ist.*

*(2) ¹Entlastungsabschnitt ist nach Wahl des Antragstellers ein Zeitraum von einem Kalendervierteljahr, einem Kalenderhalbjahr oder einem Kalenderjahr. ²Das Hauptzollamt kann auf Antrag einen Zeitraum von einem Kalendermonat als Entlastungsabschnitt zulassen oder in Einzelfällen die Steuerentlastung unverzüglich gewähren.*

*(3) ¹Bei erstmaliger Antragstellung ist dem Antrag im Fall des § 47 Abs. 1 Nr. 5 Buchstabe b des Gesetzes eine Betriebserklärung beizufügen, in der die Verwendung der Kohle genau beschrieben ist. ²Weiteren Anträgen muss eine Betriebserklärung nur beigefügt werden, wenn sich Änderungen gegenüber der dem Hauptzollamt bereits vorliegenden Betriebserklärung ergeben haben. ³Der Antragsteller hat die Änderungen besonders kenntlich zu machen.*

*(4) Der Antragsteller hat einen buchmäßigen Nachweis zu führen, aus dem sich für den Entlastungsabschnitt ergeben müssen:*

1. *im Fall des § 47 Abs. 1 Nr. 5 Buchstabe a des Gesetzes die Art, die Menge und die Herkunft der in den Kohlebetrieb aufgenommenen Kohle,*
2. *im Fall des § 47 Abs. 1 Nr. 5 Buchstabe b des Gesetzes die Art, die Menge, die Herkunft und der genaue Verwendungszweck der Kohle.*

### § 91a[2] Steuerentlastung für Erdgas bei Einspeisung

*(1) ¹Die Steuerentlastung nach § 47 Absatz 1 Nummer 6 des Gesetzes ist bei dem für den Antragsteller zuständigen Hauptzollamt mit einer Anmeldung nach amtlich vorgeschriebenem Vordruck für Erdgas zu beantragen, das innerhalb eines Entlastungsabschnitts in ein Leitungsnetz für unversteuertes Erdgas eingespeist worden ist. ²Der Antragsteller hat in der Anmeldung alle für die Bemessung der Steuerentlastung erforderlichen Angaben zu machen und die Steuerentlastung selbst zu berechnen. ³Die Steuerentlastung wird nur gewährt, wenn der Antrag spätestens bis zum 31. Dezember des Jahres, das auf das Kalenderjahr folgt, in dem das Erdgas in ein Leitungsnetz für unversteuertes Erdgas eingespeist worden ist, beim Hauptzollamt gestellt wird. ⁴Erfolgt die Festsetzung der Steuer erst, nachdem das Erdgas in ein Leitungsnetz für unversteuertes Erdgas eingespeist worden ist, wird abweichend von Satz 3 die Steuerentlastung gewährt, wenn der Antrag spätestens bis zum 31. Dezember des Jahres gestellt wird, das auf das Kalenderjahr folgt, in dem die Steuer festgesetzt worden ist.*

*(2) ¹Entlastungsabschnitt ist nach Wahl des Antragstellers ein Zeitraum von einem Kalendervierteljahr, einem Kalenderhalbjahr oder einem Kalenderjahr. ²Das Hauptzollamt kann auf Antrag einen Zeitraum*

---

1) § 91 Abs. 1 Satz 1 geänd. mWv 1.4.2010 durch VO v. 5.10.2009 (BGBl. I S. 3262); Abs. 1 Satz 3 geänd., Satz 4 angef. mWv 30.9.2011 durch VO v. 20.9.2011 (BGBl. I S. 1890).
2) § 91a eingef. mWv 10.10.2009 durch VO v. 5.10.2009 (BGBl. I S. 3262); Abs. 1 Satz 3 geänd., Satz 4 angef. mWv 30.9.2011 durch VO v. 20.9.2011 (BGBl. I S. 1890).

von einem Kalendermonat als Entlastungsabschnitt zulassen oder in Einzelfällen die Steuerentlastung unverzüglich gewähren.

*(3) Der Antragsteller hat einen buchmäßigen Nachweis zu führen, aus dem sich für den Entlastungsabschnitt die Herkunft und die eingespeisten Mengen des versteuerten Erdgases ergeben müssen.*

### Rechtsprechungsauswahl zu § 47 EnergieStG

**BFH vom 29.10.2013, VII-R-26/12, BFH/NV-2014-0257:** Kein Herstellerprivileg für die Herstellung von anderen Produkten als Energieerzeugnisse

1. Eine Energiesteuerentlastung nach § 47 Abs. 1 Nr. 4 i.V.m. § 26 Abs. 1 EnergieStG kann nur insoweit gewährt werden, als die auf dem Betriebsgelände eingesetzten Energieerzeugnisse in hierzu bestimmten Anlagen oder Anlagenteilen zur Herstellung von Energieerzeugnissen verwendet werden.
2. Werden die in einer Tierkörperverwertungsanlage gewonnenen Tierfette nur zu einem bestimmten Anteil zur Verwendung als Kraft- oder Heizstoff bestimmt und wird der restliche Anteil an Tierfetten und Knochenmehl zu anderen Zwecken weiterveräußert, so ist zur Berechnung des entlastungsfähigen Anteils der eingesetzten Energieerzeugnisse das Verhältnis zwischen der Gesamterzeugung und den hergestellten Energieerzeugnissen zu bestimmen.

## § 48 Steuerentlastung bei Vermischungen von gekennzeichnetem mit anderem Gasöl

(1) ¹Eine Steuerentlastung wird auf Antrag gewährt für nachweislich versteuerte Anteile in Gemischen aus ordnungsgemäß gekennzeichnetem Gasöl und anderem Gasöl bis auf den Betrag nach dem Steuersatz des § 2 Abs. 3 Satz 1 Nr. 1, wenn die Gemische

1. bei vom Hauptzollamt bewilligten Spülvorgängen oder bei vom Antragsteller nachzuweisenden versehentlichen Vermischungen entstanden und
2. nachweislich verheizt oder nach § 2 Abs. 3 Satz 1 Nr. 1 versteuertem Gasöl zugeführt worden sind.

²Dies gilt nicht für die Anteile von Gemischen, die bei Kraftstoffkontrollen in Fahrzeugen oder Antriebsanlagen festgestellt worden sind.

(2) Entlastungsberechtigt ist der Inhaber des Betriebes, der vom Hauptzollamt zum Spülen zugelassen ist, für versehentlich entstandene Gemische der Verfügungsberechtigte.

Geltungszeitraum ab 1.8.2006

### *Energiesteuer-Durchführungsverordnung*

### Zu § 48 des Gesetzes

### § 92 Steuerentlastung bei Spülvorgängen und versehentlichen Vermischungen

*(1) Bewilligte Spülvorgänge im Sinne des § 48 Abs. 1 Satz 1 Nr. 1 des Gesetzes sind die vom Hauptzollamt nach § 49 Abs. 1 zugelassenen Vermischungen von leichtem Heizöl und Gasölen der Unterpositionen 2710 19 41 bis 2710 19 49 der Kombinierten Nomenklatur.*

*(2)*¹⁾ ¹*Die Steuerentlastung nach § 48 des Gesetzes ist bei dem für den Antragsteller zuständigen Hauptzollamt mit einer Anmeldung nach amtlich vorgeschriebenem Vordruck zu beantragen, wobei im Fall der Steuerentlastung für bewilligte Spülvorgänge alle Spülvorgänge eines Entlastungsabschnitts in einer Anmeldung zusammenzufassen sind.* ²*Der Antragsteller hat in der Anmeldung alle für die Bemessung der Steuerentlastung erforderlichen Angaben zu machen und die Steuerentlastung selbst zu berechnen.* ³*Die Steuerentlastung wird nur gewährt, wenn der Antrag für Gemische, die bei bewilligten Spülvorgängen angefallen sind, spätestens bis zum 31. Dezember des Jahres, das auf das Kalenderjahr folgt, in dem die Energieerzeugnisse vermischt wurden, und für Gemische, die versehentlich entstanden sind, unmittelbar nach Feststellung der Vermischung beim Hauptzollamt gestellt wird.* ⁴*Erfolgt die Festsetzung der Steuer erst, nachdem Gemische, die bei bewilligten Spülvorgängen angefallen sind, vermischt worden sind oder nachdem Gemische, die versehentlich entstanden sind, festgestellt worden sind, wird abweichend von Satz 3 die Steuerentlastung gewährt, wenn der Antrag spätestens bis zum 31. Dezember des Jahres gestellt wird, das auf das Kalenderjahr folgt, in dem die Steuer festgesetzt worden ist.*

*(3)* ¹*Entlastungsabschnitt ist im Fall der Steuerentlastung für bewilligte Spülvorgänge nach Wahl des Antragstellers ein Zeitraum von einem Kalendervierteljahr, einem Kalenderhalbjahr oder einem Kalenderjahr.* ²*Das Hauptzollamt kann auf Antrag einen Zeitraum von einem Kalendermonat als Entlastungsabschnitt zulassen oder in Einzelfällen die Steuerentlastung unverzüglich gewähren.*

*(4) Dem Antrag sind Unterlagen über die Versteuerung und die Herkunft der Gemischanteile beizufügen.*

### *Verwaltungsregelungen zu § 48 EnergieStG*

| Datum | Anlage | Quelle | Inhalt |
|---|---|---|---|
| 01.11.2012 | § 002-04 | BMF | Kennzeichnung leichten Heizöls; Merkblatt für die Prüfung von Zulassungs- und Bewilligungsanträgen für die Kennzeichnung Gasöl nach der Energiesteuer-Durchführungsverordnung (EnergieStV) und die Überwachung der Kennzeichnung von leichtem Heizöl (Merkblatt Heizölkennzeichnung) |

---

1) § 92 Abs. 2 Satz 1 geänd. mWv 1.4.2010 durch VO v. 5.10.2009 (BGBl. I S. 3262); Abs. 2 Satz 4 angef. mWv 30.9.2011 durch VO v. 20.9.2011 (BGBl. I S. 1890).

# § 48

### Rechtsprechungsauswahl zu § 48 EnergieStG

**FG Hamburg vom 26.11.2010, 4-K-287/09 – rechtskräftig:** Entlastung von Energiesteuer im Billigkeitswege

Keine Entlastung von Energiesteuer im Billigkeitswege bei versehentlicher Vermischung von versteuertem Dieselkraftstoff und versteuertem Vergaserkraftstoff.

## § 49[1]) Steuerentlastung für zum Verheizen oder in begünstigten Anlagen verwendete Energieerzeugnisse

(1) Eine Steuerentlastung wird auf Antrag gewährt für nachweislich nach § 2 Abs. 1 Nr. 4 versteuerte Gasöle bis auf den Betrag nach dem Steuersatz des § 2 Abs. 3 Satz 1 Nr. 1, soweit sie nachweislich verheizt worden sind und ein besonderes wirtschaftliches Bedürfnis für die Verwendung von nicht gekennzeichnetem Gasöl zum Verheizen vorliegt.

(2) Eine Steuerentlastung wird auf Antrag gewährt für nachweislich nach § 2 Abs. 2 Nr. 2 versteuerte Flüssiggase bis auf den Betrag nach dem Steuersatz des § 2 Abs. 3 Satz 1 Nr. 5, soweit sie nachweislich zu den in § 2 Abs. 3 Satz 1 genannten Zwecken abgegeben worden sind.

(2a) [1]Eine Steuerentlastung wird auf Antrag gewährt für nachweislich nach § 2 Absatz 1 Nummer 1 bis 3 versteuerte Energieerzeugnisse bis auf den Betrag nach dem Steuersatz des § 2 Absatz 3 Satz 1 Nummer 1 Buchstabe b, soweit sie zu gewerblichen Zwecken nachweislich verheizt oder zum Antrieb von Gasturbinen und Verbrennungsmotoren in begünstigten Anlagen nach § 3 verwendet worden sind. [2]Die Steuerentlastung wird nur gewährt, wenn der Entlastungsbetrag mindestens 50 Euro im Kalenderjahr beträgt.

(3) Entlastungsberechtigt ist, wer die Energieerzeugnisse nach Absatz 1 oder Absatz 2a verwendet oder die Flüssiggase nach Absatz 2 abgegeben hat.

### EU-Vorgaben

**RL 2003/96/EG Energiesteuerrichtlinie (Auszug)**
**Artikel 14 Absatz 1 Buchstabe a)**

(1) Über die allgemeinen Vorschriften für die steuerbefreite Verwendung steuerpflichtiger Erzeugnisse gemäß der Richtlinie 92/12/EWG hinaus und unbeschadet anderer Gemeinschaftsvorschriften befreien die Mitgliedstaaten unter den Voraussetzungen, die sie zur Sicherstellung der korrekten und einfachen Anwendung solcher Befreiungen und zur Verhinderung von Steuerhinterziehung und -vermeidung oder Missbrauch festlegen, die nachstehenden Erzeugnisse von der Steuer:

a) bei der Stromerzeugung verwendete Energieerzeugnisse bzw. verwendeter elektrischer Strom sowie elektrischer Strom, der zur Aufrechterhaltung der Fähigkeit, elektrischen Strom zu erzeugen, verwendet wird. Es steht den Mitgliedstaaten allerdings frei, diese Erzeugnisse aus umweltpolitischen Gründen zu besteuern, ohne die in der Richtlinie vorgesehenen Mindeststeuerbeträge einhalten zu müssen. In diesem Fall wird die Besteuerung dieser Erzeugnisse in Bezug auf die Einhaltung der Mindeststeuerbeträge für elektrischen Strom im Sinne von Artikel 10 nicht berücksichtigt.

(vgl. Kommentierung Möhlenkamp/Milewski zu § 53 EnergieStG, die damit umgesetzt wird)

### Energiesteuer-Durchführungsverordnung

### Zu § 49 des Gesetzes

### § 93[2]) Steuerentlastung für zum Verheizen oder in begünstigten Anlagen verwendete Energieerzeugnisse

*(1)[3] [1]Die Steuerentlastung nach § 49 des Gesetzes ist bei dem für den Antragsteller zuständigen Hauptzollamt mit einer Anmeldung nach amtlich vorgeschriebenem Vordruck für alle Energieerzeugnisse zu beantragen, die innerhalb eines Entlastungsabschnitts verwendet oder abgegeben worden sind. [2]Der Antragsteller hat in der Anmeldung alle für die Bemessung der Steuerentlastung erforderlichen Angaben zu machen und die Steuerentlastung selbst zu berechnen. [3]Die Steuerentlastung wird nur gewährt, wenn der Antrag spätestens bis zum 31. Dezember des Jahres, das auf das Kalenderjahr folgt, in dem die Energieerzeugnisse verwendet oder abgegeben worden sind, beim Hauptzollamt gestellt wird. [4]Erfolgt die Festsetzung der Steuer erst, nachdem die Energieerzeugnisse verwendet oder abgegeben*

---

1) § 49 Überschr. neu gef., Abs. 2a eingef., Abs. 3 neu gef. mWv 1.1.2011 durch G v. 1.3.2011 (BGBl. I S. 282). Geltungszeiträume: ab 1.1.2011.
2) § 93 Überschr. neu gef. mWv 30.9.2011 durch VO v. 20.9.2011 (BGBl. I S. 1890).
3) § 93 Abs. 1 Satz 1 geänd. mWv 1.4.2010 durch VO v. 5.10.2009 (BGBl. I S. 3262); Abs. 1 Satz 1 und 3 geänd., Satz 4 angef. mWv 30.9.2011 durch VO v. 20.9.2011 (BGBl. I S. 1890).

**§ 49**            *DV § 93*

*worden sind, wird abweichend von Satz 3 die Steuerentlastung gewährt, wenn der Antrag spätestens bis zum 31. Dezember des Jahres gestellt wird, das auf das Kalenderjahr folgt, in dem die Steuer festgesetzt worden ist.*

*(2) ¹Entlastungsabschnitt ist nach Wahl des Antragstellers ein Zeitraum von einem Kalendervierteljahr, einem Kalenderhalbjahr oder einem Kalenderjahr. ²Das Hauptzollamt kann auf Antrag einen Zeitraum von einem Kalendermonat als Entlastungsabschnitt zulassen oder in Einzelfällen die Steuerentlastung unverzüglich gewähren.*

*(3)[1] Der Antragsteller hat einen buchmäßigen Nachweis zu führen, aus dem sich für den Entlastungsabschnitt ergeben müssen:*
1. *im Fall des § 49 Abs. 1 des Gesetzes die Menge, die Herkunft und der genaue Verwendungszweck der Gasöle,*
2. *im Fall des § 49 Abs. 2 des Gesetzes die Menge und die Herkunft der Flüssiggase,*
3. *im Fall des § 49 Absatz 2a des Gesetzes die Menge, die Herkunft und der genaue Verwendungszweck der Energieerzeugnisse.*

*(3a)[2] Energieerzeugnisse, für die eine Steuerentlastung nach § 49 des Gesetzes gewährt wird, gelten als Energieerzeugnisse, die nach § 2 Absatz 3 des Gesetzes versteuert worden sind.*
*(4) § 107 Abs. 2 gilt im Fall des § 49 Abs. 2 des Gesetzes sinngemäß.*

### Rechtsprechungsauswahl zu § 49 EnergieStG

**FG Düsseldorf vom 16.04.2014; 4-K-3161/13-VE und 4-K-3337/13-VE:** Energiesteuerentlastung: Verwendung von Dieselkraftstoff zum Beheizen von Omnibussen – Voraussetzung eines besonderen wirtschaftlichen Bedürfnisses – Vereinbarkeit mit Unionsrecht

Stellt sich der Einsatz von Dieselkraftstoff zum Verheizen als einzig sinnvolle wirtschaftliche Alternative dar, ist – ohne dass der Finanzbehörde insoweit ein Beurteilungsspielraum einzuräumen wäre – ein die Energiesteuerentlastung rechtfertigendes besonderes wirtschaftliches Bedürfnis im Sinne des § 49 Abs. 1 EnergieStG für dessen Verwendung anzunehmen.

Dies ist für die Verwendung von Dieselkraftstoff in den Standheizungen der Omnibusse eines kommunalen ÖPNV-Unternehmens zu bejahen, wenn die Kosten für den Einbau gesonderter Heizöltanks in mehr als 100 Bussen völlig außerhalb eines wirtschaftlich vertretbaren Verhältnisses zu der Energiesteuerentlastung stehen.

Der Energiesteuerentlastung nach § 49 Abs. 1 EnergieStG stehen keine Vorschriften des Unionsrechts entgegen.

---

1) § 93 Abs. 3 Nr. 2 geänd., Nr. 3 angef. mWv 30.9.2011 durch VO v. 20.9.2011 (BGBl. I S. 1890).
2) § 93 Abs. 3a eingef. mWv 30.9.2011 durch VO v. 20.9.2011 (BGBl. I S. 1890).

## § 50

**§ 50**[1]) **Steuerentlastung für Biokraftstoffe**

(1) ¹Auf Antrag wird dem Steuerschuldner eine Steuerentlastung gewährt

1. für nachweislich nach den Steuersätzen des § 2 Abs. 1 versteuerte Biokraftstoffe, unvermischt mit anderen Energieerzeugnissen, ausgenommen Biokraftstoffen oder Additiven der Position 3811 der Kombinierten Nomenklatur,
2. für nachweislich nach den Steuersätzen des § 2 Abs. 1 versteuerte Energieerzeugnisse, die besonders förderungswürdige Biokraftstoffe nach Absatz 4 Nr. 3 sind,
3. für nachweislich nach den Steuersätzen des § 2 Abs. 1 versteuerte Energieerzeugnisse, die besonders förderungswürdige Biokraftstoffe nach Absatz 4 Nr. 1 oder Nr. 2 sind oder enthalten,
4. für nachweislich nach den Steuersätzen des § 2 Abs. 2 versteuerte Energieerzeugnisse, die durch Vergärung oder synthetisch aus Biomasse erzeugtes und auf Erdgasqualität aufbereitetes Biogas (Biomethan) sind oder enthalten, vorausgesetzt, das so erzeugte Biomethan entspricht den Anforderungen für Erdgas nach der Verordnung über die Beschaffenheit und die Auszeichnung der Qualitäten von Kraft- und Brennstoffen in der jeweils geltenden Fassung.

²Die Steuerentlastung wird vorbehaltlich der Absätze 2 und 3 bis zum 31. Dezember 2009 gewährt. ³Der Steuerentlastungsanspruch entsteht in dem Zeitpunkt, in dem für die Energieerzeugnisse die Steuer nach den Steuersätzen des § 2 in Person des Entlastungsberechtigten entsteht. ⁴In den Fällen des Satzes 1 Nr. 1, 2 und 4 wird eine Steuerentlastung nur gewährt, soweit die Energieerzeugnisse nicht dazu dienen, Verpflichtungen nach § 37a Abs. 1 Satz 1 und 2 in Verbindung mit § 37a Abs. 3 und 3a des Bundes-Immissionsschutzgesetzes zu erfüllen. ⁵Eine Steuerentlastung wird nicht gewährt, sofern der Biokraftstoff bereits zuvor eine anderweitige direkte staatliche Förderung im In- oder Ausland erhalten hat und keine Ausgleichs- oder Antidumpingzölle erhoben wurden. ⁶Das Bundesministerium der Finanzen gibt die konkreten staatlichen Förderungen im Sinne des Satzes 5, die zu einem Ausschluss der Steuerentlastung führen, im Bundesanzeiger bekannt. ⁷Satz 5 gilt nicht für diejenigen Mengen von dort genannten Energieerzeugnissen aus Bezugsverträgen, die Hersteller von Biodiesel sowie Steuerschuldner vor dem 25. September 2008 abgeschlossen hatten und deren Nichtabnahme zudem zu vertraglich festgelegten finanziellen Belastungen für die Unternehmen führt. ⁸Im Fall von Satz 1 Nummer 1 und 2 wird eine Steuerentlastung nur gewährt, soweit der in § 37a Absatz 3 Satz 3 des Bundes-Immissionsschutzgesetzes genannte Mindestanteil an Biokraftstoff überschritten wird.

(2) Abweichend von Absatz 1 Satz 2 wird die Steuerentlastung nach Absatz 1 Satz 1 Nr. 2 bis 4 auch über den 31. Dezember 2009 hinaus bis zum 31. Dezember 2015 gewährt.

(3) ¹Die Steuerentlastung nach Absatz 1 Satz 1 Nummer 1 und 4 wird in Höhe der Steuer gewährt, die auf den Biokraftstoffanteil entfällt. ²Die Steuerentlastung nach Absatz 1 Satz 1 Nummer 2 und 3 wird in Höhe der Steuer gewährt, die auf den Anteil an besonders förderungswürdigen Biokraftstoffen entfällt. ³Abweichend von Satz 1 wird für Fettsäuremethylester und Pflanzenöl, die nach den Steuersätzen des § 2 Abs. 1 Nr. 4 versteuert worden sind, nur eine teilweise Steuerentlastung gewährt. ⁴Diese beträgt

1. für 1 000 l Fettsäuremethylester
   bis 31. Dezember 2007                                            399,40 EUR,
   vom 1. Januar 2008

---

1) § 50 neu gef. mWv 1.1.2007 durch G v. 18.12.2006 (BGBl. I S. 3180); Abs. 2 in Kraft mWv 20.12.2006 durch G v. 18.12.2006 (BGBl. I S. 3180) iVm Bek. v. 30.1.2007 (BGBl. I S. 66); Abs. 1 Satz 1 Nr. 4 und Satz 4 neu gef., Abs. 4 Satz 4 neu gef., Abs. 5 Nr. 3 neu gef., Abs. 6 geänd., Abs. 6a eingef. mWv 21.7.2009, Abs. 3 Satz 4 angef. mWv 1. 1. 2010 durch G v. 15.7.2009 (BGBl. I S. 1804); Abs. 1 Sätze 5–7 eingef., bish. Satz 5 wird Satz 8, Abs. 3 Satz 3 Nr. 1 neu gef. mWv 18.8.2009 durch G v. 15.7.2009 (BGBl. I S. 1804) iVm Bek. v. 17.9.2009 (BGBl. I S. 3108); Abs. 3 Satz 3 Nr. 1 und 2 neu gef. mWv 1.1.2010 durch G v. 22.12.2009 (BGBl. I S. 3950) iVm Bek. v. 29.4.2010 (BGBl. I S. 534); Überschr. neu gef., Abs. 1 Satz 1 Nr. 2, 3, 4 geänd., Nr. 5 aufgeh., Satz 8 neu gef., Abs. 3 Satz 1 neu gef., Satz 2 eingef., bish. Sätze 2–4 werden die Sätze 3–5, neuer Satz 5 geänd., Abs. 4 aufgeh., bish. Abs. 5 wird Abs. 4, bish. Abs. 6 wird Abs. 5 und Sätze 1, 3 und 4 geänd., bish. Abs. 6a wird Abs. 6 und Sätze 1 und 2 geänd., Abs. 7 geänd. mWv 1.4.2011 durch G v. 1.3.2011 (BGBl. I S. 282).

## § 50

| | |
|---|---:|
| bis 31. Dezember 2008 | 336,40 EUR, |
| vom 1. Januar 2009 | |
| bis 31. Dezember 2012 | 303,40 EUR, |
| ab 1. Januar 2013 | 21,40 EUR, |
| 2. für 1 000 l Pflanzenöl | |
| bis 31. Dezember 2007 | 470,40 EUR, |
| vom 1. Januar 2008 | |
| bis 31. Dezember 2008 | 388,90 EUR, |
| vom 1. Januar 2009 | |
| bis 31. Dezember 2012 | 304,90 EUR, |
| ab 1. Januar 2013 | 21,40 EUR. |

[5]Für andere als die in Satz 2 genannten Biokraftstoffe, die nach den Steuersätzen des § 2 Abs. 1 Nr. 4 versteuert worden sind, gelten die Sätze 1 und 3 Nr. 1 entsprechend, soweit es sich dabei nicht um besonders förderungswürdige Biokraftstoffe nach Absatz 4 Nummer 1 oder Nummer 2 handelt.

(4) Besonders förderungswürdige Biokraftstoffe sind
1. synthetische Kohlenwasserstoffe oder synthetische Kohlenwasserstoffgemische, die durch thermochemische Umwandlung von Biomasse gewonnen werden,
2. Alkohole, die durch biotechnologische Verfahren zum Aufschluss von Zellulose gewonnen werden, oder
3. Energieerzeugnisse, die einen Bioethanolanteil von mindestens 70 Volumenprozent enthalten, hinsichtlich des Bioethanolanteils.

(5) [1]Die Steuerentlastung darf nicht zu einer Überkompensation der Mehrkosten im Zusammenhang mit der Erzeugung der in Absatz 1 Satz 1 Nummer 1 bis 4 genannten Biokraftstoffe führen; zu diesem Zweck hat das Bundesministerium der Finanzen unter Beteiligung des Bundesministeriums für Ernährung, Landwirtschaft und Verbraucherschutz, des Bundesministeriums für Wirtschaft und Technologie und des Bundesministeriums für Umwelt, Naturschutz und Reaktorsicherheit dem Bundestag jährlich bis zum 1. September einen Bericht über die Markteinführung der Biokraftstoffe und die Entwicklung der Preise für Biomasse und Rohöl sowie die Kraft- und Heizstoffpreise vorzulegen und darin – im Falle einer Überkompensation – eine Anpassung der Steuerbegünstigung für Biokraftstoffe entsprechend der Entwicklung der Rohstoffpreise an die Marktlage vorzuschlagen. [2]Hierbei sind die Effekte für den Klima- und Umweltschutz, der Schutz natürlicher Ressourcen, die externen Kosten der verschiedenen Kraftstoffe, die Versorgungssicherheit und die Realisierung eines Mindestanteils an Biokraftstoffen und anderen erneuerbaren Kraftstoffen gemäß der Richtlinie 2003/30/EG des Europäischen Parlaments und des Rates vom 8. Mai 2003 zur Förderung der Verwendung von Biokraftstoffen oder anderen erneuerbaren Kraftstoffen im Verkehrssektor (ABl. EU Nr. [3]L 123 S. 42) zu berücksichtigen. [4]Für besonders förderungswürdige Biokraftstoffe nach Absatz 4 Nummer 1 und 2 ist zur Feststellung einer Überkompensation ein Vergleich dieser Biokraftstoffe mit vergleichbaren, nicht besonders förderungswürdigen Biokraftstoffen vorzunehmen. [5]Werden Biokraftstoffe neu in den Markt eingeführt, hat das Bundesministerium der Finanzen unter Beteiligung der in Satz 1 genannten obersten Bundesbehörden eine erste Analyse der Mehrkosten in Relation zu der Steuerbegünstigung vorzunehmen.

(6) [1]Unternehmen, die Biokraftstoffe herstellen, sind verpflichtet, die für den Bericht nach Absatz 5 Satz 1 erforderlichen Daten für eine zollamtliche Überprüfung bereitzuhalten und auf Anforderung dem Hauptzollamt vorzulegen. [2]Sie sind, wenn sie über eine jährliche Produktionskapazität von mindestens 1 000 Tonnen verfügen, ferner verpflichtet, der zuständigen Stelle im Sinne des § 37d Abs. 1 des Bundes-Immissionsschutzgesetzes bis zum 31. März jeden Jahres ihre Produktionskapazität und die produzierte Menge an Biokraftstoffen des Vorjahres zu melden. [3]Das Hauptzollamt ist befugt, zu diesen Zwecken die Vorlage

von Beweismitteln zu verlangen und jede Art von Überprüfung der Buchführung des Unternehmens oder sonstige von ihm für zweckdienlich erachtete Kontrollen durchzuführen. ⁴Die §§ 193 bis 203 der Abgabenordnung gelten entsprechend.

(7) Im Falle von Störungen des deutschen Biokraftstoffmarktes oder des Biokraftstoffmarktes in der Europäischen Union, die durch Einfuhren aus Drittländern hervorgerufen werden, wird die Bundesregierung bei der Kommission der Europäischen Union die Einleitung geeigneter Schutzmaßnahmen beantragen.

*EU-Vorgaben*

**RL 2003/96/EG Energiesteuerrichtlinie (Auszug)**
**Artikel 16 Absatz 1 bis 3**

(1) Unbeschadet des Absatzes 5 können die Mitgliedstaaten auf die in Artikel 2 bezeichneten steuerbaren Erzeugnisse unter Steueraufsicht eine Steuerbefreiung oder einen ermäßigten Steuersatz anwenden, wenn sie einen oder mehrere der nachstehend genannten Erzeugnisse enthalten bzw. wenn sie sich aus einem oder mehreren der nachstehend genannten Erzeugnisse zusammensetzen:

– Erzeugnisse der KN-Codes 1507 bis 1518;
– Erzeugnisse der KN-Codes 3824 90 55 und 3824 90 80 bis 3824 90 99 für ihre aus Biomasse gewonnenen Bestandteile;
– Erzeugnisse der KN-Codes 2207 20 00 und 2905 11 00, die nicht von synthetischer Herkunft sind;
– Erzeugnisse aus Biomasse, einschließlich Erzeugnisse der KN-Codes 4401 und 4402.

Die Mitgliedstaaten können auf die in Artikel 2 bezeichneten steuerbaren Erzeugnisse unter Steueraufsicht einen ermäßigten Steuersatz auch anwenden, wenn diese Erzeugnisse Wasser enthalten (KN-Codes 2201 und 2851 00 10). Unter „Biomasse" ist der biologisch abbaubare Anteil von Erzeugnissen, Abfällen und Rückständen der Landwirtschaft (einschließlich pflanzlicher und tierischer Stoffe), der Forstwirtschaft und damit verbundener Industriezweige sowie der biologisch abbaubare Anteil von Abfällen aus Industrie und Haushalten zu verstehen.

(2) Die sich aus der Anwendung des ermäßigten Steuersatzes gemäß Absatz 1 ergebende Steuerbefreiung oder -ermäßigung darf nicht höher liegen als der Steuerbetrag, der für die Menge an den in Absatz 1 aufgeführten Erzeugnissen geschuldet würde, die in den Erzeugnissen enthalten sind, für die diese Ermäßigung in Anspruch genommen werden kann. Die Mitgliedstaaten dürfen für Erzeugnisse, die die in Absatz 1 aufgeführten Erzeugnisse enthalten bzw. die sich aus einem oder mehreren dieser Erzeugnisse zusammensetzen, Steuerbeträge festlegen, die unter den in Artikel 4 festgelegten Mindestbeträgen liegen.

(3) Die von den Mitgliedstaaten angewandten Steuerbefreiungen oder -ermäßigungen sind entsprechend der Entwicklung der Rohstoffpreise zu modulieren, damit sie nicht zu einer Überkompensation der Mehrkosten im Zusammenhang mit der Erzeugung der in Absatz 1 aufgeführten Erzeugnisse führen.

*Energiesteuer-Durchführungsverordnung*

*Zu § 50 des Gesetzes*

**§ 94**[1)] **Steuerentlastung für Biokraftstoffe**

*(1)*[2)] *¹Die Steuerentlastung nach § 50 des Gesetzes ist bei dem für den Antragsteller zuständigen Hauptzollamt mit einer Anmeldung nach amtlich vorgeschriebenem Vordruck in doppelter Ausfertigung für alle Energieerzeugnisse zu beantragen, für die innerhalb eines Entlastungsabschnitts der Steuerentlastungsanspruch entstanden ist. ²Der Antragsteller hat in der Anmeldung alle für die Bemessung der Steuerentlastung erforderlichen Angaben zu machen, die Steuerentlastung selbst zu berechnen und zu erklären, dass die Biokraftstoffe, für die die Entlastung beantragt wird, nicht der Erfüllung einer Verpflichtung nach § 37a Abs. 1 Satz 1 und 2 in Verbindung mit § 37a Abs. 3 des Bundes-Immissionsschutzgesetzes in der Fassung der Bekanntmachung vom 26. September 2002 (BGBl. I S. 3830), das zuletzt durch Artikel 3 des Gesetzes vom 1. März 2011 (BGBl. I S. 282) geändert worden ist, in der jeweils*

---

1) § 94 Überschr. neu gef. mWv 30.9.2011 durch VO v. 20.9.2011 (BGBl. I S. 1890).
2) § 94 Abs. 1 neu gef. mWv 8. 2. 2007 durch VO v. 29.1.2007 (BGBl. I S. 60); Abs. 1 Satz 1 geänd. mWv 1.4.2010 durch VO v. 5.10.2009 (BGBl. I S. 3262); Abs. 1 Sätze 2 und 3 geänd. mWv 30.9.2011 durch VO v. 20.9.2011 (BGBl. I S. 1890).

# § 50 DV § 94, Anlage 1a

*geltenden Fassung dienen. ³Bei der Berechnung der Steuerentlastung je Entlastungsabschnitt für die in § 50 Abs. 1 Satz 1 Nr. 1 oder Nr. 2 des Gesetzes genannten Biokraftstoffe sind die in § 37a Absatz 3 Satz 3 des Bundes-Immissionsschutzgesetzes festgelegten Mindestanteile, bezogen auf die jeweilige Menge des Biokraftstoffs, vermindernd zu berücksichtigen. ⁴Die Steuerentlastung wird nur gewährt, wenn der Antrag spätestens bis zum 31. Dezember des Jahres, das auf das Kalenderjahr folgt, in dem der Steuerentlastungsanspruch entstanden ist, beim Hauptzollamt gestellt wird.*

*(2) ¹Entlastungsabschnitt ist ein Zeitraum von einem Kalendermonat. ²Das Hauptzollamt kann auf Antrag einen längeren Zeitraum, höchstens jedoch ein Kalenderjahr, als Entlastungsabschnitt zulassen, außerdem die Steuerentlastung in Einzelfällen unverzüglich gewähren.*

*(3)*[1]*) ¹Der Antragsteller hat die Biokraftstoffeigenschaft sicherzustellen und diese neben Art und Menge des Biokraftstoffs nachzuweisen. ²Der Nachweis ist durch eine Herstellererklärung oder mit Zustimmung des Hauptzollamts in anderer geeigneter Form zu führen und diesem auf Verlangen vorzulegen. ³Daneben hat er auf Verlangen des Hauptzollamts Proben zu entnehmen, diese auf die aus der Anlage 1a zu dieser Verordnung ersichtlichen Normparameter zu untersuchen und dem Hauptzollamt die entsprechenden Analysezertifikate oder Untersuchungsergebnisse vorzulegen. ⁴Soweit Analysezertifikate oder Untersuchungsergebnisse vorliegen, die auf Grund anderer rechtlicher Bestimmungen gefordert sind, können diese anerkannt werden.*

*(4)*[2]*) Der Entlastungsberechtigte hat auf Verlangen des Hauptzollamts über die einzelnen Mengen an Biokraftstoffen, für die eine Steuerentlastung beantragt wird, besondere Aufzeichnungen zu führen.*

*(5)*[3]*) ¹Die Steuerentlastung nach § 50 des Gesetzes kann zurückgezahlt werden. ²Die Rückzahlung der Steuerentlastung nach § 50 des Gesetzes ist bis zum 1. April des auf die Steuerentstehung folgenden Jahres nach amtlich vorgeschriebenem Vordruck in doppelter Ausfertigung anzumelden und unverzüglich nach der Anmeldung zu entrichten.*

**Anlage 1a (zu § 94 Absatz 3) Nachweis der Einhaltung der Normen**

*4 frühere Fassungen von Anlage 1a EnergieStV, 5 Vorschriften zitieren Anlage 1a EnergieStV*

*Auf Verlangen des Hauptzollamts hat der Verpflichtete Proben auf folgende Parameter der jeweils für das Energieerzeugnis gemäß*

- *§ 1a Satz 1 Nummer 13a des Energiesteuergesetzes in Verbindung mit den Vorschriften*
- *der Verordnung über die Beschaffenheit und die Auszeichnung der Qualitäten von Kraft- und Brennstoffen vom 8. Dezember 2010 (BGBl. I S. 1849) in der jeweils geltenden Fassung geltenden Norm zu untersuchen:*

| Energieerzeugnis | Normparameter |
|---|---|
| Fettsäuremethylester | Dichte bei 15 °C<br>Schwefelgehalt<br>Wassergehalt<br>Monoglycerid-Gehalt<br>Diglycerid-Gehalt<br>Triglycerid-Gehalt<br>Gehalt an freiem Glycerin<br>Gehalt an Alkali<br>Gehalt an Erdalkali<br>Phosphorgehalt<br>CFPP<br>Jodzahl |
| Pflanzenöl | Dichte bei 15 °C<br>Schwefelgehalt<br>Wassergehalt<br>Säurezahl<br>Phosphorgehalt<br>Summengehalt Magnesium/Calcium<br>Jodzahl |

1) § 94 Abs. 3 neu gef. mWv 8. 2. 2007 durch VO v. 29.1.2007 (BGBl. I S. 60); Abs. 3 Satz 1 geänd. mWv 30.9.2011 durch VO v. 20.9.2011 (BGBl. I S. 1890).
2) § 94 Abs. 4 geänd. mWv 30.9.2011 durch VO v. 20.9.2011 (BGBl. I S. 1890).
3) § 94 Abs. 5 angef. mWv 8.2.2007 durch VO v. 29.1.2007 (BGBl. I S. 60).

*DV Anlage 1a* § 50

| Energieerzeugnis | Normparameter |
|---|---|
| Ethanolkraftstoff (E 85) | Ethanolgehalt<br>Wassergehalt<br>Methanol<br>Ethergehalt (5 oder mehr C-Atome)<br>Höhere Alkohole C3-C5 |
| Bioethanol | Ethanolgehalt<br>Wassergehalt |

Text in der Fassung des Artikels 1 Zweite Verordnung zur Änderung der Energiesteuer- und der Stromsteuer-Durchführungsverordnung V. v. 24. Juli 2013 BGBl. I S. 2763 m.W.v. 1. August 2013

## Bundes-Immissionsschutzgesetz

**§ 37a Bundes-Immissionsschutzgesetz**

(1) Wer gewerbsmäßig oder im Rahmen wirtschaftlicher Unternehmungen nach § 2 Absatz 1 Nummer 1 und 4 des Energiesteuergesetzes zu versteuernde Otto- oder Dieselkraftstoffe in Verkehr bringt, hat sicherzustellen, dass die gesamte im Lauf eines Kalenderjahres in Verkehr gebrachte Menge Kraftstoffs nach Maßgabe der Absätze 3 und 3a einen Mindestanteil von Biokraftstoff enthält. Kraftstoff gilt mit dem Entstehen der Energiesteuer nach § 8 Absatz 1, § 9 Absatz 1, § 9a Absatz 4, § 15 Absatz 1 oder Absatz 2, auch jeweils in Verbindung mit § 15 Absatz 4, §§ 19b Absatz 1, 22 Absatz 1 oder § 23 Absatz 1 oder Absatz 2 des Energiesteuergesetzes als in den Verkehr gebracht. Die Abgabe von Otto und Dieselkraftstoff an die Bundeswehr zu Zwecken der Verteidigung oder der Erfüllung zwischenstaatlicher Verpflichtungen gilt nicht als Inverkehrbringen im Sinne der Sätze 1 und 2. Dies gilt auch für den Erwerb von Otto- und Dieselkraftstoff durch die Bundeswehr zu einem in Satz 3 genannten Zweck. Der Bundeswehr gleichgestellt sind auf Grund völkerrechtlicher Verträge in der Bundesrepublik Deutschland befindliche Truppen sowie Einrichtungen, die die Bundeswehr oder diese Truppen zur Erfüllung ihrer jeweiligen Aufgaben einsetzt oder einsetzen. Die Abgabe von Kraftstoff im Eigentum des Erdölbevorratungsverbandes auf Grund einer Freigabe nach § 12 Absatz 1 des Erdölbevorratungsgesetzes durch den Erdölbevorratungsverband, Mitglieder des Erdölbevorratungsverbandes oder Dritte sowie nachfolgende Abgaben gelten nicht als Inverkehrbringen im Sinne der Sätze 1 und 2. Dies gilt auch für die Abgabe von Kraftstoff in den in Satz 6 genannten Fällen im Rahmen von Delegationen nach § 7 Absatz 1 des Erdölbevorratungsgesetzes durch Mitglieder des Erdölbevorratungsverbandes oder Dritte sowie für nachfolgende Abgaben. Die Abgabe von Ausgleichsmengen an unterversorgte Unternehmen zum Versorgungsausgleich im Sinne von § 1 Absatz 1 der Mineralölausgleichs-Verordnung vom 13. Dezember 1985 (BGBl. I S. 2267), die zuletzt durch Artikel 49 des Gesetzes vom 21. Dezember 2000 (BGBl. I S. 1956) geändert worden ist, in der jeweils geltenden Fassung gilt nicht als Inverkehrbringen im Sinne der Sätze 1 und 2. Ein Inverkehrbringen im Sinne der Sätze 1 und 2 liegt ebenfalls nicht vor, wenn der Erdölbevorratungsverband Kraftstoff aus seinem Eigentum abgibt und dieser Abgabe keine Rücklieferung am Abgabeort gegenüber steht oder er dafür Mineralölprodukte erwirbt, die nicht unter die Vorschrift des Satzes 1 fallen. Satz 9 gilt auch für die nachfolgenden Abgaben des Kraftstoffs.

(2) Verpflichteter nach Absatz 1 Satz 1 und 2 ist der jeweilige Steuerschuldner im Sinne des Energiesteuergesetzes. Abweichend von Satz 1 ist in den Fällen des § 7 Absatz 4 Satz 1 des Energiesteuergesetzes der Dritte (Einlagerer) Verpflichteter. In den Fällen des § 22 Absatz 1 des Energiesteuergesetzes gilt allein derjenige als Verpflichteter im Sinne von Satz 1, der eine dort jeweils genannten Handlungen zuerst vornimmt.

(3) Verpflichtete nach Absatz 1 Satz 1 und 2 in Verbindung mit Absatz 2 (Verpflichtete), die Dieselkraftstoff in Verkehr bringen, haben bis zum 31. Dezember 2014 einen Anteil Dieselkraftstoff ersetzenden Biokraftstoffs von mindestens 4,4 Prozent sicherzustellen. Verpflichtete, die Ottokraftstoff in Verkehr bringen, haben einen Anteil Ottokraftstoff ersetzenden Biokraftstoffs von mindestens 1,2 Prozent für das Jahr 2007, von mindestens 2 Prozent für das Jahr 2008 und von mindestens 2,8 Prozent jeweils für die Jahre 2009 bis 2014 sicherzustellen. Unbeschadet der Sätze 1 und 2 beträgt der Mindestanteil von Biokraftstoff an der Gesamtmenge Otto- und Dieselkraftstoffs, die von Verpflichteten in Verkehr gebracht wird, im Jahr 2009 5,25 Prozent und in den Jahren 2010 bis 2014 jeweils 6,25 Prozent. Satz 3 gilt entsprechend für Verpflichtete, die ausschließlich Ottokraftstoff oder ausschließlich Dieselkraftstoff in Verkehr bringen. Die Mindestanteile von Biokraftstoff beziehen sich in den Fällen der Sätze 1, 2 und 4 jeweils auf den Energiegehalt der Gesamtmenge Otto- oder Dieselkraftstoffs zuzüglich des Biokraftstoffanteils, in den Fällen des Satzes 3 auf den Energiegehalt der Gesamtmenge Otto- und Dieselkraft-

# § 50

stoffs zuzüglich des Biokraftstoffanteils. Die Gesamtmengen nach Satz 5 sind um die Mengen zu berichtigen, für die eine Steuerentlastung nach § 46 Absatz 1 Satz 1 Nummer 1 oder § 47 Absatz 1 Nummer 1 oder Nummer 2 des Energiesteuergesetzes gewährt wurde.

(3a) Verpflichtete im Sinne von Absatz 3 Satz 1 und 2 haben ab dem Jahr 2015 einen Mindestanteil Otto- und Dieselkraftstoff ersetzenden Biokraftstoffs in Verkehr zu bringen, durch der der Treibhausgasanteil der Gesamtmenge Otto- und Dieselkraftstoffs zuzüglich des Otto- oder Dieselkraftstoff ersetzenden Biokraftstoffs stufenweise um folgende Quoten gesenkt wird:

1. ab dem Jahr 2015 um 3 Prozent,
2. ab dem Jahr 2017 um 4,5 Prozent und
3. ab dem Jahr 2020 um 7 Prozent.

Der Referenzwert, gegenüber dem die Treibhausgasminderung zu erfolgen hat, berechnet sich nach den $CO_2$-Äquivalenten in Kilogramm pro Gigajoule der Gesamtmenge Otto- und Dieselkraftstoffs und des Otto- und Dieselkraftstoff ersetzenden Biokraftstoffs. Dabei wird für Dieselkraftstoff ersetzende Biokraftstoffe das $CO_2$-Äquivalent für Dieselkraftstoff und für Ottokraftstoff ersetzende Biokraftstoffe das $CO_2$-Äquivalent für Ottokraftstoff zugrunde gelegt. Absatz 3 Satz 6 gilt entsprechend. Bei der Berechnung der durch Biokraftstoffe erreichbaren Minderung des Treibhausgasanteils von Kraftstoff sind die bei der Herstellung des Biokraftstoffs entstehenden Treibhausgase zu berücksichtigen.

(4) Der Mindestanteil von Biokraftstoff nach den Absätzen 3 und 3a kann durch Beimischung zu Otto- oder Dieselkraftstoff, durch Inverkehrbringen reinen Biokraftstoffs oder im Fall von Absatz 3 Satz 2 und 3 sowie im Fall von Absatz 3a durch Zumischung von Biomethan zu Erdgaskraftstoff sichergestellt werden, sofern das Biomethan die Anforderungen für Erdgas nach der Verordnung über die Beschaffenheit und die Auszeichnung der Qualitäten von Kraft- und Brennstoffen in der jeweils geltenden Fassung erfüllt. Die Erfüllung von Verpflichtungen nach Absatz 1 Satz 1 und 2 in Verbindung mit Absatz 3 und 3a kann durch Vertrag, der der Schriftform bedarf, auf einen Dritten übertragen werden. Der Vertrag muss mengenmäßige Angaben zum Umfang der vom Dritten eingegangenen Verpflichtung sowie Angaben dazu enthalten, für welchen Verpflichtungszeitraum und für welchen Kraftstoff die Übertragung gilt. Biokraftstoffmengen, die nach den Absätzen 3 und 3a vorgeschriebenen Mindestanteil für ein bestimmtes Kalenderjahr übersteigen und für die keine Steuerentlastung nach § 50 Absatz 1 Satz 1 Nummer 1, 2 und 4 des Energiesteuergesetzes beantragt wurde, werden auf Antrag auf den Mindestanteil des Folgejahres angerechnet. Dies gilt nicht, soweit Biokraftstoffmengen nach Satz 4 auf Grund von Angaben nach § 37c Absatz 1 Satz 4 auf die nach den Sätzen 2 und 3 vertraglich übernommene Erfüllung von Verpflichtungen eines Verpflichteten angerechnet werden. Ist nach Satz 2 die Erfüllung von Verpflichtungen auf einen Dritten übertragen worden, kann der Dritte zur Erfüllung der von ihm vertraglich übernommenen Verpflichtungen keine Biokraftstoffe verwenden, für die eine Steuerentlastung nach § 50 Absatz 1 Satz 8 des Energiesteuergesetzes nicht gewährt wird.

## § 37d Zuständige Stelle, Rechtsverordnungen

(1) Im Geschäftsbereich des Bundesministeriums der Finanzen wird eine zuständige Stelle mit den Aufgaben errichtet, die Erfüllung von Verpflichtungen nach § 37a zu überwachen und die in § 37c geregelten Aufgaben zu erfüllen. Das Bundesministerium der Finanzen wird ermächtigt, die zuständige Stelle zu bestimmen.

(2) Die Bundesregierung wird ermächtigt, nach Anhörung der beteiligten Kreise (§ 51) durch Rechtsverordnung[1)] ohne Zustimmung des Bundesrates

1. unter Berücksichtigung der technischen Entwicklung

    a) auch in Abweichung von § 37b Satz 1 bis 7 Erzeugnisse als Biokraftstoffe zu bestimmen und

    b) in Abweichung von § 37b Satz 1 bis 7 festzulegen, dass bestimmte Erzeugnisse nicht oder nicht mehr in vollem Umfang als Biokraftstoffe gelten, und

    c) die Anrechenbarkeit von biogenen Ölen im Sinne von § 37b Satz 9 auf die Erfüllung dort genannter Verpflichtungen abweichend von dieser Vorschrift zu regeln, soweit landwirtschaftliche Rohstoffe, die bei der Herstellung von biogenen Ölen verwendet werden sollen, nachhaltig erzeugt worden sind, und

    d) die Anrechenbarkeit von Biomethan im Sinne von § 37b Satz 7 auf die Erfüllung dort genannter Verpflichtungen zu konkretisieren,

---

1) Siehe die VO zur Durchführung der Regelungen der Biokraftstoffquote – 36. BImSchV, und die Biokraftstoff-NachhaltigkeitsVO.

## § 50

2. zu bestimmen, dass der mengenmäßige Anteil eines bestimmten Biokraftstoffs nach Nummer 1 oder § 37b Satz 1 bis 8 am Gesamtkraftstoffabsatz im Rahmen der Erfüllung von Verpflichtungen nach § 37a Absatz 1 Satz 1 und 2 in Verbindung mit § 37a Absatz 3 nach Maßgabe einer Multiplikation der tatsächlich in Verkehr gebrachten Menge des jeweiligen Biokraftstoffs mit einem bestimmten Rechenfaktor zu berechnen ist, der unter Berücksichtigung der Treibhausgasbilanz des jeweiligen Biokraftstoffs festzulegen ist,
3. vorzuschreiben, dass Biokraftstoffe nur dann auf die Erfüllung von Verpflichtungen nach § 37a Absatz 1 Satz 1 und 2 in Verbindung mit § 37a Absatz 3 und 3a angerechnet werden, wenn bei der Erzeugung der eingesetzten Biomasse nachweislich bestimmte ökologische und soziale Anforderungen an eine nachhaltige Produktion der Biomasse sowie zum Schutz natürlicher Lebensräume erfüllt werden und wenn der Biokraftstoff eine bestimmte Treibhausgasminderung aufweist,
4. die Anforderungen im Sinne der Nummer 3 festzulegen,
5. die Höhe der Abgabe nach § 37c Absatz 2 Satz 2, 3 oder Satz 5 zu ändern, um im Falle von Änderungen des Preisniveaus für Kraftstoffe eine vergleichbare wirtschaftliche Belastung aller Verpflichteten sicherzustellen.

Rechtsverordnungen nach Satz 1 Nummer 1 Buchstabe c bedürfen der Zustimmung des Deutschen Bundestages.

(3) Das Bundesministerium der Finanzen wird ermächtigt, im Einvernehmen mit dem Bundesministerium für Umwelt, Naturschutz und Reaktorsicherheit durch Rechtsverordnung[1]) ohne Zustimmung des Bundesrates nähere Bestimmungen zur Durchführung der §§ 37a bis 37c sowie der auf Absatz 3 beruhenden Rechtsverordnungen zu erlassen und darin insbesondere
1. das Verfahren zur Sicherung und Überwachung der Erfüllung der Quotenverpflichtung in den Fällen des § 37a Absatz 4 Satz 2 und 3 und hinsichtlich der für die Ermittlung der Mindestanteile an Biokraftstoff benötigten Daten näher zu regeln,
2. die erforderlichen Nachweise und die Überwachung der Einhaltung der Anforderungen an Biokraftstoffe sowie die hierfür erforderlichen Probenahmen näher zu regeln,
3. zu bestimmen, dass das Entstehen von Verpflichtungen nach § 37a Absatz 1 Satz 1 und 2 in Verbindung mit § 37a Absatz 3 und 3a an das Inverkehrbringen einer bestimmten Mindestmenge an Kraftstoff geknüpft wird.

### *Verwaltungsregelungen zu § 50 EnergieStG*

| Datum | Anlage | Quelle | Inhalt |
|---|---|---|---|
| 03.11.2012 | § 050-01 | BMF | Verwendung von Branntwein zur Herstellung von Kraftstoffen; Bioethanolherstellung |
| 17.07.2007 | § 050-02 | BMF | Regelungen zur Biokraftstoffquote im Bundesimmissionsschutzgesetz |
| 12.02.2007 | § 050-03 | BMF | Bekanntmachung über das In-Kraft-Treten und Außerkrafttreten von Teilen des Biokraftstoffquotengesetzes |
| 08.05.2003 | § 050-04 | EU | Richtlinie 2003/30/EG des Europäischen Parlaments und des Ratesur Förderung der Verwendung von Biokraftstoffen oder anderen erneuerbaren Kraftstoffen im Verkehrssektor |
| 08.12.2010 | § 050-05 | BMU | Zehnte Verordnung zur Durchführung des Bundes-Immissionsschutzgesetzes (Verordnung über die Beschaffenheit und die Auszeichnung der Qualitäten von Kraft- und Brennstoffen – 10. BImSchV) |

### *Rechtsprechungsauswahl zu § 50 EnergieStG*

**BVerfG vom 04.11.2010, 1-BvR-1981/07:** Rückführung von Steuervergünstigungen

Die Rückführung der Steuervergünstigung für Pflanzenöl ist mit dem verfassungsrechtlich gebotenen Vertrauensschutz; Vertrauen auf die Aufrechterhaltung einer zu sozialpolitischen oder wirtschaftspolitischen Zwecken gewährten steuerlichen Vergünstigung; Schutzwürdigkeit des Vertrauens auf eine

---
1) Siehe die VO zur Durchführung der Regelungen der Biokraftstoffquote – 36. BImSchV, und die Biokraftstoff-NachhaltigkeitsVO.

# § 50

vollständige Steuerbefreiung für Pflanzenöl trotz einer zeitlichen Begrenzung der Steuerbefreiung verienbar; Eine steuerliche Ungleichbehandlung von Pflanzenöl im Vergleich zu Erdgas und Flüssiggas ist mit mit dem allgemeinen Gleichheitsgrundsatz vereinbar.

**BVerfG vom 25.07.2007, 1-BvR-1031/07, NJW-2008-0213:** Verfassungsmäßigkeit der Besteuerung von Biokraftstoffen

1. Die Besteuerung von Biokraftstoffen gem. § 50 Abs. 1 S. 4 u. 5, Abs. 3 S. 2 u. 3 EnergieStG verletzen mangels eines Eingriffs in den Schutzbereich des Eigentumgrundrechts nicht Art. 14 Abs. 1 GG. Die Eigentumsgarantie schützt nicht vor Preiserhöhungen infolge neuer oder erhöhter Steuern. Die Erwartung, dass ein Unternehmen auch in Zukunft rentabel betrieben werden kann, fällt nicht in den Schutzbereich des Art. 14 Abs. 1 GG.

2. Auch Art. 12 Abs. 1 GG ist nicht verletzt, da die Berufsfreiheit grundsätzlich nicht vor Veränderungen der Marktdaten und Rahmenbedingungen der unternehmerischen Entscheidungen schützt. Im Übrigen kommt § 50 Abs. 1 S. 4 u. 5, Abs. 3 S. 2 u. 3 EnergieStG keine berufsregelnde Tendenz zu.

3. Es liegt auch kein Verstoß gegen den verfassungsrechtlich gewährleisteten Vertrauensschutz vor.

**EuGH vom 10.09.2009, C-201/08:** Förderung der Verwendung von Biokraftstoffen oder anderen erneuerbaren Kraftstoffen im Verkehrssektor – Richtlinie 2003/96/EG

Art. 3 der Richtlinie 2003/30/EG des Europäischen Parlaments und des Rates vom 8. Mai 2003 zur Förderung der Verwendung von Biokraftstoffen oder anderen erneuerbaren Kraftstoffen im Verkehrssektor ist dahin auszulegen, dass er einer nationalen Regelung wie der im Ausgangsverfahren streitigen nicht entgegensteht, mit der von dem in dieser Regelung vorgesehenen Steuerbefreiungsregime für Biokraftstoffe ein Erzeugnis wie das im Ausgangsverfahren fragliche, das aus einer Mischung aus Pflanzenöl, fossilem Dieselkraftstoff und spezifischen Additiven besteht, ausgeschlossen wird.

Die allgemeinen Grundsätze der Rechtssicherheit und des Vertrauensschutzes verwehren es einem Mitgliedstaat grundsätzlich nicht, für ein Erzeugnis wie das im Ausgangsverfahren fragliche das für dieses geltende Steuerbefreiungsregime vor dem in der nationalen Regelung ursprünglich vorgesehenen Enddatum aufzuheben. Jedenfalls setzt eine solche Aufhebung nicht das Vorliegen außergewöhnlicher Umstände voraus. Es ist jedoch Sache des vorlegenden Gerichts, unter Berücksichtigung aller für den Rechtsstreit relevanten Umstände im Rahmen einer auf den konkreten Fall bezogenen Gesamtwürdigung zu prüfen, ob diese Grundsätze in der Rechtssache des Ausgangsverfahrens beachtet wurden.

**BFH vom 28.04.2014; VII-R-27/12; BFH/NV-2014-1548:** Keine Energiesteuerbegünstigung für reine Mischungen herkömmlicher Kraftstoffe mit Biokraftstoffen

1. Die in § 50 Abs. 4 Satz 2 EnergieStG a.F. getroffene Regelung, nach der anteilig aus Biomasse hergestellte Energieerzeugnisse steuerlich begünstigt werden, findet keine Anwendung auf die Herstellung von Energieerzeugnissen durch bloßes Mischen verschiedener Kraftstoffe.

2. Die Entscheidung des Gesetzgebers, bloße Mischungen herkömmlicher Kraft- und Heizstoffe mit Biokraft- und Bioheizstoffen von der steuerlichen Förderung auszunehmen, ist weder willkürlich und damit gleichheitswidrig noch verstößt sie gegen unionsrechtliche Vorgaben.

Verfahrenshergang: FG des Landes Sachsen-Anhalt Urteil 2 K 1668/07 vom 18.01.2012 (Erste Instanz)

**BFH vom 19.06.2012, VII-R-19/11, BFH/NV-2012-1728, Verfassungsbeschwerde eingelegt (BVerfG 1 BvR 2141/12):** Änderung des § 50 Abs. 1 EnergieStG verstößt nicht gegen Grundsätze des Vertrauensschutzes und der Rechtssicherheit

Die Beschränkung der energiesteuerrechtlichen Förderung von Biokraftstoffen auf reine Biokraftstoffe und die ab 1. Januar 2007 vorzunehmende Besteuerung mit Dieselkraftstoff vermischter Pflanzenöle durch die Änderung des § 50 Abs. 1 EnergieStG verstößt nicht gegen die unionsrechtlichen Grundsätze der Rechtssicherheit und des Vertrauensschutzes.

Ein umsichtiger und besonnener Wirtschaftsteilnehmer hätte insbesondere aufgrund der aus den gesetzlichen und unionsrechtlichen Bestimmungen ersichtlichen beihilferechtlichen Problemstellungen und aufgrund der Ankündigung der Ersetzung der Steuerbefreiung durch eine Beimischungspflicht im Koalitionsvertrag vom 11. November 2005 auch mit einer kurzfristigen Änderung der Rechtslage rechnen müssen.

# § 50

**BFH vom 27.02.2009, VII-B-186/08, BFH/NV-2009-0942:** Energiesteuerentlastung nur für reine, unvermischte Biokraftstoffe

Das in § 50 Abs. 1 Satz 1 Nr. 1 EnergieStG normierte Gebot der Reinheit des Biokraftstoffs bezieht sich auf das Fertigerzeugnis als solches und nicht lediglich auf den Biokraftstoffanteil, der einem Energieerzeugnis zugesetzt wird.

Weder das Gemeinschaftsrecht noch das Verfassungsrecht stehen der ab dem 1. Januar 2007 eingeführten Besteuerung des Biokraftstoffanteils in Mischungen mit normalem Kraftstoff entgegen.

**BFH vom 30.09.2008, VII-B-98/08, BFH/NV-2009-0171:** Energiesteuerentlastung nur für reine Biokraftstoffe

Die Steuerentlastung nach § 50 Abs. 1 Satz 1 Nr. 1 EnergieStG setzt voraus, dass es sich bei den Kraftstoffen um reine Biokraftstoffe handelt. Das Gebot der Reinheit des Biokraftstoffs bezieht sich auf das Fertigprodukt als solches und nicht etwa auf einen Anteil an zugemischten Biostoffen.

Eine Vermischung von herkömmlichen Kraftstoffen mit Biokraftstoffen kann nicht als Herstellungshandlung i.S. von § 50 Abs. 4 Satz 2 EnergieStG angesehen werden.

**BFH vom 14.04.2008, VII-B-216/07, BFH/NV-2008-1261:** Besteuerung des Biokraftstoffanteils in Mischungen mit normalem Kraftstoff gemäß § 50 Abs. 1 Satz 1 Nr. 1 EnergieStG verstößt nicht gegen Gemeinschaftsrecht

Es ist nicht ernstlich zweifelhaft, dass die in § 50 Abs. 1 Satz 1 Nr. 1 EnergieStG getroffene Regelung, mit der ab dem 1. Januar 2007 eine Mineralölsteuerentlastung grundsätzlich nur noch für reine, mit anderen Kraftstoffen unvermischte, Biokraftstoffe gewährt wird, mit den gemeinschaftsrechtlichen Vorgaben in Einklang steht. Insbesondere verstößt die Besteuerung des in Mischungen mit herkömmlichen Kraftstoffen enthaltenen Biokraftstoffanteils nicht gegen die Biokraftstoffrichtlinie 2003/30/EG.

**FG Berlin-Brandenburg vom 28.11.2013, 1-K-1108/11 – rechtskräftig:** Keine Berücksichtigung zu Unrecht entlasteter Mengen bei der Berechnung der Biokraftstoffquote – keine Bindung der auswertenden Stelle an Äußerungen des Betriebsprüfers

§ 94 Abs. 5 EnergieStV verfolgt im Hinblick auf den durch § 50 Abs. 1 S. 4 EnergieStG bewirkten Ausschluss der Berücksichtigung steuerentlasteter Bioreinkraftstoffe bei der Quotenberechnung das Ziel, den Unternehmen eine flexible Handhabung zu eröffnen, wenn sie grundsätzlich genügend Biokraftstoff in Verkehr gebracht haben. Auf diese Weise erhalten die Unternehmen die Möglichkeit, einerseits die aus dem Bundesimmissionsschutzgesetz folgende ordnungsrechtliche Verpflichtung zur Erfüllung der Biokraftstoffquote einzuhalten und andererseits die mögliche steuerliche Entlastung zu optimieren. Zu Unrecht entlastete Mengen können nicht bei der Berechnung der Biokraftstoffquote berücksichtigt werden.

Äußerungen des Betriebsprüfers oder dessen Prüfungsbericht, die regelmäßig nur die Beurteilung eines bereits abgeschlossenen Sachverhalts zum Gegenstand haben, können mangels Verbindlichkeit für die auswertende Stelle grundsätzlich nur vorläufigen Charakter haben. Eine abschließende rechtliche Würdigung der getroffenen Feststellungen ist damit im Hinblick auf §§ 199 Abs. 2, 201 AO regelmäßig nicht verbunden.

**FG Hamburg vom 24.10.2013, 4-K-38/11 – Revision eingelegt (BFH VII R 56/13):** Zur Auslegung des Begriffs thermochemische Umwandlung in § 50 Abs. 5 Nr. 1 EnergieStG 2007 (heute § 50 Abs. 4 Nr. 1 EnergieStG).

**FG Hamburg vom 27.11.2012, 4-K-179/10 – rechtskräftig:** Leichtfertige Steuerverkürzung bei Veräußerung von Pflanzenölen zum Zweck der Verwendung als Kraft- oder Heizstoffe

Eine die Festsetzungsfrist verlängernde leichtfertige Steuerverkürzung ist gegeben, wenn ein mit Pflanzenölen handelndes Unternehmen, das in größerem Umfang und über einen längeren Zeitraum Pflanzenöle zum Zweck der Verwendung als Kraft- oder Heizstoffe weiterveräußert, in Kenntnis der grundsätzlichen Energiesteuerpflichtigkeit derartiger Energieerzeugnisse sich nicht hinreichend über die den Hersteller der Energieerzeugnisse treffenden energiesteuerrechtlichen Pflichten informiert und infolgedessen die nach § 9 Abs. 2 EnergieStG unverzüglich abzugebende Steueranmeldung unterlässt.

Den Steuerpflichtigen trifft trotz der nach § 50 EnergieStG grundsätzlich vorgesehenen Steuerentlastungsmöglichkeit eine Informations- und Erkundigungspflicht hinsichtlich der für ihn geltenden steuerrechtlichen Verfahrenspflichten beim Umgang mit Biokraft- und Bioheizstoffen. Eine Verletzung dieser Informations- und Erkundigungspflicht kann den Vorwurf der leichtfertigen Steuerverkürzung begründen.

## § 50

**FG Sachsen-Anhalt vom 18.01.2012, 2-K-1668/07- Revision eingelegt (BFH VII R 27/12):** Keine Energiesteuerentlastung für ein Gemisch aus 69 % Biokraftstoff und 31 % Gasöl

Eine Steuerentlastung nach § 50 Abs. 1 Nr. 1 EnergieStG wird nur für solche versteuerten Biokraftstoffe gewährt, die nicht mit anderen Energieerzeugnissen vermischt sind.

Die Regelung des § 50 Abs. 4 S. 2 EnergieStG erfasst lediglich Energieerzeugnisse, welche teilweise aus Biomasse (und im Übrigen aus fossilen Ausgangsstoffen) hergestellt werden, nicht jedoch solche Energieerzeugnisse, die lediglich eine Vermischung verschiedener Energieerzeugnisse (nämlich von Biokraftstoff einerseits und von sonstigen Energieerzeugnissen andererseits) darstellen.

# § 51

**§ 51**[1)] **Steuerentlastung für bestimmte Prozesse und Verfahren**

(1) Eine Steuerentlastung wird auf Antrag gewährt für Energieerzeugnisse, die nachweislich nach § 2 Absatz 1 Nummer 9 und 10, Absatz 3 Satz 1 oder Absatz 4a versteuert worden sind und

1. von einem Unternehmen des Produzierenden Gewerbes im Sinne des § 2 Nr. 3 des Stromsteuergesetzes vom 24. März 1999 (BGBl. I S. 378, 2000 I S. 147), das zuletzt durch Artikel 2 des Gesetzes vom 1. März 2011 (BGBl. I S. 282) geändert worden ist, in der jeweils geltenden Fassung

   a) für die Herstellung von Glas und Glaswaren, keramischen Erzeugnissen, keramischen Wand- und Bodenfliesen und -platten, Ziegeln und sonstiger Baukeramik, Zement, Kalk und gebranntem Gips, Erzeugnissen aus Beton, Zement und Gips, keramisch gebundenen Schleifkörpern, mineralischen Isoliermaterialien, Asphalt, Waren aus Graphit oder anderen Kohlenstoffen, Erzeugnissen aus Porenbetonerzeugnissen und mineralischen Düngemitteln zum Trocknen, Brennen, Schmelzen, Erwärmen, Warmhalten, Entspannen, Tempern oder Sintern der vorgenannten Erzeugnisse oder der zu ihrer Herstellung verwendeten Vorprodukte,

   b) für die Metallerzeugung und -bearbeitung sowie im Rahmen der Herstellung von Metallerzeugnissen für die Herstellung von Schmiede-, Press-, Zieh- und Stanzteilen, gewalzten Ringen und pulvermetallurgischen Erzeugnissen und zur Oberflächenveredlung und Wärmebehandlung,

   c) für chemische Reduktionsverfahren,

   d) gleichzeitig zu Heizzwecken und zu anderen Zwecken als als Heiz- oder Kraftstoff,

2. für die thermische Abfall- oder Abluftbehandlung verwendet worden sind.

(1a) [1]Abweichend von Absatz 1 beträgt die Steuerentlastung ab dem 1. Januar 2009 für nachweislich nach § 2 Abs. 3 Satz 1 Nr. 1 Buchstabe a versteuerte Energieerzeugnisse 61,35 Euro für 1 000 Liter. [2]Eine weitere Steuerentlastung kann für diese Energieerzeugnisse nicht gewährt werden.

(2) Entlastungsberechtigt ist derjenige, der die Energieerzeugnisse verwendet hat.

*EU-Vorgaben*

RL 2003/96/EG Energiesteuerrichtlinie (Auszug)
**Artikel 2 Absatz 4 Buchstabe b) 5**

b) für folgende Verwendungen von Energieerzeugnissen und elektrischem Strom:

– für Energieerzeugnisse, die für andere Zwecke als als Heiz- oder Kraftstoff verwendet werden;

– für Energieerzeugnisse mit zweierlei Verwendungszweck; Ein Energieerzeugnis hat dann zweierlei Verwendungszweck, wenn es sowohl als Heizstoff als auch für andere Zwecke als als Heiz- oder Kraftstoff verwendet wird. Die Verwendung von Energieerzeugnissen bei der chemischen Reduktion, bei Elektrolysen und bei Prozessen in der Metallindustrie ist als zweierlei Verwendungszweck anzusehen.

– für elektrischen Strom, der hauptsächlich für die Zwecke der chemischen Reduktion, bei der Elektrolyse und bei Prozessen in der Metallindustrie verwendet wird;

– für elektrischen Strom, wenn er mehr als 50 % der Kosten für ein Erzeugnis ausmacht. Die Kosten eines Erzeugnisses errechnen sich durch die Addition der insgesamt erworbenen Waren und Dienstleistungen sowie der Personalkosten zuzüglich der Abschreibungen auf Ebene des Betriebs im Sinne von Artikel 11. Dabei werden die durchschnittlichen Kosten pro Einheit berechnet. Die „Kosten des elektrischen Stroms" werden bestimmt durch den tatsächlich gezahlten Strompreis oder die Kosten für die Stromerzeugung, wenn der Strom im Betrieb gewonnen wird;

---

1) § 51 Abs. 1 Nr. 1 Buchst. a geänd., Buchst. b neu gef. mWv 1.8.2006 durch G v. 18.12.2006 (BGBl. I S. 3180); Abs. 1a eingef mWv 1. 1. 2007 durch G v. 18.12.2006 (BGBl. I S. 3180); Abs. 1 Nr. 1 Buchst. a neu gef. mWv 1.1.2011, Abs. 1 einl. Satzteil, Nr. 1 einl. Satzteil und Nr. 2 geänd., Abs. 1a Satz 2 angef. mWv 1. 4. 2011 durch G v. 1.3.2011 (BGBl. I S. 282).

– für mineralogische Verfahren; Als mineralogische Verfahren gelten Verfahren, die gemäß der Verordnung (EWG) Nr. 3037/90 des Rates vom 9. Oktober 1990 betreffend die statistische Systematik der Wirtschaftszweige in der Europäischen Gemeinschaft (2) unter die NACE-Klasse DI 26 „Verarbeitung nicht-metallischer Mineralien" fallen. Für diese Energieerzeugnisse gilt jedoch Artikel 20.

## Energiesteuer-Durchführungsverordnung

### Zu § 51 des Gesetzes

### § 95 Steuerentlastung für bestimmte Prozesse und Verfahren

*(1)*[1)] *¹Die Steuerentlastung nach § 51 des Gesetzes ist bei dem für den Antragsteller zuständigen Hauptzollamt mit einer Anmeldung nach amtlich vorgeschriebenem Vordruck für alle Energieerzeugnisse zu beantragen, die innerhalb eines Entlastungsabschnitts verwendet worden sind. ²Der Antragsteller hat in der Anmeldung alle für die Bemessung der Steuerentlastung erforderlichen Angaben zu machen und die Steuerentlastung selbst zu berechnen. ³Die Steuerentlastung wird nur gewährt, wenn der Antrag spätestens bis zum 31. Dezember des Jahres, das auf das Kalenderjahr folgt, in dem die Energieerzeugnisse verwendet worden sind, beim Hauptzollamt gestellt wird. ⁴Erfolgt die Festsetzung der Steuer erst, nachdem die Energieerzeugnisse verwendet worden sind, wird abweichend von Satz 3 die Steuerentlastung gewährt, wenn der Antrag spätestens bis zum 31. Dezember des Jahres gestellt wird, das auf das Kalenderjahr folgt, in dem die Steuer festgesetzt worden ist.*

*(2)*[2)] *¹Entlastungsabschnitt für Anträge auf Gewährung einer Steuerentlastung nach § 51 Absatz 1 Nummer 1 des Gesetzes ist das Kalenderjahr. ²Bestimmt sich der maßgebende Zeitraum für die Zuordnung des Unternehmens zum Produzierenden Gewerbe nach § 15 Absatz 3 Satz 1 der Stromsteuer-Durchführungsverordnung, kann der Antragsteller abweichend von Satz 1 das Kalendervierteljahr oder das Kalenderhalbjahr als Entlastungsabschnitt wählen. ³Das Hauptzollamt kann im Fall des Satzes 2 auf Antrag auch einen Zeitraum von einem Kalendermonat als Entlastungsabschnitt zulassen oder in Einzelfällen die Steuerentlastung unverzüglich gewähren.*

*(2a)*[3)] *¹Entlastungsabschnitt für Anträge auf Gewährung der Steuerentlastung nach § 51 Absatz 1 Nummer 2 des Gesetzes ist nach Wahl des Antragstellers ein Zeitraum von einem Kalendervierteljahr, einem Kalenderhalbjahr oder einem Kalenderjahr. ²Das Hauptzollamt kann auf Antrag einen Zeitraum von einem Kalendermonat als Entlastungsabschnitt zulassen oder in Einzelfällen die Steuerentlastung unverzüglich gewähren.*

*(3)*[4)] *¹Dem Antrag sind beizufügen:*

1. *im Fall des § 51 Absatz 1 Nummer 1 des Gesetzes eine Beschreibung der wirtschaftlichen Tätigkeiten des Antragstellers im maßgebenden Zeitraum nach amtlich vorgeschriebenem Vordruck, es sei denn, die Beschreibung liegt dem Hauptzollamt für den maßgebenden Zeitraum bereits vor; die Beschreibung muss es dem Hauptzollamt ermöglichen zu prüfen, ob die Energieerzeugnisse durch ein Unternehmen des Produzierenden Gewerbes verwendet worden sind,*

2. *bei erstmaliger Antragstellung eine Betriebserklärung, in der die Verwendung der Energieerzeugnisse genau beschrieben ist.*

*²Weiteren Anträgen muss eine Betriebserklärung nur beigefügt werden, wenn sich Änderungen gegenüber der dem Hauptzollamt bereits vorliegenden Betriebserklärung ergeben haben. ³Der Antragsteller hat die Änderungen besonders kenntlich zu machen.*

*(4) Der Antragsteller hat einen buchmäßigen Nachweis zu führen, aus dem sich für den Entlastungsabschnitt die Art, die Menge, die Herkunft und der genaue Verwendungszweck der Energieerzeugnisse ergeben müssen.*

---

1) § 95 Abs. 1 Satz 1 geänd. mWv 1.4.2010 durch VO v. 5.10.2009 (BGBl. I S. 3262); Abs. 1 Satz 3 geänd., Satz 4 angef. mWv 30.9.2011 durch VO v. 20.9.2011 (BGBl. I S. 1890).
2) § 95 Abs. 2 eingef., bish. Abs. 2 wird Abs. 2a und Satz 1 geänd. mWv 30.9.2011 durch VO v. 20.9.2011 (BGBl. I S. 1890).
3) § 95 Abs. 2 eingef., bish. Abs. 2 wird Abs. 2a und Satz 1 geänd. mWv 30.9.2011 durch VO v. 20.9.2011 (BGBl. I S. 1890).
4) § 95 Abs. 3 Satz 1 Nr. 1 neu gef. mWv 30.9.2011 durch VO v. 20.9.2011 (BGBl. I S. 1890).

# § 51

## Verwaltungsregelungen zu § 51 EnergieStG

| Datum | Anlage | Quelle | Inhalt |
|---|---|---|---|
| 07.11.2007 | § 051-01 | EU | Staatliche Beihilfe Nr. N 820/2006 – Deutschland: Steuerentlastung für bestimmte besonders energieintensive Prozesse und Verfahren |
| 20.-23.11.2006 | § 051-02 | OFD | Zusammenfassung der Dienstbesprechung der OFD Karlsruhe mit BMF zu § 51 EnergieStG und § 9a StromStG |
| 15.09.2014 | § 051-03 | BMF | Steuerentlastung für Prozesse und Verfahren und Teildienstvorschrift zu § 51 EnergieStG (TAR) |

## Rechtsprechungsauswahl zu § 51 EnergieStG

**EuGH vom 02.10.2014; C-426/12:** Zweierlei Verwendungszweck der Energieerzeugnisse

1. Art. 2 Abs. 4 Buchst. b der Richtlinie 2003/96/EG des Rates vom 27. Oktober 2003 zur Restrukturierung der gemeinschaftlichen Rahmenvorschriften zur Besteuerung von Energieerzeugnissen und elektrischem Strom in der durch die Richtlinie 2004/74/EG des Rates vom 29. April 2004 geänderten Fassung ist dahin auszulegen, dass die Verwendung zum einen von Kohle als Heizstoff im Produktionsprozess von Zucker und zum anderen des bei der Verbrennung dieses Energieerzeugnisses entstehenden Kohlendioxids zur Erzeugung von Mineraldünger nicht dazu führt, dass dieses Energieerzeugnis „zweierlei Verwendungszweck" im Sinne dieser Bestimmung hat.

Dagegen liegt „zweierlei Verwendungszweck" vor, wenn im Produktionsprozess von Zucker zum einen Kohle als Heizstoff und zum anderen das bei der Verbrennung dieses Energieerzeugnisses entstehende Kohlendioxid verwendet wird, sofern feststeht, dass der Produktionsprozess des Zuckers ohne den Einsatz des bei der Kohleverbrennung entstehenden Kohlendioxids nicht zu Ende geführt werden kann. (amtlicher Leitsatz)

2. Ein Mitgliedstaat darf dem Begriff „zweierlei Verwendungszweck" in seinem innerstaatlichen Recht eine engere als die ihm nach Art. 2 Abs. 4 Buchst. b zweiter Gedankenstrich der Richtlinie 2003/96 in der durch die Richtlinie 2004/74 geänderten Fassung zukommende Bedeutung beimessen, um Energieerzeugnisse zu besteuern, die dem Anwendungsbereich der Richtlinie entzogen sind. (amtlicher Leitsatz)

**BFH vom 29.10.2013, VII-R-24/12, BFH/NV-2014-0254:** Keine Energiesteuerentlastung für die Herstellung von verlorenen Sandgussformen in einer Eisengießerei

Erdgas, das in einer Eisengießerei in einem Kerntrocknungsofen mit dem Ziel eingesetzt wird, die für den Eisenguss benötigten und nach dem Guss zerstörten Sandgussformen zu trocknen, wird nicht für die Metallerzeugung und Metallbearbeitung i.S. des § 51 Abs. 1 Nr. 1 Buchst. b EnergieStG verwendet, so dass eine Energiesteuerentlastung nicht in Betracht kommt.

Bei den zur Herstellung von Eisengussteilen benötigten verlorenen Sandgussformen handelt es sich nicht um Vorprodukte der in der Eisengießerei hergestellten Fertigerzeugnisse.

**BFH vom 07.08.2012, VII-R-35/11, BFH/NV-2013-0382:** Kein energiesteuerrechtlicher Entlastungsanspruch für die Herstellung von Kohlenstoffanoden

Die Herstellung von Kohle- und Graphitelektroden sind der Klasse 31.62 NACE Revision. 1.1 zuzuordnen. Folglich werden Kohlenstoffanoden von der im Jahr 2008 geltenden Fassung des § 51 Abs. 1 Nr. 1 Buchst. a EnergieStG nicht erfasst, weshalb eine Energiesteuerentlastung für die bei der Herstellung solcher Produkte verwendeten Energieerzeugnisse nicht in Betracht kommt. Eine erweiternde Auslegung des § 51 Abs. 1 Nr. 1 Buchst. a EnergieStG ist durch das Beihilferecht der Europäischen Union nicht geboten. Die Herstellung von Kohlenstoffanoden ist auch nicht nach § 51 Abs. 1 Nr. 1 Buchst. b EnergieStG begünstigt, denn es handelt sich dabei nicht um die Herstellung oder Bearbeitung von Metallen. Das zur Herstellung von Kohlenstoffanoden verwendete Erdgas wird nicht bei einem Prozess in der Metallindustrie i.S.v. Art. 2 Abs. 4 Buchst. b 3. Anstrich RL 2003/96 /EG verwendet, so dass sich ein Entlastungsanspruch nicht aus der unmittelbaren Anwendung von Unionsrecht ergeben könnte.

Eine energiesteuerrechtliche Begünstigung von Vorprodukten kommt nach § 51 Abs. 1 Nr. 1 Buchst. b EnergieStG nicht in Betracht, da solche in dieser Vorschrift keine Erwähnung finden. Eine AG und eine GmbH können energiesteuerrechtlich nicht als eine Einheit mit der Folge angesehen werden, dass ein von nur einer Gesellschaft erfüllter Entlastungstatbestand auch von der anderen Gesellschaft geltend gemacht werden könnte.

# § 51

**BFH vom 15.02.2011, VII-R-51/09, BFH/NV-2011-1700:** Keine Energiesteuerentlastung für die ausschließliche Herstellung von Vorprodukten zur Herstellung von keramischen Erzeugnissen

Ein Unternehmen, das lediglich Kaolin (Aluminiumsilikat) als Vorprodukt zur Herstellung von keramischen Erzeugnissen herstellt, ohne die erzeugten Vorprodukte selbst zu keramischen Endprodukten weiterzuverarbeiten, kann eine Steuerentlastung nach § 51 Abs. 1 Nr. 1 Buchst. a EnergieStG nicht beanspruchen.

**BFH, vom 26.10.2010VII-R-50/09, BFH/NV-2011-0366, BFHE-0231-0443, DStRE-2011-0239, HFR-2011-0175:** Keine Energiesteuerentlastung für die ausschließliche Herstellung von Vorprodukten zur Herstellung von keramischen Erzeugnissen

Die Gewährung einer Steuerentlastung für Energieerzeugnisse, die für chemische Reduktionsverfahren verwendet werden, setzt voraus, dass die in solchen Verfahren eingesetzten Energieerzeugnisse noch einem anderen Verwendungszweck als ausschließlich der Erzeugung von Wärme durch Verheizen dienen.

Ein Unternehmen, das lediglich keramische Pulver als Vorprodukte zur Herstellung von keramischen Erzeugnissen herstellt, ohne die erzeugten Vorprodukte selbst zu keramischen Endprodukten weiterzuverarbeiten, kann eine Steuerentlastung nach § 51 Abs. 1 Nr. 1 Buchst. a EnergieStG nicht beanspruchen.

**BFH vom 19.02.2007, VII-B-205/06; BFH/NV-2007-1194:** Verheizen von Erdgas zur Synthesegasherstellung

Der Frage, wie der Begriff des Verheizens in § 4 Abs. 1 Nr. 2 Buchst. b MinöStG 1993 auszulegen ist, kommt keine grundsätzliche Bedeutung zu.

Der Einsatz von Erdgas in einem Vorwärmer, in dem Erdgas und Wasserdampf im Rahmen eines Verfahrens zur Synthesegasherstellung erhitzt werden, stellt ein die Steuerfreiheit ausschließendes Verheizen von Mineralöl dar.

**BFH, vom 28.10.2008VII-R-6/08, BFH/NV-2009-0291, BFHE-0223-0280, DStRE-2009-0176, HFR-2009-0140:** Voraussetzungen der Steuerentlastung für Energieerzeugnisse gemäß § 51 Abs. 1 Nr. 1 Buchst. d EnergieStG

Das Absengen von Textilfasern mit einer durch das Verbrennen von Erdgas erzeugten offenen Flamme stellt ein Verheizen des Erdgases i.S. von § 2 Abs. 6 EnergieStG dar.

Gemeinschaftsrechtskonform ist § 51 Abs. 1 Nr. 1 Buchst. d EnergieStG dahin auszulegen, dass Energieerzeugnisse nur dann gleichzeitig zu Heizwecken und zu anderen Zwecken als Heizstoff verwendet werden, wenn das Energieerzeugnis im Rahmen eines industriellen Prozesses oder Verfahrens sowohl als Heizstoff als auch als Roh-, Grund- oder Hilfsstoff eingesetzt wird.

**FG München vom 30.01.2014; 14-K-1414/11:** Keine Umdeutung eines Antrags nach § 51 EnergieStG in einen Antrag nach § 54 EnergieStG möglich

Für die alternativen, sich gegenseitig ausschließenden Energiesteuerentlastungen nach § 51 und § 54 EnergieStG sind unterschiedliche, nicht in allen Einzelheiten übereinstimmende amtliche Vordrucke (Vordruck Nr. 1115 bzw. Nr. 1118) vorgeschrieben.

Ein für den streitigen Zeitraum mit dem Formular Nr. 1115 gestellter Antrag auf Steuerentlastung nach § 51 Abs. 1 Nr. 1 Buchst. d EnergieStG kann nicht in einen entsprechenden Antrag nach § 54 Abs. 2 Nr. 2 EnergieStG umgedeutet werden.

Der Senat hat zwar Bedenken, ob dieses Ergebnis sachgerecht und verhältnismäßig ist und dem Sinn und Zweck des Gesetzes tatsächlich gerecht wird, folgt jedoch der höchstrichterlichen Rechtsprechung des BFH.

**FG Hamburg vom 11.09.2013, 4-K-98/12 – rechtskräftig:** Entlastungsantrag gem. § 51 EnergieStG

Für einen Entlastungsantrag gem. § 51 EnergieStG gelten die formellen Voraussetzungen des § 95 EnergieStV. Ein form- und fristgemäß gestellter Antrag kann nicht formlos erweitert oder ergänzt werden. Wird nach der Antragstellung eine Entlastung für weitere Mengen begehrt, ist ein erneuter Antrag zu stellen, der den Anforderungen des § 95 EnergieStV zu genügen hat. Nach Ablauf der Festsetzungsfrist erlischt der Anspruch nach § 47 AO.

**FG Rheinland-Pfalz vom 04.09.2012, 6-K-2297/09-Z – Revision eingelegt (BFH VII R 35/12):** Zur Auslegung des § 51 Absatz 1 Nr. 1 Buchstabe d) EnergieStG (Steuerentlastung für Energieerzeugnisse, die gleichzeitig zu Heizzwecken und zu anderen Zwecken als als Heiz- oder Kraftstoff verwendet worden sind).

## § 51

§ 51 Absatz 1 Nr. 1 Buchstabe d) EnergieStG ist richtlinienkonform dahingehend auszulegen, dass der Begriff „gleichzeitig" im Sinne von „zugleich" bzw. „auch" zu verstehen ist. Die Formulierung beinhaltet weder eine Wertigkeit oder Rangfolge zwischen den beiden Verwendungszwecken, noch erfordert sie, dass das eingesetzte Energieerzeugnis in seiner Ausgangsform in das Endprodukt eingeht.

**FG Düsseldorf vom 27.06.2012, 4-K-4372/08 - Revision eingelegt (BFH VII R 29/12):** Firmenjets von Konzernen sind dann von der Energiesteuer befreit, wenn das Unternehmen eine gesonderte „Fluggesellschaft" unterhält.

**FG Hamburg, vom 02.03.20114-K-181/10, – rechtskräftig:** Energiesteuerrecht: Energiesteuerliche Entlastung bei Besteuerung des Energieerzeugnisses erst nach seiner Verwendung

Ein Energieerzeugnis ist im Sinne der energiesteuerlichen Entlastungstatbestände „nachweislich versteuert" nicht bereits mit dem Entstehen des Steueranspruchs, sondern erst mit seiner verbindlichen Konkretisierung, etwa durch Anmeldung oder Festsetzung der Steuer.

Eine Entlastung bei der Verwendung eines nachweislich versteuerten Energieerzeugnisses ist auch dann möglich, wenn die Versteuerung erst nach der Verwendung erfolgt.

Die für den Beginn der Antragsfrist maßgebliche Entstehung des Steuerentlastungsanspruchs ist nicht gegeben, bevor die Energiesteuer angemeldet oder festgesetzt ist.

**FG Thüringen, vom 15.07.2010, 2-K-982/07, – rechtskräftig:** Keine Energiesteuerentlastung für in Feuerbestattungsanlagen verbrauchtes Erdgas

Gemeinschaftsrechtskonform ist § 51 Abs. 1 Nr. 2 EnergieStG dahin auszulegen, dass für das in Feuerbestattungsanlagen verbrauchte Erdgas eine Steuerentlastung nicht zu gewähren ist, wenn beim Verbrauch des Erdgases nicht die Abgasbehandlung, sondern dessen Verbrennung im Vordergrund steht, weil das verbrauchte Erdgas lediglich zur Vorbereitung und Aufrechterhaltung der Kremierung dient, wobei die thermische Energie des Erdgases als Prozesswärme benötigt wird, und wenn ohne die durch das Verbrennen des Gases erzeugte Wärme die Kremation der Leichen und die Abluftbehandlung nicht ablaufen könnten.

**FG Hamburg, vom 13.07.2009, 4-K-170/08, Nichtzulassungsbeschwerde eingelegt – BFH VII B 204/09:** Steuerentlastung für Unternehmen des produzierenden Gewerbes

Eine analoge Anwendung von Steuerentlastungsvorschriften ist grundsätzlich verwehrt.

**FG Düsseldorf, vom 01.04.2009, 4-K-3963/08-VE – rechtskräftig:** Anspruch eines im Bereich der Förderung und Aufbereitung von standardisierten Spezialsanden tätigen Unternehmens auf Steuerentlastung gemäß § 51 Abs. 1 Buchst. B EnergieStG

Ein Unternehmen des Produzierenden Gewerbes, das von ihm geförderte Quarzsande unter Einsatz von Erdgas trocknet und sodann an Gießereien, andere metallverarbeitende Unternehmen und die Bauindustrie weiterliefert, kann keine Erstattung der Energiesteuer für das Trocknen des an Gießereien für deren Metallerzeugung gelieferten Sands nach § 51 Abs. 1 Nr. 1 Buchst. b EnergieStG beanspruchen, da seine Tätigkeit nicht unmittelbar in der Metallerzeugung und -bearbeitung sowie in der Herstellung von Metallerzeugnissen besteht.

Selbst wenn auf einen konkreten Teilherstellungsprozess abzustellen wäre, kommt eine Begünstigung der Energieverwendung nicht in Betracht, weil der hergestellte Grundstoff nicht ausschließlich für Gießereien verwendbar ist, sondern auch von anderen Wirtschaftszweigen, etwa der Bauindustrie, benötigt wird.

**FG Hessen, vom 26.02.2009, 7-K-2900/07 – rechtskräftig:** Steuerentlastung beim Einsatz von Energiestoffen im Rahmen der chemischen Reduktion

Die zum Färben synthetischer Fasern eingesetzten Energiestoffe z.B. Öl, Gas sind nicht Energiesteuer begünstigt, wenn sie nur zum aufheizen dienen, damit sich die Fasern mit dem Farbstoff verbinden.

Die Steuerentlastung auf Energieerzeugnisse die für chemische Reduktionsverfahren verwendet werden, greift nur, wenn die Verbrennung des Energiestoffes zur Umwandlung oder Vernichtung des Stoffes dient, der die aus der Verbrennung freigesetzte Wärmeenergie aufnimmt.

Gemeinsames Merkmal aller Tatbestände, durch die Energieerzeugnisse von der Besteuerung ausgenommen werden, deren Einsatz als Roh-, Grund- oder Hilfsstoff zur Bearbeitung oder Herstellung eines anderen Produktes dient, ist, dass der eingesetzte Energiestoff ausschließlich dazu verwendet wird, um die durch das Verbrennen frei werdende thermische Energie auf einen anderen Stoff zu übertragen. Dagegen unterliegen Energieerzeugnisse, die als Heizstoffe verwendet werden und deren Verbrennung nur der Erzeugung von thermischer Energie dient, der harmonisierten Energiesteuer.

# § 52

## § 52 Steuerentlastung für die Schiff- und Luftfahrt

(1) ¹Eine Steuerentlastung wird auf Antrag gewährt für nachweislich versteuerte Energieerzeugnisse, die zu den in § 27 genannten Zwecken verwendet worden sind. ²In den Fällen des § 27 Abs. 1 Satz 1 Nr. 1 und 2 wird die Steuerentlastung für Energieerzeugnisse der Unterpositionen 2710 19 41 bis 2710 19 49 der Kombinierten Nomenklatur nur gewährt, wenn diese ordnungsgemäß gekennzeichnet sind.

(2) Entlastungsberechtigt ist derjenige, der die Energieerzeugnisse verwendet hat.

## EU-Vorgaben

**RL 2003/96/EG Energiesteuerrichtlinie (Auszug)**
**Erwägungsgrund 23**

Bestehende internationale Verpflichtungen sowie der Erhalt der Wettbewerbsfähigkeit von Unternehmen in der Gemeinschaft machen es ratsam, bestehende Steuerbefreiungen für Energieprodukte zur Verwendung in der Luft- und Schifffahrt — außer in der Luft- und Schifffahrt zu privaten Vergnügungszwecken — beizubehalten; die Mitgliedstaaten sollten die Möglichkeit haben, diese Steuerbefreiungen einzuschränken.

**Artikel 14 Absatz 1 Buchstabe b) 3 UA**

Lieferungen von Energieerzeugnissen zur Verwendung als Kraftstoff für die Luftfahrt mit Ausnahme der privaten nichtgewerblichen Luftfahrt. Im Sinne dieser Richtlinie ist unter der „privaten nichtgewerblichen Luftfahrt" zu verstehen, dass das Luftfahrzeug von seinem Eigentümer oder der durch Anmietung oder aus sonstigen Gründen nutzungsberechtigten natürlichen oder juristischen Person für andere als kommerzielle Zwecke und insbesondere nicht für die entgeltliche Beförderung von Passagieren oder Waren oder für die entgeltliche Erbringung von Dienstleistungen oder für behördliche Zwecke genutzt wird. Die Mitgliedstaaten können die Steuerbefreiung auf Lieferungen von Flugturbinenkraftstoff (KN-Code 2710 19 21) beschränken;

**Artikel 14 Absatz 1 Buchstabe c)**

Lieferungen von Energieerzeugnissen zur Verwendung als Kraftstoff für die Schifffahrt in Meeresgewässern der Gemeinschaft (einschließlich des Fischfangs), mit Ausnahme der privaten nichtgewerblichen Schifffahrt, und an Bord von Schiffen erzeugter elektrischer Strom. Im Sinne dieser Richtlinie ist unter der „privaten nichtgewerblichen Schifffahrt" zu verstehen, dass das Wasserfahrzeug von seinem Eigentümer oder der durch Anmietung oder aus sonstigen Gründen nutzungsberechtigten natürlichen oder juristischen Person für andere als kommerzielle Zwecke und insbesondere nicht für die entgeltliche Beförderung von Passagieren oder Waren oder für die entgeltliche Erbringung von Dienstleistungen oder für behördliche Zwecke genutzt wird

**Artikel 14 Absatz 2**

(2) Die Mitgliedstaaten können diese in Absatz 1 Buchstaben b) und c) vorgesehenen Steuerbefreiungen auf internationale oder innergemeinschaftliche Transporte beschränken. In den Fällen, wo ein Mitgliedstaat ein bilaterales Abkommen mit einem anderen Mitgliedstaat geschlossen hat, kann von den in Absatz 1 Buchstaben b) und c) vorgesehenen Befreiungen abgesehen werden. In diesen Fällen können die Mitgliedstaaten einen Steuerbetrag vorschreiben, der die in dieser Richtlinie festgesetzten Mindestbeträge unterschreitet

**Artikel 15 Absatz 1 Buchstabe f)**

Unbeschadet anderer Gemeinschaftsvorschriften können die Mitgliedstaaten unter Steueraufsicht uneingeschränkte oder eingeschränkte Steuerbefreiungen oder Steuerermäßigungen gewähren für:

Lieferungen von Energieerzeugnissen zur Verwendung als Kraftstoff für die Schifffahrt in Binnengewässern der Gemeinschaft (einschließlich des Fischfangs), mit Ausnahme der privaten nichtgewerblichen Schifffahrt, und an Bord von Schiffen erzeugter elektrischer Strom

**Artikel 15 Absatz 1 Buchstabe j)**

Kraftstoffe, die bei der Fertigung, Entwicklung, Erprobung und Wartung von Luftfahrzeugen und Schiffen verwendet werden.

## Energiesteuer-Durchführungsverordnung

### Zu § 52 des Gesetzes

**§ 96**[1] **Steuerentlastung für die Schifffahrt**

*(1) Abweichend von § 52 Abs. 1 Satz 2 des Gesetzes wird eine Steuerentlastung auch für nicht gekennzeichnete Energieerzeugnisse der Unterpositionen 2710 19 41 bis 2710 19 49 der Kombinierten Nomenklatur gewährt, wenn das Wasserfahrzeug sowohl zu steuerfreien Zwecken nach § 27 Abs. 1 Satz 1 Nr. 1 oder Nr. 2 des Gesetzes als auch zu nicht steuerfreien Zwecken eingesetzt wird oder wenn glaubhaft gemacht wird, dass eine Betankung unvermeidlich war und ordnungsgemäß gekennzeichnete Energieerzeugnisse der Unterpositionen 2710 19 41 bis 2710 19 49 der Kombinierten Nomenklatur kurzfristig nicht verfügbar waren.*

*(2) ¹Die Steuerentlastung nach § 52 des Gesetzes für in Wasserfahrzeugen verwendete Energieerzeugnisse ist bei dem für den Antragsteller zuständigen Hauptzollamt mit einer Anmeldung nach amtlich vorgeschriebenem Vordruck für alle Energieerzeugnisse zu beantragen, die innerhalb eines Entlastungsabschnitts verwendet worden sind. ²Der Antragsteller hat in der Anmeldung alle für die Bemessung der Steuerentlastung erforderlichen Angaben zu machen und die Steuerentlastung selbst zu berechnen. ³Die Steuerentlastung wird nur gewährt, wenn der Antrag spätestens bis zum 31. Dezember des Jahres, das auf das Kalenderjahr folgt, in dem die Energieerzeugnisse verwendet worden sind, beim Hauptzollamt gestellt wird. ⁴Erfolgt die Festsetzung der Steuer erst, nachdem die Energieerzeugnisse verwendet worden sind, wird abweichend von Satz 3 die Steuerentlastung gewährt, wenn der Antrag spätestens bis zum 31. Dezember des Jahres gestellt wird, das auf das Kalenderjahr folgt, in dem die Steuer festgesetzt worden ist.*

*(3) ¹Entlastungsabschnitt ist nach Wahl des Antragstellers ein Zeitraum von einem Kalendervierteljahr, einem Kalenderhalbjahr oder einem Kalenderjahr. ²Das Hauptzollamt kann auf Antrag einen Zeitraum von einem Kalendermonat als Entlastungsabschnitt zulassen oder in Einzelfällen die Steuerentlastung unverzüglich gewähren.*

*(4) Dem Antrag sind beizufügen:*

*1. für jedes Wasserfahrzeug ein buchmäßiger Nachweis mit folgenden Angaben:*

  *a) Tag und Art der Fahrt,*

  *b) Abgangs- und Zielhafen, weitere Anlegestellen,*

  *c) Fahrtdauer und gegebenenfalls Betriebsstunden des Antriebsmotors und der Hilfsaggregate,*

  *d) gegebenenfalls Art und Mengen der außerhalb des Steuergebiets bezogenen Energieerzeugnisse,*

  *e) Art und Mengen der im Steuergebiet bezogenen und zu begünstigten Fahrten verwendeten Energieerzeugnisse,*

*2. Nachweise, dass das Wasserfahrzeug zu den in § 27 Abs. 1 des Gesetzes genannten Zwecken eingesetzt wurde,*

*3. Unterlagen über die Versteuerung der Energieerzeugnisse.*

*²Das zuständige Hauptzollamt kann auf Antrag unter Auflagen von den Pflichten nach Satz 1 befreien, soweit die Steuerbelange dadurch nicht beeinträchtigt werden.*

*(5) ¹Werden versteuerte Energieerzeugnisse für die Herstellung oder im Rahmen von Instandhaltungsmaßnahmen von Wasserfahrzeugen bezogen, kann das zuständige Hauptzollamt andere als die in Absatz 4 genannten Nachweise zulassen, wenn die Steuerbelange dadurch nicht beeinträchtigt werden. ²Absatz 4 Satz 2 gilt sinngemäß.*

**§ 97**[2] **Steuerentlastung für die Luftfahrt**

*(1) ¹Die Steuerentlastung nach § 52 des Gesetzes für Energieerzeugnisse, die zu den in § 27 Abs. 2 oder Abs. 3 des Gesetzes genannten Zwecken verwendet worden sind, ist bei dem für den Antragsteller zuständigen Hauptzollamt mit einer Anmeldung nach amtlich vorgeschriebenem Vordruck für alle innerhalb eines Entlastungsabschnitts verwendeten Energieerzeugnisse zu beantragen. ²Der Antragsteller hat in der Anmeldung alle für die Bemessung der Steuerentlastung erforderlichen Angaben zu machen und die Steuerentlastung selbst zu berechnen. ³Die Steuerentlastung wird nur gewährt, wenn der Antrag spätestens bis zum 31. Dezember des Jahres, das auf das Kalenderjahr folgt, in dem die Energie-*

---

1) § 96 Abs. 2 Satz 1 geänd. mWv 1.4.2010 durch VO v. 5.10.2009 (BGBl. I S. 3262); Abs. 2 Satz 4 angef. mWv 30.9.2011 durch VO v. 20.9.2011 (BGBl. I S. 1890).

2) § 97 Abs. 1 Satz 1 geänd. mWv 1.4.2010 durch VO v. 5.10.2009 (BGBl. I S. 3262); Abs. 1 Satz 4 angef. mWv 30.9.2011 durch VO v. 20.9.2011 (BGBl. I S. 1890).

## § 52 DV § 97

*erzeugnisse verwendet worden sind, beim Hauptzollamt gestellt wird. ⁴Erfolgt die Festsetzung der Steuer erst, nachdem die Energieerzeugnisse verwendet worden sind, wird abweichend von Satz 3 die Steuerentlastung gewährt, wenn der Antrag spätestens bis zum 31. Dezember des Jahres gestellt wird, das auf das Kalenderjahr folgt, in dem die Steuer festgesetzt worden ist.*

*(2) ¹Entlastungsabschnitt ist nach Wahl des Antragstellers ein Zeitraum von einem Kalendervierteljahr, einem Kalenderhalbjahr oder einem Kalenderjahr. ²Das Hauptzollamt kann auf Antrag einen Zeitraum von einem Kalendermonat als Entlastungsabschnitt zulassen oder in Einzelfällen die Steuerentlastung unverzüglich gewähren.*

*(3) ¹Dem Antrag sind im Fall des § 27 Abs. 2 des Gesetzes beizufügen:*

1. *die in § 52 Abs. 2 Satz 2 Nr. 4 Buchstabe a, c und d bezeichneten Unterlagen,*
2. *für jedes Luftfahrzeug ein buchmäßiger Nachweis mit folgenden Angaben:*
   - a) *Tag und Art des Fluges,*
   - b) *Start- und Bestimmungsflugplatz, Ort der Zwischenlandung,*
   - c) *Flugdauer,*
   - d) *Art und Mengen der übernommenen und verbrauchten Energieerzeugnisse,*
3. *Nachweise, dass das Luftfahrzeug zu den in § 27 Abs. 2 des Gesetzes genannten Zwecken eingesetzt wurde,*
4. *Unterlagen über die Versteuerung der Energieerzeugnisse.*

*²Das zuständige Hauptzollamt kann auf Antrag unter Auflagen von den Pflichten nach Satz 1 befreien, soweit die Steuerbelange dadurch nicht beeinträchtigt werden.*

*(4) ¹Werden versteuerte Energieerzeugnisse für die Entwicklung und Herstellung von Luftfahrzeugen oder im Rahmen von Instandhaltungsmaßnahmen von Luftfahrzeugen durch die in § 60 Abs. 8 genannten Betriebe bezogen, kann das zuständige Hauptzollamt andere als die in Absatz 3 genannten Nachweise zulassen, wenn die Steuerbelange dadurch nicht beeinträchtigt werden. ²Zusätzlich ist die in § 52 Abs. 2 Satz 2 Nr. 5 bezeichnete Genehmigung vorzulegen. ³Absatz 3 Satz 2 gilt sinngemäß.*

### Verwaltungsregelungen zu § 52 EnergieStG

| Datum | Anlage | Quelle | Inhalt |
| --- | --- | --- | --- |
| 01.12.2010 | § 027-05 | BMF | Verwendung von Energieerzeugnissen für die Luftfahrt – Verwaltungsvorschrift zu § 27 Abs. 2 und 3, § 52 und § 66 Abs. 1 Nr. 8 und 11 Energiesteuergesetz |
| 27.11.2008 | § 052-01 | EU | Staatliche Beihilfe N 643/2006 – Deutschland: Ermäßigung der Mineralölsteuer für Lade- und Löschunternehmen in deutschen Seehäfen |

### Rechtsprechungsauswahl zu § 52 EnergieStG

**EuGH vom 21.12.2011 , C-250/10 HFR-2012-0221:** Haltergemeinschaft LBL GbR gegen Hauptzollamt Düsseldorf

Richtlinie 2003/96 /EG – Besteuerung von Energieerzeugnissen und elektrischem Strom – Art. 14 Abs. 1 Buchst. b – Befreiung für Energieerzeugnisse zur Verwendung als Kraftstoff für die Luftfahrt – Kraftstoff, den der Vercharterer eines Luftfahrzeugs stellt, das die Charterer für Flüge verwenden, die anderen Zwecke dienen als der entgeltlichen Erbringung einer Luftfahrt-Dienstleistung

**EuGH vom 01.12.2011, C-79/10, HFR-2012-0222, IStR-2012-0182:** Nachgehend siehe BFH Urteil VII R 9/09 v. 28. 2. 2012: Systeme Helmholz GmbH gegen Hauptzollamt Nürnberg Richtlinie 2003/96/ EG – Besteuerung von Energieerzeugnissen und elektrischem Strom – Art. 14 Abs. 1 Buchst. b – Steuerbefreiung für Energieerzeugnisse zur Verwendung als Kraftstoff für die Luftfahrt – Verwendung eines Luftfahrzeugs für andere als kommerzielle Zwecke – Umfang

Art. 14 Abs. 1 Buchst. b der Richtlinie 2003/96 /EG des Rates vom 27. Oktober 2003 zur Restrukturierung der gemeinschaftlichen Rahmenvorschriften zur Besteuerung von Energieerzeugnissen und elektrischem Strom ist dahin auszulegen, dass die in dieser Vorschrift vorgesehene Steuerbefreiung für Kraftstoff, der für die Luftfahrt verwendet wird, einem Unternehmen wie dem im Ausgangsverfahren in Rede stehenden, das zur Anbahnung von Geschäften ein ihm gehörendes Flugzeug nutzt, um Mitarbeiter zu Kunden oder Messen zu befördern, nicht zugutekommt, da diese Beförderung nicht unmittelbar der entgeltlichen Erbringung von Luftfahrt-Dienstleistungen durch dieses Unternehmen dient.

## § 52

Art. 15 Abs. 1 Buchst. j der Richtlinie 2003/96 ist dahin auszulegen, dass Kraftstoffe, die für Flüge zu einer Flugzeugwerft und wieder zurück verwendet werden, nicht in den Anwendungsbereich dieser Vorschrift fallen.

**BFH vom 14.05.2014; VII-B-117/13; BFH/NV-2014-1379:** Frage nach der energiesteuerrechtlichen Behandlung gemeinnütziger Vereine mit Flugschulen nicht klärungsbedürftig

Die Frage, ob der wirtschaftliche Geschäftsbetrieb der Flugschule eines gemeinnützigen Vereins berechtigt ist, Flugbenzin für entgeltliche Schulungsflüge seiner Mitglieder zum Erwerb, zur Erneuerung oder Erweiterung einer Lizenz oder Berechtigung zum Führen von Luftfahrzeugen energiesteuerfrei zu verwenden, ist nicht klärungsbedürftig.

Einem Luftsportverein, der ohne Gewinnerzielungsabsicht gegen Entgelt für seine Mitglieder Schulungsflüge anbietet, kann eine Steuerentlastung nach § 27 Abs. 2 Nr. 1 i.V.m. § 52 Abs. 1 Satz 1 EnergieStG für das auf den Schulungsflügen verbrauchte Flugbenzin nicht gewährt werden.

Das Gericht ist nicht verpflichtet, vor seiner Entscheidungsfindung seine Rechtsansicht mündlich oder schriftlich mitzuteilen bzw. die für die Entscheidung maßgeblichen Gesichtspunkte und Rechtsfragen im Voraus anzudeuten oder sogar umfassend zu erörtern.

**BFH vom 17.07.2012, VII-R-29/09, BFH/NV-2013-0203:** Vercharterer eines Flugzeugs hat keinen Anspruch auf Befreiung von der Energiesteuer

Ein Urteil des EuGH kann nicht allein deshalb unangewendet bleiben, weil der EuGH nach Art. 20 Abs. 5 seiner Satzung ohne die Schlussanträge des Generalanwalts entschieden hat.

Wer ein aufgetanktes Flugzeug lediglich verchartert, ist kein entlastungsberechtigter Verwender des bei den Charterflügen verbrauchten Luftfahrtbetriebsstoffs, denn er überlässt die Sachherrschaft über das Flugzeug einem Dritten. Dabei ist es ohne Belang, ob das Flugzeug mit oder ohne Piloten verchartert wird.

Verwender kann nur sein, wer die mittelbare oder unmittelbare Sachherrschaft über das verwendete Mineralöl ausübt.

Die bloße Vercharterung eines Flugzeugs stellt keine energiesteuerrechtlich begünstigte Luftfahrtdienstleistung dar.

**BFH vom 28.02.2012, VII-R-9/09, BFH/NV-2012-1555, BFHE-0237-0475, DStRE-2012-1228, HFR-2012-0979:** Keine Mineralölsteuerbefreiung für Flüge im Werkverkehr

Setzt ein Unternehmen ein eigenes Flugzeug für Flüge zu anderen Firmen und zu Messen ein, hat es keinen Anspruch auf Befreiung von der Mineralölsteuer für das in diesem Zusammenhang verwendete Mineralöl.

**FG Düsseldorf vom 27.06.20124-K-4372/08 – Revision eingelegt (BFH V II R 29/12):** Zur Steuerfreiheit von Flugbenzin und zur Aufteilung der Instandhaltungsflüge in energiesteuerfreie und andere Flüge

Firmenjets von Konzernen sind dann von der Energiesteuer befreit, wenn das Unternehmen eine gesonderte „Fluggesellschaft" unterhält.

**FG Düsseldorf vom 30.05.2012, 4-K-3334/11-VE – Revision eingelegt (BFH VII R 25/12):** Energiesteuervergütung für Flugbenzin – Flugschule eines gemeinnützigen Luftsportvereins

Für Flugbenzin, das bei den ohne Gewinnerzielungsabsicht erbrachten Schulungsleistungen eines gemeinnützigen Luftsportvereins verwendet wird, kann keine Vergütung der Energiesteuer gewährt werden.

§ 60 Abs. 4 Nr. 2 und Abs. 5 EnergieStV, die eine Energiesteuervergütung für die private nichtgewerbliche Luftfahrt ausschließen, sind mit Art. 14 Abs. 1 Buchst. b der Richtlinie 2003/96/EG zu vereinbaren.

**FG Düsseldorf vom 07.03.2012, 4-K-3955/08-VE; Revision eingelegt (BFH VII R 9/13) Revision zugelassen durch BFH Beschluss VII B 65/12:** Steuervergütung für Flugturbinenkraftstoff – Luftfahrtdienstleistungen für konzernangehörige Gesellschaften

Ein Konzernunternehmen, das mittels eines eigenen Flugzeugs gewerbliche Luftfahrtdienstleistungen für andere konzernangehörige Gesellschaften durchführt und diese Leistungen ihrer Muttergesellschaft mit Gewinnaufschlag in Rechnung stellt, hat unabhängig von der Erteilung einer luftverkehrsrechtlichen Genehmigung in unmittelbarer Anwendung des Art. 14 Abs. 1 Buchst. b RL 2003/96 /EG Anspruch auf Vergütung der Mineralöl- und Energiesteuer für den eingesetzten Flugturbinenkraftstoff.

# § 52

**FG Düsseldorf, vom 27.06.2012, 4 K 4372/08 – rechtskräftig:** Firmenjet ist von Energiesteuer befreit Firmenjets von Konzernen sind dann von der Energiesteuer befreit, wenn das Unternehmen eine gesonderte „Fluggesellschaft" unterhält.

**FG Düsseldorf, vom 02.05.2012 – 4 K 3189/08 VM VE – rechtskräftig:** Mineralöl- und Energiesteuervergütung für Flugbenzin

Für die Vergütung von Mineralölsteuer und Energiesteuer auf Flugturbinenkraftstoff darf nach dem höherrangigen Gemeinschaftsrecht nicht darauf abgestellt werden kann, ob der Anbieter von entgeltlichen Luftfahrt-Dienstleistungen ein zugelassenes Luftfahrtunternehmen betreibt (vgl. EuGH-Rspr.).

Der Ausschluss der Mineralölsteuerbefreiung für Prüfungsflüge, die sowohl der Vorbereitung von Flügen zu kommerziellen als auch zu privaten nichtgewerblichen Zwecken dienen können, widerspricht nicht dem Gemeinschaftsrecht.

Die Energiesteuer für Prüfungsflüge ist vergütungsfähig.

Steuerfreiheit von Flugbenzin bei Verwendung im Werksverkehr - Keine Zuordnung gemischt veranlasster Flüge zum unternehmerischen Bereich – Ausschluss von Nicht-Luftfahrtunternehmen von der Steuerbefreiung des § 4 Abs. 1 Nr. 3 Buchst. a MinöStG.

Ein Unternehmen, welches kein Luftfahrtunternehmen ist, hat für betrieblich veranlasste Flüge (Flüge von Mitarbeitern oder Geschäftsführern zu Kunden, Lieferanten oder Messen, sog. Werksverkehr) mit Ausnahme von Schulungs- und Werkstattflügen sowie Flügen zur Wartung und Überprüfung der Funktionstauglichkeit des Luftfahrzeugs (gemischt veranlasste Flüge) Anspruch auf Mineralölsteuervergütung unmittelbar aus Art. 14 Abs. 1 Buchst. b Satz 1 Richtlinie 2003/96/EG. Die eine Steuerbefreiung lediglich Luftfahrtunternehmen vorbehaltende Regelung des § 4 Abs. 1 Nr. 3 Buchst. a MinöStG i.V.m. § 50 Abs. 1 MinöStV setzt das Gemeinschaftsrecht nur unvollständig um.

Allerdings hat die Klägerin einen Vergütungsanspruch unmittelbar aus Art. 14 Abs. 1 Buchst. b Satz 1 der Restrukturierungs-RL. Denn Deutschland hat Art. 14 Abs. 1 Buchst. b Restrukturierungs-RL bisher nur für Luftfahrtunternehmen und damit unvollständig umgesetzt, obwohl Art. 14 der Restrukturierungs-RL bis zum 31. Dezember 2003 in innerstaatliches Recht hätte umgesetzt werden müssen. Daher besteht für die hier zu beurteilenden Flüge zu Kunden, Lieferanten oder Messen (Werksverkehr), im deutschen Mineralölsteuerrecht bisher keine Regelung zur Steuerbefreiung.

# § 53

**§ 53** [1]) Steuerentlastung für die Stromerzeugung in Anlagen mit einer elektrischen Nennleistung von mehr als zwei Megawatt

(1) [1]Eine Steuerentlastung wird auf Antrag gewährt für Energieerzeugnisse, die nachweislich nach § 2 Absatz 1 Nummer 9 und 10, Absatz 3 Satz 1 oder Absatz 4a versteuert worden sind und die zur Stromerzeugung in ortsfesten Anlagen mit einer elektrischen Nennleistung von mehr als zwei Megawatt verwendet worden sind. [2]Wenn die in der Anlage erzeugte mechanische Energie neben der Stromerzeugung auch anderen Zwecken dient, wird nur für den auf die Stromerzeugung entfallenden Anteil an Energieerzeugnissen eine Steuerentlastung gewährt.

(2) [1]Energieerzeugnisse gelten nur dann als zur Stromerzeugung verwendet, soweit sie in der Stromerzeugungsanlage unmittelbar am Energieumwandlungsprozess teilnehmen. [2]Unbeschadet der technisch bedingten Umwandlungsverluste ist die gesamte im Stromerzeugungsprozess eingesetzte Menge an Energieerzeugnissen entlastungsfähig. [3]Zum Stromerzeugungsprozess gehören insbesondere nicht:

1. Dampferzeuger, soweit deren thermische Energie (Dampf) nicht der Stromerzeugung dient,
2. nachgeschaltete Abluftbehandlungsanlagen,
3. Zusatzfeuerungen, soweit die damit erzeugte thermische Energie nicht zur Stromerzeugung genutzt, sondern vor der Wärmekraftmaschine, insbesondere einer Dampfturbine oder einem Stirlingmotor, ausgekoppelt wird.

[4]Abluftbehandlungsanlagen im Sinn des Satzes 3 Nummer 2 sind insbesondere Rauchgasentschwefelungsanlagen, Rauchgasentstickungsanlagen sowie Kombinationen davon.

(3) [1]Abweichend von Absatz 1 beträgt die Steuerentlastung für nachweislich nach § 2 Absatz 3 Satz 1 Nummer 1 Buchstabe a versteuerte Energieerzeugnisse 61,35 Euro für 1 000 Liter. [2]Eine weitere Steuerentlastung kann für diese Energieerzeugnisse nicht gewährt werden.

(4) Entlastungsberechtigt ist derjenige, der die Energieerzeugnisse zur Stromerzeugung verwendet hat.

## *EU-Vorgaben*

**RL 2003/96/EG  Energiesteuerrichtlinie (Auszug)**
**Erwägung 25**

Insbesondere die Kraft-Wärme-Kopplung und – im Hinblick auf die Förderung des Einsatzes alternativer Energiequellen — erneuerbare Energieträger können Anspruch auf eine Vorzugsbehandlung haben.

**Artikel 14 Absatz 1 Buchstabe a)**

(1) Über die allgemeinen Vorschriften für die steuerbefreite Verwendung steuerpflichtiger Erzeugnisse gemäß der Richtlinie 92/12/EWG hinaus und unbeschadet anderer Gemeinschaftsvorschriften befreien die Mitgliedstaaten unter den Voraussetzungen, die sie zur Sicherstellung der korrekten und einfachen Anwendung solcher Befreiungen und zur Verhinderung von Steuerhinterziehung und -vermeidung oder Missbrauch festlegen, die nachstehenden Erzeugnisse von der Steuer: a) bei der Stromerzeugung verwendete Energieerzeugnisse bzw. verwendeter elektrischer Strom sowie elektrischer Strom, der zur Aufrechterhaltung der Fähigkeit, elektrischen Strom zu erzeugen, verwendet wird. Es steht den Mitgliedstaaten allerdings frei, diese Erzeugnisse aus umweltpolitischen Gründen zu besteuern, ohne die in der Richtlinie vorgesehenen Mindeststeuerbeträge einhalten zu müssen. In diesem Fall wird die Besteuerung dieser Erzeugnisse in Bezug auf die Einhaltung der Mindeststeuerbeträge für elektrischen Strom im Sinne von Artikel 10 nicht berücksichtigt.

**Artikel 15 Absatz 1 Buchstabe c)**

Unbeschadet anderer Gemeinschaftsvorschriften können die Mitgliedstaaten unter Steueraufsicht uneingeschränkte oder eingeschränkte Steuerbefreiungen oder Steuerermäßigungen gewähren für:

---

1) § 53 neu gef. durch G v. 5.12.2012 (BGBl. I S. 2436). Gem. Art. 4 Abs. 2 des G v. 5.12.2012 (BGBl. I S. 2436) tritt Art. 1 Nr. 1 Buchst. b und Nr. 13 (§§ 53 und 53b) am Tag nach der Verkündung dieses Gesetzes in Kraft, anwendbar bereits ab 1. April 2012.

c) Energieerzeugnisse und elektrischen Strom, die für die KraftWärme-Kopplung verwendet werden.

**Artikel 15 Absatz 1 Buchstabe d)**
Unbeschadet anderer Gemeinschaftsvorschriften können die Mitgliedstaaten unter Steueraufsicht uneingeschränkte oder eingeschränkte Steuerbefreiungen oder Steuerermäßigungen gewähren für:
d) elektrischen Strom, der bei der Kraft-Wärme-Kopplung erzeugt wird, sofern die Anlagen der Kraft-Wärme-Kopplung umweltverträglich sind. Die Mitgliedstaaten können für den Begriff der „umweltverträglichen" (oder hoch effizienten) Kraft-Wärme-Kopplung nationale Definitionen verwenden, bis der Rat auf der Grundlage eines Berichts und Vorschlags der Kommission einstimmig eine gemeinsame Definition annimmt.

**Artikel 21 Absatz 5**
(5) In Anwendung der Artikel 5 und 6 der Richtlinie 92/12/EWG werden für elektrischen Strom und Erdgas Steuern erhoben; diese entstehen zum Zeitpunkt der Lieferung durch den Verteiler oder Weiterverteiler. Erfolgt die Lieferung zum Verbrauch in einem Mitgliedstaat, in dem der Verteiler oder Weiterverteiler nicht niedergelassen ist, so ist die Steuer des Liefermitgliedstaats von einem Unternehmen zu entrichten, das in diesem Staat registriert sein muss. Die Steuer wird in allen Fällen nach den Verfahren des jeweiligen Mitgliedstaats erhoben und eingezogen. Unbeschadet von Unterabsatz 1 haben die Mitgliedstaaten für den Fall, dass es keine Verbindung zwischen ihren Gasfernleitungen und denen anderer Mitgliedstaaten gibt, das Recht, den Steuerentstehungstatbestand festzulegen. Eine Einheit, die elektrischen Strom zur eigenen Verwendung erzeugt, gilt als Verteiler. Unbeschadet des Artikels 14 Absatz 1 Buchstabe a) können die Mitgliedstaaten kleine Stromerzeuger von der Steuer befreien, sofern sie die zur Erzeugung dieses Stroms verwendeten Energieerzeugnisse besteuern. In Anwendung der Artikel 5 und 6 der Richtlinie 92/12/EWG werden für Steinkohle, Koks und Braunkohle Steuern erhoben; diese entstehen zum Zeitpunkt der Lieferung durch Unternehmen, die zu diesem Zweck bei den zuständigen Behörden registriert sein müssen. Die genannten Behörden können es dem Erzeuger, dem Händler, dem Einführer oder einem Steuervertreter gestatten, anstelle des registrierten Unternehmens dessen steuerliche Verpflichtungen zu übernehmen. Die Steuer wird nach den Verfahren des jeweiligen Mitgliedstaats erhoben und eingezogen.

*Energiesteuer-Durchführungsverordnung*

**Zu den §§ 53 bis 53b des Gesetzes**

**§ 98**[1] **Steuerentlastung für die Stromerzeugung und die gekoppelte Erzeugung von Kraft und Wärme, Allgemeines**

*(1) ¹Zur Ermittlung der entlastungsfähigen Mengen sind die zur Stromerzeugung oder zur gekoppelten Erzeugung von Kraft und Wärme eingesetzten Energieerzeugnisse und die weiteren eingesetzten Brennstoffe und Hilfsenergie zu messen. ²Das zuständige Hauptzollamt kann auf Antrag andere Ermittlungsmethoden zulassen, wenn die steuerlichen Belange nicht beeinträchtigt werden.*

*(2) Die zur Dampferzeugung eingesetzten Energieerzeugnisse sind den Dampfentnahmestellen entsprechend der jeweils entnommenen Dampfmenge und ihres Anteils an der Gesamtdampferzeugung zuzurechnen.*

**Zu § 53 des Gesetzes**

**§ 99**[2] **Steuerentlastung für die Stromerzeugung**

*(1) ¹Die Steuerentlastung nach § 53 des Gesetzes ist für jede Anlage (§ 9) bei dem für den Antragsteller zuständigen Hauptzollamt mit einer Anmeldung nach amtlich vorgeschriebenem Vordruck für alle Energieerzeugnisse zu beantragen, die innerhalb eines Entlastungsabschnitts verwendet worden sind. ²Der Antragsteller hat in der Anmeldung alle für die Bemessung der Steuerentlastung erforderlichen Angaben zu machen und die Steuerentlastung selbst zu berechnen. ³Die Steuerentlastung wird nur gewährt, wenn der Antrag spätestens bis zum 31. Dezember des Jahres, das auf das Kalenderjahr folgt, in dem die Energieerzeugnisse verwendet worden sind, beim zuständigen Hauptzollamt gestellt wird. ⁴Erfolgt die Festsetzung der Steuer erst, nachdem die Energieerzeugnisse verwendet worden sind, wird*

---

1) § 98 Abs. 1 Satz 1 geänd. mWv 1. 4. 2010 durch VO v. 5. 10. 2009 (BGBl. I S. 3262); Abs. 1 Satz 4 angef. mWv 30. 9. 2011 durch VO v. 20. 9. 2011 (BGBl. I S. 1890).
2) Zwischenüberschr. und § 99 neu gef. mWv 1. 8. 2013 durch VO v. 24. 7. 2013 (BGBl. I S. 2763).

*abweichend von Satz 3 die Steuerentlastung gewährt, wenn der Antrag spätestens bis zum 31. Dezember des Jahres gestellt wird, das auf das Kalenderjahr folgt, in dem die Steuer festgesetzt worden ist.*

*(2) ¹Entlastungsabschnitt ist nach Wahl des Antragstellers ein Zeitraum von einem Kalendervierteljahr, einem Kalenderhalbjahr oder einem Kalenderjahr. ²Das Hauptzollamt kann auf Antrag einen Zeitraum von einem Kalendermonat als Entlastungsabschnitt zulassen oder in Einzelfällen die Steuerentlastung unverzüglich gewähren.*

*(3) ¹Bei erstmaliger Antragstellung sind für jede Anlage anzugeben oder dem Antrag beizufügen:*
1. *der Name und die Anschrift des Betreibers sowie Angaben über die erstmalige Inbetriebnahme,*
2. *ihr Standort,*
3. *der Hersteller, der Typ und die Seriennummer,*
4. *eine technische Beschreibung mit der Angabe des Durchschnittsverbrauchs je Betriebsstunde,*
5. *Angaben zur elektrischen Nennleistung und zur Verwendung der mechanischen Energie,*
6. *eine Darstellung der Mengenermittlung der eingesetzten Energieerzeugnisse und*
7. *Angaben zur Verwendung der bezogenen Energieerzeugnisse.*

*²Das Hauptzollamt kann weitere Angaben und Unterlagen verlangen, wenn dies zur Sicherung des Steueraufkommens oder für die Steueraufsicht erforderlich ist. ³Bei Anlagen nach § 9 Absatz 1 Satz 3 Nummer 3 oder § 9 Absatz 2 sind die nach den Sätzen 1 und 2 erforderlichen Angaben für jede zur Anlage gehörende KWK-Einheit oder Stromerzeugungseinheit vorzulegen. ⁴Der Antragsteller hat Änderungen der nach den Sätzen 1 bis 3 angegebenen Verhältnisse dem Hauptzollamt mit dem nächsten Antrag mitzuteilen.*

### *Verwaltungsregelungen zu § 53 EnergieStG*

| Datum | Anlage | Quelle | Inhalt |
|---|---|---|---|
| 06.06.2007 | § 027-03 | BMF | Dienstvorschrift zur energiesteuerlichen Behandlung von Energieerzeugungsanlagen nach den §§ 2, 3 und 53 Energiesteuergesetz (EnergieStG) |
| 06.06.2007 | § 002-01 | BMF | Dienstvorschrift zur energiesteuerlichen Behandlung von Energieerzeugungsanlagen nach den §§ 2, 3 und 53 Energiesteuergesetz (EnergieStG) – Anlage 14: Energiesteuerliche Behandlung und Beschreibung der technischen Funktionsweise von Gasklimageräten |

### *Rechtsprechungsauswahl zu § 53 EnergieStG*

**EuGH vom 17.07.2008, C-226/07, HFR-2008-1092, EGHE-2010-6001:** Flughafen Köln/Bonn GmbH gegen Hauptzollamt Köln, Richtlinie 2003/96/EG – Gemeinschaftliche Rahmenvorschriften zur Besteuerung von Energieerzeugnissen und elektrischem Strom – Art. 14 Abs. 1 Buchst. a – Steuerfreiheit von zur Stromerzeugung verwendeten Energieerzeugnissen – Besteuerungsmöglichkeit aus umweltpolitischen Gründen - Unmittelbare Wirkung der Steuerbefreiung
Art. 14 Abs. 1 Buchst. a der Richtlinie 2003/96/EG des Rates vom 27. Oktober 2003 zur Restrukturierung der gemeinschaftlichen Rahmenvorschriften zur Besteuerung von Energieerzeugnissen und elektrischem Strom entfaltet insoweit unmittelbare Wirkung, als er für bei der Stromerzeugung verwendete Energieerzeugnisse eine Befreiung von der nach dieser Richtlinie vorgesehenen Besteuerung vorsieht, so dass sich ein Einzelner vor den nationalen Gerichten - für einen Zeitraum, in dem der betreffende Mitgliedstaat diese Richtlinie nicht fristgerecht in sein innerstaatliches Recht umgesetzt hat – in einem Rechtsstreit mit den Zollbehörden dieses Staates wie dem des Ausgangsverfahrens unmittelbar auf diese Bestimmung berufen kann, damit eine mit ihr unvereinbare nationale Regelung unangewandt bleibt und er mithin die Erstattung einer unter Verstoß gegen diese Bestimmung erhobenen Steuer erwirken kann.

**BFH vom 08.10.2013, VII-R-19/12, BFH/NV-2014-0158:** Steuerbegünstigung für das innerhalb einer KWK-Anlage zum Betrieb einer Zusatzfeuerung verwendete Erdgas
1. Die Gewährung einer Steuerentlastung nach § 53 Abs. 1 Satz 1 Nr. 2 EnergieStG setzt die konkrete Verwendung von Energieerzeugnissen zur gekoppelten Erzeugung von Kraft und Wärme und nicht lediglich eine Verwendung innerhalb der KWK-Anlage voraus.
2. Für das zum Betrieb einer Zusatzfeuerung in einem Abhitzekessel verwendete Erdgas kommt nur dann eine Steuerentlastung in Betracht, wenn die Zusatzfeuerung einen unverzichtbaren Bestandteil des eigentlichen KWK-Prozesses darstellt.

## § 53

**BFH vom 30.09.2009, VII-B-131/09 BFH/NV-2010-0252:** Keine Mineralölsteuerbegünstigung bei fehlendem Wärmemengenzähler und fehlenden Anschreibungen
1. Wer eine Steuervergütung nach § 25 Abs. 1 Satz 1 Nr. 5 MinöStG 1993 bzw. nach § 53 Abs. 1 Satz 1 Nr. 2 EnergieStG in Anspruch nehmen will, hat den hierfür erforderlichen Jahresnutzungsgrad der KWK-Anlage von mindestens 70 % unter Angabe der tatsächlich erzeugten mechanischen und thermischen Energie nachzuweisen.
2. Eine Vergütung kommt daher nicht in Betracht, wenn aufgrund eines fehlenden Wärmemengenzählers die erzeugte thermische Energie nicht gemessen werden kann und wenn entgegen einer Verfügung des HZA monatliche Anschreibungen nicht geführt werden.
3. Bei KWK-Anlagen, die nicht als klein angesehen werden könnten, reicht die Vorlage von Herstellerbeschreibungen oder technischen Gutachten zum Nachweis des Jahresnutzungsgrades nicht aus.

**BFH vom 11.11.2008, VII-R-33/07 BFH/NV-2009-0610, HFR-2009-0585:** Steuerbegünstigung für das innerhalb einer KWK-Anlage zum Betrieb einer Rauchgasreinigungsanlage verwendete Mineralöl
1. Die Gewährung einer Mineralölsteuerbegünstigung nach § 25 Abs. 1 Nr. 5 Buchst. a MinöStG 1993 setzt die konkrete Verwendung von Mineralöl zur gekoppelten Erzeugung von Kraft und Wärme und nicht lediglich eine Mineralölverwendung innerhalb einer Kraft-Wärme-Kopplungs-Anlage voraus.
2. Den Bestimmungen der Richtlinien 2003/87/EG und 96/61 /EG lassen sich keine Anhaltspunkte für die nach verbrauchsteuerrechtlichen Gesichtspunkten vorzunehmende Auslegung des Anlagenbegriffs in § 25 Abs. 1 Nr. 5 Buchst. a MinöStG 1993 entnehmen.
3. Das zum Aufheizen des Rauchgases in einer Rauchgasreinigungsanlage verwendete Mineralöl wird im Rahmen des eigentlichen KWK-Prozesses zur gekoppelten Erzeugung von Strom und Wärme verwendet, so dass für diese Verwendung eine Begünstigung nach § 25 Abs. 1 Nr. 5 Buchst. a in Betracht kommt.

**FG Hamburg vom 06.03.2013, 4-K-156/12 – rechtskräftig:** Energiesteuer: Frist für Anträge nach § 53 EnergieStG

Die Frist für Anträge nach § 53 EnergieStG ergibt sich aus § 98 Abs. 1 S. 3 EnergieStV, wobei es auf den Zeitpunkt des Eingangs des Antrags beim zuständigen Hauptzollamt gem. § 1a EnergieStV ankommt. Fällt der Ablauf der Frist für die Beantragung einer Steuerentlastung mit dem Ablauf der Festsetzungsfrist zusammen und wird ein entsprechender Antrag erst nach Ablauf der Festsetzungsfrist und damit nach dem Erlöschen des Vergütungsanspruchs gestellt, kommt eine Wiedereinsetzung in den vorigen Stand mit der Folge einer rückwirkenden Ablaufhemmung nach § 171 Abs. 3 AO nicht in Betracht.

**FG Hamburg vom 03.12.2012, 4-K-107/12 – rechtskräftig:** Antragsfrist für eine Steuerentlastung gemäß § 53 EnergieStG

Mit der Formulierung „beim Hauptzollamt" in § 98 Abs. 1 S. 3 EnergieStV ist der Eingang beim zuständigen Hauptzollamt gemeint. Die Kostenentscheidung beruht auf § 135 Abs. 1 FGO. Die Revision ist nicht zuzulassen, da Gründe des § 115 Abs. 2 FGO nicht vorliegen.

## § 53a

**§ 53a**[1]) **Vollständige Steuerentlastung für die gekoppelte Erzeugung von Kraft und Wärme**

(1) ¹Eine vollständige Steuerentlastung wird auf Antrag gewährt für Energieerzeugnisse, die nachweislich nach § 2 Absatz 1 Nummer 9 und 10, Absatz 3 Satz 1 oder Absatz 4a versteuert worden sind und die zur gekoppelten Erzeugung von Kraft und Wärme in ortsfesten Anlagen verwendet worden sind. ²Die Steuerentlastung wird nur gewährt, wenn diese Anlagen

1. hocheffizient sind und
2. einen Monats- oder Jahresnutzungsgrad von mindestens 70 Prozent erreichen.

³Die Kraft-Wärme-Kopplung ist hocheffizient im Sinn von Satz 2 Nummer 1, wenn sie

1. die Kriterien des Anhangs III der Richtlinie 2004/8/EG des Europäischen Parlaments und des Rates vom 11. Februar 2004 über die Förderung einer am Nutzwärmebedarf orientierten Kraft-Wärme-Kopplung im Energiebinnenmarkt und zur Änderung der Richtlinie 92/42/EWG (ABl. L 52 vom 21.2.2004, S. 50, L 192 vom 29.5.2004, S. 34), die durch die Verordnung (EG) Nr. 219/2009 (ABl. L 87 vom 31.3.2009, S. 109) geändert worden ist, in der jeweils geltenden Fassung und
2. die harmonisierten Wirkungsgrad-Referenzwerte der Entscheidung 2007/74/EG der Kommission vom 21. Dezember 2006 zur Festlegung harmonisierter Wirkungsgrad-Referenzwerte für die getrennte Erzeugung von Strom und Wärme in Anwendung der Richtlinie 2004/8/EG des Europäischen Parlaments und des Rates (ABl. L 32 vom 6.2.2007, S. 183), in der jeweils geltenden Fassung

erfüllt.

(2) ¹Die Steuerentlastung wird nur bis zur vollständigen Absetzung für Abnutzung der Hauptbestandteile der Anlage entsprechend den Vorgaben des § 7 des Einkommensteuergesetzes in der Fassung der Bekanntmachung vom 8. Oktober 2009 (BGBl. I S. 3366, 3862), das zuletzt durch Artikel 3 des Gesetzes vom 8. Mai 2012 (BGBl. I S. 1030) geändert worden ist, in der jeweils geltenden Fassung gewährt. ²Hauptbestandteile nach Satz 1 sind Gasturbine, Motor, Dampferzeuger, Dampfturbine, Generator und Steuerung. ³Werden Hauptbestandteile der Anlage durch neue Hauptbestandteile ersetzt, verlängert sich die in Satz 1 genannte Frist bis zur vollständigen Absetzung für Abnutzung der neu eingefügten Hauptbestandteile, sofern die Kosten der Erneuerung mindestens 50 Prozent der Kosten für die Neuerrichtung der Anlage betragen.

(3) ¹Abweichend von Absatz 1 beträgt die Steuerentlastung für nachweislich nach § 2 Absatz 3 Satz 1 Nummer 1 Buchstabe a versteuerte Energieerzeugnisse 61,35 Euro für 1 000 Liter. ²Eine weitere Steuerentlastung kann für diese Energieerzeugnisse nicht gewährt werden.

(4) Entlastungsberechtigt ist derjenige, der die Energieerzeugnisse zur gekoppelten Erzeugung von Kraft und Wärme verwendet hat.

(5) Die Steuerentlastung nach den Absätzen 1 und 3 wird nur für den Monat oder das Jahr gewährt, in dem die in den Absätzen 1 und 2 genannten Voraussetzungen nachweislich erfüllt wurden.

(6) ¹Die Steuerentlastung nach den Absätzen 1 bis 3 wird gewährt nach Maßgabe und bis zum Auslaufen der hierfür erforderlichen beihilferechtlichen Genehmigung der Europäischen Kommission. ²Das Auslaufen der Genehmigung wird vom Bundesministerium der Finanzen im Bundesgesetzblatt gesondert bekannt gegeben.

---

1) § 53a eingef. mWv 12.12.2012 durch G v. 5.12.2012 (BGBl. I S. 2436). Gem. Art. 4 Abs. 4 des G v. 5.12.2012 (BGBl. I S. 2436) tritt Art. 1 Nr. 13 (§ 53a), anwendbar ab 1. April 2012, an dem Tag in Kraft, an dem die Europäische Kommission die hierzu erforderliche beihilferechtliche Genehmigung erteilt, frühestens jedoch am 12. Dezember 2012.
Die Europäische Kommission hat die nach Art. 4 Abs. 4 des G v. 5.12.2012 (BGBl. I S. 2436) erforderliche Genehmigung am 22. Februar 2013 erteilt, so dass § 53a in der Fassung des Art. 1 Nr. 13 G v. 5.12.2012 (BGBl. I S. 2436) damit mWv 1. April 2012 in Kraft getreten ist, vgl. hierzu die Bekanntmachung über das Inkrafttreten von Teilen des Gesetzes zur Änderung des Energiesteuer- und des Stromsteuergesetzes sowie zur Änderung des Luftverkehrsteuergesetzes v. 14.3.2013 (BGBl. I S. 488).

# § 53a

## EU-Vorgaben

**RL 2003/96/EG Energiesteuerrichtlinie (Auszug)**
**Artikel 15 Absatz 1 Buchstabe c)**
Unbeschadet anderer Gemeinschaftsvorschriften können die Mitgliedstaaten unter Steueraufsicht uneingeschränkte oder eingeschränkte Steuerbefreiungen oder Steuerermäßigungen gewähren für:
- c) Energieerzeugnisse und elektrischen Strom, die für die KraftWärme-Kopplung verwendet werden i.V.m. Erwägung 25 RL 2003/96/EG Insbesondere die Kraft-Wärme-Kopplung und – im Hinblick auf die Förderung des Einsatzes alternativer Energiequellen – erneuerbare Energieträger können Anspruch auf eine Vorzugsbehandlung haben.

**Artikel 15 Absatz 1 Buchstabe d)**
Unbeschadet anderer Gemeinschaftsvorschriften können die Mitgliedstaaten unter Steueraufsicht uneingeschränkte oder eingeschränkte Steuerbefreiungen oder Steuerermäßigungen gewähren für:
- d) elektrischen Strom, der bei der Kraft-Wärme-Kopplung erzeugt wird, sofern die Anlagen der Kraft-Wärme-Kopplung umweltverträglich sind. Die Mitgliedstaaten können für den Begriff der „umweltverträglichen" (oder hoch effizienten) Kraft-Wärme-Kopplung nationale Definitionen verwenden, bis der Rat auf der Grundlage eines Berichts und Vorschlags der Kommission einstimmig eine gemeinsame Definition annimmt.

## Energiesteuer-Durchführungsverordnung

### Zu § 53a des Gesetzes

**§ 99a Vollständige Steuerentlastung für die gekoppelte Erzeugung von Kraft und Wärme**

*(1) ¹Die Steuerentlastung nach § 53a des Gesetzes ist für jede Anlage (§ 9) bei dem für den Antragsteller zuständigen Hauptzollamt mit einer Anmeldung nach amtlich vorgeschriebenem Vordruck für alle Energieerzeugnisse zu beantragen, die innerhalb eines Entlastungsabschnitts verwendet worden sind. ²Der Antragsteller hat in der Anmeldung alle für die Bemessung der Steuerentlastung erforderlichen Angaben zu machen und die Steuerentlastung selbst zu berechnen. ³Die Steuerentlastung wird nur gewährt, wenn der Antrag spätestens bis zum 31. Dezember des Jahres, das auf das Kalenderjahr folgt, in dem die Energieerzeugnisse verwendet worden sind, beim zuständigen Hauptzollamt gestellt wird. ⁴Erfolgt die Festsetzung der Steuer erst, nachdem die Energieerzeugnisse verwendet worden sind, wird abweichend von Satz 3 die Steuerentlastung gewährt, wenn der Antrag spätestens bis zum 31. Dezember des Jahres gestellt wird, das auf das Kalenderjahr folgt, in dem die Steuer festgesetzt worden ist.*

*(2) ¹Entlastungsabschnitt ist nach Wahl des Antragstellers ein Zeitraum von einem Kalendervierteljahr, einem Kalenderhalbjahr oder einem Kalenderjahr. ²Das Hauptzollamt kann auf Antrag einen Zeitraum von einem Kalendermonat als Entlastungsabschnitt zulassen oder in Einzelfällen die Steuerentlastung unverzüglich gewähren. ³Wird als Entlastungsabschnitt das Kalenderjahr gewählt, ist der Jahresnutzungsgrad der Anlage nachzuweisen. ⁴Wird dagegen ein anderer Entlastungsabschnitt gewählt, ist für jeden Monat des Entlastungsabschnitts der jeweilige Monatsnutzungsgrad nachzuweisen.*

*(3) ¹Bei erstmaliger Antragstellung sind für jede Anlage anzugeben oder dem Antrag beizufügen:*
1. *der Name und die Anschrift des Betreibers sowie Angaben über die erstmalige Inbetriebnahme,*
2. *ihr Standort,*
3. *der Hersteller, der Typ und die Seriennummer,*
4. *Angaben zur elektrischen Nennleistung,*
5. *eine technische Beschreibung mit der Angabe des Durchschnittsverbrauchs je Betriebsstunde,*
6. *eine Beschreibung der installierten und betriebsfähigen Vorrichtungen zur Kraft- und Wärmenutzung,*
7. *eine Darstellung der Mengenermittlung der eingesetzten Energieerzeugnisse,*
8. *Angaben zur Nutzungsgradberechnung der Anlage,*
9. *ein Nachweis der Hocheffizienz nach § 99b,*
10. *Angaben zur Absetzung für Abnutzung der Hauptbestandteile nach § 7 des Einkommensteuergesetzes und*
11. *Angaben zur Verwendung der bezogenen Energieerzeugnisse.*

²*Das Hauptzollamt kann weitere Angaben und Unterlagen verlangen, wenn dies zur Sicherung des Steueraufkommens oder für die Steueraufsicht erforderlich ist.* ³*Bei Anlagen nach § 9 Absatz 1 Satz 3 Nummer 3 oder § 9 Absatz 2 sind die nach den Sätzen 1 und 2 erforderlichen Angaben für jede zur Anlage gehörende KWK-Einheit oder Stromerzeugungseinheit vorzulegen.* ⁴*Der Antragsteller hat Änderungen der nach den Sätzen 1 bis 3 angegebenen Verhältnisse dem Hauptzollamt jeweils mit dem nächsten Antrag auf eine Steuerentlastung mitzuteilen.*

### § 99b Nachweis der Hocheffizienz

*(1)* ¹*Als Nachweis für die Hocheffizienz werden anerkannt:*

1. *vorbehaltlich Satz 2 ein Gutachten, das von einem unabhängigen Sachverständigen nach den allgemein anerkannten Regeln der Technik erstellt wurde,*
2. *für Anlagen mit einer elektrischen Nennleistung bis 50 Kilowatt: eine Kopie der Eingangsbestätigung des Bundesamtes für Wirtschaft und Ausfuhrkontrolle über die Anzeige nach Nummer 2 Buchstabe a oder Buchstabe b der Allgemeinverfügung vom 26. Juli 2012 zur Erteilung der Zulassung für kleine KWK-Anlagen mit einer elektrischen Leistung bis 50 Kilowatt (BAnz AT 6. 8. 2012 B2) oder*
3. *für Anlagen mit einer elektrischen Nennleistung von 50 Kilowatt bis zwei Megawatt: eine Kopie des jeweiligen Zulassungsbescheids des Bundesamtes für Wirtschaft und Ausfuhrkontrolle.*

²*Die Einhaltung der allgemein anerkannten Regeln der Technik wird vermutet, wenn das Sachverständigengutachten auf der Grundlage und nach den Rechenmethoden der Richtlinie 2004/8/EG des Europäischen Parlaments und des Rates vom 11. Februar 2004 über die Förderung einer am Nutzwärmebedarf orientierten Kraft-Wärme-Kopplung im Energiebinnenmarkt und zur Änderung der Richtlinie 92/42/EWG (ABl. L 52 vom 21. 2. 2004, S. 50; L 192 vom 29. 5. 2004, S. 34), die zuletzt durch die Richtlinie 2012/27/EU (ABl. L 315 vom 14. 11. 2012, S. 1) geändert worden ist, in der jeweils geltenden Fassung in Verbindung mit der Entscheidung der Kommission vom 19. November 2008 zur Festlegung detaillierter Leitlinien für die Umsetzung und Anwendung des Anhangs II der Richtlinie 2004/8/EG des Europäischen Parlaments und des Rates (ABl. L 338 vom 17. 12. 2008, S. 55) erstellt worden ist.* ³*Der Antragsteller kann den Nachweis der Hocheffizienz entsprechend den Vorgaben des Anhangs III der Richtlinie 2004/8/EG insbesondere durch die Vorlage von Herstellernachweisen führen, wenn die Angaben von einem sachverständigen Dritten in angemessener Zeit nachvollzogen werden können und die steuerlichen Belange dadurch nicht beeinträchtigt werden.*

*(2)* ¹*Ist der Entlastungsberechtigte im Sinn des § 53a Absatz 4 des Gesetzes nicht zugleich Inhaber eines Nachweises nach Absatz 1, hat er neben dem Nachweis nach Absatz 1 eine Erklärung abzugeben, dass die dem Nachweis zugrunde liegenden technischen Parameter nicht verändert wurden.* ²*Das Hauptzollamt kann vom Inhaber des Nachweises nach Absatz 1 die Auskünfte verlangen, die für die Prüfung der Hocheffizienz der Anlage erforderlich sind.*

### § 99c Betriebsgewöhnliche Nutzungsdauer

*(1)* ¹*Die betriebsgewöhnliche Nutzungsdauer für die Hauptbestandteile einer Anlage entsprechend § 53a Absatz 2 des Gesetzes wird regelmäßig unter Einbeziehung der Erfahrungswerte der steuerlichen Betriebsprüfung nach den §§ 193 ff. der Abgabenordnung beim Vollzug des § 7 des Einkommensteuergesetzes in der Form von Abschreibungstabellen für bestimmte Anlagegüter (AfA-Tabellen) bestimmt.* ²*Diese werden vom Bundesministerium der Finanzen in regelmäßigen Abständen aktualisiert und im Bundessteuerblatt Teil I sowie auf den Internetseiten des Bundesministeriums der Finanzen (www.bundesfinanzministerium.de) bekannt gegeben.* ³*Stellt das Finanzamt ausnahmsweise eine von den AfA-Tabellen abweichende Nutzungsdauer fest, ist diese zugrunde zu legen.* ⁴*Die Steuerentlastung wird nur in dem Umfang und nur für diejenigen Kalendermonate gewährt, für die eine Absetzung für Abnutzung nach § 7 des Einkommensteuergesetzes in Anspruch genommen werden kann.* ⁵*Bei Wechsel des Eigentümers der Anlage gelten die Sätze 1 bis 4 sinngemäß.*

*(2)* ¹*Schreibt der Entlastungsberechtigte die Anlage (§ 9) nach § 7 des Einkommensteuergesetzes nicht selbst und im eigenen Namen ab, hat er den Nachweis zu erbringen, in welchem Umfang die Voraussetzungen nach Absatz 1 gegeben sind.* ²*Das zuständige Hauptzollamt kann von demjenigen, der die Anlage abschreibt, die Auskünfte verlangen, die für die Prüfung der Absetzung für Abnutzung (AfA) der Anlage erforderlich sind.*

*(3) Erfolgt für die Anlage keine Absetzung für Abnutzung nach § 7 des Einkommensteuergesetzes, sind die Absätze 1 und 2 sinngemäß anzuwenden.*

*(4)* ¹*Die Kosten für eine Neuerrichtung der Anlage im Sinn des § 53a Absatz 2 Satz 3 des Gesetzes werden anhand der Marktpreise errechnet, die zum Zeitpunkt der Erneuerung der Hauptbestandteile der ge-*

# § 53a DV § 99c

samten Anlage üblich sind. ²Die Kosten für einen Zubau (§ 9) stehen in diesem Fall den Kosten einer Erneuerung von Hauptbestandteilen der Anlage gleich.

(5) ¹Eine Entlastung wird nur gewährt, soweit die eingesetzten Energieerzeugnisse innerhalb des KWK-Prozesses verwendet worden sind. ²Für Energieerzeugnisse, die in den in § 3 Absatz 4 Satz 2 des Gesetzes genannten technischen Einrichtungen verwendet worden sind, wird keine Steuerentlastung gewährt.

## Einkommensteuergesetz

### § 7 EStG Absetzung für Abnutzung oder Substanzverringerung

(1) ¹Bei Wirtschaftsgütern, deren Verwendung oder Nutzung durch den Steuerpflichtigen zur Erzielung von Einkünften sich erfahrungsgemäß auf einen Zeitraum von mehr als einem Jahr erstreckt, ist jeweils für ein Jahr der Teil der Anschaffungs- oder Herstellungskosten abzusetzen, der bei gleichmäßiger Verteilung dieser Kosten auf die Gesamtdauer der Verwendung oder Nutzung auf ein Jahr entfällt (Absetzung für Abnutzung in gleichen Jahresbeträgen). ²Die Absetzung bemisst sich hierbei nach der betriebsgewöhnlichen Nutzungsdauer des Wirtschaftsguts. ³Als betriebsgewöhnliche Nutzungsdauer des Geschäfts- oder Firmenwerts eines Gewerbebetriebs oder eines Betriebs der Land- und Forstwirtschaft gilt ein Zeitraum von fünfzehn Jahren. ⁴Im Jahr der Anschaffung oder Herstellung des Wirtschaftsguts vermindert sich für dieses Jahr der Absetzungsbetrag nach Satz 1 um jeweils ein Zwölftel für jeden vollen Monat, der dem Monat der Anschaffung oder Herstellung vorangeht. ⁵Bei Wirtschaftsgütern, die nach einer Verwendung zur Erzielung von Einkünften im Sinne des § 2 Abs. 1 Satz 1 Nummer 4 bis 7 in ein Betriebsvermögen eingelegt worden sind, mindert sich der Einlagewert um die Absetzungen für Abnutzung oder Substanzverringerung, Sonderabschreibungen oder erhöhte Absetzungen, die bis zum Zeitpunkt der Einlage vorgenommen worden sind, höchstens jedoch bis zu den fortgeführten Anschaffungs- oder Herstellungskosten; ist der Einlagewert niedriger als dieser Wert, bemisst sich die weitere Absetzung für Abnutzung vom Einlagewert. ⁶Bei beweglichen Wirtschaftsgütern des Anlagevermögens, bei denen es wirtschaftlich begründet ist, die Absetzung für Abnutzung nach Maßgabe der Leistung des Wirtschaftsguts vorzunehmen, kann der Steuerpflichtige dieses Verfahren statt der Absetzung für Abnutzung in gleichen Jahresbeträgen anwenden, wenn er den auf das einzelne Jahr entfallenden Umfang der Leistung nachweist. ⁷Absetzungen für außergewöhnliche technische oder wirtschaftliche Abnutzung sind zulässig; soweit der Grund hierfür in späteren Wirtschaftsjahren entfällt, ist in den Fällen der Gewinnermittlung nach § 4 Abs. 1 oder nach § 5 eine entsprechende Zuschreibung vorzunehmen.

(2) ¹Bei beweglichen Wirtschaftsgütern des Anlagevermögens, die nach dem 31. Dezember 2008 und vor dem 1. Januar 2011 angeschafft oder hergestellt worden sind, kann der Steuerpflichtige statt der Absetzung für Abnutzung in gleichen Jahresbeträgen die Absetzung für Abnutzung in fallenden Jahresbeträgen bemessen. ²Die Absetzung für Abnutzung in fallenden Jahresbeträgen kann nach einem unveränderlichen Prozentsatz vom jeweiligen Buchwert (Restwert) vorgenommen werden; der dabei anzuwendende Prozentsatz darf höchstens das Zweieinhalbfache des bei der Absetzung für Abnutzung in gleichen Jahresbeträgen in Betracht kommenden Prozentsatzes betragen und 25 Prozent nicht übersteigen. ³Absatz 1 Satz 4 und § 7a Abs. 8 gelten entsprechend. ⁴Bei Wirtschaftsgütern, bei denen die Absetzung für Abnutzung in fallenden Jahresbeträgen bemessen wird, sind Absetzungen für außergewöhnliche technische oder wirtschaftliche Abnutzung nicht zulässig.

(3) ¹Der Übergang von der Absetzung für Abnutzung in fallenden Jahresbeträgen zur Absetzung für Abnutzung in gleichen Jahresbeträgen ist zulässig. ²In diesem Fall bemisst sich die Absetzung für Abnutzung vom Zeitpunkt des Übergangs an nach dem dann noch vorhandenen Restwert und der Restnutzungsdauer des einzelnen Wirtschaftsguts. ³Der Übergang von der Absetzung für Abnutzung in gleichen Jahresbeträgen zur Absetzung für Abnutzung in fallenden Jahresbeträgen ist nicht zulässig.

(4) ¹Bei Gebäuden sind abweichend von Absatz 1 als Absetzung für Abnutzung die folgenden Beträge bis zur vollen Absetzung abzuziehen:
1. bei Gebäuden, soweit sie zu einem Betriebsvermögen gehören und nicht Wohnzwecken dienen und für die der Bauantrag nach dem 31. März 1985 gestellt worden ist, jährlich 3 Prozent [alte Fassung: 4 vom Hundert],
2. bei Gebäuden, soweit sie die Voraussetzungen der Nummer 1 nicht erfüllen und die
   a) nach dem 31. Dezember 1924 fertiggestellt worden sind, jährlich 2 Prozent,
   b) vor dem 1. Januar 1925 fertiggestellt worden sind, jährlich 2,5 Prozent

der Anschaffungs- oder Herstellungskosten; Absatz 1 Satz 5 gilt entsprechend. ²Beträgt die tatsächliche Nutzungsdauer eines Gebäudes in den Fällen des Satzes 1 Nr. 1 weniger als 33 Jahre [alte Fassung: 25 Jahre], in den Fällen des Satzes 1 Nr. 2 Buchstabe a weniger als 50 Jahre, in den Fällen des

## § 53a

Satzes 1 Nr. 2 Buchstabe b weniger als 40 Jahre, so können an Stelle der Absetzungen nach Satz 1 die der tatsächlichen Nutzungsdauer entsprechenden Absetzungen für Abnutzung vorgenommen werden. ³Absatz 1 letzter Satz bleibt unberührt. ⁴Bei Gebäuden im Sinne der Nummer 2 rechtfertigt die für Gebäude im Sinne der Nummer 1 geltende Regelung weder die Anwendung des Absatzes 1 letzter Satz noch den Ansatz des niedrigeren Teilwerts (§ 6 Abs. 1 Nr. 1 Satz 2).

(5) ¹Bei Gebäuden, die in einem Mitgliedstaat der Europäischen Union oder einem anderen Staat belegen sind, auf den das Abkommen über den Europäischen Wirtschaftsraum (EWR-Abkommen) angewendet wird, und die vom Steuerpflichtigen hergestellt oder bis zum Ende des Jahres der Fertigstellung angeschafft worden sind, können abweichend von Absatz 4 als Absetzung für Abnutzung die folgenden Beträge abgezogen werden:

1. bei Gebäuden im Sinne des Absatzes 4 Satz 1 Nr. 1, die vom Steuerpflichtigen auf Grund eines vor dem 1. Januar 1994 gestellten Bauantrags hergestellt oder auf Grund eines vor diesem Zeitpunkt rechtswirksam abgeschlossenen obligatorischen Vertrags angeschafft worden sind,
   - im Jahr der Fertigstellung und in den folgenden drei Jahren jeweils 10 Prozent,
   - in den darauffolgenden drei Jahren jeweils 5 Prozent,
   - in den darauf folgenden 18 Jahren jeweils 2,5 Prozent,
2. bei Gebäuden im Sinne des Absatzes 4 Satz 1 Nr. 2, die vom Steuerpflichtigen auf Grund eines vor dem 1. Januar 1995 gestellten Bauantrags hergestellt oder auf Grund eines vor diesem Zeitpunkt rechtswirksam abgeschlossenen obligatorischen Vertrags angeschafft worden sind
   - im Jahr der Fertigstellung und in den folgenden sieben Jahren jeweils 5 Prozent,
   - in den darauf folgenden sechs Jahren jeweils 2,5 Prozent,
   - in den darauf folgenden 36 Jahren jeweils 1,25 Prozent,
3. bei Gebäuden im Sinne des Absatzes 4 Satz 1 Nr. 2, soweit sie Wohnzwecken dienen, die vom Steuerpflichtigen
   a) auf Grund eines nach dem 28. Februar 1989 und vor dem 1. Januar 1996 gestellten Bauantrags hergestellt oder nach dem 28. Februar 1989 auf Grund eines nach dem 28. Februar 1989 und vor dem 1. Januar 1996 rechtswirksam abgeschlossenen obligatorischen Vertrags angeschafft worden sind,
      - im Jahr der Fertigstellung und in den folgenden drei Jahren jeweils 7 Prozent,
      - in den darauffolgenden sechs Jahren jeweils 5 Prozent,
      - in den darauffolgenden sechs Jahren jeweils 2 Prozent,
      - in den darauffolgenden 24 Jahren jeweils 1,25 Prozent,
   b) auf Grund eines nach dem 31. Dezember 1995 und vor dem 1. Januar 2004 gestellten Bauantrags hergestellt oder auf Grund eines nach dem 31. Dezember 1995 und vor dem 1. Januar 2004 rechtswirksam abgeschlossenen obligatorischen Vertrags angeschafft worden sind,
      - im Jahr der Fertigstellung und in den folgenden 7 Jahren jeweils 5 Prozent,
      - in den darauf folgenden 6 Jahren jeweils 2,5 Prozent,
      - in den darauf folgenden 36 Jahren jeweils 1,25 Prozent
   c) auf Grund eines nach dem 31. Dezember 2003 und vor dem 1. Januar 2006 gestellten Bauantrags hergestellt oder auf Grund eines nach dem 31. Dezember 2003 und vor dem 1. Januar 2006 rechtswirksam abgeschlossenen obligatorischen Vertrags angeschafft worden sind,
      - im Jahr der Fertigstellung und in den folgenden 9 Jahren jeweils 4 Prozent,
      - in den darauf folgenden 8 Jahren jeweils 2,5 Prozent,
      - in den darauf folgenden 32 Jahren jeweils 1,25 Prozent.

der Anschaffungs- oder Herstellungskosten. ²Im Fall der Anschaffung kann Satz 1 nur angewendet werden, wenn der Hersteller für das veräußerte Gebäude weder Absetzungen für Abnutzung nach Satz 1 vorgenommen noch erhöhte Absetzungen oder Sonderabschreibungen in Anspruch genommen hat. ³Absatz 1 Satz 4 gilt nicht.

(5a) Die Absätze 4 und 5 sind auf Gebäudeteile, die selbständige unbewegliche Wirtschaftsgüter sind, sowie auf Eigentumswohnungen und auf im Teileigentum stehende Räume entsprechend anzuwenden.

(6) Bei Bergbauunternehmen, Steinbrüchen und anderen Betrieben, die einen Verbrauch der Substanz mit sich bringen, ist Absatz 1 entsprechend anzuwenden; dabei sind Absetzungen nach Maßgabe des Substanzverzehrs zulässig (Absetzung für Substanzverringerung).

## § 53a

### Verwaltungsregelungen zu § 53a EnergieStG

| Datum | Anlage | Quelle | Inhalt |
|---|---|---|---|
| 11.02.2004 | § 053a-01 | EU | Anhang III der Richtlinie 2004/8/EG Verfahren zur Bestimmung der Effizienz des KWK-Prozesses |
| 21.12.2006 | § 053a-02 | EU | Entscheidung der Kommission zur Festlegung harmonisierter Wirkungsgrad-Referenzwerte für die getrennte Erzeugung von Strom und Wärme in Anwendung der Richtlinie 2004/8/EG des Europäischen Parlaments und des Rates |
| 11.03.2009 | § 053a-03 | EU | Durchführungsbeschluss der Kommission zur Festlegung harmonisierter Wirkungsgrad-Referenzwerte für die getrennte Erzeugung von Strom und Wärme in Anwendung der Richtlinie 2004/8/EG des Europäischen Parlaments und des Rates und zur Aufbehebung der Entscheidung 2007/74/EG der Kommission |
| 11.03.2009 | § 053a-04 | EU | Verordnung EG Nr. 219/2009/EG zur Anpassung einiger Rechtsakte, für die das Verfahren des Artikels 251 des Vertrags gilt, an den Beschluss 1999/468/EG des Rates in Bezug auf das Regelungsverfahren mit Kontrolle Anpassung an das Regelungsverfahren mit Kontrolle Zweiter Teil |

## § 53b

**§ 53b**[1] **Teilweise Steuerentlastung für die gekoppelte Erzeugung von Kraft und Wärme**

(1) Eine teilweise Steuerentlastung wird auf Antrag gewährt für Energieerzeugnisse, die nachweislich nach § 2 Absatz 1 Nummer 9 und 10, Absatz 3 Satz 1 oder Absatz 4a versteuert worden sind und die zur gekoppelten Erzeugung von Kraft und Wärme in ortsfesten Anlagen mit einem Monats- oder Jahresnutzungsgrad von mindestens 70 Prozent verheizt worden sind.

(2) ¹Die Steuerentlastung nach Absatz 1 beträgt

1. für 1 000 l nach § 2 Absatz 3 Satz 1 Nummer 1 oder Nummer 3 versteuerte Energieerzeugnisse 40,35 EUR,
2. für 1 000 kg nach § 2 Absatz 3 Satz 1 Nummer 2 versteuerte Energieerzeugnisse 10,00 EUR,
3. für 1 MWh nach § 2 Absatz 3 Satz 1 Nummer 4 versteuerte Energieerzeugnisse 4,42 EUR,
4. für 1 000 kg nach § 2 Absatz 3 Satz 1 Nummer 5 versteuerte Energieerzeugnisse 60,60 EUR.

²Eine weitere Steuerentlastung kann für diese Energieerzeugnisse nicht gewährt werden.

(3) Werden im Fall des Absatzes 1 die Energieerzeugnisse von einem Unternehmen des Produzierenden Gewerbes im Sinn des § 2 Nummer 3 des Stromsteuergesetzes oder von einem Unternehmen der Land- und Forstwirtschaft im Sinn des § 2 Nummer 5 des Stromsteuergesetzes zu betrieblichen Zwecken verheizt, gilt Absatz 2 mit der Maßgabe, dass die Steuerentlastung

1. für 1 GJ nach § 2 Absatz 1 Nummer 9, 10 oder Absatz 4a versteuerte Energieerzeugnisse 0,16 EUR,
2. für 1 MWh nach § 2 Absatz 3 Satz 1 Nummer 4 versteuerte Energieerzeugnisse 4,96 EUR,

beträgt.

(4) Eine teilweise Steuerentlastung wird auf Antrag gewährt für Energieerzeugnisse, die nachweislich nach § 2 Absatz 1 Nummer 9 und 10, Absatz 3 Satz 1 oder Absatz 4a versteuert worden sind und die zum Antrieb von Gasturbinen und Verbrennungsmotoren in begünstigten Anlagen zur gekoppelten Erzeugung von Kraft und Wärme nach § 3 mit einem Monats- oder Jahresnutzungsgrad von mindestens 70 Prozent verwendet worden sind.

(5) ¹Die Steuerentlastung nach Absatz 4 beträgt

1. für 1 000 l nach § 2 Absatz 3 Satz 1 Nummer 1 oder Nummer 3 versteuerte Energieerzeugnisse 40,35 EUR,
2. für 1 000 kg nach § 2 Absatz 3 Satz 1 Nummer 2 versteuerte Energieerzeugnisse 10,00 EUR,
3. für 1 MWh nach § 2 Absatz 3 Satz 1 Nummer 4 versteuerte Energieerzeugnisse 4,42 EUR,
4. für 1 000 kg nach § 2 Absatz 3 Satz 1 Nummer 5 versteuerte Energieerzeugnisse 19,60 EUR,
5. für 1 GJ nach § 2 Absatz 1 Nummer 9, 10 oder Absatz 4a versteuerte Energieerzeugnisse 0,16 EUR.

²Eine weitere Steuerentlastung kann für diese Energieerzeugnisse nicht gewährt werden.

(6) Entlastungsberechtigt ist derjenige, der die Energieerzeugnisse zur gekoppelten Erzeugung von Kraft und Wärme verwendet hat.

(7) Die Steuerentlastung nach den Absätzen 1 und 4 wird nur für den Monat oder das Jahr gewährt, in dem der dort genannte Nutzungsgrad nachweislich erreicht wurde.

(8) ¹Die Steuerentlastung nach den Absätzen 1 und 4 wird gewährt nach Maßgabe und bis zum Auslaufen der hierfür erforderlichen Freistellungsanzeige bei der Europäischen Kom-

---

1) § 53b eingef. durch G v. 5.12.2012 (BGBl. I S. 2436). Gem. Art. 4 Abs. 2 des G v. 5.12.2012 (BGBl. I S. 2436) tritt Art. 1 Nr. 1 Buchst. b und Nr. 13 (§§ 53 und 53b) am Tag nach der Verkündung dieses Gesetzes in Kraft, anwendbar bereits ab 1. April 2012. Geltungszeitraum: ab 12.12.2012.

§ 53b  DV § 99d

mission nach der Verordnung (EG) Nr. 800/2008. ²Das Auslaufen der Freistellungsanzeige wird vom Bundesministerium der Finanzen im Bundesgesetzblatt gesondert bekannt gegeben.

*Energiesteuer-Durchführungsverordnung*

Zu § 53b des Gesetzes

**§ 99d Teilweise Steuerentlastung für die gekoppelte Erzeugung von Kraft und Wärme**

*(1) ¹Die Steuerentlastung nach § 53b des Gesetzes ist für jede Anlage (§ 9) bei dem für den Antragsteller zuständigen Hauptzollamt mit einer Anmeldung nach amtlich vorgeschriebenem Vordruck für alle Energieerzeugnisse zu beantragen, die innerhalb eines Entlastungsabschnitts verwendet worden sind. ²Der Antragsteller hat in der Anmeldung alle für die Bemessung der Steuerentlastung erforderlichen Angaben zu machen und die Steuerentlastung selbst zu berechnen. ³Die Steuerentlastung wird nur gewährt, wenn der Antrag spätestens bis zum 31. Dezember des Jahres, das auf das Kalenderjahr folgt, in dem die Energieerzeugnisse verwendet worden sind, beim zuständigen Hauptzollamt gestellt wird. ⁴Erfolgt die Festsetzung der Steuer erst, nachdem die Energieerzeugnisse verwendet worden sind, wird abweichend von Satz 3 die Steuerentlastung gewährt, wenn der Antrag spätestens bis zum 31. Dezember des Jahres gestellt wird, das auf das Kalenderjahr folgt, in dem die Steuer festgesetzt worden ist.*

*(2) ¹Entlastungsabschnitt im Fall des § 53b Absatz 1 des Gesetzes in Verbindung mit § 53b Absatz 2 des Gesetzes und im Fall des § 53b Absatz 4 des Gesetzes ist nach Wahl des Antragstellers ein Zeitraum von einem Kalendervierteljahr, einem Kalenderhalbjahr oder einem Kalenderjahr. ²Das Hauptzollamt kann auf Antrag einen Zeitraum von einem Kalendermonat als Entlastungsabschnitt zulassen. ³Wird als Entlastungsabschnitt das Kalenderjahr gewählt, ist der Jahresnutzungsgrad nachzuweisen. ⁴Wird dagegen ein anderer Entlastungsabschnitt gewählt, ist für jeden Monat des Entlastungsabschnitts der jeweilige Monatsnutzungsgrad nachzuweisen.*

*(3) ¹Entlastungsabschnitt im Fall des § 53b Absatz 1 des Gesetzes in Verbindung mit § 53b Absatz 3 des Gesetzes ist das Kalenderjahr. ²Bestimmt sich der maßgebende Zeitraum für die Zuordnung eines Unternehmens zum Produzierenden Gewerbe oder zur Land- und Forstwirtschaft nach § 15 Absatz 3 Satz 1 der Stromsteuer-Durchführungsverordnung, kann der Antragsteller abweichend von Satz 1 das Kalendervierteljahr oder das Kalenderhalbjahr als Entlastungsabschnitt wählen. ³Das Hauptzollamt kann im Fall des Satzes 2 auf Antrag auch einen Zeitraum von einem Kalendermonat als Entlastungsabschnitt zulassen. ⁴Wird als Entlastungsabschnitt das Kalenderjahr gewählt, ist der Jahresnutzungsgrad nachzuweisen. ⁵Wird dagegen ein anderer Entlastungsabschnitt gewählt, ist für jeden Monat des Entlastungsabschnitts der jeweilige Monatsnutzungsgrad nachzuweisen.*

*(4) ¹Bei erstmaliger Antragstellung nach § 53b Absatz 1 und 4 des Gesetzes sind für jede Anlage anzugeben oder dem Antrag beizufügen:*

1. *der Name und die Anschrift des Betreibers sowie Angaben über die erstmalige Inbetriebnahme,*
2. *ihr Standort,*
3. *der Hersteller, der Typ und die Seriennummer,*
4. *Angaben zur elektrischen Nennleistung,*
5. *eine technische Beschreibung mit der Angabe des Durchschnittsverbrauchs je Betriebsstunde,*
6. *eine Beschreibung der installierten und betriebsfähigen Vorrichtungen zur Kraft- und Wärmenutzung,*
7. *eine Darstellung der Mengenermittlung der eingesetzten Energieerzeugnisse,*
8. *Angaben zur Nutzungsgradberechnung der Anlage und*
9. *Angaben zur Verwendung der bezogenen Energieerzeugnisse.*

*²Das Hauptzollamt kann weitere Angaben und Unterlagen verlangen, wenn dies zur Sicherung des Steueraufkommens oder für die Steueraufsicht erforderlich ist. ³Bei Anlagen nach § 9 Absatz 1 Satz 3 Nummer 3 oder § 9 Absatz 2 sind die nach den Sätzen 1 und 2 erforderlichen Angaben für jede zur Anlage gehörende KWK-Einheit oder Stromerzeugungseinheit vorzulegen. ⁴Der Antragsteller hat Änderungen der nach den Sätzen 1 bis 3 angegebenen Verhältnisse dem Hauptzollamt mit dem nächsten Antrag mitzuteilen.*

*(5) ¹Im Fall einer Steuerentlastung nach § 53b Absatz 1 des Gesetzes in Verbindung mit § 53b Absatz 3 des Gesetzes hat der Antragsteller dem Antrag eine Beschreibung der wirtschaftlichen Tätigkeiten für den maßgebenden Zeitraum nach amtlich vorgeschriebenem Vordruck beizufügen, es sei denn, die Be-*

*schreibung liegt dem Hauptzollamt für den maßgebenden Zeitraum bereits vor.* ²*Die Beschreibung muss es dem Hauptzollamt ermöglichen zu prüfen, ob die Energieerzeugnisse durch ein Unternehmen des Produzierenden Gewerbes oder der Land- und Forstwirtschaft im Sinn des § 53b Absatz 3 des Gesetzes verwendet worden sind.*

(6) ¹*Eine Entlastung wird nur gewährt, soweit die eingesetzten Energieerzeugnisse innerhalb des KWK-Prozesses verwendet worden sind.* ²*Für Energieerzeugnisse, die in den in § 3 Absatz 4 Satz 2 des Gesetzes genannten technischen Einrichtungen verwendet worden sind, wird keine Steuerentlastung gewährt.*

## § 54 Steuerentlastung für Unternehmen

§ 54[1)] Steuerentlastung für Unternehmen

(1) [1]Eine Steuerentlastung wird auf Antrag gewährt für Energieerzeugnisse, die nachweislich nach § 2 Absatz 3 Satz 1 Nummer 1, 3 bis 5 versteuert worden sind und von einem Unternehmen des Produzierenden Gewerbes im Sinne des § 2 Nr. 3 des Stromsteuergesetzes oder von einem Unternehmen der Land- und Forstwirtschaft im Sinne des § 2 Nr. 5 des Stromsteuergesetzes zu betrieblichen Zwecken verheizt oder in begünstigten Anlagen nach § 3 verwendet worden sind. [2]Eine Steuerentlastung für Energieerzeugnisse, die zur Erzeugung von Wärme verwendet worden sind, wird jedoch nur gewährt, soweit die erzeugte Wärme nachweislich durch ein Unternehmen des Produzierenden Gewerbes oder ein Unternehmen der Land- und Forstwirtschaft genutzt worden ist.

(2) Die Steuerentlastung beträgt

1. für 1 000 l nach § 2 Absatz 3 Satz 1 Nummer 1 oder Nummer 3 versteuerte Energieerzeugnisse 15,34 EUR,
2. für 1 MWh nach § 2 Absatz 3 Satz 1 Nummer 4 versteuerte Energieerzeugnisse 1,38 EUR,
3. für 1 000 kg nach § 2 Absatz 3 Satz 1 Nummer 5 versteuerte Energieerzeugnisse 15,15 EUR.

(3) Eine Steuerentlastung wird nur gewährt, soweit der Entlastungsbetrag nach Absatz 2 im Kalenderjahr den Betrag von 250 Euro übersteigt.

(4) Entlastungsberechtigt ist derjenige, der die Energieerzeugnisse verwendet hat.

*EU-Vorgaben*

RL 2003/96/EG Energiesteuerrichtlinie (Auszug)
Artikel 5
Die Mitgliedstaaten können unter Steueraufsicht gestaffelte Steuersätze anwenden, soweit diese die in dieser Richtlinie vorgesehenen Mindeststeuerbeträge nicht unterschreiten und mit dem Gemeinschaftsrecht vereinbar sind, und zwar in den folgenden Fällen:
– Es besteht ein direkter Zusammenhang zwischen den gestaffelten Steuersätzen und der Qualität der Erzeugnisse;
– die gestaffelten Steuersätze richten sich nach dem Verbrauch an elektrischem Strom und sonstigen Energieerzeugnissen, die als Heizstoff verwendet werden;
– die Steuersätze gelten für den öffentlichen Personennahverkehr (einschließlich Taxis), die Müllabfuhr, die Streitkräfte und öffentliche Verwaltung, Menschen mit Behinderung oder Krankenwagen.
– es wird bei den in den Artikeln 9 und 10 genannten Energieerzeugnissen
bzw. dem elektrischen Strom zwischen betrieblicher und nicht betrieblicher Verwendung unterschieden.

**Tabelle C – Mindeststeuerbeträge für Heizstoffe und elektrischen Strom**

| | Betriebliche Verwendung | Nichtbetriebliche Verwendung |
|---|---|---|
| Gasöl (in EUR je 1 000 l) KN-Codes 2710 19 41 bis 2710 19 49 | 21 | 21 |
| Schweres Heizöl (in EUR je 1 000 kg) KN-Codes 2710 19 61 bis 2710 19 69 | 15 | 15 |
| Kerosin (in EUR je 1 000 l) KN-Codes 2710 19 21 und 2710 19 25 | 0 | 0 |

---
1) § 54 Abs. 2 Nr. 1–3 geänd. mWv 1.1.2007 durch G v. 18.12.2006 (BGBl. I S. 3180) iVm Bek v. 16.7.2007 (BGBl. I S. 1407); Abs. 2 Satz 2 angef. mWv 1.4.2010 durch G v. 15.7.2009 (BGBl. I S. 1870); Abs. 1 geänd. mWv 22.7.2009 durch G v. 15.7.2009 (BGBl. I S. 1870) iVm Bek. v. 28.9.2009 (BGBl. I S. 3177); Abs. 1 Satz 2 angef., Abs. 2 neu gef., Abs. 3 geänd. mWv 1. 1. 2011 durch G v. 9.12.2010 (BGBl. I S. 1885); Abs. 1 Satz 1 geänd., Abs. 2 Nr. 3 geänd., Nr. 4 aufgeh. mWv 1. 1. 2011 durch G v. 1.3.2011 (BGBl. I S. 282).

| | Betriebliche Verwendung | Nichtbetriebliche Verwendung |
|---|---|---|
| Flüssiggas (in EUR je 1 000 kg) KN-Codes 2711 12 11 bis 2711 19 00 | 0 | 0 |
| Erdgas (in EUR je Gigajoule/Bruttoheizwert) KN-Codes 2711 11 00 und 2711 21 00 | 0,15 | 0,3 |
| Kohle und Koks (in EUR je Gigajoule/Bruttoheizwert) KN-Codes 2701, 2702 und 2704 | 0,15 | 0,3 |
| Elektrischer Strom (in EUR je MWh) KN-Code 2716 | 0,5 | 1,0 |

## Energiesteuer-Durchführungsverordnung
### Zu § 54 des Gesetzes

### § 100 Steuerentlastung für Unternehmen

*(1)*[1] *¹Die Steuerentlastung nach § 54 des Gesetzes ist bei dem für den Antragsteller zuständigen Hauptzollamt mit einer Anmeldung nach amtlich vorgeschriebenem Vordruck für alle Energieerzeugnisse zu beantragen, die innerhalb eines Entlastungsabschnitts verwendet worden sind. ²Der Antragsteller hat in der Anmeldung alle für die Bemessung der Steuerentlastung erforderlichen Angaben zu machen und die Steuerentlastung selbst zu berechnen. ³Die Steuerentlastung wird nur gewährt, wenn der Antrag spätestens bis zum 31. Dezember des Jahres, das auf das Kalenderjahr folgt, in dem die Energieerzeugnisse verwendet worden sind, beim Hauptzollamt gestellt wird. ⁴Erfolgt die Festsetzung der Steuer erst, nachdem die Energieerzeugnisse verwendet worden sind, wird abweichend von Satz 3 die Steuerentlastung gewährt, wenn der Antrag spätestens bis zum 31. Dezember des Jahres gestellt wird, das auf das Kalenderjahr folgt, in dem die Steuer festgesetzt worden ist.*

*(2)*[2] *¹Entlastungsabschnitt ist das Kalenderjahr. ²Bestimmt sich der maßgebende Zeitraum für die Zuordnung eines Unternehmens zum Produzierenden Gewerbe oder zur Land- und Forstwirtschaft nach § 15 Absatz 3 Satz 1 der Stromsteuer-Durchführungsverordnung, kann der Antragsteller abweichend von Satz 1 das Kalendervierteljahr oder das Kalenderhalbjahr als Entlastungsabschnitt wählen. ³Das Hauptzollamt kann im Fall des Satzes 2 auf Antrag auch den Kalendermonat als Entlastungsabschnitt zulassen. ⁴Eine Steuerentlastung wird in den Fällen der Sätze 2 und 3 jedoch nur gewährt, wenn der Entlastungsbetrag den Betrag nach § 54 Absatz 3 des Gesetzes bereits im jeweils ersten Entlastungsabschnitt eines Kalenderjahres überschreitet.*

*(3)*[3] *¹Der Antragsteller hat dem Antrag eine Beschreibung seiner wirtschaftlichen Tätigkeiten im maßgebenden Zeitraum gemäß § 15 Absatz 3 der Stromsteuer-Durchführungsverordnung nach amtlich vorgeschriebenem Vordruck beizufügen, es sei denn, die Beschreibung liegt dem Hauptzollamt bereits vor. ²Die Beschreibung muss es dem Hauptzollamt ermöglichen zu prüfen, ob die Energieerzeugnisse durch ein Unternehmen im Sinn des § 2 Nummer 3 oder Nummer 5 des Stromsteuergesetzes verwendet worden sind.*

*(4)*[4] *Eine Schätzung der jeweils selbst oder von einem anderen Unternehmen (§ 100a) des Produzierenden Gewerbes oder der Land- und Forstwirtschaft verwendeten Wärmemengen und der für die Erzeugung der Wärme verbrauchten Energieerzeugnisse ist zulässig, soweit*
1. *eine genaue Ermittlung der Mengen nur mit unvertretbarem Aufwand möglich wäre und*
2. *die Schätzung nach allgemein anerkannten Regeln der Technik erfolgt und für nicht sachverständige Dritte jederzeit nachprüf- und nachvollziehbar ist.*

*(5)*[5] *Der Antragsteller hat einen buchmäßigen Nachweis zu führen, aus dem sich für den jeweiligen Entlastungsabschnitt ergeben müssen:*

---
1) § 100 Abs. 1 Satz 1 neu gef. mWv 1.4.2010 durch VO v. 5.10.2009 (BGBl. I S. 3262); Abs. 1 Satz 3 geänd., Satz 4 angef. mWv 30.9.2011 durch VO v. 20.9.2011 (BGBl. I S. 1890).
2) § 100 Abs. 2–4 neu gef., Abs. 5 angef. mWv 30.9.2011 durch VO v. 20.9.2011 (BGBl. I S. 1890).
3) § 100 Abs. 2–4 neu gef., Abs. 5 angef. mWv 30.9.2011 durch VO v. 20.9.2011 (BGBl. I S. 1890).
4) § 100 Abs. 2–4 neu gef., Abs. 5 angef. mWv 30.9.2011 durch VO v. 20.9.2011 (BGBl. I S. 1890).
5) § 100 Abs. 2–4 neu gef., Abs. 5 angef. mWv 30.9.2011 durch VO v. 20.9.2011 (BGBl. I S. 1890).

1. die Art, die Menge, die Herkunft und der genaue Verwendungszweck der verbrauchten Energieerzeugnisse,
2. soweit die erzeugte Wärme durch ein anderes Unternehmen des Produzierenden Gewerbes oder der Land- und Forstwirtschaft verwendet worden ist (§ 100a):
    a) der Name und die Anschrift dieses anderen Unternehmens sowie
    b) die Wärmemengen, die durch dieses andere Unternehmen jeweils verwendet worden sind, sowie die Menge der für die Erzeugung der Wärme jeweils verbrauchten Energieerzeugnisse.

### § 100a[1]) Verwendung von Wärme durch andere Unternehmen

(1) ¹Soweit eine Steuerentlastung für die Erzeugung von Wärme, die durch ein anderes Unternehmen des Produzierenden Gewerbes oder der Land- und Forstwirtschaft im Sinn des § 2 Nummer 3 oder Nummer 5 des Stromsteuergesetzes verwendet worden ist, beantragt wird, sind dem Antrag nach § 100 Absatz 1 zusätzlich beizufügen:
1. für jedes die Wärme verwendende andere Unternehmen des Produzierenden Gewerbes oder der Land- und Forstwirtschaft eine Selbsterklärung dieses anderen Unternehmens nach Absatz 2 und
2. eine Aufstellung, in der die für die Wärmeerzeugung verwendeten Energieerzeugnisse diesen anderen Unternehmen jeweils zugeordnet werden.

²Die Vorlage einer Selbsterklärung nach Satz 1 Nummer 1 ist nicht erforderlich, wenn diese dem zuständigen Hauptzollamt für das Kalenderjahr, für das die Steuerentlastung beantragt wird, bereits vorliegt.

(2) ¹Die Selbsterklärung ist gemäß Satz 2 und 3 nach amtlich vorgeschriebenem Vordruck abzugeben. ²Darin hat das andere Unternehmen des Produzierenden Gewerbes oder der Land- und Forstwirtschaft insbesondere seine wirtschaftlichen Tätigkeiten im maßgebenden Zeitraum zu beschreiben. ³§ 100 Absatz 3 Satz 2 gilt entsprechend. ⁴Auf die Beschreibung der wirtschaftlichen Tätigkeiten wird verzichtet, wenn dem für das andere Unternehmen des Produzierenden Gewerbes oder der Land- und Forstwirtschaft zuständigen Hauptzollamt eine Beschreibung der wirtschaftlichen Tätigkeiten für den maßgebenden Zeitraum bereits vorliegt. ⁵Die Selbsterklärung gilt als Steuererklärung im Sinn der Abgabenordnung.

(3) ¹Der Antragsteller hat sich die von einem anderen Unternehmen des Produzierenden Gewerbes oder der Land- und Forstwirtschaft jeweils verwendeten Wärmemengen bestätigen zu lassen. ²Soweit die jeweils bezogene Wärmemenge von einem anderen Unternehmen des Produzierenden Gewerbes oder der Land- und Forstwirtschaft vollständig selbst verwendet worden ist, reicht eine Bestätigung des anderen Unternehmens über die vollständige Verwendung der Wärme ohne Angabe der Menge aus. ³Die vollständige oder anteilige Nutzung durch ein anderes Unternehmen des Produzierenden Gewerbes oder der Land- und Forstwirtschaft muss sich eindeutig und leicht nachprüfbar aus den bei dem Antragsteller vorhandenen Belegen ergeben. ⁴Der Antragsteller nimmt die Bestätigungen zu seinen steuerlichen Aufzeichnungen.

(4) ¹Wer eine Bestätigung nach Absatz 3 ausstellt, hat gemäß Satz 2 Aufzeichnungen zu führen, aus denen sich die insgesamt bezogenen, die selbst verwendeten und die an Dritte abgegebenen Wärmemengen herleiten lassen. ²Die Aufzeichnungen müssen so beschaffen sein, dass es einem sachverständigen Dritten innerhalb einer angemessenen Frist möglich ist, die Aufzeichnungen zu prüfen. ³§ 100 Absatz 4 gilt entsprechend. ⁴Das andere Unternehmen unterliegt im Entlastungsverfahren der Steueraufsicht nach § 209 Absatz 3 der Abgabenordnung.

(5) Vom Antragsteller erzeugte Wärme gilt nicht als durch ein anderes Unternehmen verwendet, wenn
1. dieses andere Unternehmen die Wärme im Betrieb des Antragstellers verwendet,
2. solche Wärme üblicherweise nicht gesondert abgerechnet wird und
3. der Empfänger der unter Verwendung der Wärme erbrachten Leistungen der Antragsteller ist.

---
1) § 100a eingef. mWv 30.9.2011 durch VO v. 20.9.2011 (BGBl. I S. 1890).

## § 55

**§ 55**[1)2)] **Steuerentlastung für Unternehmen in Sonderfällen**

(1) ¹Eine Steuerentlastung wird auf Antrag gewährt für Energieerzeugnisse, die nachweislich nach § 2 Absatz 3 Satz 1 Nummer 1, 3 bis 5 versteuert worden sind und die von einem Unternehmen des Produzierenden Gewerbes im Sinne des § 2 Nr. 3 des Stromsteuergesetzes zu betrieblichen Zwecken verheizt oder in begünstigten Anlagen nach § 3 verwendet worden sind. ²Eine Steuerentlastung für Energieerzeugnisse, die zur Erzeugung von Wärme verwendet worden sind, wird jedoch nur gewährt, soweit die erzeugte Wärme nachweislich durch ein Unternehmen des Produzierenden Gewerbes genutzt worden ist.

(1a) (weggefallen)

(2) ¹Die Steuerentlastung beträgt für ein Kalenderjahr 90 Prozent des Steueranteils nach Absatz 3, jedoch höchstens 90 Prozent des Betrags, um den die Summe aus dem Steueranteil nach Absatz 3 und der Stromsteuer nach § 10 Absatz 1 Satz 1 bis 4 des Stromsteuergesetzes im Kalenderjahr den Unterschiedsbetrag übersteigt zwischen

1. dem Arbeitgeberanteil an den Rentenversicherungsbeiträgen, der sich für das Unternehmen errechnet, wenn in dem Kalenderjahr, für das der Antrag gestellt wird (Antragsjahr), der Beitragssatz in der allgemeinen Rentenversicherung 20,3 Prozent und in der knappschaftlichen Rentenversicherung 26,9 Prozent betragen hätte, und

2. dem Arbeitgeberanteil an den Rentenversicherungsbeiträgen, der sich für das Unternehmen errechnet, wenn im Antragsjahr der Beitragssatz in der allgemeinen Rentenversicherung 19,5 Prozent und in der knappschaftlichen Rentenversicherung 25,9 Prozent betragen hätte.

²Sind die Beitragssätze in der Rentenversicherung im Antragsjahr niedriger als die in Satz 1 Nr. 2 genannten Beitragssätze, so sind die niedrigeren Beitragssätze für die Berechnung des Arbeitgeberanteils nach Satz 1 Nr. 2 maßgebend.

(3) Der Steueranteil (Absatz 2) beträgt

1. für 1 MWh nach § 2 Absatz 3 Satz 1 Nummer 4 versteuerte Energieerzeugnisse
 2,28 EUR,

2. für 1 000 kg nach § 2 Absatz 3 Satz 1 Nummer 5 versteuerte Energieerzeugnisse
 19,89 EUR,

3. für 1 000 l nach § 2 Absatz 3 Satz 1 Nummer 1 oder Nummer 3 versteuerte Energieerzeugnisse
 5,11 EUR,

vermindert um 750 Euro.

(4) ¹Eine Steuerentlastung nach den Absätzen 1 und 2 wird gewährt, wenn

1. das Unternehmen für das Antragsjahr nachweist, dass es

 a) ein Energiemanagementsystem betrieben hat, das den Anforderungen der DIN EN ISO 50001, Ausgabe Dezember 2011, entspricht, oder

 b) eine registrierte Organisation nach Artikel 13 der Verordnung (EG) Nr. 1221/2009 des Europäischen Parlaments und des Rates vom 25. November 2009 über die freiwillige Teilnahme von Organisationen an einem Gemeinschaftssystem für Umweltmanagement und Umweltbetriebsprüfung und zur Aufhebung der Verordnung (EG) Nr. 61/

---

1) § 55 neu gef. mWv 1.1.2007 durch G v. 18.12.2006 (BGBl. I S. 3180) iVm Bek. v. 16.7.2007 (BGBl. I S. 1407); Abs. 1 geänd., Abs. 1a eingef., Abs. 2 Satz 3, Abs. 3 Nr. 3 angef. mWv 25.12.2008 durch G v. 19.12.2008 (BGBl. I S. 2794); Abs. 3 Satz 2 angef. mWv 1.4.2010 durch G. v. 15.7.2009 (BGBl. I S. 1870); Abs. 1 geänd. mWv 22.7.2009 durch G v. 15.7.2009 (BGBl. I S. 1870) iVm Bek. v. 28.9.2009 (BGBl. I S. 3177); Abs. 2 Satz 3 geänd. mWv 22. 7. 2009 durch G v. 15.7.2009 (BGBl. I S. 1870); Abs. 1 Satz 2 angef., Abs. 2 Satz 1 einl. Satzteil geänd., Abs. 3 neu gef. mWv 1.1.2011 durch G v. 9.12.2010 (BGBl. I S. 1885); Abs. 1 Satz 1 geänd., Abs. 3 Nr. 4 aufgeh. mWv 1.1.2011 durch G v. 1.3.2011 (BGBl. I S. 282); Abs. 1a, Abs. 2 Satz 3 aufgeh., Abs. 4–9 eingef., bish. Abs. 4 wird Abs. 10 mWv 1.1.2013 durch G v. 5.12.2012 (BGBl. I S. 2436) iVm Bek. v. 19.12.2012 (BGBl. I S. 2725).

2) Gem. der Bek. v. 1.12.2011 (BGBl. I S. 2423) wird nach § 55 Absatz 1a Satz 2 Nummer 2 Buchstabe c des Energiesteuergesetzes v. 15. Juli 2006 (BGBl. I S. 1534; 2008 I S. 660, 838, 1007) bekannt gemacht, dass die Bundesregierung die nach § 55 Absatz 1a Satz 2 Nummer 3 Buchstabe b des Energiesteuergesetzes erforderliche Feststellung am 30. November 2011 getroffen hat und dass die Steuerentlastung nach § 55 des Energiesteuergesetzes damit bis zum 31. Dezember 2012 gewährt wird.

## § 55

2001, sowie der Beschlüsse der Kommission 2001/691/EG und 2006/193/EG (ABl. L 342 vom 22.12.2009, S. 1) ist, und

2. die Bundesregierung

   a) festgestellt hat, dass mindestens der nach der Anlage zu § 55 für das Antragsjahr vorgesehene Zielwert für eine Reduzierung der Energieintensität erreicht wurde; die Feststellung erfolgt auf der Grundlage des Berichts, den ein unabhängiges wissenschaftliches Institut im Rahmen des Monitorings nach der Vereinbarung zwischen der Regierung der Bundesrepublik Deutschland und der deutschen Wirtschaft zur Steigerung der Energieeffizienz vom 1. August 2012 (BAnz AT 16.10.2012 B1) erstellt hat, sowie

   b) die Feststellung nach Buchstabe a im Bundesgesetzblatt bekannt gemacht hat.

²Kleine und mittlere Unternehmen können anstelle der in Satz 1 Nummer 1 genannten Energie- und Umweltmanagementsysteme alternative Systeme zur Verbesserung der Energieeffizienz betreiben, die den Anforderungen der DIN EN 16247-1, Ausgabe Oktober 2012, entsprechen; kleine und mittlere Unternehmen sind solche im Sinn der Empfehlung 2003/361/EG der Kommission vom 6. Mai 2003 betreffend die Definition der Kleinstunternehmen sowie der kleinen und mittleren Unternehmen (ABl. L 124 vom 20.5.2003, S. 36) in der jeweils geltenden Fassung.

(5) ¹Abweichend von Absatz 4 wird die Steuerentlastung gewährt

1. für die Antragsjahre 2013 und 2014, wenn das Unternehmen nachweist, dass es im Antragsjahr oder früher begonnen hat, ein Energiemanagementsystem nach Absatz 4 Satz 1 Nummer 1 Buchstabe a oder ein Umweltmanagementsystem nach Absatz 4 Satz 1 Nummer 1 Buchstabe b einzuführen,

2. für das Antragsjahr 2015, wenn

   a) das Unternehmen nachweist, dass es im Antragsjahr oder früher die Einführung eines Energiemanagementsystems nach Absatz 4 Satz 1 Nummer 1 Buchstabe a abgeschlossen hat, oder wenn das Unternehmen nachweist, dass es im Jahr 2015 oder früher als Organisation nach Artikel 13 der Verordnung (EG) Nr. 1221/2009 registriert worden ist, und

   b) die Voraussetzungen des Absatzes 4 Satz 1 Nummer 2 erfüllt sind.

²Für kleine und mittlere Unternehmen gilt Absatz 4 Satz 2 entsprechend.

(6) ¹Für Unternehmen, die nach dem 31. Dezember 2013 neu gegründet werden, gilt Absatz 5 mit der Maßgabe, dass

1. an die Stelle des Jahres 2013 das Kalenderjahr der Neugründung und an die Stelle der Jahre 2014 und 2015 die beiden auf die Neugründung folgenden Jahre treten sowie

2. ab dem Antragsjahr 2015 die Voraussetzungen des Absatzes 4 Satz 1 Nummer 2 erfüllt sind; Absatz 7 gilt entsprechend.

²Als Zeitpunkt der Neugründung gilt der Zeitpunkt der erstmaligen Betriebsaufnahme. ³Neu gegründete Unternehmen sind nur solche, die nicht durch Umwandlung im Sinn des Umwandlungsgesetzes vom 28. Oktober 1994 (BGBl. I S. 3210; 1995 I S. 428), das zuletzt durch Artikel 2 Absatz 48 des Gesetzes vom 22. Dezember 2011 (BGBl. I S. 3044) geändert worden ist, in der jeweils geltenden Fassung entstanden sind.

(7) ¹Stellt die Bundesregierung fest, dass der nach der Anlage zu § 55 für das Antragsjahr vorgesehene Zielwert für eine Reduzierung der Energieintensität nicht erreicht wurde, erhalten die Unternehmen die Steuerentlastung abweichend von Absatz 4 Satz 1 Nummer 2 Buchstabe a

1. zu 60 Prozent, wenn die Bundesregierung festgestellt hat, dass der nach der Anlage zu § 55 vorgesehene Zielwert für eine Reduzierung der Energieintensität mindestens zu 92 Prozent erreicht wurde,

## § 55

2. zu 80 Prozent, wenn die Bundesregierung festgestellt hat, dass der nach der Anlage zu § 55 vorgesehene Zielwert für eine Reduzierung der Energieintensität mindestens zu 96 Prozent erreicht wurde.

²Die Feststellung, ob die Voraussetzungen nach Satz 1 Nummer 1 oder Nummer 2 vorliegen, erfolgt im Rahmen der Bekanntmachung der Bundesregierung nach Absatz 4 Satz 1 Nummer 2 Buchstabe b.

(8) Der Nachweis nach Absatz 4 Satz 1 Nummer 1 Buchstabe a sowie nach Absatz 5 Satz 1 Nummer 1 und 2 Buchstabe a erste Alternative ist von den Unternehmen zu erbringen durch

1. Umweltgutachter oder Umweltgutachterorganisationen, die nach dem Umweltauditgesetz in der Fassung der Bekanntmachung vom 4. September 2002 (BGBl. I S. 3490), das zuletzt durch Artikel 1 des Gesetzes vom 6. Dezember 2011 (BGBl. I S. 2509) geändert worden ist, in der jeweils geltenden Fassung als Umweltgutachter tätig werden dürfen, in ihrem jeweiligen Zulassungsbereich, oder

2. Konformitätsbewertungsstellen, die von der nationalen Akkreditierungsstelle für die Zertifizierung von Energiemanagementsystemen nach der DIN EN ISO 50001 akkreditiert sind.

(9) ¹Die Steuerentlastung nach den Absätzen 1 und 2 wird gewährt nach Maßgabe und bis zum Auslaufen der hierfür erforderlichen beihilferechtlichen Genehmigung der Europäischen Kommission oder der hierfür erforderlichen Freistellungsanzeige bei der Europäischen Kommission nach der Verordnung (EG) Nr. 800/2008 der Kommission vom 6. August 2008 zur Erklärung der Vereinbarkeit bestimmter Gruppen von Beihilfen mit dem Gemeinsamen Markt in Anwendung der Artikel 87 und 88 EG-Vertrag (allgemeine Gruppenfreistellungsverordnung; ABl. L 214 vom 9.8.2008, S. 3) in der jeweils geltenden Fassung. ²Das Auslaufen der Genehmigung oder der Freistellungsanzeige wird vom Bundesministerium der Finanzen im Bundesgesetzblatt gesondert bekannt gegeben.

(10) Entlastungsberechtigt ist das Unternehmen des Produzierenden Gewerbes, das die Energieerzeugnisse verwendet hat.

Anlage (zu § 55)

Zielwerte für die zu erreichende Reduzierung der Energieintensität

(Fundstelle: BGBl. I 2012, 2441 – 2442)

| Antragsjahr | Bezugsjahr | Zielwert |
|---|---|---|
| 2015 | 2013 | 1,3 % |
| 2016 | 2014 | 2,6 % |
| 2017 | 2015 | 3,9 % |
| 2018 | 2016 | 5,25 % |
| 2019 | 2017 | 6,6 % |
| 2020 | 2018 | 7,95 % |
| 2021 | 2019 | 9,3 % |
| 2022 | 2020 | 10,65 % |

Für die Bestimmung des Zielwertes gelten folgende Festlegungen:
1. Der Zielwert bezeichnet den Prozentsatz, um den sich die Energieintensität in dem für das Antragsjahr maßgeblichen Bezugsjahr gegenüber dem Basiswert verringert. Der Basiswert ist die jahresdurchschnittliche Energieintensität in den Jahren 2007 bis 2012.
2. Die Energieintensität ist der Quotient aus dem temperatur- und konjunkturbereinigten Gesamtenergieverbrauch und der Gesamtsumme der inflationsbereinigten Bruttoproduktionswerte. Der temperatur- und konjunkturbereinigte Gesamtenergieverbrauch und die inflationsbereinigten Bruttoproduktionswerte werden nach dem in der Vereinbarung zwischen der Regierung der Bundesrepublik Deutschland und der deutschen

# § 55 EU-Vorgaben

Wirtschaft zur Steigerung der Energieeffizienz vom 1. August 2012 festgelegten Verfahren und Berechnungsansatz ermittelt. Die Energieintensität wird in der Bezugsgröße GJ/1 000 Euro Bruttoproduktionswert angegeben.

3. Die Zielwerte für die Antragsjahre 2019 bis 2022 sind im Rahmen einer Evaluation im Jahr 2017 zu überprüfen. Im Fall einer Anpassung werden die jährlichen Steigerungen diejenige des Zielwertes für das Bezugsjahr 2016 nicht unterschreiten.

*EU-Vorgaben*

**RL 2003/96/EG Energiesteuerrichtlinie (Auszug)**
**Artikel 17 Absatz 1 Buchstabe b) Altikel 1 i. S. d. Artikel 8 Absatz 2 Buchstabe b) und c)**

(1) Die Mitgliedstaaten können in den nachstehenden Fällen für den Verbrauch von Energieerzeugnissen, die zu Heizzwecken bzw. für die Zwecke des Artikels 8 Absatz 2 Buchstabe b) und c) verwendet werden, und von elektrischem Strom Steuerermäßigungen anwenden, sofern die in dieser Richtlinie vorgeschriebenen Mindeststeuerbeträge im Durchschnitt für alle Betriebe eingehalten werden:

b) Es bestehen Vereinbarungen mit Unternehmen oder Unternehmensverbänden oder es werden Regelungen über handelsfähige Zertifikate oder gleichwertige Regelungen umgesetzt, sofern damit Umweltschutzziele erreicht werden oder die Energieeffizienz erhöht wird.

**Anhang I RL 2003/96/EG**
**Tabelle A – Mindeststeuerbeträge für Kraftstoffe**

| | 1. Januar 2004 | 1. Januar 2010 |
|---|---|---|
| Verbleites Benzin (in EUR je 1 000 l) KN-Codes 2710 11 31, 2710 11 51 und 2710 11 59 | 421 | 421 |
| Unverbleites Benzin (in EUR je 1 000 l) KN-Codes 2710 11 31, 2710 11 41, 2710 11 45 und 2710 11 49 | 359 | 359 |
| Gasöl (in EUR je 1 000 l) KN-Codes 2710 19 41 bis 2710 19 49 | 302 | 330 |
| Kerosin (in EUR je 1 000 l) KN-Codes 2710 19 21 und 2710 19 25 | 302 | 330 |
| Flüssiggas (in EUR je 1 000 kg) KN-Codes 2711 12 11 bis 2711 19 00 | 125 | 125 |
| Erdgas (in EUR je Gigajoule/Bruttoheizwert) KN-Code 2711 11 00 und 2711 21 00 | 2,6 | 2,6 |

**Tabelle B – Mindeststeuerbeträge für Kraftstoffe, die für die in Artikel 8 Absatz 2 genannten Zwecke verwendet werden**

| | |
|---|---|
| Gasöl (in EUR je 1 000 l) KN-Codes 2710 19 41 bis 2710 19 49 | 21 |
| Kerosin (in EUR je 1 000 l) KN-Codes 2710 19 21 und 2710 19 25 | 21 |
| Flüssiggas (in EUR je 1 000 kg) KN-Codes 2711 12 11 bis 2711 19 00 | 41 |
| Erdgas (in EUR je Gigajoule/Bruttoheizwert) KN-Code 2711 11 00 und 2711 21 00 | 0,3 |

**Tabelle C – Mindeststeuerbeträge für Heizstoffe und elektrischen Strom**

| | Betriebliche Verwendung | Nichtbetriebliche Verwendung |
|---|---|---|
| Gasöl (in EUR je 1 000 l) KN-Codes 2710 19 41 bis 2710 19 49 | 21 | 21 |
| Schweres Heizöl (in EUR je 1 000 kg) KN-Codes 2710 19 61 bis 2710 19 69 | 15 | 15 |
| Kerosin (in EUR je 1 000 l) KN-Codes 2710 19 21 und 2710 19 25 | 0 | 0 |
| Flüssiggas (in EUR je 1 000 kg) KN-Codes 2711 12 11 bis 2711 19 00 | 0 | 0 |

| | Betriebliche Verwendung | Nichtbetriebliche Verwendung |
|---|---|---|
| Erdgas (in EUR je Gigajoule/Bruttoheizwert) KN-Codes 2711 11 00 und 2711 21 00 | 0,15 | 0,3 |
| Kohle und Koks (in EUR je Gigajoule/Bruttoheizwert) KN-Codes 2701, 2702 und 2704 | 0,15 | 0,3 |
| Elektrischer Strom (in EUR je MWh) KN-Code 2716 | 0,5 | 1,0 |

*Energiesteuer-Durchführungsverordnung*

*Zu § 55 des Gesetzes*

### § 101 Steuerentlastung für Unternehmen in Sonderfällen

*(1)* [1]*Die Steuerentlastung nach § 55 des Gesetzes ist bei dem für den Antragsteller zuständigen Hauptzollamt nach amtlich vorgeschriebenem Vordruck für alle Energieerzeugnisse zu beantragen, die innerhalb eines Kalenderjahres (Abrechnungszeitraum) verwendet worden sind.* [2]*Die Steuerentlastung wird nur gewährt, wenn der Antrag spätestens bis zum 31. Dezember des Jahres, das auf das Kalenderjahr folgt, in dem die Energieerzeugnisse verwendet worden sind, bei dem für den Antragsteller zuständigen Hauptzollamt gestellt wird.* [3]*Erfolgt die Festsetzung der Steuer erst, nachdem die Energieerzeugnisse verwendet worden sind, wird abweichend von Satz 2 die Steuerentlastung gewährt, wenn der Antrag spätestens bis zum 31. Dezember des Jahres gestellt wird, das auf das Kalenderjahr folgt, in dem die Steuer festgesetzt worden ist.*

*(2)* [1]*Bestimmt sich der maßgebende Zeitraum für die Zuordnung eines Unternehmens zum Produzierenden Gewerbe nach § 15 Absatz 3 Satz 1 der Stromsteuer-Durchführungsverordnung, kann das Hauptzollamt auf Antrag einen vorläufigen Entlastungszeitraum von einem Kalendermonat, einem Kalendervierteljahr oder einem Kalenderhalbjahr (vorläufiger Abrechnungszeitraum) zulassen und die Steuerentlastung für innerhalb eines vorläufigen Abrechnungszeitraums verwendete Energieerzeugnisse gewähren.* [2]*Zur Errechnung der Höhe der Steuerentlastung ist § 55 des Gesetzes sinngemäß auf den vorläufigen Abrechnungszeitraum anzuwenden.* [3]*Eine Steuerentlastung nach Satz 1 wird nur dann gewährt, wenn*

1. die Summe aus dem Steueranteil nach § 55 Absatz 3 des Gesetzes und der Stromsteuer nach § 10 Absatz 1 Satz 1 bis 4 des Stromsteuergesetzes bereits im ersten vorläufigen Abrechnungszeitraum im Kalenderjahr den Unterschiedsbetrag in der Rentenversicherung (§ 55 Absatz 2 Satz 1 Nummer 1 und 2 des Gesetzes) für diesen Zeitraum übersteigt,
2. der Antragsteller den nach § 55 Absatz 4 Satz 1 Nummer 1 oder Absatz 5 des Gesetzes erforderlichen Nachweis bereits erbracht hat und
3. die nach § 55 Absatz 4 Satz 1 Nummer 2 Buchstabe b des Gesetzes erforderliche Bekanntmachung der Bundesregierung bereits erfolgt ist.

*(3)* [1]*Wurde eine Steuerentlastung für innerhalb eines vorläufigen Abrechnungszeitraums verwendete Energieerzeugnisse nach Absatz 2 gewährt, hat der Antragsteller einen zusammenfassenden Antrag nach Absatz 1 für das Kalenderjahr bis zum 31. Juli des folgenden Kalenderjahres abzugeben.* [2]*Wird der zusammenfassende Antrag nicht oder nicht rechtzeitig abgegeben, fordert das Hauptzollamt die nach Absatz 2 gewährte Steuerentlastung zurück.*

*(4)* [1]*§ 100 Absatz 3 bis 5 und § 100a gelten entsprechend.* [2]*Sofern der Antragsteller Betreiber eines alternativen Systems zur Verbesserung der Energieeffizienz gemäß der Verordnung zu § 66b des Gesetzes ist, hat er dem Antrag nach Absatz 1 eine Selbsterklärung nach amtlich vorgeschriebenem Vordruck beizufügen, aus der hervorgeht, dass das Unternehmen im Antragsjahr die Voraussetzungen der Definition für kleine und mittlere Unternehmen im Sinn des § 55 Absatz 4 Satz 2 des Gesetzes erfüllt hat.*

*(5) Wurde das Unternehmen nach dem 31. Dezember 2013 neu gegründet (§ 55 Absatz 6 des Gesetzes), hat es die Art der Neugründung und den Zeitpunkt der Betriebsaufnahme durch geeignete Unterlagen nachzuweisen.*

# § 55

## Verwaltungsregelungen zu § 55 EnergieStG

| Datum | Anlage | Quelle | Inhalt |
| --- | --- | --- | --- |
| Ausg. 12/2011 | § 055-01 | DIN | Energiemanagementsystem DIN EN ISO 50001:2011 |
| Ausg. 10/2012 | § 055-02 | DIN | Energiemanagementsystem DIN EN 16247-1:2012 |
| 06.05.2003 | § 055-03 | EU | Empfehlung der Kommission betreffend die Definition der Kleinstunternehmen sowie der kleinen und mittleren Unternehmen |
| 25.11.2009 | § 055-04 | EU | Verordnung (EG) Nr. 1221/2009 des Europäischen Parlaments und des Rates vom 25. November 2009über die freiwillige Teilnahme von Organisationen an einem Gemeinschaftssystem für Umweltmanagement und Umweltbetriebsprüfung und zur Aufhebung der Verordnung (EG) Nr. 761/2001, sowie der Beschlüsse der Kommission 2001/681/EG und 2006/193/EG |
| 04.09.2002 | § 055-05 | EU | Gesetz zur Ausführung der Verordnung (EG) Nr.1221/2009 des Europäischen Parlaments und des Rates vom 25. November 2009 über die freiwilligeTeilnahme von Organisationen an einem Gemeinschaftssystem für Umweltmanagement und Umweltbetriebsprüfung und zur Aufhebungder Verordnung (EG) Nr. 761/2001, sowie der Beschlüsse der Kommission 2001/681EG und 2006/193/EG (Umweltauditgesetz - UAG) |
| 2012 | § 055-06 | BRD | Vereinbarung zwischen der Regierung der Bundesrepublik Deutschland und der deutschen Wirtschaft zur Steigerung der Energieeffizienz |
| 2013/2014 | § 055-07 | EU | Verordnung über Systeme zur Verbesserung der Energieeffizienz im Zusammenhang mitder Entlastung von der Energie- und der Stromsteuer in Sonderfällen (Spitzenausgleich-Effizienzsystemverordnung – SpaEfV) |
| 20.10.2014 | § 055-08 | BMWi | Schreiben des Bundesministeriums für Wirtschaft und Energie vom 20.10.2014 |
| 31.03.2014 | § 055-09 | BMWi | Schreiben des Bundesministeriums für Wirtschaft und Energie vom 31.03.2014 |
| 27.09.2013 | § 055-10 | BMWi | Schreiben des Bundesministeriums für Wirtschaft und Technologie vom 27.09.2013 |

**§ 56**[1)] **Steuerentlastung für den Öffentlichen Personennahverkehr**

(1) ¹Eine Steuerentlastung wird auf Antrag gewährt für Benzine nach § 2 Abs. 1 Nr. 1, Gasöle nach § 2 Abs. 1 Nr. 4, Erdgas, Flüssiggase und gasförmige Kohlenwasserstoffe sowie ihnen nach § 2 Abs. 4 gleichgestellte Energieerzeugnisse, die nachweislich nach § 2 Abs. 1 Nr. 1, 4 oder Abs. 2 versteuert worden sind und die

1. in zur allgemein zugänglichen Beförderung von Personen bestimmten Schienenbahnen mit Ausnahme von Bergbahnen oder

2. in Kraftfahrzeugen im genehmigten Linienverkehr nach den §§ 42 und 43 des Personenbeförderungsgesetzes in der Fassung der Bekanntmachung vom 8. August 1990 (BGBl. I S. 1690), das zuletzt durch Artikel 2 Abs. 7 des Gesetzes vom 7. Juli 2005 (BGBl. I S. 1954) geändert worden ist, in der jeweils geltenden Fassung oder

3. in Kraftfahrzeugen in Verkehren nach § 1 Nr. 4 Buchstabe d, g und i der Freistellungs-Verordnung vom 30. August 1962 (BGBl. I S. 601), die zuletzt durch Artikel 1 der Verordnung vom 30. Juni 1989 (BGBl. I S. 1273) geändert worden ist, in der jeweils geltenden Fassung

verwendet worden sind, wenn in der Mehrzahl der Beförderungsfälle eines Verkehrsmittels die gesamte Reiseweite 50 Kilometer oder die gesamte Reisezeit eine Stunde nicht übersteigt. ²Satz 1 gilt nicht für die Steuer nach § 21. Satz 1 gilt nicht, soweit für die Energieerzeugnisse eine vollständige Steuerentlastung nach § 50 gewährt wird. ³Die Steuerentlastung wird nur für Energieerzeugnisse oder den Anteil der Energieerzeugnisse nach Satz 1 gewährt, die im Steuergebiet nach § 1 Absatz 1 Satz 2 verwendet worden sind.

(2) ¹Die Steuerentlastung beträgt

1. für 1 000 l Benzine nach § 2 Abs. 1 Nr. 1 oder 1 000 l Gasöle nach
§ 2 Abs. 1 Nr.4                                                                                                                  54,02 EUR,

2. für 1 000 kg Flüssiggase nach § 2 Abs. 2 Nr. 2 bis zum 31. Dezember 2018      13,37 EUR,

3. für 1 MWh Erdgas oder 1 MWh gasförmige Kohlenwasserstoffe nach
§ 2 Abs. 2 Nr. 1 bis zum 31. Dezember 2018                                                                  1,00 EUR.

²Satz 1 gilt für Energieerzeugnisse nach § 2 Abs. 4 sinngemäß.

(3) Ein Steuerentlastung wird nur gewährt, wenn der Entlastungsbetrag nach Absatz 2 mindestens 50 Euro im Kalenderjahr beträgt.

(4) Entlastungsberechtigt ist derjenige, der die Energieerzeugnisse verwendet hat.

*EU-Vorgaben*

**RL 2003/96/EG Energiesteuerrichtlinie (Auszug)**
**Artikel 15 Absatz 1 Buchstabe e)**
(1) Unbeschadet anderer Gemeinschaftsvorschriften können die Mitgliedstaaten unter Steueraufsicht uneingeschränkte oder eingeschränkte Steuerbefreiungen oder Steuerermäßigungen gewähren für
e) Energieerzeugnisse und elektrischen Strom zur Verwendung als Kraftstoff für den Personen- und Gütertransport im Eisenbahn-, im U-Bahn-, im Straßenbahn- und im Oberleitungsbusverkehr.

*Energiesteuer-Durchführungsverordnung*

*Zu § 56 des Gesetzes*

**§ 102 Steuerentlastung für den öffentlichen Personennahverkehr, Allgemeines**
*(1) ¹Die Steuerentlastung nach § 56 des Gesetzes ist bei dem für den Antragsteller zuständigen Hauptzollamt mit einer Anmeldung nach amtlich vorgeschriebenem Vordruck für alle Energieerzeugnisse zu beantragen, die innerhalb eines Entlastungsabschnitts verwendet worden sind. ²Der Antragsteller hat in der Anmeldung alle für die Bemessung der Steuerentlastung erforderlichen Angaben zu machen und die*

---
1) § 56 Abs. 2 Satz 1 Nr. 2, 3 geänd. mWv 22.7.2009 durch G v. 15.7.2009 (BGBl. I S. 1870); Abs. 1 Satz 4 angef. mWv 1. 4. 2011 durch G v. 1.3.2011 (BGBl. I S. 282). Geltungszeiträume: ab 1.4.2011.

*Steuerentlastung selbst zu berechnen.* ³*Die Steuerentlastung wird nur gewährt, wenn der Antrag spätestens bis zum 31. Dezember des Jahres, das auf das Kalenderjahr folgt, in dem die Energieerzeugnisse verwendet worden sind, beim Hauptzollamt gestellt wird.* ⁴*Erfolgt die Festsetzung der Steuer erst, nachdem die Energieerzeugnisse verwendet worden sind, wird abweichend von Satz 3 die Steuerentlastung gewährt, wenn der Antrag spätestens bis zum 31. Dezember des Jahres gestellt wird, das auf das Kalenderjahr folgt, in dem die Steuer festgesetzt worden ist.*

*(2) ¹Entlastungsabschnitt ist nach Wahl des Antragstellers ein Zeitraum von einem Kalendervierteljahr, einem Kalenderhalbjahr oder einem Kalenderjahr.* ²*Das Hauptzollamt kann auf Antrag einen Zeitraum von einem Kalendermonat als Entlastungsabschnitt zulassen oder in Einzelfällen die Steuerentlastung unverzüglich gewähren.*

*(3) ¹Unternehmen mit Geschäftssitz im Ausland wird eine Steuerentlastung nur gewährt, wenn nachgewiesen ist, dass eine den begünstigten Beförderungen entsprechende Menge Kraftstoff verwendet wurde, die im Steuergebiet des Energiesteuergesetzes durch das Unternehmen versteuert worden ist oder versteuert bezogen worden ist.* ²*Das Hauptzollamt kann Regelungen über die Art des Nachweises festlegen.*

*(4) Weicht der ermittelte Entlastungsbetrag erheblich von dem Entlastungsbetrag ab, der für einen vergleichbaren vorhergehenden Entlastungsabschnitt gewährt worden ist, sind die Abweichungen zu erläutern.*

*(5) ¹Dem Antrag müssen die tatsächlich zurückgelegten begünstigten Strecken zugrunde gelegt werden, wie sie sich aus dem buchmäßigen Nachweis ergeben.* ²*Pauschalansätze sind nicht zulässig.*

*(6) ¹Der öffentliche Personennahverkehr mit Schienenbahnen oder mit Kraftfahrzeugen umfasst auch die damit zusammenhängenden notwendigen Betriebsfahrten.* ²*Notwendige Betriebsfahrten sind*

1. *An- und Abfahrten*
    - a) *von und zu der Einsatzstelle,*
    - b) *von und zu dem Betriebshof,*
    - c) *von der und zu der Wohnung des Fahrzeugführers; dies umfasst auch Sammeltransporte mit Fahrzeugen, die nicht im genehmigten Linienverkehr eingesetzt sind,*
    - d) *vom Endhaltepunkt einer Linie oder Strecke zum Anfangspunkt der nächsten Linie oder Strecke,*
2. *Fahrten zur Sicherstellung von Betriebsumläufen und Fahrplanwechseln, zum Beispiel Rangierfahrten,*
3. *Werkstattfahrten,*
4. *Ersatzwagengestellfahrten,*
5. *Hilfszugeinsatzfahrten,*
6. *Überführungsfahrten,*
7. *Lehr- und Schulungsfahrten zur Einweisung von Fahrzeugführern sowie*
8. *Lehr- und Schulungsfahrten zur Aus-, Fort- und Weiterbildung, nicht jedoch zur Erlangung einer Fahrerlaubnis.*

³*Keine notwendigen Fahrten im Sinn des Satzes 1 sind Fahrten*

1. *zu Dienst- und Einsatzbesprechungen,*
2. *zum Austausch von Fahrplänen an Haltestellen,*
3. *von Werkstatt- und Servicefahrzeugen sowie*
4. *zur Beförderung von Personal und Material für unternehmenseigene Zwecke.*

⁴*Dabei ist es unerheblich, ob diese Fahrten mit Kraftfahrzeugen oder Schienenfahrzeugen durchgeführt werden.* ⁵*Beförderungen von Personal und Material für unternehmenseigene Zwecke sind insbesondere Fahrten für den Streckenunterhalt und zur Sicherung des Fahrbetriebs.*

### § 102a Steuerentlastung für den öffentlichen Personennahverkehr mit Schienenbahnen

*(1) Der erstmalige Antrag auf Steuerentlastung muss – soweit zutreffend – folgende Angaben enthalten:*
1. *den Namen und den Zweck des Unternehmens,*
2. *den Namen des Betriebsinhabers (außer bei Kapitalgesellschaften) und, sofern ein solcher bestellt ist, des Betriebsleiters und gegebenenfalls seines Stellvertreters; bei juristischen Personen und Personengesellschaften sind die nach Gesetz, Gesellschaftsvertrag oder Satzung zur Vertretung berechtigten Personen anzugeben,*

*DV § 102a, § 102b* **§ 56**

3. die Bezeichnung der mit Schienenbahnen befahrenen Strecken (zum Beispiel Strecken-Nummer) und die Länge der befahrenen Strecken in Kilometern,

4. die Angabe des Rechtsverhältnisses, sofern der Antragsteller für einen anderen Verkehrsunternehmer Beförderungen im öffentlichen Personennahverkehr durchführt,

5. ein Verzeichnis der im Schienenverkehr eingesetzten Fahrzeuge, für deren Verbrauch an Kraftstoffen die Entlastung beansprucht wird, unter Angabe des Typs und der Baureihe, der Motornummer, der Fabriknummer und der installierten Leistung in Kilowatt sowie

6. den spezifischen Kraftstoffverbrauch je Motortyp in Gramm je Kilowattstunde.

*(2) Änderungen der nach Absatz 1 maßgeblichen betrieblichen Verhältnisse sind dem Hauptzollamt spätestens mit dem nächsten Antrag auf Steuerentlastung anzuzeigen.*

*(3) ¹Der Antragsteller hat in den Fällen des § 56 Absatz 1 Satz 1 Nummer 1 des Gesetzes für jedes Schienenfahrzeug, in dem die Energieerzeugnisse verwendet worden sind, einen buchmäßigen Nachweis mit folgenden Angaben zu führen:*

1. der Betriebsbezeichnung (Typ oder Baureihe) des Schienenfahrzeugs,

2. dem Tag des Einsatzes,

3. der Zahl der einsatztäglich gefahrenen Kilometer, gegebenenfalls aufgeteilt nach begünstigten und nicht begünstigten Verkehrsleistungen,

4. der Menge des getankten Kraftstoffs.

²*Der nach Satz 1 zu führende buchmäßige Nachweis ist entsprechend dem jeweiligen Entlastungsabschnitt (§ 102 Absatz 2) abzuschließen.* ³*Werden betriebliche Aufzeichnungen geführt, die den Nachweis des begünstigten Kraftstoffverbrauchs für jeden Entlastungsabschnitt auf andere Weise erbringen, so können diese Aufzeichnungen auf Antrag vom zuständigen Hauptzollamt als buchmäßiger Nachweis zugelassen werden.*

**§ 102b Steuerentlastung für den öffentlichen Personennahverkehr mit Kraftfahrzeugen**

*(1) Der erstmalige Antrag auf Steuerentlastung muss – soweit zutreffend – folgende Angaben enthalten:*

1. den Namen und den Zweck des Unternehmens,

2. den Namen des Betriebsinhabers (außer bei Kapitalgesellschaften) und, sofern ein solcher bestellt ist, des Betriebsleiters und seines Stellvertreters; bei juristischen Personen und Personengesellschaften sind die nach Gesetz, Gesellschaftsvertrag oder Satzung zur Vertretung berechtigten Personen anzugeben,

3. ein Verzeichnis der dem Antragsteller selbst genehmigten Linien und solcher Linien, für die ihm die Rechte und Pflichten übertragen worden sind, die aus der Genehmigung erwachsen (Genehmigungsübertragung), sowie derjenigen Linien, die der Antragsteller auf Grund einer Übertragung der Betriebsführung bedient; bei sämtlichen Linien sind die Linienlänge (längster Linienweg) und die Behörde anzugeben, die

a) die Genehmigung für den Linienverkehr nach den §§ 42 und 43 des Personenbeförderungsgesetzes in der Fassung der Bekanntmachung vom 8. August 1990 (BGBl. I S. 1690), das zuletzt durch Artikel 4 des Gesetzes vom 5. April 2011 (BGBl. I S. 544) geändert worden ist, in der jeweils geltenden Fassung, erteilt hat,

b) die Übertragung der aus der Genehmigung erwachsenden Rechte und Pflichten genehmigt hat oder

c) die Übertragung der Betriebsführung nach § 2 Absatz 2 Nummer 3 des Personenbeförderungsgesetzes bewilligt hat,

4. ein Verzeichnis der vom Antragsteller in eigenem Namen, in eigener Verantwortung und für eigene Rechnung oder im Auftrag durchgeführten Beförderungen nach § 1 Nummer 4 Buchstabe d, g und i der Freistellungs-Verordnung in der im Bundesgesetzblatt Teil III, Gliederungsnummer 9240-1-1, veröffentlichten bereinigten Fassung, die durch Artikel 1 der Verordnung vom 30. Juni 1989 (BGBl. I S. 1273) geändert worden ist, in der jeweils geltenden Fassung, unter Angabe des Schulträgers oder der jeweiligen Einrichtung,

5. die Angabe des Rechtsverhältnisses, sofern der Antragsteller für ein anderes Verkehrsunternehmen Beförderungen im öffentlichen Personennahverkehr durchführt,

6. eine Erklärung, dass auf den einzelnen Linien oder Strecken, für die eine Entlastung beantragt wird, in der Mehrzahl der Beförderungsfälle die gesamte Reichweite 50 Kilometer oder die gesamte Reisezeit eine Stunde nicht übersteigt.

# § 56 DV § 102b

7. *ein Verzeichnis der Verkehrsunternehmen, die im Auftrag des Antragstellers begünstigte Beförderungen durchführen, unter Angabe der übertragenen Linien und Strecken.*

*(2) Änderungen der für die Angaben nach Absatz 1 maßgeblichen betrieblichen Verhältnisse sind dem Hauptzollamt spätestens mit dem nächsten Antrag auf Steuerentlastung anzuzeigen.*

*(3) ¹Die für jeden Entlastungsabschnitt nach § 102 Absatz 2 zu erstellenden Berechnungsbögen zum Antrag auf Steuerentlastung müssen folgende Angaben enthalten:*

1. *entweder für alle Fahrzeuge, für die eine Entlastung beantragt wird, gemeinsam (Berechnungsbogen A) oder für jede Fahrzeuggruppe (Berechnungsbogen B) oder für jedes Fahrzeug einzeln (Berechnungsbogen C)*
    
    a) *die sich aus dem buchmäßigen Nachweis nach Absatz 4 ergebenden im Entlastungszeitraum insgesamt gefahrenen Kilometer und die im Rahmen von begünstigten Beförderungen zurückgelegten Kilometer,*
    
    b) *die Menge des insgesamt getankten Kraftstoffs in Litern, in Kilogramm oder in Kilowattstunden; Bruchteile eines Liters, eines Kilogramms oder einer Kilowattstunde sind auf den nächsten vollen Liter, das nächste volle Kilogramm oder die nächste volle Kilowattstunde aufzurunden,*
    
    c) *den Durchschnittsverbrauch je 100 Kilometer Fahrleistung, der sich aus den Angaben zu den Buchstaben a und b ergibt, auf drei Dezimalstellen gerundet, wobei Teile von weniger als 0,0005 entfallen und Teile von 0,0005 und mehr als ein Tausendstel anzusetzen sind,*
    
    d) *den Verbrauch bei den begünstigten Beförderungen, errechnet aus dem Durchschnittsverbrauch nach Buchstabe c und der Kilometerleistung für die begünstigten Beförderungen nach Buchstabe a, auf volle Liter, auf volle Kilogramm oder auf volle Kilowattstunden gerundet, wobei Teile von weniger als 0,5 entfallen und Teile von 0,5 oder mehr als volle Einheit anzusetzen sind;*

2. *für Kraftfahrzeuge, deren buchmäßiger Nachweis nach Absatz 4 Satz 2 geführt wird (Berechnungsbogen D für Taxen und Mietwagen im Anrufsammelverkehr, Berechnungsbogen E für sonstige im genehmigten Linienverkehr eingesetzte Kraftfahrzeuge)*
    
    a) *die sich aus dem buchmäßigen Nachweis nach Absatz 4 Satz 2 ergebenden Kilometer, die im Rahmen von begünstigten Beförderungen zurückgelegt wurden,*
    
    b) *den pauschalierten Durchschnittsverbrauch je 100 Kilometer Fahrleistung nach Absatz 4 Satz 2 Nummer 5,*
    
    c) *den Verbrauch bei den begünstigten Beförderungen, errechnet aus dem Durchschnittsverbrauch nach Buchstabe b und der Kilometerleistung für die begünstigten Beförderungen nach Buchstabe a, auf volle Liter, auf volle Kilogramm oder auf volle Kilowattstunden gerundet, wobei Teile von weniger als 0,5 entfallen und Teile von 0,5 oder mehr als volle Einheit anzusetzen sind.*

²*Bei der Ermittlung des pauschalierten Durchschnittsverbrauchs nach Satz 1 Nummer 2 Buchstabe b ist nur auf eine Dezimalstelle zu runden.* ³*Hierbei sind die kaufmännischen Rundungsregeln anzuwenden.*

*(4) ¹Der Antragsteller hat in den Fällen des § 56 Absatz 1 Nummer 2 und 3 des Gesetzes für jedes Fahrzeug, in dem die Energieerzeugnisse verwendet worden sind, einen buchmäßigen Nachweis mit folgenden Angaben zu führen:*

1. *dem amtlichen Kennzeichen des Fahrzeugs,*
2. *dem Tag des Einsatzes,*
3. *der Zahl der einsatztäglich gefahrenen Kilometer, aufgeteilt nach begünstigten und nicht begünstigten Beförderungen,*
4. *der Menge und der Art des getankten Kraftstoffs.*

²*Der buchmäßige Nachweis kann alternativ mit folgenden Angaben geführt werden:*

1. *dem amtlichen Kennzeichen des Kraftfahrzeugs,*
2. *den begünstigungsfähigen Einsatztagen während des jeweiligen Entlastungsabschnitts,*
3. *der Zahl der während des Entlastungsabschnitts im Rahmen begünstigter Beförderungen gefahrenen Kilometer,*
4. *dem Nachweis des Einsatzes für begünstigte Beförderungen im öffentlichen Personennahverkehr,*
5. *der Menge des während des Entlastungsabschnitts im Rahmen begünstigter Beförderungen verbrauchten Kraftstoffs; für die Mengenermittlung kann der Durchschnittsverbrauch je 100 Kilometer Fahrleistung nach den Fahrzeugunterlagen zuzüglich eines pauschalen Zuschlags in Höhe von 20 Prozent des Durchschnittsverbrauchs zugrunde gelegt werden.*

³*Der nach Satz 1 und 2 zu führende buchmäßige Nachweis ist entsprechend dem jeweiligen Entlastungsabschnitt (§ 102 Absatz 2) abzuschließen.* ⁴*Werden betriebliche Aufzeichnungen geführt, die den*

Nachweis des begünstigten Kraftstoffverbrauchs für jeden Entlastungsabschnitt auf andere Weise erbringen, so können diese Aufzeichnungen auf Antrag vom zuständigen Hauptzollamt als buchmäßiger Nachweis zugelassen werden.

## Personenbeförderungsgesetz

### § 42 PBefG Begriffsbestimmung Linienverkehr

Linienverkehr ist eine zwischen bestimmten Ausgangs- und Endpunkten eingerichtete regelmäßige Verkehrsverbindung, auf der Fahrgäste an bestimmten Haltestellen ein- und aussteigen können. Er setzt nicht voraus, daß ein Fahrplan mit bestimmten Abfahrts- und Ankunftszeiten besteht oder Zwischenhaltestellen eingerichtet sind.

### § 43 PBefG Sonderformen des Linienverkehrs

Als Linienverkehr gilt, unabhängig davon, wer den Ablauf der Fahrten bestimmt, auch der Verkehr, der unter Ausschluß anderer Fahrgäste der regelmäßigen Beförderung von
1. Berufstätigen zwischen Wohnung und Arbeitsstelle (Berufsverkehr),
2. Schülern zwischen Wohnung und Lehranstalt (Schülerfahrten),
3. Personen zum Besuch von Märkten (Marktfahrten),
4. Theaterbesuchern

dient. Die Regelmäßigkeit wird nicht dadurch ausgeschlossen, daß der Ablauf der Fahrten wechselnden Bedürfnissen der Beteiligten angepaßt wird.

## Freistellungs-Verordnung

**Freistellungs-Verordnung vom 30. August 1962 (BGBl. I S. 601), die zuletzt durch Artikel 1 der Verordnung vom 30. Juni 1989 (BGBl. I S. 1273) geändert worden ist, in der aktuellen Fassung**

### § 1

Von den Vorschriften des Personenbeförderungsgesetzes werden freigestellt
1. Beförderungen mit Kraftfahrzeugen außerhalb öffentlicher Straßen und Plätze im Sinne des Straßenverkehrsgesetzes;
2. Beförderungen mit Kraftfahrzeugen in Ausübung hoheitlicher Tätigkeit;
3. Beförderungen mit Personenkraftwagen, die nach ihrer Bauart und Ausstattung zur Beförderung von nicht mehr als sechs Personen (einschließlich Führer) geeignet und bestimmt sind, es sei denn, daß für die Beförderungen ein Entgelt zu entrichten ist;
4. Beförderungen
    a) von Berufstätigen mit Kraftfahrzeugen zu und von ihrer Eigenart nach wechselnden Arbeitsstellen, insbesondere Baustellen, sofern nicht ein solcher Verkehr zwischen gleichbleibenden Ausgangs- und Endpunkten länger als ein Jahr betrieben wird,
    b) von Berufstätigen mit Kraftfahrzeugen zu und von Arbeitsstellen in der Land- und Forstwirtschaft,
    c) mit Kraftfahrzeugen durch oder für Kirchen oder sonstige Religionsgesellschaften zu und von Gottesdiensten,
    d) mit Kraftfahrzeugen durch oder für Schulträger zum und vom Unterricht,
    e) von Kranken aus Gründen der Beschäftigungstherapie oder zu sonstigen Behandlungszwecken durch Krankenhäuser oder Heilanstalten mit eigenen Kraftfahrzeugen,
    f) von Berufstätigen mit Personenkraftwagen von und zu ihren Arbeitsstellen,
    g) von körperlich, geistig oder seelisch behinderten Personen mit Kraftfahrzeugen zu und von Einrichtungen, die der Betreuung dieser Personenkreise dienen,
    h) von Arbeitnehmern durch den Arbeitgeber zu betrieblichen Zwecken zwischen Arbeitsstätten desselben Betriebes,
    i) mit Kraftfahrzeugen durch oder für Kindergartenträger zwischen Wohnung und Kindergarten, es sei denn, daß von den Beförderten ein Entgelt zu entrichten ist;
5. Beförderungen durch die Streitkräfte mit eigenen Kraftfahrzeugen;[1)]

---
1) § 1 Satz 1 Nr. 5: Gilt nicht in Berlin gemäß § 2.

## § 56

6. Beförderungen durch die Polizei mit eigenen Kraftfahrzeugen;
7. die Mitnahme von
   a) umziehenden Personen in besonders für die Möbelbeförderung eingerichteten Fahrzeugen,
   b) Personen in Kraftfahrzeugen, die zur Leichenbeförderung bestimmt sind.

Satz 1 Nummer 4 gilt für entgeltliche Beförderungen mit einem Kraftomnibus nur dann, wenn

1. die Voraussetzungen nach Artikel 1 Absatz 4 Buchstabe b oder c der Verordnung (EG) Nr. 1071/2009 des Europäischen Parlaments und des Rates vom 21. Oktober 2009 zur Festlegung gemeinsamer Regeln für die Zulassung zum Beruf des Kraftverkehrsunternehmers und zur Aufhebung der Richtlinie 96/26/EG des Rates (ABl. L 300 vom 14.11.2009, S. 51) erfüllt sind,
2. der Unternehmer ausschließlich innerstaatliche Beförderungen im Sinne des Artikels 1 Absatz 5 der Verordnung (EG) Nr. 1071/2009 durchführt oder 3. das Fahrzeug durch den Unternehmer auch bei Beförderungen eingesetzt wird, für die er eine Genehmigung nach dem Personenbeförderungsgesetz besitzt.

### Verwaltungsregelungen zu § 56 EnergieStG

| Datum | Anlage | Quelle | Inhalt |
|---|---|---|---|
| 02.09.2013 | § 056-01 | BMF | Dienstvorschrift zur energiesteuerrechtlichen Behandlung der im öffentlichen Personennahverkehr (ÖPNV) verwendeten Kraftstoffe nach § 56 Energiesteuergesetz (DV ÖPNV) |
| 02.09.2013 | § 056-02 | BMF | Anlage 1 zur DV ÖPNV |
| 02.09.2013 | § 056-03 | BMF | Anlage 2 zur DV ÖPNV |
| 02.09.2013 | § 056-04 | BMF | Anlage 3 zur DV ÖPNV |
| 02.09.2013 | § 056-05 | BMF | Anlage 4 zur DV ÖPNV |
| 02.09.2013 | § 056-06 | BMF | Anlage 5 zur DV ÖPNV |

### Rechtsprechungsauswahl zu § 56 EnergieStG

**FG des Landes Sachsen-Anhalt vom 02.10.2013; 2-K-1117/11:** Energiesteuerentlastung für den öffentlichen Personennahverkehr in einer Diesellok zum Fortbewegen der Schneefräse und der in der Schneefräse selbst verwendeter Dieselkraftstoff

Keine Energiesteuerentlastung für den öffentlichen Personennahverkehr, soweit ein Unternehmen, das mit Personenzügen den öffentlichen Personennahverkehr betreibt, Dieselkraftstoff zum Betrieb einer Schneefräse und zum Antrieb der Lok, die die Schneefräse fortbewegt, verwendet.

## § 57

**§ 57**[1] **Steuerentlastung für Betriebe der Land- und Forstwirtschaft**

(1) ¹Eine Steuerentlastung wird auf Antrag gewährt für nachweislich nach § 2 Abs. 1 Nr. 4 versteuerte Energieerzeugnisse, die in Betrieben der Land- und Forstwirtschaft zum Betrieb von

1. Ackerschleppern,
2. standfesten oder beweglichen Arbeitsmaschinen und Motoren oder
3. Sonderfahrzeugen

bei der Ausführung von Arbeiten zur Gewinnung pflanzlicher oder tierischer Erzeugnisse durch Bodenbewirtschaftung oder durch mit Bodenbewirtschaftung verbundene Tierhaltung verwendet worden sind. ²Soweit die Energieerzeugnisse für die Ausführung forstwirtschaftlicher Arbeiten verwendet worden sind, wird eine Steuerentlastung gewährt, wenn und soweit sie unter den Voraussetzungen der Verordnung (EG) Nr. 1998/2006 der Kommission vom 15. Dezember 2006 über die Anwendung der Artikel 87 und 88 EG-Vertrag auf „De-minimis"-Beihilfen (ABl. L 379 vom 28.12.2006, S. 5) zulässig ist. ³Eine Steuerentlastung wird abweichend von Satz 1 ebenfalls gewährt, wenn Gasöle in Betrieben der Imkerei zum Betrieb auch anderer als der dort aufgeführten Fahrzeuge verwendet worden sind. ⁴Eine Steuerentlastung wird jährlich für höchstens 15 Liter Gasöl je Bienenvolk gewährt.

(2) Betriebe der Land- und Forstwirtschaft im Sinne des Absatzes 1 sind

1. Betriebe, die durch Bodenbewirtschaftung oder durch mit Bodenbewirtschaftung verbundene Tierhaltung pflanzliche oder tierische Erzeugnisse gewinnen und

    a) aus denen natürliche Personen Einkünfte nach § 13 Abs. 1 Nr. 1 des Einkommensteuergesetzes erzielen oder

    b) deren Inhaber eine nichtrechtsfähige Personenvereinigung, eine juristische Person des privaten Rechts oder eine Hauberg-, Wald-, Forst- oder Laubgenossenschaft oder eine ähnliche Realgemeinde im Sinne des § 13 Abs. 1 Nr. 4 des Einkommensteuergesetzes ist und bei denen im Falle der Gewinnung tierischer Erzeugnisse die mit der Bodenbewirtschaftung verbundene Tierhaltung die Grenzen des § 51 des Bewertungsgesetzes in der Fassung der Bekanntmachung vom 1. Februar 1991 (BGBl. I S. 230), das zuletzt durch Artikel 14 des Gesetzes vom 20. Dezember 2001 (BGBl. I S. 3794) geändert worden ist, in der jeweils geltenden Fassung nicht überschreitet oder

    c) deren Inhaber eine Körperschaft, Personenvereinigung oder Vermögensmasse ist, die ausschließlich und unmittelbar kirchliche, gemeinnützige oder mildtätige Zwecke verfolgt,

2. Imkereien, aus denen natürliche Personen Einkünfte nach § 13 Abs. 1 Nr. 2 des Einkommensteuergesetzes erzielen oder deren Inhaber eine nichtrechtsfähige Personenvereinigung oder eine juristische Person des privaten Rechts ist,

3. Wanderschäfereien und Teichwirtschaften,

4. Schöpfwerke zur Be- und Entwässerung land- und forstwirtschaftlich genutzter Grundstücke,

5. Betriebe, insbesondere Lohnbetriebe, Betriebe von Genossenschaften und Maschinengemeinschaften, Wasser- und Bodenverbände und Teilnehmergemeinschaften nach dem Flurbereinigungsgesetz in der Fassung der Bekanntmachung vom 16. März 1976 (BGBl. I S. 546), zuletzt geändert durch Artikel 2 Abs. 23 des Gesetzes vom 12. August 2005 (BGBl. I S. 2354), soweit diese für die in den Nummern 1 bis 3 bezeichneten Betriebe Arbeiten zur Gewinnung pflanzlicher oder tierischer Erzeugnisse durch Bodenbewirtschaftung oder durch mit Bodenbewirtschaftung verbundene Tierhaltung ausführen.

---

1) § 57 Abs. 5 Nr. 2 neu gef. mWv 1.1.2007 durch G v. 18.12.2006 (BGBl. I S. 3180); Abs. 1 Satz 2 eingef., bish. Sätze 2, 3 werden Sätze 3, 4 mWv 23.7.2009 durch G v. 17.7.2009 (BGBl. I S. 1979); Abs. 5 Nr. 2 Buchst. a neu gef. mWv 18.8.2009 durch G v. 15.7.2009 (BGBl. I S. 1804) iVm Bek. v. 17.9.2009 (BGBl. I S. 3108); Abs. 5 Nr. 2 Buchst. a und b neu gef. mWv 1. 1. 2010 durch G v. 22.12.2009 (BGBl. I S. 3950) iVm Bek. v. 29.4.2010 (BGBl. I S. 534); Abs. 6 aufgeh. mWv 1. 1. 2010 durch G v. 1.3.2011 (BGBl. I S. 282) iVm Bek. v. 3.8.2011 (BGBl. I S. 1726).

## § 57

(3) Als Arbeitsmaschinen oder Sonderfahrzeuge im Sinne des Absatzes 1 Satz 1 Nr. 2 und 3 gelten Maschinen und Fahrzeuge, die in Betrieben der Land- und Forstwirtschaft verwendet werden und nach ihrer Bauart und ihren Vorrichtungen für die Verwendung in diesen Betrieben geeignet und bestimmt sind.

(4) Als Ausführung von Arbeiten zur Gewinnung pflanzlicher oder tierischer Erzeugnisse durch Bodenbewirtschaftung oder durch mit Bodenbewirtschaftung verbundene Tierhaltung gelten auch

1. die in Betrieben der Land- und Forstwirtschaft übliche Beförderung von land- und forstwirtschaftlichen Bedarfsgütern oder gewonnenen Erzeugnissen durch den Betrieb selbst oder durch andere Betriebe der Land- und Forstwirtschaft,
2. die Durchführung von Meliorationen auf Flächen, die zu einem bereits vorhandenen Betrieb der Land- und Forstwirtschaft gehören,
3. die Unterhaltung von Wirtschaftswegen, deren Eigentümer Inhaber eines Betriebes der Land- und Forstwirtschaft ist,
4. die Beförderung von Bienenvölkern zu den Trachten und Heimatständen sowie Fahrten zur Betreuung der Bienen.

(5) Die Steuerentlastung beträgt

1. für 1 000 l Gasöle nach § 2 Abs. 1 Nr. 4     214,80 EUR,
2. für 1 000 l Biokraftstoffe
   - a) nach § 50 Absatz 3 Satz 3 Nummer 1
     - bis 31. Dezember 2007     90,00 EUR,
     - vom 1. Januar 2008
     - bis 31. Dezember 2008     150,00 EUR,
     - vom 1. Januar 2009
     - bis 31. Dezember 2009     182,92 EUR,
     - vom 1. Januar 2010
     - bis 31. Dezember 2012     185,96 EUR
     - ab 1. Januar 2013     450,33 EUR,
   - b) nach § 50 Absatz 3 Satz 3 Nummer 2
     - bis 31. Dezember 2007     23,52 EUR,
     - vom 1. Januar 2008
     - bis 31. Dezember 2008     100,00 EUR,
     - vom 1. Januar 2009
     - bis 31. Dezember 2009     180,00 EUR,
     - vom 1. Januar 2010
     - bis 31. Dezember 2012     184,55 EUR,
     - ab 1. Januar 2013     450,00 EUR,

jeweils unvermischt mit anderen Energieerzeugnissen, ausgenommen Biokraftstoffen oder Additiven der Position 3811 der Kombinierten Nomenklatur.

(6) (weggefallen)

(7) Eine Steuerentlastung wird nur gewährt, wenn der Entlastungsbetrag nach den Absätzen 5 und 6 mindestens 50 Euro im Kalenderjahr beträgt.

(8) Entlastungsberechtigt ist

1. im Falle des Absatzes 5 Nr. 1 der Betrieb der Land- und Forstwirtschaft nach Absatz 2 Nr. 1 bis 4, der die Gasöle verwendet hat. ²Dabei gelten Gasöle, die durch Betriebe nach Absatz 2 Nr. 5 bei der Ausführung von Arbeiten nach Absatz 1 Satz 1 für einen Betrieb der

EU-Vorgaben　　　　　　　　　　　DV § 103　　　　　　　　　　　§ 57

Land- und Forstwirtschaft nach Absatz 2 Nr. 1 bis 4 verwendet wurden, als durch den Betrieb der Land- und Forstwirtschaft verwendet, für den die Arbeiten ausgeführt wurden,

2. im Falle des Absatzes 5 Nr. 2 der Betrieb der Land- und Forstwirtschaft nach Absatz 2, der die Biokraftstoffe verwendet hat.

*EU-Vorgaben*

**RL 2003/96/EG Energiesteuerrichtlinie (Auszug)**
**Artikel 15 Absatz 3**
(3) Die Mitgliedstaaten können einen bis zu Null gehenden Steuerbetrag auf Energieerzeugnisse und elektrischen Strom anwenden, die für Arbeiten in Landwirtschaft und Gartenbau, in der Fischzucht und in der Forstwirtschaft verwendet werden.

*Energiesteuer-Durchführungsverordnung*

*Zu § 57 des Gesetzes*

**§ 103**[1]**) Steuerentlastung für Betriebe der Land- und Forstwirtschaft**
*(1) ¹Der Antrag nach § 57 des Gesetzes ist bei dem für den Betrieb des Antragstellers zuständigen Hauptzollamt zu stellen. ²Hat der Inhaber eines Betriebs nach § 57 Abs. 2 des Gesetzes seinen Wohnsitz nicht im Steuergebiet und führt er im Steuergebiet Arbeiten im Sinne des § 57 Abs. 1 des Gesetzes aus, so ist der Antrag bei dem Hauptzollamt zu stellen, das für die Steuerentlastung nach § 57 des Gesetzes in der Gemeinde, in der die Arbeiten überwiegend ausgeführt werden, zuständig ist.*

*(2) ¹Die Steuerentlastung ist mit einer Anmeldung nach amtlich vorgeschriebenem Vordruck für die innerhalb eines Kalenderjahrs (Entlastungsabschnitt) zu begünstigten Zwecken nach § 57 Abs. 1 des Gesetzes verwendeten Energieerzeugnisse (begünstigter Verbrauch) zu beantragen. ²Die elektronische Übermittlung der Antragsdaten ist zugelassen, soweit für die Datenübermittlung und den Ausdruck des Entlastungsantrags (komprimierter Vordruck) die von der Finanzverwaltung hierfür zur Verfügung gestellten elektronischen Komponenten genutzt werden. ³Der Antragsteller hat in der Anmeldung alle für die Bemessung der Steuerentlastung erforderlichen Angaben zu machen und die Steuerentlastung selbst zu berechnen. ⁴Die Steuerentlastung wird nur gewährt, wenn der Antrag bis zum 30. September des Jahres, das dem Kalenderjahr folgt, in dem die Energieerzeugnisse verwendet worden sind, beim zuständigen Hauptzollamt gestellt wird. ⁵Bei einer elektronischen Übermittlung der Antragsdaten gilt der Antrag erst als gestellt, wenn dem zuständigen Hauptzollamt zusätzlich zu den elektronisch übermittelten Daten der unterschriebene komprimierte Vordruck zugeht. ⁶Für die Fristwahrung ist allein der Eingang des unterschriebenen komprimierten Vordrucks maßgeblich. ⁷Bei erstmaliger Antragstellung sind dem Antrag beizufügen:*

*1. Quittungen oder Lieferbescheinigungen nach Absatz 4 über im Entlastungsabschnitt insgesamt bezogene Gasöle und Biokraftstoffe,*

*2. die Aufzeichnungen nach Absatz 5, soweit der Antragsteller zu deren Führung verpflichtet ist,*

*3. von Betrieben der Imkerei ein Nachweis über die Anzahl der Bienenvölker (Völkermeldung) und*

*4. Bescheinigungen nach Absatz 6 über das im Entlastungsabschnitt von Betrieben im Sinne des § 57 Abs. 2 Nr. 5 des Gesetzes verbrauchte Gasöl.*

*⁸Bei Folgeanträgen hat der Antragsteller die in Satz 7 genannten Unterlagen lediglich auf Verlangen des Hauptzollamts vorzulegen.*

*(3) ¹Antragsberechtigt ist der Inhaber eines Betriebs im Sinne des § 57 Abs. 2 des Gesetzes (Begünstigter). ²Wechselt innerhalb eines Entlastungsabschnitts der Inhaber eines Betriebs, so bleibt der bisherige Inhaber für die Zeit bis zum Inhaberwechsel Begünstigter.*

*(4) ¹Der Begünstigte hat sich Quittungen oder Lieferbescheinigungen über die im Entlastungsabschnitt insgesamt für begünstigte und nicht begünstigte Zwecke bezogene Gasöle und Biokraftstoffe ausstellen zu lassen, welche die Anschriften des Empfängers und des Lieferers, das Datum der Lieferung, die gelieferte Menge und den zu zahlenden Betrag enthalten. ²Tankbelege gelten auch ohne die Anschrift des*

---
1) § 103 Abs. 1 Satz 2 geänd., Abs. 6 neu gef. mWv 8.2.2007 durch VO v. 29.1.2007 (BGBl. I S. 60); Abs. 2 Satz 2 geänd., Sätze 5 und 6 eingef., bish. Sätze 5 und 6 werden Sätze 7 und 8 und neuer Satz 8 geänd. mWv 30.9.2011 durch VO v. 20.9.2011 (BGBl. I S. 1890); Abs. 6 geänd. mWv 1. 8. 2013 durch VO v. 24.7.2013 (BGBl. I S. 2763).

# § 57 DV § 103

*Empfängers als Lieferbescheinigung, wenn sie die übrigen Angaben nach Satz 1 enthalten.* ³*Der Antragsteller hat die Belege nach § 147 Abs. 1 und 3 der Abgabenordnung aufzubewahren.*

*(5) ¹Inhaber von Betrieben im Sinne des § 57 Abs. 2 Nr. 5 des Gesetzes haben für jedes oder jede der in § 57 Abs. 1 des Gesetzes genannten Fahrzeuge, Geräte und Maschinen geeignete Aufzeichnungen zu führen, aus denen das Datum und der Umfang der ausgeführten Arbeiten sowie die Raummenge der beim Betrieb verbrauchten Energieerzeugnisse ersichtlich sein müssen.* ²*Die Aufzeichnungen sind am Schluss des Kalenderjahrs abzuschließen.*

*(6) Für Arbeiten, die ein in § 57 Abs. 2 Nr. 5 des Gesetzes genannter Betrieb im Betrieb des Begünstigten unter Verwendung von selbst bezogenem Gasöl ausgeführt hat, hat sich der Begünstigte von dem ausführenden Betrieb Bescheinigungen ausstellen zu lassen, welche seine Anschrift, die des ausführenden Betriebs, das Datum sowie Art und Umfang der ausgeführten Arbeiten, die hierfür verbrauchte Gasölmenge und den hierfür zu zahlenden Geldbetrag enthalten.*

*(7) Der Steuerentlastungsanspruch nach § 57 des Gesetzes entsteht mit Ablauf des Entlastungsabschnitts (Absatz 2 Satz 1).*

### *Flurbereinigungsgesetz (Auszug)*

**§ 10 Beteiligte**

Am Flurbereinigungsverfahren sind beteiligt (Beteiligte):
1. als Teilnehmer die Eigentümer der zum Flurbereinigungsgebiet gehörenden Grundstücke sowie die den Eigentümern gleichstehenden Erbbauberechtigten;
2. als Nebenbeteiligte:
   a) Gemeinden und Gemeindeverbände, in deren Bezirk Grundstücke vom Flurbereinigungsverfahren betroffen werden;
   b) andere Körperschaften des öffentlichen Rechts, die Land für gemeinschaftliche oder öffentliche Anlagen erhalten (§§ 39 und 40) oder deren Grenzen geändert werden (§ 58 Abs. 2);
   c) Wasser- und Bodenverbände, deren Gebiet mit dem Flurbereinigungsgebiet räumlich zusammenhängt und dieses beeinflußt oder von ihm beeinflußt wird;
   d) Inhaber von Rechten an den zum Flurbereinigungsgebiet gehörenden Grundstücken oder von Rechten an solchen Rechten oder von persönlichen Rechten, die zum Besitz oder zur Nutzung solcher Grundstücke berechtigen oder die Benutzung solcher Grundstücke beschränken;
   e) Empfänger neuer Grundstücke nach den §§ 54 und 55 bis zum Eintritt des neuen Rechtszustandes (§ 61 Satz 2);
   f) Eigentümer von nicht zum Flurbereinigungsgebiet gehörenden Grundstücken, denen ein Beitrag zu den Unterhaltungs- oder Ausführungskosten auferlegt wird (§ 42 Abs. 3 und § 106) oder die zur Errichtung fester Grenzzeichen an der Grenze des Flurbereinigungsgebietes mitzuwirken haben (§ 56).

### *Verwaltungsregelungen zu § 57 EnergieStG*

| Datum | Anlage | Quelle | Inhalt |
|---|---|---|---|
| 15.12.2006 | § 057-01 | EU | Verordnung (EG) Nr. 1998/2006 der Kommission über die Anwendung der Artikel 87 und 88 EG-Vertrag auf „Deminimis"-Beihilfen |
| 18.12.2013 | § 057-02 | EU | Verordnung (EU) Nr. 1407/2013 der Kommission vom 18. Dezember 2013 über die Anwendung der Artikel 107 und 108 des Vertrags über die Arbeitsweise der Europäischen Union auf Deminimis-Beihilfen |

## § 58

§ 58[1] (weggefallen)

---

1) § 58 aufgeh. mWv 1.1.2013 durch G v. 5.12.2012 (BGBl. I S. 2436). Geltungszeiträume: ab 1.1.2013.

# § 59 EU-Vorgaben

**§ 59**[1)] **Steuerentlastung für Diplomatenbenzin und -dieselkraftstoff**

(1) Unter der Voraussetzung der Gegenseitigkeit wird den in Absatz 2 aufgeführten Dienststellen und Personen auf Antrag die Steuer für Benzin und Dieselkraftstoff vergütet, die sie als Kraftstoff für den Betrieb ihrer Kraftfahrzeuge aus öffentlichen Tankstellen erworben haben.

(2) Begünstigt im Sinne des Absatzes 1 sind

1. die diplomatischen und konsularischen Vertretungen in der Bundesrepublik Deutschland, ausgenommen Wahlkonsulate,
2. die Leiter der in Nummer 1 genannten Vertretungen, ihre diplomatischen Mitglieder, Konsularbeamte, Mitglieder ihres Verwaltungs- und technischen Personals und ihr dienstliches Hauspersonal sowie die Familienmitglieder dieser Personen. Familienmitglieder im Sinne dieser Bestimmung sind der Ehegatte oder der Lebenspartner, die unverheirateten oder die nicht in einer Lebenspartnerschaft lebenden Kinder und die Eltern, wenn sie von diesen Personen wirtschaftlich abhängig sind und in ihrem Haushalt leben.

(3) Nicht begünstigt sind

1. Deutsche oder solche Staatenlose und Ausländer, die ihren ständigen Wohnsitz im Geltungsbereich dieses Gesetzes hatten, ehe sie zu den in Absatz 2 Nr. 2 genannten Personen gehörten,
2. Personen, die im Geltungsbereich dieses Gesetzes eine private Erwerbstätigkeit ausüben.

Geltungszeitraum: ab 24.07.2014

**§ 59 Steuerentlastung für Diplomatenbenzin und -dieselkraftstoff**

(1) Unter der Voraussetzung der Gegenseitigkeit wird den in Absatz 2 aufgeführten Dienststellen und Personen auf Antrag die Steuer für Benzin und Dieselkraftstoff vergütet, die sie als Kraftstoff für den Betrieb ihrer Kraftfahrzeuge aus öffentlichen Tankstellen erworben haben.

(2) Begünstigt im Sinne des Absatzes 1 sind

1. die diplomatischen und konsularischen Vertretungen in der Bundesrepublik Deutschland, ausgenommen Wahlkonsulate,
2. die Leiter der in Nummer 1 genannten Vertretungen, ihre diplomatischen Mitglieder, Konsularbeamte, Mitglieder ihres Verwaltungs- und technischen Personals und ihr dienstliches Hauspersonal sowie die Familienmitglieder dieser Personen. Familienmitglieder im Sinne dieser Bestimmung sind der Ehegatte, die unverheirateten Kinder und die Eltern, wenn sie von diesen Personen wirtschaftlich abhängig sind und in ihrem Haushalt leben.

(3) Nicht begünstigt sind

1. Deutsche oder solche Staatenlose und Ausländer, die ihren ständigen Wohnsitz im Geltungsbereich dieses Gesetzes hatten, ehe sie zu den in Absatz 2 Nr. 2 genannten Personen gehörten,
2. Personen, die im Geltungsbereich dieses Gesetzes eine private Erwerbstätigkeit ausüben.

Geltungszeitraum: 01.08.2006 – 23.07.2014

*EU-Vorgaben*

**RL 2008/118/EG Systemrichtlinie (Auszug)**
**Artikel 12 Absatz 1 Buchstabe a) und b) i. V. m. Absatz 2**

(1) Verbrauchsteuerpflichtige Waren sind von der Verbrauchsteuer befreit, wenn sie zur Verwendung für einen der folgenden Zwecke oder durch einen der folgenden Empfänger bestimmt sind:

---

1) § 59 Abs. 2 Nr. 2 Satz 2 geänd. mWv 24. 7. 2014 durch G v. 18. 7. 2014 (BGBl. I S. 1042).

a) im Rahmen diplomatischer oder konsularischer Beziehungen;
b) durch internationale Einrichtungen, die von den Behörden des Aufnahmemitgliedstaats als solche anerkannt sind, sowie durch die Mitglieder dieser Einrichtungen, und zwar in den Grenzen und entsprechend den Bedingungen, die in den internationalen Übereinkommen zur Gründung dieser Einrichtungen oder in den Sitzabkommen festgelegt sind;

(2) Der Aufnahmemitgliedstaat legt Voraussetzungen und Grenzen dieser Steuerbefreiung fest. Die Mitgliedstaaten können die Steuerbefreiung in Form einer Erstattung der Verbrauchsteuer gewähren.

## Energiesteuer-Durchführungsverordnung

### Zu § 59 des Gesetzes

**§ 104**[1] **Steuervergütung für Diplomatenbenzin und -dieselkraftstoff**

*(1) ¹Die Steuervergütung nach § 59 des Gesetzes ist bei dem Hauptzollamt, das für den Dienstsitz der ausländischen Vertretung zuständig ist, nach amtlich vorgeschriebenem Vordruck für die innerhalb eines Vergütungsabschnitts bezogenen Mengen an Benzin und Dieselkraftstoff zu beantragen. ²Sie muss spätestens in dem auf den Bezug folgenden Kalenderjahr beantragt werden. ³Die Steuervergütung wird nicht gewährt für Benzin und Dieselkraftstoffe, die in Fahrzeugen verwendet worden sind, die für eine ausländische Vertretung oder andere Begünstigte zugelassen, jedoch nicht begünstigten Dritten zur ständigen Benutzung überlassen worden sind. ⁴Eine entsprechende Erklärung ist mit jedem Antrag abzugeben.*

*(2) ¹Die Vergütung ist, wenn nicht besondere Gründe eine Ausnahme rechtfertigen, erst zu beantragen, wenn die vergütungsfähige Menge 300 Liter übersteigt. ²Vergütungsabschnitt ist nach Wahl des Antragstellers im Zeitraum von einem Kalendervierteljahr, einem Kalenderhalbjahr oder einem Kalenderjahr. ³Das Hauptzollamt kann auf Antrag einen Zeitraum von einem Kalendermonat als Vergütungsabschnitt zulassen. ⁴Eine Änderung des Vergütungsabschnitts ist erst mit Beginn eines neuen Kalenderjahres möglich. ⁵Der Antrag nach Satz 1 muss alle im Vergütungsabschnitt entstandenen Vergütungsansprüche umfassen. ⁶Ist über ihn entschieden, können für den gleichen Zeitraum keine weiteren Ansprüche geltend gemacht werden.*

*(3) ¹Die Steuervergütung wird gewährt, wenn*

*1. der Antrag einer Vertretung nach § 59 Absatz 2 Nummer 1 des Gesetzes mit der Unterschrift einer unterschriftsberechtigten Person und dem Dienststempelabdruck der Vertretung versehen ist,*

*2. der Antrag einer begünstigten Person nach § 59 Absatz 2 Nummer 2 des Gesetzes von dieser selbst unterschrieben ist, eine unterschriftsberechtigte Person mit dem Dienststempelabdruck der Vertretung bestätigt hat, dass der Antragsteller zu den nach § 59 Absatz 2 Nummer 2 des Gesetzes begünstigten Personen gehört, und keine Gründe vorliegen, die die Begünstigung nach § 59 Absatz 3 des Gesetzes ausschließen.*

*²Die unterschriftsberechtigte Person ist in der Regel der Leiter der ausländischen Vertretung oder sein Stellvertreter. ³Sie wird von der Vertretung gegenüber dem Auswärtigen Amt bestimmt.*

*(4) ¹Dem Antrag sind die Rechnungen des Lieferers über die Abgabe von Benzin oder Dieselkraftstoff an den Begünstigten beizufügen; darin müssen der Tag der Lieferung, die gelieferte Menge und die Anschrift des Lieferers angegeben sein. ²Das Hauptzollamt kann sich weitere für die Bearbeitung des Antrags erforderliche Unterlagen vorlegen lassen.*

*(5) ¹Die Steuervergütung wird nicht gewährt für einen Vergütungsabschnitt, für den eine gefälschte, verfälschte oder für andere als die angegebenen Fahrzeuge erteilte Rechnung vorgelegt wird. ²Das Hauptzollamt kann eine teilweise Vergütung gewähren, wenn eine Rechnung, die für ein anderes als das angegebene Fahrzeug ausgestellt wurde, offenkundig versehentlich vorgelegt worden ist.*

### Verwaltungsregelungen zu § 59 EnergieStG

| Datum | Anlage | Quelle | Inhalt |
|---|---|---|---|
| 20.09.2013 | § 059-01 | BMF | Verbrauchsteuern/Energieerzeugnisse; Dienstvorschrift zur Vergütung der Energiesteuer für Diplomatenbenzin und -dieselkraftstoff nach § 59 Energiesteuergesetz und § 104 Energiesteuer-Durchführungsverordnung (DV Diplomaten) |

---

1) § 104 neu gef. mWv 1. 8. 2013 durch VO v. 24. 7. 2013 (BGBl. I S. 2763).

## § 60

### § 60 Steuerentlastung bei Zahlungsausfall

(1) Eine Steuerentlastung wird auf Antrag dem Verkäufer von nachweislich nach § 2 Abs. 1 Nr. 1 bis 4 versteuerten Energieerzeugnissen für die im Verkaufspreis enthaltene Steuer gewährt, die beim Warenempfänger wegen Zahlungsunfähigkeit ausfällt, wenn

1. der Steuerbetrag bei Eintritt der Zahlungsunfähigkeit 5.000 Euro übersteigt,
2. keine Anhaltspunkte dafür vorliegen, dass die Zahlungsunfähigkeit im Einvernehmen mit dem Verkäufer herbeigeführt worden ist,
3. der Zahlungsausfall trotz vereinbarten Eigentumsvorbehalts, laufender Überwachung der Außenstände, rechtzeitiger Mahnung bei Zahlungsverzug unter Fristsetzung und gerichtlicher Verfolgung des Anspruchs nicht zu vermeiden war,
4. Verkäufer und Warenempfänger nicht wirtschaftlich miteinander verbunden sind; sie gelten auch als verbunden, wenn sie Teilhaber oder Gesellschafter desselben Unternehmens oder Angehörige im Sinne des § 15 der Abgabenordnung sind oder wenn Verkäufer oder Warenempfänger der Leitung des Geschäftsbetriebs des jeweils anderen angehören.

(2) ¹Die Steuerentlastung hängt davon ab, dass sie bis zum Ablauf des Jahres, das dem Jahr folgt, in dem die Zahlungsunfähigkeit des Warenempfängers eingetreten ist, schriftlich beantragt wird. ²Dem Antrag sind beizufügen:

1. Unterlagen über die Beschaffenheit, Herkunft und Versteuerung des Mineralöls,
2. Nachweise über den Verkauf an den Warenempfänger,
3. Nachweise über die eingetretene Zahlungsunfähigkeit des Warenempfängers.

(3) ¹Die Steuerentlastung erfolgt unter der auflösenden Bedingung einer nachträglichen Leistung des Warenempfängers. ²Der Verkäufer hat dem Hauptzollamt nachträgliche Leistungen des Warenempfängers unverzüglich anzuzeigen. ³Führt die Leistung nicht zum Erlöschen der Forderung des Verkäufers, vermindert sich die Erstattung oder Vergütung um den Teil der Teilleistung, der dem Steueranteil an der ausgefallenen Forderung entspricht. ⁴Das Hauptzollamt kann anordnen, dass der Verkäufer seine Forderung gegen den Warenempfänger in Höhe des ausgefallenen Steuerbetrages an die Bundesrepublik Deutschland (Bundesfinanzverwaltung) abtritt.

### Verwaltungsregelungen zu § 60 EnergieStG

| Datum | Anlage | Quelle | Inhalt |
|---|---|---|---|
| 29.12.2012 | § 060-01 | BMF | Dienstvorschrift zur Steuerentlastung bei Zahlungsausfall nach § 60 Energiesteuergesetz |

### Rechtsprechungsauswahl zu § 60 EnergieStG

**BFH vom 07.05.2013, VII-B-102/12, BFH/NV-2013-1428:** Divergenz bei Abweichung von einer Entscheidung eines anderen Spruchkörpers desselben FG

Die hinreichende Bezeichnung einer Divergenz setzt die Herausarbeitung und Gegenüberstellung tragender und abstrakter Rechtssätze aus dem angefochtenen Urteil des FG einerseits und aus der behaupteten Divergenzentscheidung andererseits voraus.

Eine die Zulassung der Revision rechtfertigende Divergenz kann auch dann vorliegen, wenn das FG von einer Entscheidung eines anderen Spruchkörpers desselben FG abgewichen ist.

**BFH vom 25.07.2012, VII-B-56/11, BFH/NV-2013-0261:** Frage nach weiteren Sicherheiten zum Erhalt eines mineralölsteuerrechtlichen Entlastungsanspruchs außer einem Eigentumsvorbehalt nicht klärungsfähig

Die Frage, ob es rechtlich möglich bzw. zulässig ist, über die nach § 53 Abs. 1 Nr. 3 MinöStV und § 60 Abs. 1 Nr. 3 EnergieStG geforderte Vereinbarung eines Eigentumsvorbehalts hinaus noch weitere Sicherheiten zu vereinbaren und welche Maßnahmen ein Mineralölhändler im Hinblick auf die Verwertung solcher Sicherheiten ergreifen muss, um sich im Falle eines Forderungsausfalls den Entlastungsanspruch zu erhalten, kann nur aufgrund der besonderen Umstände des jeweiligen Einzelfalls beantwortet werden, weshalb sie einer grundsätzlichen Klärung nicht zugänglich ist.

## § 60

**BFH vom 09.11.2010, VII-B-153/10, BFH/NV-2011-0438:** Voraussetzungen für den Entlastungsanspruch nach § 60 EnergieStG

Der Frage, ob neben dem eigentlichen, mit Mineralöl belieferten Vertragspartner auch noch weitere Personen, wie z.b. persönlich haftende Gesellschafter einer OHG, in Anspruch genommen werden müssen, um sich einen Energiesteuervergütungsanspruch nach § 60 EnergieStG zu erhalten, kommt keine grundsätzliche Bedeutung zu, denn sie ist bereits in dem Sinne höchstrichterlich entschieden, dass der Kaufpreisanspruch auch gegenüber den genannten Personen geltend zu machen ist.

Auch die Frage, ob der Kaufpreisanspruch selbst dann noch gerichtlich geltend gemacht werden muss, wenn ein Antrag auf Eröffnung des Insolvenzverfahrens über das Vermögen des Warenempfängers gestellt worden ist, bedarf keiner weiteren Klärung.

**FG Hamburg vom 19.02.2014; 4-K-104/13; rechtskräftig:** Vergütung von Energiesteuer nach § 60 Abs. 1 EnergieStG

Die Voraussetzung der laufenden Überwachung der Außenstände i. S. v. § 60 Abs. 1 EnergieStG meint, dass der Berechtigte fortlaufend auf einen pünktlichen Zahlungseingang achten und bei Anzeichen für bestehende Zahlungsschwierigkeiten entsprechend reagieren muss. Dabei ist auch das Bedienen von Altschulden, für die eine Ratenzahlung vereinbart wurde, zu berücksichtigen.

Von einer rechtzeitigen gerichtlichen Anspruchsverfolgung i. S. v. § 60 Abs. 1 EnergieStG kann nicht die Rede sein, wenn zwischen dem Erhalt eines Vollstreckungstitels und der Einleitung der Zwangsvollstreckung über sieben Monate vergehen, ohne dass es dafür eine überzeugende und anzuerkennende Begründung gibt.

**FG München vom 13.09.2012, 14-K-723/11 – rechtskräftig:** Erstattung von Energiesteuer bei Forderungsausfall

Eine Erstattung von Energiesteuer nach § 60 EnergieStG ist nur dann möglich, wenn der Mineralölhändler offene Forderungen rechtzeitig gerichtlich verfolgt. Dies gilt auch dann, wenn bezüglich des Vermögens des Kunden die Eröffnung eines Insolvenzverfahrens beantragt worden ist, weil es auf die Erfolgsaussichten der gerichtlichen Geltendmachung nicht ankommt.

Der Mineralölhändler hat unverzüglich ein Mahnverfahren einzuleiten, wenn sich die finanzielle Situation seines Kunden derart verschlechtert hat, dass mit einer Zahlung der noch offenen Forderung ohne eine gerichtliche Geltendmachung nicht mehr zu rechnen ist.

Ein Mahnsystem, bei dem sichergestellt ist, dass im Falle der Nichtbegleichung der Forderung spätestens etwa zwei Monate nach der Belieferung die gerichtliche Verfolgung in die Wege geleitet wird, ist hinzunehmen. Dabei handelt es sich nicht um eine starre Frist. Vielmehr hängt es von den Umständen des jeweiligen Einzelfalls ab, welche Maßnahmen als ausreichend anzusehen sind, um den Vergütungsanspruch zu erhalten. Liegen besondere Umstände vor, kann ein geringfügiges Überschreiten dieser Frist hingenommen werden. Es kann aber auch eine Situation eintreten, in der vom Lieferanten ein unverzügliches Handeln gefordert wird.

**FG München vom 13.09.2012, 14-K-722/11 – rechtskräftig:** Erstattung von Energiesteuer bei Forderungsausfall

Eine Erstattung von Energiesteuer nach § 60 EnergieStG ist nur dann möglich, wenn der Mineralölhändler offene Forderungen rechtzeitig gerichtlich verfolgt. Dies ist auch dann nicht entbehrlich, wenn sein Kunde mitteilt, dass die Eröffnung eines Insolvenzverfahrens beantragt werden soll. Denn auf die Erfolgsaussichten der gerichtlichen Geltendmachung kommt es nicht an.

Derjenige, der eine Personengesellschaft mit versteuertem Mineralöl beliefert, hat den Kaufpreisanspruch nicht nur gegen die Gesellschaft, sondern auch gegen weitere in Betracht kommende Gesamtschuldner, wie z. B. den Komplementär, geltend zu machen und, soweit erforderlich, gerichtlich zu verfolgen.

**FG Hamburg, vom 16.09.2010, 4-K-62/10 – rechtskräftig:** Obliegenheiten des Mineralölhändlers bei der gerichtlichen Forderungsverfolgung

Bei der Entscheidung darüber, mit welchen Maßnahmen ausstehende Forderungen am effektivsten durchgesetzt werden können, ist dem Mineralölhändler ein gewisser Beurteilungsspielraum einzuräumen, bei dessen Ausschöpfung er sich an den Grundsätzen ordnungsgemäßer kaufmännischer Geschäftsführung zu orientieren hat.

## § 60

**FG Hamburg vom 16.09.2010, 4-K-62/10, – rechtskräftig:** Obliegenheiten des Mineralölhändlers bei der gerichtlichen Forderungsverfolgung

Bei der Entscheidung darüber, mit welchen Maßnahmen ausstehende Forderungen am effektivsten durchgesetzt werden können, ist dem Mineralölhändler ein gewisser Beurteilungsspielraum einzuräumen, bei dessen Ausschöpfung er sich an den Grundsätzen ordnungsgemäßer kaufmännischer Geschäftsführung zu orientieren hat.

**FG Hamburg vom 02.10.2009, 4-K-107/09 – rechtskräftig:** Mineralölsteuerentlastung gemäß § 60 EnergieStG

Akzeptiert ein Mineralölhändler dauerhaft, dass ein Warenempfänger außerhalb des Zahlungsziels und nach erster Mahnung zahlt, liegt die Entlastungsvoraussetzung, dass der Zahlungsausfall trotz laufender Überwachung der Außenstände nicht zu vermeiden war (§ 60 Abs. 1 Nr. 3 EnergieStG), nicht vor. Bei wiederholtem Zahlungsverzug muss der Verkäufer Sicherungsmaßnahmen ergreifen, wie z.B. Lieferung nur gegen Vorkasse bzw. Barzahlung oder die Absicherung künftiger Forderungen durch Bürgschaften.

**FG Hamburg vom 03.04.2009, 4-K-217/08 – rechtskräftig:** Zur Verfolgung eines Anspruchs

Die Verfolgung des Anspruchs im Sinne von § 60 Abs. 1 Nr. 3 EnergieStG muss nachhaltig sein. Dies bedeutet grundsätzlich, dass die Bemühungen nicht nach einem ersten erfolglosen Vollstreckungsversuch eingestellt werden dürfen, wenn es noch eine Zugriffsmöglichkeit auf den Warenempfänger – etwa über den Geschäftsführer – gibt. Ist jedoch ein Vollstreckungsversuch gescheitert, weil der bekannte Firmensitz aufgegeben worden ist und ist dem Mineralölhändler der Wohnort des Geschäftsführers nicht bekannt und gibt es auch keine naheliegende Möglichkeit, diesen herauszufinden, kann er davon ausgehen, dass sich die Warenempfängerin derart nachdrücklich den Vollstreckungsbemühungen entzieht, dass ein weiteres Bemühen um die Realisierung der Forderung gänzlich aussichtslos ist.

**FG Hamburg vom 06.02.2009, 4-K-213/08 – rechtskräftig:** Zur Verfolgung eines Anspruchs

Die Verfolgung des Anspruchs im Sinne von § 60 Abs. 1 Nr. 3 EnergieStG muss nachhaltig sein. Dies bedeutet, dass die Bemühungen nicht nach einem ersten wegen fehlerhafter Angabe der Adresse des Warenempfängers erfolglosen Vollstreckungsversuch eingestellt werden dürfen, wenn es noch eine Zugriffsmöglichkeit auf den Warenempfänger – hier über den Geschäftsführer – gibt. Sind jedoch zwei Vollstreckungsversuche gescheitert, weil der bekannte Firmensitz aufgegeben worden ist und sich ein neuer Firmensitz als Tarnadresse herausgestellt hat und ist dem Mineralölhändler nur ein neuer Geschäftsführer in Griechenland bekannt, kann er davon ausgehen, dass sich die Warenempfängerin derart nachdrücklich den Vollstreckungsbemühungen entzieht, dass ein weiteres Bemühen um die Realisierung der Forderung gänzlich aussichtslos ist.

## Kapitel 6 Schlussbestimmungen

**§ 61**[1] **Steueraufsicht**

(1) Der Steueraufsicht im Sinne von § 209 der Abgabenordnung unterliegt,

1. wer Energieerzeugnisse herstellt, in das Steuergebiet verbringt, vertreibt, lagert, kennzeichnet, befördert oder verwendet,
2. wer als Beauftragter nach § 18 Absatz 3 tätig ist.

(2) ¹Die Amtsträger sind befugt, im öffentlichen Verkehr jederzeit, in Betriebsräumen und auf Betriebsgrundstücken während der Geschäfts- und Arbeitszeit unentgeltliche Proben aus Kraftfahrzeugtanks oder anderen Behältnissen zu entnehmen. ²Zur Probenahme dürfen die Amtsträger Fahrzeuge anhalten. ³Auf Verlangen haben die Betroffenen sich auszuweisen, die Herkunft des Energieerzeugnisses anzugeben und bei der Probenahme die erforderliche Hilfe zu leisten.

*Energiesteuer-Durchführungsverordnung*

Zu den §§ 61 und 66 Abs. 1 Nr. 16 des Gesetzes

**§ 106 Steueraufsicht, Pflichten**

*¹Wer der Steueraufsicht unterliegt (§ 61 des Gesetzes), hat auf Verlangen des Hauptzollamts über den Bezug, den Vertrieb, den Transport, die Lagerung und die Verwendung von Energieerzeugnissen besondere Aufzeichnungen zu führen, aus denen jeweils Art, Kennzeichnung und Menge der Energieerzeugnisse, der Lieferer, der Empfänger und die Reihenfolge der Lieferungen hervorgehen, wenn diese Angaben aus den betrieblichen Unterlagen nicht ersichtlich sind. ²Darüber hinaus kann das Hauptzollamt weitere Überwachungsmaßnahmen anordnen, wenn sie zur Sicherung der Steuerbelange erforderlich erscheinen.*

---

1) § 61 Abs. 1 Nr. 2 geänd. mWv 1.4.2010 durch G v. 15.7.2009 (BGBl. I S. 1870). Geltungszeiträume: ab 1.4.2010.

## § 62

**§ 62 Steuerliche Betriebsleiter, Steuerhilfspersonen**

(1) ¹Der Steuerpflichtige kann sich zur Erfüllung seiner steuerlichen Pflichten Personen bedienen, die dem Betrieb oder dem Unternehmen nicht angehören (Steuerliche Betriebsleiter). ²Die Bestellung des steuerlichen Betriebsleiters wird erst wirksam, nachdem das Hauptzollamt zugestimmt hat.

(2) ¹Auf Antrag des Steuerpflichtigen kann das Hauptzollamt Personen, die von der Besteuerung nicht selbst betroffen werden, als Steuerhilfspersonen bestellen. ²Ihnen darf nur die Aufgabe übertragen werden, Tatsachen festzustellen, die für die Besteuerung erheblich sein können.

## § 63 Geschäftsstatistik

(1) Nach näherer Bestimmung des Bundesministeriums der Finanzen stellen die Hauptzollämter für statistische Zwecke Erhebungen an und teilen die Ergebnisse dem Statistischen Bundesamt zur Auswertung mit.

(2) Die Bundesfinanzbehörden können auch bereits aufbereitete Daten dem Statistischen Bundesamt zur Darstellung und Veröffentlichung für allgemeine Zwecke übermitteln.

## § 64[1]) Bußgeldvorschriften

Ordnungswidrig im Sinne des § 381 Abs. 1 Nr. 1 der Abgabenordnung handelt, wer vorsätzlich oder leichtfertig

1. entgegen § 3 Absatz 5 eine begünstigte Anlage nicht, nicht richtig oder nicht rechtzeitig anmeldet,
2. entgegen § 9 Absatz 1a, § 15 Abs. 3, § 18 Abs. 3 Satz 1 oder Abs. 6 Satz 1, jeweils auch in Verbindung mit § 34 oder § 40 Abs. 1, oder § 23 Abs. 4 Satz 1 eine Anzeige nicht, nicht richtig, nicht vollständig oder nicht rechtzeitig erstattet,
3. entgegen § 10 Absatz 3, § 11 Absatz 3 oder § 13 Absatz 3 Energieerzeugnisse nicht oder nicht rechtzeitig aufnimmt, nicht oder nicht rechtzeitig übernimmt, nicht oder nicht rechtzeitig befördert oder nicht oder nicht rechtzeitig ausführt,
4. entgegen § 31 Abs. 3 oder § 38 Abs. 3 eine Anmeldung nicht, nicht richtig oder nicht rechtzeitig abgibt oder
5. entgegen § 61 Abs. 2 Satz 3 sich nicht, nicht richtig oder nicht rechtzeitig ausweist, eine Angabe nicht, nicht richtig, nicht vollständig oder nicht rechtzeitig macht oder nicht, nicht richtig, nicht vollständig oder nicht rechtzeitig Hilfe leistet.

*Energiesteuer-Durchführungsverordnung*

*Zu § 381 Abs. 1 der Abgabenordnung*

## § 111 Ordnungswidrigkeiten

*(1)*[2]) *Ordnungswidrig im Sinne des § 381 Abs. 1 Nr. 1 der Abgabenordnung handelt, wer vorsätzlich oder leichtfertig*

1. [3]) *entgegen § 4 Abs. 3 Satz 1, auch in Verbindung mit § 4 Abs. 4, entgegen § 7 Abs. 1 Satz 3, Abs. 2 Satz 2 oder Abs. 4 Satz 1, jeweils auch in Verbindung mit § 8 Abs. 1, entgegen § 11 Absatz 4, § 15 Abs. 2 Satz 3, Abs. 4 Satz 2, Abs. 8, 9 Satz 1, Abs. 10 oder Abs. 11, jeweils auch in Verbindung mit § 109 Abs. 5 Satz 2, entgegen § 19 Abs. 2 Satz 3, Abs. 4 Satz 2 oder Abs. 9 Satz 1, jeweils auch in Verbindung mit § 22, entgegen § 19 Abs. 8 oder Abs. 10, jeweils auch in Verbindung mit § 21 Abs. 3 Satz 3 oder § 22, entgegen § 26 Absatz 6, § 27 Absatz 6, § 36 Absatz 4 Satz 1, auch in Verbindung mit § 36b Absatz 4 oder § 36c Absatz 4, § 37a, § 42 Absatz 4 Satz 4, § 42a Satz 1, § 51 Abs. 4, § 54 Abs. 6, auch in Verbindung mit § 73 Abs. 2 oder § 84 Abs. 2, § 56 Absatz 6 Satz 2 oder Absatz 8, jeweils auch in Verbindung mit § 85 Absatz 7, entgegen § 56 Absatz 10, § 61 Abs. 1 Satz 2, § 64 Abs. 5, § 67 Abs. 4, 6 oder Abs. 8 Satz 1, § 75 Abs. 4, 6 oder Abs. 8 Satz 1, § 79 Abs. 3 oder § 85 Abs. 4 oder Abs. 6 Satz 1 eine Anzeige nicht, nicht richtig, nicht vollständig, nicht in der vorgeschriebenen Weise oder nicht rechtzeitig erstattet,*
2. [4]) *entgegen § 7 Abs. 3, auch in Verbindung mit § 8 Abs. 1, § 15 Abs. 2 Satz 3, auch in Verbindung mit § 109 Abs. 5 Satz 2, § 19 Abs. 2 Satz 3, auch in Verbindung mit § 22, § 26 Absatz 4 Satz 1 oder Absatz 8 Satz 4, § 27 Absatz 5 Satz 1, § 40 Abs. 1 Satz 4, § 48 Abs. 2, § 51 Abs. 2 Satz 1 oder Satz 3, § 64 Abs. 2 Satz 1 oder Satz 3, § 67 Abs. 2 Satz 1 oder Satz 3, § 75 Abs. 2 Satz 1 oder Satz 3, § 79 Abs. 2 Satz 1 oder Satz 3, § 85 Abs. 2 Satz 1 oder Satz 3, § 100a Absatz 4 Satz 1, auch in Verbindung mit § 101 Absatz 4, oder § 106 Satz 1 eine Aufzeichnung nicht, nicht richtig oder nicht vollständig führt,*
3. [5]) *entgegen § 15 Abs. 2 Satz 1, auch in Verbindung mit § 109 Abs. 5 Satz 2, § 19 Abs. 2 Satz 1, auch in Verbindung mit § 22, § 40 Abs. 1 Satz 1 oder § 56 Abs. 3 Satz 1 ein Buch nicht oder nicht richtig führt.*

---

1) § 64 Nr. 2–5 aufgeh., bish. Nr. 6 wird Nr. 2 und geänd., Nr. 3 eingef., bish. Nr. 7, 8 werden Nr. 4, 5 mWv 1.4.2010 durch G v. 15.7.2009 (BGBl. I S. 1870); Nr. 1 geänd. mWv 1. 1. 2013 durch G v. 5.12.2012 (BGBl. I S. 2436).
2) § 111 Abs. 1 Nr. 1 geänd., Nr. 6 neu gef., Nr. 7 und 8 geänd., Nr. 11 und 12 neu gef., Nr. 13 geänd. und Nr. 17 neu gef. mWv 1. 8. 2013 durch VO v. 24. 7. 2013 (BGBl. I S. 2763).
3) § 111 Abs. 1 Nr. 1 geänd. mWv 1. 4. 2010 durch VO v. 5. 10. 2009 (BGBl. I S. 3262).
4) § 111 Abs. 1 Nr. 2 geänd. mWv 1. 4. 2010 durch VO v. 5. 10. 2009 (BGBl. I S. 3262); Nr. 2 geänd. mWv 30. 9. 2011 durch VO v. 20. 9. 2011 (BGBl. I S. 1890).
5) § 111 Abs. 1 Nr. 3 geänd. mWv 1. 4. 2010 durch VO v. 5. 10. 2009 (BGBl. I S. 3262).

*DV § 111* **§ 64**

4. [1)] *entgegen § 15 Abs. 2 Satz 6, auch in Verbindung mit § 109 Abs. 5 Satz 2, § 19 Abs. 2 Satz 6, auch in Verbindung mit § 22, § 40 Abs. 1 Satz 7 oder § 56 Abs. 4 Satz 2 ein Buch nicht oder nicht rechtzeitig abliefert,*

5. [2)] *entgegen § 15 Abs. 3 Satz 1, § 19 Abs. 3 Satz 1, auch in Verbindung mit § 22, oder § 56 Abs. 3 Satz 6 eine Zusammenstellung nicht, nicht richtig oder nicht rechtzeitig vorlegt,*

6. *entgegen § 15 Absatz 3 Satz 2, § 15 Absatz 4 Satz 1, auch in Verbindung mit § 109 Absatz 5 Satz 2, § 19 Absatz 3 Satz 2 oder Absatz 4 Satz 1, jeweils auch in Verbindung mit § 22, § 56 Absatz 5 Satz 1, § 56 Absatz 6 Satz 1, auch in Verbindung mit § 85 Absatz 7, § 85 Absatz 3 Satz 1 oder § 109 Absatz 5 Satz 1 eine Anmeldung nicht, nicht richtig oder nicht rechtzeitig abgibt,*

7. [3)] *entgegen § 15 Abs. 5 Satz 2 oder Satz 3, jeweils auch in Verbindung mit § 109 Abs. 5 Satz 2, § 19 Abs. 5 Satz 2 oder Satz 3, jeweils auch in Verbindung mit § 22, § 40 Abs. 2 Satz 2 oder Satz 3 oder § 56 Abs. 7 Satz 2 oder Satz 3, jeweils auch in Verbindung mit § 85 Absatz 7, ein Buch oder eine Aufzeichnung nicht, nicht richtig oder nicht rechtzeitig aufrechnet, einen Bestand nicht, nicht richtig oder nicht rechtzeitig anmeldet oder ein anderes Energieerzeugnis nicht, nicht richtig oder nicht vollständig einbezieht,*

8. [4)] *entgegen § 27 Absatz 5 Satz 3, § 33 Absatz 3 oder Absatz 4, § 36 Absatz 7 Satz 1 oder Satz 2, § 36b Absatz 2 Satz 5, § 36c Absatz 2 Satz 5, § 57 Absatz 3, auch in Verbindung mit § 57 Absatz 9, § 57 Absatz 7 Satz 1 oder Absatz 15, § 68 Absatz 1 Satz 1, § 69 Absatz 2, auch in Verbindung mit § 69 Absatz 4, 5 oder § 76 Absatz 3 Satz 2, oder § 76 Absatz 1 Satz 1 eine Eintragung, eine Aufzeichnung oder einen Vermerk nicht, nicht richtig, nicht in der vorgeschriebenen Weise oder nicht rechtzeitig vornimmt,*

9. [5)] *entgegen § 28 Absatz 1 Satz 4, § 28b Absatz 3, § 33 Absatz 1, § 36 Absatz 3 Satz 4, § 39 Absatz 1 Satz 1, § 44 Satz 4, § 45 Absatz 2 Satz 3 oder § 57 Absatz 10 Satz 4 ein Dokument nicht mitführt,*

10. [6)] *entgegen § 28b Absatz 4 Satz 1, auch in Verbindung mit § 36 Absatz 4 Satz 3, oder § 34 Absatz 4 Energieerzeugnisse nicht, nicht vollständig oder nicht rechtzeitig vorführt,*

11. *entgegen § 32 Absatz 4 Satz 2, § 36 Absatz 2 Satz 1, auch in Verbindung mit § 36b Absatz 4 oder § 36c Absatz 4, entgegen § 36a Absatz 2 Satz 3, § 36b Absatz 2 Satz 4, § 36c Absatz 2 Satz 4 oder § 45 Absatz 3 Satz 1 eine Unterrichtung nicht, nicht richtig, nicht in der vorgeschriebenen Weise oder nicht rechtzeitig vornimmt,*

12. *entgegen § 34 Absatz 1 Satz 1, entgegen § 36 Absatz 3 Satz 3 oder entgegen § 36 Absatz 4 Satz 2, auch in Verbindung mit § 36b Absatz 4 oder § 36c Absatz 4, entgegen § 36 Absatz 5 Satz 1 oder Absatz 7 Satz 2, entgegen § 36a Absatz 3 Satz 1, entgegen § 36b Absatz 2 Satz 3 oder Absatz 3 Satz 1, entgegen § 36c Absatz 2 Satz 3 oder Absatz 3 oder entgegen § 36d Absatz 3 Satz 1 eine Übermittlung oder Mitteilung nicht, nicht richtig, nicht in der vorgeschriebenen Weise oder nicht rechtzeitig vornimmt,*

13. [7)] *entgegen § 36d Absatz 1 Satz 1 oder Absatz 2 Satz 1 oder § 39 Absatz 2 Satz 1 ein Dokument nicht, nicht richtig oder nicht rechtzeitig vorlegt,*

14. [8)] *entgegen § 39 Absatz 2 Satz 3 eine Ausfertigung nicht oder nicht rechtzeitig zurücksendet,*

15. [9)] *entgegen § 44 Satz 1, § 45 Absatz 1 Satz 1 oder § 57 Absatz 10 Satz 1 ein Dokument nicht, nicht richtig, nicht in der vorgeschriebenen Weise oder nicht rechtzeitig ausfertigt,*

16. [10)] *entgegen § 56 Abs. 11, § 67 Abs. 7 oder § 85 Abs. 5 den Erlaubnisschein nicht oder nicht rechtzeitig zurückgibt oder*

---

1) § 111 Abs. 1 Nr. 4 geänd. mWv 1. 4. 2010 durch VO v. 5. 10. 2009 (BGBl. I S. 3262).
2) § 111 Abs. 1 Nr. 5 geänd. mWv 1. 4. 2010 durch VO v. 5. 10. 2009 (BGBl. I S. 3262).
3) § 111 Abs. 1 Nr. 7 geänd. mWv 1. 4. 2010 durch VO v. 5. 10. 2009 (BGBl. I S. 3262).
4) § 111 Abs. 1 Nr. 8 bis 12 neu gef. mWv 1. 4. 2010 durch VO v. 5. 10. 2009 (BGBl. I S. 3262); Abs. 1 Nr. 8 geänd. mWv 1. 7. 2011 durch VO v. 1. 7. 2011 (BGBl. I S. 1308).
5) § 111 Abs. 1 Nr. 8 bis 12 neu gef. mWv 1. 4. 2010 durch VO v. 5. 10. 2009 (BGBl. I S. 3262).
6) § 111 Abs. 1 Nr. 8 bis 12 neu gef. mWv 1. 4. 2010 durch VO v. 5. 10. 2009 (BGBl. I S. 3262).
7) § 111 Abs. 1 Nr. 13 bis 15 angef. mWv 1. 4. 2010 durch VO v. 5. 10. 2009 (BGBl. I S. 3262).
8) § 111 Abs. 1 Nr. 13 bis 15 angef. mWv 1. 4. 2010 durch VO v. 5. 10. 2009 (BGBl. I S. 3262).
9) § 111 Abs. 1 Nr. 13 bis 15 angef. mWv 1. 4. 2010 durch VO v. 5. 10. 2009 (BGBl. I S. 3262).
10) § 111 Abs. 1 bish. Nr. 13 wird Nr. 16 mWv 1. 4. 2010 durch VO v. 5. 10. 2009 (BGBl. I S. 3262); Nr. 16 geänd. mWv 30. 9. 2011 durch VO v. 20. 9. 2011 (BGBl. I S. 1890).

§ 64   DV § 111

17. *entgegen § 100a Absatz 2 Satz 1, auch in Verbindung mit § 101 Absatz 4 Satz 1, oder entgegen § 101 Absatz 4 Satz 2 eine Selbsterklärung nicht richtig oder nicht vollständig abgibt oder nicht richtig oder nicht vollständig beifügt.*

*(2) Ordnungswidrig im Sinne des § 381 Abs. 1 Nr. 2 der Abgabenordnung handelt, wer vorsätzlich oder leichtfertig*

1. *entgegen § 7 Abs. 1 Satz 1, auch in Verbindung mit § 8 Abs. 1, eine Kennzeichnung nicht oder nicht richtig vornimmt,*
2. *entgegen § 7 Abs. 2 Satz 1, auch in Verbindung mit § 8 Abs. 1, eine Probe nicht oder nicht rechtzeitig untersucht,*
3. *entgegen § 7 Abs. 4 Satz 2, auch in Verbindung mit § 8 Abs. 1, eine Anlage benutzt oder einen technischen Ablauf anwendet,*
4. *entgegen § 13 Abs. 4, auch in Verbindung mit § 109 Abs. 5 Satz 2, oder § 17 Abs. 4 ein Energieerzeugnis herstellt, lagert oder entnimmt,*
5. [1]) *entgegen § 57 Abs. 12 Satz 1 den Inhalt einer Sendung nicht oder nicht richtig kennzeichnet,*
6. *entgegen § 46 Abs. 1 Satz 1 Energieerzeugnisse mischt oder sie als Kraftstoff bereithält, abgibt, mitführt oder verbraucht,*
7. *entgegen § 46 Abs. 1 Satz 2 einen Kennzeichnungsstoff entfernt oder in seiner Wirksamkeit beeinträchtigt,*
8. *entgegen § 46 Abs. 2 Satz 1 ein Energieerzeugnis in das Steuergebiet verbringt, in den Verkehr bringt oder verwendet,*
9. *entgegen § 47 Abs. 2 Satz 1 ein dort genanntes Energieerzeugnis abgibt,*
10. *entgegen § 47 Abs. 2 Satz 3 Energieerzeugnisse vermischt,*
11. *entgegen § 48 Abs. 1 Satz 1 oder Satz 2 eine Restmenge beimischt,*
12. *entgegen § 48 Abs. 3 eine Angabe nicht, nicht richtig oder nicht vollständig macht,*
13. *entgegen § 57 Abs. 4 Satz 1, auch in Verbindung mit § 57 Abs. 9, oder § 69 Abs. 3 ein Energieerzeugnis übergibt oder verteilt,*
14. *entgegen § 57 Abs. 16 Satz 1 Nr. 3 oder § 76 Abs. 3 Satz 1 ein Energieerzeugnis abgibt oder liefert,*
15. *entgegen § 107 Abs. 1 oder Abs. 2 Satz 1 einen Hinweis nicht oder nicht richtig gibt,*
16. *entgegen § 108 Satz 1 ein Energieerzeugnis nicht oder nicht rechtzeitig ablässt,*
17. *entgegen § 108 Satz 5 ein Fahrzeug nicht oder nicht rechtzeitig vorführt oder*
18. *entgegen § 108 Satz 6 ein Energieerzeugnis nicht oder nicht rechtzeitig abliefert.*

### *Abgabenordnung Auszug*

**§ 381 Verbrauchsteuergefährdung**

(1) Ordnungswidrig handelt, wer vorsätzlich oder leichtfertig Vorschriften der Verbrauchsteuergesetze oder der dazu erlassenen Rechtsverordnungen

1. über die zur Vorbereitung, Sicherung oder Nachprüfung der Besteuerung auferlegten Pflichten,
2. über Verpackung und Kennzeichnung verbrauchsteuerpflichtiger Erzeugnisse oder Waren, die solche Erzeugnisse enthalten, oder über Verkehrs- oder Verwendungsbeschränkungen für solche Erzeugnisse oder Waren oder
3. über den Verbrauch unversteuerter Waren in den Freihäfen

zuwiderhandelt, soweit die Verbrauchsteuergesetze oder die dazu erlassenen Rechtsverordnungen für einen bestimmten Tatbestand auf diese Bußgeldvorschrift verweisen.

(2) Die Ordnungswidrigkeit kann mit einer Geldbuße bis zu fünftausend Euro geahndet werden, wenn die Handlung nicht nach § 378 geahndet werden kann.

---

1) § 111 Abs. 2 Nr. 5 geänd. mWv 1. 4. 2010 durch VO v. 5. 10. 2009 (BGBl. I S. 3262).

## § 65 Sicherstellung

(1) Sichergestellt werden können
1. Energieerzeugnisse, für die eine Steuer nach § 21 Abs. 1 entstanden ist,
2. Energieerzeugnisse, aus denen zugelassene Kennzeichnungsstoffe zu Unrecht entfernt oder bei denen diese in ihrer Wirksamkeit beeinträchtigt worden sind,
3. Energieerzeugnisse, die entgegen einem nach § 66 Abs. 1 Nr. 12 erlassenen Verbot zugelassene Kennzeichnungsstoffe oder andere rot färbende Stoffe enthalten.

(2) Energieerzeugnisse, die ein Amtsträger in Mengen und unter Umständen vorfindet, die auf eine gewerbliche Zweckbestimmung hinweisen, und für die der Nachweis nicht erbracht werden kann, dass sie
1. sich im Steueraussetzungsverfahren befinden oder
2. im Steuergebiet ordnungsgemäß versteuert worden oder zur ordnungsgemäßen Versteuerung angemeldet sind,

können sichergestellt werden.

(3) Die §§ 215 und 216 der Abgabenordnung gelten sinngemäß.

### *Energiesteuer-Durchführungsverordnung*

### Zu den §§ 65 und 66 Abs. 1 Nr. 16 des Gesetzes

## § 108 Kontrollen, Sicherstellung

*¹In Fahrzeugen mitgeführte oder in Behältern von Antriebsanlagen enthaltene Energieerzeugnisse hat der Fahrzeugführer oder der für den Betrieb der Antriebsanlage Verantwortliche zur Sicherstellung nach § 65 des Gesetzes aus den Behältern abzulassen, wenn die mit der Steueraufsicht betrauten Amtsträger dies verlangen. ²Über die Sicherstellung ist eine Bescheinigung zu erteilen. ³Die Amtsträger können die Energieerzeugnisse in den Behältern sicherstellen oder von einer Sicherstellung absehen, wenn ein unverzüglicher Austausch der Energieerzeugnisse den öffentlichen Verkehr stören würde. ⁴Sie können auch zulassen, dass der Fahrzeugführer die Energieerzeugnisse bis zum Erreichen der nächsten Gelegenheit zum Ablassen, jedoch längstens 24 Stunden, weiterverwendet. ⁵In diesem Fall hat der Fahrzeugführer das Fahrzeug nach dem Ablassen der nicht verwendeten Energieerzeugnisse unverzüglich einer von den Amtsträgern bestimmten Zollstelle zur erneuten Prüfung vorzuführen. ⁶Den Rest der Energieerzeugnisse hat der Fahrzeugführer auf Verlangen der Amtsträger bei der Zollstelle oder einer von ihr bestimmten Stelle abzuliefern. ⁷Eine zugelassene Weiterverwendung gilt nicht als Verwendung im Sinne des § 21 Abs. 1 Satz 1 des Gesetzes.*

### *Abgabenordnung (Auszug)*

## § 215 Sicherstellung im Aufsichtsweg

(1) ¹Die Finanzbehörde kann durch Wegnahme, Anbringen von Siegeln oder durch Verfügungsverbot sicherstellen:
1. verbrauchsteuerpflichtige Waren, die ein Amtsträger vorfindet
    a) in Herstellungsbetrieben oder anderen anmeldepflichtigen Räumen, die der Finanzbehörde nicht angemeldet sind,
    b) im Handel ohne eine den Steuergesetzen entsprechende Verpackung, Bezeichnung, Kennzeichnung oder ohne vorschriftsmäßige Steuerzeichen,
2. Waren, die im grenznahen Raum oder in Gebieten, die der Grenzaufsicht unterliegen, aufgefunden werden, wenn sie weder offenbar Gemeinschaftswaren noch den Umständen nach in den zollrechtlich freien Verkehr überführt worden sind,
3. die Umschließungen der in den Nummern 1 und 2 genannten Waren,
4. Geräte, die zur Herstellung von verbrauchsteuerpflichtigen Waren bestimmt sind und die sich in einem der Finanzbehörde nicht angemeldeten Herstellungsbetrieb befinden.

²Die Sicherstellung ist auch zulässig, wenn die Sachen zunächst in einem Strafverfahren beschlagnahmt und dann der Finanzbehörde zur Verfügung gestellt worden sind.

## § 65

(2) ¹Über die Sicherstellung ist eine Niederschrift aufzunehmen. ²Die Sicherstellung ist den betroffenen Personen (Eigentümer, Besitzer) mitzuteilen, soweit sie bekannt sind.

### § 216 Überführung in das Eigentum des Bundes

(1) ¹Nach § 215 sichergestellte Sachen sind in das Eigentum des Bundes überzuführen, sofern sie nicht nach § 375 Abs. 2 eingezogen werden. ²Für Fundgut gilt dies nur, wenn kein Eigentumsanspruch geltend gemacht wird.

(2) ¹Die Überführung sichergestellter Sachen in das Eigentum des Bundes ist den betroffenen Personen mitzuteilen. ²Ist eine betroffene Person nicht bekannt, so gilt § 10 Abs. 2 des Verwaltungszustellungsgesetzes sinngemäß.

(3) ¹Der Eigentumsübergang wird wirksam, sobald der von der Finanzbehörde erlassene Verwaltungsakt unanfechtbar ist. ²Bei Sachen, die mit dem Grund und Boden verbunden sind, geht das Eigentum unter der Voraussetzung des Satzes 1 mit der Trennung über. ³Rechte Dritter an einer sichergestellten Sache bleiben bestehen. ⁴Das Erlöschen dieser Rechte kann jedoch angeordnet werden, wenn der Dritte leichtfertig dazu beigetragen hat, dass die in das Eigentum des Bundes überführte Sache der Sicherstellung unterlag oder er sein Recht an der Sache in Kenntnis der Umstände erwarb, welche die Sicherstellung veranlasst haben.

(4) ¹Sichergestellte Sachen können schon vor der Überführung in das Eigentum des Bundes veräußert werden, wenn ihr Verderb oder eine wesentliche Minderung ihres Werts droht oder ihre Aufbewahrung, Pflege oder Erhaltung mit unverhältnismäßig großen Kosten oder Schwierigkeiten verbunden ist; zu diesem Zweck dürfen auch Sachen, die mit dem Grund und Boden verbunden sind, von diesem getrennt werden. ²Der Erlös tritt an die Stelle der Sachen. ³Die Notveräußerung wird nach den Vorschriften dieses Gesetzes über die Verwertung gepfändeter Sachen durchgeführt. ⁴Die betroffenen Personen sollen vor der Anordnung der Veräußerung gehört werden. ⁵Die Anordnung sowie Zeit und Ort der Veräußerung sind ihnen, soweit tunlich, mitzuteilen.

(5) ¹Sichergestellte oder bereits in das Eigentum des Bundes überführte Sachen werden zurückgegeben, wenn die Umstände, die die Sicherstellung veranlasst haben, dem Eigentümer nicht zuzurechnen sind oder wenn die Überführung in das Eigentum des Bundes als eine unbillige Härte für die Betroffenen erscheint. ²Gutgläubige Dritte, deren Rechte durch die Überführung in das Eigentum des Bundes erloschen oder beeinträchtigt sind, werden aus dem Erlös der Sachen angemessen entschädigt. ³Im Übrigen kann eine Entschädigung gewährt werden, soweit es eine unbillige Härte wäre, sie zu versagen.

# § 66

**§ 66**[1] **Ermächtigungen**

(1) Das Bundesministerium der Finanzen wird ermächtigt, zur Durchführung dieses Gesetzes durch Rechtsverordnung ohne Zustimmung des Bundesrates

1. die nach § 1a Satz 1 Nummer 2 anzuwendende Fassung der Kombinierten Nomenklatur neu zu bestimmen und den Wortlaut dieses Gesetzes sowie der Durchführungsverordnungen der geänderten Nomenklatur anzupassen, soweit sich hieraus steuerliche Änderungen nicht ergeben,

1a. den Wortlaut dieses Gesetzes an geänderte Fassungen oder Neufassungen des Zollkodex anzupassen, soweit sich hieraus steuerliche Änderungen nicht ergeben,

2. im Einvernehmen mit dem Bundesministerium für Umwelt, Naturschutz und Reaktorsicherheit zu regeln, dass die Hauptzollämter im Verwaltungswege eine Steuerbegünstigung oder eine Steuerentlastung für Energieerzeugnisse gewähren können, die bei Pilotprojekten zur technologischen Entwicklung umweltverträglicherer Produkte oder in Bezug auf Kraftstoffe aus erneuerbaren Rohstoffen verwendet werden,

3. zur Verfahrensvereinfachung, zur Vermeidung unangemessener wirtschaftlicher Belastungen sowie zur Sicherung der Gleichmäßigkeit der Besteuerung und des Steueraufkommens Bestimmungen zu den §§ 1 bis 3a zu erlassen und dabei insbesondere

   a) die Begriffe der §§ 1 bis 2 näher zu bestimmen sowie Bestimmungen zu den in § 1a genannten Bemessungsgrundlagen zu erlassen,

   b) für Energieerzeugnisse nach § 1 Abs. 3 unter Berücksichtigung der Heizwertunterschiede abweichend von § 2 Abs. 4 besondere Steuersätze festzusetzen,

   c) die Begriffe des § 3 näher zu bestimmen, Vorgaben zur Ermittlung des Monats- oder Jahresnutzungsgrads, zur Abgrenzung des Kraft-Wärme-Kopplungsprozesses sowie zur Anmeldepflicht zu machen und den Betreibern von Anlagen nach § 3 Pflichten zum Nachweis der dort genannten Voraussetzungen aufzuerlegen,

   d) Näheres zu den sonstigen begünstigten Anlagen nach § 3a zu bestimmen und Betreibern von solchen Anlagen Pflichten zum Nachweis der dort genannten Voraussetzungen aufzuerlegen,

4. zur Verfahrensvereinfachung, zur Vermeidung unangemessener wirtschaftlicher Belastungen sowie zur Sicherung der Gleichmäßigkeit der Besteuerung und des Steueraufkommens Bestimmungen zu den §§ 4 bis 9 zu erlassen und dabei insbesondere

   a) das Erlaubnis- und das Steuerlagerverfahren näher zu regeln,

   b) die Lager- und Herstellungshandlungen näher zu umschreiben sowie zu bestimmen, welche Räume, Flächen, Anlagen und Betriebsteile in das Steuerlager einzubeziehen sind,

   c) für die Lagerung von Energieerzeugnissen unter Steueraussetzung in einer Freizone abweichend von § 7 geringere Anforderungen zu stellen, wenn dies wegen der besonderen Verhältnisse in der Freizone erforderlich erscheint und die Steuerbelange gesichert sind,

   d) dem Hersteller für die Herstellung von Energieerzeugnissen außerhalb eines Herstellungsbetriebes besondere Pflichten aufzuerlegen,

5. zur Verfahrensvereinfachung, zur Vermeidung unangemessener wirtschaftlicher Belastungen sowie zur Sicherung der Gleichmäßigkeit der Besteuerung und des Steueraufkommens Bestimmungen zu den §§ 9a bis 14 zu erlassen und dabei insbesondere

---

[1] § 66 Abs. 1 Nrn. 11a und 11b eingef. mWv 1. 1. 2007 durch G v. 18.12.2006 (BGBl. I S. 3180); Abs. 1 Nr. 11a Buchst. a neu gef. mWv 21.7.2009 durch G v. 15.7.2009 (BGBl. I S. 1804); Abs. 1 Nr. 1, 6 einl. Satzteil und Buchst. d geänd., Nr. 1a eingef., Nr. 3 Buchst. a, Nr. 5, 6 Buchst. c, Nr. 9 Buchst. c, Nr. 10 Buchst. c, Nr. 20 neu gef., Abs. 2 einl. Satzteil, Nr. 2 geänd., Nr. 3 angef. mWv 22. 7. 2009 durch G v. 15.7.2009 (BGBl. I S. 1870); Abs. 1 Nr. 11 Buchst. f eingef., Nr. 11a Buchst. c, d, e geänd., Nr. 19 neu gef., Abs. 2 Nr. 3 geänd., Nr. 4 u. 5 angef. mWv 1.4.2011 durch G v. 1.3.2011 (BGBl. I S. 282); Abs. 1 Nr. 1 geänd., Nr. 3 Buchst. c neu gef., Nr. 10 Buchst. d geänd., Buchst. e neu gef., bish. Buchst. e wird Buchst. f, Nr. 11 Buchst. d neu gef., Buchst. g und h angef. mWv 1.1.2013 durch G v. 5.12.2012 (BGBl. I S. 2436).

## § 66

    a) das Erlaubnisverfahren sowie das Verfahren des Bezugs von Energieerzeugnissen als registrierter Empfänger näher zu regeln,

    b) das Erlaubnisverfahren sowie das Verfahren des Versands von Energieerzeugnissen durch registrierte Versender näher zu regeln und dabei vorzusehen, den Versand vom Ort der Einfuhr nur dann zuzulassen, wenn steuerliche Belange dem nicht entgegenstehen,

    c) das Verfahren der Beförderung von Energieerzeugnissen unter Steueraussetzung unter Berücksichtigung der Artikel 21 bis 31 der Systemrichtlinie und den dazu ergangenen Verordnungen sowie das Verfahren der Übermittlung des elektronischen Verwaltungsdokuments und den dazu erforderlichen Datenaustausch zu regeln und dabei das Verfahren abweichend von § 9d zu regeln sowie für Beförderungen unter Steueraussetzung im Steuergebiet Vereinfachungen zuzulassen,

    d) zur Durchführung von Artikel 13 der Systemrichtlinie das Verfahren zum Bezug, zur Beförderung und zur Abgabe von Energieerzeugnissen mit Freistellungsbescheinigung näher zu regeln und bei Beförderungen im Steuergebiet anstelle der Freistellungsbescheinigung andere Dokumente vorzusehen,

    e) Inhabern von Steuerlagern und registrierten Empfängern zu erlauben, Energieerzeugnisse allein durch Inbesitznahme in das Steuerlager oder den Betrieb aufzunehmen,

6. zur Verfahrensvereinfachung, zur Vermeidung unangemessener wirtschaftlicher Belastungen sowie zur Sicherung der Gleichmäßigkeit der Besteuerung und des Steueraufkommens Bestimmungen zu den §§ 15 bis 19b zu erlassen und dabei insbesondere

    a) das Verfahren des Verbringens von Energieerzeugnissen zu gewerblichen Zwecken näher zu regeln,

    b) die Begriffe Haupt- und Reservebehälter näher zu bestimmen,

    c) das Verfahren des Versandhandels näher zu regeln,

    d) die Anwendung der Zollvorschriften (§ 19b Absatz 3) näher zu regeln,

7. zur Verfahrensvereinfachung, zur Vermeidung unangemessener wirtschaftlicher Belastungen sowie zur Sicherung der Gleichmäßigkeit der Besteuerung und des Steueraufkommens Bestimmungen zu den §§ 20 bis 23 zu erlassen und dabei insbesondere

    a) die Begriffe des § 23 näher zu bestimmen,

    b) Näheres über die Anzeigepflicht nach § 23 Abs. 4 zu regeln und besondere Pflichten für die Anzeigepflichtigen vorzusehen,

8. zur Verfahrensvereinfachung, zur Vermeidung unangemessener wirtschaftlicher Belastungen sowie zur Sicherung der Gleichmäßigkeit der Besteuerung und des Steueraufkommens Bestimmungen zu den §§ 24 bis 30 zu erlassen und dabei insbesondere

    a) die Voraussetzungen für die Steuerbefreiungen einschließlich der Begriffe näher zu bestimmen sowie das Erlaubnisverfahren und das Verfahren der Steuerbefreiung zu regeln und Pflichten für die Abgabe, den Bezug, die Lagerung und die Verwendung der Energieerzeugnisse vorzusehen,

    b) die Verwendung, die Verteilung, das Verbringen und die Ausfuhr aus dem Steuergebiet von steuerfreien Energieerzeugnissen unter Verzicht auf eine förmliche Einzelerlaubnis allgemein zu erlauben,

    c) zuzulassen, dass Energieerzeugnisse, die Erlaubnisinhaber in Besitz genommen haben, als in den Betrieb aufgenommen gelten,

    d) die Teile des Betriebes zu bestimmen, in denen nach § 26 Energieerzeugnisse zur Aufrechterhaltung des Betriebes steuerfrei verwendet werden können,

    e) die steuerfreie Verwendung nach § 27 Abs. 1 für den Bereich der Binnengewässer einzuschränken,

## § 66

f) vorzusehen, dass Erlaubnisinhaber, die Energieerzeugnisse für Zwecke nach § 27 Abs. 1 steuerfrei verwenden, diese Energieerzeugnisse für nicht steuerfreie Zwecke mit der Maßgabe verwenden dürfen, dass bei ihnen eine Steuer nach dem zutreffenden Steuersatz des § 2 entsteht, und das dafür erforderliche Verfahren einschließlich des Verfahrens der Steuererhebung zu regeln,

g) die steuerfreie Verwendung nach § 27 Abs. 2 Nr. 2 und 3 und Abs. 3 auf Betriebe zu beschränken, die durch näher zu bezeichnende Behörden genehmigt wurden, sowie die steuerfreie Verwendung nach § 27 Abs. 3 auch für andere als in § 27 Abs. 2 genannte Energieerzeugnisse zuzulassen,

9. zur Verfahrensvereinfachung, zur Vermeidung unangemessener wirtschaftlicher Belastungen sowie zur Sicherung der Gleichmäßigkeit der Besteuerung und des Steueraufkommens Bestimmungen zu den §§ 31 bis 37 zu erlassen und dabei insbesondere

   a) das Erlaubnisverfahren für Kohlebetriebe und Kohlelieferer sowie die Anmeldepflicht nach § 31 Abs. 3 näher zu regeln und besondere Pflichten für Inhaber von Kohlebetrieben und Kohlelieferer vorzusehen,

   b) die sinngemäße Anwendung der beim Verbringen von Kohle in das Steuergebiet anzuwendenden Vorschriften und die anzuwendenden Verfahren näher zu regeln,

   c) die sinngemäße Anwendung der bei der Einfuhr von Kohle in das Steuergebiet anzuwendenden Vorschriften und die anzuwendenden Verfahren näher zu regeln,

   d) die Voraussetzungen für die steuerfreie Verwendung einschließlich der Begriffe näher zu bestimmen sowie das Erlaubnisverfahren und das Verfahren der steuerfreien Verwendung zu regeln und dabei Pflichten für die Abgabe, den Bezug, die Lagerung und die Verwendung der Kohle vorzusehen,

   e) die Verwendung von steuerfreier Kohle unter Verzicht auf eine förmliche Einzelerlaubnis allgemein zu erlauben,

   f) die Teile des Betriebes zu bestimmen, in denen nach § 37 Abs. 2 Satz 1 Nr. 2 Kohle zur Aufrechterhaltung des Betriebes steuerfrei verwendet werden kann,

10. zur Verfahrensvereinfachung, zur Vermeidung unangemessener wirtschaftlicher Belastungen sowie zur Sicherung der Gleichmäßigkeit der Besteuerung und des Steueraufkommens Bestimmungen zu den §§ 38 bis 44 zu erlassen und dabei insbesondere

    a) das Nähere über die Anmeldepflicht nach § 38 Abs. 3 zu regeln und besondere Pflichten für die Anmeldepflichtigen vorzusehen,

    b) die sinngemäße Anwendung der beim Verbringen von Erdgas in das Steuergebiet anzuwendenden Vorschriften und die anzuwendenden Verfahren näher zu regeln,

    c) die sinngemäße Anwendung der bei der nicht leitungsgebundenen Einfuhr von Erdgas in das Steuergebiet anzuwendenden Vorschriften und die anzuwendenden Verfahren näher zu regeln,

    d) die Voraussetzungen für die Steuerbefreiungen einschließlich der Begriffe näher zu bestimmen sowie das Erlaubnisverfahren und das Verfahren der Steuerbefreiung zu regeln und dabei Pflichten für die Abgabe, den Bezug, die Lagerung und die Verwendung des Erdgases vorzusehen,

    e) die Verwendung, die Verteilung, das Verbringen und die Ausfuhr aus dem Steuergebiet von steuerfreiem Erdgas unter Verzicht auf eine förmliche Einzelerlaubnis allgemein zu erlauben,

    f) die Teile des Betriebes zu bestimmen, in denen nach § 44 Abs. 2 Erdgas zur Aufrechterhaltung des Betriebes steuerfrei verwendet werden kann,

11. zur Verfahrensvereinfachung, zur Vermeidung unangemessener wirtschaftlicher Belastungen sowie zur Sicherung der Gleichmäßigkeit der Besteuerung und des Steueraufkommens Bestimmungen zu den §§ 45 bis 60 zu erlassen und dabei insbesondere

    a) die Voraussetzungen für die Gewährung der Steuerentlastungen einschließlich der Begriffe näher zu bestimmen und das Verfahren der Steuerentlastung zu regeln so-

## § 66

      wie Vorschriften über die zum Zwecke der Steuerentlastung erforderlichen Angaben und Nachweise einschließlich ihrer Aufbewahrung zu erlassen,

   b) zu bestimmen, dass der Anspruch auf Steuerentlastung innerhalb bestimmter Fristen geltend zu machen ist,

   c) abweichend von § 52 Abs. 1 Satz 2 für näher zu bestimmende Einzelfälle auch eine Entlastungsmöglichkeit für nicht gekennzeichnete Energieerzeugnisse vorzusehen,

   d) Näheres zur Ermittlung der elektrischen Nennleistung, zur Abgrenzung des Stromerzeugungsprozesses und zu den Hauptbestandteilen der Stromerzeugungsanlage (§ 53) zu bestimmen und den am Betrieb von solchen Anlagen Beteiligten Pflichten zum Nachweis der dort genannten Voraussetzungen aufzuerlegen,

   e) im Einvernehmen mit dem Bundesministerium für Ernährung, Landwirtschaft und Verbraucherschutz zu § 57 Näheres zur Art der begünstigten Arbeiten, der Fahrzeuge und Maschinen und zur Abgrenzung des Kreises der Berechtigten zu regeln,

   f) abweichend von § 59 Absatz 1 zu bestimmen, dass die Steuerentlastung dem Lieferer der Energieerzeugnisse gewährt wird, sowie das dafür erforderliche Verfahren zu regeln,

   g) Näheres zur Ermittlung der Hocheffizienzkriterien, Abschreibungskriterien, zur Berechnung und zum Nachweis des Nutzungsgrads und zu den Hauptbestandteilen der Kraft-Wärme-Kopplungsanlage (§ 53a) zu bestimmen und den am Betrieb von solchen Anlagen Beteiligten Pflichten zum Nachweis der dort genannten Voraussetzungen aufzuerlegen,

   h) Näheres zur Berechnung und zum Nachweis des Nutzungsgrads und zu den Hauptbestandteilen der Kraft-Wärme-Kopplungsanlage sowie zum betrieblichen Verheizen (§ 53b) zu bestimmen und den am Betrieb von solchen Anlagen Beteiligten Pflichten zum Nachweis der dort genannten Voraussetzungen aufzuerlegen,

11a. im Einvernehmen mit dem Bundesministerium für Ernährung, Landwirtschaft und Verbraucherschutz, dem Bundesministerium für Umwelt, Naturschutz und Reaktorsicherheit, dem Bundesministerium für Verkehr, Bau und Stadtentwicklung und dem Bundesministerium für Wirtschaft und Technologie Bestimmungen zu § 50 zu erlassen und dabei

   a) vorzuschreiben, dass für Biokraftstoffe eine Entlastung nach § 50 nur dann in Anspruch genommen werden kann, wenn bei der Erzeugung der eingesetzten Biomasse nachweislich bestimmte ökologische und soziale Anforderungen an eine nachhaltige Produktion der Biomasse sowie zum Schutz natürlicher Lebensräume erfüllt werden und wenn der Biokraftstoff eine bestimmte Treibhausgasminderung aufweist,

   b) die Anforderungen im Sinne des Buchstaben a festzulegen,

   c) unter Berücksichtigung der technischen Entwicklung auch in Abweichung von § 1a Satz 1 Nummer 13a Energieerzeugnisse als Biokraftstoffe zu bestimmen oder in Abweichung von § 1a Satz 1 Nummer 13a festzulegen, dass bestimmte Energieerzeugnisse nicht oder nicht mehr in vollem Umfang als Biokraftstoffe gelten,

   d) die besonders förderungswürdigen Biokraftstoffe nach § 50 Absatz 4 näher zu bestimmen,

   e) auch in Abweichung von § 50 Absatz 4 andere als die dort genannten Energieerzeugnisse als besonders förderungswürdige Biokraftstoffe zu bestimmen, sofern sie ein hohes $CO_2$-Verminderungspotenzial aufweisen und bei ihrer Herstellung auf eine breitere biogene Rohstoffgrundlage zurückgegriffen werden kann als bei herkömmlichen Biokraftstoffen,

11b. im Einvernehmen mit dem Bundesministerium für Umwelt, Naturschutz und Reaktorsicherheit nähere Bestimmungen zur Durchführung des § 50 sowie der auf Nummer 11a beruhenden Rechtsverordnungen zu erlassen und dabei insbesondere die erforderlichen Nachweise und die Überwachung der Einhaltung der Anforderungen an Biokraftstoffe sowie die hierfür erforderlichen Probenahmen näher zu regeln,

## § 66

12. zur Sicherung der Gleichmäßigkeit der Besteuerung und des Steueraufkommens Regelungen zur Kennzeichnung von Energieerzeugnissen und zum Umgang mit gekennzeichneten Energieerzeugnissen zu erlassen sowie zur Verfahrensvereinfachung in bestimmten Fällen zu regeln, dass gekennzeichnete Energieerzeugnisse als Kraftstoff mitgeführt, bereitgehalten, abgegeben oder verwendet werden dürfen,

13. zur Sicherung der Gleichmäßigkeit der Besteuerung und zur Vermeidung von Wettbewerbsverzerrungen zu bestimmen, dass Energieerzeugnisse bestimmten chemisch-technischen Anforderungen genügen müssen, wenn sie nicht zum höchsten in Betracht kommenden Steuersatz versteuert werden, und dass für steuerliche Zwecke Energieerzeugnisse sowie Zusätze nach bestimmten Verfahren zu untersuchen und zu messen sind,

14. Verfahrensvorschriften zur Festsetzung und Erhebung der Steuer zu erlassen, insbesondere zur Steueranmeldung, zur Berechnung und Entrichtung der Steuer sowie zur Berechnung und Festsetzung der monatlichen Vorauszahlungen,

15. die Voraussetzungen für eine Sicherheitsleistung näher zu bestimmen und das Verfahren der Sicherheitsleistung zu regeln, soweit in diesem Gesetz die Leistung einer Sicherheit vorgesehen ist,

16. zur Sicherung der Gleichmäßigkeit der Besteuerung und des Steueraufkommens anzuordnen, dass Energieerzeugnisse in bestimmter Weise behandelt, bezeichnet, gelagert, versandt, befördert oder verwendet werden müssen und dass im Umgang mit Energieerzeugnissen besondere Pflichten zu erfüllen sind,

17. zur Sicherung der Gleichmäßigkeit der Besteuerung und des Steueraufkommens zu bestimmen, dass beim Mischen von Energieerzeugnissen, die verschiedenen Steuersätze unterliegen oder für die eine Steuerentlastung nach § 50 gewährt wird, vor Abgabe in Haupt- und Reservebehälter von Motoren in der Person des Mischenden eine Steuer entsteht und das Verfahren der Steuererhebung zu regeln,

18. Bestimmungen zu erlassen zur Umsetzung der Steuerbefreiungen nach

    a) Artikel XI des Abkommens vom 19. Juni 1951 zwischen den Parteien des Nordatlantikvertrages über die Rechtsstellung ihrer Truppen (BGBl. 1961 II S. 1183, 1190) in der jeweils geltenden Fassung und den Artikeln 65 bis 67 des Zusatzabkommens vom 3. August 1959 zu dem Abkommen vom 19. Juni 1951 zwischen den Parteien des Nordatlantikvertrages über die Rechtsstellung ihrer Truppen hinsichtlich der in der Bundesrepublik Deutschland stationierten ausländischen Truppen (BGBl. 1961 II S. 1183, 1218) in der jeweils geltenden Fassung,

    b) Artikel 15 des Abkommens vom 13. März 1967 zwischen der Bundesrepublik Deutschland und dem Obersten Hauptquartier der Alliierten Mächte, Europa, über die besonderen Bedingungen für die Einrichtung und den Betrieb internationaler militärischer Hauptquartiere in der Bundesrepublik Deutschland (BGBl. 1969 II S. 1997, 2009) in der jeweils geltenden Fassung und

    c) den Artikeln III bis V des Abkommens zwischen der Bundesrepublik Deutschland und den Vereinigten Staaten von Amerika vom 15. Oktober 1954 über die von der Bundesrepublik zu gewährenden Abgabenvergünstigungen für die von den Vereinigten Staaten im Interesse der gemeinsamen Verteidigung geleisteten Ausgaben (BGBl. 1955 II S. 821, 823) in der jeweils geltenden Fassung.

    Dabei kann es anordnen, dass bei einem Missbrauch für alle daran Beteiligten die Steuer entsteht und dass bei der Lieferung von versteuerten Energieerzeugnissen dem Lieferer die entrichtete Steuer erstattet oder vergütet wird,

19. im Fall der Einfuhr Steuerfreiheit für Energieerzeugnisse, soweit dadurch nicht unangemessene Steuervorteile entstehen, unter den Voraussetzungen anzuordnen, unter denen sie nach der Verordnung (EG) Nr. 1186/2009 des Rates vom 16. November 2009 über das gemeinschaftliche System der Zollbefreiungen (ABl. L 324 vom 10.12.2009, S. 23) in der jeweils geltenden Fassung und anderen von den Europäischen Gemeinschaften oder der Europäischen Union erlassenen Rechtsvorschriften vom Zoll

## § 66

befreit werden können, und die notwendigen Vorschriften zu erlassen und zur Sicherung des Steueraufkommens anzuordnen, dass bei einem Missbrauch für alle daran Beteiligten die Steuer entsteht,

20. zur Erleichterung und zur Vereinfachung des automatisierten Besteuerungsverfahrens zu bestimmen, dass Steuererklärungen, Steueranmeldungen oder sonstige für das Besteuerungsverfahren erforderliche Daten durch Datenfernübertragung übermittelt werden können, und dabei insbesondere

   a) die Voraussetzungen für die Anwendung des Verfahrens,

   b) das Nähere über Form, Inhalt, Verarbeitung und Sicherung der zu übermittelnden Daten,

   c) die Art und Weise der Übermittlung der Daten,

   d) die Zuständigkeit für die Entgegennahme der zu übermittelnden Daten,

   e) die Mitwirkungspflichten Dritter und deren Haftung für Steuern oder Steuervorteile, die auf Grund unrichtiger Erhebung, Verarbeitung oder Übermittlung der Daten verkürzt oder erlangt werden,

   f) den Umfang und die Form der für dieses Verfahren erforderlichen besonderen Erklärungspflichten des Anmelde- oder Steuerpflichtigen

   zu regeln sowie

   g) im Benehmen mit dem Bundesministerium des Innern anstelle der qualifizierten elektronischen Signatur ein anderes sicheres Verfahren, das die Authentizität und die Integrität des übermittelten elektronischen Dokuments sicherstellt, und

   h) Ausnahmen von der Pflicht zur Verwendung einer qualifizierten elektronischen Signatur oder eines anderen sicheren Verfahrens nach Buchstabe g

zuzulassen. ²Zur Regelung der Datenübermittlung kann in der Rechtsverordnung auf Veröffentlichungen sachverständiger Stellen verwiesen werden; hierbei sind das Datum der Veröffentlichung, die Bezugsquelle und eine Stelle zu bezeichnen, bei der die Veröffentlichung archivmäßig gesichert niedergelegt ist.

(2) Das Bundesministerium der Finanzen wird ermächtigt, mit anderen Mitgliedstaaten Vereinbarungen zu schließen, durch die

1. für alle oder einige der in § 4 genannten Energieerzeugnisse, soweit sie nicht von § 2 Abs. 1 Nr. 1 bis 5 und 8 erfasst werden, die Kontrollmaßnahmen für die verbrauchsteuerrechtliche Überwachung der innergemeinschaftlichen Beförderung von Energieerzeugnissen ganz oder teilweise ausgesetzt werden,

2. für häufig und regelmäßig wiederkehrende Fälle der Beförderung von Energieerzeugnissen des freien Verkehrs im Transitweg durch das Gebiet eines anderen Mitgliedstaates Verfahrensvereinfachungen bei den Kontrollmaßnahmen für die verbrauchsteuerrechtliche Überwachung der innergemeinschaftlichen Beförderung von Energieerzeugnissen vorgesehen werden,

3. für häufig und regelmäßig stattfindende Beförderungen von Energieerzeugnissen in einem Verfahren der Steueraussetzung zwischen den Gebieten von zwei oder mehr Mitgliedstaaten vereinfachte Verfahren festgelegt werden,

4. vereinfachte Verfahren für Beförderungen von Energieerzeugnissen in festen Rohrleitungen in einem Verfahren der Steueraussetzung zwischen den Gebieten von zwei oder mehreren Mitgliedstaaten festgelegt werden,

5. auf eine Sicherheitsleistung in einem Verfahren der Steueraussetzung bei Beförderungen von Energieerzeugnissen auf dem Seeweg oder durch feste Rohrleitungen zwischen den Gebieten von zwei oder mehreren Mitgliedstaaten verzichtet wird.

(3) In Rechtsverordnungen, die auf Grund der in diesem Gesetz enthaltenen Ermächtigungen erlassen werden, kann auf Veröffentlichungen sachverständiger Stellen verwiesen werden;

hierbei sind das Datum der Veröffentlichung, die Bezugsquelle und eine Stelle zu bezeichnen, bei der die Veröffentlichung archivmäßig gesichert niedergelegt ist.

(4) Das Bundesministerium der Finanzen erlässt die allgemeinen Verwaltungsvorschriften zur Durchführung dieses Gesetzes und der auf Grund dieses Gesetzes erlassenen Rechtsverordnungen.

## Energiesteuer-Durchführungsverordnung

### Zu § 66 Abs. 1 Nr. 2 des Gesetzes

**§ 105 Steuerbegünstigung für Pilotprojekte**

*¹Das zuständige Hauptzollamt kann auf Antrag im Verwaltungswege eine Steuerbegünstigung (Steuerbefreiung, Steuerermäßigung) gewähren für Energieerzeugnisse, die bei Pilotprojekten zur technologischen Entwicklung umweltverträglicher Produkte oder in Bezug auf Kraftstoffe aus erneuerbaren Rohstoffen verwendet werden. ²Die §§ 24 und 30 des Gesetzes und die §§ 52 bis 57 gelten sinngemäß. ³Das Hauptzollamt kann die Steuerbegünstigung für nachweislich versteuerte Energieerzeugnisse auch im Wege einer Steuerentlastung gewähren.*

### Zu § 66 Absatz 1 Nummer 18 des Gesetzes

**§ 105a**[1] **Steuerentlastung für ausländische Streitkräfte und Hauptquartiere**

*(1)*[2] *¹Eine Steuerentlastung wird auf Antrag gewährt für nachweislich versteuerte Energieerzeugnisse, die an die ausländischen Streitkräfte oder Hauptquartiere geliefert werden. ²Artikel 67 Absatz 3 Buchstabe a Ziffer i des Zusatzabkommens vom 3. August 1959 (§ 66 Nummer 18 Satz 1 Buchstabe a des Gesetzes), Artikel 15 des Abkommens vom 13. März 1967 (§ 66 Nummer 18 Satz 1 Buchstabe b des Gesetzes) und Artikel III des Abkommens vom 15. Oktober 1954 (§ 66 Nummer 18 Satz 1 Buchstabe c des Gesetzes) gelten auch für diese Steuerentlastung. ³Entlastungsberechtigt ist derjenige, der die Energieerzeugnisse geliefert hat.*

*(2)*[3] *Der Lieferung an die ausländischen Streitkräfte oder Hauptquartiere steht die Abgabe an zum Bezug berechtigte Mitglieder der ausländischen Streitkräfte oder der Hauptquartiere gegen besondere Gutscheine oder im Rahmen eines Tankkartenverfahrens gleich.*

*(3)*[4] *Ausländische Streitkräfte, Hauptquartiere und Mitglieder der ausländischen Streitkräfte oder der Hauptquartiere sind ausländische Streitkräfte, Hauptquartiere und Mitglieder der ausländischen Streitkräfte oder der Hauptquartiere im Sinn des Truppenzollgesetzes vom 19. Mai 2009 (BGBl. I S. 1090), das durch Artikel 8 des Gesetzes vom 15. Juli 2009 (BGBl. I S. 1870) geändert worden ist, in der jeweils geltenden Fassung.*

*(4)*[5] *¹Die Steuerentlastung ist bei dem für den Antragsteller zuständigen Hauptzollamt mit einer Anmeldung nach amtlich vorgeschriebenem Vordruck für alle Energieerzeugnisse zu beantragen, die innerhalb eines Entlastungsabschnitts geliefert worden sind. ²Der Antragsteller hat in der Anmeldung alle Angaben zu machen, die für die Bemessung der Steuerentlastung erforderlich sind, und die Steuerentlastung selbst zu berechnen. ³Die Steuerentlastung wird nur gewährt, wenn der Antrag spätestens bis zum 31. Dezember des Jahres, das auf das Kalenderjahr folgt, in dem die Energieerzeugnisse geliefert oder abgegeben worden sind, beim Hauptzollamt gestellt wird. ⁴Erfolgt die Festsetzung der Steuer erst, nachdem die Energieerzeugnisse geliefert oder abgegeben worden sind, wird abweichend von Satz 3 die Steuerentlastung gewährt, wenn der Antrag spätestens bis zum 31. Dezember des Jahres gestellt wird, das auf das Kalenderjahr folgt, in dem die Steuer festgesetzt worden ist.*

*(5)*[6] *¹Entlastungsabschnitt ist nach Wahl des Antragstellers der Zeitraum von einem Kalendervierteljahr, einem Kalenderhalbjahr oder einem Kalenderjahr. ²Das Hauptzollamt kann auf Antrag einen Zeitraum von einem Kalendermonat als Entlastungsabschnitt zulassen oder in Einzelfällen die Steuerentlastung unverzüglich gewähren.*

---

1) § 105a eingef. mWv 1. 11. 2009 durch ÄndG v. 19.5.2009 (BGBl. I S. 1090).
2) § 105a Abs. 1 Satz 2 neu gef. mWv 30.9.2011 durch VO v. 20.9.2011 (BGBl. I S. 1890).
3) § 105a Abs. 2 geänd. mWv 30.9.2011 durch VO v. 20.9.2011 (BGBl. I S. 1890).
4) § 105a Abs. 3 neu gef., Abs. 4 bis 7 angef. mWv 30.9.2011 durch VO v. 20.9.2011 (BGBl. I S. 1890).
5) § 105a Abs. 3 neu gef., Abs. 4 bis 7 angef. mWv 30.9.2011 durch VO v. 20.9.2011 (BGBl. I S. 1890).
6) § 105a Abs. 3 neu gef., Abs. 4 bis 7 angef. mWv 30.9.2011 durch VO v. 20.9.2011 (BGBl. I S. 1890).

*(6)* [1] *¹Dem Antrag sind die Abwicklungsscheine nach § 73 Absatz 1 Nummer 1 der Umsatzsteuer-Durchführungsverordnung beizufügen. ²Das Hauptzollamt kann auf Abwicklungsscheine verzichten, wenn die vorgeschriebenen Angaben anderen Belegen und den Aufzeichnungen des Antragstellers eindeutig und leicht nachprüfbar zu entnehmen sind.*

*(7)* [2] *Der Antragsteller hat einen buchmäßigen Nachweis zu führen, dem für jede Lieferung oder Abgabe im Entlastungsabschnitt die Art, die Menge, die Herkunft und der Empfänger der Energieerzeugnisse zu entnehmen sein müssen.*

### Zu den §§ 61 und 66 Abs. 1 Nr. 16 des Gesetzes

### § 106 Steueraufsicht, Pflichten

*¹Wer der Steueraufsicht unterliegt (§ 61 des Gesetzes), hat auf Verlangen des Hauptzollamts über den Bezug, den Vertrieb, den Transport, die Lagerung und die Verwendung von Energieerzeugnissen besondere Aufzeichnungen zu führen, aus denen jeweils Art, Kennzeichnung und Menge der Energieerzeugnisse, der Lieferer, der Empfänger und die Reihenfolge der Lieferungen hervorgehen, wenn diese Angaben aus den betrieblichen Unterlagen nicht ersichtlich sind. ²Darüber hinaus kann das Hauptzollamt weitere Überwachungsmaßnahmen anordnen, wenn sie zur Sicherung der Steuerbelange erforderlich erscheinen.*

### § 107 Hinweispflichten bei Abgabe von Energieerzeugnissen

*(1) Wer Energieerzeugnisse nach § 1 Abs. 2 Nr. 1, 4, 6 oder § 1 Abs. 3 des Gesetzes, für die die Steuer nach den Steuersätzen des § 2 Abs. 1 des Gesetzes entstanden ist, im Steuergebiet an Dritte abgibt, hat die für den Empfänger bestimmten Belege (Rechnungen, Lieferscheine, Lieferverträge oder dergleichen) mit einem Hinweis zu versehen, dass es sich bei den abgegebenen Waren um Energieerzeugnisse im Sinne des Energiesteuergesetzes handelt.*

*(2)* [3] *¹Wer Energieerzeugnisse, für die die Steuer nach den Steuersätzen des § 2 Abs. 3 des Gesetzes entstanden ist, im Steuergebiet an Dritte abgibt, hat die für den Empfänger bestimmten Belege (Rechnungen, Lieferscheine, Lieferverträge oder dergleichen) mit folgendem Hinweis zu versehen:*

*„Steuerbegünstigtes Energieerzeugnis! Darf nicht als Kraftstoff verwendet werden, es sei denn, eine solche Verwendung ist nach dem Energiesteuergesetz oder der Energiesteuer-Durchführungsverordnung zulässig. Jede andere Verwendung als Kraftstoff hat steuer- und strafrechtliche Folgen! In Zweifelsfällen wenden Sie sich bitte an Ihr zuständiges Hauptzollamt."*

*²Der Hinweis kann bei der Abgabe von Flüssiggasen in Kleinflaschen oder Kartuschen mit einem Füllgewicht bis 5 Kilogramm entfallen. ³Bei anderen Flaschen mit einem Füllgewicht bis 11 Kilogramm kann der Hinweis auch in Form eines Aufdrucks oder Aufklebers auf der Flüssiggasflasche angebracht werden.*

### Zu den §§ 65 und 66 Abs. 1 Nr. 16 des Gesetzes

### § 108 Kontrollen, Sicherstellung

*¹In Fahrzeugen mitgeführte oder in Behältern von Antriebsanlagen enthaltene Energieerzeugnisse hat der Fahrzeugführer oder der für den Betrieb der Antriebsanlage Verantwortliche zur Sicherstellung nach § 65 des Gesetzes aus den Behältern abzulassen, wenn die mit der Steueraufsicht betrauten Amtsträger dies verlangen. ²Über die Sicherstellung ist eine Bescheinigung zu erteilen. ³Die Amtsträger können die Energieerzeugnisse in den Behältern sicherstellen oder von einer Sicherstellung absehen, wenn ein unverzüglicher Austausch der Energieerzeugnisse den öffentlichen Verkehr stören würde. ⁴Sie können auch zulassen, dass der Fahrzeugführer die Energieerzeugnisse bis zum Erreichen der nächsten Gelegenheit zum Ablassen, jedoch längstens 24 Stunden, weiterverwendet. ⁵In diesem Fall hat der Fahrzeugführer das Fahrzeug nach dem Ablassen der nicht verwendeten Energieerzeugnisse unverzüglich einer von den Amtsträgern bestimmten Zollstelle zur erneuten Prüfung vorzuführen. ⁶Den Rest der Energieerzeugnisse hat der Fahrzeugführer auf Verlangen der Amtsträger bei der Zollstelle oder einer von ihr bestimmten Stelle abzuliefern. ⁷Eine zugelassene Weiterverwendung gilt nicht als Verwendung im Sinne des § 21 Abs. 1 Satz 1 des Gesetzes.*

---

1) § 105a Abs. 3 neu gef., Abs. 4 bis 7 angef. mWv 30.9.2011 durch VO v. 20.9.2011 (BGBl. I S. 1890).
2) § 105a Abs. 3 neu gef., Abs. 4 bis 7 angef. mWv 30.9.2011 durch VO v. 20.9.2011 (BGBl. I S. 1890).
3) § 107 Abs. 2 Sätze 2 und 3 neu gef. mWv 10.10.2009 durch VO v. 5.10.2009 (BGBl. I S. 3262).

### Zu § 66 Abs. 1 Nr. 17 des Gesetzes

### § 109 Vermischungen von versteuerten Energieerzeugnissen

*(1)* ¹*Werden Energieerzeugnisse, die nach verschiedenen Steuersätzen des § 2 Abs. 1 des Gesetzes, auch in Verbindung mit § 2 Abs. 4 des Gesetzes, versteuert worden sind, vor der Abgabe in Haupt- oder Reservebehälter von Motoren miteinander gemischt, entsteht für die niedriger belasteten Anteile eine Steuer, wenn das Gemisch ein Benzin nach § 2 Abs. 1 Nr. 1 oder Nr. 2 des Gesetzes oder ein Kraftstoff nach § 2 Abs. 4 des Gesetzes ist, der nach seiner Beschaffenheit dem Benzin entspricht.* ²*Dies gilt nicht für niedriger belastete Anteile, die eine Menge von 300 Litern nicht übersteigen, wenn sie in Transportmitteln, beim Entleeren von Transportmitteln, beim Spülen von Tankstellenbehältern, bei der Herstellung von Zweitaktergemischen oder durch Endverwender vermischt werden.*

*(2) Die Steuer beträgt,*

1. *falls das Gemisch ein Benzin nach § 2 Abs. 1 Nr. 1 Buchstabe a des Gesetzes oder ein entsprechender Kraftstoff nach § 2 Abs. 4 des Gesetzes ist,*
    a) *für 1 000 l Energieerzeugnisse nach § 2 Abs. 1 Nr. 3 des Gesetzes*      15,30 EUR,
    b) *für 1 000 l Energieerzeugnisse nach § 2 Abs. 1 Nr. 4 Buchstabe a des Gesetzes*    184,10 EUR,
    c) *für 1 000 l Energieerzeugnisse nach § 2 Abs. 1 Nr. 4 Buchstabe b des Gesetzes*    199,40 EUR,
    d) *für 1 000 l Energieerzeugnisse nach § 2 Abs. 1 Nr. 6 des Gesetzes*      184,10 EUR;
2. *falls das Gemisch ein Benzin nach § 2 Abs. 1 Nr. 1 Buchstabe b des Gesetzes oder ein entsprechender Kraftstoff nach § 2 Abs. 4 des Gesetzes ist,*
    a) *für 1 000 l Energieerzeugnisse nach § 2 Abs. 1 Nr. 4 Buchstabe a des Gesetzes*    168,80 EUR,
    b) *für 1 000 l Energieerzeugnisse nach § 2 Abs. 1 Nr. 4 Buchstabe b des Gesetzes*    184,10 EUR,
    c) *für 1 000 l Energieerzeugnisse nach § 2 Abs. 1 Nr. 6 des Gesetzes*      168,80 EUR;
3. *falls das Gemisch ein Benzin nach § 2 Abs. 1 Nr. 2 des Gesetzes oder ein entsprechender Kraftstoff nach § 2 Abs. 4 des Gesetzes ist,*
    a) *für 1 000 l Energieerzeugnisse nach § 2 Abs. 1 Nr. 1 Buchstabe a des Gesetzes*    51,20 EUR,
    b) *für 1 000 l Energieerzeugnisse nach § 2 Abs. 1 Nr. 1 Buchstabe b des Gesetzes*    66,50 EUR,
    c) *für 1 000 l Energieerzeugnisse nach § 2 Abs. 1 Nr. 3 des Gesetzes*      66,50 EUR,
    d) *für 1 000 l Energieerzeugnisse nach § 2 Abs. 1 Nr. 4 Buchstabe a des Gesetzes*    235,30 EUR,
    e) *für 1 000 l Energieerzeugnisse nach § 2 Abs. 1 Nr. 4 Buchstabe b des Gesetzes*    250,60 EUR,
    f) *für 1 000 l Energieerzeugnisse nach § 2 Abs. 1 Nr. 6 des Gesetzes*      235,30 EUR.

*(3)*[1)] ¹*Werden Energieerzeugnisse, für die eine Steuerentlastung nach § 50 Abs. 1 Satz 1 Nr. 1 oder Nr. 2 des Gesetzes vorgesehen ist, vor der Abgabe in Haupt- oder Reservebehälter von Motoren mit anderen Energieerzeugnissen, ausgenommen Biokraftstoffen oder Additiven der Position 3811 der Kombinierten Nomenklatur, gemischt, entsteht für den enthaltenen Anteil Biokraftstoffs eine Steuer in Höhe der vorgesehenen Steuerentlastung.* ²*Dies gilt nicht für Energieerzeugnisse, die durch Endverwender zum Eigenverbrauch vermischt werden und für Energieerzeugnisse, die eine Menge von 300 Litern nicht übersteigen, wenn sie in Transportmitteln, beim Entleeren von Transportmitteln oder beim Spülen von Tankstellenbehältern vermischt werden.*

*(4)* ¹*Steuerschuldner ist, wer die Energieerzeugnisse mischt.* ²*Dieser hat für Energieerzeugnisse, für die in einem Monat die Steuer entstanden ist, bis zum 15. Tag des folgenden Monats eine Steuererklärung abzugeben und darin die Steuer selbst zu berechnen (Steueranmeldung).* ³*Für die Fälligkeit der Steuer gilt § 8 Abs. 5 und 6 des Gesetzes sinngemäß.*

*(5)*[2)] ¹*Wer Energieerzeugnisse nach Absatz 1 Satz 1 mischen will, hat dies dem zuständigen Hauptzollamt drei Wochen vorher schriftlich anzumelden.* ²*§ 12 Absatz 1 Satz 2 und Absatz 2 sowie die §§ 13 und 15 Absatz 1, 2 und 4 bis 11 gelten sinngemäß.*

### Zu § 66 Abs. 1 Nr. 13 des Gesetzes

### § 110[3)] Normen

¹*Es gelten*

---

1) § 109 Abs. 3 Satz 1 neu gef. mWv 8.2.2007 durch VO v. 29.1.2007 (BGBl. I S. 60).
2) § 109 Abs. 5 Satz 2 neu gef. mWv 1.4.2010 durch VO v. 5.10.2009 (BGBl. I S. 3262).
3) § 110 Satz 1 Nr. 1–3 neu gef., Nr. 5 Buchst. c und d geänd., Buchst. f angef., Nr. 6–8 neu gef., Nr. 9 geänd., Nr. 10 angef. mWv 1. 8. 2013 durch VO v. 24. 7. 2013 (BGBl. I S. 2763).

## § 66 DV § 110

1. *für die Ermittlung der Menge von Energieerzeugnissen die DIN 51650, Ausgabe Juli 2006, in Verbindung mit der DIN 51757, Ausgabe Januar 2011, soweit die Energieerzeugnisse durch diese Normen erfasst werden,*
2. *für die Berechnung des Normvolumens von Erdgas und gasförmigen Kohlenwasserstoffen die DIN 1343, Ausgabe Januar 1990,*
3. *für die Bestimmung des Brennwerts von Erdgas und gasförmigen Kohlenwasserstoffen die DIN 51857, Ausgabe März 1997, oder die DIN EN ISO 6976, Ausgabe September 2005,*
4. *für die Bestimmung des Bleigehalts von Benzin nach § 2 Abs. 1 Nr. 1 und 2 des Gesetzes die DIN EN 13723 (Ausgabe Oktober 2002),*
5. [1]) *für die Bestimmung des Schwefelgehalts von Energieerzeugnissen nach § 2 Absatz 1 Nummer 1 und 4 und Absatz 3 Satz 1 Nummer 1 des Gesetzes, in Abhängigkeit von dem in der jeweiligen Norm vorgesehenen Anwendungsbereich,*
    a) *die DIN EN ISO 8754, Ausgabe Dezember 2003,*
    b) *die DIN EN ISO 14596, Ausgabe Dezember 2007,*
    c) *die DIN EN ISO 20846, Ausgabe Januar 2012,*
    d) *die DIN EN ISO 20884, Ausgabe Juli 2011, und*
    e) *die DIN EN 24260, Ausgabe Mai 1994,*
    f) *die DIN EN ISO 13032, Ausgabe Juni 2012,*
6. *für die Bestimmung des Heizwerts von Energieerzeugnissen nach § 2 Absatz 1 Nummer 9 und 10 des Gesetzes die DIN 51900-1, Ausgabe April 2000,*
7. *für die Bestimmung des Gehalts der in § 2 Absatz 1 genannten Rotfarbstoffe*
    a) *das in der Anlage 2 dieser Verordnung genannte Verfahren (Hochdruckflüssigkeitschromatographie),*
    b) *die DIN 51426, Ausgabe September 2011, sofern die Bestimmung nicht durch Biokomponenten gestört wird, oder*
    c) *die DIN 51430, Ausgabe Oktober 2011; im Streitfall ist das Ergebnis der Untersuchung nach dem in der Anlage 2 dieser Verordnung genannten Verfahren maßgeblich,*
8. *für die Bestimmung des Gehalts des in § 2 Absatz 1 genannten Markierstoffs Solvent Yellow 124 das in der Anlage 3 dieser Verordnung genannte Verfahren (Euromarker-Referenzanalyseverfahren) oder die DIN 51430, Ausgabe Oktober 2011; im Streitfall ist das Ergebnis der Untersuchung nach dem in der Anlage 3 dieser Verordnung genannten Verfahren maßgeblich,*
9. *für die Bestimmung des Färbeäquivalents von Gemischen der in § 2 Abs. 1 genannten Rotfarbstoffe die Anlage 4 zu dieser Verordnung,*
10. *für die Probeentnahme nach § 1b Absatz 1 Nummer 4 die DIN EN ISO 10715, Ausgabe September 2000.*

[2]DIN- und ISO/IEC-Normen, auf die in dieser Verordnung verwiesen wird, sind im Beuth-Verlag GmbH, Berlin, erschienen und bei der Deutschen Nationalbibliothek archivmäßig gesichert niedergelegt.[2)]

### Verwaltungsregelungen zu § 66 EnergieStG

| Datum | Anlage | Quelle | Inhalt |
|---|---|---|---|
| 06.08.2007 | § 066-01 | BMF | Verwaltungsvorschrift zu § 66 Abs. 1 Nr. 2 EnergieStG und § 105 EnergieStV – VwV Energieerzeugnisse für Pilotprojekte – |
| 18.12.2013 | § 066-02 | BMF | Dienstvorschrift Energiesteuer – zu § 105a EnergieStV (Steuerentlastungfür ausländische Streitkräfte und Hauptquartiere – DV Streitkräfte) |
| 22.10.2013 | § 066-03 | BMF | Dienstvorschrift Kontrollen – Anlage 14: Verzeichnis der Zolldienststellen,bei denen die erneute Prüfung von Kraftstoffen durchgeführt werden kann |
| 16.11.2009 | § 066-04 | EU | Verordnung 1186/2009/EG über Zollbefreiungen |

---

1) § 110 Satz 1 Nr. 5 neu gef. mWv 10. 10. 2009 durch VO v. 5. 10. 2009 (BGBl. I S. 3262).
2) § 110 Satz 2 neu gef. mWv 30. 9. 2011 durch VO v. 20. 9. 2011 (BGBl. I S. 1890).

# § 66

## Rechtsprechungsauswahl zu § 66 EnergieStG

**EuGH vom 27.09.2000, T-184/97, Slg. II, 2000, 3145:** Herstellung von synthetischen Ethanol
Als letzte Stufe des Forschungs- und Entwicklungsprozesses gehen Pilotprojekte der industriellen Umsetzung der Forschungsergebnisse im größtmöglichen Maßstab voraus.

**BFH vom 26.10.2010, VII R 53/09, BFH/NV 2011, 369:** Einsatz von Schweröl zum Antrieb von Motoren schließt steuerfreie Verwendung als Probe aus
Werden Energieerzeugnisse im Rahmen der Entwicklung von Kraftstoffen in größeren Mengen zum Antrieb von Schiffsmotoren eingesetzt, kommt eine steuerfreie Verwendung der in den Motoren verbrannten Energieerzeugnisse als Probe zu Untersuchungszwecken nach § 25 Abs. 2 EnergieStG nicht in Betracht.

## § 66a

§ 66a Gebühren und Auslagen; Verordnungsermächtigung

(1) Für Amtshandlungen, die auf Rechtsverordnungen auf der Grundlage des § 66 Abs. 1 Nr. 11a Buchstabe a beruhen und die in Zusammenhang mit der Anerkennung von Systemen oder mit der Anerkennung und Überwachung einer unabhängigen Kontrollstelle stehen, werden zur Deckung des Verwaltungsaufwands Gebühren und Auslagen erhoben.

(2) [1]Das Bundesministerium der Finanzen wird ermächtigt, im Einvernehmen mit dem Bundesministerium für Umwelt, Naturschutz und Reaktorsicherheit und dem Bundesministerium für Ernährung, Landwirtschaft und Verbraucherschutz durch Rechtsverordnung ohne Zustimmung des Bundesrates die gebührenpflichtigen Tatbestände und die Gebührensätze zu bestimmen und dabei feste Sätze, auch in Form von Zeitgebühren oder Rahmensätzen, vorzusehen. [2]In der Rechtsverordnung kann die Erstattung von Auslagen auch abweichend vom Verwaltungskostengesetz geregelt werden.

Text in der Fassung des Artikels 2 Gesetz zur Änderung der Förderung von Biokraftstoffen G. v. 15. Juli 2009 BGBl. I S. 1804, 3108 m.W.v. 21. Juli 2009.

## § 66b

**§ 66b Ermächtigung zu § 55 Absatz 4, 5 und 8**

(1) Das Bundesministerium für Wirtschaft und Technologie wird ermächtigt, im Einvernehmen mit dem Bundesministerium der Finanzen und dem Bundesministerium für Umwelt, Naturschutz und Reaktorsicherheit durch Rechtsverordnung ohne Zustimmung des Bundesrates durch das Bundesamt für Wirtschaft und Ausfuhrkontrolle, die nationale Akkreditierungsstelle und die Zulassungsstelle nach § 28 des Umweltauditgesetzes zu vollziehende Bestimmungen zu § 55 Absatz 4, 5 und 8 zu erlassen.

(2) Durch Rechtsverordnung nach Absatz 1 kann geregelt werden,

1. dass kleine und mittlere Unternehmen auch andere alternative Systeme mit festgelegten Komponenten zur Verbesserung der Energieeffizienz als die in § 55 Absatz 4 Satz 2 genannten alternativen Systeme betreiben können,
2. welche bereits normierten oder anderweitig konkretisierten Systeme als Systeme im Sinn der Nummer 1 betrieben werden können,
3. welche Anforderungen an die inhaltliche Ausgestaltung von noch nicht normierten oder anderweitig konkretisierten Systemen nach Nummer 1 gestellt werden mit der Maßgabe, dass eine Anerkennung dieser Systeme oder der standardisierten Vorgaben für solche Systeme durch eine der in Absatz 1 genannten Stellen erfolgen muss, und
4. wie die Einhaltung der Anforderungen des § 55 Absatz 4 Satz 1 Nummer 1 und Absatz 5 Satz 1 Nummer 1 und 2 Buchstabe a und gegebenenfalls die Einhaltung der Anforderungen der Rechtsverordnung nach den Nummern 1 bis 3 durch die Stellen nach § 55 Absatz 8 nachzuweisen ist.

(3) Regelungen nach Absatz 2 Nummer 4 umfassen insbesondere

1. Vorgaben für die Nachweisführung durch die in § 55 Absatz 8 genannten Stellen,
2. die Anforderungen an die Akkreditierung oder Zulassung der in § 55 Absatz 8 genannten Stellen und Bestimmungen zu ihrer Überwachung einschließlich erforderlicher Auskunfts-, Einsichts- und Weisungsrechte, soweit sie nicht bereits von den bestehenden Akkreditierungs- und Zulassungsregelungen erfasst sind, sowie
3. die Befugnisse der in § 55 Absatz 8 genannten Stellen, während der Betriebszeit Geschäfts-, Betriebs- und Lagerräume sowie Transportmittel zu betreten, soweit dies für die Überwachung oder Kontrolle erforderlich ist.

Text in der Fassung des Artikels 1 Gesetz zur Änderung des Energiesteuer- und des Stromsteuergesetzes sowie zur Änderung des Luftverkehrsteuergesetzes G. v. 5. Dezember 2012 BGBl. I S. 2436, 2725, 2013 I 488 m.W.v. 1. Januar 2013.

## § 67

**§ 67 Anwendungsvorschriften**

(1) ¹Eine Steuerentlastung wird auf Antrag gewährt für Erdgas, das nachweislich nach § 3 Abs. 1 Nr. 2 oder § 3 Abs. 2 Nr. 3 Buchstabe a des Mineralölsteuergesetzes in der am 31. Juli 2006 geltenden Fassung versteuert wurde und sich am 1. August 2006, 0 Uhr, im Leitungsnetz befindet. ²Der Steuerentlastungsanspruch entsteht am 1. August 2006. ³Entlastungsberechtigt ist, wer in diesem Zeitpunkt Eigentümer des Erdgases ist. ⁴Der Entlastungsberechtigte hat die Steuerentlastung mit einer Anmeldung nach amtlich vorgeschriebenem Vordruck zu beantragen und in ihr alle für die Bemessung der Entlastung erforderlichen Angaben zu machen sowie die Höhe der Entlastung darin selbst zu berechnen.

(2) Für Anlagen nach § 3 Abs. 1 Satz 1 Nr. 2, die erstmalig vor dem 1. August 2006 in Betrieb genommen worden sind, gilt § 3 Abs. 4 und für Kohlebetriebe, die vor dem 1. August 2006 eröffnet worden sind, gilt § 31 Abs. 3 sinngemäß.

(3) Nach § 6 Abs. 2, § 7 Abs. 2, § 7a Abs. 2 und § 15 Abs. 3 des Mineralölsteuergesetzes in der am 31. Juli 2006 geltenden Fassung erteilte Erlaubnisse gelten bis zum 31. Dezember 2006 als nach § 6 Abs. 3, § 7 Abs. 2 oder Abs. 4 oder § 11 Abs. 4 dieses Gesetzes erteilte Erlaubnisse fort.

(4) Nach § 12 des Mineralölsteuergesetzes in der am 31. Juli 2006 geltenden Fassung erteilte Erlaubnisse gelten bis zum 31. Dezember 2006 als nach § 24 Abs. 2 oder § 44 Abs. 1 dieses Gesetzes erteilte Erlaubnisse mit der Maßgabe fort, dass die §§ 30 und 44 Abs. 4 anzuwenden sind, wenn die Energieerzeugnisse für andere als die in den §§ 24 bis 29 und 44 Abs. 2 genannten steuerfreien Zwecke verwendet werden.

(5) Abweichend von § 27 Abs. 1 Satz 2 dürfen Energieerzeugnisse der Unterpositionen 2710 19 41 bis 2710 19 49 der Kombinierten Nomenklatur bis zum 30. April 2007 auch nicht gekennzeichnet steuerfrei zu den in § 27 Abs. 1 Satz 1 genannten Zwecken abgegeben oder verwendet werden.

(6) Bis zum 31. Oktober 2006 sind der unversteuerte Bezug von Kohle nach § 31 Abs. 4 und die steuerfreie Verwendung von Kohle nach § 37 Abs. 2 Nr. 2, 3 und 4 allgemein erlaubt.

(7) Abweichend von § 32 Abs. 1 und § 36 Abs. 1 entsteht keine Steuer für am 1. August 2006, 0 Uhr, vorhandene Bestände an Kohle im unmittelbaren Besitz von Personen, wenn der Bestand 100 Tonnen nicht übersteigt.

(8) Soweit im Kalenderjahr 2007 ein Steuerentlastungsanspruch nach § 55 für Schweröle nach § 2 Absatz 3 Satz 1 Nummer 1 oder Nummer 3 entstanden ist, beginnt die Festsetzungsfrist für diesen Anspruch mit Ablauf des 31. Dezember 2008. Antragsfristen in einer auf Grund des § 66 Absatz 1 Nummer 11 Buchstabe b ergangenen Verordnung sind insoweit nicht anwendbar.

(9) Für Beförderungen unter Steueraussetzung, die vor dem 1. Januar 2011 begonnen worden sind, gelten dieses Gesetz und die Energiesteuer-Durchführungsverordnung in der jeweils am 31. März 2010 geltenden Fassung fort, es sei denn, die Beförderungen sind mit einem elektronischen Verwaltungsdokument (§ 9d Absatz 1) eröffnet worden.

(10) § 55 in der am 31. Dezember 2012 geltenden Fassung gilt fort für Energieerzeugnisse, die bis zum 31. Dezember 2012 verwendet worden sind.

Text in der Fassung des Artikels 1 Gesetz zur Änderung des Energiesteuer- und des Stromsteuergesetzes sowie zur Änderung des Luftverkehrsteuergesetzes G. v. 5. Dezember 2012 BGBl. I S. 2436, 2725, 2013 I 488 m.W.v. 1. Januar 2013. EnergieStV Verkündungsstand: 11.2.2014 in Kraft ab: 1.8.2013 Bund.

*Energiesteuer-Durchführungsverordnung*

**Schlussbestimmungen**

**§ 112**[1]) **Übergangsregelung**

*(1)* ¹*Für Beförderungen*
1. *von Energieerzeugnissen unter Steueraussetzung im Steuergebiet, die vor dem 1. Januar 2012 begonnen worden sind,*
2. *von Energieerzeugnissen, die unter Steueraussetzung unmittelbar aus dem Steuergebiet in Drittländer oder Drittgebiete ausgeführt werden und deren Beförderungen vor dem 1. Januar 2012 begonnen worden sind,*

*ist diese Verordnung in der bis zum 31. März 2010 geltenden Fassung weiter anzuwenden, es sei denn, die Beförderungen sind mit einem elektronischen Verwaltungsdokument begonnen worden.* ²*Für die Ausfuhrförmlichkeiten ist in den Fällen des Satzes 1 Nummer 2 ab dem 1. Januar 2011 der Artikel 793c der Zollkodex-Durchführungsverordnung in der bis zum 31. Dezember 2010 geltenden Fassung weiter anzuwenden.*

*(2) Für Anträge auf eine Steuerentlastung nach § 53 des Gesetzes in der am 31. März 2012 geltenden Fassung sind die §§ 9 bis 11, 98 und 99 in der zu diesem Zeitpunkt geltenden Fassung weiter anzuwenden.*

*(3) Für Anträge auf eine Steuerentlastung nach § 55 des Gesetzes in der am 31. Dezember 2012 geltenden Fassung ist § 101 in der bis zu diesem Zeitpunkt geltenden Fassung weiter anzuwenden.*

---

1) Zwischenüberschr. und § 112 angef. mWv 1.4.2010 durch VO v. 5.10.2009 (BGBl. I S. 3262); Abs. 2 und 3 angef. mWv 1. 8. 2013 durch VO v. 24.7.2013 (BGBl. I S. 2763).

# Stromsteuergesetz

## § 1 Steuergegenstand, Steuergebiet

(1) ¹Elektrischer Strom (Strom) der Position 2716 der Kombinierten Nomenklatur unterliegt im Steuergebiet der Stromsteuer. ²Steuergebiet ist das Gebiet der Bundesrepublik Deutschland ohne das Gebiet von Büsingen und ohne die Insel Helgoland. ³Die Stromsteuer ist eine Verbrauchsteuer im Sinne der Abgabenordnung.

(2) Kombinierte Nomenklatur im Sinne dieses Gesetzes ist die Warennomenklatur nach Artikel 1 der Verordnung (EWG) Nr. 2658/87 des Rates vom 23. Juli 1987 über die zolltarifliche und statistische Nomenklatur sowie den Gemeinsamen Zolltarif (ABl. EG Nr. L 256 S. 1, Nr. L 341 S. 38, Nr. L 378 S. 120, 1988 Nr. L 130 S. 42) in der am 1. Januar 2002 geltenden Fassung.

## *EU-Vorgaben*

**RL 2008/118/EG Systemrichtlinie (Auszug)**

**Artikel 1**

(1) Diese Richtlinie legt ein allgemeines System für die Verbrauchsteuern fest, die mittelbar oder unmittelbar auf den Verbrauch folgender Waren (nachstehend „verbrauchsteuerpflichtige Waren" genannt) erhoben werden:

a) Energieerzeugnisse und elektrischer Strom gemäß der Richtlinie 2003/96/EG;
b) Alkohol und alkoholische Getränke gemäß den Richtlinien 92/83/EWG und 92/84/EWG;
c) Tabakwaren gemäß den Richtlinien 95/59/EG, 92/79/EWG und 92/80/EWG.

(2) Die Mitgliedstaaten können für besondere Zwecke auf verbrauchsteuerpflichtige Waren andere indirekte Steuern erheben, sofern diese Steuern in Bezug auf die Bestimmung der Bemessungsgrundlage, die Berechnung der Steuer, die Entstehung des Steueranspruchs und die steuerliche Überwachung mit den gemeinschaftlichen Vorschriften für die Verbrauchsteuer oder die Mehrwertsteuer vereinbar sind, wobei die Bestimmungen über die Steuerbefreiungen ausgenommen sind.

(3) Die Mitgliedstaaten können Steuern erheben auf:

a) andere als verbrauchsteuerpflichtige Waren;
b) Dienstleistungen, auch im Zusammenhang mit verbrauchsteuerpflichtigen Waren, sofern es sich nicht um umsatzbezogene Steuern handelt.

Die Erhebung solcher Steuern darf jedoch im grenzüberschreitenden Handelsverkehr zwischen Mitgliedstaaten keine mit dem Grenzübertritt verbundenen Formalitäten nach sich ziehen.

**RL 2003/96/EG Energiesteuerrichtlinie (Auszug)**

**Artikel 1**

Die Mitgliedstaaten erheben nach Maßgabe dieser Richtlinie Steuern auf Energieerzeugnisse und elektrischen Strom.

**Artikel 2**

(1) Als Energieerzeugnisse im Sinne dieser Richtlinie gelten die Erzeugnisse:

a) der KN-Codes 1507 bis 1518, die als Heiz- oder Kraftstoff verwendet werden;
b) der KN-Codes 2701, 2702 und 2704 bis 2715;
c) der KN-Codes 2901 bis 2902;
d) es KN-Codes 2905 11 00, die nicht von synthetischer Herkunft sind und die als Heiz- oder Kraftstoff verwendet werden;
e) des KN-Codes 3403;
f) des KN-Codes 3811;
g) des KN-Codes 3817;
h) des KN-Codes 3824 90 99, die als Heiz- oder Kraftstoff verwendet werden.

(2) Diese Richtlinie gilt ferner für folgendes Erzeugnis: Elektrischer Strom im Sinne des KN-Codes 2716.

# § 1 EU-Vorgaben

(3) Zum Verbrauch als Heiz- oder Kraftstoff bestimmte oder als solche zum Verkauf angebotene bzw. verwendete andere Energieerzeugnisse als diejenigen, für die in dieser Richtlinie ein Steuerbetrag festgelegt wurde, werden je nach Verwendung zu dem für einen gleichwertigen Heiz- oder Kraftstoff erhobenen Steuersatz besteuert.

Neben den in Absatz 1 genannten steuerbaren Erzeugnissen sind alle zur Verwendung als Kraftstoff oder als Zusatz oder Verlängerungsmittel von Kraftstoffen bestimmten oder als solche zum Verkauf angebotenen bzw. verwendeten Erzeugnisse zu dem für einen gleichwertigen Kraftstoff erhobenen Steuersatz zu besteuern.

Neben den in Absatz 1 genannten steuerbaren Erzeugnissen wird mit Ausnahme von Torf jeder andere Kohlenwasserstoff, der zum Verbrauch zu Heizzwecken bestimmt ist oder als solcher zum Verbrauch angeboten bzw. verwendet wird, zu dem für ein gleichwertiges Energieerzeugnis erhobenen Steuersatz besteuert.

(4) Diese Richtlinie gilt nicht für:

a) die Endenergiebesteuerung der Wärme und für die Besteuerung von Erzeugnissen der KN-Codes 4401 und 4402.

b) für folgende Verwendungen von Energieerzeugnissen und elektrischem Strom:
   – für Energieerzeugnisse, die für andere Zwecke als als Heiz- oder Kraftstoff verwendet werden;
   – für Energieerzeugnisse mit zweierlei Verwendungszweck;
   Ein Energieerzeugnis hat dann zweierlei Verwendungszweck, wenn es sowohl als Heizstoff als auch für andere Zwecke als als Heiz- oder Kraftstoff verwendet wird. Die Verwendung von Energieerzeugnissen bei der chemischen Reduktion, bei Elektrolysen und bei Prozessen in der Metallindustrie ist als zweierlei Verwendungszweck anzusehen.
   – für elektrischen Strom, der hauptsächlich für die Zwecke der chemischen Reduktion, bei der Elektrolyse und bei Prozessen in der Metallindustrie verwendet wird;
   – für elektrischen Strom, wenn er mehr als 50 % der Kosten für ein Erzeugnis ausmacht. Die Kosten eines Erzeugnisses errechnen sich durch die Addition der insgesamt erworbenen Waren und Dienstleistungen sowie der Personalkosten zuzüglich der Abschreibungen auf Ebene des Betriebs im Sinne von Artikel 11. Dabei werden die durchschnittlichen Kosten pro Einheit berechnet. Die „Kosten des elektrischen Stroms" werden bestimmt durch den tatsächlich gezahlten Strompreis oder die Kosten für die Stromerzeugung, wenn der Strom im Betrieb gewonnen wird;
   – für mineralogische Verfahren;
   Als mineralogische Verfahren gelten Verfahren, die gemäß der Verordnung (EWG) Nr. 3037/90 des Rates vom 9. Oktober 1990 betreffend die statistische Systematik der Wirtschaftszweige in der Europäischen Gemeinschaft (1) unter die NACE-Klasse DI 26 „Verarbeitung nicht-metallischer Mineralien" fallen.

Für diese Energieerzeugnisse gilt jedoch Artikel 20.

(5) Die in dieser Richtlinie genannten Codes der Kombinierten Nomenklatur beziehen sich auf die gemäß der Verordnung (EG) Nr. 2031/2001 der Kommission vom 6. August 2001 zur Änderung des Anhangs I der Verordnung (EWG) Nr. 2658/87 des Rates über die zolltarifliche und statistische Nomenklatur sowie den Gemeinsamen Zolltarif (2) geltende Fassung.

Einmal jährlich wird nach dem in Artikel 27 genannten Verfahren eine Entscheidung über die Aktualisierung der Codes der Kombinierten Nomenklatur für die in dieser Richtlinie genannten Erzeugnisse getroffen. Diese Entscheidung darf nicht dazu führen, dass die Mindeststeuersätze nach dieser Richtlinie geändert werden oder dass Energieerzeugnisse oder elektrischer Strom zu der Liste hinzugefügt oder daraus gestrichen werden.

*Kombinierte Nomenklatur (Auszug)*

**Kapitel 27**
2716:   Elektrischer Strom

## § 2 Begriffsbestimmungen

Im Sinne dieses Gesetzes sind

1. Versorger: Derjenige, der Strom leistet;
2. Eigenerzeuger: derjenige, der Strom zum Selbstverbrauch erzeugt;
2a. Klassifikation der Wirtschaftszweige: die vom Statistischen Bundesamt in 65189 Wiesbaden, Gustav-Stresemann-Ring 11, herausgegebene Klassifikation der Wirtschaftszweige, Ausgabe 2003 (WZ 2003), auch zu beziehen über www-ec.destatis.de;
3. Unternehmen des Produzierenden Gewerbes: Unternehmen, die dem Abschnitt C (Bergbau und Gewinnung von Steine und Erden), D (Verarbeitendes Gewerbe), E (Energie- und Wasserversorgung) oder F (Baugewerbe) der Klassifikation der Wirtschaftszweige zuzuordnen sind, sowie die anerkannten Werkstätten für behinderte Menschen im Sinne des § 136 des Neunten Buches Sozialgesetzbuch, wenn sie überwiegend eine wirtschaftliche Tätigkeit ausüben, die den vorgenannten Abschnitten der Klassifikation der Wirtschaftszweige zuzuordnen ist;
4. Unternehmen im Sinne der Nummer 3: Kleinste rechtlich selbständige Einheit sowie kommunale Eigenbetriebe, die auf Grundlage der Eigenbetriebsgesetze oder Eigenbetriebsverordnungen der Länder geführt werden;
5. Unternehmen der Land- und Forstwirtschaft: Unternehmen, die dem Abschnitt A (Land- und Forstwirtschaft) oder der Klasse 05.02 (Teichwirtschaft und Fischzucht) der Klassifikation der Wirtschaftszweige zuzuordnen sind, sowie die anerkannten Werkstätten für behinderte Menschen im Sinne des § 136 des Neunten Buches Sozialgesetzbuch, wenn sie überwiegend eine wirtschaftliche Tätigkeit ausüben, die dem Abschnitt A oder der Klasse 05.02 der Klassifikation der Wirtschaftszweige zuzuordnen ist;
6. Unternehmen im Sinne der Nummer 5: Wirtschaftliche, finanzielle und rechtliche Einheit, die unter einheitlicher und selbständiger Führung steht;
7. Strom aus erneuerbaren Energieträgern: Strom, der ausschließlich aus Wasserkraft, Windkraft, Sonnenenergie, Erdwärme, Deponiegas, Klärgas oder aus Biomasse erzeugt wird, ausgenommen Strom aus Wasserkraftwerken mit einer installierten Generatorleistung über zehn Megawatt.

*Stromsteuer-Durchführungsverordnung*

*Allgemeines*

### § 1 Zuständiges Hauptzollamt

¹*Soweit in dieser Verordnung nichts anderes bestimmt ist, ist für den Anwendungsbereich dieser Verordnung das Hauptzollamt örtlich zuständig, von dessen Bezirk aus die in den einzelnen Vorschriften jeweils bezeichnete Person ihr Unternehmen betreibt oder, falls sie kein Unternehmen betreibt, in dessen Bezirk sie ihren Wohnsitz hat. ²Für Unternehmen, die von einem Ort außerhalb des Steuergebiets betrieben werden, oder für Personen ohne Wohnsitz im Steuergebiet ist das Hauptzollamt örtlich zuständig, in dessen Bezirk sie erstmalig steuerlich in Erscheinung treten.*

*Zu § 2 des Gesetzes*

### § 1a Versorger

*(1) Soweit im Stromsteuergesetz oder in dieser Verordnung nichts anderes bestimmt ist, sind Versorger keine Letztverbraucher im Sinn des § 5 Absatz 1 Satz 1 des Gesetzes.*

*(2) ¹Wer ausschließlich nach § 3 des Gesetzes zu versteuernden Strom bezieht und diesen ausschließlich an seine Mieter, Pächter oder vergleichbare Vertragsparteien als Letztverbraucher leistet, gilt nicht als Versorger, sondern als Letztverbraucher im Sinne von § 5 Abs. 1 Satz 1 des Gesetzes. ²Dies gilt jedoch nur dann, wenn er ausschließlich von einem im Steuergebiet ansässigen Versorger bezogenen Strom an seine Vertragsparteien leistet. ³Die §§ 9a bis 10 des Gesetzes bleiben dadurch unberührt.*

*(3) ¹Das Hauptzollamt kann in anderen Fällen als nach Absatz 1 auf Antrag zulassen, dass derjenige, der Strom leistet, nicht als Versorger, sondern als Letztverbraucher im Sinne von § 5 Abs. 1 Satz 1 des*

# § 2 DV § 1a, § 1b, § 15

*Gesetzes gilt, soweit er nach § 3 des Gesetzes zu versteuernden Strom an seine Mieter, Pächter oder vergleichbare Vertragsparteien leistet und ihm dieser Strom als Letztverbraucher von einem im Steuergebiet ansässigen Versorger geleistet wird. ²Die Zulassung wird nur dann erteilt, wenn die nach § 3 des Gesetzes zu versteuernde Strommenge durch den letztgenannten Versorger ermittelt wird. ³Die §§ 9a bis 10 des Gesetzes bleiben dadurch unberührt.*

*(4) Versorger gelten als Letztverbraucher im Sinne von § 5 Abs. 1 Satz 1 des Gesetzes, soweit sie Strom zum Selbstverbrauch entnehmen, ihnen dieser Strom als Letztverbraucher von einem im Steuergebiet ansässigen Versorger geleistet wird und die entsprechende Strommenge getrennt nach den Steuersätzen und den jeweiligen Steuerbegünstigungen der §§ 3 und 9 des Gesetzes durch den letztgenannten Versorger ermittelt wird.*

*(5) ¹Wer Strom in Anlagen mit einer elektrischen Nennleistung von bis zu zwei Megawatt erzeugt und ausschließlich diesen Strom leistet, ist nur dann Versorger, wenn er den Strom an Letztverbraucher leistet und dieser Strom nicht nach § 9 Abs. 1 Nr. 1 des Gesetzes von der Steuer befreit ist. ²Wer Strom leistet, der nach § 9 Abs. 1 Nr. 4 oder Nr. 5 des Gesetzes von der Steuer befreit ist, gilt insoweit nicht als Versorger.*

## § 1b  Strom aus erneuerbaren Energieträgern

*(1) Soweit eine Stromerzeugung aus Deponiegas, Klärgas oder Biomasse nur durch eine Zünd- oder Stützfeuerung mit anderen als den vorgenannten Stoffen technisch möglich ist, wird auf das Erfordernis der Ausschließlichkeit in § 2 Nummer 7 des Gesetzes verzichtet.*

*(2) ¹Biomasse im Sinn des § 2 Nummer 7 des Gesetzes sind ausschließlich Stoffe, die nach der Biomasseverordnung vom 21. Juli 2001 (BGBl. I S. 1234), die zuletzt durch Artikel 5 Absatz 10 des Gesetzes vom 24. Februar 2012 (BGBl. I S. 212) geändert worden ist, in der jeweils geltenden Fassung als Biomasse anerkannt werden. ²§ 2 Absatz 4 der Biomasseverordnung findet keine Anwendung. ³Für Altholz, das in Biomasseanlagen eingesetzt wird, die vor dem 1. Januar 2013 in Betrieb genommen worden sind, gilt die Biomasseverordnung in der am 31. Dezember 2011 geltenden Fassung.*

### Zu § 2 Nummer 3 bis 6 und den §§ 9a bis 10 des Gesetzes

## § 15  Zuordnung von Unternehmen

*(1) ¹Das Hauptzollamt entscheidet über die Zuordnung eines Unternehmens nach § 2 Nummer 3 und 5 des Gesetzes zu einem Abschnitt oder einer Klasse der Klassifikation der Wirtschaftszweige. ²Für die Zuordnung sind die Abgrenzungsmerkmale maßgebend, die in der Klassifikation der Wirtschaftszweige und in deren Vorbemerkungen genannt sind, soweit die folgenden Absätze nichts anderes bestimmen.*

*(2) Die Zuordnung eines Unternehmens zu einem Abschnitt oder einer Klasse der Klassifikation der Wirtschaftszweige erfolgt nach den wirtschaftlichen Tätigkeiten des Unternehmens im maßgebenden Zeitraum.*

*(3) ¹Vorbehaltlich der Sätze 2 und 3 ist maßgebender Zeitraum das Kalenderjahr, das dem Kalenderjahr vorhergeht, für das eine Steuerentlastung beantragt wird. ²Abweichend von Satz 1 kann das Unternehmen als maßgebenden Zeitraum das Kalenderjahr wählen, für das eine Steuerentlastung beantragt wird. ³Das Kalenderjahr nach Satz 2 ist maßgebender Zeitraum, wenn das Unternehmen die wirtschaftlichen Tätigkeiten, die dem Produzierenden Gewerbe oder der Land- und Forstwirtschaft im Sinn des § 2 Nummer 3 oder Nummer 5 des Gesetzes zuzuordnen sind, im vorhergehenden Kalenderjahr eingestellt und bis zu dessen Ende nicht wieder aufgenommen hat.*

*(4) ¹Unternehmen, die im maßgebenden Zeitraum mehrere wirtschaftliche Tätigkeiten ausüben, die entweder nicht alle dem Produzierenden Gewerbe oder nicht alle der Land- und Forstwirtschaft im Sinn des § 2 Nummer 3 oder Nummer 5 des Gesetzes zuzuordnen sind, sind nach dem Schwerpunkt ihrer wirtschaftlichen Tätigkeit einem Abschnitt der Klassifikation der Wirtschaftszweige zuzuordnen. ²Der Schwerpunkt der wirtschaftlichen Tätigkeit wird nach Wahl des Unternehmens durch den Abschnitt der Klassifikation der Wirtschaftszweige bestimmt,*

1. *auf dessen Tätigkeiten im maßgebenden Zeitraum der größte Anteil der Bruttowertschöpfung zu Herstellungspreisen im Sinne der Vorbemerkungen zur Klassifikation der Wirtschaftszweige entfiel,*
2. *auf dessen Tätigkeiten im maßgebenden Zeitraum der größte Anteil der Wertschöpfung entfiel,*
3. *in dessen Tätigkeiten im maßgebenden Zeitraum im Durchschnitt die meisten Personen tätig waren oder*
4. *in dessen Tätigkeiten im maßgebenden Zeitraum der höchste steuerbare Umsatz im Sinne von § 1 Abs. 1 Nr. 1 des Umsatzsteuergesetzes erzielt wurde. ²Als steuerbarer Umsatz gilt dabei auch das den Leistungen von juristischen Personen des öffentlichen Rechts und kommunalen Eigenbetrieben zu-*

zurechnende Aufkommen aus Beiträgen und Gebühren. ³Die umsatzsteuerlichen Vorschriften zur Organschaft (§ 2 Absatz 2 Nummer 2 des Umsatzsteuergesetzes) sind nicht anwendbar. ³Das Hauptzollamt kann die Wahl des Unternehmens zurückweisen, wenn diese offensichtlich nicht geeignet ist, den Schwerpunkt der wirtschaftlichen Tätigkeit des Unternehmens zu bestimmen.

(5) Ist ein Unternehmen dem Abschnitt B der Klassifikation der Wirtschaftszweige zuzuordnen, gilt für die Zuordnung zu einer Klasse dieses Abschnitts Absatz 4 sinngemäß.

(6) ¹Die Wertschöpfungsanteile nach Absatz 4 Satz 2 Nummer 2 ergeben sich als Differenz zwischen der Summe aus dem steuerbaren Umsatz nach § 1 Abs. 1 Nr. 1 des Umsatzsteuergesetzes, den nicht steuerbaren Lieferungen und sonstigen Leistungen, der Bestandsmehrung an unfertigen und fertigen Erzeugnissen sowie den Herstellungskosten für selbst erstellte Anlagen in den jeweiligen Abschnitten einerseits und der Summe aus den Vorleistungen, den linearen und degressiven Abschreibungen sowie der Bestandsminderung an unfertigen und fertigen Erzeugnissen andererseits. ²Vorleistungen sind die Kosten für Rohstoffe, Hilfsstoffe, Betriebsstoffe, Handelswaren und Fremdleistungen, nicht jedoch Löhne, Gehälter, Mieten, Pachten und Fremdkapitalzinsen.

(7) ¹Als Zahl der im Durchschnitt tätigen Personen nach Absatz 4 Satz 2 Nummer 3 gilt die Summe der Zahlen der am 15. Tag eines jeden Kalendermonats tätigen Personen geteilt durch die Anzahl der entsprechenden Monate. ²Tätige Personen sind:

1. Personen, die in einem Arbeitsverhältnis zum Unternehmen stehen, auch wenn sie vorübergehend abwesend sind, nicht jedoch im Ausland tätige Personen;
2. tätige Inhaber und tätige Mitinhaber von Personengesellschaften;
3. unbezahlt mithelfende Familienangehörige, soweit sie mindestens ein Drittel der üblichen Arbeitszeit im Unternehmen tätig sind;
4. Arbeitskräfte, die von anderen Unternehmen gegen Entgelt gemäß dem Arbeitnehmerüberlassungsgesetz zur Arbeitsleistung überlassen wurden.

(6) (weggefallen)

(7) (weggefallen)

(8) Unternehmen oder Unternehmensteile im Vertrieb und in der Produktion von Gütern ohne eigene Warenproduktion (Converter) sind abweichend von Abschnitt 3.4 der Vorbemerkungen zur Klassifikation der Wirtschaftszweige dann, wenn sie die gewerblichen Schutzrechte an den Produkten besitzen, nicht so zu klassifizieren, als würden sie die Waren selbst herstellen.

(9) Soweit in den Erläuterungen zur Abteilung 45 der Klassifikation der Wirtschaftszweige bestimmt wird, dass Arbeiten im Baugewerbe auch durch Subunternehmen ausgeführt werden können, gilt dies nicht, wenn die Arbeiten für das zuzuordnende Unternehmen Investitionen darstellen.

(10) Die Absätze 1 bis 8 gelten sinngemäß, wenn ein Unternehmen für andere Rechtsvorschriften dem Produzierenden Gewerbe oder der Land- und Forstwirtschaft nach § 2 Nummer 3 oder Nummer 5 des Gesetzes zuzuordnen ist.

## Biomasseverordnung (Auszug)

### § 2 Anerkannte Biomasse

(1) Biomasse im Sinne dieser Verordnung sind Energieträger aus Phyto- und Zoomasse. Hierzu gehören auch aus Phyto- und Zoomasse resultierende Folge- und Nebenprodukte, Rückstände und Abfälle, deren Energiegehalt aus Phyto- und Zoomasse stammt.

(2) Biomasse im Sinne des Absatzes 1 sind insbesondere:
1. Pflanzen und Pflanzenbestandteile,
2. aus Pflanzen oder Pflanzenbestandteilen hergestellte Energieträger, deren sämtliche Bestandteile und Zwischenprodukte aus Biomasse im Sinne des Absatzes 1 erzeugt wurden,
3. Abfälle und Nebenprodukte pflanzlicher und tierischer Herkunft aus der Land-, Forst- und Fischwirtschaft,
4. Bioabfälle im Sinne von § 2 Nr. 1 der Bioabfallverordnung,
5. aus Biomasse im Sinne des Absatzes 1 durch Vergasung oder Pyrolyse erzeugtes Gas und daraus resultierende Folge- und Nebenprodukte,
6. aus Biomasse im Sinne des Absatzes 1 erzeugte Alkohole, deren Bestandteile, Zwischen-, Folge- und Nebenprodukte aus Biomasse erzeugt wurden.

(3) Unbeschadet von Absatz 1 gelten als Biomasse im Sinne dieser Verordnung:

## § 2

1. Treibsel aus Gewässerpflege, Uferpflege und -reinhaltung,
2. durch anaerobe Vergärung erzeugtes Biogas, sofern zur Vergärung nicht Stoffe nach § 3 Nummer 3, 7 oder 9 oder mehr als 10 Gewichtsprozent Klärschlamm eingesetzt werden.

(4) Stoffe, aus denen in Altanlagen im Sinne von § 2 Abs. 3 Satz 4 des Erneuerbare-Energien-Gesetzes vom 29. März 2000 (BGBl. I S. 305) in der am 31. Juli 2004 geltenden Fassung Strom erzeugt und vor dem 1. April 2000 bereits als Strom aus Biomasse vergütet worden ist, gelten in diesen Anlagen weiterhin als Biomasse. Dies gilt nicht für Stoffe nach § 3 Nr. 4.

### § 3 Nicht als Biomasse anerkannte Stoffe

Nicht als Biomasse im Sinne dieser Verordnung gelten:

1. fossile Brennstoffe sowie daraus hergestellte Neben- und Folgeprodukte,
2. Torf,
3. gemischte Siedlungsabfälle aus privaten Haushaltungen sowie ähnliche Abfälle aus anderen Herkunftsbereichen einschließlich aus gemischten Siedlungsabfällen herausgelöste Biomassefraktionen,
4. Altholz mit Ausnahme von Industrierestholz
5. Papier, Pappe, Karton,
6. Klärschlämme im Sinne der Klärschlammverordnung,
7. Hafenschlick und sonstige Gewässerschlämme und -sedimente,
8. Textilien,
9. tierische Nebenprodukte im Sinne von Artikel 3 Nummer 1 der Verordnung (EG) Nr. 1069/2009 des Europäischen Parlaments und des Rates vom 21. Oktober 2009 mit Hygienevorschriften für nicht für den menschlichen Verzehr bestimmte tierische Nebenprodukte und zur Aufhebung der Verordnung (EG) Nr. 1774/2002 (ABl. L 300 vom 14.11.2009, S. 1), die durch die Richtlinie 2010/63/EU (ABl. L 276 vom 20.10.2010, S. 33) geändert worden ist, soweit es sich

    a) um Material der Kategorie 1 gemäß Artikel 8 der Verordnung (EG) Nr. 1069/2009 handelt,

    b) um Material der Kategorie 2 gemäß Artikel 9 der Verordnung (EG) Nr. 1069/2009 mit Ausnahme von Gülle, von Magen und Darm getrenntem Magen- und Darminhalt und Kolostrum im Sinne der genannten Verordnung handelt,

    c) um Material der Kategorie 3 gemäß Artikel 10 der Verordnung (EG) Nr. 1069/2009 mit Ausnahme von Häuten, Fellen, Hufen, Federn, Wolle, Hörnern, Haaren und Pelzen nach Artikel 10 Buchstaben b Unterbuchstaben iii bis v, h und n handelt, und dieses Material durch Verbrennen direkt als Abfall beseitigt wird, oder

    d) um Material der Kategorie 3 gemäß Artikel 10 der Verordnung (EG) Nr. 1069/2009 handelt, das in Verarbeitungsbetrieben für Material der Kategorie 1 oder 2 verarbeitet wird, sowie Stoffe, die durch deren dortige Verarbeitung hergestellt worden oder sonst entstanden sind,

10. Deponiegas,
11. Klärgas.

## *Umsatzsteuergesetz (Auszug)*

### § 1 Steuerbare Umsätze

(1) Der Umsatzsteuer unterliegen die folgenden Umsätze:

1. die Lieferungen und sonstigen Leistungen, die ein Unternehmer im Inland gegen Entgelt im Rahmen seines Unternehmens ausführt. Die Steuerbarkeit entfällt nicht, wenn der Umsatz auf Grund gesetzlicher oder behördlicher Anordnung ausgeführt wird oder nach gesetzlicher Vorschrift als ausgeführt gilt;
2. (weggefallen)
3. (weggefallen)
4. die Einfuhr von Gegenständen im Inland oder in den österreichischen Gebieten Jungholz und Mittelberg (Einfuhrumsatzsteuer);
5. der innergemeinschaftliche Erwerb im Inland gegen Entgelt.

(1a) Die Umsätze im Rahmen einer Geschäftsveräußerung an einen anderen Unternehmer für dessen Unternehmen unterliegen nicht der Umsatzsteuer. Eine Geschäftsveräußerung liegt vor, wenn ein Unternehmen oder ein in der Gliederung eines Unternehmens gesondert geführter Betrieb im Ganzen ent-

# § 2

geltlich oder unentgeltlich übereignet oder in eine Gesellschaft eingebracht wird. Der erwerbende Unternehmer tritt an die Stelle des Veräußerers.

(2) Inland im Sinne dieses Gesetzes ist das Gebiet der Bundesrepublik Deutschland mit Ausnahme des Gebiets von Büsingen, der Insel Helgoland, der Freizonen des Kontrolltyps I nach § 1 Abs. 1 Satz 1 des Zollverwaltungsgesetzes (Freihäfen), der Gewässer und Watten zwischen der Hoheitsgrenze und der jeweiligen Strandlinie sowie der deutschen Schiffe und der deutschen Luftfahrzeuge in Gebieten, die zu keinem Zollgebiet gehören. Ausland im Sinne dieses Gesetzes ist das Gebiet, das danach nicht Inland ist. Wird ein Umsatz im Inland ausgeführt, so kommt es für die Besteuerung nicht darauf an, ob der Unternehmer deutscher Staatsangehöriger ist, seinen Wohnsitz oder Sitz im Inland hat, im Inland eine Betriebsstätte unterhält, die Rechnung erteilt oder die Zahlung empfängt.

(2a) Das Gemeinschaftsgebiet im Sinne dieses Gesetzes umfasst das Inland im Sinne des Absatzes 2 Satz 1 und die Gebiete der übrigen Mitgliedstaaten der Europäischen Union, die nach dem Gemeinschaftsrecht als Inland dieser Mitgliedstaaten gelten (übriges Gemeinschaftsgebiet). Das Fürstentum Monaco gilt als Gebiet der Französischen Republik; die Insel Man gilt als Gebiet des Vereinigten Königreichs Großbritannien und Nordirland. Drittlandsgebiet im Sinne dieses Gesetzes ist das Gebiet, das nicht Gemeinschaftsgebiet ist.

(3) Folgende Umsätze, die in den Freihäfen und in den Gewässern und Watten zwischen der Hoheitsgrenze und der jeweiligen Strandlinie bewirkt werden, sind wie Umsätze im Inland zu behandeln:

1. die Lieferungen und die innergemeinschaftlichen Erwerbe von Gegenständen, die zum Gebrauch oder Verbrauch in den bezeichneten Gebieten oder zur Ausrüstung oder Versorgung eines Beförderungsmittels bestimmt sind, wenn die Gegenstände
    a) nicht für das Unternehmen des Abnehmers erworben werden, oder
    b) vom Abnehmer ausschließlich oder zum Teil für eine nach § 4 Nr. 8 bis 27 steuerfreie Tätigkeit verwendet werden;
2. die sonstigen Leistungen, die
    a) nicht für das Unternehmen des Leistungsempfängers ausgeführt werden, oder
    b) vom Leistungsempfänger ausschließlich oder zum Teil für eine nach § 4 Nr. 8 bis 27 steuerfreie Tätigkeit verwendet werden;
3. die Lieferungen im Sinne des § 3 Abs. 1b und die sonstigen Leistungen im Sinne des § 3 Abs. 9a;
4. die Lieferungen von Gegenständen, die sich im Zeitpunkt der Lieferung
    a) in einem zollamtlich bewilligten Freihafen-Veredelungsverkehr oder in einer zollamtlich besonders zugelassenen Freihafenlagerung oder
    b) einfuhrumsatzsteuerrechtlich im freien Verkehr befinden;
5. die sonstigen Leistungen, die im Rahmen eines Veredelungsverkehrs oder einer Lagerung im Sinne der Nummer 4 Buchstabe a ausgeführt werden;
6. (weggefallen)
7. der innergemeinschaftliche Erwerb eines neuen Fahrzeugs durch die in § 1a Abs. 3 und § 1b Abs. 1 genannten Erwerber.

Lieferungen und sonstige Leistungen an juristische Personen des öffentlichen Rechts sowie deren innergemeinschaftlicher Erwerb in den bezeichneten Gebieten sind als Umsätze im Sinne der Nummern 1 und 2 anzusehen, soweit der Unternehmer nicht anhand von Aufzeichnungen und Belegen das Gegenteil glaubhaft macht.

### *Verwaltungsregelungen zu § 2 StromStG*

| Datum | Anlage | Quelle | Inhalt |
|---|---|---|---|
| 12.02.2013 | § 002-01 | BFD Südwest | Zuordnung von Tätigkeiten in die Klassifikation der Wirtschaftszweige, Ausgabe 2003 (WZ 2003) |

### *Rechtsprechungsauswahl zu § 2 StromStG*

**BFH vom 21.08.2014, VII R 11/13:** Großbäckerei steht keine Steuerbegünstigung für rechtlich selbständige Filialen zu.

**BFH vom 18.03.2014, VII R 12/13:** Keine Steuerbegünstigung für den Konzerngesellschaften ohne Erlaubnis zur Verfügung gestellten Strom – Unternehmensbegriff.

## § 2

**BFH vom 14.11.2013, VII B 170/13:** Keine Stromsteuerentlastung für die Herstellung von Trockenstabilat.

**BFH vom 25.09.2013, VII R 64/11 (BFH/NV 2014 S. 108):** Einem Unternehmen des produzierenden Gewerbes steht für die Strommengen keine Steuerbegünstigung zu, die auf dem Betriebsgelände von Mitarbeitern eines anderen, rechtlich selbstständigen Unternehmens zur Erfüllung eines mit diesem Unternehmen abgeschlossenen Werkvertrags verbraucht werden.

**BFH vom 16.04.2013, VII 25/11:** Keine Stromsteuerbegünstigung für die Herstellung von Brennstoffen aus Kunststoffabfällen und Altholz – Voraussetzungen für die Annahme eines Recyclings.

**BFH vom 07.06.2011, VII R 55/09 (BFHE 234 S. 74):** Keine Bindung an Angaben in Errichterbestätigung oder Zulassungsbescheid bei der stromsteuerrechtlichen Bestimmung der Nennleistung einer Stromerzeugungsanlage.

**BFH vom 02.11.2010, VII R 48/09 (nicht zur Veröffentlichung freigegeben):** Verpachtet ein Unternehmen des produzierenden Gewerbes von ihm errichtete Verkaufsstellen an Personen, die keine Angestellten des Unternehmens sind, sondern auf Provisionsbasis im Rahmen einer selbständigen und eigenverantwortlichen Handelsvertretertätigkeit u.a. Produkte des Unternehmens veräußern sowie Eigengeschäfte ausführen, kann das Unternehmen des produzierenden Gewerbes für die Stromentnahmen in den Verkaufsstellen keine Stromsteuervergünstigungen nach § 9 Abs. 3 und § 10 Abs. 1 StromStG erhalten. Unternehmen im Sinne des § 2 Nr. 4 StromStG ist der verpachtete Geschäftsbetrieb. Für diese Beurteilung ist es grundsätzlich unerheblich, ob die Pächter im eigenen oder fremden Namen auftreten und in ein Vertriebsnetz und Verkaufskonzept eingebunden sind.

**BFH vom 28.10.2008, VII R 38/07 (BFHE 223 S. 287):** Keine Bindung des HZA an Einordnung des Unternehmens als produzierendes Gewerbe durch Statistikbehörden.

**BFH vom 31.01.2008, VII B 88/07 (BFH/NV 2008 S. 991):** Die alleinige Entscheidungszuständigkeit des HZA besteht selbst in den Fällen, in denen sich die Tätigkeit des Antragstellers einer eindeutigen und daher ohne Schwierigkeiten vorzunehmenden Klassifizierung entzieht, so dass Unsicherheiten hinsichtlich der zutreffenden Einordnung in die Klassifikation der Wirtschaftszweige bestehen und ggf. auch verbleiben.

**BFH vom 30.11.2004, VII R 41/03 (BFHE 208 S. 361):**

1. Zur Qualifizierung eines Unternehmens als „Unternehmen des Produzierenden Gewerbes" legt § 2 Nr. 4 StromStG einen eigenständigen Unternehmensbegriff fest, der eine Berücksichtigung der Haupttätigkeit der mit diesem Unternehmen organschaftlich verbundenen Unternehmen nicht zulässt.
2. Die stromsteuerrechtliche Bevorzugung von Gütertransporten im Schienenbahnverkehr gegenüber Mineralöltransporten in Rohrfernleitungen (Pipelines) verstößt nicht gegen den allgemeinen Gleichheitssatz des Art. 3 Abs. 1 GG.

**BFH vom 24.08.2004, VII R 23/03 (BFHE 207 S. 88):**

1. Die Verweisung auf die Klassifikation der Wirtschaftszweige des Statistischen Bundesamts in § 2 Nr. 3 StromStG ist eine vom Gesetzgeber vorgenommene Typisierung, die unter verfassungsrechtlichen Gesichtspunkten nicht zu beanstanden ist. Sie verstößt insbesondere nicht gegen das in Art. 20 Abs. 3 GG angelegte Rechtsstaatsprinzip.
2. Eine GmbH, deren Tätigkeitsschwerpunkt im Mischen und Verpacken von Kaffee-Extrakten liegt, ist kein Unternehmen des Produzierenden Gewerbes i. S. von § 9 Abs. 3 StromStG. Die Gewährung einer Steuerbegünstigung kommt deshalb nicht in Betracht.

**FG Neustadt vom 24.01.2013, 6 K 2349/10 Z:** Zurechnung der Stromentnahme durch Verkaufsstellen, die durch Agenturpartner des Herstellungsbetriebes betrieben werden.

**FG München vom 28.07.2011, 14 K 1335/10 (ZfZ 2011 S. 54):** Für die Zuordnung von Unternehmen zum produzierenden Gewerbe ist auf die vom Statistischen Bundesamt herausgegebene Klassifikation der Wirtschaftszweige, Ausgabe 2003 (WZ 2003) abzustellen.

Wird die Vorschrift, auf die verwiesen wird (WZ 2003), aufgehoben, ohne dass das verweisende Gesetz (§ 2 Nr. 2a StromStG) geändert wird, so hat dies nicht zur Folge, dass an Stelle der bezeichneten Bestimmungen der aufgehobenen Vorschrift (WZ 2003) ohne weiteres die dieses ersetzenden Vorschriften (WZ 2008) treten. Es bedarf vielmehr einer entsprechenden Änderung der Verweisungsnorm.

## § 2

**FG Düsseldorf vom 04.03.2009, 4 K 358/08 VSt (ZfZ 2009 Beilage 2 S. 27):** Eine Zuweisung zu Unternehmen mit der Haupttätigkeit „Messeveranstalter" (Abschnitt K der Klassifikation der Wirtschaftszweige, Ausgabe 1993) ist nicht damit zu rechtfertigen, dass mit den Bauleistungen nur messetypische Leistungen erbracht werden.
Erfolgt die Bestimmung des wirtschaftlichen Schwerpunkts durch Zählung der beschäftigten Personen nach § 15 Abs. 2 Satz 3 Nr. 3 StromStV, muss auch eine Aufteilung der Hilfstätigketen nach dem Verhältnis zwichen begünstigten und nicht begünstigten Tätigkeiten erfolgen.

**FG Sachsen-Anhalt vom 08.10.2008, 2 K 1158/06:** Keine Einordnung eines Unternehmens zum produzierenden Gewerbe bei Zwischenlagerung von Erdgas im Auftrag von Gasversorgungsunternehmen.

# § 3 Steuertarif
Die Steuer beträgt 20,50 Euro für eine Megawattstunde.

## *EU-Vorgaben*

### RL 2008/118/EG Systemrichtlinie (Auszug)
**Artikel 4**

(1) Die Steuerbeträge, die die Mitgliedstaaten für Energieerzeugnisse und elektrischen Strom nach Artikel 2 vorschreiben, dürfen die in dieser Richtlinie vorgesehenen Mindeststeuerbeträge nicht unterschreiten.

(2) Im Sinne dieser Richtlinie bezeichnet der Begriff „Steuerbetrag" die Gesamtheit der als indirekte Steuern (mit Ausnahme der Mehrwertsteuer) erhobenen Abgaben, die zum Zeitpunkt der Überführung in den freien Verkehr direkt oder indirekt anhand der Menge an Energieerzeugnissen und elektrischem Strom berechnet werden.

**Artikel 10**

(1) Ab dem 1. Januar 2004 gelten für elektrischen Strom die in Anhang I Tabelle C festgelegten Mindeststeuerbeträge.

(2) Oberhalb der in Absatz 1 genannten Mindeststeuerbeträge können die Mitgliedstaaten festlegen, welche Besteuerungsgrundlage anzuwenden ist, sofern sie dabei die Richtlinie 92/12/EWG einhalten.

## § 4 Erlaubnis

(1) ¹Wer als Versorger mit Sitz im Steuergebiet Strom leisten oder als Eigenerzeuger Strom zum Selbstverbrauch entnehmen oder als Letztverbraucher Strom aus einem Gebiet außerhalb des Steuergebiets beziehen will, bedarf der Erlaubnis. ²Einer Erlaubnis als Eigenerzeuger bedarf es nicht, wenn der Eigenerzeuger Inhaber einer Erlaubnis als Versorger ist oder soweit der Eigenerzeuger Strom zum Selbstverbrauch entnimmt, der nach § 9 Abs. 1 Nr. 3 Buchstabe a, Nr. 4 oder Nr. 5 von der Steuer befreit ist.

(2) ¹Die Erlaubnis wird auf Antrag vom Hauptzollamt unter Widerrufsvorbehalt Personen erteilt, die ordnungsgemäß kaufmännische Bücher führen, rechtzeitig Jahresabschlüsse aufstellen und gegen deren steuerliche Zuverlässigkeit keine Bedenken bestehen. ²Das Hauptzollamt kann nach Absatz 1 erlaubnispflichtige Versorger, Eigenerzeuger oder Letztverbraucher, die weder nach dem Handelsgesetzbuch noch nach der Abgabenordnung zur Führung von kaufmännischen Büchern oder zur Aufstellung von Jahresabschlüssen verpflichtet sind, von diesen Erfordernissen befreien, soweit Steuerbelange dadurch nicht gefährdet werden.

(3) Vor Erteilung der Erlaubnis kann das Hauptzollamt Sicherheit für die voraussichtlich während zweier Monate entstehende Steuer verlangen, wenn Anzeichen für eine Gefährdung der Steuer erkennbar sind.

(4) Die Erlaubnis ist zu widerrufen, wenn eine der Voraussetzungen nach Absatz 2 nicht mehr erfüllt ist oder eine angeforderte Sicherheit nicht geleistet wird.

(5) (weggefallen)

*Stromsteuer-Durchführungsverordnung*

*Zu § 4 des Gesetzes*

### § 2 Antrag auf Erlaubnis

*(1) ¹Die Erlaubnis nach § 4 Absatz 1 des Gesetzes ist schriftlich beim zuständigen Hauptzollamt zu beantragen. ²Darin sind Name, Geschäfts- oder Wohnsitz, Rechtsform, bei jährlicher Steueranmeldung die voraussichtlich zu erwartende Jahressteuerschuld, die Steuernummer beim zuständigen Finanzamt und – sofern erteilt – die Umsatzsteuer-Identifikationsnummer anzugeben.*

*(2) Dem Antrag sind beizufügen:*

1. *von Unternehmen, die in das Handels-, Genossenschafts- oder Vereinsregister eingetragen sind, ein Registerauszug nach dem neuesten Stand;*
2. *ein Verzeichnis der Betriebstätten im Steuergebiet nach § 12 der Abgabenordnung;*
3. *eine Darstellung der Mengenermittlung und Mengenabrechnung;*
4. *wenn der Strom nach § 9 Abs. 1 Nr. 1 des Gesetzes steuerfrei zum Selbstverbrauch oder durch Letztverbraucher entnommen werden soll, eine Betriebserklärung, in der die Anlage zur Erzeugung von Strom beschrieben und das Versorgungsnetz oder die entsprechende Leistung dargestellt sind, bei Wasserkraftwerken ist die installierte Generatorleistung anzugeben;*
5. *wenn der Strom nach § 9 Abs. 1 Nr. 3 des Gesetzes steuerfrei entnommen werden soll, eine Betriebserklärung, in der die Anlage zur Erzeugung von Strom unter Angabe der Nennleistung beschrieben und der räumliche Zusammenhang dargestellt wird sowie ein Nachweis, dass der Antragsteller die Anlage betreibt oder betreiben lässt;*
6. *gegebenenfalls eine Erklärung über die Bestellung eines Beauftragten nach § 214 der Abgabenordnung.*

*(3) ¹Das Hauptzollamt kann vom Antragsteller weitere Angaben und Unterlagen verlangen, wenn sie zur Sicherung des Steueraufkommens oder für die Steueraufsicht erforderlich erscheinen. ²Es kann auf Angaben und Unterlagen verzichten, soweit die Steuerbelange dadurch nicht beeinträchtigt werden.*

### § 3 Erteilung der Erlaubnis

*¹Das Hauptzollamt erteilt die Erlaubnis schriftlich und stellt Versorgern einen Erlaubnisschein als Nachweis über die erteilte Erlaubnis aus. ²Die Erlaubnis kann mit Nebenbestimmungen nach § 120 Absatz 2 der Abgabenordnung verbunden werden.*

# § 4 DV § 4

**§ 4 Pflichten des Versorgers, Eigenerzeugers oder erlaubnispflichtigen Letztverbrauchers**

*(1) ¹Der Versorger hat ein Belegheft zu führen. ²Das Hauptzollamt kann dazu Anordnungen treffen.*

*(2) ¹Der Versorger hat zur Ermittlung der Steuer und der Grundlagen ihrer Berechnung gemäß Satz 2 und Absatz 3 Aufzeichnungen zu führen. ²Aus den Aufzeichnungen müssen für den Veranlagungszeitraum ersichtlich sein:*

1. *der geleistete, durch Letztverbraucher im Steuergebiet entnommene Strom, getrennt nach den Steuersätzen und den jeweiligen Steuerbegünstigungen der §§ 3 und 9 des Gesetzes sowie bei steuerbegünstigten Entnahmen getrennt nach den jeweiligen Letztverbrauchern. ²Bei steuerbegünstigten Entnahmen durch Inhaber einer förmlichen Einzelerlaubnis nach § 9 ist die Erlaubnisscheinnummer anzugeben;*
2. *die in § 8 Absatz 4a des Gesetzes näher bezeichneten Strommengen und Steuerbeträge,*
3. *der an andere Versorger unversteuert geleistete Strom getrennt nach Versorgern;*
4. *die Entnahmen von Strom zum Selbstverbrauch getrennt nach den Steuersätzen und den jeweiligen Steuerbegünstigungen der §§ 3 und 9 des Gesetzes;*
5. *der Betrag der anzumeldenden und zu entrichtenden Steuer.*

*³Das Hauptzollamt kann weitere Aufzeichnungen vorschreiben, wenn sie zur Sicherung des Steueraufkommens oder für die Steueraufsicht erforderlich erscheinen. ⁴Es kann einfachere Aufzeichnungen oder einen belegmäßigen Nachweis zulassen, wenn die Steuerbelange dadurch nicht beeinträchtigt werden.*

*(3) Die Aufzeichnungen und der belegmäßige Nachweis nach Absatz 2 müssen so beschaffen sein, dass es einem sachverständigen Dritten innerhalb einer angemessenen Frist möglich ist, die Grundlagen für die Steuerberechnung festzustellen.*

*(4) Der Versorger hat dem Hauptzollamt Änderungen der nach § 2 angegebenen Verhältnisse sowie Überschuldung, drohende oder eingetretene Zahlungsunfähigkeit, Zahlungseinstellung und Stellung des Antrags auf Eröffnung eines Insolvenzverfahrens unverzüglich schriftlich anzuzeigen, soweit das Hauptzollamt nicht darauf verzichtet.*

*(5) ¹Der Versorger hat den Erlaubnisschein dem Hauptzollamt unverzüglich zurückzugeben, wenn die Erlaubnis erlischt oder die Leistung von Strom nicht nur vorübergehend eingestellt wird. ²Geht der Erlaubnisschein verloren, hat der Versorger dies dem Hauptzollamt unverzüglich anzuzeigen. ³Das Hauptzollamt stellt auf Antrag einen neuen Erlaubnisschein aus.*

*(6) Der Versorger hat dem Hauptzollamt für jedes Kalenderjahr bis zum 31. Mai des folgenden Kalenderjahres diejenigen Strommengen anzumelden, die steuerfrei nach § 9 Absatz 1 Nummer 3 Buchstabe b des Gesetzes entnommen worden sind.*

*(7) Die Absätze 1 bis 4 gelten sinngemäß für Eigenerzeuger und Letztverbraucher nach § 4 Abs. 1 des Gesetzes.*

## Verwaltungsregelungen zu § 4 StromStG

| Datum | Anlage | Quelle | Inhalt |
|---|---|---|---|
| 15.04.2013 | § 004-01 | BFD Südwest | Stromsteuer und Energiesteuer auf Erdgas; Bilanzkreise |

## Rechtsprechungsauswahl zu § 4 StromStG

**BFH vom 09.08.2006, VII E 18/05 (BFH/NV 2006 S. 2135):** Erlaubnis zur steuerbegünstigten Stromverwendung kann nicht rückwirkend erteilt werden.

## § 5 Entstehung der Steuer, Steuerschuldner

(1) ¹Die Steuer entsteht dadurch, daß vom im Steuergebiet ansässigen Versorger geleisteter Strom durch Letztverbraucher im Steuergebiet aus dem Versorgungsnetz entnommen wird, oder dadurch, daß der Versorger dem Versorgungsnetz Strom zum Selbstverbrauch entnimmt. ²Bei Eigenerzeugern entsteht die Steuer vorbehaltlich Satz 1 mit der Entnahme von Strom zum Selbstverbrauch im Steuergebiet.

(2) Steuerschuldner ist in den Fällen des Absatzes 1 Satz 1 der Versorger und im Falle des Absatzes 1 Satz 2 der Eigenerzeuger.

(3) ¹Strom gilt mit der Leistung an einen Versorger, der nicht Inhaber einer nach § 4 Abs. 1 erforderlichen Erlaubnis als Versorger ist, als durch einen Letztverbraucher im Steuergebiet aus dem Versorgungsnetz entnommen, wenn die Leistung des Stroms in der Annahme erfolgt, dass eine Steuer nach Absatz 1 Satz 1 entstanden sei. ²Eine Steuerentstehung durch die tatsächliche Entnahme des Stroms aus dem Versorgungsnetz bleibt dadurch unberührt. ³Dem Versorger ohne Erlaubnis wird die durch den an ihn leistenden Versorger entrichtete Steuer auf Antrag vergütet, soweit er nachweist, dass die durch die tatsächliche Entnahme des Stroms entstandene Steuer entrichtet worden ist, für den Strom keine Steuer entstanden ist oder der Strom steuerfrei entnommen worden ist.

*EU-Vorgaben*

**RL 2003/96/EG Energiesteuerrichtlinie (Auszug)**

**Artikel 21**

(1) Über die allgemeinen Vorschriften zur Definition des Steuertatbestands und die Vorschriften für die Entrichtung der Steuer gemäß der Richtlinie 92/12/EWG hinaus entsteht die Steuer auf Energieerzeugnisse ferner bei Eintritt eines Steuertatbestands gemäß Artikel 2 Absatz 3 der vorliegenden Richtlinie.

(2) Im Sinne dieser Richtlinie schließt der in Artikel 4 Buchstabe c) und in Artikel 5 Absatz 1 der Richtlinie 92/12/EWG genannte Begriff „Herstellung" gegebenenfalls die „Förderung" ein.

(3) Der Verbrauch von Energieerzeugnissen innerhalb des Betriebsgeländes eines Betriebes, der Energieerzeugnisse herstellt, gilt nicht als einen Steueranspruch begründender Steuerentstehungstatbestand, sofern es sich bei dem Verbrauch um Energieerzeugnisse handelt, die innerhalb des Betriebsgeländes dieses Betriebes hergestellt worden sind. Die Mitgliedstaaten können auch den Verbrauch von elektrischem Strom und von anderen Energieerzeugnissen, die nicht innerhalb des Betriebsgeländes eines solchen Betriebes hergestellt worden sind, sowie den Verbrauch von Energieerzeugnissen und elektrischem Strom innerhalb des Betriebsgeländes eines Betriebes, der Kraftstoffe für die Erzeugung von elektrischem Strom herstellt, als nicht einen Steueranspruch begründender Steuerentstehungstatbestand ansehen. Erfolgt der Verbrauch jedoch zu Zwecken, die nicht mit der Herstellung von Energieerzeugnissen im Zusammenhang stehen, und zwar insbesondere zum Antrieb von Fahrzeugen, so gilt dies als einen Steueranspruch begründender Steuerentstehungstatbestand.

(4) Die Mitgliedstaaten können ferner vorsehen, dass die Steuer auf Energieerzeugnisse und elektrischen Strom entsteht, wenn festgestellt wird, dass eine Voraussetzung für den Endverbrauch, die in den einzelstaatlichen Rechtsvorschriften für die Gewährung eines ermäßigten Steuersatzes oder einer Steuerbefreiung vorgesehen ist, nicht oder nicht mehr erfüllt wird.

(5) In Anwendung der Artikel 5 und 6 der Richtlinie 92/12/EWG werden für elektrischen Strom und Erdgas Steuern erhoben; diese entstehen zum Zeitpunkt der Lieferung durch den Verteiler oder Weiterverteiler. Erfolgt die Lieferung zum Verbrauch in einem Mitgliedstaat, in dem der Verteiler oder Weiterverteiler nicht niedergelassen ist, so ist die Steuer des Lieferungsmitgliedstaats von einem Unternehmen zu entrichten, das in diesem Staat registriert sein muss. Die Steuer wird in allen Fällen nach den Verfahren des jeweiligen Mitgliedstaats erhoben und eingezogen.

Unbeschadet von Unterabsatz 1 haben die Mitgliedstaaten für den Fall, dass es keine Verbindung zwischen ihren Gasfernleitungen und denen anderer Mitgliedstaaten gibt, das Recht, den Steuerentstehungstatbestand festzulegen.

Eine Einheit, die elektrischen Strom zur eigenen Verwendung erzeugt, gilt als Verteiler. Unbeschadet des Artikels 14 Absatz 1 Buchstabe a) können die Mitgliedstaaten kleine Stromerzeuger von der Steuer befreien, sofern sie die zur Erzeugung dieses Stroms verwendeten Energieerzeugnisse besteuern.

# § 5 EU-Vorgaben

In Anwendung der Artikel 5 und 6 der Richtlinie 92/12/EWG werden für Steinkohle, Koks und Braunkohle Steuern erhoben; diese entstehen zum Zeitpunkt der Lieferung durch Unternehmen, die zu diesem Zweck bei den zuständigen Behörden registriert sein müssen. Die genannten Behörden können es dem Erzeuger, dem Händler, dem Einführer oder einem Steuervertreter gestatten, anstelle des registrierten Unternehmens dessen steuerliche Verpflichtungen zu übernehmen. Die Steuer wird nach den Verfahren des jeweiligen Mitgliedstaats erhoben und eingezogen.

(6) Die Mitgliedstaaten brauchen folgende Vorgänge nicht als „Erzeugung von Energieerzeugnissen" zu behandeln:

a) Vorgänge, bei denen als Nebenprodukte kleinere Mengen an Energieerzeugnissen anfallen;

b) Vorgänge, durch die der Verwender eines Energieerzeugnisses dessen Wiederverwendung in seinem eigenen Unternehmen ermöglicht, sofern der Betrag der für dieses Erzeugnis bereits entrichteten Steuer nicht geringer ist als der Steuerbetrag, der zu entrichten wäre, wenn das wieder verwendete Energieerzeugnis erneut der Besteuerung unterliegen würde;

c) das bloße Mischen von Energieerzeugnissen untereinander oder mit anderen Stoffen außerhalb eines Herstellungsbetriebes oder eines Zolllagers, sofern

　i) die Steuer für die einzelnen Bestandteile zuvor entrichtet worden ist und

　ii) der entrichtete Betrag nicht niedriger ist als der Steuerbetrag, mit dem das Gemisch belastet würde.

Die in Ziffer i) genannte Bedingung gilt nicht, wenn für das Gemisch bei einer bestimmten Verwendung Steuerbefreiung gewährt wird.

### Verwaltungsregelungen zu § 5 StromStG

| Datum | Anlage | Quelle | Inhalt |
|---|---|---|---|
| 25.07.2000 | § 005-01 | BFD Südwest | Stromsteuergesetz – Versteuerung von so genannten Niederspannungsaufschlägen |
| 31.07.2014 | § 005-02 | BMF | Stromsteuer – Batteriespeicher als Teil des Versorgungsnetzes |

### Rechtsprechungsauswahl zu § 5 StromStG

**FG Rheinland-Pfalz vom 24.06.2004, 6 K 1173/02 Z:** Die Entnahme von Strom über den Anschluss des Anschlussinhabers ist dem Anschlussinhaber als Letztverbraucher zuzurechnen. Erfolgt die Entnahme durch ein rechtlich selbstständiges Unternehmen, welches auf eigene Rechnung tätig wird, so geschieht dies nicht mehr im Rahmen einer dem Anschlussinahber erteilten Erlaubnis.

### § 6 Widerrechtliche Entnahme von Strom

[1]Die Steuer entsteht auch dadurch, daß widerrechtlich Strom aus dem Versorgungsnetz entnommen wird. [2]Steuerschuldner ist, wer widerrechtlich Strom entnimmt.

## § 7

**§ 7 Leistung von Strom in das Steuergebiet**

[1]Bezieht ein Letztverbraucher Strom aus einem Gebiet außerhalb des Steuergebiets, entsteht die Steuer dadurch, daß der Strom durch den Letztverbraucher im Steuergebiet aus dem Versorgungsnetz entnommen wird. [2]Steuerschuldner ist der Letztverbraucher.

## § 8

**§ 8**[1]) **Steueranmeldung, Fälligkeit der Steuer**

**(1)** Der Steuerschuldner hat für Strom, für den die Steuer nach § 5 Abs. 1 oder § 7 entstanden ist, vorbehaltlich des Absatzes 9 eine Steuererklärung abzugeben und darin die Steuer selbst zu berechnen (Steueranmeldung).

**(2)** ¹Der Steuerschuldner kann zwischen monatlicher und jährlicher Steueranmeldung wählen. ²Das Wahlrecht kann nur für jeweils ein Kalenderjahr ausgeübt werden. ³Es ist durch eine Erklärung auszuüben, die spätestens am 31. Dezember des Vorjahres beim Hauptzollamt eingegangen sein muß. ⁴Wird die Erklärung nicht rechtzeitig abgegeben, ist die Steuer jährlich anzumelden und zu entrichten.

**(3)** Bei monatlicher Anmeldung ist die Steuer für jeden Kalendermonat (Veranlagungsmonat) bis zum 15. Kalendertag des folgenden Kalendermonats anzumelden und bis zum 25. Kalendertag dieses Kalendermonats an das Hauptzollamt zu entrichten.

**(4)** Bei jährlicher Anmeldung ist die Steuer für jedes Kalenderjahr (Veranlagungsjahr) bis zum 31. Mai des folgenden Kalenderjahres anzumelden und unter Anrechnung der geleisteten monatlichen Vorauszahlungen nach Absatz 7 bis zum 25. Juni dieses Kalenderjahres an das Hauptzollamt zu entrichten.

**(4a)** ¹Wird die Leistung von Strom oder die Entnahme von Strom zum Selbstverbrauch nach Ablesezeiträumen abgerechnet oder ermittelt, die mehrere Veranlagungsmonate oder mehrere Veranlagungsjahre betreffen, ist insoweit eine sachgerechte, von einem Dritten nachvollziehbare Schätzung zur Aufteilung der im gesamten Ablesezeitraum entnommenen Menge auf die betroffenen Veranlagungszeiträume zulässig. ²Sofern Ablesezeiträume später enden als der jeweilige Veranlagungszeitraum, ist für diese Ablesezeiträume die voraussichtlich im Veranlagungszeitraum entnommene Menge zur Versteuerung anzumelden. ³Nachdem ein solcher Ablesezeitraum beendet ist, hat der Steuerschuldner die nach Satz 2 angemeldete Menge und die darauf entfallende Steuer entsprechend Satz 1 zu berichtigen. ⁴Die Berichtigung ist für den Veranlagungszeitraum vorzunehmen, in dem der Ablesezeitraum endet. ⁵Die Steuer oder der Erstattungsanspruch für die Differenzmenge zwischen der angemeldeten und der berichtigten Menge gilt insoweit in dem Zeitpunkt als entstanden, in dem der Ablesezeitraum endet. ⁶Die Sätze 1 bis 5 gelten für Steuerschuldner nach § 7 Satz 2 sinngemäß.

**(5)** ¹Scheidet ein Steuerschuldner während des Veranlagungsjahres aus der Steuerpflicht aus, ist die Höhe der zu entrichtenden Steuer bis zum Ablauf des fünften Kalendermonats, der dem Ende der Steuerpflicht folgt, anzumelden. ²Ein sich unter Anrechnung der geleisteten monatlichen Vorauszahlungen nach Absatz 7 ergebender Restbetrag ist bis zum 25. Kalendertag des Folgemonats an das Hauptzollamt zu zahlen.

**(6)** ¹Bei jährlicher Anmeldung sind auf die Steuerschuld monatliche Vorauszahlungen zu leisten. ²Die Höhe der monatlichen Vorauszahlungen wird durch das Hauptzollamt festgesetzt und beträgt ein Zwölftel der Steuer, die im vorletzten dem Veranlagungsjahr vorhergehenden Kalenderjahr entstanden ist. ³Das Hauptzollamt kann die monatlichen Vorauszahlungen abweichend festsetzen, wenn die Summe der vom Steuerschuldner zu leistenden Vorauszahlungen erheblich von der zu erwartenden Jahressteuerschuld abweichen würde.

**(7)** Die Vorauszahlungen für den einzelnen Kalendermonat sind jeweils bis zum 25. Kalendertag des folgenden Kalendermonats an das Hauptzollamt zu entrichten.

**(8)** (weggefallen)

**(9)** ¹Wird Strom ohne Erlaubnis nach § 4 Abs. 1 oder steuerbegünstigt an einen Nichtberechtigten nach § 9 Abs. 8 geleistet oder ohne Erlaubnis nach § 4 Abs. 1 zum Selbstverbrauch, widerrechtlich nach § 6 oder zweckwidrig nach § 9 Abs. 6 entnommen, hat der Steuerschuldner unverzüglich eine Steuererklärung abzugeben und darin die Steuer selbst zu

---

1) § 8 Abs. 6 Satz 3 aufgeh., Abs. 8 eingef., bish. Abs. 8 wird Abs. 9, neuer Abs. 9 Satz 1 geänd., Abs. 10 angef. mWv 1. 1. 2000 durch G v. 16.12.1999 (BGBl. I S. 2432); Abs. 2 Satz 5 angef., Abs. 8 aufgeh. mWv 1. 1. 2003 durch G v. 23.12.2002 (BGBl. I S. 4602); Abs. 4a eingef. und Abs. 9 neu gef. mWv 1.8.2006 durch G v. 15.7.2006 (BGBl. I S. 1534); Abs. 1 neu gef., Abs. 2 Satz 5 aufgeh., Abs. 4a Satz 6 geänd. mWv 25.12.2008 durch G v. 19.12.2008 (BGBl. I S. 2794).

berechnen (Steueranmeldung). ²Die Steuer ist sofort zu entrichten. ³Die Sätze 1 und 2 gelten im Falle des § 9 Abs. 8 nur für den Nichtberechtigten.

(10) Für die nach § 5 oder § 7 entstehende Steuer kann das Hauptzollamt im Voraus Sicherheit verlangen, wenn Anzeichen für eine Gefährdung der Steuer erkennbar sind.

*Stromsteuer-Durchführungsverordnung*

*Zu § 8 des Gesetzes*

**§ 5 Anmeldung der Steuer**
*Die Steueranmeldung ist nach amtlich vorgeschriebenem Vordruck abzugeben.*

**§ 6[1] Vorauszahlungen**
*(1) ¹Die Festsetzung der Vorauszahlungen erfolgt durch Vorauszahlungsbescheid. ²Ist die Steuer nur in einem Teil des vorletzten dem Veranlagungsjahr vorhergehenden Kalenderjahres entstanden, ist die tatsächlich entstandene Steuer in eine Jahressteuerschuld umzurechnen. ³Ist die Steuer erstmals im vorangegangenen oder laufenden Kalenderjahr oder bisher noch nicht entstanden, ist die voraussichtlich zu erwartende Jahressteuerschuld maßgebend.*

*(2) ¹Das Hauptzollamt kann auf Antrag bei der Festsetzung der Höhe der Vorauszahlungen die voraussichtlich dem Steuerschuldner im gleichen Zeitraum nach den §§ 9a, 9b und 10 des Gesetzes zu erlassende, zu erstattende oder zu vergütende Steuer berücksichtigen, soweit die Steuerbelange dadurch nicht gefährdet sind. ²Satz 1 gilt nur, wenn in den Fällen des*

1. *§ 9a des Gesetzes*
   a) *sich der maßgebende Zeitraum für die Zuordnung des Unternehmens zum Produzierenden Gewerbe nach § 15 Absatz 3 Satz 1 bestimmt und*
   b) *die nach § 17a Absatz 3 erforderliche Beschreibung der wirtschaftlichen Tätigkeiten und die Betriebserklärung vom Antragsteller bereits vorgelegt worden sind;*
2. *§ 9b des Gesetzes*
   a) *sich der maßgebende Zeitraum für die Zuordnung des Unternehmens zum Produzierenden Gewerbe oder zur Land- und Forstwirtschaft nach § 15 Absatz 3 Satz 1 bestimmt und*
   b) *die nach § 17b Absatz 3 erforderliche Beschreibung der wirtschaftlichen Tätigkeiten vom Antragsteller bereits vorgelegt worden ist;*
3. *§ 10 des Gesetzes*
   a) *sich der maßgebende Zeitraum für die Zuordnung des Unternehmens zum Produzierenden Gewerbe nach § 15 Absatz 3 Satz 1 bestimmt,*
   b) *die nach § 19 Absatz 4 in Verbindung mit § 17b Absatz 3 erforderliche Beschreibung der wirtschaftlichen Tätigkeiten vom Antragsteller bereits vorgelegt worden ist,*
   c) *der Antragsteller den nach § 10 Absatz 3 Satz 1 Nummer 1 oder Absatz 4 des Gesetzes erforderlichen Nachweis bereits erbracht hat,*
   d) *die nach § 10 Absatz 3 Satz 1 Nummer 2 Buchstabe b des Gesetzes erforderliche Bekanntmachung der Bundesregierung bereits erfolgt ist und*
   e) *die nach § 19 Absatz 4 Satz 2 erforderliche Selbsterklärung bereits vorgelegt worden ist.*

*(3) Beträgt die Höhe der monatlichen Vorauszahlungen nicht mehr als 200 Euro, kann das Hauptzollamt auf die Festsetzung von Vorauszahlungen verzichten.*

**§ 7[2] Mengenermittlung**
*Wird die durch Mieter, Pächter oder vergleichbare Vertragsparteien des Versorgers entnommene Strommenge nicht ermittelt, ist eine sachgerechte, von einem Dritten nachvollziehbare Schätzung zulässig, soweit eine genaue Ermittlung nur mit unvertretbarem Aufwand möglich ist.*

---

1) § 6 Abs. 3 geänd. mWv 1. 1. 2002 durch VO v. 20.12.2001 (BGBl. I S. 3901); Abs. 2 neu gef. mWv 4. 8. 2006 durch VO v. 31.7.2006 (BGBl. I S. 1753); Abs. 2 geänd. mWv 30. 9. 2011 durch VO v. 20.9.2011 (BGBl. I S. 1890); Abs. 2 Satz 2 angef. mWv 1.8.2013 durch VO v. 24.7.2013 (BGBl. I S. 2763).
2) § 7 neu gef. mWv 4.8.2006 durch VO v. 31.7.2006 (BGBl. I S. 1753).

# § 9

**§ 9**[1]) **Steuerbefreiungen, Steuerermäßigungen**

(1) Von der Steuer ist befreit:

1. Strom aus erneuerbaren Energieträgern, wenn dieser aus einem ausschließlich mit Strom aus erneuerbaren Energieträgern gespeisten Netz oder einer entsprechenden Leitung entnommen wird;
2. Strom, der zur Stromerzeugung entnommen wird;
3. Strom, der in Anlagen mit einer elektrischen Nennleistung von bis zu zwei Megawatt erzeugt wird und
   a) vom Betreiber der Anlage als Eigenerzeuger im räumlichen Zusammenhang zu der Anlage zum Selbstverbrauch entnommen wird oder
   b) von demjenigen, der die Anlage betreibt oder betreiben lässt, an Letztverbraucher geleistet wird, die den Strom im räumlichen Zusammenhang zu der Anlage entnehmen;
4. Strom, der in Anlagen erzeugt wird, soweit diese der vorübergehenden Stromversorgung im Falle des Ausfalls oder der Störung der sonst üblichen Stromversorgung dienen (Notstromanlagen);
5. Strom, der auf Wasserfahrzeugen oder in Luftfahrzeugen erzeugt und eben dort verbraucht wird, sowie Strom, der in Schienenfahrzeugen im Schienenbahnverkehr erzeugt und zu begünstigten Zwecken nach Absatz 2 entnommen wird.

(2) Strom unterliegt einem ermäßigten Steuersatz von 11,42 Euro für eine Megawattstunde, wenn er im Verkehr mit Oberleitungsomnibussen oder für den Fahrbetrieb im Schienenbahnverkehr, mit Ausnahme der betriebsinternen Werkverkehre und Bergbahnen, entnommen wird und nicht gemäß Absatz 1 von der Steuer befreit ist.

(2a) (weggefallen)

(3) Strom unterliegt einem ermäßigten Steuersatz von 0,50 Euro für eine Megawattstunde, wenn er im Fall einer landseitigen Stromversorgung von Wasserfahrzeugen für die Schifffahrt, mit Ausnahme der privaten nichtgewerblichen Schifffahrt, verbraucht wird.

(4) ¹Wer nach Absatz 1 Nr. 2 von der Steuer befreien oder nach Absatz 2 oder Absatz 3 begünstigten Strom entnehmen will, bedarf der Erlaubnis. ²Die Erlaubnis wird auf Antrag unter Widerrufsvorbehalt Personen erteilt, gegen deren steuerliche Zuverlässigkeit keine Bedenken bestehen. ³Sie ist zu widerrufen, wenn die Voraussetzung nach Satz 2 nicht mehr erfüllt ist.

(5) (weggefallen)

(6) ¹Der Erlaubnisinhaber darf den steuerbegünstigt bezogenen Strom nur zu dem in der Erlaubnis genannten Zweck entnehmen. ²Die Steuer entsteht für Strom, der zu anderen als in der Erlaubnis genannten Zwecken entnommen wird, nach dem Steuersatz des § 3. Besteht die Steuerbegünstigung in einer Steuerermäßigung, gilt Satz 2 nur für den ermäßigten Teil der Steuer. ³Steuerschuldner ist der Erlaubnisinhaber.

(7) (weggefallen)

(8) ¹Wird Strom steuerbegünstigt an einen Nichtberechtigten geleistet, entsteht die Steuer auch in der Person des Nichtberechtigten. ²Mehrere Steuerschuldner sind Gesamtschuldner.

---

1) § 9 Abs. 1 Nr. 1 neu gef., Nr. 2 geänd., Nr. 3 angef. mWv 1.1.2000, Abs. 2 und Abs. 3 neu gef., Abs. 5 eingef., bish. Abs. 5 wird Abs. 6, neuer Abs. 6 Sätze 1 und 2 neu gef. mWv 15.2.2000 durch G v. 16.12.1999 (BGBl. I S. 2432); Abs. 2 Satz 1, Abs. 6 Satz 5 geänd., Abs. 3 und 5 neu gef., Abs. 2 Satz 2 aufgeh. mWv 1.1.2003 durch G v. 23.12.2002 (BGBl. I S. 4602); Abs. 2 geänd. mWv 1.1.2004 durch G v. 29.12.2003 (BGBl. I S. 3076); Abs. 1 Nr. 4 neu gef., Abs. 7 und 8 angef. mWv 1.8.2006 durch G v. 15.7.2006 (BGBl. I S. 1534); Abs. 5 neu gef. mWv 25.12.2008 durch G v. 19.12.2008 (BGBl. I S. 2794); Abs. 3, 5 und 7 aufgeh., Abs. 4 Satz 1 geänd. mWv 1. 1. 2011 durch G v. 9.12.2010 (BGBl. I S. 1885); Abs. 1 Nr. 5 geänd., Abs. 2 neu gef., Abs. 2a und Abs. 6 Satz 5 aufgeh. mWv 1. 4. 2011 durch G v. 1.3.2011 (BGBl. I S. 282); Abs. 3 eingef., Abs. 4 Satz 1 geänd. mWv 23.7.2011 durch G v. 1.3.2011 (BGBl. I S. 282) iVm Bek. v. 3.8.2011 (BGBl. I S. 1726).

## Stromsteuer-Durchführungsverordnung

### Zu § 9 des Gesetzes

**§ 8**[1]  **Antrag auf Erteilung einer Erlaubnis zur steuerbegünstigten Entnahme**

*(1) ¹Wer Strom steuerbegünstigt entnehmen will, hat die Erlaubnis nach § 9 Abs. 4 des Gesetzes, soweit sie nicht nach § 10 allgemein erteilt ist, schriftlich beim zuständigen Hauptzollamt zu beantragen. ²Darin sind Name, Geschäfts- oder Wohnsitz, Rechtsform, die Steuernummer beim zuständigen Finanzamt und – sofern erteilt – die Umsatzsteuer-Identifikationsnummer anzugeben.*

*(2) Dem Antrag sind beizufügen:*
1. *von Unternehmen, die in das Handels-, Genossenschafts- oder Vereinsregister eingetragen sind, ein Registerauszug nach dem neuesten Stand;*
2. *eine Betriebserklärung, in der die steuerbegünstigten Zwecke genau beschrieben sind,*
3. *eine Erklärung, ob die zu steuerbegünstigten Zwecken entnommene Verbrauchsmenge durch separate Zähl- oder Messeinrichtungen ermittelt wird;*
4. *ein Verzeichnis der Betriebstätten nach § 12 der Abgabenordnung, in denen Strom steuerbegünstigt entnommen werden soll;*
5. *gegebenenfalls eine Erklärung über die Bestellung eines Beauftragten nach § 214 der Abgabenordnung.*

*(3) ¹Das Hauptzollamt kann vom Antragsteller weitere Angaben und Unterlagen verlangen, wenn sie zur Sicherung des Steueraufkommens oder für die Steueraufsicht erforderlich erscheinen. ²Es kann auf Angaben und Unterlagen verzichten, soweit die Steuerbelange dadurch nicht beeinträchtigt werden.*

### § 9[2]  Erteilung der Erlaubnis

*¹Das zuständige Hauptzollamt erteilt die Erlaubnis nach § 9 Absatz 4 des Gesetzes schriftlich (förmliche Einzelerlaubnis) und stellt als Nachweis der Bezugsberechtigung einen Erlaubnisschein aus. ²Die Erlaubnis kann mit Nebenbestimmungen nach § 120 Absatz 2 der Abgabenordnung verbunden werden.*

### § 10[3]  Allgemeine Erlaubnis

*¹Unter Verzicht auf eine förmliche Einzelerlaubnis (§ 9) ist die Entnahme von Strom für steuerbegünstigte Zwecke nach § 9 Absatz 3 des Gesetzes allgemein erlaubt. ²Dies gilt nicht für die Entnahme von Strom für Wasserfahrzeuge der Haupterwerbsfischerei auf Binnengewässern, für Wasserfahrzeuge der Position 8903 der Kombinierten Nomenklatur (§ 1 Absatz 2 des Gesetzes) und für Wasserfahrzeuge der Position 8905 der Kombinierten Nomenklatur, auf denen die in § 14 Absatz 2 Nummer 2 genannten Arbeitsmaschinen betrieben werden.*

### § 11[4]  Pflichten des Erlaubnisinhabers

*(1) ¹Der Erlaubnisinhaber hat ein Belegheft zu führen. ²Das Hauptzollamt kann dazu Anordnungen treffen.*

*(2) ¹Der Erlaubnisinhaber hat Aufzeichnungen über die im Kalenderjahr steuerbegünstigt entnommenen Strommengen zu führen sowie die steuerbegünstigten Zwecke nachprüfbar aufzuzeichnen. ²Das Hauptzollamt kann einfachere Aufzeichnungen oder einen belegmäßigen Nachweis zulassen, wenn die Steuerbelange dadurch nicht beeinträchtigt werden.*

*(3) Die Aufzeichnungen und der belegmäßige Nachweis nach Absatz 2 müssen so beschaffen sein, dass es einem sachverständigen Dritten innerhalb einer angemessenen Frist möglich ist zu prüfen, ob der Strom zu dem in der Erlaubnis genannten Zweck entnommen wurde.*

*(4) Der Erlaubnisinhaber hat dem Hauptzollamt Änderungen der nach § 8 Absatz 1 und 2 Nummer 2 bis 5 angemeldeten Verhältnisse unverzüglich schriftlich anzuzeigen, soweit das Hauptzollamt nicht darauf verzichtet.*

---

1) § 8 Abs. 1 Satz 1 und Abs. 2 einl. Satzteil geänd. mWv 4.8.2006 durch VO v. 31.7.2006 (BGBl. I S. 1753); Abs. 1 Satz 1 geänd., Abs. 2 Nr. 2 neu gef., Nr. 3 aufgeh., bish. Nr. 4 bis 6 werden Nr. 3 bis 5 mWv 30.9.2011 durch VO v. 20.9.2011 (BGBl. I S. 1890).
2) § 9 neu gef. mWv 30.9.2011 durch VO v. 20.9.2011 (BGBl. I S. 1890).
3) § 10 eingef. mWv 30.9.2011 durch VO v. 20.9.2011 (BGBl. I S. 1890); Satz 2 geänd. mWv 1. 8. 2013 durch VO v. 24.7.2013 (BGBl. I S. 2813).
4) § 11 Abs. 4 Satz 2 und Abs. 8 aufgeh. mWv 4. 8. 2006 durch VO v. 31.7.2006 (BGBl. I S. 1753); Abs. 4 aufgeh., bish. Abs. 5 wird Abs. 4 und geänd., bish. Abs. 6 wird Abs. 5, neuer Abs. 6 eingef., Abs. 7 aufgeh. mWv 30.9.2011 durch VO v. 20.9.2011 (BGBl. I S. 1890).

(5) ¹Der Erlaubnisinhaber hat den Erlaubnisschein dem Hauptzollamt unverzüglich zurückzugeben, wenn die Erlaubnis erlischt oder die steuerbegünstigte Entnahme von Strom nicht nur vorübergehend eingestellt wird. ²Geht der Erlaubnisschein verloren, hat der Erlaubnisinhaber dies dem Hauptzollamt unverzüglich anzuzeigen. ³Das Hauptzollamt stellt auf Antrag einen neuen Erlaubnisschein aus.

(6) ¹Die Absätze 1 bis 5 gelten nicht für den Inhaber einer allgemeinen Erlaubnis nach § 10. Das zuständige Hauptzollamt kann jedoch Überwachungsmaßnahmen anordnen, wenn diese zur Sicherung der Steuerbelange erforderlich erscheinen. ²Insbesondere kann das Hauptzollamt anordnen, dass der Erlaubnisinhaber Aufzeichnungen über die zu steuerbegünstigten Zwecken entnommenen Strommengen führt und die Aufzeichnungen dem Hauptzollamt vorlegt.

(7) (weggefallen)

(8) (weggefallen)

### § 12 Strom zur Stromerzeugung

(1) Zur Stromerzeugung entnommen im Sinne von § 9 Abs. 1 Nr. 2 des Gesetzes wird Strom,

1. der in den Neben- und Hilfsanlagen einer Stromerzeugungseinheit insbesondere zur Wasseraufbereitung, Dampferzeugerwasserspeisung, Frischluftversorgung, Brennstoffversorgung oder Rauchgasreinigung oder

2. der in Pumpspeicherkraftwerken von den Pumpen zum Fördern der Speichermedien

zur Erzeugung von Strom im technischen Sinne verbraucht wird.

(2) Soweit die Verbrauchsmenge nach Absatz 1 wegen des Nichtvorhandenseins von Mess- oder Zähleinrichtungen nicht ermittelt werden kann, ist eine sachgerechte, von einem Dritten nachvollziehbare Schätzung zulässig.

### § 12a[1)] Steuerentlastung für Strom zur Stromerzeugung

(1) ¹Auf Antrag wird eine Steuerentlastung für nachweislich nach § 3 des Gesetzes versteuerten Strom gewährt, der zu dem in § 9 Absatz 1 Nummer 2 des Gesetzes genannten Zweck entnommen worden ist. ²§ 12 gilt entsprechend.

(2) Entlastungsberechtigt ist derjenige, der den Strom entnommen hat.

(3) ¹Die Steuerentlastung ist bei dem für den Antragsteller zuständigen Hauptzollamt mit einer Anmeldung nach amtlich vorgeschriebenem Vordruck für den Strom zu beantragen, der innerhalb eines Entlastungsabschnitts entnommen worden ist. ²Der Antragsteller hat in der Anmeldung alle Angaben zu machen, die für die Bemessung der Steuerentlastung erforderlich sind, und die Steuerentlastung selbst zu berechnen. ³Die Steuerentlastung wird nur gewährt, wenn der Antrag spätestens bis zum 31. Dezember des Jahres, das auf das Kalenderjahr folgt, in dem der Strom entnommen wurde, beim Hauptzollamt gestellt wird. ⁴Erfolgt die Festsetzung der Steuer erst, nachdem der Strom entnommen worden ist, wird abweichend von Satz 3 die Steuerentlastung gewährt, wenn der Antrag spätestens bis zum 31. Dezember des Jahres gestellt wird, das auf das Kalenderjahr folgt, in dem die Steuer festgesetzt worden ist.

(4) ¹Entlastungsabschnitt ist nach Wahl des Antragstellers ein Zeitraum von einem Kalendervierteljahr, einem Kalenderhalbjahr oder einem Kalenderjahr. ²Das Hauptzollamt kann auf Antrag einen Zeitraum von einem Kalendermonat als Entlastungsabschnitt zulassen oder in Einzelfällen die Steuerentlastung unverzüglich gewähren.

(5) Der Antragsteller hat einen buchmäßigen Nachweis zu führen, aus dem sich für den Entlastungsabschnitt die Menge und der genaue Verwendungszweck des Stroms ergeben müssen.

### § 12b[2)] Steuerbefreiung für Anlagen mit einer elektrischen Nennleistung von bis zu zwei Megawatt

(1) ¹Mehrere unmittelbar miteinander verbundene Stromerzeugungseinheiten an einem Standort gelten als eine Anlage zur Stromerzeugung nach § 9 Abs. 1 Nr. 3 des Gesetzes. ²Als unmittelbar miteinander verbunden gelten insbesondere auch Anlagen in Modulbauweise, die sich im selben baulichen Objekt befinden.

(2) ¹Stromerzeugungseinheiten an unterschiedlichen Standorten gelten als eine Anlage zur Stromerzeugung nach § 9 Absatz 1 Nummer 3 des Gesetzes, sofern

1. die einzelnen Stromerzeugungseinheiten zum Zweck der Stromerzeugung zentral gesteuert werden und

---

1) § 12a eingef. mWv 30.9.2011 durch VO v. 20.9.2011 (BGBl. I S. 1890).
2) Bish. § 12a eingef. mWv 4. 8. 2006 durch VO v. 31.7.2006 (BGBl. I S. 1753); bish. § 12a wird § 12b, Abs. 1 Satz 3 aufgeh., Abs. 2 und 3 angef. mWv 30.9.2011 durch VO v. 20.9.2011 (BGBl. I S. 1890); Überschr. und Abs. 2 neu gef., Abs. 4 angef. mWv 1.8.2013 durch VO v. 24.7.2013 (BGBl. I S. 2763).

2. der erzeugte Strom zumindest teilweise in das Versorgungsnetz eingespeist werden soll.

²Eine Entnahme von Strom im räumlichen Zusammenhang zu einer Anlage im Sinn des Satzes 1 liegt nur vor, soweit der in den einzelnen Stromerzeugungseinheiten der Anlage erzeugte Strom im räumlichen Zusammenhang zu der Stromerzeugungseinheit entnommen wird, in der der Strom erzeugt worden ist.

(3) In den Fällen der Absätze 1 und 2 gilt die Summe der elektrischen Nennleistungen der einzelnen Stromerzeugungseinheiten als elektrische Nennleistung im Sinn des § 9 Absatz 1 Nummer 3 des Gesetzes.

(4) ¹Eine Leistung von Strom an Letztverbraucher durch denjenigen, der die Anlage betreibt oder betreiben lässt (§ 9 Absatz 1 Nummer 3 Buchstabe b des Gesetzes), liegt nur dann vor, wenn an den Leistungsbeziehungen über den in der Anlage erzeugten Strom keine weiteren als die in § 9 Absatz 1 Nummer 3 Buchstabe b des Gesetzes genannten Personen beteiligt sind. ²Wird der erzeugte Strom zunächst an einen Netzbetreiber geleistet und sogleich zurückerworben, ist dies für die Steuerbefreiung unschädlich, soweit die Leistung an den Netzbetreiber ausschließlich erfolgt, um Folgendes zu erhalten:

1. die Einspeisevergütung nach dem Erneuerbare-Energien-Gesetz vom 25. Oktober 2008 (BGBl. I S. 2074), das zuletzt durch Artikel 5 des Gesetzes vom 20. Dezember 2012 (BGBl. I S. 2730) geändert worden ist, in der jeweils geltenden Fassung oder

2. den Zuschlag nach dem Kraft-Wärme-Kopplungsgesetz vom 19. März 2002 (BGBl. I S. 1092), das zuletzt durch Artikel 1 des Gesetzes vom 12. Juli 2012 (BGBl. I S. 1494) geändert worden ist, in der jeweils geltenden Fassung.

³Die Sätze 1 und 2 gelten für die Steuerbefreiung nach § 9 Absatz 1 Nummer 3 Buchstabe a des Gesetzes sinngemäß.

## § 13[1)] Verkehr mit Oberleitungsomnibussen oder Schienenbahnen

*Für steuerbegünstigte Zwecke im Sinne von § 9 Absatz 2 des Gesetzes entnommen wird Strom, der im Verkehr mit Oberleitungsomnibussen oder Schienenbahnen zum Antrieb der Fahrzeuge sowie zum Betrieb ihrer sonstigen elektrischen Anlagen und der im Verkehr mit Schienenbahnen für die Zugbildung, Zugvorbereitung sowie für die Bereitstellung und Sicherung der Fahrtrassen und Fahrwege verbraucht wird.*

## § 13a[2)] Differenzversteuerung

*(1) ¹Das Hauptzollamt kann auf Antrag zulassen, dass Inhaber von Erlaubnissen zur steuerbegünstigten Entnahme von Strom steuerbegünstigt nach § 9 Absatz 2 des Gesetzes bezogenen Strom*

1. *zu steuerbegünstigten Zwecken nach § 9 Absatz 2 des Gesetzes oder*

2. *unter Versteuerung mit dem Unterschiedsbetrag der jeweils gültigen Steuersätze nach § 9 Absatz 2 und § 3 des Gesetzes für nicht steuerbegünstigte Zwecke*

*an ihre Mieter, Pächter oder an vergleichbare Vertragsparteien leisten. ²Der Erlaubnisinhaber gilt insoweit nicht als Versorger, sondern als Letztverbraucher im Sinn des § 5 Absatz 1 Satz 1 des Gesetzes. ³§ 9 Absatz 6 Satz 2 und 3 des Gesetzes gilt sinngemäß. ⁴Steuerschuldner für den Unterschiedsbetrag ist der Erlaubnisinhaber, dem die Zulassung nach Satz 1 erteilt wurde. ⁵Die für die Vertragsparteien des Erlaubnisinhabers geltenden Bestimmungen des Gesetzes und dieser Verordnung bleiben dadurch unberührt.*

*(2) ¹Das Hauptzollamt kann auf Antrag zulassen, dass Inhaber von Erlaubnissen zur steuerbegünstigten Entnahme von Strom steuerbegünstigt nach § 9 Absatz 2 des Gesetzes bezogenen Strom unter Versteuerung mit dem Unterschiedsbetrag der jeweils gültigen Steuersätze nach § 9 Absatz 2 und § 3 des Gesetzes für nicht steuerbegünstigte Zwecke entnehmen. ²§ 9 Absatz 6 Satz 2 und 3 des Gesetzes gilt sinngemäß. ³Steuerschuldner für den Unterschiedsbetrag ist der Erlaubnisinhaber, dem die Zulassung nach Satz 1 erteilt wurde.*

*(3) ¹Der Steuerschuldner nach Absatz 1 oder Absatz 2 hat für Strom, für den die Steuer entstanden ist, eine Steuererklärung abzugeben und darin die Steuer selbst zu berechnen (Steueranmeldung). ²§ 8 Absatz 2 bis 7 und 10 des Gesetzes sowie § 4 Absatz 2 bis 4 gelten sinngemäß.*

---

1) Bish. § 13 aufgeh., bish. § 14 wird § 13 und geänd. mWv 30.9.2011 durch VO v. 20.9.2011 (BGBl. I S. 1890).

2) § 13a eingef. mWv 30.9.2011 durch VO v. 20.9.2011 (BGBl. I S. 1890).

## § 14[1]) Wasserfahrzeuge und Schifffahrt

*(1) Als Wasserfahrzeuge im Sinn des § 9 Absatz 1 Nummer 5 und Absatz 3 des Gesetzes gelten alle im Kapitel 89 der Kombinierten Nomenklatur (§ 1 Absatz 2 des Gesetzes) erfassten Fahrzeuge und schwimmenden Vorrichtungen mit eigenem motorischen Antrieb zur Fortbewegung.*

*(2) Als Schifffahrt im Sinn des § 9 Absatz 3 des Gesetzes gelten nicht*

1. *die stationäre Nutzung eines Wasserfahrzeugs als Wohnschiff, Hotelschiff oder zu ähnlichen Zwecken,*
2. *der Antrieb von Arbeitsmaschinen, die auf einem schwimmenden Arbeitsgerät fest montiert sind und aufgrund eines eigenen Motors unabhängig vom Antriebsmotor des schwimmenden Arbeitsgeräts betrieben werden.*

*(2a) Als schwimmende Arbeitsgeräte im Sinn des Absatzes 2 Nummer 2 gelten die in der Position 8905 der Kombinierten Nomenklatur erfassten Wasserfahrzeuge und schwimmenden Vorrichtungen mit eigenem motorischen Antrieb zur Fortbewegung.*

*(3) Private nichtgewerbliche Schifffahrt im Sinn des § 9 Absatz 3 des Gesetzes ist die Nutzung eines Wasserfahrzeugs durch seinen Eigentümer oder den durch Anmietung oder aus sonstigen Gründen Nutzungsberechtigten zu anderen Zwecken als*

1. *zur gewerbsmäßigen Beförderung von Personen oder Sachen,*
2. *zur gewerbsmäßigen Erbringung von Dienstleistungen, ausgenommen die Nutzung von Wasserfahrzeugen der Position 8903 der Kombinierten Nomenklatur auf Binnengewässern,*
3. *zur Seenotrettung durch Seenotrettungsdienste,*
4. *zu Forschungszwecken,*
5. *zur dienstlichen Nutzung durch Behörden oder*
6. *zur Haupterwerbsfischerei.*

*(4) Gewerbsmäßigkeit im Sinn des Absatzes 3 Nummer 1 und 2 liegt vor, wenn die mit Wasserfahrzeugen gegen Entgelt ausgeübte Tätigkeit mit Gewinnerzielungsabsicht betrieben wird und der Unternehmer auf eigenes Risiko und eigene Verantwortung handelt.*

*(5) Binnengewässer im Sinn des Absatzes 3 Nummer 2 sind die Binnenwasserstraßen nach § 1 Absatz 1 Nummer 1 des Bundeswasserstraßengesetzes in der Fassung der Bekanntmachung vom 23. Mai 2007 (BGBl. I S. 962; 2008 I S. 1980), das zuletzt durch § 2 der Verordnung vom 27. April 2010 (BGBl. I S. 540) geändert worden ist, in der jeweils geltenden Fassung und die sonstigen im Binnenland gelegenen Gewässer, die für die Schifffahrt geeignet und bestimmt sind, mit Ausnahme*

1. *der Seeschifffahrtsstraßen gemäß § 1 Absatz 1 der Seeschifffahrtsstraßen-Ordnung in der Fassung der Bekanntmachung vom 22. Oktober 1998 (BGBl. I S. 3209; 1999 I S. 193), die zuletzt durch Artikel 1 der Verordnung vom 7. April 2010 (BGBl. I S. 399) geändert worden ist, in der jeweils geltenden Fassung,*
2. *der Ems und der Leda in den Grenzen, die in § 1 Absatz 1 Satz 1 Nummer 2 der Verordnung zur Einführung der Schifffahrtsordnung Emsmündung vom 8. August 1989 (BGBl. I S. 1583), die zuletzt durch Artikel 3 § 17 der Verordnung vom 19. Dezember 2008 (BGBl. I S. 2868; 2010 I S. 380) geändert worden ist, in der jeweils geltenden Fassung genannt werden, und*
3. *der Elbe von Kilometer 607,5 bis Kilometer 639 und des Hamburger Hafens in den Grenzen, die in § 1 Absatz 2 des Hafenverkehrs- und Schifffahrtsgesetzes vom 3. Juli 1979 (HmbGVBl. I S. 177), das zuletzt durch Artikel 4 des Gesetzes vom 6. Oktober 2005 (HmbGVBl. I S. 424) geändert worden ist, in der jeweils geltenden Fassung genannt werden.*

## § 14a[2]) Steuerentlastung für die Landstromversorgung

*(1) ¹Auf Antrag wird eine Steuerentlastung für nachweislich nach § 3 des Gesetzes versteuerten Strom gewährt, der zu dem in § 9 Absatz 3 des Gesetzes genannten Zweck verbraucht worden ist. ²Die Steuerentlastung beträgt 20 Euro je Megawattstunde. ³§ 14 gilt entsprechend.*

*(2) Entlastungsberechtigt ist*

1. *im Fall einer Leistung des Stroms unmittelbar zu dem in § 9 Absatz 3 des Gesetzes genannten Zweck derjenige, der den Strom geleistet hat,*
2. *andernfalls derjenige, der den Strom entnommen hat.*

---

1) § 14 eingef. mWv 30.9.2011 durch VO v. 20.9.2011 (BGBl. I S. 1890); Abs. 2 neu gef., Abs. 2a eingef., Abs. 3 Nr. 3 aufgeh., bish. Nr. 4–7 werden Nr. 3–6 mWv 1. 8. 2013 durch VO v. 24.7.2013 (BGBl. I S. 2763).
2) § 14a eingef. mWv 30.9.2011 durch VO v. 20.9.2011 (BGBl. I S. 1890).

(3) ¹*Die Steuerentlastung ist bei dem für den Antragsteller zuständigen Hauptzollamt mit einer Anmeldung nach amtlich vorgeschriebenem Vordruck für den Strom zu beantragen, der innerhalb eines Entlastungsabschnitts entnommen worden ist.* ²*Der Antragsteller hat in der Anmeldung alle Angaben zu machen, die für die Bemessung der Steuerentlastung erforderlich sind, und die Steuerentlastung selbst zu berechnen.* ³*Die Steuerentlastung wird nur gewährt, wenn der Antrag spätestens bis zum 31. Dezember des Jahres, das auf das Kalenderjahr folgt, in dem der Strom entnommen worden ist, beim Hauptzollamt gestellt wird.* ⁴*Erfolgt die Festsetzung der Steuer erst, nachdem der Strom entnommen worden ist, wird abweichend von Satz 3 die Steuerentlastung gewährt, wenn der Antrag spätestens bis zum 31. Dezember des Jahres gestellt wird, das auf das Kalenderjahr folgt, in dem die Steuer festgesetzt worden ist.*

(4) ¹*Entlastungsabschnitt ist nach Wahl des Antragstellers ein Zeitraum von einem Kalendervierteljahr, einem Kalenderhalbjahr oder einem Kalenderjahr.* ²*Das Hauptzollamt kann auf Antrag einen Zeitraum von einem Kalendermonat als Entlastungsabschnitt zulassen oder in Einzelfällen die Steuerentlastung unverzüglich gewähren.*

### Verwaltungsregelungen zu § 9 StromStG

| Datum | Anlage | Quelle | Inhalt |
|---|---|---|---|
| 19.06.2002 | § 009-01 | BMF | Leistung von Strom und Verjährung von Ansprüchen aus dem Steuerschuldverhältnis |
| 30.11.2001 | § 009-02 | BMF | Steuerbefreiung für Energie aus erneuerbaren Energieträgern |

### Rechtsprechungsauswahl zu § 9 StromStG

**BFH vom 25.09.2013, VII-R-64/11, BFH/NV-2014-0108:** Keine Steuerbegünstigung für den von beauftragten Subunternehmern verbrauchten Strom

Einem Unternehmen des Produzierenden Gewerbes steht für die Strommengen keine Steuerbegünstigung zu, die auf dem Betriebsgelände von Mitarbeitern eines anderen, rechtlich selbstständigen Unternehmens zur Erfüllung eines mit diesem Unternehmen abgeschlossenen Werkvertrags verbraucht werden.

**BFH vom 13.12.2011, VII-R-73/10, BFH/NV-2012-0661:** Das stromsteuerrechtliche Herstellerprivileg erstreckt sich nicht auf die Beleuchtung und Klimatisierung von Sozialräumen

Eine Steuerbefreiung nach § 9 Abs. 1 Nr. 2 StromStG für den zur Stromerzeugung entnommenen Strom kann nur dann gewährt werden, wenn die Verwendung des Stroms mit der Stromerzeugung in einem engen Zusammenhang steht und aufgrund der besonderen Gegebenheiten der jeweiligen Stromerzeugungsanlage erforderlich ist, um den Betrieb der Anlage aufrechtzuerhalten.

Für die Beleuchtung und Klimatisierung von Sozialräumen kommt eine Steuerbefreiung nach § 9 Abs. 1 Nr. 2 StromStG nicht in Betracht.

**BFH vom 22.11.2011, VII-R-22/11, BFH/NV-2012-0344:** Kein Übergang einer stromsteuerrechtlichen Erlaubnis durch Verschmelzung

Im Fall einer Umwandlung durch Verschmelzung nach § 2 Nr. 1 UmwG geht die dem übertragenden Rechtsträger nach § 9 Abs. 3 StromStG erteilte Erlaubnis zur steuerbegünstigten Verwendung von Strom nicht auf den übernehmenden Rechtsträger über, sondern erlischt mit der Eintragung der Verschmelzung im Handelsregister.

**BFH vom 26.10.2011, VII-R-64/10, BFH/NV-2012-0712:** Stromsteuerrechtliche Verwendererlaubnis kein Grundlagenbescheid

Die nach § 9 Abs. 3 i.V.m. Abs. 4 StromStG einem Verwender erteilte Erlaubnis zur steuerbegünstigten Entnahme von Strom ist im Verhältnis zur Festsetzung der Stromsteuer gegenüber dem den begünstigten Strom leistenden Versorger kein Grundlagenbescheid i.S. des § 171 Abs. 10 AO.

**BFH vom 09.09.2011, VII-R-75/10, BFH/NV-2011-2181:** Kein stromsteuerrechtliches Herstellerprivileg für die Produktion von Energieerzeugnissen

Der für den Betrieb einer einem Blockheizkraftwerk vorgeschalteten Biogasanlage eingesetzte Strom wird nicht zur Stromerzeugung i.S. des § 9 Abs. 1 Nr. 2 StromStG, sondern für die Herstellung eines Energieerzeugnisses entnommen, so dass für diese Strommengen die Gewährung des stromsteuerrechtlichen Herstellerprivilegs nicht in Betracht kommt.

# § 9

**BFH vom 23.06.2009, VII-R-34/08, BFH/NV-2009-1673:** Zur Auslegung des Anlagebegriffs in § 9 Abs. 1 Nr. 3 StromStG

Der Begriff der Anlage i.S. von § 9 Abs. 1 Nr. 3 StromStG ist aus verbrauchsteuerrechtlicher Sicht eigenständig und funktionsbezogen auszulegen, so dass Begriffsbestimmungen in anderen Gesetzen nicht herangezogen werden können.

Ein Blockheizkraftwerk, das aus mehreren in einem Gebäude installierten Aggregaten zur gekoppelten Erzeugung von Strom und Wärme sowie mehreren Heizkesseln besteht und das von einem Betreiber zur Versorgung von Letztverbrauchern in einem nahen Wohngebiet betrieben wird, ist als eine Anlage i. S. von § 9 Abs. 1 Nr. 3 StromStG anzusehen.

**BFH vom 23.06.2009, VII-R-42/08; BFH/NV-2009-1720:** Auslegung des Begriffs der Anlage i. S. des § 9 Abs. 1 Nr. 3 StromStG

Der Begriff der Anlage i.S. von § 9 Abs. 1 Nr. 3 StromStG ist aus verbrauchsteuerrechtlicher Sicht eigenständig und funktionsbezogen auszulegen, so dass Begriffsbestimmungen in anderen Gesetzen nicht herangezogen werden können.

Ein Blockheizkraftwerk, das aus insgesamt drei in einem Gebäude installierten Aggregaten zur gekoppelten Erzeugung von Strom und Wärme sowie vier Heizkesseln besteht, und das von einem Betreiber zur Versorgung eines angrenzenden Stadtteils mit Strom und Fernwärme betrieben wird, ist als eine Anlage i.s. von § 9 Abs. 1 Nr. 3 StromStG anzusehen.

**BFH vom 07.06.2011, VII-R-54/09, BFH/NV-2011-2125:** Zum stromsteuerrechtlichen Begriff der Nennleistung

Zur Nennleistung einer nach § 9 Abs. 1 Nr. 3 StromStG begünstigten Stromerzeugungsanlage gehört auch der Strom, der in Neben- oder Hilfsanlagen verbraucht wird (Eigenverbrauch).

Bei der Beurteilung der Voraussetzungen für die Gewährung einer Stromsteuerbefreiung für Anlagen mit einer Nennleistung bis zu zwei Megawatt sind die Finanzbehörden weder an die Angaben in einer vom Hersteller der Stromerzeugungsanlage ausgestellten Errichterbestätigung noch an die in einer vom Bundesamt für Wirtschaft und Ausfuhrkontrolle für Zwecke der Zuschlagsgewährung nach dem KWKG in einem Zulassungsbescheid gemachten Angaben gebunden.

**BFH vom 21.04.2009, VII-R-24/07, BFH/NV-2009-1547, VII-R-25/7, BFH/NV-2009-1669:** Keine Stromsteuerermäßigung für Gastransport in Rohrfernleitungen

Ein Unternehmen, dessen Tätigkeitsschwerpunkt in der Beförderung von Erdgas in einem rohrleitungsgebundenen Gastransportsystem mit mehreren Verdichterstationen durch das deutsche Hoheitsgebiet liegt, ist kein Energieversorgungsunternehmen der Unterklasse 40.20.3 der WZ 93 und damit kein Unternehmen des Produzierenden Gewerbes i.S. von § 9 Abs. 3 StromStG, sondern betreibt den Transport von Gasen in Rohrfernleitungen, der der Unterklasse 60.30.0 der WZ 93 zuzuordnen ist. Die Gewährung einer Steuerbegünstigung kommt daher nicht in Betracht.

**BFH vom 20.04.2004, VII-R-54/03:** Räumlicher Zusammenhang im Sinne von § 9 Abs. 1 Nr. 3 StromStG bei Einspeisung des in einem begünstigten Blockheizkraftwerk erzeugten Stroms in das öffentliche Stromnetz

1. Dem in § 9 Abs. 1 Nr. 3 StromStG verwendeten Begriff des räumlichen Zusammenhangs lässt sich nicht entnehmen, dass die Einspeisung des in einem begünstigten Blockheizkraftwerk erzeugten Stroms in das öffentliche Stromnetz in jedem Fall zu einem Ausschluss der Steuerbefreiung führt.
2. Von einer Entnahme des Stroms in räumlichem Zusammenhang zu der von § 9 Abs. 1 Nr. 3 StromStG begünstigten Anlage kann dann ausgegangen werden, wenn der in der Anlage erzeugte Strom der Stromversorgung von ausschließlich innerhalb einer kleinen Gemeinde ansässigen Letztverbrauchern dient.

**BFH vom 20.04.2004, VII-R-57/03, BFH/NV-2005-0578:** Stromsteuerbefreiung für Kraft-Wärme-Kopplungs-Anlagen

Dem in § 9 Abs. 1 Nr. 3 StromStG verwendeten Begriff des räumlichen Zusammenhangs lässt sich nicht entnehmen, dass bereits die Einspeisung des in einer begünstigten Kraft-Wärme-Kopplungs-Anlage erzeugten Stroms in das öffentliche Stromnetz in jedem Fall zu einem Ausschluss der Steuerbefreiung führt.

Von einer Entnahme des Stroms in räumlichem Zusammenhang zu der von § 9 Abs. 1 Nr. 3 StromStG begünstigten Anlage kann jedenfalls dann ausgegangen werden, wenn der in der Anlage erzeugte Strom der Stromversorgung von ausschließlich innerhalb einer kleinen Gemeinde ansässigen Letztverbrauchern dient.

# § 9

**BFH vom 20.04.2004, VII-R-44/03:** Stromsteuerbefreiung für KWK-Anlagen; räumlicher Zusammenhang i.S. von § 9 Abs. 1 Nr. 3 StromStG

Dem in § 9 Abs. 1 Nr. 3 StromStG verwendeten Begriff des räumlichen Zusammenhangs lässt sich nicht entnehmen, dass bereits die Einspeisung des in einer begünstigten Kraft-Wärme-Kopplungs-Anlage erzeugten Stroms in das öffentliche Stromnetz in jedem Fall zu einem Ausschluss der Steuerbefreiung führt.

Von einer Entnahme des Stroms in räumlichem Zusammenhang zu der von § 9 Abs. 1 Nr. 3 StromStG begünstigten Anlage kann jedenfalls dann ausgegangen werden, wenn mit dem in der Anlage erzeugten Strom ausschließlich innerhalb einer kleinen Gemeinde gelegene kommunale Abnahmestellen versorgt werden.

**FG München vom 03.04.2014; 14-K-1039/11; Revision eingelegt (BFH VII R 25/14):** Keine Stromsteuerfreiheit für in Wechselrichtern einer PV-Anlage verbrauchten Strom

Der in Wechselrichtern einer Photovoltaik (PV)-Anlage verbrauchte Strom fällt nicht unter die Steuerbefreiung des § 9 Abs. 1 Nr. 2 StromStG, weil der Strom nicht zur eigentlichen Stromerzeugung entnommen wird (richtlinienkonforme Auslegung der nationalen Norm unter Berücksichtigung von Art. 14 Abs. 1 Buchst. a Richtlinie 2003/96/EG).

Dagegen könnte jedoch sprechen, dass eine Einspeisung des in den PV-Modulen erzeugten Stroms in das öffentliche, auf der Grundlage von Wechselstrom betriebene Stromnetz in technischer Hinsicht nur dann möglich ist, wenn der Gleichstrom zuvor im Wechselrichter in Wechselstrom umgewandelt worden ist.

**FG Berlin-Brandenburg vom 17.10.2013, 1-K-1082/10:** Keine steuerbegünstigte Entnahme von Strom bei Betrieb der Werkskantine eines Unternehmens des Produzierenden Gewerbes durch ein eigenständiges Dienstleistungsunternehmen

Gemäß § 9 Abs. 3 StromStG in der im Streitjahr 2006 geltenden Fassung darf der Wirtschaftszweig des Produzierenden Gewerbes Strom nur für „eigenbetriebliche Zwecke" steuerbegünstigt beziehen.

Zu den „eigenbetrieblichen Zwecken" gehört nicht die Verwendung des Stroms durch ein anderes Unternehmen, das aufgrund vertraglicher Regelung in den Räumlichkeiten des Unternehmens des Produzierenden Gewerbes für dieses tätig wird (im Streitfall als Kantinenbetreiber).

Eine Stromentnahme liegt immer dann vor, wenn elektrische Energie dem Netz oder der Leitung entnommen und in andere Energie (Wärme, Licht, Bewegung) umgewandelt wird. Dann liegt auch stets Letztverbrauch von Strom vor.

**FG Hamburg vom 08.08.2013, 4-V-91/13, rechtskräftig Revision zugelassen durch BFH Beschluss VII B 160/13 vom 17. 9. 2013:** Steuerbefreiung nach § 9 Abs. 1 Nr. 1 StromStG; Widerruf einer Stromversorgererlaubnis ist keine Gewerbeuntersagung

Auch wenn der Widerruf der Versorgererlaubnis eine wesentliche Grundlage der konkreten Gewerbeausübung eines Stromversorgers betrifft, stellt der Widerruf der Versorgererlaubnis keine Gewerbeuntersagung und keine ihr gleichzustellende Maßnahme dar.

Elektrischer Strom aus erneuerbaren Energieträgern ist nur dann nach § 9 Abs. 1 Nr. 1 StromStG steuerfrei, wenn er aus einem ausschließlich mit Strom aus erneuerbaren Energieträgern gespeisten Netz entnommen wird.

**Thüringer FG vom 26.04.2012, 2-K-888/09, DStRE-2013-0692 – rechtskräftig:** Keine Stromsteuerbefreiung nach § 9 Abs. 1 Nr. 3b StromStG bei fehlender Identität zwischen dem gegenüber dem Letztverbraucher Leistenden und dem Anlagenbetreiber bzw. dem die Stromerzeugung Veranlassenden; Bindungswirkung einer aufgrund formaler Antragsmängel rechtswidrigen verbindlichen Auskunft.

**FG Düsseldorf vom 18.04.2012, 4-K-2625/11-VSt – Revision eingelegt (BFH VII R 12/13):** Stromsteuer: Personenbezogenheit der Erlaubnis nach § 9 Abs. 4 Satz 1 StromStG – Keine Erstreckung auf Beteiligungsunternehmen – Erlaubnis als Voraussetzung für die Steuerbegünstigung

Bei einer nach § 9 Abs. 4 Satz 1 StromStG erteilten Erlaubnis handelt es sich um eine personenbezogene Rechtsposition.

Die einer GmbH erteilte Erlaubnis erstreckt sich in personeller Hinsicht daher nicht auch auf die in Ihrem Beteiligungsbesitz befindlichen rechtlich selbständigen Unternehmen.

Fehlt eine Erlaubnis nach § 9 Abs. 4 StromStG, führt dies zum Ausschluss der Steuerbegünstigung, selbst wenn die Voraussetzungen für eine steuerbegünstigte Entnahme von Strom vorgelegen haben sollten. Dies gilt auch, wenn der Weiterleitung des Stroms ein Werkvertrag zugrunde liegt.

# § 9

**FG Hamburg vom 19.07.2011, 4-K-91/10 – rechtskräftig:** Stromsteuerrecht: Zum Anlagenbegriff des § 9 Abs. 1 Nr. 3 StromStG

Mehrere Kraft-Wärme-Erzeuger sind auch dann eine Anlage, wenn sie im regelmäßigen Betrieb verschiedene Fernwärmegebiete versorgen, sofern sie in einem Gebäude installiert sind und eine Verbindung der Fernwärmeleitungsnetze besteht, auch wenn diese nur für etwaige Notfälle vorgesehen ist.

**FG München vom 14.10.2010, 14-K-1121/07 – rechtskräftig:** Keine Stromsteuerfreiheit für während der Revision eines Kraftwerks verbrauchten Strom

Der Strom, der vom Betreiber eines der Stromerzeugung dienenden Kraftwerks für infolge technischer Notwendigkeiten und gesetzlicher Auflagen durchgeführte Revisionsarbeiten verbraucht wird (z. B. für Einschweißen neuer Kondensatorrohre, Transporte durch Elektrostapler, Anheben von Behältern usw.), ist nicht von der Stromsteuer befreit.

Die Stromsteuerbegünstigung nach § 9 Abs. 1 Nr. 2 StromStG i. V. m. nach § 12 Abs. 1 Nr. 1 StromstV setzt voraus, dass der Strom unmittelbar in den Neben- und Hilfsanlagen der Stromerzeugungseinheit für den Stromerzeugungsvorgang im technischen Sinne eingesetzt wird. Die Steuerfreiheit schließt daher nicht jeglichen von Kraftwerken benötigten Strom ein, dessen Verwendung in irgendeinem mittelbaren Zusammenhang zum Stromerzeugungsprozess steht.

**FG Hamburg vom 13.07.2010, 4-V-126/10 rechtskräftig:** Stromsteuerbegünstigung für stromerzeugende Anlagen

Strom, der für den Betrieb einer Biogasanlage genutzt wird, wird nicht im Sinne von § 9 Abs. 1 Nr. 2 StromStG zur Stromerzeugung entnommen, wenn das Biogas als Brennstoff für den Betrieb eines Blockheizkraftwerks als Stromerzeugungsanlage verwandt wird.

**FG Düsseldorf vom 10.06.2009, 4-K-506/09-AO – rechtskräftig:** Voraussetzungen für die Gewährung der Erlaubnis der Stromentnahme zum ermäßigten Steuersatz für eigene betriebliche Zwecke

Die mit dem Widerruf der Erlaubnis der Entnahme von Strom zum ermäßigten Steuersatz verbundene Aufforderung an den Insolvenzverwalter des Unternehmens des produzierenden Gewerbes, den Erlaubnisschein von dem Versorger anzufordern und zurückzugeben, kann mit Zwangsmitteln durchgesetzt werden.

Eine Ersatzvornahme kommt nicht in Betracht, wenn der Finanzbehörde sowohl der Versorger als auch der Erwerber des Betriebsvermögens der Insolvenzschuldnerin unbekannt sind.

Mangels Darlegung entgegenstehender Interessen kann das Ermessen der Finanzbehörde dahingehend eingeschränkt sein, dass nur die Durchsetzung der Rückgabe des Erlaubnisscheins mittels Zwangsgeld ermessensgerecht ist.

**FG München vom 08.12.2005, 14-K-2984/03, EFG-2007-0387 – rechtskräftig:** Verpachtete Verkaufsstellen eines Backwarenproduzenten Erlaubnis zur Entnahme von steuerbegünstigtem Strom Rückwirkende Zurücknahme

An selbstständige, gewerblich tätige Pächter verpachtete Verkaufsstellen sind keine Betriebsstätten des als Verpächter fungierenden Backwarenproduzenten. Kleinste selbstständige Einheit, der eine Erlaubnis zur Entnahme von steuerbegünstigtem Strom erteilt werden kann, sind die Pächter.

Soweit dem Verpächter eine Erlaubnis zur Entnahme begünstigten Stroms auch hinsichtlich der verpachteten Verkaufsstellen erteilt wurde, weil er diese in seinem Antrag als Betriebsstätten deklariert und nicht auf die Verpachtung hingewiesen hat, kann die Erlaubnis als rechtswidriger, begünstigender Verwaltungsakt gemäß § 130 Abs. 2 Nr. 3 AO zurückgenommen werden.

Bei Vorliegen der Voraussetzungen des § 130 Abs. 2 Nr. 3 AO ist die rückwirkende Zurücknahme grundsätzlich nicht ermessensfehlerhaft, da der Begünstigte die Ursache für die Rechtswidrigkeit des Verwaltungsakts selbst gesetzt hat und sein Vertrauen insoweit regelmäßig nicht schutzwürdig ist.

# § 9a  EU-Vorgaben

**§ 9a** [1] **Erlass, Erstattung oder Vergütung der Steuer für bestimmte Prozesse und Verfahren**

(1) Auf Antrag wird die Steuer für nachweislich versteuerten Strom erlassen, erstattet oder vergütet, den ein Unternehmen des Produzierenden Gewerbes

1. für die Elektrolyse,
2. für die Herstellung von Glas und Glaswaren, keramischen Erzeugnissen, keramischen Wand- und Bodenfliesen und -platten, Ziegeln und sonstiger Baukeramik, Zement, Kalk und gebranntem Gips, Erzeugnissen aus Beton, Zement und Gips, keramisch gebundenen Schleifkörpern, mineralischen Isoliermaterialien, Asphalt, Waren aus Graphit oder anderen Kohlenstoffen, Erzeugnissen aus Porenbetonerzeugnissen und mineralischen Düngemitteln zum Trocknen, Brennen, Schmelzen, Erwärmen, Warmhalten, Entspannen, Tempern oder Sintern der vorgenannten Erzeugnisse oder der zu ihrer Herstellung verwendeten Vorprodukte,
3. für die Metallerzeugung und -bearbeitung sowie im Rahmen der Herstellung von Metallerzeugnissen für die Herstellung von Schmiede-, Press-, Zieh- und Stanzteilen, gewalzten Ringen und pulvermetallurgischen Erzeugnissen und zur Oberflächenveredlung und Wärmebehandlung jeweils zum Schmelzen, Erwärmen, Warmhalten, Entspannen oder sonstigen Wärmebehandlung oder
4. für chemische Reduktionsverfahren

entnommen hat.

(2) Erlass-, erstattungs- oder vergütungsberechtigt ist das Unternehmen des Produzierenden Gewerbes, das den Strom entnommen hat.

*EU-Vorgaben*

**RL 2003/96/EG Energiesteuerrichtlinie (Auszug)**
**Artikel 2 Absatz 4 Buchstabe b**
Diese Richtlinie gilt nicht für:
1. für folgende Verwendungen von Energieerzeugnissen und elektrischem Strom:
   – für Energieerzeugnisse, die für andere Zwecke als als Heiz- oder Kraftstoff verwendet werden;
   – für Energieerzeugnisse mit zweierlei Verwendungszweck; Ein Energieerzeugnis hat dann zweierlei Verwendungszweck, wenn es sowohl als Heizstoff als auch für andere Zwecke als als Heiz- oder Kraftstoff verwendet wird. Die Verwendung von Energieerzeugnissen bei der chemischen Reduktion, bei Elektrolysen und bei Prozessen in der Metallindustrie ist als zweierlei Verwendungszweck anzusehen.
   – für elektrischen Strom, der hauptsächlich für die Zwecke der chemischen Reduktion, bei der Elektrolyse und bei Prozessen in der Metallindustrie verwendet wird;
   – für elektrischen Strom, wenn er mehr als 50 % der Kosten für ein Erzeugnis ausmacht. Die Kosten eines Erzeugnisses errechnen sich durch die Addition der insgesamt erworbenen Waren und Dienstleistungen sowie der Personalkosten zuzüglich der Abschreibungen auf Ebene des Betriebs im Sinne von Artikel 11. Dabei werden die durchschnittlichen Kosten pro Einheit berechnet. Die „Kosten des elektrischen Stroms" werden bestimmt durch den tatsächlich gezahlten Strompreis oder die Kosten für die Stromerzeugung, wenn der Strom im Betrieb gewonnen wird;
   – für mineralogische Verfahren; Als mineralogische Verfahren gelten Verfahren, die gemäß der Verordnung (EWG) Nr. 3037/90 des Rates vom 9. Oktober 1990 betreffend die statistische Systematik der Wirtschaftszweige in der Europäischen Gemeinschaft (2) unter die NACE-Klasse DI 26 „Verarbeitung nicht-metallischer Mineralien" fallen. Für diese Energieerzeugnisse gilt jedoch Artikel 20.

---

1) § 9a eingef. mWv 1.8.2006 durch G v. 15.7.2006 (BGBl. I S. 1534); Abs. 1 Satz 1 Nr. 2 geänd., Nr. 3 neu gef., Nr. 4 angef. mWv 1.1.2007 durch G v. 18.12.2006 (BGBl. I S. 3180); Abs. 1 Nr. 2 neu gef. mWv 1.1.2011 durch G v. 1.3.2011 (BGBl. I S. 282).

*Stromsteuer-Durchführungsverordnung*

**Zu § 2 Nummer 3 bis 6 und den §§ 9a bis 10 des Gesetzes**

## § 15[1]) Zuordnung von Unternehmen

*(1) ¹Das Hauptzollamt entscheidet über die Zuordnung eines Unternehmens nach § 2 Nummer 3 und 5 des Gesetzes zu einem Abschnitt oder einer Klasse der Klassifikation der Wirtschaftszweige. ²Für die Zuordnung sind die Abgrenzungsmerkmale maßgebend, die in der Klassifikation der Wirtschaftszweige und in deren Vorbemerkungen genannt sind, soweit die folgenden Absätze nichts anderes bestimmen.*

*(2) Die Zuordnung eines Unternehmens zu einem Abschnitt oder einer Klasse der Klassifikation der Wirtschaftszweige erfolgt nach den wirtschaftlichen Tätigkeiten des Unternehmens im maßgebenden Zeitraum.*

*(3) ¹Vorbehaltlich der Sätze 2 und 3 ist maßgebender Zeitraum das Kalenderjahr, das dem Kalenderjahr vorhergeht, für das eine Steuerentlastung beantragt wird. ²Abweichend von Satz 1 kann das Unternehmen als maßgebenden Zeitraum das Kalenderjahr wählen, für das eine Steuerentlastung beantragt wird. ³Das Kalenderjahr nach Satz 2 ist maßgebender Zeitraum, wenn das Unternehmen die wirtschaftlichen Tätigkeiten, die dem Produzierenden Gewerbe oder der Land- und Forstwirtschaft im Sinn des § 2 Nummer 3 oder Nummer 5 des Gesetzes zuzuordnen sind, im vorhergehenden Kalenderjahr eingestellt und bis zu dessen Ende nicht wieder aufgenommen hat.*

*(4) ¹Unternehmen, die im maßgebenden Zeitraum mehrere wirtschaftliche Tätigkeiten ausüben, die entweder nicht alle dem Produzierenden Gewerbe oder nicht alle der Land- und Forstwirtschaft im Sinn des § 2 Nummer 3 oder Nummer 5 des Gesetzes zuzuordnen sind, sind nach dem Schwerpunkt ihrer wirtschaftlichen Tätigkeit einem Abschnitt der Klassifikation der Wirtschaftszweige zuzuordnen. ²Der Schwerpunkt der wirtschaftlichen Tätigkeit wird nach Wahl des Unternehmens durch den Abschnitt der Klassifikation der Wirtschaftszweige bestimmt,*

*1. auf dessen Tätigkeiten im maßgebenden Zeitraum der größte Anteil der Bruttowertschöpfung zu Herstellungspreisen im Sinne der Vorbemerkungen zur Klassifikation der Wirtschaftszweige entfiel,*

*2. auf dessen Tätigkeiten im maßgebenden Zeitraum der größte Anteil der Wertschöpfung entfiel,*

*3. in dessen Tätigkeiten im maßgebenden Zeitraum im Durchschnitt die meisten Personen tätig waren oder*

*4. in dessen Tätigkeiten im maßgebenden Zeitraum der höchste steuerbare Umsatz im Sinne von § 1 Abs. 1 Nr. 1 des Umsatzsteuergesetzes erzielt wurde. ²Als steuerbarer Umsatz gilt dabei auch das den Leistungen von juristischen Personen des öffentlichen Rechts und kommunalen Eigenbetrieben zuzurechnende Aufkommen aus Beiträgen und Gebühren. ³Die umsatzsteuerlichen Vorschriften zur Organschaft (§ 2 Absatz 2 Nummer 2 des Umsatzsteuergesetzes) sind nicht anwendbar.*

*³Das Hauptzollamt kann die Wahl des Unternehmens zurückweisen, wenn diese offensichtlich nicht geeignet ist, den Schwerpunkt der wirtschaftlichen Tätigkeit des Unternehmens zu bestimmen.*

*(5) Ist ein Unternehmen dem Abschnitt B der Klassifikation der Wirtschaftszweige zuzuordnen, gilt für die Zuordnung zu einer Klasse dieses Abschnitts Absatz 4 sinngemäß.*

*(6) ¹Die Wertschöpfungsanteile nach Absatz 4 Satz 2 Nummer 2 ergeben sich als Differenz zwischen der Summe aus dem steuerbaren Umsatz nach § 1 Abs. 1 Nr. 1 des Umsatzsteuergesetzes, den nicht steuerbaren Lieferungen und sonstigen Leistungen, der Bestandsmehrung an unfertigen und fertigen Erzeugnissen sowie den Herstellungskosten für selbst erstellte Anlagen in den jeweiligen Abschnitten einerseits und der Summe aus den Vorleistungen, den linearen und degressiven Abschreibungen sowie der Bestandsminderung an unfertigen und fertigen Erzeugnissen andererseits. ²Vorleistungen sind die Kosten für Rohstoffe, Hilfsstoffe, Betriebsstoffe, Handelswaren und Fremdleistungen, nicht jedoch Löhne, Gehälter, Mieten, Pachten und Fremdkapitalzinsen.*

*(7) ¹Als Zahl der im Durchschnitt tätigen Personen nach Absatz 4 Satz 2 Nummer 3 gilt die Summe der Zahlen der am 15. Tag eines jeden Kalendermonats tätigen Personen geteilt durch die Anzahl der entsprechenden Monate. ²Tätige Personen sind:*

---

1) § 15 Abs. 2 Satz 3 Nr. 1 geänd. mWv 10.10.2009 durch VO v. 5.10.2009 (BGBl. I S. 3262); Abs. 1 neu gef., Abs. 2 und 3 eingef., bish. Abs. 2 wird Abs. 4 und Satz 1 aufgeh., bish. Sätze 2 bis 4 werden Sätze 1 bis 3, neuer Satz 2 einl. Satzteil, Nr. 1 bis 3 und 4 Satz 1, neuer Satz 3 geänd., bish. Abs. 3 wird Abs. 5 und geänd., bish. Abs. 4 wird Abs. 6 und Satz 1 geänd., bish. Abs. 5 wird Abs. 7 und Satz 1 geänd., bish. Abs. 6 und 7 aufgeh., Abs. 8 eingef., bish. Abs. 8 wird Abs. 9 und geänd. mWv 30.9.2011 durch VO v. 20.9.2011 (BGBl. I S. 1890); Abs. 4 Satz 2 Nr. 4 Satz 3 angef., Abs. 9 neu gef., bish. Abs. 9 wird Abs. 10 mWv 1. 8. 2013 durch VO v. 24.7.2013 (BGBl. I S. 2853).

# § 9a   DV §§ 15–17a

1. *Personen, die in einem Arbeitsverhältnis zum Unternehmen stehen, auch wenn sie vorübergehend abwesend sind, nicht jedoch im Ausland tätige Personen;*
2. *tätige Inhaber und tätige Mitinhaber von Personengesellschaften;*
3. *unbezahlt mithelfende Familienangehörige, soweit sie mindestens ein Drittel der üblichen Arbeitszeit im Unternehmen tätig sind;*
4. *Arbeitskräfte, die von anderen Unternehmen gegen Entgelt gemäß dem Arbeitnehmerüberlassungsgesetz zur Arbeitsleistung überlassen wurden.*

*(6) (weggefallen)*

*(7) (weggefallen)*

*(8) Unternehmen oder Unternehmensteile im Vertrieb und in der Produktion von Gütern ohne eigene Warenproduktion (Converter) sind abweichend von Abschnitt 3.4 der Vorbemerkungen zur Klassifikation der Wirtschaftszweige auch dann, wenn sie die gewerblichen Schutzrechte an den Produkten besitzen, nicht so zu klassifizieren, als würden sie die Waren selbst herstellen.*

*(9) Soweit in den Erläuterungen zur Abteilung 45 der Klassifikation der Wirtschaftszweige bestimmt wird, dass Arbeiten im Baugewerbe auch durch Subunternehmen ausgeführt werden können, gilt dies nicht, wenn die Arbeiten für das zuzuordnende Unternehmen Investitionen darstellen.*

*(10) Die Absätze 1 bis 8 gelten sinngemäß, wenn ein Unternehmen für andere Rechtsvorschriften dem Produzierenden Gewerbe oder der Land- und Forstwirtschaft nach § 2 Nummer 3 oder Nummer 5 des Gesetzes zuzuordnen ist.*

## § 16 (weggefallen)

## § 17 (weggefallen)

### Zu § 9a des Gesetzes

### § 17a[1])   Erlass, Erstattung oder Vergütung der Steuer für bestimmte Prozesse und Verfahren

*(1) ¹Der Erlass, die Erstattung oder die Vergütung der Steuer nach § 9a des Gesetzes ist bei dem für den Antragsteller zuständigen Hauptzollamt mit einer Anmeldung nach amtlich vorgeschriebenem Vordruck für innerhalb eines Erlass-, Erstattungs- oder Vergütungsabschnitts entnommenen Strom zu beantragen. ²Der Antragsteller hat in der Anmeldung alle für die Bemessung des Erlasses, der Erstattung oder der Vergütung erforderlichen Angaben zu machen und den Erlass, die Erstattung oder die Vergütung selbst zu berechnen. ³Der Erlass, die Erstattung oder die Vergütung wird nur gewährt, wenn der Antrag spätestens bis zum 31. Dezember des Jahres, das auf das Kalenderjahr folgt, in dem der Strom entnommen wurde, beim Hauptzollamt gestellt wird. ⁴Erfolgt die Festsetzung der Steuer erst, nachdem der Strom entnommen worden ist, wird abweichend von Satz 3 die Steuerentlastung gewährt, wenn der Antrag spätestens bis zum 31. Dezember des Jahres gestellt wird, das auf das Kalenderjahr folgt, in dem die Steuer festgesetzt worden ist.*

*(2) ¹Erlass-, Erstattungs- oder Vergütungsabschnitt ist das Kalenderjahr. ²Bestimmt sich der maßgebende Zeitraum für die Zuordnung des Unternehmens zum Produzierenden Gewerbe nach § 15 Absatz 3 Satz 1, kann der Antragsteller das Kalendervierteljahr oder das Kalenderhalbjahr als Erlass-, Erstattungs- oder Vergütungsabschnitt wählen. ³Das Hauptzollamt kann im Fall des Satzes 2 auf Antrag auch den Kalendermonat als Erlass-, Erstattungs- oder Vergütungsabschnitt zulassen.*

*(3) Dem Antrag sind beizufügen:*
1. *eine Beschreibung der wirtschaftlichen Tätigkeiten des Unternehmens im maßgebenden Zeitraum nach amtlich vorgeschriebenem Vordruck, die dem Hauptzollamt eine Zuordnung des Unternehmens zu einem Abschnitt oder gegebenenfalls einer Klasse der Klassifikation der Wirtschaftszweige ermöglicht, es sei denn, die Beschreibung liegt dem Hauptzollamt für den maßgebenden Zeitraum bereits vor;*
2. *bei erstmaliger Antragstellung eine Betriebserklärung, in der die Verwendung des Stroms genau beschrieben ist.*

*⁴Weiteren Anträgen muss eine Betriebserklärung nur beigefügt werden, wenn sich Änderungen gegenüber der dem Hauptzollamt bereits vorliegenden Betriebserklärung ergeben haben. ⁵Der Antragsteller hat die Änderungen besonders kenntlich zu machen.*

---

1) § 17a eingef. mWv 4. 8. 2006 durch VO v. 31.7.2006 (BGBl. I S. 1753); Abs. 3 Satz 1 Nr. 2 geänd. mWv 10.10.2009 durch VO v. 5.10.2009 (BGBl. I S. 3262); Abs. 1 Satz 1 geänd., Satz 4 angef., Abs. 2 neu gef., Abs. 3 Satz 1 Nr. 1 geänd., Abs. 5 angef. mWv 30.9.2011 durch VO v. 20.9.2011 (BGBl. I S. 1890).

*(4) Der Antragsteller hat einen buchmäßigen Nachweis zu führen, aus dem sich für den Entlastungsabschnitt die Menge und der genaue Verwendungszweck des Stroms ergeben müssen.*

*(5) Das Laden und das Wiederaufladen von Batterien und Akkumulatoren gelten nicht als Elektrolyse oder chemisches Reduktionsverfahren im Sinn des § 9a Absatz 1 Nummer 1 oder Nummer 4 des Gesetzes.*

### Rechtsprechungsauswahl zu § 9a StromStG

**BFH vom 09.08.2011, VII-R-74/10, BFH/NV-2011-2178, BFHE-0235-0081, DStRE-2011-1488, HFR-2011-1320:** Keine Stromsteuerentlastung für die Herstellung von Graphitelektroden

Für die Herstellung von Graphitelektroden kommt eine Stromsteuerentlastung nach § 9a Abs. 1 Nr. 2 StromStG i.d.F. vom 15. Juli 2006 nicht in Betracht.

Zur Auslegung des § 9a Abs. 1 Nr. 2 StromStG sind die NACE Rev. 1.1 und die Klassifikation der Wirtschaftszweige (WZ 2003) nebst deren Erläuterungen heranzuziehen.

**FG Hamburg vom 11.09.2013, 4-K-134/12 – Revision eingelegt (BFH VII R 53/13):** Stromsteuerentlastung nach § 9a StromStG

Nach § 9a Abs. 1 Nr. 3 StromStG in der ab dem 1.8.2006 geltenden Fassung wird nur der sog. Wärmestrom, nicht jedoch der sog. Kraftstrom von der Stromsteuer entlastet.

Nach § 9a Abs. 1 Nr. 1 StromStG in der ab dem 1.8.2006 geltenden Fassung wird die Steuerentlastung nur für den Strom gewährt, der unmittelbar in die Elektrolyse einfließt, d. h. an den Elektroden anliegt und nicht für den Strom, der für Randbereiche der Elektrolyse wie etwa die Bewegung des Elektrolyts entnommen wird.

**FG Hamburg vom 11.09.2013; 4-K-133/12; Revision eingelegt (BFH VII R 52/13):** Stromsteuerentlastung nach § 9a StromStG

Nach § 9a Abs. 1 Nr. 3 StromStG in der ab dem 01.01.2007 geltenden Fassung wird nur der sog. Wärmestrom, nicht jedoch der sog. Kraftstrom von der Stromsteuer entlastet.

Nach § 9a Abs. 1 Nr. 1 StromStG in der ab dem 01.01.2007 geltenden Fassung wird die Steuerentlastung nur für den Strom gewährt, der unmittelbar in die Elektrolyse einfließt, d. h. an den Elektroden anliegt und nicht für den Strom, der für Randbereiche der Elektrolyse wie etwa die Bewegung des Elektrolyts entnommen wird.

**FG Hamburg vom 08.06.2012, 4-K-104/11 – rechtskräftig:** Leichtfertigkeit einer Stromsteuerverkürzung

Zu den Voraussetzungen an die Leichtfertigkeit einer Steuerverkürzung.

Ein Antrag nach § 9a StromStG kann nicht in einen Antrag nach § 10 StromStG umgedeutet werden.

**FG Thüringen vom 29.03.2012, 2-K-667/10, DStRE-2012-1542 – rechtskräftig:** Batterieformation als Elektrolyse nach § 9a Abs. 1 Nr. 1 StromStG

Die Entlastung nach § 10 StromStG stellt kein wesensverschiedenes Aliud zu einer Entlastung nach § 9a Abs. 1 StromStG dar.

Die Durchführung einer Batterieformation mittels Elektrolyse, wobei an der positiven Elektrode Bleioxyd zu Bleidioxyd oxidiert und an der negativen Elektrode Bleioxyd zu fein verteiltem, porösem Blei (sog. Bleischwamm) reduziert wird, ist nach § 9a Abs. 1 Nr. 1 StromStG begünstigt, wenn sie untrennbar zum Herstellungsprozess der Batterie gehört.

# § 9b

## § 9b[1] Steuerentlastung für Unternehmen

(1) ¹Eine Steuerentlastung wird auf Antrag gewährt für nachweislich nach § 3 versteuerten Strom, den ein Unternehmen des Produzierenden Gewerbes oder ein Unternehmen der Land- und Forstwirtschaft für betriebliche Zwecke entnommen hat und der nicht nach § 9 Absatz 1 von der Steuer befreit ist. ²Die Steuerentlastung wird jedoch für die Entnahme von Strom zur Erzeugung von Licht, Wärme, Kälte, Druckluft und mechanischer Energie nur gewährt, soweit die vorgenannten Erzeugnisse nachweislich durch ein Unternehmen des Produzierenden Gewerbes oder ein Unternehmen der Land- und Forstwirtschaft genutzt worden sind. ³Abweichend von Satz 2 wird die Steuerentlastung auch für Strom zur Erzeugung von Druckluft gewährt, soweit diese in Druckflaschen oder anderen Behältern abgegeben wird.

(2) ¹Die Steuerentlastung beträgt 5,13 Euro für eine Megawattstunde. ²Eine Steuerentlastung wird nur gewährt, soweit der Entlastungsbetrag nach Satz 1 im Kalenderjahr den Betrag von 250 Euro übersteigt.

(3) Entlastungsberechtigt ist derjenige, der den Strom entnommen hat.

## Stromsteuer-Durchführungsverordnung

### Zu § 9b des Gesetzes

**§ 17b Steuerentlastung für Unternehmen**

*(1) ¹Die Steuerentlastung nach § 9b des Gesetzes ist bei dem für den Antragsteller zuständigen Hauptzollamt mit einer Anmeldung nach amtlich vorgeschriebenem Vordruck für den Strom zu beantragen, der innerhalb eines Entlastungsabschnitts entnommen worden ist. ²Der Antragsteller hat in der Anmeldung alle Angaben zu machen, die für die Bemessung der Steuerentlastung erforderlich sind, und die Steuerentlastung selbst zu berechnen. ³Die Steuerentlastung wird nur gewährt, wenn der Antrag spätestens bis zum 31. Dezember des Jahres, das auf das Kalenderjahr folgt, in dem der Strom entnommen worden ist, beim Hauptzollamt gestellt wird. ⁴Erfolgt die Festsetzung der Steuer erst, nachdem der Strom entnommen worden ist, wird abweichend von Satz 3 die Steuerentlastung gewährt, wenn der Antrag spätestens bis zum 31. Dezember des Jahres gestellt wird, das auf das Kalenderjahr folgt, in dem die Steuer festgesetzt worden ist.*

*(2) ¹Entlastungsabschnitt ist das Kalenderjahr. ²Bestimmt sich der maßgebende Zeitraum für die Zuordnung eines Unternehmens zum Produzierenden Gewerbe oder zur Land- und Forstwirtschaft nach § 15 Absatz 3 Satz 1, kann der Antragsteller abweichend von Satz 1 das Kalendervierteljahr oder das Kalenderhalbjahr als Entlastungsabschnitt wählen. ³Das Hauptzollamt kann im Fall des Satzes 2 auf Antrag auch den Kalendermonat als Entlastungsabschnitt zulassen. ⁴Eine Steuerentlastung wird in den Fällen der Sätze 2 und 3 jedoch nur gewährt, wenn der Entlastungsbetrag den Betrag nach § 9b Absatz 2 Satz 2 des Gesetzes bereits im jeweils ersten Entlastungsabschnitt eines Kalenderjahres überschreitet.*

*(3) ¹Der Antragsteller hat dem Antrag eine Beschreibung seiner wirtschaftlichen Tätigkeiten im maßgebenden Zeitraum nach amtlich vorgeschriebenem Vordruck beizufügen, es sei denn, die Beschreibung liegt dem Hauptzollamt bereits vor. ²Die Beschreibung muss es dem Hauptzollamt ermöglichen, das Unternehmen einem Abschnitt oder einer Klasse der Klassifikation der Wirtschaftszweige zuzuordnen.*

*(4) Eine Schätzung der jeweils selbst oder von einem anderen Unternehmen (§ 17c) des Produzierenden Gewerbes oder der Land- und Forstwirtschaft verwendeten Nutzenergiemengen und der für die Erzeugung der Nutzenergie entnommenen Strommengen ist zulässig, soweit*

1. *eine genaue Ermittlung der Mengen nur mit unvertretbarem Aufwand möglich wäre und*
2. *die Schätzung nach allgemein anerkannten Regeln der Technik erfolgt und für nicht sachverständige Dritte jederzeit nachprüf- und nachvollziehbar ist.*

*(5) Der Antragsteller hat einen buchmäßigen Nachweis zu führen, aus dem sich für den jeweiligen Entlastungsabschnitt ergeben müssen:*
1. *die Menge des vom Antragsteller verbrauchten Stroms,*
2. *der genaue Verwendungszweck des Stroms,*
3. *soweit die erzeugte Nutzenergie durch ein anderes Unternehmen des Produzierenden Gewerbes oder der Land- und Forstwirtschaft verwendet worden ist (§ 17c):*
   a) *der Name und die Anschrift dieses anderen Unternehmens sowie*

---

1) § 9b eingef. mWv 1.1.2011 durch G v. 9.12.2010 (BGBl. I S. 1885).

b) die Nutzenergiemengen, die durch dieses andere Unternehmen jeweils verwendet worden sind, sowie die für die Erzeugung der Nutzenergie jeweils entnommenen Strommengen.

(6) Nutzenergie sind Licht, Wärme, Kälte, mechanische Energie und Druckluft, ausgenommen Druckluft, die in Druckflaschen oder anderen Behältern abgegeben wird.

### § 17c[1]) Verwendung von Nutzenergie durch andere Unternehmen

(1) ¹Soweit eine Steuerentlastung für die Erzeugung von Nutzenergie, die durch ein anderes Unternehmen des Produzierenden Gewerbes oder der Land- und Forstwirtschaft im Sinn des § 2 Nummer 3 oder Nummer 5 des Gesetzes verwendet worden ist, beantragt wird, sind dem Antrag nach § 17b Absatz 1 zusätzlich beizufügen:

1. für jedes die Nutzenergie verwendende andere Unternehmen des Produzierenden Gewerbes oder der Land- und Forstwirtschaft eine Selbsterklärung dieses anderen Unternehmens nach Absatz 2 und

2. eine Aufstellung, in der die für die Nutzenergieerzeugung entnommenen Strommengen diesen anderen Unternehmen jeweils zugeordnet werden.

²Die Vorlage einer Selbsterklärung nach Satz 1 Nummer 1 ist nicht erforderlich, wenn diese für das Kalenderjahr, für das die Steuerentlastung beantragt wird, dem Hauptzollamt bereits vorliegt.

(2) ¹Die Selbsterklärung ist gemäß Satz 2 und 3 nach amtlich vorgeschriebenem Vordruck abzugeben. ²Darin hat das andere Unternehmen des Produzierenden Gewerbes oder der Land- und Forstwirtschaft insbesondere seine wirtschaftlichen Tätigkeiten im maßgebenden Zeitraum zu beschreiben. ³§ 17b Absatz 3 Satz 2 gilt entsprechend. ⁴Auf die Beschreibung der wirtschaftlichen Tätigkeiten wird verzichtet, wenn dem für das andere Unternehmen des Produzierenden Gewerbes oder der Land- und Forstwirtschaft zuständigen Hauptzollamt eine Beschreibung der wirtschaftlichen Tätigkeiten für den maßgebenden Zeitraum bereits vorliegt. ⁵Die Selbsterklärung gilt als Steuererklärung im Sinn der Abgabenordnung.

(3) ¹Der Antragsteller hat sich die von einem anderen Unternehmen des Produzierenden Gewerbes oder der Land- und Forstwirtschaft jeweils verwendeten Nutzenergiemengen bestätigen zu lassen. ²Soweit die jeweils bezogene Nutzenergiemenge von einem anderen Unternehmen des Produzierenden Gewerbes oder der Land- und Forstwirtschaft vollständig selbst verwendet worden ist, reicht eine Bestätigung über die vollständige Verwendung der Nutzenergie ohne Angabe der Menge aus. ³Die vollständige oder anteilige Verwendung der Nutzenergie durch ein anderes Unternehmen des Produzierenden Gewerbes oder der Land- und Forstwirtschaft muss sich eindeutig und leicht nachprüfbar aus den bei dem Antragsteller vorhandenen Belegen ergeben. ⁴Der Antragsteller nimmt die Bestätigungen zu seinen steuerlichen Aufzeichnungen.

(4) ¹Wer eine Bestätigung nach Absatz 3 ausstellt, hat gemäß Satz 2 Aufzeichnungen zu führen, aus denen sich die insgesamt bezogenen, die selbst verwendeten und die an Dritte abgegebenen Nutzenergiemengen herleiten lassen. ²Die Aufzeichnungen müssen so beschaffen sein, dass es einem sachverständigen Dritten innerhalb einer angemessenen Frist möglich ist, die Aufzeichnungen zu prüfen. ³§ 17b Absatz 4 gilt entsprechend. ⁴Das andere Unternehmen unterliegt im Entlastungsverfahren der Steueraufsicht nach § 209 Absatz 3 der Abgabenordnung.

(5) Vom Antragsteller erzeugte Nutzenergie gilt nicht als durch ein anderes Unternehmen verwendet, wenn

1. dieses andere Unternehmen die Nutzenergie im Betrieb des Antragstellers verwendet,
2. solche Nutzenergie üblicherweise nicht gesondert abgerechnet wird und
3. der Empfänger der unter Verwendung der Nutzenergie erbrachten Leistungen der Antragsteller ist.

### *Rechtsprechungsauswahl zu § 9b StromStG*

**BFH vom 24.09.2014; VII-R-39/13; BFH/NV-2014-2009:** Keine Steuerentlastung für mit der Straßenbeleuchtung beauftragte Unternehmen

Das im Rahmen eines Straßenbeleuchtungsvertrags vorgesehene Erzeugen von Licht und der Beleuchtung von Straßen und anderen Flächen eines Stadtgebiets beauftragte Unternehmen ist nicht Nutzer des Lichts i.S. des § 9b Abs. 1 Satz 2 StromStG, so dass ihm hinsichtlich des zur Lichterzeugung verwendeten Stroms keine Steuerentlastung gewährt werden kann.

Der von § 9b Abs. 1 Satz 2 StromStG angesprochene Nutzer des Lichts ist derjenige Primärnutzer, auf dessen Veranlassung und nach dessen näheren Vorgaben z.B. Straßen und andere Flächen beleuchtet

---

1) Zwischenüberschr. und §§ 17b, 17c eingef. mWv 30.9.2011 durch VO v. 20.9.2011 (BGBl. I S. 1890).

## § 9b

werden. Dies gilt ungeachtet einer bestehenden Verkehrssicherungspflicht und des rechtlichen Bestands eines Beleuchtungsvertrags.

Die der Straßenbeleuchtung in unbestimmter Anzahl ausgesetzten Anlieger und Straßenbenutzer sind lediglich nachrangige Nutzer des Lichts, die nicht als Nutzer i.S. des § 9b Abs. 1 Satz 2 StromStG angesehen werden können.

# § 10

**§ 10 Erlass, Erstattung oder Vergütung in Sonderfällen**

(1) ¹Die Steuer für nachweislich versteuerten Strom, den ein Unternehmen des Produzierenden Gewerbes für betriebliche Zwecke, ausgenommen solche nach § 9 Absatz 2 oder Absatz 3, entnommen hat, wird auf Antrag nach Maßgabe der Absätze 2 bis 8 erlassen, erstattet oder vergütet, soweit die Steuer im Kalenderjahr den Betrag von 1 000 Euro übersteigt. ²Eine nach § 9b mögliche Steuerentlastung wird dabei abgezogen. ³Die Steuer für Strom, der zur Erzeugung von Licht, Wärme, Kälte, Druckluft und mechanischer Energie entnommen worden ist, wird jedoch nur erlassen, erstattet oder vergütet, soweit die vorgenannten Erzeugnisse nachweislich durch ein Unternehmen des Produzierenden Gewerbes genutzt worden sind. ⁴Abweichend von Satz 3 wird die Steuer auch in dem in § 9b Absatz 1 Satz 3 genannten Fall erlassen, erstattet oder vergütet. ⁵Erlass-, erstattungs- oder vergütungsberechtigt ist das Unternehmen des Produzierenden Gewerbes, das den Strom entnommen hat.

(1a) (weggefallen)

(2) ¹Erlassen, erstattet oder vergütet werden für ein Kalenderjahr 90 Prozent der Steuer, jedoch höchstens 90 Prozent des Betrags, um den die Steuer im Kalenderjahr den Unterschiedsbetrag übersteigt zwischen

1. dem Arbeitgeberanteil an den Rentenversicherungsbeiträgen, der sich für das Unternehmen errechnet, wenn in dem Kalenderjahr, für das der Antrag gestellt wird (Antragsjahr), der Beitragssatz in der allgemeinen Rentenversicherung 20,3 Prozent und in der knappschaftlichen Rentenversicherung 26,9 Prozent betragen hätte, und

2. dem Arbeitgeberanteil an den Rentenversicherungsbeiträgen, der sich für das Unternehmen errechnet, wenn im Antragsjahr der Beitragssatz in der allgemeinen Rentenversicherung 19,5 Prozent und in der knappschaftlichen Rentenversicherung 25,9 Prozent betragen hätte.

²Sind die Beitragssätze in der Rentenversicherung im Antragsjahr niedriger als die in Satz 1 Nr. 2 genannten Beitragssätze, so sind die niedrigeren Beitragssätze für die Berechnung des Arbeitgeberanteils nach Satz 1 Nr. 2 maßgebend.

(3) Die Steuer wird nach den Absätzen 1 und 2 erlassen, erstattet oder vergütet, wenn

1. das Unternehmen für das Antragsjahr nachweist, dass es

    a) ein Energiemanagementsystem betrieben hat, das den Anforderungen der DIN EN ISO 50001, Ausgabe Dezember 2011, entspricht, oder

    b) eine registrierte Organisation nach Artikel 13 der Verordnung (EG) Nr. 1221/2009 des Europäischen Parlaments und des Rates vom 25. November 2009 über die freiwillige Teilnahme von Organisationen an einem Gemeinschaftssystem für Umweltmanagement und Umweltbetriebsprüfung und zur Aufhebung der Verordnung (EG) Nr. 61/2001, sowie der Beschlüsse der Kommission 2001/691/EG und 2006/193/EG (ABl. L 342 vom 22.12.2009, S. 1) ist, und

2. die Bundesregierung

    a) festgestellt hat, dass mindestens der nach der Anlage zu § 10 für das Antragsjahr vorgesehene Zielwert für eine Reduzierung der Energieintensität erreicht wurde; die Feststellung erfolgt auf der Grundlage des Berichts, den ein unabhängiges wissenschaftliches Institut im Rahmen des Monitorings nach der Vereinbarung zwischen der Regierung der Bundesrepublik Deutschland und der deutschen Wirtschaft zur Steigerung der Energieeffizienz vom 1. August 2012 (BAnz AT 16.10.2012 B1) erstellt hat, sowie

    b) die Feststellung nach Buchstabe a im Bundesgesetzblatt bekannt gemacht hat.

Kleine und mittlere Unternehmen können anstelle der in Satz 1 Nummer 1 genannten Energie- und Umweltmanagementsysteme alternative Systeme zur Verbesserung der Energieeffizienz betreiben, die den Anforderungen der DIN EN 16247-1, Ausgabe Oktober 2012, entsprechen; kleine und mittlere Unternehmen sind solche im Sinn der Empfehlung 2003/361/EG der Kommission vom 6. Mai 2003 betreffend die Definition der

## § 10

Kleinstunternehmen sowie der kleinen und mittleren Unternehmen (ABl. L 124 vom 20.5.2003, S. 36) in der jeweils geltenden Fassung.

(4) ¹Abweichend von Absatz 3 wird die Steuer erlassen, erstattet oder vergütet

1. für die Antragsjahre 2013 und 2014, wenn das Unternehmen nachweist, dass es im Antragsjahr oder früher begonnen hat, ein Energiemanagementsystem nach Absatz 3 Satz 1 Nummer 1 Buchstabe a oder ein Umweltmanagementsystem nach Absatz 3 Satz 1 Nummer 1 Buchstabe b einzuführen,

2. für das Antragsjahr 2015, wenn

   a) das Unternehmen nachweist, dass es im Antragsjahr oder früher die Einführung eines Energiemanagementsystems nach Absatz 3 Satz 1 Nummer 1 Buchstabe a abgeschlossen hat, oder wenn das Unternehmen nachweist, dass es im Jahr 2015 oder früher als Organisation nach Artikel 13 der Verordnung (EG) Nr. 1221/2009 registriert worden ist, und

   b) die Voraussetzungen des Absatzes 3 Satz 1 Nummer 2 erfüllt sind.

²Für kleine und mittlere Unternehmen gilt Absatz 3 Satz 2 entsprechend.

(5) ¹Für Unternehmen, die nach dem 31. Dezember 2013 neu gegründet werden, gilt Absatz 4 mit der Maßgabe, dass

1. an die Stelle des Jahres 2013 das Kalenderjahr der Neugründung und an die Stelle der Jahre 2014 und 2015 die beiden auf die Neugründung folgenden Jahre treten sowie

2. ab dem Antragsjahr 2015 die Voraussetzungen des Absatzes 3 Satz 1 Nummer 2 erfüllt sind; Absatz 6 gilt entsprechend.

²Als Zeitpunkt der Neugründung gilt der Zeitpunkt der erstmaligen Betriebsaufnahme. ³Neu gegründete Unternehmen sind nur solche, die nicht durch Umwandlung im Sinn des Umwandlungsgesetzes vom 28. Oktober 1994 (BGBl. I S. 3210; 1995 I S. 428), das zuletzt durch Artikel 2 Absatz 48 des Gesetzes vom 22. Dezember 2011 (BGBl. I S. 3044) geändert worden ist, in der jeweils geltenden Fassung entstanden sind.

(6) ¹Stellt die Bundesregierung fest, dass der nach der Anlage zu § 10 für das Antragsjahr vorgesehene Zielwert für eine Reduzierung der Energieintensität nicht erreicht wurde, erhalten die Unternehmen die Steuerentlastung abweichend von Absatz 3 Satz 1 Nummer 2 Buchstabe a

1. zu 60 Prozent, wenn die Bundesregierung festgestellt hat, dass der nach der Anlage zu § 10 vorgesehene Zielwert für eine Reduzierung der Energieintensität mindestens zu 92 Prozent erreicht wurde,

2. zu 80 Prozent, wenn die Bundesregierung festgestellt hat, dass der nach der Anlage zu § 10 vorgesehene Zielwert für eine Reduzierung der Energieintensität mindestens zu 96 Prozent erreicht wurde.

²Die Feststellung, ob die Voraussetzungen nach Satz 1 Nummer 1 oder Nummer 2 vorliegen, erfolgt im Rahmen der Bekanntmachung der Bundesregierung nach Absatz 3 Satz 1 Nummer 2 Buchstabe b.

(7) Der Nachweis nach Absatz 3 Satz 1 Nummer 1 Buchstabe a sowie nach Absatz 4 Satz 1 Nummer 1 und 2 Buchstabe a erste Alternative ist von den Unternehmen zu erbringen durch

1. Umweltgutachter oder Umweltgutachterorganisationen, die nach dem Umweltauditgesetz in der Fassung der Bekanntmachung vom 4. September 2002 (BGBl. I S. 3490), das zuletzt durch Artikel 1 des Gesetzes vom 6. Dezember 2011 (BGBl. I S. 2509) geändert worden ist, in der jeweils geltenden Fassung als Umweltgutachter tätig werden dürfen, in ihrem jeweiligen Zulassungsbereich, oder

2. Konformitätsbewertungsstellen, die von der nationalen Akkreditierungsstelle für die Zertifizierung von Energiemanagementsystemen nach der DIN EN ISO 50001 akkreditiert sind.

(8) ¹Der Erlass, die Erstattung oder die Vergütung der Steuer wird gewährt nach Maßgabe und bis zum Auslaufen der hierfür erforderlichen beihilferechtlichen Genehmigung der Europäischen Kommission oder der hierfür erforderlichen Freistellungsanzeige bei der Europäischen Kommission nach der Verordnung (EG) Nr. 800/2008 der Kommission vom 6. August 2008 zur Erklärung der Vereinbarkeit bestimmter Gruppen von Beihilfen mit dem Gemeinsamen Markt in Anwendung der Artikel 87 und 88 EG-Vertrag (allgemeine Gruppenfreistellungsverordnung; ABl. L 214 vom 9.8.2008, S. 3) in der jeweils geltenden Fassung. ²Das Auslaufen der Genehmigung oder der Freistellungsanzeige wird vom Bundesministerium der Finanzen im Bundesgesetzblatt gesondert bekannt gegeben.

(9) DIN-, DIN EN- und DIN EN ISO-Normen, auf die in diesem Gesetz verwiesen wird, sind in der Beuth Verlag GmbH, Berlin, erschienen und bei der Nationalbibliothek archivmäßig gesichert niedergelegt.

## Stromsteuer-Durchführungsverordnung

### Zu § 10 des Gesetzes

**§ 18[1) Begriffsbestimmungen zu § 10 des Gesetzes**

*(1) Als akkreditierte Konformitätsbewertungsstelle im Sinn des § 10 Absatz 7 Nummer 2 des Gesetzes gelten Stellen, die Konformitätsbewertungen einschließlich Kalibrierungen, Prüfungen, Zertifizierungen und Inspektionen durchführen und über eine Akkreditierung einer nationalen Akkreditierungsstelle nach Artikel 4 Absatz 1 der Verordnung (EG) Nr. 765/2008 des Europäischen Parlaments und des Rates vom 9. Juli 2008 über die Vorschriften für die Akkreditierung und Marktüberwachung im Zusammenhang mit der Vermarktung von Produkten und zur Aufhebung der Verordnung (EWG) Nr. 339/93 des Rates (ABl. L 218 vom 13. 8. 2008, S. 30) in der jeweils geltenden Fassung verfügen.*

*(2) Als nationale Akkreditierungsstelle im Sinn des § 10 Absatz 7 Nummer 2 des Gesetzes gelten folgende Stellen:*

1. *die nach § 8 des Akkreditierungsstellengesetzes vom 31. Juli 2009 (BGBl. I S. 2625), das durch Artikel 2 Absatz 80 des Gesetzes vom 22. Dezember 2011 (BGBl. I S. 3044) geändert worden ist, in der jeweils geltenden Fassung beliehene oder errichtete Stelle und*
2. *jede andere von einem Mitgliedstaat der Europäischen Union oder einem Staat des Europäischen Wirtschaftsraums nach Artikel 4 Absatz 1 der Verordnung (EG) Nr. 765/2008 als nationale Akkreditierungsstelle benannte Stelle.*

*(3) Zulassungsstelle nach § 28 des Umweltauditgesetzes im Sinn des § 12 Absatz 1 des Gesetzes ist die nach § 1 der UAG-Beleihungsverordnung vom 18. Dezember 1995 (BGBl. I S. 2013), die zuletzt durch Artikel 1 der Verordnung vom 13. Dezember 2011 (BGBl. I S. 2727) geändert worden ist, in der jeweils geltenden Fassung mit den Aufgaben einer Zulassungs- und Aufsichtsstelle für Umweltgutachter und Umweltgutachterorganisationen jeweils beliehene Stelle.*

**§ 19 Erlass, Erstattung oder Vergütung der Steuer in Sonderfällen**

*(1) Der Erlass, die Erstattung oder die Vergütung der Steuer nach § 10 des Gesetzes ist bei dem für den Antragsteller zuständigen Hauptzollamt nach amtlich vorgeschriebenem Vordruck für den Strom zu beantragen, der innerhalb eines Kalenderjahres (Abrechnungszeitraum) entnommen worden ist. Die Steuerentlastung wird nur gewährt, wenn der Antrag spätestens bis zum 31. Dezember des Jahres, das auf das Kalenderjahr folgt, in dem der Strom entnommen worden ist, beim Hauptzollamt gestellt wird. Erfolgt die Festsetzung der Steuer erst, nachdem der Strom entnommen worden ist, wird abweichend von Satz 2 die Steuerentlastung gewährt, wenn der Antrag spätestens bis zum 31. Dezember des Jahres gestellt wird, das auf das Kalenderjahr folgt, in dem die Steuer festgesetzt worden ist.*

*(2) Bestimmt sich der maßgebende Zeitraum für die Zuordnung des Unternehmens zum Produzierenden Gewerbe nach § 15 Absatz 3 Satz 1, kann das Hauptzollamt unbeschadet des § 6 Abs. 2 auf Antrag einen vorläufigen Erlass-, Erstattungs- oder Vergütungszeitraum von einem Kalendermonat, einem Kalendervierteljahr oder einem Kalenderhalbjahr (vorläufiger Abrechnungszeitraum) zulassen und die Steuer für innerhalb eines vorläufigen Abrechnungszeitraumes entnommenen Strom erlassen, erstatten oder vergüten. Zur Errechnung der Höhe des Erlasses, der Erstattung oder der Vergütung ist § 10 des Gesetzes sinngemäß auf den vorläufigen Abrechnungszeitraum anzuwenden. Die Steuer wird nur dann nach Satz 1 erlassen, erstattet oder vergütet, wenn*

---

1) § 18 eingef. mWv 1. 8. 2013 durch VO v. 24. 7. 2013 (BGBl. I S. 2763).

1. die Steuer nach § 10 Absatz 1 Satz 1 bis 4 des Gesetzes bereits im ersten vorläufigen Abrechnungszeitraum im Kalenderjahr den Unterschiedsbetrag in der Rentenversicherung (§ 10 Absatz 2 Satz 1 Nummer 1 und 2 des Gesetzes) für diesen Zeitraum übersteigt,
2. der Antragsteller den nach § 10 Absatz 3 Satz 1 Nummer 1 oder Absatz 4 des Gesetzes erforderlichen Nachweis bereits erbracht hat und
3. die nach § 10 Absatz 3 Satz 1 Nummer 2 Buchstabe b des Gesetzes erforderliche Bekanntmachung der Bundesregierung bereits erfolgt ist.

(3) Wurde die voraussichtlich zu erlassende, zu erstattende oder zu vergütende Steuer bei der Berechnung der Höhe der Vorauszahlungen nach § 6 Abs. 2 berücksichtigt oder die Steuer für innerhalb eines vorläufigen Abrechnungszeitraumes entnommenen Strom nach Absatz 2 erlassen, erstattet oder vergütet, hat der Antragsteller einen zusammenfassenden Antrag nach Absatz 1 für das Kalenderjahr bis zum 31. Juli des folgenden Kalenderjahres abzugeben. Wird der zusammenfassende Antrag nicht oder nicht rechtzeitig abgegeben, fordert das Hauptzollamt die nach Absatz 2 erlassene, erstattete oder vergütete Steuer zurück.

(4) § 17b Absatz 3 bis 6 und § 17c gelten entsprechend. Sofern der Antragsteller Betreiber eines alternativen Systems zur Verbesserung der Energieeffizienz gemäß der Verordnung zu § 12 des Gesetzes ist, hat er dem Antrag nach Absatz 1 eine Selbsterklärung nach amtlich vorgeschriebenem Vordruck beizufügen, aus der hervorgeht, dass das Unternehmen im Antragsjahr die Voraussetzungen der Definition für kleine und mittlere Unternehmen im Sinn des § 10 Absatz 3 Satz 2 des Gesetzes erfüllt hat.

(5) Wurde das Unternehmen nach dem 31. Dezember 2013 neu gegründet (§ 10 Absatz 5 des Gesetzes), hat es die Art der Neugründung und den Zeitpunkt der Betriebsaufnahme durch geeignete Unterlagen nachzuweisen.

**Schlussbestimmungen**

**§ 21**[1]) **Übergangsregelung**

Für Anträge auf eine Steuerentlastung nach § 10 des Gesetzes in der am 31. Dezember 2012 geltenden Fassung ist § 18 in der zu diesem Zeitpunkt geltenden Fassung weiter anzuwenden.

### Verwaltungsregelungen zu § 10 StromStG

| Datum | Anlage | Quelle | Inhalt |
|---|---|---|---|
| Ausg. 12/2011 | § 055-01 | DIN | Energiemanagementsystem DIN EN ISO 50001:2011 |
| Ausg. 10/2012 | § 055-02 | DIN | Energiemanagementsystem DIN EN 16247-1:2012 |
| 06.05.2003 | § 055-03 | EU | Empfehlung der Kommission betreffend die Definition der Kleinstunternehmen sowie der kleinen und mittleren Unternehmen |
| 25.11.2009 | § 055-04 | EU | Verordnung (EG) Nr. 1221/2009 des Europäischen Parlaments und des Rates vom 25. November 2009 über die freiwillige Teilnahme von Organisationen an einem Gemeinschaftssystem für Umweltmanagement und Umweltbetriebsprüfung und zur Aufhebung der Verordnung (EG) Nr. 761/2001, sowie der Beschlüsse der Kommission 2001/681/EG und 2006/193/EG |
| 04.09.2002 | § 055-05 | EU | Gesetz zur Ausführung der Verordnung (EG) Nr.1221/ 2009 des Europäischen Parlaments und des Rates vom 25. November 2009 über die freiwilligeTeilnahme von Organisationen an einem Gemeinschaftssystem für Umweltmanagement und Umweltbetriebsprüfung und zur Aufhebungder Verordnung (EG) Nr. 761/2001, sowie der Beschlüsse der Kommission 2001/681EG und 2006/193/EG (Umweltauditgesetz – UAG) |
| 2012 | § 055-06 | BRD | Vereinbarung zwischen der Regierung der Bundesrepublik Deutschland und der deutschen Wirtschaft zur Steigerung der Energieeffizienz |

---

1) Zwischenüberschr. und § 21 angef. mWv 1. 8. 2013 durch VO v. 24. 7. 2013 (BGBl. I S. 2763).

## § 10

| Datum | Anlage | Quelle | Inhalt |
|---|---|---|---|
| 2013/2014 | § 055-07 | EU | Verordnung über Systeme zur Verbesserung der Energieeffizienz im Zusammenhang mit der Entlastung von der Energie- und der Stromsteuer in Sonderfällen (Spitzenausgleich-Effizienzsystemverordnung – SpaEfV) |
| 20.10.2014 | § 055-08 | BMWi | Schreiben des Bundesministeriums für Wirtschaft und Energie vom 20.10.2014 |
| 31.03.2014 | § 055-09 | BMWi | Schreiben des Bundesministeriums für Wirtschaft und Energie vom 31.03.2014 |
| 27.09.2013 | § 055-10 | BMWi | Schreiben des Bundesministeriums für Wirtschaft und Technologie vom 27.09.2013 |

### Rechtsprechungsauswahl zu § 10 StromStG

**BFH vom 14.11.2013; VII-B-170/13; BFH/NV-2014-0387:** Keine Stromsteuerentlastung für die Herstellung von Trockenstabilat

Es bestehen keine ernsthaften Zweifel, dass ein Unternehmen, das aus Haus- und Gewerbemüll Trockenstabilat herstellt, um es zur Nutzung als Ersatzbrennstoff an industrielle Abnehmer zu verkaufen, in die Klasse 90.02 (Abfallbeseitigung) der Klassifikation der Wirtschaftszweige 2003 einzuordnen ist. Damit liegt kein begünstigtes Unternehmen des Produzierenden Gewerbes i.S. des § 10 Abs. 1 i.V.m. § 2 Nr. 2a und 3 StromStG 2009 vor.

**BFH vom 19.03.2013, VII-R-57/11, BFH/NV-2013-1039:** Maßgeblichkeit des Referenzjahrs 1998 bei der Berechnung des nach § 10 StromStG a.f. zu gewährenden Spitzenausgleichs

Die Gewährung des Spitzenausgleichs nach § 10 Abs. 2 StromStG a.f. setzt nicht voraus, dass das begünstigte Unternehmen, das im Antragsjahr alle Voraussetzungen nach § 10 Abs. 1 StromStG a.f. erfüllt, bereits im Jahr 1998 als Unternehmen des Produzierenden Gewerbes tätig gewesen ist.

Für Unternehmen, die vor dem 1. Januar 1998 gegründet worden sind, ist bei der Berechnung des Spitzenausgleichs und der Ermittlung der Arbeitgeberanteile an den Rentenversicherungsbeiträgen nach § 10 Abs. 2 StromStG a.f. selbst dann auf die Arbeitnehmerzahl im Referenzjahr 1998 abzustellen, wenn diese im Antragsjahr infolge einer gesellschaftsrechtlichen Umstrukturierung erheblich höher sein sollte.

**BFH vom 12.05.2009, VII-R-5/08, BFH/NV-2009-1602, HFR-2010-0004:** Keine Wiedereinsetzung in den vorigen Stand bei Versäumung der in § 18 Abs. 1 StromStV normierten Antragsfrist

Fällt der Ablauf der Frist für die Beantragung einer Steuervergütung mit dem Ablauf der Festsetzungsfrist zusammen und wird ein entsprechender Antrag erst nach Ablauf der Festsetzungsfrist und damit nach dem Erlöschen des Vergütungsanspruchs gestellt, kommt eine Wiedereinsetzung in den vorigen Stand nach § 110 Abs. 1 AO mit der Folge einer rückwirkenden Ablaufhemmung nach § 171 Abs. 3 AO nicht in Betracht.

Die Normierung nicht wiedereinsetzungsfähiger Festsetzungsfristen begegnet keinen verfassungsrechtlichen Bedenken.

Einem Industrieunternehmen, das zur Optimierung des Energiesektors einen Mitarbeiter in leitender Position eingesetzt hat, ist zuzumuten, sich über die Voraussetzungen von strom- und mineralölsteuerrechtlichen Entlastungsmöglichkeiten selbst zu informieren, so dass dem HZA im Rahmen der Bearbeitung von Entlastungsanträgen keine besondere Hinweis- oder Fürsorgepflicht obliegt.

Zur Erlangung eines Billigkeitserweises nach § 163 Satz 1 AO sind die besonderen Umstände der behaupteten Existenzgefährdung substantiiert darzulegen. Hierzu reichen allgemeine Hinweise auf gestiegene Kosten, eine angespannte Liquiditätslage, eine Reduzierung der Kontokorrentlinie und auf eine rückläufige Produktion nicht aus.

**FG Hamburg vom 24.10.2013, 4-K-137/12 – Revision eingelegt (BFH VII R 57/13):** Stromsteuerentlastung nach § 10 StromStG

Zur Frage, wem Stromverbräuche in einem Lager zuzurechnen sind, das im Eigentum eines Unternehmens des produzierenden Gewerbes steht, aber von einem anderen Unternehmen betrieben wird, dem insbesondere die Einlagerung, das Lagern und die Auslagerung der Produkte überlassen wurde. Entscheidend ist, ob das das Lager betreibende Unternehmen als kleinste rechtlich selbständige Einheit i. S. v. § 2 Nr. 4 StromStG anzusehen ist. Das wiederum hängt davon ab, ob es unter Würdigung der Gesamtumstände in der Lage ist, Unternehmerinitiative zu entfalten und inwiefern es Unternehmerrisiko trägt.

# § 10

**FG Hamburg vom 24.03.2013; 4-K-137/12; Revision eingelegt (BFH VII R 57/13):** Stromsteuerentlastung nach § 10 StromStG

Zur Frage, wem Stromverbräuche in einem Lager zuzurechnen sind, das im Eigentum eines Unternehmens des produzierenden Gewerbes steht, aber von einem anderen Unternehmen betrieben wird, dem insbesondere die Einlagerung, das Lagern und die Auslagerung der Produkte überlassen wurde. Entscheidend ist, ob das das Lager betreibende Unternehmen als kleinste rechtlich selbständige Einheit i. S. v. § 2 Nr. 4 StromStG anzusehen ist. Das wiederum hängt davon ab, ob es unter Würdigung der Gesamtumstände in der Lage ist, Unternehmerinitiative zu entfalten und inwiefern es Unternehmerrisiko trägt.

**FG Hamburg vom 08.06.2012, 4-K-104/11:** Leichtfertigkeit einer Stromsteuerverkürzung

Zu den Voraussetzungen an die Leichtfertigkeit einer Steuerverkürzung.

Ein Antrag nach § 9a StromStG kann nicht in einen Antrag nach § 10 StromStG umgedeutet werden.

**Thüringer FG vom 29.03.2012, 2-K-667/10, DStRE-2012-1542 – rechtkräftig:** Batterieformation als Elektrolyse nach § 9a Abs. 1 Nr. 1 StromStG

Die Entlastung nach § 10 StromStG stellt kein wesensverschiedenes Aliud zu einer Entlastung nach § 9a Abs. 1 StromStG dar.

Die Durchführung einer Batterieformation mittels Elektrolyse, wobei an der positiven Elektrode Bleioxyd zu Bleidioxyd oxidiert und an der negativen Elektrode Bleioxyd zu fein verteiltem, porösem Blei (sog. Bleischwamm) reduziert wird, ist nach § 9a Abs. 1 Nr. 1 StromStG begünstigt, wenn sie untrennbar zum Herstellungsprozess der Batterie gehört.

**FG Hamburg vom 05.10.2009, 4-K-154/09 – rechtskräftig:** Begriff „für eigene Zwecke" in § 10 StromStG – schriftliche Mitteilung eines Außenprüfers als verjährungshemmende Prüfungshandlung

Einzelfallentscheidung zu den Fragen, ob der von einem Unternehmen des produzierenden Gewerbes zur Steuervergütung angemeldeter Strom im Sinne des § 10 Abs. 1 Satz 1 StromStG für eigene betriebliche Zwecke verwendet wurde bzw. ob eine bestimmte Anlage als Betriebsstätte oder als Unternehmen des Produzierenden Gewerbes anzusehen ist.

Einzelfallentscheidung zu der Frage, ob eine bestimmte Mitteilung eines Außenprüfers als verjährungshemmende Prüfungshandlung anzusehen ist.

**FG Düsseldorf vom 04.03.2009, 4-K-2262/08-VSt – rechtskräftig:** Voraussetzungen der Rückforderung einer Vergütung nach § 10 StromStG

Bei der Berechnung der Steuervergütung nach § 10 Abs. 2 StromStG ist auch der Entlastungsbetrag in der Rentenversicherung für die den Tochterunternehmen eines Energieversorgungsunternehmens überlassenen Arbeitnehmern von der gezahlten Stromsteuer abzuziehen.

Dies gilt wegen der hiervon unberührten Arbeitgeberstellung auch, wenn sämtliche mit der Personalüberlassung in Zusammenhang stehenden Kosten erstattet werden und die betroffenen Arbeitnehmer nur den Weisungen der Tochterunternehmen unterworfen sind.

§ 15 Abs. 5 Satz 2 Nr. 4 StromStV kann nicht für die Auslegung des § 10 StromStG herangezogen werden.

**FG Hamburg vom 06.06.2008, 4-V-34/08 – rechtskräftig:** Keine Berücksichtigung von Steuervergünstigungen nach § 9 Abs. 3 und § 10 Abs. 1 StromStG für verpachtete Tankstellen

Verpachtet ein Mineralölunternehmen von ihm errichtete Tankstellen an einen Tankstellenbetreiber, der auf Provisionsbasis u. a. Mineralölprodukte veräußert, ist die Tankstelle als kleinste rechtlich selbständige Einheit Unternehmen im Sinne von § 2 Nr. 4 StromStG. Seitens der Tankstelle entnommene Strommengen sind dann nicht als von dem Mineralölunternehmen als Unternehmen des produzierenden Gewerbes für betriebliche Zwecke im Sinne der Steuerbegünstigungsvorschriften § 9 Abs. 3 und § 10 Abs. 1 StromStG entnommen anzusehen.

## § 11

**§ 11**[1)] **Ermächtigungen**

¹Das Bundesministerium der Finanzen wird ermächtigt, zur Durchführung dieses Gesetzes durch Rechtsverordnung[2)]

1. die nach § 1 Abs. 2 anzuwendende Fassung der Kombinierten Nomenklatur neu zu bestimmen und den Wortlaut dieses Gesetzes sowie der Durchführungsverordnungen an die geänderte Nomenklatur anzupassen, soweit sich hieraus steuerliche Änderungen nicht ergeben;

2. zur Steuervereinfachung vorzusehen, dass derjenige, der Strom an seine Mieter, Pächter oder vergleichbare Vertragspartner leistet, nicht als Versorger gilt;

3. zur Sicherung des Steueraufkommens und zur Verfahrensvereinfachung den Begriff des Versorgers abweichend von § 2 Nr. 1 zu bestimmen;

4. die Zuordnung von Unternehmen zu einem Abschnitt oder einer Klasse der Klassifikation der Wirtschaftszweige zu regeln (§ 2 Nr. 3 und 5);

5. zur Sicherung des Steueraufkommens und der Gleichmäßigkeit der Besteuerung das Erlaubnisverfahren nach § 4 einschließlich des Verfahrens der Sicherheitsleistung näher zu regeln;

6. zur Verfahrensvereinfachung vorzusehen, dass Versorger Strom als Letztverbraucher im Sinne von § 5 Abs. 1 Satz 1 beziehen können, und die dafür erforderlichen Bestimmungen zu erlassen;

7. Verfahrensvorschriften zu § 8 zu erlassen, insbesondere zur Steueranmeldung, zur Berechnung und Entrichtung der Steuer sowie zur Berechnung und Festsetzung der monatlichen Vorauszahlungen;

8. zur Sicherung der Gleichmäßigkeit der Besteuerung, zur Verfahrensvereinfachung und zur Vermeidung unangemessener wirtschaftlicher Belastungen Bestimmungen zu § 9 zu erlassen und dabei insbesondere

   a) die Voraussetzungen für die steuerbegünstigte Entnahme von Strom einschließlich der Begriffe näher zu bestimmen sowie das Erlaubnisverfahren zu regeln und die Erlaubnis allgemein zu erteilen. ²Dabei kann es anordnen, dass die Steuer in Person des Erlaubnisinhabers entsteht, wenn die Voraussetzungen der Steuerbegünstigung nicht oder nicht mehr vorliegen, und das erforderliche Verfahren regeln;

   b) statt der Steuerbegünstigung eine Steuerentlastung durch Erlass, Erstattung oder Vergütung der Steuer anzuordnen und das dafür erforderliche Verfahren regeln. ²Dabei kann es anordnen, dass der Anspruch auf Erlass, Erstattung oder Vergütung der Steuer innerhalb bestimmter Fristen geltend zu machen ist;

   c) vorzusehen, dass Inhaber von Erlaubnissen zur steuerbegünstigten Entnahme von Strom, die Strom auch zu anderen Zwecken entnehmen oder Strom sowohl entnehmen als auch an Dritte leisten, auf Antrag den zu anderen Zwecken entnommenen oder den an Dritte geleisteten Strom mit dem Unterschiedsbetrag zwischen den jeweiligen Steuersätzen versteuern können; dabei kann es die dafür erforderlichen Bestimmungen erlassen;

9. zur Sicherung der Gleichmäßigkeit der Besteuerung auf das Erfordernis der Ausschließlichkeit in § 2 Nr. 7 bei aus Deponie-, Klärgas oder Biomasse erzeugtem Strom zu verzichten, wenn die Zuführung anderer Energieträger technisch zwingend erforderlich ist. ²Dabei kann es bestimmen, dass der aus den zugeführten anderen Energieträgern erzeugte Strom nicht steuerfrei nach § 9 Abs. 1 Nr. 1 entnommen werden kann und Regelungen zur Ermittlung und zum Verfahren des Nachweises des aus den anderen Energieträgern erzeugten Stroms erlassen;

---

1) § 11 neu gef. mWv 20.7.2006 durch G v. 15.7.2006 (BGBl. I S. 1534); Nr. 10 geänd. mWv 1.1.2011 durch G v. 9.12.2010 (BGBl. I S. 1885).
2) Siehe Stromsteuer-Durchführungsverordnung.

10. zur Sicherung des Steueraufkommens und der Gleichmäßigkeit der Besteuerung die Voraussetzungen für die Steuerentlastungen nach den §§ 9a bis 10 einschließlich der Begriffe näher zu bestimmen und das Verfahren der Steuerentlastung zu regeln sowie Vorschriften über Angaben und Nachweise zu erlassen, die zum Zwecke der Steuerentlastung erforderlich sind. ²Dabei kann es zur Verwaltungsvereinfachung anordnen, dass der Anspruch auf Erlass, Erstattung oder Vergütung der Steuer innerhalb bestimmter Fristen geltend zu machen ist;

11. zur Sicherung des Steueraufkommens und der Gleichmäßigkeit der Besteuerung Regelungen zur Ermittlung der steuerrelevanten Strommengen zu erlassen und dabei aus Vereinfachungsgründen Mengenschätzungen durch den Steuerpflichtigen zuzulassen, soweit eine genaue Ermittlung nur mit unvertretbarem Aufwand möglich ist;

12. Bestimmungen zu erlassen zur Umsetzung der Steuerbefreiungen nach

   a) Artikel XI des Abkommens vom 19. Juni 1951 zwischen den Parteien des Nordatlantikvertrages über die Rechtsstellung ihrer Truppen (BGBl. 1961 II S. 1183, 1190) in der jeweils geltenden Fassung und den Artikeln 65 bis 67 des Zusatzabkommens vom 3. August 1959 zu dem Abkommen vom 19. Juni 1951 zwischen den Parteien des Nordatlantikvertrages über die Rechtsstellung ihrer Truppen hinsichtlich der in der Bundesrepublik Deutschland stationierten ausländischen Truppen (BGBl. 1961 II S. 1183, 1218) in der jeweils geltenden Fassung,

   b) Artikel 15 des Abkommens vom 13. März 1967 zwischen der Bundesrepublik Deutschland und dem Obersten Hauptquartier der Alliierten Mächte, Europa, über die besonderen Bedingungen für die Einrichtung und den Betrieb internationaler militärischer Hauptquartiere in der Bundesrepublik Deutschland (BGBl. 1969 II S. 1997, 2009) in der jeweils geltenden Fassung und

   c) den Artikeln III bis V des Abkommens zwischen der Bundesrepublik Deutschland und den Vereinigten Staaten von Amerika vom 15. Oktober 1954 über die von der Bundesrepublik zu gewährenden Abgabenvergünstigungen für die von den Vereinigten Staaten im Interesse der gemeinsamen Verteidigung geleisteten Ausgaben (BGBl. 1955 II S. 821, 823) in der jeweils geltenden Fassung.

²Dabei kann es anordnen, dass bei einem Missbrauch für alle daran Beteiligten die Steuer entsteht.

*Stromsteuer-Durchführungsverordnung*

*Zu § 11 des Gesetzes*

**§ 20 Ordnungswidrigkeiten**

*Ordnungswidrig im Sinn des § 381 Absatz 1 Nummer 1 der Abgabenordnung handelt, wer vorsätzlich oder leichtfertig*

1. *entgegen § 4 Absatz 2 Satz 1, auch in Verbindung mit § 4 Absatz 7 oder § 13a Absatz 3 Satz 2, entgegen § 11 Absatz 2 Satz 1 oder entgegen § 17c Absatz 4 Satz 1, auch in Verbindung mit § 18 Absatz 4, eine Aufzeichnung nicht, nicht richtig oder nicht vollständig führt,*
2. *entgegen § 4 Absatz 4, auch in Verbindung mit § Absatz 7 oder § 13a Absatz 3 Satz 2, entgegen § 4 Absatz 5 Satz 2, entgegen § 11 Absatz 4 oder entgegen § 11 Absatz 5 Satz 2 eine Anzeige nicht, nicht richtig, nicht vollständig, nicht in der vorgeschriebenen Weise oder nicht rechtzeitig erstattet,*
3. *entgegen § 4 Absatz 5 Satz 1 oder entgegen § 11 Absatz 5 Satz 1 einen Erlaubnisschein nicht oder nicht rechtzeitig zurückgibt,*
4. *entgegen § 4 Absatz 6 eine Anmeldung nicht, nicht richtig oder nicht rechtzeitig abgibt oder*
5. *entgegen § 17c Absatz 2 Satz 1, auch in Verbindung mit § 19 Absatz 4 Satz 1, oder entgegen § 19 Absatz 4 Satz 2 eine Selbsterklärung nicht richtig oder nicht vollständig abgibt.*

# § 12

**§ 12**[1]  **Ermächtigung zu § 10 Absatz 3, 4 und 7**

(1) Das Bundesministerium für Wirtschaft und Technologie wird ermächtigt, im Einvernehmen mit dem Bundesministerium der Finanzen und dem Bundesministerium für Umwelt, Naturschutz und Reaktorsicherheit durch Rechtsverordnung ohne Zustimmung des Bundesrates durch das Bundesamt für Wirtschaft und Ausfuhrkontrolle, die nationale Akkreditierungsstelle und die Zulassungsstelle nach § 28 des Umweltauditgesetzes zu vollziehende Bestimmungen zu § 10 Absatz 3, 4 und 7 zu erlassen.

(2) Durch Rechtsverordnung nach Absatz 1 kann geregelt werden,

1. dass kleine und mittlere Unternehmen auch andere alternative Systeme mit festgelegten Komponenten zur Verbesserung der Energieeffizienz als die in § 10 Absatz 3 Satz 2 genannten alternativen Systeme betreiben können,
2. welche bereits normierten oder anderweitig konkretisierten Systeme als Systeme im Sinn der Nummer 1 betrieben werden können,
3. welche Anforderungen an die inhaltliche Ausgestaltung von noch nicht normierten oder anderweitig konkretisierten Systemen nach Nummer 1 gestellt werden mit der Maßgabe, dass eine Anerkennung dieser Systeme oder der standardisierten Vorgaben für solche Systeme durch eine der in Absatz 1 genannten Stellen erfolgen muss, und
4. wie die Einhaltung der Anforderungen des § 10 Absatz 3 Satz 1 Nummer 1 und Absatz 4 Satz 1 Nummer 1 und 2 Buchstabe a und gegebenenfalls die Einhaltung der Anforderungen der Rechtsverordnung nach den Nummern 1 bis 3 durch die Stellen nach § 10 Absatz 7 nachzuweisen ist.

(3) Regelungen nach Absatz 2 Nummer 4 umfassen insbesondere

1. Vorgaben für die Nachweisführung durch die in § 10 Absatz 7 genannten Stellen,
2. die Anforderungen an die Akkreditierung oder Zulassung der in § 10 Absatz 7 genannten Stellen und Bestimmungen zu ihrer Überwachung einschließlich erforderlicher Auskunfts-, Einsichts- und Weisungsrechte, soweit sie nicht von den bestehenden Akkreditierungs- und Zulassungsregelungen erfasst sind, sowie
3. die Befugnisse der in § 10 Absatz 7 genannten Stellen, während der Betriebszeit Geschäfts-, Betriebs- und Lagerräume sowie Transportmittel zu betreten, soweit dies für die Überwachung oder Kontrolle erforderlich ist.

---

1) § 12 eingef. mWv 1.1.2013 durch G v. 5.12.2012 (BGBl. I S. 2436).

## § 13

**§ 13**[1]  **Erlass von Rechtsverordnungen, Verwaltungsvorschriften**

(1) Rechtsverordnungen, die auf Grund der in diesem Gesetz enthaltenen Ermächtigungen erlassen werden, bedürfen nicht der Zustimmung des Bundesrates.

(2) Das Bundesministerium für Wirtschaft und Technologie und das Bundesministerium für Umwelt, Naturschutz und Reaktorsicherheit erlassen im Einvernehmen mit dem Bundesministerium der Finanzen die allgemeinen Verwaltungsvorschriften, die sich an die Stellen nach § 10 Absatz 7 richten, zur Durchführung von Rechtsverordnungen nach § 12.

---

1) Bish. § 12 wird § 13 und Abs. 2 neu gef. mWv 1.1.2013 durch G v. 5.12.2012 (BGBl. I S. 2436).

## § 14

§ 14 Anwendungsvorschriften

(1) Nach § 9 Absatz 4 in Verbindung mit § 9 Absatz 3 dieses Gesetzes in der am 31. Dezember 2010 geltenden Fassung erteilte Erlaubnisse und den Inhabern dieser Erlaubnisse erteilte Zulassungen nach § 16 Absatz 1 der Stromsteuer-Durchführungsverordnung in der am 31. Dezember 2010 geltenden Fassung erlöschen mit Ablauf des 31. Dezember 2010.

(2) § 10 in der am 31. Dezember 2012 geltenden Fassung gilt fort für Strom, der bis zum 31. Dezember 2012 entnommen worden ist.

# § 6

## Energierecht

### Kapitel 1 Energiewirtschaft

#### Energiewirtschaftsgesetz

**§ 6**[1)] **Anwendungsbereich und Ziel der Entflechtung**

(1) ¹Vertikal integrierte Energieversorgungsunternehmen und rechtlich selbstständige Betreiber von Elektrizitäts- und Gasversorgungsnetzen, die im Sinne des § 3 Nummer 38 mit einem vertikal integrierten Energieversorgungsunternehmen verbunden sind, sind zur Gewährleistung von Transparenz sowie diskriminierungsfreier Ausgestaltung und Abwicklung des Netzbetriebs verpflichtet. ²Um dieses Ziel zu erreichen, müssen sie die Unabhängigkeit der Netzbetreiber von anderen Tätigkeitsbereichen der Energieversorgung nach den §§ 6a bis 10e sicherstellen. ³Die §§ 9 bis 10e sind nur auf solche Transportnetze anwendbar, die am 3. September 2009 im Eigentum eines vertikal integrierten Unternehmens standen.

(2) ¹Die in engem wirtschaftlichem Zusammenhang mit der rechtlichen und operationellen Entflechtung eines Verteilnetzes, eines Transportnetzes oder eines Betreibers von Speicheranlagen nach § 7 Absatz 1 und §§ 7a bis 10e übertragenen Wirtschaftsgüter gelten als Teilbetrieb im Sinne der §§ 15, 16, 18, 20 und 24 des Umwandlungssteuergesetzes. ²Satz 1 gilt nur für diejenigen Wirtschaftsgüter, die unmittelbar auf Grund des Organisationsakts der Entflechtung übertragen werden. ³Für die Anwendung des § 15 Absatz 1 Satz 1 des Umwandlungssteuergesetzes gilt auch das Vermögen als zu einem Teilbetrieb gehörend, das der übertragenden Körperschaft im Rahmen des Organisationsakts der Entflechtung verbleibt. ⁴§ 15 Absatz 2 und § 22 des Umwandlungssteuergesetzes, § 34 Absatz 7a des Körperschaftsteuergesetzes sowie § 6 Absatz 3 Satz 2 und Absatz 5 Satz 4 bis 6 sowie § 16 Absatz 3 Satz 3 und 4 des Einkommensteuergesetzes sind auf Maßnahmen nach Satz 1 nicht anzuwenden, sofern diese Maßnahme von Transportnetzbetreibern im Sinne des § 3 Nummer 31c oder Betreibern von Speicheranlagen bis zum 3. März 2012 ergriffen worden sind. ⁵Satz 4 gilt bezüglich des § 22 des Umwandlungssteuergesetzes und der in § 34 Absatz 7a des Körperschaftsteuergesetzes genannten Fälle nur für solche mit der siebenjährigen Sperrfrist behafteten Anteile, die zu Beginn der rechtlichen oder operationellen Entflechtung bereits bestanden haben und deren Veräußerung unmittelbar auf Grund des Organisationsakts der Entflechtung erforderlich ist. ⁶Für den Erwerber der Anteile gilt Satz 4 nicht und dieser tritt bezüglich der im Zeitpunkt der Veräußerung der Anteile noch laufenden Sperrfrist unter Besitzzeitanrechung[2)] in die Rechtsstellung des Veräußerers ein. ⁷Bei der Prüfung der Frage, ob die Voraussetzungen für die Anwendung der Sätze 1 und 2 vorliegen, leistet die Regulierungsbehörde den Finanzbehörden Amtshilfe (§ 111 der Abgabenordnung).

(3) ¹Erwerbsvorgänge im Sinne des § 1 des Grunderwerbsteuergesetzes, die sich für Verteilernetzbetreiber, Transportnetzbetreiber oder Betreiber von Speicheranlagen aus der rechtlichen oder operationellen Entflechtung nach § 7 Absatz 1 und den §§ 7a bis 10e ergeben, sind von der Grunderwerbsteuer befreit. ²Absatz 2 Satz 4 und 7 gelten entsprechend.

(4) Die Absätze 2 und 3 gelten nicht für diejenigen Unternehmen, die eine rechtliche Entflechtung auf freiwilliger Grundlage vornehmen.

*Rechtsprechungsauswahl*

**BGH vom 20.07.2010, EnZR-24/09:** Bestimmung des angemessenen Stromnetznutzungsentgelts für die Nutzung des durch den Netzbetreiber zur Verfügung gestellten Netzes durch einen Lieferanten; Beweislast des Neztbetreibers zur Darlegung der Kalkulationsgrundlagen seiner Entgeltbestimmung; Verwirkung des Klagerechtes durch illoyale Verzögerung der Klageerhebung; Rechtsnatur eines Vorbehaltes

---

1) § 6 neu gef. mWv 4.8.2011 durch G v. 26.7.2011 (BGBl. I S. 1554); Abs. 2–4 angef. mWv 5. 3. 2013 durch G v. 21.2.2013 (BGBl. I S. 346).
2) Das Wort „Besitzzeitanrechung" müsste richtig „Besitzzeitanrechnung" lauten.

# § 6

**BGH vom 20.07.2010, EnZR-26/09:** Gerichtliche Überprüfung eines Stromnetznutzungsentgelts auf seine Billigkeit bei einem vertraglich gewährten Bestimmungsrecht über die Höhe des Nutzungsentgelts für den Netzbetreiber; Einbeziehung von Netznutzungsentgelten vorgelagerter Netzbetreiber in die gerichtliche Überprüfung einer Billigkeit von Stromnetznutzungsentgelten bei deren Einfluss auf die Entgeltkalkulation des Netzbetreibers; Klagerecht trotz Verzögerung der Klageerhebung und Vorliegen von die verspätete Geltendmachung als Verstoß gegen Treu und Glauben erscheinen lassenden Umständen; Beweispflichtigkeit der ein Stromnetz zur Verfügung stellenden Partei für Billigkeit eines einseitig bestimmten Stromnetznutzungsentgelts

**BGH vom 07.02.2006, KZR 9/05 = Parallelentscheidung zu KZR 8/05 (NJW 2011, S. 215):** Festlegung des Durchleitungsentgelts im Rahmen eines Stromnetznutzungsvertrages

Haben sich die Vertragsparteien eines vor Inkrafttreten des Energiewirtschaftsgesetzes 2005 geschlossenen Stromnetznutzungsvertrages nicht über das vertragliche Durchleitungsentgelt geeinigt, steht dem Netzbetreiber das Recht zu, das Entgelt nach dem durch das Günstigkeitsprinzip und die Bedingungen guter fachlicher Praxis im Sinne des § 6 Abs. 1 EnWG 2003 konkretisierten Maßstab billigen Ermessens zu bestimmen.

**BGH vom 18.10.2005, KZR-36/04 (BGHZ 164, S. 336):** „Stromnetznutzungsentgelt"; Nachprüfung der Bemessung des Stromnetznutzungsentgelts

a) Hat ein Unternehmen dem Betreiber eines Elektrizitätsversorgungsnetzes für die Netznutzung ein Entgelt zu entrichten, das der Netzbetreiber als nach der Verbändevereinbarung Strom II plus ermittelten allgemein geltenden Tarif festgesetzt hat, ist regelmäßig anzunehmen, dass der Netzbetreiber das Entgelt nach billigem Ermessen zu bestimmen hat und die Billigkeit seiner Bestimmung der gerichtlichen Nachprüfung unterliegt.

b) Das Günstigkeitsprinzip und die Bedingungen guter fachlicher Praxis im Sinne des § 6 Abs. 1 EnWG 2003 konkretisieren für den Anwendungsbereich der Vorschrift den nach § 315 BGB zu beachtenden Maßstab billigen Ermessens.

c) Auf Netznutzungsentgelte, die für die Zeit seit dem 1. Januar 2004 zu entrichten sind, findet die an die Einhaltung der Verbändevereinbarung Strom II plus geknüpfte Vermutung der Erfüllung der Bedingungen guter fachlicher Praxis keine Anwendung mehr.

**BGH vom 28.06.2005, KVR-17/04 (NVwZ 2006, S. 853):** Kompetenzen der Kartellbehörde im Rahmen der Preismissbrauchskontrolle für Netznutzungsentgelte; Ermittlung des wettbewerbsanalogen Preises – Stadtwerke Mainz

a) Im Rahmen der Preismißbrauchskontrolle darf die Kartellbehörde eine Mißbrauchsgrenze festlegen, die sämtliche oberhalb dieser Grenze liegenden Preisgestaltungen erfaßt. Das gilt gleichermaßen für eine befristete Anordnung wie für eine unbefristete Verfügung, welche eine dynamische oder eine statische Obergrenze bestimmt.

b) Bei der Feststellung des wettbewerbsanalogen Preises für Netznutzungsentgelte darf die Behörde auch einen Vergleich der Erlöse je Kilometer Leitungslänge anstellen. Das in den Vergleich einbezogene Unternehmen muß nach seiner Größe oder der Struktur seines Netzgebiets nicht auf derselben Stufe wie das kontrollierte Unternehmen stehen. Unter Umständen kann auch die Einbeziehung eines einzigen Vergleichsunternehmens ausreichen.

c) Die Vergleichbarkeit im Einzelfall ist durch Zu- und Abschläge auf die in erster Linie möglichst genau zu ermittelnden und nur hilfsweise zu schätzenden Preise zu ermitteln; ein überwiegend durch geschätzte Zu- und Abschläge ermittelter wettbewerbsanaloger Preis kann keine taugliche Grundlage für eine Mißbrauchsverfügung sein.

d) Eine Preismißbrauchsverfügung darf nur erlassen werden, wenn der ordnungsgemäß ermittelte Vergleichspreis erheblich von dem Preis abweicht, den das betroffene Unternehmen fordert („Erheblichkeitszuschlag").

e) Die Vermutung, daß eine Preisgestaltung nach der Verbändevereinbarung Strom II Plus guter fachlicher Praxis entspricht (§ 6 Abs. 1 EnWG), schließt einen Mißbrauch nach § 19 Abs. 4 GWB nicht aus.

**OLG Saarland vom 06.05.2009, 1-U-Kart-262/08:** Befristung des Klagerechts auf Bestimmung der angemessenen Leistung

1. Die Unbilligkeit einseitig von einer Vertragspartei gem. § 315 Abs. 1 BGB, § 6 Abs. 1 EnWG 1998 vorgenommenen Leistungsbestimmung ist innerhalb angemessener Frist klageweise geltend zu machen. Diese angemessene Frist ist jedenfalls drei Jahre nach Ende des Abrechnungszeitraums verstrichen.

# § 6

2. Darüber hinaus ist das Klagerecht auch verwirkt, wenn das von einer Vertragspartei festgesetzte Entgelt für einen längeren Zeitraum zwar unter Vorbehalt gezahlt, die Unbilligkeit aber erst lange Zeit nach Vertragsbeginn (hier: 6 Jahre) geltend gemacht wird. Dies gilt umso mehr, wenn die klagende Vertragspartei gegen zahlreiche andere, nicht aber gegen den vorliegend betroffenen Vertragspartner geklagt hat.

**OLG Düsseldorf vom 26.11.2008, VI-2-U-Kart-12/07 (GRUR RR 2009, S. 119):** Darlegungs- und Beweislast bei Rückforderung angeblich überhöhter Netznutzungsentgelte für die Belieferung mit Strom

1. Verlangt ein Vertragspartner eines Energieversorgers die Rückzahlung angeblich überhöhter Netznutzungsentgelte für die Versorgung von Endkunden mit Strom, so obliegt ihm zwar grundsätzlich die Darlegungs- und Beweislast für die Höhe des Rückzahlungsanspruchs. Jedoch trifft den Versorger die Darlegungs- und Beweislast für die Billigkeit des von ihm verlangten Entgelts.
2. Hat der Versorger trotz eines gerichtlichen Hinweises keine Zahlen vorgelegt und nicht vorgetragen, inwieweit sich die verlangten Netznutzungsentgelte aus berücksichtigungsfähigen und nicht zu berücksichtigenden Kostenanteilen zusammensetzen, so ist das Gericht nicht in der Lage, ein billiges Entgelt oberhalb von „Null" festzusetzen oder zu schätzen.
3. Ein Rückzahlungsanspruch folgt ebenfalls aus dem Missbrauch einer marktbeherrschenden Stellung. Zwar ist auch insoweit der Kläger darlegungs- und beweispflichtig, jedoch trifft den Versorger eine sekundäre Darlegungslast hinsichtlich seiner Kostenstruktur, da nur so das Gericht beurteilen kann, ob die Entgeltfestsetzung missbräuchlich war. Trägt der Versorgung insoweit nicht vor, so steht die Missbräuchlichkeit fest.
4. Die Verjährung von Rückforderungsansprüchen beginnt erst mit Kenntnis des Vertragspartners von der Kartellwidrigkeit der Netznutzungsentgelte. Kennt er die Kostenstruktur nicht, so reicht eine allgemeine Vermutung, dass die Höhe der verlangten Netznutzungsentgelte möglicherweise überhöht ist, für eine Kenntnis i. S. von § 199 Abs. 1 Nr. 2 BGB nicht aus.

**OLG Düsseldorf vom 18.05.2005, VI-2-U-Kart-17/04:** Darlegungs- und Beweislast für den Zeitraum vor dem Inkrafttreten des § 6 Abs. 1 Satz 5 EnWG

Für den Zeitraum vor dem Inkrafttreten des § 6 Abs. 1 Satz 5 EnWG hat der Anspruchssteller die Darlegungs- und Beweislast für das Nichtvorliegen eines Rechtsgrundes für die von ihm erbrachten Leistungen. Dem Anspruchsgegner obliegt aber die sekundäre Darlegungslast für die Behauptung, die Netznutzungsentgelte auf der Grundlage der Verbändevereinbarungen II, insbesondere nach den darin genannten Preisfindungskriterien kalkuliert zu haben (vgl. BGHZ 154, 5,10). Für die Geltungsdauer der Vermutung in § 6 Absatz 1 Satz 5 EnWG ist der Anspruchsgegner darlegungs- und beweispflichtig dafür, dass der Vermutungstatbestand verwirklicht ist.

**OLG Düsseldorf vom 30.07.2003, VI-Kart-22/02-V:** Preismissbrauch bei Netznutzungsentgelten: Kein Anfangsverdacht auf kartellrechtswidrigen Preismissbrauch auf Grund Einhaltung der Verbändevereinbarung Strom II plus; Beschwerde gegen die wegen Verdachts des Preismissbrauchs ergangene Auskunftsverfügung des Bundeskartellamts

1. Hat ein Netzbetreiber im Februar 2003 die von ihm erhobenen Netznutzungsentgelte nach den Vorgaben der Verbändevereinbarung Strom II plus berechnet, so spricht (befristet bis zum 31. Dezember 2003) eine Vermutung dafür, dass die Bedingungen guter fachlicher Praxis i.S.d. § 6 Abs. 1 Satz 1 EnWG eingehalten wurden, so dass der Vorwurf eines Preismissbrauchs und einer kartellrechtswidrigen Behinderung (oder Ungleichbehandlung) im Sinne von §§ 19 Abs. 1, Abs. 4, 20 Abs. 1 GWB in der Regel ungerechtfertigt ist.
2. Die Vermutung guter fachlicher Praxis kann nach § 6 Abs. 1 Satz 5 Halbs. 2 EnWG widerlegt oder entkräftet werden. Hierfür ist eine konkrete Darlegung erforderlich, dass die Anwendung der VV Strom II plus insgesamt oder die Anwendung einzelner Regelungen zur Bestimmung der Netznutzungsentgelte im konkreten Fall ungeeignet ist, einen wirksamen Wettbewerb auf dem betroffenen Markt zu gewährleisten. Ein Verweis auf einen Verstoß gegen die von den Kartellbehörden in der Arbeitsgruppe Netznutzung erarbeiteten Kriterien vom 19. April 2001 reicht zur Entkräftung der Vermutung nicht aus.
3. Eine an einen Netzbetreiber im Juni 2003 gerichtete Auskunftsverfügung des Bundeskartellamts wegen des Anfangsverdachts des Preismissbrauchs und der kartellrechtswidrigen Behinderung ist materiell-rechtlich an § 6 EnWG in der Fassung des ersten Gesetzes zur Neuregelung des Energiewirtschaftsrechts vom 20. Mai 2003 zu messen, weil sie Rechtswirkungen für die Zukunft entfalten soll, und die gesetzgeberische Wertung, die in § 6 EnWG Ausdruck gefunden hat, auch im Rahmen einer parallelen Anwendung von §§ 19 und 20 GWB zu berücksichtigen ist (Festhaltung OLG Düsseldorf, 17. Juli 2003, Kart 18/03).

## § 6

**OLG Düsseldorf vom 17.07.2003, VI-Kart-18/03-V:** Missbrauchsverfügung des Bundeskartellamtes wegen der Einforderung überhöhter Netznutzungsentgelte durch ein städtisches Elektrizitätsversorgungsunternehmen: Nachprüfung einer Anordnung der sofortigen Vollziehbarkeit in einem Übergangsfall

1. Hat das Bundeskartellamt einem städtischen Energie-, insbesondere Elektrizitätsversorgungsunternehmen im Wege der einstweiligen Verfügung untersagt, missbräuchlich überhöhte Netznutzungsentgelte, nämlich solche die zu einem den Betrag von 40.800.000,00 EURO übersteigenden Erlös führen, zu erheben, lässt sich die Anordnung der sofortigen Vollziehung (nach der bis zum 23. Mai 2003 geltenden Rechtslage vor Inkrafttreten des Ersten Gesetzes zur Änderung des Gesetzes zur Neuregelung des Energiewirtschaftsrechts) nicht allein damit begründen, für die Allgemeinheit träten ohne eine sofortige Absenkung der von dem Netzbetreiber erhobenen Netznutzungsentgelte nicht wieder gutzumachende Nachteile ein.
2. Die Anordnung der sofortigen Vollziehung setzt eine fallbezogene Abwägung der gegenläufigen Interessen namentlich des öffentlichen Interesses und der Interessen dritter Beteiligter, sowie die Belange des Adressaten der angefochtenen Verfügung voraus. Dazu muss das Bundeskartellamt durch feststellbare oder jedenfalls überwiegend wahrscheinliche Tatsachen belegen, dass der Sofortvollzug geeignet und erforderlich ist, die Verhältnisse auf dem relevanten Märkten einschneidend zu verändern und den angestrebten Wettbewerb entstehen zu lassen.
3. Hat das Bundeskartellamt mit einem Vergleich der Umsatzerlöse aus der Netznutzung, bezogen auf die jeweilige Leitungslänge, einen Vergleichsmaßstab für die Missbrauchsaufsicht gewählt, durch den die herkömmlich angewandte Methode einer Gegenüberstellung von Vergleichspreisen aufgegeben wird, ist die Frage der rechtlichen Zulässigkeit dieses Vergleichsansatzes von grundlegender Bedeutung. Diese ist bislang gerichtlich nicht geklärt und bedarf daher einer vertiefenden Auseinandersetzung im Beschwerdeverfahren.
4. Für eine Anwendung der §§ 19 Abs. 1, Abs. 4, 20 Abs. 1 GWB und in deren Rahmen für eine Anwendung der von der Arbeitsgruppe „Netznutzung" der Kartellbehörden entwickelten Kriterien ist nur dann Raum, wenn die in § 6 Abs. 1 S. 5 EnWG angeordnete Vermutung der guten fachlichen Praxis entkräftet ist.

**Landgericht Hannover vom 19.02.2007, 21-O-88/06:** Anspruch der Gaslieferkunden auf gerichtliche Festsetzung des billigen Entgelts für Gaslieferungen

Gaslieferkunden sind berechtigt, die Höhe ihrer Zahlungsverpflichtungen für Gaslieferungen gerichtlich zu überprüfen und festsetzen zu lassen. § 315 BGB findet Anwendung auf Leistungserbringungen im Bereich der Daseinsvorsorge. Die berechtigten Interessen des Gaslieferanten an der Wahrung von Geschäftsgeheimnissen darf nicht zum Ausschluss der Überprüfbarkeit der Gaspreise führen.

# § 21a

**§ 21a**[1] **Regulierungsvorgaben für Anreize für eine effiziente Leistungserbringung**

(1) Soweit eine kostenorientierte Entgeltbildung im Sinne des § 21 Abs. 2 Satz 1 erfolgt, können nach Maßgabe einer Rechtsverordnung nach Absatz 6 Satz 1 Nr. 1 Netzzugangsentgelte der Betreiber von Energieversorgungsnetzen abweichend von der Entgeltbildung nach § 21 Abs. 2 bis 4 auch durch eine Methode bestimmt werden, die Anreize für eine effiziente Leistungserbringung setzt (Anreizregulierung).

(2) [1]Die Anreizregulierung beinhaltet die Vorgabe von Obergrenzen, die in der Regel für die Höhe der Netzzugangsentgelte oder die Gesamterlöse aus Netzzugangsentgelten gebildet werden, für eine Regulierungsperiode unter Berücksichtigung von Effizienzvorgaben. [2]Die Obergrenzen und Effizienzvorgaben sind auf einzelne Netzbetreiber oder auf Gruppen von Netzbetreibern sowie entweder auf das gesamte Elektrizitäts- oder Gasversorgungsnetz, auf Teile des Netzes oder auf die einzelnen Netz- und Umspannebenen bezogen. [3]Dabei sind Obergrenzen mindestens für den Beginn und das Ende der Regulierungsperiode vorzusehen. [4]Vorgaben für Gruppen von Netzbetreibern setzen voraus, dass die Netzbetreiber objektiv strukturell vergleichbar sind.

(3) [1]Die Regulierungsperiode darf zwei Jahre nicht unterschreiten und fünf Jahre nicht überschreiten. [2]Die Vorgaben können eine zeitliche Staffelung der Entwicklung der Obergrenzen innerhalb einer Regulierungsperiode vorsehen. [3]Die Vorgaben bleiben für eine Regulierungsperiode unverändert, sofern nicht Änderungen staatlich veranlasster Mehrbelastungen auf Grund von Abgaben oder der Abnahme- und Vergütungspflichten nach dem Erneuerbare-Energien-Gesetz und dem Kraft-Wärme-Kopplungsgesetz oder anderer, nicht vom Netzbetreiber zu vertretender, Umstände eintreten. [4]Falls Obergrenzen für Netzzugangsentgelte gesetzt werden, sind bei den Vorgaben die Auswirkungen jährlich schwankender Verbrauchsmengen auf die Gesamterlöse der Netzbetreiber (Mengeneffekte) zu berücksichtigen.

(4) [1]Bei der Ermittlung von Obergrenzen sind die durch den jeweiligen Netzbetreiber beeinflussbaren Kostenanteile und die von ihm nicht beeinflussbaren Kostenanteile zu unterscheiden. [2]Der nicht beeinflussbare Kostenanteil an dem Gesamtentgelt wird nach § 21 Abs. 2 ermittelt; hierzu zählen insbesondere Kostenanteile, die auf nicht zurechenbaren strukturellen Unterschieden der Versorgungsgebiete, auf gesetzlichen Abnahme- und Vergütungspflichten, Konzessionsabgaben und Betriebssteuern beruhen. [3]Ferner gelten Mehrkosten für die Errichtung, den Betrieb oder die Änderung eines Erdkabels, das nach § 43 Satz 1 Nr. 3 und Satz 3 planfestgestellt worden ist, gegenüber einer Freileitung bei der Ermittlung von Obergrenzen nach Satz 1 als nicht beeinflussbare Kostenanteile. [4]Soweit sich Vorgaben auf Gruppen von Netzbetreibern beziehen, gelten die Netzbetreiber als strukturell vergleichbar, die unter Berücksichtigung struktureller Unterschiede einer Gruppe zugeordnet worden sind. [5]Der beeinflussbare Kostenanteil wird nach § 21 Abs. 2 bis 4 zu Beginn einer Regulierungsperiode ermittelt. [6]Effizienzvorgaben sind nur auf den beeinflussbaren Kostenanteil zu beziehen. [7]Die Vorgaben für die Entwicklung oder Festlegung der Obergrenze innerhalb einer Regulierungsperiode müssen den Ausgleich der allgemeinen Geldentwertung unter Berücksichtigung eines generellen sektoralen Produktivitätsfaktors vorsehen.

(5) [1]Die Effizienzvorgaben für eine Regulierungsperiode werden durch Bestimmung unternehmensindividueller oder gruppenspezifischer Effizienzziele auf Grundlage eines Effizienzvergleichs unter Berücksichtigung insbesondere der bestehenden Effizienz des jeweiligen Netzbetriebs, objektiver struktureller Unterschiede, der inflationsbereinigten Produktivitätsentwicklung, der Versorgungsqualität und auf diese bezogener Qualitätsvorgaben sowie gesetzlicher Regelungen bestimmt. [2]Qualitätsvorgaben werden auf der Grundlage einer Bewertung von Zuverlässigkeitskenngrößen oder Netzleistungsfähigkeitskenngrößen ermittelt, bei der auch Strukturunterschiede zu berücksichtigen sind. [3]Bei einem Verstoß gegen Qualitätsvorgaben können auch die Obergrenzen zur Bestimmung der Netzzugangsentgelte für ein Energieversorgungsunternehmen gesenkt werden. [4]Die Effizienzvorgaben müssen so ge-

---
1) § 21a Abs. 4 Satz 3 eingef., bish. Satz 3–6 werden Satz 5–7, Abs. 7 angef. mWv 17.12.2006 durch G v. 9.12.2006 (BGBl. I S. 2833); Abs. 4 Satz 3 geänd. mWv 26.8.2009 durch G v. 21.8.2009 (BGBl. I S. 2870); Abs. 5 Satz 2 geänd. mWv 4. 8. 2011 durch G v. 26.7.2011 (BGBl. I S. 1554); Abs. 4 Satz 7, Abs. 5 Satz 1 und Abs. 6 Satz 2 Nr. 5 geänd. mWv 30.12.2011 durch G v. 22.12.2011 (BGBl. I S. 3034).

## § 21a

staltet und über die Regulierungsperiode verteilt sein, dass der betroffene Netzbetreiber oder die betroffene Gruppe von Netzbetreibern die Vorgaben unter Nutzung der ihm oder ihnen möglichen und zumutbaren Maßnahmen erreichen und übertreffen kann. ⁵Die Methode zur Ermittlung von Effizienzvorgaben muss so gestaltet sein, dass eine geringfügige Änderung einzelner Parameter der zugrunde gelegten Methode nicht zu einer, insbesondere im Vergleich zur Bedeutung, überproportionalen Änderung der Vorgaben führt.

(6) ¹Die Bundesregierung wird ermächtigt, durch Rechtsverordnung[1)] mit Zustimmung des Bundesrates

1. zu bestimmen, ob und ab welchem Zeitpunkt Netzzugangsentgelte im Wege einer Anreizregulierung bestimmt werden,
2. die nähere Ausgestaltung der Methode einer Anreizregulierung nach den Absätzen 1 bis 5 und ihrer Durchführung zu regeln sowie
3. zu regeln, in welchen Fällen und unter welchen Voraussetzungen die Regulierungsbehörde im Rahmen der Durchführung der Methoden Festlegungen treffen und Maßnahmen des Netzbetreibers genehmigen kann.

²Insbesondere können durch Rechtsverordnung nach Satz 1

1. Regelungen zur Festlegung der für eine Gruppenbildung relevanten Strukturkriterien und über deren Bedeutung für die Ausgestaltung von Effizienzvorgaben getroffen werden,
2. Anforderungen an eine Gruppenbildung einschließlich der dabei zu berücksichtigenden objektiven strukturellen Umstände gestellt werden, wobei für Betreiber von Übertragungsnetzen gesonderte Vorgaben vorzusehen sind,
3. Mindest- und Höchstgrenzen für Effizienz- und Qualitätsvorgaben vorgesehen und Regelungen für den Fall einer Unter- oder Überschreitung sowie Regelungen für die Ausgestaltung dieser Vorgaben einschließlich des Entwicklungspfades getroffen werden,
4. Regelungen getroffen werden, unter welchen Voraussetzungen die Obergrenze innerhalb einer Regulierungsperiode auf Antrag des betroffenen Netzbetreibers von der Regulierungsbehörde abweichend vom Entwicklungspfad angepasst werden kann,
5. Regelungen zum Verfahren bei der Berücksichtigung der Inflationsrate unter Einbeziehung der Besonderheiten der Einstandspreisentwicklung und des Produktivitätsfortschritts in der Netzwirtschaft getroffen werden,
6. nähere Anforderungen an die Zuverlässigkeit einer Methode zur Ermittlung von Effizienzvorgaben gestellt werden,
7. Regelungen getroffen werden, welche Kostenanteile dauerhaft oder vorübergehend als nicht beeinflussbare Kostenanteile gelten,
8. Regelungen getroffen werden, die eine Begünstigung von Investitionen vorsehen, die unter Berücksichtigung der Ziele des § 1 zur Verbesserung der Versorgungssicherheit dienen,
9. Regelungen für die Bestimmung von Zuverlässigkeitskenngrößen für den Netzbetrieb unter Berücksichtigung der Informationen nach § 51 und deren Auswirkungen auf die Regulierungsvorgaben getroffen werden, wobei auch Senkungen der Obergrenzen zur Bestimmung der Netzzugangsentgelte vorgesehen werden können, und
10. Regelungen zur Erhebung der für die Durchführung einer Anreizregulierung erforderlichen Daten durch die Regulierungsbehörde getroffen werden.

(7) In der Rechtsverordnung nach Absatz 6 Satz 1 sind nähere Regelungen für die Berechnung der Mehrkosten von Erdkabeln nach Absatz 4 Satz 3 zu treffen.

---

1) Siehe die AnreizregulierungsVO.

# § 21a

## Verwaltungsregelungen zu § 21a

| Datum | Anlage | Quelle | Inhalt |
|---|---|---|---|
| 29.10.2007 | § 021a-01 | BRD | Anreizregulierungsverordnung |

## Rechtsprechungsauswahl

**BGH vom 31.01.2012, EnVR-16/10:** Nachträgliche Geltendmachung von Plankosten bei der Ermittlung des Ausgangsniveaus zur Bestimmung der Erlösobergrenzen nach § 6 Abs. 2 ARegV

Plankosten (hier: für die Beschaffung von Verlustenergie) können bei der Ermittlung des Ausgangsniveaus zur Bestimmung der Erlösobergrenzen nach § 6 Abs. 2 ARegV nicht nachträglich geltend gemacht werden.

a) Die Neufassung des § 9 ARegV ist von der Ermächtigungsgrundlage des § 21a Abs. 4 Satz 7, Abs. 6 Satz 2 Nr. 5 EnWG gedeckt und auch im Übrigen wirksam. Sie ist rückwirkend auf die gesamte erste Regulierungsperiode anzuwenden.

b) Der generelle sektorale Produktivitätsfaktor ist bereits im ersten Jahr der ersten Regulierungsperiode zu berücksichtigen. Er ist progressiv kumuliert auf einen jeweils konstanten Basiswert anzuwenden.

Die Saldierung von Mehrerlösen, die in der Phase vor der ersten kostenbasierten Entgeltgenehmigung angefallen sind, hat entsprechend § 9 StromNEV periodenübergreifend auch noch nach dem Übergang zur Anreizregulierung zu erfolgen, soweit die Mehrerlöse nicht schon zuvor angesetzt worden sind.

**BGH vom 31.01.2012, EnVR-58/09:** Rechtmäßigkeit der Berücksichtigung des generellen sektoralen Produktivitätsfaktors nach § 9 ARegV bei der Ermittlung der Erlösobergrenzen durch die Landesregulierungsbehörde; Bestimmung der Entgelte für den Netzzugang eines Betreibers eines Elektrizitätsverteilernetzes

1. Im Rahmen eines vereinfachten Verfahrens der Anreizregulierung gemäß § 24 ARegV darf für die Ermittlung der Erlösobergrenzen der generelle sektorale Produktivitätsfaktor nach § 9 ARegV berücksichtigt werden.

2. § 9 ARegV ist mit höherrangigem Recht vereinbar. Auch die konkrete Festlegung des generellen sektoralen Produktivitätsfaktors in § 9 Abs. 2 ARegV ist nicht zu beanstanden.

**BGH vom 28.06.2011, EnVR-48/10:** Anreizregulierung: Ermittlung des Ausgangsniveaus zur Bestimmung der Erlösobergrenzen nach § 6 Abs. 2 ARegV – Berechnung des pauschalierten Investitionszuschlags – EnBW Regional AG

a. Bei der Ermittlung des Ausgangsniveaus zur Bestimmung der Erlösobergrenzen nach § 6 Abs. 2 ARegV ist die höchstrichterliche Rechtsprechung zur Auslegung und Anwendung der Stromnetzentgeltverordnung zu berücksichtigen.

b. Als Ergebnis der Kostenprüfung im Sinne dieser Vorschrift sind nur diejenigen Beträge anzusehen, die die Kostensituation im Basisjahr widerspiegeln, nicht aber Korrekturbeträge, die dem Umstand Rechnung tragen, dass bestimmte Kosten bereits zu einem früheren Zeitpunkt in die Netzentgelte eingeflossen sind, sofern dieses Ziel bereits durch einmaligen Abzug des Korrekturbetrags erreicht worden ist.

§ 21a Abs. 6 Satz 1 Nr. 2 EnWG ermächtigt nur zu der Berücksichtigung einer von der Entwicklung der Verbraucherpreise abweichenden Entwicklung der netzwirtschaftlichen Einstandspreise, nicht aber zur Berücksichtigung eines generellen gesamtwirtschaftlichen oder netzwirtschaftlichen Produktivitätsfortschritts.

Der Erweiterungsfaktor nach § 10 ARegV ist in entsprechender Anwendung dieser Vorschrift bereits im ersten Jahr der ersten Regulierungsperiode zu berücksichtigen.

a. Der pauschalierte Investitionszuschlag nach § 25 ARegV darf pro Kalenderjahr ein Prozent der Kapitalkosten nicht überschreiten.

b. Bei der Berechnung des pauschalierten Investitionszuschlags bestimmt sich der Eigenkapitalzinssatz nach der zum Zeitpunkt des Erlasses der Entscheidung der Regulierungsbehörde geltenden Rechtslage. Für den Fremdkapitalzinssatz gilt die spezielle Regelung des § 14 Abs. 2 Satz 6 ARegV.

a. Die Härtefallregelung des § 4 Satz 1 Nr. 2 ARegV ist bei der erstmaligen Bestimmung der Erlösobergrenze nach § 6 Abs. 2 ARegV anwendbar.

b. Ein unvorhersehbares Ereignis i.S.d. § 4 Abs. 4 Satz 1 Nr. 2 ARegV ist ein Umstand, der im Genehmigungsverfahren nach den einschlägigen gesetzlichen Vorschriften und wegen des Zeitsatzes zu dem maßgeblichen Basisjahr nicht berücksichtigungsfähig war.

Verfahrensgang: OLG Düsseldorf Beschluss VI-3 Kart 200/09 vom 24. 3. 2010.

## § 21a

**OLG Düsseldorf vom 13.11.2013, VI-3-Kart-19/13-V:** Berücksichtigung volatiler Kosten im Rahmen der Anreizregulierung

1. Volatile Kosten stellen einen zulässigen Kostenbestandteil der Anreizregulierung gemäß § 21 a EnWG dar.
2. Die Kategorie der volatilen Kostenanteile steht mit den Vorgaben des § 21 a Abs. 4 S. 6, Abs. 5 S. 4 EnWG und den tragenden Prinzipien der Anreizregulierung in Einklang.
3. Der Vereinbarkeit steht insbesondere nicht entgegen, dass Kostensenkungen bei als volatil festgelegten Kosten weder zum Abbau von Ineffizienzen eingesetzt werden können, noch als Gewinn in der laufenden Regulierungsperiode zur Verfügung stehen. Dieser Effekt bildet die notwendige und zwingende Kehrseite des dem Schutz der Netzbetreiber dienenden Vorteils, dass Kostensteigerungen bei volatilen Kosten unmittelbar zu einer Erhöhung der Erlösobergrenze führen.

**OLG Düsseldorf, VI-3-Kart-40/11-V Beschluss vom 22.08.2012:** Kriterien für die Anwendung des Qualitätselements durch die Regulierungsbehörde

1. Der Gesetzgeber hat den Verordnungsgeber in § 21a Absatz 6 Satz 2 Nr. 3, Nr. 8 und Nr. 9 EnWG zur näheren Ausgestaltung der Qualitätsvorgaben und damit auch der Auswahl des methodischen Ansatzes ermächtigt und ihm einen weiten Gestaltungsspielraum eingeräumt. Davon hat der Verordnungsgeber mit §§ 18 ff. ARegV Gebrauch gemacht, indem er Vorgaben für ein Qualitäts-Anreizsystem normiert hat, das die Implementierung eines Q-Faktors in die Regulierungsformel zur Anpassung der Erlösobergrenze vorsieht.
2. Entsprechend § 32 Abs. 1 Nr. 6 ARegV kann die Regulierungsbehörde den Beginn der Anwendung, die weitere Ausgestaltung und das Verfahren zur Bestimmung des Qualitätselements festlegen. Dabei steht ihr hinsichtlich der weiteren Ausgestaltung des Qualitätselements und der Methodik sowie des Verfahrens seiner Bestimmung ein "Gestaltungsspielraum" zu, der nur einer eingeschränkten gerichtlichen Kontrolle unterliegt.
3. Die Entscheidung der Regulierungsbehörde, das Qualitätselement ab einem von ihr bestimmten Zeitpunkt anzuwenden, setzt lediglich voraus, dass sie prognostisch anhand von ihr darzulegender Tatsachen und Anknüpfungspunkte die Einschätzung trifft, dass sie bis zu dem von ihr in den Blick genommenen Anwendungszeitpunkt über die geforderten hinreichend belastbaren Datenreihen verfügt, mit denen sie die Referenzwerte und damit auch das individuelle Qualitätselement bestimmen kann.
4. Störungen mit dem Unterbrechungsanlass „Einwirkungen Dritter" bilden die Versorgungszuverlässigkeit und damit die Qualitätsregulierung sachgerecht ab. Da die Versorgungsqualität in Gestalt der Netzzuverlässigkeit und -leistungsfähigkeit maßgeblich von den Bedürfnissen des Netzkunden geprägt wird, kommt es für die an sie zu stellenden Anforderungen ganz maßgeblich auf die Sicht des Netzkunden an.
5. Wie etwaige gebietsstrukturelle Besonderheiten methodisch zu berücksichtigen sind, geben Gesetz- und Verordnungsgeber der Regulierungsbehörde nicht weiter vor, sie belassen ihr hinsichtlich der Art und Weise sowie der Ausgestaltung der Methode einen Freiraum, der nur eingeschränkt gerichtlich überprüfbar ist.

**OLG Düsseldorf vom 28.03.2012, VI-3-Kart-7/11-V:** Begriff der Investitionsmaßnahme eines Verteilernetzbetreibers

Als Investitionsmaßnahme eines Verteilernetzbetreibers sind nicht nur solche Erweiterungs- oder Umstrukturierungsmaßnahmen anzuerkennen, die durch die Integration von EEG-Anlagen in das eigene Netz notwendig werden, sondern auch solche, die eine entsprechende Investitionsmaßnahme auf der – vorgelagerten – Höchstspannungsebene nach sich zieht.

**OLG Stuttgart vom 19.01.2012, 202-EnWG-8/09:** Durchführung und gerichtliche Überprüfung des Effizienzvergleichs durch die Regulierungsbehörde; Begriff der Besonderheit im Sinne von § 15 ARegV

1. Für die Durchführung des Effizienzvergleichsverfahrens hat der Verordnungsgeber der Regulierungsbehörde einen Rahmen vorgegeben, innerhalb dessen ihr ein Einschätzungs- und Gestaltungsfreiraum hinsichtlich der Auswahl der Parameter und der Methodenwahl eingeräumt ist. Diesen Rahmen hat sie eingehalten.
2. Anhörungs- und Teilhabedefizite sind nicht erkennbar. Dem betroffenen Unternehmen steht insbes. nicht das Recht zu, in alle von der Regulierungsbehörde durch Datenabfrage erhobenen Einzelangaben der beteiligten anderen Unternehmen Einsicht zu nehmen.
3. Auch wenn die Beschwerdeführerin den für sie ermittelten Effizienzwert in tatsächlicher Hinsicht mangels offen gelegter Datengrundlage nicht im Einzelnen nachvollziehen kann, müsste sie für den

# § 21a

Erfolg einer Beschwerde gleichwohl aufzeigen können, dass das Verfahren an einem Fehler leidet, der sich bei der Ermittlung des konkreten Effizienzwerts zu ihrem Nachteil ausgewirkt hat.

4. Die BNA hat nicht die Aufgabe, eine individuelle Begründung im Sinne einer darin zugleich enthaltenen praktischen Handlungsanleitung zu geben.

5. Besonderheit im Sinne des § 15 ARegV ist nicht jeder den Betrieb des Netzbetreibers prägende Umstand, welcher sich bei der Mehrzahl der anderen Netzbetreiber nicht findet. Vielmehr wohnt dem Begriff nach dem allgemeinen Sprachgebrauch inne, dass der bezeichnete Umstand nach Art oder Umstand nur bei wenigen Unternehmen der Vergleichsgruppe gegeben ist; Einzigartigkeit ist hingegen nicht erforderlich.

**Brandenburgisches OLG vom 20.10.2011, Kart-W-10/09:** Anforderungen an das Verfahren der Festsetzung der Erlösobergrenzen für einen Stromnetzbetreiber

Ein Netzbetreiber muss durch die Gewährung rechtlichen Gehörs in die Lage versetzt werden, die Ermittlung seines individuellen Effizienzwertes nachvollziehen zu können. Dafür reicht nicht aus, dass die Bundesnetzagentur auf ihrer Internetseite einen Bericht veröffentlicht hat, aus dem die Vorgehensweise bei der Parameterauswahl, der Modellbildung und der Ausreißeranalyse erkennbar ist.

Ein Netzbetreiber kann auch nicht darauf verwiesen werden, dass er aus dem Verbände-Projekt „Benchmarkig Transparenz 2008" Erkenntnisse im Hinblick auf seinen Effizienzwert hätte gewinnen können.

Die Festsetzung der Erlösobergrenzen muss für einen Netzbetreiber anhand der Gründe des jeweiligen Bescheides nachvollziehbar sein.

Die Auswahl des richtigen Effizienzvergleichsmodels ist ein komplexer Prozess, der für die Regulierungsbehörde mit Einschätzungs- und Gestaltungsspielraum verbunden sein muss. Die Entscheidung kann nur darauf überprüft werden, ob die Bundesnetzagentur bei der Datengewinnung die gesetzlichen und verordnungsrechtlichen Vorgaben eingehalten sowie im Rahmen des rechtlich gebotenen und tatsächlich Möglichen alles getan hat, um Fehler bei der Datenerhebung zu vermeiden sowie dieses Risiko so klein wie möglich zu halten.

Es ist rechtlich nicht zu beanstanden, wenn die Bundesnetzagentur die Effizienzgrenze an der Gruppe der effizientesten Netzbetreiber orientiert und nicht an einer Gruppe durchschnittlicher Netzbetreiber.

Besonderheit i.S. des § 15 ARegV ist nicht jedem Betrieb eines Netzbetreibers prägende Umstand, welcher sich bei der Mehrzahl der anderen Netzbetreiber nicht findet. Vielmehr hat der Begriff der Besonderheit nach dem allgemeinen Sprachgebrauch die Bedeutung, dass der so bezeichnete Umstand nach Art oder Umfang nur bei wenigen Unternehmen der Vergleichsgruppe gegeben ist. Einzigartigkeit ist hingegen nicht erforderlich.

Bei der Ermittlung des Ausgangsniveaus zur Bestimmung der Erlösobergrenze nach § 6 Abs. 2 ARegV ist das Ergebnis der Kostenprüfung der letzten vor Beginn der Anreizregulierung erfolgten Genehmigung der Netzentgelt ... heranzuziehen.

Kapitalkosten für Altanlagen sowie die kalkulatorische Gewerbesteuer gehören nicht zu den dauerhaft nicht beeinflussbaren Kostenanteilen gem. § 11 Abs. 2 ARegV.

Die kalkulatorische Gewerbesteuer ist keine Betriebssteuer i.S. von § 11 Abs. 2 S. 1 Nr. 3 ARegV und damit kein dauerhaft nicht beeinflussbarer Kostenanteil. Betriebssteuern sind vielmehr alle Steuern, die in der Steuerbilanz abzugsfähige Betriebsausgaben sind.

Der generelle sektorale Produktivitätsfaktor ist bei der Ermittlung der Erlösobergrenzen nach § 9 ARegV in der Ausgestaltung durch den Verordnungsgeber nicht zu berücksichtigen.

**OLG Düsseldorf vom 11.04.2011, VI-3-Kart-276/09-V:** Voraussetzungen der Genehmigung eines Investitionsbudgets für den Betreiber eines Stromübertragungsnetzes; Bestimmung des kapitalmarktüblichen Vergleichszinssatzes und Ermittlung der kalkulatorischen Gewerbesteuer; Zeitliche Befristung der Genehmigung

Die zeitliche Befristung der Genehmigung eines Investitionsbudgets steht mit Wortlaut, Systematik und Sinn und Zweck des § 23 ARegV im Einklang.

Anlagegüter, die zur Anbindung von Offshore-Windparks notwendig sind, werden schon von der Historie her nicht von den spezifischen Anlagegütern der Anlage 1 zu § 6 Abs. 5 Satz 1 StromNEV erfasst. Eine isolierte Betrachtung der einzelnen Anlagegüter des Netzanbindungssystems kommt nicht in Betracht; vielmehr gebietet die Zweckgebundenheit des Netzanbindungssystems es, bei der Einschätzung seiner zu erwartenden betriebsgewöhnlichen Nutzungsdauer eine Gesamtbetrachtung vorzunehmen, die nicht nur den anzuschließenden Offshore-Windpark, sondern auch das Netzanbindungssystem als Einheit in den Blick nimmt. Angesichts ihrer Zweckgebundenheit sind die einzelnen Anlagegüter des

## § 21a

Netzanbindungssystems als technische Einheit anzusehen, so dass für sie auch nur eine einheitliche betriebsgewöhnliche Nutzungsdauer festgesetzt werden kann. Die Bestimmung des kapitalmarktüblichen Vergleichszinssatzes für die Verzinsung des die zulässige Eigenkapitalquote übersteigenden Anteils des Eigenkapitals nach § 5 Abs. 2 Halbs. 2 StromNEV erfolgt im Rahmen von Investitionsbudgets zukunftsorientiert. Für die Höhe des kapitalmarktüblichen Vergleichszinssatzes kann auf den gleichgewichteten Mittelwert aus den jeweiligen Jahresdurchschnittswerten der von der Deutschen Bundesbank veröffentlichten Indizes „Umlaufsrendite von Anleihen von Unternehmen (Nicht-MFIs)/Industrieobligationen mit einer längsten Laufzeit von 4 Jahren und einer mittleren Restlaufzeit von mehr als drei Jahren" und „Kredite an nicht finanzielle Kapitalgesellschaften von über 1 Mio. mit anfänglicher Zinsbindung mit einer Laufzeit von über 1 Jahr bis 5 Jahre" abgestellt werden.

Bei der Ermittlung der kalkulatorischen Gewerbesteuer ist ihre Bemessungsgrundlage, die kalkulatorische Eigenkapitalverzinsung, nicht um die Körperschaftssteuer zu reduzieren, da der Eigenkapitalzins ein „Vor-Steuer-Zinssatz" ist. Ein In-Sich-Abzug der Gewerbesteuer ist aufgrund des Wegfalls der Abzugsfähigkeit der Gewerbesteuer bei sich selbst (Unternehmenssteuerreform 2008) gemäß § 8 Satz 2 StromNEV nicht mehr vorzunehmen. Dies hat wegen des kalkulatorischen Ansatzes nicht zur Folge, dass die Bemessungsgrundlage zusätzlich um die Gewerbesteuer zu bereinigen ist.

Verfahrensgang: Beschlusskammer 4 der Bundesnetzagentur vom 18.11.2009, BK 4-08-180.

**OLG Düsseldorf vom 08.12.2010, VI-3-Kart-237/09-V:** Energiewirtschaftsrecht: Berücksichtigung eines Betrages zur Vermeidung von Doppelanerkennung im Rahmen der Kapitalkosten eines Investitionsbudgets; Ermittlung der kalkulatorischen Gewerbesteuer

1. Im Rahmen der Ermittlung der Kapitalkosten eines Investitionsbudgets ist für eine Kürzung um einen „Betrag zur Vermeidung von Doppelanerkennungen" kein Raum. Sein Abzug ist weder ausdrücklich vorgesehen noch nach Sinn und Zweck des § 23 ARegV oder den übergeordneten Zielen der Anreizregulierung gerechtfertigt.
2. Bei der Ermittlung der kalkulatorischen Gewerbesteuer ist ihre Bemessungsgrundlage, die kalkulatorische Eigenkapitalverzinsung, nicht um die Körperschaftssteuer zu reduzieren, da der Eigenkapitalzins ein „Vor-Steuer-Zinssatz" ist.

**OLG Düsseldorf vom 10.11.2010, VI-3-Kart-206/09-V:** Festsetzung der Erlösobergrenzen für den Betrieb eines Stromverteilernetzes

Die Einbeziehung eines pauschalierten Investitionszuschlages mit 1 % der Kapitalkosten bei der Festlegung der jährlichen Erlösobergrenzen ist nicht zu beanstanden.

Eine nachhaltige Veränderung der Versorgungsaufgabe kann nicht zur Zulassung eines Erweiterungsfaktors bei der Berechnung der Erlösobergrenze des ersten Jahres der Anreizregulierungsperiode führen. Dies ist im Rahmen der erstmaligen Bestimmung der Erlösobergrenzen nicht zulässig.

Der Bestimmung der Erlösobergrenzen für die erste Regulierungsperiode ist das Ergebnis der Kostenprüfung der letzten bestandskräftigen Entgeltgenehmigung zugrunde zu legen. Dabei sind spätere Geschäftsjahre als 2006 nicht zu berücksichtigen.

Die Berücksichtigung eines generellen sektoralen Produktivitätsfaktors entspr. §§ 9, 7 ARegV ist nicht zu beanstanden. Dies verstößt auch nicht gegen die gesetzgeberischen Vorgaben in § 21a Abs. 5 S. 1, Abs. 4 S. 6 EnWG. Dabei ist der generelle sektorale Produktivitätsfaktor als Korrektur der gesamtwirtschaftlichen Produktivitätsentwicklung auch schon für das erste Jahr der Regulierungsperiode und die Werte der einzelnen Jahre der Regulierungsperiode durch Multiplikation zu berücksichtigen.

Es ist ferner nicht zu beanstanden, dass die Bundesnetzagentur bei der periodenübergreifenden Saldierung für das Jahr 2007 auch die Kosten für vermiedene Netzentgelte bei der dezentralen Erzeugung berücksichtigt und mengen- und preisinduzierte Effekte aus dem Jahr 2007 einbezogen hat. Dies ist auch von § 11 StromNEV gedeckt.

Die Kosten für die Beschaffung von Verlustenergie können nicht nachträglich im Rahmen der Härtefallklausel des § 4 Abs. 4 S. 1 Nr. 2 ARegV berücksichtigt werden.

**OLG Düsseldorf vom 06.10.2010, VI-3-Kart-205/09-V:** Behandlung von Erlösen aus der Auflösung von Netzanschlusskostenbeiträgen; Bestimmung der Erlösobergrenzen für die erste Anreizregulierungsperiode; Anwendbarkeit der Härtefallregelung des § 4 Abs. 4 S. 1 Nr. 2 ARegV; Zulässigkeit der Implementierung des generellen sektoralen Produktivitätsfaktors in die Methodik der Anreizregulierung

1. Um Verzerrungen im Effizienzvergleich auszuschließen, sind nicht nur Erlöse aus der Auflösung von Baukostenzuschüssen, sondern auch solche aus der Auflösung von Netzanschlusskostenbeiträgen

# § 21a

erlösmindernd als dauerhaft nicht beeinflussbare Kostenanteile iSd § 11 Abs. 2 Satz 1 Nr. 13 ARegV zu behandeln.

2. Die Übergangsregelung des § 6 Abs. 2 ARegV gibt der Regulierungsbehörde verbindlich vor, bei der Bestimmung der Erlösobergrenzen für die erste Anreizregulierungsperiode das Ergebnis der in der letzten Entgeltgenehmigung vorgenommenen Kostenprüfung als Ausgangsniveau heranzuziehen. Dieses ist auch angesichts der nachträglichen Erkenntnisse aus der Rechtsprechung des BGHs nicht zu aktualisieren. Einer Gleichbehandlungszusage, die die Regulierungsbehörde im Rahmen der kostenorientierten Entgeltregulierung abgegeben hat, kann daher nur das Verständnis zukommen, dass die Regulierungsbehörde in zukünftigen Verfahren, in denen sie eine eigenständige Kostenprüfung vorzunehmen hat, der dann geklärten Rechtslage entsprechend verfahren werde.

3. Die Härtefallregelung des § 4 Abs. 4 S. 1 Nr. 2 ARegV stellt eine Auffangregelung dar, die grundsätzlich dann eingreifen muss, wenn die übrigen vom Verordnungsgeber vorgesehenen Anpassungsmöglichkeiten nicht einschlägig oder ausreichend sind und die Beibehaltung der festgesetzten Erlösobergrenzen andernfalls zu einer unzumutbaren Härte führen würde. Dabei verbietet sich der Blick auf eine einzelne Kostenart und deren möglicherweise überproportionale Steigerung. Erforderlich ist vielmehr eine Gesamtbetrachtung der Kosten- und Vermögenssituation.

4. Die Anpassung der individuellen Effizienzvorgabe und damit der festgesetzten Erlösobergrenze nach § 16 Abs. 2 ARegV ist eine gegenüber § 4 Abs. 4 Satz 1 Nr. 2 ARegV vorrangige Härtefallregelung, die den Netzbetreiber entsprechend § 21a Abs. 5 S. 4 ARegV vor einer generellen Überforderung schützen soll. Nur wenn und soweit die auch hier gebotene Gesamtkostenbetrachtung dazu führt, dass diese Möglichkeit der Anpassung der Erlösobergrenze nicht ausreichend ist, kommt – nachrangig – eine Anpassung der Erlösobergrenze nach § 4 Abs. 4 Satz 1 Nr. 2 ARegV in Betracht.

5. Mit der Implementierung des generellen sektoralen Produktivitätsfaktors in die Methodik der Anreizregulierung hat der Verordnungsgeber die ihm eingeräumte Verordnungsbefugnis nicht überschritten. Er korrigiert die im Verbraucherpreisindex abgebildete gesamtwirtschaftliche Produktivitätsentwicklung lediglich und gestaltet somit den Ausgleich der allgemeinen Geldentwertung sachgerecht aus. Die Einschätzung des Verordnungsgebers, inwieweit in Strom- oder Gasnetzen als monopolistisch strukturierten Wirtschaftsbereichen bei der Simulation von Wettbewerb durch Einführung einer Anreizregulierung höhere Produktivitätssteigerungen zu realisieren sind als in wettbewerblich organisierten Märkten, ist auch angesichts ihres prognostischen Charakters gerichtlich nur eingeschränkt überprüfbar.

6. Durch den Erweiterungsfaktor kann nur berücksichtigt werden, dass sich die Versorgungsaufgabe des Netzbetreibers während der Regulierungsperiode nachhaltig ändert. Veränderungen im Übergangszeitraum kann nur im Rahmen der gesetzlich vorgesehenen Anpassungs- und Korrekturmöglichkeiten Rechnung getragen werden.

**OLG München vom 02.09.2010, Kart-5/09:** Zulässigkeit der Einführung eines generellen sektoralen Produktivitätsfaktors bei der Festsetzung der Entgelte für ein Gasverteilernetz

1. § 34 Abs. 3 Satz 2 ARegV und § 6 Abs. 2 ARegV sind Ausdruck eines einheitlichen methodischen Ansatzes für das Anreizregulierungsmodell. Mit diesen Regelungen soll eine einheitliche, konsolidierte und belastbare Datenbasis geschaffen werden, die Grundvoraussetzung für die Durchführung des Effizienzvergleichs ist und die erforderliche Vergleichbarkeit der Kostenangaben sicherstellt. Vor diesem Hintergrund ist das Ergebnis der Kostenprüfung bei der letzten, bestandskräftig gewordenen § 23a EnWG-Genehmigung in unveränderter Form für die Bestimmung der Erlösobergrenze in der ersten Regulierungsperiode zu übernehmen und nicht im Hinblick auf Erkenntnisse aus Gerichtsverfahren, an denen die Betroffene nicht beteiligt war, zu modifizieren.

2. § 21a Abs. 6 Satz 1 Nr. 2 EnWG enthält eine hinreichende gesetzliche Verordnungsermächtigungsgrundlage für die Einführung eines generellen sektoralen Produktivitätsfaktors, weshalb gegen die Regelung des § 9 ARegV auch im Hinblick auf Art. 80 GG keine Wirksamkeitsbedenken bestehen. Die konkrete Höhe des generellen sektoralen Produktivitätsfaktors (in der ersten Regulierungsperiode 1,25 % (§ 9 Abs. 2 ARegV)) ist nicht zu beanstanden.

3. Im ersten Jahr der Anreizregulierungsperiode kommt eine Anwendung des § 10 ARegV nicht in Betracht.

4. Für den Vorbehalt des nachträglichen Erlasses einer Auflage, mit der der Rechtsprechung des BGHes (Beschluss vom 14.08.2008 – KVR 39/07, Tz. 22 f. – Vattenfall) zum Ausgleich des entstandenen (rechtsgrundlosen) Mehrerlöses, den der Netzbetreiber nicht behalten darf, unter dem Regime der Anreizregulierung Rechnung getragen werden soll, bildet Art. 36 Abs. 1 Fall 2 BayVwVfG eine ausreichende Rechtsgrundlage. Die Übergangsvorschrift des § 34 Abs. 1 ARegV, die im verein-

# § 21a

fachten Verfahren nach § 24 ARegV entsprechend gilt (§ 34 Abs. 1a ARegV), ermöglicht grundsätzlich einen Ausgleich angefallener Mehrerlöse auch unter dem Regime der Anreizregulierung.

**OLG Düsseldorf vom 01.09.2010, VI-3-Kart-50/09-V:** Festsetzung der Erlösobergrenzen des Betreibers eines Gasverteilernetzes im Regelverfahren der Anreizregulierung

1. Lastflusszusagen sind nicht als Kosten aus der Inanspruchnahme vorgelagerter Netzebenen i.S.d. § 11 Abs. 2 Nr. 4 ARegV zu qualifizieren.
2. Die Übergangsregelung des § 6 Abs. 2 ARegV gibt der Regulierungsbehörde verbindlich vor, bei der Bestimmung der Erlösobergrenzen für die erste Anreizregulierungsperiode das Ergebnis der in der letzten Entgeltgenehmigung vorgenommenen Kostenprüfung als Ausgangsniveau heranzuziehen. Dieses ist weder um Plankosten des Jahres 2009 noch vor dem Hintergrund nachträglicher Erkenntnisse aus der Rechtsprechung des BGHs zu aktualisieren.
3. Mit der Implementierung des generellen sektoralen Produktivitätsfaktors in die Methodik der Anreizregulierung hat der Verordnungsgeber die ihm eingeräumte Verordnungsbefugnis nicht überschritten. Er korrigiert die im Verbraucherpreisindex abgebildete gesamtwirtschaftliche Produktivitätsentwicklung lediglich und gestaltet somit den Ausgleich der allgemeinen Geldentwertung sachgerecht aus. Die Einschätzung des Verordnungsgebers, inwieweit in Strom- oder Gasnetzen als monopolistisch strukturierten Wirtschaftsbereichen bei der Simulation von Wettbewerb durch Einführung einer Anreizregulierung höhere Produktivitätssteigerungen zu realisieren sind als in wettbewerblich organisierten Märkten, ist auch angesichts ihres prognostischen Charakters gerichtlich nur eingeschränkt überprüfbar.

**OLG Celle vom 19.08.2010, 13-VA-9/09:** Anpassung der Erlösobergrenzen wegen gestiegener Kosten für Verlustenergie; Ermittlung des Ausgangsniveaus für die Erlösobergrenze im vereinfachten Verfahren; Berücksichtigung des sektoralen Produktivitätsfaktors

1. Im vereinfachten Verfahren ergibt sich gem. § 34 Abs. 3 ARegV das Ausgangsniveau für die Erlösobergrenze in der ersten Regulierungsperiode für Netzbetreiber, deren letzte Genehmigung der Netzkosten auf der Datengrundlage des Jahres 2004 beruhen, aus dem Ergebnis dieser Genehmigung zzgl. eines Inflationsausgleichs für die Jahre 2005 und 2006. § 6 ARegV ist nicht anwendbar. Es ist deshalb weder eine spätere Rechtsprechung des BGHs zu berücksichtigen noch ist die kalkulatorische Gewerbesteuer an die gem. § 7 Abs. 6 S. 1 StromNEV veränderte Eigenkapitalverzinsung anzupassen.
2. Gestiegene Kosten für Verlustenergie begründen keinen Härtefall i. S. v. § 4 Abs. 4 ARegV, der ermöglicht, die Erlösobergrenzen anzupassen.
3. Für den in § 9 ARegV vorgesehenen generellen sektoralen Produktivitätsfaktor gibt es keine ausreichende gesetzliche Ermächtigungsgrundlage.

**OLG Celle vom 19.08.2010, 13-VA-23/09:** Anpassung der Erlösobergrenzen wegen gestiegener Kosten für Verlustenergie; Ermittlung des Ausgangsniveaus für die Erlösobergrenze im vereinfachten Verfahren; Berücksichtigung des sektoralen Produktivitätsfaktors

1. Für den in § 9 ARegV vorgesehenen generellen sektoralen Produktivitätsfaktor gibt es keine ausreichende gesetzliche Ermächtigungsgrundlage.
2. Gestiegene Kosten für Verlustenergie begründen keinen Härtefall i. S. v. § 4 Abs. 4 ARegV, der ermöglicht, die Erlösobergrenzen anzupassen.
3. Im vereinfachten Verfahren ergibt sich gem. § 34 Abs. 3 ARegV das Ausgangsniveau für die Erlösobergrenze in der ersten Regulierungsperiode für Netzbetreiber, deren letzte Genehmigung der Netzkosten auf der Datengrundlage des Jahres 2004 beruhen, aus dem Ergebnis dieser Genehmigung zzgl. eines Inflationsausgleichs für die Jahre 2005 und 2006. § 6 ARegV ist nicht anwendbar. Es ist deshalb weder eine spätere Rechtsprechung des BGHs zu berücksichtigen, noch ist die kalkulatorische Gewerbesteuer an die gem. § 7 Abs. 6 S. 1 StromNEV veränderte Eigenkapitalverzinsung anzupassen.

**OLG Celle vom 19.08.2010, 13-VA-25/09:** Anpassung der Erlösobergrenzen wegen gestiegener Kosten für Verlustenergie; Ermittlung des Ausgangsniveaus für die Erlösobergrenze im vereinfachten Verfahren; Berücksichtigung des sektoralen Produktivitätsfaktors

1. Im vereinfachten Verfahren ergibt sich gem. § 34 Abs. 3 ARegV das Ausgangsniveau für die Erlösobergrenze in der ersten Regulierungsperiode für Netzbetreiber, deren letzte Genehmigung der Netzkosten auf der Datengrundlage des Jahres 2004 beruhen, aus dem Ergebnis dieser Genehmigung zzgl. eines Inflationsausgleichs für die Jahre 2005 und 2006. § 6 ARegV ist nicht anwendbar. Es ist deshalb weder eine spätere Rechtsprechung des BGHs zu berücksichtigen, noch ist die kalkulatori-

## § 21a

sche Gewerbesteuer an die gem. § 7 Abs. 6 S. 1 StromNEV veränderte Eigenkapitalverzinsung anzupassen.

2. Für den in § 9 ARegV vorgesehenen generellen sektoralen Produktivitätsfaktor gibt es keine ausreichende gesetzliche Ermächtigungsgrundlage.

3. Ein pauschalierter Investitionszuschlag (§ 25 ARegV) kommt im vereinfachten Verfahren nicht in Betracht.

**OLG Frankfurt am Main vom 10.08.2010, 11-W-4/09-Kart:** Anpassung der kalkulatorischen Gewerbesteuer und Berücksichtigung eines generellen sektoralen Produktivitätsfaktors bei Festsetzung der Erlösobergrenze; Anspruch auf pauschalierten Investitionszuschlag im vereinfachten Verfahren nach § 24 ARegV

1. Eine Anpassung der kalkulatorischen Gewerbesteuer ist weder in der ARegV vorgesehen noch stellt sie eine zwingende Folgeanpassung wegen der Änderung des Ansatzes für die kalkulatorische Eigenkapitalverzinsung dar.

2. § 21 a Absatz 6 Satz 1 i. V. m. Absatz 5 Satz 1 EnWG enthält eine ausreichende gesetzliche Grundlage für die Berücksichtigung eines generellen sektoralen Produktivitätsfaktors.

3. Ein Anspruch auf einen pauschalierten Investitionszuschlag nach § 25 ARegV besteht im vereinfachten Verfahren (§ 24 ARegV) auch nicht unter dem Gesichtspunkt des Vertrauensschutzes für solche Netzbetreiber, die einen Antrag auf Teilnahme am vereinfachten Verfahren vor der Änderung des § 24 Absatz 3 ARegV gestellt haben.

**OLG Düsseldorf vom 21.07.2010, VI-3-Kart-182/09-V:** Feststellung des Ausgangsniveaus für die Erlösobergrenzen eines Netzbetreibers im vereinfachten Regulierungsverfahren; Zulässigkeit der Implementierung des generellen sektoralen Produktivitätsfaktors

1. Die Übergangsregelung des § 6 Abs. 2 ARegV gibt der Regulierungsbehörde verbindlich vor, bei der Bestimmung der Erlösobergrenzen für die erste Anreizregulierungsperiode das Ergebnis der in der letzten Entgeltgenehmigung vorgenommenen Kostenprüfung als Ausgangsniveau heranzuziehen. Dieses ist weder um Plankosten des Jahres 2009 noch mit Blick auf nachträgliche Erkenntnisse aus der Rechtsprechung des BGHs zu aktualisieren. Einer Gleichbehandlungszusage, die die Regulierungsbehörde im Rahmen der kostenorientierten Entgeltregulierung abgegeben hat, kann daher nur das Verständnis zukommen, dass die Regulierungsbehörde in zukünftigen Verfahren, in denen sie eine eigenständige Kostenprüfung vorzunehmen hat, der dann geklärten Rechtslage entsprechend verfahren werde.

2. Mit der Bereinigung des Effizienzwerts hat der Verordnungsgeber eine Korrekturmöglichkeit geschaffen, die dem Umstand Rechnung tragen soll, dass im Rahmen des Benchmarking nicht alle erdenklichen Größen als Kostentreiber in den Effizienzvergleich einbezogen werden können und daher die Berücksichtigung unternehmensindividueller Besonderheiten ermöglichen soll. Dem Netzbetreiber obliegt der Nachweis, in welcher Höhe die maßgeblichen (Mehr-)Kosten in die dem Effizienzvergleich zugrunde gelegten Gesamtkosten der Ausgangsbasis eingeflossen sind.

3. Mit der Implementierung des generellen sektoralen Produktivitätsfaktors in die Methodik der Anreizregulierung hat der Verordnungsgeber die ihm eingeräumte Verordnungsbefugnis nicht überschritten. Er korrigiert die im Verbraucherpreisindex abgebildete gesamtwirtschaftliche Produktivitätsentwicklung lediglich und gestaltet somit den Ausgleich der allgemeinen Geldentwertung sachgerecht aus. Die Einschätzung des Verordnungsgebers, inwieweit in Strom- oder Gasnetzen als monopolistisch strukturierten Wirtschaftsbereichen bei der Simulation von Wettbewerb durch Einführung einer Anreizregulierung höhere Produktivitätssteigerungen zu realisieren sind als in wettbewerblich organisierten Märkten, ist auch angesichts ihres prognostischen Charakters gerichtlich nur eingeschränkt überprüfbar.

4. Durch den Erweiterungsfaktor kann nur berücksichtigt werden, dass sich die Versorgungsaufgabe des Netzbetreibers während der Regulierungsperiode nachhaltig ändert. Veränderungen im Übergangszeitraum kann nur im Rahmen der gesetzlich vorgesehenen Anpassungs- und Korrekturmöglichkeiten Rechnung getragen werden.

5. Die Härtefallregelung des § 4 Abs. 4 S. 1 Nr. 2 ARegV stellt eine Auffangregelung dar, die grundsätzlich dann eingreifen muss, wenn die übrigen vom Verordnungsgeber vorgesehenen Anpassungsmöglichkeiten nicht einschlägig oder ausreichend sind und die Beibehaltung der festgesetzten Erlösobergrenzen andernfalls zu einer unzumutbaren Härte führen würde. Dabei verbietet sich der Blick auf eine einzelne Kostenart und deren möglicherweise überproportionale Steigerung. Erforderlich ist vielmehr eine Gesamtbetrachtung der Kosten- und Vermögenssituation.

# § 21a

6. Die Anpassung der individuellen Effizienzvorgabe und damit der festgesetzten Erlösobergrenze nach § 16 Abs. 2 ARegV ist eine gegenüber § 4 Abs. 4 Satz 1 Nr. 2 ARegV vorrangige Härtefallregelung, die den Netzbetreiber entsprechend § 21a Abs. 5 S. 4 ARegV vor einer generellen Überforderung schützen soll. Nur wenn und soweit die auch hier gebotene Gesamtkostenbetrachtung dazu führt, dass diese Möglichkeit der Anpassung der Erlösobergrenze nicht ausreichend ist, kommt – nachrangig – eine Anpassung der Erlösobergrenze nach § 4 Abs. 4 Satz 1 Nr. 2 ARegV in Betracht.

**OLG Düsseldorf vom 21.07.2010, VI-3-Kart-184/09-V:** Behandlung von Erlösen aus der Auflösung von Baukostenzuschüssen und Netzanschlusskostenbeiträgen im Rahmen des Regelverfahrens der Anreizregulierung für Strom; Berücksichtigung der Kosten für die Beschaffung von Verlustenergie; Voraussetzungen der Härtefallregelung des § 4 Abs. 4 S. 1 Nr. 2 ARegV; Umfang des Regulierungsermessens und der Einschätzungsprärogative der Bundesnetzagentur

1. Um Verzerrungen im Effizienzvergleich auszuschließen, sind nicht nur Erlöse aus der Auflösung von Baukostenzuschüssen, sondern auch solche aus der Auflösung von Netzanschlusskostenbeiträgen erlösmindernd als dauerhaft nicht beeinflussbare Kostenanteile i.S.d. § 11 Abs. 2 Satz 1 Nr. 13 ARegV zu behandeln.

2. Die Übergangsregelung des § 6 Abs. 2 ARegV gibt der Regulierungsbehörde verbindlich vor, bei der Bestimmung der Erlösobergrenzen für die erste Anreizregulierungsperiode das Ergebnis der in der letzten Entgeltgenehmigung vorgenommenen Kostenprüfung als Ausgangsniveau heranzuziehen. Dieses ist weder um Plankosten des Jahres 2009, mit Blick auf nachträgliche Erkenntnisse aus der Rechtsprechung des BGHs noch angesichts der geltend gemachten Rechtswidrigkeit der zugrunde gelegten Preisindizes zu aktualisieren.

3. Bei den Kosten für die Beschaffung von Verlustenergie handelt es sich nicht um dauerhaft nicht beeinflussbare Kosten i.S.d. § 21a Abs. 4 EnWG, § 11 Abs. 2 S. 1 ARegV. Sie sind – auch unter Berücksichtigung der Beschaffungsvorgaben des § 22 Abs. 1 EnWG, § 10 Abs. 1 StromNZV und der Festlegung Beschaffungsrahmen der Bundesnetzagentur – noch objektiv beeinflussbar. Eine Anerkennung objektiv auch nur geringfügig beeinflussbarer Beschaffungskosten als dauerhaft nicht beeinflussbar i.S.d. § 11 Abs. 2 S. 2 ARegV kann der Netzbetreiber nicht beanspruchen.

4. Die Härtefallregelung des § 4 Abs. 4 S. 1 Nr. 2 ARegV stellt eine Auffangregelung dar, die grundsätzlich dann eingreifen muss, wenn die übrigen vom Verordnungsgeber vorgesehenen Anpassungsmöglichkeiten nicht einschlägig oder ausreichend sind und die Beibehaltung der festgesetzten Erlösobergrenzen andernfalls zu einer unzumutbaren Härte führen würde. Dabei verbietet sich der Blick auf eine einzelne Kostenart und deren möglicherweise überproportionale Steigerung. Erforderlich ist vielmehr eine Gesamtbetrachtung der Kosten- und Vermögenssituation.

5. Die Anpassung der individuellen Effizienzvorgabe und damit der festgesetzten Erlösobergrenze nach § 16 Abs. 2 ARegV ist eine gegenüber § 4 Abs. 4 Satz 1 Nr. 2 ARegV vorrangige Härtefallregelung, die den Netzbetreiber entsprechend § 21a Abs. 5 S. 4 ARegV vor einer generellen Überforderung schützen soll. Nur wenn und soweit die auch hier gebotene Gesamtkostenbetrachtung dazu führt, dass diese Möglichkeit der Anpassung der Erlösobergrenze nicht ausreichend ist, kommt – nachrangig – eine Anpassung der Erlösobergrenze nach § 4 Abs. 4 Satz 1 Nr. 2 ARegV in Betracht.

6. Bei der Bestimmung der für den Effizienzvergleich relevanten Vergleichsparameter kommt der Bundesnetzagentur ein weites Regulierungsermessen und eine Einschätzungsprärogative zu.

7. Mit der Bereinigung des Effizienzwerts hat der Verordnungsgeber eine Korrekturmöglichkeit geschaffen, die dem Umstand Rechnung tragen soll, dass im Rahmen des Benchmarking nicht alle erdenklichen Größen als Kostentreiber in den Effizienzvergleich einbezogen werden können und die daher die Berücksichtigung unternehmensindividueller Besonderheiten ermöglichen soll. Dem Netzbetreiber obliegt der Nachweis, in welcher Höhe die maßgeblichen (Mehr-)Kosten in die dem Effizienzvergleich zugrunde gelegten Gesamtkosten der Ausgangsbasis eingeflossen sind.

8. Mit der Implementierung des generellen sektoralen Produktivitätsfaktors in die Methodik der Anreizregulierung hat der Verordnungsgeber die ihm eingeräumte Verordnungsbefugnis nicht überschritten. Er korrigiert die im Verbraucherpreisindex abgebildete gesamtwirtschaftliche Produktivitätsentwicklung lediglich und gestaltet somit den Ausgleich der allgemeinen Geldentwertung sachgerecht aus. Die Einschätzung des Verordnungsgebers, inwieweit in Strom- oder Gasnetzen, als monopolistisch strukturierten Wirtschaftsbereichen bei der Simulation von Wettbewerb durch Einführung einer Anreizregulierung höhere Produktivitätssteigerungen zu realisieren sind als in wettbewerblich organisierten Märkten, ist auch angesichts ihres prognostischen Charakters gerichtlich nur eingeschränkt überprüfbar.

# § 21a

9. Durch den Erweiterungsfaktor kann nur berücksichtigt werden, dass sich die Versorgungsaufgabe des Netzbetreibers während der Regulierungsperiode nachhaltig ändert. Veränderungen im Übergangszeitraum kann nur im Rahmen der gesetzlich vorgesehenen Anpassungs- und Korrekturmöglichkeiten Rechnung getragen werden.

10. Der pauschale Investitionszuschlag ist in die jährlichen Erlösobergrenzen nur einfach mit 1 % der gem. § 14 Abs. 1 Nr. 3 i.V.m. Abs. 2 bestimmten standardisierten Kapitalkosten einzubeziehen.

**OLG Düsseldorf vom 07.07.2010, VI-3-Kart-138/09-V:** Feststellung des Ausgangsniveaus für die Erlösobergrenzen eines Netzbetreibers im vereinfachten Regulierungsverfahren; Zulässigkeit der Implementierung des generellen sektoralen Produktivitätsfaktors

1. Für den Netzbetreiber, der am vereinfachten Regulierungsverfahren teilnimmt und in der sogen. zweiten Entgeltgenehmigungsrunde u.a. entsprechend § 32 Abs. 5 StromNEV/§ 32 Abs. 6 GasNEV keine Erhöhung der Netzentgelte beantragt hatte, ergibt sich das Ausgangsniveau für die in der ersten Regulierungsperiode festzusetzenden Erlösobergrenzen entsprechend § 34 Abs. 3 ARegV aus dem Ergebnis der letzten mit einer Kostenprüfung abgeschlossenen Entgeltgenehmigung zuzüglich eines jährlichen Inflationsausgleichs für die Jahre 2005 und 2006. Dieses ist vor dem Hintergrund nachträglicher Erkenntnisse aus der Rechtsprechung des BGHs nicht zu aktualisieren.

2. Die Aufnahme des § 25 ARegV in den Katalog der Erleichterungen im vereinfachten Regulierungsverfahren, die mit Wirkung vom 12. April 2008 erfolgt ist, hat lediglich klarstellende Wirkung, so dass es sich nur um eine redaktionelle Änderung handelt. Schon von daher kann sich der Netzbetreiber, der zuvor einen Antrag auf Gewährung eines pauschalierten Investitionszuschlags gestellt hat, nicht auf eine ihm günstigere Rechtslage im Zeitpunkt der Antragstellung berufen.

3. Mit der Implementierung des generellen sektoralen Produktivitätsfaktors in die Methodik der Anreizregulierung hat der Verordnungsgeber die ihm eingeräumte Verordnungsbefugnis nicht überschritten. Er korrigiert die im Verbraucherpreisindex abgebildete gesamtwirtschaftliche Produktivitätsentwicklung lediglich und gestaltet somit den Ausgleich der allgemeinen Geldentwertung sachgerecht aus. Die Einschätzung des Verordnungsgebers, inwieweit in Strom- oder Gasnetzen als monopolistisch strukturierten Wirtschaftsbereichen bei der Simulation von Wettbewerb durch Einführung einer Anreizregulierung höhere Produktivitätssteigerungen zu realisieren sind als in wettbewerblich organisierten Märkten, ist auch angesichts ihres prognostischen Charakters gerichtlich nur eingeschränkt überprüfbar.

4. Durch den Erweiterungsfaktor kann nur berücksichtigt werden, dass sich die Versorgungsaufgabe des Netzbetreibers während der Regulierungsperiode nachhaltig ändert. Veränderungen im Übergangszeitraum kann nur im Rahmen der gesetzlich vorgesehenen Anpassungs- und Korrekturmöglichkeiten Rechnung getragen werden.

**OLG Celle vom 22.06.2010, 13-VA-25/09:** Ermittlung des Ausgangsniveaus für die Erlösobergrenze im vereinfachten Verfahren; Berücksichtigung eines sektoralen Produktivitätsfaktors und eines pauschalierten Investitionszuschlags

1. Im vereinfachten Verfahren ergibt sich gem. § 34 Abs. 3 ARegV das Ausgangsniveau für die Erlösobergrenze in der ersten Regulierungsperiode für Netzbetreiber, deren letzte Genehmigung der Netzkosten auf der Datengrundlage des Jahres 2004 beruhen, aus dem Ergebnis dieser Genehmigung zzgl. eines Inflationsausgleichs für die Jahre 2005 und 2006. § 6 ARegV ist nicht anwendbar. Es ist deshalb weder eine spätere Rechtsprechung des BGHs zu berücksichtigen, noch ist die kalkulatorische Gewerbesteuer an die gem. § 7 Abs. 6 S. 1 StromNEV veränderte Eigenkapitalverzinsung anzupassen.

2. Für den in § 9 ARegV vorgesehenen generellen sektoralen Produktivitätsfaktor gibt es keine ausreichende gesetzliche Ermächtigungsgrundlage.

3. Ein pauschalierter Investitionszuschlag (§ 25 ARegV) kommt im vereinfachten Verfahren nicht in Betracht..

**OLG Düsseldorf vom 09.06.2010, VI-3-Kart-93/09-V:** Ausgleich der Kostenunterdeckung infolge von Rundungsdifferenzen im Rahmen der periodenübergreifenden Saldierung im Verfahren zur Bestimmung der Erlösobergrenzen des Betreibers eines Gasversorgungsnetzes

1. Der periodenübergreifenden Saldierung kommt nur die Bedeutung einer periodenübergreifenden Verrechnung der Differenz aufgrund der Mengenabweichung zu. Ihr Sinn und Zweck liegt darin, den für den Netzbetreiber bestehenden Anreiz, die Prognosemenge systematisch zu unterschätzen, dadurch auszuschalten, dass prognosebedingte Fehleinschätzungen der Absatzmengen nachträglich – zu Gunsten oder zu Lasten des Netzbetreibers – korrigiert werden.

## § 21a

2. Die Mengendifferenz ist anhand der Verprobungsrechnung zu ermitteln.
3. Den Ausgleich einer Kostenunterdeckung infolge von Rundungsdifferenzen anlässlich der Verprobung kann der Netzbetreiber im Rahmen der periodenübergreifenden Saldierung nicht verlangen.

**OLG Frankfurt am Main vom 08.06.2010, 11-W-3/09-Kart:** Berücksichtigung eines pauschalierten Investitionszuschlags und eines Erweiterungsfaktors sowie eines generellen sektoralen Produktivitätsfaktors bei der Festsetzung der Erlösobergrenzen für den Betreiber eines Elektrizitätsverteilungsnetzes

1. Ein Anspruch auf einen pauschalierten Investitionszuschlag nach § 25 ARegV besteht im vereinfachten Verfahren (§ 24 ARegV) auch nicht unter dem Gesichtspunkt des Vertrauensschutzes für solche Netzbetreiber, die einen Antrag auf Teilnahme am vereinfachten Verfahren vor der Änderung des § 24 Absatz 3 ARegV gestellt haben.
2. Die Berücksichtigung eines Erweiterungsfaktors ist im ersten Jahr der Regulierungsperiode ausgeschlossen.
3. § 21a Absatz 6 Satz 1 in Verbindung mit Absatz 5 Satz 1 EnWG enthält eine ausreichende gesetzliche Grundlage für die Berücksichtigung eines generellen sektoralen Produktivitätsfaktors.

**OLG Düsseldorf vom 05.05.2010, VI-3-Kart-65/09-V:** Bestimmung der Erlösobergrenzen für die erste Anreizregulierungsperiode; Voraussetzungen der Härtefallregelung des § 4 Abs. 4 S. 1 Nr. 2 ARegV; Schutz des Netzbetreibers vor Überforderung

1. Die Übergangsregelung des § 6 Abs. 2 ARegV gibt der Regulierungsbehörde verbindlich vor, bei der Bestimmung der Erlösobergrenzen für die erste Anreizregulierungsperiode das Ergebnis der in der letzten Entgeltgenehmigung vorgenommenen Kostenprüfung als Ausgangsniveau heranzuziehen. Dieses ist weder um Plankosten des Jahres 2009 noch um nachträgliche tatsächliche Erkenntnisse hinsichtlich des der Kostenprüfung zugrunde liegenden Planjahres zu aktualisieren.
2. Die Härtefallregelung des § 4 Abs. 4 S. 1 Nr. 2 ARegV stellt eine Auffangregelung dar, die grundsätzlich dann eingreifen muss, wenn die übrigen vom Verordnungsgeber vorgesehenen Anpassungsmöglichkeiten nicht einschlägig oder ausreichend sind und die Beibehaltung der festgesetzten Erlösobergrenzen andernfalls zu einer unzumutbaren Härte führen würde. Dabei verbietet sich der Blick auf eine einzelne Kostenart und deren möglicherweise überproportionale Steigerung. Erforderlich ist vielmehr eine Gesamtbetrachtung der Kosten- und Vermögenssituation.
3. Die Anpassung der individuellen Effizienzvorgabe und damit der festgesetzten Erlösobergrenze nach § 16 Abs. 2 ARegV ist eine gegenüber § 4 Abs. 4 Satz 1 Nr. 2 ARegV vorrangige Härtefallregelung, die den Netzbetreiber entsprechend § 21a Abs. 5 S. 4 ARegV vor einer generellen Überforderung schützen soll. Nur wenn und soweit die auch hier gebotene Gesamtkostenbetrachtung dazu führt, dass diese Möglichkeit der Anpassung der Erlösobergrenze nicht ausreichend ist, kommt – nachrangig – eine Anpassung der Erlösobergrenze nach § 4 Abs. 4 Satz 1 Nr. 2 ARegV in Betracht.
4. Da § 16 Abs. 2 ARegV von dem Netzbetreiber den Nachweis fordert, dass er die festgelegte individuelle Effizienzvorgabe nicht erreichen oder übertreffen kann und die maßgeblichen Erkenntnisse sich naturgemäß nur aus seinem Netzbetrieb ergeben können, liegt es an ihm, ein entsprechendes in seinem Interesse liegendes Verfahren zu initiieren, auch wenn § 16 Abs. 2 ARegV nicht ausdrücklich einen Antrag vorschreibt.

**Schleswig-Holsteinisches OLG vom 25.03.2010, 16-Kart-34/09:** Bestimmung des maßgeblichen Kostenniveaus bei der Ermittlung der Erlösobergrenzen eines Gasnetzbetreibers; Rechtmäßigkeit des Ansatzes des generellen sektoralen Produktivitätsfaktors

§ 6 Abs. 2 ARegV schließt Modifikationen an dem Kostenniveau, das sich aus dem letzten Netzkostengenehmigungsbescheid ergibt, nicht aus, sondern gebietet sie, wenn sich Parameter der Kostenermittlung geändert oder als falsch erwiesen haben, und auch dann, wenn sich einzelne Kostenansätze so geändert haben, dass das ehemals festgelegte Kostenniveau den Status des Netzbetreibers nicht mehr sachangemessen abbildet (a. A. OLG Brandenburg, Beschluss vom 12. Januar 2010, Kart W 2/09, OLG Stuttgart, Beschluss vom 21. Januar 2010, 202 EnWG 3/09)

„Kleine" Netzbetreiber, die antragsgemäß am vereinfachten Verfahren gemäß 24 ARegV teilnehmen, können die Einbeziehung eines pauschalierten Investitionszuschlags in die Erlösobergrenze gemäß § 25 ARegV nicht beanspruchen; § 24 Abs. 3 ARegV in der geänderten Fassung vom 8. April 2008 stellt lediglich eine Klarstellung zu der auch vorher schon bestehenden Rechtslage dar.

Der Ansatz des generellen sektoralen Produktivitätsfaktors gemäß § 9 ARegV ist rechtmäßig. Die Bestimmung verstößt weder dem Grunde noch der Höhe nach gegen höherrangiges Recht (Art. 80 GG, §§ 21a Abs. 4 Satz 6, Abs. 5 Satz 5 EnWG), und auch die rechnerische Umsetzung durch Bundesnetzagentur ist nicht zu beanstanden.

# § 21a

**OLG Düsseldorf vom 24.03.2010 VI-3-Kart-200/09-V:** Bestimmung der Erlösobergrenzen für die erste Anreizregulierungsperiode; Berücksichtigung von Gebiets- und Netzabgängen; Einbeziehung des pauschalen Investitionszuschlags; Kosten für die Beschaffung von Verlustenergie als dauerhaft nicht beeinflussbare Kosten

1. Die Übergangsregelung des § 6 Abs. 2 ARegV gibt der Regulierungsbehörde verbindlich vor, bei der Bestimmung der Erlösobergrenzen für die erste Anreizregulierungsperiode das Ergebnis der in der letzten Entgeltgenehmigung vorgenommenen Kostenprüfung als Ausgangsniveau heranzuziehen. Dieses ist weder um Plankosten des Jahres 2009 noch vor dem Hintergrund nachträglicher Erkenntnisse aus der Rechtsprechung des BGHs zu aktualisieren.

2. Nach der letzten Entgeltgenehmigung erfolgte Gebiets- und Netzabgänge sind entsprechend dem Rechtsgedanken des § 26 ARegV mit einem Abzugsbetrag zu berücksichtigen.

3. Der pauschale Investitionszuschlag ist in die jährlichen Erlösobergrenzen nur einfach mit 1 % der gem. § 14 Abs. 1 Nr. 3 i.V.m. Abs. 2 bestimmten standardisierten Kapitalkosten einzubeziehen.

4. Bei den Kosten für die Beschaffung von Verlustenergie handelt es sich nicht um dauerhaft nicht beeinflussbare Kosten i.S.d. § 21a Abs. 4 EnWG, § 11 Abs. 2 S. 1 ARegV. Sie sind - auch unter Berücksichtigung der Beschaffungsvorgaben des § 22 Abs. 1 EnWG, § 10 Abs. 1 StromNZV und der Festlegung Beschaffungsrahmen der Bundesnetzagentur - noch objektiv beeinflussbar. Eine Anerkennung objektiv auch nur geringfügig beeinflussbarer Beschaffungskosten als dauerhaft nicht beeinflussbar i.S.d. § 11 Abs. 2 S. 2 ARegV kann der Netzbetreiber nicht beanspruchen.

5. Die Härtefallregelung des § 4 Abs. 4 S. 1 Nr. 2 ARegV stellt eine Auffangregelung dar, die grundsätzlich dann eingreifen muss, wenn die übrigen vom Verordnungsgeber vorgesehenen Anpassungsmöglichkeiten nicht einschlägig oder ausreichend sind und die Beibehaltung der festgesetzten Erlösobergrenzen andernfalls zu einer unzumutbaren Härte führen würde. Dabei verbietet sich der Blick auf eine einzelne Kostenart und deren möglicherweise überproportionale Steigerung. Erforderlich ist vielmehr eine Gesamtbetrachtung der Kosten- und Vermögenssituation.

6. Mit der Implementierung des generellen sektoralen Produktivitätsfaktors in die Methodik der Anreizregulierung hat der Verordnungsgeber die ihm eingeräumte Verordnungsbefugnis nicht überschritten. Er korrigiert die im Verbraucherpreisindex abgebildete gesamtwirtschaftliche Produktivitätsentwicklung lediglich und gestaltet somit den Ausgleich der allgemeinen Geldentwertung sachgerecht aus. Die Einschätzung des Verordnungsgebers, inwieweit in Strom- oder Gasnetzen als monopolistisch strukturierten Wirtschaftsbereichen bei der Simulation von Wettbewerb durch Einführung einer Anreizregulierung höhere Produktivitätssteigerungen zu realisieren sind als in wettbewerblich organisierten Märkten, ist auch angesichts ihres prognostischen Charakters gerichtlich nur eingeschränkt überprüfbar.

7. Durch den Erweiterungsfaktor kann nur berücksichtigt werden, dass sich die Versorgungsaufgabe des Netzbetreibers während der Regulierungsperiode nachhaltig ändert. Veränderungen im Übergangszeitraum kann nur im Rahmen der gesetzlich vorgesehenen Anpassungs- und Korrekturmöglichkeiten Rechnung getragen werden.

Verfahrensgang: Beschlusskammer 8 der Bundesnetzagentur vom 25.2.2009

**OLG Düsseldorf vom 24.03.2010, VI-3-Kart-166/09-V:** Bestimmung der Erlösobergrenze des Betreibers eines Elektrizitätsverteilernetzes durch die Bundesnetzagentur

1. Gem. § 6 Abs. 1 ARegV bestimmt sich das Ausgangsniveau für die Festsetzung der Erlösobergrenzen nach einer Kostenprüfung. Hat eine solche Kostenprüfung stattgefunden, so ist für eine Anpassung des Ergebnisses im Verfahren der Festsetzung der Erlösobergrenzen kein Raum.

2. Gemäß den Vorgaben für die im Rahmen des § 14 ARegV vorzunehmende Vergleichbarkeitsrechnung bestimmt sich bei der Ermittlung eines pauschalierten Investitionszuschlags und des Eigenkapitalzinssatzes wiederum nach dem Ergebnis der letzten Kostenprüfung. Dabei bestimmt sich der zu verwendende Zinssatz als gewichteter Mittelwert aus Eigenkapital- und Fremdkapitalzinssatz, wobei ersterer mit 40 % und letzterer mit 60 % zu gewichten ist. Von den 60 % des Fremdkapitalzinssatzes entfallen gem. § 14 Abs. 2 S. 4 ARegV 25 %-Punkte auf unverzinsliches Fremdkapital.

3. Die Kosten für die Beschaffung von Verlustenergie sind den dauerhaft beeinflussbaren Kostenanteilen zuzurechnen.

4. Zur Berechnung der Höhe des sektoralen Produktivitätsfaktors.

# § 21a

**OLG Düsseldorf vom 24.03.2010, VI-3-Kart-51/09-V:** Bestimmung der Erlösobergrenzen für die erste Anreizregulierungsperiode; Berücksichtigung eines Inflationsausgleichs; Zulässigkeit der Implementierung des generellen sektoralen Produktivitätsfaktors

1. Die Übergangsregelung des § 6 Abs. 2 ARegV gibt der Regulierungsbehörde verbindlich vor, bei der Bestimmung der Erlösobergrenzen für die erste Anreizregulierungsperiode das Ergebnis der in der letzten Entgeltgenehmigung vorgenommenen Kostenprüfung als Ausgangsniveau heranzuziehen. Dieses ist nicht mit Blick auf nachträgliche Erkenntnisse aus der Rechtsprechung des BGHs zu aktualisieren.
2. § 6 Abs. 2 ARegV sieht keinen Inflationsausgleich vor, wenn als Ausgangsniveau das Ergebnis der Kostenprüfung der letzten Entgeltgenehmigung heranzuziehen ist, die auf der Datengrundlage eines vor dem Jahr 2006 liegenden Geschäftsjahres beruht. Ist die letzte Entgeltgenehmigung auf der Datengrundlage des Jahres 2005 erfolgt, kommt daher eine Erhöhung des Ausgangsniveaus um einen Inflationsfaktor von 1,7 % auch nicht in entsprechender Anwendung des § 34 Abs. 3 ARegV in Betracht. Insoweit handelt es sich um eine Sonderregelung, die nur auf solche kleinen Netzbetreiber Anwendung findet, die sich für das vereinfachte Verfahren entschieden haben.
3. Mit der Implementierung des generellen sektoralen Produktivitätsfaktors in die Methodik der Anreizregulierung hat der Verordnungsgeber die ihm eingeräumte Verordnungsbefugnis nicht überschritten. Er korrigiert die im Verbraucherpreisindex abgebildete gesamtwirtschaftliche Produktivitätsentwicklung lediglich und gestaltet somit den Ausgleich der allgemeinen Geldentwertung sachgerecht aus. Die Einschätzung des Verordnungsgebers, inwieweit in Strom- oder Gasnetzen als monopolistisch strukturierten Wirtschaftsbereichen bei der Simulation von Wettbewerb durch Einführung einer Anreizregulierung höhere Produktivitätssteigerungen zu realisieren sind als in wettbewerblich organisierten Märkten, ist auch angesichts ihres prognostischen Charakters gerichtlich nur eingeschränkt überprüfbar.

**OLG Düsseldorf vom 17.02.2010, VI-3-Kart-4/09-V:** Berücksichtigung der Kosten für die Beschaffung der Verlustenergie bei der Verfahrensregulierung

1. Die mit der formellen Festlegung des § 32 Abs. 1 Nr. 4 ARegV verbundene Feststellung einer wirksamen Verfahrensregulierung führt dazu, dass die Kosten für die Beschaffung der Verlustenergie – als dauerhaft nicht beeinflussbar gelten – und entsprechend § 21a Abs. 4 EnWG, § 14 Abs. 1 Nr. 2 ARegV nicht der individuellen Effizienzvorgabe des § 16 ARegV unterfallen. Dies ist als Vorfrage für die individuell festzulegende Erlösobergrenze wie auch für die autonome Anpassungsbefugnis des Netzbetreibers nach § 4 Abs. 3 Satz 1 Nr. 2 , § 17 Abs. 2 ARegV maßgeblich. Handelt es sich - objektiv - um dauerhaft nicht beeinflussbare Kosten des Netzbetriebs, hat der Netzbetreiber folglich auch ein rechtlich geschütztes Interesse daran und an der Rechtssicherheit schaffenden Festlegung ihrer Kostenanerkennung.
2. Bei den Kosten für die Beschaffung von Verlustenergie handelt es sich nicht um dauerhaft nicht beeinflussbare Kosten i.S.d. § 21a Abs. 4 EnWG, § 11 Abs. 2 S. 1 ARegV. Sie sind – auch unter Berücksichtigung der Beschaffungsvorgaben des § 22 Abs. 1 EnWG, § 10 Abs. 1 StromNZV und der Festlegung – Beschaffungsrahmen der Bundesnetzagentur – noch objektiv beeinflussbar. Eine Anerkennung objektiv auch nur geringfügig beeinflussbarer Beschaffungskosten als dauerhaft nicht beeinflussbar i.S.d. § 11 Abs. 2 S. 2 ARegV kann der Netzbetreiber nicht beanspruchen.

**Schleswig-Holsteinisches OLG vom 19.01.2010, 16-Kart-14/09:** Abgrenzung der Zuständigkeit von Bundesnetzagentur und Landesregulierungsbehörden für die Festlegung von Preisindizes für die Ermittlung der Tagesneuwerte nach § 6 Abs. 3 GasNEV

Für generelle Regelungen wie die Festlegung von Preisindizes für die Ermittlung der Tagesneuwerte nach § 6 Abs. 3 GasNEV ist nach §§ 54 Abs. 1, Abs. 3 EnWG allein die Bundesnetzagentur als Bundesbehörde zuständig. Den Landesregulierungsbehörden obliegen nach § 54 Abs. 2 EnWG lediglich die einzelfallbezogenen Entgeltgenehmigungen nach § 23a EnWG (§ 54 Abs. 2 Satz 1 Nr. 1, Satz 2 EnWG) und die einzelfallbezogenen (antragsgebundenen oder amtswegigen) Entscheidungen über die Bestimmung der Erlösobergrenzen nach § 21a EnWG (§ 54 Abs. 2 Satz 1 Nr. 2 EnWG), und dies auch nur, sofern „kleine" Netzbetreiber im Sinne von § 54 Abs. 2 Satz 2 EnWG betroffen sind.

**Brandenburgisches OLG Beschluss, Kart-W-1/09 vom 12.01.2010:** Berücksichtigung erhöhter Kosten für die Beschaffung von Verlustenergie bei der Festlegung der Erlösobergrenzen

1. Für den Netzbetreiber, der bei der erstmaligen Festsetzung der Erlösobergrenzen am vereinfachten Verfahren teilnimmt und der keine Erhöhung der Netzentgelte auf der Datengrundlage des Jahres 2006 beantragt hat, wird die Kostenbasis der letzten Netzentgeltgenehmigung unverändert zur

Grundlage für die Festlegung der Erlösobergrenzen gemacht, lediglich korrigiert um einen Inflationsfaktor für jedes Jahr vor dem Jahr 2006 (sog. doppelt vereinfachtes Verfahren).

2. Im doppelt vereinfachten Verfahren kommt allein eine Anpassung der Kostenbasis der letzten Netzentgeltgenehmigung in Betracht, soweit es die Kosten des vorgelagerten Netzes angeht. Eine Anpassung der Verzinsung des Eigenkapitals an die von der Regulierungsbehörde festgelegten und bekannt gemachten Eigenkapitalzinssätze und die Anpassung der hiervon abhängigen kalkulatorischen Gewerbesteuer ist dagegen ausgeschlossen.

3. Ein pauschalierter Investitionszuschlag kann im vereinfachten Verfahren nicht gewährt werden. Dies benachteiligt die Netzbetreiber, die am vereinfachten Verfahren teilnehmen, gegenüber den am Regelverfahren teilnehmenden Netzbetreibern nicht unangemessen.

4. Eine Anpassung der Erlösobergrenze auf Grund einer nachhaltigen Veränderung der Versorgungsaufgabe (Erweiterungsfaktor) kommt im ersten Jahr der ersten Regulierungsperiode nicht in Betracht. Die Anpassung der Erlösobergrenze setzt begrifflich eine bereits festgelegte Erlösobergrenze voraus.

5. Im ersten Jahr der ersten Regulierungsperiode kann auch keine Anpassung der Erlösobergrenze unter Hinweis auf stark gestiegene Kosten für die Beschaffung von Ver-lustenergie als Härtefall erfolgen. Bei der Beurteilung der Frage, ob ein Härtefall vorliegt, müssen alle Umstände des Einzelfall berücksichtigt werden. Selbst exorbitante Preissteigerungen können deshalb nicht die Annahme einer unzumutbaren Härte begründen, wenn sich aus der Zusammenschau aller Kosten ergibt, dass die Kosten für die Beschaffung von Verlustenergie eine untergeordnete Bedeutung haben.

6. Für einen generellen sektoralen Produktivitätsfaktor enthält das Energiewirtschaftsgesetz keine ausreichende Ermächtigungsgrundlage. Die Ermächtigung zur Berücksichtigung der auf die Gesamtwirtschaft bezogenen Inflationsrate bei der Festsetzung der Erlösobergrenzen rechtfertigt nicht die Einführung eines sektorbezogenen Produktivitätsfaktors, der den Inflationsausgleich teilweise aufhebt. Da der generelle sektorale Produktivitätsfaktor keine auf den individuellen Netzbetreiber zu-geschnittene Effizienzvorgabe darstellt, kann seine Einführung auch nicht auf die Verordnungsermächtigung für Effizienzvorgaben gestützt werden.

**Brandenburgisches OLG vom 12.01.2010, Kart-W-2/09:** Berücksichtigung erhöhter Kosten für die Beschaffung von Verlustenergie bei der Festlegung der Erlösobergrenzen

1. Für den Netzbetreiber, der bei der erstmaligen Festsetzung der Erlösobergrenzen am vereinfachten Verfahren teilnimmt und der keine Erhöhung der Netzentgelte auf der Datengrundlage des Jahres 2006 beantragt hat, wird die Kostenbasis der letzten Netzentgeltgenehmigung unverändert zur Grundlage für die Festlegung der Erlösobergrenzen gemacht, lediglich korrigiert um einen Inflationsfaktor für jedes Jahr vor dem Jahr 2006 (sog. doppelt vereinfachtes Verfahren).

2. Im doppelt vereinfachten Verfahren kommt allein eine Anpassung der Kostenbasis der letzten Netzentgeltgenehmigung in Betracht, soweit es die Kosten des vorgelagerten Netzes angeht. Eine Anpassung der Verzinsung des Eigenkapitals an die von der Regulierungsbehörde festgelegten und bekannt gemachten Eigenkapitalzinssätze und die Anpassung der hiervon abhängigen kalkulatorischen Gewerbesteuer ist dagegen ausgeschlossen.

3. Ein pauschalierter Investitionszuschlag kann im vereinfachten Verfahren nicht gewährt werden. Dies benachteiligt die Netzbetreiber, die am vereinfachten Verfahren teilnehmen, gegenüber den am Regelverfahren teilnehmenden Netzbetreibern nicht unangemessen.

4. Eine Anpassung der Erlösobergrenze auf Grund einer nachhaltigen Veränderung der Versorgungsaufgabe (Erweiterungsfaktor) kommt im ersten Jahr der ersten Regulierungsperiode nicht in Betracht. Die Anpassung der Erlösobergrenze setzt begrifflich eine bereits festgelegte Erlösobergrenze voraus.

5. Im ersten Jahr der ersten Regulierungsperiode kann auch keine Anpassung der Erlösobergrenze unter Hinweis auf stark gestiegene Kosten für die Beschaffung von Ver-lustenergie als Härtefall erfolgen. Bei der Beurteilung der Frage, ob ein Härtefall vorliegt, müssen alle Umstände des Einzelfall berücksichtigt werden. Selbst exorbitante Preissteigerungen können deshalb nicht die Annahme einer unzumutbaren Härte begründen, wenn sich aus der Zusammenschau aller Kosten ergibt, dass die Kosten für die Beschaffung von Verlustenergie eine untergeordnete Bedeutung haben.

6. Für einen generellen sektoralen Produktivitätsfaktor enthält das Energiewirtschaftsgesetz keine ausreichende Ermächtigungsgrundlage. Die Ermächtigung zur Berücksichtigung der auf die Gesamtwirtschaft bezogenen Inflationsrate bei der Festsetzung der Erlösobergrenzen rechtfertigt nicht die Einführung eines sektorbezogenen Produktivitätsfaktors, der den Inflationsausgleich teilweise aufhebt. Da der generelle sektorale Produktivitätsfaktor keine auf den individuellen Netzbetreiber

# § 21a

zu-geschnittene Effizienzvorgabe darstellt, kann seine Einführung auch nicht auf die Verordnungsermächtigung für Effizienzvorgaben gestützt werden.

**Brandenburgisches OLG vom 12.01.2010, Kart-W-3/09:** Bestimmung des Ausgangsniveaus der Erlösobergrenze für die erste Regulierungsperiode; Gewährung eines pauschalierten Investitionszuschlags im vereinfachten Verfahren; Berücksichtigung eines generellen sektoralen Produktivitätsfaktors

1. Für die Bestimmung des Ausgangsniveaus der Erlösobergrenze für die erste Regulierungsperiode ist das Ergebnis der letzten Genehmigung der Netzentgelte maßgeblich, die auf der Datengrundlage des Geschäftsjahres 2006 basiert. Eine Anpassung der Kostenbasis kann nur hinsichtlich der Kosten des vorgelagerten Netzes und, soweit es sich nicht um ein doppelt vereinfachtes Verfahren handelt, auch hinsichtlich der Verzinsung des Eigenkapitals (EK I) erfolgen. Eine Berücksichtigung der höchstrichterlichen Rechtsprechung zur Ermittlung des Zinssatzes für das die zugelassene Eigenkapitalquote von 40 % übersteigende Eigenkapital (EK II) kommt dagegen nicht in Betracht.

2. Ein pauschalierter Investitionszuschlag kann im vereinfachten Verfahren nicht gewährt werden. Dies benachteiligt die Netzbetreiber, die am vereinfachten Verfahren teilnehmen, gegenüber den am Regelverfahren teilnehmenden Netzbetreibern nicht unangemessen.

3. Für einen generellen sektoralen Produktivitätsfaktor enthält das Energiewirtschaftsgesetz keine ausreichende Ermächtigungsgrundlage. Die Ermächtigung zur Berücksichtigung der auf die Gesamtwirtschaft bezogenen Inflationsrate bei der Festsetzung der Erlösobergrenzen rechtfertigt nicht die Einführung eines sektorbezogenen Produktivitätsfaktors, der den Inflationsausgleich teilweise aufhebt. Da der generelle sektorale Produktivitätsfaktor keine auf den individuellen Netzbetreiber zugeschnittene Effizienzvorgabe darstellt, kann seine Einführung auch nicht auf die Verordnungsermächtigung für Effizienzvorgaben gestützt werden.

**Brandenburgisches OLG vom 12.01.2010, Kart-W-4/09:** Bestimmung des Ausgangsniveaus der Erlösobergrenze für die erste Regulierungsperiode; Gewährung eines pauschalierten Investitionszuschlags im vereinfachten Verfahren; Berücksichtigung eines generellen sektoralen Produktivitätsfaktors

1. Für die Bestimmung des Ausgangsniveaus der Erlösobergrenze für die erste Regulierungsperiode ist das Ergebnis der letzten Genehmigung der Netzentgelte maßgeblich, die auf der Datengrundlage des Geschäftsjahres 2006 basiert. Eine Anpassung der Kostenbasis kann nur hinsichtlich der Kosten des vorgelagerten Netzes und, soweit es sich nicht um ein doppelt vereinfachtes Verfahren handelt, auch hinsichtlich der Verzinsung des Eigenkapitals (EK I) erfolgen. Eine Berücksichtigung der höchstrichterlichen Rechtsprechung zur Ermittlung des Zinssatzes für das die zugelassene Eigenkapitalquote von 40 % übersteigende Eigenkapital (EK II) kommt dagegen nicht in Betracht.

2. Ein pauschalierter Investitionszuschlag kann im vereinfachten Verfahren nicht gewährt werden. Dies benachteiligt die Netzbetreiber, die am vereinfachten Verfahren teilnehmen, gegenüber den am Regelverfahren teilnehmenden Netzbetreibern nicht unangemessen.

3. Für einen generellen sektoralen Produktivitätsfaktor enthält das Energiewirtschaftsgesetz keine ausreichende Ermächtigungsgrundlage. Die Ermächtigung zur Berücksichtigung der auf die Gesamtwirtschaft bezogenen Inflationsrate bei der Festsetzung der Erlösobergrenzen rechtfertigt nicht die Einführung eines sektorbezogenen Produktivitätsfaktors, der den Inflationsausgleich teilweise aufhebt. Da der generelle sektorale Produktivitätsfaktor keine auf den individuellen Netzbetreiber zugeschnittene Effizienzvorgabe darstellt, kann seine Einführung auch nicht auf die Verordnungsermächtigung für Effizienzvorgaben gestützt werden.

**Brandenburgisches OLG vom 12.01.2010, Kart-W-7/09:** Bestimmung des Ausgangsniveaus der Erlösobergrenze für die erste Regulierungsperiode; Gewährung eines pauschalierten Investitionszuschlags im vereinfachten Verfahren; Berücksichtigung eines generellen sektoralen Produktivitätsfaktors

1. Für die Bestimmung des Ausgangsniveaus der Erlösobergrenze für die erste Regulierungsperiode ist das Ergebnis der letzten Genehmigung der Netzentgelte maßgeblich, die auf der Datengrundlage des Geschäftsjahres 2006 basiert. Eine Anpassung der Kostenbasis kann nur hinsichtlich der Kosten des vorgelagerten Netzes und, soweit es sich nicht um ein doppelt vereinfachtes Verfahren handelt, auch hinsichtlich der Verzinsung des Eigenkapitals (EK I) erfolgen. Eine Berücksichtigung der höchstrichterlichen Rechtsprechung zur Ermittlung des Zinssatzes für das die zugelassene Eigenkapitalquote von 40 % übersteigende Eigenkapital (EK II) kommt dagegen nicht in Betracht.

2. Ein pauschalierter Investitionszuschlag kann im vereinfachten Verfahren nicht gewährt werden. Dies benachteiligt die Netzbetreiber, die am vereinfachten Verfahren teilnehmen, gegenüber den am Regelverfahren teilnehmenden Netzbetreibern nicht unangemessen.

# § 21a

3. Für einen generellen sektoralen Produktivitätsfaktor enthält das Energiewirtschaftsgesetz keine ausreichende Ermächtigungsgrundlage. Die Ermächtigung zur Berücksichtigung der auf die Gesamtwirtschaft bezogenen Inflationsrate bei der Festsetzung der Erlösobergrenzen rechtfertigt nicht die Einführung eines sektorbezogenen Produktivitätsfaktors, der den Inflationsausgleich teilweise aufhebt. Da der generelle sektorale Produktivitätsfaktor keine auf den individuellen Netzbetreiber zugeschnittene Effizienzvorgabe darstellt, kann seine Einführung auch nicht auf die Verordnungsermächtigung für Effizienzvorgaben gestützt werden.

**OLG Naumburg vom 05.11.2009, 1-W-6/09-EnWG:** Regulierung des Entgelts für den Stromnetzzugang: Verstoß gegen das Energiewirtschaftsgesetz durch Einführung des generellen sektoralen Produktivitätsfaktors in der Anreizregulierungsverordnung und Berücksichtigung eines pauschalierten Investitionsfaktors im vereinfachten Verfahren zur Bestimmung der Erlösobergrenze

Die Vorschrift des § 9 Abs. 1 ARegV verstößt gegen § 21a Abs. 5 S. 1 EnWG und ist auch nicht von §§ 21a Abs. 6 S. 1 Nr. 2 bzw. 21a Abs. 6 S. 2 Nr. 5 EnWG gedeckt.

Im vereinfachten Verfahren der Bestimmung der Erlösobergrenzen kommt die Berücksichtigung eines pauschalierten Investitionsfaktors nicht in Betracht, und zwar auch dann nicht, wenn ein entsprechender Antrag bereits vor dem 12. April 2008 (dem Tag des Inkrafttretens der Änderung von § 24.

**OLG Thüringen vom 21.07.2009, 2-Kart-11/09:** Bestimmung des Ausgangsniveaus für die erste Regulierungsperiode im Rahmen der Anreizregulierung

1. Gem. §§ 6 Abs. 2, 34 Abs. 3 S. 2 ARegV ist als Ausgangsniveau für die erste Regulierungsperiode das Ergebnis der Kostenprüfung der letzten Genehmigung der Netzentgelte unverändert zu übernehmen.
2. Eine unerwartet hohe Preissteigerung für Verlustenergie stellt kein unvorhergesehenes Ereignis i.S. von § 4 Abs. 4 Nr. 2 ARegV dar.
3. Bei der Anreizregulierung ist nicht nur die gesamtwirtschaftliche Produktivitätsentwicklung zu berücksichtigen, sondern auch eine sektorale Korrektur.
4. § 25 ARegV findet im vereinfachten Verfahren keine Anwendung.
5. Es stellt sich nicht als unbillig dar, wenn im vereinfachten Verfahren kein pauschalierter Investitionszuschlag zu berücksichtigen ist.

**OLG Düsseldorf vom 28.06.2006, VI-3-Kart-153/06-V:** Zum Auskunftsverlangen und zur Auskunftspflicht über die wirtschaftlichen und technischen Verhältnisse eines Gasversorgungsnetzbetreibers und verbundener Unternehmen

Der Umfang der Betreiberauskunftspflicht eines Gasversorgungsnetzes ist nicht nur auf die technischen und wirtschaftlichen Verhältnisse beschränkt, sondern erstreckt sich gem. § 69 Abs. 1 Satz 1 Nr. 2 EnWG auch auf Unterlagen und Informationen von mit ihr verbundenen Unternehmen.

**OLG Düsseldorf vom 20.03.2006, VI-3-Kart-154/06-V:** Formelle und materielle Rechtmäßigkeit eines Auskunftsverlangens nach §§ 112a, 68, 69 Abs. 1 Nr. 1 EnWG zur Erstellung eines Berichts zur Anreizregulierung nach § 21a EnWG gegenüber Betreibern überregionaler Gasfernleitungsnetze

1. Eine unbillige Härte i.S.d. § 77 Abs. 3 S. 1 Nr. 3 EnWG, § 65 Abs. 3 S. 1 Nr. 3 GWB stellen nur schwerwiegende Nachteile – in der Regel wirtschaftlicher Natur – dar, die über den eigentlichen Zweck der Verfügung hinausgehen und nicht oder jedenfalls kaum wieder gut zu machen sind.
2. Für das Auskunftsverlangen nach § 112a EnWG ist § 73 Abs. 1 S. 1 EnWG nicht anwendbar, mit der Folge, dass ein Zustellungserfordernis nicht gegeben ist.
3. Bei Auskunftsanordnungen für einen Bericht zur Einführung der Anreizregulierung nach § 21a EnWG hat die Regulierungsbehörde naturgemäß einen weiten Spielraum hinsichtlich der Beurteilung, welche Auskünfte sie zur Vorbereitung und Erstellung des Berichts benötigt.

## § 42

**§ 42** [1]) **Stromkennzeichnung, Transparenz der Stromrechnungen, Verordnungsermächtigung**

(1) Elektrizitätsversorgungsunternehmen sind verpflichtet, in oder als Anlage zu ihren Rechnungen an Letztverbraucher und in an diese gerichtetem Werbematerial sowie auf ihrer Website für den Verkauf von Elektrizität anzugeben:

1. den Anteil der einzelnen Energieträger (Kernkraft, Kohle, Erdgas und sonstige fossile Energieträger, erneuerbare Energien, gefördert nach dem Erneuerbare-Energien-Gesetz, sonstige erneuerbare Energien) an dem Gesamtenergieträgermix, den der Lieferant im letzten oder vorletzten Jahr verwendet hat; spätestens ab 1. November eines Jahres sind jeweils die Werte des vorangegangenen Kalenderjahres anzugeben;
2. Informationen über die Umweltauswirkungen zumindest in Bezug auf Kohlendioxidemissionen ($CO_2$-Emissionen) und radioaktiven Abfall, die auf den in Nummer 1 genannten Gesamtenergieträgermix zur Stromerzeugung zurückzuführen sind.

(2) Die Informationen zu Energieträgermix und Umweltauswirkungen sind mit den entsprechenden Durchschnittswerten der Stromerzeugung in Deutschland zu ergänzen und verbraucherfreundlich und in angemessener Größe in grafisch visualisierter Form darzustellen.

(3) [1]Sofern ein Elektrizitätsversorgungsunternehmen im Rahmen des Verkaufs an Letztverbraucher eine Produktdifferenzierung mit unterschiedlichem Energieträgermix vornimmt, gelten für diese Produkte sowie für den verbleibenden Energieträgermix die Absätze 1 und 2 entsprechend. [2]Die Verpflichtungen nach den Absätzen 1 und 2 bleiben davon unberührt.

(4) [1]Bei Strommengen, die nicht eindeutig erzeugungsseitig einem der in Absatz 1 Nummer 1 genannten Energieträger zugeordnet werden können, ist der ENTSO-E-Energieträgermix für Deutschland unter Abzug der nach Absatz 5 Nummer 1 und 2 auszuweisenden Anteile an Strom aus erneuerbaren Energien zu Grunde zu legen. [2]Soweit mit angemessenem Aufwand möglich, ist der ENTSO-E-Mix vor seiner Anwendung so weit zu bereinigen, dass auch sonstige Doppelzählungen von Strommengen vermieden werden. [3]Zudem ist die Zusammensetzung des nach Satz 1 und 2 berechneten Energieträgermixes aufgeschlüsselt nach den in Absatz 1 Nummer 1 genannten Kategorien zu benennen.

(5) Eine Verwendung von Strom aus erneuerbaren Energien zum Zweck der Stromkennzeichnung nach Absatz 1 Nummer 1 und Absatz 3 liegt nur vor, wenn das Elektrizitätsversorgungsunternehmen

1. Herkunftsnachweise für Strom aus erneuerbaren Energien verwendet, die durch die zuständige Behörde nach § 79 Absatz 4 des Erneuerbare-Energien-Gesetzes entwertet wurden,
2. Strom, der nach dem Erneuerbare-Energien-Gesetz gefördert wird, unter Beachtung der Vorschriften des Erneuerbare-Energien-Gesetzes ausweist oder
3. Strom aus erneuerbaren Energien als Anteil des nach Absatz 4 berechneten Energieträgermixes nach Maßgabe des Absatz 4 ausweist.

(6) Erzeuger und Vorlieferanten von Strom haben im Rahmen ihrer Lieferbeziehungen den nach Absatz 1 Verpflichteten auf Anforderung die Daten so zur Verfügung zu stellen, dass diese ihren Informationspflichten genügen können.

(7) [1]Elektrizitätsversorgungsunternehmen sind verpflichtet, einmal jährlich zur Überprüfung der Richtigkeit der Stromkennzeichnung die nach den Absätzen 1 bis 4 gegenüber den Letztverbrauchern anzugebenden Daten sowie die der Stromkennzeichnung zugrunde liegenden Strommengen der Bundesnetzagentur zu melden. [2]Die Bundesnetzagentur übermittelt die Daten, soweit sie den Anteil an erneuerbaren Energien betreffen, an das Umweltbundesamt. [3]Die Bundesnetzagentur kann Vorgaben zum Format, Umfang und Meldezeit-

---

1) § 42 neu gef. mWv 4. 8. 2011 durch G v. 26. 7. 2011 (BGBl. I S. 1554); Abs. 8 Satz 2 geänd. mWv 28. 12. 2012 durch G v. 20. 12. 2012 (BGBl. I S. 2730); Abs. 5 Nr. 1 geänd. mWv 1. 8. 2014 durch G v. 21. 7. 2014 (BGBl. I S. 1066).

punkt machen. ⁴Stellt sie Formularvorlagen bereit, sind die Daten in dieser Form elektronisch zu übermitteln.

(8) ¹Die Bundesregierung wird ermächtigt, durch Rechtsverordnung, die nicht der Zustimmung des Bundesrates bedarf, Vorgaben zur Darstellung der Informationen nach den Absätzen 1 bis 4, insbesondere für eine bundesweit vergleichbare Darstellung, und zur Bestimmung des Energieträgermixes für Strom, der nicht eindeutig erzeugungsseitig zugeordnet werden kann, abweichend von Absatz 4 sowie die Methoden zur Erhebung und Weitergabe von Daten zur Bereitstellung der Informationen nach den Absätzen 1 bis 4 festzulegen. ²Solange eine Rechtsverordnung nicht erlassen wurde, ist die Bundesnetzagentur berechtigt, die Vorgaben nach Satz 1 durch Festlegung nach § 29 Absatz 1 zu bestimmen.

Geltungszeitraum: ab 01.08.2014

## § 42[1)] Stromkennzeichnung, Transparenz der Stromrechnungen, Verordnungsermächtigung

(1) Elektrizitätsversorgungsunternehmen sind verpflichtet, in oder als Anlage zu ihren Rechnungen an Letztverbraucher und in an diese gerichtetem Werbematerial sowie auf ihrer Website für den Verkauf von Elektrizität anzugeben:

1. den Anteil der einzelnen Energieträger (Kernkraft, Kohle, Erdgas und sonstige fossile Energieträger, erneuerbare Energien, gefördert nach dem Erneuerbare-Energien-Gesetz, sonstige erneuerbare Energien) an dem Gesamtenergieträgermix, den der Lieferant im letzten oder vorletzten Jahr verwendet hat; spätestens ab 1. November eines Jahres sind jeweils die Werte des vorangegangenen Kalenderjahres anzugeben;
2. Informationen über die Umweltauswirkungen zumindest in Bezug auf Kohlendioxidemissionen ($CO_2$-Emissionen) und radioaktiven Abfall, die auf den in Nummer 1 genannten Gesamtenergieträgermix zur Stromerzeugung zurückzuführen sind.

(2) Die Informationen zu Energieträgermix und Umweltauswirkungen sind mit den entsprechenden Durchschnittswerten der Stromerzeugung in Deutschland zu ergänzen und verbraucherfreundlich und in angemessener Größe in grafisch visualisierter Form darzustellen.

(3) ¹Sofern ein Elektrizitätsversorgungsunternehmen im Rahmen des Verkaufs an Letztverbraucher eine Produktdifferenzierung mit unterschiedlichem Energieträgermix vornimmt, gelten für diese Produkte sowie für den verbleibenden Energieträgermix die Absätze 1 und 2 entsprechend. ²Die Verpflichtungen nach den Absätzen 1 und 2 bleiben davon unberührt.

(4) ¹Bei Strommengen, die nicht eindeutig erzeugungsseitig einem der in Absatz 1 Nummer 1 genannten Energieträger zugeordnet werden können, ist der ENTSO-E-Energieträgermix für Deutschland unter Abzug der nach Absatz 5 Nummer 1 und 2 auszuweisenden Anteile an Strom aus erneuerbaren Energien zu Grunde zu legen. ²Soweit mit angemessenem Aufwand möglich, ist der ENTSO-E-Mix vor seiner Anwendung so weit zu bereinigen, dass auch sonstige Doppelzählungen von Strommengen vermieden werden. ³Zudem ist die Zusammensetzung des nach Satz 1 und 2 berechneten Energieträgermixes aufgeschlüsselt nach den in Absatz 1 Nummer 1 genannten Kategorien zu benennen.

(5) Eine Verwendung von Strom aus erneuerbaren Energien zum Zweck der Stromkennzeichnung nach Absatz 1 Nummer 1 und Absatz 3 liegt nur vor, wenn das Elektrizitätsversorgungsunternehmen

1. Herkunftsnachweise für Strom aus erneuerbaren Energien verwendet, die durch die zuständige Behörde nach § 55 Absatz 4 des Erneuerbare-Energien-Gesetzes entwertet wurden,
2. Strom, der nach dem Erneuerbare-Energien-Gesetz gefördert wird, unter Beachtung der Vorschriften des Erneuerbare-Energien-Gesetzes ausweist oder

---

1) § 42 neu gef. mWv 4.8.2011 durch G v. 26.7.2011 (BGBl. I S. 1554); Abs. 8 Satz 2 geänd. mWv 28.12.2012 durch G v. 20.12.2012 (BGBl. I S. 2730).

## § 42

3. Strom aus erneuerbaren Energien als Anteil des nach Absatz 4 berechneten Energieträgermixes nach Maßgabe des Absatz 4 ausweist.

(6) Erzeuger und Vorlieferanten von Strom haben im Rahmen ihrer Lieferbeziehungen den nach Absatz 1 Verpflichteten auf Anforderung die Daten so zur Verfügung zu stellen, dass diese ihren Informationspflichten genügen können.

(7) [1]Elektrizitätsversorgungsunternehmen sind verpflichtet, einmal jährlich zur Überprüfung der Richtigkeit der Stromkennzeichnung die nach den Absätzen 1 bis 4 gegenüber den Letztverbrauchern anzugebenden Daten sowie die der Stromkennzeichnung zugrunde liegenden Strommengen der Bundesnetzagentur zu melden. [2]Die Bundesnetzagentur übermittelt die Daten, soweit sie den Anteil an erneuerbaren Energien betreffen, an das Umweltbundesamt. [3]Die Bundesnetzagentur kann Vorgaben zum Format, Umfang und Meldezeitpunkt machen. [4]Stellt sie Formularvorlagen bereit, sind die Daten in dieser Form elektronisch zu übermitteln.

(8) [1]Die Bundesregierung wird ermächtigt, durch Rechtsverordnung, die nicht der Zustimmung des Bundesrates bedarf, Vorgaben zur Darstellung der Informationen nach den Absätzen 1 bis 4, insbesondere für eine bundesweit vergleichbare Darstellung, und zur Bestimmung des Energieträgermixes für Strom, der nicht eindeutig erzeugungsseitig zugeordnet werden kann, abweichend von Absatz 4 sowie die Methoden zur Erhebung und Weitergabe von Daten zur Bereitstellung der Informationen nach den Absätzen 1 bis 4 festzulegen. [2]Solange eine Rechtsverordnung nicht erlassen wurde, ist die Bundesnetzagentur berechtigt, die Vorgaben nach Satz 1 durch Festlegung nach § 29 Absatz 1 zu bestimmen.

I Geltungszeitraum: bis 31.07.2014

### Rechtsprechungsauswahl

**OLG Frankfurt am Main vom 12.04.2011, 11-U-5/11-Kart:** Rechtsfolgen der Verletzung von Stromkennzeichnungspflichten in einem Werbeflyer

Die Verletzung von Informationspflichten in einem Werbeflyer kann bei der gebotenen europakonformen Auslegung des UWG keinen wettbewerblichen Unterlassungsanspruch nach § 42 Abs. 1 Nr. 2, Abs. 2 EnWG i.V.m. §§ 3, 4 Nr. 11, 8 ff UWG begründen, soweit gegen Stromkennzeichnungspflichten nach § 42 EnWG verstoßen wird, die über die Vorgaben der Elektrizitätsrichtlinie hinausgehen.

Dies ergibt sich aus den Vorgaben der Richtlinie über unlautere Geschäftspraktiken (UGP-Richtlinie 2005/29/EG), die wegen ihres Ziels der Vollharmonisierung des Wettbewerbsrechts in den Mitgliedstaaten der Europäischen Union bei der Anwendung des UWG stets zu berücksichtigen ist.

**OLG Frankfurt am Main vom 31.03.2009, 11-U-2/09-Kart:** Anforderungen an die Lesbarkeit irrtumsausschließender Zusätze in der Werbung für einen Öko-Stromtarif für Neukunden

1. Zu den Anforderungen an die Lesbarkeit aufklärender Zusätze in der Werbung für Ökostromtarife.
2. Zeitungsinserate, in denen Stromtarife beworben werden, unterliegen nicht der Stromkennzeichnungspflicht gemäß § 42 EnWG.

Verfahrensgang: LG Frankfurt am Main, 3-12 O 128/08.

**OLG Frankfurt am Main vom 31.03.2009, 11-U-77/08-Kart:** Umfang der Kennzeichnungspflicht von Werbematerial; Umfang der Ausnahme von der Kennzeichnungspflicht für Zeitungswerbung

Der Kennzeichnungspflicht nach § 42 EnWG unterliegt Werbematerial, das Letztverbrauchern übersandt bzw. ausgehändigt wird. Von der Kennzeichnungspflicht ausgenommen sind Zeitungs- und Zeitschriftenanzeigen. Die Ausnahme von der Kennzeichnungspflicht für Zeitungswerbung gilt für einfache Werbeanzeigen in Zeitungen, nicht jedoch für Prospektbeilagen in Zeitungen, die an Abonnenten übersandt werden.

**OLG Frankfurt am Main vom 08.09.2009, 11-U-12/09-Kart:** Pflicht eines Versorgungsunternehmens zur Angabe der Stromkennzeichnung in Rechnungen und Werbematerial

1. Versorgungsunternehmen müssen die gemäß § 42 EnWG vorgeschriebene Stromkennzeichnung für das letzte oder vorletzte Jahr auch dann nicht vor dem 15. Dezember eines Jahres in ihren Rechnungen an Letztverbraucher und in an diese gerichtetem Werbematerial angeben, wenn sie schon vor dem Stichtag über die aktuellen Strommix-Daten verfügen.

## § 42

2. Zu den Anforderungen an eine Irreführungsgefahr durch zusätzliche, über die gemäß § 42 EnWG vorgeschriebenen Angaben hinausgehende Angaben zu einem voraussichtlichen künftigen Strommix.

**OLG Frankfurt am Main vom 02.12.2008, 11-U-45/08-Kart:** Wettbewerbswidrigkeit der Werbung für Ökostrom

Die Werbeaussage „Als X Stromkunde beziehen Sie 100 % atomstromfreie Energie" ist objektiv unrichtig und verstößt gegen das Verbot irreführender Werbung.

**Landgericht Wiesbaden vom 08.05.2008, 13-O-30/08:** Ein Energieversorger, der in seiner Werbung für einen Stromtarif nicht den Anteil der einzelnen Energieträger aufführt, handelt wettbewerbswidrig Die Normen des Energiewirtschaftsgesetzes, welche die Anforderungen an Werbematerial von Energieunternehmen enthalten, haben zum Ziel, im Interesse der Marktteilnehmer das Marktverhalten zu regeln. Daher ist das Unterlassen der dort geforderten Auflistung der einzelnen Anteile der Energieträger an einem Energieträgermix ein Wettbewerbsverstoß, sofern es sich um Werbematerial handelt, dass an den Letztverbraucher gerichtet ist. Davon kann ausgegangen werden, wenn die betreffenden Broschüren einer Tageszeitung beigelegt werden.

## § 19

**Stromnetzentgeltverordnung**

§ 19[1] Sonderformen der Netznutzung

(1) Für Letztverbraucher mit einer zeitlich begrenzten hohen Leistungsaufnahme, der in der übrigen Zeit eine deutlich geringere oder keine Leistungsaufnahme gegenübersteht, haben Betreiber von Elektrizitätsversorgungsnetzen, an deren Netz der jeweilige Letztverbraucher angeschlossen ist, neben dem Jahresleistungspreissystem eine Abrechnung auf der Grundlage von Monatsleistungspreisen anzubieten.

(2) ¹Ist auf Grund vorliegender oder prognostizierter Verbrauchsdaten oder auf Grund technischer oder vertraglicher Gegebenheiten offensichtlich, dass der Höchstlastbeitrag eines Letztverbrauchers vorhersehbar erheblich von der zeitgleichen Jahreshöchstlast aller Entnahmen aus dieser Netz- oder Umspannebene abweicht, so haben Betreiber von Elektrizitätsversorgungsnetzen diesem Letztverbraucher in Abweichung von § 16 ein individuelles Netzentgelt anzubieten, das dem besonderen Nutzungsverhalten des Netzkunden angemessen Rechnung zu tragen hat und nicht weniger als 20 Prozent des veröffentlichten Netzentgeltes betragen darf. ²Ein individuelles Netzentgelt ist außerdem auch anzubieten, wenn die Stromabnahme aus dem Netz der allgemeinen Versorgung für den eigenen Verbrauch an einer Abnahmestelle pro Kalenderjahr sowohl die Benutzungsstundenzahl von mindestens 7 000 Stunden im Jahr erreicht als auch der Stromverbrauch an dieser Abnahmestelle pro Kalenderjahr zehn Gigawattstunden übersteigt. ³Das individuelle Netzentgelt nach Satz 2 beträgt bei einer Stromabnahme aus dem Netz der allgemeinen Versorgung für den eigenen Verbrauch an einer Abnahmestelle von mehr als zehn Gigawattstunden pro Kalenderjahr nicht weniger als:

1. 20 Prozent des veröffentlichten Netzentgeltes, im Falle einer Benutzungsstundenzahl von mindestens 7 000 Stunden im Jahr;
2. 15 Prozent des veröffentlichten Netzentgeltes, im Falle einer Benutzungsstundenzahl von mindestens 7 500 Stunden im Jahr oder
3. 10 Prozent des veröffentlichten Netzentgeltes, im Falle einer Benutzungsstundenzahl von mindestens 8 000 Stunden im Jahr.

⁴Die Bemessung des nach den Sätzen 2 und 3 gebildeten individuellen Netzentgeltes hat den Beitrag des Letztverbrauchers zu einer Senkung oder zu einer Vermeidung der Erhöhung der Kosten der Netz- oder Umspannebene, an die der Letztverbraucher angeschlossen ist, wider zu spiegeln. ⁵Die Vereinbarung individueller Netzentgelte nach den Sätzen 1 bis 4 bedarf der Genehmigung der Regulierungsbehörde. ⁶Die Genehmigung ist in der Regel bis zum Ende einer Regulierungsperiode im Sinne des § 3 der Anreizregulierungsverordnung vom 29. Oktober 2007 (BGBl. I S. 2529), die zuletzt durch Artikel 4 der Verordnung vom 14. August 2013 (BGBl. I S. 3250) geändert worden ist, in der jeweils geltenden Fassung, zu befristen. ⁷Hat die Regulierungsbehörde durch Festlegung nach § 29 Absatz 1 des Energiewirtschaftsgesetzes die Kriterien der sachgerechten Ermittlung individueller Netzentgelte nach den Sätzen 1 bis 4 konkretisiert, genügt eine schriftliche Anzeige der getroffenen Vereinbarung eines individuellen Netzentgeltes gegenüber der Regulierungsbehörde. ⁸Ist im Falle von Satz 7 die gegenüber der Regulierungsbehörde angezeigte getroffene Vereinbarung individueller Netzentgelte rechtswidrig, insbesondere da sie nicht die Voraussetzungen der Sätze 1 bis 4 sowie der Festlegung der Regulierungsbehörde nach Satz 7 erfüllt oder im Hinblick auf ihre Rechtsfolgen von den Regelungen der Sätze 1 bis 4 abweicht, so kann die Regulierungsbehörde die angezeigte getroffene Vereinbarung individueller Netzentgelte untersagen. ⁹Die Regulierungsbehörde kann den Vertragsparteien alle Maßnahmen aufgeben, die erforderlich sind, um die festgestellten Zuwiderhandlungen wirksam abzustellen. ¹⁰§ 33 des Energiewirtschaftsgesetzes ist anzuwenden. ¹¹Die Antragstellung für die Erteilung der Genehmigung nach Satz 5 sowie die Anzeigeerstattung nach Satz 7 haben durch den Letztverbraucher zu erfolgen. ¹²Der Letztverbraucher hat der Regulierungsbehörde mit dem Antrag oder der

---

1) § 19 Abs. 2 Sätze 2, 4, 8 geänd. mWv 26. 8. 2009 durch G v. 21. 8. 2009 (BGBl. I S. 2870); Abs. 2 neu gef. mWv 4. 8. 2011 durch G v. 26. 7. 2011 (BGBl. I S. 1554); Abs. 2 neu gef. mWv 22. 8. 2013, Abs. 2 Satz 3 neu gef., Satz 4 eingef., bish. Sätze 4–17 werden Sätze 5–18, neue Sätze 5, 7, 8, 11, 15, 16, 17 geänd. mWv 1. 1. 2014 durch VO v. 14. 8. 2013 (BGBl. I S. 3250) durch VO v. 14. 8. 2013 (BGBl. I S. 3250).

## § 19

Anzeige alle zur Beurteilung der Voraussetzungen der Sätze 1 bis 3 erforderlichen Unterlagen vorzulegen; der Netzbetreiber hat diese dem Letztverbraucher unverzüglich zur Verfügung zu stellen. [13]Die Betreiber von Übertragungsnetzen haben entgangene Erlöse, die aus individuellen Netzentgelten nach den Sätzen 1 und 2 resultieren, nachgelagerten Betreibern von Elektrizitätsverteilnetzen zu erstatten. [14]Sie haben diese Zahlungen sowie eigene entgangene Erlöse aus individuellen Netzentgelten nach den Sätzen 1 und 2 durch Verrechnung untereinander auszugleichen. [15]Die Kosten nach den Sätzen 13 und 14 können als Aufschlag auf die Netzentgelte anteilig auf die Letztverbraucher umgelegt werden; § 9 des Kraft-Wärme-Kopplungsgesetzes vom 19. März 2002 (BGBl. I S. 1092), das zuletzt durch Artikel 1 des Gesetzes vom 12. Juli 2012 (BGBl. I S. 1494) geändert worden ist, ist in der jeweils geltenden Fassung entsprechend anzuwenden mit der Maßgabe, dass die Belastungsgrenzen in dessen Absatz 7 Satz 2 und 3 erst ab einem Jahresverbrauch von mindestens 1 000 000 Kilowattstunden und nur auf Strombezüge oberhalb von 1 000 000 Kilowattstunden anzuwenden sind. [16]Der Umlagemechanismus nach Satz 15 ist erstmalig zum 1. Januar 2012 anzuwenden. [17]Die Vereinbarung eines individuellen Netzentgeltes erfolgt unter dem Vorbehalt, dass die jeweiligen Voraussetzungen nach den Sätzen 1 bis 4 tatsächlich erfüllt werden. [18]Ist dies nicht der Fall, erfolgt die Abrechnung der Netznutzung nach den angesichts der tatsächlich eingetretenen Verhältnisse zulässigen Netzentgelten.

(3) [1]Sofern ein Netznutzer sämtliche in einer Netz- oder Umspannebene von ihm genutzten Betriebsmittel ausschließlich selbst nutzt, ist zwischen dem Betreiber dieser Netz- oder Umspannebene und dem Netznutzer für diese singulär genutzten Betriebsmittel gesondert ein angemessenes Entgelt festzulegen. [2]Das Entgelt orientiert sich an den individuell zurechenbaren Kosten der singulär genutzten Betriebsmittel dieser Netz- oder Umspannebene unter Beachtung der in § 4 dargelegten Grundsätze. [3]Diese Kosten sind auf Verlangen des Netznutzers durch den Netzbetreiber nachzuweisen. [4]Der Letztverbraucher ist bezüglich seines Entgelts im Übrigen so zu stellen, als sei er direkt an die vorgelagerte Netz- oder Umspannebene angeschlossen.

*Verwaltungsregelungen zu § 19*

| Datum | Anlage | Quelle | Inhalt |
|---|---|---|---|
| 05.12.2012 | § 019-01 | BNetzAg | BK4-12–1656 – sachgerechte Ermittlung Netzentgelte |
| 11.12.2013 | § 019-02 | BNetzAg | BK4-13-739 zur Änderung BK4-12-1656 |
| 2012 | § 019-03 | BNetzAg | Mustervereinbarung über ein individuelles Netzentgelt |
| 2012 | § 019-04 | BNetzAg | Anlage zur Mustervereinbarung über ein individuelles Netzentgelt |

*Rechtsprechungsauswahl*

**BGH vom 09.10.2012, EnVR-42/11:** Ermittlung der Netznutzungsentgelte nach der tatsächlichen Benutzungsstundenzahl aufgrund der veröffentlichten Netzentgelte als Grundlage für die Berechnung des hälftigen Mindestentgelts für sämtliche Netzkunden

1. Das Mindestentgelt ist nach § 19 Abs. 2 S. 4 StromNEV a.F. nicht in Abhängigkeit von der gewählten Berechnungsmethode zu bestimmen.
2. Entnimmt ein Pumpspeicherkraftwerk Pumpstrom, um das obere Speicherbecken wieder aufzufüllen, kann für die Entnahme von Pumpstrom ein kraft Vereinbarung reduziertes Netzentgelt in Ansatz gebracht werden, wenn für diese Entnahme die tatbestandlichen Voraussetzungen des § 19 Abs. 2 S. 1 StromNEV gegeben sind.

**BGH vom 09.10.2012, EnVR-47/11:** Möglichkeit zur Reduzierung des Leistungspreises im Gegensatz zum Arbeitspreis bei der Bemessung von individuellen Netzentgelten nach § 19 Abs. 2 S. 1 StromNEV
Bei der Bemessung von individuellen Netzentgelten nach § 19 Abs. 2 Satz 1 StromNEV ist allein der Leistungspreis, nicht aber auch der Arbeitspreis zu reduzieren.

**BGH vom 17.11.2009, EnVR-15/09:** Bestimmung des letzten Kalenderjahres i.S.v. § 19 Abs. 2 S. 2 StromNEV
Unter dem letzten Kalenderjahr im Sinne des § 19 Abs. 2 Satz 2 StromNEV ist das letzte abgeschlossene Kalenderjahr vor dem Angebot eines individuellen Netzentgelts zu verstehen.

# § 19

**OLG Düsseldorf vom 11.12.2013; VI-3 Kart 109/12:** Isolierte Anfechtung des belastenden Teils einer Festlegung

1. Ein Betroffener kann nur dann die Aufhebung eines ihn belastenden Teils einer Festlegung verlangen, wenn die im Übrigen begünstigende Festlegung rechtmäßig ist und auf einer ausreichenden Rechtsgrundlage beruht.

**OLG Nürnberg vom 14.05.2013, 1-Kart-1518/12:** Anwendbarkeit der Befreiung von den Netznutzungsentgelten gemäß § 19 Abs. 2 S. 5 StromNEV auf Sachverhalte vor Inkrafttreten der Norm

§ 19 Abs. 2 S. 2 StromNEV i. d. F. durch Art. 7 des Gesetzes vom 26.07.2011 (BGBl. I S. 1554) kann nicht rückwirkend auf den Zeitraum vor seinem Inkrafttreten am 04.08.2011 angewendet werden; eine Befreiung von den Netznutzungsentgelten ab 01.01.2011 ist deshalb nicht möglich.

§ 19 Abs. 2 S. 2 StromNEV ist nicht von einer ausreichenden Ermächtigungsgrundlage gedeckt.

**OLG Düsseldorf vom 06.03.2013, VI-3-Kart-14/12-V:** Anordnung der aufschiebenden Wirkung der Beschwerde gegen die Festlegung hinsichtlich der Anwendung des Umlagemechanismus bei Entgeltbefreiung nach Änderung der Stromnetzentgelt-VO durch die Bundesnetzagentur

1. Nr. 10 der Festlegung der Bundesnetzagentur vom 14.12.2011 (BK 8-11-24) betreffend die Entgeltbefreiung und den Umlagenmechanismus nach § 19 Abs. 2 StromNEV in der Fassung vom 26.07.2011 trifft eine Übergangsregelung, wonach die Vorgaben erst ab dem 01.01.2012 umzusetzen sind. Die Netzbetreiber sind daher gehindert, Mindererlöse aus dem Jahr 2011 gegenüber den Übertragungsnetzbetreibern geltend zu machen, sondern haben diese entspr. § 6 ARegV lediglich im Regulierungskonto zu berücksichtigen.

2. Da Nr. 10 der Festlegung der Bundesnetzagentur vom 14.12.2011 einer isolierten Aufhebung nicht zugänglich ist, kommt auch die Anordnung der aufschiebenden Wirkung einer hiergegen gerichteten Beschwerde nicht in Betracht.

3. Es bestehen erhebliche Bedenken gegen die Rechtmäßigkeit der Änderung des § 19 Abs. 2 StromNEV.

**OLG Düsseldorf vom 06.03.2013, VI-3-Kart-49/12-V:** Wirksamkeit der Änderung des § 19 Abs. 2 StromNEV; Anforderungen an die Festsetzung des individuellen Netzentgelts

**OLG Düsseldorf vom 12.12.2012, VI-3-Kart-46/12-V:** Zeitliche Geltung der ab dem 04.08.2011 in Kraft getretenen Befreiung von Netzentgelten

1. Die in § 19 Abs. 2 Satz 2 StromNEV vorgesehene Befreiung von den Netzentgelten, die der Gesetzgeber mit dem zum 4. August 2011 in Kraft getretenen Gesetz zur Neuregelung energiewirtschaftlicher Vorschriften ermöglicht hat, kann nicht rückwirkend für das gesamte Kalenderjahr 2011 erfolgen.

2. Nach der Methodik der Entgeltkalkulation und der Regelungssystematik des § 19 Abs. 2 StromNEV kann die Änderung frühestens zum 1. Januar des ihr folgenden Kalenderjahres Wirkung entfalten, sofern sie mit höherrangigem Recht vereinbar ist.

**OLG Düsseldorf vom 14.11.2012 VI-3-Kart-65/12-V:** Ablehnung der Anordnung der aufschiebenden Wirkung der Beschwerde eines Netzbetreibers gegen die Festlegung der Beschlussabteilung 8 der Bundesnetzagentur vom 14.12.2011 betreffend Einzelheiten der § 19 StromNEV-Umlage

Die Anordnung der aufschiebenden Wirkung der Beschwerde eines Elektrizitätsnetzbetreibers gegen die Festlegung der Beschlussabteilung 8 der Bundesnetzagentur vom 14.12.2011, mit der diese gegenüber allen Betreibern von Elektrizitätsversorgungsnetzen Einzelheiten der "§ 19 StromNEV-Umlage in Abweichung von § 17 Abs. 8 StromNEV" festgelegt hat, kommt nicht in Betracht, weil der Senat bei summarischer Prüfung erhebliche Zweifel an der Rechtmäßigkeit der ihr zugrunde liegenden Verordnungsänderung hat.

**OLG Düsseldorf vom 18.07.2012, VI-3-Kart-111/11-V:** Zeitliche Rückwirkung der Genehmigung der Vereinbarung eines individuellen Netzentgelts i.S. von § 19 Abs. 2 StromNEV

Liegen die materiell-rechtlichen Voraussetzungen für die Vereinbarung eines individuellen Netzentgeltes im Sinne des § 19 Abs. 2 S. 1 StromNEV vor, ist die gemäß § 19 Abs. 2 S. 3 StromNEV erforderliche Genehmigung nicht erst mit Wirkung ab dem Zeitpunkt der Antragstellung bei der Regulierungsbehörde, sondern rückwirkend zum vertraglich vereinbarten Wirkungsbeginn zu erteilen.

## § 19

**OLG Düsseldorf vom 19.05.2010, VI-3-Kart-162/09-V:** Bemessung des individuellen Netzentgelts i.S. von § 19 Abs. 2 S. 1 StromNEV

Das individuelle Netzentgelt des § 19 Abs. 2 Satz 1 StromNEV für die Netznutzung zu besonderen Zeiten hat dem besonderen Nutzungsverhalten des Netznutzers angemessen Rechnung zu tragen Dies erfordert es nicht, dass außer dem Leistungs- auch das Arbeitsentgelt reduziert wird. Die in Anspruch genommene Arbeit ist für die Dimensionierung von Netzen und die damit verbundenen Kosten nicht von Relevanz, entscheidend dafür ist nur die zu erwartende Spitzenlast.

**OLG Düsseldorf vom 14.01.2009, VI-3-Kart-44/08-V:** Zur Beschwerdebefugnis bei Versagung der Genehmigung eines individuellen Netzentgelts und zum Begriff des „letzten Kalenderjahrs" gem. § 19 Abs. 2 S. 2 StromNEV

1. Gegen die Versagung der Genehmigung einer Vereinbarung über ein individuelles Netzentgelts durch die Bundesnetzagentur sind beide Vertragsparteien beschwerdebefugt.
2. Als „letztes Kalenderjahr" i.S. von § 19 Abs. 2 S. 2 StromNEV ist das letzte abgeschlossene Kalenderjahr anzusehen.

# § 60

## Kapitel 2 Erneuerbare Energien (EEG)

§ 60[1)] EEG-Umlage für Elektrizitätsversorgungsunternehmen

(1) [1]Die Übertragungsnetzbetreiber können von Elektrizitätsversorgungsunternehmen, die Strom an Letztverbraucher liefern, anteilig zu dem jeweils von den Elektrizitätsversorgungsunternehmen an ihre Letztverbraucher gelieferten Strom die Kosten für die erforderlichen Ausgaben nach Abzug der erzielten Einnahmen und nach Maßgabe der Ausgleichsmechanismusverordnung verlangen (EEG-Umlage). [2]Es wird widerleglich vermutet, dass Energiemengen, die aus einem beim Übertragungsnetzbetreiber geführten Bilanzkreis an physikalische Entnahmestellen abgegeben werden und für die keine bilanzkreisscharfe Meldung eines Elektrizitätsversorgungsunternehmens nach § 74 vorliegt, von dem Inhaber des betreffenden Bilanzkreises an Letztverbraucher geliefert wurden. [3]Der Anteil ist so zu bestimmen, dass jedes Elektrizitätsversorgungsunternehmen für jede von ihm an einen Letztverbraucher gelieferte Kilowattstunde Strom dieselben Kosten trägt. [4]Auf die Zahlung der EEG-Umlage sind monatliche Abschläge in angemessenem Umfang zu entrichten.

(2) [1]Einwände gegen Forderungen der Übertragungsnetzbetreiber auf Zahlungen nach Absatz 1 berechtigen zum Zahlungsaufschub oder zur Zahlungsverweigerung nur, soweit die ernsthafte Möglichkeit eines offensichtlichen Fehlers besteht. [2]Eine Aufrechnung gegen Forderungen nach Absatz 1 ist nicht zulässig. [3]Im Fall von Zahlungsrückständen von mehr als einer Abschlagsforderung dürfen die Übertragungsnetzbetreiber den Bilanzkreisvertrag gegenüber dem Elektrizitätsversorgungsunternehmen kündigen, wenn die Zahlung der Rückstände trotz Mahnung und Androhung der Kündigung drei Wochen nach Androhung der Kündigung nicht vollständig erfolgt ist. [4]Die Androhung der Kündigung kann mit der Mahnung verbunden werden. [5]Die Sätze 1, 3 und 4 sind für die Meldung der Energiemengen nach § 74 mit der Maßgabe entsprechend anzuwenden, dass die Frist für die Meldung der Daten nach Androhung der Kündigung sechs Wochen beträgt.

(3) [1]Für Strom, der zum Zweck der Zwischenspeicherung an einen elektrischen, chemischen, mechanischen oder physikalischen Stromspeicher geliefert oder geleitet wird, entfällt der Anspruch der Übertragungsnetzbetreiber auf Zahlung der EEG-Umlage nach den Absätzen 1 oder 2, wenn dem Stromspeicher Energie ausschließlich zur Wiedereinspeisung von Strom in das Netz entnommen wird. [2]Satz 1 ist auch für Strom anzuwenden, der zur Erzeugung von Speichergas eingesetzt wird, das in das Erdgasnetz eingespeist wird, wenn das Speichergas unter Berücksichtigung der Anforderungen nach § 47 Absatz 6 Nummer 1 und 2 zur Stromerzeugung eingesetzt und der Strom tatsächlich in das Netz eingespeist wird. [3]Der Anspruch der Übertragungsnetzbetreiber auf Zahlung der EEG-Umlage nach den Absätzen 1 und 2 entfällt ferner für Strom, der an Netzbetreiber zum Ausgleich physikalisch bedingter Netzverluste als Verlustenergie nach § 10 der Stromnetzentgeltverordnung geliefert wird.

(4) [1]Elektrizitätsversorgungsunternehmen, die ihrer Pflicht zur Zahlung der EEG-Umlage nach Absatz 1 nicht rechtzeitig nachgekommen sind, müssen diese Geldschuld nach § 352 Absatz 2 des Handelsgesetzbuchs ab Eintritt der Fälligkeit verzinsen. [2]Satz 1 ist entsprechend anzuwenden, wenn die Fälligkeit nicht eintreten konnte, weil das Elektrizitätsversorgungsunternehmen die von ihm gelieferten Strommengen entgegen § 74 nicht oder nicht rechtzeitig dem Übertragungsnetzbetreiber gemeldet hat; ausschließlich zum Zweck der Verzinsung ist in diesem Fall die Geldschuld für die Zahlung der EEG-Umlage auf die nach § 74 mitzuteilende Strommenge eines Jahres spätestens am 1. Januar des Folgejahres als fällig zu betrachten.

Geltungszeitraum: ab 01.08.2014

Als Vorgängernorm bis 31.7.2014 bitte § 37 EEG 2012 beachten:

§ 37 Vermarktung und EEG-Umlage

(1) Die Übertragungsnetzbetreiber müssen selbst oder gemeinsam den nach den §§ 16 und 35 Absatz 1 vergüteten Strom diskriminierungsfrei, transparent und unter Beachtung der Vorgaben der Ausgleichsmechanismusverordnung vermarkten.

---

1) § 60 Abs. 3 Satz 2 geänd. mWv 1. 8. 2014 durch G v. 22. 7. 2014 (BGBl. I S. 1218).

## § 60

(2) ¹Die Übertragungsnetzbetreiber können von Elektrizitätsversorgungsunternehmen, die Strom an Letztverbraucherinnen und Letztverbraucher liefern, anteilig zu dem jeweils von den Elektrizitätsversorgungsunternehmen an ihre Letztverbraucherinnen und Letztverbraucher gelieferten Strom die Kosten für die erforderlichen Ausgaben nach Abzug der erzielten Einnahmen und nach Maßgabe der Ausgleichsmechanismusverordnung verlangen (EEG-Umlage). ²Der Anteil ist so zu bestimmen, dass jedes Elektrizitätsversorgungsunternehmen für jede von ihm an eine Letztverbraucherin oder einen Letztverbraucher gelieferte Kilowattstunde Strom dieselben Kosten trägt. ³Auf die Zahlung der EEG-Umlage sind monatliche Abschläge in angemessenem Umfang zu entrichten.

(3) ¹Letztverbraucherinnen und Letztverbraucher stehen Elektrizitätsversorgungsunternehmen gleich, wenn sie Strom verbrauchen, der nicht von einem Elektrizitätsversorgungsunternehmen geliefert wird. ²Betreibt die Letztverbraucherin oder der Letztverbraucher die Stromerzeugungsanlage als Eigenerzeuger und verbraucht den erzeugten Strom selbst, so entfällt für diesen Strom der Anspruch der Übertragungsnetzbetreiber auf Zahlung der EEG-Umlage nach Absatz 2 oder Satz 1, sofern der Strom
1. nicht durch ein Netz durchgeleitet wird oder
2. im räumlichen Zusammenhang zu der Stromerzeugungsanlage verbraucht wird.

(4) ¹Für Strom, der zum Zweck der Zwischenspeicherung an einen elektrischen, chemischen, mechanischen oder physikalischen Stromspeicher geliefert oder geleitet wird, entfällt der Anspruch der Übertragungsnetzbetreiber auf Zahlung der EEG-Umlage nach Absatz 2 oder 3, wenn dem Stromspeicher Energie ausschließlich zur Wiedereinspeisung von Strom in das Netz entnommen wird. ²Satz 1 gilt auch für Strom, der zur Erzeugung von Speichergas eingesetzt wird, das in das Erdgasnetz eingespeist wird, wenn das Speichergas unter Berücksichtigung der Anforderungen nach § 27c Absatz 1 Nummer 1 und 2 zur Stromerzeugung eingesetzt und der Strom tatsächlich in das Netz eingespeist wird.

(5) ¹Elektrizitätsversorgungsunternehmen, die ihrer Pflicht zur Zahlung der EEG-Umlage nach Absatz 2 nicht rechtzeitig nachgekommen sind, müssen diese Geldschuld nach § 352 Absatz 2 des Handelsgesetzbuchs ab Eintritt der Fälligkeit verzinsen. ²Satz 1 ist entsprechend anzuwenden, wenn die Fälligkeit nicht eintreten konnte, weil das Elektrizitätsversorgungsunternehmen die von ihm gelieferten Strommengen entgegen § 49 nicht oder nicht rechtzeitig dem Übertragungsnetzbetreiber gemeldet hat; ausschließlich zum Zweck der Verzinsung gilt in diesem Fall die Geldschuld für die Zahlung der EEG-Umlage auf die nach § 49 mitzuteilende Strommenge eines Jahres spätestens am 1. August des Folgejahres als fällig. ³Die Sätze 1 und 2 sind auf Letztverbraucherinnen und Letztverbraucher, die keine Verbraucher im Sinne des § 13 des Bürgerlichen Gesetzbuchs sind und nach Absatz 3 Satz 1 Elektrizitätsversorgungsunternehmen gleichstehen, für die verbrauchten Strommengen entsprechend anzuwenden.

### *Rechtsprechungsauswahl*

**BGH vom 25.06.2014; VIII ZR 169/13; BB-2014-1730; MDR-2014-0946; NVwZ-2014-1180; ZIP-2014-0055; WM-2014-1825: EEG-Umlage als verfassungswidrige Sonderabgabe**
Die EEG-Umlage nach § 37 Abs. 2 EEG 2012 ist keine verfassungswidrige Sonderabgabe.

**OLG Hamburg vom 12.08.2014; 9 U 119/13: Anspruch auf Zahlung monatlicher Abschläge der EEG-Umlage des Übertragungsnetzbetreibers gegen Energieversorger**
1. Ein Übertragungsnetzbetreiber hat nur gegen solche Energieversorger einen Anspruch auf Zahlung monatlicher Abschläge auf die sog. EEG-Umlage gem. §37 Abs. 2 EEG 2009, die Elektrizität an Letztverbraucher liefern.
2. Letztverbraucher in diesem Sinne sind nach der Definition des § 3 Nr. 35 EnWG natürliche oder juristische Personen, die Energie für den eigenen Verbrauch kaufen.
3. Letztverbraucher in diesem Sinne ist nicht, wer Energie lediglich bezieht, um sie an andere abzugeben.
4. Ein Anspruch auf Zahlung der EEG-Umlage besteht nicht gegen ein solches Unternehmen, das lediglich aufgrund von als Scheingeschäft i.S. von § 117 Abs. 1 BGB zu qualifizierenden Vertragsbeziehungen in die Abwicklung mit den Endkunden eingeschaltet ist, ein sog. Schein-Contracting als echtes, steuerbegünstigtes Energie-Contracting darzustellen und zugleich zu erreichen, dass möglichst keines der Unternehmen die EG-Umlage zu zahlen hat.

# § 61

§ 61[1)] EEG-Umlage für Letztverbraucher und Eigenversorger

(1) ¹Die Übertragungsnetzbetreiber können von Letztverbrauchern für die Eigenversorgung folgende Anteile der EEG-Umlage nach § 60 Absatz 1 verlangen:

1. 30 Prozent für Strom, der nach dem 31. Juli 2014 und vor dem 1. Januar 2016 verbraucht wird,
2. 35 Prozent für Strom, der nach dem 31. Dezember 2015 und vor dem 1. Januar 2017 verbraucht wird, und
3. 40 Prozent für Strom, der ab dem 1. Januar 2017 verbraucht wird.

²Der Wert nach Satz 1 erhöht sich auf 100 Prozent der EEG-Umlage, wenn

1. die Stromerzeugungsanlage weder eine Anlage nach § 5 Nummer 1 noch eine KWK-Anlage ist, die hocheffizient im Sinne des § 53a Absatz 1 Satz 3 des Energiesteuergesetzes ist und einen Monats- oder Jahresnutzungsgrad von mindestens 70 Prozent nach § 53a Absatz 1 Satz 2 Nummer 2 des Energiesteuergesetzes erreicht, oder
2. der Eigenversorger seine Meldepflicht nach § 74 bis zum 31. Mai des Folgejahres nicht erfüllt hat.

³Die Übertragungsnetzbetreiber können von Letztverbrauchern ferner für den sonstigen Verbrauch von Strom, der nicht von einem Elektrizitätsversorgungsunternehmen geliefert wird, 100 Prozent der EEG-Umlage nach § 60 Absatz 1 verlangen. ⁴Die Bestimmungen dieses Gesetzes für Elektrizitätsversorgungsunternehmen sind auf Letztverbraucher, die nach den Sätzen 1 bis 3 zur Zahlung verpflichtet sind, entsprechend anzuwenden.

(2) Der Anspruch nach Absatz 1 entfällt bei Eigenversorgungen,

1. soweit der Strom in den Neben- und Hilfsanlagen einer Stromerzeugungsanlage zur Erzeugung von Strom im technischen Sinne verbraucht wird (Kraftwerkseigenverbrauch),
2. wenn der Eigenversorger weder unmittelbar noch mittelbar an ein Netz angeschlossen ist,
3. wenn sich der Eigenversorger selbst vollständig mit Strom aus erneuerbaren Energien versorgt und für den Strom aus seiner Anlage, den er nicht selbst verbraucht, keine finanzielle Förderung nach Teil 3 in Anspruch nimmt, oder
4. wenn Strom aus Stromerzeugungsanlagen mit einer installierten Leistung von höchstens 10 Kilowatt erzeugt wird, für höchstens 10 Megawattstunden selbst verbrauchten Stroms pro Kalenderjahr; dies gilt ab der Inbetriebnahme der Stromerzeugungsanlage für die Dauer von 20 Kalenderjahren zuzüglich des Inbetriebnahmejahres; § 32 Absatz 1 Satz 1 ist entsprechend anzuwenden.

(3) ¹Der Anspruch nach Absatz 1 entfällt ferner bei Bestandsanlagen,

1. wenn der Letztverbraucher die Stromerzeugungsanlage als Eigenerzeuger betreibt,
2. soweit der Letztverbraucher den Strom selbst verbraucht und
3. sofern der Strom nicht durch ein Netz durchgeleitet wird, es sei denn, der Strom wird im räumlichen Zusammenhang zu der Stromerzeugungsanlage verbraucht.

²Eine Bestandsanlage ist jede Stromerzeugungsanlage,

1. die der Letztverbraucher vor dem 1. August 2014 als Eigenerzeuger unter Einhaltung der Anforderungen des Satzes 1 betrieben hat,
2. die vor dem 23. Januar 2014 nach dem Bundes-Immissionsschutzgesetz genehmigt oder nach einer anderen Bestimmung des Bundesrechts zugelassen worden ist, nach dem 1. August 2014 erstmals Strom erzeugt hat und vor dem 1. Januar 2015 unter Einhaltung der Anforderungen des Satzes 1 genutzt worden ist oder
3. die eine Stromerzeugungsanlage nach den Nummern 1 oder 2 an demselben Standort erneuert, erweitert oder ersetzt, es sei denn, die installierte Leistung ist durch die Erneuerung, Erweiterung oder Ersetzung um mehr als 30 Prozent erhöht worden.

---

1) § 61 Abs. 2 Nr. 3 und Abs. 4 Nr. 2 Buchst. b geänd. mWv 1. 8. 2014 durch G v. 22. 7. 2014 (BGBl. I S. 1218).

## § 61

(4) Für Bestandsanlagen, die bereits vor dem 1. September 2011 in Betrieb genommen worden sind, ist Absatz 3 anzuwenden mit den Maßgaben, dass
1. Absatz 3 Satz 1 Nummer 3 nicht anzuwenden ist und
2. Absatz 3 Satz 2 Nummer 3 nur anzuwenden ist, wenn
   a) die Anforderungen von Absatz 3 Satz 1 Nummer 3 erfüllt sind oder
   b) die gesamte Stromerzeugungsanlage schon vor dem 1. Januar 2011 im Eigentum des Letztverbrauchers stand, der die Privilegierung nach Absatz 3 in Anspruch nimmt, und die Stromerzeugungsanlage auf dem Betriebsgrundstück des Letztverbrauchers errichtet wurde.

(5) ¹Für die Überprüfung der Pflicht von Eigenversorgern zur Zahlung der EEG-Umlage können sich die Übertragungsnetzbetreiber die folgenden Daten übermitteln lassen, soweit dies erforderlich ist:
1. von den Hauptzollämtern Daten über Eigenerzeuger und Eigenversorger, wenn und soweit dies im Stromsteuergesetz oder in einer auf der Grundlage des Stromsteuergesetzes erlassenen Rechtsverordnung zugelassen ist,
2. vom Bundesamt für Wirtschaft und Ausfuhrkontrolle die Daten über die Eigenversorger nach § 8 Absatz 1 des Kraft-Wärme-Kopplungsgesetzes in der jeweils geltenden Fassung und
3. von den Betreibern von nachgelagerten Netzen Kontaktdaten der Eigenversorger sowie weitere Daten zur Eigenversorgung einschließlich des Stromverbrauchs von an ihr Netz angeschlossenen Eigenversorgern.

²Die Übertragungsnetzbetreiber können die Daten nach Satz 1 Nummer 2 und 3 automatisiert mit den Daten nach § 74 Satz 3 abgleichen. ³Die nach Satz 1 erhobenen Daten dürfen ausschließlich so genutzt werden, dass deren unbefugte Offenbarung ausgeschlossen ist. ⁴Sie sind nach Abschluss der Überprüfung nach Satz 1 Nummer 1 oder des Abgleichs nach Satz 2 jeweils unverzüglich zu löschen.

(6) Strom, für den die Übertragungsnetzbetreiber nach Absatz 1 die Zahlung der EEG-Umlage verlangen können, muss von dem Letztverbraucher durch geeichte Messeinrichtungen erfasst werden.

(7) ¹Bei der Berechnung der selbst erzeugten und verbrauchten Strommengen nach den Absätzen 1 bis 6 darf Strom nur bis zu der Höhe des aggregierten Eigenverbrauchs, bezogen auf jedes 15-Minuten-Intervall (Zeitgleichheit), berücksichtigt werden. ²Eine Messung der Ist-Einspeisung ist nur erforderlich, wenn nicht schon technisch sichergestellt ist, dass Erzeugung und Verbrauch des Stroms zeitgleich erfolgen. ³Andere Bestimmungen, die eine Messung der Ist-Einspeisung verlangen, bleiben unberührt.

**Geltungszeitraum: ab 01.08.2014**

**Als Vorgängernorm bis 31.7.2014 bitte § 37 Abs. 3 EEG 2012 beachten:**

(3) ¹Letztverbraucherinnen und Letztverbraucher stehen Elektrizitätsversorgungsunternehmen gleich, wenn sie Strom verbrauchen, der nicht von einem Elektrizitätsversorgungsunternehmen geliefert wird. ²Betreibt die Letztverbraucherin oder der Letztverbraucher die Stromerzeugungsanlage als Eigenerzeuger und verbraucht den erzeugten Strom selbst, so entfällt für diesen Strom der Anspruch der Übertragungsnetzbetreiber auf Zahlung der EEG-Umlage nach Absatz 2 oder Satz 1, sofern der Strom
1. nicht durch ein Netz durchgeleitet wird oder
2. im räumlichen Zusammenhang zu der Stromerzeugungsanlage verbraucht wird.

# § 37

**§ 37**[1] **Vermarktung und EEG-Umlage**

(1) Die Übertragungsnetzbetreiber müssen selbst oder gemeinsam den nach den §§ 16 und 35 Absatz 1 vergüteten Strom diskriminierungsfrei, transparent und unter Beachtung der Vorgaben der Ausgleichsmechanismusverordnung vermarkten.

(2) ¹Die Übertragungsnetzbetreiber können von Elektrizitätsversorgungsunternehmen, die Strom an Letztverbraucherinnen und Letztverbraucher liefern, anteilig zu dem jeweils von den Elektrizitätsversorgungsunternehmen an ihre Letztverbraucherinnen und Letztverbraucher gelieferten Strom die Kosten für die erforderlichen Ausgaben nach Abzug der erzielten Einnahmen und nach Maßgabe der Ausgleichsmechanismusverordnung verlangen (EEG-Umlage). ²Der Anteil ist so zu bestimmen, dass jedes Elektrizitätsversorgungsunternehmen für jede von ihm an eine Letztverbraucherin oder einen Letztverbraucher gelieferte Kilowattstunde Strom dieselben Kosten trägt. ³Auf die Zahlung der EEG-Umlage sind monatliche Abschläge in angemessenem Umfang zu entrichten.

(3) ¹Letztverbraucherinnen und Letztverbraucher stehen Elektrizitätsversorgungsunternehmen gleich, wenn sie Strom verbrauchen, der nicht von einem Elektrizitätsversorgungsunternehmen geliefert wird. ²Betreibt die Letztverbraucherin oder der Letztverbraucher die Stromerzeugungsanlage als Eigenerzeuger und verbraucht den erzeugten Strom selbst, so entfällt für diesen Strom der Anspruch der Übertragungsnetzbetreiber auf Zahlung der EEG-Umlage nach Absatz 2 oder Satz 1, sofern der Strom

1. nicht durch ein Netz durchgeleitet wird oder
2. im räumlichen Zusammenhang zu der Stromerzeugungsanlage verbraucht wird.

(4) ¹Für Strom, der zum Zweck der Zwischenspeicherung an einen elektrischen, chemischen, mechanischen oder physikalischen Stromspeicher geliefert oder geleitet wird, entfällt der Anspruch der Übertragungsnetzbetreiber auf Zahlung der EEG-Umlage nach Absatz 2 oder 3, wenn dem Stromspeicher Energie ausschließlich zur Wiedereinspeisung von Strom in das Netz entnommen wird. ²Satz 1 gilt auch für Strom, der zur Erzeugung von Speichergas eingesetzt wird, das in das Erdgasnetz eingespeist wird, wenn das Speichergas unter Berücksichtigung der Anforderungen nach § 27c Absatz 1 Nummer 1 und 2 zur Stromerzeugung eingesetzt und der Strom tatsächlich in das Netz eingespeist wird.

(5) ¹Elektrizitätsversorgungsunternehmen, die ihrer Pflicht zur Zahlung der EEG-Umlage nach Absatz 2 nicht rechtzeitig nachgekommen sind, müssen diese Geldschuld nach § 352 Absatz 2 des Handelsgesetzbuchs ab Eintritt der Fälligkeit verzinsen. ²Satz 1 ist entsprechend anzuwenden, wenn die Fälligkeit nicht eintreten konnte, weil das Elektrizitätsversorgungsunternehmen die von ihm gelieferten Strommengen entgegen § 49 nicht oder nicht rechtzeitig dem Übertragungsnetzbetreiber gemeldet hat; ausschließlich zum Zweck der Verzinsung gilt in diesem Fall die Geldschuld für die Zahlung der EEG-Umlage auf die nach § 49 mitzuteilende Strommenge eines Jahres spätestens am 1. August des Folgejahres als fällig. ³Die Sätze 1 und 2 sind auf Letztverbraucherinnen und Letztverbraucher, die keine Verbraucher im Sinne des § 13 des Bürgerlichen Gesetzbuchs sind und nach Absatz 3 Satz 1 Elektrizitätsversorgungsunternehmen gleichstehen, für die verbrauchten Strommengen entsprechend anzuwenden.

Geltungszeitraum: bis 31.07.2014

### *Rechtsprechungsauswahl*

**BGH vom 09.12.2009, VIII ZR 35/09 (NVwZ 2010, S. 315):** In den Ausgleichsmechanismus des Erneuerbare-Energien-Gesetzes einschließlich des Belastungsausgleichs zwischen den Elektrizitätsversorgungsunternehmen und dem für sie regelverantwortlichen Übertragungsnetzbetreiber nach § 14 Abs. 3 EEG 2004 ist nicht nur Strom einzubeziehen, der aus einem Netz für die allgemeine Versorgung bezogen wird, sondern auch Strom, der außerhalb eines solchen Netzes erzeugt und an Letztverbraucher geliefert wird.

---

1) § 37 neu gef. mWv 1. 1. 2012 durch G v. 28. 7. 2011 (BGBl. I S. 1634); Abs. 3 neu gef., Abs. 4 angef. mWv 1. 1. 2012, Abs. 5 angef. mWv 1. 4. 2012 durch G v. 17. 8. 2012 (BGBl. I S. 1754).

## § 37

Von § 14 Abs. 3 Sätze 1, 3 und 4 EEG 2004 werden auch die Strommengen erfasst, die von einem Elektrizitätsversorgungsunternehmen außerhalb eines der allgemeinen Versorgung dienenden Netzes an verbundene Unternehmen geliefert werden.

**OLG Naumburg vom 06.02.2014; 2 U 50/13:** Zulässigkeit eines Teilurteils über die Verpflichtung zur Erteilung einer Auskunft; Begriff des Letztverbrauchers von Strom i.S. von § 14 Abs. 3 EEG [2004]Besetzung des Gerichts bei Beratung über die Wiedereröffnung der mündlichen Verhandlung aus Anlass des Eingangs eines nicht nachgelassenen Schriftsatzes

1. Der Erlass eines Teilurteils über eine Verpflichtung zur Auskunftserteilung ist zulässig, ohne zugleich ein Grundurteil hinsichtlich einer Zahlungsverpflichtung zu erlassen.
2. Die Vorschrift des § 14 Abs. 3 EEG 2004 ist hinsichtlich des Tatbestandsmerkmals der Lieferung von Strom an Letztverbraucher dahin auszulegen, dass als Letztverbraucher auch verbundene Unternehmen anzusehen sind.
3. Vorm Anwendungsbereich des § 14 Abs. 3 EEG 2004 sind diejenigen Strommengen ausgenommen, die vom Letztverbraucher selbst erzeugt und verbraucht werden (sog. „Eigenstrom"). Einer Identität zwischen Energieerzeuger und Letztverbraucher steht es nicht gleich, wenn eine vorübergehende (mehrere Jahre andauernde) Änderung der Unternehmensstruktur durch Aufspaltung in mehrere rechtlich selbständige Unternehmungen erfolgt, die einzelnen Unternehmungen aber wirtschaftlich, finanziell und organisatorisch eng verbunden sind.
4. Die in § 14 EEG 2004 bzw. § 14a EEG 2006 geregelten Fristen für die Geltendmachung der Ansprüche des Belastungsausgleichs gegenüber dem Elektrizitätsversorgungsunternehmen sind keine materiell-rechtlichen Ausschlussfristen.
5. Zu den prozessualen Auswirkungen der Eröffnung eines beihilferechtlichen Prüfverfahrens durch die Europäische Kommission nach Art 108 Abs. 2 AEUV.
6. Hat der Gesamtspruchkörper eines Kollegialgerichts mit allen Richtern, die an der letzten mündlichen Verhandlung mitgewirkt haben, über das Urteil beraten und abgestimmt, so kann über die Frage der Wiedereröffnung der mündlichen Verhandlung aus Anlass des Eingangs eines nicht nachgelassenen Schriftsatzes vor der Verkündung im Falle der Verhinderung eines dieser Richter (hier: wegen zwischenzeitlichen Senatswechsels) der Spruchkörper in der verbleibenden Besetzung entscheiden.

**OLG Naumburg, 06.02.2014 – 2U 50/13:** Zur Inanspruchnahme des Eigenstromprivilegs bei fehlender Personenidentität zwischen Erzeuger und Verbraucher (Konzerngesellschaft)

Einer für die Inanspruchnahme des sog. Eigenstromprivilegs (nach § 14 Abs. 3 EEG 2004) erforderlichen Identität zwischen Energieerzeuger und Letztverbraucher steht es nicht gleich, wenn eine vorübergehende (mehrere Jahre andauernde) Änderung der Unternehmensstruktur durch Aufspaltung in mehrere rechtlich selbstständige Unternehmungen erfolgt und die einzelnen Unternehmungen wirtschaftlich, finanziell und organisatorisch eng verbunden sind. Dies entschied das OLG Naumburg in einem Urteil vom 06.02.2014 (2 U 50/13).

Im Einzelnen erfolgte eine Lieferung von Strom gegen Entgelt zwischen zwei verbundenen Unternehmen eines Konzerns. Diese Lieferung bewertete das OLG Naumburg als eine Lieferung an einen Letztverbraucher nach § 14 Abs. 3 Satz 1 EEG 2014, was mithin das Auslösen des vollen EEG-Belastungsausgleichs zur Folge habe für das liefernde Unternehmen zur Folge habe.

Praxistipp: Unternehmen, die als verbundene Unternehmen eines Konzerns Stromlieferungen (gegen Entgelt) untereinander ausführen, drohen regelmäßig des Eigenstrom-Privilegs verlustig zu werden, da formal häufig eine Lieferung eines Elektrizitätsversorgungsunternehmens an einen rechtlich selbständigen Letztverbraucher vorliegen wird. Hier ist häufig ein Mix aus energie- und gesellschaftsrechtlicher Beratung gefragt.

**OLG Hamm vom 14.05.2013, 19-U-180/12:** Verfassungsmäßigkeit der Umlage der Kosten der Energiewende auf die Verbraucher

Das Erneuerbare-Energien-Gesetz (EEG), insbesondere die Verpflichtung der Elektrizitätsversorgungsunternehmen zur Zahlung der EEG-Umlage nach § 37 Abs. 2 EEG, ist nicht verfassungswidrig.

**OLG Frankfurt am Main vom 13.03.2012, 21-U-41/11:** Formularmäßige Vereinbarung der Überbürdung von Belastungen durch das EEG auf Stromkunden

Eine Klausel in den AGB eines Stromversorgers, wonach er berechtigt ist, bei bestimmten Kunden Belastungen durch das EEG auf seine Vertragspartner umzulegen, ist nicht überraschend i.S. von § 305c und benachteiligt den Stromabnehmer auch nicht unangemessen.

## § 37

**LG Hamburg vom 25. Juli 2013, 304 O 49/13 (ZUR 2013, 690):** Zur Energielieferung an „Letztverbraucher" und der Pflicht zur Zahlung der EEG-Umlage für das Geschäftsmodell von „Care-Energy".

**LG Chemnitz vom 22.03.2013 – 1 HK O 1113/12 (BeckRS 2013, 05559):** Das EEG verstößt weder gegen das Finanzverfassungsrecht noch gegen die Grundrechte der Stromverbraucher.

**LG Dortmund vom 14.08.2012, 1-S-49/11:** Vereinbarkeit einer Abrechnung der Differenzkosten aus dem Jahr 2008 im Jahr 2010 entsprechend den vertraglichen Regelungen aus dem Stromlieferungsvertrag mit der Regelung des § 54 Abs. 1 EEG 2009.

**AG Dortmund vom 26.11.2010, 436 C 6035/10:** Stromliefervertrag, EEG-Umlage, Rückzahlung, Erstlaufzeit.

## § 64

**§ 64 Stromkostenintensive Unternehmen**

(1) Bei einem Unternehmen, das einer Branche nach Anlage 4 zuzuordnen ist, erfolgt die Begrenzung nur, soweit es nachweist, dass und inwieweit

1. im letzten abgeschlossenen Geschäftsjahr die nach § 60 Absatz 1 oder § 61 umlagepflichtige und selbst verbrauchte Strommenge an einer Abnahmestelle, an der das Unternehmen einer Branche nach Anlage 4 zuzuordnen ist, mehr als 1 Gigawattstunde betragen hat,
2. die Stromkostenintensität
   a) bei einem Unternehmen, das einer Branche nach Liste 1 der Anlage 4 zuzuordnen ist, mindestens den folgenden Wert betragen hat:
      aa) 16 Prozent für die Begrenzung im Kalenderjahr 2015 und
      bb) 17 Prozent für die Begrenzung ab dem Kalenderjahr 2016,
   b) bei einem Unternehmen, das einer Branche nach Liste 2 der Anlage 4 zuzuordnen ist, mindestens 20 Prozent betragen hat und
3. das Unternehmen ein zertifiziertes Energie- oder Umweltmanagementsystem oder, sofern das Unternehmen im letzten abgeschlossenen Geschäftsjahr weniger als 5 Gigawattstunden Strom verbraucht hat, ein alternatives System zur Verbesserung der Energieeffizienz nach § 3 der Spitzenausgleich-Effizienzsystemverordnung in der jeweils zum Zeitpunkt des Endes des letzten abgeschlossenen Geschäftsjahrs geltenden Fassung betreibt.

(2) Die EEG-Umlage wird an den Abnahmestellen, an denen das Unternehmen einer Branche nach Anlage 4 zuzuordnen ist, für den Strom, den das Unternehmen dort im Begrenzungszeitraum selbst verbraucht, wie folgt begrenzt:

1. Die EEG-Umlage wird für den Stromanteil bis einschließlich 1 Gigawattstunde nicht begrenzt (Selbstbehalt). Dieser Selbstbehalt muss im Begrenzungsjahr zuerst gezahlt werden.
2. Die EEG-Umlage wird für den Stromanteil über 1 Gigawattstunde auf 15 Prozent der nach § 60 Absatz 1 ermittelten EEG-Umlage begrenzt.
3. Die Höhe der nach Nummer 2 zu zahlenden EEG-Umlage wird in Summe aller begrenzten Abnahmestellen des Unternehmens auf höchstens den folgenden Anteil der Bruttowertschöpfung begrenzt, die das Unternehmen im arithmetischen Mittel der letzten drei abgeschlossenen Geschäftsjahre erzielt hat:
   a) 0,5 Prozent der Bruttowertschöpfung, sofern die Stromkostenintensität des Unternehmens mindestens 20 Prozent betragen hat, oder
   b) 4,0 Prozent der Bruttowertschöpfung, sofern die Stromkostenintensität des Unternehmens weniger als 20 Prozent betragen hat.
4. Die Begrenzung nach den Nummern 2 und 3 erfolgt nur soweit, dass die von dem Unternehmen zu zahlende EEG-Umlage für den Stromanteil über 1 Gigawattstunde den folgenden Wert nicht unterschreitet:
   a) 0,05 Cent pro Kilowattstunde an Abnahmestellen, an denen das Unternehmen einer Branche mit der laufenden Nummer 130, 131 oder 132 nach Anlage 4 zuzuordnen ist, oder
   b) 0,1 Cent pro Kilowattstunde an sonstigen Abnahmestellen;
   der Selbstbehalt nach Nummer 1 bleibt unberührt.

(3) Die Erfüllung der Voraussetzungen nach Absatz 1 und die Bruttowertschöpfung, die nach Absatz 2 Nummer 3 für die Begrenzungsentscheidung zugrunde gelegt werden muss (Begrenzungsgrundlage), sind wie folgt nachzuweisen:

1. für die Voraussetzungen nach Absatz 1 Nummer 1 und 2 und die Begrenzungsgrundlage nach Absatz 2 durch

## § 64

a) die Stromlieferungsverträge und die Stromrechnungen für das letzte abgeschlossene Geschäftsjahr,

b) die Angabe der jeweils in den letzten drei abgeschlossenen Geschäftsjahren von einem Elektrizitätsversorgungsunternehmen gelieferten oder selbst erzeugten und selbst verbrauchten sowie weitergeleiteten Strommengen und

c) die Bescheinigung eines Wirtschaftsprüfers, einer Wirtschaftsprüfungsgesellschaft, eines vereidigten Buchprüfers oder einer Buchprüfungsgesellschaft auf Grundlage der geprüften Jahresabschlüsse nach den Vorgaben des Handelsgesetzbuchs für die letzten drei abgeschlossenen Geschäftsjahre; die Bescheinigung muss die folgenden Angaben enthalten:

   aa) Angaben zum Betriebszweck und zu der Betriebstätigkeit des Unternehmens,

   bb) Angaben zu den Strommengen des Unternehmens, die von Elektrizitätsversorgungsunternehmen geliefert oder selbst erzeugt und selbst verbraucht wurden, einschließlich der Angabe, in welcher Höhe ohne Begrenzung für diese Strommengen die EEG-Umlage zu zahlen gewesen wäre, und

   cc) sämtliche Bestandteile der Bruttowertschöpfung;

   auf die Bescheinigung sind § 319 Absatz 2 bis 4, § 319b Absatz 1, § 320 Absatz 2 und § 323 des Handelsgesetzbuchs entsprechend anzuwenden; in der Bescheinigung ist darzulegen, dass die in ihr enthaltenen Daten mit hinreichender Sicherheit frei von wesentlichen Falschangaben und Abweichungen sind; bei der Prüfung der Bruttowertschöpfung ist eine Wesentlichkeitsschwelle von 5 Prozent ausreichend,

d) einen Nachweis über die Klassifizierung des Unternehmens durch die statistischen Ämter der Länder in Anwendung der Klassifikation der Wirtschaftszweige des Statistischen Bundesamtes, Ausgabe 20081, und die Einwilligung des Unternehmens, dass sich das Bundesamt für Wirtschaft und Ausfuhrkontrolle von den statistischen Ämtern der Länder die Klassifizierung des bei ihnen registrierten Unternehmens und seiner Betriebsstätten übermitteln lassen kann,

2. für die Voraussetzungen nach Absatz 1 Nummer 3 durch ein gültiges DIN EN ISO 50001-Zertifikat, einen gültigen Eintragungs- oder Verlängerungsbescheid der EMAS-Registrierungsstelle über die Eintragung in das EMAS-Register oder einen gültigen Nachweis des Betriebs eines alternativen Systems zur Verbesserung der Energieeffizienz; § 4 Absatz 1 bis 3 der Spitzenausgleich-Effizienzsystemverordnung in der jeweils zum Zeitpunkt des Endes des letzten abgeschlossenen Geschäftsjahrs geltenden Fassung ist entsprechend anzuwenden.

(4) [1]Unternehmen, die nach dem 30. Juni des Vorjahres neu gegründet wurden, können abweichend von Absatz 3 Nummer 1 im ersten Jahr nach der Neugründung Daten über ein Rumpfgeschäftsjahr übermitteln, im zweiten Jahr nach der Neugründung Daten für das erste abgeschlossene Geschäftsjahr und im dritten Jahr nach der Neugründung Daten für das erste und zweite abgeschlossene Geschäftsjahr. [2]Für das erste Jahr nach der Neugründung ergeht die Begrenzungsentscheidung unter Vorbehalt des Widerrufs. [3]Nach Vollendung des ersten abgeschlossenen Geschäftsjahres erfolgt eine nachträgliche Überprüfung der Antragsvoraussetzungen und des Begrenzungsumfangs durch das Bundesamt für Wirtschaft und Ausfuhrkontrolle anhand der Daten des abgeschlossenen Geschäftsjahres. [4]Absatz 3 ist im Übrigen entsprechend anzuwenden. [5]Neu gegründete Unternehmen sind nur solche, die unter Schaffung von im Wesentlichen neuem Betriebsvermögen ihre Tätigkeit erstmals aufnehmen; sie dürfen nicht durch Umwandlung entstanden sein. [6]Neu geschaffenes Betriebsvermögen liegt vor, wenn über das Grund- und Stammkapital hinaus weitere Vermögensgegenstände des Anlage- oder Umlaufvermögens erworben, gepachtet oder geleast wurden. [7]Es wird unwiderleglich vermutet, dass der Zeitpunkt der Neugründung der Zeitpunkt ist, an dem erstmals Strom zu Produktionszwecken verbraucht wird.

(5) [1]Die Absätze 1 bis 4 sind für selbständige Teile eines Unternehmens, das einer Branche nach Liste 1 der Anlage 4 zuzuordnen ist, entsprechend anzuwenden. [2]Ein selbständiger Unternehmensteil liegt nur vor, wenn es sich um einen Teilbetrieb mit eigenem Standort oder

## § 64

einen vom übrigen Unternehmen am Standort abgegrenzten Betrieb mit den wesentlichen Funktionen eines Unternehmens handelt, der Unternehmensteil jederzeit als rechtlich selbständiges Unternehmen seine Geschäfte führen könnte, seine Erlöse wesentlich mit externen Dritten erzielt und über eine eigene Abnahmestelle verfügt. ³Für den selbständigen Unternehmensteil sind eine eigene Bilanz und eine eigene Gewinn- und Verlustrechnung in entsprechender Anwendung der für alle Kaufleute geltenden Vorschriften des Handelsgesetzbuchs aufzustellen. ⁴Die Bilanz und die Gewinn- und Verlustrechnung nach Satz 3 sind in entsprechender Anwendung der §§ 317 bis 323 des Handelsgesetzbuchs zu prüfen.

(6) Im Sinne dieses Paragrafen ist

1. „Abnahmestelle" die Summe aller räumlich und physikalisch zusammenhängenden elektrischen Einrichtungen einschließlich der Eigenversorgungsanlagen eines Unternehmens, die sich auf einem in sich abgeschlossenen Betriebsgelände befinden und über einen oder mehrere Entnahmepunkte mit dem Netz verbunden sind; sie muss über eigene Stromzähler an allen Entnahmepunkten und Eigenversorgungsanlagen verfügen,

2. „Bruttowertschöpfung" die Bruttowertschöpfung des Unternehmens zu Faktorkosten nach der Definition des Statistischen Bundesamtes, Fachserie 4, Reihe 4.3, Wiesbaden 2007[1]), ohne Abzug der Personalkosten für Leiharbeitsverhältnisse; die durch vorangegangene Begrenzungsentscheidungen hervorgerufenen Wirkungen bleiben bei der Berechnung der Bruttowertschöpfung außer Betracht, und

3. „Stromkostenintensität" das Verhältnis der maßgeblichen Stromkosten einschließlich der Stromkosten für nach § 61 umlagepflichtige selbst verbrauchte Strommengen zum arithmetischen Mittel der Bruttowertschöpfung in den letzten drei abgeschlossenen Geschäftsjahren des Unternehmens; hierbei werden die maßgeblichen Stromkosten berechnet durch die Multiplikation des arithmetischen Mittels des Stromverbrauchs des Unternehmens in den letzten drei abgeschlossenen Geschäftsjahren oder dem standardisierten Stromverbrauch, der nach Maßgabe einer Rechtsverordnung nach § 94 Nummer 1 ermittelt wird, mit dem durchschnittlichen Strompreis für Unternehmen mit ähnlichen Stromverbräuchen, der nach Maßgabe einer Rechtsverordnung nach § 94 Nummer 2 zugrunde zu legen ist; die durch vorangegangene Begrenzungsentscheidungen hervorgerufenen Wirkungen bleiben bei der Berechnung der Stromkostenintensität außer Betracht.

(7) Für die Zuordnung eines Unternehmens zu den Branchen nach Anlage 4 ist der Zeitpunkt des Endes des letzten abgeschlossenen Geschäftsjahrs maßgeblich.

Geltungszeitraum: ab 01.08.2014

*Verwaltungsregelungen zu § 64*

| Datum | Anlage | Quelle | Inhalt |
|---|---|---|---|
| 27.08.2014 | § 064-01 | BAFA | BAFA Merkblatt Unternehmen des Produzierenden Gewerbes 2014 |
| 07.05.2013 | § 064-02 | BAFA | BAFA Merkblatt Unternehmen des Produzierenden Gewerbes 2013 |

---

1) [Amtl. Anm.:] Zu beziehen beim Statistischen Bundesamt, Gustav-Stresemann-Ring 11, 65189 Wiesbaden; auch zu beziehen über www.destatis.de.

## § 41

**§ 41**[1]) **Unternehmen des Produzierenden Gewerbes**

(1) Bei einem Unternehmen des produzierenden Gewerbes erfolgt die Begrenzung nur, soweit es nachweist, dass und inwieweit

1. im letzten abgeschlossenen Geschäftsjahr
   a) der von einem Elektrizitätsversorgungsunternehmen bezogene und selbst verbrauchte Strom an einer Abnahmestelle mindestens 1 Gigawattstunde betragen hat,
   b) das Verhältnis der von dem Unternehmen zu tragenden Stromkosten zur Bruttowertschöpfung des Unternehmens nach der Definition des Statistischen Bundesamtes, Fachserie 4, Reihe 4.3, Wiesbaden 2007[2]), mindestens 14 Prozent betragen hat,
   c) die EEG-Umlage anteilig an das Unternehmen weitergereicht wurde und
2. eine Zertifizierung erfolgt ist, mit der der Energieverbrauch und die Potenziale zur Verminderung des Energieverbrauchs erhoben und bewertet worden sind; dies gilt nicht für Unternehmen mit einem Stromverbrauch von unter 10 Gigawattstunden.

(2) ¹Die Erfüllung der Voraussetzungen nach Absatz 1 Nummer 1 ist durch die Stromlieferungsverträge und die Stromrechnungen für das letzte abgeschlossene Geschäftsjahr sowie die Bescheinigung einer Wirtschaftsprüferin, eines Wirtschaftsprüfers, einer Wirtschaftsprüfungsgesellschaft, einer vereidigten Buchprüferin, eines vereidigten Buchprüfers oder einer Buchprüfungsgesellschaft auf Grundlage des Jahresabschlusses für das letzte abgeschlossene Geschäftsjahr nachzuweisen. ²Für die Bescheinigungen nach Satz 1 gelten § 319 Absatz 2 bis 4, § 319b Absatz 1, § 320 Absatz 2 und § 323 des Handelsgesetzbuches entsprechend. ³Die Voraussetzung nach Absatz 1 Nummer 2 ist durch die Bescheinigung der Zertifizierungsstelle nachzuweisen.

(2a) ¹Unternehmen, die nach dem 30. Juni des Vorjahres neu gegründet wurden, können abweichend von Absatz 1 Daten über ein Rumpfgeschäftsjahr übermitteln. ²Absatz 2 gilt entsprechend. ³Neu gegründete Unternehmen sind nur solche, die unter Schaffung von im Wesentlichen neuem Betriebsvermögen ihre Tätigkeit erstmals aufnehmen; sie dürfen nicht durch Umwandlung entstanden sein. ⁴Als Zeitpunkt der Neugründung gilt der Zeitpunkt, an dem erstmals Strom zu Produktions- oder Fahrbetriebszwecken abgenommen wird.

(3) ¹Für Unternehmen, deren Strombezug im Sinne von Absatz 1 Nummer 1 Buchstabe a

1. mindestens 1 Gigawattstunde betragen hat, wird die EEG-Umlage hinsichtlich des an der betreffenden Abnahmestelle im Begrenzungszeitraum selbst verbrauchten Stroms
   a) für den Stromanteil bis einschließlich 1 Gigawattstunde nicht begrenzt,
   b) für den Stromanteil über 1 bis einschließlich 10 Gigawattstunden auf 10 Prozent der nach § 37 Absatz 2 ermittelten EEG-Umlage begrenzt,
   c) für den Stromanteil über 10 bis einschließlich 100 Gigawattstunden auf 1 Prozent der nach § 37 Absatz 2 ermittelten EEG-Umlage begrenzt und
   d) für den Stromanteil über 100 Gigawattstunden auf 0,05 Cent je Kilowattstunde begrenzt oder
2. mindestens 100 Gigawattstunden und deren Verhältnis der Stromkosten zur Bruttowertschöpfung mehr als 20 Prozent betragen hat, wird die nach § 37 Absatz 2 ermittelte EEG-Umlage auf 0,05 Cent je Kilowattstunde begrenzt.

²Die Nachweise sind in entsprechender Anwendung des Absatzes 2 zu führen.

(4) Eine Abnahmestelle ist die Summe aller räumlich und physikalisch zusammenhängenden elektrischen Einrichtungen eines Unternehmens, die sich auf einem in sich abgeschlossenen Betriebsgelände befinden und über eine oder mehrere Entnahmepunkte mit dem Netz des Netzbetreibers verbunden sind.

---

1) § 41 neu gef. mWv 1. 1. 2012 durch G v. 28. 7. 2011 (BGBl. I S. 1634); Abs. 2 Satz 1 geänd. mWv 1. 4. 2012 durch G v. 17. 8. 2012 (BGBl. I S. 1374).
2) [Amtl. Anm.:] Amtlicher Hinweis: Zu beziehen beim Statistischen Bundesamt, Gustav-Stresemann-Ring 11, 65189 Wiesbaden; auch zu beziehen über www.destatis.de.

# § 41

(5) ¹Die Absätze 1 bis 4 gelten für selbständige Teile des Unternehmens entsprechend. ²Ein selbständiger Unternehmensteil liegt nur vor, wenn es sich um einen eigenen Standort oder einen vom übrigen Unternehmen am Standort abgegrenzten Teilbetrieb mit den wesentlichen Funktionen eines Unternehmens handelt und der Unternehmensteil jederzeit als rechtlich selbständiges Unternehmen seine Geschäfte führen könnte. ³Für den selbständigen Unternehmensteil sind eine eigene Bilanz und eine eigene Gewinn- und Verlustrechnung in entsprechender Anwendung der für alle Kaufleute geltenden Vorschriften des Handelsgesetzbuches aufzustellen. ⁴Die Bilanz und die Gewinn- und Verlustrechnung nach Satz 3 sind in entsprechender Anwendung der §§ 317 bis 323 des Handelsgesetzbuches zu prüfen.

**Geltungszeitraum: bis 31.07.2014**

## Rechtsprechungsauswahl

**VGH Kassel, 09.01.2014 – 6 A 1999/13; BeckRS 2014, 45632:** Leitsätze:

1. Ob bei einer betrieblichen Einheit oder Untereinheit ein selbstständiger Unternehmensteil gegeben ist, ist anhand von Kriterien des Einzelfalls zu bestimmen, wobei als Merkmale insbesondere der Standort des Unternehmensteils und die bauliche, technische sowie infrastrukturmäßige Anschließung an die übrigen Unternehmensteile, die organisatorische Ausgliederung des Produktionsprozesses aus dem Gesamtunternehmen, die Bildung eines eigenständigen Buchungskreises, der Bezug von Roh-, Hilfs- und Betriebsstoffen von Dritten oder im Unternehmensverbund und die Absetzung des erzeugten Produkts an Verbraucher oder Kunden außerhalb des Unternehmens zu berücksichtigen sind. Entscheidend ist aber das Gesamtbild der Verhältnisse, das nach Würdigung des Einzelfalls zu bestimmen ist. (amtlicher Leitsatz)

2. Das Merkmal „selbstständiger Teil des Unternehmens" nach § 41 V EEG 2009 kann nur für Bereiche gelten, in denen sich der erhebliche Strombedarf manifestiert. (amtlicher Leitsatz)

**VGH Kassel, Urteil vom 14. 09. 2011, 6 A 2864/09:** Begrenzungsanspruch ohne Selbstbehalt nach dem Erneuerbare-Energien-Gesetz

Bei der für die Begrenzung des Anteils der abzunehmenden Strommenge aus erneuerbaren Energien nach der besonderen Ausgleichsregelung des § EEG § 16 EEG (2004) vorzunehmenden Ermittlung der Stromkosten sind nur die für den Strombezug des Unternehmens entrichteten Kosten zu berücksichtigen, die auf den im Referenzjahr nach § EEG § 16 Abs. EEG § 16 Absatz 4 Satz 3 EEG (2004) bezogenen Strom zurückgeführt werden können.

**VG Frankfurt a.M. vom 14.3.2013, 5 K 2071/12.F:** VG Frankfurt a. M.: Kein Anspruch auf Begrenzung nach § 41 I Nr. 2 EEG 2009 für Unternehmensteil

Für die Bestimmung „selbständige Teile des Unternehmens" nach § EEG § 41 EEG § 41 Absatz V EEG 2009 ist eine Bewertung der Unternehmensstrukturen, der gesamten Umstände, aber auch des nach außen tretenden Bildes des Unternehmensteils erforderlich.

**VG Frankfurt vom 15.11.2012, 1 K 1540/12.F:** Es spricht viel für die Annahme, dass der Ausdruck „selbstständige Teile des Unternehmens" in § 41 Abs. 5 EEG 2009 v. 25.10.2008 (BGBl I 2074) semantisch leer ist, weil es sich um einen Widerspruch in sich (contradictio in adjecto) handelt. § 41 Abs. 5 EEG 2009 hätte in diesem Fall keinen Regelungsgehalt und könnte der Rechtsfindung daher nicht zugrunde gelegt werden. Ob die Annahme zutrifft, kann jedoch im vorliegenden Fall dahingestellt bleiben.

**VG Frankfurt a. M vom 15.11.2012, 1 K 843/12.F:** Zu den Voraussetzungen der Besonderen Ausgleichsregelung – Zeitpunkt der Einführung eines Energiemanagementsystems

1. Der Wortsinn ist die Grenze der Auslegung.
2. Zur Kritik der „Piano-Theorie".
3. Ein Redaktionsversehen des Gesetzgebers lässt sich nur dann annehmen, wenn sich aus dem Gesamtzusammenhang mit der Systematik des Gesetzes oder mit der Gesetzesbegründung und der Gesetzgebungsgeschichte hinreichend sicher erkennen lässt, dass eindeutig etwas anderes gemeint war, als im Wortlaut des Gesetzes zum Ausdruck kommt.
4. Äußerungen zur bestehenden Rechtslage in der amtlichen Begründung eines Gesetzentwurfs haben im Hinblick auf die Auslegung der bestehenden Rechtslage keinen Stellenwert von Gesetzesmaterialien, sondern stellen bloß eine Interpretation der bestehenden Rechtslage dar. Sie sind für die Auslegung der bestehenden Rechtslage durch den Richter gleichwohl nicht ohne Bedeutung.

## § 41

5. Allein die mangelnde Vernünftigkeit eines Gesetzes rechtfertigt nicht, dass sich der Richter über den Wortlaut hinwegsetzt.
6. Zertifizierung bedeutet den Vorgang der Ausstellung einer Zertifikatsurkunde.

**VG Frankfurt vom 12.04.2012, 1 K 1987/10.F:** Erneuerbare Energien; Strommengenbegrenzung; Abnahmestelle.

## § 65

**§ 65 Schienenbahnen**

(1) Bei einer Schienenbahn erfolgt die Begrenzung der EEG-Umlage nur, sofern sie nachweist, dass und inwieweit im letzten abgeschlossenen Geschäftsjahr die an der betreffenden Abnahmestelle selbst verbrauchte Strommenge unmittelbar für den Fahrbetrieb im Schienenbahnverkehr verbraucht wurde und unter Ausschluss der rückgespeisten Energie mindestens 2 Gigawattstunden betrug.

(2) Für eine Schienenbahn wird die EEG-Umlage für die gesamte Strommenge, die das Unternehmen unmittelbar für den Fahrbetrieb im Schienenbahnverkehr selbst verbraucht, unter Ausschluss der rückgespeisten Energie an der betreffenden Abnahmestelle auf 20 Prozent der nach § 60 Absatz 1 ermittelten EEG-Umlage begrenzt.

(3) [1]Abnahmestelle im Sinne der Absätze 1 und 2 ist die Summe der Verbrauchsstellen für den Fahrbetrieb im Schienenbahnverkehr des Unternehmens. [2]§ 64 Absatz 3 Nummer 1 Buchstabe a bis c und Absatz 4 ist entsprechend anzuwenden; es wird unwiderleglich vermutet, dass der Zeitpunkt der Neugründung der Zeitpunkt ist, zu dem erstmals Strom zu Fahrbetriebszwecken verbraucht wird.

Geltungszeitraum: ab 01.08.2014

*Verwaltungsregelungen zu § 65*

| Datum | Anlage | Quelle | Inhalt |
|---|---|---|---|
| 28.07.2014 | § 065-01 | BAFA | BAFA Merkblatt für Schienenbahnen 2014 |
| 06.05.2013 | § 065-02 | BAFA | BAFA Merkblatt für Schienenbahnen 2013 |

## § 42

**§ 42**[1]**) Schienenbahnen**

(1) ¹Eine Begrenzung der EEG-Umlage für Schienenbahnen ist nur für die Strommenge möglich, die über 10 Prozent des im Begrenzungszeitraum an der betreffenden Abnahmestelle bezogenen oder selbst verbrauchten Stroms hinausgeht. ²Die begrenzte EEG-Umlage beträgt 0,05 Cent pro Kilowattstunde.

(2) Bei Schienenbahnen erfolgt die Begrenzung der EEG-Umlage, sofern diese nachweisen, dass und inwieweit

1. die bezogene Strommenge unmittelbar für den Fahrbetrieb im Schienenbahnverkehr verbraucht wird und mindestens 10 Gigawattstunden beträgt und
2. die EEG-Umlage anteilig an das Unternehmen weitergereicht wurde.

(3) ¹Abnahmestelle im Sinne des Absatzes 1 ist die Summe der Verbrauchsstellen für den Fahrbetrieb im Schienenbahnverkehr des Unternehmens. ²§ 41 Absatz 2 und 2a gilt entsprechend.

Geltungszeitraum: bis 31.07.2014

---

1) § 42 neu gef. mWv 1. 1. 2012 durch G v. 28. 7. 2011 (BGBl. I S. 1634).

## § 66

**§ 66 Antragstellung und Entscheidungswirkung**

(1) [1]Der Antrag nach § 63 in Verbindung mit § 64 einschließlich der Bescheinigungen nach § 64 Absatz 3 Nummer 1 Buchstabe c und Nummer 2 ist jeweils zum 30. Juni eines Jahres (materielle Ausschlussfrist) für das folgende Kalenderjahr zu stellen. [2]Satz 1 ist entsprechend anzuwenden auf Anträge nach § 63 in Verbindung mit § 65 einschließlich der Bescheinigungen nach § 64 Absatz 3 Nummer 1 Buchstabe c. [3]Einem Antrag nach den Sätzen 1 und 2 müssen die übrigen in den §§ 64 oder 65 genannten Unterlagen beigefügt werden.

(2) [1]Ab dem Antragsjahr 2015 muss der Antrag elektronisch über das vom Bundesamt für Wirtschaft und Ausfuhrkontrolle eingerichtete Portal gestellt werden. [2]Das Bundesamt für Wirtschaft und Ausfuhrkontrolle wird ermächtigt, Ausnahmen von der Pflicht zur elektronischen Antragsstellung nach Satz 1 durch Allgemeinverfügung, die im Bundesanzeiger bekannt zu machen ist, verbindlich festzulegen.

(3) [1]Neu gegründete Unternehmen im Sinne des § 64 Absatz 4 können den Antrag abweichend von Absatz 1 Satz 1 bis zum 30. September eines Jahres für das folgende Kalenderjahr stellen. [2]Satz 1 ist für neu gegründete Schienenbahnen entsprechend anzuwenden.

(4) [1]Die Entscheidung ergeht mit Wirkung gegenüber der antragstellenden Person, dem Elektrizitätsversorgungsunternehmen und dem regelverantwortlichen Übertragungsnetzbetreiber. [2]Sie wirkt jeweils für das dem Antragsjahr folgende Kalenderjahr.

(5) [1]Der Anspruch des an der betreffenden Abnahmestelle regelverantwortlichen Übertragungsnetzbetreibers auf Zahlung der EEG-Umlage gegenüber den betreffenden Elektrizitätsversorgungsunternehmen wird nach Maßgabe der Entscheidung des Bundesamtes für Wirtschaft und Ausfuhrkontrolle begrenzt. [2]Die Übertragungsnetzbetreiber haben diese Begrenzung beim Ausgleich nach § 58 zu berücksichtigen. [3]Erfolgt während des Geltungszeitraums der Entscheidung ein Wechsel des an der betreffenden Abnahmestelle regelverantwortlichen Übertragungsnetzbetreibers oder des betreffenden Elektrizitätsversorgungsunternehmens, muss die begünstigte Person dies dem Übertragungsnetzbetreiber oder dem Elektrizitätsversorgungsunternehmen und dem Bundesamt für Wirtschaft und Ausfuhrkontrolle unverzüglich mitteilen.

Geltungszeitraum: ab 01.08.2014

# § 43

**§ 43**[1] **Antragstellung und Entscheidungswirkung**

(1)¹Der Antrag nach § 40 Abs. 1 in Verbindung mit § 41 oder § 42 einschließlich der vollständigen Antragsunterlagen ist jeweils zum 30. Juni des laufenden Jahres zu stellen (materielle Ausschlussfrist). ²Die Entscheidung ergeht mit Wirkung gegenüber der antragstellenden Person, dem Elektrizitätsversorgungsunternehmen und dem regelverantwortlichen Übertragungsnetzbetreiber. ³Sie wird zum 1. Januar des Folgejahres mit einer Geltungsdauer von einem Jahr wirksam. ⁴Die durch eine vorangegangene Entscheidung hervorgerufenen Wirkungen bleiben bei der Berechnung des Verhältnisses der Stromkosten zur Bruttowertschöpfung nach § 41 Absatz 1 Nummer 1 Buchstabe b und Absatz 3 außer Betracht.

(2) ¹Neu gegründete Unternehmen im Sinne des § 41 Abs. 2a können den Antrag abweichend von Absatz 1 Satz 1 bis zum 30. September des laufenden Jahres stellen. ²Satz 1 gilt für Schienenbahnunternehmen entsprechend.

(3) Der Anspruch des an der betreffenden Abnahmestelle regelverantwortlichen Übertragungsnetzbetreibers auf Zahlung der EEG-Umlage gegenüber den betreffenden Elektrizitätsversorgungsunternehmen wird entsprechend der Entscheidung des Bundesamtes für Wirtschaft und Ausfuhrkontrolle begrenzt; die Übertragungsnetzbetreiber haben diese Begrenzungen im Rahmen von § 36 zu berücksichtigen.

**Geltungszeitraum: bis 31.07.2014**

*Rechtsprechungsauswahl*

BVerwG vom 10.12.2013; 8 C 24/12; NVwZ-2014-0007; NVwZ-2014-1237: Anspruch eines Unternehmens auf Begrenzung des Anteils der abzunehmenden Strommenge aus erneuerbaren Energien nach der besonderen Ausgleichsregelung des Gesetzes für den Vorrang erneuerbarer Energien (Erneuerbare-Energien-Gesetz)

1. § 16 Abs. 1 EEG 2004 regelt eine materiellrechtliche Ausschlussfrist und gilt für sämtliche Nachweise im Sinne von § 16 Abs. 2 EEG 2004, auch diejenigen, die das Elektrizitätsversorgungsunternehmen auf Antrag des Unternehmens beim Bundesamt für Wirtschaft und Ausfuhrkontrolle vorzulegen hat.
2. Nachsicht zu gewähren, weil die versäumte materiellrechtliche Ausschlussfrist auf Umständen „höherer Gewalt" beruht, kommt jedenfalls nicht schon wegen einer Postlaufverzögerung von zwei auf den Einlieferungstag folgenden Werktagen in Betracht.

**VG Frankfurt a.M vom 14.11.2013, 5 K 2104/12.F:**
1. EEG Ausgleichsregelung, Fristversäumung, Vollständigkeit der Unterlagen, Nachsichtgewährung, höhere Gewalt, Prüfungspflichten. (amtlicher Leitsatz)

---

1) § 43 Abs. 1 Sätze 1, 4 und Abs. 3 geänd. mWv 1. 1. 2012 durch G v. 28. 7. 2011 (BGBl. I S. 1634).

# Kapitel 3 Emissionshandelsrecht Treibhausemissionshandelsgesetz (TEHG)

## § 1 Zweck des Gesetzes

Zweck dieses Gesetzes ist es, für die in Anhang 1 Teil 2 genannten Tätigkeiten, durch die in besonderem Maße Treibhausgase emittiert werden, die Grundlagen für den Handel mit Berechtigungen zur Emission von Treibhausgasen in einem gemeinschaftsweiten Emissionshandelssystem zu schaffen, um damit durch eine kosteneffiziente Verringerung von Treibhausgasen zum weltweiten Klimaschutz beizutragen.

*Rechtsprechungsauswahl*

**BVerwG vom 30. 6. 2005 – 7 C 26/04:** Emissionshandelssystem für Treibhausgase verfassungsgemäß

1. Die Einführung eines Emissionshandelssystems für Treibhausgase durch die Richtlinie 2003/87/EG ist mit den europarechtlich gewährleisteten Rechten auf Eigentum und freie Berufsausübung vereinbar.
2. Die im TEHG getroffenen Zuständigkeitsregeln verstoßen nicht gegen die Kompetenzbestimmungen des Grundgesetzes.

## § 2 Anwendungsbereich

(1) Dieses Gesetz gilt für die Emission der in Anhang 1 Teil 2 genannten Treibhausgase durch die dort genannten Tätigkeiten. Für die in Anhang 1 Teil 2 genannten Anlagen gilt dieses Gesetz auch dann, wenn sie Teile oder Nebeneinrichtungen einer Anlage sind, die nicht in Anhang 1 Teil 2 aufgeführt ist.

(2) ¹Der Anwendungsbereich dieses Gesetzes erstreckt sich bei den in Anhang 1 Teil 2 Nummer 2 bis 31 genannten Anlagen auf alle

1. Anlagenteile und Verfahrensschritte, die zum Betrieb notwendig sind, und
2. Nebeneinrichtungen, die mit den Anlagenteilen und Verfahrensschritten nach Nummer 1 in einem räumlichen und betriebstechnischen Zusammenhang stehen und die für das Entstehen von den in Anhang 1 Teil 2 genannten Treibhausgasen von Bedeutung sein können.

²Satz 1 gilt für Verbrennungseinheiten nach Anhang 1 Teil 2 Nummer 1 entsprechend.

(3) ¹Die in Anhang 1 bestimmten Voraussetzungen liegen auch vor, wenn mehrere Anlagen derselben Art in einem engen räumlichen und betrieblichen Zusammenhang stehen und zusammen die nach Anhang 1 maßgeblichen Leistungsgrenzen oder Anlagengrößen erreichen oder überschreiten werden. ²Ein enger räumlicher und betrieblicher Zusammenhang ist gegeben, wenn die Anlagen

1. auf demselben Betriebsgelände liegen,
2. mit gemeinsamen Betriebseinrichtungen verbunden sind und
3. einem vergleichbaren technischen Zweck dienen.

(4) ¹Bedürfen Anlagen nach Anhang 1 Teil 2 Nummer 2 bis 30 einer Genehmigung nach § 4 Absatz 1 Satz 3 des Bundes-Immissionsschutzgesetzes, so sind hinsichtlich der Abgrenzung der Anlagen nach den Absätzen 2 und 3 die Festlegungen in der immissionsschutzrechtlichen Genehmigung für die Anlage maßgeblich. ²Satz 1 gilt für Verbrennungseinheiten nach Anhang 1 Teil 2 Nummer 1 entsprechend. ³In den Fällen des Absatzes 1 Satz 2 gilt Satz 1 hinsichtlich der Festlegungen in der immissionsschutzrechtlichen Genehmigung zu den Anlagenteilen oder Nebeneinrichtungen entsprechend.

(5) Dieses Gesetz gilt nicht für:

1. Anlagen oder Anlagenteile, soweit sie der Forschung oder der Entwicklung oder Erprobung neuer Einsatzstoffe, Brennstoffe, Erzeugnisse oder Verfahren im Labor- oder Technikumsmaßstab dienen; hierunter fallen auch solche Anlagen im Labor- oder Technikumsmaßstab, in denen neue Erzeugnisse in der für die Erprobung ihrer Eigenschaften durch Dritte erforderlichen Menge vor der Markteinführung hergestellt werden, soweit die neuen Erzeugnisse noch weiter erforscht oder entwickelt werden,
2. Anlagen, die nach § 4 Absatz 1 Satz 3 des Bundes-Immissionsschutzgesetzes genehmigungsbedürftig sind und bei denen nach ihrer immissionsschutzrechtlichen Genehmigung außer für Zwecke der Zünd- und Stützfeuerung als Brennstoff nur Klärgas, Deponiegas, Biogas oder Biomasse im Sinne des Artikels 2 Absatz 2 Satz 2 Buchstabe a und e der Richtlinie 2009/28/EG des Europäischen Parlaments und des Rates vom 23. April 2009 zur Förderung der Nutzung von Energie aus erneuerbaren Quellen und zur Änderung und anschließenden Aufhebung der Richtlinien 2001/77/EG und 2003/30/EG (ABl. L 140 vom 5.6.2009, S. 16) in der jeweils geltenden Fassung eingesetzt werden darf und
3. Anlagen oder Verbrennungseinheiten nach Anhang 1 Teil 2 Nummer 1 bis 6 zur Verbrennung von gefährlichen Abfällen oder Siedlungsabfällen, die nach Nummer 8.1 oder Nummer 8.2 des Anhangs zur Verordnung über genehmigungsbedürftige Anlagen genehmigungsbedürftig sind.

(6) ¹Bei Luftverkehrstätigkeiten erstreckt sich der Anwendungsbereich dieses Gesetzes auf alle Emissionen eines Luftfahrzeugs, die durch den Verbrauch von Treibstoffen entstehen. ²Zum Treibstoffverbrauch eines Luftfahrzeugs zählt auch der Treibstoffverbrauch von

# § 2

Hilfsmotoren. Dieses Gesetz gilt nur für Luftverkehrstätigkeiten, die von Luftfahrzeugbetreibern durchgeführt werden,

1. die eine gültige deutsche Betriebsgenehmigung im Sinne des Artikels 3 der Verordnung (EG) Nr. 1008/2008 des Europäischen Parlaments und des Rates vom 24. September 2008 über gemeinsame Vorschriften für die Durchführung von Luftverkehrsdiensten in der Gemeinschaft (ABl. L 293 vom 31.10.2008, S. 3) in der jeweils geltenden Fassung besitzen oder
2. die der Bundesrepublik Deutschland als zuständigem Verwaltungsmitgliedstaat zugewiesen sind nach der Verordnung (EG) Nr. 748/2009 der Kommission vom 5. August 2009 über die Liste der Luftfahrzeugbetreiber, die am oder nach dem 1. Januar 2006 einer Luftverkehrstätigkeit im Sinne von Anhang I der Richtlinie 2003/87/EG nachgekommen sind, mit Angabe des für die einzelnen Luftfahrzeugbetreiber zuständigen Verwaltungsmitgliedstaats (ABl. L 219 vom 22.8.2009, S. 1), die durch die Verordnung (EU) Nr. 82/2010 (ABl. L 25 vom 29.1.2010, S. 12) geändert worden ist, in der jeweils geltenden Fassung, und keine gültige Betriebsgenehmigung eines anderen Vertragsstaats des Abkommens über den Europäischen Wirtschaftsraum besitzen.

[3]Alle Luftverkehrstätigkeiten, die der Luftfahrzeugbetreiber ab Beginn des Kalenderjahres durchführt, in dem die Voraussetzungen nach Satz 3 erstmals erfüllt sind, fallen in den Anwendungsbereich dieses Gesetzes.

(7) Dieses Gesetz gilt auch für Aufgaben im Zusammenhang mit der Bewilligung von Beihilfen zur Kompensation indirekter $CO_2$-Kosten, soweit solche Beihilfen nach einer Förderrichtlinie nach Artikel 10a Absatz 6 der Richtlinie 2003/87/EG vorgesehen.

*Rechtsprechungsauswahl*

**BVerwG vom 21. 2. 2013, 7 C 18/11:** Zuteilung weiterer Emissionsberechtigungen
Die Zuteilungsregeln für Anlagen der Energiewirtschaft gelten auch für Kraftwerke, die dem Emissionshandel gem. § 2 TEHG a. F. als Nebeneinrichtung einer selbst nicht emissionshandelspflichtigen Industrieanlage unterliegen.

## § 3 Begriffsbestimmungen

Für dieses Gesetz gelten die folgenden Begriffsbestimmungen:

1. Anlage

    eine Betriebsstätte oder sonstige ortsfeste Einrichtung;

2. Anlagenbetreiber

    eine natürliche oder juristische Person oder Personengesellschaft, die die unmittelbare Entscheidungsgewalt über eine Anlage innehat, in der eine Tätigkeit nach Anhang 1 Teil 2 Nummer 1 bis 32 durchgeführt wird, und die dabei die wirtschaftlichen Risiken trägt; wer im Sinne des Bundes-Immissionsschutzgesetzes eine genehmigungsbedürftige Anlage betreibt, in der eine Tätigkeit nach Anhang 1 Teil 2 Nummer 1 bis 30 durchgeführt wird, ist Anlagenbetreiber nach Halbsatz 1;

3. Berechtigung

    die Befugnis zur Emission von einer Tonne Kohlendioxidäquivalent in einem bestimmten Zeitraum; eine Tonne Kohlendioxidäquivalent ist eine Tonne Kohlendioxid oder die Menge eines anderen Treibhausgases, die in ihrem Potenzial zur Erwärmung der Atmosphäre einer Tonne Kohlendioxid entspricht;

4. Betreiber

    ein Anlagenbetreiber oder Luftfahrzeugbetreiber;

5. Emission

    die Freisetzung von Treibhausgasen durch eine Tätigkeit nach Anhang 1 Teil 2; die Weiterleitung von Treibhausgasen steht nach Maßgabe der Monitoring-Verordnung der Freisetzung gleich;

6. Emissionsreduktionseinheit

    eine Einheit im Sinne des § 2 Nummer 20 des Projekt-Mechanismen-Gesetzes;

7. Luftfahrzeugbetreiber

    eine natürliche oder juristische Person oder Personengesellschaft, die die unmittelbare Entscheidungsgewalt über ein Luftfahrzeug zu dem Zeitpunkt innehat, zu dem mit diesem eine Luftverkehrstätigkeit durchgeführt wird, und die dabei die wirtschaftlichen Risiken der Luftverkehrstätigkeit trägt, oder, wenn die Identität dieser Person nicht bekannt ist oder vom Luftfahrzeugeigentümer nicht angegeben wird, der Eigentümer des Luftfahrzeugs;

8. Luftverkehrsberechtigung

    eine Berechtigung, die ausschließlich Luftfahrzeugbetreibern die Befugnis zur Emission von einer Tonne Kohlendioxidäquivalent in einem bestimmten Zeitraum verleiht;

9. Luftverkehrstätigkeit

    eine Tätigkeit nach Anhang 1 Teil 2 Nummer 33;

10. Monitoring-Verordnung

    die Verordnung der Europäischen Kommission nach Artikel 14 Absatz 1 der Richtlinie 2003/87/EG des Europäischen Parlaments und des Rates vom 13. Oktober 2003 über ein System für den Handel mit Treibhausgasemissionszertifikaten in der Gemeinschaft und zur Änderung der Richtlinie 96/61/EG des Rates (ABl. L 275 vom 25.10.2003, S. 32), die zuletzt durch die Richtlinie 2009/29/EG (ABl. L 140 vom 5.6.2009, S. 63) geändert worden ist, in der jeweils geltenden Fassung;

11. Produktionsleistung

    die tatsächlich und rechtlich maximal mögliche Produktionsmenge pro Jahr;

12. Tätigkeit

    eine in Anhang 1 Teil 2 genannte Tätigkeit;

13. **Transportleistung**
    das Produkt aus Flugstrecke und Nutzlast;
14. **Treibhausgase**
    Kohlendioxid ($CO_2$), Methan ($CH_4$), Distickstoffoxid ($N_2O$), teilfluorierte Kohlenwasserstoffe (HFKW), perfluorierte Kohlenwasserstoffe (PFC) und Schwefelhexafluorid ($SF_6$);
15. **Überwachungsplan**
    eine Darstellung der Methode, die ein Betreiber anwendet, um seine Emissionen zu ermitteln und darüber Bericht zu erstatten;
16. **zertifizierte Emissionsreduktion**
    eine Einheit im Sinne des § 2 Nummer 21 des Projekt-Mechanismen-Gesetzes

*Rechtsprechungsauswahl*

**BVerwG vom 12. 12. 2012, 7 C 19/11:** Zuteilung weiterer Emissionsberechtigungen
1. Die Feststellung mehrerer Anlagen als einheitliche Anlage nach § 25 TEHG a.f. bewirkt, dass die zusammengefassten Anlagen bei der Zuteilung von Emissionsberechtigungen als eine Anlage im Sinne des Treibhausgas-Emissionshandelsgesetzes gelten.
2. Die Kapazität einer einheitlichen Anlage bestimmt sich danach, welche Produktionsmenge in der einheitlichen Anlage im Verbundbetrieb rechtlich und tatsächlich maximal möglich ist.

# § 4

**§ 4 Emissionsgenehmigung**

(1) ¹Der Anlagenbetreiber bedarf zur Freisetzung von Treibhausgasen durch eine Tätigkeit nach Anhang 1 Teil 2 Nummer 1 bis 32 einer Genehmigung. ²Die Genehmigung ist auf Antrag des Anlagenbetreibers von der zuständigen Behörde zu erteilen, wenn die zuständige Behörde auf der Grundlage der vorgelegten Antragsunterlagen die Angaben nach Absatz 3 feststellen kann.

(2) Der Antragsteller hat dem Genehmigungsantrag insbesondere folgende Angaben beizufügen:

1. Name und Anschrift des Anlagenbetreibers,

2. eine Beschreibung der Tätigkeit, des Standorts und der Art und des Umfangs der dort durchgeführten Verrichtungen und der verwendeten Technologien,

3. in den Fällen des § 2 Absatz 1 Satz 2 eine Beschreibung der räumlichen Abgrenzung der Anlagenteile, Verfahrensschritte und Nebeneinrichtungen nach § 2 Absatz 2,

4. die Quellen von Emissionen und

5. den Zeitpunkt, zu dem die Anlage in Betrieb genommen worden ist oder werden soll.

(3) Die Genehmigung enthält folgende Angaben:

1. Name und Anschrift des Anlagenbetreibers,

2. eine Beschreibung der Tätigkeit und des Standorts, an dem die Tätigkeit durchgeführt wird,

3. in den Fällen des § 2 Absatz 1 Satz 2 eine Beschreibung der räumlichen Abgrenzung der einbezogenen Anlagenteile, Verfahrensschritte und Nebeneinrichtungen nach § 2 Absatz 2 und

4. eine Auflistung der einbezogenen Quellen von Emissionen.

(4) ¹Bei Anlagen, die vor dem 1. Januar 2013 nach den Vorschriften des Bundes-Immissionsschutzgesetzes genehmigt worden sind, ist die immissionsschutzrechtliche Genehmigung die Genehmigung nach Absatz 1. ²Der Anlagenbetreiber kann aber auch im Fall des Satzes 1 eine gesonderte Genehmigung nach Absatz 1 beantragen. In diesem Fall ist Satz 1 nur bis zur Erteilung der gesonderten Genehmigung anwendbar.

(5) ¹Der Anlagenbetreiber ist verpflichtet, der zuständigen Behörde eine geplante Änderung der Tätigkeit in Bezug auf die Angaben nach Absatz 3 mindestens einen Monat vor ihrer Verwirklichung vollständig und richtig anzuzeigen, soweit diese Änderung Auswirkungen auf die Emissionen haben kann. ²Die zuständige Behörde ändert die Genehmigung entsprechend. ³Die zuständige Behörde überprüft unabhängig von Satz 2 mindestens alle fünf Jahre die Angaben nach Absatz 3 und ändert die Genehmigung im Bedarfsfall entsprechend. ⁴Für die genannten Änderungen der Genehmigung gilt Absatz 4 Satz 3 entsprechend.

(6) In den Verfahren zur Erteilung oder Änderung der Emissionsgenehmigung nach den Absätzen 1 und 5 ist der nach § 19 Absatz 1 Nummer 3 zuständigen Behörde Gelegenheit zur Stellungnahme in angemessener Frist zu geben.

## Rechtsprechungsauswahl

BVerwG, Urt. v. 12. 12. 2012 – 7 C 19/11: Zuteilung weiterer Emissionsberechtigungen

1. Die Feststellung mehrerer Anlagen als einheitliche Anlage nach § 25 TEHG a. F. bewirkt, dass die zusammengefassten Anlagen bei der Zuteilung von Emissionsberechtigungen als eine Anlage im Sinne des Treibhausgas-Emissionshandelsgesetzes gelten.

2. Die Kapazität einer einheitlichen Anlage bestimmt sich danach, welche Produktionsmenge in der einheitlichen Anlage im Verbundbetrieb rechtlich und tatsächlich maximal möglich ist.

# § 4

**BVerwG, Urt. v. 10. 10. 2012 – 7 C 10/10:** Kürzung der kostenlosen Zuteilung von Emissionsberechtigungen

1. Ein Anspruch auf Zuteilung unentgeltlicher Emissionsberechtigungen in Höhe von 90 % des Bedarfs einer dem Stand der Technik entsprechend geführten Anlage lässt sich der Emissionshandelsrichtlinie nicht entnehmen.
2. Einnahmen des Staates aus der Veräußerung von Emissionsberechtigungen sind finanzverfassungsrechtlich gerechtfertigt durch die Abschöpfung des Sondervorteils, der sich mit der Zuteilung von Emissionsberechtigungen verbindet.
3. Die Kürzungsregelungen des Zuteilungsgesetzes 2012 und das Fehlen eines brennstoffbezogenen Braunkohle-Benchmarks verletzen den Betreiber einer braunkohlegeführten Energieanlage nicht in seinen Grundrechten.
4. Aus § 8 Absatz I 2 ZuG 2007 kann auch unter Berücksichtigung des verfassungsrechtlichen Grundsatzes des Vertrauensschutzes kein privilegierender, periodenübergreifender Zuteilungsanspruch hergeleitet werden, wonach für neuere Bestandsanlagen bzw. Kapazitätserweiterungen auch in der zweiten Zuteilungsperiode den Zuteilungsanspruch belastende Kürzungsregelungen entfallen.
5. Sowohl die Zuteilung von Emissionsberechtigungen für die Kapazitätserweiterung einer Energieanlage wie auch der Abzug deren Produktionsmenge zur Errechnung der auf die Bestandsanlage entfallenden Berechtigungen bestimmt sich nach dem Standardauslastungsfaktor gem. § 8 Absatz I ZuG 2012.

## § 6

**§ 6 Überwachungsplan**

(1) ¹Der Betreiber ist verpflichtet, bei der zuständigen Behörde für jede Handelsperiode einen Überwachungsplan für die Emissionsermittlung und Berichterstattung nach § 5 Absatz 1 einzureichen. ²Dabei hat er die in Anhang 2 Teil 1 Nummer 1 genannten Fristen einzuhalten.

(2) ¹Der Überwachungsplan bedarf der Genehmigung. Die Genehmigung ist zu erteilen, wenn der Überwachungsplan den Vorgaben der Monitoring-Verordnung, der Rechtsverordnung nach § 28 Absatz 2 Nummer 1 und, soweit diese keine Regelungen treffen, des Anhangs 2 Teil 2 Satz 3 entspricht. ²Entspricht ein vorgelegter Überwachungsplan nicht diesen Vorgaben, ist der Betreiber verpflichtet, die festgestellten Mängel innerhalb einer von der zuständigen Behörde festzusetzenden Frist zu beseitigen und den geänderten Überwachungsplan vorzulegen. ³Im Verfahren zur Genehmigung des Überwachungsplans ist in den Fällen des § 19 Absatz 1 Nummer 1 der danach zuständigen Behörde Gelegenheit zur Stellungnahme zu geben. ⁴Die zuständige Behörde kann die Genehmigung mit Auflagen für die Überwachung von und Berichterstattung über Emissionen verbinden.

(3) ¹Der Betreiber ist verpflichtet, den Überwachungsplan innerhalb einer Handelsperiode unverzüglich anzupassen, soweit sich folgende Änderungen bezüglich der Anforderungen an die Emissionsermittlung oder an ihre Berichterstattung ergeben:

1. Änderung der Vorgaben nach Absatz 2 Satz 2,
2. Änderung seiner Emissionsgenehmigung oder
3. sonstige Änderung seiner Tätigkeit.

²Die zuständige Behörde kann nachträgliche Anordnungen treffen, um die Erfüllung der Pflicht nach Satz 1 sicherzustellen. ³Für den angepassten Überwachungsplan nach Satz 1 gelten Absatz 1 Satz 1 und Absatz 2 entsprechend.

*Rechtsprechungsauswahl*

**BVerwG vom 18. 2. 2010, 7 C 10/09:** Genehmigung von Monitoringkonzept für Ermittlung von Treibhausgasemissionen

Das Monitoringkonzept des Anlagenbetreibers zu den Ermittlungs- und Berichtspflichten über die Freisetzung von Treibhausgasen bedarf der behördlichen Genehmigung.

**OVG Berlin-Brandenburg vom 20.10.2011, OVG 12 B 19.10:** Für die Festsetzung einer Zahlungspflicht nach § 18 Abs. 1 Satz 1 TEHG ist kein Raum, wenn der Anlagenbetreiber fristgerecht bis zum 30. April eines Jahres eine Anzahl an Emissionsberechtigungen an die zuständige Behörde abgibt, die der in seinem Emissionsbericht ausgewiesenen und vom Sachverständigen geprüften Gesamtemissionsmenge seiner Anlage entsprechen. Die Abgabepflicht aus § 6 Abs. 1 TEHG ist in einem derartigen Fall auch dann nicht verletzt, wenn die Behörde nach Ablauf der Abgabefrist inhaltliche Fehler in dem mit zufrieden stellend testieren Emissionsbericht feststellt. Der Anlagenbetreiber bleibt jedoch zur Abgabe der noch fehlenden Berechtigungen verpflichtet. (amtlicher Leitsatz)

## § 9

**§ 9[1]) Zuteilung von kostenlosen Berechtigungen an Anlagenbetreiber**

(1) Anlagenbetreiber erhalten eine Zuteilung von kostenlosen Berechtigungen nach Maßgabe der Grundsätze des Artikels 10a Absatz 1 bis 5, 7 und 11 bis 20 der Richtlinie 2003/87/EG in der jeweils geltenden Fassung und des Beschlusses 2011/278/EU der Kommission vom 27. April 2011 zur Festlegung EU-weiter Übergangsvorschriften zur Harmonisierung der kostenlosen Zuteilung von Emissionszertifikaten gemäß Artikel 10a der Richtlinie 2003/87/EG (ABl. L 130 vom 17. 5. 2011, S. 1).

(2) [1]Die Zuteilung setzt einen Antrag bei der zuständigen Behörde voraus. [2]Der Antrag auf Zuteilung von kostenlosen Berechtigungen ist innerhalb einer Frist, die von der zuständigen Behörde mindestens drei Monate vor ihrem Ablauf im Bundesanzeiger bekannt gegeben wird, zu stellen. [3]Die Bekanntgabe der Frist erfolgt frühestens nach Inkrafttreten der Rechtsverordnung über Zuteilungsregeln gemäß § 10. [4]Bei verspätetem Antrag besteht kein Anspruch auf kostenlose Zuteilung. [5]Dem Antrag sind die zur Prüfung des Anspruchs erforderlichen Unterlagen beizufügen. [6]Soweit in der Verordnung nach § 10 nichts anderes bestimmt ist, müssen die tatsächlichen Angaben im Zuteilungsantrag von einer Prüfstelle nach § 21 verifiziert worden sein.

(3) [1]Die zuständige Behörde berechnet die vorläufigen Zuteilungsmengen, veröffentlicht eine Liste aller unter den Anwendungsbereich dieses Gesetzes fallenden Anlagen und der vorläufigen Zuteilungsmengen im Bundesanzeiger und meldet die Liste der Europäischen Kommission. [2]Bei der Berechnung der vorläufigen Zuteilungsmengen werden nur solche Angaben des Betreibers berücksichtigt, deren Richtigkeit ausreichend gesichert ist. [3]Rechtsbehelfe im Hinblick auf die Meldung der Zuteilungsmengen können nur gleichzeitig mit den gegen die Zuteilungsentscheidung zulässigen Rechtsbehelfen geltend gemacht werden.

(4) [1]Die zuständige Behörde entscheidet vor Beginn der Handelsperiode über die Zuteilung von kostenlosen Berechtigungen für eine Anlage an Anlagenbetreiber, die innerhalb der nach Absatz 2 Satz 2 bekannt gegebenen Frist einen Antrag gestellt haben. [2]Im Übrigen gelten für das Zuteilungsverfahren die Vorschriften des Verwaltungsverfahrensgesetzes.

(5) Bedeutete eine Zuteilung nach den Zuteilungsregeln nach § 10 eine unzumutbare Härte für den Anlagenbetreiber und für ein mit diesem verbundenes Unternehmen, das mit seinem Kapital aus handels- oder gesellschaftsrechtlichem Rechtsgrund für die wirtschaftlichen Risiken des Anlagenbetriebes einstehen muss, teilt die zuständige Behörde auf Antrag des Betreibers zusätzliche Berechtigungen in der für einen Ausgleich angemessenen Menge zu, soweit die Europäische Kommission diese Zuteilung nicht nach Artikel 11 Absatz 3 der Richtlinie 2003/87/EG ablehnt.

(6) [1]Die Zuteilungsentscheidung ist aufzuheben, soweit sie auf Grund eines Rechtsakts der Europäischen Union nachträglich geändert werden muss. [2]Die §§ 48 und 49 des Verwaltungsverfahrensgesetzes bleiben im Übrigen unberührt.

*Rechtsprechungsauswahl*

BVerwG vom 14.03.2013, 7 C 25.11: Keinen Anspruch auf Zuteilung weiterer Emissionsberechtigungen für die Bestandskapazität einer erweiterten Industrieanlage

BGH: Urteil vom 15.09.2011, III ZR 240/10: Die gemäß § 10 I 3 TEHG 2004 (siehe jetzt § 9 II 6 TEHG 2011) als Verifizierer tätige sachverständige Person oder Stelle ist Beamter im haftungsrechtlichen Sinn.

---

1) § 9 Abs. 2 Satz 2 und Abs. 3 Satz 1 geänd. mWv 1. 4. 2012 durch G v. 22. 12. 2011 (BGBl. I S. 3044); Abs. 2 Satz 6 geänd. mWv 19. 7. 2013 durch G v. 15. 7. 2013 (BGBl. I S. 2431).

# § 10

### § 10[1)] Rechtsverordnung über Zuteilungsregeln

[1]Die Bundesregierung wird ermächtigt, nach Maßgabe der Richtlinie 2003/87/EG in der jeweils geltenden Fassung und des Beschlusses 2011/278/EU der Kommission vom 27. April 2011 zur Festlegung EU-weiter Übergangsvorschriften zur Harmonisierung der kostenlosen Zuteilung von Emissionszertifikaten gemäß Artikel 10a der Richtlinie 2003/87/EG (ABl. L 130 vom 17. 5. 2011, S. 1) nach Anhörung der beteiligten Kreise die Einzelheiten der Zuteilung von kostenlosen Berechtigungen an Anlagenbetreiber durch Rechtsverordnung, die nicht der Zustimmung des Bundesrates bedarf, zu bestimmen. [2]In dieser Rechtsverordnung kann die Bundesregierung insbesondere regeln:

1. die Produkte, für die die Berechtigungen kostenlos zugeteilt werden,
2. die Berechnung der Anzahl zuzuteilender Berechtigungen,
3. die Erhebung von Daten über die Emissionen und die Produktion von Anlagen und sonstiger für das Zuteilungsverfahren relevanter Daten,
4. die Bestimmung der Produktionsmenge oder sonstiger Größen, die zur Berechnung der Zuteilungsmenge erforderlich sind,
5. Emissionswerte je erzeugter Produkteinheit,
6. die Fälle, in denen von einer Zuteilung auf Grundlage von Emissionswerten je erzeugter Produkteinheit ausnahmsweise abgesehen wird oder in denen gesonderte Zuteilungsregeln bestehen, sowie die Methoden, die in diesen Fällen zur Anwendung kommen,
7. die Basisperiode, deren Daten für die Zuteilung von kostenlosen Berechtigungen maßgeblich sind, sowie Fälle, in denen von dieser Basisperiode abgewichen werden kann,
8. die Zuteilung für Neuanlagen und Kapazitätserweiterungen, einschließlich der Bestimmung der Kapazität und der Auslastung von Neuanlagen,
9. die Bestimmung der jährlich auszugebenden Mengen von kostenlosen Berechtigungen in der Zuteilungsentscheidung,
10. Festlegungen zu den Anteilen der Wärmeproduktion an den Emissionswerten nach Nummer 5,
11. die im Antrag nach § 9 Absatz 2 Satz 1
    a) erforderlichen Angaben und
    b) erforderlichen Unterlagen sowie die Art der beizubringenden Nachweise und
12. Anforderungen an die Verifizierung von Zuteilungsanträgen nach § 9 Absatz 2 Satz 5 sowie Ausnahmen von der Verifizierungspflicht.

[3]Die Rechtsverordnung nach den Sätzen 1 und 2 bedarf der Zustimmung des Bundestages. [4]Der Bundestag kann diese Zustimmung davon abhängig machen, ob Änderungswünsche übernommen werden. [5]Übernimmt die Bundesregierung die Änderungen, ist eine erneute Beschlussfassung durch den Bundestag nicht erforderlich. [6]Hat sich der Bundestag nach Ablauf von sechs Sitzungswochen seit Eingang der Rechtsverordnung nicht mit ihr befasst, gilt seine Zustimmung zu der unveränderten Rechtsverordnung als erteilt.

### *Rechtsprechungsauswahl*

**BVerwG vom 10. 10. 2012, 7 C 10/10:** Kürzung der kostenlosen Zuteilung von Emissionsberechtigungen

1. Ein Anspruch auf Zuteilung unentgeltlicher Emissionsberechtigungen in Höhe von 90 % des Bedarfs einer dem Stand der Technik entsprechend geführten Anlage lässt sich der Emissionshandelsrichtlinie nicht entnehmen.
2. Einnahmen des Staates aus der Veräußerung von Emissionsberechtigungen sind finanzverfassungsrechtlich gerechtfertigt durch die Abschöpfung des Sondervorteils, der sich mit der Zuteilung von Emissionsberechtigungen verbindet.

---

1) § 10 Satz 2 Nr. 11 Buchst. b und Nr. 12 geänd., Nr. 13 aufgeh. mWv 19. 7. 2013 durch G v. 15. 7. 2013 (BGBl. I S. 2431).

**§ 10**

3. Die Kürzungsregelungen des Zuteilungsgesetzes 2012 und das Fehlen eines brennstoffbezogenen Braunkohle-Benchmarks verletzen den Betreiber einer braunkohlegeführten Energieanlage nicht in seinen Grundrechten.
4. Aus § 8 Absatz I 2 ZuG 2007 kann auch unter Berücksichtigung des verfassungsrechtlichen Grundsatzes des Vertrauensschutzes kein privilegierender, periodenübergreifender Zuteilungsanspruch hergeleitet werden, wonach für neuere Bestandsanlagen bzw. Kapazitätserweiterungen auch in der zweiten Zuteilungsperiode den Zuteilungsanspruch belastende Kürzungsregelungen entfallen.
5. Sowohl die Zuteilung von Emissionsberechtigungen für die Kapazitätserweiterung einer Energieanlage wie auch der Abzug deren Produktionsmenge zur Errechnung der auf die Bestandsanlage entfallenden Berechtigungen bestimmt sich nach dem Standardauslastungsfaktor gem. § 8 Absatz I ZuG 2012.

**BVerwG vom 16.10.2007, 7 C 33/07:** Kürzung von Zuteilungen zur Erhaltung des Emissionsbudgets
1. Die anteilige Kürzung von Zuteilungen zur Einhaltung des Emissionsbudgets ist mit Gemeinschaftsrecht und mit Verfassungsrecht vereinbar. Den Kürzungsfaktor hat die Behörde vor Erteilung der Zuteilungsbescheide auf der Grundlage einer Prognose über die relevante Zuteilungsmenge zu ermitteln. Der Kürzungsfaktor ist aufgrund seiner Funktion in der Zuteilungsperiode unveränderlich. (amtlicher Leitsatz)
2. Die behördliche Prognose über die Zuteilungsmenge ist gerichtlich nur darauf zu überprüfen, ob die Behörde generell einen unzutreffenden Prognosemaßstab zugrunde gelegt hat. Individuelle Allokationsfehler im Zuteilungsverfahren sind nicht geeignet, die Rechtmäßigkeit der Prognoseentscheidung in Frage zu stellen. (amtlicher Leitsatz)
3. Von der anteiligen Kürzung betroffene Anlagenbetreiber haben keinen Anspruch auf Ausgleich durch zurückfließende Berechtigungen infolge nachträglicher Korrekturen. (amtlicher Leitsatz)

# § 7

### Zuteilungsgesetz 2007 (ZuG 2007)
**§ 7[1]** Zuteilung für bestehende Anlagen auf Basis historischer Emissionen

(1) ¹Anlagen, deren Inbetriebnahme bis zum 31. Dezember 2002 erfolgte, werden auf Antrag Berechtigungen in einer Anzahl zugeteilt, die dem rechnerischen Produkt aus den durchschnittlichen jährlichen Kohlendioxid-Emissionen der Anlage in einer Basisperiode, dem Erfüllungsfaktor und der Anzahl der Jahre der Zuteilungsperiode 2005 bis 2007 entspricht. ²Die durchschnittlichen jährlichen Kohlendioxid-Emissionen einer Anlage werden bestimmt nach den Vorschriften einer Rechtsverordnung aufgrund von § 16. Die Emissionsmenge, für die Berechtigungen nach Satz 1 zuzuteilen sind, errechnet sich nach Formel 1 des Anhangs 1 zu diesem Gesetz.

(2) Für Anlagen, deren Inbetriebnahme bis zum 31. Dezember 1999 erfolgte, ist Basisperiode der Zeitraum vom 1. Januar 2000 bis zum 31. Dezember 2002.

(3) Für Anlagen, deren Inbetriebnahme im Zeitraum vom 1. Januar 2000 bis zum 31. Dezember 2000 erfolgte, ist Basisperiode der Zeitraum vom 1. Januar 2001 bis zum 31. Dezember 2003.

(4) Für Anlagen, deren Inbetriebnahme im Zeitraum vom 1. Januar 2001 bis zum 31. Dezember 2001 erfolgte, ist Basisperiode der Zeitraum vom 1. Januar 2001 bis zum 31. Dezember 2003. Dabei sind die für das Betriebsjahr 2001 ermittelten Kohlendioxid-Emissionen unter Berücksichtigung branchen- und anlagentypischer Einflussfaktoren auf ein volles Betriebsjahr hochzurechnen.

(5) Für Anlagen, deren Inbetriebnahme im Zeitraum vom 1. Januar 2002 bis zum 31. Dezember 2002 erfolgte, ist Basisperiode der Zeitraum vom 1. Januar 2002 bis zum 31. Dezember 2003. Absatz 4 Satz 2 gilt entsprechend.

(6) Sofern die Kapazitäten einer Anlage zwischen dem 1. Januar 2000 und dem 31. Dezember 2002 erweitert oder verringert wurden, ist für die Bestimmung der Basisperiode der Zeitpunkt der letztmaligen Erweiterung oder Verringerung von Kapazitäten der Anlage nach ihrer Inbetriebnahme maßgeblich.

(7) ¹Bei Kondensationskraftwerken auf Steinkohle- oder Braunkohlebasis, deren Inbetriebnahme vor mehr als 30 Jahren erfolgte und die bei Braunkohlekraftwerken ab dem 1. Januar 2008 einen elektrischen Wirkungsgrad (netto) von mindestens 31 Prozent oder ab dem 1. Januar 2010 einen elektrischen Wirkungsgrad (netto) von mindestens 32 Prozent oder bei Steinkohlekraftwerken ab dem 1. Januar 2008 einen elektrischen Wirkungsgrad (netto) von mindestens 36 Prozent nicht erreichen, wird bei der Zuteilung für die zweite sowie jede folgende Zuteilungsperiode mit Wirkung ab den genannten Zeitpunkten der jeweils geltende Erfüllungsfaktor um 0,15 verringert. Dies gilt nicht für Braunkohlekraftwerke, die innerhalb eines Zeitraums von zwei Jahren ab den in Satz 1 genannten Zeitpunkten durch eine Anlage im Sinne des § 10 ersetzt worden sind. ²Der verminderte Erfüllungsfaktor findet für die Zuteilung nach Absatz 1 Satz 1 für Kalenderjahre oder Teile eines Kalenderjahres jenseits des Zeitpunktes Anwendung, zu dem die Anlage länger als 30 Jahre betrieben worden ist. Kraftwerke gelten auch dann als Kondensationskraftwerke im Sinne des Satzes 1, wenn sie nur in unerheblichem Umfang Nutzwärme auskoppeln; die Bundesregierung bestimmt Näheres durch Rechtsverordnung.

(8) Für Anlagen nach den Absätzen 1 bis 5 muss der Antrag auf Zuteilung nach § 10 Abs. 1 des Treibhausgas-Emissionshandelsgesetzes vom 8. Juli 2004 (BGBl. I S. 1578), das zuletzt durch Artikel 9 des Gesetzes vom 11. August 2010 (BGBl. I S. 1163) geändert worden ist, die nach den vorstehenden Absätzen erforderlichen Angaben enthalten über

1. die durchschnittlichen jährlichen Kohlendioxid-Emissionen der Anlage in der Basisperiode,

---

1) § 19 Abs. 2 Sätze 2, 4, 8 geänd. mWv 26. 8. 2009 durch G v. 21. 8. 2009 (BGBl. I S. 2870); Abs. 2 neu gef. mWv 4. 8. 2011 durch G v. 26. 7. 2011 (BGBl. I S. 1554); Abs. 2 neu gef. mWv 22. 8. 2013, Abs. 2 Satz 3 neu gef., Satz 4 eingef., bish. Sätze 4–17 werden Sätze 5–18, neue Sätze 5, 7, 8, 11, 15, 16, 17 geänd. mWv 1. 1. 2014 durch VO v. 14. 8. 2013 (BGBl. I S. 3250) durch VO v. 14. 8. 2013 (BGBl. I S. 3250).

## § 7

2. in den Fällen der Absätze 4 und 5 zusätzlich die hochgerechneten Kohlendioxid-Emissionen der Anlage und die bei der Hochrechnung in Ansatz gebrachten Einflussfaktoren,
3. im Fall von Kondensationskraftwerken auf Steinkohle- oder Braunkohlebasis zusätzlich das Datum der Inbetriebnahme und
4. im Fall von Kondensationskraftwerken auf Steinkohle- oder Braunkohlebasis, die bis zum Ende der jeweiligen Zuteilungsperiode länger als 30 Jahre betrieben worden sind, zusätzlich die Angabe des elektrischen Wirkungsgrades (netto).

(9) ¹Soweit die Kohlendioxid-Emissionen eines Kalenderjahres infolge von Produktionsrückgängen weniger als 60 Prozent der durchschnittlichen jährlichen Kohlendioxid-Emissionen in der jeweiligen Basisperiode betragen, hat der Betreiber bis zum 30. April des folgenden Jahres Berechtigungen in einer Anzahl an die zuständige Behörde zurückzugeben, die der Differenz an Kohlendioxid-Emissionen in Kohlendioxidäquivalenten entsprechen. ²Die Pflicht zur Abgabe von Berechtigungen nach § 6 Abs. 1 des Treibhausgas-Emissionshandelsgesetzes vom 8. Juli 2004 (BGBl. I S. 1578), das zuletzt durch Artikel 9 des Gesetzes vom 11. August 2010 (BGBl. I S. 1163) geändert worden ist, bleibt unberührt.

(10) ¹Wenn eine Zuteilung auf der Grundlage historischer Emissionen nach den vorstehenden Vorschriften aufgrund besonderer Umstände in der für die Anlage geltenden Basisperiode um mindestens 25 Prozent niedriger ausfiele als zur Deckung der in der Zuteilungsperiode 2005 bis 2007 zu erwartenden, durch die Anlage verursachten Kohlendioxid-Emissionen erforderlich ist und dadurch für das Unternehmen, welches die wirtschaftlichen Risiken der Anlage trägt, erhebliche wirtschaftliche Nachteile entstünden, wird auf Antrag des Betreibers die Zuteilung unter entsprechender Anwendung des § 8 festgelegt. Die Anwendung eines Erfüllungsfaktors bleibt unberührt. Besondere Umstände im Sinne von Satz 1 liegen insbesondere vor, wenn

– es aufgrund der Reparatur, Wartung oder Modernisierung von Anlagen oder aus anderen technischen Gründen zu längeren Stillstandszeiten kam,
– eine Anlage aufgrund der Inbetriebnahme oder des stufenweisen Ausbaus der Anlage selbst, einer vor- oder nachgeschalteten Anlage, eines Anlagenteils oder einer Nebeneinrichtung erst nach und nach ausgelastet wurde,
– in einer Anlage Produktionsprozesse oder technische Prozesse durchgeführt werden, die vorher in anderen Anlagen, Anlagenteilen oder Nebeneinrichtungen durchgeführt wurden, welche entweder stillgelegt wurden oder nicht in den Anwendungsbereich dieses Gesetzes fallen, oder
– eine Anlage im Laufe der Betriebszeit steigende, prozesstechnisch nicht zu vermeidende Brennstoff-Effizienzeinbußen aufweist.

²Im Fall des Satzes 3 letzter Anstrich findet Satz 1 Anwendung, wenn die Zuteilung auf der Grundlage historischer Emissionen in der für die Anlage geltenden Basisperiode um mindestens 9 Prozent niedriger ausfiele als für die Deckung der in der Zuteilungsperiode 2005 bis 2007 zu erwartenden, durch die Anlage verursachten Kohlendioxid-Emissionen erforderlich ist. ³Sofern die Gesamtsumme der nach diesem Absatz zusätzlich zuzuteilenden Berechtigungen den Gegenwert von 3 Millionen Tonnen Kohlendioxid für die Zuteilungsperiode 2005 bis 2007 übersteigt, wird die zusätzliche Zuteilung anteilig gekürzt.

(11) Bedeutete eine Zuteilung aufgrund historischer Emissionen nach den vorstehenden Vorschriften aufgrund besonderer Umstände eine unzumutbare Härte für das Unternehmen, welches die wirtschaftlichen Risiken der Anlage trägt, wird auf Antrag des Betreibers die Zuteilung unter entsprechender Anwendung des § 8 festgelegt.

(12) ¹Auf Antrag des Betreibers erfolgt die Zuteilung statt nach dieser Vorschrift nach § 11. ²§ 6 findet keine Anwendung.

## § 7

*Rechtsprechungsauswahl*

**BVerwG vom 16.10.2007, 7 C 29/07:** Zuteilungen von Emissionsberechtigungen

Die Zuteilungen von Emissionsberechtigungen an Optionsanlagen im Sinne von § 7 XII ZuG 2007 unterliegen keiner anteiligen Kürzung nach § 4 IV ZuG 2007.

## § 13

**§ 13 Prozessbedingte Emissionen**

(1) Auf Antrag setzt die zuständige Behörde abweichend von § 7 für prozessbedingte Emissionen einen Erfüllungsfaktor von 1 an, sofern der Anteil der prozessbedingten Emissionen an den gesamten Emissionen einer Anlage 10 Prozent oder mehr beträgt.

(2) ¹Prozessbedingte Emissionen sind alle Freisetzungen von Kohlendioxid in die Atmosphäre, bei denen das Kohlendioxid als Produkt einer chemischen Reaktion entsteht, die keine Verbrennung ist. ²Die näheren Einzelheiten für die Berechnung prozessbedingter Emissionen einer Anlage werden durch die Vorschriften der Rechtsverordnung nach § 16 bestimmt.3Abweichend von § 7 Abs. 1 Satz 3 errechnet sich die Emissionsmenge, für die Berechtigungen nach Absatz 1 zuzuteilen sind, nach Formel 6 des Anhangs 1 zu diesem Gesetz.

(3) ¹Der Antrag nach Absatz 1 ist im Rahmen des Antrags nach § 10 Abs. 1 des Treibhausgas-Emissionshandelsgesetzes zu stellen. ²Er muss die nach den vorstehenden Absätzen erforderlichen Angaben enthalten über die in einer Rechtsverordnung nach Absatz 2 Satz 2 geregelte Höhe und den Anteil prozessbedingter Kohlendioxid-Emissionen an den gesamten Emissionen einer Anlage.

Geltungszeitraum 31.08.2004 – 27.07.2011

*Rechtsprechungsauswahl*

**BVerwG vom 16.10.2007 – 7 C 28/07:** Begriff der Verbrennung

Der Begriff der Verbrennung in § 13 II 1 ZuG 2007 ist im naturwissenschaftlichen Sinn auszulegen. Der Verordnungsgeber wird durch § 13 II 2 ZuG 2007 nicht zu einer eigenständigen Regelung des Verbrennungsbegriffs ermächtigt. Wendet die Behörde bei ihrer Ermittlung der für den Kürzungsfaktor relevanten Zuteilungsmenge eine Verordnungsregelung an, deren Nichtigkeit nachträglich festgestellt wird, kommt eine gerichtliche Korrektur des Kürzungsfaktors nicht in Betracht.

**BVerwG Urteil vom 16.10.2007, 7 C 6-07, 7 C 6/07:** Begriff der Verbrennung

1. Der Begriff der Verbrennung in § 13 II 1 ZuG 2007 ist im naturwissenschaftlichen Sinn auszulegen.
2. Der Verordnungsgeber wird durch § 13 II 2 ZuG 2007 nicht zu einer eigenständigen Regelung des Verbrennungsbegriffs ermächtigt.
3. Zuteilungen an Optionsanlagen (§ 7 XII i.V.m. § 11 ZuG 2007) sind nicht gemäß § 4 IV ZuG 2007 anteilig zu kürzen.
4. Wendet die Behörde bei ihrer Ermittlung der für den Kürzungsfaktor relevanten Zuteilungsmenge eine Verordnungsregelung an, deren Nichtigkeit nachträglich festgestellt wird, kommt eine gerichtliche Korrektur des Kürzungsfaktors nicht in Betracht.

**BVerwG vom 16. 10. 2007, 7 C 6/07:** Zuteilung vom Emissionsberechtigungen

1. Der Begriff der Verbrennung in § ZUG § 13 ZUG § 13 Absatz II 1 ZuG 2007 ist im naturwissenschaftlichen Sinn auszulegen.
2. Der Verordnungsgeber wird durch § 13 Absatz II 2 ZuG 2007 nicht zu einer eigenständigen Regelung des Verbrennungsbegriffs ermächtigt.
3. Zuteilungen an Optionsanlagen § 7 Absatz XII i.V. mit § 11 ZuG 2007) sind nicht gem. § 4 Absatz IV ZuG 2007 anteilig zu kürzen.
4. Wendet die Behörde bei ihrer Ermittlung der für den Kürzungsfaktor relevanten Zuteilungsmenge eine Verordnungsregelung an, deren Nichtigkeit nachträglich festgestellt wird, kommt eine gerichtliche Korrektur des Kürzungsfaktors nicht in Betracht.

## § 3

**Zuteilungsgesetz 2012 (ZuG 2012)**

**§ 3 Begriffsbestimmungen**

(1) Soweit nichts anderes bestimmt ist, gelten die Begriffsbestimmungen des Treibhausgas-Emissionshandelsgesetzes.

(2) Im Sinne dieses Gesetzes sind
1. Neuanlagen: Anlagen, deren Inbetriebnahme nach dem 31. Dezember 2007 erfolgt,
2. Inbetriebnahme: die erstmalige Aufnahme des Regelbetriebes nach Abschluss des Probebetriebes,
3. Probebetrieb: der zeitweilige Betrieb einer Anlage zur Prüfung ihrer Betriebstüchtigkeit entsprechend dem vorgesehenen Ablauf der Inbetriebsetzung,
4. Produktionsmenge: die Menge der je Jahr in einer Anlage erzeugten Produkteinheiten,
5. Kapazität: die tatsächlich und rechtlich maximal mögliche Produktionsmenge pro Jahr,
6. Kapazitätserweiterung: eine Erhöhung der Kapazität aufgrund einer immissionsschutzrechtlich genehmigten Änderung der Anlage,
7. Inbetriebnahme einer Kapazitätserweiterung: die Aufnahme des Regelbetriebs der Anlage mit der erweiterten Kapazität,
8. Standardauslastungsfaktor: der Quotient aus den nach Anhang 4 für die jeweiligen Tätigkeiten festgelegten Vollbenutzungsstunden und der Anzahl der genehmigten maximalen Vollbenutzungsstunden pro Jahr; für die Berechnung des Standardauslastungsfaktors ist Anhang 4 maßgeblich,
9. Kuppelgas: als Nebenprodukt bei der Erzeugung von Grundstoffen entstehendes Gicht-, Kokerei- oder Konvertergas oder eine Mischung aus diesen Gasen.

*Rechtsprechungsauswahl*

**VG Berlin vom 24.11.2011, VG 10 K 121.09:**
1. Eine immissionsschutzrechtlich lediglich anzeigepflichtige und angezeigte Änderung einer Anlage stellt keine Kapazitätserweiterung im Sinne des § 3 Abs. 2 Nr. 6 ZuG 2012 dar.
2. Die Bindung der Deutschen Emissionshandelsstelle an die Emissionswerte, die der Zuteilung für die Zuteilungsperiode 2005 bis 2007 zugrunde gelegt wurden, durch § 6 Abs. 5 ZuG 2012 lässt sich mit der Rechtsschutzgarantie des Art. 19 Abs. 4 GG in Einklang bringen.

# § 4

**§ 4 Nationale Emissionsziele**

(1) ¹Es wird eine Gesamtmenge für die Emission von Treibhausgasen in Deutschland festgelegt, welche die Einhaltung der Minderungsverpflichtung der Bundesrepublik Deutschland nach der Entscheidung des Rates 2002/358/EG vom 25. April 2002 über die Genehmigung des Protokolls von Kyoto zum Rahmenübereinkommen der Vereinten Nationen über Klimaänderungen im Namen der Europäischen Gemeinschaft sowie die gemeinsame Erfüllung der daraus erwachsenden Verpflichtungen (ABl. EG Nr. L 130 S. 1, Nr. L 176 S. 47) gewährleistet. ²In der Zuteilungsperiode 2008 bis 2012 beträgt die Gesamtmenge 973,6 Millionen Tonnen Kohlendioxid-Äquivalente je Jahr.

(2) Die Gesamtmenge der zuteilbaren Berechtigungen in der Zuteilungsperiode 2008 bis 2012 beträgt 442,07 Millionen Berechtigungen pro Jahr zuzüglich einer Menge von bis zu 11 Millionen Berechtigungen pro Jahr für die Zuteilungen an Anlagen, auf die § 26 Abs. 1 des Treibhausgas-Emissionshandelsgesetzes vom 8. Juli 2004 (BGBl. I S. 1578), das zuletzt durch Artikel 9 des Gesetzes vom 11. August 2010 (BGBl. I S. 1163) geändert worden ist, Anwendung findet. Diese Gesamtmenge umfasst auch die Berechtigungen, die als Reserve nach § 5 Abs. 1 und für eine Veräußerung nach § 19 zurückbehalten werden.

(3) ¹Übersteigt die Gesamtmenge der nach den Vorschriften dieses Gesetzes mit Ausnahme der nach § 9 für Neuanlagen zuzuteilenden Berechtigungen die Menge von 379,07 Millionen Berechtigungen je Jahr zuzüglich der Menge von Berechtigungen, die an Anlagen zuzuteilen sind, auf die § 26 Abs. 1 des Treibhausgas-Emissionshandelsgesetzes vom 8. Juli 2004 (BGBl. I S. 1578), das zuletzt durch Artikel 9 des Gesetzes vom 11. August 2010 (BGBl. I S. 1163) geändert worden ist, Anwendung findet, werden die Zuteilungen für Anlagen nach Anhang 1 Ziffern I bis V des Treibhausgas-Emissionshandelsgesetzes vom 8. Juli 2004 (BGBl. I S. 1578), das zuletzt durch Artikel 9 des Gesetzes vom 11. August 2010 (BGBl. I S. 1163) geändert worden ist, nach den §§ 7 und 8 entsprechend dem Effizienzstandard der Anlage nach Maßgabe von Anhang 5 anteilig gekürzt. Bei einer Unterschreitung des Wertes nach Satz 1 fließen die verbleibenden Berechtigungen der Reserve zu. ²Von der anteiligen Kürzung ausgenommen sind Zuteilungen an Anlagen, die in der Zuteilungsperiode 2005 bis 2007 eine Zuteilung nach § 12 Abs. 1 des Zuteilungsgesetzes 2007 erhalten haben, soweit der Zeitraum von zwölf auf den Abschluss der Modernisierungsmaßnahme folgenden Kalenderjahren in die Zuteilungsperiode 2008 bis 2012 hineinreicht oder der Nachweis nach § 12 Abs. 1 Satz 5 des Zuteilungsgesetzes 2007 erbracht wurde.

*Rechtsprechungsauswahl*

**BVerwG vom 21. 2. 2013, 7 C 18/11:** Zuteilung weiterer Emissionsberechtigungen
Die Zuteilungsregeln für Anlagen der Energiewirtschaft (§ 4 ZUG 2012) gelten auch für Kraftwerke, die dem Emissionshandel gem. § 2 Absatz I 2 TEHG a. F. als Nebeneinrichtung einer selbst nicht emissionshandelspflichtigen Industrieanlage unterliegen.

# § 12

**§ 12 Besondere Härtefallregelung**

(1) Wurde durch die Gesamtheit der von demselben Unternehmen betriebenen und nach Maßgabe des Anhangs 2 vergleichbaren Anlagen nach § 6 oder § 7 im Durchschnitt der Kalenderjahre 2005 und 2006 mindestens 10 Prozent mehr produziert als im Durchschnitt der Kalenderjahre 2000 bis 2004, so wird auf Antrag für jede dieser Anlagen abweichend von § 6 oder § 7 eine Anzahl an Berechtigungen zugeteilt, die dem rechnerischen Produkt aus der durchschnittlichen jährlichen Produktionsmenge der Anlage in den Kalenderjahren 2005 und 2006, dem für eine entsprechende Neuanlage nach § 9 Abs. 2 bis 4 geltenden Emissionswert je erzeugter Produkteinheit und der Anzahl der Kalenderjahre in der Zuteilungsperiode 2008 bis 2012 entspricht. Anlagen nach § 7 unterliegen der anteiligen Kürzung nach § 4 Abs. 3. Bei Anlagen nach § 6 wird der Erfüllungsfaktor angewendet.

(2) ¹Absatz 1 findet keine Anwendung auf nach Anhang 2 vergleichbare Anlagen eines Unternehmens, deren Kohlendioxid-Emissionen im Kalenderjahr 2005 insgesamt mehr als eine Million Tonnen betrugen, es sei denn, der Umsatz des Unternehmens betrug im letzten Geschäftsjahr vor dem 1. Januar 2007 weniger als 250 Millionen Euro. ²Sofern die Gesamtsumme der Zuteilungen nach Absatz 1 gegenüber den Zuteilungen für die betroffenen Anlagen nach § 6 oder § 7 den Gegenwert von acht Millionen Tonnen Kohlendioxid für die Zuteilungsperiode 2008 bis 2012 übersteigt, wird die über die Zuteilungen nach § 6 oder § 7 hinausgehende Zuteilungsmenge anteilig gekürzt.

(3) ¹War das betreibende Unternehmen zum Abschluss des maßgeblichen Geschäftsjahres nach Absatz 2 ein abhängiges Unternehmen im Sinne von § 17 des Aktiengesetzes oder ein Konzernunternehmen im Sinne von § 18 des Aktiengesetzes, sind die so verbundenen Unternehmen für die Anwendung dieser Vorschrift als einheitliches Unternehmen anzusehen. ²Wirken mehrere Unternehmen derart zusammen, dass sie gemeinsam einen beherrschenden Einfluss auf ein anderes Unternehmen ausüben können, gilt jedes von ihnen als herrschendes. Steht einer Person oder Personenvereinigung, die nicht Unternehmen ist, die Mehrheitsbeteiligung an einem Unternehmen zu, gilt sie als Unternehmen.

### *Rechtsprechungsauswahl*

**VG Berlin vom 23.02.2011, VG 10 K 320.09;**

1. Innerhalb einer Anlage können neben § 12 ZuG 2012 weitere Zuteilungsregeln nicht zur Anwendung kommen.
2. Das Tatbestandsmerkmal „... mindestens 10 Prozent mehr produziert." in § 12 Abs. 1 Satz 1 ZuG 2012 ist anlagenbezogen dergestalt auszulegen, dass alle Produkte der Anlage zusammen genommen in der Summe eine Mehrproduktion von mindestens 10% erreicht haben müssen.
3. Die Veräußerungskürzung gemäß § 20 ZuG 2012 ist nicht vor dem Hintergrund von § 12 Abs. 1 Satz 5 ZuG 2007 bzw. § 12 Abs. 5 ZuG 2007 ausgeschlossen.
4. Die Kürzung des auf die Produktion von Strom entfallenden Zuteilungsanspruchs zur Erzielung des Berechtigungsaufkommens für die Veräußerung von Berechtigungen zur Emission von Kohlendioxid nach §§ 19, 20 ZuG 2012 ist mit dem Grundgesetz vereinbar.
5. Wegen der erforderlich Neuberechnung unter anderem des Kürzungsfaktors gemäß § 20 ZuG 2012 hat die Klägerin einen Anspruch in Höhe der fehlerhaft berechneten Kürzung gemäß § 20 ZuG 2012. (amtlicher Leitsatz)

## Projektmechanismengesetz (ProMechG)

### § 5 Zustimmung und Registrierung

(1) ¹Im Rahmen einer Gemeinsamen Projektumsetzung im Bundesgebiet hat die zuständige Behörde die Zustimmung zu erteilen, wenn

1. die den Anforderungen des Absatzes 4 entsprechende Projektdokumentation und der sach- und fachgerecht erstellte Validierungsbericht ergeben, dass die Projekttätigkeit eine zusätzliche Emissionsminderung erwarten lässt und

2. die Projekttätigkeit keine schwerwiegenden nachteiligen Umweltauswirkungen verursacht.

²§ 3 Abs. 1 Satz 2 gilt entsprechend. ³Führt eine Projekttätigkeit zu einer unmittelbaren oder mittelbaren Minderung von Emissionen aus einer Anlage, die der Emissionshandelsrichtlinie unterliegt, so ist diese Emissionsminderung bei der Berechnung der im Sinne der Nummer 1 zu erwartenden zusätzlichen Emissionsminderung Bestandteil der Referenzfallemissionen. ⁴Wird eine Projekttätigkeit durch öffentliche Fördermittel finanziert, ist der Anteil derjenigen Emissionsminderung der Projekttätigkeit, der durch öffentliche Fördermittel finanziert wird, Bestandteil der Referenzfallemissionen; dies gilt nicht, wenn die öffentlichen Fördermittel der Absicherung von Investitionen dienen. ⁵Wird mit der Projekttätigkeit zugleich Strom erzeugt, der die Voraussetzungen des § 16 Abs. 1 des Erneuerbare-Energien-Gesetzes oder des § 5 des Kraft-Wärme-Kopplungsgesetzes erfüllt, ist eine Zustimmung nach Satz 1 ausgeschlossen.

(2) Die Zustimmung ist zu versagen, wenn

1. Tatsachen die Annahme rechtfertigen, dass der Projektträger nicht die notwendige Gewähr für die ordnungsgemäße Durchführung der Projekttätigkeit, insbesondere die Erfüllung der Pflichten nach diesem Gesetz bietet oder

2. keine Bereitschaft des Investorstaates besteht, unter vergleichbaren Bedingungen Projekttätigkeiten auf seinem Staatsgebiet zuzulassen.

(3) Die Zustimmung wird entsprechend der vom Projektträger beantragten Laufzeit befristet. Die Laufzeit darf nicht über den 31. Dezember 2012 hinausgehen.

(4) ¹Die Zustimmung erfolgt auf schriftlichen Antrag des Projektträgers bei der zuständigen Behörde. Dem Antrag hat der Projektträger folgende Dokumente beizufügen:

1. die Projektdokumentation und

2. den Validierungsbericht.

²§ 3 Abs. 4 Satz 3 gilt entsprechend. ³Das Bundesministerium für Umwelt, Naturschutz und Reaktorsicherheit kann im Einvernehmen mit dem Bundesministerium für Wirtschaft und Technologie die formalen und inhaltlichen Anforderungen an die Projektdokumentation einschließlich derer für den Überwachungsplan unter Beachtung der Anhänge B und C zur Anlage des Beschlusses 17/CP.7 sowie des Anhangs B zur Anlage des Beschlusses 16/ CP.7 der Konferenz der Vertragsparteien des Übereinkommens durch Rechtsverordnung, die nicht der Zustimmung des Bundesrates bedarf, regeln. ⁴In der Rechtsverordnung können für kleine und mittlere Projekttätigkeiten vereinfachte Anforderungen an die Antragsunterlagen und den Nachweis der zu erwartenden zusätzlichen Emissionsminderung festgelegt werden. ⁵§ 3 Abs. 4 Satz 6 und 7 gilt entsprechend.

(5) ¹Der Antragsteller hat die Projektdokumentation und die Adresse der von ihm mit der Validierung beauftragten Stelle unverzüglich nach Erstellung der zuständigen Behörde zuzuleiten. ²Die zugeleiteten Informationen sind nach § 10 des Umweltinformationsgesetzes zu veröffentlichen.

(6) Die Zustimmung nach Absatz 1 umfasst nicht die sonstigen behördlichen Entscheidungen, die nach anderen öffentlich-rechtlichen Vorschriften zur Durchführung der Projekttätigkeit erforderlich sind.

(7) Die Zustimmung enthält die Festlegung, dass Emissionsreduktionseinheiten nur für ab 1. Januar 2008 erzielte Emissionsminderungen ausgestellt werden können.

## § 5

(8) ¹Die zuständige Behörde führt nach Maßgabe des Artikels 24 Abs. 1 Satz 2 der Verordnung (EG) Nr. 2216/2004 der Kommission vom 21. Dezember 2004 über ein standardisiertes und sicheres Registrierungssystem gemäß der Richtlinie 2003/87/EG sowie der Entscheidung 280/2004/EG des Europäischen Parlaments und des Rates (ABl. EU Nr. L 386 S. 1) ein nationales Verzeichnis über Projekttätigkeiten im Rahmen der Gemeinsamen Projektumsetzung im Bundesgebiet. ²Die zuständige Behörde nimmt die Registrierung der Projekttätigkeit vor, sobald die Zustimmung nach Absatz 1 erteilt wurde und ihr die Billigung des Investorstaates vorliegt.

(9) § 3 Abs. 5 und 6 gilt entsprechend.

(10) (weggefallen)

### Rechtsprechungsauswahl

**Bundesverwaltungsgericht vom 17.03.2011, 7-B-61/10** : Anwendung des § 5 Abs. 1 S. 5 ProMechG n. F. auf noch offene Zustimmungsverfahren für vor Inkrafttreten in Betrieb gegangene Anlagen als Fall unechter Rückwirkung

Dass § 5 Abs. 1 Satz 5 ProMechG n.F. auch für noch offene Zustimmungsverfahren Geltung beansprucht, die Anlagen betreffen, die vor Inkrafttreten der Neufassung am 1. Januar 2009 in Betrieb gegangen sind, ist als ein Fall unechter Rückwirkung zu qualifizieren, der ein überwiegendes schutzwürdiges Vertrauen der Anlagenbetreiber nicht entgegensteht.

# Kapitel 4 Kraft Wärme Kopplung

## § 1 Zweck des Gesetzes

Zweck des Gesetzes ist es, im Interesse der Energieeinsparung, des Umweltschutzes und der Erreichung der Klimaschutzziele der Bundesregierung einen Beitrag zur Erhöhung der Stromerzeugung aus Kraft-Wärme-Kopplung in der Bundesrepublik Deutschland auf 25 Prozent bis zum Jahr 2020 durch die Förderung der Modernisierung und des Neubaus von Kraft-Wärme-Kopplungsanlagen (KWK-Anlagen), die Unterstützung der Markteinführung der Brennstoffzelle und die Förderung des Neu- und Ausbaus von Wärme- und Kältenetzen sowie des Neu- und Ausbaus von Wärme- und Kältespeichern, in die Wärme oder Kälte aus KWK-Anlagen eingespeist wird, zu leisten.

*Verwaltungsregelungen zu § 1*

| Datum | Anlage | Quelle | Inhalt |
|---|---|---|---|
| Januar 2013 | § 001-01 | BAFA | Merkblatt KWK-Förderung |

# § 2

## § 2[1]) Anwendungsbereich

¹Dieses Gesetz regelt die Abnahme und die Vergütung von Kraft-Wärme-Kopplungsstrom (KWK-Strom) aus Kraftwerken mit KWK-Anlagen auf Basis von Steinkohle, Braunkohle, Abfall, Abwärme, Biomasse, gasförmigen oder flüssigen Brennstoffen sowie Zuschläge für den Neu- und Ausbau von Wärme- und Kältenetzen sowie Zuschläge für den Neu- und Ausbau von Wärme- und Kältespeichern, sofern die KWK-Anlagen, die Wärmenetze und die Wärmespeicher sowie die Kältenetze und die Kältespeicher im Geltungsbereich dieses Gesetzes gelegen sind. ²KWK-Strom, der nach § 19 des Erneuerbare-Energien-Gesetzes finanziell gefördert wird, fällt nicht in den Anwendungsbereich dieses Gesetzes.

Geltungszeitraum: ab 01.08.2014

## § 2[2]) Anwendungsbereich

¹Dieses Gesetz regelt die Abnahme und die Vergütung von Kraft-Wärme-Kopplungsstrom (KWK-Strom) aus Kraftwerken mit KWK-Anlagen auf Basis von Steinkohle, Braunkohle, Abfall, Abwärme, Biomasse, gasförmigen oder flüssigen Brennstoffen sowie Zuschläge für den Neu- und Ausbau von Wärme- und Kältenetzen sowie Zuschläge für den Neu- und Ausbau von Wärme- und Kältespeichern, sofern die KWK-Anlagen, die Wärmenetze und die Wärmespeicher sowie die Kältenetze und die Kältespeicher im Geltungsbereich dieses Gesetzes gelegen sind. ²KWK-Strom, der nach § 16 des Erneuerbare-Energien-Gesetzes vergütet oder in den Formen des § 33b Nummer 1 oder Nummer 2 des Erneuerbare-Energien-Gesetzes direkt vermarktet wird, fällt nicht in den Anwendungsbereich dieses Gesetzes.

Geltungsbereich: bis 31.07.2014

### *Rechtsprechungsauswahl*

**BGH vom 06.10.2010, VIII-ZR-15/10:** Fortbestand eines vor Inkrafttreten des Gesetzes zum Schutz der Stromerzeugung aus Kraft-Wärme-Kopplung geschlossenen Vertrages über die Einspeisung von Kraft-Wärme-Kopplungsstrom i.R. seiner Beendigung und späteren Erneuerung; Auswirkung der Vereinbarung einer Rückwirkung einer Folgeregelung auf einen beendeten Vertrag über eine Einspeisung und Vergütung von KWK-Strom auf die Anwendbarkeit des Kraft-Wärme-Kopplungsgesetzes (KWKG)

Wird ein vor dem 1. Januar 2000 abgeschlossener Vertrag über die Einspeisung von KWK-Strom beendet und von den Vertragsparteien später erneuert, handelt es sich, selbst wenn sie dabei eine Rückwirkung der Folgeregelung vereinbaren, um die Einspeisung und Vergütung des Stroms auch nach Vertragsende auf vertraglicher Grundlage fortzusetzen, nicht mehr um den ursprünglichen, in seinem förderfähigen Bestand geschützten Vertrag im Sinne von § 2 Abs. 1 Satz 3 Nr. 2 KWKG, sondern um einen erst nach dem Stichtag neu entstandenen Vertrag.

**BGH vom 13.02.2008, VIII-ZR-280/05:** Begriff des Betreibers einer mittels einer Fondslösung finanzierten Kraft-Wärme-Koppelungsanlage

Zu der Frage, wer bei der Finanzierung einer Kraft-Wärme-Kopplungsanlage mittels einer Fondslösung der Betreiber der Anlage ist, dem im Falle des § 2 Abs. 1 Satz 3 Nr. 2 KWKG (2000) die Vergütung nach § 3 Abs. 1 Satz 1 Halbs. 2, § 4 KWKG (2000) zusteht.

**BGH vom 29.11.2006, VIII-ZR-246/05:** Voraussetzungen der Förderung der Stromerzeugung nach dem KWKG

Die Ausschlussregelung des § 2 Abs. 2 KWKG (2000) erfordert, dass beide dort genannten Ausschlussgründe kumulativ gegeben sind.

---

1) § 2 Satz 1 geänd. mWv 1. 1. 2009 durch G v. 25. 10. 2008 (BGBl. I S. 2101); Satz 2 geänd. mWv 1. 1. 2012 durch G v. 28. 7. 2011 (BGBl. I S. 1634); Sätze 1 und 2 geänd. mWv 19. 7. 2012 durch G v. 12. 7. 2012 (BGBl. I S. 1494); Satz 2 neu gef. mWv 1. 8. 2014 durch G v. 21. 7. 2014 (BGBl. I S. 1066).

2) § 2 Satz 1 geänd. mWv 1.1.2009 durch G v. 25.10.2008 (BGBl. I S. 2101); Satz 2 geänd. mWv 1.1.2012 durch G v. 28.7.2011 (BGBl. I S. 1634); Sätze 1 und 2 geänd. mWv 19.7.2012 durch G v. 12.7.2012 (BGBl. I S. 1494).

## § 2

**BGH vom 11.10.2006, VIII-ZR-148/05:** Voraussetzungen des Belastungsausgleichs für die Stromerzeugung aus Kraft-Wärme-Koppelung

1. Im Fall des § 2 Abs. 1 Satz 1 KWKG (2000) müssen die dort genannten Energieversorgungsunternehmen bereits am 31. Dezember 1999 als solche der allgemeinen Versorgung von Letztverbrauchern tätig gewesen sein.
2. Im Fall des § 2 Abs. 1 Satz 3 Nr. 2 KWKG (2000) ist über den Wortlaut der Vorschrift hinaus erforderlich, dass der Strom bereits vor dem 1. Januar 2000 für die allgemeine Versorgung bestimmt gewesen ist (Bestätigung des Senatsurteils vom 10. März 2004 - VIII ZR 213/02, WM 2004, 2264). Dafür reicht es nicht aus, dass das Energieversorgungsunternehmen bereits vor dem genannten Zeitpunkt bereit war, künftig alle Abnehmer, die dies wünschen, zu beliefern. Vielmehr muss dies auch tatsächlich möglich gewesen sein.

**BGH vom 15.06.2005, VIII-ZR-74/04:** Höhe der Vergütung bei Stromeinspeisung
a) Die Ausschlußregelung des § 2 Abs. 2 KWKG findet im Fall des § 2 Abs. 1 Satz 3 Nr. 2 KWKG keine Anwendung.
b) Eine bereits bestehende vertragliche Abnahmeverpflichtung im Sinne des § 3 Abs. 1 Satz 1 Halbs. 2 KWKG liegt nicht vor, wenn im Fall des § 2 Abs. 1 Satz 3 Nr. 2 KWKG der Strombezug nach der Beendigung des vor dem 1. Januar 2000 geschlossenen Liefervertrages im vertragslosen Zustand fortgesetzt wird.

**BGH vom 14.07.2004, VIII-ZR-345/03:** Begriff des Betreibers einer Kraft-Wärme-Koppelungsanlage
a) Im Falle des § 2 Abs. 1 Satz 3 Nr. 2 KWKG steht die nach § 3 Abs. 1 Satz 1 Halbsatz 2, § 4 KWKG geschuldete Vergütung demjenigen zu, der Betreiber der KWK-Anlage und zugleich in dem Liefervertrag Vertragspartner des den Strom beziehenden Energieversorgungsunternehmens ist (im Anschluß an Senatsurteil vom 11. Februar 2004 - VIII ZR 236/02, ZNER 2004, 178).
b) Zum Begriff des Anlagenbetreibers im vorgenannten Sinne.

**BGH vom 14.07.2004, VIII-ZR-356/03:** Begriff des Betreibers einer Kraft-Wärme-Koppelungsanlage
a) Im Falle des § 2 Abs. 1 Satz 3 Nr. 2 KWKG steht die nach § 3 Abs. 1 Satz 1 Halbsatz 2, § 4 KWKG geschuldete Vergütung demjenigen zu, der Betreiber der KWK-Anlage und zugleich in dem Liefervertrag Vertragspartner des den Strom beziehenden Energieversorgungsunternehmens ist

# § 3

**§ 3[1) Begriffsbestimmungen**

(1) [1]Kraft-Wärme-Kopplung ist die gleichzeitige Umwandlung von eingesetzter Energie in elektrische Energie und in Nutzwärme in einer ortsfesten technischen Anlage. [2]Als ortsfest gilt auch eine Anlage, die zur Erzielung einer höheren Auslastung für eine abwechselnde Nutzung an zwei Standorten errichtet worden ist. [3]Kraft-Wärme-Kälte-Kopplung (KWKK) im Sinne dieses Gesetzes ist die Umwandlung von Nutzwärme aus KWK in Nutzkälte durch thermisch angetriebene Kältemaschinen. [4]Bei thermisch angetriebenen Kältemaschinen wird Wärme auf einem hohen Temperaturniveau (zum Beispiel Wasserdampf, Heißwasser, Warmwasser) gezielt zum Antrieb eines Prozesses oder mehrerer Prozesse zur Kälteerzeugung eingesetzt.

(2) [1]KWK-Anlagen im Sinne dieses Gesetzes sind Feuerungsanlagen mit Dampfturbinen-Anlagen (Gegendruckanlagen, Entnahme- und Anzapfkondensationsanlagen) oder Dampfmotoren, Gasturbinen-Anlagen (mit Abhitzekessel oder mit Abhitzekessel und Dampfturbinen-Anlage), Verbrennungsmotoren-Anlagen, Stirling-Motoren, ORC (Organic Rankine Cycle)-Anlagen sowie Brennstoffzellen-Anlagen, in denen Strom und Nutzwärme erzeugt werden. [2]Bei KWKK-Anlagen werden die KWK-Anlagen durch eine thermisch angetriebene Kältemaschine ergänzt.

(3) [1]Kleine KWK-Anlagen sind Anlagen nach Absatz 2, mit Ausnahme von Brennstoffzellen-Anlagen, mit einer installierten elektrischen Leistung von bis zu 2 Megawatt. [2]Mehrere unmittelbar miteinander verbundene kleine KWK-Anlagen an einem Standort gelten in Bezug auf die in Satz 1 sowie in den §§ 5 und 7 genannten Leistungsgrenzen als eine KWK-Anlage, soweit sie innerhalb von zwölf aufeinanderfolgenden Kalendermonaten in Dauerbetrieb genommen worden sind.

(3a) Hauptbestandteile sind wesentliche die Effizienz bestimmende Anlagenteile.

(4) [1]KWK-Strom ist das rechnerische Produkt aus Nutzwärme und Stromkennzahl der KWK-Anlage. [2]Bei Anlagen, die nicht über Vorrichtungen zur Abwärmeabfuhr verfügen, ist die gesamte Nettostromerzeugung KWK-Strom.

(5) Nettostromerzeugung ist die an den Generatorklemmen gemessene Stromerzeugung einer Anlage abzüglich des für ihren Betrieb erforderlichen Eigenverbrauchs.

(6) Nutzwärme ist die aus einem KWK-Prozess ausgekoppelte Wärme, die außerhalb der KWK-Anlage für die Raumheizung, die Warmwasserbereitung, die Kälteerzeugung oder als Prozesswärme verwendet wird.

(7) [1]Stromkennzahl ist das Verhältnis der KWK-Nettostromerzeugung zur KWK-Nutzwärmeerzeugung in einem bestimmten Zeitraum. [2]Die KWK-Nettostromerzeugung entspricht dabei dem Teil der Nettostromerzeugung, der physikalisch unmittelbar mit der Erzeugung der Nutzwärme gekoppelt ist.

(8) Vorrichtungen zur Abwärmeabfuhr im Sinne dieses Gesetzes sind Kondensations-, Kühl- oder Bypass-Einrichtungen, in denen die Strom- und Nutzwärmeerzeugung entkoppelt werden können.

(9) Netzbetreiber sind die Betreiber von Netzen aller Spannungsebenen für die allgemeine Versorgung mit Elektrizität.

(10) [1]Betreiber von KWK-Anlagen im Sinne dieses Gesetzes sind diejenigen, die den Strom in eines der in Absatz 9 genannten Netze einspeisen oder für die Eigenversorgung bereitstellen. [2]Die Betreibereigenschaft ist unabhängig von der Eigentümerstellung des Anlagenbetreibers. [3]Eigenversorgung ist die unmittelbare Versorgung eines Letztverbrauchers aus der für seinen Eigenbedarf errichteten Eigenanlage oder aus einer KWK-Anlage, die von einem Dritten ausschließlich oder überwiegend für die Versorgung bestimmbarer Letztverbraucher errichtet und betrieben wird.

---

1) § 3 Abs. 3 Satz 2, Abs. 4 Satz 2, Abs. 5, Abs. 10 Satz 1 geänd., Abs. 10 Satz 3, Abs. 11–16 angef. mWv 1.1.2009 durch G v. 25.10.2008 (BGBl. I S. 2101); Abs. 17 angef. mWv 26.8.2009 durch G v. 21.8.2009 (BGBl. I S. 2870); Abs. 1 Sätze 3 und 4 angef., Abs. 2 und 3 neu gef., Abs. 3a eingef., Abs. 14 Satz 1 neu gef., Abs. 14a eingef., Abs. 15 geänd., Abs. 18–21 angef. mWv 19.7.2012 durch G v. 12.7.2012 (BGBl. I S. 1494).

## § 3

(11) ¹Eine KWK-Anlage ist hocheffizient im Sinne dieses Gesetzes, sofern sie hocheffizient im Sinne der Richtlinie 2004/8/EG des Europäischen Parlaments und des Rates vom 11. Februar 2004 über die Förderung einer am Nutzwärmebedarf orientierten Kraft-Wärme-Kopplung im Energiebinnenmarkt und zur Änderung der Richtlinie 92/42/EWG (ABl. EU Nr. ²L 52 S. 50) ist.

(12) Die Anzahl der Vollbenutzungsstunden ist der Quotient aus der jährlichen KWK-Nettostromerzeugung und der maximalen KWK-Nettostromerzeugung im Auslegungszustand während einer Betriebsstunde.

(13) ¹Wärmenetze im Sinne dieses Gesetzes sind Einrichtungen zur leitungsgebundenen Versorgung mit Wärme, die eine horizontale Ausdehnung über die Grundstücksgrenze des Standorts der einspeisenden KWK-Anlage hinaus haben und an die als öffentliches Netz eine unbestimmte Anzahl von Abnehmenden angeschlossen werden kann. ²An das Wärmenetz muss mindestens ein Abnehmender angeschlossen sein, der nicht gleichzeitig Eigentümer oder Betreiber der in das Wärmenetz einspeisenden KWK-Anlage ist.

(14) ¹Wärmenetzbetreiber im Sinne dieses Gesetzes sind diejenigen, die Wärme über das Wärmenetz verteilen und verantwortlich sind für den Betrieb, die Wartung und den Ausbau des Wärmenetzes. ²Die Betreibereigenschaft setzt nicht das Eigentum am Wärmenetz voraus.

(14a) Für Kältenetze und Kältenetzbetreiber gelten die Absätze 13 und 14 entsprechend.

(15) Trasse ist die Gesamtheit aller Komponenten, die zur Übertragung von Wärme oder Kälte vom Standort der einspeisenden KWK-Anlagen bis zum Verbraucherabgang notwendig sind.

(16) Verarbeitendes Gewerbe sind Unternehmen, die den Abschnitten B und C der Klassifikation der Wirtschaftszweige 2008 (WZ 2008) zuzuordnen sind.

(17) Verbraucherabgang ist die Übergabestelle nach § 10 Absatz 1 der Verordnung über Allgemeine Bedingungen für die Versorgung mit Fernwärme vom 20. Juni 1980 (BGBl. I S. 742), die zuletzt durch Artikel 20 des Gesetzes vom 9. Dezember 2004 (BGBl. I S. 3214) geändert worden ist.

(18) ¹Wärmespeicher im Sinne dieses Gesetzes sind technische Vorrichtungen zur zeitlich befristeten Speicherung von Nutzwärme gemäß Absatz 6 einschließlich aller technischen Vorrichtungen zur Be- und Entladung des Wärmespeichers. ²Mehrere unmittelbar miteinander verbundene Wärmespeicher an einem Standort gelten in Bezug auf die in § 7b genannte Begrenzung des Zuschlags als ein Wärmespeicher. ³Absatz 3 Satz 2 ist entsprechend anzuwenden.

(19) ¹Kältespeicher im Sinne dieses Gesetzes sind Anlagen zur Speicherung von Kälte, die direkt oder über ein Kältenetz mit einer KWKK-Anlage verbunden sind. ²Mehrere unmittelbar miteinander verbundene Kältespeicher an einem Standort gelten in Bezug auf die in § 7b genannte Begrenzung des Zuschlags als ein Kältespeicher. ³Absatz 3 Satz 2 ist entsprechend anzuwenden.

(20) ¹Betreiber von Wärme- oder Kältespeichern im Sinne dieses Gesetzes sind diejenigen, welche die Speicherung von Wärme oder Kälte aus KWK-Anlagen in Speichern wahrnehmen und die für dessen Betrieb verantwortlich sind. ²Die Betreibereigenschaft setzt nicht das Eigentum am Wärme- oder Kältespeicher an der einspeisenden KWK-Anlage voraus.

(21) Wasseräquivalent ist die Wärmekapazität eines Speichermediums, die der eines Kubikmeters Wassers im flüssigen Zustand bei Normaldruck entspricht.

*Rechtsprechungsauswahl*

**OLG Naumburg, 21.11.2013 – 2 U 54/13:**
1. Für die Klassifizierung des in einem Biogas-Blockheizkraftwerk erzeugten Stroms als KWK-Strom iSv Anlage 3, Abschn. I Nr. 1 EEG 2009 ist maßgeblich, dass zugleich mit der Stromerzeugung eine Wärmemenge in einem gekoppelten Vorgang erzeugt wird und diese Wärmemenge ganz oder teilweise außerhalb der Stromerzeugungsanlage für privilegierte Nutzungsarten (Raumheizung,

# § 3

Warmwasseraufbereitung, Kälteerzeugung bzw. Prozesswärme) verwendet wird. Eine Messung der Nutzwärmemengen ist für die Erfüllung des o. a. Tatbestandsmerkmals nicht erforderlich.

2. Das vom Anlagenbetreiber an den Netzbetreiber vorgelegte Umweltgutachten genügt nicht zum Nachweis der Voraussetzungen iSv Anlage 3, Abschn. I Nr. 3 EEG 2009 sowie im Rückforderungsprozess des Netzbetreibers wegen ungerechtfertigter Gutschrift eines KWKBonus nicht zur Erfüllung der sekundären Darlegungslast des Anlagenbetreibers, wenn dem Umweltgutachter mangels Messung der im Abrechnungszeitraum tatsächlich aus der Anlage abgeführten Nutzwärmemengen eine unmittelbare Ermittlung des mit dem Umfang der fossilen Wärmenutzung zu vergleichenden Energieäquivalents objektiv nicht möglich war und seine Schätzungen auf einer methodisch fehlerhaften Vorgehensweise beruhte (hier bejaht).

3. Werden in der KWK-Altanlage ehemals genutzte fossile Energieträger durch Biogas ersetzt, so sind als Mehrkosten iSv Anlage 3, Abschn. I Nr. 3 EEG 2009 nur diejenigen Investitionen berücksichtigungsfähig, die im unmittelbaren Zusammenhang mit der Veränderung der Wärmebereitstellung, dh mit der Erzeugung von Wärme stehen, nicht aber Aufwendungen für die Wärmenutzung außerhalb der Anlage.

4. Die Mitteilung der Abrechnungsdaten des Anlagenbetreibers an den Netzbetreiber nach § 46 Nr. 3 EEG 2009 kann in Form einer Eigenerklärung erfolgen. Bei einer Biogas-Anlage mit Vorrichtungen zur Wärmeabfuhr muss sich die Eigenerklärung inhaltlich auf die tatsächlich erzeugte und nach außen abgeführte Nutzwärmemenge beziehen. Hierfür wird zwar die Messung der Nutzwärmemenge als Regelfall angesehen, eine Ermittlung auf andere Weise ist jedoch nicht von vornherein ausgeschlossen.

**BGH vom 09.01.2008, VIII-ZR-50/07:** Voraussetzungen und Umfang des vertikalen Belastungsausgleichs bei Erzeugung von Strom aus Kraft-Wärme-Kopplung

Die in § 3 Abs. 2 KWKG 2000 vorgesehene Gleichstellung des sog. Selbsteinspeisers mit einem sonst vergütungspflichtigen Netzbetreiber gebietet es nicht, von der dort ausgesprochenen Verweisung die Einschränkung des § 3 Abs. 1 Satz 1 Halbs. 2 KWKG 2000 auszunehmen und die vertraglichen Lieferbeziehungen zu einem Energieversorgungsunternehmen außer Betracht zu lassen, das sich zur Abnahme dieses Stroms verpflichtet hat. Bei derartigen Lieferbeziehungen richtet sich der Vergütungsanspruch des Betreibers der KWK-Anlage nach § 3 Abs. 1 KWKG 2000 gegen den vertraglich gebundenen Abnehmer. Dieser Vergütungsanspruch schließt einen zusätzlichen Anspruch des Anlagenbetreibers auf Belastungsausgleich gegen den „vorgelagerten" Netzbetreiber gemäß § 5 Abs. 1 Satz 1 KWKG 2000 aus.

**OLG Koblenz vom 25.01.2007, 2-U-1194/05:** Ansprüche des Selbsteinspeisers nach dem Kraft-Wärme-Koppelungsgesetz

1. Speist ein Anlagenbetreiber i.S. von § 3 Abs. 2 KWKG 2000 den erzeugten Strom in das eigene Netz ein, so besteht, ungeachtet einer durch Weiterverkauf des Stroms begründeten Zahlungspflicht Dritter, unter Berücksichtigung der unterschiedlichen Unternehmenssparten eine Zahlungspflicht dieses Netzbetreibers im Sinne von § 3 Abs. 1 Satz 1, die ihrerseits Grundlage eines Anspruchs des Selbsteinspeisers auf Belastungsausgleich nach § 5 Abs. 1 des Gesetzes ist.

2. Die Selbsteinspeisung steht i.S. von § 2 Abs. 1 Satz 3 Nr. 2 KWKG 2000 einem Vertragsverhältnis zwischen Stromerzeuger und Netzbetreiber gleich, wobei hinsichtlich des in dieser Regelung vorgesehenen Stichtags die tatsächliche Handhabung aufgrund vorgefasster und umgesetzter Entschließung maßgeblich ist.

**OLG Hamm vom 23.09.2005, 29-U-97/04:** Belastungsausgleich gemäß dem Gesetz zum Schutz der Stromerzeugung aus Kraft-Wärme-Kopplung

Soweit ein Netzbetreiber im Kalenderjahr Zahlungen nach § 3 und den Absätzen 1 bis 3 KWKG zu leisten hat, kann er von dem vorgelagerten Netzbetreiber einen Ausgleich für seine Zahlungen verlangen.

**OLG Hamm vom 12.03.2004, 29-U-12/03:** Zur Auslegung und Anwendbarkeit des Kraft-Wärme-Kopplungsgesetzes

1. Zur Auslegung und Anwendbarkeit des Kraft-Wärme-Kopplungsgesetzes im Hinblick auf die Entstehungsgeschichte und den Wortlaut sowie Voraussetzungen für Ansprüche aus diesem.

2. Als Ergebnis folgt, dass weder der Wortlaut noch die Gesetzesbegründung zu § 2 und 3 KWKG darauf schließen lassen, dass diese Vorschriften ausschließlich Ansprüche von Energieversorgungsunternehmen der allgemeinen Versorgung begründen.

# § 4

**§ 4**[1]**Anschluss-, Abnahme- und Vergütungspflicht**

(1) [1]Netzbetreiber sind verpflichtet, hocheffiziente KWK-Anlagen im Sinne dieses Gesetzes an ihr Netz unverzüglich vorrangig anzuschließen und den in diesen Anlagen erzeugten KWK-Strom unverzüglich vorrangig abzunehmen, zu übertragen und zu verteilen. [2]§ 8 des Erneuerbare-Energien-Gesetzes in der jeweils geltenden Fassung ist auf den vorrangigen Netzanschluss und die §§ 9, 12 Absatz 4 sowie die §§ 14 und 15 des Erneuerbare-Energien-Gesetzes in der jeweils geltenden Fassung sind auf den vorrangigen Netzzugang entsprechend anzuwenden. [3]Die Verpflichtung nach Satz 1 und die Verpflichtung nach dem Erneuerbare-Energien-Gesetz zur Abnahme von Strom aus erneuerbaren Energien und aus Grubengas sind gleichrangig.

(1a) Bei Neuanschlüssen und Anschlussveränderungen von KWK-Anlagen finden die Regelungen nach § 8 der Kraftwerks-Netzanschlussverordnung für Anlagen unterhalb 100 Megawatt ungeachtet der Spannungsebene entsprechend Anwendung.

(2) Netzbetreiber können den aufgenommenen KWK-Strom verkaufen oder zur Deckung ihres eigenen Strombedarfs verwenden.

(2a) [1]Der Netzbetreiber ist verpflichtet, auf Wunsch des Anlagenbetreibers nach einer eigenen Vermarktung den eingespeisten Strom direkt dem Bilanzkreis des Anlagenbetreibers oder dem eines Dritten zuzuordnen. [2]Für den vom Anlagenbetreiber nach Satz 1 vermarkteten Strom entfällt die Ankaufs- und die Vergütungspflicht des Netzbetreibers hinsichtlich des eingespeisten Stroms, jedoch nicht die Pflicht zur Zahlung der Zuschläge gemäß § 7. [3]Verzichtet der Anlagenbetreiber auf eine solche Bilanzkreiszuordnung nach Satz 1, ist der Netzbetreiber verpflichtet, den eingespeisten Strom in einen eigenen Bilanzkreis aufzunehmen.

(2b) [1]Die Netzbetreiber müssen für den Bilanzkreiswechsel von Anlagen im Sinne des Absatzes 2a ab dem 1. Januar 2013 bundesweit einheitliche Verfahren zur Verfügung stellen, die den Vorgaben des Bundesdatenschutzgesetzes genügen. [2]Einheitliche Verfahren nach Satz 1 beinhalten auch Verfahren für die vollständig automatisierte elektronische Übermittlung der für den Bilanzkreiswechsel erforderlichen Daten und deren Nutzung für die Durchführung des Bilanzkreiswechsels. [3]Die Netzbetreiber sind befugt, die für die Durchführung des Bilanzkreiswechsels erforderlichen Daten bei den Anlagenbetreibern zu erheben, zu speichern und hierfür zu nutzen. [4]Für den elektronischen Datenaustausch ist dabei unter Beachtung von § 9 des Bundesdatenschutzgesetzes und der Anlage zu § 9 Satz 1 des Bundesdatenschutzgesetzes ein einheitliches Datenformat vorzusehen. [5]Die Verbände der Energiewirtschaft sind an der Entwicklung der Verfahren und Formate für den Datenaustausch angemessen zu beteiligen.

(3) [1]Für den aufgenommenen KWK-Strom gemäß Absatz 2 sind der Preis, den der Betreiber der KWK-Anlage und der Netzbetreiber vereinbaren, und ein Zuschlag zu entrichten. [2]Kommt eine Vereinbarung nicht zustande, gilt der übliche Preis als vereinbart, zuzüglich dem den maßgeblichen Rechtsvorschriften, ansonsten nach den anerkannten Regeln der Technik berechneten Teil der Netznutzungsentgelte, der durch die dezentrale Einspeisung durch diese KWK-Anlage vermieden wird. [3]Als üblicher Preis gilt für KWK-Anlagen mit einer elektrischen Leistung von bis zu zwei Megawatt der durchschnittliche Preis für Grundlaststrom an der Strombörse EEX in Leipzig im jeweils vorangegangenen Quartal. [4]Weist der Betreiber der KWK-Anlage dem Netzbetreiber einen Dritten nach, der bereit ist, den eingespeisten KWK-Strom zu kaufen, ist der Netzbetreiber verpflichtet, den KWK-Strom vom Betreiber der KWK-Anlage zu dem vom Dritten angebotenen Strompreis abzunehmen. [5]Der Dritte ist verpflichtet, den KWK-Strom zum Preis seines Angebotes an den Betreiber der KWK-Anlage vom Netzbetreiber abzunehmen. [6]Für vor dem 1. April 2002 abgeschlossene

---

1) § 4 Abs. 3 Satz 3 eingef., bish. Sätze 3–5 werden Sätze 4–6 mWv 1. 8. 2004 durch G v. 21. 7. 2004 (BGBl. I S. 1918); Abs. 3 Satz 3 neu gef. mWv 10. 5. 2005 durch G v. 3. 5. 2005 (BGBl. I S. 1224); Abs. 5 geänd. mWv 13. 7. 2005 durch G v. 7. 7. 2005 (BGBl. I S. 1970); Abs. 1 Satz 1 geänd., Satz 2 eingef., bish. Satz 2 wird Satz 3, Abs. 1a eingef., Abs. 3 Satz 3 geänd., Abs. 3a und 3b eingef., Abs. 5 neu gef., Satz 2 geänd., Sätze 2 und 3 angef. mWv 1. 1. 2009 durch G v. 25. 10. 2008 (BGBl. I S. 2101); Abs. 1 Satz 1 neu gef., Satz 2 eingef., bish. Satz 2 wird Satz 3, bish. Satz 3 aufgeh., Abs. 2a und 2b eingef., Abs. 3 Satz 1 geänd., Abs. 4 Satz 2 neu gef., Satz 3 aufgeh., Abs. 6 aufgeh., bish. Abs. 7 wird Abs. 6 mWv 19. 7. 2012 durch G v. 12. 7. 2012 (BGBl. I S. 1494); Abs. 1 Satz 2 geänd. mWv 1. 8. 2014 durch G v. 21. 7. 2014 (BGBl. I S. 1066).

## § 4

Verträge zwischen dem Betreiber der KWK-Anlage und einem Dritten gilt Satz 4 entsprechend.

(3a) ¹Ein Zuschlag ist auch für KWK-Strom zu entrichten, der nicht in ein Netz für die allgemeine Versorgung eingespeist wird. ²Die Verpflichtung zur Zahlung des Zuschlags trifft den Betreiber eines Netzes für die allgemeine Versorgung, mit dessen Netz die in Satz 1 genannte KWK-Anlage unmittelbar oder mittelbar verbunden ist. 3Absatz 1 Satz 3 gilt entsprechend.

(3b) ¹Anschlussnehmer im Sinne des § 1 Abs. 2 der Niederspannungsanschlussverordnung, in deren elektrische Anlage hinter der Hausanschlusssicherung Strom aus KWK-Anlagen eingespeist wird, haben Anspruch auf einen abrechnungsrelevanten Zählpunkt gegenüber dem Netzbetreiber, an dessen Netz ihre elektrische Anlage angeschlossen ist. ²Bei Belieferung der Letztverbraucher durch Dritte findet eine Verrechnung der Zählwerte über Unterzähler statt.

(4) ¹Die Verpflichtung zur Abnahme und zur Vergütung von KWK-Strom aus KWK-Anlagen mit einer elektrischen Leistung größer 50 Kilowatt entfällt, wenn der Netzbetreiber nicht mehr zur Zuschlagszahlung nach Absatz 3 Satz 1 verpflichtet ist. ²Betreibern von KWK-Anlagen steht jedoch unabhängig vom Bestehen der Pflicht zur Zuschlagzahlung ein Anspruch auf physische Aufnahme des KWK-Stroms durch den Netzbetreiber und auf vorrangigen Netzzugang im Sinne des Absatzes 1 zu.

(5) Netzbetreiber müssen für die Zuschlagszahlungen getrennte Konten führen; § 10 Abs. 3 des Energiewirtschaftsgesetzes gilt entsprechend.

(6) Die Bundesregierung wird ermächtigt, durch Rechtsverordnung ohne Zustimmung des Bundesrates Grundlagen und Berechnungsgrundsätze zur Bestimmung des Vergütungsanspruchs für aufgenommenen KWK-Strom nach Absatz 3 Satz 1 näher zu bestimmen.

Geltungszeitraum: ab 01.08.2014

### § 4¹⁾ Anschluss-, Abnahme- und Vergütungspflicht

(1) ¹Netzbetreiber sind verpflichtet, hocheffiziente KWK-Anlagen im Sinne dieses Gesetzes an ihr Netz unverzüglich vorrangig anzuschließen und den in diesen Anlagen erzeugten KWK-Strom unverzüglich vorrangig abzunehmen, zu übertragen und zu verteilen. ²§ 5 des Erneuerbare-Energien-Gesetzes in der jeweils geltenden Fassung ist auf den vorrangigen Netzanschluss und die §§ 6, 8 Absatz 4, die §§ 11 und 12 des Erneuerbare-Energien-Gesetzes in der jeweils geltenden Fassung sind auf den vorrangigen Netzzugang entsprechend anzuwenden. ³Die Verpflichtung nach Satz 1 und die Verpflichtung nach dem Erneuerbare-Energien-Gesetz zur Abnahme von Strom aus erneuerbaren Energien und aus Grubengas sind gleichrangig.

(1a) Bei Neuanschlüssen und Anschlussveränderungen von KWK-Anlagen finden die Regelungen nach § 8 der Kraftwerks-Netzanschlussverordnung für Anlagen unterhalb 100 Megawatt ungeachtet der Spannungsebene entsprechend Anwendung.

(2) Netzbetreiber können den aufgenommenen KWK-Strom verkaufen oder zur Deckung ihres eigenen Strombedarfs verwenden.

(2a) ¹Der Netzbetreiber ist verpflichtet, auf Wunsch des Anlagenbetreibers nach einer eigenen Vermarktung den eingespeisten Strom direkt dem Bilanzkreis des Anlagenbetreibers oder dem eines Dritten zuzuordnen. ²Für den vom Anlagenbetreiber nach Satz 1 vermarkteten Strom entfällt die Ankaufs- und die Vergütungspflicht des Netzbetreibers hinsichtlich des eingespeisten Stroms, jedoch nicht die Pflicht zur Zahlung der Zuschläge gemäß § 7. ³Ver-

---

1) § 4 Abs. 3 Satz 3 eingef., bish. Sätze 3 bis 5 werden Sätze 4 bis 6 mWv 1.8.2004 durch G v. 21.7.2004 (BGBl. I S. 1918); Abs. 3 Satz 3 neu gef. mWv 10.5.2005 durch G v. 3.5.2005 (BGBl. I S. 1224); Abs. 5 geänd. mWv 13.7.2005 durch G v. 7.7.2005 (BGBl. I S. 1970); Abs. 1 Satz 1 geänd., Satz 2 eingef., bish. Satz 2 wird Satz 3, Abs. 1a eingef., Abs. 3 Sätze 2, 6 geänd., Abs. 3a, b eingef., Abs. 4 Satz 1 geänd., Abs. 4 Sätze 2 und 3 angef. mWv 1.1.2009 durch G v. 25.10.2008 (BGBl. I S. 2101); Abs. 1 Satz 1 neu gef., Satz 2 eingef., bish. Satz 2 wird Satz 3, bish. Satz 3 aufgeh., Abs. 2a und 2b eingef., Abs. 3 Satz 1 geänd., Abs. 4 Satz 2 neu gef., Satz 3 aufgeh., Abs. 6 aufgeh., bish. Abs. 7 wird Abs. 6 mWv 19.7.2012 durch G v. 12.7.2012 (BGBl. I S. 1494).

## § 4

zichtet der Anlagenbetreiber auf eine solche Bilanzkreiszuordnung nach Satz 1, ist der Netzbetreiber verpflichtet, den eingespeisten Strom in einen eigenen Bilanzkreis aufzunehmen.

(2b) [1]Die Netzbetreiber müssen für den Bilanzkreiswechsel von Anlagen im Sinne des Absatzes 2a ab dem 1. Januar 2013 bundesweit einheitliche Verfahren zur Verfügung stellen, die den Vorgaben des Bundesdatenschutzgesetzes genügen. [2]Einheitliche Verfahren nach Satz 1 beinhalten auch Verfahren für die vollständig automatisierte elektronische Übermittlung der für den Bilanzkreiswechsel erforderlichen Daten und deren Nutzung für die Durchführung des Bilanzkreiswechsels. [3]Die Netzbetreiber sind befugt, die für die Durchführung des Bilanzkreiswechsels erforderlichen Daten bei den Anlagenbetreibern zu erheben, zu speichern und hierfür zu nutzen. [4]Für den elektronischen Datenaustausch ist dabei unter Beachtung von § 9 des Bundesdatenschutzgesetzes und der Anlage zu § 9 Satz 1 des Bundesdatenschutzgesetzes ein einheitliches Datenformat vorzusehen. [5]Die Verbände der Energiewirtschaft sind an der Entwicklung der Verfahren und Formate für den Datenaustausch angemessen zu beteiligen.

(3) [1]Für den aufgenommenen KWK-Strom gemäß Absatz 2 sind der Preis, den der Betreiber der KWK-Anlage und der Netzbetreiber vereinbaren, und ein Zuschlag zu entrichten. [2]Kommt eine Vereinbarung nicht zustande, gilt der übliche Preis als vereinbart, zuzüglich dem nach den maßgeblichen Rechtsvorschriften, ansonsten nach den anerkannten Regeln der Technik berechneten Teil der Netznutzungsentgelte, der durch die dezentrale Einspeisung durch diese KWK-Anlage vermieden wird. [3]Als üblicher Preis gilt für KWK-Anlagen mit einer elektrischen Leistung von bis zu zwei Megawatt der durchschnittliche Preis für Grundlaststrom an der Strombörse EEX in Leipzig im jeweils vorangegangenen Quartal. [4]Weist der Betreiber der KWK-Anlage dem Netzbetreiber einen Dritten nach, der bereit ist, den eingespeisten KWK-Strom zu kaufen, ist der Netzbetreiber verpflichtet, den KWK-Strom vom Betreiber der KWK-Anlage zu dem vom Dritten angebotenen Strompreis abzunehmen. [5]Der Dritte ist verpflichtet, den KWK-Strom zum Preis seines Angebotes an den Betreiber der KWK-Anlage vom Netzbetreiber abzunehmen. [6]Für vor dem 1. April 2002 abgeschlossene Verträge zwischen dem Betreiber der KWK-Anlage und einem Dritten gilt Satz 4 entsprechend.

(3a) [1]Ein Zuschlag ist auch für KWK-Strom zu entrichten, der nicht in ein Netz für die allgemeine Versorgung eingespeist wird. [2]Die Verpflichtung zur Zahlung des Zuschlags trifft den Betreiber eines Netzes für die allgemeine Versorgung, mit dessen Netz die in Satz 1 genannte KWK-Anlage unmittelbar oder mittelbar verbunden ist. [3]Absatz 1 Satz 3 gilt entsprechend.

(3b) [1]Anschlussnehmer im Sinne des § 1 Abs. 2 der Niederspannungsanschlussverordnung, in deren elektrische Anlage hinter der Hausanschlusssicherung Strom aus KWK-Anlagen eingespeist wird, haben Anspruch auf einen abrechnungsrelevanten Zählpunkt gegenüber dem Netzbetreiber, an dessen Netz ihre elektrische Anlage angeschlossen ist. [2]Bei Belieferung der Letztverbraucher durch Dritte findet eine Verrechnung der Zählwerte über Unterzähler statt.

(4) [1]Die Verpflichtung zur Abnahme und zur Vergütung von KWK-Strom aus KWK-Anlagen mit einer elektrischen Leistung größer 50 Kilowatt entfällt, wenn der Netzbetreiber nicht mehr zur Zuschlagszahlung nach Absatz 3 Satz 1 verpflichtet ist. [2]Betreibern von KWK-Anlagen steht jedoch unabhängig vom Bestehen der Pflicht zur Zuschlagzahlung ein Anspruch auf physische Aufnahme des KWK-Stroms durch den Netzbetreiber und auf vorrangigen Netzzugang im Sinne des Absatzes 1 zu.

(5) Netzbetreiber müssen für die Zuschlagszahlungen getrennte Konten führen; § 10 Abs. 3 des Energiewirtschaftsgesetzes gilt entsprechend.

(6) Die Bundesregierung wird ermächtigt, durch Rechtsverordnung ohne Zustimmung des Bundesrates Grundlagen und Berechnungsgrundsätze zur Bestimmung des Vergütungsanspruchs für aufgenommenen KWK- Strom nach Absatz 3 Satz 1 näher zu bestimmen.

Geltungszeitraum: bis 31.07.2014

# § 4

*Rechtsprechungsauswahl*

**OLG Düsseldorf vom 09.05.2012, VI-2-U-Kart-9/08:** Höhe der Vergütung für die Einspeisung von im Wege der Kraft-Wärme-Kopplung erzeugtem Strom

Ein Energieversorgungsunternehmen mit Gebietsmonopol war vor Inkrafttreten der 7. GWB-Novelle und des KWKG 2000 verpflichtet, für die Einspeisung von im Wege der Kraft-Wärme-Kopplung erzeugtem Strom dem Stromeinspeiser eine nach den „vermiedenen Kosten" zu bemessende Vergütung zu zahlen. Dies gilt auch nach Inkrafttreten des KWKG 2000, wenn der zugrunde liegende Vertrag vorher abgeschlossen worden ist.

**OLG Hamm vom 12.03.2004, 29-U-67/02:** Auslegung und Anwendbarkeit des Kraft-Wärme-Kopplungsgesetzes

1. Zur Auslegung und Anwendbarkeit des Kraft-Wärme-Kopplungsgesetzes im Hinblick auf die Entstehungsgeschichte und den Wortlaut sowie Voraussetzungen für Ansprüche aus diesem.
2. Als Ergebnis folgt, dass weder der Wortlaut noch die Gesetzesbegründung zu § 3 und 4 KWKG darauf schließen lassen, dass diese Vorschriften ausschließlich Ansprüche von Energieversorgungsunternehmen der allgemeinen Versorgung begründen.

## § 5

**§ 5[1]) Kategorien der zuschlagberechtigten KWK-Anlagen**

(1) ¹Anspruch auf Zahlung des Zuschlags besteht für KWK-Strom aus folgenden hocheffizienten Anlagen, die nach dem 1. Januar 2009 und bis zum 31. Dezember 2020 in Dauerbetrieb genommen sind:
1. kleinen KWK-Anlagen mit fabrikneuen Hauptbestandteilen, soweit sie nicht eine bereits bestehende Fernwärmeversorgung aus KWK-Anlagen verdrängen, und
2. Brennstoffzellen-Anlagen.

²Eine Verdrängung von Fernwärmeversorgung liegt nicht vor, wenn der Umfang der Wärmeeinspeisung aus KWK- Anlagen nicht mehr den Anforderungen nach § 5a Absatz 1 Nummer 2 Buchstabe b entspricht oder wenn eine bestehende KWK-Anlage vom selben Betreiber oder im Einvernehmen mit diesem durch eine oder mehrere neue KWK-Anlagen ersetzt wird. ³Die bestehende KWK-Anlage muss nicht stillgelegt werden.

(2) ¹Anspruch auf Zahlung des Zuschlags besteht ferner für KWK-Strom aus KWK-Anlagen mit fabrikneuen Hauptbestandteilen mit einer elektrischen Leistung von mehr als 2 Megawatt, die ab dem 1. Januar 2009 und bis zum 31. Dezember 2020 in Dauerbetrieb genommen worden sind, sofern die Anlage hocheffizient ist und keine bereits bestehende Fernwärmeversorgung aus KWK-Anlagen verdrängt wird. ²Absatz 1 Satz 2 und 3 gilt entsprechend.

(3) ¹Anspruch auf Zahlung des Zuschlags besteht für KWK-Strom aus Anlagen, die modernisiert oder durch eine neue Anlage ersetzt und ab dem 1. Januar 2009 bis zum 31. Dezember 2020 wieder in Dauerbetrieb genommen worden sind, sofern die modernisierte KWK-Anlage oder die Ersatzanlage hocheffizient ist. ²Eine Modernisierung liegt vor, wenn wesentliche die Effizienz bestimmende Anlagenteile erneuert worden sind und die Kosten der Erneuerung mindestens 25 Prozent der Kosten für die Neuerrichtung der KWK-Anlage betragen. ³Für neue hocheffiziente KWK-Anlagen, die eine bestehende KWK-Anlage ersetzen und ab dem 1. Januar 2009 in Dauerbetrieb genommen werden, gelten die Regelungen zum Verbot der Verdrängung einer bestehenden Fernwärmeversorgung aus KWK-Anlagen nach Absatz 1 Satz 2 und 3.

(4) ¹Anspruch auf Zahlung des Zuschlags besteht für KWK-Strom aus Anlagen der ungekoppelten Strom- oder Wärmeerzeugung, bei denen Komponenten zur Strom- oder Wärmeauskopplung nachgerüstet werden, wenn die nachgerüstete Anlage eine elektrische Leistung von mehr als 2 Megawatt hat, hocheffizient ist und ab dem 19. Juli 2012 bis zum 31. Dezember 2020 wieder in Dauerbetrieb genommen wird, sofern keine bereits bestehende Fernwärmeversorgung aus KWK-Anlagen verdrängt wird. ²Im Hinblick auf die Verdrängung gelten die entsprechenden Regelungen nach Absatz 1 Satz 2 und 3.

*Verwaltungsregelungen zu § 5*

| Datum | Anlage | Quelle | Inhalt |
|---|---|---|---|
| Juli 2014 | § 005-01 | BAFA | Merkblatt Kraft-Wärme-Kopplungsanlagen mit einer elektrischen Leistung bis 50 KW |
| Februar 2014 | § 005-02 | BAFA | Merkblatt Mini-Kraft-Wärme-Kopplungsanlagen |
| 10.09.2013 | § 005-03 | BAFA | Merkblatt Fernwärmeverdrängung |
| 04.02.2013 | § 005-04 | BAFA | Merkblatt Speichereffizienz |
| November 2013 | § 005-05 | BAFA | Merkblatt Modernisierung |

---

1) § 5 neu gef. mWv 19.7.2012 durch G v. 12.7.2012 (BGBl. I S. 1494).

## § 9

**§ 9**[1]) **Belastungsausgleich**

(1) Netzbetreiber, die im Kalenderjahr Zuschläge zu leisten haben, können finanziellen Ausgleich von dem vorgelagerten Übertragungsnetzbetreiber für diese Zahlungen verlangen.

(2) Übertragungsnetzbetreiber ermitteln bis zum 30. Juni eines jeden Jahres die von ihnen im vorangegangenen Kalenderjahr geleisteten Zuschlags- und Ausgleichszahlungen und die von ihnen oder anderen Netzbetreibern im Bereich ihres Übertragungsnetzes an Letztverbraucher im Sinne des Absatzes 7 Satz 2, des Absatzes 7 Satz 3 und an andere Letztverbraucher ausgespeisten Strommengen.

(3) ¹Übertragungsnetzbetreiber sind verpflichtet, den unterschiedlichen Umfang ihrer Zuschlagszahlungen und ihrer Ausgleichszahlungen nach Maßgabe der von ihnen oder anderen Netzbetreibern im Bereich ihres Übertragungsnetzes an Letztverbraucher im Sinne des Absatzes 7 Satz 2, des Absatzes 7 Satz 3 und an andere Letztverbraucher gelieferten Strommengen über eine finanzielle Verrechnung untereinander auszugleichen. ²Die Übertragungsnetzbetreiber ermitteln hierfür die Belastungen, die sie gemessen an den Strommengen nach Absatz 2 und den Belastungsgrenzen nach Absatz 7 Satz 2 und 3 zu tragen hätten. ³Übertragungsnetzbetreiber, die bezogen auf die Stromabgabe an Letztverbraucher im Bereich ihres Netzes höhere Zahlungen zu leisten hatten oder größere Strommengen an Letztverbraucher im Sinne des Absatzes 7 Satz 2 und 3 abgegeben haben, als es dem Durchschnitt aller Übertragungsnetzbetreiber entspricht, haben einen finanziellen Anspruch auf Belastungsausgleich, bis alle Übertragungsnetzbetreiber eine Belastung tragen, die dem Durchschnittswert für jede Letztverbrauchergruppe entspricht.

(4) Übertragungsnetzbetreiber haben einen Anspruch auf Belastungsausgleich gegen die ihnen unmittelbar oder mittelbar nachgelagerten Netzbetreiber, bis alle Netzbetreiber gleiche Belastungen nach Absatz 3 tragen.

(5) Auf die zu erwartenden Ausgleichsbeträge sind monatliche Abschläge zu zahlen.

(6) ¹Jeder Netzbetreiber ist verpflichtet, den anderen Netzbetreibern die für die Berechnung des Belastungsausgleichs erforderlichen Daten rechtzeitig zur Verfügung zu stellen. ²Jeder Netzbetreiber kann verlangen, dass die anderen ihre Angaben durch einen im gegenseitigen Einvernehmen bestellten Wirtschaftsprüfer oder vereidigten Buchprüfer testieren lassen.

(7) ¹Netzbetreiber sind berechtigt, geleistete Zuschlagszahlungen, soweit sie nicht erstattet worden sind, und Ausgleichszahlungen bei der Berechnung der Netznutzungsentgelte in Ansatz zu bringen, sofern sie die Zahlungen durch Testat eines Wirtschaftsprüfers oder vereidigten Buchprüfers nachweisen. ²Für Letztverbraucher, deren Jahresverbrauch an einer Abnahmestelle mehr als 100.000 Kilowattstunden beträgt, darf sich das Netznutzungsentgelt für über 100.000 Kilowattstunden hinausgehende Strombezüge aus dem Netz für die allgemeine Versorgung an dieser Abnahmestelle höchstens um 0,05 Cent pro Kilowattstunde erhöhen. ³Sind Letztverbraucher Unternehmen des Produzierenden Gewerbes, deren Stromkosten im vorangegangenen Kalenderjahr 4 Prozent des Umsatzes überstiegen, darf sich das Netznutzungsentgelt für über 100.000 Kilowattstunden hinausgehende Lieferungen höchstens um die Hälfte des Betrages nach Satz 2 erhöhen. ⁴Letztverbraucher nach Satz 3 haben dem Netzbetreiber auf Verlangen durch Testat eines Wirtschaftsprüfers oder vereidigten Buchprüfers den Stromkostenanteil am Umsatz nachzuweisen. ⁵Die Sätze 2 und 3 gelten entsprechend für Unternehmen des schienengebundenen Verkehrs sowie Eisenbahninfrastrukturunternehmen; beim schienengebundenen Verkehr ist für die Zuordnung zum Übertragungsnetzbereich auf die Einspeisestelle in das Bahnstromnetz bzw. die Unterwerke abzustellen. ⁶Werden Netznutzungsentgelte nicht gesondert in Rechnung gestellt, können die Zahlungen nach Satz 1 bei dem Gesamtpreis für den Strombezug entsprechend in Ansatz gebracht werden.

*Rechtsprechungsauswahl*

**BGH vom 24.04.2013, VIII-ZR-88/12:** Anspruch eines Übertragungsnetzbetreibers gegen den nachgelagerten Netzbetreiber auf Zahlung eines restlichen Belastungsausgleichs nach dem Kraft-Wärme-

---

1) § 9 Abs. 2 geänd. mWv 1.1.2009 durch G v. 25.10.2008 (BGBl. I S. 2101).

## § 9

Kopplungsgesetz (im Folgenden: KWKG); Einordnung eine aus ungefähr 10.000 Verbrauchsstellen bestehenden und aus über rund 480 Verknüpfungspunkten mit dem Verteilnetz verbundene städtische Straßenbeleuchtungsanlage als eine einzige Abnahmestelle i.S.d. § 9 Abs. 7 S. 2 KWKG.
Eine aus ungefähr 10.000 Verbrauchsstellen bestehende und über rund 480 Verknüpfungspunkte mit dem Verteilnetz verbundene städtische Straßenbeleuchtungsanlage stellt im Sinne des § 9 Abs. 7 Satz 2 KWKG eine einzige Abnahmestelle dar.

**OLG Hamm vom 28.09.2010, I-19-U-30:** Formularmäßige Vereinbarung eines Aufschlags für Stromlieferungen nach dem EEG und dem KWKG

1. Eine Vereinbarung in allgemeinen Geschäftsbedingungen eines Energieversorgungsunternehmens, wonach sich das Entgelt für die Stromlieferung um "einen Aufschlag nach dem Gesetz für den Vorrang Erneuerbarer Energien (EEG)" und einen "Aufschlag aus dem Gesetz für die Erhaltung, die Modernisierung und den Ausbau der Kraft-Wärme-Kopplung (KWKG)" erhöht, unterliegt nicht der Inhaltskontrolle nach § 307 BGB.
2. Die Betreiberin eines Biomassekraftwerks, die selbst Strom erzeugt und in das Netz einspeist, ist Letztverbraucherin im Sinne von § 9 Abs. 7 S. 1 KWKG, soweit sie selbst für ihren Betrieb Strom bezieht.

**BGH vom 06.07.2005, VIII-ZR-152/04:** Voraussetzungen des Anspruchs des Netzbetreibers auf Belastungsausgleich

a) Ein vor dem 1. Januar 2000 geschlossener Liefervertrag nach § 2 Abs. 1 Satz 3 Nr. 2 KWKG besteht im Sinne des § 3 Abs. 1 Satz 1 Halbs. 2 KWKG auch dann noch, wenn er nach diesem Stichtag übergangslos durch einen neuen Vertrag mit im wesentlichen unverändertem Inhalt ersetzt und damit über den 31. Dezember 1999 hinaus fortgesetzt worden ist (Abgrenzung zum Senatsurteil vom 15. Juni 2005 – VIII ZR 74/04 , zur Veröffentlichung bestimmt).

b) Der Anspruch des Netzbetreibers auf Belastungsausgleich nach § 5 Abs. 1 KWKG ist weder ausgeschlossen noch herabzusetzen, wenn der Netzbetreiber dem Anlagenbetreiber im Fall des § 2 Abs. 1 Satz 3 Nr. 2 KWKG für den bezogenen Strom weniger als die Mindestvergütung nach § 4 Abs. 1 KWKG zahlt.

**BGH vom 06.07.2005, VIII-ZR-151/04:** Anspruch des Netzbetreibers auf Belastungsausgleich nach § 5 Abs. 1 KWKG

Zu § 1 Energiesteuergesetz                                              Anlage § 001–01

## Verordnung zur Änderung der Energiesteuer- und der Stromsteuer-Durchführungsverordnung; Umsetzung der Änderungen

BMF-Schreiben vom 1.10.2012 – III B 6 – V 8105/11/10001 :004

Sehr geehrte Damen und Herren,
mit Schreiben vom 27. Oktober 2011 habe ich Sie über die Fortgeltung des Moratoriums hinsichtlich der Besteuerung von Abfällen, die von der Ausnahmeregelung des § 1b Absatz 1 Nummer 3 Energiesteuer-Durchführungsverordnung (EnergieStV) erfasst würden (d. h., mit einem durchschnittlichen Heizwert von nicht mehr als 18 MJ/kg), wegen des beihilferechtlichen Genehmigungsvorbehaltes der Europäischen Kommission, informiert.

Die Europäische Kommission hat gegen die Regelung des § 1b Absatz 1 Nummer 3 EnergieStV keine Einwände erhoben. Mit Bekanntmachung vom 10. April 2012 (BGBl. I S. 603) ist die Regelung mit Wirkung vom 1. Januar 2012 in Kraft getreten. Das Moratorium hat sich damit erledigt.

In diesem Zusammenhang möchte ich auf vereinzelt an mich herangetragene Fragestellungen eingehen:

**1. Zu § 1b Absatz 1 EnergieStV und zu § 49a EnergieStV**

*a) Wahlmöglichkeiten des Steuerpflichtigen im Hinblick auf die Ermittlung des Heizwertes*

Grundsätzlich ist der Steuerpflichtige in der Wahl der Nachweisvariante nach § 1b Absatz 1 Nummer 3 Buchstabe a oder b EnergieStV frei und nicht auf unbegrenzte Zeit an eine von ihm getroffene Wahl gebunden. Welches Verfahren der Steuerpflichtige wählen kann, hängt zunächst davon ab, nach welcher Variante er die Heizwerte verlässlich zu ermitteln vermag. Sofern der Steuerpflichtige beispielsweise im Rahmen von Lieferverträgen mit Chargen innerhalb qualitätsgesicherter und festgelegter Heizwertbänder beliefert wird und diese mittels Referenzanalysen bestätigt werden, sind diese Werte grundsätzlich als verlässlich zu betrachten. Des Weiteren können auch bereits vorhandene oder nach anderen Rechtsvorschriften vorgesehene Analysen und Untersuchungsergebnisse herangezogen werden. Gleiches gilt, sofern durch unternehmensinterne Vorgaben monatlich oder in noch kürzeren Abständen der Heizwert je Verbrennungslinie zu ermitteln ist und die Daten über den anlagenbezogenen Heizwert somit generell vorliegen.

Der Steuerpflichtige muss sich mindestens jeweils für einen Monat in der Wahl der Nachweisvariante festlegen, da die Steuer nach § 23 Absatz 6 EnergieStG monatlich anzumelden ist. Ein Wechsel oder die Kombination der Nachweisvarianten innerhalb eines Anmeldezeitraums ist dagegen nicht zulässig. Nachdem sich der Steuerpflichtige für eine Nachweisvariante entschieden hat, ist er nach § 1b Absatz 1 Nummer 3 Buchstabe a EnergieStV für den oder die betreffenden Monate an diese Wahl gebunden. Bei der Wahl der Nachweisvariante des § 1b Absatz 1 Nummer 3 Buchstabe b EnergieStV ist der Steuerpflich- tige an die Bestimmung anhand einer Charge gebunden, bis diese verwertet ist. Dies kann sich jedoch nur auf einen Zeitraum beziehen, der einen oder mehrere volle Kalendermonate abdeckt, damit die Gleichmäßigkeit der Ermittlung des Heizwertes während eines Zeitraums, für den die Steuer entsteht und angemeldet wird, gewährleistet ist.

Grundsätzlich bezieht sich die Ermittlung des Heizwertes nach § 1b Absatz 1 Nummer 3 Buchstabe a EnergieStV auf den Zeitpunkt des Verbrennens (retrograde Ermittlung). Bei Ermittlung des Heizwertes nach § 1b Absatz 1 Nummer 3 Buchstabe b EnergieStV wird der Heizwert in der Regel im Bezugszeitpunkt bzw. bei einer Analyse vor Verbrennung ermittelt.

Die Heizwertregelungen des § 1b Absatz 1 Nummer 3 EnergieStV dienen ausschließlich der Bestimmung, ob ein Energieerzeugnis nach § 1 Absatz 3 Satz 1 Nummer 2 EnergieStG vorliegt. Werden Energieerzeugnisse nach § 1 Absatz 2 oder 3 EnergieStG gemeinsam mit Waren, die auf Grund § 1b Absatz 1 EnergieStV nicht als Energieerzeugnisse gelten, verheizt, unterliegen die Energieerzeugnisse nach § 1 Absatz 2 oder 3 EnergieStG der Besteuerung. Sie bleiben bei der Bestimmung des Heizwertes außer Betracht.

*b) Bezugsgrößen zur Ermittlung des Heizwertes*

Nach § 1b Absatz 1 Nummer 3 EnergieStV gilt die Maßeinheit MJ/kg für die Klärung der Frage, ob es sich um einen Steuergegenstand handelt. Im Falle des § 1b Absatz 1 Nummer 3 Buchstabe b EnergieStV ist zur Ermittlung des Heizwertes auf die Originalsubstanz abzustellen, d. h., es ist der Zustand maßgeblich, in dem der Abfall anfällt. Spätere Behandlungen, die über jene hinausgehen, die zur Gewähr-

# Anlage § 001–01

Zu § 1 Energiesteuergesetz

leistung des reibungslosen Funktionierens der Anlage bzw. der Vernichtung des Schadstoffpotentials zwingend notwendig sind, führen zu keiner anderen steuerlichen Bewertung.

*c) Anwendbarkeit der Methoden nach § 1b Absatz 1 Nummer 3 Buchstabe a und b EnergieStV*

Die nach § 1b Absatz 1 Nummer 3 Buchstabe a und b EnergieStV beschriebenen Verfahren und Messgrößen zur Ermittlung des Heizwertes sind für alle Waren anzuwenden, wenn über ihre Eigenschaft als Steuergegenstand nach § 1 Absatz 3 Satz 1 Nummer 2 EnergieStG zu befinden ist. Zur Ermittlung der Steuerschuld für flüssige oder gasförmige Energieerzeugnisse nach § 1 Absatz 3 Satz 1 Nummer 2 EnergieStG sind dagegen die Maßeinheiten zur Bemessung der Steuer derjenigen Energieerzeugnisse in § 2 EnergieStG anzuwenden, denen sie am nächsten stehen.

Die Formulierungen in § 1b Absatz 3 EnergieStV bezüglich der Analysemöglichkeiten im Hinblick auf die Heizwertbestimmungen nach § 1b Absatz 1 Nummer 3 Buchstabe a und b EnergieStV sind bewusst offen gehalten und erfahren lediglich durch die Begründung zur Verordnung zur Änderung der Energiesteuer- und der Stromsteuer-Durchführungsverordnung eine nähere Bestimmung. Hierdurch soll es den Unternehmen ermöglicht werden, unnötigen Aufwand sowie Kosten zu vermeiden, die entstehen würden, wenn lediglich einzelne Analysemöglichkeiten zugelassen oder weitere, ggf. im Unternehmen bereits eingerichtete, Analysemöglichkeiten im Umkehrschluss ausgenommen wären.

*d) Begriff der Lieferung*

Eine Lieferung umfasst in der Regel die vertraglich (schriftlich oder mündlich) vereinbarte zu liefernde/abzunehmende Menge an Energieerzeugnissen, unabhängig davon, mit wie vielen Fahrzeugen der Abfall angeliefert wird.

*e) Regelungen zur Person des Steuerschuldners*

§ 49a EnergieStV definiert für andere als in § 4 EnergieStG genannte Energieerzeugnisse den Begriff der „erstmaligen Abgabe", der in § 23 Absatz 1 Satz 1 Nummer 1 EnergieStG vorausgesetzt wird. § 49a Satz 1 EnergieStV stellt den Grundsatz dar und greift die entsprechende höchstrichterliche Rechtsprechung auf. Mit § 49a Satz 2 wird die grundsätzliche Begriffsbestimmung der „erstmaligen Abgabe" ausschließlich für Energieerzeugnisse nach § 1 Absatz 3 Satz 1 Nummer 2 EnergieStG eingeschränkt, sofern diese zur Abfallentsorgung ausgesondert oder geliefert werden und nicht ausdrücklich eine Bestimmung als Heizstoff vorgenommen wird. D. h., in diesen Fällen führt grundsätzlich erst die Verwendung als Heizstoff zur Steuerentstehung. Eine ausdrückliche Bestimmung von Abfällen als Heizstoff im Zeitpunkt der Abgabe hat jedoch zur Folge, dass bereits der Abgebende steuerpflichtig wird (§ 23 Absatz 1 Satz 1 Nummer 1 EnergieStG). Vertragliche Vereinbarungen, nach denen Abfälle ausdrücklich zum Verheizen abgegeben werden, würden also eine Steuerschuld des abgebenden Unternehmens zur Folge haben. Dagegen sind Hinweise auf bestimmte Brennstoffeigenschaften (z. B. die Garantie eines bestimmten Heizwertes) in diesem Sinne noch nicht als ein Bestimmen zum Verheizen zu werten. Es handelt sich dabei lediglich um die Zusicherung bestimmter Eigenschaften der zu liefernden Ware. Auch Bezugnahmen auf abfallrechtliche Vorschriften, die ggf. eine stoffliche oder energetische Verwertung oder nachrangig die Beseitigung von Abfällen vorsehen, sind allein betrachtet noch kein Bestimmen zum Verheizen im Sinne des Energiesteuergesetzes. Eine vertragliche Übertragung der Steuerschuldner- schaft ist ausgeschlossen, da die Steuerschuldnerschaft von Gesetzes wegen eintritt und nicht der freien Disposition unterliegt. Allerdings kann sich die vertragliche Gestaltung auf den Eintritt der Schuldnerschaft unmittelbar auswirken.

Da infolge der Ausnahme des § 49a Satz 2 EnergieStV grundsätzlich erst die Verwendung der Energieerzeugnisse nach § 1 Absatz 3 Satz 1 Nummer 2 EnergieStG als Heizstoff zur Steuerentstehung führt, treffen die Hersteller und Händler von Ersatzbrennstoffen insoweit keine besonderen Pflichten. Der Anzeigepflicht nach § 23 Absatz 4 EnergieStG unterliegen nur diejenigen Hersteller und Händler, die bereits bei der Abgabe von Ersatzbrennstoffen im Sinne des § 49a Satz 2 EnergieStV eine ausdrückliche Bestimmung als Heizstoff vornehmen.

*f) Steuertarif*

Sofern flüssige Abfälle, die Energieerzeugnisse nach § 1 Absatz 3 Satz 1 Nummer 2 EnergieStG sind und nach verschiedenen Steuersätzen (§ 2 Absatz 3 und Absatz 4 EnergieStG) zu versteuern sind, vermischt verwendet werden und deshalb der Aufwand zur Ermittlung der zutreffenden Steuersatzes und der entsprechenden Bemessungsgrundlagen (z. B. Menge) unverhältnismäßig wäre, bestehen keine Bedenken, einheitlich den Steuersatz des § 2 Absatz 3 Satz 1 Nummer 3 EnergieStG der Steueranmeldung und dem ggf. dazu gestellten Entlastungsantrag zugrunde zu legen.

Zu § 1 Energiesteuergesetz **Anlage § 001–01**

## 2. Steuerrechtliche Beurteilung von Altholz

Holz und Holzwaren sind nur dann energiesteuerrechtlich von Bedeutung, wenn sie nicht von den Positionen 4401 und 4402 der KN erfasst werden und die weiteren Voraussetzungen des § 1 Absatz 3 Satz 1 Nummer 2 EnergieStG gegeben sind. Dazu weise ich klarstellend auf Folgendes hin:
So genannte Althölzer oder Gebrauchtholz nach der Altholzverordnung sind zolltarifrechtlich nur dann als Ware der Positionen 4401 und 4402 der KN zu betrachten, wenn sie nicht mehr zu anderen Zwecken als zum Verbrennen verwendet werden können. Für die zolltarifrechtliche Beurteilung ist ausschlaggebend, welche tatsächlichen Verwendungsmöglichkeiten noch bestehen können, unabhängig von abfallrechtlichen Vorschriften. Sofern der Einsatz zur ursprünglichen Verwendung (z. B. als Kiste der Position 4415 der KN) nicht mehr möglich ist, andere Verwendungsmöglichkeiten jedoch noch denkbar sind (z. B. als Brett der Position 4407 der KN), kommt eine Einreihung in die Position 4401 oder 4402 der KN nicht in Betracht. Die durch die Holzindustrie verwendeten Begriffe Altholz, Gebrauchtholz, Holzab- fall, Wiederverwertung und Wiederverwendung sind nicht mit dem zolltarifrechtlichen Verständnis dieser Begriffe gleichzusetzen. Erst wenn der Zustand des „Altholzes" keine andere Verwendung als das Verbrennen mehr zulässt (d. h., unbrauchbar gemacht, zerstört oder zerbrochen), ist es der Position 4401 der KN zuzuordnen und nach § 1 Absatz 3 Satz 1 EnergieStG kein zu versteuerndes Energieerzeugnis.

## 3. Thermische Vernichtung

Nach § 1a Satz 1 Nummer 12 EnergieStG gilt das Verbrennen von Energieerzeugnissen zur Erzeugung von Wärme als Verheizen. Eine Verwendung von Energieerzeugnissen zur Erzeugung von Wärme ist immer dann anzunehmen, wenn die bei der Verbrennung entstehende Wärme genutzt wird. Sobald die bei der Verbrennung entstehende Wärme außerhalb des Vernichtungsprozesses zusätzlich zu einem anderen Zweck verwendet wird, z. B. in ein firmeninternes Netz zur Warmwasseraufbereitung eingespeist wird, handelt es sich nicht mehr um einen Fall des § 1b Absatz 2 EnergieStV, d. h., es entsteht die Steuer nach den jeweils zutreffenden Rechtsnormen. Eine Aufteilung der Mengen (zur Vernichtung oder zur Wärme- erzeugung) ist nicht zulässig, da das Merkmal der Ausschließlichkeit bei einer teilweisen Nutzung der Wärme nicht erfüllt wird. Eine thermische Vernichtung im Sinne des § 1b Absatz 2 EnergieStV liegt nur vor, wenn das alleinige Ziel des Verbrennens die Entsorgung oder Beseitigung ist, ohne dass es auf die entstehende Wärme ankommt bzw. ohne dass diese wirtschaftlich genutzt wird.

Ich wäre Ihnen dankbar, wenn Sie Ihre Mitgliedsunternehmen über den Inhalt dieses Schreibens unterrichten würden.

Mit freundlichen Grüßen

Im Auftrag

Jakobs

**Anlage § 001–02**  Zu § 1 Energiesteuergesetz

## Besteuerung von Abfällen

Schreiben der Europäischen Kommission vom 28.2.2012 – Az. III B 6 – V 8105/11/10001 :004

Sehr geehrter Herr Jakobs,
vielen Dank für Ihr Schreiben vom 17. Januar 2012. In diesem fragten Sie an, ob Abfälle in den Geltungsbereich der Richtlinie 2003/96/EU fallen und wiesen daraufhin, dass dies zuletzt im Verbrauchssteuerausschuss 1m Juni 2010 diskutiert und keine Übereinstimmung gefunden wurde.

Bei diesem letzten Treffen waren einige Mitgliedstaaten der Meinung, dass Abfalle nicht in den Geltungsbereich der Richtlinie fallen. Unter dieser Annahme obliegt es allein bei den Mitgliedstaaten, ob sie sich für die Versteuerung von Abfallen entscheiden und welche Bedingungen sie hierfür festlegen (worunter auch die deutsche Regelung, dass eine Besteuerung erst ab einem entsprechenden Mindestheizwert erfolgt, fallt). Lediglich Dänemark war der Ansicht, dass Abfalle innerhalb des Geltungsbereiches der Richtlinie fallen.

Die Richtlinie gibt in diesem Fall keine konkrete Antwort auf die Frage, ob Abfälle in deren Geltungsbereich fallen. In Anbetracht dessen erscheint mir diesbezüglich eine weitere Diskussion im Verbrauchssteuerausschuss als nicht zielführend. Darüber hinaus handelt es sich bei Leitlinien des Ausschusses um ein Instrument, welches die einheitliche Anwendung der EU-Gesetze im Verbrauchssteuerbereich gewährleisten sowie deren kohärente Auslegung ermöglichen soll. Die entsprechenden Leitlinien sollen anschließend die praktische Anwendung der Regelungen auf nationaler Ebene erleichtern. Leitlinien können jedoch nicht für die Auslegung von nicht hinreichend bestimmten Regelungen oder Sachverhalten, deren rechtliche Behandlung von der Richtlinie nicht vorgesehen ist, herangezogen werden. Klarheit kann daher in dieser Angelegenheit lediglich über eine Neudefinition des Umfangs des Begriffes „Kohlenwasserstoff" in der Gesetzgebung erlangt werden. Dieses Problem könnte im Rahmen der Diskussionen über die vorgeschlagene, überarbeitete Richtlinie im Rat aufgenommen werden. Bis dahin verbleibt es allein bei den Mitgliedstaaten, ob sie sich für eine steuerliche Behandlung von Abfallen entscheiden. Bezüglich der in Ihrem Schreiben vorgeschlagenen steuerlichen Regelung habe ich keine Anmerkungen.

Ich hoffe, diese Information ist für Sie nützlich.

Mit freundlichen Grüßen
Rolf Diemer
Referatsleiter

Zu § 1 Energiesteuergesetz                                   **Anlage § 001–03**

## Anmerkungen zu den Kapiteln der Kombienierten Normenklatur

Amtsblatt der Europäischen Gemeinschaften vom 23.10.2001

### ABSCHNITT III
### TIERISCHE UND PFLANZLICHE FETTE UND ÖLE; ERZEUGNISSE IHRER SPALTUNG; GENIESSBARE VERARBEITETE FETTE; WACHSE TIERISCHEN UND PFLANZLICHEN URSPRUNGS

### KAPITEL 15
### TIERISCHE UND PFLANZLICHE FETTE UND ÖLE; ERZEUGNISSE IHRER SPALTUNG; GENIESSBARE VERARBEITETE FETTE; WACHSE TIERISCHEN UND PFLANZLICHEN URSPRUNGS

**Anmerkungen**

1. Zu Kapitel 15 gehören nicht:
   a) Schweinespeck und Schweinefett und Geflügelfett der Position 0209;
   b) Kakaobutter, Kakaofett und Kakaoöl (Position 1804);
   c) Lebensmittelzubereitungen mit einem Gehalt an Erzeugnissen der Position 0405 von mehr als 15 GHT (im Allgemeinen Kapitel 21);
   d) Grieben (Position 2301) und Rückstände der Positionen 2304 bis 2306;
   e) Fettsäuren, zubereitete Wachse, pharmazeutische Erzeugnisse, Anstrichfarben, Lacke, Seifen, zubereitete Riech-, Körperpflege- und Schönheitsmittel, sulfonierte Öle und andere Waren des Abschnitts VI;
   f) Faktis für von Ölen abgeleiteten Kautschuk (Position 4002).

2. Zu Position 1509 gehört nicht Öl, das aus Oliven mit Hilfe von Lösemitteln gewonnen worden ist (Position 1510).

3. Zu Position 1518 gehören nicht Fette und Öle sowie deren Fraktionen, die lediglich denaturiert worden sind. Diese bleiben in der Position, zu der die entsprechenden nicht denaturierten Fette und Öle sowie deren Fraktionen gehören.

4. Zu Position 1522 gehören auch Soapstock, Öldrass, Stearinpech, Wollpech und Glycerinpech.

**Unterpositions-Anmerkung**

1. Als „erucasäurearmes Raps- oder Rübsenöl" im Sinne der Unterpositionen 1514 11 und 1514 19 gelten fette Öle mit einem Erucasäure- gehalt von weniger als 2 GHT.

**Zusätzliche Anmerkungen**

1. Für die Anwendung der Unterpositionen 1507 10, 1508 10, 1510 00 10, 1511 10, 1512 11, 1512 21, 1513 11, 1513 21, 1514 11, 1514 91, 1515 11, 1515 21, 1515 50 11, 1515 50 19, 1515 90 21, 1515 90 29, 1515 90 40 bis 1515 90 59 und 1518 00 31 gilt Folgendes:
   a) Durch Pressen gewonnene fette pflanzliche Öle, flüssig oder fest, gelten als „roh", wenn sie keine andere Behandlung erfahren haben als
      – Absetzenlassen in allgemein üblichen Zeiträumen;
      – Abschleudern (Zentrifugieren) oder auch Filtrieren, bei dem zur Trennung der Öle von festen Bestandteilen nur „mechanische" Kräfte, wie Schwerkraft, Druck oder Fliehkraft, jedoch keine adsorptiv wirkenden Filterhilfsmittel oder andere physikalische oder chemische Verfahren angewendet worden sind.
   b) Durch Extraktion gewonnene fette pflanzliche Öle, flüssig oder fest, gelten als „roh", wenn sich ihre Beschaffenheit weder nach Farbe, Geruch und Geschmack noch durch besondere anerkannte analytische Daten von den entsprechenden durch Pressen gewonnenen fetten pflanzlichen Ölen unterscheidet.
   c) Entschleimtes Sojaöl und von Gossypol befreites Baumwollsaatöl gelten ebenfalls als „rohe" Öle.

2. A. Als Olivenöl im Sinne der Positionenen 1509 und 1510 gelten ausschließlich die durch Verarbeitung von Oliven gewonnenen Öle, soweit deren mit den Verfahren der Anhänge V, X A und X B der Verordnung (EWG) Nr. 2568/91 bestimmte Sterin- und Fettsäurezusammensetzung den Werten der nachstehenden Tabellen entsprechen:

**Anlage § 001–03**  Zu § 1 Energiesteuergesetz

**Tabelle I**
**Fettsäuregehalt in Prozent des Gesamtfettsäuregehalts**

| Fettsäuren | GHT der Gesamtfettsäuren |
|---|---|
| Myristinsäure | $\leq 0{,}05$ |
| Linolensäure (1) | $\leq 0{,}9$ |
| Arachinsäure | $\leq 0{,}6$ |
| Eicosensäure | $\leq 0{,}4$ |
| Behensäure (2) | $\leq 0{,}3$ |
| Lignocerinsäure | $\leq 0{,}2$ |

(1) $\leq 1{,}0$ für native Olivenöle der Unterpositionen 1509 10 10 und 1509 10 90 aus Marokko, bis zum 31. Oktober 2003.
(2) $\leq 0{,}2$ für Öle der Position 1509.

**Tabelle II**
**Steringehalt in Prozent des Gesamtsteringehalts**

| Sterin | GHT der Gesamtfettsäuren |
|---|---|
| Cholesterin | $\leq 0{,}5$ |
| Brassicasterin (1) | $\leq 0{,}1$ |
| Campesterin | $\leq 4{,}0$ |
| Stigmasterin (2) | $<$ Campesterin |
| Beta-Sitosterin (3) | $\geq 93{,}0$ |
| Delta-7-Stigmasterin | $\leq 0{,}5$ |

(1) $\leq 0{,}2$ für Öle der Position 1510.
(2) Gilt weder für Lampantöl (Unterposition 1509 10 10) noch für rohe Oliventre- steröle (Unterposition 1510 00 10).
(3) Delta-5,23-Stigmastadienol, Chlerosterin, Beta-Sitosterin, Sitostanol, Delta-5-Avenasterin und Delta-5,24-Stigmastadienol.

Zu den Positionen 1509 und 1510 gehören weder chemisch modifizierte (insbesondere wiederveresterte) Öle noch Mischungen von Olivenöl mit anderen Ölen. Die Anwesenheit von wiederverestertem Olivenöl oder von anderen Ölen wird mit den Verfahren des Anhangs VII der Verordnung (EWG) Nr. 2568/91 nachgewiesen.

B. Zur Unterposition 1509 10 gehören nur die in den nachstehenden Abschnitten I und II definierten Olivenöle, die aus Oliven ausschließlich durch mechanische oder andere physikalische Verfahren und unter Bedingungen, insbesondere Temperaturbedingungen, gewonnen wurden, die nicht zur Verschlechterung der Öle führen, und die keine andere Behandlung erfahren haben als Waschen, Dekantieren, Zentrifugieren und Filtrieren. Mit Lösemitteln gewonnene Olivenöle werden in die Position 1510 eingereiht.

I. Als „Lampantöl" im Sinne der Unterposition 1509 10 10 gilt natives Olivenöl, das – unabhängig von seinem Gehalt an freien Fettsäuren – folgende Merkmale aufweist:

a) Gehalt an Wachs höchstens 350 mg/kg,
b) Gehalt an Erythrodiol und Uvaol höchstens 4,5 %,
c) Gehalt an gesättigten Fettsäuren in 2-Stellung der Triglyceride höchstens 1,3 %,
d) Summe der trans-Ölsäureisomere höchstens 0,10 % und Summe der trans-Linolsäureisomere und trans-Linolensäureisomere höchstens 0,10 %,
e) einen Stigmastadiengehalt von höchstens 0,50 mg/kg,
f) eine Differenz zwischen dem mit HPLC bestimmten und dem theoretisch berechneten Gehalt der Triglyceride mit ECN42 von höchstens 0,3
und

Zu § 1 Energiesteuergesetz  **Anlage § 001–03**

g) eines oder mehrere der folgenden Merkmale:
  1. Peroxidzahl größer als 20 meq aktiver Sauerstoff/kg,
  2. Gesamtgehalt an flüchtigen halogenierten Lösemitteln größer als 0,20 mg/kg oder Gehalt an einem Einzigen davon jeweils minde- stens 0,10 mg/kg,
  3. Extinktionskoeffizient $K_{270}$ mindestens 0,25 und nach Behandlung der Ölprobe mit aktiviertem Aluminiumoxid höchstens 0,11. Bestimmte Öle mit einem als Ölsäure berechneten Gehalt an freien Fettsäuren von mehr als 3,3 g/100 g können nach Behandlung mit aktiviertem Aluminiumoxid gemäss dem Verfahren des Anhangs IX der Verordnung (EWG) Nr. 2568/91 einen Extinktionskoef- fizienten $K_{270}$ von über 0,10 aufweisen; in diesem Fall muss die Ölprobe nach dem Neutralisieren und Bleichen im Labor gemäß dem Verfahren des Anhangs XIII der vorgenannten Verordnung folgende Merkmale aufweisen:
    – Extinktionskoeffizient K270 kleiner oder gleich 1,20,
    – Schwankung des Extinktionskoeffizienten (?K) im Bereich von 270 nm von mehr als 0,01 und höchstens 0,16:
    $(\Delta K) = K_m - 0{,}5 (K_m - 4 + K_{m+4})$
    $K_m$ = bezeichnet den Extinktionskoeffizienten für die im Bereich von 270 nm liegende Wellenlänge, die im Maximum der Absorptionskurve liegt,
    $K_{m-4}$ und $K_{m+4}$ = bezeichnen die Extinktionskoeffizienten für eine um 4 nm niedrigere bzw. höhere Wellenlänge als $K_m$,
  4. sensorische Merkmale mit wahrnehmbaren unannehmbaren Geschmacksfehlern, mit einem Bewertungsergebnis von weniger als 3,5 gemäß Anhang XII der Verordnung (EWG) Nr. 2568/91.
II. Als „anderes nicht behandeltes Olivenöl" im Sinne der Unterposition 1509 10 90 gilt natives Olivenöl, das folgende Merkmale aufweist:
  a) Gehalt an freien Fettsäuren, berechnet als Ölsäure, höchstens 3,3 g/100 g,
  b) Peroxidzahl höchstens 20 meq aktiver Sauerstoff/kg,
  c) Gehalt an Wachs höchstens 250 mg/kg,
  d) Gehalt an flüchtigen halogenierten Lösemitteln insgesamt höchstens 0,20 mg/kg bzw. einzeln jeweils höchstens 0,10 mg/kg,
  e) Extinktionskoeffizient $K_{270}$ höchstens 0,25 und nach Behandlung der Ölprobe mit aktiviertem Aluminiumoxid höchstens 0,10,
  f) Schwankung des Extinktionskoeffizienten ($\Delta K$) im Bereich von 270 nm höchstens 0,01,
  g) sensorische Merkmale, auch mit wahrnehmbaren, jedoch noch akzeptablen Geschmacksfehlern und einem Bewertungsergebnis von mindestens 3,5 gemäß Anhang XII der Verordnung (EWG) Nr. 2568/91,
  h) Gehalt an Erythrodiol und Uvaol höchstens 4,5 %,
  ij) Gehalt an gesättigten Fettsäuren in 2-Stellung der Triglyceride höchstens 1,3 %,
  k) Summe der trans-Ölsäureisomere höchstens 0,05 % und Summe der trans-Linolsäure- und trans-Linolensäureisomere höchstens 0,05 %,
  l) Gehalt an Stigmastadienen höchstens 0,15 mg/kg,
  m) eine Differenz zwischen dem mit HPLC bestimmten und dem theoretisch berechneten Gehalt der Triglyceride mit ECN42 höchstens 0,2.
C. Als Öle der Unterposition 1509 90 gelten Olivenöle, die durch Behandeln von Ölen der Unterpositionen 1509 10 10 und/oder 1509 10 90 gewonnen wurden, auch vermischt mit nativem Olivenöl, und die folgende Merkmale aufweisen:
  a) Gehalt an freien Fettsäuren, berechnet als Ölsäure, höchstens 1,5 g/100 g, b) Gehalt an Wachs höchstens 350 mg/kg,
  c) Extinktionskoeffizient $K_{270}$ von höchstens 1,0,
  d) Schwankung des Extinktionskoeffizienten ($\Delta K$) im Bereich von 270 nm von höchstens 0,13,
  e) Gehalt an Erythrodiol und Uvaol höchstens 4,5 %,
  f) Gehalt an gesättigten Fettsäuren in 2-Stellung der Triglyceride höchstens 1,5 %,
  g) Summe der trans-Ölsäureisomere höchstens 0,20 % und Summe der trans-Linolsäureisomere und trans-Linolensäureisomere höchstens 0,30 %, h) eine Differenz zwischen dem mit HPLC

**Anlage § 001–03**  Zu § 1 Energiesteuergesetz

bestimmten und dem theoretisch berechneten Gehalt der Triglyceride mit ECN42 von höchstens 0,3.

D. Als „rohe Öle" im Sinne der Unterposition 1510 00 10 gelten Öle, insbesondere Oliventresteröle, die folgende Merkmale aufweisen:
   a) Gehalt an freien Fettsäuren, berechnet als Ölsäure, größer als 0,5 g/100 g,
   b) Gehalt an Erythrodiol und Uvaol größer oder gleich 12 %,
   c) Gehalt an gesättigten Fettsäuren in 2-Stellung der Triglyceride höchstens 1,8 %,
   d) Summe der trans-Ölsäureisomere höchstens 0,20 % und Summe der trans-Linolsäure- und trans-Linolensäureisomere höchstens 0,10 %,
   e) eine Differenz zwischen dem mit HPLC bestimmten und dem theoretisch berechneten Gehalt der Triglyceride mit ECN42 von höchstens 0,6.

E. Als Öle der Unterposition 1510 00 90 gelten Öle, die durch Behandeln von Ölen der Unterposition 1510 00 10 gewonnen wurden, auch vermischt mit nativem Olivenöl, sowie diejenigen, die nicht die Merkmale von Olivenölen gemäß den Zusätzlichen Anmerkungen 2 B, 2 C und 2 D aufweisen. Die Öle dieser Unterposition müssen einen Gehalt an gesättigten Fettsäuren in 2-Stellung der Triglyceride von nicht mehr als 2,0 % aufweisen, wobei die Summe der trans-Ölsäureisomere kleiner als 0,40 % und die Summe der trans-Linolsäureisomere und trans- Linolensäureisomere kleiner als 0,35 % sein muss, sowie eine Differenz zwischen der mit HPLC bestimmten und dem theoretisch berechneten Gehalt der Triglyceride mit ECN42 von höchstens 0,5.

3. Nicht zu den Unterpositionen 1522 00 31 und 1522 00 39 gehören:
   a) Rückstände aus der Verarbeitung von Fettstoffen, die Öl enthalten, dessen Iodzahl, bestimmt nach dem Verfahren des Anhangs XVI der Verordnung (EWG) Nr. 2568/91, kleiner als 70 oder größer als 100 ist;
   b) Rückstände aus der Verarbeitung von Fettstoffen, die Öle mit einer Iodzahl zwischen 70 und 100 enthalten, bei dem jedoch die gemäß Anhang V der Verordnung (EWG) Nr. 2568/91 bestimmte Fläche des Peaks, der der Retentionszeit des Beta-Sitosterins [1] entspricht, kleiner ist als 93,0 % der Gesamtfläche der Sterinpeaks.

4. Für die Bestimmung der Merkmale der oben genannten Erzeugnisse sind die in den Anhängen der Verordnung (EWG) Nr. 2568/91 beschriebenen Analyseverfahren anzuwenden. Dabei müssen auch die Fußnoten in Anhang I der Verordnung berücksichtigt werden.

## KAPITEL 27
## MINERALISCHE BRENNSTOFFE, MINERALÖLE UND ERZEUGNISSE IHRER DESTILLATION; BITUMINÖSE STOFFE; MINERALWACHSE

**Anmerkungen**

1. Zu Kapitel 27 gehören nicht:
   a) isolierte chemisch einheitliche organische Verbindungen; chemisch reines Methan und Propan gehören jedoch zu Position 2711;
   b) Arzneiwaren der Position 3003 oder 3004;
   c) Mischungen ungesättigter Kohlenwasserstoffe der Position 3301, 3302 oder 3805.

2. Unter der Bezeichnung „Erdöl und Öl aus bituminösen Mineralien" in der Position 2710 sind neben Erdöl und Öl aus bituminösen Mineralien auch ähnliche Öle sowie vorwiegend aus Mischungen ungesättigter Kohlenwasserstoffe bestehende Öle ohne Rücksicht auf das Herstellungsverfahren zu verstehen, in denen die nicht aromatischen Bestandteile im Gewicht gegenüber den aromatischen Bestand- teilen überwiegen.

   Die Bezeichnung gilt jedoch nicht für die flüssigen synthetischen Polyolefine, von denen bei der Vakuumdestillation bei 300 °C – bezogen auf 1 013 Millibar – weniger als 60 RHT übergehen (Kapitel 39).

3. Als „Ölabfälle" im Sinne der Position 2710 gelten Abfälle, die hauptsächlich Erdöl und Öl aus bituminösen Mineralien (gemäß Anmerkung 2 dieses Kapitels), gegebenenfalls mit Wasser vermischt, enthalten. Hierzu gehören:
   a) derartige Öle, die sich nicht länger als Primärprodukte eignen (z.B. gebrauchte Schmieröle, gebrauchte Hydrauliköle und gebrauchte Transformatorenöle);

---

1) Delta-5,23-Stigmastadienol, Chlerosterin, Beta-Sitosterin, Sitostanol, Delta-5-Avenasterin und Delta-5,24-Stigmastadienol.

Zu § 1 Energiesteuergesetz **Anlage § 001–03**

b) Ölschlämme aus Tanks zur Lagerung von Erdöl, die hauptsächlich derartige Öle und Zusätze (z.B. chemische Stoffe) in hoher Konzentration enthalten, die zur Herstellung von Primärprodukten eingesetzt werden, sowie

c) derartige Öle in Form von Öl-in-Wasser-Emulsionen oder von Mischungen mit Wasser wie sie bei Ölleckagen, beim Reinigen von Tanks oder beim Einsatz von Schneidölen bei Bearbeitungsvorgängen entstehen.

**Unterpositions-Anmerkungen**

1. Als „Anthrazit" im Sinne der Unterposition 2701 11 gilt Steinkohle mit einem Gehalt an flüchtigen Bestandteilen von 14 RHT oder weniger (bezogen auf die trockene, mineralstofffreie Substanz).

2. Als „bitumenhaltige Steinkohle" im Sinne der Unterposition 2701 12 gilt Steinkohle mit einem Gehalt an flüchtigen Bestandteilen von mehr als 14 RHT (bezogen auf die trockene, mineralstofffreie Substanz) und einem Heizwert von 5 833 kcal/kg oder mehr (bezogen auf die feuchte, mineralstofffreie Substanz).

3. Als „Benzole", „Toluole", „Xylole", „Naphthalin" und „Phenole" im Sinne der Unterpositionen 2707 10, 2707 20, 2707 30, 2707 40 und 2707 60 gelten Erzeugnisse, die mehr als 50 GHT Benzol bzw. Toluol, Xylol, Naphthalin oder Phenol enthalten.

4. Als „Leichtöle und Zubereitungen" im Sinne der Unterposition 2710 11 gelten Öle und Zubereitungen, bei deren Destillation nach ASTM D 86 bis 210 °C einschließlich der Destillationsverluste mindestens 90 RHT übergehen.

**Zusätzliche Anmerkungen**[1)]

1. Im Sinne der Position 2710 gelten als:

a) „Spezialbenzine" (Unterpositionen 2710 11 21 und 2710 11 25) die Leichtöle nach Unterpositions-Anmerkung 4 zu Kapitel 27, die keine Antiklopfmittel enthalten, mit einer Spanne von höchstens 60 °C zwischen den beiden Temperaturen, bei denen einschließlich der Destillationsverluste 5 und 90 RHT übergehen;

b) „Testbenzin" – white spirit – (Unterposition 2710 11 21) die Spezialbenzine nach Buchstabe a) mit einem Flammpunkt nach Abel-Pensky über 21 °C [2)];

c) „mittelschwere Öle" (Unterpositionen 2710 19 11 bis 2710 19 29) die Öle und Zubereitungen, bei deren Destillation nach ASTM D 86 bis 210 °C einschließlich der Destillationsverluste weniger als 90 RHT und bis 250 °C mindestens 65 RHT übergehen;

d) „Schweröle" (Unterpositionen 2710 19 31 bis 2710 19 99) die Öle und Zubereitungen, bei deren Destillation nach ASTM D 86 bis 250 °C einschließlich der Destillationsverluste weniger als 65 RHT übergehen oder bei denen der Hundertsatz der Destillation bei 250 °C nach dieser Methode nicht ermittelt werden kann;

e) „Gasöl" (Unterpositionen 2710 19 31 bis 2710 19 49) die Schweröle nach Buchstabe d), bei deren Destillation nach ASTM D 86 bis 350 °C einschließlich der Destillationsverluste mindestens 85 RHT übergehen;

f) „Heizöl" (Unterpositionen 2710 19 51 bis 2710 19 69) die Schweröle nach Buchstabe d), ausgenommen das Gasöl nach Buchstabe e), deren Viskosität V bei einer Farbe C nach Verdünnung:

– den Wert der Zeile I der nachstehenden Tabelle nicht übersteigt, wenn die Sulfatasche nach ASTM D 874 weniger als 1 % und die Verseifungs- zahl nach ASTM D 939-54 weniger als 4 beträgt;

– den Wert der Zeile II übersteigt, wenn ihr Pourpoint nach ASTM D 97 10 °C oder mehr beträgt;

– zwischen den Werten der Zeilen I und II liegt oder dem Wert der Zeile II gleich ist, wenn bei ihrer Destillation nach ASTM D 86 bei 300 °C mindestens 25 RHT übergehen oder, falls dabei weniger als 25 RHT übergehen, wenn ihr Pourpoint nach ASTM D 97 mehr als minus 10 °C beträgt. Dies gilt nur für Öle mit einer Farbe C nach Verdünnung von weniger als 2.

---

1) Sofern nicht anders angegeben, sind ASTM-Methoden die Methoden, die die „American Society for Testing and Materials" festgelegt hat und die in der Ausgabe 1976 über die Standard- definitionen und -spezifikationen für Erdölerzeugnisse und Schmieröle veröffentlicht worden sind.

2) Die Methode Abel-Pensky ist die vom Deutschen Normenausschuss (DNA), Berlin 15, veröffentlichte Methode nach DIN 51755-März 1974 (Deutsche Industrienorm).

641

# Anlage § 001–03

Zu § 1 Energiesteuergesetz

**Vergleichstabelle Farbe C nach Verdünnung/Viskosität V**

| Farbe C | | 0 | 0,5 | 1 | 1,5 | 2 | 2,5 | 3 | 3,5 | 4 | 4,5 | 5 | 5,5 | 6 | 6,5 | 7 | 7,5 und mehr |
|---|---|---|---|---|---|---|---|---|---|---|---|---|---|---|---|---|---|
| Visko-sität V | I | 4 | 4 | 4 | 5,4 | 9 | 15,1 | 25,3 | 42,4 | 71,1 | 119 | 200 | 335 | 562 | 943 | 1 580 | 2 650 |
|  | II | 7 | 7 | 7 | 7 | 9 | 15,1 | 25,3 | 42,4 | 71,1 | 119 | 200 | 335 | 562 | 943 | 1 580 | 2 650 |

Die „Viskosität V" im Sinne dieser Anmerkung ist die kinematische Viskosität bei 50 °C in $10^{-6}$ $m^2 s^{-1}$ nach ASTM D 445.

Die „Farbe C nach Verdünnung" im Sinne dieser Anmerkung ist die Farbe nach ASTM D 1500 nach Verdünnung eines Raumhundertteils des Erzeugnisses mit 100 RHT Tetrachlorkohlenstoff. Die Farbe muss unmittelbar nach der Verdünnung ermittelt werden.

Zu den Unterpositionen 2710 19 51 bis 2710 19 69 gehören nur Öle von natürlicher Farbe.

Zu diesen Unterpositionen gehören nicht die Schweröle nach Buchstabe d), bei denen sich nicht ermitteln lässt:
– der Hundertsatz der Destillation bei 250 °C nach ASTM D 86 (Null gilt als ein Hundertsatz);
– oder die kinematische Viskosität bei 50 °C nach ASTM D 445;
– oder die Farbe C nach Verdünnung nach ASTM D 1500.

Diese Erzeugnisse gehören zu den Unterpositionen 2710 19 71 bis 2710 19 99.

2. Im Sinne der Position 2712 gilt als „rohes Vaselin" (Unterposition 2712 10 10) Vaselin mit einer natürlichen Farbe dunkler als 4,5 nach ASTM D 1500.

3. Im Sinne der Unterpositionen 2712 90 31 bis 2712 90 39 gelten als „roh" die Erzeugnisse:
   a) deren Ölgehalt nach ASTM D 721 mindestens 3,5 beträgt und deren Viskosität bei 100 °C nach ASTM D 445 weniger als $9 \times 10^{-6}$ $m^2 s^{-1}$ beträgt
   oder
   b) deren natürliche Farbe nach ASTM D 1500 dunkler als 3 ist und deren Viskosität bei 100 °C nach ASTM D 445 mindestens $9 \times 10^{-6}$ $m^2 s^{-1}$ beträgt.

4. Als „begünstigte Verfahren" im Sinne der Positionen 2710, 2711 und 2712 gelten:
   a) die Vakuumdestillation;
   b) die Redestillation zur weit gehenden Zerlegung;
   c) das Kracken;
   d) das Reformieren;
   e) die Raffination mit Selektiv-Lösemitteln;
   f) die Behandlung mit konzentrierter Schwefelsäure, Oleum oder Schwefelsäureanhydrid und anschließender Neutralisation mit Alkalien sowie Blei- chen und Reinigen mit von Natur aus aktiven Erden, mit Bleicherde oder Aktivkohle oder Bauxit;
   g) die Polymerisation;
   h) die Alkylierung;
   ij) die Isomerisation;
   k) nur für Erzeugnisse der Unterpositionen 2710 19 31 bis 2710 19 99: das Entschwefeln unter Verwendung von Wasserstoff, wenn dabei der Schwefelgehalt der Erzeugnisse um mindestens 85 % vermindert wird (Methode ASTM D 1266-59T);
   l) nur für Erzeugnisse der Position 2710: das Entparaffinieren, ausgenommen einfaches Filtern;
   m) nur für Erzeugnisse der Unterpositionen 2710 19 31 bis 2710 19 99: die Behandlung mit Wasserstoff bei einem Druck über 20 bar und bei einer Temperatur über 250 °C mit Hilfe eines Katalysators zu anderen Zwecken als zum Entschwefeln, wenn dabei der Wasserstoff aktiv an einer chemischen Reaktion beteiligt ist. Die Nachbehandlung von Schmierölen der Unterpositionen 2710 19 71 bis 2710 19 99 mit Wasserstoff (z. B. Hydrofinishing oder Entfärbung) zur Verbesserung insbesondere der Farbe oder der Stabilität gilt jedoch nicht als begünstigtes Verfahren;
   n) nur für Erzeugnisse der Unterpositionen 2710 19 51 bis 2710 19 69: die atmosphärische Destillation, wenn bei der Destillation der Erzeugnisse nach ASTM D 86 bis 300 °C einschließlich der Destillationsverluste weniger als 30 RHT übergehen. Gehen bei der Destillation nach ASTM D 86 bis 300 °C einschließlich der Destillationsverluste 30 RHT oder mehr und fallen bei der atmosphärischen Destillation Erzeugnisse der Unterpositionen 2710 11 11 bis 2710 11 90 oder 2710 19 11 bis 2710 19 29 an, so ist die Teilmenge des Einsatzproduktes, die der Gesamtmenge

Zu § 1 Energiesteuergesetz  **Anlage § 001–03**

der angefallenen Erzeugnisse gleich ist, nach der Beschaffenheit und dem Zollwert bei der Abfertigung zur Bearbeitung in begünstigten Verfahren und nach dem Zollsatz der Unterpositionen 2710 19 61 bis 2710 19 69 zu verzollen. In die Gesamtmenge der angefallenen Erzeugnisse werden die Erzeugnisse nicht eingerechnet, die innerhalb von sechs Monaten unter den von den zuständigen Behörden festzusetzenden Voraussetzungen in begünstigten Verfahren weiter bearbeitet oder in einem anderen Verfahren chemisch umgewandelt werden;

o) nur für Erzeugnisse der Unterpositionen 2710 19 71 bis 2710 19 99: die Bearbeitung durch elektrische Hochfrequenz-Entladung;

p) nur für Erzeugnisse der Unterposition 2712 90 31: die Entölung durch fraktionierte Kristallisation.

Ist vor diesen Verfahren aus technischen Gründen eine Vorbehandlung erforderlich, so gilt die Zollfreiheit nur für die Menge der Erzeugnisse, die den oben genannten Verfahren tatsächlich unterzogen werden; bei der Vorbehandlung auftretende Verluste bleiben unverzollt.

5. Fallen bei der chemischen Umwandlung oder bei einer technisch notwendigen Vorbehandlung Erzeugnisse der Positionen oder Unterpositionen 2707 10 10, 2707 20 10, 2707 30 10, 2707 50 10, 2710, 2711, 2712 10, 2712 20, 2712 90 31 bis 2712 90 99, 2713 90 und 2901 10 10 an, so ist die Teilmenge des Einsatzproduktes, die der Gesamtmenge dieser Erzeugnisse gleich ist, nach der Beschaffenheit und dem Zollwert bei der Abfertigung zur chemischen Umwandlung und nach dem Zollsatz „zu anderer Verwendung" zu verzollen. In die Gesamtmenge werden die Erzeugnisse der Positionen 2710 bis 2712 nicht eingerechnet, die innerhalb von sechs Monaten unter den von den zuständigen Behörden festzu- setzenden Voraussetzungen in begünstigten Verfahren weiter bearbeitet oder einer weiteren chemischen Umwandlung unterworfen werden.

## KAPITEL 29
### ORGANISCHE CHEMISCHE ERZEUGNISSE

**Anmerkungen**

1. Zu Kapitel 29 gehören, soweit nichts anderes bestimmt ist, nur:

   a) isolierte chemisch einheitliche organische Verbindungen, auch wenn sie Verunreinigungen enthalten;

   b) Isomerengemische der gleichen organischen Verbindung (auch wenn sie Verunreinigungen enthalten), ausgenommen Isomerengemi- sche (andere als Stereoisomere) gesättigter oder ungesättigter acyclischer Kohlenwasserstoffe (Kapitel 27);

   c) Erzeugnisse der Positionen 2936 bis 2939, Ether, Acetale und Ester von Zuckern und ihre Salze der Position 2940 und die Erzeug- nisse der Position 2941, auch chemisch nicht einheitlich;

   d) wässrige Lösungen der unter den Buchstaben a), b) oder c) genannten Erzeugnisse;

   e) andere Lösungen der unter den Buchstaben a), b) oder c) genannten Erzeugnisse, sofern die Aufmachung in derartigen Lösungen ausschließlich aus Sicherheits- oder Transportgründen üblich und erforderlich ist, vorausgesetzt, dass der Zusatz des Lösemittels das Erzeugnis nicht für bestimmte Verwendungszwecke geeigneter macht als für den allgemeinen Gebrauch;

   f) die unter den Buchstaben a), b), c), d) oder e) genannten Erzeugnisse mit Zusatz eines zu ihrer Erhaltung oder ihrem Transport notwendigen Stabilisierungsmittels (einschließlich Antibackmittel);

   g) die unter den Buchstaben a), b), c), d), e) oder f) genannten Erzeugnisse, denen ein Antistaubmittel oder zum leichteren Erkennen oder aus Sicherheitsgründen ein Farbmittel oder ein Riechstoff zugesetzt worden ist, vorausgesetzt, dass diese Zusätze das Erzeugnis nicht für bestimmte Verwendungszwecke geeigneter machen als für den allgemeinen Gebrauch;

   h) folgende standardisierte Erzeugnisse zum Herstellen von Azofarbstoffen: Diazoniumsalze, für diese Salze dienende Kupplungs- komponenten und diazotierbare Amine und deren Salze.

2. Zu Kapitel 29 gehören nicht:

   a) Waren der Position 1504 oder rohes Glycerin (Position 1520);

   b) Ethylalkohol (Position 2207 oder 2208);

   c) Methan und Propan (Position 2711);

   d) die in der Anmerkung 2 zu Kapitel 28 aufgeführten Kohlenstoffverbindungen;

   e) Harnstoff (Position 3102 oder 3105);

**Anlage § 001–03** Zu § 1 Energiesteuergesetz

- f) Farbmittel pflanzlichen oder tierischen Ursprungs (Position 3203), synthetische organische Farbmittel, synthetische organische Erzeugnisse von der als fluoreszierende Aufheller oder als Luminophore verwendeten Art (Position 3204) sowie Färbemittel in For- men oder Packungen für den Einzelverkauf (Position 3212);
- g) Enzyme (Position 3507);
- h) Metaldehyd, Hexamethylentetramin und ähnliche Erzeugnisse, in Täfelchen, Stäbchen oder ähnlichen Formen, aus denen sich ihre Verwendung als Brennstoff ergibt, sowie flüssige Brennstoffe und brennbare Flüssiggase in Behältnissen von der zum Auffüllen oder Wiederauffüllen von Feuerzeugen oder Feueranzündern verwendeten Art, mit einem Fassungsvermögen von 300 cm3 oder weniger (Position 3606);
- ij) Feuerlöschmittel, aufgemacht als Ladungen für Feuerlöschgeräte oder als Feuerlöschgranaten oder -bomben der Position 3813; Tinte- nentferner in Aufmachungen für den Einzelverkauf der Position 3824;
- k) optische Elemente, z. B. aus Ethylendiamintartrat (Position 9001).

3. Kommen für ein Erzeugnis zwei oder mehr Positionen dieses Kapitels in Betracht, so ist es der Letzten dieser Positionen zuzuweisen.

4. In den Positionen 2904 bis 2906, 2908 bis 2911 und 2913 bis 2920 umfasst jede Erwähnung der Halogen-, Sulfo-, Nitro- oder Nitroso- derivate auch die Mischderivate, wie Sulfohalogen-, Nitrohalogen-, Nitrosulfo- und Nitrosulfohalogenderivate.

Nitro- oder Nitrosogruppen gelten nicht als „Stickstoff-Funktionen" im Sinne der Position 2929.

Im Sinne der Positionen 2911, 2912, 2914, 2918 und 2922 ist der Begriff „Sauerstoff-Funktionen" auf diejenigen Funktionen (die charak- teristischen organischen Gruppen, die Sauerstoff enthalten) beschränkt, die in den Positionen 2905 bis 2920 genannt sind.

5. a) Aus organischen Verbindungen mit Säurefunktion der Teilkapitel I bis VII mit organischen Verbindungen der gleichen Teilkapitel gebildete Ester sind der letzten Position dieser Teilkapitel zuzuweisen, die für eine ihrer Komponenten in Betracht kommt;
- b) aus Ethanol mit organischen Verbindungen mit Säurefunktion der Teilkapitel I bis VII gebildete Ester sind wie die entsprechende Verbindung mit Säurefunktion einzureihen;
- c) vorbehaltlich der Anmerkung 1 zu Abschnitt VI und der Anmerkung 2 zu Kapitel 28 sind:
  1) anorganische Salze organischer Verbindungen, wie solche mit Säure-, Phenol- oder Enolfunktion oder organischer Basen, der Teil- kapitel I bis X oder der Position 2942, der für die organische Verbindung in Betracht zu ziehenden Position zuzuweisen;
  2) Salze, die durch Reaktion von organischen Verbindungen der Teilkapitel I bis X oder der Position 2942 miteinander entstanden sind, der letzten Position dieses Kapitels zuzuweisen, die für die Base oder die Säure (einschließlich von Verbindungen mit Phenol- oder Enolfunktion), aus der sie gebildet sind, in Betracht kommt;
- d) Metallalkoholate sind wie die entsprechenden Alkohole einzureihen, ausgenommen solche von Ethanol (Position 2905);
- e) die Halogenide der Carbonsäuren sind derselben Position zuzuweisen wie die entsprechenden Säuren.

6. Die Verbindungen der Positionen 2930 und 2931 sind organische Verbindungen, deren Moleküle außer Wasserstoff-, Sauerstoff- oder Stickstoffatomen unmittelbar an den Kohlenstoff gebundene andere Nichtmetallatome oder Metallatome (z. B. Schwefel, Arsen, Queck- silber oder Blei) enthalten.

Zu den Positionen 2930 (organische Thioverbindungen) und 2931 (andere organisch-anorganische Verbindungen) gehören nicht solche Sulfo- oder Halogenderivate (einschließlich Mischderivate), die, abgesehen von Wasserstoff, Sauerstoff oder Stickstoff, in unmittelbarer Bindung an den Kohlenstoff nur Schwefel- oder Halogenatome enthalten, die ihnen den Charakter von Sulfo- oder Halogenderivaten (einschließlich Mischderivate) verleihen.

7. Zu den Positionen 2932, 2933 und 2934 gehören nicht Epoxide mit dreigliedrigem Ring, Ketonperoxide, cyclische Polymere der Alde- hyde oder der Thioaldehyde, Anhydride mehrbasischer Carbonsäuren, cyclische Ester mehrwertiger Alkohole oder mehrwertiger Phe- nole mit mehrbasischen Säuren und Imide mehrbasischer Säuren.

Die vorstehenden Bestimmungen gelten nur, wenn die im Ring sich befindenden Heteroatome ausschließlich aus den hier aufgezählten Cyclisierungsfunktionen stammen.

Zu § 1 Energiesteuergesetz **Anlage § 001–03**

8. Für die Anwendung der Position 2937:
   a) als „Hormone" gelten auch die Hormon-Releasingfaktoren und Hormon-Stimulationsfaktoren, die Hormoninhibitoren und die Hor- monantagonisten (Antihormone);
   b) der Ausdruck „hauptsächlich als Hormone verwendet" gilt nicht nur für die Hormonderivate und strukturverwandte Verbindungen, die hauptsächlich wegen ihrer hormonellen Wirkung eingesetzt werden, sondern auch für solche Derivate und solche struktur- verwandte Verbindungen, die hauptsächlich als Zwischenerzeugnisse bei der Synthese von Erzeugnissen dieser Position verwendet werden.

**Unterpositions-Anmerkung**

1. Innerhalb einer Position dieses Kapitels sind die Derivate einer chemischen Verbindung (oder einer Gruppe chemischer Verbindungen) derselben Unterposition wie diese Verbindung (oder Gruppe von Verbindungen) zuzuweisen, wenn sie nicht durch eine andere Unterposition genauer erfasst werden und in der gleichen Gliederungsstufe von Unterpositionen keine Unterposition „andere" besteht.

KAPITEL 34
SEIFEN, ORGANISCHE GRENZFLÄCHENAKTIVE STOFFE, ZUBEREITETE WASCHMITTEL, ZUBEREITETE SCHMIERMITTEL, KÜNSTLICHE WACHSE, ZUBEREITETE WACHSE, SCHUHCREME, SCHEUERPULVER UND DERGLEICHEN, KERZEN UND ÄHNLICHE ERZEUGNISSE, MODELLIERMASSEN, „DENTALWACHS" UND ZUBEREITUNGEN FÜR ZAHNÄRZTLICHE ZWECKE AUF DER GRUNDLAGE VON GIPS

**Anmerkungen**

1. Zu Kapitel 34 gehören nicht:
   a) genießbare Mischungen und Zubereitungen von tierischen oder pflanzlichen Fetten oder Ölen von der als Form- oder Trennöle verwendeten Art (Position 1517);
   b) isolierte chemisch einheitliche Verbindungen;
   c) Haarwaschmittel (Shampoo), Zahnpflegemittel, Rasiercreme und -schaum und zubereitete Badezusätze, Seife oder andere organische grenzflächenaktive Stoffe enthaltend (Position 3305, 3306 oder 3307).

2. Im Sinne der Position 3401 umfasst die Bezeichnung „Seifen" nur wasserlösliche Seifen. Die Seifen und anderen Erzeugnisse dieser Position können auch Zusätze enthalten (z.B. Stoffe mit desinfizierenden oder scheuernden Eigenschaften, Füllstoffe, Heilmittel). Erzeugnisse, die Stoffe mit scheuernden Eigenschaften enthalten, gehören jedoch nur dann zu dieser Position, wenn sie in Form von Tafeln, Riegeln oder geformten Stücken oder Figuren vorliegen. In anderen Formen sind sie als Scheuerpasten oder -pulver oder ähnliche Zubereitungen der Position 3405 zuzuweisen.

3. „Grenzflächenaktive Stoffe" im Sinne der Position 3402 sind Erzeugnisse, die, wenn man sie in einer Konzentration von 0,5 % bei einer Temperatur von 20 °C mit Wasser mischt und eine Stunde bei derselben Temperatur stehen lässt,
   a) eine durchsichtige oder durchscheinende Flüssigkeit oder eine stabile Emulsion ohne Abscheidung unlöslicher Stoffe geben und
   b) die Oberflächenspannung des Wassers auf $4{,}5 \times 10^{-2}$ N/m (45 dyn/cm) oder weniger herabsetzen.

4. „Erdöl oder Öl aus bituminösen Mineralien" im Sinne der Position 3403 sind die in der Anmerkung 2 zu Kapitel 27 beschriebenen Erzeugnisse.

5. Vorbehaltlich der nachstehend aufgeführten Ausnahmen sind „künstliche Wachse und zubereitete Wachse" im Sinne der Position 3404 nur:
   A. durch ein chemisches Verfahren hergestellte organische Erzeugnisse mit den Eigenschaften von Wachsen, auch wasserlöslich; B. durch Mischen verschiedener Wachse untereinander hergestellte Erzeugnisse;
   C. Erzeugnisse mit den Eigenschaften von Wachsen auf der Grundlage von Wachsen oder Paraffin, die außerdem Fette, Harze, mineralische oder andere Stoffe enthalten.

   Zu Position 3404 gehören jedoch nicht:
   a) Erzeugnisse der Positionen 1516, 3402 oder 3823, auch wenn sie die Eigenschaften von Wachsen aufweisen;
   b) ungemischte tierische oder pflanzliche Wachse, auch raffiniert oder gefärbt, der Position 1521;
   c) Mineralwachse und ähnliche Erzeugnisse der Position 2712, auch untereinander gemischt oder nur gefärbt;

# Anlage § 001–03

Zu § 1 Energiesteuergesetz

d) mit einer Flüssigkeit gemischte oder in einem flüssigen Medium dispergierte oder gelöste Wachse (Positionen 3405, 3809 usw.).

## KAPITEL 38
## VERSCHIEDENE ERZEUGNISSE DER CHEMISCHEN INDUSTRIE

**Anmerkungen**

1. Zu Kapitel 38 gehören nicht:
   a) isolierte chemisch einheitliche Elemente oder Verbindungen, ausgenommen die nachstehend aufgeführten:
      1) künstlicher Grafit (Position 3801);
      2) Insektizide, Rodentizide, Fungizide, Herbizide, Keimhemmungsmittel und Pflanzenwuchsregulatoren, Desinfektionsmittel und ähnliche Erzeugnisse, in Formen oder Aufmachungen der in Position 3808 beschriebenen Art;
      3) Feuerlöschmittel in Form von Ladungen für Feuerlöschgeräte oder von Feuerlöschgranaten oder Feuerlöschbomben (Position 3813);
      4) zertifizierte Referenzmaterialien, gemäß nachstehender Anmerkung 2;
      5) die in der nachstehenden Anmerkung 3 a) oder 3 c) aufgeführten Erzeugnisse;
   b) Mischungen von chemischen Erzeugnissen und Lebensmitteln oder anderen Stoffen mit Nährwert, von der zum Zubereiten von Lebensmitteln für die menschliche Ernährung verwendeten Art (im Allgemeinen Position 2106);
   c) Aschen und Rückstände (einschließlich Schlämme, andere als Klärschlamm), die Metalle, Arsen oder deren Mischungen enthalten und die die Bedingungen der Anmerkung 3 a) oder 3 b) des Kapitels 26 erfüllen (Position 2620);
   d) Arzneiwaren (Position 3003 oder 3004);
   e) ausgebrauchte Katalysatoren, von der zur Gewinnung von unedlen Metallen oder zur Herstellung von chemischen Verbindungen unedler Metalle verwendeten Art (Position 2620), ausgebrauchte Katalysatoren von der hauptsächlich zur Wiedergewinnung von Edelmetallen verwendeten Art (Position 7112) sowie Katalysatoren, die aus Metallen oder Metall-Legierungen in Form von z. B. sehr feinem Pulver oder Metallgewebe bestehen (Abschnitt XIV oder XV).

2. A) Im Sinne der Position 3822 gelten als „zertifizierte Referenzmaterialien" solche Referenzmaterialien, die mit einem Zertifikat verse- hen sind, das die Angaben zu den zertifizierten Beschaffenheitsmerkmalen, zu den angewendeten Methoden, mit denen die entsprechenden Werte bestimmt wurden und Genauigkeitsangaben für jeden Wert enthalten und die zur Analyse, zur Kalibrierung oder als Referenz geeignet sind.

   B) Mit Ausnahme der Erzeugnisse des Kapitels 28 oder 29 hat die Einreihung von zertifizierten Referenzmaterialien in die Position 3822 Vorrang vor allen anderen Positionen der Nomenklatur.

3. Zu Position 3824 und nicht zu anderen Positionen der Nomenklatur gehören:
   a) künstliche Kristalle aus Magnesiumoxid oder aus Halogensalzen der Alkali- oder Erdalkalimetalle (ausgenommen optische Elemente) mit einem Stückgewicht von 2,5 g oder mehr;
   b) Fuselöle; Dippelöl;
   c) Tintenentferner in Aufmachungen für den Einzelverkauf;
   d) Korrekturlacke für Dauerschablonen und andere Korrekturflüssigkeiten, in Aufmachungen für den Einzelverkauf;
   e) schmelzbare Temperaturmesser für Öfen (z. B. Segerkegel).

4. In der Nomenklatur gelten als „Siedlungsabfälle" solche Abfälle, die von Haushalten, Hotels, Restaurants, Krankenhäusern, Geschäften, Büros usw. entsorgt werden, und auch Abfälle der Straßenreinigung, sowie Abfälle von Bau- und Abbrucharbeiten. Siedlungsabfälle enthalten allgemein eine Vielzahl von verschiedenen Materialien wie Kunststoffe, Kautschuk, Holz, Papier, Textilien, Glas, Metalle, Nahrungsmittel, defekte Möbel und andere beschädigte oder zu entsorgende Gegenstände. Der Begriff „Siedlungsabfälle" erfasst jedoch nicht:
   a) einzelne Materialien oder einzelne Erzeugnisse, die von den Abfällen getrennt wurden, wie Abfälle aus Kunststoffen, Kautschuk, Holz, Papier, Textilien, Glas oder Metall und gebrauchte Batterien, die in die vorgesehenen Positionen eingereiht werden;
   b) Industrieabfälle;

Zu § 1 Energiesteuergesetz **Anlage § 001–03**

c) pharmazeutische Abfälle, gemäß Anmerkung 4 k) zu Kapitel 30; oder d) klinische Abfälle, gemäß der unten stehenden Anmerkung 6 a).

5. Im Sinne der Position 3825 gelten als „Klärschlamm" die Schlämme, wie sie in städtischen Kläranlagen anfallen und auch vorbehandelte Abfälle, Grabenabfälle und nicht stabilisierte Schlämme. Stabilisierte Schlämme, die als Düngemittel verwendet werden, sind ausge- schlossen (Kapitel 31).

6. Im Sinne der Position 3825 gelten als „andere Abfälle":

    a) klinische Abfälle, wie kontaminierte Abfälle aus der medizinischen Forschung, von Analysen, von Behandlungen oder von anderen medizinischen, chirurgischen, zahnärztlichen oder veterinärmedizinischen Eingriffen, die häufig pathogene und pharmazeutische Substanzen enthalten und einer speziellen Entsorgung zuzuführen sind (z. B. gebrauchtes Verbandsmaterial, gebrauchte Handschuhe und gebrauchte Spritzen);

    b) Abfälle von organischen Lösemitteln;

    c) Abfälle von flüssigen Abbeizmitteln für Metalle, Hydraulikflüssigkeiten, Bremsflüssigkeiten und Gefrierschutzflüssigkeiten und d) andere Abfälle der chemischen Industrie oder verwandter Industrien.

Als „andere Abfälle" gelten jedoch nicht Abfälle, die überwiegend Erdöl oder Öle aus bituminösen Mineralien enthalten (Position 2710).

**Unterpositions-Anmerkung**

1. Im Sinne der Unterpositionen 3825 41 und 3825 49 gelten als „Abfälle von organischen Lösemitteln" solche Abfälle, die überwiegend organische Lösemittel enthalten und die nach ihren Beschaffenheitsmerkmalen nicht mehr für den eigentlichen Verwendungszweck geeignet sind, unabhängig davon, ob sie zur Rückgewinnung der Lösemittel vorgesehen sind oder nicht.

**Anlage § 002–01**  Zu § 2 Energiesteuergesetz

**Dienstvorschrift Energiesteuer – zu den §§ 2, 3, 37, 53, 53a sowie 53b EnergieStG und den §§ 1, 1b, 9 bis 11 und 98 bis 99d EnergieStV; Energiesteuerrechtliche Behandlung von Energieerzeugungsanlagen (DV Energieerzeugung)**

BMF vom 20.1.2014 – III B 6 – V 8245/07/10010:007 DOK 2014/0051269

Die in den Anlagen dargestellten Skizzen decken keinesfalls sämtliche in der Praxis vorkommenden Anlagenvarianten ab. Sie dienen lediglich dem besseren Verständnis der Dienstvorschrift.

In den Erläuterungen technischer Begriffe – Glossar (Anlage 10) sind sowohl die im Text mit „(G)" gekennzeichneten als auch andere technische Begriffe definiert.

## 1 Allgemeines

1 Die vorliegende Dienstvorschrift ersetzt die „Dienstvorschrift zur energiesteuerrechtlichen Behandlung von Energieerzeugungsanlagen nach den §§ 2, 3 und 53 Energiesteuergesetz (EnergieStG)" – III A 1 – V 8245/07/0010 DOK 2007/0252824 vom 6. Juni 2007. Mit der Dienstvorschrift werden folgende Erlasse aufgehoben:

1. III B 6 – V 8245/07/10010 :009 DOK 2012/1115003 vom 18. Dezember 2012,
2. III B 6 – V 8105/12/10001 :005 DOK 2013/0265377 vom 26. März 2013,
3. III B 6 – V 8245/07/10010 :008 DOK 2012/0383663 vom 26. April 2012,
4. III A 1 – V 9905/06/0001 DOK 2007/00005108 vom 17. Januar 2007,
5. III B 6 – V 9950/07/10007 DOK 2010/0209082 vom 18. März 2008 und
7. III B 6 – V 9950/06/10021 :020 DOK 2012/0310260 vom 30. März 2012. Des Weiteren werden folgende Verfügungen der BFD Südwest – ZF aufgehoben:
8. V 8245 – 58/12 – ZF 2201 vom 25. Mai 2012,
9. V 8245 / V 8305 – 01/13 – ZF 2201 vom 4. Februar 2013,
10. V 8245 – 37/13 – ZF 2201 / ZF 2212 vom 5. Juni 2013,
11. V 8245 – 68/13 – ZF 2212 vom 28. Juni 2013,
12. V 8245 – 37/13 – ZF 2201/ZF 2212 vom 5. Juli 2013,
13. V 8245 – 76/13 – ZF 2212 vom 16. Juli 2013 und
14. V 8245 – 37/13 – ZF 2201 (mit Ausnahme des Punktes 3) vom 26. April 2013.

Diese Dienstvorschrift baut unter anderem auf den allgemein anerkannten Regeln der Technik[(G)] zur Bewertung von Stromerzeugungsanlagen und von Anlagen der Kraft-Wärme-Kopplung auf.

Die Nachweis- und Aufzeichnungspflichten dürfen nicht zu einer unverhältnismäßigen Belastung der Unternehmen führen (Stichwort: Bürokratieabbau). Soweit die steuerlichen Belange im Einzelfall nicht beeinträchtigt werden, soll von den in der Energiesteuer-Durchführungsverordnung und in dieser Dienstvorschrift vorgesehenen Erleichterungen und Vereinfachungen Gebrauch gemacht werden.

2 Energieerzeugungsanlagen im Sinn dieser Dienstvorschrift sind alle in den §§ 2, 3, 37, 53, 53a und 53b EnergieStG genannten Anlagen und technischen Einrichtungen zur Energieerzeugung. In Energieerzeugungsanlagen können insbesondere

1. Verbrennungsmotoren[(G)] (Diesel-, Otto- und Wankelprinzip) und Gasturbinen (Kraftstoffverwendung),
2. Dampfkraftmaschinen (Heizstoffverwendung; Hinweis auf Absatz 24) wie z. B.
   a) Dampfmaschinen[(G)] (z. B. Dampfkolbenmotoren)
   b) Dampfturbinen[(G)] und
3. Stirlingmotoren (Heizstoffverwendung) (Hinweis auf Absatz 188)

als Antriebskomponente zum Einsatz kommen. Die der Antriebskomponente nachgeschaltete Komponente (z. B. Stromgenerator oder Luftverdichter (Kompressor)) setzt die von der Antriebskomponente erzeugte Bewegung in elektrischen Strom oder Druck um.

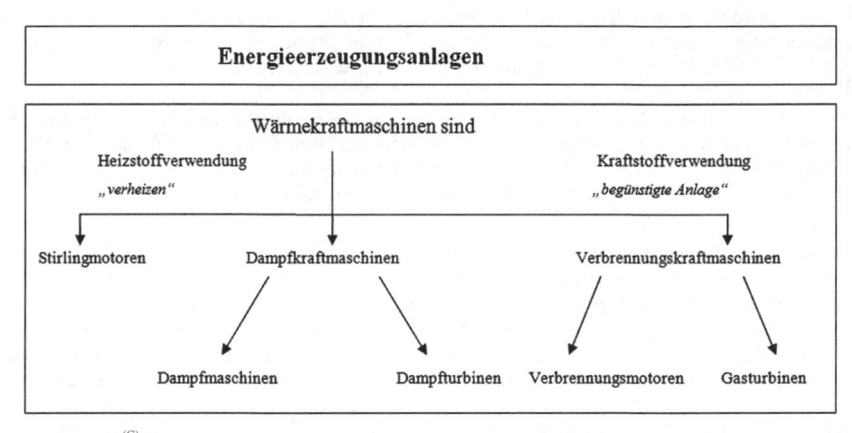

Zu § 2 Energiesteuergesetz     **Anlage § 002–01**

```
                        Energieerzeugungsanlagen

                         Wärmekraftmaschinen sind
         Heizstoffverwendung            Kraftstoffverwendung
            „verheizen"                  „begünstigte Anlage"


   Stirlingmotoren    Dampfkraftmaschinen      Verbrennungskraftmaschinen


              Dampfmaschinen    Dampfturbinen   Verbrennungsmotoren   Gasturbinen
```

Brennstoffzellen$^{(G)}$ hingegen werden von den §§ 3, 53, 53a und 53b EnergieStG nicht erfasst und sind insoweit nicht Gegenstand dieser Dienstvorschrift.    3

Im Unterschied zu Gasturbine und Verbrennungsmotor findet in der Brennstoffzelle die Energieumwandlung auf elektrochemischem Wege statt. Je nach Brennstoffzellentechnologie läuft der Prozess bei unterschiedlich hohen Temperaturen ab. Abhängig davon lässt sich die entstandene Wärme für Heizzwecke oder auch zur Prozessdampferzeugung nutzen. Brennstoffzellen sind im Falle der Abwärmenutzung technisch betrachtet KWK-Anlagen. Der Einsatz von Energieerzeugnissen in Brennstoffzellen stellt jedoch keine Verwendung im Sinn des § 25 Absatz 1 Nummer 1 EnergieStG (keine Verwendung als Kraft- oder Heizstoff) dar. Daher sind die vorgenannten Energieerzeugnisse nach § 47 Absatz 1 Nummer 3 EnergieStG entlastungsfähig. Eine Betrachtung nach den §§ 53 ff. EnergieStG ist entbehrlich.

Unter Stromerzeugung$^{(G)}$ versteht man die Bereitstellung elektrischer Energie in Form von elektrischer Spannung. Die bei der Stromerzeugung zwangsläufig anfallende thermische Energie wird je nach Anlagentyp genutzt (Kraft-Wärme-Kopplung) oder ungenutzt an die Umwelt abgegeben.    4

Gekoppelte Erzeugung von Kraft und Wärme (Kraft-Wärme-Kopplung bzw. KWK) im Sinn des Energiesteuergesetzes ist nach § 1b Absatz 5 EnergieStV die gleichzeitige Umwandlung von eingesetzter Energie$^{(G)}$ in nutzbare mechanische$^{(G)}$ oder elektrische Energie und nutzbare Wärme (thermische$^{(G)}$ Energie) innerhalb eines thermodynamischen Prozesses. Unter Gleichzeitigkeit ist zu verstehen, dass der Energieinhalt eines Prozessmediums (Gas oder Dampf) innerhalb eines thermodynamischen Prozesses sowohl zur Kraft (in der Regel: Strom-) als auch zur Wärmeerzeugung genutzt wird (KWK-Prozess). Mit anderen Worten: Der Begriff der Gleichzeitigkeit bezieht sich nur auf die Prozesse der Energieumwandlung in der jeweiligen Wärmekraftmaschine$^{(G)}$.    5

Hinweis:

Die Definition der KWK stellt auf die nutzbare Energie ab, die Definition des Nutzungsgrades im energiesteuerrechtlichen Sinn hingegen auf die tatsächlich genutzte Energie.

**2 Anwendbarkeit des Steuertarifs nach § 2 Absatz 3 EnergieStG**

Energieerzeugnisse können in Energieerzeugungsanlagen, die auf Wärmekraftmaschinen basieren, als Kraft- oder Heizstoffe eingesetzt werden. Die Kraftstoffverwendung ist dadurch charakterisiert, dass das Energieerzeugnis innerhalb der Wärmekraftmaschine verbrannt wird (z. B. Verbrennung innerhalb des Zylinders eines Ottomotors). Bei der Heizstoffverwendung findet die Verbrennung des Energieerzeugnisses außerhalb der Wärmekraftmaschine statt (z. B. Verbrennung in einem Dampferzeuger, der der Dampfturbine vorgelagert ist).    6

Kraftstoffe werden grundsätzlich zu den Regelsteuersätzen nach § 2 Absätze 1 und 2 EnergieStG besteuert. Heizstoffe hingegen unterliegen den Regelsteuersätzen des § 2 Absatz 3 EnergieStG. Diese niedrigen Steuersätze umfassen auch Energieerzeugnisse, die als Kraftstoffe in begünstigten Anlagen nach § 3 EnergieStG eingesetzt werden. Insoweit handelt es sich um eine Ausnahme vom Grundsatz der Kraftstoffbesteuerung.    7

§ 2 Absatz 3 EnergieStG enthält die Steuertarife, die bei einer Verwendung der dort genannten Energieerzeugnisse zum Verheizen oder zum Antrieb von Gasturbinen und Verbrennungsmotoren in begünstigten Anlagen nach § 3 EnergieStG gelten. Soweit die Energieerzeugnisse nicht verheizt werden, finden    8

**Anlage § 002–01**  Zu § 2 Energiesteuergesetz

diese Steuersätze nur Anwendung, wenn die besonderen Bedingungen des § 3 EnergieStG erfüllt sind. Sofern neben der Anwendung des Steuertarifs nach § 2 Absatz 3 EnergieStG eine Steuerentlastung nach den §§ 53, 53a, 53b, 54 oder 55 EnergieStG begehrt wird, müssen die dort genannten Voraussetzungen erfüllt sein.

9  § 2 Absatz 4 Satz 1 EnergieStG regelt über das Ähnlichkeitsprinzip, dass andere als in § 2 Absätze 1 bis 3 EnergieStG genannte Energieerzeugnisse (z. B. Biokraft- und Bioheizstoffe im Sinn des § 1a Nummer 13a EnergieStG oder Lösungsmittel) der gleichen Steuer unterliegen wie diejenigen Energieerzeugnisse, denen sie nach ihrer Beschaffenheit und ihrem Verwendungszweck am nächsten stehen.

Beispiel 9.1

Ein Rapsöl der Position 1514 der KN wird unter der Annahme, dass es sich um einen Bioheizstoff im Sinn von § 1a Nummer 13a EnergieStG handelt, als Heizstoff in einer Dampfkesselanlage eingesetzt. Durch ein Gutachten wird nachgewiesen, dass kein Bioheizstoff verwendet wurde.

Das Rapsöl unterliegt der gleichen Steuer wie Gasöl der Unterposition 2710 1941 der KN nach § 2 Absatz 4 Satz 1 EnergieStG, da es dem Gasöl nach seiner Beschaffenheit und seinem Verwendungszweck am nächsten steht. Somit wird das Rapsöl nach § 2 Absatz 3 Satz 1 Nummer 1 Buchstabe b EnergieStG mit 61,35 Euro je 1.000 Liter versteuert. Eine Kennzeichnung entfällt, weil es sich um einen Bioheizstoff im Sinn des § 1a Nummer 13a EnergieStG handelt (Hinweis auf § 2 Absatz 4 Satz 4 EnergieStG). Weitere Folge wäre, dass auch keine Steuerentlastung gewährt werden kann.

Variante des Beispiels 9.1

Ein biogenes Öl wird unter der Annahme, dass es sich nicht um einen Bioheizstoff im Sinn des § 1a Nummer 13a EnergieStG handelt, als Heizstoff in einer Dampfkesselanlage eingesetzt.

Da es sich zwar um ein biogenes Öl, nicht jedoch um einen Bioheizstoff im Sinn von § 1a Nummer 13a EnergieStG handelt, ist der Heizstoff ordnungsgemäß zu kennzeichnen, um ihn nach § 2 Absatz 3 Nummer 1 Buchstabe b EnergieStG versteuern zu können. Wurde der Heizstoff hingegen nicht ordnungsgemäß gekennzeichnet, kann er nur nach § 2 Absatz 1 Nummer 1 EnergieStG versteuert werden.

Beispiel 9.2

Einsatz eines Lösungsmittelabfalls der Position 3825 der KN als Kraftstoff in einer Gasturbinenanlage (begünstigte Anlage nach § 3 EnergieStG).

Bei dem vorgenannten Lösungsmittelabfall handelt es sich um ein Energieerzeugnis nach § 1 Absatz 3 Satz 1 Nummer 1 EnergieStG, wenn es zur Verwendung als Kraftstoff bestimmt ist oder als solcher zum Verkauf angeboten oder verwendet wird. Der Gesetzestext unterscheidet „Ölabfälle der Unterpositionen 2710 91 und 2710 99 der Kombinierten Nomenklatur" und „andere vergleichbare Abfälle". Das in Beispiel 9.2 beschriebene Lösungsmittel ist ein „anderer vergleichbarer Abfall" im Sinn des § 2 Absatz 4 Satz 2 EnergieStG.

Dadurch, dass der Lösungsmittelabfall in einer begünstigten Anlage nach § 3 EnergieStG eingesetzt wird, kommen für den Vergleich der Beschaffenheit ausschließlich die in § 2 Absatz 3 EnergieStG genannten Energieerzeugnisse in Betracht.

10  Leichtöle, die in Energieerzeugungsanlagen verwendet werden, sind nach § 2 Absatz 1 EnergieStG zu versteuern. Liegen die Voraussetzungen des § 49 Absatz 2a EnergieStG vor, kann jedoch auf Antrag eine Steuerentlastung bis auf den Betrag nach dem Steuertarif des § 2 Absatz 3 Satz 1 Nummer 1 Buchstabe b EnergieStG gewährt werden, soweit die Leichtöle zu gewerblichen Zwecken nachweislich verheizt oder zum Antrieb von Gasturbinen und Verbrennungsmotoren in begünstigten Anlagen nach § 3 EnergieStG verwendet worden sind. Energieerzeugnisse, für die eine Steuerentlastung nach § 49 EnergieStG gewährt wird, gelten als Energieerzeugnisse, die nach § 2 Absatz 3 EnergieStG versteuert worden sind (Hinweis auf § 93 Absatz 3a EnergieStV).

11  Feste Energieerzeugnisse (darunter fallen auch Ersatzbrennstoffe (EBS) mit einem Energiegehalt von mehr als 18 Megajoule je Kilogramm), die in Energieerzeugungsanlagen als Heizstoff eingesetzt werden, sind nach § 2 Absatz 4a EnergieStG zu versteuern. Das Ähnlichkeitsprinzip nach § 2 Absatz 4 EnergieStG kommt in diesen Fällen nicht zur Anwendung.

**3 Anlagenbegriff des § 9 Absatz 1 EnergieStV zu den §§ 3, 53, 53a, 53b EnergieStG**

12  Der Begriff einer Anlage ist in § 9 EnergieStV legal definiert. Die Regelungen entsprechen grundsätzlich denen des Stromsteuerrechts. Insofern ist im Rahmen der Sachbearbeitung auf eine Vergleichbarkeit der Entscheidungen zu achten.

13  Eine Anlage im Sinn von § 3 Absatz 1 Satz 1 Nummern 1 und 2 und § 37 Absatz 2 Satz 2 sowie den §§ 53, 53a und 53b EnergieStG ist ein „Verbund aus technischen Komponenten, mit denen der Energiegehalt von Energieerzeugnissen in Zielenergien umgewandelt wird". Unter Zielenergien versteht man

Zu § 2 Energiesteuergesetz  **Anlage § 002–01**

z. B. Wärme, Strom und mechanische Arbeit. Die Wärme kann anschließend in Kälte, Dampf oder Heizwärme umgewandelt werden.

Die Aufgliederung einer Anlage in Bauteile (Komponenten) bzw. Bestandteile, die dann als „eigenständige Anlage" gelten sollen (z. B. in Fällen von Verpachtung oder Leasing) ist nicht zulässig. Demnach kann es auch nicht zu einer gesonderten Anlagenbetrachtung von z. B. einzelnen Kraftwerksscheiben etc. kommen. 14

Kommt man bei der Bewertung von technischen Komponenten zum Ergebnis, dass insgesamt eine Anlage vorliegt, kommt für diese Anlage nur eine der Entlastungsnormen nach §§ 53, 53a bzw. 53b EnergieStG in Betracht. Der Beteiligte hat die Wahlfreiheit, welche der möglichen Entlastungsnormen er wählt. Einzelne Komponenten können demnach nicht herausgelöst betrachtet und nach den genannten Rechtsnormen entlastet werden. Eine Anlage kann im Hinblick auf die Steuerentlastung nach § 53, 53a oder 53b EnergieStG nicht zweimal rechtlich betrachtet werden. Wird für eine Anlage eine Steuerentlastung nach § 53b EnergieStG beantragt, ist zu prüfen, zu welchem Zweck die Energieerzeugnisse verwendet werden. Werden die Energieerzeugnisse sowohl zum Verheizen (§ 53b Absatz 1 EnergieStG) als zum Antrieb von Verbrennungsmotoren oder Gasturbinen verwendet (§ 53b Absatz 2 EnergieStG) sind für diese eine Anlage wegen der unterschiedlichen Steuerentlastungsbeträge, die auf den Mindeststeuersätzen der RL 2003/96 des Rates beruhen, zwei Vordrucke auf Steuerentlastung einzureichen. Die Hauptzollämter berichten auf dem Dienstweg über anhängige Einsprüche und Klageverfahren. 15

Beispiel 15.1

Für ein bereits abgeschriebenes Kraftwerk (in diesem Fall = eine Anlage), in dem sowohl Strom als auch Druckluft erzeugt wird, könnte ein Entlastungsantrag nach § 53 EnergieStG oder nach § 53b EnergieStG gestellt werden. Eine Aufteilung der Anlage in die Bestandteile, in denen die Druckluft erzeugt und in die Bestandteile, in denen der Strom erzeugt wird, ist nicht zulässig.

§ 9 Absatz 1 Satz 3 Nummer 1 und 2 EnergieStV listet exemplarisch mögliche Anlagen auf. Als Anlage gilt hiernach beispielsweise eine einzelne KWK-Einheit oder eine einzelne Stromerzeugungseinheit. Es ist zu beachten, dass eine KWK-Einheit nach § 1 Nummer 16 EnergieStV auch eine Stromerzeugungseinheit im Sinn des § 1 Nummer 17 EnergieStV sein kann, ebenso wie eine Stromerzeugungseinheit im Sinn des § 1 Nummer 17 EnergieStV auch eine KWK-Einheit nach § 1 Nummer 16 EnergieStV sein kann, vorausgesetzt die im Stromerzeugungsprozess erzeugte thermische Energie wird genutzt. 16

Das Tatbestandsmerkmal des „unmittelbar miteinander verbunden" nach § 9 Absatz 1 Satz 3 Nummer 3 EnergieStV wird in der Verordnung lediglich exemplarisch erläutert. Die Frage, ob es sich um eine oder mehrere Anlagen handelt, ist in jedem Einzelfall nach dem Gesamtbild der technischen Gegebenheiten auf der Grundlage von sachlichen Abgrenzungskriterien zu beurteilen. Dabei ist nach Sinn und Zweck der Regelung ein strenger Maßstab anzulegen. 17

Über die beispielhafte Ausführung des § 9 Absatz 1 Satz 3 Nummer 3 EnergieStV hinaus, können folgende Merkmale einen Hinweis auf das Vorhandensein einer Anlage geben, die aus unmittelbar miteinander verbundenen Einheiten besteht:

a. gemeinsame Steuerung,

b. technisch verbunden und üblicherweise nur gemeinsam betrieben (z. B. eine GuD-Anlage),

c. in Serie geschaltete Kleinanlagen,

d. keine getrennte Fahrweise der Einheiten möglich,

e. gemeinsamer Stromeinspeisepunkt/-stelle,

f. gemeinsames Wärmenetz,

g. gemeinsame Kraft- oder Heizstoffversorgung,

h. gemeinsame Dampfversorgung, insbesondere über eine Dampfsammelschiene (siehe jedoch Absatz 164),

i. gemeinsame Abgas-/Rauchgasführung oder

j. gemeinsame Sicherheitseinrichtung.

Eine Definition zu „Energieerzeugungseinheiten in Modulbauweise" – § 9 Absatz 1 Satz 1 Nummer 3 EnergieStV – gibt beispielsweise die DIN 6280-14 „Stromerzeugungsaggregate – Stromerzeugungsaggregate mit Hubkolben-Verbrennungsmotoren – Teil 14: Blockheizkraftwerke (BHKW) mit Hubkolben-Verbrennungsmotoren; Grundlagen, Anforderungen, Komponenten, Ausführung und Wartung" (Ausgabe vom August 1997), welcher die anerkannten Regeln der Technik zu Grunde liegen. Einige der o. a. Abgrenzungskriterien werden in der DIN-Norm verwendet, die in Auszügen im Internet veröffentlicht ist. 18

651

# Anlage § 002–01

Zu § 2 Energiesteuergesetz

19 Werden einer einzelnen KWK- oder Stromerzeugungseinheit oder einer bestehenden Anlage aus mehreren Einheiten, die unmittelbar miteinander verbunden sind, später Einheiten hinzugefügt und mit dieser ebenfalls unmittelbar verbunden, dann gilt die Gesamtanlage als eine Anlage, unabhängig davon, ob sie nach anderen Rechtsvorschriften (z. B. KWKG 2002) als eine Anlage betrachtet werden oder nicht. Maßgebend für die energie- und stromsteuerrechtliche Betrachtung sind ausschließlich die verbrauchsteuerrechtlichen Normen (Hinweis auf Absatz 155 ff.).

20 Es besteht keine Konkurrenz zwischen § 9 Absatz 1 Satz 1 Nummer 1 bzw. 2 und Nummer 3 EnergieStV. Die Verwendung der Pluralformen in § 9 Absatz 1 Satz 1 Nummer 1 und 2 EnergieStV erfolgte lediglich aus gesetzestechnischen Gründen.

**4 Anlagenbegriff nach § 9 Absatz 2 EnergieStV i. V. m. § 12b Absatz 2 StromStV (so genanntes „Virtuelles Kraftwerk")**

21 Von § 9 Absatz 2 EnergieStV werden ausschließlich Anlagen mit einer elektrischen Nennleistung von mehr als zwei Megawatt erfasst.

22 Die Definition einer „virtuellen Anlage" in § 9 Absatz 2 EnergieStV erfolgt analog der Regelung in § 12b Absatz 2 StromStV. Zur Auslegung der Tatbestandsmerkmale ist der Erlass vom 30. März 2012 – III B 6 – V 4250/05/10003:004 DOK 0258171 ergänzt um den Erlass vom 8. August 2013 – III B 6 – V 8105/12/10001: 003 DOK 2013/0743345 unter III. lfd. Nummer 5 heranzuziehen.

23 Sind die Voraussetzungen des § 9 Absatz 2 EnergieStV erfüllt, kommt es nicht darauf an, ob für einige der Stromerzeugungseinheiten ggf. auch die Voraussetzungen des § 9 Absatz 1 EnergieStV erfüllt sind. § 9 Absatz 2 EnergieStV geht insoweit der Regelung des § 9 Absatz 1 EnergieStV vor (Konkurrenzen). Liegen hingegen die Voraussetzungen des § 9 Absatz 2 EnergieStV nicht vor, kann es sich bei den zu betrachtenden Stromerzeugungseinheiten gleichwohl um eine Anlage nach § 9 Absatz 1 EnergieStV handeln.

**5 Begünstigte Anlagen nach § 3 EnergieStG**

24 Die Regelung des § 3 EnergieStG dient der näheren Bestimmung des Begriffes der begünstigten Anlage nach § 2 Absatz 3 EnergieStG. Begünstigte Anlagen nach § 3 EnergieStG sind ausschließlich solche, die mittels Gasturbinen oder Verbrennungsmotoren[(5)] angetrieben werden.

Andere Energieerzeugungsanlagen, wie zum Beispiel Dampfkraftmaschinen (Hinweis auf Absatz 2) oder Stirlingmotoren (Hinweis auf Absatz 188) sind von § 3 Absatz 1 EnergieStG nicht erfasst. In solchen Energieerzeugungsanlagen dürfen nach § 2 Absatz 3 EnergieStG versteuerte Energieerzeugnisse – ohne weitere Bedingungen erfüllen zu müssen – eingesetzt werden, da diese lediglich verheizt werden.

25 Im Gegensatz zu den Vorschriften des § 3 Absatz 1 EnergieStG, die sich nur auf Gasturbinen und Verbrennungsmotoren beziehen, sind die Definitionen

1. der Ortsfestigkeit (§ 3 Absatz 2 EnergieStG) und

2. des Nutzungsgrades (§ 3 Absatz 3 EnergieStG)

global auf alle Arten von Energieerzeugungsanlagen anwendbar.

**5.1 Begünstigte Anlagen nach § 3 Absatz 1 Satz 1 Nummer 1 EnergieStG**

26 Begünstigte Anlagen nach § 3 Absatz 1 Satz 1 Nummer 1 EnergieStG sind solche, deren mechanische Energie – unabhängig von ihrer elektrischen Nennleistung – ausschließlich der Stromerzeugung dient. Es ist unerheblich, ob die beim Betrieb dieser Anlagen zwangsläufig anfallende Wärme genutzt wird.

Zu § 2 Energiesteuergesetz **Anlage § 002–01**

## Begünstigte Anlagen
## nach § 3 Absatz 1 Satz 1 Nummer 1 EnergieStG

Es kommt <u>nur</u> auf die ausschließliche Nutzung der mechanischen Energie (Kraft an der Welle) zur Stromerzeugung an.

**Gasturbine oder Verbrennungsmotor** ——— **Stromgenerator**

Wärme – genutzt oder ungenutzt – **wird nicht betrachtet !!!**

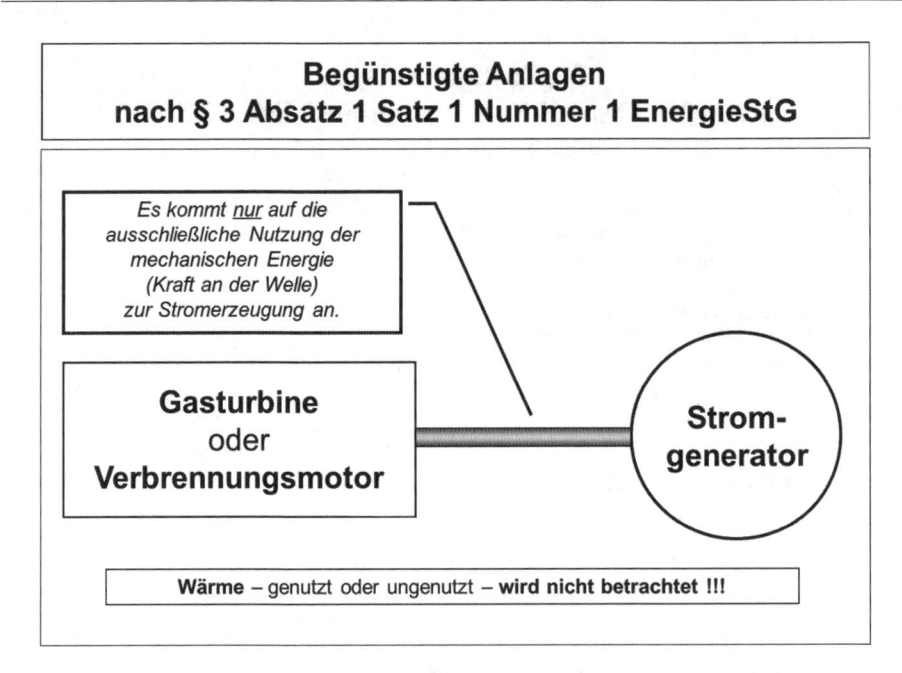

*Schaubild „Stromerzeugungsanlage ohne Wärmenutzung – Grundfall"*

Neben den Stromerzeugungsanlagen ohne Wärmenutzung werden von § 3 Absatz 1 Satz 1 Nummer 1 EnergieStG auch Anlagen zur gekoppelten Erzeugung von Strom und Wärme (d. h. Stromerzeugungsanlagen mit Wärmenutzung) erfasst. KWK-Anlagen im Sinne des § 3 Absatz 1 Satz 1 Nummer 1 EnergieStG sind alle diejenigen, deren mechanische Energie ausschließlich der Stromerzeugung dient. Das trifft auf die meisten der in Deutschland betriebenen KWK-Anlagen zu. Mit anderen Worten: Mittels der mechanischen Energie, also der Kraft an der Gasturbinen- oder Verbrennungsmotorwelle, wird lediglich ein Generator angetrieben, der Strom erzeugt. Damit lassen sich fast alle gasturbinen- und verbrennungsmotorbetriebenen KWK-Anlagen unter § 3 Absatz 1 Satz 1 Nummer 1 EnergieStG subsumieren. Hiervon abzugrenzen sind lediglich Sonderformen der KWK, die im Abschnitt „Begünstigte Anlagen nach § 3 Absatz 1 Satz 1 Nummer 2 EnergieStG (Sonderformen der Kraft-Wärme-Kopplung)" detailliert beschrieben werden.

# Anlage § 002–01

Zu § 2 Energiesteuergesetz

## Begünstigte Anlagen nach § 3 Absatz 1 Satz 1 Nummer 1 EnergieStG

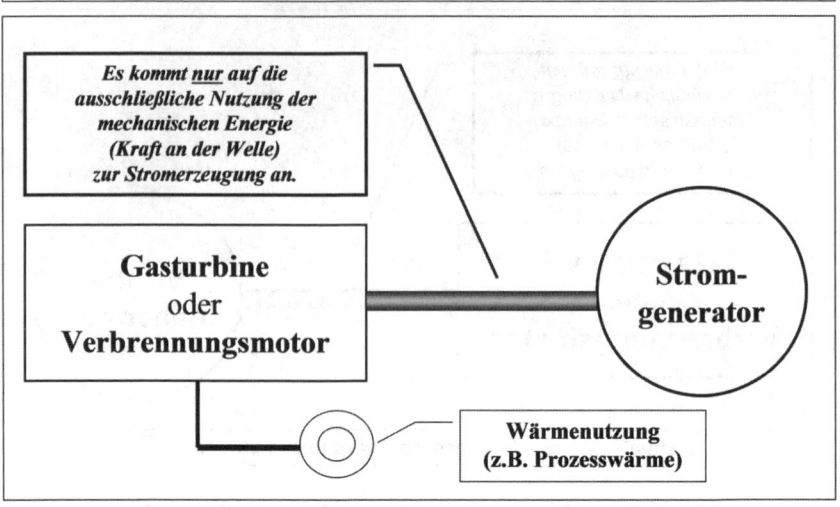

*Es kommt **nur** auf die ausschließliche Nutzung der mechanischen Energie (Kraft an der Welle) zur Stromerzeugung an.*

**Gasturbine oder Verbrennungsmotor** — **Stromgenerator**

**Wärmenutzung (z.B. Prozesswärme)**

Schaubild „Stromerzeugungsanlage mit Wärmenutzung"

Das Schaubild „Stromerzeugungsanlage ohne Wärmenutzung – Grundfall" ist aus Gründen der Übersichtlichkeit stark vereinfacht. Eine Gasturbine zum Beispiel wird mittels technischer Schaltzeichen und Symbole wie nachfolgend (vereinfacht) dargestellt:

## Die wesentlichen Bestandteile einer Gasturbine

Gasturbine: Verdichter, Brennkammer, Turbine, Welle

Schaubild „Wesentliche Bestandteile Gasturbine"

Eine Gasturbine besteht demnach aus folgenden Hauptbauteilen: Verdichter[G], Brennkammer[G] und Turbine(nteil)[G] Sowohl der Verdichter als auch der Turbinenteil der Gasturbine sitzen (wie dargestellt) auf der Gasturbinenwelle. Dies ist bei der Beurteilung, ob die Wellenkraft ausschließlich der Stromerzeugung dient, unschädlich, weil der Antrieb des Verdichters der Gasturbine nicht als genutzte mechanische Energie im Sinn des § 3 Absatz 1 Satz 1 Nummer 1 EnergieStG gilt. Ohne einen Verdichter wäre die Gasturbine nicht einsatzfähig und könnte demgemäß keinen Strom erzeugen.

Grundsatz

Alle mit der Maschinenwelle angetriebenen betriebsnotwendigen Teile einer Gasturbine beziehungsweise eines Verbrennungsmotors wirken sich nicht negativ auf das Kriterium der ausschließlichen Stromerzeugung aus.

Motoren, die auf Prüfständen ortsfest betrieben werden und deren mechanische Energie ausschließlich 27 der Stromerzeugung dient, sind ebenfalls begünstigte Anlagen im Sinn von § 3 Absatz 1 Satz 1 Nummer 1 EnergieStG.

Beispiel 27.1

Ein Automobilhersteller betreibt einen Motoren-Prüfstand, um die produzierten Motoren auf ihre Funktionsfähigkeit hin zu testen. Die Kraft an der Motorwelle dient ausschließlich der Stromerzeugung. Der Antrieb von fest mit dem Motor verbundenen und für seine Funktion notwendigen Hilfsaggregaten (z. B. Ölpumpen) mittels der Motorwelle ist hierbei unschädlich.

Beispiel 27.2

Ein Maschinenbauunternehmen testet neu entwickelte Kfz-Getriebe auf einem Prüfstand. Hierzu montiert es das zu testende Getriebe zwischen Verbrennungsmotor und Asynchronmaschine (Stromgenerator). Die Kraft an der Motorwelle dient auch in diesem Falle ausschließlich der Stromerzeugung. Getriebe dienen (in Anlehnung an VDI-Richtlinie 2127) zur Übertragung und Umformung (Übersetzung) von Bewegungen, Energie und/oder Kräften. Sie sind also Kraft-Übertrager und keine – von unvermeidlichen mechanischen Verlusten abgesehen – Kraft-Verwender. Das gilt auch für zu testende Getriebe. Der Antrieb von fest mit dem Motor verbundenen und für seine Funktion notwendigen Hilfsaggregaten (z. B. Ölpumpen) mittels der Motorwelle ist hierbei ebenfalls unschädlich.

Beispiel 27.3

Ein Chemieunternehmen testet neu entwickelte Kraftstoffadditive in einem Motor. Die Kraft an der Motorwelle dient wie in den Beispielen zuvor ausschließlich der Stromerzeugung. Dass das zur Stromerzeugung verwendete Energieerzeugnis während des Stromerzeugungsprozesses auf seine Verwendungstauglichkeit hin überprüft wird, spielt insoweit keine Rolle. Der Antrieb von fest mit dem Motor verbundenen und für seine Funktion notwendigen Hilfsaggregaten (z. B. Ölpumpen) mittels der Motorwelle ist auch in diesem Fall unschädlich.

Zu § 3 Absatz 1 Nummer 1 EnergieStG gehören u. a.: 28

a. motorbetriebene Stromerzeugungsanlagen ohne Wärmenutzung („reine Stromerzeuger"),
b. motorbetriebene Stromerzeugungsanlagen mit Wärmenutzung (KWK-Anlagen),
c. gasturbinenbetriebene Stromerzeugungsanlagen mit Wärmenutzung (KWK-Anlagen, Gas- und Dampfturbinenanlagen (GuD-Anlagen) mit Wärmeauskopplung in der Dampfturbine sowie Gasturbinenanlagen mit Direktnutzung der Energie der heißen Abgase),
d. gasturbinenbetriebene Stromerzeugungsanlagen ohne Wärmenutzung („reine Stromerzeuger", z. B. Gas- und Dampfturbinenanlagen (GuD-Anlagen) ohne Wärmeauskopplung in der Dampfturbine sowie Gasturbinenanlagen ohne Nutzung der Energie der heißen Abgase)

**5.2 Begünstigte Anlagen nach § 3 Absatz 1 Satz 1 Nummer 2 EnergieStG (Sonderformen der Kraft-Wärme-Kopplung)**

Begünstigte Anlagen nach § 3 Absatz 1 Satz 1 Nummer 2 i. V. m. Satz 2 EnergieStG sind nur solche 29 KWK-Anlagen, deren mechanische Energie nicht oder nicht ausschließlich der Stromerzeugung dient und deren Jahresnutzungsgrad mindestens 60 Prozent beträgt. Die Regelung umfasst nur Sonderformen von KWK-Anlagen, von denen bundesweit lediglich rund 50 Anlagen (Stand: Januar 2014) betrieben werden.

Die am häufigsten vorkommenden Sonderformen der Kraft-Wärme-Kopplung sind Gasklimageräte und 30 Trocknungsanlagen.

Gasklimageräte – auch unter dem Begriff Gaswärmepumpen bekannt – sind Anlagen, die sowohl zum 31 Beheizen als auch zur Kühlung von Gebäuden eingesetzt werden können. Sofern die entsprechenden Voraussetzungen erfüllt sind, handelt es sich um KWK-Anlagen nach § 3 Absatz 1 Satz 1 Nummer 2 EnergieStG. Die Ermittlung des Nutzungsgrades von Gasklimageräten ist gemäß Anlage 8 vorzunehmen.

**Anlage § 002–01**　　　　　　　　　　　　　　　　　　　　　　　　Zu § 2 Energiesteuergesetz

32 Trocknungsanlagen sind mit einem Verbrennungsmotor ausgestattet, der einen in der Anlage integrierten Ventilator antreibt. Der Ventilator dient zum Ansaugen von Umgebungsluft. Die angesaugte Luft wird über den eingehausten Verbrennungsmotor geleitet, um die erzeugte Abgas- und Strahlungswärme aufzunehmen. Die erwärmte Luft wird durch die Arbeit des Ventilators durch ein Leitungssystem an das zu trocknende Gut geleitet. Sofern die entsprechenden Voraussetzungen erfüllt sind, handelt es sich um Anlagen der gekoppelten Erzeugung von Kraft und Wärme nach § 3 Absatz 1 Satz 1 Nummer 2 EnergieStG (Hinweis auf Absatz 71).

33 Weitere Anwendungsbeispiele für die Sonderformen der KWK können sein:

Beispiel 33.1

Die mechanische Energie eines Motors (Kraft) dient dem Antrieb einer Ballenpresse und die thermische Energie (Wärme) wird mittels technischer Vorrichtungen zielgerichtet im Sinn von § 10 Absatz 2 EnergieStV zur Gebäudeheizung genutzt.

Beispiel 33.2

Die mechanische Energie eines Motors (Kraft) dient neben dem Antrieb eines Skilifts auch dem Antrieb eines Stromgenerators. Darüber hinaus wird die thermische Energie (Wärme) mittels technischer Vorrichtungen zielgerichtet im Sinn von § 10 Absatz 2 EnergieStV zur Hüttenheizung genutzt.

Beispiel 33.3

Die mechanische Energie eines Motors (Kraft) dient dem Antrieb einer Trockentrommel und die thermische Energie (Wärme) wird mittels technischer Vorrichtungen zielgerichtet im Sinn von § 10 Absatz 2 EnergieStV zur Trocknung von Sand genutzt.

Beispiel 33.4

Die mechanische Energie eines Motors (Kraft) dient dem Antrieb eines Biomassehäckslers (so genannter Buschhacker) und die thermische Energie (Wärme) wird mittels technischer Vorrichtungen zielgerichtet im Sinn von § 10 Absatz 2 EnergieStV zur Trocknung der zerkleinerten Biomasse genutzt.

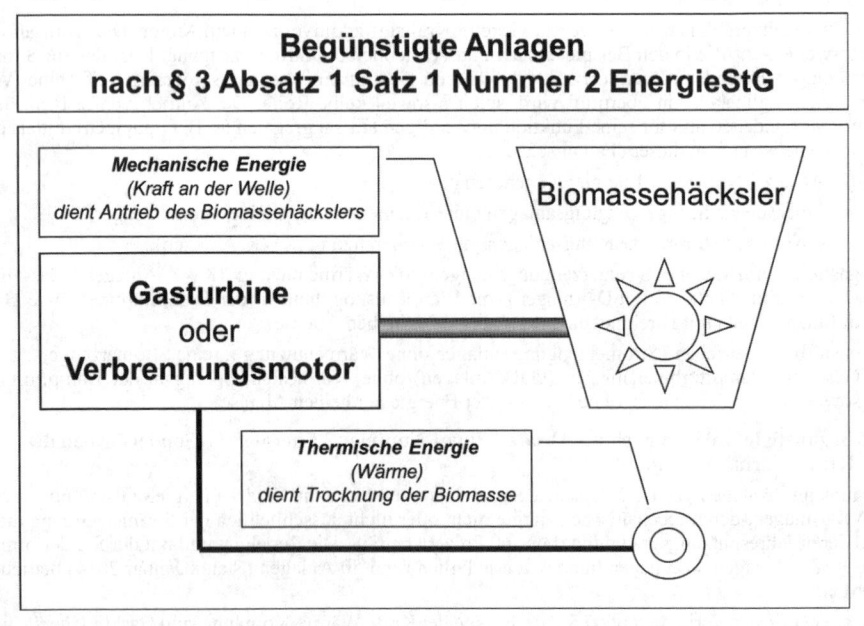

*Schaubild „Sonderformen der Kraft-Wärme-Kopplung"*

34 Bei der Beurteilung, ob es sich bei einem verbrennungsmotorbetriebenen mechanischen Holzzerkleinerer (auch als Walzenzerkleinerer bekannt) um eine Sonderform der Kraft-Wärme-Kopplung im Sinn von § 3 Absatz 1 Satz 1 Nummer 2 EnergieStG handelt, ist insbesondere zu prüfen, ob die mit der Anlage erzeugte thermische Energie tatsächlich (insbesondere mittels technischer Vorrichtungen) gemäß § 10 Absatz 2 EnergieStV genutzt wird.

Zu § 2 Energiesteuergesetz **Anlage § 002–01**

Thermische Energie gilt im Sinn von § 10 Absatz 2 EnergieStV „insbesondere dann als genutzt, wenn die 35
Wärme außerhalb des Kraft-Wärme-Kopplungsprozesses für Raumheizung, Warmwasserbereitung,
Kälteerzeugung oder als Prozesswärme verwendet wird."

Beispiel 35.1

Die Verwendung von Wärme aus einer KWK-Anlage zur Erzeugung von Biogas in einem Fermenter gilt
als Nutzung der thermischen Energie.

Von einem Willen zur Nutzung der thermischen Energie kann dann ausgegangen werden, wenn die je- 36
weilige Anlage über technische Vorrichtungen zur Aufnahme, zum Transport, zur Übertragung auf ein
Trägermedium (z. B. Wasser) und zur zielgerichteten Nutzung der Wärme verfügt.

Beispiel 36.1

Ein Betreiber schreddert mittels eines Walzenzerkleinerers Altholz. Der Walzenzerkleinerer ist bauartbedingt nicht vollständig geschlossen, so dass ein erheblicher Teil der technisch eigentlich nutzbaren Motorstrahlungswärme ungenutzt in die Atmosphäre entweicht. Das Häckselgut wird mit hoher Transportgeschwindigkeit durch den Zerkleinerungsmechanismus befördert (zehn Sekunden Verweildauer) und dort mit motorischer Abwärme beaufschlagt. Hierzu wird lediglich Motorraumwärme über ein Blech in Richtung der Zerkleinerungswalzen geleitet. Nach den Aussagen des Betreibers fände dadurch eine Trocknung des Häckselgutes statt. Über weitere technische Vorrichtungen zur Aufnahme, zum Transport, zur Übertragung auf ein Trägermedium (z. B. Wasser) und zur zielgerichteten Nutzung der Wärme verfügt die Anlage nicht.

Bei der Inaugenscheinnahme des beschriebenen Walzenzerkleinerers im Winterhalbjahr wurde festgestellt, dass das schneebedeckte ungehäckselte Altholz nach dem Durchlaufen des Walzenzerkleinerers immer noch von Schnee durchsetzt war. Dies ist ein Indiz dafür, dass das Häckselgut aufgrund der kurzen Verweildauer im Walzenzerkleinerer und aufgrund der geringen Wärmezufuhr die Strahlungswärme wenn überhaupt, dann nur unzureichend aufnimmt. Eine Wärmenutzung im Sinn des § 10 Absatz 2 EnergieStV liegt nicht vor. Bei dem beschriebenen Walzenzerkleinerer handelt es sich somit nicht um eine begünstigte Anlage im Sinn von § 3 Absatz 1 Satz 1 Nummer 2 EnergieStG.

Sofern der Jahresnutzungsgrad von 60 Prozent nicht erreicht wird, unterliegen die in der KWK-Anlage 37
verwendeten Energieerzeugnisse den Steuertarifen nach § 2 Absatz 1 und 2 EnergieStG. Eine Steuerentlastung nach den §§ 53, 53a und 53b sowie 54 und 55 EnergieStG ist in diesen Fällen ausgeschlossen.

Für Anlagen nach § 3 Absatz 1 Satz 1 Nummer 2 EnergieStG ist eine jährliche Nutzungsgradberechnung 38
nach § 3 Absatz 1 Satz 2 EnergieStG gesetzlich vorgeschrieben. Mit anderen Worten: Von dieser strengen Regelung sind ausschließlich die wenigen Sonderformen der Kraft-Wärme-Kopplung betroffen.

Der nach § 11 EnergieStV jeweils zum 31. März des nachfolgenden Jahres vorzulegende Nachweis zum 39
Jahresnutzungsgrad ist eine zwingende Begünstigungsvoraussetzung. Auf die jährliche Vorlage der
Nutzungsgradberechnung kann deshalb nicht verzichtet werden. Wenn die begünstigte Anlage nach § 3
Absatz 1 Satz 1 Nummer 2 EnergieStG (Sonderform der Kraft-Wärme-Kopplung)

a. ausschließlich wärmegeführt betrieben wird und

b. weder über einen Notkühler noch über einen Bypass[(G)] zur Umgehung des Abgaswärmetauschers[(G)] verfügt

genügt es, den Jahresnutzungsgrad für das erste Betriebsjahr nachzuweisen und in den Folgejahren jeweils eine formlose Erklärung darüber abzugeben, dass sich an den technischen Parametern der Anlage nichts geändert hat. Diese formlose Erklärung ist einem förmlichen Nutzungsgradnachweis gleichgestellt.

Geht eine KWK-Anlage nach § 3 Absatz 1 Satz 1 Nummer 2 EnergieStG nach dem 31. März eines Jahres 40
erstmalig in Betrieb, so ist der Jahresnutzungsgradnachweis nach § 11 EnergieStV bis zum 31. März des
zweiten auf die Inbetriebnahme folgenden Jahres vorzulegen. Durch diese Regelung steht mindestens
ein volles Jahr für die Ermittlung des geforderten Jahresnutzungsgrades zur Verfügung. Die jährlichen
Folgenachweise sind gemäß § 11 EnergieStV kalenderjährlich zu führen.

Dem Nutzungsgradnachweis nach § 11 EnergieStV gleichgestellt ist der Nachweis eines Nutzungs- 41
grades von mindestens 70 Prozent im Rahmen der Steuerentlastung nach §§ 53a oder 53b EnergieStG.
Dieser Nachweis muss allerdings analog § 11 EnergieStV jeweils bis zum 31. März für das vorangegangene Kalenderjahr geführt werden.

Wird die Berechnung zum Jahresnutzungsgrad nicht fristgerecht vorgelegt, ist unter Gewährung eines 42
rechtlichen Gehörs die Steuer zum Unterschiedssatz zwischen den Steuersätzen des § 2 Absatz 3 und § 2
Absatz 1 oder Absatz 2 EnergieStG nach zu erheben (Differenzversteuerung nach § 20 EnergieStG).

# Anlage § 002–01

Zu § 2 Energiesteuergesetz

### 5.3 Anmeldepflicht für Anlagen nach § 3 Absatz 1 Nummer 2 EnergieStG

43  Von der Anmeldepflicht nach § 3 Absatz 5 EnergieStG sind nur Sonderformen der Kraft-Wärme-Kopplung im Sinn von § 3 Absatz 1 Satz 1 Nummer 2 EnergieStG betroffen.

44  Die Anmeldung ist nach amtlich vorgeschriebenem Vordruck (Formular-Nummer 1190) abzugeben. Die vorzulegenden Unterlagen sind in § 11 Absatz 3 EnergieStV explizit aufgeführt.

45  Für die erstmalige Anmeldung sowie die Anzeige von Änderungen sind die entsprechenden Leistungsmengen anzuschreiben.

### 5.4 Begünstigte Anlagen nach § 3 Absatz 1 Satz 1 Nummer 3 EnergieStG

46  Motoren und Gasturbinen, die ausschließlich dem leitungsgebundenen Erdgastransport oder der Erdgasspeicherung dienen, sind – wenn sie die einschlägigen Bedingungen erfüllen – begünstigte Anlagen im Sinn von § 3 Absatz 1 Satz 1 Nummer 3 EnergieStG.

47  Dient die mechanische Energie der Anlage nicht ausschließlich dem leitungsgebundenen Gastransport oder der Gasspeicherung sondern auch der Stromerzeugung (bivalente Nutzung), handelt es sich um eine Anlage, die zwei begünstigten Zwecken dient. Insoweit ist das Ausschließlichkeitskriterium sowohl des § 3 Absatz 1 Satz 1 Nummer 1 als auch dasjenige des § 3 Absatz 1 Satz 1 Nummer 3 EnergieStG als erfüllt anzusehen.

### 5.5 Ortsfestigkeit nach § 3 Absatz 2 EnergieStG

48  In § 3 Absatz 2 EnergieStG wird die Ortsfestigkeit wie folgt definiert:

„Ortsfest im Sinn dieses Gesetzes sind Anlagen, die während des Betriebes ausschließlich an ihrem geografischen Standort verbleiben und nicht auch dem Antrieb von Fahrzeugen dienen. Der geografische Standort ist ein durch geografische Koordinaten bestimmter Punkt."

Stromerzeugungsanlagen und KWK-Anlagen sind somit auch dann ortsfest, wenn sie im Stand an wechselnden Einsatzorten betrieben werden.

49  Selbstfahrende Bodenstromversorgungsanlagen[G] gelten nur dann als ortsfest, wenn der Motor oder die Gasturbine zum Antrieb des Stromgenerators nicht auch dem Antrieb des Fahrzeugs dient 1. Dies ist zum Beispiel der Fall, wenn derartige Maschinen zwei voneinander getrennte Verbrennungsmotorenantriebe besitzen, die jeweils mit einem eigenem Kraftstofftank und einem eigenen in sich geschlossenen Kraftstoffkreislauf ausgerüstet sind und bei Betrieb am gleichen Standort verbleiben (also sich nicht bewegen).

50  Selbstfahrende Anlagen zum Brechen von Steinen (auch als Steinbrecher, Backenbrecher[G] bzw. Zerkleinerungsmaschine bezeichnet) gelten nur dann als ortsfest, wenn der Motor oder die Gasturbine zum Antrieb des Stromgenerators nicht auch dem Antrieb des Fahrzeugs dient. Dies ist zum Beispiel der Fall, wenn derartige Maschinen zwei voneinander getrennte Verbrennungsmotorenantriebe besitzen, die jeweils mit einem eigenem Kraftstofftank und einem eigenen in sich geschlossenen Kraftstoffkreislauf ausgerüstet sind (Hinweis auf Schaubild „Selbstfahrende Anlage zum Brechen von Steinen").

Zu § 2 Energiesteuergesetz  **Anlage § 002–01**

**Begünstigte Anlage
nach § 3 Absatz 1 Satz 1 Nummer 1 EnergieStG**

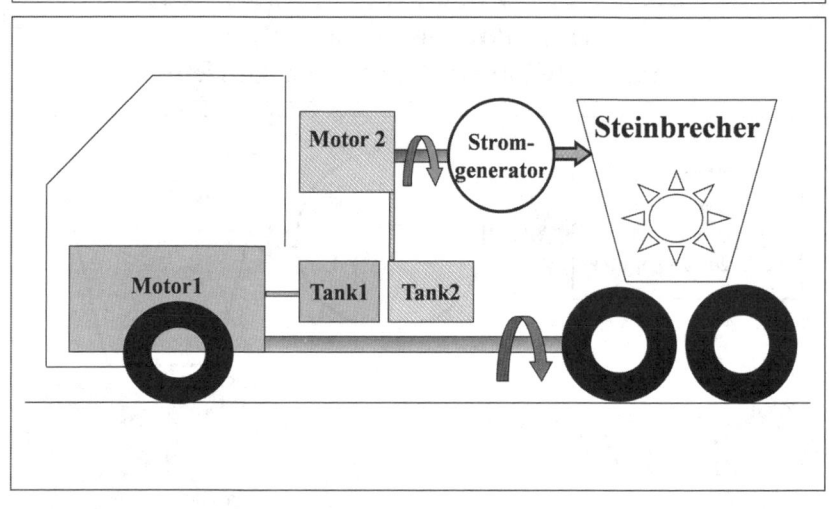

*Schaubild „Selbstfahrende Anlage zum Brechen von Steinen"*

Als dem Antrieb selbstfahrender Anlagen zum Brechen von Steinen dienend gelten Gasturbinen oder Verbrennungsmotoren, deren mechanische Energie sowohl unmittelbar als auch mittelbar zur Fortbewegung des Fahrzeugs eingesetzt wird. Gasturbinen oder Verbrennungsmotoren dienen unmittelbar der Fortbewegung, wenn ihre mechanische Energie direkt in Bewegungsenergie des Fahrzeugs umgewandelt wird. Als unmittelbar angetrieben gilt ein Fahrzeug, dessen Gasturbinen- oder Motorwellenkraft rein mechanisch auf die Antriebswelle übertragen wird (Hinweis auf Schaubild „Selbstfahrende Anlage zum Brechen von Steinen mit unmittelbarem Antrieb").

**Selbstfahrender Steinbrecher mit unmittelbarem
mechanischen Antrieb**

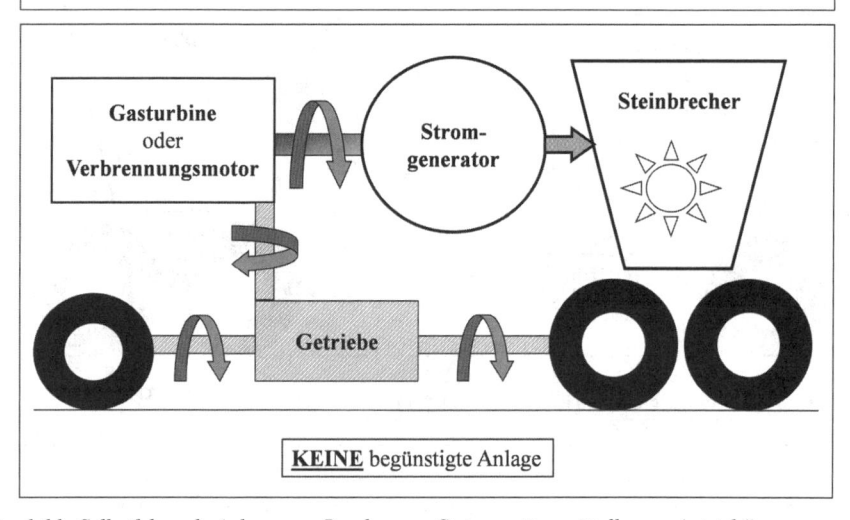

**KEINE** begünstigte Anlage

*Schaubild „Selbstfahrende Anlage zum Brechen von Steinen mit unmittelbarem Antrieb"*

**Anlage § 002–01**  Zu § 2 Energiesteuergesetz

Ein mittelbarer Antrieb hingegen ist gegeben, wenn die mechanische Energie der Gasturbine oder des Verbrennungsmotors dazu genutzt wird,
1. einen Stromgenerator, der wiederum einen Elektrofahrmotor mit Strom versorgt oder
2. eine Hydraulikpumpe, die zum Betrieb eines Hydraulikfahrmotors dient, anzutreiben.

### Selbstfahrender Steinbrecher mit mittelbarem elektrischen Antrieb

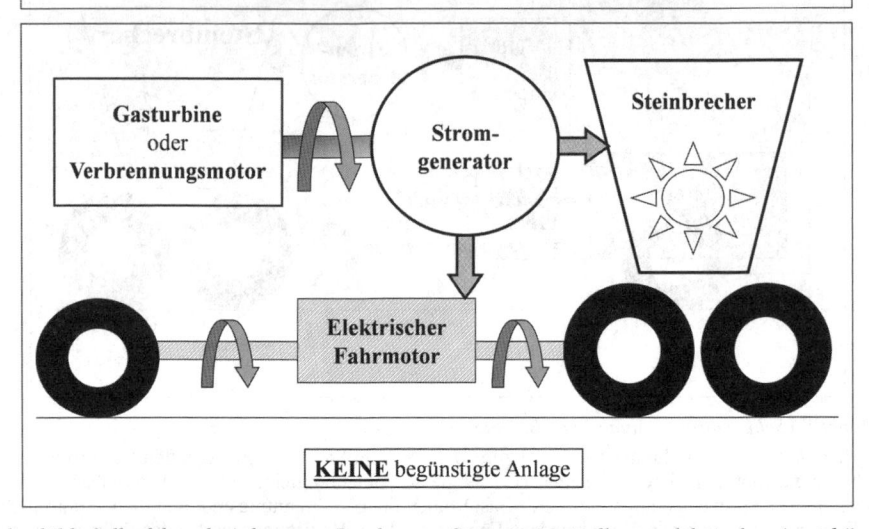

**KEINE** begünstigte Anlage

*Schaubild „Selbstfahrende Anlage zum Brechen von Steinen mit mittelbarem elektrischen Antrieb"*

### Selbstfahrender Steinbrecher mit mittelbarem hydraulischen Antrieb

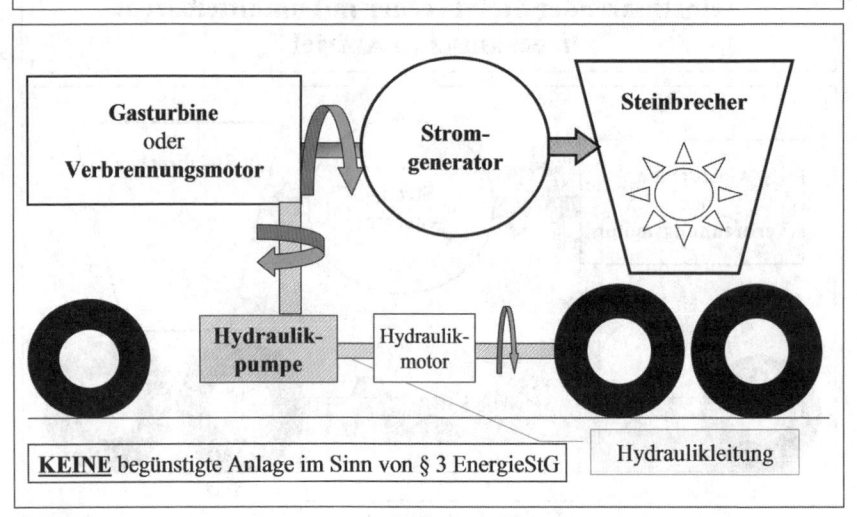

**KEINE** begünstigte Anlage im Sinn von § 3 EnergieStG

*Schaubild „Selbstfahrende Anlage zum Brechen von Steinen mit mittelbarem hydraulischen Antrieb"*

**51** Stromerzeugungsanlagen und KWK-Anlagen, die auf Leichtern[G], (Bargen)[G], Pontons[G], Prahmen[G], Schuten[G] oder Schwimmbaggern[G], installiert sind, die über keinen eigenen Antrieb verfügen, gelten als

Zu § 2 Energiesteuergesetz                                                         **Anlage § 002–01**

ortsfest, wenn die Leichter (Bargen), Pontons, Prahmen, Schuten oder Schwimmbagger während des Betriebes der Stromerzeugungsanlagen oder der KWK-Anlagen mit Ankerketten oder Ankerseilen vor Ort gehalten werden. Stromerzeugungsanlagen oder KWK-Anlagen nach Satz 1 gelten während des Betriebes auch dann als ortsfest, wenn die Leichter (Bargen), Pontons, Prahmen, Schuten oder Schwimmbagger, auf denen sie installiert sind, mit Schleppern$^{(G)}$ fest verbunden sind und die Schlepper mit Ankerketten oder Ankerseilen vor Ort gehalten werden. Schlepper, die allein aufgrund ihres Schiffsantriebes vor Ort gehalten werden, und damit auch die mit ihnen verbundenen Leichter (Bargen), Pontons, Prahme, Schuten oder Schwimmbagger, gelten nicht als ortsfest im Sinn des Gesetzes. Bewegungen der Leichter (Bargen), Pontons, Prahme, Schuten, Schwimmbagger oder Schlepper entlang der Ankerketten oder der Ankerseile sind für die Ortsfestigkeit der auf den Leichtern (Bargen), Pontons, Prahmen, Schuten oder Schwimmbaggern installierten Stromerzeugungsanlagen oder KWK-Anlagen ebenso unschädlich wie durch Tidenhub verursachte Bewegungen. Standbagger$^{(G)}$, die vorübergehend auf Schwimmkörpern aufgestellt sind, sind keine Schwimmbagger im Sinn dieser Dienstvorschrift. Satz 3 gilt sinngemäß auch für gasturbinen- oder verbrennungsmotorbetriebene unbemannte Luftfahrzeuge (umgangssprachlich: Drohnen; z. B. Paketkopter). Das zeitweilige bewegungslose Verharren im Luftraum impliziert insoweit keine Ortsfestigkeit.

## 6 Berechnung des Jahresnutzungsgrades nach § 3 Absatz 3 EnergieStG

Die Berechnung des Jahresnutzungsgrades ist sowohl für Anlagen nach § 3 Absatz 1 Satz 1 Nummer 2 EnergieStG als auch für die Steuerentlastung nach den §§ 53a und 53b EnergieStG erforderlich. Grundsätzlich sind alle Faktoren zur Ermittlung des Nutzungsgrades zu messen (§ 10 Absatz 1 Satz 1 EnergieStV). 52

Von dem Grundsatz des Messens kann in begründeten Einzelfällen abgewichen werden. Dies ist insbesondere dann der Fall, wenn eine Messung aus technischen Gründen nicht möglich ist oder wenn der finanzielle oder technische Aufwand den steuerrechtlichen Nutzen aus der Messung deutlich übersteigt. Der Antrag auf Zulassung anderer Ermittlungsmethoden ist an keine förmlichen Voraussetzungen gebunden. 53

Einer Berechnung des Jahresnutzungsgrades bedarf es nicht, wenn die Anlage ausschließlich wärmegeführt betrieben wird und weder über einen Notkühler noch über einen Bypass zur Umgehung des Abgaswärmetauschers$^{(G)}$ verfügt. Eine entsprechende Erklärung gibt der Antragsteller mit den Vordrucken 1132 bis 1134 ab. Enthalten die Datenblätter nur Angaben zum Wirkungsgrad der KWK-Anlage, kann in diesen Fällen hilfsweise auf diese Angaben zurückgegriffen werden. In Fällen, in denen das Erreichen des Jahresnutzungsgrades angezweifelt wird, z. B. auf Grund der Fahrweise der Anlage (ausschließlicher Sommerbetrieb), ist eine Nutzungsgradberechnung zu fordern. Auf Absatz 2 wird verwiesen (Bürokratieabbau). 54

Können der Einsatz von Energieerzeugnissen nicht zutreffend bestimmt und der Jahresnutzungsgrad einer KWK-Anlage nicht ermittelt werden, weil die für die Ermittlung des Jahresnutzungsgrades bedeutsamen Messgrößen unbekannt geblieben und nicht präzise benannt worden sind, ist der Antrag auf Steuerentlastung abzulehnen, da die Entlastungsvoraussetzungen nicht nachgewiesen sind (vgl. BFH-Beschluss vom 30.09.2009 – VII B 131/09 und FG Düsseldorf – 4 V 411/13 A). Die im Ermessen der Behörde stehende Bewilligung einer anderen Berechnungsmethode nach § 10 Absatz 1 EnergieStV setzt voraus, dass es andere Methoden gibt, die mit nahezu gleicher Sicherheit wie Messungen an deren Stelle treten könnten, und dass die dazu erforderlichen Daten vorliegen. 55

Zur Berechnung des Nutzungsgrades von KWK-Anlagen werden alle an einem Standort in KWK betriebenen und unmittelbar miteinander verbundenen KWK-Einheiten (Wärmekraftmaschinen$^{(G)}$) herangezogen. Wärmekraftmaschinen können durch Parallel-$^{(G)}$ oder Reihenschaltung$^{(G)}$ miteinander verbunden sein. 56

Die in dieser Dienstvorschrift definierten Messpunkte (MP) liegen grundsätzlich unmittelbar hinter den Wärmekraftmaschinen. Sie dienen zur Ermittlung der genutzten thermischen und mechanischen Energie (Hinweis auf Anlage 1). 57

In § 3 Absatz 3 EnergieStG wird der Jahresnutzungsgrad wie folgt definiert: 58

„Jahresnutzungsgrad im Sinne des Gesetzes ist der Quotient aus der Summe der genutzten erzeugten mechanischen und thermischen Energie in einem Kalenderjahr und der Summe der zugeführten Energie aus Energieerzeugnissen in derselben Berichtszeitspanne."

Für Anlagen, die im Laufe eines Jahres in Betrieb genommen werden, kann der Berechnung des Jahresnutzungsgrades der Zwölfmonatszeitraum zu Grunde gelegt werden, der der Inbetriebnahme folgt. Dies gilt sowohl für die Erstals auch die Wiederinbetriebnahme.

# Anlage § 002–01

Zu § 2 Energiesteuergesetz

59 Obwohl KWK-Anlagen in ihrem Aufbau oftmals erheblich voneinander abweichen (z. B. in der Art des Antriebes, in der Größe, im Verwendungszweck usw.), werden die jeweiligen Nutzungsgrade anhand einer grundlegenden Formel ermittelt.

Die entsprechende Formel lautet:

$$\zeta_{KWK} \quad \frac{W_{KWK} + Q_{KWK}}{Q_{Br}} \times 100$$

wobei gilt:

$\zeta_{KWK}$ = Nutzungsgrad
$W_{KWK}$ = genutzte mechanische Energie [MWh/$\Delta$t]
$Q_{KWK}$ = genutzte Wärme [MWh/$\Delta$t] nach der mechanischen/elektrischen Energieumwandlung
$Q_{Br}$ = Energieeinsatz (Brennstoffmenge * Heizwert ($H_i$) + Hilfsenergie [MWh/$\Delta$t]
$\Delta$t = Berichtszeitspanne (Monat/Jahr)
$W_{KWK}$ und $Q_{KWK}$ sind grundsätzlich gemessene Größen.

60 Der Heizwert $H_i$ (früher: unterer Heizwert) eines Stoffes ist die auf eine Masseneinheit bezogene Enthalpiedifferenz zwischen den Ausgangsmaterialien Brennstoff und Luft und den Verbrennungsprodukten, wenn das bei der Verbrennung gebildete Wasser gasförmig (in Form von Wasserdampf) vorliegt. Als Enthalpie[(G)] bezeichnet man den Energiegehalt[(G)] von Stoffen (z. B. Wasserdampf). Im Rahmen der Nutzungsgradberechnung bei KWK-Anlagen ist immer der Heizwert ($H_i$) zugrunde zu legen.

61 Der Brennwert $H_s$ (früher: oberer Heizwert) eines Stoffes ist die auf eine Masseneinheit bezogene Enthalpiedifferenz zwischen den Ausgangsmaterialien Brennstoff und Luft und den Verbrennungsprodukten, wenn das bei der Verbrennung gebildete Wasser in flüssiger Form vorliegt. Der Brennwert liegt demnach um die (Kondensations- bzw. Verdampfungs-) Enthalpie des in den Verbrennungsprodukten enthaltenen Wassers höher als der Heizwert. Die Bestimmung von Heizwert $H_i$ bzw. Brennwert $H_s$ erfolgt unter genormten Bedingungen (vergleiche DIN 51900-1, Ausgabe April 2000).

62 Der Brennwert ($H_s$) dient bei Erdgas der Ermittlung der steuerlichen Bemessungsgrundlage (siehe § 1a Nummer 18 EnergieStG i. V. m. § 110 EnergieStV). Im Allgemeinen liegt der Brennwert ($H_s$) bei Erdgas etwa zehn Prozent über dem Heizwert ($H_i$).

63 Der Energieeinsatz ($Q_{Br}$) einer KWK-Anlage ist die Summe aus Brennstoffwärme (Brennstoffmenge * Heizwert ($H_i$)) und Hilfsenergie, der vor der Erzeugung mechanischer Energie zugeführt wird. Hilfsenergie ist die einer Anlage zusätzlich zugeführte Energie, die nicht Brennstoffwärme ist. Sie ist in Megawattstunden (MWh) anzugeben. Hilfsenergie kann z. B. Wärmeenergie sein, die in anderen Betriebsteilen entstanden ist.

Keine Hilfsenergie und damit nicht als Energieeinsatz zu berücksichtigen ist die so genannte Kreislaufenergie in Form von z. B. einer Speisewasserrückführung. Soweit die elektrische Energie und die Wärme nur in der KWK-Anlage selbst verbleiben, handelt es sich nicht um Kraft-Wärme-Kopplung (z. B. Dampfentnahme zur regenerativen Speisewasservorwärmung oder elektrischer Eigenbedarf der Anlage).

64 Energieerzeugnisse, die zum Aufwärmen von Energieerzeugnissen (z. B. Pflanzenöle mit niedriger Viskosität) verheizt werden, gelten nicht als Hilfsenergie und sind daher nicht zu berücksichtigen.

65 Es ist nur der Energieeinsatz zu berücksichtigen, der vor der Erzeugung mechanischer Energie zugeführt wird. Zur Abgrenzung siehe § 3 Absatz 4 EnergieStG.

66 Grundsätzlich ist zur Berechnung des Nutzungsgrades nur die als Brennstoffwärme zugeführte Energie aus Energieerzeugnissen (§ 10 Absatz 1 EnergieStG) zu Grunde zu legen. Bei Gemischtfeuerung kann jedoch aus Vereinfachungsgründen die Gesamtenergie aus Energieerzeugnissen nach dem Energiesteuergesetz und anderen Energieträgern (z. B. Holz oder Papier) als Input dem Gesamtoutput gegenübergestellt werden.

67 Die genutzte mechanische Energie[(G)] an der Welle der Kraftmaschine (MP), z. B. Verbrennungsmotor[(G)], Gasturbine, Dampfturbine[(G)] bzw. Dampfmotor[(G)], ist für die Ermittlung des Nutzungsgrades maßgebend. Wird bei Anlagen mit Stromerzeugung hilfsweise die an den Generatorklemmen (Hilfsmesspunkt) gemessene Strommenge zur Ermittlung der genutzten mechanischen Energie herangezogen, so sind die Generatorverluste der gemessenen Strommenge hinzuzurechnen. Diese sind entweder explizit in den Anlagen-Datenblättern beziehungsweise anderen geeigneten Unterlagen genannt oder sie ergeben sich indirekt aus den Wirkungsgradangaben des Generators. Sofern keine entsprechenden Unterlagen zur Verfügung stehen, können bis zu fünf Prozent der zum Antrieb des Stromgenerators eingesetzten Kraft

Zu § 2 Energiesteuergesetz **Anlage § 002–01**

als Verlust anerkannt werden. Werden höhere – nicht in den Anlagen-Datenblättern beziehungsweise anderen geeigneten Unterlagen dokumentierte – Generatorverluste geltend gemacht, sind sie nachzuweisen. Die jeweiligen Messverfahren können den technischen Gegebenheiten der Anlage angepasst werden. Bei anderer Nutzung der mechanischen Energie als zur Stromerzeugung (z. B. Antrieb eines Luftverdichters oder eines Ventilators/Lüfters in einer Getreidetrocknungsanlage) können andere geeignete Verfahren zur Ermittlung der genutzten mechanischen Energie herangezogen werden (Hinweis auf Absatz 71).

Sofern Betreiber bei der Nutzungsgradermittlung aufgrund der anerkannten Regeln der Technik den Betriebseigenverbrauch (Strom) der Anlage in Abzug bringen, ist dies nicht zu beanstanden. 68

Die Messung der Wärme erfolgt bei Blockheizkraftwerken$^{(G)}$ mit Wärmetauscher so nah wie möglich am Wärmetauscher (MP). Die genutzte thermische Energie$^{(G)}$ (Wärme) wird als die Differenz zwischen abgegebener und zurückkommender Wärme (Vor- und Rücklauf) ermittelt. Bei Blockheizkraftwerken und gasturbinenbetriebenen KWK-Anlagen mit direkter Nutzung der heißen Abgase kann deren Energiegehalt hilfsweise anhand der Anlagen-Datenblätter ermittelt werden (Hinweis auf Anlage 2). 69

Bei gasturbinenbetriebenen KWK-Anlagen mit Abhitzekessel$^{(G)}$ wird die dem Kessel entnommene erzeugte Wärmeenergie – ggf. vermindert um die Wärmeenergie, die durch den Einsatz einer Zusatzfeuerung erzeugt worden ist – zur Wärmemengenermittlung herangezogen. Der MP soll so nah wie möglich hinter dem Abhitzekessel liegen (Hinweis auf Anlage 3). Unter Umständen kommt für den Einsatz von Energieerzeugnissen in einer Zusatzfeuerung eine Steuerentlastung nach den §§ 54 oder 55 EnergieStG in Betracht (z. B. für Unternehmen des Produzierenden Gewerbes). 70

Zur Ermittlung des Jahresnutzungsgrades von Trocknungsanlagen (Hinweis auf Absatz 32) kann die erzeugte thermische Energie wie folgt berechnet werden: 71

$Q_{erz} - V_h \times t_h \times c_p \times \Delta T$

wobei gilt:

$Q_{erz}$ = erzeugte Wärmemenge in kJ (umzurechnen in MWh)

$V_h$ = Luftleistung Ventilator (Herstellerangabe) in m$^3$/h

$t_h$ = Betriebsstunden Ventilator (Messwert) in h

$c_p$ = spezifische Wärmekapazität der Luft bei konstantem Druck (Berechnung) in kJ/K * m$^3$

$\Delta T$ = Temperaturdifferenz zwischen kalter und warmer Luft (Messwert in K

Bei der Berechnung des Nutzungsgrades ($\zeta_{KWK}$) kann in diesem Fall ausnahmsweise die erzeugte Wärmemenge ($Q_{erz}$) der genutzten Wärmemenge ($Q_{KWK}$) gleichgesetzt werden, sofern die erwärmte Luft vollständig zur Trocknung eingesetzt wird.

Die dargestellte Berechnungsmethode ist für Trocknungsanlagen anzuwenden, bei denen der Lüfter, der die Umgebungsluft ansaugt, vor der Wärmequelle angebracht ist. Als weiterführende Arbeitshilfe wird auf die Intranetseite der BFD Südwest – Abteilung ZF – Referat ZF 2 – Sonstiges – Arbeitshilfen KWK – verwiesen.

Die Ermittlung der genutzten Wärmemenge bei KWK-Anlagen, in denen Dampf erzeugt und zur Energieübertragung verwendet wird (z. B. kesselbetriebene Anlagen), erfolgt grundsätzlich durch die Errechnung des Energieinhaltes (Enthalpiedifferenz) des Dampfes auf Grund der gemessenen Werte für Druck, Temperatur und Dampfmenge. Die Messungen erfolgen nach der Wärmekraftmaschine (bei Reihenschaltung mehrerer Wärmekraftmaschinen hinter der letzten Kraftmaschine). 72

Bei Anlagen, in denen der Frischdampf$^{(G)}$ als Sattdampf$^{(G)}$ zum Antrieb der Dampfturbine verwendet wird, tritt der Abdampf als Nassdampf$^{(G)}$ aus der Turbine aus. Der Wärmeinhalt dieses Dampfes kann nicht über die übliche Methode der Messung von Druck und Temperatur bestimmt werden. Der Energiegehalt kann nach der Dampfturbine unter dem Abzug der erzeugten mechanischen Energie und der Wärmeverluste durch Abstrahlung der Dampfturbine errechnet werden. Ist die Dampfmenge auf der Abdampfseite (hinter der Turbine) aus technischen Gründen nicht messbar, kann ausgehend von der Frischdampfmenge die Abdampfmenge unter Berücksichtigung der Dampfverluste an der Stopfbuchse und eventuelle Auskoppelungen berechnet werden.

Kesselbetriebene Anlagen ohne Wärmeauskopplung, bei denen einer Gegendruckturbine eine Kondensationsturbine nachgeschaltet ist, sind keine KWK-Anlagen (Hinweis auf Anlage 4). 73

Sowohl bei Entnahmekondensationsturbinen$^{(G)}$ als auch Anzapfkondensationsturbinen$^{(G)}$ (Hinweis auf Anlage 5) liegt für den über den Kondensationsteil der Turbine entspannten Dampf keine Kraft-Wärme-Kopplung vor. Erfolgt hinter dem Gegendruckteil und vor dem Kondensationsteil der Turbine hingegen eine Wärmeauskopplung, handelt es sich bei dem ausgekoppelten Anteil um Kraft-WärmeKopplung. Zur Ermittlung des KWK-Anteils werden sowohl die Entnahme-Kondensationsturbine als auch die 74

**Anlage § 002–01**  Zu § 2 Energiesteuergesetz

Anzapf-Kondensationsturbine fiktiv in je eine parallel geschaltete$^{(G)}$ Kondensationsturbine (keine Wärmeauskopplung) und in eine Gegendruckturbine (Wärmeauskopplung) aufgeteilt. Der ausgekoppelte Dampf fließt entsprechend seinem Anteil an der gesamten erzeugten Dampfmenge in die Nutzungsgradberechnung ein. Die Nutzwärme entspricht dabei dem Energiegehalt des ausgekoppelten Dampfes. Die mechanische Energie wird – unter Berücksichtigung des mechanischen Wirkungsgrades der Turbine – aus der Enthalpiedifferenz des Dampfes, der durch die fiktive Gegendruckturbine strömt, berechnet (Hinweis auf Anlage 6).

75  Bei der bivalenten Nutzung der Kesselleistung (Teilauskopplung von Dampf vor der Kraftmaschine) wird thermische Energie (Dampf) vor einer mechanischen Energieumwandlung ausgekoppelt (z. B. als Frischdampf für die Produktion oder zur Erwärmung von Wasser in einem Entgaser$^{(G)}$). Die dabei entnommene Dampfmenge ist bei der Berechnung des Jahres(Monats-)-nutzungsgrades beim Output außer Acht zu lassen. Die auf die ausgekoppelte Dampfmenge entfallende Brennstoffmenge bleibt beim Input unberücksichtigt (Hinweis auf Anlage 7). Dies gilt ebenso für die aus einer Zusatzfeuerung stammende Dampfmenge, die vor einer mechanischen Nutzung ausgekoppelt wird.

76  Die entsprechende Formel lautet:

$$\zeta_{KWK} \frac{W_{KWK} + Q_{KWK}}{Q_{Br} \times (1-x)} \times 100$$

wobei gilt:

$\zeta_{KWK}$  = Nutzungsgrad
$W_{KWK}$  = genutzte mechanische Energie [MWh/$\Delta$t]
$Q_{KWK}$  = genutzte Wärme [MWh/$\Delta$t] nach der mechanischen/elektrischen Energieumwandlung (also nach der Kraftmaschine)
$Q_{Br}$  = Energieeinsatz (Brennstoffmenge * Heizwert ($H_i$) + Hilfsenergie [MWh/$\Delta$t]
$x$  = Quotient aus der für die direkte Wärmenutzung verbrauchten Energie und dem gesamten Energieeinsatz
$\Delta t$  = Berichtszeitspanne (Monat/Jahr)

$W_{KWK}$ und $Q_{KWK}$ sind grundsätzlich gemessene Größen.

77  Sofern eine Anlage nach § 9 Absatz 1 Nummer 3 EnergieStG vorliegt und diese als KWK-Anlage betrieben wird, ist der Nutzungsgrad für alle KWK-Einheiten dieser Anlage als Gesamtheit zu ermitteln.

**7 Allgemeines zur Steuerentlastung für die Stromerzeugung sowie zur Steuerentlastung für die gekoppelte Erzeugung von Kraft und Wärme**

78  Für die Anträge nach den §§ 53, 53a und 53b Absatz 1 sowie § 53b Absatz 4 EnergieStG sind die Vordrucke 1131, 1132, 1133 bzw. 1134 zu nutzen. Bei erstmaliger Antragstellung sind die in § 99 Absatz 3, § 99a Absatz 3 und § 99d Absätze 4 und 5 EnergieStV aufgelisteten Angaben zu erbringen bzw. entsprechende Unterlagen beizufügen. Nur wenn alle Hauptbestandteile einer KWK-Einheit oder Stromerzeugungseinheit in einem Gehäuse untergebracht sind, ist die Angabe der Seriennummer des Blocks erforderlich.

79  Die Steuerentlastungsanträge sind anlagenbezogen zu stellen. Bestandteile der in Absatz 78 genannten Entlastungsvordrucke sind Zusatzblätter, mit denen alle anlagenrelevanten Informationen zu übermitteln sind. Im Formular-Management-System (FMS) öffnen sich die entsprechenden Zusatzblätter automatisch, je nachdem, ob es sich um eine erstmalige Antragstellung oder um einen Folgeantrag handelt. Bei Folgeanträgen sind die Angaben gemäß Zusatzblatt „Folgeantrag" zu fordern. Die Nutzung falscher Zusatzblätter führt nicht zu einer unwirksamen Antragstellung. In diesem Fall sind die noch fehlenden Unterlagen vom Beteiligten anzufordern.

Auch die Antragsteller, die bereits nach alter Rechtslage am Entlastungsverfahren teilgenommen haben, müssen mit den o. g. Vordrucken einen erstmaligen Entlastungsantrag nach den §§ 53a und 53b EnergieStG stellen, da mit den neuen Rechtsgrundlagen umfangreichere Antragsvoraussetzungen verbunden sind. Soweit der Beteiligte die zur Beantragung notwendigen Unterlagen dem Hauptzollamt bereits im Rahmen der Antragstellung nach altem Recht vorgelegt hat, sind diese nicht erneut anzufordern.

Für den Antrag auf Steuerentlastung nach § 53 EnergieStG kann der Vordruck 1117 für Energieerzeugnisse, die im Kalenderjahr 2012 verwendet worden sind, weiterhin genutzt werden.

80  Nach den §§ 53 Absatz 3, 53a Absatz 3 und 53b Absatz 2 EnergieStG kann die Steuerentlastung nicht über die dort genannten Entlastungssätze hinaus gewährt werden. Mit der Einschränkung des Entlastungssatzes nach §§ 53 Absatz 3 Satz 2 und 53a Absatz 3 Satz 2 EnergieStG werden ausschließlich

Zu § 2 Energiesteuergesetz                                                              **Anlage § 002–01**

umweltpolitische Ziele verfolgt. Demgemäß sind stärker schwefelhaltige Energieerzeugnisse nicht im vollen Umfang energiesteuerlich entlastbar. Damit wurde ein Anreiz geschaffen, schwefelärmere Heizstoffe zu verwenden. Die Einschränkung des § 53b Absatz 2 Satz 2 EnergieStG ist hingegen darauf gerichtet zu verhindern, dass die dort genannten Energieerzeugnisse, die am KWK-Prozess teilnehmen, nicht über die Mindeststeuersätze nach der Energiesteuerrichtlinie hinaus entlastet werden. D. h. die Mengen, die nach den o. a. Normen entlastet worden sind, sind keiner anderen Entlastung zugänglich (Hinweis auf Absatz 161) (Hinweis auf Absatz 163).

Unter den Einschränkungen ist jedoch nicht zu verstehen, dass nunmehr aufgrund der notwendigen Anlagenbetrachtung nach § 9 EnergieStV auch für die Energieerzeugnisse, die in den Anlagenbereichen eingesetzt werden, die aufgrund der Definitionen des KWK-Prozesses nach § 3 Absatz 4 EnergieStG und des Stromerzeugungsprozesses nach § 53 Absatz 2 EnergieStG von der Entlastung ausgenommen sind, aber trotzdem rein rechtlich als Anlagenteile nach § 9 EnergieStV zu betrachten sind, keine weiteren Entlastungsmöglichkeiten mehr gegeben sind. Für Energieerzeugnisse, die eindeutig den vom KWK-Prozess bzw. vom Stromerzeugungsprozess ausgenommenen Anlagenbestandteilen zugeordnet werden können, kann wie bisher eine Entlastung z. B. nach den §§ 51, 54 und 55 EnergieStG gewährt werden, sofern die dort genannten Voraussetzungen erfüllt sind.

Zur Ermittlung der entlastungsfähigen Mengen, die zur Stromerzeugung oder zur gekoppelten Erzeugung von Kraft und Wärme eingesetzt werden, sind die eingesetzten Energieerzeugnisse und die weiteren eingesetzten Brennstoffe und Hilfsenergien zu messen. Ausnahmen von diesem Grundsatz können nach § 98 Absatz 1 Satz 2 EnergieStV zugelassen werden, wenn die eingesetzten Mengen nicht oder nur mit unvertretbarem Aufwand gemessen werden können. Es bedarf hierzu keines förmlichen Antrages, eine einfache Darstellung des Beteiligten ist ausreichend. Bereits in der Vergangenheit akzeptierte Ermittlungsmethoden bedürfen keiner erneuten Antragstellung. Werden die ausschließlich im KWK-Prozess verwendeten Energieerzeugnisse gemessen, bedarf es grundsätzlich keiner anderen Ermittlungsmethode nach § 98 Absatz 1 Satz 2 EnergieStV. **81**

Sind unterjährige Mengenabgrenzungen notwendig, weil z. B. für eine Anlage die AfA oder der Nachweis der Hocheffizienz abläuft (Übergang von § 53a zu § 53b EnergieStG) und keine Ablesung von Zählern erfolgt, kann aus Vereinfachungsgründen eine rechnerische Aufteilung (z. B. nach Gradtagszahlen) akzeptiert werden. Über den Übergang des Entlastungsanspruchs sollte der Antragsteller im Vorjahr in geeigneter Weise informiert werden. **82**

Sofern die in Mikro-KWK-Anlagen (Anlagen mit einer elektrischen Nennleistung bis 15 kW) eingesetzten Energieerzeugnisse zu ermitteln sind, d. h. wenn sie nicht gemessen werden, gelten die nachfolgenden Absätze 84 bis 93. **83**

Mikro-KWK-Anlagen werden hauptsächlich objektbezogen (z. B. Einfamilienhäuser, kleine Mehrfamilienhäuser, kleinindustrieller Bereich, Altbauten) eingesetzt. Sie sind in der Regel wärmegeführt und verfügen nicht über einen Notkühler. Grundsätzlich sind die Mikro-KWK-Anlagen so ausgelegt, dass die Wärmegrundlast durch das integrierte KWK-Modul oder den integrierten KWK-Teil bereitgestellt wird und der Spitzenwärmebedarf durch einen Zusatzbrenner/Spitzenlastkessel gedeckt wird. Diese Zusatzbrenner/Spitzenlastkessel sind nicht Bestandteil des KWK-Prozesses. Einige der Mikro-KWK-Anlagen haben keine getrennte Mengenerfassung für die Energieerzeugnisse, die in den KWK-Prozess eingehen bzw. die ausschließlich zum Verheizen verwendet werden. **84**

Eine einheitliche Definition für Mikro-KWK-Anlagen gibt es derzeit nicht. Die KWK-Richtlinie und das KWKG 2002 setzen für Kleinstanlagen eine Leistung kleiner als 50 kW$_{el}$ als Grenzwert. In der Regel wird in der Literatur 1 kW$_{el}$ Nennleistung als Kriterium für eine Mikro-KWK-Anlage angeführt. Die Arbeitsgemeinschaft für sparsamen und umweltfreundlichen Energieverbrauch e. V. (ASUE e. V.) gibt an, dass kleine Anlagen mit einer elektrischen Leistung von bis zu 10 kW$_{el}$ als Mikro-KWK-Geräte bezeichnet werden. In der VDIRichtlinie 2077 wird hingegen eine Grenze von 70 kW$_{el}$ als Grenzwert bestimmt. Für energiesteuerrechtliche Zwecke wird eine Nennleistungsgrenze von 15 kW$_{el}$ angenommen.

Als Antriebseinheiten für Mikro-KWK-Anlagen werden derzeit insbesondere folgende Technologien verwendet: **85**

1. Stirlingmotoren,
2. Verbrennungsmotoren,
3. Dampfmotoren bzw. Dampfexpansionsmaschinen,
4. Mikrogasturbinen sowie
5. Vielstoffantriebseinheiten.

## Anlage § 002–01

Zu § 2 Energiesteuergesetz

Die Stromerzeugung erfolgt in der Regel über Drehgeneratoren aber auch zunehmend über Maschinen, bei denen eine geradlinige Kolben-Bewegung zur Stromerzeugung genutzt wird (Stichwort: Dampfexpansion).

86 Auf dem Markt werden sowohl nicht modulierende als auch modulierende Mikro-KWK-Anlagen angeboten. Unter Modulation versteht man die Variation der Leistung einer KWK-Anlage. Die Anlagensteuerung passt die Leistung der KWK-Anlage dem Wärme- bzw. Strombedarf an. Modulierende Anlagen erzeugen den Strom und damit die Wärme variabel.

87 Eine Übersicht der derzeit bekannten modulierenden und nicht modulierenden Mikro-KWK-Anlagen einschließlich technischer Unterlagen, ggf. vorhandener Kennlinien und Entscheidungen über die Zulässigkeit von Vereinfachungen bei der Ermittlung der Bemessungsgrundlagen ist im Intranet der Bundesfinanzdirektion Südwest – Zentrale Facheinheit – Referat ZF 2 – Sonstiges – Arbeitsunterlagen KWK – veröffentlicht. Diese Übersicht enthält auch Angaben darüber, ob serienmäßige Spitzenlast- bzw. Zusatzkessel zur KWK-Anlage gehören.

88 Für die Ermittlung der in Mikro-KWK-Anlagen mit einer elektrischen Nennleistung bis zu 15 kW verwendeten Energieerzeugnisse sind die in den Absätzen 89 bis 91 dargestellten Berechnungsmethoden im Sinn des § 98 Absatz 1 Satz 2 EnergieStV zulässig, sofern keine getrennte Messung der im KWK-Prozess und beim Verheizen eingesetzten Energieerzeugnisse möglich ist. Die Berechnungsmethoden basieren auf den anerkannten Regeln der Technik (VDI-Richtlinie 2077); mit ihnen können die entlastungsfähigen Mengen hinreichend genau ermittelt werden. Diese Berechnungsmodelle sind nach der VDI-Richtlinie 2077 als verbindliche Methoden bei der wärmetechnischen Abrechnung in Wohnhäusern festgelegt und nur für geprüfte Anlagen im Sinn des § 6 Absatz 1 Nummer 5 KWKG zulässig. Es bestehen keine Bedenken, diese Berechnungsmodelle dem Beteiligten mitzuteilen. Andere von den Beteiligten angewandte Ermittlungsmethoden sind an Hand der zugelassenen Berechnungsmethoden zu überprüfen. Für die KWK-Anlage des Typs Vitotwin 300 wurde eine andere Ermittlungsmethode als die der VDI-Richtlinie 2077 zugelassen.

Die Entscheidung über alternative Ermittlungsmethoden für die steuerrechtlich relevanten Bemessungsgrundlagen in Fällen der Mikro-KWK-Anlagen obliegt weiterhin der BFD Südwest. In Zweifelsfragen ist zu berichten.

89 Bei nicht modulierenden Mikro-KWK-Anlagen variieren Brennstoffverbrauch und abgegebene Strom- und Wärmemengen nicht. Der Erdgasverbrauch in einer nicht modulierenden KWK-Anlage berechnet sich wie folgt:

$$B_{KWK} \frac{t_{KWK} \times P_{el}}{\eta_{el}} \times 1{,}11$$

wobei gilt:

$B_{KWK}$ = Brennstoffeinsatz in der KWK-Anlage

$t_{KWK}$ = Betriebsstunden der KWK-Anlage

$P_{el}$ = elektrische Leistung der KWK-Anlage

$\eta_{el}$ = elektrischer Wirkungsgrad der KWK-Anlage auf Basis des Heizwertes $H_i$

Der Faktor „1,11" in der Berechnung für den Erdgasverbrauch resultiert aus dem Verhältnis Brennwert $H_s$/Heizwert $H_i$ und ist in der Tabelle B.1 der DIN V 18599-1 festgelegt.

90 Sofern in nicht modulierenden Mikro-KWK-Anlagen andere Energieerzeugnisse als Erdgas verwendet werden, ist folgende Formel einschlägig:

$$B_{KWK} \frac{t_{KWK} \times P_{el}}{\eta_{el}}$$

Das Ergebnis dieser Berechnung ist entsprechend von Kilowattstunden auf die steuerlich zutreffende Menge umzurechnen. Hierbei sind folgende Umrechnungsfaktoren zu Grunde zu legen:

Heizöl (extra leicht): 10,030 kWh entsprechen einem Liter

Flüssiggas: 12,944 kWh entsprechen einem Kilogramm

Die Umrechnungsfaktoren basieren auf den Heizwerten der Arbeitsgemeinschaft Energiebilanzen (AGEB 2010a).

91 Bei modulierenden Anlagen stellt die vereinfachte Berechnung auf die mittleren Stromwirkungsgrade ab. Diese werden anhand von anlagenindividuellen Kennlinien oder Tabellenwerten bestimmt, die – sofern vorhanden – im Intranet der Bundesfinanzdirektion Südwest – Zentrale Facheinheit – Referat

Zu § 2 Energiesteuergesetz **Anlage § 002–01**

ZF 2 eingestellt sind. Der Erdgasverbrauch in einer modulierenden KWK-Anlage berechnet sich wie folgt:

$$B_{KWK} \frac{W_{KWK}}{\bar{\eta}_{el}} \times 1{,}11$$

wobei gilt:

$B_{KWK}$ = Brennstoffeinsatz in der KWK-Anlage

$W_{KWK}$ = Nettostromerzeugung der KWK-Anlage

$\bar{\eta}_{el}$ = elektrischer Wirkungsgrad der KWK-Anlage im Jahresmittel

Um den elektrischen Wirkungsgrad $\bar{\eta}_{el}$ (im Jahreswechsel) zu ermitteln, ist es in einem ersten Arbeitsschritt erforderlich, die mittelere Leistung $\bar{P}_{el}$ zur berechnen:

$$\bar{P}_{el} - \frac{W_{KWK}}{t_{KWK}}$$

wobei gilt:

$t_{KWK}$ = Betriebsstunden KWK

Die Berechnung der mittleren Leistung $\bar{P}_{el}$ ist als Zwischenergebnis für den zweiten Arbeitsschritt erforderlich. In diesem Arbeitsschritt ist dann den o. a. Kennlinien bzw. interpolierten Tabellen der Hersteller der jeweiligenmittlere Stromwirkungsgrad für die ermittelte mittlere Leistung $\bar{P}_{el}$ bei auf eine Nachkommastelle genau (kaufmännische Rundung) zu entnehmen bzw. zu ermitteln.

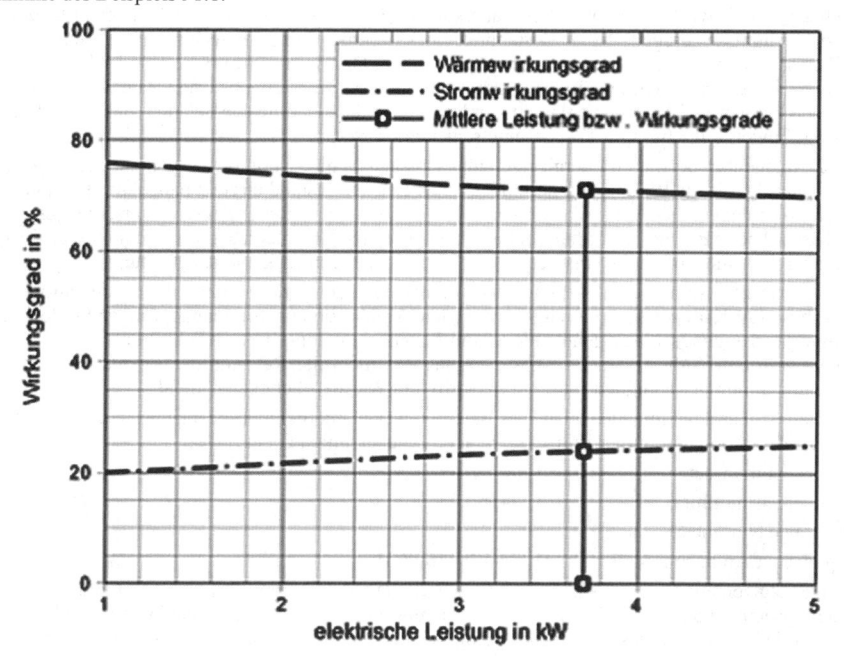

Beispiel 91.1

Messert der erzeugten elektrischen Nettostromerzeugung $W_{KWK}$ = 15.581,2 kWh; gemessene Betriebsstunden des KWK-Gerätes $t_{KWK}$ = 4.216 h; Mittlere Leistung $\bar{P}_{el}$: 3,70 kW (rechnerisch ermittelt);

Aus der untenstehenden Kennlinie bzw. Tabelle ist der mittlere Stromwirkungsgrad für die errechnete elektrische Leistung im Jahreswechsel zu entnehmen bzw. zu ermitteln: $\bar{\eta}_{el}$: 24,0 % (entspricht: 0,240).

Kennlinie des Beispiels 91.1:

**Anlage § 002–01**  Zu § 2 Energiesteuergesetz

Tabelle zu Beispiel 91.1:
Tabelle 1: Strom- und Wärmeewirkungsgrade einer modulierenden geprüften KWK-Einheit; Herstellerangaben

| $\overline{P}_{el}$ in kW | $\overline{\eta}_{el}$ in % | $\overline{\eta}_Q$ in % |
|---|---|---|
| 1,0 | 20,0 | 76,0 |
| 1,5 | 20,8 | 74,9 |
| 2,0 | 21,7 | 73,9 |
| 2,5 | 22,5 | 73,0 |
| 3,0 | 23,3 | 72,0 |
| 4,0 | 24,2 | 71,0 |
| 5,0 | 25,0 | 70,0 |

Im letzten Arbeitsschritt sind die ermittelten bzw. gemessenen Werte in die Ausgangsformel einzusetzen.

$B_{KWK}$ = 15.581,2 kWh $(W_{KWK})/\overline{\eta}_{el}$ * 1,11
15.581,2 kWh/0,240 * 1,11 = 72.063,05 kWh
$B_{KWK}$ ≈ 72.063 kWh

Sofern in modulierenden Mikro-KWK-Anlagen andere Energieerzeugnisse als Erdgas verwendet werden, ist der Faktor 1,11 nicht anzuwenden. Das Ergebnis dieser Berechnung ist entsprechend von Kilowattstunden auf die steuerlich zutreffende Menge (Hinweis auf Absatz 90) umzurechnen.

92  Zur Plausibilitätsprüfung der Anträge auf Steuerentlastung sollten die Zählerstände (Vorjahr und Veranlagungsjahr) des Betriebsstundenzählers und des Stromzählers angefordert/vorgelegt werden.

93  Sofern die Berechnungsmethode nach den Absätzen 89 bis 91 zur Ermittlung der eingesetzten Energieerzeugnisse durch den Beteiligten angewandt wird, hat er Unterlagen zur elektrischen Leistung der KWK-Anlage und zum elektrischen Wirkungsgrad (bei nicht modulierenden Anlagen) einzureichen, sofern diese nicht bereits in der Übersicht zu den Mikro-KWK-Anlagen im Intranet der BFD Südwest veröffentlicht sind.

94  Die zur Dampferzeugung eingesetzten Energieerzeugnisse sind den Dampfentnahmestellen entsprechend der jeweils entnommenen Dampfmenge und ihres Anteils an der Gesamtdampferzeugung zuzurechnen. Somit wird entsprechend den anerkannten Regeln der Technik die Mengenaufteilung der Energieerzeugnisse geregelt, die als Bestandteil eines Brennstoffmixes in technischen Systemen, in denen Dampf erzeugt und genutzt wird, verwendet werden. Der Brennstoffmix beschreibt die Anteile der einzelnen in einem Energieumwandlungsprozess eingesetzten Brennstoffe. Andere Ermittlungsmethoden können auf Antrag zugelassen werden, sofern die steuerlichen Belange nicht beeinträchtigt werden (Hinweis auf Abschnitt 12 – Sammelschienen).

95  Je nach Anlagentyp benötigen Energieerzeugungsanlagen wenige Minuten bis zu mehreren Tagen (Anfahrvorgang[G]), bis die Wärmekraftmaschinen einen Betriebszustand erreicht haben, der es ermöglicht, Energie zu erzeugen. Der Anfahrvorgang unterteilt sich in – je nach Anlagentyp unterschiedliche – Anfahrphasen. Die während des Anfahrvorganges eingesetzten Energieerzeugnisse gehören zur Energieerzeugung und sind, sofern die entsprechenden Voraussetzungen erfüllt sind, entlastungsfähig.
Abfahrvorgänge[G] sind ebenfalls grundsätzlich entlastungsfähig, da sie untrennbar vom Stromerzeugungs- bzw. KWK-Prozess sind. Lediglich der letzte Abfahrvorgang vor der endgültigen Stilllegung einer Energieerzeugungsanlage gehört nicht zum Stromerzeugungs- bzw. KWK-Prozess, weil er – im Gegensatz zu den vorhergehenden Abfahrvorgängen – nicht der Revision der Anlage und damit der Aufrechterhaltung der Fähigkeit, Strom bzw. Kraft und Wärme zu erzeugen, dient.

96  Jedes Hauptzollamt hat für jede Anlage des Beteiligten eine unternehmensbezogene Anlagennummer zu vergeben. Die Anlagennummer ist nach folgendem Muster aufzubauen:

| | |
|---|---|
| Dienststellennummer: | 1704 |
| Unternehmensnummer: | 123456 |
| fortlaufende Nummer: | 0001 |
| Beispiel einer Anlagennummer: | 1704-123456-0001 |

Sofern Energieerzeugnisse in mehreren unmittelbar miteinander verbundenen KWK-Einheiten, Stromerzeugungseinheiten oder KWK- und Stromerzeugungseinheiten an einem Standort verwendet werden (§ 9 EnergieStV), ist für diese eine Anlage lediglich eine Anlagennummer zu vergeben. Die vergebene

Zu § 2 Energiesteuergesetz **Anlage § 002–01**

Anlagennummer ist dem Beteiligten formlos mitzuteilen. Wird wegen einer abweichenden Festsetzung ein Verwaltungsakt erlassen, kann die Mitteilung der Anlagennummer in dieses Schreiben integriert werden.

Die Anlagennummer ist auch bei Wechsel der Entlastungsnormen (z. B. von § 53a EnergieStG zu § 53b EnergieStG) weiterzuführen. **97**

Bis zur Integration der Anlagenstammdaten in das IT-Verfahren STROMBOLI erfasst jedes HZA die Anlagendaten eines jeden Unternehmens in der vorgegebenen Tabelle (siehe Verfügungen der BFD Südwest vom 8. und 16. Mai 2013 – V 4301 B – 41/13 – ZF 2330). **98**

Die Zählfälle sind in den Leistungsmengenerhebungen zu erfassen. **99**

Der Normenkontrollrat hat verfügt, dass die Regelungen der §§ 99 ff. EnergiestV zu evaluieren sind. Schon aus diesem Grund ist auf die Datenerfassung besondere Sorgfalt zu verwenden.

Für jeden Entlastungsberechtigten ist ein (Teil)-Belegheft zu führen, welches wie folgt aufzubauen ist: **100**

1. Deckblatt mit Standort(en) der Anlage(n) – Anlagennummer(n) – Entlastungsnorm(en)
2. Abteilung im Belegheft je Anlage, in der folgende Unterlagen abzulegen sind:
   a. erstmaliger Antrag mit Anlagenbeschreibung (Original des Zusatzblattes zum Antrag auf Steuerentlastung),
   b. Angaben zum Nutzungsgrad der Anlage (zur Berechnung bzw. zur Erforderlichkeit der Berechnung),
   c. alle Unterlagen zur Hocheffizienz und zur Absetzung für Abnutzung der Hauptbestandteile,
   d. sofern erforderlich, Beschreibung der wirtschaftlichen Tätigkeit (ggf. als Kopie, wenn die Beschreibung bereits in anderen Teilbelegheften abgelegt ist) und
   e. alle Änderungsanzeigen.

Die Aufbereitung der Beleghefte soll möglichst bei der erstmaligen Antragstellung erfolgen; ggf. fehlende Unterlagen sind vom Antragsteller anzufordern.

Für jedes Unternehmen ist, unabhängig ob dieses eine oder mehrere Anlagen betreibt, nur ein ÜWG im IT-Verfahren BISON anzulegen. Die einzelnen Anlagen sollten dann als Standorte auf ÜWG-Ebene angelegt werden, wenn prüfungsrelevante Ansätze gegeben sein könnten. Solange das IT-Verfahren STROMBOLI die Steuerentlastung nach den §§ 53a und 53b Energiesteuergesetz nicht unterstützt, ist darauf zu achten, dass die Bewegungsdaten (ab einem Entlastungsbetrag pro Entlastungsberechtigtem von 10.000 Euro) manuell in das IT-Verfahren PRÜF zu übertragen sind. Hierbei erfolgt keine Differenzierung auf Standortebene (siehe Verfügung der BFD Südwest vom 4. Februar 2013 – V 8245/V 8305 – 01/13 – ZF 2201). **101**

Die vorzunehmende erste Prüfung des Entlastungsantrags an Amtsstelle umfasst stets, ob **102**

1. die örtliche und sachliche Zuständigkeit,
2. die Einhaltung der Antragsfristen,
3. die Vollständigkeit der erforderlichen Angaben und
4. die rechnerische Schlüssigkeit der Angaben in dem Antrag

gegeben sind. Erforderliche Angaben sind hierbei die Selbstberechnung der zur Entlastung beantragten Energiesteuer sowie die Unterlagen und Nachweise nach § 99 ff. EnergiestV. Führt diese Prüfung zu keiner Beanstandung, trägt das Hauptzollamt den Entlastungsantrag mit dem angemeldeten Betrag in das Energiesteueranmeldungsbuch (Vordrucke 1098 und 1099) ein.

Anträge auf Entlastung von der Energiesteuer sind nur dann mit dem angemeldeten Betrag in das in Papierform geführte Energiesteueranmeldungsbuch (Vordrucke 1098 und 1099) einzutragen, wenn sie Vorgänge betreffen, die nicht über das IT-Verfahren STROMBOLI erfasst werden. Solange die Steuerentlastungen nach den §§ 53a und 53b nicht über das IT-Verfahren STROMBOLI bearbeitet werden können, sind diese manuell im Steueranmeldebuch zu erfassen. **103**

Ist das Hauptzollamt, bei dem der Entlastungsantrag eingegangen ist, örtlich nicht zuständig, leitet es den Antrag unverzüglich an das zuständige Hauptzollamt weiter. Der Antragsteller ist über die Weiterleitung seines Entlastungsantrages zu informieren. **104**

Die zur Steuerentlastung festgesetzten Mengen und Beträge sind in der Energiesteuerstatistik (Vordruck 1061) zu erfassen. Dies gilt auch für ggf. erforderliche nachträgliche Steuerfestsetzungen bzw. -entlastungen (Hinweis auf DV Statistik und entsprechende Hinweise in den Vordrucken). **105**

# Anlage § 002–01

Zu § 2 Energiesteuergesetz

**8 Steuerentlastung für die Stromerzeugung in Anlagen mit einer elektrischen Nennleistung von mehr als zwei Megawatt**

106 Unter § 53 EnergieStG fallen ortsfeste Anlagen mit einer elektrischen Nennleistung von mehr als zwei Megawatt, die der Stromerzeugung dienen. Hierzu gehören neben den begünstigten Anlagen nach § 3 EnergieStG auch andere (z. B. kesselbetriebene) Stromerzeugungsanlagen oder solche, die mit Stirlingmotoren betrieben werden.

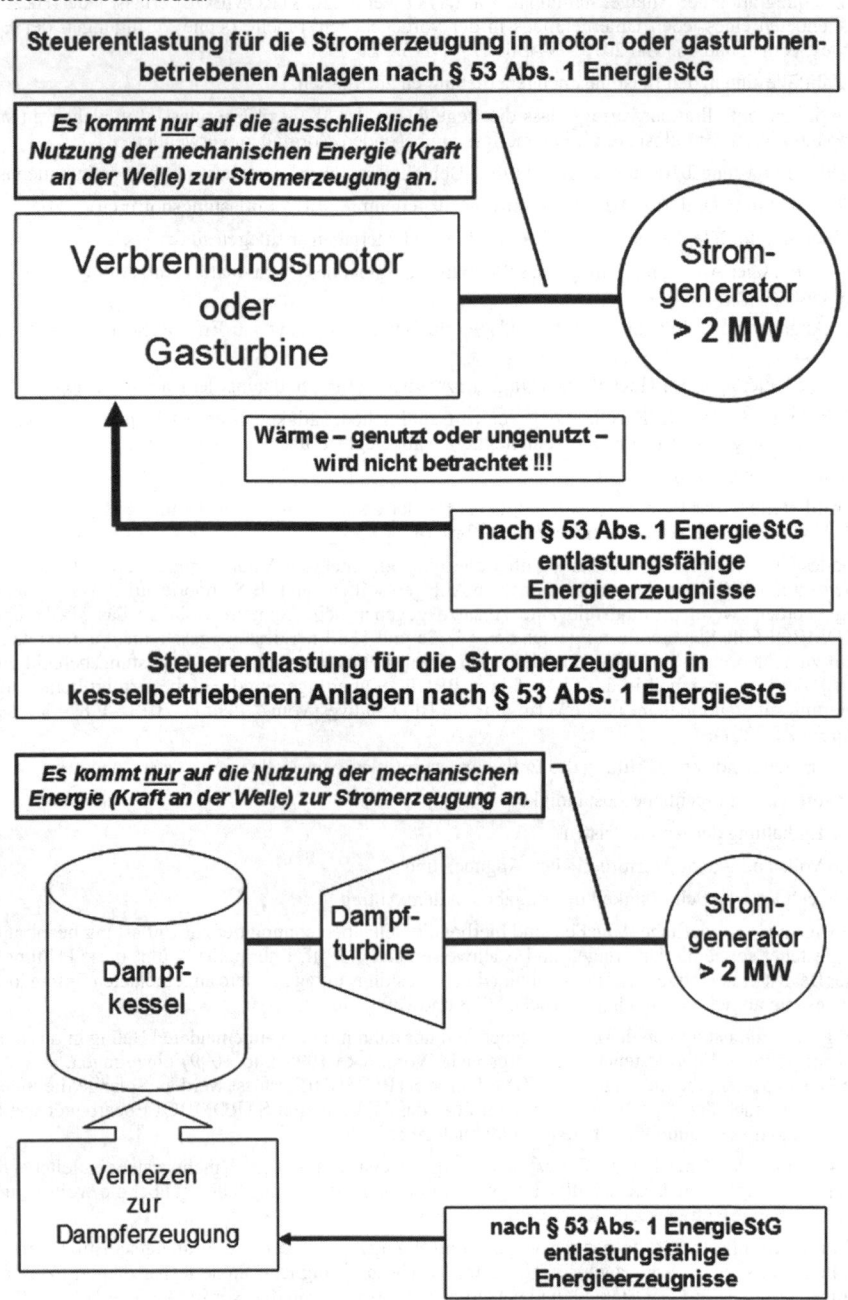

**Steuerentlastung für die Stromerzeugung in motor- oder gasturbinenbetriebenen Anlagen nach § 53 Abs. 1 EnergieStG**

Es kommt *nur* auf die ausschließliche Nutzung der mechanischen Energie (Kraft an der Welle) zur Stromerzeugung an.

Verbrennungsmotor oder Gasturbine → Stromgenerator > 2 MW

Wärme – genutzt oder ungenutzt – wird nicht betrachtet !!!

nach § 53 Abs. 1 EnergieStG entlastungsfähige Energieerzeugnisse

**Steuerentlastung für die Stromerzeugung in kesselbetriebenen Anlagen nach § 53 Abs. 1 EnergieStG**

Es kommt *nur* auf die Nutzung der mechanischen Energie (Kraft an der Welle) zur Stromerzeugung an.

Dampfkessel → Dampfturbine → Stromgenerator > 2 MW

Verheizen zur Dampferzeugung

nach § 53 Abs. 1 EnergieStG entlastungsfähige Energieerzeugnisse

Zu § 2 Energiesteuergesetz **Anlage § 002–01**

Die elektrische Nennleistung einer Stromerzeugungsanlage ist die höchste abgebbare elektrische Dauerleistung, für die sie gemäß den jeweiligen Liefervereinbarungen bestellt und installiert ist. Sie ist im Allgemeinen im Anlagen-Datenblatt und auf dem Typenschild angegeben. Ist die elektrische Nennleistung nicht eindeutig anhand des Anlagen-Datenblat-tes, des Typenschilds oder nach den Bestellunterlagen bestimmbar, so ist für die Neuanlage einmalig ein – bei Normalbedingungen – gemäß den Fachnormen für Abnahmemessungen erreichbarer Leistungswert zu bestimmen. Die elektrische Nennleistung im Sinn des Energiesteuergesetzes ist die elektrische Bruttoleistung einer Stromerzeugungsanlage. Die elek-trische Bruttoleistung einer Stromerzeugungsanlage ist die an den Generatorklemmen abgegebene elektrische Leistung (vgl. auch BFH-Urteil vom 7.6.2011 – VII R 55/09). Üblicherweise ist die elektrische Nennleistung einer Anlage im Datenblatt angeführt. Dieses ist – sofern nicht vorliegend – anzufordern. 107

Die elektrische Nennleistung einer Stromerzeugungsanlage ist für die gesamte Lebensdauer der Anlage verbindlich. Die Absenkung der elektrischen Nennleistung von mehr als zwei MW auf zwei MW oder weniger ist nur dann unbedenklich, wenn 108

1. die Änderung durch konstruktive Maßnahmen herbeigeführt oder

2. die Anlage durch Außeneinflüsse außerhalb der in den Liefervereinbarungen festgelegten Auslegungsbereichen betrieben wird,

3. Anlagenteile unter bewusster Inkaufnahme von Leistungseinbußen stillgelegt oder entfernt werden oder

4. die Anlage aufgrund von gesetzlichen Vorschriften oder behördlichen Anordnungen, ohne dass ein technischer Mangel innerhalb der Anlage vorliegt, nur noch mit verminderter Leistung betrieben werden darf.

Konstruktive Maßnahmen im Sinn von Satz 2 Nummer 1 sind Änderungen

1. am maschinellen Aufbau,

2. an der mechanischen Regelung oder Steuerung oder

3. an der elektronischen Regelung oder Steuerung

der Stromerzeugungsanlage, die nur von sachkundigen Dritten vorgenommen werden können. Nicht als konstruktive Maßnahme im Sinn von Satz 2 Nummer 1 gilt die

1. bloße Änderung der Einstellung am Leistungsregler oder

2. Verringerung der elektrischen Nennleistung aufgrund von Alterung, Verschleiß oder Verschmutzung der Stromerzeugungsanlage.

Dem Hauptzollamt sind nur solche Änderungen formlos anzuzeigen und nachzuweisen, die zu einer Verringerung der elektrischen Nennleistung auf zwei MW oder weniger führen.

Die Anhebung der elektrischen Nennleistung ist an keine Voraussetzungen gebunden. Dem Hauptzollamt sind nur solche Änderungen anzuzeigen, die zu einer Erhöhung der elektrischen Nennleistung von zwei MW oder weniger einerseits auf mehr als zwei MW andererseits führen. 109

Wird die mechanische Energie an der Welle der Kraftmaschine neben der Stromerzeugung zu anderen Zwecken (z. B. zum gleichzeitigen Antrieb eines Stromgenerators und eines Luftverdichters) genutzt, kann nur der auf die Stromerzeugung entfallende Anteil an eingesetzten Energieerzeugnissen von der Steuer entlastet werden (siehe Schaubilder). Sofern die Anlage einen Monats- oder Jahresnutzungsgrad von mindestens 70 Prozent aufweist und die weiteren Voraussetzungen gegeben sind, können die in der Anlage verwendeten Energieerzeugnisse gegebenenfalls nach § 53a oder § 53b EnergieStG von der Steuer entlastet werden. 110

# Anlage § 002–01

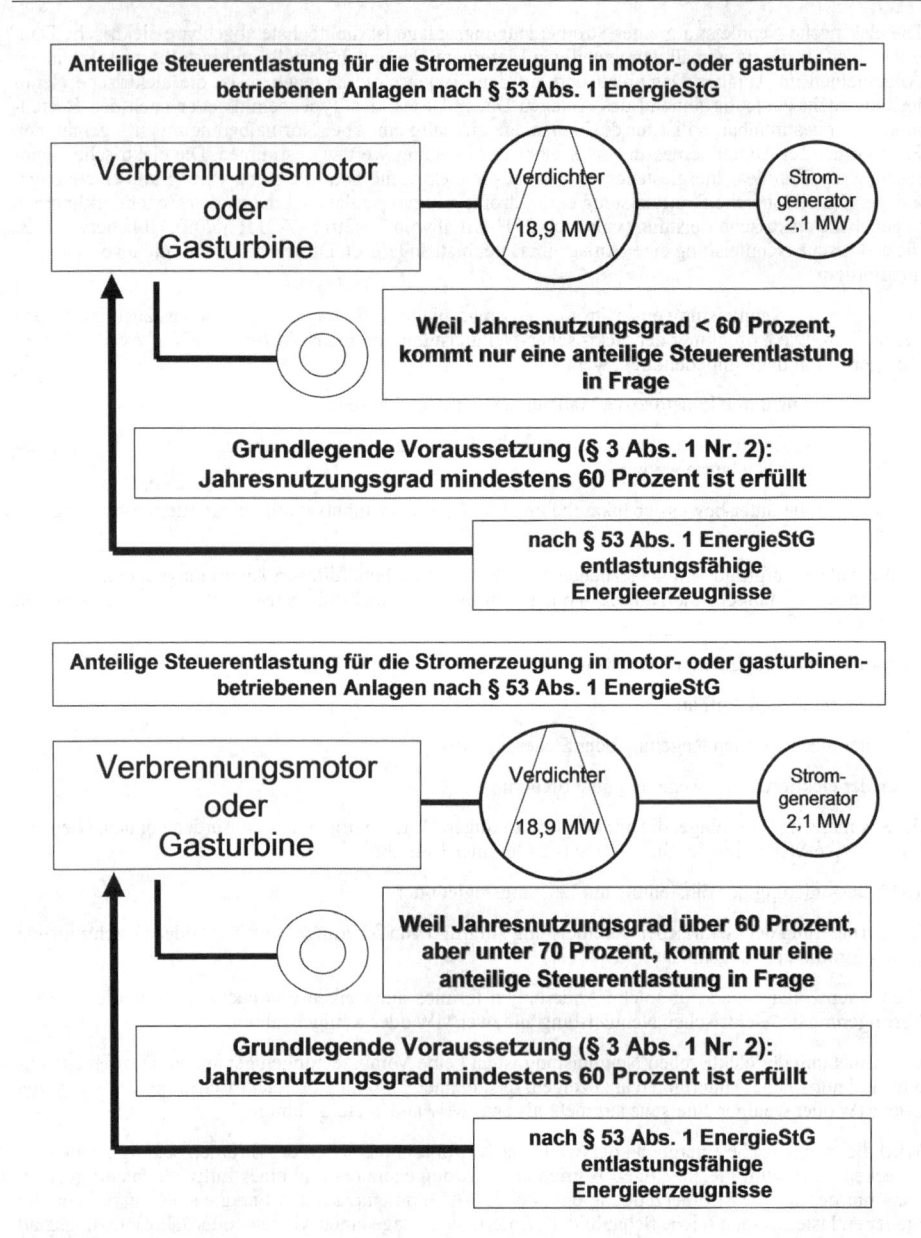

Zu § 2 Energiesteuergesetz

## Anteilige Steuerentlastung für die Stromerzeugung in motor- oder gasturbinenbetriebenen Anlagen nach § 53 Abs. 1 EnergieStG

**Verbrennungsmotor oder Gasturbine** → Verdichter 18,9 MW → Strom-generator 2,1 MW

Weil Jahresnutzungsgrad < 60 Prozent, kommt nur eine anteilige Steuerentlastung in Frage

Grundlegende Voraussetzung (§ 3 Abs. 1 Nr. 2): Jahresnutzungsgrad mindestens 60 Prozent ist erfüllt

nach § 53 Abs. 1 EnergieStG entlastungsfähige Energieerzeugnisse

## Anteilige Steuerentlastung für die Stromerzeugung in motor- oder gasturbinenbetriebenen Anlagen nach § 53 Abs. 1 EnergieStG

**Verbrennungsmotor oder Gasturbine** → Verdichter 18,9 MW → Strom-generator 2,1 MW

Weil Jahresnutzungsgrad über 60 Prozent, aber unter 70 Prozent, kommt nur eine anteilige Steuerentlastung in Frage

Grundlegende Voraussetzung (§ 3 Abs. 1 Nr. 2): Jahresnutzungsgrad mindestens 60 Prozent ist erfüllt

nach § 53 Abs. 1 EnergieStG entlastungsfähige Energieerzeugnisse

Erläuterung:

Die skizzierte Anlage erreicht zwar einen Jahresnutzungsgrad von mindestens 60 Prozent („K. o.-Kriterium" nach § 3 Absatz 1 Satz 2 EnergieStG) nicht jedoch einen Jahres- oder Monatsnutzungsgrad von mindestens 70 Prozent. Sie ist somit eine Anlage zur gekoppelten Erzeugung von Kraft und Wärme im Sinn von § 3 Absatz 1 Satz 1 Nummer 2 i. V. m. Satz 2 EnergieStG. Mangels eines höheren Nutzungsgrades unterfällt sie nicht § 53a oder 53b EnergieStG. Vielmehr ist sie (anteilig) als Anlage zur Stromerzeugung nach § 53 EnergieStG zu betrachten.

Zu § 2 Energiesteuergesetz   Anlage § 002–01

## 9 Allgemeines zur vollständigen und teilweisen Steuerentlastung für Anlagen zur gekoppelten Erzeugung von Kraft und Wärme

Die Entlastung nach den §§ 53a und 53b EnergieStG umfasst die Verwendung von Energieerzeugnissen zum Verheizen oder zum Antrieb von Gasturbinen und Verbrennungsmotoren zur gekoppelten Erzeugung von Kraft und Wärme. Entlastungsfähig sind nur die Energieerzeugnisse, die innerhalb des KWK Prozesses verwendet worden sind. Zum Kraft-Wärme-Kopplungsprozess gehören insbesondere nicht die in § 3 Absatz 4 EnergieStG angeführten Anlagenbestandteile. 111

**Steuerentlastung für die gekoppelte Erzeugung von Kraft und Wärme in motor- oder gasturbinenbetriebenen Anlagen nach § 53a oder § 53b EnergieStG**

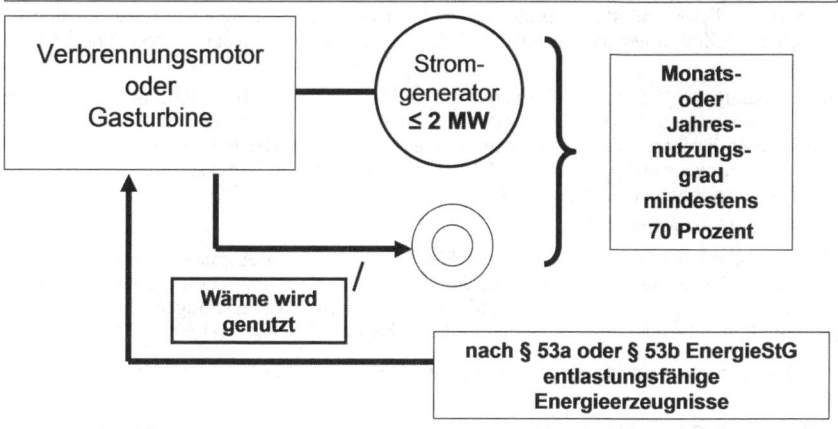

- Verbrennungsmotor oder Gasturbine → Stromgenerator ≤ 2 MW
- Wärme wird genutzt
- Monats- oder Jahresnutzungsgrad mindestens 70 Prozent
- nach § 53a oder § 53b EnergieStG entlastungsfähige Energieerzeugnisse

**Steuerentlastung für die gekoppelte Erzeugung von Kraft und Wärme in kesselbetriebenen Anlagen nach § 53a oder § 53b EnergieStG**

- Dampfkessel → Dampfturbine → Stromgenerator ≤ 2 MW
- Verheizen zur Dampferzeugung
- Monats- oder Jahresnutzungsgrad mindestens 70 Prozent
- nach § 53a oder § 53b EnergieStG entlastungsfähige Energieerzeugnisse

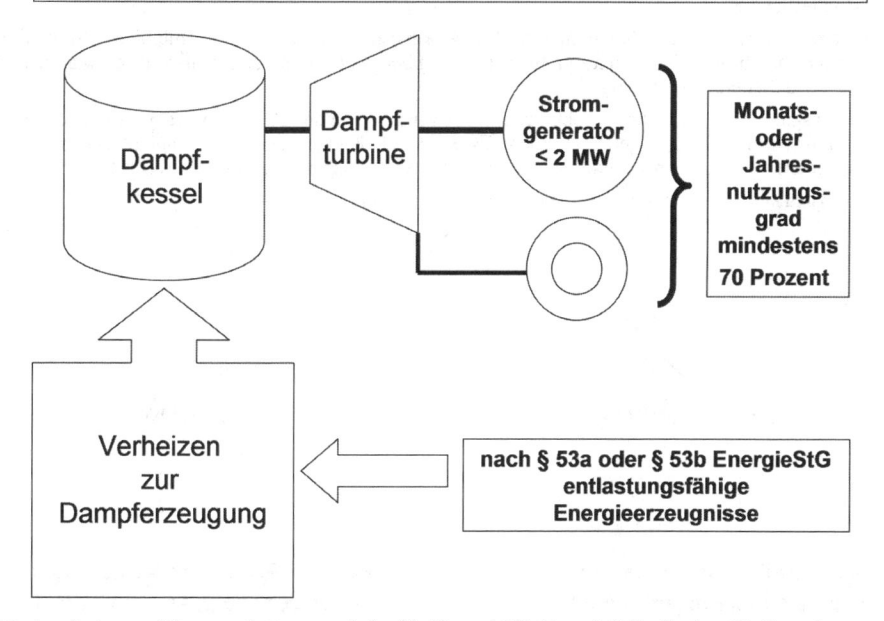

Für den Antrag auf Steuerentlastung nach den §§ 53a und 53b EnergieStG gilt, dass für Energieerzeugnisse, die im Zeitraum vom 1. Januar 2012 bis 31. März 2012 verwendet wurden, die Rechtsgrundlage des § 53 Absatz 1 Nummer 2 EnergieStG in der alten Fassung anzuwenden ist. Auf Grund der unter 112

**Anlage § 002–01**                                                     Zu § 2 Energiesteuergesetz

schiedlichen gesetzlichen Voraussetzungen und der unterschiedlichen Entlastungssätze ist eine getrennte Antragstellung für das erste Quartal einerseits und die weiteren Quartale des Kalenderjahres 2012 andererseits zwingend erforderlich. Für das erste Quartal des Jahres 2012 steht weiterhin der Vordruck 1117zur Verfügung. Für die anderen Monate/Entlastungsabschnitte sind die Vordrucke 1132, 1133 und 1134 zu verwenden.

Erfolgte keine Ablesung, sollte eine rechnerische Aufteilung der Mengen für das Kalenderjahr 2012 zur Vermeidung übermäßiger bürokratischer Anforderungen akzeptiert werden, sofern steuerliche Belange nicht gefährdet erscheinen. Welche rechnerische Abgrenzung akzeptiert werden kann, hängt vom jeweiligen Einzelfall ab.

113 Hat ein Entlastungsberechtigter einen unterjährigen Zeitraum als Entlastungsabschnitt gewählt, so hat er für jeden Monat dieses Entlastungsabschnittes eine Berechnung des jeweiligen Monatsnutzungsgrades vorzulegen. Eine Zusammenfassung mehrerer Monate in einer Nutzungsgradberechnung ist nicht zulässig.

114 Bis zur Abbildung der §§ 53a und 53b EnergieStG im IT-Verfahren STROMBOLI ist zur Überwachung der bereits beschiedenen Anträge (Gefahr der doppelten Auszahlung der Steuerentlastung) und zur Erstellung eigener Risikoprofile und Erstellung/Beantwortung gegebenenfalls eingehender Kommissionsanfragen (Hinweis auf Monitoringverfahren mit äußerst enger Terminsetzung) eine HZA-interne Gesamtübersicht zur Steuerentlastung nach den §§ 53a und 53b EnergieStG zu führen.

Hierbei ist wie folgt zu verfahren:

Aus den Excel-Berechnungstabellen zu den §§ 53a, 53b Absatz 1 und Absatz 4 EnergieStG – Blatt Statistiksind nach Übersendung der Monatsmeldung an ZF 23 diese übersandten Daten in jeweils eine Jahrestabelle zu den §§ 53a, 53b Absatz 1 und Absatz 4 EnergieStG zu übertragen. Die Problematik der Mengenkorrektur bei Änderungsbescheiden sollte hierbei berücksichtigt werden.

**10 Vollständige Steuerentlastung zur gekoppelten Erzeugung von Kraft und Wärme nach § 53a EnergieStG**

115 KWK-Anlagen nach § 53a EnergieStG sind solche, deren Monats- oder Jahresnutzungsgrad mindestens 70 Prozent beträgt und die hocheffizient sind. Die Steuerentlastung ist auf die Dauer der Absetzung für Abnutzung der KWK-Anlage beschränkt.

**10.1 Hocheffizienz**

116 Hocheffizienz wird definiert als Umfang der Energieeinsparungen durch eine kombinierte Produktion von Wärme und Strom im Vergleich zum Energieeinsatz bei einer getrennten Produktion von Wärme und Strom (= Primärenergieeinsparung).

Energieeinsparungen von mehr als zehn Prozent im Vergleich zu den Referenzwerten für die getrennte Strom- und Wärmeerzeugung gelten als hocheffizient. KWK-Klein- und Kleinstanlagen[G] gelten bereits dann als hocheffizient, wenn sie lediglich eine Primärenergieeinsparung „an sich" erbringen.

Hocheffizient sind Anlagen mit einer elektrischen Nennleistung

                            **bis zu einem MW**                                  **von mehr als einem MW**

           **wenn die Primärenergieeinsparung**                    **wenn die Primärenergieeinsparung**
           **mehr als null Prozent** beträgt                            **mindestens zehn Prozent** beträgt

Rechtliche Grundlage für diese Regelungen ist die noch gültige KWK-Richtlinie, die ab dem 5. Juni 2014 durch die Effizienzrichtlinie abgelöst wird.

Zu § 2 Energiesteuergesetz **Anlage § 002–01**

Die Primärenergieeinsparung wird mit einer Formel berechnet, bei der der Wirkungsgrad thermisch in Relation zum Wirkungsgrad-Referenzwert thermisch und der Wirkungsgrad elektrisch in Relation zum Wirkungsgrad-Referenzwert elektrisch gesetzt wird. Die Referenzwerte (als Vergleichswert) sind feststehende Werte und wurden im Durchführungsbeschluss festgelegt.

Grundlage für die Unterscheidung zwischen in Kraft-Wärme-Kopplung erzeugtem Strom und Strom, der ungekoppelt erzeugt wird, sind die nach Absatz 21 der Erwägungsgründe der KWK-Richtlinie und in den Anhängen I und II des Durchführungsbeschlusses erfassten harmonisierten Wirkungsgrad-Referenzwerte. D. h. die harmonisierten Wirkungsgrad-Referenzwerte stellen die Vergleichswerte für die Primärenergieeinsparung dar. Die Wirkungsgrad-Referenzwerte bestehen aus einer Matrix von Werten, aufgeschlüsselt nach relevanten Faktoren wie Baujahr und Brennstoffgruppe. Die Wirkungsgrad-Referenzwerte für Strom werden durch Korrekturfaktoren, die in den Anhängen III und IV des Durchführungsbeschlusses normiert sind, korrigiert. 117

Die Werte für die Berechnung des Wirkungsgrades der KWK und damit der Primärenergieeinsparung werden auf der Grundlage des tatsächlichen oder erwarteten Betriebs der KWK-Anlage unter normalen Einsatzbedingungen bestimmt (Wahlfreiheit des Beteiligten). Für KWK-Kleinstanlagen mit einer elektrischen Nennleistung von höchstens 50 kW beruht die Berechnung von Primärenergieeinsparungen in der Regel auf zertifizierten Daten. Jede KWK-Anlage wird mit der besten, im Jahr des Baus der KWK-Anlage auf dem Markt erhältlichen und wirtschaftlich vertretbaren Technologie für die getrennte Erzeugung von Strom und Wärme verglichen. 118

Die Hocheffizienz (= Primärenergieeinsparung) wird laut KWK-Richtlinie (ab 5. Juni 2014 Effizienzrichtlinie) des Rates wie folgt berechnet: 119

$$PEE = 1 - \cfrac{1}{\cfrac{KWK\,W\eta}{Ref\,W\eta} + \cfrac{KWK\,E\eta}{Ref\,E\eta \pm 0{,}1\,\% \times (15\,°C - Korr_{Tempmitt}) \times Korr_{Netzv}}} \times 100\,\%$$

Erläuterung:

| | |
|---|---|
| PEE | = Primärenergieeinsparung |
| KWK Wη | = thermischer Wirkungsgrad der KWK-Anlage |
| Ref Wη | = Wirkungsgrad-Referenzwert für die getrennte Wärmeerzeugung (entsprechend des Durchführungsbeschlusses, Anhang II) |
| KWK Eη | = elektrischer Wirkungsgrad der KWK-Anlage |
| Ref Eη | = Wirkungsgrad-Referenzwert für die getrennte Stromerzeugung (entsprechend des Durchführungsbeschlusses, Anhang I) |
| Korr$_{Tempmitt}$ | = Korrektur auf der Grundlage der durchschnittlichen Jahrestemperatur (entsprechend des Durchführungsbeschlusses, Anhang III) |
| Korr$_{Netzv}$ | = Korrekturfaktor für vermiedene Netzverluste (entsprechend des Durchführungsbeschlusses, Anhang IV) |

Als Nachweis der Hocheffizienz kann anerkannt werden: 120

a) für Anlagen mit einer elektrischen Nennleistung bis 50 Kilowatt (Hinweis auf Anlage 11) eine Kopie der Eingangsbestätigung des BAFA über die Anzeige nach Nummer 2 der „Allgemeinverfügung zur Erteilung der Zulassung für kleine KWK-Anlagen mit einer elektrischen Leistung bis 50 Kilowatt";

Da das BAFA diese Eingangsbestätigung erst seit Dezember 2011 erteilt, sind für den vorhergehenden Zeitraum nachfolgende Hinweise zu berücksichtigen:

aa) Übergangsregelungen für Anlagen mit einer elektrischen Nennleistung bis zu zehn kW

Der Betreiber der KWK-Anlage hat vom 1. Januar 2009 bis Dezember 2011 seine Anlage beim BAFA angemeldet. Für seinen Netzbetreiber (zum Erhalt des KWK-Zuschlages) hat er als Nachweis seiner Anmeldung eine Kopie seines Antrages einbehalten.

Für Anlagen, die in diesem Zeitraum in Betrieb genommen werden, ist demnach eine Kopie der Anzeige im vereinfachten Verfahren gegenüber dem BAFA (für Anlagen bis zehn kW$_{el}$) als Nachweis der Hocheffizienz anzuerkennen, sofern die der Anlage in der „Liste zur Allgemeinverfügung" bei Anträgen auf Steuerentlastung eingetragen ist.

Hat der Entlastungsberechtigte keine Kopie seiner Anzeige beim BAFA gefertigt und macht er geltend, dass es sich um eine hocheffiziente Anlage handelt, kann das Vorliegen der Hocheffizienzkriterien unterstellt werden, wenn die KWK-Anlage des entsprechenden Typs in der Liste des BAFA zur Allgemeinverfügung aufgeführt ist.

**Anlage § 002–01**  Zu § 2 Energiesteuergesetz

Ab Dezember 2011 hat das BAFA eine Eingangsbestätigung erteilt; diese ist als Nachweis der Hocheffizienz einzureichen.

bb) Übergangsregelungen für Anlagen mit einer elektrischen Nennleistung von zehn kW bis 50 kW
Vom 1. Januar 2009 bis 18. Juli 2012 hat das BAFA für diese Anlagen förmliche Zulassungsbescheide erteilt. Diese sind vom Beteiligten einzureichen. Eine Unterlage muss nicht nachgefordert werden, wenn eine baugleiche Anlage in der Liste zur Allgemeinverfügung enthalten ist.
Seit 19. Juli 2012 hat das BAFA eine Eingangsbestätigung erteilt; diese ist als Nachweis der Hocheffizienz einzureichen.

cc) Übergangsregelungen für Anlagen mit einer elektrischen Nennleistung bis 50 kW – Inbetriebnahme vor 2009
Das BAFA bescheinigt erst für Inbetriebnahmen ab 1. Januar 2009 die Hocheffizienz der Anlage.
Ein BAFA-Bescheid, der vor dem 1. Januar 2009 erteilt wurde, enthält demnach keine Aussagen zur Hocheffizienz. Auch ein Bescheid des BAFA, der nach dem 1. Januar 2009 erstellt wurde und sich auf Inbetriebnahmen vor dem 1. Januar 2009 bezieht, enthält keine Aussagen zur Hocheffizienz.
Daher ist wie folgt zu verfahren:
- o  Ist eine baugleiche Anlage in der Liste zur Allgemeinverfügung erfasst; reicht dies als Nachweis aus (ist im Belegheft zu notieren)
- o  Ist die Anlage nicht erfasst, so ist ein Gutachten nach Maßgabe der untenstehenden Absätze vorzulegen

dd) Bei einigen Herstellern sind lediglich bestimmte Serientypen in der Liste zur Allgemeinverfügung erfasst (z. B. Y-GmbH KHA S-G2 ist nicht in der Liste zur Allgemeinverfügung erfasst, sondern lediglich die Anlage des Serientyps Y-GmbH KHA S-G1; hierbei handelt es sich um baugleiche Anlagen). Bestehen seitens des HZA Bedenken, ob eine Anlage von der Typenliste zur Allgemeinverfügung erfasst ist, so ist entsprechend zu berichten.

ee) Die alleinige Eintragung in der Liste des BAFA zur Allgemeinverfügung ist nur in Ausnahmefällen als Nachweis der Hocheffizienz heranzuziehen. Als Ausnahme gilt u. a. die Inbetriebnahme von KWK-Anlagen mit einer elektrischen Nennleistung von bis zu 50 kW vor dem Kalenderjahr 2009.

ff) Herstellererklärungen, aus denen die Berechnung der Hocheffizienz nicht hervorgeht, können – auch in Verbindung mit der Eintragung der KWK-Anlage in der Liste zur Allgemeinverfügung – nicht als Nachweis der Hocheffizienz anerkannt werden.

gg) Sofern dem sachbearbeitenden Hauptzollamt einmalig nachgewiesen worden ist, dass eine serienmäßig hergestellte und unverändert betriebene Anlage bis 50 $kW_{el}$ die Hocheffizienzkriterien auf Basis der Berechnung mit den Wirkungsgrad-Referenzwerten für die Jahre 2006 – 2015 bzw. nachfolgenden Jahren erfüllt, kann für alle Anträge auf Steuerentlastung, die sich auf diesen Anlagentyp beziehen, dieser einmalige Nachweis auch für diese Anträge anerkannt werden. Der Nachweis ist in diesen Fällen im Anlagenbelegheft/im jeweiligen Belegheft des Antragstellers vorzuhalten. Lediglich der Eintrag dieser Anlage in der Liste des BAFA zur Allgemeinverfügung stellt keinen Nachweis im Sinn des Satzes 1 dar. Diese Vereinfachung erfolgt im Vorgriff auf eine geplante Änderung der Energiesteuerverordnung und soll der Verminderung des bürokratischen Aufwandes dienen.

b) für Anlagen mit einer elektrischen Nennleistung von 50 Kilowatt bis zwei Megawatt (Hinweis auf Anlage 12) eine Kopie des jeweiligen Zulassungsbescheids des BAFA;

aa) Das BAFA erteilt für Neuanlagen und für modernisierte Anlagen Zulassungsbescheide nach unterschiedlichen Rechtsgrundlagen.

bb) Zulassungsbescheide des BAFA, die bis Ende 2009 erstellt wurden, enthalten auch bei Anlagen, die nach dem 1. Januar 2009 in Betrieb genommen wurden, bis etwa Mitte 2009 keine explizite Aussage zur Hocheffizienz. Der Text des Zulassungsbescheides wurde erst später an die neue Rechtslage des KWKG 2002 angepasst. Bei nach dem 1. Januar 2009 in Betrieb genommen Anlagen hat das BAFA vor Erstellung des Zulassungsbescheides jedoch hinreichend die Hocheffizienz der beschiedenen Anlage geprüft. In diesem Fall kann der Zulassungsbescheid trotz fehlender Nennung der Hocheffizienz als Nachweis der Hocheffizienz anerkannt werden.

c) für alle anderen Anlagen (Hinweis auf Anlage 12) ein nach den allgemein anerkannten Regeln der Technik von einem unabhängigen Sachverständigen erstelltes Gutachten;
Die Einhaltung der allgemein anerkannten Regeln der Technik wird vermutet, wenn das Sachverständigengutachten gemäß Satz 1 Nummer 1 nach den Grundlagen und Rechenmethoden der Nummern 4 bis 6 des Arbeitsblattes FW 308 „Zertifizierung von KWK-Anlagen – Ermittlung des KWK-Stromes" des

Zu § 2 Energiesteuergesetz **Anlage § 002–01**

Energieeffizienzverbands für Wärme, Kälte und KWK e. V. (AGFW) in der Fassung vom Juni 2011 erstellt worden ist. Dieses Arbeitsblatt ist über das Internet abrufbar.
Der Antragsteller hat den Nachweis der Hocheffizienz gemäß den Vorgaben des Anhangs III zur KWKRichtlinie (ab dem 5. Juni 2014 Anhang II zur Effizienzrichtlinie) insbesondere durch die Vorlage von Herstellernachweisen zu führen. Herstellernachweise, die den genannten Vorgaben nicht genügen, sind zurückzuweisen. Auch Eigenberechnungen des Antragstellers können anerkannt werden, wenn diese den Grundlagen und Rechenmethoden der KWK-Richtlinie entsprechen.
d) Das BAFA erteilt auch für Anlagen mit einer elektrischen Nennleistung von mehr als zwei MW, die nach dem 1. Januar 2009 in Betrieb genommen worden sind, unter den Voraussetzungen des § 5 KWKG 2002 Zulassungsbescheide. Diese werden nur erteilt, wenn die Anlage u. a. hocheffizient ist. Ein derartiger Zulassungsbescheid kann als Nachweis der Hocheffizienz anerkannt werden. Ein Gutachten in diesen Fällen ist demnach nicht erforderlich.

Die Liste zur Allgemeinverfügung ist auf den Internetseiten des BAFA http://www.bafa.de/bafa/de/ **121** energie/kraft_waerme_kopplung/stromverguetung/kwkanlagen_bis_50kw/ antragsverfahren/index. html eingestellt. Die Liste ist unter Downloads: „Typenliste zur Allgemeinverfügung" zu finden. Da die Liste regelmäßig aktualisiert wird, ist darauf zu achten, dass bei der Überprüfung der Liste zur Allgemeinverfügung immer auf die aktuelle Liste im Internet zurückgegriffen wird.

Der Hocheffizienznachweis ist zehn Jahre ab dem Jahr der ersten Inbetriebnahme gültig (vgl. Artikel 2 **122** des Durchführungsbeschlusses). Dies gilt auch z. B. im Falle eines Verkaufs der Anlage.

Ab dem elften Jahr nach der ersten Inbetriebnahme ist ein Hocheffizienznachweis zu führen, der auf den Wirkungsgrad-Referenzwerten beruht, die für eine zehn Jahre alte KWK-Anlage gelten. Dieser Hocheffizienznachweis ist lediglich ein Jahr gültig. Für jedes Folgejahr ist jeweils ein neuer Hocheffizienznachweis zu führen.

Beispiel 122.1

Eine KWK-Anlage wurde im August 2003 in Betrieb genommen. Für das Jahr der Inbetriebnahme wurde ein Hocheffizienznachweis per Gutachten geführt, der bis Dezember 2013 (also zehn Jahre) gültig war (Fiktion). Im Januar 2014 beginnt das elfte Betriebsjahr dieser Anlage. Um den Hocheffizienznachweis für die folgenden Betriebsjahre zu führen, sind die Wirkungsgrad-Referenzwerte wie folgt heranzuziehen:

Steuerentlastung für das Jahr 2013    Wirkungsgrad-Referenzwerte: 2003
Steuerentlastung für das Jahr 2014    Wirkungsgrad-Referenzwerte: 2004
Steuerentlastung für das Jahr 2015    Wirkungsgrad-Referenzwerte: 2005
usw.

Es ist nicht zu beanstanden, wenn der Antragsteller bereits vorab an Hand des zu erwartenden Betriebs **123** der KWK-Anlage (Datenblattwerte) eine Berechnung der Hocheffizienz für die folgenden Jahre mit dem Wirkungsgrad-Referenzwert für die Kalenderjahre 2012 bis 2015 (also dem schärfsten Kriterium) führt. Die Berechnungen des Antragstellers sind mittels des Berechnungsmoduls nachzuprüfen. Sofern Hersteller diesen Nachweis für die von ihnen hergestellten Anlagen über die BFD Südwest – Abteilung Zentrale Facheinheit – führen, ist dies in den betroffenen Belegheften der jeweiligen Antragsteller zu vermerken. Die BFD Südwest hält die Hocheffizienzberechnung für Kommissionsanfragen vor. Die entsprechenden Informationen sind im Intranet eingestellt.

Ist der Antragsteller nicht in der Lage, diesen Nachweis zu führen, sollte er auf die Möglichkeit der An- **124** tragstellung nach § 53b EnergieStG hingewiesen werden.

Das BAFA stellt in der Regel für Anlagen, die mit nach dem EEG geförderten Energieerzeugnissen (z. B. **125** Pflanzenöl) betrieben werden, keine Zulassungsbescheide aus. Von der Beantragung eines Zulassungsbescheides nur für den Zweck der Hocheffizienznachweises gegenüber dem Hauptzollamt rät das BAFA ab, da überflüssiger Verwaltungsaufwand beim Anlagenbetreiber und beim BAFA entstehen würde und die Antragsbearbeitung für den Anlagenbetreiber beim BAFA zudem kostenpflichtig ist. Die Betreiber dieser Anlagen haben den Nachweis der Hocheffizienz über ein Gutachten zu erbringen. Die Berechnungen des Antragstellers sind mittels des Berechnungsmoduls des BAFA nachzuprüfen.

In den Fällen, in denen der Entlastungsberechtigte nach § 53a Absatz 4 EnergieStG nicht zugleich In- **126** haber eines Hocheffizienznachweises ist (z. B. bei Leasing oder Verkauf der KWK-Anlage), hat er neben dem Hocheffizienznachweis eine Erklärung abzugeben, dass die dem Hocheffizienznachweis zugrunde liegenden technischen Parameter nicht verändert worden sind. Das BAFA erteilt – wenn die Zulassungsvoraussetzungen erfüllt sind – auf Antrag eine Zulassung als hocheffiziente KWK-Anlage über 50 Kilowatt bis zwei Megawatt elektrischer Nennleistung. Den Zulassungsbescheid erhält üblicherweise der Antragsteller. Dieser muss nicht identisch mit demjenigen sein, der die Steuerentlastung beantragt.

**Anlage § 002–01**   Zu § 2 Energiesteuergesetz

Derjenige, der den ursprünglichen Hocheffizienznachweis besitzt oder diesen geführt hat, ist gegenüber der Zollverwaltung zur Auskunft über diese Sachverhalte verpflichtet. Nach dem KWKG 2002 ist die Betreibereigenschaft unabhängig von der Eigentümerstellung des Anlagenbetreibers. Daher kann es bereits aus diesem Grund zum Auseinanderfallen von Entlastungsberechtigtem und Inhaber des Hocheffizienznachweises kommen.

127 Besteht eine Anlage nach § 9 Absatz 1 Nummer 3 EnergieStV aus mehreren Erzeugungseinheiten, die nicht zeitgleich in Betrieb genommen worden sind (= Zubau), ist Folgendes zur Nachweisführung der Hocheffizienz zu beachten:

a) Bei Anlagen von einer elektrischen Nennleistung bis zu höchstens einem Megawatt können die für jede KWK-Einheit vorhandenen Hocheffizienznachweise nach § 99b EnergieStV anerkannt werden. Einer zusammenfassenden Betrachtung der Anlage insgesamt bedarf es nicht.

Beispiel 127.1

Ausgangspunkt

KWK-Einheit 1 – Inbetriebnahme 2008 (elektrische Nennleistung 0,3 MW; Herstellergutachten zur Hocheffizienz liegt vor)

KWK-Einheit 2 – Inbetriebnahme 2010 (elektrische Nennleistung 0,3 MW Zulassungsbescheid des BAFA liegt vor)

KWK-Einheit 3 – Inbetriebnahme Juli 2012 (elektrische Nennleistung 0,345 MW Zulassungsbescheid des BAFA liegt vor)

Summe der Nennleistung: 0,945 MW

Ergebnis: Trotz der Betrachtung als eine Anlage wurde die Hocheffizienz auf Grund der Einzelnachweise der jeweiligen Einheiten nachgewiesen, da für die Anlage „nur" eine Primärenergieeinsparung von mehr als null Prozent erbracht werden muss.

Dauer des Nachweises: Im Kalenderjahr 2012 wurde für die Komplettanlage der Hocheffizienznachweis erbracht. Dieser Hocheffizienznachweis, bestehend aus drei einzelnen Nachweisen, gilt bis 2022.

Liegt für eine KWK-Einheit dieser Anlage von unter einem Megawatt kein Hocheffizienznachweis vor, ist eine Gesamtbetrachtung der Anlage erforderlich.

Beispiel 127.2

Ausgangspunkt

KWK-Einheit 1 – Inbetriebnahme 1991 (elektrische Nennleistung 0,3 MW; kein Nachweis der Hocheffizienz vorhanden)

KWK-Einheit 2 – Inbetriebnahme 1991 (elektrische Nennleistung 0,3 MW; kein Nachweis der Hocheffizienz vorhanden)

KWK-Einheit 3 – Inbetriebnahme Juli 2012 (elektrische Nennleistung 0,345 MW Zulassungsbescheid des BAFA liegt vor)

Es handelt sich um eine Anlage nach § 9 Absatz 1 Nummer 3 EnergieStV; die Kosten des Zubaus liegen über 50 Prozent.

Summe der Nennleistung: 0,945 MW

Ergebnis: Für diese Anlage bestehend aus drei KWK-Einheiten ist eine Primärenergieeinsparung von mehr als null Prozent nachzuweisen. Da für einzelne KWK-Einheiten dieser Anlage kein Nachweis der Hocheffizienz vorliegt, ist für die Gesamtanlage eine Berechnung der Primäreinsparung nach § 99b Absatz 1 Nummer 1 EnergieStV für die Anlage zu erbringen.

Alternativ kann der Beteiligte für die KWK-Einheiten 1 und 2 nachträglich eine Berechnung der Hocheffizienz vorlegen. Voraussetzung hierfür ist allerdings, dass auf den Wirkungsgrad-Referenzwert des Kalenderjahres 2012 abgestellt wird. In diesem Fall gilt die Verfahrensweise unter -a), d. h. der vorliegende Nachweis für die KWK-Einheit 3 reicht nicht aus, um für die Gesamtanlage die Primärenergieeinsparung nachzuweisen.

b) Beträgt die elektrische Nennleistung der Anlage nach § 9 Absatz 1 Nummer 3 EnergieStV mehr als ein Megawatt, ist der Nachweis der Hocheffizienz für diese Anlage zu erbringen, d. h. der Antragsteller hat die Werte aller Module zu berücksichtigen. Der Antragsteller hat das Wahlrecht, die Verbrauchs- bzw. Leistungsparameter der Anlage miteinander zu addieren oder einen gemittelten Wert anzusetzen. Bei der Berechnung (Referenzwerte) ist auf die Inbetriebnahme der neuesten Einheit abzustellen.

Zu § 2 Energiesteuergesetz **Anlage § 002–01**

Beispiel 127.3
Ausgangspunkt
KWK-Einheit 1 – Inbetriebnahme 2008 (elektrische Nennleistung 0,4 MW; Herstellergutachten zur Hocheffizienz liegt vor)
KWK-Einheit 2 – Inbetriebnahme 2010 (elektrische Nennleistung 0,4 MW Zulassungsbescheid des BAFA liegt vor)
KWK-Einheit 3 – Inbetriebnahme Juli 2012 (elektrische Nennleistung 0,5 MW Zulassungsbescheid des BAFA liegt vor)
Summe der Nennleistung: 1,3 MW
Ergebnis: Für die Anlage mit einer Nennleistung von mehr als einem MW ist eine Primärenergieeinsparung von mehr als zehn Prozent zu erbringen. Da die vorliegenden Nachweise/Zulassungsbescheide keine Aussage hierzu treffen, ist die Berechnung der Hocheffizienz für die gesamte Anlage erforderlich.

Einer Überprüfung eingereichter Hocheffizienznachweise unter Zuhilfenahme der im Intranet der BFD Südwest – Abteilung ZF – Referat ZF 2 – bekannt gegebenen Berechnungstabelle bedarf es in folgenden Fällen: 128
Der Beteiligte reicht ein Gutachten bzw. eine Selbstberechnung der Hocheffizienz ein, da
a) er keinen Zulassungsbescheid des BAFA hat und die zu beurteilende (baugleiche) Anlage nicht in der Liste zur Allgemeinverfügung erfasst ist,
b) sein Zulassungsbescheid des BAFA keine Aussage zur Hocheffizienz enthält und die zu beurteilende (baugleiche) Anlage nicht in der Liste zur Allgemeinverfügung erfasst ist oder
c) die Inbetriebnahme seiner Anlage länger als zehn Jahre zurückliegt (und der Hersteller hat den Nachweis der Hocheffizienz der BFD Südwest nicht vorgelegt (vgl. Absatz 123)).

Die Hinweise zum Berechnungsmodul sind auf der Intranetseite der BFD Südwest – Abteilung ZF – Referat ZF 2 – eingestellt. An der Tabelle dürfen keinerlei Änderungen vorgenommen werden. Sie ist ausschließlich für den Dienstgebrauch bestimmt. Eine Weitergabe an Beteiligte ist nicht zulässig.

In das Belegheft ist im Falle der Überprüfung mit dem Berechnungsmodul der Ausdruck (Tabellenblatt 2) zu nehmen. 129

Die Hauptzollämter werden gebeten, der BFD Südwest Kopien von vorgelegten geprüften Gutachten bzw. Berechnungen über die Primärenergieeinsparung vorzulegen. Diese werden in einer Übersicht im Intranet der BFD Südwest – Abteilung ZF – Referat ZF 2 – Sonstiges – Arbeitsunterlagen KWK allen Hauptzollämtern zur Verfügung gestellt. 130

Schriftliche Anfragen an das BAFA im Hinblick auf die Steuerentlastung nach § 53 ff. EnergieStG sind grundsätzlich auf dem Dienstweg über die Abteilung ZF der BFD Südwest zu richten. Diese leitet die Schreiben erforderlichenfalls an das BAFA weiter. 131

### 10.2 Absetzung für Abnutzung (AfA)

Die Begrenzung der Steuerentlastung auf den Zeitraum bis zur vollständigen Abschreibung der Hauptbestandteile der KWK-Anlage nach den üblichen Bilanzierungsregeln ist zwingende Voraussetzung nach den Leitlinien der Gemeinschaft für Staatliche Umweltschutzbeihilfen (ABl. 2008/C 82/01). Die Definition der Hauptbestandteile erfolgte auf Grundlage des § 3 Absatz 3a KWKG 2002 sowie den dazu ergangenen Ausführungsbestimmungen des BAFA. 132

Nach § 7 Absatz 1 Satz 2 Einkommensteuergesetz (EStG) bemisst sich die Absetzung für Abnutzung nach der betriebsgewöhnlichen Nutzungsdauer der in § 53a Absatz 2 des EnergieStG abschließend genannten Hauptbestandteile einer KWK-Anlage. Die Bestimmung der betriebsgewöhnlichen Nutzungsdauer erfolgt grundsätzlich nach den Erfahrungen der steuerlichen Betriebsprüfung beim Vollzug des § 7 EStG (AfA-Tabellen). 133

Hat das Finanzamt eine von den AfA-Tabellen abweichende Nutzungsdauer zugelassen, ist diese zugrunde zu legen. Aus einkommensteuerrechtlichen Gründen vom Finanzamt anerkannte „lange" Abschreibefristen sind nicht zu beanstanden. Der nach dem Einkommensteuerrecht zulässige Wechsel von der degressiven zur linearen Abschreibung stellt für das Energiesteuerrecht keinen Gestaltungsmissbrauch im Sinn des § 42 Abgabenordnung dar. 134

Die Steuerentlastung wird nur für diejenigen Kalendermonate gewährt, für die eine Absetzung für Abnutzung nach § 7 EStG anerkannt wird. Eines förmlichen Nachweises durch das Finanzamt bedarf es hierbei nicht. Vielmehr ist die mit dem Vordruck 1132 gemachte wahrheitsgemäße Erklärung zur Absetzung für Abnutzung im Zusammenhang mit entsprechenden betrieblichen Unterlagen grundsätzlich 135

## Anlage § 002–01
Zu § 2 Energiesteuergesetz

anzuerkennen. Es ist somit keine explizite Bestätigung des Finanzamtes über die Abschreibung als solche und deren Dauer zu verlangen. Dies gilt sinngemäß bei Wechsel des Eigentümers der Anlage. Der Nachweis der Abschreibung kann (insbesondere bei Unternehmen) z. B. durch Anlagenspiegel, Abschreibeverzeichnis, Bestätigung des Steuerberaters u. a. erbracht werden.

136 Erfolgt für die Anlage keine Absetzung für Abnutzung nach § 7 des Einkommensteuergesetzes (z. B. Buchführung nach kameralistischen Grundsätzen, freiwilliger Verzicht auf die Absetzung für Abnutzung nach § 7 EStG), obwohl sie sich in dem nach dem Einkommensteuerrecht zulässigen Abschreibungszeitraum befindet, ist wie folgt zu verfahren:

1. Personen, die auf die Abschreibung Ihrer Anlage nach dem Einkommensteuerrecht verzichten oder nicht abschreiben dürfen bzw. können, können demnach für ihre Anlage eine Steuerentlastung nach § 53a EnergieStG beantragen, solange sich diese Anlage im zulässigen Abschreibungszeitraum befindet. Sofern der Antragsteller in seinem Entlastungsantrag angibt, dass sich seine Anlage im abschreibefähigen Zeitraum befindet, ist diese Erklärung anzuerkennen, es sei denn, es liegen Anhaltspunkte vor, die an dieser Erklärung zweifeln lassen.

   Zu den Personen, die keine Abschreibung nach § 7 EStG vornehmen, gehören u. a. Kommunen, kirchliche Einrichtungen, Behörden, Bundeswehr und Eigentümergesellschaften, die keine GbR sind.

2. Hat das Finanzamt die Abschreibung versagt, gilt Satz 1 Nummer 1 sinngemäß.

137 Der Zeitraum der üblichen bilanziellen Abschreibung beträgt in den Fällen des Absatzes 136 bei z. B. Blockheizkraftwerken grundsätzlich zehn Jahre, es sei denn die Antragsteller weisen mit geeigneten Mitteln (z. B. Anlagenbuchführung, durchschnittliche Laufzeiten an Hand von Betriebsstunden) nach, dass andere Zeiträume anzusetzen sind. Als Beginn der Abschreibung für Abnutzung gilt in diesen Fällen der Monat der Inbetriebnahme. Hierbei ist ein strenger Maßstab anzulegen. Es wird empfohlen, das Inbetriebnahmeprotokoll in diesen Fällen als Unterlage zu den Akten zu nehmen, da sich hieraus eindeutig der Beginn der fiktiven Abschreibung ergibt.

138 Nach § 7 EStG in Verbindung mit den Einkommensteuerrichtlinien (vgl. z. B. R 44 EstH 2004) konnten für bewegliche Wirtschaftsgüter des Anlagevermögens bis zum Inkrafttreten der Allgemeinen Verwaltungsvorschrift zur Anwendung des Einkommensteuerrechts (Einkommensteuer-Richtlinien 2005 – EStR 2005) vom 16. Dezember 2005 (BStBl. I Sondernummer 1/2005) Vereinfachungen bei der Abschreibung in Anspruch genommen werden. Nach den damaligen einkommensteuerrechtlichen Vorschriften war es nicht zu beanstanden, wenn für die in der ersten Hälfte eines Wirtschaftsjahres angeschafften oder hergestellten Wirtschaftsgüter der für das gesamte Wirtschaftsjahr in Betracht kommende AfA-Betrag und für die in der zweiten Hälfte des Wirtschaftsjahres angeschafften oder hergestellten Wirtschaftsgüter die Hälfte des für das gesamte Wirtschaftsjahr in Betracht kommenden AfA-Betrags steuerrechtlich abgesetzt wurde. Hat ein Entlastungsberechtigter von dieser Vereinfachungsregelung Gebrauch gemacht und hat eine z. B. im November 1998 angeschaffte KWK-Anlage ab dem 1. Juli 1998 steuerrechtlich abgesetzt, muss er sich das aus diesen Grund vorgezogene Auslaufen der steuerlichen Abschreibung auch für die energiesteuerrechtliche Entlastung zurechnen lassen, da nach § 53a Absatz 2 EnergieStG die Steuerentlastung nur bis zur vollständigen Absetzung für Abnutzung der Hauptbestandteile der Anlage gewährt wird.

Beispiel 138.1

Anschaffung der KWK-Anlage im November 1998

Abschreibungsmodus: jährlich 7%

Anschaffungswert: 100.000 € (umgerechnet von DM)

Beginn der Abschreibung: 01.07.1998

d.h. Abschreibung 1998 3,5 % (= 3.500 € im ersten Jahr)

1999 bis 2011 91 % (13 Jahre a 7% = jährlich 7.000 €)

Der verbliebene Restwert im Kalenderjahr 2012 von 5.500 € ist spätestens Mitte Oktober 2012 (nach 9,4 Monaten) abgeschrieben. Eine Steuerentlastung nach § 53a EnergieStG kann in diesem Fall nur bis einschließlich Oktober 2012 gewährt werden, sofern die weiteren Voraussetzungen des § 53a EnergieStG gegeben sind.

Der mit dem Finanzamt vereinbarte Beginn der Abschreibung ist in diesen Fällen der Januar bzw. der Juli des entsprechenden Jahres.

139 Verschiebt ein Entlastungsberechtigter aus einkommensteuerrechtlichen Gründen den Beginn seiner Abschreibung, so kann für diese Zeit keine Steuerentlastung nach § 53a EnergieStG gewährt werden. Es

Zu § 2 Energiesteuergesetz **Anlage § 002–01**

handelt sich in diesem Fall nicht um einen Fall des „freiwilligen Verzichts". Für diesen Zeitraum kommt nur eine Steuerentlastung nach § 53b EnergieStG in Betracht.

Wird eine Anlage verkauft, steht dem Käufer der Anlage nach den einkommensteuerrechtlichen 140 Grundsätzen ein „eigenes Recht" zur Abschreibung zu. Insofern gelten hierfür die vorstehenden Absätze sinngemäß.

Besteht eine Anlage aus mehreren Hauptbestandteilen mit unterschiedlicher Abschreibungsdauer bzw. 141 aus mehreren KWK-Einheiten, so bemisst sich das Ende der Abschreibungsdauer nach dem Hauptbestandteil mit der längsten Abschreibungsdauer. Dies gilt auch für den Zubau (Hinweis auf Absätze 155 ff.).

Ändert das Finanzamt die ursprünglich vereinbarte Dauer der Absetzung für Abnutzung, ist der neue 142 Abschreibungszeitraum anzuerkennen.

Der im Anlagevermögen der Bilanz angeführte Erinnerungswert von einem Euro steht der vollständigen 143 Abschreibung nicht entgegen.

### 10.3 Ersetzen von Hauptbestandteilen

Die Hauptbestandteile einer Anlage sind in § 53a EnergieStG abschließend aufgelistet. 144

Die Bewertung der Kosten einer Neuerrichtung der Anlage im Sinn von § 53a Absatz 2 Satz 3 Ener- 145 gieStG erfolgt anhand der zum Zeitpunkt der Erneuerung der Hauptbestandteile der gesamten Anlage üblichen Marktpreise.

Beispiel 145.1

Eine Anlage besteht aus Motor, Generator und Steuerung. Der Generator soll ersetzt werden. Es sind die Kosten der gesamten „Neuanlage" einschließlich des neuen Generators den Kosten des Generators gegenüberzustellen.

Die Hersteller von serienmäßig hergestellten Anlagen bis zwei MW stellen sogenannte Richtpreis- 146 angebote (= fiktiver Marktpreis) zur Verfügung. Diese können zur Berechnung der Vergleichskosten für das Ersetzen einer Anlage bzw. für einen Zubau herangezogen werden.

In die Kosten des Ersetzens (der Modernisierung) sind die Aufwendungen einzubeziehen, die unmittel- 147 bar mit dem KWK-Prozess in Zusammenhang stehen. Dies umfasst neben reinen Materialkosten alle anfallenden Kosten für Planung, Installation, Beförderung, Infrastruktur der Anlage, Arbeitslohn usw. (d. h. alle Kosten, die grundsätzlich in das Anlagevermögen einer Bilanz eingehen können). Der Antragsteller hat dem Hauptzollamt die entsprechenden Unterlagen vorzulegen. Die Kosten für den Abbau des „ausgetauschten" Hauptbestandteils und dessen Entsorgung gehen ebenso in die Kosten des Ersetzens ein. Kosten für die Wartung und Instandhaltung gehören nicht zu den Kosten für die Erneuerung/das Ersetzen.

Sofern das BAFA einen Zulassungsbescheid für modernisierte Anlagen erteilt hat, kann diesem Be- 148 scheid der Modernisierungsgrad entnommen werden. Für energiesteuerrechtliche Zwecke ist es erforderlich, dass der Grad der Modernisierung mindestens 50 Prozent der Kosten der Neuerrichtung beträgt (vgl. lfd. Nummer 5 des aktuellen BAFA-Zulassungsbescheides für modernisierte hocheffiziente Anlagen über 50 kW elektrisch). Dieser Bescheid ist als Nachweis ausreichend. Bescheinigt das BAFA einen Modernisierungsgrad von mindestens 25 Prozent, enthält dieser Bescheid dadurch indirekt die Aussage, dass die Kosten von mindestens 50 Prozent nicht nachgewiesen werden konnten. Daher kommt eine Verlängerung der in § 53a Absatz 2 EnergieStG genannten Frist in diesen Fällen nicht in Betracht.

Die Hersteller von serienmäßig hergestellten Anlagen bis zwei MW haben in Zusammenarbeit mit dem 149 BAFA sogenannte Modernisierungspakete für installierte Anlagen erstellt. Diese können anerkannt werden, sofern dies ein Paket für eine Erneuerung von mehr als 50 Prozent darstellt (Hersteller nennen dies z. B. „Modernisierungspaket BAFA").

Sofern das Ersetzen im Rahmen einer planmäßigen Revision stattfindet, fließen die Kosten der Revision 150 in die Kosten des Ersetzens ein.

Werden in einem Jahr mehrere Hauptbestandteile ersetzt, ist für die Beurteilung, ob sich die Frist nach 151 § 53a Absatz 2 EnergieStG verlängert, auf die steuerrechtliche Bewertung durch das Finanzamt abzustellen, d. h. bewertet das Finanzamt die jeweiligen Hauptbestandteile getrennt und lässt für jedes Hauptbestandteil eine „gesonderte" Abschreibung zu, sind diese Hauptbestandteile auch gesondert im Hinblick auf die Verlängerung der Abschreibefristen zu betrachten. Werden hingegen mehrere in einem Jahr in Betrieb genommene Hauptbestandteile als Betriebsvermögen insgesamt (in einer Summe) abgeschrieben, dann ist diese vereinbarte Abschreibung maßgebend.

Eine Erhöhung oder Verringerung der elektrischen Nennleistung durch effizientere oder den betrieb- 152 lichen Gegebenheiten angepasste Hauptbestandteile steht dem Ersetzen der Hauptbestandteile gleich. Im

**Anlage § 002–01**    Zu § 2 Energiesteuergesetz

Einzelfall kommen Hauptbestandteile mit gleicher, höherer oder niedrigerer Leistung zum Einsatz, als diejenigen, die sie ersetzen.

153 Erfolgt ein Austausch von Hauptbestandteilen im Rahmen einer Gewährleistung (d. h. fallen für den Entlastungsberechtigten beim Austausch eines Hauptbestandteiles keine Kosten an), verlängert sich die Dauer der Abschreibung nur, wenn eine Verlängerung der Abschreibedauer durch das Finanzamt anerkannt wurde.

154 Beinhaltet ein Wartungsvertrag den Austausch von Hauptbestandteilen, können diese – im Wartungsvertrag enthaltenen – Kosten grundsätzlich nicht berücksichtigt werden, es sei denn der Antragsteller weist nach, dass die Anlage beim Finanzamt weiterhin abgeschrieben wird.

### 10.4 Zubau

155 Einer Anlage nach § 9 EnergieStV zugebaute KWK-Einheiten werden Bestandteile dieser Anlage. Ein Zubau (Hinweis auf Absatz 19, Hinweis auf Hinweis auf Absatz 141) liegt dann vor, wenn die bereits vorhandene Anlage und die neu installierten KWK-Einheiten unmittelbar miteinander verbunden sind. Der Zubau von KWK-Einheiten steht der Erneuerung von Hauptbestandteilen der Anlage gleich. Demnach verlängert sich die in § 53a Absatz 2 genannte Frist bis zur vollständigen Absetzung für Abnutzung der neu zugebauten Hauptbestandteile, sofern die Kosten der zugebauten Einheit mindestens 50 Prozent der Kosten der gesamten Anlage betragen.

156 Die Absätze 145, 147, 151, 153 und 154 gelten sinngemäß.

Beispiel für die Kostenberechnung:

Die bisherige Anlage bestand aus zwei KWK-Einheiten, im Juli 2012 wurde eine dritte Anlage hinzugebaut, die unmittelbar verbunden wurde, so dass es sich nunmehr um eine Anlage, die aus drei KWK-Einheiten besteht, handelt.

Die Kosten der hinzugebauten KWK-Einheit sind in das Verhältnis zu setzen mit den Kosten der aus drei KWK-Einheiten bestehenden Anlage.

Beispiel 156.1

Ausgangspunkt:

KWK-Einheit 1 – Inbetriebnahme 1991 (schon abgeschrieben)

KWK-Einheit 2 – Inbetriebnahme 1991 (schon abgeschrieben)

KWK-Einheit 3 – Inbetriebnahme Juli 2012

Kosten übersteigen 50 Prozent (Vergleich KWK-Einheiten 1 – 3 zu KWK-Einheit 3)

Ergebnis: Maximale Entlastungsdauer: bis Juni 2022 (bei einer Abschreibung von zehn Jahren); d. h. für die Energieerzeugnisse, die in den bereits abgeschriebenen Einheiten der Anlage verwendet werden, kann eine Steuerentlastung nach § 53a EnergieStG gewährt werden.

Beispiel 156.2

Ausgangspunkt:

KWK-Einheit 1 – Inbetriebnahme 1991 (schon abgeschrieben)

KWK-Einheit 2 – Inbetriebnahme 1991 (schon abgeschrieben)

KWK-Einheit 3 – Inbetriebnahme Juli 2012

Die Kosten des Zubaus übersteigen 50 Prozent nicht (Vergleich KWK-Einheiten 1 – 3 zu KWK-Einheit 3)

Ergebnis: Keine Verlängerung der Abschreibungsdauer; obwohl eine dieser Einheiten fabrikneu ist, kann die Anlage (bestehend aus den drei Einheiten) nur nach § 53b EnergieStG entlastet werden.

157 Es handelt sich nur um einen Austausch, wenn zwischen Zubau und Demontage ein sächlicher und zeitlicher Zusammenhang besteht. Ein sächlicher Zusammenhang besteht z. B. wenn es sich um einen einheitlichen Auftrag, der als Ganzes abgerechnet wird, handelt.

158 Die Rechtsnorm des § 53a EnergieStG gilt seit dem 1. April 2012. Zubauten sowie Änderungen an der Anlage durch Ersetzen/Erneuerung/Änderung werden erst ab diesem Tag berücksichtigt. Es sind also nicht rückwirkend Kosten zu ermitteln, um zu prüfen, ob ein z. B. im Jahr 2010 ausgetauschter Hauptbestandteil zu einer verlängerten Abschreibung führt. Die Anlage ist als solche zum Inkrafttreten der Steuerentlastungsnormen zu betrachten. Wurde also z. B. im Juni 2010 ein Hauptbestandteil ersetzt und seit diesem Monat für zwölf Jahre (Vereinbarung mit dem Finanzamt) abgeschrieben, können die in der Anlage eingesetzten Energieerzeugnisse bis längstens Mai 2022 steuerlich entlastet werden, vorausgesetzt, die weiteren Tatbestandsmerkmale sind erfüllt.

Zu § 2 Energiesteuergesetz **Anlage § 002–01**

Wird eine Anlage nicht abgeschrieben (vgl. Absatz 136) und wurde ein Hauptbestandteil vor dem 1. April 2012 ersetzt, greift eine verlängerte fiktive Abschreibefrist. Der Austausch des Hauptbestandteils „an sich" (nicht dessen Kosten) ist in diesem Fall dem Hauptzollamt über Kaufbelege bzw. andere Belege nachzuweisen. 159

Beispiel 159.1

Inbetriebnahme einer KWK-Anlage November 2006 ▶ grundsätzlich mögliche Dauer der Entlastung nach § 53a EnergieStG: bis Oktober 2016

Austausch eines Hauptbestandteils März 2011 ▶ mögliche Verlängerung der Dauer der Entlastung nach § 53a EnergieStG: bis Februar 2021

**11 Teilweise Steuerentlastung für die gekoppelte Erzeugung von Kraft und Wärme nach § 53b EnergieStG**

Die Neuregelung eröffnet für KWK-Anlagen, die nicht alle Bedingungen des § 53a EnergieStG erfüllen, die Möglichkeit einer Steuerentlastung bis auf die Mindeststeuersätze nach den Artikeln 8 und 9 der Energiesteuerrichtlinie. 160

§ 53b Absatz 2 EnergieStG legt die Entlastungsbeträge für Energieerzeugnisse, die in KWK-Anlagen verheizt werden (z. B. Kesselanlagen, Stirlingmotoren), fest und schließt weitere Entlastungsmöglichkeiten, z. B. nach § 54 EnergieStG, aus (Hinweis auf Absatz 80). 161

Im Vergleich zu den in § 53b Absatz 2 EnergieStG festgelegten Entlastungssätzen gestattet die Energiesteuerrichtlinie für bestimmte Energieerzeugnisse weitergehende Entlastungssätze bei betrieblicher Verwendung. Nach der Systematik des Energiesteuer- und des Stromsteuergesetzes können damit Unternehmen des Produzierenden Gewerbes und der Land- und Forstwirtschaft im Sinn des § 2 Nummern 3 und 5 StromStG für die dort genannten Energieerzeugnisse eine Entlastung nach § 53b Absatz 3 EnergieStG beantragen. 162

Für Energieerzeugnisse, die zum Antrieb von Gasturbinen und Verbrennungsmotoren in KWKAnlagen verwendet werden, legt § 53b Absatz 5 EnergieStG die Entlastungssätze fest und schließt weitere Entlastungsmöglichkeiten, z. B. nach § 54 EnergieStG, aus (Hinweis auf Absatz 80). 163

Entlastungen für schweres Heizöl nach § 53b Absatz 5 Nummer 2 EnergieStG dürfen – anders als im Gesetz angegeben – nur mit einem Entlastungssatz von 4,00 Euro für 1.000 kg nach § 2 Absatz 3 Satz 1 Nummer 2 versteuerte Energieerzeugnisse erfolgen. Diese Einschränkung ist im Zuge einer unionsrechtskonformen Auslegung erforderlich, damit eine Unterschreitung der Mindeststeuersätze nach der Energiesteuerrichtlinie ausgeschlossen werden kann. Sofern zu dieser Frage ein Rechtsstreit anhängig wird, ist zu berichten.

**12 Sammelschienen**

Sammelschienenkraftwerke bestehen aus unterschiedlichen Kombinationen der in dieser Dienstvorschrift beschriebenen Anlagen, gegebenenfalls ergänzt um weitere Komponenten wie z. B. holzbefeuerte Heizkessel. 164

Ein Sammelschienenkraftwerk ist eine in räumlichem Zusammenhang stehende Erzeugungseinheit, die aus mehreren Dampferzeugern besteht, die den erzeugten Dampf in eine Sammelschiene (Rohrsystem zur Aufnahme des Dampfes) einspeisen, aus der mehrere Wärmekraftmaschinen – die im KWK- oder im Kondensationsbetrieb gefahren werden können – und andere Verbraucher gespeist werden (Hinweis auf Anlage 9). Der Dampf in der Sammelschiene kann den jeweiligen Dampferzeugern (z. B. Kessel oder Gasturbine) nicht körperlich, sondern nur anteilig zugeordnet werden (Hinweis auf Absatz 94).

Bei der energiesteuerrechtlichen Beurteilung sind die in das Sammelschienensystem integrierten KWKAnlagen nach den für sie maßgebenden Regeln zu beurteilen (Hinweis auf den energiesteuerrechtlichen Anlagenbegriff; Absätze 13 ff.).

Mehrere Kraftwerke, die über das gesamte Gebiet einer Kommune verteilt sind und in das Gesamtdampfsystem der Kommune einspeisen, bilden kein Sammelschienenkraftwerk.

Wird Wärme in verschiedenen Dampferzeugungsanlagen produziert und in ein gemeinsames Rohrleitungsnetz eingespeist, können gemäß Erlass vom 19. Oktober 2011 (Gz. III B 6 – V 8105/11/ 10001:004, Dok. 2011/0791544) die jeweils mit einer dieser Dampferzeugungsanlagen erzeugten Wärmemengen und die dazu verwendeten Energieerzeugnisse nach freier Wahl des Antragstellers innerhalb eines Entlastungsabschnitts den verschiedenen Entnahmestellen oder Abnehmern der Wärme (Unternehmen des Produzierenden Gewerbes bzw. der Land- und Forstwirtschaft oder anderen nichtbegünstigten Abnehmern) – abhängig von der entnommenen Wärmemenge – durch den Entlastungsberechtigten zugeordnet werden. Diese Wahlfreiheit gilt jedoch nur für die Entlastungstatbestände der §§ 54 und 55 EnergieStG. 165

# Anlage § 002–01

Zu § 2 Energiesteuergesetz

Werden für die Wärme einspeisenden Anlagen auch andere Entlastungstatbestände (z. B. §§ 53, 53a oder 53b EnergieStG) geltend gemacht, ist dagegen eine verhältnismäßige Aufteilung nach den anerkannten Regeln der Technik erforderlich (§ 98 Absatz 2 EnergieStV).

Beispiel 165.1

Eine Dampfsammelschiene erhält 200 Tonnen Dampf (entspricht 66 2/3 Prozent des gesamten, der Sammelschiene in einer Periode t zugeführten Dampfes) aus einem holzbefeuerten und 100 Tonnen Dampf (entspricht 33 1/3 Prozent des gesamten, der Sammelschiene in einer Periode t zugeführten Dampfes) aus einem erdgasbefeuerten Kessel. Aus der Dampfsammelschiene werden zwei Verbraucher versorgt. 90 Tonnen Dampf (entspricht 30 Prozent des gesamten, der Sammelschiene in einer Periode t zugeführten Dampfes) werden für die Produktion entnommen (Prozessdampf), 210 Tonnen Dampf (entspricht 70 Prozent des gesamten, der Sammelschiene in einer Periode t zugeführten Dampfes) werden auf einer Gegendruckturbine abgearbeitet.

Die Dampfmengen werden wie folgt zugeordnet:

| | Anteil an der gesamten erzeugten Dampfmenge in Tonnen | anteilige Zuordnung auf die Verbraucher in Tonnen, entsprechend dem erzeugerspezifischen Anteil des Dampfes an der gesamten produzierten Dampfmenge | |
|---|---|---|---|
| | | Prozessdampf | Gegendruckturbine |
| Dampfmenge aus dem erdgasbefeuerten Kessel | 100 | 30[1] | 70[2] |
| Dampfmenge aus dem holzbefeuerten Kessel | 200 | 60[3] | 140[4] |

1) Gesamtmenge Prozessdampf in einer Periode t = 90 t.

   33 1/3 Prozent davon = 30 t

2) Gesamtmenge Dampf für Gegendruckturbine in einer Periode t = 210 t.

   66 2/3 Prozent davon = 70 t

3) Gesamtmenge Prozessdampf in einer Periode t = 90 t.

   66 2/3 Prozent davon = 60 t

4) Gesamtmenge Dampf für Gegendruckturbine in einer Periode t = 210 t.

   33 1/3 Prozent davon = 140 t

Ausgehend von diesen anteiligen Dampfmengen können die jeweiligen, für die Erzeugung dieser Teildampfmengen erforderlichen Brennstoffanteile ermittelt werden.

Zu § 2 Energiesteuergesetz **Anlage § 002–01**

Schematische Darstellung:

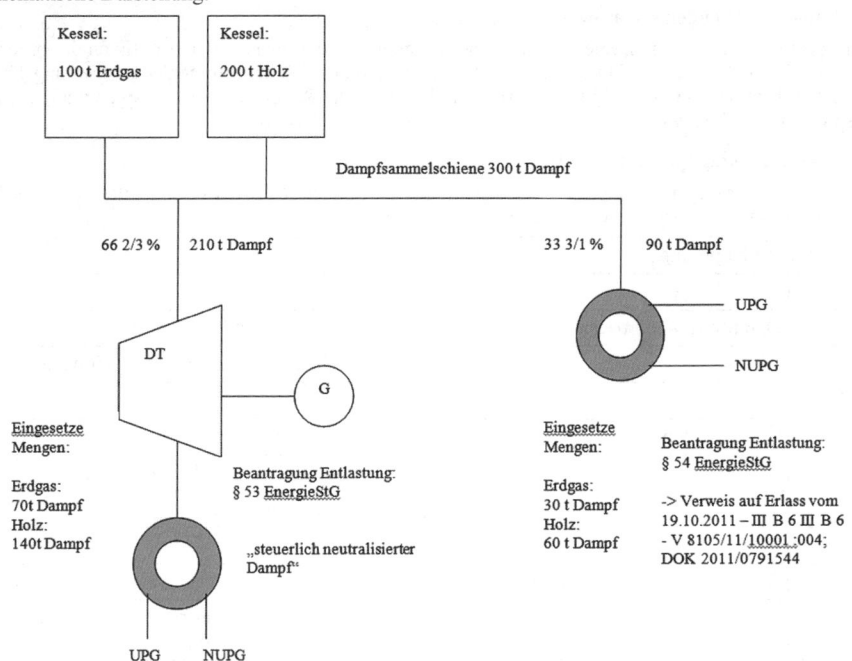

```
Kessel:              Kessel:
100 t Erdgas         200 t Holz

         Dampfsammelschiene 300 t Dampf

66 2/3 %   210 t Dampf          33 3/1 %   90 t Dampf

                                                        UPG
    DT
                                                        NUPG
              G

Eingesetze                      Eingesetze
Mengen:                         Mengen:           Beantragung Entlastung:
                                                  § 54 EnergieStG
Erdgas:         Beantragung Entlastung:
70t Dampf       § 53 EnergieStG  Erdgas:          -> Verweis auf Erlass vom
Holz:                            30 t Dampf       19.10.2011 – III B 6 III B 6
140t Dampf      „steuerlich neutralisierter  Holz: - V 8105/11/10001 ;004;
                Dampf"            60 t Dampf     DOK 2011/0791544

   UPG   NUPG
```

### 13 Sonstige Energieerzeugungsanlagen

Bei Temperaturen unter ca. 150 °C kommt Wasserdampf als Arbeitsmedium zum Antrieb von Dampfturbinen nicht mehr in Frage. Unterhalb dieser Temperatur setzt man organische und zunehmend synthetische Arbeitsstoffe als Wärmeträger mit anderen thermodynamischen Eigenschaften als Wasser ein. Man bezeichnet daher einen solchen Prozess als Organic-Rankine-Cycle (ORC) (Hinweis auf Absatz 186). Im Allgemeinen handelt es sich dabei um einen geschlossenen Wärmeträgerkreislauf ohne Wärmeauskopplung nach der Erzeugung mechanischer Energie. Insoweit liegt keine Kraft-Wärme-Kopplung vor. In der ORC-Anlage kann die Abwärme aus einem vorgelagerten KWK-Prozess auch bei einer niedrigen Abwärmetemperatur zur Stromerzeugung genutzt werden. Diese Nutzung gilt als KWK-Wärmenutzung im Sinn des § 10 Absatz 2 EnergieStV. 166

Anlagen, die der Druckminderung in Gaspipelines dienen (Gasentspannungsanlagen), sind keine KWK-Anlagen im Sinn des Energiesteuergesetzes. Sofern die entsprechenden Voraussetzungen vorliegen, handelt es sich gegebenenfalls um begünstigte Anlagen im Sinn von § 3 Absatz 1 Satz 1 Nummer 3 EnergieStG. 167

### 14 Technologien ausgewählter Energieerzeugungsanlagen

#### 14.1 Vorbemerkungen

Nachfolgend wird ein kompaktes Querschnittsbild des Technologiebereiches der Energieerzeugungsanlagen einschließlich der Kraft-Wärme-Kopplung geboten. Dieses Kapitel führt lediglich überblicksartig in die Welt der Energieerzeugung ein. Bei der Lektüre ist zu berücksichtigen, dass dieses Kapitel ausschließlich technikbezogen ist und keine energiesteuerrechtlichen Informationen enthält. Es dient in erster Linie dazu, die komplexe Energieerzeugungsanlagentechnik besser zu verstehen. 168

KWK-Anlagen erzeugen zeitgleich zwei Arten von Energie: Kraft (zumeist elektrische Energie) und Wärme. Die Wärme kann zu verschiedenen Zwecken z. B. als Prozessdampf, Trocknungswärme oder Heizwasser genutzt werden. Die Verwendung dieser Wärme dient der Senkung der energetischen Verluste. Somit verringert sich auch der Einsatz der Primärenergien. 169

#### 14.2 Auslegungsvarianten von Kraft-Wärme-Kopplungsanlagen

Dient eine KWK-Anlage hauptsächlich der Erzeugung und Bereitstellung von Wärme, so wird sie wärmegeführt betrieben. Hierbei wird der benötigte Wärmebedarf ermittelt und die gesamte KWK-Anlage 170

**Anlage § 002–01**  Zu § 2 Energiesteuergesetz

auf diesen ausgerichtet. Ob erzeugte Stromüberschüsse im Unternehmen genutzt oder in das öffentliche Netz eingespeist werden, ist insoweit unerheblich.

171 Beim stromgeführten Einsatz einer KWK-Anlage hingegen wird primär auf den benötigten Strombedarf geachtet. Es spielt in diesem Zusammenhang keine Rolle, ob die bei der Stromerzeugung zwangsläufig anfallende Wärme einer Nutzung zugeführt (z. B. Prozess- oder Raumwärme) oder ungenutzt in die Atmosphäre abgegeben wird.

### 14.3 KWK-Technologien im Detail

172 Ein KWK-Prozess kann mittels verschiedener technischer Möglichkeiten durchgeführt werden. Die wichtigsten KWK-Anlagen sind nachfolgend aufgeführt:

| Kraft-Wärme-Kopplung | | |
|---|---|---|
| | Dampfturbinenprozess | Mit Gegendruckturbine |
| | | Mit Entnahme-Kondensationsturbine |
| | Gasturbinenprozess | Mit Wärmerückgewinnung |
| | | Cheng-Cycle (STIG-Cycle) |
| | | Mikroturbine |
| | Gas- und Dampfturbinenprozess | Mit Gegendruckturbine |
| | | Mit Entnahme- bzw. Anzapf-Kondensationsturbine |
| | Diesel- und Gasmotorenprozess | Im Blockheizkraftwerk |
| | Alternative Prozesse | Dampfkolbenmotorprozess |
| | | ORC-Prozess |
| | | Stirlingmotor |
| | | Brennstoffzelle |
| | | Dampfschraubenmotor |
| | | Heißluftturbinenprozess |
| | | Inverser Gasturbinenprozess |

173 Der Dampfturbinenprozess setzt sich aus folgenden Hauptkomponenten zusammen:
1. Kessel mit Überhitzer,
2. Dampfturbine,
3. Kondensator und
4. Speisewasserpumpe.

Zunächst wird im Kessel das Wasser verdampft. Der Dampf wird in den Überhitzer geleitet und auf die notwendige Betriebstemperatur gebracht. Der so erhitzte Dampf wird durch die Dampfturbine geleitet und versetzt diese in eine Drehbewegung. Die rotierende Dampfturbine treibt mit ihrer Maschinenwellenkraft einen Generator zur Stromerzeugung an. Derjenige Dampf, der aus der Dampfturbine austritt, kondensiert im nachgeschalteten Kondensator und wird durch die Speisewasserpumpe wieder auf den erforderlichen Prozessdruck gebracht. Anschließend wird er wieder dem Kessel zugeführt. Somit entsteht ein geschlossener Kreislauf. Im Kondensator werden zur Kühlung z. B. Flusswasser oder Umgebungsluft verwendet. Die frei werdende Kondensationswärme bleibt insoweit ungenutzt. Zur Nutzung dieser (Ab)wärme können verschiedene Anlagenschaltungen eingesetzt werden. Diese zu beschreiben würde den Rahmen dieser Einführung sprengen. Allenfalls sei erwähnt, dass – um diese Wärme nutzen zu können – der Abdampf einen höheren Druck bzw. eine höhere Temperatur als die Umgebungsluft besitzen muss.

Der Dampfturbinenprozess mit Gegendruckturbine zeichnet sich dadurch aus, dass der im Dampfkessel erzeugte Heißdampf in einer Dampfturbine bis auf den Gegendruck entspannt wird und dabei mechanische Arbeit am Generator verrichtet. Der Gegendruck wird so gesteuert, dass die angestrebte Temperatur der Prozesswärme erreicht wird. Im Generator wird die mechanische dann in elektrische Energie umgewandelt. Die Restwärme des Dampfes wird anschließend noch mittels Wärmetauscher durch Kondensation an andere Medien wie z.b. Wasser übertragen, so dass diese thermische Energie noch genutzt werden kann. Durch eine Speisewasserpumpe wird das Kondensat dann wieder dem Dampferzeuger zugeführt. Gegendruckturbinen finden hauptsächlich Anwendung, wenn Dampf in großer und konstanter Menge als Heizdampf benötigt wird. Diese Eigenschaften sind beispielsweise in der Industrie erforderlich, wenn der Dampf als Prozessdampf eingesetzt wird oder auch für die Fernwärmeversorgung. 174

Der Dampfturbinenprozess mit Entnahme-Kondensationsturbine ähnelt dem bei der Gegendruckturbine ablaufenden Prozess. Hierbei wird der Dampf, der zur Wärmeerzeugung genutzt, wird nicht am Ende des Prozesses (also wie bei der Gegendruckturbine üblich) sondern im Mittelteil der Turbine entnommen. Der Vorteil dieser Variante liegt darin, dass die Produktion von Strom bzw. Wärme den jeweiligen Erfordernissen angepasst werden kann. Der Entnahmedruck wird dann individuell an der Entnahmestelle durch Ventile geregelt und somit der erforderliche Zustand des Dampfes reguliert. Hier liegt der Unterschied zwischen der Entnahme-Kondensationsturbine und der Anzapf-Kondensations-turbine. Bei letzterer variieren die Anzapfzustände lediglich mit dem Lastpunkt. Bei einer großen Wärmenachfrage kann der Dampf an der Dampfentnahmestelle der Entnahme-Kondensationsturbine entnommen werden. 175

Wird die Wärme hingegen nicht benötigt, kann die Entnahmekondensationsturbine im Kondensationsbetrieb gefahren werden. Kennzeichnend ist bei diesen Turbinen die variable Betriebsweise.

Der Gasturbinenprozess setzt sich aus folgenden Hauptkomponenten zusammen: 176

1. Verdichter$^{(G)}$
2. Brennkammer$^{(G)}$ und
3. Turbine$^{(G)}$

Bei diesem Prozess wird Umgebungsluft angesaugt und dann im Verdichter komprimiert. Die verdichtete Luft wird in die Brennkammer geleitet, in der durch die Zugabe eines Energieträgers (wie z. B. Erdgas oder Heizöl) eine Verbrennung stattfindet. Das dadurch entstehende Rauchgas wird auf die Turbine geleitet, die wiederum den Verdichter sowie den Generator antreibt, der Strom produziert. Die Temperatur des Abgases beträgt beim Verlassen der Turbine etwa 400 – 600°C und wird an die Umgebung abgegeben. Eine weitere Nutzung des Gases findet bei dem einfachen Gasturbinenprozess grundsätzlich nicht statt. Eine Nutzung kann jedoch durch Wärmetauscher erfolgen. Diese nehmen die abgegebene Wärme über ein Trägermedium wie z. B. Wasser auf. Die so gebundene Wärme kann dann beispielsweise für Heizzwecke genutzt werden.

Beim Gasturbinenprozess mit Wärmerückgewinnung wird die hohe Temperatur der Turbinenabgase z. B. für Heizzwecke, Trocknungsprozesse oder ähnliches, komplett genutzt. 177

Eine weitere Möglichkeit der Wärmenutzung im Gasturbinenprozess besteht bei dem Cheng-Cycle- oder STIG-Cycle (Steam Injected Gas Turbine)-Prozess. Hierbei wird ein Teil des erzeugten Dampfes in die Brennkammer und in die Turbine eingespeist. Dadurch werden die Leistung und der elektrische Wirkungsgrad der Turbine erhöht. Mit dieser Methode kann die Wärmemenge an den Bedarf der jeweiligen Anlage angepasst werden, je nachdem ob man mehr oder weniger Dampf in die Gasturbine einspeist. 178

Beim Gasturbinenprozess mittels Mikroturbine besteht der Vorteil darin, dass im Gegensatz zum Gasturbinenprozess mit Wärmerückgewinnung eine Blockbauweise möglich ist, da die Anlage sehr kompakt ist. Eine Mikroturbinenanlage kann daher als Blockheizkraftwerk angesehen werden. Nachteilig ist jedoch, dass bedingt durch die kleine Bauweise der elektrische Wirkungsgrad der Anlage relativ niedrig ist. Er liegt bei etwa 15 bis 25 Prozent. Der elektrische Wirkungsgrad kann erhöht werden, wenn ein Wärmetauscher installiert ist, der die Vorwärmung der Verbrennungsluft der Turbinenabgase vornimmt (ein so genannter Rekuperator). Zudem kann in einem weiteren Wärmetauscher Prozesswärme gewonnen werden. Wenn eine Abschaltung des ersten Wärmetauschers möglich ist, kann die abgegebene Prozesswärme bei Bedarf zu Ungunsten des elektrischen Wirkungsgrades erhöht werden. Somit ist eine flexible Wärmebedarfsanpassung gegeben. 179

Bei der Kraft-Wärme-Kopplung mit kombiniertem Gas- und Dampf-Kreislauf (Gas- und Dampfturbinenprozess (GuD-Prozess)) wird aus mechanischer Energie (Gasturbine und Dampfturbine) im Generator elektrische Energie erzeugt. Dabei dienen die Austrittsgase der Gasturbine im Abhitzekessel der Erzeugung von Dampf für die Dampfturbine. Der Dampfturbinenprozess kann im Gegendruck- 180

# Anlage § 002–01

Zu § 2 Energiesteuergesetz

betrieb oder im Entnahmekondensationsbetrieb durchgeführt werden. Ein Teil des Dampfes kann vor, in oder nach der Dampfturbine als Nutzwärme ausgekoppelt sein.

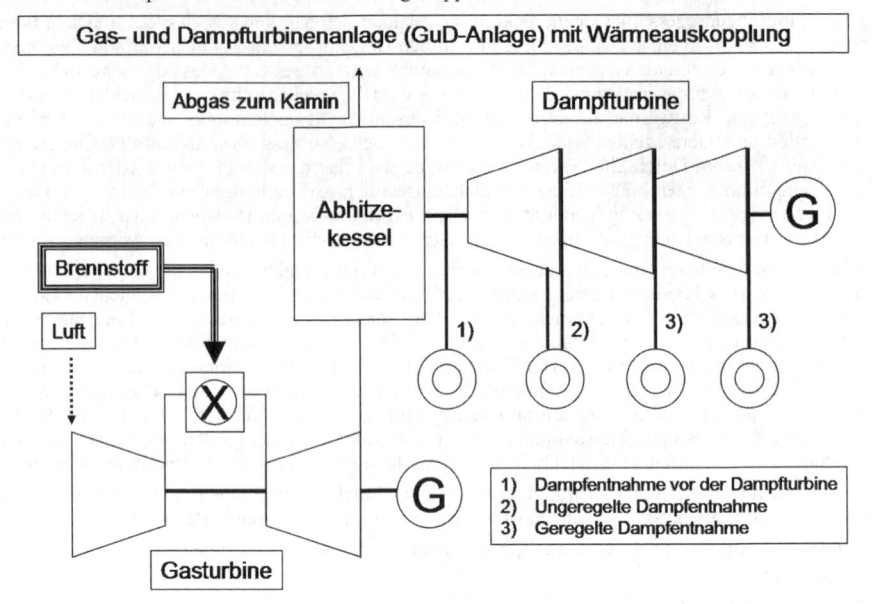

**Gas- und Dampfturbinenanlage (GuD-Anlage) mit Wärmeauskopplung**

1) Dampfentnahme vor der Dampfturbine
2) Ungeregelte Dampfentnahme
3) Geregelte Dampfentnahme

181 Der Gas- und Dampfturbinenprozess mit Gegendruckturbine besteht aus zwei Prozessen und zwar einem Gasturbinenprozess und einem Dampfturbinenprozess. Durch die Abgase der Gasturbine wird Hochdruckdampf erzeugt, der in der Dampfturbine entspannt wird. Die elektrische Energie wird sowohl durch die Gasturbine als auch durch die Dampfturbine erzeugt. Aus der Dampfturbine austretender Dampf kann dann zur Deckung des Wärmebedarfs genutzt werden.

182 Der Gas- und Dampfturbinenprozess mit Entnahme-Kondensationsturbine ähnelt demjenigen beim GuD-Prozess mit Gegendruckturbine. Hierbei wird der Dampf, der zur Wärmeerzeugung genutzt wird nicht am Ende des Prozesses sondern im Mittelteil der Turbine entnommen. Der Vorteil dieser Variante liegt darin, dass die Produktion von Strom bzw. Wärme den jeweiligen Erfordernissen angepasst werden kann.

Wird die Dampferzeugung aus dem Gasturbinenabgas im Abhitzekessel (mit oder ohne Zusatzfeuerung) anschließend in der Dampfturbine nur zur Stromerzeugung genutzt (ohne Wärmeerzeugung durch Dampfauskopplung), handelt es sich nicht um einen KWKsondern um einen Kondensationsprozess.

Im Falle einer anteiligen Kondensationsstromerzeugung des nachgeschalteten Dampfturbinenprozesses ist die Erzeugung der Gasturbine entsprechend der Nutzung der thermischen Energie aus dem Abhitzekessel auf den Kondensations- und den KWK-Prozess aufzuteilen (Hinweis auf Anlage 6) in sinngemäßer Anwendung.

Wird ein Teil des Wärmeinhaltes der Gasturbinenabgase im Abhitzekessel zur direkten Wärmeerzeugung (Frischdampfauskopplung vor der Dampfturbine oder Ausnutzung der Restwärme am Austritt des Abhitzekessels) verwendet, so handelt es sich bei den Anteilen um KWK-Wärmeerzeugung.

183 In Blockheizkraftwerken dienen überwiegend Diesel-, Benzin- bzw. Gasmotoren als Antriebsaggregate. Blockheizkraftwerke sind Kraft-Wärme-Kopplungs-Anlagen, die auch aus einem („Block") oder mehreren Modulen bestehen können. In diesen Anlagen wird mechanische Energie (Kraft an der Welle des Motors) durch einen Generator in elektrische Energie umgewandelt. Die durch Verbrennung entstehende Wärme wird als Prozesswärme oder zu anderen Heizzwecken genutzt. Zusätzlich können auch die Verbrennungsabgase und das Motorkühlwasser als Wärmequelle in diesem Prozess dienen. In der Praxis werden auf Mehrmodulanlagen betrieben. Diese bestehen jeweils aus einem Gas- oder Dieselmotor, einem Generator und einem Wärmetauscher und werden parallel geschaltet. Je nach Bedarf können ein oder mehrere Module betrieben werden.

184 Neben den o. g. Prozessen gibt es auch alternative Prozesse zur Erzeugung von Kraft und Wärme. Einige von ihnen sind technologisch noch nicht vollständig ausgereift und daher in der Praxis bisher nicht allzu

Zu § 2 Energiesteuergesetz                                                    **Anlage § 002–01**

oft anzutreffen. Zu diesen Prozessen gehören beispielsweise der Dampfkolbenmotorprozess (Absatz 185) sowie der ORC-Prozess (Absatz 166 und 186).

Beim Dampfkolbenmotorprozess wird durch Verbrennung entstehendes Rauchgas über einen Kessel  185
geleitet, in dem Dampf erzeugt wird. Dieser Dampf wiederum wird über einen Dampfkolbenmotor geleitet. Dadurch, dass der Dampf im Motor entspannt wird, wird mechanische Arbeit geleistet, die im Generator in elektrische Energie umgewandelt werden kann. Der entspannte Dampf wird anschließend in einen Kondensator geleitet. Die anfallende Kondensationswärme kann zu verschiedenen Zwecken wie z. B. als Fern- oder Prozesswärme genutzt werden. Das kondensierte Wasser wird mittels einer Speisewasserpumpe auf Betriebsdruck gebracht und wieder dem Kessel zugeführt. Der Prozess ähnelt dem Dampfturbinenprozess mit dem Unterschied, dass die Turbine durch einen Kolbenmotor ersetzt wird. Der Dampfkolbenmotor wird in der Regel dezentral im Leistungsbereich bis ca. 20 kW$_{el}$ eingesetzt. Die Dampfturbinen werden hingegen eher im industriellen Bereich mit größeren Leistungsabnahmen verwendet.

Das Grundprinzip des ORC-Prozess (Organic Rankine Cycle) ähnelt dem des Dampfturbinenprozesses.  186
Allerdings wird hierbei statt Wasser eine andere organische Flüssigkeit (Kohlenwasserstoff wie z. B. Iso-Pentan, Iso-Oktan, Toluol oder Silikonöl) eingesetzt. Dieses Medium verdampft bei geringeren Temperaturen als Wasser, daher wird dieser Prozess hauptsächlich dann durchgeführt, wenn das zur Verfügung stehende Temperaturgefälle zwischen Wärmequelle und -senke zu niedrig für den Betrieb einer von Wasserdampf angetriebenen Turbine ist (Hinweis auf Absatz 166).

Über einen Thermoöl-Kreislauf wird die Verbrennungswärme zu dem organischen Arbeitsmittel transportiert. Dieses wird verdampft und der Dampf in einer Turbine entspannt. Die so erhaltene mechanische Arbeit wird an einen Generator abgegeben, wo sie in elektrische Energie umgewandelt wird. Der entspannte Dampf wird anschließend in einen Kondensator geleitet. Die anfallende Kondensationswärme kann dann zu verschiedenen Zwecken wie z. B. als Fern- oder Prozesswärme genutzt werden. Das Kondensat wird mittels einer Pumpe auf Betriebsdruck gebracht und wieder dem Kessel zugeführt. Um die elektrische Leistung zu erhöhen kann der aus der Turbine austretende Dampf alternativ auch zuerst über einen Rekuperator geleitet werden, bevor er in den Kondensator geführt wird.

Die Brennstoffzelle bietet den Vorteil einer dezentralen Strom- und Wärmeerzeugung mit einem hohen  187
Wirkungsgrad bei einem niedrigen Emissionsausstoß. Bei einer Elektrolyse von Wasser wird eine Spannung an zwei Elektroden angelegt und somit Wasser in Wasserstoff und Sauerstoff aufgespalten. In der Brennstoffzelle läuft der Umkehrprozess dazu ab. Die Elektroden werden mit Wasserstoff (bzw. wasserstoffreichem Gas) und mit Sauerstoff (bzw. Luft) umspült und somit eine exotherme Reaktion ausgelöst. Durch die Vereinigung von Wasserstoff und Sauerstoff zu Wasser entsteht eine Gleichspannung und es wird Wärme freigesetzt. Um diese Reaktion kontinuierlich aufrechterhalten zu können, müssen die Gase gleichmäßig zugeführt werden. Ein Vorteil dieses Prozesses ist auch, dass keine Schadstoffe wie z. B. Kohlenmonoxid entstehen.

Beim Betrieb der Brennstoffzelle mit Erdgas (Methan, CH4) muss als Zwischenschritt Methan in Wasserstoff und Kohlendioxid aufgespalten werden (so genanntes Steam Reforming).

Der Stirlingmotor ist eine Kolben-Wärmekraftmaschine. Dem im Stirlingmotor eingeschlossenen Ar-  188
beitsgas wird Wärme von außen über einen Erhitzer (Wärmeübertrager) zugeführt. Als Arbeitsgas wird meistens Helium eingesetzt; es kann aber auch Luft, wie im Heißluftmotor sein. Auch Stickstoff und Wasserstoff sind mögliche Arbeitsmedien. Die Restwärme des Abgases kann dann noch durch einen zusätzlich installierten Wärmetauscher für z. B. Heizzwecke genutzt werden. Dem Erhitzer kann Wärme aus Verbrennungsprozessen, aus Sonnenenergie, aus Abwärme zugeführt werden, d. h. der Stirlingmotor ist eine für alle Brennstoffe und Wärmequellen einsetzbare Wärmekraftmaschine. Der Stirlingmotor besteht in der Regel aus zwei Zylindern, dem Arbeitszylinder und dem Kompressionszylinder. In diesen Zylindern wird das Arbeitsmedium bewegt. Dem Arbeitszylinder wird Wärme zur Verrichtung von Arbeit zugeführt, im Kompressionszylinder wird Wärme abgeführt, um die Kompressionsarbeit zu verringern. Durch das Verschieben des Arbeitsmediums vom Arbeitszum Kompressionszylinder wird die Restwärme im Regenerator gespeichert; beim Rücktransport des verdichteten Mediums in den Arbeitszylinder kann diese gespeicherte Wärme wieder genutzt werden (Hinweis auf Absatz 3 und Absatz 24).

Der Stirlingmotor ist aufgrund seiner Funktionsweise kein Verbrennungsmotor.

Beim Dampfschraubenmotorprozess wird im Gegensatz zum Dampfturbinenprozess oder Dampf-  189
kolbenmotorprozess ein Schraubenmotor zur Expansion des Dampfes genutzt. Auch bei diesem Prozess wird durch die Verbrennung von Rauchgas im Kessel Dampf erzeugt. Anschließend wird der Dampf in den Dampfschraubenmotor geleitet. Die so erhaltene mechanische Arbeit wird an einen Generator abgegeben, wo sie in elektrische Energie umgewandelt wird. Der entspannte Dampf wird anschließend in einen Kondensator geleitet. Die anfallende Kondensationswärme kann dann zu verschiedenen Zwecken

689

wie z.B. als Fern- oder Prozesswärme genutzt werden. Das Kondensat wird mittels einer Pumpe auf Betriebsdruck gebracht und wieder dem Kessel zugeführt.

Der Schraubenmotor selbst besteht aus zwei ineinander greifenden Rotoren. Beim Betrieb des Schraubenmotors strömt der Dampf durch die Einlassöffnung in den Arbeitsraum hinein. Die Öffnung schließt sich dann durch die Bewegung des Rotors und der Dampf expandiert im Inneren des Motors. Durch den Expansionsvorgang werden die Rotoren angetrieben und erzeugen die mechanische Arbeit.

Dampfschraubenmotoren können in zwei Kategorien eingeteilt werden: die nasslaufenden und die trockenlaufenden Motoren. Bei den nasslaufenden Motoren wird Öl in den Arbeitsraum gebracht, um den Motor zu schmieren. Das Öl muss nach dem Prozess wieder aus dem Kreislauf herausgefiltert werden. Die trockenlaufenden Motoren benötigen keine Schmierung. Sie verfügen über einen berührungslosen Bewegungsvorgang, durch ein spezielles Synchrongetriebe. Nachteilig ist jedoch, dass bei dieser Methode mehr Spiel zwischen den Schrauben und dem Gehäuse ist und deshalb auch größere Leckverluste entstehen.

190 Beim herkömmlichen Gasturbinenprozess wird in der Turbine Rauchgas entspannt. Im Gegensatz dazu wird beim indirekten Gasturbinenprozess (Heißlufturbinenprozess) Luft anstelle von Rauchgas in der Turbine entspannt. Bei diesem Prozess wird das Rauchgas über einen Wärmetauscher übertragen und gibt die Wärme somit an die Prozessluft ab. Für diesen Prozess kann jede Art von Brennstoff im Gaserhitzer verbrannt werden.

Das Besondere an diesem Verfahren ist, dass hier ein Hochtemperatur-Wärmetauscher eingesetzt wird, in dem das Rauchgas die Wärme an die vom Verdichter komprimierte Prozessluft abgibt. Diese wird über die Turbine geleitet und dabei wird dann mechanische Arbeit verrichtet. Anschließend wird die entspannte Luft über einen Luftvorwärmer geleitet, der die Verbrennungsluft vorwärmt. Restwärme, die im Wärmetauscher verbleibt, kann zusätzlich noch weiter genutzt werden. Neben dem oben beschriebenen Verfahren kann zur Erhöhung der elektrischen Leistung (und demnach Senkung der thermischen Leistung) auch eine direkte Einspritzung des Dampfes in die Turbine erfolgen.

191 Beim herkömmlichen Gasturbinenprozess wird verdichteter Luft ein Brennstoff zugegeben und dieses Gemisch anschließend verbrannt. Das dadurch entstehende Rauchgas wird in der Turbine von hohem Druck auf Umgebungsdruck entspannt. Beim inversen Gasturbinenprozess (Heißlufturbinenprozess) findet hingegen eine atmosphärische Verbrennung statt. Hierbei wird das Rauchgas in der Turbine vom (atmosphärischen) Umgebungsdruck in den (technisch herbeigeführten) Unterdruckbereich entspannt und anschließend in einem Verdichter wieder auf (atmosphärischen) Umgebungsdruck verdichtet. Der Vorteil dieses Verfahrens liegt in der atmosphärischen Verbrennung, die bei Verwendung von Biomasse die aufwändige Brennstoffzufuhr in einen Druckkessel vermeidet. Die im Rauchgas nach der Turbine noch vorhandene Wärme dient der Dampf- oder Heißwassererzeugung und steht damit weiteren Wärmeverbrauchern zur Verfügung. Gleichzeitig erspart man sich durch Kühlen des Rauchgases Kompressionsarbeit. Durch die (Rück-)Verdichtung auf atmosphärischen Umgebungsdruck wird das Rauchgas erhitzt, diese Wärme kann zusätzlich zur Luftvorwärmung vor der Brennkammer verwendet werden. Zur elektrischen Leistungs- und Wirkungsgradsteigerung ist es möglich, mit Hilfe des Turbinenabgases Dampf zu erzeugen, der wiederum in die Gasturbine eingespritzt wird. Dies reduziert zwar die Wärmeleistung, erhöht aber auf der anderen Seite die elektrische Leistung und damit den elektrischen Wirkungsgrad. Als weitere Variante gibt es GuD-Prozesse in der Form eines der inversen Gasturbine nachgeschalteten Dampfturbinenprozesses. Dies führt zur Steigerung der elektrischen Leistung und des elektrischen Wirkungsgrades.

### 15 Erfahrungsberichte

192 Zur Fortschreibung und Optimierung der vorliegenden Dienstvorschrift werden durch die Abteilung Zentrale Facheinheit der Bundesfinanzdirektion Südwest zu gegebener Zeit Erfahrungsberichte von den Bundesfinanzdirektionen angefordert (variabler Berichtstermin). Wegen der rechtlichen und technischen Komplexität der Materie erscheint es ratsam, die zugrunde liegenden Vorberichte der Hauptzollämter den Berichten der Abteilungen Rechts- und Fachaufsicht der Bundesfinanzdirektionen in Kopie beizufügen.

Zu § 2 Energiesteuergesetz

# Anlage § 002–02

## Dienstvorschrift zur energiesteuerrechtlichen Behandlung des Güterumschlages in Seehäfen nach den §§ 2 und 3a Energiesteuergesetz (EnergieStG)

BMF-Schreiben vom 10.3.2010 – III B 6 – V 8210/07/10002, 2009/0072285

### I. Allgemeines

Mit dem Gesetz zur Neuregelung der Besteuerung von Energieerzeugnissen und zur Änderung des Stromsteuergesetzes vom 15. Juli 2006 (BGBl. I S. 1534) wurde durch Einführung des § 3a EnergieStG die Möglichkeit geschaffen, die Steuertarife des § 2 Absatz 3 EnergieStG auch auf den Einsatz von Energieerzeugnissen in sonstigen begünstigten Anlagen, die dem Güterumschlag in Seehäfen dienen, anzuwenden. Die Regelung dient dem Abbau von Wettbewerbsnachteilen der Lade- und Löschunternehmen in deutschen Seehäfen gegenüber ihren europäischen Konkurrenten und ist eine staatliche Beihilfe im Sinn von Artikel 87 Absatz 1 EG-Vertrag[1]. Die beihilferechtliche Genehmigung der Kommission hinsichtlich einer Steuerbegünstigung für Seehafenbetriebe ist in der Sitzung am 27. Februar 2008 durch die Kommission beschlossen worden. Die Genehmigung wurde auf Grundlage der – zu diesem Zeitpunkt noch nicht im Amtsblatt der EU veröffentlichten – Leitlinien der Gemeinschaft für staatliche Umweltschutzbeihilfen gewährt. Die Kommission hat ihre Genehmigung ab dem Zeitpunkt der Veröffentlichung der neuen Leitlinien der Gemeinschaft für Umweltschutzbeihilfen im Amtsblatt der EU für anwendbar erklärt. Die Leitlinien sind am 1. April 2008 im Amtsblatt der EU veröffentlicht worden. Auf dieser Grundlage ist § 3a EnergieStG am 1. April 2008 in Kraft getreten. Seit diesem Zeitpunkt dürfen nach den Steuersätzen des § 2 Absatz 3 EnergieStG versteuerte Energieerzeugnisse zum Antrieb von Gasturbinen und Verbrennungsmotoren, die ausschließlich dem Güterumschlag in Seehäfen dienen, verwendet werden. 1

### II. Anwendbarkeit des Steuertarifs nach § 2 Absatz 3 EnergieStG

Gekennzeichnetes Gasöl umfasst neben leichtem Heizöl auch Gasöl in Dieselkraftstoffqualität. 2

Eine nachträgliche Steuerentlastung von Gasöl, das nach § 2 Absatz 1 Nummer 4 EnergieStG versteuert und als Kraftstoff zum Antrieb von Verbrennungsmotoren oder Gasturbinen verwendet worden ist, die dem Güterumschlag in Seehäfen dienen, ist ausgeschlossen. 3

### III. Seehäfen nach § 11a EnergieStV

Das Gebiet eines Hafens (Hafengebiet) umfasst die Land- und Wasserflächen innerhalb der gekennzeichneten und öffentlich bekannt gemachten Hafengrenzen. Es kann aus Seehafen- und Binnenhafenbereichen bestehen. Die Grenzen des Hafengebietes und Änderungen dieser Grenzen werden von den Hafenbehörden gekennzeichnet und bekannt gegeben. Der Betrieb von Arbeitsmaschinen und Fahrzeugen, die dem Güterumschlag in den Binnenhafenbereichen dienen, ist nicht begünstigungsfähig. 4

Seehäfen im Sinn von § 11a Absatz 1 EnergieStV sind: 5

| 1. | Brake | 8. | Greifswald | 15. | Oldenburg | 22. | Ueckermünde |
|---|---|---|---|---|---|---|---|
| 2. | Bremen | 9. | Hamburg | 16. | Papenburg | 23. | Vierow |
| 3. | Bremerhaven | 10. | Husum | 17. | Rendsburg | 24. | Wilhelmshaven |
| 4. | Brunsbüttel | 11. | Kiel | 18. | Rostock | 25. | Wismar |
| 5. | Cuxhaven | 12. | Leer | 19. | Sassnitz | 26. | Wolgast |
| 6. | Emden | 13. | Lübeck | 20. | Stade Bützfleth | | |
| 7. | Flensburg | 14. | Nordenham | 21. | Stralsund | | |

Neben den zuvor genannten Häfen gibt es weitere Seehäfen, die ebenfalls die Bedingungen des § 11a Absatz 1 EnergieStV erfüllen. Aus Gründen der Übersichtlichkeit wird auf die Nennung dieser Seehäfen verzichtet. Auskünfte zu den jeweiligen Seehäfen erteilen gegebenenfalls die zuständigen Hafenbehörden.

---

1) Hinweis auf die Entscheidung der Kommission/Staatliche Beihilfe Nr. 643/2006 K (2008)481 endg.; im Internet unter: http://ec.europa.eu/community_law/state_aids/transports-2006/n643-06.pdf (Stand: 24. Februar 2010).

# Anlage § 002–02

Zu § 2 Energiesteuergesetz

### Güterumschlag in Seehäfen nach § 11a Absatz 2, 3 und 4 EnergieStV

6 Der Frachtumschlag im Sinn von § 11a Absatz 2 Nr. 1 EnergieStV umfasst auch den Transport von Umschlaggütern innerhalb des Seehafengebietes zur Lagerung derselben oder zu einem weiteren Transportmittel.

7 Dem Güterumschlag in Seehäfen gleichgestellt sind
1. die Verladung lebender Tiere,
2. der Transport lebender Tiere,
3. alle Transporte von Leercontainern sowie
4. die Lagerung von Leercontainern

innerhalb des Seehafengebietes.

### Abgrenzung zu § 11a Absatz 5 EnergieStV

8 Nach § 11a Absatz 5 Nummer 1, 2 und 3 der Verordnung ist der Betrieb von Service-, Wartungs-, Bau- und Instandhaltungsfahrzeugen sowie von Fahrzeugen, die dem Personentransport in Seehäfen dienen, nicht begünstigungsfähig. Hingegen sind die Fahrten von mobilen Arbeitsmaschinen und Fahrzeugen
1. von und zur Einsatzstelle,
2. zwischen wechselnden Einsatzorten,
3. zur Sicherstellung von Betriebsumläufen,
4. zur Prüfung, Wartung, Überholung und Reparatur,
5. zur Einweisung von Fahrzeugführern und
6. zur Aus-, Fort- und Weiterbildung

als notwendige Betriebsfahrten begünstigt. Leer- und Bereitstellungsfahrten von Containern, Paletten, Fässern und anderen Transportmaterialien gelten ebenfalls als notwendige Betriebsfahrten.

9 Der Personentransport in Seehäfen umfasst insbesondere die Beförderung von
1. Passagieren von und zu Fahrgastschiffen,
2. Beschäftigten der Seehafenbetriebe von und zu ihren jeweiligen Einsatzorten und
3. Angehörigen anderer Betriebe als Seehafenbetriebe von und zu ihren jeweiligen Einsatzorten.

Der Transport von Fahrpersonal, das Fahrzeuge auf Schiffe oder von Schiffen verbringt, ist ebenfalls Personentransport in Seehäfen.

### Arbeitsmaschinen und Fahrzeuge nach § 11a Absatz 6 EnergieStV

10 Im Rahmen des Güterumschlags in Seehäfen werden unterschiedliche Arbeitsmaschinen und Fahrzeuge eingesetzt. Bei der nachfolgenden Übersicht handelt es sich nicht um eine abschließende Aufzählung. Für spezielle Ladesituationen kann es erforderlich sein, andere als die nachfolgend genannten Arbeitsmaschinen und Fahrzeuge einzusetzen.

| Arbeitsmaschinen und Fahrzeuge | Tätigkeit |
| --- | --- |
| Automated guided vehicles (AGV) | Fahrerloser Transport von Containern |
| Bulldozer | Einsatz auf Lagerhalden |
| Containerumschlagbrücken | Be- und Entladen von Containerschiffen |
| Dieselameisen | Transport von Paletten und anderen Stückgütern |
| Empty Reach Stacker; Empty Container Handler | Befördern von Leercontainern auf dem Terminalgelände |
| Förderbänder | Beförderung von trockenen Massengütern |
| Gabelstapler | – Beförderung von Gütern und Transportbehältern im Rahmen des Be- und Entladens von Seeschiffen und der Lagerhaltung,<br>– Einsatz bei Trimm- und Stauereitätigkeiten im Schiff,<br>– Einsatz beim Be-und Entladen von Containern und bei Rangiertätigkeiten. |
| Kaikräne | Be- und Entladen von Seeschiffen |

Zu § 2 Energiesteuergesetz                    **Anlage § 002–02**

| Arbeitsmaschinen und Fahrzeuge | Tätigkeit |
|---|---|
| Kompaktlader | – Trimmen in Schiffen,<br>– Rangiertätigkeiten und Einsatz auf Lagerhalden. |
| Lokomotiven, sowohl mit Gasturbinen als auch mit Verbrennungsmotoren betrieben | Befördern und Rangieren von Güterwaggons |
| Lokotraktoren | Befördern und Rangieren von Güterwagons |
| Losebelader | Beförderung von trockenen Massengütern (zum Beispiel Düngemittel oder Salz) |
| Mobilkräne | Be- und Entladen von Seeschiffen; zum Beispiel im Rahmen des LoLo-Verfahrens (Lift on Lift off). |
| Radlader | – Trimmen in Schiffen,<br>– Rangiertätigkeiten und Einsatz auf Lagerhalden. |
| Reach Stacker | Befördern von beladenen und unbeladenen Containern auf dem Terminalgelände |
| Sattelzugmaschinen | Befördern von Containern auf dem Terminalgelände |
| Schwimmkräne | Be- und Entladen von Seeschiffen |
| Stapelkräne | Umschlag auf dem Terminal (Stapelung von Containern auf dem Terminalgelände) |
| Transtainer (Bahnkräne) | Schienengebundener oder mobiler Container-umschlag vom Terminal auf Bahn oder LKW |
| Trimmraupen | Trimmen in Schiffen |
| Tugmaster (Hafenzugmaschinen) | – Be- und Entladen von RoRo-Schiffen (Roll on Roll off) und Fährschiffen mit Trailern,<br>– Transport von Terminaltrailern auf dem Betriebsgelände (Zwischentransporte). |
| Umschlagbrücken | Be- und Entladen von Massengutschiffen mit trockenen Massengütern |
| Van Carrier (Portalhubwagen) | Befördern von Containern von der Kaikante zum Abstellplatz sowie zum Anschlusstransportmittel und umgekehrt |
| Zugmaschinen | Transport von Ladung, Transportbehältern und von Trailern zur Beförderung von Ladung |
| Zweiwegefahrzeuge (Kombination aus Kraftfahrzeug und schienengebundenem Fahrzeug) | Befördern und Rangieren von Güterwagons |

Der Begriff der Arbeitsmaschine umfasst sowohl stationäre als auch mobile Arbeitsmaschinen. Da mobile Arbeitsmaschinen zwar Fahrzeuge sind, bei denen jedoch das den Charakter bestimmende Merkmal eine zu verrichtende Arbeit ist, sind sie insoweit von den in § 11a Absatz 6 EnergieStV definierten Fahrzeugen abzugrenzen. 11

Beim Betrieb von Lokomotiven, die ausschließlich dem Güterumschlag in Seehäfen dienen (Hafenbahnen), ist es unschädlich, wenn Teile des Schienennetzes außerhalb des Seehafengebietes verlaufen. Davon umfasst ist auch der Transport von Gütern von und zu Bahnhöfen, die Übergabestellen zwischen Hafenbahn- und öffentlichem Eisenbahnnetz darstellen. 12

Ausschließlich dem Güterumschlag in Seehäfen dienen Arbeitsmaschinen und Fahrzeuge dann, wenn sie während ihrer Verwendung für den Güterumschlag in Seehäfen zu keinen nicht begünstigten Tätigkeiten eingesetzt werden. Dies schließt eine nicht begünstigte Verwendung der Arbeitsmaschinen und Fahrzeuge vor oder nach ihrer Verwendung für den Güterumschlag in Seehäfen nicht aus (siehe Schaubild Statuswechsel). 13

# Anlage § 002–02

Zu § 2 Energiesteuergesetz

14 Soll eine Arbeitsmaschine oder ein Fahrzeug aus einer nicht begünstigten Verwendung unter Mitnahme des Tankinhaltes (ungekennzeichnetes Gasöl) in eine begünstigte Verwendung nach § 3a EnergieStG wechseln, so ist eine Betankung derselben mit gekennzeichnetem Gasöl (Vermischung) nach § 49 Absatz 2 EnergieStV nur zulässig, wenn das Hauptzollamt einem entsprechenden Antrag des Verwenders zugestimmt hat. Soll eine Arbeitsmaschine oder ein Fahrzeug aus einer begünstigten Verwendung nach § 3a EnergieStG in eine nicht begünstigte Verwendung wechseln, ist der Verwender darauf hinzuweisen, dass er vor dem Einsatz der Arbeitsmaschine oder des Fahrzeugs in der nicht begünstigten Verwendung das gekennzeichnete Gasöl zu entfernen sowie den Tank und die Kraftstoffleitungen zu reinigen hat.

| Verwendungs-periode 1 | Verwendungsperiode 2 | Verwendungs-periode 3 |
|---|---|---|
| Nicht begünstigte Verwendung | Verwendung zum Güterumschlag in Seehäfen | Nicht begünstigte Verwendung |
|  | Vermischung nur nach Antrag gemäß § 49 Absatz 2 EnergieStV | Vermischung unzulässig |

Schaubild: Statuswechsel

## IV. Sonstige begünstigte Anlagen nach § 3a Absatz 2 EnergieStG

15 Für die Begünstigung ist es unschädlich, wenn Arbeitsmaschinen und Fahrzeuge nach § 3a Absatz 2 EnergieStG öffentliche Straßen benutzen, um ihre jeweiligen Einsatzorte zu erreichen. Öffentliche Straßen sind gemäß den landesrechtlichen Vorschriften Straßen, Wege und Plätze, die dem öffentlichem Verkehr gewidmet sind. Es wird ausdrücklich darauf hingewiesen, dass Arbeitsmaschinen und Fahrzeuge, die für den Verkehr auf öffentlichen Straßen zugelassen sind, nicht von der Begünstigung des § 3a EnergieStG erfasst werden.

## V. Berichte

16 Über Erfahrungen mit dieser Dienstvorschrift berichtet die Bundesfinanzdirektion Südwest – Zentrale Facheinheit zum 11. November 2011 dem Bundesministerium der Finanzen. Die zugrunde liegenden Berichte der Bundesfinanzdirektionen und Hauptzollämter bitte ich, in Kopie beizufügen.

Zu § 2 Energiesteuergesetz                                    Anlage § 002–03

## Kennzeichnung leichten Heizöls;
## Verwaltungsvorschrift zur Heizölkennzeichnung (VwV Heizölkennzeichnung)

BMF-Schreiben vom 1.11.2012 – III B 6 – V 8255/07/10001:010

**Allgemeines**

Bei Anträgen, Zulassungen und Bewilligungen nach den §§ 3 bis 6 EnergieStV sowie bei der Über- 1
wachung der Kennzeichnung (§ 7 EnergieStV) ist das Merkblatt Heizölkennzeichnung (VSF V 8315 –
3) zu beachten.

**Dienstleistungsbetriebe (zu § 6 Abs. 1 Satz 1 EnergieStV)**

Dienstleistungsbetriebe im Sinne des § 6 Abs. 1 Satz 1 EnergieStV sind z.B. Betriebe von Unternehmen, 2
die Energieerzeugnisse unter Steueraussetzung für Dritte lagern und im Lager kennzeichnen, ohne dass
das Unternehmen selbst eine Erlaubnis zur Lagerung nach § 7 Abs. 2 EnergieStG für dieses Energieerzeugnis besitzt. Sie müssen die Voraussetzungen und Pflichten der §§ 2 bis 7, 47 und 49 EnergieStV
erfüllen. Die Unternehmen werden jeweils im Auftrag des Inhabers des Lagers für Energieerzeugnisse
tätig, der zur Abwicklung seines Steuerverkehrs Lagerbehälter des Dienstleistungsbetriebs gemietet hat.
Steuerfolgen, die durch Handlungen oder Unterlassungen solcher Unternehmen entstehen, treten beim
Inhaber des Lagers für Energieerzeugnisse ein. Die Dienstleistungsbetriebe unterliegen jedoch der
Steueraufsicht (vgl. § 61 EnergieStG, § 106 EnergieStV und § 209 Abs. 1 AO).

**Zulassung von Kennzeichnungseinrichtungen und wesentlichen Bauteilen von Kennzeichnungseinrichtungen (zu §§ 3 und 4 EnergieStV)**

Kennzeichnungseinrichtungen bestehen nach § 1 Satz 1 Nr. 3 EnergieStV aus Pumpen und Regel- 3
einrichtungen, die von einer Messeinrichtung gesteuert werden und Kennzeichnungslösung nach
in einem bestimmten Verhältnis dem zu kennzeichnenden, die Messeinrichtung durchfließenden Gasöl zugeben,
sowie dem erforderlichen Zubehör, den Sicherungseinrichtungen und den Leitungen. Es handelt sich
demnach um Einrichtungen, die nicht nur die mechanisch oder impulsgesteuerte Pumpe oder Regeleinrichtung für die Zugabe der Kennzeichnungslösung, sondern darüber hinaus auch alle anderen für
eine ordnungsgemäße Kennzeichnung erforderlichen Teile wie Volumenzähler, Warn- und Sicherungseinrichtungen (z.B. Strömungswächter und die von ihnen gesteuerten Abschaltventile), Regelventile,
Temperaturfühler und dergl. enthalten (vgl. auch § 4 Abs. 1 EnergieStV). Zulassungen für Kennzeichnungseinrichtungen nach den §§ 3 und 4 EnergieStV können somit nur erteilt werden, wenn die
vorgenannten Voraussetzungen insgesamt vorliegen, es sich also um vollständige Einrichtungen handelt.

In den Unterlagen zum Antrag auf Zulassung einer Kennzeichnungseinrichtung muss der Ablauf der 4
Kennzeichnung, beginnend mit den Lagerstätten oder Rohrleitungen, aus denen das Gasöl der eigentlichen Kennzeichnungseinrichtung zugeführt wird, bis zur besonderen Ermittlung der Menge des leichten Heizöls schematisch dargestellt sein. Der Fluss der Kennzeichnungslösung vom Vorratsbehälter bis
zur Zugabe zu dem zu kennzeichnenden Gasöl einschließlich der vorgesehenen Sicherungsmaßnahmen
(z.B. Strömungswächter) und die für die Steuerung und Funktion nötigen elektrischen, elektronischen
oder pneumatischen Anlagen (Stromlaufpläne, Schaltpläne etc.) sollten ebenfalls beschrieben sein.

Soweit nicht durch Endpunktdosierung (vgl. Nummer 1.9 des Merkblatts Heizölkennzeichnung – VSF 5
V 8315 – 3) Vermischungen ausgeschlossen werden, ist als weitere Angabe die bei wechselweiser Leitungsbenutzung in Leitungen und Armaturen verbleibende Restmenge zu verlangen, da diese Menge für
die Berechnung der zulässigen Vermischung (§ 47 EnergieStV) benötigt wird.

Das Fachsachgebiet des Hauptzollamtes, in dessen Bezirk der Hersteller der Kennzeichnungs- 6
einrichtung seinen Geschäftssitz hat, prüft, ob die Zulassungsvoraussetzungen erfüllt sind, ggf. ist eine
abschließende Bewertung in Zusammenarbeit mit dem Sachgebiet Prüfungsdienst vorzunehmen. Die
Ergebnisse der Antragsprüfung sind in einem Vermerk zu dokumentieren.

Sind die Zulassungsvoraussetzungen erfüllt, bestätigt das Hauptzollamt dem Antragsteller, dass die in
seinem Antrag beschriebene und in den Zeichnungen dargestellte Kennzeichnungseinrichtung den Anforderungen nach der EnergieStV entspricht, und lässt sie schriftlich zu (ggf. mit Nebenbestimmungen,
§ 120 Abs. 1 AO ist zu beachten).

Wird einem Hersteller von Kennzeichnungseinrichtungen die Zulassung für eine vollständige Kenn- 7
zeichnungseinrichtung erteilt, ist in diese Zulassung folgender Hinweis aufzunehmen:

„Diese Zulassung gilt nur für vollständige Kennzeichnungseinrichtungen (Einrichtungen einschließlich
Messwerterfassungssystem, Volumenzähler, Warn- und Sicherungseinrichtungen wie z.B. Strömungswächter und die von ihnen gesteuerten Abschaltventile, Regelventile, Temperaturfühler und dergl.).

**Anlage § 002–03**     Zu § 2 Energiesteuergesetz

Werden von Ihnen nur Teile von Kennzeichnungseinrichtungen (z.B. nur das Regel- oder Messwerterfassungssystem) geliefert und im jeweils zu errichtenden Kennzeichnungsbetrieb nach den dortigen Erfordernissen mit anderen, nicht von Ihnen gelieferten Teilen zu einer vollständigen Kennzeichnungseinrichtung verbunden und eingebaut, ist eine Einzelzulassung durch das für den Kennzeichnungsbetrieb zuständige Hauptzollamt erforderlich."

8   Nach § 4 Abs. 4 EnergieStV kann für wesentliche Bauteile von Kennzeichnungseinrichtungen, wie z.B. Regel- und Messeinrichtungen, Mengen- und Messwerterfassungssysteme, Sicherungseinrichtungen etc. eine Bauteilzulassungen erteilt werden. Wenn diese Teile im jeweils zu errichtenden Kennzeichnungsbetrieb mit anderen Teilen zu einer vollständigen Kennzeichnungseinrichtung verbunden und eingebaut werden, ist für die vollständige Kennzeichnungseinrichtung eine Einzelzulassung durch das Hauptzollamt erforderlich, welches für den zu errichtenden Betrieb zuständig ist (§ 3 Abs. 1 Satz 2 EnergieStV) (vgl. Absatz 9 und Nummer 4.4 des Merkblatts Heizölkennzeichnung – VSF V 8315 – 3).

9   Für die Zulassung wesentlicher Bauteile von Kennzeichnungseinrichtungen (§ 4 Abs. 4 EnergieStV) gelten die Absätze 4 bis 6 sinngemäß. In die Zulassung ist folgender Hinweis aufzunehmen: „Diese Zulassung gilt nur für die beschriebene Bauteile einer Kennzeichnungseinrichtung (§ 1 Satz 1 Nr. 3 und 4 EnergieStV). Werden diese Bauteile im jeweils zu errichtenden Kennzeichnungsbetrieb nach den dortigen Erfordernissen mit anderen Teilen zu einer vollständigen Kennzeichnungseinrichtung verbunden und eingebaut, ist für die Kennzeichnungseinrichtung eine Einzelzulassung durch das für den Kennzeichnungsbetrieb zuständige Hauptzollamt erforderlich."

10  Zulassungen vollständiger Kennzeichnungseinrichtungen (Absatz 6) und wesentlicher Bauteile (Absatz 8) sowie deren Änderungen (Erweiterungen oder Einschränkungen) oder Widerruf sind der Bundesfinanzdirektion Südwest, Zentrale Facheinheit, Referat ZF 2 zur Aufnahme in das Verzeichnis nach Absatz 11 mitzuteilen.

11  Folgenden Firmen sind Zulassungen nach § 4 Abs. 1 und Abs. 4 EnergieStV erteilt worden:

| Lfd. Nr. | Firma | Zuständiges HZA | Bemerkungen |
|---|---|---|---|
| 1 | Bran + Luebbe GmbH Werkstrasse 4 22844 Norderstedt | Itzehoe | Zulassung von vollständigen Kennzeichnungseinrichtungen. |
| 2 | Bopp & Reuther Messtechnik GmbH Carl-Reuther-Strasse 1 68305 Mannheim | Karlsruhe Dienstsitz Mannheim | Nur Bauteilzulassungen. Die Zulassungen sind widerrufen. |
| 3 | Deutsche Gerätebau GmbH Ferdinand-Henze-Strasse 9 33154 Salzkotten | Bielefeld | Zulassung von vollständigen Kennzeichnungseinrichtungen. Fertigung und Vertrieb der Anlagen wurden inzwischen eingestellt. Die Zulassung ist widerrufen. |
| 4 | Ingenieurbüro für Industrieplanung GmbH Adlerstrasse 77 25462 Rellingen | Itzehoe | Zulassung von vollständigen Kennzeichnungseinrichtungen. Die Firma firmiert inzwischen als „ifl.technology.GmbH". Die der Firma Ingenieurbüro für Industrieplanung GmbH erteilte Zulassung vom 6. Februar 1992 ist mit Wirkung vom 3. November 1999 auf die neue Firma übertragen worden (vgl. lfd. Nr. 13). Die Zulassung vom 13. Juli 1992 ist widerrufen. |
| 5 | ITT Regelungstechnik GmbH & Co Conoflow-VAF Westendhof 8 45143 Essen | Duisburg | Die Firma hat den Vertrieb von Kennzeichnungseinrichtungen seit 1982 eingestellt. |
| 6 | LEWA Herbert Ott GmbH & Co Ulmer Strasse 41 71229 Leonberg | Stuttgart | Die Zulassung ist widerrufen. |

Zu § 2 Energiesteuergesetz          **Anlage § 002–03**

| Lfd. Nr. | Firma | Zuständiges HZA | Bemerkungen |
|---|---|---|---|
| 7 | Meß- und Fördertechnik Gwinner GmbH & Co. Weidenbaumweg 91a 21035 Hamburg | Hamburg – Stadt | Bauteilzulassungen und Zulassungen von vollständigen Kennzeichnungseinrichtungen. |
| 8 | Siemens AG Bereich Mess- und Prozesstechnik Östliche Rheinbrückenstraße 50 76187 Karlsruhe | Karlsruhe | Nur Bauteilezulassungen. Die Zulassung ist widerrufen. |
| 9 | F. Zettl GmbH & Co Oldenbourgstrasse 11 81247 München | München | Die Firma hat die Herstellung von Kennzeichnungseinrichtungen seit 1991 eingestellt. |
| 10 | Ultrakust Electronic GmbH Schulstrasse 30 94239 Gotteszell | Landshut | Bauteilzulassungen und Zulassungen von vollständigen Kennzeichnungseinrichtungen. Die Firma firmiert ab dem 1. Januar 1997 als „Bartec Messtechnik und Sensorik GmbH". Die der Firma Ultrakust Electronic GmbH erteilten Zulassungen sind mit Wirkung vom 1. Januar 1997 auf die neue Firma übertragen worden (vgl. lfd. Nr. 11). |
| 11 | Bartec Messtechnik und Sensorik GmbH Schulstrasse 30 94239 Gotteszell | Landshut | Bauteilzulassungen und Zulassungen von vollständigen Kennzeichnungseinrichtungen. Die Firma firmiert ab dem 30. Dezember 1997 als „BARTEC Componenten und Systeme GmbH, Bereich Messtechnik und Sensorik". Die der Firma Bartec Messtechnik und Sensorik GmbH erteilten Zulassungen sind mit Wirkung vom 30. Dezember 1997 auf die neue Firma übertragen worden (vgl. lfd. Nr. 12). |
| 12 | BARTEC Componenten und Systeme GmbH Bereich Messtechnik und Sensorik Schulstrasse 30 94239 Gotteszell | Landshut | Bauteilzulassungen und Zulassungen von vollständigen Kennzeichnungseinrichtungen. Die Firma firmiert ab dem 23. Juli 2002 als „BARTEC GmbH". Die der Firma BARTEC Componenten und Systeme GmbH, Bereich Messtechnik und Sensorik erteilten Zulassungen sind mit Wirkung vom 23. Juli 2002 auf die neue Firma übertragen worden (vgl. lfd. Nr. 14). |
| 13 | Ifl.technology.GmbH Adlerstrasse 77 25462 Rellingen | Itzehoe | Zulassung einer vollständigen Kennzeichnungseinrichtung |
| 14 | BARTEC GmbH Schulstrasse 30 94239 Gotteszell | Landshut | Bauteilzulassungen und Zulassungen von vollständigen Kennzeichnungseinrichtungen. Die Zulassung ist widerrufen. |
| 15 | Dohmann GmbH Elektronik & Software Isselhorster Str. 40 333334 Gütersloh | Bielefeld | Bauteilzulassung |

Bewilligung von Kennzeichnungsbetrieben (zu § 5 Abs. 2 und § 6 EnergieStV)

Wegen der Angaben über Vermischungen und Restmengen vgl. Absatz 5.

Das Fachsachgebiet prüft, ob die Bewilligungsvoraussetzungen erfüllt sind, ggf. ist eine abschließende Bewertung in Zusammenarbeit mit dem Sachgebiet Prüfungsdienst vorzunehmen. Die Ergebnisse der

# Anlage § 002–03

Zu § 2 Energiesteuergesetz

Antragsprüfung sind in einem Vermerk zu dokumentieren. Das bewilligende Hauptzollamt erfasst die Daten zum Beteiligten, soweit diese nicht bereits vorliegen, und die Daten zum Überwachungsgegenstand „Heizölkennzeichnungsbetrieb" sowie die Risikobewertung im IT-Verfahren BISON/PRÜF.

14 Die Sicherung bestimmter Anlagenteile, an denen der Ablauf der Kennzeichnung beeinflusst werden kann, ist durch geeignete Verschlüsse vorzunehmen. Wenn es die örtlichen Gegebenheiten erforderlich machen, ist den Inhabern von Kennzeichnungsbetrieben aufzuerlegen, über den Umfang der vorhandenen Sicherungseinrichtungen hinaus technische Einrichtungen vorzusehen, die den Ablauf der Kennzeichnung zusätzlich sichern (z.B. verschließbare Behältnisse, in denen zu sichernde Teile der Kennzeichnungseinrichtung unterzubringen sind).

15 Auf den Einbau von Schaugläsern kann verzichtet werden, wenn der Inhalt von Verladeleitungen bei der Verladung ohne Schwierigkeit durch Sichtprobe (offener Domdeckel) oder durch die Anbringung von Hähnen zur Probenahme festgestellt werden kann.

16 Wird bei Kennzeichnungseinrichtungen die gleichmäßige Verteilung der Kennzeichnungsstoffe nicht unmittelbar erreicht (z.B. weil die Kennzeichnungslösung bei hoher Durchflussgeschwindigkeit impulsgesteuert zugegeben wird), kann angenommen werden, dass ein homogenes Gemisch durch Verwirbelung in den Leitungen selbst oder spätestens bei der Einfüllung in die Transportmittel entsteht. Es ist darauf zu achten, dass besonders im Falle der Endpunktdosierung die Intervalle bei der Zugabe der Kennzeichnungslösung nicht so groß sind, dass Teilmengen ohne Kennzeichnungslösung entnommen oder abgezweigt werden können.

17 Für die Bewilligung der Kennzeichnung auf einem Schiff gelten die Absätze 1 bis 16 sinngemäß.

18 Soweit es nicht erforderlich ist, das Einfüllen der Kennzeichnungslösung in die Vorratsbehälter einer Kennzeichnungseinrichtung nur unter amtlicher Überwachung zuzulassen, kann den Inhabern von Kennzeichnungsbetrieben z.B. auferlegt werden, dass die Kennzeichnungslösung nur durch steuerliche Beauftragte oder Steuerhilfspersonen eingefüllt wird. Ferner kann zur Auflage gemacht werden, dass in das Steuergebiet verbrachtes Gasöl nur unter amtlicher Überwachung gekennzeichnet wird.

19 Wird in einem Steuerlager, das Kennzeichnungsbetrieb ist, die Kennzeichnungslösung dem Gasöl hinter dem Zählwerk gem. § 4 Abs. 1 Satz 1 Nr. 3 EnergieStV zugegeben (sog. Endpunktdosierung), so gilt die durch das Zählwerk ermittelte Menge an Gasöl als die aus dem Steuerlager entfernte Menge an leichtem Heizöl. Die zugeführte Menge an Kennzeichnungslösung wird in diesem Fall bei der Mengenermittlung des aus dem Steuerlager entfernten Energieerzeugnisses nicht berücksichtigt.

20 Nach Nummer 5.6.1 des Merkblatts Heizölkennzeichnung (VSF V 8315 – 3) ist dem Inhaber des Kennzeichnungsbetriebs aufzuerlegen, alle Störungen, Verschlussverletzungen und dergl. sowie deren Ursachen zu dokumentieren. Soweit nicht bereits schon nach § 7 Abs. 1 und 2 EnergieStV Anzeigepflichten bestehen, ist diese Auflage stets mit der weiteren Auflage zu verbinden, die Vorkommnisse unverzüglich dem zuständigen Hauptzollamt zu melden und ggf. – z. B. bei Störungen im Ablauf der Kennzeichnung oder in der Dokumentation der Mengenerfassung – die Weiterverladung oder Auslieferung des zu kennzeichnenden Gasöls zu unterbrechen, bis das Hauptzollamt über das weitere Verfahren entschieden hat. Wegen der Rechtsfolgen bei der Nichteinhaltung einer Auflage oder einem Verstoß gegen eine Anzeigepflicht vgl. § 111 EnergieStV und die Absätze 47 und 48. In der Bewilligung ist auf diese Rechtsfolgen ausdrücklich hinzuweisen.

**Prüfung der ordnungsgemäßen Kennzeichnung (zu § 2 Abs. 1 und § 7 Abs. 1 und 2 EnergieStV)**

21 Die Ordnungsmäßigkeit der Kennzeichnung ist gelegentlich (z.B. bei Ausübung der Steueraufsicht oder anlässlich von Außenprüfungen) und stichprobenweise zu prüfen (Nummer 7.3 des Merkblattes Heizölkennzeichnung (VSF V 8315 – 3) ist zu beachten). In der Regel ist eine Sichtprüfung ausreichend (Intensität der Rotfärbung). Erscheint nach den Umständen eine weitere Prüfung erforderlich, sind Proben zu entnehmen und zur Untersuchung an die zuständige Zolltechnische Prüfungs- und Lehranstalt zu senden.

22 Für die Entnahme und Behandlung der Proben gilt VSF Z 0712. Daneben ist DIN 51 750, Teil 1 und 2, zu beachten. Proben sind nach Möglichkeit nicht nur vom gekennzeichneten, sondern auch vom ungekennzeichneten Gasöl zu entnehmen (Bestimmung der Farbzahl). Die Entnahme der Proben ist zu bescheinigen. Dem Inhaber des Kennzeichnungsbetriebs, seinem Beauftragten oder seinem Betriebsleiter (vgl. § 5 Abs. 2 Nr. 7 EnergieStV) sind amtlich verschlossene Gegenproben zu belassen, wenn er nicht ausdrücklich darauf verzichtet.

23 Bei einer Probennahme zum Zwecke der Überprüfung des Gehaltes an Markierstoffen ist im Ersuchen auf Untersuchung einer Probe (Vordruck 0303) zu vermerken, in welchem Land das Heizöl gekennzeichnet wurde.

Zu § 2 Energiesteuergesetz **Anlage § 002–03**

Werden Proben von leichtem Heizöl amtlich auf ihren Gehalt an Kennzeichnungsstoffen untersucht, sind sowohl der Markierstoff- als auch der Farbstoffgehalt zu bestimmen. Die Untersuchungen sind nach den in § 110 Satz 1 Nr. 7 und 8 EnergieStV genannten Verfahren durchzuführen. 24

Im Untersuchungszeugnis ist anzugeben, welches Untersuchungsverfahren zur Ermittlung der Gehalte an Kennzeichnungsstoffen in der Probe angewendet wurde. Für die Beurteilung der analytisch ermittelten Gehalte an Kennzeichnungsstoffen gilt die folgende Gliederung (die eingeklammerten Hinweise bei den Befunden sind nicht zur Aufnahme in die Untersuchungszeugnisse bestimmt, sondern sollen dem Hauptzollamt nur als Entscheidungshilfe dienen). 25

Hinweis:

Die folgende Tabelle gilt nur für die Beurteilung der analytisch ermittelten Gehalte an Kennzeichnungsstoffen von Proben, die z. B. im Rahmen der Steueraufsicht oder anlässlich von Außenprüfungen entnommen und von einer ZPLA oder einem fremden Laboratorium untersucht worden sind. Bezüglich der durch eine ZPLA durchgeführten Untersuchung berücksichtigen sie — um Zweifelsfälle in Grenzbereichen auszuschließen — zugunsten des Betroffenen, dass eine zweite Untersuchung einer gleichen Probe in einem anderen Laboratorium ein um den Zahlenwert der Vergleichbarkeit günstigeres Ergebnis bringen könnte, das nach DIN 51 848 Teil 1 gleichfalls als normgerecht und annehmbar betrachtet werden müsste. Für die Beurteilung der Untersuchungsergebnisse von Proben, die vom Inhaber eines Kennzeichnungsbetriebes entweder selbst untersucht oder in einem fremden Laboratorium untersucht worden sind, gelten allein die in § 2 Abs. 1 (inländische Kennzeichnung), § 2 Abs.2 (ausländische Kennzeichnung) und § 7 Abs. 1 Satz 2 EnergieStV festgelegten Grenzen für den Gehalt an Kennzeichnungsstoffen. Danach ist die Kennzeichnung nur dann ordnungsgemäß, wenn bei inländischer Kennzeichnung der Gehalt zwischen 6,0 und 7,2 mg/l bei Solvent Yellow 124 und bei den Rotfarbstoffen zwischen 4,1 und 4,9 mg/l liegt. Abweichungen nach unten (z. B. Farbstoffgehalt 4,0 mg/l und weniger) oder nach oben (z.B. Gehalt an Solvent Yellow 124 7,3 mg/l und mehr) bedeuten stets eine unzulässige Unter- oder Überkennzeichnung, die nach § 7 Abs. 1 Satz 3 EnergieStV regelmäßig unverzüglich dem Hauptzollamt anzuzeigen ist und über die das Hauptzollamt nach den Umständen des Einzelfalles zu entscheiden hat (§ 7 Abs. 1 Satz 4 und Abs. 2 Satz 3, 5, 6 und 7 EnergieStV). Bei ausländischer Kennzeichnung ist ein Gehalt von höchstens 9 mg/l Solvent Yellow 124 und ein Gehalt an Rotfarbstoffen, der mindestens dem in § 2 Abs. 1 EnergieStV dargestellten Gehalt an Rotfarbstoffen entspricht, ordnungsgemäß.

Bewertungstabelle für nach § 2 Abs. 1 EnergieStV gekennzeichnete Gasöle

| Gehalt der Probe an Rotfarbstoffen bzw. an Solvent Yellow 124 (x) mg/l | Befund |
|---|---|
| $x < z - R$ | Der Gehalt an Rotfarbstoffen bzw. an Solvent Yellow 124 in der Probe beträgt höchstens $$y = \frac{100 * (x + R)}{z} \%$$ Wenn y = 50 %: In der Regel ist eine Nachkennzeichnung erforderlich. Wenn y > 50 %: In der Regel ist keine Nachkennzeichnung erforderlich. |
| $z - R = x = z * 1{,}2 + R$ | Die Kennzeichnung ist hinsichtlich des Gehaltes an Rotfarbstoffen bzw. Solvent Yellow 124 nicht zu beanstanden. Dosierung von mindestens $$y = \frac{100 * (x - z - R)}{z} + 100 \%$$ |
| $x > z * 1{,}2 + R$ | Wenn y < 170 %: In der Regel ist keine Verdünnung erforderlich. Wenn y = 170 %: In der Regel ist eine Verdünnung erforderlich. |

Hierbei bedeuten:

| | |
|---|---|
| z | vorgeschriebener Gehalt an Kennzeichnungsstoff nach § 2 Abs. 1 EnergieStV |
| für Solvent Yellow 124 : | 6,0 mg/l |
| für Rotfarbstoff: | 4,1 mg/l |

**Anlage § 002–03**  Zu § 2 Energiesteuergesetz

y Gehalt an Kennzeichnungsstoff bezogen auf den gesetzlich vorgeschriebenen Gehalt
x analytisch ermittelter Gehalt an Kennzeichnungsstoff in mg/l
R Vergleichbarkeit der angewandten Methode

Für die Bewertung der Untersuchungsergebnisse der Zolltechnische Prüfungs- und Lehranstalten gilt für die Vergleichbarkeit R:

| Verfahren | Kennzeichnungsstoff | Vergleichbarkeit R in mg/l | |
|---|---|---|---|
| | | Farbzahl bis 2,0 | Farbzahl über 2,0 |
| DIN 51 426 | Rotfarbstoff x = 1,6 mg/l | 0,2 | 0,3 |
| | Rotfarbstoff x > 1,6 mg/l | 0,2 | 0,7 |
| Harmonisiertes Euromarker-Referenzverfahren | Solvent Yellow 124 x > 0,27mg/l | 0,1 * x | |
| | Solvent Yellow 124 0,12 = x = 0,27 mg/l | 0,05 | |

Für die Bewertung der Ergebnisse fremder Laboratorien (keine ZPLA) darf entsprechend dem Hinweis die Vergleichbarkeit R nicht berücksichtigt werden. R ist in diesen Fällen auf 0 zu setzen.

Bei einem vorgeschriebenem Gehalt von 6 mg/l Solvent Yellow bzw. 4,1 mg/l Rotfarbstoff und R = 0 (Untersuchung in Fremdlaboratorien) ergeben sich folgende Mustertabellen

| Ermittelter Gehalt der Probe an Solvent Yellow 124 (x) in mg/l | Befund |
|---|---|
| bis 5,9 | Der Gehalt an Solvent Yellow 124 in der Probe beträgt höchstens $$y = \frac{100 * x}{6} \%$$ Wenn y = 50 %: In der Regel ist eine Nachkennzeichnung erforderlich. Wenn y > 50 %: In der Regel ist keine Nachkennzeichnung erforderlich. |
| 6,0 bis 7,2 | Die Kennzeichnung ist hinsichtlich des Gehalts an Solvent Yellow 124 nicht zu beanstanden. |
| ab 7,3 | Dosierung von mindestens $$y = \frac{100 * (x - 6)}{6} + 100 \%$$ Wenn y < 170 %: In der Regel ist keine Verdünnung erforderlich. Wenn y = 170 %: In der Regel ist eine Verdünnung erforderlich. |

| Ermittelter Gehalt der Probe an Rotfarbstoffen (x) in mg/l | Befund |
|---|---|
| bis 4,0 | Der Gehalt an Rotfarbstoffen in der Probe beträgt höchstens $$y = \frac{100 * x}{4,1} \%$$ Wenn y = 50 %: In der Regel ist eine Nachkennzeichnung erforderlich. Wenn y > 50 %: In der Regel ist keine Nachkennzeichnung erforderlich. |
| 4,1 bis 4,9 | Die Kennzeichnung ist hinsichtlich des Gehalts an Rotfarbstoffen nicht zu beanstanden. |

Zu § 2 Energiesteuergesetz **Anlage § 002–03**

ab 5,0      Dosierung von mindestens
$$y = \frac{100 * (x - 4{,}1)}{4{,}1} + 100\,\%$$

Wenn y < 170 %: In der Regel ist keine Verdünnung erforderlich.

Wenn y = 170 %: In der Regel ist eine Verdünnung erforderlich.

Für die Kostenerhebung bei Untersuchungen nach Absatz 24 gilt § 9 Abs. 2 Nr. 4 und Abs. 3 ZKostV (VSF SV 2051). Kosten sind auch dann zu erheben, wenn wegen nur geringer Unter- oder Überdosierung auf eine Nachkennzeichnung oder Verdünnung verzichtet wird. 26

Wenn es zur Sicherung der Steuerbelange erforderlich ist, sind die Zulassungen nach § 7 Abs. 2 Satz 5 und 6 EnergieStV mit weiteren Nebenbestimmungen zu versehen (§ 120 Abs. 2 AO). Vermischungen in Kennzeichnungs- und anderen Betrieben (zu § 47 Abs. 2 bis 4 EnergieStV) 27

Um die jeweils in den einzelnen Betrieben in Betracht kommenden Vermischungen abzugrenzen, ist es erforderlich, die im einzelnen Fall in Leitungsabschnitten oder Armaturen verbleibenden Mengen genau zu ermitteln. Dies liegt insbesondere im Interesse der Betriebe, die sich davor schützen müssen, ihre Abnehmer mit Energieerzeugnissen zu beliefern, die in nachweisbarem Umfang Kennzeichnungsstoffe enthalten. Vermischungen über die zugelassenen Grenzen hinaus sind unzulässig; für sie kommt es neben straf- oder bußgeldrechtlicher Ahndung zu den im Gesetz vorgesehenen Steuerfolgen. In der Regel ist für die einzelnen Zapfstellen der Betriebe die geringste steuerlich zulässige Abgabemenge festzusetzen, bei der beim Wechsel der verladenen Energieerzeugnisse die zulässige Vermischungsrate nicht überschritten wird. Dabei ist zu beachten, dass die Vermischung von Dieselkraftstoff mit Heizölrestmengen zu einem erhöhten Schwefelgehalt von mehr als 10 mg/kg im Dieselkraftstoff und damit zur Anwendung des Steuersatzes nach § 2 Abs. 1 Satz 1 Nr. 4 Buchstabe a) EnergieStG führen kann. 28

Die Vereinbarung nach § 47 Abs. 4 EnergieStV ist ein öffentlich-rechtlicher Vertrag. Für sie gelten daher die Vorschriften des Verwaltungsverfahrensgesetzes – VwVfG – (vgl. § 1 Abs. 1, § 9, §§ 54 bis 62 VwVfG). Sie ist schriftlich zu schließen (§ 57 VwVfG). Wenn es zur Sicherung der Steuerbelange erforderlich ist, sind in die Vereinbarung entsprechende Bedingungen und Auflagen aufzunehmen (z. B. die Auflage, Anschreibungen zu führen, aus denen die wechselweise Benutzung der Betriebseinrichtungen sowie Art und Menge des jeweils eingelagerten oder abgegebenen Energieerzeugnisses hervorgehen). In der Vereinbarung ist das Recht der fristlosen Kündigung für den Fall vorzubehalten, dass Bedingungen nicht erfüllt oder Auflagen nicht eingehalten werden. 29

**Vermischungen bei der Abgabe aus Transportmitteln (zu § 48 EnergieStV)**

Betriebe, die Energieerzeugnisse befördern, unterliegen der Steueraufsicht (§ 61 Abs. 1 Nr. 1 EnergieStG und § 106 EnergieStV). Das Merkblatt für die Behandlung von Restmengen beim Transport von Energieerzeugnissen in Straßentankwagen (Merkblatt TKW – Restmengen – VSF V 8315 – 4) ist zu beachten. Für die Behandlung von Restmengen in anderen Transportfahrzeugen (z.B. Bahnkesselwagen, Schiffe) gilt dieses Merkblatt sinngemäß. 30

**Spülvorgänge (zu § 49 Abs. 1 EnergieStV und § 92 EnergieStV)**

Anträgen nach § 49 Abs. 1 EnergieStV, die Reinigung von Messsystemen von Tankwagen und anderen Transportmitteln beim Produktwechsel, d. h. beim Übergang von der Befüllung von nicht gekennzeichneten Energieerzeugnissen auf leichtes Heizöl und umgekehrt, durch Spülung mit dem Wechselprodukt zuzulassen (Spülverfahren), kann regelmäßig entsprochen werden, wenn das folgende Verfahren angewandt und die folgenden Auflagen eingehalten werden: 31

a) Einer Spülung von leichtem Heizöl auf ein nicht gekennzeichnetes Energieerzeugnis hat grundsätzlich eine Spülung von einem nicht gekennzeichneten Energieerzeugnis auf leichtes Heizöl zu folgen (wechselseitige Spülungen).

b) Die Spülmengen sind ausnahmslos in einen Heizöllagerbehälter zu geben. Spülungen in eine Kammer des Tankfahrzeuges sind nicht zulässig.

c) Der Tankwagen wird zunächst so weit wie möglich entleert, d.h. die Fahrzeugrestmengen werden in einen Lagertank für Produkte der gleichen Art zurückgepumpt. Somit bleiben nur Systemrestmengen vorwiegend in der Messstrecke und in der Schlauchtrommel zurück.

d) Das Wechselprodukt wird aufgefüllt.

e) Über den normalen Weg der Tankwagenabfüllvorrichtung, d.h. vom Fahrzeugtank über die gesamte Messstrecke und über den Abgabeschlauch, wird eine durch eine geeignete Messvorrichtung ermittelte gleich große, die Systemrestmenge überschreitende Spülmenge in einen Heizöllagerbehälter

701

**Anlage § 002–03**  Zu § 2 Energiesteuergesetz

gegeben (z. B. 200 Liter bei 100 Liter Systemrestmengen incl. Abgabeschlauch). Die Spülmenge ist so zu bemessen, dass nach einem Wechsel von leichtem Heizöl auf nicht gekennzeichnete Energieerzeugnisse und anschließender Spülung die Systemrestmenge keine Kennzeichnungsstoffe mehr enthält. Bei der Ermittlung der erforderlichen Spülmenge ist Absatz 32 und Nummer 4 des Merkblatts TKW – Restmengen (VSF V 8315 – 4) zu beachten. Abweichungen der tatsächlichen Spülmenge bis zu höchstens 10 % zu der nach Absatz 32 ermittelten und in der Bewilligung festgesetzten erforderlichen Spülmenge sind unbedenklich. Erfolgen in Ausnahmefällen Spülungen mit Abweichungen von mehr als 10 %, so können diese noch als ordnungsgemäße Spülungen anerkannt werden.

f) In gleicher Weise – also wiederum Abgabe einer entsprechenden Spülmenge aus dem Tankwagen in einen Heizöllagerbehälter – wird beim nächsten Produktwechsel verfahren.

g) Das anfallende Gemisch aus Spülmengen besteht nach jeweils zwei aufeinander folgenden Ladungswechseln oder einem Vielfachen davon zu 50 Raumhundertteilen aus leichtem Heizöl und zu 50 Raumhundertteilen aus nicht gekennzeichneten Energieerzeugnissen.

h) Über Produktwechsel und Spülmengen sind im Betrieb nach Weisung des Hauptzollamts Anschreibungen aufgrund der Messunterlagen für die einzelnen Spülvorgänge zu führen. Die Spülmengen und ihre Aufnahme in einen Heizöllagerbehälter hat der Betriebsinhaber, sein steuerlicher Betriebsleiter (§ 62 EnergieStG) oder sein steuerlicher Beauftragter (§ 214 AO) durch Unterschrift zu bestätigen. Die wechselseitigen Spülungen sind für jedes Transportfahrzeug getrennt in einer Liste nach Anlage 1A (Produktwechsel HEL / DK) bzw. Anlage 1B (Produktwechsel HEL / DK / Biokraftstoffe) zu erfassen. In dieser Liste sind sämtliche Spülungen mit Datum, Bondrucknummer und Spülmenge zu erfassen.

i) Bei Tankwagen mit 2 Vollschlauchsystemen ohne Schlaucherkennungssystem ist durch Anschreibung nachzuweisen, mit welchem Vollschlauchsystem die Spülung durchgeführt wurde.

Hinweis:

Bei Spülungen (Wechsel) von leichtem Heizöl auf ein nicht gekennzeichnetes Energieerzeugnis ist die Systemrestmenge leichtes Heizöl und das Spülprodukt ein nicht gekennzeichnetes Energieerzeugnis.

Bei Spülungen (Wechsel) von einem nicht gekennzeichneten Energieerzeugnis auf leichtes Heizöl ist die Systemrestmenge ein nicht gekennzeichnetes Energieerzeugnis und das Spülprodukt leichtes Heizöl.

32 Die Ermittlung der erforderlichen Spülmengen hat nach folgenden Grundsätzen zu erfolgen:

a) Feststellung der Systemrestmenge (Rohrleitungen, Ventile, Pumpe, Gassmesverhüter, Volumenzähler) und des Volumens des Abgabeschlauches anhand der technischen Angaben des Herstellers (z. B. Messanlagenbrief, Restmengendatenblatt) für das Tankfahrzeug.

b) Rechnerische Feststellung der erforderlichen Spülmenge (in der Regel das Zweifache der nach Buchstabe a) ermittelten Menge).

c) Die rechnerische Spülmenge nach Buchstabe b) ist mittels eines Produktwechsels von leichtem Heizöl auf nicht gekennzeichnete Energieerzeugnisse am Tankfahrzeug zu überprüfen. Absatz 31 Buchstabe a) bis c) gilt entsprechend.

d) Nach Durchfluss der rechnerischen Spülmenge ist eine Probe zu entnehmen und ein Markierstofftest entsprechend den Abs. 130 bis 132 der KontrollDV (VSF SV 4022) durchzuführen. Ist das Ergebnis des Markierstofftestes positiv, ist die rechnerische Spülmenge nach Buchstabe b) angemessen zu erhöhen.

Das Verfahren nach Buchstabe c) und d) ist solange zu wiederholen, bis in der Probe mittels Markierstofftest keine Kennzeichnungsstoffe mehr nachweisbar sind.

33 Einem Betrieb ohne eigene Lagerstätten, dem eine Zulassung nach § 49 Abs. 1 EnergieStV erteilt wurde, kann abweichend von Absatz 31 Buchstabe e) und f) zugelassen werden, dass die Spülmengen in einen Heizöllagerbehälter eines Dritten aufgenommen werden. Die Zulassung wird nur erteilt, wenn

a) die Spülmengen sämtlich in einen Heizöllagerbehälter eines einzigen Dritten aufgenommen werden, d.h. wechselweise Abgabe in Lagerbehälter verschiedener Dritter ist nicht möglich;

b) eine schriftliche Erklärung des Dritten vorliegt, dass er mit dem Verfahren einverstanden ist.

Dem Dritten ist nach § 106 EnergieStV aufzuerlegen:

a) die Aufnahme der Spülmengen durch Unterschrift zu bestätigen;

b) neben dem spülenden Betrieb Anschreibungen über die Zugänge an leichtem Heizöl und Spülmengen zu führen (ggf. getrennt, wenn Spülmengen mehrerer spülender Betriebe aufgenommen werden), sie jeweils zu den in § 92 Abs. 2 i.V.m. Abs. 3 EnergieStV vorgesehenen Terminen abzuschließen und dem für den oder die spülenden Betriebe zuständigen Hauptzollamt vorzulegen (ggf. mit Unterlagen).

Zu § 2 Energiesteuergesetz **Anlage § 002–03**

Händler, die Spülmengen aufnehmen, sind auf die Regelungen des Absatzes 34 besonders hinzuweisen. Je nach den Umständen des Einzelfalles können weitere Auflagen erteilt werden. § 120 AO ist zu beachten.

Die Spülmengen dürfen ohne Nachkennzeichnung mit leichtem Heizöl vermischt oder zum Vermischen mit leichtem Heizöl abgegeben werden, wenn in dem späteren Gemisch mindestens 85 Raumhundertteile leichtes Heizöl enthalten sind; sie dürfen ohne Nachkennzeichnung oder Vermischen mit leichtem Heizöl auch unmittelbar an Endverbraucher abgegeben werden. 34

Werden beim Spülen nach Absatz 31 35

a) nach § 2 Abs. 3 Satz 1 Nr. 1 EnergieStG versteuertes leichtes Heizöl und unversteuerte nicht gekennzeichnete Energieerzeugnisse miteinander vermischt, ist für die aus den nicht gekennzeichneten Energieerzeugnissen stammenden Spülmengenanteile die Heizölsteuer zu entrichten (§ 7 Abs. 2 Satz 6 i.V.m. § 49 Abs. 1 EnergieStV),

b) unversteuertes leichtes Heizöl und voll versteuerte nicht gekennzeichnete Energieerzeugnisse miteinander vermischt, ist für die aus dem leichten Heizöl stammenden Spülmengenanteile die Heizölsteuer zu entrichten (§ 7 Abs. 2 Satz 6 i.V.m. § 49 Abs. 1 EnergieStV).

Wird bei Spülvorgängen nach § 49 Abs. 1 EnergieStV das in Absatz 31 beschriebene Spülverfahren nicht eingehalten, liegt eine unzulässige Vermischung nach § 46 Abs. 1 EnergieStV vor. 36

Die Berechnung der nachweislich versteuerten Anteile in Gemischen aus leichtem Heizöl und anderem Gasöl bei vom Hauptzollamt bewilligten ordnungsgemäßen Spülvorgängen (Absatz 31) erfolgt nach folgendem Verfahren: 37

a) Die nach Absatz 31 Buchstabe h) zu führende Liste ist mit dem Antrag auf Steuerentlastung nach § 92 Abs. 2 EnergieStV (Vordruck 1100) vorzulegen.

b) Entlastungsfähig sind nur wechselseitig mit leichtem Heizöl und ungekennzeichnetem Gasöl durchgeführte Spülungen.

c) Die entlastungsfähige Menge errechnet sich durch die Addition der mittels Bondruck nachgewiesenen Spülmengen bei den Produktwechseln von leichtem Heizöl auf Dieselkraftstoff (Anlage 2A – Abrechnungsbeispiel zu Anlage 1A; Anlage 2B – Abrechnungsbeispiel zu Anlage 1B).

d) Wird bei Spülungen von HEL auf DK die festgesetzte Spülmenge (Absatz 32) um mehr als 10 % überschritten (Absatz 31 Buchstabe e)), so ist nur die festgesetzte Spülmenge zzgl. 10 % entlastungsfähig.

e) Wird in Ausnahmefällen bei Spülungen die festgesetzte Spülmenge um mehr als 10 % unterschritten (Absatz 31 Buchstabe e)), ist es entgegen der Berechnung nach Buchstabe c) nur der tatsächliche Spülmengenanteil DK entlastungsfähig.

f) Die Steuerentlastung nach § 48 EnergieStG erfolgt bis auf den Betrag nach dem Steuersatz des § 2 Abs. 3 Satz 1 Nr. 1 Buchstabe a) und b) EnergieStG. Die Höhe der Steuerentlastung ist abhängig vom Schwefelgehalt des eingesetzten entlastungsfähigen Gasöls nach § 2 Abs. 1 Nr. 4 Buchstabe a) und b) EnergieStG i.V.m. § 2 Abs. 3 Satz 1 Nr. 1 Buchstabe a) und b) EnergieStG (vgl. § 48 Abs. 1 Satz 1 Nr. 1 EnergieStG).

Sie beträgt für eingesetztes Gasöl mit einem Schwefelgehalt von

» mehr als 50 mg/kg:
409,35 EUR/1000l (485,70 EUR ./. 76,35 EUR)

» für Gasöl mit einem Schwefelgehalt von mehr als 10 und höchstens 50 mg/kg:
424,35 EUR/1000l (485,70 EUR ./. 61,35 EUR)

» für Gasöl mit einem Schwefelgehalt von höchstens 10 mg/kg:
409,05 EUR/1000l (470,40 EUR ./. 61,35 EUR)

Hinweis:

Erfolgt bei einem Produktwechsel von leichtem Heizöl auf Dieselkraftstoff die Steuerentlastung nach einem Entlastungssatz von 424,35 EUR/1000 l bzw. 409,35 EUR/1000 l, weil DK mit einem Schwefelgehalt von mehr als 10 mg/kg eingesetzt wurde, und findet vor dem nächsten Produktwechsel von DK zu HEL ein Produktwechsel von DK mit einem Schwefelgehalt von mehr als 10 mg/kg zu DK mit einem Schwefelgehalt von höchstens 10 mg/kg statt, so entsteht dem Unternehmen ein Steuervorteil von 15,30 EUR/1000 l (424,35 EUR ./. 409,05 EUR) bzw. von 0,30 EUR/1000 l (409,35 EUR ./. 409,05 EUR).

Zur Verfahrensvereinfachung können, soweit auf diese Weise vereinzelt Steuervorteile entstehen, diese bei der Berechnung der Steuerentlastung unberücksichtigt bleiben, das heißt, bezüglich des

**Anlage § 002–03**                Zu § 2 Energiesteuergesetz

anzuwendenden Entlastungssatzes ist nur auf die bei dem Produktwechsel von HEL auf DK eingesetzte Dieselqualität abzustellen (siehe Buchstabe c).

Sollte der vorbeschriebene Sachverhalt bei Unternehmen jedoch gehäuft auftreten, so dass ungerechtfertigte Steuervorteile nicht zu vermeiden sind, so ist der BFD Südwest, Zentrale Facheinheit, Referat ZF 2 auf dem Dienstweg zu berichten.

Ebenso ist der BFD Südwest, Zentrale Facheinheit, Referat ZF 2 auf dem Dienstweg zu berichten, falls vermehrt Sachverhalte auftreten, die in den Vordrucken 1105 und 1106 (Nachweisungen über vermischte Energieerzeugnisse) und 1060 (Nachweisung Energiesteuer) nicht erfasst werden.

    g) Die haushaltrechtliche Abwicklung der Steuerentlastung erfolgt nach dem Bruttoprinzip (§§ 15, 35 der Bundeshaushaltsordnung).

38  Sind Gemische, die bei Spülvorgängen nach § 49 Abs. 1 EnergieStV entstehen, aufgrund ihrer Zusammensetzung nicht zum Verheizen geeignet (z.B. wegen biogener Anteile), können auf Antrag auch andere Verwendungszwecke zugelassen werden (z.b. als Kraftstoff für die gewerbliche Schifffahrt oder zur Verwendung in begünstigten Anlagen nach § 3 Abs. 1 Satz 1 Nr. 1 und 2 EnergieStG), sofern ungerechtfertigte Steuervorteile ausgeschlossen sind (vgl. § 7 Abs. 2 Satz 5 und 6 EnergieStV). § 120 Abs. 2 AO ist zu beachten.

39  Anträgen nach § 49 Abs. 1 EnergieStV kann auch für Bunkerschiffe entsprochen werden, wenn das Bunkerschiff als Lager für Energieerzeugnisse zugelassen ist. Die Absätze 31, 32, 34, 36 und 38 sind sinngemäß anzuwenden.

In diesem Fall ist mindestens eine Kammer des Bunkerschiffes auf die Lagerung nicht gekennzeichneter Energieerzeugnisse festzulegen. Kammern mit gekennzeichneten Energieerzeugnissen gelten als Heizöllagerbehälter im Sinne des Absatzes 31.

Die Spülmengen gelten nicht als Entnahme aus dem Steuerlager, sie sind jeweils gesondert als Ab- bzw. Zugänge bei den entsprechenden Produkten anzuschreiben, das Vergütungsverfahren nach § 92 EnergieStV ist somit in diesen Fällen nicht erforderlich.

**Sonstige Vermischungen (zu § 49 Abs. 4 und § 92 EnergieStV)**

40  Ist leichtes Heizöl versehentlich mit nicht gekennzeichneten Energieerzeugnissen vermischt worden und wird das Gemisch einem Bestand an leichtem Heizöl zugeführt oder ggf. unter Nachkennzeichnung zum Verheizen abgegeben, ist Absatz 35 sinngemäß anzuwenden.

Soweit nicht besondere Umstände entgegenstehen, ist auf eine Nachkennzeichnung des Gemisches zu verzichten, wenn

    a) das Gemisch einer wenigstens sechsfachen Menge leichten Heizöls beigemischt wird oder

    b) das Gemisch mindestens 50 Raumhundertteile leichtes Heizöl enthält und unmittelbar an Endverbraucher abgegeben wird oder

    c) das Gemisch mindestens 85 Raumhundertteile leichtes Heizöl enthält.

Eine Verwendung zu einem anderen als dem erlaubten Zweck liegt in diesen Fällen nicht vor, weil das leichte Heizöl zum Verheizen bestimmt bleibt. Zur steuerlichen Behandlung der Gemischanteile aus voll versteuerten, nicht gekennzeichneten Energieerzeugnissen vgl. § 92 EnergieStV.

Bei Gemischen, die nicht zum Verheizen geeignet sind (z.B. wegen biogener Anteilen), ist nach Absatz 38 zu verfahren.

Verbringen von leichtem Heizöl in das Steuergebiet (zu §§ 15, 18 und 19 EnergieStG und § 2 Abs. 2 und 3 EnergieStV)

41  § 2 Abs. 2 und 3 EnergieStV enthalten Kennzeichnungsregelungen für Gasöle, die außerhalb des Steuergebietes gekennzeichnet werden.

§ 2 Abs. 2 EnergieStV enthält Regelungen für ausländische (aus Mitgliedstaaten und Drittländern verbrachte) Gasöle, die mit 6 bis 9 mg/Liter des Markierstoffs Solvent Yellow 124 und einem Rotfarbstoff gekennzeichnet sind, der in § 2 Abs. 1 EnergieStV genannt ist und mengenmäßig mindestens der dort genannten Menge entspricht. Der in § 2 Abs. 1 EnergieStV genannte Rotfarbstoff N-Ethyl-1-(4-phenylazophenylazo)naphtyl-2-amin ist unter der Handelsbezeichnung Solvent Red 19 oder Sudanrot 7B bekannt.

§ 2 Abs. 3 EnergieStV enthält Regelungen für aus einem anderen Mitgliedstaat verbrachte, gekennzeichnete Gasöle, die neben Solvent Yellow 124 noch andere nationale Kennzeichnungsstoffe (z. B. den Kennzeichnungsstoff Chinizarin) oder andere Rotfarbstoffe enthalten, wenn diese Rotfarbstoffe in gleicher Weise wie und in gleicher Zuverlässigkeit das Erkennen als gekennzeichnetes Energieerzeugnis ermöglichen. Sind die Kennzeichnungsregelungen einiger Staaten nicht bekannt, oder ist nicht klar, ob der dort verwendete Rotfarbstoff zuverlässig kennzeichnet, dann können sie nicht als nach § 2 Abs. 3 EnergieStV ordnungsgemäß gekennzeichnet anerkannt werden.

Aus den Anlagen 3 bis 6 ergeben sich die Kennzeichnungsvorschriften der anderen Mitgliedstaaten der EU und ihre Einordnung in die Fallgruppen nach § 2 Abs. 2 und 3 EnergieStV.

Die Bescheinigung nach § 2 Abs. 2 Satz 1 EnergieStV ist bei der Einfuhr (§ 19 EnergieStG) mit der Zollanmeldung oder der Anmeldung nach § 43 Satz 2 EnergieStV, bei Zollanmeldung im vereinfachten Verfahren (Anschreibeverfahren ASV und vereinfachtes Anmeldeverfahren VAV – VSF Z 1210) jedoch erst mit der ergänzenden Zollanmeldung vorzulegen. 42

Wird leichtes Heizöl, das in einem anderen Mitgliedstaat gekennzeichnet worden ist, unter Steueraussetzung, zu gewerblichen Zwecken oder im Versandhandel in das Steuergebiet verbracht (§ 11 Abs. 1 Satz 1 Nr. 1, §§ 15 oder 18 EnergieStG) und nach § 2 Abs. 3 Satz 1 Nr. 1 EnergieStG versteuert, ist die Bescheinigung nach § 2 Abs. 2 Satz 1 EnergieStV mit der Steueranmeldung vorzulegen. 43

Soll leichtes Heizöl unter Vorlage der Bescheinigung nach § 2 Abs. 2 Satz 1 EnergieStV im Anschluss an die Überführung in den zollrechtlich freien Verkehr zur Versendung unter Steueraussetzung abgefertigt werden, ist möglichst häufig durch Beschau zu prüfen, ob es nach dem ersten Anschein eine ausreichende Rotfärbung aufweist. Untersuchungen von Proben durch die Zolltechnischen Prüfungs- und Lehranstalten sind nur dann erforderlich, wenn schon nach Augenschein eine mangelhafte Kennzeichnung vorliegt. Für das Verfahren gilt Absatz 22 entsprechend. 44

Wird aus den in Anlage 5 genannten Ländern leichtes Heizöl in das Steuergebiet verbracht, das nach dem jeweils in diesen Ländern geltenden Recht gekennzeichnet worden ist, kann die Bescheinigung nach § 2 Abs. 3 Satz 3 EnergieStV in der Weise abgegeben werden, dass in dem Begleitdokument oder dem Lieferpapier die Warenbezeichnung „leichtes Heizöl" um die Angabe ergänzt wird, nach welchem Recht das Energieerzeugnis gekennzeichnet worden ist, z. B. „leichtes Heizöl, nach französischem Recht gekennzeichnet". 45

Für aus anderen Mitgliedstaaten oder Drittländern verbrachte bzw. eingeführte gekennzeichnete Gasöle ist eine Bescheinigung nach § 2 Abs. 2 Satz 1 EnergieStV vorzulegen.

Der Steuersatz für leichtes Heizöl kann nur angewendet werden, wenn die Bescheinigung über die Kennzeichnung zutrifft. Wird festgestellt, dass die Bescheinigung nicht zutrifft, ist ggf. die Energiesteuer nach § 2 Abs. 1 Satz 1 Nr. 4 EnergieStG nachzuerheben. 46

**Rechtsfolgen bei Verstößen**

Die Nichteinhaltung einer Auflage (§ 120 Abs. 2 Nr. 4 AO) ist nach § 379 Abs. 3 und 4 AO mit Geldbuße bedroht. 47

Wird eine Auflage nicht eingehalten oder gegen eine Anzeigepflicht verstoßen, ist stets zu prüfen, ob neben einer bußgeldrechtlichen Ahndung auch andere Maßnahmen ergriffen werden müssen (z. B. Widerruf der Bewilligung der Kennzeichnung wegen Bedenken gegen die steuerliche Zuverlässigkeit des Betriebsinhabers – § 6 Abs. 1 Satz 1 Nr. 1 und Satz 2 EnergieStV –). 48

**Anlage § 002–04**  Zu § 2 Energiesteuergesetz

## Kennzeichnung leichten Heizöls; Merkblatt für die Prüfung von Zulassungs- und Bewilligungsanträgen für die Kennzeichnung von Gasöl nach der Energiesteuer-Durchführungsverordnung (EnergieStV) und für die Überwachung der Kennzeichnung von leichtem Heizöl (Merkblatt Heizölkennzeichnung)

**BMF-Schreiben vom 31.7.2007 – III A 1 – V 8255/07/0001, 2007/0336625**

### Vorbemerkung zum Merkblatt

Das Merkblatt soll neben der Verwaltungsvorschrift zur Heizölkennzeichnung (VwV Heizölkennzeichnung – V 8255 –) z. B. bei der Prüfung von Zulassungs- oder Bewilligungsanträgen nach den §§ 4 bis 6 EnergieStV, bei der Unterweisung von Sachbearbeitern und Beamten, die mit der Steueraufsicht betraut sind, und bei der Überwachung der Kennzeichnung als Hilfe dienen sowie Entscheidungen erleichtern. Es zeigt anhand von Beispielen und Hinweisen zu den einzelnen Vorschriften der EnergieStV, worauf jeweils besonderes Augenmerk zu richten ist.

Die Zusammenstellung der Beispiele und Hinweise kann nicht vollständig sein. Sie gibt nur einen Anhalt über Art und Umfang der Prüfung, die im Regelfall erforderlich ist. Je nach den örtlichen Verhältnissen kann es daher geboten sein, auch andere als die hier aufgezeigten Punkte in die Prüfung einzubeziehen. Eine Schematisierung der Steueraufsicht ist zu vermeiden.

**1  Erläuterung der verwendeten Begriffe**

**1.1  Revisionsventile:**

Absperreinrichtungen, die z.B. den Aus- und Einbau von Rohrteilen, Pumpen, Schiebern oder Strömungswächtern ermöglichen, ohne dass die gesamte Rohrleitung entleert werden muss.

**1.2  Impulsuntersetzer:**

Bei einem Impulsuntersetzer werden von abgegriffenen Impulsen in Intervallen Impulse unterdrückt, so dass nur ein Teil der Impulse für die Steuerung oder Überwachung der Dosiereinrichtungen bis zu den Schaltelementen gelangt.

**1.3  Impulsübersetzer:**

Zu den abgegriffenen Impulsen werden in festen Intervallen zusätzliche Impulse erzeugt.

**1.4  Induktive Schaltelemente:**

Durch elektromagnetische Felder werden Stromkreise geschlossen oder unterbrochen, ohne dass ein direkter Kontakt vorliegt.

**1.5  Impulsgeber (z.B. optoelektronisch, NAMUR):**

Sie erzeugen volumen- bzw. masseproportionale Impulse, die das Messwerterfassungssystem und das Additiv-Modul über ihre Impulseingänge verarbeiten.

**1.6  Eingangskennzeichnung:**

Kennzeichnung von Gasöl oder entsprechenden Energieerzeugnissen bei der Einlagerung in einen Kennzeichnungsbetrieb (z.B. durch Zugabe von Kennzeichnungslösung im Rohrleitungssystem beim Befüllen der Lagertanks).

**1.7  Lagerkennzeichnung:**

Kennzeichnung von Gasöl oder entsprechenden Energieerzeugnissen bei der Umlagerung in einem Kennzeichnungsbetrieb (z.B. durch Zugabe von Kennzeichnungslösung im Rohrleitungssystem beim Umpumpen von einem Lagertank in einen anderen Lagertank).

**1.8  Ausgangskennzeichnung:**

Kennzeichnung von Gasöl oder entsprechenden Energieerzeugnissen bei der Auslagerung aus einem Kennzeichnungsbetrieb (z.B. durch Zugabe von Kennzeichnungslösung bei der Befüllung von Fahrzeugen, vgl. auch Nr. 1.9).

**1.9  Endpunktdosierung:**

Ausgangskennzeichnung mit einer Kennzeichnungseinrichtung, bei der die Kennzeichnungslösung am Ende der Befülleinrichtung unmittelbar im Füllarm zugegeben wird.

**1.10  Sicherungseinrichtungen:**

Die in § 4 Abs. 1 Satz 1 Nr. 4 EnergieStV genannten technischen Vorrichtungen wie zum Beispiel

1.10.1  Strömungswächter

1.10.2  Impulsgeber (vgl. Nr. 1.5)

Zu § 2 Energiesteuergesetz  **Anlage § 002–04**

1.10.3 Kennzeichnungsmodule (Gemischregler zur Zuführung von Kennzeichnungslösung in einen Volumen bzw. Massestrom)

1.10.4 Messwerterfassungssysteme unter Verwendung einer Kennzeichnungs-Software-Option auch zur Überwachung von Kurzschluss und Drahtbruch der Impulseingänge

1.10.5 Abschaltventile

**1.11 Urbeleg:**

Der Urbeleg wird von einem geeichten Messwerterfassungssystem erzeugt und enthält z. B. das Datum, die Zählerbenennung, das Produkt, das Volumen bei Betriebstemperatur, die Dichte bei 15°C (D15), die mittlere gewichtete Temperatur, das Volumen bei 15°C (V15), das Soll und Ist der Heizölkennzeichnung in ppm (parts per million = 1/Millionstel) und Liter sowie die Zählersummenstände und Fehlermeldungen.

- Die Urbelege können im gesicherten Modus aus Papier mittels Urbelegdrucker mit PTBBauartzulassung erstellt werden.
- Die Urbelege können im gesicherten Modus verschlüsselt auf der oder den Festplatten eines Datenspeichers (Urbeleg-PC) mit PTB-Bauartzulassung erstellt werden. Die Archive können auf CD/DVD bzw. im Netz gesichert werden.
- Urbelege in Datenspeichern können auf dem Monitor angesehen werden.
- Bei Bedarf kann der Urbeleg als Kopie für statistische Zwecke oder als Original (im gesicherten Modus) ausgedruckt werden.

**2 Zu § 3 EnergieStV – Antrag auf Zulassung von Kennzeichnungseinrichtungen**

**2.1 Zu § 3 Abs. 2 EnergieStV**

2.1.1 An die geforderte genaue Beschreibung der Kennzeichnungseinrichtung sind hohe Ansprüche zu stellen. Allgemein gehaltene Angaben reichen nicht aus.

2.1.2 Die Antragsunterlagen sollen daher eine ins Einzelne gehende Beschreibung der technischen Einrichtungen sowie der Pläne und Zeichnungen enthalten, aus denen sich die Ausstattung und Arbeitsweise der Kennzeichnungseinrichtung ergibt. Es muss für das Hauptzollamt bereits bei der Prüfung der Unterlagen erkennbar sein, ob eine Zulassung möglich sein wird.

2.1.3 Zu der Beschreibung der Arbeitsweise gehört auch die Funktionsbeschreibung der Sicherungseinrichtungen (vgl. Nr. 1.10).

2.1.4 Aus den Antragsunterlagen muss z.B. zu ersehen sein, welche Leitungen, Verbindungen, Armaturen, Pumpen, Zähler usw. an welcher Stelle eingebaut werden sollen und welche technischen Daten die Bauteile haben (Förderleistung bei Pumpen usw.).

2.1.5 Die Angaben der Konzentration an Kennzeichnungslösung ist für das ordnungsgemäße Funktionieren der Kennzeichnungseinrichtung von Bedeutung (Fließverhalten, Verstopfung oder Leitungen, vgl. auch Nr. 3.4.3).

2.1.6 Zur schematischen Darstellung der Kennzeichnungseinrichtung gehört unter anderem auch eine Skizze des technischen Ablaufs der Kennzeichnung (Fließschema).

**3 Zu § 4 EnergieStV – Zulassung von Kennzeichnungseinrichtungen**

**3.1 Vorbemerkungen**

3.1.1 Die Zulassung nach § 4 EnergieStV ist ein begünstigender Verwaltungsakt i.S. der §§ 118 und 130 Abs. 2 AO. Ihr geht regelmäßig die »Abnahme« oder »Einrichtungsprüfung« voraus, in der festgestellt wird, ob die Voraussetzungen für die Zulassung vorliegen.

3.1.2 Von der Zulassung einer Kennzeichnungseinrichtung (§§ 3 und 4 EnergieStV) ist die Bewilligung der Kennzeichnung (§§ 5 und 6 EnergieStV) zu unterscheiden. Die Zulassung geht der Bewilligung voraus; sie ist Voraussetzung der Bewilligung (vgl. § 6 Abs. 1 Satz 1 Nr. 2 EnergieStV). Zulassung und Bewilligung sind getrennte Verwaltungsakte.

3.1.3 Grundsätzlich sind geplante oder vorhandene Kennzeichnungseinrichtungen vor der Zulassung anhand der vorgelegten Unterlagen (vgl. Ziffer 2) eingehend auf ihre Funktion zu prüfen. Vor allem ist zu prüfen, ob bei der Kennzeichnungseinrichtung Manipulationsmöglichkeiten bestehen und wie sie verhindert werden können.

3.1.4 Ferner ist darauf zu achten, dass die Störungsmeldung (§ 4 Abs. 1 Satz 1 Nr. 5 EnergieStV) (akustische und optische Warneinrichtungen) für die Gesamtanlage ausgelegt ist. Dies gilt besonders für Großanlagen in Häfen und Raffinerien. Vom Messwerterfassungssystem (vgl. Nr. 1.10.4) und/oder Kennzeichnungsmodul (vgl. Nr. 1.10.3) festgestellte Störungen werden auf dem Urbeleg (vgl. Nr. 1.11) oder dem Tagesbeleg dokumentiert.

**Anlage § 002–04** Zu § 2 Energiesteuergesetz

3.1.5 Die Prüfung von Anträgen auf Zulassung einer Kennzeichnungseinrichtung erfordert technisches Fachwissen, das bei dem für die Prüfung zuständigen Sachbearbeiter in der Regel nicht im vollen Umfang vorhanden sein kann. Bestehen Zweifel bei der Beurteilung von Antragsunterlagen oder von technischen Abläufen und dergl., die sich nicht durch Erläuterungen des Antragstellers oder fachkundiger Beamter (z.B. der Sachgebiete Prüfungsdienste) ausräumen lassen (hierfür können nicht nur Beamte des eigenen Bezirks sondern auch fremder Bezirke in Betracht kommen), sind deshalb stets Sachverständige für das jeweilige technische Fachgebiet hinzuzuziehen (z.b. von den Industrie- und Handelskammern oder den Handwerkskammern öffentlich bestellte und vereidigte Sachverständige, Gutachter der Technischen Überwachungsvereine oder der Eichämter – Hinweis auf §§ 88, 96 und 107 AO). Die Kosten der Hinzuziehung trägt die Bundesfinanzverwaltung (§ 107 AO, § 1 VwKostG – VSF SV 2001).

**3.2 Zu § 4 Abs. 1 Satz 1 Nr. 1 EnergieStV**

3.2.1 Rohrgräben und Rohrkanäle sollten nur in Ausnahmefällen zugelassen werden. Um die Übersichtlichkeit zu verbessern, ist regelmäßig zu fordern, dass Rohrleitungen farblich gekennzeichnet werden (z.b. Farbanstrich, Farbringe).

3.2.2 Alle Bauteile müssen jederzeit sichtbar und erreichbar sein. Rohrleitungen für Kennzeichnungslösung dürfen nicht durch Räume führen, die nicht jederzeit für den mit der Steueraufsicht betrauten Beamten zugänglich sind.

3.2.3 Abdeckungen, Schutzrohre und dergl. sollten nur ausnahmsweise zugelassen werden (z. B. wenn sie die Funktionssicherheit erhöhen). Die Leitungen für die Kennzeichnungslösung sollten kurz und möglichst aus eine Stück gefertigt sein. Technisch nicht erforderliche Verbindungen, Flansche und Armaturen sind nicht zuzulassen.

**3.3 Zu § 4 Abs. 1 Satz 1 Nr. 2 EnergieStV**

3.3.1 In der Regel enthalten die Leitungen für Kennzeichnungslösung Revisionsventile (vgl. Nr. 1.1), die das Auswechseln oder die Reparatur von defekten Teilen erleichtern sollen. Diese Einrichtungen sind technisch erforderlich. Sie sollten in dem Fließschema (vgl. Nr. 2.1.6) bereits eingezeichnet und so hergerichtet sein, dass sie durch Verschlüsse gesichert werden können.

3.3.2 Der Einbau von Servicehähnen zwischen Strömungswächter (auch Kleinstmengenzähler) und Impfstelle (Druckhalteventil) ist nur in einem Schutzgehäuse mit Verschlüssen zuzulassen.

3.3.3 Sämtliche Verschraubungen sind als Vorrichtungen anzusehen, über die Kennzeichnungslösung entnommen oder abgeleitet werden kann. Diese Verschraubungen sind technisch erforderlich. Sie müssen so hergerichtet sein, dass Verschlüsse angelegt werden können.

3.3.4 Zu den Vorrichtungen, die durch Manipulation den Durchfluss der Kennzeichnungslösung beeinflussen können, zählen auch elektronische Bauteile wie Impulsuntersetzer oder Impulsübersetzer (vgl. Nrn. 1.2 und 1.3), die impulsgesteuerte Dosierpumpen steuern (Sicherung durch Klebemarken vorsehen!).

3.3.5 Bei der Sicherung von Anlagenteilen sind die einschlägigen Bestimmungen des Explosionsschutzes (EEx) zu beachten.

3.3.6 Bei Aufstellung des Lagertanks für die Kennzeichnungslösung muss sichergestellt werden, dass die Lagerungsvorschriften des jeweiligen Herstellers der Kennzeichnungslösung eingehalten werden. Ggf. sind weitere Maßnahmen (z.B. geregelte Beheizung, Isolierung, Filterung, Schutz vor UV-Strahlung) zu treffen.

**3.4 Zu § 4 Abs. 1 Satz 1 Nr. 3 EnergieStV**

3.4.1 Bei Kennzeichnungseinrichtungen für die wechselweise Abgabe von leichtem Heizöl und ungekennzeichneten Energieerzeugnissen sind die Abgaben fortlaufend zu dokumentieren (z. B. Bondrucker, Urbeleg oder vgl. Einrichtungen). Aus diesen Nachweisungen müssen neben der abgegebenen Menge die Art des Messgutes durch eindeutige Kennung und die laufende Nummer der Zapfung zu ersehen sein. Diese Nachweise gelten als Buchungsbelege i. S. von § 147 Abs. 1 Nr. 4 AO (Aufbewahrungsfrist zehn Jahre, vgl. § 147 Abs. 3 AO).

3.4.2 Überwachungseinrichtungen dürfen nach Beginn der Verladung eine Umschaltung der Kennzeichnungseinrichtung nicht zulassen. Bei Einrichtungen, bei denen diese Funktion nicht vorhanden ist, ist eine Zusatzeinrichtung zu verlangen, die die Umschaltung der Kennzeichnungseinrichtung während des Verladens verhindert. Nach Stromausfall ist beim Wiedereinschalten des Stroms ein Umschalten nur nach vorheriger Erzeugen des Nachweises nach Nr. 3.4.1 (Reset) zulässig.

Zu § 2 Energiesteuergesetz

**Anlage § 002–04**

3.4.3 Die Zugabe der Kennzeichnungslösung hinter dem Produktzählwerk darf nur vorgesehen werden, wenn die Zugabemenge an Kennzeichnungslösung auf 10.000 l Gasöl nicht mehr als 1 l beträgt.

**3.5 Zu § 4 Abs. 1 Satz 1 Nr. 4 EnergieStV**

3.5.1 Strömungswächter sind in der Regel induktive Schaltelemente (vgl. Nr. 1.4). Sie schließen oder unterbrechen Stromkreise durch Aufschwimmen oder bei Durchfluss (Impulsgeber, vgl. Nr. 1.5). Strömungswächter, die einen Schaltvorgang durch Aufschwimmen hervorrufen, sind anfällig gegen Verkleben (z.B. bei längeren Ruhezeiten) oder extreme Witterungsverhältnisse (Frost). Sie sind (je nach technischer Ausführung) durch einfache Hilfsmittel (z.B. Magnete) manipulierbar. Kleinstmengenzähler, die die Menge der verwendeten Kennzeichnungslösung ermitteln und je Umdrehung Impulse abgeben (Impulsgeber, vgl. Nr. 1.5), sind in der Regel weniger störanfällig und schwieriger zu manipulieren. Die eingesetzten Kleinstmengenzähler sollten während der Inbetriebsetzung kalibriert werden.

3.5.2 Anlageteile wie Strömungswächter sind wegen ihrer Störanfälligkeit (vgl. Nr. 3.5.1) so einzubauen, dass sie ohne Schwierigkeiten zugänglich sind und ggf. leicht ausgetauscht werden können. Vor der Wiederinbetriebnahme ist die Rohrleitung bis zur Impfstelle zu entlüften.

3.5.3 Die Strömungswächter müssen den betrieblichen Verhältnissen angepasst, d.h. sie müssen für die in der Anlage herrschenden Drücke und Durchlaufgeschwindigkeit geeignet sein (vgl. auch Nr. 3.1.4).

3.5.4 Die Abschaltzeiten bei Störungen sind von besonderer Bedeutung. Sie müssen möglichst kurz sein, um den Weiterfluss ungekennzeichneten Gasöls so gering wie möglich zu halten (in der Regel höchstens 15 Sekunden).

**3.6 Zu § 4 Abs. 1 Satz 1 Nr. 5 EnergieStV**

3.6.1 Störungen müssen sowohl optischen als auch akustischen Alarm auslösen, der sich von anderen Alarmmeldungen deutlich unterscheidet und eine schnelle Lokalisierung der gestörten Kennzeichnungseinrichtung ermöglicht. Die Warneinrichtungen müssen im praktischen Betrieb auch tatsächlich unüberhörbar und unübersehbar sein. Es ist sicherzustellen, dass die Störungsmeldung nur von zugelassenem Betreiberpersonal quittiert wird.

**3.7 Zu § 4 Abs. 1 Satz 1 Nr. 6 EnergieStV**

3.7.1 An allen Stellen, an denen die Kennzeichnungseinrichtung manipuliert werden kann (z. B. Einfüllöffnungen am Vorratsbehälter für die Kennzeichnungslösung, Flansche an den Rohrleitungen, in denen Kennzeichnungslösung fließt, Anschlüsse von Filtern, 2/3-Wege-Ventil, Strömungswächter und Druckhalteventil, an den Schalt- und Sicherungskästen für die elektrische Steuerung der Kennzeichnungseinrichtung sowie an den Abzweigstellen elektrischer Leitungen), müssen Vorrichtungen für das Anlegen von Verschlüssen vorgesehen sein; dies gilt auch für Verschraubungen (vgl. Nrn. 3.3.1, 3.3.3 und 5.3.2).

3.7.2 Bei Verwendung von elektronischen Bauteilen als Überwachungseinrichtungen und dergl. sind zum Schutz gegen unbefugte Eingriffe besondere Sicherungsmaßnahmen zu fordern (z. B. Drahtbruchsicherungen).

**3.8 Zu § 4 Abs. 1 Satz 1 Nr. 7 EnergieStV**

3.8.1 Bei Endpunktdosierung (vgl. Nr. 1.9) für die wechselweise Abgabe von leichtem Heizöl und ungekennzeichnetem Gasöl ist beim Einbau der Impfstelle darauf zu achten, dass die Impfstelle vom abzugebenden Gasöl umspült wird. VSF V 8255 Abs. 5 ist zu beachten.

3.8.2 Bei der Unterbodenverladung („Bottomloading") ist die Impfstelle so nahe wie möglich an den Verladearm (z. B. im Standrohr) anzubringen. Dabei muss die Prüfung der Verschlüsse ohne besonderen Aufwand gewährleistet sein. Das verbleibende Volumen zwischen Impfstelle und Trockenkupplung ist zu ermitteln und bei der Festlegung der Dosierrate und des Abschaltpunktes der Kennzeichnungseinrichtung zu berücksichtigen. Nach Störungen ist durch geeignete organisatorische Maßnahmen sicherzustellen, dass es zu keinen unzulässigen Vermischungen kommt.

**3.9 Zu § 4 Abs. 2 EnergieStV**

3.9.1 Auf die Anforderungen nach § 4 Abs. 1 EnergieStV sollte nur in Ausnahmefällen verzichtet werden.

**3.10 Zu § 4 Abs. 4 EnergieStV**

3.10.1 Für Bauteilzulassungen gelten die Nummern 2.1 bis 3.9 sinngemäß.

**Anlage § 002–04**  Zu § 2 Energiesteuergesetz

### 4 Zu § 5 EnergieStV – Antrag auf Bewilligung des Kennzeichnungsbetriebs

**4.1 Vorbemerkungen**

Die mit dem Antrag auf Bewilligung des Kennzeichnungsbetriebs vorzulegenden Unterlagen sind vom Hauptzollamt vorab zu prüfen. Hierbei ist besonders darauf zu achten, dass vom Antragsteller ein Gesamtplan mit allen wichtigen Einzelheiten vorgelegt wird, anhand dessen die installierte Kennzeichnungseinrichtung am Ort der Aufstellung abschließend geprüft werden kann. Ggf. sind Detailzeichnungen in kleinerem Maßstab anzufordern.

**4.2 Zu § 5 Abs. 1 EnergieStV**

4.2.1 Bei Anträgen von Unternehmen mit Betriebstätten in mehreren Hauptzollamtsbezirken, denen eine Sammelerlaubnis erteilt ist (vgl. VSF S 1310 Abs. 59 bis 64), soll das für den einzurichtenden Kennzeichnungsbetrieb örtlich zuständige Hauptzollamt beteiligt werden, das ggf. die zuständige Prüfungsstelle einschaltet (Hinweis auf Nr. 7.4).

**4.3 Zu § 5 Abs. 2 Nr. 1 EnergieStV**

4.3.1 Neben dem Fließschema (vgl. Nr. 2.1.6) sollte der Antragsteller die von der zuständigen Baubehörde genehmigten Ausführungszeichnungen mit den Elektroschaltplänen vorlegen. Die Elektroleitungen für Starkstrom sollten in den Schaltplänen entsprechend den DIN- und VDE-Richtlinien farblich gekennzeichnet sein. Dies gilt auch für Elektroleitungen für Schwachstrom, für die es hinsichtlich der farblichen Kennzeichnung zwar keine DIN- oder VDE-Richtlinien gibt, die in der Regel jedoch farbig ausgeführt werden. Der Betreiber oder Hersteller der Anlage muss sich verpflichten, die Installation auch in der farbigen Ausführung vorzunehmen, wie sie im Schaltplan eingezeichnet ist.

**4.4 Zu § 5 Abs. 2 Nr. 2 EnergieStV**

4.4.1 Sollen Kennzeichnungseinrichtungen eingebaut werden, die zwar aus serienmäßig gefertigten und in anderen zugelassenen Kennzeichnungseinrichtungen bereits verwendeten Teilen bestehen, die jedoch in dieser Zusammenstellung bisher weder vom Bundesministerium der Finanzen noch von einem zuständigen Hauptzollamt zugelassen worden sind, ist zuvor eine Zulassung nach § 4 EnergieStV erforderlich. Dies gilt auch, wenn für die Teile Bauteilzulassungen nach § 4 Abs. 4 EnergieStV erteilt worden sind.

4.4.2 Bestehen Zweifel, ob die eingebaute oder einzubauende Kennzeichnungseinrichtung der Zulassung entspricht, ist die Stelle einzuschalten, die die Zulassung erteilt hat.

**4.5 Zu § 5 Abs. 2 Nr. 5 EnergieStV**

4.5.1 Als Rohrleitungsplan ist in der Regel der von den Baubehörden der Abnahme zugrunde gelegte Plan (mit Prüfungsvermerk) zu fordern.

4.5.2 Kennzeichnungseinrichtungen sind aus verschiedenen Bauteilen mit Rohren und Verschraubungen zusammengefügt. Dem Antrag ist deshalb eine Standardzeichnung mit genauer Bezeichnung der verwendeten Bauteile und deren Typbezeichnung beizufügen.

4.5.3 Bei zentraler Versorgung der Kennzeichnungseinrichtungen mit Kennzeichnungslösung (z. B. Hafen-, TKW- und Kesselwagenverladung in einer Raffinerie) muss die kontinuierliche Förderung der Kennzeichnungslösung gewährleistet sein. Bei längeren Unterbrechungen der Förderung besteht die Gefahr der Versumpfung der Leitungen oder einzelner Leitungsteile. Erforderlichenfalls sind Umlaufpumpen einbauen zu lassen.

**4.6 Zu § 5 Abs. 2 Nr. 6 EnergieStV**

4.6.1 Die vorgesehenen Sicherungsmaßnahmen und ihre Wirkung auf die Gesamtanlage bei Störfällen sind genau zu beschreiben.

4.6.2 Rohr- und Kabelverbindungen müssen gegen Eingriffe gesichert werden können (z. B. durch Kappenverschlüsse). Dies gilt insbesondere für die Leitungen, die Kennzeichnungslösung führen (Vorratsbehälter bis Impfstelle).

### 5 Zu § 6 EnergieStV – Bewilligung des Kennzeichnungsbetriebs

**5.1 Vorbemerkungen**

5.1.1 Für die Prüfung von Anträgen auf Bewilligung des Kennzeichnungsbetriebs gelten die Vorbemerkungen zu § 3 EnergieStV entsprechend (vgl. Nrn. 3.1.1 bis 3.1.5).

5.1.2 Vor der Erteilung der Bewilligung ist die Kennzeichnungseinrichtung von dem zuständigen Hauptzollamt im Beisein des Inhabers des Kennzeichnungsbetriebs, seines Beauftragten oder seines Betriebsleiters (§ 5 Abs. 2 Nr. 7 EnergieStV) zu prüfen (abzunehmen). Dazu gehört auch ein Probelauf. Wegen der Vielzahl der zu prüfenden technischen Funktionen ist es zweckmäßig,

Zu § 2 Energiesteuergesetz | **Anlage § 002–04**

einen technisch ausgebildeten Beamten oder einen Sachverständigen hinzuzuziehen (vgl. auch Nr. 3.1.5 und Hinweis zu Nr. 7.3).

5.1.3 Das Ergebnis der Prüfung (Abnahme) ist schriftlich niederzulegen (z.b. in Form eines Protokolls, Muster vgl. Anlage 1 ).

**5.2 Zu § 6 Abs. 1 Satz 1 Nr. 2 EnergieStV**

5.2.1 Wegen der Prüfung, ob die Kennzeichnungseinrichtung zugelassen ist, vgl. Nrn. 4.4.1 und 4.4.2.

5.2.2 Das zuständige Hauptzollamt hat sich anhand der vorgelegten Pläne davon zu überzeugen, dass die Kennzeichnungseinrichtung entsprechend der Zulassung eingebaut worden ist. Die Farben der Teile in der Elektroanlage müssen mit den Farben in der Zeichnung übereinstimmen.

5.2.3 Durch Simulieren von Störfällen an den Sicherungseinrichtungen ist zu prüfen, ob die Kennzeichnungseinrichtung entsprechend der Zulassung gegen unbefugte Eingriffe gesichert ist. Nr. 5.1.2 ist zu beachten. Das Hinzuziehen von Sachverständigen ist insbesondere dann geboten, wenn elektronische Sicherungseinrichtungen verwendet werden (Hinweis auf Nr. 3.7.2).

5.2.4 Störfälle sind u. a. auch Stromunterbrechungen und Strombrückungen an den Sicherungseinrichtungen.

**5.3 Zu § 6 Abs. 1 Satz 1 Nr. 3 EnergieStV**

5.3.1 Ein Verzicht auf Verschlüsse (§ 6 Abs. 1 Satz 1 Nr. 3 Satz 2 2. Alternative EnergieStV) ist nur möglich, wenn bauliche oder andere Einrichtungen den gleichen Schutz gegen unbefugte Eingriffe wie Verschlüsse gewährleisten. Liegt diese Voraussetzung nicht vor, sind Verschlüsse anzulegen.

5.3.2 Durch Verschlüsse sind vor allem zu sichern

am Vorratsbehälter für Kennzeichnungslösung:
Ablassschraube,
Anschlussverschraubungen,
Einfüllöffnungen;

an den Verbindungen der Leitung für Kennzeichnungslösung:
Flansche,
Verschraubungen;

am Absperrventil:
Produktventil,
Anschlussverschraubungen;

am Filter:
Ablassschraube,
Anschlussverschraubungen;

am 2/3-Wege-Ventil:
elektrischer Anschlusskasten,
Anschlussverschraubungen,
Deckel des Stellantriebs;

an der Dosierpumpe:
Anschlussverschraubungen,
Hubeinstellung (falls nicht eichamtlich verplombt);

am Strömungswächter in der Farbleitung:
elektrischer Anschlusskasten,
Anschlussverschraubungen;

am Strömungswächter bzw. Zähler mit Impulsgeber in der Produktleitung:
elektrischer Anschlusskasten,
Anschlussverschraubungen;

am Kleinstmengenzähler:
Gehäusedeckel,
elektrischer Anschlusskasten;

am Transmitterkasten der Kompaktdosierstation:
Verschlusshebel;

am Impfventil:
Anschlussverschraubungen;

am Kugelhahn:
Betätigungselement,
Anschlussverschraubungen;

am Eichrückführungsstutzen:
Verschlussdeckel;

an der Warnlampe oder Hupe:
Gehäusedeckel;

am Wahlschalter (bei Einrichtungen für die wechselweise Abgabe von leichtem Heizöl und ungekennzeichnetem Gasöl):
Gehäusedeckel;

am Schalter- und Sicherungskasten:
Gehäusedeckel;

an den Abzweigdosen der elektrischen Leitungen:
Dosendeckel.

5.3.3 Als amtliche Verschlüsse kommen neben Zollplomben auch die im gemeinschaftlichen Versandverfahren angewendeten, mit fortlaufender Nummer versehenen Blechverschlüsse in Betracht (Tyden Seal, Mini-Breakaway-Seal, vgl. auch VSF Z 3517). Firmenverschlüsse sollten nur zugelassen werden, wenn sie die gleiche Sicherheit wie amtliche Verschlüsse bieten und ebenfalls fortlaufend nummeriert sind. Die fortlaufende Nummer erleichtert die Überwachung durch die Prüfungsstelle. Wegen des Anlegens von Verschlüssen vgl. VSF Z 0719.

5.3.4 Die unter Nrn. 3.2.1 bis 3.8.2 genannten Sicherungsmaßnahmen und -einrichtungen und die Sicherung durch Verschlüsse verhindern Manipulationen wie zum Beispiel

1. Einleiten von z.B. ungekennzeichnetem Gasöl in die Leitungen für Kennzeichnungslösung und damit Nichtkennzeichnung mit Dokumentation »Heizöl«.

2. Durch Lösen der Verschraubung am Impfventil und Ablassen der Farbe in ein Gefäß wird das Gasöl trotz Programmwahl „Heizöl" nicht gekennzeichnet. Dokumentation „Heizöl".

3. Programmwahl „Heizöl", Strömungswächter für Farben oder Produkt im elektrischen Anschlusskasten überbrücken. Anschließend die Stromzuführung zum 2/3-Wege-Ventil durch Lösen eines Drahtes im Anschlusskasten des 2/3-Wege-Ventils unterbrechen. Dadurch geht das Ventil in die Stellung „Diesel", so dass die Pumpe nur im Kreis pumpt. Der Strömungswächter Farbe geht nun zwar in Alarmstellung, es erfolgt aber kein Signal, da die vorher vorgenommene Überbrückung des Ausgangssignals die einwandfreie Funktion des Strömungswächters vortäuscht. Obwohl Diesel verladen wird, zeigt die Dokumentation „Heizöl".

4. Programmwahl »Heizöl«, Strömungswächter im elektrischen Anschlusskasten überbrücken, Farbzulauf durch Schließen des Absperrventils oder Lösen einer Verschraubung an beliebiger Stelle vor dem Strömungswächter unterbrechen. Obwohl keine Kennzeichnungslösung zugemischt wird, kann kein Alarmsignal ertönen, da das Ausgangssignal vom Strömungswächter überbrückt ist. Dokumentation „Heizöl".

5. Programmwahl „Heizöl". Durch Unterbrechung der Stromzufuhr zur Schalteinrichtung schaltet diese die Anlage auf „Diesel", d.h. das 2/3-Wege-Ventil wird spannungslos, die Kennzeichnungslösung wird im Kreis gepumpt. Der Alarmkontakt der Schalteinrichtung öffnet. Ist der Alarmkontakt nicht mit der Pumpenabschaltung oder dem Abschaltventil gekoppelt, ist lediglich vorher noch die Stromzuführung zur Warnlampe oder -hupe zu unterbrechen. Nun kann kein Alarmsignal erfolgen, die Anlage arbeitet in Stellung „Diesel". Es wird Diesel verladen. Nach beendeter Verladung wird die Stromzufuhr wieder zugeschaltet, die Anlage schaltet wieder in die vorgewählte Stellung „Heizöl" um, und die Dokumentation kann erfolgen. Dokumentation „Heizöl".

**5.4 Zu § 6 Abs. 1 Satz 1 Nr. 4 EnergieStV**

5.4.1 Beim Probelauf (vgl. Nr. 5.1.2) sollte auch geprüft werden, ob bei Kennzeichnungseinrichtungen für die wechselweise Abgabe von leichtem Heizöl und ungekennzeichneten Energieerzeugnissen Vermischungen ausgeschlossen sind, höchstens jedoch in den Grenzen des § 47 Abs. 2 EnergieStV liegen (vgl. auch VSF V 8255 Abs. 28 und 29).

**5.5 Zu § 6 Abs. 1 Satz 1 Nr. 5 EnergieStV**

5.5.1 Es ist zweckmäßig, nach den Probeläufen bei der Inbetriebnahme (vgl. Nr. 5.1.2) das gekennzeichnete Gasöl amtlich auf ordnungsmäßige Kennzeichnung untersuchen zu lassen.

## Anlage § 002–04

### 5.6 Zu § 6 Abs. 2 EnergieStV

5.6.1 In welcher Form und in welchem Umfang Aufzeichnungen auferlegt werden müssen, ist im Einzelfall zu entscheiden. Es ist jedoch erforderlich, dass alle Störungen, Verschlussverletzungen und dergl. sowie deren Ursachen dokumentiert werden (z.b. in Form eines Logbuchs oder Protokolls, Muster vgl. Anlage 2 ).

### 6 Zu § 7 EnergieStV – Pflichten des Inhabers des Kennzeichnungsbetriebs

#### 6.1 Vorbemerkungen

6.1.1 Für die ordnungsmäßige Durchführung und Überwachung der Kennzeichnung und die Erhaltung der Funktionsfähigkeit der Kennzeichnungsanlage ist der Inhaber des Kennzeichnungsbetriebs verantwortlich. Es ist jedoch zweckmäßig, ihn vor Aufnahme des Betriebs besonders auf die sich aus § 7 EnergieStV ergebenden Pflichten hinzuweisen.

#### 6.2 Zu § 7 Abs. 2 EnergieStV

6.2.1 Eine Sichtprüfung auf ordnungsmäßige Kennzeichnung ist nur durch Probenahme aus dem mit leichtem Heizöl befüllten Behältnis (TKW, Kesselwagen, Schiffskammer) möglich. Die Bewilligung der Kennzeichnung ist deshalb mit einer entsprechenden Auflage zu verbinden.

6.2.2 Dem Betriebsinhaber ist aufzuerlegen, mindestens alle zwei Monate Proben zu nehmen und zu untersuchen. Probenahme und –untersuchungen in größeren Abständen sollten nur zugelassen werden, wenn die Untersuchungen über einen längeren Zeitraum nicht zu Beanstandungen geführt haben.

6.2.3 Proben sollten nicht nur vom gekennzeichneten Gasöl, sondern auch von den ungekennzeichneten Energieerzeugnissen genommen werden (Bestimmung der Farbzahl). Sie sind bei jeder der in einem Kennzeichnungsbetrieb eingesetzten Kennzeichnungseinrichtungen zu entnehmen und sowohl auf ihren Markierstoff- als auch ihren Farbstoffgehalt zu untersuchen.

6.2.4 Bei Defekten an Messuhren liegt wegen der mechanischen Kopplung mit der Dosierpumpe oder wegen der an der Messuhr abgegriffenen Impulse für die Steuerung der Dosierpumpe immer eine Störung in der Kennzeichnungsanlage vor.

6.2.5 Es ist zweckmäßig, das Verfahren bei Störfällen bereits bei der Bewilligung der Kennzeichnung festzulegen (vgl. auch Nr. 5.6.1; VSF V 8255 Abs. 27 ist zu beachten).

#### 6.3 Zu § 7 Abs. 3 EnergieStV

6.3.1 Bei der Auswertung der Anschreibungen ist auch darauf zu achten, ob die zulässige Lagerfrist z. B. der Kennzeichnungslösung überschritten worden ist.

#### 6.4 Zu § 7 Abs. 4 EnergieStV

6.4.1 Für die Prüfung, ob das Hauptzollamt Änderungen an Kennzeichnungsanlagen oder im technischen Ablauf zustimmen kann, gelten Nrn. 5.1.1 bis 5.6.1 entsprechend.

### 7 Überwachung der Kennzeichnung

7.1 Kennzeichnungsbetriebe unterliegen der Steueraufsicht (§ 61 Abs. 1 Nr. 1 EnergieStG i.V.m. § 106 EnergieStV, § 209 Abs. 2 AO).

7.2 Die Steueraufsicht in Kennzeichnungsbetrieben sollte bei jeder sich bietenden Gelegenheit ausgeübt werden. Dabei kann es dem verantwortlichen Prüfer überlassen bleiben, in welchem Umfang er die Steueraufsichtsmaßnahmen durchführt. Stets zu prüfen sind jedoch die ordnungsmäßige Kennzeichnung (Sichtprüfung, vgl. VSF V 8255 Abs. 21), etwa vorhandene neue Ergebnisse von Laboruntersuchungen und solche Anlageteile, die sich in der Vergangenheit als störanfällig erwiesen haben.

7.3 Jeweils halbjährlich sollte durch Simulation von Störfällen der ordnungsmäßige Zustand der Sicherungseinrichtungen und die angelegten Verschlüsse anhand des Verschlussverzeichnisses geprüft sowie Heizölproben amtlich auf ordnungsmäßige Kennzeichnung untersucht werden. Nr. 3.1.5 gilt entsprechend.

**Hinweis:**

Kosten für Sachverständige können von der Bundesfinanzverwaltung nur getragen werden, wenn sie nach § 96 AO von der Finanzbehörde (Hauptzollamt) hinzugezogen worden sind (§ 107 AO). Beteiligt der Inhaber des Kennzeichnungsbetriebs von sich aus einen Sachverständigen an der Prüfung, hat er dessen Kosten selbst zu tragen. Dies gilt auch für andere Kosten, die dem Betriebsinhaber durch die Steueraufsichtsmaßnahme entstehen (§ 211 Abs. 1 AO).

7.4 Die Überwachung der Kennzeichnung bei Unternehmen mit Betriebstätten in mehreren Hauptzollamtsbezirken, denen eine Sammelerlaubnis erteilt ist, ist grundsätzlich von dem Sachgebiet

**Anlage § 002–04**  Zu § 2 Energiesteuergesetz

Prüfungsdienst des Hauptzollamts durchzuführen, in dessen Bezirk der Kennzeichnungsbetrieb liegt.

7.5 Im Übrigen gelten für die Prüfung die in den Abschnitten 1 bis 6 genannten Grundsätze und Hinweise. Als Anhalt für eine vollständige Prüfung kann das als Anlage 3 beigefügte Muster dienen. Das Merkblatt Prüfung des Mineralölhandels ist zu beachten.

Zu § 2 Energiesteuergesetz                                    **Anlage § 002–05**

## Anlage 2 zum Merkblatt Heizölkennzeichnung

BMF-Schreiben vom 31.7.2007

Zum Hauptdokument : Kennzeichnung leichten Heizöls; Merkblatt für die Prüfung von Zulassungs- und Bewilligungsanträgen für die Kennzeichnung von Gasöl nach der Energiesteuer-Durchführungsverordnung (EnergieStV) und für die Überwachung der Kennzeichnung von leichtem Heizöl (Merkblatt Heizölkennzeichnung)

**Anlage 3**
(zu Nr. 7.5)
**Kennzeichnung leichten Heizöls**
**Hinweise für die Prüfung und Überwachung von Kennzeichnungsbetrieben**

| | |
|---|---|
| **1** | **Buchmäßige Prüfung und Überwachung** |
| 1.1 | Ordnungsmäßigkeit der Kennzeichnung |
| 1.1.1 | Überwachung nach VSF V 8255 – VwV Heizölkennzeichnung Abs. 21, 22 und 23 (Häufigkeit, Umfang, Methode, Probenahme, Herkunft), |
| 1.1.2 | Auswertung der Untersuchungsergebnisse für die vom Inhaber des Kennzeichnungsbetriebs entnommenen Proben (§ 7 Abs. 2 EnergieStV), |
| 1.1.3 | Prüfung und Auswertung der Anschreibungen nach § 7 Abs. 3 EnergieStV, |
| 1.1.4 | Errechnung des Anteils an Kennzeichnungsstoffen im leichten Heizöl für einen bestimmten Zeitabschnitt aus der Menge der verbrauchten Kennzeichnungslösung und der gekennzeichneten Gasölmenge (Voraussetzung: Die Menge der verbrauchten Kennzeichnungslösung kann hinreichend genau bestimmt werden), |
| 1.1.5 | Auswertung von Anzeigen über |
| 1.1.5.1 | nicht ordnungsgemäße Kennzeichnung, |
| 1.1.5.2 | Störungen in der Kennzeichnungseinrichtung, |
| 1.1.5.3 | bauliche Veränderungen an der Kennzeichnungseinrichtung. |
| **2** | **Technische Prüfung und Überwachung** |
| **2.1** | **Kennzeichnungseinrichtungen** |
| 2.1.1 | Prüfung der Einrichtung und des Einbaus oder der Verwendung der Kennzeichnungseinrichtungen anhand der Zulassung (Änderungen oder Abweichungen müssen zugelassen sein). |
| **2.2** | **Sicherungseinrichtungen und -maßnahmen** |
| 2.2.1 | Prüfung, ob die vom Inhaber des Kennzeichnungsbetriebes benannten oder die vom Hauptzollamt auferlegten Sicherungseinrichtungen und -maßnahmen mit den tatsächlich vorhandenen übereinstimmen. |
| 2.2.2 | Bei Kennzeichnungseinrichtungen nach § 1 Satz 1 Nr. 3 EnergieStV können als Sicherungseinrichtungen und -maßnahmen in Betracht kommen: |
| 2.2.2.1 | Strömungswächter in der Leitung für Kennzeichnungslösung, |
| 2.2.2.2 | Strömungswächter in der Produktenleitung, |
| 2.2.2.3 | Impulsgeber, |
| 2.2.2.4 | Messwerterfassungssystem, |
| 2.2.2.5 | Kennzeichnungsmodule, |
| 2.2.2.6 | optische Warneinrichtungen, |
| 2.2.2.7 | akustische Warneinrichtung, |
| 2.2.2.8 | elektronische Überwachungseinrichtungen für die Elektroinstallation, |
| 2.2.2.9 | Schaugläser, |
| 2.2.2.10 | Probenhähne, |
| 2.2.2.11 | Firmenverschlüsse, |
| 2.2.2.12 | Abschaltventile, |
| 2.2.2.13 | amtliche Verschlüsse, |
| 2.2.2.14 | sonstige Sicherungseinrichtungen und -maßnahmen. |

**Anlage § 002–05**      Zu § 2 Energiesteuergesetz

| | |
|---|---|
| 3 | **Funktion von Sicherungseinrichtungen in Kennzeichnungseinrichtungen nach § 1 Satz 1 Nr. 3 EnergieStV** |
| 3.1 | **Prüfung durch Simulation von Störungen im Beisein und unter Mitwirkung des Inhabers des Kennzeichnungsbetriebs oder seines Beauftragten oder Betriebsleiters** |
| 3.1.1 | durch Unterbrechen des Pumpimpulses bei elektrischen Dosiereinrichtungen, |
| 3.1.2 | durch Einwirken auf die Funktion des Strömungswächters oder Kleinstmengenzählers, |
| 3.1.2.1 | z. B. durch Überbrücken oder Unterbrechen von elektrischen Schaltkreisen (Stromüberbrückung, Drahtbruch) oder |
| 3.1.2.2 | z. B. durch Festhalten des Strömungswächters mit einem Magneten (soweit nach der technischen Ausführung möglich). |

Prüfung der Warneinrichtung, die auf die Störungen reagieren müssen.

Zu § 5 Energiesteuergesetz

**Anlage § 005–01**

## Verwaltungsvorschrift Steueraussetzung

BMF-Schreiben vom 12.5.2014 – 2014/0365478, III B 7 – V 9953/11/10001

**1 Allgemeines**

Die Verwaltungsvorschrift enthält die für die harmonisierten Verbrauchsteuern (ausgenommen Strom, einschließlich Wein) allgemein geltenden Regelungen für das Verfahren der Steueraussetzung und gilt grundsätzlich auch für die Kaffee- und die Alkopopsteuer. Ergänzende Regelungen existieren für die Branntweinsteuer (E-VSF V 23 30-2 und E-VSF V 23 30-3) und die Energiesteuer (E-VSF V 82 15-2). 1

EMCS ist das EDV-gestützte Beförderungs- und Kontrollsystem für verbrauchsteuerpflichtige Waren. 2

Verfahrensanweisung EMCS (VA-EMCS) im Sinn dieser Verwaltungsvorschrift ist die Verfahrensanweisung für Benutzer. 3

In der Verwaltungsvorschrift werden für die verbrauchsteuerrechtlichen Beförderungsdokumente folgende Abkürzungen verwendet: 4

1. e-VD für das elektronische Verwaltungsdokument nach Artikel 21 der Richtlinie 2008/118/EG des Rates vom 16. Dezember 2008 über das allgemeine Verbrauchsteuersystem (E-VSF V 99 50-1-16);
2. AD für das Ausfalldokument nach Artikel 26 Absatz 1 der Richtlinie 2008/118/EG des Rates vom 16. Dezember 2008 über das allgemeine Verbrauchsteuersystem – Vordruck 033074;
3. BD für das Begleitdokument nach § 1 Nummer 4 TabStV, § 1 Nummer 4 BrStV, § 1 Nummer 4 SchaumwZwStV, § 1 Nummer 4 BierStV, § 1 Nummer 2 KaffeeStV – Vordruck 2750.

**2 Zusammenarbeits-Verordnung (E-VSF V 99 50-2-7)**

**2.1 Allgemeines**

Nach Artikel 4 Absatz 1 der Verordnung (EU) Nr. 389/2012 des Rates vom 2. Mai 2012 über die Zusammenarbeit der Verwaltungsbehörden auf dem Gebiet der Verbrauchsteuern und zur Aufhebung von Verordnung (EG) Nr. 2073/2004 (nachfolgend: Zusammenarbeits-Verordnung) haben die Mitgliedstaaten ein zentrales Verbrauchsteuer-Verbindungsbüro zu benennen, das für die Verbindung zu den anderen Mitgliedstaaten auf dem Gebiet der Zusammenarbeit der Verwaltungsbehörden für den Bereich der harmonisierten Verbrauchsteuern hauptverantwortlich zuständig ist. 5

Das Hauptzollamt Stuttgart, Sachgebiet B – Arbeitsgebiet EMCS, Postfach 13 10 61, 70068 Stuttgart (Telefon 0711-922-0, Telefax 0711-922-2153), ist für Deutschland als zentrales Verbrauchsteuer-Verbindungsbüro benannt und somit grundsätzlich zuständig für den Informationsaustausch mit anderen Mitgliedstaaten zum Zwecke der ordnungsgemäßen Durchführung von Verwaltungsverfahren, soweit nicht das ZKA als Zentralstelle der deutschen Zollverwaltung für den Amts- und Rechtshilfeverkehr mit dem Ausland zuständig ist. Auf den Erlass vom 10. Januar 2007 – III A 2 – V 9950/06/0086 DOK 2006/0187191 (VSF-N 09 2007 Nr. 42) wird im Hinblick auf die Abgrenzung von Zuständigkeiten Bezug genommen. Für die Amtshilfe bei der Zustellung fungiert die Bundesstelle Vollstreckung beim HZA Hannover als Zentralstelle. 6

**2.2 SEED-Datenbank (System for Exchange of Excise Data)**

Nach Artikel 19 der Zusammenarbeits-Verordnung haben die Mitgliedstaaten eine elektronische Datenbank (SEED-Datenbank) eingerichtet, über die Informationen über bestehende Erlaubnisse auf dem Gebiet des harmonisierten Verbrauchsteuerrechts ausgetauscht werden. Die nationale SEED-Datenbank wird beim Hauptzollamt Stuttgart geführt und enthält 7

1. die Verbrauchsteuernummern,
2. den Namen und die Anschrift des Inhabers der Erlaubnis,
3. den Namen und die Anschrift des Betriebes und/oder die Anschriften der Steuerlager,
4. die Angaben über die Art der Ware, für die die Erlaubnis erteilt wurde,
5. die Anschrift des zuständigen Hauptzollamts,
6. das Datum der Erteilung, der Änderung und – sofern festgelegt – die Gültigkeitsdauer der Erlaubnis,
7. den Namen und die Anschrift von registrierten Empfängern im Einzelfall mit dem zugehörigen Versender.

Soweit andere Mitgliedstaaten entsprechende Daten übermittelt haben, sind sie ebenfalls in der nationalen SEED-Datenbank enthalten. Zudem enthalten die Datensätze ein Kennzeichen, das Auskunft darüber gibt, ob der Empfänger im anderen Mitgliedstaat Direktlieferungen durchführen darf.

**Anlage § 005–01**  Zu § 5 Energiesteuergesetz

8   Die Verbrauchsteuernummern von Personen (vgl. z.B. § 4 Nummer 11 TabStG), die als Versender oder Empfänger an Beförderungen in, aus oder über andere Mitgliedstaaten unter Steueraussetzung teilnehmen dürfen, werden in die europäische SEED-Datenbank übertragen, sofern für diese Verbrauchsteuernummern die Teilnahme an EMCS angemeldet wurde (vgl. Absatz 25).

9   Das Hauptzollamt Stuttgart bestätigt Wirtschaftsbeteiligten nach Artikel 20 Absatz 2 der Zusammenarbeits-Verordnung auf Anfrage, ob die von ihnen gemachten Angaben mit den in der SEED-Datenbank gespeicherten Daten übereinstimmen. Auskünfte über die Bestätigung der Richtigkeit/Unrichtigkeit hinaus werden nicht erteilt.

10   Wirtschaftsbeteiligte sind darauf hinzuweisen, dass Informationen über die Gültigkeit von Verbrauchsteuernummern von Beteiligten, die für Beförderungen unter Steueraussetzung aus anderen, in andere und über andere Mitgliedstaaten zugelassen sind, auch auf der Internet-Seite „SEED on Europa" der Europäischen Kommission abgefragt werden können unter http://ec.europa.eu/taxation_customs/dds2/seed/seed_consultation.jsp?Lang=de

### 3 Verbrauchsteuernummer

#### 3.1 Allgemeines

11   Nach den verbrauchsteuerrechtlichen Vorschriften werden im Rahmen der Erlaubniserteilung für Steuerlagerinhaber, registrierte Empfänger und registrierte Versender Verbrauchsteuernummern vergeben, die der Identifikation von Personen dienen, die verbrauchsteuerpflichtige Waren unter Steueraussetzung lagern, versenden oder empfangen dürfen.

12   Die Verbrauchsteuernummern werden im IT-Verfahren BISON bei der Anlage von Überwachungsgegenständen (ÜWG) bzw. Standorten automatisiert vergeben. Die Verbrauchsteuernummern sind dem Erlaubnisinhaber mit den entsprechenden Erlaubnisvordrucken unverzüglich bekannt zu geben.

13   Bei Erlöschen der Erlaubnis (z.B. durch Widerruf) ist unverzüglich der letzte Gültigkeitstag der Erlaubnis in BISON als Überwachungsende einzutragen, damit die Aktualisierung der Daten zu den Verbrauchsteuernummern unmittelbar erfolgt. In diesem Zusammenhang ist auf die Einhaltung der in der Verfahrensanweisung BISON enthaltenen Regelungen besonders zu achten.

14   Bei der Neufassung oder Änderung von Erlaubnissen, die die Eintragung eines neuen ÜWG zur Folge hat, ist darauf zu achten, dass die bisherigen Verbrauchsteuernummern bei der Anlage der neuen ÜWG in BISON übernommen werden. Hierzu ist bei der Erfassung der neuen Erlaubnisse folgende Abfolge einzuhalten:
  1. Anlage des „neuen" ÜWG vor Beendigung des „alten" ÜWG,
  2. Beendigung des „alten" ÜWG.

15   Um die mehrfache Vergabe von Verbrauchsteuernummern für eine Person durch verschiedene HZÄ auszuschließen, darf diese bundesweit nur einmal in BISON erfasst werden (eine Person = ein zuständiges Hauptzollamt). Ein Standort darf in BISON grundsätzlich nur dann angelegt werden, wenn dieser nicht bereits beim Beteiligten erfasst ist, da nur so eine einmalige Vergabe der Verbrauchsteuernummer je Steuerlager bzw. Empfangsort sichergestellt ist.

#### 3.2 Aufbau der Verbrauchsteuernummer in der EU und in Deutschland

16   Die Struktur der Verbrauchsteuernummer ist EU-weit auf 13 Stellen harmonisiert. Dabei bestehen die Stellen 1 und 2 aus dem ISO-Alpha-2-Ländercode (z. B. FR für Frankreich). Die Stellen 3 bis 13 können von den Mitgliedstaaten frei mit Buchstaben oder Zahlen belegt werden. Die Verbrauchsteuernummer in Deutschland setzt sich wie folgt zusammen:

Stellen 1 und 2:   ISO-Alpha-2-Ländercode DE
Stellen 3 bis 12:   automatisiert vergebene Ziffernfolge
Stelle 13:   Prüfziffer.

#### 3.3 Vergabe bei Steuerlagerinhabern und Steuerlagern in Deutschland

17   Der Inhaber der Erlaubnis erhält eine Verbrauchsteuernummer (VSt-Lagerinhabernummer). Sie wird je Person nur einmal vergeben, unabhängig davon, für welche verbrauchsteuerpflichtigen Waren das oder die Steuerlager betrieben werden. Bei der erstmaligen Erfassung einer Erlaubnis als Steuerlagerinhaber wird systemseitig die VSt-Lagerinhabernummer in BISON auf der ÜWG-Ebene vergeben und auf den Registerkarten „Erlaubnis" und ggf. „Standorte" angezeigt.

18   Ein Steuerlager ist in den verbrauchsteuerrechtlichen Vorschriften (Ausnahme: EnergieStG) als Ort definiert, an oder von dem verbrauchsteuerpflichtige Waren hergestellt (einschließlich be- oder verarbeitet), gelagert, empfangen oder versandt werden dürfen.

Zu § 5 Energiesteuergesetz  **Anlage § 005–01**

Jedes Steuerlager erhält eine Verbrauchsteuernummer (VSt-Lagernummer), die bei der erstmaligen Erfassung eines Standortes systemseitig in BISON auf der Standort-Ebene generiert wird. Dabei wird für einen Standort nur eine VSt-Lagernummer vergeben, auch wenn an diesem verschiedene verbrauchsteuerpflichtige Waren (Bier, Erzeugnisse (Branntwein/branntweinhaltige Waren), Schaumwein, Zwischenerzeugnisse, Wein, Alkopops, Kaffee, Tabakwaren und Energieerzeugnisse) hergestellt/gelagert werden. 19

Bei entsprechendem wirtschaftlichem Bedürfnis ist es auf Antrag möglich, dass für ein Steuerlager an einem Standort mehrere VSt-Lagernummern vergeben werden. Ein solches wirtschaftliches Bedürfnis kann z.b. angenommen werden, wenn in einem Steuerlager verbrauchsteuerpflichtige Waren gelagert werden, die einem Dritten gehören (Kommissionsware) oder wenn Waren aus betrieblichen Gründen getrennt gelagert werden (Lagerraum 1 und 2). In BISON kann dazu ein weiterer Standort mit einer im Namenszusatz vorzunehmenden Differenzierung (z.B. Lagerort 1, Lagerort 2) angelegt werden. 20

### 3.4 Vergabe bei registrierten Empfängern in Deutschland

Ein registrierter Empfänger, der verbrauchsteuerpflichtige Waren nicht nur gelegentlich empfängt, erhält eine Verbrauchsteuernummer (die VSt-Empfängernummer), die für alle Steuerarten gilt. Bei der erstmaligen Erfassung einer Erlaubnis als registrierter Empfänger wird systemseitig in BISON für den Empfangsort auf der Standort-Ebene die VSt-Empfängernummer vergeben. Andere Empfangsorte (z.B. solche mit unterschiedlicher postalischer Anschrift) erhalten eigene VSt-Empfängernummern. Absatz 20 gilt entsprechend. 21

Bei registrierten Empfängern im Einzelfall wird für jeden ÜWG (d.h. je Steuerart) eine eigene Verbrauchsteuernummer (VSt-Empfängernummer) vergeben. Das Anlegen von Standorten ist nicht möglich. Bei der Erfassung des registrierten Empfängers im Einzelfall ist zwingend die VSt-Lagerinhabernummer des Versenders bzw. die VSt-Versendernummer (Absatz 23) in BISON einzutragen. In den Fällen, in denen einem „kleinen Weinerzeuger" (§ 33 Absatz 2 SchaumwZwStG) eines anderen Mitgliedstaates keine Verbrauchsteuernummer erteilt wurde, entfällt die Erfassung der VSt-Lagerinhabernummer des Versenders. 22

### 3.5 Vergabe bei registrierten Versendern in Deutschland

Der registrierte Versender erhält eine Verbrauchsteuernummer (VSt-Versendernummer), die für alle Steuerarten gilt. Bei der erstmaligen Erfassung einer Erlaubnis als registrierter Versender wird systemseitig in BISON auf der ÜWG-Ebene die VSt-Versendernummer vergeben. 23

### 4 Verwendung der Verbrauchsteuernummern in Deutschland

Die nach den Absätzen 11 bis 23 vergebenen Verbrauchsteuernummern sind von den Personen seit dem 1. März 2010 zu verwenden. 24

Deutschland übermittelt an die europäische SEED-Datenbank die Verbrauchsteuernummern derjenigen Personen, die sich mit registriertem ELSTER-Zertifikat zur Teilnahme an EMCS angemeldet haben bzw. eine zertifizierte Teilnehmersoftware einsetzen (ggf. über einen so genannten IT-Dienstleister) und darüber hinaus eine Erlaubnis zur Teilnahme an Beförderungen unter Steueraussetzung aus anderen, in andere oder über andere Mitgliedstaaten besitzen. 25

Bei der Beförderung verbrauchsteuerpflichtiger Waren mit e-VD oder AD sind die Verbrauchsteuernummern entsprechend den in der VA-EMCS festgelegten Modalitäten zu verwenden. 26

### 5 Sicherheitsleistung

#### 5.1 Allgemeines

Die Form der Sicherheit richtet sich nach den §§ 241 ff. AO (E-VSF S 01 01) sowie der Verwaltungsvorschrift „Formen der Sicherheitsleistung im Bereich der von der Zollverwaltung verwalteten Steuern und Abgaben – SiLDV" (E-VSF S 14 50, Z 09 15). Der zu erhebende Sicherheitsbetrag ist auf den nächsten durch 50 EUR teilbaren Betrag aufzurunden. 27

Der für die Berechung einer Sicherheit erforderliche Steuerwert ergibt sich aus der Höhe der Verbrauchsteuer, die bei Überführung der Waren in den steuerrechtlich freien Verkehr im Steuergebiet entstehen würde. 28

#### 5.2 Sicherheitsleistung bei Steuerlagerinhabern

#### 5.2.1 Anzeichen für eine Gefährdung der Steuer

Die Erteilung einer Erlaubnis als Steuerlagerinhaber setzt regelmäßig nicht die Leistung einer Sicherheit voraus. Sofern jedoch Anzeichen für eine Gefährdung der Steuer erkennbar sind (siehe auch E-VSF V 9953-3), ist die Erteilung der Erlaubnis von einer Sicherheitsleistung abhängig (ausgenommen Wein). 29

# Anlage § 005–01

Zu § 5 Energiesteuergesetz

Der Betrag richtet sich nach der Höhe des Steuerwerts, der voraussichtlich im Jahresdurchschnitt in 1,5 Monaten aus den Steuerlagern des Steuerlagerinhabers in den steuerrechtlich freien Verkehr überführten verbrauchsteuerpflichtigen Waren. Die Höhe der Sicherheit wird bei Energieerzeugnissen, Tabakwaren, Bier und Kaffee davon abweichend berechnet (vgl. §§ 6, 7 EnergieStG, § 6 TabStG, § 5 BierStG, § 6 KaffeeStG). Die Sicherheit ist auch dann anzufordern, wenn die Erlaubnis als Steuerlagerinhaber bereits erteilt ist und die entsprechenden Anzeichen erst später bekannt werden. Die Angemessenheit der Sicherheitsleistung ist regelmäßig zu überprüfen. Die Überprüfung ist im Belegheft zu dokumentieren.

### 5.2.2 Gefährdung der Steuerbelange

30 Sind Steuerbelange gefährdet, kann Sicherheit in Höhe

1. des Steuerwerts des tatsächlichen Bestandes im jeweiligen Steuerlager sowie
2. der entstandenen aber noch nicht entrichteten Steuer (ausgenommen Tabaksteuer)

verlangt werden. Dies gilt nicht für die Energiesteuer. Die Sicherheit ist auch dann zu verlangen, wenn die Erlaubnis als Steuerlagerinhaber bereits erteilt ist und die entsprechende Gefährdung der Steuerbelange erst später bekannt wird. Die Angemessenheit der Sicherheitsleistung ist regelmäßig zu überprüfen.

### 5.3 Sicherheitsleistung bei Beförderungen unter Steueraussetzung

### 5.3.1 Allgemeines

31 Für Beförderungen von verbrauchsteuerpflichtigen Waren in andere oder über andere Mitgliedstaaten hat grundsätzlich der Versender (Steuerlagerinhaber oder registrierter Versender) Sicherheit zu leisten. Diese kann

1. in Form einer Gesamtbürgschaft für mehrere Verfahren oder
2. für jedes Verfahren einzeln als Einzelbürgschaft oder als Barsicherheit

geleistet werden. Wenn Steuerbelange gefährdet erscheinen, ist auch für Beförderungen von verbrauchsteuerpflichtigen Waren im Steuergebiet Sicherheit zu leisten.

31a Auf Antrag des Steuerlagerinhabers oder des registrierten Versenders kann das zuständige Hauptzollamt zulassen, dass die Sicherheit durch den Eigentümer, den Beförderer oder den Empfänger der Ware geleistet wird (siehe z. B. § 12 Absatz 2 Satz 1 TabStG). Das Hauptzollamt überprüft insbesondere in diesen Fällen stichprobenweise die in Feld 12 des e-VD vorgenommenen Eintragungen auf Richtigkeit.

### 5.3.2 Einzelbürgschaft, Barsicherheit

32 Die Höhe der Sicherheit je Warensendung bemisst sich nach dem Steuerwert.

32a Eine Einzelbürgschaft oder Barsicherheit kann jeweils nur für eine Beförderung unter Steueraussetzung (e-VD) hinterlegt werden (siehe z. B. § 19 Absatz 1 TabStV). Werden mit einem e-VD verschiedene Warenarten (z. B. Schaumwein und Bier) gleichzeitig befördert, sind diese zusammen in eine Einzelbürgschaft oder eine Barsicherheit mit einzubeziehen. Die Sicherheit ist durch das zuständige Hauptzollamt zurückzugeben, sobald die Beförderung unter Steueraussetzung ordnungsgemäß erledigt oder ein in Bezug auf die Beförderung entstandener Steueranspruch erloschen ist (z. B. durch Zahlung oder Erlass).

32b Das zuständige Hauptzollamt kann auf Antrag zur Verwaltungsvereinfachung zulassen, dass eine Sicherheit als fortgesetzte Einzelbürgschaft oder Barsicherheit auch für mehrere Beförderungen genutzt wird. Damit entfällt die Rückgabe der Sicherheit nach jeder Beförderung.

### 5.3.3 Gesamtbürgschaft

33 Werden Beförderungen von verbrauchsteuerpflichtigen Waren unter Steueraussetzung, für die eine Sicherheit erforderlich ist, regelmäßig, mindestens fünfmal im Monat, durchgeführt, kann eine Gesamtbürgschaft für mehrere Beförderungen unter Steueraussetzung geleistet werden. Dabei ist als Gesamtbürgschaftssumme der 52. Teil des Steuerwertes aller voraussichtlich in einem Jahr durchgeführten Beförderungen unter Steueraussetzung zugrunde zu legen. Aus Vereinfachungsgründen kann zur Berechnung der Bürgschaftssumme auf die Daten des Vorjahres zurückgegriffen werden, sofern keine erheblichen Abweichungen festgestellt werden.

34 Das Hauptzollamt kann auf Antrag zur Verwaltungsvereinfachung zulassen, dass eine Sicherheit als Gesamtbürgschaft auch bei weniger als fünf Beförderungen im Monat geleistet wird. Die Gesamtbürgschaftssumme muss in diesem Fall den Steuerwert aller laufenden Beförderungen unter Steueraussetzung abdecken.

Zu § 5 Energiesteuergesetz                                                         Anlage § 005–01

Beispiel: Ein Steuerlagerinhaber nimmt als Versender im Monat drei Beförderungen unter Steueraussetzung mit verbrauchsteuerpflichtigen Waren vor. Der Steuerwert jeder einzelnen Sendung beträgt 100.000 EUR. Bei einer vorliegenden Gesamtbürgschaftssumme von 200.000 EUR dürfen danach maximal zwei Beförderungen unter Steueraussetzung gleichzeitig durchgeführt werden.

Erscheinen Steuerbelange gefährdet, ist eine Gesamtbürgschaft grundsätzlich ausgeschlossen. In diesen 35
Fällen ist eine Einzelbürgschaft oder Barsicherheit zu leisten. Über Ausnahmen hierzu entscheidet die zuständige Bundesfinanzdirektion (Abteilung RF) gegebenenfalls unter Anordnung angemessener Sicherungsmaßnahmen im Einzelfall.

Die Gesamtbürgschaftssumme beträgt mindestens 1.000 EUR.                                                 36

Wird Sicherheit als Gesamtbürgschaft geleistet, kann der Steuerlagerinhaber als Versender oder der re- 37
gistrierte Versender Beförderungen unter Steueraussetzung durchführen. Es ist darauf zu achten, dass die Sicherheit für den gesamten Beförderungsvorgang Gültigkeit besitzt (z.b. bei Wechsel des Bestimmungsorts oder Wechsel des Eigentümers).

Die Höhe der Gesamtbürgschaftssumme ist durch das zuständige Hauptzollamt regelmäßig – mindestens 38
jährlich – anhand der BD, der e-VD bzw. der AD zu überprüfen. Die Überprüfung ist im Belegheft zu dokumentieren. Nach den einzelnen Verbrauchsteuerverordnungen ist ebenso der Versender dazu verpflichtet, die Angemessenheit der Gesamtbürgschaftssumme für alle laufenden Beförderungen unter Steueraussetzung, für die mittels Gesamtbürgschaft Sicherheit geleistet wurde, regelmäßig zu überprüfen. Überschreitungen der Gesamtbürgschaftssumme sind dem zuständigen Hauptzollamt unverzüglich anzuzeigen; der Versender ist in der Erlaubnis darauf hinzuweisen. Es ist regelmäßig ausreichend, wenn die geleistete Sicherheit auf Grundlage einer Durchschnittswertbetrachtung (z. B. quartalsweise, halbjährlich) für alle durchgeführten Beförderungen ausreichend gewesen ist.

### 5.3.4 Reduzierung der Gesamtbürgschaftssumme

Für die Beförderung von Tabakwaren, Schaumwein, Zwischenerzeugnissen, Bier sowie Erzeugnissen 39
(Branntwein/branntweinhaltige Waren) unter Steueraussetzung kann das zuständige Hauptzollamt auf Antrag dem Steuerlagerinhaber oder registrierten Versender die Gesamtbürgschaftssumme auf 50 % oder auf 30% reduzieren, sofern die in der nachstehenden Tabelle genannten Voraussetzungen erfüllt sind.

| Voraussetzungen | Reduzierung der Gesamtbürgschaftssumme auf 50 % | Reduzierung der Gesamtbürgschaftssumme auf 30 % |
|---|---|---|
| Ausreichende Erfahrungen in Jahren | 1 Jahr | 2 Jahre |
| Enge Zusammenarbeit mit den Zollbehörden | Ja | Ja |
| Kontrollen über die Beförderungen | Ja | Ja |
| Ausreichende finanzielle Leistungsfähigkeit | – | Ja |

Eine Reduzierung der Gesamtbürgschaftssumme kann unter denselben Bedingungen auch dem Eigen- 39a
tümer, Beförderer oder Empfänger der verbrauchsteuerpflichtigen Waren zugelassen werden. Hierfür muss zusätzlich das Einverständnis des Versenders vorliegen. Sofern der Eigentümer, Beförderer oder Empfänger eine oder mehrere der oben aufgeführten Voraussetzungen nicht erfüllt oder diese nur mit einem unverhältnismäßig großen Aufwand geprüft werden können (z. B. weil sich der Unternehmenssitz im Ausland befindet), kann die Reduzierung der Gesamtbürgschaftssumme trotzdem zugelassen werden, sofern der Versender alle Kriterien erfüllt.

Über ausreichende Erfahrungen mit Beförderungen unter Steueraussetzung verfügt der Antragsteller, 40
wenn er in der vorausgegangenen Zeit wiederholt und ordnungsgemäß Beförderungen unter Steueraussetzung durchgeführt hat. Ob der Versender die Beförderungen unter Steueraussetzung ordnungsgemäß durchgeführt hat, kann u.a. auf Grund der Anzahl der nicht ordnungsgemäß erledigten Beförderungen (unter Berücksichtigung der Gesamtzahl der Verfahren) oder danach beurteilt werden, wie sorgfältig der Versender seit jeher die erforderliche Höhe der Gesamtbürgschaftssumme überwacht.

Zu den Merkmalen für eine enge Zusammenarbeit mit den Zollbehörden zählt insbesondere auch die Art 41
und Weise und die Qualität der Zusammenarbeit, z.B. im Zusammenhang mit der Aufklärung von Unregelmäßigkeiten außerhalb seiner sonstigen Verpflichtungen gegenüber den Zollbehörden.

## Anlage § 005–01

Zu § 5 Energiesteuergesetz

42 Merkmale für den hohen Sicherheitsstandard bei der Kontrolle über die Beförderungen können u.a. sein
1. der Sicherheitsleistende führt die Beförderungen unter Steueraussetzung selbst durch;
2. eine ISO-Zertifizierung des Versenders bzw. desjenigen, der für die Beförderung verantwortlich ist;
3. die Ausrüstung der Beförderungsmittel mit einem Tracking
4. die Nutzung von Standardrouten (z. B. zwischen zwei Steuerlagern).

43 Eine ausreichende finanzielle Leistungsfähigkeit ist gegeben, wenn der Versender bzw. der Sicherheitsleistende als potenzieller Steuerschuldner über ausreichend Mittel verfügt, um bei einer Reduzierung der Gesamtbürgschaftssumme den nicht durch die Gesamtbürgschaftssumme gesicherten Teil der Sicherheit abzudecken. Dies ist dann der Fall, wenn die Summe aus
1. seinem Eigenkapital und
2. seiner nicht genutzten – potenziellen – Liquidität (vertraglich zugesagte Kredite abzüglich seiner Verbindlichkeiten gegenüber Kreditinstituten)

größer ist als der nicht abgesicherte Teil der auf 100% berechneten Gesamtbürgschaftssumme.

44 Dem Hauptzollamt sind zur Prüfung der ausreichenden finanziellen Leistungsfähigkeit geeignete Unterlagen (zeitnaher Jahresabschluss, Wirtschaftsprüfungsbericht, Kreditzusageschreiben der Hausbanken usw.) vorzulegen. Lässt sich das Vorliegen der ausreichenden finanziellen Leistungsfähigkeit für das Sachgebiet B aus den Unterlagen nicht eindeutig erkennen, ist das Sachgebiet D zu beteiligen. Wiederholte Prüfungen der finanziellen Leistungsfähigkeit richten sich nach den Umständen des Einzelfalls.

### 5.4 Sicherheitsleistung bei registrierten Empfängern

45 Die Höhe der Sicherheitsleistung bei Erteilung einer Erlaubnis als registrierter Empfänger, der verbrauchsteuerpflichtige Waren nicht nur gelegentlich empfängt, bemisst sich für Bier, Erzeugnisse (Branntwein/branntweinhaltige Waren), Schaumwein/Zwischenerzeugnisse und Tabakwaren (außer Zigarren und Zigarillos) nach der während eines Monats entstehenden Steuer, für Energieerzeugnisse, Zigarren und Zigarillos nach der während zweier Monate entstehenden Steuer.

46 Für verbrauchsteuerpflichtige Waren (ausgenommen Energieerzeugnisse), die von registrierten Empfängern ausschließlich als Verwender (vgl. Absatz 58) bezogen werden sowie für bereits mit deutschen Steuerzeichen versehene Tabakwaren ist eine Sicherheit nicht zu verlangen. Auf die Hinterlegung einer Sicherheit kann für Energieerzeugnisse, die von registrierten Empfängern bezogen und anschließend in einem Verfahren der Steuerbefreiung verwendet werden, verzichtet werden.

47 Maßgebend für die Berechnung der Sicherheit ist die Steuer, die in einem Monat bzw. zwei Monaten tatsächlich entsteht, unabhängig davon, ob die zugrunde liegenden Warenbezüge jeden Monat oder z.B. in zwei, sechs oder neun Monaten im Jahr erfolgen. Der Berechnung der Sicherheit ist deshalb die Anzahl der Monate pro Jahr zugrunde zu legen, in denen vom registrierten Empfänger tatsächlich verbrauchsteuerpflichtige Waren bezogen werden (Bezugsmonate). Das bedeutet z.B. bei fünf Bezugsmonaten, dass die Summe der in diesen Monaten entstandenen Steuer durch fünf zu dividieren ist. Bei Energieerzeugnissen, Zigarren und Zigarillos ist das Ergebnis zu verdoppeln.

48 Bei der Erteilung einer Erlaubnis als registrierter Empfänger (nicht nur gelegentlich und im Einzelfall) kann auf die Sicherheitsleistung verzichtet werden, wenn die zu leistende Sicherheit 500 EUR nicht übersteigt und keine Anzeichen für eine Gefährdung der Steuer erkennbar sind.

49 Die Höhe der Sicherheit ist regelmäßig – mindestens einmal jährlich – zu überprüfen. Bei Anzeichen für eine Gefährdung der Steuer oder bei Gefährdung der Steuerbelange ist sie in kürzeren Zeitabständen zu überprüfen. Die Überprüfung ist im Belegheft zu dokumentieren.

### 6 Erlaubnisse

#### 6.1 Steuerlagerinhaber

50 In der Erlaubnis als Steuerlagerinhaber wird bestimmt, ob diese zur Herstellung und Lagerung oder ausschließlich zur Lagerung verbrauchsteuerpflichtiger Waren unter Steueraussetzung in einem oder mehreren Steuerlagern berechtigt. Ausgenommen hiervon sind Energieerzeugnisse. Für sie gelten § 6 Absatz 3 EnergieStG (Herstellungsbetrieb) und § 7 Absatz 2 EnergieStG (Lager).

Zu § 5 Energiesteuergesetz **Anlage § 005–01**

Für den Antrag auf Erteilung einer Erlaubnis als Steuerlagerinhaber und für die Erlaubniserteilung sind 51
folgende Vordrucke zu verwenden:

|  | Antragstellung | Erlaubniserteilung |
|---|---|---|
| Alkopops | 1240 und 1241 | 2796, 2797 und/oder 2798 |
| Bier | 2000 und 2001 | 2060, 2061 und/oder 2062 |
| Erzeugnisse (Branntwein/branntweinhaltige Waren) | 1240 und 1241 | 1305, 1306 und/oder 1307 |
| Kaffee | 1840 und 1841 | 1802 und 1810 |
| Schaumwein | 2480 und 2481 | 2474, 2475 und/oder 2476 |
| Tabakwaren | 1650 und 1651 | 1640 und 1643 |
| Wein | 2468 | 2442 |
| Zwischenerzeugnisse | 2480 und 2481 | 2477, 2475 und/oder 2476 |
| Energieerzeugnisse nach § 4 EnergieStG (Herstellungsbetrieb) | 1170 | 1010 und 1171 |
| Energieerzeugnisse nach § 4 EnergieStG (Lager) | 1181 | 1011 und 1173 |
| Energieerzeugnisse nach § 4 EnergieStG (Lager ohne Lagerstätten) | 1181 | 1013 und 1175 |

Das Hauptzollamt kann auf Antrag unter Widerrufsvorbehalt zulassen, dass die unter Steueraussetzung 52
zu einem Steuerlagerinhaber beförderten Waren (ausgenommen Energieerzeugnisse und Wein), die
dieser unter Steueraussetzung in ein anderes Steuerlager im Steuergebiet oder in den Betrieb eines Verwenders im Steuergebiet weiterbefördert, als in sein Steuerlager aufgenommen und zugleich entnommen
gelten, sobald der Steuerlagerinhaber an den verbrauchsteuerpflichtigen Waren im Steuergebiet Besitz
erlangt hat (Streckengeschäft). Mittelbarer Besitz reicht aus.

Auf Antrag kann einem Steuerlagerinhaber die Zulassung erteilt werden, Energieerzeugnisse nur durch 53
Inbesitznahme in sein Steuerlager aufzunehmen, wenn diese Energieerzeugnisse zu den in § 33 Absatz 5
Nummer 1 bis 3 EnergieStV genannten Zwecken abgegeben werden (§ 33 EnergieStV). Für Lager ohne
Lagerstätten wird auf § 33 Absatz 7 EnergieStV verwiesen.

Zur Abwicklung von Streckengeschäften in EMCS wird auf die Ausführungen in Ziffer 4.4.4 der VA- 54
EMCS Bezug genommen. Der Steuerlagerinhaber als Versender hat sicherzustellen, dass die erforderlichen Dokumente während der Beförderung mitgeführt werden.

Das zuständige Hauptzollamt kann auf Antrag des Steuerlagerinhabers zulassen, dass Kaffee gleich- 55
zeitig als in das Steuerlager aufgenommen und daraus entfernt gilt, sobald der Steuerlagerinhaber im
Steuergebiet an dem Kaffee Besitz erlangt hat. Mittelbarer Besitz reicht aus. Im Unterschied zu den übrigen Verbrauchsteuern ist es beim Streckengeschäft im Kaffeesteuerbereich nicht erforderlich, dass alle
an der Beförderung beteiligten Personen ein Steuerlager besitzen. In den Fällen, in denen ein Steuerlagerinhaber den Kaffee an eine andere Person als einen Steuerlagerinhaber weiterbefördert, wird der
Kaffee im Zeitpunkt der Inbesitznahme durch den Steuerlagerinhaber im Steuergebiet in den steuerrechtlich freien Verkehr überführt (§ 14 Absatz 8 KaffeeStV).

### 6.2 Registrierter Empfänger

#### 6.2.1 Allgemeines

Einer Erlaubnis als registrierter Empfänger bedürfen auch Verwender, die verbrauchsteuerpflichtige 56
Waren (ausgenommen Energieerzeugnisse) unter Steueraussetzung aus anderen Mitgliedstaaten empfangen wollen. Einer solchen Erlaubnis bedürfen ebenfalls Personen, die Energieerzeugnisse aus anderen Mitgliedstaaten (unter Steueraussetzung) beziehen und anschließend in einem Verfahren der Steuerbefreiung nach § 24 EnergieStG verwenden wollen. Das weitere Verfahren bestimmt sich nach der
Erlaubnis zur steuerfreien Verwendung.

Personen, die verbrauchsteuerpflichtige Waren für einen Dritten befördern oder durch einen anderen in 57
seinem Auftrag befördern lassen oder die verbrauchsteuerpflichtige Waren nach der Versteuerung lagern
(insbesondere Speditionen), kann das zuständige Hauptzollamt auf Antrag eine Erlaubnis als registrierter
Empfänger unter folgenden Voraussetzungen erteilen:

1. Im Steuergebiet müssen steuerliche Aufzeichnungen – getrennt nach Empfangsorten – geführt werden, die folgenden Mindestanforderungen genügen:

**Anlage § 005–01**  Zu § 5 Energiesteuergesetz

- laufende Nummer der Aufzeichnung,
- tatsächlicher Warenempfänger,
- Datum der Aufnahme bzw. der Aufnahme durch Inbesitznahme im Steuergebiet,
- Referenzcode (ARC) oder Bezugsnummer des e-VD, bei Nutzung des Ausfallverfahrens, Datum und Bezugsnummer des AD sowie Ticketnummer,
- Verbrauchsteuernummer des Versenders,
- Warenbezeichnung (Artikelbezeichnung, Artikelnummer),
- steuerpflichtige Menge mit steuerlichen Bemessungsgrundlagen,
- Rechnungsnummer und Rechnungsdatum bzw. Lieferscheinnummer,
- Hinweis auf die kaufmännische Buchführung.

Zusätzlich sind monatliche Zusammenstellungen der versteuerten Waren, getrennt nach tatsächlichen Warenempfängern, zu erstellen.

2. Die steuerlichen Aufzeichnungen müssen durch Ausfertigungen oder Kopien der Handelspapiere (z. B. Rechnungen, Frachtbriefe, Lieferscheine) vollständig belegt sein.

3. Werden die Waren durch Inbesitznahme in den Betrieb aufgenommen, muss auch die Weiterbeförderung der Waren durch Kopien oder Ausfertigungen der Handelspapiere (einschließlich der Empfangsbestätigung des tatsächlichen Warenempfängers), die für eine korrekte und vollständige Erstellung der Eingangsmeldung benötigt werden, belegt sein.

58 Für die Alkopop- und die Kaffeesteuer (nicht harmonisierte Verbrauchsteuern) ist die Rechtsfigur des registrierten Empfängers nicht vorgesehen.

59 Das zuständige Hauptzollamt kann auf Antrag des registrierten Empfängers, zulassen, dass die verbrauchsteuerpflichtigen Waren als in seinen Betrieb aufgenommen gelten, sobald er im Steuergebiet an diesen Besitz erlangt hat. Mittelbarer Besitz reicht aus. Die Zulassung darf einem registrierten Empfänger für Energieerzeugnisse im Einzelfall nicht erteilt werden (§ 33 Absatz 6 EnergieStV). Bezüglich der Abwicklung enthält die VA-EMCS keine Ausführungen, da sich hier – im Gegensatz zum Steuerlager – keine zweite Beförderung unter Steueraussetzung anschließt, sondern die Waren mit Inbesitznahme im Steuergebiet in den steuerrechtlich freien Verkehr überführt werden. In das e-VD werden daher nur die Angaben des registrierten Empfängers einschließlich der Anschrift seines Betriebs, in den die Waren fiktiv aufgenommen werden, eingetragen. Die Weiterbeförderung der Waren muss durch Kopien oder Ausfertigungen der Handelspapiere (einschließlich der Empfangsbestätigung des tatsächlichen Warenempfängers), die für eine korrekte und vollständige Erstellung der Eingangsmeldung benötigt werden, belegt sein.

### 6.2.2 Registrierter Empfänger – nicht nur gelegentlich

59a Eine Erlaubnis als registrierter Empfänger, der verbrauchsteuerpflichtige Waren nicht nur gelegentlich empfängt, wird nur erteilt, sofern in einem Kalenderjahr mindestens fünf Beförderungen unter Steueraussetzung empfangen werden sollen. Diese Voraussetzung muss für jede Steuerart getrennt vorliegen. Dabei ist es unerheblich wie viele Bestellungen bzw. Lieferverträge den Beförderungen zu Grunde liegen. Zur Verwaltungsvereinfachung kann eine Erlaubnis als registrierter Empfänger, der Wein nicht nur gelegentlich empfängt, auch bei weniger als fünf Beförderungen erteilt werden.

60 Für den Antrag auf Erteilung einer Erlaubnis als registrierter Empfänger, der verbrauchsteuerpflichtige Waren nicht nur gelegentlich empfängt, und für die Erlaubniserteilung sind folgende Vordrucke zu verwenden:

|  | Antragstellung | Erlaubniserteilung |
|---|---|---|
| Bier | 2745 | 2712 |
| Erzeugnisse (Branntwein/branntweinhaltige Waren) | 2745 | 2712 |
| Schaumwein | 2745 | 2712 |
| Tabakwaren | 2745 | 2712 |
| Wein | 2745 | 2712 |
| Zwischenerzeugnisse | 2745 | 2712 |
| Energieerzeugnisse nach § 4 EnergieStG | 1196 | 1020 und 1197 |

## 6.2.3 Registrierter Empfänger im Einzelfall

Für den Antrag auf Erteilung einer Erlaubnis als registrierter Empfänger im Einzelfall und für die Erlaubniserteilung sind folgende Vordrucke zu verwenden: 61

|  | Antragstellung | Erlaubniserteilung |
|---|---|---|
| Bier | 2728 | 2728 |
| Erzeugnisse (Branntwein/branntweinhaltige Waren) | 2728 | 2728 |
| Schaumwein | 2728 | 2728 |
| Tabakwaren | 2728 | 2728 |
| Wein | 2728 | 2728 |
| Zwischenerzeugnisse | 2728 | 2728 |
| Energieerzeugnisse nach § 4 EnergieStG | 1166 | 1021 |

## 6.3 Registrierter Versender

Registrierte Versender dürfen verbrauchsteuerpflichtige Waren unter Steueraussetzung mit EMCS (ggf. im Ausfallverfahren) oder mit BD (ausgenommen Energieerzeugnisse) ausschließlich von den in der Erlaubnis zugelassenen Orten der Einfuhr befördern. 62

Einer Erlaubnis als registrierter Versender bedürfen ebenfalls Personen, die verbrauchsteuerpflichtige Waren (ausgenommen Energieerzeugnisse) vom Ort der Einfuhr unter Steueraussetzung in den Betrieb eines Verwenders befördern. 62a

Eine Erlaubnis als registrierter Versender ist nicht erforderlich, wenn verbrauchsteuerpflichtige Waren am Ort der Einfuhr unmittelbar in ein Steuerlager oder den Betrieb eines Verwenders aufgenommen werden bzw. wenn Energieerzeugnisse unmittelbar am Ort der Einfuhr in ein Verfahren der Steuerbefreiung überführt werden (vgl. Absatz 69a). 63

Für den Antrag auf Erteilung einer Erlaubnis als registrierter Versender und für die Erlaubniserteilung sind folgende Vordrucke zu verwenden: 64

|  | Antragstellung | Erlaubniserteilung |
|---|---|---|
| Alkopops | 2736 | 2711 |
| Bier | 2736 | 2711 |
| Erzeugnisse (Branntwein/branntweinhaltige Waren) | 2736 | 2711 |
| Kaffee | 2736 | 2711 |
| Schaumwein | 2736 | 2711 |
| Tabakwaren | 2736 | 2711 |
| Wein | 2736 | 2711 |
| Zwischenerzeugnisse | 2736 | 2711 |
| Energieerzeugnisse nach § 4 EnergieStG | 1167 | 1024 und 1168 |

## 7 Beförderungen unter Steueraussetzung

### 7.1 Allgemeines

Beförderungen verbrauchsteuerpflichtiger Waren unter Steueraussetzung erfolgen grundsätzlich mit EMCS. Dies gilt nicht für Kaffee und Alkopops, sofern sich der in den Alkopops befindliche Branntwein im steuerrechtlich freien Verkehr befindet. 65

Neben dieser Verwaltungsvorschrift findet bei Beförderungen mit EMCS die VA-EMCS Anwendung. 66

Die Durchführung und Dokumentation von Kontrollen während der Beförderung unter Steueraussetzung richtet sich nach der KontrollDV (E-VSF SV 40 22). 67

Eine transportbedingte Zwischenlagerung (z.B. bei Fahrzeugmängeln) der unter Steueraussetzung beförderten verbrauchsteuerpflichtigen Waren ist nicht zu beanstanden. Dem Versender sollte in einem solchen Fall angeraten werden, das zuständige Hauptzollamt zu informieren, soweit er Kenntnis davon erhält. Dies gilt auch für Änderungen während der Beförderung, z.B. Wechsel des Transportmittels auf- 68

# Anlage § 005–01

Zu § 5 Energiesteuergesetz

grund einer Fahrzeugpanne, da hierfür keine gesonderte Meldung in EMCS vorgesehen ist, die durch die Wirtschaftsbeteiligten erfasst werden kann.

69  Eine Beförderung unter Steueraussetzung findet nicht statt, wenn verbrauchsteuerpflichtige Waren zwischen zwei unmittelbar aneinander angrenzenden Steuerlagern (auch verschiedener Steuerlagerinhaber) umgelagert werden. Die Umlagerung ist bei dem abgebenden Steuerlager als unversteuerter Abgang und bei dem aufnehmenden Steuerlager als Zugang zu erfassen. Das zuständige Hauptzollamt kann weitere Anordnungen treffen.

69a Daneben findet ebenfalls keine Beförderung unter Steueraussetzung statt, wenn verbrauchsteuerpflichtige Waren am Ort der Einfuhr unmittelbar
1. in ein Steuerlager aufgenommen werden;
2. in ein Verfahren der Steuerbefreiung (nur Energieerzeugnisse) überführt werden;
3. in den Betrieb eines Verwenders (ohne Energieerzeugnisse) aufgenommen werden.

Beispiel:
Verbrauchsteuerpflichtige Waren werden von einem Anmelder mit einer Bewilligung als zugelassener Empfänger (ZE) nach Artikel 406 ff ZK-DVO aus einem zollrechtlichen Nichterhebungsverfahren (z.B. dem externen gemeinsamen/gemeinschaftlichen Versandverfahren) in den zoll- und einfuhrumsatzsteuerrechtlich freien Verkehr übergeführt. Das Steuerlager des Anmelders, in das die verbrauchsteuerpflichtigen Waren aufgenommen werden, befindet sich unmittelbar am Ort der Einfuhr (z.B. Betrieb des Warenempfängers).

### 7.2 Steueraufsichtsmaßnahmen

70  Das Sachgebiet D prüft im Wege der Steueraufsicht, ob die bezogenen Waren ordnungsgemäß als Zugang in den steuerlichen Anschreibungen erfasst worden sind und kann dabei gegebenenfalls weitere steuerliche Aufzeichnungen prüfen. Das Sachgebiet B übermittelt dem Sachgebiet D vorliegende Hinweise und/oder Erkenntnisse über risikobehaftete Bereiche oder Beförderungsvorgänge. Die zu überprüfenden Beförderungsvorgänge werden risikoorientiert sowie durch Zufallsauswahl festgelegt.

71  Zur Auswahl und Festlegung der zu prüfenden Beförderungsvorgänge kann das Sachgebiet D über die Recherchedatenbank VENUS auf die EMCS-Daten zugreifen. Bei Bedarf kann das Sachgebiet B eine risikoorientierte Auswahl zu prüfender aktueller Beförderungsvorgänge treffen und dem Sachgebiet D die entsprechenden EMCS-Daten zur Verfügung stellen. Über das Ergebnis der Steueraufsichtsmaßnahme ist ein Kontrollvermerk zu fertigen und dem Sachgebiet B zuzuleiten.

### 7.3 Beförderungen mit EMCS

72  Auf die VA-EMCS wird verwiesen bezüglich
1. der Voraussetzungen für die Eröffnung von Beförderungen unter Steueraussetzung (Ziffer 4.2 der VA-EMCS),
2. der Änderung des Bestimmungsorts (Ziffer 4.3.1 der VA-EMCS),
3. der Aufteilung von Warensendungen bei Energieerzeugnissen (Ziffer 4.3.2. der VA-EMCS),
4. der Voraussetzungen für die Beendigung von Beförderungen unter Steueraussetzung (Ziffer 4.4 der VA-EMCS),
5. der verwaltungsseitigen Erledigung von Beförderungen unter Steueraussetzung (Ziffer 4.5 der VA-EMCS) und
6. des Informationsaustauschs zwischen den Mitgliedstaaten (Ziffer 4.6 der VA-EMCS).

73  Die Vorschriften über die Durchführung zollrechtlicher Versandverfahren bleiben hiervon unberührt.

### 7.4 Ersatznachweise in anderen Fällen als bei der Ausfuhr

### 7.4.1 Anerkennung von Ersatznachweisen

74  Ist der Versender in anderen Fällen als bei der Ausfuhr nicht in der Lage, den Nachweis der Beendigung der Beförderung unter Steueraussetzung durch Vorlage der Eingangsmeldung in EMCS zu führen, kann das Hauptzollamt folgende Ersatznachweise anerkennen (Original oder amtlich beglaubigte Kopie):
1. eine mit Sichtvermerk der zuständigen Behörden des Bestimmungsmitgliedstaats versehene Eingangsmeldung im Ausfallverfahren nach Artikel 27 Absatz 1 der Richtlinie Nummer 2008/118/EG i.V.m. Artikel 8 Absatz 3 der Verordnung (EG) Nummer 684/2009 (in Deutschland: Vordruck 033076);
1a. eine mit Sichtvermerk der zuständigen Behörden des Bestimmungsmitgliedstaats versehene Bestätigung, dass die verbrauchsteuerpflichtigen Waren den Bestimmungsort erreicht haben;

Zu § 5 Energiesteuergesetz **Anlage § 005–01**

2. ein vom Empfänger unterzeichnetes Dokument, in dem dieser bestätigt, dass er die Waren empfangen hat und das dieselben Angaben enthält wie die Eingangsmeldung;

3. wenn die Waren in Anwendung des internen gemeinsamen/gemeinschaftlichen Versandverfahrens in ein Gebiet der EU-Mitgliedstaaten verbracht worden sind

 a) einen von der Abgangsstelle mit Sichtvermerk bestätigten Ausdruck der Erledigungsmeldung (Statusmeldung) an den Hauptverpflichteten, der ATLAS-Teilnehmer ist

 b) einen Alternativnachweis nach Artikel 366 Absatz 1 ZK-DVO (z. B. eine von der Bestimmungsstelle mit Sichtvermerk bestätigte Kopie des Versandbegleitdokuments nach Artikel 361 Absatz 4 ZK-DVO),

 c) bei Anwendung des Notfallverfahrens nach Artikel 353 Absatz 2 i.V.m. Anhang 37d ZK-DVO bei der Abgangsstelle, eine beglaubigte Kopie des von der Bestimmungsstelle bestätigten Exemplars Nummer 5 (Vorder- und Rückseite) des Einheitspapiers als Versandanmeldung

 sofern in den Dokumenten nach den Buchstaben a bis c ein eindeutiger Bezug zum e-VD hergestellt werden kann;

4. in begründeten Ausnahmefällen eine Kombination anderer Dokumente, wie z.B. Frachtbriefe, Ladescheine, Löschberichte, Konossemente, Lieferscheine und Belege über den Zahlungsverkehr, sofern diese Dokumente die wesentlichen Angaben des e-VD enthalten und geeignet sind, den Nachweis des Empfangs zur Überzeugung des Hauptzollamts zu erbringen.

Bestehen hinsichtlich der Nachweiskraft des Ersatznachweises bei Beförderungen unter Steueraussetzung in andere Mitgliedstaaten Zweifel, ist zunächst ein Ersuchen nach Artikel 8 der Zusammenarbeits-Verordnung zu stellen. **74a**

Nach der Entscheidung über die Anerkennung des Ersatznachweises ist der EMCS-Vorgang durch das Sachgebiet B des für den Versender zuständigen Hauptzollamts manuell zu erledigen. Die Entscheidung ist dem Versender schriftlich bekannt zu geben und ggf. sind weitere Maßnahmen (z. B. Anforderung einer Steueranmeldung) durchzuführen. **74b**

Für die Anerkennung von Ersatznachweisen bei der Ausfuhr siehe Abschnitt 7.6.5. **75**

### 7.4.2 Ausstellung von Ersatznachweisen

Liegt bei Beförderungen unter Steueraussetzung aus einem anderen Mitgliedstaat zu einem Empfänger im Steuergebiet keine Eingangsmeldung vor, stellt das für den Empfänger zuständige Hauptzollamt auf Antrag einen Ersatznachweis aus, indem es die Beendigung der Beförderung unter Steueraussetzung bestätigt. Zuvor muss hinreichend belegt sein, dass die verbrauchsteuerpflichtigen Waren den im e-VD angegebenen Bestimmungsort erreicht haben (vgl. z. B. § 29 BierStV, § 37 EnergieStV). In Zweifelsfällen ist hierzu eine Steueraufsichtsmaßnahme anzuordnen. **75a**

### 7.5 Besonderheiten bei Beförderungen vom Ort der Einfuhr

#### 7.5.1 Beförderungen unter Steueraussetzung vom Ort der Einfuhr im IT-Verfahren EMCS (Ziffer 4.2.3 der VA-EMCS)

Voraussetzung für die Beförderung unter Steueraussetzung vom Ort der Einfuhr mit EMCS ist, dass der zollrechtliche Anmelder zuvor eine Einfuhrzollanmeldung zur Überführung in den zollrechtlichen freien Verkehr übermittelt hat und darin die anschließende Beförderung unter Steueraussetzung beantragt. Dazu trägt der Anmelder in Feld 37 der Zollanmeldung den Verfahrenscode 42xx, 45xx, 49xx, 63xx oder 68xx und den EU-Code F06 sowie in Feld 44 den Code C 651 ein. **76**

gestrichen **77**

Erst nach Vorliegen der ATLAS-Registriernummer kann vom registrierten Versender der Entwurf eines e-VD erstellt werden. Sofern eine Zollanmeldung vor Gestellung abgegeben worden ist, ist anstelle der ATLAS-Registriernummer die Arbeitsnummer der ATLAS-Einfuhrzollanmeldung (zu erkennen an Belegart „A" und Verfahrenscode „00") im Entwurf des e-VD anzugeben. **78**

Von der Zollstelle, bei der die verbrauchsteuerpflichtigen Waren in den zollrechtlich freien Verkehr übergeführt werden, ist ein manueller Datenabgleich zwischen der Einfuhrzollanmeldung und dem Entwurf des e-VD durchzuführen. Eine zollrechtliche Überlassung der Waren darf erst nach einem positiven Abgleich erfolgen. **79**

gestrichen **80**

**Anlage § 005–01**  Zu § 5 Energiesteuergesetz

### 7.5.2 Beförderungen unter Steueraussetzung vom Ort der Einfuhr außerhalb des IT-Verfahrens EMCS

80a Eine Beförderung unter Steueraussetzung vom Ort der Einfuhr im Steuergebiet außerhalb des IT-Verfahrens EMCS ist nur in folgenden Fällen möglich:

1. verbrauchsteuerpflichtige Waren (ohne Energieerzeugnisse) werden durch einen registrierten Versender in Betriebe von Verwendern im Steuergebiet mit BD oder entsprechendem Handelsdokument befördert;
2. Alkopops, die sich im branntweinsteuerrechtlich freien Verkehr befinden, werden durch einen registrierten Versender an Steuerlager oder Begünstigte im Steuergebiet mit BD oder entsprechendem Handelsdokument befördert;
3. Kaffee wird durch einen registrierten Versender an Steuerlager, Begünstigte und Erlaubnisinhaber nach § 30 Absatz 2 KaffeeStV (Hersteller kaffeehaltiger Waren) im Steuergebiet mit BD oder entsprechendem Handelsdokument befördert;
4. verbrauchsteuerpflichtige Waren werden durch einen registrierten Versender an sein eigenes Steuerlager im Steuergebiet befördert.

80b Der zollrechtliche Anmelder hat bei Beförderungen unter Steueraussetzung vom Ort der Einfuhr im Steuergebiet außerhalb des IT-Verfahrens EMCS das Verfahren 45xx bzw. 68xx und den EU-Code 5F3 in Feld 37 sowie den Code 9DEV in Feld 44 der Einfuhrzollanmeldung zu beantragen.

80c Bei Beförderungen unter Steueraussetzung vom Ort der Einfuhr mit BD bzw. mit einem entsprechenden Handelsdokument hat der registrierte Versender dieses der abfertigenden Zollstelle vorzulegen. Die Angaben der Einfuhrzollanmeldung sind mit den Angaben der BD bzw. des entsprechenden Handelsdokuments abzugleichen. Eine Überlassung der Waren darf erst nach einem positiven Abgleich zwischen den beiden Dokumenten erfolgen.

80d Bei Beförderungen verbrauchsteuerpflichtiger Waren unter Steueraussetzung vom Ort der Einfuhr im Steuergebiet durch einen registrierten Versender in sein eigenes Steuerlager im Steuergebiet im zugelassenen bzw. vereinfachten Verfahren (vgl. z.B. § 23 Absatz 1 TabStV, § 35 EnergieStV) legt das für den Steuerlagerinhaber zuständige Hauptzollamt das vereinfachte Verfahren der Beförderung unter Steueraussetzung fest.

### 7.5.3 Sonstige Regelungen bei der Einfuhr

80e In den Fällen des Absatzes 69a (unmittelbare Aufnahme verbrauchsteuerpflichtiger Waren in ein Steuerlager am Ort der Einfuhr oder den Betrieb eines Verwenders bzw. bei unmittelbarer Überführung von Energieerzeugnissen in ein Verfahren der Steuerbefreiung am Ort der Einfuhr) beantragt der zollrechtliche Anmelder die weitere verbrauchsteuerrechtliche Behandlung in Feld 37 der ATLAS-Einfuhrzollanmeldung unter Angabe des Verfahrenscodes 45xx 68xx und des EU-Codes 5F3. Zur Vermeidung von Missbräuchen ist durch die abfertigende Zollstelle über den lesenden Zugriff im IT-Verfahren BISON/PRÜF die Gültigkeit der verbrauchsteuerrechtlichen Erlaubnis zu überprüfen. Die Zollstelle sendet ein Mehrstück der Einfuhrzollanmeldung als Kontrollmitteilung an das für den Steuerlagerinhaber bzw. den energiesteuerrechtlichen Verwender oder Verteiler zuständige Hauptzollamt.

### 7.6 Besonderheiten bei Beförderungen zur Ausfuhr (Ziffer 4.2.4 der VA-EMCS)

#### 7.6.1 Allgemeines

81 Voraussetzung für die Beförderung verbrauchsteuerpflichtiger Waren unter Steueraussetzung zur Ausfuhr mit EMCS ist, dass vom Versender (Steuerlagerinhaber, registrierter Versender – bei Einfuhr mit anschließender Ausfuhr) nach der Übermittlung des mit einem von EMCS generierten Referenzcode (ARC) versehenen e-VD eine ATLAS-Ausfuhranmeldung an die für ihn zuständige Ausfuhrzollstelle übermittelt wird. In Feld 40 der Ausfuhranmeldung ist der Code „AAD" und im Unterfeld „Referenz" der ARC und die jeweilige Positionsnummer des e-VD anzugeben. Bei der in Feld 8a angegebenen Ausfuhrzollstelle (Dienststellenschlüsselnummer) ist darauf zu achten, dass diese mit der in der ATLAS-Ausfuhranmeldung angegebenen Ausfuhrzollstelle übereinstimmt.

82 Bis zur Realisierung einer automatisierten Schnittstelle zwischen EMCS und ATLAS-Ausfuhr ist die Ausfuhrmeldung durch die Ausfuhrzollstelle, auf Basis der Ausgangsbestätigung in ATLAS-Ausfuhr, manuell zu erstellen.

83 Die Ausgangszollstelle soll zur Wahrung verbrauchsteuerrechtlicher Belange, insbesondere bei Zigaretten und Branntwein, vermehrt eine Beschau der auszuführenden Sendung nach pflichtgemäßem Ermessen anordnen.

### 7.6.2 Ausfuhr im Normalverfahren

Ist der Versender nicht zugleich Ausführer, hat er diesem für die Ausfuhranmeldung den ARC und die 84
jeweilige Positionsnummer im e-VD mitzuteilen (z.b. mit zusätzlichen Ausdruck des e-VD).

Von der Ausfuhrzollstelle, bei der die verbrauchsteuerpflichtigen Waren im zollrechtlichen Ausfuhr- 85
verfahren gestellt werden, ist ein manueller Datenabgleich zwischen der ATLAS-Ausfuhranmeldung
und dem Entwurf des e-VD durchzuführen. Die Ausfuhr-MRN muss durch den Benutzer bei der Ausfuhrzollstelle in den EMCS-Vorgang eingetragen werden. Eine Überlassung der Waren darf erst danach
erfolgen. Eine Beschau der auszuführenden Sendung ist nach pflichtgemäßem Ermessen möglich.

### 7.6.3 Ausfuhr durch Zugelassene Ausführer

Ist ein Steuerlagerinhaber als Versender gleichzeitig ein Zugelassener Ausführer nach den Zoll- 86
vorschriften und ist das Steuerlager, vom dem aus die verbrauchsteuerpflichtigen Waren befördert werden, gleichzeitig als Ort zur Überführung in das Ausfuhrverfahren zugelassen, ist im Feld des Datensatzes „Nachrichtenart" statt dem Wert „1" (Regelvorlage) der Wert „2" (Vorlage für die Ausfuhr mit
Anschreibeverfahren) einzutragen.

### 7.6.4 Ausfuhr durch vertrauenswürdige Ausführer oder im einstufigen Ausfuhrverfahren

Bei vertrauenswürdigen Ausführern nach § 13 AWV sowie bei Ausfuhrsendungen mit einem Warenwert 87
bis 3.000,- EUR, bei denen das einstufige Ausfuhrverfahren nach Artikel 794 ZK-DVO angewendet
wird, findet der Datenabgleich nach Absatz 85 bei der Ausgangszollstelle statt, die die Aufgaben der
Ausfuhrzollstelle wahrnimmt (Ziffer 4.2.4.3.2 der VA-EMCS).

### 7.6.5 Ersatznachweise bei der Ausfuhr

#### 7.6.5.1 Anerkennung von Ersatznachweisen

Sofern bei der Ausfuhrzollstelle für eine ATLAS-Ausfuhranmeldung keine Ausgangsbestätigung ein- 88
geht, kann sie Alternativnachweise nach den zollrechtlichen Bestimmungen anerkennen und auf dieser
Basis einen alternativen Ausgangsvermerk erstellen (Ziffer 4.9.4 der Verfahrensanweisung ATLAS). Ist
der Versender nicht zugleich der Ausführer, hat er hierzu die erforderlichen Angaben vom Ausführer
anzufordern.

Bei EMCS obliegt die Anerkennung von Ersatznachweisen und die manuelle Erledigung des EMCS- 89
Vorgangs abweichend von Absatz 88 dem Sachgebiet B des für den Versender zuständigen Hauptzollamts. In den Fällen, in denen keine Ausgangsbestätigung eingeht und/oder nach den Bestimmungen der
Verfahrensanweisung ATLAS ein zollrechtlicher Alternativnachweis vorgelegt wird, darf die Ausfuhrzollstelle keine Ausfuhrmeldung in EMCS erfassen. Dies gilt auch dann, wenn durch die Ausfuhrzollstelle nach Abschluss des Verfahrens ein alternativer Ausgangsvermerk erstellt wird. Der Vorgang ist,
ggf. mit den vorgelegten Unterlagen, unter Angabe des ARC an das zuständige Hauptzollamt zur Bewertung abzugeben.

Das Sachgebiet B des für den Versender zuständigen Hauptzollamts prüft die Anerkennung der Unter- 90
lagen aus verbrauchsteuerrechtlicher Sicht (Absatz 91) – sofern erforderlich, unter Einbeziehung weiterer Dokumente oder Nachforschungsergebnisse. Dem Versender ist gegebenenfalls Gelegenheit zu
geben, weitere Unterlagen vorzulegen bzw. Erklärungen abzugeben.

Bei der Ausfuhr von verbrauchsteuerpflichtigen Waren unter Steueraussetzung kann der Nachweis, dass 91
die Waren das Verbrauchsteuergebiet der Europäischen Union verlassen haben, nur mit folgenden Ersatznachweisen erbracht werden (Original oder amtlich beglaubigte Kopie):

1. eine mit Sichtvermerk der zuständigen Behörden des Mitgliedstaats, in dem sich die Ausgangszollstelle befindet, versehene Ausfuhrmeldung im Ausfallverfahren nach Artikel 27 Absatz 2 der Richtlinie Nummer 2008/118/EG i.V.m. Artikel 8 Absatz 3 der Verordnung (EG) Nummer 684/2009 (in Deutschland: Vordruck Nummer 033076);
1a. eine mit Sichtvermerk versehene Bestätigung der zuständigen Behörden des Mitgliedstaats, in dem sich die Ausgangszollstelle befindet, dass die verbrauchsteuerpflichtigen Waren das Verbrauchsteuergebiet der Europäischen Union verlassen haben;
2. einer Bescheinigung einer Auslandsvertretung der Bundesrepublik Deutschland (diplomatische oder konsularische Vertretung);
2a. einem Einfuhrverzollungsbeleg aus einem EFTA-Land;
3. folgende unterzeichnete oder authentifizierte Frachtpapiere der Unternehmen, die die Waren befördert haben
    a) ein vom Verfrachter unterzeichnetes Bordkonnossement,

# Anlage § 005–01

Zu § 5 Energiesteuergesetz

   b) ein mit Empfangsbestätigung des Empfängers versehener CMR-Frachtbrief,
   c) ein internationaler Bahnfrachtbrief (CIM-Frachtbrief) mit Abfertigungsvermerk,

   jeweils im Original oder als amtlich beglaubigte Kopie und in Verbindung mit den sonst üblichen Handelspapieren;
4. einem Abdruck der Aufzeichnungen des Wirtschaftsbeteiligten über an Bohr- und Förderplattformen für Erdöl und Erdgas gelieferte verbrauchsteuerpflichtige Waren;
5. wenn die Waren in Anwendung des gemeinsamen/gemeinschaftlichen Versandverfahrens in ein Drittland ausgeführt worden sind

   a) einen von der Abgangsstelle mit Sichtvermerk bestätigten Ausdruck der Erledigungsmeldung (Statusmeldung) an den Hauptverpflichteten, der ATLAS-Teilnehmer ist,
   b) einen Alternativnachweis nach Artikel 366 Absatz 1 ZK-DVO (z.B. eine von der Bestimmungsstelle mit Sichtvermerk bestätigte Kopie des Versandbegleitdokuments nach Artikel 361 Absatz 4 ZK-DVO),
   c) bei Anwendung des Notfallverfahrens nach Artikel 353 Absatz 2 i.V.m. Anhang 37d ZK-DVO bei der Abgangsstelle, eine beglaubigte Kopie des von der Bestimmungsstelle bestätigten Exemplars Nummer 5 (Vorder- und Rückseite) des Einheitspapiers als Versandanmeldung

   sofern in den Dokumenten nach den Buchstaben a bis c ein eindeutiger Bezug zum e-VD hergestellt werden kann.
6. eine Ausfertigung des Lieferzettels (§ 27 Absatz 12 ZollV) bei der Lieferung von Schiffs- und Reisebedarf im Seeverkehr bzw. eines zugelassenen Begleitpapiers bei der Lieferung von Flugzeug- und Reisebedarf im Luftverkehr (§ 27 Absatz 13 Satz 2 ZollV), auf dem der Bezugsberechtigte den Empfang der Waren bestätigt hat,
7. in begründeten Ausnahmefällen unbeglaubigte Kopien der oben genannten oder anderer Dokumente in Verbindung mit Buchführungsunterlagen (z.B. Nachweis über den Zahlungsverkehr), sofern diese Dokumente die wesentlichen Angaben des e-VD enthalten und geeignet sind, den Nachweis der Ausfuhr zur Überzeugung des Hauptzollamts zu erbringen.

91a Bestehen hinsichtlich der Nachweiskraft des Ersatznachweises bei Ausfuhren über eine Ausgangszollstelle in einem anderen Mitgliedstaat Zweifel, ist zunächst ein Ersuchen nach Artikel 8 Zusammenarbeits-Verordnung zu stellen.

92 Bei der Anerkennung eines Ersatznachweises durch das Hauptzollamt ist auch zu berücksichtigen, ob der Versender seinen Verpflichtungen bei der Ausgangszollstelle (z.B. Gestellung nach Artikel 793 ZK-DVO) nachgekommen ist. Im Hinblick auf das hohe Missbrauchspotenzial ist bei der Prüfung der Unterlagen ein strenger Maßstab anzulegen. Dabei ist die Gesamtzahl der Ausfuhren verbrauchsteuerpflichtiger Waren unter Steueraussetzung zu berücksichtigen, die ein Versender im Kalenderjahr durchführt.

93 Nach der Entscheidung über die Anerkennung eines der vorgenannten Ersatznachweise ist zu dem EMCS-Vorgang die Ausfuhrmeldung durch das Sachgebiet B des für den Versender zuständigen Hauptzollamts zu erstellen und zu übermitteln. Der EMCS-Vorgang wird dadurch manuell erledigt. Die Entscheidung ist dem Versender schriftlich bekannt zu geben und ggf. sind weitere Maßnahmen (z. B. Anforderung einer Steueranmeldung) durchzuführen.

### 7.6.5.2 Ausstellung von Ersatznachweisen

93a Liegt bei Beförderungen unter Steueraussetzung über eine Ausgangszollstelle im Steuergebiet keine Ausfuhrmeldung vor, stellt das Hauptzollamt, in dessen Bezirk sich die Ausgangszollstelle befindet, einen Ersatznachweis aus, indem es die Ausfuhr der verbrauchsteuerpflichtigen Waren aus dem Verbrauchsteuergebiet der Europäischen Union bestätigt. Zuvor muss hinreichend belegt sein, dass die verbrauchsteuerpflichtigen Waren tatsächlich das Verbrauchsteuergebiet der Europäischen Union verlassen haben (vgl. z. B. § 29 BierStV, § 37 EnergieStV).

## 7.7 Besonderheiten bei Beförderungen zu Begünstigten

### 7.7.1 Freistellungsbescheinigung

94 Begünstigte im Steuergebiet, die verbrauchsteuerpflichtige Waren unter Steueraussetzung beziehen wollen, haben eine Freistellungsbescheinigung (Vordruck 2731) in drei Exemplaren auszufertigen und dem zuständigen Hauptzollamt zur Bestätigung der Bezugsberechtigung vorzulegen. Bei der Lieferung an die ausländische Truppe erfolgt davon abweichend eine Eigenbestätigung in Feld 7 der Freistellungsbescheinigung.

95 Für Beförderungen von Wein aus anderen Mitgliedstaaten an Begünstigte gilt dies entsprechend.

Zu § 5 Energiesteuergesetz **Anlage § 005–01**

Das zuständige Hauptzollamt bestätigt, nach Prüfung der Voraussetzungen, in Feld 6 der Freistellungs- 96
bescheinigung die Bezugsberechtigung. Voraussetzungen sind:

a) bei Diplomaten- und Konsulargut, dass die Bezugs- oder Kontingentsmengen noch nicht erreicht sind; die Bestimmungen und Zuständigkeiten für die Überwachung von Kontingenten und Bezugsmengen von Diplomatengut oder von Konsulargut enthält die Verwaltungsvorschrift E-VSF Z 08 42;

b) bei der ausländischen Truppe, dass es sich nur um Truppen von Staaten handelt, die das Zusatzabkommen zum NATO-Truppenstatut gezeichnet haben (Belgien, Niederlande, Frankreich, Großbritannien, Kanada und die Vereinigten Saaten von Amerika) und der Auftrag von einer amtlichen Beschaffungsstelle erteilt worden ist; die Liste der amtlichen Beschaffungsstellen und Organisationen der ausländischen Truppe, die zur Erteilung von Aufträgen auf abgabenbegünstigte Leistungen berechtigt sind, ist der Verwaltungsvorschrift E-VSF Z 63 40-1 zu entnehmen;

c) bei NATO-Hautquartieren, dass der Auftrag vom Hauptquartier erteilt worden ist; die Liste der NATO-Hauptquartiere ist der Verwaltungsvorschrift E-VSF Z 63 40-2 zu entnehmen;

d) bei internationalen Einrichtungen, ob und in welchem Umfang eine Bezugsberechtigung in den Bestimmungen des jeweiligen Sitzstaatsabkommens enthalten ist.

Für die Bestätigung ist der Dienststempel (EG) zu verwenden. Der Stempelabdruck ist auf allen vor- 97
gelegten Exemplaren anzubringen. Die Freistellungsbescheinigung ist vom zuständigen Hauptzollamt neben dem Dienststempel mit einer eindeutigen Registriernummer zu versehen, die auch in einer „Liste Freistellungsbescheinigungen" zu erfassen ist. Die Registriernummer ist dabei wie folgt zu bilden:

Stellen 1 bis 4:   Dienststellenschlüsselnummer

Stelle 5:   Begünstigter
(D = diplomatische Vertretung,
K = konsularische Vertretung,
T = ausländische Truppe,
E = internationale Einrichtung)

Stellen 6 bis 8:   laufende Nummer

Stellen 9 bis 12:   Jahr

Beispiel:   4600-K-022-2010

Das zuständige Hauptzollamt übersendet die mit der Registriernummer versehenen und/oder bestätigten Exemplare 1 und 2 dem Begünstigten und behält das Exemplar 3.

Das Exemplar 3 der Freistellungsbescheinigung verbleibt beim Hauptzollamt und wird Beleg zur „Liste 98
Freistellungsbescheinigungen". Diese ist jährlich zu führen. Für Entnahme und Aufbewahrung der Freistellungsbescheinigungen gilt die Verwaltungsvorschrift E-VSF Z 28 01 Absatz 14 und 15 sinngemäß.

Die Begünstigten haben die Daten, die für die Erstellung der Eingangsmeldung in EMCS benötigt wer- 99
den, dem zuständigen Hauptzollamt, das diese Meldung erstellt, schriftlich mit der ihnen vorliegenden Ausfertigung der Freistellungsbescheinigung zu übermitteln (Ziffer 4.4.2 der VA-EMCS). Dabei kann der Vordruck 033077 verwendet werden. Das Hauptzollamt erstellt daraufhin die Eingangsmeldung in EMCS.

Wird die Vorführung der verbrauchsteuerpflichtigen Waren durch den Empfänger angeordnet, scheidet 100
diese beim zuständigen Hauptzollamt möglicherweise aus, weil der Ort der Lieferung im Bezirk eines anderen Hauptzollamts liegt. In diesem Fall ist nach Absprache die Vorführung bei einer Zollstelle dieses Hauptzollamts anzuordnen.

Nach den Verbrauchsteuerverordnungen sind die verbrauchsteuerpflichtigen Waren unverzüglich nach 101
der Bestätigung der Bezugsberechtigung zu beziehen. Da sowohl die Bezugsmengen für den persönlichen Bedarf als auch die Wert- und/oder Mengenkontingente nach Zeitabschnitten (z.B. jährlich, halbjährlich, monatlich) zu überwachen sind, kann es vorkommen, dass der tatsächliche Bezug nicht mehr im vorgesehenen Zeitabschnitt erfolgt. Eine Zurechnung zum vorgesehenen Zeitabschnitt erfolgt nur, wenn die verbrauchsteuerpflichtigen Waren unverzüglich bezogen werden (z.B. beim Monatswechsel). In den übrigen Fällen ist für die Bezugsmengen und Kontingente der tatsächliche Zeitpunkt des Bezugs maßgebend.

### 7.7.2 Verwendung des Abwicklungsscheins bei der Belieferung einer ausländischen Truppe

Innerhalb des Steuergebiets können verbrauchsteuerpflichtige Waren unter Steueraussetzung anstelle 102
der Freistellungsbescheinigung auch mit dem Abwicklungsschein nach § 73 Absatz 1 Nummer 1 UStDV zu einer ausländischen Truppe befördert werden.

**Anlage § 005–01**  Zu § 5 Energiesteuergesetz

103 Der Abwicklungsschein besteht aus drei Ausfertigungen. Die erste Ausfertigung dient Umsatzsteuerzwecken, die zweite Ausfertigung Zoll- und Verbrauchsteuerzwecken und die dritte Ausfertigung statistischen Zwecken. Im zweiten Abschnitt des Abwicklungsscheins bestätigt die Beschaffungsstelle, dass die im ersten Abschnitt bezeichneten Waren durch eine Empfangsdienststelle in Empfang genommen wurden und bescheinigt die entsprechende Zahlung. Der Abwicklungsschein hat damit eine andere Funktion als die eines Beförderungsdokuments. Abweichend von den Vorschriften zur Freistellungsbescheinigung ist es daher nicht notwendig, dass der Abwicklungsschein die verbrauchsteuerpflichtigen Waren begleitet.

104 Die verbrauchsteuerpflichtigen Waren müssen stattdessen, neben den verbrauchsteuerrechtlichen Beförderungsdokumenten, von einem Lieferschein begleitet werden, der die Kopfdaten des ersten Abschnitts des Abwicklungsscheins (Name und Anschrift des Lieferers, Datum und Nummer des Vertrages, Name und Anschrift der Beschaffungsstelle, Name und Anschrift der Empfangsdienststelle der ausländischen Truppe), die Auftragsnummer und den ARC des e-VD enthält. Ein Exemplar des Lieferscheins verbleibt beim Versender. Dieses Exemplar ist zusammen mit der bestätigten zweiten Ausfertigung des Abwicklungsscheins nach Übersendung durch die Beschaffungsstelle als Beleg zu den Aufzeichnungen des Versenders zu nehmen.

105 Eine Kopie des Lieferscheins mit der Empfangsbestätigung der Empfangsdienststelle ist dem für die Beschaffungsstelle zuständigen Hauptzollamt zusammen mit einer Kopie des bestätigten Abwicklungsscheins sowie den für die Erstellung der Eingangsmeldung erforderlichen Daten vorzulegen.

106 Gilt ein Abwicklungsschein für mehrere Teillieferungen oder für mehrere Lieferungen eines bestimmten Zeitraums (maximal für einen Monat), ist abweichend von Absatz 105 dem für die Beschaffungsstelle zuständigen Hauptzollamt die Kopie des bestätigten Abwicklungsscheins erst nach der letzten Teillieferung bzw. letzten Lieferung des jeweiligen Zeitraums vorzulegen. Bei den einzelnen Lieferungen genügt für die Erstellung der Eingangsmeldung ein Hinweis in den Lieferscheinen, dass es sich um Teillieferungen bzw. Lieferungen für einen bestimmten Zeitraum handelt. Das für die Beschaffungsstelle zuständige Hauptzollamt sollte nach Vorlage des bestätigten Abwicklungsscheins einen Mengenabgleich vornehmen.

**7.8 Besonderheiten bei Beförderungen zu Bezugsberechtigten von Schiffs-, Flugzeug- und Reisebedarf nach § 27 ZollV (E-VSF Z 01 50)**

**7.8.1 Allgemeines**

107 Der Abschnitt 7.8 gilt nicht für Energieerzeugnisse (siehe auch § 27 Absatz 15 ZollV).

108 Unversteuerte verbrauchsteuerpflichtige Gemeinschaftswaren, die nach § 27 ZollV als Schiffs-, Flugzeug-, oder Reisebedarf an Bezugsberechtigte geliefert werden, sind nach § 27 Absatz 9 Satz 1 ZollV nach den verbrauchsteuerrechtlichen Vorschriften über die Ausfuhr unter Steueraussetzung zu befördern, da nach Artikel 786 ZK-DVO bei steuerfreien Lieferungen von verbrauchsteuerpflichtigen Waren zur Bevorratung von Schiffen und Luftfahrzeugen ein Ausfuhrverfahren durchzuführen ist, unabhängig davon, ob sich das Schiff oder Luftfahrzeug in ein Drittland oder einen anderen Mitgliedstaat begibt.

109 Unversteuerte verbrauchsteuerpflichtige Gemeinschaftswaren, die nach § 27 ZollV als Schiffs-, Flugzeug-, oder Reisebedarf an Bezugsberechtigte geliefert werden, sind in den übrigen Fällen nach § 27 Absatz 9 Satz 4 ZollV nach den verbrauchsteuerrechtlichen Vorschriften über Beförderungen im Steuergebiet an Verwender zu befördern.

**7.8.2 Rücksendungen**

110 Unversteuerte verbrauchsteuerpflichtige Gemeinschaftswaren, die mittels EMCS unter Steueraussetzung als Schiffs-, Flugzeug- und Reisebedarf bezogen wurden, können in Gesamt- oder Teilpartien unmittelbar (bei Schiffen unter Beachtung der „12-Tages-Frist") durch eine Änderung des Bestimmungsortes (vgl. z.B. § 21 BierStV) an ein Steuerlager (zurück)befördert werden. Dabei darf das Schiff den Hafen oder das Luftfahrzeug den Flughafen/Landeplatz im Steuergebiet noch nicht verlassen haben. Die unversteuerten verbrauchsteuerpflichtigen Gemeinschaftswaren befinden sich insoweit noch in der ursprünglichen Beförderung unter Steueraussetzung. Hierzu kann das zuständige Hauptzollamt die Erlaubnis zum Handel mit Schiffs- und Reisebedarf nach § 25 ZollVG mit weiteren Auflagen verbinden bzw. die Bundesfinanzdirektion Nord weitere Einzelheiten des Überwachungsverfahrens im „Merkblatt zum Überwachungsverfahren gemäß § 27 Absatz 12 Satz 6 Zollverordnung (ZollV)" regeln. Für Flugzeugbedarf und im Flugverkehr bezogenen und abgegebenen Reisebedarf regelt das für den Ort des Bezugs zuständige Hauptzollamt weitere Einzelheiten des Überwachungsverfahrens nach § 27 Absatz 13 ZollV.

Zu § 5 Energiesteuergesetz  **Anlage § 005–01**

Nach § 27 Absatz 9 Satz 8 ZollV befinden sich unversteuerte verbrauchsteuerpflichtige Gemein- 111
schaftswaren, die in das Steuergebiet zurückverbracht werden und die zuvor als Schiffs- und Reisebedarf
unter Steueraussetzung bezogen wurden, in der steuerfreien Verwendung im Sinne der Verbrauchsteuergesetze. Eine Rücksendung an ein Steuerlager kann auf Antrag im Rahmen einer zulässigen Abgabe durch Verwender erfolgen (vgl. z.B. § 39d BierStV). Weitere Einzelheiten regelt das zuständige
Hauptzollamt. Für Flugzeugbedarf und im Flugverkehr bezogenen und abgegebenen Reisebedarf gilt
dies entsprechend.

Die Rücksendung von unversteuerten verbrauchsteuerpflichtigen Gemeinschaftswaren, die das Zoll- 112
gebiet der Gemeinschaft verlassen haben und dadurch zu Nichtgemeinschaftswaren geworden sind,
richtet sich – wie bisher – nach den Vorschriften des Zollrechts.

### 7.8.3 Verwendung eines zusammengefassten e-VD

Die Zulassung zur Verwendung eines zusammengefassten e-VD (z.B. § 23 Absatz 2 TabStV) kann einem 113
Steuerlagerinhaber nur im Rahmen seiner bestehenden Erlaubnis erteilt werden. Sie gilt nur für Beförderungen im Steuergebiet und ist für Kaffee und Alkopops, die sich im branntweinsteuerrechtlich
freien Verkehr befinden, nicht vorgesehen. Auf Grund des Zusammenhangs der Zulassung mit der Bewilligung des Verfahrens nach Artikel 285a Absatz 1a ZK-DVO haben sich die beiden Fachgebiete Zölle
und Verbrauchsteuern des Sachgebietes B der jeweils zuständigen Hauptzollämter entsprechend abzustimmen. Für die Erteilung der Zulassung ist der Vordruck 2719 zu verwenden.

Der Steuerlagerinhaber als Versender hat je Steuerlager und je Bestimmungsland den Entwurf eines zu- 114
sammengefassten e-VD zu übermitteln. Eine weitere Unterscheidung hinsichtlich des Empfängers ist
zulässig.

Die elektronische Sammelausfuhranmeldung nach Artikel 285a Absatz 1a ZK-DVO und der Entwurf 115
des zusammengefassten e-VD sind zentral bei einer Zollstelle abzugeben.

Durch die Abgabe der elektronischen Sammelausfuhranmeldung nach Artikel 285a Absatz 1a ZK-DVO 116
wird in ATLAS-Ausfuhr automatisiert ein Ausgangsvermerk erstellt. Die Ausfuhrmeldung in EMCS ist
auf Basis dieses Ausgangsvermerks vorzunehmen. Die Ausfuhrmeldung ist jedoch kein Nachweis dafür,
dass die verbrauchsteuerpflichtigen Gemeinschaftswaren tatsächlich an Bord des Schiffes oder Luftfahrzeuges geliefert wurden. Ein solcher Nachweis ist vom Steuerlagerinhaber als Versender für jede
einzelne Lieferung buchmäßig durch eine Übernahmebestätigung des Empfängers (z.B. mittels
Schiffslieferzettel oder Lieferschein) zu führen und zu seinen Aufzeichnungen zu nehmen. Das zuständige Hauptzollamt kann davon abweichend auch andere geeignete Nachweise zulassen, sofern
Steuerbelange dadurch nicht gefährdet erscheinen.

Bei Unregelmäßigkeiten entsteht die Steuer nach § 27 Absatz 9 Satz 2 ZollV nach den verbrauch- 117
steuerrechtlichen Vorschriften über Unregelmäßigkeiten während der Beförderung unter Steueraussetz-
zung. Bei Zulassung des zusammengefassten e-VD gilt dies für jede einzelne, mit einem gekennzeichneten Lieferschein begleitete Warensendung.

gestrichen 118

### 7.8.4 Belieferung von Flussschiffen im Steuergebiet mit Schiffsbedarf

Die Belieferung von Flussschiffen im Steuergebiet, die nach § 27 ZollV zum Bezug von unversteuerten 119
verbrauchsteuerpflichtigen Gemeinschaftswaren als Schiffsbedarf berechtigt sind, erfolgt unter Steueraussetzung mit EMCS.

Der Versender hat in EMCS den Entwurf eines e-VD zur Ausfuhr im Normalverfahren (Nachrichtenart 120
„1" – Feld 1a Code Bestimmungsort „6") zu erstellen und der Ausfuhrzollstelle zu übermitteln. Die
Nachrichtenart „2" (Vorlage für die Ausfuhr mit Anschreibeverfahren) ist nicht zulässig. Als Empfänger
ist in Feld 5 sowohl der Name des Flussschiffes als auch der Reederei anzugeben. Da die Belieferung
nicht in den Anwendungsbereich des Artikels 786 ZK-DVO fällt, ist keine elektronische Ausfuhranmeldung in ATLAS-Ausfuhr abzugeben. Damit kann die Ausfuhrzollstelle keinen Abgleich zwischen
dem Entwurf des e-VD und der elektronischen Ausfuhranmeldung vornehmen. Der Entwurf des e-VD
ist auf Basis der darin enthaltenen Angaben zu validieren. Nach Zuteilung des ARC durch die Ausfuhrzollstelle erfolgt die Beförderung der unversteuerten verbrauchsteuerpflichtigen Gemeinschaftswaren
nach den einschlägigen Vorschriften.

Mangels Ausgangsvermerk aus ATLAS-Ausfuhr ist durch die Ausfuhrzollstelle keine Ausfuhrmeldung 121
in EMCS zu erstellen. Das e-VD ist auf Basis eines Ersatznachweises (i.d.R. der Lieferzettel für
Schiffsbedarf) durch das Sachgebiet B des für den Versender zuständigen Hauptzollamts manuell zu erledigen (vgl. Abschnitt 7.6.5).

# Anlage § 005–01

Zu § 5 Energiesteuergesetz

122 Das zuständige Hauptzollamt schreibt im Rahmen der Erlaubnis zum Handel mit Schiffs- und Reisebedarf nach § 25 ZollVG die Verwendung des Lieferzettels für Schiffsbedarf nach § 27 Absatz 12 ZollV auch für die Belieferung von Flussschiffen im Steuergebiet vor. Darüber hinaus können weitere Auflagen erteilt werden.

## 7.9 Besonderheiten bei der Beförderung von Alkopops, Kaffee und Wein

### 7.9.1 Alkopops

123 Alkopops unterliegen der Branntweinsteuer und der Alkopopsteuer. Sie können nur dann unter Steueraussetzung mit EMCS befördert werden, wenn sie sich branntweinsteuerrechtlich nicht im freien Verkehr befinden.

124 Beförderungen von Alkopops, die sich branntweinsteuerrechtlich im freien Verkehr befinden, aus anderen, in andere oder über andere Mitgliedstaaten erfolgen mit vereinfachtem Begleitdokument (Vordruck 2725).

125 Beförderungen unter Steueraussetzung von Alkopops im Steuergebiet, die sich branntweinsteuerrechtlich im freien Verkehr befinden, erfolgen mit BD (vgl. Abschnitt 7.11).

126 Auf Anfrage erteilt das Hauptzollamt Stuttgart Auskunft über die Berechtigung, Alkopops unter Steueraussetzung zu versenden, zu empfangen oder zu lagern. Abschnitt 2.2 gilt sinngemäß.

126a Werden Alkopops, die sich branntweinsteuerrechtlich im freien Verkehr befinden, unmittelbar aus dem Steuergebiet ausgeführt, so erfolgt der Nachweis der Ausfuhr durch einen Beleg entsprechend § 17 KaffeeStV.

### 7.9.2 Kaffee

127 Beförderungen unter Steueraussetzung von Kaffee sind mit EMCS nicht möglich.

128 Für die Beförderung von Kaffee unter Steueraussetzung aus anderen, in andere und über andere Mitgliedstaaten existiert kein gesondertes Verfahren.

129 Für die Beförderung von Kaffee unter Steueraussetzung im Steuergebiet gilt Abschnitt 7.11.

130 Der Nachweis der Lieferung in andere Mitgliedstaaten erfolgt buchmäßig (§ 16 KaffeeStV). Der Nachweis der Ausfuhr von Kaffee unter Steueraussetzung erfolgt durch einen Beleg nach § 17 KaffeeStV.

### 7.9.3 Wein (stiller Wein und – soweit ausdrücklich erwähnt – Schaumwein)

#### 7.9.3.1 Allgemeines

131 Die Beförderung von stillem Wein im Steuergebiet bzw. zur direkten Ausfuhr aus dem Steuergebiet unterliegt keinen verbrauchsteuerrechtlichen Regelungen.

132 Beförderungen von stillem Wein unter Steueraussetzung aus anderen, in andere oder über andere Mitgliedstaaten haben mit EMCS zu erfolgen. Bei Unregelmäßigkeiten während der Beförderung mit EMCS sind die §§ 13 SchaumwZwStG und 29 SchaumwZwStV entsprechend anzuwenden.

#### 7.9.3.2 Kleine Weinerzeuger

133 Kleine Weinerzeuger können nach Artikel 40 der Richtlinie 2008/118/EG von den Verpflichtungen der Kapitel III und IV der Richtlinie befreit werden (z.B. vom Herstellen und Lagern in einem Steuerlager, vom Führen von Aufzeichnungen über die Bestände oder von der Verwendung eines e-VD bei der Beförderung). Anlage 1 enthält eine Übersicht über die Mitgliedstaaten, die neben Deutschland von dieser Ermächtigung Gebrauch gemacht haben.

134 Kleine Weinerzeuger mit Sitz im Steuergebiet können demnach stillen Wein ohne Anwendung von EMCS unter Steueraussetzung an Steuerlager, registrierte Empfänger oder Begünstigte in einem anderen Mitgliedstaat befördern oder über einen anderen Mitgliedstaat ausführen. In einem nach weinrechtlichen Vorschriften auszustellenden Begleitdokument ist dabei deutlich sichtbar und gut lesbar der Hinweis „Kleiner Weinerzeuger gemäß Artikel 40 der Richtlinie 2008/118/EG des Rates vom 16. Dezember 2008" einzutragen.

134a Bei Beförderungen von stillem Wein und Schaumwein von Kleinen Weinerzeugern aus anderen Mitgliedstaaten, die von der Ermächtigung des Artikels 40 der Richtlinie 2008/118/EG Gebrauch gemacht haben, unter Steueraussetzung an Steuerlager, registrierte Empfänger oder Begünstigte im Steuergebiet, ist die Anwendung von EMCS nicht erforderlich, wenn die Pflichten der Verordnung (EG) Nr. 436/2009 erfüllt werden. Dies gilt auch für Beförderungen unter Steueraussetzung durch das Steuergebiet oder zur Ausfuhr über das Steuergebiet.

135 Das für den Empfänger zuständige Hauptzollamt bestätigt auf Antrag den Empfang von stillem Wein oder Schaumwein, der von einem Kleinen Weinerzeuger in einem anderen Mitgliedstaat unter Steuer-

aussetzung mit einem weinrechtlichen Begleitdokument nach der Verordnung (EG) Nr. 436/2009 in das Steuergebiet befördert wurde. Dazu vergleicht es die Eintragungen im Begleitdokument mit den Liefer- und Frachtpapieren. Für die Bestätigung ist der Dienststempel (EG) zu verwenden. Der Stempelabdruck ist auf allen vorgelegten Exemplaren in Feld 12 des Begleitdokuments anzubringen.

### 7.10 Ausfallverfahren

Beim Ausfall von EMCS tritt an dessen Stelle ein papiergebundenes Verfahren. Sämtliche Schritte im Ausfallverfahren sind in EMCS nachzuerfassen, sobald das System wieder zur Verfügung steht. 136

gestrichen 137

Bei einer Beförderung unter Steueraussetzung zur Ausfuhr ist Ziffer 10.6.2 der VA-EMCS zu beachten. Insbesondere ist dem nach Verbrauchsteuerrecht zuständigen Hauptzollamt eine Kopie von Exemplar 2 des AD, das die vom Service Desk ZIVIT vergebene Ticketnummer enthält, zu übersenden. 138

Der Empfänger hat den Vordruck der Eingangsmeldung dem zuständigen Hauptzollamt ausgefüllt bis spätestens fünf Werktage nach dem Ende der Beförderung zu übermitteln; vgl. Ziffer 10.10 der VA-EMCS. Um den Mehraufwand für die Beteiligten durch Abgabe einer schriftlichen Eingangsmeldung und die Nacherfassung des Vorgangs in EMCS zu vermeiden, kann es beim Ausfall des Systems sinnvoll sein, diese Frist zu nutzen. 139

Um Mehraufwand für den Benutzer bei der Ausfuhrzollstelle oder bei der Ausgangszollstelle, die die Aufgaben der Ausfuhrzollstelle im einstufigen Verfahren wahrnimmt, zu vermeiden, gilt für die Erstellung des Ausfuhrdokumentes Absatz 139 Satz 2 entsprechend. Benötigt der Versender jedoch den Nachweis der Beendigung der Beförderung unter Steueraussetzung dringend, so ist dieses zunächst mit dem Ausfuhrdokument zu beenden und, sobald das System wieder zur Verfügung steht, die Ausfuhrmeldung durch die Ausgangszollstelle elektronisch nachzuerfassen. 140

Bei dem für den Versender zuständigen Hauptzollamt sowie bei der Ausfuhr- bzw. Ausgangszollstelle ist eine „Ausfallliste EMCS" (AL-EMCS) zu führen. Die einzutragenden AD werden Belege zur AL-EMCS. Für die Entnahme und die Aufbewahrung der AD gilt E-VSF Z 28 01 Absatz 14 und 15 sinngemäß. 141

Die AL-EMCS ist jährlich zu führen. 142

### 7.11 Beförderungen im Steuergebiet mit BD – ohne Energieerzeugnisse

Ein Steuerlagerinhaber oder ein registrierter Versender kann im Steuergebiet unter Verwendung des BD verbrauchsteuerpflichtige Waren unter Steueraussetzung befördern zu: 143

1. Verwendern,
2. Bezugsberechtigten von Schiffs-, Flugzeug- und Reisebedarf nach § 27 Absatz 2 und Absatz 9 Satz 4 und 5 ZollV, sofern nicht gleichzeitig ein zollrechtliches Ausfuhrverfahren durchgeführt wird,
3. soweit es sich um Alkopops, die sich im branntweinsteuerrechtlich freien Verkehr befinden, handelt, an Steuerlager und Begünstigte,
4. soweit es sich um Kaffee handelt, an Steuerlager, Begünstigte und Erlaubnisinhaber nach § 30 Absatz 2 KaffeeStV (Hersteller kaffeehaltiger Waren).

Der Hersteller kaffeehaltiger Waren, der selbst keinen Kaffee herstellt, muss den Kaffee grundsätzlich versteuert beziehen, es sei denn, er ist Inhaber einer Erlaubnis (§ 20 Absatz 2 KaffeeStG i.V.m. § 30 KaffeeStV). In diesem Fall erfolgt der Bezug des Kaffees unter Steueraussetzung; § 9 KaffeeStG (Beförderung von Kaffee an Steuerlagerinhaber) gilt sinngemäß.

Anstelle des BD kann ein Handelsdokument verwendet werden, sofern dieses alle Angaben enthält, die für das BD gefordert werden, und das an gut sichtbarer Stelle wie folgt gekennzeichnet ist: 144

„Begleitdokument für die Beförderung verbrauchsteuerpflichtiger
Waren unter Steueraussetzung".

Dies gilt nicht für Kaffee und Alkopops, die sich branntweinsteuerrechtlich im freien Verkehr befinden.

gestrichen 145

Das für den Empfänger zuständige Hauptzollamt prüft neben der Bezugsberechtigung des Empfängers und der Übereinstimmung der dritten und vierten Ausfertigung des BD auch, ob die Ausfüll- und Verfahrenshinweise auf der Rückseite der ersten Ausfertigung des BD beachtet worden sind. Soweit die Eintragungen des Empfängers unvollständig oder fehlerhaft sind, veranlasst das Hauptzollamt deren Ergänzung oder Berichtigung. 146

Für die Bestätigung ist der zur Verwendung in der Zollabfertigung vorgesehene Dienststempel (EG) zu verwenden. Der Stempelabdruck ist auf allen vorgelegten Exemplaren in Feld B des BD anzubringen. 147

**Anlage § 005–01**  Zu § 5 Energiesteuergesetz

148 Das Viertstück des BD ist beim Hauptzollamt getrennt nach Empfängern zu sammeln. Die bestätigten Drittstücke (Rückscheine) sind dem Empfänger zurückzugeben.
149 Die Viertstücke sind für Zwecke der Steueraufsicht und der Außenprüfung bereit zu halten.
150 Anstelle des BD können bei der Beförderung von Erzeugnissen (Branntwein/branntweinhaltige Waren) unter Steueraussetzung im Steuergebiet an Verwender andere Handelspapiere nach Maßgabe des § 28 Absatz 7 BrStV verwendet werden, wenn es sich um
   1. nach §§ 44 und 50 Absatz 4 und 5 BrStV vergällten Branntwein oder
   2. Aromen für gewerblich-technische Zwecke nach § 152 Absatz 1 Nummer 1, 3 oder 4 BranntwMonG handelt.
   Dies gilt nach § 28 Absatz 9 BrStV auch für unvergällten Branntwein, der zu Apotheken befördert wird.

### 8. Grundsätzliche Fragen zu Beförderungen unter Steueraussetzung

#### 8.1 Wirksame Eröffnung von Beförderungen unter Steueraussetzung

##### 8.1.1 Allgemeines

151 Für die wirksame Eröffnung einer Beförderung unter Steueraussetzung müssen die nachfolgenden Voraussetzungen kumulativ vorliegen:
   1. Der Versender und der Empfänger sind im Besitz einer gültigen Erlaubnis und müssen für den Versand bzw. den Empfang der jeweiligen verbrauchsteuerpflichtigen Ware unter Steueraussetzung berechtigt sein;
   2. soweit erforderlich, ist für die Beförderung eine Sicherheit geleistet worden;
   3. dem Versender wurde vor Beginn der Beförderung ein validiertes e-VD (vgl. Ziffer 4.2.1 Absatz 3 VA-EMCS) übermittelt.
152 gestrichen
153 Die wirksame Eröffnung einer Beförderung unter Steueraussetzung in EMCS bezieht sich ausschließlich auf die im e-VD enthaltenen und für die steuerliche Bemessungsgrundlage relevanten Angaben. Wird zum Beispiel eine über die im e-VD angegebene Menge oder eine andere als die im e-VD angegebene Warenart (maßgeblich ist der Verbrauchsteuerproduktcode) befördert, liegt für diesen Teil der Beförderung keine wirksame Eröffnung vor. Die Beförderung der Mehrmenge oder der anderen Warenart erfolgt somit nicht unter Steueraussetzung und damit außerhalb von EMCS. Bei Mehrmengen aufgrund von Messtoleranzen wird auf den Absatz 178 verwiesen.
154 Wird eine Beförderung unter Steueraussetzung nicht wirksam eröffnet, liegt keine Unregelmäßigkeit vor. Dies setzt keinen hierauf gerichteten menschlichen Handlungswillen voraus. Vielmehr ist dieser Vorgang – je nach Fallgestaltung – abgabenrechtlich als Beförderung von Waren des steuerrechtlich freien Verkehrs und/oder als Entnahme aus dem Steuerlager oder einem zollrechtlichen Nichterhebungsverfahren in den steuerrechtlich freien Verkehr zu würdigen. Somit entsteht im Steuergebiet grundsätzlich die Steuer.

##### 8.1.2 Besonderheiten bei Beförderungen zu Bezugsberechtigten von Schiffs- und Reisebedarf nach § 27 ZollV (E-VSF Z 01 50)

155 Eine Beförderung erfolgt nur dann unter Steueraussetzung, wenn ein „unmittelbares Anlaufen" des Schiffes vorliegt, d.h. wenn es innerhalb von 12 Tagen nach Bezug der Waren (Aufnahme an Bord) den Hafen verlässt ("12-Tages-Frist"; vgl. Ziffer 2.6 des Merkblatts zum Überwachungsverfahren gemäß § 27 Absatz 12 Satz 6 ZollV). Wird die 12-Tages-Frist überschritten, ist die Beförderung unter Steueraussetzung nicht wirksam eröffnet worden.

##### 8.1.3 Besonderheiten bei Beförderungen zu Begünstigten

156 Liegt dem Versender bei der Lieferung verbrauchsteuerpflichtiger Waren an einen Begünstigten bei Beginn der Beförderung keine mit einem Bestätigungsvermerk des zuständigen Hauptzollamts oder einer Eigenbestätigung der ausländischen Truppe versehene Freistellungsbescheinigung vor, erfolgt die Beförderung – unbeschadet der Validierung des Entwurfs des e-VD – nicht unter Steueraussetzung, es sei denn, die Lieferung an die ausländische Truppe erfolgt mit Abwicklungsschein nach § 73 UStDV. Dies hat zur Folge, dass die verbrauchsteuerpflichtigen Waren in den steuerrechtlich freien Verkehr überführt werden. Bei der Lieferung von Mehrmengen gelten die Ausführungen entsprechend.
157 Liegt die Freistellungsbescheinigung bzw. der Abwicklungsschein nicht vor oder wurde eine Mehrmenge geliefert, kommt grundsätzlich eine abweichende Festsetzung oder ein Erlass der Steuer aus sachlichen Billigkeitsgründen in Betracht, wenn von dem zuständigen Hauptzollamt bestätigt worden ist, dass die Voraussetzungen für die Steuerbefreiung erfüllt sind. Die jeweiligen Voraussetzungen sind

Zu § 5 Energiesteuergesetz　　　　　　　　　　　　　　　　　　　　**Anlage § 005–01**

im Einzelfall zu prüfen. Dabei ist ein strenger Maßstab anzulegen. Insbesondere bei wiederholter Nichtbeachtung der vorgeschriebenen Verfahrensregelungen kommt ein Erlass nicht in Betracht.

**8.1.4 Regelungen für BD und AD**

Die Ziffern 8.1.1 bis 8.1.3 gelten für die Verwendung des BD oder des AD entsprechend. An die Dokumente werden keine höheren Anforderungen als an das e-VD gestellt. Sind die entsprechenden Felder, die bei der Validierung des Entwurfs eines e-VD geprüft werden, richtig ausgefüllt und enthalten die übrigen Pflichtfelder Angaben, sind die Voraussetzungen für eine wirksame Eröffnung einer Beförderung unter Steueraussetzung erfüllt. 157a

Eine unrichtige Formulierung einer vorgeschriebenen Kennzeichnung auf einem Handelspapier (z. B. § 28 Absatz 8 Nummer 1 BrStV) steht für sich genommen der wirksamen Eröffnung einer Beförderung nicht entgegen, soweit die Formulierung den vom Gesetz- bzw. Verordnungsgeber vorgeschriebenen Wortlaut inhaltlich wiedergibt. Der objektive Tatbestand einer Ordnungswidrigkeit (z. B. § 67 Absatz 2 Nr. 2 BrStV) bleibt hiervon unberührt. 157b

**8.2 Unregelmäßigkeiten während Beförderungen unter Steueraussetzung**

**8.2.1 Allgemeines**

Eine Unregelmäßigkeit ist ein während einer Beförderung verbrauchsteuerpflichtiger Waren unter Steueraussetzung eintretender Fall, auf Grund dessen eine wirksam eröffnete Beförderung unter Steueraussetzung oder ein Teil der wirksam eröffneten Beförderung unter Steueraussetzung nicht ordnungsgemäß beendet werden kann. 158

Ausgenommen hiervon sind Fälle, in denen die verbrauchsteuerpflichtigen Waren auf Grund ihrer Beschaffenheit oder infolge unvorhersehbarer Ereignisse oder höherer Gewalt nachweislich vollständig zerstört oder unwiederbringlich verloren gegangen sind. 159

Tritt während einer Beförderung unter Steueraussetzung eine Unregelmäßigkeit ein, werden die verbrauchsteuerpflichtigen Waren in den steuerrechtlich freien Verkehr überführt mit der Folge, dass zu diesem Zeitpunkt die Steuer entsteht. Bei einer Unregelmäßigkeit setzt die Überführung in den steuerrechtlich freien Verkehr keinen hierauf gerichteten menschlichen Handlungswillen voraus. 160

Eine Unregelmäßigkeit liegt unter anderem in folgenden Fällen vor: 161

1. die Beförderung verbrauchsteuerpflichtiger Waren erfolgt an einen anderen Ort oder an einen anderen Empfänger, ohne dass der im e-VD eingetragene Bestimmungsort und/oder der Empfänger geändert wurde (Ziffer 4.3.1 der VA-EMCS),
2. es wird während der Beförderung unter Steueraussetzung anders – auch unrechtmäßig – über die verbrauchsteuerpflichtigen Waren verfügt,
3. beim Empfänger werden Fehlmengen festgestellt,
4. die verbrauchsteuerpflichtigen Waren sind nicht am Bestimmungsort eingetroffen, ohne dass während der Beförderung eine Unregelmäßigkeit festgestellt und innerhalb der vorgeschriebenen Fristen ein hinreichender Nachweis über den Verbleib der Waren erbracht worden ist (vgl. z. B. § 14 Absatz 4 TabStG).

Bei Energieerzeugnissen, die nach Maßgabe des § 28c EnergieStV befördert werden, kann die Ergänzung des Bestimmungsortes und/oder des Empfängers bis spätestens zum Ende der Beförderung vorgenommen werden, ohne dass eine Unregelmäßigkeit vorliegt. 161a

Neben der Erledigung des Verfahrens zur Beförderung verbrauchsteuerpflichtiger Waren unter Steueraussetzung (Ziffer 4.5.1 der VA-EMCS) obliegt dem für den Versender zuständigen Hauptzollamt grundsätzlich auch die Bearbeitung einer Unregelmäßigkeit. Dadurch wird das für den Empfänger oder für eine Kontrolleinheit Verkehrswege zuständige Hauptzollamt nicht von der Verpflichtung entbunden, dafür Sorge zu tragen, dass alle beteiligten Dienststellen über das Ergebnis einer Kontrolle oder das Empfangsergebnis unterrichtet werden. 162

Abschnitt 8.2.1 gilt bei der Verwendung des AD oder des BD entsprechend. 163

**8.2.2 Unregelmäßigkeiten während Beförderungen unter Steueraussetzung aus anderen, in anderer oder über andere Mitgliedstaaten**

**8.2.2.1 Fälle des Artikels 10 Absatz 1 der Richtlinie 2008/118/EG**

Tritt während einer Beförderung verbrauchsteuerpflichtiger Waren unter Steueraussetzung aus anderen, in andere oder über andere Mitgliedstaaten eine Unregelmäßigkeit im Steuergebiet ein, erfolgt die Überführung der verbrauchsteuerpflichtigen Waren in den steuerrechtlich freien Verkehr in dem Zeitpunkt und an dem Ort, in dem bzw. an dem die Unregelmäßigkeit eingetreten ist (vgl. Artikel 10 Absatz 1 163a

# Anlage § 005–01

Zu § 5 Energiesteuergesetz

der Richtlinie 2008/118/EG). Für die Bearbeitung ist das für den Versender zuständige Hauptzollamt bzw. das Hauptzollamt, in dessen Bezirk die Unregelmäßigkeit eingetreten ist, zuständig.

163b Das Hauptzollamt muss mittels geeigneter Nachweise (z. B. Dokumente, Aussagen, Ermittlungsergebnisse) in der Lage sein, den Ort und den Zeitpunkt der Unregelmäßigkeit zu bestimmen. Eine bloße Vermutung reicht in diesen Fällen nicht aus.

### 8.2.2.2 Fälle des Artikels 10 Absatz 2 der Richtlinie 2008/118/EG

163c Wird während einer Beförderung verbrauchsteuerpflichtiger Waren unter Steueraussetzung aus anderen Mitgliedstaaten im Steuergebiet festgestellt, dass eine Unregelmäßigkeit eingetreten ist und kann nicht ermittelt werden, wo die Unregelmäßigkeit eingetreten ist, so gilt sie im Steuergebiet und im Zeitpunkt der Feststellung als eingetreten (vgl. Artikel 10 Absatz 2 der Richtlinie 2008/118/EG). Für die Bearbeitung ist das Hauptzollamt zuständig, in dessen Bezirk die Feststellung erfolgt ist.

### 8.2.2.2 Fälle des Artikels 10 Absatz 4 der Richtlinie 2008/118/EG

163d Sind verbrauchsteuerpflichtige Waren unter Steueraussetzung aus dem Steuergebiet in einen anderen Mitgliedstaat befördert worden und sind sie nicht an ihrem Bestimmungsort eingetroffen, ohne dass während der Beförderung eine Unregelmäßigkeit festgestellt worden ist, so gilt die Unregelmäßigkeit als im Steuergebiet zum Zeitpunkt des Beginns der Beförderung eingetreten, es sei denn, der Versender führt innerhalb einer Frist von 4 Monaten nach Beginn der Beförderung den Nachweis, dass die verbrauchsteuerpflichtigen Waren am Bestimmungsort eingetroffen sind und die Beförderung ordnungsgemäß beendet wurde oder auf Grund einer außerhalb des Steuergebietes eingetretenen Unregelmäßigkeit nicht am Bestimmungsort eingetroffen sind (vgl Artikel 10 Absatz 4 der Richtlinie 2008/118/EG). Zuständig ist das für den Versender zuständige Hauptzollamt.

163e Falls die Person, die die Sicherheit für die Beförderung unter Steueraussetzung geleistet hat, keine Kenntnis davon hatte oder haben konnte, dass die verbrauchsteuerpflichtigen Waren nicht an ihrem Bestimmungsort eingetroffen sind, so hat sie innerhalb einer Frist von einem Monat nach Übermittlung dieser Information durch das Hauptzollamt die Möglichkeit, den Nachweis nach Absatz 163d zu führen (vgl. z. B. § 14 Absatz 4 Satz 2 EnergieStG). Für den Versender, Empfänger und den Beförderer der verbrauchsteuerpflichtigen Waren als Sicherheitsleistenden ist davon auszugehen, dass die entsprechende Kenntnis vorliegt.

163f In den Fällen des Absatzes 163e ist der Sicherheitsleistende unverzüglich nach Anzeige des Beförderungsvorganges in der Arbeitsliste „manuell zu erledigen" über die Nichterledigung des Beförderungsvorganges zu informieren. Das Hauptzollamt fordert den Sicherheitsleistenden schriftlich auf, innerhalb eines Monats entsprechende Nachweise zu erbringen, dass die verbrauchsteuerpflichtigen Waren am Bestimmungort angekommen sind. Abhängig vom Zeitpunkt der Information durch das Hauptzollamt kann sich dadurch die Frist von vier Monaten für den Sicherheitsleistenden um einen weiteren Monat verlängern.

### 8.2.3 Abgabe einer Steueranmeldung bzw. Steuererklärung

164 Im Fall einer Unregelmäßigkeit während der Beförderung unter Steueraussetzung hat der Steuerschuldner unverzüglich eine Steueranmeldung bzw. Steuererklärung (Tabaksteuer) abzugeben und die Steuer sofort zu entrichten. Steuerschuldner mit Sitz in einem anderen Mitgliedstaat sind schriftlich auf die Verpflichtung zur unverzüglichen Abgabe einer Steueranmeldung bzw. Steuererklärung und auf die sofortige Fälligkeit der Steuer hinzuweisen.

165 Die Fristen in § 14 Absatz 4 TabStG, § 142 Absatz 4 BranntwMonG auch i.V.m. § 3 Absatz 1 AlkopopStG, § 13 Absatz 4 auch i.V.m. § 29 Absatz SchaumwZwStG, § 13 Absatz 4 BierStG und § 14 Absatz 4 EnergieStG sind gesetzliche Fristen, die durch das Hauptzollamt nicht verlängert werden können. Fehlt der Nachweis und sind die Fristen abgelaufen, liegt eine Unregelmäßigkeit vor. Der/die Steuerschuldner haben nach Fristablauf unverzüglich eine Steueranmeldung bzw. Steuererklärung abzugeben.

166 Unabhängig von der Frist nach Absatz 165 hat der Steuerlagerinhaber oder der registrierte Versender als Steuerschuldner bis zum Ablauf der Festsetzungsfrist die Möglichkeit nachzuweisen, dass die verbrauchsteuerpflichtigen Waren während der Beförderung unter Steueraussetzung nicht in den steuerrechtlich freien Verkehr überführt worden sind. Gelingt der Nachweis, ist die Steuer zu erlassen oder zu erstatten (Steuerentlastung).

### 8.2.4 Unterrichtung der Behörden eines anderen Mitgliedstaats

167 Wird im Fall einer Unregelmäßigkeit bei der Beförderung von verbrauchsteuerpflichtigen Waren unter Steueraussetzung aus anderen Mitgliedstaaten die Steuer nach Abschnitt 8.2.2 ganz oder teilweise erhoben, wird die zuständige Behörde im Abgangsmitgliedstaat hierüber nach Artikel 16 der Zusammen-

Zu § 5 Energiesteuergesetz    **Anlage § 005–01**

arbeits-Verordnung und unter Hinweis auf Artikel 10 Absatz 3 RL 2008/118/EG mit der Mitteilung „Information über Steuererhebung" in EMCS unterrichtet.

Wird im Fall einer Unregelmäßigkeit bei der Beförderung unter Steueraussetzung festgestellt, dass die Steuer in einem anderen Mitgliedstaat zu erheben ist, wird die zuständige Behörde in diesem Mitgliedstaat hierüber nach Artikel 15 der Zusammenarbeits-Verordnung mit der Mitteilung „Spontaninfo" in EMCS unterrichtet. | 168

### 8.3 Behandlung von Mengenabweichungen

#### 8.3.1 Allgemeines

Der Warenempfänger (Steuerlagerinhaber, registrierter Empfänger, Verwender – ausgenommen Energieerzeugnisse) mit Sitz im Steuergebiet hat die in das Steuerlager bzw. in den Betrieb aufgenommenen Mengen unverzüglich aufzuzeichnen. Eventuell bestehende abweichende Regelungen zur Anschreibung von Avis-Mengen auf Grund der Verwaltungsvorschriften „Steueraussetzung; Ergänzende Regelungen für Energieerzeugnisse" (E-VSF V 82 15-2), „Verkehr unter Steueraussetzung – Ergänzende Regelungen für Branntwein" (E-VSF V 23 30-2) sowie „Regelungen zur Biokraftstoffquote im Bundesimmissionsschutzgesetz" (E-VSF V 84 06-6) bleiben hiervon unberührt. | 169

Im Steuergebiet eröffnete e-VD, zu denen eine Eingangsmeldung mit Mengenabweichungen oder abweichender Warenart eingeht, werden in der Arbeitsliste „Manuell zu erledigen" (Ziffer 3.4 der VA-EMCS) beim für den Versender zuständigen Hauptzollamt ausgewiesen. Die Arbeitsliste ist vom Hauptzollamt hinsichtlich einer eventuellen Steuererhebung auszuwerten. | 170

Bei Beförderungen aus anderen Mitgliedstaaten in das Steuergebiet mit EMCS werden Differenzen in der Arbeitsliste „Unstimmigkeiten (Beendigung)" – Ziffer 3.4 der VA-EMCS – beim für den Empfänger zuständigen Hauptzollamt aufgeführt. Diese Vorgänge sind, insbesondere hinsichtlich einer eventuellen Steuererhebung bei Mehrmengen oder abweichender Warenart, durch das Hauptzollamt auszuwerten. Bei der Verwendung des AD ist entsprechend zu verfahren. | 170a

Bei Beförderungen mit BD wertet das für den Versender zuständige Hauptzollamt die aufgetretenen Differenzen aus. | 170b

Werden Mengenabweichungen im Rahmen von Beförderungen verbrauchsteuerpflichtiger Waren unter Steueraussetzung mit einer Messtoleranz des Messgerätes (z. B. Durchflusszähler, Waage) erklärt, ist dies in jedem Einzelfall zur Überzeugung des zuständigen Hauptzollamts nachzuweisen. Ein pauschaler Verweis auf die eichrechtlich zulässigen Abweichungen des Messgerätes reicht hierfür nicht aus. | 170c

#### 8.3.2 „Aliud-Waren"

Wird eine andere als die im e-VD angegebene Warenart (maßgeblich ist der Verbrauchsteuer-Produktcode) geliefert oder mitgeliefert, liegt für diese – tatsächlich gelieferte – Ware keine wirksame Eröffnung einer Beförderung unter Steueraussetzung vor (vgl. Absatz 153). Die Ware tritt mit Verlassen des Steuerlagers bzw. des Orts der Einfuhr in den steuerrechtlich freien Verkehr. Ware, zugehöriger Verbrauchsteuerproduktcode, Menge und andere, für die steuerliche Bemessungsgrundlage relevanten Angaben zu der Aliud-Ware, sind vom Empfänger bzw. von der Ausfuhrzollstelle in Feld 6c der Eingangs-/Ausfuhrmeldung anzugeben. Dabei ist auch zu erklären, ob die Ware in den Betrieb des Empfängers aufgenommen oder auf dem Beförderungsmittel belassen wurde (Ziffer 4.4.1 der VA-EMCS). | 171

Unabhängig davon ist vom Empfänger für die im e-VD angegebene Warenart ebenfalls die Eingangsmeldung abzugeben. Für die im e-VD korrekt angegebene Warenart gelten hinsichtlich festgestellter Fehl- bzw. Mehrmengen die Abschnitte 8.3.3 und 8.3.4 entsprechend. | 172

Wird von einem Steuerlagerinhaber als Versender oder einem registrierten Versender eine andere als die im e-VD angegebene Warenart geliefert, entsteht die Steuer | 173

a) bei Beförderungen, die im Steuergebiet begonnen wurden, durch Entnahme aus dem Steuerlager oder durch die Einfuhr bzw.

b) bei Beförderungen, die in einem anderen Mitgliedstaat begonnen wurden, durch den Bezug oder Besitz zu gewerblichen Zwecken.

#### 8.3.3 Fehlmengen

Eine Fehlmenge, die während der Beförderung verbrauchsteuerpflichtiger Waren unter Steueraussetzung oder beim Empfänger festgestellt wird, stellt eine Unregelmäßigkeit dar (siehe Abschnitt 8.2). | 174

Der Empfänger bzw. die Ausfuhrzollstelle hat die Fehlmenge in der Eingangs- bzw. Ausfuhrmeldung anzugeben. Dem Sachgebiet B des für den Versender zuständigen Hauptzollamts obliegt in Zweifelsfällen die Beurteilung, ob eine Steuer entstanden ist, oder ob es Gründe gibt, die einer Steuerentstehung entgegenstehen (z.B. unwiederbringlicher Verlust, nachgewiesene Messtoleranz). Dazu können weitere | 175

**Anlage § 005–01**   Zu § 5 Energiesteuergesetz

Unterlagen oder Auskünfte eingeholt werden. Für die Abgabe der Steueranmeldung/-erklärung gilt Abschnitt 8.2.3.

176 Wird beim Empfänger im Steuergebiet eine Fehlmenge festgestellt, die

1. bei Energieerzeugnissen die in Absatz 5 der Verwaltungsvorschrift „Steueraussetzung; Ergänzende Regelungen für Energieerzeugnisse" (E-VSF V 82 15-2),
2. bei Bier, Erzeugnissen (Branntwein/branntweinhaltige Waren), Schaumwein, Zwischenerzeugnissen und Alkopops die in § 30 Absatz 1 BierStV, § 34 Absatz 1 BrStV, auch i.V.m. § 3 Absatz 1 AlkopopStG, § 29 Absatz 1, auch i.V.m. § 43 SchaumwZwStV und
3. bei Ethanol im Warenverkehr mit Frankreich die in der Verwaltungsvorschrift „Innergemeinschaftliches Steueraussetzungsverfahren mit Alkohol aus Frankreich; Mengendifferenzen" (E-VSF V 23 30-3)

enthaltenen Toleranzgrenzen unter den jeweils festgelegten Bedingungen nicht überschreitet, sind grundsätzlich keine Ermittlungen erforderlich. Eine Steuerentstehung liegt insoweit nicht vor, da die verbrauchsteuerpflichtigen Waren auf Grund ihrer Beschaffenheit als unwiederbringlich verloren gegangen anzusehen sind oder wegen Messtoleranzen eine Fehlmenge tatsächlich nicht vorliegt. In Zweifelsfällen oder zur stichprobenweisen Überprüfung kann das zuständige Hauptzollamt dessen ungeachtet eine Aufklärung der Fehlmengen verlangen.

**8.3.4 Mehrmengen**

177 Wird eine größere Menge als im e-VD angegeben geliefert, liegt für die zusätzlich gelieferte Menge keine wirksame Eröffnung einer Beförderung unter Steueraussetzung vor (vgl. Absatz 153 und 154). Die Mehrmenge ist vom Empfänger bzw. von der Ausfuhrzollstelle in Feld 6b der Eingangs-/Ausfuhrmeldung anzugeben. Dabei ist auch zu erklären, ob die Mehrmenge in den Betrieb des Empfängers aufgenommen oder auf dem Beförderungsmittel belassen wurde.

178 Für eine beim Empfänger im Steuergebiet festgestellte Mehrmenge gilt die Beförderung unter Steueraussetzung von Energieerzeugnissen als lose Ware (§ 1 Satz 1 Nr. 15 EnergieStV) sowie von anderen verbrauchsteuerpflichtigen Waren, die nicht in Fertig- oder Kleinverkaufspackungen transportiert werden, dennoch als wirksam eröffnet, wenn nachgewiesen wird, dass die Mehrmenge auf Messtoleranzen bei der Be- oder Entladung zurückzuführen ist. Der Nachweis gilt als erbracht, wenn die Mehrmenge

1. bei Energieerzeugnissen die in Absatz 5 der Verwaltungsvorschrift „Steueraussetzung; Ergänzende Regelungen für Energieerzeugnisse" (E-VSF V 82 15-2),
2. bei Bier, Erzeugnissen (Branntwein/branntweinhaltige Waren), Schaumwein, Zwischenerzeugnissen und Alkopops die in § 30 Absatz 1 BierStV, § 34 Absatz 1 BrStV, auch i.V.m. § 3 Absatz 1 AlkopopStG, § 29 Absatz 1, auch i.V.m. § 43 SchaumwZwStV und
3. bei Ethanol im Warenverkehr mit Frankreich die in der Verwaltungsvorschrift „Innergemeinschaftliches Steueraussetzungsverfahren mit Alkohol aus Frankreich; Mengendifferenzen" (E-VSF V 23 30-3)

enthaltenen Toleranzgrenzen nicht überschreitet.

179 Zur Vereinfachung kann das zuständige Hauptzollamt für eine Mehrmenge, die nach den in Absatz 178 genannten Grundsätzen nicht im Rahmen der Messtoleranz anerkannt wurde und für die somit die Steuer entstanden ist, auf die Abgabe einer Steueranmeldung verzichten, wenn die verbrauchsteuerpflichtigen Waren unmittelbar in das Steuerlager des Empfängers aufgenommen werden und die Mehrmenge 4% des im e-VD genannten Ladevolumens/-gewichts nicht überschreitet (sog. „Deckelung"). Diese Vereinfachung ist ausschließlich auf die Fälle der Beförderung von Energieerzeugnissen als lose Ware sowie von anderen verbrauchsteuerpflichtigen Waren, die nicht in Fertig- oder Kleinverkaufspackungen transportiert werden, beschränkt.

180 Im IT-Verfahren EMCS ist unabhängig von der Anerkennung einer Messtoleranz oder dem Verzicht auf die Abgabe einer Steueranmeldung in der Eingangs-/Ausfuhrmeldung

1. in Feld 6b der Wert „2" (Empfang der Waren erfolgt trotz Beanstandung) bzw. „22" (Ausgang der Waren erfolgt trotz Beanstandung),
2. in Feld 7b das Kennzeichen „Mehrmenge" und
3. in Feld 7c die festgestellte Mehrmenge (Differenz zwischen der im e-VD genannten und der tatsächlich empfangenen Menge)

anzugeben. Der Steuerlagerinhaber hat in den Fällen der Absätze 178 und 179 im Lagerbuch die tatsächlich aufgenommene (gemessene/gewogene) Menge anzuschreiben.

Zu § 5 Energiesteuergesetz **Anlage § 005–01**

## 8.3.5 Zurückweisungen

Eine beim Warenempfänger in EMCS festgestellte Fehl- und/oder Mehrmenge oder festgestellte andere Warenart bedarf, insbesondere bei teilweiser Zurückweisung der Sendung, einer besonderen Betrachtung, weil EMCS in diesen Fällen mit bestimmten Auflagen verbunden ist. Diese werden bei der Erstellung und Übermittlung der Eingangsmeldung (Ziffer 4.4.1. der VA-EMCS) sichtbar. 181

Wenn eine andere Warenart, als im e-VD angegeben (vgl. Abschnitt 8.3.2), befördert wurde, kann diese vom Empfänger weder vollständig noch teilweise in EMCS zurückgewiesen werden. Die tatsächlich beförderte Ware befindet sich seit Beginn der Beförderung bereits im steuerrechtlich freien Verkehr (vgl. Absatz 153). Der Beförderungsvorgang ist ggf. nach Durchführung des Besteuerungsverfahrens manuell zu erledigen. 182

Bei der vollständigen Zurückweisung einer Sendung durch den Empfänger mit der im e-VD angegebenen Warenart ist zu berücksichtigen, dass die zurückgewiesene Menge nicht größer sein kann als die im e-VD aufgeführte Menge. Eine Mehrmenge wird also nicht zurückgewiesen, sondern nur nachrichtlich in der Eingangsmeldung vermerkt. Insoweit dient die Eingangsmeldung – unabhängig vom steuerrechtlichen Status der verbrauchsteuerpflichtigen Waren – auch dazu, tatsächliche Feststellungen zu dokumentieren. 183

Beispiel: Laut Angaben im e-VD werden 100 Einheiten geliefert. Der Warenempfänger stellt 110 Einheiten, also eine Mehrmenge von 10 Einheiten fest. Er weist 100 Einheiten zurück (Empfangsergebnis „3"), gleichzeitig hat er die Mehrmenge von 10 Einheiten in der Eingangsmeldung anzugeben und es sind Angaben zum weiteren Verbleib zu machen.

Bei der teilweisen Zurückweisung einer Sendung mit der im e-VD angegebenen Warenart ist dementsprechend wie folgt zu verfahren: 184

1. Bei der teilweisen Zurückweisung mit Mehrmengen ist in einer Eingangsmeldung als zurückgewiesene Menge die Differenz zwischen der tatsächlich gelieferten und der festgestellten Menge, für die das Steueraussetzungsverfahren wirksam eröffnet wurde, und der davon tatsächlich vom Warenempfänger aufgenommenen Menge anzugeben. Eventuelle Mehrmengen sind in der Eingangsmeldung im dafür vorgesehenen Feld zusätzlich anzugeben. Dabei ist in der Eingangsmeldung auch zu erklären, ob die Mehrmenge in den Betrieb des Empfängers aufgenommen oder auf dem Beförderungsmittel belassen wurde.

   Beispiel: Laut Angaben im e-VD werden 100 Einheiten geliefert. Der Warenempfänger stellt 110 Einheiten, also eine Mehrmenge von 10 Einheiten fest. 50 Einheiten nimmt er an und in seinen Betrieb auf. Der Warenempfänger hat 50 Einheiten zurückzuweisen (Empfangsergebnis „4"), gleichzeitig ist die Mehrmenge von 10 Einheiten von ihm in der Eingangsmeldung anzugeben und es sind Angaben zum weiteren Verbleib zu machen.

2. Bei einer teilweisen Zurückweisung mit Fehlmengen kann als zurückgewiesene Menge nur die tatsächlich auf dem Beförderungsmittel verbleibende Menge angegeben werden. Eventuelle Fehlmengen sind in der Eingangsmeldung im dafür vorgesehenen Feld anzugeben.

   Beispiel: Laut Angaben im e-VD werden 100 Einheiten geliefert. Der Warenempfänger stellt 90 Einheiten, also eine Fehlmenge von 10 Einheiten fest. 50 Einheiten nimmt er an und in seinen Betrieb auf. Der Warenempfänger hat 40 Einheiten zurückzuweisen (Empfangsergebnis 4), gleichzeitig ist die Fehlmenge von 10 Einheiten von ihm in der Eingangsmeldung zu erfassen.

## 8.4 Fehlerhafte Eintragungen in verbrauchsteuerrechtlichen Beförderungsdokumenten

In den Fällen, in denen es durch eine fehlerhafte Eingabe im e-VD in den Feldern „Verbrauchsteuer-Produktcode" (Feld 17b), „Menge" (Feld 17d), „Alkoholgehalt" (Feld 17g), „Grad Plato" (Feld 17h) oder „Dichte" (Feld 17o) zu einer Steuerentstehung kommt (z.B. durch Mengenabweichungen oder durch Eintragung einer unzutreffenden Warenart), verzichtet das für den Versender zuständige Hauptzollamt – auf Grundlage der vorliegenden Eingangsmeldung – auf die Abgabe einer Steueranmeldung/Steuererklärung bzw. auf eine Steuerfestsetzung unter der Voraussetzung, dass der Steuerschuldner nachweist, dass 184a

1. es sich um eine offensichtliche Unrichtigkeit handelt und
2. die Waren im Steuerlager/Betrieb des registrierten Empfängers aufgenommen bzw. in ein Drittland oder Drittgebiet ausgeführt worden sind und
3. die fehlerhafte Eintragung im e-VD nicht auf Vorsatz oder grobe Fahrlässigkeit zurückzuführen ist und
4. Versender und Empfänger im Besitz einer Erlaubnis für die tatsächlich beförderte Warenart sind.

# Anlage § 005–01
Zu § 5 Energiesteuergesetz

184b Eine Unrichtigkeit ist dann offensichtlich, wenn der Fehler auf der Hand liegt und durchschaubar, eindeutig oder augenfällig ist, d. h. wenn er ohne weiteres im e-VD, ggf. im Zusammenhang mit den zugehörigen Unterlagen, erkennbar ist. Als offensichtlich unrichtig gelten z.b. mechanische Versehen wie Eingabe- und Übertragungsfehler oder die Verwendung einer unzutreffenden Maßeinheit.

Beispiel: Bei der Beförderung von Zigaretten wird in Feld 17d des e-VD die Menge der Zigaretten nicht in der gemäß Verordnung (EG) Nr. 684/2009 für diesen Produktcode vorgegebenen Maßeinheit (1000 Stück) angegeben. Stattdessen wird versehentlich die Menge in einer anderen Maßeinheit (10.000 Stück) oder die Anzahl der Packstücke/Kartons eingetragen. Dadurch werden tatsächlich mehr Zigaretten befördert als im e-VD angegeben.

184c Als ausreichender Nachweis für die Aufnahme gilt die Eintragung der tatsächlich beförderten und aufgenommenen verbrauchsteuerpflichtigen Waren in der Eingangsmeldung oder eine von den zuständigen Behörden des anderen Mitgliedstaats ausgestellte Bestätigung über deren Erfassung in den steuerlichen Aufzeichnungen. Im Fall der Ausfuhr gelten die Ausfuhrmeldung oder die in Absatz 91 aufgeführten Ersatznachweise als ausreichend.

184d Die von den Absätzen 184a) bis c) erfassten Fallgestaltungen stellen grundsätzlich einen sachlichen Billigkeitsgrund im Sinn der § 163 AO bzw. § 227 AO dar (vgl. auch AO-DV Zoll zu § 227 AO Nr. 5.2.). Dies gilt auch für Fälle, in denen eine Steueranmeldung / Steuererklärung abgegeben worden ist. Die Anschreibungen nach der AO – DV Zoll zu § 227 AO Nr. 12 sind entsprechend zu führen, erlassene oder erstattete Beträge sind bei der Darstellung der Einnahmeausfälle des Bundeshaushaltes im Rahmen der Haushaltsrechnung des Bundes zu berücksichtigen. Einer Zustimmung der Bundesfinanzdirektion nach Abschnitt 3.1 Buchstabe b und c der AO-DV Zoll zu § 227 AO bedarf es in diesen Fällen nicht.

184e Die Entscheidung über den Erlass bzw. die Erstattung ist – unabhängig von einem zu erstellenden Bescheid – durch einen Aktenvermerk im jeweiligen EMCS-Vorgang zu dokumentieren.

184f Die vorstehenden Ausführungen gelten bei der Verwendung des AD oder BD entsprechend.

## 8.5 Mitführen der Beförderungsdokumente

185 Der Beförderer hat die von EMCS dem Versender übermittelte Druckausgabe des e-VD (bzw. des entsprechenden Handelspapiers) oder ein Handelspapier, aus dem der Referenzcode hervorgeht, während der gesamten Beförderung mitzuführen. Dieses Handelspapier kann zum Beispiel eine Rechnung, ein Lieferschein oder im Eisenbahnverkehr ein CIM-Frachtbrief sein, sofern der jeweilige ARC enthalten ist. Bei der Ausfuhr verbrauchsteuerpflichtiger Waren unter Steueraussetzung gilt als ein solches Handelspapier auch das Ausfuhrbegleitdokument gemäß Artikel 796a ZK-DVO, wenn aus diesem der ARC hervorgeht und es während der gesamten Beförderung mitgeführt wird. Das gilt auch für die zweite bis vierte Ausfertigung des BD (bzw. des entsprechenden Handelsdokuments) sowie für die dritte Ausfertigung des AD.

186 Führt der Beförderer diese Unterlagen nicht mit, handelt er ordnungswidrig nach § 381 Absatz 1 Nummer 1 AO in Verbindung mit den jeweiligen verbrauchsteuerrechtlichen Vorschriften.

187 Das Nichtmitführen des Ausdrucks des e-VD (bzw. des entsprechenden Handelspapiers) oder eines Handelspapiers, aus dem der Referenzcode hervorgeht, ist keine Unregelmäßigkeit, wenn die Beförderung unter Steueraussetzung wirksam eröffnet wurde. Das Nichtmitführen des AD oder des BD (bzw. des entsprechenden Handelsdokuments) steht der Beförderung unter Steueraussetzung nicht entgegen, wenn das entsprechende Dokument tatsächlich ausgefertigt wurde. Allerdings wird in diesem Fall eine nicht wirksame Eröffnung des Verfahrens vermutet. Die Vermutung kann durch geeignete Unterlagen (z.B. Handelspapiere, Steuerlageranschreibungen) widerlegt werden.

188 Wird bei der Beförderung unter Steueraussetzung zu einem Begünstigten die zweite Ausfertigung der Freistellungsbescheinigung nicht mitgeführt, gelten die Absätze 186 und 187 entsprechend.

## 9 Herstellung verbrauchsteuerpflichtiger Waren im zollrechtlichen Nichterhebungsverfahren

189 Verbrauchsteuerpflichtige Waren, die im Laufe einer aktiven Veredelung nach dem Nichterhebungsverfahren aus nicht verbrauchsteuerpflichtigen Waren hergestellt werden, sind ebenfalls Teil des zollrechtlichen Nichterhebungsverfahrens der aktiven Veredelung nach den Verbrauchsteuervorschriften. Bis zu einer eventuellen Entnahme aus dem Nichterhebungsverfahren liegt verbrauchsteuerrechtlich keine Einfuhr vor.

## 10 Anlage

Anlage 1 – Übersicht der Mitgliedstaaten, die von der Ermächtigung des Artikels 40 Absatz 1 der Richtlinie 2008/118/EG Gebrauch gemacht haben.

Zu § 5 Energiesteuergesetz  Anlage § 005–02

## Empfehlung der Kommission über Leitlinien für die Zulassung von Lagerinhabern gemäß Richtlinie 92/12/EWG des Rates in Bezug auf verbrauchsteuerpflichtige Waren

Amtsblatt der Europäischen Gemeinschaften vom 29.11.2000

DIE KOMMISSION DER EUROPÄISCHEN GEMEINSCHAFTEN –
gestützt auf den Vertrag zur Gründung der Europäischen Gemeinschaft, insbesondere auf Artikel 211 zweiter Gedankenstrich,
in Erwägung nachstehender Gründe:
(1) Gemäß der Richtlinie 92/12/EWG des Rates vom 25.Februar 1992 über das allgemeine System, den Besitz, die Beförderung und die Kontrolle verbrauchsteuerpflichtiger Waren [1], zuletzt geändert durch die Richtlinie 2000/47/EG [2], benötigen Steuerlager und Inhaber von Steuerlagern für Tabakwaren, Alkohol, alkoholische Getränke und Mineralöle in den Mitgliedstaaten eine Zulassung.
(2) Der Bericht der Hochrangigen Arbeitsgruppe „Steuerhinterziehung bei Tabakwaren und Alkohol", der am 24. April 1998 von den Generaldirektoren für Zölle und indirekte Steuern genehmigt wurde, enthielt Empfehlungen zur Betrugsbekämpfung.
(3) Die Kommission übermittelte dem Rat eine Mitteilung über die Betrugsbekämpfung im Bereich der Verbrauchsteuern, in der die Ursachenanalyse der Hochrangigen Arbeitsgruppe uneingeschränkt übernommen und ihre Empfehlungen gebilligt wurden [3].
(4) Der Rat „Wirtschaft und Finanzen" genehmigte am 19. Mai 1998 die Zusammenfassung des Berichts der Hochrangigen Arbeitsgruppe und ging die politische Verpflichtung ein, gegen Steuerbetrug vorzugehen.
(5) Die Untersuchungen der Arbeitsgruppe ergaben, dass je nach Mitgliedstaat bei Erteilung und Entzug der Zulassung zum Betreiben von Steuerlagern unterschiedliche Kriterien verwendet werden.
(6) Gemäß Artikel 13 Unterabsatz 1 Buchstabe a) der Richtlinie 92/12/EWG müssen die Behörden von den zugelassenen Lagerinhabern eine Sicherheitsleistung zur Abdeckung des mit der innergemeinschaftlichen Warenbeförderung verbundenen Risikos verlangen.
(7) Gemäß Artikel 13 Unterabsatz 1 Buchstabe a) der Richtlinie 92/12/EWG können die Behörden von den zugelassenen Lagerinhabern eine Sicherheitsleistung zur Abdeckung des mit der Herstellung, Verarbeitung und Lagerung der Waren verbundenen Risikos verlangen.
(8) Gemäß Artikel 16 Absatz 2 Unterabsatz 2 Buchstabe a) der Richtlinie 92/12/EWG müssen die Behörden von registrierten Wirtschaftsbeteiligten eine Sicherheitsleistung verlangen.
(9) Den Mitgliedstaaten sollte es freistehen zu bestimmen, auf welche Weise die Sicherheitsleistung gestellt wird.
(10) Gemäß Artikel 15a Absatz 1 der Richtlinie 92/12/EWG führen die Mitgliedstaaten eine elektronische Datenbank, die ein Verzeichnis der zugelassenen Lagerinhaber und der zu Verbrauchsteuerzwecken registrierten Wirtschaftsbeteiligten sowie der als Steuerlager zugelassenen Räumlichkeiten enthält.
(11) Die Hochrangige Arbeitsgruppe empfahl, dass die Kommission und die Mitgliedstaaten gemeinsame Grundsätze für die Zulassung von Steuerlagern und Lagerinhabern ausarbeiten.
(12) Anfang Oktober 1998 fand in Luxemburg ein FiscalisSeminar statt, in dem ein Leitfaden für die Erteilung und den Entzug der Zulassungen zum Betreiben eines Steuerlagers und für die Kontrolle gelagerter Waren ausgearbeitet wurde.
(13) Der Verbrauchsausschuss erörterte diese Angelegenheit in seinen Sitzungen, und die Mitgliedstaaten wurden um Vorschläge zum Inhalt der künftigen Bestimmungen gebeten.
(14) Im Hinblick auf ein einheitlicheres Vorgehen bei der Erteilung und dem Entzug der Zulassungen genehmigten die Vertreter der Mitgliedstaaten im Verbrauchsteuerausschuss einstimmig die in dieser Empfehlung enthaltenen Bestimmungen –

---

1) ABl. L 76 vom 23.3.1992, S. 1.
2) ABl. L 197 vom 29.7.2000, S. 73.
3) SEK(1998) 732 endg. vom 29.4.1998.

# Anlage § 005–02

Zu § 5 Energiesteuergesetz

EMPFIEHLT:

## ANWENDUNGSBEREICH
### Artikel 1

(1) Die Mitgliedstaaten sollten die Bestimmungen dieser Empfehlung anwenden, wenn einer natürlichen oder juristischen Person die Zulassung erteilt werden soll, als Betreiber eines Steuerlagers:

a) im Rahmen ihrer wirtschaftlichen Tätigkeit verbrauchsteuerpflichtige Waren unter Steueraussetzung herzustellen, zu verarbeiten, zu lagern, zu empfangen und zu versenden;

b) verbrauchsteuerpflichtige Waren unter Steueraussetzung zu empfangen, zu lagern und zu versenden.

(2) Ferner sollte diese Empfehlung möglichst auch dann angewendet werden, wenn einer natürlichen oder juristischen Person die Genehmigung erteilt werden soll, als registrierter Wirtschaftsbeteiligter ohne den Status eines zugelassenen Lagerinhabers im Rahmen ihrer wirtschaftlichen Tätigkeit aus anderen Mitgliedstaaten verbrauchsteuerpflichtige Waren unter Steueraussetzung zu empfangen.

## KRITERIEN FÜR DIE ERTEILUNG DER ZULASSUNG
### Artikel 2

(1) Obwohl die Mitgliedstaaten bei der Erteilung der Zulassungen für die in Artikel 1 genannten Personen strenge Kriterien anlegen sollten, muss auch ein Ausgleich zwischen den Erfordernissen der Handelserleichterung und denen einer wirksamen Kontrolle hergestellt werden.

(2) Um in Kenntnis der Sachlage entscheiden und das Einnahmerisiko im Falle einer Zulassung abschätzen zu können, sollten vor der Zulassung bei dem Antragsteller folgende Informationen eingeholt werden:

– Name und Anschrift des Antragstellers;
– Art der Tätigkeit;
– Plan des Betriebsgeländes, Ort und Beschreibung der Tätigkeit und der Fabrikanlagen;
– schriftlicher Antrag mit sachdienlichen Angaben zum Unternehmen;
– MwSt.-Nummer;
– Auszug aus dem Handelsregister oder vergleichbaren Registern, sofern eine solche Eintragung in dem jeweiligen Mitgliedstaat vorgeschrieben ist;
– Namen, Stellung und Befugnisse der Verantwortlichen in dem Unternehmen;
– Einzelheiten über das Buchführungssystem, die internen Kontrollmaßnahmen und die Rechnungsprüfungsmethoden;
– Einzelheiten über die finanzielle Situation des Unternehmens und seine steuerliche Zuverlässigkeit allgemein (Zoll, MwSt., direkte Steuern);
– Umfang der Lagertätigkeit, Schätzung der Menge der in einem bestimmten Zeitraum herzustellenden, zu lagernden oder zu bewegenden Waren;
– frühere oder andere Zulassungen des Antragstellers als Betreiber eines Steuerlagers in einem anderen Mitgliedstaat.

Diese Informationen können unter Verwendung eines entsprechenden Formulars eingeholt werden.

(3) Die Mitgliedstaaten können von dem potentiellen Lagerinhaber auch die Vorlage eines Verzeichnisses der Mitgliedstaaten verlangen, in die er seine Waren unter Steueraussetzung versenden will. Diese Informationen können den betreffend Bestimmungsmitgliedstaaten übermittelt werden.

### Artikel 3

(1) Die Mitgliedstaaten können vor Erteilung der Zulassung einen Besuch der fraglichen Anlage vorsehen, um festzustellen, ob das Steuerlager tatsächlich existiert und um eine genaue Vorstellung von den räumlichen Verhältnissen zu bekommen. Die Mitgliedstaaten sollten soweit möglich, einen genauen Plan des künftigen Steuerlagers erhalten, damit – insbesondere bei größeren Anlagen – Betriebsprüfungen jeder Art und die Abgrenzung des für Zwecke der Steueraussetzung genutzten Geländes erleichtert werden.

(2) Sehr wichtig sind Kontrollen der Lagerbestände durch die zugelassenen Personen selbst und durch die Behörden. Wichtig ist auch eine Überprüfung des Ursprungs der verbrauchsteuerpflichtigen Waren sowie des gesamten Produktionsprozesses vom Empfang des Rohmaterials bis zum Versand der Fertigware. Dies kann Kodierung oder sonstige Kennzeichnung der Ware beinhalten.

Zu § 5 Energiesteuergesetz  Anlage § 005–02

## INFORMATIONEN FÜR DIE ANTRAGSTELLER

### Artikel 4

(1) Die Mitgliedstaaten sollten die Antragsteller und registrierten Wirtschaftsbeteiligten über die jeweiligen Buchführungsvorschriften informieren, so dass bei einer Betriebsprüfung sämtliche empfangenen, hergestellten, verarbeiteten, gelagerten und versandten Waren zurückverfolgt werden können.

(2) Der Antragsteller sollte darüber unterrichtet werden, dass er in seiner Buchführung alle für das korrekte Betreiben eines Steuerlagers und seine Kontrolle erforderlichen Unterlagen offen legen muss. Je nach den Vorschriften in den verschiedenen Mitgliedstaaten handelt es sich dabei im Einzelnen um:

- Rohmaterialbestandslisten;
- Herstellungsregister;
- Bestandslisten über sämtliche Erzeugnisse;
- Aufstellungen über empfangene und versandte Waren.

(3) Die Unterlagen des Lagerinhabers sollten insbesondere eine Warenbeschreibung sowie Angaben zur Steuerkategorie und zum begleitenden Verwaltungsdokument gemäß der Verordnung (EWG) Nr. 2719/92 der Kommission[1] (Nummer des Dokuments, Datum des Warenausgangs und Datum des Empfangs des dritten Exemplars durch den Versender zwecks Entlastung) enthalten.

(4) Die zuständigen Behörden sollten Zugang zu Lagerbuchführung, Gewinn- und Verlustrechnungen, Bilanzen und Revisionsberichten erhalten.

(5) Die zuständigen Behörden der Mitgliedstaaten sollten die Tätigkeit des Unternehmens durch gelegentliche Prüfungen überwachen.

### Artikel 5

Die Mitgliedstaaten sollten den Lagerinhaber über seine verbrauchsteuerlichen Pflichten unterrichten, vor allem über die Pflicht,

- den zuständigen Behörden die für den Betrieb des Verbrauchsteuer-Frühwarnsystems erforderlichen Informationen zu übermitteln;
- für alle Sendungen innerhalb der Gemeinschaft und zur Ausfuhr ein begleitendes Verwaltungsdokument zu verwenden und dieses vor dem Versand der Waren sorgfältig auszufüllen;
- das begleitende Verwaltungsdokument nach dem in dem nationalen System zu nummerieren;
- Angaben über die voraussichtliche Fahrzeit und, falls erforderlich, über eine vernünftige Beförderungsstrecke zu machen.

## SICHERHEITSLEISTUNGEN

### Artikel 6

(1) Die Höhe der Sicherheitsleistung sollte die mit der Tätigkeit des Lagerinhabers oder registrierten Wirtschaftsbeteiligten verbundenen Risiken widerspiegeln.

(2) Die Höhe der Sicherheitsleistung sollte regelmäßig überprüft werden, so dass sie Veränderungen hinsichtlich des Handelsvolumens, der Tätigkeit der Lagerinhaber und der Höhe der in den Mitgliedstaaten geltenden Verbrauchsteuersätze Rechnung trägt.

## ANNULLIERUNG ODER ENTZUG DER ZULASSUNG

### Artikel 7

(1) Eine Zulassung sollte im Prinzip nur bei Vorliegen ernsthafter Gründe und nach sorgfältiger Prüfung der Verhältnisse des Lagerinhabers durch die zuständigen Behörden der Mitgliedstaaten für nichtig erklärt oder entzogen werden.

(2) Eine Zulassung kann z. B. in folgenden Fällen für nichtig erklärt oder entzogen werden:

- Nichterfüllung der mit der Zulassung verbundenen Pflichten;
- unzureichende Deckung der verlangten Sicherheitsleistung;
- wiederholter Verstoß gegen die geltenden Rechtsvorschriften;
- Verwicklung in Straftaten;
- Steuerumgehung und -hinterziehung.

---

[1] ABl. L 276 vom 19.9.1992, S. 1.

**Anlage § 005–02**  Zu § 5 Energiesteuergesetz

## VERSCHIEDENES
### Artikel 8

(1) Bei der regelmäßigen Aktualisierung der elektronischen Datenbank gemäß Artikel 15a Absatz 1 der Richtlinie 92/ 12/EWG (SEED: System for exchange of excise data) sollten die neu erteilten Zulassungen sowie alle späteren Änderungen an vorhandenen Eintragungen (z. B. Ausweitung der Tätigkeit, Adressenänderung, Entzug der Zulassung) berücksichtigt werden.

(2) Sofern die einzelstaatlichen Rechtsvorschriften dies zulassen, können Informationen über Antragsteller, die bereits in einem anderen Mitgliedstaat wirtschaftlich tätig sind oder waren, ausgetauscht werden, wenn ein anderer Mitgliedstaat um diese Informationen ersucht.

(3) Die Mitgliedstaaten sollten geeignete Maßnahmen zur Kontrolle der verbrauchsteuerpflichtigen Waren treffen, die unter Steueraussetzung hergestellt, verarbeitet, gelagert, empfangen und aus Steuerlagern versandt und befördert werden. Die Mitgliedstaaten können sich gegenseitig im Einklang mit den Bestimmungen über Verwaltungszusammenarbeit und Amtshilfe bei diesen Aufgaben unterstützen.

## SCHLUSSBESTIMMUNGEN
### Artikel 9

Die Mitgliedstaaten sind aufgefordert, der Kommission bis zum 31. Dezember 2001 den Wortlaut der wichtigsten Rechts- und Verwaltungsvorschriften zu übermitteln, die sie aufgrund dieser Empfehlung erlassen, und die Kommission über jede spätere Änderung in diesem Bereich zu unterrichten.

### Artikel 10

Diese Empfehlung ist an alle Mitgliedstaaten gerichtet.

Brüssel, den 29. November 2000

Für die Kommission Frederik
BOLKESTEIN
Mitglied der Kommission

Zu § 7 Energiesteuergesetz  Anlage § 007–01

## Dienstvorschrift Energiesteuer – zu § 7 EnergieStG (Energiesteuerlager, Lager ohne Lagerstätten und zugelassener Einlagerer – DV Steuerlager –)

BMF-Schreiben vom 21.1.2014 – III B 6 – V 8215/07/10002 :007, 2014/0060018

### 1. Vorbemerkungen

Soweit die steuerlichen Belange im Einzelfall nicht beeinträchtigt werden, kann von den in der Energiesteuer-Durchführungsverordnung und dieser Vorschrift vorgesehenen Erleichterungen und Vereinfachungen Gebrauch gemacht werden. Die Nachweis- und Aufzeichnungspflichten dürfen nicht zu einer unverhältnismäßigen Belastung der Unternehmen führen (Stichwort: Bürokratieabbau), hierbei sind die steuerlichen Belange jedoch ausreichend zu berücksichtigen. 1

Ermessensentscheidungen sind durch den Sachbearbeiter im Vorgang mit den maßgeblichen Erwägungen zu dokumentieren. 2

### 2. Allgemeine Voraussetzungen

Die örtliche Zuständigkeit richtet sich nach § 1a EnergieStV. Für deren Beurteilung ist daher maßgebend, von welchem Ort aus ein Unternehmen betrieben wird. Ein Unternehmen wird in der Regel von dem Ort aus betrieben, an dem die Geschäftsleitung ihren Sitz hat. Der Sitz der Geschäftsleitung ist dabei nach § 10 AO der Mittelpunkt der geschäftlichen Oberleitung. 3

Im Mittelpunkt der geschäftlichen Oberleitung wird der für die Geschäftsführung maßgebende Wille gebildet. Es ist der Ort an dem die wesentlichen der Geschäftsführung obliegenden tatsächlichen, organisatorischen und rechtsgeschäftlichen Handlungen vorgenommen werden, die der gewöhnliche Betrieb der Gesellschaft mit sich bringt (sog. Tagesgeschäfte). Der Sitz der Geschäftsleitung entspricht daher nicht zwingend dem Sitz des Unternehmens (§ 11 AO), welcher durch Gesetz, Gesellschaftsvertrag, Satzung oder dergleichen bestimmt ist.

Werden die Tagesgeschäfte an verschiedenen Orten ausgeführt, ist der Ort, an dem die Handlungen mit der größten Bedeutung für den Gesellschaftsbetrieb ausgeführt werden, maßgebend.

Bei Unternehmen, die von einem Ort außerhalb des Steuergebiets aus betrieben werden, ist das HZA zuständig, in dessen Bezirk das Unternehmen erstmalig steuerlich in Erscheinung tritt. 4

„Steuerlich in Erscheinung treten" ist allgemein das Auslösen einer Rechtsfolge, was z. B. durch Stellen eines Antrages oder Verwirklichung eines Tatbestandes, an den das Gesetz die steuerlichen Folgen/ Rechte knüpft, erfolgen kann.

Beantragt der Beteiligte die Erteilung einer Erlaubnis als Steuerlagerinhaber, tritt er erstmals dort steuerlich in Erscheinung, wo die verbrauchsteuerpflichtigen Waren unter Steueraussetzung empfangen werden sollen (in der Regel die Betriebsstätte im Sinne des § 12 AO).

Ist ein Hauptzollamt für ein Unternehmen energiesteuerrechtlich erstmalig zuständig geworden, führen weitere Sachverhalte zu keiner Änderung der Zuständigkeit (Grundsatz: ein Unternehmen = ein Hauptzollamt).

Unberührt hiervon bleiben Zuständigkeitsvereinbarungen nach § 27 AO, Einzelfallentscheidungen, bei denen die örtliche Zuständigkeit eines Hauptzollamtes auf Grund besonderer Umstände abweichend bestimmt wurde sowie die Zuständigkeiten bei Steuerordnungswidrigkeiten bzw. Steuerstraftaten.

Der Antrag auf Erlaubnis eines Lagers für Energieerzeugnisse ist sowohl für das Lager, als auch für das Lager ohne Lagerstätten nach Vordruck 1181 zu stellen; die Erlaubnis als zugelassener Einlagerer (Hinweis auf § 7 Absatz 4 EnergieStG) ist nach Vordruck 1182 zu beantragen. 5

Der Antrag einschließlich der vorgelegten Unterlagen soll es dem Sachgebiet Abgabenerhebung ermöglichen, über diesen zu entscheiden. Sofern er nicht eindeutig ist, sind entsprechende zusätzliche Erklärungen vom Antragsteller einzufordern (Hinweis auf § 16 Absatz 2 EnergieStV). Im Bedarfsfall kann das Sachgebiet D bei der Prüfung des Antrages beteiligt werden, (Hinweis auf Absatz 14).

Zwecke nach § 7 EnergieStG sind: 6

1. Großhandel ist jeder Handel mit Energieerzeugnissen, bei dem der Käufer nicht privater Endkunde ist (gewerbsmäßiger Bezug und Abgabe an Wiederverkäufer).

   Tankstellen gelten z. B. nicht als dem Großhandel zugehörig.

   Bei der Beurteilung eines Unternehmens ist darauf abzustellen, welche Art Handel das Unternehmen in der Hauptsache betreibt. Werden im Einzelfall auch private Endkunden beliefert, ist der Lagerzweck nach wie vor gegeben.

# Anlage § 007–01

Zu § 7 Energiesteuergesetz

2. Großhandelsvertrieb durch Hersteller ist die Herstellung von Waren und deren Verkauf an einen Großhändler.

3. Das Mischen von Energieerzeugnissen folgt den Regelungen des § 20 Absatz 1 EnergieStV. Dieses Mischen ist aber keine Herstellung im Sinne von § 6 Absatz 1 EnergieStG, da es nicht als Bearbeiten gilt (Hinweis auf § 6 Absatz 2 Nummer 1 und Nummer 2 Buchstabe a EnergieStG).

4. Die Versorgung von Verwendern mit steuerfreien Energieerzeugnissen muss an Erlaubnisinhaber (förmliche/allgemeine Erlaubnis) nach § 24 Absatz 2 Satz 1 EnergieStG erfolgen.

Einer gesonderten Erlaubnis nach § 24 Absatz 2 Satz 2 EnergieStG bedarf das Steuerlager nicht (Hinweis auf § 24 Absatz 3 EnergieStG).

Bei einem Unternehmen, das Energieerzeugnisse ausschließlich steuerfrei verwenden möchte, sind die Voraussetzungen für eine Steuerlagererlaubnis nicht gegeben und die Erlaubnis ist zu versagen.

5. Die Abgabe von Energieerzeugnissen nach § 2 Absatz 1 Nr. 8 Buchstabe a, Absatz 2 Nr. 2 oder Absatz 3 EnergieStG soll nicht zur steuerbegünstigten Verwendung im eigenen Betrieb erfolgen.

Die Abgabe dieser Energieerzeugnisse kann jedoch an gewerbliche und private Endverwender erfolgen und ist nicht auf den Großhandel beschränkt.

7 Bei der Prüfung der Voraussetzungen nach § 7 Absatz 2 EnergieStG vor Erteilung einer Erlaubnis gilt nachstehendes:

1. Die ordnungsgemäße Buchführung ist im Vierten Teil, 2. Abschnitt, 1. Unterabschnitt (§§ 140 ff.) der Abgabenordnung, §§ 238 ff. Handelsgesetzbuch (HGB) sowie den Einkommensteuerrichtlinien in der jeweils gültigen Fassung geregelt. In Fällen elektronischer Buchführung muss diese den Grundsätzen ordnungsmäßiger DV-gestützter Buchführungssysteme – GoBS – (E-VSF S 0937) entsprechen. Hat der Antragsteller die nach dem Antragsvordruck erforderlichen Angaben gemacht, sind diese grundsätzlich anzuerkennen, sofern keine gegensätzlichen Anhaltspunkte erkennbar sind.

   Hierbei sind Tabellenkalkulationsprogramme als steuerliche Anschreibungen unzulässig. Diese können ggf. als Voranschreibungen Verwendung finden.

2. Der Antragsteller stellt rechtzeitig Jahresabschlüsse auf. Dies ist der Fall, wenn der Jahresabschluss bei Kapitalgesellschaften in den ersten drei Monaten, bei kleinen Kapitalgesellschaften (§ 267 Absatz 1 HGB) – wenn dies einem ordnungsgemäßen Geschäftsgang entspricht – in den ersten 6 Monaten und bei Genossenschaften in den ersten 5 Monaten des Geschäftsjahres für das vergangene Geschäftsjahr aufgestellt ist (§§ 264 Absatz 1 und 336 Absatz 1 HGB). Bei Einzelkaufleuten und Personengesellschaften ist der Jahresabschluss alsbald nach dem Ende des Geschäftsjahres unter Berücksichtigung aller Umstände – insbesondere auch der Verhältnisse des Unternehmens –, spätestens jedoch innerhalb eines Jahres zu erstellen. Angaben des Antragstellers zu den Jahresabschlüssen können bei Erteilung einer Erlaubnis als zutreffend angenommen werden. Bei Anzeichen für eine Gefährdung der steuerlichen Belange oder in Zweifelsfällen sind aktuelle Jahresabschlüsse anzufordern.

3. Grundsätzlich gilt jeder Antragsteller als steuerlich zuverlässig. Ungeachtet dessen ist durch das Hauptzollamt eine INZOLL Recherche durchzuführen. Zusätzlich ist das zuständige Finanzamt unter Verwendung des Vordrucks 3715 und im Falle eines Antrages auf Erteilung einer Erlaubnis als zugelassener Einlagerer auch das für den Geschäftssitz des Antragstellers zuständige Hauptzollamt zu beteiligen. Wenn z. B. bei neu gegründeten Unternehmen keine Informationen auf den vorgenannten Wegen zu erwarten sind, können Angaben zu der Höhe des Eigenkapitals, den Kapitalhaftungsverhältnissen des Antragstellers, des Inhabers, der Gesellschafter und der sonstigen Beteiligten sowie wirtschaftliche Verflechtungen und der Höhe der Beteiligungen beim Antragsteller eingeholt werden.

   Bedenken gegen die steuerliche Zuverlässigkeit des Antragstellers bestehen z. B., wenn

   – der Antragsteller oder die rechtlich für ihn handelnden Personen wegen Steuerstraftaten auf dem Gebiet der Energiesteuer verurteilt sind,

   – gegen sie Ermittlungen wegen des Verdachts solcher Straftaten anhängig sind und eine Verurteilung aufgrund tatsächlicher Anhaltspunkte wahrscheinlich erscheint

   – sie als Firmeninhaber, Teilhaber, Geschäftsführer oder verantwortliche Angestellte am Zustandekommen von erheblichen Energiesteuerausfällen (z. B. auch in Entlastungsfällen) beteiligt waren

   – einer der Beteiligten (z. B. Teilhaber) wegen Steuerstraftaten auf anderen Steuergebebieten rechtskräftig verurteilt ist.

8 Beantragt der Erdölbevorratungsverband nach § 7 Absatz 6 EnergieStG, dass Energieerzeugnisse zur Erfüllung der Verbandszwecke unter Steueraussetzung gelagert werden, entfallen die in Absatz (7) genannten subjektiven und objektiven Bewilligungsvoraussetzungen.

Zu § 7 Energiesteuergesetz **Anlage § 007–01**

Für die Erteilung der Erlaubnisse für Steuerlager, Lager ohne Lagerstätten oder zugelassener Einlagerer 9
ist die Leistung einer Sicherheit regelmäßig nicht erforderlich.
Anzeichen für eine Gefährdung der Steuer ergeben sich aus § 25 EnergieStV; ergänzend siehe auch EVSF V 9953-3. Liegen entsprechende Anzeichen vor, richtet sich die Berechnung und die Höhe der Sicherheitsleistung nach § 7 Absatz 2 Satz 3 EnergieStG. Sollen Energieerzeugnisse durch einen zugelassenen Einlagerer in einem Steuerlager eingelagert werden, begründet allein diese Tatsache kein Anzeichen für die Gefährdung der Steuer.
Die Regelungen für die Sicherheitsleistung bei der Beförderung von Energieerzeugnissen unter Steueraussetzung bleiben hiervon unberührt.
Wurde auf die Sicherheitsleistung verzichtet, ist regelmäßig zu prüfen, ob Anzeichen für die Gefährdung 10
der Steuer erkennbar sind. Das Ergebnis ist im Belegheft zu dokumentieren. Das Hauptzollamt legt hierbei Art und Intervall der Überprüfung fest. Eine permanente Prüfung der steuerlichen Pflichten (z. B. Auswertung der Überwachungslisten hinsichtlich Abgabe der Steueranmeldung sowie Zahlungsverhalten, Bewegungsdaten) kann nach den Umständen des Einzelfalles ausreichend sein. Ergeben sich entsprechende Anzeichen im Rahmen dieser Prüfung, ist die Erlaubnis für Steuerlager, Lager ohne Lagerstätten oder zugelassener Einlagerer in Bezug auf die Sicherheitsleistung anzupassen.
Die Angemessenheit der Sicherheitsleistung ist ebenfalls regelmäßig zu überprüfen. 11
Soweit eine Sicherheit nach § 7 Absatz 2 EnergieStG erforderlich ist, sind die Entnahmen aus allen in der 12
Erlaubnis genannten Steuerlagern oder Lagerstätten eines zugelassenen Einlagerers zu berücksichtigen. Bei der Sicherheitsleistung des zugelassenen Einlagerers ist zu beachten, dass diese nur für die jeweilige Erlaubnis des örtlich zuständigen Hauptzollamts erhoben werden kann. Tritt das Unternehmen in mehreren Hauptzollamtsbezirken auf, so informieren sich die Hauptzollämter unmittelbar über den die Erhebung der Sicherheit begründenden Sachverhalt und prüfen in eigener Zuständigkeit die Erhebung einer Sicherheitsleistung.
Die Form der Sicherheitsleistung richtet sich nach den §§ 241 ff. Abgabenordnung sowie der Dienst- 13
vorschrift „Formen der Sicherheitsleistung in Verbrauchsteuer- und Zollverfahren – SilDV" (E-VSF S 14 50).
Eine „Einrichtungsprüfung" zur Feststellung der Voraussetzungen vor Erteilung der Erlaubnis ist nicht 14
vorgesehen. Das Sachgebiet Prüfungsdienst kann in begründeten Einzelfällen unterstützend tätig sein. In diesen Fällen sind die aufzuklärenden Sachverhalte dem Sachgebiet Prüfungsdienst zu benennen.
Im Rahmen der Antragsprüfung ist es dem Sachgebiet Abgabenerhebung unbenommen, sich im eigenen Hauptzollamtsbezirk z. B. hinsichtlich der
– Voraussetzungen (Hinweis auf Absatz 7),
– ordnungsgemäßen Lagerung von Energieerzeugnissen,
– Anzeichen für eine Gefährdung der Steuer (Hinweis auf § 25 EnergieStV),
– Aufnahme von Nebenbestimmungen nach § 120 AO oder
– Zulassung der Lagerstätten und Zapfstellen (Hinweis auf § 17 Absatz 3 EnergieStV)
im Unternehmen einen Überblick zu verschaffen.
Sofern die für die Erteilung einer Erlaubnis notwendigen Voraussetzungen nicht erfüllt sind, ist vor einer 15
Ablehnung dem Antragsteller rechtliches Gehör zu gewähren (Hinweis auf § 91 AO).
Für die Erlaubniserteilung sind die Vordrucke Nr. 1011, 1012 oder 1013 zu verwenden. 16
Das Hauptzollamt kann (in begründeten Ausnahmefällen) eine vorläufige und befristete Erlaubnis für ein Steuerlager oder ein Lager ohne Lagerstätten schon vor Abschluss einer Prüfung des Antrags erteilen, wenn Sicherheit in Höhe der Steuer geleistet ist, die voraussichtlich entstehen wird, ggf. in Höhe des Steuerwertes der voraussichtlich gelagerten Energieerzeugnisse (Hinweis auf § 18 Absatz 1 EnergieStV). Hierbei ist ein strenger Maßstab anzulegen.
Soll eine bestehende Erlaubnis um eine oder mehrere Lagerstätten erweitert werden, ist die Erlaubnis, 17
vorbehaltlich der Prüfung nach den Absätzen (5) bis (16), entsprechend zu ändern. Eine Erweiterung der Erlaubnis ist vom Hauptzollamt so abzufassen, dass ein Rechtsbehelf nur gegen die geänderten Teile der Erlaubnis zulässig ist.
Für die Eintragung in das IT-Verfahren BISON/PRÜF ist die jeweils aktuelle Version der Verfahrens- 18
anweisung zu beachten. Bezüglich der besonderen Zuständigkeiten bei der Erfassung des zugelassenen Einlagerers wird auf Absatz (53) verwiesen.
Mit der Erlaubnis wird für den Inhaber des Steuerlagers bzw. des Lagers ohne Lagerstätten eine Ver- 19
brauchsteuerLagerinhabernummer sowie für jedes Lager eine VSt-Lagernummer vergeben (Hinweis auf

**Anlage § 007–01**                                    Zu § 7 Energiesteuergesetz

E-VSF V 9953 – 1, Absätze 17 und 19). Weiteres siehe § 18 Absatz 1a EnergieStV. In besonders begründeten Ausnahmefällen und wenn keine Anzeichen für die Gefährdung der Steuer ersichtlich sind, können dem Antragsteller die Verbrauchsteuernummern ausnahmsweise bereits vor Erteilung der Erlaubnis mitgeteilt werden. Diese sind für die Anmeldung zur Teilnahme an EMCS erforderlich. Die Antragsteller sind in solchen Fällen besonders darauf hinzuweisen, dass aus der Mitteilung der Nummern kein Recht auf Erteilung der begehrten Erlaubnis erwächst und dass eine Beförderung unter Steueraussetzung unter Verwendung dieser Verbrauchsteuernummern erst nach Erteilung der Erlaubnis erfolgen darf.

20  Erleichterungen nach § 35 EnergieStV für den Versand unter Steueraussetzung können z. B. besonders gekennzeichnete Lieferscheine oder andere Handelspapiere sein (Hinweis auf E-VSF V 8215- 2, Absätze 35 ff.).

21  Nach Erteilung der Erlaubnis bittet das Sachgebiet Abgabenerhebung die für das Unternehmen und die Betriebsstätten jeweils zuständigen Sachgebiete Prüfungsdienst um Übernahme der Steueraufsicht.

22  Die Erlaubnis ist zu widerrufen, wenn eine der Voraussetzungen nach Absatz (7) nicht mehr erfüllt ist oder eine festgesetzte Sicherheit nicht geleistet wird.

Vor dem Widerruf der Erlaubnis ist dem Erlaubnisinhaber Gelegenheit zu geben, innerhalb angemessener Frist Stellung zu nehmen, es sei denn, von der Anhörung ist nach § 91 Absatz 2 oder 3 AO abzusehen.

Die aus anderen Gründen örtlich zuständigen Hauptzollämter (z. B. Erlaubnisse als zugelassener Einlagerer) sind über den Widerruf unverzüglich zu unterrichten. Zur Entscheidung, ob weitere Behörden/ Dienststellen zu informieren sind, vgl. Merkblatt über die Zusammenarbeit zwischen Steuer und Zoll (Erlass vom 9. Juni 2011IV D 3/ S 7420/08/10038 / IV A 4/ S 1515/07/10001 – der Zollverwaltung gesondert bekannt gegeben mit Erlass vom 30 Juni 2011 – III A 1 – S 0060/08/10093, Dok 2011/0527470 –).

23  Das zuständige Sachgebiet Abgabenerhebung führt Besteuerungsverfahren durch, bearbeitet, ändert und ergänzt Erlaubnisse und zugehörige Nebenbestimmungen. Es erteilt Anordnungen für Außenprüfungen und Steueraufsichtsmaßnahmen; auf die PrüfungsDV BUND (E-VSF S 1310) wird hingewiesen. Für Besonderheiten im Besteuerungsverfahren in Strafsachen- und Bußgeldverfahren vgl. Dienstvorschrift für Strafsachen- und Bußgeldverfahren (Aufgabenwahrnehmung und Organisation) – StraBuDV (E-VSF S 1885).

24  Das Sachgebiet Abgabenerhebung führt für jede Erlaubnis ein Belegheft. In das Belegheft sind alle Schriftstücke aufzunehmen. Die mit dem Antrag auf Erlaubnis vorgelegten Lage- und Anlagenpläne sowie Betriebserklärungen sind mit einem Datums- und Sichtvermerk durch das Sachgebiet Abgabenerhebung zu versehen. Die Beleghefte sind in dreijährlichen Abständen zu prüfen und gegebenenfalls zu aktualisieren. Die Prüfung bzw. Aktualisierung ist in dem Belegheft zu dokumentieren.

**3. Lagerstätten, Lagerbehandlung**

25  Für die Erfassung der Zu- und Abgänge eines Lagers für Energieerzeugnisse wird auf Abschnitt 2 der Dienstvorschrift „Steueraussetzung; Ergänzende Regelungen für Energieerzeugnisse – Verwaltungsvorschrift zu den §§ 9a bis 14 EnergieStG und den §§ 26 bis 37aEnergieStV " (E-VSF V 8215-2) verwiesen.

26  Bei der Beurteilung der Frage, welche Grundstücksflächen und Räumlichkeiten zum Steuerlager gehören, ist auf die tatsächliche räumliche Einheit abzustellen. Stellen die Grundstücksflächen also einen unmittelbaren Verbund dar, so gelten sie alle als dem Lager zugehörig. Aus der Ausdehnung dieser unmittelbar miteinander verbundenen Flächen und Räumlichkeiten ergeben sich die Außengrenzen des Steuerlagers.

An einem Standort können zudem mehrere Lagerstätten eines Lagers für Energieerzeugnisse mit jeweils eigener VSt-Lagernummer eingerichtet werden.

Teile eines Lagers können auch die auf den Lagerplätzen befindlichen Gleis- oder Verladeeinrichtungen sein. Straßentankwagen oder Eisenbahnkesselwagen sind als Lagerstätten nicht zulässig. In begründeten Fällen kann das Hauptzollamt für Flüssiggas auf Antrag Ausnahmen zulassen.

Flugfeldtankwagen mit eigenem Lagergefäß, die keine Zulassung zum Straßenverkehr nach § 3 Absatz 1 der Fahrzeugzulassungsverordnung haben, weshalb sie nicht auf öffentlichen Straßen eingesetzt werden dürfen, können als Steuerlager zugelassen werden. Dies gilt auch, wenn keine weiteren stationären Lagerstätten bestehen. Fahrzeuge ohne eigenes Lagergefäß, bei denen der Kraftstoff lediglich zu Pumpzwecken durchfließt (sog. Dispenser oder Hydrantenwagen), können nicht als Steuerlager zugelassen werden.

Zu § 7 Energiesteuergesetz **Anlage § 007–01**

Gleichartige Energieerzeugnisse können gemeinsam gelagert werden. Bei der Beurteilung, ob es sich um 27
gleichartige Energieerzeugnisse handelt, ist nicht grundsätzlich auf die Positionen oder Unterpositionen
der Energieerzeugnisse in der Kombinierten Nomenklatur (KN) abzustellen.
Maßgeblich ist die steuerrechtliche Bewertung, also die energiesteuerrechtliche Behandlung und vor
allem der Steuertarif der Energieerzeugnisse. Treffen diese Voraussetzungen nicht zu, gilt § 17 Absatz 1
EnergieStV.
Allerdings können erzeugnisspezifische Mengenermittlung und Aufzeichnung bei der Auslagerung erforderlich sein (z. B. Biomengenbilanz). Das Hauptzollamt kann hierzu Anordnungen treffen.

§ 17 Absatz 2 EnergieStV sieht als Grundsatz vor, dass die Lagertanks für Energieerzeugnisse im Lager 28
eichamtlich vermessen und die Zapfstellen zur Entnahme von Energieerzeugnissen mit geeichten
Messeinrichtungen versehen sein müssen. Die Hauptzollämter können vom Grundsatz der Eichung von
Lagertanks und Messeinrichtungen an Zapfstellen (Durchlaufzähler) verzichten, wenn die Feststellung
der zu versteuernden Abgangsmengen mittels anderer geeichter Messinstrumente (z. B. Waagen) erfolgt
und steuerliche Belange nicht gefährdet erscheinen.

Die zulässige Lagerbehandlung umfasst auch die Verflüssigung kohlenwasserstoffhaltiger Dämpfe, die 29
bei der Lagerung, dem Verladen oder dem Transport von Energieerzeugnissen frei werden.

Die Lagerbehandlung in dieser Form ist zulässig für solche kohlenwasserstoffhaltigen Dämpfe, die bei
der Lagerung und Verladung von Energieerzeugnissen, sowie bei der Entgasung von Transportmitteln
im Lager aufgefangen werden.

Diese Dämpfe werden zur Reinhaltung der Luft mit Gassammelsystemen, Gasreinigungsanlagen oder
Rückgewinnungsanlagen (VRU-Anlagen) durch Verflüssigung in den ursprünglichen Aggregatzustand
zurückgeführt.

Die vom Lagerinhaber aufgefangenen und verflüssigten Mengen hat dieser gemäß den Bestimmungen
des § 19 Absatz 2 EnergieStV in den steuerlichen Anschreibungen zu dokumentieren.

Für weitere Regelungen zur zulässigen Lagerbehandlung siehe § 20 EnergieStV. 30

Das Hauptzollamt kann zur Verfahrensvereinfachung die Aufnahme durch Inbesitznahme (Strecken- 31
geschäft) zulassen (§ 33 Absatz 5 EnergieStV). Dies ermächtigt jedoch – mit Ausnahme des Lagers ohne
Lagerstätten (siehe Abschnitt 4 dieser Dienstvorschrift) – nicht zur Bewilligung fiktiver Steuerlager, die
unabhängig von Lagerstätten lediglich über die Buchführung abgerechnet werden. Für die Zulassung der
Aufnahme in das Steuerlager durch Inbesitznahme nach § 33 Absatz 5 EnergieStV bleibt unverzichtbare
Voraussetzung, dass tatsächliche Lagerstätten vorhanden sind und auch genutzt werden.

## 4. Lager ohne Lagerstätten

Eine Erlaubnis nach § 7 Absatz 2 EnergieStG kann auch dann erteilt werden, wenn ein Steuerlager keine 32
gegenständliche Lagerstätte besitzt (§ 7 Absatz 5 EnergieStG). Wurde dem Unternehmen anderweitig
bereits ein Steuerlager mit fester Lagerstätte bewilligt, steht dies einer Erlaubniserteilung nicht entgegen.

Beispiel:
Einem Händler, der Heizöl zu einem ermäßigten Steuersatz abgibt, kann ein Tankwagen als Lager ohne
Lagerstätte bewilligt werden (auch wenn ihm anderweitig bereits ein Steuerlager mit fester Lagerstätte
bewilligt wurde).

Das Lager ohne Lagerstätte ist daher kein fester Ort, der als Lagerstätte eines Steuerlagers i. S. v. § 7
Absatz 1 EnergieStG zugelassen werden könnte. Vor Erteilung der Bewilligung sind die tatsächlichen
Verhältnisse zu prüfen (Hinweis auf Absatz 14).

Das Steuerlager eines Lagers ohne Lagerstätte besteht nicht aus einem real abgrenzbaren Lagerplatz, 33
sondern aus einer an Besitzverhältnissen anknüpfenden rechtlichen Konstruktion. Die Inbesitznahme
des Energieerzeugnisses gilt als Aufnahme in das Steuerlager des Inhabers des Lagers ohne Lagerstätte.
Die Inbesitznahme durch denjenigen, an den die Energieerzeugnisse abgegeben werden, gilt als Entnahme aus dem Steuerlager.

Bei der Beurteilung der Besitzverhältnisse ist hier auf den zivilrechtlichen Besitz (§§ 854ff BGB) abzustellen, wobei mittelbarer Besitz ausreicht.

Ein Lager ohne Lagerstätte kann am Steueraussetzungsverfahren nur durch Inbesitznahme der Ware 34
(Streckengeschäft) teilnehmen.

Bei der (fiktiven) Entnahme aus dem Lager ohne Lagerstätten (z. B. ungeklärtem Besitzverlust beim
Inhaber des Lagers ohne Lagerstätten) entsteht die Steuer dann wie beim herkömmlichen Lager für
Energieerzeugnisse mit Entnahme aus dem Steuerlager gem. § 8 Absatz 1 Satz 1 EnergieStG, sofern sich
kein weiteres Steueraussetzungsverfahren oder ein Verfahren der Steuerbefreiung anschließt.

**Anlage § 007–01**                                         Zu § 7 Energiesteuergesetz

35 Die VSt-Lagernummer wird auch bei Lagern ohne Lagerstätten aus verfahrenstechnischen Gründen vergeben.

36 Im Lager ohne Lagerstätten sind alle in § 20 EnergieStV genannten Lagerbehandlungen zulässig.

## 5. Pflichten des Lagerinhabers

37 Beantragt der Lagerinhaber den Verzicht auf die Führung eines Lagerbuchs nach amtlich vorgeschriebenem Vordruck steht einer Bewilligung nichts entgegen, sofern Steuerbelange nicht gefährdet erscheinen. Diese Bewilligung kann jedoch mit entsprechenden Nebenbestimmungen (§ 120 Absatz 2 AO) verbunden werden. Bei EDV-Programmen ist regelmäßig eine Programmbeschreibung bzw. -dokumentation anzufordern, aus der auch die steuerlich maßgeblichen Buchungsvorgänge (einschl. etwaiger Steuerschlüssel, Kürzel etc.) hervorgehen.

Die Aufzeichnungen sind in der Erlaubnis genau zu benennen. Eine einfache Nennung – beispielsweise der Namen des EDV-Programmes – ist nicht ausreichend.

38 Auf die vorherige Anzeige der Bestandsaufnahme kann regelmäßig verzichtet werden, wenn die steuerlichen Anschreibungen die für Steuerbelange erforderlichen Angaben vollständig und übersichtlich enthalten oder wenn die Bestände aufgrund einer permanenten Inventur festgestellt werden. Wird nicht davon abgesehen, ist der vom Unternehmen angezeigte Zeitpunkt der Bestandsaufnahme dem Sachgebiet Prüfungsdienst zur Kenntnis zu geben.

39 Werden bei Bestandsaufnahmen Teilmengen mittels geeichter Messinstrumente, die übrigen Mengen durch geeignete und nachvollziehbare andere Methoden der Mengenermittlung festgestellt, ist dies zulässig und begründet keine Bedenken gegen die Richtigkeit. Hierbei sind die steuerlichen Belange zu berücksichtigen.

40 Das Hauptzollamt bestimmt nach eigenem Ermessen von Fall zu Fall, ob und bei welcher Gelegenheit (z. B. bei einer Außenprüfung) die Bestände amtlich festzustellen sind. Die Feststellungen werden dabei durch das Sachgebiet Prüfungsdienst getroffen. Der Erlaubnisinhaber oder die Angestellten des Erlaubnisinhabers können unterstützend tätig sein. Das Hauptzollamt bestimmt insbesondere den Umfang der Bestandsaufnahme (Aufnahme des gesamten Bestandes, Aufnahme des Bestandes an bestimmten Energieerzeugnissen, Aufnahme des Bestandes an versteuerten Energieerzeugnissen oder anderen Stoffen). Die Anordnung einer amtlichen Bestandsaufnahme (§ 19 Absatz 5 EnergieStV) bedarf gegenüber dem Erlaubnisinhaber keiner besonderen Begründung.

41 Bei der Bestandsaufnahme wird der Bestand an Energieerzeugnissen i. S. d. § 4 EnergieStG und anderen Stoffen im Betrieb festgestellt (Istbestand). Der Istbestand wird mit der Menge verglichen, die nach dem Lagerbuch oder den sonst zugelassenen Anschreibungen in Verbindung mit den Aufzeichnungen des Erlaubnisinhabers (Fabrikationsbuchführung, Mess- und Pumpberichte o. ä.) vorhanden sein müsste (Sollbestand). Ist der Bestand nach § 19 Absatz 4 Satz 1 EnergieStV angemeldet worden, können die Feststellung der Istbestände und der Vergleich auf Stichproben beschränkt werden. Anhand der Betriebserklärung und anderer geeigneter Unterlagen wird geprüft, ob alle Warenbewegungen ordnungsgemäß erfasst und gebucht worden sind.

42 Nach Eingang der Bestandsanmeldung überprüft das Sachgebiet Abgabenerhebung die Bestandsanmeldung auf ihre Vollständigkeit und Schlüssigkeit (z. B. versteuerter und unversteuerter Abgang, Übernahme der Ist-Bestände aus der vorangegangenen Bestandsanmeldung). Das Unternehmen hat zu Fehl- und Mehrmengen dergestalt Stellung zu nehmen, dass das Sachgebiet Abgabenerhebung diese entsprechend würdigen kann. Fehlt die Stellungnahme, ist sie nachzufordern.

43 Das Hauptzollamt entscheidet bei Fehlmengen unter Anwendung von § 161 AO, ob die Energiesteuer entstanden ist. Richtsätze für betriebsübliche Verluste bestehen nicht. Die in Abschnitt 3 der Dienstvorschrift „Steueraussetzung; Ergänzende Regelungen für Energieerzeugnisse – Verwaltungsvorschrift zu den §§ 9a bis 14 EnergieStG und den §§ 26 bis 37a EnergieStV" (E-VSF V 8215-2) genannten Toleranzsätze sind bei Mengenabweichungen, die im Rahmen einer Bestandsaufnahme festgestellt werden, nicht anwendbar.

44 Die Feststellung von Mehrmengen gibt keinen Anlass, auf eine genaue Prüfung ihrer Ursachen zu verzichten.

45 Ergeben sich bei verschiedenen verbrauchsteuerpflichtigen Waren mit unterschiedlichen Positionen bzw. Unterpositionen (Hinweis auf § 4 EnergieStG) in der Kombinierten Nomenklatur einerseits Mehr- und andererseits Mindermengen, so sind die Mindermengen die Fehlmenge i. S. v. § 161 AO. Die Fehlmenge ist nicht der Saldo aus Mehr- und Mindermengen (Hinweis auf BFH-Urteil vom 06.11.1990 – VII R 31/88).

Eine Saldierung ist nur zulässig, wenn

Zu § 7 Energiesteuergesetz **Anlage § 007–01**

- es sich um lose Ware handelt,
- sie eine gemeinsame Position bzw. Unterposition in der Kombinierten Nomenklatur zuzuordnen sind,
- sie den gleichen Steuertarif besitzen und
- gemeinsam gelagert werden dürfen.

Das Sachgebiet Prüfungsdienst erhält die durch das Sachgebiet Abgabenerhebung geprüfte Bestandsanmeldung, sofern Umstände geboten erscheinen diese mit den Aufzeichnungen im Unternehmen bzw. der Betriebsstätte im Rahmen der Steueraufsicht abzugleichen. 46

Das Sachgebiet Abgabenerhebung erteilt über das Ergebnis der Überprüfung der Bestandsanmeldung einen abschließenden Bescheid an das Unternehmen. 47

Das Sachgebiet Abgabenerhebung hat immer zu prüfen, ob die nach § 19 Absatz 4 EnergieStV genannten Fristen eingehalten wurden. Sind diese überschritten, ist das zuständige Sachgebiet Ahndung zu informieren, mit dem Hinweis auf den Verdacht einer Ordnungswidrigkeit nach § 111 EnergieStV. 48

## 6. Zugelassener Einlagerer

Die Erlaubnis nach § 7 Absatz 4 EnergieStG wird dem zugelassenen Einlagerer durch das Hauptzollamt am Geschäftssitz des Unternehmens, welches Lagerinhaber nach § 7 Absatz 2 EnergieStG ist, erteilt. Im Rahmen der Prüfung der steuerlichen Zuverlässigkeit ist das für den Geschäftssitz des zugelassenen Einlagerers zuständige Hauptzollamt zu beteiligen. 49

Eine Sicherheitsleistung auf Grundlage des § 7 Absatz 4 Satz 4 i. V. m. Absatz 2 Satz 3 EnergieStG muss – falls erforderlich – vom zugelassenen Einlagerer verlangt werden. 50

Die Erlaubnis als zugelassener Einlagerer ist keine Voraussetzung für die Einlagerung von Energieerzeugnissen durch Dritte (Einlagerer). Sie ist nur erforderlich, sofern der Einlagerer selbst Steuerschuldner werden will. 51

Der zugelassene Einlagerer ist nicht berechtigt am Steueraussetzungsverfahren teilzunehmen oder die Energieerzeugnisse nach der Lagerung in ein Verfahren der steuerfreien Verwendung zu überführen. 52

Zuständig für die Erfassung des Unternehmens, welches als zugelassener Einlagerer auftritt, im IT-Verfahren BISON/PRÜF ist das Hauptzollamt in dessen Bezirk die Geschäftsleitung dieses Unternehmens ansässig ist. 53

Für die Eingabe und Pflege der Daten zum Überwachungsgegenstand „zugelassener Einlagerer" ist das Hauptzollamt zuständig, welches dem zugelassenen Einlagerer die Erlaubnis nach § 7 Absatz 4 G erteilt hat.

Bei Unternehmen, die bei mehreren Steuerlagerinhabern zugelassener Einlagerer werden wollen, ist die Möglichkeit einer Zuständigkeitsvereinbarung nach § 27 AO gegeben (Hinweis auf Absatz 4). 54

Zuständig für die Anordnung einer Außenprüfung ist das Hauptzollamt am Sitz des Steuerlagerinhabers (Hinweis auf E-VSF S 1310, Absatz 502). 55

Daher ist als „Zuständige Stelle Prüfungsanordnungen" die Dienststellennummer dieses Hauptzollamtes einzutragen.

Als „zuständige Prüfungsstelle Prüfungen" und „zuständige Prüfungsstelle Steueraufsicht/Überwachung" ist auf der Registrierkarte „Standorte" ebenfalls das für den Sitz des Steuerlagerinhabers bzw. für die Betriebsstätte des Steuerlagers zuständige Hauptzollamt einzutragen (§ 1a EnergieStV).

## 7. Berichtspflichten

Zur Fortschreibung und Optimierung der vorstehenden Dienstvorschrift werden durch die Abteilung Zentrale Facheinheit der Bundesfinanzdirektion Südwest zu gegebener Zeit Erfahrungsberichte von den Bundesfinanzdirektionen angefordert (Variabler Berichtstermin). 56

**Anlage § 008–01**                          Zu § 8 Energiesteuergesetz

## Abgabe steuerfreier Energieerzeugnisse im Streckengeschäft

BMF-Erlass vom 14.5.2014, 1II B 6 – V 8115111110002 :001

Für den Vollzug der §§ 8 und 30 EnergieStG im Lichte der Entscheidung des BFH vom 14. Mai 2013 (Az. VII R 39/11) zur Abgabe steuerfreier Energieerzeugnisse an Nichtberechtigte im Streckengeschäft bitte ich folgende Hinweise zu beachten:

1. Der Entscheidung liegt ein Sachverhalt zu Grunde, bei dem unversteuerte Energieerzeugnisse aus einem Steuerlager an einen Spediteur abgegeben werden, der diese im Auftrag eines Nichtberechtigten abholt und für diesen unmittelbar in Besitz nimmt, bevor er sie im Auftrag des Nichtberechtigten an einen berechtigten Empfänger mit Verwendererlaubnis übergibt. Der BFH hat deshalb eine Abgabe von Energieerzeugnissen aus einem Steuerlager an einen Nichtberechtigten (hier: den Auftraggeber des Spediteurs) mit der Rechtsfolge einer Steuerentstehung nach § 30 EnergieStG festgestellt, weil im entschiedenen Fall ein Zwischenverkäufer mit Verteilererlaubnis als Eigentümer der eingelagerten Energieerzeugnisse die Ware an den Nichtberechtigten verkauft und – mittels des Steuerlagerinhabers als Besitzmittler – an den Nichtberechtigten abgegeben hatte. Dieselben Rechtsfragen stellen sich jedoch gleichermaßen bei der Abgabe von Energieerzeugnissen unmittelbar von einem Steuerlagerinhaber an einen Nichtberechtigten (§ 8 EnergieStG).

   Aus der Entscheidung des BFH ergibt sich nicht zwangsläufig, dass ein mit einer Warenbeförderung beauftragter Spediteur stets als Besitzmittler für seinen Auftraggeber fungiert. Denkbar ist auch, dass ein Spediteur im Wege eines Geheißerwerbs den Besitz ohne die Rechtsfolge der §§ 8 oder 30 EnergieStG vom abgebenden Steuerlager unmittelbar an einen (berechtigten) Empfänger vermittelt. Für die steuerrechtliche Würdigung ist der Sachverhalt deshalb stets daraufhin zu prüfen, ob die Beförderung durch einen Dritten (z.B. einen Spediteur) im Wege des Geheißerwerbs oder ob die Inbesitznahme des Dritten mittelbar für einen (nichtberechtigten?) Auftraggeber erfolgt.

2. Die Steuerentstehung nach den §§ 8 und 30 EnergieStG setzt beim Streckengeschäft eine Abgabe der unversteuerten Energieerzeugnisse an einen Nichtberechtigten voraus. Solange sich die Energieerzeugnisse in einem Steuerlager befinden, entsteht die Steuer hingegen nicht. Veräußerungsgeschäfte und die Verschaffung (mittelbaren) Besitzes an unversteuerten Energieerzeugnissen, die sich in einem Steuerlager befinden, führen nicht zur Steuerentstehung. Erst für den Zeitpunkt der Abgabe eines Energieerzeugnisses aus einem Steuerlager heraus ist zu prüfen, ob die Energieerzeugnisse dabei an einen berechtigten Zwischenhändler (mit Verteilererlaubnis) oder berechtigten Verwender gelangen. In diesem Zusammenhang können sodann die vom BFH in seiner o.g. Entscheidung betrachteten Besitzverhältnisse für die Prüfung der Frage, an wen die Energieerzeugnisse abgegeben werden und ob ggf. eine Steuerentstehung nach den §§ 8 oder 30 EnergieStG in Betracht kommt, heranzuziehen sein.

3. Für die Frage, ob sich bei der Entnahme eines unversteuerten Energieerzeugnisses aus dem Steuerlager ein Verfahren der Steuerbefreiung anschließt (§ 8 Abs. 1 Satz 2 EnergieStG) oder die Abgabe an einen Berechtigten (§ 30 Abs. 1 EnergieStG) erfolgt, kommt es grundsätzlich auf die Berechtigung desjenigen an, der mit der Entnahme oder Abgabe unmittelbaren Besitz an dem Energieerzeugnis erlangt. Wenn diese Person über keine Berechtigung zur steuerfreien Verwendung oder Verteilung verfügt, ist weiter zu prüfen, ob es einen mittelbaren Besitzer gibt, der die fehlende Berechtigung des unmittelbaren Besitzers durch seine Berechtigung ersetzen kann. Verfügen weder der unmittelbare noch ein mittelbarer Besitzer über eine Berechtigung i.S.d. §§ 8 Abs. 1 Satz 2 oder 30 Abs. 1 Satz 2 2. Alt. EnergieStG käme ggf. eine Steuerentstehung in Betracht.

4. § 57 Abs. 4 Satz 2 EnergieStV ist kein Steuerentstehungstatbestand, sondern bestimmt den ordnungsrechtlichen Rahmen für die Übergabe von steuerfreien Energieerzeugnissen in einer Lieferkette bei Geschäften, bei denen der Verwender seinen Erlaubnisschein nicht beim Steuerlagerinhaber, sondern bei seinem Zwischenhändler vorlegt. Verstöße gegen die Vorgaben des § 57 Abs. 4 EnergieStV sind ggf. ordnungsrechtlich zu ahnden. In sinngemäßer Anwendung des Abs. 58 der VwV Steuerbegünstigung (VSF V 03 50) ist jedoch noch von einer ordnungsgemäß dokumentierten Lieferkette auszugehen, wenn ein Zwischenhändler beim Streckengeschäft seinem Vormann den Erlaubnisschein seines Abnehmers vorlegt.

   Vollzugsschwierigkeiten infolge der o.g. BFH-Entscheidung sind bisher insbesondere im Zusammenhang mit Bunkergeschäften aufgetreten. Nachfolgend sollen deshalb am Beispiel der Betankung eines Seeschiffs die praxisrelevanten Grundtypen von Streckengeschäften erläutert werden. Dazu lassen sich vier Konstellationen unterscheiden:

Zu § 8 Energiesteuergesetz **Anlage § 008–01**

a) Ein Zwischenhändler ohne Verteilererlaubnis erwirbt Energieerzeugnisse von einem Lieferanten mit Steuerlager und veräußert sie im eigenen Namen und auf eigene Rechnung an einen berechtigten Verwender (Seeschiff). Die Energieerzeugnisse werden auf Veranlassung des Zwischenhändlers vom Lieferanten direkt an den berechtigten Verwender übergeben. Das für den Transport verwendete Tankschiff des Lieferanten ist ebenfalls als Steuerlager zugelassen.

Lösung: Keine Steuerentstehung nach den §§ 8 oder 30 EnergieStG, weil die Energieerzeugnisse direkt aus einem Steuerlager (Tankschiff) an einen berechtigten Verwender (Seeschiff) abgegeben werden. Selbst wenn der nichtberechtigte Zwischenhändler zuvor Eigentümer und mittelbarer Besitzer der Energieerzeugnisse im Steuerlager war, wird er bei der Abgabe der Energieerzeugnisse an das Seeschiff nicht zum Steuerschuldner: Die Berechtigung des Seeschiffes zur steuerfreien Verwendung, das den unmittelbaren Besitz mit d er Abgabe erlangt, ist ausreichend (vgl. oben zu 3).

b) Konstellation wie oben zu a), das vom Lieferanten/Steuerlagerinhaber zur Beförderung eingesetzte Tankschiff ist aber nicht als Steuerlager zugelassen (oder: Beförderung erfolgt mit Tanklastwagen und der Lieferan/Steuerlagerinhaber verfügt über keine Verteilererlaubnis).

Lösung: Maßgeblich sind die sachenrechtlichen Vereinbarungen der Beteiligten:

Beauftragt der Zwischenhändler den Lieferanten, die Energieerzeugnisse im Wege des Geheißerwerbs an das Seeschiff zu liefern, entsteht keine Steuer nach den §§ 8 oder 30 EnergieStG. Indizien für die Vereinbarung eines Geheißerwerbs sind z.B.

- Rechnungen des Lieferant en an den Zwischenhändler, die keine Frachtkosten, sondern nur den Produktpreis und als Lieferort den berechtigten Verwender (hier: das Seeschiff) ausweisen,
- Vereinbarungen zwischen Lieferanten und Zwischenhändlern über folgende Lieferkonditionen (Incoterms), die Lieferpapieren, Rechnungen, Verkaufs-/Einkaufsbestätigungen oder ähnlichen Handelsdokumenten entnommen werden können:
- FOB Seeschiff
- CIF,
- Lieferpapiere und steuerliche Abschreibungen, die den berechtigten Verwender als steuerlichen Empfänger ausweisen.

Befördert der Lieferant die Energieerzeugnisse jedoch im Auftrag des Zwischenhändlers ohne besondere Vereinbarungen zum Geheißerwerb zum Seeschiff, wird der nichtberechtigte Zwischenhändler im Zeitpunkt der Entnahme der Energieerzeugnisse aus dem Steuerlager als mittelbarer Besitzer neben dem Steuerlagerinhaber Steuerschuldner nach § 8 Abs. 2 Satz 4 EnergieStG. Verfügte der Lieferant hingegen über eine Verteilererlaubnis, könnte er die Energieerzeugnisse auch zum Seeschiff befördern, ohne dass der nichtberechtigte Zwischenhändler dabei zum Steuerschuldner würde (vgl. oben zu 3).

c) Ein Zwischenhändler ohne Verteilererlaubnis erwirbt Energieerzeugnisse von einem Lieferanten mit Steuerlager und veräußert sie im eigenen Namen und auf eigene Rechnung an einen berechtigten Verwender (Seeschiff). Mit der Beförderung der Energieerzeugnisse beauftragt er einen Dritten (Spediteur). Das für den Transport verwendete Tankschiff ist als Steuerlager zugelassen (oder der Spediteur verfügt über eine Verteilererlaubnis).

Lösung wie oben zu a): keine Steuerentstehung nach den §§ 8 oder 30 EnergieStG.

d) Konstellation wie oben zu c), das vom Dritten (Spediteur) zur Beförderung eingesetzte Tankschiff ist aber nicht als Steuerlager zugelassen (bzw. Spediteur verfügt über keine Verteilererlaubnis).

Lösung wie oben zu b):Eine Steuerentstehung nach den §§ 8 oder 30 EnergieStG hängt von den konkreten sachenrechtlichen Vereinbarungen der Beteiligten ab. So liegen Indizien für einen Geheißerwerb vor, wenn z.B. die oben zu b) genannten Lieferbedingungen erkennbar vereinbart worden sind oder der Lieferant anband von Auftragsbestätigungen oder Charterverträgen nachweisen kann, dass er den Transport veranlasst hat.

Die für Bunkergeschäfte dargestellten Lösungen können auf vergleichbare Geschäftsbereiche sinngemäß angewandt werden.

**Anlage § 009a–01**  Zu § 9a Energiesteuergesetz

**Dienstvorschrift Energiesteuer – zu den §§ 9a bis 14 EnergieStG und den §§ 26 bis 37a EnergieStV (Steueraussetzung; Ergänzende Regelungen für Energieerzeugnisse)**

BMF-Schreiben vom 29.1.2014 – III B 6 – V 8215/07/10005 :002, 2014/0016207

### 1 Allgemeines

1 Dem Steueraussetzungsverfahren unterliegen die in § 4 EnergieStG genannten Energieerzeugnisse. Energieerzeugnisse der Unterpositionen 2710 11 21, 2710 11 25 und 2710 19 29 können nur als lose Ware unter Steueraussetzung befördert werden. Beförderung als lose Ware ist die Beförderung unverpackter Energieerzeugnisse in einem Behältnis, das entweder Bestandteil des Beförderungsmittels (Tankfahrzeug, Eisenbahnkesselwagen, Tankschiff usw.) oder ein ISO-Tankcontainer ist. Darüber hinaus umfasst der Begriff „lose Ware" auch unverpackte Energieerzeugnisse in anderen Behältnissen mit einem Volumen von mehr als 210 Litern Inhalt.

1a Werden Energieerzeugnisse aus einem Steuerlager an Flugfeldtankwagen, die keine Zulassung zum Straßenverkehr nach § 3 Absatz 1 der Fahrzeugzulassungsverordnung haben sowie nicht auf öffentlichen Straßen eingesetzt werden dürfen (Erlass vom 12.04.2010 – III B 6 – V 8215/07/10002) und denen daher eine Erlaubnis als Steuerlager bzw. als Lagerstätte eines Steuerlagers erteilt wurde, abgegeben, gelten sie nicht als unter Steueraussetzung befördert. Eine Erfassung dieser Vorgänge im IT-Verfahren EMCS ist somit nicht zulässig.

2 Verfahrensanweisung EMCS im Sinn dieser Vorschrift ist die Verfahrensanweisung zum IT-Verfahren EMCS für Benutzer.

### 2 Erfassung der Zu- oder Abgänge

3 In den Aufzeichnungen nach § 26 Absatz 4 und 8, § 27 Absatz 5, § 33 Absatz 3 und 4 sowie § 15 und § 19 EnergieStV sind die Zu- oder Abgänge in den zutreffenden Maßeinheiten (z.B. Liter oder Kilogramm) mit dem steuerlich maßgebenden Volumen bei +15 °C bzw. dem steuerlich maßgeblichen Wägewert in Luft (in air) zu erfassen. Das zuständige Hauptzollamt kann bei Energieerzeugnissen, die nicht zur Verwendung als Kraft- oder Heizstoff bestimmt sind, Vereinfachungen zulassen.

4 Als Zugang ist stets die tatsächlich aufgenommene Menge anzuschreiben. Entgegen der Regelung in Abschnitt 4.4.1 Absatz 2 Unterabsatz 3 der Verfahrensanweisung zum IT Verfahren EMCS in der jeweils geltenden Fassung ist eine zusätzliche Erklärung, ob eine festgestellte Mehrmenge in den Betrieb des Empfängers aufgenommen oder auf dem Beförderungsmittel belassen wurde, bei der Beförderung von Energieerzeugnissen als lose Ware nicht erforderlich. Es ist davon auszugehen, dass eine Mengenfeststellung ohne Aufnahme in den Betrieb des Empfängers technisch nicht möglich bzw. ausgeschlossen ist. Abweichend davon kann das zuständige Hauptzollamt zulassen, dass bei Lieferungen von anderen als den in § 2 Absatz 1 Nummer 1 bis 4 EnergieStG genannten Energieerzeugnissen und bei Lieferung von Energieerzeugnissen in Straßentankwagen oder Eisenbahnkesselwagen die in den elektronischen Verwaltungsdokumenten (alternativ: Ausfalldokumenten) oder in den nach § 35 EnergieStV zugelassenen Handelsdokumenten angegebenen Mengen (Avis-Mengen) angeschrieben werden, wenn keine Anzeichen für Unregelmäßigkeiten erkennbar sind. Des Weiteren kann das zuständige Hauptzollamt die Anschreibung der Avis-Mengen zulassen, wenn besondere Umstände dafür vorliegen.

### 3 Mengenabweichungen

5 Bei Mengenabweichungen (Unterschiede zwischen der in den elektronischen Verwaltungsdokumenten (bzw. Ausfalldokumenten) oder in den nach § 35 EnergieStV zugelassenen Handelsdokumenten angegebenen und der tatsächlich empfangenen Menge an Energieerzeugnissen (Mehr- oder Fehlmengen) sind Ermittlungen nicht erforderlich, wenn sie

a) bei Energieerzeugnissen der Unterpositionen 2707 10, 2707 20, 2707 30 und 2707 50 der KN (§ 4 Nummer 2 EnergieStG)

0,4 % des Ladevolumens,

b) bei Energieerzeugnissen der Unterposition 2710 11 der KN (aus § 4 Nummer 3 EnergieStV)

0,4 % des Ladevolumens,

c) bei Energieerzeugnissen der Unterpositionen 2710 19 21 und 2710 19 25 der KN (aus § 4 Nummer 3 EnergieStG)

0,3 % des Ladevolumens,

Zu § 9a Energiesteuergesetz **Anlage § 009a–01**

d) bei Energieerzeugnissen der Unterpositionen 2710 19 61 bis 2710 19 69 der KN (Heizöl schwer (HES) aus § 4 Nummer 3 EnergieStG)

0,5 % des Ladegewichts eines Schiffes,

e) bei Energieerzeugnissen der Unterpositionen 2711 12 bis 2711 19 der KN (Flüssiggas nach § 4 Nummer 4 EnergieStG)

0,5 % des Ladegewichts,

f) bei Energieerzeugnissen der Unterpositionen 2902 20, 2902 30, 2902 41, 2902 42, 2902 43 und 2902 44 (§ 4 Nummer 6 EnergieStG)

0,4 % des Ladevolumens,

g) bei allen anderen Energieerzeugnissen außer Energieerzeugnissen nach § 4 Nummer 1 und Nummer 9 EnergieStG

0,2 % des Ladevolumens oder des Ladegewichts

nicht überschreiten (Toleranzgrenzen).

Bei Energieerzeugnissen nach § 4 Nummer 1 und Nummer 9, die dazu bestimmt sind, als Kraft- oder Heizstoff verwendet zu werden (reine Biokraft- oder Heizstoffe nach § 4 Nummer 9 EnergieStG) sind die Toleranzgrenzen für die Energieerzeugnisse anzuwenden, denen sie nach ihrer Beschaffenheit und ihrem Verwendungszweck am nächsten stehen.

Die Toleranzgrenzen gelten nur für Energieerzeugnisse, die als lose Ware befördert werden.

Die Toleranzgrenzen berücksichtigen auch den Verlust, der im Allgemeinen bei der Verladung, Ent- 6 ladung und Beförderung von Energieerzeugnissen durch Verdunstung und Ausgasung anfällt. Außergewöhnlicher Verlust kann nur anerkannt werden, wenn er glaubhaft gemacht wird.

Wird ein unwiederbringlicher Verlust bzw. die vollständige Zerstörung eines Energieerzeugnisses gel- 7 tend gemacht, ist nachzuweisen, dass auf dem Transport zwischen der Ladestelle und der Löschstelle tatsächlich ein Verlust/eine Zerstörung des Energieerzeugnisses durch technische Mängel am Beförderungsmittel, Unfall, Havarie oder Leckage entstanden ist, der ggf. auch den für Umweltschäden zuständigen Behörden angezeigt worden ist.

Bei Mengenabweichungen, die die Toleranzgrenzen nach Absatz 5 überschreiten, ermittelt das für den 8 Versender zuständige Hauptzollamt bzw. die für den Versender zuständige Behörde in einem anderen Mitgliedstaat den Sachverhalt.

Vor Erstellung eines Steuerbescheides sind die Beteiligten grundsätzlich anzuhören und ihnen ist Gele- 9 genheit zu geben, sich zum Sachverhalt zu äußern (§ 91 Abgabenordnung). Vor einer eventuellen Besteuerung ist zu prüfen, ob ein Fall von § 14 Absatz 2 EnergieStG vorliegt.

Der Versender hat die Gründe für die Mengenabweichung darzulegen und durch geeignete Unterlagen 10 (z. B. Frachtbrief, Bondrucker, Ladeschein, Konnossement, Lieferschein, Löschbericht, Protest des Schiffsführers) glaubhaft zu machen, dass sie nicht auf einer Unregelmäßigkeit nach § 14 EnergieStG beruht. Der Beteiligte hat dann glaubhaft gemacht, dass die Fehlmenge auf Umstände zurückzuführen ist, die eine Steuer nicht begründen, wenn er dem zuständigen Hauptzollamt die Überzeugung vermittelt, dass die entsprechenden Tatsachen überwiegend wahrscheinlich sind. Das Glaubhaftmachen dient wie der Beweis der Überzeugungsbildung, lässt jedoch im Verhältnis zu diesem einen geringeren Grad der Wahrscheinlichkeit genügen. Eine Tatsache ist nach allgemeiner Auffassung dann glaubhaft gemacht, wenn sie überwiegend wahrscheinlich ist (siehe auch BFH-Urteil vom 17.03.1981 – VII R 60/77 –).

Steht einer festgestellten Fehlmenge eine Mehrmenge anderer steuerpflichtiger Energieerzeugnisse ge- 11 genüber, so genügt im allgemeinen allein der pauschale Hinweis, Fehl- und Mehrmengen seien auf Vertauschung oder Verwechslung zurückzuführen, noch nicht zur Glaubhaftmachung (BFH-Urteil vom 06. 11.1990, VII R 31/88). Eine Saldierung von Fehl- und Mehrmengen bei unterschiedlichen Energieerzeugnissen ist nicht statthaft. Bei gleichen Energieerzeugnissen ist eine Saldierung nach den Umständen des Einzelfalls zulässig.

Kann der Sachverhalt nicht beim Versender aufgeklärt werden, ist das für den Empfänger zuständige 12 Hauptzollamt bzw. die für den Empfänger zuständige Behörde in einem anderen Mitgliedstaat zu beteiligen. Empfänger und Beförderer sind nach Maßgabe der §§ 90 und 211 AO zur Mitwirkung verpflichtet.

Mengenabweichungen sind nicht selten auf Mess- oder andere Fehler zurückzuführen, die keine Steuer 13 begründen. Anhaltspunkte dafür können zum Beispiel sein:

a) bei Schiffstransporten:
- hohe Abweichungen zwischen der Schiffsinnenvermessung an der Ladestelle und dem Ergebnis der Messuhr oder der Landtankmessung des versendenden Steuerlagerinhabers,

**Anlage § 009a–01**  Zu § 9a Energiesteuergesetz

- unterschiedliche Methoden der Ermittlung der Menge und der mengenspezifischen Daten an Lade- und Löschstelle (z. B. Volumenzähler an der Ladestelle und Landtankermittlung beim Empfänger, unterschiedliche Ermittlung der Dichte bei Schweröl an der Ladestelle in Vakuum und durch den Empfänger in Luft (in air) bei annähernder Übereinstimmung der Schiffsinnenvermessungen an Lade- und Löschstelle,
- schriftlich eingelegter Protest des Schiffsführers gegen die im Ladepapier dokumentierte Lademenge,

b) eine schriftliche Reklamation des Empfängers beim versendenden Steuerlagerinhaber wegen Minderlieferung verbunden mit einer Forderung auf Kaufpreisminderung;

c) eine Gutschrift des versendenden Steuerlagerinhabers für eine Minderlieferung;

d) Löschung in einen Tank, aus dem gleichzeitig verladen wird.

**4 Durchführung des Besteuerungsverfahrens**

14  Kann in den Fällen der Absätze 5 ff. nicht festgestellt werden, dass die Fehlmenge auf Umstände zurückzuführen ist, die eine Steuer nicht begründen, ist die Energiesteuer nach den zutreffenden Steuersätzen des § 2 EnergieStG zu erheben. Dabei bleibt der Teil der Fehlmenge unberücksichtigt, der innerhalb der Toleranzgrenzen nach Absatz 5 liegt. Die Steuersätze des § 2 Absatz 3 EnergieStG können angewandt werden, wenn wegen der Verwendung der restlichen aufgenommenen Mengen an Energieerzeugnissen davon ausgegangen werden kann, dass die Energieerzeugnisse für die eine Fehlmenge festgestellt wurde, zum Verheizen oder zum Antrieb von Gasturbinen und Verbrennungsmotoren in begünstigten Anlagen nach den §§ 3 und 3a EnergieStG verwendet oder zu diesen Zwecken abgegeben worden sind.

15  Für die Durchführung des Besteuerungsverfahrens ist grundsätzlich das für den Versender zuständige HZA verantwortlich. Ist im Zusammenhang mit den Ermittlungen nach Absatz 8 ein Steuerstrafverfahren oder ein Verfahren wegen einer Steuerordnungswidrigkeit anhängig, kann das Besteuerungsverfahren auch von dem Hauptzollamt durchgeführt werden, das für die Strafsache oder Bußgeldsache zuständig ist (§§ 23, 25 AO, vgl. auch StraBuDV – S 1885 – Nummer 225 Absatz 3).

15a  Werden bei Außenprüfungen Feststellungen zu offensichtlichen Falscherfassungen im IT-Verfahren EMCS getroffen (andere als in Absatz 184a der VV V9953-1), ist eine Steuererhebung nur vorzunehmen, wenn nicht gleichzeitig für dieselbe Person eine Entlastung von der Energiesteuer erreicht werden kann.

15b  Auf Antrag des Steuerschuldners nach § 14 Absatz 6 Nummern 1 bis 3 EnergieStG kann das Hauptzollamt eine § 8 Absatz 3 bis 6 EnergieStG entsprechende Regelung treffen, sofern bei der Beförderung von Energieerzeugnissen unter Steueraussetzung häufig Fehlmengen auftreten und

- der Steuerschuldner auch für Beförderungen im Steuergebiet Sicherheit für die Beförderung von Energieerzeugnissen unter Steueraussetzung in ausreichender Höhe geleistet hat und/oder
- das Steueraussetzungsverfahren in der Vergangenheit des Öfteren für einen Teil der Beförderung nicht konform beendet wurde und aber grundsätzlich keine Anhaltspunkte für eine Straftat bzw. Ordnungswidrigkeit nach §§ 370, 378 AO vorliegen und/oder
- das Steueraussetzungsverfahren häufig für einen Teil der Beförderung nicht konform beendet wird, die Glaubhaftmachung von z. B. Messfehlern bzw. Transportdifferenzen dem Steuerschuldner jedoch nicht möglich ist.

Eine derartige Steueranmeldung hat separat von der monatlichen Steueranmeldung zu erfolgen. Eine Zuordnung der Fehlmengen zu dem jeweiligen EMCS-Vorgang muss über den ARC-Code (bspw. mittels einer Anlage) gewährleistet sein.

Der Steuerschuldner nach § 14 Absatz 6 Nummern 1 bis 3 EnergieStG hat dem Antrag eine Erklärung beizufügen, wonach er bestimmt, auf welchen Steuerbetrag (je Beförderungsvorgang) der Antrag auf Abgabe einer monatlichen Steueranmeldung beschränkt ist. Zudem kann dem Antrag auf Verzicht auf die sofortige Abgabe der Steueranmeldung nur stattgegeben werden, wenn der Antragsteller erklärt, dass er für all diese Beförderungsvorgänge auf die Nachweismöglichkeit verzichtet, dass eine Fehlmenge nicht auf eine Unregelmäßigkeit zurückzuführen ist.

**5 Sicherheitsleistung für die Beförderung von Energieerzeugnissen unter Steueraussetzung zwischen den Mitgliedstaaten auf dem Seeweg oder durch feste Rohrleitungen**

16  Werden Energieerzeugnisse nach § 4 EnergieStG auf dem Seeweg oder durch feste Rohrleitungen in andere Mitgliedstaaten befördert, kann der Steuerlagerinhaber als Versender oder der registrierte Versender auf Antrag nach Maßgabe des § 11 Absatz 2 EnergieStG von der Sicherheitsleistung befreit werden. Auf die Sicherheitsleistung kann nur verzichtet werden, wenn die betreffenden Mitgliedstaaten

Zu § 9a Energiesteuergesetz **Anlage § 009a–01**

dem zustimmen. Grundlage dafür ist eine entsprechende Verwaltungsvereinbarung zwischen dem betroffenen Mitgliedstaat und der Bundesrepublik Deutschland. Der Abschluss einer Verwaltungsvereinbarung obliegt ausschließlich dem Bundesministerium der Finanzen.

Neben der Bundesrepublik Deutschland haben folgende Länder mitgeteilt, dass sie in Abstimmung mit den betroffenen Mitgliedstaaten unter von ihnen festgelegten Voraussetzungen auf die Hinterlegung einer Sicherheit bei Beförderungen auf dem Seeweg oder durch feste Rohrleitungen grundsätzlich verzichten: 17

- Belgien
- Malta
- Niederlande
- Luxemburg (nur für Beförderungen in Rohrleitungen)
- Portugal
- Rumänien (nur für Energieerzeugnisse, die von Rumänien aus durch das Unionsgebiet ausschließlich auf dem Seeweg oder durch feste Rohrleitungssysteme befördert werden)
- Schweden
- Ungarn
- Vereinigtes Königreich (für Beförderung von loser Ware innerhalb der EU auf dem Seeweg oder durch feste Rohrleitungen)
- Tschechische Republik (nur für Beförderungen in festen Rohrleitungen)
- Slowakische Republik (nur für Beförderungen durch feste Rohrleitungen von der Slowakischen Republik in die Tschechische Republik)
- Italien (für Beförderung auf dem Seeweg oder durch feste Rohrleitungen, Vertrauenswürdigkeit und Zahlungsfähigkeit des Lagerinhabers vorausgesetzt)

Folgende Mitgliedstaaten haben einen Verzicht auf die Erhebung einer Sicherheitsleistung für die Beförderung von Energieerzeugnissen in, aus oder über andere Mitgliedstaaten auf dem Seeweg oder durch feste Rohrleitungen grundsätzlich ausgeschlossen: 18

- Bulgarien
- Dänemark
- Estland
- Finnland
- Frankreich
- Griechenland
- Irland
- Lettland
- Litauen
- Österreich
- Polen
- Slowenien
- Spanien
- Zypern.

Die Hauptzollämter berichten der Bundesfinanzdirektion Südwest – Abteilung Zentrale Facheinheit – auf dem Dienstweg unverzüglich über eingehende Anträge bezüglich des Verzichts auf Sicherheitsleistungen für Beförderungen von Energieerzeugnissen in, aus oder über andere Mitgliedstaaten auf dem Seeweg oder durch feste Rohrleitungen. Es ist nur in den Fällen zu berichten, in denen die Mitgliedstaaten nach Absatz 18 einen Verzicht auf Sicherheitsleistungen nicht bereits grundsätzlich ausgeschlossen haben und der Antragsteller steuerlich zuverlässig ist. Dem Bericht ist der Vorgang in Kopie beizufügen sowie eine Bewertung der steuerlichen Zuverlässigkeit des Antragstellers vorzunehmen. Im Intranet der Bundesfinanzdirektion Südwest ist eine jeweils aktualisierte Liste der Mitgliedstaaten hinterlegt, mit denen eine (bilaterale/multilaterale) Verwaltungsvereinbarung zum Verzicht auf die Sicherheitsleistung bereits abgeschlossen wurde. 19

Die Bundesfinanzdirektion Südwest – Abteilung Zentrale Facheinheit – teilt den Hauptzollämtern auf dem Dienstweg nach Prüfung mit, ob bei den antragstellenden Unternehmen auf die Hinterlegung einer Sicherheit verzichtet und ggf. unter welchen Voraussetzungen bzw. Einschränkungen zugestimmt wer- 20

## Anlage § 009a–01

Zu § 9a Energiesteuergesetz

den kann. Der Verzicht auf die Sicherheitsleistung ist im IT-Verfahren BISON/PRÜF bei Erfassung der ÜWG 6001 (Herstellungsbetriebe für Energieerzeugnisse), 6005 (Lager für Energieerzeugnisse) und 6022 (Registrierte Versender Energieerzeugnisse) jeweils in der Registerkarte „Weitere Daten" im Feld „Bemerkungen" zu dokumentieren.

21 Die zuständigen Behörden in den betroffenen Mitgliedstaaten werden durch die Bundesfinanzdirektion Südwest über das Hauptzollamt Stuttgart als Zentrales Verbrauchsteuer-Verbindungsbüro über die Firmen informiert, bei denen auf die Hinterlegung der Sicherheit für Beförderungen auf dem Seeweg oder durch feste Rohrleitungen verzichtet wurde.

22 Das Hauptzollamt berichtet der Bundesfinanzdirektion Südwest auf dem Dienstweg über eingetretene Änderungen.

**6 Besondere Regelungen für häufig und regelmäßig stattfindende Beförderungen nach § 66 Absatz 2 Nummer 3 EnergieStG**

23 Sollen Energieerzeugnisse nach § 4 EnergieStG häufig und regelmäßig im Verfahren der Steueraussetzung zwischen den Mitgliedstaaten befördert werden, können auf Antrag eines Beteiligten Vereinfachungen zugelassen werden. Grundlage für mögliche Vereinfachungen ist eine entsprechende Verwaltungsvereinbarung zwischen dem betroffenen Mitgliedstaat und der Bundesrepublik Deutschland.

24 Die Hauptzollämter berichten der Bundesfinanzdirektion Südwest – Abteilung Zentrale Facheinheit – auf dem Dienstweg unverzüglich über eingehende Anträge. Dem Bericht ist eine Stellungnahme zum Antrag und eine Kopie des Belegheftes beizufügen. Zudem ist eine Bewertung der steuerlichen Zuverlässigkeit des Antragstellers vorzunehmen.

25 Die Bundesfinanzdirektion Südwest Abteilung Zentrale Facheinheit bzw. das Bundesministerium der Finanzen wird, sofern nicht bereits auf anderem Weg initiiert, mit dem betroffenen Mitgliedstaat in Verbindung treten und ggf. eine entsprechende Vereinbarung abschließen. Soweit mehrere Mitgliedstaaten betroffen sind, ist ggf. eine multilaterale Vereinbarung abzuschließen. Die zugelassenen Vereinfachungen sind im IT-Verfahren BISON/PRÜF bei Erfassung der ÜWG 6001 (Herstellungsbetriebe für Energieerzeugnisse), 6005 (Lager für Energieerzeugnisse) und 6022 (Registrierte Versender Energieerzeugnisse) jeweils in der Registerkarte „Weitere Daten" im Feld „Bemerkungen" zu dokumentieren.

26 Das Hauptzollamt berichtet auf dem Dienstweg der Bundesfinanzdirektion Südwest über eingetretene Änderungen.

**7 Besondere Regelungen für Beförderungen von Energieerzeugnissen unter Steueraussetzung im Seeverkehr und auf Binnenwasserstraßen an unbestimmte Empfänger**

27 Explizite Regelungen zu § 28c EnergieStV bei Versendung von Energieerzeugnissen unter Steueraussetzung an unbestimmte Empfänger enthält die Verfahrensanweisung EMCS (Ziffer 4.2.5.1). In einer entsprechenden Zulassung ist auf die gesetzliche Regelung des § 28c Absatz 2 EnergieStV gesondert hinzuweisen.

28 Nachfolgende Mitgliedstaaten haben mitgeteilt, dass sie grundsätzlich keine Beförderung von Energieerzeugnissen unter Steueraussetzung an unbestimmte Empfänger nach Artikel 22 Absatz 1 der Richtlinie 2008/118/EG des Rates zulassen:

– Bulgarien
– Estland
– Luxemburg
– Österreich
– Slowakische Republik
– Slowenien
– Tschechische Republik
– Ungarn.

**8 Besondere Regelungen für die Beförderung von Energieerzeugnissen unter Steueraussetzung zwischen den Mitgliedstaaten durch feste Rohrleitungen**

29 Feste Rohrleitungen gelten als Transportmittel für die Beförderung von Energieerzeugnissen unter Steueraussetzung (Umkehrschluss zu Artikel 4 Nummer 11 der Richtlinie 2008/118/EG), d. h. die Betreiber von Pipelines sind an dem Steueraussetzungsverfahren als Beförderer beteiligt.

30 Die Einspeisung und die Entnahme von Energieerzeugnissen nach § 4 EnergieStG, die unter Steueraussetzung in festen Rohrleitungen befördert werden, können nur durch berechtigte Personen (Steuerlagerinhaber, registrierte Versender, registrierte Empfänger bzw. Begünstigte) erfolgen.

Zu § 9a Energiesteuergesetz **Anlage § 009a–01**

Nachfolgende Mitgliedstaaten haben mitgeteilt, dass sie nach Artikel 31 der Richtlinie 2008/118/ EG des **30a**
Rates im Wege von Vereinbarungen für die Beförderung von Energieerzeugnissen durch feste Rohrleitungen Vereinfachungen (Verzicht auf die Anwendung des IT-Verfahrens EMCS) zulassen werden:
- Dänemark
- Niederlande (nur für regelmäßige Beförderungen zwischen den Niederlanden und Belgien)
- Tschechische Republik (nur bei Beförderungen durch feste Rohrleitungen zwischen der Tschechischen Republik und der Slowakischen Republik)
- Frankreich
- Italien
- Litauen
- Rumänien
- Slowakische Republik (nur bei Beförderungen durch feste Rohrleitungen zwischen der Slowakischen Republik und der Tschechischen Republik)
- Vereinigtes Königreich

Die Hauptzollämter berichten der Bundesfinanzdirektion Südwest – Abteilung Zentrale Facheinheit – **30b**
auf dem Dienstweg unverzüglich über eingehende Anträge von Beteiligten, die Energieerzeugnisse unter Verzicht auf das IT-Verfahren EMCS durch feste Rohrleitungen in andere Mitgliedstaaten befördern wollen bzw. die aus anderen Mitgliedstaaten Energieerzeugnisse, die in festen Rohrleitungen befördert werden, unter Steueraussetzung unter Verzicht auf das IT-Verfahren EMCS beziehen wollen. Es ist nur in den Fällen zu berichten, in denen die Mitgliedstaaten nach Absatz 30a mitgeteilt haben, dass sie in bilateralen/multilateralen Vereinbarungen Vereinfachungen für die Beförderung von Energieerzeugnissen in festen Rohrleitungen nach Artikel 31 der Richtlinie 2008/118/EG des Rates zulassen werden. Zudem ist zu berichten, wenn Belgien betroffen ist. Dem Bericht ist der Vorgang in Kopie beizufügen sowie eine Bewertung der steuerlichen Zuverlässigkeit des Antragstellers vorzunehmen.

**9 Aufteilung einer Warensendung**

Die Aufteilung einer Warensendung während der Beförderung unter Steueraussetzung ist nach den Re- **31**
gelungen des § 32 EnergieStV zulässig. Für die Aufteilung im Ausfuhrverfahren sind die Regelungen des § 36c EnergieStV zu beachten.

Der energiesteuerrechtliche Begriff der „Aufteilung von Warensendungen" umfasst nicht das teilweise **31a**
Entladen von Energieerzeugnissen bei verschiedenen Entladestellen (z. B. sog. Leichtern bei Beförderung auf dem Seewege oder auf Binnenwasserstraßen). Unter einem „Aufteilen von Warensendungen" im Sinne dieser Regelung ist u. a. das Umladen von Energieerzeugnissen während der Beförderung auf verschiedene Transportmittel, z. B. im Falle einer Havarie im Schiffsverkehr, zu verstehen.

Neben der Bundesrepublik Deutschland erlauben folgende Mitgliedstaaten auf ihrem Steuergebiet bzw. **32**
bei Beförderung in andere Mitgliedstaaten grundsätzlich eine Aufteilung der Warensendung:
- Dänemark
- Finnland
- Frankreich
- Irland
- Lettland
- Litauen
- Malta
- Niederlande
- Rumänien
- Schweden
- Vereinigtes Königreich
- Zypern.

Folgende Mitgliedstaaten erlauben die Aufteilung auf ihrem Steuergebiet und als Abgangsmitgliedstaat nicht:
- Belgien
- Bulgarien
- Estland
- Griechenland

**Anlage § 009a–01**  Zu § 9a Energiesteuergesetz

- Italien
- Luxemburg
- Österreich
- Polen
- Spanien
- Tschechische Republik
- Ungarn
- Slowenien
- Slowakische Republik.

33  Der Versender mit Sitz in einem anderen Mitgliedstaat hat das Zentrale Verbindungsbüro beim Hauptzollamt Stuttgart rechtzeitig zu unterrichten, wo und wann die Energieerzeugnisse im Steuergebiet aufgeteilt werden sollen (§ 32 Absatz 4 EnergieStV). Das Zentrale Verbindungsbüro informiert umgehend das/die Hauptzollamt/Hauptzollämter, in dessen/deren Bezirk die Aufteilung vorgenommen werden soll. Stichprobenweise sollten vom Sachgebiet B in diesen Fällen Kontrollen veranlasst werden.

34  Im Falle des § 32 Absatz 5 EnergieStV (Versagen der Aufteilung im Steuergebiet) ist die erforderliche Mitteilung an die zuständige Behörde im Abgangsmitgliedstaat und den außerhalb des Steuergebiets ansässigen Versender über das Zentrale Verbindungsbüro beim Hauptzollamt Stuttgart zu versenden.

**10 Beförderung im Steuergebiet unter Verzicht auf die Anwendung des IT-Verfahrens EMCS und Verzicht auf die Vorlage von Unterlagen**

35  Es liegt grundsätzlich im Ermessen des Hauptzollamts zu entscheiden, ob oder welche Unterlagen für vereinfachte Verfahren nach § 35 EnergieStV anstelle des elektronischen Verwaltungsdokumentes und der anderen Meldungen gefordert werden können. Eine Eingangsbestätigung des Empfängers der Ware ist im Regelfall nicht zu verlangen. Die in den nachfolgenden Absätzen aufgeführten Anforderungen sind dem Beteiligten mindestens aufzuerlegen.

36  Das Hauptzollamt kann bei Beförderung von Energieerzeugnissen unter Verzicht auf die Anwendung des IT-Verfahrens EMCS zwischen Steuerlagern desselben Steuerlagerinhabers im Steuergebiet bzw. bei der Beförderung von Energieerzeugnissen, die zwischen einem Ort der Einfuhr im Steuergebiet und dem Steuerlager befördert werden, wenn der Steuerlagerinhaber gleichzeitig registrierter Versender ist, auf Antrag auf die Übersendung von Anmeldungen jeder Art verzichten, wenn Steuerbelange dadurch nicht gefährdet sind. Ausreichend sind in diesem Fall in der Regel die steuerlichen Anschreibungen des Steuerlagerinhabers bzw. des registrierten Versenders. Auf Absatz 3 wird verwiesen. Dem Steuerlagerinhaber bzw. dem registrierten Versender ist aufzuerlegen, dass Mengenabweichungen, die beim Empfang des unter Verzicht auf Nutzung des IT-Verfahrens EMCS beförderten Energieerzeugnisses festgestellt werden und die die Toleranzgrenzen nach Absatz 5 überschreiten, unverzüglich anzuzeigen sind.

37  Das Hauptzollamt kann bei Versendung von Flüssiggasen, leichtem Heizöl oder Heizölen der Unterposition 2710 1961 bis 2710 1969 ohne Nutzung des IT-Verfahrens EMCS auf die Übersendung sämtlicher Unterlagen verzichten, soweit steuerliche Belange nicht beeinträchtigt sind. In diesen Fällen ist in den Handelspapieren für jede einzelne Lieferung neben der Art des Energieerzeugnisses und der handelsüblichen Produktbezeichnung auch die Unterposition der KN, der steuerrechtliche Status („unter Steueraussetzung", ggf. auch verschlüsselt) oder der zutreffende Steuersatz anzugeben. Dem Steuerlagerinhaber als Versender bzw. dem registrierten Versender ist aufzuerlegen, dass Mengenabweichungen, die beim Empfang des unter Verzicht auf Nutzung des IT-Verfahrens EMCS beförderten Energieerzeugnisses festgestellt werden und die die Toleranzgrenzen nach Absatz 5 überschreiten, unverzüglich anzuzeigen sind. Der Versender hat einmal jährlich eine Übersicht über gelieferte Mengen, aufgegliedert nach dem jeweiligen Empfänger, beim zuständigen Hauptzollamt vorzulegen. Den Termin zur Vorlage der Übersicht legt das zuständige Hauptzollamt in der Zulassung fest. Das zuständige Hauptzollamt des Versenders kann den für die Empfänger zuständigen Hauptzollämtern diese Übersichten zu Prüfungszwecken übersenden.

37a  Zur Prüfung, ob steuerliche Belange gefährdet sind, sind die Bestimmungen des § 25 EnergieStV sowie die Verwaltungsvorschrift V 9953-3 „Anzeichen für eine Gefährdung der Steuer" heranzuziehen.

38  Das für den Versender zuständige Hauptzollamt kann bei der Abgabe von Energieerzeugnissen, die im Steuergebiet unter Steueraussetzung in festen Rohrleitungen außerhalb des IT-Verfahrens EMCS an ein anderes Steuerlager befördert werden, auf die Vorlage von Handelspapieren verzichten, soweit steuerliche Belange nicht beeinträchtigt werden. Ausreichend ist in diesem Fall die jährlich durch das abgebende Steuerlager vorzulegende Übersicht der gelieferten Waren. Das zuständige Hauptzollamt des Versenders

Zu § 9a Energiesteuergesetz                    **Anlage § 009a–01**

kann den für die Empfänger zuständigen Hauptzollämtern diese Übersichten zu Prüfungszwecken übersenden.

**11 Besonderheiten im Zusammenhang mit der Heizölkennzeichnung**
Wegen der Besonderheiten bei der Einfuhr von leichtem Heizöl, das außerhalb des Geltungsbereichs des  39
Gesetzes gekennzeichnet worden ist, vgl. V 8255-1 Absatz 41 bis 46.
Wegen der Besonderheiten bei Gasöl, das während des Versands auf einem Schiff gekennzeichnet wer-  40
den soll, vgl. V 8255-1 Absatz 17.

**12 Ausfuhr von Energieerzeugnissen auf dem Rhein in die Schweiz**
Die Ausfuhr von Energieerzeugnissen unter Steueraussetzung auf dem Rhein in die Schweiz hat grund-  41
sätzlich unter Anwendung des IT-Verfahrens EMCS zu erfolgen.

**Anlage § 009b–01**  Zu § 9b Energiesteuergesetz

## Steueraussetzungsverfahren; Registrierter Versender

BMF-Schreiben vom 22.3.2010 – III B 6 – V 8215/07/10003, 2010/0215258

Aus gegebener Veranlassung weise ich zur Klarstellung darauf hin, dass es der Ausfertigung eines begleitenden Verwaltungsdokuments, bzw. einer Versendungsanmeldung in dem Fall nicht bedarf, in dem sich im Anschluss an die Überführung in den zollrechtlich freien Verkehr am Ort der Einfuhr keine Beförderung unter Steueraussetzung anschließt. Dies ist zum Beispiel der Fall, wenn verbrauchsteuerpflichtige Waren aus einem zollrechtlichen Nichterhebungsverfahren in den zoll- und einfuhrumsatzsteuerrechtlich freien Verkehr übergeführt und unmittelbar am Ort der Einfuhr in ein Steuerlager verbracht werden.

Ab dem 1. April 2010 ist hierfür ebenfalls keine Erlaubnis als registrierter Versender (z. B. nach § 9b EnergieStG) erforderlich. Das EDV-gestützte Beförderungs- und Kontrollsystem für verbrauchsteuerpflichtige Waren (EMCS) ist nicht anzuwenden.

Im Auftrag
Schmidtke

Zu § 9c Energiesteuergesetz                                   **Anlage § 009c–01**

## Liste der NATO-Hauptquartiere/Neufassung Stand 1. September 2011

Vom 28.11.2011 – III B 2 – Z 6340/07/0002 DOK 2011/0772721

Das Supreme Headquarters Allied Powers Europe (SHAPE) hat die Liste der NATO-Hauptquartiere i. S. d. Protokolls über die Rechtsstellung der auf Grund des Nordatlantikvertrags errichteten internationalen militärischen Hauptquartiere in Europa aktualisiert (Stand: 1. September 2011).
Neu aufgenommen wurden die Hauptquartiere unter Nrn. 60 bis 64 sowie der Bereich „NATO CIS DEPLOYABLE SIGNAL BATTALIONS" unter Nrn. 118 bis 137.

| Sorial no. | Command | Denomination | Placc | Country |
|---|---|---|---|---|
| 1. | NATO International Military Headquarters (IMHQ)/Organizations (ACO) | Supreme Headquarters Allied Powers in Europe (SHAPE), Allied Command Operations (ACO) | Mons | Belgium |
| 2. | | Joint Force Commanad Headquarters Brunssum (JFC HQ Brunssum) | Brunssum | Netherlands |
| 3. | | JFC HO Naples | Naples | Italy |
| 4. | | JFC HO Lisbon | Lisbon | Portugal |
| 5. | | Component Command – Air HQ Izmir (CC-Air HQ Izmir) | Izmir | Turkey |
| 6. | | CC-Air HQ Ramsteln | Ramstein | Germany |
| 7. | | Component Command – Maritime HQ Naples (CC-Mar HQ Naples | Naples | Itaty |
| 8. | | CC-Mar HQ Northwood | Northwood | United Kingdom |
| 9. | | Force Command HQ Madrid (FC HQ Madrid) | Madrid | Spain |
| 10. | | FC HQ Heidelberg | Heidelberg | Germany |
| 11. | | ACO Counter Intelligence (ACCI) | Mons | Belgium |
| 12. | | Allied Submarine Command (ASC) | Norfolk | USA |
| 13. | | Commander Submarines Allied Naval Forces North (COMSUBNORTH) | Northwood | United Kingdom |
| 14. | | NATO Joint Electronic Warfare Core Staff (JEWCS) | Yeovilton | United Kingdom |
| 15. | | NATO Integrated Meteorological and Oceanographic Co-ordination Centre (NIMCC) | Mons | Belgium |
| 16, | | NATO Airborn Early Warning Force Command HQ (NAEWFC HQ) | Mons | Belgium |
| 17. | | NATO-E3A Component of the NAEW-Force | Geilenkirchen | Germany |
| 18. | | Earty Warning Squadron Number 8 | Waddington/ Lincolnshire | United Kingdom |
| 19. | | NATO Special Operations Headquarters (NSHQ) | Mons and Chiévres | Belgium |
| 20. | | Intelligence Fusion Centre (IFC) | Molesworth | United Kingdom |

**Anlage § 009c–01**  Zu § 9c Energiesteuergesetz

| Sorial no. | Command | Denomination | Place | Country |
|---|---|---|---|---|
| 21. | NATO International Military Headquarters (IMHQ)/Organizations (ACO) | Tactieal Leadership Programme (TLP) | Albacete | Spain |
| 22. | | Deployable Combined Air Operations Centre (DCAOC) | Uedem | Germany |
| 23. | | DCAOC | Poggio Renatico | Italy |
| 24. | | Combined Air Operations Centre 1 (CAOC 1) | Finderup | Danmark |
| 25. | | CAOC 2 | Udem | Germany |
| 26. | | CAOC 2 (expected to be disbanded on 1 January 2011) | Kalkar | Germany |
| 27. | | CAOC 3 (expected to be disbanded on 1 January 2011) | Reitan | Norway |
| 28. | | CAOC 4 (expected to be disbanded on 1 January 2011) | Meástetten | Germany |
| 29. | | CAOC 5 | Poggio Renatico | Italy |
| 30. | | CAOC 6 (expected to be disbanded on 1 January 2011) | Eskisehir | Turkey |
| 31. | | CAOC 7 | Larissa | Greece |
| 32. | | CAOC 8 (expected to be disbanded on 1 January 2011) | Torrej¢n | Spain |
| 33. | | CAOC 9 (expected to be disbanded on 1 January 2011) | High Wycombe | United Kingdom |
| 34. | | CAOC 10 (expected to be disbanded on 1 January 2011) | Monsanto | Portugal |
| 35. | | Deployable Air Control Centre/Recognized Air Production Centre/Sensor Fusion Posts Nieuw-Milligen (DARS Nieuw-Milligen) | Nieuw-Milligen | Netherlands |
| 36. | | Common Regional Initial ACCS (Air Command and Control System) Program- Regional Program Office (CRI-AP-RPO) | Brussels | Belgium |
| 37. | NATO IMHQ/Organizations (ACT) | HQ Supreme Allied Commander Transformation (HQ SACT) | Norfolk | USA |
| 38. | | SACT Representative Europe (SACT-REPEUR) | Brussels | Belgium |
| 39. | | Allied Command Transformation Staff Element Europe (ACT SEE) | Mons | Belgium |
| 40. | | Joint Warfare Centre (JWC) | Stavanger | Norway |
| 41. | | Joint Force Training Centre (JFTC) | Bydgoszcz | Poland |
| 42. | | Joint Analysis Lessons Learned Centre (JALLC) | Monsanto | Portugal |
| 43. | | NATO Undersea Research Centre (NURC) | La Spezia | Italy |

Zu § 9c Energiesteuergesetz  **Anlage § 009c–01**

| Sorial no. | Command | Denomination | Place | Country |
|---|---|---|---|---|
| 44. | NATO IMHQ/Organizations (ACT) | NATO Defence College (NDC) | Rome | Italy |
| 45. | | NATO School (NS) | Oberammergau | Germany |
| 46. | | NATO Maritime Interdiction Operations Training Centre (NMIOTC) | Souda Bay | Greece |
| 47. | | Defence against Terrorism Centre of Excellence (COE DAT) | Ankara | Turky |
| 48. | | Joint Air Power Competence Centre (JAPCC) | Kaikar | Germany |
| 49. | | Civil – Military Co-operations COE (CIMIC COE) | Enschede | Netherlands |
| 50. | | Combined Joint Operations from the Sea COE (CJOS COE) | Norfolk | USA |
| 51. | | Command & Control COE (C2 COE) | Ede | Netherlands |
| 52. | | Confined and Shallow Waters COE (CSW COE) | Kiel | Germany |
| 53. | | Cooperative Cyber Defense COE (CCD COE) | Tallin | Estonia |
| 54. | | Joint Chemical, Biological, Radiation & Nuclear Defence COE (JCBRN DEFENCE COE) | Vyskov | Czech Republik |
| 55. | | Military Engineering COE (MILENG COE) | Ingolstadt | Germany |
| 56. | | NATO Military Medical COE (NATO MILMED COE) | Budapest | Hungary |
| 57. | | Naval Mine Warfare COE (EGUERMIN COE) | Oostende | Belgium |
| 58. | | Centre for Analysis & Simulation for the Preparation of Air Operations (CAPSOA) | Tavemy | France |
| 59. | | Cold Weather Conditions Coe (CWO CoE) | Tver1andet | Norway |
| 60. | | NATO HUMINT COE | Oradea | Romania |
| 61. | | Counter – Improvised Explosive Devices COE (CIED COE) | Madrid | Spain |
| 62. | | Explosive Ordnance Disposal COE (EOD COE) | Trencin | Slovakia |
| 63. | | Mountain Warfare COE (MW COE) | Bohinjska Beta | Slovenia |
| 64. | | Modeling S COE | Roma | Italy |
| 65. | HQ NRDC/ NRDMCC | Headquarters NATO Rapid Deployable Corps – Spain (HQ NRDC-SP) | Valencia/Bétera | Spain |
| 66. | | HQ NATO Rapid Deployable Corps – Italy (HQ NRDC-IT) | Solbiate Olona/Mailand | Italy |

Anlage § 009c–01  Zu § 9c Energiesteuergesetz

| Sorial no. | Command | Denomination | Placc | Country |
|---|---|---|---|---|
| 67. | HQ NRDC/ NRDMCC | HQ NATO Rapid Deployable Corps – Turkev (HQ NRDC-T) | Istanbul | Turkey |
| 68. | | First German-Netherlands Corps (HQ NRDC-GE/NL) | Münster/ Westf. | Germany |
| 69. | | HQ Rapid Reaction Corps – France (HQ NRDC-FR) | Lille | France |
| 70. | | HQ NATO Rapid Deployable Corps – Greece (HQ NRDC-GR) | Thessaloniki | Greece |
| 71. | | HQ Allied Rapid Reaction Corps (HQ NROC UK) | Rheindahlen | Germanv |
| 72. | | HQ Multinational Corps Northeast (HQ NDC MNC NE) | Stettin | Poland |
| 73. | | HQ NATO Navel Striking and Support Forces (HQ STRIKFORNATO) | Naples | Italy |
| 74. | | HQ NATO Rapid Deployable Maritime Component Command – Spain (HQ NRDMCC – SP (HQ COMSPMAR-FOR) | Rota | Spain |
| 75. | | HQ NRDMCC – UK (HQ COMUK-MARFOR) | Portsmouth | United Kingdom |
| 76. | | HQ NRDMCC – IT (HQ COMIT-MARFOR) | Tarent | Italv |
| 77. | | HQ NRDMCC – FR (HO COMFR-MARFOR) | Toulon | France |
| 78. | NATO CIS | HQ NATO Communication and Information Systems Agency (NCSA) | Mons | Belgium |
| 79. | | NATO Signal Regiment | Brunssum | Netherlands |
| 80. | | First NATO Signal Battalion (1 NSB) | Wesel | Germany |
| 81. | | Second NATO Signal Battalion (2 NSB) | Bagnoli/ Grazzanise | Italy |
| 82. | | Third NATO Signal Battlalion (3 NSB) | Bydgoszcz | Poland |
| 83. | | NCSA Sector Mons | Mons | Belgium |
| 84. | | NCSA Sector Mons, detached to JEWCS | Yeovilton | United Kingdom |
| 85. | | NCSA Sector Norfolk | Norfolk | USA |
| 86. | | NCSA Sector Brunssum | Brunssum | Netherlands |
| 87. | | NCSA Sector Brunssum detached to Satellite Ground Terminal (SGT) Euskirchen | Euskirchen | Germany |
| 88. | | NCSA Sector Brunssum, detached to CAOC Uedem | Uedem | Germany |
| 89. | | NCSA Sector Brunssum, detached to CAOC Finderup | Finderup | Norway |
| 90. | | NCSA Sector Naples | Naples | Italy |

Zu § 9c Energiesteuergesetz                               Anlage § 009c–01

| Sorial no. | Command | Denomination | Placc | Country |
|---|---|---|---|---|
| 91. | NATO CIS | NCSA Sector Naples, detached to CAOC Larissa | Larissa | Greece |
| 92. | | NCSA Sector Naples, detached to the NATO Undersea Research Centre | La Spezia | Italy |
| 93. | | NCSA Sector Naples, detached to CAOC Poggio Renatico | Poggio Renatico | Italy |
| 94. | | NCSA Squadron Bydgoszcz | Bydgoszcz | Poland |
| 95. | | NCSA Squadron Ramstein | Ramstein | Germany |
| 96. | | NCSA Squadron Heidelberg | Heidelberg | Germany |
| 97. | | NCSA Squadron Nisida | Nisida | Italy |
| 98. | | NCSA Squadron Izmir | Izmir | Turkey |
| 99. | | NCSA Squadron Northwood | Northwood | United Kingdom |
| 100. | | NCSA Squadron Stavanger | Stavanger | Norway |
| 101. | | NCSA Sector Lisbon | Lisbon | Portugal |
| 102. | | NCSA Sector Lisbon, detached to JALLC | Monsanto | Portugal |
| 103. | | NCSA Squadron Madrid | Madrid | Spain |
| 104. | | NATO Programming Centre (NPC) | G!ons | Belgium |
| 105. | | NATO CIS Schoo1 (NCISS) | Latina | Italy |
| 106. | | CIS Logistics Depot | Brunssum | Netherlands |
| 107. | NATO CIS DETACHMENTS | NDet SGT F1 | Kester | Belgium |
| 108. | | NDet SGT F2 | Euskirchen | Germany |
| 109. | | NDet SGT F3 | Chesapaeke | USA |
| 110. | | NDet SGT F4 | Oakhanger | UK |
| 111. | | NDet SGT F5 | Eggemoen | Norway |
| 112. | | NDet SGT F7 | Civitavecchia | Italv |
| 113. | | NDet SGT F11 | Atalanti | Greece |
| 114. | | NDet SGT F12 | Costa da Caparica | Portugal |
| 115. | | NDet SGT F13 | Izmir | Turkey |
| 116. | | NDet SGT F14 | Verona | Italv |
| 117. | | NDet SGT F20 | Bad Bergzabern | Germany |
| 118. | NATO CIS DEPLOYABLE SIGNAL BATTALIONS | NSB 1 HQ | Wesel | Germany |
| 119. | | NSB 1 DEU DCM | Wesel | Germany |
| 120. | | NSB 1 GBR DCM | Elmpt | Germany |
| 121. | | NSB 1 DNK DCM | Haderslev | Denmark |
| 122. | | NSB 1 PRT DCM | Ovar | Portugal |

**Anlage § 009c–01**  Zu § 9c Energiesteuergesetz

| Sorial no. | Command | Denomination | Place | Country |
|---|---|---|---|---|
| 123. | NATO CIS DEPLOYABLE SIGNAL BATTALIONS | NSB 1 M&S COY | Wesel | Germany |
| 124. | | NSB 2 HQ | Naples | Italy |
| 125. | | NSB 2 USA DCM | Naples | Italy |
| 126. | | NSB 2 ITA DCM | Verona | Italy |
| 127. | | NSB 2 ROU DCM | Bucharest | Romania |
| 128. | | NSB 2 BGR DCM | Gorna Malina | Bulgaria |
| 129. | | NSB 2 M&S COY | Naples | Italy |
| 130. | | NSB 3 HQ | Bydgoszcz | Poland |
| 131. | | NSB 3 POL DCM | Bydgoszcz | Poland |
| 132. | | NSB 3 CZE DCM | Lipnik Nad Becvou | Czech Republic |
| 133. | | NSB 3 SVK DCM | Liptovsky Mikulas | Slovakia |
| 134. | | NSB 3 LTU DCM | Vilnius | Lithuania |
| 135. | | NSB 3 HUN DCM | Szekesfehervar | Hungary |
| 136. | | NSB 3 TUR DCM | Ismir | Turkey |
| 137. | | NSB 3 M&S COY | Bydgoszcz | Poland |
| 138. | Others | EF 2000 Transhipment Depot | Novara | Italy |
| 139. | | EF 2000 Transhipment Depot | Torrejón | Spain |

Zu § 9d Energiesteuergesetz  Anlage § 009d–01

**Verfahrensanweisung zum IT-Verfahren EMCS**

Stand: 27.2.2013

# 1 Einleitung
## 1.1 Vorbemerkungen

(1) Die deutsche Zollverwaltung betreibt, zur weitgehend automatisierten Abwicklung von Beförderungen von verbrauchsteuerpflichtiger Waren unter Steueraussetzung, auf der Grundlage

- des Artikels 21 der Richtlinie 2008/118/EG des Rates über das allgemeine Verbrauchsteuersystem und zur Aufhebung der Richtlinie 92/12/EWG – nachfolgend „System-RL" –
- der Verordnung (EG) Nr. 684/2009 der Kommission zur Durchführung der Richtlinie 2008/118 EG des Rates in Bezug auf die EDV-gestützten Verfahren für die Beförderung verbrauchsteuerpflichtiger Waren unter Steueraussetzung, die zuletzt durch die Durchführungsverordnung (EU) Nr. 1221/2012 vom 12. Dezember 2012 geändert worden ist – nachfolgend „EMCS-DVO" –

sowie

- der Verordnung (EU) Nr. 389/2012 des Rates über die Zusammenarbeit der Verwaltungsbehörden auf dem Gebiet der Verbrauchsteuern und zur Aufhebung von Verordnung (EG) Nr. 2073/2004 – nachfolgend „Zusammenarbeits-VO" –

das bundesweite IT-Verfahren EMCS (Excise Movement and Control System – EDV-gestütztes Beförderungs- und Kontrollsystem für verbrauchsteuerpflichtige Waren).

(2) Sofern in diesem Dokument von Feldern gesprochen wird und im jeweiligen Kontext nichts anderes bestimmt ist, ist hier immer Anhang I i.V.m. der entsprechenden Tabelle der EMCS-DVO, abhängig von der jeweiligen Nachricht, maßgeblich (vgl. Ziffer 4.1 Absatz 4).

(3) Die Regelungen in der vorliegenden Verfahrensanweisung sind für EMCS-Beteiligte, Teilnehmer und Benutzer bindend (§ 10 TabStG i.V.m. § 16 TabStV, § 138 BranntwMonG i.V.m. § 20 BrStV gegebenenfalls i.V.m. § 3 Absatz 1 AlkopopStG, § 9 SchaumwZwStG i.V.m. § 15 SchaumwZwStV, § 29 Absatz 3 SchaumwZwStV i.V.m. § 43 SchaumwZwStV, § 32 Absatz 2 Nr. 2 SchaumwZwStG i.V.m. § 50 SchaumwZwStV, § 9 BierStG i.V.m. § 16 BierStV, § 9d EnergieStG i.V.m. § 28a EnergieStV). Zollrechtliche Förmlichkeiten bleiben unberührt.

(4) Anregungen und Verbesserungsvorschläge zur Verfahrensanweisung können der

Bundesfinanzdirektion Südwest
Wiesenstraße 32
67433 Neustadt an der Weinstraße
Telefon: 06321/894–0
Telefax: 06321/894–930
E-Mail: Poststelle@bfdsw.bfinv.de

schriftlich unter dem Stichwort „Verfahrensanweisung – EMCS" mitgeteilt werden.

(5) Darüber hinaus steht für Auskünfte, Verbesserungsvorschläge, Meldungen von Fehlern und Ausfallsituationen ein zentraler Service Desk als Ansprechpartner zur Verfügung. Die Einzelheiten dazu sind unter Ziffer 8 dargestellt.

(6) Änderungen gegenüber der vorherigen Version dieser Verfahrensanweisung (ausgenommen Streichungen) sind in kursiver Schrift dargestellt.

## 1.2 Begriffsbestimmungen

(1) Nachfolgend sind die in dieser Verfahrensanweisung verwendeten Begriffe erläutert. Dabei wird aus Gründen der sprachlichen Vereinfachung jeweils die männliche Schreibweise gewählt. Die weibliche Form der Begriffe ist in der Bedeutung immer mit eingeschlossen.

(2) Das nationale EMCS ist das „EDV-gestützte Beförderungs- und Kontrollsystem für verbrauchsteuerpflichtige Waren", über das Personen, die an Beförderungen verbrauchsteuerpflichtiger Waren unter Steueraussetzung beteiligt sind, elektronische Nachrichten mit der Zollverwaltung austauschen. EMCS besteht dabei aus mehreren Komponenten:

- Die EMCS-Anwendung ist das Kernstück des Systems. Hier werden alle eingehenden elektronischen Nachrichten verarbeitet und ausgehende elektronische Nachrichten erzeugt. Die Anwendung dient der Überwachung der Beförderungen. Grundlage für die EMCS-

# Anlage § 009d–01

Zu § 9d Energiesteuergesetz

Anwendung ist die EMCSDatenbank. Dort werden alle EMCS-Vorgänge gespeichert und archiviert. Zudem werden dort die EMCS-spezifischen Stammdaten vorgehalten und gepflegt. Diese Stammdaten umfassen die zu Kommunikationszwecken benötigten Daten der EMCS-Beteiligten sowie die Daten der IT-Dienstleister.

- Das EMCS-Teilnehmersystem ist die zertifizierte Teilnehmersoftware.
- Die Internet-EMCS-Anwendung (IEA) ist eine öffentlich zugängliche Schnittstelle zum elektronischen Nachrichtenaustausch mit der EMCS-Anwendung.
- Das Kommunikationsnetz besteht aus den Kommunikationswegen zwischen der EMCS-Anwendung und der IEA, den Benutzern, den Teilnehmersystemen oder den EMCSAnwendungen anderer Mitgliedstaaten der Europäischen Union.

(3) Teilnehmer sind alle Personen, die auf dem Weg des elektronischen Nachrichtenaustauschs über EMCS mit der Zollverwaltung kommunizieren. Der Begriff „Teilnehmer" ist technisch zu verstehen.

(4) IT-Dienstleister sind Teilnehmer, die von EMCS-Beteiligten mit der Übermittlung von elektronischen Nachrichten über EMCS an die Zollverwaltung und dem Empfang von elektronischen Nachrichten von der Zollverwaltung über EMCS beauftragt wurden, aber nicht als Vertreter der EMCS-Beteiligten gegenüber der Zollverwaltung auftreten. Die Nutzung der IEA ist für IT-Dienstleister nicht vorgesehen.

(5) Benutzer sind Beschäftigte der Zollverwaltung, die die EMCSAnwendung bedienen.

(6) Das Central Excise Liaison Office (ELO) ist das gemäß Zusammenarbeits-VO beim Hauptzollamt Stuttgart eingerichtete zentrale Verbrauchsteuer-Verbindungsbüro.

(7) Als EMCS-Vorgang wird ein von der EMCS-Anwendung validierter Entwurf eines elektronischen Verwaltungsdokuments (e-VD), also ein e-VD oder ein im Rahmen eines negativen Abgleichs bei der Einfuhr zurückgewiesener Entwurf eines e-VD (vgl. Ziffer 4.2.3.1.2) verstanden. Zum EMCS-Vorgang gehören auch alle elektronischen Nachrichten in Bezug auf dieses e-VD (Änderungsmeldung, Eingangsmeldung etc.) sowie die dazu gehörenden Angaben (z. B. Aktenvermerke, Zusatzdokumente).

(8) EMCS-Beteiligte sind Personen, die die für Beförderungen verbrauchsteuerpflichtiger Waren unter Steueraussetzung erforderlichen Daten mittels elektronischer Nachrichten unter Verwendung vom EMCS selbst oder mittels eines IT-Dienstleisters mit der Zollverwaltung austauschen. Diese Personen besitzen eine Erlaubnis nach den Verbrauchsteuervorschriften mit eigener Verbrauchsteuernummer. EMCS-Beteiligte sind grundsätzlich Teilnehmer, es sei denn, sie beauftragen einen IT-Dienstleister mit der Übermittlung und dem Empfang der elektronischen Nachrichten. Folgende EMCS-Beteiligte sind zu unterscheiden:

- Steuerlagerinhaber
- Registrierte Empfänger
- Registrierte Versender

Darüber hinaus gibt es weitere Personen, die an Beförderungen verbrauchsteuerpflichtiger Waren unter Steueraussetzung beteiligt sind, jedoch keine elektronischen Nachrichten mit der Zollverwaltung austauschen und keine Verbrauchsteuernummer besitzen.

Darunter fallen z. B:

- Sicherheitsleistende
- Begünstigte
- Beförderer

(9) Als Versender wird im Folgenden ein Steuerlagerinhaber oder - im Fall der Einfuhr – ein registrierter Versender bezeichnet. Innerhalb dieses Dokumentes wird lediglich der Begriff „Versender" verwendet, wobei zu beachten ist, dass im Bereich der Einfuhr der registrierte Versender gemeint ist.

(10) Als Empfänger wird im Folgenden ein Steuerlagerinhaber, ein registrierter Empfänger (auch im Einzelfall) oder ein Begünstigter bezeichnet, es sei denn, es wird ausdrücklich darauf hingewiesen, was an dieser Stelle unter dem Begriff Empfänger zu verstehen ist.

(11) Der Referenzcode (ARC) ist ein aus 21 Zeichen zusammengesetzter Code, der in allen EMCS teilnehmenden Staaten eindeutig ist. Der ARC dient der eindeutigen Identifikation von EMCSVorgängen und wird von der EMCS-Anwendung nach Validierung eines Entwurfs des

Zu § 9d Energiesteuergesetz          **Anlage § 009d–01**

e-VD automatisch generiert. Struktur und Inhalt des ARC werden gem. Anhang II Codeliste 2 EMCS-DVO festgelegt.

Beispiel für einen ARC: 12DE40550000000000785

| Feld | Inhalt | Feldtyp | Beispiel |
|---|---|---|---|
| 1 | Die letzten beiden Stellen des Jahres der Validierung des e-VD | Numerisch 2 | 12 |
| 2 | Kennung des Mitgliedstaats, in dem das e-VD validiert wurde (ISO-Alpha-2-Ländercode) | Alphabetisch 2 | DE |
| 3 | Schlüsselnummer der zuständigen Dienststelle (s. a. EOL) | Numerisch 4 | 4055 |
| 4 | Laufende Nummer des Beförderungsvorgangs pro Land und Jahr | Numerisch 12 | 000000000078 |
| 5 | Prüfziffer | Numerisch 1 | 5 |

**2    Dokumentationen zu EMCS**

(1) Im Internet steht unter der Adresse www.zoll.de umfangreiches Informationsmaterial zu EMCS releasebezogen zur Verfügung.

(2) Für Teilnehmer sind insbesondere folgende Dokumentationen und Regelungen von Bedeutung:

– Merkblatt für Teilnehmer (Teilnehmersoftware)

Im Merkblatt für Teilnehmer, die eine Teilnehmersoftware nutzen, werden der Nachrichtenaustausch, die Nachrichtenabläufe sowie die Teilnahmevoraussetzungen an EMCS dargestellt. Ferner werden hier die in EMCS genutzten EDIFACT-Nachrichten erläutert.

– EDIFACT-Implementierungshandbuch

Das EDIFACT-Implementierungshandbuch ist die Grundlage für die Entwicklung der Teilnehmersoftware. In ihm werden die einzelnen EDIFACT-Nachrichten und die zugehörigen Codelisten beschrieben.

Diese Dokumente sind integraler Bestandteil der Verfahrensanweisung und damit rechtlich bindend.

(3) Daneben werden durch die Zollverwaltung insbesondere folgende weitere Dokumente herausgegeben:

– Handbuch für IEA-Nutzer

Es richtet sich an Teilnehmer, die als Zugang zu EMCS die IEA verwenden und beschreibt die grundlegende Bedienung der IEA. Darüber hinaus erhält der IEA-Nutzer Hinweise zur Eröffnung und Beendigung von EMCS-Vorgängen sowie zum Verfassen von Folgenachrichten.

– EMCS-Beteiligten- und EMCS-Teilnehmerinfo

Die EMCS-Beteiligten- und EMCS-Teilnehmerinfo enthält fachliche bzw. entwicklungsbezogene Informationen über die Einführung eines neuen Releases sowie über Änderungen im aktuellen Release.

(4) Teilnehmer sind verpflichtet, die vorgenannten Dokumente auf Änderungen zu überprüfen und die fortwährende Aktualisierung ihrer EMCS-Software sicherzustellen.

(5) Fachliche Codelisten stehen im Bereich „Fachthemen – EMCSPublikationen" unter www.zoll.de zur Verfügung.

**3    Rahmenbedingungen**

**3.1    Zugang zu und Teilnahmevoraussetzungen für EMCS (Anmeldung)**

(1) EMCS-Beteiligte können entweder über eine zertifizierte Teilnehmersoftware oder über die IEA den für die Beförderungen verbrauchsteuerpflichtiger Waren unter Steueraussetzung erforderlichen Nachrichtenaustausch mit der Zollverwaltung über EMCS vornehmen:

– Zertifizierte Teilnehmersoftware

Mit einer zertifizierten Teilnehmersoftware besteht die Möglichkeit, elektronische Nachrichten mit der Zollverwaltung über EMCS auszutauschen. Im Rahmen der Zertifizierung werden insbesondere die korrekte Erzeugung der Nachrichten und die Verarbeitung der

## Anlage § 009d–01

Zu § 9d Energiesteuergesetz

Antwortnachrichten geprüft. Der elektronische Nachrichtenaustausch erfolgt per X.400 oder per FTAM im UNStandard-Nachrichten-Format EDIFACT.

EMCS-Beteiligte, die selbst keine zertifizierte Teilnehmersoftware erwerben und nicht als Teilnehmer gegenüber der Zollverwaltung auftreten wollen, haben die Möglichkeit, für den elektronischen Nachrichtenaustausch mit der Zollverwaltung über EMCS einen IT-Dienstleister zu beauftragen. Der IT-Dienstleister tritt dann gegenüber der Zollverwaltung als Teilnehmer auf (zur Beauftragung siehe Ziffer 7). Der EMCS-Beteiligte ist in einem solchen Fall kein Teilnehmer (vgl. Ziffer 1.2 Absatz (8)). Um eine eigen- oder fremdentwickelte Teilnehmersoftware einsetzen zu können, ist eine vorherige Anmeldung und Zertifizierung bei der

Bundesfinanzdirektion Südost
– Dienstort Weiden –
Asylstraße 17
92637 Weiden in der Oberpfalz
E-Mail: Zertifizierung@bfdso.bfinv.de

erforderlich (Vordrucke 033084, 033085, 033086, 033088 (2.0), 033089, 033090).

Die genaue Vorgehensweise zur Anmeldung, Zertifizierung oder Teilnahme ist im „Merkblatt für Teilnehmer" beschrieben.

– Internet-EMCS-Anwendung (IEA)

Mit der IEA besteht die Möglichkeit, über ein öffentliches Internet-Portal (www.iea.zoll.de) elektronische Nachrichten mit der Zollverwaltung über EMCS auszutauschen. Der elektronische Nachrichtenaustausch erfolgt über interaktive elektronische Formulare des so genannten Formular-Management-Systems (FMS) des Bundes im XML-Format und kann von einem beliebigen Internetarbeitsplatz aus vorgenommen werden. Eine Installation weiterer Software ist für die Nutzung der IEA nicht erforderlich.

Voraussetzung für die Nutzung der IEA ist u.a. ein gültiges ELSTER-Zertifikat. Dieses dient der Anmeldung zur IEA sowie der elektronischen Signatur der zu übermittelnden Daten.

Hinweis: Für die Anmeldung zur IEA können nur ELSTER-Zertifikate verwendet werden, die direkt über das ELSTER-Online-Portal (https://www.elsteronline.de/eportal/) beantragt wurden. ELSTER-Zertifikate, die über das Bundeszentralamt für Steuern beantragt wurden, sowie die ELSTER-Registrierungsart „ELSTER-Plus" (Signaturkarte) werden von der IEA nicht unterstützt. ELSTER-Zertifikate, die auf die (durch die zuständige Steuerbehörden vergebene) modernisierte Steueridentifikationsnummer (IdNr) ausgestellt wurden, können zur Nutzung der IEA noch nicht verwendet werden. Es ist zu beachten, dass die Ausstellung eines Zertifikats erfahrungsgemäß einige Zeit in Anspruch nimmt.

Die dem ELSTER-Zertifikat zu Grunde liegende Steuernummer ist dem

Informations- und Wissensmanagement Zoll
(IWM Zoll)
Postfach 10 07 61
01077 Dresden
Telefax: 0351/44834-449
E-Mail: emcs.stammdaten@zoll.de

mit dem Vordruck „Antrag auf Erfassung/Änderung der Steuernummer für die Internet-EMCS-Anwendung (IEA)" (Vordruck 033087) zu übermitteln. Das IWM Zoll erfasst diese Steuernummer unter der Verbrauchsteuernummer, damit sie in der IEA zum Abgleich zur Verfügung steht. Ein eventuell bereits erteiltes ELSTER-Zertifikat zur Nutzung von anderen Portalen (z.B. zur Nutzung der „Internetausfuhranmeldung Plus") kann grundsätzlich für die IEA mitverwendet werden.

(2) Elektronische Nachrichten werden immer auf dem gleichen Weg und im gleichen Format zwischen den Teilnehmern und der Zollverwaltung ausgetauscht (EDIFACT – EDIFACT; XML-Format – XML-Format). Beim Wechsel des Kommunikationskanals während eines offenen EMCS-Vorgangs können für diesen über den neuen Kommunikationskanal keine elektronischen Nachrichten mehr übermittelt und empfangen werden. Das gilt auch dann, wenn der Teilnehmer als IT-Dienstleister handelt.

Der elektronische Nachrichtenaustausch mit der Zollverwaltung über EMCS ist auch außerhalb der Öffnungszeiten der Zolldienststellen möglich.

Zu § 9d Energiesteuergesetz **Anlage § 009d–01**

(3) Teilnehmer, die mit einer Teilnehmersoftware elektronische Nachrichten mit der Zollverwaltung über EMCS austauschen wollen, erhalten eine Beteiligtenidentifikationsnummer (BIN). Diese ist nur dem Teilnehmer selbst bekannt. Sie ersetzt die handschriftliche Unterschrift. Die BIN ist in den Nachrichten zu übermitteln und authentifiziert den Teilnehmer. Bei einer falschen BIN werden die Nachrichten mittels einer Fehlermeldung abgewiesen. Die Regelungen zur Beantragung der BIN ergeben sich aus dem „Merkblatt für Teilnehmer".

(4) Benutzer greifen über eine Benutzerschnittstelle auf die EMCS-Anwendung zu.

## 3.2 Stammdaten für EMCS

### 3.2.1 SEED – System for Exchange of Excise Data

(1) Bei SEED-National handelt es sich um eine Stammdatenbank der deutschen Zollverwaltung, auf welche die (nationale) EMCS-Anwendung bei der Prüfung der durch Teilnehmer übermittelten elektronischen Nachrichten zurückgreift, um die Richtigkeit bzw. Plausibilität bestimmter Daten feststellen zu können. Der Aktualität der Stammdatensätze kommt damit besondere Bedeutung zu. SEED-National ist nicht mit der EMCS-Datenbank zu verwechseln. SEED-National ist nicht Teil der EMCS-Anwendung, sondern eine eigenständige Stammdatenbank.

(2) Alle Mitgliedstaaten der Europäischen Union übertragen die in ihren nationalen SEED-Datenbanken vorgenommenen Änderungen der Datensätze an den Zentralserver der Europäischen Kommission (SEED-Zentral). Im Anschluss werden die Datensätze sämtlicher Mitgliedstaaten an die nationalen SEED-Datenbanken übermittelt. Nach dem korrekten Einspielen der Daten in SEED-Zentral erfolgt die Bereitstellung an die Auskunftsanwendung SEED-on-Europa.

(3) SEED-on-Europa ist eine Onlineanwendung auf den Internet-Seiten der Europäischen Kommission (http://ec.europa.eu/), die es ermöglicht, die Gültigkeit der Verbrauchsteuernummern von Wirtschaftsbeteiligten, deren Status sowie die zugehörigen Warenkategorien zu überprüfen.

Die Onlineanwendung SEED-on-Europa kann im Internet unter folgenden Adressen aufgerufen werden:
– http://ec.europa.eu/taxation_customs/dds2/seed/seed_consul tation.js p?Lang=de

oder über

– http://www.zoll.de

### 3.2.2 EMCS-spezifische Stammdaten (ESta)

(1) Die in SEED-National hinterlegten Beteiligtendaten sind um Angaben zur Kommunikation mit EMCS (Kommunikationsstammdaten) durch die Zollverwaltung zu ergänzen. Dazu gehört u.a. die Hinterlegung der Kommunikationsadresse/n (X.400-Adresse/n, FTAM-Adresse/n) und/oder der einem ELSTER-Zertifikat zugrunde liegenden Steuernummer, die für den Datenaustausch über die IEA benötigt wird. Darüber hinaus ist zwingend der bevorzugte Kommunikationskanal zu hinterlegen, damit durch die Zollverwaltung gesendete Nachrichten durch den Teilnehmer empfangen werden können.

(2) Über die gespeicherten Stammdaten (einschließlich Kommunikationsstammdaten) wird der Beteiligte durch Übersendung eines sogenannten Reports informiert. Sollte dieser fehlerhafte Angaben zu den unternehmensbezogenen Stammdaten enthalten, ist hierüber durch den Beteiligten das für ihn zuständige Hauptzollamt schriftlich zu informieren. Fehlerhafte Angaben im Bereich der Kommunikationsdaten hingegen sind durch den Teilnehmer dem IWM Zoll mitzuteilen.

## 4 Beförderungen verbrauchsteuerpflichtiger Waren unter Steueraussetzung mit EMCS

### 4.1 Allgemeines

(1) Über EMCS können elektronische Nachrichten im Zusammenhang mit dem Beginn, dem Verlauf, der Beendigung und der Erledigung von nationalen Beförderungen und von Beförderungen in, aus oder über andere Mitgliedstaaten von verbrauchsteuerpflichtigen Waren unter Steueraussetzung zwischen EMCS-Beteiligten und der Zollverwaltung ausgetauscht werden. Zu den verbrauchsteuerpflichtigen Waren in diesem Sinn zählen:

– Tabakwaren
– Branntwein/branntweinhaltige
– Waren

# Anlage § 009d–01

Zu § 9d Energiesteuergesetz

- Schaumwein
- Zwischenerzeugnisse
- Bier
- Wein
- Energieerzeugnisse im Sinn des § 4 EnergieStG

Dies gilt auch für Alkopops, die sich nicht im branntweinsteuerrechtlich freien Verkehr befinden. Für die verbrauchsteuerpflichtigen Waren Kaffee und Alkopops, die sich im branntweinsteuerrechtlich freien Verkehr befinden, besteht derzeit keine Möglichkeit des elektronischen Nachrichtenaustauschs über EMCS. Weitere Einzelheiten hinsichtlich der Beförderung von Alkopops vgl. Ziffer 4.2.5.2.

(2) Die für Beförderungen unter Steueraussetzung erforderlichen Daten werden mit elektronischen Nachrichten in Form von amtlich vorgeschriebenen Datensätzen zwischen den EMCS-Beteiligten und den zuständigen Hauptzollämtern ausgetauscht.

(3) Die amtlich vorgeschriebenen Datensätze nach den einzelnen Verbrauchsteuervorschriften ergeben sich aus den Anlagen und Tabellen zur EMCS-DVO. Dort sind die Datenstruktur sowie Angaben zu Feldlängen, Feldbezeichnungen, Bedingungen und Pflichtangaben der jeweiligen elektronischen Nachrichten geregelt.

(4) Die Erstellung und Übermittlung von amtlich vorgeschriebenen Datensätzen im Zusammenhang mit der Beförderung verbrauchsteuerpflichtiger Waren unter Steueraussetzung ist je nach Fallkonstellation nur bestimmten Teilnehmern/Benutzern möglich.

## 4.2 Voraussetzungen für die Eröffnung einer Beförderung verbrauchsteuerpflichtiger Waren unter Steueraussetzung

### 4.2.1 Erstellung und Übermittlung eines Entwurfs des e-VD

(1) Der Versender erstellt vor Beginn der Beförderung verbrauchsteuerpflichtiger Waren unter Steueraussetzung den Entwurf des e-VD nach amtlich vorgeschriebenem Datensatz. Dazu trägt er die im Anhang I Tabelle 1 der EMCS-DVO als verpflichtend vorgegebenen Daten in den Entwurf ein. Werden verbrauchsteuerpflichtige Waren innerhalb des Steuergebiets von einer ausländischen Truppe unter Steueraussetzung mit einem Abwicklungsschein nach § 73 Absatz 1 Nummer 1 UStDV bezogen, so ist in Feld 6b (Zusatzdaten: Empfänger – Nummer der Freistellungsbescheinigung) anstelle der Registriernummer der Freistellungsbescheinigung der Vermerk „Abwicklungsschein" sowie die von den amtlichen Beschaffungsstellen zur Erfassung von Lieferungen an die Streitkräfte für jede einzelne Lieferung vergebene PO-Nummer anzugeben. Sofern keine Sicherheitsleistung für die Beförderung erforderlich ist, ist in Feld 11a (Sicherheitsleistung – Code Sicherheitsleistender) der Wert „0" einzutragen. Bei Angabe der Beförderungsart in Feld 13a (Beförderung – Code Beförderungsart) soll der Wert „0 – Sonstige" nur verwendet werden, wenn keine andere Codierung einschlägig ist. Daten, die nach der EMCS-DVO optional sind, können freiwillig eingetragen werden. Anschließend übermittelt der Versender den Datensatz an EMCS.

(2) Ein Entwurf des e-VD kann vom Versender frühestens 7 Tage vor dem im Entwurf eingetragenen Versanddatum übermittelt werden. Der Entwurf wird von der EMCS-Anwendung automatisiert geprüft und, sofern keine Fehler aufgetreten sind, als e-VD an den Versender zurückgeschickt.

(3) Unter Validierung des Entwurfs des e-VD ist die abschließende Registrierung mit einem eindeutigen, von der EMCS-Anwendung generierten Referenzcode (ARC) und die Mitteilung dieses ARC mit dem e-VD an den Versender zu verstehen (vgl. Ziffer 1.2 Absatz 11).

(4) Die automatisierte Prüfung des Entwurfs des e-VD umfasst u. a:

- die Gültigkeit der Verbrauchsteuerlagerinhabernummer des Versenders und der Verbrauchsteuerlagernummer des Orts der Versendung (Steuerlager) bzw. der Verbrauchsteuerversendernummer des registrierten Versenders
- die Berechtigung des Versenders, die im Entwurf des e-VD angegebenen verbrauchsteuerpflichtigen Waren unter Steueraussetzung zu befördern
- soweit vorhanden, die Gültigkeit der Verbrauchsteuernummern (Verbrauchsteuerlagerinhabernummer/Verbrauchsteuerlagernummer; ggf. Verbrauchsteuerempfängernummer) des Empfängers

Zu § 9d Energiesteuergesetz                                    **Anlage § 009d–01**

- außer in den Fällen des Codes Bestimmungsort mit dem Wert „5", „6" und „8" die Berechtigung des Empfängers, die im Entwurf des e-VD angegebenen verbrauchsteuerpflichtigen Waren unter Steueraussetzung zu empfangen
- die vollständige Angabe aller im amtlich vorgeschriebenen Datensatz verlangten Pflichtfelder
- die erstmalige Verwendung der Bezugsnummer durch den Versender

Die unter den ersten 4 Punkten genannten Prüfungen erfolgen durch einen Abgleich mit den in SEED-National hinterlegten Beteiligtenstammdaten.

(5) Das e-VD wird dem Versender auch als Druckversion im PDF– Format automatisiert übermittelt. Dem Empfänger wird lediglich das e-VD ohne Druckversion im PDF–Format übermittelt.

(6) Ein durch einen Versender übermittelter Entwurf des e-VD, der wegen technischer oder fachlicher Fehler von der EMCS-Anwendung nicht validiert werden kann, wird automatisiert mit einer Fehlermeldung abgewiesen.

**4.2.2 Berichtigung eines Entwurfs des e-VD**

Weder der Entwurf des e-VD noch das dem Versender übermittelte e-VD können durch Benutzer oder Versender berichtigt werden. Wird aus technischen oder fachlichen Gründen ein Entwurf des eVD abgewiesen, muss vom Versender ein neuer Entwurf übermittelt werden. Eine Berichtigung der übermittelten Daten ist nicht möglich.

**4.2.3 Voraussetzungen für die Eröffnung einer Beförderung verbrauchsteuerpflichtiger Waren unter Steueraussetzung vom Ort der Einfuhr**

(1) Der zollrechtliche Anmelder übermittelt im IT-Verfahren ATLAS die ATLAS-Einfuhrzollanmeldung zur Überführung in den zollrechtlich freien Verkehr. In der Zollanmeldung ist die beabsichtigte Beförderung unter Steueraussetzung zu beantragen. Dazu trägt der Anmelder in Feld 37 der Zollanmeldung den Verfahrenscode 42xx, 45xx, 49xx oder 63xx und den EU-Code F06 sowie in Feld 44 den Code C 651 ein. In der Antwortnachricht erhält der Anmelder dann die ATLAS-Registriernummer oder im Falle einer Zollanmeldung vor Gestellung die ATLAS-Arbeitsnummer des Einfuhrvorgangs.

Beispiel für eine ATLAS-Registriernummer: AT/C/45/000012/01/2012/9551

| Feld | Inhalt | Feldtyp | Beispiel |
| --- | --- | --- | --- |
| 1 | Verfahren | Alphabetisch 2 | AT |
| 2 | Belegart | Alphabetisch 1 | C |
| 3 | Verfahrenscode | Alphanumerisch 2 | 45 |
| 4 | Laufende Nummer (mit führenden Nullen) | Alphanumerisch 6 | 000012 |
| 5 | Monat (mit führendenNullen) | Alphanumerisch 2 | 01 |
| 6 | Jahr | Numerisch 4 | 2012 |
| 7 | Dienststellenschlüsselnummer | Numerisch 4 | 9551 |

(2) Der registrierte Versender erstellt den Entwurf des e-VD nach amtlich vorgeschriebenem Datensatz. Dazu trägt er die im Anhang I, Tabelle 1 der EMCS-DVO als verpflichtend vorgegebenen Daten in den Entwurf ein. Die ATLAS-Registriernummer ist ohne die Dienststellenschlüsselnummer unter Voranstellung der Positionsnummer des Einfuhrvorgangs, unter der die verbrauchsteuerpflichtigen Waren in der Einfuhrzollanmeldung erfasst sind, in Feld 9.1a (Einheitspapier Einfuhr – Registriernummer) einzutragen. Sofern eine Zollanmeldung vor Gestellung abgegeben worden ist, kann in Feld 9.1a (Einheitspapier Einfuhr – Registriernummer) anstelle der ATLAS-Registriernummer auch die Arbeitsnummer der ATLAS-Einfuhrzollanmeldung (Belegart „A" ausschließlich in Zusammenhang mit Verfahrenscode „00") eingetragen werden. Im Falle eines Ausfalls von ATLAS ist statt der ATLAS-Registriernummer die AL-Nummer der Ausfallliste ATLAS-Einf uhr mit Voranstellung der Kennbuchstaben „AT" einzutragen (vgl. Ziffer 8.2.3.1 der Verfahrensanweisung ATLAS). Sofern keine Sicherheitsleistung für die Beförderung erforderlich ist, ist in Feld 11a (Sicherheitsleistung – Code Sicherheitsleistender) der Wert „0" einzutragen. Daten, die nach der EMCS-DVO optional sind, können freiwillig eingetragen werden. Anschließend übermittelt der Versender den Datensatz an EMCS. Die Ziffern 4.2.1 Absätze 4 bis 6 und 4.2.2 gelten entsprechend.

# Anlage § 009d–01

Zu § 9d Energiesteuergesetz

Beispiel für die Angabe der ATLAS-Registriernummer im Entwurf des e-VD: 0001ATC45000012012012

| Feld | Inhalt | Feldtyp | Beispiel |
|---|---|---|---|
| 0 | Positionsnummer desEinfuhrvorgangs | Numerisch 4 | 0001 |
| 1 | Verfahren | Alphabetisch 2 | AT |
| 2 | Belegart | Alphabetisch 1 | C |
| 3 | Verfahrenscode | Alphanumerisch 2 | 45 |
| 4 | Laufende Nummer (mit führenden Nullen) | Alphanumerisch 6 | 000012 |
| 5 | Monat (mit führenderNull) | Alphanumerisch 2 | 01 |
| 6 | Jahr | Numerisch 4 | 2012 |

(3) Eine Aufteilung der in einer ATLAS-Einfuhrzollanmeldung angegebenen verbrauchsteuerpflichtigen Waren auf mehrere e-VD Entwürfe ist möglich, soweit diese auch im Einfuhrvorgang auf mehrere Positionen verteilt sind.

Beispiel: Eine ATLAS-Einfuhrzollanmeldung enthält zwei Positionen. In der ersten Position befindet sich Bier, in der zweiten Position Schaumwein. Es ist nun möglich, jede Position der Einfuhrzollanmeldung auf den Entwurf eines e-VD zu verteilen. Bei dem Entwurf des e-VD für Bier müsste die ATLAS-Registriernummer in Feld 9.1a dann 0001ATC45000012012012 und bei dem Entwurf des e-VD für Schaumwein 0002ATC45000012012012 lauten.

Bei der Verteilung muss eine eindeutige Zuordnung der Datensätze zueinander gewährleistet sein. In den Entwürfen der e-VD ist die jeweilige Registriernummer der ATLAS-Einfuhrzollanmeldung wie oben dargestellt durch den Versender in Feld 9.1a (Einheitspapier Einfuhr – Registriernummer) einzutragen. Auf der ATLAS-Einfuhrzollanmeldung ist der jeweilige ARC des e-VD durch den Benutzer an der Zollstelle in Feld 44 einzutragen.

Die Aufteilung einer Position einer Einfuhrzollanmeldung auf mehrere Positionen des Entwurfs eines e-VD oder mehrere Entwürfe eines e-VD ist nicht zulässig. Mehrere Einfuhrvorgänge dürfen nicht in einem Entwurf eines e-VD zusammengefasst werden.

### 4.2.3.1 Datenabgleich zwischen der ATLAS-Einfuhrzollanmeldung und dem Entwurf des e-VD bei der Überführung verbrauchsteuerpflichtiger Waren in den zollrechtlich freien Verkehr

An der Zollstelle, bei der die verbrauchsteuerpflichtigen Waren in den zollrechtlich freien Verkehr übergeführt werden sollen, wird ein Datenabgleich zwischen der ATLAS-Einfuhrzollanmeldung und dem Entwurf des e-VD hinsichtlich der Übereinstimmung der ATLAS-Registriernummer und der Waren durchgeführt. Eine Überlassung der Waren darf erst erfolgen, nachdem ein positiver Datenabgleich zwischen der ATLAS-Einfuhrzollanmeldung und dem Entwurf des eVD durchgeführt wurde.

### 4.2.3.1.1 Positiver Datenabgleich

Nach positivem Datenabgleich wird der Entwurf des e-VD validiert (vgl. Ziffer 4.2.1 Absatz 3) und das e-VD zusammen mit der Druckversion im PDF-Format an den Versender übermittelt. Dem Empfänger wird lediglich das e-VD ohne Druckversion im PDF-Format übermittelt.

### 4.2.3.1.2 Negativer Datenabgleich

(1) Nach negativem Datenabgleich werden dem Versender die festgestellten Fehler mit der Nachricht Fachliche Fehlermeldung mitgeteilt. In dieser ist die durch den Benutzer erfasste Begründung für die Zurückweisung enthalten. Der Entwurf des e-VD wird nicht validiert, sondern zurückgewiesen. In der EMCS-Anwendung ist der EMCS-Vorgang damit erledigt.

(2) Ein abgewiesener Entwurf des e-VD kann nicht korrigiert werden.

(3) Ein abgewiesener Entwurf des e-VD kann durch einen neuen Entwurf ersetzt werden.

### 4.2.3.2 Einfuhr mit anschließender Ausfuhr unter Steueraussetzung

(1) Es ist zulässig, dass sich an eine Einfuhr verbrauchsteuerpflichtiger Waren unmittelbar eine Ausfuhr unter Steueraussetzung anschließt. Im Entwurf des e-VD gibt der Versender in Feld 1a (Code Bestimmungsort) den Wert „6" (Ausfuhr) und in Feld 9d (e-VD – Kennziffer Ausgangspunkt) den Wert „2" (Ausgangspunkt – Einfuhr) an.

Zu § 9d Energiesteuergesetz **Anlage § 009d–01**

(2) Der Datenabgleich erfolgt zunächst zwischen dem Entwurf des e-VD und der ATLAS-Einfuhrzollanmeldung (vgl. Ziffer 4.2.3.1). Nach positivem Datenabgleich wird dem Versender der ARC mit dem e-VD übermittelt. Erst dann kann eine Ausfuhranmeldung mit Angabe des ARC an die zuständige Ausfuhrzollstelle übermittelt werden. Das weitere Verfahren richtet sich nach Ziffer 4.2.4.1.1 bis 4.2.4.1.3 sowie 4.2.4.3.1 und 4.2.4.3.2.

(3) Sollen verbrauchsteuerpflichtige Waren im Anschluss an die Einfuhr unter Steueraussetzung nach Helgoland ausgeführt werden, so gilt Ziffer 4.2.4.3.3 entsprechend.

**4.2.4 Voraussetzungen für die Eröffnung einer Beförderung verbrauchsteuerpflichtiger Waren unter Steueraussetzung zur Ausfuhr**

**4.2.4.1 Grundverfahren bei der Ausfuhr**

(1) Der Versender erstellt vor Beginn der Beförderung verbrauchsteuerpflichtiger Waren unter Steueraussetzung den Entwurf des e-VD nach amtlich vorgeschriebenem Datensatz. Dazu trägt er die im Anhang I, Tabelle 1 der EMCS-DVO als verpflichtend vorgegebenen Daten in den Entwurf des e-VD ein. In Feld 1a (Code Bestimmungsort) wählt er den Wert „6" (Ausfuhr) und in Feld 8a (Ausfuhrzollstelle – Dienststellenschlüsselnummer) gibt er die Dienststellenschlüsselnummer der Ausfuhrzollstelle ein. Sofern keine Sicherheitsleistung für die Beförderung erforderlich ist, ist in Feld 11a (Sicherheitsleistung – Code Sicherheitsleistender) der Wert „0" einzutragen. Daten, die nach der EMCS-DVO optional sind, können freiwillig eingetragen werden. Anschließend übermittelt der Versender den Datensatz an EMCS. Ziffer 4.2.1 Absätze 3 bis 5 und Ziffer 4.2.2 gelten entsprechend.

(2) Nach Validierung des e-VD wird dem Versender das e-VD auch als Druckversion im PDF-Format übermittelt.

(3) Um die verbrauchsteuerpflichtigen Waren ausführen zu können, übermittelt der Ausführer die Ausfuhranmeldung nach Validierung des Entwurfs des e-VD an die für ihn zuständige Ausfuhrzollstelle. Dabei ist darauf zu achten, dass die in der ATLAS-Ausfuhranmeldung angegebene Ausfuhrzollstelle mit der in Feld 8a (Ausfuhrzollstelle – Dienststellenschlüsselnummer) des e-VD angegebenen Ausfuhrzollstelle übereinstimmt.

(4) In Feld 40 der Ausfuhranmeldung ist der Code „AAD" und im Unterfeld „Referenz" der ARC und die jeweilige Positionsnummer des e-VD anzugeben. Hierbei muss eine eindeutige Zuordnung der Datensätze des EMCS-Vorgangs zum Ausfuhrvorgang gewährleistet sein. Mehrere EMCS-Vorgänge können zu einem zollrechtlichen Ausfuhrvorgang zusammengefasst werden. Nicht gestattet sind jedoch

– die Aufteilung von Positionen eines EMCS-Vorgangs auf mehrere Ausfuhranmeldungen,
– das Zusammenfassen von Positionen eines EMCS-Vorgangs in einer Position der Ausfuhranmeldung sowie
– das Teilen einer Position eines EMCS-Vorgangs auf mehrere Positionen einer Ausfuhranmeldung.

Beispiel für eine Referenz in Feld 40 der Ausfuhranmeldung: 12DE40550000000000785001

| Feld | Inhalt | Feldtyp | Beispiel |
| --- | --- | --- | --- |
| 1 | Die letzten beiden Stellen des Jahres der Validierung des Entwurfs des e-VD | Numerisch 2 | 12 |
| 2 | Kennung des Mitgliedstaats, in dem der Entwurf des e-VD validiert wurde (ISO-Alpha-2-Ländercode) | Alphabetisch 2 | DE |
| 3 | Schlüsselnummer der zuständigen Dienststelle (siehe auch EOL) | Numerisch 4 | 4055 |
| 4 | Laufende Nummer des Beförderungsvorgangs pro Land und Jahr | Numerisch 12 | 000000000078 |
| 5 | Prüfziffer | Numerisch 1 | 5 |
| 6 | Positionsnummer im eVD | Numerisch 3 | 001 |

# Anlage § 009d–01

Zu § 9d Energiesteuergesetz

#### 4.2.4.1.1 Datenabgleich zwischen der ATLAS-Ausfuhranmeldung und dem e-VD an der Ausfuhrzollstelle

(1) Die Ausfuhrzollstelle soll die bei ihr gestellten verbrauchsteuerpflichtigen Waren erst dann zur Ausfuhr überlassen, wenn ein Datenabgleich zwischen der ATLAS-Ausfuhranmeldung und dem e-VD durchgeführt wurde.

(2) Der Datenabgleich wird durch den Benutzer manuell durchgeführt.

#### 4.2.4.1.2 Positiver Datenabgleich

(1) Nach positivem Datenabgleich wird dem Versender die Meldung über die zugelassene Ausfuhr übermittelt.

(2) Auf Bitte des Teilnehmers kann die Zollstelle das e-VD ausdrucken. Dies entbindet den registrierten Versender nicht von seiner entsprechenden Verpflichtung.

(3) Mit Annahme der zollrechtlichen Ausfuhranmeldung ruht der EMCS-Vorgang technisch. Die Überwachung erfolgt nach den Vorgaben des zollrechtlichen Ausfuhrverfahrens.

#### 4.2.4.1.3 Negativer Datenabgleich

(1) Nach negativem Datenabgleich wird dem Versender die Nachricht Ablehnung Ausfuhr e-VD übermittelt und er wird somit über das Ergebnis informiert.

(2) Sofern keine korrigierte Ausfuhranmeldung zu einem Vorgang mit negativem Datenabgleich übermittelt wird, muss der Versender der Ware eine Änderung des Bestimmungsorts vornehmen (vgl. Ziffer 4.3.1). Eine Annullierung des Vorgangs ist nicht möglich.

#### 4.2.4.2 Vereinfachtes Verfahren als Zugelassener Ausführer

(1) Ist ein Steuerlagerinhaber als Versender gleichzeitig ein Zugelassener Ausführer nach den Zollvorschriften und ist das Steuerlager, von dem die verbrauchsteuerpflichtigen Waren versandt werden, gleichzeitig als Ort zur Überführung in das Ausfuhrverfahren zugelassen, gilt Ziffer 4.2.4.1 entsprechend. Abweichend hiervon ist jedoch im Feld des Datensatzes „Nachrichtenart" statt des Werts „1" (Regelvorlage in allen Fällen zu verwenden, es sei denn, die Vorlage betrifft die Ausfuhr mit Anschreibeverfahren)) der Wert „2" (Vorlage für die Ausfuhr mit Anschreibeverfahren (Anwendung von Artikel 283 der Verordnung (EWG) Nr. 2454/93 der Kommission)) einzutragen.

(2) Die in Absatz 1 genannten EMCS-Vorgänge sind derzeit von einem manuellen Datenabgleich ausgenommen.

#### 4.2.4.3 Sonderverfahren bei der Ausfuhr

#### 4.2.4.3.1 Ausfuhren in Drittgebiete

Ausfuhren in Gebiete nach Artikel 5 Absatz 2 der System-RL, die außerhalb des Verbrauchsteuergebiets der Europäischen Union liegen, aber zum Zollgebiet der Gemeinschaft gehören (Drittgebiete wie z.B. die Kanarischen Inseln), werden wie Ausfuhren in Drittländer behandelt (vgl. Ziffer 4.2.4.1).

#### 4.2.4.3.2 Ausfuhrsendungen

(1) Bei der Ausfuhr von verbrauchsteuerpflichtigen Waren unter Steueraussetzung unter Inanspruchnahme von EMCS ist eine elektronische Ausfuhranmeldung nach Artikel 787 ZK-DVO auch dann abzugeben, wenn der Wert der verbrauchsteuerpflichtigen Waren unter 1 000 € liegt (vgl. Artikel 235 ZK-DVO). Insoweit handelt es sich um „sonstige besondere Förmlichkeiten", die eine mündliche oder konkludente Abgabe einer Ausfuhranmeldung nicht zulassen. Der Datenabgleich nach Ziffer 4.2.4.1.1 findet an der Ausgangszollstelle statt.

(2) Bei Ausfuhrsendungen mit einem Warenwert zwischen 1 000 € und 3 000 €, bei denen das einstufige Ausfuhrverfahren nach Artikel 794 ZK-DVO angewendet wird, findet der Datenabgleich nach Ziffer 4.2.4.1.1 an der Ausgangszollstelle statt, da diese die Aufgaben der Ausfuhrzollstelle wahrnimmt. In diesen Fällen ist in Feld 8a (Dienststellenschlüsselnummer) des Entwurfs des e-VD immer die Dienststellenschlüsselnummer der Ausgangszollstelle, also der letzten Zollstelle vor dem Verlassen des Verbrauchsteuergebiets der Europäischen Union, einzutragen. Diese Verfahrensweise ist derzeit nur möglich, wenn es sich um eine deutsche Ausgangszollstelle handelt.

(3) Hat der Ausführer den Status eines vertrauenswürdigen Ausführers nach § 13 AWV, gilt das Verfahren in Absatz 1 entsprechend.

Zu § 9d Energiesteuergesetz **Anlage § 009d–01**

#### 4.2.4.3.3 Ausfuhren nach Helgoland

(1) Ausfuhren nach Helgoland gelten gemäß Artikel 161 Absatz 3 ZK nicht als zollrechtliche Ausfuhren. Eine ATLAS-Ausfuhranmeldung ist nicht erforderlich. Es findet somit auch kein Datenabgleich nach Ziffer 4.2.4.1.1 statt.

(2) Die verbrauchsteuerrechtliche Behandlung des e-VD findet vor der Beförderung auf die Insel Helgoland durch die letzte Zolldienststelle (Ausgangszollstelle in verbrauchsteuerrechtlicher Hinsicht) vor dem Verlassen des Verbrauchsteuergebiets der Europäischen Union statt.

(3) Für den Entwurf des e-VD zur Ausfuhr nach Helgoland gelten die Absätze 1 und 2 von Ziffer 4.2.4.1 entsprechend. Der Versender hat jedoch zusätzlich in Feld 5e (Empfänger – Postleitzahl) den Wert „27498" einzutragen.

(4) Im Falle einer Beförderung auf der Straße zum Seehafen (z.B. per LKW) ist grundsätzlich das Zollamt Cuxhaven (Dienststellenschlüsselnummer DE004501) als letzte Zolldienststelle vor dem Verlassen des Verbrauchsteuergebiets der Europäischen Union in Feld 8a des Entwurfs des e-VD (Ausfuhrzollstelle – Dienststellenschlüsselnummer) als Ausfuhrzollstelle einzutragen.

(5) Im Falle einer Beförderung auf dem Postweg ist das Zollamt Cuxhaven (Dienststellenschlüsselnummer DE004501) in Feld 8a des Entwurfs des e-VD (Ausfuhrzollstelle – Dienststellenschlüsselnummer) als Ausfuhrzollstelle anzugeben. Ein Ausdruck des e-VD bzw. ein Handelspapier, aus dem der ARC hervorgeht, muss die verbrauchsteuerpflichtige Ware in der Versandtasche der Postsendung begleiten.

#### 4.2.4.3.4 Zusammengefasstes e-VD

(1) Zur Bevorratung von Schiffen und Luftfahrzeugen unter Steueraussetzung kann der Versender als Steuerlagerinhaber das zusammengefasste elektronische Verwaltungsdokument nutzen. Dieses stellt das Gegenstück zur monatlichen (nachträglichen) Sammelausfuhranmeldung für Schiffs-, Flugzeug- und Reisebedarf nach Artikel 786 Absatz 2 Buchstabe b) Zollkodex-DVO in Verbindung mit Artikel 285a Absatz 1a Zollkodex-DVO im Zollrecht dar und ist ebenfalls monatlich (nachträglich) zu erstellen/abzugeben.

(2) Um diese Vereinfachung nutzen zu können, bedarf der Versender einer Zulassung zur Übermittlung eines zusammengefassten eVD (Vordruck 2719) sowie einer zertifizierten Software. Die Übermittlung eines zusammengefassten e-VD mit Hilfe der Internet-EMCS-Anwendung (IEA) ist nicht möglich.

(3) Die vorbezeichneten Vereinfachungen gelten nicht für Lieferungen von Energieerzeugnissen und Wein. Folgenachrichten (Annullierung, Änderung des Bestimmungsorts, Kontroll- und Ereignisbericht und Abbruch der Beförderung) zu zusammengefassten e-VD sind nicht möglich.

(4) Bei der Erstellung des Entwurfs des zusammengefassten e-VD hat der Versender folgende Besonderheiten zu berücksichtigen:

– Die Beförderungsdauer in Feld 1b (Beförderungsdauer) ist mit dem Wert „90 Tage" zu füllen.
– In Feld 1c (Veranlassung der Beförderung) ist der Wert „1" (Versender) einzutragen.
– In Feld 1h (Kennzeichen für nachträgliche Vorlage des eVD) ist der Wert „2" (Ja – zusammengefasstes e-VD) anzugeben.
– Das Feld 8a (Ausfuhrzollstelle – Dienststellenschlüsselnummer) darf nur mit dem Wert einer deutschen Zollstelle belegt werden.
– Sofern vorhanden, ist in Feld 9b (e-VD – Rechnungsnummer) eine entsprechende Rechnungsnummer einzutragen. Ansonsten ist der Text „zusammengefasstes e-VD" einzutragen.
– In Feld 9d (e-VD – Kennziffer Ausgangspunkt) ist nur die Codierung „1" (Ausgangspunkt Steuerlager) zulässig.
– Als Versanddatum (Feld 9e) ist regelmäßig der letzte Tag des betreffenden Kalendermonats anzugeben.
– Das Feld 11a (Sicherheitsleistung – Code Sicherheitsleistender) ist mit dem Wert „1" (Versender) zu belegen, sofern eine Sicherheit geleistet wurde.
– Wurden mehrere Beförderungsarten verwendet, ist in Feld 13a (Beförderung – Code Beförderungsart) der Wert „0" (Sonstiger) zu verwenden.

# Anlage § 009d–01

Zu § 9d Energiesteuergesetz

- Sofern vorhanden, ist in Feld 16b (Beförderungsdetails – Kennzeichen Beförderungsmittel/Container) das Kennzeichen des genutzten Beförderungsmittels einzutragen. Ist dies nicht möglich, so ist der Text „zusammengefasstes eVD" einzutragen.
- Die Nummer (Geschäftszeichen) der zollrechtlichen Bewilligung als zugelassener Ausführer mit zusätzlicher Zulassung zur Abgabe monatlicher Sammelausfuhranmeldungen ist in Feld 16f (Beförderungsdetails – Ergänzende Informationen) anzugeben.
- In Feld 17b (Positionsdaten e-VD – Verbrauchsteuer-Produktcode) sind der Produktcode „W200" (Wein) und die Produktkategorie „E" (Energieerzeugnisse) nicht zulässig.

(5) Der als PDF-Datei zur Verfügung stehende Ausdruck des zusammengefassten e-VD dient nur zur Information.

(6) Im Anschluss an die Erstellung des zusammengefassten e-VD gibt der Versender im IT-Verfahren ATLAS-Ausfuhr die monatliche (nachträgliche) Sammelausfuhranmeldung für die innerhalb des Abrechnungszeitraums ausgeführten Waren ab. In Feld 40 der Sammelausfuhranmeldung ist der Code „AAD" und in Unterfeld „Referenz" der ARC und die jeweilige Positionsnummer des zusammengefassten e-VD anzugeben (vgl. Ziffer 4.2.4.1 Absatz 4).

(7) Um eine spätere Zuordnung zwischen der zollrechtlichen Sammelausfuhranmeldung und dem zusammengefassten e-VD zu gewährleisten, ist zusätzlich Folgendes zu beachten:
- Pro Bestimmungsland und Steuerlager ist ein separates zusammengefasstes e-VD abzugeben. Eine weitere Unterscheidung hinsichtlich des Empfängers ist zulässig.
- Pro verbrauchsteuerrechtlich relevantem Lagerort (Steuerlager als Ort der Versendung) und Bestimmungsland ist eine separate monatliche Sammelausfuhranmeldung abzugeben.
- Die separaten Sammelausfuhranmeldungen sind zentral bei einer Zollstelle abzugeben (in der Regel bei der für den Ort der Hauptbuchhaltung des Bewilligungsinhabers zuständigen Zollstelle).

(8) Für die Erstellung der Ausfuhrmeldung gilt Ziffer 4.4.3 entsprechend. In der Ausfuhrmeldung zum zusammengefassten e-VD ist jedoch als Empfangsdatum das jeweilige Tagesdatum bei der Erfassung zu verwenden.

## 4.2.5 Sonderfälle zur Eröffnung

### 4.2.5.1 Beförderung von Energieerzeugnissen im Seeverkehr und auf Binnenwasserstraßen nach Artikel 22 System-RL (§ 28c EnergieStV)

Bei der Beförderung von Energieerzeugnissen im Seeverkehr und auf Binnenwasserstraßen können die Angaben zum Empfänger der Energieerzeugnisse im Zeitpunkt der Erstellung des Entwurfs des e-VD weggelassen werden, wenn dem Versender dies zugelassen worden ist. Diese Angaben sind jedoch nachzutragen, sobald der Empfänger feststeht. Der Nachtrag der Angaben zum Empfänger hat durch Übermittlung einer Änderungsmeldung gem. Ziffer 4.3.1 vor Beendigung der Beförderung unter Steueraussetzung zu erfolgen (vgl. Ziffer 4.3.1).

### 4.2.5.2 Beförderung unversteuerter Alkopops

(1) Die verbrauchsteuerpflichtige Ware „Alkopop" unterliegt der Branntweinsteuer und zusätzlich der Alkopopsteuer. Die Beförderung von Alkopops unter Steueraussetzung, soweit diese sich nicht im branntweinsteuerrechtlich freien Verkehr befinden, hat zwingend mit EMCS zu erfolgen. Eine Beförderung unversteuerter Alkopops, die sich bereits branntweinsteuerrechtlich im freien Verkehr befinden, ist mittels EMCS nicht möglich.

(2) Bei der Beförderung von Alkopops unter Steueraussetzung, die sich nicht im alkopop- und branntweinsteuerrechtlich freien Verkehr befinden, ist in Feld 16f (Beförderungsdetails – Ergänzende Informationen) des Entwurfs des e-VD der Vermerk „UNVERSTEUERTER BRANNTWEIN UND UNVERSTEUERTE ALKOPOPS" einzutragen. Bei Transit-Vorgängen (vgl. Ziffer 4.2.5.3 Absatz 1) ist dieser Vermerk in Feld 16d des Entwurfs des e-VD (Beförderungsdetails – Informationen zum Verschluss) vorzunehmen.

### 4.2.5.3 Transitvorgänge

(1) Bei der Beförderung verbrauchsteuerpflichtiger Waren unter Steueraussetzung zwischen zwei Steuerlagern im Steuergebiet über einen anderen Mitgliedstaat oder zwischen einem Steuerlager im Steuergebiet an einen Begünstigten im Steuergebiet über einen anderen Mitgliedstaat ist in Feld 16f (Beförderungsdetails – Ergänzende Informationen) des Entwurfs des e-VD der Vermerk „TRANSIT" einzutragen. In diesen Fällen ist darauf zu achten, dass Feld 16f des Entwurfs des e-VD keinerlei zusätzliche Angaben enthalten darf. Sofern die Datengruppe 16 (Beförderungsdetails) des Entwurfs des e-VD mehrfach verwendet wird (bis zu 99

Mal möglich), so ist es zwingend erforderlich, in jedem Feld 16f des Entwurfs des e-VD ausschließlich den Vermerk „TRANSIT" einzutragen.

Sollen in diesen Fällen weitere ergänzende Angaben zur Beförderung gemacht werden, ist hierfür das Feld 16d des Entwurfs des e-VD (Beförderungsdetails – Informationen zum Verschluss) zu verwenden.

(2) Eine Sicherheitsleistung ist für Beförderungen verbrauchsteuerpflichtiger Waren unter Steueraussetzung zwischen zwei Steuerlagern im Steuergebiet über einen anderen Mitgliedstaat oder zwischen einem Steuerlager im Steuergebiet an einen Begünstigten im Steuergebiet über einen anderen Mitgliedstaat zwingend erforderlich.

### 4.2.5.4 Beförderung von Aromen

In den Fällen, in denen für die Beförderung von Aromen unter Steueraussetzung ein e-VD verwendet werden muss (siehe Verwaltungsvorschrift V 23 20-3), ist der Produktcode „S500" in Feld 17b (Positionsdaten e-VD – Verbrauchsteuerproduktcode) des Entwurfs des e-VD anzugeben und der entsprechende KN-Code (8-stellig) in Feld 17c (Positionsdaten e-VD – KN-Code) des Entwurfs des e-VD zu vermerken, auch wenn dieser nicht in der Werteliste hinterlegt ist. Versender und Empfänger dieser Ware müssen im Besitz einer Erlaubnis für den Produktcode „S500" sein.

### 4.2.5.5 Beförderung von Energieerzeugnissen in festen Rohrleitungen und Eisenbahnkesselwagen

(1) Bei der Beförderung von Energieerzeugnissen in festen Rohrleitungen ist durch den Versender in Feld 13a (Code Beförderungsart) des Entwurfs des e-VD der Wert „7" (festinstallierte Transporteinrichtungen) und in Feld 16a (Beförderungsmittel/Container) des Entwurfs des e-VD der Wert „2" (Fahrzeug) einzutragen. In Feld 16b (Kennzeichen Beförderungsmittel/Container) des Entwurfs des e-VD ist das Wort „Pipeline" zu vermerken.

(2) Bei der Beförderung von Energieerzeugnissen in Kesselwagen ist in Feld 13a (Code Beförderungsart) des Entwurfs des e-VD der Wert „2" (Eisenbahnverkehr) auszuwählen. In Feld 16a (Beförderungsmittel/Container) des Entwurfs des e-VD ist der Wert „3" (Anhänger) und in Feld 16b (Kennzeichen Beförderungsmittel/Container) des Entwurfs des e-VD das Kennzeichen der einzelnen Kesselwagen anzugeben. Soweit das Feld 16b des Entwurfs des e-VD nicht ausreicht, ist Feld 16f des Entwurfs des e-VD zu verwenden. Sollte der Kesselwagenzug auf mehrere Positionen aufgeteilt werden, ist in Feld 16f (Beförderungsdetails – Ergänzende Informationen) des Entwurfs des e-VD zusätzlich eine eindeutige Zuordnung zwischen den in Feld 16b des Entwurfs des e-VD aufgeführten Kennzeichen der Kesselwagen und der jeweiligen Position des e-VD herzustellen.

Bei Transitvorgängen (vgl. Ziffer 4.2.5.3 Absatz 1) ist anstatt Feld 16f des Entwurfs des e-VD hierfür das Feld 16d des Entwurfs des e-VD (Beförderungsdetails – Informationen zum Verschluss) zu verwenden. Grundsätzlich obliegt es jedoch dem Versender zu entscheiden, ob er für einen Kesselwagen ein e-VD mit einer oder mehreren Positionen verwendet oder ob für jeden Kesselwagen ein einzelnes e-VD erstellt werden soll.

### 4.2.6 Annullierung eines e-VD

(1) Der Versender kann ein e-VD mit dem Entwurf der elektronischen Annullierungsmeldung nach amtlich vorgeschriebenem Datensatz (vgl. Anhang I Tabelle 2 der EMCS-DVO) annullieren, solange die Beförderung verbrauchsteuerpflichtiger Waren unter Steueraussetzung noch nicht begonnen hat. Dazu übermittelt der Versender den Datensatz an EMCS.

(2) Die Annullierung eines EMCS-Vorgangs ist nicht mehr möglich, wenn das im EMCS-Vorgang angegebene Versanddatum überschritten wurde. Des Weiteren ist die Annullierung eines EMCS-Vorgangs nicht mehr möglich, wenn zu diesem bereits mindestens eine Folgenachricht erfolgreich übermittelt wurde, z.B. eine Änderung des Bestimmungsorts (vgl. Ziffer 4.3.1), eine Aufteilungsmitteilung (vgl. Ziffer 4.3.2), eine Eingangsmeldung (vgl. Ziffer 4.4) oder wenn ein Abgleich mit der Ausfuhranmeldung durchgeführt wurde (vgl. Ziffer 4.2.4.1.1).

(3) Der Entwurf der Annullierungsmeldung wird von der EMCS-Anwendung automatisiert geprüft. Sofern keine Fehler aufgetreten sind, wird der Entwurf unter Angabe von Datum und Uhrzeit validiert und an den Versender zurückgeschickt. Der Empfänger erhält ebenfalls die Annullierungsmeldung. Bei Vorgängen mit Empfänger in einem anderen Mitgliedstaat wird die Annullierungsmeldung dem Bestimmungsmitgliedstaat übermittelt.

**Anlage § 009d–01**          Zu § 9d Energiesteuergesetz

(4) Ein durch den Versender übermittelter Entwurf einer Annullierungsmeldung, der wegen technischer oder fachlicher Fehler von der EMCS-Anwendung nicht validiert werden kann, wird automatisiert mit einer Fehlermeldung abgewiesen.

### 4.3 Mögliche Ereignisse während der Beförderung verbrauchsteuerpflichtiger Waren unter Steueraussetzung

#### 4.3.1 Änderung des Bestimmungsorts

(1) Während einer Beförderung verbrauchsteuerpflichtiger Waren unter Steueraussetzung kann der Versender jederzeit den Bestimmungsort ändern und einen anderen zulässigen Bestimmungsort wählen. Eine Änderung des Bestimmungsorts an Begünstigte ist nicht möglich.

(2) In den nachfolgenden Fällen erwartet EMCS eine Änderung des Bestimmungsorts:

– Änderung des ursprünglich im e-VD eingetragenen Orts der Lieferung und keine Änderung des Empfängers (z. B. Steuerlager B statt Steuerlager A der Mustermann GmbH oder neuer Direktlieferungscode bei Direktlieferungen)

– Änderung des ursprünglich im e-VD eingetragenen Orts der Lieferung und Änderung des Empfängers (z. B. Steuerlager C der Musterhaus OHG statt Steuerlager A der Mustermann GmbH)

– Änderung des Bestimmungsmitgliedstaats

– Änderung des Codes für den Bestimmungsort

– Nur für Energieerzeugnisse: Erstmalige Angabe der Empfängerdaten

– Nach einer Ablehnung der verbrauchsteuerpflichtigen Waren durch den Empfänger vor Empfang, sofern der Vorgang nicht aufgeteilt oder annulliert wurde (vgl. Ziffer 4.3.3 Absatz (3))

– Nach teilweiser oder vollständiger Zurückweisung der verbrauchsteuerpflichtigen Waren durch den Empfänger

– Nach negativem Datenabgleich bei einem EMCS-Vorgang zur Ausfuhr, sofern keine korrigierte Ausfuhranmeldung übermittelt wird (vgl. Ziffer 4.2.4.1.3 Absatz 2)

Durch eine Änderung des Bestimmungsorts kann auch eine begonnene Beförderung verbrauchsteuerpflichtiger Waren unter Steueraussetzung an den ursprünglichen Versender, sofern es sich bei diesem um einen Steuerlagerinhaber handelt, zurückgeschickt werden. Das Steuerlager des Versenders wird in diesem Fall der neue Ort der Lieferung und der Versender der neue Empfänger.

Bei der Beförderung von Wein ist eine Änderung des Bestimmungsorts zurück an den Versender oder an einen anderen Empfänger in Deutschland möglich, sofern der Bestimmungsmitgliedstaat zuvor nicht Deutschland war bzw. in Feld 1a (Code Bestimmungsort) der Wert „6" (Ausfuhr) angegeben wurde.

(3) Durch die Änderungsmeldung kann der im ursprünglichen e-VD in Feld 1a (Code Bestimmungsort) angegebene Wert auch auf den Wert „6" (Ausfuhr) geändert werden.

(4) Die Änderung des Bestimmungsorts erfolgt mit dem Entwurf der elektronischen Änderungsmeldung nach amtlich vorgeschriebenem Datensatz. Der Versender trägt die in Anhang I Tabelle 3 EMCSDVO als verpflichtend vorgegebenen Daten, insbesondere den ARC des ursprünglichen e-VD (Feld 2b), in den Entwurf einer Änderungsmeldung ein. Daten, die nach der EMCS-DVO optional sind, können freiwillig eingetragen werden. In dem Entwurf müssen sich der Bestimmungsort und/oder der aufgeführte Empfänger gegenüber den Angaben im ursprünglichen e-VD ändern. Bei einer Änderung der Beförderungsdauer ist zu beachten, dass diese hierbei lediglich aktualisiert wird. Die neue Beförderungsdauer ist ausgehend vom ursprünglichen Versanddatum anzugeben. Dabei darf die maximale Beförderungsdauer von 92 Tagen nicht überschritten werden. Die Ausführungen zu Ziffer 4.2.5.3 (Transitvorgänge) gelten für Feld 9f der Änderungsmeldung (Beförderungsdetails – Ergänzende Informationen) entsprechend. Weitere ergänzende Angaben zur Beförderung sind in diesen Fällen in Feld 9d (Beförderungsdetails – Informationen zum Verschluss) einzutragen. Anschließend übermittelt der Versender den Datensatz an EMCS.

(5) Die Prüfung des Entwurfs der Änderungsmeldung erfolgt analog zur Prüfung des Entwurfs des e-VD. Sofern keine Fehler bei der Prüfung festgestellt wurden, wird der Entwurf der Änderungsmeldung automatisiert validiert, vgl. Ziffer 4.2.1 Absatz 3. Die verbrauchsteuerpflichtigen Waren können zum neuen Ort der Lieferung, zum neuen Empfänger bzw. zum erstmalig angegebenen Empfänger befördert werden.

Zu § 9d Energiesteuergesetz **Anlage § 009d-01**

(6) Unter Validierung des Entwurfs der Änderungsmeldung ist das Festschreiben eines neuen Standes des e-VD mit einer gegenüber dem gespeicherten Wert um „1" erhöhten Vorgangsnummer zu verstehen und der Zurücksendung der Änderungsmeldung an den Versender (vgl. Feld 2a der Änderungsmeldung (Anhang I Tabelle 3 EMCS-DVO) bzw. Feld 1f des e-VD (Anhang I Tabelle 1 EMCSDVO)). Mit der Änderungsmeldung wird das ursprüngliche e-VD aktualisiert. Das in Ziffer 4.2.1 Absatz 5 bezeichnete e-VD wird daher nicht neu generiert und versendet.

(7) Nach Validierung einer Änderungsmeldung, durch die eine Änderung in Feld 1a (Code Bestimmungsort) und/oder in Feld 13a (Beförderung – Code Beförderungsart) des ursprünglichen e-VD auf einen anderen als den vorangegangenen Wert vorgenommen wird, erfolgt die Aktualisierung des EMCS-Vorgangs wie nachstehend beschrieben:

– In zwingend anzugebenden Datengruppen enthaltene optionale Felder, die in der Änderungsmeldung nicht übermittelt werden, behalten ihren ursprünglichen Wert bei.

– Das Löschen von Feldern im EMCS-Vorgang durch die Übermittlung leerer optionaler Felder in zwingend anzugebenden Datengruppen der Änderungsmeldung ist nicht möglich. Der Versender kann lediglich durch Eingabe eines Ersatzwerts (z. B. „*" oder „n.a.") kenntlich machen, dass die ursprünglichen Daten nicht mehr gültig sind.

– In nicht zwingend anzugebenden Datengruppen enthaltene Felder werden immer komplett in die zugehörigen Felder des Vorgangs übernommen. Die Übertragung von leeren Feldern in der Änderungsmeldung löscht die zugehörigen Felder im EMCS-Vorgang.

Die gemäß dem neuen Wert in Feld 1a (Code Bestimmungsort) und/oder in Feld 13a (Beförderung – Code Beförderungsart) in den ursprünglichen Daten des EMCS-Vorgangs nicht mehr zulässigen Felder werden bei der Einarbeitung der Änderungsmeldung im Vorgang gelöscht. Hierbei werden die gleichen Prüfungen wie in Ziffer 4.2.1 Absatz 4 zugrunde gelegt.

(8) Abhängig von den geänderten/aktualisierten Daten im e-VD werden die vom EMCS-Vorgang betroffenen Bestimmungsstellen und Empfänger unterrichtet.

Als Bestimmungsstelle wird die für den Empfänger zuständige Behörde eines Mitgliedstaats der Europäischen Union verstanden.

Im Steuergebiet ist dies das für den Empfänger zuständige Hauptzollamt.

Es sind nachfolgende Fälle zu unterscheiden:

– Änderung Ort der Lieferung, unveränderter Empfänger, unveränderter Bestimmungsmitgliedstaat

Der geänderte Ort der Lieferung wird der im ursprünglichen eVD aufgeführten Bestimmungsstelle mit der Änderungsmeldung (Anhang I Tabelle 3 EMCS-DVO) automatisiert zur Weiterleitung an den Empfänger übermittelt.

– Änderung Ort der Lieferung, Änderung Empfänger, unveränderter Bestimmungsmitgliedstaat

Der geänderte Ort der Lieferung und der geänderte Empfänger werden der im ursprünglichen e-VD aufgeführten Bestimmungsstelle mit dem aktualisierten e-VD (Anhang I Tabelle 1 EMCSDVO) automatisiert zur Weiterleitung an den geänderten Empfänger übermittelt.

Die Änderung des Bestimmungsorts wird der im ursprünglichen e-VD aufgeführten Bestimmungsstelle durch eine Meldung nach Anhang I Tabelle 4 EMCS-DVO automatisiert zur Weiterleitung an den im ursprünglichen e-VD aufgeführten Empfänger übermittelt.

– Änderung Ort der Lieferung, Änderung Empfänger, Änderung des Bestimmungsmitgliedstaats

Der geänderte Ort der Lieferung und der geänderte Empfänger werden der Bestimmungsstelle im geänderten Bestimmungsmitgliedstaat mit dem aktualisierten e-VD automatisiert zur Weiterleitung an den geänderten Empfänger übermittelt.

Die Änderung des Bestimmungsorts wird der im ursprünglichen e-VD aufgeführten Bestimmungsstelle mit der Änderungsmeldung (Anhang I Tabelle 3 EMCS-DVO) automatisiert übermittelt.

– Erstmalige Angabe von Bestimmungsinformationen bei „unbestimmtem Empfänger"

Ist im ursprünglichen e-VD kein Empfänger angegeben, werden die vom Versender nachzureichenden Empfängerdaten der Bestimmungsstelle im Bestimmungsmitgliedstaat automatisiert zur Weiterleitung an den Empfänger übermittelt.

**Anlage § 009d–01**  Zu § 9d Energiesteuergesetz

- Änderung der Ausfuhrzollstelle

Ist der geänderte Bestimmungsmitgliedstaat nicht Deutschland, so wird die geänderte Ausfuhrzollstelle dem geänderten Bestimmungsmitgliedstaat mit dem aktualisierten e-VD (Anhang I Tabelle 1 EMCS-DVO) angezeigt.

Ist der ursprüngliche Bestimmungsmitgliedstaat nicht Deutschland, so wird die geänderte Ausfuhrzollstelle dem ursprünglichen Bestimmungsmitgliedstaat mit der Änderungsmeldung (Anhang I Tabelle 3 EMCS-DVO) angezeigt.

Entspricht der geänderte Bestimmungsmitgliedstaat dem ursprünglichen Bestimmungsmitgliedstaat, wird nur das aktualisierte e-VD (Anhang I Tabelle 1 EMCS-DVO) und nicht die Änderungsmeldung (Anhang I Tabelle 3 EMCS-DVO) verschickt.

Eine Änderung des Felds „Ausfuhrzollstelle" kann beispielsweise in den Fällen des einstufigen Ausfuhrverfahrens nach Ziffer 4.2.4.3.2 notwendig werden, wenn während einer laufenden Beförderung eine andere Ausgangszollstelle angefahren wird.

(9) Dem Versender werden in allen oben genannten Fällen die Änderungsmeldungen nach Absatz 8 übermittelt.

(10) Ein durch den Versender übermittelter Entwurf einer Änderungsmeldung, der wegen technischer oder fachlicher Fehler von der EMCS-Anwendung nicht validiert werden kann, wird automatisiert mit einer Fehlermeldung abgewiesen.

### 4.3.2 Aufteilung von Warensendungen i.S.d. § 32 EnergieStV

(1) Während der Beförderung verbrauchsteuerpflichtiger Energieerzeugnisse (Verbrauchsteuerproduktkategorie „E") unter Steueraussetzung kann der Versender jederzeit eine Aufteilung der Beförderung durchführen, sofern der Mitgliedstaat, auf dessen Territorium die Aufteilung stattfinden soll, dies zulässt. Eine aktuelle Liste, welche Mitgliedstaaten eine Aufteilung auf ihrem Territorium zulassen, ist in der EMCS-Anwendung hinterlegt.

(2) Die Aufteilung der Beförderung erfolgt mit dem Entwurf der Aufteilungsmitteilung nach amtlich vorgeschriebenem Datensatz. Der Versender trägt die in Anhang I Tabelle 5 EMCS-DVO als verpflichtend vorgegebenen Daten, insbesondere den ARC des ursprünglichen e-VD (Feld 1a), in den Entwurf der Aufteilungsmitteilung ein. Daten, die nach der EMCS-DVO optional sind, können freiwillig eingetragen werden. Felder, die keine Werte enthalten, werden mit den Werten aus dem ursprünglichen e-VD gefüllt. Anschließend übermittelt der Versender den Datensatz an EMCS.

(3) Die Prüfung des Entwurfs der Aufteilungsmitteilung erfolgt analog zur Prüfung des Entwurfs des e-VD, vgl. Ziffer 4.2.1 Absatz 4.

(4) Nach positiver Prüfung des Entwurfs der Aufteilungsmitteilung erstellt der Abgangsmitgliedstaat in einem einzigen Vorgang die neuen e-VD zur Weiterbeförderung für jeden Bestimmungsort. Diese werden an die entsprechenden Bestimmungsmitgliedstaaten bzw. Ausfuhrzollstellen übermittelt.

(5) Der im ursprünglichen e-VD angegebene Empfänger kann in der EMCS-Anwendung keine Eingangsmeldung mehr zu dem aufgeteilten e-VD abgeben.

(6) Der Abgangsmitgliedstaat übermittelt dem Versender sowie dem ursprünglichen Bestimmungsmitgliedstaat die Nachricht Aufteilungsmitteilung nach amtlich vorgeschriebenem Datensatz gemäß Anhang I Tabelle 4 EMCS-DVO. Der ursprüngliche Bestimmungsmitgliedstaat übermittelt die Aufteilungsmitteilung an den ursprünglichen Empfänger.

(7) Ein durch den Versender übermittelter Entwurf einer Aufteilungsmitteilung, der wegen technischer oder fachlicher Fehler von der EMCS-Anwendung nicht validiert werden kann, wird automatisiert mit einer Fehlermeldung abgewiesen.

### 4.3.3 Warnung/Ablehnung der Waren durch den Empfänger vor Empfang

(1) Der im e-VD angegebene Empfänger kann, noch bevor die Waren am Bestimmungsort eingetroffen sind, die Annahme der Waren ablehnen oder eine Warnung übersenden, in der er dem Versender mögliche Bedenken zu der betreffenden Lieferung mitteilen kann. Hierzu übermittelt er die Nachricht Warnung/Ablehnung vor Empfang an EMCS.

(2) Die Nachricht Warnung/Ablehnung vor Empfang wird von der EMCS-Anwendung automatisiert geprüft. Sofern keine Fehler aufgetreten sind, wird die übermittelte Nachricht unter Angabe von Datum und Uhrzeit validiert und an den Empfänger zurückgeschickt. Der Versender erhält ebenfalls die Nachricht Warnung/Ablehnung vor Empfang. Bei Beförderungs-

Zu § 9d Energiesteuergesetz **Anlage § 009d–01**

vorgängen zwischen zwei oder mehreren Mitgliedstaaten wird die Nachricht Warnung/Ablehnung vor Empfang an den Abgangsmitgliedstaat übermittelt.

(3) Für einen mittels der Nachricht Warnung/Ablehnung vor Empfang abgelehnten EMCS-Vorgang sind durch den Versender unverzüglich die weiteren Schritte zu veranlassen, um die weitere Warenbewegung im IT-Verfahren EMCS abzubilden, bzw. den jeweiligen EMCS-Vorgang entsprechend weiterbearbeiten zu können. Dazu muss vom Versender eine Annullierung durchgeführt werden, sofern die Waren das Steuerlager noch nicht verlassen haben (vgl. Ziffer 4.2.6). Haben die Waren zum Zeitpunkt der Ablehnung das Steuerlager bereits verlassen, ist durch den Versender eine Änderung des Bestimmungsorts (vgl. Ziffer 4.3.1) oder (nur bei Energieerzeugnissen) eine Aufteilung der Beförderung (vgl. Ziffer 4.3.2) zu veranlassen.

(4) Eine durch den Empfänger übermittelte Nachricht Warnung/Ablehnung vor Empfang, die wegen technischer oder fachlicher Fehler von der EMCS-Anwendung nicht validiert werden kann, wird automatisiert mit einer Fehlermeldung abgewiesen.

**4.3.4 Verfahrensweise bei Umladungen**

(1) Grundsätzlich ist durch den Versender im Entwurf des e-VD in Feld 15 (Erster Beförderer) der erste Beförderer anzugeben und in Feld 16 (Beförderungsdetails) sind die diesbezüglichen Beförderungsdetails aufzuführen. Sollte zum Zeitpunkt der Übermittlung des Entwurfs des e-VD aber bereits feststehen, dass eine Umladung während der Beförderung durchgeführt werden muss, ist dies in Feld 16f des Entwurfs des e-VD (Beförderungsdetails – Ergänzende Informationen) zu dokumentieren. Bei Transit-Vorgängen (vgl. Ziffer 4.2.5.3 Absatz 1) ist anstatt Feld 16f hierfür das Feld 16d des Entwurfs des e-VD (Beförderungsdetails – Informationen zum Verschluss) zu verwenden.

(2) Sollte erst bekannt werden, dass ein Wechsel des Beförderungsmittels durchgeführt werden muss, wenn die Beförderung unter Steueraussetzung bereits begonnen wurde, hat der Versender unverzüglich sein zuständiges Hauptzollamt über die bei der Beförderung eingetretenen Umstände und die damit verbundene Verzögerung zu informieren. Von der Übermittlung einer Änderung des Bestimmungsorts ist abzusehen, sofern keine tatsächliche Änderung des Empfängers und/oder des Orts der Lieferung erfolgt.

**4.4 Voraussetzung für die Beendigung einer Beförderung verbrauchsteuerpflichtiger Waren unter Steueraussetzung**

**4.4.1 Erstellung und Übermittlung der Eingangsmeldung**

(1) Die Eingangsmeldung ist von demjenigen zu erstellen, der im eVD als Empfänger angegeben ist (Besonderheit bei Begünstigten vgl. Ziffer 4.4.2).

(2) Der Empfänger erstellt nach Aufnahme der verbrauchsteuerpflichtigen Waren an einem zulässigen Bestimmungsort eine Eingangsmeldung nach amtlich vorgeschriebenem Datensatz. Dazu trägt er die im Anhang I Tabelle 6 EMCS-DVO als verpflichtend vorgegebenen Daten in die Eingangsmeldung ein. Für den gesamten EMCS-Vorgang sind insbesondere in Feld 6a (Eingangsmeldung – Ankunftsdatum der verbrauchsteuerpflichtigen Waren) Angaben vorzunehmen und in Feld 6b (Eingangsmeldung – Empfangsergebnis) das Ergebnis zu dokumentieren. Dabei können folgende Werte eingetragen werden:

„1" = Empfang der Waren erfolgt, keine Beanstandung

„2" = Empfang der Waren erfolgt trotz Beanstandung

„3" = Empfang der Waren zurückgewiesen

„4" = Empfang der Waren teilweise zurückgewiesen

Wird für den gesamten EMCS-Vorgang der Wert „2", „3" oder „4" ausgewählt, sind auf Positionsebene für jede Position, für die Beanstandungen bestehen, in Feld 7 (Positionsdaten der Eingangsmeldung) Angaben vorzunehmen. Dazu ist in Feld 7a (Positionsdaten Eingangsmeldung – Positionsnummer) die Positionsnummer anzugeben, zu der Beanstandungen festgestellt wurden. Sind Fehl- oder Mehrmengen festgestellt worden, ist dies in Feld 7b (Positionsdaten der Eingangsmeldung – Kennzeichen Fehl/Mehrmenge) durch Wahl des Buchstaben „S" (Fehlmeng(Fehlmenge) oder des Buchstaben „E" (Mehrmenge) zwingend zu dokumentieren. Fehl- bzw. Mehrmenge ist dabei die Differenz zwischen der in Feld 17d des e-VD (Positionsdaten e-VD – Menge) erfassten und der davon tatsächlich beim Empfänger angekommenen Menge. Die Fehl- bzw. Mehrmengen sind in Feld 7c (Positionsdaten der Eingangsmeldung – Festgestellte Fehlmenge oder Mehrmenge) und in Feld 7d (Positionsdaten der Eingangsmeldung – Verbrauchsteuerproduktcode) näher zu erläutern.

## Anlage § 009d–01
Zu § 9d Energiesteuergesetz

Feld 7e (Positionsdaten der Eingangsmeldung – Zurückgewiesene Menge) ist auszufüllen, wenn in Feld 6b (Eingangsmeldung – Empfangsergebnis) der Wert „4" (Empfang der Waren teilweise zurückgewiesen) gewählt wurde. Dies erfolgt ebenfalls auf Positionsebene. Dabei gilt als zurückgewiesene Menge jeweils die Differenz zwischen der tatsächlich gelieferten und festgestellten Menge, für die das Steueraussetzungsverfahren wirksam eröffnet wurde, und der davon vom Empfänger aufgenommenen Menge.

Für alle Positionen, für die Feld 7a (Positionsdaten Eingangsmeldung – Positionsnummer) ausgefüllt wurde, ist die Beanstandung in Feld 7.1a (Grund der Beanstandung – Code der Beanstandung) näher zu erläutern. Bei Auftreten von Mehrmengen ist in Feld 7.1b (Grund der Beanstandung – Ergänzende Informationen) zu erklären, ob die Mehrmenge in den Betrieb des Empfängers aufgenommen oder auf dem Beförderungsmittel belassen wurde.

Daten, die nach der EMCS-DVO optional sind, können freiwillig eingetragen werden. Anschließend übermittelt der Empfänger den Datensatz an EMCS.

(3) Wird eine Warenart geliefert, die nicht im e-VD angegeben ist, so vermerkt der Empfänger in Feld 6c (Eingangsmeldung – Ergänzende Informationen) die Warenart, den zugehörigen Verbrauchsteuerproduktcode sowie die gelieferte Menge und erklärt, ob diese Ware in seinen Betrieb aufgenommen oder auf dem Beförderungsmittel belassen wurde. Darüber hinaus setzt er sich diesbezüglich mit seinem zuständigen Hauptzollamt in Verbindung.

Für die im e-VD angegebene Warenart gilt Absatz 2 entsprechend.

(4) Eingangsmeldungen sind unverzüglich, spätestens jedoch fünf Werktage nach Beendigung der Beförderung, an EMCS zu übermitteln.

(5) Die Angaben in der Eingangsmeldung werden automatisiert von der EMCS-Anwendung geprüft. Sofern keine Fehler aufgetreten sind, wird die Eingangsmeldung validiert.

(6) Die validierte Eingangsmeldung wird unter Angabe von Datum und Uhrzeit der Validierung automatisiert an den Empfänger übermittelt. Dem im Steuergebiet ansässigen Versender wird die Eingangsmeldung von dem für ihn zuständigen Hauptzollamt übermittelt. Ist der Versender in einem anderen Mitgliedstaat ansässig, wird die Eingangsmeldung an die dortige Bestimmungsstelle automatisiert zur Weiterleitung an den Versender übersandt. Aus anderen Mitgliedstaaten eingehende Eingangsmeldungen werden an den Versender im Steuergebiet von dem für ihn zuständigen Hauptzollamt automatisiert weitergeleitet.

(7) Wurde eine Lieferung durch den Empfänger vollständig oder teilweise zurückgewiesen, hat der Versender daraufhin eine Änderung des Bestimmungsorts (vgl. Ziffer 4.3.1) für die zurückgewiesene Menge zu veranlassen.

(8) Eine Eingangsmeldung, die wegen fachlicher oder technischer Fehler nicht validiert werden konnte, wird automatisiert mit einer Fehlermeldung abgewiesen.

### 4.4.2 Erfassen der Eingangsdaten des Begünstigten und Erstellen der Eingangsmeldung durch Benutzer

(1) In dem Fall, in dem der Empfänger ein Begünstigter ist, hat dieser die für die Erstellung der Eingangsmeldung in EMCS benötigten Daten dem zuständigen Hauptzollamt, das diese Meldung erstellt, schriftlich mit der ihm vorliegenden Ausfertigung der Freistellungsbescheinigung zu übermitteln. Dabei kann der Vordruck 033077 (Daten für die Eingangsmeldung des Begünstigten) verwendet werden. Die Eingangsmeldung wird daraufhin manuell durch den Benutzer auf Schlüssigkeit geprüft. Das weitere Verfahren richtet sich nach Ziffer 4.4.1. Auf Verlangen bestätigt das zuständige Hauptzollamt dem Begünstigten den Eingang des Eingangsdokuments in Feld D auf einer von ihm vorgelegten weiteren Ausfertigung.

(2) Werden verbrauchsteuerpflichtige Waren innerhalb des Steuergebiets von einer ausländischen Truppe unter Steueraussetzung mit einem Abwicklungsschein nach § 73 Absatz 1 Nummer 1 UStDV bezogen, so ist abweichend von Absatz 1 zusammen mit den Daten der Eingangsmeldung anstelle der vorliegenden Ausfertigung der Freistellungsbescheinigung eine Kopie des bei der Beförderung mitzuführenden Lieferscheins mit einer Empfangsbestätigung der Empfangsdienststelle sowie eine Kopie des bestätigten Abwicklungsscheins bei dem für die Beschaffungsstelle zuständigen Hauptzollamt vorzulegen.

Gilt ein Abwicklungsschein für mehrere Teillieferungen oder für mehrere Lieferungen eines bestimmten Zeitraums (maximal für einen Monat), ist dem für die Beschaffungsstelle zuständigen Hauptzollamt die Kopie des bestätigten Abwicklungsscheins erst nach der letzten Teillieferung bzw. letzten Lieferung des jeweiligen Zeitraums vorzulegen. Bei den einzelnen Lieferungen genügt für die Erstellung der Eingangsmeldung ein Hinweis in den Liefer-

Zu § 9d Energiesteuergesetz                                                                      **Anlage § 009d–01**

scheinen, dass es sich um Teillieferungen bzw. Lieferungen für einen bestimmten Zeitraum handelt.

### 4.4.3 Erstellen der Ausfuhrmeldung durch Benutzer

(1) Bis zur Realisierung einer automatisierten Schnittstelle zum Fachverfahren ATLAS-Ausfuhr ist die Ausfuhrmeldung durch den Benutzer manuell zu erstellen. Dies geschieht durch den Benutzer an der Ausfuhrzollstelle bzw. in den Fällen nach Ziffer 4.2.4.3.2 den Benutzer an der Ausgangszollstelle auf Basis der Ausgangsbestätigung in ATLAS-Ausfuhr.

(2) Die EMCS-Anwendung leitet die Ausfuhrmeldung an das Hauptzollamt des Versenders weiter, das diese wiederum automatisiert dem Versender zuleitet.

(3) Sofern keine Ausgangsbestätigung in ATLAS-Ausfuhr eingeht, können für den Nachweis des Ausgangs der verbrauchsteuerpflichtigen Waren Ersatznachweise anerkannt werden (vgl. Ziffer 4.9.4 Absatz 3 der Verfahrensanweisung ATLAS). Die Anerkennung von Ersatznachweisen obliegt dabei aus verbrauchsteuerrechtlicher Sicht dem für den Versender zuständigen Hauptzollamt (Sachgebiet B).

### 4.4.4 Aufnahme durch Inbesitznahme (Streckengeschäft)

(1) Ist der Empfänger bei Beförderungen von verbrauchsteuerpflichtigen Waren unter Steueraussetzung ein Steuerlagerinhaber im Steuergebiet, der diese Waren unter Steueraussetzung in ein anderes als das im e-VD als Bestimmungsort angegebene Steuerlager im Steuergebiet weiterbefördern will, kann das zuständige Hauptzollamt zulassen, dass die verbrauchsteuerpflichtigen Waren als in das im e-VD angegebene Steuerlager aufgenommen und zugleich aus diesem entnommen gelten, sobald der Steuerlagerinhaber im Steuergebiet an den Waren Besitz erlangt hat (Streckengeschäft). Eine körperliche Aufnahme der Waren durch den im ursprünglichen e-VD angegebenen Empfänger ist somit nicht erforderlich.

(2) Der Empfänger hat die Beförderung nach Ziffer 4.4.1 zu beenden und in seiner Eigenschaft als neuer Versender einen Entwurf des e-VD für die weiterzubefördernden Waren zu erstellen und zu übermitteln. In Feld 18c (Dokument-Zertifikat – Dokumentreferenz) des übermittelten Entwurfs des e-VD ist der Vermerk „STRECKENGESCHAEFT" sowie der ARC des zuvor beendeten EMCS-Vorgangs einzutragen. Die Ausführungen unter Ziffer 4.2.1 und 4.2.2 gelten entsprechend.

### 4.5 Erledigung von Beförderungen verbrauchsteuerpflichtiger Waren unter Steueraussetzung

(1) Für die Erledigung von Beförderungen verbrauchsteuerpflichtiger Waren unter Steueraussetzung ist das Hauptzollamt des Versenders zuständig.

(2) Ein EMCS-Vorgang wird automatisiert erledigt, wenn die Eingangsmeldung in Feld 6b (Eingangsmeldung – Empfangsergebnis) den Wert „1" (Empfang der Waren erfolgt, keine Beanstandung) enthält, die durch den Empfänger gemachten Angaben nicht von denen im e-VD abweichen und die Eingangsmeldung innerhalb der Gesamtbeförderungszeit vom Empfänger übermittelt wurde.

(3) Vorgänge, die nicht automatisiert erledigt werden können, sind vom zuständigen Hauptzollamt des Versenders manuell zu erledigen und damit systemtechnisch abzuschließen. Über die manuelle Erledigung werden die Beteiligten im Steuergebiet durch Übermittlung der Nachricht Statusmitteilung informiert, sofern zur aktuellen fortlaufenden Vorgangsnummer noch keine Eingangsmeldung eingegangen ist oder die Eingangsmeldung eine vollständige oder teilweise Zurückweisung der Waren beinhaltet.

### 4.6 Informationsaustausch

### 4.6.1 Ereignisbericht

(1) Finden im Laufe einer Beförderung unter Steueraussetzung Ereignisse statt, die einen maßgeblichen Einfluss auf den weiteren Verlauf des Verfahrens haben können, so sind die genauen Umstände durch den Versender zu dokumentieren und seinem zuständigen Hauptzollamt in geeigneter Form unverzüglich mitzuteilen. Wurde das Ereignis durch den Beförderer festgestellt, so unterrichtet dieser unverzüglich das Hauptzollamt, in dessen Bezirk das Ereignis stattgefunden hat.

(2) Beispiele für ein Ereignis sind Diebstahl, Untergang, Aufbruch des Verschlusses oder ungeplante Umladung (vgl. Ziffer 4.3.4) der beförderten Waren. Das Ereignis kann innerhalb und außerhalb des Steuergebiets stattgefunden haben.

**Anlage § 009d–01**  Zu § 9d Energiesteuergesetz

(3) Der Benutzer am zuständigen Hauptzollamt erfasst auf Grundlage der mitgeteilten Informationen zu dem jeweiligen EMCS-Vorgang die Mitteilung Ereignisbericht in EMCS. Beteiligte können diese Mitteilung nicht selbst in EMCS erfassen. Nach der Speicherung der erfassten Daten wird die Mitteilung an den Versender bzw. Empfänger im Steuergebiet sowie an den am EMCS-Vorgang ggf. beteiligten anderen Mitgliedstaat weitergeleitet.

(4) Ereignisberichte aus anderen Mitgliedstaaten werden an das jeweils zuständige Hauptzollamt sowie an den Versender bzw. Empfänger im Steuergebiet weitergeleitet. Der an Teilnehmer weitergeleiteten Mitteilung kann eine Anlage beigefügt sein.

**4.6.2 Abbruch der Beförderung**

(1) Wird während einer Beförderung unter Steueraussetzung ein Ereignis festgestellt, das den regulären Fortgang der weiteren Beförderung ausschließt, so kann der betreffende EMCS-Vorgang im Einzelfall abgebrochen werden. Hierbei handelt es sich um einen rein technischen Abbruch des Beförderungsvorgangs. Die verbrauchsteuerrechtliche Beurteilung ist unabhängig von der Mitteilung Abbruch der Beförderung vorzunehmen. Die Mitteilung Abbruch der Beförderung darf derzeit nicht durch einen Benutzer an einem Hauptzollamt versendet werden.

(2) Der jeweilige Versender bzw. Empfänger im Steuergebiet wird durch Übermittlung der Mitteilung Abbruch der Beförderung über den Abbruch des Beförderungsvorgangs unterrichtet. Die Mitteilung Abbruch der Beförderung wird ebenfalls direkt an den Bestimmungs- bzw. Abgangsmitgliedstaat übermittelt.

(3) Mit Ausnahme des Ereignisberichts und der Erläuterung zu Fehl- und Mehrmengen können nach dem Abbruch eines EMCSVorgangs keine weiteren Nachrichten mehr zu diesem Vorgang ausgetauscht werden.

**4.6.3 Erläuterung zu Fehl-/Mehrmengen**

(1) Soweit in einer Eingangsmeldung Fehl- oder Mehrmengen ausgewiesen wurden, kann sowohl der Versender als auch der Empfänger diese Mengenabweichungen durch Übermittlung der Mitteilung Erläuterung zu Fehl-/Mehrmengen gegenüber dem zuständigen Hauptzollamt erklären. Hierbei müssen, sofern möglich, auch Angaben zum Ort der Entstehung der Mengenabweichungen und bei Mehrmengen auch Angaben zum weiteren Verbleib der Waren gemacht werden.

Erläuterungen zu Fehl-/Mehrmengen können dabei nur zu denjenigen Positionen erfasst werden, zu denen durch den Empfänger in der dazugehörigen Eingangsmeldung auch Fehl- oder Mehrmengen angegeben wurden.

(2) Eingehende Mitteilungen Erläuterung zu Fehl-/Mehrmengen werden durch die EMCS-Anwendung automatisiert geprüft. Sofern keine Fehler auf getreten sind, wird die Mitteilung Erläuterung zu Fehl-/Mehrmengen validiert.

(3) Die validierte Mitteilung Erläuterung zu Fehl-/Mehrmengen wird dem jeweiligen im Steuergebiet ansässigen Nachrichtensender (Versender bzw. Empfänger) zur Bestätigung automatisiert zurück übermittelt. Die Mitteilung Erläuterung zu Fehl-/Mehrmengen wird ebenfalls an den Abgangs- bzw. Bestimmungsmitgliedstaat übermittelt.

(4) Aus anderen Mitgliedstaaten eingehende Mitteilungen Erläuterung zu Fehl-/Mehrmengen werden nicht an die im Steuergebiet ansässigen Beteiligten weitergeleitet.

(5) Eine Mitteilung Erläuterung zu Fehl-/Mehrmengen, die wegen fachlicher oder technischer Fehler nicht validiert werden konnte, wird automatisiert mit einer Fehlermeldung abgewiesen.

**5 Servicebereich**

(1) Die nationale EMCS-Anwendung erzeugt und übermittelt in bestimmten Fällen und nach Ablauf bestimmter Zeitvorgaben Erinnerungsmeldungen, die den betroffenen EMCS-Beteiligten elektronisch übermittelt werden. Diese Erinnerungsmeldungen haben keine materiellrechtliche Bedeutung und sind insoweit nur als Servicemeldung zu verstehen, um auf ausstehende und bislang noch nicht erstellte und/oder übermittelte Meldungen hinzuweisen. Maßgebend sind die Verbrauchsteuervorschriften. Erinnerungsmeldungen, die von nationalen EMCS-Anwendungen anderer Mitgliedstaaten übermittelt worden sind, werden nach Schlüssigkeitsprüfung durch die nationale EMCS-Anwendung an die betroffenen EMCS-Beteiligten automatisiert übermittelt.

(2) Erinnerungsmeldungen werden von der deutschen EMCS-Anwendung erzeugt, wenn

Zu § 9d Energiesteuergesetz

**Anlage § 009d–01**

1. auf ein validiertes e-VD bis zum Ablauf eines bestimmten Zeitraums keine Eingangsmeldung (vgl. Ziffer 4.4.1) durch den Empfänger übermittelt wurde,
2. nach einer Ablehnung der verbrauchsteuerpflichtigen Waren durch den Empfänger vor Empfang (vgl. Ziffer 4.3.3) bis zum Ablauf eines bestimmten Zeitraums keine
   a) Annullierung mittels Annullierungsmeldung (vgl. Ziffer 4.2.6),
   b) Änderung des Bestimmungsorts mittels Änderungsmeldung (vgl. Ziffer 4.3.1) oder
   c) Aufteilung mittels Aufteilungsmitteilung (vgl. Ziffer 4.3.2)
   durch den Versender vorgenommen wurde,
3. bei einer teilweisen oder vollständigen Zurückweisung der verbrauchsteuerpflichtigen Waren durch den Empfänger bis zum Ablauf eines bestimmen Zeitraums keine
   a) Änderung des Bestimmungsorts mittels Änderungsmeldung (vgl. Ziffer 4.3.1) oder
   b) Aufteilung mittels Aufteilungsmitteilung (vgl. Ziffer 4.3.2)
   durch den Versender vorgenommen wurde,
4. bei Vorgängen mit zunächst unbestimmtem Empfänger die Frist zur nachträglichen Übermittlung der Bestimmungsinformationen abgelaufen ist, ohne dass eine Änderungsmeldung eingegangen ist,
5. bei einer Änderung des Bestimmungsorts die in der Änderungsmeldung angegebene Beförderungsdauer kürzer als die ursprüngliche Beförderungsdauer und diese bereits abgelaufen ist, unabhängig davon, ob bereits aus anderen Gründen eine Erinnerungsmeldung erzeugt und übermittelt wurde.

In Fall 1 hat der Empfänger folgende Möglichkeiten zu reagieren:
1. Er erstellt und übermittelt eine Eingangsmeldung.
2. Er erstellt und übermittelt die Nachricht Erklärung für Verspätung.

In Fall 1 hat der Versender folgende Möglichkeiten zu reagieren:
1. Er erstellt und übermittelt einen Entwurf einer Annullierungsmeldung, sofern die Beförderung noch nicht begonnen hat und das Versanddatum im EMCS-Vorgang noch nicht überschritten wurde.
2. Er erstellt und übermittelt die Nachricht Erklärung für Verspätung.

In Fall 2 hat der Versender folgende Möglichkeiten zu reagieren:
1. Er erstellt und übermittelt einen Entwurf einer Annullierungsmeldung, sofern die Beförderung noch nicht begonnen hat und das Versanddatum im EMCS-Vorgang noch nicht überschritten wurde.
2. Er erstellt und übermittelt einen Entwurf einer Änderungsmeldung.
3. Er erstellt und übermittelt eine Aufteilungsmitteilung, sofern es sich um eine Beförderung von Energieerzeugnissen handelt.
4. Er erstellt und übermittelt die Nachricht Erklärung für Verspätung.

In Fall 3 hat der Versender folgende Möglichkeiten zu reagieren:
1. Er erstellt und übermittelt einen Entwurf einer Änderungsmeldung.
2. Er erstellt und übermittelt die Nachricht Erklärung für Verspätung.
3. Er erstellt und übermittelt eine Aufteilungsmitteilung, sofern es sich um eine Beförderung von Energieerzeugnissen handelt.

In Fall 4 hat der Versender folgende Möglichkeiten zu reagieren:
1. Er erstellt und übermittelt einen Entwurf einer Änderungsmeldung.
2. Er erstellt und übermittelt die Nachricht Erklärung für Verspätung.

In Fall 5 hat der Empfänger folgende Möglichkeiten zu reagieren:
1. Er erstellt und übermittelt eine Eingangsmeldung.
2. Er erstellt und übermittelt die Nachricht Erklärung für Verspätung.

In Fall 5 hat der Versender die Möglichkeit, die Nachricht Erklärung für Verspätung zu erstellen und zu übermitteln.

(3) In der Nachricht Erklärung für Verspätung ist durch Angabe des ARC Bezug auf das e-VD zu nehmen und insbesondere ein Grund mitzuteilen, warum die erforderliche Meldung bislang nicht erstellt und übermittelt wurde. Als Gründe stehen zur Verfügung:

**Anlage § 009d–01**  Zu § 9d Energiesteuergesetz

| Code | Beschreibung |
|---|---|
| 0 | Sonstige |
| 1 | Storniertes Handelsgeschäft |
| 2 | Offenes Handelsgeschäft |
| 3 | Laufende amtliche Ermittlungen |
| 4 | Schlechte Wetterbedingungen |
| 5 | Streik |
| 6 | Unfall |

Hinweis: Die Nachricht Erklärung für Verspätung hat keine materiellrechtliche Bedeutung und entbindet die betroffenen EMCS-Beteiligten insbesondere nicht von der Pflicht, innerhalb von fünf Werktagen nach der Beendigung einer Beförderung verbrauchsteuerpflichtiger Waren unter Steueraussetzung eine Eingangsmeldung zu erstellen bzw. bei teilweiser oder vollständiger Zurückweisung des Warenempfangs unverzüglich einen Entwurf einer Änderungsmeldung zu erstellen.

6  **Archivierung und Aufbewahrung**

(1) Seitens der Zollverwaltung werden EMCS-Vorgänge in der EMCS-Datenbank archiviert.

(2) Seitens des EMCS-Beteiligten sind die mit der Zollverwaltung ausgetauschten EDIFACT-Nachrichten und das Logbuch zum Nachweis des Nachrichtenaustauschs vom Teilnehmer nach den gesetzlichen Fristen aufzubewahren. Die Frist beginnt mit Ablauf des Kalenderjahres, in dem die Nachrichten versandt oder empfangen wurden bzw. der Eintrag im Logbuch vorgenommen wurde.

(3) IEA-Vorgänge werden nicht in der IEA archiviert. Daher werden IEA-Vorgänge, die nicht an EMCS übermittelt wurden, und IEA-Vorgänge, die von EMCS abgewiesen wurden, nach 30 Tagen automatisiert gelöscht. IEA-Vorgänge, bei denen in EMCS ein Endzustand gesetzt wurde, werden nach 180 Tagen automatisiert gelöscht. Absatz 2 gilt für die Aufbewahrungspflichten für IEA-Vorgänge entsprechend.

7  **Beauftragung eines IT-Dienstleisters**

Beabsichtigt ein EMCS-Beteiligter, für den elektronischen Nachrichtenaustausch mit der Zollverwaltung einen IT-Dienstleister zu beauftragen, hat er dies mit dem auf www.zoll.de bereitgestellten „Antrag zur Nutzung eines IT-Dienstleisters im Rahmen des EMCS-Nachrichtenaustauschs" (Vordruck 033094) gegenüber dem

Informations- und Wissensmanagement Zoll
(IWM Zoll)
Postfach 10 07 61
01077 Dresden
Telefax: 0351/44834–449
E-Mail: emcs.stammdaten@zoll.de

zu erklären.

Die Erklärung beinhaltet die Beauftragung des IT-Dienstleisters mit dem elektronischen Nachrichtenaustausch.

Darüber hinaus hat der EMCS-Beteiligte den IT-Dienstleister zu beauftragen, ihm die übermittelten Nachrichten unverzüglich in leicht nachprüfbarer Form zur Verfügung zu stellen. Der EMCS-Beteiligte hat dann diese Nachrichten unverzüglich zu überprüfen und bei der Feststellung von Fehlern die Zollverwaltung hierüber zu informieren.

8  **Verfahrensweise im Problem- und Fehlerfall**

(1) Um die Teilnehmer und Benutzer bei Fragen, Problemen und Verbesserungsvorschlägen, die das IT-Verfahren EMCS betreffen, umfassend betreuen und beraten zu können, steht ein zentraler Service Desk, bestehend aus dem Service Desk ZIVIT und dem Service Desk Zoll, zur Verfügung. Im Service Desk werden die gemeldeten Ereignisse analysiert und die entsprechenden Schritte zur weiteren Bearbeitung eingeleitet.

Zu § 9d Energiesteuergesetz  **Anlage § 009d–01**

(2) Service Desk

Für technische Probleme und Fragen ist der Service Desk ZIVIT rund um die Uhr an allen Tagen des Jahres über Telefon, Telefax und E-Mail erreichbar.

Bei Anwenderproblemen und für Verbesserungsvorschläge zum ITVerfahren EMCS können Sie sich an den Service Desk Zoll wenden. Der Service Desk Zoll ist Mo. – Fr. von 7.00 Uhr bis 18.00 Uhr (außer an gesetzlichen Feiertagen) zu erreichen. Außerhalb der Öffnungszeiten des Service Desk Zoll beantwortet der Service Desk ZIVIT Fragen zu Anwenderproblemen.

– Service Desk ZIVIT –  
Wilhelm-Fay-Straße 11  
65936 Frankfurt am Main  

– Service Desk Zoll –  
Glösaer Str. 35  
09131 Chemnitz  

Postfach 75 04 61  
60534 Frankfurt am Main  

Telefon: 0800/80075-451  
0049 69/20971-545  
(aus dem Ausland)  

Telefon: 0800/80075-452  
0049 351/44834-555  
(aus dem Ausland)  

Telefax: 0049 22899/680-7584  
E-Mail: servicedesk@zivit.de  

Telefax: 0049 22899/680-7584  
E-Mail: servicedesk@zivit.de  

(3) Technische Probleme sind beispielsweise:
- Störungen beim Nachrichtenaustausch zwischen den Beteiligten, den Beteiligten und der Zollverwaltung und den Zollverwaltungen der Mitgliedstaaten
- Systemausfälle bzw. –störungen
- Falsche bzw. fehlende Software- und Sicherheitseinstellungen für die Internetanwendung (z.b. Firewall, Popups, JavaVersion)
- Fragen zu Softwareausführungen (z.B. Ausdruck nicht möglich)

(4) Anwenderprobleme sind beispielsweise Fehlermeldungen nach Plausibilitätsprüfungen oder bei fehlerhaften Codierungen und Fragen zu einzelnen Eingabefeldern, Codierungen usw.

Es ist jedoch nicht Aufgabe des Service Desk Zoll, eine vollumfängliche Beratung und Unterstützung bei der Nutzung von EMCS zu leisten.

(5) Störungsmeldungen bzw. Anfragen, die nicht sofort beim Service Desk gelöst werden können, werden von diesem intern weitergeleitet. Problemlösungen und Fehlerbeseitigungen werden ausschließlich durch den Service Desk bekannt gegeben.

(6) Störungsmeldungen, die den internationalen Nachrichtenaustausch betreffen, werden vom Service Desk an die betroffenen europäischen Betreuungsinstanzen weitergeleitet, sofern Fehlerursachen im Verantwortungsbereich der deutschen Zollverwaltung ausgeschlossen werden konnten. Problemlösungen und Fehlerbeseitigungen werden nach Klärung und Abstimmung mit den betroffenen europäischen Betreuungsinstanzen ausschließlich durch den Service Desk bekannt gegeben.

**9 Ausfallverfahren**

**9.1 Allgemeines**

(1) Nach den Artikeln 26 und 27 der System-RL müssen die für Beförderungen verbrauchsteuerpflichtiger Waren unter Steueraussetzung erforderlichen Daten grundsätzlich vollständig in EMCS erfasst sein. Die Verbrauchsteuervorschriften sehen daher vor, dass alle Daten, die im Ausfallverfahren mittels amtlich vorgeschriebener Vordrucke erfasst und ausgetauscht werden, nachträglich an EMCS zu übertragen sind (z. B. § 25 Absatz 5, § 26 Absatz 3, § 27 Absatz 3 und § 28 Absatz 3 und 5 TabStV). Die Nacherfassung der einzelnen Nachrichten muss dabei in der zeitlich korrekten Reihenfolge erfolgen.

(2) Das Ausfallverfahren gilt bis zur Übermittlung des e-VD durch das zuständige Hauptzollamt an den Versender. Eventuelle Abweichungen zwischen den Angaben im Ausfalldokument und den nachgetragenen elektronischen Daten sind ggf. außerhalb von EMCS aufzuklären.

(3) Nach Artikel 29 Absatz 2 der System-RL legt jeder Mitgliedstaat für die Zwecke der Artikel 26 und 27 der System-RL und im Einklang mit diesen die Fälle fest, in denen EMCS als nicht verfügbar betrachtet werden kann, sowie die in diesen Fällen einzuhaltenden Vorschriften und Verfahren.

## Anlage § 009d–01

Zu § 9d Energiesteuergesetz

(4) Die nachfolgenden Regelungen behandeln nicht die Ausfallverfahrensregelungen anderer IT-Verfahren (z. B. ATLAS-Ausfuhr oder ATLAS-Einfuhr). Es wird lediglich das nationale Verfahren bei einem Ausfall von EMCS dargestellt. Bei Beförderungen aus anderen Mitgliedstaaten kommen ggf. abweichende Vordrucke bzw. Formulare zum Einsatz.

### 9.2 Vorliegen eines Ausfalls

(1) Die Ausfallverfahrensregelungen können immer dann zur Anwendung kommen, wenn der Teilnehmer oder das zuständige Hauptzollamt wegen technischer Störungen nachweisbar nicht in der Lage ist, die für EMCS vorgesehenen Nachrichten auf dem für den Teilnehmer üblichen Kommunikationsweg zu übermitteln oder zu empfangen und die technische Störung nicht in zumutbarer Zeit oder nicht mit zumutbarem Aufwand behoben werden kann. Dabei ist es unerheblich, in wessen Verantwortungsbereich die technische Störung liegt.

(2) Insbesondere die folgenden Fälle werden als Grund für die Inanspruchnahme des Ausfallverfahrens ausgeschlossen:

– Ausfall oder fehlende Qualifikation des mit EMCS betrauten Personals auf Teilnehmerseite
– Ausfall anderer EDV-Systeme des Teilnehmers
– Ausfall von Peripheriegeräten, zum Beispiel Druckern
– Fehlende Zertifizierung oder Untauglichkeit der eingesetzten Software oder Hardware
– Fehlendes ELSTER-Zertifikat für die IEA
– Fehlende oder für ungültig erklärte BIN für den elektronischen Nachrichtenaustausch
– Nichtverfügbarkeit von Kommunikationsdaten des Teilnehmers aufgrund fehlenden oder nicht rechtzeitig gestellten Antrags

### 9.3 Bekanntgabe des Ausfalls von EMCS

(1) Auf der Internetseite www.zivit.de werden Ausfälle des EMCS bekannt gegeben.

(2) Planbare, durch die Zollverwaltung veranlasste Ausfälle (wie z.B. Releasewechsel, Hardwareausfälle, Wartungsfenster) werden zusätzlich zur Bekanntgabe auf www.zivit.de den Teilnehmern ungefähr eine Woche im Voraus auch per E-Mail bekannt gegeben, sofern diese sich für den E-Mail-Verteiler mittels Ticket haben registrieren lassen. Die Aufnahme in diesen Verteiler ist freiwillig, erfolgt form- und kostenlos und ist für einzelne Teilnehmer, IT-Dienstleister, Softwarehäuser, Verbände und interessierte Dritte möglich. Außerdem enthält der Verteiler sämtliche Hauptzollämter, um eine zeitnahe Information derer über Ausfälle zu gewährleisten.

(3) Ungeplante Ausfälle werden (soweit möglich) ebenfalls über den vorgenannten Verteiler umgehend bekannt gegeben.

### 9.4 Verfahren beim Ausfall

Bevor die Ausfallverfahrensregelungen in Anspruch genommen werden, wird empfohlen zu prüfen, ob nicht folgende Möglichkeiten zur Abwicklung von Beförderungen verbrauchsteuerpflichtiger Waren unter Steueraussetzung bestehen:

– Warten bis zur Wiederherstellung des Systems
– Nutzung der IEA anstelle des vorhandenen EMCS-Teilnehmersystems (Wechsel des Kommunikationskanals)

#### 9.4.1 Vordrucke für das Ausfallverfahren

(1) Im Ausfallverfahren sind nachfolgende Dokumente nach amtlich vorgeschriebenem Vordruck zu verwenden:

– Begleitdokument für Beförderungen verbrauchsteuerpflichtiger Waren unter Steueraussetzung im Ausfallverfahren (Ausfalldokument – Vordruck 033074)
– Änderungsdokument für Beförderungen verbrauchsteuerpflichtiger Waren unter Steueraussetzung im Ausfallverfahren (Änderungsdokument – Vordruck 033075)
– Annullierungsdokument für Beförderungen verbrauchsteuerpflichtiger Waren unter Steueraussetzung im Ausfallverfahren (Annullierungsdokument – Vordruck 033075)
– Eingangsmeldung/Ausfuhrmeldung für Beförderungen verbrauchsteuerpflichtiger Waren unter Steueraussetzung im Ausfallverfahren (Eingangsdokument/Ausfuhrdokument – Vordruck 033076).

Die Vordrucke werden unter www.zoll.de zum Download bereitgestellt.

(2) Das Änderungsdokument sowie das Annullierungsdokument sind in einem Vordruck (Vordruck 033075) zusammengefasst. Dieser darf jedoch nur zu einem der vorgenannten Zwecke verwendet werden.

Sofern Angaben sowohl zur Annullierung als auch zur Änderung des Bestimmungsorts auf einem Vordruck enthalten sind, verliert dieser seine Gültigkeit.

(3) Das Begleitdokument für Beförderungen verbrauchsteuerpflichtiger Waren unter Steueraussetzung im Ausfallverfahren (Ausfalldokument – Vordruck 033074) ist ebenfalls für die Aufteilung von verbrauchsteuerpflichtigen Energieerzeugnissen zu verwenden. Dies ist im Vordruck durch das Setzen der Checkbox „aus einer Aufteilung resultierend" zu kennzeichnen.

### 9.4.2 Technische Unterrichtungspflicht

(1) Vor Inanspruchnahme des Ausfallverfahrens muss vom Teilnehmer zunächst eine Ticketnummer beim Service Desk eingeholt werden, die dem Teilnehmer als Nachweis für eine ordnungsgemäße Unterrichtung dient. Die Bekanntgabe der Ticketnummer durch den Service Desk ist nicht als Zustimmung oder Anweisung zur Nutzung des Ausfallverfahrens zu werten. Die Voraussetzungen für die Inanspruchnahme des Ausfallverfahrens sind durch den Teilnehmer eigenverantwortlich zu prüfen (vgl. Ziffer 9.2). Die Einholung einer Ticketnummer beim Service Desk ist entbehrlich, wenn für den betreffenden Ausfall eine Master-Ticketnummer seitens des ZIVIT veröffentlicht wurde. Ist der Teilnehmer kein EMCS-Beteiligter, muss gewährleistet sein, dass der EMCS-Beteiligte vom Teilnehmer die Ticketnummer für das Ausfallverfahren erhält.

(2) Für sämtliche Beförderungen verbrauchsteuerpflichtiger Waren unter Steueraussetzung im Ausfallverfahren, die im Zeitraum des gemeldeten Ausfalls durchgeführt werden, ist die vergebene Ticketnummer zu verwenden. Sie ist immer auf dem jeweiligen Vordruck für das Ausfallverfahren zu vermerken.

### 9.4.3 Fachliche Unterrichtungspflicht

(1) Der Versender hat vor Beginn der ersten Beförderung im Ausfallverfahren das für ihn zuständige Hauptzollamt in geeigneter schriftlicher Form (z. B. per E-Mail, Telefax oder auf dem Postweg) über den Ausfall zu unterrichten (z. B. § 25 Absatz 2 TabStV). Dies gilt auch für die Fälle, in denen während der Beförderung verbrauchsteuerpflichtiger Waren unter Steueraussetzung erstmals eine Änderung des Bestimmungsorts oder eine Aufteilung im Ausfallverfahren vorgenommen werden soll und die Beförderung mit e-VD begonnen wurde. Eine Unterrichtung ist auch außerhalb der Öffnungszeiten möglich.

(2) Eine Unterrichtung ist nicht erforderlich, wenn es sich um einen von der Zollverwaltung veranlassten Ausfall handelt. Dabei spielt es keine Rolle, ob es sich dabei um einen geplanten oder ungeplanten Ausfall handelt.

### 9.5 Eröffnung einer Beförderung verbrauchsteuerpflichtiger Waren unter Steueraussetzung im Ausfallverfahren

(1) Der Versender kann eine Beförderung verbrauchsteuerpflichtiger Waren unter Steueraussetzung im Ausfallverfahren nur dann beginnen, wenn das Ausfalldokument (vgl. Ziffer 9.4.1) verwendet wird.

(2) Der Versender hat das Ausfalldokument in drei Exemplaren unter Angabe der Ticketnummer in Feld A auszufertigen. Die Hinweise zum Ausfalldokument sind dabei zu beachten. Exemplar 1 des Ausfalldokuments nimmt der Versender zu seinen Aufzeichnungen, Exemplar 2 hat er unverzüglich seinem zuständigen Hauptzollamt zu übermitteln. In den Fällen nach Ziffer 4.2.4.2 (Ausfuhr durch einen zugelassenen Ausführer) übermittelt das zuständige Hauptzollamt eine Kopie von Exemplar 2 an die in Feld 8a des Ausfalldokuments angegebene Ausfuhrzollstelle. In den Fällen nach Ziffer 4.2.4.3.2 (Einstufiges Ausfuhrverfahren) übermittelt das zuständige Hauptzollamt eine Kopie von Exemplar 2 an die in Feld 8a des Ausfalldokuments angegebene Ausgangszollstelle. Exemplar 3 hat der Beförderer der verbrauchsteuerpflichtigen Waren während der gesamten Beförderung mitzuführen. Ist das Beförderungsverfahren beendet, kann der Beförderer dem Empfänger das Exemplar 3 aushändigen, hat ihm aber zumindest die Ausfertigung einer Kopie von Exemplar 3 zu ermöglichen.

(3) Der Versender hat auf Verlangen des für ihn zuständigen Hauptzollamts jede Beförderung im Ausfallverfahren vor Beginn anzuzeigen. Die Form der Anzeige bestimmt das zuständige Hauptzollamt. Daneben hat der Versender auf Verlangen des für ihn zuständigen Hauptzoll-

# Anlage § 009d–01

Zu § 9d Energiesteuergesetz

amts die zweite Ausfertigung des Ausfalldokuments bereits vor Beginn einer Beförderung vorzulegen.

(4) Die Information des Empfängers bzw. der zuständigen Dienststelle für den Empfänger im Bestimmungsmitgliedstaat über die Inanspruchnahme der Ausfallverfahrensregelungen ist gesetzlich nicht vorgesehen. Unbeschadet dessen kann der Versender den Empfänger über die Inanspruchnahme der Ausfallverfahrensregelungen informieren.

(5) Steht EMCS wieder zur Verfügung, hat der Versender unverzüglich für alle im Ausfallverfahren durchgeführten Beförderungen den Entwurf des e-VD zu erstellen und an EMCS zu übermitteln (vgl. Ziffer 4.2.1). Der Entwurf des e-VD muss dieselben Daten enthalten wie das Ausfalldokument. In dem Entwurf des e-VD hat der Versender in Feld 1h (Kennzeichen für nachträgliche Vorlage des e-VD) den Wert „1" (richtig) einzutragen.

(6) Der Versender hat auf Exemplar 1 des Ausfalldokuments in Feld 1d den mit dem validierten e-VD übermittelten ARC sowie in Feld 1e das Datum und die Uhrzeit der Validierung des e-VD nachzutragen.

(7) Ist die Beförderung unter Steueraussetzung noch nicht beendet, sind die Daten nach Absatz 6 dem Beförderer der verbrauchsteuerpflichtigen Waren mitzuteilen. Dieser hat auf Exemplar 3 des Ausfalldokuments die Daten in den betreffenden Feldern nachzutragen, sofern ihm kein Ausdruck des e-VD übermittelt wurde.

### 9.5.1 Eröffnung einer Beförderung verbrauchsteuerpflichtiger Waren unter Steueraussetzung im Ausfallverfahren vom Ort der Einfuhr

(1) Die Ausführungen unter den Ziffern 9.5 und 4.2.3 gelten entsprechend. In Feld 44 der Einfuhrzollanmeldung sind anstelle des ARC nachfolgende Daten des Ausfalldokuments einzutragen:

– Bezugsnummer (Feld 9a),

– die Verbrauchsteuernummer des registrierten Versenders (Feld 2a) sowie

– die Ticketnummer für den Ausfall (Feld A)

(2) Sind sowohl ATLAS-Einfuhr als auch EMCS ausgefallen, hat der registrierte Versender in Feld 9.1a des Ausfalldokuments die vergebene AL-Nummer der Ausfallliste ATLAS-Einfuhr einzutragen (vgl. Ziffer 8.2.3.1 der Verfahrensanweisung ATLAS).

(3) Für den Datenabgleich gelten die Regelungen aus Ziffer 4.2.3.1 entsprechend. Der Datenabgleich erfolgt zwischen der Einfuhrzollanmeldung und Exemplar 3 des Ausfalldokuments. Werden beim Datenabgleich Fehler festgestellt, kann das Ausfalldokument durch den registrierten Versender korrigiert werden. Andernfalls ist die Einfuhrzollanmeldung entsprechend anzupassen.

(4) Ist der Entwurf des e-VD bereits elektronisch übermittelt worden, steht EMCS jedoch im Zeitpunkt des Datenabgleichs nicht zur Verfügung, ist entsprechend den Absätzen 1 bis 3 zu verfahren. Hierzu muss der Versender Exemplar 3 des Ausfalldokuments der Zollstelle vorlegen. Steht EMCS wieder zur Verfügung, sind die Daten des Ausfalldokuments mit den Daten des bereits übermittelten Entwurfs des e-VD zu vergleichen. Stimmen die Daten nicht überein, wird die Nachricht Fachliche Fehlermeldung an den Versender übermittelt. Der Versender muss dann erneut einen Entwurf des e-VD übermitteln, der dieselben Daten wie das Ausfalldokument enthalten muss. In dem Entwurf des e-VD hat er in Feld 1h (Kennzeichen für nachträgliche Vorlage des e-VD) den Wert „1" (richtig) einzutragen.

#### 9.5.1.1 Besonderheiten bei Einfuhren aus Drittgebieten

Die Ausführungen unter Ziffer 9.5.1 und 4.2.4.3.1 gelten entsprechend.

### 9.5.2 Eröffnung einer Beförderung verbrauchsteuerpflichtiger Waren unter Steueraussetzung im Ausfallverfahren zur Ausfuhr

(1) Die Ausführungen unter den Ziffern 9.5 und 4.2.4 gelten entsprechend. Abweichend hiervon ist in Feld 40 der Ausfuhranmeldung der Code „FAD" auszuwählen. Im Unterfeld „Referenz" sind anstelle des ARC die Positionsnummer und die Bezugsnummer des Ausfalldokuments (Feld 9a) sowie im Unterfeld „Zusatz" die Verbrauchsteuernummer des Versenders (Feld 2a) und die Ticketnummer für den Ausfall (Feld A) einzutragen.

(2) Sind sowohl EMCS als auch ATLAS-Ausfuhr ausgefallen, hat der Benutzer in Feld 9.1a des Ausfalldokuments die vergebene AL-Nummer der Ausfallliste ATLAS-Ausfuhr nachzutragen (vgl. Ziffer 8.2.3.1 der Verfahrensanweisung ATLAS).

Zu § 9d Energiesteuergesetz **Anlage § 009d–01**

(3) Für den Datenabgleich gelten die Regelungen aus Ziffer 4.2.4.1.1 bis 4.2.4.1.3 entsprechend. Der Datenabgleich erfolgt zwischen der Ausfuhranmeldung und Exemplar 3 des Ausfalldokuments. Werden beim Datenabgleich Fehler festgestellt, kann das Ausfalldokument durch den Versender korrigiert werden. Andernfalls ist die Ausfuhranmeldung entsprechend anzupassen.

### 9.5.2.1 Besonderheiten bei Ausfuhren in Drittgebiete

Die Ausführungen unter Ziffer 9.5.2 und 4.2.4.3.1 gelten entsprechend.

### 9.5.2.2 Besonderheiten bei Ausfuhrsendungen (Sonderfälle)

Die Ausführungen unter Ziffer 9.5.2 und 4.2.4.3.2 gelten entsprechend. Abweichend hiervon ist für den Datenabgleich nach Ziffer 9.5.2 Absatz 2 die vom zuständigen Hauptzollamt des Versenders vorab übermittelte Kopie von Exemplar 2 anstelle von Exemplar 3 des Ausfalldokuments zu verwenden.

### 9.5.3 Sonderfälle zur Eröffnung einer Beförderung verbrauchsteuerpflichtiger Waren unter Steueraussetzung im Ausfallverfahren

Die Ausführungen unter Ziffer 4.2.5 gelten bezüglich des Ausfalldokuments entsprechend.

### 9.6 Annullierung im Ausfallverfahren

(1) Der Versender kann das e-VD oder das Ausfalldokument mit dem Annullierungsdokument (vgl. Ziffer 9.4.1) annullieren, solange mit der Beförderung der verbrauchsteuerpflichtigen Waren unter Steueraussetzung noch nicht begonnen wurde.

(2) Der Versender hat das Annullierungsdokument in zwei Exemplaren unter Angabe der Ticketnummer in Feld A auszufertigen. Die Hinweise zum Ausfalldokument sind dabei zu beachten. Er hat Exemplar 1 zu seinen Aufzeichnungen zu nehmen und Exemplar 2 unverzüglich an sein zuständiges Hauptzollamt zu übersenden.

(3) Wurde mit dem Annullierungsdokument ein Ausfalldokument annulliert, wird Exemplar 3 des Ausfalldokuments nicht mehr benötigt.

(4) Die Information des Empfängers bzw. der zuständigen Dienststelle für den Empfänger im Bestimmungsmitgliedstaat ist gesetzlich nicht vorgesehen. Unbeschadet dessen kann der Versender den Empfänger über die Annullierung unter Inanspruchnahme der Ausfallverfahrensregelungen informieren.

(5) Steht EMCS wieder zur Verfügung und liegt dem Versender das e-VD vor, hat er den Entwurf einer Annullierungsmeldung zu erstellen und an EMCS zu übermitteln (vgl. Ziffer 4.2.6).

### 9.7 Änderung des Bestimmungsorts im Ausfallverfahren

(1) Der Versender kann den Bestimmungsort während der Beförderung verbrauchsteuerpflichtiger Waren unter Steueraussetzung mit dem Änderungsdokument (vgl. Ziffer 9.4.1) ändern.

(2) Die Information des Empfängers bzw. der zuständigen Dienststelle für den Empfänger im Bestimmungsmitgliedstaat ist gesetzlich nicht vorgesehen. Unbeschadet dessen kann der Versender den Empfänger über die Änderung des Bestimmungsorts unter Inanspruchnahme der Ausfallverfahrensregelungen informieren.

(3) Der Versender hat das Änderungsdokument in zwei Exemplaren unter Angabe der Ticketnummer in Feld A auszufertigen. Die Hinweise zum Ausfalldokument sind dabei zu beachten.

(4) Wurde die Beförderung verbrauchsteuerpflichtiger Waren unter Steueraussetzung bereits im Ausfallverfahren mit Ausfalldokument begonnen, muss im Änderungsdokument in Feld B die eindeutige Bezugsnummer des Ausfalldokuments eingetragen werden, damit das Hauptzollamt das Änderungsdokument dem Ausfalldokument zuordnen kann. Der Versender hat bei jeder Änderung des Bestimmungsorts Exemplar 1 des Änderungsdokuments zu seinen Aufzeichnungen zu nehmen und Exemplar 2 dem für ihn zuständigen Hauptzollamt unverzüglich zu übermitteln. Er hat den Beförderer unverzüglich über die geänderten Angaben im e-VD oder im Ausfalldokument zu unterrichten. Der Beförderer hat die Angaben unverzüglich auf der Rückseite des mitgeführten Dokuments zu vermerken, wenn ihm nicht das Änderungsdokument übermittelt wurde.

(5) Sofern das Beförderungsverfahren durch den Versender bereits elektronisch eröffnet wurde und EMCS zum Zeitpunkt der Änderung des Bestimmungsorts erstmalig nicht zur Verfügung steht, so gelten die Ausführungen unter Ziffer 9.4.2 und 9.4.3 entsprechend.

# Anlage § 009d–01

Zu § 9d Energiesteuergesetz

## 9.8 Aufteilung von Energieerzeugnissen im Ausfallverfahren

(1) Während der Beförderung verbrauchsteuerpflichtiger Energieerzeugnisse (Verbrauchsteuerproduktkategorie „E") unter Steueraussetzung kann der Versender eine Aufteilung der Beförderung veranlassen (vgl. Ziffer 4.3.2).

(2) Der Versender hat die jeweiligen Ausfalldokumente (Vordruck 033074) in je zwei Exemplaren pro aufgeteiltem e-VD unter Angabe der Ticketnummer in Feld A auszufertigen. Die Hinweise zum Ausfalldokument sind dabei zu beachten. Dies ist im Vordruck durch das Setzen der Checkbox „aus einer Aufteilung resultierend" zu kennzeichnen.

(3) Würde die Beförderung der verbrauchsteuerpflichtigen Energieerzeugnisse unter Steueraussetzung bereits im Ausfallverfahren mit Ausfalldokument begonnen, muss im Feld B die eindeutige Bezugsnummer des ursprünglichen Ausfalldokuments eingetragen werden, damit das Hauptzollamt die aus der Aufteilung resultierenden e-VD dem ursprünglichen Ausfalldokument zuordnen kann. Der Versender hat das jeweilige Exemplar 1 des Ausfalldokuments zu seinen Aufzeichnungen zu nehmen und Exemplar 2 dem für ihn zuständigen Hauptzollamt unverzüglich zu übermitteln.

(4) Der Versender hat den Beförderer unverzüglich über die Aufteilung zu unterrichten. Der Beförderer hat die Angaben unverzüglich auf der Rückseite des mitgeführten Dokuments zu vermerken.

(5) Sofern das Beförderungsverfahren durch den Versender bereits elektronisch eröffnet wurde und EMCS zum Zeitpunkt der Aufteilung erstmalig nicht zur Verfügung steht, so gelten die Ausführungen unter Ziffer 9.4.2 und 9.4.3 entsprechend.

## 9.9 Beendigung einer Beförderung verbrauchsteuerpflichtiger Waren unter Steueraussetzung im Ausfallverfahren

(1) Der Empfänger kann ein Verfahren der Steueraussetzung zur Beförderung verbrauchsteuerpflichtiger Waren im Ausfallverfahren mit dem Eingangsdokument (vgl. Ziffer 9.4.1) beenden.

(2) Ein Eingangsdokument ist in den nachfolgenden Fällen zu erstellen:

- wenn das Beförderungsverfahren im Ausfallverfahren eröffnet wurde und zum Zeitpunkt des Eingangs der Waren beim Empfänger noch nicht vom Versender elektronisch nacherfasst wurde
- wenn das EMCS-Teilnehmersystem des Empfängers oder die IEA zum Zeitpunkt des Eingangs der Waren beim Empfänger nicht zur Verfügung steht
- wenn dem Empfänger aus anderen als den o. g. Gründen zum Zeitpunkt des Eingangs der Waren beim Empfänger keine elektronischen Daten zum Vorgang zur Verfügung stehen

(3) Der Empfänger hat das Eingangsdokument in drei Exemplaren unter Angabe der in Deutschland vergebenen Ticketnummer (vgl. Ziffer 9.4.2) in Feld A auszufertigen. Die Hinweise zum Eingangsdokument sind dabei zu beachten. Wurde die Beförderung verbrauchsteuerpflichtiger Waren unter Steueraussetzung bereits im Ausfallverfahren mit Ausfalldokument begonnen, muss im Eingangsdokument in Feld B die eindeutige Bezugsnummer des Ausfalldokuments eingetragen werden, damit das Hauptzollamt das Eingangsdokument dem Ausfalldokument zuordnen kann. Der Empfänger hat alle drei Exemplare des Eingangsdokuments sowie eine Kopie des Ausfalldokuments bzw. – sofern vorliegend – des Ausdrucks des e-VD seinem zuständigen Hauptzollamt unverzüglich zu übermitteln. Das Hauptzollamt bestätigt anschließend die drei Exemplare des Eingangsdokuments und gibt dem Empfänger Exemplar 1 zurück. Das bestätigte Exemplar 1 des Eingangsdokuments nimmt der Empfänger zu seinen Aufzeichnungen.

(4) Sofern nicht innerhalb von 5 Werktagen nach Ankunft der Waren die Eingangsmeldung durch den Empfänger elektronisch nacherfasst werden kann, übersendet das zuständige Hauptzollamt des Empfängers Exemplar 2 des Eingangsdokuments an das zuständige Hauptzollamt des Versenders. Dieses leitet Exemplar 2 an den Versender weiter. Ist der Versender in einem anderen Mitgliedstaat ansässig, so übermittelt das zuständige Hauptzollamt des Empfängers Exemplar 2 des Eingangsdokuments über das ELO an die zuständige Stelle des Abgangsmitgliedstaats. Ziffer 9.1 bleibt unberührt.

(5) Sofern das Beförderungsverfahren durch den Versender bereits elektronisch eröffnet wurde und EMCS zum Zeitpunkt des Eingangs der Waren erstmalig nicht zur Verfügung steht, so gelten die Ausführungen unter Ziffer 9.4.2 und 9.4.3 entsprechend.

(6) Sofern das Beförderungsverfahren durch den Versender unter Inanspruchnahme der Ausfallverfahrensregelungen eröffnet wurde und dem Empfänger zum Zeitpunkt des Eingangs der Waren keine elektronischen Daten zur Verfügung stehen, hat er die für den Ausfall des EMCS-Teilnehmersystems des Versenders vergebene Ticketnummer zu verwenden.

(7) Bei teilweiser Zurückweisung der Ware durch den Empfänger hat der Beförderer dem jeweiligen Empfänger die Ausfertigung einer Kopie des Ausdrucks des e-VD oder von Exemplar 3 des Ausfalldokuments zu ermöglichen. Dies gilt nicht bei vollständiger Zurückweisung der Ware durch den jeweiligen Empfänger.

### 9.9.1 Beendigung einer Beförderung verbrauchsteuerpflichtiger Waren unter Steueraussetzung zur Ausfuhr im Ausfallverfahren

(1) Die Ausfuhrzollstelle hat ein Verfahren der Steueraussetzung zur Beförderung verbrauchsteuerpflichtiger Waren zur Ausfuhr im Ausfallverfahren mit dem Ausfuhrdokument (vgl. Ziffer 9.4.1) zu beenden.

(2) Ein Ausfuhrdokument ist in den nachfolgenden Fällen zu erstellen:
– wenn das Beförderungsverfahren im Ausfallverfahren eröffnet wurde und zum Zeitpunkt der Beendigung der Beförderung unter Steueraussetzung die Vorgangsdaten nicht elektronisch vorliegen
– wenn die nationale EMCS-Anwendung zum Zeitpunkt der Beendigung der Beförderung unter Steueraussetzung nicht zur Verfügung steht

(3) Die Ausfuhrzollstelle hat das Ausfuhrdokument in zwei Exemplaren unter Angabe der Ticketnummer in Feld A auszufertigen. Die Hinweise zum Ausfuhrdokument sind dabei zu beachten. Wurde die Beförderung verbrauchsteuerpflichtiger Waren unter Steueraussetzung zur Ausfuhr bereits im Ausfallverfahren mit Ausfalldokument begonnen, muss im Ausfuhrdokument in Feld B die eindeutige Bezugsnummer des Ausfalldokuments eingetragen werden, damit das Hauptzollamt das Ausfuhrdokument dem Ausfalldokument zuordnen kann. Die Ausfuhrzollstelle hat Exemplar 2 sowie eine Kopie des Ausfalldokuments bzw. – soweit vorliegend – des Ausdrucks des e-VD dem für den Versender zuständigen Hauptzollamt unverzüglich zu übermitteln. Das zuständige Hauptzollamt des Versenders übermittelt Exemplar 2 des Ausfuhrdokuments an den Versender.

(4) Sofern das Beförderungsverfahren durch den Versender bereits elektronisch eröffnet wurde und EMCS zum Zeitpunkt der Erstellung der Ausfuhrmeldung erstmalig nicht zur Verfügung steht, so gelten die Ausführungen unter Ziffer 9.4.2 und 9.4.3 für den Benutzer an der Ausfuhrzollstelle entsprechend.

(5) Sofern das Beförderungsverfahren durch den Versender unter Inanspruchnahme der Ausfallverfahrensregelungen eröffnet wurde und der Ausfuhrzollstelle zum Zeitpunkt der Ankunft der Waren keine elektronischen Daten zur Verfügung stehen, hat der Benutzer an der Ausfuhrzollstelle die auf dem Ausfalldokument vermerkte Ticketnummer in Feld A des Ausfuhrdokuments einzutragen.

(6) Die Ausfuhrzollstelle hat bei Nacherfassung der Ausfuhrmeldung, sofern es sich bei dem Versender nicht um einen zugelassenen Ausführer handelt, die elektronischen Vorgangsdaten mit der Nachricht Ausgangsbestätigung/Kontrollergebnis abzugleichen.

#### 9.9.1.1 Besonderheiten bei Ausfuhren in Drittgebiete
Die Ausführungen unter Ziffer 9.9.1 und 4.2.4.3.1 gelten entsprechend.

#### 9.9.1.2 Besonderheiten bei Ausfuhrsendungen (Sonderfälle)
Die Ausführungen unter Ziffer 9.9.1 und 4.2.4.3.2 gelten entsprechend.

### 10 Abkürzungsverzeichnis

| Abkürzung/Begriff | Auflösung der Abkürzung/Erklärung des Begriffs |
|---|---|
| AL | Ausfallliste |
| AlkopopStG | Alkopopsteuergesetz |
| AO | Abgabenordnung |
| ARC | Administrative Reference Code (=Referenzcode des elektronischen Verwaltungsdokuments) |
| ATLAS | Automatisiertes Tarif- und Lokales Zoll-Abwicklungs-System |

# Anlage § 009d–01

Zu § 9d Energiesteuergesetz

| Abkürzung/Begriff | Auflösung der Abkürzung/Erklärung des Begriffs |
|---|---|
| AWV | Verordnung zur Durchführung des Außenwirtschaftsgesetzes– Außenwirtschaftsverordnung |
| BierStG | Biersteuergesetz |
| BierStV | Verordnung zur Durchführung des Biersteuergesetzes – Biersteuerverordnung |
| BIN | Beteiligtenidentifikationsnummer |
| BISON | Beteiligten-Stammdaten im Online-Verfahren |
| BranntwMonG | Gesetz über das Branntweinmonopol – Branntweinmonopolgesetz |
| BrStV | Branntweinsteuerverordnung |
| e-VD | elektronisches Verwaltungsdokument |
| EDIFACT | Electronic Data Interchange For Administration, Commerce and Transport (= Elektronischer Datenaustausch für Verwaltung, Handel und Transport)EDIFACT ist der internationale Standard für den elektronischen Austausch von Handelsnachrichten. |
| EDV | Elektronische Datenverarbeitung |
| EG | Europäische Gemeinschaft |
| ELO | Central Excise Liaison Office (Zentrales Verbrauchsteuer-Verbindungsbüro beim Hauptzollamt Stuttgart) |
| ELSTER | Elektronische Steuererklärung |
| EMCS | Excise Movement and Control System(EDV-gestütztes Beförderungs- und Kontrollsystem für verbrauchsteuerpflichtige Waren) |
| EMCS-DVO | Verordnung (EG) Nr. 684/2009 der Kommission vom 24. Juli2009 zur Durchführung der Richtlinie 2008/118/EG des Rates in Bezug auf die EDV-gestützten Verfahren für die Beförderung verbrauchsteuerpflichtiger Waren unter Steueraussetzung – EMCS-Durchführungsverordnung, die zuletzt durch die Durchführungsverordnung (EU) Nr. 1221/2012 vom 12. Dezember 2012 geändert worden ist |
| EnergieStG | Energiesteuergesetz |
| EnergieStV | Verordnung zur Durchführung des Energiesteuergesetzes – Energiesteuerverordnung |
| EOL | Excise Office List (= Liste der Verbrauchsteuerstellen) |
| ESta | EMCS-Spezifische Stammdaten |
| EU | Europäische Union |
| EWG | Europäische Wirtschaftsgemeinschaft |
| GmbH | Gesellschaft mit beschränkter Haftung |
| FTAM | File Transfer, Access and Management (dt.: Dateiübertragung, -zugang und -verwaltung) |
| IEA | Internet-EMCS-Anwendung |
| IT | Informationstechnik |
| jpeg/jpg | Joint Photographics Experts Group (Dateiformat) |
| KN | Kombinierte Nomenklatur |

Zu § 9d Energiesteuergesetz **Anlage § 009d–01**

| Abkürzung/Begriff | Auflösung der Abkürzung/Erklärung des Begriffs |
|---|---|
| LIB-S | Lokaler IT-Beauftrager – Systemverwaltung |
| LVB | Lokaler Verfahrensbeauftragter |
| MRN | Movement Reference Number (=Registriernummer des zollrechtlichen Ausfuhrvorgangs) |
| n.a. | Nicht anwendbar |
| OHG | Offene Handelsgesellschaft |
| PDF/pdf | Portable Document Format |
| PO | Purchase Order |
| RL | Richtlinie |
| SchaumwZwStG | Gesetz zur Besteuerung von Schaumwein und Zwischenerzeugnissen – Schaumwein- und Zwischenerzeugnissteuergesetz |
| SchaumwZwStV | Verordnung zur Durchführung des Gesetzes zur Besteuerung von Schaumwein und Zwischenerzeugnissen – Schaumwein- und Zwischenerzeugnissteuerverordnung |
| SEED | System for Exchange of Excise Data (= System zum Austausch von Verbrauchsteuerdaten) |
| System-RL | Richtlinie 2008/118/EG des Rates über das allgemeine-Verbrauchsteuersystem und zur Aufhebung der Richtlinie92/12/EWG |
| TabStG | Tabaksteuergesetz |
| TabStV | Verordnung zur Durchführung des Tabaksteuergesetzes – Tabaksteuerverordnung |
| UN | United Nations (= Vereinte Nationen) |
| UStDV | Umsatzsteuer-Durchführungsverordnung |
| X.400 | Message-Handling-System auf Basis des internationalen Standards X.400 |
| XML | Extensible Markup Language |
| ZIVIT | Zentrum für Informationsverarbeitung undInformationstechnik |
| ZK | Verordnung (EWG) Nr. 2913/92 des Rates vom 12. Oktober 1992 zur Festlegung des Zollkodex der Gemeinschaften |
| ZK-DVO | Verordnung (EWG) Nr. 2454/93 der Kommission vom 2. Juli 1993 mit Durchführungsvorschriften zu der Verordnung(EWG) Nr. 2913/92 des Rates zur Festlegung des Zollkodex der Gemeinschaften – Zollkodex-Durchführungsverordnung |
| Zusammenarbeits-VO | Verordnung (EU) Nr. 389/2012 des Rates über die Zusammenarbeit der Verwaltungsbehörden auf dem Gebiet der Verbrauchsteuern und zur Aufhebung von Verordnung (EG) Nr. 2073/2004 |

**Anlage § 009d–02**                                    Zu § 9d Energiesteuergesetz

## EMCS-Merkblatt für Teilnehmer

BMF-Schreiben vom 4.11.2013

**1 Vorbemerkungen**

**1.1 Inhalt des Merkblatts**

Dieses Merkblatt beschreibt den Nachrichtenaustausch und die Nachrichtenabläufe zu den Geschäftsprozessen eines Beförderungsverfahrens unter Steueraussetzung im IT-Verfahren EMCS (Excise Movement and Control System). Daneben werden die allgemeinen und technischen Voraussetzungen zur Teilnahme am IT-Verfahren EMCS sowie das Zertifizierungsverfahren von Teilnehmersoftware dargestellt.

Das Merkblatt berücksichtigt den Funktionsumfang des EMCS-Release 2.1.

**1.2 Zielgruppe**

Das Merkblatt richtet sich an alle an der Beförderung verbrauchsteuerpflichtiger Waren unter Steueraussetzung Beteiligten wie Steuerlagerinhaber, registrierte Versender, registrierte Empfänger, IT-Dienstleister sowie an Entwickler von Teilnehmersoftware.

Dabei wird aus Gründen der sprachlichen Vereinfachung jeweils die männliche Schreibweise gewählt. Die weibliche Form der Begriffe ist in der Bedeutung immer mit eingeschlossen.

**1.3 Einführung**

Auf Vorschlag der EU-Kommission haben das Europäische Parlament und der Rat entschieden[1], dass das Begleitende Verwaltungsdokument, das ehemals bei der Beförderung verbrauchsteuerpflichtiger Waren unter Steueraussetzung zwischen EU-Mitgliedstaaten mitzuführen war, durch ein System elektronischer Meldungen ersetzt wird. In diesem Sinne mussten alle Mitgliedstaaten an das von der EU-Kommission betriebene gemeinschaftliche Netzwerk (CCN/CSI – Common Communication Network/Common System Interface) angeschlossen werden, um damit den Austausch von Standardnachrichten zwischen den beteiligten Mitgliedstaaten zu ermöglichen. Jeder Mitgliedstaat hat sein nationales Netzwerk, das die nationalen Zollbehörden und die Wirtschaftsbeteiligten miteinander verbindet und seine nationale Anwendung EMCS an das gemeinsame Netzwerk anschließt.

Vor dem Hintergrund des im Jahre 1998 erstmals im Zusammenhang mit der innergemeinschaftlichen Beförderung von Tabakwaren und Alkohol festgestellten Ausmaßes der Verbrauchsteuerhinterziehung sollte ein standardisierter, effizienter und sicherer Datenaustausch zwischen den Mitgliedstaaten und den Wirtschaftsbeteiligen den Nachteilen eines papiergestützten Verfahrens begegnen. Die Mitgliedstaaten sollten insbesondere in die Lage versetzt werden, Informationen über laufende Warenbewegungen in „Echtzeit" abzufragen und risikoorientierte Kontrollen durchzuführen. Zugleich sollte der Versender unmittelbar nach Eingang der Waren beim Empfänger eine entsprechende Meldung erhalten, wodurch eine schnellere Freigabe der geleisteten Sicherheit gewährleistet sei. Aus Sicht der EU-Kommission sollte das neue System vordringlich zur Bekämpfung des Steuerbetrugs eingesetzt werden und zudem die Verwaltungsverfahren sowie den Handelsverkehr erleichtern.

Die Zollverwaltung hat das nationale IT-Verfahren EMCS eingeführt, um die Beförderungsverfahren unter Steueraussetzung im Verbund mit allen anderen Mitgliedstaaten der Europäischen Union weitestgehend automatisiert abwickeln zu können.

EMCS steht den Dienststellen der Zollverwaltung zur Verfügung. Das IT-Verfahren EMCS bezieht grundlegende Stammdaten aus der nationalen SEED-Datenbank.

EMCS umfasst die folgenden Anwendungsfallgruppen:

– die Eröffnung eines Beförderungsverfahrens unter Steueraussetzung für verbrauchsteuerpflichtige Waren national und innergemeinschaftlich

– die Beendigung eines Beförderungsverfahrens unter Steueraussetzung für verbrauchsteuerpflichtige Waren, das national oder in einem anderen Mitgliedstaat der Europäischen Union eröffnet wurde

– die Erledigung national oder innergemeinschaftlich eröffneter Beförderungsverfahren verbrauchsteuerpflichtiger Waren unter Steueraussetzung

---

1) Entscheidung 1152/2003/EG des Europäischen Parlaments und des Rates vom 16. Juni 2003.

Zu § 9d Energiesteuergesetz **Anlage § 009d–02**

– Ereignisbericht und Abbruch von Beförderungsvorgängen.

**1.4 Ansprechpartner für die Teilnahme am IT-Verfahren EMCS und für die Zertifizierung von Teilnehmersoftware**

Ansprechpartner für Fragen bezüglich der Teilnahme am IT-Verfahren EMCS und der Zertifizierung von Teilnehmersoftware ist die

Bundesfinanzdirektion Südost
Dienstort Weiden
Asylstraße 17, 92637 Weiden
Postfach 1658, 92606 Weiden
Telefon: 0961/302-364
Telefax: 0961/302-261
E-Mail: Zertifizierung@bfdso.bfinv.de

**1.5 Ansprechpartner für Beteiligte am IT-Verfahren EMCS**

Für Fragen, Probleme und Verbesserungsvorschläge, die das IT-Verfahren EMCS betreffen, steht ein zentraler Service Desk, bestehend aus dem Service Desk ZIVIT und dem Service Desk Zoll, zur Verfügung.

Eine Beratung oder technische Unterstützung kann vom Service Desk nicht geleistet werden.

Der Service Desk ist rund um die Uhr an allen Tagen des Jahres wie folgt zu erreichen:

Zentrum für Informationsverarbeitung und Informationstechnik
– Service Desk ZIVIT –
Wilhelm-Fay-Straße 11
65936 Frankfurt am MainTelefon (Inland): 0800/80075451
Telefon (Ausland): 0049/69/20971-545
Telefax: 0049/22899/680-7584
E-Mail: servicedesk@zivit.de

Für Anwenderprobleme (Nutzung von Codierungen und Erläuterungen zu einzelnen Eingabefeldern usw.) steht der Service Desk Zoll montags bis freitags von 7.00 Uhr bis 18.00 Uhr (außer an gesetzlichen Feiertagen) zur Verfügung. Der Service Desk Zoll ist wie folgt zu erreichen:

Informations- und Wissensmanagement Zoll
– Service Desk Zoll –
Glösaer Str. 35
09114 Chemnitz
Telefon (Inland): 0800/80075452
Telefon (Ausland): 0049/351/44834-555
Telefax: 0049/22899/680-7584
E-Mail: servicedesk@zivit.de

**1.6 Datenaustausch mittels EDIFACT**

Die im IT-Verfahren EMCS zwischen Teilnehmern und der Zollverwaltung auszutauschenden Daten werden in Form von EDIFACT-Nachrichten übermittelt.

Teilnehmer im Sinne dieses Merkblatts sind diejenigen, die elektronisch Daten im EDIFACT-Format im Rahmen des IT-Verfahrens EMCS an ihr zuständiges Hauptzollamt senden oder von diesem empfangen (z. B. der Versender). Bei Hinterlegung von Kommunikationsstammdaten können entweder der Steuerlagerinhaber oder die dem Steuerlagerinhaber zugeordneten Lagerorte als Teilnehmer auftreten.

Für die einzelnen Verfahrensbereiche gibt es mehrere UN/EDIFACT-Standardnachrichtentypen. Jeder Nachrichtentyp gibt ein Schema vor, mit dem bestimmte Daten (z. B. Inhalt e-VD) übertragen werden.

Die Standardnachrichtentypen wurden von der UN/ECE (United Nations/Economic Commission for Europe) im UNTDID (United Nations Trade Data Interchange Directory) festgelegt. Diese Standardnachrichtentypen wurden auch als DINNorm veröffentlicht.

Im Rahmen von EDIFACT-Standardnachrichtentypen wurden für das Verbrauchsteuerverfahren eigene EDIFACT-Nachrichtentypen (Guides) mit eigenen Nachrichtennamen gebildet. Diese sind in Kapitel 4 näher erläutert. Eine detaillierte Beschreibung enthält das EDIFACT-Implementierungshandbuch (EDI-IHB; siehe www.zoll.de Zoll online > Fach-

# Anlage § 009d–02

Zu § 9d Energiesteuergesetz

themen > Steuern > Verbrauchsteuern > EMCS > EMCS-Publikationen > EDI-IHB und IEA-Dokumente.

**1.7 Kommunikationsnetz der Zollverwaltung**

Dem Teilnehmer steht die Möglichkeit der Beauftragung und Einrichtung einer Direktanbindung (exklusiver Zugang) durch einen Netzanbieter zur Verfügung. Alternativ kann ein IT-Dienstleister beauftragt oder das Netz eines Dritten genutzt werden. Des Weiteren stehen ausschließlich für Zertifizierungszwecke zwei öffentliche Einwahlknoten, die über einen öffentlichen Dienstanbieter per ISDN erreichbar sind und die beim Zentrum für Informationsverarbeitung und Informationstechnik (ZIVIT) -Dienstsitz Frankfurt am Main redundant eingerichtet sind, zum Datenaustausch bereit.

Für die Teilnahme an EMCS ist der Vordruck „Anmeldung Teilnahme EMCS 2.1" (Vordruck-Nr. 033088 (2.1)) abzugeben. Bei erstmaliger Einrichtung eines Zugangs sind zudem der Vordruck „Netzanbindung / Bevorzugter Kommunikationskanal EMCS" (Vordruck-Nr. 033084) und die Vordrucke „Technische Angaben FTAM (EMCS)" (Vordruck-Nr. 033085) oder „Technische Angaben X.400 (EMCS)" (Vordruck-Nr. 033086) beizufügen. Bei Nutzung eines bereits für das IT-Verfahren ATLAS verwendeten exklusiven Zugangs bzw. bei der Anzeige von Änderungen wird auf die Vorlage der Vordrucke „Technische Angaben FTAM (EMCS)" bzw. „Technische Angaben X.400 (EMCS)" verzichtet (siehe Anlage 2).

**1.8 Datenfernübertragungskosten (DFÜ-Kosten)**

**1.8.1 Vom Teilnehmer zu tragende DFÜ-Kosten**

Bei exklusivem Zugang:
- Kosten für sämtliche Sende- und Empfangsvorgänge
- Kosten für die Einrichtung dieser Zugangsart beim ZIVIT Frankfurt (Routerinstallation beim ZIVIT liegt im Zuständigkeitsbereich des Teilnehmers)
- Kosten für die Installation der Anschlüsse beim ZIVIT und beim Teilnehmer
- Grundgebühren für die Anschlüsse
- Hard- und Softwarekosten für die eingesetzten Produkte

Bei öffentlichem Zugang (ausschließlich für die Zertifizierung zugelassen):
- DFÜ-Anschlusskosten (Installationskosten, Anschlussgebühren usw.)
- Hard- und Softwarekosten für die beim Teilnehmer eingesetzten Produkte
- Providerkosten
- laufende DFÜ-Kosten für X.400-Sendevorgänge bis zur PRMD (Private Management Domain) des ZIVIT oder bis zum FTAM-Gateway des ZIVIT

**1.8.2 DFÜ-Kosten, die die Zollverwaltung trägt**

- Kosten für die Einrichtung und den laufenden Betrieb der zolleigenen PRMDen
- DFÜ-Kosten im verwaltungsinternen X.400-Netz
- DFÜ-Kosten bei öffentlichem Zugang für von der Zollverwaltung initiierte Sendevorgänge bis zur angegebenen X.400- oder FTAM-Adresse.

**1.9 Datenschutz**

Die im IT-Verfahren EMCS getroffenen datenschutzrechtlichen Maßnahmen basieren auf den Bestimmungen des BDSG (Bundesdatenschutzgesetz) und des IT-Grundschutzhandbuchs des BSI (Bundesamt für Sicherheit in der Informationstechnik).

Durch organisatorische, personelle und technische Maßnahmen wird ein entsprechendes Sicherheitsniveau für das IT-Verfahren EMCS gewährleistet.

Es wurden folgende datenschutzrelevante Vorkehrungen gemäß der Anlage zu § 9 BDSG getroffen:

- Beteiligten-Identifikations-Nummer (BIN) (siehe Kapitel 3.1.4)
- Autorisierungsprüfungen
- EMCS-Benutzerkonzept

  Die Anwendungen im IT-Verfahren EMCS dürfen nur von autorisierten Benutzern im Rahmen der ihnen eingeräumten Berechtigungen genutzt werden. Um dies sicherzustellen, wurde eine spezielle Benutzerverwaltung eingerichtet, die es ermöglicht, für die einzelnen Benutzer Kennungen anzulegen und diesen die für ihre Arbeit benötigten Benutzerrechte zuzuweisen.

Zu § 9d Energiesteuergesetz **Anlage § 009d–02**

- Leitungsverschlüsselung (Daten dürfen ausschließlich an die EMCS-Anwendung gesendet werden, wenn sie BSI-konform verschlüsselt sind. – www.bsi.de)

**1.10 EMCS-Informationen**

Im Internet stehen unter der Adresse
www.zoll.de
umfangreiche und aktuelle Informationen zum IT-Verfahren EMCS zur Verfügung.

Zum Download werden bereitgestellt:
- das EDIFACT-Implementierungshandbuch,
- das vorliegende Merkblatt für Teilnehmer,
- die EMCS-Verfahrensanweisung,
- die fachlichen Codelisten,
- die erforderlichen Vordrucke sowie
- weitere Informationen zum IT-Verfahren EMCS.

**1.11 Internet-EMCS-Anwendung**

Die Internetschnittstelle IEA („Internet-EMCS-Anwendung") ist eine öffentlich zugängliche Schnittstelle zum Informationsaustausch zu EMCS-Vorgängen zwischen Wirtschaftsbeteiligten und den zuständigen Hauptzollämtern. Beteiligte, die über keine eigene EDIFACT-Teilnehmersoftware verfügen, können die IEA nutzen.

Darüber hinaus können Teilnehmer, deren Teilnehmersoftware ausgefallen ist (Fallback-Fall), die IEA temporär zur Kommunikation nutzen, um z. B. neue Beförderungsvorgänge zu eröffnen. EMCS-Vorgänge, die unter Verwendung von Teilnehmersoftware erstellt wurden, können in der IEA nicht weiterbearbeitet werden. Ebenso wenig können EMCS-Vorgänge, die unter Verwendung der IEA erstellt wurden, mit der Teilnehmersoftware weiterbearbeitet werden.

Die IEA wird für die Funktionalitäten des EMCS Release 2.1 angepasst. Alle IEAVorgänge der Vorgängerversion können gemäß ihrer Bearbeitungszustände in der neuen Version weiterbearbeitet werden, und alle Teilnehmerzugriffsrechte bleiben erhalten.

**2 Kurzüberblick über die einzelnen EMCS-Anwendungsfallgruppen**

Es ist anzumerken, dass die Begriffe „Eröffnung", „Beendigung" und „Erledigung" nicht im Sinne einer legal definierten Anforderung entsprechend den geltenden Rechtsvorschriften zu verstehen sind. Vielmehr beschreiben sie eine sinnvolle logische Verknüpfung zusammengehöriger Aktivitäten innerhalb der Fachanwendung („Anwendungsfallgruppe").

In den Kapiteln 2.1 bis 2.5 werden alle aufgeführten Anwendungsfallgruppen kurz beschrieben.

**2.1 Eröffnung**

Die Anwendungsfallgruppe „Eröffnung" ist eine Abgangsstellenfunktionalität. Ereignis für die Eröffnung von Beförderungsverfahren unter Steueraussetzung ist die Übermittlung eines Entwurfs des „Elektronischen Verwaltungsdokuments" (e-VD) an das EMCS-System durch einen Teilnehmer (Versender). Die Daten des e-VD werden plausibilisiert. Im Fehlerfall wird der Entwurf des e-VD abgewiesen. Bei positivem Ausgang der Prüfung werden die Daten in die Anwendung übernommen und durch Vergabe eines eindeutigen Referenzcodes (ARC) validiert. Damit ist das Beförderungsverfahren systemtechnisch eröffnet. Die Daten des e-VD werden dem Teilnehmer in Form einer EDIFACT-Nachricht sowie eines Reports im PDF-Format als Bestätigung zurückgesendet. Gleichzeitig mit der Validierung des Entwurfs des e-VD werden die angemeldete Bestimmungsstelle und dadurch der angegebene Empfänger über die beabsichtigte Ankunft der Warensendung unterrichtet.

Eine Benutzererfassung der Daten des Entwurfs e-VD an einem Zollamt oder dem zuständigen Hauptzollamt (Abgangsstelle), erfolgt nicht.

Die Anwendungsfallgruppe Eröffnung umfasst weitere optionale Geschäftsprozesse, auf die im Kapitel 4.4 näher eingegangen wird.

**2.2 Beendigung**

Die Anwendungsfallgruppe „Beendigung" ist eine Bestimmungsstellenfunktionalität. Voraussetzung für die Beendigung des Beförderungsverfahrens ist der Eingang des durch die Abgangsstelle übermittelten e-VD. Die Bestimmungsstelle leitet das e-VD unmittelbar nach Erhalt automatisiert an den vom Versender angegebenen Empfänger weiter. Nach Eintreffen

## Anlage § 009d–02
Zu § 9d Energiesteuergesetz

der Waren hat der Empfänger das Ergebnis seiner Feststellungen (konform/nicht konform/ Fehlmenge/Mehrmenge) oder die Zurückweisung der Warensendung (vollständig/teilweise) seinem zuständigen Hauptzollamt durch Übermittlung der Eingangsmeldung anzuzeigen. Abhängig von der Mitteilung des Empfängers wird das Beförderungsverfahren entweder automatisiert oder manuell durch den Benutzer im Anschluss an mögliche Kontrollen/Prüfungen beendet. Die Eingangsmeldung wird an die Abgangsstelle zurückgesendet.

Die Anwendungsfallgruppe Beendigung umfasst weitere optionale Geschäftsprozesse, auf die im Kapitel 4.4 näher eingegangen wird.

### 2.3 Erledigung

Die Anwendungsfallgruppe „Erledigung" wird von der Abgangsstelle genutzt. Im Rahmen dieser Anwendung wird u. a. die fristgerechte Beendigung von Beförderungsverfahren überwacht, die Eingangsmeldung auf Grundlage der mitgeteilten Empfangsergebnisse ausgewertet, die Annullierung eines Beförderungsvorgangs durch den Versender geprüft und die Erledigung des Beförderungsvorgangs automatisiert oder manuell durch den Benutzer sichergestellt.

### 2.4 Ereignisbericht

Im Verlaufe eines Beförderungsverfahrens können Ereignisse eintreten, die einen maßgeblichen Einfluss auf den Verlauf des Verfahrens haben können. Beispiele dafür sind der Diebstahl oder der Untergang der beförderten Ware. Zu derartigen Ereignissen können Ereignisberichte erstellt werden, die dann an Teilnehmer übermittelt werden. Mit der Nachricht Ereignisbericht (C_EVT_DAT) können bis zu neun Anlagen übermittelt werden. Diese Anlagen werden in der Nachricht an den Teilnehmer zu einem Dokument im PDF-Format zusammengefasst.

Teilnehmer können Ereignisberichte nur empfangen, jedoch nicht erstellen. Die Erstellung eines Ereignisberichts erfolgt durch die Dienststellen der Zollverwaltung.

### 2.5 Abbruch eines Vorgangs

Aufgrund besonderer Umstände, z. B. eines Unfalls des Beförderungsmittels, kann der Fall eintreten, dass ein Beförderungsvorgang nicht beendet werden kann. Dieser kann dann durch die Behörden des Abgangs- oder Bestimmungsmitgliedstaates abgebrochen werden.

Unter gewissen Umständen kann ein Beförderungsvorgang auch durch einen Mitgliedstaat abgebrochen werden, der nicht als Abgangs- oder Bestimmungsstaat fungiert. Auch in diesem Fall werden Teilnehmer mittels dafür vorgesehener Nachricht vom Abbruch des Beförderungsvorgangs informiert. Ein solcher Abbruch kann in Deutschland nur von einem Hauptzollamt initiiert werden.

### 3 Teilnahmevoraussetzungen
### 3.1 Formale Voraussetzungen
#### 3.1.1 Anmeldung zur Teilnahme
##### 3.1.1.1 Erstmalige Anmeldung zur Teilnahme an EMCS

Wer erstmalig am IT-Verfahren EMCS teilnehmen möchte, muss die Vordrucke

- „Anmeldung Teilnahme EMCS 2.1" (Vordruck-Nr. 033088 (2.1)),
- „Netzanbindung/Bevorzugter Kommunikationskanal EMCS" (VordruckNr. 033084) und
- „BIN-Antrag EMCS" (Vordruck-Nr. 033089)

sowie ggf.

- „Technische Angaben FTAM (EMCS)" (Vordruck-Nr. 033085) und
- „Technische Angaben X.400 (EMCS)" (Vordruck-Nr. 033086)

vollständig ausgefüllt und rechtsverbindlich unterzeichnet bei der

Bundesfinanzdirektion Südost
Dienstort Weiden
Asylstraße 17, 92637 Weiden
Postfach 1658, 92606 Weiden
Telefon: 0961/302-364
Telefax: 0961/302-261
E-Mail: Zertifizierung@bfdso.bfinv.de

einreichen.

IT-Dienstleister müssen zusätzlich den vollständig ausgefüllten und rechtsverbindlich unterzeichneten Vordruck „IT-Dienstleister Stammdaten" (Vordruck-Nr. 033083) an folgende Adresse übersenden:

Informations- und Wissensmanagement Zoll
Postfach 10 07 61
01077 Dresden
Telefax: 0351/44834-444

Alle Vordrucke werden im Formularcenter unter www.zoll.de (Formulare und Merkblätter > Verbrauchsteuern > EMCS > Teilnahme, Zertifizierung, Probebetrieb) zum Download bereitgestellt.

Eine förmliche Zulassung ist nicht vorgesehen. Allerdings muss zur Teilnahme zertifizierte Software eingesetzt werden (siehe Kapitel 3.1.10). Die in der Verfahrensanweisung zum IT-Verfahren EMCS getroffenen Regelungen sind einzuhalten. Dies ist vom Teilnehmer im Vordruck „Anmeldung Teilnahme EMCS 2.1" (Vordruck-Nr. 033088 (2.1)) zu erklären. Mit diesem Vordruck ist ebenfalls der exklusive Zugang zum Kommunikationsnetz der Zollverwaltung zu beantragen. Teilnehmer, die bereits zertifizierte Software einsetzen möchten, werden von der Bundesfinanzdirektion (BFD) Südost – Dienstort Weiden – ggf. noch einem verkürzten Testverfahren unterzogen. Daneben besteht auch die Möglichkeit eines Probebetriebs (siehe Kapitel 3.1.11).

Die mit dem Vordruck „Netzanbindung / Bevorzugter Kommunikationskanal EMCS" (Vordruck-Nr. 033084) anzugebenden Daten sind für den elektronischen Datenaustausch unverzichtbar. Hier wird mitgeteilt, welche Adresse in den Stammdaten des Teilnehmers hinterlegt werden soll, damit Nachrichten zwischen der Zollverwaltung und dem Teilnehmer ausgetauscht werden können. In diesem Vordruck sind ebenfalls der „Bevorzugte Kommunikationskanal", über den initiale Nachrichten der Zollverwaltung an den Teilnehmer gesendet werden, und Adressdaten zur Übersendung der „Mitteilung EMCS-spezifischer Kommunikationsstammdaten" anzugeben.

Bei erstmaliger Anmeldung müssen die oben genannten Vordrucke stets gemeinsam mit dem „BIN-Antrag EMCS" (Vordruck-Nr. 033089) abgegeben werden.

Im „BIN-Antrag EMCS" (Vordruck-Nr. 033089) sind u. a. die Daten des zum Empfang der BIN Berechtigten anzugeben. Ihm wird die BIN nach Vergabe durch das Informations- und Wissensmanagement Zoll (IWM Zoll) persönlich per Post zugestellt (siehe Kapitel 3.1.4).

IT-Dienstleister übernehmen für ihre Kunden den Nachrichtenaustausch mit der Zollverwaltung. Um den Nachrichtenaustausch durchführen zu können, muss die IT-Dienstleister-Identifikationsnummer in den EMCS-spezifischen Stammdaten der Kunden hinterlegt sein. Daher müssen Kunden eines IT-Dienstleisters dem IWM Zoll mit Vordruck „Antrag zur Nutzung eines IT-Dienstleisters im Rahmen des EMCS-Nachrichtenaustauschs" (Vordruck-Nr. 033094) mitteilen, welchen ITDienstleister sie in Anspruch nehmen wollen.

### 3.1.1.2 Änderungen von Teilnehmerdaten
#### 3.1.1.2.1 Allgemeines

Änderungen von bestehenden Teilnehmerdaten sind auf den Vordrucken entsprechend der erstmaligen Anmeldung an EMCS anzuzeigen. Die Zuständigkeiten innerhalb der Zollverwaltung bleiben unverändert. Für die Teilnahme sind mit Ausnahme des an das IWM Zoll zu übersendenden Vordrucks „IT-Dienstleister Stammdaten" (Vordruck-Nr. 033083) alle Vordrucke an die BFD Südost – Dienstort Weiden – zu richten.

Für den Wechsel eines Softwareanbieters und die Änderung der BeteiligtenIdentifikations-Nummer (BIN) sind die nachfolgenden Besonderheiten bzw. die Ausführungen zu 3.1.4.3 zu beachten.

#### 3.1.1.2.2 Wechsel des Softwareanbieters

Geht die Nutzung einer neuen Teilnehmersoftware mit einem Wechsel des Softwareanbieters einher, ist dies der BFD Südost – Dienstort Weiden – mit dem Vordruck „Anmeldung Teilnahme EMCS 2.1" (Vordruck-Nr. 033088 (2.1)) als Änderungsantrag anzuzeigen.

Im Rahmen dieses Änderungsantrags prüft die BFD Südost – Dienstort Weiden – ob die neue Software für alle bereits frei gegebenen Nachrichtengruppen des Teilnehmers zertifiziert ist, und beschränkt die Teilnahme (vorhandene Beteiligten-Identifikations-Nummer (BIN)) ggf. auf die zertifizierten Nachrichtengruppen. Falls die neue Teilnehmersoftware für bislang beim Teilnehmer noch nicht freigegebene Nachrichtengruppen zertifiziert ist und diese

**Anlage § 009d–02**  Zu § 9d Energiesteuergesetz

künftig ebenfalls genutzt werden sollen, beantragt der Teilnehmer zusätzlich die entsprechende/n Nachrichtengruppe/n.

Gegebenenfalls sind der Vordruck „Netzanbindung / Bevorzugter Kommunikationskanal EMCS" (Vordruck-Nr. 033084) mit der neuen Zugangsart und/oder -adresse sowie „Technische Angaben FTAM (EMCS)" (Vordruck-Nr. 033085) oder „Technische Angaben X.400 (EMCS)" (Vordruck-Nr. 033086) vorzulegen.

Beim Wechsel des Softwareanbieters hat der Teilnehmer sicherzustellen, dass mit der neuen Software ggf. noch nicht beendete Vorgänge, die mit der alten bisherigen Anwendung initiiert wurden, über das IT-Verfahren EMCS abgewickelt werden können. Dies kann beispielsweise nach dem Import der betreffenden (archivierten) EDIFACT-Nachrichten in die neue Anwendung geschehen (Stichtagsumstellung).

Ein paralleler Betrieb von alter und neuer Anwendung wird von Seiten der Zollverwaltung grundsätzlich weder technisch noch organisatorisch unterstützt.

### 3.1.1.2.3 Releasewechsel

Für den Releasewechsel auf EMCS 2.1 wurde das Verfahren der weichen Migration gewählt. Teilnehmern ist es damit in einer Übergangsphase nach Umstellung der Zollsysteme auf das neue Release 2.1 möglich, Nachrichten im Format des bisherigen Release 2.0 zu übermitteln. Nicht möglich ist es, mit einer Verbrauchsteuernummer oder einer IT-Dienstleister-Identifikationsnummer zeitgleich mit unterschiedlichen bei den Nachrichtengruppen hinterlegten Releasekennzeichen am Nachrichtenaustausch teilzunehmen. Alle Nachrichtengruppen müssen sich entweder im Release 2.0 oder im Release 2.1 befinden.

Um dem Teilnehmer Nachrichten in dem Format zustellen zu können, das sein System aktuell verarbeiten kann, muss in den Teilnehmerstammdaten hinterlegt werden, mit welchem EMCS-Release die Teilnehmersoftware arbeitet. Hierzu ist durch den Teilnehmer für jede Nachrichtengruppe das jeweils unterstützte EMCS-Release mit Beginndatum zu melden. Rechtzeitig vor dem geplanten Umstellungsstichtag ist hierzu der „BIN-Antrag EMCS" (Vordruck-Nr. 033089) der BFD Südost – Dienstort Weiden – zuzuleiten. In diesem Antrag sind die „Umstellung auf EMCS-Release Version |<Versionsangabe>|", die umzustellende/n Nachrichtengruppe(n) und das Beginndatum zu benennen.

Wird keine Umstellung beantragt, bleibt der bisherige Eintrag des Releases bei den Nachrichtengruppen bestehen.

Das Ende der Migrationsphase wird auf www.zoll.de rechtzeitig bekannt gegeben.

### 3.1.1.3 Zertifizierte Teilnehmersoftware

Für die Teilnahme am IT-Verfahren EMCS ist eine zertifizierte Software erforderlich. Die Vordrucke

– „Antrag Zertifizierung EMCS" (Vordruck-Nr. 033090),
– „Netzanbindung / Bevorzugter Kommunikationskanal EMCS" (VordruckNr. 033084), sowie
– ggf. „Technische Angaben FTAM (EMCS)" (Vordruck-Nr. 033085) oder
– ggf. „Technische Angaben X.400 (EMCS)" (Vordruck-Nr. 033086)

müssen zur Aufnahme des Zertifizierungsverfahrens vollständig ausgefüllt bei der BFD Südost – Dienstort Weiden – eingereicht werden. Alle Vordrucke sind im Formularcenter unter www.zoll.de (Formulare und Merkblätter > Verbrauchsteuern > EMCS > Teilnahme, Zertifizierung, Probebetrieb) zum Download bereitgestellt.

Das Zertifizierungsverfahren wird durch die BFD Südost – Dienstort Weiden – durchgeführt (siehe Kapitel 3.1.10).

### 3.1.1.4 Wahlmöglichkeit für Steuerlagerinhaber

Um den Bedürfnissen einer zentralen oder dezentralen Datenverarbeitung im Fall von Steuerlagerinhabern gerecht zu werden, haben Steuerlagerinhaber die Möglichkeit, ihre Kommunikationsstammdaten übergreifend für alle Lagerorte oder für jeden Lagerort einzeln anzugeben. Die BIN wird dann entsprechend zugewiesen (vgl. Kapitel 3.1.4.1). Die jeweiligen Vorschriften zur Zertifizierung gelten analog.

### 3.1.2 Verbrauchsteuernummer

Jeder Beteiligte erhält von seinem zuständigen Hauptzollamt mit der Erteilung der jeweiligen verbrauchsteuerrechtlichen Erlaubnis eine oder mehrere Verbrauchsteuernummern.

Nähere Informationen zur Verbrauchsteuernummer sind unter www.zoll.de (Fachthemen> Steuern > Verbrauchsteuern > Grundsätzliche Regelungen > Verbrauchsteuernummer > Verbrauchsteuernummer) verfügbar.

Die Verbrauchsteuernummer ist Bestandteil des Betrefftextes jeder X.400-Mail bzw. des Namens der FTAM-Übertragungsdatei, die an die Zollverwaltung gesendet wird.

Teilnehmern werden für Tests im Rahmen des Zertifizierungsverfahrens und für die Dauer des Probebetriebs eine oder mehrere Testverbrauchsteuernummern sowie eine Test-IT-Dienstleister-Identifikationsnummer zugewiesen. Die Nutzung dieser Test-IT-Dienstleisternummern und Testverbrauchsteuernummern im Echtbetrieb ist nicht zulässig.

Die Besonderheiten des IT-Dienstleisters hinsichtlich der BIN sind auf Steuerlagerinhaber, registrierte Empfänger, registrierte Empfänger im Einzelfall und registrierte Versender nicht anwendbar. Eine übergreifende IT-DienstleisterIdentifikationsnummer für alle Verbrauchsteuernummern eines Unternehmens kann nicht vergeben werden.

### 3.1.3 Bevorzugter Kommunikationskanal

Mit dem Vordruck „Netzanbindung / Bevorzugter Kommunikationskanal EMCS" (Vordruck-Nr. 033084) legt der Teilnehmer den „Bevorzugten Kommunikationskanal" fest, über den er initiale Nachrichten von der Zollverwaltung erhalten möchte. Es ist eine der Alternativen FTAM, X.400, IT-Dienstleister oder InternetEMCS-Anwendung (IEA) wählbar. Änderungen zum „Bevorzugten Kommunikationskanal" werden ebenfalls mit dem Vordruck „Netzanbindung / Bevorzugter Kommunikationskanal EMCS" (Vordruck-Nr. 033084) vom Teilnehmer mitgeteilt.

Besonderheiten:

Der IT-Dienstleister kann als „Bevorzugten Kommunikationskanal" weder die IEA noch einen weiteren IT-Dienstleister wählen.

### 3.1.4 Beteiligten-Identifikations-Nummer (BIN)
### 3.1.4.1 Allgemeines

Die handschriftliche Unterschrift wird in EMCS durch eine BIN ersetzt. Rechtsgrundlage für den Einsatz der BIN als Ersatz für die elektronische Unterschrift ist § 14 Bundesdatenschutzgesetz (BDSG). Folglich benötigt jeder, der am elektronischen Datenaustausch (EDI) im Rahmen des IT-Verfahrens EMCS teilnehmen möchte, eine BIN. Sie dient zur Prüfung der Zugangsberechtigung.

Der Teilnehmer muss die BIN in der EDIFACT-Nachricht angeben. So ist in Verbindung mit der Verbrauchsteuernummer eine eindeutige Identifizierung des Teilnehmers möglich.

Für die Zuordnung jeder vom Teilnehmer übermittelten EDIFACT-Nachricht zu dem verantwortlichen Bearbeiter ist ein IT-gestütztes Logbuch nach dem Muster in Anlage 1 zu führen (siehe auch Kapitel 3.1.6.3).

Zu jeder Verbrauchsteuernummer wird nur eine BIN durch das IWM Zoll vergeben. Steuerlagerinhaber haben die Wahl, sich eine BIN für die VSt-Lagerinhabernummer oder jeweils eine BIN für die VSt-Lagernummern zuweisen zu lassen.

Eine übergreifende BIN für alle Verbrauchsteuernummern eines Unternehmens kann nicht vergeben werden.

Den Unternehmen, die die Zertifizierung ihrer entwickelten Software anstreben, werden von der BFD Südost – Dienstort Weiden – für die Dauer des Testbetriebs eine bzw. mehrere IT-Dienstleister-Identifikationsnummern, Testverbrauchsteuernummern und entsprechende Test-BINs zugewiesen. Die Test-BIN ist nicht für den Echtbetrieb gültig.

Anmerkung

Bei der Zollverwaltung erscheint die BIN weder in Benutzeroberflächen noch in Ausdrucken. Sie wird als solche auch nicht in den Stammdaten gespeichert; hier werden nur die zur Berechnung der BIN erforderlichen Eckdaten festgehalten.

### 3.1.4.2 Beantragung der BIN

Die BIN ist mit dem Vordruck „BIN-Antrag EMCS" (Vordruck-Nr. 033089) bei der BFD Südost – Dienstort Weiden – zu beantragen. Bzgl. des beantragten Gültigkeitsbeginns sind die Dauer des Postwegs sowie die Zeit zur Erfassung der Daten durch das IWM Zoll zu berücksichtigen.

**Anlage § 009d–02**  Zu § 9d Energiesteuergesetz

### 3.1.4.3 Änderung der BIN

Soll die BIN aus firmeninternen Gründen geändert werden oder ist die BIN anderen als den unterschriftsberechtigten Personen bekannt geworden (siehe Kapitel 3.1.4.4), so ist die Vergabe einer neuen BIN zu beantragen. Im „BIN-Antrag EMCS" (Vordruck-Nr. 033089) kann der Teilnehmer angeben, ab wann er seine neue BIN nutzen will. Der Teilnehmer erhält daraufhin wieder eine „Mitteilung über die Registrierung als EMCS-Teilnehmer" mit Gültigkeitsende der alten und Gültigkeitsbeginn der neuen BIN und einen neuen BIN-Brief. Bei der Angabe der Gültigkeitsdaten sollte die Dauer des Postwegs berücksichtigt werden.

Mit dem „BIN-Antrag EMCS" (Vordruck-Nr. 033089) kann der Teilnehmer auch die Löschung von nicht mehr genutzten oder die Erweiterung um neue Nachrichtengruppen beantragen. Die Freigabe weiterer Nachrichtengruppen wird die BFD Südost – Dienstort Weiden – veranlassen. Voraussetzung ist eine entsprechend zertifizierte Software. Soweit nicht gesondert beantragt, begründet die Freigabe weiterer Nachrichtengruppen keine Neuvergabe der BIN. Die notwendigen Änderungen in den Stammdaten werden durch das IWM Zoll in Dresden durchgeführt.

Bei Beendigung der Teilnahme ist die BIN-Löschung mit „BIN-Antrag EMCS" (Vordruck-Nr. 033089) zu beantragen.

Eine Änderung der Verbrauchsteuernummer führt automatisch zur Ungültigkeit der zur bisherigen Verbrauchsteuernummer vergebenen BIN und verlangt eine Neubeantragung einer BIN.

### 3.1.4.4 Firmeninterne Sicherheitsmaßnahmen

Der Teilnehmer muss in seinem Einflussbereich sicherstellen, dass nur unterschriftsberechtigte Personen die BIN kennen und nutzen können. Bei der Festlegung interner Regelungen hat der Teilnehmer Gestaltungsfreiheit.

Es wird vorgeschlagen, die Zugriffsberechtigung auf die BIN im firmeneigenen EDV-System auf bestimmte Mitarbeiter zu beschränken. Sie sollte diesen Mitarbeitern gleichwohl nicht angezeigt werden. Flankierende Sicherheitsregelungen legt ggf. der Teilnehmer fest. Auch der Umgang mit dem „BIN-Brief" (siehe dazu den nachfolgenden Absatz) liegt in seiner Regelungskompetenz.

Es sind Vorkehrungen getroffen, damit die BIN bei der Übermittlung an den Teilnehmer oder IT-Dienstleister nicht unbeteiligten Dritten bekannt wird (Versand per so genanntem „BIN-Brief", der mittels eines Sicherheitsverfahrens so gestaltet ist, dass er ohne Beschädigung nicht geöffnet werden kann).

Der BIN-Brief wird an den benannten Verantwortlichen beim Teilnehmer (BINAnsprechpartner) adressiert. Im BIN-Brief erfolgt kein Hinweis auf die korrespondierende Verbrauchsteuernummer. Vielmehr muss der Beteiligte zur BIN-Beantragung eine dreistellige numerische Referenz angeben, um für den Fall, dass gleichzeitig mehrere BIN-Briefe für mehrere VSt-Nummern erzeugt werden müssen, eine Zuordnung der VSt-Nummer zu einer BIN treffen zu können. Diese Referenz wird im BIN-Brief angegeben. In einem zweiten Schreiben (der Mitteilung über die Registrierung) werden die aktuell gespeicherten Stammdaten des Teilnehmers unter Angabe der Verbrauchsteuernummer mitgeteilt – die BIN wiederum ist hier nicht aufgeführt.

Die Mitteilung über die Registrierung wird an den Erlaubnisinhaber bzw. an die im Vordruck „Netzanbindung/Bevorzugter Kommunikationskanal EMCS" (Vordruck-Nr. 033084) aufgeführte Adresse gesendet.

Die Firma benennt im BIN-Antrag einen für den Erhalt der BIN verantwortlichen Mitarbeiter in herausgehobener Stellung (z. B. den Geschäftsführer oder den Leiter der EDV-Abteilung). Dieser sollte für die Überwachung der firmeninternen Sicherheitsmaßnahmen zuständig sein.

Stellt der Teilnehmer fest, dass die BIN anderen als den unterschriftsberechtigten Personen bekannt geworden oder missbräuchlich verwendet worden ist, ist das IWM Zoll unverzüglich zu benachrichtigen. Das IWM Zoll veranlasst die Sperrung der BIN, die aus technischen Gründen erst am nächsten Tag nach der Antragstellung wirksam wird. Zwischen der Sperrung der alten und der Vergabe der neuen BIN kann der Teilnehmer keine Nachrichten mit der Zollverwaltung austauschen.

### 3.1.5 Checkliste für Teilnehmer

Teilnahmevoraussetzungen:

Zu § 9d Energiesteuergesetz  **Anlage § 009d–02**

- Verbrauchsteuernummer(n) bzw. IT-Dienstleister-Identifikationsnummer
- DFÜ-Verbindung mit X.400-Adresse bzw. FTAM-Anbindung (ggf. über Provider oder IT-Dienstleister)
- zertifizierte Software für die benötigten Nachrichten
- Anmeldung Teilnahme EMCS 2.1 (siehe Kapitel 3.1.1) mit Angabe der Verbindungsdaten (Technische Angaben X.400 (EMCS) bzw. FTAM)
- BIN

### 3.1.6 Übermittlung der EDIFACT-Nachrichten

#### 3.1.6.1 Zugangsmöglichkeiten zum Kommunikationsnetz der Zollverwaltung

EDIFACT-Nachrichten werden als Anlage einer E-Mail nach Protokoll X.400 (siehe Kapitel 3.1.7) bzw. per FTAM (siehe Kapitel 3.1.8) übermittelt. Dazu muss die entsprechende Zugangsvariante mit den Vordrucken „Technische Angaben FTAM (EMCS)" (Vordruck-Nr. 033085) bzw. „Technische Angaben X.400 (EMCS)" (Vordruck-Nr. 033086) beantragt und von der Zollverwaltung eingerichtet werden. Die Zugangsvariante, mit der ein Teilnehmer den Entwurf eines e-VD an EMCS übermittelt, wird für diesen eröffneten EMCS-Vorgang als Standardnachrichtenkanal bei dem betreffenden Teilnehmer hinterlegt. Für diesen EMCSVorgang werden alle Nachrichten an diesen Teilnehmer immer über diesen Standardnachrichtenkanal versendet. Ist für einen EMCS-Vorgang bei einem Nachrichtenempfänger noch keine Information über den Kommunikationsweg hinterlegt (z. B. TNEMPFÄNGER), wird der in den Stammdaten hinterlegte bevorzugte Kommunikationsweg als Standardnachrichtenkanal verwendet.

#### 3.1.6.2 Nachrichtengröße und Systemgrenzwerte

Unabhängig von den nachfolgenden Ausführungen bezüglich der zulässigen maximalen Größe von Übertragungsdateien, dürfen technisch und fachlich nicht notwendige Informationen grundsätzlich nicht übermittelt werden.

Per X.400 ist derzeit innerhalb des Kommunikationsnetzes (Vereinbarung mit der Deutschen Telekom) die Größe einer zu übertragenden Datei auf 20 MB beschränkt.

Der Teilnehmer sollte sich ggf. bei seinem Provider nach der maximalen Größe einer zu übertragenden E-Mail erkundigen. Abhängig hiervon ergibt sich die für den Teilnehmer zulässige maximale Größe einer Übertragungsdatei. Beim FTAM-Zugang gibt es keine Größenbeschränkung der Übertragungsdatei. Eine Komprimierung von Übertragungsdateien am FTAM-Zugang ist mittels PKZIPStandard 2.04 möglich.

Werden gleichzeitig die Datenelemente mit der bereits maximal möglichen Anzahl Zeichen gefüllt, sind bei vom Teilnehmer erstellten Nachrichten theoretisch Nachrichtengrößen von 1 KB bis 1,6 MB möglich. In der Praxis werden diese Maximalwerte nicht erreicht, da bereits beim Teilnehmer fachliche Plausibilitäten die Erzeugung von Nachrichten, die sämtliche Segmente bzw. Segmentgruppen enthalten, verhindern sollten.

#### 3.1.6.3 Sicherheit (Logbuch)

Zum Nachweis des Nachrichtenaustauschs zwischen Teilnehmer und Zollverwaltung muss ein IT-gestütztes Logbuch (vgl. Anlage 1) geführt werden. Entsprechend ist bei Steuerlagerinhabern mit dezentraler Datenverarbeitung und Hinterlegung von Kommunikationsstammdaten auf Lagerortebene (vgl. Kapitel 3.1.1.4) je Lagerort ein separates Logbuch zu führen. Softwarehersteller müssen in der Lage sein, ein Logbuch je Nachrichtensender zu generieren.

Grundsätzlich kann das Logbuch als ausgedruckter und unterschriebener Tagesnachweis oder in Dateiform geführt werden. Für Zertifizierungszwecke ist davon abweichend ausschließlich eine Auswertung der Dateiform des Logbuchs nötig.

Das Logbuch hat den chronologischen Ablauf des Nachrichtenaustauschs je Teilnehmer wiederzugeben. Alle gesendeten und empfangenen Nachrichten müssen einem Vorgang eindeutig zugeordnet werden können (z.B. über Ordnungskriterium der Zollverwaltung (u. a. Referenzcode ARC), eindeutige firmeninterne Bezugsnummer, EDI-Nachrichtennummer). Einträge im Logbuch dürfen nachträglich manuell weder bearbeitet noch gelöscht werden können (automatisierte Aktualisierungen des Ordnungskriteriums der Zollverwaltung werden nicht beanstandet). Die Nachrichten sind chronologisch nach Sende- bzw. Empfangsdatum /-zeit mit einer lückenlos aufsteigenden laufenden Nummer zu versehen. Die jeweiligen Tagesnachweise müssen nicht zwingend bei „1" beginnen.

# Anlage § 009d–02

Zu § 9d Energiesteuergesetz

Werden das Ordnungskriterium der Zollverwaltung und die firmeninterne Bezugsnummer in Nachrichten übermittelt, sind diese auszulesen und in der entsprechenden Spalte anzugeben.

Das Ordnungskriterium der Zollverwaltung wird bei der Vorgangsbetrachtung als Zuordnungskriterium der Antwortnachrichten benötigt. Sobald ein Ordnungskriterium der Zollverwaltung vergeben worden ist, ist dieses bei der Bezugsnachricht neben der Bezugsnummer anzugeben. Im Fall einer technischen Fehlernachricht E_EDI_NCK ist das Datenelement INTERCHANGE CONTROL REFERENCE aus dem UCI-Segment der technischen Fehlernachricht E_EDI_NCK auszulesen. Dieser Wert ist im Logbuch bei der technischen Fehlernachricht E_EDI_NCK als Ordnungskriterium der Zollverwaltung aufzuführen. Der Formathinweis an21 bezieht sich auf den Referenzcode ARC.

Zudem ist die eindeutige Benutzer-ID anzugeben. Wenn der Verantwortliche z. B. durch Angabe einer eindeutigen Benutzer-ID je Sende-/Empfangsvorgang nachgewiesen wird, ist keine separate Unterschrift erforderlich (bei Nutzung einer Benutzer-ID ist firmenintern eine Aufschlüsselung der ID nötig).

Weiterhin sind für alle Nachrichten das Sende-/Empfangsdatum, die Sende-/ Empfangszeit, der technische EDIFACT-Nachrichtenname (Name, der lt. EDIFACT-Implementierungshandbuch (EDI-IHB) im UNH-Segment einer EDIFACT-Nachricht im Datenelement „Association assigned code" angegeben ist), die EDIFACT-Nachrichtennummer und das Fehlerkennzeichen darzustellen.

Die Sende- und Empfangszeiten sind die Zeiten, zu denen die X.400-Mail bzw. die FTAM-Übertragungsdatei mit den EDIFACT-Nachrichten in den Verantwortungsbereich des Teilnehmers gelangen bzw. diesen verlassen.

Dieser Verantwortungsbereich beginnt bei Zugang über eine Administrative Management Domain (ADMD) bei der Mailbox des Providers (z. B. die Telebox X.400), bei Zugang über PRMD beim Message Transfer Agent (MTA) des Teilnehmers oder des Clearingcenters und bei FTAM-Übertragung beim FTAM-Server des Teilnehmers oder des Clearingcenters. Die Aufnahme des Konvertierungszeitpunkts, der sich aus dem UNB-Segment einer Nachricht ergibt, ist nicht zulässig.

Beispiel:

Bei der Sendezeit handelt es sich um den Zeitpunkt, zu dem die X.400-Mail z. B. die Telebox X.400 verlässt.

Empfangszeit ist der Zeitpunkt, zu dem die X.400-Mail in die Telebox X.400 gelangt.

Die Angabe der Uhrzeit erfolgt grundsätzlich als Mitteleuropäische Zeit (MEZ, engl. Central European Time, CET) bzw. Mitteleuropäische Sommerzeit (MESZ, engl. CEST). Falls im Logbuch eine andere Uhrzeit verwendet wird, ist darauf eindeutig hinzuweisen.

Die EDIFACT-Nachrichtennummer ist dem Datenelement „MESSAGE REFERENCE NUMBER / HEADER / Message Identifier" im UNH-Segment einer EDIFACT-Nachricht als eindeutige Nachrichtenreferenznummer zu entnehmen.

Das Logbuch beinhaltet die X.400- bzw. FTAM-Empfangs-/Sendequittungen (Sende- bzw. Empfangszeitpunkt, auch Fehlerkennzeichen) der von den Dienststellen empfangenen sowie an die Dienststellen gesendeten Nachrichten. Das Fehlerkennzeichen bezieht sich ausschließlich auf die Übertragung der Nachrichten und nicht auf strukturelle oder inhaltliche Richtigkeit. Fachliche Fehlernachrichten (N_REJ_DAT) oder technische Fehlernachrichten (E_EDI_NCK) werden nicht mit einem ERROR gekennzeichnet. Bei der Übertragungsart X.400 ist die Übertragung mit „OK" zu kennzeichnen, wenn sie positiv quittiert wurde. Erhält der Teilnehmer keine bzw. eine negative Quittierung, ist das Fehlerkennzeichen „ERROR" bei der Übertragung zu setzen. Bei der Übertragungsart FTAM ist die Übertragung mit „OK" zu kennzeichnen, wenn kein FTAM-Gateway-Fehler an den Teilnehmer übermittelt wurde. Erhält der Teilnehmer einen FTAM-Gateway-Fehler auf eine Übertragung, ist diese mit dem Fehlerkennzeichen „ERROR" zu kennzeichnen.

Es muss organisatorisch und technisch sichergestellt sein, dass sich Sendevorgänge den Bearbeitern eindeutig zuordnen lassen und diese das Logbuch nicht editieren können. Sortier- und Filterfunktionen sind zur vorgangsbezogenen Aufbereitung des Logbuchs erforderlich.

Das Logbuch muss vom Teilnehmer zehn Jahre lang aufbewahrt werden.

Zu § 9d Energiesteuergesetz                                   Anlage § 009d–02

### 3.1.7 Übermittlung von Nachrichten per X.400-Mail
### 3.1.7.1 X.400-Adresse

Ein Teilnehmer muss seine X.400-Adresse im Vordruck „Netzanbindung/Bevorzugter Kommunikationskanal EMCS" (Vordruck-Nr. 033084) angeben. Sie wird unter seiner Verbrauchsteuernummer gespeichert. Antwortnachrichten leitet das Hauptzollamt stets an diese Adresse.

Die Empfänger-X.400-Adresse eines Hauptzollamts ist stets nach dem gleichen Schema aufgebaut:

- S = <Systemname> (für Echtbetrieb: „emcs", für Test mit Zefa: „zefa")
- OU = <Dienststellenschlüsselnummer> (variabel)
- O = emcs
- P = <Betriebsdomäne> (für Echtbetrieb: „emcs-tn", für Testbetrieb: „atlas-zert")
- A = <Verwaltungsdomäne> (für Echtbetrieb: „emcs", für Testbetrieb: „viat")"
- C = de (fix)

Die zur Adressierung einer beliebigen Dienststelle erforderliche X.400-Adresse lässt sich nach diesem Schema leicht herleiten.

Die Absender-X.400-Adresse im Header der Antwortmail eines Hauptzollamts ist nicht identisch mit der vom Teilnehmer zu verwendenden Empfänger-X.400Adresse.

#### 3.1.7.1.1 Zertifizierungsdienststellen
##### 3.1.7.1.1.1 X.400-Adressen der Zertifizierungsdienststellen

| DSt-Schlüsselnummer | Bezeichnung der DSt | Sonstiges |
|---|---|---|
| DE000040 | HZA 4 | Hauptzollamt Eröffnung |
| DE000041 | ZA 1 (beim HZA 4) | Binnenzollamt |
| DE000042 | ZA 2 (beim HZA 4) | Grenzzollamt |
| DE000043 | ZA 3 (beim HZA 4) | Flughafenzollamt |
| DE000044 | ZA 4 (beim HZA 4) | Seehafenzollamt |
| DE000050 | HZA 5 | Hauptzollamt Beendigung |
| DE000051 | ZA 1 (beim HZA 5) | Binnenzollamt |
| DE000052 | ZA 2 (beim HZA 5) | Grenzzollamt |
| DE000053 | ZA 3 (beim HZA 5) | Flughafenzollamt |
| DSt-Schlüsselnummer | Bezeichnung der DSt | Sonstiges |
| DE000054 | ZA 4 (beim HZA 5) | Seehafenzollamt |

Die X.400-Adresse einer Dienststelle für die Zertifizierung ist nach folgendem Schema aufgebaut:

- S = emcs (fix)
- OU = <DSt-Schlüsselnummer> (variabel)
- O = emcs
- P = atlas-zert
- A = viat
- C = de

Beispiel für 'HZA 4':
- S = emcs
- OU = DE000040
- O = emcs
- P = atlas-zert
- A = viat
- C = de

## Anlage § 009d–02

Zu § 9d Energiesteuergesetz

### 3.1.7.1.1.2 X.400-Adressen der Zertifizierungsdienststellen für den Zertifizierungsautomaten

| DSt-Schlüsselnummer | Bezeichnung der DSt | Sonstiges |
|---|---|---|
| DE000140 | HZA 14 | Hauptzollamt Eröffnung |
| DE000141 | ZA 1 (beim HZA 14) | Binnenzollamt |
| DE000142 | ZA 2 (beim HZA 14) | Grenzzollamt |
| DE000143 | ZA 3 (beim HZA 14) | Flughafenzollamt |
| DE000144 | ZA 4 (beim HZA 14) | Seehafenzollamt |
| DE000150 | HZA 15 | Hauptzollamt Beendigung |
| DE000151 | ZA 1 (beim HZA 15) | Binnenzollamt |
| DE000152 | ZA 2 (beim HZA 15) | Grenzzollamt |
| DE000153 | ZA 3 (beim HZA 15) | Flughafenzollamt |
| DE000154 | ZA 4 (beim HZA 15) | Seehafenzollamt |

Die X.400-Adresse einer Dienststelle für die Zertifizierung mit dem Zertifizierungsautomaten ist nach folgendem Schema aufgebaut:
- S = zefa (fix)
- OU = <DSt-Schlüsselnummer> (variabel)
- O = emcs
- P = atlas-zert
- A = viat
- C = de

Beispiel für 'HZA 14':
- S = zefa
- OU = DE000140
- O = emcs
- P = atlas-zert
- A = viat
- C = de

### 3.1.7.1.2 Probebetriebsdienststellen

### 3.1.7.1.2.1 X.400-Adressen der Probebetriebsdienststellen

| DSt-Schlüsselnummer | Bezeichnung der DSt | Sonstiges |
|---|---|---|
| DE000060 | HZA 6 | Hauptzollamt Eröffnung |
| DE000061 | ZA 1 (beim HZA 6) | Binnenzollamt |
| DE000062 | ZA 2 (beim HZA 6) | Grenzzollamt |
| DE000063 | ZA 3 (beim HZA 6) | Flughafenzollamt |
| DE000064 | ZA 4 (beim HZA 6) | Seehafenzollamt |
| DE000070 | HZA 7 | Hauptzollamt Beendigung |
| DE000071 | ZA 1 (beim HZA 7) | Binnenzollamt |
| DE000072 | ZA 2 (beim HZA 7) | Grenzzollamt |
| DE000073 | ZA 3 (beim HZA 7) | Flughafenzollamt |
| DE000074 | ZA 4 (beim HZA 7) | Seehafenzollamt |

Die X.400-Adresse einer Dienststelle für den Probebetrieb ist nach folgendem Schema aufgebaut:
- S = emcs (fix)

Zu § 9d Energiesteuergesetz  **Anlage § 009d–02**

- OU = <DSt-Schlüsselnummer> (variabel)
- O = emcs
- P = atlas-zert
- A = viat
- C = de

Beispiel für 'HZA 6':
- S = emcs
- OU = DE000060
- O = emcs
- P = atlas-zert
- A = viat
- C = de

**3.1.7.2 X.400-Betrefftext**

**3.1.7.2.1 X.400-Betrefftext bei vom Teilnehmer versandten Nachrichten**

Der Teilnehmer muss im Betrefftext („subject" im Header einer X.400-Mail) den Nachrichtengruppenschlüssel zur Nachricht und die relevante Verbrauchsteuernummer (siehe Kapitel 3.1.7.2.2) angeben (<Nachrichtengruppenschlüssel>-<relevante Verbrauchsteuernummer>–, z. B. „EME-DE12345678901 –").

Die Schlüssel der entsprechenden Nachrichtengruppen sind im Kapitel 4 sowie in den Vordrucken „Anmeldung Teilnahme EMCS 2.1" (Vordruck-Nr. 033088 (2.1)) bzw. „Antrag Zertifizierung EMCS" (Vordruck-Nr. 033090) aufgelistet.

**3.1.7.2.2 Relevante Verbrauchsteuernummer im X.400-Betrefftext**

Als relevante Verbrauchsteuernummer im X.400-Betrefftext ist stets die Verbrauchsteuernummer des Nachrichtenübermittlers, im Falle eines IT-Dienstleisters dessen Identifikationsnummer, einzutragen.

**3.1.7.3 X.400-Betrefftext bei von der Zollverwaltung versandten Nachrichten**

Eine von der Zollverwaltung versandte X.400-Mail enthält im Betrefftext den Nachrichtengruppenschlüssel zur Nachricht und die achtstellige Dienststellenschlüsselnummer[1] der versendenden Dienststelle (<Nachrichtengruppenschlüssel>-<Dienststellenschlüsselnummer>, z. B. EME-DE001234).

**3.1.7.4 Fehlerbehandlung bei X.400-Verbindung**

Bei Fehlern im Verbindungsaufbau, z. B. bei Verwendung einer unzutreffenden X.400-Adresse der Dienststelle, wird der Sendeversuch nach X.400-Protokoll mit einem „Non Delivery Report" (NDR – Nichtzustellbestätigung) beantwortet. Bestimmte fachliche Fehler werden ebenfalls per NDR beantwortet, d. h. solche Nachrichten werden nicht entgegengenommen. Die folgenden Kriterien führen zu einem NDR:

| Quittung | Diagnose/Fehlernachricht | Ursache |
| --- | --- | --- |
| NDR | 11 (invalid arguments) | Syntaktisch fehlerhafte .ipm-Datei |
| NDR | | Betrefftext besteht nicht aus Nachrichtengruppe und Verbrauchsteuernummer |
| NDR | | Existenz keiner oder mehr als einer Anlage |
| NDR | 38 (undeliverable mail recipient refused to accept) | EDIFACT-Anlage nicht lesbar oder leer |
| NDR | 12 (content syntax error) | Kein UNB-Segment in der EDIFACT-Anlage |

---

[1] Die internationale achtstellige Dienststellenschlüsselnummer setzt sich für deutsche Dienststellen aus dem Präfix „DE00" oder „DE01" und der nationalen vierstelligen Dienststellenschlüsselnummer zusammen.

**Anlage § 009d–02**  Zu § 9d Energiesteuergesetz

| Quittung | Diagnose/Fehlernachricht | Ursache |
|---|---|---|
| NDR | 38 (undeliverable mail recipient refused to accept) | Unbekannte Nachrichtengruppe im Betrefftext |
| NDR | | Unbekannter Absender |
| NDR | | Nicht autorisierter Absender |
| NDR | | Abweichung der Absenderangaben zwischen Betrefftext und EDIFACT-UNB-Segment |
| DR | CONTRL-Nachricht (E_EDI_NCK) | Technischer Fehler in der EDIFACT-Datei |
| DR | Fachliche Fehlernachricht (N_REJ_DAT) | Fachlicher Fehler in der EDIFACT-Nachricht |

Aufgeführt sind auch Fehler, die zu einem „Delivery Report" (DR – Zustellbestätigung) führen, jedoch mit einer technischen oder einer fachlichen Fehlernachricht beantwortet werden.

**3.1.8 Übermittlung von Nachrichten per FTAM**

Der FTAM-Zugang erfolgt über ein FTAM-Gateway. Vom Teilnehmer werden die Daten per FTAM zu diesem FTAM-Gateway übertragen und von dort an den Dienststellenserver weitergegeben. In umgekehrter Richtung werden die Daten vom Hauptzollamt zunächst zum FTAM-Gateway und von dort per FTAM weiter zum Teilnehmer übertragen.

Bei der Übermittlung an das FTAM-Gateway erhält der Teilnehmer von seiner FTAM-Kommunikationsanwendung eine Rückmeldung über den Erfolg der Übertragung. Bei Dateiübertragungen an den Teilnehmer wird vom FTAM-Gateway eine Bestätigung (analog DR bzw. NDR bei X.400) in Form von (Sammel-)Reportdateien erzeugt und an das Hauptzollamt übertragen, damit beim Hauptzollamt das Zustelldatum für ausgehende Nachrichten abgelegt werden kann (siehe Kapitel 3.2.2.4).

**3.1.8.1 Zertifizierungsdienststellen**

Die für die Übertragungsart X.400 eingerichteten Zertifizierungsdienststellen (vgl. Kapitel 3.1.7.1.1) gelten ebenfalls für die Übermittlung von Nachrichten per FTAM.

**3.1.8.2 Probebetriebsdienststellen**

Die für die Übertragungsart X.400 eingerichteten Probebetriebsdienststellen (vgl. Kapitel 3.1.7.1.2) gelten ebenfalls für die Übermittlung von Nachrichten per FTAM.

**3.1.8.3 FTAM-Adresse**

Ein Teilnehmer muss die Daten, die zum Aufbau einer FTAM-Verbindung benötigt werden, mit dem Vordruck „Technische Angaben FTAM (EMCS)" (VordruckNr. 033085) angeben. Die Daten werden unter einem Profilnamen (FTAM-Adresse) gespeichert. Die Versendung von Antwortnachrichten des Hauptzollamts erfolgt stets auf Basis der unter der FTAM-Adresse gespeicherten Verbindungsdaten.

**3.1.8.4 Dateiname bei per FTAM versandten Nachrichten**

Der Name einer vom Teilnehmer oder einer an den Teilnehmer übertragenen Datei (Teilnehmernachricht und Antwortnachricht) ist folgendermaßen aufgebaut: <Verfahren>-<Richtung>-<Verbrauchsteuernummer>—<Dienststellenschlüsselnummer>_<lfd. Nummer>.<Dateinamensergänzung>

| | | |
|---|---|---|
| – | <Verfahren> | 3-stellig; das ist der Nachrichtengruppenschlüssel (wie im Betrefftext von X.400-Nachrichten; siehe Kapitel 3.1.7.2.1) |
| – | | – Bindestrich als Trennzeichen |
| – | <Richtung> | 0 = an den Zoll, 1 = an den Teilnehmer |
| – | | – Bindestrich als Trennzeichen |
| – | <Verbrauchsteuernummer> | 13-stellige Verbrauchsteuernummer des Teilnehmers (relevante Verbrauchsteuernummer bzw. Identifikationsnummer für IT-Dienstleister analog zu Kapitel 3.1.7.2.2) |

Zu § 9d Energiesteuergesetz  **Anlage § 009d–02**

| | | |
|---|---|---|
| – | | – Bindestrich als Trennzeichen |
| – | | – Bindestrich als Trennzeichen |
| – | <Dienststellenschlüsselnummer> | achtstellige Dienststellenschlüsselnummer3 der Zollstelle gemäß Dienststellenschlüsselverzeichnis der Bundesfinanzverwaltung |
| – | _ | Unterstrich als Trennzeichen |
| – | <laufende Nummer> | vom Teilnehmer oder von der Kommunikationsanwendung vergebene eindeutige Nummer (maximal 17-stellig) |
| – | | . Punkt als Trennzeichen |
| – | | <Dateinamensergänzung> beschreibt die zu verwendenden Ausprägungen der potenziell vorkommenden Suffix |

Für vom Teilnehmer versendete EDIFACT-Nachrichten ist die Dateinamensergänzung edi zu verwenden. Ist die vom Teilnehmer versandte Nachricht im PKZIP-Format komprimiert worden, dann ist die Dateiendung zip zu verwenden. Es wird empfohlen, größere per FTAM an den Zoll zu übermittelnde Nachrichten per PKZIP zu komprimieren.

Bei FTAM-Übertragungsdateien von EMCS an Teilnehmer ist als Dateinamensergänzung stets das Suffix „zip" gesetzt. Die in der PKZIP-Datei enthaltene EDIFACT-Nachricht sowie die optional enthaltene PDF-Nachricht weisen den identischen Dateinamen auf, besitzen jedoch die formatbezeichnenden Dateinamensergänzungen „edi" bzw. „pdf" statt „zip".

Bei Eingang einer fehlerfreien FTAM-Datei wird vom System automatisch eine technische Positivquittung erstellt und an den Teilnehmer übertragen. Diese Quittung hat denselben Dateinamen wie die vom Teilnehmer übertragene Datei, während die Dateinamensergänzung mit dem Suffix „ok" ausgetauscht wird. Die Richtung wird mit „0" angegeben, obwohl die Datei an den Teilnehmer übermittelt wird. Als Inhalt der Datei wird ein Zeitstempel mit dem Zeitpunkt der Nachrichtenverarbeitung im System EMCS übermittelt.

**3.1.9 Software**

Die eingesetzte Software muss vor Echtbetriebsaufnahme von der BFD Südost – Dienstort Weiden – fachlich freigegeben werden (Zertifizierung nach Kapitel 3.1.10.2).

3 Die internationale achtstellige Dienststellenschlüsselnummer setzt sich für deutsche Dienststellen aus dem Präfix „DE00" oder „DE01" und der nationalen vierstelligen Dienststellenschlüsselnummer zusammen.

Änderungen der eingesetzten Software müssen der BFD Südost – Dienstort Weiden – mit dem Vordruck „Anmeldung Teilnahme EMCS 2.1" (Vordruck-Nr. 033088 (2.1)) angezeigt werden. Je nach Art und Umfang der Änderung werden erneut Tests, ggf. auch eine erneute Zertifizierung durchgeführt.

**3.1.10 Zertifizierungsverfahren/Testverfahren**

**3.1.10.1 Allgemeines**

Ein Teilnehmer muss zur Teilnahme an EMCS über zertifizierte Software verfügen. Dadurch soll insbesondere sichergestellt werden, dass die Nachrichten des Teilnehmers an EMCS und die Antwortnachrichten von EMCS an den Teilnehmer empfangen und verarbeitet werden können.

Die Zertifizierung wird von der BFD Südost – Dienstort Weiden – durchgeführt.

Auch Teilnehmer, die mit bereits zertifizierter Software den Echtbetrieb aufnehmen wollen, müssen sich ggf. einem stark verkürzten Testverfahren unterziehen (Kurztest). Dies soll sicherstellen, dass die Übertragung der EDIFACT-Nachrichten per E-Mail gemäß Protokoll X.400 bzw. FTAM fehlerfrei abläuft und die Software nach Installation bei einem Teilnehmer alle fachlichen Anforderungen erfüllt. Nach erfolgreichen Tests teilt die BFD Südost – Dienstort Weiden – den Teilnehmern die freigeschalteten Nachrichtengruppen mit.

Daneben besteht für jeden Teilnehmer die Möglichkeit, zu Test-, Schulungs- oder Demonstrationszwecken einen Probebetrieb („Antrag Probebetrieb EMCS" (Vordruck-Nr. 033091)) mit zertifizierter Software zu beantragen (siehe Kapitel 3.1.11).

In den Vordrucken müssen die während des Testbetriebs zu verwendende X.400-Adresse und/oder die FTAM-Verbindungsdaten angegeben werden. Diese können mit den im Echt-

# Anlage § 009d–02

*Zu § 9d Energiesteuergesetz*

betrieb verwendeten identisch sein. Die X.400-Adresse oder FTAM-Verbindungsdaten werden für die Dauer des Tests unter den Testverbrauchsteuernummern bzw. der Test-IT-Dienstleister-Identifikationsnummer gespeichert.

### 3.1.10.2 Zertifizierungsantrag

Für die Zertifizierung ist bei der BFD Südost – Dienstort Weiden – der „Antrag Zertifizierung EMCS" (Vordruck-Nr. 033090) zu stellen. Weitere Details zu den benötigten Vordrucken finden sich unter Kapitel 3.1.1.3. Alle Vordrucke werden im Formularcenter unter www.zoll.de (Formulare und Merkblätter > Verbrauchsteuern > EMCS > Teilnahme, Zertifizierung, Probebetrieb) zum Download bereitgestellt.

Das Testverfahren wird nach Eingang des ausgefüllten Vordrucks „Antrag Zertifizierung EMCS" (Vordruck-Nr. 033090) eingeleitet.

### 3.1.10.3 Ablauf des Zertifizierungsverfahrens

Die Zertifizierung gliedert sich in zwei Teile, in deren Verlauf vorgegebene Testfälle in beschriebenen Szenarien fehlerfrei zu übermitteln sind. Der Softwarehersteller erhält im Rahmen der Szenarien ebenfalls die vorgesehenen Antwortnachrichten. Deren fehlerfreie Einarbeitung ist sicherzustellen. Es werden zur Überprüfung der Einarbeitung der gesendeten und empfangenen Daten Bildschirmausdrucke aus der Anwendung gefordert. Das Zertifizierungsverfahren für Teil 1 wird mit einem Zertifizierungsautomaten (ZefA) weitestgehend unbetreut durchgeführt. Voraussetzung für den Beginn des Zertifizierungsverfahrens Teil 2 ist die fehlerfreie Abarbeitung der Testfälle des Teils 1. Dies ist durch die Übermittlung eines Logbuchs über den vollständigen Nachrichtenaustausch zu Teil 1 nachzuweisen. Nach der Prüfung dieses Logbuchs wird mit dem Teilnehmer ein Termin für die Durchführung des Teils 2 vereinbart. Für Teil 2 werden dem Zertifizierungsteilnehmer weitere Testfälle und Szenarien mitgeteilt, u. a. auch Fehlerfälle und Fälle mit Benutzeraktionen.

Zur Durchführung der Tests erhält der Softwarehersteller von der BFD Südost – Dienstort Weiden – eine Test-IT-Dienstleister-Identifikationsnummer, mehrere mit benötigten Erlaubnissen hinterlegte Testverbrauchsteuernummern und entsprechend zugehörige BINs. Im Testverfahren tauscht der Softwarehersteller EDIFACT-Nachrichten mit von der BFD Südost – Dienstort Weiden – betreuten virtuellen Dienststellen (Kapitel 3.1.7.1.1 bzw. 3.1.8.1) aus.

Je Nachrichtentyp müssen mehrere, fachlich unterschiedliche Testfälle verarbeitet werden können. Die Testfälle für eine Nachrichtengruppe werden dem Softwarehersteller in Tabellenform vor Aufnahme des Testbetriebs zusammen mit den Zertifizierungsszenarien bekannt gegeben. Zur zügigen und problemlosen Durchführung des Zertifizierungsverfahrens ist es notwendig, dass die Nachrichten exakt mit den vorgegebenen Daten der Testfälle und in der vorgegebenen Reihenfolge übermittelt werden. Bei Nachrichten mit anders lautenden Daten kann der Test nicht als erfolgreich anerkannt werden.

Während des Zertifizierungsverfahrens muss zu allen Verbrauchsteuernummern des Nachrichtensenders und zu der zugeteilten Test-IT-DienstleisterIdentifikationsnummer jeweils ein IT-gestütztes Logbuch geführt werden. Die eingesetzte Software muss eine entsprechende Funktionalität bieten.

Die Zertifizierung bedingt eine im Rahmen des Testverfahrens tatsächlich eingesetzte Inhouse-Anwendung. Die abgefangenen Fehler sind anhand von Bildschirmausdrucken mit entsprechenden Fehlerhinweisen nachzuweisen. Der reine Austausch von EDIFACT-Nachrichten kann nicht zur Zertifizierung führen. Die Inhalte von Antwortnachrichten des Hauptzollamts sind automatisiert in die Inhouse-Anwendung einzuarbeiten und benutzergerecht auf dem Bildschirm hilfsweise auch in Reports – darzustellen. Daten in Ausdrucken dürfen ausschließlich aus den übermittelten EDIFACT-Nachrichten stammen.

Im Rahmen des Zertifizierungsverfahrens ggf. erfolgte Hinweise der BFD Südost – Dienstort Weiden – zu unzutreffenden oder unvollständigen Bezeichnungen bzw. Angaben auf Oberflächen oder in Druckausgaben müssen beachtet werden.

Die verwendete PDF-Version ist die Version 1.4.[1)2)]

---

1) Diese PDF-Version wurde mit dem Adobe Acrobat Version 5.0 eingeführt.
2) Genutzt wird zudem die Möglichkeit, die PDF-internen „stream"-Objekte zu komprimieren. Notwendig werden dazu die in der PDF-Spezifikation beschriebenen Filter „FlateDecode" und „ASCII85Decode".

Zu § 9d Energiesteuergesetz                                                          Anlage § 009d–02

**3.1.10.4   Datenfernübertragungssoftware (DFÜ-Software)**

Die Zertifizierung von Teilnehmersoftware umfasst stets die Prüfung einer Softwarekombination, bestehend aus Inhouse-Software (Datenbankanwendung, die die zollfachlichen Erfordernisse abdeckt), EDIFACT-Konverter (Umsetzung des Inhouse-Datenformats in EDIFACT-Interchanges) und DFÜ-Software (Anwendung zur Übermittlung der EDIFACT-Interchanges nach Protokoll X.400 oder FTAM).

Sofern für eine Kombination aus Inhouse-Software und Konverter unterschiedliche Versionen einer DFÜ-Software eingesetzt werden sollen, ist es ausreichend, wenn die neueste Version der jeweiligen DFÜ-Software im Rahmen der Zertifizierung geprüft wird. Die Abwärtskompatibilität wird hierbei vorausgesetzt. Wurde die Version einer DFÜ-Software bislang noch nicht im Rahmen einer Zertifizierung zusammen mit der zu zertifizierenden Inhouse-Software und dem verwendeten EDIFACT-Konverter geprüft, so ist die Durchführung eines Kurztests erforderlich.

**3.1.10.5   Veröffentlichung**

Nach einer erfolgreichen Zertifizierung werden die Anbieter zertifizierter Software, sofern sie ihr Einverständnis schriftlich im Vordruck „Antrag Zertifizierung EMCS" (Vordruck-Nr. 033090) erklärt haben, im Internet veröffentlicht. Die Zertifizierung und damit die Veröffentlichung gilt ausschließlich für die getestete Kombination der eingesetzten einzelnen Softwarekomponenten und die Datenübertragungs- und Zugangsart für die getesteten Nachrichtengruppen. Sie gilt nicht für Nachfolgeversionen. Die unter 3.1.10.4 genannte Abwärtskompatibilität unterschiedlicher Versionen einer DFÜ-Software gilt auch für die Veröffentlichung, sofern diese im Zertifizierungsantrag explizit beantragt wurde.

Änderungen der Softwarekomponenten, insbesondere wenn sie die EDIFACT-Schnittstelle betreffen, müssen der BFD Südost – Dienstort Weiden – gemeldet werden. Je nach Art der Änderung ist ein neues Testverfahren notwendig, dessen Umfang die BFD Südost – Dienstort Weiden – in Abstimmung mit dem Softwarehersteller festlegt.

Die Liste der Anbieter zertifizierter Software findet sich unter:

http:///www.zoll.de (Fachthemen > Steuern > Verbrauchsteuern > EMCS > Teilnahme > Softwareanbieter).

**3.1.10.6   Zertifizierungspflichtige Änderungen**

Basis der Zertifizierung sind die festgelegten Versionen der EDIFACT-Nachrichtentypen gemäß Zertifizierungsantrag. Änderungen der auf Seiten der Zollverwaltung eingesetzten EMCS-Software, insbesondere der EDIFACT-Nachrichtentypen, können dazu führen, dass ein neues Testverfahren durchgeführt werden muss. Nach erfolgreich absolviertem Testverfahren gelten die getesteten Nachrichten wieder als zertifiziert.

Eine zertifizierte Softwarekombination kann für weitere Nachrichten zertifiziert werden. Sofern sich die Version bereits getesteter Nachrichtentypen geändert hat (z. B. anlässlich eines EMCS-Releasewechsels), muss ein neues Zertifizierungsverfahren beantragt und durchlaufen werden (Nachzertifizierung).

Bei Änderungen der Softwarekomponenten (siehe Kapitel 3.1.10.5) ist ebenfalls eine Nachzertifizierung bzw. nach Entscheidung der BFD Südost – Dienstort Weiden – im Einzelfall ein Kurztest durchzuführen.

**3.1.10.7   Neuzertifizierung / Nachzertifizierung**

Das Zertifizierungsverfahren wird unterschieden in:

– Neuzertifizierung (Erstmalige Zertifizierung)

– Nachzertifizierung (Folgezertifizierung für eine bereits zertifizierte Software)

Die für die Nachzertifizierung vorgesehene Teilnehmersoftware (Softwarekomponenten und Übertragungsart bzw. Zugangsart) muss für die Nachrichtengruppen/-typen bereits auf Basis des vorherigen EMCS-Release zertifiziert worden sein.

Die für die Nachzertifizierung von der BFD Südost – Dienstort Weiden – festgelegten Testfälle und -szenarien decken den geänderten Funktionsumfang bzw. die neuen Funktionen von Nachrichtentypen einer Nachrichtengruppe ab.

Bei der Umstellung auf ein neues Release werden stets zunächst die Nachzertifizierungen durchgeführt, erst danach wird mit den Neuzertifizierungen begonnen. Die Terminplanungen für die einzelnen Releases werden im Internet jeweils unter www.zoll.de veröffentlicht.

**Anlage § 009d–02**  Zu § 9d Energiesteuergesetz

### 3.1.10.8 Vollzertifizierung/Teilzertifizierung/eingeschränkte Zertifizierung

Das Zertifizierungsverfahren sieht folgende Möglichkeiten vor:
- Vollzertifizierung
- Teilzertifizierung
- Eingeschränkte Zertifizierung

#### 3.1.10.8.1 Vollzertifizierung

Für die (alles umfassende) Vollzertifizierung muss der Nachweis erbracht werden, dass die zu zertifizierende Teilnehmersoftware alle Nachrichtengruppen und alle laut EDI-IHB festgelegten Funktionalitäten der Nachrichten umfasst.

Hierzu legt die BFD Südost – Dienstort Weiden – Testfälle und Testszenarien fest, die die zu zertifizierende Teilnehmersoftware innerhalb der Zertifizierungstests fehlerfrei durchlaufen muss. Testfälle und -szenarien decken den Funktionsumfang der Nachrichten möglichst vollständig ab.

Als Nachweis dient der telefonische Abgleich übermittelter Daten, Bildschirmausdrucke und Druckreports sowie das vom Softwarehersteller automatisiert zu führende Logbuch über den Nachrichtenaustausch.

Die Vollzertifizierung kommt für Softwarehäuser und Eigennutzer in Betracht.

#### 3.1.10.8.2 Teilzertifizierung

Eine Teilzertifizierung ist möglich, wenn die zu zertifizierende Teilnehmersoftware nicht alle Nachrichtengruppen umfassen soll. Die Teilzertifizierung von Teilnehmersoftware ausschließlich hinsichtlich der Nachrichtengruppe EMA (= Aufteilung) ist nicht möglich. Ebenso nicht zulässig ist die alleinige Zertifizierung der Nachrichtengruppe EMB (= Beendigung). Wird die Zertifizierung der Nachrichtengruppe EMA (= Aufteilung) beantragt, so sind ebenfalls stets die Nachrichtengruppen EME (= Eröffnung) und EMB (= Beendigung) für das Release 2.1 zu zertifizieren.

Die Teilzertifizierung kommt für Softwarehäuser und Eigenentwickler in Betracht.

Besonderheit Steuerlager:

Inhaber eines Steuerlagers müssen stets die Nachrichtengruppen EME und EMB verarbeiten können. Sofern ein Teilnehmer nur für eine Nachrichtengruppe zertifizierte Teilnehmersoftware einsetzt, muss die weitere Nachrichtengruppe entweder über die Internetanwendung (IEA) oder über einen IT-Dienstleister abgedeckt werden.

Setzt ein Teilnehmer für die Nachrichtengruppe EMA (= Aufteilung) zertifizierte Teilnehmersoftware ein, so muss vom Teilnehmer auch für die Nachrichtengruppen EME und EMB eine zertifizierte Teilnehmersoftware eingesetzt werden. Ein Wechsel des Kommunikationskanals während des Vorgangs ist nicht möglich.

#### 3.1.10.8.3 Eingeschränkte Zertifizierung

Eine eingeschränkte Zertifizierung (nur für Eigenentwickler) kommt in Betracht, wenn die zu zertifizierende Teilnehmersoftware nicht alle Felder/Feldgruppen/ Codes innerhalb einer Nachricht bedienen können soll.

Mit dem Zertifizierungsantrag muss je Nachrichtentyp eine Liste vorgelegt werden, die die Felder/Feldgruppen/Codes aufführt, auf deren Prüfung in der Zertifizierung verzichtet werden soll. Die Liste muss die entsprechenden Felder im EDI-IHB referenzieren.

Eine eingeschränkte Zertifizierung ist in folgenden Fällen nicht möglich:

- Die Bedienung so genannter „Mussfelder" (mandatory, required) eines Nachrichtentyps kann nicht gewährleistet werden.
- Die Bedienung so genannter „bedingter Mussfelder" (dependent) oder „Kannfelder" (advised, optional), die aufgrund von fachlichen Plausibilitäten erforderlich sind, kann nicht gewährleistet werden.

Die BFD Südost – Dienstort Weiden – prüft anhand des EDI-IHB und sonstiger fachlicher und technischer Anforderungen, ob dem Antrag vollständig oder teilweise entsprochen werden kann. Dies ist insbesondere abhängig von der Art der erteilten verbrauchsteuerrechtlichen Erlaubnisse und den besonderen Gegebenheiten des Teilnehmers (Standorte, Art und Umfang der Steueraussetzungsverfahren). Das Prüfungsergebnis wird dem Teilnehmer anschließend mitgeteilt.

Das Zertifizierungsverfahren wird um die Testfälle reduziert, die aufgrund der gewünschten Einschränkung nicht erzeugt oder verarbeitet werden können. Für die eingeschränkte Zertifizierung werden daher durch die BFD Südost – Dienstort Weiden – angepasste Testfälle und Testszenarien festgelegt. Zusätzlich sollen im Testbetrieb Testfälle aus der Praxis des Teilnehmers übermittelt werden. Soweit möglich, richtet sich der Umfang einer eingeschränkten Zertifizierung am Umfang einer Vollzertifizierung aus.

Eingeschränkt zertifizierte Software darf nur im Unternehmensbereich des Teilnehmers eingesetzt werden, der den Antrag auf eingeschränkte Zertifizierung gestellt hat.

Im Rahmen der Anmeldung zur Teilnahme an EMCS muss ein Teilnehmer die Teilnehmersoftware angeben, die er einzusetzen beabsichtigt. Einer Anmeldung, die den Einsatz eingeschränkt zertifizierter Software außerhalb des Unternehmensbereichs des Eigennutzers vorsieht, wird nicht stattgegeben.

Softwarehäuser werden für die eingeschränkte Zertifizierung nicht zugelassen.

### 3.1.11 Probebetrieb

Der Probebetrieb stellt ein unverbindliches Serviceangebot der Zollverwaltung dar und dient ausschließlich Teilnehmern mit zertifizierter Software zu Schulungs- und Test-, ggf. auch zu Demonstrationszwecken. Die Probebetriebsumgebung entspricht hinsichtlich Performance und personeller Ressourcen nicht dem Echtbetrieb. Lasttests dürfen nicht durchgeführt werden.

Teilnehmern wird im Probebetrieb die Möglichkeit geboten, Nachrichten an virtuelle Hauptzollämter (Probebetriebsdienststellen) zu senden und analog dem Echtbetrieb entsprechende Reaktionen zu erhalten. Im Probebetrieb können die wesentlichen, für einen Teilnehmer relevanten Bereiche der Nachrichtenübermittlung abgebildet werden. Die an Probebetriebsdienststellen übersandten Testdaten entfalten keine rechtliche Wirkung. Im Vordergrund stehen fachliche Tests und Schulungsmaßnahmen des Teilnehmers.

Beantragung des Probebetriebs

Die Teilnahme am Probebetrieb ist bei der BFD Südost – Dienstort Weiden – vier Wochen vor dem beabsichtigten Termin mit Vordruck „Antrag Probebetrieb EMCS" (Vordruck-Nr. 033091) zu beantragen. Der Antrag kann sowohl schriftlich als auch per Telefax eingereicht werden.

Der Vordruck ist im Formularcenter unter www.zoll.de (Formulare und Merkblätter > Verbrauchsteuern > EMCS > Teilnahme, Zertifizierung, Probebetrieb) zum Download bereitgestellt. Grundsätzlich ist die Nutzung des Probebetriebs auf eine Dauer von vier Wochen befristet und kann bei hoher Auslastung zeitlich begrenzt werden.

Ansprechpartner für den Probebetrieb

Fragen zur Durchführung von speziellen Abfertigungsmaßnahmen oder Prüfungen im Rahmen des Probebetriebs sind an die

Bundesfinanzdirektion Südost
Dienstort Weiden
Asylstraße 17, 92637 Weiden
Postfach 1658, 92606 Weiden
Telefon: 0961/302-364
Telefax: 0961/302-261
E-Mail: Zertifizierung@bfdso.bfinv.de
zu richten.

### 3.2 Technische Voraussetzungen

In diesem Kapitel werden die verschiedenen Zugangsmöglichkeiten zum IT-Verfahren EMCS und die jeweils notwendigen technischen Voraussetzungen beschrieben.

Anmeldedaten werden in Form von elektronischer Post nach X.400-Protokoll oder per FTAM an das zuständige Hauptzollamt gesandt. Wenn der Teilnehmer die erste Nachricht zu dem EMCS-Vorgang schickt, ohne dass das nationale EMCS zuvor eine Nachricht an ihn gesendet hat, wird der Kommunikationskanal (X.400, FTAM) dieser Nachricht als Kommunikationskanal für den Teilnehmer im EMCS-Vorgang gespeichert.

Wenn im EMCS-Vorgang ein Kommunikationskanal für den Teilnehmer hinterlegt ist, werden alle folgenden Nachrichten über diesen Kommunikationskanal geschickt. Ein Wechsel des Kommunikationskanals in einem laufenden EMCS Vorgang ist damit ausgeschlossen.

# Anlage § 009d–02

Zu § 9d Energiesteuergesetz

Im Fallback-Fall (Ausfall der Kommunikationssoftware beim Teilnehmer) werden Informationen zu den bestehenden Vorgängen nach wie vor als Nachrichten an den Teilnehmer übermittelt. Nachdem die Kommunikationssoftware beim Teilnehmer wieder verfügbar ist, werden diese Nachrichten nachträglich verarbeitet. Die notwendigen Details zur Vorgehensweise im Fallback-Fall können der Verfahrensanweisung zum IT-Verfahren EMCS entnommen werden.

Im Rahmen der Kommunikation mit den Hauptzollämtern sind Systemgrenzwerte zu beachten. Zurzeit beträgt die maximale Dateigröße bei der Übermittlung der Nachrichten per elektronische Post nach Protokoll X.400 20 MB. Bei der Übermittlung per FTAM gibt es keine Einschränkungen hinsichtlich der Dateigröße. Nähere Informationen hierzu sind in Kapitel 3.1.6.2 dargestellt.

Teilnehmer können Daten ausschließlich verschlüsselt übertragen, daher ist für den Echtbetrieb eine exklusive Anbindung an das Kommunikationsnetz vorgeschrieben (siehe Kapitel 3.2.1.4 und 3.2.2).

### 3.2.1 Elektronische Post nach Protokoll X.400 (X.400-Mail)

Innerhalb des Kommunikationsnetzes wird ein Mailsystem nach dem X.400-Protokoll von 1988 eingesetzt. Der Teilnehmer kann wahlweise den X.400-Standard von 1988 oder den von 1984 benutzen, um elektronische Post mit der Zollverwaltung auszutauschen (ISO-Norm 10021). Von den X.400-Dienstelementen werden neben der Sender- und Empfangsadresse (Originator/Recipient Name) nur der Betrefftext (Subject), der Anlagentyp (Attachment) und die Empfangsquittung (Delivery Report) benötigt, die bereits im 84er-Standard verfügbar sind. Weitere Dienstelemente werden nicht ausgewertet und sollen auf den standardmäßig voreingestellten Werten belassen werden (Priorität, Wichtigkeit, Vertraulichkeit usw.).

Für die Übertragung der X.400-Mail stehen dem Teilnehmer im Rahmen der Zertifizierung mehrere Wege offen (siehe Kapitel 1.7). Im Echtbetrieb ist ausschließlich die exklusive PRMD-PRMD-Kopplung möglich.

### 3.2.1.1 Darstellung der Zugangs- und Übertragungsmöglichkeiten (X.400)

Die technischen Übertragungsmöglichkeiten sind in der Anlage 2 erläutert.

Mit dem Vordruck „Technische Angaben X.400 (EMCS)" (Vordruck-Nr. 033086) kann die gewünschte Zugangsart beantragt werden.

An dieser Stelle wird eine erste Übersicht als Entscheidungshilfe angeboten.

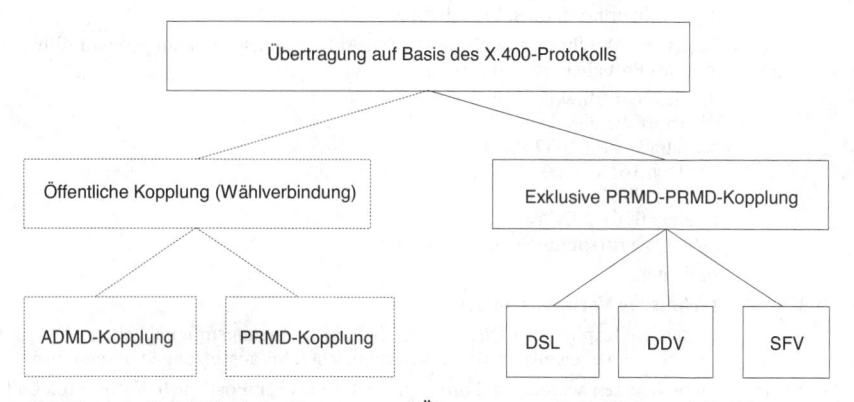

*Abbildung 1: Darstellung der Zugangs- und Übertragungsmöglichkeiten mit X.400*

Die PRMD-PRMD-Kopplung bedingt einen exklusiven Zugang beim ZIVIT Frankfurt.

Ausschließlich für Zertifizierungszwecke ist der Zugang mittels öffentlicher Kopplung (Wählverbindung) möglich. Darunter fällt zum Beispiel der Einsatz einer ADMD-Verbindung über den Dienst und die Netzanbindung von BusinessMail X.400 des Unternehmens T-System (ehemals Telebox X.400).

Zu § 9d Energiesteuergesetz     **Anlage § 009d–02**

**3.2.1.2 X.400-Mail mit EDIFACT-Übertragungsdateien als Anlagen**

Die X.400-Mail muss als Anlage (Attachment) eine den EDIFACT-Regeln entsprechende Übertragungsdatei (Interchange) enthalten.

Hinweis: Bei Einsatz der ADMD-Kopplung (BusinessMail X.400) im Rahmen der Zertifizierung ist eine Größenbeschränkung für die Übertragungsdatei von 20 MB zu beachten.

Der im Interchange zu verwendende Zeichensatz (UNOC) entspricht dem erweiterten ASCII-Zeichensatz. Als Typ der Anlage muss BILAT angegeben werden. Im UNB-Segment des Interchange muss die Dienststelle mit ihrer achtstelligen Dienststellenschlüsselnummer[1] angegeben werden.

Mit der X.400-Mail darf im IT-Verfahren EMCS genau ein Interchange übermittelt werden, der aus einer oder mehreren EDIFACT-Nachrichten des gleichen Nachrichtentyps bestehen muss.

Die EDIFACT-Nachricht C_EAD_VAL (e-VD) enthält zwei Anlagen: die Nachricht als elektronisches Verwaltungsdokument (e-VD) und die Druckausgabe des e-VD (PDF-Datei).

Die EDIFACT-Nachricht C_EVT_DAT (Ereignisbericht) kann bis zu zwei Anlagen enthalten: die Nachricht selbst sowie ein optionales Dokument im PDF-Format mit ergänzenden Informationen.

**3.2.1.3 Mailaustausch über ein öffentliches X.400-Netz**

Diese Art des Datenaustauschs mit der Zollverwaltung ist ausschließlich für Zertifizierungszwecke möglich!

Im Rahmen der Zertifizierung ist es möglich, Daten per X.400-Mail über einen öffentlichen X.400-Zugang zu senden.

Bei Einsatz der ADMD-Kopplung verwendet der Teilnehmer die Dienste und die Netzanbindung von BusinessMail X.400.

Bei Einsatz der PRMD-Kopplung überträgt der Teilnehmer dazu eine X.400-Mail auf PRMD-Ebene über öffentliche Wählanschlüsse an das ZIVIT Frankfurt. Der Teilnehmer wird hierzu im Rahmen der Einrichtung dieser Zugangsart für die Dauer der Zertifizierung autorisiert.

Der Teilnehmer benötigt für die physikalische Nachrichtenübertragung in das Kommunikationsnetz einen Anschluss zu und eine Adresse in seiner PRMD. Dabei muss jeder Teilnehmer auf einen MTA, über den der Nachrichtentransfer abgewickelt wird, zugreifen können.

**3.2.1.4 Mailaustausch über eine Direktanbindung zum Kommunikationsnetz (Exklusiver Zugang)**

Teilnehmer haben die Möglichkeit, ihre eigene PRMD mit einer PRMD der Zollverwaltung direkt zu koppeln (PRMD-PRMD-Kopplung).

Die X.400-Mail wird von der Teilnehmer-PRMD direkt zu der ZollverwaltungPRMD und von dort zum adressierten Hauptzollamt weitergeleitet. Antworten an den Teilnehmer werden zunächst zu der Zollverwaltung-PRMD und von dort auf dem gleichen Weg wie die eingegangene X.400-Mail an den Teilnehmer übermittelt. Verwalter der Zollverwaltung-PRMDen ist das ZIVIT Frankfurt.

Für die PRMD-PRMD-Kopplung muss beim Teilnehmer ein MTA eingerichtet sein. Die MTAs beim Teilnehmer und beim ZIVIT Frankfurt werden so konfiguriert, dass Nachrichten direkt ausgetauscht werden können. Dazu müssen Angaben zum MTA ausgetauscht und entsprechende Einträge zur Konfiguration der MTAs im Vordruck „Technische Angaben X.400 (EMCS)" (Vordruck-Nr. 033086) gemacht werden. Dem ZIVIT Frankfurt müssen ggf. MTA-Zugangspasswörter mitgeteilt werden.

Für die Direktanbindung können nur Verbindungen eingesetzt werden, die exklusiv genutzt werden. In diesem Fall erfolgt die Übergabe der Daten an einen LANPort, so dass die Leitungs- oder Übertragungsart vom Teilnehmer an das ZIVIT (WAN) frei gewählt werden kann.

Im Rahmen dieses exklusiven Zugangs müssen die Daten verschlüsselt über das WAN gesendet werden. In der Wahl der Sicherheits-Komponenten sind die Teilnehmer frei, sofern

---

1) Die internationale achtstellige Dienststellenschlüsselnummer setzt sich für deutsche Dienststellen aus dem Präfix „DE00" oder „DE01" und der nationalen vierstelligen Dienststellenschlüsselnummer zusammen.

# Anlage § 009d–02

Zu § 9d Energiesteuergesetz

sie die vom BSI vorgesehenen Mindeststandards erfüllen (vergleiche Verpflichtungserklärung in Vordruck „Anmeldung Teilnahme EMCS 2.1" (Vordruck-Nr. 033088 (2.1))). An der LAN-Schnittstelle im ZIVIT Frankfurt werden die Daten dann unverschlüsselt erwartet.

Die Zollverwaltung entscheidet darüber, ob ein exklusiver Zugang gewährt wird und behält sich vor, diesen wieder zu entziehen.

### 3.2.1.5 Adressierung

Die X.400-Anwendung ist wie folgt zu konfigurieren:

| Transportprotokoll | RFC1006 (TCP/IP) |
|---|---|
| Portnummer | 102 |
| IP-Adresse des X.400-Backbone-Servers (Testbetrieb) | 10.131.208.20 |
| IP-Adresse des X.400-Backbone-Servers(Echtbetrieb) | 10.131.208.62 |
| Transportselektor beim Senden und Empfangen | X400 (ASCII) |

### 3.2.2 Datenübertragung per FTAM

FTAM ist in der internationalen Norm ISO 8571 festgelegt. Der hier verwendete Document Type ist FTAM-3 (unstructured binary file). Zurzeit wird auf dem FTAM-Gateway das Produkt openFT eingesetzt.

Für Teilnehmer wird ein Berechtigungsprofil angelegt. Dieses Profil ist mit einer Zugangsberechtigung verknüpft, die das bei FT-Aufträgen sonst übliche „login" aus Benutzerkennung, ggf. Account sowie Passwort ersetzt. Diese Zugangsberechtigung wird dem technischen Teilnehmer aus Sicherheitsgründen gesondert mitgeteilt.

Im Verfahren EMCS sind die Daten verschlüsselt zu senden. In der Wahl der Sicherheits-Komponenten sind die Teilnehmer frei, sofern sie die vom BSI vorgesehenen Mindeststandards erfüllen (vergleiche Verpflichtungserklärung in Vordruck „Anmeldung Teilnahme EMCS 2.1" (Vordruck-Nr. 033088 (2.1))). An der LAN-Schnittstelle beim ZIVIT Frankfurt werden die Daten dann unverschlüsselt erwartet.

#### 3.2.2.1 Darstellung der Zugangs- und Übertragungsmöglichkeiten (FTAM)

#### 3.2.2.1.1 Generelle Zugangs- und Übertragungsmöglichkeiten (FTAM)

Mit dem Vordruck „Technische Angaben FTAM (EMCS)" (Vordruck-Nr. 033085) kann die gewünschte Zugangsart beantragt werden.

An dieser Stelle wird eine erste Übersicht als Entscheidungshilfe angeboten.

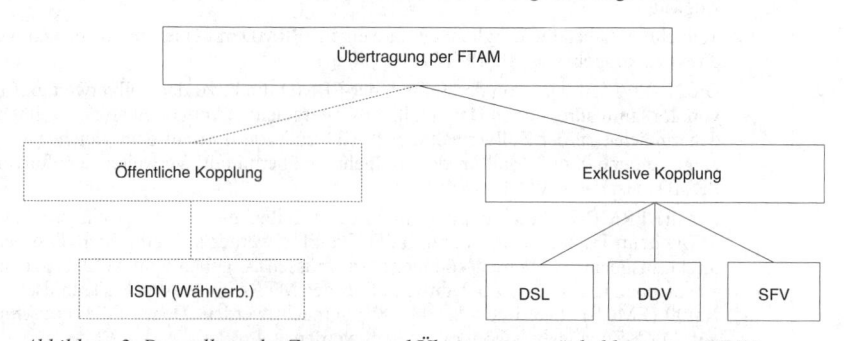

*Abbildung 2: Darstellung der Zugangs- und Übertragungsmöglichkeiten per FTAM*

Die Datenübertragung per FTAM bedingt einen exklusiven Zugang (für Zertifizierungszwecke reicht auch ein Zugang zu einem öffentlichen Anschluss/Router beim ZIVIT Frankfurt aus).

#### 3.2.2.1.2 Besondere Zugangs- und Übertragungsmöglichkeit bei exklusivem FTAMZugang

#### 3.2.2.1.2.1 Allgemeine Erläuterungen

Die FTAM-Datenübertragung über WAN wird auf Basis eines ISO-genormten Protokolls durchgeführt.

Zu § 9d Energiesteuergesetz  **Anlage § 009d–02**

Um dem Teilnehmer eine Alternative zu diesem Übertragungsmodus FTAM in EMCS zu ermöglichen und dadurch ggf. einen Performancegewinn bei der Übertragung im WAN zu erzielen, bietet das ZIVIT IT-Dienstleistern, DFÜ-Gemeinschaften oder großen FTAM-Partnern, die einen exklusiven FTAM-Zugang besitzen, eine Schnittstelle an, die es ermöglicht, Nachrichten einem dem FTAM-Gateway des ZIVIT vor- bzw. nachgelagerten Rechner zu übergeben.

Die technische Gegenstelle des FTAM-Partners (z. B. Rechenzentrum des Teilnehmers) kommuniziert also nicht direkt mit dem FTAM-Gateway des ZIVIT, sondern mit diesem vorgelagerten Server des Teilnehmers (Standort Telekommunikationsräume des ZIVIT).

Die Datenfernübertragung zwischen der Gegenstelle und dem vorgelagerten Server unterliegt nicht der FTAM-Normung und ist wahlfrei. Die Datenübertragung ist aber BSI-konform zu verschlüsseln.

Die Übertragung der Daten zwischen dem FTAM-Gateway (ZIVIT) und dem vorgelagerten Server erfolgt per FTAM-Norm.

Für die Datenübermittlung zwischen dem vorgelagerten Server und der technischen Gegenstelle des FTAM-Partners per DFÜ ist dabei allein der Teilnehmer verantwortlich. Der vorgelagerte Server unterliegt der Verantwortung des Teilnehmers und ist nicht Eigentum bzw. in der Verantwortung des ZIVIT.

**Datenübertragung über einen vorgelagerten Rechner**

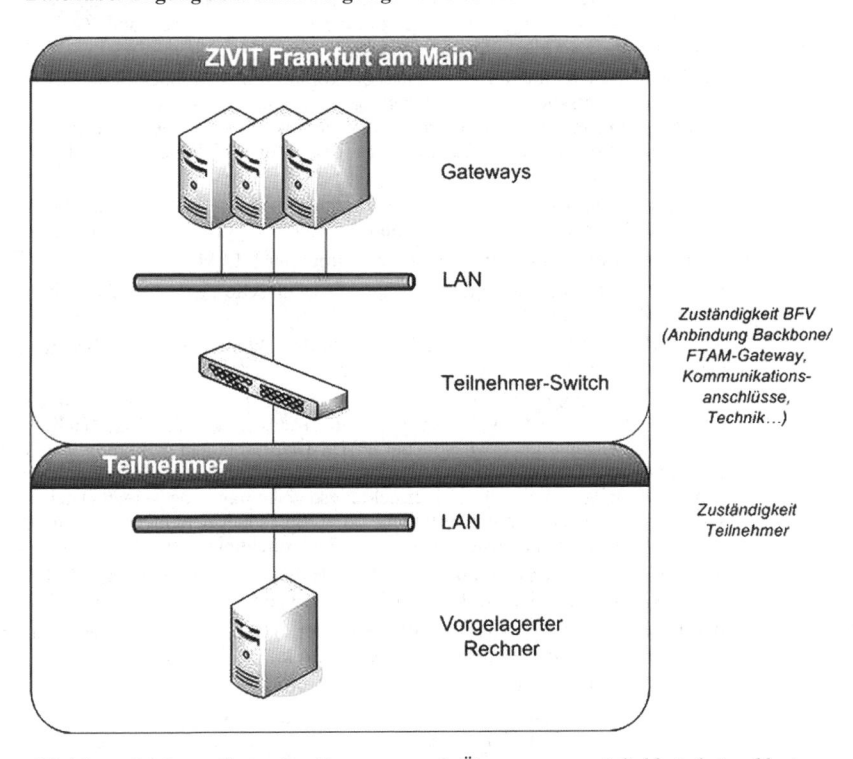

*Abbildung 3: Darstellung der Zugangs- und Übertragungsmöglichkeit bei exklusivem FTAM-Zugang und vorgelagertem Rechner*

**3.2.2.1.2.2 Übermittlung vom FTAM-Partner zum vorgelagerten Rechner beim ZIVIT**

Der FTAM-Partner übermittelt unter Nutzung seiner Übertragungssoftware Daten an den vorgelagerten Rechner beim ZIVIT. Die übermittelten Daten werden dann nach den gleichen Vorgaben und Bedingungen der ATLAS-FTAM-Teilnehmerkommunikation an das FTAM-Gateway des ZIVIT weitergeleitet (FTAM-Norm).

# Anlage § 009d–02

Zu § 9d Energiesteuergesetz

### 3.2.2.2 Adressierung

Die FTAM-Anwendung ist wie folgt zu konfigurieren:

| Transportprotokoll | RFC1006 (TCP/IP) |
|---|---|
| Portnummer | 102 |
| IP-Adresse des FTAM-Gateway-Servers (Testbetrieb) | 10.131.208.50 |
| IP-Adresse des FTAM-Gateway-Servers(Echtbetrieb, für eingehende Nachrichten) | 10.131.208.151 |
| IP-Adresse des FTAM-Gateway-Servers(Echtbetrieb, für ausgehende Nachrichten) | 10.131.208.152 bis 10.131.208.159 |
| Transportselektor beim Senden und Empfangen | FTAM (ASCII) |

### 3.2.2.3 Komprimieren von Dateien

– Teilnehmernachrichten

Teilnehmer können ebenfalls komprimiert senden (PKZIP-Standard 2.04).

– Antwortnachrichten des Hauptzollamts

An Teilnehmer werden Dateien stets komprimiert (PKZIP-Standard 2.04) übermittelt, da neben der Komprimierung auch ein Zusammenpacken von Dateien erforderlich ist (EDIFACT-Datei „C_EAD_VAL" mit der PDF-Datei „e-VD" und „C_EVT_DAT" mit einer PDF-Datei als optionaler Anlage).

Der Name der Übertragungsdatei muss bei komprimierten Teilnehmernachrichten mit dem Suffix „..zip" versehen sein. Die Übertragungsdateien mit Antwortnachrichten des Hauptzollamts sind stets mit dem Suffix „..zip" versehen. Die gepackten Dateien sind bis auf das Suffix namensgleich. Sie erhalten die Suffixe „..edi" (EDIFACT-Datei) bzw. „..pdf" (Begleitdokumente).

Ein Teilnehmer, der Daten per FTAM empfangen möchte, muss also ein Softwareprodukt nach PKZIP-Standard 2.04 zum Dekomprimieren und ggf. Entpacken einsetzen.

### 3.2.2.4 Fehlerbehandlung bei der Datenübertragung per FTAM

Die eingesetzte Software openFT behandelt technische Fehler der Dateiübertragung und Zugangsberechtigung.

Fehler, die die Weiterleitung von Dateien an den Dienststellenserver beeinträchtigen, behandelt das FTAM-Gateway teilweise selbst.

Bei der Übertragung per X.400 werden bestimmte Fehler, z. B. „Verbrauchsteuernummer ist für das Verfahren nicht zugelassen" per NDR beantwortet, d. h. solche Nachrichten werden nicht entgegengenommen. Dies ist bei FTAM-Übertragungen nicht möglich. Deshalb werden für derartige Fehler bei FTAM-Einsatz entsprechende Fehlermeldungen an den Teilnehmer zurückgeschickt. Die Fehlermeldungsdateien tragen denselben Dateinamen wie die zugehörige vom Teilnehmer übertragene Datei. Bei Fehlermeldungen wird also die Richtung „0" im Dateinamen angegeben, obwohl die Fehlermeldung an den Teilnehmer geht.

Mechanismen zur Fehlererkennung und -behandlung sind auf dem FTAM-Gateway und in der EMCS-Kommunikation (Dienststellenserver) teilweise redundant ausgeführt.

Alle mit Fehler beantworteten Nachrichten gelten als fachlich nicht entgegengenommen und sind nach Fehlerkorrektur nochmals zu übermitteln.

#### 3.2.2.4.1 FTAM-Gateway-Fehler

FTAM-Gateway-Fehler werden codiert zurückgegeben. Die Datei trägt den in Kapitel 3.1.8.4 genannten Dateinamen, ergänzt um die Erweiterung „.rpt". Sie enthält einen Textstring, der aus Fehlercode, Dateiname und dem Hinweis „FTGWFehler" besteht.

##### 3.2.2.4.1.1 Aufbau der rpt-Datei bei einem „Non Delivery Report" (NDR)

<Dateiname>.<rpt>

Erläuterung

<Dateiname> = Dateiname der nicht entgegengenommenenÜbertragungsdatei gemäß Kapitel 3.1.8.4

<rpt> = Suffix (report)

Inhalt:
<Fehlercode><Dateiname><Hinweis>
Erläuterung
<Fehlercode> = <FT9100xGWERRxxxx>
<Dateiname> = siehe Kapitel 3.1.8.4
<Hinweis> = FTGW-Fehler (fixer Text)

### 3.2.2.4.1.2 Erläuterungen zu den Fehlercodes
Beispiele

| Fehlercode | Bedeutung | Hinweis für den Teilnehmer |
|---|---|---|
| FT91001GWERRZSTNRfehlt fehler | Im Dateinamen fehlt die Dienststellenschlüsselnummer. Der Dateiname entspricht damit nicht der vorgeschriebenen Dateinamenskonvention. Eine Weiterleitung der Nachricht ist ohne Dienststellenschlüsselnummer nicht möglich. | Dateinamen entsprechend der vorgeschriebenen Namenskonvention überprüfen. Anschließend Nachricht mit dem der Namenskonvention entsprechenden Dateinamen erneut versenden. |
| FT91002GWERRxxxx-0 fehler | Die im Dateinamen angegebene vierstellige Dienststellenschlüsselnummer (xxxx) existiert entweder nicht oder ist nicht in den „Stammdaten" des Gateways enthalten. Eine Weiterleitung der Nachricht ist deshalb nicht möglich. | Dienststellenschlüsselnummer auf Richtigkeit überprüfen. Fehler ggf. beim Service Desk melden und nach Rückmeldung des ZIVIT Frankfurt Nachricht anschließend erneut senden. |

Der Teilnehmer muss den Fehler beseitigen und danach die Nachricht erneut übermitteln.

| Fehlercode | Bedeutung | Hinweis für den Teilnehmer |
|---|---|---|
| FT91000GWERR$RC fehler | Hierbei handelt es sich um allgemeine Gatewayfehler, wenn z. B. openFT den Auftrag erst gar nicht annimmt. Dann wird der entsprechende Reasoncode ($RC) angegeben. | Fehler ggf. beim Service Desk melden und nach Rückmeldung des ZIVIT Frankfurt Nachricht anschließend erneut senden. |
| FT91003GWERRxxxx-2 fehler | Die im Dateinamen angegebene vierstellige Dienststellenschlüsselnummer (xxxx) ist in den „Stammdaten" des Gateways doppelt enthalten. Die Nachricht kann aufgrund der nichteindeutigen Zuordnung nicht weitergeleitet werden. | Fehler ggf. beim Service Desk melden und nach Rückmeldung des ZIVIT Frankfurt Nachricht anschließend erneut senden. |

Fehlersituationen mit den Fehlercodes „FT91000GWERR$RC" und „FT91003GWERRxxxx-2" sind vom Teilnehmer nicht behebbar. Der Teilnehmer wird gebeten, sich bei diesen Fehlermeldungen an den Service Desk beim ZIVIT Frankfurt zu wenden. Nach erneuter Rückmeldung des ZIVIT sind die Nachrichten erneut durch den Teilnehmer zu versenden. Folgende Fehlermeldungen werden von openFT als Ergebniscode ($RC, Reasoncode) übergeben:

# Anlage § 009d–02

Zu § 9d Energiesteuergesetz

Beispiele

| Fehlercode (Reasoncode) | Bedeutung |
|---|---|
| 0072<br>Autrag <Auftrags-Id><br>wurde gelöscht | Der FT-Auftrag wurde abgebrochen, weil das Kommando ftcanr eingegeben wurde oder die im Übertragungsauftrag angegebene Zeit erreicht wurde.<br>Die Folgeverarbeitung für das lokale System wurde gestartet, falls dabei kein Fehler aufgetreten ist. Die Folgeverarbeitung für das ferne System wird gestartet, sobald alle Betriebsmittel zugewiesen sind. Lokale Fehler beim Start der Folgeverarbeitung werden durch eine entsprechende Meldung angezeigt. |
| 0089<br>Wiederanlauf fehlgeschlagen | Die Wiederanlaufversuche waren nicht erfolgreich (z. B. konnte ein Vor-/Nachverarbeitungskommando nicht vor dem Beenden von openFT fertiggestellt werden).<br>Maßnahme: Kommando wiederholen. |
| 0108<br>Fernes System nicht verfügbar | Das Kommando konnte nicht angenommen werden, weil das Partnersystem gegenwärtig nicht verfügbar ist.<br>Maßnahme: Kommando später wiederholen. Bei Andauern dieses Verhaltens den System- bzw. Netzwerkverwalter benachrichtigen. |
| 0124<br>Keine freie Transportverbindung | Momentan ist keine weitere Übertragung möglich, da die Anzahl der simultan möglichen Übertragungen erreicht ist.<br>Maßnahme: Prüfen (lassen), ob das Transportsystem arbeitet. |
| 0125<br>Transportverbindung abgebrochen | Infolge von Leitungsunterbrechung oder Leitungsprozedurfehler fand kein Datenaustausch statt.<br>Maßnahme: Auftrag wiederholen. |
| 0169<br>Fernes System: Zugangsberechtigung ungültig | Das Kommando wurde nicht ausgeführt, weil die Angaben in einem der Operanden der Zugangsberechtigung fehlerhaft sind oder der Auftrag wegen fehlender Berechtigungen von FTAC abgewiesen wurde.<br>Maßnahme: Die benötigte Zugangsberechtigung definieren lassen oder Zugangsberechtigung korrigieren oder die in FTAC eingetragenen Berechtigungen überprüfen. Kommando eventuell wiederholen. |
| 0213<br>Fernes System: Betriebsmittelengpass | Der Auftrag wurde abgewiesen, weil das Partnersystem zurzeit keine Betriebsmittel zur Verfügung hat, um Aufträge anzunehmen.<br>Maßnahme: Auftrag nach einiger Zeit wiederholen. |

3.2.2.4.2 **Volltextfehlermeldungen der EMCS-Kommunikationsanwendung**

Die Fehlermeldungsdateien haben denselben Dateinamen wie die vom Teilnehmer übertragene fehlerhafte Datei, wobei die Dateinamensergänzung mit dem Suffix „err" ausgetauscht wird (die Richtung wird also mit „0" angegeben, obwohl die Datei an den Teilnehmer übermittelt wird).

Die Dateien können folgende Fehlercodes/-texte enthalten:

| Fehlercode | Fehlertext |
|---|---|
| FT90000 | Der Aufbau des Dateinamens entspricht nicht den Konventionen. |
| FT90001 | Verbrauchsteuernummer des Nachrichtensenders aus dem Dateinamen ist keine gueltige Verbrauchsteuernummer. |
| FT90002 | Dienststellenschluesselnummer aus dem Dateinamen ist keine gueltige Dienststellenschluesselnummer. |
| FT90003 | Flag fuer Nachrichtrichtung ist falsch, 0 waere richtig. |
| FT90004 | Verfahren ist unbekannt. |

| Fehlercode | Fehlertext |
|---|---|
| FT90005 | Verfahren an dieser Dienststelle nicht zugelassen. |
| FT90008 | Die Verbrauchsteuernummer des Nachrichtensenders in der Nachricht stimmt nicht mit der im Dateinamen enthaltenen ueberein. |
| FT90009 | Die Dienststellenschluesselnummer in der Nachricht stimmt nicht mit der im Dateinamen enthaltenen ueberein. |
| FT90010 | Verbrauchsteuernummer ist zum angegebenen Verfahren nicht zugelassen. |
| FT90011 | Der Inhalt der Nachricht ist fehlerhaft. [1] |

Technische Fehler (z. B. syntaktische Fehler) in der EDIFACT-Datei und inhaltliche, fachliche Fehler der EDIFACT-Nachricht werden analog zur Beschreibung in Kapitel 3.1.7.4 mit einer CONTRL-Nachricht (E_EDI_NCK) bzw. einer fachlichen Fehlernachricht N_REJ_DAT beantwortet.

### 3.2.3 Kommunikationstest

Vor Aufnahme des Zertifizierungsverfahrens oder der geplanten Teilnahme an EMCS wird der Mail- bzw. Dateiaustausch auf Basis der Angaben in den Vordrucken „Technische Angaben FTAM (EMCS)" (Vordruck-Nr. 033085) bzw. „Technische Angaben X.400 (EMCS)" (Vordruck-Nr. 033086) getestet. Das ZIVIT Frankfurt nimmt bei PRMD-PRMD-Kopplungen und bei FTAM-Verbindungen nach Rücksprache mit dem Teilnehmer die Konfiguration des MTA- bzw. FTAMGateways im ZIVIT vor. Der Teilnehmer wird hierbei zum Nachrichtenaustausch autorisiert. Anschließend führt das ZIVIT Frankfurt einen Anschalttest mit Übertragung einer X.400-Mail bzw. einer Testdatei durch.

## 4 Nachrichtenaustausch mit Teilnehmern

### 4.1 Versionsübergang von EMCS 2.0 zu EMCS 2.1

Der Übergang zur neuen Verfahrenssoftware wird für den Teilnehmer wie folgt gestaltet:

- Bis voraussichtlich einschließlich 7. Februar 2014 ist ausschließlich die Verwendung von EMCS-2.0-Nachrichten im Austausch mit der Zollverwaltung zulässig.
- In der Übergangszeit – voraussichtlich ab 8. Februar 2014 – ist die Verwendung von EMCS-2.0-Nachrichten oder EMCS-2.1-Nachrichten zulässig, soweit der betreffende Teilnehmer hierzu jeweils zertifizierte Teilnehmersoftware einsetzt (Abwärtskompatibilität; siehe auch „weiche Migration" in 3.1.1.2.3 Releasewechsel).
- Eine gleichzeitige Verwendung von EMCS-2.0-Nachrichten und EMCS-2.1Nachrichten durch den gleichen Teilnehmer ist nicht möglich.

Es können für einen Teilnehmer nur alle hinterlegten Nachrichtengruppen gleichzeitig auf EMCS 2.1 umgestellt werden.

- Eine etwaig notwendige Umsetzung von Nachrichtenformaten im Beförderungsverkehr zwischen Teilnehmern in verschiedenen Zertifizierungsstufen (Nachrichten im Format EMCS 2.0 und Nachrichten im Format EMCS 2.1) wird von der Verfahrenssoftware der Zollverwaltung durchgeführt. Der Teilnehmer braucht die Zertifizierungsstufe seiner Geschäftspartner weder in Deutschland noch in anderen Mitgliedstaaten zu berücksichtigen.

Die Bezeichnung EMCS-2.0- bzw. EMCS-2.1 Nachrichten schließt den jeweiligen Funktionsumfang mit ein. Eine für EMCS 2.0 zertifizierte Teilnehmersoftware kann in der Übergangszeit für den Nachrichtenaustausch im EMCS-2.0-Format weitergenutzt werden.

Das Ende der Übergangszeit wird rechtzeitig auf www.zoll.de bekannt gegeben. Nach diesem Zeitpunkt ist die Verwendung von EMCS-2.0-Nachrichten nicht mehr zulässig.

### 4.2 Allgemeines

Der Nachrichtenaustausch zwischen Teilnehmern mit einer zertifizierten Teilnehmersoftware und der Zollverwaltung wird im IT-Verfahren EMCS mit EDIFACT-Nachrichten durchgeführt, die auf EDIFACT-Standardnachrichtentypen basieren.

---

1) Als ZIP-formatiert ausgewiesene Datei enthält kein ZIP-Format ZIP-formatierte Datei enthält nicht genau eine EDIFACT-Datei EDIFACT nicht lesbar oder leer. Kein UNB-Segment in der EDIFACT-Anlage.

# Anlage § 009d–02

Zu § 9d Energiesteuergesetz

Bei Eingang einer fehlerfreien X.400-Mail erstellt das System automatisiert eine Empfangsquittung (Delivery Report) und sendet sie an den Absender. Im Fehlerfall erhält der Absender in der Regel eine Mitteilung in Form eines „Non Delivery Reports". Bei der Übertragung per FTAM erstellt das System bei Eingang einer fehlerfreien FTAM-Datei automatisch eine technische Positivquittung, bei einer fehlerhaften FTAM-Datei eine Negativquittung, und überträgt diese an den Teilnehmer. Die FTAM-Komponenten behandeln positive wie negative Quittungen zu eingehenden Nachrichten wie ausgehende Nachrichten. Diese Abläufe werden hier der Übersichtlichkeit wegen nicht dargestellt.

Danach werden die EDIFACT-Nachrichten einzeln verarbeitet.

Bei syntaktischen Fehlern in einer Nachricht wird an den Teilnehmer eine CONTRL-Nachricht (UN/EDIFACT-Standardnachricht) übermittelt, in der die Fehlerposition in der übersandten Nachricht angegeben ist. Die Daten werden nicht vom System übernommen. Der Teilnehmer muss neue, berichtigte Nachrichten übermitteln. CONTRL-Nachrichten sind in den Ablaufdarstellungen nicht enthalten. In EMCS wird die CONTRL-Nachricht als E_EDI_NCK bezeichnet.

Bei fachlichen Verarbeitungs-/Plausibilitätsfehlern wird dem Teilnehmer eine fachliche Fehlernachricht (N_REJ_DAT) übermittelt, in der die Fehlerposition und die Fehlerursache in der übersandten Nachricht angegeben sind.

In der N_REJ_DAT werden im Regelfall der Referenzcode (ARC) und die fortlaufende Vorgangsnummer des Beförderungsvorgangs angegeben. Soweit dies aufgrund der Fehler verursachenden Nachricht nicht möglich ist, wird aus Kompatibilitätsgründen mit den internationalen Nachrichtenformaten der Wert "00DE00000000000000" als Referenzcode und die "1" als fortlaufende Vorgangsnummer gesetzt.

Die Übermittlung der fachlichen Fehlermeldung geht einher mit einer Nichtentgegennahme der Bezugsnachricht. Die fachlichen Fehlermeldungen sind in den Ablaufdarstellungen nicht enthalten. Aus diesem Grund sind die Abläufe, die der Entgegennahme einer Bezugsnachricht darstellen, in den Ablaufdarstellungen jeweils optional dargestellt.

Folgendes Sequenzdiagramm erläutert die Abläufe bezüglich der Fehlernachrichten beispielhaft für die Eröffnung eines Beförderungsverfahrens:

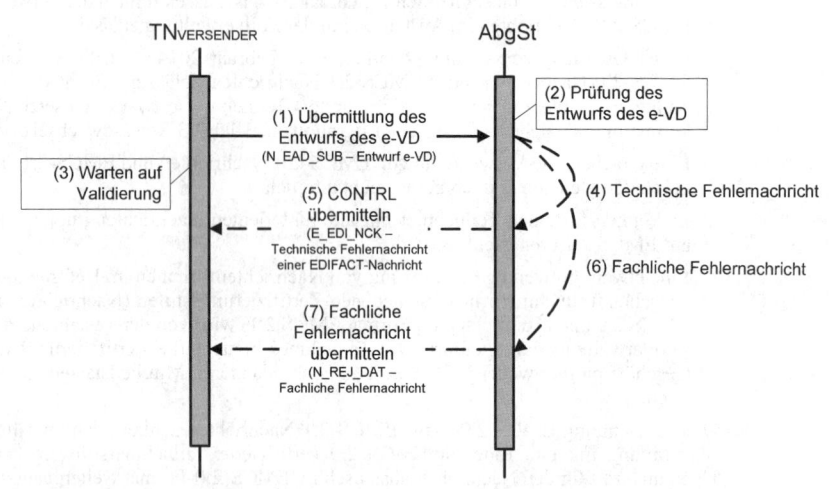

*Abbildung 4: Fehlerbehandlung bei Eröffnung eines Beförderungsverfahrens (Sequenzdiagramm)*

Zu § 9d Energiesteuergesetz  **Anlage § 009d–02**

Im Rahmen des IT-Verfahrens EMCS können derzeit folgende EDIFACT-Nachrichten übermittelt werden:

| Eröffnung durch den Inhaber eines Steuerlagers/einen registrierten Versender | | | EME[1] |
|---|---|---|---|
| Kommunikation | Fachlicher Nachrichtentyp | Technischer Nachrichtentyp | Beschreibung |
| TNVERSENDER (in EMCS eingehend und von TN ausgehend) | N_EAD_SUB | ED815B | Nachricht „Entwurf e-VD" (engl.: „Submitted draft of e-AD") |
| | C_CAN_DAT | ED810B | Nachricht „Annullierung e-VD" (engl.: „Cancellation of e-AD") |
| | C_UPD_DAT | ED813C | Nachricht „Änderung des Bestimmungsorts" (engl.: „Change of destination") |
| | C_DEL_EXP | ED837B | Nachricht „Erklärung für Verspätung" (engl.: „Explanation on delay for delivery") |
| | C_SHR_EXP | ED871A | Nachricht „Erläuterung zu Fehl-/Mehrmengen" (engl.: „Explanation on reason for shortage") |
| EMCS (von EMCS ausgehend und beim TN eingehend) | C_EAD_VAL | ED801B | Nachricht „Elektronisches Verwaltungsdokument (e-VD)" (engl.: „e-AD (Administrative document)") |
| | C_EXC_REM | ED802B | Nachricht „Erinnerungsmeldung" (engl.: „Reminder message for Excise movement") |
| | C_STP_NOT | ED807B | Nachricht „Abbruch der Beförderung" (engl.: „Interruption of movement") |
| | C_CAN_DAT | ED810B | Nachricht „Annullierung e-VD" (engl.: „Cancellation of e-AD") |
| | C_UPD_DAT | ED813C | Nachricht „Änderung des Bestimmungsorts" (engl.: „Change of destination") |
| | C_DEL_DAT | ED818B | Nachricht „Eingangsmeldung" (engl.: „Accepted or rejected report of receipt") |
| | C_REJ_DAT | ED819B | Nachricht „Warnung/Ablehnung vor Empfang" (engl.: „Alert or rejection of an e-AD") |
| | C_EXP_NOT | ED829B | Nachricht „Meldung über zugelassene Ausfuhr" (engl.: „Notification of accepted export") |
| | C_CUS_REJ | ED839B | Nachricht „Ablehnung Ausfuhr e-VD" (engl.: „Customs Rejection of e-AD") |

---

1) Nachrichtengruppenschlüssel der Nachrichtengruppen.

# Anlage § 009d–02

Zu § 9d Energiesteuergesetz

| Eröffnung durch den Inhaber eines Steuerlagers/einen registrierten Versender | | | EME[1] |
|---|---|---|---|
| Kommunikation | Fachlicher Nachrichtentyp | Technischer Nachrichtentyp | Beschreibung |
| | C_EVT_DAT | ED840A | Nachricht „Ereignisbericht" (engl.: „Event report") |
| | C_SHR_EXP | ED871A | Nachricht „Erläuterung zu Fehl-/Mehrmengen" (engl.: „Explanation on reason for shortage") |
| | N_REJ_DAT | ED704B | Nachricht „Fachliche Fehlernachricht" (engl.: „Generic refusal message") |
| | C_STD_RSP | ED905A | Nachricht „Statusmitteilung"" (engl.: „Status response") |
| | E_EDI_NCK | ED907A | Nachricht „Technische Fehlermeldung einer EDIFACT-Nachricht" |

| Eröffnung durch den Inhaber eines Steuerlagers/einen registrierten Empfänger | | | EME[2] |
|---|---|---|---|
| Kommunikation | Fachlicher Nachrichtentyp | Technischer Nachrichtentyp | Beschreibung |
| TNEMPFÄNGER (in EMCS eingehend und von TN ausgehend) | C_DEL_DAT | ED818B | Nachricht „Eingangsmeldung" (engl.: „Accepted or rejected report of receipt") |
| | C_REJ_DAT | ED819B | Nachricht „Warnung/Ablehnung vor Empfang"" (engl.: „Alert or rejection of an e-AD") |
| | C_DEL_EXP | ED837B | Nachricht „Erklärung für Verspätung" (engl.: „Explanation on delay for delivery") |
| | C_SHR_EXP | ED871A | Nachricht „Erläuterung zu Fehl-/Mehrmengen" (engl.: „Explanation on reason for shortage") |
| EMCS (von EMCS ausgehend und beim TN eingehend) | C_EAD_VAL | ED801B | Nachricht „Elektronisches Verwaltungsdokument (e-VD)" (engl.: „e-AD (Administrative accompanying document)") |
| | C_EXC_REM | ED802B | Nachricht „Erinnerungsmeldung" (engl.: „Reminder message for Excise movement") |
| | C_EAD_NOT | ED803B | Nachricht „Meldung über umgeleitetes e-VD" (engl.: „Notification of diverted e-AD") |
| | C_STP_NOT | ED807B | Nachricht „Abbruch der Beförderung" (engl.: „Interruption of movement") |

---

1) Nachrichtengruppenschlüssel der Nachrichtengruppen.
2) Nachrichtengruppenschlüssel der Nachrichtengruppen.

Zu § 9d Energiesteuergesetz  Anlage § 009d–02

| Eröffnung durch den Inhaber eines Steuerlagers/einen registrierten Empfänger | | | EME[1) |
|---|---|---|---|
| Kommunikation | Fachlicher Nachrichtentyp | Technischer Nachrichtentyp | Beschreibung |
| | C_CAN_DAT | ED810B | Nachricht „Annullierung e-VD" (engl.: „Cancellation of e-AD") |
| | C_UPD_DAT | ED813C | Nachricht „Änderung des Bestimmungsorts" (engl.: „Change of destination") |
| | C_DEL_DAT | ED818B | Nachricht „Eingangsmeldung" (engl.: „Accepted or rejected report of receipt") |
| | C_REJ_DAT | ED819B | Nachricht „Warnung/Ablehnung vor Empfang"" (engl.: „Alert or rejection of an e-AD") |
| | C_EVT_DAT | ED840A | Nachricht „Ereignisbericht" (engl.: „Event report") |
| | C_SHR_EXP | ED871A | Nachricht „Erläuterung zu Fehl-/Mehrmengen" (engl.: „Explanation on reason for shortage") |
| | N_REJ_DAT | ED704B | Nachricht „Fachliche Fehlernachricht" (engl.: „Generic refusal message") |
| | C_STD_RSP | ED905A | Nachricht „Statusmitteilung" (engl.: „Status response") |
| | E_EDI_NCK | ED907A | Nachricht „Technische Fehlermeldung einer EDIFACT-Nachricht" |

| Aufteilung von Beförderungsvorgängen | | | EME[2) |
|---|---|---|---|
| Kommunikation | Fachlicher Nachrichtentyp | Technischer Nachrichtentyp | Beschreibung |
| TNVERSENDER (in EMCS eingehend und von TN ausgehend) | E_SPL_SUB | ED825B | Nachricht „Aufteilungsmitteilung" (engl.: „Submitted draft of splitting operation") |
| EMCS (von EMCS ausgehend und beim TN eingehend) | C_EAD_NOT | ED803B | Nachricht „Meldung über umgeleitetes e-VD" (engl.: „Notification of diverted e-AD") |
| | N_REJ_DAT | ED704B | Nachricht „Fachliche Fehlernachricht" (engl.: „Generic refusal message") |
| | E_EDI_NCK | ED907A | Nachricht „Technische Fehlermeldung einer EDIFACT-Nachricht" |

Nachfolgend werden die verwendeten Nachrichtentypen erläutert und mögliche Kommunikationsabläufe dargestellt.

---

1) Nachrichtengruppenschlüssel der Nachrichtengruppen.
2) Nachrichtengruppenschlüssel der Nachrichtengruppen.

**Anlage § 009d–02**     Zu § 9d Energiesteuergesetz

Die Abänderung einer bereits übermittelten Nachricht durch die nochmalige Übermittlung einer gleichartigen Folgenachricht mit geänderten Inhalten ist im ITVerfahren EMCS nicht möglich.

Eine Besonderheit im IT-Verfahren EMCS ist die Tatsache, dass einzelne Nachrichtenabläufe durch eine Nachricht vom Hauptzollamt an den Teilnehmer initiiert werden können. Das ist z. B. für den Empfänger der Fall im Ablauf „Eröffnung eines Beförderungsverfahrens" (siehe Kapitel 4.4.1).

**4.3  Nachrichtentypen**

Im Rahmen des Fachverfahrens EMCS werden zwei Klassen von Nachrichtentypen unterschieden: Eine Klasse umfasst die E- und N-Nachrichten und eine die C-Nachrichten.

Die Abkürzungen „E", „N" und „C" vor den Nachrichtentypen wurden aus dem Projekt EMCS der Europäischen Kommission übernommen und verweisen auf die Domäne des Nachrichtentyps.

– Das Common Domain (C-Nachrichten) beschreibt den Datenaustausch zwischen den Mitgliedstaaten über das europäische Gateway CCN/CSI.

– Das National Domain (N-Nachrichten) beschreibt den Datenaustausch innerhalb eines Mitgliedstaats. Zwischen den Dienststellen in DE werden keine Nachrichten ausgetauscht.

– Das External Domain (E-Nachrichten) beschreibt den Datenaustausch zwischen Mitgliedstaat und seinen Wirtschaftsbeteiligten.

Die Verwendung der Nachrichtentypen in den verschiedenen Domänen ist im Projekt EMCS hierarchisch gegliedert:

– C-Nachrichten können in allen Domänen verwendet werden.

– N-Nachrichten können im National Domain und im External Domain verwendet werden.

– E-Nachrichten können nur im External Domain verwendet werden.

Im weiteren Verlauf des Dokuments wird im Wesentlichen der Datenaustausch zwischen den Teilnehmern und ihrem zuständigen Hauptzollamt mit der fachlichen Funktion und der Datendefinition beschrieben. Beispielsweise beschreibt der Begriff Entwurf e-VD (N_EAD_SUB) mit „Entwurf e-VD" die fachliche Funktion des Informationsaustauschs, und der Klammerzusatz „(N_EAD_SUB)" legt die Datenstruktur des Informationsaustauschs fest, der für den Informationsaustausch per EDIFACT-Nachricht im Implementierungshandbuch (IHB) beschrieben ist.

Auch die betroffenen Nachrichten der IT-Verfahren ATLAS-Ausfuhr und ATLAS-Einfuhr sind zum besseren Verständnis der Vorgänge bei den entsprechenden Abläufen dargestellt.

In den Fällen, in denen Nachrichten, die ursprünglich vom Teilnehmer stammen, an diesen zurückgesendet werden, geschieht dies zum Zwecke der Bestätigung der Akzeptanz dieser Nachricht.

**4.3.1  Nachrichtentypen „Eröffnung eines Beförderungsverfahrens"**

**4.3.1.1  Bezugsnachrichtentypen (vom Teilnehmer an das Hauptzollamt)**

N_EAD_SUB:  Entwurf e-VD

Submitted draft of e-AD

Diese Nachricht dient fachlich zur Übermittlung des Entwurfs des elektronischen Verwaltungsdokuments (e-VD).

**4.3.1.2  Antwortnachrichtentypen (vom Hauptzollamt an den Teilnehmer)**

C_EAD_VAL:  Elektronisches Verwaltungsdokument (e-VD)

e-AD (Administrative document)

Diese Nachricht dient fachlich zur Übermittlung des e-VD. An den TNVERSENDER wird zusammen mit dieser Nachricht eine Druckausgabe des e-VD im PDF-Format übermittelt.

**4.3.2  Nachrichtentypen „Eröffnung eines Beförderungsverfahrens nach einer Einfuhr"**

**4.3.2.1  Bezugsnachrichtentypen (vom Teilnehmer an das Hauptzollamt)**

CUSDEC:  Zollanmeldung

CUStoms DEClaration

Zu § 9d Energiesteuergesetz **Anlage § 009d–02**

                      Diese Nachricht dient fachlich zur Übermittlung der Daten der Zollanmeldung zur Überführung von Waren in den zollrechtlich freien Verkehr. Dabei handelt es sich um eine Nachricht des IT-Verfahrens ATLAS, die aus Gründen der Vollständigkeit hier mit aufgeführt ist.
        N_EAD_SUB:   Entwurf e-VD
                      Submitted draft of e-AD
                      Diese Nachricht dient fachlich zur Übermittlung des Entwurfs des elektronischen Verwaltungsdokuments (e-VD).

**4.3.2.2   Antwortnachrichtentypen (von dem Hauptzollamt an den Teilnehmer)**
        CUSREC:       Registrierung der Zollanmeldung
                      CUStoms RECeipt Message
                      Diese Nachricht dient fachlich zur Übermittlung von Verarbeitungsmitteilungen nach Verarbeitung einer Zollanmeldung.
        C_EAD_VAL:   Elektronisches Verwaltungsdokument (e-VD)
                      e-AD (Administrative document)
                      Diese Nachricht dient fachlich zur Übermittlung des e-VD. An den TNVERSENDER wird zusammen mit dieser Nachricht eine Druckausgabe des e-VD im PDF-Format übermittelt.

**4.3.3     Nachrichtentypen „Annullierung eines Beförderungsverfahrens"**
**4.3.3.1   Bezugsnachrichtentypen (vom Teilnehmer an das Hauptzollamt)**
        C_CAN_DAT:   Annullierung e-VD
                      Cancellation of e-AD
                      Diese Nachricht dient fachlich zur Übermittlung der Angaben zur Annullierung des Beförderungsvorgangs.

**4.3.3.2   Antwortnachrichtentypen (vom Hauptzollamt an den Teilnehmer)**
        C_CAN_DAT:   Annullierung e-VD
                      Cancellation of e-AD
                      Diese Nachricht dient fachlich zur Übermittlung der Annullierung des e-VD.

**4.3.4     Nachrichtentypen „Änderung des Bestimmungsorts"**
**4.3.4.1   Bezugsnachrichtentypen (vom Teilnehmer an das Hauptzollamt)**
        C_UPD_DAT:   Änderung des Bestimmungsorts
                      Change of destination
                      Diese Nachricht dient fachlich zur Übermittlung der Angaben zur Änderung des Bestimmungsorts.

**4.3.4.2   Antwortnachrichtentypen (vom Hauptzollamt an den Teilnehmer)**
        C_UPD_DAT:   Änderung des Bestimmungsorts
                      Change of destination
                      Diese Nachricht dient fachlich zur Übermittlung der Änderung des Bestimmungsorts.
        C_EAD_VAL:   Elektronisches Verwaltungsdokument (e-VD)
                      e-AD (Administrative accompanying document)
                      Diese Nachricht dient fachlich zur Übermittlung des e-VD.
        C_EAD_NOT:   Meldung über umgeleitetes e-VD
                      Notification of diverted e-AD
                      Diese Nachricht dient fachlich zur Übermittlung der Information an den ursprünglich vorgesehenen Empfänger der Ware, dass er nicht mehr der Empfänger ist.

**4.3.5     Nachrichtentypen „Eröffnung eines Beförderungsverfahrens zur Ausfuhr"**
**4.3.5.1   Bezugsnachrichtentypen (vom Teilnehmer an das Hauptzollamt)**
        N_EAD_SUB:   Entwurf e-VD
                      Submitted draft of e-AD

# Anlage § 009d–02    Zu § 9d Energiesteuergesetz

|  |  |
|---|---|
|  | Diese Nachricht dient fachlich zur Übermittlung des Entwurfs des e-VD. |
| E_EXP_DAT: | Anmeldung zur Ausfuhr |
|  | EXPort DATa |
|  | Diese Nachricht dient fachlich zur Übermittlung der Ausfuhranmeldung. Dabei handelt es sich um eine Nachricht des IT-Verfahrens ATLAS, die aus Gründen der Vollständigkeit hier mit aufgeführt ist. |

**4.3.5.2 Antwortnachrichtentypen (vom Hauptzollamt an den Teilnehmer)**

C_EAD_VAL: Elektronisches Verwaltungsdokument (e-VD)

e-AD (Administrative accompanying document)

Diese Nachricht dient fachlich zur Übermittlung des e-VD. An den TNVERSENDER wird zusammen mit dieser Nachricht eine Druckausgabe des e-VD im PDF-Format übermittelt.

C_CUS_REJ: Ablehnung Ausfuhr e-VD Rejection of e-AD for export

Diese Nachricht dient fachlich zur Übermittlung des negativen Abgleichergebnisses zwischen den Daten des e-VD und der Anmeldung zur Ausfuhr.

C_EXP_NOT: Meldung über zugelassene Ausfuhr

Notification of accepted export

Diese Nachricht dient fachlich zur Übermittlung des positiven Abgleichergebnisses zwischen den Daten des e-VD und der Anmeldung zur Ausfuhr.

**4.3.6 Nachrichtentypen „Beendigung durch Eingangsmeldung"**

**4.3.6.1 Bezugsnachrichtentypen (vom Teilnehmer an das Hauptzollamt)**

C_DEL_DAT: Eingangsmeldung

Accepted or rejected report of receipt

Diese Nachricht dient fachlich zur Übermittlung der Eingangsmeldung der Ware durch den TNEMPFÄNGER.

**4.3.6.2 Antwortnachrichtentypen (vom Hauptzollamt an den Teilnehmer)**

C_DEL_DAT: Eingangsmeldung

Accepted or rejected report of receipt

Diese Nachricht dient fachlich zur Weiterleitung der Eingangsmeldung der Ware an den TNVERSENDE[1].

**4.3.7 Nachrichtentypen „Erinnerung bei Fristüberschreitung"**

**4.3.7.1 Bezugsnachrichtentypen (vom Hauptzollamt an den Teilnehmer)**

C_EXC_REM: Erinnerungsmeldung

Reminder message for Excise movement

Diese Nachricht dient fachlich zur Übermittlung der Erinnerungsmeldung an den TNVERSENDER und den TNEMPFÄNGER.

**4.3.7.2 Antwortnachrichtentypen (vom Teilnehmer an das Hauptzollamt)**

C_DEL_EXP: Erklärung für Verspätung

Explanation on delay for delivery

Diese Nachricht dient fachlich zur Übermittlung der Erklärung für die Verspätung durch den TNVERSENDER oder den TNEMPFÄNGER.

**4.3.8 Nachrichtentypen „Aufteilung eines Beförderungsvorgangs"**

Das Aufteilen eines Beförderungsvorgangs ist nur zulässig, wenn der Beförderungsvorgang ausschließlich Energieerzeugnisse umfasst!

**4.3.8.1 Bezugsnachrichtentypen (vom Teilnehmer an das Hauptzollamt)**

E_SPL_SUB: Aufteilungsmitteilung

Submitted draft of splitting operation

---

[1] Die Bezeichnung „Eingangsmeldung" umfasst in den Fällen der Ausfuhr aus Vereinfachungsgründen auch den Begriff „Ausfuhrmeldung".

Zu § 9d Energiesteuergesetz                                    Anlage § 009d-02

Diese Nachricht dient zur Aufteilung eines bereits eröffneten Beförderungsvorgangs auf mehrere Empfänger.

**4.3.8.2 Antwortnachrichtentypen (vom Hauptzollamt an den Teilnehmer)**

C_EAD_VAL: Elektronisches Verwaltungsdokument (e-VD)

e-AD (Administrative document)

In diesem speziellen Fall dient die Nachricht der Bestätigung der, aus der Aufteilung resultierenden, Folge-e-VDs an den TNVERSENDER sowie der Übermittlung der Folge-e-VDs an die entsprechenden neuen TNEMPFÄNGER.

C_EAD_NOT: Meldung über umgeleitetes e-VD

Notification of diverted e-AD

Diese Nachricht dient zum einen der Bestätigung der Aufteilung des Vorgänger-e-VD an den TNVERSENDER sowie der Übermittlung der Aufteilung an den ursprünglichen TNEMPFÄNGER.

**4.3.9 Nachrichtentypen „Manuelle Erledigung"**

**4.3.9.1 Bezugsnachrichtentypen (vom Hauptzollamt an den Teilnehmer)**

C_STD_RSP: Statusmitteilung

Status response

Mittels der Statusmitteilung werden TNVERSENDER und TNEMPFÄNGER von der manuellen Erledigung des Beförderungsvorgangs unterrichtet.

**4.3.9.2 Antwortnachrichtentypen (vom Teilnehmer an das Hauptzollamt)**

Keine.

**4.3.10 Nachrichtentypen „Warnung/Ablehnung vor Empfang"**

**4.3.10.1 Bezugsnachrichtentypen (vom Teilnehmer an das Hauptzollamt)**

C_REJ_DAT: Warnung/Ablehnung vor Empfang

Alert or rejection of e-AD

Mit dieser Nachricht teilt der TNEMPFÄNGER die Ablehnung der Annahme der beförderten Waren mit, bevor sie noch am Bestimmungsort angekommen sind. Bei Bedarf kann er auch lediglich Vorbehalte bezüglich der Lieferung anmelden.

**4.3.10.2 Antwortnachrichtentypen (vom Hauptzollamt an den Teilnehmer)**

C_REJ_DAT: Warnung/Ablehnung vor Empfang

Alert or rejection of e-AD

Der TNEMPFÄNGER erhält die C_REJ_DAT validiert zurück. Der TNVERSENDER erhält die C_REJ_DAT zur Information, dass der TNEMPFÄNGER die Annahme der beförderten Ware in ihrer Gesamtheit ablehnt oder dass er Vorbehalte bezüglich der Lieferung anmeldet. In ersterem Fall muss der TNVERSENDER die Bestimmung der Ware gegebenenfalls auf sich selbst oder auf einen neuen Empfänger ändern, in letzterem Fall kann der TNVERSENDER die ihm am geeignetsten erscheinende zulässige Maßnahme ergreifen. Dies können die Änderung des Bestimmungsorts, die Fortsetzung der geplanten Beförderung oder im Falle von Energieerzeugnissen auch die Aufteilung der Beförderung sein.

**4.3.11 Nachrichtentypen „Abbruch der Beförderung"**

**4.3.11.1 Bezugsnachrichtentypen (vom Hauptzollamt an den Teilnehmer)**

C_STP_NOT: Abbruch der Beförderung

Interruption of movement

Mit dieser Nachricht wird dem TNVERSENDER und dem TNEMPFÄNGER der durch die Verwaltung erfolgte Abbruch der Beförderung mitgeteilt. Der Abbruch kann nicht durch einen Teilnehmer durchgeführt werden.

# Anlage § 009d–02

Zu § 9d Energiesteuergesetz

**4.3.11.2 Antwortnachrichtentypen (vom Teilnehmer an das Hauptzollamt)**
Keine.

**4.3.12 Nachrichtentypen „Erläuterung zu Fehl-/Mehrmengen"**

**4.3.12.1 Bezugsnachrichtentypen (vom Teilnehmer an das Hauptzollamt)**
C_SHR_EXP: Erläuterung zu Fehl-/Mehrmengen
Explanation on reason for shortage
Der TNVERSENDER oder TNEMPFÄNGER teilt seinem zuständigen Hauptzollamt die Gründe für etwaige vorher festgestellte Fehl- oder Mehrmengen eines Beförderungsvorgangs mit.

**4.3.12.2 Antwortnachrichtentypen (vom Hauptzollamt an den Teilnehmer)**
C_SHR_EXP: Erläuterung zu Fehl-/Mehrmengen
Explanation on reason for shortage
Dem erklärenden Teilnehmer wird die Validierung seiner Erläuterungen durch das Zusenden der validierten Meldung mitgeteilt.

**4.3.13 Nachrichtentypen „Ereignisbericht"**

**4.3.13.1 Bezugsnachrichtentypen (vom Hauptzollamt an den Teilnehmer)**
C_EVT_DAT: Ereignisbericht
Event report
Mit dieser Nachricht wird der Ereignisbericht dem TNVERSENDER und dem TNEMPFÄNGER in den hierzu vorgesehenen Fällen zur Information weitergeleitet.
Mit der Nachricht C_EVT_DAT kann eine PDF-Datei übermittelt werden.

**4.3.13.2 Antwortnachrichtentypen (vom Teilnehmer an das Hauptzollamt)**
Keine.

**4.4 Verfahrensabläufe**
Ein gestrichelt dargestellter Pfeil in den nachfolgenden Sequenzdiagrammen bedeutet, dass der dargestellte Ablauf bzw. die übermittelte Nachricht optional ist.

**4.4.1 Eröffnung eines Beförderungsverfahrens**

**4.4.1.1 Grafische Darstellung als Sequenzdiagramm**

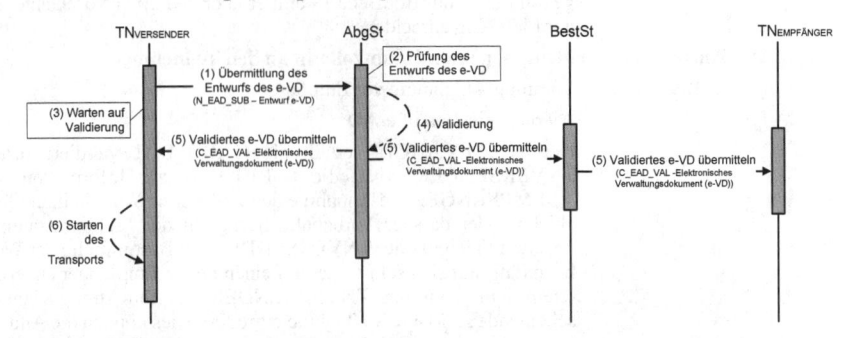

*Abbildung 5: Eröffnung eines Beförderungsverfahrens (Sequenzdiagramm)*

**4.4.1.2 Fachliche Beschreibung**

**(1) Übermittlung des Entwurfs des e-VD**
Zur Eröffnung eines Beförderungsverfahrens unter Steueraussetzung übermittelt der TNVERSENDER der Abgangsstelle den Entwurf e-VD (N_EAD_SUB). Hierbei muss als Abgangsstelle das HZA adressiert werden, das für den Versender örtlich zuständig ist. Die örtliche Zuständigkeit ist der Erlaubnis zu entnehmen. Im Feld „Transport Details.Complementary Information" der Nachricht Entwurf e-VD (N_EAD_SUB) ist bei Beförderung von Alkopops der Text „Unversteuerter Branntwein und unversteuerte Alkopops" zu übermitteln.

Zu § 9d Energiesteuergesetz                                                    **Anlage § 009d–02**

Im Feld „Transport Details.Complementary Information" der Nachricht Entwurf eVD (N_EAD_SUB) ist der String „Transit" zu übermitteln, wenn ein Transport von Deutschland nach Deutschland zum Teil über das Gebiet anderer Mitgliedstaaten führt.

Das Feld „Guarantor Type Code" der Nachricht Entwurf e-VD (N_EAD_SUB) kann bei innerdeutschen Versandvorgängen (ohne Vorgänge mit dem Vermerk „Transit") mit einer nationalen Codelistenergänzung „0" für „Keine Sicherheit" belegt werden.

**(2) Prüfung des Entwurfs des e-VD**

Bei der sich anschließenden inhaltlichen Prüfung werden insbesondere die Vollständigkeit und Schlüssigkeit der Daten sowie die Richtigkeit und Gültigkeit der angegebenen Verbrauchsteuernummern geprüft.

Bei festgestellten Fehlern wird die Nachricht mit einer Nachricht Fachliche Fehlernachricht (N_REJ_DAT) abgewiesen.

**(3) Warten auf Validierung**

Der Versender wartet mit dem Beginn des Transports bis zur Validierung der Daten des Entwurfs des e-VD durch das System.

**(4) Validierung**

Nach erfolgreicher Prüfung erhält der Beförderungsvorgang im System einen Referenzcode (ARC). Das e-VD ist damit ein rechtsgültiges Dokument.

**(5) Validiertes e-VD übermitteln**

Die Daten des validierten e-VD werden dem TNVERSENDER mit der Nachricht Elektronisches Verwaltungsdokument (e-VD) (C_EAD_VAL) mitgeteilt. Zusammen mit dieser Nachricht wird eine Druckausgabe des e-VD im PDF-Format übermittelt. Die Nachricht wird auch an die Bestimmungsstelle, d. h. an das für den Empfänger zuständige Hauptzollamt, weitergeleitet. Die Bestimmungsstelle ihrerseits leitet die Nachricht an den TNEMPFÄNGER weiter.

**(6) Starten des Transports**

Nach Erhalt der Nachricht Elektronisches Verwaltungsdokument (e-VD) (C_EAD_VAL) kann der Versender den Transport der Waren unter Steueraussetzung beginnen.

**4.4.2  Eröffnung eines Beförderungsverfahrens nach einer Einfuhr**
**4.4.2.1  Grafische Darstellung als Sequenzdiagramm**

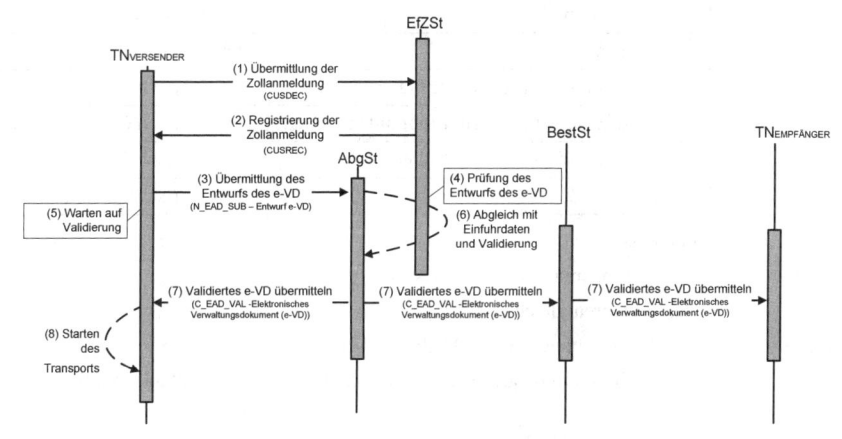

*Abbildung 6: Eröffnung eines Beförderungsverfahrens nach einer Einfuhr (Sequenzdiagramm)*

**Anlage § 009d–02**  Zu § 9d Energiesteuergesetz

#### 4.4.2.2 Fachliche Beschreibung

**(1) Übermittlung der Zollanmeldung**

Die ATLAS-Nachricht „Zollanmeldung (CUSDEC)" wird an die Einfuhrzollstelle übermittelt[1]. Da es sich bei dieser Nachricht um eine Nachricht eines anderen IT-Verfahrens handelt, ist sie gesondert zu zertifizieren.

**(2) Registrierung der Zollanmeldung**

Die Einfuhrzollstelle übermittelt nach der Registrierung der Zollanmeldung die ATLAS-Nachricht CUSREC. Die Nachricht enthält die ATLASRegistriernummer. Da es sich bei dieser Nachricht um eine Nachricht eines anderen IT-Verfahrens handelt, ist sie gesondert zu zertifizieren.

**(3) Übermittlung des Entwurfs des e-VD**

Zur Eröffnung eines Beförderungsverfahrens unter Steueraussetzung übermittelt der TNVERSENDER der Abgangsstelle den Entwurf e-VD (N_EAD_SUB). Hierbei muss als Abgangsstelle das HZA adressiert werden, das für den Versender örtlich zuständig ist. Die örtliche Zuständigkeit ist der Erlaubnis zu entnehmen. Im Feld „Transport Details.Complementary Information" der Nachricht Entwurf e-VD (N_EAD_SUB) ist bei Beförderung von Alkopops der Text "Unversteuerter Branntwein und unversteuerte Alkopops" zu übermitteln.

Im Feld „Transport Details.Complementary Information" der Nachricht Entwurf e-VD (N_EAD_SUB) ist der String "Transit" zu übermitteln, wenn ein Transport von Deutschland nach Deutschland zum Teil über das Gebiet anderer Mitgliedstaaten führt.

Im Feld „Dispatch (Import) Office" übermittelt der Versender die Dienststellenschlüsselnummer der Einfuhrzollstelle. Diese ist identisch mit der Dienststellenschlüsselnummer der ATLAS-Registriernummer.

Im Feld „Import SAD Number" übermittelt der Versender die Positionsnummer und die restlichen Teilfelder der ATLAS-Registriernummer in folgendem Format:

| Feld | Inhalt | Feldtyp | Beispiel |
|---|---|---|---|
| 1X | Positionsnummer (mit führenden Nullen) | Numerisch 4 | 0012 |
| 2X | Verfahren | Alphabetisch 2 | AT |
| 2X | Belegart | Alphabetisch 1 | C |
| 3X | Verfahrenscode (mit führenden Nullen) | Numerisch 2 | 45 |
| 4X | Laufende Nummer (mit führenden Nullen) | Numerisch 6 | 000012 |
| 5X | Monat (mit führenden Nullen) | Numerisch 2 | 01 |
| 6X | Jahr | Numerisch 4 | 2010 |

Dabei muss

– die Positionsnummer größer als „0",

– das Verfahren gleich „AT",

– die Belegart gleich „C", „D" „E" oder „K",

– der Verfahrenscode gleich „42", „45", „49", „63" oder „68" oder bei Belegart „A" gleich „00",

– der Monat größer als „0" und kleiner als „13" und

– das Jahr gleich dem aktuellen Jahr oder dem aktuellen Jahr minus 1

sein.

Das Feld „Guarantor Type Code" der Nachricht Entwurf e-VD (N_EAD_SUB) kann bei innerdeutschen Versandvorgängen (ohne Vorgänge mit dem Vermerk „Transit") mit einer nationalen Codelistenergänzung „0" für „Keine Sicherheit" belegt werden.

---

[1] In Abbildung 6 erfolgt dies durch den Versender.

Zu § 9d Energiesteuergesetz  **Anlage § 009d–02**

**(4) Prüfung des Entwurfs des e-VD**

Bei der sich anschließenden inhaltlichen Prüfung werden insbesondere die Vollständigkeit und Schlüssigkeit der Daten sowie die Richtigkeit und Gültigkeit der angegebenen Verbrauchsteuernummern geprüft.

Bei festgestellten Fehlern wird die Nachricht mit einer Nachricht Fachliche Fehlernachricht (N_REJ_DAT) abgewiesen.

**(5) Warten auf Validierung**

Der Versender wartet mit dem Beginn des Transports bis zur Validierung der Daten des Entwurfs des e-VD durch das System. Da es sich um eine Eröffnung eines Beförderungsverfahrens nach Einfuhr handelt, erfolgt die Validierung nicht automatisiert, sondern erst nach dem manuellen Abgleich mit den Einfuhrdaten.

**(6) Abgleich mit Einfuhrdaten und Validierung**

Nach erfolgreicher Prüfung erfolgt ein manueller Abgleich der Daten des e-VD mit den Daten der Zollanmeldung. Erst wenn dieser Abgleich mit positivem Ergebnis durchgeführt wurde, wird im ATLAS-System die Überlassung der Waren ausgesprochen, und im EMCS-System erhält der Beförderungsvorgang einen Referenzcode (ARC). Das e-VD ist damit ein rechtsgültiges Dokument.

**(7) Validiertes e-VD übermitteln**

Die Daten des validierten e-VD werden dem TNVERSENDER mit der Nachricht Elektronisches Verwaltungsdokument (e-VD) (C_EAD_VAL) mitgeteilt. Zusammen mit dieser Nachricht wird eine Druckausgabe des e-VD im PDFFormat übermittelt. Die Nachricht wird auch an die Bestimmungsstelle, d. h. an das für den Empfänger zuständige Hauptzollamt, weitergeleitet. Die Bestimmungsstelle ihrerseits leitet die Nachricht an den TNEMPFÄNGER weiter.

**(8) Starten des Transports**

Nach Erhalt der Nachricht Elektronisches Verwaltungsdokument (e-VD) (C_EAD_VAL) kann der Versender den Transport der Waren unter Steueraussetzung beginnen.

4.4.3   **Annullierung eines Beförderungsverfahrens**
4.4.3.1   **Grafische Darstellung als Sequenzdiagramm**

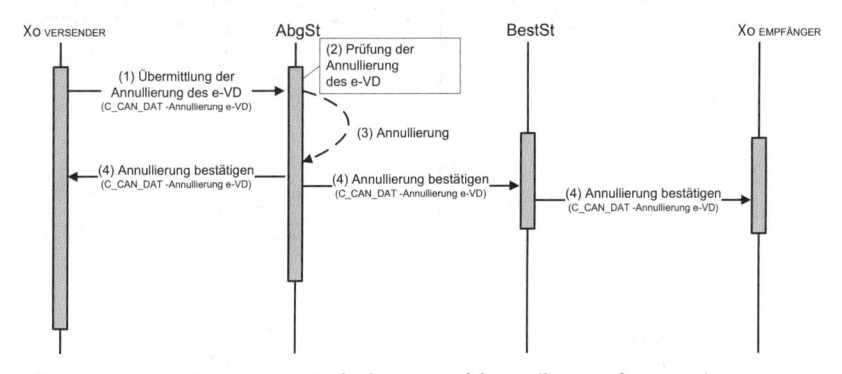

*Abbildung 7: Annullierung eines Beförderungsverfahrens (Sequenzdiagramm)*

4.4.3.2   **Fachliche Beschreibung**

**(1) Übermittlung der Annullierung des e-VD**

Zur Übermittlung der Annullierung eines e-VD übermittelt der TNVERSENDER dem System die Nachricht Annullierung e-VD (C_CAN_DAT).

**(2) Prüfung der Annullierung des e-VD**

Es erfolgt eine inhaltliche Prüfung der Annullierung des e-VD durch das System. Dabei wird insbesondere geprüft, ob der Nachrichtensender Annullierung e-VD (C_CAN_DAT) mit dem Nachrichtensender Entwurf e-VD (N_EAD_SUB) übereinstimmt und ob eine Annullierung im aktuellen Bearbeitungszustand des EMCS-Vorgangs noch zulässig ist.

# Anlage § 009d–02

Zu § 9d Energiesteuergesetz

**(3) Annullierung**
Nach erfolgreicher Prüfung wird der Beförderungsvorgang im System annulliert.

**(4) Annullierung bestätigen**
Die Daten der Annullierung des e-VD werden dem TNVERSENDER mit der Nachricht Annullierung e-VD (C_CAN_DAT) mitgeteilt. Die Nachricht wird auch an die Bestimmungsstelle, d. h. an das für den Empfänger zuständige Hauptzollamt, weitergeleitet. Die Bestimmungsstelle ihrerseits leitet die Nachricht an den TNEMPFÄNGER weiter.

### 4.4.4 Änderung der Bestimmungsorts
#### 4.4.4.1 Grafische Darstellung als Sequenzdiagramm

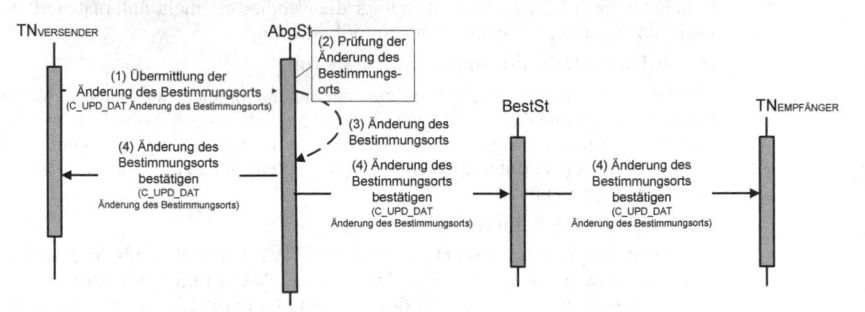

*Abbildung 8: Änderung des Bestimmungsorts ohne Änderung des Empfängers (Sequenzdiagramm)*

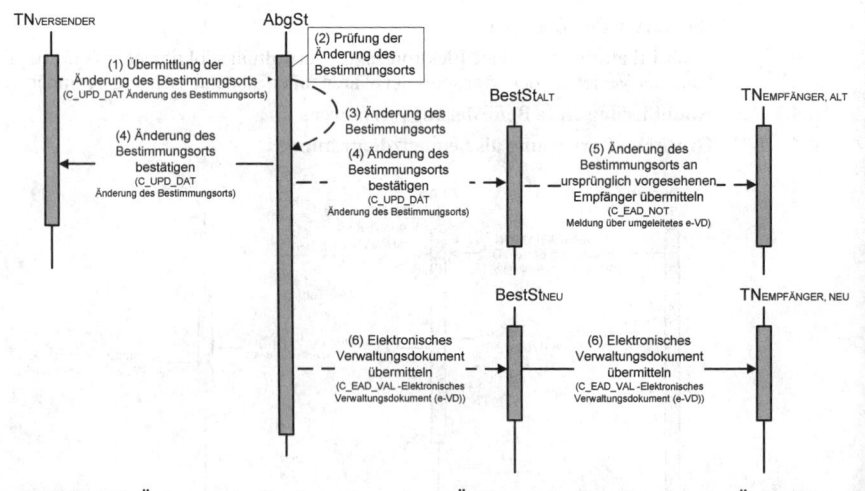

*Abbildung 9: Änderung des Bestimmungsorts mit Änderung des Empfängers oder Änderung des Lagerorts bei dezentraler Datenverarbeitung (vgl. 3.1.1.4) (Sequenzdiagramm)*

#### 4.4.4.2 Fachliche Beschreibung

**(1) Übermittlung der Änderung des Bestimmungsorts**
Zur Änderung des Bestimmungsorts eines Beförderungsverfahrens unter Steueraussetzung übermittelt der TNVERSENDER dem System die Nachricht Änderung des Bestimmungsorts (C_UPD_DAT).

**(2) Prüfung der Änderung des Bestimmungsorts**
Es erfolgt eine inhaltliche Prüfung der Änderung des Bestimmungsorts durch das System. Dabei wird insbesondere geprüft, ob es sich um ein existierendes e-VD handelt und ob eine Änderung des Bestimmungsorts im aktuellen Bearbeitungszustand des EMCS-Vorgangs noch zulässig ist.

Zu § 9d Energiesteuergesetz  **Anlage § 009d–02**

Ist eine „0" im Feld „Guarantor Type Code" des aktuell betrachteten innerdeutschen EMCS-Vorgangs eingetragen, darf keine Änderung des Bestimmungsorts auf einen anderen Mitgliedstaat stattfinden. Die Nachricht Änderung des Bestimmungsorts (C_UPD_DAT) wird mit einer Fachlichen Fehlernachricht (N_REJ_DAT) abgewiesen.

**(3) Änderung des Bestimmungsorts**

Nach erfolgreicher Prüfung wird die Änderung des Bestimmungsorts übernommen.

**(4) Änderung des Bestimmungsorts bestätigen**

Die Daten der Änderung des Bestimmungsorts werden dem TNVERSENDER mit der Nachricht Änderung des Bestimmungsorts (C_UPD_DAT) mitgeteilt. Sollte lediglich der Bestimmungsort und nicht der Empfänger geändert worden sein, so erhält die Bestimmungsstelle, d. h. das für den Empfänger zuständige Hauptzollamt, ebenfalls diese Nachricht, welche sie dann ihrerseits an den (unveränderten) Empfänger weiterleitet. Die Nachricht wird auch an die ursprüngliche Bestimmungsstelle weitergeleitet, wenn der geänderte Empfänger in einem anderen Mitgliedstaat ansässig ist.

**(5) Änderung des Bestimmungsorts an ursprünglich vorgesehenen Empfänger übermitteln**

Wenn in der Änderung des Bestimmungsorts ein neuer Empfänger angegeben wurde, wird dies dem ursprünglich vorgesehenen TNEMPFÄNGER_ALT durch die ursprüngliche Bestimmungsstelle mit der Nachricht Meldung über umgeleitetes e-VD (C_EAD_NOT) mitgeteilt.

**(6) Elektronisches Verwaltungsdokument übermitteln**

Wenn in der Änderung des Bestimmungsorts ein neuer Empfänger oder in den Fällen nach Art. 22 RL 2008/118/EG erstmalig ein Empfänger angegeben wurde, werden die Daten der Änderung der Bestimmung der (neuen) Bestimmungsstelle mit der Nachricht Elektronisches Verwaltungsdokument (e-VD) (C_EAD_VAL) mitgeteilt. Diese leitet ihrerseits die Nachricht an den (neuen) Empfänger TNEMPFÄNGER_NEU weiter.

Der Fall einer Änderung des Bestimmungsorts zu einem neuen Lagerort, wobei der Empfänger der gleiche Steuerlagerinhaber ist und dieser die Möglichkeit der dezentralen Datenverarbeitung (vgl. Kapitel 3.1.1.4, BIN-Berechnung auf Lagerort-Ebene) nutzt, wird wie eine Änderung des Empfängers behandelt.

**4.4.5 Eröffnung eines Beförderungsverfahrens zur Ausfuhr**

**4.4.5.1 Grafische Darstellung als Sequenzdiagramm**

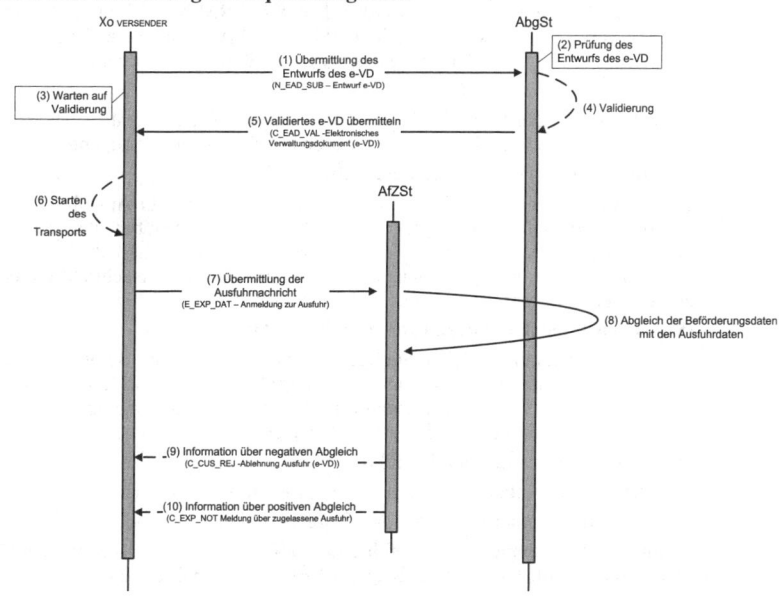

*Abbildung 10: Eröffnung eines Beförderungsverfahrens zur Ausfuhr (Sequenzdiagramm)*

**Anlage § 009d–02**  Zu § 9d Energiesteuergesetz

#### 4.4.5.2 Fachliche Beschreibung

**(1) Übermittlung des Entwurfs des e-VD**

Zur Eröffnung eines Beförderungsverfahrens unter Steueraussetzung übermittelt der TNVERSENDER der Abgangsstelle den Entwurf e-VD (N_EAD_SUB). Hierbei muss als Abgangsstelle das HZA adressiert werden, das für den Versender örtlich zuständig ist. Die örtliche Zuständigkeit ist der Erlaubnis zu entnehmen. Als Ausfuhrzollstelle (Schritt 7 der Abbildung 10) muss die auch in der Ausfuhranmeldung angegebene Dienststelle verwendet werden.

Hinweis für Zugelassene Ausführer: Im Feld „Submission Message Type" der Nachricht Entwurf e-VD (N_EAD_SUB) ist der Wert „2" anzugeben, wenn es sich um den Beförderungsvorgang eines Zugelassenen Ausführers handelt. Eine Einfuhr mit sich unmittelbar anschließender Ausfuhr ist für Zugelassene Ausführer nicht erlaubt.

Hinweis für Ausfuhren nach Helgoland: Im Feld „(Consignee) Trader. Postcode" der Nachricht Entwurf e-VD (N_EAD_SUB) ist der Wert „27498" anzugeben, wenn es sich um verbrauchsteuerrechtliche Ausfuhren auf die Insel Helgoland handelt.

Das Feld „Guarantor Type Code" der Nachricht Entwurf e-VD (N_EAD_SUB) kann bei innerdeutschen Versandvorgängen (ohne Vorgänge mit dem Vermerk „Transit") mit einer nationalen Codelistenergänzung „0" für „Keine Sicherheit" belegt werden.

**(2) Prüfung des Entwurfs des e-VD**

Bei der sich anschließenden inhaltlichen Prüfung werden insbesondere die Vollständigkeit und Schlüssigkeit der Daten sowie die Richtigkeit und Gültigkeit der angegebenen Verbrauchsteuernummern geprüft.

Bei festgestellten Fehlern wird die Nachricht mit einer Nachricht Fachliche Fehlernachricht (N_REJ_DAT) abgewiesen.

**(3) Warten auf Validierung**

Der Versender wartet mit dem Beginn des Transports bis zur Validierung der Daten des Entwurfs des e-VD durch das System.

**(4) Validierung**

Nach erfolgreicher Prüfung erhält der Beförderungsvorgang im System einen Referenzcode (ARC). Das e-VD ist damit ein rechtsgültiges Dokument.

**(5) Validiertes e-VD übermitteln**

Die Daten des validierten e-VD werden dem TNVERSENDER mit der Nachricht Elektronisches Verwaltungsdokument (e-VD) (C_EAD_VAL) mitgeteilt. Zusammen mit dieser Nachricht wird eine Druckausgabe des e-VD im PDFFormat übermittelt.

**(6) Starten des Transports**

Nach Erhalt der Nachricht Elektronisches Verwaltungsdokument (e-VD) (C_EAD_VAL) kann der Versender den Transport der Waren unter Steueraussetzung beginnen.

**(7) Übermittlung der Ausfuhrnachricht**

Der Ausführer übermittelt die AES-Nachricht Anmeldung zur Ausfuhr (E_EXP_DAT) an die Ausfuhrzollstelle[1]. Dabei gibt er im Feld „Ware.Vorpapier.Typ" den Wert „eAD" und im Feld „Ware.Vorpapier.Referenz" den Referenzcode (ARC) und die jeweilige Positionsnummer des Beförderungsvorgangs an. Da es sich bei dieser Nachricht um eine Nachricht eines anderen Verfahrens handelt, ist sie gesondert zu zertifizieren.

**(8) Abgleich der Beförderungsdaten mit den Ausfuhrdaten**

Es wird manuell ein Abgleich durchgeführt. Der Abgleich der Beförderungsdaten mit den Ausfuhrdaten umfasst die Prüfung auf die korrekte Angabe von Referenzcode (ARC) und Positionsnummer des Beförderungsvorgangs im Ausfuhrvorgang sowie die Übereinstimmung der Positionsdaten in beiden Vorgängen.

Der Abgleich wird nicht durchgeführt

– beim Beförderungsvorgang eines Zugelassenen Ausführers und

– bei verbrauchsteuerrechtlichen Ausfuhren auf die Insel Helgoland.

Wenn der Abgleich nicht durchgeführt wird, erfolgt auch keine Rückmeldung über den Abgleich (die Schritte 9 und 10 des Sequenzdiagramms entfallen dann).

---

[1] In Abbildung 10 sind Ausführer und Versender identisch.

Zu § 9d Energiesteuergesetz  **Anlage § 009d–02**

**(9) Information über negativen Abgleich**
Die Daten des Ausfuhrvorgangs stimmen nicht mit den Daten des Beförderungsvorgangs überein. Dem TNVERSENDER wird dies mit der Nachricht Ablehnung Ausfuhr e-VD (C_CUS_REJ) mitgeteilt.

**(10) Information über positiven Abgleich**
Die Daten des Ausfuhrvorgangs stimmen mit den Daten des Beförderungsvorgangs überein. Dem TNVERSENDER wird dies mit der Nachricht Meldung über zugelassene Ausfuhr (C_EXP_NOT) mitgeteilt.

### 4.4.6 Beendigung durch Eingangsmeldung
#### 4.4.6.1 Grafische Darstellung als Sequenzdiagramm

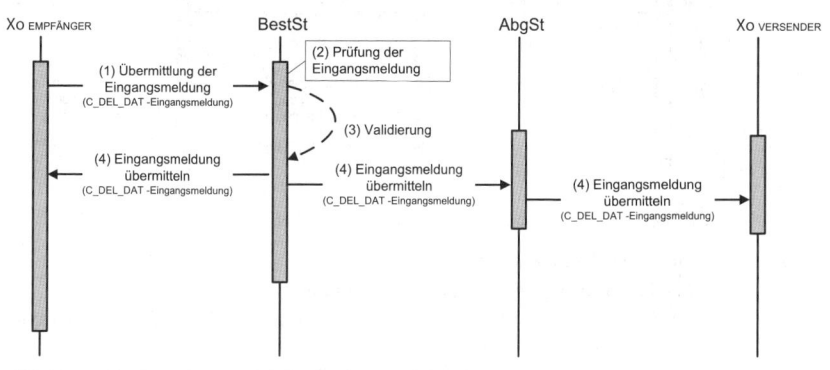

*Abbildung 11: Beendigung durch Eingangsmeldung (Sequenzdiagramm)*

#### 4.4.6.2 Fachliche Beschreibung

**(1) Übermittlung der Eingangsmeldung**
Zur Beendigung eines Beförderungsverfahrens unter Steueraussetzung übermittelt der TNEMPFÄNGER der Bestimmungsstelle die Nachricht Eingangsmeldung (C_DEL_DAT). Im Feld „Global Conclusion of Receipt" werden für den Fall, dass die Waren vollständig akzeptiert wurden, die Werte „1" oder „2" übermittelt. Falls die Waren nicht bzw. nicht vollständig akzeptiert wurden, werden die Werte „3" bzw. „4" übermittelt. In diesen Fällen ist auf Positionsebene anzugeben, welche Mengen welcher Waren des e-VD nicht akzeptiert wurden.

**(2) Prüfung der Eingangsmeldung**
Es erfolgt eine inhaltliche Prüfung der Eingangsmeldung durch das System. Dabei wird insbesondere geprüft,
– ob es sich um ein existierendes e-VD handelt, bei dem der TNEMPFÄNGER als Empfänger eingetragen ist,
– ob die Eingangsmeldung in dem Bearbeitungszustand des EMCS-Vorgangs zulässig ist und
– ob der TNEMPFÄNGER zum Zeitpunkt der Ankunft der Waren zum Empfang der Waren berechtigt war.

**(3) Validierung**
Wenn die Waren vollständig akzeptiert wurden, wird der Beförderungsvorgang nach erfolgreicher Prüfung der Eingangsmeldung beendet. Falls die Waren nicht vollständig akzeptiert wurden, erwartet das System nach der erfolgreichen Prüfung der Eingangsmeldung eine Änderung des Bestimmungsorts für die nicht akzeptierte Menge.
Die Summe der zurückgewiesenen Menge und einer eventuell festgestellten Fehlmenge muss kleiner oder gleich der angegebenen Menge in den Positionsdaten des letzten e-VD sein.

**(4) Eingangsmeldung übermitteln**
Die Nachricht Eingangsmeldung (C_DEL_DAT) wird nach Validierung an den TNEMPFÄNGER übermittelt. Die Nachricht wird auch an die Abgangsstelle, d. h. an das für den

# Anlage § 009d–02

Zu § 9d Energiesteuergesetz

Versender zuständige Hauptzollamt, weitergeleitet. Die Abgangsstelle ihrerseits leitet die Nachricht an den TNVERSENDER weiter.

## 4.4.7 Erinnerung bei Fristüberschreitung
### 4.4.7.1 Grafische Darstellung als Sequenzdiagramm

```
XO VERSENDER              AbgSt                    BestSt              XO EMPFÄNGER

     │ ←── (1) Übermittlung der ──┐ ── (1) Übermittlung der ──→ │ ── (1) Übermittlung der ──→ │
     │      Erinnerungsmeldung    │    Erinnerungsmeldung       │    Erinnerungsmeldung       │
     │      (C_EXC_REM            │    (C_EXC_REM               │    (C_EXC_REM               │
     │      -Erinnerungsmeldung)  │    -Erinnerungsmeldung)     │    -Erinnerungsmeldung)     │
     │                            │                             │                             │
     │ ── (2) Erklärung für ──→   │ ── (2) Erklärung für ──→    │                             │
     │      Verspätung            │      Verspätung             │                             │
     │      durch Versender       │      durch Versender        │                             │
     │      (C_DEL_EXP -          │      (C_DEL_EXP -           │                             │
     │      Erklärung für         │      Erklärung für          │                             │
     │      Verspätung)           │      Verspätung)            │                             │
     │                            │                             │                             │
     │                            │ ←── (3) Erklärung für ──    │ ←── (3) Erklärung für ──    │
     │                            │      Verspätung              │      Verspätung             │
     │                            │      durch Empfänger         │      durch Empfänger        │
     │                            │      (C_DEL_EXP -            │      (C_DEL_EXP -           │
     │                            │      Erklärung für           │      Erklärung für          │
     │                            │      Verspätung)             │      Verspätung)            │
```

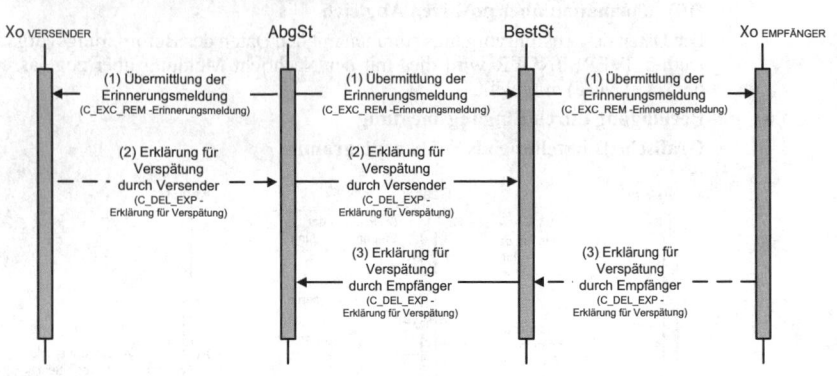

*Abbildung 12: Erinnerung bei Fristüberschreitung (Sequenzdiagramm)*

### 4.4.7.2 Fachliche Beschreibung

**(1) Übermittlung der Erinnerungsmeldung**

Die im Entwurf e-VD (N_EAD_SUB) durch den TNVERSENDER angegebene Beförderungsdauer ist überschritten.

Die Abgangsstelle übermittelt die Nachricht Erinnerungsmeldung (C_EXC_ REM) an den TNVERSENDER. Die Nachricht wird auch an die Bestimmungsstelle, d. h. an das für den Empfänger zuständige Hauptzollamt, weitergeleitet. Die Bestimmungsstelle ihrerseits leitet die Nachricht an den TNEMPFÄNGER weiter. Sowohl TNVERSENDER als auch TNEMPFÄNGER können darauf mit der Nachricht Erklärung für Verspätung (C_DEL_EXP) den Grund für die Fristüberschreitung erklären.

**(2) Erklärung für Verspätung durch Versender**

Der TNVERSENDER kann die Nachricht Erklärung für Verspätung (C_DEL_ EXP) an die Abgangsstelle übermitteln. Nach einer syntaktischen Prüfung leitet die Abgangsstelle die Nachricht an die Bestimmungsstelle weiter.

**(3) Erklärung für Verspätung durch Empfänger**

Der TNEMPFÄNGER kann die Nachricht Erklärung für Verspätung (C_DEL_ EXP) an die Bestimmungsstelle übermitteln. Nach einer syntaktischen Prüfung leitet die Bestimmungsstelle die Nachricht an die Abgangsstelle weiter.

## 4.4.8 Aufteilung eines Beförderungsvorgangs
### 4.4.8.1 Grafische Darstellung als Sequenzdiagramm

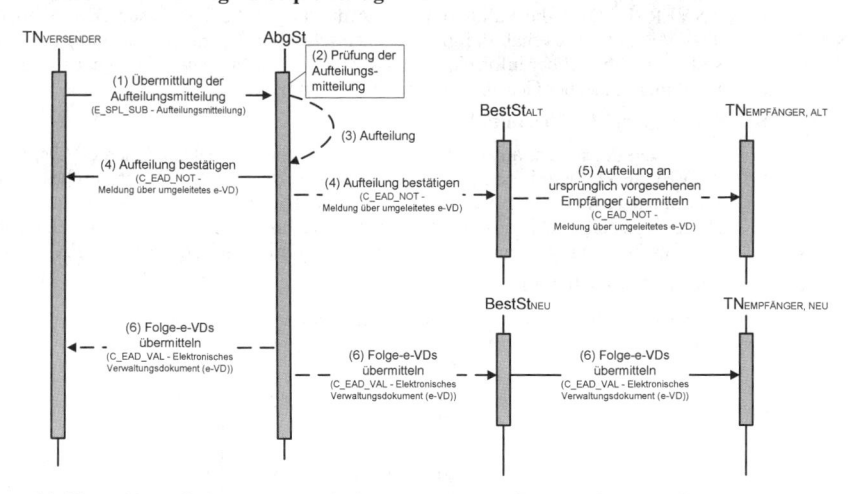

*Abbildung 13: Aufteilung eines Beförderungsvorgangs (Sequenzdiagramm)*

### 4.4.8.2 Fachliche Beschreibung

**(1) Übermittlung der Aufteilungsmitteilung**

Der TNVERSENDER übermittelt die Nachricht Aufteilungsmitteilung (E_SPL_SUB) zur Aufteilung eines vorher eröffneten Beförderungsvorgangs.

Die Aufteilung ist nur für Beförderungsvorgänge zugelassen, die ausschließlich Verbrauchsteuerprodukte der Kategorie E (Energieerzeugnisse) umfassen.

Der Mitgliedstaat, in dem sich die Ware zur Aufteilung befindet, muss Aufteilungen von Beförderungen unter Steueraussetzung ausdrücklich zulassen.

Im Zuge der Aufteilung dürfen den daraus resultierenden Beförderungsvorgängen keine Waren hinzugefügt oder Waren aus dem Verfahren herausgenommen werden. Alle Positionen des ursprünglichen Vorgangs – und nur diese – müssen in den Folgevorgängen enthalten sein. Die Summe der für eine Position in den Folgevorgängen genannten Mengen muss der Menge dieser Position im Ursprungsvorgang entsprechen. Die angemeldeten Aufteilungsanteile müssen dabei stets größer Null sein.

Soweit der ursprüngliche Vorgang aus der teilweisen Zurückweisung eines vorhergehenden Vorgangs entstanden ist, so gilt das Gesagte analog für die in der Beförderung verbliebenen Restmengen.

Für die in der Nachricht Aufteilungsmitteilung optionalen Datengruppen und Felder gilt, dass beim Leerlassen dieser Informationen die Angaben aus dem ursprünglichen e-VD für die Folge-e-VD übernommen werden.

**(2) Prüfung der Aufteilungsmitteilung**

Bei der sich anschließenden inhaltlichen Prüfung werden insbesondere die Vollständigkeit und Schlüssigkeit der Daten sowie die Richtigkeit und Gültigkeit der angegebenen Verbrauchsteuernummern geprüft.

Ist eine „0" im Feld „Guarantor Type Code" des aktuell betrachteten innerdeutschen EMCS-Vorgangs eingetragen, darf keiner der in der Aufteilungsmitteilung genannten neuen Empfänger in einem anderen Mitgliedstaat sein. Andernfalls wird die Nachricht Aufteilungsmitteilung (E_SPL_SUB) mit einer Fachlichen Fehlernachricht (N_REJ_DAT) abgewiesen.

**(3) Aufteilung**

Nach erfolgreicher Prüfung erhält der ursprüngliche Beförderungsvorgang einen Endzustand, und die resultierenden aufgeteilten Vorgänge werden mit neuen Referenzcodes erstellt.

# Anlage § 009d–02

Zu § 9d Energiesteuergesetz

**(4-5) Aufteilung bestätigen**

Mittels der Nachricht Meldung über umgeleitetes e-VD (C_EAD_NOT) wird dem TNVERSENDER die Validierung der Aufteilungsmitteilung bestätigt. Der ursprüngliche TNEMPFÄNGER erhält die gleiche Nachricht über die für ihn zuständige Bestimmungsstelle, die ihn darüber informiert, dass der aufgeteilte Vorgang nicht mehr – oder zumindest nicht mehr in seiner Gesamtheit – für ihn bestimmt ist.

**(6) Folge-e-VDs übermitteln**

Die Daten der neuen, aus dem ursprünglichen Vorgang entstandenen e-VDs, werden dem TNVERSENDER mit den jeweils notwendigen Nachrichten Elektronisches Verwaltungsdokument (e-VD) (C_EAD_VAL) mitgeteilt. Die Nachrichten werden auch an die Bestimmungsstellen, d. h. an die für die Empfänger zuständigen Hauptzollämter, weitergeleitet. Die Bestimmungsstellen ihrerseits leiten die Nachrichten an die TNEMPFÄNGER weiter.

### 4.4.9 Manuelle Erledigung

#### 4.4.9.1 Grafische Darstellung als Sequenzdiagramm

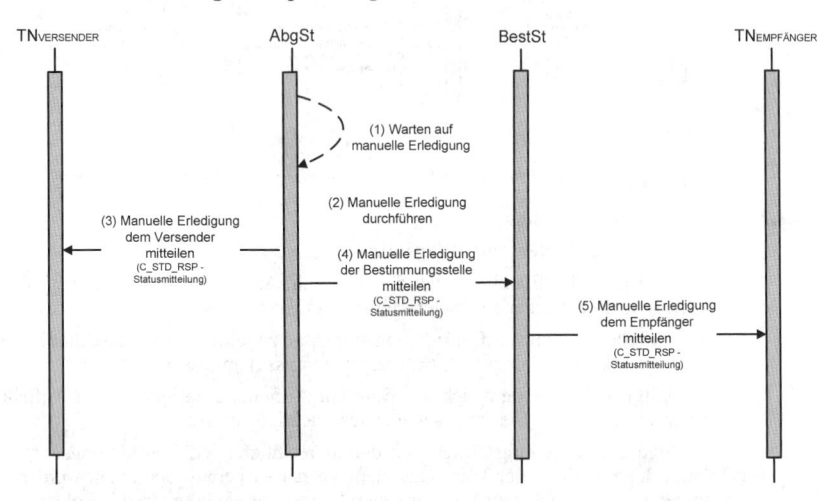

*Abbildung 14: Manuelle Erledigung (Sequenzdiagramm)*

#### 4.4.9.2 Fachliche Beschreibung

Eine manuelle Erledigung erfolgt in einer Reihe von Fällen, in denen ein Beförderungsvorgang einen vom Standardfall abweichenden Verlauf nimmt oder bei denen Unregelmäßigkeiten aufgetreten sind.

**(1) Warten auf manuelle Erledigung**

Aufgrund gewisser Kriterien wird der Beförderungsvorgang auf eine Arbeitsliste der vom jeweils zuständigen Hauptzollamt manuell zu erledigenden Vorgänge gesetzt.

**(2) Manuelle Erledigung durchführen**

Das zuständige Hauptzollamt führt die im jeweiligen Fall notwendigen Prüfungen durch. Der Beförderungsvorgang wird, soweit notwendig, manuell erledigt.

**(3-5) Manuelle Erledigung dem Versender/der Bestimmungsstelle/dem Empfänger mitteilen**

Mittels der Nachricht Statusmitteilung (C_STD_RSP) wird dem TNVERSENDER und über die Bestimmungsstelle auch dem TNEMPFÄNGER die manuelle Erledigung des Vorgangs mitgeteilt.

Die Handhabung durch andere Mitgliedstaaten kann unter Umständen von der hier beschriebenen abweichen. Als TNEMPFÄNGER eines Beförderungsvorgangs aus einem anderen Mitgliedstaat ist die Übermittlung einer Nachricht Statusmitteilung (C_STD_RSP) nicht sichergestellt.

## 4.4.10 Warnung/Ablehnung vor Empfang
### 4.4.10.1 Grafische Darstellung als Sequenzdiagramm

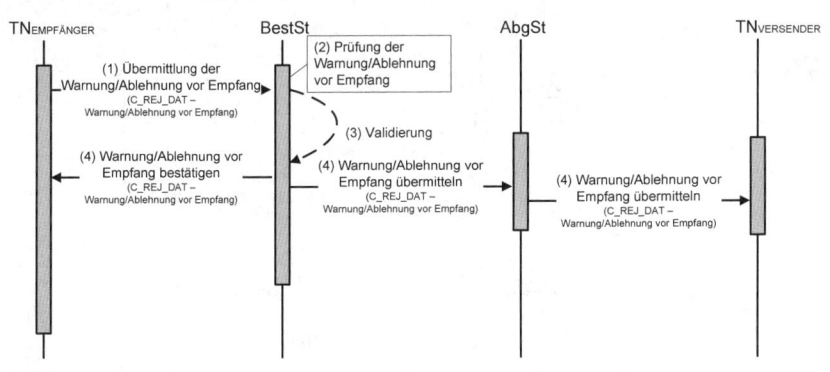

*Abbildung 15: Warnung/Ablehnung vor Empfang (Sequenzdiagramm)*

### 4.4.10.2 Fachliche Beschreibung

Die Warnung/Ablehnung vor Empfang (C_REJ_DAT) bieten dem Empfänger die Möglichkeit, bereits vor Eintreffen der Waren am vorgesehenen Bestimmungsort Schritte zu unternehmen, um auf Vorbehalte hinzuweisen oder die Annahme der beförderten Waren im Voraus ablehnen zu können[1].

**(1) Übermittlung der Warnung/Ablehnung vor Empfang**

Der TNEMPFÄNGER kommt nach Empfang einer an ihn übermittelten Nachricht Elektronisches Verwaltungsdokument (e-VD) (C_EAD_VAL) zu dem Schluss, dass er auf Vorbehalte bezüglich der angekündigten Beförderung hinweisen oder den Empfang der Waren ablehnen will. Auf Basis der ihm vorliegenden Daten des Beförderungsvorgangs erstellt der TNEMPFÄNGER eine Nachricht Warnung/Ablehnung vor Empfang (C_REJ_DAT) und übermittelt diese an die Bestimmungsstelle. Diese ist das für ihn zuständige Hauptzollamt.

**(2-3) Prüfung der Warnung/Ablehnung vor Empfang**

Die Nachricht wird auf Richtigkeit geprüft und bei bestandener Prüfung validiert.

**(4) Warnung/Ablehnung vor Empfang bestätigen und übermitteln**

Die Nachricht Warnung/Ablehnung vor Empfang (C_REJ_DAT) wird dem TNEMPFÄNGER zur Bestätigung der Validierung zurückgesendet und dem TNVERSENDER über die für ihn zuständige Abgangsstelle übermittelt.

---

1) Die Eigenschaft als „Warnung" oder „Ablehnung" ist am Feld „E-AD Rejected flag" zu erkennen.

# Anlage § 009d–02

Zu § 9d Energiesteuergesetz

## 4.4.11 Abbruch der Beförderung
### 4.4.11.1 Grafische Darstellung als Sequenzdiagramm

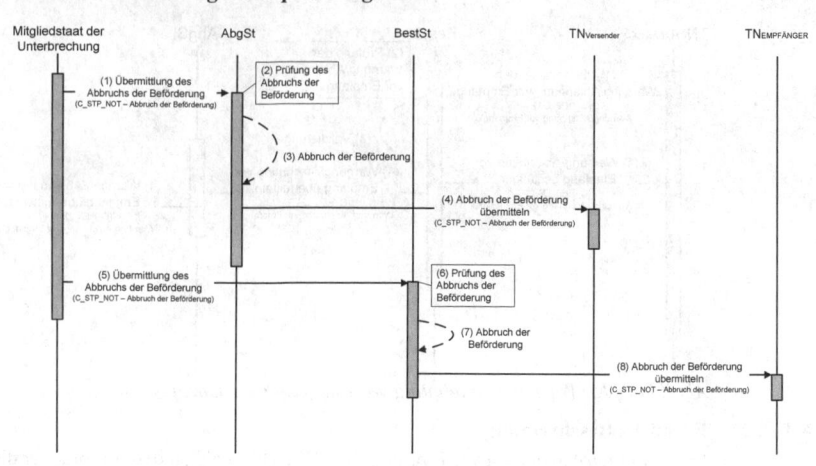

*Abbildung 16: Abbruch der Beförderung (Sequenzdiagramm)*

### 4.4.11.2 Fachliche Beschreibung

In Einzelfällen [1] kann ein Beförderungsvorgang vor seinem regulären Abschluss von Amts wegen durch einen beteiligten Mitgliedstaat (Abgangs-, Transit-, beziehungsweise Bestimmungsmitgliedstaat) abgebrochen werden. Der Abbruch betrifft stets den gesamten Beförderungsvorgang [2] und nicht nur eine Teilmenge der transportierten Güter.

**(1/5) Übermittlung des Abbruchs der Beförderung**

Der den Abbruch initiierende Mitgliedstaat übermittelt die Nachricht Abbruch der Beförderung (C_STP_NOT) an die Abgangs- und Bestimmungsstelle.

**(3/7) Abbruch der Beförderung**

Sowohl die Abgangs- als auch die Bestimmungsstelle führen den Abbruch des bei ihnen geführten Beförderungsvorgangs durch.

**(4/8) Abbruch der Beförderung übermitteln**

Der TNVERSENDER und der TNEMPFÄNGER werden durch Weiterleitung der Nachricht Abbruch der Beförderung (C_STP_NOT) vom Abbruch des Beförderungsvorgangs unterrichtet.

---

1) Grund für einen Abbruch können beispielsweise Diebstahl oder Untergang der Ware sein.
2) Den gesamten Beförderungsvorgang bzw. den zum Zeitpunkt des Abbruchs verbliebenen Anteil nach einer teilweisen Zurückweisung. Der Abbruch hat also keine Auswirkung auf bereits beim Empfänger eingetroffene Teilmengen des Beförderungsvorgangs.

## 4.4.12 Erläuterung zu Fehl-/Mehrmengen
### 4.4.12.1 Grafische Darstellung als Sequenzdiagramm

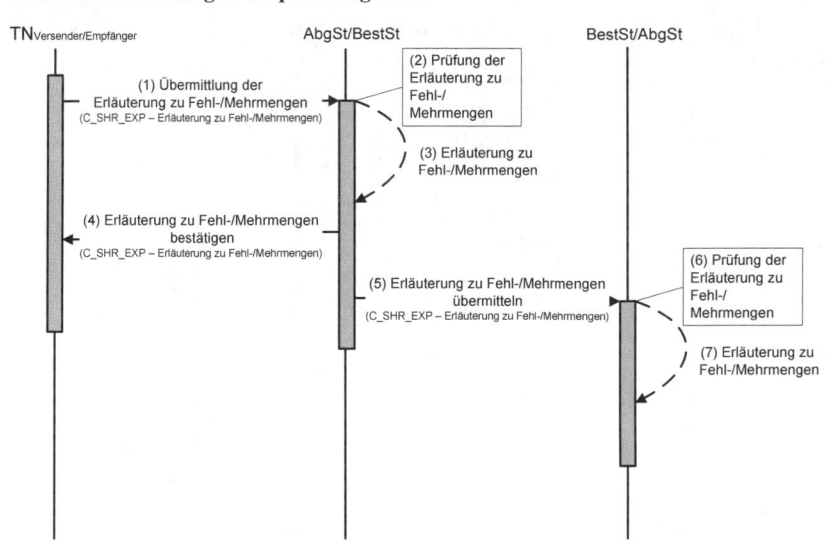

*Abbildung 17: Erläuterung zu Fehl-/Mehrmengen (Sequenzdiagramm)*

### 4.4.12.2 Fachliche Beschreibung

Mit der Nachricht Erläuterung zu Fehl- und Mehrmengen (C_SHR_EXP) kann der Teilnehmer die für die korrekte steuerliche Behandlung notwendigen Informationen an das für ihn zuständige Hauptzollamt übermitteln.

**(1) Übermittlung der Erläuterung zu Fehl-/Mehrmengen**

Der TNVERSENDER oder TNEMPFÄNGER übermittelt bei Bedarf die Nachricht Erläuterung zu Fehl-/Mehrmengen (C_SHR_EXP) an das für ihn zuständige Hauptzollamt, das heißt an seine Abgangsrespektive Bestimmungsstelle.

**(2–3) Prüfung der Erläuterung zu Fehl-/Mehrmengen**

Nach Eingang der Nachricht wird diese geprüft und validiert. Insbesondere wird überprüft, ob der Nachrichtensender Erläuterung zu Fehl-/ Mehrmengen (C_SHR_EXP) zur Erläuterung berechtigt ist, also ob es sich um den TNVERSENDER handelt, der den Vorgang initiiert hat, beziehungsweise um den TNEMPFÄNGER, von dem auch die Nachricht Eingangsmeldung (C_DEL_DAT) übermittelt wurde.

Eine Erläuterung zu Fehl-/Mehrmengen ist nur dann möglich, wenn zu diesem Referenzcode (ARC) zuvor mindestens eine Nachricht Eingangsmeldung (C_DEL_DAT) mit Angabe von Fehl- oder Mehrmengen übermittelt wurde.

**(4) Erläuterungen zu Fehl-/Mehrmengen bestätigen**

Die Einarbeitung der Erläuterungen wird dem Nachrichtensender durch Übermittlung der validierten Nachricht Erläuterung zu Fehl-/ Mehrmengen (C_SHR_EXP) bestätigt.

**(5–7) Erläuterungen zu Fehl-/Mehrmengen übermitteln**

Je nachdem, ob die Erläuterungen ursprünglich vom TNVERSENDER an die Abgangsstelle oder vom TNEMPFÄNGER an die Bestimmungsstelle gesendet worden sind, werden die Erläuterungen an die jeweils andere Dienststelle weitergeleitet und dort gespeichert.

# Anlage § 009d–02

Zu § 9d Energiesteuergesetz

### 4.4.13 Ereignisbericht
#### 4.4.13.1 Grafische Darstellung als Sequenzdiagramm

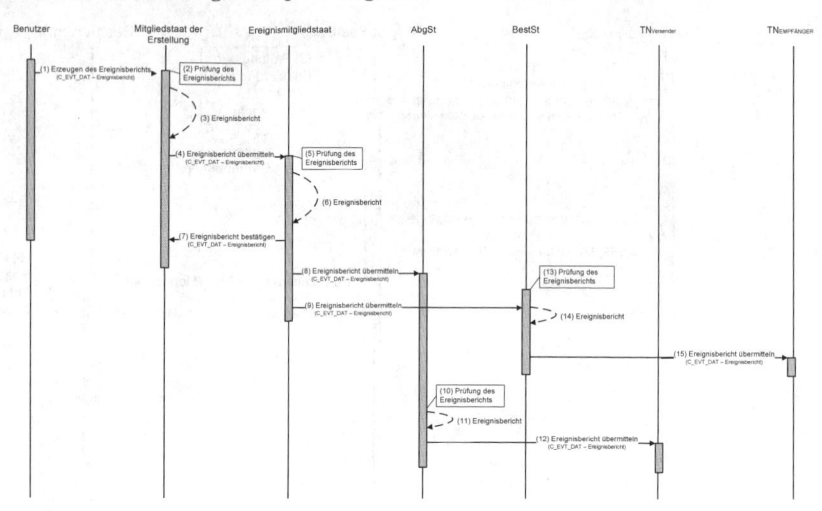

*Abbildung 18: Ereignisbericht (Sequenzdiagramm)*

#### 4.4.13.2 Fachliche Beschreibung

Während eines Beförderungsverfahrens können bestimmte Ereignisse (zum Beispiel Diebstahl der vollständigen Ware) eintreten, die einen maßgeblichen Einfluss auf den Verlauf des Verfahrens haben können. Der Ereignisbericht kann nur durch dazu autorisierte Behörden und nicht durch Teilnehmer erstellt werden.

Mit der Nachricht Ereignisbericht (C_EVT_DAT) können bis zu neun Anlagen übermittelt werden. Diese werden bei der Übermittlung zum Teilnehmer (12, 15) zu einem PDF-Dokument zusammengefasst.

**(1) Erzeugen des Ereignisberichts**
Die Nachricht Ereignisbericht (C_EVT_DAT) wird von der autorisierten Behörde erstellt.

**(2-3) Prüfung des Ereignisberichts**
Der Ereignisbericht wird auf Korrektheit und Vollständigkeit geprüft und registriert.

**(4-11, 13, 14) Übermittlung des Ereignisberichts**
Der Ereignisbericht wird als Nachricht Ereignisbericht (C_EVT_DAT) an die verschiedenen in den Beförderungsvorgang involvierten Dienststellen weiter übermittelt und nach Bedarf geprüft.

**(12, 15) Übermittlung an Teilnehmer**
Den Teilnehmern als TNVERSENDER wird der Ereignisbericht von der zuständigen Abgangsstelle und als TNEMPFÄNGER von der zuständigen Bestimmungsstelle übermittelt.

### 5 Abkürzungsverzeichnis und Glossar

Das Abkürzungsverzeichnis löst die verwendeten Abkürzungen auf, übersetzt sie ins Deutsche und erläutert sie kurz, sofern das erforderlich erscheint.

| Abkürzung | Auflösung der Abkürzung | Erläuterung (soweit nicht selbsterläuternd) |
|---|---|---|
| ADMD | Administrative ManagementDomain | Öffentlicher Verwaltungsbereich (in einem X.400-System) |
| AES | Automated Export System (dt.: Automatisiertes Ausfuhrsystem) | Verfahrensbereich Ausfuhr im IT-Verfahren ATLAS |

Zu § 9d Energiesteuergesetz  Anlage § 009d–02

| Abkürzung | Auflösung der Abkürzung | Erläuterung (soweit nicht selbsterläuternd) |
|---|---|---|
| an..n, ann | Alphanumerischer Wert der maximalen Länge n Alphanumerischer Wert der Länge n | |
| ARC | Administrative ReferenceCode | Referenzcode des elektronischen Verwaltungsdokuments nach der Richtlinie 2008/118/EG vom 16.12.2008 |
| ASCII | American Standard Code for Information Interchange (dt.: Amerikanischer Standard Code zum Informationsaustausch) | Zeichencodierung |
| ATLAS | Automatisiertes Tarif- und Lokales Zoll-AbwicklungsSystem | ein IT-Verfahren der deutschen Zollverwaltung zur Automatisierung und Beschleunigung der Zollabwicklung |
| BDSG | Bundesdatenschutzgesetz | |
| BFD | Bundesfinanzdirektion | Mittelbehörde der deutschen Zollverwaltung |
| BILAT | Bilateral Defined (dt.: zweiseitig definiert) | Anlagetyp bei einer X.400-Mail |
| BIN | Beteiligten-Identifikations-Nummer | Ersatz für eine handschriftliche Unterschrift beim elektronischen Austausch von Nachrichten |
| BSI | Bundesamt für Sicherheit in der Informationstechnik | |
| CCN/CSI | Common Communications Network/Common Systems Interface (dt.: Gemeinsames Kommunikationsnetz/Gemeinsame Systemschnittstelle) | CCN/CSI dient dem sicheren Austausch von Nachrichten zwischen den Zoll- und Steuerverwaltungen der EU-Mitgliedstaaten sowie mit EU-Behörden. |
| CEST | Central European SummerTime | siehe MESZ |
| CET | Central European Time | siehe MEZ |
| CISCO-kompatibel | | CISCO-Router arbeiten mit einem proprietären Betriebssystem, dem Internetwork Operating System (IOS). Ein CISCO-kompatibler Router orientiert sich an den Protokollen und Standards der CISCO-Router. |
| CISCO-Router | | Netzwerk-Produkt der Firma Cisco-Systems inc. |
| DDV | Datendirektverbindung | |
| DE | Deutschland | Kürzel für „Deutschland" oder „deutsch" |
| DFÜ | Datenfernübertragung bzw. -übermittlung | |
| DIN | Deutsche Industrienorm | |
| DNAG | Datennetzanschlussgerät | |
| DR | Delivery Report | Zustellbestätigung |

# Anlage § 009d–02

Zu § 9d Energiesteuergesetz

| Abkürzung | Auflösung der Abkürzung | Erläuterung (soweit nicht selbsterläuternd) |
|---|---|---|
| DSL | Digital Subscriber Line | Digitaler Teilnehmeranschluss |
| DSt | Dienststelle | |
| e-AD, EAD | Electronic AdministrativeDocument | Englische Form für e-VD |
| EDI | Electronic Data Interchange (dt.: Elektronischer Datenaustausch) | |
| EDIFACT | Electronic Data Interchange for Administration, Commerce and Transport (dt.: Elektronischer Datenaustausch für Verwaltung, Handel und Transport) | EDIFACT ist ein internationaler Standard für den elektronischen Austausch von Handelsnachrichten. |
| EDI-IHB | EDIFAC-TImplementierungshandbuch | |
| EDV | Elektronische Datenverarbeitung | |
| EG | Europäische Gemeinschaft(en) | |
| EMA | EMCS Aufteilung | Nachrichtengruppe |
| EMB | EMCS Beendigung | Nachrichtengruppe |
| EMCS | Excise Movement and Control System (dt.: Verbrauchsteuer Beförderungs- und Kontrollsystem) | EDV-gestütztes Beförderungs- und Kontrollsystem für verbrauchsteuerpflichtige Waren |
| EME | EMCS Eröffnung | Nachrichtengruppe |
| EU | Europäische Union/European Union | |
| e-VD | elektronisches Verwaltungsdokument | Elektronische Verwaltungsdokument nach Artikel 21 der Richtlinie 2008/118/EG vom 16.12.2008 |
| FT | File Transfer (dt.: Dateiübertragung) | |
| FTAM | File Transfer, Access and Management (dt.: Dateiübertragung, -zugang und -verwaltung) | FTAM ist ein standardisiertes Datenkommunikationsprotokoll für den Dateitransfer. |
| FTGW-Fehler | File Transfer-Gateway-Fehler | |
| HZA | Hauptzollamt | |
| ID | Identifier/Identifikator | |
| IEA | Internet-EMCS-Anwendung | |
| IHB | Implementierungshandbuch | |
| IP-Adresse | Internetprotokolladresse | |
| ISDN | Integrated Services Digital Network (dt.: diensteintegrierendes digitales Netz) | ISDN ist ein leitungsvermitteltes digitales Wählnetz zur Übertragung von Sprache und Daten. |
| ISO | International Organization for Standardization (dt.: Internationale Organisation für Normung) | Die ISO (von gr.: „isos"; zu dt. „gleich") ist die internationale Vereinigung von Normungsorganisationen. |

| Abkürzung | Auflösung der Abkürzung | Erläuterung (soweit nicht selbsterläuternd) |
|---|---|---|
| IT | Information Technology/Informationstechnik/Informationstechnologie | |
| IWM Zoll | Informations- und Wissensmanagement der Zollverwaltung | Dienststelle für ein bundeseinheitliches Informations- und Wissensmanagement |
| KB | Kilobyte | |
| LAN | Local Area Network (dt.: lokales Netz) | Rechnernetz, das die Ausdehnung von Personal Area Networks übertrifft, die Ausdehnung von Metropolitan Area Networks, Wide Area Networks und Global Area Networks aber nicht erreicht |
| MB | Megabyte | |
| MESZ | Mitteleuropäische Sommerzeit | |
| MEZ | Mitteleuropäische Zeit | |
| MTA | Message Transfer Agent (dt.: Nachrichtenübertragungsagent) | Nachrichtenverteiler in einem Nachrichtenübertragungssystem |
| n..n, nn | Numerischer Wert der maximalen Länge n<br>Numerischer Wert der Länge n | |
| NDR | Non Delivery Report (dt.: Nichtzustellbarkeitsmeldung) | Fehlermeldung, die von einem Mailserver automatisch erzeugt wird, wenn eine E-Mail nicht zustellbar ist |
| NT | Network Terminator (dt.: Netzabschluss) | |
| OU | Organizational Unit (dt.: Organisationseinheit) | Organisationseinheit in einem X.400-System |
| PDF | Portable Document Format (dt.: Transportables Dokumentenformat) | PDF ist ein plattformübergreifendes Dateiformat für Dokumente. |
| RFC1006 | | RFC1006 ist ein TCP/IP-Transportprotokoll |
| PKZIP | Phil Katz' ZIP program (dt.: ZIP-Programm von Phil Katz) | Kompressionsprogramm für Dateien |
| PRMD | Private Management Domain (dt.: Privater Verwaltungsbereich) | Privater Verwaltungsbereich (in einem X.400-System) |
| RFF-Segment | EDIFACT-Fachjargon | Bezeichnung für das Segment einer EDIFACT-Nachricht, das Referenzdaten für die Gesamtnachricht enthält |
| RL | Richtlinie | |
| SAD | Single Administrative Document (dt.: Einzelnes Verwaltungsdokument) | Zollanmeldung (auf Einheitspapier) |

# Anlage § 009d–02

Zu § 9d Energiesteuergesetz

| Abkürzung | Auflösung der Abkürzung | Erläuterung (soweit nicht selbsterläuternd) |
|---|---|---|
| SEED | System for Exchange of Excise Data (dt.: System zum Austausch von Verbrauchsteuerdaten) | |
| SFV | Standardfestverbindung | |
| TCP/IP | Transmission Control Protocol/Internet Protocol (dt.:Übertragungssteuerungsprotokoll/Internetprotokoll) | TCP/IP ist eine Familie von Netzwerkprotokollen. |
| TN | Teilnehmer | Teilnehmer sind alle Personen, die auf dem Weg des elektronischen Nachrichtenaustauschs über EMCS mit der Zollverwaltung kommunizieren. Der Begriff „Teilnehmer" ist technisch zu verstehen. |
| UCI-Segment | EDIFACT-Jargon | Das UCI-Segment einer EDIFACT-Datei dient der Übermittlung von Informationen zum Nachrichtenaustausch. |
| UN | United Nations | Vereinte Nationen |
| UNB-Segment | EDIFACT-Jargon | Das UNB-Segment einer EDIFACT-Datei dient der Umklammerung der Übertragungsdatei zur Identifikation des Partners, für den die Übertragungsdatei bestimmt ist, und des Partners, der die Übertragungsdatei gesendet hat. |
| UN/ECE | United Nations/Economic Commission for Europe | Kommission der Vereinten Nationen |
| UNH-Segment | EDIFACT-Jargon | Das UNH-Segment einer EDIFACT-Datei enthält den Nachrichtenkopf. |
| UNOC | UN/ECE-Zeichensatz C | |
| UNTDID | United Nations Trade Data Interchange Directory | |
| viat | | Domäne der Deutschen Telekom |
| VSt | Verbrauchsteuer | |
| VSt-Nummer | Verbrauchsteuernummer | Identifikationsnummer für Wirtschaftsbeteiligte am Steueraussetzungsverfahren |
| WAN | Wide Area Network (dt.: Weitverkehrsnetz) | Rechnernetz, das sich im Unterschied zu einem LAN oder MAN über einen sehr großen geografischen Bereich erstreckt |
| Abkürzung | Auflösung der Abkürzung | Erläuterung (soweit nicht selbsterläuternd) |
| X.400 | | Internationaler Standard für elektronische Post |
| ZA | Zollamt | |

Zu § 9d Energiesteuergesetz                              Anlage § 009d–02

| Abkürzung | Auflösung der Abkürzung | Erläuterung (soweit nicht selbsterläuternd) |
|---|---|---|
| ZefA | Zertifizierungsautomat | Ein EMCS-Simulationsprogramm für Testzwecke |
| ZIVIT | Zentrum für Informationsverarbeitung und Informationstechnik | |

6    **Übersicht über die EMCS-Vordruckte**

| Vordrucknummer | Bezeichnung des Vordrucks |
|---|---|
| 033083 | IT-Dienstleister Stammdaten |
| 033084 | Netzanbindung / Bevorzugter Kommunikationskanal EMCS |
| 033085 | Technische Angaben FTAM (EMCS) |
| 033086 | Technische Angaben X.400 (EMCS) |
| 033087 | Antrag auf Erfassung/Änderung der Steuernummer für die Internet-EMCS-Anwendung (IEA) |
| 033088 (2.1) | Anmeldung Teilnahme EMCS 2.1 |
| 033089 | BIN-Antrag EMCS |
| 033090 | Antrag Zertifizierung EMCS |
| 033091 | Antrag Probebetrieb EMCS |
| 033094 | Antrag zur Nutzung eines IT-Dienstleisters im Rahmen des EMCS-Nachrichtenaustauschs |

**Anlage § 009d–02**  Zu § 9d Energiesteuergesetz

**Anlage 1: Logbuch**
Logbuch der Firma: <Firmenname>  <Verbrauchsteuernummer>[1]
Tagesnachweis vom: <DATUM>[2]
Editierdatum: <DATUM>[2]
Verantwortlicher für abgesetzte Nachrichten: <VORNAME> <NAME>, <STELLUNG IN DER FIRMA>

| Lfd. Nr. | Sende-/ Empfangsdatum | Sende-/ Empfangszeit | technischer EDIFACT-Nachrichtenname[3] | eindeutige fir-meninterne Bezugs-Nr.[5] | eindeutige Benutzer-ID[6] | Ordnungskriterium Zoll | Identifikation[7] | Fehlerkenn-zeichen[8] |
|---|---|---|---|---|---|---|---|---|
| | <TT.MM.JJJJ> | <SS:MM> | | | | | | <OK> |
| | (an10) | (an5) | (an6) | | | | | <ERROR> |
| | <TT.MM.JJJJ>/<SS:MM>[4] | | | (an..22) | formatfrei | (an21) | (n10) | |
| (n..6) | (an16) | | | | | | | |
| 5 | 01.03.2014 | 13:25 | ED815B | a1b1c123456... | zoll03 | 12DE48051111111111119 | 8173640001 | OK |
| 6 | 11.11.12/13:25(4) | | ED801B | b1b1c123456... | zoll01 | 12DE48051111111111119 | 9973640002 | OK |
| 7 | 01.03.2014 | 13:29 | ED815B | a1b1c123456... | | 12DE48051111111111119 | 8173640001 | OK |
| 8 | 01.03.2014 | 13:31 | ED810B | b1b1c123456... | | 12DE48051111111111119 | 8173640002 | OK |
| ... | | | | | | | | |
| 17 | 01.03.2014 | 13:45 | ED801B | a1b1c123456... | | 12DE48051111111111119 | 9973640034 | OK |
| ... | | | | | | | | |
| 21 | 01.03.2014 | 14:11 | ED810B | c1b1c123456... | zoll03 | 12DE48051111111111119 | 8173640013 | OK |
| 22 | 01.03.2014 | 15:25 | ED813C | c1b1c123456... | | 12DE48051111111111119 | 8173640014 | OK |
| 23 | 01.03.2014 | 15:28 | ED813C | c1b1c123456... | | 12DE48051111111111119 | 8173640015 | OK |
| ... | 01.03.2014 | 15:35 | ED837B | | | 12DE48051111111111119 | 8173640016 | OK |
| ... | 01.03.2014 | 16:07 | ED907A | | | ICR_574959 | 9973640071 | OK |

............................
Unterschrift des Verantwortlichen[6]

858

Zu § 9d Energiesteuergesetz    **Anlage § 009d–02**

(1) Es ist die Verbrauchsteuernummer des Nachrichtensenders anzugeben. IT-Dienstleister verwenden ihre Identifikationsnummer.

(2) Wird täglich je Bearbeiter ein Tagesnachweis ausgedruckt, ist der Text „Tagesnachweis vom: <Datum>" anzugeben. Handelt es sich um einen Auszug aus der Dateiform des Logbuchs ist der Text „Editierdatum <Datum>" mit dem jeweiligen Datum anzugeben.

(3) Name, der lt. EDIFACT-Implementierungshandbuch mit Datenelement „Association assigned code" (Anwendungscode der zuständigen Organisation) im UNH-Segment einer EDIFACT-Nachricht anzugeben ist.

(4) Datum und Uhrzeit können auch zusammengefasst in einer Spalte angegeben werden.

(5) Bezugsnummer („Local Reference Number") des elektronischen Verwaltungsdokuments) der Nachricht.

(6) Wenn der Verantwortliche z. B. durch Angabe einer eindeutigen Benutzer-ID je Sende-/Empfangsvorgang nachgewiesen wird, ist keine separate Unterschrift erforderlich.

(7) Nachrichtennummer, die lt. EDIFACT-Implementierungshandbuch mit Datenelement „Message Reference Number" im UNH-Segment einer EDIFACT-Nachricht anzugeben ist.

(8) Diese Spalte dient der Kennzeichnung von Übertragungsfehlern. Übertragungen, für die technische Empfangsbestätigungen (delivery report) eingingen, dürfen nicht mit „ERROR" gekennzeichnet werden.

# Anlage § 009d–02

Zu § 9d Energiesteuergesetz

**Anlage 2: Kommunikationsmöglichkeiten**

**Anlage 2.1: Nachrichtenübermittlung durch den Teilnehmer über öffentlichen Zugang (ADMD-PRMD-Kopplung – X.400 und PRMD-PRMD-Kopplung – X.400 bzw. FTAM)**

**1. Kommunikationsmöglichkeit**

Teilnehmereingabe über einen öffentlichen Zugang (X.400-ADMD-Kopplung)

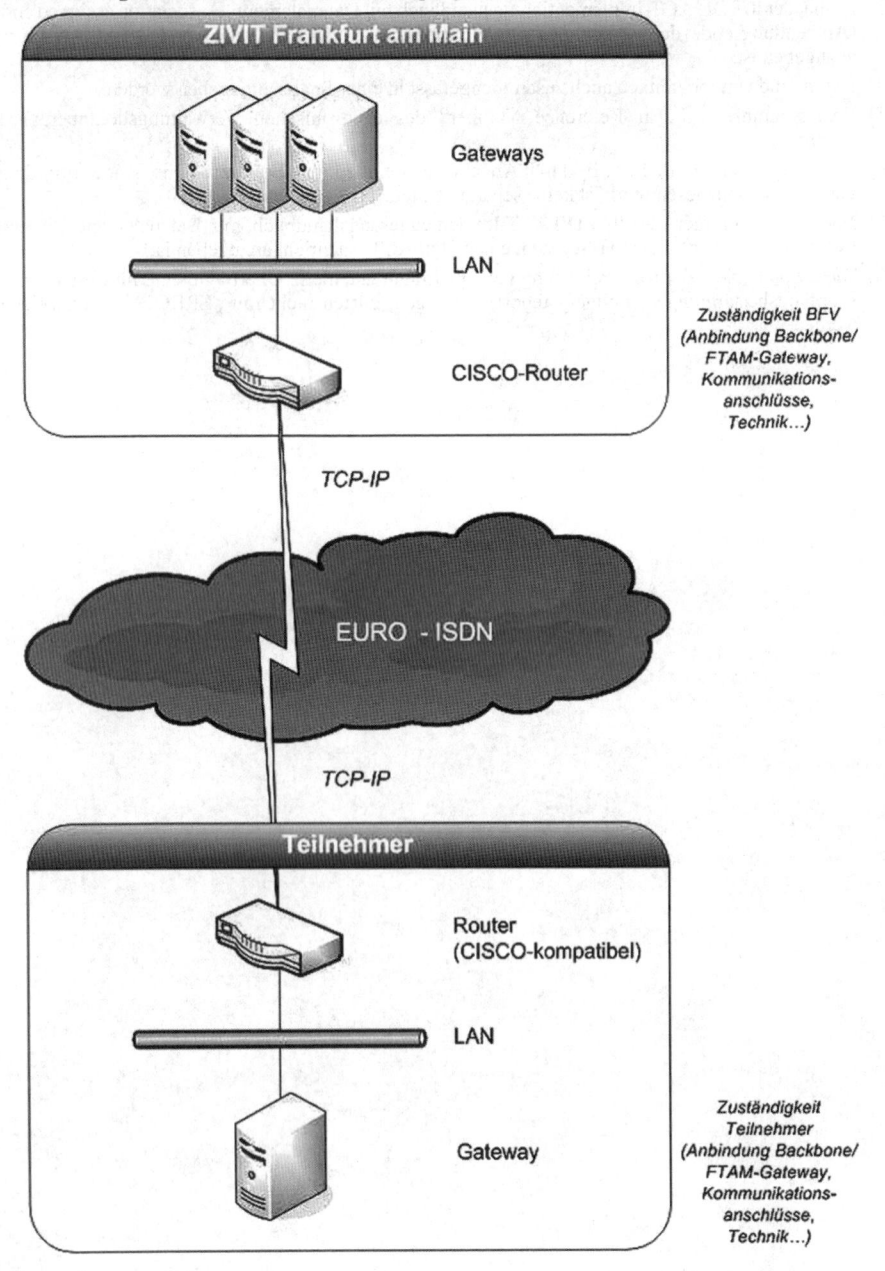

*Abbildung 19: Kommunikation bei Nachrichtenübermittlung durch den Teilnehmer über öffentlichen Zugang per X.400*

Zu § 9d Energiesteuergesetz  Anlage § 009d–02

**2. Kommunikationsmöglichkeit**
Teilnehmereingabe über einen öffentlichen Zugang (FTAM bzw. X.400-PRMD-PRMD-Kopplung)

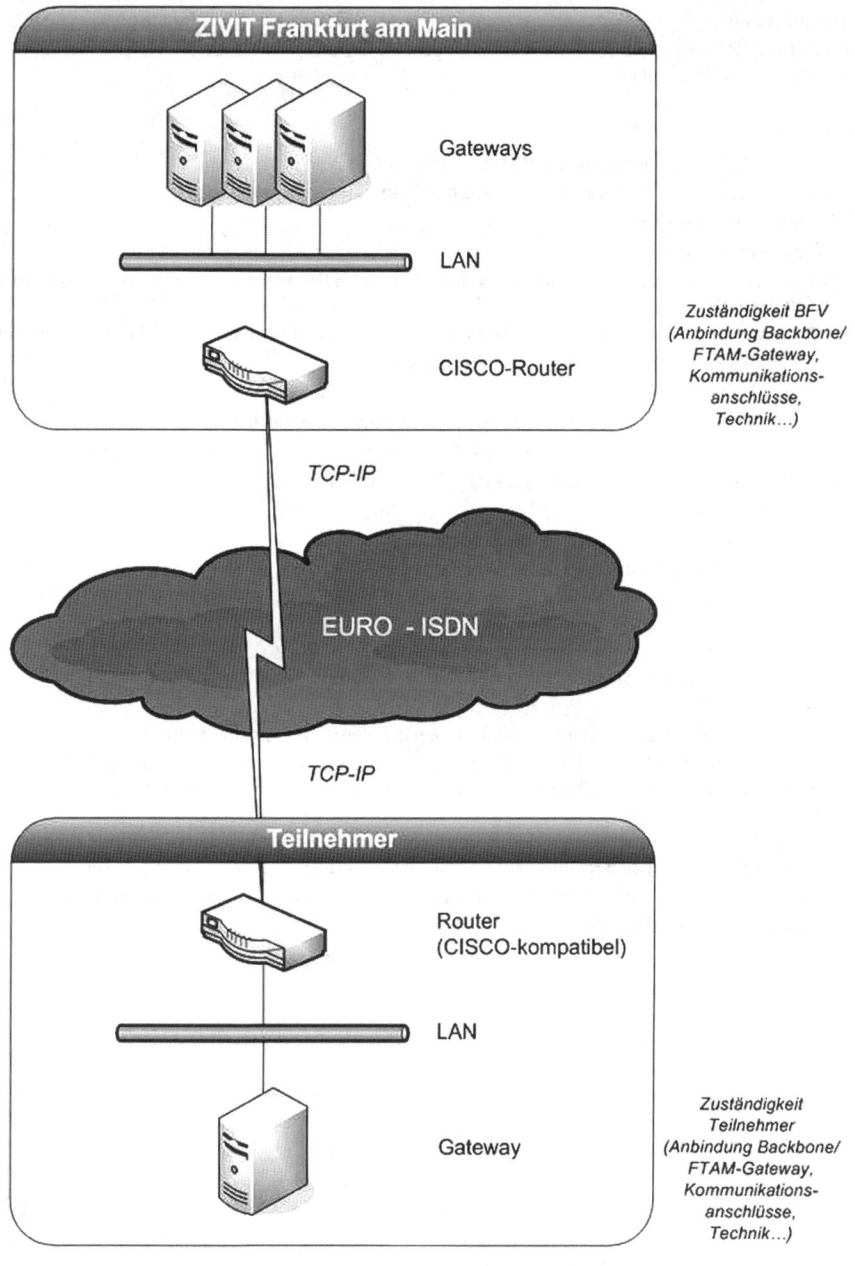

*Abbildung 20: Kommunikation bei Nachrichtenübermittlung durch den Teilnehmer über öffentlichen Zugang per X.400 bzw. FTAM*

# Anlage § 009d–02

Zu § 9d Energiesteuergesetz

### Anlage 2.1.1: Erläuterungen zur Kommunikationsmöglichkeit 1
**Anschlusstyp**
- ISDN-Verbindung

**Geschwindigkeit**
- Ein Euro-ISDN-Anschluss (S0), 64 Kbit/s mit geschl. Benutzergruppe für die Nachrichtenübermittlung durch den Teilnehmer

**Status**
- Realisiert

**Anpassungsmöglichkeiten bei steigenden Anforderungen**
- Schaltung weiterer ISDN-Anschlüsse bzw. eines Primärmultiplexanschlusses

**Zuständigkeit Kostenträger**
- die Bundesfinanzverwaltung
  - für die Bereitstellung und -haltung des öffentlichen ISDN-Anschlusses/ der Anschlüsse im Bereich der Zollverwaltung
  - für die von der Zollverwaltung abgehenden X.400-Nachrichten und FTAM-Übertragungsdateien
  - für den/die Router im Bereich der Zollverwaltung
- der Teilnehmer
  - für die Bereitstellung und Bereithaltung des ISDN-Anschlusses beim Teilnehmer
  - für die vom Teilnehmer abgehenden X.400-Nachrichten und FTAM-Übertragungsdateien

**Kommunikationseingangsprotokoll beim ZIVIT Frankfurt**
- X.400 über TCP/IP
- FTAM über TCP/IP

**Rahmenbedingungen (Grobdarstellung)**
- Die Zollverwaltung stellt sicher, dass ausschließlich verbrauchsteuerrelevante Daten an den Teilnehmer gesendet werden.
- Der Teilnehmer hat sicherzustellen, dass von ihm aus nur für die Zollverwaltung relevante Daten gesendet werden (eventuell schriftliche Verpflichtungserklärung/Dienstleistungsvereinbarung).

**Anmerkungen**
- Diese Anschlussmöglichkeit steht nur im Rahmen der Zertifizierung zur Verfügung.
- Die Datenmenge, die über die PRMD-Kopplung abgearbeitet wird, wird durch das ZIVIT Frankfurt beobachtet, damit rechtzeitig Anpassungen (Erhöhung der Geschwindigkeit bzw. der Kanäle) vorgenommen werden können.
- Die Anschlussbandbreiten werden durch Querschnittskalkulation berechnet. In Spitzenzeiten bzw. bei überdurchschnittlicher Belastung kann Performanceverlust (Besetztsituation) auftreten.
- Der Anschluss des Teilnehmers wird in eine geschlossene Benutzergruppe aufgenommen.
- Der Router auf Seiten des Teilnehmers muss CISCO-kompatibel sein.

Zu § 9d Energiesteuergesetz  Anlage § 009d–02

**Anlage 2.2: Nachrichtenübermittlung durch den Teilnehmer über exklusiven Zugang per X.400 (PRMD-PRMD-Kopplung) bzw. FTAM (FTAM-Gateway)**

**3. Kommunikationsmöglichkeit**
Teilnehmereingabe über einen exclusiven Zugang (FTAM bzw. X.400-PRMD-PRMD-Kopplung)

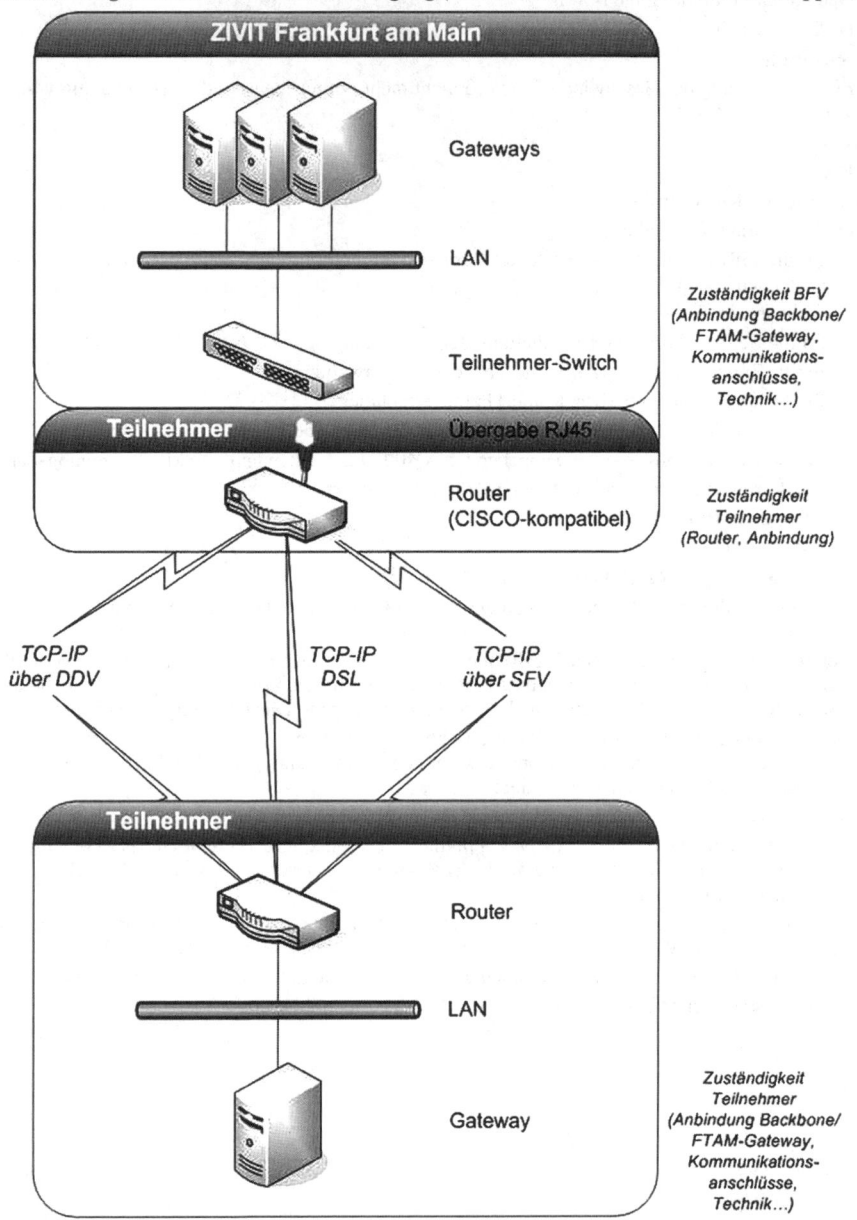

*Abbildung 21: Kommunikation bei Nachrichtenübermittlung durch den Teilnehmer über exklusiven Zugang per X.400 bzw. FTAM*

863

# Anlage § 009d–02

Zu § 9d Energiesteuergesetz

## Anlage 2.2.1: Erläuterungen zur Kommunikationsmöglichkeit 2 (Zugangsvarianten 1 und 2)

**Anschlusstyp**
- Festverbindung für TCP/IP
- Datendirektverbindung für TCP/IP
- DSL für TCP/IP

**Geschwindigkeit**
- Eine Begrenzung der Geschwindigkeit wird nicht mehr vorgegeben, sondern ist abhängig vom Provider.

**Status**
- Realisiert

**Zuständigkeit Kostenträger**
- die Bundesfinanzverwaltung
  - für die Infrastruktur (LAN, Switches, Ports usw.) hinter der LAN-Karte der vom Teilnehmer zu stellenden Technik
- der Teilnehmer
  - für die Bereitstellung und Bereithaltung der Verbindung
  - für die Zugangstechnik (u. a. Router) bei der Zollverwaltung
  - für die Abgangstechnik (u. a. Router) beim Teilnehmer
  - für die vom Teilnehmer abgehenden X.400-Nachrichten und FTAM-Übertragungsdateien
  - für die von der Zollverwaltung abgehenden X.400-Nachrichten und FTAM-Übertragungsdateien

**Kommunikationseingangsprotokoll beim ZIVIT Frankfurt**
- X.400 über TCP/IP
- FTAM über TCP/IP

**Rahmenbedingungen (Grobdarstellung)**
- Die Zollverwaltung stellt sicher, dass ausschließlich zollrelevante Daten an den Teilnehmer gesendet werden.
- Der Teilnehmer garantiert, einen Zugriff über die Routerstrecke durch unbefugte Dritte zu verhindern. Der Teilnehmer hat sicherzustellen, dass von ihm aus nur für die Zollverwaltung relevante Daten gesendet werden (eventuelle schriftliche Verpflichtungserklärung/Dienstleistungsvereinbarung).
- Die Betreuung des Exklusivanbindungsanschlüsse erfolgt in ausschließlicher Zuständigkeit des Teilnehmers. Der Zugang von Personal des Teilnehmers zu Räumlichkeiten der Zollverwaltung ist durch autorisierte Personen anzukündigen.

**Anmerkungen**
- Die Datenmenge, die über die PRMD-Kopplung abgearbeitet wird, wird durch das ZIVIT Frankfurt beobachtet, damit rechtzeitig Anpassungen (Erhöhung der Geschwindigkeit bzw. der Kanäle) vorgenommen werden können.
- Die Anschlussbandbreiten werden durch Querschnittskalkulation berechnet. In Spitzenzeiten bzw. bei überdurchschnittlicher Belastung kann Performanceverlust (Besetztsituation) auftreten.
- Der Anschluss des Teilnehmers wird in eine geschlossene Benutzergruppe aufgenommen.
- Der Router auf Seiten des Teilnehmers muss CISCO-kompatibel sein.

Zu § 9d Energiesteuergesetz                                                                Anlage § 009d–02

**Anlage 2.2.2: Erläuterungen zur Kommunikationsmöglichkeit 2 (Zugangsvariante 3)**
**Anschlusstyp**
– ISDN-Verbindung für TCP/IP
**Geschwindigkeit**
– Eine Begrenzung der Geschwindigkeit wird nicht mehr vorgegeben, sondern ist abhängig vom Provider.
**Status**
– Offen
**Zuständigkeit Kostenträger**
– die Bundesfinanzverwaltung
  – für die Infrastruktur (LAN, Switches, Ports usw.) hinter der LAN-Karte der vom Teilnehmer zu stellenden Technik
– der Teilnehmer
  – für die Bereitstellung und Bereithaltung des öffentlichen ISDN-Anschlusses/der Anschlüsse bei der Zollverwaltung
  – für die Zugangstechnik (u. a. Router) bei der Zollverwaltung
  – für die Bereitstellung und Bereithaltung des ISDN-Teilnehmeranschlusses
  – für die Abgangstechnik (u. a. Router) beim Teilnehmer
  – für die vom Teilnehmer abgehenden X.400-Nachrichten und FTAM-Übertragungsdateien
  – für die von der Zollverwaltung abgehenden X.400-Nachrichten und FTAM-Übertragungsdateien
**Kommunikationseingangsprotokoll beim ZIVIT Frankfurt**
– X.400 über TCP/IP
– FTAM über TCP/IP
**Rahmenbedingungen (Grobdarstellung)**
– Die Zollverwaltung stellt sicher, dass ausschließlich zollrelevante Daten an den Teilnehmer gesendet werden.
– Der Teilnehmer garantiert, einen Zugriff über die Routerstrecke durch unbefugte Dritte zu verhindern. Der Teilnehmer hat sicherzustellen, dass von ihm aus nur für die Zollverwaltung relevante Daten gesendet werden (eventuelle schriftliche Verpflichtungserklärung/Dienstleistungsvereinbarung).
– Die Betreuung der Exklusivanbindungsanschlüsse erfolgt in ausschließlicher Zuständigkeit des Teilnehmers. Der Zugang von Personal des Teilnehmers zu Räumlichkeiten der Zollverwaltung ist durch autorisierte Personen anzukündigen.
**Anmerkungen**
– Der Anschluss des Teilnehmers wird in eine geschlossene Benutzergruppe aufgenommen.
– Der Router auf Seiten des Teilnehmers muss CISCO-kompatibel sein.

**Anlage § 009d–03**                                          Zu § 9d Energiesteuergesetz

## EMCS-Info 4/14

Schreiben der Bundesfinanzdirektion Südwest vom 3.2.2014 – V 9953 EMCS 272/2013 – ZF 1338

**Wesentliche Veränderungen im Rahmen des EMCS Release 2.1**

1. **Nachricht „IE813 – Änderung des Bestimmungsorts"**
   Zum Feld „Code Beförderungsart" wurde das Feld „Ergänzende Informationen" eingeführt. Das neue Feld ist verpflichtend auszufüllen, wenn im Feld „Code Beförderungsart" durch den Versender der Wert „0 – Sonstiger" eingetragen wurde.

2. **Nachricht „IE819 – Warnung/Ablehnung vor Empfang"**
   Die Codeliste zum Feld „Warnungs-/ Ablehnungsgrund" wurde um den Wert „0 – Sonstige" erweitert. Bei Auswahl dieses Wertes ist durch den Empfänger das Feld „Ergänzende Informationen" verpflichtend auszufüllen.

3. **Nachricht „IE871 – Erläuterung zu Fehl-/ Mehrmengen"**
   Die Nachricht „IE87 – Erläuterung zu Fehl-/Mehrmengen" kann nur noch zu den Positionen im e-VD übermittelt werden, zu denen in der dazugehörigen Nachricht „IE818 – Eingangsmeldung" eine Fehl-/ bzw. Mehrmenge erfasst wurde.

4. **Nachricht „IE704 – Fachliche Fehlermeldung"**
   Sofern fehlerhafte Teilnehmernachrichten mit einer Nachricht „IE704 – Fachliche Fehlermeldung" automatisiert abgewiesen werden, muss diese Fehlermeldung durch die Teilnehmersoftware der gesendeten (fehlerhaften) Teilnehmernachricht zugeordnet werden. Diese Zuordnung erfolgt über den sogenannten „Correlation Identifier".

   Um dem Teilnehmer möglichst viele Informationen über die zurückgewiesene Nachricht zukommen zu lassen, wird zusätzlich zum Correlation Identifier in der Nachricht „IE704 – Fachliche Fehlermeldung" der ARC sowie die fortlaufende Vorgangsnummer angegeben. Diese Vorgehensweise war bislang nur für die Nachrichten „ED810 – Annullierung e-VD",
   „ED813 – Änderung des Bestimmungsorts", „ED818 – Eingangsmeldung", „ED825 – Aufteilungsmitteilung" und „ED837 – Erklärung für Verspätung" implementiert.

5. **Feld „Ort der Lieferung" in den Nachrichten „IE813 – Änderung des Bestimmungsorts", „IE815 – Entwurf des e-VD" sowie „IE825 – Aufteilungsmitteilung"**
   Das Feld „Ort der Lieferung" ist bei Beförderungen an Registrierte Empfänger durch den Versender nicht mehr auszufüllen. Meldungen, die unzulässige Angaben in diesem Feld enthalten, werden abgewiesen.

Im Auftrag
Eisoldt

Zu § 13 Energiesteuergesetz  **Anlage § 013–01**

## Erstellen von Ausfuhrmeldungen bei Ausfuhrvorgängen von Zugelassenen Ausführern

Schreiben der Bundesfinanzdirektion Südwest vom 8.2.2014 – V 9950 B – AL 5/2011 – KE 7

Um ein zeitnahes Erstellen der Ausfuhrmeldung bei Beförderungsvorgängen zur Ausfuhr verbrauchsteuerpflichtiger Waren unter Steueraussetzung durch Versender, die Zugelassener Ausführer sind, gewährleisten zu können, hat der Zugelassene Ausführer (Versender) unverzüglich nach der Eröffnung des Vorgangs bzw. Überlassung der Waren zum Ausfuhrverfahren der Ausfuhrzollstelle eine Kopie des e-VD mit Verweis auf die dazugehörigen Ausfuhr-MRN vorzulegen. Dadurch wird die Zuordnung des EMCS-Vorgangs zu dem entsprechenden Ausfuhrvorgang wesentlich erleichtert.

Das Erstellen der Ausfuhrmeldung in EMCS erfolgt nachdem zu dem Ausfuhrvorgang eine entsprechende elektronische Ausgangsbestätigung eingegangen ist.

Im Auftrag
Bohn

**Anlage § 014–01**  Zu § 14 Energiesteuergesetz

**Unregelmäßigkeiten im Zusammenhang mit der Beförderung verbrauchsteuerpflichtiger Waren unter Steueraussetzung in andere, aus anderen oder über andere Mitgliedstaaten Auslegung von Artikel 10 Absatz 2 und 4 der Richtlinie 2008/118/EG; Erhebungskompetenz der Mitgliedstaaten für beim Empfang festgestellte Fehlmengen**

BMF-Schreiben vom 18.9.2014 – III B 7 – V 9953/07/10003 :002 2014/0755916

### I.

Wird bei Beförderungen verbrauchsteuerpflichtiger Waren unter Steueraussetzung in andere aus anderen oder über andere Mitgliedstaaten in der Eingangsmeldung in EMCS durch den Empfänger eine Fehlmenge vermerkt und kann nicht bestimmt werden, wo diese Fehlmenge entstanden ist, so gilt Folgendes: Für die Erhebung der Verbrauchsteuer bzw. die Entscheidung ob die Fehlmenge darauf beruht, dass die verbrauchsteuerpflichtigen Waren vollständig zerstört oder unwiederbringlich verloren gegangen sind, ist die jeweilige Behörde des Bestimmungsmitgliedstaats zuständig. Insoweit ist Artikel 10 Absatz 2 der Richtlinie 2008/118/EG (künftig: RL) anwendbar.

In Deutschland obliegt diese Aufgabe dem für den Empfänger zuständigen Hauptzollamt Steuerentstehung und Steuerschuldner richten sich nach den jeweiligen Verbrauchsteuergesetzen (vgl. z. B. § 14 Absätze 2, 3 und 6 EnergieStG, § 14 Abs. 3 i. V. m. § 15 Abs. 2 Nr. 4 und Abs. 4 Nr. 4 TabStG). Für die Alterkennung von Toleranzmengen gelten insoweit die jeweiligen Bestimmungen der Verbrauchsteuerverordnungen bzw. der einschlägigen Dienst- und Verwaltungsvorschriften. Der Abgangsmitgliedstaat ist im Rahmen des Informationsaustauschs in EMCS über eine Steuererhebung bzw. über die Alterkennung einer vollständigen Zerstörung oder eines unwiederbringlichen Verlusts zu informieren.

### II.

Auf der letzten Sitzung der Arbeitsgruppe Nr. 2 (Expertengruppe der EU-Kommission) in Brüssel haben die Mitgliedstaaten fast einstimmig eine Empfehlung angenommen, die hinsichtlich der Behandlung von Fehlmeng,en bei der Beförderung verbrauchsteuerpflichtiger Waren unter Steueraussetzung in andere, aus anderen oder über andere Mitgliedstaaten eine einheitliche Auslegung des Artikels 10 Absatz 2 und Absatz 4 der RL vornimmt.

Ausgangspunkt war die Frage, welcher Mitgliedstaat für die Erhebung der Verbrauchsteuer bzw. für die Entscheidung zuständig ist, ob die Fehlmenge darauf beruht, dass die verbrauchsteuerpflichtigen Waren vollständig zerstört oder unwiederbringlich verloren gegangen sind, wenn in der Eingangsmeldung in EMCS durch den Empfänger eine Fehlmenge angegeben wird. Fehlmengen stellen grundsätzlich eine Unregelmäßigkeit nach Artikel10 Absatz 6 der RL dar. Im Rahmen der Altwendung von Artikel 10 der RL könnte hier sowohl Absatz 2 als auch Absatz 4 zur Altwendung kommen.

Im Ergebnis haben sich die Mitgliedstaaten in der Empfehlung darauf geeinigt, dass in diesen Fällen Artikel 10 Absatz 2 der RL einschlägig ist. Die Bestimmung ist anwendbar, wenn während der Beförderung verbrauchsteuerpflichtiger Waren unter Steueraussetzung aus anderen, in andere oder über andere Mitgliedstaaten festgestellt wird, dass eine Unregelmäßigkeit (hier: Fehlmenge) begangen wurde und Ort und Zeitpunkt des Eintritts der Unregelmäßigkeit nicht ermittelt werden können. Sie gilt dann als in dem Mitgliedstaat und in dem Zeitpunkt begangen. in dem sie bzw. zu dem sie entdeckt wurde.

Im Ausgangssachverhalt wird die Unregelmäßigkeit im Bestimmungsmitgliedstaat festgestellt, da der Empfänger die Fehlmenge spätestens bei Übernahme der Waren entdeckt und anschließend in der Eingangsmeldung entsprechend vermerkt. Maßgeblich für die Anwendung von Artikel 10 Absatz 2 der RL ist dabei die Frage, ob die Feststellung bei Übernahme der Waren noch während der Beförderung erfolgt. Die Empfehlung legt den Zeitpunkt des Endes der Beförderung dahingehend aus, dass die Beförderung bei Übernahme der verbrauchsteuerpflichtigen Waren noch nicht abgeschlossen ist und damit die Fehlmenge noch während der Beförderung festgestellt wird. Die Beförderung endet demnach mit der (körperlichen) Aufnahme der verbrauchsteuerpflichtigen Waren in das Steuerlager bzw. den Betrieb des registrierten Empfängers. Dies gilt auch dann, wenn die Feststellung der Fehlmenge auf Grund betrieblicher Abläufe (z. B. Tankpeilung) erst im Steuerlager bzw. im Betrieb des registrierten Empfängers erfolgt.

Ich bitte, ab sofort nach den o.g. Grundsätzen zu verfahren. Bei Schwierigkeiten ist unmittelbar zu berichten. In diesem Zusammenhang ist auch die Unterrichtungspflicht über anhängige Gerichtsverfahren nach Absatz 5 ff der „Dienstvorschrift zum finanzgerichtlichen Rechtsbehelfsverfahren" (E-VSF S 17 91) zu beachten. Die „Verwaltungsvorschrift Steueraussetzung" (E-VSF V 99 53-1) wird bei nächster Gelegenheit entspr·echend ergänzt.

Im Auftrag
Andreas Wiezorek

Zu § 15 Energiesteuergesetz  **Anlage § 015–01**

## Kraftstofftanks von Nutzfahrzeuge im Straßenverkehr und von Spezialcontainer im grenzüberschreitenden Verkehr; Kontrolle und Abgabenerhebung

BMF-Schreiben vom 15.2.2013 – III B 6 – V 8220/07/10004 :006,
III B 1 – Z 0822/0 : 007, 2013/0030720

Zur Wahrung eines gleichmäßigen und sachgerechten Kontrollstandards innerhalb der Mitgliedstaaten ist bei der Kontrolle von Kraftstofftanks bei Nutzfahrzeugen im Straßenverkehr und bei Spezialcontainern im grenzüberschreitenden Verkehr in Abweichung von Abs. 56, 57 und 160 der KontrollDV ab sofort von weiteren Maßnahmen hinsichtlich der Überschreitung der dort aufgeführten Freimengen abzusehen, soweit folgende Voraussetzungen gegeben sind:

1. der Kraftstoff wird in einem Kraftstoffbehälter mitgeführt, der vom „Fahrzeughersteller" oder einer „dritte Person" fest eingebaut worden ist,
2. der Kraftstoffbehälter ermöglicht aufgrund seines festen Einbaus die unmittelbare Verwendung des Kraftstoffs für den Antrieb des Fahrzeugs sowie gegebenenfalls für den Betrieb der Kühlanlage oder sonstigen Anlagen während der Beförderung und
3. die eingebauten Kraftstoffbehälter sind in den Zulassungspapieren aufgeführt oder es wird eine Bescheinigung über die technische Prüfung des Fahrzeugs mitgeführt, aus der sich ergibt, dass die eingebauten Kraftstoffbehälter den geltenden technischen und Sicherheitsanforderungen genügen.

Im Auftrag
Peter Bille

# Anlage § 015–02

*Zu § 15 Energiesteuergesetz*

## Energiesteuer;
## Verbringen von Kraftstoffen aus dem freien Verkehr anderer Mitgliedstaaten;
## Hauptbehälter

Schreiben der Bundesfinanzdirektion Südwest vom 3.8.2011 – V 8220 B – 10/11 – ZF 2104

Hauptbehälter im Sinne des § 15 Absatz 4 Nummer 1, § 16 Absatz 1 Satz 2 Nummer 2, § 21 Absatz 1 Satz 3 Nummer 1 und § 46 Absatz 1 Satz 2 des Energiesteuergesetzes sind die vom Hersteller für alle Fahrzeuge desselben Typs fest eingebauten Behälter, die die unmittelbare Verwendung des Kraftstoffs für den Antrieb der Fahrzeuge und gegebenenfalls für den Betrieb der Kühlanlage oder sonstigen Anlagen während der Beförderung ermöglichen.

Laut Aussagen verschiedener LKW-Hersteller gibt es nicht für alle Fahrzeuge desselben Typs fest eingebaute Behälter (serienmäßige Ausstattung mit Kraftstoffbehältern).

Vom Hersteller werden vielmehr für jeden LKW-Typ eine Vielzahl von Kraftstoffbehälter und Tankkombinationen in verschiedenen Größen angeboten und nach Kundenwunsch ab Werk in den LKW eingebaut.

Da von den LKW-Herstellern keine „serienmäßigen Kraftstofftanks" angeboten werden und es den Beteiligten somit nicht möglich ist, dieses Tatbestandsmerkmal zu erfüllen, können Kraftstofftanks, die im Werk des LKW-Herstellers eingebaut wurden, als Hauptbehälter anerkannt werden, sofern die entsprechenden Daten des Kraftstofftanks in dem vom Hersteller des Fahrzeugs geführten Datenblatt für das Fahrzeug nachweislich enthalten sind.

Zusatz BFD Nord:

Auf Ihr Schreiben vom 8. Juli 2011 – V 8220 – 3/11 – RF 3105 und meine Verfügung vom 19. Juli 2011 – V 8220 – 08/11 – ZF 2104 nehme ich Bezug.

Zusatz BFD Mitte:

Auf Ihr Schreiben vom 23. Juni 2011 – V 8230 – 86/11 – RF 3104 und meine Verfügung vom 27. Juli 2011 – V 8230 – 14/11 – ZF 2104 nehme ich Bezug.

Im Auftrag
Veh

Zu § 19 Energiesteuergesetz                                        Anlage § 019–01

## Einfuhrbegriff nach dem Verbrauchsteuerrecht

BMF-Schreiben vom 25.6.2012 – III B7 – V 9900/11/10009, 2012/0413913

Diese Verwaltungsvorschrift dient dazu, den Begriff der verbrauchsteuerrechtlichen Einfuhr sowie den damit verbundenen Zeitpunkt der Überführung der Waren in den steuerrechtlich freien Verkehr zu erläutern. Sie ist nur anwendbar, soweit in den einzelgesetzlichen Vorschriften auf die Einfuhr Bezug genommen wird und gilt deshalb nicht für die Strom- und die Kernbrennstoffsteuer sowie im Rahmen der Energiesteuer nicht für andere als in § 4 EnergieStG genannte Energieerzeugnisse, ausgenommen Kohle und nicht leitungsgebundenes Erdgas.

### 1. Einfuhr

Seit dem 1. April 2010 verweisen die nationalen Verbrauchsteuergesetze bei der Einfuhr nicht mehr im bisherigen Umfang auf die Zollvorschriften, sondern enthalten bezüglich Steuerentstehung und Steuerschuldner eigenständige Regelungen. Nach diesen Vorschriften entsteht die Verbrauchsteuer, wenn verbrauchsteuerpflichtige Waren – auch unrechtmäßig – durch die Einfuhr in den steuerrechtlichen freien Verkehr überführt werden, soweit nicht eine in den jeweiligen Vorschriften normierte Ausnahme von der Steuerentstehung vorliegt. So ist zum Beispiel ganz überwiegend geregelt, dass keine Steuer entsteht, wenn die Waren unmittelbar am Ort der Einfuhr in ein Verfahren der Steueraussetzung überführt werden oder sich eine Steuerbefreiung bzw. ein Verfahren der Steuerbefreiung anschließt.
Nach § 16 Absatz 1 BierStG, § 145 Absatz 1 BranntwMonG, § 19 Absatz 1 EnergieStG, § 19 Absatz 1 TabStG, und § 16 Absatz 1 auch i. V. m. § 29 Absatz 3 SchaumwZwStG ist die Einfuhr
1. der (körperliche) Eingang verbrauchsteuerpflichtiger Waren aus Drittländern oder Drittgebieten in das Steuergebiet, es sei denn, sie befinden sich beim Eingang in einem zollrechtlichen Nichterhebungsverfahren und
2. die Entnahme verbrauchsteuerpflichtiger Waren aus einem zollrechtlichen Nichterhebungsverfahren, es sei denn, es schließt sich ein weiteres zollrechtliches Nichterhebungsverfahren an.

### 2. Zollrechtliches Nichterhebungsverfahren nach den Verbrauchsteuervorschriften

#### 2.1 Nichtgemeinschaftswaren

Abweichend von der Definition im Zollrecht sind beim Eingang von verbrauchsteuerpflichtigen Nichtgemeinschaftswaren aus Drittländern oder Drittgebieten (z. B. Kanarische Inseln) nach Artikel 4 Nr. 6 der Richtlinie 2008/118/EG als zollrechtliche Nichterhebungsverfahren anzusehen:
1. alle nach dem Zollkodex vorgesehenen besonderen Verfahren der Zollüberwachung für Nichtgemeinschaftswaren bei ihrem Eingang in das Zollgebiet der Union (Zollstraßen/Zollflugplatz/Zolllandungsplatzzwang, Gestellungspflicht),
2. die vorübergehende Verwahrung,
3. Freizonen oder Freilager sowie
4. alle Verfahren nach Artikel 84 Abs. 1 Buchst. a Zollkodex.

Die Definition wurde, ergänzt um das nationale Zollverfahren der Truppenverwendung nach § 2 des Truppenzollgesetzes, in den Absätzen 2 der oben genannten Rechtsvorschriften in nationales Recht umgesetzt.

#### 2.2. Gemeinschaftswaren

Beim Eingang von verbrauchsteuerpflichtigen Gemeinschaftswaren aus Drittgebieten und Drittländern sind in sinngemäßer Anwendung als zollrechtliche Nichterhebungsverfahren alle nach dem Zollkodex vorgesehenen besonderen Verfahren der Zollüberwachung beim Eingang in das Zollgebiet der Union (Zollstraßen/Zollflugplatz/Zolllandungsplatzzwang, Gestellungspflicht) anzusehen.

### 3. Zeitpunkt der Einfuhr und Überführung in den steuerrechtlich freien Verkehr

#### 3.1 Nichtgemeinschaftswaren

##### 3.1.1 Rechtmäßige Einfuhr

Bei Beachtung der zollrechtlichen Bestimmungen befinden sich verbrauchsteuerpflichtige Nichtgemeinschaftswaren ab (körperlichem) Eingang in das Verbrauchsteuergebiet der Europäischen Union in einem zollrechtlichen Nichterhebungsverfahren (siehe Absatz 3). Die verbrauchsteuerrechtliche Einfuhr erfolgt erst durch die (rechtmäßige) Entnahme aus dem zollrechtlichen Nichterhebungsverfahren und damit in der Regel mit Überlassung der Waren zum zollrechtlich freien Verkehr (Artikel 201 Zoll-

**Anlage § 019–01**   Zu § 19 Energiesteuergesetz

kodex). Der Verbrauch oder die Verwendung der Waren in einer Freizone (Artikel 205 Zollkodex) stellt ebenfalls eine Entnahme aus dem zollrechtlichen Nichterhebungsverfahren dar (§ 16 Absatz 1 Nr. 2 BierstG, § 145 Absatz 1 Nr. 2 BranntwMonG, § 19 Absatz 1 Nr. 2 EnergieStG, § 19 Absatz 1 Nr. 2 TabStG, und § 16 Absatz 1 Nr. 2 auch i. V.m. § 29 Absatz 3 SchaumwZwStG).

Beispiele:

Verbrauchsteuerpflichtige Waren werden unter Beachtung der zollrechtlichen Vorschriften unmittelbar in das Steuergebiet verbracht. Dort werden sie nach Gestellung zum zoll- und steuerrechtlich freien Verkehr angemeldet. Nach Annahme der Anmeldung wird die Ware überlassen. Damit erfolgt die (verbrauchsteuerrechtliche) Einfuhr und Überführung in den steuerrechtlich freien Verkehr.

Nach dem Verbringen in das Zollgebiet der Gemeinschaft wird die verbrauchsteuerpflichtige Ware in das Zolllagerverfahren überführt. Später erfolgt die Entnahme aus dem Zolllager und die Anmeldung zum zoll- und steuerrechtlich freien Verkehr. Die (verbrauchsteuerrechtliche) Einfuhr und Überführung in den steuerrechtlich freien Verkehr findet im Zeitpunkt der Überlassung der Ware statt.

5a Die Verbrauchsteuer ist entweder in der Zollanmeldung oder nach amtlich vorgeschriebenem Vordruck (mit der Zollanmeldung) anzumelden. Für die Fälligkeit der Verbrauchsteuer gelten die Zollvorschriften sinngemäß.

### 3.1.2 Unrechtmäßige Einfuhr

6 Werden verbrauchsteuerpflichtige Nichtgemeinschaftswaren vorschriftswidrig verbracht (Artikel 202 Zollkodex), erfolgt die Einfuhr

   a) durch den unmittelbaren Eingang der Waren in das Steuergebiet (bei Nichtbeachtung des Zollstraßen/Zollflugplatz/Zolllandungsplatzzwangs nach Artikel 38 und 39 Zollkodex) – § 16 Absatz 1 Nr. 1 BierStG, § 145 Absatz 1 Nr. 1 BranntwMonG, § 19 Absatz 1 Nr. 1 EnergieStG, § 19 Absatz 1 Nr. 1 TabStG, und § 16 Absatz 1 Nr. 1 auch i. V.m. § 29 Absatz 3 SchaumwZwStG – oder

   b) durch Entnahme aus dem zollrechtlichen Nichterhebungsverfahren (bei Gestellungspflichtverletzung nach Artikel 40 und 41 Zollkodex oder Nichtbeachtung des Artikels 177 zweiter Gedankenstrich Zollkodex) – § 16 Absatz 1 Nr. 2 BierStG, § 145 Absatz 1 Nr. 2 BranntwMonG, § 19 Absatz 1 Nr. 2 EnergieStG, § 19 Absatz 1 Nr. 2 TabStG, und § 16 Absatz 1 Nr. 2 auch i. V.m. § 29 Absatz 3 SchaumwZwStG.

Beispiel zu a)

Verbrauchsteuerpflichtige Waren werden über die „grüne Grenze" geschmuggelt. Die (verbrauchsteuerrechtliche) Einfuhr und die Überführung in den steuerrechtlich freien Verkehr erfolgt unmittelbar durch den Grenzübertritt.

Beispiel zu b)

In einem LKW versteckte verbrauchsteuerpflichtige Waren werden unter Beachtung des Zollstraßenzwangs zur Eingangszollstelle befördert. Im Rahmen der Gestellung wird jedoch nicht ausdrücklich auf das Versteck hingewiesen. Die (verbrauchsteuerrechtliche) Einfuhr und die Überführung in den steuerrechtlich freien Verkehr findet durch die Entnahme aus dem zollrechtlichen Nichterhebungsverfahren statt (hier: Vorschriftswidriges Verbringen durch Gestellungspflichtverletzung).

7 Eine Entnahme aus dem zollrechtlichen Nichterhebungsverfahren erfolgt auch durch das Entziehen der Waren aus der zollamtlichen Überwachung (Artikel 203 Zollkodex) bzw. dem Begehen einer Pflichtverletzung (Artikel 204 Absatz 1 Buchstabe a) Zollkodex).

### 3.1.3 Herstellung von verbrauchsteuerpflichtigen Waren in einem zollrechtlichen Nichterhebungsverfahren

8 Für verbrauchsteuerpflichtige Waren, die im Laufe eines zollrechtlichen Nichterhebungsverfahrens zulässigerweise hergestellt (gewonnen oder bearbeitet) werden (z. B. aktive Veredelung), liegt bis zu einer eventuellen Entnahme aus dem zollrechtlichen Nichterhebungsverfahren keine Einfuhr vor. Auch eine (Wieder)Ausfuhr ist, abhängig von dem gewählten zollrechtlichen Nichterhebungsverfahren, möglich.

### 3.2 Gemeinschaftswaren7

9 Bei der Einfuhr von verbrauchsteuerpflichtigen Gemeinschaftswaren aus Drittländern oder Drittgebieten in das Verbrauchsteuergebiet der Europäischen Union in anderen Fällen als in Absatz 10, gelten die Ausführungen der Absätze 5 bis 8 sinngemäß. Im Fall der rechtmäßigen Einfuhr nach Absatz 5 sind die Waren an der ersten Zollstelle im Steuergebiet zu gestellen bzw. vorzuführen und gelten somit bis zu diesem Zeitpunkt als im zollrechtlichen Nichterhebungsverfahren befördert (vgl. Absatz 4). Die Einfuhr erfolgt zeitgleich mit der Überführung in den einfuhrumsatzsteuerrechtlich freien Verkehr.

Zu § 19 Energiesteuergesetz　　　　　　　　　　　　　　　　　　　　　　　　　**Anlage § 019–01**

Verbrauchsteuerpflichtige Gemeinschaftswaren, die aus Drittgebieten/Drittländern oder über Drittländer　10
im gemeinschaftlichen Versandverfahren (T2(F)) bzw. aus Drittländern in Anwendung des Übereinkommens EWG-EFTA über ein gemeinsames Versandverfahren (T2) in das Verbrauchsteuergebiet der Europäischen Union verbracht werden, gelten nur bis zu der Zollstelle, der die Waren nach den zollrechtlichen Versandvorschriften als Durchgangszollstelle zur Erfüllung der Förmlichkeiten während der Beförderung vorgeführt werden, als im zollrechtlichen Nichterhebungsverfahren befördert (vgl. Absatz 4). Sofern sich der Zollbeteiligte entschließt, an der Durchgangszollstelle das Versandverfahren zu beenden, werden die Waren dieser Zollstelle als Bestimmungszollstelle zur Beendigung des Versandverfahrens gestellt. Die Waren gelten dann ebenfalls nur bis zu dieser Zollstelle als im zollrechtlichen Nichterhebungsverfahren befördert. Sofern die Waren nicht unter Steueraussetzung weiterbefördert werden, entsteht an dieser Zollstelle – als Ort der Einfuhr – die Verbrauchsteuer.

**4. Kaffee- und Alkopopsteuer**

Die Ausführungen der Absätze 2 bis 10 gelten für die Einfuhr von Kaffee (§ 13 KaffeeStG) und Alko-　11
pops (§ 3 Absatz 1 AlkopopStG i. V. m. § 145 BranntwMonG) entsprechend.

**Anlage § 021–01**                                Zu § 21 Energiesteuergesetz

## Kennzeichnung leichten Heizöls;
## Merkblatt für die Behandlung von Restmengen beim Transport von Energieerzeugnissen in Straßentankwagen;
## Merkblatt TKW – Restmengen

BMF-Schreiben vom 31.7.2007 – III A 1 – V 8255/07/0001, 2007/0336625

**1 Allgemeines**

1.1 § 46 Abs. 1 EnergieStV verbietet, leichtes Heizöl (HEL) und andere Energieerzeugnisse (z. B. Dieselkraftstoff – DK –) miteinander zu vermischen. Das Verbot soll die strikte Trennung des HEL von anderen Energieerzeugnissen sichern und vor allem das Strecken von DK mit HEL verhindern. Das kann erreicht werden durch:

– Einsatz getrennter Tankfahrzeuge für den Transport jeweils nur einer Energieerzeugnisart (entweder nur HEL oder nur nicht gekennzeichnete Energieerzeugnisse).

– Einsatz von Tankfahrzeugen mit einem vollständigen zweiten Abgabesystem (doppelte Ableitungen mit zwei Bodenventilen aus den Kammern, doppelte Messstrecken – Gasabscheider oder Gasmessverhüter und Zähler –, doppelter Vollschlauch).

1.2 Da sich jedoch Vermischungen in der Praxis in einigen Fällen nur mit unverhältnismäßig hohem technischen und wirtschaftlichen Aufwand vermeiden lassen, hat der Gesetzgeber in § 66 Abs. 1 Nr. 12 EnergieStG eine Ermächtigung vorgesehen, Regelungen zum Umgang mit gekennzeichneten Energieerzeugnissen zu erlassen, die der Sicherung der Gleichmäßigkeit der Besteuerung und des Steueraufkommens dienen.

1.3 Von dieser Ermächtigung ist für die Behandlung von Restmengen beim Transport von Energieerzeugnissen in den §§ 48 und 49 Abs. 1 EnergieStV Gebrauch gemacht worden. In diesem Merkblatt sind die Regelungen der §§ 48 und 49 Abs. 1 EnergieStV sowie die Rechtsfolgen bei unzulässigen Vermischungen näher erläutert.

**2 Die Regelungen des § 48 EnergieStV über Vermischungen bei der Abgabe von HEL und nicht gekennzeichneten Energieerzeugnissen aus Tankfahrzeugen**

2.1 Nach § 48 Abs. 1 Satz 1 EnergieStV darf bei wechselweiser Abgabe von HEL und nicht gekennzeichnetem Gasöl der Unterpositionen 2710 1941 bis 2710 1949 der Kombinierten Nomenklatur und ihm gleichgestellte Energieerzeugnisse nach § 2 Abs. 4 EnergieStG aus verschiedenen Kammern eines Transportmittels (Straßentankwagen, Bahnkesselwagen, Schiff) oder nach Produktwechsel (Ladungswechsel) das Energieerzeugnis, das in den Rohrleitungen, in den Armaturen und im Abgabeschlauch oder in einzelnen dieser Teile des Transportmittels von der vorhergehenden Abgabe verblieben ist (Restmenge), nur insoweit beigemischt werden, dass dieser Anteil in der in ein Behältnis abzugebenden Energieerzeugnismenge höchstens beträgt:

1. 1 % bei der Abgabe an Endverbraucher oder an Einrichtungen, aus denen Kraftfahrzeuge oder Motoren unmittelbar mit Kraftstoff versorgt werden (dies bedeutet, dass die Mindestabgabemenge das 100fache der Restmenge beträgt),

2. 0,5 % in anderen Fällen (dies bedeutet, dass die Mindestabgabemenge das 200fache der Restmenge beträgt).

Das Beimischen der Restmenge hat zu Beginn des Abgabevorgangs zu erfolgen, eine Beimischung der Restmenge zu dem bereits abgegebenen Energieerzeugnis („Nachdrücken") ist nicht zulässig (§ 48 Abs. 1 Satz 2 EnergieStV).

2.2 Dies bedeutet, dass z. B. bei der Belieferung einer Tankstelle mit einem Tankfahrzeug, dessen Restmenge (Inhalt der Ableitungen von den Kammern, des Gasabscheiders oder Gasmessverhüters, des Zählers und des Vollschlauchs) 180 Liter beträgt und aus HEL von einer vorhergehenden Abgabe besteht, mindestens 18.000 Liter nicht gekennzeichnetes Energieerzeugnis (das Einhundertfache der Restmenge von 180 Litern = Mindestabgabemenge) abgegeben werden müssen, damit der vorgenannte Prozentsatz nicht überschritten wird. Ist die Restmenge geringer (z. B. weil ein Leerschlauch benutzt wird oder weil durch eine Rückpumpanlage die Restmenge vor der Abgabe reduziert wird), kann auch die Mindestabgabemenge geringer sein (Beispiel: Restmenge 20 Liter, Mindestabgabemenge 2.000 Liter = das Einhundertfache von 20 Litern).

2.3 Werden nicht Endverbraucher oder Tankstellen einschließlich Selbstverbraucheranlagen, sondern z. B. Händler beliefert, die ihrerseits das gelieferte Mineralöl an andere abgeben, gilt der in § 48 Abs. 1 Satz 1 Nr. 1 Buchstabe b) EnergieStV genannte Prozentsatz von 0,5, d. h. (auf die vor-

Zu § 21 Energiesteuergesetz **Anlage § 021–01**

genannten Beispiele bezogen), die Mindestabgabemenge muss entweder 36.000 Liter oder 4.000 Liter (das Zweihundertfache der Restmenge von 180 oder 20 Litern) betragen.

2.4 Die unterschiedlichen Restmengen (z.b. bei Abgabe mittels Voll- oder Leerschlauch oder nach Reduzierung durch eine Rückpumpanlage) sind für jedes Tankfahrzeug zu ermitteln. Dazu ist auf die technischen Angaben des Herstellers (z.b. Messanlagenbrief, Restmengendatenblatt) zurückzugreifen.

2.5 Um diese Vermischungsverhältnisse für das Bedienungspersonal erkennbar zu machen, ist in § 48 Abs. 3 EnergieStV die deutlich sichtbare Angabe der jeweils zulässigen Mindestabgabenmenge am Tankfahrzeug ausdrücklich vorgeschrieben.

2.6 Für alle Vermischungen im Rahmen des § 48 EnergieStV gilt gleichermaßen, dass die die Restmenge enthaltende abzugebende Menge in ein Behältnis abgegeben wird. Hierdurch wird ausgeschlossen, dass sich der Vermischungsanteil unzulässig erhöht, wie es z. B. der Fall wäre, wenn 18.000 Liter eines nicht gekennzeichneten Energieerzeugnisses nach einer vorhergehenden Abgabe von HEL zu je 9.000 Liter auf zwei Lagerbehälter aufgeteilt würden. Im ersten Lagerbehälter ergäbe sich dann bei einer Restmenge von 180 Litern ein unzulässiger Vermischungssatz von 2 %.

2.7 Neben dieser Voraussetzung wird ferner verlangt, dass bei der wechselseitigen Abgabe keine ungerechtfertigten Steuervorteile entstehen dürfen (§ 48 Abs. 1 Satz 2 EnergieStV). Es ist also nicht erlaubt, bei der Abgabe von einem nicht gekennzeichneten Energieerzeugnis jeweils die volle Restmenge HEL, dagegen bei der folgenden Abgabe von HEL eine durch eine Rückpumpanlage verringerte Restmenge eines nicht gekennzeichneten Energieerzeugnisses beizumischen.

Restmengendifferenzen aufgrund des Wechsels von Leer- auf Vollschlauch oder umgekehrt sind unerheblich, da diese über einen längeren Zeitraum gesehen nicht zu ungerechtfertigten Steuervorteilen führen.

2.8 Reichen die betrieblichen Unterlagen nicht zur Feststellung aus, ob die Bestimmungen des § 48 EnergieStV eingehalten werden, kann das Hauptzollamt Anschreibungen über Reihenfolge, Art, Menge und Empfänger der im einzelnen Fall abgegebenen Energieerzeugnisse anordnen (§ 48 Abs. 2 EnergieStV).

2.9 Liegen die Voraussetzungen der Nummern 2.6 und 2.7 nicht vor oder werden die genannten Prozentsätze überschritten, ist die wechselseitige Abgabe und die Vermischung nach § 48 EnergieStV nicht zulässig.

2.10 Es kommt dann nur die folgende Möglichkeit in Betracht:

Durch entsprechende Disposition bei der Belieferung von Kunden ist sicherzustellen, dass die Voraussetzungen des § 48 EnergieStV erfüllt werden, d.h. zum Beispiel, dass nach der Abgabe von HEL die Belieferung eines Kleinabnehmers von nicht gekennzeichneten Energieerzeugnissen unmittelbar hinter die Belieferung eines Empfängers mit größeren Mengen an nicht gekennzeichneten Energieerzeugnissen gelegt wird, so dass die Frage der zulässigen Mindestabgabemenge (Abgabe der 100fachen bzw. 200fachen Restmenge) keine Rolle spielt.

Können die Mindestabgabemengen nicht eingehalten werden, ist das Spülverfahren nach § 49 Abs. 1 EnergieStV anzuwenden.

**3 Die Regelungen des § 49 Abs. 1 EnergieStV über Spülvorgänge**

3.1 § 49 Abs. 1 EnergieStV i.V.m. Abs. 31 bis 39 der VwV Heizölkennzeichnung – VSF V 82 55 – regelt Vermischungen, die beim Spülen von Transportmitteln, Lagerbehältern und Rohrleitungen entstehen.

Nach diesen Vorschriften kann das Hauptzollamt zulassen, dass in Betrieben bei der Reinigung von Transportmitteln, Lagerbehältern und Rohrleitungen HEL und andere, nicht gekennzeichnete Energieerzeugnisse in der erforderlichen Menge miteinander vermischt werden (Spülverfahren). Über die Vermischungen sind Anschreibungen zu führen. Bei Vermischungen von HEL und anderen nicht gekennzeichneten Gasölen der Unterpositionen 2710 1941 bis 2710 1949 der Kombinierten Nomenklatur wird der versteuerte Gemischanteil, der aus den nicht gekennzeichneten Gasölen besteht, auf Antrag bis zur Höhe der Heizölsteuer entlastet (§ 92 EnergieStV), wenn das Gemisch dem Verheizen, dem Antrieb von Gasturbinen und Verbrennungsmotoren in begünstigten Anlagen nach den §§ 3 und 3a EnergieStG oder als Kraftstoff der gewerblichen Schifffahrt zugeführt wird. Über die Voraussetzungen und die einzuhaltenden Bestimmungen gibt jedes Hauptzollamt Auskunft.

Weitere Entlastungsmöglichkeiten (§ 96 EnergieStV – gewerbliche Schifffahrt, § 98 EnergieStV – begünstigte Anlagen nach § 3 Abs. 1 Satz 1 Nrn. 1 und 2 EnergieStG) können nur vom Verwender beantragt werden.

**Anlage § 021–01**  Zu § 21 Energiesteuergesetz

**4  Unzulässige Verfahren**

4.1  Andere als die in den §§ 48 und 49 EnergieStV genannten Verfahren zur Behandlung von Restmengen an HEL oder nicht gekennzeichneten Energieerzeugnissen sind beim Transport und der Abgabe von Energieerzeugnissen gesetzlich nicht zugelassen und dürfen daher nicht angewendet werden. Dies gilt insbesondere für den so genannten Schuss (Nachdrücken, vgl. auch Nummer 2.1), bei dem die Restmenge des vorher abgegebenen Produkts durch Nachdrücken des Folgeprodukts z. B. einer Fahrzeugkammer mit dem Produkt zugeführt wird, das der Restmenge entspricht.

**5  Vermischungen von HEL und Ottokraftstoff (OK)**

5.1  Die für den Transport und die Lagerung von DK, HEL und OK geltenden Gefahrgutvorschriften (hier: Europäisches Übereinkommen über die internationale Beförderung gefährlicher Güter auf der Straße (ADR), Verordnung über brennbare Flüssigkeiten (VbF) und Gefahrgutverordnung Straße und Eisenbahn (GGVSE)) in der jeweils gültigen Fassung sind zu beachten. Diese Gefahrgutvorschriften verbieten es u. a., HEL und OK in verschiedenen Abteilungen eines Tankfahrzeuges oder dergl. zusammen zu befördern oder in unterteilten Tanks zusammen zu lagern. Dies gilt auch, wenn getrennte Abgabesysteme vorhanden sind. Außerdem ist es verboten, Tankfahrzeuge oder Lagerbehälter, die vorher OK enthalten haben und nicht gereinigt (gespült) worden sind, mit HEL zu befüllen. Nicht verboten ist nach den Gefahrgutvorschriften dagegen das Befüllen eines Tankfahrzeugs oder Lagerbehälters mit OK, wenn vorher HEL oder DK enthalten war.

5.2  § 49 Abs. 1 EnergieStV lässt Vermischungen von OK mit HEL im Rahmen des Spülverfahrens zu (vgl. Nr. 3.1); andere Vermischungen von OK mit HEL sind nicht erlaubt. Die Anwendung des Spülverfahrens kommt jedoch nur in Betracht, wenn die beim Spülen entstehenden Gemische dem Kraftstoffsektor zugeführt oder zur Aufarbeitung in einen Herstellungsbetrieb für Energieerzeugnisse verbracht werden. Die Abgabe zum Verheizen ist nicht erlaubt, weil Vermischungen von HEL mit OK den Flammpunkt unzulässig herabsetzen.

**6  Vermischungen von DK mit reinen Biokraftstoffen (Pflanzenöle, Fettsäuremethylesther)**

6.1  Bei Vermischungen von DK mit reinen Biokraftstoffen beim Entleeren von Tankfahrzeugen ist § 109 Abs. 3 EnergieStV zu beachten.

**7  Rechtsfolgen bei unzulässigen Vermischungen**

7.1  Unzulässige Vermischungen – dies gilt sowohl für Vermischungen, für die nicht sämtliche Voraussetzungen der §§ 48 und 49 Abs. 1 EnergieStV vorgelegen haben, als auch für Vermischungen, die bei Anwendung gesetzlich nicht zugelassener Verfahren entstehen, können zur Folge haben, dass Energiesteuer nach dem Steuersatz nach § 2 Abs. 1 Nr. 4 Buchstabe a) EnergieStG angefordert und ggf. das Energieerzeugnis sichergestellt wird (§§ 21, 65 EnergieStG). Daneben kann eine Ahndung als Ordnungswidrigkeit in Betracht kommen (§§ 111 Abs. 2 Nrn. 6 und 11 EnergieStV).

**8  Andere Transportmittel**

8.1  Die vorgenannten Regelungen für Tankfahrzeuge gelten für andere Transportmittel sinngemäß.

Zu § 26 Energiesteuergesetz
**Anlage § 026–01**

## Steuerfreier Eigenverbrauch gemäß § 26 des Energiesteuergesetzes

BMF-Schreiben vom 4.7.2008 – GZ III A 1 – V 8230/07/0003, 2007/0009747

Energieerzeugnisse können nach § 26 EnergieStG unter bestimmten Voraussetzungen steuerfrei zur Aufrechterhaltung von Betrieben, die Energieerzeugnisse herstellen, verwendet werden. Im Vergleich zu der bis zum 31. Juli 2006 geltenden Regelung des § 4 Abs. 1 Nr. 1 MinöStG ist die Steuerbefreiung nach § 26 EnergieStG jedoch differenzierter ausgestaltet. Zur Lösung der im oben genannten Erlass geschilderten Probleme bitte ich, bis auf weiteres nach den folgenden Grundsätzen zu verfahren:

**Eigenverbrauch im Herstellungs- oder Gasgewinnungsbetrieb**

Energieerzeugnisse sind nach § 26 Abs. 1 EnergieStG von der Steuer befreit, wenn sie auf dem Betriebsgelände eines Herstellungsbetriebes (§ 6 EnergieStG) oder eines Gasgewinnungsbetriebes (§ 44 Abs. 3 EnergieStG) vom Inhaber des Betriebes zur Aufrechterhaltung des Betriebes verwendet werden. Dies gilt unabhängig davon, ob die verwendeten Energieerzeugnisse auf dem Betriebsgelände erzeugt worden sind oder nicht. 1

Fallen in einem Herstellungsbetrieb bei der Herstellung von Energieerzeugnissen nach § 4 EnergieStG auch andere als die in § 4 EnergieStG genannten Energieerzeugnisse (z. B. Bitumen, Petrolkoks, Raffineriegas) und/oder Waren an, die keine Energieerzeugnisse im Sinne des Energiesteuergesetzes sind (z. B. Schwefel), umfasst die Steuerbefreiung nach § 26 Abs. 1 EnergieStG auch den ggf. rechnerisch auf die Produktion dieser Energieerzeugnisse bzw. Waren entfallenden Anteil an den insgesamt verwendeten Energieerzeugnissen. 2

Dies gilt jedoch nicht, wenn die Herstellung von Energieerzeugnissen nach § 4 EnergieStG bei objektiver Gesamtbetrachtung nur von untergeordneter Bedeutung ist. In diesem Fall umfasst die Steuerbefreiung ausschließlich den auf die Herstellung der in § 4 EnergieStG genannten Energieerzeugnisse entfallenden Anteil an den insgesamt verwendeten Energieerzeugnissen. Werden neben den in § 4 EnergieStG genannten auch andere Energieerzeugnisse hergestellt, kann insoweit eine Steuerbefreiung nach § 26 Abs. 2 oder Abs. 3 EnergieStG in Betracht kommen.

Ist Herstellungshandlung das Bestimmen von Waren zur Verwendung als Kraft- oder Heizstoff (§ 6 Abs. 1 Satz 2 i. V. m. § 4 Nr. 1, 7 und 8 EnergieStG), gilt Absatz 2 dieses Erlasses bezogen auf die Produktion der als Kraft- oder Heizstoff bestimmten Waren sinngemäß. 3

Für Gasgewinnungsbetriebe gilt Absatz 2 dieses Erlasses sinngemäß. 4

Die sog. 10 %-Klausel nach Absatz 33 Satz 2 der Verwaltungsvorschrift „Mineralölherstellungsbetrieb; Gasgewinnungsbetrieb" (V 03 21) ist nicht mehr anzuwenden. 5

**Eigenverbrauch in anderen Betrieben**

Werden in einem Betrieb, der kein Herstellungs- oder Gasgewinnungsbetrieb ist, Energieerzeugnisse hergestellt, richtet sich der steuerfreie Eigenverbrauch nach § 26 Abs. 2 und 3 EnergieStG. Die Steuerbefreiung kann jedoch auch von Herstellungs- und Gasgewinnungsbetrieben in Anspruch genommen werden (vgl. Absatz 2 letzter Satz dieses Erlasses). 6

Nach § 26 Abs. 2 EnergieStG dürfen Energieerzeugnisse auf dem Betriebsgelände eines Betriebes, der Energieerzeugnisse herstellt und nicht von § 26 Abs. 1 EnergieStG erfasst wird, vom Inhaber des Betriebes steuerfrei zur Aufrechterhaltung des Betriebes verwendet werden, wenn die verwendeten Energieerzeugnisse auf dem Betriebsgelände hergestellt worden sind. Fallen in einem solchen Betrieb bei der Herstellung von Energieerzeugnissen auch Waren an, die keine Energieerzeugnisse im Sinne des Energiesteuergesetzes sind, gilt Absatz 2 dieses Erlasses sinngemäß. Für die Herstellung von Energieerzeugnissen nach § 1 Abs. 3 EnergieStG gilt Absatz 3 dieses Erlasses sinngemäß. 7

Nach § 26 Abs. 3 EnergieStG dürfen auch nicht auf dem Betriebsgelände hergestellte Energieerzeugnisse steuerfrei zur Aufrechterhaltung eines Betriebes, der Energieerzeugnisse herstellt und nicht von § 26 Abs. 1 EnergieStG erfasst wird, verwendet werden, soweit die im Betrieb hergestellten Energieerzeugnisse als Kraft- oder Heizstoff oder als Zusatz oder Verlängerungsmittel von Kraft- oder Heizstoffen abgegeben oder verwendet werden. Absatz 2 dieses Erlasses gilt bezogen auf die als Kraft- oder Heizstoff oder als Zusatz oder Verlängerungsmittel von Kraft- oder Heizstoffen abgegebenen oder verwendeten Waren sinngemäß. 8

Die BFD Südwest bitte ich, in ihrer Zuständigkeit für das Fachpaket Verbrauchsteuern, bis Ende 2009 über die Erfahrungen mit diesem Erlass zu berichten.

Im Auftrag
Bille

**Anlage § 027–01**  Zu § 27 Energiesteuergesetz

**Verwendung von Energieerzeugnissen für die Schifffahrt – Verwaltungsvorschrift zu G § 27 Abs. 1, § 52 und § 66 Abs. 1 Nr. 8 und 11 – VwV Energieerzeugnisse für die Schifffahrt**

OFD Hamburg vom 5.10.2006 – V 0201 – 3/06 – Z 512

**Allgemeines/Begriffsbestimmungen**

1 Wasserfahrzeuge und schwimmende Vorrichtungen mit eigenem motorischen Antrieb zur Fortbewegung gelten als Wasserfahrzeuge nach DV § 60 Abs. 2 im Sinne des G § 27.

Die begünstigte Verwendung im Sinne von G § 27 Abs. 1 umfasst den Einsatz in Motoren für die Fortbewegung, zum Heizen und zum Antrieb von Hilfsgeräten, mit denen Wasserfahrzeuge ausgerüstet sind (z. B. Winden, Ladebäume, Stromaggregate). Der Betrieb von besonderen Arbeitsgeräten (z. B. Baggervorrichtungen, Transportbänder, Kräne, Pumpen, Dampfstrahl- oder ähnlichen Gebläsen) ist begünstigt, sofern diese Geräte mit dem Wasserfahrzeug fest verbunden bzw. Bestandteil des Wasserfahrzeugs sind.

Schwimmbagger, die über keinen eigenen Antrieb verfügen, aber während des Betriebes mit Ankerseilen oder -ketten gesichert sind und Bewegungen entlang dieser Ankerseilen oder –ketten durchführen, sind keine Wasserfahrzeuge im Sinne des G § 27 Abs. 1. Auf diesen Schwimmbaggern vorhandene Stromerzeugungsanlagen und Anlagen zur gekoppelten Erzeugung Kraft und Wärme, gelten jedoch als ortsfest gem. G § 3 Abs. 1 Nr. 1 und 2.

Energieerzeugnisse zum Betrieb sog. „Power Pack Stations" (Kühlaggregate) zur Versorgung von Kühlcontainern auf Wasserfahrzeugen mit elektrischer Energie sind begünstigt.

Von der Steuerbegünstigung nach G § 27 Abs. 1 Nr. 1 sind auch Leer- und Bereitstellungsfahrten in DV § 60 Abs. 3 genannten Bereichen mit umfasst.

Schubverbände, wie sie häufig in der Binnenschifffahrt eingesetzt werden, bestehen aus seinem Schubboot und 1 bis 6 Schubleichtern, bzw. aus einem Schubgütermotorschiff und 1 bis 3 Schubleichtern (Koppelverband). Die Schubleichter besitzen keinen eigenen motorischen Antrieb, können jedoch über einen Ankerwindenmotor zum Heben des Ankers und Aggregate zur Stromerzeugung für die Beleuchtung verfügen. Die Versorgung dieser Anlagen erfolgt über einen eigenen Tank des Schubleichters, der ein Fassungsvermögen von bis zu 10 Litern besitzt. Der Tank es Schubleichters wird über den Tank des Schubbootes oder des Schubgütermotorschiffes betankt.

Schub- bzw. Koppelverbände sind als eine Einheit zu behandeln und gelten als Wasserfahrzeuge mit eigenem Antrieb. Das bedeutet, dass die auf Schubleichtern verwendeten Energieerzeugnisse zum Betrieb des Ankerwindenmotors und der Stromaggregate steuerbefreit sind. Ein Bezug von unversteuerten Energieerzeugnissen im Rahmen der Allgemeinen Erlaubnis nach der Anlage 1 zu DV § 55 zur Verwendung in Schubleichtern ist damit zulässig, auch wenn die Betankung des Schubleichters nur mittelbar über das Schubschiff/Schubgütermotorschiff erfolgt.

2 Als gewerbsmäßige Erbringung von Dienstleistungen gelten gewerbliche Hilfsdienst für die Schifffahrt (z. B. Schlepper, Eisbrecher, Lotsenboote und Feuerlöschschiffe), die Tätigkeiten von schwimmenden Arbeitsgeräten (z.B. Schwimmbagger, Schwimmkräne) und sonstige gewerbliche Dienstleistungen (z. B. Bestattungsschiffe, Vermessungsschiffe, Peilboote). In der Seeschifffahrt sind auch Sportboote begünstigt, die gewerbsmäßig zur wassersportlichen Ausbildung oder bei der gewerbsmäßigen Vercharterung mit Bootsführer eingesetzt werden.

3 Es gelten als Meeresgewässer: die Hohe See, die Küstenmeere innerhalb von zwölf Seemeilen ab der Basislinie und die innerhalb der Basislinie gelegenen Meeresgewässer, sowie die Wasserflächen, die
   – in § 1 Abs. 1 der Seeschifffahrtsstraßenordnung – SeeschStrO – vom 22. Oktober 1998 (BGBl. I S. 3209),
   – in § 1 Abs. 1 der Verordnung zur Einführung der Schifffahrtsordnung Emsmündung – EmsSchEV – vom 8. August 1989 (BGBl. I S. 1583) und
   – in § 1 Abs. 2 des (Hamburger) Hafenverkehrs- und Schifffahrtsgesetzes vom 3. Juli 1979 (HmbGVBl. 1979, S.177)

in der jeweils geltenden Fassung, bezeichnet sind.

4 Die Endpunkte der Binnengewässer zum Meer hin ergeben sich aus Anlage 1 (Beginn des Geltungsbereiches der Seeschifffahrtsstraßenordnung).

Die Peene ist Binnengewässer bis zu ihrer Mündung in die Ostsee (Peenestrom) bei der Verbindungslinie zwischen dem Oberfeuer Jahnkenort und dem Unterfeuer Pinnow.

Zu § 27 Energiesteuergesetz **Anlage § 027–01**

Nutzungsberechtigt ist neben dem Eigner und dem Ausrüster (§ 2 Abs. 1 BinSchG, § 484 HGB, § 510   5
HGB, vgl. Abs. 19) der Mieter und der diesem vergleichbare rechtmäßige unmittelbare Besitzer des
Wasserfahrzeuges, dem die tatsächliche Sachherrschaft übertragen ist. Sachherrschaft in diesem Sinne
bedeutet die tatsächliche Einwirkungsmöglichkeit auf das Wasserfahrzeug, die sich aus verschiedenen
Umständen wie z.b. aus dem Abschluss der Haftpflichtversicherung, der Kraft- und Heizstoffbestellung,
dem Personaleinsatz oder der Vergabe von Aufträgen zur Ausbesserung und Instandsetzung des Wasserfahrzeugs ergeben kann.

Hinweise zur Nutzungsberechtigung ergeben sich insbesondere aus Charterer(Miet-) verträgen. Nutzungsberechtigt können sowohl natürliche als auch juristische Personen und Personengesellschaften sein. Bei einer Vercharterung mit Gestellung eines Bootsführers oder einer Besatzung bleibt die Nutzungsberechtigung beim Vercharterer.

Werkverkehr im Sinne von DV § 60 Abs. 3 Nr. 3 umfasst:   6

– Fahrten zur Beförderung des eigenen Firmenpersonals zur Ausübung von Tätigkeiten, die innerhalb des Unternehmens liegen,
– Güterverkehr für eigene Zwecke eines Unternehmens, wenn folgende Voraussetzungen erfüllt sind:
  1. Die beförderten Güter müssen Eigentum des Unternehmens oder von ihm verkauft, gekauft, vermietet, gemietet, hergestellt, erzeugt, gewonnen, bearbeitet oder instand gesetzt worden sein.
  2. Die Beförderung muss der Anlieferung der Güter zum Unternehmen, ihrem Versand von Unternehmen, ihrer Verbringung innerhalb oder – zum Eigengebrauch – außerhalb des Unternehmens dienen.
  3. Die für die Beförderung verwendeten Wasserfahrzeuge müssen vom eigenen Personal des Unternehmens geführt werden. Im Krankheitsfall ist es dem Unternehmen gestattet, sich für einen Zeitraum von bis zu vier Wochen anderer Personen zu bedienen.
  4. Die Beförderung darf nur eine Hilfstätigkeit im Rahmen der gesamten Tätigkeit des Unternehmens darstellen.

In beiden Fällen ist Voraussetzung, dass die Fahrten mit betriebseigenen Wasserfahrzeugen, ausgenommen Wasserfahrzeugen der Position 8903 der KN, durchgeführt werden.

Seenotrettungsdienst im Sinne von DV § 60 Abs. 3 Nr. 4 ist nur die Deutsche Gesellschaft zur Rettung   7
Schiffbrüchiger e.V..

Forschungsschiffe sind die zu Zwecken nach DV § 60 Abs. 3 Nr. 5 eingesetzten Wasserfahrzeuge.   8
Deutsche Forschungsschiffe sind von den Schiffregistern der Amtsgerichte entsprechend erfasst. Die in der jeweils aktuellen Sammlung des Deutschen Ozeanographischen Datenzentrums des Bundesamtes für Seeschifffahrt und Hydrographie -DOD– aufgelisteten Forschungsschiffe werden zu Forschungszwecken eingesetzt und können steuerfrei im Rahmen der Allgemeinen Erlaubnis nach der Anlage 1 zu DV § 55 beliefert werden. Die Aufstellung ist unter http://www.bsh.de/de/Meeresnutzung/Wissenschaft/ For- schungsschiffe/index.jsp abrufbar. Die Energieerzeugnisse für nicht in der Sammlung aufgeführte Forschungsschiffe können über G § 52 entlastet werden.

Behörden im Sinne von DV § 60 Abs. 3 Nr. 6 sind die Bundes-, Landes-, Kreis- und Gemeindebehörden   9
sowie die internationalen und ausländischen zivilen und militärischen Behörden; hierzu zählen auch Wasserfahrzeuge, mit denen Staatsoberhäupter zu Staatsbesuchen oder zu vergleichbaren Anlässen befördert werden.

Die Regelungen für die Abgaben von Energieerzeugnissen für die Schifffahrt durch die Bundeswehr an Dritte ergeben sich aus Anlage 2 .

Als Nachweis für die Haupterwerbsfischerei im Sinne von DV § 60 Abs. 3 Nr. 7 gilt,   10
– bei in den Bundesländern Hamburg und Mecklenburg-Vorpommern zugelassenen Fischereifahrzeugen das zugeteilte Fischereikennzeichen, sofern dieses nicht den Zusatz „N" enthält,
– bei im Bundesland Schleswig-Holstein zugelassenen Fischereifahrzeugen das zugeteilte Fischereikennzeichen, sofern dieses nur auch zwei Ziffern besteht,
– bei in anderen Bundesländern zugelassenen Fischereifahrzeugen jeder andere geeignete Nachweis darüber, das Haupterwerbsfischerei betrieben wird (z.B. ein beglaubigter Auszug aus der Fischereifahrzeugkartei der Bundesanstalt für Landwirtschaft und Ernährung, ein Nachweis über die Versicherung als Haupterwerbsfischer bei der Seeberufsgenossenschaft oder ein Nachweis darüber, dass der Anteil des betrieblichen Erwerbseinkommens durch Fischerei mindesten 50 % am gesamten Erwerbseinkommen beträgt).

# Anlage § 027–01
Zu § 27 Energiesteuergesetz

In Zweifelsfällen können bei der Bundesanstalt für Landwirtschaft und Ernährung – Referat 522/Fangregulierung – (040/38905 – 137 oder -165) Auskünfte aus der Fischereifahrzeugkartei (nur für Seeschifffahrt) eingeholt werden.

11 Die Position 8903 der KN erfasst alle Vergnügungs- oder Sportboote sowie alle Ruderboote und Kanus. Zu dieser Position gehören somit z.B. Yachten, Wasserscooter und andere Segel- oder Motorboote, Dingis, Jollen, Paddelboote, Kajaks, Skullboote, Skiffs, Tretboote, Boote für die Sportfischerei, aufblasbare, faltbare und zerlegbare Boote.

Die Position 8901 der KN hingegen erfasst alle Wasserfahrzeuge zum Befördern von Personen oder Gütern für die See- oder Binnenschifffahrt (z.b. auf Seen, Kanälen, Flüssen, Flussmündungen), ausgenommen Rettungsfahrzeuge (andere als Ruderboote), Truppentransporter und Lazarettschiffe (Pos. 8906) sowie Wasserfahrzeuge der Pos. 8903. Zu dieser Position gehören z.b. Fahrgastschiffe, Kreuzfahrtschiffe, Fährschiffe, Frachtschiffe, Lastkähne und ähnliche Wasserfahrzeuge zum Befördern von Personen oder Gütern.

Die Position 8901 bezieht sich auf „Schiffe", die gewerblich genutzt werden, während die Position 8903 „Yachten und Boote" anspricht, die Vergnügungs- oder Sportzwecken dienen. Eine gewerbliche Nutzung von „Yachten und Boote" der Position 8903 ist im Rahmen einer gewerbsmäßig erbrachten Dienstleistung denkbar.

Beiboote der Pos. 8903, die sich an Bord von gewerbsmäßig tätigen Wasserfahrzeugen der Pos. 8901 mit einer allgemeinen Erlaubnis zum Bezug von steuerfreien Energieerzeugnissen für die Schifffahrt befinden, werden von der allgemeinen Erlaubnis des Hauptwasserfahrzeuges mit umfasst.

Bei Segelbooten oder auch Yachten kann sowohl eine Einreihung in die Position 8901 als auch in die Position 8903 in Betracht kommen. Die Einreihung hängt von der jeweiligen Konstruktion und Ausstattung dieser Wasserfahrzeuge ab. Sind Segelboote und Yachten so konstruiert und ausgestattet, dass sie zum gewerblichen Befördern von Personen oder Gütern bestimmt sind, so ist eine Einreihung in die Position 8901 vorzunehmen. Dies ist in der Regel dann der Fall, wenn es sich um große Wasserfahrzeuge handelt, die über eine Vielzahl von Kabinen unterschiedlicher Standards verfügen. In diesem Fall sind die Segelboote/Segelschiffe/Yachten als Kreuzfahrtschiffe im Sinne der Kombinierten Nomenklatur anzusehen.

Über die Zolltarifliche Einreihung ist in Grenzfällen jeweils einzelfallbezogen zu entscheiden. Für verbindliche Zolltarifauskünfte über Wasserfahrzeuge des Kapitels 89 der KN ist die zolltechnische Prüfungs- und Lehranstalt in Berlin zuständig. Sie erteilt gegenüber den Zolldienststellen und den Verwendern von Energieerzeugnissen für die Schifffahrt im Einzelfall auch unverbindliche Auskünfte über die Einreihung von Wasserfahrzeugen.

**Allgemeine Erlaubnis**

12 Der Bezug im Rahmen der allgemeinen Erlaubnis nach der Anlage 1 zu DV § 55 ist grundsätzlich nur zulässig, wenn die Wasserfahrzeuge unmittelbar bebunkert (betankt) werden. Lediglich bei der Bundeswehr und bei Behörden ist die Aufnahme der bezogenen Energieerzeugnisse in eine Lagerstätte (Bunkerstation) von der allgemeinen Erlaubnis mit umfasst. Andere Verwender benötigen eine förmliche Erlaubnis für die Aufnahme von Energieerzeugnissen in eine betriebliche Lagerstätte.

13 Von der allgemeinen Erlaubnis mit umfasst ist der Bezug von bis zu 20 Litern Energieerzeugnissen in Reservebehältern des Wasserfahrzeuges. Sollen Fasslagerungen von größeren Mengen von Energieerzeugnissen an Bord eines Wasserfahrzeuges erfolgen, ist eine förmliche Einzelerlaubnis erforderlich (s. Abs. 23 ff.).

14 Werden Energieerzeugnisse zu den in Nr. 3 der Anlage zu DV § 55 aufgeführten steuerbegünstigten Zwecken abgegeben, ist dem Inhaber des abgebenden Steuerlagers bzw. dem Verteiler (Versender) aufzuerlegen, die einzelnen Lieferungen durch betriebliche Versandpapiere in zweifacher Ausfertigung nachzuweisen, die folgende Angaben enthalten:
– den Namen des Wasserfahrzeuges,
– die Art des Wasserfahrzeuges,
– das siebenstellige international gültige Unterscheidungssignal (Seeschifffahrt) – die sog. IMO-Nummer-, oder die amtliche Schiffsnummer (Binnen- oder Seeschiffe) oder ein ähnliches Identifikationskennzeichen, bei Fischereifahrzeugen das Fischereikennzeichen und die CFR-Nummer des Wasserfahrzeuges,
– den Eigner, Ausrüster (§ 2 Abs. 1 BinSchG, § 484 HGB, § 510 HGB, vgl. Abs. 19) oder sonstige Nutzungsberechtigung des Wasserfahrzeuges,
– Art und Menge und steuerlichen Zustand der Energieerzeugnisse,

880

Zu § 27 Energiesteuergesetz **Anlage § 027–01**

– Zeitpunkt und Ort der Lieferung,

Der Wasserfahrzeugführer oder sein Vertreter hat den Empfang der Energieerzeugnisse auf beiden Ausfertigungen der betrieblichen Versandpapiere durch seine Unterschrift zu bestätigen. Je eine Ausfertigung verbleibt bei ihm und dem Versender.

Zur Sicherung der Steuerbelange kann das Hauptzollamt gem. DV § 56 Abs. 13 weitere Überwachungsmaßnahmen anordnen.

**Förmliche Einzelerlaubnis**

Eine Förmliche Einzelerlaubnis kommt regelmäßig bei gewerbsmäßig in der Schifffahrt genutzten Sportbooten, Haupterwerbsfischern auf Binnengewässern, bei Betankung von Wasserfahrzeugen über eine dem Verwender zugelassene betriebliche Lagerstätte für Energieerzeugnisse, bei Fasslagerungen (s. Abs. 23 ff.) und bei der Herstellung und Instandhaltung von Wasserfahrzeugen in Betracht.

Bei Haupterwerbsfischern, die die Endpunkte der Binnenwasserstrassen nur gelegentlich überschreiten, ist weiterhin eine förmliche Erlaubnis erforderlich.

Für den Antrag, die Erteilung der Erlaubnis sowie für den Bezug und die Verwendung gelten DV §§ 52 bis 57 und VSF V 03 50. sowie im Folgenden nichts anderes bestimmt ist.

Der Antrag ist im Regelfall mit Vordruck 1165 zu stellen. Wird der Vordruck nicht verwendet, so hat der Antrag alle darin verlangten Angaben zu enthalten.

Antragsberechtigt ist neben dem Eigner/Reeder auch der als Eigner/Reeder anzusehende Ausrüster (§ 2 Abs. 1 BinSchG, § 484 HGB, § 510 HGB *) oder der sonst Nutzungsberechtigte, im Falle von Neu- oder Umbauten sowie bei der Instandhaltung die betreffende Werft.

Um das Kriterium der Gewerbsmäßigkeit bei im Steuergebiet ansässigen Unternehmen (z.B. bei gewerblichen Sportbootschulen) zu prüfen, können folgende Angaben und Unterlagen herangezogen werden:

in der Binnenschifffahrt:

– das Schiffsattest oder

– der Schiffsbrief

in der Seeschifffahrt

– das Schiffszertifikat (Eintragung erst ab 15 m Rumpflänge),

– der von der Seeberufsgenossenschaft ausgestellte Fahrtenerlaubnisschein,

– ein Sicherheitszeugnis und eine Fahrerlaubnis nach §§ 14 und 15 der Verordnung über die Inbetriebnahme von Sportbooten und Wassermotorrädern sowie deren Vermietung und gewerbsmäßige Nutzung im Küstenbereich in der jeweiligen Fassung (BGBl I 2002, 3457 vom 29. August 2002)

daneben

– ein beglaubigter Auszug aus dem Schiffsregister,

– das Hafenfahrzeugattest,

– die Steuer- und Umsatzsteueridentifikationsnummer und

– andere Indizien für die Durchführung der gewerbsmäßigen Schifffahrt (z.B. Handelsregisterauszug, Jahresabschlüsse, Aufträge).

Hierbei ein strenger Maßstab anzulegen. Die Vorlage eines Kapitänspatents bzw. Bootsführerscheins und/oder einer Gewerbeanmeldung reicht nicht aus.

Bei nicht im Steuergebiet ansässigen Unternehmen gilt als Nachweis der Gewerbsmäßigkeit

– ein Nachweis der entsprechenden Erlaubnis des Heimatstaates zur Ausübung der beantragten Tätigkeit, oder, falls dieser nicht vorgelegt werden kann oder

– andere Indizien für die Durchführung der gewerbsmäßigen Schifffahrt.

Für den Nachweis der Gewerbsmäßigkeit in der Haupterwerbsfischerei gilt Abs. 10 entsprechend.

Zum Nachweis der im Antrag gemachten Angaben kann das Hauptzollamt Unterlagen über die Schiffsmotoren und über die Tank- oder Heizungsanlage verlangen (z.B. Prospekte, Datenblätter).

Örtlich zuständig ist das Hauptzollamt, von dessen Bezirk aus die in den einzelnen Vorschriften jeweils bezeichnete Person ihr Unternehmen betreibt.

Für Unternehmen, die von einem Ort außerhalb des Steuergebiets betrieben werden, ist das Hauptzollamt örtlich zuständig, in dessen Bezirk sie erstmalig steuerlich in Erscheinung treten.

Erstmalig steuerlich in Erscheinung tritt, wer erstmalig Energieerzeugnisse für die Schifffahrt bezieht oder tankt.

# Anlage § 027–01

Zu § 27 Energiesteuergesetz

22 Voraussetzung für die Erlaubnis zur steuerfreien Verwendung von Energieerzeugnissen für die Schifffahrt ist, dass sich auf dem Wasserfahrzeug eine mit dem Wasserfahrzeug fest verbundene Tankanlage befindet.

23 Das Hauptzollamt kann außerdem auf Antrag zulassen, dass auf
   a) Wasserfahrzeugen mit einer Gesamttankanlage bis zu 500 Litern Raumgehalt außerhalb der Tankanlage ein weiterer Vorrat von höchstens 300 Litern Energieerzeugnis mitgeführt werden darf;
   b) Seefischereifahrzeugen mit einer Gesamttankanlage zwischen 500 Litern und 800 Litern Raumgehalt außerhalb der Tankanlage in besonderen Behältnissen soviel Energieerzeugnisse mitgeführt werden dürfen, dass die in der vollen Tankanlage und in den besonderen Behältnissen insgesamt mitgeführte Menge an Energieerzeugnissen von 800 Litern nicht übersteigt.

24 Die Tankanlage muss so eingerichtet sein, dass sich die Menge der darin befindlichen Energieerzeugnisse jederzeit leicht ermitteln lässt. An den Messeinrichtungen müssen sich Vorrichtungen befinden, die das Anlegen von amtlichen Verschlüssen zur Verhinderung des Vertauschens oder Veränderns der Messeinrichtung ermöglichen. Auf dem Peilstab muss der Name oder die Nummer des Wasserfahrzeugs dauerhaft angebracht sein. Das Standglas mit der Messskala ist durch amtliche Verschlüsse, der Peilstab durch amtliche Verschlüsse oder durch Schlagstempelabdruck zu sichern.

25 An Tagesbehältern bis zu 100 Litern Fassungsvermögen braucht keine Messeinteilung (Skala) angebracht zu sein, wenn die im Tagesbehälter enthaltene Menge an Energieerzeugnissen sich durch Schaugläser oder Peilstäbe hinreichend genau ermitteln lässt oder wenn die Möglichkeit besteht, den Gesamtbestand an Energieerzeugnissen in der Tankanlage dadurch zu ermitteln, dass der Tagesbehälter entweder voll gefüllt oder sein Inhalt in den Hauptbehälter zurückgenommen wird.

26 Die förmliche Erlaubnis enthält u.a. die folgenden Angaben:
   a) Typ und Name des Wasserfahrzeugs, Name und Anschrift des Eigners, Ausrüsters oder des sonstigen Nutzungsberechtigten und bei Haupterwerbsfischern – soweit vorhanden – das Fischereikennzeichen und die CFR-Nummer;
   b) die Auflage, dass für das Wasserfahrzeug folgende Anschreibungen zu führen sind:
      – Tag und Arte der Fahrt
      – Ablegehafen, Bestimmungshafen, Ort des Zwischenhalts
      – Fahrtdauer,
      – Art und Mengen der übernommenen und verbrauchten Energieerzeugnisse für die Schifffahrt.
      Die Anschreibung ist über ein Verwendungsbuch für Energieerzeugnisse – Verwender von Energieerzeugnissen für die Schifffahrt – nach Vordruck 1043 zu führen. Das Verwendungsbuch für Energieerzeugnisse ist zusammen mit dem Bezugsheft und dem Belegheft an Bord sicher aufzubewahren und auf Verlangen den Zollbediensteten vorzulegen.
   c) die Auflage, dass Energieerzeugnisse für die Schifffahrt nur durch unmittelbare Bebunkerung der mit dem Wasserfahrzeug fest verbundenen Tankanlage bezogen werden dürfen und das Ausnahmen hiervon nur aus zwingenden Gründen und nach erteilter Genehmigung zulässig sind,
   d) die Auflage, die zweckgerechte Verwendung einmal im Kalenderjahr, frühestens sechs Monate nach Erteilung der Erlaubnis oder der letzten Prüfung, prüfen zu lassen, soweit das Hauptzollamt nicht darauf verzichtet (s. Abs. 58),
   e) die Auflage, für die Durchführung von Steueraufsichtsmaßnahmen, der jährlichen Verwendungsprüfung nach Buchstabe d) oder von Außenprüfungen das Wasserfahrzeug der zuständigen Zollstelle vorzuführen,
   f) den Vorbehalt der nachträglichen Aufnahme, Änderung oder Ergänzung einer Auflage (§ 120 AO),
   g) den Hinweis, dass die Erlaubnis widerrufen werden kann, wenn eine der in den Rechtsvorschriften geforderten Voraussetzungen nicht mehr erfüllt ist oder die Auflagen nicht eingehalten werden.
   Beantragt ein Nutzungsberechtigter eine Erlaubnis für mehrere Wasserfahrzeuge, können diese in einer Erlaubnis zusammengefasst werden.
   Für die Befristung gilt VSF V 03 50 Abs. 17 und 18 entsprechend.

27 Die betriebliche Lagerstätte des Verwenders ist unter Beachtung des DV § 56 zuzulassen. Dem Verwender wird für die Lagerstätte ein Bezugsheft nach Vordruck 1040 oder 1041 (s. Abs. 28) ausgehändigt. Im Feld 2 des Bezugsheftes wird anstelle eines Wasserfahrzeugnamens „auf betriebliches Lager" vermerkt. Der Verwender hat die Bebunkerung jedes einzelnen Wasserfahrzeugs durch betriebsinterne Anschreibungen mengenmäßig nachzuweisen. Die Pflicht zur Führung eines Verwendungsbuches für Energieerzeugnisse für jedes einzelne Wasserfahrzeug (s. Abs. 26) bleibt davon unberührt. Auf das

Zu § 27 Energiesteuergesetz **Anlage § 027–01**

Verbot, Energieerzeugnisse für die Schifffahrt an andere Verwender abzugeben, ist in der Erlaubnis besonders hinzuweisen.

Zum Nachweis der Bezugsberechtigung stellt das Hauptzollamt ein Bezugsheft mit Abgabenachweis für Energieerzeugnisse für die Schifffahrt nach Vordruck 1040 (5 Blatt), nach Vordruck 1041 (50 Blatt) oder nach Vordruck 1042 (Instandhaltung- und Herstellungsbetriebe) aus. Das Deckblatt des Bezugsheftes dient als Erlaubnisschein i. S. v. DV § 53 Satz 1. Der Erlaubnisinhaber kann bei dem für die Erlaubnis zuständigen Hauptzollamt die Ausstellung eines neuen Bezugsheftes beantragen. Die Unterscheidungszeichen und Nummer der ausgestellten Bezugshefte werden in der Erlaubnis oder einer Anlage dazu beim Hauptzollamt, das die Erlaubnis erteilt hat, festgehalten. Die verbrauchten Bezugshefte verbleiben bis zur Durchführung der Verwendungsprüfung beim Wasserfahrzeugführer und sind nach Durchführung der Verwendungsprüfung zusammen mit der Niederschrift nach Vordruck 1045 dem Hauptzollamt, das die Erlaubnis erteilt hat, zu übersenden. 28

Der Wasserfahrzeugführer hat das Bezugsheft beim Bezug der Energieerzeugnisse für die Schifffahrt dem Lieferer vorzulegen, Lieferer und Wasserfahrzeugführer unterschreiben den Bezugs- und Abgabenachweis im Durchschreibeverfahren. Die Erstausfertigung verbleibt im Heft. Die Zweitausfertigung erhält der Lieferer als Beleg für seine Anschreibung. 29

Das Hauptzollamt händigt dem Verwender ein Verwendungsbuch für Energieerzeugnisse nach Vordruck 1043 aus. 30

Das Hauptzollamt kann zulassen, dass die Spalten 7 bis 9 des Verwendungsbuches für Energieerzeugnisse nicht ausgefüllt werden müssen, wenn keine Bedenken gegen die Zuverlässigkeit des Wasserfahrzeugführers bestehen und das Wasserfahrzeug 31

– a) nur regelmäßige und kurze Fahrten in übersichtlichen Gewässern ausführt und die Verwendung auf andere Weise leicht überwacht werden kann,

oder

– b) nur mit Betriebsmotoren mit einer Leistung bis zu insgesamt 60 kW ausgestattet ist, nur Fahrten in einem örtlich begrenzten Hafenbereich ausgeführt und im Monatsdurchschnitt nicht mehr als 1500 Liter Energieerzeugnisse verbraucht.

Das Hauptzollamt kann auch zulassen, das bei Wasserfahrzeugen, die regelmäßig mehrere Fahrten an einem Tag ausführen, die an einem Tag verwendeten Energieerzeugnisse mit den entsprechenden Betriebsstunden in einer Summe täglich eingetragen wird.

Das Hauptzollamt kann auf Antrag auf die Führung des Verwendungsbuches für Energieerzeugnisse verzichten, wenn andere geeignete Verwendungsanschreibungen (z. B. Bootstagebuch, Nachweis für Betriebsstoffe) betriebsintern geführt werden. 32

Der Wasserfahrzeugführer hat bei der unmittelbaren Ein- und Ausfahrt aus einem und in einen Mitgliedstaat der Europäischen Union sowie bei jeder Einfahrt aus einem Drittland und vor jeder Ausfahrt in ein Drittland den Bestand an Energieerzeugnissen für die Schifffahrt im Verwendungsbuch für Energieerzeugnisse anzuschreiben. Einer Vorführung des Wasserfahrzeugs bedarf es nicht. 33

**Instandhaltung; Herstellung**

Die Instandhaltung umfasst die Prüfung, Wartung, Überholung und Reparatur von Wasserfahrzeugen, die im Rahmen der steuerbegünstigten Schifffahrt nach G § 27 Abs. 1 Nr. 1 eingesetzt werden. 34

Die Instandhaltung umfasst auch:

– Fahrten zum und vom Instandhaltungsbetrieb sowie
– Probe- und Abnahmefahrten

Werden bei Instandhaltungsarbeiten nach G § 27 Abs. 1 Nr. 2 vom Auftraggeber bezogene Energieerzeugnisse eingesetzt, erstreckt sich die Erlaubnis nach G § 27 Abs. 1 Nr. 1 auch auf die Verwendung der Energieerzeugnisse im Rahmen der Instandhaltung (Allgemeine Erlaubnis lt. Nr. 3 Spalte 3 der Anlage 1 zu DV §§ 55 und 74). In den Fällen in denen eine förmliche Einzelerlaubnis erteilt wird, ist in die Erlaubnis mit aufzunehmen, dass diese sich auch auf Instandhaltungsarbeiten an dem Wasserfahrzeug bezieht. 35

Beabsichtigt der Instandhaltungsbetrieb für Instandhaltungsarbeiten nach G § 27 Abs. 1 Nr. 2 Energieerzeugnisse auf eigene Rechnung steuerfrei zu beziehen, so bedarf es einer förmlichen Erlaubnis. 36

Die Steuerbefreiung nach G § 27 Abs. 1 Nr. 3 umfasst die Herstellung von Wasserfahrzeugen sowohl der privaten als auch der gewerbsmäßigen Schifffahrt. Dazu gehören auch 37

– Fahrten zur Einweisung von Besatzungen von Wasserfahrzeugen,
– Probe-, Abnahme- und Überführungsfahrten.

**Anlage § 027–01**  Zu § 27 Energiesteuergesetz

38  Der Begriff der Herstellung umfasst auch den Umbau von Wasserfahrzeugen.

39  Die Steuerbegünstigung nach G § 27 Abs. 1 Nr. 2 und 3 umfasst auch den Einsatz/ die Verwendung in temporär ausgebauten Motoren.

**Stationäre Nutzung**

40  Ein Wasserfahrzeug gilt als stationär genutzt, wenn es fest an einem Ort liegt und von dort nicht bewegt wird, weil es an seinem Liegeplatz über die Landverbindung (z.b. Hotel-, Wohn- oder Restaurantschiff), oder weil es in seinem Einsatzort (z.B. Erdölplattform) auf Dauer genutzt wird; die zeitweilige Betätigung der Schiffsaggregate zur Überprüfung von deren Funktionsfähigkeit – auch verbunden mit einem Wechsel des Liegeplatzes – führt nicht zur Steuerbegünstigung. Noch vorhandene steuerfrei bezogene Energieerzeugnisse sind nachträglich zu versteuern (G §§ 17 und 30).

41  Ein Wasserfahrzeug gilt erst dann vorübergehend stationär als Hotelschiff genutzt, wenn die Dauer seiner Liegezeit an einem Ort 10 Tage überschreitet; in diesen Fällen ist der Verbrauch während der gesamten Liegezeit steuerpflichtig. Zu dem muss erkennbar sein, dass die stationäre Nutzung nicht von Dauer ist.

42  Ein Wasserfahrzeug gilt als nicht stationär genutzt, wenn es während einer Reise – auch mehrere Tage – in einem Hafen festmacht, um den Reisenden Landausflüge zu ermöglichen, oder wenn es die Reisenden vor oder nach der Reise die übliche Zeit beherbergt.

43  Um die Verwendung von gekennzeichneten Energieerzeugnissen als Kraftstoff im nicht steuerbegünstigten Bereich weitmöglichst zu beschränken, ist bei der Anwendung des DV § 61 Abs. 2 ein strenger Maßstab anzuwenden. Findet dagegen regelmäßig eine Nutzung zu begünstigten und nicht begünstigten Zwecken statt, so ist das Entlastungsverfahren nach Abs. 46 ff. anzuwenden.

44  Die Anwendung des DV § 61 ist auch in Fällen möglich, in denen eine allgemeine Erlaubnis nach Nrn. 3.1 und 3.2 der Anlage 1 zum DV § 55 besteht.

45  Werden gekennzeichnete Energieerzeugnisse, die zur steuerfreien Verwendung in Wasserfahrzeugen für die Schifffahrt bezogen worden sind, auf nicht begünstigten Fahrten als Kraftstoff verwendet, stellt dies keinen Verstoß gegen die Verwendungsbeschränkungen des DV § 46 Abs. 1 dar.

**Steuerentlastung**

46  Entlastungsantrag ist die Steueranmeldung nach Vordruck 1100 oder 1101.

47  Entlastungsberechtigt ist der Nutzungsberechtigte. Dies gilt auch im Falle von Instandhaltungsmaßnahmen (siehe Abs. 5).

Im Falle der Herstellung ist die Werft entlastungsberechtigt.

48  Für die örtliche Zuständigkeit gilt Absatz 21 entsprechend.

Das Fachsachgebiet erfasst die Daten des Entlastungsberechtigten und der Entlastung im IT-Verfahren BISON und führt eine Risikobewertung des entsprechenden Überwachungsgegenstands im IT-Verfahren PRÜF durch.

49  In den Fällen des G § 27 Abs. 1 Nr. 1 bis 3 sind grundsätzlich alle Energieerzeugnisse entlastungsfähig, die zum Steuersatz nach G § 2 Abs. 1 oder Abs. 3 versteuert wurden. Für nicht gekennzeichnete Gasöle der Unterpositionen 2710 19 41 bis 2710 19 49 der KN müssen die Voraussetzungen des DV § 96 Abs. 1 erfüllt sein.

50  Grundsätzlich sind nur im Steuergebiet versteuert bezogene und auf begünstigten Fahrten verbrauchte Energieerzeugnisse entlastungsfähig.

Der Verbrauch ist durch eine Bestandsabrechnung oder auf der Grundlage des Durchschnittsverbrauchs und der begünstigten Fahrtstrecke zu ermitteln.

Soweit Energieerzeugnisse außerhalb des Steuergebiets bezogen wurden, gilt der Zeitpunkt der ersten Betankung im Steuergebiet als Beginn der begünstigten Fahrt.

51  Bei Herstellungs- und Instandhaltungsbetrieben sind die Entlastungsmengen durch geeignete betriebliche Aufzeichnungen nachzuweisen.

52  Beim Bezug von Energieerzeugnissen im Rahmen von Instandhaltungsmaßnahmen ist als Versteuerungsnachweis die Rechnung des Instandhalters bzw. des Lieferanten anzuerkennen, soweit sich daraus ergibt, dass die Energieerzeugnisse versteuert bezogen wurden.

53  Beantragt der Inhaber einer allgemeinen Erlaubnis nach Nr. 3 der Anlage 1 zu DV § 55 in den Fällen des DV § 96 Abs. 1 eine Entlastung, kann das zuständige Hauptzollamt von der Führung eines buchmäßigen Nachweises nach DV § 96 Abs. 4 Satz 1 Nr. 1absehen und die Entlastung unverzüglich durchführen.

Beantragt der Inhaber einer förmlichen Einzelerlaubnis eine Entlastung, kann dann von der buchmäßigen Nachweisung abgesehen werden und die Entlastung unverzüglich herbeigeführt werden, wenn er die mit versteuerten Energieerzeugnissen durchgeführten Fahrten in seine zu führenden Anschreibungen (Abs. 26 b) aufnimmt und dort entsprechend kennzeichnet.

Um auszuschließen, dass die Kennzeichnungsregelung durch Inanspruchnahme der Ausnahmeregelung unterlaufen wird, ist bei der Prüfung, ob eine Betankung unvermeidlich war und gekennzeichnete Energieerzeugnisse kurzfristig nicht verfügbar waren, ein strenger Maßstab anzulegen. **54**

### Außenprüfung und Steueraufsicht

Der Inhaber der förmlichen Einzelerlaubnis hat das Wasserfahrzeug mit den nicht verwendeten Energieerzeugnissen einmal im Kalenderjahr, frühestens sechs Monate nach Erteilung der Erlaubnis oder der letzten Prüfung, einer Zollstelle zur Prüfung vorzuführen. **55**

Für die Durchführung der Prüfung ist jede Zollstelle zuständig, die Abfertigungen von Wasserfahrzeugen vornimmt, oder das durch das Hauptzollamt bestimmte Sachgebiet für Außenprüfung und Steueraufsicht. In Ausnahmefällen kann auch das Sachgebiet für Außenprüfung und Steueraufsicht eines anderen Hauptzollamtes bestimmt werden. **56**

Die Prüfungsstelle prüft anhand des Belegheftes, des Verwendungsbuches für Energieerzeugnisse und der Bezugshefte den Sollbestand und vergleicht diesen mit dem jeweils bei Ein- und Ausfahrten angeschriebenen bzw. bei der letzten Vorführung festgestellten Istbestand. Eine stichprobenweise Prüfung ist zulässig, wenn keine Zweifel an der Richtigkeit der Anschreibungen bestehen. **57**

Die Prüfung wird im Verwendungsbuch für Energieerzeugnisse vermerkt. Über die Prüfung wird eine Niederschrift nach Vordruck 1045 „Prüfung der zweckgerechten Verwendung von Energieerzeugnissen für die Schifffahrt" in zweifacher Ausfertigung aufgenommen. Eine Ausfertigung enthält der Wasserfahrzeugführer zur Aufnahme in das Belegheft, die andere Ausfertigung wird dem Hauptzollamt, das die Erlaubnis erteilt hat, übersandt.

Das Hauptzollamt kann auf die jährliche Verwendungsprüfung verzichten, wenn **58**
- der Einsatz des Wasserfahrzeugs nur an einem Ort erfolgen oder
- das Wasserfahrzeug regelmäßig an einen Ort zurückkehrt und

der Erlaubnisinhaber seinen Sitz im Bezirk des Hauptzollamtes hat. In diesem Fall ordnet das Hauptzollamt Außenprüfungen nach den dafür geltenden Vorschriften an.

Die mit der Abfertigung von Wasserfahrzeugen befassten Zollstellen und die für die Steueraufsicht zuständigen Dienststellen nehmen darüber hinaus unvermutet Prüfungen vor. Abs. 57 gilt entsprechend. **59**

Die Abgabe von Energieerzeugnissen zu den in Nr. 3 der Anlage zu DV § 55 aufgeführten steuerbegünstigten Zwecken hat der Steuerlagerinhaber oder Verteiler anhand der betrieblichen Versandpapiere nach Abs. 14 nachzuweisen. **60**

Treten bei der Prüfung von Steuerlagerinhabern oder Verteilern Zweifel an der Richtigkeit oder Vollständigkeit dieser betrieblichen Versandpapiere auf, haben die Dienststellen der Zollverwaltung des Bundes nach § 9 Absatz 5 Nummer 4 des Binnenschifffahrtsaufgabengesetzes (BinSchAufgG) die Befugnis, personenbezogene Daten (§ 9 Absatz 2 BinSchAufgG) der Binnenschiffsbestandsdatei über Wasserfahrzeuge einschließlich Schwimmkörper und schwimmende Anlagen zur Überprüfung anzufordern.

Zur Übermittlung der Daten nach § 9 Absatz 5 Nummer 4 BinSchAufgG ist eine Anfrage an die zentrale Binnenschiffsbestandsdatei (ZBBD) der Wasser- und Schifffahrtsverwaltung des Bundes zu richten. Die jeweiligen Ansprechpartner der Zentralen Binnenschiffsbestandsdatei sind unter folgendem Link gelistet:

http://www.elwis.de/Schifffahrtsrecht/ZSUK/Verteilung_Besetzung_und_Arbeitsweise_der_ Dienststellen/ Zentralstelle_SUK_SEA_Mainz/index.html

Die Anfrage ist per E-mail an die zuständigen Sachbearbeiter zu richten.

### Anmerkung
### Auszug aus dem Binnenschifffahrtsgesetz – BinSchG –:

§ 1

Schiffseigner im Sinne dieses Gesetzes ist der Eigentümer eines zur Schifffahrt auf Flüssen oder sonstigen Binnengewässern bestimmten und hierzu von ihm verwendeten Schiffes.

**Anlage § 027–01**                       Zu § 27 Energiesteuergesetz

§ 2

1 Wer ein ihm nicht gehöriges Schiff zur Binnenschifffahrt verwendet und es entweder selbst führt oder die Führung einem Schiffer anvertraut, wird Dritten gegenüber als Schiffseigner im Sinne dieses Gesetzes angesehen.

2 ...

**Auszug aus dem Handelsgesetzbuch – Fünftes Buch, Seehandel**

§ 484

Reeder ist Eigentümer eines ihm zum Erwerb durch die Seefahrt dienenden Schiffes.

§ 510

1 Wer ein ihm nicht gehörendes Schiff zum Erwerb durch die Seefahrt für seine Rechnung verwendet und es entweder selbst ausführt oder die Führung einem Kapitän anvertraut, wird im Verhältnis zu Dritten als Reeder angesehen.

Zu § 27 Energiesteuergesetz                                                                    **Anlage § 027–02**

## Anlage 2 zu VwV Schifffahrt

OFD Hamburg vom 1.8.2011 – V 82 30-1

**Anlage 2**
**Zu Absatz 9 der VWV Schiff**
Das Hauptzollamt Köln hat dem Bundesamt für Wehrverwaltung mit Schreiben vom 4. Mai 2007 – V 8230 – B 8595/6060-6061 – B 45 – die Zulassung erteilt, mit Wirkung vom 1. April 2007 gem. § 27 EnergieStG in Verbindung mit § 57 Abs. 16 Nr. 3 EnergieStV, die in § 27 EnergieStG genannten Energieerzeugnisse, die die Bundeswehr im Rahmen der allgemeinen Erlaubnis nach § 55 EnergieStV und der Nr. 3.3 der Anlage 1 zu dieser Verordnung bezieht an die nachfolgend aufgeführten Personen (Dritte) abgeben zu dürfen:

1. Truppenteile und militärische Dienststellen von NATO-Staaten,
2. Truppenteile und militärische Dienststellen von Nicht-NATO-Staaten,
3. Teile/Dienststellen der Bundespolizei, der Polizei und sonstige deutsche Behörden sowie andere deutsche Träger hoheitlicher Aufgaben,
4. Hilfs- und Rettungsdienste (z. B. Technisches Hilfswerk, Rotes Kreuz, Deutsche Gesellschaft zur Rettung Schiffbrüchiger),
5. Firmen, die im Auftrag der Bundeswehr tätig sind und
6. Vereine und Einzelpersonen, die im Auftrag der Bundeswehr tätig sind.

Gemäß BMF-Erlass vom 10. April 2007 – III A 1 – V 8230/07/0004 – Dok.Nr. 2007/0151419 hat das Hauptzollamt Köln des weiteren widerruflich zugelassen, dass die Bundeswehr nicht ausreichend gekennzeichnete Energieerzeugnisse der Unterpositionen 2710 1941 bis 2710 1949 der Kombinierten Nomenklatur, die in Lagerstätten der Bundeswehr durch die Mischung von aus den Hauptbehältern von Wasserfahrzeugen der Bundeswehr entnommenem ungekennzeichnetem Gasöl und bezogenem gekennzeichnetem Gasöl entstanden sind, an Truppenteile und militärische Dienststellen von NATO-Staaten und Nicht-NATO-Staaten, Teile/Dienststellen der Bundespolizei, der Polizei und sonstige deutsche Behörden sowie andere deutsche Träger hoheitlicher Aufgaben und an die Gesellschaft zur Rettung Schiffbrüchiger abgeben darf.

Die Zulassung wurde unter anderem mit folgenden Bedingungen, Hinweisen und Auflagen gemäß § 120 AO verbunden:

**Steuerliche Anschreibungen:**
Über die Warenbewegungen der steuerfreien Energieerzeugnisse zur Verwendung in der Schifffahrt innerhalb der Bundeswehr und über die Verwendung dieser steuerfreien Energieerzeugnisse sind Anschreibungen zu führen.
Als steuerliche Anschreibungen werden die bundeswehrinternen, jeweils zu führenden Aufzeichnungen im Rahmen der Verfahrensregelung für die Abgabe von Energieerzeugnissen an Dritte im Inland sowie die mit den NATO-Staaten vereinbarten Abrechnungsmodalitäten (sog. STANAG's) anerkannt.

**Abgabe an Dritte:**
**1. Abgabe an Personen, denen die steuerfreie Verwendung von Energieerzeugnissen erlaubt ist (allgemein oder aufgrund einer förmlichen Erlaubnis – Erlaubnisschein):**
Soweit steuerfreie Energieerzeugnisse an Personen abgegeben werden, denen die steuerfreie Verwendung dieser Energieerzeugnisse erlaubt ist, hat die Bundeswehr sicherzustellen, dass ihr im Zeitpunkt der Abgabe ein gültiger Erlaubnisschein vorliegt oder ihr der Nachweis für das Vorliegen der Voraussetzungen für die Inanspruchnahme der allgemeinen Erlaubnis nachgewiesen wird.
Die Abgabe der steuerfreien Energieerzeugnisse ist von der Bundeswehr anhand der hierfür verwendeten Einzel- oder Sammelleistungsbestätigungen (LB) gegen Unterschrift des Empfängers nachzuweisen.

**2. Abgabe an Personen, denen die steuerfrei Verwendung von Energieerzeugnissen nicht erlaubt ist:**
Gemäß § 46 Abs. 1 EnergieStV dürfen Energieerzeugnisse, die zugelassene Kennzeichnungsstoffe enthalten, nicht als Kraftstoff abgegeben werden an Personen, denen die steuerfreie Verwendung von Energieerzeugnissen in der Schifffahrt nicht erlaubt ist.
Die Abgabe von anderen steuerfreien Energieerzeugnissen an Personen und Einrichtungen der Bundeswehr, denen die steuerfreie Verwendung dieser Energieerzeugnisse nicht erlaubt ist, ist von der Bun-

# Anlage § 027–02

Zu § 27 Energiesteuergesetz

deswehr anhand der hierfür verwendeten Einzel- oder Sammelleistungsbestätigungen (LB) gegen Unterschrift des Empfängers nachzuweisen.

### 3. Steuerschuldentstehung / Steuerschuldner:

Gemäß § 21 Abs. 1 EnergieStG entsteht für Energieerzeugnisse, die Kennzeichnungsstoffe enthalten und die als Kraftstoff an Personen abgegeben werden, die nicht nach § 27 Abs. 1 EnergieStG zum steuerfreien Bezug von Kraftstoffen für die Schifffahrt berechtigt sind, die Steuer nach § 21 Abs. 1 EnergieStG.

Gemäß § 30 Abs. 1 EnergieStG entsteht für nicht gekennzeichnete steuerfreie Energieerzeugnisse zur Verwendung in der Schifffahrt, die an andere Personen abgegeben werden, die nicht im Rahmen der allgemeinen oder förmlichen Erlaubnis berechtigt sind (Nichtberechtigte), steuerfreie Energieerzeugnisse zu verwenden, mit der Abgabe dieser Energieerzeugnisse an diesen Personenkreis die Energiesteuer nach dem jeweils zutreffenden Steuersatz gemäß § 2 EnergieStG.

Steuerschuldner ist neben der Bundeswehr auch der Nichtberechtigte (§ 21 Abs. 2 und § 30 Abs. 2 EnergieStG).

### 4. Abgabe von Steueranmeldungen:

Abweichend von § 30 Abs. 2 EnergieStG ist für Energieerzeugnisse, für die in einem Monat die Steuer nach § 30 Abs. 1 EnergieStG entstanden ist, bis zum 30. Tag des nächsten Monats eine Steuererklärung abzugeben und darin die Steuer selbst zu berechnen (Steueranmeldung). In Fällen des § 21 Abs. 1 EnergieStG ist die Steuererklärung unverzüglich abzugeben.

### 5. Fälligkeit der Steuer:

Abweichend von § 30 Abs. 2 EnergieStG ist die Steuer für Energieerzeugnisse, für die in einem Monat die Steuer nach § 30 Abs. 1 EnergieStG entstanden ist, bis zum 25. Tag des zweiten Monats nach der Entstehung zu entrichten. In Fällen des § 21 Abs. 1 EnergieStG ist die Steuer sofort fällig.

### 6. Vorlage von Unterlagen:

Für die monatlich zu erstellenden Steueranmeldungen ist der amtlich vorgeschriebene Vordruck (Muster 1100) zu verwenden.

Der Steueranmeldung ist eine Aufstellung der abgegebenen Energieerzeugnisse nach dem anliegenden Muster beizufügen.

Zuständig für die Annahme der Steuererklärung und Steueranmeldung ist das Hauptzollamt Köln. Außenprüfung und Steueraufsichtsmaßnahmen werden durch das Sachgebiet Prüfungsdienst des Hauptzollamtes Köln durchgeführt.

### 7. Bestellung eines steuerlichen Beauftragten

Die Bundeswehr kann einen steuerlichen Beauftragten gemäß § 214 Abgabenordnung (AO) bestimmen, der die steuerlichen Pflichten (z.B. Erstellung der Steueranmeldungen usw.) wahrnimmt.

Zu § 27 Energiesteuergesetz **Anlage § 027–03**

**Verwendung von Energieerzeugnissen in der Schifffahrt;
Steuerliche Behandlung von Arbeitsgeräten ohne eigenen Antrieb;
Kirchenschiffe**

BMF-Schreiben vom 4.9.2007 – III A 1 – V8230/07/0004, 2007/0244824

Nach Einführung der Kennzeichnungspflicht für in der gewerblichen Schifffahrt verwendetes Gasöl bestehen teilweise Versorgungsprobleme für die nicht begünstigten Wasserfahrzeuge ohne eigenen Antrieb (z. B. Schwimmkräne, Schwimmbagger, Schwimmgreifer, Eimerkettenbagger, Verkehrssicherungsprahme), die häufig nur über Bunkerschiffe betankbar sind. Gleichzeitig bestehen bei einigen der im Wasserbau tätigen Unternehmen, der Wasserund Schifffahrtsverwaltung sowie bei zuständigen HZÄ Unklarheiten, wie die eingesetzten Arbeitsgeräte steuerlich zu behandeln sind und Versorgungslücken zu begegnen ist. Von Seiten des Bundesverbandes der deutschen Binnenschifffahrt e.V. wurde vorgetragen, dass die HZÄ gleicht gelagerte Sachverhalte steuerlich unterschiedlich behandeln würden.

Dieser Erlass erläutert die steuerliche Behandlung der schwimmenden Arbeitsgeräte auf der Grundlage der bestehenden Rechtslage und stellt dar, wie zu verfahren ist, wenn eine Versorgung von nicht begünstigten Arbeitsgeräten mit nicht gekennzeichnetem, voll versteuertem Dieselkraftstoff nicht möglich ist. Zudem regelt er, wie Kirchenschiffe energiesteuerrechtlich zu behandeln sind.

**I. Steuerliche Behandlung der schwimmenden Arbeitsgeräte**

Abs. 17 der Dienstvorschrift zur energiesteuerlichen Behandlung von Energieerzeugungsanlagen nach den §§ 2, 3 und 53 EnergieStG vom 6. Juni 2007 enthält Bestimmungen, unter welchen Voraussetzungen Stromerzeugungsanlagen und KWK-Anlagen, die fest auf Schwimmbaggern, Pontons oder Prahmen installiert sind, die über keinen eigenen Antrieb verfügen, als ortsfest gelten. Die VwV Energieerzeugnisse für die Schifffahrt in der Fassung vom 2. Mai 2007 regelt in Abs. 1, Unterabschnitt „Schubboote", dass Schub- und Koppelverbände als eine Einheit zu behandeln sind und als Wasserfahrzeuge mit eigenem Antrieb gelten.

Hinsichtlich von Wasserbaugeräten (Kräne, Bagger usw.), die fest auf Schwimmkörpern ohne eigenen Antrieb montiert sind (z.B. Pontons oder Prahmen), ist wie folgt zu verfahren:

Sind die vorgenannten auf einem Schwimmkörper fest montierten Wasserbaugeräte alleine nicht einsatzfähig und werden nur im Verbund mit einem Schlepper betrieben (z.B. sog. Verkehrssicherungsprahme), so gelten sie als Schubverband gem. Abs. 1 der VwV Energieerzeugnisse für die Schifffahrt, und die für den Betrieb der Wasserbaugeräte auf dem Schwimmkörper ohne eigenen Antrieb eingesetzten Energieerzeugnisse sind steuerbegünstigt gem. § 27 Abs. 1 Satz 1 Nr. 1 EnergieStG, weil die Tätigkeit des Wasserbaugerätes nur in direkter Zusammenarbeit mit einem Wasserfahrzeug möglich ist. Sind dagegen die auf einem Schwimmkörper fest montierten Wasserbaugeräte auch allein einsatzfähig, so sind nur die während der Fahrt als Koppelverband verwendeten Energieerzeugnisse gem. § 27 Abs. 1 Satz 1 Nr. 1 EnergieStG steuerbegünstigt. Die während des stationären Einsatzes auf dem Schwimmkörper ohne eigenen Antrieb verwendeten Energieerzeugnisse sind nicht steuerbegünstigt nach § 27 Abs. 1 Satz 1 Nr. 1 EnergieStG, weil die Tätigkeit der Wasserbaugeräte auch unabhängig vom Betrieb eines Wasserfahrzeugs möglich ist. Dabei ist es unerheblich, ob der Schlepper während des Einsatzes bei dem Schwimmkörper verbleibt oder nicht. Ggf. kommt jedoch eine Besteuerung der auf dem Schwimmkörper verwendeten Energieerzeugnisse nach dem Steuersatz des § 2 Abs. 3 Satz 1 Nr. 1 EnergieStG in Betracht, wenn eine ortsfeste Stromerzeugungsanlage auf dem Schwimmkörper betrieben wird.

Anlage 1 enthält eine Aufstellung über die steuerliche Behandlung von Schwimmkörpern mit und ohne eigenen Antrieb, auf denen Arbeitsgeräte in Betrieb sind.

**II. Versorgungssituation der nicht steuerlich begünstigten schwimmenden Arbeitsgeräte**

Die unter I. dargestellte unterschiedliche steuerliche Behandlung der Schwimmkörper führt dazu, dass Versorgungsprobleme in den Fällen entstehen können, in denen steuerlich nicht begünstigte Arbeitsplattformen mit zum Steuersatz nach § 2 Abs. 1 Nr. 4 EnergieStG versteuertem Gasöl beliefert werden müssen, wenn

a) die Bunkerschiffe, die die Arbeitsplattform mit Kraftstoff versorgen können, nur noch ordnungsgemäß gekennzeichnetes Gasöl vertreiben und

b) eine Betankung mit Straßentankwagen vom Land aus nicht möglich ist, weil die baulichen Voraussetzungen nicht zur Verfügung stehen oder dies aus Umweltschutzgründen nicht möglich ist.

**Anlage § 027–03**  Zu § 27 Energiesteuergesetz

Sollte in diesen Fällen eine Versorgung der Schwimmkörper nicht mehr mit ungekennzeichnetem Kraftstoff möglich sein, so kann in Ausnahmefällen die Abgabe und die Verwendung von ordnungsgemäß gekennzeichnetem Gasöl zum Steuersatz nach § 2 Abs. 1 Nr. 4 EnergieStG an diese Schwimmkörper/Pontons/Prahme erlaubt werden.

Zur Wahrung des Ausnahmecharakters und um eine Gleichbehandlung aller Fälle zu gewährleisten, ist vor Erteilung einer Erlaubnis jeder Einzelfall dem BMF, Referat III A 1, auf dem Dienstweg zu berichten.

Ausnahmen:

Diese Regelung gilt nicht für die Versorgung von mobilen Kränen, Baggern und anderen Arbeitsgeräten, die auch an Land verwendet werden dürfen. Diese Arbeitsmaschinen müssen notfalls an Land zurück verbracht werden, um von dort aus betankt zu werden.

Diese Regelung gilt ebenfalls nicht für die Versorgung von privaten Wassersportfahrzeugen.

**III. Kirchenschiffe**

Es wurde vorgetragen, dass die in Deutschland eingesetzten Kirchenschiffe bezüglich der Steuerbefreiung nach § 27 Abs. 1 Satz 1 Nr. 1 EnergieStG steuerlich unterschiedlich behandelt werden. Ich weise deshalb darauf hin, dass von kirchlichen Trägern betriebene Kirchenschiffe der privaten nicht gewerblichen Schifffahrt zuzuordnen sind und nicht zum Bezug von steuerfreiem gekennzeichnetem Gasöl berechtigt sind.

Nach meiner Kenntnis haben zumindest einige der Kirchenschiffe nach den Vorschriften des Mineralölsteuerrechts eine förmliche Erlaubnis zum Bezug steuerfreien Gasöls besessen, so dass einige Steuerlager davon ausgegangen sind, dass die Kirchenschiffe auch weiterhin der steuerbegünstigten Schifffahrt zuzuordnen sind und im Rahmen der allgemeinen Erlaubnis steuerfreies ordnungsgemäß gekennzeichnetes Gasöl beziehen dürfen. Aus Gründen des Vertrauensschutzes sind deshalb erst die ab dem 15. September 2007 an Kirchenschiffe gelieferte und von ihnen verwendete Energieerzeugnisse zu besteuern. Ich bitte die in Ihrem Zuständigkeitsbereich tätigen Steuerlager und Betreiber der Kirchenschiffe entsprechend zu informieren.

Anlage:

Aufstellung über die steuerliche Behandlung von schwimmenden Arbeitsgeräten

Zu § 27 Energiesteuergesetz　　　　　　　　　　　　　　　　　　　　**Anlage § 027–04**

## Anlage zu § 027-03

BMF-Schreiben vom 4.9.2007 – V 82 30-4

**Anlage: Aufstellung über die steuerliche Behandlung von schwimmenden Arbeitsgeräten**

**1. Schwimmkörper mit eigenem Antrieb**

1.1 Fest montiertes Arbeitsgerät mit direktem Dieselmotorantrieb oder Antrieb aus Energieerzeugungsanlage

Schwimmkörper: steuerbegünstigt gem. § 27 Abs. 1 Satz 1 Nr. 1 EnergieStG als Wasserfahrzeug mit eigenem Antrieb, Betrieb mit steuerfreiem ordnungsgemäß gekennzeichnetem Gasöl (Heizöl – HEL), Arbeitsgerät gilt als Teil des Schwimmkörpers: deshalb Betrieb mit steuerfreiem ordnungsgemäß gekennzeichnetem Gasöl (Heizöl – HEL),

Rechtsgrundlage: § 27 Abs. 1 Satz 1 Nr. 1 EnergieStG und Abs. 1 VwV Energieerzeugnisse für die Schifffahrt.

1.2 Arbeitsgerät, nicht fest mit dem Schwimmkörper verbunden, mit eigenem Antrieb (z. B. Fahrbagger, Standbagger) oder ohne eigenen Antrieb, Betrieb des Arbeitsgerätes mit direktem Dieselmotorantrieb oder mit Antrieb aus Energieerzeugungsanlage Schwimmkörper: steuerbegünstigt gem. § 27 Abs. 1 Satz 1 Nr. 1 EnergieStG als Wasserfahrzeug mit eigenem Antrieb, Betrieb mit steuerfreiem ordnungsgemäß gekennzeichnetem Gasöl (Heizöl – HEL)

Arbeitsgerät: keine Steuerbegünstigung, Betrieb des Arbeitsgeräts mit zum Steuersatz nach § 2 Abs. 1 Nr. 4 EnergieStG versteuertem Dieselkraftstoff Rechtsgrundlage: § 27 Abs. 1 Satz 1 Nr. 1 EnergieStG und Abs. 1 VwV Energieerzeugnisse für die Schifffahrt (Umkehrschluss), Abs. 17 letzter Satz der Dienstvorschrift zur energiesteuerrechtlichen Behandlung von Energieerzeugungsanlagen.

**2. Schwimmkörper ohne eigenen Antrieb**

2.1 Schwimmkörper nur zusammen mit Schlepper einsatzfähig

2.1.1 Arbeitsgerät auf Schwimmkörper fest montiert (z.B. Verkehrssicherungsprahm): Behandlung des Arbeitsgeräts wie Nr. 1.1

2.1.2 Arbeitsgerät, nicht fest mit dem Schwimmkörper verbunden: Behandlung des Arbeitsgeräts wie Nr. 1.2

2.2 Schwimmkörper auch unabhängig vom Schlepper einsatzfähig

2.2.1 Arbeitsgerät auf Schwimmkörper fest montiert mit Antrieb aus Energieerzeugungsanlage (z. B. Eimerkettenbagger, Schwimmbagger, Schwimmkran): ggf. ortsfeste Stromerzeugungsanlage gem. § 3 Abs. 1 Satz 1 Nr. 1 EnergieStG, Betrieb mit HEL zum Steuersatz nach § 2 Abs. 3 Satz 1 Nr. 1 EnergieStG (61,35 €/1000 Liter). Voraussetzung:

a) der Dieselmotor dient ausschließlich der Stromerzeugung und nicht noch anderen Zwecken (Motorantrieb, Hydraulik, Druckerzeugung) und

b) der Schwimmkörper ist während des Betriebes mit Ankerseilen oder Ankerketten im Gewässer gesichert, oder es ist mit einem Schlepper fest verbunden und der Schlepper ist mit Ankerketten oder Ankerseilen gesichert und gilt damit als ortsfest im Sinne von § 3 Abs. 2 EnergieStG.

2.2.2 Arbeitsgerät auf Schwimmkörper fest montiert mit direktem Dieselmotorantrieb oder mit Dieselmotorantrieb, dessen mechanische Energie neben der Stromerzeugung anderen Zwecken dient (z. B. Eimerkettenbagger, Schwimmbagger, Schwimmkran): Arbeitsgerät: keine Steuerbegünstigung, Betrieb des Arbeitsgeräts mit zum Steuersatz nach § 2 Abs. 1 Nr. 4 EnergieStG versteuertem Dieselkraftstoff

2.2.3 Arbeitsgerät, nicht fest mit dem Schwimmkörper verbunden

Arbeitsgerät: keine Steuerbegünstigung, Betrieb des Arbeitsgeräts mit zum Steuersatz nach § 2 Abs. 1 Nr. 4 EnergieStG versteuertem Dieselkraftstoff

**3. Bauhüttenschiff ohne eigenen Antrieb**

dient Personal als Pausen- und Aufenthaltsraum, während seines Betriebes fest anliegend am Ufer bzw. mit Ankerketten oder Ankerseilen gesichert nicht steuerbegünstigt als Wasserfahrzeug gem. § 27 Abs. 1 Satz 1 Nr. 1 EnergieStG wegen fehlendem eigenen Antrieb.

Aggregate für Strom und Heizung dürfen gem. § 2 Abs. 3 Satz 1 Nr. 1 EnergieStG i.V.m. § 3 Abs. 1 Satz 1 Nr. 1 EnergieStG mit HEL zum Steuersatz von 61,35 €/1000 Liter betrieben werden.

**Anlage § 027–05**  Zu § 27 Energiesteuergesetz

## Verwendung von Energieerzeugnissen für die Luftfahrt Verwaltungsvorschrift zu § 27 Abs. 2 und 3, § 52 und § 66 Abs. 1 Nr. 8 und 11 Energiesteuergesetz

BMF-Schreiben vom 1.12.2010 – III B 6 – V 8230/07/10005, 2009/0068855

### Allgemeines/Begriffsbestimmungen

1 Flugbenzin und Flugturbinenkraftstoff für die Luftfahrt mit Ausnahme der privaten nichtgewerblichen Luftfahrt können, vorbehaltlich einer Erlaubnis, steuerfrei bezogen werden. Andere Energieerzeugnisse sind bei entsprechender Verwendung entlastungsfähig.

Die steuerfreie Verwendung des G § 27 Abs. 2 umfasst den Einsatz von Energieerzeugnissen in Luftfahrzeugen in den Triebwerken und Motoren (z. B. Kolbenmotoren und Strahltriebwerken). Eine anderweitige Verwendung, z. B. das Aufbringen von Energieerzeugnissen von außen (Flugzeugenteiser), ist hiervon nicht erfasst (ggf. kommt eine Steuerbefreiung nach G § 25 – Verwendung zu nicht energetischen Zwecken – in Betracht).

2 Luftfahrzeuge i. S. d. G § 27 Abs. 2 und 3 sind die in § 1 Abs. 2 Luftverkehrsgesetz – LuftVG – genannten Luftfahrzeuge. [1)]

3 Flugbenzin der Unterposition 2710 11 31 der KN (Aviation Gasoline = Avgas) wird nur von Flugzeugen mit Ottomotor verwendet. Diese Motoren benötigen grundsätzlich verbleites Benzin mit einer hohen Oktanzahl. Heute ist weltweit zumeist Avgas 100 LL, ein gewöhnliches, nur noch leicht verbleites Benzin mit einer Oktanzahl von mindestens 100, erhältlich.

Wegen des hohen Preises von Avgas verbreitet sich auch Mogas (Motor Gasoline), ein an normalen Tankstellen erhältliches Superbenzin, das, mit besonderen Additiven versehen, den nötigen Spezifikationen während des Flugbetriebes entspricht.

4 Flugturbinenkraftstoff der Unterposition 2710 19 21 der KN, Kerosin (Jet-A1), ist ein mittelschweres Öl, das in Strahltriebwerken eingesetzt wird. Leichter Flugturbinenkraftstoff der Unterposition 2710 11 70 der KN wird heute an den Flugdienststationen nicht mehr gehandelt.

5 Andere Energieerzeugnisse werden ebenfalls als Kraftstoffe in der Luftfahrt verwendet (z. B. Dieselkraftstoff). Heißluftballone verwenden in der Regel Flüssiggase. Diese können nach G §§ 52 i. V. m. 27 Abs. 2 von der Energiesteuer entlastet werden, wenn sie für gewerbsmäßig durchgeführte Ballonfahrten verwendet wurden. Die nach den Bestimmungen des Mineralölsteuergesetzes bis Juli 2006 vorgenommene Wertung des Betriebes von Heißluftballonen als nicht steuerpflichtiges Verheizen ist im Energiesteuerrecht nicht mehr enthalten; d. h. das bei privaten Ballonfahrten verwendete Flüssiggas ist gem. G § 2 Abs. 3 Satz 1 Nr. 5 i. V. m. Abs. 6 zu versteuern.

6 Flugbenzin der Unterposition 2710 11 31 der KN und Flugturbinenkraftstoff der Unterposition 2710 19 21 der KN können von Erlaubnisinhabern steuerfrei bezogen werden. An einigen Flugplätzen sind sie jedoch nur versteuert verfügbar.

7 Der steuerbegünstigte Verwender i. S. d. G § 27 Abs. 2 Nr. 1 ist derjenige, der als Eigentümer, Mieter oder aus sonstigen Gründen Nutzungsberechtigter die tatsächliche Sachherrschaft über das genutzte Luftfahrzeug ausübt.

---

1) Anmerkung:
Auszug aus dem Luftverkehrsgesetz – LuftVG –:
§ 1
...
(2) Luftfahrzeuge sind
1. Flugzeuge
2. Drehflügler
3. Luftschiffe
4. Segelflugzeuge
5. Motorsegler
6. Frei- und Fesselballone
7. Drachen
8. Rettungsfallschirme
9. Flugmodelle
10. Luftsportgeräte
11. sonstige für die Benutzung des Luftraums bestimmte Geräte, sofern sie in Höhen von mehr als dreißig Metern über Grund oder Wasser betrieben werden können.
Raumfahrzeuge, Raketen und ähnliche Flugkörper gelten als Luftfahrzeuge, solange sie sich im Luftraum befinden.

Zu § 27 Energiesteuergesetz **Anlage § 027–05**

Das Nutzungsrecht an dem Luftfahrzeug kann durch vertragliche Vereinbarungen eingeräumt werden. Mögliche vertragliche Vereinbarungen über Nutzungsrechte sind z. B. Miete, Pacht oder Leihe. Dem Nutzungsberechtigten wird dadurch lediglich der Besitz eingeräumt.

Sachherrschaft in diesem Sinne bedeutet die tatsächliche Einwirkungsmöglichkeit auf das Luftfahrzeug, die z. B. nach verschiedenen Indizien, wie z. B. dem Abschluss der Haftpflichtversicherung, dem Personaleinsatz, der Vergabe von Aufträgen für die Ausbesserung und Instandsetzung des Luftfahrzeuges oder der Kraftstoffbestellung bestimmt werden. Unterlagen, die die Eigentümerschaft oder die Nutzungsberechtigung belegen, sind das Luftverkehrsbetreiberzeugnis (Air operator certificate – AOC –)[1] – Anlage 1– oder andere Unterlagen, wie z. B. der Eintragungsschein[2] – Anlage 2 –, der an Bord des jeweiligen Luftfahrzeugs mitzuführen ist, sowie eventuell bestehende Halterschaftsverträge und Charterverträge.

Nutzungsberechtigt können sowohl natürliche als auch juristische Personen und Personengesellschaften sein.

Werden Nutzungsvereinbarungen geschlossen, so sind diese besonders sorgfältig zu prüfen. Etwaige Zusatzvereinbarungen – auch zu den Halterschaftsverträgen –, die im Innenverhältnis eine Übertragung von Versicherungskosten, Betriebskosten und Gebühren auf die Eigner oder dritte Mieter aus Gründen der wirtschaftlichen Refinanzierung enthalten, können unberücksichtigt bleiben, sofern diese Ausgestaltung durch wirtschaftliche oder sonst beachtliche außersteuerliche Gründe zu rechtfertigen ist, da ansonsten die Gefahr eines Gestaltungsmissbrauchs besteht. Im Allgemeinen wird bei Charter-/Leasingverträgen zwischen dry-lease (Vermieten eines Luftfahrzeugs ohne Pilot bzw. Besatzung und ohne Treibstoff) und wet-lease (Zurverfügungstellung eines Luftfahrzeugs mit Pilot bzw. Besatzung und mit Treibstoff) unterschieden. Bei dry-lease wird die Nutzungsberechtigung auf den Mieter/Leasingnehmer übertragen, bei wet-lease verbleibt sie beim Vermieter/Leasinggeber. Bei dry-lease durch einen privaten Mieter scheidet somit die Steuerbegünstigung aus. 8

Denkbar sind auch Mischformen zwischen dry- und wet-lease, z. B. Zurverfügungstellung eines Luftfahrzeugs mit Besatzung aber ohne Treibstoff. Hier ist genau zu prüfen, wer die tatsächliche Sachherrschaft über das Luftfahrzeug ausübt (siehe Abs. 7).

Die Nutzungsberechtigung geht stets auf den Charterer/Leasingnehmer über, wenn dieser den Piloten stellt.

Luftfahrtunternehmen sind juristische oder natürliche Personen sowie Personenhandelsgesellschaften, die Fluggäste, Post und/oder Fracht befördern und eine Zulassung als Luftfahrtunternehmen haben. Das Luftfahrtbundesamt erteilt den in EU- und EFTA-Staaten niedergelassenen Unternehmen, die im Rahmen ihrer Haupttätigkeit gewerblichen Flugverkehr[3] durchführen, eine Betriebsgenehmigung – Anlage 3 nach § 20 Abs. 4 LuftVG i. V. m. Art. 3 Absatz 1 Unterabsatz 1 der Verordnung über gemeinsame Vorschriften für die Durchführung von Luftverkehrsdiensten in der Gemeinschaft (VO (EG) Nr. 1008/2008). Diese EU-Verordnung ersetzt die bisher gültige Verordnung des Rates über die Erteilung von Betriebsgenehmigungen an Luftfahrtunternehmen (VO (EWG) Nr. 2407/92). Luftfahrtunternehmen, die gewerblichen Flugverkehr durchführen und ihren Hauptsitz nicht im Geltungsbereich des europäischen Luftverkehrsrechts haben, erhalten eine Betriebsgenehmigung nach § 21a LuftVG. Unternehmen, die gewerbsmäßige Rundflüge (Beförderung nicht zwischen zwei verschiedenen Punkten) oder gewerbsmäßige Beförderung von Personen und Sachen mit Ballonen durchführen, erhalten eine Betriebsgenehmigung nach § 20 Abs. 1 Satz 1 LuftVG. Unternehmen, die eine Betriebsgenehmigung nach § 20 9

---

1) Das AOC (Art. 6 Abs. 1 VO (EG) Nr. 1008/2008) ist eine amtliche Bescheinigung, in der die unter die Betriebsgenehmigung fallenden Tätigkeiten des Luftfahrtunternehmens aufgeführt sind. In diesem Zeugnis ist in der Anlage 5 das Luftfahrzeugmuster und das Kennzeichen angegeben.
2) Der Eintragungsschein (§ 14 Abs. 1 LuftVZO) bestätigt das Erfassen in dem Luftfahrzeugregister.
3) Anmerkung:
Auszug aus der VO (EG) Nr. 1008/2008 des Rates vom 24.09.2008
Art. 4
Einem Luftfahrtunternehmen wird von der zuständigen Genehmigungsbehörde eines Mitgliedstaats eine Betriebsgenehmigung erteilt, sofern,
...
d) seine Haupttätigkeit die Durchführung von Flugdiensten ist, ...

# Anlage § 027–05

Zu § 27 Energiesteuergesetz

Abs. 1 Satz 2 LuftVG[1]) erhalten, können im Gegensatz zu den vorgenannten Unternehmen Energieerzeugnisse nicht steuerfrei verwenden, weil das Erfordernis der Gewerbsmäßigkeit fehlt. Unternehmen, die durch die Luftfahrt nur gewerbsmäßige Dienstleistungen (siehe Abs. 12) erbringen, erhalten in Deutschland keine Betriebsgenehmigung als Luftfahrtunternehmen; soweit es sich um ausländische Unternehmen handelt, ist es möglich, dass sie eine Betriebsgenehmigung des Heimatstaates besitzen.

10   Personenbeförderung bedeutet, dass neben dem Piloten und ggf. der Besatzung noch Fluggäste befördert werden, es sei denn, es handelt sich um einen Leer- oder Bereitstellungsflug (siehe Abs. 19). Die Fluggäste benötigen einen Beförderungsvertrag. Für die Personenbeförderung ist immer eine Zulassung/ Genehmigung nach Abs. 9 erforderlich.

11   Privat veranlasste Flüge von Firmenangehörigen eines Luftfahrtunternehmens mit Luftfahrzeugen des Unternehmens sind dementsprechend begünstigt, wenn der Firmenangehörige für diesen Flug mit dem Luftfahrtunternehmen einen Beförderungsvertrag abgeschlossen hat.

12   Gewerbsmäßig erbrachte Dienstleistungen i. S. v. DV § 60 Abs. 4 Nr. 2 sind z. B. Werkarbeiten (aerial work), wie Vermessungsflüge oder Luftbildaufnahmen, die Tätigkeiten gewerblicher Flugschulen oder Flüge zum Absetzen von Fallschirmspringern. Flugschulen erhalten eine Ausbildungserlaubnis nach § 5 LuftVG. Soweit ausländische Unternehmen gewerbsmäßige Dienstleistungen erbringen und keine Betriebsgenehmigung vorlegen können, kann die Einflugerlaubnis – Anlage 4 ein Hinweis auf die Gewerbsmäßigkeit sein. Personen(Abs. 10) oder Frachtbeförderungen können begrifflich nicht zu den begünstigten Dienstleistungen i. S. v. DV § 60 Abs. 4 Nr. 2. Eine Dienstleistung, die allein darin besteht, Luftfahrzeuge gewerblich zu vermieten, ist nicht begünstigt, weil es sich hier um keine Dienstleistung handelt, die durch die Luftfahrt erbracht wird (G § 27 Abs. 2 Nr. 1).

13   Flüge zur Beförderung des eigenen Firmenpersonals zur Ausübung von Tätigkeiten, die innerhalb des Unternehmens liegen, und Warentransporte für eigene Zwecke des Unternehmens (sog. Firmenflüge) gelten als Personen- und Sachbeförderungen und sind nur dann begünstigt, wenn sie durch ein Luftfahrtunternehmen auf der Grundlage eines Beförderungsvertrages durchgeführt werden.

14   Die Luftrettung ergänzt die bodengebundenen Rettungs- und Notarztdienste und wird über die einzelnen Rettungsdienstgesetze der Bundesländer geregelt. Die durchführenden Leistungsträger erhalten eine (Landes-) Betriebsgenehmigung für einen abgegrenzten Betriebsbereich (Luftrettungsdienst). Chartert ein Luftrettungsdienst im Rahmen eines wet-lease Chartervertrages ein Luftfahrzeug, um es für Primär- und Sekundäreinsätze (Absatz 26 und 27) der Luftrettung zu verwenden, sind diese Flüge als Luftrettung ebenfalls steuerbegünstigt.

15   Als Forschung wird die methodische und systematische Suche nach neuen wissenschaftlichen Erkenntnissen bezeichnet. Die hierfür eingesetzten Fluggeräte erhalten – wie alle Fluggeräte – für den jeweiligen Zweck vom Luftfahrtbundesamt eine Verkehrszulassung.

16   Experimentalflugzeuge, die mit neuen Techniken oder Forschungserkenntnissen getestet werden, können für die Entwicklung und Herstellung über G § 27 Abs. 2 Nr. 3 begünstigt werden.

17   Behörden i. S. v. DV § 60 Abs. 4 Nr. 5 sind die Bundes-, Landes-, Kreis- und Gemeindebehörden sowie die internationalen und ausländischen zivilen und militärischen Behörden. Luftfahrzeuge, mit denen Staatsoberhäupter zu Staatsbesuchen oder zu vergleichbaren Anlässen befördert werden, gelten ebenfalls als durch Behörden dienstlich genutzt.

18   Die Regelungen für die Abgabe von Energieerzeugnissen für die Luftfahrt durch die Bundeswehr an Dritte ergeben sich aus – Anlage 5 –.

19   Die Steuerbegünstigung nach G § 27 Abs. 2 umfasst auch

---

1) Anmerkung:
Auszug aus dem Luftverkehrsgesetz – LuftVG –:
§ 20
(1) Juristische oder natürliche Personen sowie Personenhandelsgesellschaften bedürfen für
1. gewerbsmäßige Rundflüge in Luftfahrzeugen, mit denen eine Beförderung nicht zwischen zwei verschiedenen Punkten verbunden ist,
2. die gewerbsmäßige Beförderung von Personen und Sachen mit Ballonen
einer Betriebsgenehmigung (Luftfahrtunternehmen). Der Genehmigungspflicht unterliegt auch die nichtgewerbsmäßige Beförderung von Fluggästen, Post und/oder Fracht mit Luftfahrzeugen gegen Entgelt; ausgenommen hiervon sind Flüge zum Absetzen von Fallschirmspringern und mit Luftfahrzeugen, die für höchstens vier Personen zugelassen sind. ...

...
(4) Luftfahrtunternehmen, die dem Luftverkehrsrecht der Europäischen Gemeinschaft unterliegen, bedürfen zur Beförderung von Fluggästen, Post oder Fracht im gewerblichen Flugverkehr einer Betriebsgenehmigung gemäß Artikel 3 Abs. 3 der Verordnung (EWG) Nr. 2407/92* des Rates über die Erteilung von Betriebsgenehmigungen an Luftfahrtunternehmen vom 23. Juli 1992 (ABl. EG Nr. L 240 S. 1). ...

Zu § 27 Energiesteuergesetz **Anlage § 027–05**

- Flüge zur Einweisung der eigenen Flugbesatzung auf andere Luftfahrzeugmuster nach § 30 Abs. 2 der Luftverkehrs-Zulassungs-Ordnung – LuftVZO –, [1)]
- Flüge zum Training der eigenen Flugbesatzung nach § 42 der Betriebsordnung für Luftfahrtgerät – LuftBO – [2)]
- Flüge zur Aufrechterhaltung der Luftfahrerlizenz von Piloten, die Luftfahrzeuge für behördliche Zwecke dienstlich nutzen,
- Leer- und Bereitstellungsflüge, Demonstrationsflüge und Verkaufsflüge (z. B. bei Messen und Flugschauen).

**Erlaubnis/Zuständigkeit**

Für den Antrag, die Erteilung der Erlaubnis sowie für den Bezug und die Verwendung gelten DV §§ 52 bis 57, soweit im Folgenden nichts anderes bestimmt ist. 20

Unbeschadet der Erlaubnisart ist die steuerfreie Verwendung von Energieerzeugnissen für die Luftfahrt nur in solchen Luftfahrzeugen zulässig, die ausschließlich für begünstigte Zwecke eingesetzt werden. Erfüllt ein Nutzungsberechtigter die Voraussetzungen der Begünstigung zweifelsfrei bei einem Teil der Luftfahrzeuge, darf die Erlaubnis auf diese Luftfahrzeuge begrenzt erteilt werden; dies gilt für die allgemeine Erlaubnis sinngemäß. 21

**Allgemeine Erlaubnis**

Häufig auftretende Sachverhalte mit geringem Steuerrisiko sind als Fälle der allgemeinen Erlaubnis in der Anlage 1 zu den DV §§ 55 und 74 bestimmt. 22

Der Bezug im Rahmen der allgemeinen Erlaubnis ist grundsätzlich nur zulässig, wenn die Luftfahrzeuge unmittelbar (into plane) betankt werden. 23

Lediglich bei den Luftrettungsdiensten, der Bundeswehr und bei Behörden ist die Aufnahme der bezogenen Energieerzeugnisse in eine Lagerstätte (Tankstation) von der allgemeinen Erlaubnis mit umfasst. Andere Verwender benötigen eine förmliche Erlaubnis, falls sie Energieerzeugnisse in eine betriebliche Lagerstätte aufnehmen wollen. 24

Unter dem Begriff Höchstgewicht ist das maximal zulässige Startgewicht zu verstehen, selbst wenn der tatsächliche Flug mit einem geringeren Startgewicht durchgeführt wird. Das zulässige Höchstgewicht kann z. B. dem Lärmschutzzeugnis – Anlage 6 (bis 2002 Lärmzeugnis) oder dem Flughandbuch (AFM – Airplane Flight Manual) entnommen werden. Beide Dokumente sind an Bord des jeweiligen Luftfahrzeugs mitzuführen. 25

Als Primäreinsätze der Luftrettung gelten 26
- die schnelle Heranführung von Notarzt und Rettungssanitäter an den Notfallort zur Durchführung lebensrettender Maßnahmen und zur Herstellung der Transportfähigkeit des/r Notfallpatienten,
- der Transport von Notfallpatienten in das geeignete Krankenhaus unter Aufrechterhaltung der Transportfähigkeit und Vermeidung weiterer Schäden,
- die Suche nach Personen, z. B. über Seen oder im Gebirge,

---

1) Anmerkung:
Auszug aus der Luftverkehrs-Zulassungs-Ordnung – LuftVZO –:
§ 30
...
(2) Die Ausbildung von Inhabern einer Lizenz für Luftfahrer auf weiteren Luftfahrzeugmustern und Luftfahrzeugklassen richtet sich
1. für Luftfahrtpersonal, das unter § 20 Abs. 2 Satz 1 Nr. 1 fällt, nach den Bestimmungen über die Lizenzierung von Piloten von Flugzeugen (JAR-FCL 1 deutsch) vom 15. April 2003 (BAnz. Nr. 80a vom 29. April 2003),
2. für Luftfahrtpersonal, das unter § 20 Abs. 2 Satz 1 Nr. 2 fällt, nach den Bestimmungen über die Lizenzierung von Piloten von Hubschraubern (JAR-FCL 2 deutsch) vom 15. April 2003 (BAnz. Nr. 80b vom 29. April 2003).
Die Ausbildung von Inhabern einer Lizenz für Luftfahrer zum Erwerb einer Berechtigung für weitere Luftfahrzeugmuster, Luftfahrzeugklassen oder Ballonarten, die nicht unter Satz 1 fallen, richtet sich nach der Verordnung über Luftfahrtpersonal und kann auch außerhalb von Ausbildungsbetrieben oder registrierten Ausbildungseinrichtungen erfolgen.

2) Anmerkung:
Auszug aus der Betriebsordnung für Luftfahrtgerät – LuftBO –:
Sechster Abschnitt (Besondere Flugbetriebsvorschriften)
1. Betrieb von Luftfahrzeugen in Luftfahrtunternehmen
§ 42
...
(2) Der Unternehmer muss ein ... Schulungsprogramm für die Flugbesatzung festlegen, das sich auf die Schulung ... im Fluge erstreckt und das dazu erforderliche Personal und Gerät bereitstellen.

**Anlage § 027–05**  Zu § 27 Energiesteuergesetz

- Flüge, die sich aufgrund der Feststellungen am Notfallort als unnötig erwiesen haben („Fehleinsätze").

27 Als Sekundäreinsätze der Luftrettung gelten
   - der Transport von bereits medizinisch erstversorgten Patienten aus einem Krankenhaus in ein für die Weiterbehandlung besser geeignetes Krankenhaus,
   - der notfallbezogene Transport von Arzneimitteln, Blutkonserven, Organen für Transplantationen, medizinischem Gerät oder Operationsteams.

28 Die Zulassung nach DV § 57 Abs. 16 Satz 1 Nr. 3 gilt als allgemein erteilt, wenn steuerfreie Energieerzeugnisse vom Inhaber einer allgemeinen Erlaubnis an den Inhaber einer anderen allgemeinen Erlaubnis abgegeben werden (z. B. bei einer Vercharterung mit Übergang der Nutzungsberechtigung).

**Förmliche Einzelerlaubnis**

29 Einer förmlichen Einzelerlaubnis bedarf es bei den in DV § 60 Abs. 4 Nr. 1, 2 und 4 genannten Zwecken, soweit ein Luftfahrzeug mit einem Höchstgewicht von 12 t oder weniger (Abs. 25) verwendet wird oder keine unmittelbare Betankung des Luftfahrzeuges erfolgt (vgl. Abs. 23).

30 Der Antrag ist im Regelfall mit Vordruck 1160(E) zu stellen. Wird der Vordruck nicht verwendet, so hat der Antrag alle darin verlangten Angaben zu enthalten. Falls bezogene Energieerzeugnisse in einer Lagerstätte zwischengelagert werden sollen, sind dem Antrag zusätzlich die in DV § 52 Abs. 2 Satz 2 Nr. 1 geforderten Unterlagen beizufügen. Anträge auf Erteilung einer Erlaubnis zur Verwendung von Energieerzeugnissen für die Luftfahrt zu Forschungszwecken sind formlos zu stellen.

31 Antragsberechtigt ist der Eigentümer des Luftfahrzeugs, es sei denn, er hat die Nutzungsberechtigung einschließlich der Sachherrschaft auf einen anderen übertragen. In diesem Fall ist dieser Nutzungsberechtigte als Verwender antragsberechtigt (vgl. Abs. 7).

32 Örtlich zuständig ist das Hauptzollamt, von dessen Bezirk aus die in den einzelnen Vorschriften jeweils bezeichnete Person ihr Unternehmen betreibt.

Für Unternehmen, die von einem Ort außerhalb des Steuergebiets betrieben werden, ist das Hauptzollamt örtlich zuständig, in dessen Bezirk sie erstmalig steuerlich in Erscheinung treten. Erstmalig steuerlich in Erscheinung tritt, wer erstmalig Energieerzeugnisse für die Luftfahrt bezieht oder tankt.

33 Um die Voraussetzungen für die Erteilung der Erlaubnis zur steuerfreien Verwendung zu prüfen, können folgende Angaben und Unterlagen herangezogen werden; ein Teil der Angaben wird mit DV § 52 Abs. 2 gefordert:
   - verkehrsrechtliche Genehmigungen
     - Betriebsgenehmigung(en) (Operating License) des Luftfahrtbundesamtes gem. Art. 3 Abs. 1 Unterabsatz 1 VO (EG) Nr. 1008/2008, §§ 20, 21a LuftVG,
     - Betriebsgenehmigung des Heimatstaates,
     - Luftverkehrsbetreiberzeugnis (Air Operator Certificate – AOC –),
     - Einflugerlaubnis[1] nach § 2 Abs. 7 LuftVG
   - Nachweis der Nutzungsberechtigung
     - Charter-/Leasingverträge
     - Eintragungsschein
   - Nachweis der Gewerbsmäßigkeit
     - Ausbildungserlaubnis gem. § 5 LuftVG
     - Handelsregisterauszug/Gewerbeanmeldung/Jahresabschlüsse/Aufträge/ Berufspilotenschein
     - Einflugerlaubnis (sofern gewerbsmäßig, Hinweis auf Abs. 12)

---

[1] Anmerkung:
§ 2 Abs. 7 LuftVG
(7) Luftfahrzeuge, die nicht im Geltungsbereich dieses Gesetzes eingetragen und zugelassen sind, dürfen nur mit Erlaubnis in den Geltungsbereich dieses Gesetzes einfliegen oder auf andere Weise dorthin verbracht werden, um dort zu verkehren. Der Erlaubnis bedarf es nicht, soweit ein Abkommen zwischen dem Heimatstaat und der Bundesrepublik Deutschland oder ein für beide Staaten verbindliches Übereinkommen etwas anderes bestimmt.

Zu § 27 Energiesteuergesetz **Anlage § 027–05**

- sonstige Unterlagen
  - Lufttüchtigkeitszeugnis[1] – Anlage 7 a/b – (Certificate of Airworthiness)
  - vorläufige Verkehrszulassung
- bei Forschung
  - Verkehrszulassung
  - Unterlagen über das Forschungsprojekt

Bei Bedarf können weitere Unterlagen oder Angaben angefordert werden, wenn es für die Steuerbelange oder die Steueraufsicht erforderlich erscheint.

Die Erlaubnis ist mit dem Vordruck 1048 „Erlaubnis – Verwender von Energieerzeugnissen für die Luftfahrt (2010)" zu erteilen und es ist ein Erlaubnisschein nach Vordruck 1047 auszustellen. Beantragt ein Antragsteller eine Erlaubnis für mehrere Luftfahrzeuge, können diese in einer Erlaubnis zusammengefasst werden. In diesem Fall ist für jedes Luftfahrzeug ein Erlaubnisschein nach Vordruck 1047 auszustellen. 34

Der Erlaubnis ist bei Bedarf das Merkblatt 1186 „Verwender von Energieerzeugnissen" beizufügen.

Für jedes Luftfahrzeug ist eine Darstellung über die Verwendung der bezogenen steuerfreien Energieerzeugnisse zu führen. Auf die Führung eines Verwendungsbuches nach amtlich vorgeschriebenem Vordruck kann verzichtet werden, wenn die Steuerbelange dadurch nicht beeinträchtigt werden (DV § 56 Abs. 3 Satz 1 und 4), weil sich die Angaben häufig aus dem Bordbuch[2] entnehmen lassen. Sofern die Angaben aus dem Bordbuch nicht ausreichend sind, kann zugelassen werden, dass weitere Anschreibungen über die verwendeten Mengen zu führen sind. 35

Die Erlaubnis ist zur Minderung rechtlicher Risiken grundsätzlich auf fünf Jahre zu befristen. 36

Das Fachsachgebiet erfasst die Daten des Erlaubnisinhabers und der Erlaubnis im IT-Verfahren BISON und führt eine Risikobewertung des entsprechenden Überwachungsgegenstands im IT-Verfahren PRÜF durch.

Betriebliche Lagerstätten sind unter Beachtung der DV § 52 Abs. 2 Nr. 1 und DV § 56 zuzulassen. 37

Der Betriebsinhaber kann die Pflichten, die sich aus der Inanspruchnahme der steuerlichen Vergünstigung ergeben, ggf. auf einen betriebsangehörigen Beauftragten (gem. § 214 AO) oder einen Betriebsleiter (gem. G § 62) übertragen. 38

Die Abgabe von steuerfreien Energieerzeugnissen vom Inhaber einer förmlichen Erlaubnis an den Inhaber einer anderen Erlaubnis (z. B. bei einer Vercharterung mit Übergang der Nutzungsberechtigung) bedarf der Zulassung nach DV § 57 Abs. 16 Satz 1 Nr. 3. Sie kann im Rahmen der förmlichen Erlaubnis miterteilt werden. 39

Für Luftfahrzeuge von Luftfahrtunternehmen oder andere Dienstleistungsunternehmen mit regelmäßigem Standort außerhalb des Steuergebietes, die nur gelegentlich einfliegen, kann bei den Zollämtern an den Flughäfen eine Einmalerlaubnis auf Vordruck 1161 beantragt werden. Die Erlaubnis wird ebenfalls auf diesem Vordruck erteilt. Diese Bezugsberechtigung gilt dann für eine einzige Betankung. Dem Antrag sind Unterlagen beizufügen, die den steuerfreien Zweck belegen. 40

---

1) Anmerkung:
Lufttüchtigkeitszeugnisse werden seit 2003 EU-einheitlich nach einem Muster gem. VO (EWG) Nr. 1702/03 (ABl. L 243 vom 27.09.2003) erteilt. Die national bis 2003 ausgestellten Lufttüchtigkeitszeugnisse gelten übergangsweise noch fort. In ihnen ist unter Ziffer 4 (Kategorie) folgender Verwendungszweck eingetragen: Personenbeförderung TP1 –, Frachtbeförderung TC, nicht gewerblicher Verkehr PR und Luftarbeit AW. Wenn hieraus zu entnehmen ist, dass das Luftfahrzeug weder für die Personen- noch Sachbeförderung noch die Erbringung von Dienstleistungen eingesetzt werden darf, scheidet die Steuerbegünstigung nach G § 27 Abs. 2 Nr. 1 von vornherein aus.

2) Anmerkung:
Auszug aus der Betriebsordnung für Luftfahrtgerät – LuftBO –:
§ 30
(1) für jedes Luftfahrzeug … ist ein Bordbuch zu führen
…
(3) Das Bordbuch muss enthalten:
…
Nr. 3 für die durchgeführten Flüge
a) Ort, Tag, Zeit (GMT) des Abflugs und der Landung sowie die Betriebszeit; die an einem Tage während des Flugbetriebs auf einem Flugplatz und in dessen Umgebung durchgeführten Flüge können unter Angabe der Anzahl der Flüge und der gesamten Betriebszeit eingetragen werden, …

**Anlage § O27–05**  Zu § 27 Energiesteuergesetz

**Instandhaltung, Entwicklung, Herstellung, Erlaubnisverfahren**

41 Die Verwendung von steuerfreien Energieerzeugnissen für die Luftfahrt ist nur in den gem. DV § 60 Abs. 8 genehm von Energieerzeugnissen für die Luftfahrtigten Instandhaltungs-[1], Entwicklungs- und Herstellungsbetrieben[2] zulässig.

42 Die Instandhaltung umfasst die Prüfung, Wartung, Überholung und Reparatur von Luftfahrzeugen, die für die begünstigte Luftfahrt eingesetzt werden. Werden Luftfahrzeuge nicht ausschließlich zu steuerfreien Zwecken nach G § 27 Abs. 1 Nr. 1 eingesetzt, ist eine anteilige Entlastung möglich (siehe Abs. 50). Grundsätzlich sind nur die in den Luftfahrzeugen verwendeten Energieerzeugnisse begünstigt.

Die Instandhaltung umfasst auch:
- Flüge zum und vom Instandhaltungsbetrieb,
- Prüfläufe (auch ausgebauter Triebwerke und Motoren) und Prüfflüge.

43 Werden bei Instandhaltungsarbeiten nach G § 27 Abs. 2 Nr. 2 Energieerzeugnisse des Auftraggebers eingesetzt, erstreckt sich die Erlaubnis nach G § 27 Abs. 2 Nr. 1 auch auf die Verwendung der Energieerzeugnisse im Rahmen der Instandhaltung (Allgemeine Erlaubnis gem. Nr. 4 Spalte 3 der Anlage 1 zu DV §§ 55 und 74). In den Fällen, in denen eine förmliche Einzelerlaubnis erteilt wird, ist in die Erlaubnis aufzunehmen, dass diese sich auch auf Instandhaltungsarbeiten an dem Luftfahrzeug bezieht.

44 Die Steuerbefreiung nach G § 27 Abs. 2 Nr. 3 umfasst auch die Entwicklung und Herstellung von Luftfahrzeugen der privaten nichtgewerblichen Luftfahrt. Der Begriff der Herstellung umfasst auch den Umbau von Luftfahrzeugen sowie Flüge zur Einweisung von Besatzungen auf das neue Luftfahrzeugmuster. Absatz 42 Sätze 2 und 3 gelten sinngemäß.

45 Die Steuerbefreiung nach G § 27 Abs. 3 umfasst auch Prüf- und Testläufe im Rahmen von Versuchs- und Entwicklungsvorhaben. Die hierfür erteilten Erlaubnisse gehen einer Steuerbegünstigung für Pilotprojekte nach DV § 105 vor.

46 Beabsichtigt ein Instandhaltungs-, Entwicklungs- oder Herstellungsbetrieb von Luftfahrzeugen oder ein Betrieb, der für Luftfahrzeuge bestimmte Triebwerke und Motoren herstellt, steuerfreie Energieerzeugnisse auf eigene Rechnung zu beziehen, so bedarf er einer förmlichen Erlaubnis. Der Antrag ist formlos zu stellen. Zusätzlich ist die in DV § 52 Abs. 2 Nr. 5 geforderte Genehmigung des Instandhaltungsbetriebes vorzulegen. Die Erlaubnis ist grundsätzlich nicht zu befristen. Absätze 34 und 38 gelten sinngemäß. Die Erlaubnis ist formlos zu erteilen und es ist ein Erlaubnisschein nach Vordruck 1047 auszustellen.

Die Verwendung der Energieerzeugnisse ist mit einem Verwendungsbuch für Energieerzeugnisse nach Vordruck 1090 (Verwender) nachzuweisen.

**Steuerentlastung**

47 Entlastungsberechtigt ist der Verwender (Abs. 7). Dies bedeutet, dass ein Verwender auch dann entlastungsberechtigt sein kann, wenn er die Energieerzeugnisse nicht selbst bezogen hat. Werden bei Instandhaltungsarbeiten Energieerzeugnisse des Auftraggebers eingesetzt (siehe Abs. 43), bleibt der Auftraggeber entlastungsberechtigt.

Sofern der Instandhaltungsbetrieb oder der Hersteller bzw. Entwickler Energieerzeugnisse auf eigene Rechnung bezogen hat, sind diese Unternehmen entlastungsberechtigt.

48 Für die örtliche Zuständigkeit gilt Absatz 32 entsprechend.

Das Fachsachgebiet erfasst die Daten des Entlastungsberechtigten und der Entlastung im IT-Verfahren BISON und führt eine Risikobewertung des entsprechenden Überwachungsgegenstands im IT-Verfahren PRÜF durch.

49 Grundsätzlich sind alle im Steuergebiet versteuert bezogenen Energieerzeugnisse entlastungsfähig, die zu den in G § 27 Abs. 2 und 3 genannten Zwecken verwendet werden.

50 Der Verbrauch kann durch eine Bestandsabrechnung ermittelt werden. Ist dies nicht möglich, kann die Menge der übernommenen Energieerzeugnisse auf der Grundlage des Durchschnittverbrauchs pro Flugstunde und der Flugdauer ermittelt werden. Dies ist z. B. denkbar, wenn beim Übergang der Nutzungsberechtigung aufgrund von Nutzungsvereinbarungen die Menge der übernommenen Energieerzeugnisse nicht genau messbar ist. Es sind nur die Mengen entlastungsfähig, die im Steuergebiet versteuert bezogen wurden. Begünstigt sind auch grenzüberschreitende Flüge, soweit sie mit im Steuergebiet bezogenen Energieerzeugnissen durchgeführt werden. Soweit Energieerzeugnisse außerhalb des

---

[1] Ein Muster der Genehmigungsurkunde sowie des Anhangs ist in – Anlage 8 – beigefügt. Die Genehmigungsurkunde ist mit schwarz/rot/goldenem Rand ausgestaltet und im unteren Teil mit Siegel versehen.

[2] Informationen über genehmigte Entwicklungs- und Herstellungsbetriebe unter http://www.lba.de

Steuergebiets getankt wurden, sind diese nicht entlastungsfähig, weil sie nicht mit der (deutschen) Energiesteuer belastet sind.

Bei Luftfahrzeugen, die nicht ausschließlich zu steuerfreien Zwecken eingesetzt werden, sind die für die Instandhaltung verwendeten Kraftstoffe nur in Höhe des Anteils entlastungsfähig, der auf die steuerfreien Flüge entfällt. Zur Vereinfachung kann der entlastungsfähige Anteil entsprechend dem Verhältnis von steuerbegünstigten zu nicht steuerbegünstigten Flugzeiten an der Gesamtflugzeit bestimmt werden.

Die Entlastung ist mit der Steueranmeldung nach Vordruck 1100 (E) zu beantragen. 51

Die Entlastung ist spätestens bis zum 31.12. des der Verwendung des Kraftstoffes folgenden Jahres zu beantragen. 52

Wurden versteuerte Energieerzeugnisse auf begünstigten Flügen durch Luftrettungsdienste, zu Forschungszwecken oder zur dienstlichen Nutzung durch Behörden verwendet, sind analog zu DV § 97 Abs. 3 Satz 1 Nr. 1 Unterlagen/Nachweise vorzulegen, aus denen sich der begünstigte Verwendungszweck ergibt. 53

Bei Übergang der Nutzungsberechtigung aufgrund einer Nutzungsvereinbarung auf einen anderen Verwender (siehe Abs. 47) hat dieser Verwender grundsätzlich die Nutzungsvereinbarung zum Nachweis seiner Entlastungsberechtigung vorzulegen. 54

In diesen Fällen ist es möglich, dass der Verwender keinen Versteuerungsnachweis nach DV § 97 Abs. 3 Satz 1 Nr. 4 in Form von Lieferscheinen oder Kraftstoffrechnungen vorlegen kann. Hier ist die Vorlage einer Bestätigung des vorherigen Verwenders ausreichend, aus der hervorgeht, dass die Energieerzeugnisse versteuert bezogen wurden.

Wegen der Gefahr, dass sowohl der ursprüngliche als auch der neue Nutzungsberechtigte eine Entlastung beantragen könnte, ist in Verdachtsfällen eine Kontrollmitteilung an das zuständige Hauptzollamt des ursprünglich Nutzungsberechtigten zu fertigen. 55

Bei Entwicklungs-, Herstellungs- und Instandhaltungsbetrieben sind die Entlastungsmengen durch geeignete Aufzeichnungen nachzuweisen. 56

Beantragt der Inhaber einer allgemeinen Erlaubnis nach Nr. 4 der Anlage 1 zu DV § 55 und 74 eine Entlastung, kann das zuständige Hauptzollamt von der Führung eines buchmäßigen Nachweises nach DV § 97 Abs. 3 Satz 1 Nr. 2 absehen und die Entlastung – auch ohne vorherige Beteiligung des Prüfungsdienstes – gewähren. 57

Beantragt der Inhaber einer förmlichen Einzelerlaubnis eine Entlastung, gilt Abs. 57 sinngemäß, wenn er die mit versteuerten Energieerzeugnissen durchgeführten Flüge in seine zu führenden Anschreibungen (Abs. 35) aufnimmt und dort entsprechend kennzeichnet. 58

**Außenprüfung/Steueraufsicht**

Die Anordnung und Durchführung von Außenprüfungen sowie Maßnahmen der Steueraufsicht richten sich nach der Prüfungsdienst Dienstvorschrift für Zölle und Verbrauchsteuern – PrüfungsDV-ZuV (Kennung S 13 10). 59

Die Überwachung der zweckgerechten Verwendung geschieht bei den im Rahmen der allgemeinen Erlaubnis bezogenen und verwendeten Betriebsstoffen für die Luftfahrt aufgrund der Bordbücher und anderer betrieblicher Unterlagen. 60

Für die Überwachung der zweckgerechten Verwendung gilt Absatz 32 entsprechend. 61

**Anlage § 031–01**                                                Zu § 31 Energiesteuergesetz

## Dienstvorschrift zur energiesteuerrechtlichen Behandlung von Kohle nach Kapitel 3 Energiesteuergesetz (DV Kohle)

BMF-Schreiben vom 3.8.2012 – III B 6 – V 8235/10/10001, 2012/0731191

### I. Allgemeines

1 Die vorliegende Dienstvorschrift ersetzt die „Dienstvorschrift zur energiesteuerrechtlichen Behandlung von Kohle nach Kapitel 3 Energiesteuergesetz (DV Kohle (alt))" – III B 6 – V 8235/10/10001 – Dok.Nr. 2010/0558137 vom 14. Juli 2010 (veröffentlicht in den E-VSF-Nachrichten N 44 2010 Nummer 163 vom 5. August 2010).

2 Die Nachweis- und Aufzeichnungspflichten dürfen nicht zu einer unverhältnismäßigen Belastung der Unternehmen führen (Stichwort: Bürokratieabbau). Daneben soll auch die Verwaltung nicht über die Maßen belastet werden. Soweit die steuerlichen Belange im Einzelfall nicht beeinträchtigt werden, soll von den in der Energiesteuer-Durchführungsverordnung und in dieser Dienstvorschrift vorgesehenen Erleichterungen und Vereinfachungen Gebrauch gemacht werden.

### II. Energieerzeugnis Kohle nach § 1 EnergieStG

3 Grillkohle ist ein Energieerzeugnis nach § 1 Absatz 2 Nummer 2 EnergieStG, sofern sie überwiegend oder ausschließlich aus Kohle der KN 2701, 2702 oder 2704 besteht.

4 Retortenkohle[(G)] ist nur dann ein Energieerzeugnis nach § 1 Absatz 2 Nummer 2 EnergieStG, wenn sie bei der Bearbeitung von Kohle der KN 2701, 2702 oder 2704 angefallen ist.

5 Aktivkohle[(G)] der KN 3802 ist weder ein Energieerzeugnis nach § 1 Absatz 1 noch nach § 1 Absatz 3 Satz 1 Nummer 2 des Gesetzes. Insoweit stellt das Verbrennen von verbrauchten Aktivkohlefiltern kein Verheizen von Energieerzeugnissen dar.

6 Bestimmte Kohlesorten können sowohl zu energiesteuerrechtlich überwachten Zwecken (z. B. Verheizen) als auch zu anderen Zwecken verwendet werden. In diesen Fällen ist eine verwendungsbezogene Abgrenzung erforderlich. Braunkohlenkoks, der zum Beispiel als Aktivkohle eingesetzt werden soll, fällt unter die KN 3802. Wird dieser Braunkohlenkoks hingegen als Heizstoff bestimmt, fällt er unter die KN 2704. Es bestehen keine Bedenken, in diesen Fällen Kohle je nach ihrer Bestimmung entweder als Energieerzeugnis oder als andere Ware abzugeben. Voraussetzung ist, dass dem Lieferer der Verwendungszweck der Kohle vorher bekannt ist.

### III. Steuertarif nach § 2 EnergieStG

7 Grundlage für die Anwendung des Steuertarifs für der Energiegehalt nach dem unteren Heizwert $(H_i)^{(G)}$ der abgegebenen Kohle, ausgedrückt in Gigajoule (GJ). Grundsätzlich ist der individuelle Energiegehalt der jeweils abgegebenen Kohle im Zeitpunkt ihrer Abgabe für die Steuerentstehung maßgebend. Kohle wird hingegen überwiegend nach Menge (Kilogramm, Zentner oder Tonne) und nicht auf Basis des Energiegehaltes gehandelt. Sofern eine Probenahme und Analyse der gelieferten Mengen nach DIN[(G)] durchgeführt wird, ist der so bestimmte Heizwert für die Steuerbemessung zu verwenden. Wird dieser nicht bestimmt, was insbesondere in der Stahlindustrie, im Wärmemarkt aber auch im nichtindustriellen Bereich der Fall ist, so können die nachfolgenden mittleren Heizwerte herangezogen werden.

| | |
|---|---|
| Steinkohle | |
| Feinkohlen | |
| Anthrazit[(G)], Mager- und Esskohle[(G)] | 0,0295 GJ/kg |
| Fettkohle[(G)] (auch Koks- und Einblaskohlen) | 0,0290 GJ/kg |
| Gaskohle 0,0280 GJ/kg Gasflammkohle | 0,0280 GJ/kg |
| Grob/ Nusskohlen | |
| Anthrazit, Mager- und Esskohle | 0,0325 GJ/kg |
| Fettkohle | 0,0320 GJ/kg |
| Gaskohle | 0,0310 GJ/kg |
| Gasflammkohle | 0,0305 GJ/kg |
| Koks[(G)] | |
| Gießereikoks | 0,0295 GJ/kg |
| Hochofenkoks | 0,0290 GJ/kg |
| Kleinkoks | 0,0270 GJ/kg |

Zu § 31 Energiesteuergesetz  **Anlage § 031–01**

| | | |
|---|---|---|
| Koksgrus[G] | | 0,0250 GJ/kg |
| Steinkohlenbriketts | | 0,0320 GJ/kg |
| Braunkohle | | |
| Braunkohlenbriketts | Union | 0,0198 GJ/kg |
| | Rekord | 0,0190 GJ/kg |
| Braunkohlenstaub | Rheinland | 0,0222 GJ/kg |
| | Vattenfall Europe | 0,0210 GJ/kg |
| | MIBRAG | 0,0227 GJ/kg |
| | ROMONTA | 0,0220 GJ/kg |
| Wirbelschichtkohle | Rheinland | 0,0212 GJ/kg |
| | Lausitz | 0,0190 GJ/kg |
| Braunkohlenkoks | | 0,0299 GJ/kg |

Im Kohlenkleinhandel können zur Ermittlung der Kohlesteuer folgende mittlere Heizwerte herangezogen werden:

| | |
|---|---|
| Braunkohlenbriketts | 0,0194 kJ/kg |
| Steinkohlenbriketts | 0,0320 kJ/kg |
| Kleinkoks oder Hausbrandkoks (Koks II und III) | 0,0270 kJ/kg |
| Anthrazit und Magerkohle | 0,0325 kJ/kg |

Als Kohlenkleinhandel gilt die Abgabe von Kohle durch lokale Kohlelieferer (z. B. Kohlenhändler, Bau- und Gartenmärkte, landwirtschaftliche und genossenschaftliche Lagerhäuser usw.) an private oder gewerbliche Endverwender.

**IV. Begriffsbestimmungen, Anmeldung und Erlaubnis nach § 31 EnergieStG**
**Kohlegewinnung und Kohlebearbeitung**

Kohlegewinnung im Sinn des Gesetzes ist das bergbauliche Fördern einschließlich
1. des Trennens der Kohle von den Bergen[G] und
2. dem Wiedergewinnen von Kohle.

Satz 1 Nummer 1 umfasst auch minderwertige Kohle (zum Beispiel Kohlenstaub, gemischte Kohle, Kohlenschlamm), die bei der Förderung angefallen ist. Satz 1 Nummer 2 umfasst das Aufbereiten von Fremdschlamm und Berghalden (Hinweis auf Schaubild Kohle 1).

**Anlage § 031–01**  Zu § 31 Energiesteuergesetz

---

**§ 31 Absatz 1 Satz 1 EnergieStG – hier: Kohlegewinnung**
Unterfall: Wiedergewinnung - Variante: Aufbereitung von Kohleschlamm

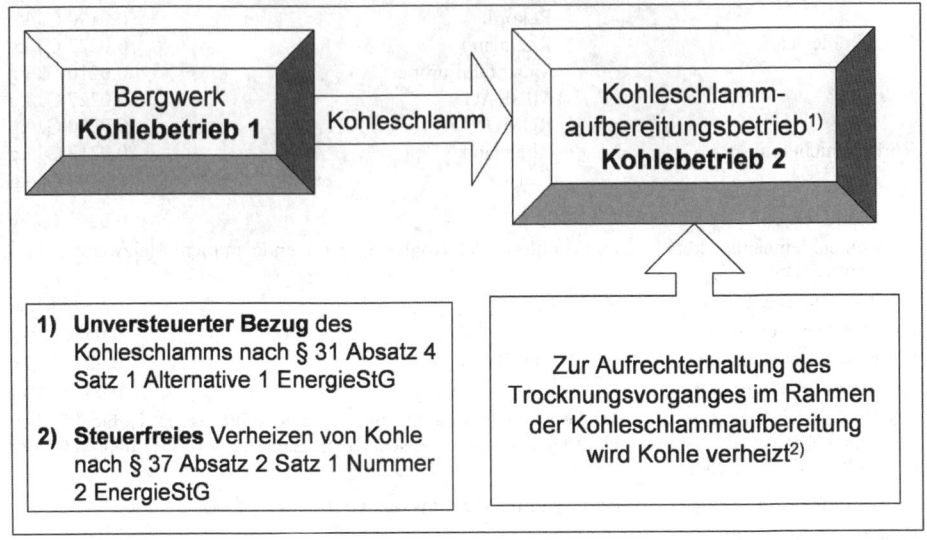

```
┌──────────────────┐                    ┌──────────────────────┐
│   Bergwerk       │   Kohleschlamm     │  Kohleschlamm-       │
│   Kohlebetrieb 1 │ ─────────────▶     │  aufbereitungsbetrieb[1]│
│                  │                    │  Kohlebetrieb 2      │
└──────────────────┘                    └──────────────────────┘
                                                  ▲
                                                  │
```

1) **Unversteuerter Bezug** des Kohleschlamms nach § 31 Absatz 4 Satz 1 Alternative 1 EnergieStG

2) **Steuerfreies** Verheizen von Kohle nach § 37 Absatz 2 Satz 1 Nummer 2 EnergieStG

Zur Aufrechterhaltung des Trocknungsvorganges im Rahmen der Kohleschlammaufbereitung wird Kohle verheizt[2]

*Schaubild Kohle 1*

10 Kohlebearbeitung im Sinn des Gesetzes ist die Herstellung von
 1. Steinkohlenbriketts,
 2. Braunkohlenbriketts,
 3. Steinkohlenkoks,
 4. Braunkohlenkoks und
 5. Retortenkohle.

Das Trocknen, Zerkleinern, Mischen und sonstige Behandeln von Kohle gilt nur dann als Kohlebearbeitung, wenn es von Kohlebetrieben nach § 31 Absatz 1 EnergieStG vorgenommen wird.

11 Kohlebetriebe im Sinn des Gesetzes sind insbesondere Steinkohlen- und Braunkohlenbergbaubetriebe, Steinkohlen- und Braunkohlenschlammaufbereitungsbetriebe, Steinkohlen- und Braunkohlenbrikettfabriken und Kokereien.

12 Kohle liefert gewerbsmäßig, wer diese Tätigkeit selbständig, planmäßig, fortgesetzt und mit der Absicht der Gewinnerzielung ausübt. Kohlelieferer im Sinne des Energiesteuergesetzes ist derjenige, der das Handelsgeschäft vornimmt oder vornehmen lässt (Hinweis auf Schaubild Kohle 2, 3 und 4).

Zu § 31 Energiesteuergesetz **Anlage § 031–01**

---

**§ 31 Absatz 1 Satz 2 EnergieStG – Kohlelieferer**
**Handelsvarianten: hier: Standardfall**

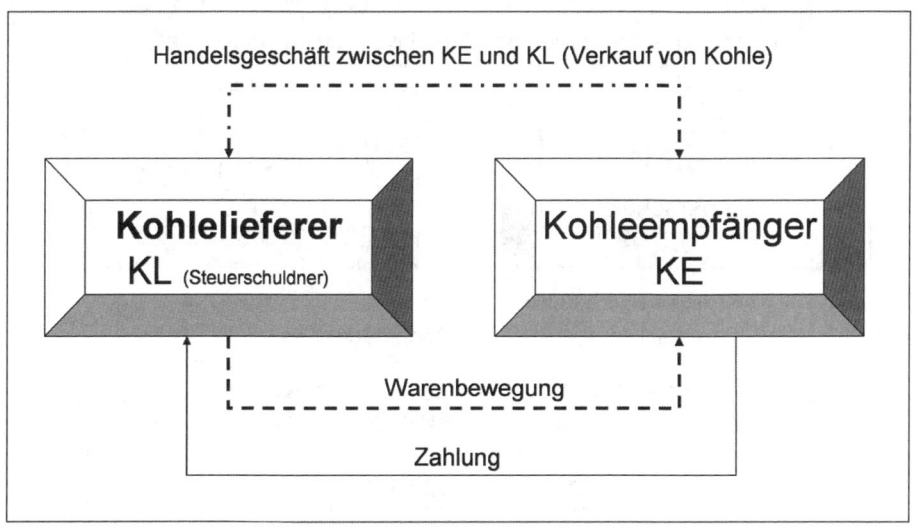

Handelsgeschäft zwischen KE und KL (Verkauf von Kohle)

**Kohlelieferer**
**KL** (Steuerschuldner)

**Kohleempfänger**
**KE**

Warenbewegung

Zahlung

---

*Schaubild Kohle 2*

Bei der Handelsvariante „Standardfall" sind zwei grundlegende Konstellationen zu unterscheiden:
Standardfall 1
Der Kohleempfänger (KE) ist im Besitz einer Erlaubnis zum unversteuerten Bezug von Kohle nach § 31 Absatz 4 EnergieStG oder einer Erlaubnis zur steuerfreien Verwendung von Kohle nach § 37 Absatz 1 EnergieStG. Steuerschuldrechtliche Folgen ergeben sich hierbei nicht.
Standardfall 2
Der Kohleempfänger (KE) ist nicht im Besitz einer Erlaubnis zum unversteuerten Bezug von Kohle nach § 31 Absatz 4 EnergieStG oder einer Erlaubnis zur steuerfreien Verwendung von Kohle nach § 37 Absatz 1 EnergieStG. Mit der Kohlelieferung entsteht die Steuer. Steuerschuldner ist der Kohlelieferer (KL).
Derjenige, der lediglich die Auslieferung von Kohle im Auftrag eines Kohlelieferers vornimmt, ist kein Kohlelieferer (Hinweis auf Schaubild Kohle 3).

# Anlage § 031–01

Zu § 31 Energiesteuergesetz

---

**§ 31 Absatz 1 Satz 2 EnergieStG – Kohlelieferer**
Handelsvarianten: hier: Lieferlager

Handelsgeschäft zwischen KE und KL (Verkauf von Kohle)

**Kohlelieferer**
KL (Steuerschuldner)

**Kohleempfänger**
KE

KL lagert eigene Kohle bei Lila ein
KL beauftragt Lila mit der Auslieferung

**Lieferlager Lila**
---
Kohle ist zunächst „steuerliches Nullum"

Warenbewegung

Zahlung erfolgt an KL

*Schaubild Kohle 3*

Bei der Handelsvariante „Lieferlager" sind zwei grundlegende Konstellationen zu unterscheiden:
Lieferlager – Variante 1
Der Kohleempfänger (KE) ist im Besitz einer Erlaubnis zum unversteuerten Bezug von Kohle nach § 31 Absatz 4 EnergieStG oder einer Erlaubnis zur steuerfreien Verwendung von Kohle nach § 37 Absatz 1 EnergieStG. Steuerschuldrechtliche Folgen ergeben sich hierbei nicht.
Lieferlager – Variante 2
Der Kohleempfänger (KE) ist nicht im Besitz einer Erlaubnis zum unversteuerten Bezug von Kohle nach § 31 Absatz 4 EnergieStG oder einer Erlaubnis zur steuerfreien Verwendung von Kohle nach § 37 Absatz 1 EnergieStG. Mit der Kohlelieferung entsteht die Steuer. Steuerschuldner ist der Kohlelieferer (KL), nicht der Inhaber des Lieferlagers (Lila).
Beim Kommissionsverkauf[G] wird nicht der Kommissionär, sondern der Kommittent (Kohlelieferer) zum Steuerschuldner (Hinweis auf Schaubild Kohle 4).

Zu § 31 Energiesteuergesetz **Anlage § 031–01**

```
┌─────────────────────────────────────────────────────────────┐
│           § 31 Absatz 1 Satz 2 EnergieStG – Kohlelieferer   │
│           Handelsvarianten: hier: Kommissionslager          │
└─────────────────────────────────────────────────────────────┘
```

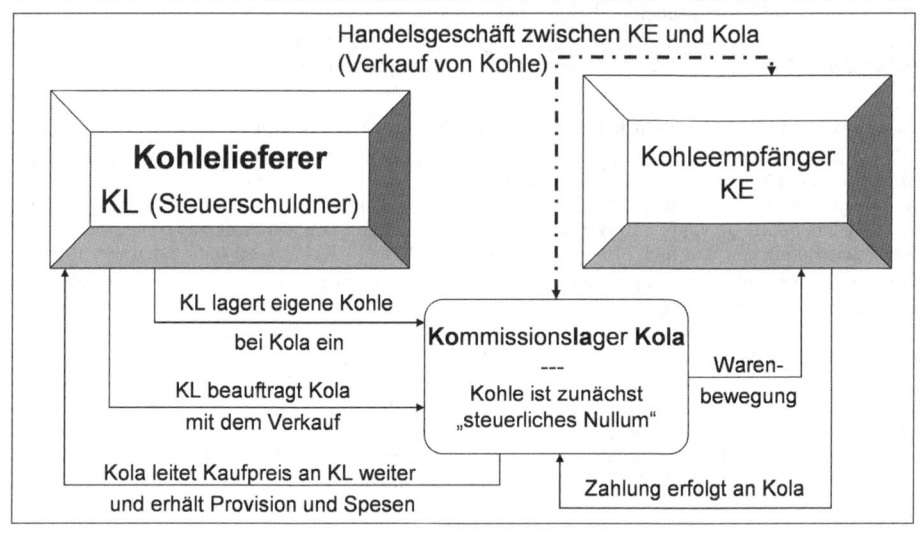

Handelsgeschäft zwischen KE und Kola (Verkauf von Kohle)

**Kohlelieferer KL** (Steuerschuldner)

**Kohleempfänger KE**

KL lagert eigene Kohle bei Kola ein

**Kommissionslager Kola**
Kohle ist zunächst „steuerliches Nullum"

KL beauftragt Kola mit dem Verkauf

Warenbewegung

Kola leitet Kaufpreis an KL weiter und erhält Provision und Spesen

Zahlung erfolgt an Kola

*Schaubild Kohle 4*

Bei der Handelsvariante „Kommissionslager" sind zwei grundlegende Konstellationen zu unterscheiden:

Kommissionslager – Variante 1

Der Kohleempfänger (KE) ist im Besitz einer Erlaubnis zum unversteuerten Bezug von Kohle nach § 31 Absatz 4 EnergieStG oder einer Erlaubnis zur steuerfreien Verwendung von Kohle nach § 37 Absatz 1 EnergieStG. Steuerschuldrechtliche Folgen ergeben sich hierbei nicht.

Kommissionslager – Variante 2

Der Kohleempfänger (KE) ist nicht im Besitz einer Erlaubnis zum unversteuerten Bezug von Kohle nach § 31 Absatz 4 EnergieStG oder einer Erlaubnis zur steuerfreien Verwendung von Kohle nach § 37 Absatz 1 EnergieStG. Mit der Kohlelieferung an den Kohleempfänger (KE) entsteht die Steuer. Steuerschuldner ist der Kommittent (Kohlelieferer), weil der Kommissionär (Kola) in seinem Auftrag Kohle an den Kohleempfänger verkauft (liefert).

Wer Kohle gewinnen oder bearbeiten will, hat dies nach § 31 Absatz 3 EnergieStG vor Eröffnung des Betriebes dem nach § 1a EnergieStV zuständigen Hauptzollamt anzumelden. Die Anmeldung kann mit dem Vordruck 1191 erfolgen. Unterbleibt die Anmeldung, so liegt eine Ordnungswidrigkeit nach § 64 Nummer 7 i. V. m. § 381 Absatz 1 Nummer 1 AO vor. Steuerschuldrechtliche Folgen ergeben sich insoweit nicht. Im Rahmen der Bestätigung der Anmeldung (§ 62 Absatz 4 EnergieStV) informiert das Hauptzollamt den Betriebsinhaber ggf. über die Möglichkeit, die Erlaubnis zur steuerfreien Verwendung von Kohle zur Aufrechterhaltung des Betriebes auf dem Betriebsgelände des Kohlebetriebes nach § 37 Absatz 2 Nummer 2 EnergieStG zu beantragen. Dieser Hinweis soll in das Feld 5 des Vordrucks 1000 aufgenommen werden. Die Erlaubnis ist in einem gesonderten Verwaltungsakt zu erteilen. 13

Das Hauptzollamt führt für jeden angemeldeten Kohlebetrieb ein amtliches Belegheft. In das Belegheft des anmeldenden Kohlebetriebs sind alle amtlichen Schriftstücke, die den Kohlebetrieb betreffen (Hinweis auf Absatz 19), aufzunehmen. Die mit der Anmeldung vorgelegten Lage- und Anlagenpläne sowie Betriebserklärungen sind mit einem Datums- und Sichtvermerk des Fachsachgebiets zu versehen. 14

Zur Verwaltungsvereinfachung sind die Anmeldung des Kohlebetriebs nach § 31 Absatz 3 EnergieStG, die Erlaubnis zum unversteuerten Bezug von Kohle nach § 31 Absatz 4 EnergieStG und die Erlaubnis zur steuerfreien Verwendung von Kohle nach § 37 EnergieStG in einem Belegheft je Unternehmen zu führen. Die vom Hauptzollamt geführten Beleghefte sind dreijährlich zu prüfen und gegebenenfalls zu aktualisieren. Die dreijährliche Prüfung ist in den Beleghefte zu dokumentieren. Diese Prüfung kann –

**Anlage § 031–01**  Zu § 31 Energiesteuergesetz

aus Vereinfachungsgründen – im Rahmen einer je individuellen Bearbeitung eines Steuerentlastungsantrages vorgenommen werden.

15  Die Ergebnisse besonderer Mengenermittlungsmethoden wie zum Beispiel die Kohlehaldenvermessung mittels Laserscanning[G] und Satelliten- oder Radarmessung sind den traditionellen Messverfahren gleichgestellt und anzuerkennen.

16  Für die Entnahme und Behandlung der Proben gilt VSF Z 0712. Abweichend von Nummer 13 Buchstabe b der Anlage VSF Z 0712 Absatz 8 beträgt die Mindestprobenmenge für Kohle eine Millitonne (mt; $10^{-3}$ t).

**Erlaubnis zum unversteuerten Bezug von Kohle für Kohlebetriebe und Kohlelieferer**

17  Für die Erlaubnis zum unversteuerten Bezug von Kohle ist der Vordruck 1001 zu verwenden. Dem Vordruck ist ein Merkblatt nach vorgeschriebenem Muster beizufügen. Das Hauptzollamt ordnet die erforderlichen Nebenbestimmungen an und behält sich die nachträgliche Aufnahme, Änderung oder Ergänzung einer Auflage vor (§ 120 Absatz 2 AO). Die Erlaubnis ist mit der Auflage zu versehen, für die Steueranmeldung den Vordruck 1104 (Energiesteueranmeldung – Kohle –) zu verwenden.

18  Für den Erlaubnisschein zum unversteuerten Bezug von Kohle ist der Vordruck 1028 zu verwenden. Bei Bedarf sind Mehrausfertigungen auszustellen.

19  Das Hauptzollamt führt für jeden Erlaubnisinhaber nach § 31 Absatz 4 EnergieStG ein amtliches Belegheft. In das Belegheft sind alle amtlichen Schriftstücke, die die Erlaubnis betreffen, aufzunehmen (Hinweis auf Absatz 14). Die mit dem Antrag vorgelegten Lage- und Anlagenpläne sowie Betriebserklärungen sind mit einem Datums- und Sichtvermerk des Fachsachgebiets oder einem Prüfungsvermerk – soweit der Prüfungsdienst die Unterlagen vor Ort geprüft hat – zu versehen. Die vom Hauptzollamt geführten Beleghefte sind dreijährlich zu prüfen und gegebenenfalls zu aktualisieren. Die dreijährliche Prüfung ist in den Beleghefte zu dokumentieren. Diese Prüfung kann – aus Vereinfachungsgründen – im Rahmen einer je individuellen Bearbeitung eines Steuerentlastungsantrages vorgenommen werden.

20  Kohlelieferer, die eine Erlaubnis zum Bezug unversteuerter Kohle beantragen, haben in ihrem Antrag grundsätzlich die in § 65 Absatz 2 EnergieStV geforderten Angaben zu machen. Das Hauptzollamt kann nach § 65 Absatz 3 Satz 2 EnergieStV jedoch auf Angaben verzichten, soweit die Steuerbelange nicht beeinträchtigt sind. Diese Vereinfachung ist – soweit vertretbar – anzuwenden (Hinweis auf Absatz 2).

21  Aufgrund der besonderen Verhältnisse im Kohlenkleinhandel lagern die Unternehmen in ihrem Betrieb Kohle nur noch in geringem Umfang und nicht immer am gleichen Platz. Im Kohlenkleinhandel kann daher insbesondere auf die in § 65 Absatz 2 Satz 2 Nummer 1 EnergieStV geforderten Angaben unter den in § 65 Absatz 3 Satz 2 EnergieStV genannten Voraussetzungen verzichtet werden.

22  Sofern dem Hauptzollamt bereits Handelsregisterauszüge des Kohlelieferers vorliegen (z. B. als Mineralölhändler), kann auf die erneute Vorlage eines Auszuges verzichtet werden. Sofern Zweifel an den Angaben des Unternehmens bestehen, kann gegebenenfalls die Gewerbeanmeldung herangezogen werden.

**Erlaubnis zum unversteuerten Bezug von Kohle für ausländische Kohlelieferer**

23  Ausländischen Kohlelieferern kann auf Antrag (§ 65 EnergieStV) eine Erlaubnis zum unversteuerten Bezug von Kohle gewährt werden. Die Erlaubnis ist mit der Auflage (§ 120 AO) zu verbinden, dem Hauptzollamt jeweils zum 15. April, 15. Juli, 15. Oktober und 15. Januar die Aufzeichnungen in deutscher Sprache für das zurückliegende Quartal vorzulegen, aus denen

1. die Menge der im Steuergebiet unversteuert und versteuert bezogenen Kohle,
2. die Menge der Kohle, die an Empfänger geliefert wurde, die nicht im Besitz einer Erlaubnis nach § 31 Absatz 4 oder nach § 37 Absatz 2 EnergieStG sind, sowie Namen und Anschriften der Empfänger,
3. die Menge der unversteuert an Inhaber einer Erlaubnis nach § 31 Absatz 4 oder § 37 Absatz 1 EnergieStG gelieferten Kohle sowie Namen und Anschrift der Empfänger und deren Bezugsberechtigung,
4. die Menge der unversteuert aus dem Steuergebiet verbrachten oder ausgeführten Kohle sowie Namen und Anschrift des Empfängers

ersichtlich sein müssen (Hinweis auf Schaubild Kohle 5).

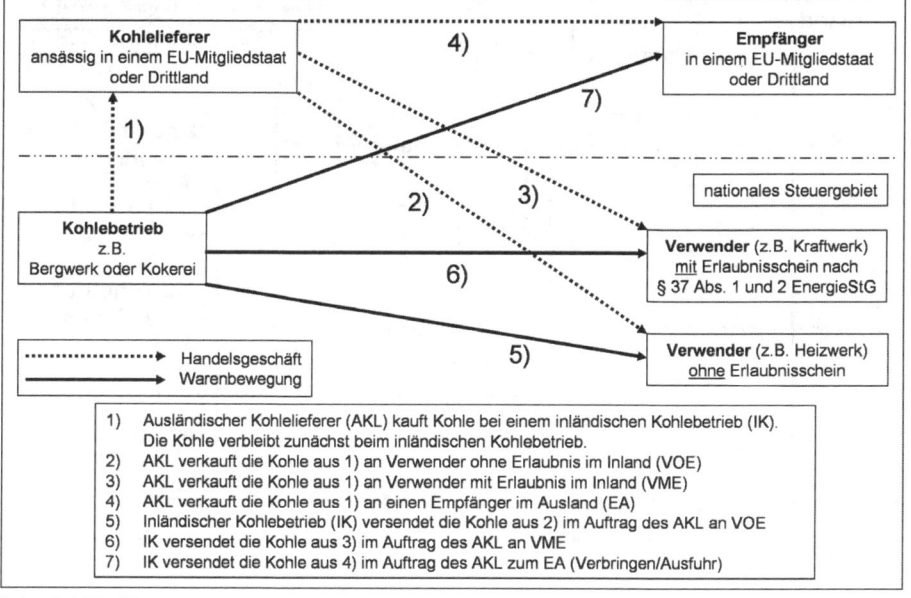

Zu § 31 Energiesteuergesetz****Anlage § 031–01

```
┌─────────────────────────────────────────────────────────────────────┐
│                       § 31 Absatz 4 EnergieStG                      │
│          Erlaubnis für ausländische Kohlelieferer - Handelsvarianten│
└─────────────────────────────────────────────────────────────────────┘
```

**Kohlelieferer** ansässig in einem EU-Mitgliedstaat oder Drittland

**Empfänger** in einem EU-Mitgliedstaat oder Drittland

nationales Steuergebiet

**Kohlebetrieb** z.B. Bergwerk oder Kokerei

**Verwender** (z.B. Kraftwerk) mit Erlaubnisschein nach § 37 Abs. 1 und 2 EnergieStG

Handelsgeschäft
Warenbewegung

**Verwender** (z.B. Heizwerk) ohne Erlaubnisschein

1) Ausländischer Kohlelieferer (AKL) kauft Kohle bei einem inländischen Kohlebetrieb (IK). Die Kohle verbleibt zunächst beim inländischen Kohlebetrieb.
2) AKL verkauft die Kohle aus 1) an Verwender ohne Erlaubnis im Inland (VOE)
3) AKL verkauft die Kohle aus 1) an Verwender mit Erlaubnis im Inland (VME)
4) AKL verkauft die Kohle aus 1) an einen Empfänger im Ausland (EA)
5) Inländischer Kohlebetrieb (IK) versendet die Kohle aus 2) im Auftrag des AKL an VOE
6) IK versendet die Kohle aus 3) im Auftrag des AKL an VME
7) IK versendet die Kohle aus 4) im Auftrag des AKL zum EA (Verbringen/Ausfuhr)

*Schaubild Kohle 5*

Es ist nicht zu beanstanden, wenn der Erlaubnis zum unversteuerten Bezug von Kohle für ausländische 24 Kohlelieferer Informationsmaterial über den Inhalt der Erlaubnis in der Landessprache des Erlaubnisinhabers beigefügt wird. Es besteht die Möglichkeit, beim Zentralen Sprachendienst des Bildungs- und Wissenschaftszentrums der Bundesfinanzverwaltung, entsprechende Übersetzungen erstellen zu lassen. Es wird gebeten, der BFD Südwest – Zentrale Facheinheit 2 – entsprechendes fremdsprachiges Informationsmaterial zur Verfügung zu stellen. Sofern Informationsmaterial nach Satz 1 ausgehändigt wird, muss es einen Hinweis enthalten, dass nur der in deutscher Sprache abgefasste Verwaltungsakt Rechtswirkung besitzt.

### V. Entstehung der Steuer nach §§ 32 und 36 EnergieStG

Für das Energieerzeugnis Kohle sind keine Steuerlager vorgesehen, weil nach Artikel 20 der Energie- 25 steuer-Richtlinie die Kontroll- und Beförderungsbestimmungen der Richtlinie 92/12/EWG[1)] auf Kohle nicht anzuwenden sind. Im Gegensatz zur Steuerentstehung beim Entfernen von Energieerzeugnissen nach § 4 EnergieStG aus einem Steuerlager, ist die Lieferung an Personen, die Kohle weder unversteuert beziehen noch steuerfrei verwenden dürfen, maßgeblich (Hinweis auf Schaubild Kohle 6).

---

1) Die Verbrauchsteuersystemrichtlinie 92/12/EWG (System-Richtlinie) trat mit Ablauf des 31. März 142010 außer Kraft. Sie wurde am 1. April 2010 durch die „neue" Verbrauchsteuersystemrichtlinie 2008/118/EG vom 16. Dezember 2008 (ABl. EU Nummer L 9 S. 12) ersetzt.

**Anlage § 031–01**  Zu § 31 Energiesteuergesetz

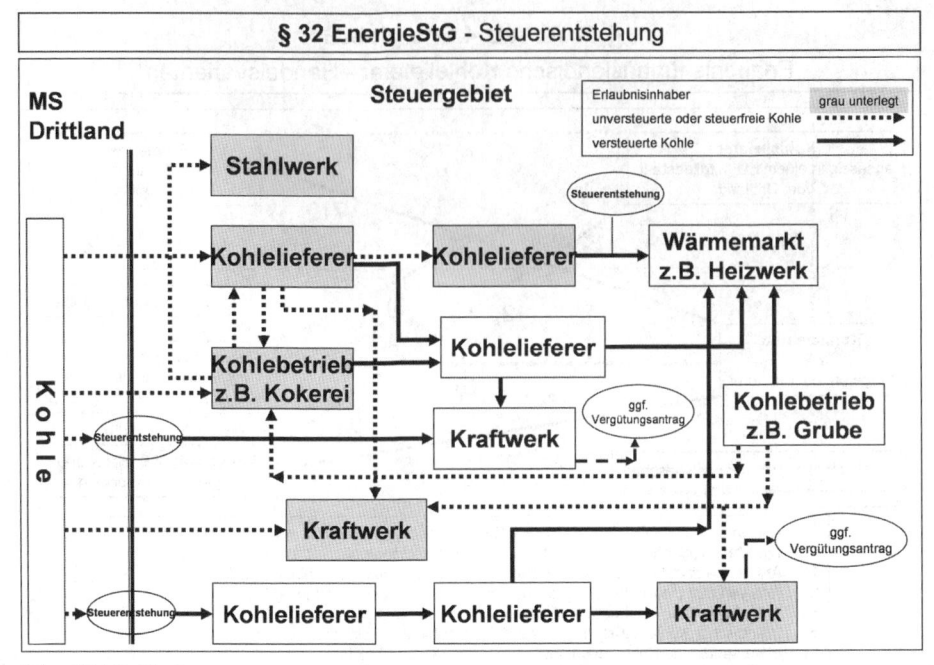

*Schaubild Kohle 6*

26 Kohle gilt als geliefert, wenn sie dem Empfänger zu dessen Nutzung zur Verfügung gestellt wird. In diesem Zeitpunkt entsteht gegebenenfalls die Steuer. Der Zeitpunkt der Lieferung der Kohle ist abhängig von den jeweiligen Lieferbedingungen und dem damit verbundenen Zeitpunkt des Gefahrüberganges.

Beispiel 26.1

Lieferung frei Haus: Der Kohlelieferer trägt bis zur Übergabe der Kohle an den Kohleempfänger auf dessen Betriebsgelände alle Risiken. Der Gefahrübergang auf den Kohleempfänger findet erst auf dessen Betriebsgelände statt.

Beispiel 26.2

Lieferung ab Werk: Das Risiko bleibt auf das Betriebsgelände des Kohlelieferers beschränkt. Der Gefahrübergang auf den Kohleempfänger findet bereits am Werkstor des Kohlelieferers statt.

### VI. Steueranmeldung, Fälligkeit nach § 33 EnergieStG

27 Für die Steueranmeldung soll der Vordruck 1104 (Energiesteueranmeldung – Kohle – verwendet werden. Durch Datenverarbeitungsanlagen ausgedruckte oder in anderer Weise erstellte Steueranmeldungen sind anzuerkennen, wenn sie mit dem Vordruck 1104 im Wesentlichen übereinstimmen und als Steueranmeldung kenntlich gemacht sind.

28 Beträgt die Höhe der voraussichtlich in einem Kalenderjahr zu entrichtenden Kohlesteuer nicht mehr als 2.400 Euro, kann das Hauptzollamt auf eine monatliche Steueranmeldung verzichten. Die Jahressteueranmeldung ist in diesen Fällen bis zum 15. Januar des Folgejahres abzugeben und die Steuer entsprechend der in § 33 Absatz 1 EnergieStG geregelten Fälligkeit zu entrichten.

29 Die gemäß Nummer sieben des Vordrucks 1104 vorzunehmende erste Prüfung der Steueranmeldung an Amtsstelle umfasst stets, ob

1. die örtliche und sachliche Zuständigkeit,

2. die Einhaltung der Anmeldefristen,

3. die Vollständigkeit der erforderlichen Angaben und

4. die rechnerische Schlüssigkeit der Angaben in der Steueranmeldung,

Zu § 31 Energiesteuergesetz  **Anlage § 031–01**

gegeben sind. Führt diese Prüfung zu keiner Beanstandung, trägt es die Steueranmeldung mit dem angemeldeten Betrag in das Energiesteueranmeldungsbuch (Vordrucke 1098 und 1099) ein. Die Steueranmeldungen werden Belege zum Energiesteueranmeldungsbuch.

Ist das Hauptzollamt, bei dem die Steueranmeldung eingegangen ist, örtlich nicht zuständig, leitet es die Anmeldung unverzüglich an das zuständige Hauptzollamt weiter. Der Anmelder ist über die Weiterleitung seiner Steueranmeldung zu informieren. 30

Für die Steuerentlastung gelten die Absätze 27 sowie 29 und 30 sinngemäß. 31

### VII. Steuerbefreiung, Erlaubnis, Zweckwidrigkeit nach § 37 EnergieStG

**Erlaubnis zur steuerfreien Verwendung von Kohle**

Wird eine Erlaubnis nach § 37 Absatz 2 Nummer 3 und 4 EnergieStG beantragt, sind die Prozesse und Verfahren, in denen die Kohle steuerfrei und nicht steuerfrei verwendet werden soll, in der Betriebserklärung detailliert zu beschreiben. Darüber hinaus kann das Hauptzollamt nach § 72 Absatz 3 Satz 2 EnergieStV von Angaben absehen, soweit die Steuerbelange nicht beeinträchtigt sind. Diese Vereinfachung ist – soweit vertretbar – anzuwenden (Hinweis auf Absatz 2). 32

Für die Erlaubnis zur steuerfreien Verwendung von Kohle ist der Vordruck 1002 zu verwenden. Dem Vordruck ist ein Merkblatt nach vorgeschriebenem Muster beizufügen. Das Hauptzollamt ordnet die erforderlichen Nebenbestimmungen an und behält sich die nachträgliche Aufnahme, Änderung oder Ergänzung einer Auflage vor (§ 120 Absatz 2 AO). In den Fällen des § 37 Absatz 2 Satz 1 Nummer 3 und 4 i. V. m. Satz 3 und 4 EnergieStG ist die Erlaubnis mit der Auflage zu versehen, für die Steueranmeldung den Vordruck 1104 (Energiesteueranmeldung – Kohle – ) zu verwenden. 33

Für den Erlaubnisschein zur steuerfreien Verwendung von Kohle ist der Vordruck 1028 zu verwenden. Bei Bedarf sind Mehrausfertigungen auszustellen. 34

Das Hauptzollamt teilt dem Antragsteller mit, dass 35

1. die Erlaubnis rückwirkend widerrufen werde und die Energiesteuer nach zu entrichten sei, wenn sich bei einer Außenprüfung, einer Maßnahme der Steueraufsicht oder auf anderem Wege herausstellt, dass die rechtlichen Voraussetzungen für die Steuerbefreiung nicht gegeben sind und insoweit die Angaben im Antrag oder in den einschlägigen Unterlagen unzutreffend waren und
2. in den Fällen nach Nummer 1 nicht mit einem Erlass der Energiesteuer aus Billigkeitsgründen gerechnet werden könne.

Die Erlaubnisse, Kohle für verschiedene steuerfreie Zwecke nach § 37 Absatz 2 Satz 1 Nummer 3 und 4 des Gesetzes zu verwenden, können in einem gemeinsamen Verwaltungsakt erteilt werden (Zusammenfassende Erlaubnis – Hinweis auf Vordruck 1002). Die Erlaubnis nach § 37 Absatz 2 Satz 1 Nummer 2 des Gesetzes, wonach Kohle auf dem Betriebsgelände eines Kohlebetriebes vom Inhaber des Betriebes zur Aufrechterhaltung des Betriebes steuerfrei eingesetzt werden darf (so genanntes Kohleprivileg), ist hingegen in einem gesonderten Verwaltungsakt zu erteilen (Hinweis auf Vordruck 1000 und Absatz 13). 36

Die Weitergabe von steuerfreier Kohle wird nach § 76 Absatz 3 EnergieStV nur zugelassen, wenn ein Bedürfnis nachgewiesen wird. Hierbei ist ein strenger Maßstab anzulegen. Insbesondere darf das beantragte Verfahren sich nur auf Ausnahmefälle beziehen, die nicht auf Dauer angelegt sind. Will ein Erlaubnisinhaber steuerfreie Kohle an eine Person weitergeben, die im Besitz einer Erlaubnis nach § 31 Absatz 4 oder § 37 Absatz 1 des Gesetzes ist, wird dies nur zugelassen, wenn der Antragsteller zugleich mit dem Antrag den Erlaubnisschein des Empfängers vorlegt. Bei der Weitergabe an Personen, die nicht zum Bezug von unversteuerter Kohle nach § 31 Absatz 4 des Gesetzes oder zur Verwendung von steuerfreier Kohle nach § 37 Absatz 1 des Gesetzes berechtigt sind, ist die Energiesteuer zu erheben. In diesen Fällen entsteht die Steuer nach § 37 Absatz 3 EnergieStG. Steuerschuldner ist derjenige, der die Kohle weitergibt. 37

**Verwendung von Kohle nach § 37 Absatz 2 Satz 1 Nummer 1 EnergieStG**

Kohle kann zum Beispiel nichtenergetisch bei der Herstellung von 38
1. Aktivkohlefiltern,
2. Farbpigmenten,
3. Kohlebürsten für Elektromotoren und
4. Kohleelektroden
verwendet werden.

Gusseisen kann durch Einschmelzen von Stahlschrott (z. B. in Elektro- oder Kupolöfen$^{(G)}$) hergestellt werden. Stahl besitzt einen geringeren Kohlenstoffgehalt als Gusseisen. Der Kohlenstoffgehalt der 39

909

# Anlage § 031–01

Zu § 31 Energiesteuergesetz

Schmelze muss deshalb entweder durch Zugabe von Roheisen oder von Aufkohlungsmitteln erhöht werden. Aus wirtschaftlichen Gründen wird das Aufkohlen[(G)] meistens mit Aufkohlungsmitteln durchgeführt. Als Aufkohlungsmittel werden unter anderem Steinkohlenkoks, calcinierter[(G)] Petrolkoks oder Graphit verwendet. Erfolgt die Zufuhr der Heizenergie des verwendeten Schmelzofens aus externen Quellen so wird das Aufkohlungsmittel ausschließlich stofflich verwendet und dient nicht der Wärmeerzeugung. Die steuerfreie Verwendung von Kohle als Aufkohlungsmittel ist gemäß Anlage 1 Nummer 8 zu § 74 EnergieStV allgemein erlaubt.

Anmerkung:
Wird hingegen versteuerte Kohle eingesetzt, so kann die Kohle gegebenenfalls über § 47 Absatz 1 Nummer 5 Buchstabe b EnergieStG von der Steuer entlastet werden.

## Verwendung von Kohle nach § 37 Absatz 2 Satz 1 Nummer 4 EnergieStG

40 § 37 Absatz 2 Satz 1 Nummer 4 EnergieStG umfasst alle Tatbestände des § 51 EnergieStG, bezogen auf die Verwendung von Kohle als Heizstoff. Die stoffliche Verwendung von Kohle hingegen, auch wenn sie in Prozessen und Verfahren nach § 51 EnergieStG stattfindet (zum Beispiel in den Fällen des Absatzes 39), stellt eine Verwendung zu anderen Zwecken als zur Verwendung als Kraft- oder Heizstoff nach § 37 Absatz 2 Satz 1 Nummer 1 EnergieStG dar.

41 Aufgrund der anspruchsvollen technischen Materie befindet sich die künftige Dienstvorschrift zur Umsetzung der Regelungen des § 51 EnergieStG derzeit noch in der Entwicklung. Diese Regelungen wiederum sind Grundlage für die Umsetzung des § 37 Absatz 2 Satz 1 Nummer 4 EnergieStG. Sie werden zu gegebener Zeit veröffentlicht. Unbeschadet dieser noch zu erarbeitenden Maßgaben kann die chemische Reduktion von der chemischen Oxidation wie nachfolgend beschrieben abgegrenzt werden.

Kohle, die in chemischen Reduktionsverfahren nach § 51 Absatz 1 Nummer 1 Buchstabe c EnergieStG verheizt wird, ist dann nach § 37 Absatz 2 Satz 1 Nummer 4 EnergieStG steuerfrei, wenn das Verheizen im selben Reaktionsraum (Reaktor) wie die Reduktionsreaktion stattfindet. Der Einsatz von Kohle hingegen, die außerhalb des Reaktionsraumes verheizt wird, um den Wärmebedarf der Reduktionsreaktion zu decken, stellt keine steuerfreie Verwendung im Sinn von § 37 Absatz 2 Satz 1 Nummer 4 EnergieStG dar.

Die Steuerbefreiung gemäß § 37 Absatz 2 Satz 1 Nummer 4 i. V. m. § 51 Absatz 1 Nummer 1 Buchstabe c EnergieStG gilt für Kohle, die im Rahmen von chemischen Reduktionsverfahren verheizt wird. Dabei sind zwei Varianten denkbar. In Variante 1 wird ausschließlich Kohle als Heizstoff und Reduktionsmittel eingesetzt. In Variante 2 wird Kohle ausschließlich als Heizstoff eingesetzt; als Reduktionsmittel wirkt hingegen ein anderer Stoff. Je nach Verfahren können auch mehrere Reduktionsmittel nebeneinander zum Einsatz kommen. Als weitere Variante kann Kohle gemeinsam mit anderen Stoffen als Reduktionsmittel verwendet werden.

Variante 1
Um diese Steuerbefreiung zu erhalten, muss die Kohle folgendermaßen verwendet werden:
- Ein Teil der im Rahmen des chemischen Reduktionsverfahrens eingesetzten Kohle dient als Heizstoff der Wärmeerzeugung. Der Heizstoff deckt dabei den Wärmebedarf des Reduktionsverfahrens.
- Der Heizstoff wird im selben Reaktionsraum (Reaktor) eingesetzt, in dem die chemische Reduktion abläuft. Kohle, die außerhalb des Reaktionsraumes verwendet wird, ist nicht gemäß § 37 Absatz 2 Satz 1 Nummer 4 i. V. m. § 51 Absatz 1 Nummer 1 Buchstabe c EnergieStG begünstigt.
- Der andere Teil der Kohle wirkt als Reduktionsmittel (steuerfreier Einsatz nach § 37 Absatz 2 Satz 1 Nummer 1 EnergieStG aufgrund der stofflichen Verwendung).
- Die als Heizstoff und als Reduktionsmittel eingesetzte Kohle wird innerhalb ein und desselben Reaktors verwendet (zusammenhängender Verwendungsvorgang).
- Das Hauptprodukt des Reduktionsverfahrens entsteht dadurch, dass ein Ausgangsstoff durch die als Reduktionsmittel eingesetzte Kohle reduziert wird (chemische Reduktionsreaktion). Das Reduktionsmittel und die daraus entstehenden Reaktionsnebenprodukte gehen dabei chemisch nicht in das Hauptprodukt ein[1].

---

[1] Jede Reduktionsreaktion ist mit einer gleichzeitig ablaufenden Oxidationsreaktion verbunden (Redoxreaktion). Dies gilt ebenso umgekehrt. Mit der hier getroffenen Definition wird verhindert, dass jede beliebige Redoxreaktion nach §§ 37/51 EnergieStG begünstigt wird.

Zu § 31 Energiesteuergesetz  **Anlage § 031–01**

Beispiel 41.1

$ZO_2 + C \rightarrow Z + CO_2$

Wobei gilt:

$ZO_2$ = Ausgangsstoff
C = Kohlenstoff (Reduktionsmittel)
Z = Hauptprodukt (= reduzierter Ausgangsstoff)
$CO_2$ = Kohlendioxid (Nebenprodukt)

Anmerkung 1 zu Beispiel 41.1

Der Kohlenstoff in Beispiel 41.1 stammt aus dem Einsatz von Kohle.

Anmerkung 2 zu Beispiel 41.1

Das Beispiel soll allgemein gelten. Deshalb wurde ein Buchstabe (Z) gewählt, der im Periodensystem noch nicht vergeben ist.

Die chemische Reaktion in Beispiel 41.1 stellt eine Redoxreaktion dar. Sie setzt sich aus zwei Teilreaktionen zusammen und zwar aus einer Reduktionsreaktion einer Oxidationsreaktion. Die eingesetzte Kohle dient als Mittel zur Reduktion des Ausgangsstoffes; sie ist somit Reduktionsmittel. Die Kohle geht hierbei nicht in das Hauptprodukt ein, sondern führt zu einem Nebenprodukt, hier Kohlendioxid ($CO_2$). Der der stofflichen Verwendung zugeführte Anteil an Kohle ist nach § 37 Absatz 2 Satz 1 Nummer 1 EnergieStG von der Steuer befreit. Der Anteil der Kohle, der neben der stofflichen Verwendung zum Verheizen eingesetzt wird, ist nach § 37 Absatz 2 Satz 1 Nummer 4 i. V. m. § 51 Absatz 1 Nummer 1 Buchstabe c EnergieStG begünstigt, weil der stofflich verwendete Kohleanteil nicht chemisch in das Hauptprodukt eingeht.

Beispiel 41.2

$C + 2 X \rightarrow CX_2$

Wobei gilt:

C = Kohlenstoff (Ausgangsstoff)
X = Ausgangsstoff
$CX_2$ = Hauptprodukt

Anmerkung zu Beispiel 41.2

Der Kohlenstoff in Beispiel 41.2 stammt aus dem Einsatz von Kohle.

Die chemische Reaktion in Beispiel 41.2 stellt eine Redoxreaktion dar. Sie setzt sich aus zwei Teilreaktionen zusammen, und zwar aus einer Reduktionsreaktion und einer Oxidationsreaktion. Die eingesetzte Kohle dient als Ausgangsstoff zur Herstellung eines Hauptproduktes. Der der stofflichen Verwendung zugeführte Anteil an Kohle ist nach § 37 Absatz 2 Satz 1 Nummer 1 EnergieStG von der Steuer befreit. Der Anteil der Kohle, der neben der stofflichen Verwendung zum Verheizen eingesetzt wird, ist nicht nach § 37 Absatz 2 Satz 1 Nummer 4 i. V. m. § 51 Absatz 1 Nummer 1 Buchstabe c des Gesetzes begünstigt, weil der stofflich verwendete Kohleanteil chemisch in das Hauptprodukt eingeht.

Variante 2

Um diese Steuerbefreiung zu erhalten, muss die Kohle folgendermaßen verwendet werden:

– Die im Rahmen des chemischen Reduktionsverfahrens eingesetzte Kohle dient ausschließlich als Heizstoff. Sie deckt dabei den Wärmebedarf des Reduktionsverfahrens.
– Der Heizstoff wird im selben Reaktionsraum (Reaktor) eingesetzt, in dem die chemische Reduktion abläuft. Kohle, die außerhalb des Reaktionsraumes verwendet wird, ist nicht gemäß § 37 Absatz 2 Satz 1 Nummer 4 i. V. m. § 51 Absatz 1 Nummer 1 Buchstabe c EnergieStG begünstigt.
– Der andere Stoff wirkt als Reduktionsmittel (ggf. steuerfreier Einsatz nach § 25 Absatz 1 Satz 1 Nummer 1 EnergieStG aufgrund der stofflichen Verwendung).
– Die als Heizstoff eingesetzte Kohle und das Reduktionsmittel werden innerhalb ein und desselben Reaktors verwendet.
– Das Hauptprodukt des Reduktionsverfahrens entsteht dadurch, dass ein Ausgangsstoff durch das Reduktionsmittel reduziert wird (chemische Reduktionsreaktion). Das Reduktionsmittel und daraus entstehende Reaktionsnebenprodukte gehen dabei chemisch nicht in das Hauptprodukt ein [1].

---

1) Jede Reduktionsreaktion ist mit einer gleichzeitig ablaufenden Oxidationsreaktion verbunden (Redoxreaktion). Dies gilt ebenso umgekehrt. Mit der hier getroffenen Definition wird verhindert, dass jede beliebige Redoxreaktion nach §§ 37/51 EnergieStG begünstigt wird.

**Anlage § 031–01**  Zu § 31 Energiesteuergesetz

Beispiel 41.3
ZO + $H_2$ à Z + $H_2O$ Wobei gilt:
ZO  = Ausgangsstoff
$H_2$  = Wasserstoff (Reduktionsmittel)
Z  = Hauptprodukt (= reduzierter Ausgangsstoff)
$H_2O$  = Wasser (Nebenprodukt)
Anmerkung zu Beispiel 41.3
Der Wasserstoff in Beispiel 41.3 dient als Reduktionsmittel.
Die chemische Reaktion in Beispiel 41.3 stellt eine Redoxreaktion dar. Sie setzt sich aus zwei Teilreaktionen zusammen, und zwar aus einer Reduktionsreaktion und einer Oxidationsreaktion. Der eingesetzte Wasserstoff dient als Mittel zur Reduktion des Ausgangsstoffes; er ist somit Reduktionsmittel. Der Wasserstoff geht hierbei nicht in das Hauptprodukt ein, sondern führt zu einem Nebenprodukt, hier Wasser (H2O). Die als Heizstoff verwendete Kohle ist nach § 37 Absatz 2 Satz 1 Nummer 4 i. V. m. § 51 Absatz 1 Nummer 1 Buchstabe c EnergieStG begünstigt.

### VIII. Ausfuhr und Verbringen aus dem Steuergebiet; Steuerentlastung

42 Bei Ausfuhr von Kohle muss der im Steuergebiet ansässige Kohlelieferer durch Belege nachweisen, dass er oder der Empfänger die Kohle aus der Europäischen Gemeinschaft ausgeführt hat. Die Ausfuhr gilt als nachgewiesen, wenn die Ausfuhrzollstelle die Ausfuhr bestätigt hat.

43 Beim Verbringen von Kohle in einen Mitgliedsstaat muss der im Steuergebiet ansässige Kohlelieferer durch Belege nachweisen, dass er oder der Empfänger die Kohle in das übrige Gemeinschaftsgebiet befördert hat. Dies muss sich aus den Belegen eindeutig und leicht nachprüfbar ergeben.

44 In den Fällen, in denen der Kohlelieferer oder der Empfänger die Kohle in das übrige Gemeinschaftsgebiet befördert, hat der Kohlelieferer den Nachweis hierüber wie folgt führen:
1. durch das Doppel der Rechnung,
2. durch einen handelsüblichen Beleg, insbesondere Lieferschein, aus dem sich der Bestimmungsort ergibt, Lieferschein,
3. durch eine Empfangsbestätigung des Abnehmers oder seines Beauftragten sowie
4. in den Fällen der Beförderung der Kohle durch den Empfänger durch eine Versicherung des Empfängers oder seines Beauftragten, die Kohle in das übrige Gemeinschaftsgebiet zu befördern.

45 Es ist nicht zu beanstanden, wenn ein Kohlelieferer in Vollmacht eines nicht im Steuergebiet ansässigen Empfängers die Steuerentlastung für die verbrachte oder ausgeführte Kohle beantragt und als dessen Zahlungsempfänger auftritt oder eine Abtretungserklärung des Empfängers vorlegt.

### IX. Berichte

46 Zur Fortschreibung und Optimierung der vorstehenden Dienstvorschrift werden durch die Abteilung Zentrale Facheinheit der Bundesfinanzdirektion Südwest zu gegebener Zeit Erfahrungsberichte von den Bundesfinanzdirektionen angefordert (Variabler Berichtstermin).

Zu § 31 Energiesteuergesetz **Anlage § 031–02**

**Dienstvorschrift zur energiesteuerrechtlichen Behandlung von Kohle nach Kapitel 3 Energiesteuergesetz (DV Kohle) –
Anlage 1: Glossar zur energiesteuerlichen Behandlung von Kohle**

BMF-Schreiben vom 3.8.2012 – V 82 35-1

### I. Allgemeines

Die nachfolgende Sammlung ausgewählter Begriffe zur energiesteuerlichen Behandlung von Kohle stellt eine kleine Einführung in die Terminologie der Gewinnung, Bearbeitung und Verwendung von Kohle dar und soll den Kolleginnen und Kollegen vor Ort Hilfestellung bei der Sachbearbeitung bzw. Prüfung kohlesteuerlich relevanter Sachverhalte geben.

### II. Hinweise zur Benutzung

In den Erläuterungen zu den Begriffen wird durch einen Pfeil (→) vor einem Wort darauf hingewiesen, dass

a) entweder erst unter diesem Stichwort Erläuterungen gegeben sind oder

b) für das betreffende Wort in der Sammlung ebenfalls eine Begriffsbestimmung zu finden ist. Der letztgenannte Hinweis erfolgt zumindest immer dann, wenn Bedarf bzw. Interesse seitens des Lesers für ergänzende oder vertiefende Erläuterungen angenommen wird.

Die Reihenfolge der Begriffe ist in der Regel streng alphabetisch geordnet (Berge steht unter B). Wenn jedoch ein Begriff sich aus einem Eigenschafts- und einem Hauptwort zusammensetzt, ist i. d. R. das Hauptwort vorangestellt worden und für die Einordnung maßgebend (z.B. Betreiber, andere steht unter B).

### III. Glossar

**Abraum**

Das über der Lagerstätte liegende und in der Regel im Tagebau gelöste Gestein, das keine nutzbare Kohle enthält (Deckgebirge).

**Aktivkohle**

ist eine feinkörnige Kohle mit großer innerer Oberfläche, die als Adsorptionsmittel unter anderem in Chemie, Medizin, Wasser- und Abwasserbehandlung sowie Lüftungs- und Klimatechnik eingesetzt wird. Sie kommt granuliert oder in Tablettenform gepresst (z. B. Kohlekompretten) zum Einsatz.

**Anthrazitkohle**

(griechisch: Glanzkohle) gilt als die höchstwertige Kohlesorte. Sie wird überwiegend zur privaten und gewerblichen Raumheizung genutzt. Diese Kohlensorte besitzt eine ungewöhnlich große Härte. Der Feuchtigkeitsgehalt von frisch abgebautem Anthrazit ist gewöhnlich unter 15 Prozent. Ihr Kohlenstoffgehalt liegt über 91 Prozent in der wasser- und aschefreien Kohle. Der Schwefelgehalt beträgt bis zu einem Prozent. Im Anthrazit sind nur geringe flüchtige Bestandteile gebunden. Deshalb verbrennt diese Kohleart mit einer sehr kurzen und heißen Flamme von bläulicher Farbe. Ruß und sichtbare Rauchgase entstehen nur wenig bei diesem Brennstoff mit hohem Energiegehalt. Die Farbe von Anthrazit ist ein metallisch glänzendes dunkles Grau, woher dieser Brennstoff auch seinen Namen hat.

**Aufkohlen**

ist die Übertragung von Kohlenstoff aus einem Aufkohlungsmittel in ein Eisen- oder Stahlwerkstück bzw. in eine Eisen- oder Stahlschmelze zur Erhöhung des Kohlenstoffgehaltes des Materials. Je nach technischem Verfahren kommen unterschiedliche Aufkohlungsmittel zum Einsatz.

**Berge**

Bergmännischer Ausdruck für das bei der Gewinnung von Kohle zwangsläufig anfallende Gestein oder für die in der Aufbereitung anfallenden Anteile an Gestein (→ Waschberge).

**Bergehalde**

Aufschüttung von nicht verkaufsfähigen Produkten (→ Berge und → Abraum), die zum Beispiel im Streckenvortrieb, beim Freilegen einer Lagerstätte oder bei der Aufbereitung eines Rohstoffes anfallen.

**Calcinieren (Kalzinieren)**

ist das Erhitzen von festen Stoffen, wodurch Kristallwasser, Kohlendioxid (aus Carbonaten) oder andere flüchtige Bestandteile ausgetrieben werden.

# Anlage § 031–02

Zu § 31 Energiesteuergesetz

**Deutsches Institut für Normung e.V. (DIN)**

Das → DIN ist ein eingetragener Verein, wird privatwirtschaftlich getragen und ist laut eines Vertrages mit dem Bund die zuständige Normungsorganisation für die europäischen und internationalen Normungsaktivitäten.

**DIN**

Deutsches Institut für Normung e.V. (DIN)

**Energiegehalt**

Energiegehalt eines Brennstoffes ist die bei seiner Verbrennung freisetzbare Energie.

**Enthalpie**

Energiegehalt von z.B. Wasserdampf (Maßeinheit ist → Joule (J)).

**Esskohle**

ist wie die → Fettkohle dunkel, hat einen geringeren Anteil an flüchtigen Bestandteilen (bis 19 Prozent) und einen höheren Kohlenstoffanteil (bis 90 Prozent). Aus Esskohle entsteht ein gesinterter Koks, welcher mit kurzer Flamme und vergleichsweise wenig Rauchentwicklung verbrennt und deshalb besonders für Hausbrandkessel geeignet ist.

**Fettkohle**

ist eine dichte Kohle, für gewöhnlich schwarz, manchmal dunkelbraun, oft mit gut erkennbaren hellen und matten Streifen und wird überwiegend als Brennstoff in der Energieerzeugung genutzt. Ein großer Teil wird auch zur Erzeugung von Wärme in der Industrie oder zur Gewinnung von → Koks eingesetzt. Fettkohle ist die häufigste Kohlenart im Ruhrgebiet. Ihr Feuchtigkeitsgehalt liegt für gewöhnlich unter 20 Prozent. Ihr Kohlenstoffgehalt liegt bei circa 88 Prozent in der wasserfreien Kohle. Der Schwefelgehalt beträgt bis zu einem Prozent. Ein weiteres Kennzeichen der Fettkohle ist ihr hoher Anteil an flüchtigen Bestandteilen. Deshalb verbrennt Fettkohle mit einer langen, leuchtenden und stark rußenden Flamme.

**Grus**

Als Kohlegrus bezeichnet man bei der Kohleförderung kleine, eckig-kantige, unregelmäßige Kohlestückchen, die bei der Förderung und beim Transport der Kohle vom Kohlegestein absplittern und abbrechen. In früheren Zeiten war Kohlegrus für die Verbrennung ungeeignet und verblieb meistens in den Streben; erst durch das Verfahren der Brikettierung konnte der ansonsten unerwünschte Kohlegrus wirtschaftlich genutzt werden.

**Heizwert $H_u$ (früher: unterer Heizwert)**

eines Stoffes ist die auf eine Masseneinheit bezogene Enthalpiedifferenz zwischen den Ausgangsmaterialien Brennstoff und Luft und den Verbrennungsprodukten, wenn das bei der Verbrennung gebildete Wasser gasförmig (in Form von Wasserdampf) vorliegt. Als Enthalpie[(G)] bezeichnet man den Energiegehalt[(G)] von Stoffen (z.B. Wasserdampf).

**Hochofen**

Ein Hochofen dient der Gewinnung von Roheisen aus Eisenerzen. Es handelt sich hierbei um eine zumeist großtechnische Anlage in „Schachtofenbauweise", in der Eisen durch Reduktion aus Eisenerzen (meist Oxiden) gewonnen wird. Als Energieträger und Reduktionsmittel dienen überwiegend Koks und zur Schlackebildung und Senkung der Schmelztemperatur verschiedene Zuschlagstoffe wie Quarzsand, Kalk und andere.

**Joule (J)**

ist die abgeleitete SI-Einheit (internationales Einheitensystem) der Größen Energie, Arbeit und Wärmemenge. Nach den unterschiedlichen Arten der Herleitung sind auch die Bezeichnungen Newtonmeter und Wattsekunde gebräuchlich.

**Koks**

ist ein fester, kohlenstoffhaltiger Rückstand, der aus asch- und schwefelarmer Fettkohle gewonnen wird. Dabei werden in Kokereien (Kohlebetrieb im Sinn von § 31 Absatz 1 EnergieStG) ihre flüchtigen Bestandteile entfernt, indem sie in einem Ofen unter Luftausschluss bei mehr als 1.400 °C erhitzt wird, so dass der feste Kohlenstoff und die verbleibende Asche verschmelzen. Dieser Prozess, die Verkokung, gehört zu den Verfahren der Kohleveredlung. Koks brennt mit einer nahezu unsichtbaren blauen Flamme. Dabei entstehen weder Ruß noch sichtbares Rauchgas. Koks wird als Brennstoff und als Reduktionsmittel bei der Eisenproduktion in Hochöfen eingesetzt. Er hat eine stumpf-graue Farbe und ist dabei hart und porös. Bei der Koksherstellung fällt als Nebenprodukt Steinkohlenteer an.

Zu § 31 Energiesteuergesetz **Anlage § 031–02**

### Kommissionsverkauf

Bei einem Kommissionsverkauf übernimmt es der Kommissionär gewerbsmäßig, Waren oder Wertpapiere für Rechnung des Kommittenten zu verkaufen (§ 383 Absatz 1 Handelsgesetzbuch [HGB]). Grundsätzlich ist der Kommissionär gegenüber dem Eigentümer (Kommittent) bei der Ausführung weisungsgebunden, darf aber, sofern mit dem Aufschub Gefahr verbunden ist, auch ohne Absprache handeln. Einzelheiten finden sich in §§ 383 ff. HGB.

Die Kommission ist in drei Abschnitte gegliedert:

– Zunächst schließen Kommissionär und Kommittent das Kommissionsgeschäft ab, in dem Verkaufsgegenstand und Provision vereinbart werden.

– Danach tätigt der Kommissionär das Ausführungsgeschäft mit einem Käufer. Der Kommissionär erwirbt den Kaufpreisanspruch dabei zunächst selbst, ist jedoch verpflichtet, ihn an den Kommittenten abzutreten.

– Im Abwicklungsgeschäft schließlich zahlt der Kommittent die vereinbarte Provision an den Kommissionär, der im Gegenzug den Kaufpreis an den Kommittenten herausgibt. Der Kommissionär kann auch den Ersatz notwendiger Aufwendungen verlangen, sofern diese nicht schon durch die Provision abgegolten sind.

### Kommissionsvertrag

Der Kommissionsvertrag ist in §§ 383 – 406 HGB geregelt. Inhalt des Vertrages ist der gewerbsmäßige Kauf oder Verkauf von Waren für Rechnung eines anderen (des Kommittenten) im eigenen Namen (vgl. § 308 Absatz 1 HGB). Der Kommissionsvertrag ist der Vertrag zwischen Kommittenten und Kommissionär.

Der Kommissionsvertrag ist ein Geschäftsbesorgungsvertrag i. S. v. § 675 BGB, der einen Werkvertrag (bei Einzelgeschäften) oder einen Dienstvertrag (bei längerer Verbindung) zum Gegenstand hat. Verkauft der Kommissionär die Ware an einen Dritten weiter, liegt zwischen ihm und dem Dritten ein Kaufvertrag (§ 433 ff. BGB) vor. Der Kommissionär muss das aus dem Kauf Erlangte (den Kaufpreis) dem Kommittenten herausgeben (§ 384 Absatz 2 HGB). Im Gegenzug hat er Anspruch auf Provision und Aufwendungsersatz (§ 396 HGB). Der Kommissionär handelt im eigenen Namen auf fremde Rechnung.

### Kupolofen

Der Kupolofen ist ein Schachtofen, in dem Metalle geschmolzen werden können. In der Regel wird ein Kupolofen zur Herstellung von Gusseisen eingesetzt. Er ähnelt in Aufbau und Funktionsweise stark dem → Hochofen, ist mit einer Höhe von rund 10 m jedoch deutlich kleiner und erreicht nicht die Temperaturen, die zum Ausschmelzen von Erz nötig sind.

Der Kupolofen wird mit Roheisen, Stahlschrott, Kreislaufmaterial und Maschinengussbruch beschickt. Die Einstellung des Kohlenstoffgehaltes (C-Gehalt) des erschmolzenen Eisens erfolgt über das Verhältnis Stahlschrott (geringer C-Gehalt) zu Maschinengussbruch. Eine vermehrte Zugabe von Koks erhöht ebenfalls den C-Gehalt. Ferner wird Kalk zugesetzt, um die entstehende saure Schlacke zu neutralisieren und besser fließfähig zu halten.

### Laserscanning (auch: Laserabtastung)

bezeichnet das zeilen- oder rasterartige Überstreichen von Oberflächen oder Körpern mit einem Laserstrahl, um diese zu vermessen oder zu bearbeiten oder um ein Bild zu erzeugen. Geräte, die den Laserstrahl entsprechend ablenken, heißen Laserscanner. Mittels schienengeführter Messwagen mit integriertem Laserscanner werden in unter anderem Kohlebetrieben und in Kraftwerken die Kohlebestände erfasst. Dazu fährt nach einer Kohlelieferung ein Messwagen seinen Haldenabschnitt entlang und erfasst das aktuelle Schüttgutprofil. Die daraus errechneten Schüttgutprofile zeigen die Lage der Kohle im Bunker. Darüber hinaus wird auch das Gesamtvolumen berechnet.

### Retortenkohle (oder Retortengraphit)

ist eine harte, schwarze, spröde Kohle, die beim Anschlagen einen metallischen Klang gibt. Sie ist ein Nebenprodukt der Gaswerke und Kokereien, das sich an den Wänden der Öfen und Retorten absetzt. Daher hat sie gewöhnlich auch die Form von unregelmäßigen Stücken, deren eine Fläche eben oder leicht gewölbt ist (Hinweis auf Erläuterungen zum Harmonisierten System (HS) und zur Kombinierten Nomenklatur (KN) 2704).

### Waschberge (→ Berge)

Rückstand an Gestein nach der Aufbereitung des Rohstoffs Kohle.

### Wetter

sind die untertägig im Grubengebäude bewegten Luftströme. Es werden

**Anlage § 031–02**  Zu § 31 Energiesteuergesetz

1. Frischwetter (übertägig angesaugte Luft) und
2. Abwetter (die aus dem Grubengebäude abgesaugte Luft)

unterschieden. Mit Wetterführung wird das gezielte Leiten der Luftströme zu allen Punkten des Grubengebäudes bezeichnet.

Zu § 38 Energiesteuergesetz  Anlage § 038–01

## Zulassung nach § 38 Abs. 4 Energiesteuergesetz (EnergieStG)

BMF-Schreiben vom 23.4.2007 – III A 1 – V 8240/07/0002, 2007/0168565

Das Hauptzollamt kann nach § 38 Abs. 4 EnergieStG zulassen, dass derjenige, der Erdgas an seine Mieter, Pächter oder vergleichbare Vertragsparteien liefert, nicht als anderer Lieferer im Sinne von § 38 Abs. 2 Nr. 1 EnergieStG gilt.

Fehlt eine solche Zulassung, entsteht die Steuer in Person desjenigen, der das Erdgas an seine Mieter, Pächter oder vergleichbare Vertragsparteien liefert (§ 38 Abs. 1 Satz 1 i.V.m. Abs. 2 Nr. 1 EnergieStG). Dies gilt auch dann, wenn der Lieferer entgegen § 38 Abs. 3 EnergieStG nicht beim Hauptzollamt angemeldet ist. In diesen Fällen kommt grundsätzlich auch eine Steuerentstehung nach § 38 Abs. 1 Satz 1 i. V.m. Abs. 5 Satz 1 EnergieStG in Betracht.

Danach gilt Erdgas mit der Lieferung an einen Lieferer, der entgegen § 38 Abs. 3 EnergieStG nicht angemeldet ist, als im Steuergebiet zum Verbrauch aus dem Leitungsnetz entnommen, wenn die Lieferung des Erdgases in der Annahme erfolgt, dass eine Steuer nach § 38 Abs. 1 EnergieStG entstanden sei. Steuerschuldner ist, wer das Erdgas an den nicht angemeldeten Lieferer liefert (§ 38 Abs. 2 Nr. 1 EnergieStG). Dies führt dazu, dass im Ergebnis für ein und dieselbe Menge Erdgas die Steuer einmal in Person des nicht angemeldeten Lieferers und nochmals in Person desjenigen entsteht, der das Erdgas an den nicht angemeldeten Lieferer liefert. Dem nicht angemeldeten Lieferer kann jedoch unter den Voraussetzungen des § 38 Abs. 5 Satz 3 EnergieStG eine Steuerentlastung gewährt werden.

Um ein solches Korrekturverfahren und den damit verbundenen Verwaltungsaufwand für alle Beteiligten gering zu halten, kann die Zulassung nach § 38 Abs. 4 EnergieStG auch rückwirkend erteilt werden, soweit dadurch die steuerlichen Belange im Einzelfall nicht beeinträchtigt werden.

**Anlage § 038–02**                                            Zu § 38 Energiesteuergesetz

## Energiesteuerliche Behandlung von Erdgastankstellen

BMF-Schreiben vom 7.12.2006 – III A 1 – V 0301/06/0004, 2006/0223139

Hinsichtlich der energiesteuerlichen Behandlung von Erdgastankstellen weise ich auf Folgendes hin: Die Entnahme des Erdgases aus dem Leitungsnetz zum Verbrauch erfolgt erst durch die Kunden im Zeitpunkt der Betankung ihrer Fahrzeuge an der Erdgastankstelle (§ 38 Abs. 1 Satz 1 EnergieStG). Steuerschuldner ist derjenige, der das Erdgas an den Endkunden liefert (§ 38 Abs. 2 Nr. 1 EnergieStG). Eine gegebenenfalls vorausgehende Lieferung des Erdgases an die Tankstelle erfolgt unversteuert.

Wird Erdgas an ein Unternehmen geliefert, dass das Erdgas auf seinem Betriebsgelände sowohl zu den in § 2 Abs. 3 EnergieStG genannten Zwecken verwendet als auch dort eine so genannte Erdgasbetriebstankstelle für den Eigenbedarf betreibt, kann die Gesamtmenge des Erdgases nach § 2 Abs. 3 Satz 1 Nr. 4 EnergieStG versteuert geliefert bzw. bezogen werden. Voraussetzung dafür ist, dass die jeweiligen Mengen vom Lieferer nicht getrennt ermittelt werden. Wird das Erdgas an der Betriebstankstelle auch an Dritte geliefert, kann dem Unternehmen zur steuerlichen Vereinfachung in analoger Anwendung eine Zulassung nach § 38 Abs. 4 EnergieStG erteilt werden. Die Versteuerung des als Kraftstoff an der Betriebstankstelle entnommenen Erdgases erfolgt in beiden Fällen in Höhe der zutreffenden Differenzsteuer durch das Unternehmen (§ 42 EnergieStG). Auf § 42 Abs. 2 Satz 4 EnergieStG weise ich hin.

Zu § 38 Energiesteuergesetz  Anlage § 038–03

## Anmeldebestätigung für Lieferer von Erdgas

BMF-Schreiben vom 14.3.2008 – III A 1 – V 8240/08/10002, 2008/0134038

Das Hauptzollamt erteilt Lieferem von Erdgas einen schriftlichen Nachweis über die erfolgte Anmeldung als Lieferer (§ 78 Abs. 4 EnergieStV i. v. m. § 38 Abs. 3 EnergieStG). Seitens der Gaswirtschaft wurde an mich herangetragen, dass es für Erdgastlieferer in bestimmten Fällen erforderlich sei, in regelmäßigen Abständen (z. B. jährlich) festzustellen, ob die Vertragspartner (Erdgasbezieher) weiterhin als Erdgaslieferer angemeldet sind.

Um den Belangen der Gaswirtschaft Rechnung zu tragen, bitte ich, angemeldeten Erdgaslieferern auf Antrag schriftlich zu bestätigen, dass sie weiterhin als Lieferer von Erdgas angemeldet sind.

**Anlage § 038–04**                                            Zu § 38 Energiesteuergesetz

## Energiesteuerrecht;
## Steuerliche Behandlung von Biogas

BMF-Schreiben vom 2.7.2008 – III A 1 – V 8245/07/0006, 2008/0338054

Zur steuerlichen Behandlung von Biogas, das in das Erdgasleitungsnetz eingespeist wird, weise ich auf Folgendes hin:

1. Bei der Einspeisung von Biogas in das Erdgasleitungsnetz entsteht die Steuer nicht nach § 23 Abs. 1 Satz 1 Nr. 1 EnergieStG, weil im Zeitpunkt der Einspeisung keine Abgabe als Kraft- oder Heizstoff oder als Zusatz- oder Verlängerungsmittel von Kraft- oder Heizstoffen erfolgt.

   Die Steuer für das Erdgas-Biogasgemisch entsteht nach § 38 Abs. 1 EnergieStG durch Entnahme aus dem Erdgasleitungsnetz. Bis auf weiteres kann davon ausgegangen werden, dass es sich bei den aus dem Erdgasleitungsnetz ausgespeisten Gasgemischen um Erdgas im Sinne des Energiesteuergesetzes handelt.

2. Für die Steuerentlastung nach § 50 Abs. 1 Satz 1 Nr. 4 oder Nr. 5 EnergieStG gilt aus dem Leitungsnetz entnommenes Erdgas als Biogas, soweit die Menge des entnommenen Gases im Wärmeäquivalent der Menge von an anderer Stelle im Geltungsbereich des Gesetzes in das Erdgasleitungsnetz eingespeistem Biogas entspricht. Auf den tatsächlich im entnommenen Erdgas enthaltenen Biogasanteil kommt es für die Steuerentlastung nicht an.

3. Als Nachweis für die Menge des an anderer Stelle in das Erdgasleitungsnetz eingespeisten Biogases sind grundsätzlich die Rechnungen über das bezogene Biogas anzuerkennen.

   Der Entlastungsberechtigte hat die in § 50 Abs. 1 Satz 1 Nr. 4 und 5 EnergieStG geforderten Eigenschaften des Biogases durch entsprechende Bestätigungen des Biogaslieferers nachzuweisen. Voraussetzung für eine Gewährung der Steuerentlastung ist zudem die Möglichkeit einer lückenlosen Rückverfolgung der Bestätigungen bis zum Biogashersteller sowie deren Richtigkeit. Die Bestätigungen sollten durch den Biogaslieferer zweckmäßigerweise auf den Ausgangsrechnungen abgegeben werden.

4. Grundlage für den Nachweis der Entnahme des Biogases aus dem Erdgasleitungsnetz und damit für die entlastungsfähige Biogasmenge sind grundsätzlich die Ausgangsrechnungen des Steuerschuldners, der das Biogas nach eigener Wahl den Entnahmestellen zuordnen kann. Auf den Ausgangsrechnungen muss die verkaufte Biogasmenge erkennbar sein. Um eine doppelte Entlastung von der Energiesteuer zu vermeiden, sollten die Ausgangsrechnungen außerdem den Hinweis enthalten, dass der Biogasanteil bereits steuerentlastet ist.

   In Einzelfällen kann von dieser Abrechnungsmethode abgewichen werden. So kann es z. B. praktikabler sein, für die Steuerentlastung die bezogene Biogasmenge zu Grunde zu legen, wenn die Menge ausschließlich zum gleichen Steuertarif abgegeben werden.

5. Im Kalenderjahr darf nicht mehr Biogas entlastet werden als bezogen wurde, buchmäßige Mehrbestände an Biogas können aber auf das nächste Kalenderjahr übertragen werden.

Im Auftrag
Bille

Zu § 50 Energiesteuergesetz  Anlage § 050–01

**Verwendung von Branntwein zur Herstellung von Kraftstoffen; Bioethanolherstellung**

BMF-Schreiben vom 13.11.2012 – III B 7 – V 2590/07/10001, 2012/0951406

Bioethanol (Branntwein aus Biomasse) gehört zur Position 2207 der Kombinierten Nomenklatur und ist damit Branntwein im Sinne des § 130 Abs. 2 Nr. 1 BranntwMonG; vgl. Urteil des EuGH vom 21. Dezember 2011 – C-503/10. Eine Steuerbefreiung aufgrund der Verwendung zur Herstellung eines Kraftstoffs (z.B. ETBE, E 85) kommt nach § 152 Abs. 1 Nr. 3 BranntwMonG nur dann in Betracht, wenn das Bioethanol nach § 50 Abs. 4 Nr. 4 und 5 BrStV vergällt ist.   1

Bioethanol gilt gemäß § 1a Nr. 13a Satz 4 und 5 EnergieStG nur dann als Biokraftstoff, wenn es sich um unvergälltem Ethylalkohol ex Unterposition 2207 10 00 der Kombinierten Nomenklatur handelt und seine Eigenschaften im Fall von Bioethanol, das dem Ottokraftstoff beigemischt wird, mindestens den Anforderungen der DIN EN 15376, Ausgabe März 2008 oder Ausgabe November 2009, entsprechen und im Fall von Bioethanol, das im Ethanolkraftstoff (E85) enthalten ist, die Eigenschaften des Ethanolkraftstoffs (E85) mindestens den Anforderungen für Ethanolkraftstoff (E85) nach der Verordnung über die Beschaffenheit und die Auszeichnung der Qualitäten von Kraft- und Brennstoffen entsprechen. Nur unter diesen Voraussetzungen kann eine Steuerentlastung nach Energiesteuerrecht in Anspruch genommen werden; eine steuerfreie Verwendung nach Branntweinsteuerrecht scheidet damit aus. In diesen Fällen muss die branntweinsteuerrechtliche Vergällung nach Absatz 1 und die Herstellung des Kraftstoffs in einem Betrieb erfolgen, welcher sowohl über ein Steuerlager für Energieerzeugnisse als auch für Branntwein verfügt (Kombilager). Die Zumischung von unvergälltem Bioethanol zu Ottokraftstoff oder ETBE hat im Steuerlager zu erfolgen und gilt branntweinsteuerrechtlich zugleich als Vergällung durch den Lagerinhaber.   1a

Für den Anspruch auf Steuerentlastung nach § 50 EnergieStG bzw. für die Anrechnung auf die Biokraftstoffquote nach § 37a BImSchG ist es unschädlich, wenn ein Betrieb (der die entsprechenden branntweinsteuerrechtlichen Erlaubnisse besitzt) das Bioethanol bereits während des Entladevorgangs und der Aufnahme in das Steuerlager vergällt und es anschließend dort lagert und weiterverarbeitet. Diese Vergällung darf jedoch nur in dem Steuerlager erfolgen, in dem das vergällte Bioethanol anschließend zur Direktbeimischung bzw. zur ETBE-Herstellung verwendet wird.   1b

In den Fällen des Vergällens von Bioethanol bei der Aufnahme in das Steuerlager ist allerdings zu beachten, dass das Bioethanol durch das Vergällen zwar zur Verwendung als Kraftstoff vorgesehen ist, jedoch weiterhin den Überwachungspflichten nach dem Branntweinsteuerrecht unterliegt. Dies bedeutet, dass im Falle einer Steuerentstehung, z.B. bei einer Fehlmenge, die nicht nachweislich bei der Verwendung entstanden ist, das vergällte Bioethanol nach dem Branntweinsteuerrecht zu versteuern ist.   1c

Die für die Vergällung erforderliche Erlaubnis nach § 16 Abs. 2 i.V.m. § 50 Abs. 4 Nr. 4 und 5 BrStV kann zusammen mit der Erlaubnis des Steuerlagers für Branntwein erteilt werden; ggf. ist der Antragsteller hierauf hinzuweisen.   2

Eine Erlaubnis als Verwender nach § 153 Abs. 1 i.V.m. § 152 Abs. 1 Nr. 3 BranntwMonG ist nur erforderlich, wenn bereits vergällter Branntwein im Rahmen einer steuerfreien Verwendung zu einem Energieerzeugnis verarbeitet wird.   3

# Anlage § 050–02

Zu § 50 Energiesteuergesetz

## Regelungen zur Biokraftstoffquote im Bundesimmissionsschutzgesetz

BMF-Schreiben vom 17.7.2007 – III A 1 – V 8405/07/0002, 2007/0322364

### I. Allgemeines

Die Erlasse vom 15. September 2006, III A 1 – V 0205/05/0001, 23. Januar 2007, III A 1 – V 9905/06/0001 und 11. Juni 2007, III A 1 – V 8405/07/0002, zu Biokraft- und Bioheizstoffen werden aufgehoben und durch diesen Erlass ersetzt.

### II. Zuständigkeit

**Biokraftstoffquotenstelle**

1 Das Sachgebiet BQ des Hauptzollamtes Frankfurt (Oder) mit Dienstsitz in Cottbus (Biokraftstoffquotenstelle) ist für die Überwachung und Abrechnung der Biokraftstoffquote sowie als zentrale Auskunftsstelle für Fragen zu Biokraftstoffen zuständig.

| | |
|---|---|
| Postanschrift: | Hauptzollamt Frankfurt (Oder) |
| | Sachgebiet Biokraftstoffquote |
| | Postfach 10 14 15 |
| | 03014 Cottbus |
| Hausanschrift: | Drachhausener Straße 72 |
| | 03044 Cottbus |
| Telefon Vermittlung: | 0355/8769-0 |
| Fax: | 0355/8769-111 |
| E-Mail/Internet: | poststelle@hzacb.bfinv.de |
| | http://www.zoll.de/b0_verbrauchsteuern/c0_energiesteuer/ m0biokraftstoffquote_info/index.html |

**Hautzollämter**

2 Die Hauptzollämter sind zuständig für die Energiesteueranmeldung (Steuererhebung und Steuerentlastung) sowie für die sich in diesem Zusammenhang ergebenden Fragen der Unternehmen, für die sie die energiesteuerrechtliche Erlaubnis erteilt haben oder erteilen würden.

### III. Biokraftstoffeigenschaft, § 37b Bundes-Immissionsschutzgesetz (BImSchG) und § 50 Abs. 4 Energiesteuergesetz (EnergieStG)

**Definition der Biokraft- bzw. Bioheizstoffe**

3 Gemäß § 37b BImSchG und § 50 Abs. 4 EnergieStG sind Biokraft- bzw. Bioheizstoffe Energieerzeugnisse ausschließlich aus Biomasse im Sinne der Biomasseverordnung (BiomasseV). § 37b Satz 3 BImSchG und § 50 Abs. 4 Satz 3EnergieStG umfasst in vollem Umfang Fettsäuremethylester aus der Veresterung pflanzlicher oder tierischer Öle oder Fette, die Biomasse im Sinne der Biomasseverordnung sind. Diese Fiktion ist erforderlich, da Fettsäuremethylester Restbestandteile fossilen Ursprungs enthält.

Soweit Kraft- oder Heizstoffe aus Pflanzenöl oder aus Fettsäuremethylester bestehen, ist die Möglichkeit, dass es sich nicht um aus Biomasse im Sinne der BiomasseV hergestellte Kraft- oder Heizstoffe handelt, praktisch nicht gegeben. Eine Ausnahme bildet Fettsäuremethylester aus tierischen Ölen oder Fetten. § 3 Nr. 9 BiomasseV definiert, welche tierischen Bestandteile nicht als Biomasse anzuerkennen sind. Im Einzelfall ist zu untersuchen, ob sich bei den eingesetzten Tierkörpern und Tierkörperteilen um Biomasse im Sinne der BiomasseV handelt.

Bioethanol (Branntwein und Biomasse) gilt nur unter den in § 37b Satz 4 und 5 BImSchG / § 50 Abs. 4 Satz 4 und 5 EnergieStG genannten Voraussetzungen (unvergällt, Alkoholanteil mindestens 99 Volumenprozent) als Biokraftstoff. Dies gilt entsprechend für die in der Ethyl-Tertiär-Butyl-Ether (ETBE) Herstellung eingesetzten Bioethanol.

**Nachweis der Biokraft- bzw. Bioheizstoffeigenschaft**

4 Für den Nachweis der Biokraftstoffeigenschaft bezüglich der Quotenverpflichtung ist die Biokraftstoffquotenstelle zuständig. Für den Nachweis im Zusammenhang mit der Steuerentlastung von Biokraftstoffen sowie Bioheizstoffen sind die Hauptzollämter zuständig.

5 Der Nachweis der notwendigen Voraussetzungen für eine Quotenanrechnung bzw. Steuerentlastung (Biokraft- bzw. Bioheizstoffeigenschaft) ist immer von demjenigen zu führen, der diese beantragt. Dies

ist insbesondere dann zu beachten, wenn Biokraft- bzw. Bioheizstoffe nicht vom Antragsteller selbst hergestellt, sondern im In- oder Ausland zugekauft wurden. Sollte sich herausstellen, dass es sich bei den Energieerzeugnissen, die in den freien Verkehr überführt wurden, entgegen den Antragsangaben nicht um Biokraft- bzw. Bioheizstoffe im Sinne von § 37b BImSchG und § 50 Abs. 4 EnergieStG gehandelt hat, kann sich der Antragsteller nicht unter Hinweis auf die Angaben seines Vorlieferanten entlasten.

Für die Berücksichtigung der Biokraftstoffe bei der Biokraftstoffquote nach dem Bundesimmissionsschutzgesetz und für die Gewährung der Steuerentlastung für Biokraft- oder Bioheizstoffe nach dem Energiesteuergesetz müssen künftig die in § 37b BImSchG und in § 50 Abs. 4 EnergieStG genannten Normparameter erfüllt werden. Hierzu ist es erforderlich, dass die Biokraft- oder Bioheizstoffe mindestens den in der Anlage zu § 4 36. Bundes-Immissionsschutzverordnung (BImSchV) bzw. der Anlage 1a zu § 94 Abs. 3 Energiesteuerverordnung (EnergieStV) genannten Normparametern entsprechen. Werden diese Normparameter eingehalten, so gelten die Normen hinsichtlich der Quotenanrechenbarkeit und der energiesteuerlichen Anforderungen als erfüllt. Bei Biodiesel (Fettsäuremethylester) ist außerdem der Normparameter Jodzahl einzuhalten. Wird dieser Parameter nicht eingehalten, ist die DIN EN 14214 nicht erfüllt und der Biodiesel nicht als Biokraftstoff hinsichtlich der Quotenanrechenbarkeit und der energiesteuerlichen Anforderungen anzuerkennen. 6

Bei Gemischen aus verschiedenen Biokraftstoffen (z.B. Pflanzenöl und Biodiesel) ist darauf abzustellen, ob die das Gemisch bildenden Biokraftstoffe jeweils vor dem Mischen die Normparameter einhalten. Dies gilt nicht für Mischungen unterschiedlicher Fettsäuremethylester miteinander oder unterschiedlicher Pflanzenöle miteinander. Bei diesen Gemischen müssen die Normparameter zum Zeitpunkt der Steuerentstehung erfüllt sein. 7

Vorgaben zum Nachweis der Biokraft- bzw. Bioheizstoffeigenschaft enthält § 94 Abs. 3 EnergieStV und § 4 36. BImSchV. Die Einhaltung ist durch Herstellererklärung nachzuweisen. Als Nachweis der Erfüllung von Qualitätsnormen können Analysezertifikate, aus welchen die Einhaltung der oben genannten Normparameter hervorgeht, unter Berücksichtigung des Steuerausfallrisikos stichprobenweise für eine zuordnungsfähige Entnahmemenge angefordert werden. 8

Von jedem Entlastungsberechtigten bzw. Quotenverpflichteten wird mindestens ein Analysezertifikat pro Quartal angefordert. Bei einer jährlichen Menge von unter 10.000 Litern kann auf die Vorlage eines Analysezertifikates verzichtet werden. Bei einer Menge unter 100.000 Litern kann die Biokraftstoffquotenstelle bzw. das zuständige HZA die Vorlage eines Analysezertifikats im Jahr als ausreichend anerkennen. 9

Um die Qualität der Analyse zu gewährleisten, sollten die zertifizierenden Labore (betriebseigene sowie betriebsfremde) Qualitätssicherungs- und Qualifizierungsmaßnahmen durchführen. Voraussetzunge für die Anerkennung von Zertifikaten ist die Teilnahme des Labors an mindestens einem Ringversuch jährlich sowie die Offenlegung des Ergebnisses gegenüber der zuständigen Stelle. 10

Neben der Vorlage von Analysezertifikaten sind auf Verlangen der zuständigen Stelle Proben zu entnehmen, auf die Mindestnormparameter zu untersuchen und das Ergebnis mitzuteilen. Bereits vorhandene Untersuchungsergebnisse, welche aufgrund anderer rechtlicher Bestimmungen gefordert sind, können anerkannt werden (§ 4 36. BImSchV). 11

Zusätzlich wird auf folgende Punkte hingewiesen: 12

- Für im Steuergebiet ansässige Hersteller von Biokraftstoffen können im Unternehmen geführte Produktionsaufzeichnungen über die eingesetzten Produkte und hergestellten Mengen als ausreichender Nachweis für die Erfüllung des Kriteriums „aus Biomasse" angesehen werden.
- Werden in einem Lager für Energieerzeugnisse Biokraftstoffe zu fossilen Kraftstoffen beigemischt, sind für die Anrechnung auf die Biokraftstoffquote sowohl die Biokraftstoffeigenschaft als auch die Höhe des Biokraftstoffanteils nachzuweisen. Für die Biokraftstoffeigenschaft kann eine Herstellererklärung / Vorlieferantenbescheinigung vorgelegt werden.
- Bei Biogas als Kraftstoff sind strengere Nachweise zu fordern, da die Wahrscheinlichkeit, dass Erdgas aufgrund der stofflichen Einheitlichkeit darin enthalten sein könnte, eher gegeben ist. Allgemeine, nicht prüfbare Herstellererklärungen reichen nicht aus.

Bei Ethyl-Tertiär-Ether (ETBE) ist in der Herstellererklärung der biogene Ursprung des Ethanols und der Einsatz von unvergälltem Ethanol zu bestätigen. 13

### IV. Steuerliche Entlastung nach dem EnergieStG

In Fällen, in denen Endverwender durch Bestimmen zu Biokraft- bzw. Bioheizstoffherstellern werden, ist auf die Abgabe einer Steueranmeldung zu verzichten, sofern der zu erhebende Abgabenbetrag nach einer Inanspruchnahme der Steuerentlastung weniger als 10 Euro betragen würde. 14

**Anlage § 050–02**  Zu § 50 Energiesteuergesetz

### Entlastungsfähige Biokraftstoffe

15  Eine Steuerentlastung wird nach § 50 Abs. 1 Nr. 1 EnergieStG nur noch für reine Biokraftstoffe gewährt. Mischungen mit fossilen Additiven (z.b. in Diesel oder Kerosin gelöstes BHT) sind unschädlich.

16  Bei Gemischen aus verschiedenen Biokraftstoffen (z.b. Biodiesel mit Pflanzenöl) erfolgt die Steuerentlastung für den einzelnen Biokraftstoff jeweils in Höhe seines Anteils am Gemisch.

17  In den Fällen des § 50 Abs. 1 Nrn. 2 bis 5 EnergieStG wird eine Steuerentlastung auch für den in Mischungen mit fossilen Kraftstoffen enthaltenen Biokraft- oder Bioheizstoffanteil gewährt (z.b. Ethanolanteil in E 85). Energieerzeugnisse mit einem Bioethanolanteil von weniger als 70 oder mehr als 90 Prozent sind hinsichtlich des Bioethanolanteils jedoch nicht entlastungsfähig.

### „Fiktive Quote"

18  Die Steuerentlastung für reine Biokraftstoffe wird gem. § 50 Abs. 1 Satz 5 EnergieStG nur für die Biokraftstoffmengen gewährt, welche die in § 37a Abs. 3 BImSchG genannten Mindestanteile überschreiten (so genannte „fiktive Quote"). Diese „fiktive Quote" ist für alle Biokraftstoffe, für die eine Steuerentlastung beantragt wird, vermindernd zu berücksichtigen, unabhängig davon, ob es sich bei dem Steuerschuldner um einen Quotenverpflichteten nach § 37a Abs. 2 BImSchG handelt oder nicht.

19  Bei der Berechnung der „fiktiven Quote" entspricht die energetische Quote nach § 37a Abs. 3 BImSchG der auf das Volumen des Biokraftstoffs bezogenen fiktiven Quote. Es muss hier keine Umrechnung erfolgen. Die fiktive Quote bezieht sich ausschließlich auf die nach den Steuersätzen des § 2 Abs. 1 EnergieStG versteuerten Biokraftstoffe abzüglich eventuell enthaltener Additive. Unversteuert abgegebene Kraftstoffe sowie fossile Kraftstoffe bleiben unberücksichtigt.

Beispiel:

Pflanzenöl/Fettsäuremethylester, Jahr 2007:

Zu versteuernde Menge: 1.000 l

Fiktive Quote: 4,4 % von 1.000 l = 44 l

Entlastungsanspruch nach § 50 EnergieStG besteht für 1.000 l abzüglich 44 l = 956 l

Bei der Berechnung der fiktiven Quote für besonders förderungswürdige Biokraftstoffe nach § 50 Abs. 5 Nr. 3 EnergieStG (E85) wird bei der Berechnung nur der Bioethanolanteil zugrunde gelegt.

Beispiel:

E85, Jahr 2007:

Zu versteuernde Menge: 1.000 l (850 l Bioethanol und 150 l Benzin)

Fiktive Quote: 1,2 % von 850 l = 10,2 l

Entlastungsanspruch nach § 50 EnergieStG besteht für 850 l abzüglich 10,2 l = 839,8 l

### Steuergegenstände nach § 1 Abs. 2 und 3 EnergieStG

20  Waren der Position 1507 bis 1518 der Kombinierten Nomenklatur (§ 1 Abs. 2 Nr. 1 EnergieStG) und Fettsäuremethylester (Biodiesel) der Unterposition 3824 90 99 der Kombinierten Nomenklatur (§ 1 Abs. 2 Nr. 6 i.V.m. Abs. 4 EnergieStG) sind dann Energieerzeugnisse im Sinne des EnergieStG, wenn sie dazu bestimmt sind, als Kraft- oder Heizstoff verwendet zu werden. Werden sie als Kraft- oder Heizstoff abgegeben, gelten sie als zur Verwendung als Kraft- oder Heizstoff bestimmt. Als Abgabe im diesem Sinne gilt auch die Entnahme zum Eigenverbrauch.

Beispiele:

1. Abgabe von Biodiesel an eine Raffinerie: Ware gilt zur Verwendung als Kraft- oder Heizstoff bestimmt
2. Lieferung von Pflanzenöl an eine Spedition: Ware gilt zur Verwendung als Kraft- oder Heizstoff bestimmt
3. Lieferung von Pflanzenöl an einen Mineralölhändler: Ware gilt zur Verwendung als Kraft- oder Heizstoff bestimmt
4. Lieferung von Pflanzenöl an einen neutralen Zwischenhändler (weitere Verwendung des Öles ist noch nicht bekannt): Ware gilt nicht zur Verwendung als Kraft- oder Heizstoff bestimmt
5. Abgabe von Pflanzenöl an einen Biodieselhersteller: Ware gilt nicht zur Verwendung als Kraft- oder Heizstoff bestimmt, Zweckbestimmung ist hier die Herstellung von Biodiesel.

Die in den Beispielen angenommene Zweckbestimmung dürfte in den meisten Fällen zutreffend sein, ist aber nicht zwingend. Bei konkreten Anhaltspunkten kann sich in den genannten Fallkonstellationen auch eine abweichende Zweckbestimmung ergeben.

Bei Abgabe zu unbestimmten Zwecken gelten die oben genannten Waren nicht zur Verwendung als 21 Kraft- oder Heizstoff bestimmt, auch wenn sie zu unbestimmten Zwecken körperlich in ein Lager für Energieerzeugnisse (§ 7 EnergieStG) aufgenommen werden.

Das Bestimmen als Kraft- oder Heizstoff kann grundsätzlich nicht rückgängig gemacht werden. In be- 22 sonderen Fällen kann mit Zustimmung des zuständigen HZA hiervon eine Ausnahme gemacht werden, wenn die Biokraft- oder Bioheizstoffe einer nichtenergetischen Verwendung zugeführt werden sollen und hierfür eine Erlaubnis erteilt werden müsste.

Bei Tiermehl handelt es sich nicht um einen Steuergegenstand im Sinne des § 1 Abs. 3 Nr. 2 EnergieStG. 23

**Bioethanol**

Der Bezug von Bioethanol und die branntweinsteuerfreie Zumischung bzw. Verwendung zur ETBE – 24 Herstellung ist nur in einem Betrieb möglich, der vom zuständigen Hauptzollamt sowohl als Steuerlager nach Energiesteuerrecht (Herstellungsbetrieb für Energieerzeugnisse oder Lager für Energieerzeugnisse; künftig: Steuerlager) als auch als offenes Branntweinsteuerlager (künftig: oBL) zugelassen ist. Die Zumischung von unvergälltem Bioethanol zu Ottokraftstoff bzw. der Einsatz von unvergälltem Bioethanol in die ETBE – Anlage gilt branntweinsteuerrechtlich zugleich als Vergällung durch den Verwender und darf nach § 135 Abs. 1 Nr. 2 des Gesetzes über das Branntweinmonopol (BranntwMonG) nur in einem oBL durchgeführt werden. Die für diese Vergällung erforderliche Erlaubnis nach § 30 Abs. 1, Abs. 4 Nr. 5 und 6 in Verbindung mit § 20 Abs. 2 der Branntweinsteuerverordnung (BrStV) sowie den dazu erlassenen Verwaltungsvorschriften (V 2310-2 Abs. 5) kann zusammen mit der Bewilligung des oBL erteilt werden, ggf. ist der Antragsteller hierauf hinzuweisen. Im Weiteren bedarf der Verwender gemäß § 139 Abs. 1 i.V.m. § 132 Abs. 1 Nr. 4 BranntwMonG einer förmlichen Erlaubnis zur steuerfreien Verwendung von Branntwein zur Herstellung von Kraftstoffen oder ETBE.

Für den Anspruch auf eine Steuerentlastung nach § 50 EnergieStG bzw. die Anrechenbarkeit auf die 25 Biokraftstoffquote ist es unschädlich, wenn ein Unternehmen, das die branntweinsteuerrechtliche Voraussetzung zum Bezug, zum Vergällen und zur steuerfreien Verwendung von Bioethanol zur Herstellung von Kraftstoffen erfüllt und auch im Besitz der erforderlichen Erlaubnisse ist, unvergällten Bioethanol der Unterposition 2207 1000 der Kombinierten Nomenklatur bezieht, dieses während des Entladevorgangs und der Aufnahme in das oBL / Steuerlager vergällt und es anschließend in dem oBL / Steuerlager lagert und weiterverarbeitet. Diese Vergällung darf jedoch nur in dem oBL / Steuerlager erfolgen, in dem das vergällte Bioethanol anschließend zur Direktbeimischung bzw. zur ETBE – Herstellung verwendet wird.

In den Fällen des Vergällens von Bioethanol bei der Aufnahme in das oBL/Steuerlager ist allerdings zu beachten, dass das Bioethanol durch das Vergällen zwar zur Verwendung als Kraftstoff vorgesehen ist, jedoch weiterhin den Überwachungspflichten nach dem Branntweinsteuerrecht unterliegt. Dies bedeutet, dass im Falle einer Steuerentstehung, z.B. bei einer Fehlmenge, die nicht nachweislich bei der Verwendung entstanden ist, das vergällte Bioethanol nach dem Branntweinsteuerrecht zu versteuern ist.

Bei der Erfassung der Bioethanol-Zugangsmengen kann das zuständige HZA zulassen, dass bei Liefe- 26 rungen in Straßentankwagen oder Eisenbahnkesselwagen die im Begleitdokument oder der Versendungsanmeldung angegebenen Mengen (so genannte Avis – Mengen) im Steuerlager als Zugang angeschrieben werden, wenn keine Anzeichen für Unregelmäßigkeiten erkennbar sind. In anderen Fällen kann das HZA die Anschreibung von Avis – Mengen zulassen, wenn besondere Umstände vorliegen. Dies ist zum Beispiel bei Beförderung in einem Tankschiff gegeben, weil eine Mengenfeststellung sehr aufwändig ist und zudem wegen der langen Transportleitungen und der zwangsläufig im Schiff verbleibenden Restmengen kaum genauer sein kann als die im Begleitdokument oder in der Versendungsanmeldung angegebenen Menge.

Der unter Steueraussetzung beförderte Alkohol ist vom Inhaber des beziehenden Steuerlagers unver- 27 züglich in sein Steuerlager aufzunehmen und anzuschreiben. Wird vom Bezieher die im Begleitpapier aufgeführte Menge als Zugangsmenge anerkannt, ist diese im folgenden Rechtsverkehr bindend, d.h. die rechtlichen Konsequenzen später eventuell festgestellter Fehl- oder Mehrmengen trägt ausschließlich der Inhaber des Steuerlagers. In einer Stellungnahme zu Fehl- bzw. Mehrmengen kann sicher der Inhaber des Steuerlagers insoweit nicht mehr auf Unregelmäßigkeiten im Beförderungsverfahren oder bei der Liefermenge berufen.

**Ethyl-Tertiär-Butyl-Ether (ETBE)**

ETBE ist steuerlich nicht entlastungsfähig. 28

# Anlage § 050–02

Zu § 50 Energiesteuergesetz

### Verwendung von Pflanzenöl in begünstigten Anlagen nach § 3 EnergieStG

29  Hinsichtlich der energiesteuerlichen Behandlung von Pflanzenöl weise ich auf Folgendes hin: In § 2 Abs. 3 des EnergieStG sind die Steuersätze für solche Energieerzeugnisse festgelegt, die zum Verheizen oder zum Antrieb von Gasturbinen und Verbrennungsmotoren in begünstigten Anlagen nach § 3 EnergieStG verwendet werden. § 2 Abs. 4 Satz 1 EnergieStG regelt über das Ähnlichkeitsprinzip, dass andere als in § 2 Abs. 3 EnergieStG genannte Energieerzeugnisse (z.B. Biokraft- oder Bioheizstoffe) der gleichen Steuer unterliegen wie die Energieerzeugnisse, denen sie nach ihrer Beschaffenheit und ihrem Verwendungszweck am nächsten stehen.

Wird Pflanzenöl zum Antrieb von Gasturbinen und Verbrennungsmotoren in begünstigten Anlagen nach § 3 EnergieStG verwendet oder zu diesen Zwecken abgegeben, so findet § 50 Abs. 4 Satz 6 EnergieStG, nach dem Pflanzenöl nur dann als Biokraftstoff gilt, wenn seine Eigenschaften mindestens den Anforderungen der Vornorm DIN V 51605 (Stand: Juli 2006) entsprechen, keine Anwendung. Damit ist bis zum 31. Dezember 2009 die vollständige Steuerentlastung nach § 50 Abs. 1 Satz 1 Nr. 5 EnergieStG für den Steuerlagerinhaber möglich. Wenn diese Regelung nicht verlängert wird, kann ab dem 1. Januar 2010 Pflanzenöl, das zum Antrieb von Gasturbinen und Verbrennungsmotoren in begünstigten Anlagen nach § 3 EnergieStG verwendet wird, nur noch dann teilweise oder vollständig von der Steuer entlastet werden, wenn die Voraussetzungen der §§ 53, 54 oder 55 EnergieStG erfüllt sind.

### Steuerentlastung für die Stromerzeugung und die gekoppelte Erzeugung von Kraft und Wärme (§ 53 EnergieStG)

30  Beim Einsatz von Biokraft- oder Bioheizstoffen für die Stromerzeugung und die gekoppelte Erzeugung von Kraft und Wärme ist darauf zu achten, dass die Steuerentlastung nach § 50 Abs. 1 und § 53 zusammen nicht höher ist als die Steuer, die für die entlastungsfähigen Biokraft- oder Bioheizstoffe entrichtet worden ist. Der Verwender der Energieerzeugnisse kann eine Steuerentlastung nach § 53 EnergieStG nur dann erhalten, wenn der Nachweis der Versteuerung geführt wird. In der Regel reicht es aus, wenn der Lieferant des Biokraft- oder Bioheizstoffes die Steuer in der Rechnung getrennt darstellt.

Zu beachten ist, dass für Biokraftstoffe, die nach § 2 Abs. 1 Nr. 4 EnergieStG versteuert und nach § 50 Abs. 3 Satz 2 i.V.m. Satz 3 EnergieStG nur teilweise von der Steuer entlastet wurden, keine weitere Steuerentlastung nach § 53 EnergieStG möglich ist. Die Steuerentlastung nach § 53 EnergieStG wird nur für Energieerzeugnisse gewährt, die nachweislich nach § 2 Abs. 1 Nr. 9, 10 oder Abs. 3 Satz 1 EnergieStG versteuert worden sind.

### Steuerentlastung für den Öffentlichen Personennahverkehr (§ 56 EnergieStG)

31  Entlastungsfähig nach § 56 EnergieStG sind neben den bisher begünstigten Kraftstoffen auch nach § 2 Abs. 4 EnergieStG gleichgestellte Energieerzeugnisse, die nachweislich nach § 2 Abs. 1 Nr. 1, 4 oder Abs. 2 versteuert worden sind. Hierzu zählen insbesondere Biokraftstoffe, die nach § 2 Abs. 1 Nr. 4 versteuert und nach § 50 Abs. 3 Satz 3 EnergieStG teilweise von der Steuer entlastet worden sind (Fettsäuremethylester; ab dem 1. Januar 2008 auch Pflanzenöl). Biokraftstoffe, die bereits nach § 50 EnergieStG vollständig von der Steuer entlastet wurden, sind von der Begünstigung des § 56 EnergieStG ausgenommen.

### Steuerentlastung für Betriebe der Land- und Forstwirtschaft (§ 57 EnergieStG)

32  Die von Betrieben der Land- und Forstwirtschaft verwendeten reinen Biokraftstoffe (§ 50 Abs. 4 EnergieStG) bleiben ohne Beschränkung der vergütungsfähigen Mengen im Ergebnis steuerfrei. Der Selbstbehalt von 350 Euro (§ 57 Abs. 6 EnergieStG) kommt bei reinen Biokraftstoffen, im Gegensatz zur Kleinbetragsregelung des § 57 Abs. 7 EnergieStG, nicht zum Tragen. Die in § 57 Abs. 2 Nr. 5 EnergieStG genannten Betriebe (z.B. Lohnunternehmen) sind hinsichtlich der Steuerentlastung für Biokraftstoffe antragsberechtigt.

### Biokraft- bzw. Bioheizstoffe im freien Verkehr

33  Nach dem Energiesteuergesetz können künftig Biokraftstoffe mit anderen Energieerzeugnissen im freien Verkehr gemischt werden. Um aufgrund der unterschiedlichen Entlastungssätze ungerechtfertigte Steuervorteile zu vermeiden, entsteht nach § 109 Abs. 3 Satz 1 EnergieStV für den in den Gemischen enthaltenen Anteil Fettsäuremethylester bzw. Pflanzenöl eine Steuer in Höhe der in § 50 Abs. 1 Satz 1 Nr. 1 oder 2 i.V.m. Abs. 3 EnergieStG vorgesehenen Steuerentlastung, sofern nicht einer der Ausnahmetatbestände des § 109 Abs. 3 Satz 2 EnergieStV zur Anwendung kommt.

### Rückzahlung der Steuerentlastung

34  Nach § 94 Abs. 5 EnergieStV kann eine Steuerentlastung bis zum 1. April des der Steuerentstehung folgenden Jahres zurückgezahlt werden. Die Mengen an Biokraftstoffen, für die eine Rückzahlung der

Zu § 50 Energiesteuergesetz  **Anlage § 050–02**

Steuerentlastung durchgeführt wurde, können auf die Erfüllung der Quotenverpflichtung für das Jahr der Steuerentstehung angerechnet werden (§ 3 Abs. 3 36. BImSchV). Sofern eine Rückzahlung zwar rechtzeitig angemeldet, entgegen § 94 Abs. 5 Satz 2 EnergieStV aber nicht unverzüglich erfolgt ist, sind weder Mahnverfahren durchzuführen noch Vollstreckungsmaßnahmen einzuleiten. Die Biokraftstoffmengen, für die eine Rückzahlung nicht erfolgt ist, können im Umkehrschluss zu § 3 Abs. 3 der 36. BImSchV nicht auf die Erfüllung der Quote angerechnet werden.

**Höhe der Sicherheit im Steueraussetzungsverfahren**

Bei der Berechnung der Höhe der Sicherheit bleibt eine eventuell zu gewährende Steuerentlastung außer 35 Betracht.

**V. Ordnungsrechtliche Regelungen der Biokraftstoffquote im BImSchG**

**Quotenverpflichtung**

Die Mineralölwirtschaft wird durch § 37a Abs. 1 BImSchG ordnungsrechtlich verpflichtet, einen 36 wachsenden Mindestanteil von Biokraftstoffen, jeweils bezogen auf den gesamten jährlichen Absatz eines Unternehmens an Diesel-, Otto- und Biokraftstoffen, in Verkehr zu bringen. Die Quotenverpflichtung der Unternehmen nach dem BImSchG knüpft grundsätzlich an das Entstehen der Energiesteuer nach dem Energiesteuergesetz an. Die einzelnen Steuerentstehungstatbestände des Energiesteuergesetzes, die eine Quotenpflicht auslösen, sind in § 37a Abs. 1 Satz 2 BImSchG genannt.

Zu beachten ist, dass die direkte Abgabe von Kraftstoffen an die in § 37a Abs. 1 Satz 3 bis 8 BImSchG 37 genannten Einrichtungen keine Quotenverpflichtung auslöst. Ist die Quotenverpflichtung aber mit der Steuerentstehung ausgelöst worden, kann diese durch eine spätere Abgabe an die genannten Einrichtungen nicht mehr rückgängig gemacht werden.

Die an die in § 37a Abs. 1 Satz 3 bis 8 BImSchG genannten Einrichtungen gelieferten Mengen sind immer durch gesonderte Anschreibungen oder in Absprache mit der Biokraftstoffquotenstelle in anderer geeigneter Form nachzuweisen. Der Nachweis, ob die Quotenanschreibung den Anforderungen nach § 2 36. BImSchV entsprechen, wird im Rahmen der Sachbearbeitung der Biokraftstoffquotenstelle geprüft.

**Quotenverpflichteter**

Quotenverpflichteter ist gem. § 37a Abs. 2 BImSchG grundsätzlich der jeweilige Steuerschuldner nach 38 dem Energiesteuergesetz. Lediglich in den Fällen des § 7 Abs. 4 Satz 1 EnergieStG („kaufmännischer" Einlagerer) wird der Einlagerer Quotenverpflichteter. In diesen Fällen hat der Steuerlagerinhaber die Einlagerer mit der monatlichen Energiesteueranmeldung zu benennen und die zur Versteuerung angemeldeten Mengen auf diese aufzuteilen. Benennt der Steuerlagerinhaber seine kaufmännischen Einlagerer nicht, so wird er selbst Quotenverpflichteter, insoweit besteht hier quase ein Wahlrecht des Steuerlagerinhabers.

**Quotenhöhe**

Es gibt jeweils getrennte Quoten für Otto- und Dieselkraftstoffe sowie eine Gesamtquote, die sich auf 39 den Energiegehalt des jeweiligen Kraftstoffabsatzes beziehen.

Der Energiegehalt der Kraftstoffe beträgt für

| | |
|---|---|
| fossilen Dieselkraftstoff | 35,87 MJ/l |
| fossilen Ottokraftstoff | 32,48 MJ/l |
| Biodiese | 32,65 MJ/l |
| Pflanzenöl | 34,59 MJ/l |
| Bioethanol | 21,06 MJ/l |
| Biomass to Liquid (BtL) | 33,45 MJ/l |

# Anlage § 050–02

Zu § 50 Energiesteuergesetz

Die Höhe der Quoten beträgt:

|         | Dieselkraftstoff § 37a Abs. 3 S. 1 BImSchG | Ottokraftstoff § 37 Abs. 3 S. 2 BImSchG | Gesamtquote § 37 Abs. 3 S. 3 BImSchG |
|---------|--------------------------------------------|-----------------------------------------|--------------------------------------|
| 2007    | 4,4 %                                      | 1,2 %                                   | –                                    |
| 2008    | 4,4 %                                      | 2,0 %                                   | –                                    |
| 2009    | 4,4 %                                      | 2,8 %                                   | 6,25 %                               |
| 2010    | 4,4 %                                      | 3,6 %                                   | 6,75 %                               |
| 2011    | 4,4 %                                      | 3,6 %                                   | 7,0 %                                |
| 2012    | 4,4 %                                      | 3,6 %                                   | 7,25 %                               |
| 2013    | 4,4 %                                      | 3,6 %                                   | 7,5 %                                |
| 2014    | 4,4 %                                      | 3,6 %                                   | 7,75 %                               |
| ab 2015 | 4,4 %                                      | 3,6 %                                   | 8,0 %                                |

**Quotenabrechnung**

40 Die Biokraftstoffquotenstelle erteilt jedem Quotenverpflichteten eine Registriernummer und führt ein elektronisches Register, das alle für den Quotenverpflichteten erforderlichen Angaben enthält. Die Registriernummer enthält insbesondere die Unternehmensnummer aus dem IT-Verfahren BIOSN. Die nach § 23a EnergieStV vorgesehene Mehrausfertigung der Steueranmeldung ist von den für den Steuerpflichtigen zuständigen HZÄ monatlich der Biokraftstoffquotenstelle zuzusenden. Die Jahresquotenanmeldung der in Verkehr gebrachten Kraftstoffmengen sowie die darüber hinaus erforderlichen Angaben (§ 37c Abs. 1 Satz 2 BImSchG) sind von dem Quotenverpflichteten bis spätestens 15. April des auf die Entstehung der Quotenverpflichtung folgenden Jahres direkt der Biokraftstoffquotenstelle zu übersenden.

**Biokraftstoffbilanz**

41 Neben der Analyse des tatsächlichen Mischungsverhältnisses kann der auf die Biokraftstoffquote anrechenbare Biokraftstoffanteil im Steuerlager bei Herstellung und Lagerung von Gemischen aus Biokraftstoffen nach § 37b BImSchG und herkömmlichen (fossilen) Energieerzeugnissen auch im Wege einer Biokraftstoffbilanz ermittelt werden.

42 Allen Abrechnungsmethoden liegt die Vorgabe zu Grunde, die Anrechnung per Saldo nur in der Höhe vorzunehmen, wie sie dem gesetzgeberischen Willen entspricht. Die zur Anrechnung kommenden Biokraftstoffmengen dürfen demnach das tatsächlich monatliche Biokraftstoffaufkommen (Anfangsbestand + Zugänge) nicht übersteigen.

Vor diesem Hintergrund sind eine Reihe von Abrechnungsmethoden (z.B. Monatsbilanz, Chargenabrechnung, FiFo, LiFo) denkbar und je nach Verfahrensabwicklung im Steuerlager auch anwendbar.

Beispielhaft sei hier auf die monatliche Biokraftstoffbilanzierung eingegangen.

43 Aus den monatlichen Einlagerungen mit unterschiedlichen Mischungsanteilen sowie dem Anfangsbestand wird eine Durchschnittsmischung je Steuerlager errechnet und diese den versteuerten und unversteuerten Abgängen sowie dem Endbestand zu Grunde gelegt. Eine rechnerische Trennung nach versteuerten und unversteuerten Abgängen sowie dem Endbestand zu Grunde gelegt. Eine rechnerische Trennung nach versteuerten und unversteuerten Abgängen ist unzulässig.

44 Optional kann auch zusätzlich der Monatsendbestand an Biokraftstoffen auf die Summe der Abgänge an fossilen Kraftstoffen des jeweiligen Monats umgelegt werden. Dies führt dazu, dass im Endbestand eines Monats keine Anteile an Biokraftstoffen mehr vorhanden sind und demzufolge auch im Anfangsbestand des Folgemonats keine Biokraftstoffanteile mehr ausgewiesen werden. So wird jeder Monat rechnerisch komplett abgeschlossen. Nachträgliche Berichtigungen wirken sich dann ausschließlich auf den betroffenen Monat aus.

45 Der Übersichtlichkeit wegen und aus Gründen der steuerlichen Überwachung sollte je Steuerlager nur eine Abrechnungsmethode zur Anwendung kommen. Bei Unternehmen, denen für mehrere Betriebsstätten eine Sammelerlaubnis erteilt worden ist, bestehen keine Bedenken, wenn Herstellungsbetriebe für Energieerzeugnisse und Lager für Energieerzeugnisse unterschiedlich abgerechnet werden.

Zu § 50 Energiesteuergesetz **Anlage § 050–02**

Mehrere Einlagerer in gemeinschaftlicher Lagerung und Einlagerer im Sinne von § 7 Abs. 4 EnergieStG können – buchmäßig von anderen Einlagerern getrennt – nach der für das Steuerlager gewählten Abrechnungsmethode abgerechnet werden.

**Korrektur von Fehlern bei der monatlichen Abrechnung**
Wenn die Biokraftstoff – Monatsbilanz falsch erstellt wurde, führt die Korrektur der erstellten Vorlieferantenbescheinigung unter Umständen zu unverhältnismäßigem Aufwand. In Einvernehmen mit der Biokraftstoffquotenstelle kann auf eine Korrektur der erstellten Vorlieferantenbescheinigung verzichtet werden, die Mengenabweichungen sind dann zwingend in die nächste Monatsbilanz aufzunehmen. 46

**Ausnahmeregelung für den Erdölbevorratungsverband**
Um eine Ungleichbehandlung zu vermeiden sind in der Biokraftstoffbilanz alle Energieerzeugnisse, die an den Erdölbevorratungsverband (EVB) verkauft werden, grundsätzlich als 100 % fossil zu behandeln, unabhängig davon, ob in diesen Kraftstoffen tatsächlich biogene Anteile enthalten sind. Beim Rückkauf der Mineralöle vom EVB sind diese ebenfalls als 100 % fossil zu behandeln. 47

**Bescheinigung**
Eine Anrechnung von Biokraftstoffmengen auf die Biokraftstoffquote kann nur bei Vorlage der Vorlieferantenbescheinigung gewährt werden. Nur so kann eine lückenlose Prüfung zurück bis zum Verarbeitungsbetrieb der Biomasse sichergestellt werden. 48

Soweit Auslagerungen unter Steueraussetzung erfolgen, kann den Lieferungen auf Anforderung des Empfängers eine Bescheinigung des Lieferanten über den rechnerisch ermittelten Biokraftstoffanteil mit Bestätigung über die Erfüllung der Anforderungen des § 37b BImSchG für das Ausgangsprodukt beigefügt werden. Im Fall der Abrechnungsmethode über die Monatsbilanz kann die Bescheinigung in der Regel nur monatlich erstellt werden. Geht die Ware beim Empfänger (Steuerlager) in den steuerrechtlich freien Verkehr, ist diese zeitliche Verzögerung unerheblich.

Bei Lagerzugängen (Fremdzugängen) ist diese Bescheinigung ebenfalls erforderlich. Zugänge aus Retouren und der Dämpferückgewinnung werden grundsätzlich als 100 % fossil behandelt, sofern nicht Anhaltspunkte für einen Missbrauch erkennbar sind.

Die Bescheinigung des Vorlieferanten ist hinsichtlich der Angabe über das Mischungsverhältnis für jeden Empfänger der Ware (Steuerlager) bindend, da andernfalls bei erneuter Analyse aus den o.g. Gründen eine Rechtssicherheit nicht mehr gegeben ist.

Die Bescheinigung kann sowohl auf den Versandpapieren als auch auf einer eigenständigen Bescheinigung abgegeben werden, der Inhalt sollte nachfolgendem Wortlaut entsprechen:
„X % Fettsäuremethylester der DIN EN 14214 entsprechend, aus Biomasse im Sinne der Biomasseverordnung (§ 37b Satz 4 Bundes-Immissionsschutzgesetz)"
oder
„X % Bioethanol der DIN EN 15376 entsprechend, aus Biomasse im Sinne der Biomasseverordnung (§ 37b Satz 4 Bundes-Immissionsschutzgesetz)"
oder
„Energieerzeugnisse (ETBE) anteilig aus Bioethanol hergestellt (§ 37b Satz 5 Bundes-Immissionsschutzgesetz)"
Bei gleich bleibenden Vorlieferanten kann die Bescheinigung – ohne Mischungsanteile – auch für einen längeren Zeitraum – längstens ein Jahr – abgegeben werden.

**Erfassung der Quotenverpflichteten und Dritter in BISON und PRÜF**
Die Biokraftstoffquotenstelle erfasst die Daten zu den Überwachungsgegenständen Biokraftstoffquote im IT-Verfahren BISON. Bei der diesbezüglichen Risikobewertung im IT-Verfahren PRÜF ist zu berücksichtigen, dass für den Quotenverpflichteten und für den Dritten bereits risikobewertete Überwachungsgegenstände im IT-Verfahren BISON bestehen müssen. In diesen Fällen genügt die Risikobewertung des neuen Überwachungsgegenstands Biokraftstoffquote mit dem Risikofaktor 90 (Steueraufsichtsmaßnahmen sind ausreichend). Hingegen bestehen für den kaufmännischen Einlagerer bisher keine energiesteuerrechtlichen Verpflichtungen, so dass in diesen Fällen die Risikobewertung eines möglichen Verstoßes gegen die Quotenverpflichtung zunächst mit dem Risikofaktor 50 (Prüfung nur auf besondere Veranlassung) angemessen erscheint. 49

**Ausgleichsabgabe**
Erfüllt ein Quotenverpflichteter seine Quotenverpflichtung nicht, muss er eine entsprechende Ausgleichsabgabe entrichten. Diese beträgt für Dieselkraftstoff ersetzende Biokraftstoffe 19 Euro/GJ und für 50

# Anlage § 050–02

Zu § 50 Energiesteuergesetz

Ottokraftstoff ersetzende Biokraftstoffe 43 Euro/GJ. Bei Nichterfüllung der Gesamtquote beträgt die Abgabe 19 Euro/GJ, jedoch nicht für die Fehlmenge an Biokraftstoff, für die bereits in den Einzelquoten Diesel- und/oder Ottokraftstoff eine Abgabe festgesetzt wurde. Die Durchführung des Verfahrens zur Festsetzung der Abgabe obliegt der Biokraftstoffquotenstelle.

**Kleinbetragsregelung**

51  Eine aufgrund der Nichterfüllung der Quotenverpflichtung nach § 37c Abs. 2 BImSchG durch die Biokraftstoffquotenstelle zu erhebende Abgabe wird nicht festgesetzt, sofern der zu erhebende Abgabenbetrag weniger als 10 Euro beträgt.

**Quotenrechtliche Besonderheiten**

52  Gemäß § 37b Abs. 8 BImSchG wird nicht auf die Erfüllung der Biokraftstoffquote angerechnet:
 – biogenes Öl, das in einem raffinerietechnischen Verfahren gemeinsam mit mineralölstämmigen Ölen hydriert wird,
 – der Bioethanolanteil in Energieerzeugnissen mit einem Bioethanolanteil von weniger als 70 Volumenprozent, denen Energieerzeugnisse der Unterposition 3824 90 99 der Kombinierten Nomenklatur (z. B. E85) zugesetzt werden sowie
 – Biogas.

53  Nicht von § 37b Satz 8 BImSchG erfasst wird ETBE (Ethyl-Tertiär-Butyl-Ether), da dieses zwar aus 45,7 % Bioethanol hergestellt wird, aber kein Bioethanol enthält.

54  Biokraftstoffe, die in begünstigten Anlagen nach § 3 EnergieStG eingesetzt werden, sind nicht auf die Erfüllung der Quotenerfüllung anzurechnen und werden nicht auf die Gesamtabsatzmenge angerechnet, da die Versteuerung dieser Kraftstoffe nach § 2 Abs. 3 EnergieStG erfolgt (vgl. § 37a Abs. 1 Satz 1 BImSchG).

**Übertragung der Erfüllung der Quotenverpflichtung**

55  Die Erfüllung der Quotenpflicht kann mittels eines schriftlichen Vertrages auf Dritte übertragen werden. Grundlage der Überwachung der Einhaltung der Quotenverpflichtung ist der von den quotenpflichtigen Unternehmen der Biokraftstoffquotenstelle vorzulegende Vertrag, der die in § 37a Abs. 4 Satz 3 BImSchG genannten Angaben enthalten muss. Bei der Übertragung der Quotenverpflichtung auf einen Dritten hat der Quotenpflichtige eine Kopie des Vertrages bis spätestens zum 15. April des auf die Entstehung der Quotenverpflichtung folgenden Jahres direkt der Biokraftstoffquotenstelle zu übersenden (§ 37c Abs.1 Satz 3 BImSchG). Der Dritte hat bis zum 15. April des auf die Entstehung der Quotenverpflichtung folgenden Jahres die aufgrund seiner vertraglichen Verpflichtungen in Verkehr gebrachte Menge von Biokraftstoff, bezogen auf die verschiedenen jeweils betroffenen Biokraftstoffe, der Biokraftstoffquotenstelle anzugeben (§ 6 36. BImSchV).

**Berechnung der Quote bei Ethyl-Tertiär-Butyl-Ether (ETBE)**

56  Für die Ermittlung des bei der Biokraftstoffquote anzurechnenden Biokraftstoffanteils bei ETBE wird ein Biomasseanteil (Bioethanol) von 45,7 % (Molprozent = Masseprozent = Volumenprozent) zu Grunde gelegt.

Hierbei ist zu beachten, dass bei der Berechnung des Biomasseanteils jeweils der reine ETBE-Anteil der zu beurteilenden Ware zugrunde zu legen ist. Im Weiteren ist in der Ware enthaltenes ungebundenes Ethanol dass bei der Berechnung zu berücksichtigen, wenn es sich bei diesem Ethanol um Biokraft- oder Bioheizstoff im Sinne des § 50 Abs. 3 Satz 4 EnergieStG handelt.

Zur Verdeutlichung nachfolgendes Beispiel:

| ETBE – Zertifikat | A | B |
|---|---|---|
| Ethyl-Tertiär-Butyl-Ether | 94,0 % | 92,0 % |
| Freies Ethanol | 5,0 % | 3,0 % |
| MTBE, S, $H_2O$, andere CH | 1,0 % | 5,0 % |

Der Bioethanolgehalt ist wie folgt zu berechnen:

ETBA * Quotient der Molekulargewichte (EtOH/ETBE) + freies EtOH

Fall A:   94,0 * 45,1 % + 5,0 = 47,39 % Bioethanol
Fall B:   92,0 * 45,1 % + 3,0 = 44,49 % Bioethanol

Zu § 50 Energiesteuergesetz **Anlage § 050–02**

## VI. Sonstiges

Auch bei der Abgabe von Biokraftstoffen an Dritte sind die Hinweispflichten des § 107 EnergieStV zu beachten. 57

Die Herstellung von Pflanzenölen der Position 1507 bis 1518 der Kombinierten Nomenklatur sowie von Biokraft- oder Bioheizstoffen der Unterposition 3824 90 99 der Kombinierten Nomenklatur (Fettsäuremethylester), die zur Verwendung als Kraft- oder Heizstoff bestimmt werden, hat grundsätzlich in einem zugelassenen Lager für Energieerzeugnisse zu erfolgen. 58

Bei der Erteilung der Erlaubnis gelten für Herstellungsbetriebe und Lager für Energieerzeugnisse, die im Bereich von Biokraft- oder Bioheizstoffen tätig sind, die bestehenden Regelungen entsprechend, jedoch unter Berücksichtigung des ggf. deutlich geringern Steuerausfallrisikos. So kann beispielsweise die eichamtliche Vermessung von Lagerbehältern für Biokraftstoffe und deren Zapfstellen unverhältnismäßig sein.

Zur weiteren Verwaltungsvereinfachung wird auf die Möglichkeit der Anwendung des § 9 Abs. 2 Satz 4 EnergieStG hingewiesen.

Für die Umrechnung von Masse zu Volumen ist davon auszugehen, 1 Liter Fettsäuremethylester entspricht 0,883 Kilogramm und 1 Liter Pflanzenöl entspricht 0,92 Kilogramm. Können Unternehmen mittels geeichter Dichtemessgeräte eine chargenbezogene Dichte ermitteln und nachweisen, so kann dieser Wert für die Umrechnung verwendet werden. 59

**Anlage § 050–03**  Zu § 50 Energiesteuergesetz

## Bekanntmachung über das In-Kraft-Treten und Außerkrafttreten von Teilen des Biokraftstoffquotengesetzes

BMF-Schreiben vom 12.2.2007 – III A 1 – V 9907/06/0003

Durch die Erteilung der beihilferechtlichen Genehmigung der EU-Kommission vom 20. Dezember 2006 ist die Vorschrift des § 50 Abs. 1 Satz 6 Energiesteuergesetz in der Fassung des Artikels 1 Nr. 3 des Biokraftstoffquotengesetzes außer Kraft und die Vorschrift des § 50 Abs. 2 Energiesteuergesetz in der Fassung des Artikels 1 Nr. 3 des Biokraftstoffquotengesetztes in Kraft getreten. Danach erhalten BtL-Kraftstoffe und die zu Kraftstoffzwecken eingesetzten Alkohole aus Lignocellulose auch dann eine Steuerbegünstigung, wenn sie der Erfüllung der in § 37a Abs. 1 Satz 1 und 2 in Verbindung mit § 37a Abs. 3 Bundes-Immissionsschutzgesetz geregelten Verpflichtung dienen. Des Weitern wird die Steuerbegünstigung für besonders förderungswürdige Biokraftstoffe gemäß § 50 Abs. 5 Energiesteuergesetz bis zum 31. Dezember 2015 verlängert.

Zu § 50 Energiesteuergesetz  **Anlage § 050–04**

**RICHTLINIE 2003/30/EG DES EUROPÄISCHEN PARLAMENTS UND DES RATES
zur Förderung der Verwendung von Biokraftstoffen oder anderen erneuerbaren
Kraftstoffen im Verkehrssektor**

Amtsblatt der Europäischen Union vom 17.5.2003

DAS EUROPÄISCHE PARLAMENT UND DER RAT DER EUROPÄISCHEN UNION –
gestützt auf den Vertrag zur Gründung der Europäischen Gemeinschaft, insbesondere auf Artikel 175 Absatz 1,

auf Vorschlag der Kommission[1],

nach Stellungnahme des Europäischen Wirtschafts- und Sozialausschusses[2],

nach Stellungnahme des Ausschusses der Regionen[3],

gemäß dem Verfahren des Artikels 251 des Vertrags[4],

in Erwägung nachstehender Gründe:

(1) Der Europäische Rat hat auf seiner Tagung vom 15. Und 16. Juni 2001 in Göteborg eine Gemeinschaftsstrategie für die nachhaltige Entwicklung beschlossen, die ein Bündel von Maßnahmen umfasst, zu denen die Förderung von Biokraftstoffen gehört.

(2) Zu den natürlichen Ressourcen, auf deren umsichtige und rationale Verwendung in Artikel 174 Absatz 1 des Vertrags Bezug genommen wird, gehören Erdöl, Erdgas und feste Brennstoffe, die wichtige Energiequellen, aber auch die Hauptverursacher von Kohlendioxidemissionen sind.

(3) Biokraftstoffe können jedoch aus einem breiten Spektrum von Biomasse hergestellt werden; Biomasse fällt beim Acker- und Waldbau und bei Rückständen und Abfallprodukten der Forstwirtschaft, der Forst- und der Lebensmittelindustrie an.

(4) Auf den Verkehrssektor entfallen mehr als 30 % des Energieendverbrauchs in der Gemeinschaft, und dieser expandiert, eine Tendenz, die ebenso wie der Ausstoß von Kohlendioxidemissionen steigen dürfte; diese Expansion wird in den Bewerberländern nach ihrem Beitritt zur Europäischen Union prozentual höher sein.

(5) Das Weißbuch der Kommission „Die Europäische Verkehrspolitik bis 2010: Weichenstellungen für die Zukunft" geht davon aus, dass die $CO_2$-Emissionen des Verkehrssektors zwischen 1990 und 2010 um 50 % bis auf ca. 1,113 Mrd. Tonnen steigen werden, und macht hierfür vor allem den Straßengüterverkehr verantwortlich, auf den 84 % der verkehrsbedingten $CO_2$-Emissionen zurückgehen. Aus ökologischer Sicht fordert das Weißbuch daher, die Abhängigkeit vom Erdöl (derzeit 98 %) im Verkehrssektor durch den Einsatz alternativer Kraftstoffe wie Biokraftstoffe zu verringern.

(6) Eine stärkere Verwendung von Biokraftstoffen im Verkehrsbereich ist Teil des für die Einhaltung des Kyoto-Protokolls erforderlichen Maßnahmenpakets sowie jedes Maßnahmenpakets, mit dem weitere Verpflichtungen in dieser Hinsicht erfüllt werden sollen.

(7) Eine stärkere Verwendung von Biokraftstoffen im Verkehrsbereich, ohne allerdings die übrigen Substitutionsmöglichkeiten für Kraftstoffe einschließlich LPG und CNG auszuschließen, ist für die Gemeinschaft eines der Mittel, mit denen sie ihre Abhängigkeit von Energieeinfuhren verringern und den Kraftstoffmarkt und folglich die mittel- und langfristige Energieversorgungssicherheit beeinflussen kann. Diese Überlegung darf jedoch nicht dazu führen, dass der Einhaltung der gemeinschaftlichen Rechtsvorschriften über die Kraftstoffqualität, die Fahrzeugemissionen und die Luftqualität geringere Bedeutung beigemessen wird.

(8) Aufgrund des technologischen Fortschritts kann für die meisten in der Europäischen Union zugelassenen Fahrzeuge schon heute problemlos Kraftstoff mit geringen Biokraftstoffbeimischungen verwendet werden. Aufgrund der neuesten technologischen Fortschritte sind sogar größere Biokraftstoffbeimischungen möglich. In manchen Ländern werden bereits Biokraftstoffbeimischungen von 10 % und mehr verwendet.

---

1) ABl. C 103 E vom 30.4.2002, S. 205 und ABl. C 331 E vom 31.12.2002, S. 291.
2) ABl. C 149 vom 21.6.2002, S. 7.
3) ABl. C 278 vom 14.11.2002, S. 29.
4) Stellungnahme des Europäischen Parlaments vom 4. Juli 2002 (noch nicht im Amtsblatt veröffentlicht), Gemeinsamer Standpunkt des Rates vom 18. November 2002 (ABl. C 32 E vom 11.2.2003, S. 1) und Beschluss des Europäischen Parlaments vom 12. März 2003 (noch nicht im Amtsblatt veröffentlicht).

**Anlage § 050–04**  Zu § 50 Energiesteuergesetz

(9) Fahrzeugparks bieten die Möglichkeit, Biokraftstoffe in höheren Konzentrationen zu verwenden. In einigen Städten fahren bereits Fahrzeugflotten mit reinen Biokraftstoffen, und dies hat in einigen Fällen zur Verbesserung der Luftqualität in Stadtgebieten beigetragen. Die Mitgliedstaaten könnten daher die Verwendung von Biokraftstoffen für öffentliche Verkehrsmittel verstärkt fördern.

(10) Die Förderung des Einsatzes von Biokraftstoffen im Verkehr ist ein Schritt in Richtung einer stärkeren Nutzung der Biomasse; dies wird dazu führen, dass in Zukunft vermehrt Biokraftstoffe entwickelt werden können, ohne dass dabei andere Optionen, insbesondere die Wasserstofftechnik, ausgeschlossen werden.

(11) Die Politik der Mitgliedstaaten zur Erforschung der verstärkten Nutzung von Biokraftstoffen sollte die Wasserstofftechnik maßgeblich einbeziehen und diese Option unter Berücksichtigung der einschlägigen Rahmenprogramme der Gemeinschaft fördern.

(12) Reines Pflanzenöl, das durch Auspressen, Extraktion oder vergleichbare Verfahren aus Ölsaaten gewonnen wird, kann in bestimmten Fällen, in denen es für den Motorentyp geeignet ist und die entsprechenden Emissionsanforderungen erfüllt, roh oder raffiniert, jedoch chemisch unverändert, ebenfalls als Biokraftstoff verwendet werden.

(13) Neue Arten von Kraftstoffen sollten anerkannten technischen Normen entsprechen, wenn sie in größerem Umfang von den Kunden und den Fahrzeugherstellern akzeptiert werden und damit auf dem Markt Verbreitung finden sollen. Technische Normen sind auch der Ausgangspunkt für die Bestimmungen im Hinblick auf Emissionen und deren Überwachung. Bei neuen Arten von Kraftstoffen kann es schwierig sein, die geltenden technischen Normen einzuhalten, die weitgehend für konventionelle fossile Kraftstoffe entwickelt wurden. Die Kommission und die Normungsgremien sollten die Entwicklung verfolgen und Normen aktiv anpassen und entwickeln, insbesondere in Bezug auf die Verdunstungsaspekte, damit neue Arten von Kraftstoffen unter Beibehaltung der Anforderungen an die Umweltverträglichkeit eingeführt werden können.

(14) Bioethanol und Biodiesel, die in Reinform oder als Mischung für Fahrzeuge verwendet werden, sollten den Qualitätsnormen genügen, die festgelegt wurden, um eine optimale Motorleistung sicherzustellen. So könnte im Falle von Biodiesel für Dieselmotoren, das nach dem Verfahren der Veresterung hergestellt wird, die Norm prEN 14214 für Fettsäuremethylester (FAME) des Europäischen Komitees für Normung (CEN) verwendet werden. Entsprechend sollte das CEN für andere Biokraftstofferzeugnisse für den Verkehrssektor in der Europäischen Union geeignete Normen festlegen.

(15) Durch die Förderung der Verwendung von Biokraftstoffen im Sinne einer nachhaltigen Praxis in der Land- und Forstwirtschaft, wie sie in den Rechtsvorschriften der Gemeinsamen Agrarpolitik festgelegt ist, könnten neue Möglichkeiten für die nachhaltige ländliche Entwicklung im Rahmen einer stärker marktorientierten Gemeinsamen Agrarpolitik geschaffen werden, die mehr auf den europäischen Markt, auf die Erhaltung lebendiger ländlicher Gebiete und auf eine multifunktionale Landwirtschaft ausgerichtet ist; zudem könnte ein neuer Markt für innovative Agrarerzeugnisse im Hinblick auf die derzeitigen und zukünftigen Mitgliedstaaten geschaffen werden.

(16) In seiner Entschließung vom 8. Juni 1998[1)] billigte der Rat die Strategie und den Aktionsplan der Kommission für erneuerbare Energieträger und forderte spezielle Maßnahmen im Bereich der Biokraftstoffe.

(17) Im Grünbuch der Kommission „Hin zu einer europäischen Strategie für Energieversorgungssicherheit" wird das Ziel der 20%igen Substitution konventioneller Kraftstoffe durch alternative Kraftstoffe im Bereich des Straßenverkehrs bis 2020 festgelegt.

(18) Alternative Kraftstoffe werden sich nur dann auf dem Markt durchsetzen können, wenn sie umfassend verfügbar und wettbewerbsfähig sind.

(19) In seiner Entschließung vom 18. Juni 1998[2)] forderte das Europäische Parlament, den Marktanteil der Biokraftstoffe durch ein Maßnahmenpaket, das unter anderem Steuerbefreiungen, Beihilfen für die Verarbeitungsindustrie und die Festlegung einer obligatorischen Biokraftstoffquote für Mineralölunternehmen vorsieht, innerhalb von fünf Jahren auf 2 % zu erhöhen.

(20) Welche Methode für die Erhöhung des Biokraftstoffanteils auf den einzelstaatlichen und gemeinschaftlichen Kraftstoffmärkten am besten geeignet ist, hängt von der Verfügbarkeit der Ressourcen und Rohstoffe, von den einzelstaatlichen und gemeinschaftlichen Maßnahmen zur Förderung von Biokraftstoffen und von steuerlichen Regelungen sowie von einer angemessenen Beteiligung aller betroffenen Kreise ab.

---

1) ABl. C 198 vom 24.6.1998, S. 1.
2) ABl. C 210 vom 6.7.1998, S. 215.

(21) Die Politik der Mitgliedstaaten zur Förderung der Verwendung von Biokraftstoffen sollte nicht dazu führen, dass der freie Warenverkehr mit Kraftstoffen, die den harmonisierten Umweltvorschriften der Gemeinschaft genügen, untersagt wird.

(22) Die Förderung der Erzeugung und Verwendung von Biokraftstoffen könnte zu einer Verringerung der Abhängigkeit von Energieeinfuhren und der Treibhausgasemissionen beitragen. Darüber hinaus können Biokraftstoffe in Reinform oder als Mischung grundsätzlich in den bestehenden Kraftfahrzeugen und mit dem bestehenden Kfz-Kraftstoffvertriebssystem verwendet werden. Die Beimischung von Biokraftstoffen zu fossilen Kraftstoffen könnte eine mögliche Kostenersparnis beim Vertriebssystem in der Gemeinschaft erleichtern.

(23) Da das Ziel der beabsichtigten Maßnahme, nämlich die Einführung allgemeiner Grundsätze, die für das Inverkehrbringen und den Vertrieb von Biokraftstoffen einen Mindestprozentsatz vorsehen, auf Ebene der Mitgliedstaaten nicht ausreichend erreicht werden kann und daher wegen des Umfangs der Maßnahme besser auf Gemeinschaftsebene zu erreichen ist, kann die Gemeinschaft im Einklang mit dem in Artikel 5 des Vertrags niedergelegten Subsidiaritätsprinzip tätig werden. Entsprechend dem in demselben Artikel genannten Verhältnismäßigkeitsprinzip geht diese Richtlinie nicht über das für die Erreichung dieses Ziels erforderliche Maß hinaus.

(24) Die Forschung und technologische Entwicklung im Bereich der Nachhaltigkeit von Biokraftstoffen sollten gefördert werden.

(25) Der verstärkte Einsatz von Biokraftstoffen sollte von einer genauen Analyse der ökologischen, wirtschaftlichen und sozialen Auswirkungen begleitet werden, damit entschieden werden kann, ob eine Erhöhung des Anteils der Biokraftstoffe gegenüber den konventionellen Kraftstoffen sinnvoll ist.

(26) Es sollte die Möglichkeit vorgesehen werden, die Liste der Biokraftstoffe, den prozentualen Anteil erneuerbarer Stoffe und den Zeitplan für die Einführung von Biokraftstoffen auf dem Kraftstoffmarkt rasch an den technischen Fortschritt und an die Ergebnisse einer Umweltverträglichkeitsprüfung der ersten Einführungsphase anzupassen.

(27) Es sollten Maßnahmen getroffen werden zur zügigen Entwicklung der Qualitätsnormen für die Biokraftstoffe, die als reine Biokraftstoffe und als Beimischung zu konventionellen Kraftstoffen zum Antrieb von Fahrzeugen eingesetzt werden. Obwohl der biologisch abbaubare Teil von Abfällen als Ausgangsmaterial für Biokraftstoffe dienen könnte, müssen die Qualitätsnormen den Umfang der möglichen Verunreinigung der Abfälle berücksichtigen, damit nicht durch spezifische Bestandteile Fahrzeuge beschädigt werden oder noch gravierendere Emissionen entstehen.

(28) Die Förderung von Biokraftstoffen sollte mit den auf Versorgungssicherheit und Umweltschutz bezogenen Zielen und den entsprechenden Zielsetzungen und politischen Maßnahmen in den einzelnen Mitgliedstaaten in Einklang stehen. Dabei können die Mitgliedstaaten prüfen, wie kostengünstig über die Möglichkeiten für den Einsatz von Biokraftstoffen aufgeklärt werden kann.

(29) Die zur Durchführung dieser Richtlinie erforderlichen Maßnahmen sollten gemäß dem Beschluss 1999/468/EG des Rates vom 28. Juni 1999 zur Festlegung der Modalitäten für die Ausübung der der Kommission übertragenen Durchführungsbefugnisse [1] erlassen werden –

HABEN FOLGENDE RICHTLINIE ERLASSEN:

### Artikel 1

Ziel dieser Richtlinie ist die Förderung der Verwendung von Biokraftstoffen oder anderen erneuerbaren Kraftstoffen als Ersatz für Otto- und Dieselkraftstoffe im Verkehrssektor in den einzelnen Mitgliedstaaten; hierdurch soll dazu beigetragen werden, dass bestimmte Ziele, wie die Erfüllung der Verpflichtungen in Bezug auf die Klimaänderungen, die umweltgerechte Versorgungssicherheit und die Förderung erneuerbarer Energiequellen, erreicht werden.

### Artikel 2

(1) Im Sinne dieser Richtlinie bezeichnet der Ausdruck

a) „Biokraftstoffe" flüssige oder gasförmige Verkehrskraftstoffe, die aus Biomasse hergestellt werden;

b) „Biomasse" den biologisch abbaubaren Teil von Erzeugnissen, Abfällen und Rückständen der Landwirtschaft (einschließlich pflanzlicher und tierischer Stoffe), der Forstwirtschaft und damit verbundener Industriezweige sowie den biologisch abbaubaren Teil von Abfällen aus Industrie und Haushalten;

---
[1] ABl. L 184 vom 17.7.1999, S. 23.

# Anlage § 050–04

Zu § 50 Energiesteuergesetz

c) „andere erneuerbare Kraftstoffe" erneuerbare Kraftstoffe, die keine Biokraftstoffe sind, aus erneuerbaren Energiequellen gemäß der Definition in Richtlinie 2001/77/EG[1] stammen und im Verkehrssektor verwendet werden;

d) „Energieinhalt" den unteren Heizwert eines Brennstoffs.

(2) Zumindest die nachstehend genannten Erzeugnisse gelten als Biokraftstoffe:

a) „Bioethanol": Ethanol, das aus Biomasse und/oder dem biologisch abbaubaren Teil von Abfällen hergestellt wird und für die Verwendung als Biokraftstoff bestimmt ist;

b) „Biodiesel": Methylester eines pflanzlichen oder tierischen Öls mit Dieselkraftstoffqualität, der für die Verwendung als Biokraftstoff bestimmt ist;

c) „Biogas": Brenngas, das aus Biomasse und/oder aus dem biologisch abbaubaren Teil von Abfällen hergestellt wird, durch Reinigung Erdgasqualität erreichen kann und für die Verwendung als Biokraftstoff bestimmt ist, oder Holzgas;

d) „Biomethanol": Methanol, das aus Biomasse hergestellt wird und für die Verwendung als Biokraftstoff bestimmt ist;

e) „Biodimethylether": Dimethylether, der aus Biomasse hergestellt wird und für die Verwendung als Biokraftstoff bestimmt ist;

f) „Bio-ETBE (Ethyl-Tertiär-Butylether)": ETBE, der auf der Grundlage von Bioethanol hergestellt wird. Der Volumenprozentanteil des Biokraftstoffs an Bio-ETBE beträgt 47 %;

g) „Bio-MTBE (Methyl-Tertiär-Butylether)": Kraftstoff, der auf der Grundlage von Biomethanol hergestellt wird. Der Volumenprozentanteil des Biokraftstoffs an Bio-MTBE beträgt 36 %;

h) „Synthetische Biokraftstoffe": synthetische Kohlenwasserstoffe oder synthetische Kohlenwasserstoffgemische, die aus Biomasse gewonnen wurden;

i) „Biowasserstoff": Wasserstoff, der aus Biomasse und/oder aus dem biologisch abbaubaren Teil von Abfällen hergestellt wird und für die Verwendung als Biokraftstoff bestimmt ist;

j) „Reines Pflanzenöl": Öl, das durch Auspressen, Extraktion oder vergleichbare Verfahren aus Ölsaaten gewonnen wird, roh oder raffiniert, jedoch chemisch unverändert, sofern es für den betreffenden Motorentyp geeignet ist und die entsprechenden Emissionsanforderungen erfüllt.

## Artikel 3

(1) a) Die Mitgliedstaaten sollten sicherstellen, dass ein Mindestanteil an Biokraftstoffen und anderen erneuerbaren Kraftstoffen auf ihren Märkten in Verkehr gebracht wird, und legen hierfür nationale Richtwerte fest.

b) i) Als Bezugswert für diese Richtwerte gilt, gemessen am Energieinhalt, ein Anteil von 2 % aller Otto- und Dieselkraftstoffe für den Verkehrssektor, die auf ihren Märkten bis zum 31. Dezember 2005 in Verkehr gebracht werden.

ii) Als Bezugswert für diese Richtwerte gilt, gemessen am Energieinhalt, ein Anteil von 5,75 % aller Otto- und Dieselkraftstoffe für den Verkehrssektor, die auf ihren Märkten bis zum 31. Dezember 2010 in Verkehr gebracht werden.

(2) Biokraftstoffe können in folgenden Formen bereitgestellt werden:

a) als reine Biokraftstoffe oder in hoher Konzentration in Mineralölderivaten, in Einklang mit den besonderen Qualitätsnormen für Verkehrsanwendungen;

b) als Biokraftstoffe, die Mineralölderivaten in Einklang mit den einschlägigen europäischen Normen, in denen die technischen Spezifikationen für Kraftstoffe angegeben sind (EN 228 und EN 590), beigemischt wurden;

c) als Flüssigkeiten, die Derivate von Biokraftstoffen sind, wie ETBE (Ethyl-Tertiär-Butylether), für die der Biokraftstoffprozentsatz in Artikel 2 Absatz 2 angegeben ist.

(3) Die Mitgliedstaaten überwachen die Auswirkungen der Verwendung von Biokraftstoffen in Dieselbeimischungen von über 5 % in nicht umgerüsteten Fahrzeugen und treffen gegebenenfalls die erforderlichen Maßnahmen, um die Einhaltung der einschlägigen Gemeinschaftsvorschriften für Emissionsnormen zu gewährleisten.

(4) Die Mitgliedstaaten sollten bei ihren Maßnahmen die gesamte Klima- und Ökobilanz der verschiedenen Arten von Biokraftstoffen und anderen erneuerbaren Kraftstoffen berücksichtigen; sie kön-

---

1) Richtlinie 2001/77/EG des Europäischen Parlaments und des Rates vom 27. September 2001 zur Förderung der Stromerzeugung aus erneuerbaren Energiequellen im Elektrizitätsbinnenmarkt (ABl. L 283 vom 27.10.2001, S. 33).

nen vorrangig die Kraftstoffe fördern, die – auch unter Berücksichtigung der Wettbewerbsfähigkeit und der Versorgungssicherheit – eine sehr gute kostengünstige Gesamtökobilanz aufweisen.

(5) Die Mitgliedstaaten sorgen dafür, dass die Öffentlichkeit über die Verfügbarkeit von Biokraftstoffen und anderen erneuerbaren Kraftstoffen informiert wird. Übersteigt der Anteil der Biokraftstoffbeimischungen in Mineralölderivaten den Grenzwert von 5 % Fettsäuremethylester (FAME) oder von 5 % Bioethanol, ist eine spezielle Kennzeichnung an den Verkaufsstellen vorzuschreiben.

### Artikel 4

(1) Die Mitgliedstaaten melden der Kommission vor dem 1. Juli eines jeden Jahres

- die Maßnahmen, die ergriffen wurden, um die Verwendung von Biokraftstoffen oder anderen erneuerbaren Kraftstoffen als Ersatz für Otto- und Dieselkraftstoffe im Verkehrssektor zu fördern,
- die innerstaatlichen Ressourcen, die für die Erzeugung von Biomasse für andere Energieverwendungen als im Verkehrssektor bereitgestellt werden, sowie
- den gesamten Kraftstoffabsatz und den Anteil der in Verkehr gebrachten reinen oder vermischten Biokraftstoffe und anderen erneuerbaren Kraftstoffe des Vorjahres. Die Mitgliedstaaten melden gegebenenfalls alle außergewöhnlichen Umstände bei der Versorgung mit Erdöl oder Erdölerzeugnissen, die Auswirkungen auf die Vermarktung von Biokraftstoffen und anderen erneuerbaren Kraftstoffen gehabt haben.

In ihrem ersten Bericht nach Inkrafttreten dieser Richtlinie geben die Mitgliedstaaten ihre nationalen Richtwerte für die erste Phase an. In dem Bericht für das Jahr 2006 geben die Mitgliedstaaten ihre nationalen Richtwerte für die zweite Phase an.

In diesen Berichten ist die Differenzierung der nationalen Richtwerte gegenüber den in Artikel 3 Absatz 1 Buchstabe b) genannten Bezugswerten zu begründen, wobei folgende Argumente angeführt werden können:

a) objektive Faktoren wie das begrenzte innerstaatliche Potenzial zur Herstellung von Biokraftstoffen aus Biomasse;

b) der Umfang der Ressourcen, die für die Erzeugung von Biomasse für andere Energieverwendungen als im Verkehrssektor bereitgestellt werden, sowie die spezifischen technischen oder klimatischen Merkmale des nationalen Kraftstoffmarktes;

c) nationale Politiken, die vergleichbare Ressourcen für die Erzeugung anderer Verkehrskraftstoffe auf der Grundlage erneuerbarer Energieträger bereitstellen und mit den Zielen dieser Richtlinie in Einklang stehen.

(2) Die Kommission unterbreitet dem Europäischen Parlament und dem Rat spätestens bis zum 31. Dezember 2006 und von da an alle zwei Jahre einen Evaluierungsbericht über die bei der Verwendung von Biokraftstoffen und anderen erneuerbaren Kraftstoffen in den Mitgliedstaaten erzielten Fortschritte.

Dieser Bericht erstreckt sich zumindest auf folgende Punkte:

a) die Kostenwirksamkeit der von den Mitgliedstaaten ergriffenen Maßnahmen zur Förderung der Verwendung von Biokraftstoffen und anderen erneuerbaren Kraftstoffen;

b) die wirtschaftlichen Aspekte und Umweltauswirkungen einer weiteren Erhöhung des Anteils von Biokraftstoffen und anderen erneuerbaren Kraftstoffen;

c) die Lebenszyklusaussichten von Biokraftstoffen und anderen erneuerbaren Kraftstoffen im Hinblick auf die Benennung möglicher Maßnahmen zur künftigen Förderung derjenigen klima- und umweltfreundlichen Kraftstoffe, die wettbewerbsfähig und wirtschaftlich werden könnten;

d) den dauerhaft umweltverträglichen Anbau der zur Herstellung von Biokraftstoffen verwendeten Kulturen, insbesondere hinsichtlich des Flächenverbrauchs, der Anbauintensität, der Fruchtfolge und des Einsatzes von Pestiziden;

e) die Bewertung der Verwendung von Biokraftstoffen und anderen erneuerbaren Kraftstoffen hinsichtlich ihrer spezifischen Auswirkungen auf die Klimaänderung und ihres Einflusses auf die Senkung von $CO_2$-Emissionen;

f) einen Überblick über weitere eher langfristige Optionen in Bezug auf Energieeffizienzmaßnahmen im Verkehrsbereich.

Auf der Grundlage dieses Berichts unterbreitet die Kommission dem Europäischen Parlament und dem Rat gegebenenfalls Vorschläge zur Anpassung der in Artikel 3 Absatz 1 enthaltenen Zielvorgaben. Sollte dieser Bericht zu der Schlussfolgerung gelangen, dass die Richtwerte aus Gründen, die keine Rechtfertigung darstellen und/oder nicht mit neuen wissenschaftlichen Erkenntnissen in Zusammenhang ste-

**Anlage § 050–04**　　　　　　　　　　　　　　　　　　　　Zu § 50 Energiesteuergesetz

hen, voraussichtlich nicht erreicht werden, gehen diese Vorschläge in geeigneter Form auf einzelstaatliche Ziele, einschließlich möglicher verbindlicher Ziele, ein.

**Artikel 5**

Die in Artikel 2 Absatz 2 enthaltene Liste kann nach dem Verfahren gemäß Artikel 6 Absatz 2 an den technischen Fortschritt angepasst werden. Bei der Anpassung der Liste sind die ökologischen Auswirkungen der Biokraftstoffe zu berücksichtigen.

**Artikel 6**

(1) Die Kommission wird von einem Ausschuss unterstützt.

(2) Wird auf diesen Absatz Bezug genommen, so gelten die Artikel 5 und 7 des Beschlusses 1999/468/EG unter Beachtung von dessen Artikel 8.

Der Zeitraum nach Artikel 5 Absatz 6 des Beschlusses 1999/468/EG wird auf drei Monate festgesetzt.

(3) Der Ausschuss gibt sich eine Geschäftsordnung.

**Artikel 7**

(1) Die Mitgliedstaaten setzen die Rechts- und Verwaltungsvorschriften in Kraft, die erforderlich sind, um dieser Richtlinie bis zum 31. Dezember 2004 nachzukommen. Sie setzen die Kommission unverzüglich davon in Kenntnis.

Wenn die Mitgliedstaaten diese Vorschriften erlassen, nehmen sie in den Vorschriften selbst oder durch einen Hinweis bei der amtlichen Veröffentlichung auf diese Richtlinie Bezug. Die Mitgliedstaaten regeln die Einzelheiten der Bezugnahme.

(2) Die Mitgliedstaaten teilen der Kommission den Wortlaut der innerstaatlichen Rechtsvorschriften mit, die sie auf dem unter diese Richtlinie fallenden Gebiet erlassen.

**Artikel 8**

Diese Richtlinie tritt am Tag ihrer Veröffentlichung im Amtsblatt der Europäischen Union in Kraft.

**Artikel 9**

Diese Richtlinie ist an alle Mitgliedstaaten gerichtet.

Geschehen zu Brüssel am 8. Mai 2003.

Im Namen des Europäischen Parlaments

Der Präsident

P. COX

Im Namen des Rates

Der Präsident

M. CHRISOCHOÏDIS

Zu § 50 Energiesteuergesetz

**Anlage § 050–05**

## Zehnte Verordnung zur Durchführung des Bundes-Immissionsschutzgesetzes
(Verordnung über die Beschaffenheit und die Auszeichnung der Qualitäten von Kraft- und Brennstoffen – 10. BImSchV)

Schreiben des Bundesministeriums der Justiz vom 8.12.2010

**Eingangsformel**

Es verordnen

– die Bundesregierung auf Grund des § 34 Absatz 1 und 3 des BundesImmissionsschutzgesetzes in der Fassung der Bekanntmachung vom 26. September 2002 (BGBl. I S. 3830), von dem Absatz 3 durch Artikel 1 Nummer 3 des Gesetzes vom 26. November 2010 (BGBl. I S. 1728) eingefügt worden ist, nach Anhörung der beteiligten Kreise, sowie auf Grund des § 34 Absatz 2 und des § 37 Satz 1 des BundesImmissionsschutzgesetzes und auf Grund des § 2a Absatz 3 des Benzinbleigesetzes, der durch Artikel 1 Nummer 3 des Gesetzes vom 25. November 1975 (BGBl. I S. 2919) eingefügt worden ist,

– das Bundesministerium für Verkehr, Bau und Stadtentwicklung und das Bundesministerium für Umwelt, Naturschutz und Reaktorsicherheit im Einvernehmen mit dem Bundesministerium für Arbeit und Soziales auf Grund des § 3 Absatz 1 Nummer 2 Buchstabe a in Verbindung mit Absatz 2 Nummer 2 und Absatz 5 Satz 1 und 2 des Binnenschifffahrtsaufgabengesetzes, von dem die Absätze 1 und 5 zuletzt durch Artikel 313 Nummer 2 Buchstabe a und b der Verordnung vom 31. Oktober 2006 (BGBl. I S. 2407) geändert worden sind und Absatz 2 durch Artikel 1 Nummer 3 Buchstabe b des Gesetzes vom 19. Juli 2005 (BGBl. I S. 2186) geändert worden ist,

– das Bundesministerium für Verkehr, Bau und Stadtentwicklung und das Bundesministerium für Umwelt, Naturschutz und Reaktorsicherheit nach Anhörung der beteiligten Kreise auf Grund des § 38 Absatz 2 des Bundes-Immissionsschutzgesetzes, der durch Artikel 60 Nummer 1 der Verordnung vom 31. Oktober 2006 (BGBl. I S. 2407) geändert worden ist:

**§ 1 Begriffsbestimmungen**

(1) Für diese Verordnung gelten die in den Absätzen 2 bis 15 geregelten Begriffsbestimmungen.

(2) „Ottokraftstoff" ist jedes flüchtige Mineralölerzeugnis, das zum Betrieb von Fahrzeugverbrennungsmotoren mit Fremdzündung bestimmt ist und unter die Unterpositionen 2710 11 41, 2710 11 45, 2710 11 49, 2710 11 51 oder 2710 11 59 der Kombinierten Nomenklatur fällt.

(3) „Dieselkraftstoffe" sind Gasölerzeugnisse, die unter die Unterposition 2710 19 41 der Kombinierten Nomenklatur fallen und zum Antrieb von Fahrzeugen im Sinne der folgenden Richtlinien verwendet werden:

1. Richtlinie 70/220/EWG des Rates vom 20. März 1970 zur Angleichung der Rechtsvorschriften der Mitgliedstaaten über Maßnahmen gegen die Verunreinigung der Luft durch Abgase von Kraftfahrzeugmotoren mit Fremdzündung (ABl. L 76 vom 6.4.1970, S. 1), die zuletzt durch die Richtlinie 2006/96/EG (ABl. L 363 vom 20.12.2006, S. 81) geändert worden ist, sowie

2. Richtlinie 88/77/EWG des Rates vom 3. Dezember 1987 zur Angleichung der Rechtsvorschriften der Mitgliedstaaten über Maßnahmen gegen die Emission gasförmiger Schadstoffe und luftverunreinigender Partikel aus Selbstzündungsmotoren zum Antrieb von Fahrzeugen und die Emission gasförmiger Schadstoffe aus mit Erdgas oder Flüssiggas betriebenen Fremdzündungsmotoren zum Antrieb von Fahrzeugen (ABl. L 36 vom 9.2.1988, S. 33), die zuletzt durch die Richtlinie 2001/27/EG (ABl. L 107 vom 18.4.2001, S. 10) geändert worden ist.

(4) „Dieselkraftstoffe, die zur Verwendung für mobile Maschinen und Geräte, für land- und forstwirtschaftliche Zugmaschinen sowie für Binnenschiffe und Sportboote bestimmt sind", sind alle aus Erdöl gewonnenen flüssigen Kraftstoffe, die unter die Unterpositionen 2710 19 41 oder 2710 19 45 der Kombinierten Nomenklatur fallen und für den Betrieb in Kompressionszündungsmotoren bestimmt sind, welche in den folgenden Richtlinien genannt werden:

1. Richtlinie 94/25/EG des Europäischen Parlaments und des Rates vom 16. Juni 1994 zur Angleichung der Rechts- und Verwaltungsvorschriften der Mitgliedstaaten über Sportboote (ABl. L 164 vom 30.6.1994, S. 15), die zuletzt durch die Verordnung (EG) Nr. 1137/2008 (ABl. L 311 vom 21.11.2008, S. 1) geändert worden ist,

2. Richtlinie 97/68/EG des Europäischen Parlaments und des Rates vom 16. Dezember 1997 zur Angleichung der Rechtsvorschriften der Mitgliedstaaten über Maßnahmen zur Bekämpfung der Emission von gasförmigen Schadstoffen und luftverunreinigenden Partikeln aus Verbrennungsmotoren für

**Anlage § 050–05**  Zu § 50 Energiesteuergesetz

mobile Maschinen und Geräte (ABl. L 59 vom 27.2.1998, S. 1), die zuletzt durch die Richtlinie 2010/26/EU (ABl. L 86 vom 1.4.2010, S. 29) geändert worden ist, oder

3. Richtlinie 2000/25/EG des Europäischen Parlaments und des Rates vom 22. Mai 2000 über Maßnahmen zur Bekämpfung der Emission gasförmiger Schadstoffe und luftverunreinigender Partikel aus Motoren, die für den Antrieb von land- und forstwirtschaftlichen Zugmaschinen bestimmt sind, und zur Änderung der Richtlinie 74/150/EWG des Rates (ABl. L 173 vom 12.7.2000, S. 1), die zuletzt durch die Richtlinie 2010/22/EU (ABl. L 91 vom 10.4.2010, S. 1) geändert worden ist.

(5) „Schiffskraftstoff" ist jeder aus Erdöl gewonnene flüssige Kraft- oder Brennstoff, der zur Verwendung auf einem Schiff bestimmt ist oder auf einem Schiff verwendet wird, einschließlich Kraft- oder Brennstoffen im Sinne der Definition nach DIN ISO 8217, Ausgabe August 2009.

(6) „Gasöl für den Seeverkehr" ist jeder Schiffskraftstoff, dessen Viskosität und Dichte im Rahmen der Werte für Viskosität und Dichte der Güteklassen DMX und DMA nach Tabelle 1 der DIN ISO 8217, Ausgabe August 2009, liegen.

(7) „Schiffsdiesel" ist jeder Schiffskraftstoff, dessen Viskosität und Dichte im Rahmen der Werte für Viskosität und Dichte der Güteklassen DMB und DMC nach Tabelle 1 der DIN ISO 8217, Ausgabe August 2009, liegen.

(8) „Sonstige Schiffskraftstoffe" sind die nicht in den Absätzen 6 und 7 genannten Schiffskraftstoffe.

(9) „Leichtes Heizöl" ist jedes Erdölerzeugnis mit Ausnahme der in den Absätzen 3 bis 8 genannten Kraft- und Brennstoffe, das nach dem Prüfverfahren der DIN EN ISO 3405, Ausgabe August 2001, bei 350 Grad Celsius mindestens 85 oder bei 360 Grad Celsius mindestens 95 Raumhundertteile Destillat ergibt.

(10) „Schweres Heizöl" ist jeder aus Erdöl gewonnene flüssige Kraft- oder Brennstoff mit Ausnahme der in den Absätzen 3 bis 9 genannten Kraft- und Brennstoffe, der nach dem Prüfverfahren der DIN EN ISO 3405, Ausgabe August 2001, bei 250 Grad Celsius weniger als 65 Raumhundertteile Destillat ergibt.

(11) „Einführer" ist, wer Kraft- oder Brennstoffe gewerbsmäßig oder im Rahmen wirtschaftlicher Unternehmungen einführt.

(12) „Vermischer" ist, wer Kraft- oder Brennstoffe gewerbsmäßig oder im Rahmen wirtschaftlicher Unternehmungen vermischt oder die Vermischung veranlasst.

(13) „Großverteiler" ist, wer Kraft- oder Brennstoffe gewerbsmäßig oder im Rahmen wirtschaftlicher Unternehmungen verteilt und über eine Lagerkapazität von mehr als 1 000 Kubikmeter verfügt. Das Verteilen nach Satz 1 schließt die Abgabe an Schiffe ein.

(14) „Inverkehrbringen" ist jedes Überlassen an andere.

(15) „Kombinierte Nomenklatur" ist die Warennomenklatur nach Artikel 1 der Verordnung (EWG) Nr. 2658/87 des Rates vom 23. Juli 1987 über die zolltarifliche und statistische Nomenklatur sowie den Gemeinsamen Zolltarif (ABl. L 256 vom 7.9.1987, S. 1, L 341 vom 3.12.1987, S. 38, L 378 vom 31.12.1987, S. 120, L 130 vom 26.5.1988, S. 42), die zuletzt durch die Verordnung (EG) Nr. 1031/2008 (ABl. L 291 vom 31.10.2008, S. 1) geändert worden ist, in der am 1. Januar 2002 geltenden Fassung.

## § 2 Chlor- und Bromverbindungen

(1) Kraftstoffe für Kraftfahrzeuge im Sinne des § 1 Absatz 2 des Straßenverkehrsgesetzes dürfen nur dann gewerbsmäßig oder im Rahmen wirtschaftlicher Unternehmungen in den Verkehr gebracht werden, wenn sie keine Chlor- oder Bromverbindungen als Zusatz enthalten.

(2) Chlor- oder Bromverbindungen als Zusatz zu Kraftstoffen nach Absatz 1 dürfen gewerbsmäßig oder im Rahmen wirtschaftlicher Unternehmungen nicht in den Verkehr gebracht werden.

(3) Die Absätze 1 und 2 gelten nicht für das Inverkehrbringen zum Zweck der Forschung, Entwicklung oder Analyse.

## § 3 Anforderungen an Ottokraftstoffe; Bestandsschutzsortenregelung

(1) Ottokraftstoff darf nur dann gewerbsmäßig oder im Rahmen wirtschaftlicher Unternehmungen gegenüber dem Letztverbraucher in den Verkehr gebracht werden, wenn er den Anforderungen der DIN EN 228, Ausgabe November 2008, oder der E DIN 51626-1, Ausgabe November 2010, genügt.

(2) Wer Ottokraftstoffe nach Absatz 1 der Qualität „Normal" oder „Super" mit mehr als 5 Volumenprozent Ethanol anbietet, ist verpflichtet, an derselben Abgabestelle auch Ottokraftstoffe nach Absatz 1 der Qualität „Super" mit einem maximalen Sauerstoffgehalt von 2,7 Massenprozent und einem maximalen Ethanolgehalt von 5 Volumenprozent anzubieten.

(3) Wer Ottokraftstoffe nach Absatz 1 der Qualität „Super Plus" mit mehr als 5 Volumenprozent Ethanol anbietet, ist verpflichtet, an derselben Abgabestelle auch Ottokraftstoffe nach Absatz 1 der Qualität

Zu § 50 Energiesteuergesetz                                                                         **Anlage § 050–05**

„Super Plus" mit einem maximalen Sauerstoffgehalt von 2,7 Massenprozent und einem maximalen Ethanolgehalt von 5 Volumenprozent anzubieten.

(4) An Abgabestellen, an denen im Durchschnitt der zwei jeweils vorangegangenen Kalenderjahre weniger als 500 Kubikmeter Ottokraftstoffe nach Absatz 1 in den Verkehr gebracht wurden, gelten die Verpflichtungen nach Absatz 2 und Absatz 3 nicht. Die Voraussetzungen des Satzes 1 sind durch geeignete Belege gegenüber der zuständigen Behörde auf Verlangen nachzuweisen.

**§ 4 Anforderungen an Dieselkraftstoff, Gasöl und andere flüssige Kraftstoffe; Schwefelgehalt**

(1) Dieselkraftstoff darf nur dann gewerbsmäßig oder im Rahmen wirtschaftlicher Unternehmungen gegenüber dem Letztverbraucher in den Verkehr gebracht werden, wenn er den Anforderungen der DIN EN 590, Ausgabe Mai 2010, genügt.

(2) Dieselkraftstoff zur Verwendung für mobile Maschinen und Geräte, für land- und forstwirtschaftliche Zugmaschinen sowie für Binnenschiffe und Sportboote darf nur dann gewerbsmäßig oder im Rahmen wirtschaftlicher Unternehmungen gegenüber dem Letztverbraucher in den Verkehr gebracht werden, wenn sein Gehalt an Schwefelverbindungen, berechnet als Schwefel, 1 000 Milligramm pro Kilogramm Dieselkraftstoff nicht überschreitet. Ab dem 1. Januar 2011 beträgt der zulässige Schwefelgehalt höchstens 10 Milligramm pro Kilogramm Dieselkraftstoff. Für Binnenschiffe und Sportboote dürfen andere flüssige Kraftstoffe nicht verwendet werden, es sei denn ihr Schwefelgehalt überschreitet den für Dieselkraftstoff nach den Sätzen 1 und 2 zulässigen Schwefelgehalt nicht.

(3) Gasöl für den Seeverkehr darf nur dann gewerbsmäßig oder im Rahmen wirtschaftlicher Unternehmungen gegenüber dem Letztverbraucher in den Verkehr gebracht werden, wenn sein Gehalt an Schwefelverbindungen, berechnet als Schwefel, 1 Gramm pro Kilogramm Gasöl für den Seeverkehr nicht überschreitet.

(4) Schiffsdiesel darf nur dann gewerbsmäßig oder im Rahmen wirtschaftlicher Unternehmungen gegenüber dem Letztverbraucher in den Verkehr gebracht werden, wenn sein Gehalt an Schwefelverbindungen, berechnet als Schwefel, 15 Gramm pro Kilogramm Schiffsdiesel nicht überschreitet.

**§ 5 Anforderungen an Biodiesel**

Biodiesel darf nur dann gewerbsmäßig oder im Rahmen wirtschaftlicher Unternehmungen gegenüber dem Letztverbraucher in den Verkehr gebracht werden, wenn er den Anforderungen der DIN EN 14214, Ausgabe April 2010, genügt. Das gilt auch für Biodiesel als Zusatz zum Dieselkraftstoff.

**§ 6 Anforderungen an Ethanolkraftstoff (E85)**

Ethanolkraftstoff (E85) darf nur dann gewerbsmäßig oder im Rahmen wirtschaftlicher Unternehmungen als Kraftstoff gegenüber dem Letztverbraucher in den Verkehr gebracht werden, wenn er den Anforderungen der DIN 51625, Ausgabe August 2008, genügt.

**§ 7 Anforderungen an Flüssiggaskraftstoff**

Flüssiggaskraftstoff darf nur dann gewerbsmäßig oder im Rahmen wirtschaftlicher Unternehmungen gegenüber dem Letztverbraucher in den Verkehr gebracht werden, wenn er den Anforderungen der DIN EN 589, Ausgabe November 2008, genügt.

**§ 8 Anforderungen an Erdgas und Biogas als Kraftstoffe**

(1) Erdgas und Biogas dürfen nur dann gewerbsmäßig oder im Rahmen wirtschaftlicher Unternehmungen als Kraftstoffe gegenüber dem Letztverbraucher in den Verkehr gebracht werden, wenn sie den jeweiligen Anforderungen der DIN 51624, Ausgabe Februar 2008, genügen.

(2) Erdgas und Biogas dürfen nur dann, in jedem Verhältnis gemischt, als Kraftstoff gewerbsmäßig oder im Rahmen wirtschaftlicher Unternehmungen gegenüber dem Letztverbraucher in den Verkehr gebracht werden, wenn das fertige Produkt den Anforderungen der DIN 51624, Ausgabe Februar 2008, genügt.

**§ 9 Anforderungen an Pflanzenölkraftstoff**

Pflanzenölkraftstoff darf nur dann gewerbsmäßig oder im Rahmen wirtschaftlicher Unternehmungen gegenüber dem Letztverbraucher in den Verkehr gebracht werden, wenn er den Anforderungen der DIN V 51605, Ausgabe Juli 2006, genügt.

**§ 10 Schwefelgehalt von Heizöl**

(1) Leichtes Heizöl darf nur dann gewerbsmäßig oder im Rahmen wirtschaftlicher Unternehmungen gegenüber dem Letztverbraucher in den Verkehr gebracht werden, wenn sein Gehalt an Schwefelverbindungen, berechnet als Schwefel, 1,0 Gramm pro Kilogramm leichtes Heizöl nicht überschreitet.

# Anlage § 050–05

Zu § 50 Energiesteuergesetz

(2) Schweres Heizöl darf nur dann gewerbsmäßig oder im Rahmen wirtschaftlicher Unternehmungen gegenüber dem Letztverbraucher in den Verkehr gebracht werden, wenn sein Gehalt an Schwefelverbindungen, berechnet als Schwefel, von 10,0 Gramm pro Kilogramm schweres Heizöl nicht überschritten wird. Schweres Heizöl mit höheren Schwefelgehalten darf nur dann gewerbsmäßig oder im Rahmen wirtschaftlicher Unternehmungen gegenüber dem Letztverbraucher in den Verkehr gebracht werden, soweit dieses Heizöl:

1. in Übereinstimmung mit den Anforderungen der Verordnung über Großfeuerungs- und Gasturbinenanlagen oder
2. in Übereinstimmung mit den Anforderungen zur Vorsorge gegen schädliche Umwelteinwirkungen der Technischen Anleitung zur Reinhaltung der Luft vom 24. Juli 2002 (GMBl. 2002 S. 511) in Verbrennungseinrichtungen eingesetzt werden darf und sichergestellt ist, dass die maximalen Schwefeldioxidemissionen von 1 700 Milligramm Schwefeldioxid pro Normkubikmeter schwerem Heizöl bei einem Sauerstoffgehalt des Rauchgases von 3 Volumeneinheiten im trockenen Bezugszustand nicht überschritten werden.

## § 11 Gleichwertigkeitsklausel

Den Kraftstoffen nach § 3 und § 4 Absatz 1 sowie den §§ 5 bis 9 sind solche Kraftstoffe gleichgestellt, die den Anforderungen anderer Normen oder technischer Spezifikationen genügen, die in einem anderen Mitgliedstaat der Europäischen Union oder einem anderen Vertragsstaat des Abkommens über den Europäischen Wirtschaftsraum oder in der Türkei oder einem anderen Mitglied der Welthandelsorganisation in Kraft sind, sofern

1. diese Normen oder technischen Spezifikationen mit den folgenden Normen übereinstimmen:
    a) DIN EN 228, Ausgabe November 2008,
    b) E DIN 51626-1, Ausgabe November 2010,
    c) DIN EN 590, Ausgabe Mai 2010,
    d) DIN EN 14214, Ausgabe April 2010,
    e) DIN 51625, Ausgabe August 2008,
    f) DIN EN 589, Ausgabe November 2008,
    g) DIN 51624, Ausgabe Februar 2008 oder
    h) DIN V 51605, Ausgabe Juli 2006 und
2. die Kraftstoffe die klimatischen Anforderungen erfüllen, die in den unter Nummer 1 angegebenen Normen für die Bundesrepublik Deutschland festgelegt sind.

## § 12 Einschränkungen

(1) Für Kraft- und Brennstoffe nach § 1 Absatz 4 bis 10, die eingeführt oder sonst in den Geltungsbereich dieser Verordnung verbracht werden und die unter diese Verordnung fallen, sind § 4 Absatz 2 bis 4 und § 10 erst von dem Zeitpunkt an anzuwenden, an dem sie in den zollrechtlich freien Verkehr überführt werden.

(2) Die in dieser Verordnung festgelegten Grenzwerte für den Schwefelgehalt bestimmter flüssiger Kraft- oder Brennstoffe, die aus Erdöl gewonnen werden, gelten nicht für Kraft- oder Brennstoffe zur Verwendung auf Kriegsschiffen und anderen zu militärischen Zwecken eingesetzten Schiffen.

## § 13 Auszeichnung von Kraft- und Brennstoffen

(1) Wer gewerbsmäßig oder im Rahmen wirtschaftlicher Unternehmungen gegenüber dem Letztverbraucher Kraftstoffe in den Verkehr bringt, hat die Qualität an den Zapfsäulen sowie an der Tankstelle in folgender Weise deutlich sichtbar zu machen:

1. Schwefelfreier Ottokraftstoff mit einem maximalen Sauerstoffgehalt von 2,7 Massenprozent und einem maximalen Ethanolgehalt von 5 Volumenprozent, der den Anforderungen der DIN EN 228, Ausgabe November 2008, oder der E DIN 516261, Ausgabe November 2010, genügt oder gleichwertig nach § 11 ist, wird mit der Bezeichnung „Super schwefelfrei", „Super Plus schwefelfrei" oder „Normal schwefelfrei" und dem jeweils zutreffenden Zeichen nach Anlage 1a, 1b oder 1c gekennzeichnet; statt der Bezeichnung „Normal schwefelfrei" kann auch „Benzin schwefelfrei" verwendet werden; an den Zapfsäulen ist zusätzlich der Hinweis „Enthält bis zu 5 % Bioethanol" deutlich sichtbar anzubringen.
2. Schwefelfreier Ottokraftstoff, der den Anforderungen der E DIN 51626-1, Ausgabe November 2010, genügt oder gleichwertig nach § 11 ist und dessen Sauerstoffgehalt 2,7 Massenprozent oder dessen Ethanolgehalt 5 Volumenprozent überschreiten kann, wird mit der Bezeichnung „Super E10 schwe-

Zu § 50 Energiesteuergesetz  Anlage § 050–05

felfrei", „Super Plus E10 schwefelfrei" oder „Normal E10 schwefelfrei" und dem jeweils zutreffenden Zeichen nach Anlage 2a, 2b oder 2c gekennzeichnet; statt der Bezeichnung „Normal E10 schwefelfrei" kann auch „Benzin E10 schwefelfrei" verwendet werden; an den Zapfsäulen sind zusätzlich die Hinweise „Enthält bis zu 10 % Bioethanol" und „Verträgt Ihr Fahrzeug E10? Herstellerinformation einholen! Im Zweifel Super oder Super Plus tanken!" deutlich sichtbar anzubringen.

3. Dieselkraftstoff, der den Anforderungen der DIN EN 590, Ausgabe Mai 2010, genügt oder gleichwertig nach § 11 ist, wird mit der Bezeichnung „Dieselkraftstoff schwefelfrei" und dem Zeichen nach Anlage 3 gekennzeichnet; an den Zapfsäulen ist zusätzlich der Hinweis „Enthält bis zu 7 % Biodiesel" deutlich sichtbar anzubringen.

4. Fettsäure-Methylester für Dieselmotoren, die den Anforderungen der DIN EN 14214, Ausgabe April 2010, genügen oder gleichwertig nach § 11 sind, werden mit der Bezeichnung „Biodiesel" und dem Zeichen nach Anlage 4 gekennzeichnet.

5. Ethanol für Kraftfahrzeuge, das den Anforderungen der DIN 51625, Ausgabe August 2008, genügt oder gleichwertig nach § 11 ist, wird mit der Bezeichnung „Ethanolkraftstoff (E85)" und dem Zeichen nach Anlage 5 gekennzeichnet.

6. Flüssiggaskraftstoff, der den Anforderungen der DIN EN 589, Ausgabe November 2008, genügt oder gleichwertig nach § 11 ist, wird mit der Bezeichnung „Flüssiggas" und dem Zeichen nach Anlage 6 gekennzeichnet.

7. Erdgaskraftstoffe, die den Anforderungen der DIN 51624, Ausgabe Februar 2008, genügen oder gleichwertig nach § 11 sind, werden mit der Bezeichnung „Erdgas H" oder „Erdgas L" und dem jeweils zutreffenden Zeichen nach Anlage 7a oder 7b gekennzeichnet.

8. Pflanzenölkraftstoff, der den Anforderungen der DIN V 51605, Ausgabe Juli 2006, genügt oder gleichwertig nach § 11 ist, wird mit der Bezeichnung „Pflanzenölkraftstoff" und dem Zeichen nach Anlage 8 gekennzeichnet.

(2) Wer gewerbsmäßig oder im Rahmen wirtschaftlicher Unternehmungen gegenüber dem Letztverbraucher Kraftstoffe mit metallhaltigen Zusätzen in den Verkehr bringt, hat dort, wo die Informationen nach Absatz 1 angezeigt werden, die folgende Kennzeichnung anzubringen: „Enthält metallhaltige Zusätze. Fragen Sie Ihren Fahrzeughersteller, ob diese Zusätze für Ihr Fahrzeug geeignet sind. Verwenden Sie im Zweifelsfall Kraftstoff ohne metallhaltige Zusätze. " Die Kennzeichnung muss durch ihre Größe deutlich sichtbar sein und ihre Schriftart muss gut lesbar sein.

(3) Leichtes Heizöl, das nach § 10 Absatz 1 in den Verkehr gebracht wird, kann als „schwefelarm" bezeichnet werden, wenn sein Schwefelgehalt 50 Milligramm pro Kilogramm leichtes Heizöl nicht überschreitet.

(4) Die Absätze 1 und 2 finden keine Anwendung im Bereich der Kraft- und Brennstoffe nach § 1 Absatz 4 bis 10.

### § 14 Nachweisführung

(1) Wer gewerbsmäßig oder im Rahmen einer wirtschaftlichen Unternehmung Kraftstoffe in den Verkehr bringt, hat den nach § 13 Auszeichnungspflichtigen bei Anlieferung der Ware darüber zu unterrichten, dass die Kraftstoffe

1. den in den § 3 und § 4 Absatz 1 sowie in den §§ 5 bis 9 genannten Anforderungen genügen oder
2. nach § 11 gleichwertig sind.

Die Unterrichtung erfolgt schriftlich. Sie kann für jede einzelne Lieferung separat vorgenommen werden oder für mehrere zeitlich aufeinander folgende Lieferungen; in diesem Fall ist sie bei der ersten Lieferung vorzunehmen.

(2) Auskunftspflichtige nach § 52 Absatz 3 Satz 1 in Verbindung mit Absatz 2 Satz 1 des Bundes-Immissionsschutzgesetzes, die Kraft- und Brennstoffe nach § 1 Absatz 4 bis 10 als Hersteller, Vermischer, Einführer oder Großverteiler lagern, haben Tankbelegbücher zu führen und auf Verlangen vorzulegen, aus denen hervorgeht, welche Lieferanten den Kraft- und Brennstoff geliefert haben.

### § 15 Bekanntmachung der Kraftstoffqualität für den Betrieb von Kraftfahrzeugen

(1) Wer gewerbsmäßig oder im Rahmen einer wirtschaftlichen Unternehmung Kraftfahrzeuge herstellt oder einführt, hat für den Betrieb der Kraftfahrzeuge, die er in den Verkehr bringt, die empfohlenen und verwendbaren Kraftstoffqualitäten

1. den Vertragswerkstätten und -händlern sowie der Öffentlichkeit in geeigneter Weise bekannt zu geben und

# Anlage § 050–05

Zu § 50 Energiesteuergesetz

2. in den Betriebsanleitungen oder anderen für den Kraftfahrzeughalter bestimmten Unterlagen anzugeben.

(2) Um die Verpflichtungen nach Absatz 1 zu erfüllen, genügt es, dass die Bezeichnungen nach § 13 für die Qualität der Kraftstoffe verwendet werden. Auf die Zeichen nach den Anlagen 1a bis 8 kann verzichtet werden.

## § 16 Ausnahmen

(1) Die zuständige Behörde kann auf Antrag Ausnahmen von den Anforderungen der § 3, § 4 Absatz 1 sowie §§ 5 bis 9 bewilligen, soweit dies in besonderen Einzelfällen zu Forschungs- und Erprobungszwecken erforderlich ist und schädliche Umwelteinwirkungen nicht zu erwarten sind. Die Bewilligung ist zu befristen.

(2) Keine Ausnahmebewilligung nach Absatz 1 Satz 1 ist erforderlich für Kraftstoffe, die betriebsintern zu Forschungs- und Erprobungszwecken verwandt und nicht über öffentliche Tankstellen in den Verkehr gebracht werden und die keine schädlichen Umwelteinwirkungen erwarten lassen.

(3) Die zuständige Behörde bewilligt im Benehmen mit dem Bundesamt für Wirtschaft und Ausfuhrkontrolle auf Antrag Ausnahmen von § 4 Absatz 2 bis 4 und § 10 für Kraft- und Brennstoffe nach § 1 Absatz 4 bis 10, soweit die Einhaltung des zulässigen Höchstgehalts an Schwefelverbindungen zu einer erheblichen Gefährdung der Versorgung des Verbrauchers mit Kraft- und Brennstoffen nach § 1 Absatz 4 bis 10 führen würde. Die Bewilligungen können unter Bedingungen erteilt und mit Auflagen verbunden werden.Die Bewilligungen sind zu befristen. Sie können widerrufen werden, wenn die Voraussetzungen für ihre Erteilung nicht mehr vorliegen.

## § 17 Zugänglichkeit der Normen

DIN-, E DIN-, DIN EN- und DIN V-, ISO-, DIN ISO- und DIN EN ISO-Normen, auf die in dieser Verordnung verwiesen wird, sind bei der Beuth-Verlag GmbH, Berlin und Köln, erschienen. Das in § 18 Absatz 1 genannte DVGW-Arbeitsblatt ist bei der Wirtschafts- und Verlagsgesellschaft Gas und Wasser mbH, Bonn, erschienen. Die DIN-, E DIN-, DIN EN- und DIN V-, ISO-, DIN ISO- und DIN EN ISO-Normen und das DVGW-Arbeitsblatt sind beim Deutschen Patent- und Markenamt in München archivmäßig gesichert niedergelegt.

## § 18 Überwachung

(1) Die zuständigen Behörden überwachen die in den §§ 3 bis 9 gestellten Anforderungen an Kraftstoffe sowie die in § 13 gestellten Anforderungen an die Auszeichnungspflicht dieser Kraftstoffe anhand der in den §§ 3 bis 9 genannten DIN-, E DIN-, DIN EN- und DIN V-Normen angegebenen Prüfverfahren und nach den in DIN EN 14274, Ausgabe Mai 2004, DIN 51750 Teil 1, Ausgabe Dezember 1990, und Teil 2, Ausgabe Dezember 1990, DIN 51610, Ausgabe Juni 1983 sowie in dem DVGW Arbeitsblatt G 264, Ausgabe Mai 2009, vorgeschriebenen Verfahren.

(2) Der Auszeichnungspflichtige nach § 13 hat auf Verlangen der zuständigen Behörde den nach § 14 Absatz 1 erhaltenen Unterrichtungsnachweis vorzulegen. Auskunftspflichtige nach § 14 Absatz 2, die Kraft- und Brennstoffe nach § 1 Absatz 4 bis 10 lagern, haben auf Verlangen der zuständigen Behörde eine Erklärung des Herstellers oder Vermischers über die Beschaffenheit dieser Kraft- oder Brennstoffe vorzulegen. Sofern der Hersteller oder Vermischer nicht selbst geliefert hat, muss die Erklärung zusätzlich Angaben des Lieferanten über die gelieferte Menge enthalten. Für die Erklärung ist ein Vordruck nach dem Muster der Anlage 9 zu verwenden. Die zuständige Behörde kann dem Auskunftspflichtigen für die Vorlage der Erklärung eine Frist setzen.

(3) Die zuständigen Behörden überwachen durch Probenahmen, ob der Schwefelgehalt der verwendeten und in den Verkehr gebrachten Kraft- und Brennstoffe dem § 4 Absatz 2 bis 4 und des § 10 entspricht. Die Probenahmen müssen mit ausreichender Häufigkeit vorgenommen werden, so dass die Ergebnisse für den geprüften Kraft- und Brennstoff repräsentativ sind. Für die Bestimmung des Schwefelgehalts sind folgende Prüfverfahren zu verwenden:
1. schweres Heizöl und Schiffskraftstoff: DIN EN ISO 8754, Ausgabe Dezember 2003, oder DIN EN ISO 14596, Ausgabe Dezember 2007;
2. leichtes Heizöl und Dieselkraftstoff: DIN EN 24260, Ausgabe Mai 1994, DIN EN ISO 8754, Ausgabe Dezember 2003, oder DIN EN ISO 14596, Ausgabe Dezember 2007.

Als Referenzverfahren dient das Prüfverfahren nach DIN EN ISO 14596, Ausgabe Dezember 2007.

(4) Die nach Landesrecht zuständigen obersten Landesbehörden oder die von ihnen bestimmten Behörden übermitteln dem Umweltbundesamt bis spätestens zum 30. April eine jährliche Übersicht der Überwachungsergebnisse nach Absatz 1 und 3 zur Weiterleitung an die Europäische Kommission.

### § 19 Einfuhr von Heizöl, Schiffskraftstoff und Dieselkraftstoff

(1) Der Einführer von Kraft- und Brennstoffen nach § 1 Absatz 4 bis 10 hat der für den ersten Bestimmungsort zuständigen Behörde die Sendung so rechtzeitig zu melden, dass die Behörde vor dem Eintreffen der Sendung am ersten Bestimmungsort davon Kenntnis erhält.

(2) Der Einführer von Kraft- und Brennstoffen nach § 1 Absatz 4 bis 10 hat die für die Zollabfertigung vom Einführer vorgelegten Qualitäts- oder Analysezertifikate am ersten Bestimmungsort der Sendung verfügbar zu halten, solange sich die Sendung oder Teile der Sendung dort befinden. Der Einführer hat die Qualitäts- oder Analysezertifikate ab dem Zeitpunkt des Eintreffens der Sendung am ersten Bestimmungsort mindestens ein Jahr aufzubewahren.

(3) Die Absätze 1 und 2 sind nicht anzuwenden beim Verbringen aus Staaten der Europäischen Union.

### § 20 Ordnungswidrigkeiten

(1) Ordnungswidrig im Sinne des § 62 Absatz 1 Nummer 7 des BundesImmissionsschutzgesetzes handelt, wer vorsätzlich oder fahrlässig

1. entgegen
   a) § 2 Absatz 1, § 4 Absatz 2 Satz 1 oder Satz 2, Absatz 3 oder Absatz 4 oder § 10 Absatz 1 oder Absatz 2 Satz 1 oder
   b) § 3 Absatz 1, § 4 Absatz 1, §§ 5 bis 8 oder § 9, jeweils auch in Verbindung mit § 11, einen Brenn- oder Kraftstoff in den Verkehr bringt,
2. entgegen § 2 Absatz 2 Chlor- oder Bromverbindungen als Zusatz zu Kraftstoffen in den Verkehr bringt,
3. entgegen § 3 Absatz 2 oder Absatz 3 einen dort genannten Kraftstoff nicht anbietet,
4. entgegen § 13 Absatz 1 eine Qualität nicht oder nicht richtig sichtbar macht,
5. entgegen § 13 Absatz 2 die Kennzeichnung nicht, nicht richtig, nicht vollständig oder nicht in der vorgeschriebenen Weise anbringt,
6. entgegen § 14 Absatz 1 Satz 1 den Auszeichnungspflichtigen nicht, nicht richtig oder nicht rechtzeitig unterrichtet,
7. entgegen § 14 Absatz 2 ein Tankbelegbuch nicht oder nicht richtig führt oder nicht oder nicht rechtzeitig vorlegt,
8. entgegen § 18 Absatz 2 Satz 1 oder Satz 2 einen Unterrichtungsnachweis oder eine dort genannte Erklärung nicht oder nicht rechtzeitig vorlegt,
9. entgegen § 19 Absatz 1 eine Meldung nicht, nicht richtig oder nicht rechtzeitig macht,
10. entgegen § 19 Absatz 2 Satz 1 die Qualitäts- oder Analysezertifikate nicht oder nicht für die vorgeschriebene Dauer verfügbar hält oder
11. entgegen § 19 Absatz 2 Satz 2 die Qualitäts- oder Analysezertifikate nicht oder nicht mindestens ein Jahr aufbewahrt.

(2) Ordnungswidrig im Sinne des § 7 Absatz 1 des Binnenschifffahrtsaufgabengesetzes handelt, wer vorsätzlich oder fahrlässig entgegen § 4 Absatz 2 Satz 3 flüssige Kraftstoffe verwendet.

### § 21 Inkrafttreten, Außerkrafttreten

Diese Verordnung tritt am Tag nach der Verkündung in Kraft. Gleichzeitig treten die Verordnung über den Schwefelgehalt bestimmter flüssiger Kraft- oder Brennstoffe vom 24. Juni 2002 (BGBl. I S. 2243), die durch die Verordnung vom 3. Juli 2009 (BGBl. I S. 1720, 3140) geändert worden ist, die Verordnung über die Beschaffenheit und die Auszeichnung der Qualitäten von Kraftstoffen vom 27. Januar 2009 (BGBl. I S. 123) sowie die Verordnung über Chlor- und Bromverbindungen als Kraftstoffzusatz vom 17. Januar 1992 (BGBl. I S. 75), die durch Artikel 35 des Gesetzes vom 21. Dezember 2000 (BGBl. I 1956) geändert worden ist, außer Kraft.

### Schlussformel

Der Bundesrat hat zugestimmt.

# Anlage § 050–05

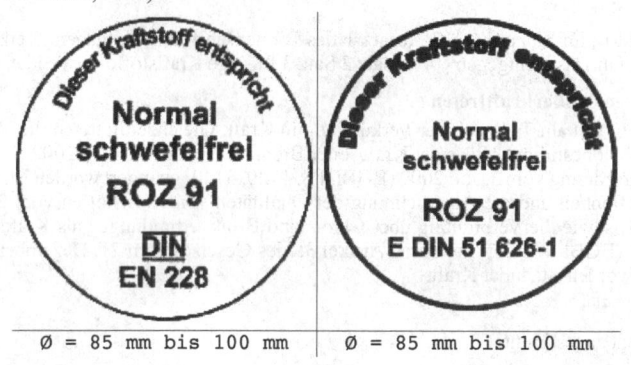

Zu § 50 Energiesteuergesetz

**Anlage 1a (zu § 13 Absatz 1 Nummer 1)**
(Fundstelle: BGBl. I 2010, 1856)

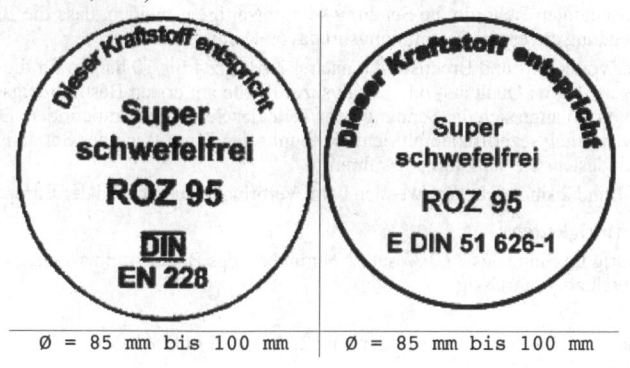

Dieser Kraftstoff entspricht
Super schwefelfrei
ROZ 95
DIN EN 228

Ø = 85 mm bis 100 mm

Dieser Kraftstoff entspricht
Super schwefelfrei
ROZ 95
E DIN 51 626-1

Ø = 85 mm bis 100 mm

**Anlage 1b (zu § 13 Absatz 1 Nummer 1)**
(Fundstelle: BGBl. I 2010, 1856)

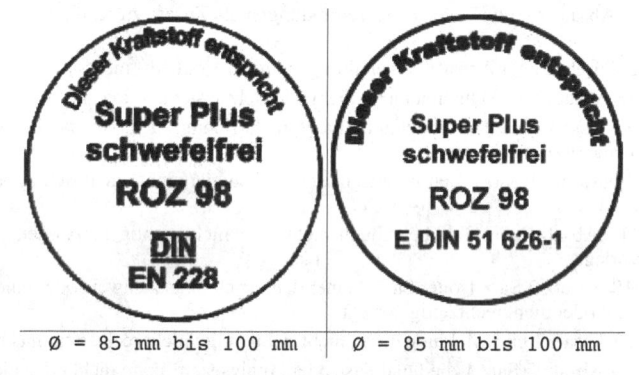

Dieser Kraftstoff entspricht
Super Plus schwefelfrei
ROZ 98
DIN EN 228

Ø = 85 mm bis 100 mm

Dieser Kraftstoff entspricht
Super Plus schwefelfrei
ROZ 98
E DIN 51 626-1

Ø = 85 mm bis 100 mm

**Anlage 1c (zu § 13 Absatz 1 Nummer 1)**
(Fundstelle: BGBl. I 2010, 1856)

Dieser Kraftstoff entspricht
Normal schwefelfrei
ROZ 91
DIN EN 228

Ø = 85 mm bis 100 mm

Dieser Kraftstoff entspricht
Normal schwefelfrei
ROZ 91
E DIN 51 626-1

Ø = 85 mm bis 100 mm

Zu § 50 Energiesteuergesetz                                    **Anlage § 050–05**

**Anlage 2a (zu § 13 Absatz 1 Nummer 2)**
(Fundstelle: BGBl. I 2010, 1857)

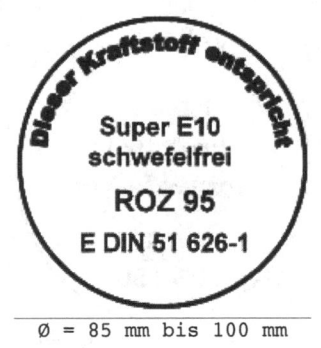

*Dieser Kraftstoff entspricht*
**Super E10**
**schwefelfrei**
**ROZ 95**
**E DIN 51 626-1**

Ø = 85 mm bis 100 mm

**Anlage 2b (zu § 13 Absatz 1 Nummer 2)**
(Fundstelle: BGBl. I 2010, 1857)

*Dieser Kraftstoff entspricht*
**Super Plus E10**
**schwefelfrei**
**ROZ 98**
**E DIN 51 626-1**

Ø = 85 mm bis 100 mm

**Anlage 2c (zu § 13 Absatz 1 Nummer 2)**
(Fundstelle: BGBl. I 2010, 1857)

*Dieser Kraftstoff entspricht*
**Normal E10**
**schwefelfrei**
**ROZ 91**
**E DIN 51 626-1**

Ø = 85 mm bis 100 mm

# Anlage § 050–05

Zu § 50 Energiesteuergesetz

**Anlage 3 (zu § 13 Absatz 1 Nummer 3)**
(Fundstelle: BGBl. I 2010, 1858)

*Dieser Kraftstoff entspricht*
**Diesel-kraftstoff schwefelfrei**
**DIN EN 590**

Ø = 85 mm bis 100 mm

**Anlage 4 (zu § 13 Absatz 1 Nummer 4)**
(Fundstelle: BGBl. I 2010, 1858)

*Dieser Kraftstoff entspricht*
**Biodiesel**
**DIN EN 14 214**

Ø = 85 mm bis 100 mm

**Anlage 5 (zu § 13 Absatz 1 Nummer 5)**
(Fundstelle: BGBl. I 2010, 1858)

*Dieser Kraftstoff entspricht*
**Ethanolkraftstoff (E85)**
**DIN 51 625**

Ø = 85 mm bis 100 mm

**Anlage 6 (zu § 13 Absatz 1 Nummer 6)**
(Fundstelle: BGBl. I 2010, 1859)

*Dieser Kraftstoff entspricht*

**Flüssiggas**

**DIN EN 589**

Ø = 85 mm bis 100 mm

**Anlage 7a (zu § 13 Absatz 1 Nummer 7)**
(Fundstelle: BGBl. I 2010, 1859)

*Dieser Kraftstoff entspricht*

**Erdgas
Gruppe H**

**DIN 51 624**

Ø = 85 mm bis 100 mm

**Anlage 7b (zu § 13 Absatz 1 Nummer 7)**
(Fundstelle: BGBl. I 2010, 1859)

*Dieser Kraftstoff entspricht*

**Erdgas
Gruppe L**

**DIN 51 624**

Ø = 85 mm bis 100 mm

# Anlage § 050–05

Zu § 50 Energiesteuergesetz

**Anlage 8 (zu § 13 Absatz 1 Nummer 8)**
(Fundstelle: BGBl. I 2010, 1860)

```
      Dieser Kraftstoff entspricht
        Pflanzenölkraftstoff
            DIN V 51 605
```

Ø = 85 mm bis 100 mm

**Anlage 9 (zu § 18 Absatz 2 Satz 4)**
(Fundstelle: BGBl. I 2010, 1861)

1. Erklärung des Herstellers oder Vermischers über die Beschaffenheit flüssiger Kraft- und Brennstoffe Nummer der Ausfertigung:

|  | Dieselkraftstoff gemäß § 1 Absatz 4 | Gasöl für den Seeverkehr gemäß § 1 Absatz 6 | Schiffsdiesel gemäß § 1 Absatz 7 | Sonstige Schiffskraftstoffe gemäß § 1 Absatz 8 | Leichtes Heizöl gemäß § 1 Absatz 9 | Schweres Heizöl gemäß § 1 Absatz 10 |
|---|---|---|---|---|---|---|
| Menge in t |  |  |  |  |  |  |
| Erster Bestimmungsort der Sendung |  |  |  |  |  |  |
| Kenndaten |  |  |  |  |  |  |
| a) Dichte bei 15 Grad C nach DIN EN ISO 3675 (1999) und DIN EN ISO 12185 (1997) in kg/cbm: |  |  |  |  |  |  |
| b) Viskosität bei 40 Grad C nach DIN EN ISO 3104, Ausgabe Dezember 1999: |  |  |  |  |  |  |

Zu § 50 Energiesteuergesetz **Anlage § 050–05**

|  | Dieselkraftstoff gemäß § 1 Absatz 4 | Gasöl für den Seeverkehr gemäß § 1 Absatz 6 | Schiffsdiesel gemäß § 1 Absatz 7 | Sonstige Schiffskraftstoffe gemäß § 1 Absatz 8 | Leichtes Heizöl gemäß § 1 Absatz 9 | Schweres Heizöl gemäß § 1 Absatz 10 |
|---|---|---|---|---|---|---|
| c) Siedeverlauf nach DIN EN ISO 3405 Ausgabe August 2001: Bis 250 Grad C aufgefangene Destillatmenge in Vol.-%: Bis 350 Grad C aufgefangene Destillatmenge in Vol.-%: Bis 360 Grad C aufgefangene Destillatmenge in Vol.-%: |  |  |  |  |  |  |
| d) Schwefelgehalt nach DIN EN ISO 8754 (2003), DIN EN ISO 14596 (2007) und DIN EN 24260 (1994) in Gew.-%: |  |  |  |  |  |  |

Ort, Datum und Nummer der Prüfung:
Hersteller (Name und Anschrift):
Unterschrift:

2. Zusätzliche Erklärung des Lieferanten nach § 18 Absatz 2 Satz 3
   Firmenname und Geschäftssitz:
   Gelieferte Menge:
   Empfänger:
   Bestimmungsort: Ort, Datum:
   Unterschrift:

# Anlage § 051–01

Zu § 51 Energiesteuergesetz

## Staatliche Beihilfe Nr. N 820/2006 – Deutschland: Steuerentlastung für bestimmte besonders energieintensive Prozesse und Verfahren

Schreiben der Europäischen Kommission vom 7.2.2007 – K(2007) 298 endg.

### 1. Verfahren

Aus Gründen der Rechtssicherheit notifizierte die Bundesrepublik Deutschland am 6. Dezember 2006 die oben genannte Maßnahme, die aus ihrer Sicht keine Beihilfe darstellt. Die Notifizierung wurde von der Kommission am 6. Dezember 2006 (A/39984) registriert. Der anschließende Austausch von Informationen über die Änderung des deutschen Energiesteuersystems wurde unter Az. CP61/2006 registriert. In der Notifizierung verweist Deutschland auf die Mitteilung vom 24. Mai 2006, eingetragen am 29. Mai 2006 (A/34092), die Besprechung mit den Kommissionsdienststellen vom 5. Juli 2006, für die Vorabinformationen übermittelt worden waren (A/35386) und die Mitteilung vom 25. August 2006, registriert am selben Tag (A/36699).

### 2. Beschreibung der Maßnahme

Der deutschen Energiesteuer unterliegen Energieerzeugnisse, die als Kraft- oder Heizstoff verwendet werden (für andere Zwecke verwendete Energieerzeugnisse unterliegen dieser Steuer folglich nicht).

Artikel 2 § 9a des Stromsteuergesetzes und Artikel 1 § 51 des Energiesteuergesetzes sehen eine Steuerentlastung für besonders energieintensive Prozesse und Verfahren vor. Diese Steuervergünstigung wird auf Antrag für sämtliche Energieerzeugnisse gewährt, die als Heizstoff versteuert wurden, sowie für elektrischen Strom bei Verwendung in Prozessen mit zweierlei Verwendungszweck und in mineralogischen Verfahren.

In den Genuss der Maßnahme kommen alle Unternehmen, die Prozesse mit zweierlei Verwendungszweck und mineralogische Verfahren durchführen.

Ziel der Maßnahme ist es, die Kostenbelastung und damit den Wettbewerbsnachteil zu mindern, dem deutsche Unternehmen des produzierenden Gewerbes ausgesetzt sind, in denen besondern energieintensive Prozesse und Verfahren ablaufen (z.B. Metallerzeugung, mineralogische Verfahren).

Die jährlichen steuerlichen Mindereinnahmen werden mit ca. 70 Mio. EUR veranschlagt; davon dürften 50 Mio. EUR der Steuerentlastung nach § 9a Stromsteuergesetz und 20 Mio. EUR der Steuerentlastung nach § 51 Energiesteuergesetz zuzuschreiben sein.

Die Maßnahme ist unbefristet und in Kraft getreten, ohne die Genehmigung durch die Kommission abzuwarten.

Ausführliche Beschreibung der steuerlichen Behandlung besonders energieintensiver Prozesse und Verfahren

Rechtsgrundlage der zur Prüfung anstehenden Maßnahme sind

- Artikel 1 § 51 und Artikel 2 § 9a des Gesetzes zur Neuregelung der Besteuerung von Energieerzeugnissen und zur Änderung des Stromsteuergesetzes vom 15.7.2006 (Energiesteuergesetz) und
- Änderung des § 51 Energiesteuergesetzes und des § 9a Stromsteuergesetz durch das Gesetz zur Einführung einer Biokraftstoffquote vom 18.12.2006.

Die einschlägigen Bestimmungen regeln die steuerliche Behandlung wie folgt[1]:

Nach § 51 Energiesteuergesetzes kann eine Steuerentlastung für Energieerzeugnisse gewährt werden, die von einem Unternehmen des produzierenden Gewerbes für folgende Zwecke verwendet wurden:

a) für die Herstellung von Glas und Glaswaren, keramischen Erzeugnissen, keramischen Wand- und Bodenfliesen und -platten, Ziegeln und sonstiger Baukeramik, Zement, Kalk und gebranntem Gips, Kalksandsteinen, Porenbetonerzeugnissen, Asphalt und mineralischen Düngemitteln zum Trocknen, Brennen, Schmelzen, Warmhalten, Entspannen, Tempern oder Sintern der vorgenannten Erzeugnisse oder der zu ihrer Herstellung verwendeten Vorprodukte,

b) für die Metallerzeugung und -bearbeitung,

---

1) Deutschland teilte der Kommission auch eine weitere Änderung mit, die sich jedoch für die Würdigung der fraglichen Maßnahme nicht relevant ist. Ab 1. Januar 2009 wird die Steuerentlastung für Heizöl auf 61,35 EUR pro 1 000 l begrenzt. Der Grund hierfür ist: Ab 1. Januar 2009 wird Heizöl mit einem Schwefelgehalt von mehr als 50 mg/kg mit einem Steuersatz von 76,35 EUR/1 000 l besteuert, während Heizöl mit einem Schwefelgehalt von höchstens 50 mg/kg einem Steuersatz von 61,35 EUR/1 000 l unterliegt. Um zu vermeiden, dass für jeden Heizöltyp ein administrativer Nachweis erbracht werden muss, erhalten die Unternehmen den Vergütungsbetrag für Heizöl mit einem Schwefelgehalt von höchstens 50 mg/kg.

Zu § 51 Energiesteuergesetz **Anlage § 051–01**

c) für chemische Reduktionsverfahren,
d) gleichzeitig zu Heizzwecken und zu anderen Zwecken als als Heiz- oder Kraftstoff,
e) für die thermische Abfall- und Abluftbehandlung.

Nach § 9a Stromgesetz kann die Steuerentlastung für Strom gewährt werden, den ein Unternehmen des produzierenden Gewerbes für folgende Zwecke entnommen hat:

1. für die Elektrolyse
2. für die Herstellung von Glas und Glaswaren, keramischen Erzeugnissen, keramischen Sand- und Bodenfliesen und -platten, Ziegeln und sonstiger Baukeramik, Zement, Kalk und gebrannten Gips, Kalksandsteinen, Porenbetonerzeugnissen, Asphalt und mineralischen Düngemittel zum Brennen, Schmelzen, Warmhalten oder Entspannen der vorgenannten Erzeugnisse oder der zu ihrer Herstellung verwendeten Vorprodukte oder
3. für die Metallerzeugung und –bearbeitung zum Schmelzen, Warmhalten oder Entspannen.

Diese Artikel sind am 1. August 2006 in Kraft getreten und mit Wirkung vom 1. Januar 2007 geändert worden.

§ 51 Energiesteuergesetz wird wie folgt geändert:

a) in Buchstabe a) werden die Wörter „Kalksandstein, Porenbetonerzeugnissen" durch die Wörter „Erzeugnissen aus Beton, Zement und Gips, mineralischen Isoliermaterialien" ersetzt.
b) Buchstabe b) wird wie folgt gefasst „für die Metallerzeugung und –bearbeitung sowie im Rahmen der Herstellung von Metallerzeugnissen für die Herstellung von Schmiede-, Press-, Zieh- und Stanzteilen, gewalzten Ringen und pulvermetallurgischen Erzeugnissen und zur Oberflächenveredlung und Wärmebehandlung."

§ 9a Stromsteuergesetz wird wie folgt geändert:

a) in Buchstabe a) werden die Wörter „Kalksandstein, Porenbetonerzeugnissen" durch die Wörter „Erzeugnissen aus Beton, Zement und Gips, mineralischen Isoliermaterialien" ersetzt.
b) Nummer 3 wird wie folgt gefasst: „3. für die Metallerzeugung und –bearbeitung sowie im Rahmen der Herstellung von Metallerzeugnissen für die Herstellung von Schmiede-, Press-, Zieh- und Stanzteilen, gewalzten Ringen und pulvermetallurgischen Erzeugnissen und zur Oberflächenveredlung und Wärmebehandlung jeweils zum Schmelzen, Erwärmen, Warmhalten, Entspannen oder sonstigen Wärmebehandlung."
c) Nach Nummer 3 wird folgende Nummer 4 hinzugefügt: „4. für chemische Reduktionsverfahren."

### 3. Die deutsche Position

Nach deutscher Auffassung ist die fragliche Maßnahme zur Befreiung von Energieerzeugnissen von der Energie- und Stromsteuer, wenn sie in Prozessen und Verfahren nach Artikel 2 Absatz 4 der EU-Energiesteuerrichtlinie eingesetzt werden, in der Natur und Logik der gemeinschaftlichen Bestimmungen und des deutschen Steuersystems begründet und daher nicht als staatliche Beihilfe im Sinne von Artikel 87 Absatz 1 EG-Vertrag anzusehen.

Deutschland nimmt insbesondere Bezug auf Erwägungsgrund 22 der Energiesteuerrichtlinie und die Erklärung zum Ratsprotokoll betreffend die Energiesteuerrichtlinie vom 24. November 2003 (ENV 582, 14140/03, ADD 1), insbesondere auf Punkt 2.

Erwägungspunkt 22 der Energiesteuerrichtlinie lautet: „Für Energieerzeugnisse sollten im Wesentlichen dann gemeinschaftliche Rahmenvorschriften gelten, wenn sie als Heizstoffe oder Kraftstoffe verwendet werden. Es entspricht daher der Art und Logik des Steuersystems, die Verwendung von Energieerzeugnissen zu zweierlei Zwecken und zu anderen Zwecken als Kraft- oder Heizstoff sowie für mineralogische Verfahren vom Anwendungsbereich der Rahmenvorschriften auszunehmen. Elektrischer Strom, der in ähnlicher Weise verwendet wird, sollte ebenso behandelt werden."

Punkt 2 der vorgenannten Ratserklärung lautet: „Für Energieerzeugnisse sollten im Wesentlichen dann gemeinschaftliche Rahmenvorschriften gelten, wenn sie als Heizstoffe oder Kraftstoffe verwendet werden. Es lässt sich die Ansicht vertreten, dass aufgrund der Art und Logik des Steuersystems Energieerzeugnisse mit zweierlei Verwendungszweck sowie Energieerzeugnisse, die nicht als Heiz- oder Kraftstoff oder die für mineralogische Verfahren verwendet werden, aus dem Anwendungsbereich der Rahmenvorschriften ausgenommen werden sollten. Die Mitgliedstaaten könnten dann Maßnahmen zur Besteuerung bzw. Nichtbesteuerung bzw. zur vollständigen oder teilweisen Besteuerung der einzelnen Verwendungsarten ergreifen. Elektrischer Strom, der in ähnlicher Weise verwendet wird, sollte ebenso behandelt werden. Derartige Ausnahmen vom allgemeinen System bzw. Staffelungen innerhalb des

# Anlage § 051–01

Zu § 51 Energiesteuergesetz

Systems, die sich durch die Art oder die allgemeine Regelung des Steuersystems rechtfertigen lassen, haben nichts mit staatlichen Beihilfen zu tun."

Deutschland erklärt, dass die Steuerentlastung gemäß § 51 Energiesteuergesetz für sämtliche Energieerzeugnisse gilt, die als Heizstoff versteuert wurden, sowie elektrischen Strom bei Verwendung in Prozessen mit zweierlei Verwendungszweck und in mineralogischen Verfahren im Sinne von Artikel 2 Absatz 4 Buchstabe b) der Energiesteuerrichtlinie.

Des Weiteren wird erläutert, dass die Prozesse und Verfahren in der Energiesteuerrichtlinie und in den deutschen Steuergesetzen übereinstimmend definiert sind:

§ 51 Absatz 1 Nummer 1 Buchstabe a) Energiesteuergesetz erfasst mineralogische Verfahren, die unter die NACE-Klasse DI26 fallen und in Artikel 2 Absatz 4 Buchstabe b) fünfter Gedankenstrich der Energiesteuerrichtlinie aufgeführt sind. Anstelle eines Verweises auf die NACE-Klasse DI26 werden die in Betracht kommenden Prozesse und Verfahren aufgelistet. Damit soll zum einen die Anwendung des Gesetzes in der deutschen Verwaltung vereinfacht werden. Zum anderen sollen in Übereinstimmung mit der Energiesteuerrichtlinie nur die für diese industriellen Verfahren typischen Arten der Energienutzung ausgenommen werden und nicht der gesamte Energieverbrauch der betreffenden Unternehmen.

Artikel 51 Absatz 1 Nummer 1 Buchstaben b)-d) bezieht sich auf Verfahren mit zweierlei Verwendungszweck im Sinne von Artikel 2 Absatz 4 Buchstabe b) zweiter Gedankenstrich der Energiesteuerrichtlinie.

§ 51 Absatz 1 Nummer 2 betreffend die thermische Abfall- und Abluftbehandlung erfasst eine Unterkategorie der Verwendungen mit zweierlei Verwendungszweck.

§ 9 Buchstabe a des Stromsteuergesetzes deckt die in Artikel 2 Absatz 4 dritter und fünfter Gedankenstrich der Energiesteuerrichtlinie erfassten Prozesse und Verfahren ab. Die Auflistung der einschlägigen Prozesse und Verfahren im deutschen Recht soll die Durchführung erleichtern.

Sollte Deutschland feststellen, dass es weitere Prozesse mit zweierlei Verwendungszweck oder mineralogische Verfahren gibt, werden diese in der gleichen Weise behandelt. Mit der Änderung des Energiesteuergesetzes soll gerade die Gleichbehandlung sämtlicher Prozesse mit zweierlei Verwendungszweck und mineralogischer Verfahren sichergestellt werden.

Des Weiteren erläutert Deutschland, dass die Beschränkung bestimmter Steuerbegünstigungen auf das produzierende Gewerbe nicht den Kreis der Begünstigten einschränkt, sondern lediglich die faktische Lage widerspiegelt. Die fraglichen Prozesse und Verfahren werden nur von Unternehmen des produzierenden Gewerbes angewandt. Hingegen sind in der thermischen Abfall- und Abluftbehandlung in großem Maße auch Unternehmen außerhalb des produzierenden Gewerbes tätig. Deshalb wird im Bereich der thermischen Abfall- und Abluftbehandlung die Definition der Begünstigten nicht eingeschränkt.

Hintergrund: Steuerliche Behandlung der fraglichen Prozesse und Verfahren in einem veränderten Rechtsumfeld – Definition des Begriffs „Verbrauch als Heizstoff" im EU-Recht und im deutschen Recht.

Bevor die Energiesteuerrichtlinie in Kraft trat, musste zu Heizzwecken verbrauchtes Mineralöl versteuert werden. Der Begriff „Verbrauch als Heizstoff", der in der Mineralölrichtlinie 92/81/EWG zu finden ist, wird auch in der Energiesteuerrichtlinie verwendet. Letztere führt in Artikel 2 Absatz 4 aber auch der Begriff „zweierlei Verwendungszweck" ein. Keiner der beiden Begriffe ist im Gemeinschaftsrecht durch eine genaue Auflistung der betroffenen Prozesse und Verfahren definiert.

In der Vergangenheit hat Deutschland den Begriff „Verbrauch als Heizstoff" eng definiert und vom „einheitlichen Verwendungszweck" unterschieden. Der letztgenannte Begriff bezeichnet die gleichzeitige Verwendung von Mineralöl zu steuerpflichtigen als auch nicht steuerpflichtigen Zwecken. Diese Definition führte dazu, dass zahlreiche energieintensive Prozesse und Verfahren, hauptsächlich in der Herstellung von Glas, Zement, Bauprodukten, Ziegeln und keramischen Erzeugnissen sowie zum Teil in der Metall- und chemischen Industrie nicht besteuert wurden. In seinem Urteil vom 29. April 2004 in der Rechtssache C-240/01 erklärte der Europäische Gerichtshof die deutsche Definition für unvereinbar mit der Mineralölrichtlinie. Der Gerichtshof stellte fest, dass sich der Begriff „Verbrauch als Heizstoff" auf alle die Fälle bezieht, in denen Mineralöle verbrannt werden und die so erzeugte thermische Energie zum Heizen genutzt wird, und zwar unabhängig vom Zweck des Heizens, der auch die Umwandlung oder Vernichtung des Stoffes umfassen kann, auf den diese thermische Energie bei einem chemischen oder industriellen Prozess übertragen wird. Folglich hätte Deutschland diese Prozesse und Verfahren besteuern müssen.

Zu § 51 Energiesteuergesetz  **Anlage § 051–01**

Zu dieser Zeit schloss allerdings die neu erlassene Energiesteuerrichtlinie eine Reihe von Prozessen und Verfahren, die nach der Definition des Gerichtshofs hätten besteuert werden müssen, aus ihrem Anwendungsbereich aus.

Bei der Festlegung der Liste der Prozesse und Verfahren, die für eine Steuerentlastung in Betracht kommen, wollte Deutschland nicht nur die innerstaatliche Definition des Begriffs „Verbrauch als Heizstoff" beibehalten, sondern auch alle anderen Prozesse einbeziehen, in denen diese Definition in der Praxis zur Ungleichbehandlung konkurrierender Prozesse geführt hatte.

### 4. Würdigung der Maßnahme

Durch die Entlastung von einer Steuer, die andere Unternehmen in Deutschland zu zahlen haben, überträgt die Maßnahme den Begünstigten einen Vorteil. Angesichts der wirtschaftlichen Tätigkeit der Begünstigten und der in Betracht kommenden Beträge kann der Wettbewerb verfälscht und der innergemeinschaftliche Handel beeinträchtigt werden. Allerdings ist zu prüfen, ob die Maßnahme einer bestimmten Gruppe von Unternehmen im Sinne von Artikel 87 Absatz 1 EG-Vertrag zugute kommt und – wenn dies der Fall ist –, ob es sich um eine allgemeine Maßnahme handelt, die in der Art und Logik des nationalen Steuersystems begründet ist.

Auf dem Gebiet der Energiebesteuerung können die Mitgliedstaaten die Logik ihres Steuersystems frei bestimmen, aber das Ergebnis muss den Vorgaben der Energiesteuerrichtlinie entsprechen.

Nach der Energiesteuerrichtlinie ist die Verwendung von Energieerzeugnissen als Heizstoff oder als Kraftstoff zu besteuern. Aus Erwägungsgrund 22 der Richtlinie ergibt sich, dass Energieerzeugnisse, die zu zweierlei Zwecken und für mineralogische Verfahren verwendet werden, vom Anwendungsbereich der Energiesteuerrichtlinie auszunehmen sind, da davon ausgegangen werden kann, dass sie nicht als Heizstoff verwendet werden. Artikel 2 Absatz 4 der Energiesteuerrichtlinie schließt daher Energieerzeugnisse, die zu anderen Zwecken als als Heizstoff oder Kraftstoff verwendet werden, Energieerzeugnisse mit zweierlei Verwendungszweck und in mineralogischen Verfahren verwendete Energieerzeugnisse sowie elektrischen Strom, der in ähnlicher Weise verwendet wird, vom Anwendungsbereich der Energiesteuerrichtlinie aus.

Die Mitgliedstaaten können entscheiden, ob sie diese vom Anwendungsbereich der Energiesteuerrichtlinie ausgenommenen Prozesse und Verfahren besteuern oder nicht. Eine Befreiung dieser Prozesse und Verfahren kann eine allgemeine Maßnahme darstellen, die nicht als staatliche Beihilfe einzustufen ist, wenn sie in der Art und Logik des nationalen Steuersystems begründet ist.

Beim deutschen Energiesteuersystem ist zunächst zu prüfen, ob es sich tatsächlich bei allen befreiten Prozessen und Verfahren um Prozesse mit zweierlei Verwendungszweck oder mineralogische Verfahren handelt, die gemäß der Richtlinie genauso so behandelt werden können wie die Verwendung zu anderen Zwecken als Heizstoff oder Kraftstoff und nicht in den Anwendungsbereich der Richtlinie fallen. Es wurde festgestellt, dass alle Prozesse und Verfahren, die für eine Steuerentlastung nach § 51 Energiesteuergesetz und § 9a Stromsteuergesetz in Betracht kommen, unter Artikel 2 Absatz 4 der Energiesteuerrichtlinie fallen, da es sich entweder um Verwendungen zu zweierlei Zwecken oder um mineralogische Verfahren handelt, und dass das deutsche Energiesteuersystem demnach in diesem Punkt mit der Richtlinie in Einklang steht.

Um festzustellen, ob es sich bei dem deutschen Energiesteuersystem um eine allgemeine Maßnahme handelt, die keine staatliche Beihilfe darstellt, muss die Kommission zudem die interne Logik des deutschen Energiesteuersystems analysieren und klären, ob die Steuerbefreiungen dieser Logik entsprechen. Das deutsche Energiesteuersystem sieht die Besteuerung von Energieerzeugnissen vor, die als Heizstoff oder Kraftstoff verwendet werden, was bedeutet, dass nach dieser Logik andere Verwendungen keiner solchen Besteuerung unterliegen. Dieser Logik folgend werden alle Energieerzeugnisse, die zu zweierlei Zwecken oder in mineralogischen Verfahren verwendet werden, sowie in ähnlicher Weise verwendeter elektrischer Strom befreit, da sie als Energieerzeugnisse betrachtet werden, die nicht als Heizstoff oder Kraftstoff verwendet werden.

Weiter ist zu prüfen, ob Deutschland alle Verwendungen zu zweierlei Zwecken und alle mineralogischen Verfahren im Sinne der Richtlinie gleichbehandelt.

Diesbezüglich stellt die Kommission Folgendes fest: Für mineralogische Verfahren verweist die Energiesteuerrichtlinie auf die NACE-Klasse DI 26. Deutschland befreit nicht den gesamten Energieverbrauch von Unternehmen, die dieser Klasse zuzuordnen sind, sondern begrenzt die Steuerentlastung auf den Energieverbrauch dieser Unternehmen, der für die betreffenden mineralogischen Verfahren typisch ist. Nach Auffassung der Kommission entspricht dies dem Ansatz der Energiesteuerrichtlinie.

Zu den Verwendungen zu zweierlei Zwecken stellt die Kommission fest, dass der Begriff „zweierlei Verwendung" in der Energiesteuerrichtlinie nicht durch eine genaue Auflistung aller betroffenen Pro-

# Anlage § 051–01

Zu § 51 Energiesteuergesetz

zesse und Verfahren definiert wurde. Zwar gibt es „typische" Prozesse mit zweierlei Verwendungszweck, doch kann es Randdiskussionen über technische Aspekte geben. Daher prüft die Kommission, wie Deutschland die Steuerbefreiungen definiert und ob diese Definition einheitlich angewandt wird. Den deutschen Ausführungen zufolge orientiert sich der Begriff „Verbrauch als Heizstoff" an dem Begriff „einheitlicher Verwendungszweck". Angesichts dieser Definition des Begriffs „Verbrauch als Heizstoff" nahm Deutschland in die Liste der Prozesse, die von der Steuer befreit werden können, auch andere Prozesse auf, weil die bisherige nationale Definition in der Praxis eine Ungleichbehandlung konkurrierender Prozesse zur Folge hatte. Deutschland erklärte, dass diese Definition theoretisch enger sein könnte als eine extensivere Definition, die ebenfalls durch den in der Energiesteuerrichtlinie verwendeten Begriff „zweierlei Verwendungszweck" abgedeckt wäre. Diese Definition geht jedoch nicht über den in der Richtlinie verwendeten Begriff „zweierlei Verwendungszweck" hinaus und steht folglich mit dieser in Einklang. Außerdem sollen die von Deutschland angewandten Kriterien gewährleisten, dass Verwendungen zu zweierlei Zwecken nur dann von der Steuer befreit sind, wenn die Verwendung zu anderen Zwecken als als Kraftstoff oder Heizstoff einen wesentlichen Teil der von der Steuer befreiten Verwendung ausmachen. Die deutschen Kriterien folgen bei vernünftiger und einheitlicher Anwendung einer objektiven Logik, die aufgrund praktischer Erfahrung verfeinert wurde.

Aus diesen Gründen ist die Kommission zum gegenwärtigen Zeitpunkt der Auffassung, dass alle relevanten Verwendungen durch die nationalen Steuerbefreiungen abgedeckt sind. Der Kommission liegen keine Informationen vor, die auf eine uneinheitlichen Anwendung des deutschen Steuersystems hindeuten könnten. Die Kommission trägt außerdem der Tatsache Rechnung, dass Deutschland sich verpflichtet, dieselbe steuerliche Behandlung anzuwenden, falls noch weitere Verwendungen mit zweierlei Verwendungszweck oder mineralogische Verfahren bekannt werden; effektiv sind die rechtlichen Bestimmungen in den parlamentarischen Beratungen präzisiert und später entsprechend geändert worden.

## 5. Schlussfolgerung

Daher kommt die Kommission zu dem Schluss, dass Deutschland ein nationales Energiesteuersystem zur Besteuerung des Verbrauchs von Energieerzeugnissen als Heiz- oder Kraftstoffe errichtet hat. Der Verbrauch von Energieerzeugnissen für andere Zwecke wird nicht besteuert, und – im Einklang mit der Energiesteuerrichtlinie – betrachtet Deutschland Energieerzeugnisse, die in mineralogischen Verfahren oder Prozessen mit zweierlei Verwendungszweck verwendet werden, nicht als für Heizzwecke bestimmt. Deutschland wendet die Steuerentlastung konsistent auf alle Prozesse und Verfahren an, die unter dieselbe Logik fallen. Deutschland hat sich verpflichtet, weitere Verwendungen mit zweierlei Verwendungszweck oder mineralogische Verfahren gleich zu behandeln. Auf der Grundlage der vorstehenden Informationen und der Selbstverpflichtung Deutschlands geht die Kommission davon aus, dass die beschriebenen Steuerbefreiungen in der Natur und der Logik des nationalen Steuersystems begründet sind.

## 6. Entscheidung

Daher hat die Kommission beschlossen, keine Einwände gegen die Maßnahme zu erheben, da sie keine Beihilfe darstellt.

Falls dieses Schreiben vertrauliche Angaben enthält, die nicht veröffentlicht werden sollen, werden Sie gebeten, die Kommission hiervon innerhalb von 15 Arbeitstagen nach dessen Eingang unter Angabe von Gründen in Kenntnis zu setzen. Erhält die Kommission keinen derart begründeten Antrag innerhalb der vorerwähnten Frist, so geht sie davon aus, dass Sie mit der Veröffentlichung des vollständigen Wortlauts dieses Schreibens in der verbindlichen Sprachfassung auf der Internet-Seite http://ec.europa.eu/community_law/state_aids/index.htm an Dritte einverstanden sind. Ihr Antrag ist per Einschreiben oder Telekopiergerät an folgende Anschrift zu richten:

Europäische Kommission
Generaldirektion Wettbewerb
State Aid Registry
B-1049 Brüssel
Fax Nr.: +32-2-296.12.42

Mit vorzüglicher Hochachtung,

Für die Kommission

Neelie KROES
Mitglied der Kommission

Zu § 51 Energiesteuergesetz  **Anlage § 051–02**

## Zusammenfassung der Dienstbesprechung der OFD Karlsruhe mit BMF zu § 51 EnergieStG und § 9a StromStG

OFD Karlsruhe vom 20.11.2006

**Hinweis**

In der vorliegenden Zusammenfassung wird die Dienstbesprechung zu § 51 EnergieStG und § 9a StromStG thematisch zusammengefasst und ergebnisorientiert wiedergegeben. Es handelt sich dabei jedoch nicht um ein Protokoll im eigentlichen Sinne, weil Ergebnisse teilweise ergänzt wurden und einzelne vom BMF in der Besprechung geäußerten Rechtsauffassungen nach erneuter Prüfung nicht mehr aufrechterhalten werden.

1. **Änderungen durch das Biokraftstoffquotengesetz und Allgemeines zur Einführung der §§ 51 EnergieStG und 9a StromStG**

   Durch das Biokraftstoffquotengesetz wurden unter anderem § 51 EnergieStG und § 9a StromStG geändert und dadurch der Kreis der von diesen Vorschriften erfassten Prozesses und Verfahren erweitert.

   In § 51 Abs. 1 Nr. 1 Buchstabe a EnergieStG und § 9a Abs. 1 Nr. 2 StromStG wurden jeweils die Wörter „Kalksandsteinen, Porenbetonerzeugnissen" durch die Wörter „Erzeugnissen aus Beton, Zement und Gips, mineralischen Isoliermaterialien" ersetzt. Außerdem wurden § 51 Abs. 1 Nr. 1 Buchstabe b EnergieStG und § 9a Abs. 1 Nr. 3 StromStG um die Wörter „sowie im Rahmen der Herstellung von Metallerzeugnissen für die Herstellung von Schmiede-, Press-, Zieh- und Stanzteilen, gewalzten Ringen und pulvermetallurgischen Erzeugnissen und zur Oberflächenveredelung und Wärmebehandlung" ergänzt. Weiter wurde § 9a Abs. 1 Nr. 3 StromStG um „Erwärmen oder sonstigen Wärmebehandlungen" ergänzt.

   Die vorgenannten Änderungen des § 51 EnergieStG traten rückwirkend zum 1. August 2006 in Kraft. Die Änderungen des § 9a StromStG traten hingegen nicht rückwirkend, sondern erst am 1. Januar 2007 in Kraft.

   In der Vergangenheit wurden durch eine Reihe von BFH-Urteilen Grundsätze zur Auslegung des Begriffes „Verheizen" entwickelt. Es galt der Erlass vom 2. Februar 1998 – III A 1 – V 0355 – 10/97 –, der das „Verheizen" als mittelbare Ausnutzung des Energieträgers Mineralöl mittels eines Wärmeträgers als Heizmittel verstand.

   Aufgrund des von der Europäischen Kommission eröffneten Vertragsverletzungsverfahrens wurde vom EuGH mit Urteil vom 29. April 2004 entschieden, dass die bis zum 31. Juli 2006 angewandte Auslegung des Begriffes „Verheizen" nicht den Vorgaben der Richtlinie 92/81/EWG entsprach. Der o. g. Erlass und die Absätze 1 bis 9 der VwV Steuerbegünstigung (VSF V 0350) sind nicht mehr anzuwenden. Der Begriff „Verheizen" ist jetzt in § 2 Abs. 6 EnergieStG als das Verbrennen von Energieerzeugnissen zur Erzeugung von Wärme definiert.

2. **Bestimmung der begünstigten Verfahren/Prozesse nach § 51 Abs. 1 Nr. 1 Buchstabe a und b EnergieStG und § 9a Abs. 1 Satz 1 Nr. 2 und 3 StromStG**

   a) Begünstigte Verfahren/Prozesse

   Bei der Auslegung von § 51 Abs. 1 Nr. 1 Buchstabe a und b EnergieStG und § 9a Abs. 1 Nr. 2 und 3 StromStG ist die Verordnung (EWG) Nr. 3037/90 des Rates vom 9. Oktober 1990 betreffend die statistische Systematik der Wirtschaftszweige in der Europäischen Gemeinschaft (ABl. EG Nr. L 293 S. 1) in der am 1. Januar 2003 geltenden Fassung – NACE Rev. 1.1 – zu berücksichtigen (vgl. die jeweilige amtliche Begründung). Die Bezeichnung der begünstigten Verfahren/Prozesse im Gesetzeswortlaut entspricht deshalb auch dem Wortlaut der jeweiligen NACE-Klasse, in der die begünstigten Verfahren/Prozesse zu finden sind. Dies bedeutet, dass nur solche Verfahren/Prozesse zu begünstigen sind, die genau bestimmten NACE-Klassen zuzuordnen sind, auch wenn die gesetzlichen Regelungen keinen ausdrücklichen Verweis auf die NACE enthalten. Im Einzelnen:

   Von § 51 Abs. 1 Nr. 1 Buchstabe a EnergieStG und § 9a Abs. 1 Nr. 2 StromStG werden nur solche Verfahren/Prozesse erfasst, die den NACE-Klassen 26.11 bis 26.66, der NACE-Klasse 26.82 (nur die Herstellung von mineralischen Isoliermaterialien und Asphalt) und der NACE-Klasse 24.15 (nur die Herstellung von mineralischen Düngemitteln) zuzuordnen sind.

   Die Begünstigungen nach § 51 Abs. 1 Nr. 1 Buchstabe b EnergieStG und § 9a Abs. 1 Nr. 3 StromStG für die Metallerzeugung und -bearbeitung und – neu – im Rahmen der Herstellung von

957

**Anlage § 051–02**  *Zu § 51 Energiesteuergesetz*

Metallerzeugnissen für die Herstellung von Schmiede-, Press-, Zieh- und Stanzteilen, gewalzten Ringen und pulvermetallurgischen Erzeugnissen und zur Oberflächenveredelung und Wärmebehandlung kommen nur dann in Betracht, wenn die Verfahren/Prozesse von den NACE-Klassen 27.10 bis 27.54 (Unterabschnitt DJ 27) und – neu – von den NACE-Klassen 28.40 und 28.51 erfasst werden.

Für die Gewährung der Entlastung ist nicht entscheidend, ob das gesamte Unternehmen in eine der vorstehenden NACE-Klassen einzureihen ist. Vielmehr wird eine reine Verfahrens- bzw. Prozessbetrachtung durchgeführt, so dass eine Entlastung auch solchen Unternehmen des Produzierenden Gewerbes gewährt wird, die zwar einen der begünstigten Prozesse durchführen, insgesamt aber einer anderen NACE-Klasse zuzuordnen sind.

Die NACE Rev. 1.1 entspricht auf Ebene der Klassen im Wesentlichen der vom Statistischen Bundesamt herausgegebenen Klassifikation der Wirtschaftszweige, Ausgabe 2003 (WZ 2003). Die WZ 2003 und deren Erläuterungen können deshalb herangezogen werden (Link bei www.destatis.de).

b) Einschränkung auf bestimmte Wärmebehandlungen

Die Steuerentlastungen nach § 51 Abs. 1 Nr. 1 Buchstabe a EnergieStG und § 9a Abs. 1 Nr. 2 und 3 StromStG werden nur gewährt, wenn die Energieerzeugnisse bzw. der Strom für bestimmte Wärmebehandlungen eingesetzt werden.

Nach § 51 Abs. 1 Nr. 1 Buchstabe a EnergieStG sind ausschließlich die Energieerzeugnisse entlastungsfähig, die zum Trocknen, Brennen, Schmelzen, Warmhalten, Entspannen, Tempern oder Sintern der genannten Produkte oder ihrer Vorprodukte verwendet werden. Die Aufzählung ist abschließend.

Nach § 9a Abs. 1 Nr. 2 und 3 StromStG ist ausschließlich Strom entlastungsfähig, der im Fall der Nummer 2 zum Brennen, Schmelzen, Warmhalten oder Entspannen der genannten Produkte oder ihrer Vorprodukte und im Fall der Nummer 3 zum Schmelzen, Erwärmen, Warmhalten, Entspannen oder sonstigen Wärmebehandlung verbraucht wird („Wärmestrom"). Die Aufzählungen sind jeweils abschließend.

Somit wird insbesondere keine Steuerentlastung gewährt für Strom,

– der durch Motoren/Antriebe verbraucht wird („Kraftstrom"), wie z. B. zum Antrieb von Transportbänder oder Drehrohröfen,

– der von oder in Prozessrechnern/Steuerungen/Leitständen verbraucht wird.

c) Vorprodukte

Die Herstellung von Vorprodukten ist nur dann begünstigt, wenn sie in dem Betrieb hergestellt werden, in dem auch das in den gesetzlichen Bestimmungen genannte Zielprodukt hergestellt wird. Eine Entlastung kommt deshalb nicht in Betracht, wenn die Vorprodukte in Betrieben hergestellt werden, die diese nicht selbst zu den Zielprodukten weiter verarbeiten.

Eine Steuerentlastung wird nicht gewährt für die Herstellung von Vorprodukten, soweit diese für andere als entlastungsfähige Zwecke verwendet werden.

Beispiel: Ein Unternehmen trocknet Sand, den es sowohl für die Glasherstellung als auch für andere nicht entlastungsfähige Zwecke verwendet. Eine Steuerentlastung kommt nur für die Energieerzeugnisse in Betracht, die zur Trocknung des Sandes verwendet werden, der zur Glasherstellung eingesetzt wird. Ggf. müssen die Verbrauchsmengen rechnerisch aufgeteilt werden.

Die Beschränkung auf die abschließend aufgezählten Prozesse in § 51 Abs. 1 Nr. 1 Buchstabe a EnergieStG und § 9a Abs. 1 Nr. 2 StromStG gilt auch in Bezug auf die Vorprodukte. So sind z. B. nicht entlastungsfähig:

– die Formgebung durch Pressen,

– das Zerkleinern von Asphalt, der wieder aufgearbeitet wird oder

– das Mischen von Vorprodukten.

d) Erste Einschätzungen zu Einzelfällen

– Durch die Änderung des Gesetzes ist jetzt auch die Herstellung von Steinwolle erfasst, da es sich bei Steinwolle um ein mineralisches Isoliermaterial handelt und die Herstellung der NACE-Klasse 26.82 zuzuordnen ist.

– Die Herstellung von Transportbeton (NACE-Klasse 26.63) und Mörtel (NACE-Klasse 26.64) sind entlastungsfähig.

Zu § 51 Energiesteuergesetz                                    **Anlage § 051–02**

- Die Herstellung von Silicium ist nicht entlastungsfähig, da Silicium ein Halbmetall ist und die Herstellung nicht von der NACE-Untergruppe DJ 27 erfasst wird.
- Das Befeuchten von Tonziegeln mit Wasserdampf (damit sie nicht rissig werden) ist kein Sintern.
- Das Zerkleinern (Brennschneiden) von Metallteilen zu Schrott ist nicht entlastungsfähig, da der Prozess nicht von den maßgebenden Klassen der NACE erfasst wird. Der Prozess ist auch nicht nach § 51 Abs. 1 Nr. 1 Buchstabe d EnergieStG entlastungsfähig.
- Durch die Einschränkung auf bestimmte Wärmebehandlungen sind die Entlastungsmöglichkeiten bei den mineralogischen Prozessen nach § 51 Abs. 1 Nr. 1 Buchstabe a EnergieStG eingeschränkter als bei der Metallerzeugung und -bearbeitung nach § 51 Abs. 1 Nr. 1 Buchstabe b EnergieStG. So ist z. B. ein Trocknen von Werkzeugen nach deren Gebrauch in mineralogischen Prozessen nicht entlastungsfähig. Jedoch ist ein Warmhalten von Werkzeugen bei den mineralogischen Prozessen mit erfasst, wenn es dazu dient, das mineralogische Erzeugnis im Produktionsprozess warm zu halten.

  Im Gegensatz dazu ist bei der Metallerzeugung auch das Warmhalten/Trocknen von Verteilerrinnen und Pfannen entlastungsfähig.

- Energieerzeugnisse, die für das Beheizen von Produktionsräumen, Gängen, Hallen, Lagerräume etc. verwendet werden, sind grundsätzlich nur dann nach § 51 Abs. 1 Nr. 1 Buchstabe b EnergieStG entlastungsfähig, wenn das Heizen in erster Linie dem Trocknen oder Warmhalten der Produkte dient. Bei einer Heizung, die neben den Räumen, die den vorgenannten Zwecken dienen, noch weitere Räume beheizt (z. B. Büros), kann die gesamte Verbrauchsmenge prozentual aufgeteilt werden. Einheitliche Aufteilungsschlüssel werden nicht vorgegeben; es kommt auf den Einzelfall an, da die Unterschiede bundesweit zu groß sind.

e) Begriffsbestimmungen

Sintern

Unter Sintern versteht man die Verfestigung und Verdichtung (Zusammenbacken bzw. -wachsen) eines Grünkörpers bzw. Pulvers zu einem kompakten Werkstoff unter Einwirkung von Temperatur.

Zwischen den einzelnen Teilchen des Grünlings besteht nur geringe Haftung. Durch die Sinterung soll ein homogener, rissfreier Werkstoff mit möglichst feinkristallinem Gefüge und geringer Porosität entstehen.

Es entsteht eine Bindung zwischen benachbarten Teilchen (Kornwachstum, Porenschrumpfung). Die Verdichtung führt zu einer gleichmäßigen Schwindung (Volumenabnahme). Die Sinterung kann durch Druck oder Vakuum gefördert werden.

Durch Pressen während des Sintervorganges (Heißpressen) können Bauteile mit annähernd theoretischer Dichte hergestellt werden. Sintern ist ein kontinuierlicher Prozess, durch den sich die Mikrostruktur drastisch verändert. Charakteristisch für den Prozess ist, dass keine oder nicht alle Komponenten geschmolzen werden. Hierdurch bleibt die äußere Form weitgehend erhalten.

Grundsätzlich werden zwei Sinterprozesse unterschieden:
1. Festphasensintern (fest/fest-Reaktion):
   Die Sintertemperatur liegt hierbei unter dem Schmelzpunkt aller beteiligten Komponenten (Diffusionsprozesse, Verdampfungs- und Kondensationsmechanismen). An den Berührungsstellen der Partikel bilden sich Materialbrücken, Fehler und Spannungen werden abgebaut.
2. Schmelzsintern oder Flüssigphasensintern:
   Durch Schmelzen einer oder mehrer der beteiligten Komponenten werden die nicht geschmolzenen Komponenten benetzt. D.h. zumindest eine Komponente bildet einen geringen Schmelzanteil.

Tempern

Unter Tempern versteht man eine Wärmebehandlung zur Beeinflussung mechanischer Spannungen.

Insbesondere Glaswaren können nach Ihrer Herstellung einen Ofen oder Kühlofen durchlaufen. Dieser Temperprozess nimmt Spannung aus dem Glas heraus und härtet es insgesamt.

Die Temperatur darf beim Tempern nicht zu hoch sein, um unkontrollierte Formveränderungen zu vermeiden.

# Anlage § 051–02

Zu § 51 Energiesteuergesetz

Es unterscheiden sich zwei grundsätzlich unterschiedliche Temperverfahren:
1. Tempern zur Beseitigung innerer Spannungen:
   Der Abkühlprozess erfolgt dann langsam und stetig.
2. Tempern zur gezielten Erzeugung mechanischer Spannungen (z. B. bei Temperglas):
   Das in seiner Form fertig bearbeitete Werkstück wird schnell abgekühlt und hierbei an der Oberfläche abgeschreckt. Der warme Kern zieht sich danach noch stärker zusammen. Es entsteht ein permanentes Spannungsfeld im Bauteil. Geht das Endprodukt zu Bruch, so zerspringt es in kleine Stückchen.

3. **Abgrenzung der begünstigten von nicht begünstigten Verfahren/Prozessen in den Fällen von § 51 Abs. 1 Nr. 1 Buchstabe a und b EnergieStG und § 9a Abs. 1 Satz 1 Nr. 2 und 3 StromStG**

   a) Produktionsschritte in einem nicht begünstigten Gesamtprozess

   Es stellt sich die Frage, wie Produktionsschritte zu werten sind, die zwar isoliert betrachtet ein begünstigter Prozess, aber Bestandteil eines insgesamt nicht begünstigten Prozesses sind.

   Beispiel: Im Betrieb eines Herstellers von Personenkraftwagen wird von diesem auch eine Gießerei für Motorenbestandteile betrieben, die letztlich in die Kraftwagen eingebaut werden.

   Unter Metallerzeugung und -bearbeitung im Sinne von § 51 Abs. 1 Nr. 1 Buchstabe b EnergieStG sind nur solche Prozesse und Verfahren zu verstehen, die den NACE-Klassen 27.10 bis 27.54 zuzuordnen sind. Die Herstellung von Personenkraftwagen ist jedoch der NACE-Klasse 34.10 zuzuordnen. Nur die Gießerei ist bei isolierter Betrachtung einer begünstigten NACE-Klasse (Gruppe 27.5) zuzuordnen.

   Für die in der Gießerei verwendeten Energieerzeugnisse kann eine Steuerentlastung gewährt werden.

   Allgemein lässt sich festhalten, dass grundsätzlich auch für Produktionsschritte, die zwar isoliert betrachtet ein begünstigter Prozess, aber Bestandteil eines insgesamt nicht begünstigten Prozesses sind, eine Steuerentlastung gewährt werden kann. Da die Rechtsmaterie neu ist und die Fallgestaltungen derzeit noch nicht alle überblickt werden können, sollte im Zweifel zu diesem Punkt dem Vorort berichtet werden.

   b) Produktionsschritte in einem begünstigten Gesamtprozess

   Es stellt sich die Frage, wie Produktionsschritte, die zwar Bestandteil eines insgesamt begünstigten Prozesses sind, aber als solche von einer nicht begünstigten Klasse der NACE erfasst werden, zu behandeln sind. Es handelt sich hierbei im Regelfall um zeitlich vorhergehende Produktionsschritte.

   Beispiel: Bei der Erzeugung von Aluminiumoxid aus Bauxit fällt auf einer Zwischenstufe Aluminiumhydroxid an. Teilmengen hiervon werden nicht zu Aluminiumoxid weiterverarbeitet, sondern aus der Produktion ausgegliedert und verkauft (z. B. für die Waschmittelherstellung). Für die Erzeugung des Aluminiumhydroxids wird Erdgas verheizt.

   Unter Metallerzeugung und -bearbeitung im Sinne von § 51 Abs. 1 Nr. 1 Buchstabe b EnergieStG sind nur solche Prozesse und Verfahren zu verstehen, die den NACE-Klassen 27.10 bis 27.54 zuzuordnen sind. Nach den Erläuterungen zur Klasse 27.42, Unterklasse 27.42.1 „Erzeugung von Aluminium" wird hier die Erzeugung von Aluminiumoxid erfasst. Die Erzeugung von Aluminiumhydroxid ist hingegen unter der Klasse 24.13 „Herstellung von sonstigen anorganischen Grundstoffen und Chemikalien" erfasst. Fraglich ist, ob – und falls ja in welchem Umfang – für das zur Aluminiumhydroxiderzeugung verwendete Erdgas eine Steuerentlastung gewährt werden kann.

   Für den Erdgasanteil, der zur Erzeugung von Aluminiumhydroxid verwendet wird, das zu anderen Zwecken als zur Aluminiumoxidherstellung eingesetzt wird, ist keine Steuerentlastung zu gewähren, weil dieser Prozess der NACEKlasse 24.13 und damit keiner begünstigten Klasse zuzuordnen ist.

   Für den Erdgasanteil, der zur Erzeugung des Aluminiumhydroxids verwendet wird, das anschließend zur Aluminiumoxidherstellung eingesetzt wird, kann eine Steuerentlastung gewährt werden, weil die Aluminiumhydroxidherstellung insoweit Bestandteil eines insgesamt begünstigten Prozesses, nämlich der Aluminiumoxidherstellung, ist.

   Ein vergleichbarer Prozess ist das Sintern von Eisenerz vor dem Hochofenprozess. Das Sintern als solches ist der NACE-Klasse 13.10 und damit keiner im Rahmen der Metallerzeugung oder -bearbeitung begünstigten Klasse zuzuordnen. Soweit das gesinterte Eisenerz jedoch zur Er-

Zu § 51 Energiesteuergesetz  **Anlage § 051–02**

zeugung von Roheisen im Hochofen (NACE-Klasse 27.10) eingesetzt wird, kann auch für die beim Sintern verwendeten Energieerzeugnisse eine Steuerentlastung gewährt werden, weil das Sintern dann Bestandteil des insgesamt begünstigten Prozesses der Erzeugung von Roheisen ist.

Allgemein lässt sich festhalten, dass grundsätzlich auch für solche Produktionsschritte, die zwar von einer nicht begünstigten NACE-Klasse erfasst werden, aber Bestandteil eines insgesamt begünstigten Prozesses sind, eine Steuerentlastung gewährt werden kann. Voraussetzung ist allerdings, dass der Gesamtprozess in einem Betrieb stattfindet. Da die Rechtsmaterie neu ist und die Fallgestaltungen derzeit noch nicht alle überblickt werden können, sollte im Zweifel zu diesem Punkt dem Vorort berichtet werden.

c) Erste Einschätzungen zu Einzelfällen

Entlastungsfähig sind zum Beispiel:

– das Brennen der Glasur bei der Herstellung von keramischen Haushaltswaren und Ziergegenständen (NACE-Klasse 26.21), weil das Brennen noch Teil des begünstigten Prozesses ist,
– das Härten von Metall,
– das Wärmebehandeln von Gussteilen zum Erreichen bestimmter mechanischer Eigenschaften.

Nicht entlastungsfähig sind zum Beispiel:

– das Bedrucken von Dosen,
– das Erhitzen von Stahlflaschen zum Lackieren, da dies in der Klasse 28.71 erfasst wird,
– das Schweißen und Löten von Metallerzeugnisse, deren Herstellung von einer nicht begünstigten NACE Klasse erfasst wird.

4. **Chemische Reduktionsverfahren nach § 51 Abs. 1 Nr. 1 Buchstabe c EnergieStG und § 9a Abs. 1 Nr. 4 StromStG**

a) Allgemeines

Ist zweifelhaft, ob ein chemisches Reduktionsverfahren vorliegt, ist an die ZPLA Köln zu berichten. Die Berichtspflicht im Einzelnen wird durch Erlass geregelt.

b) Energieerzeugnisse

Das Energieerzeugnis muss selbst an dem Prozess der chemischen Reduktion teilnehmen. Die bloße „Befeuerung" der chemischen Reduktion durch das Energieerzeugnis reicht nicht.

c) Strom

Auch bei den chemischen Reduktionsverfahren ist „Kraftstrom" zum Antrieb von Motoren nicht begünstigt.

5. **„Dual-use" nach § 51 Abs. 1 Nr. 1 Buchstabe d EnergieStG**

Das Energieerzeugnis muss gleichzeitig verheizt und zu anderen Zwecken als als Heiz- oder Kraftstoff verwendet werden. Dies bedeutet, dass das Energieerzeugnis neben dem Verheizen einem weiteren Verwendungszweck dienen muss. Die bloße Ausnutzung der durch das Verheizen erzeugten Wärmeenergie (z. B. das Absengen von Schweineborsten) stellt keinen weiteren Verwendungszweck dar. Ob ein direkter Kontakt der Flamme mit dem zu bearbeitenden Stoff besteht, ist dabei nicht von Bedeutung.

Der letzte Satz der in der BT-Drucksache 16/1172 enthaltenen Begründung zu § 51 EnergieStG bedeutet nicht, dass alle Verwendungen, die früher nach dem sog. Verheizenserlass begünstigt waren und nicht von den Buchstaben a bis c des § 51 Abs. 1 Nr. 1 EnergieStG erfasst werden, automatisch nach Buchstabe d begünstigt sind. Die Formulierung dient vielmehr der Klarstellung, dass nach diesem Tatbestand auf jeden Fall nicht andere bzw. mehr Prozesse als nach dem Verheizenserlass begünstigt sein sollen. Dies bedeutet: Sollte die Tatbestandsvoraussetzung „Dual-use" verneint werden, ist es unerheblich, ob der Prozess vormals nach dem Verheizenserlass begünstigt war (z. B. das Absengen von Schweineborsten). Andererseits ist die Voraussetzung „Dual-use" nur dann zu bejahen, wenn der Prozess auch bereits nach dem Verheizenserlass begünstigt war.

Somit dürften unter diese Regelung im Wesentlichen die Prozesse fallen, bei denen Bestandteile des eingesetzten Energieerzeugnisses teilweise in das Produkt eingehen. Dies sind z. B.:

– die Schutzgaserzeugung,
– der Einsatz von Kohle als Legierungselement zur Herstellung von Temperguss (Hierdurch soll die Grenzfläche zwischen Formstoff und Eisen verbessert werden. Die erzeugte Wärme wird für den Prozess nicht benötigt. Objektiv liegt jedoch ein Verheizen vor.),
– das Aufkohlen als Oberflächenbehandlung, um dem Metall Kohlenstoffbestandteile zuzuführen.

# Anlage § 051–02

Zu § 51 Energiesteuergesetz

Die beiden letztgenannten Fälle können ggf. auch unter § 51 Abs. 1 Nr. 1 Buchstabe b EnergieStG fallen.

Der Betrieb von Gaslaternen stellt eine Verwendung zu anderen Zwecken als als Kraft- oder Heizstoff nach § 25 Abs. 1 Nr. 1 EnergieStG dar. Es kommt hier lediglich auf die Erzeugung von Licht an. Die Verbrennung dient nicht der Erzeugung von Wärme.

Bei der $CO_2$-Begasung von Pflanzen (Propan oder Erdgas werden verbrannt und das als Abgas entstehende $CO_2$ über die Pflanzen verströmt, Koppelung von Heizung und Düngung) wird eine Begünstigung nach § 51 Abs. 1 Nr. 1 Buchstabe d EnergieStG in der Regel bereits daran scheitern, dass der Antragsteller nicht dem produzierenden Gewerbe angehört.

Nicht von § 51 Abs. 1 Nr. 1 Buchstabe d EnergieStG erfasst werden die Fälle, die früher nur auf Grund des Kontaktes der Flamme mit dem zu bearbeitenden Stoff begünstigt waren. Nicht mehr entlastet werden somit folgende bisher nach § 25 Abs. 1 Nr. 4 MinöStG steuerfreien Fälle:

– Absengen von Schweineborsten,
– Folienschweißgeräte,
– Absengen von Fusseln/Textilfasern,
– Verschweißen von Dachpappen.

Ebenfalls ausgeschlossen ist die Entlastung nach § 51 Abs. 1 Nr. 1 Buchstabe d EnergieStG für:

– das Beheizen von Backöfen zu Herstellung von Backwaren,
– Heißluftballons/Heißluft-Luftschiffen,
– Infrarottrocknung von Papiererzeugnissen(In einem Feuerraum wird ein GasLuftgemisch verbrannt, die Energie wird auf eine Abstrahlfläche übertragen, diese gibt hierdurch Infrarotstrahlen ab).

Brennstoffzellen fallen nicht unter § 51 Abs. 1 Nr. 1 Buchstabe d EnergieStG. Es handelt sich hierbei auch nicht um eine KWK-Anlage, sondern um eine Verwendung von Energieerzeugnissen zu anderen Zwecken als als Kraft- oder Heizstoff nach § 25 Abs. 1 Satz 1 Nr. 1 EnergieStG, da die Energieerzeugnisse nicht verheizt werden. Eine Entlastung ist nach § 47 Abs. 1 Nr. 3 EnergieStG möglich. Lediglich im Vorwärmen der Brennstoffzelle liegt ein Verheizen im Sinne des § 2 Abs. 6 EnergieStG.

6. **Thermische Abfall- und Abluftbehandlung nach § 51 Abs. 1 Nr. 2 EnergieStG**

Bei einer Müllverbrennungsanlage ist die anschließende Nutzung der Wärme (z. B. in einer KWK-Anlage oder als Fernwärme) unschädlich für den Entlastungsanspruch.

Gleiches gilt, wenn in einer thermischen Nachverbrennungsanlage gleichzeitig z. B. Druckerzeugnisse getrocknet werden.

In Krematorien verwendete Energieerzeugnisse sind nach neuer Rechtslage zu versteuern.

Die Vernichtung von Munition und Munitionsteilen kann als thermische Abfallbehandlung anerkannt werden. Die Erzeugung von Metall ist in diesem Fall untergeordnet.

7. **Elektrolyse nach § 9a StromStG**

Entlastungsfähig ist nur die Strommenge, die unmittelbar in die Elektrolyse einfließt, d.h. der Strom, der an den Elektroden anliegt.

Auch beim so genannten Galvanisieren handelt es sich um eine Elektrolyse. Dabei wird Strom durch ein elektrolytisches Bad (Elektrolytlösung) geschickt. Am Pluspol (Anode) befindet sich das Metall, das aufgebracht werden soll (z. B. Kupfer oder Nickel), am Minuspol (Kathode) der zu veredelnde Gegenstand. Der elektrische Strom löst dabei Metallionen von der Verbrauchselektrode ab und lagert sie durch Reduktion auf der Ware ab. So wird der zu veredelnde Gegenstand allseitig gleichmäßig mit Kupfer oder einem anderen Metall beschichtet. Je länger sich der Gegenstand im Bad befindet, umso stärker wird die Metallschicht (z. B. Kupferschicht).

8. **Verbrauchsmengenermittlung**

Die Verbrauchsmengen sind so genau wie möglich zu ermitteln. Sofern es verhältnismäßig ist, ist der Einbau von Zählern zu verlangen. Die Verhältnismäßigkeit ist dabei nicht bereits deshalb gegeben, weil Entlastungsbetrag oder Verbrauchsmenge eine bestimmte, festgelegte Höhe überschreiten. Eine Eichung der Zähler ist nicht erforderlich.

Das HZA kann auf Antrag auch andere Mengenermittlungsmethoden als die Messung zulassen, sofern diese von sachverständigen Dritten nachvollzogen werden kann. Im Einzelfall können die Verbrauchsmengen auch anhand geeigneter Unterlagen geschätzt werden.

Zu § 51 Energiesteuergesetz **Anlage § 051–02**

9. **Verbrennung von Abfall-Lösungsmittelgemischen**
   Hier ergibt sich die Problematik, dass es sich bei diesen AbfallLösungsmittelgemischen gem. § 1 Abs. 3 Nr. 2 EnergieStG um Energieerzeugnisse handeln kann, sie jedoch nicht von § 51 Abs. 1 Satz 1 EnergieStG erfasst werden. Hier ist im Einzelfall zu prüfen, ob die Steuerbefreiung nach § 29 Satz 1 Nr. 2 EnergieStG einschlägig ist.

10. **Anforderungen an die Betriebserklärung**
    Als Betriebserklärung nach § 95 Abs. 3 Nr. 2 EnergieStV reicht es nicht aus, z. B. nur den Wortlaut des Gesetzes wiederzugeben. Die Anlage(n) und Prozesse, der genaue Verwendungszweck, Zeichnungen, Angaben zur Messung bzw. Ermittlung der verwendeten Mengen, etc. sind erforderlich.

11. **Sonstiges**
    Grundsätzlich müssen für das Kalenderjahr 2006 mindestens zwei Anträge auf Steuerentlastung (einer für den Zeitraum bis 31. Juli und einer für den restlichen Zeitraum) abgegeben werden, da sich mit dem Inkrafttreten des Energiesteuergesetzes am 1. August 2006 die Gesetzesgrundlage geändert hat. Es handelt sich um zwei unterschiedliche Gesetze mit teilweise auch unterschiedlichen Voraussetzungen für die Gewährung der Steuerentlastungen. In Ausnahmefällen kann aus Gründen der Praktikabilität ein Antrag als ausreichend anerkannt werden (z. B. Privatpersonen für ihre KWK-Anlage), wenn die Entlastungsvoraussetzungen nach beiden Gesetzen eindeutig vorliegen.

# Anlage § 051–03

Zu § 51 Energiesteuergesetz

## Dienstvorschrift Energiesteuer – zu § 51EnergieStG (DV Steuerentlastung für Prozesse und Verfahren); Teil-Dienstvorschrift zu § 51 Absatz 1 Nummer 2 EnergieStG

BMF-Schreiben vom 15.9.2014 – III B 6 – V8245/07/10007:002, 2014/0808843

### 1. Allgemeines

1 Mit dieser Dienstvorschrift werden folgende Erlasse (nicht allen Bundesfinanzdirektionen zugegangen) aufgehoben:
  1. III B 6 – V 8245/07/10007:016, Dok.: 2011/0749539 vom 23.09.2011,
  2. III B 6 – V 8245/07/10007:016, Dok.: 2011/0609344 vom 26.09.2011,
  3. III B 6 – V 8245/07/10007:016, Dok.: 2012/0314052 vom 4. April 2012 und
  4. III B 6 – V 8245/07/10007:016, Dok.: 2014/0079647 vom 18. Februar 2014.

Des Weiteren werden folgende Verfügungen der Bundesfinanzdirektion Südwest – Abteilung Zentrale Facheinheit – bzw. der Oberfinanzdirektion Karlsruhe (nicht allen Bundesfinanzdirektionen zugegangen) aufgehoben:
  5. V 8245 B – 188/07 – Z 318 vom 7. Mai 2007 (hier nur Punkt 6),
  6. V 8245 B – 76/07 – Z 318 vom 29. Mai 2007,
  7. V 8245 – 2/08 – Z 318 vom 3. Januar 2008,
  8. V 8245 B – ZF 2109 vom 15. Juni 2009,
  9. V 8245 B – 7 – 2/10 – ZF 2101vom 10. Juni 2010,
  10. V 8245 B – 1/11 – ZF 2101vom 11. Oktober 2011,
  11. V 8245 B – 7 – 10/10 – ZF 2101vom 4. Oktober 2011,
  12. V 8245 B – 16/11 – ZF 2101vom 15. November 2011,
  13. V 8245 B – 7 – 21/22/10 – ZF 2101vom 12. April 2012,
  14. V 8245 B – 7 – 1/12 – ZF 2101vom 10. April 2012 und 01. Juni 2012;
  15. V 8245 – 7 -6/13 – ZF 2101vom 20. November 2013 und
  16. V 8245 B – 7 – 8/13 – ZF 2101 vom 24. Februar 2014.

Verfügungen der Abteilungen Rechts- und Fachaufsicht, die in Einzelfällen ohne Beteiligung der Abteilung Zentrale Facheinheit erstellt worden sind, sind durch die Abteilungen Rechts- und Fachaufsicht inhaltlich zu prüfen und ggf. aufzuheben bzw. anzupassen.

Begriffe, die in dieser Dienstvorschrift mit (G) gekennzeichnet sind, sind in der Anlage erläutert.

2 Bei der Steuerentlastung nach § 51 Absatz 1 Nummer 2 EnergieStG handelt es sich um eine Entlastung für eine Verwendung von Energieerzeugnissen zu zweierlei Zwecken, sog. „dual use" im Sinne von Artikel 2 Absatz 4 Buchstabe b), 2. Anstrich der Richtlinie 2003/96/EG. Während das Verheizen nach § 1a Nummer 12 EnergieStG der eine Verwendungszweck ist. stellt die Beseitigung des Schadstoffpotentials des Abfalls oder der Abluft den anderen Verwendungszweck dar. Dabei können beide Zwecke mit dem Prozess der thermischen Abfall- oder Abluftbehandlung verfolgt werden.

Im Unterschied zu der Rechtsprechung des Bundesfinanzhofes (BFH) für die Anwendung des § 51 Absatz 1 Nummer 1 Buchstabe d) EnergieStG (Urteil des BFH vom 28. Oktober 2008 – VII R 6/08) kommt es für eine Steuerentlastung nach § 51 Absatz 1 Nummer 2 EnergieStG nicht darauf an, dass die verwendeten Energieerzeugnisse gleichzeitig sowohl als Heizstoff als auch als Roh-, Grund- oder Hilfsstoff eingesetzt werden.

3 Der Kreis der Entlastungsberechtigten unterliegt – im Unterschied zu § 51Absatz 1 Nummer 1 EnergieStG – keiner Einschränkung auf Unternehmen des Produzierenden Gewerbes im Sinne des § 2 Nummer 3 und 4 StromStG.

4 Die Begrifflichkeiten des § 51 Absatz 1 Nummer 2 EnergieStG bedürfen als steuerrechtliche Regelung einer eigenständigen Auslegung. Deshalb können die Begrifflichkeiten aus dem Umwelt- und Abfallrecht nicht ohne Weiteres auf das Energiesteuerrecht übertragen werden.

  Stoffe, die nach § 2 Absatz 2 Kreislaufwirtschaftsgesetz (KrWG) von den Regelungen des KrWG ausgenommen sind, können gleichwohl als Abfall im Sinne des § 51Absatz 1 Nummer 2 EnergieStG betrachtet werden (z. B. tierische Nebenprodukte nach der Verordnung (EG) 1069/2009 oder Munition bzw. Munitionsteile). Umgekehrt können Stoffe, die nach § 2 Absatz 2 KrWG von den Regelungen des KrWG nicht ausgenommen sind, nicht als Abfall im Sinn des § 51 Absatz 1 Nummer 2 EnergieStG gelten, da siez. B. ein Energieerzeugnis sind (vgl. Absatz 5).

## 2. Abfall- und Abluftbegriff

Der Begriff des Abfalls umfasst feste und flüssige Stoffe. Als Abluft gelten gasförmige Stoffe (z. B. Abgase. auch wenn sie feste, flüssige oder gasförmige Emissionen enthalten). Abfälle und Abluft im Sinn des § 51 Absatz 1 Nummer 2 EnergieStG sind alle Stoffe. die bereits gebraucht worden sind und dadurch eine Verunreinigung erfahren haben, so dass sie für ihre ursprüngliche Zweckbestimmung nicht mehr verwendet werden können und zur Beseitigung ihres Schadstoffpotentials einer thermischen Behandlung unterzogen werden müssen.

Energieerzeugnisse (z. B. Ölabfälle der Position 2710 oder Energieerzeugnisse nach § 1 Absatz 3 Nummer 2 EnergieStG). die selbst Gegenstand (d. h. „Objekt") einer thermischen Abfall- oder Abluftbehandlung sind. gelten nicht als Abfälle oder Abluft im Sinn des § 51 Absatz 1 Nummer 2 EnergieStG. Diese Energieerzeugnisse sind nicht nach § 51 Absatz 1 Nummer 2 EnergieStG entlastungsfähig.

Gelten Waren gemäß § 1b Absatz 1 EnergieStV nicht als Energieerzeugnisse, können diese aber Gegenstand einer thermischen Abfall- oder Abluftbehandlung nach § 51 Absatz 1 Nummer 2 EnergieStG sein.

Gasförmige kohlenwasserstoffhaltige Waren der Position 3825 der KN mit einem Heizwert von höchstens 18 MJ/kg (z. B. Abgase aus Anlagen zur Trocknung von lackiertem Metall oder Druckerzeugnissen), die nach umweltrechtlichen Vorschriften zu behandeln sind, sind keine Energieerzeugnisse nach § 1 Absatz 3 Satz 1 Nummer 2 EnergieStG i. V. m. § 1b Absatz 1 Nummer 4 Satz 1 EnergieStV und gelten somit als Abluft im Sinne des § 51 Absatz 1 Nummer 2 EnergieStG. Werden sie thermisch behandelt. um ihr Schadstoffpotential zu beseitigen. sind die Energieerzeugnisse. die zu ihrer thermischen Behandlung eingesetzt werden (z. B. für ein Stützfeuer) nach § 51 Absatz 1 Nummer 2 EnergieStG entlastungsfähig.

Gasförmige kohlenwasserstoffhaltige Waren der Position 3825 der KN mit einem Heizwert von über 18 MJ/kg (z. B. bestimmte Abgase aus Anlagen der chemischen Industrie) sind Energieerzeugnisse nach § 1 Absatz 3 Satz 1 Nummer 2 EnergieStG i. V. m. § 1b Absatz 1 Nummer 4 Satz 1 EnergieStV und gelten nicht als Abluft i. S. d. § 51 Absatz 1 Nummer 2 EnergieStG. Werden sie thermisch behandelt, um ihr Schadstoffpotential zu beseitigen. sind sie selbst und die Energieerzeugnisse, die ggf. zu ihrer thermischen Behandlung eingesetzt werden (z. B. für ein Stützfeuer). nicht nach § 51 Absatz 1 Nummer 2 EnergieStG entlastungsfähig. In den Fällen. in denen die entstandene Wärme nicht genutzt wird (§ 1b Absatz 2 EnergieStV; siehe auch Verfügung vom 26. Juni 2012 – V 8015 – 9/11 – ZF 2201/ZF 2202). ist das Objekt der Behandlung kein Energieerzeugnis. Ein ggf. in diesen Ausnahmefällen zur Stützfeuerung eingesetztes Energieerzeugnis ist entlastungsfähig, da es der Behandlung von Abluft bzw. Abfall dient.

## 3. Thermische Behandlung

Das Tatbestandsmerkmal „thermisch" beinhaltet ausschließlich Behandlungen unter Einwirkung von Wärme im Hauptprozess und umfasst dabei sowohl das direkte als auch das indirekte Beheizen (Wärmeleitung oder Wärmestrahlung (z. B. Infrarotstrahlung)). Katalytische Abluftreinigungsverfahren gelten als thermische Verfahren. soweit eine thermische Vorbehandlung erfolgt (vgl. Absatz 22).

Das Tatbestandsmerkmal der thermischen Behandlung kann auch durch solche Energieerzeugnisse erfüllt sein, die unmittelbar vor der thermischen Behandlung dem Abfall bzw. der Abluft zugeführt werden. Voraussetzung für die Entlastungsfähigkeit der auf diese Weise zugesetzten Energieerzeugnisse ist, dass das Zuführen in untrennbarem Zusammenhang mit der Abfall- oder Abluftbehandlung steht und die Zuführung dieser Menge von Energieerzeugnissen ausschließlich zur Gewährleistung der Beseitigung des Schadstoffpotentials im Verbrennungsprozess erforderlich ist.

Einem Abfall nach § 1b Absatz 1 Nummer 3 EnergieStV (Heizwert von höchstens 18 Megajoule je Kilogramm) wird eine bestimmte Menge hochkalorischer Abfall (Energieerzeugnis nach § 1 Absatz 3 Satz 1 Nummer 2 EnergieStG) unmittelbar vor der Verbrennung in einem Ofen zugeführt. Auf diese Weise wird ein zur Gewährleistung der Beseitigung des Schadstoffpotentials erforderlicher, durchschnittlich über 18 Megajoule je Kilogramm liegender Heizwert erreicht. Mit der Zuführung des hochkalorischen Abfalls zu dem Abfall nach § 1b Absatz 1 Nummer 3 EnergieStV erfolgt zwar eine Verwendung als Heizstoff, bei der die Energiesteuer nach § 23 Absatz 1 Nummer 2 EnergieStG für die zugeführte Menge hochkalorischen Abfalls entsteht. Eine Entlastung der so entstandenen Energiesteuer nach § 51 Absatz 1 Nummer 2 EnergieStG ist aber grundsätzlich möglich.

# Anlage § 051–03

Zu § 51 Energiesteuergesetz

Einem Abfall nach § 1b Absatz 1 Nummer 3 EnergieStV (Heizwert von höchstens 18 Megajoule je Kilogramm) wird eine bestimmte Menge hochkalorischer Abfall (Energieerzeugnis nach § 1 Absatz 3 Satz 1 Nummer 2 EnergieStG) in einer eigenständigen Anlage auf dem Betriebsgelände (z. B. Mischanlage) zugeführt und das Gemisch erst zu einem späteren Zeitpunkt zur Beseitigung des Schadstoffpotentials verbrannt. In diesem Fall mangelt es an dem erforderlichen Zusammenhang zwischen thermischer Abfallbehandlung und Zuführung der Energieerzeugnisse. Eine Entlastung nach § 51 Absatz 1 Nummer 2 EnergieStG ist deshalb nicht möglich.

**8** Handelt es sich bei einem Hauptprozess nicht um einen thermischen Prozess, so kann auch eine Vorbereitungshandlung nicht entlastungsfähig sein, selbst wenn diese thermisch ist.

Beispiel 8: Aufheizen eines Katalysators im Anfahrprozess, wobei der Hauptprozess ohne Zuführung von Energieerzeugnissen exotherm (G) abläuft.

**9** Eine thermische Abfall- oder Abluftbehandlung im Sinne des Energiesteuerrechts liegt nur dann vor, wenn sie ausschließlich oder zumindest vorrangig der Beseitigung des Schadstoffpotentials dient. Die thermische Behandlung von Abfall- oder Abluft im Sinne des Energiesteuerrechts muss dazu führen, dass nach Beendigung des Prozesses

a) kein schadstoffbelasteter Abfall bzw. keine schadstoffbelastete Abluft mehr vorhanden oder

b) das Schadstoffpotential des Abfalls bzw. der Abluft erheblich reduziert ist (z. B. durch stoffliche Umwandlung).

Eine thermische Behandlung liegt nicht vor, wenn die Energieerzeugnisse eingesetzt werden, um die physikalischen Eigenschaften des Abfalls oder der Abluft zu verändern (z. B. Entstaubung (G). Adsorption (G), Filterung (G)), da das Schadstoffpotential des Abfalls bzw. der Abluft mit diesen Verfahren nicht beseitigt wird (vgl. auch Absatz 10).

**10** Ist der zu behandelnde Abfall oder die zu behandelnde Abluft am Ende eines thermischen Behandlungsprozesses im Unternehmen noch substantiell als Abfall vorhanden und/oder erfolgte keine Beseitigung des Schadstoffpotentials, liegt keine thermische Abfallbehandlung im Sinn des § 51 Absatz 1 Nummer 2 EnergieStG vor. Es handelt sich dann lediglich um einen Prozess des Verheizens.

Beispiel 10.1:
– Trocknung von Klärschlamm (z. B. im Drehrohrofen (G))
– Infrarotbestrahlung von verunreinigten Abwässern (siehe Beispiel 11.2)

Sowohl bei der Trocknung von Klärschlamm als auch beim Verdampfen verunreinigter Abwässer durch Infrarotbestrahlung ist nach der Wärmebehandlung der eigentliche Abfall (Klärschlamm, Rückstände des verunreinigten Wassers) substantiell noch vorhanden (d. h. insbesondere der Schadstoffgehalt). Die Verwendung der Energieerzeugnisse dient lediglich dazu, den Abfall für eine weitere Abfallbehandlung in einem anderen Unternehmen aufzubereiten, indem z. B. das Volumen reduziert wird. Insofern liegt keine Abfallbehandlung. sondern lediglich ein Verheizen vor.

Beispiel 10.2: Trocknung von Rübenschnitzeln bei der Weißzuckererzeugung

Die thermische Behandlung (zusätzliches Aufheizen) von Rauchgasen bei der Rübenschnitzeltrocknung erfolgt ausschließlich zur Erzeugung von Wärme, um die Rübenschnitzel zu trocknen und nicht zur Verminderung von Schadstoffen im Abgas.

**11** Die bloße Extraktion eines Schadstoffes (d. h. der Schadstoff ist nach der Behandlung weiter vorhanden. z. B. bei Kristallisation (G) oder Destillation (G)) ist keine Abfall- oder Abluftbehandlung im Sinn des Energiesteuerrechts.

Beispiel 11.1: Betrieb von Destillationsanlagen zur Regenerierung von Abfall-Lösemitteln und Abfall-Kaltreinigern

Verschmutzte Lösemittel, Verdünner oder Kaltreiniger werden in einer Destillationsanlage von ihren Verunreinigungen getrennt. Die abgetrennten Verunreinigungen werden anschließend gesondert einer Behandlung zugeführt. Die Behandlung in der Destillationsanlage ist keine thermische Abfallbehandlung im Sinne des Energiesteuerrechts. da das Schadstoffpotential nach der Destillation weiterhin vorhanden ist.

Beispiel 11.2: Kristallisation von Färberückständen im Abwasser (siehe auch Absatz 10)

Energieerzeugnisse werden verwendet, um u. a. mit Carbonatsalzen verunreinigtes Abwasser zu verdampfen. Mit der Verdampfung wird der Wasseranteil des Abwassers vermindert und eine Reduzierung des Flüssigkeitsanteils im verbleibenden Abwasser erreicht. Eine thermische Abfallbehandlung erfolgt nicht. Die Carbonatsalze werden infolge der Wasserverdampfung nach Kristallisation nur ausgefällt, d. h. der eigentliche Schadstoff ist erhalten geblieben.

Zu § 51 Energiesteuergesetz **Anlage § 051–03**

Für eine thermische Abfall- oder Abluftbehandlung im Sinn des § 51 Absatz 1 Nummer 2 EnergieStG ist 12
es unschädlich, wenn bei einem Verbrennungsvorgang wirtschaftlich minderwertige Reststoffe (Rückstände) zwangsläufig anfallen und diese ggf. wirtschaftlich verwertet werden (z. B. feste Reststoffe aus Verbrennungsprozessen in Müllverbrennungsanlagen, wie Schlacke, die im Straßenbau verwendet wird), da das „Abfallprodukt" als solches thermisch beseitigt worden ist. Dessen ungeachtet ist immer zu prüfen, ob die Beseitigung des Schadstoffpotentials den Vorrang hat (vgl. Absatz 14 und Abschnitt 4).

Beispiel 12.1:

Bei der thermischen Behandlung von Siedlungsabfällen in einer Müllverbrennungsanlage steht die Beseitigung des Schadstoffpotentials der Siedlungsabfälle im Vordergrund. Bei dem Verbrennungsprozess fallen Schlacke und Asche als minderwertige Reststoffe an, die noch wirtschaftlich (z. B. im Straßenbau oder zur Verfüllung von Gruben) genutzt werden können.

Energieerzeugnisse sind auch dann entlastungsfähig, wenn das Schadstoffpotential des Abfalls bzw. der 13
Abluft beseitigt und ein werthaltiger Reststoff verbleibt, der wieder verwendet wird.

Beispiel 13.1: Wiederaufbereitung von bindemittelhaltigem Gießereialtsand

Bei der thermischen Abfallbehandlung wird das Bindemittel verbrannt; der gereinigte Gießereisand kann im Gießereiprozess wieder eingesetzt werden.

Beispiel 13.2:

Bei der Vernichtung von Munition in einem Drehrohrofen fällt u. a. auch Metall als wieder verwertbarer werthaltiger Reststoff an, welches wirtschaftlich wieder verwendet wird (Schrott). Der in der Munition enthaltene Sprengstoff wird vernichtet.

Beispiel 13.3:

Bei der Behandlung von mit Kohlenwasserstoffen verunreinigten Katalysatoren verbrennen in einem Reaktor (im Wirbelbett) bei Temperaturen von 700-800° C sowohl die Schadstoffe als auch der Katalysator. Die Reste des Katalysators werden anschließend aus dem Abgas ausgewaschen und aufbereitet.

Beispiel 13.4:

Anders verhält es sich z. B. bei einem mit Schwefeldioxid versetzten Aktivkohlefilter. Bei der thermischen Behandlung des Kohlefilters wird der Schadstoff nur aus dem Filter ausgetrieben und in nachgelagerten Prozessen zur Herstellung von Schwefelsäure verwertet. Der Schadstoff ist damit substantiell weiter vorhanden, somit erfolgt keine Beseitigung des Schadstoffpotentials (vgl. Absatz 11).

Werden bei der thermischen Behandlung von Abfall oder Abluft marktgängige bzw. weiter nutzbare 14
Erzeugnisse von Wert hergestellt, so dienen die zur thermischen Behandlung eingesetzten Energieerzeugnisse nicht vorrangig der Beseitigung des Schadstoffpotentials der Abfälle.

Beispiel 14.1:

Bei der Verwendung von Energieerzeugnissen im Rahmen der Verarbeitung von Tierkörpern oder Schlachtnebenprodukten (Kategorie 1 bis 3 der Verordnung (EG) Nr. 1069/09) steht nicht die thermische Abfallbehandlung der vorgenannten Waren im Vordergrund, sondern die Herstellung der hochwertigen Verarbeitungsprodukte Tiermehl und Tierfett Diese Erzeugnisse können als marktgängige Erzeugnisse in der Oleochemie (G), als Kraft- oder Heizstoff oder als Dünger verwendet werden.

Als minderwertige Reststoffe gelten z. B.: 15
– Asche
– Schlacke

Als werthaltige Reststoffe bzw. als bei der Abfall- bzw. Abluftbehandlung hergestellte marktgängige oder weiter nutzbare Erzeugnisse von Wert gelten z. B.:
– Gießereisand,
– Metall/Schrott aus der Munitionsdelaborierung (G),
– Tierfett und TiermehL

Bei einem thermischen Abfall- oder Abluftbehandlungsprozess wird zwangsläufig Wärme erzeugt. Eine 16
Nutzung dieser erzeugten thermischen Energie zu anderen Zwecken ist unschädlich für den Entlastungsanspruch, wenn diese Nutzung nur untergeordneter Nebenzweck der Abfall- oder Abluftbeseitigung ist. Dessen ungeachtet ist immer zu prüfen, ob die Beseitigung des Schadstoffpotentials den Vorrang hat (vgl. Abschnitt 4).

**Anlage § 051–03**  Zu § 51 Energiesteuergesetz

Beispiel 16.1:

Nutzung der Wärme, die in einem Müllheizkraftwerk entsteht und für Fernwärme verwendet wird.

Beispiel 16.2:

Nutzung der anfallenden Wärme in einer thermischen Nachverbrennungsanlage (G) zur Trocknung von lackiertem Metall oder Druckerzeugnissen, wenn die Trocknung nicht der Hauptzweck ist.

17 Nicht als thermische Abfallbehandlung zur Beseitigung eines Schadstoffpotentials im Sinne des Energiesteuergesetzes gelten die Verbrennungsprozesse zum Kremieren von Leichnamen und die Verbrennung von Tieren in Tierkrematorien. Entlastungsfähig sind hingegen solche Energieerzeugnisse, die in einer thermischen Nachverbrennungsanlage eines Krematoriums für die thermische Abluftbehandlung der entstandenen Abgase verwendet werden. nicht aber die Energieerzeugnisse, die in der Hauptbrennkammerverwendet werden (vgl. Absatz 22).

**4. Abgrenzung der thermischen Abfall- oder Abluftbehandlung von anderen Verwendungszwecken der Energieerzeugnisse**

18 Bei der Prüfung, ob eine thermische Abfall- oder Abluftbehandlung zur Schadstoffbeseitigung erfolgt, ist zunächst eine Anlagenbetrachtung entsprechend der nachstehenden Fallgruppen vorzunehmen.

19 Fallgruppe 1:

Dient die Anlage ausschließlich der Schadstoffbeseitigung (z. B. Anlagen der Ziffer D 10 nach Anlage 1 des KrWG). ist eine Steuerentlastung nach § 51 Absatz 1 Nummer 2 EnergieStG grundsätzlich zu gewähren.

20 Fallgruppe 2:

Dient die Anlage nicht schwerpunktmäßig der Schadstoffbeseitigung. sondern schwerpunktmäßig z. B. der Erzeugung von Sekundärenergie (z. B. Dampf, Wärme und Strom) oder marktgängigen bzw. weiternutzbaren Erzeugnissen (z. B. Tiermehl oder Tierfett), kommt eine Entlastung nach § 51 Absatz 1 Nummer 2 EnergieStG nicht in Betracht.

Dies ist z. B. dann der Fall, wenn in eine Anlage, die der Erzeugung von Strom oder Wärme dient, nur kurzzeitig größere oder über einen regelmäßigen Zeitraum nur in geringfügigem Umfang Abfälle oder Abluft zur Beseitigung ihres Schadstoffpotentials eingeleitet werden.

Beispiel 20.1:

Eine Anlage dient der Dampferzeugung in einem Unternehmen. Nur zeitweise werden zusätzlich Abluftströme des Unternehmens zur Beseitigung ihres Schadstoffpotentials eingeleitet.

Beispiel 20.2:

ln einer Brennkammer zur Erzeugung von Heißluft werden über einen regelmäßigen Zeitraum in geringfügigem Umfang Ammoniakdämpfe thermisch behandelt.

Eine Entlastung kommt auch nicht in Betracht,

– wenn einem Unternehmen durch die zuständigen Behörden eine Zulassung nach Buchstabe R 1der Anlage 2 des KrWG für seine Anlage erteilt worden ist oder

– wenn ein Unternehmen nach statistischen Vorgaben dem Abschnitt E der Klassifikation der Wirtschaftszweige 2003 zugeordnet wird.

Gegenteiliges ist durch den Antragsteller nachzuweisen.

21 Fallgruppe 3:

Dient die Anlage schwerpunktmäßig der Schadstoffbeseitigung, kommt dem Grunde nach eine Entlastung in Betracht.

ln diesem Fall ist in einem zweiten Schritt der Umfang der Entlastung im gewählten Entlastungsabschnitt zu klären, da nur die Energieerzeugnisse entlastungsfähig sind, die tatsächlich zur thermischen Abfall- oder Abluftbehandlung erforderlich sind. Die Energieerzeugnisse, die zu anderen Zwecken eingesetzt werden (z. B. Erzeugung von Sekundärenergie), bleiben unberücksichtigt.

Dies ist etwa dann anzunehmen. wenn die Menge der eingesetzten Energieerzeugnisse bei gleichbleibender Abfallmenge erhöht wird.

Beispiel 21.1:

ln einer Abfallbehandlungsanlage werden zur Deckung von Spitzenlasten bei der Fernwärmeversorgung zusätzliche Mengen an Erdgas verheizt. Diese zusätzlich verwendeten Energieerzeugnisse sind nicht entlastungsfähig.

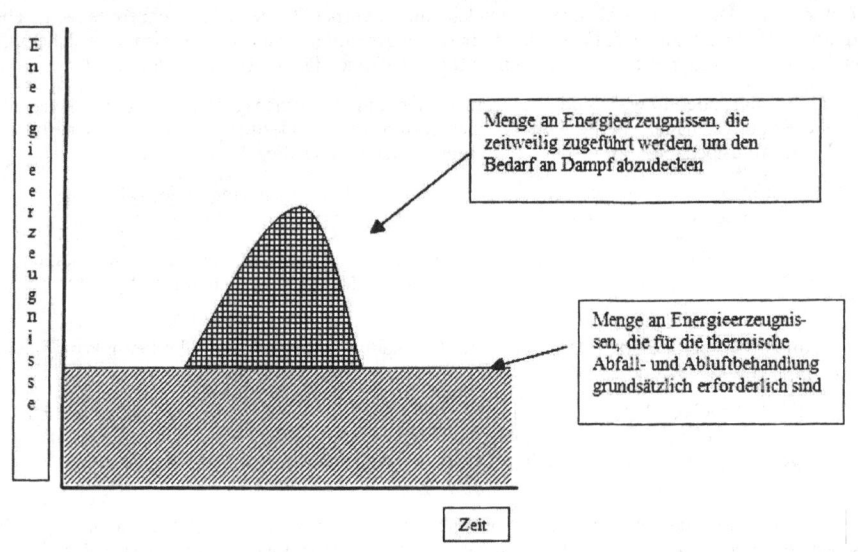

Skizze zu Beispiel 21.1

Eine anteilige Differenzierung der eingesetzten Energieerzeugnisse ist auch dann vorzunehmen, wenn die Anlage regelmäßig eine bestimmte Menge an Strom oder Wärme erzeugen soll (z. B. durch vertragliche Gestaltung oder aus technischen Gründen). In diesen Fällen sind nur die Energieerzeugnisse entlastungsfähig, die zur thermischen Behandlung des Abfalls oder der Abluft erforderlich sind.

Beispiel 21.2:

In einer Abluftbehandlungsanlage wird immer dann, wenn schadstoffbelastete Abluft nicht in ausreichender Menge zur Verfügung steht, zusätzlich zu einer erforderlichen Stützfeuerung mit Erdgas noch weiteres Erdgas verfeuert, um eine bestimmte Menge Dampf zu erzeugen, die für die Dampfversorgung des Unternehmens benötigt wird.

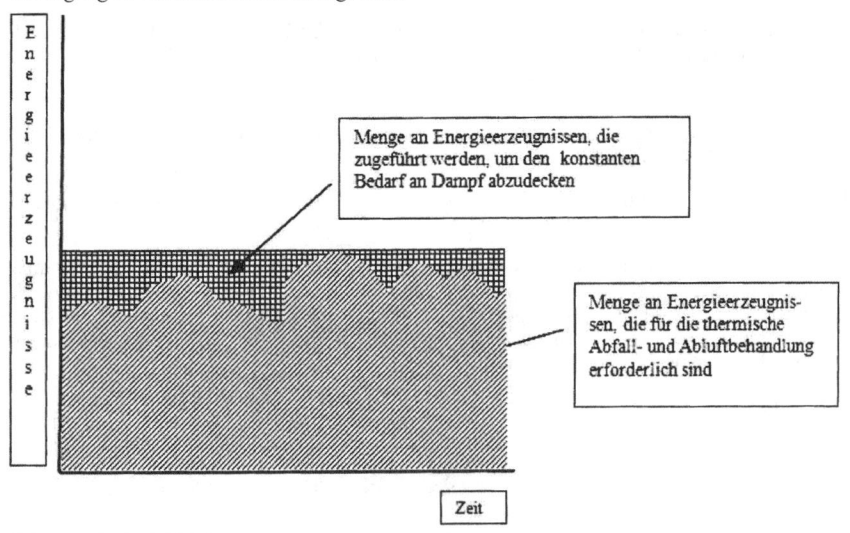

Skizze zu Beispiel 21.2

### 5. Vor- und nachbereitende Prozesse, sonstige Prozesse

In einer Anlage, die der Verwertung und Beseitigung von Abfällen oder Abluft dient, erfolgen neben dem Hauptprozess der thermischen Abfall- oder Abluftbehandlung auch vorbereitende oder nachbereitende

# Anlage § 051–03

Zu § 51 Energiesteuergesetz

Nebenprozesse. Die Absätze 23 ff. regeln, welche dieser vorbereitenden oder nachbereitenden Nebenprozesse entlastungsfähig sind. Durch den Entlastungsberechtigten ist nachzuweisen, in welchem Umfang die Energieerzeugnisse tatsächlich den entlastungsfähigen Prozessen zuzuordnen sind.

23 Soweit die abfall- oder umweltrechtlichen Vorschriften und die Betriebsgenehmigung von Abfall- oder Abluftbeseitigungsanlagen die Einhaltung einer bestimmten Mindesttemperatur bei der thermischen Abfall- und Abluftbehandlung vorsehen, sind Energieerzeugnisse, die während

   a) der Anfahrphase eingesetzt werden, um die geforderte Mindesttemperatur, die Aufheizung der Abfälle auf Zündtemperatur und die Zündung der leicht flüchtigen Bestandteile zu erreichen,

   b) des laufenden Betriebs (d. h. für ein Stützfeuer) eingesetzt werden, um für einen vollständigen Ausbrand der Abfälle zu sorgen und/oder die geforderte Mindest-Verbrennungstemperatur beizubehalten,

   c) der Abfahrphase eingesetzt werden, um eine Beschädigung der Anlagen, die bei unkontrolliertem Abfahren eintreten würde, zu vermeiden,

   entlastungsfähig nach § 51 Absatz 1Nummer 2 EnergieStG. Diese Vorgänge sind als untrennbar vom Prozess der thermischen Abfall- und Abluftbehandlung anzusehen. Für Prozesse nach Buchstabe a) und c) ist entgegen Absatz 21 keine anteilige Differenzierung der eingesetzten Energieerzeugnisse vorzunehmen.

24 Energieerzeugnisse. die zum Aufheizen von integrierten Wärmetauschern (G) in Anlagen zur thermischen Nachverbrennung (G) aus technischen Gründen eingesetzt werden, ohne dass während dieser Aufheizphase schadstoffbelastete Luft zugeführt wird, sind entsprechend Absatz 23 Buchstabe a) und c) zu behandeln.

25 Zum begünstigten Prozess nach § 51 Absatz 1 Nummer 2 EnergieStG gehören auch die zur thermischen Abfall- und Abluftbehandlung notwendigen technischen „Nebenverfahren". Als notwendig ist ein solches „Nebenverfahren" grundsätzlich dann anzusehen. wenn es in unmittelbarem Zusammenhang mit dem jeweils betrachteten Prozess steht und nicht hinweggedacht werden kann. ohne dass der Prozess selbst entfiele. Zwingende Voraussetzung hierfür ist. dass alle Verfahren in einem einzigen Unternehmen stattfinden.

   Beispiel 25.1:

   Energieerzeugnisse. die für eine Vorwärmung der Abluft im Rahmen eines katalytischen Abluftreinigungsverfahrens (G) verwendet werden, sind entlastungsfähig (Hinweis auf Absatz 7).

   Beispiel 25.2:

   Energieerzeugnisse. die zur Vorwärmung der Verbrennungsluft verwendet werden, die für den Betrieb einer Spalt-Schwefelsäure-Anlage eingesetzt wird. sind entlastungsfähig.

Nicht als Vorbereitungshandlung gilt der Energieeinsatz. der in die zu behandelnde Abluft eingegangen ist.

   Beispiel 25.3: Die in die thermische Nachverbrennungsanlage eingehende warme Abluft stammt aus diversen Hauptprozessen. z. B. Herstellung von Druckerzeugnissen. Kremierung in der Hauptkammer. Energieeinsätze im Hauptprozess. bei denen zwangsläufig erhitzte Abluft entsteht, sind keine vorbereitenden. technisch notwendigen Nebenverfahren für die Abluftbehandlung in der thermischen Nachverbrennungsanlage.

Zu § 51 Energiesteuergesetz **Anlage § 051–03**

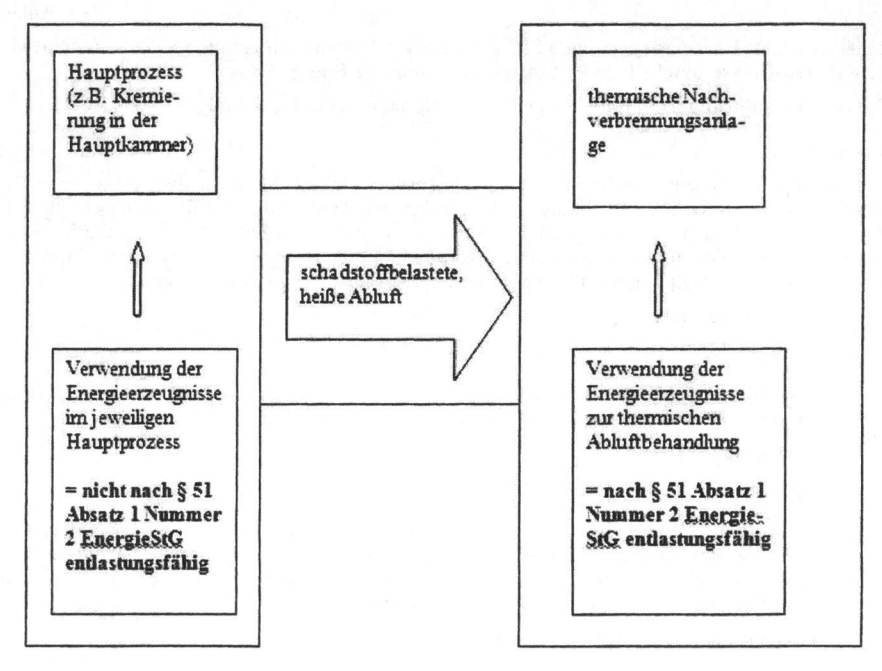

```
┌─────────────────┐                              ┌─────────────────┐
│ Hauptprozess    │                              │ thermische Nach-│
│ (z.B. Kremie-   │                              │ verbrennungsanla│
│ rung in der     │                              │ -ge             │
│ Hauptkammer)    │                              │                 │
└─────────────────┘                              └─────────────────┘
         ⇧              schadstoffbelastete,              ⇧
         │              heiße Abluft ⟹                   │
┌─────────────────┐                              ┌─────────────────┐
│ Verwendung der  │                              │ Verwendung der  │
│ Energieerzeug-  │                              │ Energieerzeug-  │
│ nisse im        │                              │ nisse zur       │
│ jeweiligen      │                              │ thermischen     │
│ Hauptprozess    │                              │ Abluftbehandlung│
│                 │                              │                 │
│ = nicht nach §51│                              │ = nach § 51     │
│ Absatz 1 Nummer │                              │ Absatz 1 Nummer │
│ 2 EnergieStG    │                              │ 2 EnergieStG    │
│ entlastungsfähig│                              │ entlastungsfähig│
└─────────────────┘                              └─────────────────┘
```

Skizze zu Beispiel 25.3

Energieerzeugnisse, die im Probebetrieb bzw. zur Inbetriebnahme eingesetzt werden (z. B. zur Ein- 26 stellung von Anlagen wie das „Auskochen eines Kessels" oder „Ausblasen von Rohrleitungen"), sind nicht nach § 51 Absatz 1 Nummer 2 EnergieStG entlastungsfähig, da es an den entsprechenden Tatbestandsmerkmalen (Beseitigung des Schadstoffpotentials des Abfalls/der Abluft) mangelt.

Energieerzeugnisse, die zum Betrieb von Pilotbrennern (G) eingesetzt werden, sind nicht nach § 51 27 Absatz 1 Nummer 2 EnergieStG entlastungsfähig, da sie nicht verheizt werden. Für diese Energieerzeugnisse greift die Rechtsnorm des § 1b Absatz 2 EnergieStV. Auf die Möglichkeit einer Steuerentlastung nach § 47 Absatz 1 Nummer 3 EnergieStG wird verwiesen.

Begleitende Prozesse, die vom Hauptprozess losgelöst erfolgen und parallel dazu verlaufen, gehören 28 nicht zur begünstigten Handlung und sind damit nicht nach § 51 Absatz 1 Nummer 2 EnergieStG entlastungsfähig.

Beispiel 28.1:

Der Einsatz von Energieerzeugnissen für den Betrieb von Notstromaggregaten in Abfallverbrennungsanlagen ist nicht entlastungsfähig, da das eingesetzte Energieerzeugnis nicht der Abfallbehandlung dient, sondern ausschließlich zur Bereitstellung des für die Anlage erforderlichen Stroms verwendet wird. Das Energieerzeugnis nimmt nicht am Prozess der thermischen Abfallbehandlung teil.

Zur begünstigten Handlung gehören ebenso keine Handlungen, die zeitlich erst nach einer Schadstoff- 29 beseitigung erfolgen. Die Verwendung von Energieerzeugnissen dient in diesen Fällen nicht mehr dem Prozess der Abfall-/Abluftbehandlung.

Beispiel 29.1

Das Aufheizen von Rauchgasen zur Reduktion der Restfeuchtigkeit nach einer Rauchgaswäsche ist nicht entlastungsfähig, da die eingesetzten Energieerzeugnisse nicht der Beseitigung des Schadstoffgehaltes dienen. Die Schadstoffbeseitigung erfolgte bereits im Rahmen der Rauchgaswäsche.

### 6. Berichte

Über ggf. auftretende Probleme bei der Umsetzung dieser Teil-Dienstvorschrift ist zeitnah auf dem 30 Dienstweg zu berichten.

# Anlage § 051–03

Zu § 51 Energiesteuergesetz

**Anlage**
**Dienstvorschrift Energiesteuer – zu § 51 EnergieStG (DV Steuerentlastung für Prozesse und Verfahren); Teil-Dienstvorschrift zu § 51 Absatz 1 Nummer 2 EnergieStG**
**Glossar – Erläuterung technischer Begriffe – (in alphabetischer Reihenfolge)**

Adsorption:

Unter Adsorption versteht man die Anlagerung von Teilchen (Atome. Moleküle. Ionen usw.) einer oder mehrerer Teilchensorten aus einer flüssigen oder gasförmigen Phase an der Oberfläche eines Festkörpers oder auch einer Flüssigkeit. Da sich dabei der flüssige oder gasförmige Stoff auf der Oberfläche anreichert, findet bei diesem Vorgang immer eine Konzentrationsänderung an der Phasengrenzfläche statt. Meistens wird von Adsorption beim Vorliegen einer Gas/Feststoff-Grenzfläche gesprochen.
(aus: www.chemgapedia.de)

Delaborierung:

Unter Delaborierung versteht man den Rückbau einer gefährlichen, scharfen Einheit (Geschoss. Granate, Bombe usw.) in ihre Einzelteile, die für sich genommen wieder ungefährlich sind.
(aus: www.wikipedia.de)

Destillation:

Destillation ist ein thermisches Trennverfahren, um verdampfbare Flüssigkeiten zu gewinnen oder Lösungsmittel von schwer verdampfbaren Stoffen abzutrennen. Die Destillation ist die wichtigste Trenn und Reinigungsmethode für flüssige Substanzen. Voraussetzung dafür ist. dass die Substanzen ohne Zersetzung verdampfen und ihre Dampfdrücke genügend weit auseinanderliegen.
(aus: www.wikipedia.de und www.chemgapedia.de)

Drehrohrofen:

Ein Drehrohrofen ist ein universeller großtechnischer Apparat (Ofen) für jede Art von Wärme-Prozess für kontinuierliche Verfahren. Hierbei ist ein großer Zylinder („Rohr") auf drehbaren Walzen gelagert. An der einen Seite werden die umzusetzenden Produkte eingegeben und an der anderen Seite werden die gewünschten Reaktionsprodukte abgezogen. Das Drehrohr ist leicht geneigt in horizontaler Reaktionsrichtung, so dass beim Drehen die Produkte unter Zuhilfenahme innerer mechanischer Einbauten längs transportiert werden.

Man kann direkt und indirekt beheizen:

- direkt beheizt heißt. dass man innerhalb des Ofens, z.B. durch Brenner. die Wärme zuführt. Das entstehende Rauchgas hat direkten Kontakt zum Produkt.
- indirekt beheizt heißt. dass Wärme von außerhalb des Reaktionsraumes über die Drehrohrwand zugeführt wird. Diese Öfen erlauben eine besser definierte Atmosphäre im Reaktionsraum.

(aus: www.mineralienatlas.de/lexikon)

Entstauben:

Bezeichnung für die Staubentfernung aus Rauch- und Abgasen durch den Einsatz von Absetzkammern (Schwerkraftabscheider, Zyklon). Naßabscheidern (Entschwefelung), vor allem aber Elektro- und Gewebefiltern.
(aus: http:ljwww. gapinfo.de/gesundheitsamt/alle/umwelt/lex/e/029.htm)

exotherm:

Exotherme Reaktionen verlaufen unter Freisetzunq von Wärme (griech.: wärmeabgebend).

Filterung:

Ein Verfahren zur Entfernung von Schadstoffen aus wässrigen oder gasförmigen Medien, welches u. a. über Oberflächenfilter. Elektrofilter, Gaswäscher oder Abscheider erreicht wird. So werden Sand-. Kies- oder Aktivkohlefilter zum Beispiel in der Wasseraufbereitung eingesetzt, Elektro-. Gewebe- und wiederum Aktivkohlefilter in der Abluftreinigung beispielsweise zur Entstaubung und Dioxinminderung.
(vgl: http://www.gapinfo.de/gesundheitsamt/alle/umwelt/lex/f/019.htm)

Zu § 51 Energiesteuergesetz **Anlage § 051–03**

Katalyse:
Katalyse bezeichnet die Änderung der Kinetik einer chemischen Reaktion mittels eines Katalysators. meist mit dem Ziel sie überhaupt erst zu initiieren, sie zu beschleunigen oder die Selektivität in eine favorisierte Richtung zu lenken.
(aus BI-Universallexikon)

Kristallisation:
Abscheidung von Kristallen aus Lösungen, Schmelzen oder Dämpfen. Die Kristallisation aus Lösungen erfolgt u. a. durch Abdampfen oder Verdunsten des Lösungsmittels oder Zugabe von Fällungsmitteln.
(aus BI-Uniservallexikon)

Oleochemie:
Die Oleachemie ist ein Zweig der Chemie, der sich mit dem Studium von pflanzlichen und tierischen Fetten. ihren Folgeprodukten, sowie mit den petrachemisch hergestellten Produktäquivalenten beschäftigt.
(aus www.wikidedia.de)

Pilotbrenner:
Zündbrenner. die dauerhaft mit Energieerzeugnissen versorgt werden, um im Falle der thermischen Behandlung schadstoffbelasteter Abgase in bestimmten Sicherheitseinrichtungen (z. B. Abgasfackelanlagen in Chemiebetrieben) sofort zu zünden.

thermische Nachverbrennungsanlage (TNV):
Bei der thermischen Nachverbrennung werden organische Inhaltsstoffe eines Gasvolumenstroms vollständig oxidiert. Dies geschieht in einem definierten Reaktionsraum. der Brennkammer. Die Voraussetzungen für die vollständige Reaktion sind
– Durchmischung des Abluftvolumenstroms
– ausreichender Sauerstoffanteil in der Brennkammer
– gute Temperaturgleichmäßigkeit
– ausreichend dimensionierte Verweilzeit

Thermische Nachverbrennungsanlagen kommen zum Einsatz, wenn die Zusammensetzung der Abluft stark schwankt oder nicht bekannt ist.
(aus www.aIIog.de/abluftreinigung/thermische-nachverbrennung-tnv)

Wärmetauscher:
Gerät, mit dem einem Energieträger Energie (= Wärme) entzogen und für andere Zwecke nutzbar gemacht wird (vgl. auch Anlage 10 der DV Energieerzeugung)

**Anlage § 052–01**  Zu § 52 Energiesteuergesetz

## Staatliche Beihilfe N 643/2006 – Deutschland: Ermäßigung der Mineralölsteuer für Lade- und Löschunternehmen in deutschen Seehäfen

Schreiben der Europäischen Kommission vom 27.11.2008 – K(2008)481 endg.

### 1. VERFAHREN

1 Mit Schreiben vom 27. September 2006[1)] unterrichtete die deutsche Regierung die Kommission über eine Regelung zur Ermäßigung der Verbrauchsteuern auf Mineralöle, die von Lade- und Löschunternehmen bei ihren Tätigkeiten in deutschen Seehäfen verwendet werden. Die Regelung wurde unter der Nummer N 643/2006 in das Verzeichnis der angemeldeten Beihilfen aufgenommen.

2 Mit Schreiben vom 16. November 2006[2)] ersuchte die Kommission die deutsche Regierung um weitere Informationen, die diese mit Schreiben vom 15. Dezember 2006[3)] vorlegte.

### 2. BESCHREIBUNG DER BEIHILFE

#### 2.1 Die Regelung

3 Im Einklang mit der Richtlinie 2003/96/EG vom 27. Oktober 2003[4)] (nachstehend Energiebesteuerungsrichtlinie genannt) beabsichtigt Deutschland, auf die in deutschen Seehäfen tätigen Lade- und Löschunternehmen den ermäßigten Verbrauchsteuersatz anzuwenden, der derzeit für Gasöl gilt, das für Heizzwecke verwendet wird. Dieser ermäßigte Satz betrug im Jahr 2006 61,35 EUR je 1000 l, während in der Energiebesteuerungsrichtlinie ein Mindestsatz von 21,00 EUR je 1000 l vorgesehen ist. Der deutsche Steuersatz für Gasöl, das als Kraftstoff verwendet wird, unter anderem für Tätigkeiten außerhalb des Straßenverkehrs und für ortsfeste Motoren, wie es im Lade- und Löschgewerbe der Fall ist, beträgt derzeit 470,40 EUR je 1000 l.

4 Die angemeldete Maßnahme basiert auf einer Bestimmung[5)] des Energiebesteuerungsgesetzes vom 15. Juli 2006, mit dem die Besteuerung von Energieprodukten und das Elektrizitätsgesetz geändert werden. Dieses Gesetz, im Folgenden als Energiebesteuerungsgesetz bezeichnet, setzt die Richtlinien 2003/96/EG und 2003/30/EG[6)] um. Darin ist vorgesehen, dass die angemeldete Maßnahme nur dann in Kraft tritt, wenn sie von der Kommission genehmigt wird.

5 Der in Deutschland erhobene Verbrauchsteuersatz für Mineralöl, das für Lade- und Löschtätigkeiten verwendet wird, liegt nach wie vor über dem gemeinschaftlich vorgeschriebenen Mindestniveau von 21,00 EUR je 1000 l.

#### 2.2 Haushaltsmittel

6 Für die Finanzbeiträge, die sich auf jährlich rund 25 Mio. EUR belaufen dürften, werden staatliche Mittel eingesetzt.

#### 2.3 Laufzeit

7 Die Regelung war ursprünglich nicht befristet. Die deutschen Behörden haben sich verpflichtet, diese Maßnahme nach zehn Jahren erneut anzumelden. Sie haben darüber hinaus die Anwendung des neuen Verbrauchsteuersatzes für das Lade- und Löschgewerbe bis zur Genehmigung durch die Kommission ausgesetzt.

#### 2.4 Empfänger

8 Die Empfänger werden Betreiber von Hafenausrüstungen und -fahrzeugen im Sinne von § 3(a)(2) des Energiebesteuerungsgesetzes sein, die ausschließlich Lade- und Löschtätigkeiten ausführen. In dieser

---

1) Registriert unter dem Zeichen TREN (2006) A/33860.
2) Registriert unter dem Zeichen TREN (2006) D/224010.
3) Registriert unter dem Zeichen TREN (2006) A/40601.
4) Richtlinie 2003/96/EG des Rates vom 27. Oktober 2003 zur Restrukturierung der gemeinschaftlichen Rahmenvorschriften zur Besteuerung von Energieerzeugnissen und elektrischem Strom. ABl. L 283 vom 31.10.2003, S. 51. Der Text dieser Richtlinie kann auf folgender Website abgerufen werden: http://eur-lex.europa.eu/LexUriServ/Lex UriServ.do?uri=CELEX:32003L0096:DE:HTML
5) Artikel 2 Absatz 3 Buchstabe i des Energiebesteuerungsgesetzes.
6) Richtlinie 2003/30/EG des Europäischen Parlaments und des Rates vom 8. Mai 2003 zur Förderung der Verwendung von Biokraftstoffen oder anderen erneuerbaren Kraftstoffen im Verkehrssektor ABl. L 123 vom 17.5.2003, S. 4. Der Text dieser Richtlinie kann auf folgender Website abgerufen werden: http://eur-lex.europa.eu/LexUriServ/ LexUriServ.do?uri=CELEX:32003L0030:DE:HTML

Zu § 52 Energiesteuergesetz

**Anlage § 052–01**

Hinsicht werden die deutschen Behörden darauf achten, dass die betreffenden Lade- und Löschunternehmen nur Dienstleistungen der Kategorien NACE 63.1 oder 63.22.2 erbringen.
Die wichtigsten Betreiber der Lade- und Löschbranche in Deutschland, aufgeschlüsselt nach den verschiedenen Verkehrsarten, sind: 9

Container
[…][1)]
Automobiltransport
[…]
Stückgut
[…]
RoRo-Verkehr
[…]
Getreide und Futtermittel
[…]
Kohle und Erz
[…]

### 3. WÜRDIGUNG DER BEIHILFE

#### 3.1 Vorliegen einer Beihilfe

Gemäß Artikel 87 Absatz 1 EG-Vertrag sind „staatliche oder aus staatlichen Mitteln gewährte Beihilfen 10 gleich welcher Art, die durch die Begünstigung bestimmter Unternehmen oder Produktionszweige den Wettbewerb verfälschen oder zu verfälschen drohen, mit dem Gemeinsamen Markt unvereinbar."

Erstens können die Mitgliedstaaten die Verbrauchsteuer auf Mineralöl innerhalb der durch die Energiebesteuerungsrichtlinie vorgegebenen Grenzen und unbeschadet der Einhaltung der Regeln für staatliche Beihilfen nach eigenem Ermessen festlegen. Der Steuersatz kann also von einem Mitgliedstaat zum anderen unterschiedlich hoch angesetzt sein. Jedoch verschafft die angemeldete Maßnahme im vorliegenden Fall den Akteuren eines spezifischen Wirtschaftszweigs einen Vorteil: den Lade- und Löschunternehmen in Seehäfen. So stellt die Maßnahme eine Form der Entlastung dar, die „Belastungen, die normalerweise für den Haushalt eines Unternehmens bestehen, verringert"[2)]. Folglich handelt es sich um eine spezifische Maßnahme, die nicht der allgemeinen Logik des deutschen Steuersystems entspricht, auch wenn die geplante Ermäßigung mit der Energiebesteuerungsrichtlinie in Einklang steht. 11

Zweitens kann sich die angemeldete Maßnahme auf den Handel zwischen den Mitgliedstaaten auswirken, da die Lade- und Löschunternehmen in den Nordseehäfen miteinander im Wettbewerb stehen und immer mehr dieser Unternehmen in mehr als einem Mitgliedstaat Niederlassungen gründen oder Konkurrenzunternehmen aufkaufen. 12

Drittens steht ein Steuereinnahmeverlust der Verwendung staatlicher Mittel in Form von Steuerausgaben gleich. Wie unter 2.2 erläutert wird die angemeldete Maßnahme das deutsche Finanzministerium jährlich etwa 25 Mio. EUR kosten und damit staatliche Mittel verbrauchen. 13

Viertens ergibt sich nach Auffassung der Kommission im Falle der angemeldeten Maßnahme die Ermäßigung – oder die Nichterhebung – der Verbrauchsteuer nicht aus einer Gemeinschaftsverpflichtung[3)]. Die geprüfte Maßnahme ist also den deutschen Behörden unmittelbar zuzurechnen. 14

---

1) Vertrauliche Daten.
2) Rechtssache 30/59, Steenkolenmijnen gg. Hohe Behörde, Slg. 1961, 1 (19).
3) Vgl. dazu das Urteil vom 5. April 2006 in der Rechtssache T-351/02 Deutsche Bahn AG gg. Kommission. Vgl. insbesondere die Randnummern 101 und 102,
„101 Voraussetzung dafür, dass Vergünstigungen als Beihilfen im Sinne des Artikels 87 Absatz 1 EG eingestuft werden können, ist demnach u. a., dass sie dem Staat zuzurechnen sind (vgl. Urteil Frankreich/Kommission, zitiert oben in Randnr. 92, Randnr. 24 und die dort zitierte Rechtsprechung).
102 Dies ist hier nicht der Fall. § 4 Absatz 1 Nummer 3 Buchstabe a MinöStG setzt nämlich Artikel 8 Absatz 1 Buchstabe b der Richtlinie 92/81 um. Nach der Rechtsprechung des Gerichtshofes erlegt diese Bestimmung den Mitgliedstaaten jedoch eine klare und genaue Verpflichtung auf, Kraftstoff, der für die gewerbliche Luftfahrt verwendet wird, nicht der harmonisierten Verbrauchsteuer zu unterwerfen (Urteil Braathens, zitiert oben in Randnr. 69, Randnrn. 30 bis 32).. Mit der Umsetzung der Befreiung in nationales Recht führen die Mitgliedstaaten lediglich entsprechend ihren Verpflichtungen aus dem EG-Vertrag Gemeinschaftsbestimmungen aus. Die in Rede stehende Vorschrift ist daher nicht dem deutschen Staat zuzurechnen, sondern auf einen Rechtsakt des Gemeinschaftsgesetzgebers zurückzuführen."

**Anlage § 052–01**     Zu § 52 Energiesteuergesetz

15 Daher kommt die Kommission zu dem Schluss, dass die angemeldete Maßnahme eine staatliche Beihilfe im Sinne von Artikel 87 Absatz 1 EGVertrag darstellt.

### 3.2 Vereinbarkeit der Beihilfe mit dem Gemeinsamen Markt

16 Gemäß Artikel 87 Absatz 3 Buchstabe c EG-Vertrag können „Beihilfen zur Förderung der Entwicklung gewisser Wirtschaftszweige oder Wirtschaftsgebiete, soweit sie die Handelsbedingungen nicht in einer Weise verändern, die dem gemeinsamen Interesse zuwiderläuft" als mit dem gemeinsamen Markt vereinbar angesehen werden; dies ist eine mögliche Grundlage für die Genehmigung der Beihilfe.

17 Die Kommission hat am 23. Januar 2008 Leitlinien der Gemeinschaft für staatliche Umweltschutzbeihilfen[1] (nachstehend „Leitlinien" genannt) verabschiedet, die sich auf Artikel 87 Absatz 3 Buchstabe c EG-Vertrag stützen.

18 Die Kommission wird die angemeldete Maßnahme auf der Grundlage von Kapitel IV der Leitlinien prüfen, die unter anderem für die Ermäßigung von durch die Energiebesteuerungsrichtlinie vereinheitlichten Verbrauchsteuern gelten.

19 In Randnummer 151 der Leitlinien heißt es: „Beihilfen in Form von Umweltsteuerermäßigungen oder -befreiungen werden im Sinne von Artikel 87 Absatz 3 Buchstabe c EG-Vertrag als mit dem Gemeinsamen Markt vereinbar angesehen, wenn sie zumindest mittelbar eine Verbesserung des Umweltschutzes bewirken und dem allgemeinen Steuerziel nicht zuwiderlaufen."

20 Die angemeldete Maßnahme wird sich voraussichtlich günstig auf die Umwelt auswirken, da sie die Verlagerung vom Straßenauf den Seeverkehr vorantreibt. Deutsche Häfen dienen so der Förderung umweltfreundlicher Landverkehrsträger wie Schienenverkehr und Binnenschifffahrt. Ohne leistungsfähige und kostengünstig arbeitende Hafenbetreiber würde der innergemeinschaftliche Verkehr mit Deutschland über die Straße abgewickelt. Es ist darauf hinzuweisen, dass in den deutschen Seehäfen nicht nur Güter aus Drittländern, sondern auch zunehmend Güter aus anderen EU/EWRMitgliedstaaten umgeschlagen werden. Darüber hinaus wird in deutschen Häfen im Vergleich zu anderen Mitgliedstaaten ein sehr hoher Anteil des im Seeverkehr beförderten Frachtaufkommens auf die Eisenbahn umgeladen. Von den in deutschen Häfen umgeschlagenen Gütern werden im Allgemeinen etwa 30 %, bei Containern bis zu 70 % über die Schiene befördert.

21 Die Ermäßigung der Verbrauchsteuer wird dazu beitragen, die Attraktivität deutscher Häfen zu erhöhen und den Anteil des von der/auf die Schiene umgeschlagenen Frachtaufkommens zu vergrößern. Im Jahr 2005 wurden die Häfen Hamburg, Bremen/Bremerhaven und Wilhelmshaven von nicht weniger als 349 Zügen täglich bedient. Nach einer Ermäßigung der Mineralölsteuer für deutsche Lade- und Löschunternehmen werden es für diese drei Häfen bis 2015 voraussichtlich 633 Züge sein.

22 Daher kommt die Kommission zu der Auffassung, dass die in Frage stehende Maßnahme gemäß Randnummer 151 der Leitlinien zumindest mittelbar zu einer Verbesserung des Umweltschutzes beiträgt und dem Steuerziel nicht zuwiderläuft.

23 In Randnummer 152 der Leitlinien heißt es: „Steuerermäßigungen oder -befreiungen im Falle gemeinschaftsrechtlich geregelter Umweltsteuern, insbesondere durch die Richtlinie 2003/96/EG geregelter Umweltsteuern, sind nur dann mit Artikel 87 EG-Vertrag vereinbar, wenn sie gemäß den einschlägigen Gemeinschaftsvorschriften zulässig sind und den dort festgelegten Grenzen und Bedingungen entsprechen."

24 Die Kommission ist der Ansicht, dass diese Voraussetzung erfüllt ist.

25 In Artikel 8 der Energiebesteuerungsrichtlinie sind abweichende Mindeststeuerbeträge für die Erzeugnisse vorgesehen, die als Kraftstoff für industrielle und gewerbliche Verwendungszwecke verwendet werden:

„a) Arbeiten in Landwirtschaft und Gartenbau, in der Fischzucht und in der Forstwirtschaft;

b) ortsfeste Motore;

c) Betrieb von technischen Einrichtungen und Maschinen, die im Hoch- und Tiefbau und bei öffentlichen Bauarbeiten eingesetzt werden;

d) Fahrzeuge, die bestimmungsgemäß abseits von öffentlichen Straßen eingesetzt werden oder über keine Genehmigung für die überwiegende Verwendung auf öffentlichen Straßen verfügen."

26 Nach Auffassung der Kommission räumt dieser Artikel den Mitgliedstaaten die Möglichkeit ein, unbeschadet der Regeln für staatliche Beihilfen die Verbrauchsteuern auf Mineralöl für alle oder einige der genannten Tätigkeiten zu senken, unter anderem für ortsfeste Motoren, technische Einrichtungen und

---

1) Noch nicht im Amtsblatt veröffentlicht. Der Text der Leitlinien kann jedoch kann auf folgender Website abgerufen werden: http://ec.europa.eu/comm/competition/state_aid/reform/environmental_guidelines_en.pdf.

Maschinen oder Fahrzeuge. Dazu gehören beispielsweise Lade- und Löschtätigkeiten, Arbeiten in Steinbrüchen oder Bauarbeiten. Dies bedeutet, dass die Energiebesteuerungsrichtlinie es den Mitgliedstaaten – unbeschadet der Regeln für staatliche Beihilfen – ermöglicht, in diesen Bereichen Steuersätze für Mineralöl festzusetzen, die unter dem normalen Satz von 302 EUR (gemäß Anhang I, Tabelle A der Richtlinie), jedoch über dem Satz von 21 EUR je 1000 l (gemäß Anhang I Tabelle B) liegen.

Die angemeldete Beihilfe zugunsten von Lade- und Löschunternehmen in deutschen Seehäfen betrifft sowohl ortsfeste Motoren (Artikel 8 Absatz 2 Buchstabe b der Energiebesteuerungsrichtlinie) als auch Fahrzeuge, die bestimmungsgemäß abseits von öffentlichen Straßen eingesetzt werden oder über keine Genehmigung für die überwiegende Verwendung auf öffentlichen Straßen verfügen (Buchstabe d).

In Randnummer 153 der Leitlinien ist weiter Folgendes festgelegt: „Beihilfen in Form von Steuerermäßigungen oder -befreiungen im Falle von gemeinschaftsrechtlich geregelten Umweltsteuern werden für eine Dauer von 10 Jahren im Sinne von Artikel 87 Absatz 3 Buchstabe c EG-Vertrag als mit dem Gemeinsamen Markt vereinbar angesehen, wenn die Beihilfeempfänger mindestens die in der maßgeblichen Richtlinie festgelegten gemeinschaftlichen Mindeststeuerbeträge entrichten." In Randnummer 70 Nummer 15 ist der Begriff „gemeinschaftliche Mindeststeuerbeträge" in Bezug auf die Energiebesteuerungsrichtlinie definiert als die in Anhang I der Richtlinie vorgesehenen Mindeststeuerbeträge.

Wie unter 2.2 ausgeführt wird der von den deutschen Behörden geplante Verbrauchsteuersatz für Mineralöl noch immer höher sein als der gemeinschaftliche Mindestsatz von 21 EUR je 1000 l gemäß Anhang I der Energiebesteuerungsrichtlinie. Daher ist nach Auffassung der Kommission die in den Leitlinien festgelegte genannte Voraussetzung erfüllt. Da die Maßnahme bereits die in Randnummer 153 der Leitlinien festgelegte Bedingung erfüllt, ist eine Prüfung nach den in den Randnummern 155 bis 159 der Leitlinien vorgesehenen Kriterien nicht erforderlich.

Darüber hinaus stellt die Kommission fest, dass sich die Maßnahme nur sehr beschränkt auf den Wettbewerb und den Handel zwischen den Mitgliedstaaten auswirken wird. Der für die Beihilfe jährlich aufgewendete Betrag (25 Mio. EUR pro Jahr) stellt nur einen sehr kleinen Teil des Mehrwerts dar, den die Lade- und Löschunternehmen in Deutschland erwirtschaften. Alle Dienstleistungsanbieter in den deutschen Häfen werden von der geplanten Ermäßigung der derzeitigen Verbrauchsteuersätze profitieren. Die Kommission ist also der Ansicht, dass die Maßnahme die Handelsbedingungen nicht in einer Weise beeinträchtigt, die dem gemeinsamen Interesse zuwiderläuft.

Angesichts dessen kommt die Kommission zu dem Schluss, dass die angemeldete Maßnahme für einen Zeitraum von zehn Jahren ab dem Datum dieses Beschlusses als mit dem Gemeinsamen Markt vereinbar betrachtet werden kann.

## 4. BESCHLUSS

Daher stellt die Kommission fest, dass die angemeldete Maßnahme gemäß Artikel 87 Absatz 3 Buchstabe c EG-Vertrag ab dem Zeitpunkt des Inkrafttretens der Leitlinien der Gemeinschaft für staatliche Umweltschutzbeihilfen 2008 für einen Zeitraum von 10 Jahren mit dem Gemeinsamen Markt vereinbar ist.

Falls dieses Schreiben vertrauliche Angaben enthält, die nicht veröffentlicht werden sollen, werden Sie gebeten, die Kommission hiervon innerhalb von fünfzehn Arbeitstagen nach dessen Eingang unter Angabe von Gründen in Kenntnis zu setzen. Erhält die Kommission innerhalb der erwähnten Frist keinen mit Gründen versehenen Antrag, so geht sie davon aus, dass Sie mit der Veröffentlichung des gesamten Wortlauts des Schreibens in der verbindlichen Sprachfassung auf der Internet-Seite: http://ec.europa.eu/community_law/state_aids/index.htm/ einverstanden sind. Ihr Antrag ist per Einschreiben oder Fax an folgende Anschrift zu richten:

Europäische Kommission
Generaldirektion Energie und Verkehr
Direktion A – Referat 4
Rue de la Loi 200
B-1049 BRÜSSEL
Fax Nr.: + 32 2 296 41 04

Mit vorzüglicher Hochachtung
Für die Kommission

Jacques Barrot
Vizepräsident der Kommission

**Anlage § 053a–01**  Zu § 53a Energiesteuergesetz

## RICHTLINIE 2004/8/EG DES EUROPÄISCHEN PARLAMENTS UND DES RATES
über die Förderung einer am Nutzwärmebedarf orientierten Kraft-Wärme-Kopplung im Energiebinnenmarkt und zur Änderung der Richtlinie 92/42/EWG

Amtsblatt der Europäischen Union vom 11.2.2004

### ANHANG III
#### Verfahren zur Bestimmung der Effizienz des KWK-Prozesses

Die Werte für die Berechnung des Wirkungsgrades der KWK und der Primärenergieeinsparungen sind auf der Grundlage des tatsächlichen oder erwarteten Betriebs des Blocks unter normalen Einsatzbedingungen zu bestimmen.

a) Hocheffiziente KWK

Im Rahmen dieser Richtlinie muss „hocheffiziente KWK" folgende Kriterien erfüllen:

- die KWK-Erzeugung in KWK-Blöcken ermöglicht gemäß Buchstabe b) berechnete Primärenergieeinsparungen von mindestens 10 % im Vergleich zu den Referenzwerten für die getrennte Strom- und Wärmeerzeugung;
- die Erzeugung in KWK-Klein- und Kleinstanlagen, die Primärenergieeinsparungen erbringen, kann als hocheffiziente KWK gelten.

b) Berechnung der Primärenergieeinsparungen

Die Höhe der Primärenergieeinsparungen durch KWK gemäß Anhang II ist anhand folgender Formel zu berechnen:

$$PEE = \left(1 - \frac{1}{\frac{KWK\ W\eta}{Ref\ W\eta} + \frac{KWK\ E\eta}{Ref\ E\eta}}\right) \times 100\ \%$$

PEE — Primärenergieeinsparung

KWK Wη — Wärmewirkungsgrad-Referenzwert der KWK-Erzeugung, definiert als jährliche Nutzwärmeerzeugung im Verhältnis zum Brennstoff, der für die Erzeugung der Summe von KWK-Nutzwärmeleistung und KWK Stromerzeugung eingesetzt wurde.

Ref Wη — Wirkungsgrad-Referenzwert für die getrennte Wärmeerzeugung.

KWK Eη — elektrischer Wirkungsgrad der KWK, definiert als jährlicher KWK-Strom im Verhältnis zum Brennstoff, der für die Erzeugung der Summe von KWK-Nutzwärmeleistung und KWK-Stromerzeugung eingesetzt wurde. Wenn ein KWK-Block mechanische Energie erzeugt, so kann der jährlichen KWK-Stromerzeugung ein Zusatzwert hinzugerechnet werden, der der Strommenge entspricht, die der Menge der mechanischen Energie gleichwertig ist. Dieser Zusatzwert berechtigt nicht dazu, Herkunftsnachweise gemäß Artikel 5 auszustellen.

Ref Eη — Wirkungsgrad-Referenzwert für die getrennte Stromerzeugung.

c) Berechnung der Energieeinsparung unter Verwendung alternativer Berechnungsmethoden nach Artikel 12 Absatz 2

Werden die Primärenergieeinsparungen für einen Prozess gemäß Artikel 12 Absatz 2 berechnet, so sind sie gemäß der Formel unter Buchstabe b) dieses Anhangs zu berechnen, wobei

„KWK Wη" durch „Wη" und

„KWK Eη" durch „Eη"

ersetzt wird.

Zu § 53a Energiesteuergesetz  **Anlage § 053a–01**

Wη bezeichnet den Wärmewirkungsgrad des Prozesses, definiert als jährliche Wärmeerzeugung im Verhältnis zum Brennstoff, der für die Erzeugung der Summe von Wärmeerzeugung und Stromerzeugung eingesetzt wurde.

Eη bezeichnet den elektrischen Wirkungsgrad des Prozesses, definiert als jährliche Stromerzeugung im Verhältnis zum Brennstoff, der für die Summe von Wärme und Stromerzeugung eingesetzt wurde. Wenn ein KWK-Block mechanische Energie erzeugt, so kann der jährlichen KWK-Stromerzeugung ein Zusatzwert hinzugerechnet werden, der der Strommenge entspricht, die der Menge der mechanischen Energie gleichwertig ist. Dieser Zusatzwert berechtigt nicht dazu, Herkunftsnachweise gemäß Artikel 5 auszustellen.

d) Die Mitgliedstaaten können für die Berechnung nach den Buchstaben b) und c) andere Berichtszeiträume als ein Jahr verwenden.

e) Für KWK-Kleinstanlagen kann die Berechnung von Primärenergieeinsparungen auf zertifizierten Daten beruhen.

f) Wirkungsgrad-Referenzwerte für die getrennte Erzeugung von Strom und Wärme

Anhand der Grundsätze für die Festlegung der Wirkungsgrad-Referenzwerte für die getrennte Erzeugung von Strom und Wärme gemäß Artikel 4 Absatz 1 und der Formel unter Buchstabe b) dieses Anhangs ist der Betriebswirkungsgrad der getrennten Erzeugung von Strom und Wärme zu ermitteln, die durch KWK ersetzt werden soll.

Die Wirkungsgrad-Referenzwerte werden nach folgenden Grundsätzen berechnet:

1. Beim Vergleich von KWK-Blöcken gemäß Artikel 3 mit Anlagen zur getrennten Stromerzeugung gilt der Grundsatz, dass die gleichen Kategorien von Primärenergieträgern verglichen werden.
2. Jeder KWK-Block wird mit der besten, im Jahr des Baus dieses KWK-Blocks auf dem Markt erhältlichen und wirtschaftlich vertretbaren Technologie für die getrennte Erzeugung von Wärme und Strom verglichen.
3. Die Wirkungsgrad-Referenzwerte für KWK-Blöcke, die mehr als zehn Jahre alt sind, werden auf der Grundlage der Referenzwerte von Blöcken festgelegt, die zehn Jahre alt sind.
4. Die Wirkungsgrad-Referenzwerte für die getrennte Erzeugung von Strom und Wärme müssen die klimatischen Unterschiede zwischen den Mitgliedstaaten widerspiegeln.

**Anlage § 053a–02**  Zu § 53a Energiesteuergesetz

## ENTSCHEIDUNG DER KOMMISSION zur Festlegung harmonisierter Wirkungsgrad-Referenzwerte für die getrennte Erzeugung von Strom und Wärme in Anwendung der Richtlinie 2004/8/EG des Europäischen Parlaments und des Rates

Amtsblatt der Europäischen Union vom 21.12.2006

DIE KOMMISSION DER EUROPÄISCHEN GEMEINSCHAFTEN –

gestützt auf den Vertrag zur Gründung der Europäischen Gemeinschaft,

gestützt auf die Richtlinie 2004/8/EG des Europäischen Parlaments und des Rates über die Förderung einer am Nutzwärmebedarf orientierten Kraft-Wärme-Kopplung im Energiebinnenmarkt und zur Änderung der Richtlinie 92/42/ EWG[1], insbesondere auf deren Artikel 4 Absatz 1, in Erwägung nachstehender Gründe:

(1) Gemäß Artikel 4 der Richtlinie 2004/8/EG legt die Kommission harmonisierte Wirkungsgrad-Referenzwerte für die getrennte Erzeugung von Strom und Wärme in Form einer nach relevanten Faktoren wie Baujahr und Brennstofftypen aufgeschlüsselten Matrix von Werten fest.

(2) Die Kommission hat eine ausführlich dokumentierte Analyse gemäß Artikel 4 Absatz 1 der Richtlinie 2004/8/ EG abgeschlossen. Aus der Entwicklung der besten verfügbaren und wirtschaftlich vertretbaren Technologien in dem durch diese Analyse abgedeckten Zeitraum ergibt sich, dass bei den harmonisierten Wirkungsgrad-Referenzwerten für die getrennte Erzeugung von Strom nach Baujahren der KWK(Kraft-Wärme-Kopplungs)-Blöcke unterschieden werden sollte. Ferner sollten für diese Referenzwerte Korrekturfaktoren auf der Grundlage der klimatischen Bedingungen gelten, denn die Thermodynamik der Stromerzeugung aus Brennstoffen ist abhängig von der Umgebungstemperatur. Weiter sollten Korrekturfaktoren für vermiedene Netzverluste angewendet werden, um Energieeinsparungen zu berücksichtigen, die dadurch zustande kommen, dass aufgrund einer dezentralen Erzeugung das Netz nur begrenzt genutzt wird.

(3) Hingegen ging aus der Analyse hervor, dass bei den harmonisierten Wirkungsgrad-Referenzwerten für die getrennte Erzeugung von Wärme nicht nach Baujahren unterschieden werden muss, da sich in dem durch diese Analyse abgedeckten Zeitraum die Nettoenergieeffizienz von Heizkesseln kaum erhöht hat. Ferner sind keine Korrekturfaktoren auf der Grundlage der klimatischen Bedingungen erforderlich, denn die Thermodynamik der Wärmeerzeugung aus Brennstoffen ist nicht von der Umgebungstemperatur abhängig. Korrekturfaktoren für Wärmeverluste im Netz sind ebenfalls nicht notwendig, da Wärme immer in der Nähe des Erzeugungsortes genutzt wird.

(4) Die harmonisierten Wirkungsgrad-Referenzwerte stützen sich auf die Grundsätze des Anhangs III Buchstabe f der Richtlinie 2004/8/EG.

(5) Für Investitionen in die Kraft-Wärme-Kopplung werden stabile Bedingungen sowie fortgesetztes Vertrauen der Investoren benötigt. Im Hinblick darauf ist es sinnvoll, für einen KWK-Block für einen längeren Zeitraum (zehn Jahre) dieselben Referenzwerte beizubehalten. Unter Berücksichtigung des Hauptziels der Richtlinie 2004/8/EG, zur Einsparung von Primärenergie die Kraft-Wärme-Kopplung zu fördern, sollte jedoch ein Anreiz zur Nachrüstung älterer KWK-Blöcke gegeben werden, damit deren Energieeffizienz erhöht wird. Daher sollten die für KWK-Blöcke geltenden Wirkungsgrad-Referenzwerte für Strom ab dem elften Jahr nach dem Bau des jeweiligen Blocks strenger sein.

(6) Die in diesem Beschluss vorgesehenen Maßnahmen entsprechen der Stellungnahme des Ausschusses für KraftWärme-Kopplung –

HAT FOLGENDE ENTSCHEIDUNG ERLASSEN:

### Artikel 1

#### Festlegung der harmonisierten WirkungsgradReferenzwerte

Die harmonisierten Wirkungsgrad-Referenzwerte für die getrennte Erzeugung von Strom und Wärme werden in den Anhängen I und II festgelegt.

---

1) ABl. L 52 vom 21.2.2004, S. 50.

Zu § 53a Energiesteuergesetz                                           **Anlage § 053a–02**

## Artikel 2

### Korrekturfaktoren für die harmonisierten Wirkungsgrad-Referenzwerte für die getrennte Erzeugung von Strom

1. Die Mitgliedstaaten wenden die in Anhang III Buchstabe a genannten Korrekturfaktoren an, um die in Anhang I festgelegten harmonisierten Wirkungsgrad-Referenzwerte an die durchschnittlichen klimatischen Bedingungen der einzelnen Mitgliedstaaten anzupassen.

Die Korrekturfaktoren für die durchschnittlichen klimatischen Bedingungen gelten nicht für KWK-Technologien mit Brennstoffzellen.

Werden im Hoheitsgebiet eines Mitgliedstaates auf der Grundlage der offiziellen meteorologischen Daten Unterschiede von 5 oC oder mehr bei den jährlichen Umgebungstemperaturen festgestellt, kann dieser Mitgliedstaat nach Mitteilung an die Kommission zur Anwendung von Unterabsatz 1 mehrere Klimazonen zugrunde legen, wobei das in Anhang III Buchstabe b genannte Verfahren anzuwenden ist.

2. Die Mitgliedstaaten wenden die in Anhang IV genannten Korrekturfaktoren an, um die in Anhang I festgelegten harmonisierten Wirkungsgrad-Referenzwerte aufgrund vermiedener Netzverluste anzupassen.

Die Korrekturfaktoren für vermiedene Netzverluste gelten nicht für Holzbrennstoffe und Biogas.

3. Wenden die Mitgliedstaaten sowohl die in Anhang III Buchstabe a als auch die in Anhang IV genannten Korrekturfaktoren an, so geht die Anwendung von Anhang III Buchstabe a der Anwendung von Anhang IV voraus.

## Artikel 3

### Anwendung der harmonisierten WirkungsgradReferenzwerte

1. Die Mitgliedstaaten wenden die in Anhang I festgelegten harmonisierten Wirkungsgrad-Referenzwerte des Baujahres des jeweiligen KWK-Blocks an. Diese gelten zehn Jahre ab dem Baujahr des jeweiligen KWK-Blocks.

2. Ab dem elften Jahr nach dem Jahr des Baus des jeweiligen KWK-Blocks wenden die Mitgliedstaaten die harmonisierten Wirkungsgrad-Referenzwerte an, die gemäß Absatz 1 für einen zehn Jahre alten KWK-Block gelten. Diese WirkungsgradReferenzwerte gelten ein Jahr lang.

3. Für die Zwecke dieses Artikels gilt als Baujahr eines KWKBlocks das Kalenderjahr, in dem die Stromerzeugung aufgenommen wurde.

## Artikel 4

### Nachrüstung eines KWK-Blocks

Betragen die Kosten der Nachrüstung eines bestehenden KWKBlocks mehr als 50 % der Investitionskosten eines vergleichbaren neuen KWK-Blocks, gilt das Kalenderjahr, in dem der nachgerüstete KWK-Block zum ersten Mal Strom erzeugt, als Baujahr für die Zwecke des Artikels 3.

## Artikel 5

### Brennstoffmix

Wird der KWK-Block mit einem Brennstoffmix betrieben, sind die harmonisierten Wirkungsgrad-Referenzwerte für die getrennte Erzeugung proportional zum gewichteten Mittel der Energiezufuhr der einzelnen Brennstoffe anzuwenden.

## Artikel 6

### Adressaten

Diese Entscheidung ist an die Mitgliedstaaten gerichtet.
Brüssel, den 21. Dezember 2006
Für die Kommission
Andris PIEBALGS
Mitglied der Kommission

**Anlage § 053a–02**  Zu § 53a Energiesteuergesetz

## ANHANG I

### Harmonisierte Wirkungsgrad-Referenzwerte für die getrennte Erzeugung von Strom
### (gemäß Artikel 1)

Die harmonisierten Wirkungsgrad-Referenzwerte für die getrennte Erzeugung von Strom in nachstehender Tabelle beruhen auf dem Netto-Heizwert und ISO-Standardbedingungen (15 °C Umgebungstemperatur bei 1,013 bar und 60 % relativer Luftfeuchtigkeit).

| | Baujahr:<br>Art des Brennstoffs: | bis einschließlich 1996 | 1997 | 1998 | 1999 | 2000 | 2001 | 2002 | 2003 | 2004 | 2005 | 2006-2011 |
|---|---|---|---|---|---|---|---|---|---|---|---|---|
| Feststoff | Steinkohle/Koks | 39,7 % | 40,5 % | 41,2 % | 41,8 % | 42,3 % | 42,7 % | 43,1 % | 43,5 % | 43,8 % | 44,0 % | 44,2 % |
| | Braunkohle/Braunkohlebriketts | 37,3 % | 38,1 % | 38,8 % | 39,4 % | 39,9 % | 40,3 % | 40,7 % | 41,1 % | 41,4 % | 41,6 % | 41,8 % |
| | Torf/Torfbriketts | 36,5 % | 36,9 % | 37,2 % | 37,5 % | 37,8 % | 38,1 % | 38,4 % | 38,6 % | 38,8 % | 38,9 % | 39,0 % |
| | Holzbrennstoffe | 25,0 % | 26,3 % | 27,5 % | 28,5 % | 29,6 % | 30,4 % | 31,1 % | 31,7 % | 32,2 % | 32,6 % | 33,0 % |
| | Landwirtschaftliche Biomasse | 20,0 % | 21,0 % | 21,6 % | 22,1 % | 22,6 % | 23,1 % | 23,5 % | 24,0 % | 24,4 % | 24,7 % | 25,0 % |
| | Biologisch abbaubare (Siedlungs-)Abfälle | 20,0 % | 21,0 % | 21,6 % | 22,1 % | 22,6 % | 23,1 % | 23,5 % | 24,0 % | 24,4 % | 24,7 % | 25,0 % |
| | Nicht erneuerbare (Siedlungs- und Industrie-)Abfälle | 20,0 % | 21,0 % | 21,6 % | 22,1 % | 22,6 % | 23,1 % | 23,5 % | 24,0 % | 24,4 % | 24,7 % | 25,0 % |
| | Ölschiefer | 38,9 % | 38,9 % | 38,9 % | 38,9 % | 38,9 % | 38,9 % | 38,9 % | 38,9 % | 38,9 % | 38,9 % | 39,0 % |
| Flüssigkeit | Öl (Gasöl + Rückstandsheizöl), LPG | 39,7 % | 40,5 % | 41,2 % | 41,8 % | 42,3 % | 42,7 % | 43,1 % | 43,5 % | 43,8 % | 44,0 % | 44,2 % |
| | Biobrennstoffe | 39,7 % | 40,5 % | 41,2 % | 41,8 % | 42,3 % | 42,7 % | 43,1 % | 43,5 % | 43,8 % | 44,0 % | 44,2 % |
| | Biologisch abbaubare Abfälle | 20,0 % | 21,0 % | 21,6 % | 22,1 % | 22,6 % | 23,1 % | 23,5 % | 24,0 % | 24,4 % | 24,7 % | 25,0 % |
| | Nicht erneuerbare Abfälle | 20,0 % | 21,0 % | 21,6 % | 22,1 % | 22,6 % | 23,1 % | 23,5 % | 24,0 % | 24,4 % | 24,7 % | 25,0 % |
| Gas | Erdgas | 50,0 % | 50,4 % | 50,8 % | 51,1 % | 51,4 % | 51,7 % | 51,9 % | 52,1 % | 52,3 % | 52,4 % | 52,5 % |
| | Raffineriegas/Wasserstoff | 39,7 % | 40,5 % | 41,2 % | 41,8 % | 42,3 % | 42,7 % | 43,1 % | 43,5 % | 43,8 % | 44,0 % | 44,2 % |
| | Biogas | 36,7 % | 37,5 % | 38,3 % | 39,0 % | 39,6 % | 40,1 % | 40,6 % | 41,0 % | 41,4 % | 41,7 % | 42,0 % |
| | Kokereigas, Hochofengas, andere Abfallgase, rückgewonnene Abwärme | 35 % | 35 % | 35 % | 35 % | 35 % | 35 % | 35 % | 35 % | 35 % | 35 % | 35 % |

## ANHANG II

### Harmonisierte Wirkungsgrad-Referenzwerte für die getrennte Erzeugung von Wärme
### (gemäß Artikel 1)

Die harmonisierten Wirkungsgrad-Referenzwerte für die getrennte Erzeugung von Wärme in nachstehender Tabelle beruhen auf dem Netto-Heizwert und ISO-Standardbedingungen (15 °C Umgebungstemperatur bei 1,013 bar und 60 % relativer Luftfeuchtigkeit).

| | Art des Brennstoffs: | Dampf[1]/Heißwasser | unmittelbare Nutzung von Abgasen[2] |
|---|---|---|---|
| Feststoff | Steinkohle/Koks | 88 % | 80 % |
| | Braunkohle/Braunkohlebriketts | 86 % | 78 % |
| | Torf/Torfbriketts | 86 % | 78 % |
| | Holzbrennstoffe | 86 % | 78 % |
| | Landwirtschaftliche Biomasse | 80 % | 72 % |
| | Biologisch abbaubare (Siedlungs-)Abfälle | 80 % | 72 % |
| | Nicht erneuerbare (Siedlungs- und Industrie-)Abfälle | 80 % | 72 % |
| | Ölschiefer | 86 % | 78 % |
| Flüssigkeit | Öl (Gasöl + Rückstandsheizöl), LPG | 89 % | 81 % |
| | BiobrennstoffeB | 89 % | 81 % |
| | iologisch abbaubare Abfälle | 80 % | 72 % |
| | Nicht erneuerbare Abfälle | 80 % | 72 % |
| Gas | Erdgas | 90 % | 82 % |
| | Raffineriegas/Wasserstoff | 89 % | 81 % |
| | Biogas | 70 % | 62 % |
| | Kokereigas, Hochofengas + andere Abfallgase | 80 % | 72 % |

1) Die Wirkungsgrade für Dampf sind absolut um 5 Prozentpunkte zu senken, wenn Mitgliedstaaten, die Artikel 12 Absatz 2 der Richtlinie 2004/8/EG anwenden, bei den Berechnungen für KWK-Blöcke die Kondensatrückführung berücksichtigen.

2) Die Werte für die unmittelbare Nutzung von Wärme sind zu verwenden, wenn die Temperatur 250 °C oder mehr beträgt.

Zu § 53a Energiesteuergesetz  Anlage § 053a–02

## ANHANG III

**Korrekturfaktoren auf der Grundlage der durchschnittlichen klimatischen Bedingungen und Verfahren zur Festlegung von Klimazonen bei der Anwendung der harmonisierten Wirkungsgrad-Referenzwerte auf die getrennte Erzeugung von Strom (gemäß Artikel 2 Absatz 1)**

a) Korrekturfaktoren auf der Grundlage der durchschnittlichen klimatischen Bedingungen

Die Korrektur der Umgebungstemperatur stützt sich auf die Differenz zwischen der jährlichen Durchschnittstemperatur in einem Mitgliedstaat und den ISO-Standardbedingungen (15 °C). Es werden folgende Korrekturen vorgenommen:

Herabsetzung des Wirkungsgrades um 0,1 Prozentpunkte für jedes Grad Celsius über 15 °C; Heraufsetzung des Wirkungsgrades um 0,1 Prozentpunkte für jedes Grad Celsius unter 15 °C.

Beispiel:

Beträgt die jährliche Durchschnittstemperatur in einem Mitgliedstaat 10 °C, muss der Referenzwert eines KWK-Blocks in diesem Mitgliedstaat um 0,5 Prozentpunkte heraufgesetzt werden.

b) Verfahren zur Festlegung der Klimazonen

Die Grenzen der einzelnen Klimazonen werden durch Isothermen (in vollen Grad Celsius) der jährlichen mittleren Umgebungstemperaturen gebildet, die jeweils um mindestens 4 °C voneinander abweichen. Die Temperaturdifferenz zwischen den mittleren jährlichen Umgebungstemperaturen in angrenzenden Klimazonen muss mindestens 4 °C betragen.

Beispiel:

In einem Mitgliedstaat beträgt die mittlere jährliche Umgebungstemperatur an Ort A 12 °C und an Ort B 6 °C. Die Differenz ist größer als 5 °C. Der Mitgliedstaat kann nun zwei Klimazonen bestimmen, die durch die Isotherme 9 °C getrennt werden: eine Klimazone zwischen den Isothermen 9 °C und 13 °C mit einer mittleren jährlichen Umgebungstemperatur von 11 °C und eine zweite Klimazone zwischen den Isothermen 5 °C und 9 °C mit einer mittleren jährlichen Umgebungstemperatur von 7 °C.

## ANHANG IV

**Korrekturfaktoren für vermiedene Netzverluste bei der Anwendung der harmonisierten Wirkungsgrad-Referenzwerte auf die getrennte Erzeugung von Strom (gemäß Artikel 2 Absatz 2)**

| Netzspannung: | ins Netz eingespeister Strom | vor Ort verbrauchter Strom |
| --- | --- | --- |
| > 200 kV | 1 | 0,985 |
| 100-200 kV | 0,985 | 0,965 |
| 50-100 kV | 0,965 | 0,945 |
| 0,4-50 kV | 0,945 | 0,925 |
| > 0,4 kV | 0,925 | 0,860 |

Beispiel:

Ein 100-kWel-KWK-Block mit einem erdgasbetriebenen Kolbenmotor produziert Strom mit einer Spannung von 380 V. Hiervon sind 85 % für den Eigenverbrauch bestimmt, 15 % werden ins Netz eingespeist. Die Anlage wurde 1999 errichtet. Die jährliche Umgebungstemperatur beträgt 15 °C (eine Korrektur aufgrund der klimatischen Bedingungen ist daher nicht erforderlich).

Gemäß Anhang I dieser Entscheidung beträgt der harmonisierte Wirkungsgrad-Referenzwert für Erdgas für das Jahr 1999 51,1 %. Nach der Korrektur für Netzverluste ergibt sich – auf der Grundlage des gewichteten Mittels der in diesem Anhang genannten Faktoren – folgender Wirkungsgrad-Referenzwert für die getrennte Erzeugung von Strom in diesem KWK-Block:

Ref E$\eta$ = 51,1 % * (0,860 * 85 % + 0,925 * 15 %) = 44,4 %

**Anlage § 053a–03**  Zu § 53a Energiesteuergesetz

## DURCHFÜHRUNGSBESCHLUSS DER KOMMISSION zur Festlegung harmonisierter Wirkungsgrad-Referenzwerte für die getrennte Erzeugung von Strom und Wärme in Anwendung der Richtlinie 2004/8/EG des Europäischen Parlaments und des Rates und zur Aufhebung der Entscheidung 2007/74/EG der Kommission

Amtsblatt der Europäischen Union vom 19.12.2011

DIE EUROPÄISCHE KOMMISSION

gestützt auf den Vertrag über die Arbeitsweise der Europäischen Union, gestützt auf die Richtlinie 2004/8/EG des Europäischen Parlaments und des Rates vom 11. Februar 2004 über die Förderung einer am Nutzwärmebedarf orientierten Kraft-WärmeKopplung im Energiebinnenmarkt und zur Änderung der Richtlinie 92/42/EWG[1], insbesondere auf Artikel 4 Absatz 2,

in Erwägung nachstehender Gründe:

(1) Die Kommission hat gemäß der Richtlinie 2004/8/EG in der Entscheidung 2007/74/EG[2] harmonisierte Wirkungsgrad-Referenzwerte für die getrennte Erzeugung von Strom und Wärme in Form einer nach relevanten Faktoren wie Baujahr und Brennstofftypen aufgeschlüsselten Matrix von Werten festgelegt.

(2) Die Kommission muss die harmonisierten WirkungsgradReferenzwerte für die getrennte Erzeugung von Strom und Wärme zum ersten Mal am 21. Februar 2011 und danach alle vier Jahre prüfen, um technologische Entwicklungen und Änderungen bei der Nutzung der verschiedenen Energieträger zu berücksichtigen.

(3) Die Kommission hat die harmonisierten Wirkungsgrad-Referenzwerte für die getrennte Erzeugung von Strom und Wärme unter Berücksichtigung von Betriebsdaten bei realen Betriebsbedingungen, die von den Mitgliedstaaten übermittelt wurden, geprüft. Aus den Entwicklungen bei der besten verfügbaren und wirtschaftlich vertretbaren Technologie in dem von der Überprüfung abgedeckten Zeitraum 2006-2011 ergibt sich, dass die für die harmonisierten Wirkungsgrad-Referenzwerte für die getrennte Erzeugung von Strom und Wärme die in der Entscheidung 2007/74/EG vorgenommene Unterscheidung nach Baujahren der KWK(Kraft-Wärme-Kopplungs)-Blöcke für nach dem 1. Januar 2006 gebaute Anlagen nicht beibehalten werden sollte. Für KWK-Blöcke, die 2005 oder davor gebaut wurden, sollten die Referenzwerte jedoch weiter so angewandt werden, dass sie das Baujahr widerspiegeln, um den Entwicklungen bei der besten verfügbaren und wirtschaftlich vertretbaren Technologie Rechnung zu tragen. Außerdem hat die Überprüfung auf der Basis der jüngsten Erfahrungen und Analysen bestätigt, dass Korrekturfaktoren auf der Grundlage der klimatischen Bedingungen weiter gelten sollten. Darüber hinaus sollten die Korrekturfaktoren für vermiedene Netzverluste ebenfalls weiter angewendet werden, da sich die Netzverluste in den letzten Jahren nicht geändert haben. Zudem sollten die Korrekturfaktoren für vermiedene Netzverluste auch für Anlagen gelten, die Holzbrennstoffe und Biogas einsetzen.

(4) Die Überprüfung ergab keine Hinweise darauf, dass sich die Energieeffizienz von Heizkesseln im betrachteten Zeitraum geändert hat, weshalb die harmonisierten Wirkungsgrad-Referenzwerte für die getrennte Erzeugung von Wärme sich nicht auf das Baujahr beziehen sollten. Korrekturfaktoren auf der Grundlage der klimatischen Bedingungen sind nicht erforderlich, da die Thermodynamik der Wärmeerzeugung aus Brennstoffen nicht signifikant von der Umgebungstemperatur abhängig ist. Korrekturfaktoren für vermiedene Netzverluste im Netz sind ebenfalls nicht notwendig, da Wärme immer in der Nähe des Erzeugungsortes genutzt wird.

(5) Für Investitionen in die Kraft-Wärme-Kopplung werden stabile Bedingungen sowie fortgesetztes Vertrauen der Investoren benötigt. Im Hinblick darauf ist es sinnvoll, die aktuellen harmonisierten Referenzwerte für Strom und Wärme im Zeitraum 2012-2015 beizubehalten.

(6) Die Betriebsdaten bei realen Betriebsbedingungen zeigen keine statistisch signifikante Verbesserung der tatsächlichen Leistung von dem Stand der Technik entsprechenden Anlagen während des Zeitraums, auf den sich die Überprüfung erstreckte. Daher sollten die in der Entscheidung 2007/74/ EG für den Zeitraum 2006-2011 festgelegten Referenzwerte im Zeitraum 2012-2015 beibehalten werden.

(7) Die Überprüfung hat die Gültigkeit der bestehenden Korrekturfaktoren auf der Grundlage der klimatischen Bedingungen und für vermiedene Netzverluste bestätigt.

---
1) ABl. L 52 vom 21.2.2004, S. 50.
2) ABl. L 32 vom 6.2.2007, S. 183.

(8) Die Verwendung einheitlicher Referenzwerte für den gesamten Zeitraum und der Verzicht auf Korrekturfaktoren für klimatische Unterschiede und Netzverluste wurden auch für die Wärmeerzeugung bestätigt.

(9) Unter Berücksichtigung des Hauptziels der Richtlinie 2004/8/EG, die Kraft-Wärme-Kopplung zur Einsparung von Energie zu fördern, sollte ein Anreiz zur Nachrüstung älterer KWK-Blöcke gegeben werden, damit deren Energieeffizienz verbessert wird. Daher sollten die für KWK-Blöcke geltenden Wirkungsgrad-Referenzwerte für Strom ab dem elften Jahr nach dem Bau des jeweiligen Blocks höher sein.

(10) Dieser Ansatz steht im Einklang mit der Anforderung, wonach die harmonisierten Wirkungsgrad-Referenzwerte auf den in der Richtlinie 2004/8/EG Anhang III Buchstabe f genannten Grundsätzen beruhen müssen.

(11) Es sollten harmonisierte Wirkungsgrad-Referenzwerte für die getrennte Erzeugung von Strom und Wärme festgelegt werden. Die Entscheidung 2007/74/EG sollte deshalb aufgehoben werden.

(12) Die in diesem Beschluss vorgesehenen Maßnahmen entsprechen der Stellungnahme des Ausschusses für KraftWärme-Kopplung –

HAT FOLGENDEN BESCHLUSS ERLASSEN:

### Artikel 1
### Festlegung der harmonisierten WirkungsgradReferenzwerte

Die harmonisierten Wirkungsgrad-Referenzwerte für die getrennte Erzeugung von Strom und Wärme werden in den Anhängen I und II festgelegt.

### Artikel 2
### Anwendung der harmonisierten WirkungsgradReferenzwerte

(1) Die Mitgliedstaaten wenden die in Anhang I festgelegten harmonisierten Wirkungsgrad-Referenzwerte des Baujahres des jeweiligen KWK-Blocks an. Diese gelten zehn Jahre ab dem Baujahr des jeweiligen KWK-Blocks.

(2) Ab dem elften Jahr nach dem Jahr des Baus des jeweiligen KWK-Blocks wenden die Mitgliedstaaten die harmonisierten Wirkungsgrad-Referenzwerte an, die gemäß Absatz 1 für einen zehn Jahre alten KWK-Block gelten. Diese Wirkungsgrad-Referenzwerte gelten ein Jahr lang.

(3) Für die Zwecke dieses Artikels gilt als Baujahr eines KWK-Blocks das Kalenderjahr, in dem die Stromerzeugung aufgenommen wurde.

### Artikel 3
### Korrekturfaktoren für die harmonisierten WirkungsgradReferenzwerte für die getrennte Erzeugung von Strom

(1) Die Mitgliedstaaten wenden die in Anhang III Buchstabe a genannten Korrekturfaktoren an, um die in Anhang I festgelegten harmonisierten Wirkungsgrad-Referenzwerte an die durchschnittlichen klimatischen Bedingungen der einzelnen Mitgliedstaaten anzupassen.

Werden im Hoheitsgebiet eines Mitgliedstaats auf der Grundlage der offiziellen meteorologischen Daten Unterschiede von 5 °C oder mehr bei den jährlichen Umgebungstemperaturen festgestellt, kann dieser Mitgliedstaat nach Mitteilung an die Kommission zur Anwendung von Unterabsatz 1 mehrere Klimazonen zugrunde legen, wobei das in Anhang III Buchstabe b genannte Verfahren anzuwenden ist.

(2) Die Mitgliedstaaten wenden die in Anhang IV genannten Korrekturfaktoren an, um die in Anhang I festgelegten harmonisierten Wirkungsgrad-Referenzwerte aufgrund vermiedener Netzverluste anzupassen.

(3) Wenden die Mitgliedstaaten sowohl die in Anhang III Buchstabe a als auch die in Anhang IV genannten Korrekturfaktoren an, so geht die Anwendung von Anhang III Buchstabe a der Anwendung von Anhang IV voraus.

### Artikel 4
### Nachrüstung eines KWK-Blocks

Betragen die Kosten der Nachrüstung eines bestehenden KWKBlocks mehr als 50 % der Investitionskosten eines vergleichbaren neuen KWK-Blocks, gilt das Kalenderjahr, in dem der nachgerüstete KWK-Block zum ersten Mal Strom erzeugt, als Baujahr für die Zwecke des Artikels 2.

**Anlage § 053a–03**                                    Zu § 53a Energiesteuergesetz

## Artikel 5
### Brennstoffmix

Wird der KWK-Block mit einem Brennstoffmix betrieben, sind die harmonisierten Wirkungsgrad-Referenzwerte für die getrennte Erzeugung proportional zum gewichteten Mittel der Energiezufuhr der einzelnen Brennstoffe anzuwenden.

## Artikel 6
### Aufhebung

Die Entscheidung 2007/74/EG wird aufgehoben.

## Artikel 7

Dieser Beschluss ist an die Mitgliedstaaten gerichtet.
Brüssel, den 19. Dezember 2011
Für die Kommission
Günther OETTINGER
Mitglied der Kommission

## ANHANG I

**Harmonisierte Wirkungsgrad-Referenzwerte für die getrennte Erzeugung von Strom (gemäß Artikel 1)**

Die harmonisierten Wirkungsgrad-Referenzwerte für die getrennte Erzeugung von Strom in nachstehender Tabelle beruhen auf dem Netto-Heizwert und ISO-Standardbedingungen (15 °C Umgebungstemperatur bei 1,013 bar und 60 % relativer Luftfeuchtigkeit).

| | Baujahr:<br>Art des Brennstoffs: | bis einschließlich 2001 | 2002 | 2003 | 2004 | 2005 | 2006-2011 | 2012-2015 |
|---|---|---|---|---|---|---|---|---|
| Feststoff | Steinkohle/Koks | 42,7 | 43,1 | 43,5 | 43,8 | 44,0 | 44,2 | 44,2 |
| | Braunkohle/Braunkohlebriketts | 40,3 | 40,7 | 41,1 | 41,4 | 41,6 | 41,8 | 41,8 |
| | Torf/Torfbriketts | 38,1 | 38,4 | 38,6 | 38,8 | 38,9 | 39,0 | 39,0 |
| | Holzbrennstoffe | 30,4 | 31,1 | 31,7 | 32,2 | 32,6 | 33,0 | 33,0 |
| | Landwirtschaftliche Biomasse | 23,1 | 23,5 | 24,0 | 24,4 | 24,7 | 25,0 | 25,0 |
| | Biologisch abbaubare (Siedlungs-)Abfälle | 23,1 | 23,5 | 24,0 | 24,4 | 24,7 | 25,0 | 25,0 |
| | Nicht erneuerbare (Siedlungs-und Industrie-)Abfälle | 23,1 | 23,5 | 24,0 | 24,4 | 24,7 | 25,0 | 25,0 |
| | Ölschiefer | 38,9 | 38,9 | 38,9 | 38,9 | 38,9 | 39,0 | 39,0 |
| Flüssigkeit | Öl (Gasöl + Rückstandsheizöl), LPG | 42,7 | 43,1 | 43,5 | 43,8 | 44,0 | 44,2 | 44,2 |
| | Biobrennstoffe | 42,7 | 43,1 | 43,5 | 43,8 | 44,0 | 44,2 | 44,2 |
| | Biologisch abbaubare Abfälle | 23,1 | 23,5 | 24,0 | 24,4 | 24,7 | 25,0 | 25,0 |
| | Nicht erneuerbare Abfälle | 23,1 | 23,5 | 24,0 | 24,4 | 24,7 | 25,0 | 25,0 |
| Gas | Erdgas | 51,7 | 51,9 | 52,1 | 52,3 | 52,4 | 52,5 | 52,5 |
| | Raffineriegas/Wasserstoff | 42,7 | 43,1 | 43,5 | 43,8 | 44,0 | 44,2 | 44,2 |
| | Biogas | 40,1 | 40,6 | 41,0 | 41,4 | 41,7 | 42,0 | 42,0 |
| | Kokereigas, Hochofengas, andere Abfallgase, rückgewonnene Abwärme | 35 | 35 | 35 | 35 | 35 | 35 | 35 |

## ANHANG II

### Harmonisierte Wirkungsgrad-Referenzwerte für die getrennte Erzeugung von Wärme (gemäß Artikel 1)

Die harmonisierten Wirkungsgrad-Referenzwerte für die getrennte Erzeugung von Wärme in nachstehender Tabelle beruhen auf dem Netto-Heizwert und ISO-Standardbedingungen (15 °C Umgebungstemperatur bei 1,013 bar und 60 % relativer Luftfeuchtigkeit).

|  | Art des Brennstoffs | Dampf/ Heißwasser | Unmittelbare Nutzung von Abgasen[1] |
|---|---|---|---|
| Feststoff | Steinkohle/Koks | 88 | 80 |
|  | Braunkohle/Braunkohlebriketts | 86 | 78 |
|  | Torf/Torfbriketts | 86 | 78 |
|  | Holzbrennstoffe | 86 | 78 |
|  | Landwirtschaftliche Biomasse | 80 | 72 |
|  | Biologisch abbaubare (Siedlungs-)Abfälle | 80 | 72 |
|  | Nicht erneuerbare (Siedlungs-und Industrie-)Abfälle | 80 | 72 |
|  | Ölschiefer | 86 | 78 |
| Flüssigkeit | Öl (Gasöl + Rückstandsheizöl), LPG | 89 | 81 |
|  | Biobrennstoffe | 89 | 81 |
|  | Biologisch abbaubare Abfälle | 80 | 72 |
|  | Nicht erneuerbare Abfälle | 80 | 72 |
| Gas | Erdgas | 90 | 82 |
|  | Raffineriegas/Wasserstoff | 89 | 81 |
|  | Biogas | 70 | 62 |
|  | Kokereigas, Hochofengas, andere Abfallgase, | 80 | 72 |

## ANHANG III

### Korrekturfaktoren auf der Grundlage der durchschnittlichen klimatischen Bedingungen und Verfahren zur Festlegung von Klimazonen bei der Anwendung der harmonisierten Wirkungsgrad-Referenzwerte auf die getrennte Erzeugung von Strom (gemäß Artikel 3 Absatz 1)

a) Korrekturfaktoren auf der Grundlage der durchschnittlichen klimatischen Bedingungen

Die Korrektur der Umgebungstemperatur stützt sich auf die Differenz zwischen der jährlichen Durchschnittstemperatur in einem Mitgliedstaat und den ISO-Standardbedingungen (15 °C).

Es werden folgende Korrekturen vorgenommen:

i) Herabsetzung des Wirkungsgrades um 0,1 Prozentpunkte für jedes Grad Celsius über 15 °C;

ii) Heraufsetzung des Wirkungsgrades um 0,1 Prozentpunkte für jedes Grad Celsius unter 15 °C.

Beispiel:

Beträgt die jährliche Durchschnittstemperatur in einem Mitgliedstaat 10 °C, muss der Referenzwert eines KWK-Blocks in diesem Mitgliedstaat um 0,5 Prozentpunkte heraufgesetzt werden.

b) Verfahren zur Festlegung der Klimazonen

Die Grenzen der einzelnen Klimazonen werden durch Isothermen (in vollen Grad Celsius) der jährlichen mittleren Umgebungstemperaturen gebildet, die jeweils um mindestens 4 °C voneinander abweichen. Die Temperaturdifferenz zwischen den mittleren jährlichen Umgebungstemperaturen in angrenzenden Klimazonen muss mindestens 4 °C betragen.

---

1) Die Werte für die unmittelbare Nutzung von Wärme sind zu verwenden, wenn die Temperatur 250 °C oder mehr beträgt.

## Anlage § 053a–03

Zu § 53a Energiesteuergesetz

Beispiel:
In einem Mitgliedstaat beträgt die mittlere jährliche Umgebungstemperatur an Ort A 12 °C und an Ort B 6 °C. Die Differenz ist größer als 5 °C. Der Mitgliedstaat kann nun zwei Klimazonen bestimmen, die durch die Isotherme 9 °C getrennt werden: eine Klimazone zwischen den Isothermen 9 °C and 13 ° C mit einer mittleren jährlichen Umgebungstemperatur von 11 °C und eine zweite Klimazone zwischen den Isothermen 5 °C und 9 °C mit einer mittleren jährlichen Umgebungstemperatur von 7 °C.

### ANHANG IV

**Korrekturfaktoren für vermiedene Netzverluste bei der Anwendung der harmonisierten WirkungsgradReferenzwerte auf die getrennte Erzeugung von Strom (gemäß Artikel 3 Absatz 2)**

| Netzspannung | Ins Netz eingespeister Strom | Vor Ort verbrauchter Strom |
| --- | --- | --- |
| > 200 kV | 1 | 0,985 |
| 100-200 kV | 0,985 | 0,965 |
| 50-100 kV | 0,965 | 0,945 |
| 0,4-50 kV | 0,945 | 0,925 |
| < 0,4 kV | 0,925 | 0,860 |

Beispiel:
Ein 100-kWel-KWK-Block mit einem erdgasbetriebenen Kolbenmotor produziert Strom mit einer Spannung von 380 V. Hiervon sind 85 % für den Eigenverbrauch bestimmt, 15 % werden ins Netz eingespeist. Die Anlage wurde 1999 errichtet. Die jährliche Umgebungstemperatur beträgt 15 °C (eine Korrektur aufgrund der klimatischen Bedingungen ist daher nicht erforderlich).

Gemäß Artikel 2 dieses Beschlusses sollten für KWK-Blöcke, die älter als 10 Jahre sind, die Referenzwerte für 10 Jahre alte Blöcke angewendet werden. Gemäß Anhang I dieses Beschlusses ist für einen 1999 errichteten und nicht nachgerüsteten erdgasbetriebenen KWK-Block der im Jahr 2011 anzuwendende harmonisierte Wirkungsgrad-Referenzwert der Referenzwert für 2001, d. h. 51,7 %. Nach der Korrektur für Netzverluste ergibt sich – auf der Grundlage des gewichteten Mittels der in diesem Anhang genannten Faktoren – folgender Wirkungsgrad-Referenzwert für die getrennte Erzeugung von Strom in diesem KWK-Block:

Ref $E\eta$ = 51,7 % * (0,860 * 85 % + 0,925 * 15 %) = 45,0 %

**VERORDNUNG (EG) Nr. 219/2009 DES EUROPÄISCHEN PARLAMENTS UND DES RATES zur Anpassung einiger Rechtsakte, für die das Verfahren des Artikels 251 des Vertrags gilt, an den Beschluss 1999/468/EG des Rates in Bezug auf das Regelungsverfahren mit Kontrolle Anpassung an das Regelungsverfahren mit Kontrolle – Zweiter Teil**

Amtsblatt der Europäischen Union vom 11.3.2009

DAS EUROPÄISCHE PARLAMENT UND DER RAT DER EUROPÄISCHEN UNION –

gestützt auf den Vertrag zur Gründung der Europäischen Gemeinschaft, insbesondere auf Artikel 37, Artikel 44 Absatz 1, Artikel 71, Artikel 80 Absatz 2, Artikel 95, Artikel 152 Absatz 4 Buchstabe b, Artikel 175 Absatz 1, Artikel 179 und Artikel 285,

auf Vorschlag der Kommission,

nach Stellungnahme des Europäischen Wirtschafts- und Sozialausschusses [1],

nach Stellungnahme der Europäischen Zentralbank [2],

nach Anhörung des Ausschusses der Regionen,

gemäß dem Verfahren des Artikels 251 des Vertrags [3],

in Erwägung nachstehender Gründe:

(1) Der Beschluss 1999/468/EG des Rates vom 28. Juni 1999 zur Festlegung der Modalitäten für die Ausübung der der Kommission übertragenen Durchführungsbefugnisse [4] wurde durch den Beschluss 2006/512/EG [5] geändert, mit dem für den Erlass von Maßnahmen mit allgemeiner Tragweite zur Änderung nicht wesentlicher Bestimmungen eines nach dem Verfahren des Artikels 251 des Vertrags erlassenen Basisrechtsakts, auch durch Streichung einiger dieser Bestimmungen oder Ergänzung dieses Rechtsakts um neue nicht wesentliche Bestimmungen, das Regelungsverfahren mit Kontrolle eingeführt wurde.

(2) Gemäß der Erklärung des Europäischen Parlaments, des Rates und der Kommission [6] zum Beschluss 2006/512/EG müssen Rechtsakte, die bereits in Kraft getreten sind und die gemäß dem Verfahren des Artikels 251 des Vertrags erlassen wurden, nach den geltenden Verfahren angepasst werden, damit das Regelungsverfahren mit Kontrolle auf sie angewandt werden kann.

(3) Da die zu diesem Zweck an den Rechtsakten vorgenommenen Änderungen technischer Art sind und ausschließlich die Ausschussverfahren betreffen, müssen sie, sofern Richtlinien betroffen sind, von den Mitgliedstaaten nicht in nationales Recht umgesetzt werden –

HABEN FOLGENDE VERORDNUNG ERLASSEN:

### Artikel 1

Die im Anhang aufgeführten Rechtsakte werden gemäß diesem Anhang an den Beschluss 1999/468/EG in der durch den Beschluss 2006/512/EG geänderten Fassung angepasst.

### Artikel 2

Verweisungen auf die Bestimmungen der im Anhang genannten Rechtsakte gelten als Verweisungen auf diese Bestimmungen in der durch die vorliegende Verordnung angepassten Fassung.

### Artikel 3

Diese Verordnung tritt am zwanzigsten Tag nach ihrer Veröffentlichung im Amtsblatt der Europäischen Union in Kraft.

Diese Verordnung ist in allen ihren Teilen verbindlich und gilt unmittelbar in jedem Mitgliedstaat.

Geschehen zu Straßburg am 11. März 2009.

---

1) ABl. C 224 vom 30.8.2008, S. 35.
2) ABl. C 117 vom 14.5.2008, S. 1.
3) Stellungnahme des Europäischen Parlaments vom 23. September 2008 (noch nicht im Amtsblatt veröffentlicht) und Beschluss des Rates vom 16. Februar 2009.
4) ABl. L 184 vom 17.7.1999, S. 23.
5) ABl. L 200 vom 22.7.2006, S. 11.
6) ABl. C 255 vom 21.10.2006, S. 1.

**Anlage § 053a–04**  Zu § 53a Energiesteuergesetz

Im Namen des Europäischen Parlaments
Der Präsident
H.-G. PÖTTERING
Im Namen des Rates
Der Präsident
A. VONDRA

**ANHANG**

1. HUMANITÄRE HILFE

Verordnung (EG) Nr. 1257/96 des Rates vom 20. Juni 1996 über die humanitäre Hilfe [1]

Was die Verordnung (EG) Nr. 1257/96 betrifft, sollte die Kommission die Befugnis erhalten, Durchführungsmaßnahmen zu der genannten Verordnung zu erlassen. Da es sich hierbei um Maßnahmen von allgemeiner Tragweite handelt, die eine Änderung nicht wesentlicher Bestimmungen der Verordnung (EG) Nr. 1257/96 durch Ergänzung um neue nicht wesentliche Bestimmungen bewirken, sind diese Maßnahmen nach dem Regelungsverfahren mit Kontrolle des Artikels 5a des Beschlusses 1999/468/EG zu erlassen.

Dementsprechend wird die Verordnung (EG) Nr. 1257/96 wie folgt geändert:

1. Artikel 13 Absatz 4 erhält folgende Fassung:

   „Die Kommission beschließt nach dem in Artikel 17 Absatz 2 genannten Verwaltungsverfahren und in den Grenzen des Artikels 15 Absatz 2 zweiter Gedankenstrich über die Fortsetzung der nach dem Dringlichkeitsverfahren eingeleiteten Aktionen."

2. Artikel 15 erhält folgende Fassung:

   „Artikel 15

   (1) Die Kommission erlässt Durchführungsmaßnahmen zu dieser Verordnung. Diese Maßnahmen zur Änderung nicht wesentlicher Bestimmungen dieser Verordnung durch Ergänzung werden nach dem in Artikel 17 Absatz 4 genannten Regelungsverfahren mit Kontrolle erlassen.

   (2) Nach dem in Artikel 17 Absatz 3 genannten Regelungsverfahren

   – beschließt die Kommission über die gemeinschaftliche Finanzierung der in Artikel 2 Buchstabe c genannten Schutzmaßnahmen im Rahmen der Durchführung der humanitären Hilfe;

   – beschließt die Kommission über ihre Direktinterventionen oder die Finanzierung der Interventionen von spezialisierten Einrichtungen der Mitgliedstaaten.

   (3) Nach dem in Artikel 17 Absatz 2 genannten Verwaltungsverfahren

   – genehmigt die Kommission die globalen Pläne, die dazu bestimmt sind, Aktionen in einem bestimmten Land oder in einer bestimmten Region vorzusehen, in dem bzw. in der die humanitäre Krise insbesondere aufgrund ihres Ausmaßes und ihrer Komplexität naturgemäß länger andauert; sie genehmigt auch den Finanzrahmen dieser Pläne. In diesem Zusammenhang prüfen die Kommission und die Mitgliedstaaten die Prioritäten, die im Rahmen der Durchführung dieser globalen Pläne zu setzen sind;

   – beschließt die Kommission unbeschadet des Artikels 13 über Vorhaben mit einem Mittelbedarf von mehr als 2 Mio. ECU."

3. Artikel 17 erhält folgende Fassung:

   „Artikel 17

   (1) Die Kommission wird von einem Ausschuss unterstützt.

   (2) Wird auf diesen Absatz Bezug genommen, so gelten die Artikel 4 und 7 des Beschlusses 1999/468/EG unter Beachtung von dessen Artikel 8.

   Der Zeitraum nach Artikel 4 Absatz 3 des Beschlusses 1999/468/EG wird auf einen Monat festgesetzt.

   (3) Wird auf diesen Absatz Bezug genommen, so gelten die Artikel 5 und 7 des Beschlusses 1999/468/EG unter Beachtung von dessen Artikel 8.

   Der Zeitraum nach in Artikel 5 Absatz 6 des Beschlusses 1999/468/EG wird auf einen Monat festgesetzt.

   (4) Wird auf diesen Absatz Bezug genommen, so gelten Artikel 5a Absätze 1 bis 4 und Artikel 7 des Beschlusses 1999/468/EG unter Beachtung von dessen Artikel 8."

---

[1] ABl. L 163 vom 2.7.1996, S. 1.

## 2. UNTERNEHMEN

2.1. Richtlinie 75/324/EWG des Rates vom 20. Mai 1975 zur Angleichung der Rechtsvorschriften der Mitgliedstaaten über Aerosolpackungen[1)]

Was die Richtlinie 75/324/EWG betrifft, sollte die Kommission die Befugnis erhalten, die notwendigen technischen Anpassungen dieser Richtlinie und die zur Anpassung des Anhangs an den technischen Fortschritt erforderlichen Änderungen vorzunehmen. Da es sich hierbei um Maßnahmen von allgemeiner Tragweite handelt, die eine Änderung nicht wesentlicher Bestimmungen der Richtlinie 75/324/EWG bewirken, sind diese Maßnahmen nach dem Regelungsverfahren mit Kontrolle des Artikels 5a des Beschlusses 1999/468/EG zu erlassen.

Dementsprechend wird die Richtlinie 75/324/EWG wie folgt geändert:

1. Artikel 5 erhält folgende Fassung:

   „Artikel 5

   Die Kommission beschließt die zur Anpassung des Anhangs dieser Richtlinie an den technischen Fortschritt erforderlichen Änderungen. Diese Maßnahmen zur Änderung nicht wesentlicher Bestimmungen dieser Richtlinie werden nach dem in Artikel 7 Absatz 2 genannten Regelungsverfahren mit Kontrolle erlassen."

2. Artikel 7 wird wie folgt geändert:

   a) Absatz 2 erhält folgende Fassung:

   „(2) Wird auf diesen Absatz Bezug genommen, so gelten Artikel 5a Absätze 1 bis 4 und Artikel 7 des Beschlusses 1999/468/EG unter Beachtung von dessen Artikel 8."

   b) Absatz 3 wird gestrichen.

3. Artikel 10 Absatz 3 erhält folgende Fassung:

   „(3) Die Kommission kann die erforderlichen technischen Anpassungen dieser Richtlinie beschließen. Diese Maßnahmen zur Änderung nicht wesentlicher Bestimmungen dieser Richtlinie werden nach dem in Artikel 7 Absatz 2 genannten Regelungsverfahren mit Kontrolle erlassen.

   In diesem Fall kann der Mitgliedstaat, der Schutzmaßnahmen getroffen hat, diese bis zum Inkrafttreten der Anpassungen beibehalten."

2.2. Richtlinie 93/15/EWG des Rates vom 5. April 1993 zur Harmonisierung der Bestimmungen über das Inverkehrbringen und die Kontrolle von Explosivstoffen für zivile Zwecke[2)]

Was die Richtlinie 93/15/EWG betrifft, sollte die Kommission die Befugnis erhalten, die Richtlinie anzupassen, um künftigen Änderungen der Empfehlungen der Vereinten Nationen Rechnung zu tragen, und die Bedingungen für die Durchführung von Artikel 14 Absatz 2 festzulegen. Da es sich hierbei um Maßnahmen von allgemeiner Tragweite handelt, die eine Änderung nicht wesentlicher Bestimmungen der Richtlinie 93/15/EWG durch Ergänzung um neue nicht wesentliche Bestimmungen bewirken, sind diese Maßnahmen nach dem Regelungsverfahren mit Kontrolle des Artikels 5a des Beschlusses 1999/468/EG zu erlassen.

Dementsprechend wird die Richtlinie 93/15/EWG wie folgt geändert:

1. Artikel 13 erhält folgende Fassung:

   „Artikel 13

   (1) Die Kommission wird von einem Ausschuss unterstützt.

   (2) Der Ausschuss prüft alle die Durchführung dieser Richtlinie betreffenden Fragen.

   (3) Wird auf diesen Absatz Bezug genommen, so gelten die Artikel 4 und 7 des Beschlusses 1999/468/EG unter Beachtung von dessen Artikel 8.

   (4) Wird auf diesen Absatz Bezug genommen, so gelten Artikel 5a Absätze 1 bis 4 und Artikel 7 des Beschlusses 1999/468/EG unter Beachtung von dessen Artikel 8.

   (5) Die Kommission erlässt nach dem in Absatz 3 genannten Verwaltungsverfahren Durchführungsmaßnahmen, um insbesondere künftigen Änderungen der Empfehlungen der Vereinten Nationen Rechnung zu tragen."

2. Artikel 14 Absatz 2 erhält folgende Fassung:

   „Die Mitgliedstaaten vergewissern sich, dass die Unternehmen des Explosivstoffsektors über ein System verfügen, mit dem der Besitzer der Explosivstoffe jederzeit festgestellt werden kann. Die

---

1) ABl. L 147 vom 9.6.1975, S. 40.
2) ABl. L 121 vom 15.5.1993, S. 20.

# Anlage § 053a–04

Zu § 53a Energiesteuergesetz

Kommission kann Maßnahmen zur Festlegung der Bedingungen für die Durchführung dieses Absatzes erlassen. Diese Maßnahmen zur Änderung nicht wesentlicher Bestimmungen dieser Richtlinie durch Ergänzung werden nach dem in Artikel 13 Absatz 4 genannten Regelungsverfahren mit Kontrolle erlassen."

2.3. Richtlinie 2000/14/EG des Europäischen Parlaments und des Rates vom 8. Mai 2000 zur Angleichung der Rechtsvorschriften der Mitgliedstaaten über umweltbelastende Geräuschemissionen von zur Verwendung im Freien vorgesehenen Geräten und Maschinen[1)]

Was die Richtlinie 2000/14/EG betrifft, sollte die Kommission die Befugnis erhalten, die Durchführungsmaßnahmen zur Anpassung des Anhangs III an den technischen Fortschritt zu erlassen. Da es sich hierbei um Maßnahmen von allgemeiner Tragweite handelt, die eine Änderung nicht wesentlicher Bestimmungen der Richtlinie 2000/14/EG bewirken, sind diese Maßnahmen nach dem Regelungsverfahren mit Kontrolle des Artikels 5a des Beschlusses 1999/468/EG zu erlassen.

Dementsprechend wird die Richtlinie 2000/14/EG wie folgt geändert:

1. Artikel 18 wird wie folgt geändert:

   a) Absatz 2 erhält folgende Fassung:

   „(2) Wird auf diesen Absatz Bezug genommen, so gelten Artikel 5a Absätze 1 bis 4 und Artikel 7 des Beschlusses 1999/468/EG unter Beachtung von dessen Artikel 8."

   b) Absatz 3 wird gestrichen.

2. Folgender Artikel wird eingefügt:

   „Artikel 18a

   Die Kommission erlässt Durchführungsmaßnahmen zur Anpassung des Anhangs III an den technischen Fortschritt, insbesondere durch Einbeziehung von Hinweisen auf einschlägige europäische Normen, vorausgesetzt, diese Maßnahmen wirken sich nicht direkt auf den gemessenen Schallleistungspegel der in Artikel 12 aufgeführten Geräte und Maschinen aus.

   Diese Maßnahmen zur Änderung nicht wesentlicher Bestimmungen dieser Richtlinie werden nach dem in Artikel 18 Absatz 2 genannten Regelungsverfahren mit Kontrolle erlassen."

3. Artikel 19 Buchstabe b erhält folgende Fassung:

   „b) Unterstützung der Kommission bei der Anpassung des Anhangs III an den technischen Fortschritt;".

2.4. Verordnung (EG) Nr. 2003/2003 des Europäischen Parlaments und des Rates vom 13. Oktober 2003 über Düngemittel[2)]

Was die Verordnung (EG) Nr. 2003/2003 betrifft, sollte die Kommission die Befugnis erhalten, die Anhänge an den technischen Fortschritt anzupassen, die Mess-, Probenahme- und Analysemethoden anzupassen, Bestimmungen zu den Kontrollmaßnahmen zu erlassen und neue EG-Düngemitteltypen aufzunehmen. Da es sich hierbei um Maßnahmen von allgemeiner Tragweite handelt, die eine Änderung nicht wesentlicher Bestimmungen der Verordnung (EG) Nr. 2003/2003 bewirken, sind diese Maßnahmen nach dem Regelungsverfahren mit Kontrolle des Artikels 5a des Beschlusses 1999/468/EG zu erlassen.

Dementsprechend wird die Verordnung (EG) Nr. 2003/2003 wie folgt geändert:

1. Artikel 29 Absatz 4 erhält folgende Fassung:

   „(4) Die Kommission nimmt die Anpassung und Modernisierung der Mess-, Probenahme- und Analysemethoden, soweit wie möglich anhand von Europäischen Normen, vor. Diese Maßnahmen zur Änderung nicht wesentlicher Bestimmungen dieser Verordnung werden nach dem in Artikel 32 Absatz 3 genannten Regelungsverfahren mit Kontrolle erlassen. Dasselbe Verfahren gilt für die Annahme der Durchführungsbestimmungen, die erforderlich sind, um die in diesem Artikel und in den Artikeln 8, 26 und 27 vorgesehenen Kontrollmaßnahmen im Einzelnen festzulegen. Diese Bestimmungen regeln insbesondere die Häufigkeit der Testwiederholung sowie die Maßnahmen, mit denen sichergestellt werden soll, dass die in Verkehr gebrachten Düngemittel mit den getesteten Düngemitteln identisch sind."

2. Artikel 31 wird wie folgt geändert:

   a) Absatz 1 erhält folgende Fassung:

   „(1) Die Kommission passt Anhang I zur Aufnahme neuer Düngemitteltypen an."

---

1) ABl. L 162 vom 3.7.2000, S. 1.
2) ABl. L 304 vom 21.11.2003, S. 1.

b) Absatz 3 erhält folgende Fassung:

„(3) Die Kommission passt die Anhänge an den technischen Fortschritt an."

c) Folgender Absatz wird angefügt:

„(4) Die in den Absätzen 1 und 3 genannten Maßnahmen zur Änderung nicht wesentlicher Bestimmungen dieser Verordnung werden nach dem in Artikel 32 Absatz 3 genannten Regelungsverfahren mit Kontrolle erlassen."

3. Artikel 32 erhält folgende Fassung:

„Artikel 32

Ausschussverfahren

(1) Die Kommission wird von einem Ausschuss unterstützt.

(2) Wird auf diesen Absatz Bezug genommen, so gelten die Artikel 5 und 7 des Beschlusses 1999/468/EG unter Beachtung von dessen Artikel 8.

Der Zeitraum nach Artikel 5 Absatz 6 des Beschlusses 1999/468/EG wird auf drei Monate festgesetzt.

(3) Wird auf diesen Absatz Bezug genommen, so gelten Artikel 5a Absätze 1 bis 4 und Artikel 7 des Beschlusses 1999/468/EG unter Beachtung von dessen Artikel 8."

2.5. Richtlinie 2004/9/EG des Europäischen Parlaments und des Rates vom 11. Februar 2004 über die Inspektion und Überprüfung der Guten Laborpraxis (GLP) (kodifizierte Fassung)[1)]

Was die Richtlinie 2004/9/EG betrifft, sollte die Kommission die Befugnis erhalten, den Anhang I an den technischen Fortschritt anzupassen und den in Artikel 2 Absatz 2 genannten Wortlaut der Bestätigung zu ändern. Da es sich hierbei um Maßnahmen von allgemeiner Tragweite handelt, die eine Änderung nicht wesentlicher Bestimmungen der Richtlinie 2004/9/EG bewirken, sind diese Maßnahmen nach dem Regelungsverfahren mit Kontrolle des Artikels 5a des Beschlusses 1999/468/EG zu erlassen.

Dementsprechend wird die Richtlinie 2004/9/EG wie folgt geändert:

1. Artikel 6 Absatz 3 erhält folgende Fassung:

„(3) Sind nach Auffassung der Kommission Änderungen dieser Richtlinie erforderlich, um die in Absatz 1 genannten Angelegenheiten zu regeln, so erlässt sie diese Änderungen.

Diese Maßnahmen zur Änderung nicht wesentlicher Bestimmungen dieser Richtlinie werden nach dem in Artikel 7 Absatz 3 genannten Regelungsverfahren mit Kontrolle erlassen."

2. Artikel 7 erhält folgende Fassung:

„Artikel 7

(1) Die Kommission wird von dem durch Artikel 29 Absatz 1 der Richtlinie 67/548/EWG des Rates[2)] eingesetzten Ausschuss (nachstehend ‚Ausschuss' genannt) unterstützt.

(2) Wird auf diesen Absatz Bezug genommen, so gelten die Artikel 5 und 7 des Beschlusses 1999/468/EG unter Beachtung von dessen Artikel 8.

Der Zeitraum nach Artikel 5 Absatz 6 des Beschlusses 1999/468/EG wird auf drei Monate festgesetzt.

(3) Wird auf diesen Absatz Bezug genommen, so gelten Artikel 5a Absätze 1 bis 4 und Artikel 7 des Beschlusses 1999/468/EG unter Beachtung von dessen Artikel 8."

3. Artikel 8 Absatz 2 erhält folgende Fassung:

„(2) Die Kommission erlässt Durchführungsmaßnahmen

a) zur Anpassung des in Artikel 2 Absatz 2 genannten Wortlauts der Bestätigung;

b) zur Anpassung des Anhangs I an den technischen Fortschritt.

Diese Maßnahmen zur Änderung nicht wesentlicher Bestimmungen dieser Richtlinie werden nach dem in Artikel 7 Absatz 3 genannten Regelungsverfahren mit Kontrolle erlassen."

2.6. Richtlinie 2004/10/EG des Europäischen Parlaments und des Rates vom 11. Februar 2004 zur Angleichung der Rechts- und Verwaltungsvorschriften für die Anwendung der Grundsätze der Guten Laborpraxis und zur Kontrolle ihrer Anwendung bei Versuchen mit chemischen Stoffen (kodifizierte Fassung)[3)]

---

1) ABl. L 50 vom 20.2.2004, S. 28.
2) ABl. 196 vom 16.8.1967, S. 1.
3) ABl. L 50 vom 20.2.2004, S. 44.

**Anlage § 053a–04**      Zu § 53a Energiesteuergesetz

Was die Richtlinie 2004/10/EG betrifft, sollte die Kommission die Befugnis erhalten, Anhang I an den technischen Fortschritt anzupassen. Da es sich hierbei um Maßnahmen von allgemeiner Tragweite handelt, die eine Änderung nicht wesentlicher Bestimmungen der Richtlinie 2004/10/EG bewirken, sind diese Maßnahmen nach dem Regelungsverfahren mit Kontrolle des Artikels 5a des Beschlusses 1999/468/EG zu erlassen.

Dementsprechend wird die Richtlinie 2004/10/EG wie folgt geändert:

1. Folgender Artikel wird eingefügt:

   „Artikel 3a

   Die Kommission kann Anhang I im Hinblick auf die Grundsätze der GLP an den technischen Fortschritt anpassen.

   Diese Maßnahmen zur Änderung nicht wesentlicher Bestimmungen dieser Richtlinie werden nach dem in Artikel 4 Absatz 2 genannten Regelungsverfahren mit Kontrolle erlassen."

2. Artikel 4 erhält folgende Fassung:

   „Artikel 4

   (1) Die Kommission wird von dem durch Artikel 29 Absatz 1 der Richtlinie 67/548/EWG des Rates[1] eingesetzten Ausschuss unterstützt.

   (2) Wird auf diesen Absatz Bezug genommen, so gelten Artikel 5a Absätze 1 bis 4 und Artikel 7 des Beschlusses 1999/468/EG unter Beachtung von dessen Artikel 8.

3. Artikel 5 Absatz 2 Unterabsatz 3 erhält folgende Fassung:

   „Die Kommission kann Durchführungsmaßnahmen erlassen, um die erforderlichen technischen Anpassungen dieser Richtlinie vorzunehmen.

   Diese Maßnahmen zur Änderung nicht wesentlicher Bestimmungen dieser Richtlinie werden nach dem in Artikel 4 Absatz 2 genannten Regelungsverfahren mit Kontrolle erlassen.

   In dem in Unterabsatz 3 genannten Fall kann der Mitgliedstaat, der Schutzmaßnahmen getroffen hat, diese bis zum Inkrafttreten dieser Anpassungen beibehalten."

2.7. Verordnung (EG) Nr. 273/2004 des Europäischen Parlaments und des Rates vom 11. Februar 2004 betreffend Drogenausgangsstoffe[2]

Was die Verordnung (EG) Nr. 273/2004 betrifft, sollte die Kommission die Befugnis erhalten, Maßnahmen zur Durchführung der Verordnung zu erlassen. Da es sich hierbei um Maßnahmen von allgemeiner Tragweite handelt, die eine Änderung nicht wesentlicher Bestimmungen der Verordnung (EG) Nr. 273/2004 bewirken, sind diese Maßnahmen nach dem Regelungsverfahren mit Kontrolle des Artikels 5a des Beschlusses 1999/468/EG zu erlassen.

Dementsprechend wird die Verordnung (EG) Nr. 273/2004 wie folgt geändert:

1. Artikel 14 wird wie folgt geändert:

   a) Der Eingangsteil erhält folgende Fassung:

   „Erforderlichenfalls erlässt die Kommission Durchführungsmaßnahmen, die Folgendes betreffen:".

   b) Folgende Absätze werden angefügt:

   „Die in Absatz 1 Buchstaben a bis e genannten Maßnahmen zur Änderung nicht wesentlicher Bestimmungen dieser Verordnung werden nach dem in Artikel 15 Absatz 3 genannten Regelungsverfahren mit Kontrolle erlassen.

   Die in Absatz 1 Buchstabe f genannten Maßnahmen werden nach dem in Artikel 15 Absatz 2 genannten Verwaltungsverfahren erlassen."

2. Artikel 15 erhält folgende Fassung:

   „Artikel 15

   Ausschussverfahren

   (1) Die Kommission wird von dem durch Artikel 30 der Verordnung (EG) Nr. 111/2005 des Rates[3] eingesetzten Ausschuss unterstützt.

   (2) Wird auf diesen Absatz Bezug genommen, so gelten die Artikel 4 und 7 des Beschlusses 1999/468/EG unter Beachtung von dessen Artikel 8.

---

1) ABl. 196 vom 16.8.1967, S. 1.
2) ABl. L 47 vom 18.2.2004, S. 1.
3) ABl. L 22 vom 26.1.2005, S. 1.

Der Zeitraum nach Artikel 4 Absatz 3 des Beschlusses 1999/468/EG wird auf drei Monate festgesetzt.

(3) Wird auf diesen Absatz Bezug genommen, so gelten Artikel 5a Absätze 1 bis 4 und Artikel 7 des Beschlusses 1999/468/EG unter Beachtung von dessen Artikel 8.

2.8. Verordnung (EG) Nr. 648/2004 des Europäischen Parlaments und des Rates vom 31. März 2004 über Detergenzien[1)]

Was die Verordnung (EG) Nr. 648/2004 betrifft, sollte die Kommission die Befugnis erhalten, die Anhänge anzupassen und Änderungen oder Ergänzungen vorzunehmen, die erforderlich sind, um die Bestimmungen der genannten Verordnung auf lösungsmittelbasierte Detergenzien anzuwenden. Da es sich hierbei um Maßnahmen von allgemeiner Tragweite handelt, die eine Änderung nicht wesentlicher Bestimmungen der Verordnung (EG) Nr. 648/2004 bewirken, sind diese Maßnahmen nach dem Regelungsverfahren mit Kontrolle des Artikels 5a des Beschlusses 1999/468/EG zu erlassen.

Dementsprechend wird die Verordnung (EG) Nr. 648/2004 wie folgt geändert:

1. Erwägungsgrund 27 wird gestrichen.
2. Artikel 12 erhält folgende Fassung:

„Artikel 12

Ausschussverfahren

(1) Die Kommission wird von einem Ausschuss unterstützt.

(2) Wird auf diesen Absatz Bezug genommen, so gelten die Artikel 5 und 7 des Beschlusses 1999/468/EG unter Beachtung von dessen Artikel 8.

Der Zeitraum nach Artikel 5 Absatz 6 des Beschlusses 1999/468/EG wird auf drei Monate festgesetzt.

(3) Wird auf diesen Absatz Bezug genommen, so gelten Artikel 5a Absätze 1 bis 4 und Artikel 7 des Beschlusses 1999/468/EG unter Beachtung von dessen Artikel 8."

3. Artikel 13 erhält folgende Fassung:

„Artikel 13

Anpassung der Anhänge

(1) Die Kommission nimmt die zur Anpassung der Anhänge erforderlichen Änderungen, soweit wie möglich anhand von Europäischen Normen, an.

(2) Die Kommission nimmt Änderungen oder Ergänzungen an, die erforderlich sind, um die Bestimmungen dieser Verordnung auf lösungsmittelbasierte Detergenzien anzuwenden.

(3) Die in den Absätzen 1 und 2 genannten Maßnahmen zur Änderung nicht wesentlicher Bestimmungen dieser Verordnung werden nach dem in Artikel 12 Absatz 3 genannten Regelungsverfahren mit Kontrolle erlassen."

4. In Anhang VII Abschnitt A erhält Absatz 6 folgende Fassung:

„Legt der SCCNFP zu einem späteren Zeitpunkt unter Risikogesichtspunkten einzelne Konzentrationshöchstwerte für allergene Duftstoffe fest, so schlägt die Kommission vor, diese Grenzwerte anstelle des oben genannten Werts von 0,01 Gewichtsprozent anzunehmen. Diese Maßnahmen zur Änderung nicht wesentlicher Bestimmungen dieser Verordnung werden nach dem in Artikel 12 Absatz 3 genannten Regelungsverfahren mit Kontrolle erlassen."

2.9. Verordnung (EG) Nr. 726/2004 des Europäischen Parlaments und des Rates vom 31. März 2004 zur Festlegung von Gemeinschaftsverfahren für die Genehmigung und Überwachung von Human- und Tierarzneimitteln und zur Errichtung einer Europäischen Arzneimittel-Agentur[2)]

Was die Verordnung (EG) Nr. 726/2004 betrifft, sollte die Kommission die Befugnis erhalten, einige Bestimmungen und Anhänge anzupassen, neue Bestimmungen anzunehmen und bestimmte Bedingungen für die Anwendung festzulegen. Da es sich hierbei um Maßnahmen von allgemeiner Tragweite handelt, die eine Änderung nicht wesentlicher Bestimmungen der Verordnung (EG) Nr. 726/2004, auch durch Ergänzung um neue nicht wesentliche Bestimmungen, bewirken, sind diese Maßnahmen nach dem Regelungsverfahren mit Kontrolle des Artikels 5a des Beschlusses 1999/468/EG zu erlassen.

Dementsprechend wird die Verordnung (EG) Nr. 726/2004 wie folgt geändert:

---

1) ABl. L 104 vom 8.4.2004, S. 1.
2) ABl. L 136 vom 30.4.2004, S. 1.

**Anlage § 053a–04**     Zu § 53a Energiesteuergesetz

1. Artikel 3 Absatz 4 erhält folgende Fassung:
   „(4) Nach Anhörung des zuständigen Ausschusses der Agentur kann die Kommission den Anhang an den technischen und wissenschaftlichen Fortschritt anpassen und alle erforderlichen Änderungen annehmen, ohne den Anwendungsbereich des zentralisierten Verfahrens auszudehnen.
   Diese Maßnahmen zur Änderung nicht wesentlicher Bestimmungen dieser Verordnung werden nach dem in Artikel 87 Absatz 2a genannten Regelungsverfahren mit Kontrolle erlassen."
2. Artikel 14 Absatz 7 Unterabsatz 3 erhält folgende Fassung:
   „Die Kommission erlässt eine Verordnung mit Bestimmungen für die Erteilung dieser Genehmigung. Diese Maßnahme zur Änderung nicht wesentlicher Bestimmungen dieser Verordnung durch Ergänzung wird nach dem in Artikel 87 Absatz 2a genannten Regelungsverfahren mit Kontrolle erlassen."
3. Artikel 16 Absatz 4 erhält folgende Fassung:
   „(4) Die Kommission erlässt nach Konsultation der Agentur geeignete Bestimmungen für die Beurteilung der an den Genehmigungen vorgenommenen Änderungen in Form einer Verordnung. Diese Maßnahmen zur Änderung nicht wesentlicher Bestimmungen dieser Verordnung durch Ergänzung werden nach dem in Artikel 87 Absatz 2a genannten Regelungsverfahren mit Kontrolle erlassen."
4. Artikel 24 wird wie folgt geändert:
   a) Absatz 2 Unterabsatz 1 erhält folgende Fassung:
   „Der Inhaber der Genehmigung für das Inverkehrbringen eines Humanarzneimittels stellt sicher, dass alle vermuteten unerwarteten schwerwiegenden Nebenwirkungen und jede vermutete Übertragung eines Krankheitserregers durch ein Arzneimittel, die im Hoheitsgebiet eines Drittlands auftreten, den Mitgliedstaaten und der Agentur unverzüglich, spätestens jedoch innerhalb von 15 Tagen nach Erhalt der Information, mitgeteilt werden. Die Kommission erlässt Bestimmungen zur Mitteilung nicht schwerwiegender vermuteter unerwarteter Nebenwirkungen, die in der Gemeinschaft oder in einem Drittland auftreten. Diese Maßnahmen zur Änderung nicht wesentlicher Bestimmungen dieser Verordnung durch Ergänzung werden nach dem in Artikel 87 Absatz 2a genannten Regelungsverfahren mit Kontrolle erlassen."
   b) Absatz 4 erhält folgende Fassung:
   „(4) Die Kommission kann aufgrund der bei der Anwendung des Absatzes 3 gewonnenen Erfahrungen Bestimmungen zur Änderung jenes Absatzes festlegen. Diese Maßnahmen zur Änderung nicht wesentlicher Bestimmungen dieser Verordnung werden nach dem in Artikel 87 Absatz 2a genannten Regelungsverfahren mit Kontrolle erlassen."
5. Artikel 29 erhält folgende Fassung:
   „Artikel 29
   Die Kommission kann Änderungen annehmen, die erforderlich sein können, um dieses Kapitel zur Berücksichtigung des wissenschaftlichen und technischen Fortschritts zu aktualisieren. Diese Maßnahmen zur Änderung nicht wesentlicher Bestimmungen dieser Verordnung werden nach dem in Artikel 87 Absatz 2a genannten Regelungsverfahren mit Kontrolle erlassen."
6. Artikel 41 Absatz 6 erhält folgende Fassung:
   „(6) Die Kommission erlässt nach Konsultation der Agentur geeignete Bestimmungen für die Beurteilung der an den Genehmigungen vorgenommenen Änderungen in Form einer Verordnung. Diese Maßnahmen zur Änderung nicht wesentlicher Bestimmungen dieser Verordnung durch Ergänzung werden nach dem in Artikel 87 Absatz 2a genannten Regelungsverfahren mit Kontrolle erlassen."
7. Artikel 49 wird wie folgt geändert:
   a) Absatz 2 Unterabsatz 1 erhält folgende Fassung:
   „Der Inhaber der Genehmigung für das Inverkehrbringen eines Tierarzneimittels stellt sicher, dass alle vermuteten unerwarteten schwerwiegenden Nebenwirkungen und Nebenwirkungen beim Menschen und jede vermutete Übertragung eines Krankheitserregers durch ein Arzneimittel, die im Hoheitsgebiet eines Drittlands auftreten, den Mitgliedstaaten und der Agentur unverzüglich, spätestens jedoch innerhalb von 15 Tagen nach Erhalt der Information, mitgeteilt werden. Die Kommission erlässt Bestimmungen zur Mitteilung nicht schwerwiegender vermuteter unerwarteter Nebenwirkungen, die in der Gemeinschaft oder

in einem Drittland auftreten. Diese Maßnahmen zur Änderung nicht wesentlicher Bestimmungen dieser Verordnung durch Ergänzung werden nach dem in Artikel 87 Absatz 2a genannten Regelungsverfahren mit Kontrolle erlassen."

b) Absatz 4 erhält folgende Fassung:

„(4) Die Kommission kann aufgrund der bei der Anwendung des Absatzes 3 gewonnenen Erfahrungen Bestimmungen zur Änderung jenes Absatzes festlegen. Diese Maßnahmen zur Änderung nicht wesentlicher Bestimmungen dieser Verordnung werden nach dem in Artikel 87 Absatz 2a genannten Regelungsverfahren mit Kontrolle erlassen."

8. Artikel 54 erhält folgende Fassung:

„Artikel 54

Die Kommission kann Änderungen vornehmen, die erforderlich sein können, um dieses Kapitel zur Berücksichtigung des wissenschaftlichen und technischen Fortschritts zu aktualisieren. Diese Maßnahmen zur Änderung nicht wesentlicher Bestimmungen dieser Verordnung werden nach dem in Artikel 87 Absatz 2a genannten Regelungsverfahren mit Kontrolle erlassen."

9. Artikel 70 Absatz 2 erhält folgende Fassung:

„(2) Die Kommission erlässt jedoch Bestimmungen, in denen festgelegt wird, unter welchen Umständen kleinen und mittleren Unternehmen eine Gebührensenkung, ein Zahlungsaufschub für die Gebühren oder administrative Unterstützung gewährt werden kann. Diese Maßnahmen zur Änderung nicht wesentlicher Bestimmungen dieser Verordnung durch Ergänzung werden nach dem in Artikel 87 Absatz 2a genannten Regelungsverfahren mit Kontrolle erlassen."

10. Artikel 84 Absatz 3 Unterabsatz 1 erhält folgende Fassung:

„Auf Ersuchen der Agentur kann die Kommission gegen die Inhaber von Genehmigungen für das Inverkehrbringen, die aufgrund dieser Verordnung erteilt wurden, Geldbußen verhängen, wenn sie bestimmte im Rahmen dieser Genehmigungen festgelegte Verpflichtungen nicht einhalten. Die Höchstbeträge sowie die Bedingungen und die Modalitäten für die Einziehung dieser Geldbußen werden von der Kommission festgelegt. Diese Maßnahmen zur Änderung nicht wesentlicher Bestimmungen dieser Verordnung durch Ergänzung werden nach dem in Artikel 87 Absatz 2a genannten Regelungsverfahren mit Kontrolle erlassen."

11. Artikel 87 wird wie folgt geändert:

a) Folgender Absatz wird eingefügt:

„(2a) Wird auf diesen Absatz Bezug genommen, so gelten Artikel 5a Absätze 1 bis 4 und Artikel 7 des Beschlusses 1999/468/EG unter Beachtung von dessen Artikel 8."

b) Absatz 4 wird gestrichen.

3. UMWELT

3.1. Richtlinie 82/883/EWG des Rates vom 3. Dezember 1982 über die Einzelheiten der Überwachung und Kontrolle der durch die Ableitungen aus der Titandioxidproduktion betroffenen Umweltmedien[1]

Was die Richtlinie 82/883/EWG betrifft, sollte die Kommission die Befugnis erhalten, die in den Anhängen aufgeführten Parameter der Spalte „Parameter, deren Bestimmung fakultativ ist" und Referenzmessmethoden an den technischen und wissenschaftlichen Fortschritt anzupassen. Da es sich hierbei um Maßnahmen von allgemeiner Tragweite handelt, die eine Änderung nicht wesentlicher Bestimmungen der Richtlinie 82/883/EWG bewirken, sind diese Maßnahmen nach dem Regelungsverfahren mit Kontrolle des Artikels 5a des Beschlusses 1999/468/EG zu erlassen.

Dementsprechend wird die Richtlinie 82/883/EWG wie folgt geändert:

1. Artikel 9 erhält folgende Fassung:

„Artikel 9

Die Kommission beschließt die erforderlichen Änderungen zur Anpassung der in den Anhängen aufgeführten Parameter der Spalte ‚Parameter, deren Bestimmung fakultativ ist' und Referenzmessmethoden an den technischen und wissenschaftlichen Fortschritt.

Diese Maßnahmen zur Änderung nicht wesentlicher Bestimmungen dieser Richtlinie werden nach dem in Artikel 11 Absatz 2 genannten Regelungsverfahren mit Kontrolle erlassen."

2. Artikel 11 erhält folgende Fassung:

---
[1] ABl. L 378 vom 31.12.1982, S. 1.

# Anlage § 053a–04

Zu § 53a Energiesteuergesetz

„Artikel 11

(1) Die Kommission wird von dem Ausschuss unterstützt.

(2) Wird auf diesen Absatz Bezug genommen, so gelten Artikel 5a Absätze 1 bis 4 und Artikel 7 des Beschlusses 1999/468/EG unter Beachtung von dessen Artikel 8."

3.2. Richtlinie 86/278/EWG des Rates vom 12. Juni 1986 über den Schutz der Umwelt und insbesondere der Böden bei der Verwendung von Klärschlamm in der Landwirtschaft[1])

Was die Richtlinie 86/278/EWG betrifft, sollte die Kommission die Befugnis erhalten, die Bestimmungen der Anhänge an den technischen und wissenschaftlichen Fortschritt anzupassen. Da es sich hierbei um Maßnahmen von allgemeiner Tragweite handelt, die eine Änderung nicht wesentlicher Bestimmungen der Richtlinie 86/278/EWG bewirken, sind diese Maßnahmen nach dem Regelungsverfahren mit Kontrolle des Artikels 5a des Beschlusses 1999/468/EG zu erlassen.

Dementsprechend wird die Richtlinie 86/278/EWG wie folgt geändert:

1. Artikel 13 erhält folgende Fassung:

„Artikel 13

Die Kommission passt die Bestimmungen der Anhänge der Richtlinie an den technischen und wissenschaftlichen Fortschritt an; hiervon ausgenommen sind die in den Anhängen I A, I B und I C aufgeführten Parameter und Werte, alle Faktoren, die die Berechnung dieser Werte beeinflussen können, sowie die in den Anhängen II A und II B angegebenen Parameter, die zu analysieren sind.

Diese Maßnahmen zur Änderung nicht wesentlicher Bestimmungen dieser Richtlinie werden nach dem in Artikel 15 Absatz 2 genannten Regelungsverfahren mit Kontrolle erlassen."

2. Artikel 15 erhält folgende Fassung:

„Artikel 15

(1) Die Kommission wird von dem Ausschuss unterstützt.

(2) Wird auf diesen Absatz Bezug genommen, so gelten Artikel 5a Absätze 1 bis 4 und Artikel 7 des Beschlusses 1999/468/EG unter Beachtung von dessen Artikel 8."

3.3. Richtlinie 94/62/EG des Europäischen Parlaments und des Rates vom 20. Dezember 1994 über Verpackungen und Verpackungsabfälle[2])

Was die Richtlinie 94/62/EG betrifft, sollte die Kommission die Befugnis erhalten, die Beispiele für die Definition von Gegenständen, die als Verpackung gelten, zu überprüfen und, falls erforderlich, zu ändern sowie festzulegen, unter welchen Bedingungen die Konzentrationen von Schwermetallen, die sich in Verpackungen oder Verpackungskomponenten befinden, auf einige Materialien und Produktkreisläufe keine Anwendung finden, welche Arten von Verpackungen von der Anforderung in Bezug auf die Konzentrationen ausgenommen sind, und die technischen Maßnahmen festzulegen, die notwendig sind, um Schwierigkeiten bei der Anwendung der Bestimmungen dieser Richtlinie zu begegnen. Da es sich hierbei um Maßnahmen von allgemeiner Tragweite handelt, die eine Änderung nicht wesentlicher Bestimmungen der Richtlinie 94/62/EG, auch durch Ergänzung um neue nicht wesentliche Bestimmungen, bewirken, sind diese Maßnahmen nach dem Regelungsverfahren mit Kontrolle des Artikels 5a des Beschlusses 1999/468/EG zu erlassen.

Dementsprechend wird die Richtlinie 94/62/EG wie folgt geändert:

1. Artikel 3 Nummer 1 Unterabsatz 4 erhält folgende Fassung:

„Die Kommission prüft gegebenenfalls die Beispiele für die Definition von Gegenständen, die gemäß Anhang I als Verpackung gelten, und ändert sie, falls erforderlich. Der Vorrang gilt folgenden Artikeln: CD- und Videohüllen, Blumentöpfen, Röhren und Rollen, um die flexibles Material aufgespult ist, Schutzstreifen von Klebeetiketten und Einpack- und Geschenkpapier. Diese Maßnahmen zur Änderung nicht wesentlicher Bestimmungen dieser Richtlinie werden nach dem in Artikel 21 Absatz 3 genannten Regelungsverfahren mit Kontrolle erlassen."

2. Artikel 11 Absatz 3 erhält folgende Fassung:

„(3) Die Kommission legt fest, unter welchen Bedingungen die in Absatz 1 genannten Konzentrationen auf stofflich verwertete Materialien und Produkte in geschlossenen, kontrollierten Kreisläufen keine Anwendung finden sowie welche Arten von Verpackungen von der Anforderung in Absatz 1 dritter Gedankenstrich ausgenommen sind.

---

1) ABl. L 181 vom 4.7.1986, S. 6.
2) ABl. L 365 vom 31.12.1994, S. 10.

Zu § 53a Energiesteuergesetz **Anlage § 053a–04**

    Diese Maßnahmen zur Änderung nicht wesentlicher Bestimmungen dieser Richtlinie durch Ergänzung werden nach dem in Artikel 21 Absatz 3 genannten Regelungsverfahren mit Kontrolle erlassen."

3. Artikel 12 Absatz 3 erhält folgende Fassung:

    „(3) Zur Harmonisierung der Merkmale und der Aufmachung der gelieferten Daten und im Hinblick auf die Kompatibilität der Daten aus den einzelnen Mitgliedstaaten übermitteln die Mitgliedstaaten der Kommission die ihnen vorliegenden Daten in Tabellen, die auf der Grundlage von Anhang III nach dem in Artikel 21 Absatz 2 genannten Regelungsverfahren festlegt werden."

4. Artikel 19 erhält folgende Fassung:

    „Artikel 19

    Anpassung an den wissenschaftlichen und technischen Fortschritt

    (1) Die Änderungen zur Anpassung des in Artikel 8 Absatz 2 und Artikel 10 Absatz 2 letzter Gedankenstrich genannten Kennzeichnungssystems sowie zur Anpassung der in Artikel 12 Absatz 3 und Anhang III genannten Tabellen für die Datenbanken an den wissenschaftlichen und technischen Fortschritt werden nach dem Regelungsverfahren des Artikels 21 Absatz 2 erlassen.

    (2) Die Kommission beschließt die Änderungen zur Anpassung der in Anhang I genannten Beispiele für die Begriffsbestimmung für ,Verpackungen' an den wissenschaftlichen und technischen Fortschritt. Diese Maßnahmen zur Änderung nicht wesentlicher Bestimmungen dieser Richtlinie werden nach dem in Artikel 21 Absatz 3 genannten Regelungsverfahren mit Kontrolle erlassen."

5. Artikel 20 Absatz 1 erhält folgende Fassung:

    „(1) Die Kommission legt die technischen Maßnahmen fest, die notwendig sind, um Schwierigkeiten bei der Anwendung der Bestimmungen dieser Richtlinie insbesondere in Bezug auf inerte Verpackungsmaterialien, die in der Gemeinschaft in sehr geringen Mengen (d. h. mit einem Anteil von rund 0,1 Gewichtsprozent) in Verkehr gebracht werden, Primärverpackungen für medizinisches Gerät und pharmazeutische Erzeugnisse sowie Klein- und Luxusverpackungen zu begegnen. Diese Maßnahmen zur Änderung nicht wesentlicher Bestimmungen dieser Richtlinie durch Ergänzung werden nach dem in Artikel 21 Absatz 3 genannten Regelungsverfahren mit Kontrolle erlassen."

6. Artikel 21 Absatz 3 erhält folgende Fassung:

    „(3) Wird auf diesen Absatz Bezug genommen, so gelten Artikel 5a Absätze 1 bis 4 und Artikel 7 des Beschlusses 1999/468/EG unter Beachtung von dessen Artikel 8."

3.4. Richtlinie 1999/32/EG des Rates vom 26. April 1999 über eine Verringerung des Schwefelgehalts bestimmter flüssiger Kraft- oder Brennstoffe[1])

Was die Richtlinie 1999/32/EG betrifft, sollte die Kommission die Befugnis erhalten, Kriterien für den Einsatz emissionsmindernder Technologien durch Schiffe aller Flaggen in geschlossenen Häfen und Flussmündungen in der Gemeinschaft festzulegen und Änderungen, die zur technischen Anpassung einiger Bestimmungen an den wissenschaftlichen und technischen Fortschritt notwendig sind, zu beschließen. Da es sich hierbei um Maßnahmen von allgemeiner Tragweite handelt, die eine Änderung nicht wesentlicher Bestimmungen der Richtlinie 1999/32/EG, auch durch Ergänzung um neue nicht wesentliche Bestimmungen, bewirken, sind diese Maßnahmen nach dem Regelungsverfahren mit Kontrolle des Artikels 5a des Beschlusses 1999/468/EG zu erlassen.

Dementsprechend wird die Richtlinie 1999/32/EG wie folgt geändert:

1. Artikel 4c Absatz 3 erhält folgende Fassung:

    „(3) Die Kommission legt Kriterien für den Einsatz emissionsmindernder Technologien durch Schiffe aller Flaggen in geschlossenen Häfen und Flussmündungen in der Gemeinschaft fest. Diese Maßnahmen zur Änderung nicht wesentlicher Bestimmungen dieser Richtlinie durch Ergänzung werden nach dem in Artikel 9 Absatz 2 genannten Regelungsverfahren mit Kontrolle erlassen. Die Kommission teilt diese Kriterien der IMO mit."

2. Artikel 7 Absatz 4 erhält folgende Fassung:

    „(4) Änderungen, die zur technischen Anpassung des Artikels 2 Nummern 1, 2, 3, 3a, 3b und 4 oder des Artikels 6 Absatz 2 an den wissenschaftlichen und technischen Fortschritt notwendig

---

1) ABl. L 121 vom 11.5.1999, S. 13.

# Anlage § 053a–04

Zu § 53a Energiesteuergesetz

sind, werden von der Kommission beschlossen. Diese Maßnahmen zur Änderung nicht wesentlicher Bestimmungen dieser Richtlinie werden nach dem in Artikel 9 Absatz 2 genannten Regelungsverfahren mit Kontrolle erlassen. Diese Anpassungen dürfen nicht zu einer direkten Änderung des Geltungsbereichs dieser Richtlinie oder der in dieser Richtlinie festgelegten Grenzwerte für Schwefel im Kraftstoff führen."

3. Artikel 9 erhält folgende Fassung:

„Artikel 9

Ausschussverfahren

(1) Die Kommission wird von einem Ausschuss unterstützt.

(2) Wird auf diesen Absatz Bezug genommen, so gelten Artikel 5a Absätze 1 bis 4 und Artikel 7 des Beschlusses 1999/468/EG unter Beachtung von dessen Artikel 8."

3.5. Richtlinie 2001/81/EG des Europäischen Parlaments und des Rates vom 23. Oktober 2001 über nationale Emissionshöchstmengen für bestimmte Luftschadstoffe[1]

Was die Richtlinie 2001/81/EG betrifft, sollte die Kommission die Befugnis erhalten, die gemäß Anhang III anzuwendenden Methoden zu aktualisieren. Da es sich hierbei um Maßnahmen von allgemeiner Tragweite handelt, die eine Änderung nicht wesentlicher Bestimmungen der Richtlinie 2001/81/EG, auch durch Ergänzung um neue nicht wesentliche Bestimmungen, bewirken, sind diese Maßnahmen nach dem Regelungsverfahren mit Kontrolle des Artikels 5a des Beschlusses 1999/468/EG zu erlassen.

Dementsprechend wird die Richtlinie 2001/81/EG wie folgt geändert:

1. Artikel 7 Absatz 4 erhält folgende Fassung:

„(4) Aktualisierungen der gemäß Anhang III anzuwendenden Methoden werden von der Kommission beschlossen. Diese Maßnahmen zur Änderung nicht wesentlicher Bestimmungen dieser Richtlinie, auch durch Ergänzung, werden nach dem in Artikel 13 Absatz 3 genannten Regelungsverfahren mit Kontrolle erlassen."

2. Artikel 13 Absatz 3 erhält folgende Fassung:

„(3) Wird auf diesen Absatz Bezug genommen, so gelten Artikel 5a Absätze 1 bis 4 und Artikel 7 des Beschlusses 1999/468/EG unter Beachtung von dessen Artikel 8."

3.6. Richtlinie 2003/87/EG des Europäischen Parlaments und des Rates vom 13. Oktober 2003 über ein System für den Handel mit Treibhausgasemissionszertifikaten in der Gemeinschaft[2]

Was die Richtlinie 2003/87/EG betrifft, sollte die Kommission die Befugnis erhalten, Bestimmungen zur Umsetzung von Artikel 11b Absatz 5, Leitlinien für die Überwachung und Berichterstattung betreffend Emissionen sowie eine Verordnung über ein standardisiertes und sicheres Registrierungssystem einschließlich Bestimmungen zur Nutzung und Identifizierung von CER und ERU im Rahmen des Gemeinschaftssystems sowie zur Überwachung des Umfangs dieser Nutzung zu erlassen, Anhang III nach Maßgabe von Artikel 22 zu ändern, die Einbeziehung nicht in Anhang I aufgeführter Tätigkeiten und Treibhausgase zu billigen, die erforderlichen Vorschriften für die gegenseitige Anerkennung der Zertifikate im Rahmen von Abkommen mit Drittländern auszuarbeiten sowie standardisierte oder etablierte Verfahren für die Überwachung anderer Treibhausgasemissionen anzunehmen. Da es sich hierbei um Maßnahmen von allgemeiner Tragweite handelt, die eine Änderung nicht wesentlicher Bestimmungen der Richtlinie 2003/87/EG, auch durch Ergänzung um neue nicht wesentliche Bestimmungen, bewirken, sind diese Maßnahmen nach dem Regelungsverfahren mit Kontrolle des Artikels 5a des Beschlusses 1999/468/EG zu erlassen.

Dementsprechend wird die Richtlinie 2003/87/EG wie folgt geändert:

1. Artikel 11b Absatz 7 erhält folgende Fassung:

„(7) Bestimmungen zur Umsetzung der Absätze 3 und 4, besonders soweit es um die Vermeidung einer doppelten Erfassung geht, werden von der Kommission nach dem in Artikel 23 Absatz 2 genannten Regelungsverfahren erlassen. Die Kommission erlässt Bestimmungen zur Umsetzung von Absatz 5 dieses Artikels in Fällen, in denen das Gastgeberland alle Teilnehmervoraussetzungen für JI-Projektmaßnahmen erfüllt. Diese Maßnahmen zur Änderung nicht wesentlicher Bestimmungen dieser Richtlinie durch Ergänzung werden nach dem in Artikel 23 Absatz 3 genannten Regelungsverfahren mit Kontrolle erlassen."

2. Artikel 14 Absatz 1 Satz 1 erhält folgende Fassung:

---

1) ABl. L 309 vom 27.11.2001, S. 22.
2) ABl. L 275 vom 25.10.2003, S. 32.

"Die Kommission verabschiedet Leitlinien für die Überwachung und Berichterstattung betreffend Emissionen aus in Anhang I aufgeführten Tätigkeiten von für diese Tätigkeiten spezifizierten Treibhausgasen. Diese Maßnahmen zur Änderung nicht wesentlicher Bestimmungen dieser Richtlinie durch Ergänzung werden nach dem in Artikel 23 Absatz 3 genannten Regelungsverfahren mit Kontrolle erlassen."

3. Artikel 19 Absatz 3 erhält folgende Fassung:

„(3) Im Hinblick auf die Durchführung dieser Richtlinie erlässt die Kommission eine Verordnung über ein standardisiertes und sicheres Registrierungssystem in Form standardisierter elektronischer Datenbanken mit gemeinsamen Datenelementen zur Verfolgung von Vergabe, Besitz, Übertragung und Löschung von Zertifikaten, zur Gewährleistung des Zugangs der Öffentlichkeit und angemessener Vertraulichkeit und um sicherzustellen, dass keine Übertragungen erfolgen, die mit den Verpflichtungen aus dem Kyoto-Protokoll unvereinbar sind. Diese Verordnung wird auch Bestimmungen zur Nutzung und Identifizierung von CER und ERU im Rahmen des Gemeinschaftssystems sowie zur Überwachung des Umfangs dieser Nutzung enthalten. Diese Maßnahme zur Änderung nicht wesentlicher Bestimmungen dieser Richtlinie durch Ergänzung wird nach dem in Artikel 23 Absatz 3 genannten Regelungsverfahren mit Kontrolle erlassen."

4. Artikel 22 erhält folgende Fassung:

„Artikel 22

Änderungen des Anhangs III

Unter Berücksichtigung der in Artikel 21 vorgesehenen Berichte und der bei der Anwendung dieser Richtlinie gesammelten Erfahrungen kann die Kommission Anhang III mit Ausnahme der Kriterien 1, 5 und 7 für den Zeitraum 2008 bis 2012 ändern. Diese Maßnahmen zur Änderung nicht wesentlicher Bestimmungen dieser Richtlinie werden nach dem in Artikel 23 Absatz 3 genannten Regelungsverfahren mit Kontrolle erlassen."

5. Artikel 23 Absatz 3 erhält folgende Fassung:

„(3) Wird auf diesen Absatz Bezug genommen, so gelten Artikel 5a Absätze 1 bis 4 und Artikel 7 des Beschlusses 1999/468/EG unter Beachtung von dessen Artikel 8."

6. Artikel 24 wird wie folgt geändert:

a) Absatz 1 erhält folgende Fassung:

„(1) Unter Berücksichtigung aller einschlägigen Kriterien, insbesondere der Auswirkungen auf den Binnenmarkt, möglicher Wettbewerbsverzerrungen, der Umweltwirksamkeit der Regelung und der Zuverlässigkeit des vorgesehenen Überwachungs- und Berichterstattungsverfahrens können die Mitgliedstaaten ab 2008 im Einklang mit dieser Richtlinie den Handel mit Emissionszertifikaten ausweiten auf:

a) nicht in Anhang I aufgeführte Anlagen, sofern die Einbeziehung solcher Anlagen von der Kommission nach dem in Artikel 23 Absatz 2 genannten Regelungsverfahren gebilligt wird, und

b) nicht in Anhang I aufgeführte Tätigkeiten und Treibhausgase, sofern die Einbeziehung solcher Tätigkeiten und Treibhausgase von der Kommission gebilligt wird. Diese Maßnahmen zur Änderung nicht wesentlicher Bestimmungen dieser Richtlinie durch Ergänzung werden nach dem in Artikel 23 Absatz 3 genannten Regelungsverfahren mit Kontrolle erlassen.

Ab 2005 können die Mitgliedstaaten unter denselben Voraussetzungen den Handel mit Emissionszertifikaten auf Anlagen ausweiten, die in Anhang I aufgeführte Tätigkeiten durchführen und bei denen die in jenem Anhang vorgesehenen Kapazitätsgrenzen nicht erreicht werden."

b) Absatz 3 erhält folgende Fassung:

„(3) Die Kommission kann aus eigener Initiative bzw. muss auf Ersuchen eines Mitgliedstaats Leitlinien für die Überwachung und Berichterstattung betreffend Emissionen aus Tätigkeiten, Anlagen und Treibhausgasen, die nicht in Anhang I aufgeführt sind, festlegen, wenn die Überwachung und die Berichterstattung in Bezug auf diese Emissionen mit ausreichender Genauigkeit erfolgen kann.

Diese Maßnahmen zur Änderung nicht wesentlicher Bestimmungen dieser Richtlinie durch Ergänzung werden nach dem in Artikel 23 Absatz 3 genannten Regelungsverfahren mit Kontrolle erlassen."

**Anlage § 053a–04**      Zu § 53a Energiesteuergesetz

7. Artikel 25 Absatz 2 erhält folgende Fassung:
„(2) Wurde ein Abkommen im Sinne von Absatz 1 geschlossen, so erlässt die Kommission die erforderlichen Vorschriften für die gegenseitige Anerkennung der Zertifikate im Rahmen dieses Abkommens. Diese Maßnahmen zur Änderung nicht wesentlicher Bestimmungen dieser Richtlinie durch Ergänzung werden nach dem in Artikel 23 Absatz 3 genannten Regelungsverfahren mit Kontrolle erlassen."

8. In Anhang IV erhält der Absatz unter der Überschrift „Überwachung anderer Treibhausgasemissionen" folgende Fassung:
„Zu verwenden sind standardisierte oder etablierte Verfahren, die von der Kommission in Zusammenarbeit mit allen betroffenen Kreisen entwickelt worden sind. Diese Maßnahmen zur Änderung nicht wesentlicher Bestimmungen dieser Richtlinie durch Ergänzung werden nach dem in Artikel 23 Absatz 3 genannten Regelungsverfahren mit Kontrolle erlassen."

3.7. Verordnung (EG) Nr. 850/2004 des Europäischen Parlaments und des Rates vom 29. April 2004 über persistente organische Schadstoffe[1]

Was die Verordnung (EG) Nr. 850/2004 betrifft, sollte die Kommission die Befugnis erhalten, einige Konzentrationsgrenzen in den Anhängen festzulegen, die Anhänge zu ändern, wenn ein Stoff in das Übereinkommen oder das Protokoll aufgenommen wird, bestehende Einträge zu ändern und die Anhänge an den wissenschaftlichen und technischen Fortschritt anzupassen. Da es sich hierbei um Maßnahmen von allgemeiner Tragweite handelt, die eine Änderung nicht wesentlicher Bestimmungen der Verordnung (EG) Nr. 850/2004 bewirken, sind diese Maßnahmen nach dem Regelungsverfahren mit Kontrolle des Artikels 5a des Beschlusses 1999/468/EG zu erlassen.

Dementsprechend wird die Verordnung (EG) Nr. 850/2004 wie folgt geändert:

1. Artikel 7 wird wie folgt geändert:
   a) Absatz 4 Buchstabe a erhält folgende Fassung:
   „a) Abfälle, die in Anhang IV aufgelistete Stoffe enthalten oder durch sie verunreinigt sind, können in anderer Weise nach einschlägigen Rechtsvorschriften der Gemeinschaft beseitigt oder verwertet werden, sofern der Gehalt an aufgelisteten Stoffen in den Abfällen unterhalb der Konzentrationsgrenzen liegt, die in Anhang IV festzulegen sind. Diese Maßnahmen zur Änderung nicht wesentlicher Bestimmungen dieser Verordnung werden nach dem in Artikel 17 Absatz 3 genannten Regelungsverfahren mit Kontrolle erlassen. Bis die Konzentrationsgrenzen gemäß diesem Verfahren festgelegt werden, kann die zuständige Behörde eines Mitgliedstaats Konzentrationsgrenzen oder spezifische technische Anforderungen bezüglich der Beseitigung oder Verwertung der Abfälle gemäß diesem Buchstaben festlegen oder anwenden."
   b) Absatz 5 Unterabsatz 1 erhält folgende Fassung:
   „Die Konzentrationsgrenzen in Anhang V Teil 2 werden für die Zwecke von Absatz 4 Buchstabe b von der Kommission festgelegt. Diese Maßnahmen zur Änderung nicht wesentlicher Bestimmungen dieser Verordnung werden nach dem in Artikel 17 Absatz 3 genannten Regelungsverfahren mit Kontrolle erlassen."

2. Artikel 14 erhält folgende Fassung:
   „Artikel 14
   Änderung der Anhänge
   (1) Wird ein Stoff in das Übereinkommen oder das Protokoll aufgenommen, so nimmt die Kommission gegebenenfalls eine entsprechende Änderung der Anhänge I, II und III vor.
   Diese Maßnahmen zur Änderung nicht wesentlicher Bestimmungen dieser Verordnung werden nach dem in Artikel 16 Absatz 3 genannten Regelungsverfahren mit Kontrolle erlassen.
   (2) Wird ein Stoff in das Übereinkommen oder das Protokoll aufgenommen, so nimmt die Kommission gegebenenfalls eine entsprechende Änderung des Anhangs IV vor.
   Diese Maßnahmen zur Änderung nicht wesentlicher Bestimmungen dieser Verordnung werden nach dem in Artikel 17 Absatz 3 genannten Regelungsverfahren mit Kontrolle erlassen.
   (3) Die Kommission beschließt Änderungen von bestehenden Einträgen in den Anhängen I, II und III, einschließlich ihrer Anpassung an den wissenschaftlichen und technischen Fortschritt.
   Diese Maßnahmen zur Änderung nicht wesentlicher Bestimmungen dieser Verordnung werden nach dem in Artikel 16 Absatz 3 genannten Regelungsverfahren mit Kontrolle erlassen.

---

1) ABl. L 229 vom 29.6.2004, S. 5.

(4) Die Kommission beschließt Änderungen von bestehenden Einträgen in Anhang IV und Änderungen des Anhangs V, einschließlich ihrer Anpassung an den wissenschaftlichen und technischen Fortschritt.

Diese Maßnahmen zur Änderung nicht wesentlicher Bestimmungen dieser Verordnung werden nach dem in Artikel 17 Absatz 3 genannten Regelungsverfahren mit Kontrolle erlassen."

3. Artikel 16 Absatz 3 erhält folgende Fassung:

„(3) Wird auf diesen Absatz Bezug genommen, so gelten Artikel 5a Absätze 1 bis 4 und Artikel 7 des Beschlusses 1999/468/EG unter Beachtung von dessen Artikel 8."

4. Artikel 17 Absatz 3 erhält folgende Fassung:

„(3) Wird auf diesen Absatz Bezug genommen, so gelten Artikel 5a Absätze 1 bis 4 und Artikel 7 des Beschlusses 1999/468/EG unter Beachtung von dessen Artikel 8."

3.8. Richtlinie 2004/107/EG des Europäischen Parlaments und des Rates vom 15. Dezember 2004 über Arsen, Kadmium, Quecksilber, Nickel und polyzyklische aromatische Kohlenwasserstoffe in der Luft[1)]

Was die Richtlinie 2004/107/EG betrifft, sollte die Kommission die Befugnis erhalten, einige Bestimmungen und Anhänge an den wissenschaftlichen und technischen Fortschritt anzupassen. Da es sich hierbei um Maßnahmen von allgemeiner Tragweite handelt, die eine Änderung nicht wesentlicher Bestimmungen der Richtlinie 2004/107/EG bewirken, sind diese Maßnahmen nach dem Regelungsverfahren mit Kontrolle des Artikels 5a des Beschlusses 1999/468/EG zu erlassen.

Dementsprechend wird die Richtlinie 2004/107/EG wie folgt geändert:

1. Artikel 4 wird wie folgt geändert:

   a) Absatz 9 erhält folgende Fassung:

   „(9) Ungeachtet der Konzentrationswerte wird für jedes Gebiet von 100 000 km$^2$ jeweils eine Hintergrundprobenahmestelle installiert, die zur orientierenden Messung von Arsen, Kadmium, Nickel, dem gesamten gasförmigen Quecksilber, Benzo(a)pyren und den übrigen in Absatz 8 genannten polyzyklischen aromatischen Kohlenwasserstoffen in der Luft sowie der Gesamtablagerung von Arsen, Kadmium, Quecksilber, Nickel, Benzo(a)pyren und den übrigen in Absatz 8 genannten polyzyklischen aromatischen Kohlenwasserstoffen dient. Jeder Mitgliedstaat richtet mindestens eine Messstation ein. Die Mitgliedstaaten können jedoch einvernehmlich und nach den Leitlinien, die nach dem in Artikel 6 Absatz 2 genannten Regelungsverfahren aufzustellen sind, eine oder mehrere gemeinsame Messstationen einrichten, die benachbarte Gebiete in aneinandergrenzenden Mitgliedstaaten erfassen, um die notwendige räumliche Auflösung zu erreichen. Zusätzlich wird die Messung von partikel- und gasförmigem zweiwertigem Quecksilber empfohlen. Sofern angebracht, ist die Überwachung mit der des Mess- und Bewertungsprogramms zur Messung und Bewertung der weiträumigen Verfrachtung von Luftschadstoffen in Europa (EMEP) zu koordinieren. Die Probenahmestellen für diese Schadstoffe werden so gewählt, dass geografische Unterschiede und langfristige Trends bestimmt werden können. Es gelten die Bestimmungen des Anhangs III Abschnitte I, II und III."

   b) Absatz 15 erhält folgende Fassung:

   „(15) Sämtliche zur Anpassung der Bestimmungen des vorliegenden Artikels und des Anhangs II Abschnitt II sowie der Anhänge III, IV und V an den wissenschaftlichen und technischen Fortschritt erforderlichen Änderungen werden von der Kommission beschlossen. Diese Maßnahmen zur Änderung nicht wesentlicher Bestimmungen dieser Richtlinie werden nach dem in Artikel 6 Absatz 3 genannten Regelungsverfahren mit Kontrolle erlassen. Dabei dürfen jedoch keine direkten oder indirekten Änderungen der Zielwerte vorgenommen werden."

2. Artikel 5 Absatz 4 erhält folgende Fassung:

   „(4) Die Kommission legt nach dem in Artikel 6 Absatz 2 genannten Regelungsverfahren alle Modalitäten für die Weiterleitung der gemäß Absatz 1 zur Verfügung zu stellenden Informationen fest."

3. Artikel 6 Absatz 3 erhält folgende Fassung:

   „(3) Wird auf diesen Absatz Bezug genommen, so gelten Artikel 5a Absätze 1 bis 4 und Artikel 7 des Beschlusses 1999/468/EG unter Beachtung von dessen Artikel 8."

---

1) ABl. L 23 vom 26.1.2005, S. 3.

**Anlage § 053a–04** Zu § 53a Energiesteuergesetz

4. Anhang V Abschnitt V erhält folgende Fassung:

„V. Referenzmethoden zur Erstellung von Luftqualitätsmodellen

Für die Erstellung von Luftqualitätsmodellen lassen sich zurzeit keine Referenzmethoden festlegen. Die Kommission kann Änderungen zur Anpassung dieses Abschnitts an den wissenschaftlichen und technischen Fortschritt vornehmen. Diese Maßnahmen zur Änderung nicht wesentlicher Bestimmungen dieser Richtlinie werden nach dem in Artikel 6 Absatz 3 genannten Regelungsverfahren mit Kontrolle erlassen."

3.9. Verordnung (EG) Nr. 1013/2006 des Europäischen Parlaments und des Rates vom 14. Juni 2006 über die Verbringung von Abfällen [1)]

Was die Verordnung (EG) Nr. 1013/2006 betrifft, sollte die Kommission die Befugnis erhalten, die Anhänge nach Maßgabe von Artikel 58 der Verordnung (EG) Nr. 1013/2006 zu ändern und bestimmte zusätzliche Maßnahmen nach Maßgabe von Artikel 59 der Verordnung (EG) Nr. 1013/2006 zu erlassen. Da es sich hierbei um Maßnahmen von allgemeiner Tragweite handelt, die eine Änderung nicht wesentlicher Bestimmungen der Verordnung (EG) Nr. 1013/2006, auch durch Ergänzung um neue nicht wesentliche Bestimmungen bewirken, sind diese Maßnahmen nach dem Regelungsverfahren mit Kontrolle des Artikels 5a des Beschlusses 1999/468/EG zu erlassen.

Dementsprechend wird die Verordnung (EG) Nr. 1013/2006 wie folgt geändert:

1. Artikel 11 Absatz 3 Unterabsatz 3 erhält folgende Fassung:

„Wird keine zufrieden stellende Lösung gefunden, so kann jeder Mitgliedstaat die Angelegenheit an die Kommission verweisen. Entschieden wird dann nach dem in Artikel 59a Absatz 2 genannten Regelungsverfahren."

2. Artikel 58 erhält folgende Fassung:

„Artikel 58

Änderung der Anhänge

(1) Die Kommission kann die Anhänge ändern, um dem wissenschaftlichen und technischen Fortschritt Rechnung zu tragen. Diese Maßnahmen zur Änderung nicht wesentlicher Bestimmungen dieser Verordnung werden nach dem in Artikel 59a Absatz 3 genannten Regelungsverfahren mit Kontrolle erlassen. Außerdem

a) werden die Anhänge I, II, III, IIIA, IV und V geändert, um den im Rahmen des Basler Übereinkommens und des OECD-Beschlusses vereinbarten Änderungen Rechnung zu tragen;

b) können noch nicht eingestufte Abfälle vorläufig den Anhängen IIIB, IV oder V hinzugefügt werden, bis über ihre Aufnahme in die entsprechenden Anhänge des Basler Übereinkommens oder des OECDBeschlusses entschieden ist;

c) kann auf Ersuchen eines Mitgliedstaats die vorläufige Aufnahme von Gemischen aus zwei oder mehr in Anhang III aufgeführten Abfällen in Anhang IIIA in den in Artikel 3 Absatz 2 genannten Fällen erwogen werden, bis über ihre Aufnahme in die entsprechenden Anhänge des Basler Übereinkommens oder des OECD-Beschlusses entschieden ist. In Anhang IIIA kann vorgeschrieben werden, dass einer oder mehrere der dort aufgeführten Einträge nicht für Ausfuhren in Staaten gelten, für die der OECD-Beschluss nicht gilt;

d) werden die in Artikel 3 Absatz 3 genannten Ausnahmefälle definiert und die entsprechenden Abfälle gegebenenfalls den Anhängen IVA und V hinzugefügt und aus Anhang III gestrichen;

e) wird Anhang V so geändert, dass er die vereinbarten Änderungen des Verzeichnisses gefährlicher Abfälle gemäß Artikel 1 Absatz 4 der Richtlinie 91/689/EWG widerspiegelt;

f) wird Anhang VIII geändert, um den einschlägigen internationalen Übereinkommen und Vereinbarungen Rechnung zu tragen.

(2) Bei Änderungen des Anhangs IX wird der durch die Richtlinie 91/692/EWG des Rates vom 23. Dezember 1991 zur Vereinheitlichung und zweckmäßigen Gestaltung der Berichte über die Durchführung bestimmter Umweltschutzrichtlinien [2)] eingesetzte Ausschuss uneingeschränkt an den Beratungen beteiligt.

---

1) ABl. L 190 vom 12.7.2006, S. 1.
2) ABl. L 377 vom 31.12.1991, S. 48.

3. Artikel 59 erhält folgende Fassung:

   „Artikel 59

   Zusätzliche Maßnahmen

   (1) Die Kommission kann nach dem in Artikel 59a Absatz 2 genannten Regelungsverfahren die folgenden zusätzlichen Maßnahmen zur Durchführung dieser Verordnung erlassen:
   a) Leitlinien für die Anwendung von Artikel 12 Absatz 1 Buchstabe g;
   b) Leitlinien für die Anwendung von Artikel 15 in Bezug auf die Identifizierung und Verfolgung von Abfällen, die bei der vorläufigen Verwertung oder Beseitigung erhebliche Veränderungen erfahren;
   c) Leitlinien für die Zusammenarbeit zuständiger Behörden im Falle illegaler Verbringungen nach Artikel 24;
   d) technische und organisatorische Vorschriften für die praktische Umsetzung des elektronischen Datenaustauschs zum Zwecke der Einreichung von Unterlagen und Informationen nach Artikel 26 Absatz 4;
   e) weitere Hinweise zur Verwendung von Sprachen nach Artikel 27;
   f) weitere Klärung der Verfahrensvorschriften von Titel II in Bezug auf Ausfuhren von Abfällen aus der Gemeinschaft, Einfuhren von Abfällen in die Gemeinschaft und Durchfuhr von Abfällen durch die Gemeinschaft;
   g) weitere Empfehlungen zu undefinierten Rechtsbegriffen.

   (2) Die Kommission kann Durchführungsmaßnahmen erlassen, die Folgendes betreffen:
   a) ein Verfahren zur Berechnung der Sicherheitsleistungen oder entsprechenden Versicherungen nach Artikel 6;
   b) weitere Auflagen und Anforderungen in Bezug auf Verwertungsanlagen mit Vorabzustimmung nach Artikel 14. Diese Maßnahmen zur Änderung nicht wesentlicher Bestimmungen dieser Verordnung durch Ergänzung werden nach dem in Artikel 59a Absatz 3 genannten Regelungsverfahren mit Kontrolle erlassen."

4. Folgender Artikel wird eingefügt:

   „Artikel 59a

   Ausschussverfahren

   (1) Die Kommission wird von dem durch Artikel 18 Absatz 1 der Richtlinie 2006/12/EG eingesetzten Ausschuss unterstützt.

   (2) Wird auf diesen Absatz Bezug genommen, so gelten die Artikel 5 und 7 des Beschlusses 1999/468/EG unter Beachtung von dessen Artikel 8.

   Der Zeitraum nach Artikel 5 Absatz 6 des Beschlusses 1999/468/EG wird auf drei Monate festgesetzt.

   (3) Wird auf diesen Absatz Bezug genommen, so gelten Artikel 5a Absätze 1 bis 4 und Artikel 7 des Beschlusses 1999/468/EG unter Beachtung von dessen Artikel 8."

5. Artikel 63 wird wie folgt geändert:
   a) Absatz 2 Unterabsatz 3 erhält folgende Fassung:
      „Außer für Glasabfälle und Abfälle aus Papier sowie Altreifen kann dieser Zeitraum nach dem in Artikel 59a Absatz 2 genannten Regelungsverfahren bis spätestens zum 31. Dezember 2012 verlängert werden."
   b) Absatz 4 Unterabsatz 3 erhält folgende Fassung:
      „Dieser Zeitraum kann nach dem in Artikel 59a Absatz 2 genannten Regelungsverfahren bis spätestens zum 31. Dezember 2012 verlängert werden."
   c) Absatz 5 wird wie folgt geändert:
      i) Unterabsatz 3 erhält folgende Fassung:
         „Dieser Zeitraum kann nach dem in Artikel 59a Absatz 2 genannten Regelungsverfahren bis spätestens zum 31. Dezember 2015 verlängert werden."
      ii) Unterabsatz 5 erhält folgende Fassung:
         „Dieser Zeitraum kann nach dem in Artikel 59a Absatz 2 genannten Regelungsverfahren bis spätestens zum 31. Dezember 2015 verlängert werden."

**Anlage § 053a–04**     Zu § 53a Energiesteuergesetz

## 4. EUROSTAT

4.1. Verordnung (EWG) Nr. 3924/91 des Rates vom 19. Dezember 1991 zur Einführung einer Gemeinschaftserhebung über die Produktion von Gütern[1)]

Was die Verordnung (EWG) Nr. 3924/91 betrifft, sollte die Kommission die Befugnis erhalten, die Liste der von dieser Verordnung betroffenen Güter zu aktualisieren. Sie sollte außerdem die Befugnis erhalten, die Durchführungsmodalitäten zur Repräsentanz und Periodizität der Erhebung für bestimmte Güter sowie die Modalitäten zum Erhebungsinhalt festzulegen und Durchführungsmaßnahmen einschließlich der Maßnahmen, die zur Anpassung der Erhebungs- und Aufbereitungsverfahren an den technischen Fortschritt notwendig sind, zu erlassen. Da es sich hierbei um Maßnahmen von allgemeiner Tragweite handelt, die eine Änderung nicht wesentlicher Bestimmungen der Verordnung (EWG) Nr. 3924/91, auch durch Ergänzung um neue nicht wesentliche Bestimmungen, bewirken, sind diese Maßnahmen nach dem Regelungsverfahren mit Kontrolle des Artikels 5a des Beschlusses 1999/468/EG zu erlassen.

Dementsprechend wird die Verordnung (EWG) Nr. 3924/91 wie folgt geändert:

1. Artikel 2 Absatz 6 erhält folgende Fassung:

   „(6) Die Prodcom-Liste und die für die einzelnen Rubriken zu machenden Angaben werden von der Kommission aktualisiert. Diese Maßnahmen zur Änderung nicht wesentlicher Bestimmungen dieser Verordnung, auch durch Ergänzung, werden nach dem in Artikel 10 Absatz 3 genannten Regelungsverfahren mit Kontrolle erlassen."

2. Artikel 3 wird wie folgt geändert:

   a) In Absatz 2 werden die Worte „nach dem Verfahren des Artikels 10" durch die Worte „nach dem in Artikel 10 Absatz 2 genannten Verwaltungsverfahren" ersetzt.

   b) Absatz 5 erhält folgende Fassung:

   „(5) Die Durchführungsmodalitäten zu Absatz 3, einschließlich der Maßnahmen zur Anpassung an den technischen Fortschritt, werden erforderlichenfalls von der Kommission festgelegt. Diese Maßnahmen zur Änderung nicht wesentlicher Bestimmungen dieser Verordnung auch durch Ergänzung werden nach dem in Artikel 10 Absatz 3 genannten Regelungsverfahren mit Kontrolle erlassen."

3. Artikel 4 erhält folgende Fassung:

   „Artikel 4

   Periodizität der Erhebung

   Die Erhebung erstreckt sich auf einen jährlichen Kalenderzeitraum im Sinne eines Kalenderjahres.

   Für bestimmte Rubriken der Prodcom-Liste kann die Kommission jedoch auch beschließen, dass monatliche oder vierteljährliche Erhebungen durchgeführt werden. Diese Maßnahmen zur Änderung nicht wesentlicher Bestimmungen dieser Verordnung, auch durch Ergänzung, werden nach dem in Artikel 10 Absatz 3 genannten Regelungsverfahren mit Kontrolle erlassen."

4. Artikel 5 Absatz 1 erhält folgende Fassung:

   „(1) Die notwendigen Informationen werden von den Mitgliedstaaten durch Erhebungsvordrucke eingeholt, deren Inhalt den von der Kommission festgelegten Modalitäten entspricht. Diese Maßnahmen zur Änderung nicht wesentlicher Bestimmungen dieser Verordnung, auch durch Ergänzung, werden nach dem in Artikel 10 Absatz 3 genannten Regelungsverfahren mit Kontrolle erlassen."

5. Artikel 6 erhält folgende Fassung:

   „Artikel 6

   Aufbereitung der Ergebnisse

   Die Mitgliedstaaten werten die in Artikel 5 Absatz 1 genannten vollständigen Fragebögen oder die in Artikel 5 Absatz 3 genannten Informationen aus anderen Quellen nach den von der Kommission festgelegten Durchführungsmodalitäten aus. Diese Maßnahmen zur Änderung nicht wesentlicher Bestimmungen dieser Verordnung durch Ergänzung werden nach dem in Artikel 10 Absatz 3 genannten Regelungsverfahren mit Kontrolle erlassen."

6. In Artikel 7 Absatz 2 werden die Worte „nach dem Verfahren des Artikels 10" durch die Worte „nach dem in Artikel 10 Absatz 2 genannten Verwaltungsverfahren" ersetzt.

---

1) ABl. L 374 vom 31.12.1991, S. 1.

Zu § 53a Energiesteuergesetz  **Anlage § 053a–04**

7. Artikel 9 wird aufgehoben.
8. Artikel 10 erhält folgende Fassung:
   „Artikel 10
   Ausschussverfahren
   (1) Die Kommission wird von dem durch den Beschluss 89/382/EWG, Euratom des Rates[1] eingesetzten Ausschuss für das Statistische Programm unterstützt.
   (2) Wird auf diesen Absatz Bezug genommen, so gelten die Artikel 4 und 7 des Beschlusses 1999/468/EG unter Beachtung von dessen Artikel 8.
   Der Zeitraum nach Artikel 4 Absatz 3 des Beschlusses 1999/468/EG wird auf drei Monate festgesetzt.
   (3) Wird auf diesen Absatz Bezug genommen, so gelten Artikel 5a Absätze 1 bis 4 und Artikel 7 des Beschlusses 1999/468/EG unter Beachtung von dessen Artikel 8.

4.2. Richtlinie 96/16/EG des Rates vom 19. März 1996 betreffend die statistischen Erhebungen über Milch und Milcherzeugnisse[2]

Was die Richtlinie 96/16/EG betrifft, sollte die Kommission die Befugnis erhalten, Begriffsbestimmungen betreffend landwirtschaftlicher Betriebe zu erlassen, in denen die Mitgliedstaaten die erzeugte Milch und deren Verwendung ermitteln, das Verzeichnis der Milcherzeugnisse, auf die sich die Erhebungen erstrecken, festzulegen und einheitliche Definitionen für die Mitteilung der Ergebnisse an die Kommission aufzustellen. Da es sich hierbei um Maßnahmen von allgemeiner Tragweite handelt, die eine Änderung nicht wesentlicher Bestimmungen der Richtlinie 96/16/EG durch Ergänzung um neue nicht wesentliche Bestimmungen bewirken, sind diese Maßnahmen nach dem Regelungsverfahren mit Kontrolle des Artikels 5a des Beschlusses 1999/468/EG zu erlassen.

Dementsprechend wird die Richtlinie 96/16/EG wie folgt geändert:

1. Artikel 1 Nummer 2 erhält folgende Fassung:
   „2. ermitteln jährlich die Milch, die in den von der Kommission definierten landwirtschaftlichen Betrieben erzeugt wird, sowie deren Verwendung. Die Maßnahmen zur Definition der landwirtschaftlichen Betriebe, bei denen es sich um Maßnahmen zur Änderung nicht wesentlicher Bestimmungen dieser Richtlinie durch Ergänzung handelt, werden nach dem in Artikel 7 Absatz 3 genannten Regelungsverfahren mit Kontrolle erlassen."
2. In Artikel 3 erhalten die Absätze 2 und 3 folgende Fassung:
   „(2) Das Verzeichnis der Milcherzeugnisse, auf die sich die Erhebungen erstrecken, wird von der Kommission aufgestellt. Diese Maßnahmen zur Änderung nicht wesentlicher Bestimmungen dieser Richtlinie durch Ergänzung werden nach dem in Artikel 7 Absatz 3 genannten Regelungsverfahren mit Kontrolle erlassen.
   (3) Die einheitlichen Definitionen für die Mitteilung der Ergebnisse werden von der Kommission festgelegt. Diese Maßnahmen zur Änderung nicht wesentlicher Bestimmungen dieser Richtlinie durch Ergänzung werden nach dem in Artikel 7 Absatz 3 genannten Regelungsverfahren mit Kontrolle erlassen."
3. In Artikel 5 Absatz 2 und in Artikel 6 Absatz 1 werden die Worte „nach dem Verfahren des Artikels 7" durch die Worte „nach dem in Artikel 7 Absatz 2 genannten Regelungsverfahren" ersetzt.
4. Artikel 7 erhält folgende Fassung:
   „Artikel 7
   (1) Die Kommission wird von dem durch den Beschluss 72/279/EWG eingesetzten Ständigen Agrarstatistischen Ausschuss unterstützt.
   (2) Wird auf diesen Absatz Bezug genommen, so gelten die Artikel 5 und 7 des Beschlusses 1999/468/EG unter Beachtung von dessen Artikel 8.
   Der Zeitraum nach Artikel 5 Absatz 6 des Beschlusses 1999/468/EG wird auf drei Monate festgesetzt.
   (3) Wird auf diesen Absatz Bezug genommen, so gelten Artikel 5a Absätze 1 bis 4 und Artikel 7 des Beschlusses 1999/468/EG unter Beachtung von dessen Artikel 8."

---

[1] ABl. L 181 vom 28.6.1989, S. 47.
[2] ABl. L 78 vom 28.3.1996, S. 27.

# Anlage § 053a–04

Zu § 53a Energiesteuergesetz

4.3. Richtlinie 2001/109/EG des Europäischen Parlaments und des Rates vom 19. Dezember 2001 über die von den Mitgliedstaaten durchzuführenden statistischen Erhebungen zur Ermittlung des Produktionspotenzials bestimmter Baumobstanlagen[1]

Was die Richtlinie 2001/109/EG betrifft, sollte die Kommission die Befugnis erhalten, das Verzeichnis der Baumobstanlagen sowie die Tabelle mit den in den einzelnen Mitgliedstaaten zu erhebenden Arten zu ändern, die Durchführungsbestimmungen zu einigen Artikeln zu erlassen und die Abgrenzung der für die Mitgliedstaaten vorzusehenden Produktionszonen festzulegen. Da es sich hierbei um Maßnahmen von allgemeiner Tragweite handelt, die eine Änderung nicht wesentlicher Bestimmungen der Richtlinie 2001/109/EG, auch durch Ergänzung um neue nicht wesentliche Bestimmungen, bewirken, sind diese Maßnahmen nach dem Regelungsverfahren mit Kontrolle des Artikels 5a des Beschlusses 1999/468/EG zu erlassen.

Dementsprechend wird die Richtlinie 2001/109/EG wie folgt geändert:

1. Artikel 1 Absatz 2 Unterabsatz 3 erhält folgende Fassung:

    „Das Verzeichnis der genannten Arten sowie die genannte Tabelle können von der Kommission geändert werden. Diese Maßnahmen zur Änderung nicht wesentlicher Bestimmungen dieser Richtlinie werden nach dem in Artikel 8 Absatz 2 genannten Regelungsverfahren mit Kontrolle erlassen."

2. Artikel 2 Absatz 2 erhält folgende Fassung:

    „(2) Durchführungsbestimmungen zur Organisation der Erhebungen, die sachdienliche Ergebnisse bringen, werden von der Kommission erlassen. Diese Maßnahmen zur Änderung nicht wesentlicher Bestimmungen dieser Richtlinie durch Ergänzung werden nach dem in Artikel 8 Absatz 2 genannten Regelungsverfahren mit Kontrolle erlassen."

3. Artikel 3 Absatz 4 erhält folgende Fassung:

    „(4) Die Bestimmungen für die Modalitäten der Stichprobenerhebung werden von der Kommission erlassen. Diese Maßnahmen zur Änderung nicht wesentlicher Bestimmungen dieser Richtlinie durch Ergänzung werden nach dem in Artikel 8 Absatz 2 genannten Regelungsverfahren mit Kontrolle erlassen."

4. Artikel 4 Absatz 2 erhält folgende Fassung:

    „(2) Die Ergebnisse gemäß Absatz 1 sind für jede Produktionszone vorzulegen. Die Abgrenzung der für die Mitgliedstaaten vorzusehenden Produktionszonen wird von der Kommission festgelegt. Diese Maßnahmen zur Änderung nicht wesentlicher Bestimmungen dieser Richtlinie durch Ergänzung werden nach dem in Artikel 8 Absatz 2 genannten Regelungsverfahren mit Kontrolle erlassen."

5. Artikel 8 erhält folgende Fassung:

    „Artikel 8

    (1) Die Kommission wird von dem durch den Beschluss 72/279/EWG des Rates[2] eingesetzten Ständigen Agrarstatistischen Ausschuss unterstützt.

    (2) Wird auf diesen Absatz Bezug genommen, so gelten Artikel 5a Absätze 1 bis 4 und Absatz 5 Buchstabe a sowie Artikel 7 des Beschlusses 1999/468/EG unter Beachtung von dessen Artikel 8."

4.4. Verordnung (EG) Nr. 91/2003 des Europäischen Parlaments und des Rates vom 16. Dezember 2002 über die Statistik des Eisenbahnverkehrs[3]

Was die Verordnung (EG) Nr. 91/2003 betrifft, sollte die Kommission die Befugnis erhalten, die Begriffsbestimmungen anzupassen sowie weitere Bestimmungen zu erlassen, den Inhalt der Anhänge anzupassen und die für die Berichte über die Qualität und die Vergleichbarkeit der Ergebnisse zu liefernden Angaben im Einzelnen festzulegen. Da es sich hierbei um Maßnahmen von allgemeiner Tragweite handelt, die eine Änderung nicht wesentlicher Bestimmungen der Verordnung (EG) Nr. 91/2003, auch durch Ergänzung um neue nicht wesentliche Bestimmungen, bewirken, sind diese Maßnahmen nach dem Regelungsverfahren mit Kontrolle des Artikels 5a des Beschlusses 1999/468/EG zu erlassen.

Dementsprechend wird die Verordnung (EG) Nr. 91/2003 wie folgt geändert:

1. Artikel 3 Absatz 2 erhält folgende Fassung:

---

1) ABl. L 13 vom 16.1.2002, S. 21.
2) ABl. L 179 vom 7.8.1972, S. 1.
3) ABl. L 14 vom 21.1.2003, S. 1.

„(2) Die Kommission kann die in Absatz 1 aufgeführten Begriffsbestimmungen anpassen und weitere, zur Harmonisierung der Statistiken erforderliche Begriffsbestimmungen festlegen. Diese Maßnahmen zur Änderung nicht wesentlicher Bestimmungen dieser Verordnung, auch durch Ergänzung, werden nach dem in Artikel 11 Absatz 3 genannten Regelungsverfahren mit Kontrolle erlassen."

2. Artikel 4 wird wie folgt geändert:
   a) Absatz 2 erhält folgende Fassung:
   „(2) In den Anhängen B und D ist das Verfahren der vereinfachten Berichterstattung dargestellt, auf das die Mitgliedstaaten als Alternative zu dem im Normalfall verwendeten, in den Anhängen A und C dargelegten Verfahren der ausführlichen Berichterstattung zurückgreifen können, wenn es sich um Unternehmen handelt, bei denen das gesamte Fracht- bzw. Fahrgastaufkommen weniger als 500 Mio. Tonnenkilometer bzw. 200 Mio. Personenkilometer beträgt. Diese Schwellenwerte können von der Kommission angepasst werden. Diese Maßnahmen zur Änderung nicht wesentlicher Bestimmungen dieser Verordnung werden nach dem in Artikel 11 Absatz 3 genannten Regelungsverfahren mit Kontrolle erlassen."
   b) Absatz 5 erhält folgende Fassung:
   „(5) Der Inhalt der Anhänge kann von der Kommission angepasst werden. Diese Maßnahmen zur Änderung nicht wesentlicher Bestimmungen dieser Verordnung werden nach dem in Artikel 11 Absatz 3 genannten Regelungsverfahren mit Kontrolle erlassen."

3. Artikel 10 erhält folgende Fassung:
   „Artikel 10
   Durchführungsmaßnahmen
   (1) Die Einzelheiten der Übermittlung von Daten an Eurostat werden nach dem in Artikel 11 Absatz 2 genannten Regelungsverfahren erlassen.
   (2) Die Kommission legt die folgenden Durchführungsmaßnahmen fest:
   a) Anpassung der Schwellenwerte für das Verfahren der vereinfachten Berichterstattung (Artikel 4),
   b) Anpassung der Begriffsbestimmungen und Festlegung weiterer Begriffsbestimmungen (Artikel 3 Absatz 2),
   c) Anpassung des Inhalts der Anhänge (Artikel 4),
   d) Bestimmung der für die Berichte über die Qualität und die Vergleichbarkeit der Ergebnisse zu liefernden Angaben (Artikel 8 Absatz 2).
   Diese Maßnahmen zur Änderung nicht wesentlicher Bestimmungen dieser Verordnung, auch durch Ergänzung, werden nach dem in Artikel 11 Absatz 3 genannten Regelungsverfahren mit Kontrolle erlassen."

4. Artikel 11 erhält folgende Fassung:
   „Artikel 11
   Ausschussverfahren
   (1) Die Kommission wird von dem durch den Beschluss 89/382/EWG, Euratom eingesetzten Ausschuss für das Statistische Programm unterstützt.
   (2) Wird auf diesen Absatz Bezug genommen, so gelten die Artikel 5 und 7 des Beschlusses 1999/468/EG unter Beachtung von dessen Artikel 8.
   Der Zeitraum nach Artikel 5 Absatz 6 des Beschlusses 1999/468/EG wird auf drei Monate festgesetzt.
   (3) Wird auf diesen Absatz Bezug genommen, so gelten Artikel 5a Absätze 1 bis 4 und 5 Buchstabe a sowie Artikel 7 des Beschlusses 1999/468/EG unter Beachtung von dessen Artikel 8."

5. In Anhang H Nummer 5 werden die Worte „nach dem Verfahren des Artikels 11 Absatz 2" durch die Worte „nach dem in Artikel 11 Absatz 3 genannten Regelungsverfahren mit Kontrolle" ersetzt.

4.5. Verordnung (EG) Nr. 437/2003 des Europäischen Parlaments und des Rates vom 27. Februar 2003 über die statistische Erfassung der Beförderung von Fluggästen, Fracht und Post im Luftverkehr[1]

Was die Verordnung (EG) Nr. 437/2003 betrifft, sollte die Kommission die Befugnis erhalten, Genauigkeitsanforderungen festzulegen, Datensätze festzulegen und gewisse Durchführungsmaß-

---

[1] ABl. L 66 vom 11.3.2003, S. 1.

# Anlage § 053a–04
Zu § 53a Energiesteuergesetz

nahmen zu erlassen. Da es sich hierbei um Maßnahmen von allgemeiner Tragweite handelt, die eine Änderung nicht wesentlicher Bestimmungen der Verordnung (EG) Nr. 437/2003, auch durch Ergänzung um neue nicht wesentliche Bestimmungen, bewirken, sind diese Maßnahmen nach dem Regelungsverfahren mit Kontrolle des Artikels 5a des Beschlusses 1999/468/EG zu erlassen.

Dementsprechend wird die Verordnung (EG) Nr. 437/2003 wie folgt geändert:

1. Artikel 5 erhält folgende Fassung:
„Artikel 5
Genauigkeit der Statistiken
Die Datenerhebung beruht auf Vollerhebungen, sofern nicht andere Genauigkeitsanforderungen von der Kommission festgelegt werden. Diese Maßnahmen zur Änderung nicht wesentlicher Bestimmungen dieser Verordnung durch Ergänzung werden nach dem in Artikel 11 Absatz 3 genannten Regelungsverfahren mit Kontrolle erlassen."

2. Artikel 7 Absatz 2 erhält folgende Fassung:
„(2) Die Ergebnisse werden entsprechend den in Anhang I aufgeführten Datensätzen übermittelt. Die Datensätze werden von der Kommission festgelegt. Diese Maßnahmen zur Änderung nicht wesentlicher Bestimmungen dieser Verordnung werden nach dem in Artikel 11 Absatz 3 genannten Regelungsverfahren mit Kontrolle erlassen."

Das für die Übermittlung zu verwendende Übertragungsmedium wird von der Kommission nach dem in Artikel 11 Absatz 2 genannten Regelungsverfahren festgelegt."

3. Artikel 10 erhält folgende Fassung:
„Artikel 10
Durchführungsmaßnahmen
(1) Die folgenden Durchführungsmaßnahmen werden nach dem in Artikel 11 Absatz 2 genannten Regelungsverfahren festgelegt:
- das Verzeichnis der Gemeinschaftsflughäfen gemäß Artikel 3 Absatz 2,
- die Beschreibung der Datencodes und des Übertragungsmediums für die Übermittlung der Ergebnisse an die Kommission (Artikel 7),
- die Verbreitung der Erhebungsergebnisse (Artikel 8).

(2) Die Kommission legt die folgenden Durchführungsmaßnahmen fest:
- die Anpassung der Spezifikationen in den Anhängen dieser Verordnung,
- die Anpassung der Datenerhebungsmerkmale (Artikel 3),
- die Genauigkeit der Statistiken (Artikel 5),
- den Aufbau der Datensätze (Artikel 7).

Diese Maßnahmen zur Änderung nicht wesentlicher Bestimmungen dieser Verordnung durch Ergänzung werden nach dem in Artikel 11 Absatz 3 genannten Regelungsverfahren mit Kontrolle erlassen."

4. Artikel 11 erhält folgende Fassung:
„Artikel 11
Ausschussverfahren
(1) Die Kommission wird von dem durch den Beschluss 89/382/EWG, Euratom eingesetzten Ausschuss für das Statistische Programm unterstützt.
(2) Wird auf diesen Absatz Bezug genommen, so gelten die Artikel 5 und 7 des Beschlusses 1999/468/EG unter Beachtung von dessen Artikel 8.

Der Zeitraum nach Artikel 5 Absatz 6 des Beschlusses 1999/468/EG wird auf drei Monate festgesetzt.

(3) Wird auf diesen Absatz Bezug genommen, so gelten Artikel 5a Absätze 1 bis 4 und 5 Buchstabe a sowie Artikel 7 des Beschlusses 1999/468/EG unter Beachtung von dessen Artikel 8."

4.6. Verordnung (EG) Nr. 48/2004 des Europäischen Parlaments und des Rates vom 5. Dezember 2003 über die Erstellung der jährlichen Statistiken der Gemeinschaft über die Stahlindustrie für die Berichtjahre 2003-2009 [1]

Was die Verordnung (EG) Nr. 48/2004 betrifft, sollte die Kommission die Befugnis erhalten, die Liste der von dieser Verordnung betroffenen Merkmale zu aktualisieren. Da es sich hierbei um

---
[1] ABl. L 7 vom 13.1.2004, S. 1.

Maßnahmen allgemeiner Tragweite handelt, die eine Änderung nicht wesentlicher Bestimmungen der Verordnung (EG) Nr. 48/2004, auch durch Ergänzung um neue nicht wesentliche Bestimmungen, bewirken, sind diese Maßnahmen nach dem Regelungsverfahren mit Kontrolle des Artikels 5a des Beschlusses 1999/468/EG zu erlassen.

Dementsprechend wird die Verordnung (EG) Nr. 48/2004 wie folgt geändert:

1. Artikel 7 erhält folgende Fassung:

   „Artikel 7

   Durchführungsmaßnahmen

   (1) Die Maßnahmen zur Durchführung dieser Verordnung betreffend die Übermittlungsformate und den ersten Übermittlungszeitraum werden nach dem in Artikel 8 Absatz 2 genannten Regelungsverfahren erlassen.

   (2) Die Maßnahmen zur Durchführung dieser Verordnung betreffend die Aktualisierung der Merkmalliste, bei denen es sich um Maßnahmen zur Änderung nicht wesentlicher Bestimmungen dieser Verordnung, auch durch Ergänzung, handelt, werden nach dem in Artikel 8 Absatz 3 genannten Regelungsverfahren mit Kontrolle erlassen, sofern den Mitgliedstaaten dadurch keine erhebliche zusätzliche Belastung auferlegt wird."

2. Artikel 8 Absatz 3 erhält folgende Fassung:

   „(3) Wird auf diesen Absatz Bezug genommen, so gelten Artikel 5a Absätze 1 bis 4 und Artikel 7 des Beschlusses 1999/468/EG unter Beachtung von dessen Artikel 8."

5. BINNENMARKT

Richtlinie 2004/25/EG des Europäischen Parlaments und des Rates vom 21. April 2004 betreffend Übernahmeangebote[1)]

Was die Richtlinie 2004/25/EG betrifft, sollte die Kommission die Befugnis erhalten, Bestimmungen zur Anwendung von Artikel 6 Absatz 3 hinsichtlich des Inhalts der Angebotsunterlage zu erlassen. Da es sich hierbei um Maßnahmen von allgemeiner Tragweite handelt, die eine Änderung nicht wesentlicher Bestimmungen der Richtlinie 2004/25/EG bewirken, müssen diese Maßnahmen nach dem Regelungsverfahren mit Kontrolle des Artikels 5a des Beschlusses 1999/468/EG zu erlassen.

Die Richtlinie 2004/25/EG sah eine zeitliche Befristung der der Kommission übertragenen Durchführungsbefugnisse vor. In ihrer Erklärung zum Beschluss 2006/512/EG zur Änderung des Beschlusses 1999/468/EG stellten das Europäische Parlament, der Rat und die Kommission fest, dass der Beschluss 2006/512/EG eine zufrieden stellende horizontale Lösung für den Wunsch des Europäischen Parlaments darstellt, die Durchführung der im Mitentscheidungsverfahren angenommenen Rechtsakte zu kontrollieren, und dass die Kommission dementsprechend die Durchführungsbefugnisse ohne zeitliche Befristung übertragen werden sollten. Da das Regelungsverfahren mit Kontrolle nunmehr eingeführt ist, sollte die Bestimmung der Richtlinie 2004/25/EG, die eine zeitliche Befristung vorsieht, gestrichen werden.

Dementsprechend wird die Richtlinie 2004/25/EG wie folgt geändert:

1. Artikel 6 Absatz 4 erhält folgende Fassung:

   „(4) Die Kommission kann Bestimmungen zur Änderung der Liste in Absatz 3 erlassen. Diese Maßnahmen zur Änderung nicht wesentlicher Bestimmungen dieser Richtlinie werden nach dem in Artikel 18 Absatz 2 genannten Regelungsverfahren mit Kontrolle erlassen."

2. Artikel 18 wird wie folgt geändert:

   a) Absatz 2 erhält folgende Fassung:

   „(2) Wird auf diesen Absatz Bezug genommen, so gelten Artikel 5a Absätze 1 bis 4 und Artikel 7 des Beschlusses 1999/468/EG unter Beachtung von dessen Artikel 8."

   b) Absatz 3 wird gestrichen.

6. GESUNDHEIT UND VERBRAUCHERSCHUTZ

6.1. Richtlinie 79/373/EWG des Rates vom 2. April 1979 über den Verkehr mit Mischfuttermitteln[2)]

Was die Richtlinie 79/373/EWG betrifft, sollte die Kommission die Befugnis erhalten, Abweichungen von den Vorschriften für die Verpackung von Mischfuttermitteln festzulegen und den Anhang zu ändern. Da es sich hierbei um Maßnahmen von allgemeiner Tragweite handelt, die eine

---

1) ABl. L 142 vom 30.4.2004, S. 12.
2) ABl. L 86 vom 6.4.1979, S. 30.

**Anlage § 053a–04**        Zu § 53a Energiesteuergesetz

Änderung nicht wesentlicher Bestimmungen der Richtlinie 79/373/EWG, auch durch Ergänzung um neue nicht wesentliche Bestimmungen, bewirken, sind diese Maßnahmen nach dem Regelungsverfahren mit Kontrolle des Artikels 5a des Beschlusses 1999/468/EG zu erlassen.

Dementsprechend wird die Richtlinie 79/373/EWG wie folgt geändert:

1. Artikel 4 Absatz 2 erhält folgende Fassung:

   „(2) Die Kommission legt die Abweichungen von dem Grundsatz des Absatzes 1 fest, die auf Gemeinschaftsebene zu gestatten sind. Diese Maßnahmen zur Änderung nicht wesentlicher Bestimmungen dieses Rechtsakts, auch durch Ergänzung, werden nach dem in Artikel 13 Absatz 3 genannten Regelungsverfahren mit Kontrolle erlassen, sofern die Identifizierung und die Qualität der Mischfuttermittel gewährleistet bleiben."

2. Artikel 10 erhält folgende Fassung:

   „Artikel 10

   Unter Berücksichtigung der Entwicklung der wissenschaftlichen und technischen Erkenntnisse
   a) erstellt die Kommission Kategorien zur Zusammenfassung mehrerer Futtermittel-Ausgangserzeugnisse;
   b) legt die Kommission die Berechnungsverfahren für den Energiewert der Mischfuttermittel fest;
   c) erlässt die Kommission die erforderlichen Änderungen des Anhangs.

   Alle oben genannten Maßnahmen zur Änderung nicht wesentlicher Bestimmungen dieser Richtlinie, auch durch Ergänzung, werden nach dem in Artikel 13 Absatz 3 genannten Regelungsverfahren mit Kontrolle erlassen."

3. Artikel 13 Absatz 3 erhält folgende Fassung:

   „(3) Wird auf diesen Absatz Bezug genommen, so gelten Artikel 5a Absätze 1 bis 4 und Artikel 7 des Beschlusses 1999/468/EG unter Beachtung von dessen Artikel 8."

6.2. Richtlinie 82/471/EWG des Rates vom 30. Juni 1982 über bestimmte Erzeugnisse für die Tierernährung[1]

Was die Richtlinie 82/471/EWG betrifft, sollte die Kommission die Befugnis erhalten, Änderungen zu beschließen und die Kriterien festzulegen, die für die Definition der in dieser Richtlinie aufgeführten Erzeugnisse erforderlich sind. Da es sich hierbei um Maßnahmen von allgemeiner Tragweite handelt, die eine Änderung nicht wesentlicher Bestimmungen der Richtlinie 82/471/EWG durch Ergänzung um neue nicht wesentliche Bestimmungen bewirken, sind diese Maßnahmen nach dem Regelungsverfahren mit Kontrolle des Artikels 5a des Beschlusses 1999/468/EG zu erlassen.

Wegen der Dringlichkeit ist es erforderlich, beim Erlass von Änderungen der Richtlinie das Dringlichkeitsverfahren des Artikels 5a Absatz 6 des Beschlusses 1999/468/EG anzuwenden.

Dementsprechend wird die Richtlinie 82/471/EWG wie folgt geändert:

1. Artikel 6 wird wie folgt geändert:

   a) Absatz 1 erhält folgende Fassung:

   „(1) Die aufgrund der Entwicklung der wissenschaftlichen und technischen Erkenntnisse notwendig werdenden Änderungen des Anhangs werden von der Kommission erlassen. Diese Maßnahmen zur Änderung nicht wesentlicher Bestimmungen dieser Richtlinie werden nach dem in Artikel 13 Absatz 3 genannten Regelungsverfahren mit Kontrolle erlassen. Zu diesem Zweck hört die Kommission in Bezug auf die im Anhang unter den Nummern 1.1 und 1.2 genannten Erzeugnisse den Wissenschaftlichen Futtermittelausschuss und den Wissenschaftlichen Lebensmittelausschuss an.

   Bei den in Artikel 4 Absatz 1 genannten Erzeugnissen, die mittels Hefen der Gattung ‚Candida' auf n-Alkanen gezüchtet werden, fasst die Kommission jedoch einen Beschluss innerhalb von zwei Jahren ab Bekanntgabe dieser Richtlinie nach Anhörung des Wissenschaftlichen Futtermittelausschusses und des Wissenschaftlichen Lebensmittelausschusses."

   b) Absatz 3 erhält folgende Fassung:

   „(3) Unter Berücksichtigung der wissenschaftlichen und technischen Erkenntnisse kann die Kommission die Kriterien festlegen, aufgrund deren die in dieser Richtlinie aufgeführten Erzeugnisse sich näher beschreiben lassen, insbesondere bezüglich Zusammensetzung und Reinheit sowie der physikalischchemischen und biologischen Eigenschaften. Diese Maß-

---

1) ABl. L 123 vom 21.7.1982, S. 8.

nahmen zur Änderung nicht wesentlicher Bestimmungen dieser Richtlinie durch Ergänzung werden nach dem in Artikel 13 Absatz 3 genannten Regelungsverfahren mit Kontrolle erlassen."

2. In Artikel 7 Absatz 2 Unterabsatz 2 werden die Worte „nach dem Verfahren des Artikels 13" durch die Worte „nach dem in Artikel 13 Absatz 2 genannten Regelungsverfahren" ersetzt.

3. Artikel 8 Absatz 3 erhält folgende Fassung:
„(3) Ist die Kommission der Ansicht, dass diese Richtlinie geändert werden muss, um den in Absatz 1 genannten Schwierigkeiten zu begegnen und um den Schutz der menschlichen oder tierischen Gesundheit sicherzustellen, so erlässt sie entsprechende Maßnahmen. Diese Maßnahmen zur Änderung nicht wesentlicher Bestimmungen dieser Richtlinie werden nach dem in Artikel 13 Absatz 4 genannten Dringlichkeitsverfahren erlassen. In diesem Fall kann der Mitgliedstaat, der Schutzmaßnahmen getroffen hat, diese bis zum Inkrafttreten der Änderungen beibehalten."

4. Artikel 13 wird wie folgt geändert:
a) Absatz 3 erhält folgende Fassung:
„(3) Wird auf diesen Absatz Bezug genommen, so gelten Artikel 5a Absätze 1 bis 4 und Artikel 7 des Beschlusses 1999/468/EG unter Beachtung von dessen Artikel 8."
b) Folgender Absatz wird angefügt:
„(4) Wird auf diesen Absatz Bezug genommen, so gelten Artikel 5a Absätze 1, 2, 4 und 6 sowie Artikel 7 des Beschlusses 1999/468/EG unter Beachtung von dessen Artikel 8."

5. Artikel 14 wird aufgehoben.

6.3. Richtlinie 96/25/EG des Rates vom 29. April 1996 über den Verkehr mit Futtermittel-Ausgangserzeugnissen und deren Verwendung[1)]

Was die Richtlinie 96/25/EG betrifft, sollte die Kommission die Befugnis erhalten, das Verzeichnis der Stoffe, deren Verkehr oder Verwendung für Zwecke der Tierernährung eingeschränkt oder verboten ist, zu erstellen und zu ändern sowie den Anhang aufgrund neuerer wissenschaftlich-technischer Erkenntnisse zu ändern. Da es sich hierbei um Maßnahmen allgemeiner Tragweite handelt, die eine Änderung nicht wesentlicher Bestimmungen der Richtlinie 96/25/EG, auch durch Ergänzung um neue nicht wesentliche Bestimmungen, bewirken, sind diese Maßnahmen nach dem Regelungsverfahren mit Kontrolle des Artikels 5a des Beschlusses 1999/468/EG zu erlassen.

Können aus Gründen äußerster Dringlichkeit die Fristen, die normalerweise im Rahmen des Regelungsverfahrens mit Kontrolle Anwendung finden, nicht eingehalten werden, so sollte die Kommission bei der Änderung des Verzeichnisses der Stoffe, deren Verkehr oder Verwendung für Zwecke der Tierernährung eingeschränkt oder verboten ist, die Möglichkeit haben, das Dringlichkeitsverfahren des Artikels 5a Absatz 6 des Beschlusses 1999/468/EG anzuwenden.

Aus Gründen der Effizienz ist es erforderlich, die Fristen, die normalerweise im Rahmen des Regelungsverfahrens mit Kontrolle Anwendung finden, für den Erlass der am Anhang aufgrund neuerer wissenschaftlich-technischer Erkenntnisse vorzunehmenden Änderungen abzukürzen.

Dementsprechend wird die Richtlinie 96/25/EG wie folgt geändert:

1. Artikel 5 Absatz 1 Buchstabe g zweiter Gedankenstrich erhält folgende Fassung:
„– gemäß Gemeinschaftsbestimmungen, die in einem von der Kommission festzulegenden Verzeichnis aufgeführt sind. Diese Maßnahme zur Änderung nicht wesentlicher Bestimmungen dieser Richtlinie durch Ergänzung wird nach dem in Artikel 13 Absatz 3 genannten Regelungsverfahren mit Kontrolle erlassen;".

2. Artikel 11 erhält folgende Fassung:
„Artikel 11
(1) Ein numerisches Kodierungssystem für die im Verzeichnis aufgeführten Futtermittel-Ausgangserzeugnisse, das auf Verzeichnissen über die Herkunft, den verwendeten Teil des Erzeugnisses/Nebenerzeugnisses, die Verarbeitung und die Reife/Qualität der Futtermittel-Ausgangserzeugnisse beruht und eine Identifizierung der Futtermittel-Ausgangserzeugnisse auf internationaler Ebene – insbesondere mit Hilfe einer Bezeichnung und einer Beschreibung – ermöglicht, kann nach dem Regelungsverfahren des Artikels 13 Absatz 2 eingeführt werden.

(2) Das Verzeichnis der Stoffe, deren Verkehr oder Verwendung für Zwecke der Tierernährung eingeschränkt oder verboten ist, um die Übereinstimmung dieser Stoffe mit Artikel 3 zu ge-

---
1) ABl. L 125 vom 23.5.1996, S. 35.

**Anlage § 053a–04**  Zu § 53a Energiesteuergesetz

gewährleisten, wird von der Kommission erstellt. Diese Maßnahme zur Änderung nicht wesentlicher Bestimmungen dieser Richtlinie durch Ergänzung wird nach dem in Artikel 13 Absatz 3 genannten Regelungsverfahren mit Kontrolle erlassen.

(3) Das in Absatz 2 genannte Verzeichnis wird von der Kommission aufgrund neuerer wissenschaftlichtechnischer Erkenntnisse geändert. Diese Maßnahmen zur Änderung nicht wesentlicher Bestimmungen dieser Richtlinie werden nach dem in Artikel 13 Absatz 3 genannten Regelungsverfahren mit Kontrolle erlassen. Aus Gründen äußerster Dringlichkeit kann die Kommission für den Erlass dieser Maßnahmen auf das in Artikel 13 Absatz 5 genannte Dringlichkeitsverfahren zurückgreifen.

(4) Die aufgrund neuerer wissenschaftlich-technischer Erkenntnisse vorzunehmenden Änderungen des Anhangs werden von der Kommission erlassen. Diese Maßnahmen zur Änderung nicht wesentlicher Bestimmungen dieser Richtlinie werden nach dem in Artikel 13 Absatz 4 genannten Regelungsverfahren mit Kontrolle erlassen."

3. Artikel 13 wird wie folgt geändert:

  a) Absatz 3 erhält folgende Fassung:

  „(3) Wird auf diesen Absatz Bezug genommen, so gelten Artikel 5a Absätze 1 bis 4 und Artikel 7 des Beschlusses 1999/468/EG unter Beachtung von dessen Artikel 8."

  b) Folgende Absätze werden angefügt:

  „(4) Wird auf diesen Absatz Bezug genommen, so gelten Artikel 5a Absätze 1 bis 4 und 5 Buchstabe b sowie Artikel 7 des Beschlusses 1999/468/EG unter Beachtung von dessen Artikel 8.

  Die Fristen nach Artikel 5a Absatz 3 Buchstabe c und Absatz 4 Buchstaben b und e des Beschlusses 1999/468/EG werden auf zwei Monate, einen Monat bzw. zwei Monate festgesetzt.

  (5) Wird auf diesen Absatz Bezug genommen, so gelten Artikel 5a Absätze 1, 2, 4 und 6 sowie Artikel 7 des Beschlusses 1999/468/EG unter Beachtung von dessen Artikel 8."

6.4. Richtlinie 2002/32/EG des Europäischen Parlaments und des Rates vom 7. Mai 2002 über unerwünschte Stoffe in der Tierernährung [1])

Was die Richtlinie 2002/32/EG betrifft, sollte die Kommission die Befugnis erhalten, die Anhänge I und II zu ändern und sie unter Berücksichtigung der Entwicklung der wissenschaftlichen und technischen Kenntnisse anzupassen sowie zusätzliche Kriterien für die Entgiftungsverfahren festzulegen. Da es sich hierbei um Maßnahmen von allgemeiner Tragweite handelt, die eine Änderung nicht wesentlicher Bestimmungen der Richtlinie 2002/32/EG, auch durch Ergänzung um neue nicht wesentliche Bestimmungen, bewirken, sind diese Maßnahmen nach dem Regelungsverfahren mit Kontrolle des Artikels 5a des Beschlusses 1999/468/EG zu erlassen.

Können aus Gründen äußerster Dringlichkeit die Fristen, die normalerweise im Rahmen des Regelungsverfahrens mit Kontrolle Anwendung finden, nicht eingehalten werden, so sollte die Kommission bei der Anpassung der Anhänge I und II unter Berücksichtigung der Entwicklung der wissenschaftlichen und technischen Kenntnisse die Möglichkeit haben, das Dringlichkeitsverfahren des Artikels 5a Absatz 6 des Beschlusses 1999/468/EG anzuwenden.

Dementsprechend wird die Richtlinie 2002/32/EG wie folgt geändert:

1. Artikel 7 Absatz 2 Unterabsatz 1 erhält folgende Fassung:

  „(2) Es wird sofort entschieden, ob die Anhänge I und II zu ändern sind. Diese Maßnahmen zur Änderung nicht wesentlicher Bestimmungen dieser Richtlinie werden nach dem in Artikel 11 Absatz 4 genannten Dringlichkeitsverfahren erlassen."

2. In Artikel 8 erhalten die Absätze 1 und 2 folgende Fassung:

  „(1) Unter Berücksichtigung der Entwicklung der wissenschaftlichen und technischen Kenntnisse ändert die Kommission die Anhänge I und II. Diese Maßnahmen zur Änderung nicht wesentlicher Bestimmungen dieser Richtlinie werden nach dem in Artikel 11 Absatz 3 genannten Regelungsverfahren mit Kontrolle erlassen. Aus Gründen äußerster Dringlichkeit kann die Kommission für den Erlass dieser Änderungen auf das in Artikel 11 Absatz 4 genannte Dringlichkeitsverfahren zurückgreifen.

  (2) Außerdem

---
1) ABl. L 140 vom 30.5.2002, S. 10.

– erstellt die Kommission nach dem in Artikel 11 Absatz 2 genannten Regelungsverfahren regelmäßig konsolidierte Fassungen der Anhänge I und II, die die nach Absatz 1 vorgenommenen Änderungen einschließen;
– kann die Kommission zusätzlich zu den Kriterien für die Zulässigkeit von zur Tierernährung bestimmten Erzeugnissen, die Entgiftungsverfahren unterworfen wurden, Kriterien für die Zulässigkeit von solchen Entgiftungsverfahren bestimmen; diese Maßnahmen zur Änderung nicht wesentlicher Bestimmungen dieser Richtlinie durch Ergänzung werden nach dem in Artikel 11 Absatz 3 genannten Regelungsverfahren mit Kontrolle erlassen."

3. Artikel 11 erhält folgende Fassung:

„Artikel 11

(1) Die Kommission wird von dem durch Artikel 1 des Beschlusses 70/372/EWG des Rates[1] eingesetzten Ständigen Futtermittelausschuss unterstützt.

(2) Wird auf diesen Absatz Bezug genommen, so gelten die Artikel 5 und 7 des Beschlusses 1999/468/EG unter Beachtung von dessen Artikel 8.

Der Zeitraum nach Artikel 5 Absatz 6 des Beschlusses 1999/468/EG wird auf drei Monate festgesetzt.

(3) Wird auf diesen Absatz Bezug genommen, so gelten Artikel 5a Absätze 1 bis 4 und Artikel 7 des Beschlusses 1999/468/EG unter Beachtung von dessen Artikel 8.

(4) Wird auf diesen Absatz Bezug genommen, so gelten Artikel 5a Absätze 1, 2, 4 und 6 sowie Artikel 7 des Beschlusses 1999/468/EG unter Beachtung von dessen Artikel 8.

4. Artikel 12 wird gestrichen.

6.5. Verordnung (EG) Nr. 998/2003 des Europäischen Parlaments und des Rates vom 26. Mai 2003 über die Veterinärbedingungen für die Verbringung von Heimtieren zu anderen als Handelszwecken[2]

Was die Verordnung (EG) Nr. 998/2003 betrifft, sollte die Kommission die Befugnis erhalten, die Liste der in Anhang I Teil C genannten Tierarten und die Listen der in Anhang II Teile B und C genannten Staaten und Gebiete zu ändern, für andere Krankheiten als Tollwut besondere Anforderungen im Hinblick auf die Mitgliedstaaten und die in Anhang II Teil B Abschnitt 2 genannten Gebiete aufzustellen sowie Bedingungen für die Verbringungen von Tieren der in Anhang I Teil C genannten Arten aus Drittländern und Anforderungen technischer Art für die Verbringung von Tieren der in Anhang I Teile A und B aufgeführten Arten festzulegen. Da es sich hierbei um Maßnahmen von allgemeiner Tragweite handelt, die eine Änderung nicht wesentlicher Bestimmungen der Verordnung (EG) Nr. 998/2003, auch durch Ergänzung um neue nicht wesentliche Bestimmungen, bewirken, sind diese Maßnahmen nach dem Regelungsverfahren mit Kontrolle des Artikels 5a des Beschlusses 1999/468/EG zu erlassen.

Aus Gründen der Effizienz ist es erforderlich, die Fristen, die normalerweise im Rahmen des Regelungsverfahrens mit Kontrolle Anwendung finden, für die Annahme der Liste bestimmter Drittländer abzukürzen.

Dementsprechend wird die Verordnung (EG) Nr. 998/2003 wie folgt geändert:

1. Artikel 7 erhält folgende Fassung:

„Artikel 7

Die Verbringungen von Tieren der in Anhang I Teil C genannten Arten zwischen Mitgliedstaaten oder aus einem in Anhang II Teil B Abschnitt 2 genannten Gebiet unterliegen keinen Anforderungen in Bezug auf Tollwut. Die Kommission stellt bei Bedarf für andere Krankheiten besondere Anforderungen – einschließlich einer etwaigen Begrenzung der Zahl der Tiere – auf. Diese Maßnahmen zur Änderung nicht wesentlicher Bestimmungen dieser Verordnung durch Ergänzung werden nach dem in Artikel 24 Absatz 4 genannten Regelungsverfahren mit Kontrolle erlassen. Ein Muster der bei solchen Tieren mitzuführenden Bescheinigung kann nach dem in Artikel 24 Absatz 2 genannten Regelungsverfahren festgelegt werden."

2. Artikel 9 erhält folgende Fassung:

„Artikel 9

Die Bedingungen für die Verbringungen von Tieren der in Anhang I Teil C genannten Arten aus Drittländern werden von der Kommission festgelegt. Diese Maßnahmen zur Änderung nicht wesentlicher Bestimmungen dieser Verordnung durch Ergänzung werden nach dem in Artikel

---

1) ABl. L 170 vom 3.8.1970, S. 1.
2) ABl. L 146 vom 13.6.2003, S. 1.

# Anlage § 053a–04

Zu § 53a Energiesteuergesetz

24 Absatz 4 genannten Regelungsverfahren mit Kontrolle erlassen. Das Muster der bei den Verbringungen von Tieren mitzuführenden Bescheinigung wird gemäß dem in Artikel 24 Absatz 2 genannten Regelungsverfahren festgelegt."

3. Artikel 10 wird wie folgt geändert:

   a) Der Eingangsteil erhält folgende Fassung:

   „Die in Anhang II Teil C vorgesehene Liste der Drittländer wird von der Kommission erstellt. Um in diese Liste aufgenommen zu werden, hat ein Drittland zuvor einen Nachweis über seinen Tollwutstatus vorzulegen und nachzuweisen, dass".

   b) Folgender Absatz wird angefügt:

   „Diese Maßnahmen zur Änderung nicht wesentlicher Bestimmungen dieser Verordnung werden nach dem in Artikel 24 Absatz 5 genannten Regelungsverfahren mit Kontrolle erlassen."

4. Artikel 17 Absatz 1 erhält folgende Fassung:

   „Für die Verbringung von Tieren der in Anhang I Teile A und B genannten Arten können von der Kommission andere als die in dieser Verordnung vorgesehenen Anforderungen technischer Art festgelegt werden. Diese Maßnahmen zur Änderung nicht wesentlicher Bestimmungen dieser Verordnung durch Ergänzung werden nach dem in Artikel 24 Absatz 4 genannten Regelungsverfahren mit Kontrolle erlassen."

5. Artikel 19 erhält folgende Fassung:

   „Artikel 19

   Anhang I Teil C und Anhang II Teile B und C können von der Kommission geändert werden, um der Entwicklung der Lage in der Gemeinschaft oder in Drittländern hinsichtlich der Krankheiten der unter diese Verordnung fallenden Tierarten, insbesondere der Tollwut, Rechnung zu tragen und für die Zwecke der vorliegenden Verordnung gegebenenfalls eine Höchstzahl von Tieren festzulegen, die verbracht werden können. Diese Maßnahmen zur Änderung nicht wesentlicher Bestimmungen dieser Verordnung werden nach dem in Artikel 24 Absatz 4 genannten Regelungsverfahren mit Kontrolle erlassen."

6. Artikel 21 erhält folgende Fassung:

   „Artikel 21

   Etwaige Übergangsbestimmungen für den Übergang von der derzeitigen Regelung auf die mit dieser Verordnung eingeführte Regelung können von der Kommission erlassen werden. Diese Maßnahmen zur Änderung nicht wesentlicher Bestimmungen dieser Verordnung werden nach dem in Artikel 24 Absatz 4 genannten Regelungsverfahren mit Kontrolle erlassen."

7. Artikel 24 wird wie folgt geändert:

   a) Absatz 4 erhält folgende Fassung:

   „(4) Wird auf diesen Absatz Bezug genommen, so gelten Artikel 5a Absätze 1 bis 4 und Artikel 7 des Beschlusses 1999/468/EG unter Beachtung von dessen Artikel 8."

   b) Folgender Absatz wird angefügt:

   „(5) Wird auf diesen Absatz Bezug genommen, so gelten Artikel 5a Absätze 1 bis 4 und 5 Buchstabe b sowie Artikel 7 des Beschlusses 1999/468/EG unter Beachtung von dessen Artikel 8.

   Die Fristen nach Artikel 5a Absatz 3 Buchstabe c sowie Absatz 4 Buchstaben b und e des Beschlusses 1999/468/EG werden auf zwei Monate, einen Monat bzw. zwei Monate festgesetzt."

6.6. Richtlinie 2003/99/EG des Europäischen Parlaments und des Rates vom 17. November 2003 zur Überwachung von Zoonosen und Zoonoseerregern [1]

Was die Richtlinie 2003/99/EG betrifft, sollte die Kommission die Befugnis erhalten, koordinierte Überwachungsprogramme für Zoonosen und Zoonoseerreger aufzustellen. Da es sich hierbei um Maßnahmen von allgemeiner Tragweite handelt, die eine Änderung nicht wesentlicher Bestimmungen der Richtlinie 2003/99/EG, auch durch Ergänzung um neue nicht wesentliche Bestimmungen, bewirken, sind diese Maßnahmen nach dem Regelungsverfahren mit Kontrolle des Artikels 5a des Beschlusses 1999/468/EG zu erlassen.

---

1) ABl. L 325 vom 12.12.2003, S. 31.

Wegen der Dringlichkeit ist es erforderlich, bei der Änderung des Anhangs I der Richtlinie 2003/99/ EG zur Aufnahme von Zoonosen und Zoonoseerregern in die darin enthaltenen Listen oder zur Streichung von Zoonosen und Zoonoseerregern von diesen Listen das Dringlichkeitsverfahren des Artikels 5a Absatz 6 des Beschlusses 1999/468/EG anzuwenden.

Dementsprechend wird die Richtlinie 2003/99/EG wie folgt geändert:

1. Artikel 4 Absatz 4 wird wie folgt geändert:

   a) Der Eingangsteil erhält folgende Fassung:

   „Anhang I kann von der Kommission geändert werden, um Zoonosen und Zoonoseerreger den darin enthaltenen Listen insbesondere unter Berücksichtigung der nachfolgenden Kriterien hinzuzufügen oder von diesen Listen zu streichen:".

   b) Folgender Unterabsatz wird angefügt:

   „Diese Maßnahmen zur Änderung nicht wesentlicher Bestimmungen dieser Richtlinie werden nach dem in Artikel 12 Absatz 4 genannten Dringlichkeitsverfahren erlassen."

2. Artikel 5 Absatz 1 erhält folgende Fassung:

   „(1) Sind die bei der Routineüberwachung nach Artikel 4 erfassten Daten nicht ausreichend, so können von der Kommission für eine oder mehrere Zoonosen und/oder einen oder mehrere Zoonoseerreger koordinierte Überwachungsprogramme zur Risikobewertung oder zur Ermittlung von Bezugswerten für Zoonosen oder Zoonoseerreger auf nationaler oder gemeinschaftlicher Ebene aufgestellt werden, insbesondere wenn besondere Erfordernisse festgestellt werden. Diese Maßnahmen zur Änderung nicht wesentlicher Bestimmungen dieser Richtlinie werden nach dem in Artikel 12 Absatz 3 genannten Regelungsverfahren mit Kontrolle erlassen."

3. Artikel 11 erhält folgende Fassung:

   „Artikel 11

   Änderungen der Anhänge und Übergangs- oder Durchführungsmaßnahmen

   Die Anhänge II, III und IV können von der Kommission geändert werden. Diese Maßnahmen zur Änderung nicht wesentlicher Bestimmungen dieser Richtlinie werden nach dem in Artikel 12 Absatz 3 genannten Regelungsverfahren mit Kontrolle erlassen.

   Übergangsmaßnahmen von allgemeiner Tragweite zur Änderung nicht wesentlicher Bestimmungen dieser Richtlinie, auch durch Ergänzung um neue nicht wesentliche Bestimmungen, insbesondere weitere Angaben zu den in dieser Richtlinie festgelegten Erfordernissen, werden nach dem in Artikel 12 Absatz 3 genannten Regelungsverfahren mit Kontrolle erlassen.

   Sonstige Durchführungs- oder Übergangsmaßnahmen können nach dem in Artikel 12 Absatz 2 genannten Regelungsverfahren erlassen werden."

4. Artikel 12 wird wie folgt geändert:

   a) Absatz 3 erhält folgende Fassung:

   „(3) Wird auf diesen Absatz Bezug genommen, so gelten Artikel 5a Absätze 1 bis 4 und Artikel 7 des Beschlusses 1999/468/EG unter Beachtung von dessen Artikel 8."

   b) Folgender Absatz wird angefügt:

   „(4) Wird auf diesen Absatz Bezug genommen, so gelten Artikel 5a Absätze 1, 2, 4 und 6 sowie Artikel 7 des Beschlusses 1999/468/EG unter Beachtung von dessen Artikel 8."

6.7. Verordnung (EG) Nr. 852/2004 des Europäischen Parlaments und des Rates vom 29. April 2004 über Lebensmittelhygiene[1)]

Was die Verordnung (EG) Nr. 852/2004 betrifft, sollte die Kommission die Befugnis erhalten, Bestimmungen über spezifische Hygienemaßnahmen und die Zulassung von Unternehmen zu erlassen sowie unter bestimmten Bedingungen Ausnahmen von den Anhängen I und II zu gewähren. Da es sich hierbei um Maßnahmen von allgemeiner Tragweite handelt, die eine Änderung nicht wesentlicher Bestimmungen der Verordnung (EG) Nr. 852/2004, auch durch Ergänzung um neue nicht wesentliche Bestimmungen, bewirken, sind diese Maßnahmen nach dem Regelungsverfahren mit Kontrolle des Artikels 5a des Beschlusses 1999/468/EG zu erlassen.

Dementsprechend wird die Verordnung (EG) Nr. 852/2004 wie folgt geändert:

1. Artikel 4 Absatz 4 erhält folgende Fassung:

   „(4) Die in Absatz 3 genannten Kriterien, Erfordernisse und Ziele sowie die entsprechenden Methoden für die Probenahme und die Analyse werden von der Kommission festgelegt. Diese

---
1) ABl. L 139 vom 30.4.2004, S. 1.

# Anlage § 053a–04

Zu § 53a Energiesteuergesetz

Maßnahmen zur Änderung nicht wesentlicher Bestimmungen dieser Verordnung durch Ergänzung werden nach dem in Artikel 14 Absatz 3 genannten Regelungsverfahren mit Kontrolle erlassen."

2. Artikel 6 Absatz 3 Buchstabe c erhält folgende Fassung:

„c) aufgrund eines von der Kommission gefassten Beschlusses. Diese Maßnahme zur Änderung nicht wesentlicher Bestimmungen dieser Verordnung wird nach dem in Artikel 14 Absatz 3 genannten Regelungsverfahren mit Kontrolle erlassen."

3. Artikel 12 erhält folgende Fassung:

„Artikel 12

Übergangsmaßnahmen von allgemeiner Tragweite zur Änderung nicht wesentlicher Bestimmungen dieser Verordnung, auch durch Ergänzung um neue nicht wesentliche Bestimmungen, insbesondere weitere Angaben zu den in dieser Verordnung festgelegten Erfordernissen, werden nach dem in Artikel 14 Absatz 3 genannten Regelungsverfahren mit Kontrolle erlassen.

Sonstige Durchführungs- oder Übergangsmaßnahmen können nach dem in Artikel 14 Absatz 2 genannten

Regelungsverfahren erlassen werden."

4. Artikel 13 wird wie folgt geändert:

a) Absatz 1 wird wie folgt geändert:

i) Der Eingangsteil erhält folgende Fassung:

„Die Anhänge I und II können von der Kommission angepasst oder aktualisiert werden, wobei Folgendem Rechnung zu tragen ist:".

ii) Folgender Unterabsatz wird angefügt:

„Diese Maßnahmen zur Änderung nicht wesentlicher Bestimmungen dieser Verordnung, auch durch Ergänzung, werden nach dem in Artikel 14 Absatz 3 genannten Regelungsverfahren mit Kontrolle erlassen."

b) Absatz 2 erhält folgende Fassung:

„(2) Unter Berücksichtigung der relevanten Risikofaktoren kann die Kommission Ausnahmen von den Anhängen I und II gewähren, um insbesondere die Anwendung von Artikel 5 für Kleinbetriebe zu erleichtern, sofern die Erreichung der Ziele dieser Verordnung durch diese Ausnahmen nicht in Frage gestellt wird. Diese Maßnahmen zur Änderung nicht wesentlicher Bestimmungen dieser Verordnung durch Ergänzung werden nach dem in Artikel 14 Absatz 3 genannten Regelungsverfahren mit Kontrolle erlassen."

5. Artikel 14 Absatz 3 erhält folgende Fassung:

„(3) Wird auf diesen Absatz Bezug genommen, so gelten Artikel 5a Absätze 1 bis 4 und Artikel 7 des Beschlusses 1999/468/EG unter Beachtung von dessen Artikel 8."

6.8. Verordnung (EG) Nr. 853/2004 des Europäischen Parlaments und des Rates vom 29. April 2004 mit spezifischen Hygienevorschriften für Lebensmittel tierischen Ursprungs[1]

Was die Verordnung (EG) Nr. 853/2004 betrifft, sollte die Kommission die Befugnis erhalten, Bestimmungen über die allgemeinen Verpflichtungen des Lebensmittelunternehmers und die besonderen Garantien für das Inverkehrbringen von Lebensmitteln in Schweden oder Finnland zu erlassen sowie unter bestimmten Bedingungen Ausnahmen von den Anhängen zu gewähren. Da es sich hierbei um Maßnahmen von allgemeiner Tragweite handelt, die eine Änderung nicht wesentlicher Bestimmungen der Verordnung (EG) Nr. 853/2004, auch durch Ergänzung um neue nicht wesentliche Bestimmungen, bewirken, sind diese Maßnahmen nach dem Regelungsverfahren mit Kontrolle des Artikels 5a des Beschlusses 1999/468/EG zu erlassen.

Dementsprechend wird die Verordnung (EG) Nr. 853/2004 wie folgt geändert:

1. Artikel 3 Absatz 2 Satz 1 erhält folgende Fassung:

„Lebensmittelunternehmer dürfen zum Zweck der Entfernung von Oberflächenverunreinigungen von Erzeugnissen tierischen Ursprungs keinen anderen Stoff als Trinkwasser – oder sauberes Wasser, wenn dessen Verwendung nach der Verordnung (EG) Nr. 852/2004 oder der vorliegenden Verordnung erlaubt ist – verwenden, es sei denn, die Verwendung des Stoffes ist von der Kommission genehmigt worden. Diese Maßnahmen zur Änderung nicht wesentlicher Be-

---

[1] ABl. L 139 vom 30.4.2004, S. 55.

stimmungen dieser Verordnung durch Ergänzung werden nach dem in Artikel 12 Absatz 3 genannten Regelungsverfahren mit Kontrolle erlassen."
2. Artikel 8 Absatz 3 erhält folgende Fassung:
„3. a) Die Anforderungen der Absätze 1 und 2 können von der Kommission aktualisiert werden, um insbesondere den Änderungen der Kontrollprogramme der Mitgliedstaaten oder der Annahme mikrobiologischer Kriterien gemäß der Verordnung (EG) Nr. 852/2004 Rechnung zu tragen. Diese Maßnahmen zur Änderung nicht wesentlicher Bestimmungen dieser Verordnung, auch durch Ergänzung, werden nach dem in Artikel 12 Absatz 3 genannten Regelungsverfahren mit Kontrolle erlassen.

b) Nach dem in Artikel 12 Absatz 2 genannten Regelungsverfahren können die Vorschriften des Absatzes 2 für alle in Absatz 1 genannten Lebensmittel ganz oder teilweise auf alle Mitgliedstaaten oder alle Regionen eines Mitgliedstaats ausgedehnt werden, die über ein Kontrollprogramm verfügen, das als dem für Schweden und Finnland hinsichtlich der betreffenden Lebensmittel tierischen Ursprungs genehmigten Programm gleichwertig anerkannt worden ist."

3. Artikel 9 erhält folgende Fassung:

„Artikel 9

Übergangsmaßnahmen von allgemeiner Tragweite zur Änderung nicht wesentlicher Bestimmungen dieser Verordnung, auch durch Ergänzung um neue nicht wesentliche Bestimmungen, insbesondere weitere Angaben zu den in dieser Verordnung festgelegten Erfordernissen, werden nach dem in Artikel 12 Absatz 3 genannten Regelungsverfahren mit Kontrolle erlassen.

Sonstige Durchführungs- oder Übergangsmaßnahmen können nach dem in Artikel 12 Absatz 2 genannten Regelungsverfahren erlassen werden."

4. Artikel 10 wird wie folgt geändert:
   a) Absatz 1 wird wie folgt geändert:
      i) Der Eingangsteil erhält folgende Fassung:
      „Die Anhänge II und III können von der Kommission angepasst oder aktualisiert werden, wobei Folgendem Rechnung zu tragen ist:".
      ii) Folgender Unterabsatz wird angefügt:
      „Die Maßnahmen zur Änderung nicht wesentlicher Bestimmungen dieser Verordnung, auch durch Ergänzung, werden nach dem in Artikel 12 Absatz 3 genannten Regelungsverfahren mit Kontrolle erlassen."
   b) Absatz 2 erhält folgende Fassung:
      „(2) Die Kommission kann Ausnahmen von den Anhängen II und III gewähren, sofern die Erreichung der Ziele dieser Verordnung dadurch nicht in Frage gestellt wird. Diese Maßnahmen zur Änderung nicht wesentlicher Bestimmungen dieser Verordnung werden nach dem in Artikel 12 Absatz 3 genannten Regelungsverfahren mit Kontrolle erlassen."

5. In Artikel 11 erhält der Eingangsteil folgende Fassung:
„Unbeschadet der allgemeinen Geltung von Artikel 9 und Artikel 10 Absatz 1 können nach dem in Artikel 12 Absatz 2 genannten Regelungsverfahren Durchführungsmaßnahmen und nach dem in Artikel 12 Absatz 3 genannten Regelungsverfahren mit Kontrolle Maßnahmen zur Änderung nicht wesentlicher Bestimmungen dieser Verordnung, die die Änderung der Anhänge II oder III betreffen, erlassen werden, um".

6. Artikel 12 Absatz 3 erhält folgende Fassung:
„(3) Wird auf diesen Absatz Bezug genommen, so gelten Artikel 5a Absätze 1 bis 4 und Artikel 7 des Beschlusses 1999/468/EG unter Beachtung von dessen Artikel 8."

6.9. Verordnung (EG) Nr. 854/2004 des Europäischen Parlaments und des Rates vom 29. April 2004 mit besonderen Verfahrensvorschriften für die amtliche Überwachung von zum menschlichen Verzehr bestimmten Erzeugnissen tierischen Ursprungs [1]

Was die Verordnung (EG) Nr. 854/2004 betrifft, sollte die Kommission die Befugnis erhalten, die Anhänge dieses Rechtsaktes zu ändern oder anzupassen und Übergangsmaßnahmen, insbesondere weitere Angaben zu den in den Bestimmungen der genannten Verordnung festgelegten Erfordernissen, zu erlassen. Da es sich hierbei um Maßnahmen von allgemeiner Tragweite handelt, die eine

---

1) ABl. L 139 vom 30.4.2004, S. 206.

# Anlage § 053a–04

Zu § 53a Energiesteuergesetz

Änderung nicht wesentlicher Bestimmungen der Verordnung (EG) Nr. 854/2004, auch durch Ergänzung um neue nicht wesentliche Bestimmungen, bewirken, sind diese Maßnahmen nach dem Regelungsverfahren mit Kontrolle des Artikels 5a des Beschlusses 1999/468/EG zu erlassen.

Dementsprechend wird die Verordnung (EG) Nr. 854/2004 wie folgt geändert:

1. Artikel 16 erhält folgende Fassung:

    „Artikel 16

    Übergangsmaßnahmen von allgemeiner Tragweite zur Änderung nicht wesentlicher Bestimmungen dieser Verordnung, auch durch Ergänzung um neue nicht wesentliche Bestimmungen, insbesondere weitere Angaben zu den in dieser Verordnung festgelegten Erfordernissen, werden nach dem in Artikel 19 Absatz 3 genannten Regelungsverfahren mit Kontrolle erlassen.

    Sonstige Durchführungs- oder Übergangsmaßnahmen können nach dem in Artikel 19 Absatz 2 genannten Regelungsverfahren erlassen werden."

2. In Artikel 17 erhalten die Absätze 1 und 2 folgende Fassung:

    „(1) Die Anhänge I, II, III, IV, V und VI können von der Kommission geändert oder ergänzt werden, um dem wissenschaftlichen und technischen Fortschritt Rechnung zu tragen. Diese Maßnahmen zur Änderung nicht wesentlicher Bestimmungen dieser Verordnung, auch durch Ergänzung, werden nach dem in Artikel 19 Absatz 3 genannten Regelungsverfahren mit Kontrolle erlassen.

    (2) Die Kommission kann Ausnahmen von den Anhängen I, II, III, IV, V und VI gewähren, sofern die Erreichung der Ziele dieser Verordnung damit nicht in Frage gestellt wird. Diese Maßnahmen zur Änderung nicht wesentlicher Bestimmungen dieser Verordnung durch Ergänzung werden nach dem in Artikel 19 Absatz 3 genannten Regelungsverfahren mit Kontrolle erlassen."

3. In Artikel 18 erhält der Eingangsteil folgende Fassung:

    „Unbeschadet der allgemeinen Geltung von Artikel 16 und Artikel 17 Absatz 1 können nach dem in Artikel 19 Absatz 2 genannten Regelungsverfahren Durchführungsbestimmungen und nach dem in Artikel 19 Absatz 3 genannten Regelungsverfahren mit Kontrolle Maßnahmen zur Änderung nicht wesentlicher Bestimmungen dieser Verordnung, die Änderungen der Anhänge I, II, III, IV, V oder VI betreffen, erlassen werden, um Folgendes festzulegen:".

4. Artikel 19 Absatz 3 erhält folgende Fassung:

    „(3) Wird auf diesen Absatz Bezug genommen, so gelten Artikel 5a Absätze 1 bis 4 und Artikel 7 des Beschlusses 1999/468/EG unter Beachtung von dessen Artikel 8."

6.10. Verordnung (EG) Nr. 183/2005 des Europäischen Parlaments und des Rates vom 12. Januar 2005 mit Vorschriften für die Futtermittelhygiene (1)

Was die Verordnung (EG) Nr. 183/2005 betrifft, sollte die Kommission die Befugnis erhalten, mikrobiologische Kriterien und Zielvorgaben, die die Futtermittelunternehmen erfüllen müssen, festzulegen, Bestimmungen über die Zulassung von Betrieben zu erlassen, die Anhänge I, II und III zu ändern sowie Abweichungen von diesen Anhängen zu genehmigen. Da es sich hierbei um Maßnahmen von allgemeiner Tragweite handelt, die eine Änderung nicht wesentlicher Bestimmungen der Verordnung (EG) Nr. 183/2005, auch durch Ergänzung um neue nicht wesentliche Bestimmungen, bewirken, sind diese Maßnahmen nach dem Regelungsverfahren mit Kontrolle des Artikels 5a des Beschlusses 1999/468/EG zu erlassen.

Dementsprechend wird die Verordnung (EG) Nr. 183/2005 wie folgt geändert:

1. Artikel 5 Absatz 3 Unterabsatz 2 erhält folgende Fassung:

    „Die Kriterien und Zielvorgaben gemäß den Buchstaben a und b werden von der Kommission festgelegt. Diese Maßnahmen zur Änderung nicht wesentlicher Bestimmungen dieser Verordnung durch Ergänzung werden nach dem in Artikel 31 Absatz 3 genannten Regelungsverfahren mit Kontrolle erlassen."

2. Artikel 10 Nummer 3 erhält folgende Fassung:

    „3. eine Zulassung durch eine von der Kommission erlassene Verordnung vorgeschrieben ist. Diese Maßnahme zur Änderung nicht wesentlicher Bestimmungen dieser Verordnung durch Ergänzung wird nach dem in Artikel 31 Absatz 3 genannten Regelungsverfahren mit Kontrolle erlassen."

3. Artikel 27 erhält folgende Fassung:

    „Artikel 27

    Änderung der Anhänge I, II und III

Die Anhänge I, II und III können geändert werden, um folgenden Faktoren Rechnung zu tragen:
a) der Entwicklung von Leitlinien für eine gute Verfahrenspraxis,
b) den bei der Anwendung von HACCP-Systemen gemäß Artikel 6 gemachten Erfahrungen,
c) technologischen Entwicklungen,
d) wissenschaftlichen Gutachten, insbesondere neuen Risikobewertungen,
e) der Festlegung von Zielvorgaben im Bereich der Futtermittelsicherheit und
f) der Ausarbeitung von Vorschriften für bestimmte Tätigkeiten.

Diese Maßnahmen zur Änderung nicht wesentlicher Bestimmungen dieser Verordnung werden nach dem in Artikel 31 Absatz 3 genannten Regelungsverfahren mit Kontrolle erlassen."

4. Artikel 28 erhält folgende Fassung:

„Artikel 28

Abweichung von den Anhängen I, II und III

Die Kommission kann aus besonderen Gründen Abweichungen von den Anhängen I, II und III gestatten, sofern die Verwirklichung der Ziele dieser Verordnung dadurch nicht in Frage gestellt wird. Diese Maßnahmen zur Änderung nicht wesentlicher Bestimmungen dieser Verordnung durch Ergänzung werden nach dem in Artikel 31 Absatz 3 genannten Regelungsverfahren mit Kontrolle erlassen."

5. Artikel 31 Absatz 3 erhält folgende Fassung:

„(3) Wird auf diesen Absatz Bezug genommen, so gelten Artikel 5a Absätze 1 bis 4 und Artikel 7 des Beschlusses 1999/468/EG unter Beachtung von dessen Artikel 8."

7. ENERGIE UND VERKEHR

7.1. Verordnung (EWG) Nr. 3821/85 des Rates vom 20. Dezember 1985 über das Kontrollgerät im Straßenverkehr[1)]

Was die Verordnung (EWG) Nr. 3821/85 betrifft, sollte die Kommission die Befugnis erhalten, die notwendigen Änderungen zur Anpassung der Anhänge an den technischen Fortschritt vorzunehmen. Da es sich hierbei um Maßnahmen von allgemeiner Tragweite handelt, die eine Änderung nicht wesentlicher Bestimmungen der Verordnung (EWG) Nr. 3821/85 bewirken, sind diese Maßnahmen nach dem Regelungsverfahren mit Kontrolle des Artikels 5a des Beschlusses 1999/468/EG zu erlassen.

Dementsprechend wird die Verordnung (EWG) Nr. 3821/85 wie folgt geändert:

1. Artikel 5 Absatz 2 erhält folgende Fassung:

„Das System muss in Bezug auf die Sicherheit den technischen Vorschriften des Anhangs I B entsprechen. Die Kommission stellt sicher, dass in diesen Anhang Vorschriften aufgenommen werden, nach denen die EGBauartgenehmigung für ein Kontrollgerät nur erteilt werden kann, wenn für das Gesamtsystem (das Kontrollgerät selbst, die Speicherkarte und die elektrischen Verbindungen mit dem Getriebe) nachgewiesen wurde, dass es gegen Manipulationen oder Verfälschungen der Daten über die Lenkzeiten gesichert ist. Diese Maßnahmen zur Änderung nicht wesentlicher Bestimmungen dieser Verordnung werden nach dem in Artikel 18 Absatz 2 genannten Regelungsverfahren mit Kontrolle erlassen. Die hierfür erforderlichen Prüfungen werden von Sachverständigen durchgeführt, denen die neuesten Manipulationstechniken bekannt sind."

2. Artikel 17 Absatz 1 erhält folgende Fassung:

„(1) Die Änderungen, die zur Anpassung der Anhänge an den technischen Fortschritt notwendig sind und die eine Änderung nicht wesentlicher Bestimmungen dieser Verordnung bewirken, werden nach dem in Artikel 18 Absatz 2 genannten Regelungsverfahren mit Kontrolle erlassen."

3. Artikel 18 erhält folgende Fassung:

„Artikel 18

(1) Die Kommission wird von einem Ausschuss unterstützt.

(2) Wird auf diesen Absatz Bezug genommen, so gelten Artikel 5a Absätze 1 bis 4 und Artikel 7 des Beschlusses 1999/468/EG unter Beachtung von dessen Artikel 8."

---

1) ABl. L 370 vom 31.12.1985, S. 8.

# Anlage § 053a–04

Zu § 53a Energiesteuergesetz

7.2. Richtlinie 97/70/EG des Rates vom 11. Dezember 1997 über eine harmonisierte Sicherheitsregelung für Fischereifahrzeuge von 24 Meter Länge und mehr[1)]

Was die Richtlinie 97/70/EG betrifft, sollte die Kommission die Befugnis erhalten, Bestimmungen zur harmonisierten Auslegung von Bestimmungen der Anlage zum Torremolinos-Protokoll und zur Anwendung der Richtlinie zu erlassen. Außerdem sollte die Kommission die Befugnis erhalten, einige Bestimmungen der Richtlinie sowie deren Anhänge zu ändern, um den Änderungen des Torremolinos-Protokolls, die nach Erlass der Richtlinie in Kraft treten, in der Richtlinie Rechnung zu tragen. Da es sich hierbei um Maßnahmen von allgemeiner Tragweite handelt, die eine Änderung nicht wesentlicher Bestimmungen der Richtlinie 97/70/EG bewirken, sind diese Maßnahmen nach dem Regelungsverfahren mit Kontrolle des Artikels 5a des Beschlusses 1999/468/EG zu erlassen.

Dementsprechend wird die Richtlinie 97/70/EG wie folgt geändert:

1. In Artikel 4 Absatz 4 Buchstabe b werden die Worte „nach dem Verfahren des Artikels 9" durch die Worte „nach dem in Artikel 9 Absatz 2 genannten Regelungsverfahren" ersetzt.

2. Artikel 8 Absatz 1 erhält folgende Fassung:

„Folgende Anpassungen zur Änderung nicht wesentlicher Bestimmungen dieser Richtlinie werden nach dem in Artikel 9 Absatz 3 genannten Regelungsverfahren mit Kontrolle erlassen:

 a) Es können Bestimmungen erlassen und aufgenommen werden, die sich auf Folgendes beziehen:
  – eine harmonisierte Auslegung der Bestimmungen der Anlage zum Torremolinos-Protokoll, die in das Ermessen der Verwaltungen der einzelnen Vertragsparteien gestellt worden sind, soweit dies erforderlich ist, um ihre einheitliche Anwendung in der Gemeinschaft zu gewährleisten;
  – die Anwendung dieser Richtlinie, ohne ihren Geltungsbereich auszudehnen.
 b) Die Artikel 2, 3, 4, 6 und 7 dieser Richtlinie können angepasst und ihre Anhänge geändert werden, um den Änderungen des Torremolinos-Protokolls, die nach Erlass dieser Richtlinie in Kraft treten, in dieser Richtlinie Rechnung zu tragen."

3. Artikel 9 erhält folgende Fassung:

„Artikel 9

Ausschussverfahren

(1) Die Kommission wird von dem durch Artikel 3 der Verordnung (EG) Nr. 2099/2002 des Europäischen Parlaments und des Rates[2)] eingesetzten Ausschuss für die Sicherheit im Seeverkehr und die Vermeidung von Umweltverschmutzung durch Schiffe (COSS) unterstützt.

(2) Wird auf diesen Absatz Bezug genommen, so gelten die Artikel 5 und 7 des Beschlusses 1999/468/EG des Rates vom 28. Juni 1999 zur Festlegung der Modalitäten für die Ausübung der der Kommission übertragenen Durchführungsbefugnisse[3)] unter Beachtung von dessen Artikel 8. Der Zeitraum nach Artikel 5 Absatz 6 des Beschlusses 1999/468/EG wird auf zwei Monate festgesetzt.

(3) Wird auf diesen Absatz Bezug genommen, so gelten Artikel 5a Absätze 1 bis 4 und Artikel 7 des Beschlusses 1999/468/EG unter Beachtung von dessen Artikel 8.

7.3. Richtlinie 1999/35/EG des Rates vom 29. April 1999 über ein System verbindlicher Überprüfungen im Hinblick auf den sicheren Betrieb von Ro-Ro-Fahrgastschiffen und Fahrgast-Hochgeschwindigkeitsfahrzeugen im Linienverkehr[4)]

Was die Richtlinie 1999/35/EG betrifft, sollte die Kommission die Befugnis erhalten, die Anhänge, die Begriffsbestimmungen sowie die Bezugnahmen auf gemeinschaftliche Rechtsvorschriften und Rechtsinstrumente der Internationalen Seeschifffahrtsorganisation (IMO) anzupassen, um sie mit später in Kraft getretenen Maßnahmen der Gemeinschaft oder der IMO in Übereinstimmung zu bringen. Außerdem sollte die Kommission die Befugnis erhalten, zur Verbesserung der mit der Richtlinie festgelegten Regelung die Anhänge zu ändern. Da es sich hierbei um Maßnahmen von allgemeiner Tragweite handelt, die eine Änderung nicht wesentlicher Bestimmungen der Richtlinie 1999/35/EG bewirken, sind diese Maßnahmen nach dem Regelungsverfahren mit Kontrolle des Artikels 5a des Beschlusses 1999/468/EG zu erlassen.

---

1) ABl. L 34 vom 9.2.1998, S. 1.
2) ABl. L 324 vom 29.11.2002, S. 1.
3) ABl. L 184 vom 17.7.1999, S. 23.
4) ABl. L 138 vom 1.6.1999, S. 1.

Dementsprechend wird die Richtlinie 1999/35/EG wie folgt geändert:

1. In Artikel 4 Absatz 1 Buchstabe d letzter Satz, in Artikel 11 Absätze 6 und 8 und in Artikel 13 Absatz 3 Satz 2 und letzter Satz werden die Worte „nach dem Verfahren des Artikels 16" durch die Worte „nach dem in Artikel 16 Absatz 2 genannten Regelungsverfahren" ersetzt.
2. Artikel 16 erhält folgende Fassung:

   „Artikel 16

   Ausschussverfahren

   (1) Die Kommission wird von dem durch Artikel 3 der Verordnung (EG) Nr. 2099/2002 des Europäischen Parlaments und des Rates[1] eingesetzten Ausschuss für die Sicherheit im Seeverkehr und die Vermeidung von Umweltverschmutzung durch Schiffe (COSS) unterstützt.

   (2) Wird auf diesen Absatz Bezug genommen, so gelten die Artikel 5 und 7 des Beschlusses 1999/468/EG unter Beachtung von dessen Artikel 8.

   Die in Artikel 5 Absatz 6 des Beschlusses 1999/468/EG vorgesehene Frist wird auf zwei Monate festgesetzt. (3) Wird auf diesen Absatz Bezug genommen, so gelten Artikel 5a Absätze 1 bis 4 und Artikel 7 des Beschlusses 1999/468/EG unter Beachtung von dessen Artikel 8.
3. Artikel 17 erhält folgende Fassung:

   „Artikel 17

   Änderungsverfahren

   Die Anhänge dieser Richtlinie, die Begriffsbestimmungen sowie die Bezugnahmen auf gemeinschaftliche Rechtsvorschriften und auf Rechtsinstrumente der IMO können angepasst werden, soweit dies erforderlich ist, um sie mit Maßnahmen der Gemeinschaft oder der IMO, die in Kraft getreten sind, in Übereinstimmung zu bringen, ohne dass hierdurch der Geltungsbereich der Richtlinie erweitert wird.

   Die Anhänge dieser Richtlinie können ferner angepasst werden, wenn dies zur Verbesserung der mit dieser Richtlinie festgelegten Regelung erforderlich ist, ohne dass hierdurch der Geltungsbereich der Richtlinie erweitert wird.

   Diese Maßnahmen zur Änderung nicht wesentlicher Bestimmungen dieser Richtlinie werden nach dem in Artikel 16 Absatz 3 genannten Regelungsverfahren mit Kontrolle erlassen.

   Änderungen der in Artikel 2 genannten internationalen Instrumente können nach Artikel 5 der Verordnung (EG) Nr. 2099/2002 vom Anwendungsbereich dieser Richtlinie ausgenommen werden."

7.4. Verordnung (EG) Nr. 417/2002 des Europäischen Parlaments und des Rates vom 18. Februar 2002 zur beschleunigten Einführung von Doppelhüllen oder gleichwertigen Konstruktionsanforderungen für Einhüllen-Öltankschiffe[2]

Was die Verordnung (EG) Nr. 417/2002 betrifft, sollte die Kommission die Befugnis erhalten, bestimmte Verweisungen auf die einschlägigen Regeln zu MARPOL 73/78 und auf die Entschließungen MEPC 111(50) und 94(46) zu ändern, um diese Verweisungen an Änderungen dieser Regeln und Entschließungen, die von der Internationalen Seeschifffahrtsorganisation (IMO) verabschiedet wurden, anzupassen, soweit mit diesen Änderungen der Anwendungsbereich der genannten Verordnung nicht erweitert wird. Da es sich hierbei um Maßnahmen von allgemeiner Tragweite handelt, die eine Änderung nicht wesentlicher Bestimmungen der Verordnung (EG) Nr. 417/2002 bewirken, sind diese Maßnahmen nach dem Regelungsverfahren mit Kontrolle des Artikels 5a des Beschlusses 1999/468/EG zu erlassen.

Dementsprechend wird die Verordnung (EG) Nr. 417/2002 wie folgt geändert:

1. Artikel 10 erhält folgende Fassung:

   „Artikel 10

   Ausschussverfahren

   (1) Die Kommission wird von dem durch Artikel 3 der Verordnung (EG) Nr. 2099/2002 des Europäischen Parlaments und des Rates[3] eingesetzten Ausschuss für die Sicherheit im Seeverkehr und die Vermeidung von Umweltverschmutzung durch Schiffe (COSS) unterstützt.

---

1) ABl. L 324 vom 29.11.2002, S. 1.
2) ABl. L 64 vom 7.3.2002, S. 1.
3) ABl. L 324 vom 29.11.2002, S. 1.

# Anlage § 053a–04

Zu § 53a Energiesteuergesetz

(2) Wird auf diesen Absatz Bezug genommen, so gelten Artikel 5a Absätze 1 bis 4 und Artikel 7 des Beschlusses 1999/468/EG unter Beachtung von dessen Artikel 8.

2. Artikel 11 Absatz 1 erhält folgende Fassung:

„Die Kommission kann die Verweisungen in dieser Verordnung auf die Regeln des Anhangs I zu MARPOL 73/78, auf die Entschließung MEPC 111(50) und die Entschließung MEPC 94(46) in ihrer durch die Entschließungen MEPC 99(48) und MEPC 112(50) geänderten Fassung ändern, um diese Verweisungen an Änderungen dieser Regeln und Entschließungen, die von der IMO verabschiedet wurden, anzupassen, soweit mit diesen Änderungen der Anwendungsbereich dieser Verordnung nicht erweitert wird. Diese Maßnahmen zur Änderung nicht wesentlicher Bestimmungen dieser Verordnung werden nach dem in Artikel 10 Absatz 2 genannten Regelungsverfahren mit Kontrolle erlassen."

7.5. Verordnung (EG) Nr. 782/2003 des Europäischen Parlaments und des Rates vom 14. April 2003 über das Verbot zinnorganischer Verbindungen auf Schiffen [1]

Was die Verordnung (EG) Nr. 782/2003 betrifft, sollte die Kommission die Befugnis erhalten, eine harmonisierte Regelung für Besichtigungen und Zeugnisse für bestimmte Schiffe festzulegen, bestimmte Maßnahmen in Bezug auf Schiffe, die die Flagge eines Drittstaats führen, zu ergreifen, Verfahren für Hafenstaatkontrollen festzulegen sowie bestimmte Verweisungen und die Anhänge zu ändern, um Entwicklungen auf internationaler Ebene, besonders in der IMO, Rechnung zu tragen oder die Wirksamkeit der genannten Verordnung anhand der gewonnenen Erfahrung zu verbessern. Da es sich hierbei um Maßnahmen von allgemeiner Tragweite handelt, die eine Änderung nicht wesentlicher Bestimmungen der Verordnung (EG) Nr. 782/2003 bewirken, sind diese Maßnahmen nach dem Regelungsverfahren mit Kontrolle des Artikels 5a des Beschlusses 1999/468/EG zu erlassen.

Dementsprechend wird die Verordnung (EG) Nr. 782/2003 wie folgt geändert:

1. Artikel 6 wird wie folgt geändert:

    a) Absatz 1 Buchstabe b Unterabsatz 2 erhält folgende Fassung:

    „Erforderlichenfalls kann die Kommission eine harmonisierte Regelung für Besichtigung und Zeugnisse für diese Schiffe festlegen. Diese Maßnahme zur Änderung nicht wesentlicher Bestimmungen dieser Verordnung wird nach dem in Artikel 9 Absatz 2 genannten Regelungsverfahren mit Kontrolle erlassen."

    b) Absatz 3 erhält folgende Fassung:

    „(3) Ist das AFS-Übereinkommen bis zum 1. Januar 2007 nicht in Kraft getreten, so erlässt die Kommission geeignete Maßnahmen, damit Schiffe, die die Flagge eines Drittstaats führen, nachweisen können, dass sie Artikel 5 einhalten. Diese Maßnahmen zur Änderung nicht wesentlicher Bestimmungen dieser Verordnung werden nach dem in Artikel 9 Absatz 2 genannten Regelungsverfahren mit Kontrolle erlassen."

2. Artikel 7 Absatz 2 erhält folgende Fassung:

    „Ist das AFS-Übereinkommen bis zum 1. Januar 2007 nicht in Kraft getreten, legt die Kommission geeignete Verfahren für die Kontrollen fest. Diese Maßnahmen zur Änderung nicht wesentlicher Bestimmungen dieser Verordnung werden nach dem in Artikel 9 Absatz 2 genannten Regelungsverfahren mit Kontrolle erlassen."

3. Artikel 8 erhält folgende Fassung:

    „Artikel 8

    Die Kommission kann die Verweise auf das AFS-Übereinkommen, das AFS-Zeugnis, die AFS-Erklärung und die AFS-Bestätigung und die Anhänge dieser Verordnung einschließlich der einschlägigen Leitlinien der Internationalen Seeschifffahrtsorganisation (IMO) in Bezug auf Artikel 11 des AFS-Übereinkommens ändern, um Entwicklungen auf internationaler Ebene, besonders in der IMO, Rechnung zu tragen oder die Wirksamkeit dieser Verordnung anhand der gewonnenen Erfahrung zu verbessern. Diese Maßnahmen zur Änderung nicht wesentlicher Bestimmungen dieser Verordnung werden nach dem in Artikel 9 Absatz 2 genannten Regelungsverfahren mit Kontrolle erlassen."

4. Artikel 9 erhält folgende Fassung:

    „Artikel 9

    Ausschussverfahren

---

[1] ABl. L 115 vom 9.5.2003, S. 1.

(1) Die Kommission wird von dem durch Artikel 3 der Verordnung (EG) Nr. 2099/2002 des Europäischen Parlaments und des Rates[1] eingesetzten Ausschuss für die Sicherheit im Seeverkehr und die Vermeidung von Umweltverschmutzung durch Schiffe (COSS) unterstützt.

(2) Wird auf diesen Absatz Bezug genommen, so gelten Artikel 5a Absätze 1 bis 4 und Artikel 7 des Beschlusses 1999/468/EG unter Beachtung von dessen Artikel 8.

7.6. Richtlinie 2004/8/EG des Europäischen Parlaments und des Rates vom 11. Februar 2004 über die Förderung einer am Nutzwärmebedarf orientierten Kraft-Wärme-Kopplung im Energiebinnenmarkt[2]

Was die Richtlinie 2004/8/EG betrifft, sollte die Kommission die Befugnis erhalten, die harmonisierten WirkungsgradReferenzwerte für die getrennte Erzeugung von Strom und Wärme zu untersuchen, die in Artikel 13 genannten Schwellenwerte an den technischen Fortschritt anzupassen sowie detaillierte Leitlinien für die Umsetzung und Anwendung des Anhangs II der Richtlinie 2004/8/EG, einschließlich der Bestimmung des Kraft-Wärme-Verhältnisses, festzulegen und an den technischen Fortschritt anzupassen. Da es sich hierbei um Maßnahmen von allgemeiner Tragweite handelt, die eine Änderung nicht wesentlicher Bestimmungen der Richtlinie 2004/8/EG, auch durch Ergänzung um neue nicht wesentliche Bestimmungen, bewirken, sind diese Maßnahmen nach dem Regelungsverfahren mit Kontrolle des Artikels 5a des Beschlusses 1999/468/EG zu erlassen.

Dementsprechend wird die Richtlinie 2004/8/EG wie folgt geändert:

1. Artikel 4 Absatz 2 erhält folgende Fassung:

„(2) Die Kommission untersucht die in Absatz 1 genannten harmonisierten Wirkungsgrad-Referenzwerte für die getrennte Erzeugung von Strom und Wärme zum ersten Mal am 21. Februar 2011 und danach alle vier Jahre, um technologische Entwicklungen und Änderungen bei der Nutzung der verschiedenen Energieträger zu berücksichtigen. Alle aus dieser Untersuchung resultierenden Maßnahmen zur Änderung nicht wesentlicher Bestimmungen dieser Richtlinie werden nach dem in Artikel 14 Absatz 2 genannten Regelungsverfahren mit Kontrolle erlassen."

2. Artikel 13 erhält folgende Fassung:

„Artikel 13

Anpassung an den technischen Fortschritt

(1) Die Kommission passt die Schwellenwerte für die Berechnung des in KWK erzeugten Stroms nach Anhang II Buchstabe a an den technischen Fortschritt an. Diese Maßnahmen zur Änderung nicht wesentlicher Bestimmungen dieser Richtlinie werden nach dem in Artikel 14 Absatz 2 genannten Regelungsverfahren mit Kontrolle erlassen.

(2) Die Kommission passt die Schwellenwerte für die Berechnung des Wirkungsgrads der KWK-Erzeugung und der Primärenergieeinsparungen nach Anhang III Buchstabe a an den technischen Fortschritt an. Diese Maßnahmen zur Änderung nicht wesentlicher Bestimmungen dieser Richtlinie werden nach dem in Artikel 14 Absatz 2 genannten Regelungsverfahren mit Kontrolle erlassen.

(3) Die Kommission passt die Leitlinien zur Bestimmung des Kraft-Wärme-Verhältnisses gemäß Anhang II Buchstabe d an den technischen Fortschritt an. Diese Maßnahmen zur Änderung nicht wesentlicher Bestimmungen dieser Richtlinie werden nach dem in Artikel 14 Absatz 2 genannten Regelungsverfahren mit Kontrolle erlassen."

3. Artikel 14 erhält folgende Fassung:

„Artikel 14

Ausschussverfahren

(1) Die Kommission wird von einem Ausschuss unterstützt.

(2) Wird auf diesen Absatz Bezug genommen, so gelten Artikel 5a Absätze 1 bis 4 und Artikel 7 des Beschlusses 1999/468/EG unter Beachtung von dessen Artikel 8."

4. Anhang II Buchstabe e erhält folgende Fassung:

„e) Die Kommission legt detaillierte Leitlinien für die Umsetzung und Anwendung des Anhangs II, einschließlich der Bestimmung des Kraft-Wärme-Verhältnisses, fest. Diese Maßnahmen zur Änderung nicht wesentlicher Bestimmungen dieser Richtlinie durch Ergänzung

---

1) ABl. L 324 vom 29.11.2002, S. 1.
2) ABl. L 52 vom 21.2.2004, S. 50.

werden nach dem in Artikel 14 Absatz 2 genannten Regelungsverfahren mit Kontrolle erlassen."

7.7. Richtlinie 2004/52/EG des Europäischen Parlaments und des Rates vom 29. April 2004 über die Interoperabilität elektronischer Mautsysteme in der Gemeinschaft[1]

Was die Richtlinie 2004/52/EG betrifft, sollte die Kommission die Befugnis erhalten, den Anhang anzupassen und Entscheidungen über die Merkmale des europäischen elektronischen Mautdienstes zu treffen. Außerdem sollte die Kommission die Befugnis erhalten, technische Entscheidungen über die Bereitstellung des europäischen elektronischen Mautdienstes zu treffen. Da es sich hierbei um Maßnahmen von allgemeiner Tragweite handelt, die eine Änderung nicht wesentlicher Bestimmungen der Richtlinie 2004/52/EG, auch durch Ergänzung um neue nicht wesentliche Bestimmungen, bewirken, sind diese Maßnahmen nach dem Regelungsverfahren mit Kontrolle des Artikels 5a des Beschlusses 1999/468/EG zu erlassen.

Dementsprechend wird die Richtlinie 2004/52/EG wie folgt geändert:

1. Artikel 4 wird wie folgt geändert:

    a) Absatz 2 erhält folgende Fassung:

    „(2) Gegebenenfalls kann dieser Anhang aus technischen Gründen angepasst werden. Diese Maßnahmen zur Änderung nicht wesentlicher Bestimmungen dieser Richtlinie werden nach dem in Artikel 5 Absatz 2 genannten Regelungsverfahren mit Kontrolle erlassen."

    b) Die Absätze 4, 5 und 6 erhalten folgende Fassung:

    „(4) Die Kommission trifft Entscheidungen über die Merkmale des europäischen elektronischen Mautdienstes. Diese Maßnahmen zur Änderung nicht wesentlicher Bestimmungen dieser Richtlinie durch Ergänzung werden nach dem in Artikel 5 Absatz 2 genannten Regelungsverfahren mit Kontrolle erlassen. Diese Entscheidungen werden nur getroffen, wenn entsprechend einer Bewertung auf der Grundlage geeigneter Untersuchungen alle Voraussetzungen dafür gegeben sind, dass die Interoperabilität in jeder Hinsicht – einschließlich technischer, rechtlicher und wirtschaftlicher Voraussetzungen – funktioniert.

    (5) Die Kommission trifft technische Entscheidungen über die Bereitstellung des europäischen elektronischen Mautdienstes. Diese Maßnahmen zur Änderung nicht wesentlicher Bestimmungen dieser Richtlinie durch Ergänzung werden nach dem in Artikel 5 Absatz 2 genannten Regelungsverfahren mit Kontrolle erlassen."

2. Artikel 5 erhält folgende Fassung:

    „Artikel 5

    Ausschussverfahren

    (1) Die Kommission wird von einem ‚Ausschuss für elektronische Maut' unterstützt.

    (2) Wird auf diesen Absatz Bezug genommen, so gelten Artikel 5a Absätze 1 bis 4 und Artikel 7 des Beschlusses 1999/468/EG unter Beachtung von dessen Artikel 8."

7.8. Verordnung (EG) Nr. 725/2004 des Europäischen Parlaments und des Rates vom 31. März 2004 zur Erhöhung der Gefahrenabwehr auf Schiffen und in Hafenanlagen[2]

Was die Verordnung (EG) Nr. 725/2004 betrifft, sollte die Kommission die Befugnis erhalten zu beschließen, ob Änderungen der Anhänge betreffend bestimmte besondere Maßnahmen zur Erhöhung der Gefahrenabwehr in der Schifffahrt des Internationalen Übereinkommens zum Schutz des menschlichen Lebens auf See und des Internationalen Codes für die Gefahrenabwehr auf Schiffen und in Hafenanlagen, die automatisch für den internationalen Verkehr gelten, auch für Schiffe, die im nationalen Seeverkehr eingesetzt werden, und die ihnen dienenden Hafenanlagen gelten sollten. Da es sich hierbei um Maßnahmen von allgemeiner Tragweite handelt, die eine Änderung nicht wesentlicher Bestimmungen der Verordnung (EG) Nr. 725/2004, auch durch Ergänzung um neue nicht wesentliche Bestimmungen, bewirken, sind diese Maßnahmen nach dem Regelungsverfahren mit Kontrolle des Artikels 5a des Beschlusses 1999/468/EG zu erlassen.

Die Verordnung (EG) Nr. 725/2004 enthält Vorschriften und Maßnahmen zur Gefahrenabwehr und stützt sich auf internationale Instrumente, die geändert werden können. Können aus Gründen äußerster Dringlichkeit die Fristen, die normalerweise im Rahmen des Regelungsverfahrens mit Kontrolle Anwendung finden, nicht eingehalten werden, so sollte die Kommission die Möglichkeit

---

1) ABl. L 166 vom 30.4.2004, S. 124.
2) ABl. L 129 vom 29.4.2004, S. 6.

Zu § 53a Energiesteuergesetz **Anlage § 053a–04**

haben, das Dringlichkeitsverfahren des Artikels 5a Absatz 6 des Beschlusses 1999/468/EG anzuwenden.

Dementsprechend wird die Verordnung (EG) Nr. 725/2004 wie folgt geändert:

1. Artikel 10 Absatz 2 erhält folgende Fassung:

    „(2) Die Kommission beschließt über die Einbeziehung von Änderungen der in Artikel 2 genannten internationalen Instrumente für Schiffe, die im nationalen Seeverkehr eingesetzt werden, und die ihnen dienenden Hafenanlagen, auf die diese Verordnung anwendbar ist, sofern diese Änderungen eine technische Aktualisierung der Bestimmungen des SOLAS-Übereinkommens und des ISPS-Codes darstellen. Diese Maßnahmen zur Änderung nicht wesentlicher Bestimmungen dieser Verordnung werden nach dem in Artikel 11 Absatz 4 genannten Regelungsverfahren mit Kontrolle erlassen; aus Gründen äußerster Dringlichkeit kann die Kommission auf das in Artikel 11 Absatz 5 genannte Dringlichkeitsverfahren zurückgreifen. Das in Absatz 5 des vorliegenden Artikels genannte Konformitätsprüfungsverfahren findet in diesen Fällen keine Anwendung."

2. Artikel 10 Absatz 3 erhält folgende Fassung:

    „(3) Die Kommission kann Bestimmungen für die harmonisierte Anwendung der obligatorischen Bestimmungen des ISPS-Codes erlassen, ohne den Geltungsbereich dieser Verordnung zu erweitern. Diese Maßnahmen zur Änderung nicht wesentlicher Bestimmungen dieser Verordnung durch Ergänzung werden nach dem in Artikel 11 Absatz 4 genannten Regelungsverfahren mit Kontrolle erlassen.

    Aus Gründen äußerster Dringlichkeit kann die Kommission auf das in Artikel 11 Absatz 5 genannte Dringlichkeitsverfahren zurückgreifen."

3. Artikel 11 erhält folgende Fassung:

    „Artikel 11

    Ausschussverfahren

    (1) Die Kommission wird von einem Ausschuss unterstützt.

    (2) Wird auf diesen Absatz Bezug genommen, so gelten die Artikel 5 und 7 des Beschlusses 1999/468/EG unter Beachtung von dessen Artikel 8.

    Der Zeitraum nach Artikel 5 Absatz 6 des Beschlusses 1999/468/EG wird auf einen Monat festgesetzt.

    (3) Wird auf diesen Absatz Bezug genommen, so gelten die Artikel 6 und 7 des Beschlusses 1999/468/EG unter Beachtung von dessen Artikel 8.

    Die Fristen nach Artikel 6 Buchstaben b und c des Beschlusses 1999/468/EG werden auf einen Monat festgesetzt.

    (4) Wird auf diesen Absatz Bezug genommen, so gelten Artikel 5a Absätze 1 bis 4 und Artikel 7 des Beschlusses 1999/468/EG unter Beachtung von dessen Artikel 8.

    (5) Wird auf diesen Absatz Bezug genommen, so gelten Artikel 5a Absätze 1, 2, 4 und 6 sowie Artikel 7 des Beschlusses 1999/468/EG unter Beachtung von dessen Artikel 8."

7.9. Verordnung (EG) Nr. 789/2004 des Europäischen Parlaments und des Rates vom 21. April 2004 zur Umregistrierung von Fracht- und Fahrgastschiffen innerhalb der Gemeinschaft [1)]

Was die Verordnung (EG) Nr. 789/2004 betrifft, sollte die Kommission die Befugnis erhalten, einige Begriffsbestimmungen zu ändern, um Entwicklungen auf internationaler Ebene, insbesondere in der Internationalen Seeschifffahrtsorganisation (IMO), Rechnung zu tragen und um die Wirksamkeit der Verordnung angesichts der gesammelten Erfahrungen und des technischen Fortschritts zu verbessern. Da es sich hierbei um Maßnahmen von allgemeiner Tragweite handelt, die eine Änderung nicht wesentlicher Bestimmungen der Verordnung (EG) Nr. 789/2004 bewirken, sind diese Maßnahmen nach dem Regelungsverfahren mit Kontrolle des Artikels 5a des Beschlusses 1999/468/EG zu erlassen.

Dementsprechend wird die Verordnung (EG) Nr. 789/2004 wie folgt geändert:

1. Artikel 7 erhält folgende Fassung:

    „Artikel 7

    Ausschussverfahren

---

1) ABl. L 138 vom 30.4.2004, S. 19.

1027

# Anlage § 053a–04

Zu § 53a Energiesteuergesetz

(1) Die Kommission wird von dem durch Artikel 3 der Verordnung (EG) Nr. 2099/2002 des Europäischen Parlaments und des Rates[1] eingesetzten Ausschuss für die Sicherheit im Seeverkehr und die Vermeidung von Umweltverschmutzung durch Schiffe (COSS) unterstützt.

(2) Wird auf diesen Absatz Bezug genommen, so gelten die Artikel 5 und 7 des Beschlusses 1999/468/EG unter Beachtung von dessen Artikel 8.

Der Zeitraum nach Artikel 5 Absatz 6 des Beschlusses 1999/468/EG wird auf zwei Monate festgesetzt.

(3) Wird auf diesen Absatz Bezug genommen, so gelten Artikel 5a Absätze 1 bis 4 und Artikel 7 des Beschlusses 1999/468/EG unter Beachtung von dessen Artikel 8.

2. Artikel 9 Absatz 1 erhält folgende Fassung:

„(1) Um Entwicklungen auf internationaler Ebene, insbesondere in der IMO, Rechnung zu tragen und um die Wirksamkeit dieser Verordnung angesichts der gesammelten Erfahrungen und des technischen Fortschritts zu verbessern, kann die Kommission die Begriffsbestimmungen in Artikel 2 ändern, soweit durch diese Änderungen der Geltungsbereich der Verordnung nicht erweitert wird. Diese Maßnahmen zur Änderung nicht wesentlicher Bestimmungen dieser Verordnung werden nach dem in Artikel 7 Absatz 3 genannten Regelungsverfahren mit Kontrolle erlassen."

7.10. Richtlinie 2005/44/EG des Europäischen Parlaments und des Rates vom 7. September 2005 über harmonisierte Binnenschifffahrtsinformationsdienste (RIS) auf den Binnenwasserstraßen der Gemeinschaft[2]

Was die Richtlinie 2005/44/EG betrifft, sollte die Kommission die Befugnis erhalten, die Anhänge an den technischen Fortschritt anzupassen. Da es sich hierbei um Maßnahmen von allgemeiner Tragweite handelt, die eine Änderung nicht wesentlicher Bestimmungen der Richtlinie 2005/44/EG bewirken, sind diese Maßnahmen nach dem Regelungsverfahren mit Kontrolle des Artikels 5a des Beschlusses 1999/468/EG zu erlassen.

Dementsprechend wird die Richtlinie 2005/44/EG wie folgt geändert:

1. Artikel 10 erhält folgende Fassung:

„Artikel 10

Änderungsverfahren

Die Anhänge I und II können aufgrund der bei der Anwendung dieser Richtlinie gesammelten Erfahrungen geändert und an den technischen Fortschritt angepasst werden. Diese Maßnahmen zur Änderung nicht wesentlicher Bestimmungen dieser Richtlinie werden nach dem in Artikel 11 Absatz 4 genannten Regelungsverfahren mit Kontrolle erlassen."

2. Artikel 11 erhält folgende Fassung:

„Artikel 11

Ausschussverfahren

(1) Die Kommission wird von dem durch Artikel 7 der Richtlinie 91/672/EWG des Rates vom 16. Dezember 1991 über die gegenseitige Anerkennung der einzelstaatlichen Schifferpatente für den Binnenschiffsgüter- und -personenverkehr[3] eingesetzten Ausschuss unterstützt.

(2) Wird auf diesen Absatz Bezug genommen, so gelten die Artikel 3 und 7 des Beschlusses 1999/468/EG unter Beachtung von dessen Artikel 8.

(3) Wird auf diesen Absatz Bezug genommen, so gelten die Artikel 5 und 7 des Beschlusses 1999/468/EG unter Beachtung von dessen Artikel 8.

Der Zeitraum nach Artikel 5 Absatz 6 des Beschlusses 1999/468/EG wird auf drei Monate festgesetzt.

(4) Wird auf diesen Absatz Bezug genommen, so gelten Artikel 5a Absätze 1 bis 4 und Artikel 7 des Beschlusses 1999/468/EG unter Beachtung von dessen Artikel 8.

(5) Die Kommission konsultiert regelmäßig Vertreter des Wirtschaftssektors.

7.11. Richtlinie 2005/65/EG des Europäischen Parlaments und des Rates vom 26. Oktober 2005 zur Erhöhung der Gefahrenabwehr in Häfen (1)

---

1) ABl. L 324 vom 29.11.2002, S. 1.
2) ABl. L 255 vom 30.9.2005, S. 152.
3) ABl. L 373 vom 31.12.1991, S. 29.

Zu § 53a Energiesteuergesetz

**Anlage § 053a–04**

Was die Richtlinie 2005/65/EG betrifft, sollte die Kommission die Befugnis erhalten, deren Anhänge zu ändern. Da es sich hierbei um Maßnahmen von allgemeiner Tragweite handelt, die eine Änderung nicht wesentlicher Bestimmungen der Richtlinie 2005/65/EG bewirken, sind diese Maßnahmen nach dem Regelungsverfahren mit Kontrolle des Artikels 5a des Beschlusses 1999/468/EG zu erlassen.

Die Richtlinie 2005/65/EG enthält Vorschriften und Maßnahmen zur Gefahrenabwehr und stützt sich auf internationale Instrumente, die geändert werden können. Können aus Gründen äußerster Dringlichkeit die Fristen, die normalerweise im Rahmen des Regelungsverfahrens mit Kontrolle Anwendung finden, nicht eingehalten werden, so sollte die Kommission für die Anpassung der Anhänge die Möglichkeit haben, das Dringlichkeitsverfahren des Artikels 5a Absatz 6 des Beschlusses 1999/468/EG anzuwenden.

Dementsprechend erhalten die Artikel 14 und 15 der Richtlinie 2005/65/EG folgende Fassung:

„Artikel 14

Anpassungen

Die Kommission kann die Anhänge I bis IV anpassen, ohne den Geltungsbereich dieser Richtlinie auszuweiten. Diese Maßnahmen zur Änderung nicht wesentlicher Bestimmungen dieser Richtlinie werden nach dem in Artikel 15 Absatz 2 genannten Regelungsverfahren mit Kontrolle erlassen.

Aus Gründen äußerster Dringlichkeit kann die Kommission auf das in Artikel 15 Absatz 3 genannte Dringlichkeitsverfahren zurückgreifen.

Artikel 15

Ausschussverfahren

(1) Die Kommission wird von dem durch die Verordnung (EG) Nr. 725/2004 eingesetzten Ausschuss unterstützt. (2) Wird auf diesen Absatz Bezug genommen, so gelten Artikel 5a Absätze 1 bis 4 und Artikel 7 des Beschlusses 1999/468/EG unter Beachtung von dessen Artikel 8.

(3) Wird auf diesen Absatz Bezug genommen, so gelten Artikel 5a Absätze 1, 2, 4 und 6 sowie Artikel 7 des Beschlusses 1999/468/EG unter Beachtung von dessen Artikel 8."

**Chronologischer Index**

1. Richtlinie 75/324/EWG des Rates vom 20. Mai 1975 zur Angleichung der Rechtsvorschriften der Mitgliedstaaten über Aerosolpackungen
2. Richtlinie 79/373/EWG des Rates vom 2. April 1979 über den Verkehr mit Mischfuttermitteln
3. Richtlinie 82/471/EWG des Rates vom 30. Juni 1982 über bestimmte Erzeugnisse für die Tierernährung
4. Richtlinie 82/883/EWG des Rates vom 3. Dezember 1982 über die Einzelheiten der Überwachung und Kontrolle der durch die Ableitungen aus der Titandioxidproduktion betroffenen Umweltmedien
5. Verordnung (EWG) Nr. 3821/85 des Rates vom 20. Dezember 1985 über das Kontrollgerät im Straßenverkehr
6. Richtlinie 86/278/EWG des Rates vom 12. Juni 1986 über den Schutz der Umwelt und insbesondere der Böden bei der Verwendung von Klärschlamm in der Landwirtschaft
7. Verordnung (EWG) Nr. 3924/91 des Rates vom 19. Dezember 1991 zur Einführung einer Gemeinschaftserhebung über die Produktion von Gütern
8. Richtlinie 93/15/EWG des Rates vom 5. April 1993 zur Harmonisierung der Bestimmungen über das Inverkehrbringen und die Kontrolle von Explosivstoffen für zivile Zwecke
9. Richtlinie 94/62/EG des Europäischen Parlaments und des Rates vom 20. Dezember 1994 über Verpackungen und Verpackungsabfälle
10. Richtlinie 96/16/EG des Rates vom 19. März 1996 betreffend die statistischen Erhebungen über Milch und Milcherzeugnisse
11. Richtlinie 96/25/EG des Rates vom 29. April 1996 über den Verkehr mit Futtermittel-Ausgangserzeugnissen und deren Verwendung
12. Verordnung (EG) Nr. 1257/96 des Rates vom 20. Juni 1996 über die humanitäre Hilfe
13. Richtlinie 97/70/EG des Rates vom 11. Dezember 1997 über eine harmonisierte Sicherheitsregelung für Fischereifahrzeuge von 24 Meter Länge und mehr
14. Richtlinie 1999/32/EG des Rates vom 26. April 1999 über eine Verringerung des Schwefelgehalts bestimmter flüssiger Kraft- oder Brennstoffe

**Anlage § 053a–04**                                            Zu § 53a Energiesteuergesetz

15. Richtlinie 1999/35/EG des Rates vom 29. April 1999 über ein System verbindlicher Überprüfungen im Hinblick auf den sicheren Betrieb von Ro-Ro-Fahrgastschiffen und Fahrgast-Hochgeschwindigkeitsfahrzeugen im Linienverkehr
16. Richtlinie 2000/14/EG des Europäischen Parlaments und des Rates vom 8. Mai 2000 zur Angleichung der Rechtsvorschriften der Mitgliedstaaten über umweltbelastende Geräuschemissionen von zur Verwendung im Freien vorgesehenen Geräten und Maschinen
17. Richtlinie 2001/81/EG des Europäischen Parlaments und des Rates vom 23. Oktober 2001 über nationale Emissionshöchstmengen für bestimmte Luftschadstoffe
18. Richtlinie 2001/109/EG des Europäischen Parlaments und des Rates vom 19. Dezember 2001 über die von den Mitgliedstaaten durchzuführenden statistischen Erhebungen zur Ermittlung des Produktionspotenzials bestimmter Baumobstanlagen
19. Verordnung (EG) Nr. 417/2002 des Europäischen Parlaments und des Rates vom 18. Februar 2002 zur beschleunigten Einführung von Doppelhüllen oder gleichwertigen Konstruktionsanforderungen für Einhüllen-Öltankschiffe
20. Richtlinie 2002/32/EG des Europäischen Parlaments und des Rates vom 7. Mai 2002 über unerwünschte Stoffe in der Tierernährung
21. Verordnung (EG) Nr. 91/2003 des Europäischen Parlaments und des Rates vom 16. Dezember 2002 über die Statistik des Eisenbahnverkehrs
22. Verordnung (EG) Nr. 437/2003 des Europäischen Parlaments und des Rates vom 27. Februar 2003 über die statistische Erfassung der Beförderung von Fluggästen, Fracht und Post im Luftverkehr
23. Verordnung (EG) Nr. 782/2003 des Europäischen Parlaments und des Rates vom 14. April 2003 über das Verbot zinnorganischer Verbindungen auf Schiffen
24. Verordnung (EG) Nr. 998/2003 des Europäischen Parlaments und des Rates vom 26. Mai 2003 über die Veterinärbedingungen für die Verbringung von Heimtieren zu anderen als Handelszwecken
25. Verordnung (EG) Nr. 2003/2003 des Europäischen Parlaments und des Rates vom 13. Oktober 2003 über Düngemittel
26. Richtlinie 2003/87/EG des Europäischen Parlaments und des Rates vom 13. Oktober 2003 über ein System für den Handel mit Treibhausgasemissionszertifikaten in der Gemeinschaft
27. Richtlinie 2003/99/EG des Europäischen Parlaments und des Rates vom 17. November 2003 zur Überwachung von Zoonosen und Zoonoseerregern
28. Verordnung (EG) Nr. 48/2004 des Europäischen Parlaments und des Rates vom 5. Dezember 2003 über die Erstellung der jährlichen Statistiken der Gemeinschaft über die Stahlindustrie für die Berichtjahre 2003-2009
29. Verordnung (EG) Nr. 273/2004 des Europäischen Parlaments und des Rates vom 11. Februar 2004 betreffend Drogenausgangsstoffe
30. Richtlinie 2004/8/EG des Europäischen Parlaments und des Rates vom 11. Februar 2004 über die Förderung einer am Nutzwärmebedarf orientierten Kraft-Wärme-Kopplung im Energiebinnenmarkt
31. Richtlinie 2004/9/EG des Europäischen Parlaments und des Rates vom 11. Februar 2004 über die Inspektion und Überprüfung der Guten Laborpraxis (GLP) (kodifizierte Fassung)
32. Richtlinie 2004/10/EG des Europäischen Parlaments und des Rates vom 11. Februar 2004 zur Angleichung der Rechts- und Verwaltungsvorschriften für die Anwendung der Grundsätze der Guten Laborpraxis und zur Kontrolle ihrer Anwendung bei Versuchen mit chemischen Stoffen (kodifizierte Fassung)
33. Verordnung (EG) Nr. 648/2004 des Europäischen Parlaments und des Rates vom 31. März 2004 über Detergenzien
34. Verordnung (EG) Nr. 725/2004 des Europäischen Parlaments und des Rates vom 31. März 2004 zur Erhöhung der Gefahrenabwehr auf Schiffen und in Hafenanlagen
35. Verordnung (EG) Nr. 726/2004 des Europäischen Parlaments und des Rates vom 31. März 2004 zur Festlegung von Gemeinschaftsverfahren für die Genehmigung und Überwachung von Human- und Tierarzneimitteln und zur Errichtung einer Europäischen Arzneimittel-Agentur
36. Verordnung (EG) Nr. 789/2004 des Europäischen Parlaments und des Rates vom 21. April 2004 zur Umregistrierung von Fracht- und Fahrgastschiffen innerhalb der Gemeinschaft
37. Richtlinie 2004/25/EG des Europäischen Parlaments und des Rates vom 21. April 2004 betreffend Übernahmeangebote

Zu § 53a Energiesteuergesetz  **Anlage § 053a–04**

38. Verordnung (EG) Nr. 850/2004 des Europäischen Parlaments und des Rates vom 29. April 2004 über persistente organische Schadstoffe
39. Verordnung (EG) Nr. 852/2004 des Europäischen Parlaments und des Rates vom 29. April 2004 über Lebensmittelhygiene
40. Verordnung (EG) Nr. 853/2004 des Europäischen Parlaments und des Rates vom 29. April 2004 mit spezifischen Hygienevorschriften für Lebensmittel tierischen Ursprungs
41. Verordnung (EG) Nr. 854/2004 des Europäischen Parlaments und des Rates vom 29. April 2004 mit besonderen Verfahrensvorschriften für die amtliche Überwachung von zum menschlichen Verzehr bestimmten Erzeugnissen tierischen Ursprungs
42. Richtlinie 2004/52/EG des Europäischen Parlaments und des Rates vom 29. April 2004 über die Interoperabilität elektronischer Mautsysteme in der Gemeinschaft
43. Richtlinie 2004/107/EG des Europäischen Parlaments und des Rates vom 15. Dezember 2004 über Arsen, Kadmium, Quecksilber, Nickel und polyzyklische aromatische Kohlenwasserstoffe in der Luft
44. Verordnung (EG) Nr. 183/2005 des Europäischen Parlaments und des Rates vom 12. Januar 2005 mit Vorschriften für die Futtermittelhygiene
45. Richtlinie 2005/44/EG des Europäischen Parlaments und des Rates vom 7. September 2005 über harmonisierte Binnenschifffahrtsinformationsdienste (RIS) auf den Binnenwasserstraßen der Gemeinschaft
46. Richtlinie 2005/65/EG des Europäischen Parlaments und des Rates vom 26. Oktober 2005 zur Erhöhung der Gefahrenabwehr in Häfen
47. Verordnung (EG) Nr. 1013/2006 des Europäischen Parlaments und des Rates vom 14. Juni 2006 über die Verbringung von Abfällen

**Anlage § 055–03**  Zu § 55 Energiesteuergesetz

## EMPFEHLUNG DER KOMMISSION betreffend die Definition der Kleinstunternehmen sowie der kleinen und mittleren Unternehmen

Amtsblatt der Europäischen Union vom 20.5.2003

DIE KOMMISSION DER EUROPÄISCHEN GEMEINSCHAFTEN –
gestützt auf den Vertrag zur Gründung der Europäischen Gemeinschaft, insbesondere auf Artikel 211 zweiter Gedankenstrich,
in Erwägung nachstehender Gründe:

(1) In einem dem Rat im Jahr auf Anfrage des Industrieministerrates vom 28. Mai 1990 vorgelegten Bericht hatte die Kommission vorgeschlagen, die Vielzahl der auf Gemeinschaftsebene verwendeten Definitionen von kleinen und mittleren Unternehmen zu reduzieren. Die Empfehlung 96/280/EG der Kommission vom 3. April 1996 betreffend die Definition der kleinen und mittleren Unternehmen[1] beruhte also auf der Auffassung, dass das Nebeneinander verschiedener Definitionen auf der Ebene der Gemeinschaft und der Mitgliedstaaten zu Inkohärenzen führen könnte. Im Rahmen eines Gemeinsamen Marktes ohne Binnengrenzen wurde bereits davon ausgegangen, dass es für die Behandlung der Unternehmen einen Grundstock gemeinsamer Regeln geben muss. Die Weiterverfolgung eines solchen Ansatzes ist umso notwendiger, als es zahlreiche Überschneidungen zwischen den auf nationaler und auf Gemeinschaftsebene getroffenen Maßnahmen zugunsten der Kleinstunternehmen sowie der kleinen und mittleren Unternehmen (KMU) gibt – was z. B. für die Struktur- und Forschungsfonds gilt – und weil vermieden werden muss, dass die Gemeinschaft ihre Maßnahmen auf eine andere Art von KMU ausrichtet als die Mitgliedstaaten. Des Weiteren war man der Auffassung, dass die Verwendung ein und derselben Definition durch die Kommission, die Mitgliedstaaten, die Europäische Investitionsbank (EIB) und den Europäischen Investitionsfonds (EIF) Kohärenz und Effizienz aller politischen Maßnahmen zugunsten der KMU steigern und auf diese Weise die Gefahr von Wettbewerbsverzerrungen mindern würde.

(2) Die Empfehlung 96/280/EG wurde von den Mitgliedstaaten weitgehend angewandt und die in ihrem Anhang enthaltene Definition wurde unter anderem in die Verordnung (EG) Nr. 70/2001 der Kommission vom 12. Januar 2001 über die Anwendung der Artikel 87 und 88 EG-Vertrag auf staatliche Beihilfen an kleine und mittlere Unternehmen übernommen[2]. Über die erforderliche Anpassung an die veränderten wirtschaftlichen Gegebenheiten hinaus, wie sie in Artikel 2 der genannten Empfehlung vorgesehen war, gilt es jedoch, etliche bei der Anwendung aufgetretene Interpretationsprobleme sowie die von den Unternehmen übermittelten Bemerkungen zu berücksichtigen. In Anbetracht der zahlreichen Änderungen, die daraufhin an der Empfehlung 96/280/EG vorgenommen werden sollten, und aus Gründen der Klarheit ist die genannte Empfehlung durch einen neuen Text zu ersetzen.

(3) Im Übrigen ist gemäß den Artikeln 48, 81 und 82 EGVertrag in ihrer Auslegung durch den Gerichtshof der Europäischen Gemeinschaften unabhängig von der Rechtsform jede Einheit als Unternehmen anzusehen, die eine wirtschaftliche Tätigkeit ausübt, insbesondere also auch die Einheiten, die als Einpersonen- oder Familienbetriebe eine handwerkliche Tätigkeit oder andere Tätigkeiten ausüben, sowie Personengesellschaften oder Vereinigungen, die regelmäßig einer wirtschaftlichen Tätigkeit nachgehen.

(4) Das Kriterium der Mitarbeiterzahl bleibt mit Sicherheit eines der aussagekräftigsten und muss als Hauptkriterium festgeschrieben werden, wobei jedoch ein finanzielles Kriterium eine notwendige Ergänzung darstellt, um die tatsächliche Bedeutung eines Unternehmens, seine Leistungsfähigkeit und seine Wettbewerbssituation beurteilen zu können. Allerdings wäre davon abzuraten, als einziges finanzielles Kriterium den Umsatz heranzuziehen – allein schon deshalb, weil der Umsatz der Handelsunternehmen und des Vertriebs naturgemäß über dem des verarbeitenden Gewerbes liegt. Das Kriterium des Umsatzes muss also mit dem der Bilanzsumme kombiniert werden, das die Gesamtheit des Wertes eines Unternehmens widerspiegelt, wobei bei einem dieser Kriterien die festgelegte Grenze überschritten werden darf.

(5) Der Schwellenwert für den Umsatz gilt für Unternehmen, die sehr unterschiedlichen wirtschaftlichen Tätigkeiten nachgehen. Um den Nutzen, der sich aus der Anwendung der Definition ergibt, nicht unnötig zu schmälern, ist eine Aktualisierung angebracht, bei der die Entwicklung der Preise und der Produktivität gleichermaßen zu berücksichtigen ist.

---

1) ABl. L 107 vom 30.4.1996, S. 4.
2) ABl. L 10 vom 13.1.2001, S. 33.

Zu § 55 Energiesteuergesetz **Anlage § 055–03**

(6) Da in Bezug auf den Schwellenwert für die Bilanzsumme keine neuen Erkenntnisse vorliegen, ist die Beibehaltung Ansatzes gerechtfertigt, der darin besteht, auf den Schwellenwert für den Umsatz einen auf dem statistischen Verhältnis zwischen diesen beiden Variablen beruhenden Koeffizienten anzuwenden. Die festgestellte statistische Entwicklung lässt eine stärkere Anhebung des Schwellenwertes für den Umsatz geboten erscheinen. Da diese Entwicklung je nach Größenklasse der Unternehmen unterschiedlich stark ausgeprägt ist, gilt es zudem, diesen Koeffizienten so zu staffeln, dass der wirtschaftlichen Entwicklung im Rahmen des Möglichen Rechnung getragen wird und die Kleinst- und Kleinunternehmen gegenüber den mittleren Unternehmen nicht benachteiligt werden. Dieser Koeffizient liegt im Falle der Kleinst- und Kleinunternehmen sehr nahe bei 1. Der Einfachheit halber ist daher bei diesen beiden Größenklassen sowohl für den Umsatz als auch für die Bilanzsumme der gleiche Schwellenwert festzulegen.

(7) Wie schon in der Empfehlung 96/280/EG handelt es sich bei den Finanz- und Mitarbeiterschwellenwerten um Obergrenzen, und die Mitgliedstaaten, die EIB sowie der EIF können unter den Gemeinschaftsschwellen liegende Schwellenwerte festsetzen, um Maßnahmen auf eine bestimmte Kategorie von KMU auszurichten. Aus Gründen der Vereinfachung der Verwaltungsverfahren können sich Letztere auch auf ein einziges Kriterium – das der Mitarbeiterzahl – beschränken, wenn es darum geht, bestimmte von ihnen verfolgte Politiken umzusetzen. Davon sind allerdings Bereiche ausgenommen, für die die verschiedenen Regeln des Wettbewerbsrechts gelten, die ebenfalls das Heranziehen und Einhalten finanzieller Kriterien erfordern.

(8) Im Anschluss an die Billigung der Europäischen Charta für Kleinunternehmen durch den Europäischen Rat auf seiner Tagung in Santa Maria da Feira im Juni 2000 gilt es ferner, die Kleinstunternehmen, die für die Entwicklung der unternehmerischen Initiative und für die Schaffung von Arbeitsplätzen eine besonders wichtige Kategorie von Kleinunternehmen darstellen, genauer zu definieren.

(9) Damit sich die wirtschaftliche Realität der KMU besser erfassen lässt und aus dieser Kategorie die Unternehmensgruppen ausgeklammert werden können, die über eine stärkere Wirtschaftskraft als ein KMU verfügen, empfiehlt es sich, die verschiedenen Unternehmenstypen danach zu unterscheiden, ob es sich um eigenständige Unternehmen handelt, ob sie über Beteiligungen verfügen, mit denen keine Kontrollposition einhergeht (Partnerunternehmen), oder ob sie mit anderen Unternehmen verbunden sind. Der in der Empfehlung 96/280/EG angegebene Beteiligungsgrad von 25 %, unterhalb dessen ein Unternehmen als autonom gilt, wird beibehalten.

(10) Im Hinblick auf die Förderung von Unternehmensgründungen, die Eigenmittelfinanzierung der KMU sowie ländliche und lokale Entwicklung können die Unternehmen auch dann als eigenständig betrachtet werden, wenn die Beteiligung bestimmter Kategorien von Investoren, die bei diesen Finanzierungen und Gründungen eine positive Rolle spielen, 25 % oder mehr erreicht, wobei allerdings die für diese Investoren geltenden Bedingungen genau festgelegt werden müssen. Der Fall der natürlichen Personen bzw. Gruppen natürlicher Personen, die regelmäßig im Bereich der Risikokapitalinvestition tätig sind („Business Angels"), wird eigens erwähnt, weil im Vergleich zu den anderen Risikokapital-Investoren ihre Fähigkeit, die neuen Unternehmen sachkundig zu beraten, einen wertvollen Beitrag leistet. Zudem stützt ihre Eigenkapitalinvestition die Tätigkeit der Risikokapital-Gesellschaften, indem sie den Unternehmen in frühen Stadien ihrer Unternehmenstätigkeit vergleichsweise geringe Beträge zur Verfügung stellen.

(11) Aus Gründen der Vereinfachung, vor allem für die Mitgliedstaaten und die Unternehmen, ist es zum Zwecke der Definition der verbundenen Unternehmen angezeigt, jene Voraussetzungen zu übernehmen, die in Artikel 1 der Richtlinie 83/349/EWG des Rates vom 13. Juni 1983 aufgrund von Artikel 54 Absatz 3 Buchstabe g) des Vertrages über den konsolidierten Abschluss[1], zuletzt geändert durch die Richtlinie 2001/65/EG des Europäischen Parlaments und des Rates[2], festgelegt sind, sofern sie dem Zweck dieser Empfehlung entsprechen. Um die als Anreiz für die Eigenmittelinvestition in KMU gedachten Maßnahmen zu verstärken, wird von der Vermutung ausgegangen, dass kein beherrschender Einfluss auf das betroffene Unternehmen ausgeübt wird, wobei die Kriterien von Artikel 5 Absatz 3 der Vierten Richtlinie 78/660/EWG des Rates vom 25. Juli 1978 aufgrund von Artikel 54 Absatz 3 Buchstabe g) des Vertrages über den Jahresabschluss von Gesellschaften bestimmter Rechtsformen[3], zuletzt geändert durch die Richtlinie 2001/65/EG, herangezogen werden.

---
1) ABl. L 193 vom 18.7.1983, S. 1.
2) ABl. L 283 vom 27.10.2001, S. 28.
3) ABl. L 222 vom 14.8.1978, S. 11.

**Anlage § 055–03**                           Zu § 55 Energiesteuergesetz

(12) Damit der Nutzen der verschiedenen Regelungen oder Maßnahmen zur Förderung der KMU nur den Unternehmen zugute kommt, bei denen ein entsprechender Bedarf besteht, ist es gleichermaßen wünschenswert, die Beziehungen zu berücksichtigen, die gegebenenfalls durch natürliche Personen zwischen den Unternehmen bestehen. Damit sich die Prüfung dieser Situation auf das unbedingt Notwendige beschränkt, gilt es, diese Beziehungen nur bei den Unternehmen zu berücksichtigen, die Tätigkeiten auf dem gleichen relevanten Markt oder auf benachbarten Märkten nachgehen, indem man sich erforderlichenfalls auf die von der Kommission gegebene Definition des relevanten Marktes bezieht, die Gegenstand der Mitteilung der Kommission über die Definition des relevanten Marktes im Sinne des Wettbewerbsrechts der Gemeinschaft ist[1].

(13) Zwecks Vermeidung willkürlicher Unterscheidungen zwischen den verschiedenen staatlichen Stellen eines Mitgliedstaats und im Interesse der Rechtssicherheit erweist es sich als notwendig zu bestätigen, dass ein Unternehmen, dessen Unternehmensanteile oder Stimmrechte zu 25 % oder mehr von einer staatlichen Stelle oder Körperschaft des öffentlichen Rechts kontrolliert werden, kein KMU ist.

(14) Um den Verwaltungsaufwand für die Unternehmen zu verringern und die Bearbeitung administrativer Vorgänge, für die die Einstufung als KMU erforderlich ist, zu erleichtern und zu beschleunigen, empfiehlt es sich, die Möglichkeit zu eröffnen, eidesstattliche Erklärungen der Unternehmen zu Angaben zu bestimmten Merkmalen des betroffenen Unternehmens einzuführen.

(15) Es erscheint geboten, die Zusammensetzung der für die Definition der KMU ausschlaggebenden Mitarbeiterzahl zu präzisieren. Im Hinblick auf die Förderung einer Verbesserung der beruflichen Ausbildung und der alternierenden Ausbildungswege sollten die Auszubildenden und die aufgrund eines Ausbildungsvertrages beschäftigten Personen bei der Berechnung der Mitarbeiterzahl nicht berücksichtigt werden. Auch Mutterschafts- und Elternurlaub sollten nicht in die Berechnung eingehen.

(16) Die aufgrund ihrer Beziehungen zu anderen Unternehmen definierten verschiedenen Unternehmenstypen entsprechen objektiv unterschiedlichen Integrationsgraden. Deshalb ist es angebracht, für jeden dieser Unternehmenstypen differenzierte Modalitäten für die Berechnung der Zahlenwerte anzuwenden, die den Umfang ihrer Tätigkeit und ihrer Wirtschaftskraft darstellen –

EMPFIEHLT:

### Artikel 1

(1) Die vorliegende Empfehlung hat die Definition des Kleinstunternehmens sowie der kleinen und mittleren Unternehmen zum Gegenstand, die im Rahmen der Gemeinschaftspolitiken innerhalb der Gemeinschaft und im Europäischen Wirtschaftsraum verwendet wird.

(2) Den Mitgliedstaaten sowie der Europäischen Investitionsbank (EIB) und dem Europäischen Investitionsfonds (EIF) wird empfohlen:

a) sich bei all ihren für KMU, mittlere Unternehmen, kleine Unternehmen bzw. Kleinstunternehmen bestimmten Programmen an Titel I des Anhangs zu halten;

b) die im Hinblick auf die Verwendung der in Artikel 7 des Anhangs angeführten Größenklassen notwendigen Maßnahmen zu treffen, insbesondere wenn es darum geht, eine Bestandsaufnahme der von ihnen verwendeten gemeinschaftlichen Finanzinstrumente zu machen.

### Artikel 2

Bei den in Artikel 2 des Anhangs angegebenen Schwellenwerten handelt es sich um Höchstwerte. Die Mitgliedstaaten, die EIB und der EIF können niedrigere Schwellenwerte festsetzen. Außerdem steht ihnen die Möglichkeit offen, bei der Umsetzung bestimmter Politiken als einziges Kriterium den Personalbestand zugrunde zu legen, wovon allerdings die Bereiche ausgeschlossen sind, die unter die verschiedenen für staatliche Beihilfen geltenden Regeln fallen.

### Artikel 3

Die vorliegende Empfehlung ersetzt die Empfehlung 96/280/EG ab 1. Januar 2005.

### Artikel 4

Diese Empfehlung ist an die Mitgliedstaaten, die EIB und den EIF gerichtet.

Sie werden aufgefordert, die Kommission spätestens am 31. Dezember 2004 über die Maßnahmen zu unterrichten, die sie getroffen haben, um dieser Empfehlung nachzukommen und sie spätestens am 30. September 2005 über die ersten Ergebnisse ihrer Anwendung zu informieren.

---

1) ABl. C 372 vom 9.12.1997, S. 5.

Zu § 55 Energiesteuergesetz **Anlage § 055–03**

Brüssel, den 6. Mai 2003.

Für die Kommission
Erkki LIIKANEN
Mitglied der Kommission

## ANHANG

## TITEL I

### VON DER KOMMISSION ANGENOMMENE DEFINITION DER KLEINSTUNTERNEHMEN SOWIE DER KLEINEN UND MITTLEREN UNTERNEHMEN

#### Artikel 1
#### Unternehmen

Als Unternehmen gilt jede Einheit, unabhängig von ihrer Rechtsform, die eine wirtschaftliche Tätigkeit ausübt. Dazu gehören insbesondere auch jene Einheiten, die eine handwerkliche Tätigkeit oder andere Tätigkeiten als Einpersonen- oder Familienbetriebe ausüben, sowie Personengesellschaften oder Vereinigungen, die regelmäßig einer wirtschaftlichen Tätigkeit nachgehen.

#### Artikel 2
#### Mitarbeiterzahlen und finanzielle Schwellenwerte zur Definition der Unternehmensklassen

(1) Die Größenklasse der Kleinstunternehmen sowie der kleinen und mittleren Unternehmen (KMU) setzt sich aus Unternehmen zusammen, die weniger als 250 Personen beschäftigen und die entweder einen Jahresumsatz von höchstens 50 Mio. EUR erzielen oder deren Jahresbilanzsumme sich auf höchstens 43 Mio. EUR beläuft.

(2) Innerhalb der Kategorie der KMU wird ein kleines Unternehmen als ein Unternehmen definiert, das weniger als 50 Personen beschäftigt und dessen Jahresumsatz bzw. Jahresbilanz 10 Mio. EUR nicht übersteigt.

(3) Innerhalb der Kategorie der KMU wird ein Kleinstunternehmen als ein Unternehmen definiert, das weniger als 10 Personen beschäftigt und dessen Jahresumsatz bzw. Jahresbilanz 2 Mio. EUR nicht überschreitet.

#### Artikel 3
#### Bei der Berechnung der Mitarbeiterzahlen und der finanziellen Schwellenwerte berücksichtigte Unternehmenstypen

(1) Ein „eigenständiges Unternehmen" ist jedes Unternehmen, das nicht als Partnerunternehmen im Sinne von Absatz 2 oder als verbundenes Unternehmen im Sinne von Absatz 3 gilt.

(2) „Partnerunternehmen" sind alle Unternehmen, die nicht als verbundene Unternehmen im Sinne von Absatz 3 gelten und zwischen denen folgende Beziehung besteht: Ein Unternehmen (das vorgeschaltete Unternehmen) hält – allein oder gemeinsam mit einem oder mehreren verbundenen Unternehmen im Sinne von Absatz 3 – 25 % oder mehr des Kapitals oder der Stimmrechte eines anderen Unternehmens (des nachgeschalteten Unternehmens).

Ein Unternehmen gilt jedoch weiterhin als eigenständig, auch wenn der Schwellenwert von 25 % erreicht oder überschritten wird, sofern es sich um folgende Kategorien von Investoren handelt und unter der Bedingung, dass diese Investoren nicht im Sinne von Absatz 3 einzeln oder gemeinsam mit dem betroffenen Unternehmen verbunden sind:

a) staatliche Beteiligungsgesellschaften, Risikokapitalgesellschaften, natürliche Personen bzw. Gruppen natürlicher Personen, die regelmäßig im Bereich der Risikokapitalinvestition tätig sind („Business Angels") und die Eigenmittel in nicht börsennotierte Unternehmen investieren, sofern der Gesamtbetrag der Investition der genannten „Business Angels" in ein und dasselbe Unternehmen 1 250 000 EUR nicht überschreitet;

b) Universitäten oder Forschungszentren ohne Gewinnzweck;

c) institutionelle Anleger einschließlich regionaler Entwicklungsfonds;

d) autonome Gebietskörperschaften mit einem Jahreshaushalt von weniger als 10 Mio. EUR und weniger als 5 000 Einwohnern.

(3) „Verbundene Unternehmen" sind Unternehmen, die zueinander in einer der folgenden Beziehungen stehen:

**Anlage § 055–03**  Zu § 55 Energiesteuergesetz

a) Ein Unternehmen hält die Mehrheit der Stimmrechte der Aktionäre oder Gesellschafter eines anderen Unternehmens;

b) ein Unternehmen ist berechtigt, die Mehrheit der Mitglieder des Verwaltungs-, Leitungs- oder Aufsichtsgremiums eines anderen Unternehmens zu bestellen oder abzuberufen;

c) ein Unternehmen ist gemäß einem mit einem anderen Unternehmen abgeschlossenen Vertrag oder aufgrund einer Klausel in dessen Satzung berechtigt, einen beherrschenden Einfluss auf dieses Unternehmen auszuüben;

d) ein Unternehmen, das Aktionär oder Gesellschafter eines anderen Unternehmens ist, übt gemäß einer mit anderen Aktionären oder Gesellschaftern dieses anderen Unternehmens getroffenen Vereinbarung die alleinige Kontrolle über die Mehrheit der Stimmrechte von dessen Aktionären oder Gesellschaftern aus.

Es besteht die Vermutung, dass kein beherrschender Einfluss ausgeübt wird, sofern sich die in Absatz 2 Unterabsatz 2 genannten Investoren nicht direkt oder indirekt in die Verwaltung des betroffenen Unternehmens einmischen – unbeschadet der Rechte, die sie in ihrer Eigenschaft als Aktionäre oder Gesellschafter besitzen.

Unternehmen, die durch ein oder mehrere andere Unternehmen, oder einem der in Absatz 2 genannten Investoren, untereinander in einer der in Unterabsatz 1 genannten Beziehungen stehen, gelten ebenfalls als verbunden.

Unternehmen, die durch eine natürliche Person oder eine gemeinsam handelnde Gruppe natürlicher Personen miteinander in einer dieser Beziehungen stehen, gelten gleichermaßen als verbundene Unternehmen, sofern diese Unternehmen ganz oder teilweise in demselben Markt oder in benachbarten Märkten tätig sind.

Als benachbarter Markt gilt der Markt für ein Produkt oder eine Dienstleistung, der dem betreffenden Markt unmittelbar vor- oder nachgeschaltet ist.

(4) Außer den in Absatz 2 Unterabsatz 2 angeführten Fällen kann ein Unternehmen nicht als KMU angesehen werden, wenn 25 % oder mehr seines Kapitals oder seiner Stimmrechte direkt oder indirekt von einem oder mehreren öffentlichen Stellen oder Körperschaften des öffentlichen Rechts einzeln oder gemeinsam kontrolliert werden.

(5) Die Unternehmen können eine Erklärung zu ihrer Qualität als eigenständiges Unternehmen, Partnerunternehmen oder verbundenes Unternehmen sowie zu den Daten über die in Artikel 2 angeführten Schwellenwerte abgeben. Diese Erklärung kann selbst dann vorgelegt werden, wenn sich die Anteilseigner aufgrund der Kapitalstreuung nicht genau feststellen lassen, wobei das Unternehmen nach Treu und Glauben erklärt, es könne mit Recht davon ausgehen, dass es sich nicht zu 25 % oder mehr im Besitz eines Unternehmens oder im gemeinsamen Besitz von miteinander bzw. über natürliche Personen oder eine Gruppe natürlicher Personen verbundenen Unternehmen befindet. Solche Erklärungen werden unbeschadet der aufgrund nationaler oder gemeinschaftlicher Regelungen vorgesehenen Kontrollen oder Überprüfungen abgegeben.

**Artikel 4**

**Für die Mitarbeiterzahl und die finanziellen Schwellenwerte sowie für den Berichtszeitraum zugrunde zu legende Daten**

(1) Die Angaben, die für die Berechnung der Mitarbeiterzahl und der finanziellen Schwellenwerte herangezogen werden, beziehen sich auf den letzten Rechnungsabschluss und werden auf Jahresbasis berechnet. Sie werden vom Stichtag des Rechnungsabschlusses an berücksichtigt. Die Höhe des herangezogenen Umsatzes wird abzüglich der Mehrwertsteuer (MwSt.) und sonstiger indirekter Steuern oder Abgaben berechnet.

(2) Stellt ein Unternehmen am Stichtag des Rechnungsabschlusses fest, dass es auf Jahresbasis die in Artikel 2 genannten Schwellenwerte für die Mitarbeiterzahl oder die Bilanzsumme über- oder unterschreitet, so verliert bzw. erwirbt es dadurch den Status eines mittleren Unternehmens, eines kleinen Unternehmens bzw. eines Kleinstunternehmens erst dann, wenn es in zwei aufeinander folgenden Geschäftsjahren zu einer Über- oder Unterschreitung kommt.

(3) Bei einem neu gegründeten Unternehmen, das noch keinen Jahresabschluss vorlegen kann, werden die entsprechenden Daten im Laufe des Geschäftsjahres nach Treu und Glauben geschätzt.

## Artikel 5

### Mitarbeiterzahl

Die Mitarbeiterzahl entspricht der Zahl der Jahresarbeitseinheiten (JAE), d. h. der Zahl der Personen, die in dem betroffenen Unternehmen oder auf Rechnung dieses Unternehmens während des gesamten Berichtsjahres einer Vollzeitbeschäftigung nachgegangen sind. Für die Arbeit von Personen, die nicht das ganze Jahr gearbeitet haben oder die im Rahmen einer Teilzeitregelung tätig waren, und für Saisonarbeit wird der jeweilige Bruchteil an JAE gezählt. In die Mitarbeiterzahl gehen ein:

a) Lohn- und Gehaltsempfänger;

b) für das Unternehmen tätige Personen, die in einem Unterordnungsverhältnis zu diesem stehen und nach nationalem Recht Arbeitnehmern gleichgestellt sind;

c) mitarbeitende Eigentümer;

d) Teilhaber, die eine regelmäßige Tätigkeit in dem Unternehmen ausüben und finanzielle Vorteile aus dem Unternehmen ziehen.

Auszubildende oder in der beruflichen Ausbildung stehende Personen, die einen Lehr- bzw. Berufsausbildungsvertrag haben, sind in der Mitarbeiterzahl nicht berücksichtigt. Die Dauer des Mutterschafts- bzw. Elternurlaubs wird nicht mitgerechnet.

## Artikel 6

### Erstellung der Daten des Unternehmens

(1) Im Falle eines eigenständigen Unternehmens werden die Daten einschließlich der Mitarbeiterzahl ausschließlich auf der Grundlage der Jahresabschlüsse dieses Unternehmens erstellt.

(2) Die Daten – einschließlich der Mitarbeiterzahl – eines Unternehmens, das Partnerunternehmen oder verbundene Unternehmen hat, werden auf der Grundlage der Jahresabschlüsse und sonstiger Daten des Unternehmens erstellt oder – sofern vorhanden – anhand der konsolidierten Jahresabschlüsse des Unternehmens bzw. der konsolidierten Jahresabschlüsse, in die das Unternehmen durch Konsolidierung eingeht.

Zu den in Unterabsatz 1 genannten Daten werden die Daten der eventuell vorhandenen Partnerunternehmen des betroffenen Unternehmens, die diesem unmittelbar vor- oder nachgeschaltet sind, hinzugerechnet. Die Anrechnung erfolgt proportional zu dem Anteil der Beteiligung am Kapital oder an den Stimmrechten (wobei der höhere dieser beiden Anteile zugrunde gelegt wird). Bei wechselseitiger Kapitalbeteiligung wird der höhere dieser Anteile herangezogen.

Zu den in den Unterabsätzen 2 und 3 genannten Daten werden ggf. 100 % der Daten derjenigen direkt oder indirekt mit dem betroffenen Unternehmen verbundenen Unternehmen addiert, die in den konsolidierten Jahresabschlüssen noch nicht berücksichtigt wurden.

(3) Bei der Anwendung von Absatz 2 gehen die Daten der Partnerunternehmen des betroffenen Unternehmens aus den Jahresabschlüssen und sonstigen Daten (sofern vorhanden in konsolidierter Form) hervor, zu denen 100 % der Daten der mit diesen Partnerunternehmen verbundenen Unternehmen addiert werden, sofern ihre Daten noch nicht durch Konsolidierung erfasst wurden.

Bei der Anwendung von Absatz 2 sind die Daten der mit den betroffenen Unternehmen verbundenen Unternehmen aus ihren Jahresabschlüssen und sonstigen Angaben, sofern vorhanden in konsolidierter Form, zu entnehmen. Zu diesen Daten werden ggf. die Daten der Partnerunternehmen dieser verbundenen Unternehmen, die diesen unmittelbar vor- oder nachgeschaltet sind, anteilsmäßig hinzugerechnet, sofern sie in den konsolidierten Jahresabschlüssen nicht bereits anteilsmäßig so erfasst wurden, dass der entsprechende Wert mindestens dem unter dem in Absatz 2 Unterabsatz 2 genannten Anteil entspricht.

(4) In den Fällen, in denen die Mitarbeiterzahl eines bestimmten Unternehmens in den konsolidierten Jahresabschlüssen nicht ausgewiesen ist, wird die Mitarbeiterzahl berechnet, indem die Daten der Unternehmen, die Partnerunternehmen dieses Unternehmens sind, anteilsmäßig hinzugerechnet und die Daten über die Unternehmen, mit denen dieses Unternehmen verbunden ist, addiert werden.

**Anlage § 055–03**  Zu § 55 Energiesteuergesetz

## TITEL II
## SONSTIGE BESTIMMUNGEN

### Artikel 7
### Statistische Daten

Die Kommission ergreift die Maßnahmen, die erforderlich sind, damit die von ihr erstellten statistischen Daten entsprechend der folgenden Größenklassen von Unternehmen erstellt werden:
a) 0 bis 1 Personen;
b) 2 bis 9 Personen;
c) 10 bis 49 Personen;
d) 50 bis 249 Personen.

### Artikel 8
### Bezugnahmen

(1) Alle Vorschriften oder Programme der Gemeinschaft, die geändert oder noch verabschiedet werden und in denen die Begriffe „KMU", „Kleinstunternehmen", „kleines Unternehmen", „mittleres Unternehmen" oder ähnliche Begriffe vorkommen, sollten sich auf die in der vorliegenden Empfehlung enthaltene Definition beziehen.

(2) Während der Übergangszeit können die derzeitigen gemeinschaftlichen Förderprogramme, die die KMU-Definition gemäß der Empfehlung 96/280/EG verwenden, weiterhin ihre Wirkung entfalten und Unternehmen zugute kommen, die zum Zeitpunkt der Verabschiedung dieser Programme als KMU angesehen wurden. Rechtlich bindende Verpflichtungen, die von der Kommission auf der Grundlage dieser Programme eingegangen wurden, bleiben unberührt.

Unbeschadet von Unterabsatz 1 darf jede Änderung dieser Programme, die die Definition der KMU betrifft, gemäß Absatz 1 nur im Sinne der vorliegenden Empfehlung erfolgen.

### Artikel 9
### Änderung der Definition

Anhand einer Bestandsaufnahme der Anwendung der in der vorliegenden Empfehlung enthaltenen Definition, die spätestens am 31. März 2006 erfolgen wird, und unter Berücksichtigung eventueller Änderungen von Artikel 1 der Richtlinie 83/349/EWG betreffend die Definition der verbundenen Unternehmen im Sinne dieser Richtlinie, passt die Kommission erforderlichenfalls die in der vorliegenden Empfehlung enthaltene Definition an, insbesondere die festgelegten Schwellenwerte für den Umsatz und die Bilanzsumme, damit einschlägiger Erfahrung und dem veränderten wirtschaftlichen Umfeld in der Gemeinschaft Rechnung getragen werden kann.

**VERORDNUNG (EG) Nr. 1221/2009 DES EUROPÄISCHEN PARLAMENTS UND DES RATES über die freiwillige Teilnahme von Organisationen an einem Gemeinschaftssystem für Umweltmanagement und Umweltbetriebsprüfung und zur Aufhebung der Verordnung (EG) Nr. 761/2001, sowie der Beschlüsse der Kommission 2001/681/EG und 2006/193/EG**

Amtsblatt der Europäischen Union vom 25.11.2009

DAS EUROPÄISCHE PARLAMENT UND DER RAT DER EUROPÄISCHEN UNION –

gestützt auf den Vertrag zur Gründung der Europäischen Gemeinschaft, insbesondere auf Artikel 175 Absatz 1,

auf Vorschlag der Kommission,

nach Stellungnahme des Europäischen Wirtschafts- und Sozialausschusses [1],

nach Stellungnahme des Ausschusses der Regionen [2],

gemäß dem Verfahren des Artikels 251 des Vertrags [3],

in Erwägung nachstehender Gründe:

(1) Gemäß Artikel 2 des Vertrags hat die Gemeinschaft unter anderem die Aufgabe, in der gesamten Gemeinschaft ein nachhaltiges Wachstum zu fördern.

(2) In dem Beschluss Nr. 1600/2002/EG des Europäischen Parlaments und des Rates vom 22. Juli 2002 über das sechste Umweltaktionsprogramm der Europäischen Gemeinschaft [4] ist die Verbesserung der Zusammenarbeit und Partnerschaft mit Unternehmen als ein strategisches Konzept zur Erfüllung der Umweltziele genannt. Freiwillige Verpflichtungen sind hiervon ein wesentlicher Bestandteil. In diesem Zusammenhang wird es für notwendig erachtet, eine größere Teilnahme am Gemeinschaftssystem für Umweltmanagement und Umweltbetriebsprüfung (EMAS) zu fördern und Maßnahmen zu entwickeln, mit denen die Organisationen angeregt werden sollen, strenge und von unabhängiger Stelle überprüfte Berichte über Umwelt und nachhaltige Entwicklung zu veröffentlichen.

(3) In der Mitteilung der Kommission vom 30. April 2007 über die Halbzeitbewertung des Sechsten Umweltaktionsprogramms der Gemeinschaft wird festgestellt, dass die Funktionsweise der für die Wirtschaft konzipierten freiwilligen Instrumente verbessert werden muss und dass die Instrumente ein hohes Potenzial aufweisen, das bisher aber nicht voll ausgeschöpft wurde. Die Kommission wird aufgefordert, die Instrumente zu überarbeiten, um ihre Anwendung zu fördern und den damit einhergehenden Verwaltungsaufwand zu verringern.

(4) In der Mitteilung der Kommission vom 16. Juli 2008 über den Aktionsplan für Nachhaltigkeit in Produktion und Verbrauch und für eine nachhaltige Industriepolitik wird festgestellt, dass EMAS die Organisationen bei der Optimierung ihrer Produktionsprozesse, der Verringerung der Umweltauswirkungen und bei einer effektiveren Ressourcennutzung unterstützt.

(5) Um eine kohärente Vorgehensweise zwischen den auf Gemeinschaftsebene im Bereich des Umweltschutzes entwickelten Rechtsinstrumenten zu fördern, sollten die Kommission und die Mitgliedstaaten untersuchen, wie die EMAS-Registrierung bei der Ausarbeitung von Rechtsvorschriften berücksichtigt oder als Instrument zur Durchsetzung von Rechtsvorschriften verwendet werden kann. Um EMAS für Organisationen attraktiver zu machen, sollten sie EMAS auch im Rahmen ihrer Beschaffungspolitik berücksichtigen und bei Bau- und Dienstleistungsaufträgen gegebenenfalls auf EMAS oder gleichwertige Umweltmanagementsysteme als eine Bedingung für die Auftragsausführung verweisen.

(6) Gemäß Artikel 15 der Verordnung (EG) Nr. 761/2001 des Europäischen Parlaments und des Rates vom 19. März 2001 über die freiwillige Beteiligung von Organisationen an einem Gemeinschaftssystem für das Umweltmanagement und die Umweltbetriebsprüfung (EMAS) [5] überprüft die Kommission EMAS im Lichte der bei der Durchführung gemachten Erfahrungen und schlägt dem Europäischen Parlament und dem Rat gegebenenfalls Änderungen vor.

---

1) Stellungnahme vom 25. Februar 2009 (noch nicht im Amtsblatt veröffentlicht).
2) ABl. C 120 vom 28.5.2009, S. 56.
3) Stellungnahme des Europäischen Parlaments vom 2. April 2009 (noch nicht im Amtsblatt veröffentlicht) und Beschluss des Rates vom 26. Oktober 2009.
4) ABl. L 242 vom 10.9.2002, S. 1.
5) ABl. L 114 vom 24.4.2001, S. 1.

# Anlage § O55–04

Zu § 55 Energiesteuergesetz

(7) Die Anwendung von Umweltmanagementsystemen, einschließlich EMAS gemäß der Verordnung (EG) Nr. 761/2001, hat sich als wirksames Instrument zur Förderung von Verbesserungen der Umweltleistung von Organisationen erwiesen. Jedoch muss die Zahl der sich an EMAS beteiligenden Organisationen erhöht werden, um eine bessere Gesamtwirkung in Bezug auf Verbesserungen im Umweltbereich erzielen zu können. Um dies zu erreichen, sollten die bei der Anwendung dieser Verordnung gewonnenen Erfahrungen genutzt werden, um das Potential von EMAS zur Verbesserung der Umweltleistung von Organisationen insgesamt zu steigern.

(8) Organisationen sollten zur freiwilligen Teilnahme an EMAS angeregt werden und könnten so einen zusätzlichen Vorteil hinsichtlich der behördlichen Kontrolle, der Kosteneinsparungen und ihres Bildes in der Öffentlichkeit erhalten, wenn sie in Bezug auf die Umweltleistung eine Verbesserung ihres Niveaus nachweisen können.

(9) EMAS sollte allen Organisationen innerhalb und außerhalb der Gemeinschaft, deren Tätigkeiten Umweltauswirkungen haben, offen stehen. EMAS sollte diesen Organisationen ein Mittel an die Hand geben, mit dem sie diese Auswirkungen beherrschen und ihre Umweltleistung insgesamt verbessern können.

(10) Organisationen, insbesondere kleine Organisationen, sollten zur Teilnahme an EMAS angeregt werden. Ihre Beteiligung sollte gefördert werden, indem der Zugang zu Informationen, vorhandenen Fördermitteln und öffentlichen Einrichtungen erleichtert und Maßnahmen der technischen Hilfe eingeführt oder unterstützt werden.

(11) Organisationen, die andere Umweltmanagementsysteme anwenden und auf EMAS umsteigen wollen, sollten dies auf möglichst einfache Weise tun können. Daher sollten Verknüpfungen mit anderen Umweltmanagementsystemen in Betracht gezogen werden.

(12) Organisationen mit verschiedenen Standorten in einem oder mehreren Mitgliedstaaten sollten alle oder eine bestimmte Zahl dieser Standorte unter einer einzigen Registrierung registrieren lassen können.

(13) Der Mechanismus, mit dem festgestellt wird, ob eine Organisation alle einschlägigen Umweltvorschriften einhält, sollte verbessert werden, um die Glaubwürdigkeit von EMAS zu erhöhen und insbesondere den Mitgliedstaaten die Möglichkeit zu geben, den Verwaltungsaufwand für registrierte Organisationen durch Deregulierung oder regulatorische Entlastung zu verringern.

(14) Bei der Anwendung von EMAS sollte auch eine Beteiligung der Arbeiter und Angestellten der Organisation vorgesehen werden, da dadurch die Arbeitszufriedenheit wächst und die Umweltkenntnisse verbessert werden, die innerhalb und außerhalb des Arbeitsumfelds nutzbringend angewandt werden können.

(15) Das EMAS-Logo sollte für Organisationen ein attraktives Kommunikations- und Marketinginstrument sein, mit dem die Käufer und andere Interessenträger für EMAS sensibilisiert werden. Die Bestimmungen für die Verwendung des EMAS-Logos sollten durch die Verwendung eines einzigen Logos vereinfacht werden, und die bestehenden Beschränkungen sollten aufgehoben werden, außer denen, die sich auf das Produkt und seine Verpackung beziehen. Die Möglichkeit von Verwechslungen mit Umwelt-Produktkennzeichnungen sollte ausgeschlossen werden.

(16) Die Kosten und Gebühren für die EMAS-Registrierung sollten sich in einem vertretbaren Rahmen halten und in einem angemessenen Verhältnis zur Größe der Organisation und zu dem damit verbundenen Arbeitsaufwand für die zuständigen Stellen stehen. Unbeschadet der Bestimmungen des Vertrags über staatliche Beihilfen sollten Gebührenbefreiungen oder -ermäßigungen für kleine Organisationen in Erwägung gezogen werden.

(17) Die Organisationen sollten in regelmäßigen Abständen Umwelterklärungen erstellen und öffentlich zugänglich machen, in denen die Öffentlichkeit und andere interessierte Kreise über die Einhaltung aller einschlägigen Umweltvorschriften durch die betreffende Organisation sowie über deren Umweltleistung informiert werden.

(18) Damit Relevanz und Vergleichbarkeit der Informationen gewährleistet sind, sollte die Berichterstattung über die Umweltleistung der Organisationen auf der Grundlage allgemeiner und branchenspezifischer Leistungsindikatoren erfolgen, deren Schwerpunkt bei Verwendung geeigneter Referenzwerte und Skalen auf Prozess- und Produktebene auf den wesentlichen Umweltbereichen liegt. Dies dürfte dazu beitragen, dass die Organisationen ihre Umweltleistung sowohl von einem Berichterstattungszeitraum zum anderen als auch mit der Umweltleistung anderer Organisationen vergleichen können.

(19) Durch Informationsaustausch und Zusammenarbeit zwischen den Mitgliedstaaten sollten Referenzdokumente, auch über bewährte Umweltmanagementpraktiken und Umweltleistungs-

Zu § 55 Energiesteuergesetz **Anlage § 055–04**

indikatoren für bestimmte Branchen, ausgearbeitet werden. Diese Dokumente dürften den Organisationen helfen, sich besser auf die wichtigsten Umweltaspekte in einem gegebenen Branche zu konzentrieren.

(20) Die Verordnung (EG) Nr. 765/2008 des Europäischen Parlaments und des Rates vom 9. Juli 2008 über die Vorschriften für die Akkreditierung und Marktüberwachung im Zusammenhang mit der Vermarktung von Produkten[1] regelt die Akkreditierung auf einzelstaatlicher und europäischer Ebene und legt den allgemeinen Rahmen für die Akkreditierung fest. Die vorliegende Verordnung sollte diese Bestimmungen soweit erforderlich ergänzen, wobei die Besonderheiten von EMAS, wie die Notwendigkeit, ein hohes Maß an Glaubwürdigkeit gegenüber Interessenträgern, namentlich den Mitgliedstaaten, zu sichern, berücksichtigt und gegebenenfalls speziellere Bestimmungen festgelegt werden sollten. Die EMAS-Bestimmungen dürften die Kompetenz der Umweltgutachter gewährleisten und fortlaufend verbessern, indem ein unabhängiges, neutrales Akkreditierungs- oder Zulassungssystem, die Ausbildung der Umweltgutachter und eine angemessene Überwachung von deren Tätigkeiten vorgesehen und damit die Transparenz und Glaubwürdigkeit der an EMAS teilnehmenden Organisationen sichergestellt werden.

(21) Entscheidet sich ein Mitgliedstaat gegen eine Akkreditierung für EMAS, so sollte Artikel 5 Absatz 2 der Verordnung (EG) Nr. 765/2008 Anwendung finden.

(22) Die Mitgliedstaaten und die Kommission sollten Werbung betreiben und Fördermaßnahmen durchführen.

(23) Unbeschadet der Bestimmungen des Vertrags über staatliche Beihilfen sollten die Mitgliedstaaten im Rahmen von Regelungen zur Förderung der Umweltleistung der Industrie EMAS-registrierten Organisationen Anreize wie den Zugang zu Finanzierungsmitteln oder steuerliche Anreize bieten, sofern die Organisationen eine Verbesserung ihrer Umweltleistung nachweisen können.

(24) Die Mitgliedstaaten und die Kommission sollten spezielle Maßnahmen ausarbeiten und durchführen, um eine stärkere Beteiligung von Organisationen und insbesondere kleinen Organisationen an EMAS zu erreichen.

(25) Um die einheitliche Anwendung dieser Verordnung zu gewährleisten, sollte die Kommission nach einer Prioritätenliste branchenspezifische Referenzdokumente auf dem unter diese Verordnung fallenden Gebiet ausarbeiten.

(26) Diese Verordnung sollte gegebenenfalls innerhalb von fünf Jahren nach ihrem Inkrafttreten anhand der gewonnenen Erfahrungen überprüft werden.

(27) Diese Verordnung ersetzt die Verordnung (EG) Nr. 761/2001, die daher aufgehoben werden sollte.

(28) Da zweckdienliche Elemente aus der Empfehlung 2001/680/EG der Kommission vom 7. September 2001 über Leitlinien für die Anwendung der Verordnung (EG) Nr. 761/2001[2] und der Empfehlung 2003/532/EG der Kommission vom 10. Juli 2003 über Leitlinien zur Durchführung der Verordnung (EG) Nr. 761/2001 des Europäischen Parlaments und des Rates über die freiwillige Beteiligung von Organisationen an einem Gemeinschaftssystem für das Umweltmanagement und die Umweltbetriebsprüfung (EMAS) in Bezug auf die Auswahl und Verwendung von Umweltleistungskennzahlen[3] in die vorliegende Verordnung übernommen wurden, sollten die genannten Rechtsakte nicht länger angewandt werden.

(29) Da die Ziele dieser Verordnung, nämlich die Schaffung eines einzigen, glaubwürdigen Systems und die Vermeidung der Einführung unterschiedlicher einzelstaatlicher Systeme, auf Ebene der Mitgliedstaaten nicht ausreichend verwirklicht werden können und aufgrund ihres Umfangs und ihrer Wirkungen besser auf Gemeinschaftsebene zu verwirklichen sind, kann die Gemeinschaft im Einklang mit dem in Artikel 5 des Vertrags niedergelegten Subsidiaritätsprinzip tätig werden. Entsprechend dem in demselben Artikel genannten Grundsatz der Verhältnismäßigkeit geht diese Verordnung nicht über das zur Erreichung dieser Ziele erforderliche Maß hinaus.

(30) Die zur Durchführung dieser Verordnung erforderlichen Maßnahmen sollten gemäß dem Beschluss 1999/468/EG des Rates vom 28. Juni 1999 zur Festlegung der Modalitäten für die Ausübung der der Kommission übertragenen Durchführungsbefugnisse[4] erlassen werden.

(31) Insbesondere sollte die Kommission die Befugnis erhalten, Verfahren für die Bewertung der zuständigen Stellen durch Fachkollegen (peer review) festzulegen, branchenspezifische Referenzdo-

---
1) ABl. L 218 vom 13.8.2008, S. 30.
2) ABl. L 247 vom 17.9.2001, S. 1.
3) ABl. L 184 vom 23.7.2003, S. 19.
4) ABl. L 184 vom 17.7.1999, S. 23.

# Anlage § 055–04

Zu § 55 Energiesteuergesetz

kumente auszuarbeiten, bestehende Umweltmanagementsysteme oder Teile davon als den jeweiligen Anforderungen dieser Verordnung entsprechend anzuerkennen, und die Anhänge I bis VIII zu ändern. Da es sich hierbei um Maßnahmen von allgemeiner Tragweite handelt, die eine Änderung nicht wesentlicher Bestimmungen dieser Verordnung, auch durch Ergänzung um neue nicht wesentliche Bestimmungen, bewirken, sind diese Maßnahmen nach dem Regelungsverfahren mit Kontrolle des Artikels 5a des Beschlusses 1999/468/EG zu erlassen.

(32) Da ein gewisser Zeitraum erforderlich ist, um den Rahmen für das ordnungsgemäße Funktionieren dieser Verordnung vorzugeben, sollten die Mitgliedstaaten ab Inkrafttreten dieser Verordnung über einen Zeitraum von zwölf Monaten verfügen, um die von den Akkreditierungsstellen und zuständigen Stellen nach den entsprechenden Vorschriften dieser Verordnung angewandten Verfahren zu ändern. Innerhalb dieses Zeitraums von zwölf Monaten sollten die Akkreditierungsstellen und zuständigen Stellen die im Rahmen der Verordnung (EG) Nr. 761/2001 vorgesehenen Verfahren weiterhin anwenden können –

HABEN FOLGENDE VERORDNUNG ERLASSEN:

## KAPITEL I

## ALLGEMEINE BESTIMMUNGEN

### Artikel 1

### Zielsetzung

Es wird ein Gemeinschaftssystem für das Umweltmanagement und die Umweltbetriebsprüfung (nachstehend als „EMAS" bezeichnet) geschaffen, an dem sich Organisationen innerhalb und außerhalb der Gemeinschaft freiwillig beteiligen können.

Das Ziel von EMAS, einem wichtigen Instrument des Aktionsplans für Nachhaltigkeit in Produktion und Verbrauch und für eine nachhaltige Industriepolitik, besteht darin, kontinuierliche Verbesserungen der Umweltleistung von Organisationen zu fördern, indem die Organisationen Umweltmanagementsysteme errichten und anwenden, die Leistung dieser Systeme einer systematischen, objektiven und regelmäßigen Bewertung unterzogen wird, Informationen über die Umweltleistung vorgelegt werden, ein offener Dialog mit der Öffentlichkeit und anderen interessierten Kreisen geführt wird und die Arbeitnehmer der Organisationen aktiv beteiligt werden und eine angemessene Schulung erhalten.

### Artikel 2

### Begriffsbestimmungen

Für die Zwecke dieser Verordnung gelten folgende Begriffsbestimmungen:

1. „Umweltpolitik": die von den obersten Führungsebenen einer Organisation verbindlich dargelegten Absichten und Ausrichtungen dieser Organisation in Bezug auf ihre Umweltleistung, einschließlich der Einhaltung aller geltenden Umweltvorschriften und der Verpflichtung zur kontinuierlichen Verbesserung der Umweltleistung. Sie bildet den Rahmen für die Maßnahmen und für die Festlegung umweltbezogener Zielsetzungen und Einzelziele;
2. „Umweltleistung": die messbaren Ergebnisse des Managements der Umweltaspekte einer Organisation durch diese Organisation;
3. „Einhaltung der Rechtsvorschriften": vollständige Einhaltung der geltenden Umweltvorschriften, einschließlich der Genehmigungsbedingungen;
4. „Umweltaspekt": derjenige Bestandteil der Tätigkeiten, Produkte oder Dienstleistungen einer Organisation, der Auswirkungen auf die Umwelt hat oder haben kann;
5. „bedeutender Umweltaspekt": ein Umweltaspekt, der bedeutende Umweltauswirkungen hat oder haben kann;
6. „direkter Umweltaspekt": ein Umweltaspekt im Zusammenhang mit Tätigkeiten, Produkten und Dienstleistungen der Organisation selbst, der deren direkter betrieblicher Kontrolle unterliegt;
7. „indirekter Umweltaspekt": ein Umweltaspekt, der das Ergebnis der Interaktion einer Organisation mit Dritten sein und in angemessenem Maße von einer Organisation beeinflusst werden kann;
8. „Umweltauswirkung": jede positive oder negative Veränderung der Umwelt, die ganz oder teilweise auf Tätigkeiten, Produkte oder Dienstleistungen einer Organisation zurückzuführen ist;
9. „Umweltprüfung": eine erstmalige umfassende Untersuchung der Umweltaspekte, der Umweltauswirkungen und der Umweltleistung im Zusammenhang mit den Tätigkeiten, Produkten und Dienstleistungen einer Organisation;

10. „Umweltprogramm": eine Beschreibung der Maßnahmen, Verantwortlichkeiten und Mittel, die zur Verwirklichung der Umweltzielsetzungen und -einzelziele getroffen, eingegangen und eingesetzt wurden oder vorgesehen sind, und der dies bezügliche Zeitplan;

11. „Umweltzielsetzung": ein sich aus der Umweltpolitik ergebendes und nach Möglichkeit zu quantifizierendes Gesamtziel, das sich eine Organisation gesetzt hat;

12. „Umwelteinzelziel": eine für die gesamte Organisation oder Teile davon geltende detaillierte Leistungsanforderung, die sich aus den Umweltzielsetzungen ergibt und festgelegt und eingehalten werden muss, um diese Zielsetzungen zu erreichen;

13. „Umweltmanagementsystem": der Teil des gesamten Managementsystems, der die Organisationsstruktur, Planungstätigkeiten, Verantwortlichkeiten, Verhaltensweisen, Vorgehensweisen, Verfahren und Mittel für die Festlegung, Durchführung, Verwirklichung, Überprüfung und Fortführung der Umweltpolitik und das Management der Umweltaspekte umfasst;

14. „bewährte Umweltmanagementpraktiken": die wirkungsvollste Art der Umsetzung des Umweltmanagementsystems durch Organisationen in einer Branche, die unter bestimmten wirtschaftlichen und technischen Voraussetzungen zu besten Umweltleistungen führen kann;

15. „wesentliche Änderung": jegliche Änderungen in Bezug auf Betrieb, Struktur, Verwaltung, Verfahren, Tätigkeiten, Produkte oder Dienstleistungen einer Organisation, die bedeutende Auswirkungen auf das Umweltmanagementsystem der Organisation, die Umwelt oder die menschliche Gesundheit haben oder haben können;

16. „Umweltbetriebsprüfung": die systematische, dokumentierte, regelmäßige und objektive Bewertung der Umweltleistung einer Organisation, des Managementsystems und der Verfahren zum Schutz der Umwelt;

17. „Betriebsprüfer": eine zur Belegschaft der Organisation gehörende Person oder Gruppe von Personen oder eine organisationsfremde natürliche oder juristische Person, die im Namen der Organisation handelt und insbesondere die bestehenden Umweltmanagementsysteme bewertet und prüft, ob diese mit der Umweltpolitik und dem Umweltprogramm der Organisation übereinstimmen und ob die geltenden umweltrechtlichen Verpflichtungen eingehalten werden;

18. „Umwelterklärung": die umfassende Information der Öffentlichkeit und anderer interessierter Kreise mit folgenden Angaben zur Organisation:

   a) Struktur und Tätigkeiten,

   b) Umweltpolitik und Umweltmanagementsystem,

   c) Umweltaspekte und -auswirkungen,

   d) Umweltprogramm, -zielsetzung und -einzelziele,

   e) Umweltleistung und Einhaltung der geltenden umweltrechtlichen Verpflichtungen gemäß Anhang IV;

19. „aktualisierte Umwelterklärung": die umfassende Information der Öffentlichkeit und anderer interessierter Kreise, die Aktualisierungen der letzten validierten Umwelterklärung enthält, wozu nur Informationen über die Umweltleistung einer Organisation und die Einhaltung der für sie geltenden umweltrechtlichen Verpflichtungen gemäß Anhang IV gehören;

20. „Umweltgutachter":

   a) eine Konformitätsbewertungsstelle im Sinne der Verordnung (EG) Nr. 765/2008 oder jede Vereinigung oder Gruppe solcher Stellen, die gemäß der vorliegenden Verordnung akkreditiert ist; oder

   b) jede natürliche oder juristische Person oder jede Vereinigung oder Gruppe solcher Personen, der eine Zulassung zur Durchführung von Begutachtungen und Validierungen gemäß der vorliegenden Verordnung erteilt worden ist;

21. „Organisation": Gesellschaft, Körperschaft, Betrieb, Unternehmen, Behörde oder Einrichtung bzw. Teil oder Kombination hiervon, innerhalb oder außerhalb der Gemeinschaft, mit oder ohne Rechtspersönlichkeit, öffentlich oder privat, mit eigenen Funktionen und eigener Verwaltung;

22. „Standort": ein bestimmter geografischer Ort, der der Kontrolle einer Organisation untersteht und an dem Tätigkeiten ausgeführt, Produkte hergestellt und Dienstleistungen erbracht werden, einschließlich der gesamten Infrastruktur, aller Ausrüstungen und aller Materialien; ein Standort ist die kleinste für die Registrierung in Betracht zu ziehende Einheit;

23. „Cluster": eine Gruppe von voneinander unabhängigen Organisationen, die durch ihre räumliche Nähe oder ihre geschäftlichen Tätigkeiten miteinander in Beziehung stehen und zusammenwirkend ein Umweltmanagementsystem anwenden;

24. „Begutachtung": eine von einem Umweltgutachter durchgeführte Konformitätsbewertung, mit der festgestellt werden soll, ob Umweltprüfung, Umweltpolitik, Umweltmanagementsystem und interne Umweltbetriebsprüfung einer Organisation sowie deren Umsetzung den Anforderungen dieser Verordnung entsprechen;

25. „Validierung": die Bestätigung des Umweltgutachters, der die Begutachtung durchgeführt hat, dass die Informationen und Daten in der Umwelterklärung einer Organisation und die Aktualisierungen der Erklärung zuverlässig, glaubhaft und korrekt sind und den Anforderungen dieser Verordnung entsprechen;

26. „Durchsetzungsbehörden": zuständige Behörden, die von den Mitgliedstaaten dazu bestimmt wurden, Verstöße gegen das geltende Umweltrecht aufzudecken, zu verhüten und aufzuklären sowie erforderlichenfalls Durchsetzungsmaßnahmen zu ergreifen;

27. „Umweltleistungsindikator": ein spezifischer Parameter, mit dem sich die Umweltleistung einer Organisation messen lässt;

28. „kleine Organisationen":

   a) Kleinstunternehmen sowie kleine und mittlere Unternehmen im Sinne der Empfehlung 2003/361/EG der Kommission vom 6. Mai 2003 betreffend die Definition der Kleinstunternehmen sowie der kleinen und mittleren Unternehmen[1], oder

   b) lokale Behörden, die für weniger als 10 000 Einwohner zuständig sind, oder sonstige Behörden, die weniger als 250 Personen beschäftigen und die entweder über einen Jahreshaushalt von höchstens 50 Mio. EUR verfügen oder deren Jahresbilanzsumme sich auf höchstens 43 Mio. EUR beläuft; hierzu gehören:

   i) Regierungsstellen oder andere Stellen der öffentlichen Verwaltung oder öffentliche Beratungsgremien auf nationaler, regionaler oder lokaler Ebene,

   ii) natürliche oder juristische Personen, die nach einzelstaatlichem Recht Aufgaben der öffentlichen Verwaltung, einschließlich bestimmter Pflichten, Tätigkeiten oder Dienstleistungen im Zusammenhang mit der Umwelt wahrnehmen, und

   iii) natürliche oder juristische Personen, die unter der Kontrolle einer unter Buchstabe b genannten Stelle oder Person im Zusammenhang mit der Umwelt öffentliche Zuständigkeiten haben, öffentliche Aufgaben wahrnehmen oder öffentliche Dienstleistungen erbringen;

29. „Sammelregistrierung": eine einzige Registrierung aller oder einiger Standorte einer Organisation mit verschiedenen Standorten in einem oder mehreren Mitgliedstaaten oder Drittländern;

30. „Akkreditierungsstelle": eine nach Artikel 4 der Verordnung (EG) Nr. 765/2008 benannte nationale Akkreditierungsstelle, die für die Akkreditierung und Beaufsichtigung der Umweltgutachter zuständig ist;

31. „Zulassungsstelle", eine nach Artikel 5 Absatz 2 der Verordnung (EG) Nr. 765/2008 benannte Stelle, die für die Zulassung und Beaufsichtigung von Umweltgutachtern zuständig ist.

### KAPITEL II
### REGISTRIERUNG VON ORGANISATIONEN

### Artikel 3
#### Bestimmung der zuständigen Stelle

(1) Registrierungsanträge von Organisationen, die innerhalb eines Mitgliedstaats ansässig sind, erfolgen bei einer zuständigen Stelle in dem betreffenden Mitgliedstaat.

(2) Eine Organisation mit verschiedenen Standorten in einem oder mehreren Mitgliedstaaten oder in Drittländern kann für alle oder einige dieser Standorte eine Sammelregistrierung beantragen.

Anträge auf Sammelregistrierung erfolgen bei einer zuständigen Stelle des Mitgliedstaats, in dem sich der Hauptsitz oder das für die Zwecke dieses Absatzes benannte Managementzentrale der Organisation befindet.

(3) Registrierungsanträge von Organisationen, die außerhalb der Gemeinschaft ansässig sind, einschließlich Sammelregistrierungen von Organisationen, deren Standorte sich ausschließlich außerhalb

---
1) ABl. L 124 vom 20.5.2003, S. 36.

der Gemeinschaft befinden, können bei jeder zuständigen Stelle in denjenigen Mitgliedstaaten gestellt werden, die die Registrierung von Organisationen von außerhalb der Gemeinschaft gemäß Artikel 11 Absatz 1 Unterabsatz 2 vornehmen.

Diese Organisationen stellen sicher, dass der Umweltgutachter, der die Begutachtung durchführen und das Umweltmanagementsystem der Organisation validieren wird, in dem Mitgliedstaat, in dem die Organisation ihren Registrierungsantrag stellt, akkreditiert oder zugelassen ist.

### Artikel 4

### Vorbereitung der Registrierung

(1) Organisationen, die erstmalig eine Registrierung anstreben,

a) nehmen eine Umweltprüfung aller sie betreffenden Umweltaspekte gemäß den Anforderungen in Anhang I und in Anhang II Nummer A.3.1. vor;

b) führen auf der Grundlage der Ergebnisse dieser Umweltprüfung ein von ihnen entwickeltes Umweltmanagementsystem ein, das alle in Anhang II genannten Anforderungen abdeckt und etwaige bewährte branchenspezifische Umweltmanagementpraktiken gemäß Artikel 46 Absatz 1 Buchstabe a berücksichtigt;

c) führen eine Umweltbetriebsprüfung gemäß den Anforderungen in Anhang II Nummer A.5.5. und Anhang III durch;

d) erstellen eine Umwelterklärung gemäß Anhang IV. Sofern branchenspezifische Referenzdokumente gemäß Artikel 46 für die betreffende Branche zur Verfügung stehen, erfolgt die Beurteilung der Umweltleistung der Organisation unter Berücksichtigung dieser einschlägigen Dokumente.

(2) Die Organisationen können die Unterstützung gemäß Artikel 32, die in dem Mitgliedstaat, in dem die Organisation die Registrierung beantragt, zur Verfügung steht, in Anspruch nehmen.

(3) Organisationen mit einem zertifizierten und gemäß Artikel 45 Absatz 4 anerkannten Umweltmanagementsystem sind nicht verpflichtet, jene Bestandteile durchzuführen, die als den Bestimmungen dieser Verordnung gleichwertig anerkannt wurden.

(4) Die Organisationen erbringen den materiellen oder dokumentarischen Nachweis, dass sie alle für sie geltenden Umweltvorschriften einhalten.

Die Organisationen können bei der/den zuständigen Durchsetzungsbehörde(n) gemäß Artikel 32 oder bei dem Umweltgutachter Informationen anfordern.

Organisationen von außerhalb der Gemeinschaft müssen sich auch an die Umweltvorschriften halten, die für ähnliche Organisationen in den Mitgliedstaaten gelten, in denen sie einen Antrag stellen wollen.

Sofern branchenspezifische Referenzdokumente gemäß Artikel 46 für die betreffende Branche zur Verfügung stehen, erfolgt die Beurteilung der Umweltleistung der Organisation anhand dieser einschlägigen Dokumente.

(5) Die erste Umweltprüfung, das Umweltmanagementsystem, das Verfahren für die Umweltbetriebsprüfung und seine Umsetzung werden von einem akkreditierten oder zugelassenen Umweltgutachter begutachtet und die Umwelterklärung wird von diesem validiert.

### Artikel 5

### Registrierungsantrag

(1) Organisationen, die die Anforderungen gemäß Artikel 4 erfüllen, können eine Registrierung beantragen.

(2) Der Registrierungsantrag ist bei der zuständigen Stelle gemäß Artikel 3 zu stellen und umfasst Folgendes:

a) die validierte Umwelterklärung in elektronischer oder gedruckter Form;

b) die vom Umweltgutachter, der die Umwelterklärung validiert hat, unterzeichnete Erklärung gemäß Artikel 25 Absatz 9;

c) ein ausgefülltes Formular, das mindestens die in Anhang VI aufgeführten Mindestangaben enthält;

d) gegebenenfalls Nachweise über die Zahlung der fälligen Gebühren.

(3) Der Antrag ist in einer Amtssprache des Mitgliedstaats, in dem die Organisation die Registrierung beantragt, abzufassen.

**Anlage § 055–04** Zu § 55 Energiesteuergesetz

## KAPITEL III

## VERPFLICHTUNGEN REGISTRIERTER ORGANISATIONEN

### Artikel 6

### Verlängerung der EMAS-Registrierung

(1) Eine registrierte Organisation muss mindestens alle drei Jahre

a) ihr gesamtes Umweltmanagementsystem und das Programm für die Umweltbetriebsprüfung und deren Umsetzung begutachten lassen;

b) eine Umwelterklärung gemäß den Anforderungen in Anhang IV erstellen und von einem Umweltgutachter validieren lassen;

c) die validierte Umwelterklärung der zuständigen Stelle übermitteln;

d) der zuständigen Stelle ein ausgefülltes Formular mit wenigstens den in Anhang VI aufgeführten Mindestangaben übermitteln;

e) gegebenenfalls eine Gebühr für die weitere Führung der Registrierung an die zuständige Stelle entrichten.

(2) Unbeschadet des Absatzes 1 muss eine registrierte Organisation in den dazwischen liegenden Jahren

a) gemäß dem Programm für die Betriebsprüfung eine Betriebsprüfung ihrer Umweltleistung und der Einhaltung der geltenden Umweltvorschriften gemäß Anhang III vornehmen;

b) eine aktualisierte Umwelterklärung gemäß den Anforderungen in Anhang IV erstellen und von einem Umweltgutachter validieren lassen;

c) der zuständigen Stelle die validierte aktualisierte Umwelterklärung übermitteln;

d) der zuständigen Stelle ein ausgefülltes Formular mit wenigstens den in Anhang VI aufgeführten Mindestangaben übermitteln,

e) gegebenenfalls eine Gebühr für die weitere Führung der Registrierung an die zuständige Stelle entrichten.

(3) Die registrierten Organisationen veröffentlichen ihre Umwelterklärung und deren Aktualisierungen innerhalb eines Monats nach der Registrierung und innerhalb eines Monats nach der Verlängerung der Registrierung.

Die registrierten Organisationen können dieser Anforderung nachkommen, indem sie die Umwelterklärung und deren Aktualisierungen auf Anfrage zugänglich machen oder Links zu Internet-Seiten einrichten, auf denen diese Umwelterklärungen zu finden sind.

Die registrierten Organisationen teilen mit, auf welche Weise sie den öffentlichen Zugang zu Informationen in den in Anhang VI genannten Formularen gewährleisten.

### Artikel 7

### Ausnahmeregelung für kleine Organisationen

(1) Auf Antrag einer kleinen Organisation verlängern die zuständigen Stellen für diese Organisation das Dreijahresintervall gemäß Artikel 6 Absatz 1 auf bis zu vier Jahre oder das Jahresintervall gemäß Artikel 6 Absatz 2 auf bis zu zwei Jahre, sofern der Umweltgutachter, der die Organisation begutachtet hat, bestätigt, dass alle nachfolgenden Bedingungen erfüllt sind:

a) Es liegen keine wesentlichen Umweltrisiken vor,

b) die Organisation plant keine wesentlichen Änderungen im Sinne von Artikel 8, und

c) es liegen keine wesentlichen lokalen Umweltprobleme vor, zu denen die Organisation beiträgt.

Zur Einreichung des in Unterabsatz 1 genannten Antrags kann die Organisation die in Anhang VI genannten Formulare verwenden.

(2) Die zuständige Stelle lehnt den Antrag ab, wenn die in Absatz 1 genannten Bedingungen nicht erfüllt sind. Sie übermittelt der Organisation hierfür eine ausführliche Begründung.

(3) Organisationen, denen gemäß Absatz 1 eine Verlängerung auf bis zu zwei Jahre gewährt wurde, übermitteln der zuständigen Stelle in jedem Jahr, in dem sie von der Verpflichtung zur Vorlage einer validierten aktualisierten Umwelterklärung befreit sind, die nicht validierte aktualisierte Umwelterklärung.

Zu § 55 Energiesteuergesetz

**Anlage § 055–04**

### Artikel 8
### Wesentliche Änderungen

(1) Plant eine registrierte Organisation wesentliche Änderungen, so führt sie eine Umweltprüfung dieser Änderungen, einschließlich ihrer Umweltaspekte und -auswirkungen, durch.

(2) Nach der Umweltprüfung der Änderungen aktualisiert die Organisation die erste Umweltprüfung, ändert die Umweltpolitik, das Umweltprogramm und das Umweltmanagementsystem und überprüft und aktualisiert die gesamte Umwelterklärung entsprechend.

(3) Alle gemäß Absatz 2 geänderten und aktualisierten Dokumente sind innerhalb von sechs Monaten zu begutachten und zu validieren.

(4) Nach der Validierung übermittelt die Organisation die Änderungen der zuständigen Stelle anhand des Formulars in Anhang VI und veröffentlicht die Änderungen.

### Artikel 9
### Interne Umweltbetriebsprüfung

(1) Registrierte Organisationen stellen ein Programm für die Umweltbetriebsprüfung auf, das gewährleistet, dass alle Tätigkeiten der Organisation innerhalb eines Zeitraums von höchstens drei Jahren einer internen Umweltbetriebsprüfung gemäß Anhang III unterzogen werden, oder innerhalb eines Zeitraums von höchstens vier Jahren, wenn die in Artikel 7 genannte Ausnahmeregelung Anwendung findet.

(2) Die Prüfung wird von Betriebsprüfern vorgenommen, die einzeln oder als Gruppe über die erforderlichen fachlichen Qualifikationen für die Ausführung dieser Aufgaben verfügen, und deren Unabhängigkeit gegenüber den geprüften Tätigkeiten ausreichend ist, um eine objektive Beurteilung zu gestatten.

(3) Im Programm der Organisation für die Umweltbetriebsprüfung sind die Zielsetzungen jeder Umweltbetriebsprüfung bzw. jedes Betriebsprüfungszyklus, einschließlich der Häufigkeit der Prüfung jeder Tätigkeit, festzulegen.

(4)
Nach jeder Umweltbetriebsprüfung und nach jedem Prüfungszyklus erstellen die Betriebsprüfer einen schriftlichen Bericht.

(5) Der Betriebsprüfer teilt die Ergebnisse und Schlussfolgerungen aus der Umweltbetriebsprüfung der Organisation mit.

(6) Im Anschluss an die Umweltbetriebsprüfung erstellt die Organisation einen geeigneten Aktionsplan und setzt diesen um.

(7) Die Organisation schafft geeignete Mechanismen, die gewährleisten, dass die Ergebnisse der Umweltbetriebsprüfung in der Folge berücksichtigt werden.

### Artikel 10
### Verwendung des EMAS-Logos

(1) Unbeschadet des Artikels 35 Absatz 2 darf das EMAS-Logo gemäß Anhang V nur von registrierten Organisationen und nur während der Gültigkeitsdauer ihrer Registrierung verwendet werden.

Das Logo muss stets die Registrierungsnummer der Organisation aufweisen.

(2) Das EMAS-Logo darf nur im Einklang mit den technischen Spezifikationen in Anhang V verwendet werden.

(3) Organisationen, die gemäß Artikel 3 Absatz 3 beschlossen haben, nicht alle ihre Standorte in die Sammelregistrierung einzubeziehen, müssen sicherstellen, dass in ihren Informationen für die Öffentlichkeit und bei der Verwendung des EMAS-Logos erkenntlich ist, welche Standorte von der Registrierung erfasst sind.

(4) Das EMAS-Logo darf nicht verwendet werden

a) auf Produkten oder ihrer Verpackung, oder

b) in Verbindung mit Vergleichen mit anderen Tätigkeiten und Dienstleistungen oder in einer Weise, die zu Verwechslungen mit Umwelt-Produktkennzeichnungen führen kann.

(5) Jede von einer registrierten Organisation veröffentlichte Umweltinformation darf das EMAS-Logo tragen, sofern in den Informationen auf die zuletzt vorgelegte Umwelterklärung oder aktualisierte Umwelterklärung der Organisation verwiesen wird, aus der diese Information stammt, und sie von einem Umweltgutachter als

a) sachlich richtig,

# Anlage § 055–04

Zu § 55 Energiesteuergesetz

b) begründet und nachprüfbar,
c) relevant und im richtigen Kontext bzw. Zusammenhang verwendet,
d) repräsentativ für die gesamte Umweltleistung der Organisation,
e) unmissverständlich und
f) wesentlich in Bezug auf die gesamten Umweltauswirkungen validiert wurde.

## KAPITEL IV
## VORSCHRIFTEN FÜR DIE ZUSTÄNDIGEN STELLEN

### Artikel 11
### Benennung und Aufgaben der zuständigen Stellen

(1) Die Mitgliedstaaten benennen zuständige Stellen, die für die Registrierung von innerhalb der Gemeinschaft angesiedelten Organisationen gemäß dieser Verordnung verantwortlich sind.

Die Mitgliedstaaten können vorsehen, dass die von ihnen benannten zuständigen Stellen für die Registrierung von außerhalb der Gemeinschaft angesiedelten Organisationen sorgen und gemäß dieser Verordnung zuständig sind.

Die zuständigen Stellen überwachen die Registrierung und weitere Führung von Organisationen im Register, einschließlich der Aussetzung oder Streichung von Registrierungen.

(2) Bei den zuständigen Stellen kann es sich um nationale, regionale oder lokale Stellen handeln.

(3) Die Zusammensetzung der zuständigen Stellen gewährleistet ihre Unabhängigkeit und Neutralität.

(4) Die zuständigen Stellen verfügen zur ordnungsgemäßen Wahrnehmung ihrer Aufgaben über die geeigneten finanziellen und personellen Mittel.

(5) Die zuständigen Stellen wenden diese Verordnung einheitlich an und nehmen regelmäßig an Bewertungen durch Fachkollegen (peer reviews) gemäß Artikel 17 teil.

### Artikel 12
### Verpflichtungen im Zusammenhang mit dem Registrierungsverfahren

(1) Die zuständigen Stellen legen Verfahren für die Registrierung von Organisationen fest. Sie stellen insbesondere Regeln auf, die es ermöglichen,
a) die Bemerkungen interessierter Kreise, einschließlich Akkreditierungs- und Zulassungsstellen, zuständige Durchsetzungsbehörden und Vertretungsgremien der Organisationen, zu Antrag stellenden oder registrierten Organisationen zu berücksichtigen,
b) die Registrierung von Organisationen abzulehnen, auszusetzen oder zu streichen und
c) Beschwerden und Einsprüche gegen ihre Entscheidungen zu regeln.

(2) Die zuständigen Stellen erstellen und führen ein Register der in ihren Mitgliedstaaten registrierten Organisationen, einschließlich der Information, auf welche Weise deren Umwelterklärung bzw. aktualisierte Umwelterklärung erhältlich ist, und bringen im Falle von Änderungen dieses Register monatlich auf den neuesten Stand.

Das Register wird auf einer Internet-Seite veröffentlicht.

(3) Die zuständigen Stellen teilen der Kommission monatlich entweder auf direktem Weg oder über die nationalen Behörden, so wie es die betroffenen Mitgliedstaaten beschlossen haben, Änderungen des Registers gemäß Absatz 2 mit.

### Artikel 13
### Registrierung von Organisationen

(1) Die zuständigen Stellen prüfen die Registrierungsanträge von Organisationen nach den zu diesem Zwecke aufgestellten Verfahren.

(2) Stellt eine Organisation einen Registrierungsantrag, so registriert die zuständige Stelle die betreffende Organisation und vergibt eine Registrierungsnummer, sofern alle folgenden Bedingungen erfüllt sind:
a) die zuständige Stelle hat einen Registrierungsantrag erhalten, der alle in Artikel 5 Absatz 2 Buchstaben a bis d aufgeführten Unterlagen enthält;
b) die zuständige Stelle hat sich vergewissert, dass die Begutachtung und Validierung gemäß den Artikeln 25, 26 und 27 durchgeführt wurden;

c) die zuständige Stelle ist aufgrund der vorliegenden materiellen Nachweise, beispielsweise eines schriftlichen Berichts der zuständigen Durchsetzungsbehörde davon überzeugt, dass es keinen Nachweis für einen Verstoß gegen die geltenden Umweltrechtsvorschriften gibt,
d) es liegen keine Beschwerden von interessierten Kreisen vor bzw. Beschwerden wurden positiv geklärt;
e) die zuständige Stelle ist aufgrund von Nachweisen überzeugt, dass die Organisation alle Forderungen dieser Verordnung einhält; und
f) die zuständige Stelle hat gegebenenfalls eine Registrierungsgebühr erhalten.

(3) Die zuständige Stelle teilt der Organisation mit, dass sie registriert wurde, und vergibt die Registrierungsnummer sowie das EMAS-Logo an die Organisation.

(4) Gelangt eine zuständige Stelle zu dem Schluss, dass eine Organisation, die eine Registrierung beantragt hat, die Anforderungen gemäß Absatz 2 nicht erfüllt, so lehnt sie die Registrierung der Organisation ab und übermittelt ihr hierfür eine ausführliche Begründung.

(5) Erhält die zuständige Stelle von der Akkreditierungsstellen oder der Zulassungsstelle einen schriftlichen Kontrollbericht, dem zufolge die Tätigkeiten des Umweltgutachters nicht ausreichen, um zu gewährleisten, dass die antragstellende Organisation die Anforderungen dieser Verordnung erfüllt, so lehnt sie die Registrierung dieser Organisation ab. Die zuständige Stelle fordert die betreffende Organisation auf, erneut einen Antrag auf Registrierung zu stellen.

(6) Die zuständige Stelle hört die betroffen Beteiligten, einschließlich der Organisation, um sich die erforderlichen Entscheidungsgrundlagen für die Ablehnung der Registrierung einer Organisation zu verschaffen.

### Artikel 14
#### Verlängerung der EMAS-Registrierung

(1) Die zuständige Stelle verlängert die Registrierung der Organisation, sofern die folgenden Bedingungen insgesamt erfüllt sind:
a) der zuständigen Stelle wurde eine validierte Umwelterklärung nach Artikel 6 Absatz 1 Buchstabe c, eine aktualisierte validierte Umwelterklärung nach Artikel 6 Absatz 2 Buchstabe c oder eine nicht validierte aktualisierte Umwelterklärung nach Artikel 7 Absatz 3 übermittelt;
b) der zuständigen Stelle wurde ein ausgefülltes Formular mit wenigstens den in Anhang VI aufgeführten Mindestangaben nach Artikel 6 Absatz 1 Buchstabe d und Artikel 6 Absatz 2 Buchstabe d übermittelt;
c) der zuständigen Stelle liegen keine Nachweise vor, dass die Begutachtung und Validierung nicht entsprechend den Artikeln 25, 26 und 27 durchgeführt wurden;
d) der zuständigen Stelle liegen keine Nachweise vor, dass die Organisation die geltenden Umweltvorschriften nicht eingehalten hat;
e) es liegen keine Beschwerden von interessierten Kreisen vor bzw. Beschwerden wurden positiv geklärt;
f) die zuständige Stelle ist aufgrund von vorliegenden Nachweisen überzeugt, dass die Organisation alle Forderungen dieser Verordnung einhält, und
g) die zuständige Stelle hat gegebenenfalls eine Gebühr für die Verlängerung der Registrierung erhalten.

(2) Die zuständige Stelle teilt der Organisation mit, dass ihre Registrierung verlängert wurde.

### Artikel 15
#### Aussetzung oder Streichung der Registrierung von Organisationen

(1) Ist eine zuständige Stelle der Auffassung, dass eine registrierte Organisation die Bestimmungen dieser Verordnung nicht einhält, so gibt sie der Organisation Gelegenheit, zur Sache Stellung zu nehmen. Ist die Antwort der Organisation unzulänglich, so wird ihre Registrierung ausgesetzt oder gestrichen.

(2) Erhält die zuständige Stelle von der Akkreditierungsstelle oder Zulassungsstelle einen schriftlichen Kontrollbericht, dem zufolge die Tätigkeiten des Umweltgutachters nicht ausreichen, um zu gewährleisten, dass die registrierte Organisation die Anforderungen dieser Verordnung erfüllt, so wird die Registrierung ausgesetzt.

(3) Die Registrierung einer Organisation wird ausgesetzt oder im Register gestrichen, wenn die Organisation es versäumt, der zuständigen Stelle innerhalb von zwei Monaten nach einer entsprechenden Aufforderung Folgendes zu übermitteln:

**Anlage § 055–04**                                                          Zu § 55 Energiesteuergesetz

a) die validierte Umwelterklärung, eine aktualisierte Umwelterklärung oder die unterzeichnete Erklärung gemäß Artikel 25 Absatz 9;

b) ein Formular, das wenigstens die in Anhang VI vorgesehenen Mindestangaben zur Organisation enthält.

(4) Wird eine zuständige Stelle von der zuständigen Durchsetzungsbehörde in einem schriftlichen Bericht über einen Verstoß der Organisation gegen geltende Umweltvorschriften unterrichtet, so setzt sie die Registrierung der betreffenden Organisation aus bzw. streicht den Registereintrag.

(5) Bei ihrer Entscheidung über die Aussetzung oder Streichung einer Registrierung berücksichtigt die zuständige Stelle mindestens Folgendes:

a) die Umweltauswirkung der Nichteinhaltung der Verpflichtungen gemäß dieser Verordnung durch die Organisation,

b) die Vorhersehbarkeit der Nichteinhaltung von Verpflichtungen gemäß dieser Verordnung durch die Organisation oder die Umstände, die dazu führen,

c) die vorangegangene Nichteinhaltung von Verpflichtungen gemäß dieser Verordnung durch die Organisation und

d) die besondere Situation der Organisation.

(6) Die zuständige Stelle hört die betroffenen Beteiligten, einschließlich der Organisation, um sich die erforderlichen Entscheidungsgrundlagen für die Aussetzung der Registrierung der betreffenden Organisation oder ihre Streichung aus dem Register zu verschaffen.

(7) Erhält die zuständige Stelle auf anderem Wege als durch einen schriftlichen Kontrollbericht der Akkreditierungsstelle oder der Zulassungsstelle den Nachweis dafür, dass die Tätigkeiten des Umweltgutachters nicht ausreichen, um zu gewährleisten, dass die Organisation die Anforderungen dieser Verordnung erfüllt, so konsultiert sie die Akkreditierungsstelle oder Zulassungsstelle, die den Umweltgutachter beaufsichtigt.

(8) Die zuständige Stelle gibt die Gründe für die getroffenen Maßnahmen an.

(9) Die zuständige Stelle informiert die Organisation in angemessener Weise über die mit den betroffenen Beteiligten geführten Gespräche.

(10) Die Aussetzung der Registrierung einer Organisation wird rückgängig gemacht, wenn die zuständige Stelle hinreichend darüber informiert wurde, dass die Organisation die Vorschriften dieser Verordnung einhält.

### Artikel 16

#### Forum der zuständigen Stellen

(1) Die zuständigen Stellen richten ein Forum der zuständigen Stellen aller Mitgliedstaaten (nachstehend als „Forum der zuständigen Stellen" bezeichnet) ein, das mindestens einmal jährlich zusammentritt, wobei ein Vertreter der Kommission anwesend ist.

Das Forum der zuständigen Stellen gibt sich eine Geschäftsordnung.

(2) Die zuständigen Stellen aller Mitgliedstaaten nehmen an dem Forum der zuständigen Stellen teil. Verfügt ein Mitgliedstaat über mehrere zuständige Stellen, so sind geeignete Maßnahmen zu treffen, um sicherzustellen, dass alle Stellen über die Tätigkeiten des Forums der zuständigen Stellen informiert werden.

(3) Das Forum der zuständigen Stellen erstellt Leitlinien, um einheitliche Verfahren für die Registrierung von Organisationen im Einklang mit dieser Verordnung einschließlich der Verlängerung und der Aussetzung der Registrierung oder der Streichung des Registereintrags von Organisationen innerhalb und außerhalb der Gemeinschaft sicherzustellen.

Das Forum der zuständigen Stellen übermittelt der Kommission die Leitlinien und die Unterlagen für die Bewertung durch Fachkollegen.

(4) Die vom Forum der zuständigen Stellen angenommenen Leitlinien für Harmonisierungsverfahren werden von der Kommission gegebenenfalls zur Annahme nach dem in Artikel 49 Absatz 3 genannten Regelungsverfahren mit Kontrolle vorgeschlagen.

Diese Dokumente werden veröffentlicht.

Zu § 55 Energiesteuergesetz **Anlage § 055–04**

### Artikel 17

### Bewertung der zuständigen Stellen durch Fachkollegen

(1) Das Forum der zuständigen Stellen veranstaltet eine Bewertung durch Fachkollegen, um zu prüfen, ob die Registrierungssysteme der einzelnen zuständigen Stellen mit dieser Verordnung übereinstimmen, und um zu einem einheitlichen Konzept für die Anwendung der Registrierungsregeln zu gelangen.

(2) Die Bewertung durch Fachkollegen erfolgt in regelmäßigen Zeitabständen und mindestens alle vier Jahre und umfasst eine Bewertung der in den Artikeln 12, 13 und 15 genannten Regeln und Verfahren. An der Bewertung durch Fachkollegen nehmen alle zuständigen Stellen teil.

(3) Die Kommission entwickelt ein Verfahren für die Bewertung durch Fachkollegen, einschließlich geeigneter Verfahren für Einsprüche gegen die aufgrund der Bewertung durch Fachkollegen getroffenen Entscheidungen.

Diese Maßnahmen, die durch Hinzufügung eine Änderung nicht wesentlicher Bestimmungen dieser Richtlinie bewirken, werden nach dem in Artikel 49 Absatz 3 genannten Regelungsverfahren mit Kontrolle erlassen.

(4) Die in Absatz 3 genannten Verfahren werden eingeführt, bevor die erste Bewertung durch Fachkollegen stattfindet.

(5) Das Forum der zuständigen Stellen übermittelt der Kommission und dem gemäß Artikel 49 Absatz 1 eingesetzten Ausschuss regelmäßig einen Bericht über die Bewertung durch Fachkollegen.

Dieser Bericht wird nach Genehmigung durch das Forum der zuständigen Stellen und den in Unterabsatz 1 genannten Ausschuss veröffentlicht.

### KAPITEL V

### UMWELTGUTACHTER

### Artikel 18

### Aufgaben der Umweltgutachter

(1) Die Umweltgutachter prüfen, ob die Umweltprüfung, die Umweltpolitik, das Umweltmanagementsystem, die Umweltbetriebsprüfungsverfahren einer Organisation und deren Durchführung den Anforderungen dieser Verordnung entsprechen.

(2) Der Umweltgutachter prüft Folgendes:

a) die Einhaltung aller Vorschriften dieser Verordnung durch die Organisation in Bezug auf die erste Umweltprüfung, das Umweltmanagementsystem, die Umweltbetriebsprüfung und ihre Ergebnisse und die Umwelterklärung oder die aktualisierte Umwelterklärung;

b) die Einhaltung der geltenden gemeinschaftlichen, nationalen, regionalen und lokalen Umweltvorschriften durch die Organisation;

c) die kontinuierliche Verbesserung der Umweltleistung der Organisation; und

d) die Zuverlässigkeit, die Glaubwürdigkeit und die Richtigkeit der Daten und Informationen in folgenden Dokumenten:

    i) Umwelterklärung,

    ii) aktualisierte Umwelterklärung,

    iii) zu validierende Umweltinformationen.

(3) Der Umweltgutachter prüft insbesondere die Angemessenheit der ersten Umweltprüfung, der Umweltbetriebsprüfung oder anderer von der Organisation angewandter Verfahren, wobei er auf jede unnötige Doppelarbeit verzichtet.

(4) Der Umweltgutachter prüft, ob die Ergebnisse der internen Umweltbetriebsprüfung zuverlässig sind. Gegebenenfalls führt er zu diesem Zweck Stichproben durch.

(5) Bei der Begutachtung in Vorbereitung der Registrierung einer Organisation untersucht der Umweltgutachter, ob die Organisation mindestens folgende Anforderungen erfüllt:

a) Sie verfügt über ein voll funktionsfähiges Umweltmanagementsystem gemäß Anhang II;

b) es besteht ein Programm für die Umweltbetriebsprüfung gemäß Anhang III, dessen Planung abgeschlossen und das bereits angelaufen ist, so dass zumindest die bedeutendsten Umweltauswirkungen erfasst sind;

c) es wurde eine Managementbewertung gemäß Anhang II Teil A vorgenommen, und

**Anlage § 055–04**  Zu § 55 Energiesteuergesetz

d) es wurde eine Umwelterklärung gemäß Anhang IV erstellt und es wurden – soweit verfügbar – branchenspezifische Referenzdokumente berücksichtigt.

(6) Im Rahmen der Begutachtung für die Verlängerung der Registrierung gemäß Artikel 6 Absatz 1 untersucht der Umweltgutachter, ob die Organisation folgende Anforderungen erfüllt:

a) Die Organisation verfügt über ein voll funktionsfähiges Umweltmanagementsystem gemäß Anhang II;

b) die Organisation verfügt über ein Programm für die Umweltbetriebsprüfung gemäß Anhang III, für das die operative Planung und mindestens ein Prüfzyklus abgeschlossen sind;

c) die Organisation hat eine Managementbewertung vorgenommen und

d) die Organisation hat eine Umwelterklärung gemäß Anhang IV erstellt, und es wurden – soweit verfügbar – branchenspezifische Referenzdokumente berücksichtigt.

(7) Im Rahmen der Begutachtung für die Verlängerung der Registrierung gemäß Artikel 6 Absatz 2 untersucht der Umweltgutachter, ob die Organisation mindestens folgende Anforderungen erfüllt:

a) Sie hat eine interne Umweltbetriebsprüfung und eine Prüfung der Einhaltung der geltenden Umweltvorschriften gemäß Anhang III vorgenommen;

b) sie erbringt den Nachweis für die dauerhafte Einhaltung der geltenden Umweltvorschriften und die kontinuierliche Verbesserung der Umweltleistung der Organisation und

c) sie hat eine aktualisierte Umwelterklärung gemäß Anhang IV erstellt, und es wurden – soweit verfügbar – branchenspezifische Referenzdokumente berücksichtigt.

### Artikel 19
#### Häufigkeit der Begutachtungen

(1) Der Umweltgutachter erstellt in Abstimmung mit der Organisation ein Programm, durch das sichergestellt wird, dass alle für die Registrierung und Verlängerung der Registrierung erforderlichen Komponenten gemäß den Artikeln 4, 5 und 6 begutachtet werden.

(2) Der Umweltgutachter validiert in Abständen von höchstens zwölf Monaten sämtliche aktualisierten Informationen der Umwelterklärung oder der aktualisierten Umwelterklärung.

Gegebenenfalls wird die Ausnahmeregelung nach Artikel 7 angewandt.

### Artikel 20
#### Anforderungen an Umweltgutachter

(1) Umweltgutachter, die eine Akkreditierung oder Zulassung gemäß dieser Verordnung anstreben, stellen einen entsprechenden Antrag bei der Akkreditierungsstelle oder Zulassungsstelle.

In dem Antrag ist der Geltungsbereich der beantragten Akkreditierung oder Zulassung gemäß der in der Verordnung (EG) Nr. 1893/2006[1)] festgelegten Systematik der Wirtschaftszweige zu präzisieren.

(2) Der Umweltgutachter weist der Akkreditierungsstelle oder Zulassungsstelle auf geeignete Weise nach, dass er in den folgenden Bereichen über die für die beantragte Akkreditierung oder Zulassung erforderlichen Qualifikationen, einschließlich der Kenntnisse, einschlägigen Erfahrungen und technischen Fähigkeiten, verfügt:

a) vorliegende Verordnung;

b) allgemeine Funktionsweise von Umweltmanagementsystemen;

c) einschlägige branchenspezifische Referenzdokumente, die von der Kommission gemäß Artikel 46 für die Anwendung dieser Verordnung erstellt wurden;

d) Rechts- und Verwaltungsvorschriften für die zu begutachtende und zu validierende Tätigkeit;

e) Umweltaspekte und -auswirkungen, einschließlich der Umweltdimension der nachhaltigen Entwicklung;

f) umweltbezogene technische Aspekte der zu begutachtenden und zu validierenden Tätigkeit;

g) allgemeine Funktionsweise der zu begutachtenden und zu validierenden Tätigkeit, um die Eignung des Managementsystems im Hinblick auf die Interaktion der Organisation, ihrer Tätigkeiten, Produkte und Dienstleistungen mit der Umwelt bewerten zu können, einschließlich mindestens folgender Elemente:

   i) von der Organisation eingesetzte Techniken,

---

1) Verordnung (EG) Nr. 1893/2006 des Europäischen Parlaments und des Rates vom 20. Dezember 2006 zur Aufstellung der statistischen Systematik der Wirtschaftszweige NACE Revision 2 (ABl. L 393 vom 30.12.2006, S. 1).

ii) im Rahmen der Tätigkeiten verwendete Definitionen und Hilfsmittel,
iii) Betriebsabläufe und Merkmale ihrer Interaktion mit der Umwelt,
iv) Methoden für die Bewertung bedeutender Umweltaspekte,
v) Techniken zur Kontrolle und Verminderung von Umweltbelastungen;

h) Anforderungen an die Umweltbetriebsprüfung und angewandte Methoden einschließlich der Fähigkeit, eine wirksame Kontrollprüfung eines Umweltmanagementsystems vorzunehmen, Formulierung der Erkenntnisse und Schlussfolgerungen der Umweltbetriebsprüfung in geeigneter Form sowie mündliche und schriftliche Berichterstattung, um eine klare Darstellung der Umweltbetriebsprüfung zu geben;

i) Begutachtung von Umweltinformationen, Umwelterklärung und aktualisierter Umwelterklärung unter den Gesichtspunkten Datenmanagement, Datenspeicherung und Datenverarbeitung, schriftliche und grafische Darstellung von Daten zwecks Evaluierung potenzieller Datenfehler, Verwendung von Annahmen und Schätzungen;

j) Umweltdimension von Produkten und Dienstleistungen einschließlich Umweltaspekte und Umweltleistung in der Gebrauchsphase und danach sowie Integrität der für umweltrelevante Entscheidungen bereitgestellten Daten.

(3) Der Umweltgutachter muss nachweisen, dass er sich beständig auf den Fachgebieten gemäß Absatz 2 fortbildet, und muss bereit sein, seinen Kenntnisstand von der Akkreditierungsstelle oder Zulassungsstelle bewerten zu lassen.

(4) Der Umweltgutachter muss ein externer Dritter und bei der Ausübung seiner Tätigkeit insbesondere von dem Betriebsprüfer oder Berater der Organisation unabhängig sowie unparteiisch und objektiv sein.

(5) Der Umweltgutachter muss die Gewähr bieten, dass er keinem kommerziellen, finanziellen oder sonstigen Druck unterliegt, der sein Urteil beeinflusst oder das Vertrauen in seine Unabhängigkeit und Integrität bei der Gutachtertätigkeit in Frage stellen könnte. Er gewährleistet ferner, dass alle diesbezüglichen Vorschriften eingehalten werden.

(6) Der Umweltgutachter verfügt im Hinblick auf die Einhaltung der Begutachtungs- und Validierungsvorschriften dieser Verordnung über dokumentierte Prüfungsmethoden und -verfahren, einschließlich Qualitätskontrollmechanismen und Vorkehrungen zur Wahrung der Vertraulichkeit.

(7) Organisationen, die Umweltgutachtertätigkeiten ausführen, verfügen über einen Organisationsplan mit ausführlichen Angaben über die Strukturen und Verantwortungsbereiche innerhalb der Organisation sowie über eine Erklärung über den Rechtsstatus, die Besitzverhältnisse und die Finanzierungsquellen. Der Organisationsplan wird auf Verlangen zur Verfügung gestellt.

(8) Die Einhaltung dieser Vorschriften wird durch die vor der Akkreditierung oder Zulassung erfolgende Beurteilung und durch die von der Akkreditierungsstelle oder Zulassungsstelle wahrgenommene Beaufsichtigung sichergestellt.

### Artikel 21
#### Zusätzliche Vorschriften für Umweltgutachter, die als natürliche Personen eigenständig Begutachtungen und Validierungen durchführen

Für natürliche Personen, die als Umweltgutachter eigenständig Begutachtungen und Validierungen durchführen, gelten zusätzlich zu den Vorschriften von Artikel 20 folgende Vorschriften:

a) Sie müssen über alle fachlichen Qualifikationen verfügen, die für Begutachtungen und Validierungen in den Bereichen, für die sie zugelassen werden, erforderlich sind;
b) eine im Umfang begrenzte Zulassung entsprechend ihrer fachlichen Qualifikation erhalten.

### Artikel 22
#### Zusätzliche Vorschriften für Umweltgutachter, die Gutachtertätigkeiten in Drittländern durchführen

(1) Umweltgutachter, die Gutachter- und Validierungstätigkeiten in Drittländern durchzuführen beabsichtigen, beantragen eine Akkreditierung oder Zulassung für bestimmte Drittländer.

(2) Um für ein Drittland eine Akkreditierung oder Zulassung zu erhalten, muss der Umweltgutachter neben den Vorschriften der Artikel 20 und 21 die folgenden Anforderungen erfüllen:

a) Kenntnis und Verständnis der Rechts- und Verwaltungsvorschriften im Umweltbereich, die in dem Drittland gelten, für das die Akkreditierung oder die Zulassung beantragt wird;

b) Kenntnis und Verständnis der Amtssprache des Drittlandes, für das die Akkreditierung oder die Zulassung beantragt wird.

(3) Die Anforderungen gemäß Absatz 2 gelten als erfüllt, wenn der Umweltgutachter nachweist, dass zwischen ihm und einer qualifizierten Person oder Organisation, die diese Anforderungen erfüllt, eine vertragliche Vereinbarung besteht.

Die betreffende Person oder Organisation muss von der zu begutachtenden Organisation unabhängig sein.

## Artikel 23

### Aufsicht über Umweltgutachter

(1) Die Aufsicht über die Gutachter- und Validierungstätigkeiten der Umweltgutachter

a) in dem Mitgliedstaat, in dem diese akkreditiert sind oder eine Zulassung haben, erfolgt durch die Akkreditierungsstelle oder Zulassungsstelle, die die Akkreditierung oder die Zulassung erteilt hat;

b) in einem Drittland erfolgt durch die Akkreditierungsstelle oder die Zulassungsstelle, die den Umweltgutachter für diese Tätigkeiten akkreditiert oder ihm eine Zulassung erteilt hat;

c) in einem anderen Mitgliedstaat als dem Akkreditierungs- oder Zulassungsmitgliedstaat erfolgt durch die Akkreditierungsstelle oder die Zulassungsstelle des Mitgliedstaats, in dem die Begutachtung stattfindet.

(2) Spätestens vier Wochen vor der Aufnahme einer Gutachtertätigkeit in einem Mitgliedstaat teilt der Umweltgutachter der Akkreditierungsstelle oder der Zulassungsstelle, die für die Beaufsichtigung seiner Tätigkeiten zuständig ist, die Einzelheiten seiner Akkreditierung oder Zulassung sowie Ort und Zeitpunkt der Begutachtung mit.

(3) Der Umweltgutachter hat die Akkreditierungsstelle oder Zulassungsstelle unverzüglich über jede Veränderung zu unterrichten, die seine Akkreditierung bzw. Zulassung oder deren Geltungsbereich betrifft.

(4) In regelmäßigen Zeitabständen und mindestens alle 24 Monate vergewissert sich die Akkreditierungsstelle oder Zulassungsstelle, ob der Umweltgutachter weiterhin die Akkreditierungs- oder Zulassungsanforderungen erfüllt, und kontrolliert die Qualität der vorgenommenen Begutachtungen und Validierungen.

(5) Die Aufsicht kann anhand einer Überprüfung im Umweltgutachterbüro (Office-audit), einer Vor-Ort-Aufsicht in den Organisationen, durch Fragebögen oder durch Prüfung der von den Umweltgutachtern validierten Umwelterklärungen und aktualisierten Umwelterklärungen oder Prüfung der Gutachterberichte erfolgen.

Der Umfang der Aufsicht sollte sich an der Tätigkeit des Umweltgutachters orientieren.

(6) Die Organisationen müssen den Akkreditierungsstellen oder Zulassungsstellen gestatten, den Umweltgutachter während seiner Begutachtungs- und Validierungstätigkeit zu beaufsichtigen.

(7) Entscheidungen über den Entzug oder die Aussetzung der Akkreditierung bzw. der Zulassung oder die Einschränkung von deren Geltungsbereich werden von der Akkreditierungsstelle oder der Zulassungsstelle erst getroffen, nachdem der Umweltgutachter die Möglichkeit hatte, hierzu Stellung zu nehmen.

(8) Ist die Aufsicht führende Akkreditierungsstelle oder Zulassungsstelle der Ansicht, dass die Qualität der von einem Umweltgutachter ausgeführten Arbeiten nicht den Anforderungen dieser Verordnung entspricht, so wird dem betreffenden Umweltgutachter und der zuständigen Stelle, bei der die betreffende Organisation die Registrierung zu beantragen beabsichtigt oder die die betreffende Organisation registriert hat, ein schriftlicher Kontrollbericht zugeleitet.

Bei weiteren Streitigkeiten wird der Kontrollbericht dem Forum der Akkreditierungs- und Zulassungsstellen gemäß Artikel 30 übermittelt.

## Artikel 24

### Zusätzliche Vorschriften für die Aufsicht über Umweltgutachter, die Gutachtertätigkeiten in einem anderen Mitgliedstaat als dem Akkreditierungs- oder Zulassungsmitgliedstaat durchführen

(1) Ein Umweltgutachter, der in einem Mitgliedstaat eine Akkreditierung oder Zulassung erwirbt, teilt spätestens vier Wochen vor der Aufnahme von Gutachter- und Validierungstätigkeiten in einem anderen Mitgliedstaat der Akkreditierungsstelle oder Zulassungsstelle dieses Mitgliedstaats Folgendes mit:

a) die Einzelheiten seiner Akkreditierung oder Zulassung, seine fachlichen Qualifikationen, insbesondere Kenntnis der Umweltvorschriften und der Amtssprache des anderen Mitgliedstaats, sowie gegebenenfalls die Zusammensetzung des Teams;
b) Ort und Zeitpunkt der Begutachtung und Validierung;
c) Anschrift und Ansprechpartner der Organisation.
Diese Mitteilung ist vor jeder Begutachtung und Validierung zu übermitteln.

(2) Die Akkreditierungsstelle oder die Zulassungsstelle kann um weitere Auskünfte zu den Kenntnissen des Umweltgutachters über die geltenden Umweltvorschriften ersuchen.

(3) Die Akkreditierungsstelle oder die Zulassungsstelle kann andere als die in Absatz 1 genannten Anforderungen nur stellen, wenn diese das Recht des Umweltgutachters, in einem anderen Mitgliedstaat tätig zu werden als dem, in dem ihm die Akkreditierung oder die Zulassung erteilt wurde, nicht einschränken.

(4) Die Akkreditierungsstelle oder die Zulassungsstelle darf das Verfahren gemäß Absatz 1 nicht dazu nutzen, die Aufnahme der Umweltgutachtertätigkeit zu verzögern. Ist die Akkreditierungsstelle oder Zulassungsstelle nicht imstande, ihre Aufgaben gemäß den Absätzen 2 und 3 vor dem vom Umweltgutachter gemäß Absatz 1 Buchstabe b mitgeteilten Zeitpunkt der Begutachtung und Validierung wahrzunehmen, so liefert sie dem Umweltgutachter hierfür eine ausführliche Begründung.

(5) Die Akkreditierungsstellen oder Zulassungsstellen erheben für das Mitteilungs- und Aufsichtsverfahren keine diskriminierenden Gebühren.

(6) Ist die Aufsicht führende Akkreditierungsstelle oder Zulassungsstelle der Ansicht, dass die Qualität der vom Umweltgutachter ausgeführten Arbeiten nicht den Anforderungen dieser Verordnung entspricht, so wird dem betreffenden Umweltgutachter, der Akkreditierungsstelle oder Zulassungsstelle, die die Akkreditierung oder Zulassung erteilt hat, und der zuständigen Stelle, bei der die betreffende Organisation die Registrierung zu beantragen beabsichtigt oder der die betreffende Organisation registriert hat, ein schriftlicher Kontrollbericht zugeleitet. Bei weiteren Meinungsverschiedenheiten wird der Kontrollbericht dem Forum der Akkreditierungsstellen oder Zulassungsstellen gemäß Artikel 30 übermittelt.

## Artikel 25

### Bedingungen für die Begutachtung und Validierung

(1) Der Umweltgutachter übt seine Tätigkeit im Rahmen des Geltungsbereichs seiner Akkreditierung oder Zulassung und auf der Grundlage einer schriftlichen Vereinbarung mit der Organisation aus.
Diese Vereinbarung
a) legt den Gegenstand der Tätigkeit fest,
b) legt Bedingungen fest, die dem Umweltgutachter die Möglichkeit geben sollen, professionell und unabhängig zu handeln, und
c) verpflichtet die Organisation zur Zusammenarbeit im jeweils erforderlichen Umfang.

(2) Der Umweltgutachter gewährleistet, dass die Teile der Organisation eindeutig beschrieben sind und diese Beschreibung der tatsächlichen Aufteilung der Tätigkeiten entspricht.
Die Umwelterklärung muss die verschiedenen zu begutachtenden und zu validierenden Punkte klar angeben.

(3) Der Umweltgutachter nimmt eine Bewertung der in Artikel 18 aufgeführten Elemente vor.

(4) Im Rahmen der Begutachtung und Validierung prüft der Umweltgutachter die Unterlagen, besucht die Organisation, nimmt Stichprobenkontrollen vor und führt Gespräche mit dem Personal.

(5) Die Organisation liefert dem Umweltgutachter vor seinem Besuch grundlegende Informationen über die Organisation und ihre Tätigkeiten, die Umweltpolitik und das Umweltprogramm, eine Beschreibung des in der Organisation angewandten Umweltmanagementsystems, Einzelheiten der durchgeführten Umweltprüfung oder Umweltbetriebsprüfung, den Bericht über diese Umweltprüfung oder Umweltbetriebsprüfung und über etwaige anschließend getroffene Korrekturmaßnahmen und den Entwurf einer Umwelterklärung oder einer aktualisierten Umwelterklärung.

(6) Der Umweltgutachter erstellt für die Organisation einen schriftlichen Bericht über die Ergebnisse der Begutachtung, der Folgendes umfasst:
a) alle für die Arbeit des Umweltgutachters relevanten Sachverhalte;
b) eine Beschreibung der Einhaltung sämtlicher Vorschriften dieser Verordnung, einschließlich Nachweise, Feststellungen und Schlussfolgerungen.

# Anlage § 055–04

Zu § 55 Energiesteuergesetz

c) einen Vergleich der Umweltleistungen und Einzelziele mit den früheren Umwelterklärungen und die Bewertung der Umweltleistung und der ständigen Umweltleistungsverbesserung der Organisation;

d) die bei der Umweltprüfung oder der Umweltbetriebsprüfung oder dem Umweltmanagementsystem oder anderen relevanten Prozessen aufgetretenen technischen Mängel,

(7) Im Falle der Nichteinhaltung der Bestimmungen dieser Verordnung enthält der Bericht zusätzlich folgende Angaben:

a) Feststellungen und Schlussfolgerungen betreffend die Nichteinhaltung der Bestimmungen durch die Organisation und Sachverhalte, auf denen diese Feststellungen und Schlussfolgerungen basieren,

b) Einwände gegen den Entwurf der Umwelterklärung oder der aktualisierten Umwelterklärung sowie Einzelheiten der Änderungen oder Zusätze, die in die Umwelterklärung oder die aktualisierte Umwelterklärung aufgenommen werden sollten.

(8) Nach der Begutachtung validiert der Umweltgutachter die Umwelterklärung oder die aktualisierte Umwelterklärung der Organisation und bestätigt, dass sie die Anforderungen dieser Verordnung erfüllen, sofern die Ergebnisse der Begutachtung und Validierung zeigen,

a) dass die Informationen und Daten in der Umwelterklärung oder der aktualisierten Umwelterklärung der Organisation zuverlässig und korrekt sind und den Vorschriften dieser Verordnung entsprechen, und

b) dass keine Nachweise für die Nichteinhaltung der geltenden Umweltvorschriften durch die Organisation vorliegen.

(9) Nach der Validierung stellt der Umweltgutachter eine unterzeichnete Erklärung gemäß Anhang VII aus, mit der bestätigt wird, dass die Begutachtung und die Validierung im Einklang mit dieser Verordnung erfolgt sind.

(10) Die in einem Mitgliedstaat akkreditierten oder zugelassenen Umweltgutachter dürfen nach Maßgabe der Vorschriften dieser Verordnung in allen anderen Mitgliedstaaten Begutachtungen und Validierungen vornehmen.

Die Gutachter- oder Validierungstätigkeit unterliegt der Aufsicht durch die Akkreditierungsstelle oder Zulassungsstelle des Mitgliedstaats, in dem die Tätigkeit ausgeübt wird. Die Aufnahme der Tätigkeit ist dieser Akkreditierungsstelle oder Zulassungsstelle innerhalb der in Artikel 24 Absatz 1 genannten Frist zu melden.

## Artikel 26

### Begutachtung und Validierung von kleinen Organisationen

(1) Bei der Begutachtung und Validierung berücksichtigt der Umweltgutachter die besonderen Merkmale, die kleine Organisationen kennzeichnen, insbesondere

a) kurze Kommunikationswege,

b) multifunktionelles Arbeitsteam,

c) Ausbildung am Arbeitsplatz,

d) Fähigkeit, sich schnell an Veränderungen anzupassen, und

e) begrenzte Dokumentierung der Verfahren.

(2) Der Umweltgutachter führt die Begutachtung oder Validierung so durch, dass kleine Organisationen nicht unnötig belastet werden.

(3) Der Umweltgutachter zieht objektive Belege für die Wirksamkeit des Systems heran; insbesondere berücksichtigt er, ob die Verfahren innerhalb der Organisation in einem angemessenen Verhältnis zum Umfang und zur Komplexität des Betriebs, der Art der damit verbundenen Umweltauswirkungen sowie der Kompetenz der Beteiligten stehen.

## Artikel 27

### Bedingungen für Begutachtungen und Validierungen in Drittländern

(1) Die in einem Mitgliedstaat akkreditierten oder zugelassenen Umweltgutachter dürfen nach Maßgabe der Vorschriften dieser Verordnung für eine in einem Drittland ansässige Organisation Begutachtungen und Validierungen vornehmen.

(2) Spätestens sechs Wochen vor der Aufnahme von Gutachter- oder Validierungstätigkeiten in einem Drittland teilt der Umweltgutachter der Akkreditierungsstelle oder der Zulassungsstelle des Mitgliedstaats, in dem die betreffende Organisation die Registrierung zu beantragen beabsichtigt oder registriert

ist, die Einzelheiten seiner Akkreditierung oder Zulassung sowie Ort und Zeitpunkt der Begutachtung oder Validierung mit.

(3) Die Gutachter- und Validierungstätigkeit unterliegt der Aufsicht durch die Akkreditierungsstelle oder Zulassungsstelle des Mitgliedstaats, in dem der Umweltgutachter akkreditiert oder zugelassen ist. Die Aufnahme der Tätigkeit ist dieser Akkreditierungsstelle oder Zulassungsstelle innerhalb der in Absatz 2 genannten Frist zu melden.

## KAPITEL VI

## AKKREDITIERUNGS- und ZULASSUNGSSTELLEN

### Artikel 28

### Verfahren der Akkreditierung und Erteilung von Zulassungen

(1) Die von den Mitgliedstaaten nach Artikel 4 der Verordnung (EG) Nr. 765/2008 benannten Akkreditierungsstellen sind für die Akkreditierung der Umweltgutachter und die Beaufsichtigung der von den Umweltgutachtern gemäß der vorliegenden Verordnung durchgeführten Tätigkeiten zuständig.

(2) Die Mitgliedstaaten können eine Zulassungsstelle nach Artikel 5 Absatz 2 der Verordnung (EG) Nr. 765/2008 benennen, die für die Erteilung von Zulassungen für Umweltgutachter und deren Beaufsichtigung zuständig ist.

(3) Die Mitgliedstaaten können beschließen, natürlichen Personen keine Akkreditierung oder Zulassung als Umweltgutachter zu erteilen.

(4) Die Akkreditierungs- und Zulassungsstellen beurteilen die fachliche Qualifikation des Umweltgutachters anhand der für den Geltungsbereich der beantragten Akkreditierung relevanten Kriterien gemäß den Artikeln 20, 21 und 22.

(5) Der Geltungsbereich der Akkreditierung oder der Zulassung von Umweltgutachtern wird gemäß der in der Verordnung (EG) Nr. 1893/2006 festgelegten Systematik der Wirtschaftszweige bestimmt. Er wird durch die fachliche Qualifikation des Umweltgutachters begrenzt, wobei gegebenenfalls auch dem Umfang und der Komplexität der zu prüfenden Tätigkeit Rechnung zu tragen ist.

(6) Die Akkreditierungs- und Zulassungsstellen legen geeignete Verfahren für die Akkreditierung oder Zulassungsvergabe sowie die Ablehnung, die Aussetzung und den Entzug der Akkreditierung oder Zulassung von Umweltgutachtern und für die Aufsicht über Umweltgutachter fest.

Diese Verfahren umfassen Regeln, die es ermöglichen, Bemerkungen der betroffenen Beteiligten einschließlich der zuständigen Stellen und Vertretungsgremien der Organisationen zu Antrag stellenden und akkreditierten oder zugelassenen Umweltgutachtern zu berücksichtigen.

(7) Lehnt die Akkreditierungs- oder Zulassungsstelle die Akkreditierung oder Zulassung ab, so teilt sie dem Umweltgutachter die Gründe für ihre Entscheidung mit.

(8) Die Akkreditierungs- oder Zulassungsstellen erstellen, überarbeiten und aktualisieren eine Liste der Umweltgutachter in ihrem Mitgliedstaat und des Geltungsbereichs der Akkreditierung oder Zulassung und teilen monatlich auf direktem Wege oder über die von den Mitgliedstaaten bestimmten nationalen Behörden der Kommission und der zuständigen Stelle des Mitgliedstaats, in dem sie ansässig sind, Änderungen dieser Liste mit.

(9) Im Rahmen der Regeln und Verfahren für die Überwachung von Tätigkeiten gemäß Artikel 5 Absatz 3 der Verordnung (EG) Nr. 765/2008 erstellen die Akkreditierungs- und Zulassungsstellen einen Kontrollbericht, wenn sie nach Anhörung des betreffenden Umweltgutachters zu dem Schluss gelangen, dass

a) die Tätigkeiten des Umweltgutachters nicht ausreichen, um zu gewährleisten, dass die Organisation die Vorschriften dieser Verordnung einhält, oder

b) der Umweltgutachter bei der Ausführung seiner Gutachter- und Validierungstätigkeiten gegen eine oder mehrere Vorschriften dieser Verordnung verstoßen hat.

Dieser Bericht wird der zuständigen Stelle des Mitgliedstaats, in dem die Organisation registriert ist oder die Registrierung beantragt, und gegebenenfalls der Akkreditierungs- oder Zulassungsstelle, die die Akkreditierung oder Zulassung erteilt hat, übermittelt.

**Anlage § 055–04**  Zu § 55 Energiesteuergesetz

## Artikel 29
### Aussetzung und Entzug der Akkreditierung oder Zulassung

(1) Die Aussetzung oder der Entzug der Akkreditierung oder Zulassung erfordert die Anhörung der betroffenen Beteiligten, einschließlich des Umweltgutachters, damit die Akkreditierungs- oder Zulassungsstelle über die erforderlichen Entscheidungsgrundlagen verfügt.

(2) Die Akkreditierungs- oder Zulassungsstelle unterrichtet den Umweltgutachter über die Gründe für die getroffenen Maßnahmen und gegebenenfalls über die Gespräche mit der zuständigen Durchsetzungsbehörde.

(3) Die Akkreditierung oder Zulassung wird je nach Art und Umfang des Versäumnisses oder des Verstoßes gegen die Rechtsvorschriften ausgesetzt oder entzogen, bis nachgewiesen ist, dass der Umweltgutachter diese Verordnung einhält.

(4) Die Aussetzung der Akkreditierung oder Zulassung wird rückgängig gemacht, wenn die Akkreditierungs- oder Zulassungsstelle hinreichend darüber informiert worden ist, dass der Umweltgutachter diese Verordnung einhält.

## Artikel 30
### Forum der Akkreditierungs- und Zulassungsstellen

(1) Ein Forum der Akkreditierungs- und Zulassungsstellen aller Mitgliedstaaten wird eingerichtet und tritt mindestens einmal jährlich zusammen (nachstehend „Forum der Akkreditierungs- und Zulassungsstellen" genannt), wobei ein Vertreter der Kommission anwesend ist.

(2) Das Forum der Akkreditierungs- und Zulassungsstellen hat die Aufgabe, einheitliche Verfahren sicherzustellen für

a) die Akkreditierung oder Zulassung der Umweltgutachter im Rahmen dieser Verordnung, einschließlich Ablehnung, Aussetzung und Entzug der Akkreditierung oder Zulassung, und

b) die Beaufsichtigung der Tätigkeiten der akkreditierten oder zugelassenen Umweltgutachter.

(3) Das Forum der Akkreditierungs- und Zulassungsstellen erstellt Leitlinien zu Fragen, die in den Zuständigkeitsbereich der Akkreditierungs- und Zulassungsstellen fallen.

(4) Das Forum der Akkreditierungs- und Zulassungsstellen gibt sich eine Geschäftsordnung.

(5) Die Leitlinien gemäß Absatz 3 und die Geschäftsordnung gemäß Absatz 4 werden der Kommission übermittelt.

(6) Die vom Forum der Akkreditierungs- und Zulassungsstellen angenommenen Leitlinien für Harmonisierungsverfahren werden von der Kommission gegebenenfalls zur Annahme nach dem in Artikel 49 Absatz 3 genannten Regelungsverfahren mit Kontrolle vorgeschlagen.

Diese Dokumente werden veröffentlicht.

## Artikel 31
### Bewertung der Akkreditierungs- und Zulassungsstellen durch Fachkollegen

(1) Die Bewertung durch Fachkollegen in Bezug auf die Akkreditierung und Zulassung von Umweltgutachtern im Rahmen dieser Verordnung, die vom Forum der Akkreditierungs- und Zulassungsstellen vorzunehmen ist, erfolgt in regelmäßigen Zeitabständen, mindestens alle vier Jahre, und umfasst die Bewertung der in den Artikeln 28 und 29 genannten Regeln und Verfahren.

An der Bewertung durch Fachkollegen nehmen alle Akkreditierungs- und Zulassungsstellen teil.

(2) Das Forum der Akkreditierungs- und Zulassungsstellen übermittelt der Kommission und dem nach Artikel 49 Ansatz 1 eingerichteten Ausschuss regelmäßig einen Bericht über die Bewertung durch Fachkollegen Dieser Bericht wird nach seiner Genehmigung durch das Forum der Akkreditierungs- und Zulassungsstellen und den in Absatz 1 genannten Ausschuss veröffentlicht.

## KAPITEL VII
### VORSCHRIFTEN FÜR DIE MITGLIEDSTAATEN

## Artikel 32
### Unterstützung der Organisationen bei der Einhaltung von Umweltvorschriften

(1) Die Mitgliedstaaten stellen sicher, dass Organisationen Zugang zu Informationen und Unterstützungsmöglichkeiten im Zusammenhang mit den in dem betreffenden Mitgliedstaat geltenden Umweltvorschriften erhalten.

(2) Die Unterstützung umfasst Folgendes:
a) Informationen über die geltenden Umweltvorschriften,
b) Angabe der für die jeweiligen Umweltvorschriften, die als anwendbar identifiziert worden sind, zuständigen Durchsetzungsbehörden,

(3) Die Mitgliedstaaten können die Aufgaben gemäß den Absätzen 1 und 2 den zuständigen Stellen oder einer anderen Stelle, die über die erforderliche Erfahrung und die geeigneten Mittel zur Wahrnehmung der Aufgaben verfügt, übertragen.

(4) Die Mitgliedstaaten gewährleisten, dass die Durchsetzungsbehörden zumindest Anfragen von kleinen Organisationen zu den in ihren Zuständigkeitsbereich fallenden geltenden Umweltvorschriften beantworten und die Organisationen über die Mittel zum Nachweis der Einhaltung der relevanten Vorschriften durch diese Organisationen informieren.

(5) Die Mitgliedstaaten gewährleisten, dass die zuständigen Durchsetzungsbehörden eine Nichteinhaltung geltender Umweltvorschriften durch eine registrierte Organisation der zuständigen Stelle mitteilen, die die Organisation registriert hat.

Die zuständige Durchsetzungsbehörde informiert die zuständige Stelle sobald wie möglich, in jedem Fall jedoch binnen eines Monats, nachdem sie von der Nichteinhaltung Kenntnis erlangt hat.

### Artikel 33

### Werbeprogramm für EMAS

(1) Die Mitgliedstaaten führen in Zusammenarbeit mit den zuständigen Stellen, den Durchsetzungsbehörden und anderen relevanten Interessenträgern Werbung für EMAS durch und berücksichtigen dabei die in den Artikeln 34 bis 38 genannten Tätigkeiten.

(2) Zu diesem Zweck können die Mitgliedstaaten eine Werbestrategie festlegen, welche regelmäßig überprüft wird.

### Artikel 34

### Information

(1) Die Mitgliedstaaten treffen geeignete Maßnahmen, um
a) die Öffentlichkeit über die Ziele und die wichtigsten Komponenten von EMAS zu unterrichten;
b) Organisationen über den Inhalt dieser Verordnung zu unterrichten.

(2) Die Mitgliedstaaten benutzen gegebenenfalls Fachveröffentlichungen, Lokalzeitungen, Werbekampagnen oder andere geeignete Mittel, um die Öffentlichkeit stärker für EMAS zu sensibilisieren.

Die Mitgliedstaaten können insbesondere mit Unternehmens- und Verbraucherverbänden, Umweltorganisationen, Gewerkschaften, kommunalen Einrichtungen und anderen relevanten Interessenträgern zusammenarbeiten.

### Artikel 35

### Werbemaßnahmen

(1) Die Mitgliedstaaten führen Werbemaßnahmen für EMAS durch. Zu diesen Maßnahmen kann Folgendes gehören:
a) Förderung des Austauschs von Wissen und bewährten Praktiken im EMAS-Bereich zwischen allen betroffenen Beteiligten;
b) Entwicklung wirksamer Instrumente für die EMAS-Werbung, die sie den Organisationen zur Verfügung stellen;
c) technische Unterstützung für Organisationen bei der Konzipierung und Durchführung ihrer mit EMAS verknüpften Marketingmaßnahmen;
d) Förderung von Partnerschaften von Organisationen für die EMAS-Werbung.

(2) Das EMAS-Logo ohne Registrierungsnummer kann von zuständigen Stellen, Akkreditierungs- und Zulassungsstellen, nationalen Behörden und anderen Interessenträgern zu mit EMAS verknüpften Vermarktungs- und Werbezwecken verwendet werden. In solchen Fällen bedeutet die Verwendung des in Anhang V enthaltenen EMAS-Logos nicht, dass der Benutzer registriert ist, wo dies nicht zutrifft.

**Anlage § 055–04**  Zu § 55 Energiesteuergesetz

## Artikel 36
### Förderung der Teilnahme von kleinen Organisationen

Die Mitgliedstaaten treffen geeignete Maßnahmen, um die Teilnahme von kleinen Organisationen zu fördern, indem sie unter anderem

a) den Zugang zu eigens auf diese Organisationen zugeschnittenen Informationen und Unterstützungsfonds erleichtern;

b) sicher stellen, dass vernünftig gestaltete Registrierungsgebühren diese Organisationen zur Teilnahme motivieren;

c) Maßnahmen der technischen Unterstützung fördern.

## Artikel 37
### Clusterkonzept und schrittweises Vorgehen

(1) Die Mitgliedstaaten fordern die Kommunalbehörden dazu auf, unter Beteiligung von Industrieverbänden, Handelskammern und anderen betroffenen Beteiligten Clustern von Organisationen dabei behilflich zu sein, die Registrierungsanforderungen gemäß den Artikeln 4, 5 und 6 zu erfüllen.

Jede einem Cluster angehörende Organisation wird getrennt registriert.

(2) Die Mitgliedstaaten fordern die Organisationen zur Anwendung eines Umweltmanagementsystems auf. Sie fördern insbesondere ein schrittweises Vorgehen, das zu einer EMAS-Registrierung führt.

(3) Bei der Anwendung von Systemen, die gemäß den Absätzen 1 und 2 erstellt werden, sind unnötige Kosten für die Teilnehmer, insbesondere kleine Organisationen, zu vermeiden.

## Artikel 38
### EMAS und andere Strategien und Instrumente der Gemeinschaft

(1) Die Mitgliedstaaten prüfen unbeschadet der Gemeinschaftsvorschriften, wie die EMAS-Registrierung nach dieser Verordnung

a) bei der Ausarbeitung neuer Rechtsvorschriften berücksichtigt werden kann,

b) als Instrument für die Durchführung und Durchsetzung der Rechtsvorschriften genutzt werden kann,

c) im öffentlichen Beschaffungs- und Auftragswesen berücksichtigt werden kann.

(2) Unbeschadet der Gemeinschaftsvorschriften, insbesondere in den Bereichen Wettbewerb, Steuern und staatliche Beihilfen, ergreifen die Mitgliedstaaten gegebenenfalls Maßnahmen, die den Organisationen die EMAS-Registrierung oder die Aufrechterhaltung der EMAS-Registrierung erleichtern.

Diese Maßnahmen können unter anderem auf Folgendes beinhalten:

a) regulatorische Entlastung, so dass für eine registrierte Organisation gilt, dass sie bestimmte in anderen Rechtsakten festgelegte und von den zuständigen Behörden angegebene Umweltvorschriften erfüllt;

b) bessere Rechtsetzung, wodurch andere Rechtsinstrumente geändert werden, so dass der Arbeitsaufwand für Organisationen, die an EMAS teilnehmen, beseitigt, verringert oder vereinfacht wird, um so das wirksame Funktionieren der Märkte zu fördern und die Wettbewerbsfähigkeit zu verbessern.

## Artikel 39
### Gebühren

(1) Die Mitgliedstaaten können Gebühren erheben, die Folgendem Rechnung tragen:

a) den Kosten im Zusammenhang mit der Bereitstellung von Informationen und der Unterstützung von Organisationen durch die gemäß Artikel 32 von den Mitgliedstaaten benannten oder zu diesem Zweck geschaffenen Stellen;

b) den Kosten im Zusammenhang mit der Akkreditierung, Zulassungserteilung und Beaufsichtigung von Umweltgutachtern;

c) den Kosten für die Registrierung, die Verlängerung und die Aussetzung der Registrierung oder die Streichung des Registereintrags durch die zuständigen Stellen sowie den zusätzlichen Kosten für die Verwaltung dieser Verfahren für Organisationen von außerhalb der Gemeinschaft.

Die Gebühren müssen sich innerhalb eines vertretbaren Rahmens bewegen und in einem angemessenen Verhältnis zur Größe der Organisation und zur auszuführenden Arbeit stehen.

(2) Die Mitgliedstaaten stellen sicher, dass Organisationen über alle anfallenden Gebühren informiert sind.

## Artikel 40
### Nichteinhaltung von Vorschriften

(1) Im Falle der Nichteinhaltung dieser Verordnung treffen die Mitgliedstaaten geeignete rechtliche oder administrative Maßnahmen.

(2) Die Mitgliedstaaten erlassen wirksame Vorschriften, um jede dieser Verordnung zuwiderlaufende Verwendung des EMASLogos zu ahnden.

Vorschriften, die gemäß der Richtlinie 2005/29/EG des Europäischen Parlaments und des Rates vom 11. Mai 2005 über unlautere Geschäftspraktiken im binnenmarktinternen Geschäftsverkehr zwischen Unternehmen und Verbrauchern[1] eingeführt wurden, können angewendet werden.

## Artikel 41
### Information und Berichterstattung an die Kommission

(1) Die Mitgliedstaaten unterrichten die Kommission über Struktur und Verfahren im Zusammenhang mit den zuständigen Stellen und den Akkreditierungs- und Zulassungsstellen und aktualisieren gegebenenfalls diese Informationen.

(2) Die Mitgliedstaaten erstatten der Kommission alle zwei Jahre einen aktualisierten Bericht über die Maßnahmen, die in Anwendung dieser Verordnung getroffen wurden.

In diesen Berichten tragen die Mitgliedstaaten dem letzten Bericht Rechnung, den die Kommission dem Europäischen Parlament und dem Rat gemäß Artikel 47 vorgelegt hat.

## KAPITEL VIII
## VORSCHRIFTEN FÜR DIE KOMMISSION

### Artikel 42
### Information

(1) Die Kommission unterrichtet

a) die Öffentlichkeit über die Zielsetzungen und die wichtigsten Komponenten von EMAS;

b) die Organisationen über den Inhalt dieser Verordnung.

(2) Die Kommission führt und macht öffentlich zugänglich:

a) ein Verzeichnis von Umweltgutachtern und der registrierten Organisationen,

b) eine elektronische Datenbank über Umwelterklärungen;

c) eine Datenbank bewährter Verfahren zu EMAS, in die auch wirksame Instrumente für die EMAS-Werbung und Beispiele für technische Unterstützung für Organisationen aufgenommen werden;

d) eine Liste der gemeinschaftlichen Finanzierungsquellen für die Umsetzung von EMAS und anderer zugehöriger Projekte und Tätigkeiten.

### Artikel 43
### Zusammenarbeit und Koordinierung

(1) Die Kommission fördert erforderlichenfalls die Zusammenarbeit zwischen den Mitgliedstaaten insbesondere im Hinblick auf die Erreichung einer gemeinschaftsweiten einheitlichen und kohärenten Anwendung der Vorschriften für

a) die Registrierung von Organisationen;

b) Umweltgutachter;

c) die Information und Unterstützung gemäß Artikel 32.

(2) Unbeschadet der Gemeinschaftsvorschriften über das öffentliche Beschaffungswesen nehmen die Kommission und die anderen Gemeinschaftsorgane und -einrichtungen bei Bau- und Dienstleistungsaufträgen für die Bedingungen der Auftragsausführung je nach Sachlage auf EMAS oder andere gemäß Artikel 45 anerkannte, gleichwertige Umweltmanagementsysteme Bezug.

### Artikel 44
### Einbindung von EMAS in andere Umweltstrategien und -instrumente der Gemeinschaft

Die Kommission prüft, wie die EMAS-Registrierung nach dieser Verordnung

---
[1] ABl. L 149 vom 11.6.2005, S. 22.

**Anlage § 055–04**  Zu § 55 Energiesteuergesetz

1. bei der Ausarbeitung neuer Rechtsvorschriften und der Überarbeitung geltender Rechtsvorschriften berücksichtigt werden kann, und zwar insbesondere in Form regulatorischer Entlastung und besserer Rechtsetzung gemäß Artikel 38 Absatz 2;
2. als Instrument bei der Anwendung und Durchsetzung von Rechtsvorschriften genutzt werden kann.

## Artikel 45

### Beziehungen zu anderen Umweltmanagementsystemen

(1) Die Mitgliedstaaten können bei der Kommission einen schriftlichen Antrag auf Anerkennung bestehender Umweltmanagementsysteme oder Teile von Umweltmanagementsystemen stellen, für die nach geeigneten und auf nationaler oder regionaler Ebene anerkannten Zertifizierungsverfahren bescheinigt wurde, dass sie die entsprechenden Anforderungen dieser Verordnung erfüllen.

(2) Die Mitgliedstaaten präzisieren in ihrem Antrag die maßgeblichen Teile des Umweltmanagementsystems und die entsprechenden Anforderungen dieser Verordnung.

(3) Die Mitgliedstaaten weisen für alle maßgeblichen Teile des betreffenden Umweltmanagementsystems nach, dass sie den Anforderungen dieser Verordnung entsprechen.

(4) Nach Prüfung des Antrags gemäß Absatz 1 erkennt die Kommission nach dem in Artikel 49 Absatz 2 genannten Beratungsverfahren die maßgeblichen Teile des Umweltmanagementsystems und die von den Zertifizierungsstellen zu erfüllenden Anforderungen zur Akkreditierung und Erteilung von Zulassungen an, wenn sie der Ansicht ist, dass der Mitgliedstaat

a) in seinem Antrag die maßgeblichen Teile des Umweltmanagementsystems und die entsprechenden Anforderungen dieser Verordnung hinreichend klar angegeben hat;

b) für alle maßgeblichen Teile des betreffenden Umweltmanagementsystems hinreichend nachgewiesen hat, dass sie den Anforderungen dieser Verordnung entsprechen.

(5) Die Kommission veröffentlicht die Angaben zu den anerkannten Umweltmanagementsystemen mit Verweis auf die Abschnitte von EMAS gemäß Anhang I, auf die diese Angaben Anwendung finden, und zu den anerkannten Anforderungen zur Akkreditierung und Erteilung von Zulassungen, im Amtsblatt der Europäischen Union.

## Artikel 46

### Ausarbeitung von Referenzdokumenten und Anleitungen

(1) Die Kommission erarbeitet in Absprache mit den Mitgliedstaaten und anderen Interessensträgern branchenspezifische Referenzdokumente, die Folgendes umfassen:

a) bewährte Praktiken im Umweltmanagement;

b) branchenspezifische einschlägige Indikatoren für die Umweltleistung;

c) erforderlichenfalls Leistungsrichtwerte und Systeme zur Bewertung der Umweltleistungsniveaus.

Die Kommission kann auch Referenzdokumente zur branchenübergreifenden Verwendung ausarbeiten.

(2) Die Kommission berücksichtigt bestehende Referenzdokumente und Umweltleistungsindikatoren, die gemäß anderen umweltpolitischen Maßnahmen und Instrumenten der Gemeinschaft oder internationalen Normen ausgearbeitet wurden.

(3) Bis Jahresende 2010 erstellt die Kommission einen Arbeitsplan, der eine als Anhaltspunkt dienende Liste der Branchen enthält, die in den kommenden drei Jahren bei der Ausarbeitung der branchenspezifischen Referenzdokumente Vorrang haben.

Dieser Arbeitsplan wird öffentlich zugänglich gemacht und regelmäßig aktualisiert.

(4) Die Kommission erarbeitet in Zusammenarbeit mit dem Forum der zuständigen Stellen einen Leitfaden zur Registrierung von Organisationen von außerhalb der Gemeinschaft.

(5) Die Kommission veröffentlicht ein Nutzerhandbuch, in dem die Schritte dargelegt sind, die für eine Beteiligung am EMAS unternommen werden müssen.

Dieses Handbuch muss in allen Amtssprachen der Organe der Europäischen Union im Internet verfügbar sein.

(6) Die nach den Absätzen 1 und 4 erarbeiteten Dokumente werden zur Annahme unterbreitet. Diese Maßnahmen, die durch Hinzufügung eine Änderung nicht wesentlicher Bestimmungen dieser Richtlinie bewirken, werden nach dem in Artikel 49 Absatz 3 genannten Regelungsverfahren mit Kontrolle erlassen.

## Artikel 47

### Berichterstattung

Die Kommission übermittelt dem Europäischen Parlament und dem Rat alle fünf Jahre einen Bericht mit Angaben über die aufgrund dieses Kapitels getroffenen Aktionen und Maßnahmen sowie mit den Informationen, die gemäß Artikel 41 von den Mitgliedstaaten übermittelt wurden.

Der Bericht beinhaltet eine Bewertung der Auswirkungen des Systems auf die Umwelt und die sich abzeichnende Entwicklung bezüglich der Teilnehmerzahl.

## KAPITEL IX
## SCHLUSSBESTIMMUNGEN

### Artikel 48

### Änderung der Anhänge

(1) Die Kommission kann die Anhänge im Lichte der bei der Durchführung von EMAS gewonnenen Erfahrungen anpassen, wenn ein Klärungsbedarf hinsichtlich der EMAS-Anforderungen besteht, sowie im Lichte der Änderungen von internationalen Normen oder neuer Normen mit Bedeutung für die Wirksamkeit dieser Verordnung.

(2) Diese Maßnahmen, die eine Änderung nicht wesentlicher Bestimmungen dieser Verordnung bewirken, werden nach dem in Artikel 49 Absatz 3 genannten Regelungsverfahren mit Kontrolle erlassen.

### Artikel 49

### Ausschussverfahren

(1) Die Kommission wird von einem Ausschuss unterstützt.

(2) Wird auf diesen Absatz Bezug genommen, so gilt Artikel 3 des Beschlusses 1999/468/EG unter Beachtung von dessen Artikel 7 Absatz 3 und Artikel 8.

(3) Wird auf diesen Absatz Bezug genommen, so gelten Artikel 5a Absätze 1 bis 4 und Artikel 7 des Beschlusses 1999/468/EG unter Beachtung von dessen Artikel 8.

### Artikel 50

### Überarbeitung

Die Kommission überarbeitet EMAS im Lichte der bei der Durchführung gewonnenen Erfahrungen und der internationalen Entwicklungen bis zum 11. Januar 2015. Sie trägt dabei den Berichten Rechnung, die gemäß Artikel 47 dem Europäischen Parlament und dem Rat übermittelt wurden.

### Artikel 51

### Aufhebung und Übergangsbestimmungen

(1) Die folgenden Rechtsakte werden aufgehoben:
a) Verordnung (EG) Nr. 761/2001,
b) Entscheidung 2001/681/EG der Kommission vom 7. September 2001 über Leitlinien für die Anwendung der Verordnung (EG) Nr. 761/2001 des Europäischen Parlaments und des Rates über die freiwillige Beteiligung von Organisationen an einem Gemeinschaftssystem für das Umweltmanagement und die Umweltbetriebsprüfung (EMAS)[1),]
c) Entscheidung 2006/193/EG der Kommission vom 1. März 2006 zur Festlegung von Regeln, gemäß der Verordnung (EG) Nr. 761/2001 des Europäischen Parlaments und des Rates, für die Verwendung des EMAS-Logos für als Ausnahmefall geltende Transportverpackungen und Drittverpackungen[2)].

(2) Abweichend von Absatz 1
a) bleiben die gemäß der Verordnung (EG) Nr. 761/2001 eingesetzten nationalen Akkreditierungsstellen und zuständigen Stellen bestehen. Die Mitgliedstaaten ändern die Verfahrensvorschriften für Akkreditierungsstellen und zuständige Stellen nach Maßgabe der vorliegenden Verordnung. Die Mitgliedstaaten gewährleisten, dass die Systeme zur Umsetzung der geänderten Verfahren bis zum 11. Januar 2011 voll funktionsfähig sind.
b) verbleiben Organisationen, die gemäß der Verordnung (EG) Nr. 761/2001 registriert wurden, im EMAS-Register. Bei der nächsten Begutachtung einer Organisation prüft der Umweltgutachter, ob

---
1) ABl. L 247 vom 17.9.2001, S. 24.
2) ABl. L 70 vom 9.3.2006, S. 63.

sie die neuen Anforderungen der vorliegenden Verordnung erfüllt. Hat die nächste Begutachtung vor dem 11. Juli 2010 zu erfolgen, so kann die Frist im Einvernehmen mit dem Umweltgutachter und den zuständigen Stellen bis zur nächsten Begutachtung um sechs Monate verlängert werden.

c) können die gemäß der Verordnung (EG) Nr. 761/2001 akkreditierten Umweltgutachter ihre Tätigkeiten unter Einhaltung der vorliegenden Verordnung weiterhin ausüben.

(3) Verweise auf die Verordnung (EG) Nr. 761/2001 gelten als Verweise auf die vorliegende Verordnung nach der Entsprechungstabelle in Anhang VIII.

### Artikel 52

### Inkrafttreten

Diese Verordnung tritt am zwanzigsten Tag nach ihrer Veröffentlichung im Amtsblatt der Europäischen Union in Kraft.

Diese Verordnung ist in allen ihren Teilen verbindlich und gilt unmittelbar in jedem Mitgliedstaat.

Geschehen zu Straßburg am 25. November 2009.

Im Namen des Europäischen Parlaments
Der Präsident
J. BUZEK

Im Namen des Rates
Die Präsidentin
Å. TORSTENSSON

### ANHANG I

### UMWELTPRÜFUNG

Die Umweltprüfung deckt folgende Bereiche ab:

1. Erfassung der geltenden Umweltvorschriften

   Zusätzlich zur Aufstellung einer Liste der geltenden Rechtsvorschriften gibt die Organisation auch an, wie der Nachweis dafür erbracht werden kann, dass sie die verschiedenen Vorschriften einhält.

2. Erfassung aller direkten und indirekten Umweltaspekte, die bedeutende Umweltauswirkungen haben und die gegebenenfalls qualitativ einzustufen und zu quantifizieren sind, und Erstellung eines Verzeichnisses der als bedeutend ausgewiesenen Aspekte.

   Bei der Beurteilung der Bedeutung eines Umweltaspekts berücksichtigt die Organisation Folgendes:
   
   i) Umweltgefährdungspotenzial,
   
   ii) Anfälligkeit der lokalen, regionalen oder globalen Umwelt,
   
   iii) Ausmaß, Anzahl, Häufigkeit und Umkehrbarkeit der Aspekte oder der Auswirkungen, iv) Vorliegen einschlägiger Umweltvorschriften und deren Anforderungen,
   
   v) Bedeutung für die Interessenträger und die Mitarbeiter der Organisation.
   
   a) Direkte Umweltaspekte
   
   Direkte Umweltaspekte sind verbunden mit Tätigkeiten, Produkten und Dienstleistungen der Organisation selbst, die deren direkter betrieblicher Kontrolle unterliegen.
   
   Alle Organisationen müssen die direkten Aspekte ihrer Betriebsabläufe prüfen. Die direkten Umweltaspekte betreffen u. a.
   
   i) Rechtsvorschriften und zulässige Grenzwerte in Genehmigungen;
   
   ii) Emissionen in die Atmosphäre;
   
   iii) Ein- und Ableitungen in Gewässer;
   
   iv) Erzeugung, Recycling, Wiederverwendung, Transport und Entsorgung von festen und anderen Abfällen, insbesondere von gefährlichen Abfällen;
   
   v) Nutzung und Kontaminierung von Böden;
   
   vi) Nutzung von natürlichen Ressourcen und Rohstoffen (einschließlich Energie);
   
   vii) Nutzung von Zusätzen und Hilfsmitteln sowie Halbfertigprodukten;
   
   viii) lokale Phänomene (Lärm, Erschütterungen, Gerüche, Staub, ästhetische Beeinträchtigung usw.);
   
   ix) Verkehr (in Bezug auf Waren und Dienstleistungen);

x) Risiko von Umweltunfällen und Umweltauswirkungen, die sich aus Vorfällen, Unfällen und potenziellen Notfallsituationen ergeben oder ergeben könnten;

xi) Auswirkungen auf die biologische Vielfalt.

b) Indirekte Umweltaspekte

Indirekte Umweltaspekte können das Ergebnis der Wechselbeziehung einer Organisation mit Dritten sein und in gewissem Maße von der Organisation, die die EMAS-Registrierung anstrebt, beeinflusst werden.

Für nichtindustrielle Organisationen wie Kommunalbehörden oder Finanzinstitute ist es wesentlich, dass sie auch die Umweltaspekte berücksichtigen, die mit ihrer eigentlichen Tätigkeit zusammenhängen. Ein Verzeichnis, das sich auf die Umweltaspekte des Standorts und der Einrichtungen einer Organisation beschränkt, reicht nicht aus.

Die indirekten Umweltaspekte betreffen u. a.

i) produktlebenszyklusbezogene Aspekte (Design, Entwicklung, Verpackung, Transport, Verwendung und Wiederverwendung/Entsorgung von Abfall);

ii) Kapitalinvestitionen, Kreditvergabe und Versicherungsdienstleistungen;

iii) neue Märkte;

iv) Auswahl und Zusammensetzung von Dienstleistungen (z. B. Transport- oder Gaststättengewerbe);

v) Verwaltungs- und Planungsentscheidungen;

vi) Zusammensetzung des Produktangebots;

vii) Umweltleistung und -verhalten von Auftragnehmern, Unterauftragnehmern und Lieferanten.

Organisationen müssen nachweisen können, dass die bedeutenden Umweltaspekte im Zusammenhang mit ihren Beschaffungsverfahren ermittelt wurden und bedeutende Umweltauswirkungen, die sich aus diesen Aspekten ergeben, im Managementsystem berücksichtigt wurden. Die Organisation sollte bestrebt sein, dafür zu sorgen, dass die Lieferanten und alle im Auftrag der Organisation Handelnden bei der Ausführung ihres Auftrags der Umweltpolitik der Organisation genügen.

Bei diesen indirekten Umweltaspekten sollte die Organisation prüfen, inwiefern sie diese Aspekte beeinflussen kann und welche Maßnahmen zur Reduzierung der Umweltauswirkungen getroffen werden können.

3. Beschreibung der Kriterien für die Beurteilung der Bedeutung der Umweltauswirkungen

Die Organisation muss Kriterien festlegen, anhand deren die Bedeutung der Umweltaspekte ihrer Tätigkeiten, Produkte und Dienstleistungen beurteilt wird, um zu bestimmen, welche davon bedeutende Umweltauswirkungen haben.

Die von einer Organisation festgelegten Kriterien sollten den gemeinschaftlichen Rechtsvorschriften Rechnung tragen, umfassend und nachvollziehbar sein, unabhängig nachgeprüft werden können und veröffentlicht werden.

Bei der Festlegung der Kriterien für die Beurteilung der Bedeutung der Umweltaspekte einer Organisation kann u. a. Folgendes berücksichtigt werden:

a) Informationen über den Zustand der Umwelt, um festzustellen, welche Tätigkeiten, Produkte und Dienstleistungen der Organisation Umweltauswirkungen haben können;

b) die vorhandenen Daten der Organisation über den Material- und Energieeinsatz, Ableitungen, Abfälle und Emissionen im Hinblick auf das damit verbundene Umweltrisiko;

c) Standpunkte der interessierten Kreise;

d) geregelte Umwelttätigkeiten der Organisation;

e) Beschaffungstätigkeiten;

f) Design, Entwicklung, Herstellung, Vertrieb, Kundendienst, Verwendung, Wiederverwendung, Recycling und Entsorgung der Produkte der Organisation;

g) Tätigkeiten der Organisation mit den signifikantesten Umweltkosten und Umweltnutzen.

Bei der Beurteilung der Bedeutung der Umweltauswirkungen ihrer Tätigkeiten geht die Organisation nicht nur von den normalen Betriebsbedingungen aus, sondern berücksichtigt auch die Bedingungen bei Aufnahme bzw. Abschluss der Tätigkeiten sowie Notfallsituationen, mit denen realistischerweise gerechnet werden muss. Berücksichtigt werden vergangene, laufende und geplante Tätigkeiten.

# Anlage § 055–04

Zu § 55 Energiesteuergesetz

4. Prüfung aller angewandten Praktiken und laufenden Verfahren des Umweltmanagements
5. Bewertung der Reaktionen auf frühere Vorfälle

## ANHANG II
### Anforderungen an ein Umweltmanagementsystem und von EMAS-Teilnehmerorganisationen zu regelnde zusätzliche Fragen

Die Anforderungen an ein Umweltmanagementsystem im Rahmen von EMAS entsprechen den Vorschriften gemäß Abschnitt 4 der Europäischen Norm EN ISO 14001:2004. Diese Anforderungen sind in der linken Spalte der nachstehenden Tabelle aufgeführt, die Teil A dieses Anhangs bildet.

Darüber hinaus müssen registrierte Organisationen eine Reihe zusätzlicher Fragen angehen, die zu verschiedenen Elementen von Abschnitt 4 der Europäischen Norm EN ISO 14001:2004 in direktem Zusammenhang stehen. Diese zusätzlichen Anforderungen sind in der rechten Tabellenspalte aufgeführt, die Teil B dieses Anhangs bildet.

| TEIL A<br>Anforderungen an ein Umweltmanagementsystem im Rahmen der Europäischen Norm EN ISO 14001:2004 | TEIL B<br>Von EMAS-Teilnehmerorganisationen anzugehende zusätzliche Fragen |
|---|---|
| Organisationen, die sich am Gemeinschaftssystem für das Umweltmanagement und die Umweltbetriebsprüfung (EMAS) beteiligen, haben die Anforderungen zu erfüllen, die in Abschnitt 4 der Europäischen Norm[1] EN ISO 14001:2004 festgelegt sind und nachstehend vollständig wiedergegeben werden:<br><br>A. Anforderungen an ein Umweltmanagementsystem<br>A.1. Allgemeine Anforderungen<br>Die Organisation muss in Übereinstimmung mit den Anforderungen dieser Internationalen Norm ein Umweltmanagementsystem einführen, dokumentieren, verwirklichen, aufrechterhalten und ständig verbessern und bestimmen, wie sie diese Anforderungen erfüllen wird.<br>Die Organisation muss den Anwendungsbereich ihres Umweltmanagementsystems festlegen und dokumentieren.<br><br>A.2. Umweltpolitik<br>Das oberste Führungsgremium muss die Umweltpolitik der Organisation festlegen und sicherstellen, dass sie innerhalb des festgelegten Anwendungsbereiches ihres Umweltmanagementsystems<br>a) in Bezug auf Art, Umfang und Umweltauswirkungen ihrer Tätigkeiten, Produkte und Dienstleistungen angemessen ist;<br>b) eine Verpflichtung zur ständigen Verbesserung und zur Vermeidung von Umweltbelastungen enthält;<br>c) eine Verpflichtung zur Einhaltung der geltenden rechtlichen Verpflichtungen und anderer Anforderungen enthält, zu denen sich die Organisation bekennt und die auf deren Umweltaspekte bezogen sind; | |

---

[1] Die Verwendung des in diesem Anhang wiedergegebenen Texts erfolgt mit Zustimmung des Europäischen Komitees für Normung (CEN). Der vollständige Wortlaut kann bei den im Anhang aufgeführten nationalen Normungsgremien erworben werden. Die Vervielfältigung dieses Anhangs für kommerzielle Zwecke ist nicht gestattet.

Zu § 55 Energiesteuergesetz Anlage § 055–04

| TEIL A<br>Anforderungen an ein Umweltmanagementsystem im Rahmen der Europäischen Norm EN ISO 14001:2004 | TEIL B<br>Von EMAS-Teilnehmerorganisationen anzugebende zusätzliche Fragen |
|---|---|
| d) den Rahmen für die Festlegung und Bewertung der umweltbezogenen Zielsetzungen und Einzelziele bildet;<br>e) dokumentiert, implementiert und aufrechterhalten wird;<br>f) allen Personen mitgeteilt wird, die für die Organisation oder in deren Auftrag arbeiten, und<br>g) für die Öffentlichkeit zugänglich ist.<br><br>A.3. Planung<br>A.3.1. Umweltaspekte<br>Die Organisation muss (ein) Verfahren einführen, verwirklichen und aufrechterhalten, um<br>a) jene Umweltaspekte ihrer Tätigkeiten, Produkte und Dienstleistungen innerhalb des festgelegten Anwendungsbereiches des Umweltmanagementsystems, die sie überwachen und auf die sie Einfluss nehmen kann, unter Berücksichtigung geplanter oder neuer Entwicklungen oder neuer oder modifizierter Tätigkeiten, Produkte und Dienstleistungen zu ermitteln, und<br>b) jene Umweltaspekte, die bedeutende Auswirkung(en) auf die Umwelt haben oder haben können, zu bestimmen (d. h. bedeutende Umweltaspekte).<br>Die Organisation muss diese Informationen dokumentieren und auf dem neuesten Stand halten.<br>Die Organisation muss sicherstellen, dass die bedeutenden Umweltaspekte beim Einführen, Verwirklichen und Aufrechterhalten ihres Umweltmanagementsystems beachtet werden. | |
| | B.1. Umweltprüfung<br>Die Organisationen führen eine erste Umweltprüfung gemäß Anhang I zur Feststellung und Bewertung ihrer Umweltaspekte sowie zur Ermittlung geltender Umweltvorschriften durch.<br>Organisationen von außerhalb der Gemeinschaft müssen sich auch an die Umweltvorschriften halten, die für ähnliche Organisationen in den Mitgliedstaaten gelten, in denen sie einen Antrag stellen wollen. |
| A.3.2. Rechtliche Verpflichtungen und andere Anforderungen<br>Die Organisation muss (ein) Verfahren einführen, verwirklichen und aufrechterhalten, um<br>a) geltende rechtliche Verpflichtungen und andere Anforderungen, zu denen sich die Organisation in Bezug auf ihre Umweltaspekte verpflichtet hat, zu ermitteln und zugänglich zu haben, und<br>b) zu bestimmen, wie diese Anforderungen auf ihre Umweltaspekte anwendbar sind. | |

# Anlage § 055–04

Zu § 55 Energiesteuergesetz

| TEIL A<br>Anforderungen an ein Umweltmanagementsystem im Rahmen der Europäischen Norm EN ISO 14001:2004 | TEIL B<br>Von EMAS-Teilnehmerorganisationen anzugebende zusätzliche Fragen |
|---|---|
| Die Organisation muss sicherstellen, dass diese geltenden rechtlichen Verpflichtungen und anderen Anforderungen, zu denen sich die Organisation verpflichtet hat, beim Einführen, Verwirklichen und Aufrechterhalten des Umweltmanagementsystems berücksichtigt werden. | |
| | B.2. Einhaltung von Rechtsvorschriften<br>Organisationen, die sich nach EMAS registrieren möchten, weisen nach, dass sie<br>1) alle geltenden rechtlichen Verpflichtungen im Umweltbereich ermittelt haben und die im Rahmen der Umweltprüfung gemäß Anhang I festgestellten Auswirkungen dieser Verpflichtungen auf ihre Organisationen kennen;<br>2) für die Einhaltung der Umweltvorschriften, einschließlich Genehmigungen und zulässiger Grenzwerte in Genehmigungen, sorgen; und<br>3) über Verfahren verfügen, die es ihnen ermöglichen, diesen Verpflichtungen dauerhaft nachzukommen. |
| A.3.3. Zielsetzungen, Einzelziele und Programm(e)<br>Die Organisation muss dokumentierte umweltbezogene Zielsetzungen und Einzelziele für relevante Funktionen und Ebenen innerhalb der Organisation einführen, verwirklichen und aufrechterhalten.<br>Die Zielsetzungen und Einzelziele müssen, soweit praktikabel, messbar sein und im Einklang mit der Umweltpolitik stehen, einschließlich der Verpflichtungen zur Vermeidung von Umweltbelastungen, zur Einhaltung geltender rechtlicher Verpflichtungen und anderer Anforderungen, zu denen sich die Organisation verpflichtet hat, und zur ständigen Verbesserung.<br>Beim Festlegen und Bewerten ihrer Zielsetzungen und Einzelziele muss eine Organisation die rechtlichen Verpflichtungen und anderen Anforderungen, zu denen sie sich verpflichtet hat, berücksichtigen und deren bedeutende Umweltaspekte beachten. Sie muss außerdem ihre technologischen Optionen, ihre finanziellen, betrieblichen und geschäftlichen Anforderungen sowie die Standpunkte interessierter Kreise berücksichtigen.<br>Die Organisation muss (ein) Programm(e) zum Erreichen ihrer Zielsetzungen und Einzelziele einführen, verwirklichen und aufrechterhalten. Das Programm/die Programme muss/müssen enthalten:<br>a) Festlegung der Verantwortlichkeit für das Erreichen der Zielsetzungen und Einzelziele für relevante Funktionen und Ebenen der Organisation und<br>b) die Mittel und den Zeitrahmen für ihr Erreichen. | |

Zu § 55 Energiesteuergesetz

**Anlage § 055–04**

| TEIL A<br>Anforderungen an ein Umweltmanagementsystem im Rahmen der Europäischen Norm EN ISO 14001:2004 | TEIL B<br>Von EMAS-Teilnehmerorganisationen anzugebende zusätzliche Fragen |
|---|---|
| | B.3. Umweltleistung<br>1) Organisationen müssen nachweisen können, dass das Managementsystem und die Verfahren für die Betriebsprüfung sich in Bezug auf die in der Umweltprüfung gemäß Anhang I ermittelten direkten und indirekten Aspekte an der tatsächlichen Umweltleistung der Organisation orientieren.<br>2) Die Umweltleistung der Organisation gemessen an ihren Zielsetzungen und Einzelzielen muss als Teil der Managementprüfung evaluiert werden. Die Organisation muss sich ferner verpflichten, ihre Umweltleistung kontinuierlich zu verbessern. Dabei kann sie ihre Maßnahmen auf lokale, regionale und nationale Umweltprogramme stützen.<br>3) Bei den Maßnahmen zur Verwirklichung von Zielsetzungen und Einzelzielen darf es sich nicht um Umweltziele handeln. Hat die Organisation mehrere Standorte, so muss jeder Standort, für den EMAS gilt, alle EMAS-Anforderungen, einschließlich der Verpflichtung zur kontinuierlichen Verbesserung der Umweltleistung im Sinne von Artikel 2 Absatz 2, erfüllen. |
| A.4. Verwirklichung und Betrieb<br>A.4.1. Ressourcen, Aufgaben, Verantwortlichkeit und Befugnis<br>Die Leitung der Organisation muss die Verfügbarkeit der benötigten Ressourcen für die Einführung, Verwirklichung, Aufrechterhaltung und Verbesserung des Umweltmanagementsystems sicherstellen. Die Ressourcen umfassen das erforderliche Personal und spezielle Fähigkeiten, die Infrastruktur der Organisation, technische und finanzielle Mittel.<br>Aufgaben, Verantwortlichkeiten und Befugnisse müssen festgelegt, dokumentiert und kommuniziert werden, um wirkungsvolles Umweltmanagement zu erleichtern.<br>Das oberste Führungsgremium der Organisation muss (einen) spezielle(n) Beauftragte(n) des Managements bestellen, welche(r), ungeachtet anderer Zuständigkeiten, festgelegte Aufgaben, Verantwortlichkeiten und Befugnisse hat/haben, um<br>a) sicherzustellen, dass ein Umweltmanagementsystem in Übereinstimmung mit den Anforderungen dieser Internationalen Norm eingeführt, verwirklicht und aufrechterhalten wird;<br>b) über die Leistung des Umweltmanagementsystems an das oberste Führungsgremium zur Bewertung, einschließlich Empfehlungen für Verbesserungen, zu berichten. | |

# Anlage § 055–04

Zu § 55 Energiesteuergesetz

| TEIL A<br>Anforderungen an ein Umweltmanagementsystem im Rahmen der Europäischen Norm EN ISO 14001:2004 | TEIL B<br>Von EMAS-Teilnehmerorganisationen anzugebende zusätzliche Fragen |
|---|---|
| A.4.2. Fähigkeit, Schulung und Bewusstsein | B.4. Mitarbeiterbeteiligung |
| Die Organisation muss sicherstellen, dass jede Person, die für sie oder in ihrem Auftrag Tätigkeiten ausübt, von denen nach Feststellung der Organisation (eine) bedeutende Umweltauswirkung ausgehen können (kann), durch Ausbildung, Schulung oder Erfahrung qualifiziert ist, und muss damit verbundene Aufzeichnungen aufbewahren.<br>Die Organisation muss den Schulungsbedarf ermitteln, der mit ihren Umweltaspekten und ihrem Umweltmanagementsystem verbunden ist. Sie muss Schulungen anbieten oder andere Maßnahmen ergreifen, um diesen Bedarf zu decken, und muss die damit verbundenen Aufzeichnungen aufbewahren.<br>Die Organisation muss (ein) Verfahren einführen, verwirklichen und aufrechterhalten, die sicherstellen (das sicherstellt), dass Personen, die für sie oder in ihrem Auftrag arbeiten, sich bewusst werden über:<br>a) die Wichtigkeit des Übereinstimmens mit der Umweltpolitik und den zugehörigen Verfahren und mit den Anforderungen des Umweltmanagementsystems;<br>b) die bedeutenden Umweltaspekte und die damit verbundenen tatsächlichen oder potenziellen Auswirkungen im Zusammenhang mit ihrer Tätigkeit und die umweltbezogenen Vorteile durch verbesserte persönliche Leistung;<br>c) ihre Aufgaben und Verantwortlichkeiten zum Erreichen der Konformität mit den Anforderungen des Umweltmanagementsystems und<br>d) die möglichen Folgen eines Abweichens von festgelegten Abläufen. | 1) Die Organisation sollte anerkennen, dass die aktive Einbeziehung ihrer Mitarbeiter treibende Kraft und Vorbedingung für kontinuierliche und erfolgreiche Umweltverbesserungen sowie eine der Hauptressourcen für die Verbesserung der Umweltleistung und der richtige Weg zur erfolgreichen Verankerung des Umweltmanagement- und -betriebsprüfungssystems in der Organisation ist.<br>2) Der Begriff „Mitarbeiterbeteiligung" umfasst sowohl die Einbeziehung als auch die Information der einzelnen Mitarbeiter der Organisation und ihrer Vertreter. Daher sollte auf allen Ebenen ein System der Mitarbeiterbeteiligung vorgesehen werden. Die Organisation sollte anerkennen, dass Engagement, Reaktionsfähigkeit und aktive Unterstützung seitens der Organisationsleitung Vorbedingung für den Erfolg dieser Prozesse sind. In diesem Zusammenhang wird auf den notwendigen Informationsrückfluss von der Leitung an die Mitarbeiter der Organisation verwiesen. |

Zu § 55 Energiesteuergesetz                                    **Anlage § 055–04**

| TEIL A<br>Anforderungen an ein Umweltmanagementsystem im Rahmen der Europäischen Norm EN ISO 14001:2004 | TEIL B<br>Von EMAS-Teilnehmerorganisationen anzugehende zusätzliche Fragen |
|---|---|
|  | 3) Über diese Anforderungen hinaus müssen Mitarbeiter in den Prozess der kontinuierlichen Verbesserung der Umweltleistung der Organisation einbezogen werden, die erreicht werden soll durch<br>a) die erste Umweltprüfung und die Prüfung des derzeitigen Stands sowie die Erhebung und Begutachtung von Informationen,<br>b) die Festlegung und Durchführung eines Umweltmanagement- und -betriebsprüfungssystems zur Verbesserung der Umweltleistung,<br>c) Umweltgremien, die Informationen einholen und sicherstellen, dass Umweltbeauftragte/Vertreter der Organisationsleitung sowie Mitarbeiter der Organisation und ihre Vertreter mitwirken,<br>d) gemeinsame Arbeitsgruppen für Umweltaktionsprogramm und Umweltbetriebsprüfung,<br>e) die Ausarbeitung von Umwelterklärungen.<br>4) Zu diesem Zweck sollte auf geeignete Formen der Mitarbeiterbeteiligung wie das betriebliche Vorschlagswesen oder projektbezogene Gruppenarbeit oder Umweltgremien zurückgegriffen werden. Die Organisationen nehmen Kenntnis von den Leitlinien der Kommission über bewährte Praktiken in diesem Bereich. Auf Antrag werden auch Mitarbeitervertreter einbezogen. |
| A.4.3. Kommunikation<br>Im Hinblick auf ihre Umweltaspekte und ihr Umweltmanagementsystem muss die Organisation (ein) Verfahren einführen, verwirklichen und aufrechterhalten für<br>a) die interne Kommunikation zwischen den verschiedenen Ebenen und Funktionsbereichen der Organisation;<br>b) die Entgegennahme, Dokumentierung und Beantwortung relevanter Äußerungen externer interessierter Kreise.<br>Die Organisation muss entscheiden, ob sie über ihre bedeutenden Umweltaspekte extern kommunizieren will, und muss ihre Entscheidung dokumentieren. Wenn die Entscheidung fällt zu kommunizieren, muss die Organisation (eine) Methode(n) für diese externe Kommunikation einführen und verwirklichen. |  |

# Anlage § 055–04

Zu § 55 Energiesteuergesetz

## TEIL A
Anforderungen an ein Umweltmanagementsystem im Rahmen der Europäischen Norm EN ISO 14001:2004

## TEIL B
Von EMAS-Teilnehmerorganisationen anzugehende zusätzliche Fragen

### B.5. Kommunikation
1) Die Organisationen müssen nachweisen können, dass sie mit der Öffentlichkeit und anderen interessierten Kreisen, einschließlich Lokalgemeinschaften und Kunden, über die Umweltauswirkungen ihrer Tätigkeiten, Produkte und Dienstleistungen in offenem Dialog stehen, um die Belange der Öffentlichkeit und anderer interessierter Kreise in Erfahrung zu bringen.
2) Offenheit, Transparenz und regelmäßige Bereitstellung von Umweltinformationen sind Schlüsselfaktoren, durch die sich EMAS von anderen Systemen abhebt. Diese Faktoren helfen der Organisation auch dabei, bei interessierten Kreisen Vertrauen aufzubauen.
3) EMAS ist so flexibel, dass Organisationen relevante Informationen an spezielle Zielgruppen richten und dabei gewährleisten können, dass sämtliche Informationen denjenigen Personen zur Verfügung stehen, die sie benötigen.

### A.4.4. Dokumentation
Die Dokumentation des Umweltmanagementsystems muss enthalten:
a) die Umweltpolitik, Zielsetzungen und Einzelziele;
b) eine Beschreibung des Geltungsbereiches des Umweltmanagementsystems;
c) eine Beschreibung der Hauptelemente des Umweltmanagementsystems und ihrer Wechselwirkung sowie Hinweise auf zugehörige Dokumente;
d) Dokumente, einschließlich Aufzeichnungen, die von dieser Internationalen Norm gefordert werden, und
e) Dokumente, einschließlich Aufzeichnungen, die von der Organisation als notwendig eingestuft werden, um die effektive Planung, Durchführung und Kontrolle von Prozessen sicherzustellen, die sich auf ihre bedeutenden Umweltaspekte beziehen.

### A.4.5. Lenkung von Dokumenten
Mit Dokumenten, die vom Umweltmanagementsystem und von dieser Internationalen Norm benötigt werden, muss kontrolliert umgegangen werden. Aufzeichnungen sind eine spezielle Art von Dokumenten und müssen nach den Anforderungen in A.5.4 gelenkt werden.
Die Organisation muss (ein) Verfahren einführen, verwirklichen und aufrechterhalten, um
a) Dokumente bezüglich ihrer Angemessenheit vor ihrer Herausgabe zu genehmigen;
b) Dokumente zu bewerten und bei Bedarf zu aktualisieren und erneut zu genehmigen;

Zu § 55 Energiesteuergesetz

**Anlage § 055–04**

| TEIL A<br>Anforderungen an ein Umweltmanagementsystem im Rahmen der Europäischen Norm EN ISO 14001:2004 | TEIL B<br>Von EMAS-Teilnehmerorganisationen anzugehende zusätzliche Fragen |
|---|---|
| c) sicherzustellen, dass Änderungen und der aktuelle Überarbeitungsstatus von Dokumenten gekennzeichnet werden;<br>d) sicherzustellen, dass relevante Fassungen aller maßgeblichen Dokumente vor Ort verfügbar sind;<br>e) sicherzustellen, dass Dokumente lesbar und leicht identifizierbar bleiben;<br>f) sicherzustellen, dass Dokumente externer Herkunft, die von der Organisation als notwendig für die Planung und den Betrieb des Umweltmanagementsystems eingestuft wurden, gekennzeichnet sind und ihre Verteilung gelenkt wird, und<br>g) die unbeabsichtigte Verwendung veralteter Dokumente zu verhindern und diese in geeigneter Weise zu kennzeichnen, falls sie aus irgendeinem Grund aufbewahrt werden.<br><br>A.4.6. Ablauflenkung<br>Die Organisation muss in Erfüllung ihrer Umweltpolitik, Zielsetzungen und Einzelziele die Abläufe ermitteln und planen, die im Zusammenhang mit den festgestellten bedeutenden Umweltaspekten stehen, um sicherzustellen, dass sie unter festgesetzten Bedingungen ausgeführt werden durch:<br>a) Einführen, Verwirklichen und Aufrechterhalten dokumentierter Verfahren, um Situationen zu regeln, in denen das Fehlen dokumentierter Verfahren zu Abweichungen von der Umweltpolitik, umweltbezogenen Zielsetzungen und Einzelzielen führen könnte, und<br>b) Festlegen betrieblicher Vorgaben in den Verfahren, und c) Einführen, Verwirklichen und Aufrechterhalten von Verfahren in Bezug auf die ermittelten bedeutenden Umweltaspekte der von der Organisation benutzten Waren und Dienstleistungen sowie Bekanntgabe anzuwendender Verfahren und Anforderungen an Zulieferer, einschließlich Auftragnehmer.<br><br>A.4.7. Notfallvorsorge und Gefahrenabwehr<br>Die Organisation muss (ein) Verfahren einführen, verwirklichen und aufrechterhalten, um mögliche Notfallsituationen und mögliche Unfälle zu ermitteln, die (eine) Auswirkung(en) auf die Umwelt haben können, und zu ermitteln, wie sie darauf reagiert.<br>Die Organisation muss auf eingetretene Notfallsituationen und Unfälle reagieren und damit verbundene ungünstige Umweltauswirkungen verhindern oder mindern. | |

# Anlage § 055–04

Zu § 55 Energiesteuergesetz

| TEIL A<br>Anforderungen an ein Umweltmanagementsystem im Rahmen der Europäischen Norm EN ISO 14001:2004 | TEIL B<br>Von EMAS-Teilnehmerorganisationen anzugehende zusätzliche Fragen |
|---|---|
| Die Organisation muss regelmäßig ihre Maßnahmen zur Notfallvorsorge und Gefahrenabwehr überprüfen und, soweit notwendig, überarbeiten, insbesondere nach dem Eintreten von Unfällen und Notfallsituationen.<br>Zudem muss die Organisation diese Verfahren, sofern durchführbar, regelmäßig erproben.<br><br>A.5. Überprüfung<br>A.5.1. Überwachung und Messung<br>Die Organisation muss (ein) Verfahren einführen, verwirklichen und aufrechterhalten, um regelmäßig die maßgeblichen Merkmale ihrer Arbeitsabläufe, die eine bedeutende Auswirkung auf die Umwelt haben können, zu überwachen und zu messen. Diese(s) Verfahren muss (müssen) die Aufzeichnung von Informationen einschließen, um die Leistung, angemessene Steuerung der Arbeitsabläufe und Konformität mit den umweltbezogenen Zielsetzungen und Einzelzielen der Organisation zu überwachen.<br>Die Organisation muss sicherstellen, dass kalibrierte bzw. nachweislich überprüfte Überwachungs- und Messgeräte zur Anwendung kommen, deren Instandhaltung erfolgt, und Aufzeichnungen darüber aufbewahrt werden.<br><br>A.5.2. Bewertung der Einhaltung von Rechtsvorschriften<br>A.5.2.1. Entsprechend ihrer Verpflichtung zur Einhaltung der Rechtsvorschriften muss die Organisation ein Verfahren zur regelmäßigen Bewertung der Einhaltung der einschlägigen rechtlichen Verpflichtungen einführen, verwirklichen und aufrechterhalten.<br>Die Organisation muss Aufzeichnungen über die Ergebnisse ihrer regelmäßigen Bewertungen aufbewahren.<br><br>A.5.2.2. Die Organisation muss die Einhaltung anderer Anforderungen, zu denen sie sich verpflichtet hat, bewerten. Die Organisation darf diese Bewertung mit der unter A.5.2.1 genannten Bewertung der Einhaltung der Gesetze kombinieren oder (ein) eigene(s) Verfahren einführen.<br>Die Organisation muss Aufzeichnungen über die Ergebnisse ihrer regelmäßigen Bewertungen aufbewahren. | |

Zu § 55 Energiesteuergesetz  **Anlage § 055–04**

| TEIL A<br>Anforderungen an ein Umweltmanagementsystem im Rahmen der Europäischen Norm EN ISO 14001:2004 | TEIL B<br>Von EMAS-Teilnehmerorganisationen anzugehende zusätzliche Fragen |
|---|---|

A.5.3. Nichtkonformität, Korrektur- und Vorbeugungsmaßnahmen

Die Organisation muss (ein) Verfahren zum Umgang mit tatsächlicher und potenzieller Nichtkonformität und Ergreifen von Korrektur- und Vorbeugungsmaßnahmen einführen, verwirklichen und aufrechterhalten. Die Verfahren müssen Anforderungen festlegen zum:
a) Feststellen und Korrigieren von Nichtkonformität(en) und Ergreifen von Maßnahmen zur Minderung ihrer Umweltauswirkung(en);
b) Ermitteln von Nichtkonformität(en), Bestimmen derer Ursache(n) und Ergreifen von Maßnahmen, um deren Wiederauftreten zu vermeiden;
c) Bewerten der Notwendigkeit von Maßnahmen zur Vermeidung von Nichtkonformitäten sowie Verwirklichung geeigneter Maßnahmen, um deren Auftreten zu verhindern;
d) Aufzeichnen der Ergebnisse von ergriffenen Korrektur- und Vorbeugungsmaßnahmen, und
e) Überprüfen der Wirksamkeit von ergriffenen Korrektur- und Vorbeugungsmaßnahmen. Die ergriffenen Maßnahmen müssen dem Ausmaß des Problems und der damit verbundenen Umweltauswirkung angemessen sein.

Die Organisation muss sicherstellen, dass alle notwendigen Änderungen der Dokumentation des Umweltmanagementsystems vorgenommen werden.

A.5.4. Lenkung von Aufzeichnungen

Die Organisation muss, soweit zum Nachweis der Konformität mit den Anforderungen ihres Umweltmanagementsystems und dieser Internationalen Norm beziehungsweise zur Aufzeichnung der erzielten Ergebnisse erforderlich, Aufzeichnungen erstellen und aufrechterhalten.

Die Organisation muss (ein) Verfahren für die Identifizierung, Speicherung, Sicherung, Wiederauffindung, Zurückziehung und Vernichtung der Aufzeichnungen einführen, verwirklichen und aufrechterhalten.

Aufzeichnungen müssen lesbar, identifizierbar und auffindbar sein und bleiben.

A.5.5. Internes Audit

Die Organisation muss sicherstellen, dass interne Audits des Umweltmanagementsystems in festgelegten Abständen durchgeführt werden, um:
a) festzustellen, ob das Umweltmanagementsystem
  – die vorgesehenen Regelungen für das Umweltmanagement einschließlich der Anforderungen dieser Internationalen Norm erfüllt, und

# Anlage § 055–04

Zu § 55 Energiesteuergesetz

| TEIL A<br>Anforderungen an ein Umweltmanagementsystem im Rahmen der Europäischen Norm EN ISO 14001:2004 | TEIL B<br>Von EMAS-Teilnehmerorganisationen anzugehende zusätzliche Fragen |
|---|---|
| – ordnungsgemäß verwirklicht wurde und aufrechterhalten wird, und<br>b) dem Management Informationen über Audit-Ergebnisse zur Verfügung zu stellen.<br>(Ein) Auditprogramm(e) muss (müssen) von der Organisation geplant, eingeführt, verwirklicht und aufrechterhalten werden, wobei die Umweltrelevanz der betroffenen Tätigkeit(en) und die Ergebnisse vorangegangener Audits zu berücksichtigen sind.<br>(Ein) Auditverfahren muss (müssen) eingeführt, verwirklicht und aufrechterhalten werden, das (die) Folgendes enthält (enthalten):<br>– die Verantwortlichkeiten für und Anforderungen an die Planung und Durchführung von Audits, die Aufzeichnung von Ergebnissen und die Aufbewahrung damit verbundener Aufzeichnungen;<br>– die Bestimmung der Auditkriterien, des Anwendungsbereichs, der Häufigkeit und der Vorgehensweise.<br>Die Auswahl der Auditoren und die Auditdurchführung(en) müssen Objektivität gewährleisten und die Unparteilichkeit des Auditprozesses sicherstellen.<br><br>A.6. Managementbewertung<br>Das oberste Führungsgremium muss das Umweltmanagementsystem der Organisation in festgelegten Abständen bewerten, um dessen fortdauernde Eignung, Angemessenheit und Wirksamkeit sicherzustellen. Bewertungen müssen die Beurteilung der Verbesserungspotenziale und den Anpassungsbedarf des Umweltmanagementsystems, einschließlich der Umweltpolitik, der umweltbezogenen Zielsetzungen und Einzelziele beinhalten.<br>Aufzeichnungen der Bewertungen durch das Management müssen aufbewahrt werden.<br>Der Input für die Bewertung muss enthalten:<br>a) Ergebnisse von internen Audits und der Beurteilung der Einhaltung von rechtlichen Verpflichtungen und anderen Anforderungen, zu denen sich die Organisation verpflichtet hat;<br>b) Äußerungen von externen interessierten Kreisen, einschließlich Beschwerden;<br>c) die Umweltleistung der Organisation;<br>d) den erreichten Erfüllungsgrad der Zielsetzungen und Einzelziele;<br>e) Status von Korrektur- und Vorbeugungsmaßnahmen;<br>f) Folgemaßnahmen von früheren Bewertungen durch das Management; | |

Zu § 55 Energiesteuergesetz                                  Anlage § 055–04

| TEIL A<br>Anforderungen an ein Umweltmanagementsystem im Rahmen der Europäischen Norm EN ISO 14001:2004 | TEIL B<br>Von EMAS-Teilnehmerorganisationen anzugehende zusätzliche Fragen |
|---|---|
| g) sich ändernde Rahmenbedingungen, einschließlich Entwicklungen bei den rechtlichen Verpflichtungen und anderen Anforderungen in Bezug auf die Umweltaspekte der Organisation, und<br>h) Verbesserungsvorschläge.<br>Die Ergebnisse von Bewertungen durch das Management müssen alle Entscheidungen und Maßnahmen in Bezug auf mögliche Änderungen der Umweltpolitik, der Zielsetzungen, der Einzelziele und anderer Elemente des Umweltmanagementsystems in Übereinstimmung mit der Verpflichtung zur ständigen Verbesserung enthalten.<br>Liste der nationalen Normungsgremien<br>BE: IBN/BIN (Institut Belge de Normalisation/ Belgisch Instituut voor Normalisatie)<br>CZ: ČNI (Český normalizační institut)<br>DK: DS (Dansk Standard)<br>DE: DIN (Deutsches Institut für Normung e.V.)<br>EE: EVS (Eesti Standardikeskus)<br>EL: ELOT (Ελληνικός Οργανισμός Τυποποίησης)<br>ES: AENOR (Asociación Española de Normalización y Certificación)<br>FR: AFNOR (Association Française de Normalisation)<br>IE: NSAI (National Standards Authority of Ireland)<br>IT: UNI (Ente Nazionale Italiano di Unificazione)<br>CY: Κυπριακός Οργανισμός Προώθησης Ποιότητας<br>LV: LVS (Latvijas Standarts)<br>LT: LST (Lietuvos standartizacijos departamentas)<br>LU: SEE (Service de l'Energie de l'Etat) (Luxembourg)<br>HU: MSZT (Magyar Szabványügyi Testület)<br>MT: MSA (Awtorità Maltija dwar l-iStandards/ Malta Standards Authority)<br>NL: NEN (Nederlands Normalisatie-Instituut)<br>AT: ON (Österreichisches Normungsinstitut)<br>PL: PKN (Polski Komitet Normalizacyjny)<br>PT: IPQ (Instituto Português da Qualidade)<br>SI: SIST (Slovenski inštitut za standardizacijo)<br>SK: SÚTN (Slovenský ústav technickej normalizácie)<br>FI: SFS (Suomen Standardisoimisliitto r.y)<br>SE: SIS (Swedish Standards Institute)<br>UK: BSI (British Standards Institution). | |
| | Ergänzende Liste nationaler Normungsgremien<br>Nationale Normungsgremien in den Mitgliedstaaten, die nicht von der Europäischen Norm EN ISO 14001:2004 abgedeckt sind:<br>BG: BDS (Български институт за стандартизация), |

**Anlage § 055–04**

Zu § 55 Energiesteuergesetz

| TEIL A<br>Anforderungen an ein Umweltmanagementsystem im Rahmen der Europäischen Norm EN ISO 14001:2004 | TEIL B<br>Von EMAS-Teilnehmerorganisationen anzugehende zusätzliche Fragen |
|---|---|
| | RO: ASRO (Asociatia de Standardizare din Romãnia).<br>Nationale Normungsgremien in Mitgliedstaaten, in denen ein in der Europäischen Norm EN ISO 14001:2004 aufgeführtes Normungsgremium ersetzt wurde:<br>CZ: ÚNMZ (Ústav pro technickou normalizaci, metrologii a státní zkušebnictví). |

## ANHANG III
### INTERNE UMWELTBETRIEBSPRÜFUNG

A. Programm für die Umweltbetriebsprüfung und Häufigkeit der Prüfungen

1. Programm für die Umweltbetriebsprüfung

    Das Programm für die Umweltbetriebsprüfung gewährleistet, dass die Leitung der Organisation die Informationen erhält, die sie benötigt, um die Umweltleistung der Organisation und die Wirksamkeit des Umweltmanagementsystems zu überprüfen und nachweisen zu können, dass alles unter Kontrolle ist.

2. Ziele des Programms für die Umweltbetriebsprüfung

    Zu den Zielen gehören insbesondere die Bewertung der vorhandenen Managementsysteme und die Feststellung der Übereinstimmung mit der Politik und dem Programm der Organisation, was auch die Übereinstimmung mit den einschlägigen Umweltvorschriften einschließt.

3. Umfang der Umweltbetriebsprüfung

    Der Umfang der Umweltbetriebsprüfungen bzw. der einzelnen Abschnitte eines Betriebsprüfungszyklus muss eindeutig festgelegt sein, wobei folgende Angaben erforderlich sind:

    a) die erfassten Bereiche;

    b) die zu prüfenden Tätigkeiten;

    c) die zu berücksichtigenden Umweltkriterien;

    d) der von der Umweltbetriebsprüfung erfasste Zeitraum.

    Die Umweltbetriebsprüfung umfasst die Beurteilung der zur Bewertung der Umweltleistung notwendigen Daten.

4. Häufigkeit der Umweltbetriebsprüfungen

    Die Umweltbetriebsprüfung oder der Betriebsprüfungszyklus, die/der sich auf alle Tätigkeiten der Organisation erstreckt, ist in regelmäßigen Abständen abzuschließen; die Abstände betragen nicht mehr als 3 Jahre, im Fall der Ausnahmeregelung gemäß Artikel 7 jedoch 4 Jahre. Die Häufigkeit, mit der eine Tätigkeit geprüft wird, hängt von folgenden Faktoren ab:

    a) Art, Umfang und Komplexität der Tätigkeiten;

    b) Bedeutung der damit verbundenen Umweltauswirkungen;

    c) Wichtigkeit und Dringlichkeit der bei früheren Umweltbetriebsprüfungen festgestellten Probleme;

    d) Vorgeschichte der Umweltprobleme.

    Komplexere Tätigkeiten mit bedeutenderen Umweltauswirkungen werden häufiger geprüft.

    Die Organisation führt Umweltbetriebsprüfungen mindestens einmal jährlich durch, weil so der Organisationsleitung und dem Umweltgutachter nachgewiesen werden kann, dass die bedeutenden Umweltaspekte unter Kontrolle sind.

    Die Organisation führt Umweltbetriebsprüfungen durch in Bezug auf

    a) ihre Umweltleistung und

    b) die Einhaltung der geltenden Umweltvorschriften durch die Organisation.

Zu § 55 Energiesteuergesetz **Anlage § 055–04**

B. Tätigkeiten der Umweltbetriebsprüfung

Die Umweltbetriebsprüfung umfasst Gespräche mit dem Personal, die Prüfung der Betriebsbedingungen und der Ausrüstung, die Prüfung von Aufzeichnungen, der schriftlichen Verfahren und anderer einschlägiger Unterlagen mit dem Ziel einer Bewertung der Umweltleistung der jeweils geprüften Tätigkeit; dabei wird untersucht, ob die geltenden Normen und Vorschriften eingehalten, die gesetzten Umweltzielsetzungen und -einzelziele erreicht und die entsprechenden Anforderungen erfüllt werden und ob das Umweltmanagementsystem wirksam und angemessen ist. Die Einhaltung dieser Kriterien sollte unter anderem stichprobenartig geprüft werden, um festzustellen, wie wirksam das gesamte Managementsystem funktioniert.

Zur Umweltbetriebsprüfung gehören insbesondere folgende Schritte:

a) Verständnis des Managementsystems;

b) Beurteilung der Stärken und Schwächen des Managementsystems;

c) Erfassung relevanter Nachweise;

d) Bewertung der Ergebnisse der Umweltbetriebsprüfung Erkenntnisse;

e) Formulierung von Schlussfolgerungen;

f) Berichterstattung über die Ergebnisse und Schlussfolgerungen der Umweltbetriebsprüfung.

C. Berichterstattung über die Ergebnisse und Schlussfolgerungen der Umweltbetriebsprüfung

Die grundlegenden Ziele eines schriftlichen Umweltbetriebsprüfungsberichts bestehen darin,

a) den Umfang der Umweltbetriebsprüfung zu dokumentieren;

b) die Leitung der Organisation über den Grad der Übereinstimmung mit der Umweltpolitik der Organisation und über Fortschritte im Bereich des internen Umweltschutzes zu unterrichten;

c) die Organisationsleitung über die Wirksamkeit und Zuverlässigkeit der Regelungen für die Überwachung der Umweltauswirkungen der Organisation zu unterrichten;

d) gegebenenfalls die Notwendigkeit von Korrekturmaßnahmen zu belegen.

**ANHANG IV**

**UMWELTBERICHTERSTATTUNG**

A. Einleitung

Die Umweltinformationen sind klar und zusammenhängend zu präsentieren und in elektronischer oder gedruckter Form vorzulegen.

B. Umwelterklärung

Die Umwelterklärung enthält mindestens die nachstehenden Elemente und erfüllt die nachstehenden Mindestanforderungen:

a) klare und unmissverständliche Beschreibung der Organisation, die sich nach EMAS registrieren lässt, und eine Zusammenfassung ihrer Tätigkeiten, Produkte und Dienstleistungen sowie gegebenenfalls der Beziehung zu etwaigen Mutterorganisationen;

b) Umweltpolitik der Organisation und kurze Beschreibung ihres Umweltmanagementsystems;

c) Beschreibung aller bedeutenden direkten und indirekten Umweltaspekte, die zu bedeutenden Umweltauswirkungen der Organisation führen, und Erklärung der Art der auf diese Umweltaspekte bezogenen Auswirkungen (Anhang I Nummer 2);

d) Beschreibung der Umweltzielsetzungen und -einzelziele im Zusammenhang mit den bedeutenden Umweltaspekten und -auswirkungen;

e) Zusammenfassung der verfügbaren Daten über die Umweltleistung, gemessen an den Umweltzielsetzungen und -einzelziele der Organisation und bezogen auf ihre bedeutenden Umweltauswirkungen. Die Informationen beziehen sich auf die Kernindikatoren und andere bereits vorhandene einschlägige Indikatoren für die Umweltleistung gemäß Abschnitt C;

f) sonstige Faktoren der Umweltleistung, einschließlich der Einhaltung von Rechtsvorschriften im Hinblick auf ihre bedeutenden Umweltauswirkungen;

g) Bezugnahme auf die geltenden Umweltvorschriften;

h) Name und Akkreditierungs- oder Zulassungsnummer des Umweltgutachters und Datum der Validierung. Die aktualisierte Umwelterklärung enthält mindestens die Elemente und erfüllt die Mindestanforderungen, die unter den Buchstaben e bis h genannt sind.

# Anlage § 055–04

Zu § 55 Energiesteuergesetz

C. Kernindikatoren und andere bereits vorhandene einschlägige Indikatoren für die Umweltleistung

1. Einleitung

    Die Organisationen liefern in der Umwelterklärung und deren Aktualisierungen Angaben zu den nachstehend aufgeführten Kernindikatoren, soweit sie sich auf die direkten Umweltaspekte der Organisation beziehen, und zu anderen bereits vorhandenen Indikatoren für die Umweltleistung.

    Die Erklärungen enthalten Angaben zu den tatsächlichen Inputs/Auswirkungen. Wenn durch die Offenlegung der Daten die Vertraulichkeit kommerzieller und industrieller Informationen der Organisation verletzt wird und eine solche Vertraulichkeit durch nationale oder gemeinschaftliche Rechtsvorschriften gewährleistet wird, um berechtigte wirtschaftliche Interessen zu wahren, kann die Organisation diese Informationen an eine Messziffer koppeln, z. B. durch die Festlegung eines Bezugsjahrs (mit der Messziffer 100), auf das sich die Entwicklung des tatsächlichen Inputs bzw. der tatsächlichen Auswirkungen bezieht.

    Die Indikatoren müssen

    a) die Umweltleistung der Organisation unverfälscht darstellen;

    b) verständlich und eindeutig sein;

    c) einen Vergleich von Jahr zu Jahr ermöglichen, damit beurteilt werden kann, wie sich die Umweltleistung der Organisation entwickelt;

    d) gegebenenfalls einen Vergleich zwischen verschiedenen branchenbezogenen, nationalen oder regionalen Referenzwerten (Benchmarks) ermöglichen;

    e) gegebenenfalls einen Vergleich mit Rechtsvorschriften ermöglichen.

2. Kernindikatoren

    a) Kernindikatoren gelten für alle Arten von Organisationen. Sie betreffen die Umweltleistung in folgenden Schlüsselbereichen:

    i) Energieeffizienz,

    ii) Materialeffizienz,

    iii) Wasser,

    iv) Abfall,

    v) biologische Vielfalt und vi) Emissionen.

    Ist eine Organisation der Auffassung, dass einer oder mehrere Kernindikatoren für ihre direkten Umweltaspekte nicht wesentlich sind, muss die Organisation keine Informationen zu diesen Kernindikatoren geben. Die Organisation gibt hierfür eine Begründung, die in Bezug zu ihrer Umweltprüfung steht.

    b) Jeder Indikator setzt sich zusammen aus

    i) einer Zahl A zur Angabe der gesamten jährlichen Inputs/Auswirkungen in dem betreffenden Bereich;

    ii) einer Zahl B zur Angabe des gesamten jährlichen Outputs der Organisation, und

    iii) einer Zahl R zur Angabe des Verhältnisses A/B.

    Jede Organisation liefert Angaben zu allen drei Elementen jedes Indikators.

    c) Die gesamten jährlichen Inputs/Auswirkungen in dem betreffenden Bereich (Zahl A) werden wie folgt angegeben:

    i) Bereich Energieeffizienz

    – „gesamter direkter Energieverbrauch" mit Angabe des jährlichen Gesamtenergieverbrauchs, ausgedrückt in MWh oder GJ;

    – „Gesamtverbrauch an erneuerbaren Energien" mit Angabe des Anteils der Energie aus erneuerbaren Energiequellen am jährlichen Gesamtverbrauch (Strom und Wärme) der Organisation;

    ii) Bereich Materialeffizienz

    – „jährlicher Massenstrom der verschiedenen Einsatzmaterialien" (ohne Energieträger und Wasser), ausgedrückt in Tonnen;

    iii) Bereich Wasser

    – „gesamter jährlicher Wasserverbrauch", ausgedrückt in m3;

Zu § 55 Energiesteuergesetz  **Anlage § 055–04**

iv) Bereich Abfall
  – „gesamtes jährliches Abfallaufkommen", aufgeschlüsselt nach Abfallart und ausgedrückt in Tonnen;
  – „gesamtes jährliches Aufkommen an gefährlichen Abfällen", ausgedrückt in Kilogramm oder Tonnen;
v) Bereich biologische Vielfalt
  – „Flächenverbrauch", ausgedrückt in m2 bebauter Fläche;
vi) Bereich Emissionen
  – „jährliche Gesamtemissionen von Treibhausgasen", die mindestens die Emissionen an $CO_2$, $CH_4$, $N_2O$, Hydrofluorkarbonat, Perfluorkarbonat und $SF_6$ enthalten, ausgedrückt in Tonnen $CO_2$-Äquivalent;
  – „jährliche Gesamtemissionen in die Luft", die mindestens die Emissionen an $SO_2$, $NO_X$ und PM enthalten, ausgedrückt in Kilogramm oder Tonnen.

Zusätzlich zu den oben definierten Indikatoren können die Organisationen auch andere Indikatoren verwenden, um die gesamten jährlichen Inputs/Auswirkungen in dem betreffenden Bereich anzugeben.

d) Die Angabe des jährlichen Gesamtoutputs der Organisation (Zahl B) ist in allen Bereichen gleich, wird aber an die verschiedenen Arten von Organisationen nach Maßgabe ihrer Tätigkeitsart angepasst, und ist wie folgt anzugeben.

i) Für in der Produktion tätige Organisationen (Industrie) wird die jährliche Gesamtbruttowertschöpfung, ausgedrückt in Millionen Euro (Mio. EUR), oder die jährliche Gesamtausbringungsmenge, ausgedrückt in Tonnen, bzw. – bei kleinen Organisationen – der jährliche Gesamtumsatz oder die Zahl der Mitarbeiter angegeben.

ii) Für Organisationen in den nicht produzierenden Branchen (Verwaltung/Dienstleistungen) wird die Größe der Organisation, ausgedrückt als Zahl ihrer Mitarbeiter, angegeben.

Zusätzlich zu den oben definierten Indikatoren können die Organisationen auch andere Indikatoren verwenden, um ihren jährlichen Gesamtoutput anzugeben.

3. Andere einschlägige Indikatoren für die Umweltleistung

Jede Organisation erstattet zudem alljährlich Bericht über ihre Leistung in Bezug auf die spezifischeren der in ihrer Umwelterklärung genannten Umweltaspekte, wobei sie – soweit verfügbar – die branchenspezifischen Referenzdokumente gemäß Artikel 46 berücksichtigt.

2. Öffentlicher Zugang

Die Organisation muss dem Umweltgutachter nachweisen können, dass jedem, den die Umweltleistung der Organisation interessiert, problemlos und frei Zugang zu den gemäß den Abschnitten B und C vorgeschriebenen Informationen erteilt werden kann.

Die Organisation sorgt dafür, dass diese Informationen in (einer) der Amtssprache(n) des Mitgliedstaats, in dem die Organisation registriert ist, und gegebenenfalls in (einer) der Amtssprache(n) der Mitgliedstaaten, in denen sich von einer Sammelregistrierung erfasste Standorte befinden, verfügbar sind.

E. Lokale Rechenschaftspflicht

Organisationen, die sich nach EMAS registrieren lassen, ziehen es womöglich vor, eine Art Gesamt-Umwelterklärung zu erstellen, die verschiedene Standorte umfasst.

Da in EMAS eine lokale Rechenschaftspflicht angestrebt wird, müssen die Organisationen dafür sorgen, dass die bedeutenden Umweltauswirkungen eines jeden Standorts eindeutig beschrieben und in der Gesamt-Umwelterklärung erfasst sind.

**Anlage § 055–04**  Zu § 55 Energiesteuergesetz

## ANHANG V
## EMAS-LOGO

**EMAS**
VERIFIED
ENVIRONMENTAL
MANAGEMENT
REG.NO.

1. Das EMAS-Logo kann in allen 23 Sprachen verwendet werden, sofern der folgende Wortlaut Anwendung findet:

   Bulgarisch: „Проверено управление по околна среда"
   Tschechisch: „Ověřený systém environmentálního řízení"
   Dänisch: „Verificeret miljøledelse"
   Niederländisch: „Geverifieerd milieuzorgsysteem"
   Englisch: „Verified environmental management"
   Estnisch: „Tõendatud keskkonnajuhtimine"
   Finnisch: „Todennettu ympäristöasioiden hallinta"
   Französisch: „Management environnemental vérifié"
   Deutsch: „Geprüftes Umweltmanagement"
   Griechisch: „επιθεωρημένη περιβαλλοντική διαχείριση"
   Ungarisch: „Hitelesített környezetvédelmi vezetési rendszer"
   Italienisch: „Gestione ambientale verificata"
   Irisch: „Bainistíocht comhshaoil fioraithe"
   Lettisch: „Verificēta vides pārvaldība"
   Litauisch: „Įvertinta aplinkosaugos vadyba"
   Maltesisch: „Immaniggjar Ambjentali Verifikat"
   Polnisch: „Zweryfikowany system zarządzania środowiskowego"
   Portugiesisch: „Gestão ambiental verificada"
   Rumänisch: „Management de mediu verificat"
   Slowakisch: „Overené environmentálne manažérstvo"
   Slowenisch: „Preverjen sistem ravnanja z okoljem"
   Spanisch: „Gestión medioambiental verificada"
   Schwedisch: „Verifierat miljöledningssystem"

2. Das Logo ist in folgenden Farben abzubilden:
   – entweder in drei Farben (Pantone Nr. 355 Grün; Pantone Nr. 109 Gelb; Pantone Nr. 286 Blau)
   – in Schwarz
   – in Weiß oder
   – in Grauwerten.

Zu § 55 Energiesteuergesetz  Anlage § 055–04

## ANHANG VI
## FÜR DIE REGISTRIERUNG ERFORDERLICHE ANGABEN
(gegebenenfalls bereitzustellende Angaben)

**1. ORGANISATION**

Name ......................................................................................................
Anschrift ......................................................................................................
Ort ......................................................................................................
Postleitzahl ......................................................................................................
Land/Bundesland/Region/Autonome Gemeinschaft ......................................................................................................
Kontaktperson ......................................................................................................
Telefon ......................................................................................................
Fax ......................................................................................................
E-Mail ......................................................................................................
Website ......................................................................................................
Öffentlicher Zugang zur Umwelterklärung oder deren Aktualisierungen
a) in gedruckter Form ......................................................................................................
b) in elektronischer Form ......................................................................................................
Registrierungsnummer ......................................................................................................
Registrierungsdatum ......................................................................................................
Datum der Aussetzung der Registrierung ......................................................................................................
Datum der Streichung der Registrierung ......................................................................................................
Datum der nächsten Umwelterklärung ......................................................................................................
Datum der nächsten aktualisierten Umwelterklärung ......................................................................................................
Antrag auf eine Ausnahmeregelung gemäß Artikel 7 ......................................................................................................
A – NEIN
NACE-Code der Tätigkeiten ......................................................................................................
Zahl der Mitarbeiter ......................................................................................................
Umsatz oder Jahresbilanz ......................................................................................................

**2. STANDORT**

Name ......................................................................................................
Anschrift ......................................................................................................
Postleitzahl ......................................................................................................
Ort ......................................................................................................
Land/Bundesland/Region/Autonome Gemeinschaft ......................................................................................................
Kontaktperson ......................................................................................................
Telefon ......................................................................................................
Fax ......................................................................................................
E-Mail ......................................................................................................
Website ......................................................................................................
Öffentlicher Zugang zur Umwelterklärung oder deren Aktualisierungen
a) in gedruckter Form ......................................................................................................
b) in elektronischer Form ......................................................................................................
Registrierungsnummer ......................................................................................................
Registrierungsdatum ......................................................................................................
Datum der Aussetzung der Registrierung ......................................................................................................
Datum der Streichung der Registrierung ......................................................................................................
Datum der nächsten Umwelterklärung ......................................................................................................

## Anlage § 055–04

Zu § 55 Energiesteuergesetz

Datum der nächsten aktualisierten Umwelterklärung .................
Antrag auf eine Ausnahmeregelung gemäß Artikel 7 .................
JA – NEIN
NACE-Code der Tätigkeiten .................
Zahl der Mitarbeiter .................
Umsatz oder Jahresbilanz .................

### 3. UMWELTGUTACHTER

Name des Umweltgutachters .................
Anschrift .................
Postleitzahl .................
Ort .................
Land/Bundesland/Region/Autonome Gemeinschaft .................
Telefon .................
Fax .................
E-Mail .................
Registrierungsnummer der Akkreditierung
oder Zulassung .................
Geltungsbereich der Akkreditierung oder
Zulassung (NACE-Codes) .................
Akkreditierungsstelle oder Zulassungsstelle .................
..., den ... ... 20.... .................
Unterschrift des Vertreters der Organisation .................

### ANHANG VII

### ERKLÄRUNG DES UMWELTGUTACHTERS ZU DEN BEGUTACHTUNGS- und VALIDIERUNGSTÄTIGKEITEN

Der Unterzeichnete, ................................................................ (Name),
EMAS-Umweltgutachter mit der Registrierungsnummer ................................................,
akkreditiert oder zugelassen für den Bereich ................................ (NACE-Code),
bestätigt, begutachtet zu haben, ob der/die Standort(e) bzw. die gesamte Organisation, wie in der Umwelterklärung/der aktualisierten Umwelterklärung (*) der Organisation ........................... (Name)
mit der Registrierungsnummer (soweit vorliegend) ........................................................
angegeben, alle Anforderungen der Verordnung (EG) Nr. 1221/2009 des Europäischen Parlaments und des Rates vom 25. November 2009 über die freiwillige Teilnahme von Organisationen an einem Gemeinschaftssystem für Umweltmanagement und Umweltbetriebsprüfung (EMAS) erfüllt/erfüllen.

Mit der Unterzeichnung dieser Erklärung wird bestätigt, dass

– die Begutachtung und Validierung in voller Übereinstimmung mit den Anforderungen der Verordnung (EG) Nr. 1221/2009 durchgeführt wurden,
– das Ergebnis der Begutachtung und Validierung bestätigt, dass keine Belege für die Nichteinhaltung der geltenden Umweltvorschriften vorliegen,
– die Daten und Angaben der Umwelterklärung/der aktualisierten Umwelterklärung (*) der Organisation/des Standorts (*) ein verlässliches, glaubhaftes und wahrheitsgetreues Bild sämtlicher Tätigkeiten der Organisation/des Standorts (*) innerhalb des in der Umwelterklärung angegebenen Bereichs geben.

Diese Erklärung kann nicht mit einer EMAS-Registrierung gleichgesetzt werden. Die EMAS-Registrierung kann nur durch eine zuständige Stelle gemäß der Verordnung (EG) Nr. 1221/2009 erfolgen. Diese Erklärung darf nicht als eigenständige Grundlage für die Unterrichtung der Öffentlichkeit verwendet werden.

..., den .../.../20....
Unterschrift
(*) Nichtzutreffendes streichen.

Zu § 55 Energiesteuergesetz  **Anlage § 055–04**

## ANHANG VIII
## ENTSPRECHUNGSTABELLE

| Verordnung (EG) Nr. 761/2001 | Vorliegende Verordnung |
|---|---|
| Artikel 1 Absatz 1 | Artikel 1 |
| Artikel 1 Absatz 2 Buchstabe a | – |
| Artikel 1 Absatz 2 Buchstabe b | – |
| Artikel 1 Absatz 2 Buchstabe c | – |
| Artikel 1 Absatz 2 Buchstabe d | – |
| Artikel 2 Buchstabe a | Artikel 2 Absatz 1 |
| Artikel 2 Buchstabe b | – |
| Artikel 2 Buchstabe c | Artikel 2 Absatz 2 |
| Artikel 2 Buchstabe d | – |
| Artikel 2 Buchstabe e | Artikel 2 Absatz 9 |
| Artikel 2 Buchstabe f | Artikel 2 Absatz 4 |
| Artikel 2 Buchstabe g | Artikel 2 Absatz 8 |
| Artikel 2 Buchstabe h | Artikel 2 Absatz 10 |
| Artikel 2 Buchstabe i | Artikel 2 Absatz 11 |
| Artikel 2 Buchstabe j | Artikel 2 Absatz 12 |
| Artikel 2 Buchstabe k | Artikel 2 Absatz 13 |
| Artikel 2 Buchstabe l | Artikel 2 Absatz 16 |
| Artikel 2 Buchstabe l Ziffer i | – |
| Artikel 2 Buchstabe l Ziffer ii | – |
| Artikel 2 Buchstabe m | – |
| Artikel 2 Buchstabe n | Artikel 2 Absatz 17 |
| Artikel 2 Buchstabe o | Artikel 2 Absatz 18 |
| Artikel 2 Buchstabe p | – |
| Artikel 2 Buchstabe q | Artikel 2 Absatz 20 |
| Artikel 2 Buchstabe r | – |
| Artikel 2 Buchstabe s Unterabsatz 1 | Artikel 2 Absatz 21 |
| Artikel 2 Buchstabe s Unterabsatz 2 | – |
| Artikel 2 Buchstabe t | Artikel 2 Absatz 22 |
| Artikel 2 Buchstabe u | – |
| Artikel 3 Absatz 1 | – |
| Artikel 3 Absatz 2 Buchstabe a Unterabsatz 1 | Artikel 4 Absatz 1 Buchstaben a und b |
| Artikel 3 Absatz 2 Buchstabe a Unterabsatz 2 | Artikel 4 Absatz 3 |
| Artikel 3 Absatz 2 Buchstabe b | Artikel 4 Absatz 1 Buchstabe a |
| Artikel 3 Absatz 2 Buchstabe c | Artikel 4 Absatz 1 Buchstabe d |
| Artikel 3 Absatz 2 Buchstabe d | Artikel 4 Absatz 5 |
| Artikel 3 Absatz 2 Buchstabe e | Artikel 5 Absatz 2 Unterabsatz 1; Artikel 6 Absatz 3 |
| Artikel 3 Absatz 3 Buchstabe a | Artikel 6 Absatz 1 Buchstabe a |

# Anlage § 055–04

Zu § 55 Energiesteuergesetz

| Verordnung (EG) Nr. 761/2001 | Vorliegende Verordnung |
|---|---|
| Artikel 3 Absatz 3 Buchstabe b erster Satz | Artikel 6 Absatz 1 Buchstaben b und c |
| Artikel 3 Absatz 3 Buchstabe b zweiter Satz | Artikel 7 Absatz 1 |
| Artikel 4 Absatz 1 | – |
| Artikel 4 Absatz 2 | Artikel 51 Absatz 2 |
| Artikel 4 Absatz 3 | – |
| Artikel 4 Absatz 4 | – |
| Artikel 4 Absatz 5 erster Satz | Artikel 25 Absatz 10 Unterabsatz 1 |
| Artikel 4 Absatz 5 zweiter Satz | Artikel 25 Absatz 10 Unterabsatz 2 Satz 2 |
| Artikel 4 Absatz 6 | Artikel 41 |
| Artikel 4 Absatz 7 | – |
| Artikel 4 Absatz 8 Unterabsatz 1 | Artikel 30 Absatz 1 |
| Artikel 4 Absatz 8 Unterabsatz 2 | Artikel 30 Absätze 3 und 5 |
| Artikel 4 Absatz 8 Unterabsatz 3 erster und zweiter Satz | Artikel 31 Absatz 1 |
| Artikel 4 Absatz 8 Unterabsatz 3 letzter Satz | Artikel 31 Absatz 2 |
| Artikel 5 Absatz 1 | Artikel 11 Absatz 1 Unterabsatz 1 |
| Artikel 5 Absatz 2 | Artikel 11 Absatz 3 |
| Artikel 5 Absatz 3 erster Satz | Artikel 12 Absatz 1 |
| Artikel 5 Absatz 3 zweiter Satz erster Gedankenstrich | Artikel 12 Absatz 1 Buchstabe a |
| Artikel 5 Absatz 3 zweiter Satz zweiter Gedankenstrich | Artikel 12 Absatz 1 Buchstabe b |
| Artikel 5 Absatz 4 | Artikel 11 Absatz 1 Unterabsätze 2 und 3 |
| Artikel 5 Absatz 5 erster Satz | Artikel 16 Absatz 1 |
| Artikel 5 Absatz 5 zweiter Satz | Artikel 16 Absatz 3 erster Satz |
| Artikel 5 Absatz 5 dritter Satz | Artikel 17 Absatz 1 |
| Artikel 5 Absatz 5 vierter Satz | Artikel 16 Absatz 3 Unterabsatz 2 und Artikel 16 Absatz 4 Unterabsatz 2 |
| Artikel 6 Absatz 1 | Artikel 13 Absatz 1 |
| Artikel 6 Absatz 1 erster Gedankenstrich | Artikel 13 Absatz 2 Buchstabe a und Artikel 5 Absatz 2 Buchstabe a |
| Artikel 6 Absatz 1 zweiter Gedankenstrich | Artikel 13 Absatz 2 Buchstabe a und Artikel 5 Absatz 2 Buchstabe c |
| Artikel 6 Absatz 1 dritter Gedankenstrich | Artikel 13 Absatz 2 Buchstabe f und Artikel 5 Absatz 2 Buchstabe d |
| Artikel 6 Absatz 1 vierter Gedankenstrich | Artikel 13 Absatz 2 Buchstabe c |
| Artikel 6 Absatz 1 Unterabsatz 2 | Artikel 13 Absatz 2 erster Satz |
| Artikel 6 Absatz 2 | Artikel 15 Absatz 3 |
| Artikel 6 Absatz 3 erster Gedankenstrich | Artikel 15 Absatz 3 Buchstabe a |
| Artikel 6 Absatz 3 zweiter Gedankenstrich | Artikel 15 Absatz 3 Buchstabe b |
| Artikel 6 Absatz 3 dritter Gedankenstrich | – |

Zu § 55 Energiesteuergesetz  **Anlage § 055–04**

| Verordnung (EG) Nr. 761/2001 | Vorliegende Verordnung |
|---|---|
| Artikel 6 Absatz 3 letzter Satz | Artikel 15 Absatz 8 |
| Artikel 6 Absatz 4 Unterabsatz 1 | Artikel 15 Absatz 2 |
| Artikel 6 Absatz 4 Unterabsatz 2 | Artikel 15 Absatz 4 |
| Artikel 6 Absatz 5 erster Satz | Artikel 15 Absatz 6 |
| Artikel 6 Absatz 5 zweiter Satz | Artikel 15 Absätze 8 und 9 |
| Artikel 6 Absatz 6 | Artikel 15 Absatz 10 |
| Artikel 7 Absatz 1 | Artikel 28 Absatz 8 |
| Artikel 7 Absatz 2 erster Satz | Artikel 12 Absatz 2 |
| Artikel 7 Absatz 2 zweiter Satz | Artikel 12 Absatz 3 |
| Artikel 7 Absatz 3 | Artikel 42 Absatz 2 Buchstabe a |
| Artikel 8 Absatz 1 erster Satz | Artikel 10 Absatz 1 |
| Artikel 8 Absatz 1 zweiter Satz | Artikel 10 Absatz 2 |
| Artikel 8 Absatz 2 | – |
| Artikel 8 Absatz 3 Unterabsatz 1 | Artikel 10 Absatz 4 |
| Artikel 8 Absatz 3 Unterabsatz 2 | – |
| Artikel 9 Absatz 1 Einleitungssatz | Artikel 4 Absatz 3 |
| Artikel 9 Absatz 1 Buchstabe a | Artikel 45 Absatz 4 |
| Artikel 9 Absatz 1 Buchstabe b | Artikel 45 Absatz 4 |
| Artikel 9 Absatz 1 Unterabsatz 2 | Artikel 45 Absatz 5 |
| Artikel 9 Absatz 2 | – |
| rtikel 10 Absatz 1 | – |
| Artikel 10 Absatz 2 Unterabsatz 1 | Artikel 38 Absätze 1 und 2 |
| Artikel 10 Absatz 2 Unterabsatz 2 erster Satz | Artikel 41 |
| Artikel 10 Absatz 2 Unterabsatz 2 zweiter Satz | Artikel 47 |
| Artikel 11 Absatz 1 Unterabsatz 1 | Artikel 36 |
| Artikel 11 Absatz 1 erster Gedankenstrich | Artikel 36 Buchstabe a |
| Artikel 11 Absatz 1 zweiter Gedankenstrich | Artikel 36 Buchstabe c |
| Artikel 11 Absatz 1 dritter Gedankenstrich | Artikel 36 Buchstabe b |
| Artikel 11 Absatz 1 Unterabsatz 2 erster Satz | Artikel 37 Absatz 1 |
| Artikel 11 Absatz 1 Unterabsatz 2 zweiter Satz | – |
| Artikel 11 Absatz 1 Unterabsatz 2 dritter Satz | Artikel 37 Absatz 2 |
| Artikel 11 Absatz 1 Unterabsatz 2 vierter Satz | Artikel 37 Absatz 3 |
| Artikel 11 Absatz 2 | Artikel 43 Absatz 2 |
| Artikel 11 Absatz 3 erster Satz | Artikel 41 Absatz 2 |
| Artikel 11 Absatz 3 zweiter Satz | Artikel 47 |
| Artikel 12 Absatz 1 Buchstabe a | – |
| Artikel 12 Absatz 1 Buchstabe b | Artikel 35 Absatz 1 |
| Artikel 12 Absatz 1 Unterabsatz 2 | – |
| Artikel 12 Absatz 2 | Artikel 41 Absatz 2 |

# Anlage § 055–04

Zu § 55 Energiesteuergesetz

| Verordnung (EG) Nr. 761/2001 | Vorliegende Verordnung |
|---|---|
| Artikel 12 Absatz 3 | – |
| Artikel 13 | Artikel 40 Absatz 1 |
| Artikel 14 Absatz 1 | Artikel 49 Absatz 1 |
| Artikel 14 Absatz 2 | – |
| Artikel 14 Absatz 3 | – |
| Artikel 15 Absatz 1 | Artikel 50 |
| Artikel 15 Absatz 2 | Artikel 48 |
| Artikel 15 Absatz 3 | – |
| Artikel 16 Absatz 1 | Artikel 39 Absatz 1 |
| Artikel 16 Absatz 2 | Artikel 42 Absatz 2 |
| Artikel 17 Absatz 1 | – |
| Artikel 17 Absätze 2, 3 und 4 | Artikel 51 Absatz 2 |
| Artikel 17 Absatz 5 | – |
| Artikel 18 | Artikel 52 |

Zu § 55 Energiesteuergesetz

Anlage § 055–05

**Gesetz zur Ausführung der Verordnung (EG) Nr. 1221/2009 des Europäischen Parlaments und des Rates vom 25. November 2009 über die freiwillige Teilnahme von Organisationen an einem Gemeinschaftssystem für Umweltmanagement und Umweltbetriebsprüfung und zur Aufhebung der Verordnung (EG) Nr. 761/2001, sowie der Beschlüsse der Kommission 2001/681EG und 2006/193/EG (Umweltauditgesetz – UAG)**

Bundesministerium der Justiz Schreiben vom 7.12.1995

### Teil 1

### Allgemeine Vorschriften

**§ 1 Zweck des Gesetzes**

(1) Zweck dieses Gesetzes ist es, eine wirksame Durchführung der Verordnung (EG) Nr. 1221/2009 des Europäischen Parlaments und des Rates vom 25. November 2009 über die freiwillige Teilnahme von Organisationen an einem Gemeinschaftssystem für Umweltmanagement und Umweltbetriebsprüfung und zur Aufhebung der Verordnung (EG) Nr. 761/2001, sowie der Beschlüsse der Kommission 2001/681/EG und 2006/193/ EG (ABl. L 342 vom 22.12.2009, S. 1) in der jeweils geltenden Fassung sicherzustellen, insbesondere dadurch, dass

1. unabhängige, zuverlässige und fachkundige Umweltgutachter und Umweltgutachterorganisationen zugelassen werden,

2. eine wirksame Aufsicht über zugelassene Umweltgutachter und Umweltgutachterorganisationen ausgeübt wird und

3. Register über die geprüften Organisationen geführt werden.

(2) Sofern Ergebnisse der Umweltprüfung freiwillig oder auf Grund einer gesetzlichen Verpflichtung in einen Jahresabschluss, einen Einzelabschluss nach internationalen Rechnungslegungsstandards (§ 325 Abs. 2a des Handelsgesetzbuchs), einen Lagebericht, einen Konzernabschluss oder einen Konzernlagebericht aufgenommen werden, bleibt die Verantwortung des Abschlussprüfers nach den §§ 322, 323 des Handelsgesetzbuchs unberührt.

**§ 2 Begriffsbestimmungen**

(1) Für Zwecke dieses Gesetzes sind die in Artikel 2 der Verordnung (EG) Nr. 1221/2009 genannten Begriffsbestimmungen anzuwenden. Ergänzend gelten die Begriffsbestimmungen der Absätze 2 bis 4.

(2) Umweltgutachter im Sinne dieses Gesetzes sind natürliche Personen, die zur Wahrnehmung der Aufgaben im Sinne der Artikel 4 Absatz 5 sowie Artikel 6 in Verbindung mit Artikel 18, 19 und 25 bis 27 der Verordnung (EG) Nr. 1221/2009 nach diesem Gesetz zugelassen sind oder die in einem anderen Mitgliedstaat der Europäischen Union im Rahmen des Artikels 28 Absätze 1 bis 5 der Verordnung (EG) Nr. 1221/2009 nach dessen innerstaatlichem Recht zugelassen sind.

(3) Umweltgutachterorganisationen sind eingetragene Vereine, Aktiengesellschaften, Kommanditgesellschaften auf Aktien, Gesellschaften mit beschränkter Haftung, eingetragene Genossenschaften, offene Handelsgesellschaften, Kommanditgesellschaften und Partnerschaftsgesellschaften, die zur Wahrnehmung der Aufgaben im Sinne der Artikel 4 Absatz 5 sowie Artikel 6 in Verbindung mit Artikel 18, 19 und 25 bis 27 der Verordnung (EG) Nr. 1221/2009 nach diesem Gesetz zugelassen sind, sowie Personenvereinigungen, die in einem anderen Mitgliedstaat der Europäischen Union im Rahmen des Artikels 28 der Verordnung (EG) Nr. 1221/2009 nach dessen innerstaatlichem Recht als Umweltgutachterorganisationen zugelassen sind.

(4) Zulassungsbereiche im Sinne dieses Gesetzes sind die Ebenen und Zwischenstufen der Klassifizierung gemäß Anhang I der Verordnung (EG) Nr. 1893/2006 des Europäischen Parlaments und des Rates vom 20. Dezember 2006 zur Aufstellung der statistischen Systematik der Wirtschaftszweige NACE Revision 2 und zur Änderung der Verordnung (EWG) Nr. 3037/90 des Rates sowie einiger Verordnungen der EG über bestimmte Bereiche der Statistik (ABl. EU Nr. L 393 S. 1) in der jeweils geltenden Fassung in Verbindung mit der deutschen Klassifikation der Wirtschaftszweige des Statistischen Bundesamtes, Ausgabe 2008 (WZ 2008).

**§ 3 (weggefallen)**

**Anlage § 055–05**  Zu § 55 Energiesteuergesetz

## Teil 2
## Zulassung von Umweltgutachtern und Umweltgutachterorganisationen sowie Aufsicht; Beschränkung der Haftung

### Abschnitt 1
### Zulassung

#### § 4 Anforderungen an Umweltgutachter

(1) Umweltgutachter besitzen die nach der Verordnung (EG) Nr. 1221/2009 für die Wahrnehmung ihrer Aufgaben erforderliche Zuverlässigkeit, Unabhängigkeit und Fachkunde, wenn sie die in den §§ 5 bis 7 genannten Anforderungen erfüllen. Sie müssen den Nachweis erbringen, dass sie über dokumentierte Prüfungsmethoden und -verfahren (einschließlich der Qualitätskontrolle und der Vorkehrungen zur Wahrung der Vertraulichkeit) zur Erfüllung ihrer gutachterlichen Aufgaben verfügen.

(2) Die Tätigkeit als Umweltgutachter ist keine gewerbsmäßige Tätigkeit.

(3) Umweltgutachter müssen der Zulassungsstelle bei Antragstellung eine zustellungsfähige Anschrift im Bundesgebiet angeben. Nachträgliche Änderungen der zustellungsfähigen Anschrift sind der Zulassungsstelle innerhalb von vier Wochen nach der Änderung anzugeben.

(4) Umweltgutachter haben im beruflichen Verkehr die Berufsbezeichnung „Umweltgutachter" zu führen, Frauen können die Berufsbezeichnung „Umweltgutachterin" führen. Die Berufsbezeichnung darf nicht führen, wer keine Zulassung nach § 9 besitzt.

(5) Die Bundesregierung kann nach Anhörung des Umweltgutachterausschusses durch Rechtsverordnung, die nicht der Zustimmung des Bundesrates bedarf, die Anforderungen der §§ 5 bis 7 zu dem in § 1 Abs. 1 Nr. 1 bestimmten Zweck näher bestimmen.

#### § 5 Zuverlässigkeit

(1) Die erforderliche Zuverlässigkeit besitzt ein Umweltgutachter, wenn er auf Grund seiner persönlichen Eigenschaften, seines Verhaltens und seiner Fähigkeiten zur ordnungsgemäßen Erfüllung der ihm obliegenden Aufgaben geeignet ist.

(2) Für die Zuverlässigkeit bietet in der Regel derjenige keine Gewähr, der

1. wegen Verletzung der Vorschriften

    a) des Strafrechts über Eigentums- und Vermögensdelikte, Urkundenfälschung, Insolvenzstraftaten, gemeingefährliche Delikte und Umweltdelikte,

    b) des Immissionsschutz-, Abfall-, Wasser-, Natur- und Landschaftsschutz-, Chemikalien-, Gentechnik- oder Atom- und Strahlenschutzrechts,

    c) des Lebensmittel-, Arzneimittel-, Pflanzenschutz- oder Infektionsschutzrechts

    d) des Gewerbe- oder Arbeitsschutzrechts,

    e) des Betäubungsmittel-, Waffen- oder Sprengstoffrechts

    mit einer Strafe oder in den Fällen der Buchstaben b bis e mit einer Geldbuße in Höhe von mehr als tausend Deutsche Mark oder fünfhundert Euro belegt worden ist,

2. wiederholt oder grob pflichtwidrig

    a) gegen Vorschriften nach Nummer 1 Buchstabe b bis e verstoßen hat oder

    b) als Betriebsbeauftragter für Immissionsschutz, Gewässerschutz, Abfall, als Strahlenschutzbeauftragter im Sinne des § 31 der Strahlenschutzverordnung oder als Störfallbeauftragter im Sinne des § 58a des Bundes-Immissionsschutzgesetzes seine Verpflichtungen als Beauftragter verletzt hat,

3. infolge strafgerichtlicher Verurteilung die Fähigkeit zur Bekleidung öffentlicher Ämter verloren hat,

4. sich nicht in geordneten wirtschaftlichen Verhältnissen befindet, es sei denn, dass dadurch die Interessen der Auftraggeber oder anderer Personen nicht gefährdet sind, oder

5. aus gesundheitlichen Gründen nicht nur vorübergehend unfähig ist, den Beruf des Umweltgutachters ordnungsgemäß auszuüben.

#### § 6 Unabhängigkeit

(1) Der Umweltgutachter muss die gemäß Artikel 20 Absatz 4 und 5 der Verordnung (EG) Nr. 1221/2009 erforderliche Unabhängigkeit aufweisen.

(2) Für die gemäß Artikel 20 Absatz 4 und 5 der Verordnung (EG) Nr. 1221/2009 erforderliche Unabhängigkeit bietet in der Regel derjenige keine Gewähr, der

Zu § 55 Energiesteuergesetz **Anlage § 055–05**

1. neben seiner Tätigkeit als Umweltgutachter
   a) Inhaber einer Organisation oder der Mehrheit der Anteile an einer Organisation im Sinne des Artikels 2 Nummer 21 der Verordnung (EG) Nr. 1221/2009 aus derselben Gruppe gemäß NACE Revision 2 in der jeweils geltenden Fassung ist, auf die sich seine Tätigkeit als Umweltgutachter bezieht,
   b) Angestellter einer Organisation im Sinne des Artikels 2 Nummer 21 der Verordnung (EG) Nr. 1221/2009 aus derselben Gruppe gemäß NACE Revision 2 in der jeweils geltenden Fassung ist, auf die sich seine Tätigkeit als Umweltgutachter bezieht,
   c) eine Tätigkeit auf Grund eines Beamtenverhältnisses, Soldatenverhältnisses oder eines Anstellungsvertrages mit einer juristischen Person des öffentlichen Rechts, mit Ausnahme der in Absatz 3 genannten Fälle, ausübt, soweit nicht § 17 Absatz 2 Satz 3 Anwendung findet,
   d) eine Tätigkeit auf Grund eines Richterverhältnisses, öffentlich-rechtlichen Dienstverhältnisses als Wahlbeamter auf Zeit oder eines öffentlich-rechtlichen Amtsverhältnisses ausübt, es sei denn, dass er die ihm übertragenen Aufgaben ehrenamtlich wahrnimmt,
2. Weisungen auf Grund vertraglicher oder sonstiger Beziehungen bei der Tätigkeit als Umweltgutachter auch dann zu befolgen hat, wenn sie ihn zu gutachterlichen Handlungen gegen seine Überzeugung verpflichten,
3. organisatorisch, wirtschaftlich, kapital- oder personalmäßig mit Dritten verflochten ist, ohne dass deren Einflussnahme auf die Wahrnehmung der Aufgaben als Umweltgutachter, insbesondere durch Festlegungen in Satzung, Gesellschaftsvertrag oder Anstellungsvertrag auszuschließen ist.

Satz 1 Nr. 1 Buchstabe a und b gilt nicht für den Fall einer Begutachtung des Umweltmanagementsystems eines Umweltgutachters, einer Umweltgutachterorganisation oder eines Inhabers einer Fachkenntnisbescheinigung.

(3) Vereinbar mit dem Beruf des Umweltgutachters ist eine Beratungstätigkeit als Bediensteter einer Industrie- und Handelskammer, Handwerkskammer, Berufskammer oder sonstigen Körperschaft des öffentlichen Rechts, die eine Selbsthilfeeinrichtung für Unternehmen ist, die sich an dem Gemeinschaftssystem beteiligen können; dies gilt nicht, wenn der Bedienstete im Hinblick auf seine Tätigkeit als Umweltgutachter für Registrierungsaufgaben im Sinne des Artikels 12 Absatz 2 und 3 der Verordnung (EG) Nr. 1221/2009 zuständig ist oder Weisungen im Sinne des Absatzes 2 Nr. 2 unterliegt.

## § 7 Fachkunde

(1) Die erforderliche Fachkunde besitzt ein Umweltgutachter, wenn er auf Grund seiner Ausbildung, beruflichen Bildung und praktischen Erfahrung zur ordnungsgemäßen Erfüllung der ihm obliegenden Aufgaben geeignet ist.

(2) Die Fachkunde erfordert

1. den Abschluss eines einschlägigen Studiums, insbesondere auf den Gebieten der Wirtschafts- oder Verwaltungswissenschaften, der Naturwissenschaften oder Technik, der Biowissenschaften, Agrarwissenschaften, Forstwissenschaften, Geowissenschaften, der Medizin oder des Rechts, an einer Hochschule im Sinne des § 1 des Hochschulrahmengesetzes, soweit nicht die Voraussetzungen des Absatzes 3 gegeben sind,
2. ausreichende Fachkenntnisse gemäß Artikel 20 Absatz 2 Buchstabe a bis j der Verordnung (EG) Nr. 1221/2009, die in den nachfolgenden Fachgebieten geprüft werden:
   a) Methodik, Durchführung und Beurteilung der Umweltbetriebsprüfung,
   b) Umweltmanagement und die Begutachtung von Umweltinformationen (Umwelterklärung sowie Ausschnitte aus dieser),
   c) zulassungsbereichsspezifische Angelegenheiten des Umweltschutzes, auch in Bezug auf die Umweltdimension der nachhaltigen Entwicklung, einschließlich der einschlägigen Rechts- und veröffentlichten Verwaltungsvorschriften und
   d) Allgemeines Umweltrecht, nach Artikel 30 Absatz 3 und 6 in Verbindung mit Artikel 49 Absatz 3 der Verordnung (EG) Nr. 1221/2009 erstellte Leitlinien der Kommission und einschlägige Normen zum Umweltmanagement,
3. eine mindestens dreijährige eigenverantwortliche hauptberufliche Tätigkeit, bei der praktische Kenntnisse über den betrieblichen Umweltschutz erworben wurden.

(3) Von der Anforderung eines Hochschulstudiums nach Absatz 2 Nr. 1 können Ausnahmen erteilt werden, wenn in den Zulassungsbereichen, für die die Zulassung beantragt ist,

**Anlage § 055–05**  Zu § 55 Energiesteuergesetz

1. eine Fachschulausbildung, die Qualifikation als Meister oder eine gleichwertige Zulassung oder Anerkennung durch eine oberste Bundes- oder Landesbehörde oder eine Körperschaft des öffentlichen Rechts vorliegt und
2. Aufgaben in leitender Stellung oder als Selbständiger mindestens fünf Jahre hauptberuflich wahrgenommen wurden.

(4) Soweit die Ausnahme des Artikels 22 Absatz 3 der Verordnung (EG) Nr. 1221/2009 nicht vorliegt, wird ein Umweltgutachter für eine Tätigkeit in einem Land außerhalb der Europäischen Union in folgenden Fachgebieten geprüft:

a) Kenntnis und Verständnis der Rechts- und Verwaltungsvorschriften im Umweltbereich des Landes, für das die Zulassung beantragt wird, sowie

b) Kenntnis und Verständnis der Amtssprache dieses Landes.

Die Fachkundeanforderungen der Absätze 1 bis 3 bleiben hiervon unberührt.

### § 8 Fachkenntnisbescheinigung

(1) Eine Person, die nicht als Umweltgutachter zugelassen ist, darf für einen Umweltgutachter oder eine Umweltgutachterorganisation im Rahmen eines Angestelltenverhältnisses gutachterliche Tätigkeiten auf Grund der Verordnung (EG) Nr. 1221/2009 wahrnehmen, wenn sie

1. die Fachkundeanforderungen nach § 7 Absatz 2 Nummer 1 und 3 erfüllt,
2. auf mindestens einem der in § 7 Absatz 2 Nummer 2 genannten Fachgebiete diejenigen Fachkenntnisse besitzt, die für die Wahrnehmung gutachterlicher Tätigkeiten in einem oder mehreren Zulassungsbereichen erforderlich sind, und
3. in entsprechender Anwendung der §§ 5 und 6 die für ihre Tätigkeit erforderliche Zuverlässigkeit und Unabhängigkeit besitzt.

§ 7 Absatz 3 gilt entsprechend.

(2) Wenn die Anforderungen des Absatzes 1 erfüllt sind, ist von der Zulassungsstelle über Art und Umfang der nachgewiesenen Fachkenntnisse eine Bescheinigung zu erteilen, die erkennen lässt, auf welchen Fachgebieten und für welche Zulassungsbereiche die erforderlichen Fachkenntnisse vorliegen (Fachkenntnisbescheinigung). Die Fachkenntnisbescheinigung gestattet eine gutachterliche Tätigkeit nur in dem in ihr beschriebenen Umfang und nur als Angestellter eines Umweltgutachters oder einer Umweltgutachterorganisation im Zusammenwirken mit einem Umweltgutachter, der Berichte verantwortlich zeichnet, die Umwelterklärung validiert und die Erklärung nach Anhang VII der Verordnung (EG) Nr. 1221/2009 abgibt. Berichte, Umwelterklärungen und die Erklärung nach Anhang VII der Verordnung (EG) Nr. 1221/2009 sind vom Inhaber der Fachkenntnisbescheinigung lediglich mitzuzeichnen; Artikel 18, 19 und 25 der Verordnung (EG) Nr. 1221/2009 gelten für die Tätigkeit des Inhabers der Fachkenntnisbescheinigung entsprechend.

### § 9 Zulassung als Umweltgutachter

(1) Die Zulassung als Umweltgutachter ist von der Zulassungsstelle zu erteilen, wenn der Antragsteller die Anforderungen nach § 4 Abs. 1 und den §§ 5, 6 und 7 Absatz 1 bis 3 erfüllt. Die Zulassung ist auch auf Zulassungsbereiche zu erstrecken, für die der Umweltgutachter nicht selbst über die erforderliche Fachkunde verfügt,

1. wenn er im Hinblick auf die Erstellung der Gültigkeitserklärung nach Artikel 4 Absatz 6 der Verordnung (EWG) Nr. 1836/93 des Rates vom 29. Juni 1993 über die freiwillige Beteiligung gewerblicher Unternehmen an einem Gemeinschaftssystem für das Umweltmanagement und die Umweltbetriebsprüfung (ABl. L 168 vom 10.7.1993, S. 1, L 203 vom 29.8.1995, S. 17) oder nach Artikel 3 Absatz 2 und 3, Anhang V Abschnitte 5.4, 5.5 und 5.6 der Verordnung (EG) Nr. 761/2001 des Europäischen Parlaments und des Rates vom 19. März 2001 über die freiwillige Beteiligung von Organisationen an einem Gemeinschaftssystem für das Umweltmanagement und die Umweltbetriebsprüfung (EMAS) (ABl. L 114 vom 24.4.2001, S. 1) oder im Hinblick auf die Begutachtung und Validierung nach Artikel 4 Absatz 5, Artikel 18, 19 und 25 Absatz 4 und 8 der Verordnung (EG) Nr. 1221/2009 Personen angestellt hat, die für diese Zulassungsbereiche

    a) als Umweltgutachter zugelassen sind oder

    b) die erforderlichen Fachkenntnisbescheinigungen besitzen und

2. wenn er sicherstellt, dass die in der Nummer 1 Buchstabe b genannten Personen regelmäßig an Fortbildungsmaßnahmen teilnehmen können.

Zu § 55 Energiesteuergesetz **Anlage § 055–05**

Die Erteilung der Zulassung für die Tätigkeit in einem Land außerhalb der Europäischen Union (Drittlandszulassung) setzt neben der Erfüllung der Anforderungen nach den Sätzen 1 und 2 voraus, dass der Antragsteller die Anforderungen nach § 7 Absatz 4 erfüllt.

(2) In dem Zulassungsbescheid ist anzugeben,

1. für welche Zulassungsbereiche der Umweltgutachter selbst die erforderliche Fachkunde besitzt,
2. auf welche Zulassungsbereiche sich die Zulassung auf Grund angestellter fachkundiger Personen im Sinne des Absatzes 1 Satz 2 Nummer 1 erstreckt,
3. im Falle der Drittlandszulassung
   a) auf welches Drittland sich die Zulassung erstreckt, sowie
   b) ob die Drittlandszulassung erfolgt auf Grund
      aa) eigener Rechts- und Sprachkenntnisse des Umweltgutachters gemäß Artikel 22 Absatz 2 der Verordnung (EG) Nr. 1221/2009 oder
      bb) einer gemäß Artikel 22 Absatz 3 der Verordnung (EG) Nr. 1221/2009 mit einer qualifizierten Person oder Organisation getroffenen vertraglichen Vereinbarung.

Im Falle der Nummer 3 Buchstabe b Doppelbuchstabe bb sind die Personen, die die Voraussetzungen des Artikels 22 Absatz 2 Buchstabe a und b der Verordnung (EG) Nr. 1221/2009 erfüllen, in dem Zulassungsbescheid genau zu bezeichnen.

(3) Soweit sich die Zulassung auf Zulassungsbereiche erstreckt, für die der Umweltgutachter nicht selbst über die erforderliche Fachkunde verfügt, gestattet die Zulassung eine gutachterliche Tätigkeit nur im Zusammenwirken mit den in Absatz 1 Satz 2 Nr. 1 genannten Personen oder mit den qualifizierten Personen oder Organisationen, mit denen der Umweltgutachter eine vertragliche Vereinbarung gemäß Artikel 22 Absatz 3 der Verordnung (EG) Nr. 1221/2009 geschlossen hat; insbesondere sind Berichte und die Validierung von Umwelterklärungen sowie die Erklärung nach Anhang VII der Verordnung (EG) Nr. 1221/2009 von diesen Personen oder Organisationen mitzuzeichnen.

(4) Die Zulassung umfasst die Befugnis, gemäß Artikel 12 Absatz 1 der Verordnung (EWG) Nr. 1836/93, gemäß Artikel 9 Absatz 1 der Verordnung (EG) Nr. 761/2001 oder gemäß Artikel 4 Absatz 3 und Artikel 45 der Verordnung (EG) Nr. 1221/2009 Zertifizierungsbescheinigungen nach den von der Europäischen Kommission anerkannten Zertifizierungsverfahren zu erteilen. Sie umfasst ferner die Befugnis, Zertifizierungsbescheinigungen nach DIN EN ISO 14001:2004 + AC:2009 (Ausgabe 11/2009), DIN EN 16001:2009 (Ausgabe 8/2009) und DIN EN ISO 50001:2011 (Ausgabe 12/2011) zu erteilen. Die genannten DIN-Normen sind bei der Beuth Verlag GmbH, 10772 Berlin, zu beziehen und bei der Deutschen Nationalbibliothek in Leipzig archivmäßig gesichert niedergelegt.

### § 10 Zulassung als Umweltgutachterorganisation

(1) Die Zulassung als Umweltgutachterorganisation setzt voraus, dass

1. mindestens ein Drittel der persönlich haftenden Gesellschafter oder Partner oder der Mitglieder des Vorstandes oder der Geschäftsführer
   a) als Umweltgutachter zugelassen sind oder
   b) aus bei der Umweltgutachterorganisation angestellten Personen mit Fachkenntnisbescheinigungen und mindestens einem Umweltgutachter besteht,
2. im Hinblick auf Artikel 4 Absatz 5, Artikel 18, 19, 25 Absatz 4 und 8 der Verordnung (EG) Nr. 1221/2009 zeichnungsberechtigte Vertreter oder zeichnungsberechtigte Angestellte für die Zulassungsbereiche, für die die Zulassung beantragt ist,
   a) als Umweltgutachter zugelassen sind oder
   b) die erforderlichen Fachkenntnisbescheinigungen besitzen und
3. sichergestellt ist, dass die in der Nummer 2 genannten Personen regelmäßig an Fortbildungsmaßnahmen teilnehmen können,
4. geordnete wirtschaftliche Verhältnisse bestehen,
5. kein wirtschaftlicher, finanzieller oder sonstiger Druck die gutachterliche Tätigkeit beeinflussen oder das Vertrauen in die unparteiische Aufgabenwahrnehmung in Frage stellen können, wobei § 6 Abs. 2 Nr. 1 Buchstabe a und Nr. 2 und 3 entsprechend gilt,
6. die Organisation über ein Organigramm mit ausführlichen Angaben über die Strukturen und Verantwortungsbereiche innerhalb der Organisation verfügt und dieses sowie eine Erklärung über den Rechtsstatus, die Eigentumsverhältnisse und die Finanzierungsquellen der Zulassungsstelle auf Verlangen vorlegt und

**Anlage § 055–05**  Zu § 55 Energiesteuergesetz

7. der Zulassungsstelle der Nachweis erbracht wird, dass die Antragstellerin über dokumentierte Prüfungsmethoden und -verfahren (einschließlich der Qualitätskontrolle und der Vorkehrungen zur Wahrung der Vertraulichkeit) zur Erfüllung ihrer gutachterlichen Aufgaben verfügt.

Eine Drittlandszulassung setzt neben der Erfüllung der Anforderungen nach Satz 1 voraus, dass die Umweltgutachterorganisation, soweit nicht die Ausnahme des Artikels 22 Absatz 3 der Verordnung (EG) Nr. 1221/2009 vorliegt, über einen oder mehrere Umweltgutachter mit einer Drittlandszulassung für das Land verfügt, auf das sich der Zulassungsantrag der Umweltgutachterorganisation bezieht, und die im Hinblick auf Artikel 4 Absatz 5, die Artikel 18, 19, 25 Absatz 4 und 8 der Verordnung (EG) Nr. 1221/2009 zeichnungsberechtigte Vertreter oder Angestellte der Umweltgutachterorganisation sind.

(2) Die Zulassung ist von der Zulassungsstelle zu erteilen, wenn die Voraussetzungen des Absatzes 1 erfüllt sind. Die Zulassung gestattet gutachterliche Tätigkeiten nur in denjenigen Zulassungsbereichen, für die die Voraussetzungen des Absatzes 1 Satz 1 Nummer 2 oder Absatz 1 Satz 2 vorliegen. In dem Zulassungsbescheid ist anzugeben,

1. auf welche Zulassungsbereiche sich die Zulassung der Umweltgutachterorganisation auf Grund von fachkundigen Personen im Sinne des Absatzes 1 Satz 1 Nummer 2 erstreckt,

2. im Falle der Drittlandszulassung

   a) auf welches Drittland sich die Zulassung erstreckt sowie

   b) ob die Drittlandszulassung erfolgt auf Grund

      aa) des Vorhandenseins eines oder mehrerer Umweltgutachter im Sinne von Absatz 1 Satz 2, die im Hinblick auf Artikel 4 Absatz 5, die Artikel 18, 19, 25 Absatz 4 und 8 der Verordnung (EG) Nr. 1221/2009 zeichnungsberechtigte Vertreter oder Angestellte der Organisation sind oder

      bb) einer gemäß Artikel 22 Absatz 3 der Verordnung (EG) Nr. 1221/2009 mit einer qualifizierten Person oder Organisation getroffenen vertraglichen Vereinbarung.

Im Falle des Satzes 3 Nummer 2 Buchstabe b sind die Personen, die die Voraussetzungen des Artikels 22 Absatz 2 Buchstabe a und b der Verordnung (EG) Nr. 1221/2009 erfüllen, in dem Zulassungsbescheid genau zu bezeichnen.

(3) Die Zulassung gestattet gutachterliche Tätigkeiten von fachkundigen Personen im Sinne des Absatzes 1 Nr. 2 Buchstabe b nur im Zusammenwirken mit einem zugelassenen Umweltgutachter, der Berichte und die Validierung der Umwelterklärungen verantwortlich zeichnet; die genannten Personen müssen mitzeichnen.

(4) § 9 Absatz 4 gilt entsprechend.

(5) Die zugelassene Umweltgutachterorganisation hat die Bezeichnung „Umweltgutachter" in die Firma oder den Namen aufzunehmen. Die Bezeichnung darf in die Firma oder den Namen nicht aufgenommen werden, wenn keine Zulassung nach Absatz 2 erteilt ist.

**§ 10a Ausländische Unterlagen und Nachweise; Verfahren**

(1) Soweit im Rahmen des Zulassungsverfahrens Nachweise nach diesem Gesetz oder nach einer auf Grund dieses Gesetzes erlassenen Verordnung vorzulegen sind, stehen Nachweise aus einem anderen Mitgliedstaat der Europäischen Union oder einem anderen Vertragsstaat des Abkommens über den Europäischen Wirtschaftsraum inländischen Nachweisen gleich, wenn sie gleichwertig sind oder wenn aus ihnen hervorgeht, dass die betreffenden Anforderungen erfüllt sind. Es kann verlangt werden, dass die Unterlagen in beglaubigter Kopie und beglaubigter deutscher Übersetzung vorgelegt werden.

(2) Die Zulassungsstelle bestätigt den Empfang der von dem Antragsteller eingereichten Unterlagen innerhalb eines Monats und teilt gegebenenfalls mit, welche Unterlagen noch nachzureichen sind. Die Prüfung des Antrags auf Zulassung muss innerhalb von drei Monaten nach Einreichen der vollständigen Unterlagen abgeschlossen sein. Diese Frist kann in begründeten Fällen um einen Monat verlängert werden. Bestehen Zweifel an der Echtheit von vorgelegten Nachweisen nach Absatz 1 oder benötigt die Zulassungsstelle weitere Informationen, kann sie durch Nachfrage bei der zuständigen Stelle des Herkunftsstaates die Echtheit überprüfen und entsprechende Auskünfte einholen. Die mündliche Zulassungsprüfung ist innerhalb von sechs Monaten nach Vorliegen der erforderlichen Unterlagen abzuschließen, es sei denn, der Antragsteller beantragt einen späteren Prüfungszeitpunkt.

**§ 11 Bescheinigungs- und Zulassungsverfahren**

(1) Das Verfahren für die Erteilung einer Fachkenntnisbescheinigung nach § 8 und für die Zulassung nach den §§ 9 und 10 setzt einen schriftlichen Antrag voraus. Dem Antrag sind die zur Prüfung erforderlichen Unterlagen beizufügen.

(2) Die Fachkenntnisse des Umweltgutachters werden in einer mündlichen Prüfung von einem Prüfungsausschuss der Zulassungsstelle festgestellt. Gegenstand der mündlichen Prüfung sind
1. die in § 7 Abs. 2 Nr. 2 Buchstabe a bis d genannten Fachgebiete und
2. praktische Probleme aus der Berufsarbeit eines Umweltgutachters.

(3) Der Prüfungsgegenstand im Sinne des Absatzes 2 Nr. 1 ist insoweit beschränkt, als der Antragsteller für bestimmte Fachgebiete Fachkenntnisbescheinigungen vorgelegt hat oder der Antragsteller in vorherigen Prüfungen zur Zulassung als Umweltgutachter einzelne Fachgebiete bereits bestanden hat.

(4) Die nach § 7 Absatz 4 Satz 1 erforderlichen Rechts- und Sprachkenntnisse werden in einem Fachgespräch bei der Zulassungsstelle festgestellt. § 12 Absatz 1 Satz 1 gilt entsprechend.

(5) Für die Erteilung einer Fachkenntnisbescheinigung nach § 8 gelten die Absätze 2 und 3 entsprechend.

(6) Die Bundesregierung kann nach Anhörung des Umweltgutachterausschusses durch Rechtsverordnung, die nicht der Zustimmung des Bundesrates bedarf,
1. Verfahren nach den Absätzen 1 und 4, einschließlich Wiederholungsprüfungen,
2. Anforderungen an die Qualifikation der Mitglieder der Prüfungsausschüsse und die Durchführung der mündlichen Prüfung nach § 12 und
3. schriftliche Prüfungen allgemein oder für bestimmte Fachgebiete oder für bestimmte Zulassungsbereiche als unselbständigen Teil der Zulassungs- und Bescheinigungsverfahren vorschreiben und nähere Bestimmungen zu Gegenstand und Durchführung der schriftlichen Prüfungen treffen.

## § 12 Mündliche Prüfung

(1) Die mündliche Prüfung ist unselbständiger Teil der Zulassungs- und Bescheinigungsverfahren. Über den wesentlichen Inhalt und Ablauf der Prüfung ist eine Niederschrift zu fertigen.

(2) Zur Aufnahme in die Prüferliste des Umweltgutachterausschusses (§ 21 Abs. 1 Satz 2 Nr. 2) müssen die betreffenden Personen
1. ein Hochschulstudium abgeschlossen haben, das sie für die Prüfertätigkeit auf ihrem Fachgebiet qualifiziert,
2. über mindestens fünf Jahre eigenverantwortliche, hauptberufliche Erfahrungen in der Praxis des betrieblichen Umweltschutzes und,
3. im Falle der Zulassung als Prüfer für das Fachgebiet gemäß § 7 Abs. 2 Nr. 2 Buchstabe c, über mindestens fünf Jahre eigenverantwortliche, hauptberufliche Erfahrungen in einem betroffenen Zulassungsbereich verfügen.

(3) Die Zulassungsstelle wählt die Prüfer für die einzelnen Zulassungs- und Bescheinigungsverfahren aus der Prüferliste des Umweltgutachterausschusses (§ 21 Abs. 1 Satz 2 Nr. 2) aus und bestimmt den Vorsitzenden. Die Prüfer müssen jeweils die erforderliche Fachkunde für diejenigen Zulassungsbereiche und Fachgebiete besitzen, für die die Zulassung oder die Fachkenntnisbescheinigung im Einzelfall beantragt ist. Der Prüfer für das Fachgebiet „Recht" gemäß § 7 Abs. 2 Nr. 2 Buchstabe d muss zusätzlich die Befähigung zum Richteramt haben. Der Prüfungsausschuss besteht aus mindestens drei und höchstens fünf Mitgliedern. Mindestens ein Mitglied des Prüfungsausschusses muss jeweils als Umweltgutachter zugelassen sein.

## § 13 (weggefallen)

## § 14 Zulassungsregister

(1) Die Zulassungsstelle führt ein Zulassungsregister für Umweltgutachter, Umweltgutachterorganisationen und Inhaber von Fachkenntnisbescheinigungen. Das Zulassungsregister enthält Namen, Anschrift sowie Gegenstand der Zulassungen und Bescheinigungen der eingetragenen Personen und Umweltgutachterorganisationen.

Die Zulassungsstelle übermittelt der Europäischen Kommission über das Bundesministerium für Umwelt, Naturschutz und Reaktorsicherheit nach Artikel 28 Absatz 8 der Verordnung (EG) Nr. 1221/2009 monatlich eine fortgeschriebene Liste der eingetragenen Umweltgutachter und Umweltgutachterorganisationen. Diese Liste, ergänzt um die registrierten Inhaber von Fachkenntnisbescheinigungen, ist gleichzeitig dem Umweltgutachterausschuss, den zuständigen obersten Landesbehörden und der Stelle nach § 32 Abs. 2 Satz 1 in geeigneter Weise zugänglich zu machen.

(2) Jeder ist nach Maßgabe des Umweltinformationsgesetzes berechtigt, das Zulassungsregister einzusehen.

**Anlage § 055–05**           Zu § 55 Energiesteuergesetz

## Abschnitt 2
## Aufsicht

### § 15 Überprüfung von Umweltgutachtern, Umweltgutachterorganisationen und Inhabern von Fachkenntnisbescheinigungen

(1) Umweltgutachter, Umweltgutachterorganisationen und Inhaber von Fachkenntnisbescheinigungen sind von der Zulassungsstelle in regelmäßigen Abständen, mindestens alle 24 Monate nach Wirksamwerden der Zulassung oder der Fachkenntnisbescheinigung dahin zu überprüfen, ob die Voraussetzungen für die Zulassung nach den §§ 9 und 10 und für die Erteilung der Fachkenntnisbescheinigung nach § 8 weiterhin vorliegen. Dabei muss auch eine Überprüfung der Qualität der vorgenommenen Begutachtungen erfolgen. Dies umfasst eine mindestens alle 24 Monate durchzuführende Überprüfung der vom Umweltgutachter oder der Umweltgutachterorganisation validierten oder vom Inhaber einer Fachkenntnisbescheinigung mitgezeichneten Umwelterklärungen und der erstellten Begutachtungsberichte.

(2) Umweltgutachter und Inhaber einer Fachkenntnisbescheinigung sind zur Feststellung der erforderlichen Fähigkeiten und Fachkunde spätestens alle sechs Jahre nach Wirksamwerden der Zulassung einer praktischen Überprüfung bei ihrer Arbeit in Organisationen zu unterziehen. Organisationen haben die Durchführung einer Überprüfung nach Satz 1 durch die Zulassungsstelle zu dulden.

(3) Die Zulassungsstelle kann, falls erforderlich, das Fortbestehen der Zulassungsvoraussetzungen, insbesondere die erforderlichen Fähigkeiten des Umweltgutachters, der Umweltgutachterorganisation oder des Inhabers einer Fachkenntnisbescheinigung anhand einer Überprüfung im Umweltgutachterbüro oder im Büro des Inhabers der Fachkenntnisbescheinigung überprüfen (Geschäftsstellenprüfung). In diesem Fall soll die Überprüfung gemäß Absatz 1 Satz 3 im Rahmen der Geschäftsstellenprüfung durchgeführt werden.

(4) Unbeschadet der Absätze 1 bis 3 können aus besonderem Anlass geeignete Aufsichtsmaßnahmen ergriffen werden, wenn die Zulassungsstelle Anhaltspunkte dafür hat, dass der Umweltgutachter, die Umweltgutachterorganisation oder der Inhaber der Fachkenntnisbescheinigung die Voraussetzungen der Zulassung nicht mehr erfüllt oder seinen Aufgaben nach der Verordnung (EG) Nr. 1221/2009, nach diesem Gesetz oder nach den auf Grund dieses Gesetzes erlassenen Rechtsverordnungen nicht ordnungsgemäß nachgeht.

(5) Stellt die Zulassungsstelle im Rahmen der Aufsicht Mängel in der Qualität einer Begutachtung oder sonstige Tatsachen fest, die einen Grund für eine vorübergehende Aussetzung oder Streichung gemäß Artikel 15 Absätze 1 oder 4 der Verordnung (EG) Nr. 1221/2009 darstellen können, so setzt sie die Register führende Stelle über den Inhalt des Aufsichtsberichts in Kenntnis.

(6) Umweltgutachter, Umweltgutachterorganisationen und Inhaber von Fachkenntnisbescheinigungen sind verpflichtet,

1. Zweitschriften der von ihnen gezeichneten oder mitgezeichneten

    a) Vereinbarungen mit den Unternehmen über Gegenstand und Umfang der Begutachtung,

    b) Berichte an die Leitung der Organisation,

    c) in Abstimmung mit der Organisation erstellten Begutachtungsprogramme,

    d) validierten Umwelterklärungen, aktualisierten Umwelterklärungen und Umweltinformationen und

    e) Niederschriften über Besuche auf dem Betriebsgelände und über Gespräche mit dem Betriebspersonal

    im Sinne der Artikel 19 Absatz 1 und 25 Absatz 1 und 5 bis 9 der Verordnung (EG) Nr. 1221/2009 bis zur Überprüfung durch die Zulassungsstelle, jedoch nicht länger als fünf Jahre, aufzubewahren,

2. die Zulassungsstelle unverzüglich über alle Veränderungen zu unterrichten, die auf die Zulassung oder die Fachkenntnisbescheinigung Einfluss haben können,

3. sich bei Begutachtungen unparteiisch zu verhalten,

4. der Zulassungsstelle zur Vorbereitung der regelmäßig durchzuführenden Aufsichtsverfahren die erforderlichen Angaben zu machen und auf Verlangen der Zulassungsstelle die zur Überprüfung erforderlichen Unterlagen vorzulegen, wobei Umweltgutachterorganisationen auf Anforderung durch die Zulassungsstelle auch die zur Überprüfung der bei ihnen angestellten Umweltgutachter und Inhaber von Fachkenntnisbescheinigungen erforderlichen Unterlagen vorzulegen haben und

5. bei der Überprüfung von Organisationen neben den an den einzelnen Standorten der Organisation geltenden Rechtsvorschriften auch die hierzu ergangenen amtlich veröffentlichten Verwaltungsvorschriften des Bundes und der Länder zu berücksichtigen.

(7) Umweltgutachter und Inhaber von Fachkenntnisbescheinigungen sind verpflichtet, sich fortzubilden.

(8) Die Geschäftsräume der zu überprüfenden Umweltgutachter, Inhaber von Fachkenntnisbescheinigungen, Umweltgutachterorganisationen sowie, im Falle der Durchführung einer Überprüfung nach Absatz 2 Satz 1, der begutachteten Organisation, können zu den üblichen Geschäftszeiten betreten werden, wenn dies zur Feststellung der Anforderungen nach den §§ 8 bis 10 erforderlich ist.

(9) Der Aufsicht nach diesem Gesetz unterliegen Umweltgutachter oder Umweltgutachterorganisationen auch, soweit sie auf Grund ihrer Zulassung als Umweltgutachter oder Umweltgutachterorganisation befugt sind, Tätigkeiten auf Grund anderer rechtlicher Regelungen auszuüben. Die Absätze 4, 6 und 7 gelten bei der Ausübung von Tätigkeiten durch Umweltgutachter oder Umweltgutachterorganisationen auf Grund anderer rechtlicher Regelungen entsprechend.

### § 16 Anordnung, Untersagung

(1) Zur Erfüllung der Anforderungen und Pflichten nach der Verordnung (EG) Nr. 1221/2009, nach diesem Gesetz, nach den auf Grund dieses Gesetzes erlassenen Rechtsverordnungen und bei Tätigkeiten auf Grund anderer rechtlicher Regelungen im Sinne von § 15 Absatz 9 kann die Zulassungsstelle die erforderlichen Maßnahmen gegenüber Umweltgutachtern, Umweltgutachterorganisationen und Inhabern von Fachkenntnisbescheinigungen treffen.

(2) Die Zulassungsstelle kann insbesondere die Fortführung gutachterlicher Tätigkeiten ganz oder teilweise vorläufig untersagen, wenn Umweltgutachter, Umweltgutachterorganisationen und Inhaber von Fachkenntnisbescheinigungen

1. unter Verstoß gegen die Pflichten nach Artikel 4 Absatz 5 und Artikel 25 Absatz 8, jeweils in Verbindung mit Artikel 18 und 19, der Verordnung (EG) Nr. 1221/2009 eine Umwelterklärung mit unzutreffenden Angaben und Beurteilungen, insbesondere hinsichtlich der Einhaltung der an einem Standort einer Organisation geltenden Umweltvorschriften, validiert haben,
2. die Pflichten nach § 15 Abs. 6 und 7 nicht ordnungsgemäß erfüllt haben oder
3. eine vollziehbare Anordnung der Zulassungsstelle nicht befolgt haben.

Die Untersagung hat zu unterbleiben oder ist wieder aufzuheben, sobald die Pflichten und Anordnungen nach Satz 1 erfüllt sind oder bei nachträglicher Unmöglichkeit keine Wiederholungsgefahr eines Rechtsverstoßes besteht.

### § 17 Rücknahme und Widerruf von Zulassung und Fachkenntnisbescheinigung

(1) Zulassung und Fachkenntnisbescheinigung sind mit Wirkung für die Zukunft zurückzunehmen, wenn nachträglich Tatsachen bekannt werden, bei deren Kenntnis die Zulassung oder die Erteilung der Fachkenntnisbescheinigung hätte versagt werden müssen.

(2) Zulassung und Fachkenntnisbescheinigung sind zu widerrufen, wenn

1. der Umweltgutachter oder der Inhaber einer Fachkenntnisbescheinigung
   a) eine Tätigkeit im Sinne des § 6 Abs. 2 Nr. 1 aufgenommen und innerhalb einer von der Zulassungsstelle zu setzenden Frist nicht aufgegeben hat,
   b) infolge strafgerichtlicher Verurteilung die Fähigkeit zur Bekleidung öffentlicher Ämter verloren hat (§ 5 Abs. 2 Nr. 3),
   c) aus gesundheitlichen Gründen nicht nur vorübergehend unfähig geworden ist, gutachterliche Tätigkeiten ordnungsgemäß auszuführen (§ 5 Abs. 2 Nr. 5),
2. die Umweltgutachterorganisation die Anforderungen nach § 10 Absatz 1 Satz 1 Nummer 1 nicht mehr erfüllt und innerhalb einer von der Zulassungsstelle zu setzenden Frist einen gesetzmäßigen Zustand nicht herbeigeführt hat.

Eine Zulassung oder Fachkenntnisbescheinigung wird abweichend von Satz 1 Nummer 1 Buchstabe a nicht widerrufen, wenn der Umweltgutachter oder Inhaber einer Fachkenntnisbescheinigung nur vorübergehend Angestellter einer juristischen Person des öffentlichen Rechts ist; der Umweltgutachter oder Inhaber einer Fachkenntnisbescheinigung darf jedoch keine gutachterlichen Tätigkeiten auf der Grundlage seiner Zulassung oder Fachkenntnisbescheinigung ausüben, es sei denn, die Zulassungsstelle gestattet es. Die Zulassungsstelle kann im Falle des Satzes 2 die Ausübung gutachterlicher Tätigkeiten auf Antrag des Umweltgutachters oder Inhabers einer Fachkenntnisbescheinigung gestatten, wenn sie sich davon überzeugt hat, dass der Umweltgutachter oder Inhaber der Fachkenntnisbescheinigung weiterhin die erforderliche Unabhängigkeit nach § 6 Absatz 1 besitzt. Die Zulassung ist teilweise zu widerrufen, soweit die Voraussetzungen des § 9 Abs. 1 Satz 2 und des § 10 Abs. 1 Satz 1 Nummer 2 weggefallen und innerhalb einer von der Zulassungsstelle zu setzenden Frist nicht wiederhergestellt sind.

(3) Die Drittlandszulassung ist zu widerrufen, soweit eine nach § 9 Absatz 1 Satz 1 und 2 einem Umweltgutachter oder eine nach § 10 Absatz 2 Satz 1 in Verbindung mit Absatz 1 Satz 1 einer Umweltgutachterorganisation erteilte Zulassung widerrufen wurde. Sie ist ferner zu widerrufen, wenn im Falle des Umweltgutachters die Voraussetzungen des § 7 Absatz 4 in Verbindung mit Artikel 22 Absatz 2 der Verordnung (EG) Nr. 1221/2009 oder im Falle der Umweltgutachterorganisation die Voraussetzungen des § 10 Absatz 1 Satz 2 weggefallen und innerhalb einer von der Zulassungsstelle zu setzenden Frist nicht wiederhergestellt sind. Darüber hinaus ist die Drittlandszulassung eines Umweltgutachters oder einer Umweltgutachterorganisation zu widerrufen, wenn die Voraussetzungen des Artikels 22 Absatz 3 der Verordnung (EG) Nr. 1221/2009 weggefallen und innerhalb einer von der Zulassungsstelle zu setzenden Frist nicht wiederhergestellt sind.

(4) Zulassung und Fachkenntnisbescheinigung können, außer nach den Vorschriften des Verwaltungsverfahrensgesetzes, widerrufen werden, wenn

1. der Umweltgutachter keine zustellungsfähige Anschrift im Bundesgebiet angegeben hat (§ 4 Abs. 3),
2. bei der Durchführung von Begutachtungsaufträgen im Einzelfall ein Abhängigkeitsverhältnis zum auftraggebenden Unternehmen oder zum Betriebsprüfer des Standortes oder Weisungsverhältnisse im Sinne des § 6 Abs. 2 Nr. 2 zwischen den begutachtenden Personen bestanden und die Gefahr der Wiederholung gegeben ist oder
3. vollziehbare Anordnungen der Zulassungsstelle im Rahmen der Aufsicht nicht befolgt werden.

## § 18 Umweltgutachter und Umweltgutachterorganisationen aus anderen Mitgliedstaaten der Europäischen Union

(1) Umweltgutachter und Umweltgutachterorganisationen, die in einem anderen Mitgliedstaat der Europäischen Union oder in einem Staat des Europäischen Wirtschaftsraums zugelassen sind, haben der Zulassungsstelle ihre gutachterliche Tätigkeit nach den Sätzen 2 und 3 vor jeder Begutachtung im Bundesgebiet mindestens vier Wochen vor Aufnahme ihrer Tätigkeit anzuzeigen. In der Anzeige sind der Name, die Anschrift, die fachlichen Qualifikationen und, bei Umweltgutachtern, auch die Staatsangehörigkeit sowie, bei Umweltgutachterorganisationen, die Zusammensetzung der die Begutachtung durchführenden Personengruppe anzugeben. Ferner sind Ort und Zeit der Begutachtung, Anschrift und Ansprechpartner der Organisation sowie, soweit erforderlich, die zur Sicherstellung der erforderlichen Sprach- und Rechtskenntnisse getroffenen Maßnahmen anzugeben. Wenn dies zur Gewährleistung der Qualität der Begutachtung erforderlich ist, kann die Zulassungsstelle weitere Nachweise zu den Sprach- und Rechtskenntnissen verlangen. Bei der erstmaligen Anzeige sowie danach auf Anforderung der Zulassungsstelle sind der Anzeige eine Ausfertigung oder beglaubigte Abschrift der Zulassung und eine beglaubigte deutsche Übersetzung beizufügen.

(2) Die Zulassungsstelle muss vor Aufnahme der Tätigkeit von Umweltgutachtern oder Umweltgutachterorganisationen, die in einem anderen Mitgliedstaat der Europäischen Union oder in einem Staat des Europäischen Wirtschaftsraums zugelassen sind, im Bundesgebiet überprüfen, ob diese über eine gültige Zulassung des Mitgliedstaates verfügen. In regelmäßigen Abständen und mindestens alle 24 Monate nach der ersten Anzeige muss auch eine Überprüfung der Qualität der im Bundesgebiet vorgenommenen Begutachtungen erfolgen. § 15 Absatz 5, 6, 8 und 9 sowie § 16 gelten hierfür entsprechend. Die Zulassungsstelle kann den Umweltgutachter oder die Umweltgutachterorganisation zur Sicherstellung der Qualität der vorgenommenen Begutachtungen einer praktischen Überprüfung bei seiner oder ihrer Arbeit in Organisationen unterziehen. Organisationen haben die Durchführung einer Überprüfung nach Satz 4 zu dulden.

(3) Die Zulassungsstelle erstellt einen Aufsichtsbericht. Ist die Qualität der Begutachtungen zu beanstanden, so übermittelt sie den Aufsichtsbericht dem betroffenen Umweltgutachter oder der Umweltgutachterorganisation, der Zulassungsstelle, die die Zulassung erteilt hat, der zuständigen Register führenden Stelle und, bei weiteren Streitigkeiten, dem Forum der Zulassungsstellen.

(4) Soweit dies zur Feststellung der Anforderungen nach den §§ 7 bis 10 erforderlich ist, dürfen die inländischen Geschäftsräume der ausländischen Umweltgutachter oder Umweltgutachterorganisationen sowie der von diesen begutachteten Organisationen zu den üblichen Geschäftszeiten zur Durchführung der Überprüfung nach Absatz 2 Satz 4 betreten werden.

(5) Ist der Umweltgutachter oder die Umweltgutachterorganisation nicht im Inland ansässig oder vertreten, so erfolgen Zustellungen, sofern nicht besondere völkerrechtliche Regelungen etwas Abweichendes vorschreiben, nach Absendung einer Abschrift des Bescheides durch Aufgabe des Bescheides zur Post mit Einschreiben; die Zustellung gilt nach Ablauf von zwei Wochen ab der Aufgabe zur Post als erfolgt.

### § 19 Verbot der Validierung von Umwelterklärungen

Wer nicht die erforderliche Zulassung oder Fachkenntnisbescheinigung besitzt, darf weder eine Umwelterklärung nach Artikel 19 Absatz 2 oder Artikel 25 Absatz 8 der Verordnung (EG) Nr. 1221/2009 validieren, noch eine Erklärung nach Anhang VII der Verordnung (EG) Nr. 1221/2009 abgeben oder eine Mitzeichnung nach § 8 Absatz 2 Satz 3 vornehmen.

### § 20 Aufsichtsverfahren

Die Bundesregierung kann nach Anhörung des Umweltgutachterausschusses durch Rechtsverordnung, die nicht der Zustimmung des Bundesrates bedarf, Inhalt und Umfang der Pflichten nach § 15 Abs. 6 und 7 sowie das Verfahren für Aufsichtsmaßnahmen zu dem in § 1 Abs. 1 Nr. 2 genannten Zweck näher regeln.

## Abschnitt 3
## Umweltgutachterausschuss, Widerspruchsbehörde

### § 21 Aufgaben des Umweltgutachterausschusses

(1) Beim Bundesministerium für Umwelt, Naturschutz und Reaktorsicherheit wird ein Umweltgutachterausschuss gebildet. Der Umweltgutachterausschuss hat die Aufgabe,
1. Richtlinien für die Auslegung und Anwendung der §§ 4 bis 18 und der auf Grund dieser Rechtsvorschriften ergangenen Rechtsverordnungen zu erlassen,
2. eine Prüferliste für die Besetzung der Prüfungsausschüsse der Zulassungsstelle zu führen,
3. Empfehlungen für die Benennung von Sachverständigen durch die Widerspruchsbehörde auszusprechen,
4. das Bundesministerium für Umwelt, Naturschutz und Reaktorsicherheit in allen Zulassungs- und Aufsichtsangelegenheiten zu beraten,
5. die Verbreitung von EMAS zu fördern.

Die Richtlinien nach Satz 2 Nr. 1 sind vom Bundesministerium für Umwelt, Naturschutz und Reaktorsicherheit im Bundesanzeiger zu veröffentlichen.

(2) Der Umweltgutachterausschuss erhält von der Zulassungsstelle halbjährlich einen Bericht über Umfang, Inhalt und Probleme der Zulassungs- und Aufsichtstätigkeit. Insbesondere ist zu berichten über
1. die getroffenen Aufsichtsmaßnahmen,
2. die Praktikabilität und den Anpassungsbedarf erlassener Richtlinien nach Absatz 1 Satz 2 Nr. 1 und
3. den Regelungsbedarf durch neue Richtlinien nach Absatz 1 Satz 2 Nr. 1.

Der Umweltgutachterausschuss kann von der Zulassungsstelle Berichte zu besonderen Fragen anfordern.

### § 22 Mitglieder des Umweltgutachterausschusses

(1) Mitglieder des Umweltgutachterausschusses sind
– 6 Vertreter der Unternehmen oder ihrer Organisationen,
– 4 Vertreter der Umweltgutachter oder ihrer Organisationen,
– 2 Vertreter der Umweltverwaltung des Bundes,
– 1 Vertreter der Wirtschaftsverwaltung des Bundes,
– 4 Vertreter der Umweltverwaltung der Länder,
– 2 Vertreter der Wirtschaftsverwaltung der Länder,
– 3 Vertreter der Gewerkschaften,
– 3 Vertreter der Umweltverbände.

Sie unterliegen keinen Weisungen und sind ehrenamtlich tätig. Die Vorschriften der §§ 83 und 84 des Verwaltungsverfahrensgesetzes sind anzuwenden.

(2) Die Mitglieder des Umweltgutachterausschusses müssen in Angelegenheiten des betrieblichen Umweltschutzes über gründliche Fachkenntnisse und mindestens dreijährige praktische Erfahrungen verfügen.

(3) Das Bundesministerium für Umwelt, Naturschutz und Reaktorsicherheit beruft die Mitglieder des Umweltgutachterausschusses und für jedes Mitglied einen Stellvertreter für die Dauer von drei Jahren auf Vorschlag der Bundesdachverbände der Wirtschaft, der freien Berufe im Einvernehmen mit den Organisationen der Umweltgutachter, der Gewerkschaften und der Umweltverbände sowie der zuständigen obersten Bundes- und Landesbehörden. Für die Stellvertreter gelten die Absätze 1 und 2 entsprechend.

(4) Ein Mitglied wird höchstens zweimal in Folge für den Umweltgutachterausschuss berufen. Anschließend muss vor einer erneuten Berufung eine Unterbrechung von mindestens einer Berufungsperiode liegen.

### § 23 Geschäftsordnung, Vorsitz und Beschlussfassung des Umweltgutachterausschusses

(1) Der Umweltgutachterausschuss gibt sich eine Geschäftsordnung, die der Genehmigung durch das Bundesministerium für Umwelt, Naturschutz und Reaktorsicherheit bedarf.

(2) Der Umweltgutachterausschuss wählt den Vorsitzenden und vier Stellvertreter aus seiner Mitte. Zu ihnen muss jeweils ein Vertreter der Unternehmen, der Umweltgutachter, der Verwaltung, der Gewerkschaften und der Umweltverbände gehören.

(3) Der Umweltgutachterausschuss beschließt
1. in Angelegenheiten nach § 21 Abs. 1 Satz 2 Nr. 1 und 2 mit der Mehrheit von zwei Dritteln der gesetzlichen Mitgliederzahl,
2. in Angelegenheiten der Geschäftsordnung mit der Mehrheit der gesetzlichen Mitgliederzahl und
3. in sonstigen Fällen mit der Mehrheit der anwesenden Mitglieder.

### § 24 Widerspruchsbehörde

(1) Zuständig für die Entscheidung über Widersprüche gegen Verwaltungsakte der Zulassungsstelle ist das Bundesverwaltungsamt, das insoweit den fachlichen Weisungen des Bundesministeriums für Umwelt, Naturschutz und Reaktorsicherheit unterliegt.

(2) Die Entscheidung ist durch einen Beamten der Bundesverwaltung zu treffen, der die Befähigung zum Richteramt besitzt. Von der Widerspruchsbehörde hinzugezogene Sachverständige dürfen nicht dem Umweltgutachterausschuss angehören. Sie müssen in Angelegenheiten des betrieblichen Umweltschutzes über gründliche Fachkenntnisse und mindestens dreijährige praktische Erfahrungen verfügen.

(3) Die Widerspruchsbehörde kann an den Sitzungen des Umweltgutachterausschusses teilnehmen. Ihr ist auf Verlangen das Wort zu erteilen.

### § 25 Widerspruchsverfahren

(1) Der Widerspruch soll vor Erlass des Widerspruchsbescheides mit den Beteiligten mündlich erörtert werden. Mit Einverständnis aller Beteiligten kann von der mündlichen Erörterung abgesehen werden. Im Übrigen ist das Widerspruchsverfahren an bestimmte Formen nicht gebunden, soweit die §§ 68 bis 73 der Verwaltungsgerichtsordnung keine besonderen Rechtsvorschriften für die Form des Verfahrens enthalten. Es ist einfach und zweckmäßig durchzuführen.

(2) Soweit der Widerspruch gegen Entscheidungen der auf Grund des § 28 beliehenen Zulassungsstelle erfolgreich ist, sind die Aufwendungen des Widerspruchsführers nach § 80 Abs. 1 Satz 1 und 2 des Verwaltungsverfahrensgesetzes von dem privaten Rechtsträger der Zulassungsstelle zu erstatten.

### § 26 Geschäftsstelle

Für die Arbeit des Umweltgutachterausschusses wird eine Geschäftsstelle eingerichtet. Sie unterliegt den Weisungen des Vorsitzenden des Umweltgutachterausschusses.

### § 27 Rechtsaufsicht

(1) Der Umweltgutachterausschuss steht unter der Aufsicht des Bundesministeriums für Umwelt, Naturschutz und Reaktorsicherheit (Aufsichtsbehörde). Die Aufsicht erstreckt sich auf die Rechtmäßigkeit der Ausschusstätigkeit, insbesondere darauf, dass die gesetzlichen Aufgaben erfüllt werden.

(2) Die Aufsichtsbehörde kann an den Sitzungen des Umweltgutachterausschusses teilnehmen. Ihr ist auf Verlangen das Wort zu erteilen. Sie kann schriftliche Berichte und Aktenvorlage fordern.

(3) Beschlüsse nach § 21 Abs. 1 Satz 2 Nr. 1 bis 3 bedürfen der Genehmigung durch die Aufsichtsbehörde. Die Aufsichtsbehörde kann rechtswidrige Beschlüsse des Umweltgutachterausschusses beanstanden und nach vorheriger Beanstandung aufheben. Wenn der Umweltgutachterausschuss Beschlüsse oder sonstige Handlungen unterlässt, die zur Erfüllung seiner gesetzlichen Aufgaben erforderlich sind, kann die Aufsichtsbehörde anordnen, dass innerhalb einer bestimmten Frist die erforderlichen Maßnahmen getroffen werden. Die Aufsichtsbehörde hat die geforderten Handlungen im Einzelnen zu bezeichnen. Sie kann ihre Anordnung selbst durchführen oder von einem anderen durchführen lassen, wenn die Anordnung vom Umweltgutachterausschuss nicht befolgt worden ist.

(4) Wenn die Aufsichtsmittel nach Absatz 3 nicht ausreichen, kann die Aufsichtsbehörde den Umweltgutachterausschuss auflösen. Sie hat nach Eintritt der Unanfechtbarkeit der Auflösungsanordnung unverzüglich neue Mitglieder gemäß § 22 Abs. 3 zu berufen. Sie braucht vorgeschlagene Personen nicht zu berücksichtigen, die Mitglieder des aufgelösten Ausschusses waren.

Zu § 55 Energiesteuergesetz						Anlage § 055–05

## Abschnitt 4

### Zuständigkeit

**§ 28 Zulassungsstelle**

Das Bundesministerium für Umwelt, Naturschutz und Reaktorsicherheit wird ermächtigt, eine oder mehrere juristische Personen des Privatrechts mit den Aufgaben der Zulassungsstelle durch Rechtsverordnung, die nicht der Zustimmung des Bundesrates bedarf, zu beleihen, wenn deren Bereitschaft und Eignung zur ordnungsgemäßen Erfüllung der Zulassungs- und Aufsichtsaufgaben gegeben sind. Die Zulassungsstelle nimmt die Aufgaben der Zulassung und Beaufsichtigung der Umweltgutachter und Umweltgutachterorganisationen sowie der Inhaber von Fachkenntnisbescheinigungen gemäß Artikel 20 bis 24 und 27 bis 29 der Verordnung (EG) Nr. 1221/2009 und diesem Gesetz wahr. Sie berichtet dem Bundesministerium für Umwelt, Naturschutz und Reaktorsicherheit und dem Umweltgutachterausschuss regelmäßig über die Treffen und weiteren Aktivitäten des Forums der Zulassungsstellen der Mitgliedstaaten gemäß Artikel 30 und 31 der Verordnung (EG) Nr. 1221/2009.

**§ 29 Aufsicht über die Zulassungsstelle**

Die nach § 28 beliehene Zulassungsstelle steht unter der Aufsicht des Bundesministeriums für Umwelt, Naturschutz und Reaktorsicherheit (Aufsichtsbehörde). Die Aufsicht erstreckt sich auf die Rechtmäßigkeit der Zulassungs- und Aufsichtstätigkeit und auf die Entscheidungen nach § 16 Abs. 2, § 17 Absatz 4 Nr. 2 und 3 sowie § 18 Abs. 2 Satz 3.

## Abschnitt 5

### Beschränkung der Haftung

**§ 30 Beschränkung der Haftung**

Auf die Schadensersatzpflicht von Personen, die fahrlässig gehandelt haben, findet § 323 Abs. 2 des Handelsgesetzbuchs entsprechende Anwendung.

**§ 31 (weggefallen)**

## Teil 3

## Registrierung geprüfter Organisationen, Kosten, Bußgeld-, Übergangs- und Schlussvorschriften

### Abschnitt 1

### Registrierung geprüfter Organisationen

**§ 32 EMAS-Register**

(1) In das EMAS-Register wird eingetragen, an welchen Standorten die Organisation ein Umweltmanagementsystem betreibt, das die Anforderungen der Verordnung (EG) Nr. 1221/2009 erfüllt. Die Führung des Registers und die übrigen Aufgaben gemäß den Artikeln 11 bis 17 und Artikel 32 Absatz 3 der Verordnung (EG) Nr. 1221/2009 werden den Industrie- und Handelskammern und den Handwerkskammern übertragen. Bei Registrierung einer Organisation mit mehreren an EMAS teilnehmenden Standorten bestimmt sich die Register führende Stelle nach Wahl der Organisation nach dem Hauptsitz oder dem Sitz der Managementzentrale im Sinne des Artikels 3 Absatz 2 Unterabsatz 2 der Verordnung (EG) Nr. 1221/2009 der Organisation. Aufsichtsmaßnahmen werden von der Aufsichtsbehörde im Einvernehmen mit der obersten für den Umweltschutz zuständigen Behörde des Landes getroffen.

(2) Die Register führenden Stellen benennen durch schriftliche Vereinbarung eine gemeinsame Stelle, die der Europäischen Kommission nach Artikel 12 Absatz 2 und 3 der Verordnung (EG) Nr. 1221/2009 monatlich ein fortgeschriebenes Verzeichnis nach Absatz 1 Satz 1 übermittelt. Das Verzeichnis ist gleichzeitig dem Bundesministerium für Umwelt, Naturschutz und Reaktorsicherheit, der Zulassungsstelle, dem Umweltgutachterausschuss und den zuständigen obersten Landesbehörden in geeigneter Weise zur Verfügung zu stellen. Die gemeinsame Stelle vertritt die Register führenden Stellen bei den Treffen der Register führenden Stellen der Mitgliedstaaten gemäß Artikel 16 Absatz 1 der Verordnung (EG) Nr. 1221/2009. Zu den in Artikel 16 Absatz 3 und Artikel 17 der Verordnung (EG) Nr. 1221/2009 genannten Zwecken ist sie berechtigt, bei den Register führenden Stellen Daten zu erheben und diese bei den Treffen der Register führenden Stellen der Mitgliedstaaten und etwaiger im Rahmen dessen gegründeter Arbeitsgruppen bekannt zu geben und zu verwenden.

(3) Die Industrie- und Handelskammern und die Handwerkskammern können schriftlich vereinbaren, dass die von ihnen nach Absatz 1 Satz 2 wahrgenommenen Aufgaben auf eine Industrie- und Handels-

# Anlage § 055–05

Zu § 55 Energiesteuergesetz

kammer oder eine Handwerkskammer ganz oder teilweise übertragen werden. Die Vereinbarung bedarf der Genehmigung der Aufsichtsbehörde im Einvernehmen mit der zuständigen Umweltbehörde.

(4) Jeder ist nach Maßgabe des Umweltinformationsgesetzes berechtigt, das EMAS-Register einzusehen.

(5) Der Zulassungsstelle ist zum Zweck der Aufsicht über Umweltgutachter, Umweltgutachterorganisationen und Inhaber von Fachkenntnisbescheinigungen Einsicht in die für die Aufsicht relevanten Daten oder Unterlagen der Register führenden Stellen zu gewähren.

### § 33 Registrierung im EMAS-Register

(1) Die für eine Registrierung im EMAS-Register nach Artikel 13 bis 15 der Verordnung (EG) Nr. 1221/2009 erforderliche Glaubhaftmachung, dass die Organisation alle Bedingungen der Verordnung (EG) Nr. 1221/2009 erfüllt, ist insbesondere dann nicht gegeben, wenn

1. die Umwelterklärung nicht von einem zugelassenen Umweltgutachter oder einer zugelassenen Umweltgutachterorganisation validiert worden ist oder

2. die Personen, die die Validierung der Umwelterklärung mitgezeichnet haben, nach dem Inhalt ihrer Zulassung oder Fachkenntnisbescheinigung insgesamt nicht über die Fachkunde verfügen, die zur Begutachtung der geprüften Organisation erforderlich ist.

Zur Glaubhaftmachung im Sinne des Satzes 1 ist es nicht erforderlich, dass die Personen, die die Umwelterklärung validiert haben, bei demselben Umweltgutachter oder derselben Umweltgutachterorganisation angestellt sind; Umweltgutachter und Umweltgutachterorganisationen können auch auf Grund gesonderter Vereinbarungen, die nur für einzelne Begutachtungsaufträge geschlossen werden, zusammenwirken (Fallkooperation).

(2) Im Falle einer Sammelregistrierung gemäß Artikel 3 Absatz 2 in Verbindung mit Artikel 13 der Verordnung (EG) Nr. 1221/2009 ist eine Organisation unter Auflistung aller ihrer an EMAS teilnehmenden Standorte in das Register einzutragen.

(3) Vor der Eintragung einer Organisation, einschließlich der Ergänzung der Eintragung um einen neuen, bisher noch nicht in das Umweltmanagement der Organisation einbezogenen Standort, gibt die Register führende Stelle den für die Belange des Umweltschutzes an dem jeweiligen Standort zuständigen Behörden (Umweltbehörden) Gelegenheit, sich innerhalb einer Frist von vier Wochen zu der beabsichtigten Eintragung zu äußern. Im Falle der Eintragung einer Organisation mit mehreren Standorten gibt die Register führende Stelle die Stellungnahme der Umweltbehörden den Industrie- und Handelskammern oder Handwerkskammern, die bei gesonderter Eintragung der einzelnen Standorte als Register führende Stellen zuständig wären, zur Kenntnis. Wird die Register führende Stelle von der zuständigen Umweltbehörde über einen Verstoß gegen an einem Standort der Organisation geltende Umweltvorschriften unterrichtet, so verweigert sie die Eintragung der antragstellenden Organisation, bis der Nachweis gemäß Artikel 13 Absatz 2 Buchstabe c der Verordnung (EG) Nr. 1221/2009 erbracht wird, dass der Verstoß behoben ist. Hält die Umweltbehörde oder die Register führende Stelle einen Verstoß gegen an einem Standort der Organisation geltende Umweltvorschriften für gegeben und bestreitet die betroffene Organisation diesen Rechtsverstoß, so ist die Entscheidung über die Eintragung bis zur Klärung zwischen Umweltbehörde und Organisation auszusetzen. Bevor die Register führende Stelle die Eintragung einer Organisation auf Grund des Artikels 13 Absatz 4 der Verordnung (EG) Nr. 1221/2009 wegen eines Verstoßes gegen an einem Standort geltende Umweltvorschriften verweigert, ist der betroffenen Organisation gemäß Artikel 13 Absatz 6 der Verordnung (EG) Nr. 1221/2009 Gelegenheit zur Stellungnahme zu geben. Die Register führende Stelle unterrichtet die Leitung der Organisation gemäß Artikel 13 Absatz 4 der Verordnung (EG) Nr. 1221/2009 über die Gründe für die ergriffenen Maßnahmen und die mit der zuständigen Umweltbehörde geführten Gespräche.

(4) Die Register führenden Stellen und die gemeinsame Stelle sind berechtigt, die zum Zweck der Erfüllung ihrer Aufgaben nach diesem Gesetz erforderlichen Angaben zu speichern.

(5) Die Register führende Stelle setzt die Umweltbehörden über das Ergebnis des Registrierungsverfahrens in Kenntnis.

(6) Ergänzende Regelungen über die Registrierung ausländischer Standorte nach § 35 Absatz 1 Satz 1 oder auf Grund einer Verordnung nach § 35 Absatz 2 bleiben unberührt.

### § 34 Verlängerung der EMAS-Registrierung, Verfahren bei Verstößen, Streichung und vorübergehende Aufhebung der Registrierung

(1) Stellt die Umweltbehörde fest, dass eine registrierte Organisation gegen Umweltvorschriften verstößt, so setzt sie die Register führende Stelle hierüber in Kenntnis.

(2) Bei Anhaltspunkten für einen Verstoß gegen an einem Standort der Organisation geltende Umweltvorschriften erkundigt sich die Register führende Stelle bei der Umweltbehörde, ob ein Umweltrechtsverstoß vorliegt.

(3) Wird der Register führenden Stelle eine vollständige Umwelterklärung nach Artikel 6 Absatz 1 Buchstabe c der Verordnung (EG) Nr. 1221/2009 vorgelegt, prüft sie, ob ihr Informationen nach Absatz 1 oder Anhaltspunkte nach Absatz 2 dieses Gesetzes vorliegen.

(4) Bevor die Register führende Stelle die Eintragung einer Organisation

1. auf Grund des Artikels 15 Absatz 1 oder Absatz 3 der Verordnung (EG) Nr. 1221/2009 wegen nachträglicher Nichterfüllung der einschlägigen Anforderungen am Standort vorübergehend aufhebt oder streicht oder

2. auf Grund des Artikels 15 Absatz 4 der Verordnung (EG) Nr. 1221/2009 wegen eines Verstoßes gegen an einem Standort geltende Umweltvorschriften vorübergehend aufhebt oder streicht oder

3. auf Grund des Artikels 15 Absatz 2 oder Absatz 7 der Verordnung (EG) Nr. 1221/2009 wegen nicht ausreichend gründlicher Durchführung der gutachterlichen Tätigkeit des Umweltgutachters vorübergehend aufhebt,

ist der betroffenen Organisation und, im Falle der Nummer 2, der für den betroffenen Standort zuständigen Umweltbehörde nach Maßgabe des Artikels 15 Absatz 1 Satz 1 und Absatz 6 der Verordnung (EG) Nr. 1221/2009 Gelegenheit zur Stellungnahme zu geben. Bestreitet die Organisation mit vertretbaren Gründen das Vorliegen von Verstößen im Sinne des Satzes 1 Nr. 1 bis 3 und macht sie glaubhaft, dass die Streichung oder vorübergehende Aufhebung der Eintragung zu erheblichen wirtschaftlichen oder sonstigen Nachteilen für die Organisation führen würde, so darf die Streichung oder vorübergehende Aufhebung der Eintragung erst erfolgen, wenn wegen der Verstöße im Sinne des Satzes 1 Nr. 1 bis 3 ein vollziehbarer Verwaltungsakt, ein rechtskräftiger Bußgeldbescheid oder eine rechtskräftige strafgerichtliche Verurteilung vorliegt. Die Register führende Stelle unterrichtet die Leitung der Organisation gemäß Artikel 15 Absatz 8 und 9 der Verordnung (EG) Nr. 1221/2009 über die Gründe für die ergriffenen Maßnahmen und die mit der zuständigen Umweltbehörde geführten Gespräche.

(5) Die Registrierung einer Organisation mit mehreren Standorten wird ausgesetzt oder gestrichen, wenn einer oder mehrere Standorte die Voraussetzungen gemäß Artikel 15 Absatz 1 Satz 2, Absatz 2, 3 oder Absatz 4 der Verordnung (EG) Nr. 1221/2009 nicht mehr erfüllt.

(6) Die Register führende Stelle setzt die Umweltbehörde über das Ergebnis des Verfahrens zur Verlängerung der Registrierung gemäß Artikel 15 Absatz 3 der Verordnung (EG) Nr. 1221/2009 in Kenntnis.

## § 35 Registrierungsverfahren; Verordnungsermächtigung

(1) Die Industrie- und Handelskammern und die Handwerkskammern können das Verfahren für die Registrierung und Streichung von Standorten kammerzugehöriger Unternehmen und für die vorübergehende Aufhebung von Registrierungen gemäß Artikel 3 Absatz 2 und 3 sowie Artikel 13 Absatz 2 bis 5, Artikel 14 und Artikel 15 Absatz 1 bis 4 und 10 der Verordnung (EG) Nr. 1221/2009 mit Ausnahme des Verfahrens für Organisationen, die ihren Sitz in Staaten außerhalb der Europäischen Union haben, durch Satzung näher regeln, die der Genehmigung durch die Aufsichtsbehörde im Einvernehmen mit der obersten für den Umweltschutz zuständigen Behörde eines Landes bedarf. Die Satzungen gelten auch für Organisationen, die nicht Mitglied einer Kammer sind.

(2) Das Bundesministerium für Umwelt, Naturschutz und Reaktorsicherheit wird ermächtigt, durch Rechtsverordnung, die nicht der Zustimmung des Bundesrates bedarf, von § 33 und § 34 abweichende Regelungen des Registrierungsverfahrens für Organisationen, die ihren Sitz in Staaten außerhalb der Europäischen Union haben, zu treffen.

## Abschnitt 2

### Kosten und Bußgeldvorschriften

### § 36 Gebühren und Auslagen

(1) Für individuell zurechenbare öffentliche Leistungen auf Grund dieses Gesetzes werden Gebühren und Auslagen erhoben.

(2) Das Bundesministerium für Umwelt, Naturschutz und Reaktorsicherheit wird ermächtigt, nach Anhörung des Umweltgutachterausschusses durch Rechtsverordnung, die nicht der Zustimmung des Bundesrates bedarf, für individuell zurechenbare öffentliche Leistungen der Zulassungsstelle und der Widerspruchsbehörde auf Grund dieses Gesetzes die Höhe der Gebühren, die gebührenpflichtigen Tatbestände und die Auslagen näher zu bestimmen und dabei feste Sätze und Rahmensätze vorzusehen.

**Anlage § 055-05** Zu § 55 Energiesteuergesetz

(3) Die Industrie- und Handelskammern und die Handwerkskammern werden ermächtigt, für individuell zurechenbare öffentliche Leistungen der Register führenden Stelle die Höhe der Gebühren durch Satzung zu bestimmen. Dabei ist Artikel 36 Buchstabe b der Verordnung (EG) Nr. 1221/2009 zu beachten. Die Satzung bedarf der Genehmigung durch die Aufsichtsbehörde im Einvernehmen mit der zuständigen Umweltbehörde. § 35 Absatz 1 Satz 2 findet Anwendung.

### § 37 Bußgeldvorschriften
(1) Ordnungswidrig handelt, wer vorsätzlich oder fahrlässig
1. entgegen § 4 Abs. 3 eine Angabe nicht, nicht richtig oder nicht rechtzeitig macht,
2. entgegen § 4 Abs. 4 Satz 2 in Verbindung mit Satz 1 die dort genannte Berufsbezeichnung führt,
3. entgegen § 10 Abs. 5 Satz 2 in Verbindung mit Satz 1 die dort genannte Bezeichnung in die Firma oder den Namen aufnimmt,
4. entgegen § 15 Abs. 6 Nr. 1 eine Zweitschrift nicht oder nicht für die vorgeschriebene Dauer aufbewahrt,
5. entgegen § 15 Abs. 6 Nr. 2 die Zulassungsstelle nicht oder nicht rechtzeitig unterrichtet,
6. entgegen § 15 Abs. 6 Nr. 4 eine Unterlage nicht oder nicht rechtzeitig vorlegt,
7. einer vollziehbaren Anordnung nach § 15 Abs. 4 oder nach § 16 Abs. 1, auch in Verbindung mit § 18 Abs. 2 Satz 3, zuwiderhandelt,
8. entgegen § 18 Abs. 1 Satz 1 eine Anzeige nicht, nicht richtig, nicht vollständig oder nicht rechtzeitig erstattet,
9. entgegen § 19 eine Umwelterklärung validiert oder eine Validierung oder Erklärung mitzeichnet,
10. einer Rechtsverordnung nach § 20 oder nach § 35 Absatz 2 oder einer auf Grund einer solchen Rechtsverordnung ergangenen vollziehbaren Anordnung zuwiderhandelt, soweit die Rechtsverordnung für einen bestimmten Tatbestand auf diese Bußgeldvorschrift verweist,
11. entgegen Artikel 10 Absatz 1 der Verordnung (EG) Nr. 1221/2009 des Europäischen Parlaments und des Rates vom 25. November 2009 über die freiwillige Teilnahme von Organisationen an einem Gemeinschaftssystem für Umweltmanagement und Umweltbetriebsprüfung und zur Aufhebung der Verordnung (EG) Nr. 761/2001, sowie der Beschlüsse der Kommission 2001/681/EG und 2006/193/EG (ABl. L 342 vom 22.12.2009, S. 1) das EMAS-Zeichen verwendet, obwohl er oder sie keine gültige Eintragung in das EMAS-Register besitzt,
12. entgegen Artikel 19 Absatz 2 oder Artikel 25 Absatz 8 der Verordnung (EG) Nr. 1221/2009, jeweils auch in Verbindung mit § 8 Absatz 2 Satz 3, eine dort genannte Information oder Umwelterklärung nicht, nicht richtig, nicht vollständig oder nicht rechtzeitig validiert,
12a. entgegen Artikel 25 Absatz 9 der Verordnung (EG) Nr. 1221/2009, auch in Verbindung mit § 8 Absatz 2 Satz 3, eine dort genannte Erklärung nicht, nicht richtig, nicht vollständig oder nicht rechtzeitig ausstellt, oder
13. einer unmittelbar geltenden Vorschrift in Rechtsakten der Europäischen Gemeinschaften oder der Europäischen Union im Anwendungsbereich dieses Gesetzes zuwiderhandelt, soweit eine nach Anhörung des Umweltgutachterausschusses erlassene Rechtsverordnung nach Absatz 2 für einen bestimmten Tatbestand auf diese Bußgeldvorschrift verweist.

(2) Das Bundesministerium für Umwelt, Naturschutz und Reaktorsicherheit wird ermächtigt, soweit dies zur Durchsetzung der Rechtsakte der Europäischen Gemeinschaften oder der Europäischen Union erforderlich ist, durch Rechtsverordnung ohne Zustimmung des Bundesrates die Tatbestände zu bezeichnen, die als Ordnungswidrigkeiten gemäß Absatz 1 Nr. 13 geahndet werden können.

(3) Die Ordnungswidrigkeit kann in den Fällen des Absatzes 1 Nr. 2 bis 4, 7, 9, 11, 12 und 13 mit einer Geldbuße bis zu fünfundzwanzigtausend Euro, in den Fällen des Absatzes 1 Nr. 1, 5, 6, 8 und 10 mit einer Geldbuße bis zu fünftausend Euro geahndet werden.

### Abschnitt 3
### Übergangs- und Schlussvorschriften

### § 38 Übergangsvorschriften
(1) Zulassungen von Umweltgutachtern, Umweltgutachterorganisationen und Inhabern von Fachkenntnisbescheinigungen, die vor dem 13. Dezember 2011 erteilt worden sind, behalten auch nach diesem Zeitpunkt ihre Gültigkeit.

(2) Vor dem 21. August 2002 nach § 13 Abs. 2 des Umweltauditgesetzes vom 7. Dezember 1995 (BGBl. I S. 1591), das zuletzt durch Artikel 26 des Gesetzes vom 27. April 2002 (BGBl. I S. 1467) geändert

Zu § 55 Energiesteuergesetz

worden ist, allgemein anerkannte Qualifikationsnachweise behalten auch nach dem 21. August 2002 ihre Gültigkeit. § 9 Abs. 1 Nr. 1 Buchstabe c, § 10 Abs. 1 Nr. 2 Buchstabe c, § 11 Abs. 3, § 15 Abs. 3 und die §§ 19 und 33 Abs. 1 Nr. 2 des Umweltauditgesetzes in der in Satz 1 genannten Fassung sind auf vor dem 21. August 2002 allgemein anerkannte Qualifikationsnachweise im Sinne des Satzes 1 weiterhin anzuwenden.

**§ 39 (Inkrafttreten)**

# Anlage § 055–06

Zu § 55 Energiesteuergesetz

## Vereinbarung zwischen der Regierung der Bundesrepublik Deutschland und der deutschen Wirtschaft zur Steigerung der Energieeffizienz

### BMF-Schreiben vom 28.09.2012 (IV B3-325108/2)

### Präambel

Die Bundesregierung hat im Herbst 2010 in ihrem Energiekonzept festgelegt, den zeitgleich mit der ökologischen Steuerreform 1999 eingeführten Spitzenausgleich für Unternehmen des Produzierenden Gewerbes bei der Strom- und Energiesteuer über den 31. Dezember 2012 hinaus zu verlängern. Als Instrument einer wachstumsfreundlichen Energiebesteuerung ist der seit 1999 bestehende steuerliche Spitzenausgleich (§ 10 Stromsteuergesetz, § 55 Energiesteuergesetz) für die Unternehmen von großer wirtschaftlicher Bedeutung.

Die Bundesregierung hat im Energiekonzept angekündigt, die für den Spitzenausgleich zu erbringende Gegenleistung ab dem Jahr 2013 an die Implementierung von Energiemanagementsystemen (EMS) in den Unternehmen knüpfen zu wollen.

Die deutsche Industrie hat in den letzten Jahren bereits erhebliche Anstrengungen zur Steigerung der Energieeffizienz unternommen und wird aufgrund dieser Anstrengungen die Ziele der Ende 2012 auslaufenden Klimaschutzvereinbarung aller Voraussicht nach voll erfüllen. Weitere Steigerungen der Energieeffizienz stehen für die deutsche Industrie insbesondere vor dem Hintergrund technologischer Neuentwicklungen im Fokus. Gleichzeitig gibt es jedoch auch limitierende Faktoren: So stoßen weitere Effizienzverbesserungen bereits an die erreichten prozessbedingten Grenzen. Auch treten teilweise gegenläufige Effekte auf, die den Energieverbrauch bezogen auf die Produkteinheit wieder erhöhen können. Hierzu zählen insbesondere erhöhte Produktanforderungen, Umweltschutzvorgaben, abnehmende Rohstoffqualitäten oder Mehraufwendungen bei der Rohstoffgewinnung. Dieser Zielkonflikt wird bei der Zielerreichung gewürdigt.

Unter Berücksichtigung dieser Rahmenbedingungen hat sich die deutsche Wirtschaft mit der Bundesregierung auf das Ziel einer zukünftigen außerordentlichen Energieeffizienzsteigerung des Produzierenden Gewerbes verständigt.

Vor diesem Hintergrund treffen die Bundesregierung und das Produzierende Gewerbe der deutschen Wirtschaft folgende Vereinbarung zur weiteren Steigerung der Energieeffizienz im Hinblick auf eine Nachfolgeregelung für den bestehenden Spitzenausgleich:

### Vereinbarung

Das Produzierende Gewerbe[1] der deutschen Wirtschaft sagt die Einführung von EMS bzw. Audits in den Unternehmen zu, die den Spitzenausgleich beantragen, um u. a. im Rahmen einer Kosten-Nutzen-Abwägung Maßnahmen zur Steigerung der Energieeffizienz zu ermitteln. Das Produzierende Gewerbe der deutschen Wirtschaft verpflichtet sich darüber hinaus, seine Energieeffizienz ab dem Jahr 2013 zu erhöhen.

Die zur Einrichtung der Audits, insbesondere der EMS notwendigen finanziellen und organisatorischen Anstrengungen sowie die zusätzliche Verpflichtung zu Energieeffizienzsteigerungen des Produzierenden Gewerbes in Deutschland sollen ab dem 1. Januar 2013 die EU-energiesteuerrechtliche Gegenleistung für die von der Bundesregierung weiter beabsichtigte Entlastung durch den Spitzenausgleich darstellen. Die Vereinbarung flankiert die auf zehn Jahre (2013 – 2022) angelegte gesetzliche Fortführung des Spitzenausgleichs. Die Bundesregierung wird eine Berücksichtigung der von der deutschen Wirtschaft erbrachten Leistungen anstreben.

### I. Einführung von Audits bzw. EMS

1. Das Produzierende Gewerbe der deutschen Wirtschaft sagt die Einrichtung von EMS bzw. Audits in den Spitzenausgleich beantragenden Unternehmen des Produzierenden Gewerbes in Deutschland bis zum Ende des Jahres 2015 zu. Ab Beginn des Jahres 2016 soll die Anwendung der erfolgreich implementierten EMS (bzw. für KMU alternatives System mit geringerem Aufwand) eine der beiden Voraussetzungen für die Gewährung des Spitzenausgleichs sein.

2. Ein EMS besteht bzw. gilt als implementiert, wenn eine Zertifizierung nach EMAS oder DIN EN ISO 50001 nachgewiesen wird. Für die bereits bestehenden Zertifizierungen nach DIN EN 16001 wird auf dem Verordnungswege im Rahmen der generellen Regelung der Abschlagszahlungen eine Übergangsregelung getroffen. Die Implementierung eines zertifizierten EMS erfordert von den Unter-

---
[1] Im Sinne des § 2 Nummer 3 StromStG.

nehmen umfangreiche finanzielle und organisatorische Anstrengungen. Dies kann je nach Größe des Unternehmens und abhängig von der Zahl der Standorte sowie der Verfügbarkeit der staatlich anerkannten Zertifizierer einen längeren Zeitraum in Anspruch nehmen. Durch die Implementierung von EMS werden Energieeinsparpotenziale systematisch identifiziert, die für weitere wirtschaftliche Maßnahmen zur Steigerung der Energieeffizienz genutzt werden können. Die Beurteilung der Wirtschaftlichkeit obliegt dem jeweiligen Unternehmen, wobei die individuellen Wirtschaftlichkeitsmaßstäbe auch weiterhin anwendbar sind.

3. Den Anliegen kleiner und mittlerer Unternehmen (KMU) soll Rechnung getragen werden, indem für den Spitzenausgleich beantragende kleine und mittlere Unternehmen im Verordnungswege die regelmäßige Durchführung von Energieaudits – z. B. gemäß EN 16247[1]) – oder vergleichbare unbürokratische Maßnahmen[2]) für den Nachweis der Einführung von EMS als gleichwertig anerkannt werden.

## II. Zielsetzung Energieeffizienzsteigerung

1. Ab Beginn des Antragsjahres 2016 soll die Anwendung eines erfolgreich implementierten EMS Voraussetzung für den Spitzenausgleich sein. Damit wird den betroffenen Unternehmen eine Übergangsfrist zur Implementierung der EMS eingeräumt, um die bisher nicht flächendeckend bestehende Infrastruktur aufzubauen.

2. Das Produzierende Gewerbe der deutschen Wirtschaft verpflichtet sich darüber hinaus, ab 2013 seine Energieeffizienz nach der gesetzlichen Vorgabe gegenüber dem Basiswert zu steigern.

3. Basiswert für den Zielpfad ist der Durchschnitt der Energieintensität des Produzierenden Gewerbes der Jahre 2007 – 2012. Zur Ermittlung der Energieintensitäten der Jahre 2007 – 2012 ist der Gesamtenergieverbrauch[3]) (in GJ) sowie der inflationsbereinigte Bruttoproduktionswert (in Preisen von 2005)[4]) zugrunde zu legen.

4. Für die Jahre 2013 und 2014 soll als Übergang der Beginn der Einführung von EMS bzw. Audits für die Gewährung des Spitzenausgleichs genügen, Ende 2015 soll die Einführung abgeschlossen sein. Dabei wird den Unternehmen die Möglichkeit gegeben, auch künftig unter im Verordnungswege festzulegenden Voraussetzungen Abschlagszahlungen in Anspruch zu nehmen.

5. Ab dem Antragsjahr Jahr 2015 bis zum Antragsjahr 2022 soll für die Gewährung des Spitzenausgleichs die Erreichung des Zielpfades maßgeblich sein, der gesetzlich festgelegt wird. Für die Antragsjahre 2015 bis 2018 sind die folgenden Zielwerte zu erreichen:

Zielwerte für die zu erreichende Reduzierung der Energieintensität

| Antragsjahr | Bezugsjahr | Zielwert |
| --- | --- | --- |
| 2015 | 2013 | 1,3 % |
| 2016 | 2014 | 2,6 % |
| 2017 | 2015 | 3,9 % |
| 2018 | 2016 | 5,25 % |

6. Die Zielerreichung wird ab dem Antragsjahr 2015 durch ein jährliches Energieeffizienz-Monitoring überprüft. Für die Antragsjahre 2019 bis 2022 werden die Effizienzziele im Rahmen einer Evaluierung im Jahr 2017 festgelegt.

7. Die Bundesregierung wird sich dafür einsetzen, dass im Rahmen der Nachfolgeregelung für den Spitzenausgleich bei nicht vollständigem aber überwiegendem Erreichen des maßgeblichen Effizienzsteigerungsziels eine Auffangklausel mit einer anteiligen Gewährung des Spitzenausgleichs vorgesehen wird.

8. Es wird vereinbart, dass das Energieeffizienz-Monitoring jährlich durch ein unabhängiges wirtschaftswissenschaftliches Institut erfolgt. Zur Finanzierung des Energieeffizienz-Monitorings wer-

---

1) DIN EN 16247-1: Energieaudits – Teil 1: Allgemeine Anforderungen, Deutsche Fassung EN 16247-1:2012.
2) Beispielsweise: Jährliches Monitoringverfahren nach LEEN – Local Energy Efficiency Networks oder MODEEM – Modulares Energie Effizienz Modell.
3) Gesamtenergieverbrauch des Produzierenden Gewerbes: Umfasst die unter III.3 in dieser Vereinbarung aufgeführten Wirtschaftszweige ohne den Einsatz fossiler Energieträger als nicht-energetischer Verbrauch und ohne den Sektor Verkehr. Wegen seines verhältnismäßig geringen Volumens ist zudem der Energieverbrauch des produzierenden Teils des GHD-Sektors zu vernachlässigen.
4) Bereinigung gemäß Index in Fachserie 17, Reihe 2 „Preise und Preisindizes für gewerbliche Produkte".

den die Bundesregierung und die deutsche Wirtschaft jeweils 50 Prozent der anfallenden Kosten tragen.

## III. Monitoringverfahren

1. Konzeptioneller Rahmen

Selbstverpflichtungsmodelle sind umso eher geeignet, als Instrument zur Realisierung ökologischer Ziele wie etwa der Steigerung der Energieeffizienz eingesetzt zu werden, je transparenter ihre Erfolge und Misserfolge bilanziert werden. Für die „Vereinbarung zwischen der Regierung der Bundesrepublik Deutschland und der deutschen Wirtschaft zur weiteren Steigerung der Energieeffizienz" folgt daraus, dass die eingegangenen Verpflichtungen jährlich überprüft, den beobachteten Effizienzverbesserungen im Produzierenden Gewerbe gegenübergestellt und im Falle signifikanter Abweichungen deren Ursachen aufgedeckt werden. Diese Aufgabe erfüllt ein Monitoring-Verfahren, mit dem die Erfolge bei der Verbesserung der Energieeffizienz im Produzierenden Gewerbe in jährlichen Abständen dargestellt und auf ihre Zielkonformität hin überprüft werden sollen.

Dabei ist zu beachten, dass die Energieintensität des Produzierenden Gewerbes (die als Indikator zur Messung der Energieeffizienz herangezogen wird) keineswegs monokausal erklärt werden kann, sondern das Ergebnis eines Prozesses darstellt, der von den Energiepreisen, sektoralen und gesamtwirtschaftlichen Faktoren, aber auch technischen Neuerungen, gesetzlichen Regelungen sowie umweltpolitischen Ge- und Verboten beeinflusst wird.

Von besonderer Bedeutung für die Erfüllung der Vereinbarung sind alle Maßnahmen, die im Rahmen unternehmerischer Entscheidungen zur Steigerung der Energieeffizienz oder zur Substitution von Energie durch (Sekundär)Rohstoffe beitragen. Gleichwohl ist festzustellen, dass der spezifische Energieverbrauch nicht allein von den getroffenen Maßnahmen, sondern auch von einer Reihe anderer Faktoren abhängt, die von den an der Vereinbarung beteiligten Unternehmen und Verbänden nur in engen Grenzen beeinflusst werden können. Dazu gehören etwa Auslastungsschwankungen der Produktionskapazitäten, sektorale Strukturveränderungen oder auch Umgestaltungen der rechtlichen und institutionellen Rahmenbedingungen. Kurzfristige Beeinflussungsfaktoren (wie Temperatur- und Konjunkturschwankungen) müssen isoliert werden, während langfristig wirkende Einflussfaktoren, wie beispielsweise der inter- und intrasektorale Strukturwandel, bei der Effizienzsteigerung Berücksichtigung finden müssen; die Effizienzsteigerung erfordert bzw. bedingt einen inter- und intrasektoralen Strukturwandel.

2. Methodischer Rahmen

Mit Blick auf die konzeptionelle Ausrichtung des Monitoringverfahrens interessieren im Rahmen des anvisierten Monitoring-Prozesses der Energieeffizienz insbesondere jene Faktoren, die eine kurzfristige Abweichung der beobachteten von der angestrebten Entwicklung bewirken können. Dazu gehören Witterungseinflüsse und konjunkturelle oder saisonale Auslastungsschwankungen des Produktionspotenzials.

Um diese Einflussfaktoren von den übrigen Effekten zu isolieren, wird im Rahmen des Monitoringverfahrens ein Gleichungssystem angewendet, mit dem die kurzfristigen Schwankungen des spezifischen Energieverbrauchs von den für die Selbstverpflichtungsvereinbarung wichtigen mittel- und langfristigen Einflussfaktoren isoliert werden können. Wesentliche Elemente des Systems sind die sektorale Gliederung, die Datenbasis und die formale Form der verwendeten Schätzfunktionen.

Das Gleichungssystem soll den Energieverbrauch analog zum MonitoringKonzept nach der in der amtlichen Statistik gebräuchlichen Gliederung differenzieren und bei einzelnen Energieträgern zwischen dem energetischen und nicht-energetischen Verbrauch unterschieden.

3. Datenbasis

Die Sektoreneinteilung des Gleichungssystems im Rahmen des Monitorings folgt der WZ 2008, so dass Energieverbrauch und Brutto-Produktionswerte für die am Monitoring beteiligten Wirtschaftssektoren nachvollzogen werden können. Die Datenbasis stützt sich im Wesentlichen auf die für die zum Produzierenden Gewerbe zählenden Unternehmen – die dem Abschnitt B (Bergbau und Gewinnung von Steine und Erden), C (Verarbeitendes Gewerbe), D (Energieversorgung), F (Baugewerbe) oder der Abteilung 36 (Wasserversorgung) der Klassifikation der Wirtschaftszweige, Aus-

Zu § 55 Energiesteuergesetz                                                          **Anlage § 055–06**

gabe 2008 (WZ 2008) zu zuordnen sind – maßgeblichen amtlichen Statistiken.[1] Nichtenergetische Verbräuche und solche aus dem Sektor Verkehr sind nicht zu berücksichtigen. Wegen seines verhältnismäßig geringen Volumens ist der Energieverbrauch des produzierenden Teils des GHD-Sektors zu vernachlässigen.

4. Isolation der Intensitätskomponente innerhalb der Energieintensität

Aus Analysen des Energieverbrauchs ist bekannt, dass Abweichungen des spezifischen Energieverbrauchs von seinem mittelfristigen Trend insbesondere durch Auslastungs- und Temperaturschwankungen sowie kurzfristige Änderungen der Energiepreise hervorgerufen werden. Ebenso spielen Einflussgrößen wie technischer Fortschritt oder umweltpolitische Vorgaben eine Rolle. Für die Temperatur können die statistisch ausgewiesenen Heizgradtage (HGT) als Indikator dienen, hingegen muss die Auslastungsschwankung (AUS) aus dem Produktionspotenzial und der Produktion errechnet werden. Zur Bestimmung des Produktionspotenzials stehen mehrere Verfahren zur Verfügung, aus denen im Folgenden ein vergleichsweise einfacher Ansatz ausgewählt wird: Es errechnet sich über eine Schätzung der Produktion mit Hilfe eines logarithmischen Trends und einer Parallelverschiebung der so geschätzten Kurve bis zum Maximum der beobachteten Produktion („peak-to-peak-Methode"). In diesem Punkt wird die Auslastung gleich 100 % gesetzt. Die Auslastungsgrade ergeben sich durch Division der beobachteten Produktion durch das berechnete Produktionspotenzial. Sollten geeignete statistische Angaben zur Kapazitätsauslastung vom Statistischen Bundesamt vorliegen, könnten diese für die Analyse herangezogen werden.

Der technische Fortschritt und weitere Einflussgrößen werden durch einen (logarithmischen) Trend (log (t)) abgebildet.

Folglich wird zur Erklärung des spezifischen Energieverbrauchs (SVEN) generell der Ansatz

(1) SVEN = f (AUS, HGT, log(t), PE)

verwendet.

Dieser Ansatz ist allerdings nicht ohne Modifikationen auf alle Energieträger und Sektoren übertragbar. Die Bedingungen, unter denen Energie in den einzelnen Sektoren eingesetzt wird, sind – insbesondere in den energieintensiven Wirtschaftsbranchen – heterogen; dem wird entsprechend Rechnung getragen.

Mit Hilfe des skizzierten Gleichungssystems treten normierte Größen an die Stelle der beobachteten Auslastungsschwankungen und Temperatureinflüsse bei den spezifischen Energieverbräuchen im Rahmen des MonitoringProzesses. Bei der Temperaturbereinigung wird in der Regel das langjährige Mittel der Gradtagszahlen als Norm verwendet, bei der Auslastungsbereinigung eine durchschnittliche Auslastung, die über mindestens einen Konjunkturzyklus ermittelt wird. Auf diese Weise ergeben sich sowohl für den Basiswert als auch für die Berichtsjahre entsprechende temperatur- und konjunkturbereinigte Größen. Eine Bereinigung um den Einfluss der Energiepreise (PE) erfolgt nicht.

5. Qualitätssicherung der erhobenen Datenbasis

Das Monitoringkonzept basiert auf amtlichen Daten, die der Qualitätssicherung unterliegen und ermöglicht eine zeitnahe Zielüberprüfung.

**IV. Schlussbestimmungen**

Diese Vereinbarung erfolgt auf Grundlage des der Bundesregierung zum Beschluss vorliegenden und am 1. August 2012 zu beschließenden Gesetzesentwurfs im Hinblick auf die Nachfolgeregelung für den bestehenden Spitzenausgleich[2]. Die Bundesregierung wird sich für die Erteilung der Beihilfegenehmigung einsetzen oder eine Freistellungsanzeige abgeben.

---

1) Für die Industrie:
   Erhebung über die Energieverwendung der Betriebe des Bergbaus und der Gewinnung von Steinen und Erden sowie des Verarbeitenden Gewerbes (Statistik Nr. 060; jährliche Erhebung)
   Für die Energieversorgungsunternehmen/Stromerzeugung (EVU):
   Erhebung über die Energieträger-/Brennstoffeinsatz der Elektrizitäts- und Wärmeerzeugung der Stromerzeugungsanlagen für die allgemeine Versorgung (Statistik Nr. 066; monatliche Erhebung)
   Erhebung über den Brennstoffeinsatz bei Erzeugung, Bezug, Verwendung und Abgabe von Wärme (Statistik Nr. 064; jährliche Erhebung)
   Erhebung über den Energieträger-/Brennstoffeinsatz der Stromerzeugungsanlagen der Betriebe des Bergbaus und der Gewinnung von Steinen und Erden sowie des Verarbeitenden Gewerbes (Statistik Nr. 067; jährliche Erhebung)
   Die Erhebung des Bruttoproduktionswertes erfolgt in verschiedenen Fachserien des Statistischen Bundesamtes (Konjunktur- und Strukturerhebungen; unterjährige Erhebungen).

2) § 55 Energiesteuergesetz vom 15. Juli 2006 (BGBl. I S. 1534; 2008 I S. 660; 1007) zuletzt geändert durch Artikel 1 des Gesetzes vom 1. März 2011 (BGBl. I S. 282) und § 10 Stromsteuergesetz.

**Anlage § 055–06**                                                            Zu § 55 Energiesteuergesetz

Die Unterzeichner bilden einen Beirat. Ihm gehören je ein Vertreter des Bundesministeriums der Finanzen, des Bundesministeriums für Umwelt, Naturschutz und Reaktorsicherheit und des Bundesministeriums für Wirtschaft und Technologie sowie drei Vertreter der deutschen Wirtschaft an. Der Beirat tagt nach Bedarf. Jeder Unterzeichner ist berechtigt, den Beirat binnen einer angemessenen Frist von mindestens 30 Tagen einzuberufen. Der Beirat berät alle Fragen der Durchführung und Auslegung dieser Vereinbarung.

Die verpflichtende Umsetzung und Anwendung geltenden Rechts bleiben von dieser Vereinbarung unberührt.

Diese Vereinbarung zwischen der Regierung der Bundesrepublik Deutschland und der deutschen Wirtschaft zur Steigerung der Energieeffizienz wird stellvertretend für das Produzierende Gewerbe vom Bundesverband der Deutschen Industrie e. V. und dem Bundesverband der Energie- und Wasserwirtschaft e. V. getragen.

Für die Bundesregierung

……..

Für das Produzierende Gewerbe der deutschen Wirtschaft

……

Berlin, den

Zu § 55 Energiesteuergesetz                                                           **Anlage § 055–07**

**Verordnung über Systeme zur Verbesserung der Energieeffizienz im Zusammenhang mit der Entlastung von der Energie- und der Stromsteuer in Sonderfällen (Spitzenausgleich Effizienzsystemverordnung – SpaEfV)**

Bundesministerium der Justiz Schreiben vom 31.7.2013

**Eingangsformel**
Auf Grund
- des § 66b Absatz 1, 2 Nummer 1, 2, 4 und Absatz 3 des Energiesteuergesetzes, der durch Artikel 1 Nummer 18 des Gesetzes vom 5. Dezember 2012 (BGBl. I S. 2436) eingeführt worden ist. sowie
- des § 12 Absatz 1, 2 Nummer 1, 2, 4 und Absatz 3 des Stromsteuergesetzes, der durch Artikel 2 Nummer 2 des Gesetzes vom 5. Dezember 2012 (BGBl. I S. 2436) eingeführt worden ist,

verordnet das Bundesministerium für Wirtschaft und Technologie im Einvernehmen mit dem Bundesministerium der Finanzen und dem Bundesministerium für Umwelt. Naturschutz und Reaktorsicherheit:

**§ 1 Zweck, Anwendungsbereich**
Diese Verordnung regelt
1. Anforderungen an alternative Systeme zur Verbesserung der Energieeffizienz, die von kleinen und mittleren Unternehmen anstelle eines Energie- oder Umweltmanagementsystems betrieben werden können(§ 55 Absatz 4 Satz 2 des Energiesteuergesetzes sowie§ 10 Absatz 3 Satz 2 des Stromsteuergesetzes),
2. Anforderungen an die Nachweisführung über den Beginn und den Abschluss der Einführung sowie den Betrieb
   a) eines Energie- oder eines Umweltmanagementsystems nach § 55 Absatz 4 Satz 1 Nummer 1 Buchstabe a oder Buchstabe b des Energiesteuergesetzes und § 10 Absatz 3 Satz 1 Nummer 1 Buchstabe a oder Buchstabe b des Stromsteuergesetzes,
   b) eines alternativen Systems zur Verbesserung der Energieeffizienz nach § 3 sowie
3. Vorgaben für die Nachweisführung durch die in § 55 Absatz 8 des Energiesteuergesetzes und in § 10 Absatz 7 des Stromsteuergesetzes genannten Stellen sowie deren Überwachung und Kontrolle.

**§ 2 Begriffsbestimmungen**
(1) Im Sinne dieser Verordnung ist
1. ein Energiemanagementsystem: ein System, das den Anforderungen der DIN EN ISO 50001, Ausgabe Dezember 2011, entspricht,
2. ein Umweltmanagementsystem: ein System im Sinne der Verordnung (EG) Nr. 1221/2009 des Europäischen Parlaments und des Rates vom 25. November 2009 über die freiwillige Teilnahmen an einem Gemeinschaftssystem für Umweltmanagement und Umweltbetriebsprüfung und zur Aufhebung der Verordnung (EG) Nr. 761/2001, sowie die Beschlüsse der Kommission 2001/681/EG und 2006/193/EG (ABl. L 342 vom 22.12.2009, S. 1) in der jeweils geltenden Fassung.
3. ein alternatives System zur Verbesserung der Energieeffizienz: eins der in § 3 genannten Systeme,
4. ein Energieaudit ein systematisches Verfahren zur Erlangung ausreichender Informationen über das bestehende Energieverbrauchsprofil eines Unternehmens, zur Ermittlung und Quantifizierung der Möglichkeiten für wirtschaftliche Energieeinsparungen und zur Erfassung der Ergebnisse in einem Bericht,
5. eine EMAS-Registrierungsstelle: die nach§ 32 des Umweltauditgesetzes in der Fassung der Bekanntmachung vom 4. September 2002 (BGBl. I S. 3490), das zuletzt durch Artikel 2 Absatz 43 des Gesetzes vom 7. August 2013 (BGBl. I S. 3154) geändert worden ist, in der jeweils geltenden Fassung für die Eintragung in das EMAS-Register zuständige Industrie- und Handelskammer oder Handwerkskammer,
6. der Energieverbrauch: die Menge der eingesetzten Energie und der eingesetzten Energieträger,
7. der Gesamtenergieverbrauch: die gesamte Menge der Energie und der Energieträger, die in dem Unternehmen. auf das sich die Nachweisführung in einem bestimmten Zeitraum bezieht. eingesetzt worden sind,
8. ein Unternehmen: ein Unternehmen im Sinne des§ 2 Nummer 4 des Stromsteuergesetzes.

**Anlage § O55–07**  Zu § 55 Energiesteuergesetz

9. ein Nachweis: eine Bescheinigung nach amtlich vorgeschriebenem Vordruck der Bundesfinanzbehörden gemäß §§ 4 Absatz 6 oder § 5 Absatz 5,
10. ein Testat: ein Zertifikat nach der DIN EN ISO 50001, Ausgabe Dezember 2011, ein Bericht zum Überwachungsaudit ein EMAS-Eintragungs- oder EMAS-Verlängerungsbescheid oder eine Bestätigung der EMAS-Registrierungsstelle.

(2) Die DIN EN ISO- und DIN EN-Normen, auf die in dieser Verordnung verwiesen wird, sind im Beuth Verlag, Berlin, erschienen und bei der Deutschen Nationalbibliothek archivmäßig gesichert niedergelegt.

### § 3 Alternative Systeme zur Verbesserung der Energieeffizienz für kleine und mittlere Unternehmen

Als alternative Systeme zur Verbesserung der Energieeffizienz für kleine und mittlere Unternehmen (§ 55 Absatz 4 Satz 2 des Energiesteuergesetzes und § 10 Absatz 3 Satz 2 des Stromsteuergesetzes) gelten folgende Systeme:
1. ein Energieaudit entsprechend den Anforderungen der DIN EN 16247-1, Ausgabe Oktober 2012, das mit einem Energieauditbericht gemäß der Anlage 1 dieser Verordnung abschließt, oder
2. ein alternatives System gemäß der Anlage 2 dieser Verordnung.

### § 4 Nachweisführung im Regelverfahren

(1) Voraussetzung für die Nachweisführung über den Betrieb eines Energiemanagementsystems nach § 55 Absatz 4 Satz 1 Nummer 1 Buchstabe a des Energiesteuergesetzes und § 10 Absatz 3 Satz 1 Nummer 1 Buchstabe a des Stromsteuergesetzes ist:
1. ein gültiges DIN EN ISO 50001-Zertifikat, das frühestens zwölf Monate vor Beginn des Antragsjahres ausgestellt wurde, oder
2. ein gültiges DIN EN ISO 50001-Zertifikat, das zu einem früheren Zeitpunkt als nach Nummer 1 ausgestellt wurde in Verbindung mit einem frühestens zwölf Monate vor Beginn des Antragsjahres ausgestellten Bericht zum Überwachungsaudit, der belegt, dass das Energiemanagementsystem betrieben wurde.

(2) Voraussetzung für die Nachweisführung über den Betrieb eines Umweltmanagementsystems nach § 55 Absatz 4 Satz 1 Nummer 1 Buchstabe b des Energiesteuergesetzes und § 10 Absatz 3 Satz 1 Nummer 1 Buchstabe b des Stromsteuergesetzes ist:
1. ein gültiger Eintragungs- oder Verlängerungsbescheid der EMAS-Registrierungsstelle über die Eintragung in das EMAS-Register, der frühestens zwölf Monate vor Beginn des Antragsjahres ausgestellt wurde, oder
2. eine Bestätigung der EMAS-Registrierungsstelle über eine aktive Registrierung mit der Angabe eines Zeitpunkts, bis zu dem die Registrierung gültig ist, auf der Grundlage einer frühestens zwölf Monate vor Beginn des Antragsjahres ausgestellten validierten Aktualisierung der Umwelterklärung, die belegt, dass das Umweltmanagementsystem betrieben wurde. Für kleine und mittlere Unternehmen, die gemäß Artikel 7 der Verordnung (EG) Nr. 1221/2009 für das Antragsjahr oder das Jahr davor von der Verpflichtung zur Vorlage einer validierten aktualisierten Umwelterklärung befreit wurden, kann davon abweichend eine frühestens zwölf Monate vor Beginn des Antragsjahres ausgestellte nicht validierte aktualisierte Umwelterklärung herangezogen werden. Die Befreiung von der Verpflichtung zur Vorlage einer validierten aktualisierten Umwelterklärung ist dem zuständigen Hauptzollamt (§ 1a der Energiesteuer-Durchführungsverordnung sowie § 1der Stromsteuer-Durchführungsverordnung) mit dem Nachweis nach Absatz 6 vorzulegen.

(3) Voraussetzung für die Nachweisführung über den Betrieb eines alternativen Systems zur Verbesserung der Energieeffizienz durch ein kleines oder mittleres Unternehmen gemäß § 3 ist:
1. die Einhaltung der in der Anlage 1 aufgeführten Anforderungen an einen Energieauditbericht oder
2. die Einhaltung der in der Anlage 2 aufgeführten Anforderungen.

Die Nachweisführung nach Satz 1 muss sich auf alle Unternehmensteile, Anlagen, Standorte, Einrichtungen, Systeme und Prozesse eines Unternehmens beziehen. Abweichend von Satz 2 können einzelne Unternehmensteile oder Standorte von der Nachweisführung mit Ausnahme der Erfassung des Gesamtenergieverbrauchs ausgenommen werden, wenn diese für den Gesamtenergieverbrauch des Unternehmens nicht relevant sind und wenn die Bereiche mit einem wesentlichen Energieeinsatz durch die Nachweisführung abgedeckt werden. Zur Erfüllung der Anforderungen nach Satz 1 muss sich die Nachweisführung auf mindestens 90 Prozent des Gesamtenergieverbrauchs des Unternehmens beziehen. Die in Satz 1 Nummer 1 oder Nummer 2 genannten Anforderungen müssen frühestens zwölf Monate vor Beginn des Antragsjahres erfüllt sein. Dabei sind die Daten eines Zwölf-Monats-Zeitraums heranzuziehen, die für die Nachweisführung über die Erfüllung der Anforderungen jeweils nur für ein

Antragsjahr zugrunde gelegt werden dürfen. Die Erfüllung der Anforderungen ist durch die in § 55 Absatz 8 des Energiesteuergesetzes und § 10 Absatz 7 des Stromsteuergesetzes genannten Stellen jährlich zu bestätigen. Die zuständigen Stellen nach § 6 Absatz 1 Satz 2 können die Anwendung von Verfahrensvereinfachungen bei der Überprüfung der Voraussetzungen nach Satz 1, die den Verfahrensvereinfachungen bei der Ausstellung von Testaten nach Absatz 1oder 2 entsprechen, zulassen.

(4) Bei Unternehmen mit mehreren Unternehmensteilen oder Standorten ist es für die Nachweisführung unschädlich, wenn für die einzelnen Unternehmensteile oder Standorte

1. unterschiedliche Systeme na ch § 2 Absatz 1 Nummer 1 und 2,

2. bei kleinen und mittleren Unternehmen unterschiedliche Systeme nach § 2 Absatz 1Nummer 1bis 3 oder

3. mehrere standortbezogene gleichartige Systeme nach § 2 Absatz 1 Nummer 1 und 2

betrieben werden. In diesen Fällen können einzelne Unternehmensteile oder Standorte von der Nachweisführung ausgenommen werden, wenn der Gesamtenergieverbrauch des Unternehmens erfasst wird und sich die von der Nachweisführung ausgenommenen Unternehmensteile und Standorte auf insgesamt nicht mehr als 5 Prozent des Gesamtenergieverbrauchs des Unternehmens beziehen.

(5) Die in den Absätzen 1 bis 4 genannten Anforderungen an die Nachweisführung müssen in dem nachweisführenden Unternehmen spätestens bis zum Ablauf des Antragsjahres erfüllt sein. Der Nachweisführung zugrunde gelegte Testate müssen spätestens vor Ablauf des Antragsjahres ausgestellt sein. Für die Ausstellung eines Nachweises über den Betrieb eines alternativen Systems zur Verbesserung der Energieeffizienz nach § 3 müssen bis zum Ablauf des Antragsjahres sämtliche Unterlagen, die zur Nachweisführung erforderlich sind, der für die Ausstellung des Nachweises zuständigen Stelle vorgelegt und etwaige Vor-Ort-Prüfungen durchgeführt worden sein. Sind die Voraussetzungen nach den Sätzen 1 bis 3 erfüllt, kann die für die Ausstellung eines Nachweises zuständige Stelle auch noch nach Ablauf des Antragsjahres eine weitere rein dokumentenbasierte Prüfung durchführen und den Nachweis nach Ablauf des Antragsjahres ausstellen.

(6) Ein Nachweis über das Vorliegen der Voraussetzungen nach den Absätzen 1 bis 5 erfolgt jeweils für ein Antragsjahr und ist von einer der in § 55 Absatz 8 des Energiesteuergesetzes und in § 10 Absatz 7 des Stromsteuergesetzes genannten Stellen nach amtlich vorgeschriebenem Vordruck der Bundesfinanzbehörden schriftlich auszustellen. Der Nachweis ist dem zuständigen Hauptzollamt von dem Unternehmen zusammen mit dem Antrag nach § 101 der Energiesteuer-Durchführungsverordnung oder nach § 19 der Stromsteuer-Durchführungsverordnung vorzulegen. Im Falle eines Nachweises im Rahmen des Verfahrens nach der Verordnung (EG) Nr. 1221/2009 (EMAS-Verfahren) ist ein Nachweis nach Satz 1 durch Umweltgutachter oder Umweltgutachterorganisationen auszustellen; § 18 des Umweltauditgesetzes gilt entsprechend. Sofern ein Nachweis nach dem EMAS-Verfahren das gesamte Unternehmen abdeckt, kann der Nachweis nach Satz 1 unter den Voraussetzungen des Absatzes 2 auch durch die EMAS-Registrierungsstelle ausgestellt werden. Nachweise von Konformitätsbewertungsstellen, die akkreditiert wurden von einer nationalen Akkreditierungsstelle im Sinne des § 1b Absatz 7 Nummer 2 der Energiesteuer-Durchführungsverordnung oder des § 18 Absatz 2 Nummer 2 der Stromsteuer-Durchführungsverordnung im Einklang mit der Verordnung (EG) Nr. 765/2008 des Europäischen Parlaments und des Rates vom 9.Juli 2008 über die Vorschriften für die Akkreditierung und Marktüberwachung im Zusammenhang mit der Vermarktung von Produkten und zur Aufhebung der Verordnung (EWG) Nr. 339/93 des Rates (ABl. L 218 vom 13.8.2008, S. 30) in der jeweils geltenden Fassung für die Zertifizierung von Energiemanagementsystemen nach der DIN EN ISO 50001werden anerkannt. sofern dem zuständigen Hauptzollamt eine Kopie der entsprechenden Akkreditierungsurkunde vorgelegt wird.

## § 5 Nachweisführung in der Einführungsphase

(1) Voraussetzung für die Nachweisführung über den Beginn der Einführung nach § 55 Absatz 5 Satz 1 Nummer 1, Satz 2 des Energiesteuergesetzes und § 10 Absatz 4 Satz 1 Nummer 1, Satz 2 des Stromsteuergesetzes ist für die Antragsjahre 2013 und 2014:

1. ein Testat nach § 4 Absatz 1 über den Betrieb eines Energiemanagementsystems, ein Testat nach § 4 Absatz 2 über den Betrieb eines Umweltmanagementsystems oder die Erfüllung der Voraussetzungen für die Nachweisführung nach § 4 Absatz 3 über den Betrieb eines alternativen Systems zur Verbesserung der Energieeffizienz für kleine oder mittlere Unternehmen für Teile des Unternehmens, sofern sich dieses Testat oder die Nachweisführung für das Antragsjahr 2013 auf mindestens 25 Prozent und für das Antragsjahr 2014 auf mindestens 60 Prozent des Gesamtenergieverbrauchs des Unternehmens bezieht,

2. für das Antragsjahr 2013 ein Testat nach § 4 Absatz 1 mit der Maßgabe, dass an die Stelle der DIN EN ISO 50001 die DIN EN 16001, Ausgabe August 2009, tritt. für Teile des Unternehmens, sofern sich

**Anlage § 055–07**  Zu § 55 Energiesteuergesetz

dieses Testat auf mindestens 25 Prozent des Gesamtenergieverbrauchs des Unternehmens bezieht, oder

3. die Erfüllung folgender Anforderungen:

   a) die Abgabe einer schriftlichen oder elektronischen Erklärung der Geschäftsführung mit folgendem Inhalt:

   aa) das Unternehmen verpflichtet sich oder beauftragt eine der in § 55 Absatz 8 des Energiesteuergesetzes und § 10 Absatz 7 des Stromsteuergesetzes genannten Stellen,

   aaa) ein Energiemanagementsystem nach § 2 Absatz 1 Nummer 1,

   bbb) ein Umweltmanagementsystem nach § 2 Absatz 1 Nummer 2 oder

   ccc) sofern es sich um ein kleines oder mittleres Unternehmen handelt. ein alternatives System zur Verbesserung der Energieeffizienz nach § 3

   einzuführen. und

   bb) das Unternehmen ernennt namentlich mindestens eine unternehmensinterne oder unternehmensexterne natürliche oder juristische Person zum Energiebeauftragen des Unternehmens mit der Verantwortung für die Koordination der Systemeinführung nach Doppelbuchstabe aa; das Unternehmen bestätigt, dass dieser Person die nötigen Befugnisse zur Erfassung der für die Einführung und Durchführung notwendigen Informationen. insbesondere für die Erfassung der erforderlichen Daten. erteilt werden. und

   b) das Unternehmen hat mit der Einführung des Systems (Buchstabe a Doppelbuchstabe aa) begonnen und dabei folgende Maßnahmen umgesetzt:

   aa) für das Antragsjahr 2013

   aaa) für ein Energiemanagementsystem nach § 2 Absatz 1 Nummer 1 die Nummer 4.4.3 Buchstabe a der DIN EN ISO 50001;

   bbb) für ein Umweltmanagementsystem nach § 2 Absatz 1 Nummer 2 mindestens die Erfassung und Analyse eingesetzter Energieträger mit einer Bestandsaufnahme der Energieströme und Energieträger, der Ermittlung wichtiger Kenngrößen in Form von absoluten und prozentualen Einsatzmengen gemessen in technischen und bewertet in monetären Einheiten und der Dokumentation der eingesetzten Energieträger mit Hilfe einer Tabelle; oder

   ccc) sofern es sich um ein kleines oder mittleres Unternehmen handelt. für ein alternatives System zur Verbesserung der Energieeffizienz nach § 3 die Anforderungen nach Anlage 2 Nummer 1;

   bb) für das Antragsjahr 2014

   aaa) für ein Energiemanagementsystem nach § 2 Absatz 1 Nummer 1 die Nummer 4.4.3 Buchstabe a und Buchstabe b der DIN EN ISO 50001;

   bbb) für ein Umweltmanagementsystem nach § 2 Absatz 1 Nummer 2 mindestens die Anforderungen nach Buchstabe b Doppelbuchstabe aa Dreifachbuchstabe bbb sowie die Erfassung und Analyse von Energie verbrauchenden Anlagen und Geräten mit einer Energieverbrauchsanalyse in Form einer Aufteilung der eingesetzten Energieträger auf die Verbraucher. der Erfassung der Leistungs- und Verbrauchsdaten der Produktionsanlagen sowie Nebenanlagen. für gängige Geräte (zum Beispiel Geräte zur Drucklufterzeugung. Pumpen. Ventilatoren. Antriebsmotoren. Anlagen zur Wärme- und Kälteerzeugung sowie Geräte zur Beleuchtung und Bürogeräte) die Ermittlung des Energieverbrauchs durch kontinuierliche Messung oder durch Schätzung mittels zeitweise installierter Messeinrichtungen (zum Beispiel Stromzange, Wärmezähler) und nachvollziehbarer Hochrechnungen über Betriebs- und Lastkenndaten. und der Dokumentation des Energieverbrauchs mit Hilfe einer Tabelle. Für gängige Geräte, für die eine Ermittlung des Energieverbrauchs mittels Messung nicht oder nur mit einem erheblichen Aufwand möglich ist. kann der Energieverbrauch durch nachvollziehbare Hochrechnungen über bestehende Betriebs- und Lastkenndaten ermittelt werden. Für Geräte zur Beleuchtung und für Bürogeräte kann eine Schätzung des Energieverbrauchs mittels anderer nachvollziehbarer Methoden vorgenommen werden;

   ccc) sofern es sich um ein kleines oder mittleres Unternehmen handelt. für ein alternatives System zur Verbesserung der Energieeffizienz nach § 3 die Anforderungen nach Anlage 2 Nummer 1 und 2. Bei der Erfassung und Analyse von Energie verbrauchenden Anlagen und Geräten nach der Anlage 2 Nummer 2 müssen mindestens 90 Prozent des

Zu § 55 Energiesteuergesetz **Anlage § 055–07**

ermittelten Energieverbrauchs den Energie verbrauchenden Anlagen und Geräten des Unternehmens zugeordnet werden.

Die zuständigen Stellen nach § 6 Absatz 1 Satz 2 können für das Antragsjahr 2013 die Anwendung von Verfahrensvereinfachungen bei der Überprüfung der Voraussetzungen nach Nummer 3 Buchstabe b, insbesondere einen Verzicht auf Vor-Ort-Begutachtungen. zulassen. Für die Antragsjahre 2013 und 2014 können die zuständigen Stellen nach § 6 Absatz 1 Satz 2 bei Unternehmen mit mehreren Standorten Verfahrensvereinfachungen. insbesondere stichprobenartige Überprüfungen. zulassen; ein vollständiger Verzicht auf Vor-Ort-Begutachtungen ist im Antragsjahr 2014 nicht zulässig.

(2) Ab dem Antragsjahr 2015 gilt die Nachweisführung im Regelverfahren (§ 4).

(3) In den Fällen des § 55 Absatz 6 des Energiesteuergesetzes und des § 10 Absatz 5 des Stromsteuergesetzes gelten die Absätze 1 und 2 entsprechend. Im Jahr der Neugründung eines Unternehmens sind der Nachweisführung Daten über den Energieverbrauch aus dem Zeitraum ab dem Beginn der erstmaligen Betriebsaufnahme bis zum 15. Dezember des Antragsjahres zugrunde zu legen. Der Nachweisführung für Antragsjahre, die unmittelbar auf das Jahr der Neugründung folgen, sind Daten über den Energieverbrauch eines vollständigen Zwölf-Monats-Zeitraums zugrunde zu legen. Der Zwölf-Monats-Zeitraum nach Satz 3 darf sich mit dem in Satz 2 genannten Zeitraum höchstens um sechs Monate überschneiden.

(4) Die in den Absätzen 1 und 3 genannten Anforderungen an die Nachweisführung müssen in dem nachweisführenden Unternehmen spätestens bis zum Ablauf des Antragsjahres erfüllt sein. Der Nachweisführung zugrunde gelegte Testate müssen spätestens vor Ablauf des Antragsjahres ausgestellt sein. Für die Nachweisführung nach Absatz 1 Satz 1 Nummer 3 für das Antragsjahr 2014 müssen sämtliche Unterlagen, die Voraussetzung für die Ausstellung eines Nachweises sind, der für die Ausstellung des Nachweises zuständigen Stelle bis zum Ablauf des Antragsjahres vorgelegt worden sein. Etwaige Vor-Ort-Prüfungen müssen bis zum Ablauf des Antragsjahres durchgeführt worden sein. Sind die Voraussetzungen nach den Sätzen 1 bis 4 erfüllt, kann die für die Ausstellung eines Nachweises zuständige Stelle auch noch nach Ablauf des Antragsjahres eine weitere rein dokumentenbasierte Prüfung durchführen und den Nachweis nach Ablauf des Antragsjahres ausstellen.

(5) Der Nachweis über das Vorliegen der Voraussetzungen nach den Absätzen 1 bis 3 ist von einer der in § 55 Absatz 8 des Energiesteuergesetzes und in § 10 Absatz 7 des Stromsteuergesetzes genannten Stellen nach amtlich vorgeschriebenem Vordruck der Bundesfinanzbehörden schriftlich auszustellen. § 4 Absatz 6 gilt im Übrigen entsprechend.

(6) Bei den Berechnungen nach Absatz 1 Satz 1 Nummer 1 und 2 zur Ermittlung des anteiligen Energieverbrauchs am gesamtem Unternehmen ist eine Schätzung zulässig, soweit eine genaue Ermittlung nur mit unvertretbarem Aufwand möglich wäre und die Schätzung so beschaffen ist, dass sie für nicht sachverständige Dritte jederzeit nachprüf- und nachvollziehbar ist. Für die Erfassung der eingesetzten Energieträger und der Energie verbrauchenden Anlagen und Geräte (Absatz 1 Satz 1 Nummer 3 Buchstabe b) gilt Satz 1 entsprechend. Bei Unternehmen mit mehreren Standorten, an denen unterschiedliche Systeme betrieben werden, gelten die Voraussetzungen für den Nachweis nach § 55 Absatz 5 Satz 1 Nummer 1, Satz 2 des Energiesteuergesetzes und § 10 Absatz 4 Satz 1 Nummer 1, Satz 2 des Stromsteuergesetzes

1. für das Antragsjahr 2013 als erfüllt, sofern sich die Gesamtheit der in Absatz 1 Satz 1 Nummer 1 und 2 genannten Testate auf mindestens 25 Prozent und

2. für das Antragsjahr 2014 die Gesamtheit der in Absatz 1 Satz 1 Nummer 1 genannten Testate auf mindestens 60 Prozent

des Gesamtenergieverbrauchs des Unternehmens bezieht; Satz 1 gilt entsprechend.

(7) Bei der Nachweisführung nach Absatz 1 Satz 1 Nummer 3 Buchstabe b müssen sich die verwendeten Daten über den Energieeinsatz und den Energieverbrauch auf einen vollständigen Zwölf-Monats-Zeitraum beziehen, der frühestens zwölf Monate vor Beginn des Antragsjahres beginnt und spätestens mit Ablauf des Antragsjahres endet. Der Zwölf-Monats-Zeitraum, der der Nachweisführung für das Antragsjahr 2014 zugrunde gelegt wird, darf sich mit dem Zwölf-Monats-Zeitraum, der der Nachweisführung für das Antragsjahr 2013 zugrunde gelegt wurde, höchstens um sechs Monate überschneiden. Ab dem in Absatz 2 genannten Zeitpunkt ist jeweils ein Zwölf-Monats-Zeitraum zugrunde zu legen, der mit demselben Kalendermonat beginnt und mit demselben Kalendermonat endet wie der Zwölf-Monats-Zeitraum, der im vorherigen Antragsjahr der Nachweisführung zugrunde gelegt worden ist. Von Satz 3 kann abgewichen werden, wenn die Nachweisführung unverhältnismäßig erschwert würde und unternehmerisch veranlasste, objektiv nachvollziehbare Gründe die Abweichung rechtfertigen. In diesem Fall darf sich der Zwölf-Monats-Zeitraum, der der Nachweisführung für ein Antragsjahr zugrunde gelegt

# Anlage § 055–07

*Zu § 55 Energiesteuergesetz*

wird, mit dem Zwölf-Monats-Zeitraum, der der Nachweisführung für das vorherige Antragsjahr zugrunde gelegt wurde, höchstens um drei Monate überschneiden.

## § 6 Überwachung und Kontrolle

(1) Die Tätigkeit der Umweltgutachter und Umweltgutachterorganisationen oder der Konformitätsbewertungsstellen wird im Rahmen dieser Verordnung von der zuständigen Stelle überwacht und kontrolliert. Zuständige Stelle im Sinne dieser Verordnung ist

1. die in § 1b Absatz 8 der Energiesteuer-Durchführungsverordnung und § 18 Absatz 3 der Stromsteuer Durchführungsverordnung genannte Stelle für die Überwachung der Umweltgutachter und Umweltgutachterorganisationen sowie
2. die in § 1b Absatz 7 Nummer 1 der Energiesteuer-Durchführungsverordnung und § 18 Absatz 2 Nummer 1 der Stromsteuer-Durchführungsverordnung genannte Stelle für die Überwachung der von ihr akkreditierten Konformitätsbewertungsstellen.

(2) Die zuständige Stelle hat im Rahmen der Überwachung und Kontrolle insbesondere die erforderlichen Anordnungen zu treffen, um festgestellte Mängel zu beseitigen und künftige Mängel zu verhüten, sowie die erforderlichen Prüfungen und Kontrollen vor Ort durchzuführen. Soweit dies für die Erfüllung der Aufgaben nach Absatz 1 erforderlich ist, sind die Bediensteten und sonstigen Beauftragten der zuständigen Stelle befugt,

1. zu den Betriebs- und Geschäftszeiten Betriebsstätten, Geschäfts- und Betriebsräume sowie Transportmittel sowohl von Umweltgutachtern und Umweltgutachterorganisationen oder Konformitätsbewertungsstellen als auch von Unternehmen, denen ein Nachweis nach § 4 oder § 5 ausgestellt oder bestätigt wurde oder werden soll, zu betreten,
2. alle erforderlichen Geschäftsunterlagen sowohl bei Umweltgutachtern und Umweltgutachterorganisationen oder Konformitätsbewertungsstellen als auch bei Unternehmen, denen ein Nachweis nach § 4 oder § 5 ausgestellt oder bestätigt wurde oder werden soll, einzusehen, zu prüfen und hieraus Abschriften, Auszüge, Ausdrucke oder Kopien anzufertigen, und
3. die erforderlichen Auskünfte sowohl von Umweltgutachtern und Umweltgutachterorganisationen oder Konformitätsbewertungsstellen als auch von Unternehmen, denen ein Nachweis nach § 4 oder § 5 ausgestellt oder bestätigt wurde oder werden soll, zu verlangen.

(3) Die Bundesfinanzbehörden können der zuständigen Stelle die erforderlichen Informationen übermitteln, die sie braucht, um die Aufgaben nach dieser Verordnung zu erfüllen.

(4) Die Vorschriften des Umweltauditgesetzes und des Akkreditierungsstellengesetzes vom 31. Juli 2009 (BGBl. I S. 2625), das zuletzt durch Artikel 2 Absatz 80 des Gesetzes vom 22. Dezember 2012 (BGBl. I S. 3044) geändert worden ist, in der jeweils geltenden Fassung sowie der auf der Grundlage dieser Gesetze erlassenen Verordnungen bleiben unberührt.

## § 7 Datenübermittlung

(1) Soweit dies für die Kontrolle und Überwachung der im Bereich der Durchführung dieser Verordnung tätigen Umweltgutachter und Umweltgutachterorganisationen oder Konformitätsbewertungsstellen erforderlich ist, darf die zuständige Stelle nach§ 6 Absatz 1Satz 2 folgende Daten an die Bundesfinanzbehörden übermitteln:

1. Erkenntnisse oder Informationen über Zulassungs- und Aufsichtsmaßnahmen, die die Stelle nach § 6 Absatz 1 Satz 2 Nummer 1 ergriffen hat und die sich auf die Gültigkeit von Testaten eines Umweltgutachters oder einer Umweltgutachterorganisation auswirken können,
2. Erkenntnisse oder Informationen über Akkreditierungstätigkeiten sowie Maßnahmen, die die Stelle nach § 6 Absatz 1 Satz 2 Nummer 2 ergriffen hat und die sich auf die Gültigkeit von Testaten einer Konformitätsbewertungsstelle auswirken können.

(2) Die in Absatz 1 aufgeführten Daten werden übermittelt, um den Hauptzollämtern die Prüfung der Gültigkeit eines Testates zu ermöglichen, das von einer Stelle nach § 55 Absatz 8 des Energiesteuergesetzes oder§ 10 Absatz 7 des Stromsteuergesetzes ausgestellt worden ist.

(3) Die in Absatz 1aufgeführten Daten dürfen nur für den in Absatz 2 genannten Zweck verwendet werden. Unternehmensdaten sind nur insoweit zu übermitteln, als es erforderlich ist. um die übermittelten Informationen einem zu überprüfenden Testat oder einem Steuerverfahren zuzuordnen.

(4) Die bei den Bundesfinanzbehörden gespeicherten Daten sind zu löschen, wenn sie zur Erfüllung der Aufgaben im Steuerverfahren nicht mehr erforderlich sind, spätestens jedoch nach Ablauf der Festsetzungsfrist nach § 169 der Abgabenordnung.

## § 8 Berichtspflicht der zuständigen Stelle

Die zuständige Stelle legt dem Bundesministerium für Wirtschaft und Energie, dem Bundesministerium für Umwelt, Naturschutz, Bau und Reaktorsicherheit sowie dem Bundesministerium der Finanzen jeweils jährlich einen Bericht über die nach § 6 Absatz 1 und 2 durchgeführten Überwachungs- und Kontrollmaßnahmen vor. Der Berichtspflicht kann nachgekommen werden im Rahmen

1. des Berichts nach § 21 Absatz 2 des Umweltauditgesetzes durch die Stelle nach § 6 Absatz 1 Satz 2 Nummer 1 an die in Satz 1 genannten Ministerien sowie
2. des Berichts nach § 3 der AkkStelleG-Beleihungsverordnung vom 21. Dezember 2009 (BGBl. I S. 3962) in der jeweils geltenden Fassung durch die Stelle nach§ 6 Absatz 1Satz 2 Nummer 2 an die in Satz 1genannten Ministerien.

§ 9 des Akkreditierungsstellengesetzes und § 29 des Umweltauditgesetzes bleiben unberührt.

## § 9 Ordnungswidrigkeiten

Ordnungswidrig im Sinne des § 381 Absatz 1 Nummer 1 der Abgabenordnung handelt. wer vorsätzlich oder leichtfertig entgegen § 4 Absatz 6 Satz 1 oder § 5 Absatz 5 Satz 1einen dort genannten Nachweis nicht richtig ausstellt oder nicht richtig bestätigt.

## § 10 Inkrafttreten

Diese Verordnung tritt am Tag nach der Verkündung in Kraft.

## Anlage 1 (zu § 3 Nummer 1)
**Inhaltliche Anforderungen an einen Energieaudit-Bericht entsprechend DIN EN 16247-1**
(Fundstelle: BGBl. I 2013, 2863)

Der genaue Inhalt des Berichts muss dem Anwendungsbereich, dem Ziel und der Gründlichkeit des Energieaudits entsprechen.

Der Bericht des Energieaudits muss enthalten:

1. Zusammenfassung:
   a) Rangfolge der Möglichkeiten zur Verbesserung der Energieeffizienz;
   b) vorgeschlagenes Umsetzungsprogramm.
2. Hintergrund:
   a) allgemeine Informationen über die auditierte Organisation, den Energieauditor und die Energieauditmethodik;
   b) Kontext des Energieaudits;
   c) Beschreibung des/der auditierten Objekte(s);
   d) relevante Normen und Vorschriften.
3. Energieaudit
   a) Beschreibung des Energieaudits, Anwendungsbereich, Ziel und Gründlichkeit, Zeitrahmen und Grenzen;
   b) Informationen zur Datenerfassung:
      aa) Messaufbau (aktuelle Situation);
      bb) Aussage, welche Werte verwendet wurden (und welche Werte davon gemessen und welche geschätzt sind);
      cc) Kopie der verwendeten Schlüsseldaten und der Kalibrierungszertifikate, soweit solche Unterlagen vorgeschrieben sind.
   c) Analyse des Energieverbrauchs;
   d) Kriterien für die Rangfolge von Maßnahmen zur Verbesserung der Energieeffizienz.
4. Möglichkeiten zur Verbesserung der Energieeffizienz:
   a) vorgeschlagene Maßnahmen, Empfehlungen, Plan und Ablaufplan für die Umsetzung;
   b) Annahmen, von denen bei der Berechnung von Einsparungen ausgegangen wurde, und die resultierende Genauigkeit der Empfehlungen;
   c) Informationen über anwendbare Zuschüsse und Beihilfen;
   d) geeignete Wirtschaftlichkeitsanalyse;
   e) mögliche Wechselwirkungen mit anderen vorgeschlagenen Empfehlungen;

# Anlage § 055–07

Zu § 55 Energiesteuergesetz

f) Mess- und Nachweisverfahren, die für eine Abschätzung der Einsparungen nach der Umsetzung der empfohlenen Möglichkeiten anzuwenden sind.

5. Schlussfolgerungen.

**Anlage 2 (zu § 3 Nummer 2)**
**Alternatives System**
(Fundstelle: BGBl. I 2013, 2864)

1. Erfassung und Analyse eingesetzter Energieträger
   – Bestandsaufnahme der Energieströme und Energieträger.
   – Ermittlung wichtiger Kenngrößen in Form von absoluten und prozentualen Einsatzmengen, gemessen in technischen und bewertet in monetären Einheiten.
   – Dokumentation der eingesetzten Energieträger mit Hilfe einer Tabelle (siehe Tabelle 1).

**Tabelle 1**
**Erfassung und Analyse eingesetzter Energieträger**

| Jahr | Eingesetzte Energie/ Energieträger | Verbrauch (kWh/Jahr) | Anteil am Gesamtenergieverbrauch | Kosten | Kostenanteil | Messsystem oder alternative Art der Erfassung und Analyse | Grad der Genauigkeit/ Kalibrierung |
|---|---|---|---|---|---|---|---|
|  |  |  |  |  |  |  |  |

2. Erfassung und Analyse von Energie verbrauchenden Anlagen und Geräten
   – Energieverbrauchsanalyse in Form einer Aufteilung der eingesetzten Energieträger auf die Verbraucher.
   – Erfassung der Leistungs- und Verbrauchsdaten der Produktionsanlagen sowie Nebenanlagen.
   – Für gängige Geräte wie zum Beispiel Geräte zur Drucklufterzeugung, Pumpen, Ventilatoren, Antriebsmotoren, Anlagen zur Wärme- und Kälteerzeugung sowie Geräte zur Beleuchtung und Bürogeräte wird der Energieverbrauch durch kontinuierliche Messung oder durch Schätzung mittels zeitweise installierter Messeinrichtungen (zum Beispiel Stromzange, Wärmezähler) und nachvollziehbarer Hochrechnungen über Betriebs- und Lastkenndaten ermittelt. Für gängige Geräte, für die eine Ermittlung des Energieverbrauchs mittels Messung nicht oder nur mit einem erheblichen Aufwand möglich ist, kann der Energieverbrauch durch nachvollziehbare Hochrechnungen über bestehende Betriebs- und Lastkenndaten ermittelt werden. Für Geräte zur Beleuchtung und für Bürogeräte kann eine Schätzung des Energieverbrauchs mittels anderer nachvollziehbarer Methoden vorgenommen werden.
   – Dokumentation des Energieverbrauchs mit Hilfe einer Tabelle (siehe Tabelle 2).

**Tabelle 2**
**Erfassung und Analyse von Energieverbrauchern**

| Energieverbraucher | | | | Eingesetzte Energie (kWh) und Energieträger | Abwärme (Temperaturniveau) | Messsystem/ Messart oder alternative Art der Erfassung und Analyse | Grad der Genauigkeit/ Kalibrierung |
|---|---|---|---|---|---|---|---|
| Nr. | Anlage/Teil | Alter | Kapazität |  |  |  |  |
|  |  |  |  |  |  |  |  |

3. Identifizierung und Bewertung von Einsparpotenzialen
   – Identifizierung der Energieeinsparpotenziale (wie zum Beispiel die energetische Optimierung der Anlagen und Systeme sowie die Effizienzsteigerung einzelner Geräte).
   – Bewertung der Potenziale zur Verminderung des Energieverbrauchs anhand wirtschaftlicher Kriterien.

Zu § 55 Energiesteuergesetz **Anlage § 055–07**

- Ermittlung der energetischen Einsparpotenziale in Energieeinheiten und monetären Größen und Aufstellung der Aufwendungen für Energiesparmaßnahmen, beispielsweise für Investitionen.
- Bewertung der Wirtschaftlichkeit der Maßnahmen anhand geeigneter Methoden zur Investitionsbeurteilung, wie interner Verzinsung (Rentabilität) und Amortisationszeit (Risiko); vgl. hierzu das Beispiel der Tabelle 3).

**Tabelle 3**
**Bewertung nach interner Verzinsung und Amortisationszeit**

| Allgemeine Angaben | | | | Interne Verzinsung | Statische Amortisation |
|---|---|---|---|---|---|
| Investition/ Maßnahme | Investitionssumme | Einsparung | Technische Nutzung | Rentabilität der Investition/a | Kapitalrückfluss |
| | [Euro] | [Euro/Jahr] | [Jahre] | [%] | [Jahre] |
| | | | | | |

4. Rückkopplung zur Geschäftsführung und Entscheidung über den Umgang mit den Ergebnissen

   Einmal jährlich hat sich die Geschäftsführung über die Ergebnisse der Nummern 1 bis 3 zu informieren und auf dieser Grundlage entsprechende Beschlüsse über Maßnahmen und Termine zu fassen.

# Anlage § 055–08

Zu § 55 Energiesteuergesetz

## Steuerentlastungen für Unternehmen in Sonderfällen (sog. Spitzenausgleich); Hinweise zur Anwendung der Spitzenausgleich-Effizienzsystemverordnung (SpaEfV) hinsichtlich der relevanten Zeitpunkte für die Ausstellung des Nachweises

Bundesministerium für Wirtschaft und Technologie vom 20.10.2014 – IV B 3 – 085107/5

Sehr geehrte Damen und Herren,

im Nachgang und ergänzend zu meinen beiden Schreiben vom 27. September 2013 und 31. März 2014 sowie vor dem Hintergrund der anstehenden Novelle der SpaEfV möchte ich Sie mit diesem Schreiben über das gemeinsame Verständnis des Bundesministeriums der Finanzen, des Bundesministeriums für Umwelt, Naturschutz, Bau und Reaktorsicherheit, und des Bundesministeriums für Wirtschaft und Energie in Bezug auf die relevanten Fristenregelungen im Zusammenhang mit der Ausstellung des Nachweises nach amtlich vorgeschriebenem Vordruck der Bundesfinanzbehörden gemäß SpaEfV unterrichten:

Die tatsächlichen Voraussetzungen für die Ausstellung eines Nachweises durch eine der hierzu befugten Stellen müssen in den Unternehmen spätestens bis zum Ablauf des jeweiligen Antragsjahres (31. Dezember des Antragsjahres) erfüllt sein. Der Nachweisführung zugrunde gelegte Testate müssen spätestens vor Ablauf des jeweiligen Antragsjahres ausgestellt sein.

Abweichend von Ziffer 1. meines Schreibens vom 27. September 2013 und Ziffer 3. meines Schreibens vom 31. März 2014 müssen für die Nachweisführung über die Einführung von Energie- oder Umweltmanagementsystemen sowie alternative Systemen zur Verbesserung der Energieeffizienz im vertikalen Ansatz sowie für die Nachweisführung über die Einführung von alternativen Systemen zur Verbesserung der Energieeffizienz im horizontalen Ansatz erst ab dem Antragsjahr 2014 sämtliche Unterlagen, die Voraussetzung für die Ausstellung eines Nachweises sind, der für die Ausstellung des Nachweises zuständigen Stelle bis zum Ablauf des Antragsjahres vorgelegt und etwaige Vor-Ort-Prüfungen bis zum Ablauf des Antragsjahres durchgeführt worden sein. Sind diese Voraussetzungen erfüllt, kann die für die Ausstellung eines Nachweises zuständige Stelle auch noch nach Ablauf des Antragsjahres eine weitere rein dokumentenbasierte Prüfung durchführen und den Nachweis nach Ablauf des Antragsjahres ausstellen.

Für das Antragsjahr 2013 gilt im Hinblick auf aufgetretene Missverständnisse hinsichtlich der Fristenlage dagegen Folgendes: Unternehmen, die die tatsächlichen Anforderungen für die Ausstellung eines Nachweises im Antragsjahr 2013 erfüllt haben, können die zur Nachweisführung erforderlichen Unterlagen auch noch nach Ablauf des Antragsjahres 2013 der den Nachweis ausstellenden Stelle vorlegen. Diese Stelle kann auf Basis der vorgelegten Unterlagen auch noch nach Ablauf des Antragsjahres 2013 eine weitere rein dokumentenbasierte Prüfung durchführen und den Nachweis ausstellen. Das Feld zu Ziffer 3.4 des amtlichen Formulars 1449 der Zollverwaltung wird in diesem Fall von der ausstellenden Stelle nicht angekreuzt. Das Unternehmen muss stattdessen dem Antrag auf Steuerentlastung eine eidesstattliche Versicherung vorlegen, dass es sämtliche Maßnahmen zur Erfüllung der Anforderungen für die Ausstellung des Nachweises im Antragsjahr (spätestens bis zum 31. Dezember 2013) getroffen hat. Den Hauptzollämtern wird diese Verfahrensweise durch das Bundesministerium der Finanzen auf dem Erlasswege kommuniziert.

Ziffer 1. meines Schreibens vom 27. September 2013 und Ziffer 3. meines Schreibens vom 31. März 2014 werden hiermit entsprechend aufgehoben.

i. A.
Helmuth Pallien

Zu § 55 Energiesteuergesetz **Anlage § 055–09**

**Steuerentlastungen für Unternehmen in Sonderfällen (sog. Spitzenausgleich); Hinweise zur Anwendung der Spitzenausgleich-Effizienzsystemverordnung (SpaEfV)**

Bundesministerium für Wirtschaft und Technologie vom 31.3.2014 – IV B 3 – 085107/5

Sehr geehrte Damen und Herren,

im Nachgang und ergänzend zu meinem Schreiben vom 27. September 2013 möchte ich Sie mit diesem Schreiben über das gemeinsame Verständnis des Bundesministeriums der Finanzen, des Bundesministeriums für Umwelt, Naturschutz, Bau und Reaktorsicherheit, und des Bundesministeriums für Wirtschaft und Energie in Bezug auf die Anwendung der Verordnung über Systeme zur Verbesserung der Energieeffizienz im Zusammenhang mit der Entlastung von der Energie- und der Stromsteuer in Sonderfällen (Spitzenausgleich-Effizienzsystemverordnung, SpaEfV) unterrichten.

**1. Begriffsbestimmungen**

Verschiedene Begriffsbestimmungen in der SpaEfV sind näher zu erläutern:

Der Begriff „Testat" ist als Oberbegriff zu verstehen, der u. a. Zertifikate nach DIN EN ISO 50001 (Einführungsphase bzw. Regelverfahren), Berichte zum Überwachungsaudit, sowie Eintragungs- oder Verlängerungsbescheide und Bestätigungen der EMAS-Registrierungsstelle umfasst (§ 5 Abs. 1 S. 1 Nr. 1 und 2 i.V.m. § 4 Abs. 1 und 2 SpaEfV). Ein oder mehrere vorstehend genannte Testate sind Grundlage für einen Nachweis nach Vordruck 1449 (bzw. sofern anwendbar nach Vordruck 1449A bei Neugründungen oder künftig auch nach Vordruck 1449B im Jahr zwei einer Neugründung). Unterlagen Dritter, wie z. B. eines Wirtschaftsprüfers, können herangezogen werden (z. B. für die Ermittlung des Energieverbrauchs), ersetzen aber nicht die unabhängige Ermittlung und Plausibilisierung des Energieverbrauchs durch eine berechtigte Stelle.

– Der Begriff „Nachweis" beschreibt die Bescheinigung nach amtlich vorgeschriebenem Vordruck der Bundesfinanzbehörden gemäß § 4 Abs. 4 und/oder § 5 Abs. 4 SpaEfV (also Vordruck 1449 und 1449A, künftig auch 1449B).

– Unter „Energie" bzw. „Energieträger" sind Elektrizität, Brennstoffe, Dampf, Wärme, Druckluft oder vergleichbare Medien zu verstehen (vgl. dazu auch die Erläuterungen zur SpaEfV, Annex 1), unabhängig davon, ob für die Energie-(träger) ein Antrag auf Entlastung von der Strom- oder Energiesteuer gestellt wird bzw. worden ist.

– „Energieverbrauch" ist die Menge der eingesetzten Energie bzw. eines oder mehrerer Energieträger (vgl. dazu auch die Erläuterungen zur SpaEfV, Annex 1).

– Der „Gesamtenergieverbrauch" ist die Menge der eingesetzten Energie in dem maßgeblichen Zeitraum in dem gesamten Unternehmen, auf das sich die Nachweisführung bezieht; dabei ist zu beachten, dass das Unternehmen nach § 2 Nr. 4 Stromsteuergesetz als kleinste rechtlich selbständige Einheit definiert ist. Es müssen deshalb alle Unternehmensteil. Anlagen, Standorte, Prozesse und/ oder Einrichtungen des antragstellenden Unternehmens erfasst werden, für das der Spitzenausgleich beantragt werden soll, d. h. auf das sich die Nachweisführung bezieht. Auch Verkaufsräume, Verwaltungsräume, Lagerräume oder vergleichbare Räumlichkeiten sind bei der Ermittlung des Gesamtenergieverbrauchs grundsätzlich zu berücksichtigen, wenn das antragstellende Unternehmen in diesen Energieträger einsetzt bzw. verbraucht. Die Eigentumsverhältnisse spielen dabei keine Rolle. Auch angemietete Standorte bzw. Räumlichkeiten sind zu erfassen. Etwas anderes gilt, wenn diese rechtlich nicht Teil des antragstellenden Unternehmens sind.

**2. Ausstellung des Nachweises und Beteiligung externer Auditoren**

Ziffer 3. meines Schreibens vom 27. September 2013 wird wie folgt neu gefasst:

Nur die in § 5 Abs. 4 SpaEfV bzw. § 4 Abs. 4 SpaEfV genannten Stellen sind befugt, die Nachweise auszustellen. Soweit sich die ausstellenden Stellen für ihre Prüfungen im Rahmen der Regeln der Deutschen Akkreditierungsstelle GmbH (DAkkS) bzw. der Deutschen Akkreditierungs- und Zulassungsgesellschaft für Umweltgutachter mbH (DAU) der Mithilfe externer Auditoren oder Fachexperten bei Vor-Ort-Prüfungen bedienen, müssen die externen Personen den Vordruck ebenfalls unterschreiben und damit den Wahrheitsgehalt ihrer Beobachtungen erklären; dies gilt sowohl für externe Auditoren, die nach den Regelungen der DAkkS als Auditor zugelassen sind, wie auch für externe Fachexperten, die keine eigene Zulassung für den Untersuchungsbereich haben. Ein Verzicht auf die Unterschrift des externen Auditors oder Fachexperten ist aus ordnungs- und strafrechtlichen Gründen grundsätzlich nicht möglich, es sei denn, dass die Nachweisführung auf der Grundlage von Testaten über den Betrieb eines Energiemanagementsystems (EMS) oder eines Umweltmanagementsystems (UMS) erfolgt (§ 5 Abs. 1

**Anlage § 055–09**     Zu § 55 Energiesteuergesetz

S. 1 Nr. 1 i. V. m. § 4 Abs. 1 und 2 SpaEfV), die den Energieverbrauch des Unternehmens vollständig abdecken.

Die Erklärungen von EMAS-Registrierungsstellen können sich nur auf die Prüfung der vorgelegten Dokumente und Testate beziehen, da sie aufgrund ihrer Funktion keine Vor-Ort-Prüfungen in den Unternehmen durchführen und die Verhältnisse in den Unternehmen nicht aus eigener Wahrnehmung heraus bezeugen können.

### 3. Relevante Zeitpunkte für die Ausstellung des Nachweises

Ziffer 1. meines Schreibens vom 27. September 2013 wird wie folgt neu gefasst:
Die tatsächlichen Voraussetzungen für die Ausstellung eines Nachweises nach § 4 Abs. 4 SpaEfV bzw. § 5 Abs. 4 i. V. m. § 4 Abs. 4 SpaEfV durch eine der hierzu befugten Stellen müssen in den Unternehmen spätestens bis zum Ablauf des jeweiligen Antragsjahres (31. Dezember des Antragsjahres) erfüllt sein. Das bedeutet z. B., dass:

– die in dem Unternehmen dazu umzusetzenden Maßnahmen (z. B. die Maßnahmen nach § 5 Abs. 1 Satz 1 Nr. 3 SpaEfV) bis zum 31. Dezember des betreffenden Antragsjahres vollständig abgeschlossen sein müssen, d. h. auch die erforderlichen Erklärungen (z. B. Erklärung der Geschäftsführung nach § 5 Abs. 1 Satz 1 Nr. 3 lit. a) SpaEfV) spätestens bis zum 31. Dezember des betreffenden Antragsjahres abzugeben sind,
– Testate, die nach § 5 Abs. 1 Satz 1 Nr. 1 und 2 i. V. m. § 4 Abs. 1 und 2 SpaEfV für EMS und UMS Voraussetzung für die Ausstellung des Nachweises nach § 5 Abs. 4 i. V. m. § 4 Abs. 4 SpaEfV sind, spätestens bis zum 31. Dezember des betreffenden Antragsjahres ausgestellt worden sein müssen,
– sämtliche Unterlagen, die nach § 5 Abs. 1 Satz 1 Nr. 1 i. V. m. § 4 Abs. 3 SpaEfV Voraussetzung für die Ausstellung eines Nachweises nach § 5 Abs. 4 i. V. m. § 4 Abs. 4 SpaEfV für ein alternatives System zur Verbesserung der Energieeffizienz für kleine und mittlere Unternehmen (KMU) sind, der ausstellenden Stelle spätestens bis zum 31. Dezember des betreffenden Antragsjahres vorliegen müssen, und
– etwaige Vor-Ort-Prüfungen ebenfalls grundsätzlich [1] spätestens bis zum Ablauf des Antragsjahres vollständig durchgeführt worden sein müssen.

Soweit die o. g. Voraussetzungen erfüllt sind, kann die ausstellende Stelle auch noch nach Ablauf des Antragsjahres eine weitere rein dokumentenbasierte Prüfung durchführen und einen Nachweis nach Formular 1449 ausstellen. Wichtig ist, dass die einem Nachweis zugrunde gelegten Testate die zeitlichen Vorgaben erfüllen, d. h. frühestens zwölf Monate vor Beginn des Antragsjahres und spätestens bis zum Ablauf des Antragsjahres (31.12.) ausgestellt worden sind.

Verfügt ein Unternehmen bereits in der Einführungsphase über ein DIN EN ISO 50001-Zertifikat nach § 4 Abs. 1 Nr. 2, das den Energieverbrauch des Unternehmens vollständig abdeckt, in Verbindung mit einem frühestens zwölf Monate vor Beginn des Antragsjahres ausgestellten Bericht zum Überwachungsaudit, der belegt, dass das EMS betrieben wurde, kann ein Nachweis mit Hilfe des Vordrucks 1449 auch noch nach Ablauf des Antragsjahres ausgestellt werden. Sinngemäß gilt dies auch für ein UMS gemäß § 4 Abs. 2 Nr. 2 SpaEfV.

### 4. Relevanter Zeitraum für die Erfassung und Analyse eingesetzter Energieträger

Ziffer 2. des Schreibens vom 27. September 2013 wird wie folgt neu gefasst:
Die für eine Erfassung und Analyse eingesetzter Energieträger nach § 5 Abs. 1 S. 1 Nr. 3 lit. b) SpaEfV heranzuziehenden Daten müssen sich auf einen Zeitraum von zwölf Monaten beziehen, der frühestens zwölf Monate vor Beginn des Antragsjahres anfängt. Die Daten eines Zwölf-Monats-Zeitraums dürfen für die Nachweisführung im Regelverfahren grundsätzlich nur für jeweils ein Antragsjahr zugrunde gelegt werden (vgl. § 4 Abs. 3 S. 2 und 3 SpaEfV). Die SpaEfV regelt überdies für alternative Systeme zur Verbesserung der Energieeffizienz in § 4 Abs. 3 Satz 2, dass die Anforderungen nach Anlage 1 oder Anlage 2 frühestens zwölf Monate vor Beginn des Antragsjahres erfüllt sein dürfen. Von der vorstehenden Regel kann bei Unternehmensneugründungen abgewichen werden (siehe dazu unten Ziffer 7.)

In der Einführungsphase nach § 5 SpaEfV dürfen ausnahmsweise die ermittelten Daten eines Zwölf-Monats-Zeitraums, die bereits im vorhergehenden Antragsjahr verwendet worden sind, bezogen auf die letzten sechs Monate dieses Zwölf-Monats-Zeitraums erneut zugrunde gelegt werden, wenn insgesamt gewährleistet ist, dass die Daten frühestens zwölf Monate vor Beginn des Antragsjahres vorgelegen haben. In diesem Fall ist im zweiten Antragsjahr eine teilweise Doppelverwertung der Daten (bis max. zur

---
1) Vgl. aber zur Möglichkeit zur Gewährung von Abschlagszahlungen und Berücksichtigung in Vorauszahlungsbescheiden unten Ziffer 6.

Zu § 55 Energiesteuergesetz **Anlage § 055–09**

Hälfte des Zwölf-Monats-Zeitraums) zulässig. Die Unternehmen müssen jedoch ab dem Regelverfahren (§ 4 SpaEfV) zur Nachweisführung aus Vergleichsgründen immer den gleichen Zeitraum wählen.

## 5. Anwendung stichprobenartiger Überprüfungen („Multi-Site-Verfahren") entsprechend der Regel IAF MD1 in der Einführungsphase nach § 5 SpaEfV

Die Nachweisführung kann in der Einführungsphase nach § 5 SpaEfV bei Unternehmen mit mehreren Standorten auf der Grundlage von stichprobenartigen Überprüfungen durch Anwendung der Regel IAF MD1 (Regel 71 SD 6 013) entsprechend Ziffer 9.1.5 der Regel 71 SD 6 022 erfolgen (beide Regeln sind online abrufbar auf der Webseite der DAkkS: http://www.dakks.de/doc zm). Dies gilt für die Antragsjahre 2013 und 2014 und alle Unternehmen (einschließlich KMU), die die Anforderungen der Regel IAF MD1 (Regel 71 SD 6 013) an die Eignung einer Organisation mit mehreren Standorten für eine stichprobenartige Überprüfung erfüllen. Einzelheiten zum Stichprobenverfahren werden von den zuständigen Stellen i. S. d. § 1b Abs. 7 Nummer 1, § 8 EnergieStV, § 18 Abs. 2 Nr. 1, Abs. 3 StromStV konkretisiert. Bei Unternehmen mit mehreren Standorten kann der Nachweis ausgestellt werden, sofern dem Vordruck 1449 eine vollständige Liste aller Standorte beigefügt wird.

## 6. Nachweisführung bei Gewährung von Abschlagszahlungen und Berücksichtigung in Vorauszahlungsbescheiden (§§ 80 EnergieStV, 8 StromStV)

Nach § 80 EnergieStV, § 8 StromStV sind unterjährige Vorauszahlungsbescheide möglich, in denen auch zu gewährende Steuerentlastungen zu berücksichtigen sind. Zur Ausstellung eines Vorauszahlungsbescheides muss ein Nachweis nach amtlich vorgeschriebenem Vordruck (1449, 1449A oder künftig auch 1449B) vorgelegt werden.

Wenn in einem Antragsjahr eine Vor-Ort-Begutachtung stattfinden muss[1], ist für die Gewährung von unterjährigen Abschlagszahlungen und eine Berücksichtigung in Vorauszahlungsbescheiden die Ausstellung eines Nachweises auch für das Antragsjahr 2014 zulässig, ohne dass es schon zu einer Vor-Ort-Begutachtung gekommen ist. sofern das Unternehmen über ein Testat verfügt, das den Gesamtenergieverbrauch des Unternehmens vollständig abdeckt, dieses Testat nicht älter als zwölf Monate ist und entsprechend zur Ausstellung des Vordrucks 1449 herangezogen wird. Nachweise für das Antragsjahr 2013 können bei einer schrittweisen Einführung (vertikaler Ansatz) für den Nachweis im Jahr 2014 nicht herangezogen werden, weil in diesem Fall höhere Anforderungen im Antragsjahr 2014 als im Antragsjahr 2013 gelten. Zu beachten ist grundsätzlich, dass die zugrunde gelegten Testate die zeitlichen Vorgaben erfüllen müssen, d. h. sie müssen frühestens 12 Monate vor Beginn des Antragsjahres und spätestens bis zum Ende des Antragsjahres ausgestellt worden sein.

## 7. Nachweisführung bei Unternehmensneugründungen

Im Fall einer Unternehmensneugründung erfolgt die Nachweisführung über ein EMS, UMS oder alternatives System zur Verbesserung der Energieeffizienz (§ 5 Abs. 4 i. V. m. § 4 Abs. 4 SpaEfV) im Jahr eins der Neugründung (§ 55 Abs. 6 EnergieStG bzw. § 10 Abs. 5 StromStG i. V. m. § 5 Abs. 3 SpaEfV) entsprechend den Anforderungen in Vordruck 1449A. Neu gegründete Unternehmen können damit erstmals ab dem Antragsjahr 2014 die erleichterten Anforderungen für das Antragsjahr 2013 im Rahmen der Nachweisführung in Anspruch nehmen. Der Vordruck 1449A ist im Internet auf der Webseite des Zolls abrufbar (http://www.zoll.de).

Für ein Unternehmen, das im Laufe eines Kalenderjahres neu gegründet wird, sind die Daten ab Beginn der erstmaligen Betriebsaufnahme bis zum Ende des Antragsjahres für die Erfassung (und ggfs. Analyse) eingesetzter Energieträger und des Energieverbrauchs heranzuziehen. Im Jahr eins der Neugründung werden auch Nachweise anerkannt, die lediglich Daten für die Erfassung eingesetzter Energieträger und des Energieverbrauchs bis zum 15. Dezember des Antragsjahres umfassen. In den Jahren, die dem Jahr eins der Neugründung nachfolgen, ist ein vollständiger Zwölf-Monats Zeitraums zur Erfassung des Energieeinsatzes und des Energieverbrauchs erforderlich. Allerdings kann sich der Zwölf-Monats-Zeitraum in den zwei der Neugründung nachfolgenden Zwölf-Monats-Zeitraum im Jahr eins überschneiden (siehe Ziffer 4.).

## 8. Nachweisführung bei Umzug im Antragsjahr

Wenn ein Unternehmen in einem Antragsjahr umzieht und für das gesamte Antragsjahr den Spitzenausgleich geltend macht, müssen die eingesetzten Energieträger bzw. der Energieverbrauch des Unternehmens entsprechend der allgemeinen Vorgaben (12- Monats-Zeitraum, der frühestens zwölf Monate vor Anfang des Antragsjahres beginnt) vom Nachweis nach Vordruck 1449 erfasst werden. Sofern und soweit das Unternehmen nur für den Zeitraum nach dem Umzug Daten über die eingesetzten Ener-

---

1) Entsprechend den unter Ziffer 5. genannten Voraussetzungen kann eine stichprobenartige Überprüfung ausreichend sein.

gieträger bzw. den Energieverbrauch zur Verfügung hat, ist dies bei der Ausstellung des Nachweises entsprechend zu vermerken. Eine Steuerentlastung kann dann nur ab diesem Zeitpunkt in Anspruch genommen werden.

### 9. Nachweisführung bei Umwandlungen i. S. d. Umwandlungsgesetzes

Für Umwandlungen im Sinne des Umwandlungsgesetzes (Verschmelzung, Aufspaltung, Abspaltung Ausgliederung, Vermögensübertragung und Formwechsel) gelten die erleichterten Anforderungen für Neugründungen nicht (§ 55 Abs. 6 S. 3 EnergieStG bzw. § 10 Abs. 5 S. 3 StromStG). Demnach müssen diese Unternehmen im Falle einer Umwandlung den Nachweis im Regelverfahren nach § 4 SpaEfV führen.

### 10. Nachweisführung in Abhängigkeit von der Energierelevanz (Wesentlichkeit)

Die Nachweisführung über Einführung und Betrieb eines EMS, UMS oder eines alternativen Systems zur Verbesserung der Energieeffizienz soll für Unternehmensteile bzw. Standorte erfolgen, die für den Gesamtenergieverbrauch des Unternehmens energierelevant sind. Zur Bestimmung der Energierelevanz sind bei der Einführung und Betrieb eines EMS oder eines alternativen Systems zur Verbesserung der Energieeffizienz die Anforderungen der DIN EN ISO 50001 und die darin enthaltenen Wesentlichkeilskriterien (Kapitel 4.4.3 b) heranzuziehen; dies gilt entsprechend bei der Erfassung und Analyse von Energie verbrauchenden Anlagen und Geräten bei Anwendung von Anlage 2, Tabelle 2 der SpaEfV. Bei Einführung und Betrieb eines UMS sind die Umweltaspekte zu erfassen, die bedeutende Umweltauswirkungen haben; dazu zählt auch die Energierelevanz. Zur Nachweisführung über die Energierelevanz eines Standorts bzw. Unternehmensteils wird es für jedes der vorstehend genannten Effizienzsysteme der SpaEfV als ausreichend angesehen, wenn das Unternehmen nachweist, dass der Standort bzw. Unternehmensteil einen Energieverbrauch aufweist, der bis über 5 % des Gesamtenergieverbrauchs eines Unternehmens liegt, sofern gewährleistet ist, dass ab dem Regelverfahren mindestens 95 % des Gesamtenergieverbrauchs des Unternehmens erfasst werden.

### 11. Nachweisführung im Regelverfahren (§ 4 SpaEfV) bei Mischsystemen

Ein Unternehmen erfüllt die Anforderungen an die Nachweisführung im Regelverfahren nach § 4 SpaEfV auch dann, wenn es für verschiedene Anlagen undloder Standorte über unterschiedliche Testate verfügt (d. h. mehrere Testate nach DIN EN ISO 50001, EMAS oder Testate sowohl nach DIN EN ISO 50001 als auch EMAS), sofern die vorliegenden Testate insgesamt das Unternehmen vollständig abdecken (vgl. dazu auch § 4 Abs. 4 der Erläuterungen zur SpaEfV, Annex 1). Die Nutzung von sog. Mischsystemen soll somit auch im Regelverfahren zugelassen werden.

### 12. Nachweisführung nur für das jeweilige Antragsjahr

Unternehmen (auch KMU) können für jedes Antragsjahr neu entscheiden, ob Sie den Nachweis über Einführung bzw. Betrieb eines EMS oder eines UMS nach § 2 Abs. 1 Nr. 1 oder 2 SpaEfV oder – sofern es sich um ein KMU handelt – eines alternativen Systems zur Verbesserung der Energieeffizienz nach § 3 SpaEfV führen und den Spitzenausgleich beantragen wollen. Entscheidend ist, dass die tatsächlichen Anforderungen für die Ausstellung eines Nachweises über die Einführung bzw. den Betrieb eines EMS, eines UMS oder eines alternativen Systems zur Verbesserung der Energieeffizienz vollständig für das betreffende Antragsjahr erfüllt sind und gegenüber einer der in § 55 Abs. 8 EnergieStG und § 10 Abs. 7 StromStG genannten Stellen nachgewiesen werden.

Sofern ein Unternehmen für ein Antragsjahr einen gültigen Nachweis nach dem Vordruck 1449 vorlegt, hat es für das betreffende Antragsjahr die Voraussetzungen für die Nachweisführung nach der SpaEfV erfüllt. Grundsätzlich erfolgt die Steuerentlastung immer unter dem Vorbehalt der Nachprüfung und kann im Rahmen der Festsetzungsverjährung jederzeit neu festgesetzt werden.

### 13. Berichtspflichten

Die Berichtspflicht nach § 8 SpaEfV betrifft nur die DAU und die DAkkS (als zuständige Stellen nach § 1b Abs. 8 EnergieStV und § 18 Abs. 3 StromStV sowie § 1b Abs. 7 Nr. 1 EnergieStV und § 18 Abs. 2 Nr. 1 StromStV). Akkreditierungsstellen oder Zertifizierer anderer Mitgliedstaaten sind von der Berichtspflicht nicht erfasst.

i. A.
Helmuth Pallien

Zu § 55 Energiesteuergesetz

**Anlage § 055–09**

**Annex 1 (bereits veröffentlicht** [1]**)**
**Erläuterung zur Verordnung über Systeme zur Verbesserung der Energieeffizienz im Zusammenhang mit der Entlastung von der Energie· und der Stromsteuer in Sonderfällen (Spitzenausgleich-Effizienzsystemverordnung · SpaEfV)**

**A. Allgemeiner Teil**

Aufgrund der Änderung des § 55 Absatz 4 Satz 1 Nummer 1 des Energiesteuergesetzes (EnergieStG) und § 10 Absatz 3 Satz 1 Nummer 1 des Stromsteuergesetzes (StromStG) die Artikel 1 und 2 des Gesetzes zur Änderung des Energiesteuer- und des Stromsteuergesetzes sowie zur Änderung des Luftverkehrsteuergesetzes vom 5. Dezember 2012 (BGBl. I S. 2436), werden die Steuerentlastungen für Unternehmen in Sonderfällen (sog. Spitzenausgleich) ab 1.1.4013 nur noch gewährt, wenn das Antrag stellende Unternehmen ein Energiemanagementsystem betreibt, das den Anforderungen der DIN EN ISO 50001, Ausgabe Dezember 2011, entspricht, oder wenn das Unternehmen eine registrierte Organisation des Gemeinschaftssystems für Umweltmanagement und Umweltbetriebsprüfung nach Artikel 13 der Verordnung (EG) Nr. 1221/2009 ist. Um dem Umstand Rechnung zu tragen, dass die Einführung eines Energie- oder eines Umweltmanagementsystems einen längeren Vorlauf benötigt, sehen § 55 Absatz 5 EnergieStG und § 10 Absatz 4 StromStG vor, dass der Spitzenausgleich in den Jahren 2013 bis 2015 unter erleichterten Bedingungen beansprucht werden kann. In einer Verordnung soll geregelt werden, wie die vorgenannten Anforderungen nachzuweisen sind. Mit den in § 55 Absatz 4 Satz 1 Nummer 1 EnergieStG und § 10 Absatz 3 Satz 1 Nummer 1 StromStG genannten Anforderungen wären für kleine und mittlere Unternehmen (KMU) hohe organisatorische und finanzielle Belastungen verbunden. Daher sehen § 55 Absatz 4 Satz 2 EnergieStG und § 10 Absatz 3 Satz 2 StromStG vor, dass kleine und mittlere Unternehmen im Sinne der Empfehlung 2003/361/EG der Kommission vom 06. Mai 2003 betreffend die Definition der Kleinstunternehmen sowie der kleinen und mittleren Unternehmen (ABl. L 124 vom 20.5.2003, S. 36) alternative Systeme zur Verbesserung der Energieeffizienz betreiben können. Damit soll dem im Energiekonzept der Bundesregierung vom 28. September 2010 (BT-Drs. 17/3049) festgelegten Ziel Rechnung getragen werden, eine Überforderung von KMU abzuwenden und dennoch systematisch Ansatzpunkte zur Verbesserung der Energieeffizienz offen zu legen.

Dazu sollen insbesondere folgende Maßnahmen auf dem Verordnungswege umgesetzt werden:

Die Verordnung regelt, wie und wodurch der Betrieb eines Energiemanagementsystems nach DIN EN ISO 50001, eines Umweltmanagementsystems gemäß Eco-Management and Audit Scheme (EMAS) sowie eines alternativen Systems zur Verbesserung der Energieeffizienz für kleine und mittlere Unternehmen nachgewiesen wird. Zudem werden die Anforderungen an die Nachweisführung über den Beginn der Einführung eines dieser Systeme in der Übergangsphase festgelegt.

**B. Besonderer Teil**

**Zu § 1 (Zweck, Anwendungsbereich)**

§ 1 benennt den Zweck und Anwendungsbereich der Verordnung. Die Verordnung gilt für Unternehmen des Produzierenden Gewerbes, die einen Antrag nach § 55 des Energiesteuergesetzes und/oder § 10 des Stromsteuergesetzes auf eine Entlastung von der Energiebeziehungsweise Stromsteuer in Sonderfällen stellen (sog. Spitzenausgleich). Sie legt zum einen ·die inhaltlichen Anforderungen an alternative Systeme zur Verbesserung der Energieeffizienz fest. die kleine und mittlere Unternehmen anstelle eines Energie- oder Umweltmanagementsystems betreiben können. Zum anderen regelt sie die inhaltlichen Anforderungen und Nachweisführung für den Beginn der Einführung und den Betrieb eines Energiemanagementsystems, eines Umweltmanagementsystems, oder, im Falle von kleinen und mittleren Unternehmen, eines alternativen Systems zur Verbesserung der Energieeffizienz nach § 3 dieser Verordnung. Darüber hinaus regelt die Verordnung Befugnisse für die Überwachung und Kontrolle des Nachweissystems.

**Zu § 2 (Begriffsbestimmungen)**

§ 2 regelt die Begriffsbestimmungen im Sinne dieser Verordnung.

**Zu § 3 (Alternative Systeme zur Verbesserung der Energieeffizienz für kleine und mittlere Unternehmen)**

§ 3 legt die inhaltlichen Anforderungen an alternative Systeme fest, die kleine und mittlere Unternehmen (KMU) anstelle der in § 55 Absatz 4 Nummer 1 des Energiesteuergesetzes und § 10 Absatz 3 Nummer 1 des Stromsteuergesetzes genannten Energie- bzw. Umweltmanagementsysteme betreiben können. Im Einklang mit § 55 Absatz 4 Satz 2 des Energiesteuergesetzes und 10 Absatz 3 Satz 2 des Strom-

---

1) Online abrufbar auf der Webseite des BMWi: http://www.bmwi.de/BMWi/Redaktion/PDF/Gesetzlspitzenaus gleicheffizienzsystemverordnung.property=pdf,bereich=bmwi2012.sprache=de,rwb=true.pdf

steuergesetzes ist eines dieser alternativen Systeme die Durchführung eines Energieaudits gemäß DIN EN 16247-1, dessen Ergebnisse im Rahmen eines Energieauditberichts festgehalten werden. Die inhaltlichen Anforderungen an diesen Energieauditbericht sind Anlage 1 dieser Verordnung zu entnehmen und umfassen die nach Kapitel 5.6.2 der DIN EN 16247-1 erforderlichen Inhalte an einen Energieauditbericht.

Im Rahmen dieser Verordnung wird KMU zudem die Möglichkeit eröffnet, anstelle eines Energie- oder Umweltmanagementsystems oder eines Energieauditberichts gemäß DIN EN 16247-1 die Einhaltung der Anforderungen nach Anlage 2 nachzuweisen, die ein alternatives System beschreibt, das eine Analyse des Energieverbrauchs und der wirtschaftlichen Effizienzpotenziale sowie eine Befassung mit möglichen Maßnahmen zur Effizienzverbesserung vorsieht. Die beiden alternativen Systeme zur Verbesserung der Energieeffizienz tragen der im Energiekonzept der Bundesregierung vom 28. September 2010 {BT-Drs. 17/3049) festgelegten Zielsetzung Rechnung, Effizienzpotenziale für die Unternehmen sichtbar zu machen und die betroffenen Unternehmen dadurch dazu anzuregen, wirtschaftliche Effizienzpotenziale eigenständig zu realisieren. Im Vergleich zu einem Energiemanagementsystem, das den Anforderungen der DIN EN ISO 50001 entspricht, oder zu einem Umweltmanagementsystems gemäß Eco-Management and Audit Scheme (EMAS) sind diese alternativen Systeme für die betroffenen Unternehmen im Allgemeinen mit geringeren Kosten verbunden. Die in dieser Verordnung definierten inhaltlichen Anforderungen an die alternativen Systeme lassen sich zudem in den bereits am Markt bestehenden Systemen wieder finden beziehungsweise sind leicht in diese zu integrieren (wie beispielsweise Energieeffizienznetzwerke).

Das alternative System gemäß Anlage 2 umfasst folgende Elemente:

Eine Energieeinsatzanalyse der Energieträger, die der Betrieb verwendet. Wichtige Kenn größen sind dabei die absoluten und prozentualen Einsatzmengen, gemessen in technischen und bewertet in monetären Einheiten. Die Dokumentation der Energieeinsatzanalyse erfolgt mit Hilfe einer Tabelle (Anhang 2, Tabelle 1). Eine Energieverbrauchsanalyse, mit der ermittelt wird, wie sich die eingesetzten Energieträger auf die Verbraucher aufteilen. Um die energetische Situation des Betriebes angemessen und umfassend beurteilen zu können, sind die Energie daten von energieverbrauchenden Anlagen und Geräten zu berücksichtigen. Dabei sind nicht nur die Leistungs- und Verbrauchsdaten der Produktionsanlagen, sondern auch die der Nebenanlagen zu erfassen. Mehrere Verbraucher, die nach Funktion und ihrem Energie verbrauch gleichartig und von untergeordneter Bedeutung für das Unternehmen sind, können zusammengefasst werden. Große Verbrauchsanteile müssen gemessen, kleine können geschätzt werden.

Die Schätzung bei Anlagen zur Wärme- und Kälteerzeugung muss dabei unter der Verwendung von Methoden zur Temperaturbereinigung erfolgen. Die Dokumentation der Energieverbrauchs analyse erfolgt mit Hilfe einer Tabelle (Anhang 2, Tabelle 2). Eine Identifizierung und Bewertung von Energieeinsparpotenzialen. Dazu gehören gleichermaßen die Identifikation von Potenzialen durch eine energetische Optimierung der Anlagen und Systeme wie auch die Effizienzsteigerung einzelner Geräte. Die Potenziale zur Verminderung des Energieverbrauchs sind nach wirtschaftlichen Kriterien zu bewerten. Ermittelt werden die energetischen Einsparpotenziale der identifizierten Energiesparmaßnahmen, gemessen in Energieeinheiten und monetären Größen. Darüber hinaus sind die Aufwendungen für Energiesparmaßnahmen, beispielsweise für Investitionen, und die Erträge, wie künftig gesparte Energiekosten, den Potenzialen gegenüberzustellen. Die Wirtschaftlichkeit der Maßnahmen ist anhand geeigneter Methoden zur Investitionsbeurteilung zu bewerten. Die Dokumentation der Bewertung der Energieeinsparpotenziale erfolgt mit Hilfe einer Tabelle (Anhang 2, Tabelle 3). Die Geschäftsführung des Unternehmens wird mindestens einmal jährlich über die Ergebnisse von Anlage 2 Nummer 1 bis 3 informiert. Die Entscheidung über eine Umsetzung und deren Terminierung obliegt der Geschäftsführung. Unter Energie sind Elektrizität, Brennstoffe, Dampf, Wärme, Druckluft und vergleichbare Medien zu verstehen; Energieverbrauch ist die Menge der eingesetzten Energie.

### Zu § 4 (Nachweisführung im Regelverfahren):

§ 4 regelt die Nachweisführung im Regelverfahren, das heißt in Antragsjahren, in denen die Möglichkeit der erleichterten Antragsbedingungen gemäß § 55 Absatz 5 des Energiesteuergesetzes und § 10 Absatz 4 des Stromsteuergesetzes nicht gilt bzw. von dieser durch das den Spitzenausgleich beantragenden Unternehmen kein Gebrauch gemacht wird.

Voraussetzung für die Nachweisführung auf Grundlage eines Energiemanagementsystems entsprechend der DIN EN ISO 50001 ist ein gültiges DIN EN ISO 50001-Zertifikat, das im Falle eines früher als zwölf Monate vor Beginn des Antragsjahres ausgestellten Zertifikats durch Testate ergänzt werden muss, die belegen, dass frühestens zwölf Monate vor Beginn des Antragsjahres eine Überprüfung des Betriebs des Energiemanagementsystems stattgefunden hat.

Zu § 55 Energiesteuergesetz

**Anlage § 055–09**

In Bezug auf ein Umweltmanagementsystem im Sinne der Verordnung (EG) Nr. 1221/2009 des Europäischen Parlaments und des Rates vom 25. November 2009 über die freiwillige Teilnahmen von Organisationen an einem Gemeinschaftssystem für Umweltmanagement und Umweltbetriebsprüfung und zur Aufhebung der Verordnung (EG) Nr. 761/2001, sowie der Beschlüsse der Kommission 2001/681/EG und 2006/193/EG, ist Voraussetzung für den Nachweis ein gültiger Eintragungs- oder Verlängerungsbescheid der EMAS-Registrierungsstelle über die Eintragung in das EMAS-Register, der frühestens zwölf Monate vor Beginn des Antragsjahres ausgestellt wurde, oder eine frühestens zwölf Monate vor Beginn des Antragsjahres ausgestellte Bestätigung der EMAS- Registrierungsstelle über ein aktive Registrierung unter Angabe bis wann die Registrierung gültig ist. Grundlage der frühestens zwölf Monate vor Beginn des Antragsjahres ausgestellten Bestätigung der EMAS Registrierungsstelle über eine aktive Registrierung ist die vom Unternehmen der EMAS Registrierungsstelle vorgelegte frühestens zwölf Monate vor Beginn des Antragsjahres ausgestellte validierte Aktualisierung der Umwelterklärung, die belegt, dass das Umweltmanagementsystem betrieben wurde oder die frühestens zwölf Monate vor Beginn des Antragsjahres ausgestellte Überprüfungsaudit-Bescheinigung, die belegt, dass das Umweltmanagementsystem betrieben wurde. Für kleine und mittlere Unternehmen sieht Artikel 7 der Verordnung (EG) Nr. 1221/2009 („EMAS") Erleichterungen vor; diese sind in der Bestätigung der EMAS-Registrierungsstelle zu berücksichtigen. Dies bedeutet, dass kleine und mittlere Unternehmen alle vier Jahre einen gültigen Eintragungs- oder Verlängerungsbescheid der EMAS-Registrierungsstelle über die Eintragung in das EMAS-Register den Hauptzollämtern vorlegen. Im ersten und dritten Jahr nach der Vorlage des gültigen Eintragungs- oder Verlängerungsbescheids der EMAS-Registrierungsstelle legt das Unternehmen eine frühestens zwölf Monate vor Beginn des Antragsjahres ausgestellte Bestätigung der EMAS Registrierungsstelle über eine aktive Registrierung unter Angabe bis wann die Registrierung gültig ist, auf Basis der vom Unternehmen der EMAS-Registrierungsstelle eingereichten aktualisierten und nicht validierten Umwelterklärung vor, die belegt, dass das Umweltmanagementsystem betrieben wurde. Im zweiten Jahr nach der Vorlage des gültigen Eintragungs- oder Verlängerungsbescheids der EMAS-Registrierungsstelle legt das Unternehmen eine frühestens zwölf Monate vor Beginn des Antragsjahres ausgestellte Bestätigung der EMAS-Registrierungsstelle über eine aktive Registrierung unter Angabe bis wann die Registrierung gültig .ist, auf Basis der vom Unternehmen der EMAS-Registrierungsstelle eingereichten aktualisierten und validierten Umwelterklärung, die belegt, dass das Umweltmanagementsystem betrieben wurde, vor. Die Befreiung von der Vorlage einer validierten aktualisierten Umwelterklärung ist dem zuständigen Hauptzollamt mit dem Nachweis nach Absatz 4 vorzulegen.

Voraussetzung für den Nachweis auf Grundlage eines alternativen Systems zur Verbesserung der Energieeffizienz für KMU ist die Einhaltung der Anforderungen entweder gemäß Anlage 1 oder Anlage 2 dieser Verordnung; die Anforderungen müssen frühestens zwölf Monate vor Beginn des Antragsjahres erfüllt sein. Die Einhaltung der Anforderungen ist jährlich durch eine der in § 55 Absatz 8 des Energiesteuergesetzes oder § 10 Absatz 7 des Stromsteuergesetzes genannten Stellen zu prüfen. Damit wird klargestellt, dass dieselbe Prüfung nicht Grundlage für die Gewährung des Spitzenausgleichs in zwei aufeinanderfolgenden Antragsjahren sein kann. Durch die Vorgabe, dass bei der DIN EN 16247-1 die Einhaltung der Anforderungen durch die Prüfung des Energieauditberichts nachgewiesen wird, erfolgt eine Trennung der Tätigkeit der Prüfung durch die in § 55 Absatz 8 des Energiesteuergesetzes und § 10 Absatz 3 des Stromsteuergesetzes aufgeführten Stellen von der Tätigkeit einer Energieberatung, falls die Durchführung des Energieaudits mit Unterstützung einer Energieberatung erfolgte. Die zuständigen Stellen nach § 6 Absatz 1 werden zudem dazu berechtigt, die Anwendung von Verfahrensvereinfachungen bei der Überprüfung der Voraussetzungen für den Nachweis des Betriebs eines alternativen Systems zur Verbesserung der Energieeffizienz zuzulassen, um zu ermöglichen, dass für Energiemanagementsysteme geltende Verfahrensvereinfachungen bei der Zertifizierung entsprechend auch bei den alternativen Systemen zur Verbesserung der Energieeffizienz für KMU Anwendung finden können.

Absatz 4 legt fest, dass die Nachweisführung durch einen von der Zollverwaltung vorgeschriebenen amtlichen Vordruck zusammen mit dem Antrag auf Energie- oder Stromsteuerentlastung in Sonderfällen (sog. Spitzenausgleich) zu erfolgen hat. Zur Vermeidung zusätzlichen Verwaltungsaufwands kann der Nachweis jeweils nur mit einem Vordruck je Antragsteller geführt werden, aus dem sich ergibt, dass das antragstellende Unternehmen die Voraussetzungen nach § 55 Absatz 4 Satz 1 Nummer 1 oder Absatz 5 des Energiesteuergesetzes oder § 10 Absatz 3 Satz 1 Nummer 1 oder Absatz 4 des Stromsteuergesetzes erfüllt. Sofern ein Unternehmen die Voraussetzungen für den Nachweis erfüllt, indem es für verschiedene Anlagen oder Standorte über unterschiedliche Testate verfügt (mehrere Testate nach DIN EN ISO 50001, EMAS oder Testate sowohl nach DIN EN ISO 50001 als auch EMAS), ist durch die den Vordruck ausstellende oder bestätigende Stelle nach § 55 Absatz 8 des Energiesteuergesetzes oder § 10

Absatz 7 des Stromsteuergesetzes zugleich zu bescheinigen, dass die vorliegenden Testate insgesamt das Unternehmen vollständig abdecken. Darüber hinaus regelt Absatz 4 unter welchen Voraussetzungen die zuständigen Hauptzollämter Nachweise anerkennen, die von nicht Deutschland zugelassenen Umweltgutachtern bzw. Umweltgutachterorganisationen und nicht in Deutschland akkreditierten Konformitätsbewertungsstellen ausgestellt oder bestätigt wurden.

## Zu § 5 (Nachweisführung in der Einführungsphase)

In § 5 wird die Nachweisführung in der Einführungsphase geregelt, das heißt die Voraussetzungen für die Antragsjahre, in denen erleichterte Antragsbedingungen gemäß § 55 Absatz 5 des Energiesteuergesetzes und § 10 Absatz 4 des Stromsteuergesetzes gelten. Das Energiesteuergesetz und das Stromsteuergesetz sehen eine Einführungsphase für die Implementierung und den anschließenden Betrieb eines Energie- oder Umweltmanagement systems bzw. eines alternativen Systems zur Verbesserung der Energieeffizienz vor. Diese Einführungsphase dient dazu, den betroffenen Unternehmen eine angemessene Übergangszeit bis zum Abschluss der Einführung eines Energiemanagementsystems, eines Umwelt managementsystems oder – im Falle eines KMU – eines alternativen Systems zur Verbesserung der Energieeffizienz zu geben, da die Einführung solcher Systeme einen zeitlichen Vorlauf benötigt.

Mit den in § 5 festgelegten Nachweisvoraussetzungen für die Einführungsphase wird dem Umstand Rechnung getragen, dass Unternehmen bei der Einführung solcher Systeme in der Praxis unterschiedliche Vergehensweisen verfolgen (z. B. beginnend mit einzelnen Anlagen, Standorten, Prozessen oder Analyseschritten), wodurch sich der Beginn der Einführung dieser Systeme in der Praxis sehr unterschiedlich darstellen kann, und die Mehrheit der Unternehmen im Spitzenausgleich aktuell noch über keine entsprechend zertifizierten Systeme verfügt.

In der Einführungsphase wird zum einen die Wahl eines horizontalen Ansatzes der Systemeinführung ermöglicht: Während der Einführungsphase werden auch Nachweise über den Betrieb eines Energiemanagementsystems nach DIN EN ISO 50001 oder eines Umweltmanagementsystems nach EMAS anerkannt, die noch nicht für das gesamte Unternehmen gelten, sofern diese Nachweise für das Antragsjahr 2013 mindestens 25 % ·und für das Antragsjahr 2014 mindestens 60 % des gesamten Energieverbrauchs des ganzen Unternehmens abdecken. Entsprechend der Vereinbarung zwischen der Regierung der Bundesrepublik Deutschland und der Deutschen Wirtschaft zur Steigerung der Energieeffizienz vom 1. August 2012 (BAnz AT 16.10.2012 B1) werden für das Antragsjahr 2013 darüber hinaus noch bestehende Zertifizierungen der Energieaudit-Norm DIN EN 16001 anerkannt, da diese Norm eine große inhaltliche Überschneidung mit der DIN EN ISO 50001 aufweist. Es ist dazu eine Zertifizierung nach DIN EN 16001 über Teile des Unternehmens erforderlich, die mindestens 25 % des gesamten Energieverbrauchs des ganzen Unternehmens umfassen; da keine neuen Zertifizierungen nach DIN EN 16001 erfolgen, erstreckt sich diese Regelung nicht auf die gesamte Einführungsphase.

Kleine und mittlere Unternehmen können auch einen horizontalen Ansatz der Systemeinführung wählen, wobei für die Einführung eines alternativen Systems nach § 3 ebenfalls die prozentualen Abstufungen gemessen am Gesamtenergieverbrauch des Unternehmens (2013: 25 %; 2014: 60 %) gelten.

Alternativ zu dem horizontalen Ansatz der Systemeinführung wird in der Einführungsphase auch die Wahl eines vertikalen Ansatzes ermöglicht:

Die Antragsbedingungen gemäß § 55 Absatz 5 des Energiesteuergesetzes und § 10 Absatz 4 des Stromsteuergesetzes sind dann erfüllt, wenn das Unternehmen eine schriftliche Erklärung der Geschäftsführung vorlegt, in der sich das Unternehmen zur Einführung eines Energie- oder Umweltmanagementsystems oder - im Falle von KMU - eines alternativen Systems zur Verbesserung der Energieeffizienz nach§ 3 verpflichtet und zudem durch die Benennung eines oder einer Energiebeauftragen klare Verantwortlichkeilen für die Koordination der Einführung eines solchen Systems festlegt und die nötigen Befugnisse zur Wahrnehmung dieser Aufgabe erteilt. Oie Erklärung kann auch elektronisch erfolgen.

Die Aufgabe des Energiebeauftragten kann auch von einem Umweltbeauftragten erfüllt werden. Darüber hinaus muss das Unternehmen für das Antragsjahr 2013 Maßnahmen ergriffen haben, die je nach dem einzuführenden System (Energiemanagementsystem, Umweltmanagementsystem oder alternatives System zur Verbesserung der Energieeffizienz) im Grundsatz bedeuten, dass eine Erfassung und Analyse eingesetzter Energieträger vorgenommen wird. Für das Antragsjahr 2014 ist dann ein weiterer Einführungsschritt nachzuweisen, nämlich je nach dem einzuführenden System Maßnahmen, die im Ergebnis die Erfassung und Analyse von Energie verbrauchenden Anlagen und Geräten beinhalten. Absatz 2 regelt, dass für das Antragsjahr 2015, in dem die Systemeinführung abgeschlossen sein muss, das Nachweis verfahren für das Regelverfahren gilt (§ 4). Alle zuvor noch nicht durchgeführten Einführungsschritte bis zum Nachweis eines vollständigen Energie- oder Umweltmanagementsystems oder, im Falle eines kleinen oder mittleren Unternehmens, eines vollständigen alternativen Systems zur Verbesserung der Energieeffizienz nach § 3 müssen von den Unternehmen folglich in 2015 vorgenommen werden.

Absatz 3 stellt klar, dass sich für Unternehmen, die Neugründungen sind (§ 55 Absatz 6 des Energiesteuergesetzes, § 10 Absatz 5 des Stromsteuergesetzes), die Einführungsjahre und die für diese Jahre festgelegten Einführungsschritte entsprechend verschieben. An die Stelle des Jahres 2013 tritt somit für diese Unternehmen das Kalenderjahr der Neugründung und an die Stelle der Jahre 2014 und 2015 die beiden auf die Neugründung folgenden Jahre. Neu gegründete Unternehmen sind Unternehmen, die nicht durch Umwandlung entstanden sind.

Absatz 4 legt fest, dass die Nachweise durch die in § 55 Absatz 8 des Energiesteuergesetzes oder § 10 Absatz 7 des Stromsteuergesetzes genannten Stellen entsprechend den Vorgaben des § 4 Absatz 4 auszustellen oder zu bestätigen sind.

Absatz 5 sieht vor, dass die Ermittlung des Gesamtenergieverbrauchs, der für die im horizontalen Ansatz erforderliche Einschätzung der Erreichung der Schwellenwerte (25% für 2013, 60% für 2014) erforderlich ist, auch auf einer nachvollziehbaren Schätzung beruhen kann. Dies gilt auch für den vertikalen Systemeinführungsansatz bei der Erfassung der eingesetzten Energieträger für das Antragsjahr 2013 und der zusätzlichen Erfassung Energie verbrauchender Anlagen und Geräte für das Antragsjahr 2014. Damit wird dem Umstand Rechnung getragen, dass eine exakte Ermittlung des Gesamtenergieverbrauchs sehr aufwendig sein kann. Zudem werden Mischungen von Effizienzsystemen anerkannt, wenn diese in ihrer Gesamtheit dieselben prozentualen Abstufungen gemessen am Gesamtenergieverbrauch des Unternehmens (2013: 25 %; 2014: 60 %) umfassen, die auch für den Betrieb von Energie- oder Umweltmanagementsystemen festgelegt sind.

### Zu § 6 (Überwachung und Kontrolle)

§ 6 legt Einzelheiten zur Überwachung und Kontrolle des Nachweissystems fest.

Absatz 1 regelt die Zuständigkeiten für die Überwachung der Tätigkeiten der Umweltgutachter, Umweltgutachterorganisationen und akkreditierten Konformitätsbewertungsstellen. Die Zulassungsstelle nach § 28 des Umweltauditgesetzes ist die zuständige Stelle für die Überwachung von Umweltgutachtern und Umweltgutachterorganisationen. Gemäß § 1 Absatz 1 der UAG-Beleihungsverordnung ist dies derzeit die DAU - Deutsche Akkreditierungs- und Zulassungsgesellschaft für Umweltgutachter mit beschränkter Haftung. Die nach § 8 des Akkreditierungsstellengesetzes beliehene oder errichtete Stelle ist die zuständige Stelle für die Überwachung der von ihr akkreditierten Konformitätsbewertungsstellen. Gemäß § 1 Absatz 1 der AkkStelleG-Beleihungsverordnung ist dies derzeit die Deutsche Akkreditierungsstelle GmbH.

Absatz 2 regelt die Kontrolle durch die zuständigen Stellen und deren Rechte für die Erfüllung ihrer bestehenden Aufsichts- und Überwachungsaufgaben (Betretungs-, Akteneinsichts- und Auskunftsrechte).

Absatz 3 sieht vor, dass die Bundesfinanzbehörden der zuständigen Stelle die erforderlichen Informationen übermitteln können, damit diese die Aufgaben nach dieser Verordnung erfüllen kann. Dabei handelt es sich um eine deklaratorische Bestimmung zur Verdeutlichung, dass in diesem Zusammenhang eine Weitergabe von Informationen durch die Bundesfinanzbehörden unter den Voraussetzungen des § 30 Absatz 4 Nummer 1 der Abgabenordnung erfolgen kann. Die Überwachung der Tätigkeiten der Umweltgutachter, Umweltgutachterorganisationen und akkreditierten Konformitätsbewertungsstellen durch die zuständigen Stellen stellt sicher, dass die für das Steuerverfahren vorzulegenden Nachweise entsprechend den gesetzlichen Vorgaben ausgestellt werden. Die Offenbarung von in Steuerverfahren zur Gewährung des Spitzenausgleichs erlangten Kenntnissen zur Ermöglichung von Kontrollen im Einzelfall dient damit der Durchführung des Steuerverfahrens.

Absatz 4 stellt klar, dass die Vorschriften des Umweltauditgesetzes und Akkreditierungsstellengesetzes sowie der auf der Grundlage dieser Gesetze erlassenen Verordnungen unberührt bleiben.

### Zu § 7 (Datenübermittlung)

§ 7 regelt, dass die zuständigen Stellen den Bundesfinanzbehörden diejenigen Informationen übermitteln dürfen, die diese benötigen, um die Gültigkeit der von den Unternehmen im Steuerverfahren vorgelegten Nachweise nach den §§ 4 und 5 dieser Verordnung zu prüfen. Die von den Bundesfinanzbehörden so erlangten Informationen unterliegen dem Steuergeheimnis.

### Zu § 8 (Berichtspflicht der zuständigen Stelle)

Diese Vorschrift sieht Berichtspflichten für die zuständigen Stellen über die Überwachungs- und Kontrollmaßnahmen (§ 6 Absätze 1 und 2) an das Bundesministerium für Wirtschaft und Technologie, das Bundesministerium für Umwelt, Naturschutz und Reaktorsicherheit und das Bundesministerium der Finanzen vor.

**Anlage § 055–09**  Zu § 55 Energiesteuergesetz

Aus Gründen der Verwaltungseffizienz wird dabei die Möglichkeit eröffnet, dass die Darlegung der Überwachungs- und Kontrollmaßnahmen im Rahmen der bereits bestehenden Berichtspflichten für die Zulassungsstelle nach § 28 Umweltauditgesetz und die Akkreditierungsstelle erfolgen kann, sofern diese Berichte an alle drei in § 8 Absatz 1 Satz 1 genannten Ministerien übermittelt werden. Gemäß § 21 Absatz 2 des Umweltauditgesetzes berichtet die Zulassungsstelle dem Umweltgutachterausschuss halbjährlich unter anderem über Umfang, Inhalt und Probleme der Zulassungs- und Aufsichtstätigkeit und insbesondere über die von ihr getroffenen Aufsichtsmaßnahmen. Gemäß § 3 Akkreditierungsstellengesetz- Beleihungsverordnung hat die Akkreditierungsstelle jährlich dem Bundesministerium für Wirtschaft und Technologie und nachrichtlich weiteren, über die Akkreditierungsstelle Aufsicht führende Ministerien in einem Bericht unter anderem nachzuweisen, dass sie ein geeignetes Qualitätssicherungssystem anwendet und dass sie die erforderliche Überwachung der akkreditierten Konformitätsbewertungsstellen durchgeführt hat. Zudem wird klargestellt, dass die Vorschriften zur Fachaufsicht über die Zulassungsstelle und die Akkreditierungsstelle (§ 9 Akkreditierungsstellengesetz, § 29 Umweltauditgesetz) unberührt bleiben.

**Zu § 9 (Ordnungswidrigkeiten)**

§ 9 legt fest, wer im Sinne des § 381 Absatz 1 der Abgabenverordnung ordnungswidrig handelt.

**Zu § 10 (Inkrafttreten)**

Die Vorschrift regelt das Inkrafttreten dieser Verordnung.

**Zur Anlage**

Anlage 1 definiert die inhaltlichen Anforderungen an einen DIN EN 16247-1 konformen Energieauditbericht

Anlage 2 definiert inhaltliche Anforderungen an ein alternatives System zur Verbesserung der Energieeffizienz gemäß § 3 Satz 1 Nummer 2 für kleine und mittlere Unternehmen.

Zu § 55 Energiesteuergesetz  Anlage § 055–10

**Steuerentlastungen für Unternehmen in Sonderfällen (sog. Spitzenausgleich); Anwendung der Spitzenausgleich-Effizienzsystemverordnung (SpaEfV)**

Bundesministerium für Wirtschaft und Technologie vom 27.9.2013 – IV B 3 – 085107/5

Sehr geehrte Damen und Herren,
ich möchte Sie mit diesem Schreiben über die Einigung zwischen dem Bundesministerium der Finanzen, dem Bundesministerium für Umwelt, Naturschutz und Reaktorsicherheit und dem Bundesministerium für Wirtschaft und Technologie in Bezug auf das Verfahrens der Nachweisführung bei der Einführung von EMS, UMS oder alternativen Systemen zur Verbesserung der Energieeffizienz im Zusammenhang mit Anträgen auf Steuerentlastungen für Unternehmen in Sonderfällen (sog. Spitzenausgleich) informieren.

Bei der Anwendung der Spitzenausgleich-Effizienzsystemverordnung bitte ich für das Antragsjahr 2013 wie folgt zu verfahren:

**1. Relevante Zeitpunkte für die Ausstellung des Nachweises nach Formular 1449**
Die tatsächlichen Voraussetzungen für die Ausstellung eines Nachweises nach § 5 Abs. 4 i. V. m. § 4 Abs. 4 SpaEfV müssen in den Unternehmen spätestens bis zum Ablauf des jeweiligen Antragsjahres erfüllt sein. Dies bedeutet, dass die im Unternehmen dazu umzusetzenden Maßnahmen bis zu diesem Zeitpunkt vollständig abgeschlossen und erforderliche Erklärungen (z. 8. Erklärungen der Geschäftsführung nach § 5 Abs. 1 S. 1 Nr. 3 lit. a) SpaEfV) ebenso spätestens bis zum 31. Dezember des betreffenden Antragsjahres abzugeben sind. Etwaige Vor-Ort-Prüfungen müssen ebenfalls spätestens bis zum Ablauf des Antragsjahres vollständig durchgeführt worden sein.

Testate, die nach § 5 Abs. 1 S. 1 Nr. 1 und 2 i. V. m. § 4 Abs. 1 und 2 SpaEfV für Energiemanagement- und Umweltmanagementsysteme Voraussetzung für die Ausstellung des Nachweises nach § 5 Abs. 4 i. V. m. § 4 Abs. 4 SpaEfV sind. müssen spätestens bis zum Ablauf des Antragsjahres ausgestellt worden sein.

Sämtliche Unterlagen, die nach § 5 Abs. 1 S. 1 Nr. 1 i. V. m. § 4 Abs. 3 SpaEfV Voraussetzung für die Ausstellung eines Nachweises nach § 5 Abs. 4 i. V. m. § 4 Abs. 4 SpaEfV für ein alternatives System zur Verbesserung der Energieeffiziezn für kleine und mittlere Unternehmen sind, müssen der ausstellenden Stelle spätestens bis zum 31. Dezember des betreffenden Antragsjahres vorliegen.

Soweit die o. g. Voraussetzungen erfüllt sind, kann die ausstellende Stelle auch noch nach Ablauf des Antragsjahres eine weitere rein dokumentenbasierte Prüfung durchführen und einen Nachweis nach Formular 1449 ausstellen.

**2. Relevanter Zeitraum für die Erfassung und Analyse eingesetzter Energieträger**
Die für eine Erfassung und Analyse eingesetzter Energieträger nach § 5 Abs. 1 S. 1 Nr. 3 lit. b) SpaEfV heranzuziehenden Daten müssen sich auf einen Zeitraum von zwölf Monaten beziehen, der frühestens zwölf Monate vor Beginn des Antragsjahres anfängt. Die Daten eines Zwölf-Monats-Zeitraums dürfen für die Nachweisführung nur für jeweils ein Antragsjahr zugrunde gelegt werden (vgl. § 4 Abs. 3 S. 2 und 3 SpaEfV).

**Anlage § 056–01**  Zu § 56 Energiesteuergesetz

## Dienstvorschrift zur energiesteuerrechtlichen Behandlung der im öffentlichen Personennahverkehr (ÖPNV) verwendeten Kraftstoffe nach § 56 Energiesteuergesetz (DV ÖPNV)

BMF-Schreiben vom 2.9.2013 – III B 6 – V 8245/07/10013 :002, III B 6 – V 8245/07/10013 :003, 2012/0726981, 2013/0826536

Meinen Erlass vom 25. Juni 2010 – III B 6 – V 8245/07/10013: 001 – Dok.-Nr. 2010/0509268 – „Dienstvorschrift zur energiesteuerrechtlichen Behandlung der im öffentlichen Personennahverkehr (ÖPNV) verwendeten Kraftstoffe nach § 56 Energiesteuergesetz (DV ÖPNV)" (veröffentlicht in den E-VSF-Nachrichten N 36 2010 Nummer 131) hebe ich hiermit auf.

**Einschlägige Vordrucke zur Steuerentlastung für den Öffentlichen Personennahverkehr**

1120   Antrag auf Steuerentlastung für Schienenbahnen
       (§ 56 Absatz 1 Satz 1 Nummer 1 EnergieStG)

1121   Antrag auf Steuerentlastung für Kraftfahrzeuge im Linienverkehr
       (§ 56 Absatz 1 Satz 1 Nummer 2 und 3 EnergieStG)

1122   Berechnungsbogen A zum Antrag auf Steuerentlastung für Kraftfahrzeuge im genehmigten Linienverkehr
       (§ 56 Absatz 1 Satz 1 Nummer 2 und 3 EnergieStG)

1123   Berechnungsbogen B zum Antrag auf Steuerentlastung für Kraftfahrzeuge im genehmigten Linienverkehr
       (§ 56 Absatz 1 Satz 1 Nummer 2 und 3 EnergieStG)

1124   Berechnungsbogen C zum Antrag auf Steuerentlastung für Kraftfahrzeuge im genehmigten Linienverkehr
       (§ 56 Absatz 1 Satz 1 Nummer 2 und 3 EnergieStG)

1125   Berechnungsbogen D zum Antrag auf Steuerentlastung für Kraftfahrzeuge im genehmigten Linienverkehr
       (§ 56 Absatz 1 Satz 1 Nummer 2 und 3 EnergieStG)

1126   Berechnungsbogen E zum Antrag auf Steuerentlastung für Kraftfahrzeuge im genehmigten Linienverkehr
       (§ 56 Absatz 1 Satz 1 Nummer 2 und 3 EnergieStG)

### I. Allgemeines und Begriffsbestimmungen

(1) Die Nachweis- und Aufzeichnungspflichten dürfen nicht zu einer unverhältnismäßigen Belastung der Unternehmen führen (Stichwort: Bürokratieabbau). Soweit die steuerlichen Belange im Einzelfall nicht beeinträchtigt werden, soll von den in den §§ 102, 102a und 102b der Energiesteuer-Durchführungsverordnung und in dieser Dienstvorschrift vorgesehenen Erleichterungen und Vereinfachungen Gebrauch gemacht werden.

(2) Bei der Prüfung, ob öffentlicher Personennahverkehr mit Schienenbahnen oder auf Linien oder Strecken mit Kraftfahrzeugen betrieben wird, können die ÖPNV – Gesetze der Bundesländer (ÖPNVG) einschließlich der hierzu erlassenen Nahverkehrspläne herangezogen werden (Hinweis auf Anlage 4). In diesen Nahverkehrsplänen ist ein Großteil der aktuell betriebenen ÖPNV-Linien und -Strecken dargestellt. Für die dort aufgeführten Linien sind die Bedingungen nach § 56 Absatz 1 Satz 1 EnergieStG grundsätzlich erfüllt. Geht im Einzelfall aus dem einschlägigen Nachverkehrsplan nicht hervor, dass es sich um eine ÖPNV-Linie oder -Strecke handelt, sind zur Prüfung der gesetzlich vorgegebenen ÖPNV-Eigenschaft die Methoden nach Absatz 3 anzuwenden.

(3) Begünstigungsfähiger ÖPNV im Sinn von § 56 Absatz 1 Satz 1 EnergieStG ist gegeben, wenn in der Mehrzahl der Beförderungsfälle eines Verkehrsmittels die gesamte Reiseweite 50 Kilometer oder die gesamte Reisezeit eine Stunde nicht übersteigt.

Die Mehrzahl der Beförderungsfälle eines Verkehrsmittels liegt vor, wenn mehr als 50 Prozent aller Individualfahrten eines Kalenderjahres die in § 56 Absatz 1 des Gesetzes genannten Kriterien erfüllen. Jede Individualfahrt einer Person ist ein Beförderungsfall. Es kommt daher für die Beurteilung der Beförderungsfälle weder auf die Gesamtlänge der Linie noch auf die Gesamtzeit des Beförderungsmittels vom Ausgangspunkt der Linie bis zu ihrem Endpunkt an. Bei der Ermittlung der Beförderungsfälle sind Mehrfahrtenkarten (so genannte Streifenkarten) je nach Anzahl der auf ihnen enthaltenen

Zu § 56 Energiesteuergesetz                                    **Anlage § 056–01**

Fahrten anzusetzen. Zeitfahrausweise (z. B. Touristen-, Wochen-, Monats- oder Jahreskarten) hingegen können aus Vereinfachungsgründen pauschaliert zum Ansatz gebracht werden, indem je Gültigkeitstag zwei Individualfahrten in die Berechnung einfließen. Hierbei werden pauschal 360 Tage für ein Jahr und 30 Tage für einen Monat angesetzt. Auf Wunsch der Verkehrsunternehmer kann hiervon abgewichen werden, sofern das Unternehmen die Anzahl der Beförderungsfälle auf andere geeignete Art und Weise glaubhaft darlegen kann.

Beispiel 3.1

Verkehrsunternehmer V verkauft im Jahr 2012 folgende Fahrausweise:

10.000 Einzelfahrausweise
 1.000 Touristentickets mit dreitägiger Gültigkeit
   500 Wochenkarten
   250 Monatskarten
   125 Jahreskarten

Die Anzahl der Beförderungsfälle wird wie folgt ermittelt:

| | | | | | | | |
|---|---|---|---|---|---|---|---|
| 10.000 Einzelfahrausweise | x | 1 | | | = | 10.000 | Beförderungsfälle |
| 1.000 Touristentickets mit drei-tägiger Gültigkeit | x | 3 | Tage x | 2 | = | 6.000 | Beförderungsfälle |
| 500 Wochenkarten | x | 7 | Tage x | 2 | = | 7.000 | Beförderungsfälle |
| 250 Monatskarten | x | 30 | Tage x | 2 | = | 15.000 | Beförderungsfälle |
| 125 Jahreskarten | x | 360 | Tage x | 2 | = | 90.000 | Beförderungsfälle |
| | | | | | | 128.000 | Beförderungsfälle |

Der Begriff des Verkehrsmittels bezieht sich nicht auf ein einzelnes Fahrzeug. Er beschreibt vielmehr das Fortbewegungsmittel an sich, mit dem ÖPNV betrieben wird, z. B. die U-Bahn einer Stadt. Bei der Ermittlung der Mehrzahl der Beförderungsfälle ist immer das Gesamtsystem „Verkehrsmittel" zu betrachten. Hierbei werden alle Fahrten aller Schienenbahnen bzw. Kraftfahrzeuge berücksichtigt, die im ÖPNV durchgeführt worden sind. Werden Fahrzeuge wechselweise im Gelegenheits- und im genehmigten Linienverkehr eingesetzt, so ist nur der ÖPNV-Streckenanteil entlastungsfähig. Dies gilt sinngemäß auch für Schienenverkehre.

Beispiel 3.2

Busunternehmer A befördert während der Schulzeit Schüler im Linienverkehr. Während der Ferien befördert er mit dem gleichen Fahrzeug Urlauber nach Spanien.

Beispiel 3.3

Busunternehmer B betreibt mit einem Bus ausschließlich Linienverkehr und mit einem anderen Bus ausschließlich Gelegenheitsverkehr. Aufgrund eines Motorschadens fällt der Linienbus für einige Zeit aus. B setzt nun den Reisebus im Linienverkehr ein.

In beiden Fällen sind die Energieerzeugnisse entlastungsfähig, die auf den ÖPNV-Streckenanteil entfallen.

(4) Linien, die im so genannten Pendelverkehr betrieben werden, besitzen in aller Regel als Haltepunkte nur die Abfahrt- und die Zielhaltestellen. Maßgebend für die Bewertung der einzelnen Beförderungsfälle sind die Gesamtentfernung und Gesamtfahrzeit zwischen Abgangs- und Zielhaltestelle.

(5) Für die Eintragung in das IT-Verfahren BISON/PRÜF ist die jeweils aktuelle Version der Verfahrensanweisung zu beachten.

(6) Bei begründeten Zweifeln an den vorgelegten Unterlagen und nur im Unternehmen zu klärenden Sachverhalten, können hierdurch erforderlich werdende Maßnahmen auch durch die Sachgebiete Prüfungsdienst ergriffen werden. Hinsichtlich der Beauftragung von Steueraufsichtsmaßnahmen und Außenprüfungen durch das Sachgebiet Abgabenerhebung sind insoweit die hierfür einschlägigen Vorschriften anzuwenden.

(7) Die gemäß Nummer Sechs der Vordrucke 1120 und 1121 vorzunehmende erste Prüfung des Antrags auf Entlastung von der Energiesteuer an Amtsstelle umfasst stets, ob

1. die örtliche und sachliche Zuständigkeit,
2. die Einhaltung der Antragsfristen,
3. die Vollständigkeit der in der EnergieStV sowie dieser Dienstvorschrift geforderten einschlägigen Angaben und

**Anlage § 056–01**  Zu § 56 Energiesteuergesetz

4. die rechnerische Schlüssigkeit der Angaben im Entlastungsantrag gegeben sind. Darüber hinaus ist der beantragte Entlastungsbetrag mit der Höhe der Entlastungsbeträge der vergleichbaren zurückliegenden Entlastungsabschnitte zu vergleichen.

(8) Ist das Hauptzollamt, bei dem der Entlastungsantrag eingegangen ist, örtlich nicht zuständig, leitet es den Antrag unverzüglich an das zuständige Hauptzollamt weiter. Der Antragsteller ist über die Weiterleitung seines Antrages zu informieren.

(9) Anträge auf Entlastung von der Energiesteuer sind nur dann in das in Papierform geführte Energiesteueranmeldungsbuch (EAB) einzutragen, wenn sie Vorgänge betreffen, die nicht über das DV-Verfahren STROMBOLI erfasst werden können.

(10) Die vom Hauptzollamt geführten Beleghefte sind dreijährlich zu prüfen und gegebenenfalls zu aktualisieren. Die dreijährliche Prüfung ist in den Beleghefte zu dokumentieren. Diese Prüfung kann – aus Vereinfachungsgründen – im Rahmen einer je individuellen Bearbeitung eines Steuerentlastungsantrages vorgenommen werden.

(11) Sofern bei Steueraufsichtsmaßnahmen oder Außenprüfungen steuerlich bedeutsame Feststellungen getroffen werden, die Regelungen der Steuerverwaltung betreffen können, sind die zuständigen Landesfinanzbehörden zu informieren.

(12) Nach § 6 EU-Beitreibungsgesetz (EUBeitrG) sind andere Mitgliedstaaten über Entlastungsansprüche aus Steuern oder Abgaben an Personen, die im jeweiligen Mitgliedstaat niedergelassen oder wohnhaft sind, zu informieren. Die Beteiligten ihrerseits sind auf diese behördliche Informationspflicht hinzuweisen. Dieses erfolgt grundsätzlich auf den Vordrucken 1120 und 1121. Die Vordrucke 1120 und 1121 stellen eine Steueranmeldung im Sinn von § 150 Absatz 1 Satz 3 der Abgabenordnung (AO) dar. In den Fällen, in denen eine von der Steueranmeldung (= Entlastungsantrag) abweichende Festsetzung erfolgt, ist in den Entlastungsbescheid der Hinweis nach § 6 EU-Beitreibungsgesetz (EUBeitrG) aufzunehmen. Enthalten die Vordrucke den Hinweis nach § 6 EUBeitrG, kann ein zusätzlicher Hinweis in den Entlastungsbescheiden entfallen.[1]

## II. Öffentlicher Personennahverkehr mit Schienenbahnen

(13) Schienenbahnen sind die Vollbahnen – Haupt- und Nebenbahnen – und die Kleinbahnen sowie die sonstigen Eisenbahnen, z. B. Anschlussbahnen und Straßenbahnen Als Straßenbahnen gelten auch Hoch- und Untergrundbahnen, Schwebebahnen und ähnliche Bahnen besonderer Bauart. Zu den Schienenbahnen gehören zwar auch Kleinbahnen in Tierparks und Ausstellungen, da diese jedoch nicht der Befriedigung der Verkehrsnachfrage im Stadt-, Vorort- oder Regionalverkehr dienen, sind sie von der Steuerentlastung nach § 56 EnergieStG ausgenommen. Seilschwebebahnen, Sessellifte und Skilifte zählen nicht zu den Schienenbahnen (vgl. UStR 2008, Abschnitt 173 Absatz 2 – Hinweis auf Anlage 3).

(14) Bergbahnen (z. B. Zahnradbahnen) sind Bahnen, die Verbindungen auf Berge herstellen und wegen der Steigungsverhältnisse oder wegen eines durch den gebirgigen Charakter der Landschaft bedingten Bodenabstandes besonderer Sicherungseinrichtungen bedürfen (vgl. UStR 2008, Abschnitt 173 Absatz 3 – Hinweis auf Anlage 3).

(15) Der Betrieb von Schienenbahnen, die im öffentlichen Personennahverkehr eingesetzt werden, umfasst auch den Verbrauch von nachweislich nach § 2 Absatz 1 Nummer 1 und 4 oder Absatz 2 EnergieStG versteuerten Energieerzeugnissen zum Betrieb von Heizungen und Klimaanlagen. Die hierfür verbrauchten Energieerzeugnisse sind ebenfalls nach § 56 EnergieStG entlastungsfähig und müssen insoweit im buchmäßigen Nachweis nicht besonders ausgewiesen werden. Wird hingegen eine Entlastung nach § 49 Absatz 1 EnergieStG begehrt, so sind die zum Betrieb von Heizungen und Klimaanlagen eingesetzten Energieerzeugnisse im buchmäßigen Nachweis gesondert auszuweisen.

Die Steuerentlastungen nach § 56 EnergieStG und § 49 Absatz 1 EnergieStG für Energieerzeugnisse, die zum Betrieb von Heizungen und Klimaanlagen verwendet wurden, schließen sich gegenseitig aus.

(16) Unternehmen mit Geschäftssitz im Ausland, die mit Schienenbahnen Personen im grenzüberschreitenden öffentlichen Personennahverkehr befördern, erhalten die Begünstigung für Verkehrsleistungen auf Strecken im Steuergebiet nach § 1 Absatz 1 EnergieStG. Der Nachweis, dass die entsprechende Menge Kraftstoff verwendet wurde, kann zum Beispiel durch Zahlungsbelege oder Lieferbescheinigungen erbracht werden in denen der Tag der Lieferung, die gelieferte Menge, der Empfänger und die Anschrift des Lieferers angegeben sind.

(17) Für Anträge von Unternehmen, die Verkehrsleistungen im Rahmen des ÖPNV von einem anderen Unternehmen übernommen haben (zum Beispiel als Subunternehmen oder als Betriebsführer), ist das

---

1) Die Vordrucke 1120 und 1121 sollen – neben anderen Entlastungsvordrucken – in Kürze überarbeitet und mit einem einschlägigen Hinweis versehen werden.

Hauptzollamt zuständig, in dessen Bezirk der Geschäftssitz des Subunternehmens oder des Betriebsführers liegt.

(18) Der Steuerentlastungsantrag ist mit dem amtlich vorgeschriebenen Vordruck 1120 zu stellen. Werden Schienenbahnen ausnahmsweise in Verkehren eingesetzt, die nicht nach § 56 Absatz 1 Satz 1 Nummer 1 EnergieStG entlastungsfähig sind (z. B. zeitweilige Vermietung einer Schienenbahn zur Durchführung eines Betriebsausfluges) ist eine Aufteilung nach begünstigungsfähigen und nicht begünstigungsfähigen Mengen erforderlich. Aufgrund der äußerst geringen Zahl solcher Fälle wird kein eigenständiger Berechnungsbogen entwickelt. Stattdessen ist es ausreichend, dem Vordruck 1120 eine formlose Berechnung der begünstigungsfähigen und der nicht begünstigungsfähigen Verbrauchsmengen beizufügen.

(19) Nach § 102 Absatz 4 EnergieStV sind Abweichungen gegenüber vergleichbaren, vorhergehenden Entlastungsabschnitten zu erläutern. Aufgrund der individuellen Gegebenheiten in den Verkehrsunternehmen erscheint es nicht ratsam, eine feste Prozentgröße festzulegen, ab der eine Abweichung im Sinn der EnergieStV vorliegt. Vielmehr ist im Einzelfall zu überprüfen, ob die Abweichung erheblich ist.

(20) Werden betriebliche Aufzeichnungen geführt, die den Nachweis des begünstigten Verbrauchs an Kraftstoff für jeden Entlastungsabschnitt auf andere Weise sicherstellen (z. B. unter Zuhilfenahme von Daten aus einer betrieblichen Leistungsstatistik oder dem Konzernauftrag der Deutschen Bahn AG), so können diese auf Antrag vom zuständigen Hauptzollamt als buchmäßiger Nachweis zugelassen werden.

### III. Öffentlicher Personennahverkehr mit Kraftfahrzeugen

(21) Die Steuerentlastung nach § 56 EnergieStG gilt ebenso für Betriebsführer im Sinn von § 2 Absatz 2 Nummer 3 Personenbeförderungsgesetz (PBefG – Hinweis auf Anlage 1) sowie für Auftragsunternehmer (Subunternehmer), die für einen anderen Unternehmer Beförderungen im öffentlichen Personennahverkehr erbringen, soweit sie die Energiesteuer tragen.

(22) Die Steuerentlastung nach § 56 EnergieStG umfasst die Beförderung von Personen mit Kraftfahrzeugen

1. im genehmigten Linienverkehr gem. § 42 PBefG (einschließlich Schienenersatzverkehre),
2. in den Sonderformen des genehmigten Linienverkehrs gem. § 43 PBefG (Berufsverkehr, Schüler-, Marktsowie Theaterfahrten),
3. mittels Taxen oder Mietwagen (Verkehr mit Anrufsammeltaxen, siehe § 2 Absatz 7 PBefG), die die Linienverkehre nach Nummer 1 und 2 ersetzen, ergänzen oder verdichten (siehe § 8 Absatz 2 PBefG),
4. nach § 1 Nummer 4 Buchstabe d (Schülerfahrten) der Verordnung über die Befreiung bestimmter Beförderungsfälle von den Vorschriften des Personenbeförderungsgesetzes (Freistellungs-Verordnung vom 30. August 1962 – Hinweis auf Anlage 2),
5. nach § 1 Nummer 4 Buchstabe g (Behindertenverkehre) der Freistellungs-Verordnung und
6. nach § 1 Nummer 4 Buchstabe i (Kindergartenverkehre) der Freistellungs-Verordnung.

Unter die Beförderung von Personen im genehmigten Linienverkehr mit Kraftfahrzeugen nach Ziffer 1 und 2 fallen u. a. auch Stadtrundfahrten, die folgende Voraussetzungen erfüllen:

– die Kraftfahrzeuge, mit denen die Stadtrundfahrten durchgeführt werden, sind frei zugänglich, d.h. der zu befördernde Personenkreis ist nicht bereits im Vorhinein festgelegt und
– die Stadtrundfahrten werden anhand eines regelmäßigen Fahrplans durchgeführt.

Diese Kriterien können auch Stadtrundfahrten erfüllen, die im Hop-on-hop-off-Verfahren betrieben werden. Hierbei wird eine Linie (Rundkurs) – ähnlich wie bei einem normalen Linienverkehrmit regelmäßig fahrenden Kraftfahrzeugen bedient, die die bekanntesten Sehenswürdigkeiten abfahren. Dabei kann der Fahrgast die Stadtrundfahrt nach Belieben an den Haltestellen des Rundkurses unterbrechen und zu einem späteren Zeitpunkt von der Ausstiegshaltestelle in einem anderen Kraftfahrzeug fortsetzen. Die Kraftfahrzeuge verkehren üblicherweise nach einem vorgegebenen Fahrplan.

In diesen Fällen ist besonders auf die Vorlage der entsprechenden Genehmigung nach den §§ 42 und 43 des Personenbeförderungsgesetzes zu achten.

Bei Verkehren gemäß Ziffer 4 bis 6 sieht die Freistellungs-Verordnung zum PBefG von dem Erfordernis einer Genehmigung für den Linienverkehr ab. Diese Beförderungen sind gleichwohl wie genehmigter Linienverkehr gemäß § 43 PBefG zu behandeln (vgl. UStR 2008, Abschnitt 173 Absatz 6 – Hinweis auf Anlage 3).

Die dieser Dienstvorschrift beigegebenen Auszüge aus der UStR 2008 (insbesondere Abschnitt 173 Absatz 6) dienen nur der Hintergrundinformation. Der dort beschriebene Katalog an Verkehren, die der Freistellungsverordnung unterliegen, ist umfänglicher als derjenige des Energiesteuerrechts. Insoweit

**Anlage § 056–01**     Zu § 56 Energiesteuergesetz

sind ausschließlich die in § 56 Absatz 1 Satz 1 Nummer 1 bis 3 EnergieStG genannten Tatbestände von der Energiesteuer entlastungsfähig.

(23) Traktoren mit Anhängern zum Personentransport in Tierparks und Ausstellungen dienen nicht der Befriedigung der Verkehrsnachfrage im Stadt-, Vorort- oder Regionalverkehr. Sie sind deshalb von der Steuerentlastung nach § 56 EnergieStG ausgenommen. Beförderungsfahrten von Strafgefangenen sind ebenfalls nicht begünstigungsfähig, weil es ihnen an grundlegenden Bedingungen des Öffentlichen Personennahverkehrs gebricht. Obgleich solche Fahrten nach einem vorgegebenen Plan mit definierten Haltepunkten erfolgen (z. B. Arztbesuche, Verlegungen in andere Justizvollzugsanstalten, Arbeitseinsätze), so unterfallen sie doch nicht dem Öffentlichen Personennahverkehr, weil es sowohl den mitfahrenden Strafgefangenen als auch der Öffentlichkeit an der allgemeinen Zu- und Abgänglichkeit mangelt.

(24) Der Betrieb von Kraftfahrzeugen, die im öffentlichen Personennahverkehr eingesetzt werden, umfasst auch den Verbrauch von nachweislich nach § 2 Absatz 1 Nummer 1 und 4 oder Absatz 2 EnergieStG versteuerten Energieerzeugnissen zum Betrieb von Heizungen und Klimaanlagen. Die hierfür verbrauchten Energieerzeugnisse sind ebenfalls nach § 56 EnergieStG entlastungsfähig und müssen insoweit im buchmäßigen Nachweis nicht besonders ausgewiesen werden. Wird hingegen eine Entlastung nach § 49 Absatz 1 EnergieStG begehrt, so sind die zum Betrieb von Heizungen und Klimaanlagen eingesetzten Energieerzeugnisse im buchmäßigen Nachweis gesondert auszuweisen.

Die Steuerentlastungen nach § 56 EnergieStG und § 49 Absatz 1 EnergieStG für Energieerzeugnisse, die zum Betrieb von Heizungen und Klimaanlagen verwendet wurden, schließen sich gegenseitig aus.

(25) Unternehmen mit Geschäftssitz im Ausland, die Personen im grenzüberschreitenden Linienverkehr mit Kraftfahrzeugen nach § 52 PBefG in Verbindung mit VO (EWG) Nr. 684/92 des Rates vom 16. März 1992 zur Einführung gemeinsamer Regeln für den grenzüberschreitenden Personenverkehr mit Kraftomnibussen, zuletzt geändert durch VO (EG) Nr. 1791/2006 des Rates vom 20. November 2006 (Hinweis auf Anlage 5), befördern, erhalten die Begünstigung für Verkehrsleistungen auf Strecken im Steuergebiet nach § 1 Absatz 1 EnergieStG. Der Nachweis, dass eine den begünstigten Beförderungen entsprechende Menge Kraftstoff verwendet wurde, kann zum Beispiel durch Zahlungsbelege oder Lieferbescheinigungen erbracht werden in denen der Tag der Lieferung, die gelieferte Menge, der Empfänger und die Anschrift des Lieferers angegeben sind.

(26) Für Anträge von Unternehmen, die Verkehrsleistungen im Rahmen des ÖPNV von einem anderen Unternehmen übernommen haben (z B. als Subunternehmen oder als Betriebsführer im Sinn von § 2 Absatz 2 Nummer 3 PBefG), ist das Hauptzollamt zuständig, in dessen Bezirk der Geschäftssitz des Subunternehmens oder des Betriebsführers liegt.

(27) Der Steuerentlastungsantrag ist mit dem amtlich vorgeschriebenen Vordruck 1121 zu stellen. Dabei kann die Steuerentlastung entweder auf Grund des Durchschnittsverbrauchs des Gesamtfuhrparks der im genehmigten Linienverkehr eingesetzten Kraftfahrzeuge (Berechnungsbogen A – Vordruck 1122), jeder einzelnen Fahrzeuggruppe wie z. B. Gelenkbusse oder Kleinbusse (Berechnungsbogen B – Vordruck 1123) oder auf Grund des Durchschnittsverbrauchs je Fahrzeug (Berechnungsbogen C – Vordruck 1124) errechnet werden.

Bei der Berechnung der Steuerentlastung kann alternativ ein pauschalierter Durchschnittsverbrauch je Fahrzeug herangezogen werden (Berechnungsbogen D für Taxen und Mietwagen im Anrufsammeltaxenverkehr – Vordruck 1125; Berechnungsbogen E für sonstige im genehmigten Linienverkehr eingesetzte Kraftfahrzeuge – Vordruck 1126).

(28) Unternehmen erfassen Erdgas betriebsintern auf Massebasis (in Kilogramm). Um die steuerlich maßgebliche Einheit Megawattstunde (MWh) zu erhalten, rechnen die Unternehmen die Erdgasmengen teils mehrfach um. Dadurch entstehen Differenzen zwischen den tatsächlich getankten Mengen und sich mittels des Durchschnittsverbrauchs errechnenden Verbrauchsmengen. Wenn die mit Erdgas betriebenen Busse ausschließlich im Linienverkehr eingesetzt werden, bestehen keine Bedenken, aus Vereinfachungsgründen die tatsächlich getankten Erdgasmengen zu Grunde zu legen.

(29) Werden betriebliche Aufzeichnungen geführt, die den Nachweis des begünstigten Verbrauchs an Kraftstoff für jeden Entlastungsabschnitt auf andere Weise sicherstellen (z. B. unter Zuhilfenahme von Daten aus einer betrieblichen Leistungsstatistik oder dem Konzernauftrag der Deutschen Bahn AG), so können diese auf Antrag vom zuständigen Hauptzollamt als buchmäßiger Nachweis zugelassen werden.

## IV. Erfahrungsberichte

(30) Zur Fortschreibung und Optimierung der vorstehenden Dienstvorschrift werden durch die Abteilung Zentrale Facheinheit der Bundesfinanzdirektion Südwest zu gegebener Zeit Erfahrungsberichte von den Bundesfinanzdirektionen angefordert (Variabler Berichtstermin).

Zu § 56 Energiesteuergesetz **Anlage § 056–02**

**Dienstvorschrift zur energiesteuerrechtlichen Behandlung der im öffentlichen Personennahverkehr (ÖPNV) verwendeten Kraftstoffe nach § 56 Energiesteuergesetz (DV ÖPNV) – Anlage 01: Auszug aus dem Personenbeförderungsgesetz (PBefG)**

BMF-Schreiben vom 2.9.2013 – V 82 45-7

### Anlage 1

**Auszug aus dem Personenbeförderungsgesetz (PBefG)**

In der Fassung der Bekanntmachung vom 30. August 1962 (BGBl. I S. 601), zuletzt geändert durch Artikel 4 des Gesetzes vom 29. Juli 2009 (BGBl. I S. 2258).

### I. Allgemeine Vorschriften

**§ 1 Sachlicher Geltungsbereich**

(1) Den Vorschriften dieses Gesetzes unterliegt die entgeltliche oder geschäftsmäßige Beförderung von Personen mit Straßenbahnen, mit Oberleitungsomnibussen (Obussen) und mit Kraftfahrzeugen. Als Entgelt sind auch wirtschaftliche Vorteile anzusehen, die mittelbar für die Wirtschaftlichkeit einer auf diese Weise geförderten Erwerbstätigkeit erstrebt werden. (2) Diesem Gesetz unterliegen nicht Beförderungen

1. mit Personenkraftwagen, wenn das Gesamtentgelt die Betriebskosten der Fahrt nicht übersteigt;
2. mit Krankenkraftwagen, wenn damit kranke, verletzte oder sonstige hilfsbedürftige Personen befördert werden, die während der Fahrt einer medizinisch fachlichen Betreuung oder der besonderen Einrichtungen des Krankenkraftwagens bedürfen oder bei denen solches auf Grund ihres Zustands zu erwarten ist.

**§ 2 Genehmigungspflicht**

(1) Wer im Sinne des § 1 Absatz 1

1. mit Straßenbahnen,
2. mit Obussen,
3. mit Kraftfahrzeugen im Linienverkehr (§§ 42 und 43) oder
4. mit Kraftfahrzeugen im Gelegenheitsverkehr (§ 46)

Personen befördert, muss im Besitz einer Genehmigung sein. Er ist Unternehmer im Sinne dieses Gesetzes.

(2) Der Genehmigung bedarf auch

1. jede Erweiterung oder wesentliche Änderung des Unternehmens,
2. die Übertragung der aus der Genehmigung erwachsenden Rechte und Pflichten (Genehmigungsübertragung) sowie
3. die Übertragung der Betriebsführung auf einen anderen.

(3) Abweichend von Absatz 2 Nummer 2 dürfen im Verkehr mit Taxen die aus der Genehmigung erwachsenden Rechte und Pflichten nur übertragen werden, wenn gleichzeitig das ganze Unternehmen oder wesentliche selbständige und abgrenzbare Teile des Unternehmens übertragen werden.

(4) Die Genehmigungsbehörde kann bei einem Linienverkehr nach § 43 dieses Gesetzes und bei Beförderungen nach § 1 Nummer 4 Buchstaben d und i der Freistellungs-Verordnung Befreiung vom Verbot der Mitnahme anderer Fahrgäste erteilen, wenn dies im öffentlichen Verkehrsinteresse geboten und mit Rücksicht auf bestehende öffentliche Verkehrseinrichtungen wirtschaftlich vertretbar ist.

(5) Einer Genehmigung bedarf es nicht zum vorübergehenden Einsatz von Kraftfahrzeugen bei Notständen und Betriebsstörungen im Verkehr, insbesondere im Schienen-, Bergbahn- oder Obusverkehr. Wenn die Störungen länger als 72 Stunden dauern, haben die Unternehmer der von der Störung betroffenen Betriebe der Genehmigungsbehörde (§ 11) Art, Umfang und voraussichtliche Dauer eines solchen vorübergehenden Einsatzes von Kraftfahrzeugen unverzüglich mitzuteilen.

(5a) Wer Gelegenheitsverkehre in der Form der Ausflugsfahrt (§ 48 Absatz 1) oder der Ferienziel-Reise (§ 48 Absatz 2) plant, organisiert und anbietet, dabei gegenüber den Teilnehmern jedoch eindeutig zum Ausdruck bringt, dass die Beförderungen nicht von ihm selbst, sondern von einem bestimmten Unternehmer, der Inhaber einer Genehmigung nach diesem Gesetz ist, durchgeführt werden, muss selbst nicht im Besitz einer Genehmigung sein.

**Anlage § 056–02**     Zu § 56 Energiesteuergesetz

(6) Beförderungen, die in besonders gelagerten Einzelfällen nicht alle Merkmale einer Verkehrsart oder Verkehrsform dieses Gesetzes erfüllen, können nach denjenigen Vorschriften dieses Gesetzes genehmigt werden, denen diese Beförderungen am meisten entsprechen.

(7) Zur praktischen Erprobung neuer Verkehrsarten oder Verkehrsmittel kann die Genehmigungsbehörde auf Antrag im Einzelfall Abweichungen von Vorschriften dieses Gesetzes oder von auf Grund dieses Gesetzes erlassenen Vorschriften für die Dauer von höchstens vier Jahren genehmigen, soweit öffentliche Verkehrsinteressen nicht entgegenstehen.

...

**§ 8 Förderung der Verkehrsbedienung und Ausgleich der Verkehrsinteressen im öffentlichen Personennahverkehr**

(1) Öffentlicher Personennahverkehr im Sinne dieses Gesetzes ist die allgemein zugängliche Beförderung von Personen mit Straßenbahnen, Obussen und Kraftfahrzeugen im Linienverkehr, die überwiegend dazu bestimmt sind, die Verkehrsnachfrage im Stadt-, Vorort- oder Regionalverkehr zu befriedigen. Das ist im Zweifel der Fall, wenn in der Mehrzahl der Beförderungsfälle eines Verkehrsmittels die gesamte Reiseweite 50 Kilometer oder die gesamte Reisezeit eine Stunde nicht übersteigt.

(2) Öffentlicher Personennahverkehr ist auch der Verkehr mit Taxen oder Mietwagen, der eine der in Absatz 1 genannten Verkehrsarten ersetzt, ergänzt oder verdichtet.

(3) Die Genehmigungsbehörde hat im Zusammenwirken mit dem Aufgabenträger des öffentlichen Personennahverkehrs (Aufgabenträger) und mit den Verkehrsunternehmen im Interesse einer ausreichenden Bedienung der Bevölkerung mit Verkehrsleistungen im öffentlichen Personennahverkehr sowie einer wirtschaftlichen Verkehrsgestaltung für eine Integration der Nahverkehrsbedienung, insbesondere für Verkehrskooperationen, für die Abstimmung oder den Verbund der Beförderungsentgelte und für die Abstimmung der Fahrpläne, zu sorgen. Sie hat dabei einen vom Aufgabenträger beschlossenen Nahverkehrsplan zu berücksichtigen, der vorhandene Verkehrsstrukturen beachtet, unter Mitwirkung der vorhandenen Unternehmer zustande gekommen ist und nicht zur Ungleichbehandlung von Unternehmern führt. Der Nahverkehrsplan hat die Belange behinderter und anderer Menschen mit Mobilitätsbeeinträchtigung mit dem Ziel zu berücksichtigen, für die Nutzung des öffentlichen Personennahverkehrs eine möglichst weit reichende Barrierefreiheit zu erreichen; im Nahverkehrsplan werden Aussagen über zeitliche Vorgaben und erforderliche Maßnahmen getroffen. Bei seiner Aufstellung sind Behindertenbeauftragte oder Behindertenbeiräte der Aufgabenträger soweit vorhanden anzuhören. Dieser Nahverkehrsplan bildet den Rahmen für die Entwicklung des öffentlichen Personennahverkehrs. Die Aufstellung von Nahverkehrsplänen sowie die Bestimmung des Aufgabenträgers regeln die Länder. Für Vereinbarungen von Verkehrsunternehmen und für Beschlüsse und Empfehlungen von Vereinigungen dieser Unternehmen gilt § 1 des Gesetzes gegen Wettbewerbsbeschränkungen nicht, soweit sie den Zielen des Satzes 1 dienen. Sie bedürfen zu ihrer Wirksamkeit der Anmeldung bei der Genehmigungsbehörde. Für Vereinigungen von Unternehmen, die Vereinbarungen, Beschlüsse und Empfehlungen im Sinne von Satz 7 treffen, gilt § 20 Absatz 1 des Gesetzes gegen Wettbewerbsbeschränkungen entsprechend. Verfügungen der Kartellbehörde, die solche Vereinbarungen, Beschlüsse oder Empfehlungen betreffen, ergehen im Benehmen mit der zuständigen Genehmigungsbehörde.

(4) Verkehrsleistungen im öffentlichen Personennahverkehr sind eigenwirtschaftlich zu erbringen. Eigenwirtschaftlich sind Verkehrsleistungen, deren Aufwand gedeckt wird durch Beförderungserlöse, Erträge aus gesetzlichen Ausgleichs- und Erstattungsregelungen im Tarif- und Fahrplanbereich sowie sonstige Unternehmenserträge im handelsrechtlichen Sinne. Soweit eine ausreichende Verkehrsbedienung nicht entsprechend Satz 1 möglich ist, ist die Verordnung (EWG) Nr. 1191/69 des Rates vom 26. Juni 1969 über das Vorgehen der Mitgliedstaaten bei mit dem Begriff des öffentlichen Dienstes verbundenen Verpflichtungen auf dem Gebiet des Eisenbahn-, Straßen- und Binnenschiffsverkehrs (ABl. EG Nr. L 156 S. 1) in der jeweils geltenden Fassung maßgebend. Wer zuständige Stelle im Sinne dieser Verordnung ist, richtet sich nach Landesrecht; sie soll grundsätzlich mit dem Aufgabenträger nach Absatz 3 identisch sein. Die Vorschrift des § 21 Absatz 3 Satz 1 bleibt unberührt.

## II. Genehmigung

### § 11 Genehmigungsbehörden

(1) Die Genehmigung erteilt die von der Landesregierung bestimmte Behörde.

(2) Zuständig ist

1. bei einem Straßenbahn-, Obusverkehr oder einem Linienverkehr mit Kraftfahrzeugen die Genehmigungsbehörde, in deren Bezirk der Verkehr ausschließlich betrieben werden soll,

2. bei einem Gelegenheitsverkehr mit Kraftfahrzeugen die Genehmigungsbehörde, in deren Bezirk der Unternehmer seinen Sitz oder seine Niederlassung im Sinne des Handelsrechts hat.

(3) Soll ein Straßenbahn-, Obusverkehr oder ein Linienverkehr mit Kraftfahrzeugen in den Bezirken mehrerer Genehmigungsbehörden desselben Landes betrieben werden, so ist die Genehmigungsbehörde zuständig, in deren Bezirk die Linie ihren Ausgangspunkt hat. Bestehen Zweifel über die Zuständigkeit, so wird die zuständige Genehmigungsbehörde von der von der Landesregierung bestimmten Behörde benannt. Die zuständige Genehmigungsbehörde trifft ihre Entscheidung im Einvernehmen mit den an der Linienführung beteiligten Genehmigungsbehörden; Genehmigungsbehörden, deren Bezirke im Transit durchfahren werden, sind nicht zu beteiligen. Kommt ein Einvernehmen nicht zustande, so entscheidet die von der Landesregierung bestimmte Behörde.

(4) Soll ein Straßenbahn-, Obusverkehr oder Linienverkehr mit Kraftfahrzeugen in mehreren Ländern betrieben werden, so ist Absatz 3 Satz 1 und 3 entsprechend anzuwenden. Bestehen zwischen den beteiligten Ländern Zweifel über die Zuständigkeit und kommt eine Einigung der obersten Landesverkehrsbehörden darüber nicht zustande, so entscheidet auf Antrag einer beteiligten obersten Landesverkehrsbehörde das Bundesministerium für Verkehr, Bau und Stadtentwicklung. Das gleiche gilt, wenn über die Entscheidung eines Genehmigungsantrags zwischen den Genehmigungsbehörden der beteiligten Länder ein Einvernehmen nicht hergestellt und auch ein Einvernehmen zwischen den obersten Landesverkehrsbehörden darüber nicht erzielt werden kann.

### III. Sonderbestimmungen für die einzelnen Verkehrsarten

...

### C. Linienverkehr mit Kraftfahrzeugen

#### § 42 Begriffsbestimmung Linienverkehr

Linienverkehr ist eine zwischen bestimmten Ausgangs- und Endpunkten eingerichtete regelmäßige Verkehrsverbindung, auf der Fahrgäste an bestimmten Haltestellen ein- und aussteigen können. Er setzt nicht voraus, dass ein Fahrplan mit bestimmten Abfahrts- und Ankunftszeiten besteht oder Zwischenhaltestellen eingerichtet sind.

#### § 43 Sonderformen des Linienverkehrs

Als Linienverkehr gilt, unabhängig davon, wer den Ablauf der Fahrten bestimmt, auch der Verkehr, der unter Ausschluss anderer Fahrgäste der regelmäßigen Beförderung von
1. Berufstätigen zwischen Wohnung und Arbeitsstelle (Berufsverkehr),
2. Schülern zwischen Wohnung und Lehranstalt (Schülerfahrten),
3. Personen zum Besuch von Märkten (Marktfahrten),
4. Theaterbesuchern

dient. Die Regelmäßigkeit wird nicht dadurch ausgeschlossen, dass der Ablauf der Fahrten wechselnden Bedürfnissen der Beteiligten angepasst wird.

...

### E. Gelegenheitsverkehr mit Kraftomnibussen

#### § 46 Formen des Gelegenheitsverkehrs

(1) Gelegenheitsverkehr ist die Beförderung von Personen mit Kraftfahrzeugen, die nicht Linienverkehr nach den §§ 42 und 43 ist.

(2) Als Formen des Gelegenheitsverkehrs sind nur zulässig
1. Verkehr mit Taxen (§ 47),
2. Ausflugsfahrten und Ferienziel-Reisen (§ 48),
3. Verkehr mit Mietomnibussen und mit Mietwagen (§ 49).

(3) In Orten mit mehr als 50.000 Einwohnern oder in den von der höheren Verwaltungsbehörde bestimmten Orten unter 50.000 Einwohnern darf eine Genehmigung für den Taxenverkehr und den Mietwagenverkehr nicht für denselben Personenkraftwagen erteilt werden.

#### § 47 Verkehr mit Taxen

(1) Verkehr mit Taxen ist die Beförderung von Personen mit Personenkraftwagen, die der Unternehmer an behördlich zugelassenen Stellen bereithält und mit denen er Fahrten zu einem vom Fahrgast bestimmten Ziel ausführt. Der Unternehmer kann Beförderungsaufträge auch während einer Fahrt oder am Betriebssitz entgegennehmen.

# Anlage § 056–02

Zu § 56 Energiesteuergesetz

...

### § 48 Ausflugsfahrten und Ferienziel-Reisen

(1) Ausflugsfahrten sind Fahrten, die der Unternehmer mit Kraftomnibussen oder Personenkraftwagen nach einem bestimmten, von ihm aufgestellten Plan und zu einem für alle Teilnehmer gleichen und gemeinsam verfolgten Ausflugszweck anbietet und ausführt. Die Fahrt muss wieder an den Ausgangsort zurückführen. Die Fahrgäste müssen im Besitz eines für die gesamte Fahrt gültigen Fahrscheins sein, der die Beförderungsstrecke und das Beförderungsentgelt ausweist. Bei Ausflugsfahrten, die als Pauschalfahrten ausgeführt werden, genügt im Fahrschein die Angabe des Gesamtentgelts an Stelle des Beförderungsentgelts.

(2) Ferienziel-Reisen sind Reisen zu Erholungsaufenthalten, die der Unternehmer mit Kraftomnibussen oder Personenkraftwagen nach einem bestimmten, von ihm aufgestellten Plan zu einem Gesamtentgelt für Beförderung und Unterkunft mit oder ohne Verpflegung anbietet und ausführt. Es dürfen nur Rückfahrscheine und diese nur auf den Namen des Reisenden ausgegeben werden. Die Fahrgäste sind zu einem für alle Teilnehmer gleichen Reiseziel zu bringen und an den Ausgangspunkt der Reise zurückzubefördern. Auf der Rückfahrt dürfen nur Reisende befördert werden, die der Unternehmer zum Reiseziel gebracht hat.

(3) Es ist unzulässig, unterwegs Fahrgäste aufzunehmen. Dies gilt nicht für benachbarte Orte oder in ländlichen Räumen für bis zu 30 km voneinander entfernte Orte. Im Übrigen kann die Genehmigungsbehörde Ausnahmen gestatten, wenn dadurch die öffentlichen Verkehrsinteressen nicht beeinträchtigt werden.

...

### § 49 Verkehr mit Mietomnibussen und mit Mietwagen

(1) Verkehr mit Mietomnibussen ist für die Beförderung von Personen mit Kraftomnibussen, die nur im ganzen zur Beförderung angemietet werden und mit denen der Unternehmer Fahrten ausführt, deren Zweck, Ziel und Ablauf der Mieter bestimmt. Die Teilnehmer müssen ein zusammengehöriger Personenkreis und über Ziel und Ablauf der Fahrt einig sein.

(2) Die Voraussetzungen des Absatzes 1 Satz 1 sind nicht gegeben, wenn Fahrten unter Angabe des Fahrtziels vermittelt werden. Mietomnibusse dürfen nicht durch Bereitstellen auf öffentlichen Straßen oder Plätzen angeboten werden.

(3) ...

(4) Verkehr mit Mietwagen ist die Beförderung von Personen mit Personenkraftwagen, die nur im ganzen zur Beförderung gemietet werden und mit denen der Unternehmer Fahrten ausführt, deren Zweck, Ziel und Ablauf der Mieter bestimmt und die nicht Verkehr mit Taxen nach § 47 sind. Mit Mietwagen dürfen nur Beförderungsaufträge ausgeführt werden, die am Betriebssitz oder in der Wohnung des Unternehmers eingegangen sind. Nach Ausführung des Beförderungsauftrags hat der Mietwagen unverzüglich zum Betriebssitz zurückzukehren, es sei denn, er hat vor der Fahrt von seinem Betriebssitz oder der Wohnung oder während der Fahrt fernmündlich einen neuen Beförderungsauftrag erhalten. Der Eingang des Beförderungsauftrages am Betriebssitz oder in der Wohnung hat der Mietwagenunternehmer buchmäßig zu erfassen und die Aufzeichnungen ein Jahr aufzubewahren. Annahme, Vermittlung und Ausführung von Beförderungsaufträgen, das Bereithalten des Mietwagens sowie Werbung für Mietwagenverkehr dürfen weder alleine noch in ihrer Verbindung geeignet sein, zur Verwechslung mit dem Taxenverkehr zu führen. Den Taxen vorbehaltene Zeichen und Merkmale dürfen für Mietwagen nicht verwendet werden. Die §§ 21 und 22 sind nicht anzuwenden.

...

### IV. Auslandsverkehr

### § 52 Grenzüberschreitender Verkehr

(1) Für die Beförderung von Personen im grenzüberschreitenden Verkehr mit Kraftfahrzeugen durch Unternehmer, die ihren Betriebssitz im Inland oder Ausland haben, gelten, soweit nichts anderes bestimmt ist, die Vorschriften dieses Gesetzes und die hierzu erlassenen Rechtsverordnungen. § 13 Absatz 1 Nummer 4 gilt nicht für Unternehmen, die ihren Betriebssitz im Ausland haben.

(2) Die nach diesem Gesetz erforderliche Genehmigung eines grenzüberschreitenden Linienverkehrs erteilt für die deutsche Teilstrecke die von der Landesregierung bestimmte Behörde im Benehmen mit dem Bundesministerium für Verkehr, Bau- und Stadtentwicklung. § 11 Absatz 2 bis 4 ist entsprechend anzuwenden.

Zu § 56 Energiesteuergesetz **Anlage § 056–02**

(3) Einer Genehmigung für den grenzüberschreitenden Gelegenheitsverkehr von Unternehmern, die ihren Betriebssitz im Ausland haben, bedarf es nicht, soweit entsprechende Übereinkommen mit dem Ausland bestehen. Besteht ein solches Übereinkommen nicht oder soll abweichend von den Bedingungen des Übereinkommens grenzüberschreitender Gelegenheitsverkehr ausgeführt werden, so kann das Bundesministerium für Verkehr, Bau- und Wohnungswesen oder eine von ihm beauftragte Behörde entsprechenden Anträgen stattgeben. Die Genehmigung für grenzüberschreitende Ferienziel-Reisen erteilt für die deutsche Teilstrecke die von der Landesregierung bestimmte Behörde, in deren Gebiet die Ferienziel-Reise endet. Abweichend von § 9 Absatz 1 Nummer 4 wird die Genehmigung für den grenzüberschreitenden Gelegenheitsverkehr mit Kraftomnibussen auch für die Form des Gelegenheitsverkehrs erteilt.

(4) Die Grenzpolizei und die Zollstellen an den Grenzen sind berechtigt, Kraftfahrzeuge zurückzuweisen, wenn nicht die erforderliche Genehmigung vorgelegt wird, deren Mitführung vorgeschrieben ist. Das Bundesministerium für Verkehr, Bau- und Stadtentwicklung kann Unternehmen mit Betriebssitz außerhalb des Geltungsbereichs dieses Gesetzes bei wiederholten oder schweren Verstößen gegen Vorschriften dieses Gesetzes und der auf diesem Gesetz beruhenden Verordnungen sowie gegen Vorschriften der Verordnungen der Europäischen Gemeinschaften und internationalen Übereinkommen über den grenzüberschreitenden Verkehr dauernd oder vorübergehend vom Verkehr in oder durch die Bundesrepublik Deutschland ausschließen.

# Anlage § 056–03

Zu § 56 Energiesteuergesetz

## Dienstvorschrift zur energiesteuerrechtlichen Behandlung der im öffentlichen Personennahverkehr (ÖPNV) verwendeten Kraftstoffe nach § 56 Energiesteuergesetz (DV ÖPNV)

BMF-Schreiben vom 2.9.2013 – V 82 45-7

### Anlage 2

**Auszug aus der Verordnung über die Befreiung bestimmter Beförderungsfälle von den Vorschriften des Personenbeförderungsgesetzes (Freistellungs-Verordnung)**
In der Fassung der Bekanntmachung vom 30. August 1962 (BGBl. I S. 601), zuletzt geändert durch Artikel 1 der Verordnung vom 30. Juni 1989 (BGBl. I S. 1273).

### § 1 Freistellung vom Personenbeförderungsgesetz (PBefG)

Von den Vorschriften des Personenbeförderungsgesetzes werden freigestellt:
1. Beförderungen mit Kraftfahrzeugen außerhalb öffentlicher Straßen und Plätze im Sinne des Straßenverkehrsgesetzes;
2. Beförderungen mit Kraftfahrzeugen in Ausübung hoheitlicher Tätigkeit;
3. Beförderungen mit Personenkraftwagen, die nach ihrer Bauart und Ausstattung zur Beförderung von nicht mehr als sechs Personen (einschließlich Führer) geeignet und bestimmt sind, es sei denn, dass für die Beförderungen ein Entgelt zu entrichten ist;
4. Beförderungen
   a) von Berufstätigen mit Kraftfahrzeugen zu und von ihrer Eigenart nach wechselnden Arbeitsstellen, insbesondere Baustellen, sofern nicht ein solcher Verkehr zwischen gleich bleibenden Ausgangsund Endpunkten länger als ein Jahr betrieben wird,
   b) von Berufstätigen mit Kraftfahrzeugen zu und von Arbeitsstellen in der Land- und Forstwirtschaft,
   c) mit Kraftfahrzeugen durch oder für Kirchen oder sonstige Religionsgesellschaften zu und von Gottesdiensten,
   d) mit Kraftfahrzeugen durch oder für Schulträger zum und vom Unterricht,
   e) von Kranken aus Gründen der Beschäftigungstherapie oder zu sonstigen Behandlungszwecken durch Krankenhäuser oder Heilanstalten mit eigenen Kraftfahrzeugen,
   f) von Berufstätigen mit Personenkraftwagen von und zu ihren Arbeitsstellen,
   g) von körperlich, geistig oder seelisch behinderten Personen mit Kraftfahrzeugen zu und von Einrichtungen, die der Betreuung dieser Personen dienen,
   h) von Arbeitnehmern durch den Arbeitgeber zu betrieblichen Zwecken zwischen Arbeitsstätten desselben Betriebes,
   i) mit Kraftfahrzeugen durch oder für Kindergartenträger zwischen Wohnung und Kindergarten, es sei denn, dass von den Beförderten ein Entgelt zu entrichten ist;
5. Beförderungen durch die Streitkräfte mit eigenen Kraftfahrzeugen;
6. Beförderungen durch die Polizei mit eigenen Kraftfahrzeugen;
7. Die Mitnahme von
   a) umziehenden Personen in besonders für Möbelbeförderung eingerichteten Fahrzeugen,
   b) Personen in Kraftfahrzeugen, die zur Leichenbeförderung bestimmt sind.

Zu § 56 Energiesteuergesetz                                        **Anlage § 056–04**

**Dienstvorschrift zur energiesteuerrechtlichen Behandlung der im öffentlichen Personennahverkehr (ÖPNV) verwendeten Kraftstoffe nach § 56 Energiesteuergesetz (DV ÖPNV) – Anlage 03: Auszug aus der Allgemeinen Verwaltungsvorschrift zur Ausführung des Umsatzsteuergesetzes (Umsatzsteuer-Richtlinien 2008 – UStR 2008 –)**

BMF-Schreiben vom 2.9.2013 – V 82 45-7

**Anlage 3**

**Auszug aus der Allgemeinen Verwaltungsvorschrift zur Ausführung des Umsatzsteuergesetzes (Umsatzsteuer-Richtlinien 2008 – UStR 2008 –)**

In der Fassung der Bekanntmachung vom 10. Dezember 2007( BStBl. Teil I, Sondernummer. 2/2007 vom 21. Dezember 2007)

**173. Begünstigte Verkehrsarten**

(1) Die einzelnen Verkehrsarten sind grundsätzlich nach dem Verkehrsrecht abzugrenzen.

**Verkehr mit Schienenbahnen mit Ausnahme der Bergbahnen**

(2) Schienenbahnen sind die Vollbahnen – Haupt- und Nebenbahnen – und die Kleinbahnen sowie die sonstigen Eisenbahnen, z. B. Anschlussbahnen und Straßenbahnen Als Straßenbahnen gelten auch Hoch- und Untergrundbahnen, Schwebebahnen und ähnliche Bahnen besonderer Bauart (§ 4 Absatz 2 PBefG). Zu den Schienenbahnen gehören auch Kleinbahnen in Tierparks und Ausstellungen (BFH-Urteil vom 14.12.1951, II 176/51 U, BStBl. 1952 III S. 22). Seilschwebebahnen, Sessellifte und Skilifte zählen nicht zu den Schienenbahnen.

(3) Die von der Begünstigung ausgenommenen Bergbahnen sind Bahnen, die Verbindungen auf Berge herstellen und wegen der Steigungsverhältnisse oder wegen eines durch den gebirgigen Charakter der Landschaft bedingten großen Bodenabstandes besonderer Sicherungseinrichtungen bedürfen (BFH-Urteile vom 16.5.1974, V R 109/72, BStBl II S. 649, und vom 26.8.1976, V R 55/73, BStBl 1977 II S. 105). Danach sind Beförderungen im Schienenbahnverkehr insoweit Beförderungen mit Bergbahnen, als auf den Fahrstrecken besondere technische Sicherungseinrichtungen für die Bergfahrt vorhanden sind. Als Fahrstrecke ist jeweils der Fahrweg zwischen zwei Haltestellen anzusehen. Hieraus folgt:

1. Eine Beförderung, die ausschließlich auf Fahrstrecken ohne besondere technische Sicherungseinrichtungen für die Bergfahrt bewirkt wird, unterliegt bei Vorliegen der sonstigen Voraussetzungen nach § 12 Absatz 2 Nummer 10 Buchstabe b UStG dem ermäßigten Steuersatz.

2. Eine Beförderung, die ausschließlich auf Fahrstrecken mit besonderen technischen Sicherungseinrichtungen für die Bergfahrt bewirkt wird, unterliegt dem allgemeinen Steuersatz. Eine Beförderung auf einer Fahrstrecke, auf der nur zum Teil besondere Sicherungseinrichtungen benötigt werden, ist insgesamt als nicht begünstigte Leistung zu behandeln.

3. Wird eine Beförderung sowohl auf Fahrstrecken der unter Nummer 1 als auch auf Fahrstrecken der unter Nummer 2 bezeichneten Art ausgeführt, ist nur der auf die Strecken der unter Nummer 2 bezeichneten Art entfallende Teil der Beförderung mit dem allgemeinen Steuersatz zu versteuern. Für den anderen Teil der Beförderung gilt nach § 12 Absatz 2 Nummer 10 Buchstabe b UStG bei Vorliegen der sonstigen Voraussetzungen der ermäßigte Steuersatz. Das Entgelt ist erforderlichenfalls im Schätzungswege aufzuteilen.

**Verkehr mit Oberleitungsomnibussen**

(4) Oberleitungsomnibusse sind nach § 4 Absatz 3 PBefG elektrisch angetriebene, nicht an Schienen gebundene Straßenfahrzeuge, die ihre Antriebsenergie einer Fahrleitung entnehmen.

**Genehmigter Linienverkehr mit Kraftfahrzeugen**

(5) Linienverkehr mit Kraftfahrzeugen ist eine zwischen bestimmten Ausgangs- und Endpunkten eingerichtete regelmäßige Verkehrsverbindung, auf der Fahrgäste an bestimmten Haltestellen ein- und aussteigen können. Er setzt nicht voraus, dass ein Fahrplan mit bestimmten Abfahrts- und Ankunftszeiten besteht oder Zwischenhaltestellen eingerichtet sind (§ 42 PBefG). Als Linienverkehr gilt auch die Beförderung von

1. Berufstätigen zwischen Wohnung und Arbeitsstelle (Berufsverkehr);

2. Schülern zwischen Wohnung und Lehranstalt (Schülerfahrten; hierzu gehören z. B. Fahrten zum Schwimmunterricht, nicht jedoch Klassenfahrten);

# Anlage § 056–04
Zu § 56 Energiesteuergesetz

3. Kindern zwischen Wohnung und Kindergarten (Kindergartenfahrten);
4. Personen zum Besuch von Märkten (Marktfahrten);
5. Theaterbesuchern.

Linienverkehr kann mit Kraftomnibussen und mit Personenkraftwagen sowie in besonderen Ausnahmefällen auch mit Lastkraftwagen betrieben werden.

(6) Beförderungen im Linienverkehr mit Kraftfahrzeugen sind jedoch nur dann begünstigt, wenn der Linienverkehr genehmigt ist oder unter die Freistellungsverordnung zum PBefG fällt oder eine genehmigungsfreie Sonderform des Linienverkehrs im Sinne der Verordnung (EWG) Nr. 684/92 vom 16.3.1992 (ABl. EG Nr. L 74 S. 1) darstellt. Über die Genehmigung muss eine entsprechende Genehmigungsurkunde oder eine einstweilige Erlaubnis der zuständigen Genehmigungsstelle vorliegen. Im Falle der Betriebsübertragung nach § 2 Absatz 2 PBefG gelten die vom Betriebsführungsberechtigten ausgeführten Beförderungsleistungen als solche im genehmigten Linienverkehr, sofern die Betriebsübertragung von der zuständigen Behörde (§ 11 PBefG) genehmigt worden ist. Für bestimmte Beförderungen im Linienverkehr sieht die Freistellungsverordnung zum PBefG von dem Erfordernis einer Genehmigung für den Linienverkehr ab. Hierbei handelt es sich um Beförderungen durch die Streitkräfte oder durch die Polizei mit eigenen Kraftfahrzeugen sowie um die folgenden Beförderungen, wenn von den beförderten Personen selbst ein Entgelt nicht zu entrichten ist:

1. Beförderungen von Berufstätigen mit Kraftfahrzeugen zu und von ihrer Eigenart nach wechselnden Arbeitsstellen, insbesondere Baustellen, sofern nicht ein solcher Verkehr zwischen gleich bleibenden Ausgangs- und Endpunkten länger als ein Jahr betrieben wird;
2. Beförderungen von Berufstätigen mit Kraftfahrzeugen zu und von Arbeitsstellen in der Land- und Forstwirtschaft;
3. Beförderungen mit Kraftfahrzeugen durch oder für Kirchen oder sonstigen Religionsgesellschaften zu und von Gottesdiensten;
4. Beförderungen mit Kraftfahrzeugen durch oder für Schulträger zum und vom Unterricht;
5. Beförderungen von Kranken wegen einer Beschäftigungstherapie oder zu sonstigen Behandlungszwecken durch Krankenhäuser oder Heilanstalten mit eigenen Fahrzeugen;
6. Beförderungen von Berufstätigen mit Personenkraftwagen von und zu ihren Arbeitsstellen;
7. Beförderungen von körperlich, geistig oder seelisch behinderten Personen mit Kraftfahrzeugen zu und von Einrichtungen, die der Betreuung dieser Personenkreise dienen;
8. Beförderungen von Arbeitnehmern durch den Arbeitgeber zu betrieblichen Zwecken zwischen Arbeitsstätten desselben Betriebes;
9. Beförderungen mit Kraftfahrzeugen durch oder für Kindergartenträger zwischen Wohnung und Kindergarten.

Diese Beförderungen sind wie genehmigter Linienverkehr zu behandeln. Ebenso zu behandeln sind folgende, nach der Verordnung (EWG) Nr. 684/92 genehmigungsfreie Sonderformen des grenzüberschreitenden Linienverkehrs, der der regelmäßigen ausschließlichen Beförderung bestimmter Gruppen von Fahrgästen dient, wenn der besondere Linienverkehr zwischen dem Veranstalter und dem Verkehrsunternehmer vertraglich geregelt ist:

1. die Beförderung von Arbeitnehmern zwischen Wohnort und Arbeitsstätte;
2. die Beförderung von Schülern und Studenten zwischen Wohnort und Lehranstalt;
3. die Beförderung von Angehörigen der Streitkräfte und ihren Familien zwischen Herkunftsland und Stationierungsort;
4. der Nahverkehr im Grenzgebiet.

Der Verkehrsunternehmer muss neben der in Satz 7 genannten vertraglichen Regelung die Genehmigung für Personenbeförderungen im Linien-, Pendel- oder Gelegenheitsverkehr mit Kraftomnibussen durch den Niederlassungsstaat erhalten haben, die Voraussetzungen der gemeinschaftlichen Rechtsvorschriften über den Zugang zum Beruf des Personenkraftverkehrsunternehmers im innerstaatlichen und grenzüberschreitenden Verkehr sowie die Rechtsvorschriften über die Sicherheit im Straßenverkehr für Fahrer und Fahrzeuge erfüllen. Der Nachweis über das Vorliegen einer genehmigungsfreien Sonderform des Linienverkehrs nach der Verordnung (EWG) Nr. 684/92 kann durch die Vorlage der von der zuständigen Genehmigungsbehörde ausgestellten Genehmigungsurkunde im Original bzw. in beglaubigter Abschrift und des zwischen dem Veranstalter und dem Verkehrsunternehmer abgeschlossenen Beförderungsvertrages erbracht werden.

Zu § 56 Energiesteuergesetz                                           **Anlage § 056–05**

**Dienstvorschrift zur energiesteuerrechtlichen Behandlung der im öffentlichen Personennahverkehr (ÖPNV) verwendeten Kraftstoffe nach § 56 Energiesteuergesetz (DV ÖPNV) – Anlage 04: Auszug aus dem Gesetz über die Planung, Organisation und Gestaltung des öffentlichen Personennahverkehrs (ÖPNVG) des Landes Baden-Württemberg**

BMF-Schreiben vom 2.9.2013 – V 82 45-7

### Anlage 4

**Hinweis:**
Mit dem Gesetz zur Regionalisierung des öffentlichen Personennahverkehrs vom 27. Dezember 1993 (BGBl. I 1993, S. 2378, 2395) wurde die Zuständigkeit für den ÖPNV den Bundesländern übertragen. Diese schufen in der Folgezeit eigene ÖPNV-Gesetze, in denen unter anderem die Aufstellung und Pflege von Nahverkehrsplänen festgeschrieben wurde. Diese Nahverkehrspläne sind periodisch zu aktualisieren und können auch bei der Prüfung, ob eine bestimmte Linie oder Strecke als öffentlicher Personennahverkehr anzusehen ist, herangezogen werden.

Am Beispiel des ÖPNV-Gesetzes von Baden-Württemberg werden die Landesregelungen zum ÖPNV auszugsweise aufgezeigt.

**Auszug aus dem Gesetz über die Planung, Organisation und Gestaltung des öffentlichen Personennahverkehrs (ÖPNVG)**

**Vom 8. Juni 1995 [GBl. S. 417]**

[Verkündet am 22. Juni 1995 als Artikel 1 des Gesetzes zur Umsetzung der Bahnstrukturreform und zur Gestaltung des öffentlichen Personennahverkehrs in Baden-Württemberg (GBL S. 417); in Kraft getreten am Tag nach der Verkündung, zuletzt geändert durch die 7. Anpassungsverordnung vom 25. April 2007]

### § 1 Zielsetzung

Öffentlicher Personennahverkehr soll im gesamten Landesgebiet im Rahmen eines integrierten Gesamtverkehrssystems als eine vollwertige Alternative zum motorisierten Individualverkehr zur Verfügung stehen. Er soll dazu beitragen, dass die Mobilität der Bevölkerung gewährleistet, die Attraktivität des Wirtschaftsstandortes Baden-Württemberg gesichert und verbessert sowie den Belangen des Umweltschutzes, der Energieeinsparung und der Sicherheit und Leichtigkeit des Verkehrs Rechnung getragen wird. Jedes Verkehrsmittel im öffentlichen Personennahverkehr soll im Rahmen seiner besonderen Vorteile eingesetzt werden. Das Eisenbahnnetz soll für eine leistungsfähige und bedarfsgerechte verkehrliche Erschließung erhalten und ausgebaut werden. Ferner ist anzustreben, dass auf diesem Netz ein attraktives und nach Möglichkeit vertaktetes Angebot im Schienenpersonennahverkehr zur Verfügung steht.

### § 2 Begriffsbestimmungen

(1) Öffentlicher Personennahverkehr im Sinne dieses Gesetzes ist die allgemein zugängliche Beförderung von Personen mit Verkehrsmitteln im Linienverkehr, die überwiegend dazu bestimmt sind, die Verkehrsnachfrage im Stadt-, Vorort- oder Regionalverkehr zu befriedigen. Das ist im Zweifel der Fall, wenn in der Mehrzahl der Beförderungsfälle eines Verkehrsmittels die gesamte Reiseweite 50 Kilometer oder die gesamte Reisezeit eine Stunde nicht übersteigt.

(2) Öffentlicher Personennahverkehr ist auch der Verkehr mit Taxen oder Mietwagen, der einen Verkehr nach Absatz 1 ersetzt, ergänzt oder verdichtet.

(3) Das Ministerium für Umwelt und Verkehr entscheidet im Zweifelsfall, ob die Voraussetzungen der Absätze 1 und 2 vorliegen.

### § 3 Grundsätze der Planung

(1) Die Planungen für den öffentlichen Personennahverkehr sind mit den Grundsätzen und Zielen der Raumordnung und Landesplanung sowie der kommunalen Bauleitplanung abzustimmen.

(2) Die Landes-, Regional- und Bauleitplanung soll eine ausreichende Verknüpfung von Wohn- und Erholungsbereichen, Arbeitsstätten, öffentlichen, sozialen und kulturellen Einrichtungen durch den öffentlichen Personennahverkehr vorsehen.

# Anlage § 056–05

Zu § 56 Energiesteuergesetz

(3) Bei der Planung soll dem öffentlichen Personennahverkehr vor allem in verdichteten Räumen Vorrang vor dem motorisierten Individualverkehr eingeräumt werden, soweit dies mit dem öffentlichen Verkehrsinteresse und dem Grundsatz der Wirtschaftlichkeit und Sparsamkeit vereinbar ist. Dabei soll der Ausbau vorhandener Verkehrswege gegenüber dem Neubau Vorrang erhalten.

## § 4 Leitlinien für die Gestaltung des öffentlichen Personennahverkehrs

(1) Die Aufgabenträger nach § 6 sollen im Rahmen der freiwilligen Aufgabenerfüllung die in den Absätzen 2 bis 8 enthaltenen Leitlinien für die Gestaltung des öffentlichen Personennahverkehrs berücksichtigen.

(2) Die Linienführungen und Fahrpläne im öffentlichen Personennahverkehr sollen bedarfsgerecht gestaltet und mit dem Ziel der Bildung eines integrierten Gesamtverkehrssystems fortentwickelt werden.

(3) In ausreichendem Umfang sollen Umsteigeanlagen für den Übergang zwischen den Linien und Verkehrsmitteln des öffentlichen Personennahverkehrs sowie zum Fernverkehr und zum Individualverkehr vorgesehen und benutzerfreundlich gestaltet werden.

(4) In den Fahrplänen soll ein bedarfsgerechter Bedienungstakt mit Umsteigemöglichkeiten an den Verknüpfungspunkten angestrebt werden. Die Einführung durchgehender und vergleichbar gestalteter Informationssysteme soll unterstützt werden.

(5) Soweit Schienengebundene Verkehre bestehen oder ausgebaut werden, sollen sie als Grundangebot ausgestaltet und die übrigen Leistungen im öffentlichen Personennahverkehr darauf ausgerichtet werden.

(6) Entsprechend dem zeitlich und räumlich unterschiedlichen Bedarf für Verkehrsleistungen sollen abgestufte Bedienungskonzepte verwirklicht werden. Dabei sollen auch alternative Bedienungsformen genutzt werden.

(7) Zur Stärkung des öffentlichen Personennahverkehrs sollen Sonderlinienverkehre nach § 43 des Personenbeförderungsgesetzes – PBefG – in der Fassung vom 8. August 1990 (BGBl. I S. 1691) in der jeweils geltenden Fassung in geeigneten Fällen in Linienverkehre nach § 42 PBefG überführt werden. Auf eine Aufhebung bestehender Bedienungsverbote soll hingewirkt werden.

(8) Bei der Planung und Gestaltung der Verkehrsinfrastruktur, der Fahrzeuge und der Verkehrsangebote im öffentlichen Personennahverkehr sollen die Belange von Familien mit Kindern und von Frauen besonders berücksichtigt werden. Dies gilt auch für Personen, die in ihrer Mobilität eingeschränkt sind; für diese Personengruppe soll der barrierefreie Zugang und in geeigneten Fällen die Beförderung in behindertengerecht ausgerüsteten Fahrzeugen vorgesehen werden.

...

## § 6 Aufgabenträger

(1) Träger der freiwilligen Aufgabe nach § 5 sind mit Ausnahme der Regelung des Absatzes 2 die Stadt- und Landkreise in eigener Verantwortung. Die Befugnis der Gemeinden, Verkehrsleistungen im öffentlichen Personennahverkehr zu fördern oder durch eigene Verkehrsunternehmen zu erbringen, bleibt unberührt. Sieht eine Gemeinde davon ab, weiterhin entsprechend Satz 2 tätig zu werden, so wird hierdurch nicht die Verpflichtung des Aufgabenträgers begründet, diese Leistungen fortzuführen oder selbst zu erbringen.

(2) Träger der Aufgabe des Schienenpersonennahverkehrs nach § 2 Absatz 5 des Allgemeinen Eisenbahngesetzes – AEG – vom 27. Dezember 1993 (BGBl. I S. 2378, 2396) ist das Land, soweit nicht durch Rechtsverordnung nach § 7 etwas anderes bestimmt ist. § 3 Absatz 1 Nummer 4 in Verbindung mit § 4 Absatz 1 Nummer 1 des Gesetzes über die Errichtung des Verbands Region Stuttgart vom 7. Februar 1994 (GBl. S. 92) in der jeweils geltenden Fassung bleibt unberührt.

(3) Die Aufgabenträger nach Absatz 1 Satz 1 und Absatz 2 Satz 1 sowie der Verband Region Stuttgart nach Maßgabe des § 3 Absatz 1 Nummer 4 in Verbindung mit § 4 Absatz 1 Nummer 1 des Gesetzes über die Errichtung des Verbands Region Stuttgart sind zugleich zuständige Behörden nach § 4 Satz 2 des Regionalisierungsgesetzes vom 27. Dezember 1993 (BGBl. I S. 2378, 2395), § 15 Absatz 1 Satz 2 AEG sowie § 8 Absatz 4 Satz 4 und § 13a Absatz 1 Satz 3 PBefG in der Fassung von Artikel 6 Absatz 116 des Gesetzes vom 27. Dezember 1993 (BGBl. I S. 2378). Satz 1 gilt entsprechend, wenn Gemeinden nach Absatz 1 Satz 2 oder Landkreise nach § 2 Absatz 1 der Landkreisordnung tätig werden.

...

## § 11 Nahverkehrsplan

(1) Die Aufgabenträger nach § 6 Absatz 1 Satz 1 haben für ihr Gebiet zur Sicherung und zur Verbesserung des öffentlichen Personennahverkehrs einen Nahverkehrsplan im Sinne des § 8 Absatz 3 PBefG

aufzustellen (weisungsfreie Pflichtaufgabe). Benachbarte Aufgabenträger können einen gemeinsamen Nahverkehrsplan aufstellen.

(2) Bei der Aufstellung des Nahverkehrsplans sind die Regelungen der §§ 1 und 3 sowie die Zielsetzungen, die den Regelungen des § 4 zugrunde liegen, zu beachten. Nahverkehrspläne haben integrierte Gesamtverkehrskonzepte zu berücksichtigen und können Bestandteil solcher Konzepte sein. Aufgabenträger im Verbandsgebiet des Verbandes Region Stuttgart haben zusätzlich dessen Regionalverkehrsplanung zu beachten.

(3) Der Nahverkehrsplan bildet den Rahmen für die Entwicklung des öffentlichen Personennahverkehrs. Er hat mindestens zu enthalten:
1. eine Bestandsaufnahme der vorhandenen Einrichtungen und Strukturen sowie der Bedienung im öffentlichen Personennahverkehr;
2. eine Bewertung der Bestandsaufnahme (Verkehrsanalyse);
3. eine Abschätzung des im Planungszeitraum zu erwartenden Verkehrsaufkommens im motorisierten Individualverkehr und im öffentlichen Personennahverkehr (Verkehrsprognose);
4. Ziele und Rahmenvorgaben für die Gestaltung des öffentlichen Personennahverkehrs;
5. Aussagen über zeitliche Vorgaben und erforderliche Maßnahmen zur Verwirklichung einer möglichst weit reichenden Barrierefreiheit im öffentlichen Personennahverkehr.

(4) Im Nahverkehrsplan sollen geplante Investitionen für Zwecke des öffentlichen Personennahverkehrs mit ihren voraussichtlichen Kosten und der Finanzierung dargestellt werden.

(5) Der Nahverkehrsplan soll durch einen Nahverkehrsentwicklungsplan ergänzt werden, der Aussagen enthält:
1. zur angestrebten Entwicklung der Verkehrssituation, die auch über den Planungszeitraum des Nahverkehrsplans hinaus reichen (langfristige Verkehrsentwicklungsprognose);
2. zu angestrebten Angebotsverbesserungen in betrieblicher und tariflicher Hinsicht mit Darstellung der Fördermöglichkeiten.

## § 12 Aufstellung des Nahverkehrsplans

(1) Bei der Vorbereitung des Nahverkehrsplanes sind die Gemeinden im Gebiet des Aufgabenträgers, der örtlich zuständige Träger der Regionalplanung, die Straßenbaulastträger, die vorhandenen Verkehrsunternehmer sowie die für die Erteilung von Genehmigungen für Linienverkehre nach dem Personenbeförderungsgesetz zuständigen Behörden zu beteiligen. Soweit Behindertenbeauftragte oder Behindertenbeiräte der Aufgabenträger vorhanden sind, sind diese anzuhören. Andere Stellen können beteiligt werden.

(2) Soweit Schienenpersonennahverkehr im Sinne von § 2 Absatz 5 AEG betroffen ist, erfolgt die Aufstellung im Benehmen mit den hierfür zuständigen Aufgabenträgern oder den von ihnen beauftragten Stellen.

(3) Soweit Gemeinden in erheblichem Umfang Verkehrsleistungen im öffentlichen Personennahverkehr fördern oder durch eigene Verkehrsunternehmen erbringen, ist ihr Einvernehmen zu den ihr Gebiet betreffenden Inhalten des Nahverkehrsplans erforderlich.

(4) Nahverkehrspläne benachbarter Aufgabenträger sowie von Aufgabenträgem innerhalb von Verkehrskooperationen sind aufeinander abzustimmen.

(5) Die Aufstellung des Nahverkehrsplans erfolgt durch Beschluss des Aufgabenträgers. Der Aufgabenträger kann Dritte oder Regionalverbände mit dem Entwurf des Nahverkehrsplans beauftragen. Der Nahverkehrsplan ist beim Aufgabenträger zur kostenlosen Einsicht durch jedermann während der Sprechzeiten aufzulegen.

(6) Der Nahverkehrsplan ist dem Regierungspräsidium anzuzeigen.

(7) Der Nahverkehrsplan nach § 11 ist bis spätestens 31. Dezember 1998 aufzustellen. Spätestens nach Ablauf von fünf Jahren ist der Nahverkehrsplan zu überprüfen und bei Bedarf fortzuschreiben. Für die Überprüfung und Fortschreibung gelten die Vorschriften für die Aufstellung des Nahverkehrsplans.

# Anlage § 056–06

Zu § 56 Energiesteuergesetz

**Dienstvorschrift zur energiesteuerrechtlichen Behandlung der im öffentlichen Personennahverkehr (ÖPNV) verwendeten Kraftstoffe nach § 56 Energiesteuergesetz (DV ÖPNV) – Anlage 05: Auszug aus der Verordnung (EWG) Nr. 684/92 des Rates vom 16. März 1992 zur Einführung gemeinsamer Regeln für den grenzüberschreitenden Personenverkehr mit Kraftomnibussen**

BMF-Schreiben vom 2.9.2013 – V 82 45-7

## Anlage 5

**Auszug aus der Verordnung (EWG) Nr. 684/92 des Rates vom 16. März 1992 zur Einführung gemeinsamer Regeln für den grenzüberschreitenden Personenverkehr mit Kraftomnibussen**

Zuletzt geändert durch Verordnung (EG) Nr. 1791/2006 des Rates vom 20. November 2006

### ABSCHNITT I – ALLGEMEINES

**Artikel 1 – Geltungsbereich**

(1) Diese Verordnung gilt für den grenzüberschreitenden Personenverkehr mit Kraftomnibussen im Gebiet der Gemeinschaft, der von in einem Mitgliedstaat gemäß dessen Rechtsvorschriften niedergelassenen Unternehmen gewerblich oder im Werkverkehr mit Fahrzeugen durchgeführt wird, die in diesem Mitgliedstaat zugelassen und die nach ihrer Bauart und Ausstattung geeignet und dazu bestimmt sind, mehr als neun Personen – einschließlich des Fahrers – zu befördern, sowie für Leerfahrten im Zusammenhang mit diesem Verkehr.

Wird die Beförderung durch eine Wegstrecke unterbrochen, die mit einem anderen Verkehrsträger zurückgelegt wird, oder wird bei dieser Beförderung das Fahrzeug gewechselt, so berührt dies nicht die Anwendung dieser Verordnung.

(2) Bei Beförderungen aus einem Mitgliedstaat nach einem Drittland und umgekehrt gilt diese Verordnung für die in dem Gebiet des Mitgliedstaats der Aufnahme oder des Absetzens zurückgelegte Wegstrecke, sobald das hierfür erforderliche Abkommen zwischen der Gemeinschaft und dem betreffenden Drittland geschlossen ist.

(3) Bis zum Abschluss von Abkommen zwischen der Gemeinschaft und den betroffenen Drittländern werden die in zweiseitigen Abkommen zwischen Mitgliedstaaten und den jeweiligen Drittländern enthaltenen Vorschriften über die in Absatz 2 genannten Beförderungen von dieser Verordnung nicht berührt. Die Mitgliedstaaten bemühen sich jedoch um eine Anpassung dieser Abkommen, damit der Grundsatz der Nichtdiskriminierung gemeinschaftlicher Beförderungsunternehmer gewahrt wird.

**Artikel 2 – Begriffsbestimmungen**

Im Sinne dieser Verordnung gelten nachstehende Begriffsbestimmungen:

**1. Linienverkehr**

1.1. Linienverkehr ist die regelmäßige Beförderung von Fahrgästen auf einer bestimmten Verkehrsverbindung, wobei Fahrgäste an vorher festgelegten Haltestellen aufgenommen oder abgesetzt werden können. Linienverkehr ist ungeachtet einer etwaigen Verpflichtung zur Buchung für jedermann zugänglich.

Eine Anpassung der Beförderungsbedingungen eines solchen Verkehrsdienstes beeinträchtigt nicht seinen Charakter als Linienverkehr.

1.2. Als Linienverkehr gilt unabhängig davon, wer Veranstalter der Fahrten ist, auch die regelmäßige Beförderung bestimmter Gruppen von Fahrgästen unter Ausschluss anderer Fahrgäste, soweit solche Verkehrsdienste entsprechend Nummer 1.1 betrieben werden. Solche Verkehrsdienste werden im Folgenden als „Sonderformen des Linienverkehrs" bezeichnet.

Zu den Sonderformen des Linienverkehrs zählen insbesondere

a) die Beförderung von Arbeitnehmern zwischen Wohnort und Arbeitsstätte;

b) die Beförderung von Schülern und Studenten zwischen Wohnort und Lehranstalt;

c) die Beförderung von Angehörigen der Streitkräfte und ihren Familien zwischen Herkunftsland und Stationierungsort.

1.3. Die Durchführung von parallelen oder zeitlich befristeten Verkehrsdiensten, die auf die Benutzer der bestehenden Liniendienste ausgerichtet sind, der Einsatz zusätzlicher Fahrzeuge und die Durchführung von außerplanmäßigen Zusatzfahrten, die Nichtbedienung bestimmter Haltestellen

Zu § 56 Energiesteuergesetz  Anlage § 056–06

oder die Bedienung zusätzlicher Haltestellen durch bestehende Liniendienste unterliegen den gleichen Regeln wie die bestehenden Liniendienste.

2. gestrichen
3. **Gelegenheitsverkehr**
3.1. Gelegenheitsverkehr ist der Verkehrsdienst, der nicht der Begriffsbestimmung des Linienverkehrs, einschließlich der Sonderformen des Linienverkehrs entspricht und für den insbesondere kennzeichnend ist, dass auf Initiative eines Auftraggebers oder des Verkehrsunternehmers selbst vorab gebildete Fahrgastgruppen befördert werden.

Die Durchführung von parallelen oder zeitlich befristeten Verkehrsdiensten, die bestehenden Liniendiensten vergleichbar und auf deren Benutzer ausgerichtet sind, unterliegt der Pflicht zur Genehmigung nach dem in Abschnitt II festgelegten Verfahren.

...

3.3 Die in dieser Nummer 3 genannten Fahrten verlieren die Eigenschaft des Gelegenheitsverkehrs auch dann nicht, wenn sie mit einer gewissen Häufigkeit ausgeführt werden.

...

4. **Werkverkehr**

Werkverkehr ist der nichtkommerzielle Verkehrsdienst ohne Erwerbszweck, den eine natürliche oder juristische Person unter folgenden Bedingungen durchführt:

– Bei der Beförderungstätigkeit handelt es sich lediglich um eine Nebentätigkeit der natürliche oder juristische Person;
– die eingesetzten Fahrzeuge sind Eigentum der natürlichen oder juristischen Person oder wurden von ihr im Rahmen eines Abzahlungsgeschäftes gekauft oder sind Gegenstand eines Langzeitleasing-Vertrags und werden von einem Angehörigen des Personals der natürlichen oder juristischen Person oder von der natürlichen Person selbst geführt.

**Anlage § 057–01**  Zu § 57 Energiesteuergesetz

## VERORDNUNG (EG) Nr. 1998/2006 DER KOMMISSION über die Anwendung der Artikel 87 und 88 EG-Vertrag auf „De-minimis"-Beihilfen

Amtsblatt der Europäischen Union vom 15.12.2006

DIE KOMMISSION DER EUROPÄISCHEN GEMEINSCHAFTEN –

gestützt auf den Vertrag zur Gründung der Europäischen Gemeinschaft,

gestützt auf die Verordnung (EG) Nr. 994/98 des Rates vom 7. Mai 1998 über die Anwendung der Artikel 92 und 93 des Vertrags zur Gründung der Europäischen Gemeinschaft auf bestimmte Gruppen horizontaler Beihilfen [1], insbesondere auf Artikel 2,

nach Veröffentlichung des Entwurfs dieser Verordnung [2],

nach Anhörung des Beratenden Ausschusses für staatliche Beihilfen,

in Erwägung nachstehender Gründe:

(1) Durch die Verordnung (EG) Nr. 994/98 wird die Kommission ermächtigt, durch Verordnung einen Schwellenwert festzusetzen, bis zu dem Beihilfen als Maßnahmen angesehen werden, die nicht alle Tatbestandsmerkmale des Artikels 87 Absatz 1 EG-Vertrag erfüllen und daher auch nicht dem Anmeldeverfahren gemäß Artikel 88 Absatz 3 EG-Vertrag unterliegen.

(2) Die Kommission hat in zahlreichen Entscheidungen die Artikel 87 und 88 EG-Vertrag angewandt und dabei insbesondere den Begriff der Beihilfe im Sinne des Artikels 87 Absatz 1 EG-Vertrag näher ausgeführt. Die Kommission hat ferner, zuerst in der Mitteilung über De-minimis-Beihilfen [3] und anschließend in ihrer Verordnung (EG) Nr. 69/2001 vom 12. Januar 2001 über die Anwendung der Artikel 87 und 88 EG-Vertrag auf „De-minimis"-Beihilfen [4], ihre Politik im Hinblick auf den Höchstbetrag, bis zu dem Artikel 87 Absatz 1 als nicht anwendbar angesehen werden kann, erläutert. Angesichts der Erfahrungen bei der Anwendung der Verordnung und unter Berücksichtigung der Entwicklung der Inflation und des Bruttoinlandsprodukts in der Gemeinschaft bis und einschließlich 2006 und angesichts der voraussichtlichen Entwicklung bis zum Ablauf der Geltungsdauer dieser Verordnung erscheint es zweckmäßig, die Verordnung (EG) Nr. 69/2001 in einigen Punkten zu ändern und durch eine neue Verordnung zu ersetzen.

(3) Da für die Bereiche der primären Produktion von Agrarerzeugnissen, Fischerei und Aquakultur Sondervorschriften gelten und die Gefahr besteht, dass dort selbst geringere als die in dieser Verordnung festgesetzten Beihilfebeträge die Tatbestandsmerkmale des Artikels 87 Absatz 1 EG-Vertrag erfüllen könnten, sollten die fraglichen Sektoren vom Anwendungsbereich dieser Verordnung ausgenommen werden. Vor dem Hintergrund der Entwicklungen im Transportsektor, insbesondere der Restrukturierung zahlreicher Transportaktivitäten im Zuge der Liberalisierung, ist es nicht länger angemessen, den Transportsektor vom Geltungsbereich der De-minimis-Verordnung auszuschließen. Der Geltungsbereich dieser Verordnung sollte daher auf die Gesamtheit des Transportsektors ausgeweitet werden. Die allgemeine De-minimisHöchstgrenze sollte jedoch angepasst werden, um der im Durchschnitt kleinen Größe von Unternehmen, die im Straßengüterverkehr und Straßenpersonenverkehr tätig sind, Rechnung zu tragen. Aus denselben Gründen und vor dem Hintergrund der Überkapazitäten in diesem Sektor sowie der Zielsetzungen der Transportpolitik hinsichtlich Verkehrsstauungen und Gütertransport sollten Beihilfen für den Erwerb von Fahrzeugen für den Straßengütertransport durch Unternehmen des gewerblichen Straßengütertransports ausgeschlossen werden. Dies stellt die positive Haltung der Kommission zu Beihilfen für sauberere und umweltfreundlichere Fahrzeuge im Rahmen von anderen EG-Rechtsakten nicht in Frage. Angesichts der Verordnung (EG) Nr. 1407/2002 des Rates vom 23. Juli 2002 über staatliche Beihilfen für den Steinkohlenbergbau [5] sollte die vorliegende Verordnung auch nicht auf den Kohlesektor anwendbar sein.

(4) Aufgrund der Ähnlichkeiten zwischen der Verarbeitung und Vermarktung von landwirtschaftlichen und nichtlandwirtschaftlichen Erzeugnissen sollte diese Verordnung unter bestimmten Voraussetzungen auch für die Verarbeitung und Vermarktung landwirtschaftlicher Erzeugnisse gelten. Nicht als Verarbeitung und Vermarktung sollten hingegen die in den Betrieben vorgenommene

---

1) ABl. L 142 vom 14.5.1998, S. 1.
2) ABl. C 137 vom 10.6.2006, S. 4.
3) ABl. C 68 vom 6.3.1996, S. 9.
4) ABl. L 10 vom 13.1.2001, S. 30.
5) ABl. L 205 vom 2.8.2002, S. 1.

Zu § 57 Energiesteuergesetz  **Anlage § 057–01**

notwendige Vorbereitung des Erzeugnisses für den Erstverkauf, wie Ernte, Mähen und Dreschen von Getreide, Verpackung von Eiern usw., sowie der Erstverkauf an Wiederverkäufer oder Verarbeitungsunternehmen gelten. Nach Inkrafttreten dieser Verordnung sollten Beihilfen an Unternehmen, die landwirtschaftliche Erzeugnisse verarbeiten oder vermarkten, nicht mehr durch die Verordnung (EG) Nr. 1860/2004 der Kommission vom 6. Oktober 2004 über die Anwendung der Artikel 87 und 88 EG-Vertrag auf De-minimis-Beihilfen im Agrar- und Fischereisektor[1] geregelt werden. Die Verordnung (EG) Nr. 1860/2004 sollte deshalb entsprechend geändert werden.

(5) Nach der Rechtsprechung des Gerichtshofs der Europäischen Gemeinschaften sind die Mitgliedstaaten verpflichtet, sobald die Gemeinschaft eine Regelung über die Errichtung einer gemeinsamen Marktorganisation für einen bestimmten Agrarsektor erlassen hat, sich aller Maßnahmen zu enthalten, die diese Regelung untergraben oder Ausnahmen von ihr schaffen. Aus diesem Grund sollten Beihilfen, deren Höhe sich nach dem Preis oder der Menge der angebotenen oder erworbenen Erzeugnisse richtet, vom Anwendungsbereich dieser Verordnung ausgenommen werden. Ebenfalls ausgenommen werden sollten De-minimis-Beihilfen, die an die Verpflichtung gebunden sind, die Beihilfe mit den Primärerzeugern zu teilen.

(6) De-minimis-Ausfuhrbeihilfen oder De-minimis-Beihilfen, die heimische Erzeugnisse gegenüber Importwaren begünstigen, sollten nicht freigestellt werden. Die Verordnung sollte insbesondere nicht für Beihilfen zur Finanzierung des Aufbaus und des Betriebs eines Vertriebsnetzes in anderen Ländern gelten. Beihilfen, die die Teilnahme an Messen, die Durchführung von Studien oder die Inanspruchnahme von Beratungsdiensten zwecks Lancierung eines neuen oder eines bestehenden Produkts auf einem neuen Markt ermöglichen sollen, stellen in der Regel keine Ausfuhrbeihilfen dar.

(7) Aufgrund von Schwierigkeiten bei der Festlegung des Bruttosubventionsäquivalents von Beihilfen an Unternehmen in Schwierigkeiten im Sinne der Leitlinien der Gemeinschaft für staatliche Beihilfen zur Rettung und Umstrukturierung von Unternehmen in Schwierigkeiten[2] sollte diese Verordnung für solche Unternehmen nicht anwendbar sein.

(8) Die Erfahrungen der Kommission haben gezeigt, dass Beihilfen, die einen Gesamtbetrag von 200 000 EUR innerhalb von drei Jahren nicht übersteigen, den Handel zwischen Mitgliedstaaten nicht beeinträchtigen und/oder den Wettbewerb nicht verfälschen oder zu verfälschen drohen. Sie fallen daher nicht unter Artikel 87 Absatz 1 EG-Vertrag. Für Unternehmen, die im Straßentransportsektor tätig sind, sollte diese Höchstgrenze auf 100 000 EUR festgesetzt werden.

(9) Bei den hier zugrunde gelegten Jahren handelt es sich um die Steuerjahre, die für das Unternehmen in dem betreffenden Mitgliedstaat maßgebend sind. Der Dreijahreszeitraum ist fließend, d. h. bei jeder Neubewilligung einer De-minimis-Beihilfe ist die Gesamtsumme der im laufenden Steuerjahr sowie in den vorangegangenen zwei Steuerjahren gewährten De-minimis-Beihilfen festzustellen. Zu berücksichtigen sind auch von einem Mitgliedstaat gewährte Beihilfen, selbst wenn sie ganz oder teilweise aus Mitteln gemeinschaftlicher Herkunft finanziert werden. Es sollte nicht möglich sein, über den zulässigen Höchstbetrag hinaus gehende Beihilfebeträge in mehrere kleinere Tranchen aufzuteilen, um so in den Anwendungsbereich dieser Verordnung zu gelangen.

(10) Im Einklang mit den Grundsätzen für die Gewährung von Beihilfen, die unter Artikel 87 Absatz 1 EG-Vertrag fallen, sollte als Bewilligungszeitpunkt der Zeitpunkt gelten, zu dem das Unternehmen nach dem anwendbaren einzelstaatlichen Recht einen Rechtsanspruch auf die Beihilfe erwirbt.

(11) Um eine Umgehung der in verschiedenen EG-Rechtsakten vorgegebenen Beihilfehöchstintensitäten zu verhindern, sollten De-minimis-Beihilfen nicht mit anderen staatlichen Beihilfen für dieselben förderbaren Aufwendungen kumuliert werden, wenn die aus der Kumulierung resultierende Förderintensität diejenige Förderintensität übersteigen würde, die in einer Gruppenfreistellungsverordnung oder in einer von der Kommission verabschiedeten Entscheidung hinsichtlich der besonderen Merkmale eines jeden Falles festgelegt wurde.

(12) Aus Gründen der Transparenz, Gleichbehandlung und korrekten Anwendung des De-minimis-Höchstbetrages sollten alle Mitgliedstaaten dieselbe Berechnungsmethode anwenden. Um diese Berechnung zu vereinfachen, sollten in Übereinstimmung mit der bisherigen Praxis bei Anwendung der De-minimis-Regelung Beihilfen, die nicht in Form einer Barzuwendung gewährt werden, in ihr Bruttosubventionsäquivalent umgerechnet werden. Die Berechnung des Subventionsäquivalents anderer transparenter Beihilfeformen als einer in Form eines Zuschusses oder in mehreren Tranchen gewährten Beihilfe sollte auf der Grundlage der zum Bewilligungszeitpunkt

---

1) ABl. L 325 vom 28.10.2004, S. 4.
2) ABl. C 244 vom 1.10.2004, S. 2.

**Anlage § 057–01**  Zu § 57 Energiesteuergesetz

geltenden marktüblichen Zinssätze erfolgen. Im Interesse einer einheitlichen, transparenten und unkomplizierten Anwendung der Vorschriften über staatliche Beihilfen sollten für die Zwecke dieser Verordnung die Referenzzinssätze herangezogen werden, die von der Kommission in regelmäßigen Abständen anhand objektiver Kriterien ermittelt und im Amtsblatt der Europäischen Union sowie im Internet veröffentlicht werden. Es kann jedoch erforderlich sein, zusätzliche Basispunkte auf den Mindestsatz aufzuschlagen in Abhängigkeit von den gestellten Sicherheiten oder der Risikoposition des Beihilfeempfängers.

(13) Im Interesse der Transparenz, der Gleichbehandlung und einer wirksamen Überwachung sollte diese Verordnung nur für transparente De-minimis-Beihilfen gelten. Eine Beihilfe ist dann transparent, wenn sich ihr Bruttosubventionsäquivalent im Voraus genau berechnen lässt, ohne dass eine Risikobewertung erforderlich ist. Eine solche präzise Berechnung ist beispielsweise bei Zuschüssen, Zinszuschüssen und begrenzten Steuerbefreiungen möglich. Beihilfen in Form von Kapitalzuführungen der Öffentlichen Hand sollten nur dann als transparente Deminimis-Beihilfen gelten, wenn der Gesamtbetrag des zugeführten Kapitals unter dem zulässigen De-minimisHöchstbetrag liegt. Risikokapitalbeihilfen im Sinne der Leitlinien der Gemeinschaft für staatliche Beihilfen zur Förderung von Risikokapitalinvestitionen in kleine und mittlere Unternehmen[1) ] sollten nur dann als transparente De-minimis-Beihilfen angesehen werden, wenn die betreffende Risikokapitalregelung für jedes Zielunternehmen Kapitalzuführungen nur bis zum De-minimisHöchstbetrag vorsieht. Beihilfen in Form von Darlehen sollten als transparente De-minimis-Beihilfen behandelt werden, wenn das Bruttosubventionsäquivalent auf der Grundlage der zum Bewilligungszeitpunkt geltenden marktüblichen Zinssätze berechnet worden ist

(14) Die vorliegende Verordnung schließt die Möglichkeit nicht aus, dass eine Maßnahme, die von den Mitgliedstaaten beschlossen wird, aus anderen als den in der Verordnung dargelegten Gründen nicht als Beihilfe im Sinne des Artikel 87 Absatz 1 EG-Vertrag gilt, so z. B. wenn Kapitalzuführungen im Einklang mit dem Prinzip des Privatinvestors beschlossen werden.

(15) Es ist erforderlich, Rechtssicherheit zu schaffen für Bürgschaftsregelungen, die keine Beeinträchtigung des Handels oder Verzerrung des Wettbewerbs bewirken können und hinsichtlich derer ausreichend Daten verfügbar sind, um jegliche möglichen Wirkungen verlässlich festzustellen. Diese Verordnung sollte deshalb die allgemeine De-minimis-Obergrenze von EUR 200 000 in eine bürgschaftsspezifische Obergrenze übertragen auf der Grundlage des verbürgten Betrages des durch die Bürgschaft besicherten Einzeldarlehens. Diese Obergrenze wird nach einer Methode zur Berechnung des Beihilfebetrags in Bürgschaftsregelungen für Darlehen zugunsten leistungsfähiger Unternehmen ermittelt. Diese Methode und die Daten, die zur Berechnung der bürgschaftsspezifischen Obergrenze genutzt werden, sollten Unternehmen in Schwierigkeiten im Sinne der Gemeinschaftsrichtlinien über Beihilfen für Unternehmen in Schwierigkeiten oder in der Umstrukturierung ausschließen. Diese spezifische Obergrenze sollte daher nicht anwendbar sein auf individuelle Einzelbeihilfen außerhalb einer Bürgschaftsregelung, auf Beihilfen für Unternehmen in Schwierigkeiten oder auf Bürgschaften für Transaktionen, die nicht auf einem Darlehensverhältnis beruhen, wie zum Beispiel Bürgschaften hinsichtlich Eigenkapitalmaßnahmen. Die spezifische Obergrenze sollte bestimmt werden auf der Grundlage der Feststellung, dass unter Berücksichtigung eines Faktors von 13 % (Nettoausfallquote), der das Szenario des ungünstigsten anzunehmenden Falles für Bürgschaftsregelungen in der Gemeinschaft darstellt, das Bruttosubventionsäquivalent einer Bürgschaft in Höhe von EUR 1 500 000 als identisch mit dem Deminimis-Höchstbetrag angesehen werden kann. Für Unternehmen des Straßentransportsektors sollte eine verminderte Obergrenze von EUR 750 000 gelten. Diese speziellen Obergrenzen sollten lediglich auf Bürgschaften anwendbar sein, deren Verbürgungsanteil bis zu 80 % des zugrunde liegenden Darlehens beträgt. Zur Bestimmung des Bruttosubventionsäquivalents einer Bürgschaft sollten Mitgliedstaaten zudem die Möglichkeit haben, eine Methode anzuwenden, die der Kommission im Rahmen einer Kommissionsverordnung im Bereich Staatlicher Beihilfen, wie zum Beispiel im Rahmen der Verordnung Nr. 1628/2006 der Kommission vom 24. Oktober 2006 über die Anwendung der Artikel 87 und 88 EG-Vertrag auf regionale Investitionsbeihilfen[2)], angezeigt und von der Kommission genehmigt wurde, wenn die genehmigte Methode ausdrücklich auf die Art der Bürgschaften und die Art der zu Grunde liegenden Transaktionen im Zusammenhang mit der Anwendung der vorliegenden Verordnung Bezug nimmt.

---

1) Leitlinien der Gemeinschaft für staatliche Beihilfen zur Förderung von Risikokapitalinvestitionen in kleine und mittlere Unternehmen (ABl. C 194 vom 18.8.2006, S. 2).
2) ABl. L 302 vom 1.11.2006, S. 29.

(16) Nach Anzeige durch einen Mitgliedstaat kann die Kommission prüfen, ob eine Beihilfemaßnahme, die nicht in einer Barzuwendung, einem Darlehen, einer Bürgschaft, einer Kapitalzuführung oder einer Risikokapitalmaßnahme besteht, zu einem Bruttosubventionsäquivalent führt, das die De-minimis-Höchstgrenze nicht überschreitet und daher von den Bestimmungen dieser Verordnung gedeckt sein könnte.

(17) Die Kommission hat dafür zu sorgen, dass die Vorschriften über staatliche Beihilfen und insbesondere die Bedingungen, unter denen eine De-minimis-Beihilfe gewährt wird, eingehalten werden. Gemäß dem in Artikel 10 EG-Vertrag verankerten Grundsatz der Zusammenarbeit sind die Mitgliedstaaten gehalten, der Kommission die Erfüllung dieser Aufgabe zu erleichtern, indem sie durch geeignete Vorkehrungen sicherstellen, dass der ein und demselben Unternehmen im Rahmen der De-minimis-Regelung gewährte Gesamtbeihilfebetrag innerhalb eines Zeitraums von drei Steuerjahren den Höchstbetrag von 200 000 EUR nicht überschreitet. Hierzu sollten die Mitgliedstaaten bei Gewährung einer De-minimis-Beihilfe dem betreffenden Unternehmen unter Bezugnahme auf diese Verordnung den Beihilfebetrag mitteilen und darauf hinweisen, dass es sich um eine De-minimis-Beihilfe handelt. Der betreffende Mitgliedstaat sollte die De-minimis-Beihilfe erst gewähren, nachdem er eine Erklärung des Unternehmens erhalten hat, in der alle anderen in dem betreffenden Steuerjahr sowie in den vorangegangenen zwei Steuerjahren erhaltenen De-minimis-Beihilfen angegeben sind, und nachdem er sorgfältig geprüft hat, dass der De-minimis-Höchstbetrag durch die neue Beihilfe nicht überschritten wird. Um die Einhaltung der Höchstgrenze sicherzustellen, sollte es alternativ möglich sein ein Zentralregister einzurichten. Im Falle von Bürgschaftsregelungen, die vom Europäischen Investmentfonds eingerichtet wurden, kann letzterer selbst eine Liste von Beihilfebegünstigten erstellen und die Mitgliedstaaten veranlassen, die Beihilfebegünstigten über die erhaltene De-minimisBeihilfe zu informieren.

(18) Die Verordnung (EG) Nr. 69/2001 tritt am 31. Dezember 2006 außer Kraft. Die neue Verordnung sollte deshalb ab 1. Januar 2007 gelten. In Anbetracht der Tatsache, dass Verordnung (EG) Nr. 69/2001 nicht für den Transportsektor galt und dieser bisher nicht den Bestimmungen zu De-minimis-Beihilfen unterlag, und in Anbetracht der sehr begrenzten auf den Sektor der Verarbeitung und Vermarktung von landwirtschaftlichen Erzeugnissen anwendbaren De-minimis-Beträge sowie vorausgesetzt, dass bestimmte Bedingungen erfüllt sind, sollte diese Verordnung für vor ihrem Inkrafttreten gewährte Beihilfen an Unternehmen im Transportsektor sowie im Sektor der Verarbeitung und Vermarktung von landwirtschaftlichen Erzeugnissen gelten. Des Weiteren lässt die vorliegende Verordnung Einzelbeihilfen unberührt, die auf der Grundlage der Verordnung (EG) Nr. 69/2001 innerhalb deren Geltungsdauer gewährt worden sind.

(19) Aufgrund der bisherigen Erfahrungen der Kommission und der Tatsache, dass die Politik im Bereich der staatlichen Beihilfen im Allgemeinen in regelmäßigen Abständen neu überdacht werden muss, sollte die Geltungsdauer dieser Verordnung beschränkt werden. Für den Fall, dass diese Verordnung nach Ablauf dieses Zeitraums nicht verlängert wird, ist für alle unter diese Verordnung fallenden De-minimis-Beihilfen eine sechsmonatige Anpassungsfrist vorzusehen –

HAT FOLGENDE VERORDNUNG ERLASSEN:

### Artikel 1

### Anwendungsbereich

(1) Diese Verordnung gilt für Beihilfen an Unternehmen in allen Wirtschaftsbereichen mit folgenden Ausnahmen:

a) Beihilfen an Unternehmen, die in der Fischerei und der Aquakultur im Sinne der Verordnung (EG) Nr. 104/2000 [1]) tätig sind;

b) Beihilfen an Unternehmen, die in der Primärerzeugung der in Anhang I EG-Vertrag aufgeführten landwirtschaftlichen Erzeugnisse tätig sind;

c) Beihilfen an Unternehmen, die in der Verarbeitung und Vermarktung von in Anhang I EG-Vertrag aufgeführten landwirtschaftlichen Erzeugnissen tätig sind, und zwar in folgenden Fällen:

  i) wenn sich der Beihilfebetrag nach dem Preis oder der Menge der von Primärerzeugern erworbenen Erzeugnisse oder nach dem Preis oder der Menge der von den betreffenden Unternehmen angebotenen Erzeugnisse richtet,

  ii) oder wenn die Beihilfe davon abhängig ist, dass sie ganz oder teilweise an die Primärerzeuger (Landwirte) weitergegeben wird;

---

1) ABl. L 17 vom 21.1.2000, S. 22.

# Anlage § 057–01

Zu § 57 Energiesteuergesetz

d) Beihilfen für exportbezogene Tätigkeiten, die auf Mitgliedstaaten oder Drittländer ausgerichtet sind, d. h. Beihilfen, die unmittelbar mit den ausgeführten Mengen, mit der Errichtung und dem Betrieb eines Vertriebsnetzes oder mit anderen laufenden exportbezogenen Ausgaben in Zusammenhang stehen;

e) Beihilfen, die von der Verwendung heimischer Erzeugnisse zu Lasten von Importwaren abhängig gemacht werden;

f) Beihilfen an Unternehmen, die im Steinkohlenbergbau gemäß der Verordnung (EG) Nr. 1407/2002 über staatliche Beihilfen für den Steinkohlenbergbau tätig sind.

g) Beihilfen für den Erwerb von Fahrzeugen für den Straßengütertransport an Unternehmen des gewerblichen Straßengütertransports

h) Beihilfen an Unternehmen in Schwierigkeiten.

(2) Im Sinne dieser Verordnung gelten folgende Begriffsbestimmungen:

a) „Landwirtschaftliche Erzeugnisse": Erzeugnisse des Anhangs I EG-Vertrag ausgenommen Fischereierzeugnisse;

b) „Verarbeitung eines landwirtschaftlichen Erzeugnisses": jede Einwirkung auf ein landwirtschaftliches Erzeugnis, woraus ein Erzeugnis entsteht, das auch unter den Begriff des landwirtschaftlichen Erzeugnisses fällt; mit Ausnahme der landwirtschaftlichen Maßnahmen zur Vorbereitung eines Tier- oder Pflanzenproduktes für den Erstverkauf.

c) „Vermarktung eines landwirtschaftlichen Erzeugnisses": Besitz oder Ausstellung eines Produkts zum Zwecke des Verkaufs, Angebots zum Verkauf, der Lieferung oder einer anderen Methode des Inverkehrbringens, ausgenommen des Erstverkaufs eines Primärerzeugers an Wiederverkäufer und Verarbeiter sowie aller Aktivitäten zur Vorbereitung eines Erzeugnisses für diesen Erstverkauf; der Verkauf eines landwirtschaftlichen Erzeugnisses durch einen Primärerzeuger an Endverbraucher gilt als Vermarktung, wenn dieser Verkauf in gesonderten, diesem Zweck vorbehaltenen Räumlichkeiten stattfindet.

## Artikel 2

### De-minimis-Beihilfen

(1) Beihilfen, die die Voraussetzungen der Absätze 2 bis 5 dieses Artikels erfüllen, gelten als Maßnahmen, die nicht alle Tatbestandsmerkmale von Artikel 87 Absatz 1 EG-Vertrag erfüllen, und unterliegen daher nicht der Anmeldepflicht nach Artikel 88 Absatz 3 EG-Vertrag.

(2) Die Gesamtsumme der einem Unternehmen gewährten De-minimis-Beihilfen darf in einem Zeitraum von drei Steuerjahren 200 000 EUR nicht übersteigen. Der Gesamtbetrag der De-minimis-Beihilfe an ein Unternehmen, das im Bereich des Straßentransportsektors tätig ist, darf in einem Zeitraum von drei Steuerjahren 100 000 EUR nicht überschreiten. Diese Höchstbeträge gelten für De-minimis-Beihilfen gleich welcher Art und Zielsetzung und unabhängig davon, ob die von dem Mitgliedstaat gewährte Beihilfe ganz oder teilweise aus Gemeinschaftsmitteln finanziert wird. Der Zeitraum bestimmt sich nach den Steuerjahren, die für das Unternehmen in dem betreffenden Mitgliedstaat maßgebend sind.

Übersteigt der Beihilfegesamtbetrag einer Beihilfemaßnahme diesen Höchstbetrag, kann der Rechtsvorteil dieser Verordnung auch nicht für einen Bruchteil der Beihilfe in Anspruch genommen werden, der diesen Höchstbetrag nicht überschreitet. Der Rechtsvorteil dieser Verordnung kann in diesem Fall für eine solche Beihilfemaßnahme weder zum Zeitpunkt der Beihilfegewährung noch zu einem späteren Zeitpunkt in Anspruch genommen werden.

(3) Der in Absatz 2 festgesetzte Höchstbetrag bezieht sich auf den Fall einer Barzuwendung. Bei den eingesetzten Beträgen sind die Bruttobeträge, d. h. die Beträge vor Abzug von Steuern und sonstigen Abgaben, zugrunde zu legen. Wird die Beihilfe nicht als Zuschuss, sondern in anderer Form gewährt, bestimmt sich die Höhe der Beihilfe nach ihrem Bruttosubventionsäquivalent.

In mehreren Tranchen gezahlte Beihilfen werden zum Zeitpunkt ihrer Gewährung abgezinst. Der Zinssatz, der für die Abzinsung und die Berechnung des Bruttosubventionsäquivalents anzusetzen ist, ist der zum Zeitpunkt der Gewährung geltende Referenzsatz.

(4) Diese Verordnung gilt nur für Beihilfen, die in einer Form gewährt werden, für die das Bruttosubventionsäquivalent im Voraus genau berechnet werden kann, ohne dass eine Risikobewertung erforderlich ist („transparente Beihilfen"). Insbesondere

a) Beihilfen in Form von Darlehen werden als transparente Deminimis-Beihilfen behandelt, wenn das Bruttosubventionsäquivalent auf der Grundlage der zum Bewilligungszeitpunkt geltenden marktüblichen Zinssätze berechnet worden ist.

b) Beihilfen in Form von Kapitalzuführungen gelten nicht als transparente De-minimis-Beihilfen, es sei denn, der Gesamtbetrag der zugeführten öffentlichen Mittel liegt unter dem De-minimis-Höchstbetrag.

c) Beihilfen in Form von Risikokapitalmaßnahmen gelten nicht als transparente De-minimis-Beihilfen, es sei denn, die betreffende Risikokapitalregelung sieht vor, dass jedem Zielunternehmen nur Kapital bis in Höhe des De-minimis-Höchstbetrags zur Verfügung gestellt wird.

d) Auf der Grundlage einer Bürgschaftsregelung gewährte Einzelbeihilfen an Unternehmen, die nicht in Schwierigkeiten sind, werden dann als transparente De-minimis-Beihilfen behandelt, wenn der verbürgte Teil des Darlehens, für das im Rahmen dieser Regelung eine Einzelbürgschaft gewährt wird, insgesamt 1 500 000 EUR je Unternehmen nicht übersteigt. Auf der Grundlage einer Bürgschaftsregelung gewährte Einzelbeihilfen an Unternehmen des Straßentransportsektors, die nicht in Schwierigkeiten sind, werden als transparente De-minimis-Beihilfen behandelt, wenn der verbürgte Anteil des Darlehens, für das im Rahmen dieser Regelung eine Einzelbürgschaft gewährt wird, insgesamt 750 000 EUR je Unternehmen nicht übersteigt. Stellt der verbürgte Teil des zugrunde liegenden Darlehens lediglich einen gegebenen Anteil dieses Höchstbetrages dar, so ergibt sich das Bruttosubventionsäquivalent der Bürgschaft, indem man diesen gegebenen Anteil auf den jeweils anzuwendenden und in Artikel 2 Absatz 2 festgelegten Höchstbetrag bezieht. Der Verbürgungsanteil des zugrunde liegenden Darlehens darf 80 % nicht übersteigen. Bürgschaftsregelungen werden zudem als transparent angesehen, wenn i) vor ihrer Inkraftsetzung die Methode zur Bestimmung des Bruttosubventionsäquivalents von Bürgschaften der Kommission im Rahmen einer Kommissionsverordnung im Bereich Staatlicher Beihilfen angezeigt und von der Kommission genehmigt wurde und ii) die genehmigte Methode ausdrücklich auf die Art der Garantien und die Art der zu Grunde liegenden Transaktionen im Zusammenhang mit der Anwendung der vorliegenden Verordnung Bezug nimmt.

(5) De-minimis-Beihilfen dürfen nicht mit anderen Beihilfen für dieselben förderbaren Aufwendungen kumuliert werden, wenn die aus der Kumulierung resultierende Förderintensität diejenige Förderintensität übersteigen würde, die in einer Gruppenfreistellungsverordnung oder in einer von der Kommission verabschiedeten Entscheidung hinsichtlich der besonderen Merkmale eines jeden Falles festgelegt wurde.

**Artikel 3**

**Überwachung**

(1) Beabsichtigt ein Mitgliedstaat, einem Unternehmen eine De-minimis-Beihilfe zu gewähren, teilt er diesem Unternehmen schriftlich die voraussichtliche Höhe der Beihilfe (ausgedrückt als Bruttosubventionsäquivalent) mit und setzt es unter ausdrücklichen Verweis auf diese Verordnung mit Angabe ihres Titels und der Fundstelle im Amtsblatt der Europäischen Union davon in Kenntnis, dass es sich um eine De-minimis-Beihilfe handelt. Wird die De-minimis-Beihilfe auf der Grundlage einer Regelung verschiedenen Unternehmen gewährt, die Einzelbeihilfen in unterschiedlicher Höhe erhalten, kann der betreffende Mitgliedstaat seiner Informationspflicht dadurch nachkommen, dass er dem Unternehmen einen Festbetrag mitteilt, der dem auf der Grundlage der Regelung gewährten Beihilfehöchstbetrag entspricht. In diesem Fall ist für die Feststellung, ob der Beihilfehöchstbetrag in Artikel 2 Absatz 2 eingehalten worden ist, dieser Festbetrag maßgebend. Vor Gewährung der Beihilfe hat das betreffende Unternehmen seinerseits schriftlich in Papierform oder in elektronischer Form jede De-minimis-Beihilfe anzugeben, die es in den vorangegangenen zwei Steuerjahren sowie im laufenden Steuerjahr erhalten hat.

Der betreffende Mitgliedstaat gewährt eine neue De-minimis-Beihilfe erst, nachdem er sich vergewissert hat, dass der Gesamtbetrag der De-minimis-Beihilfen, den das Unternehmen in dem Mitgliedstaat in dem betreffenden Steuerjahr sowie in den zwei vorangegangenen Steuerjahren erhalten hat, den in Artikel 2 Absatz 2 genannten Höchstbetrag nicht überschreitet.

(2) Verfügt ein Mitgliedstaat über ein Zentralregister mit vollständigen Informationen über sämtliche von staatlicher Seite gewährten De-minimis-Beihilfen in diesem Mitgliedstaat, wird Absatz 1 Unterabsatz 1 von dem Zeitpunkt an, zu dem das Register einen Zeitraum von drei Jahren erfasst, nicht mehr angewandt.

Wenn ein Mitgliedstaat Beihilfen in Form einer Bürgschaft auf der Basis einer Bürgschaftsregelung gewährt, die durch EU-Budget unter dem Mandat des Europäischen Investitionsfonds finanziert wird, ist der erste Unterabsatz von Absatz 1 dieses Artikels nicht anzuwenden.

In solchen Fällen wird folgendes Überwachungssystem angewendet:

**Anlage § 057–01**  Zu § 57 Energiesteuergesetz

a) der Europäischen Investitionsfonds erstellt, jährlich auf der Basis von Informationen, die Finanzintermediäre dem EIF übermitteln müssen, eine Liste der Beihilfebegünstigten sowie des Bruttosubventionsäquivalents eines jeden Beihilfebegünstigten. Der Europäischen Investitionsfonds übersendet diese Informationen dem betreffenden Mitgliedstaat sowie der Kommission; und

b) der betreffende Mitgliedstaat leitet diese Informationen innerhalb von drei Monaten nach Erhalt vom Europäischen Investmentfonds an die endgültigen Beihilfebegünstigten weiter; und

c) der betreffende Mitgliedstaat erhält eine Erklärung von jedem Beihilfebegünstigten, dass der erhaltene Gesamtbetrag an Deminimis-Beihilfen nicht den in Artikel 2 Absatz 2 festgelegten De-minimis-Höchstbetrag überschreitet. Wird der De-minimis-Höchstbetrag für einen oder mehrere Beihilfebegünstigte überschritten, stellt der betreffende Mitgliedstaat sicher, dass die Beihilfemaßnahme, die zur Überschreitung des Deminimis-Höchstbetrages geführt hat, der Kommission entweder angezeigt oder vom Beihilfebegünstigten zurückgezahlt wird.

(3) Die Mitgliedstaaten sammeln und registrieren sämtliche mit der Anwendung dieser Verordnung zusammenhängenden Informationen. Die Aufzeichnungen müssen Aufschluss darüber geben, ob die Bedingungen für die Anwendung der Verordnung erfüllt worden sind. Die Aufzeichnungen über De-minimis-Einzelbeihilfen sind vom Zeitpunkt ihrer Gewährung an zehn Jahre lang aufzubewahren; bei Beihilferegelungen beträgt die Aufbewahrungsfrist zehn Jahre ab dem Zeitpunkt, zu dem letztmals eine Einzelbeihilfe nach der betreffenden Regelung gewährt wurde. Der betreffende Mitgliedstaat übermittelt der Kommission auf deren schriftliches Ersuchen hin innerhalb von zwanzig Arbeitstagen oder einer von ihr in dem Auskunftsersuchen festgesetzten längeren Frist alle Informationen, die diese benötigt, um zu beurteilen, ob diese Verordnung eingehalten wurde; hierzu zählt insbesondere der Gesamtbetrag der De-minimis-Beihilfen, die ein Unternehmen erhalten hat.

### Artikel 4

### Änderung

Artikel 2 der Verordnung (EG) Nr. 1860/2004 wird wie folgt geändert:

a) In Absatz 1 werden die Worte „Verarbeitung und Vermarktung" gestrichen;

b) Absatz 3 wird gestrichen.

### Artikel 5

### Übergangsbestimmungen

(1) Diese Verordnung gilt auch für Beihilfen, die vor ihrem Inkrafttreten an Unternehmen des Transportsektors sowie an Unternehmen, die im Sektor der Verarbeitung und Vermarktung von landwirtschaftlichen Erzeugnissen tätig sind, gewährt wurden, sofern die Beihilfen die Voraussetzungen in Artikel 1 und 2 erfüllen. Beihilfen, die diese Voraussetzungen nicht erfüllen, werden von der Kommission nach den geltenden Rahmenvorschriften, Leitlinien, Mitteilungen und Bekanntmachungen beurteilt.

(2) Zwischen dem 2. Februar 2001 und 30. Juni 2007 gewährte De-minimis-Einzelbeihilfen, die die Voraussetzungen der Verordnung (EG) Nr. 69/2001 erfüllen, werden als Maßnahmen angesehen, die nicht alle Tatbestandsmerkmale von Artikel 87 Absatz 1 EG-Vertrag erfüllen und daher nicht der Anmeldepflicht nach Artikel 88 Absatz 3 EG-Vertrag unterliegen.

(3) Nach Ablauf der Geltungsdauer dieser Verordnung können De-minimis-Beihilfen, die die Voraussetzungen dieser Verordnung erfüllen, noch weitere sechs Monate angewandt werden.

### Artikel 6

### Inkrafttreten und Geltungsdauer

Diese Verordnung tritt am Tag nach ihrer Veröffentlichung im Amtsblatt der Europäischen Union in Kraft.

Sie gilt vom 1. Januar 2007 bis 31. Dezember 2013.

Diese Verordnung ist in allen ihren Teilen verbindlich und gilt unmittelbar in jedem Mitgliedstaat.

Brüssel, den 15. Dezember 2006

Für die Kommission
Neelie KROES
Mitglied der Kommission

Zu § 57 Energiesteuergesetz

# Anlage § 057–02

## VERORDNUNG (EU) Nr. 1407/2013 DER KOMMISSION über die Anwendung der Artikel 107 und 108 des Vertrags über die Arbeitsweise der Europäischen Union auf De-minimis-Beihilfen

Amtsblatt der Europäischen Union vom 18.12.2013

DIE EUROPÄISCHE KOMMISSION –

gestützt auf den Vertrag über die Arbeitsweise der Europäischen Union, insbesondere auf Artikel 108 Absatz 4,

gestützt auf die Verordnung (EG) Nr. 994/98 des Rates vom 7. Mai 1998 über die Anwendung der Artikel 107 und 108 des Vertrags über die Arbeitsweise der Europäischen Union auf bestimmte Gruppen horizontaler Beihilfen [1],

nach Veröffentlichung des Entwurfs dieser Verordnung [2],

nach Anhörung des Beratenden Ausschusses für staatliche Beihilfen,

in Erwägung nachstehender Gründe:

(1) Staatliche Zuwendungen, die die Voraussetzungen des Artikels 107 Absatz 1 des Vertrags über die Arbeitsweise der Europäischen Union („AEUV") erfüllen, stellen staatliche Beihilfen dar, die nach Artikel 108 Absatz 3 AEUV bei der Kommission anzumelden sind. Der Rat kann jedoch nach Artikel 109 AEUV Arten von Beihilfen festlegen, die von dieser Anmeldepflicht ausgenommen sind. Die Kommission kann nach Artikel 108 Absatz 4 AEUV Verordnungen zu diesen Arten von staatlichen Beihilfen erlassen. Mit der Verordnung (EG) Nr. 994/98 hat der Rat auf der Grundlage des Artikels 109 AEUV festgelegt, dass De-minimis-Beihilfen eine solche Art von Beihilfen darstellen können. Auf dieser Grundlage werden De-minimis-Beihilfen – d. h. Beihilfen bis zu einem bestimmten Höchstbetrag, die einem einzigen Unternehmen über einen bestimmten Zeitraum gewährt werden – als Maßnahmen angesehen, die nicht alle Tatbestandsmerkmale des Artikels 107 Absatz 1 AEUV erfüllen und daher nicht dem Anmeldeverfahren unterliegen.

(2) Die Kommission hat den Begriff der Beihilfe im Sinne des Artikels 107 Absatz 1 AEUV in zahlreichen Entscheidungen und Beschlüssen näher ausgeführt. Sie hat ferner ihren Standpunkt zu dem De-minimis-Höchstbetrag, bis zu dem Artikel 107 Absatz 1 AEUV als nicht anwendbar angesehen werden kann, erläutert: zunächst in ihrer Mitteilung über De-minimis-Beihilfen [3] und anschließend in der Verordnung (EG) Nr. 69/2001 der Kommission [4] und der Verordnung (EG) Nr. 1998/2006 der Kommission [5]. Aufgrund der Erfahrungen bei der Anwendung der Verordnung (EG) Nr. 1998/2006 ist es angebracht, diese Verordnung in einigen Punkten zu überarbeiten und durch eine neue Verordnung zu ersetzen.

(3) Der auf 200 000 EUR festgesetzte De-minimis-Beihilfen-Höchstbetrag, den ein einziges Unternehmen in einem Zeitraum von drei Jahren pro Mitgliedstaat erhalten darf, sollte beibehalten werden. Dieser Höchstbetrag ist nach wie vor notwendig, damit davon ausgegangen werden kann, dass die einzelnen unter diese Verordnung fallenden Maßnahmen weder Auswirkungen auf den Handel zwischen Mitgliedstaaten haben noch den Wettbewerb verfälschen oder zu verfälschen drohen.

(4) Der Begriff des Unternehmens bezeichnet im Bereich der Wettbewerbsvorschriften des AEUV jede eine wirtschaftliche Tätigkeit ausübende Einheit, unabhängig von ihrer Rechtsform und der Art ihrer Finanzierung [6]. Der Gerichtshof der Europäischen Union hat festgestellt, dass alle Einheiten, die (rechtlich oder de facto) von ein und derselben Einheit kontrolliert werden, als ein einziges Unternehmen angesehen werden sollten [7]. Im Interesse der Rechtssicherheit und der Verringerung des Verwaltungsaufwands sollte diese Verordnung eine erschöpfende Liste eindeutiger Kriterien enthalten, anhand deren geprüft werden kann, ob zwei oder mehr Unternehmen sind. Die Kom-

---

1) ABl. L 142 vom 14.5.1998, S. 1.
2) ABl. C 229 vom 8.8.2013, S. 1.
3) Mitteilung der Kommission über De-minimis-Beihilfen (ABl. C 68 vom 6.3.1996, S. 9).
4) Verordnung (EG) Nr. 69/2001 der Kommission vom 12. Januar 2001 über die Anwendung der Artikel 87 und 88 EG-Vertrag auf De-minimis-Beihilfen (ABl. L 10 vom 13.1.2001, S. 30).
5) Verordnung (EG) Nr. 1998/2006 der Kommission vom 15. Dezember 2006 über die Anwendung der Artikel 87 und 88 EG-Vertrag auf De-minimis-Beihilfen (ABl. L 379 vom 28.12.2006, S. 5).
6) Urteil des Gerichtshofs vom 10. Januar 2006, Ministero dell'Economia e delle Finanze/Cassa di Risparmio di Firenze SpA u. a., C-222/04, Slg. 2006, I-289.
7) Urteil des Gerichtshofs vom 13. Juni 2002, Niederlande/Kommission, C-382/99, Slg. 2002, I-5163.

# Anlage § 057–02

Zu § 57 Energiesteuergesetz

mission hat unter den bewährten Kriterien für die Bestimmung des Begriffs „verbundene Unternehmen" in der Definition der kleinen und mittleren Unternehmen (KMU) in der Empfehlung 2003/361/EG der Kommission[1] und in Anhang I der Verordnung (EG) Nr. 800/2008 der Kommission[2] diejenigen Kriterien ausgewählt, die für die Zwecke der vorliegenden Verordnung geeignet sind. Diese Kriterien, mit denen die Behörden bereits vertraut sind, sollten in Anbetracht des Geltungsbereichs der vorliegenden Verordnung sowohl für KMU als auch für große Unternehmen gelten. Durch diese Kriterien sollte gewährleistet sein, dass eine Gruppe verbundener Unternehmen für die Zwecke der Anwendung der De-minimis-Regel als ein einziges Unternehmen angesehen wird, während Unternehmen, deren einzige Beziehung darin besteht, dass jedes von ihnen eine direkte Verbindung zu derselben bzw. denselben öffentlichen Einrichtungen aufweist, nicht als miteinander verbunden eingestuft werden. So wird der besonderen Situation von Unternehmen Rechnung getragen, die der Kontrolle derselben öffentlichen Einrichtung bzw. Einrichtungen unterliegen und die möglicherweise über unabhängige Entscheidungsbefugnisse verfügen.

(5) In Anbetracht der im Durchschnitt geringen Größe von Straßengüterverkehrsunternehmen sollte der Höchstbetrag für Unternehmen, die im gewerblichen Straßengüterverkehr tätig sind, bei 100 000 EUR belassen werden. Die Erbringung einer umfassenden Dienstleistung, bei der die Beförderung nur ein Bestandteil ist, wie beispielsweise bei Umzugsdiensten, Post- und Kurierdiensten oder Abfallsammlungs- und -behandlungsdiensten, sollte nicht als Verkehrsdienstleistung gelten. Vor dem Hintergrund der Überkapazitäten im Straßengüterverkehrssektor sowie der verkehrspolitischen Zielsetzungen in Bezug auf die Verkehrsstauproblematik und den Güterverkehr sollten Beihilfen für den Erwerb von Fahrzeugen für den Straßengüterverkehr durch Unternehmen des gewerblichen Straßengüterverkehrs vom Geltungsbereich dieser Verordnung ausgenommen werden. In Anbetracht der Entwicklung des Personenkraftverkehrssektors sollte für diesen Bereich kein niedrigerer Höchstbetrag mehr gelten.

(6) Da in den Bereichen Primärerzeugung landwirtschaftlicher Erzeugnisse, Fischerei und Aquakultur besondere Vorschriften gelten und die Gefahr besteht, dass unterhalb des in dieser Verordnung festgesetzten Höchstbetrags liegende Beihilfen dennoch die Tatbestandsmerkmale des Artikels 107 Absatz 1 AEUV erfüllen, sollte diese Verordnung nicht für die genannten Bereiche gelten.

(7) Aufgrund der Ähnlichkeiten zwischen der Verarbeitung und Vermarktung landwirtschaftlicher und nichtlandwirtschaftlicher Erzeugnisse sollte diese Verordnung unter bestimmten Voraussetzungen auch für die Verarbeitung und Vermarktung landwirtschaftlicher Erzeugnisse gelten. Als Verarbeitung oder Vermarktung sollten in diesem Zusammenhang weder Tätigkeiten eines landwirtschaftlichen Betriebs zur Vorbereitung eines Erzeugnisses für den Erstverkauf wie das Ernten, Mähen und Dreschen von Getreide oder das Verpacken von Eiern noch der Erstverkauf an Wiederverkäufer oder Verarbeiter angesehen werden.

(8) Sobald die Union eine Regelung über die Errichtung einer gemeinsamen Marktorganisation für einen bestimmten Agrarsektor erlassen hat, sind die Mitgliedstaaten nach der Rechtsprechung des Gerichtshofs der Europäischen Union verpflichtet, sich aller Maßnahmen zu enthalten, die diese Regelung unterlaufen oder Ausnahmen von ihr schaffen[3]. Deshalb sollten Beihilfen, deren Höhe sich nach dem Preis oder der Menge der erworbenen oder vermarkteten Erzeugnisse richtet, vom Geltungsbereich dieser Verordnung ausgenommen werden. Ebenfalls ausgenommen werden sollten Fördermaßnahmen, die an die Verpflichtung gebunden sind, die Beihilfe mit den Primärerzeugern zu teilen.

(9) Diese Verordnung sollte weder für Ausfuhrbeihilfen gelten noch für Beihilfen, die von der Verwendung von einheimischen anstelle von eingeführten Waren abhängig gemacht werden. Die Verordnung sollte insbesondere nicht für Beihilfen zur Finanzierung des Aufbaus und des Betriebs eines Vertriebsnetzes in anderen Mitgliedstaaten oder in Drittstaaten gelten. Beihilfen für die Teilnahme an Messen oder für die Durchführung von Studien oder die Inanspruchnahme von Beratungsdiensten im Hinblick auf die Einführung eines neuen oder eines bestehenden Produkts auf einem neuen Markt in einem anderen Mitgliedstaat oder einem Drittstaat stellen in der Regel keine Ausfuhrbeihilfen dar.

---

1) Empfehlung 2003/361/EG der Kommission vom 6. Mai 2003 betreffend die Definition der Kleinstunternehmen sowie der kleinen und mittleren Unternehmen (ABl. L 124 vom 20.5.2003, S. 36).

2) Verordnung (EG) Nr. 800/2008 der Kommission vom 6. August 2008 zur Erklärung der Vereinbarkeit bestimmter Gruppen von Beihilfen mit dem Gemeinsamen Markt in Anwendung der Artikel 87 und 88 EG-Vertrag (ABl. L 214 vom 9.8.2008, S. 3).

3) Urteil des Gerichtshofs vom 12. Dezember 2002, Frankreich/Kommission, C-456/00, Slg. 2002, I-11949.

Zu § 57 Energiesteuergesetz

**Anlage § 057–02**

(10) Der für die Zwecke dieser Verordnung zugrunde zu legende Zeitraum von drei Jahren sollte fließend sein, d. h., bei jeder Neubewilligung einer De-minimis-Beihilfe sollte die Gesamtsumme der im laufenden Steuerjahr und in den vorangegangenen zwei Steuerjahren gewährten De- minimis-Beihilfen herangezogen werden.

(11) Im Falle eines Unternehmens, das sowohl in vom Geltungsbereich dieser Verordnung ausgenommenen Bereichen als auch in anderen Bereichen tätig ist oder andere Tätigkeiten ausübt, sollte diese Verordnung für die anderen Bereiche oder Tätigkeiten gelten, sofern der betreffende Mitgliedstaat durch geeignete Mittel wie die Trennung der Tätigkeiten oder die Unterscheidung der Kosten sicherstellen, dass die gewährten De-minimis-Beihilfen nicht den Tätigkeiten in den von dieser Verordnung ausgenommenen Bereichen zugutekommen. Der gleiche Grundsatz sollte für ein Unternehmen gelten, das in Bereichen tätig ist, für die niedrigere De-minimis-Höchstbeträge gelten. Wenn nicht gewährleistet werden kann, dass die De-minimis-Beihilfen für die Tätigkeiten in Bereichen, für die niedrigere De-minimis-Höchstbeträge gelten, diesen niedrigeren Höchstbetrag nicht übersteigen, sollte für alle Tätigkeiten des betreffenden Unternehmens der niedrigste Höchstbetrag gelten.

(12) Diese Verordnung sollte Vorschriften enthalten, die verhindern, dass die in spezifischen Verordnungen oder Kommissionsbeschlüssen festgesetzten Beihilfehöchstintensitäten umgangen werden können. Zudem sollte sie klare Kumulierungsvorschriften enthalten, die einfach anzuwenden sind.

(13) Diese Verordnung schließt die Möglichkeit nicht aus, dass eine Maßnahme aus anderen als den in dieser Verordnung dargelegten Gründen nicht als Beihilfe im Sinne des Artikels 107 Absatz 1 AEUV angesehen wird, etwa wenn die Maßnahme dem Grundsatz des marktwirtschaftlich handelnden Kapitalgebers genügt oder keine Übertragung staatlicher Mittel erfolgt. Insbesondere stellen Unionsmittel, die zentral von der Kommission verwaltet werden und nicht der mittelbaren oder unmittelbaren Kontrolle des Mitgliedstaats unterliegen, keine staatliche Beihilfe dar und sollten daher bei der Prüfung der Einhaltung der einschlägigen Höchstbeträge nicht berücksichtigt werden.

(14) Aus Gründen der Transparenz, Gleichbehandlung und wirksamen Überwachung sollte diese Verordnung nur für De-minimis-Beihilfen gelten, deren Bruttosubventionsäquivalent im Voraus genau berechnet werden kann, ohne dass eine Risikobewertung erforderlich ist („transparente Beihilfen"). Eine solche präzise Berechnung ist beispielsweise bei Zuschüssen, Zinszuschüssen und begrenzten Steuerbefreiungen oder bei sonstigen Beihilfeformen möglich, bei denen eine Obergrenze gewährleistet, dass der einschlägige Höchstbetrag nicht überschritten wird. Ist eine Obergrenze vorgesehen, so muss der Mitgliedstaat, solange der genaue Beihilfebetrag nicht bekannt ist, davon ausgehen, dass die Beihilfe der Obergrenze entspricht, um zu gewährleisten, dass mehrere Beihilfemaßnahmen zusammengenommen den Höchstbetrag nach dieser Verordnung nicht überschreiten und die Kumulierungsvorschriften eingehalten werden.

(15) Aus Gründen der Transparenz, Gleichbehandlung und korrekten Anwendung des De-minimis-Höchstbetrags sollten alle Mitgliedstaaten dieselbe Berechnungsmethode anwenden. Um die Berechnung zu vereinfachen, sollten Beihilfen, die nicht in Form eines Barzuschusses gewährt werden, in ihr Bruttosubventionsäquivalent umgerechnet werden. Die Berechnung des Bruttosubventionsäquivalents anderer transparenter Beihilfeformen als einer in Form eines Zuschusses oder in mehreren Tranchen gewährten Beihilfe sollte auf der Grundlage der zum Bewilligungszeitpunkt geltenden marktüblichen Zinssätze erfolgen. Im Sinne einer einheitlichen, transparenten und einfachen Anwendung der Beihilfevorschriften sollten für die Zwecke dieser Verordnung die Referenzzinssätze, die der Mitteilung der Kommission über die Änderung der Methode zur Festsetzung der Referenz- und Abzinsungssätze [1]) zu entnehmen sind, als marktübliche Zinssätze herangezogen werden.

(16) Beihilfen in Form von Darlehen, einschließlich De-minimis-Risikofinanzierungsbeihilfen in Form von Darlehen, sollten als transparente De-minimis-Beihilfen angesehen werden, wenn das Bruttosubventionsäquivalent auf der Grundlage der zum Bewilligungszeitpunkt geltenden marktüblichen Zinssätze berechnet worden ist. Zur Vereinfachung der Behandlung von Kleindarlehen mit kurzer Laufzeit sollte diese Verordnung eine eindeutige Vorschrift enthalten, die einfach anzuwenden ist und sowohl der Höhe als auch der Laufzeit des Darlehens Rechnung trägt. Nach den Erfahrungen der Kommission kann bei Darlehen, die durch Sicherheiten unterlegt sind, die sich auf mindestens 50 % des Darlehensbetrags belaufen, und die einen Darlehensbetrag von 1 000 000 EUR und eine Laufzeit von fünf Jahren oder einen Darlehensbetrag von 500 000 EUR und eine Laufzeit von zehn Jahren nicht überschreiten, davon ausgegangen werden, dass das Bruttosubventionsäquivalent den

---
1) Mitteilung der Kommission über die Änderung der Methode zur Berechnung der Referenz- und Abzinsungssätze (ABl. C 14 vom 19.1.2008, S. 6).

# Anlage § 057–02

Zu § 57 Energiesteuergesetz

De-minimis-Höchstbetrag nicht überschreitet. In Anbetracht der Schwierigkeiten bei der Festlegung des Bruttosubventionsäquivalents von Beihilfen an Unternehmen, die möglicherweise nicht in der Lage sein werden, das Darlehen zurückzuzahlen, sollte diese Regel nicht für solche Unternehmen gelten.

(17) Beihilfen in Form von Kapitalzuführungen sollten nicht als transparente De-minimis-Beihilfen angesehen werden, außer wenn der Gesamtbetrag der zugeführten öffentlichen Mittel den De-minimis-Höchstbetrag nicht übersteigt. Beihilfen im Rahmen von Risikofinanzierungsmaßnahmen, die in Form von Beteiligungen oder beteiligungsähnlichen Finanzierungsinstrumenten im Sinne der Risikofinanzierungsleitlinien [1] bereitgestellt werden, sollten nicht als transparente De-minimis-Beihilfen angesehen werden, außer wenn gewährleistet ist, dass die im Rahmen der betreffenden Maßnahme gewährten Kapitalzuführungen den De-minimis-Höchstbetrag nicht übersteigen.

(18) Beihilfen in Form von Garantien, einschließlich De-minimis-Risikofinanzierungsbeihilfen in Form von Garantien, sollten als transparent angesehen werden, wenn das Bruttosubventionsäquivalent auf der Grundlage der in einer Kommissionsmitteilung für die betreffende Unternehmensart festgelegten SAFE-Harbour-Prämie berechnet worden ist [2]. Zur Vereinfachung der Behandlung von Garantien mit kurzer Laufzeit, mit denen ein Anteil von höchstens 80 % eines relativ geringen Darlehensbetrags besichert wird, sollte diese Verordnung eine eindeutige Vorschrift enthalten, die einfach anzuwenden ist und sowohl den Betrag des zugrunde liegenden Darlehens als auch die Garantielaufzeit erfasst. Diese Vorschrift sollte nicht für Garantien gelten, mit denen nicht Darlehen, sondern beispielsweise Beteiligungsgeschäfte besichert werden. Bei Garantien, die sich auf einen Anteil von höchstens 80 % des zugrunde liegenden Darlehens beziehen und die einen Betrag von 1 500 000 EUR und eine Laufzeit von fünf Jahren nicht überschreiten, kann davon ausgegangen werden, dass das Bruttosubventionsäquivalent den De-minimis-Höchstbetrag nicht überschreitet. Gleiches gilt für Garantien, die sich auf einen Anteil von höchstens 80 % des zugrunde liegenden Darlehens beziehen und die einen Betrag von 750 000 EUR und eine Laufzeit von zehn Jahren nicht überschreiten. Darüber hinaus können die Mitgliedstaaten eine Methode zur Berechnung des Bruttosubventionsäquivalents von Garantien anwenden, die bei der Kommission nach einer anderen zu diesem Zeitpunkt geltenden Verordnung der Kommission im Bereich der staatlichen Beihilfen angemeldet wurde und die von der Kommission aufgrund ihrer Vereinbarkeit mit der Garantiemitteilung oder einer Nachfolgermitteilung akzeptiert wurde, sofern sich die akzeptierte Methode ausdrücklich auf die Art der Garantie und die Art der zugrunde liegenden Transaktion bezieht, um die es im Zusammenhang mit der Anwendung der vorliegenden Verordnung geht. In Anbetracht der Schwierigkeiten bei der Festlegung des Bruttosubventionsäquivalents von Beihilfen an Unternehmen, die möglicherweise nicht in der Lage sein werden, das Darlehen zurückzuzahlen, sollte diese Regel nicht für solche Unternehmen gelten.

(19) Wenn eine De-minimis-Beihilferegelung über Finanzintermediäre durchgeführt wird, ist dafür zu sorgen, dass die Finanzintermediäre keine staatlichen Beihilfen erhalten. Dies kann z. B. sichergestellt werden, indem Finanzintermediäre, denen eine staatliche Garantie zugutekommt, verpflichtet werden, ein marktübliches Entgelt zu zahlen oder den Vorteil vollständig an die Endbegünstigten weiterzugeben, oder indem der De-minimis-Höchstbetrag und die anderen Voraussetzungen dieser Verordnung auch auf Ebene der Finanzintermediäre eingehalten werden.

(20) Nach erfolgter Anmeldung durch einen Mitgliedstaat kann die Kommission prüfen, ob eine Beihilfemaßnahme, bei der es sich nicht um einen Zuschuss, ein Darlehen, eine Garantie, eine Kapitalzuführung oder eine Risikofinanzierungsmaßnahme handelt, die in Form einer Beteiligung oder eines beteiligungsähnlichen Finanzierungsinstruments bereitgestellt wird, zu einem Bruttosubventionsäquivalent führt, das den De-minimis-Höchstbetrag nicht übersteigt und daher unter diese Verordnung fallen könnte.

(21) Die Kommission hat die Aufgabe zu gewährleisten, dass die Beihilfevorschriften eingehalten werden, und nach dem in Artikel 4 Absatz 3 des Vertrags über die Europäische Union verankerten Grundsatz der Zusammenarbeit sind die Mitgliedstaaten gehalten, der Kommission die Erfüllung dieser Aufgabe zu erleichtern, indem sie durch geeignete Vorkehrungen sicherstellen, dass der Gesamtbetrag der De-minimis-Beihilfen, die einem einzigen Unternehmen nach den De-minimis-Vorschriften gewährt werden, den insgesamt zulässigen Höchstbetrag nicht übersteigt. Hierzu sollten die Mitgliedstaaten bei Gewährung einer De-minimis-Beihilfe dem betreffenden Unterneh-

---

1) Leitlinien der Gemeinschaft für staatliche Beihilfen zur Förderung von Risikokapitalinvestitionen in kleine und mittlere Unternehmen (ABl. C 194 vom 18.8.2006, S. 2).

2) Zum Beispiel Mitteilung der Kommission über die Anwendung der Artikel 87 und 88 EG-Vertrag auf staatliche Beihilfen in Form von Haftungsverpflichtungen und Bürgschaften (ABl. C 155 vom 20.6.2008, S. 10).

men unter ausdrücklichem Verweis auf diese Verordnung den Betrag der gewährten De-minimis-Beihilfen mitteilen und es darauf hinweisen, dass es sich um eine De-minimis-Beihilfe handelt. Mitgliedstaaten sollten verpflichtet sein, die gewährten Beihilfen zu überprüfen, um zu gewährleisten, dass die einschlägigen Höchstbeträge nicht überschritten werden und die Regeln zur Kumulierung eingehalten werden. Um diese Verpflichtung einzuhalten, sollte der betreffende Mitgliedstaat die Beihilfe erst gewähren, nachdem er eine Erklärung des Unternehmens über andere unter diese Verordnung oder andere De-minimis-Verordnungen fallende De-minimis-Beihilfen, die dem Unternehmen im betreffenden Steuerjahr oder in den vorangegangenen zwei Steuerjahren gewährt wurden, erhalten hat. Die Mitgliedstaaten sollten ihre Überwachungspflicht stattdessen auch dadurch erfüllen können, dass sie ein Zentralregister einrichten, das vollständige Informationen über die gewährten De-minimis-Beihilfen enthält, und sie überprüfen, dass eine neue Beihilfengewährung den einschlägigen Höchstbetrag einhält.

(22) Jeder Mitgliedstaat sollte sich vor der Gewährung einer De-minimis-Beihilfe vergewissern, dass der De-minimis- Höchstbetrag durch die neue De-minimis-Beihilfe in seinem Hoheitsgebiet nicht überschritten wird und auch die übrigen Voraussetzungen dieser Verordnung erfüllt sind.

(23) Aufgrund der bisherigen Erfahrungen der Kommission und insbesondere der Tatsache, dass die Beihilfepolitik grundsätzlich in regelmäßigen Abständen überprüft werden muss, sollte die Geltungsdauer dieser Verordnung begrenzt werden. Für den Fall, dass diese Verordnung bis zum Ablauf ihrer Geltungsdauer nicht verlängert wird, sollte den Mitgliedstaaten für alle unter diese Verordnung fallenden De-minimis-Beihilfen eine sechsmonatige Anpassungsfrist eingeräumt werden –

HAT FOLGENDE VERORDNUNG ERLASSEN:

### Artikel 1

### Geltungsbereich

(1) Diese Verordnung gilt für Beihilfen an Unternehmen aller Wirtschaftszweige mit folgenden Ausnahmen:

a) Beihilfen an Unternehmen, die in der Fischerei oder der Aquakultur im Sinne der Verordnung (EG) Nr. 104/2000 des Rates [1] tätig sind;
b) Beihilfen an Unternehmen, die in der Primärerzeugung landwirtschaftlicher Erzeugnisse tätig sind;
c) Beihilfen an Unternehmen, die in der Verarbeitung und Vermarktung landwirtschaftlicher Erzeugnisse tätig sind,
  i) wenn sich der Beihilfebetrag nach dem Preis oder der Menge der bei Primärerzeugern erworbenen oder von den betreffenden Unternehmen vermarkteten Erzeugnisse richtet;
  ii) wenn die Beihilfe davon abhängig ist, dass sie ganz oder teilweise an die Primärerzeuger weitergegeben wird;
d) Beihilfen für exportbezogene Tätigkeiten, die auf Mitgliedstaaten oder Drittländer ausgerichtet sind, d. h. Beihilfen, die unmittelbar mit den ausgeführten Mengen, mit der Errichtung und dem Betrieb eines Vertriebsnetzes oder mit anderen laufenden exportbezogenen Ausgaben in Zusammenhang stehen;
e) Beihilfen, die davon abhängig sind, dass heimische Waren Vorrang vor eingeführten Waren erhalten.

(2) Wenn ein Unternehmen sowohl in den in Absatz 1 Buchstabe a, b oder c genannten Bereichen als auch in einem oder mehreren Bereichen tätig ist oder andere Tätigkeiten ausübt, die in den Geltungsbereich dieser Verordnung fallen, so gilt diese Verordnung für Beihilfen, die für letztere Bereiche oder Tätigkeiten gewährt werden, sofern der betreffende Mitgliedstaat durch geeignete Mittel wie die Trennung der Tätigkeiten oder die Unterscheidung der Kosten sicherstellt, dass die im Einklang mit dieser Verordnung gewährten De-minimis-Beihilfen nicht den Tätigkeiten in den vom Geltungsbereich dieser Verordnung ausgenommenen Bereichen zugutekommen.

### Artikel 2

### Begriffsbestimmungen

(1) Für die Zwecke dieser Verordnung bezeichnet der Ausdruck:

a) „landwirtschaftliche Erzeugnisse" die in Anhang I des AEUV aufgeführten Erzeugnisse mit Ausnahme der Fischerei- und Aquakulturerzeugnisse, die unter die Verordnung (EG) Nr. 104/2000 fallen;

---

1) Verordnung (EG) Nr. 104/2000 des Rates vom 17. Dezember 1999 über die gemeinsame Marktorganisation für Erzeugnisse der Fischerei und der Aquakultur (ABl. L 17 vom 21.1.2000, S. 22).

# Anlage § 057–02

Zu § 57 Energiesteuergesetz

b) „Verarbeitung eines landwirtschaftlichen Erzeugnisses" jede Einwirkung auf ein landwirtschaftliches Erzeugnis, deren Ergebnis ebenfalls ein landwirtschaftliches Erzeugnis ist, ausgenommen Tätigkeiten eines landwirtschaftlichen Betriebs zur Vorbereitung eines tierischen oder pflanzlichen Erzeugnisses für den Erstverkauf;

c) „Vermarktung eines landwirtschaftlichen Erzeugnisses" den Besitz oder die Ausstellung eines Produkts im Hinblick auf den Verkauf, das Angebot zum Verkauf, die Lieferung oder jede andere Art des Inverkehrbringens, ausgenommen der Erstverkauf durch einen Primärerzeuger an Wiederverkäufer und Verarbeiter sowie jede Tätigkeit zur Vorbereitung eines Erzeugnisses für diesen Erstverkauf; der Verkauf durch einen Primärerzeuger an Endverbraucher gilt als Vermarktung, wenn er in gesonderten, eigens für diesen Zweck vorgesehenen Räumlichkeiten erfolgt.

(2) Der Begriff „ein einziges Unternehmen" bezieht für die Zwecke dieser Verordnung alle Unternehmen mit ein, die zueinander in mindestens einer der folgenden Beziehungen stehen:

a) Ein Unternehmen hält die Mehrheit der Stimmrechte der Anteilseigner oder Gesellschafter eines anderen Unternehmens;

b) ein Unternehmen ist berechtigt, die Mehrheit der Mitglieder des Verwaltungs-, Leitungs- oder Aufsichtsgremiums eines anderen Unternehmens zu bestellen oder abzuberufen;

c) ein Unternehmen ist gemäß einem mit einem anderen Unternehmen geschlossenen Vertrag oder aufgrund einer Klausel in dessen Satzung berechtigt, einen beherrschenden Einfluss auf dieses Unternehmen auszuüben;

d) ein Unternehmen, das Anteilseigner oder Gesellschafter eines anderen Unternehmens ist, übt gemäß einer mit anderen Anteilseignern oder Gesellschaftern dieses anderen Unternehmens getroffenen Vereinbarung die alleinige Kontrolle über die Mehrheit der Stimmrechte von dessen Anteilseignern oder Gesellschaftern aus.

Auch Unternehmen, die über ein anderes Unternehmen oder mehrere andere Unternehmen zueinander in einer der Beziehungen gemäß Unterabsatz 1 Buchstaben a bis d stehen, werden als ein einziges Unternehmen betrachtet.

## Artikel 3

### De-minimis-Beihilfen

(1) Beihilfemaßnahmen, die die Voraussetzungen dieser Verordnung erfüllen, werden als Maßnahmen angesehen, die nicht alle Tatbestandsmerkmale des Artikels 107 Absatz 1 AEUV erfüllen, und sind daher von der Anmeldepflicht nach Artikel 108 Absatz 3 AEUV ausgenommen.

(2) Der Gesamtbetrag der einem einzigen Unternehmen von einem Mitgliedstaat gewährten De-minimis-Beihilfen darf in einem Zeitraum von drei Steuerjahren 200 000 EUR nicht übersteigen.

Der Gesamtbetrag der De-minimis-Beihilfen, die einem einzigen Unternehmen, das im gewerblichen Straßengüterverkehr tätig ist, von einem Mitgliedstaat gewährt werden, darf in einem Zeitraum von drei Steuerjahren 100 000 EUR nicht übersteigen. Diese De-minimis-Beihilfen dürfen nicht für den Erwerb von Fahrzeugen für den Straßengüterverkehr verwendet werden.

(3) Ist ein Unternehmen sowohl im gewerblichen Straßengüterverkehr als auch in anderen Bereichen tätig, für die der Höchstbetrag von 200 000 EUR gilt, so gilt für das Unternehmen der Höchstbetrag von 200 000 EUR, sofern der betreffende Mitgliedstaat durch geeignete Mittel wie die Trennung der Tätigkeiten oder die Unterscheidung der Kosten sicherstellt, dass die Förderung der Straßengüterverkehrstätigkeit 100 000 EUR nicht übersteigt und dass keine De-minimis-Beihilfen für den Erwerb von Fahrzeugen für den Straßengüterverkehr verwendet werden.

(4) Als Bewilligungszeitpunkt einer De-minimis-Beihilfe gilt der Zeitpunkt, zu dem das Unternehmen nach dem geltenden nationalen Recht einen Rechtsanspruch auf die Beihilfe erwirbt, und zwar unabhängig davon, wann die De-minimis-Beihilfe tatsächlich an das Unternehmen ausgezahlt wird.

(5) Die in Absatz 2 genannten Höchstbeträge gelten für De- minimis-Beihilfen gleich welcher Art und Zielsetzung und unabhängig davon, ob die von dem Mitgliedstaat gewährte Beihilfe ganz oder teilweise aus Unionsmitteln finanziert wird. Der zugrunde zu legende Zeitraum von drei Steuerjahren bestimmt sich nach den Steuerjahren, die für das Unternehmen in dem betreffenden Mitgliedstaat maßgebend sind.

(6) Für die Zwecke der in Absatz 2 genannten Höchstbeträge wird die Beihilfe als Barzuschuss ausgedrückt. Bei den eingesetzten Beträgen sind Bruttobeträge, d. h. die Beträge vor Abzug von Steuern und sonstigen Abgaben, zugrunde zu legen. Bei Beihilfen, die nicht in Form von Zuschüssen gewährt werden, entspricht der Beihilfebetrag ihrem Bruttosubventionsäquivalent.

In mehreren Tranchen zahlbare Beihilfen werden zum Bewilligungszeitpunkt abgezinst. Für die Abzinsung wird der zum Bewilligungszeitpunkt geltende Abzinsungssatz zugrunde gelegt.

Zu § 57 Energiesteuergesetz **Anlage § 057–02**

(7) Wenn der einschlägige Höchstbetrag nach Absatz 2 durch die Gewährung neuer De-minimis-Beihilfen überschritten würde, darf diese Verordnung für keine der neuen Beihilfen in Anspruch genommen werden.

(8) Im Falle einer Fusion oder Übernahme müssen alle De- minimis-Beihilfen, die den beteiligten Unternehmen zuvor gewährt wurden, herangezogen werden, um zu ermitteln, ob eine neue De-minimis-Beihilfe für das neue bzw. das übernehmende Unternehmen zu einer Überschreitung des einschlägigen Höchstbetrags führt. Die Rechtmäßigkeit von vor der Fusion bzw. Übernahme rechtmäßig gewährten De-minimis-Beihilfen wird dadurch nicht in Frage gestellt.

(9) Wird ein Unternehmen in zwei oder mehr separate Unternehmen aufgespalten, so werden die De-minimis-Beihilfen, die dem Unternehmen vor der Aufspaltung gewährt wurden, demjenigen Unternehmen zugewiesen, dem die Beihilfen zugutekommen, also grundsätzlich dem Unternehmen, das die Geschäftsbereiche übernimmt, für die die De-minimis-Beihilfen verwendet wurden. Ist eine solche Zuweisung nicht möglich, so werden die De-minimis-Beihilfen den neuen Unternehmen auf der Grundlage des Buchwerts ihres Eigenkapitals zum Zeitpunkt der tatsächlichen Aufspaltung anteilig zugewiesen.

### Artikel 4
### Berechnung des Bruttosubventionsäquivalents

(1) Diese Verordnung gilt nur für Beihilfen, deren Bruttosubventionsäquivalent im Voraus genau berechnet werden kann, ohne dass eine Risikobewertung erforderlich ist („transparente Beihilfen").

(2) Beihilfen in Form von Zuschüssen oder Zinszuschüssen werden als transparente De-minimis-Beihilfen angesehen.

(3) Beihilfen in Form von Darlehen gelten als transparente De-minimis-Beihilfen, wenn

a) sich der Beihilfenbegünstigte weder in einem Insolvenzverfahren befindet noch die im nationalen Recht vorgesehenen Voraussetzungen für die Eröffnung eines Insolvenzverfahrens auf Antrag seiner Gläubiger erfüllt. Im Falle eines großen Unternehmens muss sich der Beihilfebegünstigte in einer Situation befinden, die einer Bewertung mit einem Rating von mindestens B- entspricht, und

b) das Darlehen durch Sicherheiten unterlegt ist, die sich auf mindestens 50 % des Darlehensbetrags belaufen, und einen Betrag von 1 000 000 EUR (bzw. 500 000 EUR bei Straßengüterverkehrsunternehmen) und eine Laufzeit von fünf Jahren oder einen Betrag von 500 000 EUR (bzw. 250 000 EUR bei Straßengüterverkehrsunternehmen) und eine Laufzeit von zehn Jahren aufweist; bei Darlehen mit einem geringeren Darlehensbetrag und/oder einer kürzeren Laufzeit als fünf bzw. zehn Jahre wird das Bruttosubventionsäquivalent als entsprechender Anteil des einschlägigen Höchstbetrags nach Artikel 3 Absatz 2 berechnet; oder

c) das Bruttosubventionsäquivalent auf der Grundlage des zum Bewilligungszeitpunkt geltenden Referenzzinssatzes berechnet wurde.

(4) Beihilfen in Form von Kapitalzuführungen gelten nur dann als transparente De-minimis-Beihilfen, wenn der Gesamtbetrag der zugeführten öffentlichen Mittel den De-minimis- Höchstbetrag nicht übersteigt.

(5) Beihilfen im Rahmen von Risikofinanzierungsmaßnahmen, die in Form von Beteiligungen oder beteiligungsähnlichen Finanzierungsinstrumentengewährt werden, gelten nur dann als transparente De-minimis-Beihilfen, wenn das einem einzigen Unternehmen bereitgestellte Kapital den De-minimis-Höchstbetrag nicht übersteigt.

(6) Beihilfen in Form von Garantien gelten als transparente De-minimis-Beihilfen, wenn

a) sich der Beihilfenbegünstigte weder in einem Insolvenzverfahren befindet noch die im nationalen Recht vorgesehenen Voraussetzungen für die Eröffnung eines Insolvenzverfahrens auf Antrag seiner Gläubiger erfüllt. Im Falle eines großen Unternehmens muss sich der Beihilfebegünstigte in einer Situation befinden, die einer Bewertung mit einem Rating von mindestens B- entspricht, und

b) sich die Garantie auf einen Anteil von höchstens 80 % des zugrunde liegenden Darlehens bezieht und einen Betrag von 1 500 000 EUR (bzw. 750 000 EUR bei Straßengüterverkehrsunternehmen) und eine Laufzeit von fünf Jahren oder einen Betrag von 750 000 EUR (bzw. 375 000 EUR bei Straßengüterverkehrsunternehmen) und eine Laufzeit von zehn Jahren aufweist; bei Garantien mit einem geringeren Betrag und/oder einer kürzeren Laufzeit als fünf bzw. zehn Jahre wird das Bruttosubventionsäquivalent dieser Garantie als entsprechender Anteil des einschlägigen Höchstbetrags nach Artikel 3 Absatz 2 berechnet, oder

c) das Bruttosubventionsäquivalent auf der Grundlage von in einer Mitteilung der Kommission festgelegten SAFE-Harbour-Prämien berechnet wurde; oder

d) vor der Durchführung

i) die Methode für die Berechnung des Bruttosubventionsäquivalents der Garantie bei der Kommission nach einer anderen zu diesem Zeitpunkt geltenden Verordnung der Kommission im Bereich der staatlichen Beihilfen angemeldet und von der Kommission aufgrund ihrer Vereinbarkeit mit der Garantiemitteilung oder einer Nachfolgermitteilung akzeptiert wurde und

ii) sich die akzeptierte Methode ausdrücklich auf die Art der Garantie und die Art der zugrunde liegenden Transaktion bezieht, um die es im Zusammenhang mit der Anwendung der vorliegenden Verordnung geht.

(7) Beihilfen in anderer Form gelten als transparente De-minimis-Beihilfen, wenn die Beihilfebestimmungen eine Obergrenze vorsehen, die gewährleistet, dass der einschlägige Höchstbetrag nicht überschritten wird.

## Artikel 5
### Kumulierung

(1) Im Einklang mit der vorliegenden Verordnung gewährte De-minimis-Beihilfen dürfen bis zu dem in der Verordnung (EU) Nr. 360/2012 der Kommission[1] festgelegten Höchstbetrag mit De-minimis-Beihilfen nach letztgenannter Verordnung kumuliert werden. Im Einklang mit der vorliegenden Verordnung gewährte De-minimis-Beihilfen dürfen bis zu dem in Artikel 3 Absatz 2 dieser Verordnung festgelegten einschlägigen Höchstbetrag mit De-minimis-Beihilfen nach anderen De-minimis-Verordnungen kumuliert werden.

(2) De-minimis-Beihilfen dürfen weder mit staatlichen Beihilfen für dieselben beihilfefähigen Kosten noch mit staatlichen Beihilfen für dieselbe Risikofinanzierungsmaßnahme kumuliert werden, wenn die Kumulierung dazu führen würde, dass die höchste einschlägige Beihilfeintensität oder der höchste einschlägige Beihilfebetrag, die bzw. der im Einzelfall in einer Gruppenfreistellungsverordnung oder einem Beschluss der Kommission festgelegt ist, überschritten wird. De-minimis-Beihilfen, die nicht in Bezug auf bestimmte beihilfefähige Kosten gewährt werden und keinen solchen Kosten zugewiesen werden können, dürfen mit anderen staatlichen Beihilfen kumuliert werden, die auf der Grundlage einer Gruppenfreistellungsverordnung oder eines Beschlusses der Kommission gewährt wurden.

## Artikel 6
### Überwachung

(1) Beabsichtigt ein Mitgliedstaat, einem Unternehmen im Einklang mit dieser Verordnung eine De-minimis-Beihilfe zu bewilligen, so teilt er diesem Unternehmen schriftlich die voraussichtliche Höhe der Beihilfe (ausgedrückt als Bruttosubventionsäquivalent) mit und weist es unter ausdrücklichem Verweis auf diese Verordnung mit Angabe ihres Titels und der Fundstelle im Amtsblatt der Europäischen Union darauf hin, dass es sich um eine De-minimis-Beihilfe handelt. Wird die De-minimis-Beihilfe im Einklang mit dieser Verordnung auf der Grundlage einer Regelung verschiedenen Unternehmen gewährt, die Einzelbeihilfen in unterschiedlicher Höhe erhalten, so kann der betreffende Mitgliedstaat seine Informationspflicht dadurch erfüllen, dass er den Unternehmen einen Festbetrag mitteilt, der dem auf der Grundlage der Regelung zulässigen Beihilfehöchstbetrag entspricht. In diesem Fall ist für die Feststellung, ob der einschlägige Höchstbetrag nach Artikel 3 Absatz 2 erreicht ist, dieser Festbetrag maßgebend. Der Mitgliedstaat gewährt die Beihilfe erst, nachdem er von dem betreffenden Unternehmen eine Erklärung in schriftlicher oder elektronischer Form erhalten hat, in der dieses alle anderen ihm in den beiden vorangegangenen Steuerjahren sowie im laufenden Steuerjahr gewährten De-minimis-Beihilfen angibt, für die die vorliegende oder andere De- minimis-Verordnungen gelten.

(2) Verfügt ein Mitgliedstaat über ein Zentralregister für De- minimis-Beihilfen mit vollständigen Informationen über alle von Behörden in diesem Mitgliedstaat gewährten De-minimis-Beihilfen, so wird Absatz 1 von dem Zeitpunkt an, zu dem das Register einen Zeitraum von drei Steuerjahren erfasst, nicht mehr angewandt.

(3) Der Mitgliedstaat gewährt die neue De-minimis-Beihilfe nach dieser Verordnung erst, nachdem er sich vergewissert hat, dass dadurch der Betrag der dem betreffenden Unternehmen insgesamt gewährten De-minimis-Beihilfen nicht den einschlägigen Höchstbetrag nach Artikel 3 Absatz 2 übersteigt und sämtliche Voraussetzungen erfüllt sind.

(4) Die Mitgliedstaaten zeichnen sämtliche die Anwendung dieser Verordnung betreffenden Informationen auf und stellen sie zusammen. Diese Aufzeichnungen müssen alle Informationen enthalten, die für den Nachweis benötigt werden, dass die Voraussetzungen dieser Verordnung erfüllt sind. Die Auf-

---

[1] Verordnung (EU) Nr. 360/2012 der Kommission vom 25. April 2012 über die Anwendung der Artikel 107 und 108 des Vertrags über die Arbeitsweise der Europäischen Union auf De-minimis-Beihilfen an Unternehmen, die Dienstleistungen von allgemeinem wirtschaftlichem Interesse erbringen (ABl. L 114 vom 26.4.2012, S. 8).

zeichnungen über De-minimis-Einzelbeihilfen sind 10 Steuerjahre ab dem Zeitpunkt aufzubewahren, zu dem die Beihilfe gewährt wurde. Die Aufzeichnungen über De-minimis-Beihilferegelungen sind 10 Steuerjahre ab dem Zeitpunkt aufzubewahren, zu dem die letzte Einzelbeihilfe nach der betreffenden Regelung gewährt wurde.

(5) Der betreffende Mitgliedstaat übermittelt der Kommission auf schriftliches Ersuchen, innerhalb von 20 Arbeitstagen oder einer in dem Ersuchen gesetzten längeren Frist, alle Informationen, die die Kommission benötigt, um prüfen zu können, ob die Voraussetzungen dieser Verordnung erfüllt sind, und insbesondere den Gesamtbetrag der De-minimis-Beihilfen im Sinne dieser Verordnung oder anderer De-minimis-Verordnungen, die ein Unternehmen erhalten hat.

### Artikel 7

### Übergangsbestimmungen

(1) Diese Verordnung gilt für Beihilfen, die vor ihrem Inkrafttreten gewährt wurden, sofern diese Beihilfen sämtliche Voraussetzungen dieser Verordnung erfüllen. Beihilfen, die diese Voraussetzungen nicht erfüllen, werden von der Kommission nach den einschlägigen Rahmenbestimmungen, Leitlinien, Mitteilungen und Bekanntmachungen geprüft.

(2) De-minimis-Einzelbeihilfen, die zwischen dem 2. Februar 2001 und dem 30. Juni 2007 gewährt wurden und die Voraussetzungen der Verordnung (EG) Nr. 69/2001 erfüllen, werden als Maßnahmen angesehen, die nicht alle Tatbestandsmerkmale des Artikels 107 Absatz 1 AEUV erfüllen, und sind daher von der Anmeldepflicht nach Artikel 108 Absatz 3 AEUV ausgenommen.

(3) De-minimis-Einzelbeihilfen, die zwischen dem 1. Januar 2007 und dem 30. Juni 2014 gewährt wurden bzw. werden und die Voraussetzungen der Verordnung (EG) Nr. 1998/2006 erfüllen, werden als Maßnahmen angesehen, die nicht alle Tatbestandsmerkmale des Artikels 107 Absatz 1 AEUV erfüllen, und sind daher von der Anmeldepflicht nach Artikel 108 Absatz 3 AEUV ausgenommen.

(4) Nach Ablauf der Geltungsdauer dieser Verordnung sind De-minimis-Beihilferegelungen, die die Voraussetzungen dieser Verordnung erfüllen, noch sechs Monate durch diese Verordnung gedeckt.

### Artikel 8

### Inkrafttreten und Geltungsdauer

Diese Verordnung tritt am 1. Januar 2014 in Kraft.

Sie gilt bis zum 31. Dezember 2020.

Diese Verordnung ist in allen ihren Teilen verbindlich und gilt unmittelbar in jedem Mitgliedstaat.

Brüssel, den 18. Dezember 2013

Für die Kommission
Der Präsident
José Manuel BARROSO

**Anlage § 059–01**  Zu § 59 Energiesteuergesetz

**Verbrauchsteuern/Energieerzeugnisse; Dienstvorschrift zur Vergütung der Energiesteuer für Diplomatenbenzin und -dieselkraftstoff nach § 59 Energiesteuergesetz und § 104 Energiesteuer-Durchführungsverordnung (DV Diplomaten)**

BMF-Schreiben vom 20.8.2013 – III B 6 – V 8245/07/10016, 2013/0788584

Die veraltete Verwaltungsvorschrift VSF V 82 45-6 „Vergütung der Energiesteuer für Diplomatenkraftstoffe; Verwaltungsvorschrift zu G § 59 und zu DV § 104 – VwV Diplomatenkraftstoffe –" wurde bedingt durch die Fortentwicklung des Rechts aufgehoben und die Dienstvorschrift zur Vergütung der Energiesteuer für Diplomatenbenzin und -dieselkraftstoff nach § 59 Energiesteuergesetz und § 104 Energiesteuer-Durchführungsverordnung (DV Diplomaten) neu gefasst.

Die DV Diplomaten ist künftig in der E-VSF unter der Kennung V 82 45-6 eingestellt und wurde als „nur für den Dienstgebrauch" klassifiziert.

**Warenursprung und Präferenzen/Umzug der Bundesstelle Ursprungsnachprüfung**

(BFD Südost – Z 4215 – 78 / ZF 4301 vom 13. September 2013)

Ab dem 1. Oktober 2013 ist die Bundesstelle Ursprungsnachprüfung (BUN) unter der folgenden Adresse erreichbar.

Hauptzollamt Münster
– Bundesstelle Ursprungsnachprüfung –
Hoher Heckenweg 221
48157 Münster

Von der Adressänderung betroffene Dienstvorschriften und Vordrucke werden zeitnah angepasst.

Zu § 60 Energiesteuergesetz     **Anlage § 060–01**

## Dienstvorschrift zur Steuerentlastung bei Zahlungsausfall nach § 60 Energiesteuergesetz

BMF-Schreiben vom 29.12.2012 – III B 6 – V 8245/07/10017 :006, 2012/1098897

Meinen Erlass vom 15. März 2005 III A 1 – V 0363 – 2/05 – „Mineralölsteuer / Verwaltungsvorschrift zu § 53 MinöStV" (veröffentlicht in den VSF-Nachrichten N 34 2005 Nr. 139 vom 1. April 2005) sowie die Schreiben

1. der ehemaligen Oberfinanzdirektion Karlsruhe vom 16. Dezember 2005 – V 0363 B – 402/058 – Z 315 – (veröffentlicht in den VSF Nachrichten N 03 2006 Nr. 11 vom 6. Januar 2006) und vom 20. April 2007 – V 8245 B – 163/07 – Z 31 5 – sowie
2. der Bundesfinanzdirektion Südwest vom 19. März 2008 – V 8245 B – 58_1/08 – Z 31 5 FR – (veröffentlicht mit VSF Nachrichten N 21 2008 Nr. 108 vom 8. April 2008) und vom 4. Juni 2008 – V 8245 B – 150/08 – Z 31 5 FR

hebe ich hiermit auf.

### I. Allgemeines

In § 60 des Energiesteuergesetzes (EnergieStG) wurden die Regelungen des bis zum 31. Juli 2006 gültigen § 53 der Mineralölsteuer-Durchführungsverordnung (MinöStV) aufgenommen. Abweichungen zwischen § 60 EnergieStG und § 53 MinöStV sind allein grammatikalischer Natur oder auf eine geänderte Ausdrucksweise („Steuerentlastung" anstelle „Erstattung/Vergütung der Steuer") zurückzuführen, haben jedoch keine Auswirkungen auf den materiell-rechtlichen Inhalt der Norm, so dass die zu § 53 MinöStV ergangenen Entscheidungen des Bundesfinanzhofs (BFH) hier sinngemäß herangezogen werden können. Die Regelung weist das Risiko des Steuerausfalls unter Berücksichtigung eines angemessenen Selbstbehalts dem Steuergläubiger (Fiskus) zu. Der Mineralölhandel wird steuertechnisch mit der Energiesteuer belastet, die der Handel über den Verkaufspreis bis zum Verbraucher als den eigentlichen Adressat der Energiesteuer als Verbrauchsteuer weitergibt. Bei einem Ausfall der Forderung würde sonst eine Steuerbelastung beim Händler verbleiben, deren teilweise Beseitigung mittels der vorliegenden Entlastungsnorm durch den Fiskus erfolgen soll.[1] Die vorliegende Dienstvorschrift dient der Umsetzung dieser Bestimmung. 1

Aufgrund der Fortentwicklung sowohl des Rechts (hier: Einführung des Energiesteuergesetzes) als auch der Rechtsprechung wurde es erforderlich, die bisherige Verwaltungsvorschrift zu § 53 MinöStV aufzuheben, noch aktuelle Teile derselben grundlegend zu überarbeiten und in die im Übrigen neu gefasste DV Zahlungsausfall aufzunehmen. 2

Die Nachweis- und Aufzeichnungspflichten dürfen nicht zu einer unverhältnismäßigen Belastung der Unternehmen führen (Stichwort: Bürokratieabbau). Daneben soll auch die Verwaltung nicht über die Maßen belastet werden. Soweit die steuerlichen Belange im Einzelfall nicht beeinträchtigt werden, soll von den in dieser Dienstvorschrift vorgesehenen Erleichterungen und Vereinfachungen Gebrauch gemacht werden. 3

### II. Allgemeine Antragsvoraussetzungen

Für die Steuerentlastung bei Zahlungsausfall ist kein amtlich vorgeschriebener Vordruck vorgesehen. Der Antrag bedarf jedoch der Schriftform und es müssen die in § 60 Absatz 2 EnergieStG genannten Unterlagen und Nachweise beigefügt sein. 4

Für jeden zahlungsunfähigen Warenempfänger ist ein gesonderter Antrag nach § 60 EnergieStG zu stellen. 5

Die vorzunehmende erste Prüfung des Entlastungsantrags an Amtsstelle umfasst stets, 6
1. die örtliche und sachliche Zuständigkeit,
2. die Einhaltung der Antragsfristen,
3. die Vollständigkeit der erforderlichen Angaben und
4. die rechnerische Schlüssigkeit der Angaben in dem Antrag.

Erforderlich sind sämtliche Angaben, die zur Ermittlung des Entlastungsbetrages nach § 60 Absatz 2 EnergieStG notwendig sind. Das Hauptzollamt trägt den Entlastungsantrag mit dem angemeldeten Betrag in das Energiesteueranmeldungsbuch (Vordrucke 1098 und 1099) ein, es sei denn, es fehlt an der örtlichen oder sachlichen Zuständigkeit nach Satz 1 Nummer 1.

---
1) Bundestagsdrucksache 12/561, S. 16.

**Anlage § 060–01**  Zu § 60 Energiesteuergesetz

7 Zuständig für Anträge auf Steuerentlastung nach § 60 EnergieStG ist das Hauptzollamt, von dessen Bezirk aus der Verkäufer sein Unternehmen betreibt oder, falls er kein Unternehmen betreibt, in dessen Bezirk er seinen Wohnsitz hat. Ist das Hauptzollamt, bei dem der Entlastungsantrag eingegangen ist, örtlich nicht zuständig, leitet es den Antrag unverzüglich an das zuständige Hauptzollamt weiter. Der Antragsteller ist über die Weiterleitung seines Entlastungsantrages zu informieren.

8 Die in § 60 Absatz 2 Satz 1 EnergieStG festgelegte Frist zur Stellung des Entlastungsantrages (Antragsfrist) ist hinsichtlich des jeweiligen Zahlungsausfalls zu berechnen.

In Fällen, in denen eine Zahlung im Nachhinein ausfällt, z. B. weil der Insolvenzverwalter des Warenempfängers eine von diesem bereits geleistete Zahlung nach §§ 129 ff. Insolvenzordnung (InsO) anficht, ist maßgeblich für den Beginn der Antragsfrist nicht die Insolvenz des Unternehmens sondern die (spätere) Anfechtung der einzelnen Forderung. Hinsichtlich dieser bereits geleisteten Zahlung tritt der Zahlungsausfall mithin erst durch die Anfechtung ein.

9 Die in § 60 Absatz 1 EnergieStG genannten Tatbestandsmerkmale müssen kumulativ erfüllt sein. Sollte eines der Merkmale nicht erfüllt sein, entfällt der Entlastungsanspruch. [1]

10 Der Antrag auf Steuerentlastung muss folgende Angaben enthalten:
1. Name und Anschrift des Antragstellers,
2. Name des Betriebsinhabers (außer bei Kapitalgesellschaften) und, soweit ein solcher bestellt ist, des Betriebsleiters und seines Stellvertreters. Bei juristischen Personen und Personengesellschaften sind die nach Gesetz, Gesellschaftsvertrag oder Satzung zur Vertretung berechtigten Personen anzugeben,
3. Name und Anschrift des zahlungsunfähigen Warenempfängers,
4. Nachweise, dass der Antragsteller nach § 2 Absatz 1 Nummer 1 bis 4 EnergieStG versteuerte Energieerzeugnisse an den Warenempfänger geliefert hat,
5. Nachweise über den Verkauf an den Warenempfänger.

Als Nachweis, dass der Antragsteller versteuerte Energieerzeugnisse geliefert hat, genügt die Vorlage von Versandanzeigen des Vorlieferanten, die eine entsprechende Bestätigung enthalten.

Der Zusammenhang zwischen der Versandanzeige des Vorlieferanten und der Lieferung an den Kunden ist gegebenenfalls über Tagesauslieferungsberichte oder entsprechende Unterlagen nachzuweisen. Eine zollamtlich bestätigte Versteuerungsbescheinigung ist nur dann erforderlich, wenn erhebliche Zweifel an der Versteuerungsbestätigung des Vorlieferanten bestehen.

Pauschale Versteuerungsnachweise von Vorlieferanten sind als Versteuerungsnachweis ausgeschlossen. Würde die Vorlage der Einzelversteuerungsnachweise zu einem unverhältnismäßig hohen Verwaltungsaufwand führen, können Aufstellungen über die Einzelversteuerungsnachweise unter dem Vorbehalt der Nachprüfung anerkannt werden.

Auszüge aus der Buchhaltung (gegebenenfalls Buchhaltungssystemen), im maschinellen Verfahren erstellte Papierdubletten der Verkaufsrechnungen und sonstige Handelsdokumente können als Nachweise für den Verkauf angesehen werden.

Auf einzelne, hier geforderte Angaben kann dabei verzichtet werden, sofern diese aus Sicht des zuständigen Hauptzollamts nicht zur Prüfung erforderlich sind.

11 Für Energieerzeugnisse, die nach § 2 Absatz 1 Nummer 1 bis 4 EnergieStG versteuert und nach § 50 EnergieStG (Biokraftstoffe) von der Steuer entlastet worden sind, kommt nur für die verbleibende Energiesteuer eine weitere Entlastung nach § 60 EnergieStG in Betracht. Bei Gemischen mit einem Biokraftstoffanteil bis fünf Prozent ist die Entlastung nach § 60 EnergieStG in vollem Umfang zu gewähren.

Bei der Berechnung des Selbstbehaltes ist Absatz 23 sinngemäß anzuwenden.

12 Der Verkäufer von Energieerzeugnissen, die nach § 2 Absatz 1 Nummer 1 bis 4 EnergieStG versteuert worden sind, hat unter den in § 60 EnergieStG genannten Voraussetzungen einen Rechtsanspruch auf Entlastung der in seiner Kaufpreisforderung enthaltenen Energiesteuer, wenn der Empfänger der Energieerzeugnisse (Warenempfänger) zahlungsunfähig ist. [2]

13 Der Abschluss von Warenkreditversicherungen und Bürgschaften ist gesetzlich nicht vorgeschrieben. Hingegen steht es dem Verkäufer frei, ob, wie oder in welcher Höhe er über den Eigentumsvorbehalt hinaus seine Forderungen weiter absichert. Etwaige Zahlungen aus Warenkreditversicherungen, die der Antragsteller erhalten hat, beeinflussen die Höhe des Entlastungsbetrages nach § 60 EnergieStG nicht. [3]

---

[1] BFH-Urteil vom 22. Mai 2001 – VII R 33/00 –.
[2] BFH-Urteil vom 8. August 2006 – VII R 28/05 –.
[3] BFH-Urteil vom 1. Dezember 1998 – VII R 21/97 –.

Sollten begründete Zweifel an den vorgelegten Unterlagen bestehen beziehungsweise nur im Unterneh- 14
men zu klärende Sachverhalte eintreten, können hierdurch erforderlich werdende Antragsprüfungen
(Steueraufsichtsmaßnahmen) auch durch die Sachgebiete Prüfungsdienst durchgeführt werden.

Sofern bei Steueraufsichtsmaßnahmen oder Außenprüfungen steuerlich bedeutsame Feststellungen ge- 15
troffen werden, die Regelungen der Steuerverwaltung betreffen können, sind die zuständigen Landesfinanzbehörden zu informieren.

Das Hauptzollamt holt bei Anträgen mit einer Entlastungssumme von mehr als 200.000 Euro die Zu- 16
stimmung der Abteilung Rechts- und Fachaufsicht der zuständigen Bundesfinanzdirektion ein. Bei Anträgen, mit denen eine Entlastung von mehr als 500.000 Euro beantragt wird, ist durch die Abteilungen
Rechts- und Fachaufsicht der Bundesfinanzdirektionen die Zustimmung der Abteilung Zentrale Facheinheit der Bundesfinanzdirektion Südwest einzuholen (Berichtspflichten bei hohen Entlastungs-
beträgen).

Dem Bericht des Hauptzollamts sind sämtliche für die Beurteilung der Angelegenheit erforderlichen
Unterlagen beizufügen. Der Bericht ist in Sachverhalt, Vorbringen des Antragstellers und Ent-
scheidungsvorschlag zu gliedern. Soweit die Berichte der Abteilung Zentrale Facheinheit der Bundesfinanzdirektion Südwest vorgelegt werden müssen, ist diesen durch die Abteilungen Rechts- und Fachaufsicht der Bundesfinanzdirektionen eine kurze Stellungnahme beizufügen. Es bleibt den Hauptzollämtern unbenommen, mit Anträgen, die im Einzelfall Zweifelsfragen aufwerfen, sinngemäß zu verfahren.

### III. Begriffsbestimmungen im Zusammenhang mit § 60 Absatz 1 Satz 1 EnergieStG

Warenempfänger ist derjenige, der hinsichtlich der gelieferten Energieerzeugnisse direkt mit dem Ver- 17
käufer einen Kaufvertrag geschlossen und die Energieerzeugnisse in Besitz genommen hat. Der Warenempfänger kann unmittelbaren Besitz (§ 854 des Bürgerlichen Gesetzbuches – BGB -) oder mittelbaren
Besitz (§§ 868, 871 BGB) an der Kaufsache erlangt haben. Der Warenempfänger erhält auch dann mittelbaren Besitz an der Ware, wenn der Verkäufer ihm einen Herausgabeanspruch an der Ware abtritt
(§ 870 BGB). Die Abtretung des Herausgabeanspruchs muss nach außen erkennbar sein, z. B. dadurch,
dass der Verkäufer dem Warenempfänger eine Abrufnummer erteilt, bei deren Vorlage oder Angabe die
Ware beim Verkäufer abgeholt werden kann. Verlangt der Warenempfänger die Herausgabe nicht an
sich, sondern an einen Dritten, so steht dies der Annahme nicht entgegen, dass er bereits mit der Erteilung
der Abrufnummer mittelbarer Besitzer geworden war. Ein Besitzerwerb durch Besitzdiener (§ 855 BGB)
reicht aus.

Bei unrechtmäßiger Inbesitznahme ist eine Entlastung ausgeschlossen.

Der Warenempfänger ist zahlungsunfähig, wenn er nicht in der Lage ist, die fälligen Zahlungspflichten 18
zu erfüllen (§ 17 InsO). Der Eintritt der Zahlungsunfähigkeit ergibt sich

1. aus dem Beschluss über die Eröffnung des Insolvenzverfahrens,
2. aus dem Beschluss über die Abweisung des Antrags auf Eröffnung beziehungsweise die Einstellung mangels Masse,
3. aus der Abgabe einer eidesstattlichen Versicherung gemäß § 807 ZPO oder § 284 Abgabenordnung (AO),
4. soweit es dem Antragsteller nicht möglich ist, eine eidesstattliche Versicherung zu erlangen, aus dem Nachweis, dass die vorgenommene Zwangsvollstreckung nicht zur vollen Befriedigung geführt hat und weitere Maßnahmen der Vollstreckung nachweislich (Unpfändbarkeitsbeziehungsweise Frucht-losigkeitsbescheinigung des Gerichtsvollziehers) keine Erfolgsaussicht bieten oder
5. dadurch, dass eine Zahlung im Nachhinein vom Insolvenzverwalter nach §§ 129 ff. InsO angefochten wird und infolgedessen die vom Warenempfänger zunächst beglichene Forderung ausfällt. Maßgeblicher Zeitpunkt für den Eintritt der Zahlungsunfähigkeit und damit für den Beginn der Antragsfrist ist insoweit die Kenntnisnahme des Antragstellers von der Anfechtungserklärung oder -klage.

In Fällen, in denen der Aufenthaltsort des Schuldners nicht ermittelt werden kann, ist von Zahlungs- 19
unfähigkeit auszugehen, wenn Zwangsvollstreckungsmaßnahmen des Gläubigers nachweislich zu keinem Erfolg geführt haben und die übrigen Umstände des Sachverhalts nicht auf eine Zahlungsunwil-
ligkeit schließen lassen. Es ist aber regelmäßig gemäß § 60 Absatz 3 Satz 4 EnergieStG die Abtretung der
Kaufpreisforderung an das Hauptzollamt zu verlangen.

Haben Verkäufer und Warenempfänger einen außergerichtlichen Vergleich geschlossen, in dem der 20
Verkäufer auf einen Teil seiner Kaufpreisforderung verzichtet, so ändert dies hinsichtlich des durch den
Verzicht bewirkten Forderungsausfalls nichts an der Zahlungsunfähigkeit des Warenempfängers. Der
Verkäufer muss dabei allerdings die Grundsätze ordnungsgemäßer kaufmännischer Geschäftsführung

# Anlage § 060–01

Zu § 60 Energiesteuergesetz

beachten und darf sich nicht auf einen Vergleich einlassen, der ihn im Verhältnis zu anderen Gläubigern unangemessen benachteiligt. [1)]

Ist ein außergerichtlicher Vergleich erfolgreich zustande gekommen und abgeschlossen worden, kann die Steuerentlastung nach § 60 EnergieStG nur für die Summe beansprucht werden, die nach Abzug der Zahlung im Rahmen der Vergleichsvereinbarung noch offen bleibt.

Beispiel:

Wird bei einer Gesamtforderung von 50.000 Euro (angenommen sei, dass darin 17.500 Euro Energiesteuer ~ 35 Prozent enthalten sind) im Rahmen des Vergleichs ein Verzicht auf 30.000 Euro vereinbart, so dass der Käufer eine Zahlung von 20.000 Euro erhält (in der rechnerisch 7.000 Euro ~ 35 Prozent als Energiesteuer enthalten sind), kann er hinsichtlich der in der nachgegebenen Summe von 30.000 Euro anteilig enthaltenen Energiesteuer i. H. v. 10.500 Euro (~ 35 Prozent der nachgegebenen Summe) nach Abzug des Selbstbehalts von 5.000 Euro für 5.500 Euro eine Entlastung nach § 60 EnergieStG beantragen.

Wurden nachweislich Verhandlungen über einen außergerichtlichen Vergleich geführt, so sind sowohl die Frist für die Belieferungssperre (Absatz 26) als auch die Frist für die gerichtliche Verfolgung (Absatz 33 ff.) entsprechend zu verlängern. Eine Fristverlängerung kommt nur insoweit in Betracht, als die Verhandlungen nicht offensichtlich schuldhaft verzögert wurden.

21 Existiert bereits vor Entscheidung über den Antrag nach § 60 EnergieStG ein vom Insolvenzgericht bestätigter Insolvenzplan, ist für die Berechnung der Höhe des Zahlungsausfalls die zu erwartende Ausfallquote vom Forderungsbetrag abzuziehen.

22 Bei der Prüfung der Voraussetzungen des § 60 Absatz 1 Nummer 2 bis 4 EnergieStG ist jede Lieferung für sich zu betrachten (Separation)[2)]. Dies gilt nicht für die Berechnung des Zeitpunkts für die Liefersperre (Absatz 26).

## IV. Selbstbehalt nach § 60 Absatz 1 Satz 1 Nummer 1 EnergieStG

23 Der Sockelbetrag in Höhe von 5.000 Euro ist als echter Selbstbehalt anzusehen, der in jedem Fall vom Verkäufer zu tragen ist. Entlastungsfähig ist demnach lediglich die ausgefallene Energiesteuer, die den Steuerbetrag von 5.000 Euro übersteigt.[3)]

Diese Regelung ist ebenfalls auf Energieerzeugnisse anzuwenden, die bereits teilweise nach § 50 EnergieStG entlastet worden sind.

Der Selbstbehalt ist je Antrag nur einmal abzuziehen.

## V. Vorgehensweise bei Fällen nach § 60 Absatz 1 Satz 1 Nummer 2 EnergieStG

24 Ergeben sich im Rahmen der Bearbeitung des Entlastungsantrags Anhaltspunkte dafür, dass die Zahlungsunfähigkeit im Einvernehmen mit dem Verkäufer herbeigeführt worden ist, sollten zusätzliche Steueraufsichtsmaßnahmen zur weiteren Aufklärung angeordnet werden.

## VI. Begriffsbestimmungen nach § 60 Absatz 1 Satz 1 Nummer 3 EnergieStG

25 Ein unvermeidbarer Zahlungsausfall i. S. v. § 60 EnergieStG setzt voraus, dass der Verkäufer alles rechtlich und wirtschaftlich Zumutbare unternommen hat, um seine Forderung auch gegen die nach Gesellschafts- und Handelsrecht Haftenden (z. B. nach § 128 Handelsgesetzbuch – HGB –) beziehungsweise deren Erben (§ 1967 BGB) durchzusetzen. Dabei genügt es nicht, mit der Durchsetzung des Zahlungsanspruchs gegen den Haftenden beziehungsweise dessen Erben erst nach Feststellung der Zahlungsunfähigkeit der Gesellschaft zu beginnen[4)]. Hierbei ist jedoch auf die jeweiligen Umstände des Einzelfalles abzustellen.

Der Verkäufer hat keine Nachforschungen zur Ermittlung der rechtlichen Situation und Bestimmung der in Betracht kommenden Gesamtschuldner anzustellen, die mit einem unzumutbaren organisatorischen oder finanziellen Aufwand verbunden sind. § 60 Absatz 3 EnergieStG ist auf eine nachträgliche Leistung des Haftenden entsprechend anzuwenden. Es ist hierbei die Regelung des § 93 InsO zu beachten, wonach der Haftende während der Dauer des Insolvenzverfahrens nur vom Insolvenzverwalter zur Haftung herangezogen werden darf.

---

1) BFH-Urteil vom 8. August 2006 – VII R 28/05 –.
2) BFH-Urteil vom 22. Mai 2001 – VII R 33/00 –.
3) BFH-Urteil vom 1. Dezember 1998 – VII R 21/97 –.
4) BFH-Beschluss vom 19. April 2007 – VII R 45/05 – (analog anwendbar auf andere Unternehmensformen)

Der Zahlungsausfall ist als vermeidbar anzusehen, wenn der Verkäufer es versäumt, spätestens sieben Wochen nach der ersten unbezahlten Lieferung weitere Lieferungen gegen Kredit einzustellen[1]. Ist im Rahmen von Geschäften mit Sammelabrechnung (z. B. Kreditkartengeschäfte) Kraftstoff an Tankstellen bezogen worden, so ist die weitere Lieferung gegen Kredit spätestens sieben Wochen nach dem Tag einzustellen, auf den die (Sammel-)Rechnung datiert ist. Bei Kreditkartenverträgen sind die Kreditkarten innerhalb dieser Frist nach Möglichkeit einzuziehen, zumindest aber zu sperren. Lieferungen, die auf Anordnung eines (vorläufigen) Insolvenzverwalters erfolgen, gelten nicht als Durchbrechung der Liefersperre. 26

Wiederholte Rücklastschriften können ein Hinweis auf einen drohenden Zahlungsausfall sein. Der Entlastungsanspruch nach § 60 EnergieStG kann in solchen Fällen z. B. dadurch erhalten werden, dass der Entlastungsberechtigte eine wirksame und volle Absicherung des eingeräumten Kreditrahmens sicherstellt. Die Sicherheiten müssen hierbei auch werthaltig sein (z. B. erstrangige Grundpfandrechte).[2] 27

Der Lieferung des Energieerzeugnisses muss ein Eigentumsvorbehalt zugrunde liegen. Ist der Eigentumsvorbehalt bei Aufnahme der Geschäftsbeziehung oder bei Erteilung der einzelnen Lieferaufträge (gegebenenfalls über Auftragsbestätigungen oder kaufmännische Bestätigungsschreiben) nicht nachweisbar vereinbart worden, so ist im kaufmännischen Geschäftsverkehr auch anzuerkennen, dass die Allgemeinen Geschäftsbedingungen durch eine stillschweigende Vereinbarung, insbesondere durch schlüssiges Verhalten, in Verträge einbezogen werden können. Von einer stillschweigenden Vereinbarung im Rahmen der Allgemeinen Geschäftsbedingungen kann insbesondere dann ausgegangen werden, wenn in einer laufenden Geschäftsbeziehung der Verkäufer stets auf seine Allgemeinen Geschäftsbedingungen hingewiesen hat. Es reicht nicht aus, wenn die Allgemeinen Geschäftsbedingungen lediglich auf der Rückseite einer Rechnung abgedruckt sind. Erforderlich ist vielmehr ein deutlicher Hinweis wie beispielsweise auf die „umseitigen Lieferbedingungen" auf der Vorderseite der Rechnung. Hat der Rechnungsempfänger dies widerspruchslos hingenommen, gelten die Allgemeinen Geschäftsbedingungen als stillschweigend vereinbart. 28

Es bedarf aber immer einer Prüfung im Einzelfall, ob nach Treu und Glauben mit Rücksicht auf die Verkehrssitte – insbesondere mit Rücksicht auf Art, Umfang und Dauer der Geschäftsverbindung – eine laufende Geschäftsbeziehung angenommen werden kann und ob das Verhalten des Rechnungsempfängers die Annahme eines stillschweigenden Einverständnisses der Allgemeinen Geschäftsbedingungen rechtfertigt.

Ein Hinweis auf die den Eigentumsvorbehalt beinhaltenden Allgemeinen Geschäftsbedingungen auf Lieferscheinen, Empfangsquittungen o. a. kann nur dann ausnahmsweise eine wirksame Eigentumsvorbehaltsvereinbarung begründen, wenn der Lieferschein oder das vergleichbare Lieferdokument vom Käufer selbst oder einer von ihm zu Vertragsgestaltungen ermächtigten Person widerspruchslos quittiert worden ist. Andernfalls wird entsprechend der kaufvertraglichen Vereinbarung unbedingtes Eigentum übertragen. Ein vereinbarter Eigentumsvorbehalt i. S. d. § 60 Absatz 1 Nummer 3 EnergieStG liegt dann nicht vor.

Der Eigentumsvorbehalt ist unverzüglich nach dem Verhängen der Liefersperre geltend zu machen. 29

Eine erste Mahnung beziehungsweise Zahlungserinnerung hat grundsätzlich unverzüglich (ohne schuldhaftes Zögern) nach Ablauf der in der Rechnung gesetzten Zahlungsfrist oder der Rücklastschrift zu erfolgen. 30

In Fällen von Rücklastschriften ist außerdem Absatz 27 zu beachten.

Die entscheidende letzte Mahnung hat „unter Fristsetzung" zu erfolgen. Aus dieser Mahnung muss hervorgehen, dass nach fruchtlosem Ablauf der letzten gesetzten Zahlungsfrist die Forderung unabweislich rechtshängig gemacht wird. Das Mahnsystem muss derart gestaltet sein, dass die Einleitung der gerichtlichen Verfolgung spätestens etwa zwei Monate nach der ersten unbezahlten Lieferung erfolgen kann[3]. Hierbei ist stets auf den jeweiligen Einzelfall abzustellen, so dass unter Umständen ein Überschreiten des Zweimonatszeitraums gerechtfertigt sein kann, aber auch Fälle denkbar sind, die eine unverzügliche Inanspruchnahme gerichtlicher Hilfe erforderlich machen[4]. Ernsthaft geführte Verhandlungen über Ratenzahlungen, Vermögensübertragungen oder einen außergerichtlichen Vergleich können gegebenenfalls ein geringfügiges Überschreiten rechtfertigen[5], wohingegen sofortiges Handeln er- 31

---

1) BFH-Beschluss vom 2. Februar 1999 – VII B 247/98 –.
2) BFH-Urteil vom 17. Januar 2006 – VII R 42/04 –.
3) BFH-Urteil vom 2. Februar 1999 – VII B 247/98 –.
4) BFH-Beschluss vom 14. Juni 2004 – VII B 351/03 –.
5) BFH-Beschluss vom 28. Januar 2003 – VII B 148/02 –.

**Anlage § 060–01**  Zu § 60 Energiesteuergesetz

forderlich sein wird, wenn für den Verkäufer erkennbar ist, dass der Warenempfänger Vermögenswerte beiseite schafft.

Die gerichtliche Verfolgung hat sich jedenfalls unmittelbar (ohne schuldhaftes Zögern) an den Ablauf der mit der entscheidenden Mahnung gesetzten Frist anzuschließen.

Ist im Rahmen von Geschäften mit Sammelabrechnung (z. B. Kreditkartengeschäfte) Kraftstoff an Tankstellen bezogen worden, so beginnt die o. g. Zwei-Monats-Frist mit dem Tag zu laufen, auf den die (Sammel-)Rechnung datiert ist.

32 Der Anspruch kann je nach den Umständen des Einzelfalls (Hinweis auf Absatz 31) auch dann erhalten bleiben, wenn der Gläubiger den typischen Weg (letzte Mahnung unter Fristsetzung) nicht einschlägt, sondern den Anspruch unmittelbar gerichtlich verfolgt, indem er sogleich beispielsweise einen Mahnbescheid beim Amtsgericht beantragt[1]. Dies bedeutet für die Antragsprüfung, dass das innerbetriebliche Mahnsystem zu betrachten ist. Die gerichtliche Verfolgung muss dann, auch in zeitlicher Hinsicht, die sonst übliche erste Mahnung (beziehungsweise – wenn die erste Mahnung noch erfolgt ist – weitere Mahnungen) ersetzen.

33 Gerichtlich verfolgen bedeutet, die rückständigen Forderungen beim Zivilgericht mit den Mitteln, die nach den Vorschriften der Zivilprozessordnung (ZPO) zur Verfügung stehen, rechtshängig zu machen, also z. B. Klage zu erheben (§ 261 ZPO) oder die Zustellung eines Mahnbescheids (§§ 688 ff. ZPO) zu erwirken mit gegebenenfalls anschließender Überleitung ins streitige Verfahren (vgl. § 696 Absatz 3 ZPO), und aus dabei erlangten Titeln gegen den Schuldner im Wege der Zwangsvollstreckung vorzugehen (§§ 704 ff. ZPO). Als maßgebliches Datum für die Berechnung der Zwei-Monats-Frist (Absatz 30) gilt das Eingangsdatum des Antrags beim Amtsgericht, sofern der Antrag vom Amtsgericht nicht beanstandet wird. Ist der Antrag auf Erlass eines Mahnbescheids dem Gericht in elektronischer Form übermittelt worden (so genanntes automatisiertes gerichtliches Mahnverfahren), kann das Eingangsdatum durch das Übertragungsprotokoll (Eingangsbestätigung, Sendeprotokoll o. ä.) und die vom Gericht versandte „Quittungsdatei" nachgewiesen werden.

Beanstandungen, die auf einer fehlerhaften Antragstellung beruhen, müssen dem Antragsteller zugerechnet werden und können daher nicht zu einer Fristverlängerung führen.

34 Die gerichtliche Verfolgung eines Anspruchs erfordert auch in den Fällen, in denen der Abnehmer selbst beziehungsweise einer seiner Gläubiger angekündigt hat, einen Antrag auf Eröffnung des Insolvenzverfahrens über das Vermögen des Warenempfängers stellen zu wollen, oder ein solcher Antrag bereits gestellt wurde, dass der Gläubiger unverzüglich die ihm rechtlich möglichen und zumutbaren gerichtlichen Maßnahmen (wie z. B. die Erwirkung eines Mahnbescheids) in die Wege leitet[2], denn es ist keineswegs sicher, dass der Antrag auch tatsächlich zur Eröffnung des Insolvenzverfahrens führen wird.

Dem Verkäufer ist es in der Regel nicht möglich, die Vermögensverhältnisse des Abnehmers zuverlässig zu beurteilen. Wer in Kenntnis eines Antrags auf Eröffnung des Insolvenzverfahrens untätig abwartet, ob das Insolvenzverfahren eröffnet wird, verliert den Entlastungsanspruch, selbst wenn später das Insolvenzverfahren tatsächlich eröffnet wird und die Forderungen zur Tabelle angemeldet werden[3] oder wenn die Eröffnung des Insolvenzverfahrens mangels Masse abgelehnt wird[4]. Es ist in einem solchen Fall jedoch nicht erforderlich, weitergehende Maßnahmen zu ergreifen und etwa den Erlass eines Vollstreckungsbescheids zu beantragen und hieraus gegen den Schuldner im Wege der Zwangsvollstreckung vorzugehen[5].

Auf eine gerichtliche Geltendmachung des Kaufpreisanspruchs (durch das Rechtshängigmachen der rückständigen Forderungen beim Zivilgericht) kann auch bei Eröffnung eines vorläufigen Insolvenzverfahrens über das Vermögen des Schuldners und der Bestellung eines vorläufigen Insolvenzverwalters mit Zustimmungsvorbehalt nicht verzichtet werden[6].

Ist über das Vermögen des Warenempfängers das Insolvenzverfahren eröffnet worden, so gilt die rechtzeitige Anmeldung der Forderungen zur Insolvenztabelle als gerichtliche Verfolgung.

Als „rechtzeitig" gilt eine Anmeldung zur Insolvenztabelle, wenn sie innerhalb der Anmeldefrist des § 28 Absatz 1 InsO vorgenommen wird. Der Gläubiger ist verpflichtet alles Zumutbare zu unternehmen,

---

1) BFH-Beschluss vom 8. Februar 2000 – VII B 269/99 –.
2) BFH-Urteil vom 8. August 2006 – VII R 15/06 –; BFH-Beschluss vom 7. Januar 2005 – VII B 144/04 –.
3) BFH-Urteil vom 8. August 2006 – VII R 15/06 –.
4) BFH-Beschluss vom 7. Januar 2005 – VII B 144/04 –.
5) BFH-Urteil vom 8. Januar 2003 – VII R 7/02 –.
6) BFH-Urteil vom 19. November 2007 – VII R 1/05 – und BFH-Beschluss vom 5. März 2007 – VII B 189/06 –.

Zu § 60 Energiesteuergesetz | Anlage § 060–01

um Kenntnis von der Insolvenz des Warenempfängers zu erhalten. Hierzu gehört auch die Einsichtnahme in das Handels- oder Melderegister[1].

Als Nachweis der Anmeldung der Forderung zur Insolvenztabelle ist der Feststellungsbeschluss des Insolvenzgerichts vorzulegen.

Bei streitig gebliebenen Forderungen hat der Gläubiger die Feststellung gegen den Bestreitenden zu betreiben (vgl. § 179 Absatz 1 InsO).

Wird das Insolvenzverfahren nicht eröffnet, weil kein Eröffnungsgrund nach den §§ 17ff. InsO vorliegt und werden die Sicherungsmaßnahmen gemäß § 25 InsO aufgehoben, ist unverzüglich Klage zu erheben.

Wird der Antrag auf Eröffnung des Insolvenzverfahrens gemäß § 26 InsO mangels Masse abgelehnt, sind keine weiteren Maßnahmen gegen den Schuldner (z. B. Beantragung eines Mahnbescheids) durch den Gläubiger erforderlich. Dies gilt nicht, wenn sich z. B. aus dem Ablehnungsbeschluss des Insolvenzgerichts ergibt, dass noch Mittel vorhanden sind, die die Forderung decken.

Vereinbart der Verkäufer mit dem Warenempfänger Ratenzahlungen, hat er die strikte Einhaltung dieser 35 Vereinbarung zu überwachen. Es besteht jedoch keine Veranlassung, ein Mahnverfahren zu betreiben, sofern die Raten pünktlich gezahlt werden[2]. Bei der Ratenzahlungsvereinbarung ist auf eine angemessene Höhe der Raten zu achten, die dazu beitragen, die Gesamtaußenstände, auch vor dem Hintergrund weiterer Belieferung, zurückzuführen. Bleibt die Leistung einer Rate aus, muss der Verkäufer umgehend eine Liefersperre setzen und den Anspruch gerichtlich verfolgen[3]. Wurden nachweislich Verhandlungen über eine mögliche Ratenzahlungsvereinbarung geführt, sind sowohl die Frist für die Belieferungssperre als auch die Frist für die gerichtliche Verfolgung entsprechend zu verlängern. Eine Fristverlängerung kommt nur insoweit in Betracht, als die Verhandlungen nicht offensichtlich schuldhaft verzögert wurden.

### VII. Begriffsbestimmungen nach § 60 Absatz 1 Satz 1 Nummer 4

Wirtschaftliche Verbundenheit liegt dann vor, wenn Verkäufer und Warenempfänger sich in einem Ar- 36 beitgeber-/Arbeitnehmerverhältnis zueinander befinden oder einer von ihnen unmittelbar oder mittelbar den anderen kontrolliert. Ein anspruchsvernichtendes Kontrollieren liegt vor, wenn eine Person auf die Geschäfte einer anderen Person derart Einfluss ausüben kann, dass sie z. B. in ihrer Preisgestaltung und Kalkulation nicht frei ist. Bei Markenverträgen zwischen sonst unabhängigen Unternehmen, in denen dem Markengeber außer bei der Gestaltung der Abgabepreise keine weiteren Kontrollmöglichkeiten eingeräumt werden, handelt es sich um ein nicht anspruchsvernichtendes Kontrollieren.

### VIII. Begriffsbestimmungen nach § 60 Absatz 3 EnergieStG

Nachträgliche Zahlungseingänge (auch z. B. durch geleistete Bürgschaften) sind auf die offenen Forde- 37 rungen nach den Vorschriften des § 366 BGB anzurechnen. Eine Teilzahlung auf eine Rechnung für Lieferungen von Energieerzeugnissen, die zu unterschiedlichen Steuersätzen versteuert beziehungsweise unterschiedlichen Literpreisen verkauft worden sind, ist prozentual auf die einzelnen Positionen aufzuteilen (nachträgliche Leistung).

Teilleistungen (i. S. v. Teilzahlungen) sind vom Verkäufer nach den zivilrechtlichen Vorschriften zu- 38 nächst auf die Kosten und Zinsen und erst dann auf die Hauptforderung (einschließlich Energiesteuer) anzurechnen (§ 367 Absatz 1 BGB). Da der Schuldner nach § 367 Absatz 2 BGB unter Umständen auch eine andere Tilgungsreihenfolge, bestimmen kann, hat er in geeigneter Weise (z. B. durch Kontoauszüge, offene Posten-Listen o. ä.) zu belegen, wie die Teilzahlung angerechnet wurde.

Erhält der Antragsteller Leistungen im Rahmen einer insolvenzrechtlichen Schlussverteilung („Quo- 39 tenzahlungen"), entsteht ein Rückforderungsanspruch nach § 60 Absatz 3 EnergieStG in Höhe des entsprechenden Steueranteils. Durch die nachträgliche Leistung ist der den Rechtsgrund für die Entlastung darstellende Bescheid nach § 60 EnergieStG in entsprechender Höhe weggefallen. Hierzu bedarf es keiner Aufhebung oder Änderung des Bescheides nach §§ 172, 155 Absatz 4 AO und damit auch nicht der Einhaltung der Festsetzungsfrist nach § 169 AO. Das entsprechende Leistungsgebot, d. h. die Aufforderung an den Leistungsempfänger zur Rückzahlung muss innerhalb der für die Zahlungsverjährung geltenden Frist erfolgen. Diese endet fünf Jahre nach Ablauf des Jahres, in dem die nachträgliche Zahlung erfolgt ist (§§ 228, 229 Absatz 1, 220 Absatz 2, 231 AO).

Eine erneute Festsetzung unter Berücksichtigung des nachträglichen Zahlungseingangs ist entbehrlich, da die Steuerentlastung gemäß § 60 Absatz 3 EnergieStG „unter der auflösenden Bedingung einer

---

1) BFH-Urteil vom 11. Januar 2011 – VII R 11/10 –.
2) BFH-Beschluss vom 8. Februar 2000 – VII B 269/99 –.
3) BFH-Beschluss vom 8. Februar 2000 – VII B 269/99 –.

# Anlage § 060–01   Zu § 60 Energiesteuergesetz

nachträglichen Leistung des Warenempfängers" erfolgt. Ein nachträglicher Zahlungseingang (und damit der Eintritt der Bedingung) hat zur Folge, dass die gewährte Entlastung in entsprechendem Umfang ihre Wirksamkeit verliert.

In Höhe desjenigen Teils der Leistung, der dem Steueranteil der ausgefallenen Forderung entspricht, entfallen also die Wirksamkeit der Festsetzung und damit der rechtliche Grund für die gezahlte Entlastung.

Zur Sicherung eines gegebenenfalls entstehenden Rückforderungsanspruchs ist wie folgt zu verfahren: Ist über das Vermögen des Warenempfängers das Insolvenzverfahren eröffnet worden und das Verfahren noch nicht abgeschlossen, muss das zuständige Gericht im Wege der Amtshilfe (§§ 111 ff. AO) um Mitteilung über den Ausgang des Verfahrens gebeten werden. Hierzu kann folgender Textbaustein verwandt werden:

„Bitte um Mitteilung über den Ausgang des Verfahrens

Mit Beschluss vom (Datum, Aktenzeichen) ist über das Vermögen des/der (Warenempfänger) das Insolvenzverfahren eröffnet worden. Einem der Gläubiger, dem/der (Antragsteller/in), habe ich eine Entlastung von der im Kaufpreis für Warenlieferungen an den Schuldner enthaltenen Energiesteuer nach § 60 des Energiesteuergesetzes (EnergieStG) gewährt. Sofern der Gläubiger im Rahmen des oben bezeichneten Insolvenzverfahrens noch Leistungen auf die von ihm angemeldete Kaufpreisforderung erhält, steht mir ein entsprechender steuerrechtlicher Rückforderungsanspruch zu (§ 60 Absatz 3 EnergieStG).

Ich bitte Sie hiermit im Wege der Amtshilfe nach den §§ 111 ff. der Abgabenordnung (AO), mir den Abschluss des Insolvenzverfahrens anzuzeigen und gleichzeitig mitzuteilen, ob der oben genannte Gläubiger noch Zahlungen erhalten hat. Entsprechende eigene Feststellungen könnte ich nur im Rahmen einer aufwändigen steuerlichen Außenprüfung treffen, so dass das Amtshilfeersuchen gerechtfertigt ist (§ 112 Absatz 1 Nummer 5 AO)."

Das Steuergeheimnis steht dem Amtshilfeersuchen nicht entgegen (§ 30 Absatz 4 Nummer 1 AO).

Ist eine Anordnung nach § 60 Absatz 3 Satz 4 EnergieStG vorgesehen, ist der Zentralen Facheinheit der Bundesfinanzdirektion Südwest auf dem Dienstweg zu berichten.

## IX. Sonderfälle der Steuerentlastung bei Zahlungsausfall

40 Für die Beurteilung des Vertragsverhältnisses zwischen den Vertragspartnern bei Tankkartengeschäften ist es erforderlich, Einblick in die zugrunde liegenden Vertragsunterlagen zu nehmen. Werden diese Unterlagen nicht vorgelegt, ist insoweit eine abschließende Prüfung des Antrages auf Steuerentlastung nach § 60 EnergieStG nicht möglich.

Bei Tankkartengeschäften im so genannten „Drei-Parteien-Tankkartensystem" sind folgende Personen beteiligt:
1. Kartenherausgeber,
2. Karteninhaber und
3. Vertragsunternehmen (z. B. Tankstellenvertrieb).

Der Kartenherausgeber gibt hierbei eine Tankkarte an den künftigen Karteninhaber heraus, der mit dieser an den Tankstellen eines Tankstellenvertriebes o. ä. bargeldlos Kraftstoff beziehen kann. In der Regel tritt der Kartenherausgeber dabei gegenüber dem Vertragsunternehmen hinsichtlich dieses Kraftstoffbezugs in Vorleistung. Der Kartenherausgeber erhält für den vom Karteninhaber bezogenen Kraftstoff eine Rechnung vom Tankstellenvertrieb und berechnet diesen dann dem Karteninhaber.

Zu § 60 Energiesteuergesetz **Anlage § 060–01**

Die Abläufe im Drei-Parteien-Tankkartensystem:

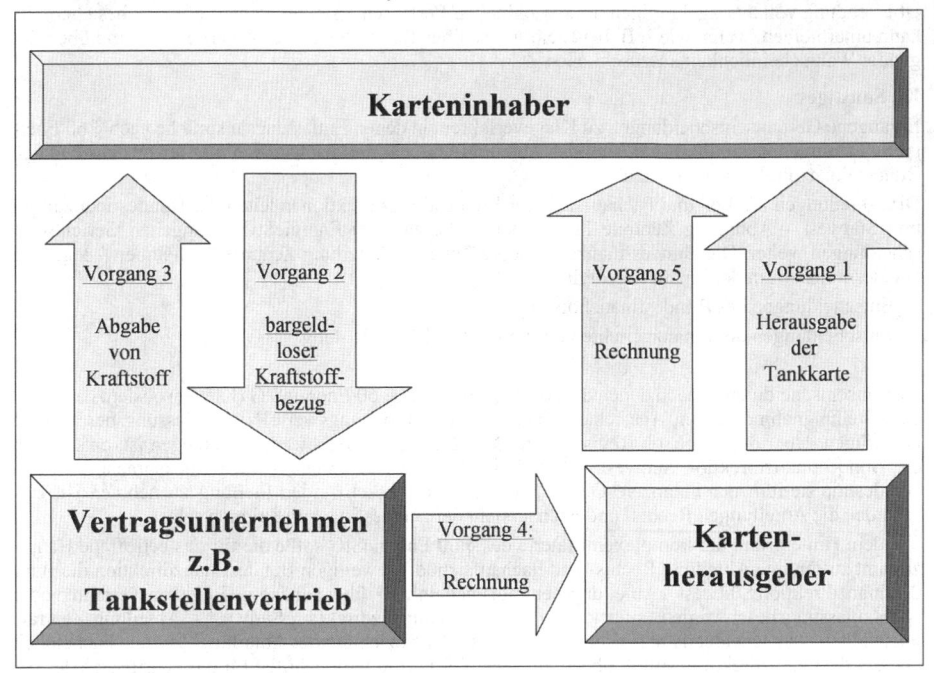

```
                          Karteninhaber
    ↑              ↓                        ↑              ↑
 Vorgang 3     Vorgang 2                Vorgang 5      Vorgang 1
 Abgabe        bargeld-                 Rechnung       Herausgabe
 von           loser                                   der
 Kraftstoff    Kraftstoff-                             Tankkarte
               bezug

 Vertragsunternehmen        Vorgang 4:        Karten-
        z.B.          ───────────────▶      herausgeber
 Tankstellenvertrieb         Rechnung
```

Bei der Beurteilung möglicher Entlastungsansprüche ist allein das Vertragsverhältnis zwischen Gläubiger und zahlungsunfähigem Schuldner abzustellen. Beruht der Anspruch darauf, dass der Karteninhaber die Forderung des Kartenherausgebers nicht erfüllen kann (Zahlungsunfähigkeit des Karteninhabers), so ist das Vertragsverhältnis zwischen Kartenherausgeber und Karteninhaber maßgeblich. Ist der Entlastungsanspruch hingegen Folge einer Zahlungsunfähigkeit des Kartenherausgebers, ist insoweit das Vertragsverhältnis zwischen Vertragsunternehmen und Kartenherausgeber zu beurteilen. In den letztgenannten Fällen kann eine Steuerentlastung nicht gewährt werden, soweit die Vorleistung des Kartenherausgebers gegenüber dem Vertragsunternehmen reicht.

Ein Tankkartengeschäft setzt voraus, dass der Tankkartenherausgeber den Kraftstoff vom Mineralölhändler beziehungsweise vom Tankstellenvertrieb erwirbt und diesen dann an die Karteninhaber weiterverkauft, indem diese die ihnen überlassenen Karten nutzen. Hiervon zu unterscheiden sind Tankkreditkartengeschäfte, bei denen das Vertragsverhältnis zwischen Kartenherausgeber und Mineralölhändler nicht als Forderungskauf, sondern als abstraktes Schuldversprechen gestaltet ist. Der Kartenherausgeber kann in dieser Konstellation selbst keine Entlastungsansprüche geltend machen, da er nicht als Verkäufer von Energieerzeugnissen im Sinn des § 60 EnergieStG anzusehen ist.

Beim Factoring erwirbt der Factor (beispielsweise eine Bank) die Forderungen seines FactoringKunden (Verkäufer i. S. d. § 60 EnergieStG) zum Nominalbetrag der Forderungen. Der Kauf der Forderung beinhaltet die Abtretung dieser an den Factor. Als Gegenleistung für den Verkauf der Forderungen steht dem Factoring-Kunden die sofortige Zahlung des Kaufpreises abzüglich diverser Gebühren zu. 41

Tritt ein Zahlungsausfall ein und hat der Verkäufer die betreffende Forderung an den Factor verkauft, ist es unschädlich, wenn die gerichtliche Verfolgung durch den Factor vorgenommen wird. Antragsberechtigt ist weiterhin nur der Verkäufer des Energieerzeugnisses; der Entlastungsanspruch kann nicht an den Factor veräußert werden. Die Entlastung der Energiesteuer nach § 60 EnergieStG an den Verkäufer kann jedoch nur erfolgen, wenn durch den Factor das im Sinne dieser Dienstvorschrift vorgesehene gerichtliche Verfahren beachtet wurde.

### X. Vergleichsmitteilung

Um Mehrfachentlastungen vermeiden zu können, ist im Hinblick auf Anträge für vom Warenempfänger weitergelieferte, zuvor im maßgeblichen Lieferzeitraum vom Entlastungsempfänger bezogene Energieerzeugnisse eine Vergleichsmitteilung an die für den Warenempfänger zuständige Abteilung Rechts- und 42

**Anlage § 060–01**  Zu § 60 Energiesteuergesetz

Fachaufsicht der jeweiligen Bundesfinanzdirektionen zu übersenden. Die Mitteilung kann in der bloßen Übersendung von aussagekräftigen, im maschinellen Verfahren erstellten Papierdubletten bestehen. Sie kann unterbleiben, wenn, wie z. B. bei Lieferungen über Tankstellen, eine Weiterlieferung mit überwiegender Wahrscheinlichkeit auszuschließen ist.

## XI. Sonstiges

43 Ergangene Gerichtsentscheidungen zu Klageverfahren, in denen Entlastungsansprüche nach § 60 EnergieStG streitgegenständlich sind, sind der Abteilung Rechts- und Fachaufsicht der jeweils zuständigen Bundesfinanzdirektion zuzuleiten.

Die Abteilungen Rechts- und Fachaufsicht der Bundesfinanzdirektionen leiten der Bundesfinanzdirektion Südwest – Abteilung Zentrale Facheinheit – die zu § 60 EnergieStG ergangenen Gerichtsentscheidungen weiter. Die Bundesfinanzdirektion Südwest – Abteilung Zentrale Facheinheit – legt dem Bundesministerium der Finanzen lediglich

1. Entscheidungen des Bundesfinanzhofs und
2. Entscheidungen der Finanzgerichte von grundsätzlicher Bedeutung

vor.

44 Gerichtsentscheidungen, nach denen die Antragsteller nach § 60 EnergieStG (Kläger) obsiegt haben, ist eine Stellungnahme zu den Aussichten einer Revision beziehungsweise Nichtzulassungsbeschwerde beizufügen. Über die Frage, ob Revision oder Nichtzulassungsbeschwerde einzulegen ist, entscheidet die Bundesfinanzdirektion Südwest – Abteilung Zentrale Facheinheit – nach Rücksprache mit dem Bundesministerium der Finanzen. Ob zu Nichtzulassungsbeschwerden Stellung zu nehmen ist, entscheiden die Abteilungen Rechts- und Fachaufsicht der Bundesfinanzdirektionen selbst.

Vor dem Hintergrund der komplexen Materie des § 60 EnergieStG sollte die für das betroffene Hauptzollamt zuständige Abteilung Rechts- und Fachaufsicht der jeweiligen Bundesfinanzdirektion die Bundesfinanzdirektion Südwest – Abteilung Zentrale Facheinheit – über anhängige Revisionsverfahren oder Nichtzulassungsbeschwerden unterrichten. Die Bundesfinanzdirektion Südwest – Abteilung Zentrale Facheinheit – entscheidet dann (gegebenenfalls unter Hinzuziehung der Abteilung Zentrale Facheinheit der Bundesfinanzdirektion Mitte), ob sie im Einzelfall Formulierungshilfen für die Schriftsätze des betroffenen Hauptzollamtes zur Verfügung stellt. Die Bundesfinanzdirektion Südwest – Abteilung Zentrale Facheinheit unterrichtet das Hauptzollamt über die zuständige Abteilung Rechts- und Fachaufsicht umgehend darüber, ob sie sich an dem Verfahren beteiligen wird.

45 Diese Verwaltungsvorschrift ist auch auf alle zum Zeitpunkt ihrer Veröffentlichung noch nicht rechtskräftig abgeschlossenen Altfälle anzuwenden.

46 Die bisher zu führenden halbjährlichen Verzeichnisse entfallen. Bewilligte Steuerentlastungen sind im Rahmen der für die statistische Meldung (Vordruck 1060) vorgesehenen Termine formlos zu übermitteln.

47 Die rechtliche Prüfung eines Antrages sowie die zur Entscheidung führenden Erwägungsgründe sind durch das Hauptzollamt in einem Vermerk aktenkundig zu machen. Die Aufzeichnungen müssen von einem sachverständigen Dritten nachvollzogen werden können.

48 Für die Eintragung in das IT-Verfahren BISON/PRÜF ist die jeweils aktuelle Version der Verfahrensanweisung zu beachten.

## XII. Erfahrungsberichte

49 Zur Fortschreibung und Optimierung der vorstehenden Dienstvorschrift werden durch die Abteilung Zentrale Facheinheit der Bundesfinanzdirektion Südwest zu gegebener Zeit Erfahrungsberichte von den Bundesfinanzdirektionen angefordert (Variabler Berichtstermin). Wegen der Komplexität der Rechtsmaterie erscheint es ratsam, die zugrunde liegenden Vorberichte der Hauptzollämter den Berichten der Abteilungen Rechts- und Fachaufsicht der Bundesfinanzdirektionen in Kopie beizufügen.

Zu § 66 Energiesteuergesetz **Anlage § 066–01**

## Verwaltungsvorschrift zu § 66 Abs. 1 Nr. 2 EnergieStG und § 105 EnergieStV – VwV Energieerzeugnisse für Pilotprojekte

BMF-Schreiben vom 6.8.2007 – III A 1 – V 8245/07/0019, 2007/0355970

**Allgemeines**

Mit dem Gesetz zur Neuregelung der Besteuerung von Energieerzeugnissen und zur Änderung des  1
Stromsteuergesetzes vom 15. Juli 2006 (BGBl. I S. 1534) und der Energiesteuer-Durchführungsverordnung (Artikel 1 der Verordnung zur Durchführung energiesteuerrechtlicher Regelungen) und zur Änderung der Stromsteuer-Durchführungsverordnung vom 31. Juli 2006 (BGBl. I S. 1753) wurde der § 3 Abs. 5 des Mineralölsteuergesetzes durch den § 66 Abs. 1 Nr. 2 EnergieStG und den § 105 der EnergieStV ersetzt. Danach können Steuerbegünstigungen bei Verwendung von Energieerzeugnissen bei Pilotprojekten zur technologischen Entwicklung umweltverträglicher Produkte oder in Bezug auf Kraftstoffe aus erneuerbaren Rohstoffen gewährt werden.

**Begriffsbestimmungen**

Pilotprojekte stellen im Allgemeinen die letzte Stufe des Forschungs- und Entwicklungsprozesses dar,  2
die der industriellen Umsetzung der Ergebnisse dieser Forschung im größtmöglichen Maßstab vorausgeht (vgl. EuGH-Urteil vom 27.9.2000 Az. T-184/97).

Unter Pilotprojekt sind in der Regel Versuchsvorhaben und Tests mit Produkten (z. B. Prototypen) zu verstehen, die anlässlich der Einführung neuer technischer Entwicklungen vor der allgemeinen Vermarktung bzw. vor Erreichen der Serienreife durchgeführt werden.

Ein Pilotprojekt umfasst die Umsetzung von Erkenntnissen der industriellen Forschung für neue Produkte (auch Einzelteile) einschließlich der Schaffung eines ersten, nicht zur kommerziellen Verwendung geeigneten Prototyps. Außerdem kann es alternative Produkte wie auch erste Demonstrationsprojekte umfassen, bis diese für industrielle Anwendungen oder eine kommerzielle Nutzung verwendet werden. Hierzu gehören z. B. die Erprobung alternativer Antriebs- oder Motorentechniken (z. Zt. Wasserstofftechnologie). Die Erprobung kann auch im Rahmen von Flottenversuchen im Alltagsbetrieb erfolgen.

Die Förderung umfasst keine routinemäßigen oder regelmäßigen Änderungen an bereits auf dem Markt befindlichen Produkten, selbst wenn diese Änderungen Verbesserungen darstellen können.

Die Entwicklung eines umweltverträglichen Produkts ist grundsätzlich nur dann gegeben, wenn das zu  3
untersuchende oder zu erprobende Produkt unter Umweltgesichtspunkten eine nachweisbare Verbesserung – z. B. bei Emissionsverhalten oder Energieverbrauch – gegenüber bereits auf dem Markt befindlichen vergleichbaren Produkten verspricht.

In diesem Zusammenhang müssen jedoch technische Neuentwicklungen erfolgen. Branchenübliche Weiterentwicklungen, die dem Erhalt oder der Verbesserung der Marktposition dienen oder Anpassung der Produkte zur Erfüllung geänderter Rechtsvorgaben sind nicht begünstigungsfähig.

Kraftstoffe aus erneuerbaren Rohstoffen sind Kraftstoffe, die aus den in §§ 2 und 3 BiomasseVO ge-  4
nannten Stoffen gewonnen werden. Als Kraftstoff aus erneuerbaren Rohstoffen gilt auch Wasserstoff. Kraftstoffe aus recycelten Kunststoffabfällen sind keine Kraftstoffe aus erneuerbaren Rohstoffen.

**Steuerbegünstigung**

Die Steuerbegünstigung für Pilotprojekte dient nicht der allgemeinen wirtschaftlichen Förderung des Projektbetreibers, sondern nur der Entlastung der eigentlichen Forschungs- und Entwicklungsprozesse von der Energiesteuer. Die verwendeten Energieerzeugnisse müssen daher entweder selbst als Versuchsgegenstand dienen oder zwingend zur Durchführung des Projekts im engeren Sinne erforderlich sein, z. B. als Kraftstoff in Test-Motoren. Nicht begünstigt werden Verbräuche nur im Zusammenhang mit den Pilotprojekten wie zu Transportzwecken, zum Aufbau oder zu Beheizung von Gebäuden u. ä.

Eine Steuerbegünstigung wird nur gewährt, wenn die o.a. Kriterien von den Antragstellern in geeigneter  5
Weise anhand von Betriebserklärungen oder anderen Unterlagen glaubhaft gemacht werden.

Einschränkungen der Steuerbegünstigung hinsichtlich der Art des Energieerzeugnisses bestehen nicht.  6
Somit können z. B. auch Leichtöle oder Heizstoffe begünstigt werden.

Einschränkungen hinsichtlich der Höhe der Begünstigung sind nur im Falle des Absatzes 8 gegeben.

Eine Steuerbegünstigung kann grundsätzlich auch dann gewährt werden, wenn das Vorhaben von an-  7
derer Seite (Land, Bund, EU) mit öffentlichen Mitteln gefördert wird. Dabei sind folgende Fälle zu unterscheiden:

# Anlage § 066–01

Zu § 66 Energiesteuergesetz

- Geht aus den Antragsunterlagen hervor, dass die Energiesteuer von der Förderung ausgenommen ist, ist eine Begünstigung in Form einer vollständigen Steuerentlastung möglich.
- Ist den Unterlagen nichts bezüglich der in den Gesamtkosten enthaltenen Energiesteuer zu entnehmen und decken die anderen Fördermittel nicht die gesamten Kosten ab, kommt eine Begünstigung nur in Form einer Steuerermäßigung in Betracht. Der Ermäßigungsanteil darf höchstens so hoch sein, dass er, unter Berücksichtigung der öffentlichen Förderung im Übrigen, höchstens eine Befreiung von der Energiesteuer entspricht. Werden beispielsweise 60 % der Gesamtkosten durch öffentliche Förderung getragen, ist davon auszugehen, dass in diesem Förderungsbetrag bereits 60 % der Energiesteuer berücksichtigt sind. Die Energiesteuer kann somit höchstens noch um 40 % ermäßigt werden.

**Betriebserklärung, andere Unterlagen**

8 Die Betriebserklärung muss über die in § 105 Satz 2 i.V.m. § 52 Abs. 2 Nr. 2 EnergieStV geforderten Angaben hinaus folgende Angaben enthalten:
- Erklärung über die Neuartigkeit des Projekts,
- Darstellung der Abläufe und der Verwendung des Energieerzeugnisses,
- Erklärung über die nachweisbaren Verbesserungen für die Umwelt,
- Angaben zu den voraussichtlichen Verbrauchsmengen der Energieerzeugnisse und
- zeitlicher Rahmen des Projekts

9 Für die Steuerentlastung gilt § 52 Abs. 2 Nr. 2, 3, 6 und 7 sowie Abs. 3 sinngemäß.

**Erlaubnis**

10 Die nach § 3 Abs. 5 i.V.m. § 12 MinöStG erteilten Erlaubnisse gelten bis zum 31. Dezember 2007 fort (siehe VSF N 53 2007 Nr. 273).

Ab sofort können die Hauptzollämter neue Erlaubnisse auf der Grundlage dieser Verwaltungsvorschrift erteilen; der Vorort Energiesteuer ist auf dem Dienstweg über bewilligte und abgelehnte Anträge auf Erlaubnis zu unterrichten. Die Erlaubnisse sind unter Vorbehalt des Widerrufs zu erteilen und in der Regel auf ein Jahr zu befristen.

Zu § 66 Energiesteuergesetz                                                                                           **Anlage § 066–02**

## Dienstvorschrift Energiesteuer – zu § 105a EnergieStV (Steuerentlastung für ausländische Streitkräfte und Hauptquartiere – DV Streitkräfte –)

BMF-Schreiben vom 18.12.2013 – III B 6 – V 8245/11/10001:001, 2013/1157233

**Vorbemerkungen:**
Ermessensentscheidungen sind durch den Sachbearbeiter mit den maßgeblichen Erwägungen in dem Vordruck im Feld „Ergebnis der ersten Prüfung an Amtsstelle" oder in einem gesonderten Vermerk zu dokumentieren.

Nimmt das Hauptzollamt im Entlastungsantrag nach dem Vordruck 1138 außerhalb dieses Feldes Änderungen, Ergänzungen oder ähnliches vor, sind diese mindestens mit Namenszeichen und Datum zu versehen.

Die männliche Form wird in der nachfolgenden Dienstvorschrift nur zur textlichen Vereinfachung verwendet und bezieht die weibliche Form mit ein.

### I. Allgemeines

**1. Voraussetzungen für die Entlastung**

Die Entlastungsvoraussetzungen ergeben sich maßgeblich aus Artikel 67 Absatz 3 Buchstabe a Ziffer i  1
des NATOTrStatZAbk bzw. Artikel 15 Absatz 2 Satz 2 NATOHQAbk.

Danach kann die Entlastung nur in Anspruch genommen werden, wenn folgende Voraussetzungen erfüllt sind:

– Die Energieerzeugnisse müssen ausschließlich zum Verbrauch durch die ausländischen Streitkräfte, die Hauptquartiere oder deren Mitglieder bestimmt sein.
– Die Lieferung der Energieerzeugnisse muss von einer amtlichen Beschaffungsstelle der ausländischen Streitkräfte oder von einem Hauptquartier in Auftrag gegeben worden sein.
– Die Steuerentlastung muss bei der Berechnung des Preises berücksichtigt worden sein.

Die Entlastung wird nur auf Antrag gewährt. Der Antrag ist nach amtlich vorgeschriebenem Vordruck 1138 bei dem für den Geschäftssitz des Lieferers zuständigen Hauptzollamt (§ 1a Energiesteuer-Durchführungsverordnung) zu stellen.

**a) Bestimmung der Energieerzeugnisse zum ausschließlichen Verbrauch durch die ausländischen Streitkräfte, die Hauptquartiere oder deren Mitglieder**

Entlastungsfähig sind:                                                                                                                                                2
– Energieerzeugnisse, die unmittelbar an die ausländischen Streitkräfte oder die Hauptquartiere für militärische oder sonstige dienstliche Zwecke geliefert werden. In diesen Fällen wird der Beschaffungsauftrag unmittelbar von der amtlichen Beschaffungsstelle bzw. dem Hauptquartier erteilt.
– Energieerzeugnisse, die an die ausländischen Streitkräften oder den Hauptquartieren für den privaten Verbrauch durch ihre Mitglieder geliefert werden.

In diesen Fällen liegen zwei Rechtsgeschäfte vor. Die Lieferung des Entlastungsberechtigten erfolgt an die ausländischen Streitkräfte oder die Hauptquartiere als Empfänger und ist entlastungsfähig; die Weitergabe der Energieerzeugnisse durch diese an das Mitglied der ausländischen Streitkräfte oder der Hauptquartiere ist zulässig und für die Entlastung unschädlich. Es bestehen keine Bedenken, wenn Energieerzeugnisse aus praktischen Gründen unmittelbar an die einzelnen Mitglieder der ausländischen Streitkräfte bzw. der Hauptquartiere ausgeliefert / übergeben werden, sofern die Lieferung als solche von einer amtlichen Beschaffungsstelle in Auftrag gegeben worden ist.

Die Lieferung von Heizöl an Mitglieder der ausländischen Streitkräfte bzw. Hauptquartiere für deren Privatwohnung ist unter den weiteren Voraussetzungen jedoch nur dann entlastungsfähig, wenn alle Hausparteien Mitglieder der ausländischen Streitkräfte oder der Hauptquartiere sind bzw. diese über einen gesonderten Heizöltank verfügen.

Wegen der Definition der ausländischen Streitkräfte, der Hauptquartiere und ihrer Mitglieder siehe § 1  3
Nummern 13 und 14 TrZollG.

Es ist zu beachten, dass im Bereich der ausländischen Streitkräfte nur die in VSF Z 6301 Absatz 3 genannten Entsendestaaten vom Umfang der Begünstigung erfasst sind.

Für die Abgabe von Kraftstoffen an deutsche Mitglieder der Hauptquartiere gelten die in § 8 TrZollV genannten Voraussetzungen.

# Anlage § 066–02

Zu § 66 Energiesteuergesetz

4  Die Bestimmung der Energieerzeugnisse zum ausschließlichen Verbrauch durch die ausländischen Streitkräfte, die Hauptquartiere oder deren Mitglieder ergibt sich aus einer entsprechenden Bestätigung der amtlichen Beschaffungsstelle auf dem Beschaffungsauftrag und dem Abwicklungsschein. Die Bestimmung der Energieerzeugnisse kann sich auch aus anderen Geschäftspapieren ergeben (z. B. Lieferschein, Rechnungskopie).

## b) Auftrag von einer amtlichen Beschaffungsstelle/Hauptquartier

5  Als amtliche Beschaffungsstellen gelten die in VSF Z 6340 aufgeführten Dienststellen und Organisationen. Es ist zu beachten, dass einige Beschaffungsstellen Aufträge nur für Lieferungen an sich selbst erteilen dürfen. Soweit Beschaffungsstellen in der Liste nicht enthalten sind, können Anfragen an die dort aufgeführten Verbindungsdienststellen gerichtet werden. VSF Z 6340 enthält auch die Liste der Hauptquartiere.

6  Soweit deutsche Behörden, namentlich das Bundesamt für Ausrüstung, Informationstechnik und Nutzung der Bundeswehr (BAAInBw) und die Bundesanstalt für Immobilienaufgaben, Beschaffungen für die ausländischen Streitkräfte oder die Hauptquartiere vornehmen, ist dies nicht zu beanstanden (Hinweis auf Artikel 67 Absatz 3 Buchstabe b) NATOTrStatZAbk und Artikel 14 Absatz 2 Buchstabe d) NATOHQAbk). Soweit andere Behörden auftreten, ist der BFD Südwest auf dem Dienstweg zu berichten.

7  Die Steuerentlastung setzt voraus, dass die Lieferung von einer amtlichen Beschaffungsstelle der ausländischen Streitkräfte bzw. einem Hauptquartier in Auftrag gegeben worden ist. Diese Stelle muss demnach an der Begründung der Leistungspflicht mitgewirkt haben. Die Leistungspflicht wird regelmäßig durch Vertrag begründet. Die o.g. Stellen wirken dadurch mit, dass sie ein Vertragsangebot abgeben oder ein zugegangenes Vertragsangebot annehmen. Der Auftrag gilt nur dann als von einer solchen Stelle erteilt, wenn er von einem abschlussbevollmächtigten Vertreter dieser Stelle unterzeichnet ist. Wird die amtliche Beschaffungsstelle erst eingeschaltet, nachdem die Leistungspflicht bereits entstanden ist, liegt keine Auftragsvergabe durch eine amtliche Beschaffungsstelle bzw. ein Hauptquartier vor.

Die Entlastung erstreckt sich nicht auf Energieerzeugnisse, die an Mitglieder der ausländischen Streitkräfte / der Hauptquartiere ohne Einschaltung einer amtlichen Beschaffungsstelle / einem Hauptquartier auf Grund eines unmittelbaren Rechtsverhältnisses zwischen diesem und dem Lieferanten bewirkt werden. Eine entlastungsfähige Auftragsvergabe liegt auch dann nicht vor, wenn später ein Vertragspartner ausgetauscht wird (amtliche Beschaffungsstelle statt eines Mitglieds der ausländischen Streitkräfte/ Hauptquartiere, vgl. BFH-Urteil vom 29. September 1988 – BStBl. II S. 1022, Aktenzeichen V R 53/83 Rz. 26).

Beispielsweise wird im amerikanischen Beschaffungsverfahren für Lieferungen an die Mitglieder der ausländischen Streitkräfte zurzeit der als Anlage 1 beigefügte Beschaffungsauftrag (Vertragsantrag) verwendet. In diesen Fällen stellt das Mitglied bei der Beschaffungsstelle einen Antrag mit Angaben zum Unternehmer, zur Leistung und zum Preis.

8  Zur Verhinderung von Missbräuchen entrichten die ausländischen Streitkräfte / Hauptquartiere das Entgelt regelmäßig durch Scheck oder durch Überweisung aus einem Konto der zahlenden Dienststelle (paying Service). Barzahlungen sind grundsätzlich nicht vorgesehen.

Bei Leistungen an die belgischen Streitkräfte sind Barzahlungen nicht zu beanstanden, wenn die Auftragssumme den Betrag von 2.000,€ nicht übersteigt und der von der amtlichen belgischen Beschaffungsstelle ausgestellte Abwicklungsschein einen Hinweis auf die Barzahlung enthält. Die amtlichen belgischen Beschaffungsstellen tragen die Aufträge mit Barzahlung in die von ihnen geführten Bücher oder Listen unter laufender Nummer ein und weisen dort auf die Auszahlungsbuchungen hin. Sie erteilen den deutschen Finanzbehörden auf Anfrage die zur Feststellung des Sachverhalts erforderlichen Auskünfte.

9  Das vereinfachte Beschaffungsverfahren, wie es für die Umsatzsteuer gilt (VSF N 19 2005 Nummer 81 Absatz 59 – 65), findet für die Energiesteuerentlastung mit Ausnahme des Absatzes 10 keine Anwendung.

10  Das vereinfachte Beschaffungsverfahren kann bei der Lieferung von leichtem Heizöl an berechtigte Personen bis zu den unten genannten Werten stattfinden, sofern mit der Durchführung im vereinfachten Beschaffungsverfahren eine amtliche Beschaffungsstelle beauftragt wurde (Beschaffungsauftrag siehe Seite 1 bis 3 der Anlage 1)

Die Wertgrenzen (ohne Umsatz- und Verbrauchsteuer) betragen für die Lieferungen von Heizöl im
- amerikanischen Beschaffungsverfahren 2.500,Euro,
- französischen Beschaffungsverfahren 2.000,Euro,

Zu § 66 Energiesteuergesetz    **Anlage § 066–02**

– kanadischen und niederländischen Beschaffungsverfahren 1.500,Euro.

Für den Ablauf des Verfahrens im vereinfachten Beschaffungsverfahren gelten bei Lieferungen von Heizöl die Regelungen des Umsatzsteuerrechts betreffend das vereinfachte Beschaffungsverfahren sinngemäß (VSF N 19 2005 Nummer 81 Absatz 59 – 65).

### c) Weitergabe der Steuerentlastung

Die Steuerentlastung setzt voraus, dass der Lieferant den Entlastungsbetrag bei der Berechnung des Preises berücksichtigt (BFH Urteil vom 3.11.2010, VII R 4/10), d.h. den Marktpreis des Energieerzeugnisses in Höhe des vollen Entlastungsbetrages mindert. Bei einer etwaigen Prüfung sind auch andere Abgaben (z. B. Umsatzsteuer), deren Vergünstigung weitergegeben werden muss, zu berücksichtigen. 11

Wird die Abgabenbegünstigung nicht oder nicht in voller Höhe weitergegeben, kommt eine Steuerentlastung nicht in Betracht.

### d) Nachweis der Voraussetzungen für die Steuerentlastung

Die Voraussetzungen für die Steuerentlastung sind nachzuweisen (Art. 67 Absatz 3 Buchst. c) NATO-TrStatZAbk, Artikel 15 Absatz 2 Satz 2 NATOHQAbk, § 105a EnergieStV). Das Vorliegen der Voraussetzungen muss sich eindeutig und leicht nachprüfbar aus den Belegen (Belegnachweis) und aus den Aufzeichnungen des Lieferers (Buchnachweis) ergeben. 12

Die Angaben im Abwicklungsschein sind im Zweifelsfall durch andere Unterlagen, die den Nachweis der erfolgten Lieferung bilden, zu belegen (z. B. Quittungen über die einzelnen Lieferungen).

Nachträgliche, handschriftliche Änderungen der Liefermenge im Abwicklungsschein werden nicht anerkannt. In diesen Fällen ist ein neuer Abwicklungsschein vorzulegen.

### e) Abgrenzung zu anderen Verwendungen

Sofern eine Steuerentlastung nach § 105a EnergieStV gewährt wurde, kommt eine Entlastung nach anderen Tatbeständen nicht mehr in Betracht. 13

## 2. Verfahren

Der Belegnachweis ist grundsätzlich durch einen ordnungsgemäß ausgefüllten Abwicklungsschein zu führen. Der Abwicklungsschein besteht aus drei Ausfertigungen. Die erste Ausfertigung dient Umsatzsteuerzwecken, die zweite Ausfertigung Zoll- und Verbrauchsteuerzwecken und die dritte Ausfertigung statistischen Zwecken. Als Belegnachweis für die Entlastung nach § 105a EnergieStV dient ausschließlich die zweite Ausfertigung. Zum Belegnachweis gehören neben dem Abwicklungsschein auch die von amtlichen Beschaffungsstellen verwendeten Beschaffungsaufträge. Diese sind bei Antragstellung nicht zwingend vorzulegen. 14

Der Abwicklungsschein beinhaltet eine Empfangs- und Zahlungsbescheinigung der zuständigen Stelle (amtlichen Beschaffungsstelle, Empfangsdienststelle oder Zahlstelle). Teil 1 des Abwicklungsscheins (Lieferschein) ist vom Lieferer und Teil 2 (Empfangsbestätigung und Zahlungsbescheinigung) von den ausländischen Streitkräften / Hauptquartieren auszufüllen.

In Teil 1 kann der Antragsteller auch mehrere Lieferungen zusammenfassen, die er innerhalb eines bestimmten Zeitraums – höchstens jedoch innerhalb eines Monats, bei langfristigen Verträgen höchstens jedoch innerhalb von sechs Monaten – an die jeweilige Beschaffungsstelle/ Hauptquartier ausgeführt hat.

Vertragspartner und Leistungsempfänger sind stets die Hauptquartiere bzw. ausländischen Streitkräfte, vertreten durch die jeweilige amtliche Beschaffungsstelle, die Lieferungen von Energieerzeugnissen für diese in Auftrag gibt. Gegenüber diesen Einrichtungen hat der Lieferer daher abzurechnen. Sie sind Rechnungsempfänger und nicht das einzelne Mitglied, selbst wenn es die Energieerzeugnisse unmittelbar in Empfang nimmt. 15

Im vereinfachten Beschaffungsverfahren bei der Lieferung von Heizöl an berechtigte Personen (vgl. Absatz 10) kann die Rechnung direkt an den Empfänger gestellt werden, da diese Geschäfte häufig durch Barzahlung erfolgen. In diesem Fall muss der Rechnungsempfänger mit dem im Beschaffungsauftrag und Abwicklungsschein genannten autorisierten Empfänger identisch sein (siehe Felder 6 und 9 des Beschaffungsauftrags und Feld 1 des Abwicklungsscheins der Anlage 1).

Soweit dem Entlastungsantrag der Beschaffungsauftrag nicht beigelegt wurde, hat der Prüfungsdienst im Rahmen von Außenprüfungen stichprobenweise zu prüfen, ob das Heizöl innerhalb der Gültigkeitsfrist (siehe Seite 1 Anlage 1) geliefert wurde.

**Anlage § 066–02**     Zu § 66 Energiesteuergesetz

## II. Steuerentlastung bei der Abgabe von Kraftstoff gegen besondere Gutscheine oder im Rahmen eines Tankkartenverfahrens

16 Nach § 105a Absatz 2 EnergieStV stehen Abgaben von Energieerzeugnissen an zum Bezug berechtigte Mitglieder der ausländischen Streitkräfte oder der Hauptquartiere gegen besondere Gutscheine oder im Rahmen eines Tankkartenverfahrens im Umfang der Rationsmengen nach § 18 Absatz 1 Nummer 5 und Absatz 2 Nummer 5 TrZollG den Lieferungen an ausländische Streitkräfte oder Hauptquartiere gleich. Die unter Abschnitt I. 1. dieser DV aufgeführten Voraussetzungen müssen auch bei der Lieferung gegen besondere Gutscheine oder im Tankkartenverfahren erfüllt sein.

17 Vom Gutschein- oder Tankkartenverfahren sind nur Abgaben von Kraftstoffen für Kraftfahrzeuge, mit Ausnahme von Erdgas und Flüssiggas als Kraftstoff, an öffentlichen Tankstellen und an Tankstellen der Streitkräfte (eigene Tankstellen der Streitkräfte auf deren Liegenschaften) umfasst. Da sich die Energieerzeugnisse bei den Tankstellen der Streitkräfte bereits in der Truppenverwendung befinden, kommt eine Steuerentlastung bei Einhaltung der weiteren Voraussetzungen nur bei der Abgabe von Kraftstoffen an öffentlichen Tankstellen in Betracht.

Eine Steuerentlastung für Erdgas und Flüssiggas als Kraftstoff wäre dem Grunde nach im Rahmen von § 105a EnergieStV möglich, ist jedoch im Gutschein- oder Tankkartenverfahren zur Zeit in keiner Verwaltungsvereinbarung mit ausländischen Streitkräften vorgesehen.

18 Wird eine Steuerentlastung für ein Kraftfahrzeug gewährt, das nicht zum Verkehr auf öffentlichen Straßen zugelassen ist bzw. für das kein Zulassungskennzeichen erteilt wurde (z. B. Leicht- und Kleinkrafträder, Motorroller oder Motorfahrräder) ist dies dem Hauptzollamt Hamburg-Stadt nachrichtlich mitzuteilen. Dabei ist – soweit möglich – ein eindeutiges Unterscheidungszeichen, z. B. das Versicherungskennzeichen, anzugeben.

19 Der Kreis der berechtigten Personen ergibt sich aus dem NATOTrStat, dem Zusatzabkommen, dem Hauptquartierprotokoll und dem Ergänzungsabkommen. Ebenfalls sind die Mitglieder der Botschaft und Konsulate der Vereinigten Staaten von Amerika in Deutschland, die nicht die deutsche Staatsangehörigkeit besitzen, berechtigte Personen i. S. v. § 105a Absatz 2 EnergieStV, diese unterliegen unter dem Vorbehalt der Gegenseitigkeit keiner Rationierung (s. Anlage 2: Hinweis auf die zu der Verwaltungsvereinbarung mit den US-Streitkräften zugehörige Anlage 1 I Nummer 2 b).

20 Dem Antrag auf Steuerentlastung sind vom Lieferer Unterlagen beizufügen, aus denen sich das jeweils gelieferte Volumen, der Monat der Lieferung, die Art der Energieerzeugnisse sowie die belieferte Streitkraft ergeben. Die entwerteten Gutscheine sind für Prüfzwecke bereitzuhalten. (Anm.: Die durch die Tankstellen angenommenen Gutscheine sind sofort nach Annahme durch Anbringen eines Tagesstempels und Unterschrift des Tankstellenbetreibers zu entwerten). Im Tankkartenverfahren sind die dem Antrag zu Grunde liegenden Datensätze des Tankkartensystems in elektronischer Form zur Verfügung zu stellen (§ 147 Absatz 6 AO).

Zusätzlich ist aus umsatzsteuerrechtlichen Gründen sowohl im Gutscheinals auch im Tankkartenverfahren ein Abwicklungsschein über die gelieferten Mengen erforderlich. Für die Steuerentlastung muss der Abwicklungsschein nicht mit dem Antrag vorgelegt werden, kann im Bedarfsfall für die Prüfung eines Steuerentlastungsanspruchs aber herangezogen werden.

21 Die Gutscheine sowie die Datensätze aus dem Tankkartenverfahren sind vor Festsetzung der Steuerentlastung durch das Sachgebiet für Außenprüfung und Steueraufsicht stichprobenweise auf Vollzähligkeit, sachliche und rechnerische Richtigkeit zu prüfen. Die entsprechenden Prüfungsvermerke sind als Anlagen zu den Anträgen auf Steuerentlastung zu nehmen. Für die Prüfung der Datensätze ist das DV-Verfahren IDEA anzuwenden.

## III. Zollrechtliche/Steuerliche Behandlung der Energieerzeugnisse nach der Lieferung

22 Mit ihrer Lieferung gehen die Energieerzeugnisse nach § 9 Absatz 1 TrZollG (VSF Z 6201) in das nationale Zollverfahren der Truppenverwendung über. Sie stehen ab diesem Zeitpunkt in diesem Rahmen unter zollamtlicher Überwachung. Der Zeitpunkt der Entlastung ist dabei unerheblich (§ 9 Absatz 1, § 12 TrZollG).

23 Die Zulässigkeit der Verwendung der Energieerzeugnisse nach ihrer Lieferung an die ausländischen Streitkräfte bzw. die Hauptquartiere richtet sich nach § 17 TrZollG. Auf die Rationsmengen für Kraftstoff nach § 17 Absatz 2 Nummer 4 i.V.m. § 18 TrZollG wird hingewiesen.

24 Werden die Energieerzeugnisse nach ihrer Lieferung an die ausländischen Streitkräfte bzw. die Hauptquartiere unzulässig verwendet, entsteht für die vorbehaltlich § 25 TrZollV (VSF Z 6202) nicht in der Einfuhrabgabenschuld nach § 19 Absatz 2 TrZollG. Diese Einfuhrabgabenschuld ist der für den Ort der zweckwidrigen Verwendung zuständigen Zollstelle durch Einfuhrabgabenbescheid geltend zu machen. Wird ein Umstand, der zu einer Einfuhrabgabenschuld nach § 19 Absatz 2 TrZollG geführt hat, im

Rahmen der verbrauchsteuerlichen Bearbeitung des Entlastungsantrags bekannt, unterrichtet das für den Antragsteller zuständige Hauptzollamt zu diesem Zweck die zuständige Zollstelle.

Die Versagung der Entlastung für die Energieerzeugnisse kommt vor diesem Hintergrund nur in Betracht, wenn bei ihrer Lieferung die oben dargestellten Entlastungsvoraussetzungen nicht vorlagen, z. B. weil kein Auftrag einer amtlichen Beschaffungsstelle bzw. eines Hauptquartiers vorlag (Die Energieerzeugnisse befinden sich nicht in der Truppenverwendung). 25

Bei begründeten Anhaltspunkten sowie im Falle, dass eine Steuerentlastung bereits festgesetzt wurde und festgestellt wird, dass die Voraussetzungen hierfür nicht vorlagen, ist wie folgt zu verfahren:
- Es ist zu prüfen, ob ein Missbrauchsfall und mithin der Verdacht einer Steuerstraftat oder – ordnungswidrigkeit vorliegen könnte.
- Bei Vorlage eines Verdachtes ist der Sachverhalt mit allen relevanten Informationen (z. B. Entlastungsantrag für die gegenständliche Lieferung, ggf. Entlastungsbescheid) an das zuständige Sachgebiet für Strafsachen- und Bußgeldverfahren abzugeben.
- Nach Nummer 225 Absatz 3 der Dienstvorschrift für Strafsachen- und Bußgeldverfahren – StraBuDV – ist die zurückzufordernde Steuerentlastung unverzüglich durch das zuständige Sachgebiet für Strafsachen- und Bußgeldverfahren festzusetzen und bekannt zu geben, soweit die für die Festsetzung erforderlichen Tatsachen bekannt sind. Das für den Lieferer zuständige Hauptzollamt ist zu unterrichten. (Hinweis: Vorliegend handelt es sich bei festgestellter Steuerstraftat immer um ein steuerliches Gesamtschuldverhältnis. Die Täter haften nach § 71 der Abgabenordnung -AOfür die zu Unrecht gewährte Steuerentlastung und Zinsen nach § 235 AO als Steuerhinterzieher und der Lieferer ist Steuerschuldner für die zurückzufordernde Vergütung.)
- Das für den Lieferer zuständige Hauptzollamt ist über den Ausgang des Verfahrens zu unterrichten.

Wurden die Energieerzeugnisse vom Entlastungsberechtigten auf Geheiß der amtlichen Beschaffungsstelle / des Hauptquartiers unmittelbar an einzelne Mitglieder der ausländischen Streitkräfte bzw. der Hauptquartiere ausgeliefert/ übergeben und von diesen in der Folge zu nicht zulässigen, insbesondere gewerblichen, Zwecken verwendet oder wurden die Energieerzeugnisse auf Geheiß der amtlichen Beschaffungsstelle bzw. des Hauptquartiers unmittelbar an nichtberechtigte Personen ausgeliefert/übergeben, ist – sofern die übrigen Voraussetzungen erfüllt sind – die Entlastung zu gewähren. Insoweit lag eine Lieferung an die ausländischen Streitkräfte / Hauptquartiere vor. 26

Die Entlastung ist jedoch nicht zu gewähren, wenn Mitglieder der ausländischen Streitkräfte/ Hauptquartiere bei der Abgabe gegen besondere Gutscheine Kraftstoff über ihre Rationsmengen (§ 18 TrZollG) hinaus beziehen. Ebenso ist die Entlastung nicht zu gewähren, wenn im Rahmen des Gutschein- oder Tankkartenverfahrens Kraftstoff an nichtberechtigte Personen ausgeliefert bzw. übergeben wird. Nach § 105a Absatz 2 EnergieStV liegt eine entlastungsfähige Lieferung an die ausländischen Streitkräfte bzw. die Hauptquartiere nämlich nur vor, wenn und soweit die Abgabe des Kraftstoffs an zum Bezug berechtigte Mitglieder dieser erfolgt. 27

Sofern die Voraussetzungen für eine Steuerentlastung nicht vorliegen oder vorgelegen haben, ist zwecks Überprüfung der Umsatzsteuerbefreiung eine Kontrollmitteilung an das für den Antragsteller zuständige Finanzamt zu übersenden (s. auch Merkblatt Zusammenarbeit Steuer – Zoll). 28

**IV. Hinweise für die Lieferung von Erdgas/Strom/Kohle**

Erdgas kann an ausländische Streitkräfte und die Hauptquartiere unter den Voraussetzungen des Artikel 67 Absatz 3 Buchstabe a Ziffer i des NATOTrStatZAbk bzw. Artikel 15 Absatz 2 Satz 2 NATOHQAbk steuerfrei geliefert werden. Eine Steuer nach § 38 Absatz 1 Energiesteuergesetz entsteht in diesen Fällen nicht. Entsprechendes gilt für die Leistung von elektrischem Strom sowie die Lieferung von unversteuerter Kohle. 29

**V. Berichtspflicht**

Zur Fortschreibung und Optimierung der vorstehenden Dienstvorschrift werden durch die Abteilung Zentrale Facheinheit der Bundesfinanzdirektion Südwest zu gegebener Zeit Erfahrungsberichte von den Bundesfinanzdirektionen angefordert (Variabler Berichtstermin). 30

**VI. Anlagen**
1 Muster Beschaffungsauftrag mit Abwicklungsschein          31
2 Verwaltungsvereinbarung zum Tankkartensystem der US-Streitkräfte (Auszug)
3 Muster Benzingutschein und Tankkarte

**Anlage § 066–03** Zu § 66 Energiesteuergesetz

## Dienstvorschrift Kontrollen – Anlage 14: Verzeichnis der Zolldienststellen, bei denen die erneute Prüfung von Kraftstoffen durchgeführt werden kann

BMF-Schreiben vom 22.10.2013 – SV 40 22, V 82 50-2

Verzeichnis der Zolldienststellen, bei denen die erneute Prüfung von Kraftstoffen durchgeführt werden kann [1]

### Bundesfinanzdirektion West

| Lfd. Nr. | Dienststelle/Anschrift/ Fernsprecher (mit Vorwahl) ggf. Telefax/Telex | Öffnungszeiten | Zuständiges Zollfahndungsamt |
|---|---|---|---|
| 1 | 2 | 3 | 4 |
| 1 | HZA Aachen<br>– ZA Charlottenburger Allee –<br>Charlottenburger Allee 27 – 29<br>52068 Aachen<br>Tel.: (02 41) 9 61 02 – 0<br>Fax: (02 41) 9 61 02 – 70 | Mo. – Mi.: 7.30 – 16.00 Uhr<br>Do.: 7.30 – 19.00 Uhr<br>Fr.: 7.30 – 16.00 Uhr | ZFA Essen<br>– Dienstsitz Köln –<br>Bergisch-Gladbacher Str. 837<br>51069 Köln<br>Postfach 85 05 62<br>51030 Köln<br>Tel.: (02 21) 6 72 – 86 26<br>Fax: (02 21) 6 72 – 86 99 |
| 2 | HZA Aachen<br>– ZA Düren –<br>Arnoldsweilerstraße 11b<br>52351 Düren<br>Tel.: (0 24 21) 2 24 69 – 0<br>Fax: (0 24 21) 2 24 69 – 23 | Mo. – Fr.: 7.30 – 16.00 Uhr | wie lfd. Nr. 1 |
| 3 | HZA Dortmund<br>– ZA Bochum –<br>Harpener Feld 5a<br>44805 Bochum<br>Postfach 10 28 24<br>44728 Bochum<br>Tel.: (02 34) 5 07 32 – 0<br>Fax: (02 34) 5 07 32 – 11 | Mo. – Fr.: 7.15 – 16.00 Uhr | ZFA Essen<br>-Dienstsitz Münster-<br>Gescher Weg 90<br>48161 Münster<br>Postfach 88 40<br>48047 Münster<br>Tel.: (02 51) 87 01 – 0<br>Fax: (02 51) 8701 – 199 |
| 4 | HZA Dortmund<br>– ZA Gelsenkirchen –<br>Uferstraße 1<br>45881 Gelsenkirchen<br>Postfach 10 30 55<br>45830 Gelsenkirchen<br>Tel.: (02 09) 94 02 – 0<br>Fax: (02 09) 94 02 – 200 | Mo. – Fr.: 7.15 – 16.00 Uhr | wie lfd. Nr. 3 |
| 5 | HZA Dortmund<br>– ZA Ost –<br>Giselherstraße 16<br>44319 Dortmund<br>Postfach 13 06 22<br>44316 Dortmund<br>Tel.: (02 31) 92 71 25 – 0<br>Fax: (02 31) 92 71 25 – 10 | Mo. – Fr.: 7.15 – 16.00 Uhr | wie lfd. Nr. 3 |

---

[1] Anmerkung: Das Verzeichnis umfasst nur solche Dienststellen, die aufgrund der örtlichen Gegebenheiten für eine Prüfung nach § 108 EnergieStV besonders geeignet sind. Die Prüfungstätigkeit der übrigen Dienststellen wird dadurch nicht berührt.

Zu § 66 Energiesteuergesetz **Anlage § 066–03**

| Lfd. Nr. | Dienststelle/Anschrift/ Fernsprecher (mit Vorwahl) ggf. Telefax/Telex | Öffnungszeiten | Zuständiges Zollfahndungsamt |
|---|---|---|---|
| 1 | 2 | 3 | 4 |
| 6 | HZA Düsseldorf<br>– ZA Nord –<br>Hugo-Viehoff-Straße 82<br>40468 Düsseldorf<br>Tel.: (02 11) 41 79 21 – 00<br>Fax: (02 11) 41 79 21 – 20 | Mo. – Do.: 7.15 – 16.15 Uhr<br>Fr.: 7.30 – 15.00 Uhr | wie lfd. Nr. 3 |
| 7 | HZA Düsseldorf<br>– ZA Wuppertal-West –<br>Bahnstr. 23<br>42327 Wuppertal<br>Tel.: (02 02) 2 78 39 – 0<br>Fax: (02 02) 2 78 39 – 44 | Mo. – Do.: 7.15 – 16.15 Uhr<br>Fr.: 7.30 – 15.00 Uhr | wie lfd. Nr. 3 |
| 8 | HZA Duisburg<br>– ZA Essen –<br>Hafenstraße 280<br>45356 Essen<br>Tel.: (02 01) 8 36 34 – 0<br>Fax: (02 01) 8 36 34 – 50 | Mo. – Do.: 7.00 – 15.45 Uhr<br>Fr.: 7.00 – 15.30 Uhr | wie lfd. Nr. 3 |
| 9 | HZA Duisburg<br>– ZA Straelen-Autobahn –<br>Niederdorferstr. 86<br>47638 Straelen<br>Tel.: (0 28 39) 3 91, 3 92, 3 93<br>Fax: (0 28 39) 4 89 | Mo. – Fr.: 6.00 – 22.00 Uhr | wie lfd. Nr. 1 |
| 10 | HZA Gießen<br>– ZA Wetzlar –<br>Bahnhofstraße 39<br>35576 Wetzlar<br>Tel.: (0 64 41) 6 79 19 – 0<br>Fax: (0 64 41) 6 79 19 – 30 | Mo. – Do.: 7.00 – 16.00 Uhr<br>Fr.: 7.00 – 14.30 Uhr | ZFA Frankfurt am Main<br>Wilhelm-Fay-Str. 11<br>65936 Frankfurt am Main<br>Postfach 94 02 45<br>60460 Frankfurt am Main<br>Tel.: (0 69) 5 07 75 – 0<br>Fax: (0 69) 5 07 75 – 1 17 |
| 11 | HZA Gießen<br>– ZA Bad Hersfeld –<br>Leinenweberstraße 4<br>36251 Bad Hersfeld<br>Postfach 21 52<br>36231 Bad Hersfeld<br>Tel.: (0 66 21) 4 07 – 3 00<br>Fax: (0 66 21) 4 07 – 3 99 | Mo. – Fr.: 7.30 – 21.00 Uhr | wie lfd. Nr. 10 |
| 12 | HZA Köln<br>– ZA Wahn –<br>Max-Reichpietsch-Straße 8<br>51147 Köln<br>Tel.: (0 22 03) 35 80 – 0<br>Fax: (0 22 03) 35 80 – 1 00 | Mo. – Do.: 7.30 – 16.30 Uhr<br>Fr.: 7.30 – 15.00 Uhr | wie lfd. Nr. 1 |
| 13 | HZA Köln<br>– ZA Bonn –<br>Königswinterer Straße 489<br>53227 Bonn<br>Tel.: (02 28) 9 70 86 – 0<br>Fax: (02 28) 9 70 86 – 15 | Mo. – Do.: 7.30 – 16.30 Uhr<br>Fr.: 7.30 – 15.00 Uhr | wie lfd. Nr. 1 |

**Anlage § 066–03**  Zu § 66 Energiesteuergesetz

| Lfd. Nr. | Dienststelle/Anschrift/ Fernsprecher (mit Vorwahl) ggf. Telefax/Telex | Öffnungszeiten | Zuständiges Zollfahndungsamt |
|---|---|---|---|
| 1 | 2 | 3 | 4 |
| 14 | HZA Köln<br>– ZA Niehl-Hafen –<br>Am Niehler Hafen<br>50735 Köln<br>Tel.: (02 21) 97 72 68 – 0<br>Fax: (02 21) 97 72 68 – 29 | Mo. – Do.: 7.00 – 16.00 Uhr<br>Fr.: 7.15 – 14.45 Uhr | wie lfd. Nr. 1 |
| 15 | HZA Krefeld<br>– ZA Schwanenhaus –<br>Dellerweg 112<br>41334 Nettetal<br>Tel.: (0 21 57) 81 45 – 0<br>Fax: (0 21 57) 81 45 – 50 | Mo. – Fr.: 6.00 – 22.00 Uhr | wie lfd. Nr. 1 |
| 16 | HZA Krefeld<br>– ZA Neuss –<br>Duisburger Straße 8<br>41460 Neuss<br>Postfach 10 16 47<br>41416 Neuss<br>Tel.: (0 21 31) 92 54 – 0<br>Fax: (0 21 31) 92 54 – 33 | Mo. – Fr.: 7.00 – 16.00 Uhr<br>Fr.: 7.30 – 15.00 Uhr | wie lfd. Nr. 1 |
| 17 | HZA Krefeld<br>– ZA Mönchengladbach –<br>Dohrweg 2<br>41066 Mönchengladbach<br>Tel.: (0 21 61) 6 59 23 – 0<br>Fax: (0 21 61) 6 59 23 – 29 | Mo. – Fr.: 7.00 – 16.00 Uhr<br>Fr.: 7.30 – 15.00 Uhr | wie lfd. Nr. 1 |
| 18 | HZA Krefeld<br>– ZA Uerdingen –<br>Am Zollhof 7<br>47829 Krefeld<br>Postfach 11 14 52<br>47815 Krefeld<br>Tel.: (0 21 51) 48 33 – 0<br>Fax: (0 21 51) 48 33 – 44 | Mo. – Fr.: 7.00 – 16.00 Uhr<br>Fr.: 7.30 – 15.00 Uhr | wie lfd. Nr. 1 |
| 19 | HZA Münster<br>– ZA Eulerstrasse –<br>Eulerstraße 7<br>48155 Münster<br>Postfach 88 60<br>48047 Münster<br>Tel.: (02 51) 62 04 04 – 0<br>Fax: (02 51) 62 04 04 – 40 | Mo. – Do.: 7.15 – 16.15 Uhr<br>Fr.: 7.30 – 15.00 Uhr | wie lfd. Nr. 3 |
| 20 | HZA Münster<br>– ZA Rheine –<br>Neuenkirchener Str. 99<br>48431 Rheine<br>Postfach 22 54<br>48412 Rheine<br>Tel.: (0 59 71) 9 19 – 6<br>Fax: (0 59 71) 9 19 – 7 00 | Mo. – Do.: 7.15 – 16.15 Uhr<br>Fr.: 7.30 – 15.00 Uhr | wie lfd. Nr. 3 |

Zu § 66 Energiesteuergesetz  **Anlage § 066–03**

**Bundesfinanzdirektion Nord**

| Lfd. Nr. | Dienststelle/Anschrift/ Fernsprecher (mit Vorwahl) ggf. Telefax/Telex | Öffnungszeiten | Zuständiges Zollfahndungsamt |
|---|---|---|---|
| 1 | 2 | 3 | 4 |
| 1 | HZA Bremen<br>– ZA Neustädter Hafen –<br>Senator-Harmssen-Straße 5<br>28197 Bremen<br>Tel.: (04 21) 5 21 89 – 0<br>5 21 79 – 0<br>Fax: (04 21) 5 21 89 – 55 | Mo. – Fr.: 6.30 – 22.00 Uhr<br>Sa.: 6.00 – 14.00 Uhr | ZFA Hannover<br>-Dienstsitz Bremen-<br>Große Sortillienstraße 60<br>28199 Bremen<br>Tel.: (0 421) 50 99-1<br>Fax: (0 421) 50 99-3 37 |
| 2 | HZA Bremen<br>– ZA Bremerhaven –<br>Franziusstraße 1<br>27568 Bremerhaven<br>Tel.: (04 71) 9 47 62 – 0<br>Fax: (04 71) 9 47 62 – 10 | 0.00 – 24.00 Uhr | ZFA Hamburg<br>– Dienstsitz Bremerhaven –<br>Rheinstraße 96 – 100<br>27570 Bremerhaven<br>Tel.: (0 471) 80 02-0/2 29<br>Fax.: (0 471) 80 02-2 77 |
| 3 | HZA Hamburg-Stadt<br>– ZA Oberelbe –<br>Pinkertweg 20 a<br>22113 Hamburg<br>Tel.: (0 40) 73 09 02 – 0<br>Fax: (0 40) 73 09 02 – 300 | Mo. – Fr.: 7.00 – 18.00 Uhr | ZFA Hamburg<br>Sieker Landstr. 13<br>22143 Hamburg<br>Postfach 73 05 80<br>22125 Hamburg<br>Tel.: (0 40) 6 75 71 – 0<br>Fax: (0 40) 6 75 71 – 2 01 |
| 4 | HZA Hamburg-Hafen<br>Sachgebiet C – Kontrollen –<br>– Grenznaher Raum – Tunnel-<br>straße –<br>Tunnelstr. 2<br>20539 Hamburg<br>Tel.: (0 40) 7 30 93 – 206<br>bis 208<br>Fax: (0 40) 7 30 93 – 209 | Mo. – Fr.: 6.00 – 20.00 Uhr | wie lfd. Nr. 3 |
| 5 | HZA Hamburg-Hafen<br>Sachgebiet C – Kontrollen –<br>– Grenznaher Raum – Zwei-<br>brückenstraße –<br>Zweibrückenstr. 12<br>20539 Hamburg<br>Tel.: (0 40) 53 30 55 – 32 / – 33<br>Fax: (0 40) 53 30 55 – 55 | Mo. – So.: 0.00 – 24.00 Uhr | wie lfd. Nr. 3 |
| 6 | HZA Itzehoe<br>– AbfSt –<br>Kaiserstraße 14a<br>Postfach 14 34 (PLZ 25504)<br>25524 Itzehoe<br>Tel.: (0 48 21) 9 02 – 0<br>Fax: (0 48 21) 9 02 – 200 | Mo. – Do.: 7.00 – 15.45 Uhr<br>Fr.: 7.00 – 14.15 Uhr | wie lfd. Nr. 3 |
| 7 | HZA Itzehoe<br>– ZA Flensburg –<br>Kielseng 2<br>24937 Flensburg<br>Tel.: (04 61) 1 44 60 – 0<br>Fax: (04 61) 1 44 60 – 20 | Mo. – Do.: 7.30 – 16.00 Uhr<br>Fr.: 7.30 – 14.30 Uhr | wie lfd. Nr. 3 |

**Anlage § 066–03**  Zu § 66 Energiesteuergesetz

| Lfd. Nr. | Dienststelle/Anschrift/ Fernsprecher (mit Vorwahl) ggf. Telefax/Telex | Öffnungszeiten | Zuständiges Zollfahndungsamt |
|---|---|---|---|
| 1 | 2 | 3 | 4 |
| 8 | HZA Itzehoe<br>– ZA Brunsbüttel –<br>Am Südkai 3<br>25541 Brunsbüttel<br>Tel.: (0 48 52) 83 00 – 0<br>Fax: (0 48 52) 83 00 33 | Mo. – Do.: 06.00 – 20.00 Uhr<br>Fr.: 06.00 – 19.00 Uhr | wie lfd. Nr. 3 |
| 9 | HZA Itzehoe<br>– ZA Pinneberg –<br>Am Drosteipark 1<br>25421 Pinneberg<br>Tel.: (0 41 01) 54 13 – 0<br>Fax: (0 41 01) 54 13 – 46 | Mo. – Do.: 07.00 – 16.00 Uhr<br>Fr.: 07.00 – 14.30 Uhr | wie lfd. Nr. 3 |
| 10 | HZA Itzehoe<br>– ZA Husum –<br>Kleikuhle 1-2<br>25813 Husum<br>Tel.: (0 48 41) 83927 – 21<br>Fax: (0 41 41) 83927 – 24 | Mo. – Do.: 07.00 – 16.00 Uhr<br>Fr.: 07.00 – 14.30 Uhr | wie lfd. Nr. 3 |
| 11 | HZA Kiel<br>– ZA Lübeck –<br>Lohgerberstr. 9<br>23556 Lübeck<br>Tel.: (04 51) 4 08 05 – 0<br>Fax: (04 51) 4 08 05 – 2 02 | Kontrollen durch die Kontrolleinheit 31 (KEV Lübeck) nach vorheriger Absprache | wie lfd. Nr. 3 |
| 12 | HZA Kiel<br>– ZA Rendsburg –<br>Am Kreishafen<br>24768 Rendsburg<br>Tel.: (0 43 31) 12 30 96 – 0<br>Fax: (0 43 31) 12 30 96 – 9 | Mo. – Fr.: 07.00 – 20.00 Uhr | wie lfd. Nr. 3 |
| 13 | HZA Kiel<br>– ZA Wik –<br>Uferstraße 6<br>24106 Kiel<br>Tel.: (04 31) 32 09 86 – 0<br>Fax: (04 31) 32 09 86 – 8 | täglich: 06.00 – 18.00 Uhr | wie lfd. Nr. 3 |
| 14 | HZA Oldenburg<br>– ZA Emden –<br>Zum Nordkai 22<br>26725 Emden<br>Tel.: (0 49 21) 92 79 – 0<br>Fax: (0 49 21) 92 79 – 13 | Mo. – Fr.: 07.00 – 16.00 Uhr | wie lfd. Nr. 1 |
| 15 | HZA Oldenburg<br>– ZA Cuxhaven –<br>Woltmanstr. 1<br>Postfach 7 80 (PLZ 27457)<br>27472 Cuxhaven<br>Tel.: (0 47 21) 66 55 – 0<br>Fax: (0 47 21) 66 55 – 110 | Mo. – Fr.: 7.00 – 16.00 Uhr | wie lfd. Nr. 1 |

Zu § 66 Energiesteuergesetz

**Anlage § 066–03**

| Lfd. Nr. | Dienststelle/Anschrift/ Fernsprecher (mit Vorwahl) ggf. Telefax/Telex | Öffnungszeiten | Zuständiges Zollfahndungsamt |
|---|---|---|---|
| 1 | 2 | 3 | 4 |
| 16 | HZA Oldenburg<br>– ZA Papenburg –<br>Deverhafen 2<br>26871 Papenburg<br>Tel.: (0 49 61) 94 15 – 0<br>Fax: (0 49 61) 94 15 – 15 | Mo. – Fr.: 7.30 – 20.00 Uhr | ZFA Essen<br>– Dienstsitz Nordhorn –<br>Parkstr. 4<br>48529 Nordhorn<br>Tel.: (0 59 21) 88 04 – 0<br>Fax.: (0 59 21) 88 04 – 11 |
| 17 | HZA Oldenburg<br>– ZA Wilhelmshaven –<br>Flutstraße 86 A<br>Postfach 26 44 (PLZ 26366)<br>26386 Wilhelmshaven<br>Tel.: (0 44 21) 48 07 – 0<br>Fax: (0 44 21) 48 07 – 299 | Mo. – Fr.: 7.15 – 16.00 Uhr | wie lfd. Nr. 1 |
| 18 | HZA Stralsund<br>– AbfSt –<br>Ummanzer Str. 2<br>18439 Stralsund<br>Tel.: (0 38 31) 35 61 – 616<br>Fax: (0 38 31) 35 61 – 620 | Mo., Mi., Do.: 8.00 – 15.30 Uhr<br>Di.: 8.00 – 18.00 Uhr<br>Fr.: 8.00 – 14.00 Uhr | ZFA Hamburg<br>– Dienstsitz Rostock –<br>Am Strom 1-4<br>Postfach 30 10 41 (PLZ 18111)<br>18119 Rostock<br>Tel.: (0 381) 51 96-5<br>Fax.: (0 381) 51 96-6 99 |
| 19 | HZA Stralsund<br>– ZA Ludwigslust –<br>Am Brink 35<br>19288 Ludwigslust<br>Tel.: (0 38 74) 42 79 20<br>Fax: (0 38 74) 42 79 22 | Mo. – Mi.: 7.00 – 16.00 Uhr<br>Do. – Fr. 07.00 – 15.30 Uhr | wie lfd. Nr. 21 |
| 20 | HZA Stralsund<br>– ZA Rostock –<br>Am Skandinavienkai 14<br>18147 Rostock<br>Tel.: (03 81) 66 67 – 20<br>Fax: (03 81) 66 67 – 250 | Mo. – Sa.: 5.00 – 22.00 Uhr | wie lfd. Nr. 21 |
| 21 | HZA Stralsund<br>– ZA Pomellen –<br>Am Grenzübergang 1<br>OT Pomellen<br>17329 Nadrensee<br>Tel.: (03 97 46) 2 67 – 0<br>Fax: (03 97 46) 2 67 – 12 | Mo. – So.: 6.00 – 23.00 Uhr | ZFA Berlin – Brandenburg<br>– Dienstsitz Pomellen –<br>17329 Pomellen<br>Tel.: (03 97 46) 50 – 290<br>Fax.: (03 97 46) 50 – 306 |

# Anlage § 066–03

Zu § 66 Energiesteuergesetz

**Bundesfinanzdirektion Mitte**

| Lfd. Nr. | Dienststelle/Anschrift/ Fernsprecher (mit Vorwahl) ggf. Telefax/Telex | Öffnungszeiten | Zuständiges Zollfahndungsamt |
|---|---|---|---|
| 1 | 2 | 3 | 4 |
| 1 | HZA Berlin<br>– ZA Dreilinden –<br>Potsdamer Chaussee 62<br>14109 Berlin<br>Tel.: (0 30) 81 69 99 – 0<br>Fax: (0 30) 81 69 99 – 77 | Mo. – Fr.: 7.45 – 21.45 Uhr | ZFA Berlin – Brandenburg<br>Columbiadamm 7<br>Postfach 61 04 49 (PLZ 10927)<br>10965 Berlin<br>Tel.: (030) 6 95 83 – 0<br>Fax: (030) 6 95 83 569, –438 (LEZ) |
| 2 | HZA Bielefeld<br>– ZA Beckum –<br>Konrad-Adenauer-Ring 44<br>Postfach 19 38 (PLZ 59249)<br>59269 Beckum<br>Tel.: (0 25 21) 82 91 4 – 0<br>Fax: (0 25 21) 36 64 | Mo. – Do.: 7.30 – 16.15 Uhr<br>Fr.: 7.30 – 15.00 Uhr | ZFA Essen<br>– Dienstsitz Münster –<br>Gescher Weg 90<br>Postfach 8840 (PLZ 48047)<br>48161 Münster<br>Tel.: (0251) 8701 – 0<br>Fax: (0251) 8701 – 1199 |
| 3 | HZA Bielefeld<br>– ZA Eckendorfer Straße –<br>Eckendorfer Str. 92<br>Postfach 10 01 05 (PLZ 33501)<br>33609 Bielefeld<br>Tel.: (05 21) 97 16 – 0<br>Fax: (05 21) 97 16 – 200 | Mo. – Do.: 7.30 – 16.15 Uhr<br>Fr.: 7.30 – 15.00 Uhr | ZFA Hannover<br>– Dienstsitz Bielefeld –<br>Ravensberger Str. 123<br>33607 Bielefeld<br>Tel.: (0521) 5246 – 0<br>Fax: (0521) 5246 – 133 |
| 4 | HZA Braunschweig<br>– ZA Braunschweig-Broitzem –<br>Helene-Künne-Allee 1<br>38122 Braunschweig<br>Tel.: (05 31) 28 87 6 – 0<br>Fax: (05 31) 28 87 6 – 70 (Einfuhr)<br>(05 31) 28 87 6 – 80 (Ausfuhr) | Mo. – Mi.: 7.00 – 16.00 Uhr<br>Do.: 7.00 – 19.00 Uhr<br>Fr.: 7.00 – 14.30 Uhr | ZFA Hannover<br>– Dienstsitz Magdeburg –<br>Ihleburger Str. 4<br>39126 Magdeburg<br>30161 Hannover<br>Tel.: (0 391) 50 74-0<br>Fax: (0 391) 50 31-00 |
| 5 | HZA Braunschweig<br>– ZA Göttingen –<br>Hagenweg 4<br>Postfach 21 33 (PLZ 37011)<br>37081 Göttingen<br>Tel.: (05 51) 7977 – 0<br>Fax: (05 51) 7977 – 199 | Mo. – Fr.: 7.00 – 18.00 Uhr | ZFA Frankfurt a. Main<br>– Dienstsitz Kassel –<br>Hasselweg 20<br>34131 Kassel<br>Tel.: (0 561) 30 82-1<br>Fax: (0 561) 30 82-284 |
| 6 | HZA Braunschweig<br>– ZA Goslar –<br>Heinrich-Pieper-Straße 2<br>Postfach 2780 (PLZ 38617)<br>38640 Goslar<br>Tel.: (0 53 21) 3 42 10<br>Fax: (0 53 21) 4 51 83 | Mo. – Do.: 7.15 – 16.00 Uhr<br>Fr.: 7.15 – 14.30 Uhr | wie lfd. Nr. 4 |
| 7 | HZA Braunschweig<br>– ZA Helmstedt-Autobahn –<br>Postfach 15 40<br>38335 Helmstedt<br>Tel.: (0 53 51) 70 32<br>Fax: (0 53 51) 46 78 | Mo. – Fr.: 6.00 – 22.00 Uhr<br>Sa.: 7.00 – 16.00 Uhr | wie lfd. Nr. 4 |

Zu § 66 Energiesteuergesetz **Anlage § 066–03**

| Lfd. Nr. | Dienststelle/Anschrift/ Fernsprecher (mit Vorwahl) ggf. Telefax/Telex | Öffnungszeiten | Zuständiges Zollfahndungsamt |
|---|---|---|---|
| 1 | 2 | 3 | 4 |
| 8 | HZA Dresden<br>– ZA Dresden –<br>Hartmut-Dost-Straße 5<br>01099 Dresden<br>Tel.: (03 51) 8161 11 40<br>Fax: (03 51) 8161 11 63 | Mo. – Fr.: 7.00 – 20.00 Uhr | ZFA Dresden<br>Schützenhöhe 24<br>01099 Dresden<br>Tel.: (0351) 2134 6125<br>Fax: (0351) 2134 6111 |
| 9 | HZA Frankfurt (Oder)<br>– ZA Eberswalde –<br>Angermünder Straße West<br>16227 Eberswalde<br>Tel.: (0 33 34) 4298 – 0<br>Fax: (0 33 34) 4298 – 19 | Mo. – Mi.: 7.00 – 15.30 Uhr<br>Do.: 7.00 – 18.00 Uhr<br>Fr.: 7.00 – 15.00 Uhr | ZFA Berlin-Brandenburg<br>Dienstsitz Frankfurt (Oder)<br>Kopernikusstraße 27<br>15236 Frankfurt (Oder)<br>Postfach 12 84<br>15202 Frankfurt (Oder)<br>Tel. (03 35) 56 3-20 46<br>Fax (03 35) 56 3-20 21 |
| 10 | HZA Frankfurt (Oder)<br>– Zollamt Fürstenwalde –<br>Lindenstraße 63c<br>15517 Fürstenwalde<br>Postfach 14 26<br>15504 Fürstenwalde<br>Tel.: (0 33 61) 55 38-11<br>Fax: (0 33 61) 55 38-23 | Mo. – Fr.: 7.00 – 22.00 Uhr<br>Sa.: 7.00 – 15.00 Uhr | wie lfd. Nr.9 |
| 11 | HZA Frankfurt(Oder)<br>– Zollamt Finsterwalde –<br>Bahnhofstraße 5<br>03238 Finsterwalde<br>Postfach 12 78<br>03231 Finsterwalde<br>Tel.: (0 35 31) 79 25-0<br>Fax: (0 35 31) 79 25-11 | Mo. – Do.: 7.15 – 15.30 Uhr<br>Fr.: 7.15 – 14.15 Uhr | ZFA Berlin-Brandenburg<br>– Dienstsitz Forst –<br>Klein Bademeusel<br>03149 Forst<br>Tel.: (0 35 62) 9 52-0<br>Fax: (0 35 62) 9 52-102 |
| 12 | HZA Frankfurt(Oder)<br>-Zollamt Forst-Autobahn-<br>Kurt-Rüdiger-Müller-Straße 1<br>03149 Forst<br>Tel.: (0 35 62) 98 19-0<br>Fax: (0 35 62) 98 19-11 | Mo. –Sa.: 6 – 22.00 Uhr | wie lfd. Nr. 11 |
| 13 | HZA Hannover<br>– ZA Hameln –<br>– AbfSt Holzminden –<br>Ernst-August-Str. 3<br>Postfach 15 06 (PLZ 37595)<br>37603 Holzminden<br>Tel.: (0 55 31) 99 06 77-0<br>Fax: (0 55 31) 99 06 77-29 | Mo.-Do.: 7.15 – 16.00 Uhr<br>Fr.: 7.15 – 14.30 Uhr | ZFA Hannover<br>– Dienstsitz Magdeburg –<br>Ihleburger Str. 4<br>39126 Magdeburg<br>Tel.: (03 91) 50 74-0<br>Fax: (03 91) 50 31-00 |
| 14 | HZA Hannover<br>– ZA Lüneburg –<br>Gebrüder-Heyn-Str. 8<br>Postfach 17 80 (PLZ 21307)<br>21337 Lüneburg<br>Tel.: (0 41 31) 24441 – 180<br>Fax: (0 41 31) 24441 – 222 | Mo.-Do.: 7.15-16.00 Uhr<br>Fr.: 7.15-14.30 Uhr | wie lfd. Nr. 13 |

**Anlage § 066–03**  Zu § 66 Energiesteuergesetz

| Lfd. Nr. | Dienststelle/Anschrift/ Fernsprecher (mit Vorwahl) ggf. Telefax/Telex | Öffnungszeiten | Zuständiges Zollfahndungsamt |
|---|---|---|---|
| 1 | 2 | 3 | 4 |
| 15 | HZA Hannover<br>– ZA Verden –<br>Max-Planck-Straße 7<br>Postfach 18 07 (PLZ 27268)<br>27283 Verden<br>Tel.: (0 42 31) 95 41-0<br>Fax: (0 42 31) 95 41-30 | Mo.-Do.: 7.15-16.00 Uhr<br>Fr.: 7.15-14.30 Uhr | wie lfd. Nr. 13 |
| 16 | HZA Magdeburg<br>– ZA Magdeburg Rothensee –<br>Ihleburger Straße 4<br>39126 Magdeburg<br>Tel.: (0391) 50 74 – 369<br>Fax: (0391) 5074 303 | Mo. – Mi.: 7.00 – 21.00 Uhr<br>Do. – Fr.: 6.00 – 24.00 Uhr<br>Sa.: 8.00 – 14.00 Uhr | wie lfd. Nr. 13 |
| 17 | HZA Magdeburg<br>– ZA Aschersleben –<br>Walter – Kersten – Straße 15<br>Postfach 11 55 (PLZ 06431)<br>06449 Aschersleben<br>Tel.: (0 34 73) 91 26 – 88<br>Fax: (0 34 73) 91 26 – 90 | Mo. – Do.: 7.00 – 16.00 Uhr<br>Fr.: 7.00 – 15.00 Uhr | wie lfd. Nr. 13 |
| 18 | HZA Magdeburg<br>– ZA Dessau – Ost –<br>Sollnitzer Allee 2<br>Postfach 13 92 (PLZ 06813)<br>06844 Dessau<br>Tel.: (0340) 21 06 19 – 0<br>Fax: (0340) 21 06 19 – 3 | Mo. – Do.: 7.00 – 16.00 Uhr<br>Fr.: 7.00 – 15.00 Uhr | wie lfd. Nr. 13 |
| 19 | HZA Magdeburg<br>– ZA Halle – Schkopau –<br>An der B 91, Bau M 286 (DOW Gelände)<br>Postfach 11 30 (PLZ 06256)<br>06258 Schkopau<br>Tel.: (0 34 61) 79 45 8 – 0<br>Fax: (0 34 61) 79 45 9 – 9 | Mo. – Fr.: 6.00 – 22.00 Uhr | ZFA Dresden<br>– Dienstort Leipzig –<br>Angerstraße 40 – 44, Haus C<br>04177 Leipzig<br>Tel.: (03 41) 4 91 95 01<br>Fax: (03 41) 6 88 55 37 |
| 20 | HZA Magdeburg<br>– ZA Stendal –<br>Gardelegener Straße 120<br>Postfach 200 152 (PLZ 39570)<br>39576 Stendal<br>Tel.: (0 39 31) 51 00 8<br>Fax: (0 39 31) 51 01 0 | Mo. – Do.: 7.00 – 16.00 Uhr<br>Fr.: 7.00 – 15.00 Uhr | wie lfd. Nr. 13 |
| 21 | HZA Osnabrück<br>– ZA Fledder –<br>Hettlicher Masch 1<br>49084 Osnabrück<br>Tel.: (05 41) 96 37 – 0<br>Fax: (05 41) 96 37 – 299 | Mo. – Do.: 8.00 – 15.30 Uhr<br>Fr.: 8.00 – 13.30 Uhr | wie lfd. Nr. 13 |

Zu § 66 Energiesteuergesetz

**Anlage § 066–03**

| Lfd. Nr. | Dienststelle/Anschrift/ Fernsprecher (mit Vorwahl) ggf. Telefax/Telex | Öffnungszeiten | Zuständiges Zollfahndungsamt |
|---|---|---|---|
| 1 | 2 | 3 | 4 |
| 22 | HZA Osnabrück<br>– ZA Schüttorf –<br>Emslandstr. 1<br>48465 Schüttorf<br>Tel.: (0 59 23) 9 89 35 – 0<br>Fax: (0 59 22) 9 89 35 – 99 | Mo. – Fr.: 8.00 – 16.00 Uhr | ZFA Essen<br>– Dienstsitz Düsseldorf –<br>Kettwiger Str. 6<br>40233 Düsseldorf<br>Tel.: (0 211) 7 38 35 – 0<br>Fax: (0 211) 7 38 35 – 78 |
| 23 | HZA Osnabrück<br>– ZA Lingen –<br>Georgstr. 18<br>Postfach 21 67 (PLZ 48791)<br>49809 Lingen<br>Tel.: (05 91) 9 12 86 – 0<br>Fax: (05 91) 9 12 86 – 16 | Mo. – Do.: 7.00 – 16.00 Uhr<br>Fr.: 7.00 –14.30 Uhr | wie lfd. Nr. 22 |
| 24 | HZA Osnabrück<br>– ZA Lohne –<br>Bergweg 45<br>49393 Lohne<br>Tel.: (0 44 42) 92 69 – 0<br>Fax: (0 44 42) 92 69 – 30 | Mo. – Do.: 7.30 – 17.00 Uhr<br>Fr.: 7.30 – 14.00 Uhr | wie lfd. Nr. 13 |
| 25 | HZA Potsdam<br>– ZA Ludwigsfelde –<br>Genshagener Str. 27<br>Postfach 12 30 (PLZ 14963)<br>14974 Ludwigsfelde<br>Tel.: (0 33 78) 8667 – 0<br>Fax: (0 33 78) 8667 – 36 | Mo. – Fr.: 7.15 – 21.45 Uhr | ZFA Berlin – Brandenburg<br>– Dienstsitz Teltow –<br>Oderstraße 75<br>Postfach 1 43 (PLZ 14504)<br>14513 Teltow<br>Tel.: (033 28) 342 – 0<br>Fax: (033 28) 342 – 444 |
| 26 | HZA Potsdam<br>– ZA Velten –<br>– AbfSt Neuruppin –<br>Martin-Ebell-Straße 11<br>(PLZ 16802)<br>16816 Neuruppin<br>Tel.: (0 33 91) 32 58<br>Fax: (0 33 91) 29 57 | Mo. – Do.: 7.15 – 15.45 Uhr<br>Fr.: 7.15 – 14.15 Uhr | wie lfd. Nr. 25 |

**Bundesfinanzdirektion Südwest**

| Lfd. Nr. | Dienststelle/Anschrift/ Fernsprecher (mit Vorwahl) ggf. Telefax/Telex | Öffnungszeiten | Zuständiges Zollfahndungsamt |
|---|---|---|---|
| 1 | 2 | 3 | 4 |
| 1 | HZA Darmstadt<br>– ZA Darmstadt –<br>Hilpertstr. 20a<br>64295 Darmstadt<br>Tel.: (0 61 51) 91 80 – 0<br>Fax: (0 61 51) 91 80 – 390 | Mo. – Do.: 7.00 – 15.15 Uhr<br>Fr.: 7.00 – 15.00 Uhr | ZFA Frankfurt am Main<br>Wilhelm-Fay-Str. 11<br>65936 Frankfurt am Main<br>Tel.: (0 69) 5 07 75 – 0<br>Fax: (0 69) 5 07 75 – 117 |

# Anlage § 066–03

Zu § 66 Energiesteuergesetz

| Lfd. Nr. | Dienststelle/Anschrift/ Fernsprecher (mit Vorwahl) ggf. Telefax/Telex | Öffnungszeiten | Zuständiges Zollfahndungsamt |
|---|---|---|---|
| 1 | 2 | 3 | 4 |
| 2 | HZA Heilbronn SG Prüfungsdienst – Steueraufsicht – Fruchtschuppenweg 3 Postfach 19 64 (PLZ 74009) 74076 Heilbronn Tel.: (0 71 31) 89 70 – 0 Fax: (0 71 31) 89 70 – 415 E-Mail: poststelle@hzahn.bfinv.de | Mo. – Fr.: 8.00 – 16.00 Uhr | Zollfahndungsamt Stuttgart Martha-Schmidtmann-Str. 15 Postfach 50 12 05 (PLZ 70342) 70374 Stuttgart Tel.: (07 11) 52 04 1-0 Fax: (0711) 52 04 1-1060 |
| 3 | HZA Heilbronn SG Prüfungsdienst – Steueraufsicht – Dienstort Stuttgart Ostendstraße 77/1 70188 Stuttgart Tel.: (07 11) 72 23 41 – 0 Fax: (07 11) 72 23 41 – 50 E-Mail: poststelle@hzahn.bfinv.de | Mo. – Fr.: 8.00 – 16.00 Uhr | wie lfd. Nr. 2 |
| 4 | HZA Heilbronn SG Prüfungsdienst – Steueraufsicht – Dienstort Tauberbischofsheim Albert-Schweitzer-Str. 16 97941 Tauberbischofsheim Tel.: (0 93 41) 8 95 – 280 Fax: (0 93 41) 8 95 – 299 E-Mail: poststelle@hzahn.bfinv.de | Mo. – Fr.: 8.00 – 16.00 Uhr | wie lfd. Nr. 2 |
| 5 | HZA Heilbronn SG Prüfungsdienst – Steueraufsicht – Robert-Bosch-Straße 2 Postfach 61 (PLZ 74547) 74547 Untermünkheim Tel.: (0 79 44) 91 25 – 0 Fax: (0 79 44) 91 25 – 199 E-Mail: poststelle@hzahn.bfinv.de | Mo. – Fr.: 8.00 – 16.00 Uhr | wie lfd. Nr. 2 |
| 6 | HZA Karlsruhe – ZA Heidelberg – Güteramtsstr. 2 69115 Heidelberg Tel.: :(0 62 21) 4 38 07 – 30 Fax: (0 62 21) 4 38 07 – 56 | Mo. – Do.: 7.30 – 12.00 Uhr, 13.00 – 16.00 Uhr Fr.: 7.30 – 12.00 Uhr, 13.00 – 14.30 Uhr | ZFA Stuttgart – ZwSt Karlsruhe – Moltkestraße 70 Postfach 10 02 65 (PLZ 76232) 76133 Karlsruhe Tel.: (07 21) 9729-0 Fax: (07 21) 9729-101 |

Zu § 66 Energiesteuergesetz **Anlage § 066–03**

| Lfd. Nr. | Dienststelle/Anschrift/ Fernsprecher (mit Vorwahl) ggf. Telefax/Telex | Öffnungszeiten | Zuständiges Zollfahndungsamt |
|---|---|---|---|
| 1 | 2 | 3 | 4 |
| 7 | HZA Karlsruhe<br>– ZA –<br>Ottostr. 22 b<br>76227 Karlsruhe<br>Tel.: (07 21) 4 76 50 – 0<br>Fax: (07 21) 4 76 50 – 29 | Mo. – Do.: 7.30 – 16.00 Uhr<br>Fr.: 7.30 – 14.30 Uhr | wie lfd. Nr. 6 |
| 8 | HZA Koblenz<br>– ZA Betzdorf –<br>Höferstraße 8<br>57518 Betzdorf<br>Tel.: (0 27 41) 93 81 30<br>Fax: (0 27 41) 93 81 310 | Mo. – Fr.: 7.30 – 16.00 Uhr | wie lfd. Nr. 1 |
| 9 | HZA Koblenz<br>– ZA Bingen –<br>Kalmenweg 22<br>55411 Bingen<br>Tel.: (0 67 21) 91 36 – 0<br>Fax: (0 67 21) 91 36 – 19 | Mo. – Fr.: 7.30 – 16.00 Uhr | wie lfd. Nr. 1 |
| 10 | HZA Koblenz<br>– ZA Hahn-Flughafen –<br>Gebäude 850<br>55483 Hahn Flughafen<br>Tel.: (0 65 43) 50 88 – 80<br>Fax: (0 65 43) 50 88 – 90 | Mo. – So.: 0.00 – 24.00 Uhr | wie lfd. Nr. 1 |
| 11 | HZA Koblenz<br>– ZA Idar-Oberstein –<br>Hauptstraße 197<br>55743 Idar-Oberstein<br>Tel.: (0 67 81) 5 62 70<br>Fax: (0 67 81) 56 27 19 | Mo.– Fr.: 7.30 – 16.00 Uhr | wie lfd. Nr. 1 |
| 12 | HZA Koblenz<br>– ZA Rheinhafen –<br>Fritz-Ludwigstraße 3<br>56070 Koblenz<br>Tel.: (0 26 1) 8 00 95 – 0<br>Fax: (0 26 1) 8 –00 95 – 55 | Mo. – Fr.: 7.30 – 16.00 Uhr | wie lfd. Nr. 1 |
| 13 | HZA Koblenz<br>– ZA Mainz –<br>Rheinallee 88/ Obere Austraße<br>55120 Mainz<br>Tel.: (0 61 31) 9 65 09 – 0<br>Fax: (0 61 31) 9 65 09 – 12 | Mo. – Fr.: 7.30 – 16.00 Uhr | wie lfd. Nr. 1 |
| 14 | HZA Koblenz<br>– ZA Trier-Ehrang –<br>Eduard – Becking– Straße 5<br>54293 Trier<br>Tel.: (06 51) 9 68 25 – 0<br>Fax: (06 51) 9 68 25 – 10 | Mo. – Fr.: 7.30 – 16.00 Uhr | wie lfd. Nr. 1 |

**Anlage § 066–03**  Zu § 66 Energiesteuergesetz

| Lfd. Nr. | Dienststelle/Anschrift/ Fernsprecher (mit Vorwahl) ggf. Telefax/Telex | Öffnungszeiten | Zuständiges Zollfahndungsamt |
|---|---|---|---|
| 1 | 2 | 3 | 4 |
| 15 | HZA Koblenz<br>– ZA Wittlich –<br>Max-Planck-Straße 13<br>54516 Wittlich<br>Tel.: (0 65 71) 9 10 70 – 0<br>Fax: (0 65 71) 9 10 70 – 21 | Mo. – Fr.: 7.30 – 16.00 Uhr | wie lfd. Nr. 1 |
| 16 | HZA Lörrach<br>– ZA Appenweier –<br>Ludwig-Winter-Str. 8<br>77767 Appenweier<br>Tel.: (0 78 05) 91 88 – 0<br>Fax: (0 78 05) 91 88 – 10, 11 | Mo. – Fr.: 6.00 – 18.00 Uhr | ZFA Stuttgart<br>– Dienstsitz Freiburg –<br>Riegeler Straße 2<br>79111 Freiburg<br>Tel.: (07 61) 28 29 8 – 0<br>Fax: (07 61) 28 29 8 – 500 |
| 17 | HZA Lörrach<br>– ZA Freiburg –<br>Tullastr. 84<br>79108 Freiburg<br>Tel.: (07 61) 50 42 0 – 0<br>Fax: (07 61) 50 42 0 – 29 | Mo. – Fr.: 7.30 – 17.00 Uhr | wie lfd. Nr. 16 |
| 18 | HZA Lörrach<br>– ZA Weil am Rhein Autobahn –<br>Lustgartenstraße 1<br>79576 Weil am Rhein<br>Tel.: (07621) 7 01 – 0<br>Fax: (07621) 7 01 – 5 86, – 5 85 | Mo. – So.: 00.00 – 24.00 Uhr | wie lfd. Nr. 16 |
| 19 | HZA Saarbrücken<br>– ZA Germersheim –<br>Wörthstraße 19<br>76726 Germersheim<br>Tel.: (0 72 74) 5 00 51 – 0<br>Fax: (0 72 74) 5 00 51 – 20 | Mo. – Fr.: 7.30 – 12.00 Uhr, 12.45 – 16.00 Uhr | wie lfd. Nr. 1 |
| 20 | HZA Saarbrücken<br>– ZA Homburg –<br>Poststraße 5<br>66424 Homburg<br>Tel.: (0 68 41) 9 22 43 – 0<br>Fax: (0 68 41) 9 22 43 – 20 | Mo. – Fr.: 7.30 – 12.15 Uhr, 13.00 – 16.00 Uhr | wie lfd. Nr. 1 |
| 21 | HZA Saarbrücken<br>– ZA Kaiserslautern –<br>Von-Miller-Straße 13<br>67661 Kaiserslautern<br>Tel.: (06 31) 3 16 52 – 0<br>Fax: (06 31) 3 16 52 – 99 | Mo. – Fr.: 7.30 – 12.15 Uhr, 13.00 – 16.00 Uhr | wie lfd. Nr. 1 |
| 22 | HZA Saarbrücken<br>– ZA Pirmasens –<br>Adam-Müller-Straße 48<br>66954 Pirmasens<br>Tel.: (0 63 31) 55 38 – 0<br>Fax: (0 63 31) 55 38 – 70 | Mo. – Fr.: 7.30 – 16.00 Uhr | wie lfd. Nr. 1 |

Zu § 66 Energiesteuergesetz                                    **Anlage § 066–03**

| Lfd. Nr. | Dienststelle/Anschrift/ Fernsprecher (mit Vorwahl) ggf. Telefax/Telex | Öffnungszeiten | Zuständiges Zollfahndungsamt |
|---|---|---|---|
| 1 | 2 | 3 | 4 |
| 23 | HZA Saarbrücken<br>– ZA Saarlouis –<br>Ostring 57<br>66740 Saarlouis<br>Tel.: (0 68 31) 9 86 05 – 0<br>Fax: (0 68 31) 9 86 05 – 29 | Mo. – Fr.: 7.30 – 12.15 Uhr,<br>13.00 – 16.00 Uhr | wie lfd. Nr. 1 |
| 24 | HZA Saarbrücken<br>– Zollamt –<br>Im Hauptgüterbahnhof<br>66123 Saarbrücken<br>Tel.: (06 81) 3 79 65 – 0<br>Fax: (06 81) 3 79 65 – 20 | Mo. – Fr.: 7.30 – 12.15 Uhr,<br>13.00 – 16.00 Uhr | wie lfd. Nr. 1<br>Fax: (0 69) 5 07 75 – 117 |
| 25 | HZA Singen<br>– ZA Bad Säckingen –<br>Fricktalstraße 2<br>79713 Bad Säckingen<br>Tel.: (0 77 61) 92 04 – 0<br>Fax:(0 77 61) 92 04 – 30 | Mo. – Fr.: 7.30 – 19.00 Uhr | wie lfd. Nr. 16 |
| 26 | HZA Singen<br>– ZA Bietingen –<br>Zollstraße 35<br>78244 Gottmadingen<br>Tel.: (0 77 34) 89 – 0<br>Fax: (0 77 34) 89 – 181 | Mo. – Fr.: 7.00 – 22.00 Uhr<br>Sa.: 8.00 – 12.00 Uhr | wie lfd. Nr. 16 |
| 27 | HZA Singen<br>– ZA Erzingen –<br>Hauptstraße 113<br>79771 Klettgau<br>Tel.: (0 77 42) 92 88 6 – 0<br>Fax: (0 77 42) 92 88 6 – 30 | Mo. – Fr.: 7.00 – 17.30 Uhr | wie lfd. Nr. 16 |
| 28 | HZA Singen<br>– ZA Laufenburg –<br>Flößer Straße 2<br>79725 Laufenburg (Baden)<br>Tel.: (0 77 63) 7 04 19 – 0<br>Fax: (0 77 63) 7 04 19 – 18 | Mo. – Fr.: 7.30 – 17.30 Uhr | wie lfd. Nr. 16 |
| 29 | HZA Singen<br>– ZA Lottstetten –<br>Bundesstraße<br>79807 Lottstetten<br>Tel.: (0 77 45) 9 27 78 – 0<br>Fax: (0 77 45) 9 27 78 – 5 | Mo. – Fr.: 7.00 – 17.00 Uhr | wie lfd. Nr. 16 |
| 30 | HZA Singen<br>– ZA Neuhaus –<br>Zollstraße 2<br>78176 Blumberg<br>Tel.: (0 77 36) 92 19 – 0<br>Fax: (0 77 36) 92 19 – 118 | Mo. – Fr.: 6.30 – 17.30 Uhr | wie lfd. Nr. 16 |

**Anlage § 066–03**  Zu § 66 Energiesteuergesetz

| Lfd. Nr. | Dienststelle/Anschrift/ Fernsprecher (mit Vorwahl) ggf. Telefax/Telex | Öffnungszeiten | Zuständiges Zollfahndungsamt |
|---|---|---|---|
| 1 | 2 | 3 | 4 |
| 31 | HZA Singen<br>– ZA Rielasingen –<br>Ramsener Straße 67<br>78239 Rielasingen-Worblingen<br>Tel.: (0 77 31) 79 16 – 0<br>Fax: (0 77 31) 79 16 – 49 | Mo. – Fr.: 7.00 – 18.00 Uhr | wie lfd. Nr. 16 |
| 32 | HZA Singen<br>– ZA Stühlingen –<br>Bundesstraße 18<br>79780 Stühlingen<br>Tel.: (0 77 44) 92 98 8 – 0<br>Fax: (0 77 44) 92 98 8 – 15 | Mo. – Fr.: 7.30 – 17.00 Uhr | wie lfd. Nr. 16 |
| 33 | HZA Stuttgart<br>– ZA Zuffenhausen –<br>Gottfried-Keller-Straße 22<br>70435 Stuttgart<br>Tel.: (07 11) 1 36 85 – 0<br>Fax: (07 11) 1 36 85 – 63 | Mo. – Do.: 7.30 – 15.30 Uhr<br>Fr.: 7.30 – 18.00 Uhr | wie lfd. Nr. 2 |
| 34 | HZA Ulm<br>– ZA Donautal –<br>Daimler Str. 15<br>89079 Ulm<br>Tel.: (07 31) 9 35 13 – 0<br>Fax: (07 31) 9 35 13 – 89 | Mo. – Mi.: 7.30 – 16.00 Uhr<br>Do.: 7.30 – 17.00 Uhr<br>Fr.: 7.30 – 15:00 Uhr | wie lfd. Nr. 2 |
| 35 | HZA Ulm<br>– ZA Friedrichshafen –<br>– AbfSt. Fähre –<br>Seestraße 23<br>Postfach 16 20 (PLZ 88006)<br>88045 Friedrichshafen<br>Tel.: (0 75 41) 9 24 – 42<br>Fax: (0 75 41) 3 54 – 55 | Mo. – Fr.: 5.15 – 21.30 Uhr<br>Sa.: 7.00 – 21.30 Uhr | wie lfd. Nr. 2 |
| 36 | HZA Ulm<br>– ZA Reutlingen –<br>Burkhardt + Weber Straße 28<br>72760 Reutlingen<br>Tel.: 07121 / 30 43 – 0<br>Fax: 07121 / 30 43 – 170<br>E-Mail: poststelle@zart.bfinv.de | Mo. – Mi.: 07:30 – 16:00 Uhr<br>Do.: 07:30 – 17:00 Uhr<br>Fr.: 07:30 – 15:00 Uhr | wie lfd. Nr. 2 |

Zu § 66 Energiesteuergesetz **Anlage § 066–03**

**Bundesfinanzdirektion Südost**

| Lfd. Nr. | Dienststelle/Anschrift/ Fernsprecher (mit Vorwahl) ggf. Telefax/Telex | Öffnungszeiten | Zuständiges Zollfahndungsamt |
|---|---|---|---|
| 1 | 2 | 3 | 4 |
| 1 | HZA Augsburg<br>– ZA Göggingen –<br>Depotstraße 8<br>Postfach 22 02 60 (PLZ 86182)<br>86199 Augsburg<br>Tel.: (08 21) 5 90 98 – 0<br>Fax: (08 21) 5 90 98 – 50 | Mo. – Do.: 7.45 – 16.15 Uhr<br>Fr.: 7.45 – 14.45 Uhr | ZFA München<br>Landsberger Straße 124<br>80339 München<br>Tel.: (089) 5109 – 02<br>Fax.: (089) 5109 –1180 |
| 2 | HZA Augsburg<br>– ZA Ingolstadt –<br>Münchener Straße 136<br>Postfach 10 10 60 (PLZ 85010)<br>85051 Ingolstadt<br>Tel.: (08 41) 9 73 76 – 0<br>Fax: (08 41) 9 73 76 – 30 | Mo. – Do.: 7.45 – 16.15 Uhr<br>Fr.: 7.45 – 14.45 Uhr | wie lfd. Nr. 1 |
| 3 | HZA Augsburg<br>– ZA Memmingen –<br>Riedbachstraße 13<br>Postfach 16064 (PLZ 87689)<br>87700 Memmingen<br>Tel.: (0 83 31) 9 50 83 – 0<br>Fax: (0 83 31) 9 50 83 – 22 | Mo. – Do.: 7.45 – 16.15 Uhr<br>Fr.: 7.45 – 14.45 Uhr | ZFA München<br>– Dienstsitz Lindau –<br>Bregenzer Straße 5<br>88131 Lindau (B)<br>Tel.: (08382) 9313 – 0<br>Fax.: (08382) 6862 |
| 4 | HZA Erfurt<br>– ZA Chemnitz –<br>Bornaer Str. 205<br>09114 Chemnitz<br>Tel.: (03 71) 45 80 – 500<br>Fax: (03 71) 45 80 – 501 | Mo. – Mi.: 7.00 – 15:30 Uhr<br>Do.: 7.00 – 18:00 Uhr<br>Fr.: 7.00 – 14.30 Uhr | ZFA Dresden<br>Schützenhöhe 26<br>01099 Dresden<br>Tel.: (0351) 2134-6125<br>Fax: (0351) 2134-6111 |
| 5 | HZA Erfurt<br>– ZA Hirschfeld –<br>Lengenfelder Straße 6<br>08144 Hirschfeld<br>Tel.: (037607) 867-0<br>Fax: (037607) 867-44 | Mo. – Mi.: 7.00 – 15.30 Uhr<br>Do.: 7.00 – 18.00 Uhr<br>Fr.: 7.00 – 14.30 Uhr | wie lfd. Nr. 6 |
| 6 | HZA Erfurt<br>– ZA Am Flughafen –<br>Flughafenstr. 4<br>99062 Erfurt<br>Tel.: (03 61) 5513-630<br>Fax: (03 61) 5513-640 | Mo. – Mi.: 6.00 – 15.30 Uhr<br>Do.: 6.00 – 18.00 Uhr<br>Fr.: 6.00 – 14.30 Uhr | wie lfd. Nr. 6 |
| 7 | HZA Erfurt<br>– ZA Gera –<br>Carl-Zeiss-Straße 2<br>Gebäude 4<br>07552 Gera<br>Tel.: (03 65) 516188-20<br>Fax: (03 65) 516188-12 | Mo. – Mi.: 7.00 – 15.30 Uhr<br>Do.: 7.00 – 18.00 Uhr<br>Fr.: 7.00 – 14.30 Uhr | wie lfd. Nr. 6 |

**Anlage § 066–03**  Zu § 66 Energiesteuergesetz

| Lfd. Nr. | Dienststelle/Anschrift/ Fernsprecher (mit Vorwahl) ggf. Telefax/Telex | Öffnungszeiten | Zuständiges Zollfahndungsamt |
|---|---|---|---|
| 1 | 2 | 3 | 4 |
| 8 | HZA Landshut<br>– ZA Plattling –<br>Robert-Bosch-Str. 1<br>94447 Plattling<br>Tel.: (0 99 31) 8 90 15 – 350<br>Fax: (0 99 31) 8 90 15 – 355 | Mo. – Fr.: 8.00 – 17.00 Uhr | ZFA München<br>– ZwSt Weiden –<br>Kasernenstraße 2<br>Postfach 16 58 (PLZ 92619)<br>92637 Weiden<br>Tel.: (09961) 6717 – 0<br>Fax:(09961) 6717 – 100<br>Einsatzbereitschaft über LID<br>Tel.:(089/5109 – 1115/1116) |
| 9 | HZA Landshut<br>– ZA Passau –<br>Industriestraße 14 d<br>94036 Passau<br>Tel.: (08 51) 9899-20<br>Fax: (08 51) 9899-211 | Mo. – Fr.: 8.00 – 18.00 Uhr<br>Sa.: 8.00 – 13.00 Uhr | wie lfd. Nr. 10 |
| 10 | HZA Nürnberg<br>Frankenstraße 208<br>90461 Nürnberg<br>Tel.: (09 11) 94 63 – 0<br>Fax: (09 11) 94 63 – 1199 | Mo. – Do.: 8.30 – 16:00 Uhr<br>Fr.: 8.30 – 12.00 Uhr | ZFA München<br>– Dienstsitz Nürnberg –<br>Frankenstraße 208<br>Postfach 22 59 (PLZ 90009)<br>90461 Nürnberg<br>Tel.: (09 11) 94 63 – 0<br>Fax: (09 11) 9463 – 1799 |
| 11 | HZA Regensburg<br>– ZA Amberg –<br>Nürnberger Straße 19<br>Postfach 22 43 (PLZ 92212)<br>92224 Amberg<br>Tel.: (0 96 21) 97 34 – 0<br>Fax: (0 96 21) 97 34 – 60 | Mo. – Do.: 7.30 – 16.15 Uhr<br>Fr.: 7.30 – 15.00 Uhr | wie lfd. Nr. 10 |
| 12 | HZA Regensburg<br>– ZA Furth i. Wald –<br>Böhmerstraße 64<br>93437 Furth i. Wald<br>Tel.: (0 99 73) 8 53 – 0<br>Fax: (0 99 73) 8 53 – 188 | Mo. – Do.: 7.30 – 16.30 Uhr<br>Fr.: 7.30 – 15.00 Uhr | wie lfd. Nr. 10 |
| 13 | HZA Regensburg<br>– ZA Hof –<br>Am Güterbahnhof 33<br>95032 Hof<br>Tel.: (0 92 81) 8 50 17 – 0<br>Fax: (0 92 81) 8 50 17 – 50 | Mo. – Do.: 7.00 – 15.45 Uhr<br>Fr.: 7.15 – 18.00 Uhr | wie lfd. Nr. 10 |
| 14 | HZA Regensburg<br>– ZA Marktredwitz –<br>Leutendorfer Str. 14<br>95615 Marktredwitz<br>Tel.: (0 92 31) 99 72 – 0<br>Fax: (0 92 31) 99 72 – 25 | Mo. – Do.: 7.30 – 16.30 Uhr<br>Fr.: 7.30 – 15.00 Uhr | wie lfd. Nr. 10 |

Zu § 66 Energiesteuergesetz    **Anlage § 066–03**

| Lfd. Nr. | Dienststelle/Anschrift/ Fernsprecher (mit Vorwahl) ggf. Telefax/Telex | Öffnungszeiten | Zuständiges Zollfahndungsamt |
|---|---|---|---|
| 1 | 2 | 3 | 4 |
| 15 | HZA Regensburg<br>– ZA Regensburg –<br>Junkersstraße 12<br>93055 Regensburg<br>Tel.: (09 41) 20 86 – 0<br>Fax: (09 41) 20 86 – 1100 | Mo. – Fr.: 7.15 – 22.00 Uhr<br>Sa.: 7.15 – 13.00 Uhr | wie lfd. Nr. 10 |
| 16 | HZA Regensburg<br>– ZA Waidhaus –<br>Am Autohof 3<br>92726 Waidhaus<br>Tel.: (0 96 52) 8146– 0<br>Fax: (0 96 52) 8146-20 | Mo. – Fr.: 7.00 – 20.00 Uhr<br>Sa.: 7.00 – 12.00 Uhr | wie lfd. Nr. 10 |
| 17 | HZA Regensburg<br>– ZA Weiden –<br>Dr.-Müller-Str. 11<br>92637 Weiden<br>Tel.: (0 96 1) 4 70 70 – 0<br>Fax: (0 96 1) 4 70 70 – 29 | Mo. – Do.: 7.30 – 16.00 Uhr<br>Fr.: 7.30 – 14.30 Uhr | wie lfd. Nr. 10 |
| 18 | HZA Rosenheim<br>– ZA Reischenhart –<br>Kufsteiner Straße 122<br>83064 Reischenhart<br>Tel.: (0 80 35) 87 31 – 0<br>Fax: (0 80 35) 87 31 – 100 | Mo. – Mi.: 7.00 – 17.00 Uhr<br>Do.: 7.00 – 18.00 Uhr<br>Fr.: 7.00 – 16.00 Uhr | wie lfd. Nr. 1 |
| 19 | HZA Schweinfurt<br>– ZA Aschaffenburg –<br>Goldbacher Straße 65 b<br>Postfach 10 07 51 (PLZ 63705)<br>63741 Aschaffenburg<br>Tel.: (0 60 21) 38 85 – 0<br>Fax: (0 60 21) 38 85 – 229 | Mo. – Fr.: 7.30 – 18.00 Uhr<br>Sa.: 8.00 – 12.00 Uhr | ZFA Frankfurt a. Main<br>Wilhelm-Fay-Str. 11<br>60936 Frankfurt am Main<br>Tel.: (069) 5 07 75 – 0<br>Fax: (069) 5 07 75 – 117 |
| 20 | HZA Schweinfurt<br>Brückenstr. 27<br>Postfach 41 50 (PLZ 97409)<br>97421 Schweinfurt<br>Tel.: (0 97 21) 64 64 – 0<br>Fax: (0 97 21) 64 64 – 1840 | Mo. – Do.: 8.30 – 15.00 Uhr<br>Fr.: 8.30 – 12.00 Uhr | wie lfd. Nr. 10 |
| 21 | HZA Schweinfurt<br>– Zollamt Bamberg –<br>Ludwigstr. 28<br>Postfach 29 49 (PLZ 96020)<br>96052 Bamberg Schweinfurt<br>Tel.: (09 51) 29 60 58 – 0<br>Fax: (09 51) 29 60 58 – 266 | Mo., Di u. Do.: 7.30 – 16.30 Uhr<br>Mi.: 7.30 – 17.00 Uhr<br>Fr.: 7.30 – 14.30 Uhr | wie lfd. Nr. 10 |
| 22 | HZA Schweinfurt<br>– ZA Dettelbach/Mainfrankenpark –<br>Mainfrankenpark 4<br>97337 Dettelbach<br>Tel.: (0 93 02) 98 17 – 0<br>Fax: (0 93 02) 98 17 – 1 36 | Mo. – Fr.: 7.15 – 18.00 Uhr | wie lfd. Nr. 10 |

**Anlage § 066–04**  Zu § 66 Energiesteuergesetz

## VERORDNUNG (EG) Nr. 1186/2009 DES RATES über das gemeinschaftliche System der Zollbefreiungen (kodifizierte Fassung)

Amtsblatt der Europäischen Union vom 16.11.2009

DER RAT DER EUROPÄISCHEN GEMEINSCHAFTEN –

gestützt auf den Vertrag zur Gründung der Europäischen Gemeinschaft, insbesondere auf die Artikel 26, 37 und 308,

auf Vorschlag der Kommission,

nach Stellungnahme des Europäischen Parlaments [1]),

in Erwägung nachstehender Gründe:

(1) Verordnung (EWG) Nr. 918/83 des Rates vom 28. März 1983 über das gemeinschaftliche System der Zollbefreiungen [2]) ist mehrfach und in wesentlichen Punkten geändert worden [3]). Aus Gründen der Übersichtlichkeit und Klarheit empfiehlt es sich, die genannte Verordnung zu kodifizieren.

(2) Abgesehen von besonderen Ausnahmen nach Maßgabe des Vertrags sind die Zölle des Gemeinsamen Zolltarifs auf alle Waren anwendbar, die in die Gemeinschaft eingeführt werden; dies gilt auch für die Abschöpfungen und alle anderen Abgaben bei der Einfuhr, die im Rahmen der gemeinsamen Agrarpolitik oder im Rahmen der für bestimmte landwirtschaftliche Verarbeitungserzeugnisse geltenden spezifischen Regelungen vorgesehen sind.

(3) Eine derartige Abgabenerhebung ist jedoch unter bestimmten Umständen nicht gerechtfertigt, wenn zum Beispiel der besonderen Bedingungen der Einfuhr keine Anwendung der üblichen Maßnahmen zum Schutz der Wirtschaft erfordern.

(4) Es ist ratsam, für derartige Fälle – wie üblicherweise schon in den meisten Zollgesetzen verankert – vorzusehen, dass die Einfuhr nach einem Zollbefreiungsverfahren erfolgen kann, dem zufolge auf die Waren die normalerweise auf sie anwendbaren Eingangsabgaben nicht erhoben werden.

(5) Derartige Abgabenbefreiungen sind auch in internationalen multilateralen Abkommen vorgesehen, denen alle oder einige Mitgliedstaaten beigetreten sind. Die Gemeinschaft muss daher diese Abkommen anwenden: die Anwendung setzt ein gemeinschaftliches System der Zollbefreiungen voraus, damit entsprechend den Erfordernissen der Zollunion die Unterschiede hinsichtlich des Gegenstands, der Tragweite und der Durchführungsbedingungen für die in diesen Abkommen vorgesehenen Befreiungen beseitigt werden und alle betroffenen Personen innerhalb der gesamten Gemeinschaft die gleichen Vorteile genießen können.

(6) Bestimmte in den Mitgliedstaaten gültige Befreiungen ergeben sich aus bestimmten mit Drittländern oder internationalen Organisationen geschlossenen Abkommen. Diese Abkommen betreffen aufgrund ihres Inhaltes nur den Unterzeichnermitgliedstaat. Es dürfte nicht angebracht sein, die Bedingungen für die Gewährung derartiger Befreiungen auf Gemeinschaftsebene zu regeln, sondern es sollte ausreichen, die betreffenden Mitgliedstaaten zur Gewährung dieser Befreiungen zu ermächtigen, nötigenfalls durch ein angemessenes Verfahren, das zu diesem Zweck festgelegt wird.

(7) Im Zuge der gemeinsamen Agrarpolitik werden auf bestimmte Waren unter bestimmten Umständen Ausfuhrabgaben erhoben. Daher ist es ratsam, auf Gemeinschaftsebene die Fälle festzulegen, in denen bei der Ausfuhr eine Befreiung von diesen Abgaben gewährt werden kann.

(8) Um eine eindeutige Rechtslage zu schaffen, müssen die Gemeinschaftsakte mit bestimmten Befreiungen, die durch die vorliegende Verordnung nicht berührt werden, einzeln angegeben werden.

9) Diese Verordnung schließt nicht aus, dass die Mitgliedstaaten Einfuhr- oder Ausfuhrverbote bzw. -beschränkungen verfügen, die aus Gründen der öffentlichen Sittlichkeit, Ordnung und Sicherheit, zum Schutz der Gesundheit und des Lebens von Menschen und Tieren oder zur Erhaltung von Pflanzen, zum Schutz des nationalen Kulturguts von künstlerischem, geschichtlichem oder archäologischem Wert oder zum Schutz des gewerblichen oder kommerziellen Eigentums gerechtfertigt sind.

(10) In den Fällen, in denen für Befreiungen in Euro festgesetzte Höchstbeträge gelten, sollte festgelegt werden, nach welchen Regeln die Umrechnung dieser Beträge in die einzelstaatlichen Währungen zu erfolgen hat –

---

1) Stellungnahme vom 24. März 2009 (noch nicht im Amtsblatt veröffentlicht).
2) ABl. L 105 vom 23.4.1983, S. 1.
3) Siehe Anhang V.

Zu § 66 Energiesteuergesetz	Anlage § 066–04

HAT FOLGENDE VERORDNUNG ERLASSEN:

## TITEL I

## ANWENDUNGSBEREICH UND BEGRIFFSBESTIMMUNGEN

### Artikel 1

Diese Verordnung legt die Fälle fest, in denen bei der Überführung von Waren in den zollrechtlich freien Verkehr oder bei der Ausfuhr von Waren aus dem Zollgebiet der Gemeinschaft aufgrund besonderer Umstände eine Befreiung von den Einfuhr- oder Ausfuhrabgaben gewährt wird bzw. in denen die auf der Grundlage des Artikels 133 des EG-Vertrags beschlossenen Maßnahmen nicht angewendet werden.

### Artikel 2

(1) Im Sinne dieser Verordnung gelten als

a) „Eingangsabgaben": Zölle, Abgaben gleicher Wirkung, Abschöpfungen und sonstige bei der Einfuhr zu erhebende Abgaben, die im Rahmen der gemeinsamen Agrarpolitik oder im Rahmen der auf bestimmte landwirtschaftliche Verarbeitungserzeugnisse anwendbaren spezifischen Regelungen vorgesehen sind;

b) „Ausfuhrabgaben": Abschöpfungen und sonstige bei der Ausfuhr zu erhebende Abgaben, die im Rahmen der gemeinsamen Agrarpolitik oder im Rahmen der auf bestimmte landwirtschaftliche Verarbeitungserzeugnisse anwendbaren spezifischen Regelungen vorgesehen sind;

c) „Übersiedlungsgut": Waren, die zum persönlichen Gebrauch der Beteiligten oder für ihren Haushalt bestimmt sind.

Als Übersiedlungsgut gelten insbesondere:

i) Hausrat;

ii) Fahrräder und Krafträder, private Personenkraftwagen und deren Anhänger, Camping-Anhänger, Wassersportfahrzeuge und Sportflugzeuge.

Als Übersiedlungsgut gelten ferner auch die Haushaltsvorräte in den von einer Familie üblicherweise als Vorrat gehaltenen Mengen, Haustiere, Reittiere sowie tragbare Instrumente für handwerkliche oder freiberufliche Tätigkeiten, die der Beteiligte zur Ausübung seines Berufs benötigt. Das Übersiedlungsgut darf seiner Art und Menge nach keinen kommerziellen Zweck erkennen lassen;

d) „Hausrat": persönliche Gegenstände, Haus-, Bett- und Tischwäsche sowie Möbel und Geräte, die zum persönlichen Gebrauch der Beteiligten oder für ihren Haushalt bestimmt sind.

e) „alkoholische Erzeugnisse": die unter die Positionen 2203 bis 2208 der Kombinierten Nomenklatur fallenden Erzeugnisse (Bier, Wein, Aperitifs auf der Grundlage von Wein oder Alkohol, Branntwein, Likör, Spirituosen usw.).

(2) Soweit in dieser Verordnung nichts anderes bestimmt ist, umfasst „Drittland" im Sinne des Titels II auch die Teile des Gebiets der Mitgliedstaaten, die nach Maßgabe der Verordnung (EWG) Nr. 2913/92 des Rates vom 12. Oktober 1992 zur Festlegung des Zollkodex der Gemeinschaften [1)] aus dem Zollgebiet der Gemeinschaft ausgeschlossen sind.

## TITEL II

## BEFREIUNG VON DEN EINGANGSABGABEN

### KAPITEL I

**Übersiedlungsgut von natürlichen Personen, die ihren gewöhnlichen Wohnsitz aus einem Drittland in die Gemeinschaft verlegen**

### Artikel 3

Von den Eingangsabgaben befreit ist vorbehaltlich der Artikel 4 bis 11 das Übersiedlungsgut natürlicher Personen, die ihren gewöhnlichen Wohnsitz in das Zollgebiet der Gemeinschaft verlegen.

### Artikel 4

Die Befreiung gilt nur für Übersiedlungsgut, das

a) außer in umständehalber gerechtfertigten Sonderfällen dem Beteiligten gehört und, falls es sich um nicht verbrauchbare Waren handelt, von ihm an seinem früheren gewöhnlichen Wohnsitz mindestens

---

1) ABl. L 302 vom 19.10.1992, S. 1.

# Anlage § 066–04

Zu § 66 Energiesteuergesetz

sechs Monate vor dem Zeitpunkt der Aufgabe seines gewöhnlichen Wohnsitzes in dem Herkunfts-Drittland benutzt worden ist;

b) am neuen gewöhnlichen Wohnsitz zu den gleichen Zwecken benutzt werden soll.

Die Mitgliedstaaten können die Befreiung ferner davon abhängig machen, dass die normalerweise auf diese Gegenstände anwendbaren Zölle und/oder Steuern im Ursprungs- oder Herkunftsland entrichtet worden sind.

## Artikel 5

(1) Die Befreiung kann nur Personen gewährt werden, die ihren gewöhnlichen Wohnsitz mindestens zwölf aufeinander folgende Monate außerhalb des Zollgebiets der Gemeinschaft gehabt haben.

(2) Die zuständigen Behörden können jedoch Ausnahmen von der in Absatz 1 genannten Regel zulassen, wenn der Beteiligte nachweist, dass er die Absicht hatte, mindestens zwölf Monate außerhalb des Zollgebiets der Gemeinschaft zu verbleiben.

## Artikel 6

Von der Befreiung sind ausgeschlossen:

a) alkoholische Erzeugnisse;

b) Tabak und Tabakwaren;

c) Nutzfahrzeuge;

d) gewerblich genutzte Gegenstände, außer tragbaren Instrumenten und Geräten für handwerkliche oder freiberufliche Tätigkeiten.

## Artikel 7

(1) Außer in Ausnahmefällen wird die Befreiung nur für Übersiedlungsgut gewährt, das von dem Beteiligten innerhalb von zwölf Monaten nach der Begründung seines gewöhnlichen Wohnsitzes im Zollgebiet der Gemeinschaft zur Überführung in den zollrechtlich freien Verkehr angemeldet wird.

(2) Das Übersiedlungsgut kann innerhalb der in Absatz 1 genannten Frist in mehreren Teilsendungen in den zollrechtlich freien Verkehr übergeführt werden.

## Artikel 8

(1) Vor Ablauf einer Frist von zwölf Monaten nach Annahme des Antrags auf Überführung in den zollrechtlich freien Verkehr darf das unter Befreiung von den Eingangsabgaben eingeführte Übersiedlungsgut ohne vorherige Unterrichtung der zuständigen Behörden weder verliehen, verpfändet, vermietet, veräußert noch überlassen werden.

(2) Bei Verleih, Verpfändung, Vermietung, Veräußerung oder Überlassung vor Ablauf der in Absatz 1 genannten Frist werden die Eingangsabgaben auf die betreffenden Waren nach den zum Zeitpunkt des Verleihs, der Verpfändung, der Vermietung, der Veräußerung oder Überlassung geltenden Sätzen und nach der Beschaffenheit und dem Zollwert erhoben, die von den zuständigen Behörden zu diesem Zeitpunkt festgestellt oder anerkannt werden.

## Artikel 9

(1) Abweichend von Artikel 7 Absatz 1 kann die Befreiung jedoch für vor Begründung des gewöhnlichen Wohnsitzes durch den Beteiligten im Zollgebiet der Gemeinschaft zur Abfertigung zum zollrechtlich freien Verkehr angemeldetes Übersiedlungsgut genehmigt werden, sofern dieser sich verpflichtet, seinen gewöhnlichen Wohnsitz tatsächlich innerhalb von sechs Monaten dort zu begründen. Gleichzeitig mit dieser Verpflichtung wird eine Sicherheit geleistet, deren Art und Höhe von den zuständigen Behörden bestimmt wird.

(2) Bei Inanspruchnahme des Absatzes 1 beginnt die Frist nach Artikel 4 Buchstabe a zu dem Zeitpunkt der Einfuhr des Übersiedlungsguts in das Zollgebiet der Gemeinschaft.

## Artikel 10

(1) Verlässt der Beteiligte das Drittland, in dem er seinen gewöhnlichen Wohnsitz hatte, aufgrund beruflicher Verpflichtungen ohne gleichzeitige Begründung des gewöhnlichen Wohnsitzes im Zollgebiet der Gemeinschaft, jedoch in der Absicht, ihn in der Folge dort zu begründen, so können die zuständigen Behörden das vom Beteiligten zu diesem Zweck in das Zollgebiet der Gemeinschaft eingeführte Übersiedlungsgut von den Eingangsabgaben befreien.

(2) Die Befreiung von den Eingangsabgaben für das in Absatz 1 genannte Übersiedlungsgut wird nach Maßgabe der Artikel 3 bis 8 gewährt, wobei

Zu § 66 Energiesteuergesetz

Anlage § 066–04

a) die Fristen nach Artikel 4 Buchstabe a und Artikel 7 Absatz 1 zu dem Zeitpunkt beginnen, an dem das Übersiedlungsgut in das Zollgebiet der Gemeinschaft eingeführt wird;

b) die Frist nach Artikel 8 Absatz 1 zu dem Zeitpunkt beginnt, an dem der Beteiligte seinen gewöhnlichen Wohnsitz tatsächlich in das Zollgebiet der Gemeinschaft verlegt.

(3) Die Befreiung von den Eingangsabgaben unterliegt ferner der Bedingung, dass der Beteiligte sich verpflichtet, seinen gewöhnlichen Wohnsitz im Zollgebiet der Gemeinschaft innerhalb eines Zeitraums zu begründen, der von den zuständigen Behörden nach Maßgabe der Umstände festzulegen ist. In Verbindung mit dieser Verpflichtung können die zuständigen Behörden eine Sicherheit verlangen, deren Art und Höhe sie bestimmen.

### Artikel 11

Die zuständigen Behörden können Abweichungen von Artikel 4 Buchstaben a und b, Artikel 6 Buchstaben c und d sowie Artikel 8 vorsehen, wenn eine Person ihren gewöhnlichen Wohnsitz aufgrund außergewöhnlicher politischer Umstände von einem Drittland in das Zollgebiet der Gemeinschaft verlegt.

### KAPITEL II

### Heiratsgut

### Artikel 12

(1) Von den Eingangsabgaben befreit sind vorbehaltlich der Artikel 13 bis 16 Aussteuer und Hausrat, auch neu, einer Person, die ihren gewöhnlichen Wohnsitz aus Anlass ihrer Eheschließung aus einem Drittland in das Zollgebiet der Gemeinschaft verlegt.

(2) Unter denselben Voraussetzungen sind von den Eingangsabgaben auch die üblicherweise aus Anlass einer Eheschließung überreichten Geschenke befreit, die eine Person, die die Voraussetzungen des Absatzes 1 erfüllt, von Personen mit gewöhnlichem Wohnsitz in einem Drittland erhält. Die Befreiung ist jedoch davon abhängig, dass der Wert eines jeden Geschenkes 1 000 EUR nicht übersteigt.

### Artikel 13

Die Befreiung von Eingangsabgaben nach Artikel 12 wird nur Personen gewährt, die

a) ihren gewöhnlichen Wohnsitz mindestens zwölf aufeinander folgende Monate außerhalb des Zollgebiets der Gemeinschaft gehabt haben. Ausnahmen von dieser Regel können jedoch gewährt werden, wenn der Betreffende tatsächlich mindestens zwölf Monate außerhalb des Zollgebiets der Gemeinschaft zu wohnen beabsichtigte;

b) den Nachweis der Eheschließung erbringen.

### Artikel 14

Von der Befreiung ausgeschlossen sind alkoholische Erzeugnisse, Tabak und Tabakwaren.

### Artikel 15

(1) Außer in Ausnahmefällen wird die Zollbefreiung nur für Waren gewährt, die zur Abfertigung zum zollrechtlich freien Verkehr angemeldet werden:

a) frühestens zwei Monate vor dem geplanten Zeitpunkt der Eheschließung; in diesem Fall setzt die Zollbefreiung die Leistung einer angemessenen Sicherheit voraus, deren Art und Höhe von den zuständigen Behörden bestimmt werden; und

b) spätestens vier Monate nach dem Zeitpunkt der Eheschließung.

(2) Die in Artikel 12 genannten Waren können innerhalb der in Absatz 1 dieses Artikels genannten Frist in mehreren Teilsendungen in den zollrechtlich freien Verkehr übergeführt werden.

### Artikel 16

(1) Vor Ablauf einer Frist von zwölf Monaten nach Annahme des Antrags auf Überführung in den zollrechtlich freien Verkehr dürfen Waren, für die die Befreiung nach Artikel 12 gewährt wurde, ohne vorherige Unterrichtung der zuständigen Behörden weder verliehen, verpfändet, vermietet, veräußert oder überlassen werden.

(2) Bei Verleih, Verpfändung, Vermietung, Veräußerung oder Überlassung vor Ablauf der in Absatz 1 genannten Frist werden die Eingangsabgaben auf die betreffenden Waren nach dem zum Zeitpunkt des Verleihs, der Verpfändung, Vermietung, Veräußerung oder Überlassung geltenden Satz und nach der Beschaffenheit und dem Zollwert erhoben, die von den zuständigen Behörden zu diesem Zeitpunkt festgestellt oder anerkannt werden.

**Anlage § 066–04**  Zu § 66 Energiesteuergesetz

## KAPITEL III
## Erbschaftsgut

### Artikel 17

(1) Von den Eingangsabgaben befreit ist vorbehaltlich der Artikel 18, 19 und 20 das Erbschaftsgut, das eine natürliche Person mit gewöhnlichem Wohnsitz im Zollgebiet der Gemeinschaft als Erbe oder Vermächtnisnehmer aus einem Nachlass erhält.

(2) Als „Erbschaftsgut" im Sinne von Absatz 1 gelten alle Waren im Sinne von Artikel 2 Absatz 1 Buchstabe c, die den Nachlass des Verstorbenen bilden.

### Artikel 18

Von der Befreiung ausgeschlossen sind:

a) alkoholische Erzeugnisse;

b) Tabak und Tabakwaren;

c) Nutzfahrzeuge;

d) gewerblich genutzte Gegenstände, außer tragbaren Instrumenten und Geräten für handwerkliche oder freiberufliche Tätigkeiten, die der Verstorbene zur Berufsausübung verwendet hat;

e) Vorräte an Rohstoffen oder Fertig- bzw. Halbfertigwaren;

f) lebendes Inventar sowie Vorräte an landwirtschaftlichen Erzeugnissen, die über die üblicherweise von einer Familie als Vorrat gehaltene Menge hinausgehen.

### Artikel 19

(1) Die Zollbefreiung wird nur für Erbschaftsgut gewährt, das vor Ablauf einer Frist von zwei Jahren nach Inbesitznahme der Güter durch den Beteiligten (endgültige Nachlassabwicklung) zur Überführung in den zollrechtlichen freien Verkehr angemeldet wird.

Die zuständigen Behörden können jedoch aufgrund besonderer Umstände eine Fristverlängerung gewähren.

(2) Innerhalb der in Absatz 1 genannten Frist kann das Erbschaftsgut in mehreren Teilsendungen eingeführt werden.

### Artikel 20

Die Artikel 17, 18 und 19 gelten sinngemäß für Erbschaftsgut, das eine im Zollgebiet der Gemeinschaft niedergelassene juristische Person, die eine Tätigkeit ohne Gewinnabsichten ausübt, als Erbe oder Vermächtnisnehmer aus einem Nachlass erhält.

## KAPITEL IV
## Ausstattung, Ausbildungsmaterial und Haushaltsgegenstände von Schülern und Studenten

### Artikel 21

(1) Von den Eingangsabgaben befreit sind Ausstattung, Ausbildungsmaterial und zur normalen Einrichtung eines Studentenzimmers gehörende Haushaltsgegenstände von zu Studienzwecken in das Zollgebiet der Gemeinschaft einreisenden Schülern und Studenten zum persönlichen Gebrauch während der Studienzeit.

(2) Im Sinne von Absatz 1 gelten als

a) „Schüler und Studenten": Personen, die bei einer Lehranstalt ordnungsgemäß zum ständigen Besuch des Unterrichts eingeschrieben sind;

b) „Ausstattung": Haus-, Bett-, Tisch- und Leibwäsche sowie Kleidung, auch neu;

c) „Ausbildungsmaterial": Gegenstände und Geräte (einschließlich Rechen- und Schreibmaschinen), die von Schülern und Studenten üblicherweise beim Studium verwendet werden.

### Artikel 22

Die Befreiung wird pro Schul- bzw. Studienjahr mindestens einmal gewährt.

Zu § 66 Energiesteuergesetz  Anlage § 066–04

## KAPITEL V

### Sendungen mit geringem Wert

#### Artikel 23

(1) Von den Eingangsabgaben befreit sind vorbehaltlich des Artikels 24 Sendungen von Waren mit geringem Wert, die unmittelbar aus einem Drittland an einen Empfänger in der Gemeinschaft versandt werden.

(2) Als „Waren mit geringem Wert" im Sinne von Absatz 1 gelten Waren, deren Gesamtwert je Sendung 150 EUR nicht übersteigt.

#### Artikel 24

Von der Befreiung sind ausgeschlossen:
a) alkoholische Erzeugnisse;
b) Parfums und Toilettewasser;
c) Tabak und Tabakwaren.

## KAPITEL VI

### Sendungen von Privatperson an Privatperson

#### Artikel 25

(1) Von den Eingangsabgaben befreit sind vorbehaltlich der Artikel 26 und 27 Waren, die in Sendungen von einer Privatperson aus einem Drittland an eine andere Privatperson im Zollgebiet der Gemeinschaft gerichtet werden, sofern es sich um Einfuhren handelt, denen keine kommerziellen Erwägungen zugrunde liegen.

Die Befreiung nach diesem Absatz gilt nicht für Sendungen von der Insel Helgoland.

(2) Als „Einfuhren, denen keine kommerziellen Erwägungen zugrunde liegen" im Sinne des Absatzes 1 gelten Einfuhren in Sendungen, die

a) gelegentlich erfolgen;

b) sich ausschließlich aus Waren zusammensetzen, die zum persönlichen Ge- oder Verbrauch des Empfängers oder von Angehörigen seines Haushalts bestimmt sind und weder ihrer Art noch ihrer Menge nach zu der Annahme Anlass geben, dass die Einfuhr aus geschäftlichen Gründen erfolgt; und

c) der Empfänger vom Absender ohne irgendeine Bezahlung zugesandt erhält.

#### Artikel 26

(1) Die Befreiung nach Artikel 25 Absatz 1 wird je Sendung bis zu einem Gesamtwert von 45 EUR, einschließlich des Wertes der in Artikel 27 genannten Waren, gewährt.

(2) Übersteigt der Gesamtwert mehrerer Waren je Sendung den in Absatz 1 angegebenen Betrag, so gilt die Befreiung bis zur Höhe dieses Betrages für diejenigen Waren, für die sie bei gesonderter Einfuhr gewährt worden wären; eine Aufteilung des Wertes der einzelnen Waren ist hierbei nicht zulässig.

#### Artikel 27

Bei den nachstehend bezeichneten Waren ist die Befreiung nach Artikel 25 Absatz 1 je Sendung auf die folgenden Höchstmengen beschränkt:

a) Tabakwaren:
   – 50 Zigaretten;
   – 25 Zigarillos (Zigarren mit einem Stückgewicht von höchstens 3 g);
   – 10 Zigarren;
   – 50 g Rauchtabak; oder
   – eine anteilige Zusammenstellung dieser Waren;

b) Alkohol und alkoholische Getränke:
   – destillierte Getränke und Spirituosen mit einem Alkoholgehalt von mehr als 22 % vol; unvergällter Ethylalkohol mit einem Alkoholgehalt von 80 % vol und mehr: 1 Liter; oder
   – destillierte Getränke und Spirituosen, Aperitifs aus Wein oder Alkohol, Taffia, Sake oder ähnliche Getränke mit einem Alkoholgehalt von 22 % vol oder weniger; Schaumwein, Likörweine: 1 Liter, oder eine anteilige Zusammenstellung dieser Waren; und
   – nicht schäumende Weine: 2 Liter;

c) – Parfums: 50 g oder
   – Toilettewasser: 0,25 Liter.

## KAPITEL VII
Investitionsgüter und andere Ausrüstungsgegenstände, die anlässlich einer Betriebsverlegung aus einem Drittland in die Gemeinschaft eingeführt werden

### Artikel 28
(1) Unbeschadet der in den Mitgliedstaaten geltenden industrie- und handelspolitischen Maßnahmen sind Investitionsgüter und sonstige Ausrüstungsgegenstände, die einem Betrieb gehören, der seine Tätigkeit in einem Drittland endgültig einstellt, um eine gleichartige Tätigkeit im Zollgebiet der Gemeinschaft auszuüben, vorbehaltlich der Artikel 29 bis 33 von den Eingangsabgaben befreit.

Ist der verlegte Betrieb ein landwirtschaftlicher Betrieb, so wird auch für dessen lebendes Inventar eine Befreiung gewährt.

(2) Im Sinne von Absatz 1 gilt als „Betrieb" eine selbständige wirtschaftliche Produktions- oder Dienstleistungseinheit.

### Artikel 29
Die Befreiung nach Artikel 28 gilt nur für Investitionsgüter und andere Ausrüstungsgegenstände, die

a) außer in umständehalber gerechtfertigten Sonderfällen mindestens während zwölf Monaten vor Stilllegung des Betriebs in dem Drittland, aus dem er verlegt wird, benutzt worden sind;

b) nach der Verlegung zu den gleichen Zwecken benutzt werden sollen;

c) der Art und Größe des betreffenden Betriebs entsprechen.

### Artikel 30
Von der Befreiung ausgeschlossen sind Betriebe, deren Verlegung in das Zollgebiet der Gemeinschaft infolge oder zum Zweck der Fusion mit einem Betrieb oder der Übernahme durch einen Betrieb im Zollgebiet der Gemeinschaft erfolgt, ohne dass damit eine neue Tätigkeit begründet wird.

### Artikel 31
Von der Befreiung ausgeschlossen sind

a) Beförderungsmittel, die keine Produktionsmittel darstellen oder die nicht zum Erbringen einer Dienstleistung bestimmt sind;

b) zum menschlichen Verzehr oder zur Fütterung von Tieren bestimmte Vorräte jeder Art;

c) Brennstoffe sowie Vorräte an Rohstoffen, Fertig- oder Halbfertigwaren;

d) Vieh im Besitz von Viehhändlern.

### Artikel 32
Außer in umständehalber gerechtfertigten Sonderfällen wird die Befreiung nach Artikel 28 nur für Investitionsgüter und andere Ausrüstungsgegenstände gewährt, die binnen zwölf Monaten ab der Stilllegung des Betriebs in dem Herkunfts-Drittland zur Überführung in den zollrechtlich freien Verkehr angemeldet werden.

### Artikel 33
(1) Vor Ablauf einer Frist von zwölf Monaten nach Annahme des Antrags auf Überführung in den zollrechtlich freien Verkehr dürfen die unter Befreiung von den Eingangsabgaben eingeführten Investitionsgüter und anderen Ausrüstungsgegenstände ohne vorherige Unterrichtung der zuständigen Behörden weder verliehen, verpfändet, vermietet, veräußert oder überlassen werden.

Falls die Gefahr eines Missbrauchs besteht, kann diese Frist für die Vermietung oder Veräußerung bis auf sechsunddreißig Monate verlängert werden.

(2) Der Verleih, die Verpfändung, Vermietung, Veräußerung oder Überlassung vor Ablauf der in Absatz 1 genannten Frist bewirkt die Erhebung der Eingangsabgaben nach dem zum Zeitpunkt des Verleihs, der Verpfändung, der Vermietung, der Veräußerung oder der Überlassung geltenden Satz sowie nach der Beschaffenheit und dem Zollwert, die von den zuständigen Behörden zu diesem Zeitpunkt festgestellt oder anerkannt werden.

### Artikel 34

Die Artikel 28 bis 33 gelten sinngemäß für Investitionsgüter und andere Ausrüstungsgegenstände von Personen, die einen freien Beruf ausüben, sowie von juristischen Personen, die eine Tätigkeit ohne Erwerbszweck ausüben und diese aus einem Drittland in das Zollgebiet der Gemeinschaft verlegen.

## KAPITEL VIII
### Von Landwirten der Gemeinschaft auf Grundstücken in einem Drittland erwirtschaftete Erzeugnisse

### Artikel 35

(1) Von den Eingangsabgaben befreit sind vorbehaltlich der Artikel 36 und 37 Erzeugnisse des Acker- und Gartenbaus, der Vieh- und Bienenzucht und der Forstwirtschaft, die auf Grundstücken in einem Drittland in unmittelbarer Nähe des Zollgebiets der Gemeinschaft von Landwirten erwirtschaftet werden, die ihren Betriebssitz im Zollgebiet der Gemeinschaft in unmittelbarer Nähe des betreffenden Drittlands haben.

(2) Für Erzeugnisse der Viehzucht gilt Absatz 1 nur, wenn die Erzeugnisse von Tieren mit Ursprung in der Gemeinschaft oder von in der Gemeinschaft in den zollrechtlich freien Verkehr übergeführten Tieren stammen.

### Artikel 36

Die Befreiung gilt nur für Waren, die keiner weiteren Behandlung als der nach der Ernte, Erzeugung oder Gewinnung üblichen Behandlung unterzogen worden sind.

### Artikel 37

Die Befreiung wird lediglich für Erzeugnisse gewährt, die vom Landwirt oder in dessen Auftrag in das Zollgebiet der Gemeinschaft verbracht werden.

### Artikel 38

Die Artikel 35, 36 und 37 gelten sinngemäß für Erzeugnisse des Fischfangs oder der Fischzucht, die von Fischern aus der Gemeinschaft in den an einen Mitgliedstaat und ein Drittland angrenzenden Seen und Flüssen betrieben werden, sowie für die von Jägern aus der Gemeinschaft auf diesen Seen und Flüssen erzielten Jagdergebnisse.

## KAPITEL IX
### Saatgut, Düngemittel und andere Erzeugnisse zur Boden- oder Pflanzenbehandlung, die von Landwirten aus Drittländern zur Verwendung in grenznahen Betrieben eingeführt werden

### Artikel 39

Von den Eingangsabgaben befreit sind vorbehaltlich des Artikels 40 Saatgut, Düngemittel und Erzeugnisse zur Boden- oder Pflanzenbehandlung, die zur Bewirtschaftung von in unmittelbarer Nähe eines Drittlandes liegenden Grundstücken im Zollgebiet der Gemeinschaft bestimmt sind, sofern die Grundstücke von Landwirten bewirtschaftet werden, die ihren Betriebssitz in diesem Drittland in unmittelbarer Nähe des Zollgebiets der Gemeinschaft haben.

### Artikel 40

(1) Die Befreiung beschränkt sich auf die zur Bewirtschaftung der Grundstücke notwendige Menge an Saatgut, Düngemitteln oder anderen Erzeugnissen.

(2) Die Befreiung wird nur für Saatgut, Düngemittel und andere Erzeugnisse gewährt, die unmittelbar vom Landwirt oder in dessen Auftrag in das Zollgebiet der Gemeinschaft verbracht werden.

(3) Die Befreiung kann von den Mitgliedstaaten von der Bedingung der Gegenseitigkeit abhängig gemacht werden.

## KAPITEL X
### Waren im persönlichen Gepäck von Reisenden

### Artikel 41

Waren im persönlichen Gepäck aus Drittländern kommender Reisender sind von den Einfuhrabgaben befreit, wenn die eingeführten Waren gemäß den im Einklang mit der Richtlinie 2007/74/EG des Rates vom 20. Dezember 2007 über die Befreiung der von aus Drittländern kommenden Reisenden einge-

# Anlage § 066–04

Zu § 66 Energiesteuergesetz

führten Waren von der Mehrwertsteuer und den Verbrauchsteuern [1] verabschiedeten nationalen Rechtsvorschriften von der Mehrwertsteuer (MwSt.) befreit sind.

Waren, die in die Gebiete gemäß Artikel 6 Absatz 1 der Richtlinie 2006/112/EG des Rates vom 28. November 2006 über das gemeinsame Mehrwertsteuersystem [2] eingeführt werden, unterliegen denselben Bestimmungen zur Zollbefreiung wie Waren, die in jeden anderen Teil des Gebiets des betreffenden Mitgliedstaats eingeführt werden.

## KAPITEL XI
### Gegenstände erzieherischen, wissenschaftlichen oder kulturellen Charakters; wissenschaftliche Instrumente und Apparate

### Artikel 42

Die in Anhang I aufgeführten Gegenstände erzieherischen, wissenschaftlichen oder kulturellen Charakters können ohne Rücksicht auf ihren Empfänger und ihren Verwendungszweck unter Befreiung von Eingangsabgaben eingeführt werden.

### Artikel 43

Die in Anhang II aufgeführten Gegenstände erzieherischen, wissenschaftlichen oder kulturellen Charakters können unter Befreiung von Eingangsabgaben eingeführt werden, sofern sie bestimmt sind zur Verwendung

a) durch öffentliche oder gemeinnützige Einrichtungen und Anstalten erzieherischen, wissenschaftlichen oder kulturellen Charakters; oder

b) durch Einrichtungen oder Anstalten, die zu dem Kreis der in Spalte 3 des Anhangs II in Bezug auf den jeweiligen Gegenstand bezeichneten begünstigten Einrichtungen und Anstalten zählen, sofern sie von den zuständigen Behörden der Mitgliedstaaten zur abgabenfreien Einfuhr dieser Gegenstände ermächtigt worden sind.

### Artikel 44

(1) Von den Eingangsabgaben befreit sind vorbehaltlich der Artikel 45 bis 49 die nicht unter Artikel 43 fallenden wissenschaftlichen Instrumente und Apparate, die ausschließlich für nicht kommerzielle Zwecke eingeführt werden.

(2) Die in Absatz 1 genannte Befreiung gilt nur für wissenschaftliche Instrumente und Apparate, die bestimmt sind für

a) öffentliche oder gemeinnützige Einrichtungen, deren Haupttätigkeit die Lehre oder die wissenschaftliche Forschung ist, sowie solche Abteilungen einer öffentlichen oder gemeinnützigen Einrichtung, deren Haupttätigkeit die Lehre oder die wissenschaftliche Forschung ist; oder

b) private Einrichtungen, deren Haupttätigkeit die Lehre oder die wissenschaftliche Forschung ist und die von den zuständigen Behörden der Mitgliedstaaten zum Empfang dieser Gegenstände unter Abgabenbefreiung ermächtigt sind.

### Artikel 45

Die Befreiung von den Eingangsabgaben gemäß Artikel 44 Absatz 1 gilt auch für

a) Ersatzteile, Bestandteile oder spezifische Zubehörteile von wissenschaftlichen Instrumenten oder Apparaten unter der Voraussetzung, dass diese Ersatzteile, Bestandteile oder Zubehörteile zur gleichen Zeit wie diese Instrumente oder Apparate eingeführt werden oder dass im Fall der späteren Einfuhr erkennbar ist, dass sie für Instrumente oder Apparate bestimmt sind,

   i) die zu einem früheren Zeitpunkt abgabenfrei eingeführt worden sind, sofern diese Instrumente oder Apparate zu dem Zeitpunkt, an dem die Abgabenbefreiung für die Ersatzteile, Bestandteile oder spezifischen Zubehörteile beantragt wird, noch als wissenschaftlich anzusehen sind, oder

   ii) die zu dem Zeitpunkt, in dem die Abgabenbefreiung für die Ersatzteile, Bestandteile oder spezifischen Zubehörteile beantragt wird, abgabenfrei eingeführt werden könnten;

b) Werkzeuge für die Instandhaltung, Prüfung, Einstellung oder Instandsetzung wissenschaftlicher Instrumente oder Apparate unter der Voraussetzung, dass diese Werkzeuge zur gleichen Zeit wie diese Instrumente oder Apparate eingeführt werden oder dass im Fall der späteren Einfuhr erkennbar ist, dass sie für Instrumente oder Apparate bestimmt sind,

---

1) ABl. L 346 vom 29.12.2007, S. 6.
2) ABl. L 347 vom 11.12.2006, S. 1.

i) die zu einem früheren Zeitpunkt abgabenfrei eingeführt worden sind, sofern diese Instrumente oder Apparate zu dem Zeitpunkt, an dem die Abgabenbefreiung für die Werkzeuge beantragt wird, noch als wissenschaftlich anzusehen sind, oder

ii) die zu dem Zeitpunkt, an dem die Abgabenbefreiung für die Werkzeuge beantragt wird, abgabenfrei eingeführt werden könnten.

### Artikel 46
Für die Anwendung der Artikel 44 und 45

a) gelten diejenigen Instrumente oder Apparate als wissenschaftliche Instrumente oder Apparate, die aufgrund ihrer objektiven technischen Merkmale und der Ergebnisse, die mit ihrer Hilfe erzielt werden können, ausschließlich oder hauptsächlich für die Durchführung wissenschaftlicher Arbeiten geeignet sind;

b) gelten diejenigen wissenschaftlichen Instrumente oder Apparate als zu nicht kommerziellen Zwecken eingeführt, die für die nicht gewinnorientierte wissenschaftliche Forschung oder für die Lehre verwendet werden sollen.

### Artikel 47
Bestimmte Instrumente oder Apparate können nach dem in Artikel 247a der Verordnung (EWG) Nr. 2913/92 genannten Verfahren gegebenenfalls von der Abgabenbefreiung ausgenommen werden, wenn sich herausstellt, dass die abgabenfreie Einfuhr dieser Instrumente oder Apparate den Interessen der Gemeinschaftsindustrie in dem betreffenden Fertigungszweig schadet.

### Artikel 48
(1) Die in Artikel 43 genannten Gegenstände und die nach Maßgabe der Artikel 45, 46 und 47 unter Befreiung von den Eingangsabgaben eingeführten wissenschaftlichen Instrumente oder Apparate dürfen ohne vorherige Unterrichtung der zuständigen Behörden weder verliehen, vermietet, veräußert noch überlassen werden.

(2) Bei Verleih, Vermietung, Veräußerung oder Überlassung an eine nach Artikel 43 oder Artikel 44 Absatz 2 zur abgabenfreien Einfuhr berechtigte Einrichtung oder Anstalt bleibt diese Befreiung bestehen, sofern die Gegenstände, Instrumente oder Apparate von dieser Einrichtung oder Anstalt zu Zwecken benutzt werden, die Anspruch auf diese Befreiung eröffnen.

In allen anderen Fällen sind bei Verleih, Vermietung, Veräußerung oder Überlassung zuvor die Eingangsabgaben zu entrichten, und zwar zu dem zum Zeitpunkt des Verleihs, der Vermietung, Veräußerung oder Überlassung geltenden Satz und nach der Beschaffenheit und dem Zollwert, die zu diesem Zeitpunkt von den zuständigen Behörden festgestellt oder anerkannt werden.

### Artikel 49
(1) Erfüllen die in den Artikeln 43 und 44 genannten Einrichtungen oder Anstalten nicht mehr die Voraussetzungen für die Befreiung von den Eingangsabgaben oder beabsichtigen sie, zollfrei eingeführte Waren zu anderen als nach diesen Artikeln begünstigten Zwecken zu verwenden, so haben sie die zuständigen Behörden davon zu unterrichten.

(2) Auf Waren, die im Besitz von Einrichtungen oder Anstalten bleiben, die nicht mehr die Voraussetzungen für die Befreiung von den Eingangsabgaben erfüllen, werden die Eingangsabgaben erhoben, und zwar zu dem Satz, der in dem Zeitpunkt gilt, in dem diese Voraussetzungen nicht mehr erfüllt werden, und nach der Beschaffenheit und dem Zollwert, die zu diesem Zeitpunkt von den zuständigen Behörden festgestellt oder anerkannt werden.

Auf Waren, die von den von der Befreiung von den Eingangsabgaben begünstigten Einrichtungen oder Anstalten zu anderen Zwecken als denen verwendet werden, die in den Artikeln 43 und 44 vorgesehen sind, werden die Eingangsabgaben erhoben, und zwar zu dem Satz, der an dem Zeitpunkt gilt, in dem die Waren einer anderen Verwendung zugeführt werden, und nach der Beschaffenheit und dem Zollwert, die zu diesem Zeitpunkt von den zuständigen Behörden festgestellt oder anerkannt werden.

### Artikel 50
Die Artikel 47, 48 und 49 gelten sinngemäß für die in Artikel 45 genannten Erzeugnisse.

### Artikel 51
(1) Ausrüstungen, die von oder für Rechnung einer Einrichtung oder Anstalt für wissenschaftliche Forschung mit Sitz außerhalb der Gemeinschaft zu nicht kommerziellen Zwecken eingeführt werden, sind von den Eingangsabgaben befreit.

(2) Die Abgabenbefreiung wird unter folgenden Voraussetzungen gewährt:

**Anlage § 066–04**  Zu § 66 Energiesteuergesetz

a) Die Ausrüstungen sind von Angehörigen oder Vertretern der in Absatz 1 genannten Einrichtungen oder Anstalten oder mit ihrem Einverständnis im Rahmen oder innerhalb der Grenzen von Übereinkünften über wissenschaftliche Zusammenarbeit zu verwenden, deren Zielsetzung in der Durchführung von internationalen wissenschaftlichen Forschungsprogrammen in von den zuständigen Behörden der Mitgliedstaaten anerkannten Forschungsanstalten mit Sitz in der Gemeinschaft besteht.

b) Die Ausrüstungen bleiben während ihrer Verwendung im Zollgebiet der Gemeinschaft Eigentum einer außerhalb der Gemeinschaft niedergelassenen natürlichen oder juristischen Person.

(3) Für die Zwecke dieses Artikels und für die Zwecke des Artikel 52:

a) bedeuten Ausrüstungen die Instrumente, Apparate, Maschinen und ihre Zubehörteile einschließlich der Ersatzteile und eigens für die Instandhaltung, Prüfung, Einstellung oder Instandsetzung konstruierten Werkzeuge, die für die wissenschaftliche Forschung verwendet werden;

b) gelten diejenigen Ausrüstungen als zu nicht kommerziellen Zwecken eingeführt, die für die wissenschaftliche, nicht gewinnorientierte Forschung verwendet werden sollen.

### Artikel 52

(1) Die Ausrüstungen, für die unter den in Artikel 51 vorgesehenen Voraussetzungen Abgabenbefreiung gewährt worden ist, dürfen ohne vorherige Unterrichtung der zuständigen Behörden weder verliehen, vermietet, veräußert noch überlassen werden.

(2) Bei Verleih, Vermietung, Veräußerung oder Überlassung an eine nach Artikel 51 zur abgabenfreien Einfuhr berechtigte Einrichtung oder Anstalt bleibt diese Befreiung bestehen, sofern die Ausrüstungen von dieser Einrichtung oder Anstalt zu Zwecken verwendet werden, die Anspruch auf diese Befreiung eröffnen.

In allen anderen Fällen sind unbeschadet der Anwendung von Artikel 44 und 45 bei Verleih, Vermietung, Veräußerung oder Überlassung zuvor die Eingangsabgaben zu entrichten, und zwar zu dem zum Zeitpunkt des Verleihs, der Vermietung, der Veräußerung oder der Überlassung geltenden Satz und nach der Beschaffenheit und dem Zollwert, die zu diesem Zeitpunkt von den zuständigen Behörden festgestellt oder anerkannt werden.

(3) Die in Artikel 51 Absatz 1 genannten Einrichtungen oder Anstalten, die die Voraussetzungen für die Abgabenbefreiung nicht mehr erfüllen oder die abgabenfrei eingeführte Ausrüstungen zu anderen als den im selben Artikel vorgesehenen Zwecken verwenden wollen, sind verpflichtet, die zuständigen Behörden davon zu unterrichten.

(4) Auf Ausrüstungen, die im Besitz von Einrichtungen oder Anstalten bleiben, die nicht mehr die Voraussetzungen für die Befreiung von den Eingangsabgaben erfüllen, werden die Eingangsabgaben erhoben, und zwar zu dem Satz, der an dem Zeitpunkt gilt, an dem diese Voraussetzungen nicht mehr erfüllt werden, und nach der Beschaffenheit und dem Zollwert, die zu diesem Zeitpunkt von den zuständigen Behörden festgestellt oder anerkannt werden.

Für Ausrüstungen, die von der Einrichtung oder Anstalt, die sie abgabenfrei eingeführt hat, zu anderen als den in Artikel 51 vorgesehenen Zwecken verwendet werden, sind unbeschadet der Artikel 44 und 45 die für sie geltenden Eingangsabgaben zu entrichten, und zwar zu dem zum Zeitpunkt der Verwendung zu anderen Zwecken geltenden Satz und nach der Beschaffenheit und dem Zollwert, die zu diesem Zeitpunkt von den zuständigen Behörden festgestellt oder anerkannt werden.

### KAPITEL XII

**Tiere für Laborzwecke und biologische und chemische Stoffe für Forschungszwecke**

### Artikel 53

(1) Von den Eingangsabgaben befreit sind

a) zur Verwendung in Laboratorien besonders behandelte Tiere;

b) ausschließlich zu nicht kommerziellen Zwecken eingeführte biologische und chemische Stoffe, die in einer Liste aufgeführt sind, die nach dem in Artikel 247a der Verordnung (EWG) Nr. 2913/92 genannten Verfahren zu erstellen ist.

(2) Die Befreiung nach Absatz 1 ist auf die Tiere sowie auf die biologischen und chemischen Stoffe beschränkt, die bestimmt sind für

a) öffentliche oder gemeinnützige Einrichtungen, deren Haupttätigkeit die Lehre oder die wissenschaftliche Forschung ist, sowie solche Abteilungen einer öffentlichen oder gemeinnützigen Einrichtung, deren Haupttätigkeit die Lehre oder die wissenschaftliche Forschung ist; oder

b) private Einrichtungen, deren Haupttätigkeit die Lehre oder die wissenschaftliche Forschung ist und die von den zuständigen Behörden der Mitgliedstaaten zum Empfang dieser Waren unter Abgabenbefreiung ermächtigt sind.

(3) Auf der in Absatz 1 Buchstabe b genannten Liste dürfen nur biologische und chemische Stoffe stehen, für die es im Zollgebiet der Gemeinschaft keine gleichartige Erzeugung gibt und deren spezifische Merkmale oder deren Reinheitsgrad ihnen den Charakter von Stoffen verleiht, die ausschließlich oder hauptsächlich für die wissenschaftliche Forschung geeignet sind.

## KAPITEL XIII

### Therapeutische Stoffe menschlichen Ursprungs sowie Reagenzien zur Bestimmung der Blut- und Gewebegruppen

#### Artikel 54

(1) Von den Eingangsabgaben befreit sind vorbehaltlich des Artikels 55
a) therapeutische Stoffe menschlichen Ursprungs;
b) Reagenzien zur Bestimmung der Blutgruppen;
c) Reagenzien zur Bestimmung der Gewebegruppen.

(2) Im Sinne von Absatz 1 gelten als
a) „therapeutische Stoffe menschlichen Ursprungs": menschliches Blut und seine Derivate (menschliches Vollblut, Trockenblut, Plasma, Albumin und stabile Lösungen von Plasmaprotein, Immunglobulin, Fibrinogen);
b) „Reagenzien zur Bestimmung der Blutgruppen": alle Reagenzien menschlichen, tierischen, pflanzlichen oder sonstigen Ursprungs zur Bestimmung der menschlichen Blutgruppen und zur Feststellung von Blutunverträglichkeiten;
c) „Reagenzien zur Bestimmung der Gewebegruppen": alle Reagenzien menschlichen, tierischen, pflanzlichen oder sonstigen Ursprungs zur Bestimmung der menschlichen Gewebegruppen.

#### Artikel 55

Die Befreiung gilt nur für Waren, die
a) für von den zuständigen Behörden anerkannte Einrichtungen oder Laboratorien ausschließlich zur nicht kommerziellen Verwendung zu medizinischen oder wissenschaftlichen Zwecken bestimmt sind;
b) mit einer Konformitätsbescheinigung gestellt werden, die von einer hierzu befugten Stelle des Herkunfts-Drittlandes ausgestellt wurde;
c) in Behältnissen eingeführt werden, die durch ein besonderes Etikett gekennzeichnet sind.

#### Artikel 56

Die Befreiung gilt auch für die besonderen Umschließungen, die zur Beförderung der therapeutischen Stoffe menschlichen Ursprungs oder der Reagenzien zur Feststellung der Blut- oder Gewebegruppen erforderlich sind, sowie für die in den Sendungen gegebenenfalls enthaltenen Lösungsmittel und das Zubehör für ihre Verwendung.

## KAPITEL XIV

### Instrumente und Apparate zur medizinischen Forschung, Diagnose oder Behandlung

#### Artikel 57

(1) Von den Eingangsabgaben befreit sind Instrumente oder Apparate zur medizinischen Forschung, Diagnose oder Behandlung, die Gesundheitsbehörden, von Krankenhäusern abhängigen Diensten und medizinischen Forschungsinstituten, die von den zuständigen Behörden der Mitgliedstaaten zum Empfang dieser Gegenstände unter Abgabenbefreiung ermächtigt sind, von einer Wohltätigkeits- oder philanthropischen Organisation oder von einer Privatperson gespendet werden oder die von diesen Gesundheitsbehörden, Krankenhäusern oder medizinischen Forschungsinstituten ausschließlich mit Mitteln erworben werden, die von einer Wohltätigkeits- oder philanthropischen Organisation oder durch freiwillige Spenden bereitgestellt wurden, sofern festgestellt wird, dass
a) der Spende der betreffenden Instrumente oder Apparate kein kommerzieller Zweck des Zuwenders zugrunde liegt und
b) keine Verbindung zwischen dem Zuwender und dem Hersteller der Instrumente oder Apparate besteht, für die die Befreiung beantragt wurde.

**Anlage § 066–04**  Zu § 66 Energiesteuergesetz

(2) Die Befreiung gilt unter den gleichen Voraussetzungen auch
a) für Ersatzteile, Bestandteile und spezifische Zubehörteile für die in Absatz 1 genannten Instrumente oder Apparate, sofern die Ersatz-, Bestand- und Zubehörteile gleichzeitig mit den Instrumenten oder Apparaten eingeführt werden oder im Falle einer späteren Einfuhr erkennbar ist, dass sie für zuvor abgabenfrei eingeführte Instrumente oder Apparate bestimmt sind;
b) für Werkzeug, das zur Wartung, Kontrolle, Eichung oder Instandsetzung der Instrumente oder Apparate verwendet wird, sofern das Werkzeug gleichzeitig mit den Instrumenten oder Apparaten eingeführt wird oder im Falle einer späteren Einfuhr erkennbar ist, dass es für zuvor abgabenfrei eingeführte Instrumente oder Apparate bestimmt ist.

### Artikel 58
Für die Anwendung des Artikels 57 und insbesondere im Hinblick auf die dort bezeichneten Instrumente, Apparate und begünstigten Einrichtungen finden die Artikel 47, 48 und 49 entsprechende Anwendung.

## KAPITEL XV
### Vergleichssubstanzen für die Arzneimittelkontrolle
### Artikel 59
Von den Eingangsabgaben befreit sind Sendungen, die Muster von chemischen Vergleichssubstanzen enthalten, die von der Weltgesundheitsorganisation zur Kontrolle der Qualität der zur Herstellung von Arzneimitteln verwendeten Stoffe zugelassen sind, sofern diese Sendungen an Empfänger gerichtet sind, die von den zuständigen Behörden der Mitgliedstaaten zum Empfang solcher Sendungen unter Abgabenbefreiung ermächtigt sind.

## KAPITEL XVI
### Pharmazeutische Erzeugnisse zur Verwendung bei internationalen Sportveranstaltungen
### Artikel 60
Von den Eingangsabgaben befreit sind pharmazeutische Erzeugnisse für die Human- oder Veterinärmedizin, die zur Behandlung von Menschen oder Tieren, die aus Drittländern zur Teilnahme an internationalen Sportveranstaltungen in das Zollgebiet der Gemeinschaft kommen, bestimmt sind; die Befreiung gilt nur für die während ihres Aufenthalts in diesem Gebiet erforderliche Menge.

## KAPITEL XVII
### Für Organisationen der Wohlfahrtspflege bestimmte Waren; Waren für Blinde und andere behinderte Personen
**A. Für allgemeine Zwecke**

### Artikel 61
(1) Sofern die Befreiung nicht zu Missbräuchen oder erheblichen Wettbewerbsverzerrungen führt, sind vorbehaltlich der Artikel 63 und 64 von den Eingangsabgaben befreit;
a) lebenswichtige Waren, die von staatlichen oder anderen von den zuständigen Behörden anerkannten Organisationen der Wohlfahrtspflege zur unentgeltlichen Verteilung an Bedürftige eingeführt werden;
b) Waren jeder Art, die staatliche oder andere von den zuständigen Behörden zugelassene Organisationen der Wohlfahrtspflege von einer außerhalb des Zollgebiets der Gemeinschaft niedergelassenen Person oder Einrichtung unentgeltlich und ohne kommerzielle Absichten des Lieferers erhalten und mit denen auf gelegentlich stattfindenden Wohltätigkeitsveranstaltungen Einnahmen zugunsten Bedürftiger erzielt werden sollen;
c) Ausrüstungen und Büromaterial, das von den zuständigen Behörden zugelassene Organisationen der Wohlfahrtspflege von einer außerhalb des Zollgebiets der Gemeinschaft niedergelassenen Person oder Einrichtung unentgeltlich und ohne kommerzielle Absichten des Lieferers erhalten, um ausschließlich für ihren eigenen Betrieb und die Verwirklichung ihrer karitativen oder philanthropischen Zielsetzungen verwendet zu werden.

(2) Im Sinne von Absatz 1 Buchstabe a gelten als „lebenswichtige Waren" die Waren, die zur Befriedigung des unmittelbaren Bedarfs von Personen gebraucht werden, wie zum Beispiel Nahrungs- und Arzneimittel, Kleidung und Decken.

### Artikel 62

Von der Befreiung ausgeschlossen sind
a) alkoholische Erzeugnisse;
b) Tabak und Tabakwaren;
c) Kaffee und Tee;
d) Kraftfahrzeuge, außer Krankenwagen.

### Artikel 63

Die Befreiung wird nur solchen Organisationen gewährt, deren Buchhaltung den zuständigen Behörden eine Kontrolle des Geschäftsablaufs ermöglicht und die alle für erforderlich gehaltenen Sicherheiten bieten.

### Artikel 64

(1) Die in Artikel 61 genannten Waren, Ausrüstungen und Materialien dürfen von den Organisationen, denen eine Befreiung von den Eingangsabgaben gewährt worden ist, nur zu den Zwecken gemäß Absatz 1 Buchstaben a und b des genannten Artikels ohne vorherige Unterrichtung der zuständigen Behörden verliehen, vermietet, veräußert oder überlassen werden.

(2) Bei Verleih, Vermietung, Veräußerung oder Überlassung an eine nach den Artikeln 61 und 63 zur abgabenfreien Einfuhr berechtigte Organisation bleibt die Befreiung bestehen, sofern die betreffenden Waren, Ausrüstungen und Materialien von dieser Organisation zu Zwecken benutzt werden, die Anspruch auf diese Befreiung eröffnen.

In allen anderen Fällen sind bei Verleih, Vermietung, Veräußerung oder Überlassung zuvor die entsprechenden Eingangsabgaben zu entrichten, und zwar zu dem zum Zeitpunkt des Verleihs, der Vermietung, Veräußerung oder Überlassung geltenden Satz und nach der Beschaffenheit und dem Zollwert, die zu diesem Zeitpunkt von den zuständigen Behörden festgestellt oder anerkannt werden.

### Artikel 65

(1) Erfüllen die in Artikel 61 genannten Organisationen nicht mehr die Voraussetzungen für die Befreiung von den Eingangsabgaben oder beabsichtigen sie, die abgabenfrei eingeführten Waren, Ausrüstungen und Materialien zu anderen als den nach diesem Artikel begünstigten Zwecken zu verwenden, so haben sie die zuständigen Behörden davon zu unterrichten.

(2) Auf Waren, Ausrüstungen und Materialien, die im Besitz von Organisationen bleiben, die nicht mehr die Voraussetzungen für die Abgabenbefreiung erfüllen, werden die entsprechenden Eingangsabgaben erhoben, und zwar zu dem Satz, der zu dem Zeitpunkt gilt, zu dem diese Voraussetzungen nicht mehr erfüllt werden, und nach der Beschaffenheit und dem Zollwert, die zu diesem Zeitpunkt von den zuständigen Behörden festgestellt oder anerkannt werden.

(3) Auf Waren, Ausrüstungen und Materialien, die von den Organisationen, denen eine Abgabenbefreiung gewährt worden ist, zu anderen als den in Artikel 61 vorgesehenen Zwecken verwendet werden, werden die entsprechenden Eingangsabgaben erhoben, und zwar zu dem Satz, der zu dem Zeitpunkt gilt, zu dem die Waren, Ausrüstungen und Materialien einer anderen Verwendung zugeführt werden, und nach der Beschaffenheit und dem Zollwert, die zu diesem Zeitpunkt von den zuständigen Behörden festgestellt oder anerkannt werden.

**B. Zugunsten Behinderter**
1. Gegenstände für Blinde

### Artikel 66

Von den Eingangsabgaben befreit sind die eigens für die erzieherische, wissenschaftliche oder kulturelle Förderung der Blinden gestalteten und in Anhang III aufgeführten Gegenstände.

### Artikel 67

(1) Von den Eingangsabgaben befreit sind die eigens für die erzieherische, wissenschaftliche oder kulturelle Förderung der Blinden gestalteten und in Anhang IV aufgeführten Gegenstände, wenn sie eingeführt werden
a) entweder von den Blinden selbst zu ihrem Eigengebrauch;
b) oder von Einrichtungen oder Organisationen zur Erziehung oder Unterstützung von Blinden, die von den zuständigen Behörden der Mitgliedstaaten zur abgabenfreien Einfuhr dieser Gegenstände ermächtigt sind.

## Anlage § 066–04

Zu § 66 Energiesteuergesetz

(2) Die in Absatz 1 genannte Abgabenbefreiung gilt für Ersatzteile, Bestandteile oder spezifische Zubehörteile der betreffenden Gegenstände sowie für Werkzeuge, die der Wartung, Kontrolle, Eichung oder Instandsetzung dieser Gegenstände dienen, sofern diese Ersatzteile, Bestandteile, Zubehörteile oder Werkzeuge zur gleichen Zeit wie diese Gegenstände eingeführt werden oder im Fall der späteren Einfuhr erkennbar ist, dass sie für Gegenstände bestimmt sind, die zu einem früheren Zeitpunkt abgabenfrei eingeführt worden sind oder die zu dem Zeitpunkt, an dem die Abgabenbefreiung für die Ersatzteile, Bestandteile, spezifischen Zubehörteile oder Werkzeuge beantragt wird, abgabenfrei eingeführt werden könnten.

2. Gegenstände für andere behinderte Personen

### Artikel 68

(1) Von den Eingangsabgaben befreit sind die eigens für die Erziehung, Beschäftigung und soziale Förderung anderer körperlich oder geistig behinderter Personen als Blinder gestalteten Gegenstände, sofern sie

a) entweder von den Behinderten selbst zu ihrem Eigengebrauch eingeführt werden;

b) oder von Einrichtungen oder Organisationen eingeführt werden, deren Haupttätigkeit die Erziehung oder Unterstützung Behinderter ist und die von den zuständigen Behörden der Mitgliedstaaten zur abgabenfreien Einfuhr dieser Gegenstände ermächtigt worden sind.

(2) Die in Absatz 1 genannte Abgabenbefreiung gilt für Ersatzteile, Bestandteile oder spezifische Zubehörteile der betreffenden Gegenstände sowie für Werkzeuge zur Wartung, Kontrolle, Eichung oder Instandsetzung dieser Gegenstände unter der Voraussetzung, dass diese Ersatzteile, Bestandteile, Zubehörteile oder Werkzeuge zur gleichen Zeit wie diese Gegenstände eingeführt werden oder dass im Fall der späteren Einfuhr erkennbar ist, dass sie für Gegenstände bestimmt sind, die zu einem früheren Zeitpunkt abgabenfrei eingeführt worden sind oder die zu dem Zeitpunkt, zu dem die Abgabenbefreiung für die Ersatzteile, Bestandteile, spezifischen Zubehörteile oder Werkzeuge beantragt wird, abgabenfrei eingeführt werden könnten.

### Artikel 69

Bestimmte Gegenstände können nach dem in Artikel 247a Absatz 2 der Verordnung (EWG) Nr. 2913/92 genannten Verfahren gegebenenfalls von der Abgabenbefreiung ausgenommen werden, wenn sich herausstellt, dass die abgabenfreie Einfuhr dieser Gegenstände den Interessen der Gemeinschaftsindustrie in dem betreffenden Fertigungszweig schadet.

3. Gemeinsame Bestimmungen

### Artikel 70

Die in Artikel 67 Absatz 1 Buchstabe a und in Artikel 68 Absatz 1 Buchstabe a vorgesehene unmittelbare Befreiung zugunsten von Blinden und anderen behinderten Personen für Waren ihres persönlichen Gebrauchs wird unter der Bedingung gewährt, dass die betreffenden Personen gemäß den in den Mitgliedstaaten geltenden Bestimmungen nachweisen können, dass sie aufgrund ihrer Behinderung berechtigt sind, die Befreiung in Anspruch zu nehmen.

### Artikel 71

(1) Gegenstände, die von in den Artikeln 67 und 68 genannten Personen unter Befreiung von den Eingangsabgaben eingeführt werden, dürfen ohne vorherige Unterrichtung der zuständigen Behörden weder verliehen, vermietet, veräußert noch überlassen werden.

(2) Bei Verleih, Vermietung, Veräußerung oder Überlassung an eine nach den Artikeln 67 und 68 zur abgabenfreien Einfuhr berechtigte Person, Einrichtung oder Organisation bleibt die Befreiung bestehen, sofern der Gegenstand von dieser Person, Einrichtung oder Organisation zu Zwecken benutzt wird, die Anspruch auf die Befreiung eröffnen.

In allen anderen Fällen sind bei Verleih, Vermietung, Veräußerung oder Überlassung zuvor die Eingangsabgaben zu entrichten, und zwar zu dem zum Zeitpunkt des Verleihs, der Vermietung, der Veräußerung oder der Überlassung geltenden Satz und nach der Beschaffenheit und dem Zollwert, die zu diesem Zeitpunkt von den zuständigen Behörden festgestellt oder anerkannt werden.

### Artikel 72

(1) Gegenstände, die nach Maßgabe der Artikel 67 und 68 von den zur abgabenfreien Einfuhr berechtigten Einrichtungen oder Organisationen eingeführt werden, können von diesen an die von ihnen betreuten Blinden und anderen behinderten Personen ohne Absicht der Gewinnerzielung verliehen, ver-

mietet, veräußert oder diesen überlassen werden, ohne dass die für die Gegenstände geltenden Eingangsabgaben zu entrichten sind.

(2) Ein Verleih, eine Vermietung, Veräußerung oder Überlassung darf unter anderen als den in Absatz 1 festgesetzten Bedingungen nur erfolgen, wenn die zuständigen Behörden zuvor davon unterrichtet worden sind.

Wenn ein Verleih, eine Vermietung, Veräußerung oder Überlassung zugunsten einer Person, Einrichtung oder Organisation erfolgt, die aufgrund von Artikel 67 Absatz 1 oder Artikel 68 Absatz 1 zur abgabenfreien Einfuhr berechtigt ist, bleibt die Abgabenfreiheit erhalten, sofern diese Person, Einrichtung oder Organisation den betreffenden Gegenstand zu Zwecken verwendet, die Anspruch auf Gewährung dieser Abgabenbefreiung eröffnen.

In allen anderen Fällen sind bei einem Verleih, einer Vermietung, Veräußerung oder Überlassung zuvor die Eingangsabgaben zu entrichten, und zwar zu dem zum Zeitpunkt des Verleihs, der Vermietung, Veräußerung oder Überlassung geltenden Satz und nach der Beschaffenheit und dem Zollwert, die zu diesem Zeitpunkt von den zuständigen Behörden festgestellt oder anerkannt werden.

### Artikel 73

(1) Erfüllen die in den Artikeln 67 und 68 genannten Einrichtungen oder Organisationen nicht mehr die Voraussetzungen für die Zollbefreiung oder beabsichtigen sie, abgabenfrei eingeführte Gegenstände zu anderen als nach diesen Artikeln begünstigten Zwecken zu verwenden, so haben sie die zuständigen Behörden davon zu unterrichten.

(2) Auf Gegenstände, die im Besitz von Einrichtungen oder Organisationen bleiben, die nicht mehr die Voraussetzungen für die Zollbefreiung erfüllen, werden die entsprechenden Eingangsabgaben erhoben, und zwar zu dem Satz, der zu dem Zeitpunkt gilt, zu dem diese Voraussetzungen nicht mehr erfüllt werden, und nach der Beschaffenheit und dem Zollwert, die zu diesem Zeitpunkt von den zuständigen Behörden festgestellt oder anerkannt werden.

(3) Auf Gegenstände, die von den von der Abgabenbefreiung begünstigten Einrichtungen oder Organisationen zu anderen als den in den Artikeln 67 und 68 vorgesehenen Zwecken verwendet werden, werden die Eingangsabgaben erhoben, und zwar zu dem Satz, der zu dem Zeitpunkt gilt, zu dem die Gegenstände einer anderen Verwendung zugeführt werden und nach der Beschaffenheit und dem Zollwert, die zu diesem Zeitpunkt von den zuständigen Behörden festgestellt oder anerkannt werden.

## C. Zugunsten von Katastrophenopfern

### Artikel 74

(1) Von den Eingangsabgaben befreit sind vorbehaltlich der Artikel 75 bis 80 Waren, die von staatlichen oder anderen von den zuständigen Behörden anerkannten Organisationen der Wohlfahrtspflege eingeführt werden, um

a) unentgeltlich an die Opfer von Katastrophen verteilt zu werden, die das Gebiet eines oder mehrerer Mitgliedstaaten berühren; oder

b) den Opfern solcher Katastrophen unentgeltlich zur Verfügung gestellt zu werden, dabei jedoch Eigentum der betreffenden Organisationen bleiben.

(2) Die Befreiung nach Absatz 1 gilt unter den gleichen Bedingungen auch für Waren, die von den Hilfseinheiten zur Deckung ihres Bedarfs während der Hilfsaktion für den freien Verkehr eingeführt werden.

### Artikel 75

Von der Befreiung ausgeschlossen sind Material und Ausrüstungen, die für den Wiederaufbau in Katastrophengebieten bestimmt sind.

### Artikel 76

Die Befreiung kann nur aufgrund einer Entscheidung gewährt werden, die die Kommission auf Antrag des oder der betroffenen Mitgliedstaaten im Rahmen eines Dringlichkeitsverfahrens nach Anhörung der anderen Mitgliedstaaten erlässt. In dieser Entscheidung werden, soweit erforderlich, auch der Umfang der Befreiung und die Bedingungen für ihre Anwendung festgelegt.

Die von einer Katastrophe betroffenen Mitgliedstaaten können, bis ihnen die Entscheidung der Kommission mitgeteilt wird, die Einfuhr von Waren zu den in Artikel 74 genannten Zwecken unter Aussetzung der Eingangsabgaben genehmigen, wobei sich die einführende Organisation verpflichtet, die entsprechenden Abgaben nachträglich zu entrichten, falls die Befreiung nicht gewährt wird.

**Anlage § 066–04**  Zu § 66 Energiesteuergesetz

### Artikel 77
Die Befreiung wird nur solchen Organisationen gewährt, deren Buchführung den zuständigen Behörden eine Kontrolle ihrer Tätigkeiten ermöglicht und die alle für erforderlich erachteten Sicherheiten bieten.

### Artikel 78
(1) Die in Artikel 74 Absatz 1 genannten Waren dürfen von den Organisationen, denen eine Abgabenbefreiung gewährt worden ist, nur unter den in dem genannten Artikel vorgesehenen Bedingungen ohne vorherige Unterrichtung der zuständigen Behörden verliehen, vermietet, veräußert oder überlassen werden.

(2) Bei Verleih, Vermietung, Veräußerung oder Überlassung an eine nach Artikel 74 zur abgabenfreien Einfuhr berechtigte Organisation bleibt die Befreiung bestehen, sofern die betreffenden Waren von dieser Organisation zu Zwecken benutzt werden, die Anspruch auf diese Befreiung eröffnen.

In allen anderen Fällen sind bei Verleih, Vermietung, Veräußerung oder Überlassung zuvor die Eingangsabgaben zu entrichten, und zwar zu dem zum Zeitpunkt des Verleihs, der Vermietung, Veräußerung oder Überlassung geltenden Satz und nach der Beschaffenheit und dem Zollwert, die zu diesem Zeitpunkt von den zuständigen Behörden festgestellt oder anerkannt werden.

### Artikel 79
(1) Die in Artikel 74 Absatz 1 Buchstabe b genannten Waren dürfen nach ihrer Verwendung durch die Katastrophenopfer ohne vorherige Unterrichtung der zuständigen Behörden weder verliehen, vermietet, veräußert noch überlassen werden.

(2) Bei Verleih, Vermietung, Veräußerung oder Überlassung an eine nach Artikel 74 oder gegebenenfalls nach Artikel 61 Absatz 1 Buchstabe a zur abgabenfreien Einfuhr berechtigte Organisation bleibt die Befreiung bestehen, sofern die Waren von der Organisation zu Zwecken benutzt werden, die Anspruch auf diese Befreiung eröffnen.

In allen anderen Fällen sind bei Verleih, Vermietung, Veräußerung oder Überlassung zuvor die Eingangsabgaben zu entrichten, und zwar zu dem zum Zeitpunkt des Verleihs, der Vermietung, Veräußerung oder Überlassung geltenden Satz und nach der Beschaffenheit und dem Zollwert, die zu diesem Zeitpunkt von den zuständigen Behörden festgestellt oder anerkannt werden.

### Artikel 80
(1) Erfüllen die in Artikel 74 genannten Organisationen nicht mehr die Voraussetzungen für die Zollbefreiung oder beabsichtigen sie, die abgabenfrei eingeführten Waren zu anderen als den nach dem genannten Artikel begünstigten Zwecken zu verwenden, so haben sie die zuständigen Behörden davon zu unterrichten.

(2) Werden Waren im Besitz von Organisationen, die die Voraussetzungen für die Abgabenbefreiung nicht mehr erfüllen, Organisationen überlassen, die nach Artikel 74 oder gegebenenfalls nach Artikel 61 Absatz 1 Buchstabe a zur abgabenfreien Einfuhr berechtigt sind, so bleibt die Befreiung bestehen, sofern die Waren von diesen Organisationen zu Zwecken benutzt werden, die Anspruch auf die Befreiung eröffnen. In allen anderen Fällen werden auf die Waren die entsprechenden Eingangsabgaben erhoben, und zwar zu dem Satz, der zu dem Zeitpunkt gilt, zu dem diese Voraussetzungen nicht mehr erfüllt werden, und nach der Beschaffenheit und dem Zollwert, die zu diesem Zeitpunkt von den zuständigen Behörden festgestellt oder anerkannt werden.

(3) Auf Waren, die von den Organisationen, denen eine Zollbefreiung gewährt worden ist, zu anderen als den in Artikel 74 vorgesehenen Zwecken verwendet werden, werden die entsprechenden Eingangsabgaben erhoben, und zwar zu dem Satz, der zu dem Zeitpunkt gilt, zu dem die Waren einer anderen Verwendung zugeführt werden, und nach der Beschaffenheit und dem Zollwert, die zu diesem Zeitpunkt von den zuständigen Behörden festgestellt oder anerkannt werden.

## KAPITEL XVIII

### Auszeichnungen und Ehrengaben

### Artikel 81
Sofern den zuständigen Behörden von den Beteiligten ausreichend nachgewiesen wird, dass es sich um Einfuhren handelt, denen keine kommerziellen Erwägungen zugrunde liegen, sind von den Eingangsabgaben befreit:

a) Auszeichnungen, die von Regierungen dritter Länder an Personen mit gewöhnlichem Wohnsitz im Zollgebiet der Gemeinschaft verliehen werden;

b) Pokale, Gedenkmünzen und ähnliche Gegenstände mit im wesentlichen symbolischem Wert, die von Personen mit gewöhnlichem Wohnsitz im Zollgebiet der Gemeinschaft in das Zollgebiet der Gemeinschaft eingeführt werden und die ihnen in einem Drittland in Anerkennung ihrer Tätigkeit auf künstlerischem Gebiet, in den Wissenschaften, im Sport oder im öffentlichen Dienst oder aber in Anerkennung ihrer Verdienste bei einer besonderen Gelegenheit verliehen werden;

c) Pokale, Gedenkmünzen und ähnliche Gegenstände mit im wesentlichen symbolischem Wert, die von Behörden oder Personen eines Drittlandes unentgeltlich zu den gleichen wie den in Buchstabe b genannten Zwecken im Zollgebiet der Gemeinschaft verliehen werden sollen;

d) Belohnungen, Trophäen und Andenken mit symbolischem Charakter und von geringem Wert, die zur unentgeltlichen Verteilung an Personen mit gewöhnlichem Wohnsitz in Drittländern bei Geschäftskongressen oder ähnlichen internationalen Veranstaltungen bestimmt sind und ihrer Art, ihrem Stückwert und ihren sonstigen Merkmalen nach keinen Anlass zu der Annahme geben, dass die Einfuhr aus geschäftlichen Gründen erfolgt.

## KAPITEL XIX

### Geschenke im Rahmen zwischenstaatlicher Beziehungen

### Artikel 82

Von den Eingangsabgaben befreit sind – gegebenenfalls unbeschadet des Artikels 41 – vorbehaltlich der Artikel 83 und 84 Gegenstände,

a) die von Personen in das Zollgebiet der Gemeinschaft eingeführt werden, die einem Drittland einen offiziellen Besuch abgestattet haben und die Gegenstände bei diesem Anlass von amtlichen Stellen des Empfangslandes als Geschenk erhalten haben;

b) die von Personen in das Zollgebiet der Gemeinschaft eingeführt werden, die dem Zollgebiet der Gemeinschaft einen offiziellen Besuch abstatten und die Gegenstände bei dieser Gelegenheit den gastgebenden Behörden als Geschenk zu überreichen beabsichtigen;

c) die als Geschenk, als Zeichen der Freundschaft oder des Wohlwollens von einer amtlichen Stelle, einer Gebietskörperschaft oder einer gemeinnützigen Vereinigung in einem Drittland an eine amtliche Stelle, Gebietskörperschaft oder eine von den zuständigen Behörden zur abgabenfreien Entgegennahme derartiger Gegenstände befugte gemeinnützige Vereinigung im Zollgebiet der Gemeinschaft gerichtet werden.

### Artikel 83

Von der Befreiung ausgeschlossen sind alkoholische Erzeugnisse, Tabak und Tabakwaren.

### Artikel 84

Die Befreiung wird nur gewährt, wenn die Gegenstände

a) nur gelegentlich zum Geschenk gemacht werden;

b) ihrer Art, ihres Wertes oder ihrer Menge nach keinen kommerziellen Zweck erkennen lassen;

c) nicht zu kommerziellen Zwecken verwendet werden.

## KAPITEL XX

### Zum persönlichen Gebrauch von Staatsoberhäuptern bestimmte Waren

### Artikel 85

Von den Eingangsabgaben befreit sind im Rahmen der von den zuständigen Behörden festgelegten Grenzen und Bedingungen:

a) Geschenke an Staatsoberhäupter;

b) Waren, die von Staatsoberhäuptern dritter Länder sowie von den sie offiziell vertretenden Persönlichkeiten während ihres offiziellen Aufenthalts im Zollgebiet der Gemeinschaft ge- oder verbraucht werden sollen. Die Befreiung kann seitens des Einfuhrmitgliedstaats von der Bedingung der Gegenseitigkeit abhängig gemacht werden.

Absatz 1 gilt ebenfalls für Personen, die auf internationaler Ebene gleiche Vorrechte wie ein Staatsoberhaupt genießen.

# Anlage § 066–04

Zu § 66 Energiesteuergesetz

## KAPITEL XXI
### Zur Absatzförderung eingeführte Waren

**A. Warenmuster oder -proben von geringem Wert**

#### Artikel 86

(1) Von den Eingangsabgaben befreit sind unbeschadet von Artikel 90 Absatz 1 Buchstabe a Warenmuster und -proben von geringem Wert, die lediglich dazu bestimmt sind, Aufträge für Waren entsprechender Art im Hinblick auf deren Einfuhr in das Zollgebiet der Gemeinschaft zu beschaffen.

(2) Die zuständigen Behörden können die Befreiung davon abhängig machen, dass bestimmte Artikel durch Zerreißen, Lochen, unauslöschliche und erkennbare Kennzeichen oder ein anderes Verfahren auf Dauer unbrauchbar gemacht werden, ohne dass sie dadurch ihre Eigenschaft als Muster oder Proben verlieren.

(3) Als „Warenmuster oder -proben" im Sinne von Absatz 1 gelten die für eine Warengruppe repräsentativen Waren, die durch die Art ihrer Aufmachung und die für eine jeweilige Warenart oder -qualität angebotene Menge zu anderen Zwecken als zur Absatzförderung ungeeignet sind.

**B. Werbedrucke und Werbegegenstände7**

#### Artikel 87

Von den Eingangsabgaben befreit sind vorbehaltlich des Artikels 88 Werbedrucke, wie z. B. Kataloge, Preislisten, Gebrauchsanweisungen oder Merkblätter betreffend

a) zum Verkauf oder zur Vermietung angebotene Waren; oder

b) im Verkehrswesen, bei Versicherungen und bei Banken angebotene Dienstleistungen;

wenn die Angebote von einer außerhalb des Zollgebiets der Gemeinschaft ansässigen Person ausgehen.

#### Artikel 88

Die Befreiung nach Artikel 87 gilt nur für Werbedrucke, die nachstehende Voraussetzungen erfüllen:

a) Die Drucke müssen sichtbar den Namen des Unternehmens tragen, das die Waren herstellt, verkauft oder vermietet oder die betreffenden Dienstleistungen anbietet;

b) jede Sendung darf nur einen einzigen Werbedruck oder im Falle einer aus mehreren Drucken bestehenden Sendung nur ein Exemplar eines Werbedrucks enthalten. Für Sendungen mit mehreren Exemplaren eines gleichen Drucks kann die Befreiung jedoch ebenfalls gewährt werden, falls ihr Rohgewicht nicht mehr als 1 kg beträgt;

c) bei den Drucken darf es sich nicht um Sammelsendungen desselben Absenders an denselben Empfänger handeln.

#### Artikel 89

Von den Eingangsabgaben befreit sind ferner die von Lieferanten unentgeltlich an ihre Kunden gerichteten Werbegegenstände ohne eigenen Handelswert, die ausschließlich zu Werbezwecken verwendbar sind.

**C. Auf Ausstellungen oder ähnlichen Veranstaltungen ge- oder verbrauchte Waren**

#### Artikel 90

(1) Von den Eingangsabgaben befreit sind vorbehaltlich der Artikel 91 bis 94:

a) kleine Muster oder Proben von außerhalb des Zollgebiets der Gemeinschaft hergestellten Waren, die für eine Ausstellung oder ähnliche Veranstaltung bestimmt sind;

b) Waren, die ausschließlich zu ihrer eigenen Vorführung oder zur Vorführung von außerhalb des Zollgebiets der Gemeinschaft hergestellten Maschinen und Apparaten auf einer Ausstellung oder ähnlichen Veranstaltung eingeführt werden;

c) verschiedene Werkstoffe von geringem Wert, wie Farben, Lacke, Tapeten usw., die beim Bau, bei der Einrichtung und Ausstattung der von Vertretern dritter Länder auf einer Ausstellung oder ähnlichen Veranstaltung gehaltenen Stände verwendet und durch ihre Verwendung verbraucht werden;

d) Werbedrucke, Kataloge, Prospekte, Preislisten, Werbeplakate, bebilderte und sonstige Kalender, ungerahmte Fotografien und andere Gegenstände, die unentgeltlich zur Werbung für außerhalb des Zollgebiets der Gemeinschaft hergestellte und auf einer Ausstellung oder ähnlichen Veranstaltung gezeigte Waren verwendet werden sollen.

(2) Im Sinne von Absatz 1 gelten als „Ausstellung oder ähnliche Veranstaltung":

Zu § 66 Energiesteuergesetz **Anlage § 066–04**

a) Ausstellungen, Messen und ähnliche Leistungsschauen des Handels, der Industrie, der Landwirtschaft oder des Handwerks;
b) Ausstellungen oder Veranstaltungen zu Wohltätigkeitszwecken;
c) Ausstellungen oder Veranstaltungen, die in erster Linie der Förderung der Wissenschaft, der Technik, des Handwerks, der Kunst, der Erziehung, der Kultur, des Sports, der Religion, des Kultes, der Gewerkschaftsarbeit, des Fremdenverkehrs oder der Völkerverständigung dienen;
d) Treffen von Vertretern internationaler Organisationen oder Zusammenschlüsse;
e) offizielle Feierlichkeiten oder Gedächtnisfeiern;
mit Ausnahme von zum Verkauf von Drittlandswaren privat veranstalteten Ausstellungen in Läden oder Geschäftsräumen.

### Artikel 91
Die Befreiung von Artikel 90 Absatz 1 Buchstabe a gilt nur für Muster oder Proben, die
a) als fertige Muster oder Proben unentgeltlich aus Drittländern eingeführt oder auf der Veranstaltung aus nicht abgepackt eingeführten Waren hergestellt werden;
b) während der Veranstaltung ausschließlich an die Besucher unentgeltlich zum Ge- oder Verbrauch abgegeben werden sollen;
c) erkennbar Muster oder Proben zu Werbezwecken mit geringem Stückwert sind;
d) nicht zum Verkauf geeignet und gegebenenfalls in Umschließungen mit einer geringeren Warenmenge dargeboten werden als die kleinste im Handel erhältliche Menge der gleichen Ware;
e) im Falle von Nahrungsmitteln und Getränken nicht wie unter Buchstabe d angegeben dargeboten werden, sofern sie auf der Veranstaltung an Ort und Stelle verzehrt oder getrunken werden;
f) ihrem Gesamtwert und ihrer Menge nach der Art der Veranstaltung, der Besucherzahl und der jeweiligen Beteiligung des Ausstellers angemessen sind.

### Artikel 92
Die Befreiung nach Artikel 90 Absatz 1 Buchstabe b gilt nur für Waren, die
a) auf der Veranstaltung verbraucht oder vernichtet werden; und
b) ihrem Gesamtwert und ihrer Menge nach der Art der Veranstaltung, der Besucherzahl sowie der jeweiligen Beteiligung des Ausstellers angemessen sind.

### Artikel 93
Die Befreiung nach Artikel 90 Absatz 1 Buchstabe d gilt nur für Werbedrucke und Werbegegenstände, die
a) ausschließlich zur unentgeltlichen Verteilung an die Besucher während der Veranstaltung bestimmt sind;
b) ihrem Gesamtwert und ihrer Menge nach der Art der Veranstaltung, der Besucherzahl sowie der jeweiligen Beteiligung des Ausstellers angemessen sind.

### Artikel 94
Von der Befreiung nach Artikel 90 Absatz 1 Buchstaben a und b sind ausgeschlossen:
a) alkoholische Erzeugnisse;
b) Tabak und Tabakwaren;
c) Brenn- und Treibstoffe.

## KAPITEL XXII
### Zu Prüfungs-, Analyse- oder Versuchszwecken eingeführte Waren

### Artikel 95
Von den Eingangsabgaben befreit sind vorbehaltlich der Artikel 96 bis 101 Waren, die zur Bestimmung ihrer Zusammensetzung, Beschaffenheit oder anderer technischer Merkmale für Informationszwecke, industrielle oder kommerzielle Forschungszwecke geprüft, analysiert oder erprobt werden sollen.

### Artikel 96
Unbeschadet von Artikel 99 wird die Befreiung nach Artikel 95 nur unter der Voraussetzung gewährt, dass die zu Prüfungs-, Analyse- oder Versuchszwecken verwendeten Waren während dieser Prüfungen, Analysen oder Versuche vollständig verbraucht oder vernichtet werden.

**Anlage § 066–04**  Zu § 66 Energiesteuergesetz

### Artikel 97
Von der Befreiung ausgeschlossen sind Waren, die Prüfungs-, Analyse- oder Versuchszwecken dienen, welche ihrerseits bereits eine Absatzförderung darstellen.

### Artikel 98
Die Befreiung wird nur für die Warenmenge gewährt, die für den Zweck, zu dem die Waren eingeführt werden, unbedingt erforderlich ist. Diese Menge wird von den zuständigen Behörden in jedem Einzelfall unter Berücksichtigung des genannten Zwecks festgesetzt.

### Artikel 99
(1) Die Befreiung nach Artikel 95 gilt auch für Waren, die während der Prüfungen, Analysen oder Versuche nicht vollständig verbraucht oder vernichtet werden, sofern die restlichen Waren mit Zustimmung der zuständigen Behörden unter zollamtlicher Überwachung

a) nach Beendigung der Prüfungen, Analysen oder Versuche vollständig vernichtet oder in Waren ohne Handelswert umgewandelt werden; oder

b) unentgeltlich dem Fiskus überlassen werden, wenn diese Möglichkeit in den einzelstaatlichen Gesetzen vorgesehen ist; oder

c) in ordnungsgemäß begründeten Fällen aus dem Zollgebiet der Gemeinschaft ausgeführt werden.

(2) Als „restliche Waren" im Sinne von Absatz 1 gelten die bei den Prüfungen, Analysen oder Versuchen anfallenden Erzeugnisse oder die nicht tatsächlich verwendeten Waren.

### Artikel 100
Außer bei Anwendung von Artikel 99 Absatz 1 werden auf die restlichen Waren die Eingangsabgaben nach dem zum Zeitpunkt des Abschlusses der in Artikel 95 genannten Prüfungen, Analysen oder Versuche geltenden Satz und nach der Beschaffenheit und dem Zollwert erhoben, die von den zuständigen Behörden zu diesem Zeitpunkt festgestellt oder anerkannt werden.

Der Beteiligte kann jedoch die restlichen Waren mit Einverständnis der zuständigen Behörden unter zollamtlicher Überwachung in Abfälle oder Schrott umwandeln. In diesem Fall werden als Eingangsabgaben die für die Abfälle oder den Schrott zum Zeitpunkt ihrer Herstellung geltenden Sätze angewendet.

### Artikel 101
Die Frist, innerhalb deren die Prüfungen, Analysen oder Versuche durchgeführt und die Verwaltungsförmlichkeiten im Hinblick auf die Gewährleistung der zweckentsprechenden Verwendung der Waren erfüllt sein müssen, wird von den zuständigen Behörden festgelegt.

## KAPITEL XXIII
### Sendungen an die für Urheberrechtsschutz oder gewerblichen Rechtsschutz zuständigen Stellen

### Artikel 102
Von den Eingangsabgaben befreit sind Markenzeichen, Muster, Modelle oder Zeichnungen sowie die diesbezüglichen Hinterlegungsunterlagen, die Dokumente über die Anmeldung von Patenten oder dergleichen, die für die für Urheberrechtsschutz oder gewerblichen Rechtsschutz zuständigen Stellen bestimmt sind.

## KAPITEL XXIV
### Werbematerial für den Fremdenverkehr

### Artikel 103
Von den Eingangsabgaben befreit sind unbeschadet der Artikel 42 bis 50:

a) Unterlagen (Faltprospekte, Broschüren, Bücher, Magazine, Reiseführer, Plakate mit oder ohne Rahmen, nicht eingerahmte Fotografien oder fotografische Vergrößerungen, Landkarten mit oder ohne Abbildungen, bedruckte Fenstertransparente, Bildkalender), die kostenlos verteilt werden und im wesentlichen die Öffentlichkeit dazu veranlassen sollen, fremde Länder zu besuchen, insbesondere um dort an Treffen oder Veranstaltungen kulturellen, touristischen, sportlichen, religiösen oder beruflichen Charakters teilzunehmen, sofern diese Unterlagen nicht mehr als 25 v. H. private Geschäftsreklame enthalten – ausgenommen jegliche private Geschäftsreklame zugunsten von Gemeinschaftsfirmen – und offensichtlich allgemeinen Werbezwecken dienen;

b) die von Fremdenverkehrsämtern oder auf ihre Veranlassung hin veröffentlichten Listen oder Jahrbücher ausländischer Hotels sowie Fahrpläne von im Ausland betriebenen Verkehrsunternehmen, sofern sie unentgeltlich verteilt werden sollen und nicht mehr als 25 v. H. private Geschäftsreklame enthalten – ausgenommen jegliche private Geschäftsreklame zugunsten von Gemeinschaftsfirmen;

c) technisches Material, das den von den einzelstaatlichen Fremdenverkehrsämtern anerkannten Vertretern oder bezeichneten Korrespondenten zugesandt wird und nicht zur Verteilung bestimmt ist, und zwar Jahrbücher, Telefon- oder Fernschreiberverzeichnisse, Hotellisten, Messekataloge, Muster mit geringem Wert von handwerklichen Erzeugnissen, Dokumentationsmaterial über Museen, Universitäten, Bäder oder ähnliche Einrichtungen.

## KAPITEL XXV

### Verschiedene Dokumente und Gegenstände

### Artikel 104

Von den Eingangsabgaben befreit sind:

a) unentgeltlich an öffentliche Dienststellen der Mitgliedstaaten gerichtete Dokumente;

b) zur unentgeltlichen Weitergabe bestimmte Veröffentlichungen ausländischer Regierungen und offizieller internationaler Organisationen;

c) Stimmzettel für Wahlen, die von in Drittländern niedergelassenen Organen durchgeführt werden;

d) Gegenstände, die vor Gerichten oder anderen Instanzen der Mitgliedstaaten als Beweisstücke oder zu ähnlichen Zwecken verwendet werden sollen;

e) Unterschriftsmuster, auch in Form gedruckter Rundschreiben, die im Rahmen des üblichen Informationsaustauschs zwischen Behörden oder Bankinstituten versandt werden;

f) an die Zentralbanken der Mitgliedstaaten gerichtete amtliche Drucksachen;

g) Berichte, Tätigkeitsberichte, Informationsschriften, Prospekte, Zeichnungsscheine und andere von Gesellschaften mit Sitz in einem Drittland herausgegebene Dokumente, die für Inhaber oder Zeichner von Wertpapieren dieser Gesellschaften bestimmt sind;

h) Informationsträger (Lochkarten, Tonaufzeichnungen, Mikrofilme usw.) für die Übermittlung von Informationen, die dem Empfänger kostenlos zur Verfügung gestellt werden, sofern die Befreiung nicht zu Missbräuchen oder erheblichen Wettbewerbsverzerrungen führt;

i) auf internationalen Tagungen, Konferenzen oder Kongressen verwendete Akten, Archive, Vordrucke und andere Dokumente sowie die Sitzungsberichte derartiger Veranstaltungen;

j) Entwürfe, technische Zeichnungen, Planpausen, Beschreibungen und ähnliche Unterlagen, die zwecks Erlangung oder Ausführung von Aufträgen in Drittländern oder zur Teilnahme an einem im Zollgebiet der Gemeinschaft ausgeschriebenen Wettbewerb eingeführt werden;

k) Unterlagen für Prüfungen, die im Zollgebiet der Gemeinschaft von Einrichtungen eines Drittlandes veranstaltet werden;

l) Vordrucke, die im Rahmen internationaler Übereinkommen im internationalen Kraftfahrzeug- oder Warenverkehr verwendet werden;

m) Vordrucke, Schilder, Fahrtausweise und ähnliche Unterlagen, die von Verkehrsunternehmen oder Unternehmen des Hotelgewerbes in einem Drittland an Reisebüros im Zollgebiet der Gemeinschaft gesandt werden;

n) schon benutzte Vordrucke, Fahrtausweise, Konnossemente, Frachtbriefe oder sonstige Geschäftsunterlagen;

o) amtliche Drucksachen von Behörden dritter Länder oder internationalen Behörden sowie die internationalen Mustern entsprechenden Drucke, die von Verbänden in Drittländern an ihre Korrespondenzverbände im Zollgebiet der Gemeinschaft zur Verteilung gerichtet werden;

p) an Presseagenturen oder Verleger von Zeitungen oder Zeitschriften gerichtete Pressefotografien, Diapositive und Klischees für Pressefotografien, auch mit Bildtext;

q) Steuermarken und ähnliche Marken, die die Entrichtung von Abgaben in einem Drittland bestätigen.

**Anlage § 066–04**  Zu § 66 Energiesteuergesetz

## KAPITEL XXVI
### Verpackungsmittel zum Verstauen und Schutz von Waren während ihrer Beförderung
### Artikel 105

Von den Eingangsabgaben befreit sind Seile, Stroh, Planen, Papier und Pappe, Holz, Kunststoffe und ähnliche Waren, die zum Verstauen und zum Schutz – auch Wärmeschutz – von Waren während ihrer Beförderung aus einem Drittland in das Zollgebiet der Gemeinschaft dienen und normalerweise nicht wieder verwendbar sind.

## KAPITEL XXVII
### Streu und Futter für Tiere während ihrer Beförderung
### Artikel 106

Von den Eingangsabgaben befreit sind Streu und Futter jeder Art, die für Tiere während ihrer Beförderung aus einem Drittland in das Zollgebiet der Gemeinschaft auf den Transportmitteln mitgeführt werden.

## KAPITEL XXVIII
### Treib- und Schmierstoffe in Straßenkraftfahrzeugen und Spezialcontainern
### Artikel 107

(1) Von den Eingangsabgaben befreit ist vorbehaltlich der Artikel 108, 109 und 110
a) Treibstoff in den Hauptbehältern von in das Zollgebiet der Gemeinschaft eingeführten
   – Personenkraftfahrzeugen, Nutzfahrzeugen und Krafträdern;
   – Spezialcontainern;
b) Treibstoff in tragbaren Behältern, die in Personenkraftfahrzeugen oder auf Krafträdern mitgeführt werden, bis zu einer Höchstmenge von 10 l je Fahrzeug;

die einzelstaatlichen Bestimmungen über Besitz und Beförderung von Treibstoff bleiben hiervon unberührt.

(2) Im Sinne des Absatzes 1 gelten als

a) „Nutzfahrzeuge": Straßenkraftfahrzeuge (einschließlich Zugmaschinen mit oder ohne Anhänger), die nach Bauart und Ausrüstung geeignet sind zur entgeltlichen oder unentgeltlichen Beförderung von
   – mehr als neun Personen einschließlich des Fahrers;
   – Waren;
sowie alle besonderen Straßenfahrzeuge für andere als Beförderungszwecke im eigentlichen Sinne;
b) „Personenkraftfahrzeug": Kraftfahrzeuge, die den Kriterien unter Buchstabe a nicht entsprechen;
c) „Hauptbehälter":
   – die vom Hersteller in alle Kraftfahrzeuge desselben Typs fest eingebauten Behälter, die die unmittelbare Verwendung des Treibstoffs für den Antrieb der Kraftfahrzeuge und gegebenenfalls für das Funktionieren der Kühlanlage oder sonstiger Anlagen während des Transports ermöglichen;
   – Gasbehälter in Kraftfahrzeugen, die unmittelbar mit Gas betrieben werden können, sowie die Behälter für sonstige Einrichtungen, mit denen die Fahrzeuge gegebenenfalls ausgerüstet sind;
   – die vom Hersteller in alle Container desselben Typs fest eingebauten Behälter, die die unmittelbare Verwendung des Treibstoffs für das Funktionieren der Kühlanlage oder sonstiger Anlagen von Spezialcontainern während des Transports ermöglichen;
d) „Spezialcontainer": alle Behälter mit Vorrichtungen, die speziell für Systeme wie z. B. Kühlung, Sauerstoffzufuhr oder Wärmeisolierung dienen.

### Artikel 108

Bei Treibstoff in den Hauptbehältern von Nutzfahrzeugen und in Spezialcontainern können die Mitgliedstaaten die Befreiung auf 200 l je Fahrzeug, Spezialcontainer und Reise beschränken.

### Artikel 109

(1) Die Mitgliedstaaten können die von Eingangsabgaben befreite Treibstoffmenge beschränken bei:
a) Nutzfahrzeugen für Beförderungen im internationalen Verkehr mit Bestimmungsort in einem höchstens 25 km Luftlinie tiefen Streifen ihres Grenzgebiets, sofern die Beförderung durch Personen mit gewöhnlichem Wohnsitz in diesem Grenzgebiet erfolgt;

b) Personenkraftwagen von Personen mit gewöhnlichem Wohnsitz im Grenzgebiet.

(2) Für die Zwecke der Anwendung von Absatz 1 Buchstabe b bezeichnet „Grenzgebiet" unbeschadet diesbezüglicher vorhandener Übereinkünfte eine in Luftlinie von der Grenze an gerechnet höchstens 15 km breite Zone. Die Gemeinden, die teilweise in diesem Grenzgebiet liegen, gelten auch als Teil dieses Grenzgebiets. Die Mitgliedstaaten können Ausnahmen hiervon vorsehen.

### Artikel 110

(1) Treibstoffe, die gemäß den Artikeln 107, 108 und 109 von den Eingangsabgaben befreit sind, dürfen weder in einem anderen Kraftfahrzeug als dem, in dem sie eingeführt wurden, verwendet werden, noch aus diesem Fahrzeug entfernt oder gelagert werden, ausgenommen während der Zeit, in der an dem Fahrzeug erforderliche Reparaturen durchgeführt werden; auch dürfen sie von dem von der Befreiung Begünstigten weder veräußert noch überlassen werden.

(2) Die Nichteinhaltung des Absatzes 1 hat die Anwendung der Einfuhrzölle auf die betreffenden Waren mit dem zum Zeitpunkt der Nichteinhaltung geltenden Satz zur Folge, und zwar nach der Beschaffenheit und dem Zollwert, die von den zuständigen Behörden zu diesem Zeitpunkt festgestellt oder anerkannt werden.

### Artikel 111

Die Befreiung nach Artikel 107 gilt auch für Schmierstoffe, die sich in Kraftfahrzeugen befinden und die dem normalen Bedarf für den Betrieb während der Beförderung entsprechen.

### KAPITEL XXIX

**Waren zum Bau, zur Unterhaltung oder Ausschmückung von Gedenkstätten oder Friedhöfen für Kriegsopfer**

### Artikel 112

Von den Eingangsabgaben befreit sind Waren aller Art, die von den von den zuständigen Behörden hierzu zugelassenen Organisationen zur Verwendung beim Bau, bei der Unterhaltung oder Ausschmückung von Friedhöfen, Gräbern und Gedenkstätten für im Zollgebiet der Gemeinschaft bestattete Kriegsopfer dritter Länder eingeführt werden.

### KAPITEL XXX

**Särge, Urnen und Gegenstände zur Grabausschmückung**

### Artikel 113

Von den Eingangsabgaben befreit sind

a) Särge mit Verstorbenen und Urnen mit der Asche Verstorbener sowie Blumen, Kränze und andere übliche Ausschmückungsgegenstände;

b) Blumen, Kränze und sonstige Gegenstände zur Grabausschmückung, die von Personen mit Wohnsitz in einem Drittland anlässlich einer Beerdigung oder zum Ausschmücken von Gräbern im Zollgebiet der Gemeinschaft mitgeführt werden, sofern diese Waren ihrer Art und Menge nach keinen kommerziellen Zweck erkennen lassen.

## TITEL III

## BEFREIUNG VON DEN AUSFUHRABGABEN

### KAPITEL I

**Sendungen mit geringem Wert**

### Artikel 114

Von den Ausfuhrabgaben befreit sind Sendungen, die von der Post in Paketen, Päckchen oder Briefen zum Empfänger befördert werden und deren Gesamtwert 10 EUR nicht übersteigt.

### KAPITEL II

**Ausfuhr von Haustieren anlässlich der Verlegung eines landwirtschaftlichen Betriebes aus der Gemeinschaft in ein Drittland**

### Artikel 115

(1) Von den Ausfuhrabgaben befreit sind die Haustiere eines landwirtschaftlichen Betriebes, der nach Aufgabe der Tätigkeit im Zollgebiet der Gemeinschaft in ein Drittland verlegt wird.

# Anlage § 066–04

Zu § 66 Energiesteuergesetz

(2) Die Befreiung gemäß Absatz 1 ist auf Haustiere begrenzt, deren Zahl der Art und Größe des landwirtschaftlichen Betriebes entspricht.

## KAPITEL III
### Von Landwirten auf Grundstücken in der Gemeinschaft erwirtschaftete Erzeugnisse

#### Artikel 116

(1) Von den Ausfuhrabgaben befreit sind Erzeugnisse des Ackerbaus oder der Viehzucht, die im Zollgebiet der Gemeinschaft auf Grundstücken erzeugt werden, welche von Landwirten mit Unternehmenssitz in einem Drittland in unmittelbarer Nähe des Zollgebiets der Gemeinschaft als Eigentum oder in Pacht bewirtschaftet werden.

(2) Für Erzeugnisse der Viehzucht gilt Absatz 1 nur, wenn die Erzeugnisse von Tieren stammen, die entweder Ursprungserzeugnisse des betreffenden Drittlandes sind oder alle Voraussetzungen erfüllen, um sich dort im zollrechtlich freien Verkehr zu befinden.

#### Artikel 117

Die Befreiung nach Artikel 116 Absatz 1 gilt nur für Waren, die keiner anderen als der nach der Ernte oder Erzeugung üblichen Behandlung unterzogen wurden.

#### Artikel 118

Die Befreiung wird nur für Waren gewährt, die von dem Landwirt oder in seinem Auftrag in das betreffende Drittland eingeführt werden.

## KAPITEL IV
### Von Landwirten zur Verwendung auf Gütern in Drittländern ausgeführtes Saatgut

#### Artikel 119

Von den Ausfuhrabgaben befreit ist Saatgut, das in einem Drittland auf solchen Gütern in unmittelbarer Nähe des Zollgebiets der Gemeinschaft verwendet werden soll, die von Landwirten mit Betriebssitz im Zollgebiet der Gemeinschaft in unmittelbarer Nähe des betreffenden Drittlandes als Eigentum oder in Pacht bewirtschaftet werden.

#### Artikel 120

Die Befreiung nach Artikel 119 beschränkt sich auf die zur Bewirtschaftung der Grundstücke notwendige Saatgutmenge.

Die Befreiung wird nur für Saatgut gewährt, das unmittelbar vom Landwirt oder in seinem Auftrag aus dem Zollgebiet der Gemeinschaft ausgeführt wird.

## KAPITEL V
### Gleichzeitig mit den Tieren ausgeführte Futtermittel

#### Artikel 121

Von den Ausfuhrabgaben befreit sind Futtermittel jeder Art, die für Tiere während ihrer Beförderung aus dem Zollgebiet der Gemeinschaft in ein Drittland auf den Transportmitteln mitgeführt werden.

## TITEL IV
### ALLGEMEINE UND SCHLUSSBESTIMMUNGEN

#### Artikel 122

(1) Titel II gilt vorbehaltlich des Absatzes 2 sowohl für zum zollrechtlich freien Verkehr abgefertigte Waren mit unmittelbarer Herkunft aus Drittländern als auch für Waren, die zum zollrechtlich freien Verkehr abgefertigt worden sind, nachdem sie sich zuvor in einem anderen Zollverfahren befunden haben.

(2) Die Fälle, in denen die Abgabenbefreiung für Waren, die zum zollrechtlich freien Verkehr abgefertigt worden sind, nachdem sie sich zuvor in einem anderen Zollverfahren befunden haben, nicht gewährt werden kann, werden nach dem Verfahren des Artikels 247a der Verordnung (EWG) Nr. 2913/92 bestimmt.

(3) Waren, die entsprechend dieser Verordnung abgabenfrei eingeführt werden können, unterliegen keinen mengenmäßigen Beschränkungen aufgrund von Maßnahmen, die auf der Grundlage von Artikel 133 EG-Vertrag beschlossen wurden.

#### Artikel 123
Ist die Befreiung von den Eingangsabgaben von einer bestimmten Verwendung der Waren durch den Empfänger abhängig, so kann diese Befreiung nur von den zuständigen Behörden des Mitgliedstaats gewährt werden, auf dessen Gebiet die Waren der Verwendung zugeführt werden sollen.

#### Artikel 124
Die zuständigen Behörden der Mitgliedstaaten treffen alle geeigneten Maßnahmen, damit Waren, die aufgrund ihrer Verwendung durch den Empfänger unter Befreiung von den Eingangsabgaben zum zollrechtlich freien Verkehr abgefertigt wurden, nicht ohne Entrichtung der Eingangsabgaben zu anderen Zwecken verwendet werden können, sofern die Änderung der Verwendung nicht unter den in dieser Verordnung festgelegten Voraussetzungen erfolgt.

#### Artikel 125
Erfüllt eine und dieselbe Person nach verschiedenen Bestimmungen dieser Verordnung die Bedingungen für die Befreiung von den Eingangsabgaben oder den Ausfuhrabgaben, so sind die betreffenden Bestimmungen nebeneinander anwendbar.

#### Artikel 126
Ist in dieser Verordnung vorgesehen, dass die Befreiung nur unter bestimmten Voraussetzungen gewährt wird, so hat der Beteiligte den zuständigen Behörden nachzuweisen, dass diese Voraussetzungen erfüllt sind.

#### Artikel 127
Wird eine Befreiung von den Eingangs- oder Ausfuhrabgaben im Rahmen eines in Euro festgesetzten Betrages gewährt, so können die Mitgliedstaaten die sich bei der Umrechnung in die jeweilige Landeswährung ergebende Summe auf- oder abrunden.

Die Mitgliedstaaten können auch den Gegenwert des in Euro festgesetzten Betrages in Landeswährung unverändert beibehalten, wenn bei der jährlichen Anpassung nach Artikel 18 Absatz 2 der Verordnung (EWG) Nr. 2913/92 die Umrechnung dieses Betrags vor der in Absatz 1 vorgesehenen Auf- oder Abrundung dazu führt, dass sich der in Landeswährung ausgedrückte Gegenwert um weniger als 5 v. H. ändert oder dass er sich vermindert.

#### Artikel 128
(1) Unbeschadet der Bestimmungen dieser Verordnung können die Mitgliedstaaten folgende Befreiungen gewähren:
a) Befreiungen, die sich aus der Anwendung des Wiener Übereinkommens vom 18. April 1961 über diplomatische Beziehungen, des Wiener Übereinkommens vom 24. April 1963 über konsularische Beziehungen oder sonstige konsularische Vereinbarungen oder der New Yorker Konvention vom 16. Dezember 1969 über Spezialmissionen ergeben;
b) Befreiungen aufgrund der üblichen Vorrechte, die gemäß internationalen Abkommen oder Sitzabkommen, bei denen ein Drittland oder eine internationale Organisation Vertragspartei ist, gewährt werden, einschließlich der anlässlich internationaler Begegnungen gewährten Befreiungen;
c) Befreiungen aufgrund der üblichen Vorrechte, die gemäß internationalen Abkommen gewährt werden, die von allen Mitgliedstaaten geschlossen werden und in deren Rahmen eine kulturelle oder wissenschaftliche Institution oder Organisation internationalen Rechts gegründet wird;
d) Befreiungen aufgrund der üblichen Vorrechte und Befreiungen im Rahmen von mit Drittländern geschlossenen Abkommen über die kulturelle, wissenschaftliche oder technische Zusammenarbeit;
e) besondere Befreiungen, die im Rahmen von Abkommen mit Drittländern über gemeinsame Maßnahmen für den Personen- und Umweltschutz eingeführt werden;
f) besondere, im Rahmen von Abkommen mit benachbarten Drittländern eingeführte Befreiungen, die durch die Art des Grenzverkehrs mit den betreffenden Ländern gerechtfertigt sind;
g) Befreiungen, die im Rahmen von Abkommen gewährt werden, die mit Drittländern, welche Vertragsparteien des Abkommens über die internationale Zivilluftfahrt (Chicago 1944) sind, zur Anwendung der Empfehlungen 4.42 und 4.44 des Anhangs 9 zu diesem Abkommen (achte Auflage – Juli 1980) auf der Grundlage der Gegenseitigkeit geschlossen wurden.

(2) Sind nach einer nicht in Absatz 1 vorgesehenen internationalen Vereinbarung, die ein Mitgliedstaat zu treffen beabsichtigt, Befreiungen vorgesehen, so unterbreitet dieser Mitgliedstaat der Kommission einen Antrag auf Anwendung dieser Befreiungen; diesem Antrag sind alle notwendigen Angaben beizufügen.

**Anlage § 066–04**  Zu § 66 Energiesteuergesetz

Über diesen Antrag wird nach dem in Artikel 247a der Verordnung (EWG) Nr. 2913/92 genannten Verfahren entschieden.

(3) Die in Absatz 2 genannten Angaben sind nicht erforderlich, wenn nach der betreffenden internationalen Vereinbarung nur Befreiungen vorgesehen sind, bei denen die im Gemeinschaftsrecht festgelegten Höchstwerte nicht überschritten werden.

### Artikel 129
(1) Die Mitgliedstaaten unterrichten die Kommission über die Zollbestimmungen in den internationalen Abkommen und Vereinbarungen im Sinne von Artikel 128 Absatz 1 Buchstaben b, c, d, e, f und g sowie Artikel 128 Absatz 3, die sie nach dem 26. April 1983 geschlossen haben.

(2) Die Kommission übermittelt den übrigen Mitgliedstaaten den Wortlaut der Vereinbarungen und Abkommen, von denen sie nach Absatz 1 unterrichtet wurde.

### Artikel 130
Diese Verordnung steht der Beibehaltung folgender Regelungen nicht entgegen:

a) in Griechenland des Sonderstatus für den Berg Athos in der durch Artikel 105 der griechischen Verfassung garantierten Form;

b) in Spanien und Frankreich der Befreiungen, die sich aus den Verträgen vom 13. Juli 1867 bzw. vom 22./23. November 1867 zwischen diesen Ländern und Andorra ergeben, bis zum Inkrafttreten einer Regelung über die Handelsbeziehungen zwischen der Gemeinschaft und Andorra;

c) in den Mitgliedstaaten der Zollbefreiungen, die die Mitgliedstaaten gegebenenfalls am 1. Januar 1983 den Seeleuten der Handelsmarine im grenzüberschreitenden Verkehr gewährten, bis zur Höhe von 210 EUR;

d) im Vereinigten Königreich der Befreiungen für die Einfuhr von Waren für den Gebrauch oder Verbrauch der Streitkräfte oder des zivilen Begleitpersonals oder für die Versorgung ihrer Kasinos oder Kantinen nach dem Vertrag zur Gründung der Republik Zypern vom 16. August 1960.

### Artikel 131
(1) Die Mitgliedstaaten können Streitkräften, die nicht ihrer Hoheit unterstehen und aufgrund internationaler Übereinkünfte in ihrem Gebiet stationiert sind, besondere Befreiungen gewähren, solange für diesen Bereich keine gemeinschaftlichen Bestimmungen bestehen.

(2) Diese Verordnung steht der Beibehaltung besonderer Befreiungen in den Mitgliedstaaten nicht entgegen, die Arbeitnehmern, die nach einem beruflich bedingten Aufenthalt von mindestens sechs Monaten außerhalb des Zollgebiets der Gemeinschaft in dieses zurückkehren, gewährt werden, solange für diesen Bereich keine gemeinschaftlichen Bestimmungen bestehen.

### Artikel 132
Die Bestimmungen dieser Verordnung gelten unbeschadet

a) der Verordnung (EWG) Nr. 2913/92,

b) der geltenden Bestimmungen über Bordverpflegung für Schiffe, Luftfahrzeuge und internationale Züge;

c) der in anderen Rechtsakten der Gemeinschaft enthaltenen Bestimmungen über Befreiungen.

### Artikel 133
Die Verordnung (EWG) Nr. 918/83 in der Fassung der in Anhang V aufgeführten Rechtsakte wird aufgehoben.

Bezugnahmen auf die aufgehobene Verordnung gelten als Bezugnahmen auf die vorliegende Verordnung und sind nach Maßgabe der Entsprechungstabelle in Anhang VI zu lesen.

### Artikel 134
Diese Verordnung tritt am zwanzigsten Tag nach dem Tag ihrer Veröffentlichung im Amtsblatt der Europäischen Union in Kraft.

Sie gilt ab 1. Januar 2010.

Diese Verordnung ist in allen ihren Teilen verbindlich und gilt unmittelbar in jedem Mitgliedstaat.

Geschehen zu Brüssel am 16. November 2009.

Im Namen des Rates
Die Präsidentin
C. MALMSTRÖM

Zu § 66 Energiesteuergesetz

# Anlage § 066–04

## ANHANG I

### A. Bücher, Veröffentlichungen und Dokumente

| KN-Code | Warenbezeichnung |
|---|---|
| 3705 | Fotografische Platten und Filme, belichtet und entwickelt, ausgenommen kinematografische Filme: |
| ex 3705 90 10 | – Mikrofilme von Büchern, Bilderalben, Bilderbüchern, Zeichen- oder Malbüchern für Kinder, Übungsheften, Kreuzworträtselheften, Zeitungen und Zeitschriften und Dokumenten oder Berichten nicht kommerziellen Charakters und von einzelnen Illustrationen, Druckseiten und Abdrucken für die Herstellung von Büchern |
| ex 3705 10 00<br>ex 3705 90 90 | – Reproduktionsfilme für die Herstellung von Büchern |
| 4903 00 00 | Bilderalben, Bilderbücher und Zeichen- oder Malbücher für Kinder |
| 4905 | Kartografische Erzeugnisse aller Art, einschließlich Wandkarten, topografische Pläne und Globen, gedruckt:<br>– andere: |
| ex 4905 99 00 | – – andere:<br>– Karten für wissenschaftliche Bereiche wie Geologie, Zoologie, Botanik, Mineralogie, Paläontologie, Archäologie, Ethnologie, Meteorologie, Klimatologie und Geophysik |
| ex 4906 00 00 | Bauzeichnungen oder -pläne industriellen oder technischen Charakters, auch Wiedergaben |
| 4911 | Andere Drucke, einschließlich Bilddrucke und Fotografien: |
| 4911 10 | – Werbedrucke und Werbeschriften, Verkaufskataloge und dergleichen: |
| ex 4911 10 90 | – – andere:<br>– Kataloge von Büchern und Veröffentlichungen, die von einem außerhalb des Gebiets der Europäischen Gemeinschaften niedergelassenen Verlag oder Buchhändler verkauft werden<br>– Kataloge von Filmen, Tonaufnahmen oder jeglichem sonstigen Bild- und Tonmaterial erzieherischen, wissenschaftlichen oder kulturellen Charakters<br>– Plakate und Veröffentlichungen zur Förderung des Fremdenverkehrs, die die Öffentlichkeit zu Reisen außerhalb des Gebiets der Europäischen Gemeinschaften anregen sollen; Broschüren, Führer, Fahrpläne, Prospekte und ähnliche Veröffentlichungen, Veröffentlichungen mit oder ohne Illustrationen, einschließlich der von privaten Unternehmen herausgegebenen, auch Mikrowiedergaben<br>– unentgeltliche Bücher- und Literaturverzeichnisse zu Werbezwecken (1)<br>– andere: |
| 4911 99 00 | – – andere:<br>– einzelne Illustrationen, Druckseiten und Druckvorlagen für die Herstellung von Büchern, einschließlich ihrer Mikrowiedergaben[1)]<br>– Mikrowiedergaben von Büchern, Bilderalben, Bilderbüchern, Zeichen- oder Malbüchern für Kinder, Übungsheften, Kreuzworträtselheften, Zeitungen und Zeitschriften und von Dokumenten oder Berichten nicht kommerziellen Charakters[1)]<br>– Veröffentlichungen, die für ein Studium außerhalb des Gebiets der Europäischen Gemeinschaften werben, einschließlich Mikrowiedergaben[1)]<br>– Meteorologische und geophysische Diagramme |

---

1) Von der Befreiung sind jedoch die Waren ausgenommen, in denen der Reklameteil mehr als 25 v. H. des Raumes einnimmt. Bei Plakaten und Veröffentlichungen zur Förderung des Fremdenverkehrs gilt dieser Hundertsatz nur für die privaten Werbeanzeigen.

# Anlage § 066–04

Zu § 66 Energiesteuergesetz

| KN-Code | Warenbezeichnung |
|---|---|
| 9023 00 | Instrumente, Apparate, Geräte und Modelle zu Vorführzwecken (z. B. beim Unterricht oder auf Ausstellungen), nicht zu anderer Verwendung geeignet: |
| ex 9023 00 80 | – andere:<br>  – Reliefkarten für wissenschaftliche Bereiche, wie Geologie, Zoologie, Botanik, Mineralogie, Paläontologie, Archäologie, Ethnologie, Meteorologie, Klimatologie und Geophysik |

**B. Bild- und Tonmaterial erzieherischen, wissenschaftlichen oder kulturellen Charakters**

In Anhang II unter Buchstabe A genannte, von der Organisation der Vereinten Nationen oder einer ihrer Sonderorganisationen hergestellte Gegenstände.

## ANHANG II

**A. Bild- und Tonmaterial erzieherischen, wissenschaftlichen oder kulturellen Charakters**

| KN-Code | Warenbezeichnung | Begünstigte Anstalt oder Einrichtung |
|---|---|---|
| 3704 00 | Fotografische Platten, Filme, Papiere, Pappen und Spinnstoffe, belichtet, jedoch nicht entwickelt: | Alle Organisationen (einschließlich Rundfunk- und Fernsehanstalten), Einrichtungen oder Verbände, die von den zuständigen Behörden der Mitgliedstaaten zur zollfreien Einfuhr dieser Gegenstände ermächtigt worden sind |
| ex 3704 00 10 | – Platten und Filme:<br>  – kinematografische Filme, Positive erzieherischen, wissenschaftlichen oder kulturellen Charakters | |
| ex 3705 | Fotografische Platten und Filme, belichtet und entwickelt, ausgenommen kinematografische Filme:<br>– erzieherischen, wissenschaftlichen oder kulturellen Charakters | |
| 3706 | Kinematografische Filme, belichtet und entwickelt, auch mit Tonaufzeichnung oder nur mit Tonaufzeichnung: | |
| 3706 10 | – mit einer Breite von 35 mm oder mehr:<br>– – andere: | |
| ex 3706 10 99 | – – – andere Positive:<br>  – Filme (mit oder ohne Ton), die zur Zeit der Einfuhr aktuelle Ereignisse darstellen und zu Kopierzwecken eingeführt werden (höchstens zwei Kopien je Thema)– archivarisches Filmmaterial (mit oder ohne Ton), das zur Verwendung mit Filmen aktuellen Inhalts bestimmt ist– Unterhaltungsfilme, die sich besonders für Kinder und Jugendliche eignen– nicht genannte Filme erzieherischen, wissenschaftlichen oder kulturellen Charakters | |
| 3706 90 | – andere:<br>– – andere:<br>– – – andere Positive: | |

Zu § 66 Energiesteuergesetz  Anlage § 066–04

| KN-Code | Warenbezeichnung | Begünstigte Anstalt oder Einrichtung |
|---|---|---|
| ex 3706 90 51<br>ex 3706 90 91<br>ex 3706 90 99 | – Filme (mit oder ohne Ton), die zur Zeit der Einfuhr aktuelle Ereignisse darstellen und zu Kopierzwecken eingeführt werden (höchstens zwei Kopien je Thema)<br>– archivarisches Filmmaterial (mit oder ohne Ton), das zur Verwendung mit Filmen aktuellen Inhalts bestimmt ist<br>– Unterhaltungsfilme, die sich besonders für Kinder und Jugendliche eignen<br>– nicht genannte Filme erzieherischen, wissenschaftlichen oder kulturellen Charakters | |
| 4911 | Andere Drucke, einschließlich Bilddrucke und Photographien:– andere: | |
| ex 4911 99 00 | – – andere:<br>– Mikrokarten, Mikroplanfilme (Mikrofiches) und Magnetbänder oder sonstige Datenträger erzieherischen, wissenschaftlichen oder kulturellen Charakters, die von rechnergesteuerten Informations- und Dokumentationsdiensten verwendet werden<br>– Wandbilder, ausschließlich zu Vorführ- und Unterrichtszwecken | |
| ex 8523 | Platten, Bänder, nicht flüchtige Halbleiterspeichervorrichtungen, „intelligente Karten (smart cards)" und andere Tonträger oder ähnliche Aufzeichnungsträger, mit oder ohne Aufzeichnung, einschließlich der zur Plattenherstellung dienenden Matrizen und Galvanos, ausgenommen Waren des Kapitels 37:<br>– erzieherischen, wissenschaftlichen oder kulturellen Charakters | |
| ex 9023 00 | Instrumente, Apparate, Geräte und Modelle zu Vorführzwecken (z. B. beim Unterricht oder auf Ausstellungen), nicht zu anderer Verwendung geeignet:<br>– Modelle, Skizzen und Wandbilder, ausschließlich zu Vorführ- und Unterrichtszwecken<br>– Modelle und bildliche Darstellungen von abstrakten Begriffen, wie Molekularstrukturen oder mathematische Formeln | |
| Verschiedene | Hologramme mit Laser<br>Multimedia-Spiele<br>Material für programmierten Unterricht, einschließlich in Form von Unterrichtsmappen mit entsprechenden Beschreibungen | |

**Anlage § 066–04**                                          Zu § 66 Energiesteuergesetz

**B. Sammlungsstücke und Kunstgegenstände erzieherischen, wissenschaftlichen oder kulturellen Charakters**

| KN-Code | Warenbezeichnung | Begünstigte Anstalt oder Einrichtung |
|---|---|---|
| Verschiedene | Sammlungsstücke und Kunstgegenstände, die nicht zum Verkauf bestimmt sind | Museen, Galerien und andere Einrichtungen, die von den zuständigen Behörden der Mitgliedstaaten zur zollfreien Einfuhr dieser Gegenstände ermächtigt worden sind |

### ANHANG III

| KN-Code | Warenbezeichnung |
|---|---|
| 4911 | Andere Drucke, einschließlich Bilddrucke und Fotografien: |
| 4911 10 | – Werbedrucke und Werbeschriften, Verkaufskataloge und dergleichen: |
| ex 4911 10 90 | – – andere:<br>– in Reliefschrift für Blinde und Schwachsichtige<br>– amdere: |
| ex 4911 91 00 | – – Bilder, Bilddrucke und Fotografien:<br>– in Reliefschrift für Blinde und Schwachsichtige |
| ex 4911 99 00 | – – andere:<br>– in Reliefschrift für Blinde und Schwachsichtige |

### ANHANG IV

| KN-Code | Warenbezeichnung |
|---|---|
| 4802 | Schreibpapier, Druckpapier und Papier und Pappe zu anderen grafischen Zwecken, weder gestrichen noch überzogen, und Papier und Pappe für Lochkarten und Lochstreifen, nicht perforiert, in Rollen oder quadratischen oder rechteckigen Bogen, jeder Größe, ausgenommen Papiere der Position 4801 oder 4803; Büttenpapier und Büttenpappe (handgeschöpft):<br>– andere Papiere oder Pappen ohne Gehalt an Fasern, in einem mechanischen oder chemischmechanischen Aufbereitungsverfahren gewonnen, oder von 10 GHT oder weniger solcher Fasern, bezogen auf die Gesamtfasermenge: |
| ex 4802 55 | – – mit einem Quadratmetergewicht von 40 g bis 150 g, in Rollen<br>– Blindenschriftpapier |
| ex 4802 56 | – – mit einem Quadratmetergewicht von 40 g bis 150 g, in Bogen, die ungefaltet auf einer Seite nicht mehr als 435 mm und auf der anderen Seite nicht mehr als 297 mm messen:<br>– Blindenschriftpapier |
| ex 4802 57 00 | – – andere mit einem Quadratmetergewicht von 40 g bis 150 g<br>– Blindenschriftpapier |
| ex 4802 58 | – – mit einem Quadratmetergewicht von mehr als 150 g:<br>– Blindenschriftpapier<br>– andere Papiere oder Pappen mit einem Gehalt an Fasern, in einem mechanischen oder chemisch-mechanischen Aufbereitungsverfahren gewonnen, von mehr als 10 GHT, bezogen auf die Gesamtfasermenge: |
| ex 4802 61 | – – in Rollen |
| ex 4802 61 80 | – – – andere<br>– Blindenschriftpapier |
| ex 4802 62 00 | – – in Bogen, die ungefaltet auf einer Seite nicht mehr als 435 mm und auf der anderen Seite nicht mehr als 297 mm messen<br>– Blindenschriftpapier |

Zu § 66 Energiesteuergesetz  **Anlage § 066–04**

| KN-Code | Warenbezeichnung |
|---|---|
| ex 4802 69 00 | – – andere<br>– Blindenschriftpapier |
| 4805 | Andere Papiere und Pappen, weder gestrichen noch überzogen, in Rollen oder Bogen, nicht weiter bearbeitet als in Anmerkung 3 zu diesem Kapitel angegeben:<br>– andere |
| ex 4805 91 00 | – – mit einem Quadratmetergewicht von 150 g oder weniger:<br>– Blindenschriftpapier |
| ex 4805 92 00 | – – mit einem Quadratmetergewicht von mehr als 150 g, jedoch weniger als 225 g:<br>– Blindenschriftpapier |
| 4805 93 | – – mit einem Quadratmetergewicht von 225 g oder mehr: |
| ex 4805 93 80 | – – – andere:<br>– Blindenschriftpapier |
| 4823 | Andere Papiere, Pappen, Zellstoffwatte und Vliese aus Zellstofffasern, zugeschnitten; andere Waren aus Papierhalbstoff, Papier, Pappe, Zellstoffwatte oder aus Vliesen aus Zellstofffasern:<br>– andere Papiere oder Pappen zum Beschreiben, Bedrucken oder zu anderen graphischen Zwecken: |
| 4823 90 | – andere: |
| ex 4823 90 40 | – – Papiere und Pappen von der Art, wie sie als Schreibpapiere, Druckpapiere oder als Papiere und Pappen zu anderen grafischen Zwecken verwendet werden:<br>– Blindenschriftpapier |
| ex 6602 00 00 | Gehstöcke, Sitzstöcke, Peitschen, Reitpeitschen und ähnliche Waren:<br>– Stöcke für Blinde und Schwachsichtige |
| ex 8469 | Schreibmaschinen und Textverarbeitungsmaschinen:<br>– für Blinde und Schwachsichtige |
| ex 8471 | Automatische Datenverarbeitungsmaschinen und ihre Einheiten; magnetische oder optische Schriftleser, Maschinen zum Aufzeichnen von Daten auf Datenträger in Form eines Code und Maschinen zum Verarbeiten dieser Daten, anderweit weder genannt noch inbegriffen:<br>– Ausrüstungen für die mechanische Herstellung von Blindenschriftmaterial und aufgezeichnetem Material für Blinde |
| ex 8519 | Tonaufnahmegeräte; Tonwiedergabegeräte; Tonaufnahme- und -wiedergabegeräte:<br>– eigens für Blinde und Schwachsichtige gestaltete oder angepasste Plattenspieler und Kassettenrecorder |
| ex 8523 | Platten, Bänder, nicht flüchtige Halbleiterspeichervorrichtungen, „intelligente Karten (smart cards)" und andere Tonträger oder ähnliche Aufzeichnungsträger, mit oder ohne Aufzeichnung, einschließlich der zur Plattenherstellung dienenden Matrizen und Galvanos, ausgenommen Waren des Kapitels 37:<br>– Hörbücher<br>– Magnetbänder und Kassetten für die Herstellung von Blindenschrift- und Hörbüchern |
| 9013 | Flüssigkristallanzeigen, die anderweit als Waren nicht genauer erfasst sind; Laser, ausgenommen Laserdioden; andere in Kapitel 90 anderweit weder genannte noch inbegriffene optische Instrumente, Apparate und Geräte: |
| ex 9013 80 | – andere optische Instrumente, Apparate und Geräte:<br>– Fernsehbildvergrößerer für Blinde und Schwachsichtige |

# Anlage § 066–04

Zu § 66 Energiesteuergesetz

| KN-Code | Warenbezeichnung |
|---|---|
| 9021 | Orthopädische Apparate und andere orthopädische Vorrichtungen, einschließlich Krücken sowie medizinisch-chirurgische Gürtel und Bandagen; Schienen und andere Vorrichtungen zum Behandeln von Knochenbrüchen; Prothesen und andere Waren der Prothetik; Schwerhörigengeräte und andere Vorrichtungen zum Beheben von Funktionsschäden oder Gebrechen, zum Tragen in der Hand oder am Körper oder zum Einpflanzen in den Organismus: |
| 9021 90 | – andere: |
| ex 9021 90 90 | – – andere:<br>– elektronische Orientierungsgeräte und elektronische Geräte zur Feststellung von Hindernissen für Blinde und Schwachsichtige<br>– Fernsehbildvergrößerer für Blinde und Schwachsichtige<br>– elektronische Lesemaschinen für Blinde und Schwachsichtige |
| 9023 00 | Instrumente, Apparate, Geräte und Modelle zu Vorführzwecken (z. B. beim Unterricht oder auf Ausstellungen), nicht zu anderer Verwendung geeignet: |
| ex 9023 00 80 | – andere:<br>– Lehr- und Lernmittel und sonstige eigens für die Verwendung durch Blinde und Schwachsichtige gestaltete Geräte |
| ex 9202 | Armbanduhren, Taschenuhren und ähnliche Uhren (einschließlich Stoppuhren vom gleichen Typ), ausgenommen Uhren der Position 9101:<br>– Blindenuhren mit Gehäuse aus anderen Stoffen als Edelmetallen |
| 9504 | Gesellschaftsspiele, einschließlich mechanisch betriebene Spiele, Billardspiele, Glücksspieltische und automatische Kegelbahnen (z. B. Bowlingbahnen): |
| 9504 90 | – andere: |
| ex 9504 90 90 | – – andere:<br>– für Blinde und Schwachsichtige angepasste Spieltische und Zubehör |
| Verschiedenes | Sonstige eigens für die erzieherische, wissenschaftliche und kulturelle Förderung der Blinden und Schwachsichtigen gestalteten Gegenstände |

## ANHANG V

**AUFGEHOBENE VERORDNUNG MIT LISTE IHRER NACHFOLGENDEN ÄNDERUNGEN**

Verordnung (EWG) Nr. 918/83 des Rates
(ABl. L 105 vom 23.4.1983, S. 1)

    Beitrittsakte 1985 Anhang I Ziffern I.1 Buchstabe e und I.17
    (ABl. L 302 vom 15.11.1985, S. 139)

    Verordnung (EWG) Nr. 3822/85 des Rates
    (ABl. L 370 vom 31.12.1985, S. 22)

    Verordnung (EWG) Nr. 3691/87 der Kommission
    (ABl. L 347 vom 11.12.1987, S. 8).

    Verordnung (EWG) Nr. 1315/88 des Rates
    (ABl. L 123 vom 17.5.1988, S. 2)                Nur Artikel 2

    Verordnung (EWG) Nr. 4235/88 des Rates
    (ABl. L 373 vom 31.12.1988, S. 1)

    Verordnung (EWG) Nr. 3357/91 des Rates
    (ABl. L 318 vom 20.11.1991, S. 3)

    Verordnung (EWG) Nr. 2913/92 des Rates
    (ABl. L 302 vom 19.10.1992, S. 1)             Nur Artikel 252 Absatz 1

    Verordnung (EG) Nr. 355/94 des Rates
    (ABl. L 46 vom 18.2.1994, S. 5)

    Beitrittsakte 1994 Anhang 1 Ziffer XIII A.I.3
    (ABl. C 241 vom 29.8.1994, S. 274)

Zu § 66 Energiesteuergesetz  Anlage § 066–04

Verordnung (EG) Nr. 1671/2000 des Rates
(ABl. L 193 vom 29.7.2000, S. 11)
Beitrittsakte von 2003 Anhang zu Protokoll 3 Erster Teil Ziffer 3
(ABl. L 236 vom 23.9.2003, S. 940)
Verordnung (EG) Nr. 274/2008 des Rates
(ABl. L 85 vom 27.3.2008, S. 1)

## ANHANG VI
### ENTSPRECHUNGSTABELLE

| Verordnung (EWG) Nr. 918/83 | Vorliegende Verordnung |
|---|---|
| Artikel 1 Absatz 1 | Artikel 1 |
| Artikel 1 Absatz 2 Buchstaben a und b | Artikel 2 Absatz 1 Buchstabe a und Buchstabe b |
| Artikel 1 Absatz 2 Buchstabe c Unterabsatz 1 | Artikel 2 Absatz 1 Buchstabe c Unterabsatz 1 |
| Artikel 1 Absatz 2 Buchstabe c Unterabsatz 2 einleitender Satz | Artikel 2 Absatz 1 Buchstabe c Unterabsatz 2 einleitender Satz |
| Artikel 1 Absatz 2 Buchstabe c Unterabsatz 2 erster Gedankenstrich | Artikel 2 Absatz 1 Buchstabe c Unterabsatz 2 Ziffer i |
| Artikel 1 Absatz 2 Buchstabe c Unterabsatz 2 zweiter Gedankenstrich | Artikel 2 Absatz 1 Buchstabe c Unterabsatz 2 Ziffer ii |
| Artikel 1 Absatz 2 Buchstabe c Unterabsatz 3 | Artikel 2 Absatz 1 Buchstabe c Unterabsatz 3 |
| Artikel 1 Absatz 2 Buchstaben d und e | Artikel 2 Absatz 1 Buchstaben d und e |
| Artikel 1 Absatz 3 | Artikel 2 Absatz 2 |
| Artikel 2 | Artikel 3 |
| Artikel 3 | Artikel 4 |
| Artikel 4 Absatz 1 | Artikel 5 Absatz 1 |
| Artikel 4 Absatz 2 | Artikel 5 Absatz 2 |
| Artikel 5 | Artikel 6 |
| Artikel 6 Absatz 1 | Artikel 7 Absatz 1 |
| Artikel 6 Absatz 2 | Artikel 7 Absatz 2 |
| Artikel 7 | Artikel 8 |
| Artikel 8 | Artikel 9 |
| Artikel 9 | Artikel 10 |
| Artikel 10 | Artikel 11 |
| Artikel 11 | Artikel 12 |
| Artikel 12 | Artikel 13 |
| Artikel 13 | Artikel 14 |
| Artikel 14 Absatz 1 einleitende Worte | Artikel 15 Absatz 1 einleitende Worte |
| Artikel 14 Absatz 1 erster Gedankenstrich | Artikel 15 Absatz 1 Buchstabe a |
| Artikel 14 Absatz 1 zweiter Gedankenstrich | Artikel 15 Absatz 1 Buchstabe b |
| Artikel 14 Absatz 2 | Artikel 15 Absatz 2 |
| Artikel 15 | Artikel 16 |
| Artikel 16 | Artikel 17 |
| Artikel 17 | Artikel 18 |

# Anlage § 066–04

Zu § 66 Energiesteuergesetz

| Verordnung (EWG) Nr. 918/83 | Vorliegende Verordnung |
|---|---|
| Artikel 18 | Artikel 19 |
| Artikel 19 | Artikel 20 |
| Artikel 25 | Artikel 21 |
| Artikel 26 | Artikel 22 |
| Artikel 27 Absatz 1 | Artikel 23 Absatz 1 |
| Artikel 27 Absatz 2 | Artikel 23 Absatz 2 |
| Artikel 28 | Artikel 24 |
| Artikel 29 Absatz 1 | Artikel 25 Absatz 1 |
| Artikel 29 Absatz 2 einleitende Worte | Artikel 25 Absatz 2 einleitende Worte |
| Artikel 29 Absatz 2 erster Gedankenstrich | Artikel 25 Absatz 2 Buchstabe a |
| Artikel 29 Absatz 2 zweiter Gedankenstrich | Artikel 25 Absatz 2 Buchstabe b |
| Artikel 29 Absatz 2 dritter Gedankenstrich | Artikel 25 Absatz 2 Buchstabe c |
| Artikel 30 Absatz 1 | Artikel 26 Absatz 1 |
| Artikel 30 Absatz 2 | Artikel 26 Absatz 2 |
| Artikel 31 | Artikel 27 |
| Artikel 32 | Artikel 28 |
| Artikel 33 | Artikel 29 |
| Artikel 34 | Artikel 30 |
| Artikel 35 | Artikel 31 |
| Artikel 36 | Artikel 32 |
| Artikel 37 | Artikel 33 |
| Artikel 38 | Artikel 34 |
| Artikel 39 | Artikel 35 |
| Artikel 40 | Artikel 36 |
| Artikel 41 | Artikel 37 |
| Artikel 42 | Artikel 38 |
| Artikel 43 | Artikel 39 |
| Artikel 44 | Artikel 40 |
| Artikel 45 | Artikel 41 |
| Artikel 50 | Artikel 42 |
| Artikel 51 einleitende Worte | Artikel 43 einleitende Worte |
| Artikel 51 erster Gedankenstrich | Artikel 43 Buchstabe a |
| Artikel 51 zweiter Gedankenstrich | Artikel 43 Buchstabe b |
| Artikel 52 Absatz 1 | Artikel 44 Absatz 1 |
| Artikel 52 Absatz 2 einleitende Worte | Artikel 44 Absatz 2 einleitende Worte |
| Artikel 52 Absatz 2 erster Gedankenstrich | Artikel 44 Absatz 2 Buchstabe a |
| Artikel 52 Absatz 2 zweiter Gedankenstrich | Artikel 44 Absatz 2 Buchstabe b |
| Artikel 53 einleitende Worte | Artikel 45 einleitende Worte |
| Artikel 53 Buchstabe a einleitende Worte | Artikel 45 Buchstabe a einleitende Worte |

Zu § 66 Energiesteuergesetz  **Anlage § 066–04**

| Verordnung (EWG) Nr. 918/83 | Vorliegende Verordnung |
|---|---|
| Artikel 53 Buchstabe a erster Gedankenstrich | Artikel 45 Buchstabe a Ziffer i |
| Artikel 53 Buchstabe a zweiter Gedankenstrich | Artikel 45 Buchstabe a Ziffer ii |
| Artikel 53 Buchstabe b einleitende Worte | Artikel 45 Buchstabe b einleitende Worte |
| Artikel 53 Buchstabe b erster Gedankenstrich | Artikel 45 Buchstabe b Ziffer i |
| Artikel 53 Buchstabe b zweiter Gedankenstrich | Artikel 45 Buchstabe b Ziffer ii |
| Artikel 54 einleitende Worte | Artikel 46 einleitende Worte |
| Artikel 54 erster Gedankenstrich | Artikel 46 Buchstabe a |
| Artikel 54 zweiter Gedankenstrich | Artikel 46 Buchstabe b |
| Artikel 56 | Artikel 47 |
| Artikel 57 | Artikel 48 |
| Artikel 58 | Artikel 49 |
| Artikel 59 | Artikel 50 |
| Artikel 59a Absätze 1 und 2 | Artikel 51 Absätze 1 und 2 |
| Artikel 59a Absatz 3 einleitende Worte | Artikel 51 Absatz 3 einleitende Worte |
| Artikel 59a Absatz 3 erster Gedankenstrich | Artikel 51 Absatz 3 Buchstabe a |
| Artikel 59a Absatz 3 zweiter Gedankenstrich | Artikel 51 Absatz 3 Buchstabe b |
| Artikel 59b | Artikel 52 |
| Artikel 60 Absatz 1 | Artikel 53 Absatz 1 |
| Artikel 60 Absatz 2 einleitender Satz | Artikel 53 Absatz 2 einleitender Satz |
| Artikel 60 Absatz 2 erster Gedankenstrich | Artikel 53 Absatz 2 Buchstabe a |
| Artikel 60 Absatz 2 zweiter Gedankenstrich | Artikel 53 Absatz 2 Buchstabe b |
| Artikel 60 Absatz 3 | Artikel 53 Absatz 3 |
| Artikel 61 Absatz 1 | Artikel 54 Absatz 1 |
| Artikel 61 Absatz 2 einleitende Worte | Artikel 54 Absatz 2 einleitende Worte |
| Artikel 61 Absatz 2 erster Gedankenstrich | Artikel 54 Absatz 2 Buchstabe a |
| Artikel 61 Absatz 2 zweiter Gedankenstrich | Artikel 54 Absatz 2 Buchstabe b |
| Artikel 61 Absatz 2 dritter Gedankenstrich | Artikel 54 Absatz 2 Buchstabe c |
| Artikel 62 | Artikel 55 |
| Artikel 63 | Artikel 56 |
| Artikel 63a | Artikel 57 |
| Artikel 63b | Artikel 58 |
| Artikel 63c | Artikel 59 |
| Artikel 64 | Artikel 60 |
| Artikel 65 | Artikel 61 |
| Artikel 66 | Artikel 62 |
| Artikel 67 | Artikel 63 |
| Artikel 68 | Artikel 64 |
| Artikel 69 | Artikel 65 |
| Artikel 70 | Artikel 66 |

# Anlage § 066–04

Zu § 66 Energiesteuergesetz

| Verordnung (EWG) Nr. 918/83 | Vorliegende Verordnung |
|---|---|
| Artikel 71 Absatz 1 einleitender Satz | Artikel 67 Absatz 1 einleitender Satz |
| Artikel 71 Absatz 1 erster Gedankenstrich | Artikel 67 Absatz 1 Buchstabe a |
| Artikel 71 Absatz 1 zweiter Gedankenstrich | Artikel 67 Absatz 1 Buchstabe b |
| Artikel 71 Absatz 2 | Artikel 67 Absatz 2 |
| Artikel 72 Absatz 1 einleitender Satz | Artikel 68 Absatz 1 einleitender Satz |
| Artikel 72 Absatz 1 erster Gedankenstrich | Artikel 68 Absatz 1 Buchstabe a |
| Artikel 72 Absatz 1 zweiter Gedankenstrich | Artikel 68 Absatz 1 Buchstabe b |
| Artikel 72 Absatz 2 | Artikel 68 Absatz 2 |
| Artikel 73 | Artikel 69 |
| Artikel 75 | Artikel 70 |
| Artikel 76 | Artikel 71 |
| Artikel 77 | Artikel 72 |
| Artikel 78 | Artikel 73 |
| Artikel 79 | Artikel 74 |
| Artikel 80 | Artikel 75 |
| Artikel 81 | Artikel 76 |
| Artikel 82 | Artikel 77 |
| Artikel 83 | Artikel 78 |
| Artikel 84 | Artikel 79 |
| Artikel 85 | Artikel 80 |
| Artikel 86 | Artikel 81 |
| Artikel 87 | Artikel 82 |
| Artikel 88 | Artikel 83 |
| Artikel 89 einleitende Worte | Artikel 84 einleitende Worte |
| Artikel 89 erster Gedankenstrich | Artikel 84 Buchstabe a |
| Artikel 89 zweiter Gedankenstrich | Artikel 84 Buchstabe b |
| Artikel 89 dritter Gedankenstrich | Artikel 84 Buchstabe c |
| Artikel 90 | Artikel 85 |
| Artikel 91 | Artikel 86 |
| Artikel 92 | Artikel 87 |
| Artikel 93 | Artikel 88 |
| Artikel 94 | Artikel 89 |
| Artikel 95 | Artikel 90 |
| Artikel 96 | Artikel 91 |
| Artikel 97 | Artikel 92 |
| Artikel 98 | Artikel 93 |
| Artikel 99 | Artikel 94 |
| Artikel 100 | Artikel 95 |
| Artikel 101 | Artikel 96 |

Zu § 66 Energiesteuergesetz  **Anlage § 066–04**

| Verordnung (EWG) Nr. 918/83 | Vorliegende Verordnung |
|---|---|
| Artikel 102 | Artikel 97 |
| Artikel 103 | Artikel 98 |
| Artikel 104 Absatz 1 einleitender Satz | Artikel 99 Absatz 1 einleitender Satz |
| Artikel 104 Absatz 1 erster Gedankenstrich | Artikel 99 Absatz 1 Buchstabe a |
| Artikel 104 Absatz 1 zweiter Gedankenstrich | Artikel 99 Absatz 1 Buchstabe b |
| Artikel 104 Absatz 1 dritter Gedankenstrich | Artikel 99 Absatz 1 Buchstabe c |
| Artikel 104 Absatz 2 | Artikel 99 Absatz 2 |
| Artikel 105 | Artikel 100 |
| Artikel 106 | Artikel 101 |
| Artikel 107 | Artikel 102 |
| Artikel 108 | Artikel 103 |
| Artikel 109 | Artikel 104 |
| Artikel 110 | Artikel 105 |
| Artikel 111 | Artikel 106 |
| Artikel 112 | Artikel 107 |
| Artikel 113 | Artikel 108 |
| Artikel 114 | Artikel 109 Absatz 1 |
| – | Artikel 109 Absatz 2 |
| Artikel 115 Absatz 1 | Artikel 110 Absatz 1 |
| Artikel 115 Absatz 2 | Artikel 110 Absatz 2 |
| Artikel 116 | Artikel 111 |
| Artikel 117 | Artikel 112 |
| Artikel 118 Absatz 1 | Artikel 113 |
| Artikel 119 | Artikel 114 |
| Artikel 120 | Artikel 115 |
| Artikel 121 | Artikel 116 |
| Artikel 122 | Artikel 117 |
| Artikel 123 | Artikel 118 |
| Artikel 124 | Artikel 119 |
| Artikel 125 | Artikel 120 |
| Artikel 126 | Artikel 121 |
| Artikel 127 | Artikel 122 |
| Artikel 128 | Artikel 123 |
| Artikel 129 | Artikel 124 |
| Artikel 130 | Artikel 125 |
| Artikel 131 | Artikel 126 |
| Artikel 132 | Artikel 127 |
| Artikel 133 | Artikel 128 |
| Artikel 134 | Artikel 129 |

# Anlage § 066–04

Zu § 66 Energiesteuergesetz

| Verordnung (EWG) Nr. 918/83 | Vorliegende Verordnung |
|---|---|
| Artikel 135 | Artikel 130 |
| Artikel 136 | Artikel 131 |
| Artikel 139 | Artikel 132 |
| Artikel 140 | – |
| Artikel 144 | – |
| – | Artikel 133 |
| Artikel 145 | Artikel 134 |
| Anhänge I bis IV | Anhänge I bis IV |
| – | Anhang V |
| – | Anhang VI |

Zu § 2 Stromsteuergesetz  **Anlage § 002–01**

## Zuordnung von Tätigkeiten in die Klassifikation der Wirtschaftszweige, Ausgabe 2003 (WZ 2003)

BMF-Südost-Schreiben vom 12.2.2013 – V 4312 B – 8/11 – ZF 2107

Das Statistische Bundesamt hat in mehreren Auskünften Stellung zur Zuordnung von Tätigkeiten der Bereitstellung von Kälte bzw. Licht genommen. Der besseren Übersicht halber stelle ich diese Auskünfte inhaltlich zusammengefasst nachfolgend dar:

### I. Bereitstellung von Kälte

Für die Bereitstellung von Kälte durch gepachtete oder zur Nutzung überlassene Kühleinrichtungen kommt je nach Funktionsweise der Kühleinrichtungen entweder Abschnitt E oder Abschnitt K in Betracht:

Entscheidend für eine Klassifizierung von Tätigkeiten in Abschnitt E (Energie- und Wasserversorgung) der Klassifikation der Wirtschaftszweige, Ausgabe 2003 (WZ 2003) ist generell die Versorgung durch ein fest installiertes Netz von Strom- oder Rohrleitungen. Dabei ist maßgebend, dass das die Nutzenergie enthaltende Medium über solch ein fest installiertes Netz verteilt wird.

Beispiele:
– klimatisierte Raumluft wird in einer zentralen Klimaanlage erzeugt und über installierte Luftkanäle in mehreren Räumen verteilt
– Kälte wird mittels eines nicht direkt in oder an der Kühleinrichtung (Kühltheken, -truhen, -räume) installierten Kühlaggregats erzeugt – die Kühlflüssigkeit wird mittels Rohrleitungen in die Kühleinrichtung geleitet (Kälteanlage)

Eine Zuordnung zum Abschnitt E scheidet aus, wenn die Nutzenergie „vor Ort" durch Umwandlung von Strom erzeugt wird.

Beispiele:
– klimatisierte Raumluft wird in fest oder mobil installierten dezentralen Klimaanlagen direkt im Gerät erzeugt – hier findet keine Verteilung von kalter Luft durch fest installierte Rohrleitungen statt
– Kälte wird mittels eines in oder an der Kühleinrichtung (Kühltheken, -truhen, -räume) installierten Kühlaggregats erzeugt und gelangt „auf direktem Wege" in die Kühleinrichtung (sogenannte steckerfertige Geräte)

Die letztgenannten Beispiele sind innerhalb des Abschnitts K entweder der Abteilung 71 („Vermietung beweglicher Sachen ohne Bedienungspersonal") oder der Unterklasse 74.87.8 („Erbringung von sonstigen wirtschaftlichen Dienstleistungen für Unternehmen und Privat- personen" – wenn die Kälteerzeugungsanlagen mit eigenem Bedienungspersonal betrieben wird) zuzuordnen. Die Wartung der Anlagen durch eigenes Personal steht einer Zuordnung zur Abteilung 71 („Vermietung beweglicher Sachen ohne Bedienungspersonal") der WZ 2003 nicht im Wege. Sie stellt keine „Bedienung" dar, sondern ist vielmehr üblicher Bestandteil einer Vermietung und insoweit dieser zuzurechnen.

### II. Bereitstellung von Licht

Im Zuge der ursprünglichen Anfrage nach der Bereitstellung von Kälte hat das Statistische Bundesamt systematisch auch auf die Zuordnung der Bereitstellung von Licht folgender- maßen verwiesen:

„Erlauben Sie uns bitte, in diesem Zusammenhang an die statistische Klassifizierung der Bereitstellung von Licht zu erinnern. Sie wurde für statistische Zwecke mehrfach auf EU-Ebene diskutiert. In diesem Fall wird Licht an Ort und Stelle aus zugeführtem elektrischem Strom erzeugt und nicht über ein Leitungsnetz übertragen. Die Straßenlampen/Beleuchtungskörper stehen entweder im Eigentum der Auftraggeber und werden dem Auftragnehmer zum Betrieb überlassen oder sie werden vom Auftraggeber an den Auftragnehmer verpachtet. Der Auftragnehmer betreibt die Straßenlampen/Beleuchtungskörper mit eigenem Personal und schuldet dem Auftraggeber die Beleuchtung von Straßen usw. bzw. von Sporteinrichtungen, Fabrikhallen usw. Die Diskussionen auf EU-Ebene haben ergeben, dass diese Tätigkeit – soweit es sich um die Bereitstellung von Licht zur Beleuchtung von Straßen, Tunneln, Rad- oder Gehwegen handelt – der Klasse 63.21 („Sonstige Hilfs- und Nebentätigkeiten für den Landverkehr") der NACE Rev. 1.1 (WZ 2003) zuzuordnen ist. Für die Bereitstellung von Licht zur Beleuchtung von Bauwerken, z. B. Sportstadien oder Produktions- und Lagerhallen, erfolgte die Zuordnung zur Klasse 70.32 („Verwaltung von fremden Grundstücken, Gebäuden und Wohnungen"), zu der auch das Facility Management gehört.

**Anlage § 002–01**  Zu § 2 Stromsteuergesetz

Der Fall der Bereitstellung von Licht durch gepachtete oder zur Nutzung überlassene Beleuchtungseinrichtungen ist mit dem aktuell zu beurteilenden Fall der Bereitstellung von Kälte durch gepachtete oder zur Nutzung überlassene elektrische Kälteerzeugungsaggregate uneingeschränkt vergleichbar."

Ich bitte um Kenntnisnahme und Beachtung durch die Hauptzollämter. Die Statistikauskünfte sind auch auf in der Vergangenheit liegende (noch nicht festsetzungsverjährte) Sachverhalte anzuwenden, da die anzuwendenden Zuordnungsregelungen für die vorgenannten Tätigkeiten weder durch das Statistische Bundesamt noch durch die Verwaltung als solche bewusst gegenüber früheren Entscheidungen geändert wurden.

Im Auftrag
Veh

Zu § 4 Stromsteuergesetz  **Anlage § 004–01**

## Stromsteuer und Energiesteuer auf Erdgas; Bilanzkreise

BMF-Südwest-Schreiben vom 15.4.2013 – V 4220/V 8240 – 1/13 – ZF 2202/ZF 2208

Im Zusammenhang mit der „Lieferung" von Strom oder Erdgas in sog. Bilanzkreise wurden mir unterschiedliche Rechtsauffassungen insbesondere im Hinblick auf die Bestimmung des Steuerschuldners bekannt.

Die Fallkonstellationen (z. B. Anzahl der beteiligten Unternehmen bzw. Versorger oder Lieferer, vertragliche Beziehungen bzw. Ausgestaltungen usw.) können sich jeweils deutlich unterscheiden.

Anhand eines Beispielsachverhalts sollen daher grundsätzliche steuerrechtliche Aspekte (Bestimmung des Steuerschuldners, Wirkung einer Erlaubnis nach § 4 Abs. 1 StromStG für Versorger, Vergütung nach § 5 Abs. 3 StromStG) verdeutlicht werden.

Die Ausführungen gelten sinngemäß für die „Lieferung" von Erdgas in Bilanzkreise.

### I.

### 1. Sachverhalt

Ein Unternehmen U schließt mit einem Energieversorgungsunternehmen VA einen Vertrag über die Lieferung einer bestimmten Strommenge (100 MW) pro Jahr ab (Bandlieferung): U verpflichtet sich demnach für den vereinbarten Zeitraum von 2 Jahren zur Abnahme und Bezahlung (festgelegter Preis) dieser Strommenge, $V_A$ zur Lieferung derselben.

Des Weiteren besteht ein Vertrag zwischen U und einem anderen Energieversorgungsunternehmen $V_B$, wonach $V_B$ für den Bilanzkreis des U verantwortlich ist. Die o.g. Bandlieferung ist hier integriert. Auch $V_B$ leistet Strom an U, nämlich dann, wenn U mehr Strom benötigt als die vertraglich mit $V_A$ vereinbarte Menge. U verkauft nicht entnommene/benötigte Strommengen aus dem Strombband (5 MW) unversteuert an ein anderes Unternehmen, das Letztverbraucher ist.

Zwischen $V_A$ und $V_B$ bestehen keine vertraglichen Beziehungen. Beide sind im Besitz einer Erlaubnis als Versorger nach § 4 Abs. 1 i.V.m. § 2 Nr. 1 StromStG.

$V_A$ versteuert die gesamte Strommenge aus der Bandlieferung. $V_B$ sieht sich als Bilanzkreisverantwortlicher ebenfalls als Versorger und damit Steuerschuldner für die Strommengen aus der Bandlieferung und der darüber hinaus an U von ihm geleisteten Strommengen.

### 2. Rechtliche Würdigung

#### 2.1 Begriff „Bilanzkreis"

Im Zusammenhang mit strom- und energiesteuerrechtlichen Fragen werden gelegentlich von den Beteiligten auch Begrifflichkeiten aus anderen, häufig außersteuerrechtlichen Regelungsbereichen, zur Lösung von Sachfragen angeführt, wie beispielsweise aus dem Erneuerbare-Energien-Gesetz (EEG) oder – dem Gesetz über die Elektrizitäts- und Gasversorgung – Energiewirtschaftsgesetz (EnWG) .

So ist der Begriff „Bilanzkreis" nach § 3 Nr. 10a EnWG definiert als

[…] „Zusammenfassung von Einspeise- und Entnahmestellen, die dem Zweck dient, Abweichungen zwischen Einspeisungen und Entnahmen durch ihre Durchmischung zu minimieren und die Abwicklung von Handelstransaktionen zu ermöglichen".

§ 4 Abs. 2 Stromnetzzugangsverordnung (StromNZV) enthält folgende Regelung:

„Für jeden Bilanzkreis ist von den bilanzkreisbildenden Netznutzern gegenüber dem Betreiber des jeweiligen Übertragungsnetzes ein Bilanzkreisverantwortlicher zu benennen. Der Bilanzkreisverantwortliche ist verantwortlich für eine ausgeglichene Bilanz zwischen Einspeisungen und Entnahmen in einem Bilanzkreis in jeder Viertelstunde und übernimmt als Schnittstelle zwischen Netznutzern und Betreibern von Übertragungsnetzen die wirtschaftliche Verantwortung für Abweichungen zwischen Einspeisungen und Entnahmen eines Bilanzkreises."

Vergleichbare Regelungen finden sich im Übrigen in der Gasnetzzugangsverordnung.

Für das Stromsteuer- und Energiesteuerrecht sind diese Vorschriften jedoch nicht heranzuziehen. Die Frage nach dem strom- bzw. energiesteuerrechtlichen Steuerschuldner beantwortet sich ausschließlich nach dem StromStG bzw. EnergieStG.

# Anlage § 004–01

*Zu § 4 Stromsteuergesetz*

Ergebnis:

Die Auffassung des $V_B$, er sei Versorger/Steuerschuldner, da er Bilanzkreisverantwortlicher ist, trifft nicht zu.

## 2.2 Steuerentstehung und Steuerschuldner

a) Nach § 5 Abs. 1 Satz 1 StromStG entsteht die Steuer dadurch, dass vom im Steuergebiet ansässigen Versorger geleisteter Strom durch Letztverbraucher im Steuergebiet aus dem Versorgungsnetz entnommen wird oder dadurch, dass der Versorger dem Versorgungsnetz Strom zum Selbstverbrauch entnimmt. Nach § 5 Abs. 2 StromStG ist in den Fällen des Absatzes 1 Satz 1 der Versorger Steuerschuldner.

Versorger im Sinne des Stromsteuergesetzes ist, wer Strom leistet (§ 2 Nr. 1 StromStG). Der Begriff „Leisten" ist nicht legal definiert.

Unter dem Begriff der „Leistung" ist i.d.R. eine rechtsgeschäftliche Verfügung des Leistenden zu verstehen, die aufgrund einer zwischen dem Leistenden und dem Empfänger bestehenden schuldrechtlichen Beziehung erbracht wird.

So ist gemäß der Gesetzesbegründung zu § 2 Nr. 1 StromStG[1] begriffsbestimmendes Merkmal des Versorgers i. S. d. Stromsteuergesetzes,

„dass dieser den Strom aufgrund einer vertraglichen Verpflichtung dem Letztverbraucher verschafft. In der Regel wird ein Kauf als Rechtsgeschäft zugrunde liegen. [...] Steuerschuldner ist grundsätzlich, wer sich vertraglich gegenüber dem Letztverbraucher zur Leistung des Stroms verpflichtet hat [...]."

Dementsprechend sieht auch die Rechtsprechung denjenigen als Letztverbraucher an, dem der Versorger (in der Regel aufgrund einer vertraglichen Beziehung) die Entnahme von Strom zum Verbrauch aus dem Versorgungsnetz gestattet[2].

Der Status eines Versorgers begründet sich allein durch die (vertragliche Verpflichtung zur) Leistung, § 2 Nr. 1 StromStG. Er hängt auch nicht von einer Erlaubnis nach § 4 Abs. 1 StromStG ab; der Erlaubnis kommt keine konstituierende Wirkung zu.

Ergebnis:

Laut Sachverhalt verkauft U Strom die von ihm nicht benötigten Strommengen an andere Unternehmen. U ist dadurch kraft Gesetzes Versorger (§ 2 Nr. 1 StromStG) und damit Steuerschuldner nach § 5 Abs. 2 StromStG für die von ihm zum Selbstverbrauch entnommenen Strommengen sowie für die an das andere Unternehmen (Letztverbraucher) geleisteten Strommengen.

b) Was die Steuerentstehung betrifft, so sind hier nicht die vertraglichen Beziehungen maßgebend, sondern allein der Realakt der Entnahme des Stroms aus dem Versorgungsnetz durch einen Letztverbraucher oder einen Versorger zum Eigenverbrauch[3].

Die Leistung von Strom durch einen Versorger führt somit nicht als solche und per se zu einer Steuerentstehung (siehe Stromleistung von Versorger an Versorger).

Ergebnis:

U hat die von ihm zum Selbstverbrauch entnommenen Strommengen (95 MWh) zu versteuern, § 8 Abs. 1 i. V. m. § 5 Abs. 2 i.V.m. Abs. 1 Satz 1 2. Alternative StromStG. Die an das andere Unternehmen geleistete und von diesem entnommene Strommenge (5 MWh) hat U nach § 8 Abs. 1 i. V. m. § 5 Abs. 2 i. V. m. Abs. 1 Satz 1 1. Alternative StromStG zu versteuern.

## 2.3 Vergütung nach § 5 Abs. 3 StromStG

Grundsätzlich erfolgt der Strombezug durch einen Versorger unversteuert. Dies führte in der Vergangenheit zu Problemen, wenn ein Versorger (subjektiv) davon ausging, an einen Letztverbraucher zu leisten und eine „Versteuerung" vornahm, obwohl tatsächlich die Leistung an einen Versorger erfolgte. In diesem Fall leistet ein Versorger versteuert Strom an einen anderen Versorger ohne Erlaubnis nach § 4 Abs. 1 StromStG – der sich z. B. nicht als solcher zu erkennen gibt –, obwohl in der Person des leistenden Versorgers eigentlich keine Steuer hätte entstehen sollen.

Um in diesen Fällen eine aufwändige steuerliche Rückabwicklung über mehrere Stufen zu vermeiden, wurde durch das Gesetz zur Neuregelung der Besteuerung von Energieerzeugnissen und zur Änderung des Stromsteuergesetzes (Energie-NOG) vom 15. Juli 2006 in das Stromsteuergesetz der § 5 Abs. 3 StromStG eingefügt. Die Gesetzesbegründung zu § 5 Abs. 3 StromStG lautet wie folgt[4]:

---

1) Vgl. BT-Drs. 14/40, S. 11 ff. (für Erdgas: Begründung zu § 38 Abs. 2 EnergieStG: BT-Drs. 16/1172, S. 41 ff.).
2) FG Hamburg, Beschluss vom 27.12.2001 – IV 327/01; FG Rheinland-Pfalz, Urteil vom 24.06.2004 – 6 K 1173/02.
3) Vgl. BT-Drs. 14/40, S. 11 ff. (für Erdgas: Begründung zu § 38 Abs. 2 EnergieStG: BT-Drs. 16/1172, S. 41 ff.).
4) BT-Drs. 16/1172, S. 47 ff. (für Erdgas: Begründung zu § 38 Abs. 5 EnergieStG, BT-Drs. 16/1172, S. 42).

Zu § 4 Stromsteuergesetz  **Anlage § 004–01**

„Die Vorschrift trägt dem Umstand Rechnung, dass für Versorger eine Erlaubnis nach § 4 Abs. 1 nicht Voraussetzung ist, um Strom unversteuert zu beziehen. Dies kann dazu führen, dass Versorger Strom an einen anderen Versorger – der sich z. B. nicht als solcher zu erkennen gibt – versteuert leisten, obwohl in ihrer Person keine Steuer entstanden ist. Um in diesen Fällen einerseits eine steuerliche Rückabwicklung durch den leistenden Versorger zu vermeiden und andererseits das Steueraufkommen nicht zu gefährden, regelt die Vorschrift im Ergebnis, dass der leistende Versorger die Steuer auch dann schuldet, wenn er den Strom in der Annahme leistet, dass eine Steuer in seiner Person entstanden sei. Da eine Steuerentstehung durch die tatsächliche Entnahme des Stroms unberührt bleibt, eröffnet Satz 3 dem Versorger ohne Erlaubnis unter den dort genannten Voraussetzungen die Möglichkeit, eine Vergütung der Steuer zu beantragen."

Ergebnis:

U tritt durch den Verkauf der von ihm nicht benötigten Strommengen in dieser Konstellation als Versorger ohne Erlaubnis nach § 4 Abs. 1 StromStG auf und kann für den von $V_A$ versteuert gelieferten Strom einen Erstattungsanspruch gegenüber dem für ihn zuständigen Hauptzollamt für die von ihm an $V_A$ entrichtete Stromsteuer geltend machen, soweit er nachweist, dass die durch die tatsächliche Entnahme des Stroms entstandene Steuer entrichtet worden ist, § 5 Abs. 3 Satz 3 StromStG.

## II.

Im Interesse einer bundeseinheitlichen Rechtsanwendung bitte ich Sie, diese Verfügung mit der Bitte um Kenntnisnahme und Beachtung an die Hauptzollämter Ihres Bezirks (Sachgebiete B und D) weiterzuleiten.

In Zweifelsfällen bitte ich um Bericht unter Beifügung aller relevanter Unterlagen.

Im Auftrag
Veh

**Anlage § 005–01**  Zu § 5 Stromsteuergesetz

## Stromsteuergesetz – Versteuerung von so genannten Niederspannungsaufschlägen

### BMF-Erlass vom 25.7.2000 – III A 1 – V 4250 – 21/00

Strom wird von Versorgern an industrielle oder gewerbliche Letztverbraucher häufig auf Mittelspannungsebene geleistet und anschließend in einem kundeneigenen Transformator auf Niederspannungsebene umgespannt. Da bei erfolgt in Einzelfällen aus technischen Gründen die Messung der entnommenen Strommenge durch einen Zähler nicht auf Mittelspannungsebene vor dem Transformator am vertraglichen Übergabepunkt, sondern nach dem Transformator auf Niederspannungsebene. Die Versorger berechnen ihren Kunden in diesen Fällen regelmäßig einen Mengenaufschlag oder erheben einen Preiszuschlag, weil die bei der Umspannung entstehenden Verluste vom Kunden zu tragen sind. Stromsteuerrechtlich bestehen in diesen Fällen aus Vereinfachungsgründen keine Bedenken, die auf Niederspannungsebene gemessene Menge der Versteuerung zugrunde zu legen.

Zu § 5 Stromsteuergesetz

Anlage § 005–02

## Verbrauchsteuern/Stromsteuer;
## Batteriespeicher als Teil des Versorgungsnetzes

E-VSF-Nachricht vom 31. Juli 2014 – III B 6 - V 4220/14/10001 DOK 2014/0679957

Die Stromsteuer entsteht u. a. dadurch, dass vom im Steuergebiet ansässigen Versorger geleisteter Strom durch Letztverbraucher im Steuergebiet aus dem Versorgungsnetz entnommen wird, oder dadurch, dass der Versorger dem Versorgungsnetz Strom zum Selbstverbrauch entnimmt (§ 5 Absatz 1 Satz 1 StromStG). Die Entnahme von Strom aus dem Versorgungsnetz zum Aufladen eines Batteriespeichers (Akkumulator) führt damit grundsätzlich zur Entstehung der Stromsteuer. Auch wenn im Ergebnis in den Batteriespeichern infolge der chemischen und technischen Vorgänge Strom gespeichert wird, erfordert das System der Strombesteuerung, dass die Stromsteuer nicht erst im Zeitpunkt der Entladung eines Batteriespeichers, sondern bereits mit der Entnahme von Strom aus dem Leitungsnetz zum Aufladen eines Batteriespeichers entsteht. Denn weder die Entnahme von Strom aus einem Batteriespeicher noch die Stromerzeugung selbst sind im Stromsteuergesetz als Entstehungstatbestand angelegt. Folglich käme es zu einem vom Gesetzgeber nicht gewollten steuerfreien Verbrauch, wenn wieder aufladbare Batteriespeicher im privaten oder gewerblichen Bereich ohne Entstehung der Stromsteuer mit dem alleinigen Zweck an das Leitungsnetz angeschlossen werden könnten, den ursprünglichen Ladezustand der Batteriespeicher wiederherzustellen, um diese später – zum Beispiel zur Erzeugung von mechanischer Energie – einzusetzen.

Es muss nunmehr jedoch die insbesondere im Zuge der Energiewende diskutierte und im Zeitpunkt des Inkrafttretens des Stromsteuergesetzes noch nicht bekannte Technologie berücksichtigt werden, dass stationäre Batteriespeicher in das Versorgungsnetz eingebunden sind und der zur Zwischenspeicherung entnommene Strom (zeitlich verzögert) wieder in das Versorgungsnetz eingespeist werden soll. Mit der erneuten Entnahme des zunächst zwischengespeicherten Stroms aus dem Versorgungsnetz entsteht die Stromsteuer nach dem Wortlaut der gesetzlichen Vorgaben in § 5 Absatz 1 StromStG ein zweites Mal. Ein solches Ergebnis dürfte jedoch vom Gesetzgeber nicht beabsichtigt sein. Vor diesem Hintergrund wird derzeit von mir ein entsprechender Entwurf zur Änderung des Stromsteuergesetzes erarbeitet.

Um das Ergebnis einer doppelten Stromsteuerentstehung bis zu einer gesetzlichen Anpassung zu vermeiden, können die Batteriespeicher einschließlich der erforderlichen Netzanschlüsse vorübergehend im Wege der Gesetzesauslegung bzw. der teleologischen Reduktion als Bestandteil des Versorgungsnetzes behandelt werden.

Soweit Strom zum Betrieb der Batteriespeicher verbraucht wird, z. B. zur Aufrechterhaltung der Betriebstemperatur, ist dieser zu versteuern. Ich weise in diesem Zusammenhang darauf hin, dass die Steuerbefreiung nach § 9 Absatz 1 Nr. 2 StromStG nach der Rechtsprechung des Bundesfinanzhofs für Batteriespeicher nicht anwendbar ist.

# Anlage § 021a–01

Zu § 21a Energiewirtschaftsgesetz

## Verordnung über die Anreizregulierung der Energieversorgungsnetze (Anreizregulierungsverordnung – ARegV)

Schreiben des Bundesministeriums der Justiz vom 29.10.2007

## Teil 1
### Allgemeine Vorschriften

### § 1 Anwendungsbereich

(1) Diese Rechtsverordnung regelt die Bestimmung der Entgelte für den Zugang zu den Energieversorgungsnetzen im Wege der Anreizregulierung. Netzentgelte werden ab dem 1. Januar 2009 im Wege der Anreizregulierung bestimmt.

(2) Diese Rechtsverordnung findet auf einen Netzbetreiber, für den noch keine kalenderjährliche Erlösobergrenze nach § 4 Absatz 1 bestimmt worden ist, für eine Übergangszeit bis zum Ende der laufenden Regulierungsperiode keine Anwendung. Die Rechtsverordnung bleibt bis zum Abschluss der darauf folgenden Regulierungsperiode unangewendet, wenn bei der nächsten Kostenprüfung nach § 6 Absatz 1 für diesen Netzbetreiber noch keine hinreichenden Daten für das Basisjahr vorliegen.

### § 2 Beginn des Verfahrens

Das Verfahren zur Bestimmung von Erlösobergrenzen wird von Amts wegen eingeleitet.

## Teil 2
### Allgemeine Vorschriften zur Anreizregulierung

#### Abschnitt
#### Regulierungsperioden

### § 3 Beginn und Dauer der Regulierungsperioden

(1) Die erste Regulierungsperiode beginnt am 1. Januar 2009. Die nachfolgenden Regulierungsperioden beginnen jeweils am 1. Januar des auf das letzte Kalenderjahr der vorangegangenen Regulierungsperiode folgenden Kalenderjahres.

(2) Eine Regulierungsperiode dauert fünf Jahre.

#### Abschnitt 2
#### Allgemeine Vorgaben zur Bestimmung der Erlösobergrenzen

### § 4 Erlösobergrenzen

(1) Die Obergrenzen der zulässigen Gesamterlöse eines Netzbetreibers aus den Netzentgelten (Erlösobergrenze) werden nach Maßgabe der §§ 5 bis 16, 19, 22, 24 und 25 bestimmt.

(2) Die Erlösobergrenze ist für jedes Kalenderjahr der gesamten Regulierungsperiode zu bestimmen. Eine Anpassung der Erlösobergrenze während der laufenden Regulierungsperiode erfolgt nach Maßgabe der Absätze 3 bis 5.

(3) Eine Anpassung der Erlösobergrenze erfolgt jeweils zum 1. Januar eines Kalenderjahres bei einer Änderung

1. des Verbraucherpreisgesamtindexes nach § 8,

2. von nicht beeinflussbaren Kostenanteilen nach § 11 Absatz 2 Satz 1 Nummer 1 bis 11, 12a bis 15, Satz 2 und 3; abzustellen ist dabei auf die jeweils im vorletzten Kalenderjahr entstandenen Kosten; bei Kostenanteilen nach § 11 Absatz 2 Satz 1 Nummer 4 bis 6, 8 und 15 ist auf das Kalenderjahr abzustellen, auf das die Erlösobergrenze Anwendung finden soll,

3. von volatilen Kostenanteilen nach § 11 Absatz 5; abzustellen ist dabei auf das Kalenderjahr, auf das die Erlösobergrenze Anwendung finden soll.

Einer erneuten Festlegung der Erlösobergrenze bedarf es in diesen Fällen nicht. Satz 1 gilt nicht im ersten Jahr der jeweiligen Regulierungsperiode.

(4) Auf Antrag des Netzbetreibers

1. erfolgt eine Anpassung der Erlösobergrenze nach Maßgabe des § 10;

2. kann eine Anpassung der Erlösobergrenze erfolgen, wenn auf Grund des Eintritts eines unvorhersehbaren Ereignisses im Falle der Beibehaltung der Erlösobergrenze eine nicht zumutbare Härte für den Netzbetreiber entstehen würde.

Der Antrag auf Anpassung nach Satz 1 Nr. 1 kann einmal jährlich zum 30. Juni des Kalenderjahres gestellt werden; die Anpassung erfolgt zum 1. Januar des folgenden Kalenderjahres.

(5) Erfolgt eine Bestimmung des Qualitätselements nach Maßgabe des § 19, so hat die Regulierungsbehörde von Amts wegen die Erlösobergrenze entsprechend anzupassen. Die Anpassung nach Satz 1 erfolgt höchstens einmal jährlich zum 1. Januar des folgenden Kalenderjahres.

## § 5 Regulierungskonto

(1) Die Differenz zwischen den nach § 4 zulässigen Erlösen und den vom Netzbetreiber unter Berücksichtigung der tatsächlichen Mengenentwicklung erzielbaren Erlösen wird jährlich auf einem Regulierungskonto verbucht. Gleiches gilt für die Differenz zwischen den für das Kalenderjahr tatsächlich entstandenen Kosten nach § 11 Absatz 2 Satz 1 Nummer 4 bis 6, 8 und 15 sowie den im jeweiligen Kalenderjahr entstandenen Kosten nach § 11 Absatz 5, soweit dies in einer Festlegung nach § 32 Absatz 1 Nummer 4a vorgesehen ist, und den in der Erlösobergrenze diesbezüglich enthaltenen Ansätzen. Darüber hinaus wird zusätzlich die Differenz zwischen den für das Kalenderjahr bei effizienter Leistungserbringung entstehenden Kosten des Messstellenbetriebs oder der Messung und den in der Erlösobergrenze diesbezüglich enthaltenen Ansätzen in das Regulierungskonto einbezogen, soweit diese Differenz durch Änderungen der Zahl der Anschlussnutzer, bei denen Messstellenbetrieb oder Messung durch den Netzbetreiber durchgeführt wird, oder Maßnahmen nach § 21b Abs. 3a und 3b des Energiewirtschaftsgesetzes sowie nach § 18b der Stromnetzzugangsverordnung und § 44 der Gasnetzzugangsverordnung verursacht wird. Das Regulierungskonto wird von der Regulierungsbehörde geführt.

(2) Die nach Absatz 1 verbuchten Differenzen sind in Höhe des im jeweiligen Kalenderjahr durchschnittlich gebundenen Betrags zu verzinsen. Der durchschnittlich gebundene Betrag ergibt sich aus dem Mittelwert von Jahresanfangs- und Jahresendbestand. Die Verzinsung nach Satz 1 richtet sich nach dem auf die letzten zehn abgeschlossenen Kalenderjahre bezogenen Durchschnitt der von der Deutschen Bundesbank veröffentlichten Umlaufrendite festverzinslicher Wertpapiere inländischer Emittenten.

(3) Übersteigen die tatsächlich erzielten Erlöse die nach § 4 zulässigen Erlöse des letzten abgeschlossenen Kalenderjahres um mehr als 5 Prozent, so ist der Netzbetreiber verpflichtet, seine Netzentgelte nach Maßgabe des § 17 anzupassen. Bleiben die tatsächlich erzielten Erlöse um mehr als 5 Prozent hinter den nach § 4 zulässigen Erlösen des letzten abgeschlossenen Kalenderjahres zurück, so ist der Netzbetreiber dazu berechtigt, seine Netzentgelte nach Maßgabe des § 17 anzupassen.

(4) Die Regulierungsbehörde ermittelt den Saldo des Regulierungskontos im letzten Jahr der Regulierungsperiode für die vorangegangenen fünf Kalenderjahre. Der Ausgleich des Saldos auf dem Regulierungskonto erfolgt durch gleichmäßig über die folgende Regulierungsperiode verteilte Zu- oder Abschläge. Die Zu- und Abschläge sind nach Absatz 2 Satz 3 zu verzinsen. Eine Anpassung der Erlösobergrenzen innerhalb der Regulierungsperiode auf Grund der Änderung der jährlich verbuchten Differenzen nach Absatz 1 findet nicht statt.

## § 6 Bestimmung des Ausgangsniveaus der Erlösobergrenze

(1) Die Regulierungsbehörde ermittelt das Ausgangsniveau für die Bestimmung der Erlösobergrenzen durch eine Kostenprüfung nach den Vorschriften des Teils 2 Abschnitt 1 der Gasnetzentgeltverordnung und des Teils 2 Abschnitt 1 der Stromnetzentgeltverordnung. Die §§ 28 bis 30 der Gasnetzentgeltverordnung sowie die §§ 28 bis 30 der Stromnetzentgeltverordnung gelten entsprechend. Die Kostenprüfung erfolgt im vorletzten Kalenderjahr vor Beginn der Regulierungsperiode auf der Grundlage der Daten des letzten abgeschlossenen Geschäftsjahres. Das Kalenderjahr, in dem das der Kostenprüfung zugrunde liegende Geschäftsjahr endet, gilt als Basisjahr im Sinne dieser Verordnung. Als Basisjahr für die erste Regulierungsperiode gilt 2006.

(2) Als Ausgangsniveau für die erste Regulierungsperiode ist das Ergebnis der Kostenprüfung der letzten Genehmigung der Netzentgelte nach § 23a des Energiewirtschaftsgesetzes vor Beginn der Anreizregulierung, die auf der Datengrundlage des Geschäftsjahres 2006 oder eines früheren Geschäftsjahres basiert, heranzuziehen.

(3) Soweit Kosten dem Grunde oder der Höhe nach auf einer Besonderheit des Geschäftsjahres beruhen, auf das sich die Kostenprüfung bezieht, bleiben sie bei der Ermittlung des Ausgangsniveaus unberücksichtigt. § 3 Absatz 1 Satz 4 zweiter Halbsatz der Gasnetzentgeltverordnung sowie § 3 Absatz 1 Satz 5 zweiter Halbsatz der Stromnetzentgeltverordnung finden keine Anwendung.

# Anlage § 021a–01

Zu § 21a Energiewirtschaftsgesetz

## § 7 Reguliergsformel

Die Bestimmung der Erlösobergrenzen für die Netzbetreiber erfolgt in Anwendung der Regulierungsformel in Anlage 1.

## § 8 Allgemeine Geldwertentwicklung

Der Wert für die allgemeine Geldwertentwicklung ergibt sich aus dem durch das Statistische Bundesamt veröffentlichten Verbraucherpreisgesamtindex. Für die Bestimmung der Erlösobergrenze nach § 4 Abs. 1 wird der Verbraucherpreisgesamtindex des vorletzten Kalenderjahres vor dem Jahr, für das die Erlösobergrenze gilt, verwendet. Dieser wird ins Verhältnis gesetzt zum Verbraucherpreisgesamtindex für das Basisjahr.

## § 9 Genereller sektoraler Produktivitätsfaktor

(1) Der generelle sektorale Produktivitätsfaktor wird ermittelt aus der Abweichung des netzwirtschaftlichen Produktivitätsfortschritts vom gesamtwirtschaftlichen Produktivitätsfortschritt und der gesamtwirtschaftlichen Einstandspreisentwicklung von der netzwirtschaftlichen Einstandspreisentwicklung.

(2) In der ersten Regulierungsperiode beträgt der generelle sektorale Produktivitätsfaktor für Gas- und Stromnetzbetreiber jährlich 1,25 Prozent, in der zweiten Regulierungsperiode jährlich 1,5 Prozent.

(3) Die Bundesnetzagentur hat den generellen sektoralen Produktivitätsfaktor ab der dritten Regulierungsperiode jeweils vor Beginn der Regulierungsperiode für die gesamte Regulierungsperiode nach Maßgabe von Methoden, die dem Stand der Wissenschaft entsprechen, zu ermitteln. Die Ermittlung hat unter Einbeziehung der Daten von Netzbetreibern aus dem gesamten Bundesgebiet für einen Zeitraum von mindestens vier Jahren zu erfolgen. Die Bundesnetzagentur kann jeweils einen Wert für Stromversorgungsnetze und für Gasversorgungsnetze ermitteln.

(4) Die Landesregulierungsbehörden können bei der Bestimmung der Erlösobergrenzen den durch die Bundesnetzagentur nach Absatz 3 ermittelten generellen sektoralen Produktivitätsfaktor anwenden.

(5) Die Einbeziehung des generellen sektoralen Produktivitätsfaktors in die Erlösobergrenzen erfolgt durch Potenzierung der Werte nach den Absätzen 2 und 3 mit dem jeweiligen Jahr der Regulierungsperiode.

## § 10 Erweiterungsfaktor

(1) Ändert sich während der Regulierungsperiode die Versorgungsaufgabe des Netzbetreibers nachhaltig, wird dies bei der Bestimmung der Erlösobergrenze durch einen Erweiterungsfaktor berücksichtigt. Die Ermittlung des Erweiterungsfaktors erfolgt nach der Formel in Anlage 2.

(2) Die Versorgungsaufgabe bestimmt sich nach der Fläche des versorgten Gebietes und den von den Netzkunden bestimmten Anforderungen an die Versorgung mit Strom und Gas, die sich auf die Netzgestaltung unmittelbar auswirken. Eine nachhaltige Änderung der Versorgungsaufgabe im Sinne des Absatzes 1 Satz 1 liegt vor, wenn sich einer oder mehrere der Parameter

1. Fläche des versorgten Gebietes,
2. Anzahl der Anschlusspunkte in Stromversorgungsnetzen und der Ausspeisepunkte in Gasversorgungsnetzen,
3. Jahreshöchstlast oder
4. sonstige von der Regulierungsbehörde nach § 32 Abs. 1 Nr. 3 festgelegte Parameter

im Antragszeitpunkt dauerhaft und in erheblichem Umfang geändert haben. Von einer Änderung in erheblichem Umfang nach Satz 2 ist in der Regel auszugehen, wenn sich dadurch die Gesamtkosten des Netzbetreibers nach Abzug der dauerhaft nicht beeinflussbaren Kostenanteile um mindestens 0,5 Prozent erhöhen.

(3) Die Parameter nach Absatz 2 Satz 2 Nr. 4 dienen insbesondere der Berücksichtigung des unterschiedlichen Erschließungs- und Anschlussgrades von Gasversorgungsnetzen. Sie müssen hinsichtlich ihrer Aussagekraft mit denjenigen nach Absatz 2 Satz 2 Nr. 1 bis 3 vergleichbar sein. Bei ihrer Auswahl ist § 13 Abs. 3 entsprechend anzuwenden.

(4) Die Absätze 1 bis 3 finden bei Betreibern von Übertragungs- und Fernleitungsnetzen sowie bei Hochspannungsnetzen von Betreibern von Verteilernetzen keine Anwendung. Bei der Ermittlung der Gesamtkosten des Netzbetreibers nach Absatz 2 Satz 3 bleiben die Kosten des Hochspannungsnetzes unberücksichtigt.

## § 11 Beeinflussbare und nicht beeinflussbare Kostenanteile

(1) Als nicht beeinflussbare Kostenanteile gelten dauerhaft nicht beeinflussbare Kostenanteile und vorübergehend nicht beeinflussbare Kostenanteile.

(2) Als dauerhaft nicht beeinflussbare Kostenanteile gelten Kosten oder Erlöse aus

1. gesetzlichen Abnahme- und Vergütungspflichten,
2. Konzessionsabgaben,
3. Betriebssteuern,
4. erforderlicher Inanspruchnahme vorgelagerter Netzebenen,
5. der Nachrüstung von Wechselrichtern nach § 10 Absatz 1 der Systemstabilitätsverordnung,
6. genehmigten Investitionsmaßnahmen nach § 23, soweit sie dem Inhalt der Genehmigung nach durchgeführt wurden sowie in der Regulierungsperiode kostenwirksam sind und die Genehmigung nicht aufgehoben worden ist,
6a. der Auflösung des Abzugsbetrags nach § 23 Absatz 2a,
7. Mehrkosten für die Errichtung, den Betrieb und die Änderung von Erdkabeln nach § 43 Satz 1 Nr. 3 und Satz 3 des Energiewirtschaftsgesetzes, soweit diese nicht nach Nummer 6 berücksichtigt werden und soweit die Kosten bei effizientem Netzbetrieb entstehen,
8. vermiedenen Netzentgelten im Sinne von § 18 der Stromnetzentgeltverordnung, § 35 Absatz 2 des Erneuerbare-Energien-Gesetzes und § 4 Absatz 3 des Kraft-Wärme-Kopplungsgesetzes,
8a. dem erweiterten Bilanzausgleich gemäß § 35 der Gasnetzzugangsverordnung vom 3. September 2010 (BGBl. I S. 1261) in der jeweils geltenden Fassung, abzüglich der vom Einspeiser von Biogas zu zahlenden Pauschale,
   - erforderliche Maßnahmen des Netzbetreibers gemäß § 33 Absatz 10, § 34 Absatz 2 und § 36 Absatz 3 und 4 der Gasnetzzugangsverordnung,
   - die Kosten für den effizienten Netzanschluss sowie für die Wartung gemäß § 33 Absatz 1 der Gasnetzzugangsverordnung,
   - Entgelte für vermiedene Netzkosten, die vom Netzbetreiber gemäß § 20a der Gasnetzentgeltverordnung vom 25. Juli 2005 (BGBl. I S. 2197), die zuletzt durch Artikel 5 der Verordnung vom 3. September 2010 (BGBl. I S. 1261) geändert worden ist, in der jeweils geltenden Fassung, an den Transportkunden von Biogas zu zahlen sind,
   in der Höhe, in der die Kosten unter Berücksichtigung der Umlage nach § 20b der Gasnetzentgeltverordnung beim Netzbetreiber verbleiben.
8b. Zahlungen an Städte oder Gemeinden nach Maßgabe von § 5 Absatz 4 der Stromnetzentgeltverordnung,
9. betrieblichen und tarifvertraglichen Vereinbarungen zu Lohnzusatz- und Versorgungsleistungen, soweit diese in der Zeit vor dem 31. Dezember 2008 abgeschlossen worden sind,
10. der im gesetzlichen Rahmen ausgeübten Betriebs- und Personalratstätigkeit,
11. der Berufsausbildung und Weiterbildung im Unternehmen und von Betriebskindertagesstätten für Kinder der im Netzbereich beschäftigten Betriebsangehörigen,
12. pauschalierten Investitionszuschlägen nach Maßgabe des § 25,
12a. Forschung und Entwicklung nach Maßgabe des § 25a,
13. der Auflösung von Netzanschlusskostenbeiträgen und Baukostenzuschüssen nach § 9 Abs. 1 Satz 1 Nr. 3 und 4 in Verbindung mit Satz 2 der Stromnetzentgeltverordnung und § 9 Abs. 1 Satz 1 Nr. 3 und 4 in Verbindung mit Satz 2 der Gasnetzentgeltverordnung,
14. dem bundesweiten Ausgleichsmechanismus nach § 2 Abs. 4 des Energieleitungsausbaugesetzes vom 21. August 2009 (BGBl. I S. 2870) in der jeweils geltenden Fassung,
15. dem finanziellen Ausgleich nach § 17d Absatz 4 des Energiewirtschaftsgesetzes.

Als dauerhaft nicht beeinflussbare Kostenanteile gelten bei Stromversorgungsnetzen auch solche Kosten oder Erlöse, die sich aus Maßnahmen des Netzbetreibers ergeben, die einer wirksamen Verfahrensregulierung nach der Stromnetzzugangsverordnung oder der Verordnung (EG) Nr. 1228/2003 des Europäischen Parlaments und des Rates vom 26. Juni 2003 über die Netzbedingungen für den grenzüberschreitenden Stromhandel (ABl. EU Nr. L 176 S. 1), zuletzt geändert durch den Beschluss Nr. 2006/770/EG der Kommission vom 9. November 2006 zur Änderung des Anhangs der Verordnung (EG) Nr. 1228/2003 über die Netzzugangsbedingungen für den grenzüberschreitenden Stromhandel (ABl. EU Nr. L 312 S. 59), unterliegen, insbesondere

**Anlage § 021a–01**  Zu § 21a Energiewirtschaftsgesetz

1. Kompensationszahlungen im Rahmen des Ausgleichsmechanismus nach Artikel 3 der Verordnung (EG) Nr. 1228/2003,
2. Erlöse aus dem Engpassmanagement nach Artikel 6 der Verordnung (EG) Nr. 1228/2003 oder nach § 15 der Stromnetzzugangsverordnung, soweit diese entgeltmindernd nach Artikel 6 Abs. 6 Buchstabe c der

    Verordnung (EG) Nr. 1228/2003 oder § 15 Abs. 3 Satz 1 der Stromnetzzugangsverordnung geltend gemacht werden, und
3. Kosten für die Beschaffung der Energie zur Erbringung von Ausgleichsleistungen, einschließlich der Kosten für die lastseitige Beschaffung.

Bei Gasversorgungsnetzen gelten als dauerhaft nicht beeinflussbare Kosten auch solche Kosten oder Erlöse, die sich aus Maßnahmen des Netzbetreibers ergeben, die einer wirksamen Verfahrensregulierung nach der Gasnetzzugangsverordnung oder der Verordnung (EG) Nr. 1775/2005 des Europäischen Parlaments und des Rates vom 28. September 2005 über die Bedingungen für den Zugang zu den Erdgasfernleitungsnetzen (ABl. EU Nr. L 289 S. 1) unterliegen. Eine wirksame Verfahrensregulierung im Sinne der Sätze 2 und 3 liegt vor, soweit eine umfassende Regulierung des betreffenden Bereichs durch vollziehbare Entscheidungen der Regulierungsbehörden oder freiwillige Selbstverpflichtungen der Netzbetreiber erfolgt ist, die Regulierungsbehörde dies nach § 32 Abs. 1 Nr. 4 festgelegt hat und es sich nicht um volatile Kostenanteile nach § 11 Absatz 5 handelt.

(3) Als vorübergehend nicht beeinflussbare Kostenanteile gelten die mit dem nach § 15 ermittelten bereinigten Effizienzwert multiplizierten Gesamtkosten nach Abzug der dauerhaft nicht beeinflussbaren Kostenanteile. In diesen sind die auf nicht zurechenbaren strukturellen Unterschieden der Versorgungsgebiete beruhenden Kostenanteile enthalten.

(4) Als beeinflussbare Kostenanteile gelten alle Kostenanteile, die nicht dauerhaft oder vorübergehend nicht beeinflussbare Kostenanteile sind.

(5) Als volatile Kostenanteile gelten Kosten für die Beschaffung von Treibenergie. Andere beeinflussbare oder vorübergehend nicht beeinflussbare Kostenanteile, insbesondere Kosten für die Beschaffung von Verlustenergie, deren Höhe sich in einem Kalenderjahr erheblich von der Höhe des jeweiligen Kostenanteils im vorhergehenden Kalenderjahr unterscheiden kann, gelten als volatile Kostenanteile, soweit die Regulierungsbehörde dies nach § 32 Absatz 1 Nummer 4a festgelegt hat. Kapitalkosten oder Fremdkapitalkosten gelten nicht als volatile Kostenanteile.

### § 12 Effizienzvergleich

(1) Die Bundesnetzagentur führt vor Beginn der Regulierungsperiode mit den in Anlage 3 aufgeführten Methoden, unter Berücksichtigung der in Anlage 3 genannten Vorgaben sowie nach Maßgabe der Absätze 2 bis 4 und der §§ 13 und 14 jeweils einen bundesweiten Effizienzvergleich für die Betreiber von Elektrizitätsverteilernetzen und Gasverteilernetzen mit dem Ziel durch, die Effizienzwerte für diese Netzbetreiber zu ermitteln. Bei der Ausgestaltung der in Anlage 3 aufgeführten Methoden durch die Bundesnetzagentur sind Vertreter der betroffenen Wirtschaftskreise und der Verbraucher rechtzeitig zu hören. Ergeben sich auf Grund rechtskräftiger gerichtlicher Entscheidungen nachträgliche Änderungen in dem nach § 6 ermittelten Ausgangsniveau, so bleibt der Effizienzvergleich von diesen nachträglichen Änderungen unberührt.

(2) Der Effizienzwert ist als Anteil der Gesamtkosten nach Abzug der dauerhaft nicht beeinflussbaren Kostenanteile in Prozent auszuweisen.

(3) Weichen die im Effizienzvergleich mit den nach Anlage 3 zugelassenen Methoden ermittelten Effizienzwerte eines Netzbetreibers voneinander ab, so ist der höhere Effizienzwert zu verwenden.

(4) Hat der Effizienzvergleich für einen Netzbetreiber einen Effizienzwert von weniger als 60 Prozent ergeben, so ist der Effizienzwert mit 60 Prozent anzusetzen. Satz 1 gilt auch, wenn für einzelne Netzbetreiber keine Effizienzwerte ermittelt werden konnten, weil diese ihren Mitwirkungspflichten zur Mitteilung von Daten nicht nachgekommen sind.

(4a) Zusätzlich werden Effizienzvergleiche durchgeführt, bei denen der Aufwandsparameter nach § 13 Abs. 1 für alle Netzbetreiber durch den Aufwandsparameter ersetzt wird, der sich ohne Berücksichtigung der Vergleichbarkeitsrechnung nach § 14 Abs. 1 Nr. 3, Abs. 2 und 3 ergibt. Die nach § 13 Abs. 3 und 4 ermittelten Vergleichsparameter bleiben unverändert. Weicht der so ermittelte Effizienzwert von dem nach Absatz 1 ermittelten Effizienzwert ab, so ist für den jeweils betrachteten Netzbetreiber der höhere Effizienzwert zu verwenden.

(5) Die Bundesnetzagentur übermittelt bis zum 1. Juli des Kalenderjahres vor Beginn der Regulierungsperiode den Landesregulierungsbehörden die von ihr nach den Absätzen 1 bis 3 ermittelten Effi-

zienzwerte für die nach § 54 Abs. 2 des Energiewirtschaftsgesetzes in die Zuständigkeit der jeweiligen Behörde fallenden Netzbetreiber. Die Mitteilung hat die Ausgangsdaten nach den §§ 13 und 14, die einzelnen Rechenschritte und die jeweiligen Ergebnisse der nach Anlage 3 zugelassenen Methoden zu enthalten. Soweit für einzelne Netzbetreiber keine Effizienzwerte aus dem bundesweiten Effizienzvergleich ermittelt werden konnten, teilt die Bundesnetzagentur dies den Landesregulierungsbehörden begründet mit.

(6) Die Landesregulierungsbehörden führen zur Bestimmung von Effizienzwerten einen Effizienzvergleich nach den Absätzen 1 bis 3 durch, soweit sie nicht die Ergebnisse des Effizienzvergleichs der Bundesnetzagentur verwenden. Zur Sicherstellung der Belastbarkeit der Ergebnisse des Effizienzvergleichs sind auch Netzbetreiber, die nicht in ihre Zuständigkeit nach § 54 Abs. 2 des Energiewirtschaftsgesetzes fallen, in den Effizienzvergleich einzubeziehen.

### § 13 Parameter für den Effizienzvergleich

(1) Die Regulierungsbehörde hat im Effizienzvergleich Aufwandsparameter und Vergleichsparameter zu berücksichtigen.

(2) Als Aufwandsparameter sind die nach § 14 ermittelten Kosten anzusetzen.

(3) Vergleichsparameter sind Parameter zur Bestimmung der Versorgungsaufgabe und der Gebietseigenschaften, insbesondere die geografischen, geologischen oder topografischen Merkmale und strukturellen Besonderheiten der Versorgungsaufgabe auf Grund demografischen Wandels des versorgten Gebietes. Die Parameter müssen geeignet sein, die Belastbarkeit des Effizienzvergleichs zu stützen. Dies ist insbesondere dann anzunehmen, wenn sie messbar oder mengenmäßig erfassbar, nicht durch Entscheidungen des Netzbetreibers bestimmbar und nicht in ihrer Wirkung ganz oder teilweise wiederholend sind, insbesondere nicht bereits durch andere Parameter abgebildet werden. Vergleichsparameter können insbesondere sein

1. die Anzahl der Anschlusspunkte in Stromversorgungsnetzen und der Ausspeisepunkte in Gasversorgungsnetzen,
2. die Fläche des versorgten Gebietes,
3. die Leitungslänge,
4. die Jahresarbeit,
5. die zeitgleiche Jahreshöchstlast oder
6. die dezentralen Erzeugungsanlagen in Stromversorgungsnetzen, insbesondere die Anzahl und Leistung von Anlagen zur Erzeugung von Strom aus Wind- und solarer Strahlungsenergie.

Bei der Bestimmung von Parametern zur Beschreibung geografischer, geologischer oder topografischer Merkmale und struktureller Besonderheiten der Versorgungsaufgabe auf Grund demografischen Wandels des versorgten Gebietes können flächenbezogene Durchschnittswerte gebildet werden. Die Vergleichsparameter können bezogen auf die verschiedenen Netzebenen von Strom- und Gasversorgungsnetzen verwendet werden; ein Vergleich einzelner Netzebenen findet nicht statt. Die Auswahl der Vergleichsparameter hat mit qualitativen, analytischen oder statistischen Methoden zu erfolgen, die dem Stand der Wissenschaft entsprechen. Durch die Auswahl der Vergleichsparameter soll die strukturelle Vergleichbarkeit möglichst weitgehend gewährleistet sein. Dabei sind die Unterschiede zwischen Strom- und Gasversorgungsnetzen zu berücksichtigen, insbesondere der unterschiedliche Erschließungs- und Anschlussgrad von Gasversorgungsnetzen. Bei der Auswahl der Vergleichsparameter sind Vertreter der betroffenen Wirtschaftskreise und der Verbraucher rechtzeitig zu hören.

(4) In der ersten und zweiten Regulierungsperiode hat die Regulierungsbehörde die Vergleichsparameter

1. Anzahl der Anschlusspunkte in Stromversorgungsnetzen und der Ausspeisepunkte in Gasversorgungsnetzen,
2. Fläche des versorgten Gebietes,
2a. Leitungslänge (Systemlänge) und
3. zeitgleiche Jahreshöchstlast

zu verwenden. Darüber hinaus können weitere Parameter nach Maßgabe des Absatzes 3 verwendet werden.

### § 14 Bestimmung der Kosten zur Durchführung des Effizienzvergleichs

(1) Die im Rahmen des Effizienzvergleichs als Aufwandsparameter anzusetzenden Kosten werden nach folgenden Maßgaben ermittelt:

1. Die Gesamtkosten des Netzbetreibers werden nach Maßgabe der zur Bestimmung des Ausgangsniveaus anzuwendenden Kostenprüfung nach § 6 ermittelt.

**Anlage § 021a–01**  Zu § 21a Energiewirtschaftsgesetz

2. Von den so ermittelten Gesamtkosten sind die nach § 11 Abs. 2 dauerhaft nicht beeinflussbaren Kostenanteile abzuziehen.

3. Die Kapitalkosten zur Durchführung des Effizienzvergleichs sollen so bestimmt werden, dass ihre Vergleichbarkeit möglichst gewährleistet ist und Verzerrungen berücksichtigt werden, wie sie insbesondere durch unterschiedliche Altersstruktur der Anlagen, Abschreibungs- und Aktivierungspraktiken entstehen können; hierzu ist eine Vergleichbarkeitsrechnung zur Ermittlung von Kapitalkostenannuitäten nach Maßgabe des Absatzes 2 durchzuführen; dabei umfassen die Kapitalkosten die Kostenpositionen nach § 5 Abs. 2 sowie den §§ 6 und 7 der Stromnetzentgeltverordnung und § 5 Abs. 2 sowie den §§ 6 und 7 der Gasnetzentgeltverordnung.

(2) Die Vergleichbarkeitsrechnung nach Absatz 1 Nr. 3 erfolgt auf der Grundlage der Tagesneuwerte des Anlagevermögens des Netzbetreibers. Für die Ermittlung von einheitlichen Nutzungsdauern sind für jede Anlagengruppe sind die unteren Werte der betriebsgewöhnlichen Nutzungsdauern in Anlage 1 der Gasnetzentgeltverordnung und Anlage 1 der Stromnetzentgeltverordnung zu verwenden. Der zu verwendende Zinssatz bestimmt sich als gewichteter Mittelwert aus Eigenkapitalzinssatz und Fremdkapitalzinssatz, wobei der Eigenkapitalzinssatz mit 40 Prozent und der Fremdkapitalzinssatz mit 60 Prozent zu gewichten ist. Von den 60 Prozent des Fremdkapitalzinssatzes entfallen 25 Prozentpunkte auf unverzinsliches Fremdkapital. Es sind die nach § 7 Abs. 6 der Gasnetzentgeltverordnung und § 7 Abs. 6 der Stromnetzentgeltverordnung für Neuanlagen geltenden Eigenkapitalzinssätze anzusetzen. Für das verzinsliche Fremdkapital richtet sich die Verzinsung nach dem auf die letzten zehn abgeschlossenen Kalenderjahre bezogenen Durchschnitt der von der Deutschen Bundesbank veröffentlichten Umlaufrendite festverzinslicher Wertpapiere inländischer Emittenten. Die Eigenkapitalzinssätze und der Fremdkapitalzinssatz sind um den auf die letzten zehn abgeschlossenen Kalenderjahre bezogenen Durchschnitt der Preisänderungsrate nach dem vom Statistischen Bundesamt veröffentlichten Verbraucherpreisgesamtindex zu ermäßigen.

**§ 15 Ermittlung der Ineffizienzen**

(1) Weist ein Netzbetreiber nach, dass Besonderheiten seiner Versorgungsaufgabe im Sinne des Vorliegens außergewöhnlicher struktureller Umstände bestehen, die im Effizienzvergleich durch die Auswahl der Parameter nach § 13 Absatz 3 und 4 nicht hinreichend berücksichtigt wurden und durch den Netzbetreiber nicht beeinflussbar sind, und dies die nach § 14 Absatz 1 Nummer 1 und 2 ermittelten Kosten um mindestens 5 Prozent erhöht, so hat die Regulierungsbehörde einen Aufschlag auf den nach den §§ 12 bis 14 oder 22 ermittelten Effizienzwert anzusetzen (bereinigter Effizienzwert). Ist der Effizienzwert nach § 12 Abs. 4 angesetzt worden, hat der Netzbetreiber die erforderlichen Nachweise zu erbringen, dass die Besonderheiten seiner Versorgungsaufgabe einen zusätzlichen Aufschlag nach Satz 1 rechtfertigen.

(2) Die Landesregulierungsbehörden können zur Ermittlung der bereinigten Effizienzwerte nach Absatz 1 die von der Bundesnetzagentur im bundesweiten Effizienzvergleich nach den §§ 12 bis 14 ermittelten Effizienzwerte zugrunde legen.

(3) Aus nach §§ 12 bis 14, 22 oder 24 ermittelten Effizienzwerten oder dem bereinigten Effizienzwert werden die Ineffizienzen ermittelt. Die Ineffizienzen ergeben sich aus der Differenz zwischen den Gesamtkosten nach Abzug der dauerhaft nicht beeinflussbaren Kostenanteile und den mit dem in Satz 1 genannten Effizienzwert multiplizierten Gesamtkosten nach Abzug der dauerhaft nicht beeinflussbaren Kosten.

**§ 16 Effizienzvorgaben**

(1) Die Festlegung der Erlösobergrenzen durch die Regulierungsbehörde hat so zu erfolgen, dass die nach den §§ 12 bis 15 ermittelten Ineffizienzen unter Anwendung eines Verteilungsfaktors rechnerisch innerhalb einer oder mehrerer Regulierungsperioden gleichmäßig abgebaut werden (individuelle Effizienzvorgabe). Für die erste Regulierungsperiode wird die individuelle Effizienzvorgabe dahingehend bestimmt, dass der Abbau der ermittelten Ineffizienzen nach zwei Regulierungsperioden abgeschlossen ist. Für die folgenden Regulierungsperioden wird die individuelle Effizienzvorgabe so bestimmt, dass der Abbau der ermittelten Ineffizienzen jeweils zum Ende der Regulierungsperiode abgeschlossen ist.

(2) Soweit ein Netzbetreiber nachweist, dass er die für ihn festgelegte individuelle Effizienzvorgabe unter Nutzung aller ihm möglichen und zumutbaren Maßnahmen nicht erreichen und übertreffen kann, hat die Regulierungsbehörde die Effizienzvorgabe abweichend von Absatz 1 zu bestimmen. Bei der Bewertung der Zumutbarkeit ist zu berücksichtigen, inwieweit der Effizienzwert nach § 12 Abs. 4 angesetzt worden ist. Unzumutbar sind auch Maßnahmen, die dazu führen, dass die wesentlichen Arbeitsbedingungen, die in dem nach dem Energiewirtschaftsgesetz regulierten Bereich üblich sind, erheblich

unterschritten werden. Eine Berücksichtigung struktureller Besonderheiten erfolgt ausschließlich nach Maßgabe des § 15 Abs. 1.

## Abschnitt 3
## Ermittlung der Netzentgelte

### § 17 Netzentgelte

(1) Die nach § 32 Abs. 1 Nr. 1 festgelegten Erlösobergrenzen werden in Entgelte für den Zugang zu den Energieversorgungsnetzen umgesetzt. Dies erfolgt entsprechend der Vorschriften des Teils 2 Abschnitt 2 und 3 der Gasnetzentgeltverordnung und des Teils 2 Abschnitt 2 und 3 der Stromnetzentgeltverordnung. Die §§ 16, 27 und 28 der Gasnetzentgeltverordnung sowie die §§ 20, 27 und 28 der Stromnetzentgeltverordnung gelten entsprechend. § 30 der Gasnetzentgeltverordnung und § 30 der Stromnetzentgeltverordnung bleiben unberührt.

(2) Der Netzbetreiber ist verpflichtet, bei einer Anpassung der Erlösobergrenze nach § 4 Abs. 3 und 5 die Netzentgelte anzupassen, soweit sich daraus nach Absatz 1 eine Absenkung der Netzentgelte ergibt. Im Übrigen ist er im Falle einer Anpassung der Erlösobergrenze nach § 4 Abs. 3 bis 5 zur Anpassung der Netzentgelte berechtigt.

(3) Die Anpassung der Netzentgelte nach Absatz 2 erfolgt zum 1. Januar eines Kalenderjahres. Vorgelagerte Netzbetreiber haben die Höhe der geplanten Anpassung der Netzentgelte den nachgelagerten Netzbetreibern rechtzeitig vor dem Zeitpunkt nach Satz 1 mitzuteilen.

## Abschnitt 4
## Qualitätsvorgaben

### § 18 Qualitätsvorgaben

Qualitätsvorgaben dienen der Sicherung eines langfristig angelegten, leistungsfähigen und zuverlässigen Betriebs von Energieversorgungsnetzen. Hierzu dienen Qualitätselemente nach den §§ 19 und 20 und die Berichtspflichten nach § 21.

### § 19 Qualitätselement in der Regulierungsformel

(1) Auf die Erlösobergrenzen können Zu- oder Abschläge vorgenommen werden, wenn Netzbetreiber hinsichtlich der Netzzuverlässigkeit oder der Netzleistungsfähigkeit von Kennzahlenvorgaben abweichen (Qualitätselement). Die Kennzahlenvorgaben sind nach Maßgabe des § 20 unter Heranziehung der Daten von Netzbetreibern aus dem gesamten Bundesgebiet zu ermitteln und in Zu- und Abschläge umzusetzen. Dabei ist zwischen Gasverteilernetzen und Stromverteilernetzen zu unterscheiden.

(2) Über den Beginn der Anwendung des Qualitätselements, der bei Stromversorgungsnetzen zur zweiten Regulierungsperiode zu erfolgen hat, entscheidet die Regulierungsbehörde. Er soll bereits zur oder im Laufe der ersten Regulierungsperiode erfolgen, soweit der Regulierungsbehörde hinreichend belastbare Datenreihen vorliegen. Abweichend von Satz 1 soll der Beginn der Anwendung des Qualitätselements bei Gasversorgungsnetzen zur oder im Laufe der zweiten Regulierungsperiode erfolgen, soweit der Regulierungsbehörde hinreichend belastbare Datenreihen vorliegen.

(3) Die Netzzuverlässigkeit beschreibt die Fähigkeit des Energieversorgungsnetzes, Energie möglichst unterbrechungsfrei und unter Einhaltung der Produktqualität zu transportieren. Die Netzleistungsfähigkeit beschreibt die Fähigkeit des Energieversorgungsnetzes, die Nachfrage nach Übertragung von Energie zu befriedigen.

### § 20 Bestimmung des Qualitätselements

(1) Zulässige Kennzahlen für die Bewertung der Netzzuverlässigkeit nach § 19 sind insbesondere die Dauer der Unterbrechung der Energieversorgung, die Häufigkeit der Unterbrechung der Energieversorgung, die Menge der nicht gelieferten Energie und die Höhe der nicht gedeckten Last. Eine Kombination und Gewichtung dieser Kennzahlen ist möglich. Für die ausgewählten Kennzahlen sind Kennzahlenwerte der einzelnen Netzbetreiber zu ermitteln.

(2) Aus den Kennzahlenwerten nach Absatz 1 sind Kennzahlenvorgaben als gewichtete Durchschnittswerte zu ermitteln. Bei der Ermittlung der Kennzahlenvorgaben sind gebietsstrukturelle Unterschiede zu berücksichtigen. Dies kann durch Gruppenbildung erfolgen.

(3) Für die Gewichtung der Kennzahlen oder der Kennzahlenwerte sowie die Bewertung der Abweichungen in Geld zur Ermittlung der Zu- und Abschläge auf die Erlöse nach § 19 Abs. 1 (monetäre Bewertung) können insbesondere die Bereitschaft der Kunden, für eine Änderung der Netzzuverlässigkeit niedrigere oder höhere Entgelte zu zahlen, als Maßstab herangezogen werden, analytische Me-

thoden, insbesondere analytische Kostenmodelle, die dem Stand der Wissenschaft entsprechen müssen, oder eine Kombination von beiden Methoden verwendet werden.

(4) Die Landesregulierungsbehörden können bei der Bestimmung von Qualitätselementen die von der Bundesnetzagentur ermittelten Kennzahlenvorgaben, deren Kombination, Gewichtung oder monetäre Bewertung verwenden.

(5) Auch für die Bewertung der Netzleistungsfähigkeit können Kennzahlen herangezogen werden. Dies gilt nur, soweit der Regulierungsbehörde hierfür hinreichend belastbare Datenreihen vorliegen. Kennzahlen nach Satz 1 können insbesondere die Häufigkeit und Dauer von Maßnahmen zur Bewirtschaftung von Engpässen und die Häufigkeit und Dauer des Einspeisemanagements nach dem Erneuerbare-Energien-Gesetz sein. Die Absätze 1 bis 4 finden in diesem Fall entsprechende Anwendung, wobei bei Befragungen nach Absatz 3 nicht auf die Kunden, sondern auf die Netznutzer, die Energie einspeisen, abzustellen ist. Die Bundesnetzagentur nimmt eine Evaluierung nach § 33 Abs. 3 Satz 2 vor, inwieweit die Verwendung von Kennzahlen nach den Sätzen 1 und 3 der Erfüllung der unter § 1 des Energiewirtschaftsgesetzes genannten Zwecke dient.

## § 21 Bericht zum Investitionsverhalten

Die Netzbetreiber sind verpflichtet, auf Anforderung der Regulierungsbehörde einen Bericht zu ihrem Investitionsverhalten zu erstellen und der Regulierungsbehörde zu übermitteln. Der Bericht dient insbesondere dazu, festzustellen, ob die Anreizregulierung in Hinblick auf die in § 1 des Energiewirtschaftsgesetzes genannten Zwecke keine nachteiligen Auswirkungen auf das Investitionsverhalten der Netzbetreiber hat. Aus dem Bericht muss sich ergeben, inwieweit die jährlichen Investitionen der Netzbetreiber in einem angemessenen Verhältnis zu Alter und Zustand ihrer Anlagen, ihren jährlichen Abschreibungen und ihrer Versorgungsqualität stehen. Die Regulierungsbehörde kann Ergänzungen und Erläuterungen des Berichts verlangen.

### Teil 3
### Besondere Vorschriften zur Anreizregulierung
### Abschnitt 1
### Betreiber von Übertragungs- und Fernleitungsnetzen

## § 22 Sondervorschriften für den Effizienzvergleich

(1) Bei Betreibern von Übertragungsnetzen ist vor Beginn der Regulierungsperiode zur Ermittlung der Effizienzwerte ein Effizienzvergleich unter Einbeziehung von Netzbetreibern in anderen Mitgliedstaaten der Europäischen Union (internationaler Effizienzvergleich) durchzuführen. Der internationale Effizienzvergleich erfolgt mittels der in Anlage 3 genannten Methoden. Stehen für die Durchführung einer stochastischen Effizienzgrenzenanalyse nicht die Daten einer hinreichenden Anzahl von Netzbetreibern zur Verfügung, findet ausschließlich die Dateneinhüllungsanalyse Anwendung. Bei der Durchführung des internationalen Effizienzvergleichs ist die strukturelle Vergleichbarkeit der zum Vergleich herangezogenen Unternehmen sicherzustellen, insbesondere auch durch Berücksichtigung nationaler Unterschiede wie unterschiedlicher technischer und rechtlicher Vorgaben oder von Unterschieden im Lohnniveau. § 12 Abs. 2 bis 4 und § 13 Abs. 1 und 3 Satz 2, 3, 7 und 9 finden entsprechend Anwendung.

(2) Ist die Belastbarkeit des internationalen Effizienzvergleichs nach Absatz 1 für einzelne oder alle Betreiber von Übertragungsnetzen nicht gewährleistet, so ist stattdessen für den oder die betreffenden Netzbetreiber eine relative Referenznetzanalyse durchzuführen, die dem Stand der Wissenschaft entspricht. Die relative Referenznetzanalyse kann auch ergänzend zum internationalen Effizienzvergleich durchgeführt werden, um die Belastbarkeit der Ergebnisse zu verbessern. Die Referenznetzanalyse ist ein Optimierungsverfahren zur Ermittlung von modellhaften Netzstrukturen und Anlagenmengengerüsten, die unter den bestehenden Randbedingungen, insbesondere der Notwendigkeit des Betriebs eines technisch sicheren Netzes, ein optimales Verhältnis von Kosten und netzwirtschaftlichen Leistungen aufweisen (Referenznetz). In der relativen Referenznetzanalyse werden durch einen Vergleich mehrerer Netzbetreiber relative Abweichungen der den tatsächlichen Anlagenmengen entsprechenden Kosten von den Kosten eines Referenznetzes ermittelt. Der Netzbetreiber mit den geringsten Abweichungen vom Referenznetz bildet den Effizienzmaßstab für die Ermittlung der Effizienzwerte; der Effizienzwert dieses Netzbetreibers beträgt 100 Prozent.

(3) Bei Betreibern von Fernleitungsnetzen werden die Effizienzwerte mittels eines nationalen Effizienzvergleichs mit den in Anlage 3 genannten Methoden ermittelt. Stehen für die Durchführung einer stochastischen Effizienzgrenzenanalyse nicht die Daten einer hinreichenden Anzahl an Netzbetreibern zur Verfügung, findet ausschließlich die Dateneinhüllungsanalyse Anwendung. § 12 Abs. 2 bis 4, § 13

Abs. 1 und 3 und § 14 finden entsprechend Anwendung. Stehen für die Durchführung eines nationalen Effizienzvergleichs nach Satz 1 nicht die Daten einer hinreichenden Anzahl von Netzbetreibern zur Verfügung, ist stattdessen ein internationaler Effizienzvergleich nach Absatz 1 durchzuführen.

(4) Ist die Belastbarkeit des internationalen Effizienzvergleichs nach Absatz 3 Satz 4 für einzelne oder alle Betreiber von Fernleitungsnetzen nicht gewährleistet, so ist stattdessen für den oder die betreffenden Netzbetreiber eine relative Referenznetzanalyse nach Absatz 2 durchzuführen. Die relative Referenznetzanalyse kann auch ergänzend zum internationalen Effizienzvergleich nach Absatz 3 Satz 4 durchgeführt werden, um die Belastbarkeit der Ergebnisse zu verbessern.

### § 23 Investitionsmaßnahmen

(1) Die Bundesnetzagentur genehmigt Investitionsmaßnahmen für Erweiterungs- und Umstrukturierungsinvestitionen in die Übertragungs- und Fernleitungsnetze, soweit diese Investitionen zur Stabilität des Gesamtsystems, für die Einbindung in das nationale oder internationale Verbundnetz oder für einen bedarfsgerechten Ausbau des Energieversorgungsnetzes nach § 11 des Energiewirtschaftsgesetzes notwendig sind. Dies umfasst insbesondere Investitionen, die vorgesehen sind für

1. Netzausbaumaßnahmen, die dem Anschluss von Stromerzeugungsanlagen nach § 17 Abs. 1 des Energiewirtschaftsgesetzes dienen,
2. die Integration von Anlagen, die dem Erneuerbare-Energien-Gesetz und dem Kraft-Wärme-Kopplungsgesetz unterfallen,
3. den Ausbau von Verbindungskapazitäten nach Artikel 16 Absatz 6 Buchstabe b der Verordnung (EG) Nr. 714/2009 (ABl. L 211 vom 14.8.2009, S. 15),
4. den Ausbau von Gastransportkapazitäten zwischen Marktgebieten, soweit dauerhaft technisch bedingte Engpässe vorliegen und diese nicht durch andere, wirtschaftlich zumutbare Maßnahmen beseitigt werden können,
5. Leitungen zur Netzanbindung von Offshore-Anlagen nach § 17d Absatz 1 und § 43 Satz 1 Nr. 3 des Energiewirtschaftsgesetzes,
6. Erweiterungsinvestitionen zur Errichtung von Hochspannungsleitungen auf neuen Trassen mit einer Nennspannung von 110 Kilovolt als Erdkabel, soweit die Gesamtkosten für Errichtung und Betrieb des Erdkabels die Gesamtkosten der technisch vergleichbaren Freileitung den Faktor 2,75 nicht überschreiten und noch kein Planfeststellungs- oder Plangenehmigungsverfahren für die Errichtung einer Freileitung eingeleitet wurde, sowie Erdkabel nach § 43 Satz 3 des Energiewirtschaftsgesetzes und § 2 Abs. 1 des Energieleitungsausbaugesetzes,
7. grundlegende, mit erheblichen Kosten verbundene Umstrukturierungsmaßnahmen, die erforderlich sind, um die technischen Standards zur Gewährleistung der technischen Sicherheit des Netzes umzusetzen, die auf Grund einer behördlichen Anordnung nach § 49 Abs. 5 des Energiewirtschaftsgesetzes erforderlich werden oder deren Notwendigkeit von der nach Landesrecht zuständigen Behörde bestätigt wird,
8. den Einsatz des Leiterseil-Temperaturmonitorings und von Hochtemperatur-Leiterseilen oder
9. Hochspannungsgleichstrom-Übertragungssysteme zum Ausbau der Stromübertragungskapazitäten und neue grenzüberschreitende Hochspannungsgleichstrom-Verbindungsleitungen jeweils als Pilotprojekte, die im Rahmen der Ausbauplanung für einen effizienten Netzbetrieb erforderlich sind.

Als Kosten einer genehmigten Investitionsmaßnahme können Betriebs- und Kapitalkosten geltend gemacht werden. Als Betriebskosten können jährlich pauschal 0,8 Prozent der für die Investitionsmaßnahme ansetzbaren Anschaffungs- und Herstellungskosten geltend gemacht werden, soweit die Bundesnetzagentur nicht gemäß § 32 Absatz 1 Nummer 8a für bestimmte Anlagegüter etwas Abweichendes festgelegt hat.

(2) Erlöse aus dem Engpassmanagement nach Artikel 16 der Verordnung (EG) Nr. 714/2009 oder nach § 15 der Stromnetzzugangsverordnung, soweit diese für Maßnahmen zur Beseitigung von Engpässen nach Artikel 16 Abs. 6 Buchstabe b der Verordnung (EG) Nr. 714/2009 oder § 15 Abs. 3 Satz 1 der Stromnetzzugangsverordnung verwendet werden, sind bei der Ermittlung der aus genehmigten Investitionsmaßnahmen resultierenden Kosten in Abzug zu bringen. Satz 1 gilt entsprechend für Erlöse aus dem Engpassmanagement nach Artikel 16 der Verordnung (EG) Nr. 715/2009 (ABl. L 211 vom 14.8.2009, S. 36) oder § 17 Absatz 4 der Gasnetzzugangsverordnung, soweit diese für Maßnahmen zur Beseitigung von Engpässen nach Artikel 16 der Verordnung (EG) Nr. 715/2009 (ABl. L 211 vom 14.8.2009, S. 36) oder § 17 Absatz 4 der Gasnetzzugangsverordnung verwendet werden.

(2a) Die in den letzten drei Jahren der Genehmigungsdauer der Investitionsmaßnahme entstandenen Betriebs- und Kapitalkosten, die auf Grund der Regelung nach § 4 Absatz 3 Satz 1 Nummer 2 sowohl im

# Anlage § 021a–01
Zu § 21a Energiewirtschaftsgesetz

Rahmen der genehmigten Investitionsmaßnahme als auch in der Erlösobergrenze gemäß § 4 Absatz 1 der folgenden Regulierungsperiode berücksichtigt werden, sind als Abzugsbetrag zu berücksichtigen. Die Betriebs- und Kapitalkosten nach Satz 1 sind bis zum Ende der Genehmigungsdauer aufzuzinsen. Für die Verzinsung gilt § 5 Absatz 2 Satz 3 entsprechend. Die Auflösung des nach den Sätzen 1 bis 3 ermittelten Abzugsbetrags erfolgt gleichmäßig über 20 Jahre, beginnend mit dem Jahr nach Ablauf der Genehmigungsdauer der Investitionsmaßnahme.

(3) Der Antrag auf Genehmigung von Investitionsmaßnahmen ist spätestens neun Monate vor Beginn des Kalenderjahres, in dem die Investition erstmals ganz oder teilweise kostenwirksam werden soll, bei der Bundesnetzagentur zu stellen. Der Antrag muss eine Analyse des nach Absatz 1 ermittelten Investitionsbedarfs enthalten. Diese soll insbesondere auf Grundlage der Angaben der Übertragungsnetzbetreiber in den Netzzustands- und Netzausbauberichten nach § 12 Abs. 3a des Energiewirtschaftsgesetzes erstellt werden; bei Fernleitungsnetzbetreibern soll der Antrag entsprechende Angaben enthalten. Der Antrag hat Angaben zu enthalten, ab wann, in welcher Höhe und für welchen Zeitraum die Investitionen erfolgen und kostenwirksam werden sollen. Der Zeitraum der Kostenwirksamkeit muss sich hierbei an der betriebsgewöhnlichen Nutzungsdauer der jeweiligen Anlagengruppe orientieren. Die betriebsgewöhnlichen Nutzungsdauern der jeweiligen Anlagengruppen ergeben sich aus Anlage 1 der Gasnetzentgeltverordnung und Anlage 1 der Stromnetzentgeltverordnung. Der Antrag kann für mehrere Regulierungsperioden gestellt werden. Die Angaben im Antrag müssen einen sachkundigen Dritten in die Lage versetzen, ohne weitere Informationen das Vorliegen der Genehmigungsvoraussetzungen prüfen und eine Entscheidung treffen zu können.

(4) Bei der Prüfung der Voraussetzungen nach Absatz 1 sollen Referenznetzanalysen nach § 22 Abs. 2 Satz 3 angewendet werden, die dem Stand der Wissenschaft entsprechen; die Erstellung der Referenznetze erfolgt auf der Grundlage der bestehenden Netze.

(5) Die Genehmigung ist mit einem Widerrufsvorbehalt für den Fall zu versehen, dass die Investition nicht der Genehmigung entsprechend durchgeführt wird. Sie kann mit weiteren Nebenbestimmungen versehen werden. Insbesondere können durch Nebenbestimmungen finanzielle Anreize geschaffen werden, die Kosten der genehmigten Investitionsmaßnahme zu unterschreiten.

(6) Betreibern von Verteilernetzen können Investitionsmaßnahmen durch die Regulierungsbehörde für solche Erweiterungs- und Umstrukturierungsinvestitionen genehmigt werden, die durch die Integration von Anlagen nach dem Erneuerbare-Energien-Gesetz oder dem Kraft-Wärme-Kopplungsgesetz, zur Durchführung von Maßnahmen im Sinne des Absatzes 1 Satz 2 Nr. 6 bis 8 sowie für Netzausbaumaßnahmen, die dem Anschluss von Stromerzeugungsanlagen im Sinne des § 17 Abs. 1 des Energiewirtschaftsgesetzes dienen, notwendig werden und die nicht den Erweiterungsfaktor nach § 10 berücksichtigt werden. Investitionsmaßnahmen nach Satz 1 sind nur für solche Maßnahmen zu genehmigen, die mit erheblichen Kosten verbunden sind. Von erheblichen Kosten nach Satz 2 ist in der Regel auszugehen, wenn sich durch die Investitionsmaßnahmen eines Netzbetreibers nach Satz 1 oder Absatz 7 dessen Gesamtkosten nach Abzug der dauerhaft nicht beeinflussbaren Kostenanteile um mindestens 0,5 Prozent erhöhen. Absatz 1 Satz 3 und 4 sowie die Absätze 2a bis 5 gelten entsprechend.

(7) Betreibern von Verteilernetzen können Investitionsmaßnahmen durch die Regulierungsbehörde auch für Erweiterungs- und Umstrukturierungsinvestitionen in die Hochspannungsebene genehmigt werden, soweit diese Investitionen zur Stabilität des Gesamtsystems, für die Einbindung in das nationale oder internationale Verbundnetz oder für einen bedarfsgerechten Ausbau des Energieversorgungsnetzes nach § 11 des Energiewirtschaftsgesetzes notwendig sind. Absatz 1 Satz 3 und 4 sowie die Absätze 2a bis 5 sind entsprechend anzuwenden.

## Abschnitt 2
### Besondere Vorschriften für kleine Netzbetreiber

### § 24 Vereinfachtes Verfahren

(1) Netzbetreiber, an deren Gasverteilernetz weniger als 15.000 Kunden oder an deren Elektrizitätsverteilernetz weniger als 30.000 Kunden unmittelbar oder mittelbar angeschlossen sind, können bezüglich des jeweiligen Netzes statt des Effizienzvergleichs zur Ermittlung von Effizienzwerten nach den §§ 12 bis 14 die Teilnahme an dem vereinfachten Verfahren nach Maßgabe des Absatzes 2 wählen.

(2) Für die Teilnehmer am vereinfachten Verfahren beträgt der Effizienzwert in der ersten Regulierungsperiode 87,5 Prozent. Ab der zweiten Regulierungsperiode wird der Effizienzwert als gewichteter durchschnittlicher Wert aller in dem bundesweiten Effizienzvergleich nach den §§ 12 bis 14 für die vorangegangene Regulierungsperiode ermittelten und nach § 15 Abs. 1 bereinigten Effizienzwerte (gemittelter Effizienzwert) gebildet. Im vereinfachten Verfahren gelten 45 Prozent der nach § 14 Abs. 1 Nr. 1 ermittelten Gesamtkosten als dauerhaft nicht beeinflussbare Kostenanteile nach § 11 Abs. 2. Bei der

Ermittlung der Gesamtkosten bleiben die Konzessionsabgabe und der Zuschlag aus dem Kraft-Wärme-Kopplungsgesetz unberücksichtigt. Die Bundesnetzagentur übermittelt den Landesregulierungsbehörden die von ihr nach Satz 2 ermittelten Werte. Die Landesregulierungsbehörden ermitteln einen gemittelten Effizienzwert nach Maßgabe des Satzes 2, soweit sie nicht die von der Bundesnetzagentur ermittelten Werte verwenden.

(3) § 4 Abs. 3 Satz 1 Nr. 2 mit Ausnahme von § 4 Abs. 3 Satz 1 Nr. 2 in Verbindung mit § 11 Abs. 2 Satz 1 Nr. 4, 5 und 8, § 15 Abs. 1 und 2 sowie die §§ 19, 21, 23 Abs. 6 und § 25 finden im vereinfachten Verfahren keine Anwendung.

(4) Netzbetreiber, die an dem vereinfachten Verfahren teilnehmen wollen, haben dies bei der Regulierungsbehörde jeweils bis zum 30. Juni des vorletzten der Regulierungsperiode vorangehenden Kalenderjahres zu beantragen; abweichend hiervon ist der Antrag für die erste Regulierungsperiode zum 15. Dezember 2007 zu stellen. Der Antrag nach Satz 1 muss die notwendigen Angaben zum Vorliegen der Voraussetzungen des Absatzes 1 enthalten. Die Regulierungsbehörde genehmigt die Teilnahme am vereinfachten Verfahren innerhalb von vier Wochen nach Eingang des vollständigen Antrags, wenn die Voraussetzungen des Absatzes 1 vorliegen. Der Netzbetreiber ist an das gewählte Verfahren für die Dauer einer Regulierungsperiode gebunden. Die Regulierungsbehörde veröffentlicht den von ihr nach Absatz 2 ermittelten gemittelten Effizienzwert spätestens zum 1. Januar des vorletzten der Regulierungsperiode vorangehenden Kalenderjahres. Die Bundesnetzagentur ist über die Entscheidung über den Antrag durch die Landesregulierungsbehörde zu unterrichten.

### Abschnitt 3
### Pauschalierter Investitionszuschlag, Forschungs- und Entwicklungskosten

### § 25 Pauschalierter Investitionszuschlag

(1) In die Erlösobergrenze ist vor Beginn der Regulierungsperiode bei der Festlegung nach § 32 Abs. 1 Nr. 1 auf Verlangen des Netzbetreibers ein pauschalierter Investitionszuschlag nach Maßgabe der Absätze 2 bis 5 einzubeziehen.

(2) Der pauschalierte Investitionszuschlag darf pro Kalenderjahr 1 Prozent der nach § 14 Abs. 1 Nr. 3 in Verbindung mit Abs. 2 bestimmten Kapitalkosten nicht überschreiten.

(3) Lagen die Kapitalkosten aus den tatsächlich erfolgten Investitionen des Netzbetreibers nach § 28 Nr. 7 zweiter Halbsatz, unter Anwendung des § 14 Abs. 1 Nr. 3 in Verbindung mit Abs. 2, in der Regulierungsperiode pro jeweiligem Kalenderjahr unter dem Wert nach Absatz 2, so erfolgt in der folgenden Regulierungsperiode ein Ausgleich der Differenz. § 5 Abs. 4 Satz 2 bis 4 und § 34 Abs. 2 gelten entsprechend. Lagen die Kapitalkosten nach Satz 1 über dem Wert nach Absatz 2, findet kein Ausgleich statt.

(4) Das Verlangen nach Absatz 1 ist vom Netzbetreiber zum 31. März des der Regulierungsperiode vorangehenden Kalenderjahres bei der Regulierungsbehörde geltend zu machen.

(5) Die Absätze 1 bis 4 finden auf Betreiber von Übertragungs- und Fernleitungsnetzen keine Anwendung.

### § 25a Forschungs- und Entwicklungskosten

(1) Auf Antrag des Netzbetreibers ist von der Regulierungsbehörde ein Zuschlag für Kosten aus Forschung und Entwicklung in die Erlösobergrenze für das jeweilige Kalenderjahr einzubeziehen. Der einzubeziehende Zuschlag beträgt 50 Prozent der nach Absatz 2 berücksichtigungsfähigen Kosten des nicht öffentlich geförderten Anteils der Gesamtkosten des Forschungs- und Entwicklungsvorhabens, wie er sich aufgrund entsprechender Kostennachweise des Netzbetreibers ergibt.

(2) Berücksichtigungsfähig sind ausschließlich Kosten aufgrund eines Forschungs- und Entwicklungsvorhabens im Rahmen der staatlichen Energieforschungsförderung, das durch zuständige Behörde eines Landes oder des Bundes, insbesondere des Bundesministeriums für Wirtschaft und Technologie, des Bundesministeriums für Umwelt, Naturschutz und Reaktorsicherheit oder des Bundesministeriums für Bildung und Forschung bewilligt wurde und fachlich betreut wird. Kosten für Forschungs- und Entwicklungsvorhaben, die bereits bei der Bestimmung des Ausgangsniveaus der Erlösobergrenzen nach § 6 oder als Teil einer Investitionsmaßnahme nach § 23 berücksichtigt wurden, sind nicht berücksichtigungsfähig.

(3) Der Antrag gemäß Absatz 1 ist rechtzeitig vor Beginn des Kalenderjahres, für das die Aufwendungen für das jeweilige Forschungs- und Entwicklungsvorhaben in der Erlösobergrenze in Ansatz gebracht werden sollen, bei der Regulierungsbehörde zu stellen. Der Antrag kann für mehrere Regulierungsperioden gestellt werden. Die Angaben im Antrag müssen einen sachkundigen Dritten in die Lage ver-

setzen, ohne weitere Informationen das Vorliegen der Genehmigungsvoraussetzungen zu prüfen und eine Entscheidung treffen zu können.

(4) Die Genehmigung ist zu befristen. Die Genehmigung ist mit einem Widerrufsvorbehalt für den Fall zu versehen, dass die nach Absatz 1 in der Erlösobergrenze berücksichtigten Kosten nicht entsprechend den Vorgaben des Bewilligungsbescheides verwendet wurden, in ihrer Höhe von den im Bescheid über die Prüfung des Verwendungsnachweises oder im Bescheid über die Preisprüfung festgestellten, tatsächlich verwendeten, Forschungsmitteln abweichen oder nachweisbar nicht im Zusammenhang mit dem Forschungs- und Entwicklungsvorhaben stehen. Die Genehmigung kann mit weiteren Nebenbestimmungen versehen werden.

(5) Nach Abschluss des Forschungs- und Entwicklungsvorhabens hat der Netzbetreiber den Bescheid über die Prüfung des Verwendungsnachweises und, sofern eine Preisprüfung erfolgt, den dazu von der für die fachliche und administrative Prüfung des Projekts zuständigen Behörde ausgestellten Bescheid bei der Regulierungsbehörde vorzulegen.

## Abschnitt 4
### Übergang von Netzen, Netzzusammenschlüsse und -aufspaltungen

### § 26 Übergang von Netzen, Netzzusammenschlüsse und -aufspaltungen

(1) Wird ein Energieversorgungsnetz oder werden mehrere Energieversorgungsnetze, für das oder die jeweils eine oder mehrere Erlösobergrenzen nach § 32 Abs. 1 Nr. 1 festgelegt sind, vollständig von einem Netzbetreiber auf einen anderen Netzbetreiber übertragen, so geht die Erlösobergrenze oder gehen die Erlösobergrenzen insgesamt auf den übernehmenden Netzbetreiber über. Satz 1 gilt entsprechend bei Zusammenschlüssen von mehreren Energieversorgungsnetzen.

(2) Bei einem teilweisen Übergang eines Energieversorgungsnetzes auf einen anderen Netzbetreiber und bei Netzaufspaltungen sind die Erlösobergrenzen auf Antrag der beteiligten Netzbetreiber nach § 32 Abs. 1 Nr. 1 neu festzulegen. Im Antrag ist anzugeben und zu begründen, welcher Erlösanteil dem übergehenden und dem verbleibenden Netzteil zuzurechnen ist. Die Summe beider Erlösanteile darf die für dieses Netz insgesamt festgelegte Erlösobergrenze nicht überschreiten.

## Teil 4
### Sonstige Bestimmungen

### § 27 Datenerhebung

(1) Die Regulierungsbehörde ermittelt die zur Bestimmung der Erlösobergrenzen nach Teil 2 und 3 notwendigen Tatsachen. Hierzu erhebt sie bei den Netzbetreibern die notwendigen Daten

1. zur Durchführung der Kostenprüfung nach § 6,
2. zur Ermittlung des generellen sektoralen Produktivitätsfaktors nach § 9,
3. zur Ermittlung der Effizienzwerte nach den §§ 12 bis 14,
4. zur Bestimmung des Qualitätselements nach § 19 und
5. zur Durchführung der Effizienzvergleiche und relativen Referenznetzanalysen für Betreiber von Übertragungs- und Fernleitungsnetzen nach § 22;

die Netzbetreiber sind insoweit zur Auskunft verpflichtet. Im Übrigen ermittelt sie insbesondere die erforderlichen Tatsachen

1. zur Anpassung der Erlösobergrenze nach § 4 Abs. 4,
2. zur Ausgestaltung des Erweiterungsfaktors nach § 10,
3. zur Ermittlung der bereinigten Effizienzwerte nach § 15 und der individuellen Effizienzvorgaben nach § 16,
4. zu den Anforderungen an die Berichte nach § 21 und
5. zur Genehmigung von Investitionsmaßnahmen nach § 23.

(2) Die Bundesnetzagentur kann darüber hinaus die zur Evaluierung des Anreizregulierungssystems und zur Erstellung der Berichte nach § 33 notwendigen Daten erheben.

### § 28 Mitteilungspflichten

Die Netzbetreiber teilen der Regulierungsbehörde mit

1. die Anpassungen der Erlösobergrenzen nach § 4 Abs. 3 sowie die den Anpassungen zugrunde liegenden Änderungen von nicht beeinflussbaren Kostenanteilen nach § 4 Abs. 3 Satz 1 Nr. 2 und die

den Anpassungen zugrunde liegenden Änderungen von Kostenanteilen nach § 4 Absatz 3 Satz 1 Nummer 3, jeweils zum 1. Januar des Kalenderjahres;

2. die zur Führung des Regulierungskontos nach § 5 notwendigen Daten, insbesondere die nach § 4 zulässigen und die tatsächlich erzielten Erlöse des abgelaufenen Kalenderjahres, jeweils zum 30. Juni des darauf folgenden Kalenderjahres,

3. die zur Überprüfung der Netzentgelte nach § 17 notwendigen Daten, insbesondere die in dem Bericht nach § 28 in Verbindung mit § 16 Abs. 2 der Gasnetzentgeltverordnung und § 28 in Verbindung mit § 20 Abs. 2 der Stromnetzentgeltverordnung enthaltenen Daten,

4. die Anpassung der Netzentgelte auf Grund von geänderten Erlösobergrenzen nach § 17 Abs. 2 jährlich zum 1. Januar,

5. Abweichungen von den Kennzahlenvorgaben nach den §§ 19 und 20,

6. Angaben dazu, inwieweit die den Investitionsmaßnahmen nach § 23 zugrunde liegenden Investitionen tatsächlich durchgeführt und kostenwirksam werden sollen, sowie die entsprechende Anpassung der Erlösobergrenze nach § 4 Absatz 3 Satz 1 Nummer 2 und inwieweit die den Investitionsmaßnahmen nach § 23 zugrunde liegenden Investitionen im Vorjahr tatsächlich durchgeführt wurden und kostenwirksam geworden sind, jeweils jährlich zum 1. Januar eines Kalenderjahres,

7. die Differenz nach § 25 Abs. 3 Satz 1; außerdem eine für einen sachkundigen Dritten nachvollziehbare Darstellung der in der Regulierungsperiode zur Ausschöpfung des beantragten pauschalierten Investitionszuschlags tatsächlich erfolgten Investitionen und ihrer Kostenwirksamkeit und

8. den Übergang von Netzen, Netzzusammenschlüsse und -aufspaltungen nach § 26, insbesondere den Übergang oder die Addition von Erlösobergrenzen nach § 26 Abs. 1.

## § 29 Übermittlung von Daten

(1) Die Bundesnetzagentur und die Landesregulierungsbehörden übermitteln einander die zur Durchführung ihrer Aufgaben nach den Vorschriften dieser Verordnung notwendigen Daten einschließlich personenbezogener Daten und Betriebs- und Geschäftsgeheimnisse. Insbesondere übermitteln die Landesregulierungsbehörden der Bundesnetzagentur die nach § 14 Abs. 1 Nr. 1 in Verbindung mit § 6 ermittelten Gesamtkosten zur Durchführung des bundesweiten Effizienzvergleichs nach § 12 bis zum 31. März des der Regulierungsperiode vorangehenden Kalenderjahres. Liegen die Daten nach Satz 2 nicht rechtzeitig vor, so führt die Bundesnetzagentur den bundesweiten Effizienzvergleich ausschließlich mit den vorhandenen Daten durch.

(2) Die Bundesnetzagentur übermittelt die von ihr nach § 27 Abs. 1 und 2 erhobenen und die ihr nach Absatz 1 übermittelten Daten auf Ersuchen den Landesregulierungsbehörden, soweit dies zur Erfüllung von deren Aufgaben erforderlich ist. Die Bundesnetzagentur erstellt mit den von ihr nach § 27 Abs. 1 und 2 erhobenen und mit den nach Absatz 1 durch die Landesregulierungsbehörden übermittelten Daten eine bundesweite Datenbank. Die Landesregulierungsbehörden haben Zugriff auf diese Datenbank. Der Zugriff beschränkt sich auf die Daten, die zur Aufgabenerfüllung der Landesregulierungsbehörden erforderlich sind.

## § 30 Fehlende oder unzureichende Daten

Soweit die für die Bestimmung der Erlösobergrenze nach § 4 Abs. 1, insbesondere für die Anwendung der Regulierungsformel nach § 7 und zur Durchführung des Effizienzvergleichs nach den §§ 12 bis 14 notwendigen Daten vor Beginn der Regulierungsperiode nicht rechtzeitig vorliegen, können die Daten für das letzte verfügbare Kalenderjahr verwendet werden. Soweit keine oder offenkundig unzutreffende Daten vorliegen, kann die Regulierungsbehörde die fehlenden Daten durch Schätzung oder durch eine Referenznetzanalyse unter Verwendung von bei der Regulierungsbehörde vorhandenen oder ihr bekannten Daten bestimmen. § 12 Abs. 4 Satz 2 und § 14 Abs. 3 Satz 4 und 5 bleiben unberührt.

## § 31 Veröffentlichung von Daten

(1) Die Regulierungsbehörde veröffentlicht die nach den §§ 12 bis 15 ermittelten Effizienzwerte netzbetreiberbezogen in nicht anonymisierter Form in ihrem Amtsblatt und auf ihrer Internetseite. Sie veröffentlicht weiterhin den nach § 9 ermittelten generellen sektoralen Produktivitätsfaktor, die nach §§ 19 und 20 ermittelten Kennzahlenvorgaben sowie die Abweichungen der Netzbetreiber von diesen Vorgaben und den nach § 24 ermittelten gemittelten Effizienzwert.

(2) Die Bundesnetzagentur veröffentlicht in nicht anonymisierter Form die nach § 22 ermittelten Effizienzwerte in ihrem Amtsblatt und auf ihrer Internetseite.

(3) Eine Veröffentlichung von Betriebs- und Geschäftsgeheimnissen erfolgt nicht.

# Anlage § 021a–01

Zu § 21a Energiewirtschaftsgesetz

## § 32 Festlegungen oder Genehmigungen der Regulierungsbehörde

(1) Zur Verwirklichung eines effizienten Netzzugangs und der in § 1 Abs. 1 des Energiewirtschaftsgesetzes genannten Zwecke kann die Regulierungsbehörde Entscheidungen durch Festlegungen oder Genehmigungen nach § 29 Abs. 1 des Energiewirtschaftsgesetzes treffen

1. zu den Erlösobergrenzen nach § 4, insbesondere zur Bestimmung der Höhe nach § 4 Abs. 1 und 2, zur Anpassung nach Abs. 3 bis 5, zu Form und Inhalt der Anträge auf Anpassung nach Abs. 4,
2. zu Ausgestaltung und Ausgleich des Regulierungskontos nach § 5,
3. zur Verwendung anderer Parameter zur Ermittlung des Erweiterungsfaktors nach § 10 Abs. 2 Satz 2 Nr. 4,
4. zu den Bereichen, die nach § 11 Abs. 2 Satz 2 bis 4 einer wirksamen Verfahrensregulierung unterliegen; die Festlegung erfolgt für die Dauer der gesamten Regulierungsperiode,
4a. zu volatilen Kostenanteilen gemäß § 11 Absatz 5, insbesondere zum Verfahren, mit dem den Netzbetreibern oder einer Gruppe von Netzbetreibern Anreize gesetzt werden, die gewährleisten, dass volatile Kostenanteile nur in effizientem Umfang in der Erlösobergrenze berücksichtigt werden, sowie zu den Voraussetzungen, unter denen Kostenanteile als volatile Kostenanteile im Sinne des § 11 Absatz 5 gelten,
4b. zu der Geltendmachung der Kosten nach § 10 Absatz 1 der Systemstabilitätsverordnung gemäß § 11 Absatz 2 Satz 1 Nummer 5, einschließlich der Verpflichtung zur Anpassung pauschaler Kostensätze,
5. zur Durchführung einer Vergleichbarkeitsrechnung nach § 14 Abs. 1 Nr. 3,
6. über den Beginn der Anwendung, die nähere Ausgestaltung und das Verfahren der Bestimmung des Qualitätselements nach den §§ 19 und 20,
7. zu formeller Gestaltung, Inhalt und Struktur des Berichts zum Investitionsverhalten nach § 21,
8. zu Investitionsmaßnahmen nach § 23, einschließlich der formellen Gestaltung, Inhalt und Struktur des Antrags sowie zu finanziellen Anreizen nach § 23 Abs. 5 Satz 3, wobei auch die Zusammenfassung von Vorhaben verlangt werden kann, sowie zur Durchführung, näheren Ausgestaltung und zum Verfahren der Referenznetzanalyse,
8a. zur Berechnung der sich aus genehmigten Investitionsmaßnahmen ergebenden Kapital- und Betriebskosten sowie zu einer von § 23 Absatz 1 Satz 3 abweichenden Höhe der Betriebskostenpauschale für bestimmte Anlagegüter, soweit dies erforderlich ist, um strukturelle Besonderheiten von Investitionen, für die Investitionsmaßnahmen genehmigt werden können, angemessen zu berücksichtigen,
9. zur Teilnahme am vereinfachten Verfahren nach § 24 und zu Umfang, Zeitpunkt und Form des Antrags nach § 24 Abs. 4,
9a. zu formeller Gestaltung, Inhalt und Struktur des Antrags sowie zum Zeitpunkt der Stellung des Antrags nach § 25a Absatz 1,
10. zu formeller Gestaltung, Inhalt und Struktur des Antrags nach § 26 Abs. 2 und
11. zu Umfang, Zeitpunkt und Form der nach den §§ 27 und 28 zu erhebenden und mitzuteilenden Daten, insbesondere zu den zulässigen Datenträgern und Übertragungswegen.

(2) Die Bundesnetzagentur kann ferner Festlegungen treffen zur Durchführung, näheren Ausgestaltung und zu den Verfahren des Effizienzvergleichs und der relativen Referenznetzanalyse für Betreiber von Übertragungs- und Fernleitungsnetzen nach § 22.

## § 33 Evaluierung und Berichte der Bundesnetzagentur

(1) Die Bundesnetzagentur legt dem Bundesministerium für Wirtschaft und Technologie zum 31. Dezember 2014 einen Bericht mit einer Evaluierung und Vorschlägen zur weiteren Ausgestaltung der Anreizregulierung vor. Der Bericht enthält Angaben zur Entwicklung des Investitionsverhaltens der Netzbetreiber und zur Notwendigkeit weiterer Maßnahmen zur Vermeidung von Investitionshemmnissen. Sie kann im Rahmen der Evaluierung insbesondere Vorschläge machen

1. zur Verwendung weiterer als der in Anlage 3 aufgeführten Vergleichsmethoden und zu ihrer sachgerechten Kombination,
2. zur Verwendung monetär bewerteter Kennzahlen der Netzzuverlässigkeit als Aufwandsparameter im Effizienzvergleich,
3. zur Vermeidung von Investitionshemmnissen und
4. zu einem neuen oder weiterentwickelten Konzept für eine Anreizregulierung.

(2) Die Bundesnetzagentur soll den Bericht nach Absatz 1 unter Beteiligung der Länder, der Wissenschaft und der betroffenen Wirtschaftskreise erstellen sowie internationale Erfahrungen mit Anreizregulierungssystemen berücksichtigen. Sie gibt den betroffenen Wirtschaftskreisen Gelegenheit zur Stellungnahme und veröffentlicht die erhaltenen Stellungnahmen im Internet.

(3) Zwei Jahre vor Beginn der zweiten Regulierungsperiode legt die Bundesnetzagentur einen Bericht zu Notwendigkeit, Zweckdienlichkeit, Inhalt und Umfang eines technisch-wirtschaftlichen Anlagenregisters nach § 32 Abs. 1 Nr. 5 vor. Ein Jahr vor Beginn der zweiten Regulierungsperiode legt sie einen Bericht zur Berücksichtigung von Kennzahlen nach § 20 Abs. 5 sowie von Kennzahlen zur Berücksichtigung der Vorsorge für eine langfristige Sicherung der Netzqualität im Rahmen des Qualitätselements vor. Sie hat zur Erstellung dieser Berichte die Vertreter von Wirtschaft und Verbrauchern zu hören sowie internationale Erfahrungen zu berücksichtigen.

(4) (weggefallen)

## Teil 5

### Schlussvorschriften

### § 34 Übergangsregelungen

(1) Mehr- oder Mindererlöse nach § 10 der Gasnetzentgeltverordnung oder § 11 der Stromnetzentgeltverordnung werden in der ersten Regulierungsperiode als Kosten oder Erlöse nach § 11 Abs. 2 behandelt. Der Ausgleich dieser Mehr- oder Mindererlöse erfolgt entsprechend § 10 der Gasnetzentgeltverordnung und § 11 der Stromnetzentgeltverordnung über die erste Regulierungsperiode verteilt. Die Verzinsung dieser Mehr- oder Mindererlöse erfolgt entsprechend § 10 der Gasnetzentgeltverordnung und § 11 der Stromnetzentgeltverordnung.

(1a) Absatz 1 gilt im vereinfachten Verfahren nach § 24 entsprechend.

(1b) Abweichend von § 3 Abs. 2 beträgt die Dauer der ersten Regulierungsperiode für Gas vier Jahre. Die Netzentgelte der Gasnetzbetreiber werden unter anteiliger Berücksichtigung der Effizienzvorgaben für die erste Regulierungsperiode bestimmt.

(2) Abweichend von § 5 Abs. 4 ermittelt die Regulierungsbehörde im letzten Jahr der ersten Regulierungsperiode für Gas den Saldo des Regulierungskontos für die ersten drei, für Strom für die ersten vier Kalenderjahre der ersten Regulierungsperiode.

(3) § 6 findet bei Netzbetreibern, welche die Teilnahme am vereinfachten Verfahren nach § 24 wählen, vor der ersten Regulierungsperiode keine Anwendung, soweit die Netzbetreiber im Rahmen der Genehmigung der Netzentgelte nach § 6 Abs. 2 keine Erhöhung der Netzentgelte auf der Datengrundlage des Jahres 2006 beantragt haben. In diesem Fall ergibt sich das Ausgangsniveau für die Bestimmung der Erlösobergrenzen aus den Kosten, die im Rahmen der letzten Genehmigung der Netzentgelte nach § 23a des Energiewirtschaftsgesetzes anerkannt worden sind. Diese sind für die Jahre 2005 und 2006 um einen jährlichen Inflationsfaktor in Höhe von 1,7 Prozent anzupassen. Wurde die letzte Genehmigung auf der Datengrundlage des Jahres 2005 erteilt, erfolgt nur eine Anpassung um einen Inflationsfaktor in Höhe von 1,7 Prozent für das Jahr 2006.

(3a) Abweichend von § 24 Abs. 2 Satz 3 gelten hinsichtlich der Betreiber von Gasverteilernetzen im vereinfachten Verfahren 20 Prozent der nach § 14 Abs. 1 Nr. 1 ermittelten Gesamtkosten als dauerhaft nicht beeinflussbare Kostenanteile, solange keine Kostenwälzung aus vorgelagerten Netzebenen erfolgt.

(4) § 25 ist nur bis zum 31. Dezember 2013 anzuwenden. § 4 Absatz 3 Satz 3 ist nur in der ersten Regulierungsperiode anzuwenden.

(5) Netzentgelte der Betreiber überregionaler Fernleitungsnetze, die nach einer Anordnung der Bundesnetzagentur im Sinne des § 3 Abs. 3 Satz 4 der Gasnetzentgeltverordnung kostenorientiert gebildet werden müssen, werden in der ersten Regulierungsperiode nur im Wege der Anreizregulierung zum 1. Januar 2009 bestimmt, wenn die Anordnung der Bundesnetzagentur bis zum 1. Oktober 2007 dem Betreiber gegenüber ergangen ist. Im Falle einer späteren Anordnung werden die Netzentgelte dieser Betreiber zum 1. Januar 2010 im Wege der Anreizregulierung unter anteiliger Berücksichtigung der Effizienzvorgaben für die erste Regulierungsperiode bestimmt. § 23a Abs. 5 des Energiewirtschaftsgesetzes gilt entsprechend mit der Maßgabe, dass die Bundesnetzagentur ein Entgelt nach den Grundsätzen kostenorientierter Entgeltbildung auch dann vorläufig festsetzen kann, wenn ein Netzbetreiber die zur Bestimmung der Erlösobergrenze erforderlichen Daten nicht innerhalb einer von der Bundesnetzagentur gesetzten Frist vorlegt.

(6) Bei einer Änderung von nicht beeinflussbaren Kostenanteilen nach § 11 Absatz 2 Satz 1 Nummer 6 in der bis zum 22. März 2012 geltenden Fassung wegen Kosten und Erlösen, die in den Jahren 2010 oder 2011 entstanden sind, werden die Erlösobergrenzen nach dieser Verordnung in ihrer bis zum 22. März

# Anlage § 021a–01

Zu § 21a Energiewirtschaftsgesetz

2012 geltenden Fassung angepasst, wobei zuzüglich ein barwertneutraler Ausgleich berücksichtigt wird. Auf Investitionsbudgets, die bis zum 30. Juni 2011 gemäß § 23 Absatz 3 in der bis zum 22. März 2012 geltenden Fassung beantragt wurden und die im Jahr 2012 kostenwirksam werden sollen, findet diese Verordnung in der ab dem 22. März 2012 geltenden Fassung entsprechende Anwendung.

(7) Auf Kosten und Erlöse, die sich aus dem finanziellen Ausgleich nach § 17d Absatz 4 des Energiewirtschaftsgesetzes ergeben und die im Jahr 2012 entstehen, findet diese Verordnung in der ab dem 28. Dezember 2012 geltenden Fassung Anwendung.

## Anlage 1 (zu § 7)
(Fundstelle: BGBl. I 2011, 3035)

Die Festsetzung der Erlösobergrenze nach den §§ 4 bis 16 erfolgt in der ersten Regulierungsperiode nach der folgenden Formel:

$$EO_t = KA_{dnb,t} + (KA_{vnb,0} + (1 - V_t) \cdot KA_{b,0}) \cdot (VPI_t / VPI_0 - PF_t) \cdot EF_t + Q_t + (VK_t - VK_0).$$

Ab der zweiten Regulierungsperiode erfolgt die Festsetzung der Erlösobergrenze nach den §§ 4 bis 16 nach der folgenden Formel:

$$EO_t = KA_{dnb,t} + (KA_{vnb,0} + (1 - V_t) \cdot KA_{b,0}) \cdot (VPI_t / VPI_0 - PF_t) \cdot EF_t + Q_t + (VK_t - VK_0) + S_t.$$

Dabei ist:

$EO_t$ Erlösobergrenze aus Netzentgelten, die im Jahr t der jeweiligen Regulierungsperiode nach Maßgabe des § 4 Anwendung findet.

$KA_{dnb,t}$ Dauerhaft nicht beeinflussbarer Kostenanteil nach § 11 Absatz 2, der für das Jahr t der jeweiligen Regulierungsperiode unter Berücksichtigung der Änderungen nach § 4 Absatz 3 Satz 1 Nummer 2 Anwendung findet.

$KA_{vnb,0}$ Vorübergehend nicht beeinflussbarer Kostenanteil nach § 11 Absatz 3 im Basisjahr.

$V_t$ Verteilungsfaktor für den Abbau der Ineffizienzen, der im Jahr t der jeweiligen Regulierungsperiode nach Maßgabe des § 16 Anwendung findet.

$KA_{b,0}$ Beeinflussbarer Kostenanteil nach § 11 Absatz 4 im Basisjahr. Er entspricht den Ineffizienzen nach § 15 Absatz 3.

$VPI_t$ Verbraucherpreisgesamtindex, der nach Maßgabe des § 8 Satz 2 für das Jahr t der jeweiligen Regulierungsperiode Anwendung findet.

$VPI_0$ Durch das Statistische Bundesamt veröffentlichter Verbraucherpreisgesamtindex für das Basisjahr.

$PF_t$ Genereller sektoraler Produktivitätsfaktor nach Maßgabe des § 9, der die Veränderungen des generellen sektoralen Produktivitätsfaktors für das Jahr t der jeweiligen Regulierungsperiode im Verhältnis zum ersten Jahr der Regulierungsperiode wiedergibt. In Analogie zu dem Term VPIt/VPI0 ist PFt dabei durch Multiplikation der einzelnen Jahreswerte einer Regulierungsperiode zu bilden.

$EF_t$. Erweiterungsfaktor nach Maßgabe des § 10 für das Jahr t der jeweiligen Regulierungsperiode.

$Q_t$ Zu- und Abschläge auf die Erlösobergrenze nach Maßgabe des § 19 im Jahr t der jeweiligen Regulierungsperiode.

$S_t$ Im letzten Jahr einer Regulierungsperiode wird nach Maßgabe des § 5 Absatz 4 der Saldo (S) des Regulierungskontos inklusive Zinsen ermittelt. Da nach § 5 Absatz 4 Satz 2 der Ausgleich des Saldos
  durch gleichmäßig über die folgende Regulierungsperiode verteilte Zu- oder Abschläge zu erfolgen hat, wird im Jahr t jeweils 1/5 des Saldos in Ansatz gebracht (St).

$VK_t$ volatiler Kostenanteil, der nach § 11 Absatz 5 im Jahr t der jeweiligen Regulierungsperiode Anwendung findet.

$VK_0$ volatiler Kostenanteil nach § 11 Absatz 5 im Basisjahr.

Das Basisjahr bestimmt sich jeweils nach Maßgabe des § 6 Absatz 1.

Zu § 21a Energiewirtschaftsgesetz **Anlage § 021a–01**

## Anlage 2 (zu § 10)

(Fundstelle: BGBl. I 2007, 2542)

Die Ermittlung eines Erweiterungsfaktors nach § 10 erfolgt nach der folgenden Formel:

Für die Spannungsebenen Mittelspannung und Niederspannung (Strom) oder die Ebene der Gesamtheit aller Leitungsnetze unabhängig von Druckstufen (Gas) ist:

$$EF_{t,\,Ebene\,i} = 1 + \frac{1}{2} \cdot \max\left(\frac{F_{t,i} - F_{0,i}}{F_{0,i}};\,0\right) + \frac{1}{2} \cdot \max\left(\frac{AP_{t,i} - AP_{0,i}}{AP_{0,i}};\,0\right)$$

Für die Umspannebenen Hochspannung/Mittelspannung und Mittelspannung/Niederspannung (Strom) oder die Ebene der Gesamtheit aller Regelanlagen unabhängig von der Druckstufe (Gas) ist:

$$EF_{t,\,Ebene\,i} = 1 + \max\left(\frac{L_{t,i} - L_{0,i}}{L_{0,i}};\,0\right)$$

Dabei ist:

$EF_{t,\,Ebene\,i}$  Erweiterungsfaktor der Ebene i im Jahr t der jeweiligen Regulierungsperiode.

$F_{t,i}$  Fläche des versorgten Gebietes der Ebene i im Jahr t der jeweiligen Regulierungsperiode.

$F_{0,i}$  Fläche des versorgten Gebietes der Ebene i im Basisjahr.

$AP_{t,i}$  Anzahl der Anschlusspunkte in der Ebene i im Jahr t der jeweiligen Regulierungsperiode.

$AP_{0,i}$  Anzahl der Anschlusspunkte in der Ebene i im Basisjahr.

$L_{t,i}$  Höhe der Last in der Ebene i im Jahr t der jeweiligen Regulierungsperiode.

$L_{0,i}$  Höhe der Last in der Ebene i im Basisjahr.

Der Erweiterungsfaktor für das gesamte Netz ist der gewichtete Mittelwert über alle Netzebenen.

## Anlage 3 (zu § 12)

( Fundstelle: BGBl I 2007, 2543 )

1. Die anzuwendenden Methoden bei der Durchführung des Effizienzvergleichs nach § 12 sind die
   a) Dateneinhüllungsanalyse (Data Envelopment Analysis – DEA) und
   b) Stochastische Effizienzgrenzenanalyse (Stochastic Frontier Analysis – SFA).

   DEA im Sinne dieser Verordnung ist eine nicht-parametrische Methode, in der die optimalen Kombinationen von Aufwand und Leistung aus einem linearen Optimierungsproblem resultieren. Durch die DEA erfolgt die Bestimmung einer Effizienzgrenze aus den Daten aller in den Effizienzvergleich einzubeziehenden Unternehmen und die Ermittlung der relativen Positionen der einzelnen Unternehmen gegenüber dieser Effizienzgrenze.

   Die SFA ist eine parametrische Methode, die einen funktionalen Zusammenhang zwischen Aufwand und Leistung in Form einer Kostenfunktion herstellt. Im Rahmen der SFA werden die Abweichungen zwischen den tatsächlichen und den regressionsanalytisch geschätzten Kosten in einen symmetrisch verteilten Störterm und eine positiv verteilte Restkomponente zerlegt. Die Restkomponente ist Ausdruck von Ineffizienz. Es wird somit von einer schiefen Verteilung der Restkomponente ausgegangen.

2. Die Effizienzgrenze wird von den Netzbetreibern mit dem besten Verhältnis zwischen netzwirtschaftlicher Leistungserbringung und Aufwand gebildet. Für Netzbetreiber, die im Effizienzvergleich als effizient ausgewiesen werden, gilt ein Effizienzwert in Höhe von 100 Prozent, für alle anderen Netzbetreiber ein entsprechend niedrigerer Wert.

3. Die Ermittlung der Effizienzwerte im Effizienzvergleich erfolgt unter Einbeziehung aller Druckstufen oder Netzebenen. Es erfolgt keine Ermittlung von Teileffizienzen für die einzelnen Druckstufen oder Netzebenen.

4. Bei der Durchführung einer DEA sind nicht-fallende Skalenerträge zu unterstellen.

5. Die Regulierungsbehörde führt für die parametrische Methode und für die nicht-parametrische Methode Analysen zur Identifikation von extremen Effizienzwerten (Ausreißern) durch, die dem Stand der Wissenschaft entsprechen müssen. Ermittelte Ausreißer in dem Sinne, dass sie eine besonders hohe Effizienz aufweisen, werden mit einem Effizienzwert von 100 Prozent festgesetzt. Ausreißer in dem Sinne, dass sie eine besonders niedrige Effizienz aufweisen, erhalten den Mindesteffizienzwert nach § 12 Abs. 4 Satz 1.

# Anlage § 021a–01

Zu § 21a Energiewirtschaftsgesetz

Bei der nicht-parametrischen Methode gilt ein Wert dann als Ausreißer, wenn er für einen überwiegenden Teil des Datensatzes als Effizienzmaßstab gelten würde. Zur Ermittlung von Ausreißern sind statistische Tests durchzuführen. Dabei ist die mittlere Effizienz aller Netzbetreiber einschließlich der potenziellen Ausreißer mit der mittleren Effizienz der Netzbetreiber zu vergleichen, die sich bei Ausschluss der potenziellen Ausreißer ergeben würde. Der dabei festgestellte Unterschied ist mit einer Vertrauenswahrscheinlichkeit von mindestens 95 Prozent zu identifizieren. Die auf diese Weise festgestellten Ausreißer sind aus dem Datensatz zu entfernen. Ergänzend ist eine Analyse der Supereffizienzwerte durchzuführen. Dabei sind diejenigen Ausreißer aus dem Datensatz zu entfernen, deren Effizienzwerte den oberen Quartilswert um mehr als den 1,5fachen Quartilsabstand übersteigen. Der Quartilsabstand ist dabei definiert als die Spannweite der zentralen 50 Prozent eines Datensatzes.

Bei der parametrischen Methode gilt ein Wert dann als Ausreißer, wenn er die Lage der ermittelten Regressionsgerade zu einem erheblichen Maß beeinflusst. Zur Ermittlung des erheblichen Einflusses sind statistische Tests durchzuführen, mit denen ein numerischer Wert für den Einfluss zu ermitteln ist. Liegt der ermittelte Wert über einem methodisch angemessenen kritischen Wert, so ist der Ausreißer aus dem Datensatz zu entfernen. Methoden, die zur Anwendung kommen können, sind insbesondere Cooks-Distance, DFBETAS, DFFITS, Covariance-Ratio oder Robuste Regression.

Zu § 19 Stromnetzentgeltverordnung      **Anlage § 019–01**

## BK4-12-1656 – sachgerechte Ermittlung Netzentgelte

Beschluss vom 5.12.2012

Quelle: Bundesnetzagentur
http://www.bundesnetzagentur.de/DE/Service-Funktionen/Beschlusskammern/
1BK-Geschaeftszeichen-Datenbank/BK4-GZ/2012/bis_1999/2012_1600bis1699/
BK4-12-1656_BKV/Festlegung_BF.pdf?__blob=publicationFile&v=2

**Beschluss**

In dem Verwaltungsverfahren nach § 29 Abs. 1 EnWG in Verbindung mit § 30 Abs. 2 Nr. 7 StromNEV hinsichtlich der Festlegung zur sachgerechten Ermittlung individueller Entgelte nach § 19 Abs. 2 S. 1 StromNEV, Verfahrensbeteiligte:

Evonik Degussa GmbH, Rellinghauser Straße 1-11, 45128 Essen,      Beigeladene 1),
Bundesverband der Energie-Abnehmer e.V., Zeißstraße 72, 30519 Hannover,      Beigeladene 2),
Vattenfall Europe Generation AG, Vom-Stein-Straße 39, 03050 Cottbus,      Beigeladene 3),

hat die Beschlusskammer 4 der Bundesnetzagentur für Elektrizität, Gas, Telekommunikation, Post und Eisenbahnen, Tulpenfeld 4, 53113 Bonn,

durch

den Vorsitzenden Dr. Frank-Peter Hansen,
den Beisitzer Rainer Busch und
den Beisitzer Mario Lamoratta

am 05.12.2012
beschlossen:

1. Alle im Bundesgebiet aktiven Betreiber von Elektrizitätsversorgungsnetzen im Sinne des § 3 Nr. 2 EnWG sind verpflichtet, die Ermittlung und Vereinbarung individueller Entgelte nach § 19 Abs. 2 S. 1 StromNEV nach Maßgabe dieser Festlegung vorzunehmen.
2. Die Vorgaben dieser Festlegung gelten für alle Genehmigungsanträge, die Netzentgeltvereinbarungen nach § 19 Abs. 2 S. 1 StromNEV mit einer Laufzeit ab dem 01.01.2013 oder später zum Gegenstand haben.
3. Die Entscheidung steht unter dem Vorbehalt des Widerrufs.

**Gründe**

**I.**

1. Die Beschlusskammer 4 hat von Amts wegen ein Verfahren nach § 29 Abs. 1 EnWG in Verbindung mit § 30 Abs. 2 Nr. 7 StromNEV zur Festlegung hinsichtlich der sachgerechten Ermittlung individueller Entgelte nach § 19 Abs. 2 S. 1 StromNEV durch Mitteilung auf der Internetseite der Bundesnetzagentur sowie im Amtsblatt der Bundesnetzagentur Nr. 18/2012 als Mitteilung Nr. 662 eingeleitet.

Zugleich hat die Beschlusskammer 4 ein Eckpunktepapier zu der beabsichtigen Festlegung auf der Internetseite der Bundesnetzagentur zur Konsultation veröffentlicht und den betroffenen Marktteilnehmern die Möglichkeit zur Abgabe von Stellungnahmen gemäß § 67 Abs. 1 EnWG bis zum 10.10.2012 gegeben.

Die Beschlusskammer löst mit dieser Festlegung den bisher als Grundlage für ihre Entscheidungspraxis geltenden „Leitfaden zur Genehmigung von individuellen Netzentgelten nach § 19 Abs. 2 S. 1 StromNEV und von Befreiungen von den Netzentgelten nach § 19 Abs. 2 S. 2 StromNEV (Stand September 2011)" (im Folgenden: Leitfaden) bezüglich des Teils, der sich auf § 19 Abs. 2 S. 1 StromNEV bezog, ab.

Insgesamt sind 45 Stellungnahmen bei der Bundesnetzagentur eingegangen. Die folgenden Netzbetreiber, Unternehmen und Verbände haben von der Möglichkeit zur Stellungnahme Gebrauch gemacht:
– badenovaNETZ GmbH,
– BDEW – Bundesverband der Energie- und Wasserwirtschaft e.V.
– bne – Bundesverband Neuer Energieanbieter e.V.

**Anlage § 019–01**     Zu § 19 Stromnetzentgeltverordnung

- E.ON Deutschland
- EEP Energieconsulting GmbH
- EGF EnergieGesellschaft Frankenberg mbH
- Energie- und Wasserversorgung Hamm GmbH
- ENOPLAN GmbH
- ENSO Netz GmbH
- EnR Energienetze Rudolstadt GmbH
- EVM Netz GmbH
- EVN Netz GmbH
- Evonik Degussa GmbH
- EWR GmbH
- Gemeindewerke Hassloch GmbH
- Kreiswerke Main-Kinzig GmbH
- Mark-E AG
- MPW – Legal & Tax GbR
- Netzgesellschaft mbH Chemnitz
- nvb GmbH
- Rheinhessische Energie- und Wasserversorgungs-GmbH
- RWE Deutschland AG
- Schwenk Zement GmbH
- Seidenberg & Hill
- Städtische Betriebswerke Luckenwalde GmbH
- Städtische Werke Netz & Service GmbH
- Stadtwerke Eberbach
- Stadtwerke EVB Huntetal GmbH
- Stadtwerke Germersheim GmbH
- Stadtwerke Mainz Netze GmbH
- Stadtwerke Passau GmbH
- Stadtwerke Quickborn GmbH
- Stadtwerke Stade GmbH
- Stadtwerke Wedel GmbH
- SWB Netze GmbH & Co. KG
- TenneT TSO GmbH
- Teutoburger Energie Netzwerk eG
- Thüga AG
- ÜZ Lülsfeld eG
- Vattenfall Europe Generation AG
- VEA – Bundesverband der Energie-Abnehmer e.V.
- VGB Power Tech e.V.
- VIK – Verband der Industriellen Energie- und Kraftwirtschaft e.V.
- VKU – Verband kommunaler Unternehmen e.V.
- WSW Netz GmbH

Die Stellungnahmen enthalten im Wesentlichen Anmerkungen zu den im Folgenden aufgeführten Inhalten des zur Konsultation gestellten Eckpunktepapiers:

1.1. Einführung

Mehrheitlich wird in den Stellungnahmen die rechtsverbindliche Form einer Festlegung zur Ermittlung sachgerechter individueller Netzentgelte nach § 19 Abs. 2 S. 1 StromNEV begrüßt. In zahlreichen Stellungnahmen wird die Einführung einer Übergangsfrist für bereits erteilte Genehmigungen (sog. Altfälle) gefordert. Altfälle, die nach der neuen Regelung nicht mehr die Voraussetzungen für ein individuelles Netzentgelt nach § 19 Abs. 2 S. 1 StromNEV erfüllen, sollten nach mehrheitlicher

Meinung nicht dauerhaft ein reduziertes Entgelt zahlen. Vielmehr seien die Regelungen der vorliegenden Festlegung auf sämtliche Genehmigungen individueller Netzentgeltvereinbarungen anzuwenden.

1.2. Änderungen der Erheblichkeitsschwellen der Höhe nach

Zahlreiche Stellungnahmen befassen sich mit der Erhöhung der Erheblichkeitsschwellen in der Niederspannung und in der Umspannung MS/NS von 30 % auf 50 %. Zum Teil wird das Vorhaben begrüßt. Zusätzlich wird die Erhöhung der Erheblichkeitsschwellen auch der übrigen Netz- und Umspannebenen angeregt. Alternativ dazu wird angeregt, in der Niederspannung eine Mindestreduzierung der Leistung um 100 kW bzw. 1 MW als Genehmigungsvoraussetzung einzuführen und über dieses Instrument die Erheblichkeit einer Lastverlagerung zu begründen.

In anderen Stellungnahmen wird die Auffassung vertreten, dass ein aktives Handeln des Letztverbrauchers, d.h. eine Änderung des Betriebs-/ Produktionsablaufs durch aktives Zutun, als Genehmigungsvoraussetzung nicht vom Verordnungsgeber gedeckt sei. Daraus wird abgeleitet, dass eine Erhöhung der Erheblichkeitsschwellen die durch den Gesetzgeber vorgegebene „offensichtliche" Atypik konterkariere. Ferner wird das Argument vorgetragen, dass eine Erheblichkeit von 30 % in der Niederspannung und in der Umspannung MS/NS in der Branche etabliert sei und damit eine Abkehr davon schon aus Vertrauensschutzgründen nicht in Betracht komme. Dies gelte insbesondere in Anbetracht der kartellrechtlichen Praxis, welche nur eine erhebliche Abweichung zum Vergleichspreis einen Missbrauch gem. § 19 Abs. 4 Nr. 2 GWB zu begründen vermag. In der juristischen Literatur würden Erheblichkeitsschwellen in Höhe von 5 % 25 % genannt. Die bis dato angewandten Erheblichkeitsschwellen in der Niederspannung und Umspannung MS/NS lägen damit bereits schon jetzt über diesen Schwellen. Eine weitere, darüber hinaus gehende Anhebung auf 50% sei nicht nachvollziehbar. Vielmehr sei parallel eine absolute Schwelle zur Bestimmung der Erheblichkeit einzuführen um Härtefälle zu vermeiden. Diese solle dann greifen, wenn die relative Erheblichkeitsschwelle vom Letztverbraucher zwar knapp verfehlt worden sei, er jedoch absolut betrachtet durchaus einen erheblichen Beitrag zur Lastverlagerung leiste.

Ferner dürften durch eine willkürliche Anhebung der Erheblichkeitsschwelle nicht diejenigen Netznutzer benachteiligt werden, die ihr Verbrauchsverhalten gezielt mittels Eigeninvestitionen geändert hätten.

1.3. Änderungen der Anforderungen zu Lastverlagerungen innerhalb der Jahreszeiten mit Hochlastzeitfenstern

Wiederholt wird die in den Eckpunkten vorgeschlagene jahreszeitenbezogene Betrachtung der Lastverlagerungen als nicht sachgerecht kritisiert. Maßgeblich für die Ermittlung individueller Netzentgelte sei die zeitgleiche Jahreshöchstleistung eines Jahres. Dem stehe das Abstellen auf mehrere jahreszeitenbezogene Höchstlasten entgegen. Auch aus energiewirtschaftlicher Sicht sei nur eine ganzjahreszeitliche Darstellung sinnvoll. Andernfalls seien konstruierte Lastverlagerungen die Folge, die u.a. zu Höchstlasten in Abend- und Nachtstunden führen könnten. Darüber hinaus entstehe durch eine jahreszeitenbezogene Betrachtung der Lastverlagerungen ein deutlicher operativer Mehraufwand beim Netzbetreiber.

1.4. Zeitpunkt der Antragstellung

Die Einräumung einer Frist zur Antragstellung wird allgemein begrüßt. In einigen Stellungnahmen wird für einen Zeitpunkt vor dem 30.09. des Jahres, für das die Genehmigung erstmalig beantragt wird, plädiert. Andere sprechen sich zusätzlich für eine Meldefrist des Letztverbrauchers beim Netzbetreiber aus, um die Planungssicherheit für den Netzbetreiber zu erhöhen.

1.5. Tatsächlicher Eintritt der Voraussetzungen

In Ergänzung der bisherigen Regelungen wird in einigen Stellungnahmen angeregt, für die Erteilung einer Genehmigung den Nachweis über konstant atypisches Verhalten über mehrere Jahre einzufordern, um insoweit die Prognosesicherheit zu erhöhen. Zudem wird eine Klarstellung gewünscht, wie die Regulierungsbehörde bei mehrmaliger Nichterfüllung der Genehmigungsvoraussetzungen in aufeinander folgenden Jahren verfährt.

1.6. Lieferanten/integrierte Stromlieferverträge (All-inclusive-Verträge)

Die in den Stellungnahmen zu den Stromlieferverträgen gemachten Anmerkungen beziehen sich insbesondere auf die von der Regulierungsbehörde konsultierten drei möglichen Varianten für eine konkrete Vertragsausgestaltung. Hinsichtlich der Einbeziehung von Lieferanten in die Vereinbarung und Genehmigung eines individuellen Netzentgelts nach § 19 Abs. 2 S. 1 StromNEV seien Klarstellungen erforderlich. Auch wird vorgeschlagen, abweichend von der bisherigen Praxis im Falle des Bestehens eines integrierten Stromliefervertrages (All-inclusive-Vertrag) den Abschluss einer individuellen Netzentgeltvereinbarung nur noch zwischen dem Netzbetreiber und dem Lieferanten zuzulassen, sofern der Letztverbraucher dem Lieferanten gemäß § 185 BGB eine Verfügungsermächtigung zur Geltendmachung des sich aus § 19 Abs. 2 S. 1 StromNEV ergebenden Anspruchs erteilt hat.

### 1.7. Laufzeit der Genehmigung

In verschiedenen Stellungnahmen wird erörtert, ob und unter welchen Voraussetzungen im Falle des Wechsels des Netzbetreibers oder des Lieferanten eine bestehende Genehmigung aufzuheben bzw. Aufrecht zu erhalten sei. Ein einheitliches Meinungsbild ist diesbezüglich allerdings nicht feststellbar.

### 1.8. Ermittlung der Zeitfenster

Die Regulierungsbehörde wird aufgefordert, Klarstellungen zur Darstellung der Hochlastzeitfenster und deren Veröffentlichung durch die Netzbetreiber aufzunehmen. Insbesondere sei eine genauere Definition erforderlich, an welchen konkreten Tagen (Werktagen vs. Feier- und Brückentagen) Hochlastzeitfenster gültig seien. Zudem wird angeregt, den Abschlag auf die zeitgleiche Jahreshöchstlast zur Bestimmung der Trennlinie der Hochlastzeitfenster von 5% auf bis zu 15% anzupassen bzw. eine Differenzierung nach Netzebenen einzuführen. Darüber hinaus wird vorgetragen, dass aus Lastverlagerungen der Letztverbraucher die Gefahr eines „Hin- und Herpendelns" der Hochlastzeitfenster resultiere.

### 1.9. Ermittlung des Entgelts

Einige Stellungnahmen gehen davon aus, dass eine Wahloption, insbesondere in der Niederspannung, nicht sachgerecht sei. Sofern eine Wahloption dennoch gewährt werde, solle entweder nur die Möglichkeit zur einmaligen Ausübung, und zwar zum Zeitpunkt des Abschlusses des Vertrages, eingeräumt werden. Alternativ wird vorgetragen, dass eine feste Meldefrist gegenüber dem Netzbetreiber vorgegeben werden sollte, um damit eine sach- und zeitgerechte Entgeltkalkulation und Abgabe der Prognosemeldung für die § 19-Umlage durch den Netzbetreiber gewährleisten zu können.

### 1.10. Wirkung der Genehmigung

Von verschiedenen Netzbetreibern wird gefordert, auch bei bestehender Genehmigung jährlich bis zum Eintritt der Genehmigungsvoraussetzungen, monatliche Abschlagszahlungen auf Basis des nicht reduzierten allgemeinen Netzentgelts zuzulassen und erst bei Erfüllung der Voraussetzungen eine rückwirkende Rabattierung vorzunehmen. Begründet wird dies mit einem angeblich zusätzlichen Insolvenzrisiko für den betroffenen Netzbetreiber.

### 1.11. Bagatellgrenze

Mehrere Stellungnahmen sprechen sich für eine Erhöhung der Bagatellgrenze von 500 € auf 1.000 € aus bzw. regen an, alternativ eine pauschale Fallgebühr für Letztverbraucher für die Antragstellung beim Netzbetreiber einzuführen.

### 1.12. Zuruf- oder Abschaltregelungen

In Ergänzung der zur Konsultation gestellten Regelungen wird angeregt, die Zuruf- oder Abschaltregelung weiter auszuführen.

### 1.13. Abnahmestelle

Es wurden diverse Vorschläge zur Klarstellung des Begriffs der Abnahmestelle i.S. d. § 19 Abs. 2 StromNEV vorgetragen. In einigen Stellungnahmen wird dafür plädiert, den Begriff der Abnahmestelle auszuweiten.

### 1.14. Geschlossene Verteilernetze

In verschiedenen Äußerungen wird eine weitergehende Klarstellung gefordert, wie geschlossene Verteilernetze i.S.d. § 110 EnWG im Rahmen der Genehmigung eines individuellen Netzentgelts nach § 19 Abs. 2 S. 1 StromNEV zu behandeln seien.

### 1.15. Betreiber von Kundenanlagen

Auch hinsichtlich der Behandlung von Betreibern einer Kundenanlage i.S.d. § 3 Nr. 24 a/b EnWG im Rahmen der Genehmigung individueller Netzentgelte nach § 19 Abs. 2 S. 1 StromNEV seien entsprechende Klarstellungen erforderlich.

### 1.16. Nachweis- und Begründungspflichten

In einigen Stellungnahmen wird gegenüber der Regulierungsbehörde der Wunsch geäußert, ein Muster für eine den Genehmigungsanforderungen entsprechende individuelle Netzentgeltvereinbarung gemäß § 19 Abs. 2 S. 1 StromNEV zur Verfügung zu stellen, um die Antragstellung diesbezüglich zu vereinheitlichen. Darüber hinaus wird angeregt, die Nachweis- und Begründungspflichten näher zu konkretisieren.

1.17. Berichtspflichten

Es wird außerdem angeregt, die Berichtspflichten konkreter auszugestalten.

2. Die Landesregulierungsbehörden (LRegB) sind gem. § 55 Abs. 1 S. 2 EnWG von der Einleitung des Verfahrens im Rahmen der Sitzung des Arbeitskreises Netzentgelte vom 19.09.2012 informiert worden. Dem Länderausschuss wurde der Festlegungsentwurf in der Sitzung vom 08.11.2012 vorgestellt und Gelegenheit zur Stellungnahme gem. § 60a Abs. 2 S. 1 EnWG gegeben. Dem Bundeskartellamt und den Landesregulierungsbehörden ist unter dem 21.11.2012 Gelegenheit zur Stellungnahme gem. § 58 Abs. 1 S. 2 EnWG gegeben worden.

In den hieraus hervorgegangenen Stellungnahmen wird im Wesentlichen zu den folgenden Themen Stellung genommen:

2.1. Einführung

Die LRegB Bayern und die LRegB Sachsen sprechen sich für eine Übergangsfrist für Altfälle aus. Eine einheitliche Genehmigungspraxis sei vor dem Hintergrund des Gleichheitsgrundsatzes bzw. des Grundsatzes der Einheit der Verwaltung geboten. Darüber hinaus sei aus Sicht der LRegB Sachsen vorliegend nicht die Notwendigkeit einer bundeseinheitlichen Festlegung durch die Bundesnetzagentur gegeben.

2.2. Zeitpunkt der Antragstellung

Die Einräumung eines festen Zeitpunkts für die Stellung von Anträgen nach § 19 Abs. 2 StromNEV bei der Regulierungsbehörde wird begrüßt. Gleichwohl spricht sich die LRegB Sachsen für einen Zeitpunkt nach dem 30.09. des Jahres, für das die Genehmigung erstmalig beantragt wird, aus.

2.3. Lieferanten/ integrierte Stromlieferverträge (All-inclusive-Verträge)

Aus Sicht der LRegB Nordrhein-Westfahlen ist die Einbeziehung von Lieferanten in die Vereinbarung und Genehmigung eines individuellen Netzentgelts nach § 19 Abs. 2 S. 1 StromNEV nicht zwingend notwendig und auch nicht erforderlich. Die Verordnung stelle ausschließlich auf die Genehmigung von Vereinbarungen zwischen Netzbetreibern und Letztverbrauchern ab. Existiere aufgrund eines bestehenden All-inclusive-Vertrages kein originärer Netznutzungsvertrag zwischen Netzbetreiber und Letztverbraucher, könne der Letztverbraucher auch keinen Anspruch nach § 19 Abs. 2 S. 1 StromNEV gegenüber dem Netzbetreiber geltend machen. Zudem sei im Falle eines Netzbetreiberwechsels die Aufhebung der Genehmigung nicht zwingend erforderlich.

Gegen den Vorschlag, beim Abschluss individueller Netzentgeltvereinbarungen auf das Vorliegen einer Verfügungsermächtigung zur Geltendmachung des sich aus § 19 Abs. 2 S. 1 StromNEV ergebenden Anspruchs abzustellen, bestehen aus Sicht der Landesregulierungsbehörden erhebliche rechtliche bedenken, da die Regelung auf Verfügungs- und nicht auf schuldrechtliche Verpflichtungsgeschäfte abziele.

Denkbar sei jedoch, dass der Lieferant eine Vereinbarung im Wege einer analogen Anwendung der Vorschrift des § 19 Abs. 2 S. 1 StromNEV im Falle eines bestehenden Allinclusive-Vertrages abschließt.

2.4. Wirkung der Genehmigung

Von Seiten der LRegB Sachsen wird angeregt, bei bestehenden Genehmigungen nach § 19 Abs. 2 StromNEV bis zum Eintritt der jeweiligen Genehmigungsvoraussetzungen dem Netzbetreiber die Option zur Vereinbarung von Sicherheitsleistungen mit dem Letztverbraucher zu gestatten.

2.5. Bundeseinheitliche Festlegung

Während die Mehrzahl der Landesregulierungsbehörden einer bundeseinheitlichen Festlegung im vorliegenden Fall zugestimmt haben, hat die Landesregulierungsbehörde Baden-Württemberg Bedenken gegen die vorgesehene bundeseinheitliche Festlegung geäußert. Es treffe nicht zu, dass die Festlegung zur Wahrung gleichwertiger wirtschaftlicher Verhältnisse erforderlich sei. Denn eine bundeseinheitliche Festlegung könne es nur bei wesentlichen und wichtigen Regulierungsaspekten geben, was vorliegend nicht der Fall sei. Dass die vorgesehene Zuständigkeitsverteilung zwischen Bund und Ländern zwangsläufig zu einer unterschiedlichen Genehmigungspraxis und damit auch zu unterschiedlichen Ergebnissen für im Wettbewerb stehende Letztverbraucher führen könne, sei unschädlich, da es jedenfalls in der Vergangenheit letztendlich durch die Entscheidungen der Gerichte zu einer einheitlichen Regulierungspraxis gekommen sei. Die vorgesehene bundeseinheitliche Festlegung mache dagegen aus den Landesregulierungsbehörden reine Befehlsempfänger der Bundes-

# Anlage § 019–01

Zu § 19 Stromnetzentgeltverordnung

netzagentur. Die bundesweite Festlegung führe zudem zu einer verfassungsrechtlich nicht gewollten Mischverwaltung mit unklaren Verwaltungsstrukturen.

3. Mit Beschluss vom 29.10.2012 hat die Beschlusskammer die Vattenfall Europe Generation AG, die Evonik Degussa GmbH sowie den Bundesverband der Energie-Abnehmer e.V auf Antrag zum Verfahren gemäß § 66 Abs. 2 Nr. 3 EnWG beigeladen.

4. Wegen der Einzelheiten wird auf den Inhalt der Verfahrensakte verwiesen.

## II.

Die vorliegende Festlegung beruht auf § 29 Abs. 1 EnWG i.V.m. § 30 Abs. 2 Nr. 7 StromNEV. Danach kann die Regulierungsbehörde eine Festlegung nach § 29 Abs. 1 EnWG zur sachgerechten Ermittlung individueller Entgelte nach § 19 Abs. 2 S. 1 StromNEV treffen.

### 1. Zuständigkeit

Die Bundesnetzagentur ist gemäß § 54 Abs. 3 S. 2 EnWG die für die Festlegung zuständige Regulierungsbehörde. Nach der Vorschrift des § 54 Abs. 3 S. 2 EnWG nimmt die Bundesnetzagentur die entsprechenden Festlegungsbefugnisse wahr, wenn zur Wahrung gleichwertiger wirtschaftlicher Verhältnisse im Bundesgebiet eine bundeseinheitliche Festlegung nach § 29 Abs. 1 EnWG erforderlich ist. Dies bedeutet nach Auffassung der Beschlusskammer, dass eine bundeseinheitliche Festlegung insbesondere dann in Betracht kommt, um möglichst gleiche Voraussetzungen und Bedingungen für die wirtschaftliche Betätigung im ganzen Bundesgebiet sicherzustellen. Dies ist vorliegend der Fall. Danach wird durch die Festlegung gewährleistet, dass sowohl die betroffenen Netzbetreiber als auch Letztverbraucher im gesamten Bundesgebiet im Hinblick auf die Vereinbarung individueller Netzentgelte nach § 19 Abs. 2 S. 1 StromNEV zukünftig die gleichen regulatorischen Rahmenbedingungen vorfinden. Die bisherige Regulierungspraxis zeigt insoweit, dass dies in der Vergangenheit nicht immer der Fall gewesen ist.

Insbesondere für Letztverbraucher mit Standorten in verschiedenen Bundesländern und Netzgebieten ist es nur schwer nachvollziehbar, wenn sich die Bedingungen für eine Genehmigungserteilung nach § 19 Abs. 2 S. 1 StromNEV je nach Entscheidungspraxis der im Einzelfall zuständigen Regulierungsbehörde unterscheiden. Gleiches gilt auch dann, wenn infolge einer uneinheitlichen Anwendung der Regelung des § 19 Abs. 2 S. 1 StromNEV in den bestehenden Wettbewerb zwischen den für eine atypische Netznutzung in Betracht kommenden Letztverbrauchern eingegriffen werden würde. Eine bundeseinheitliche Regelung ist daher geboten.

Entgegen der Auffassung der Landesregulierungsbehörde Baden-Württemberg lässt sich aus der Regelung des § 54 Abs. 3 S. 2 EnWG auch nicht ableiten, dass eine bundeseinheitliche Festlegung „nur bei wesentlichen und wichtigen Regulierungsaspekten" in Betracht kommen kann. Voraussetzung ist vielmehr alleine die Erforderlichkeit zur Wahrung gleichwertiger wirtschaftlicher Verhältnisse im Bundesgebiet. Unabhängig hiervon kann eine unterschiedliche Genehmigungspraxis für die betroffenen Unternehmen durchaus von ganz erheblicher und existenzieller Bedeutung sein, etwa dann, wenn trotz objektiv gleicher Genehmigungsvoraussetzungen eines von zwei im Wettbewerb stehenden Unternehmen in den Genuss einer Netzentgeltvergünstigung kommt, dass andere dagegen nicht. Die bundeseinheitliche Festlegung führt im Übrigen auch nicht zu einer verfassungsrechtlich problematischen Mischverwaltung, zumal die Bundesnetzagentur von ihrer ursprünglichen Absicht einer bundeseinheitlich wirkenden Übergangsregelung auf entsprechende Bitte der Länder wieder Abstand genommen hat.

Die Zuständigkeit der Beschlusskammer ergibt sich aus § 59 Abs. 1 S. 1 EnWG.

### 2. Beteiligung von Bundeskartellamt, Landesregulierungsbehörden und Länderausschuss

Das Bundeskartellamt sowie die Landesregulierungsbehörden wurden gemäß § 55 Abs. 1 S. 2 EnWG über die Einleitung des Verfahrens benachrichtigt. Darüber hinaus wurde ihnen unter dem 21.11.2012 Gelegenheit zur Stellungnahme gemäß § 58 Abs. 1 S. 2 EnWG gegeben. Dem Länderausschuss wurde in der Sitzung vom 08.11.2012 gemäß § 60a EnWG ebenfalls Gelegenheit zur Stellungnahme gegeben.

### 3. Anhörung

Den Beteiligten wurde gemäß § 67 Abs. 1 EnWG im Rahmen der Konsultation die Gelegenheit zur Stellungnahme gegeben.

### 4. Anwendungsbereich

Die vorliegende Festlegung gilt für alle Anträge, die die Genehmigung individueller Netzentgeltvereinbarungen nach § 19 Abs. 2 S. 1 StromNEV mit einer Laufzeit ab dem 01.01.2013 oder später zum Gegenstand haben.

Zu § 19 Stromnetzentgeltverordnung  Anlage § 019–01

Die auf Grundlage der Festlegung erteilten Genehmigungen erfolgen – abhängig vom beantragten Beginn der Laufzeit – mit Wirkung ab dem 01.01.2013 oder später.

## 5. Formale Genehmigungsvoraussetzungen

Bei der Beantragung der Genehmigung individueller Netzentgeltvereinbarungen nach § 19 Abs. 2 S. 1 StromNEV sind die nachfolgenden formalen Genehmigungsvoraussetzungen zu beachten.

### 5.1. Zeitpunkt der Antragstellung

Anträge nach § 19 Abs. 2 S. 1 StromNEV sind spätestens bis zum 30.09. des Jahres, für das die Genehmigung erstmalig beantragt wird, bei der jeweils zuständigen Regulierungsbehörde zu stellen.

Für Anträge mit Wirkung ab dem Kalenderjahr 2013 gilt der 30.09. des Jahres, für das die Genehmigung erstmalig beantragt wird, als Ausschlussfrist. Die Antragstellung hat frühestens im Kalenderjahr vor dem Genehmigungszeitraum und spätestens bis zum 30.09. des ersten Kalenderjahres des Genehmigungszeitraums zu erfolgen. Eine rückwirkende Genehmigung für vergangene Kalenderjahre ist damit ausgeschlossen. Anträge, die nach dem 30.09. bei der Regulierungsbehörde eingehen, werden ab dem Antragsjahr 2013 erst mit Wirkung für das folgende Kalenderjahr genehmigt.

Die Einführung eines verbindlichen Stichtags als Antragsfrist wurde in den Stellungnahmen allgemein begrüßt. In einigen wenigen Stellungnahmen wurde angeregt auch eine Antragstellung zu einem späteren Zeitpunkt, also nach dem 30.09. zu ermöglichen. Die Regulierungsbehörde teilt diese Auffassung nicht. Vielmehr ist die Festlegung des 30.09. des ersten Kalenderjahres der beantragten Genehmigung als ausschließende Antragsfrist sachgerecht. Die Voraussetzungen für eine Vereinbarung eines individuellen Netzentgelts nach § 19 Abs. 2 S. 1 StromNEV verweisen im besonderen Maße auf die Prognostizierbarkeit der Abweichungen von der Höchstlast. Eine Antragstellung nach Ablauf des ersten in die Genehmigungszeit fallenden Kalenderjahres würde de facto auf eine ex-post-Betrachtung herauslaufen und damit nach Auffassung der Regulierungsbehörde dem Kriterium der Vorhersehbarkeit zuwiderlaufen. Auch eine Antragstellung gegen Ende eines Kalenderjahres stellt den Prognosecharakter der Datengrundlage für die Genehmigung in Frage und kommt im Ergebnis einer ex-post-Betrachtung sehr nahe, da die erforderlichen Daten zur Beurteilung der Antragsvoraussetzungen bereits fast vollständig vorliegen.

Darüber hinaus begründet sich das Erfordernis einer Antragsfrist bis zum 30.09. auch mit der von den Netzbetreibern ebenfalls zu beachtenden Fristen zur Berechnung der sog. § 19Umlage. Danach haben Verteilernetzbetreiber bis zum 15.10. eines jeden Jahres entsprechende Prognosedaten beim Übertragungsnetzbetreiber einzureichen. Die Übertragungsnetzbetreiber haben die § 19-Umlage bis zum 20.10. eines jeden Jahres gemäß der Festlegung Az. BK8-11024 vom 14.12.2011 zu ermitteln und zu veröffentlichen, damit die Verteilernetzbetreiber dies bei der Veröffentlichung der Preisblätter mit Wirkung zum 01.01. berücksichtigen können. Dabei sollen die Netzbetreiber eine möglichst genaue Prognose für die Bestimmung der § 19-Umlage gemäß den Vorgaben i.S.v. § 19 Abs. 2 StromNEV i.V.m § 9 KWKG erstellen. Um den Übertragungs- und Verteilernetzbetreibern die fristgerechte Umsetzung dieser Mitteilungs- und Veröffentlichungsfristen sowie die rechtzeitige Ermittlung der § 19-Umlage für das Folgejahr zu ermöglichen, ist eine Antragsfrist für das jeweils laufende Kalenderjahr vor dem 15.10. notwendig. Eine Vorlaufzeit von 15 Tagen sieht die Regulierungsbehörde in diesem Zusammenhang als sachgerecht an. Eine von verschiedenen Netzbetreibern angeregte darüber hinausgehende frühere Frist oder gar eine „Vorfrist" für Letztverbraucher ist aus Sicht der Regulierungsbehörde aus den oben ausgeführten Gründen nicht notwendig.

### 5.2. Gegenstand der Genehmigung

Gegenstand der Genehmigung durch die Regulierungsbehörde ist, wie sich aus § 19 Abs. 2 S. 3 StromNEV ergibt, eine zwischen Letztverbraucher und Netzbetreiber (und ggf. dem Lieferanten als Netznutzer) geschlossene Vereinbarung eines individuellen Netzentgelts. Dies bedeutet, dass sich das individuelle Netzentgelt des Letztverbrauchers nicht unmittelbar aus der Genehmigung ergibt, sondern sich mit Hilfe der der Vereinbarung zugrundeliegenden Berechnungsmethode, den Vorgaben dieser Festlegung sowie den tatsächlichen Daten für den Genehmigungszeitraum bestimmen lässt.

### 5.3. Laufzeit der Genehmigung

Genehmigungen nach § 19 Abs. 2 S. 1 StromNEV werden von der Regulierungsbehörde grundsätzlich unbefristet mit Wirkung zum 01.01. des ersten Antragsjahres erteilt.

Die individuelle Netzentgeltvereinbarung muss sich daher ebenfalls grundsätzlich auf volle Kalenderjahre beziehen. Eine unterjährige Vereinbarung kommt lediglich dann in Betracht, wenn es sich um eine erstmalige Genehmigung handelt und sich die Gründe, die einer Vereinbarung für ein vollständiges Kalenderjahr entgegenstehen, der Verantwortungssphäre des betreffenden Netzbetreibers zurechnen lassen, etwa, weil dieser es versäumt hat, die relevanten Hochlastzeitfenster zu veröffentlichen.

Wird eine bestehende individuelle Netzentgeltvereinbarung aufgrund eines erfolgten Netzbetreiber- oder Lieferantenwechsels beendet und mit dem neuen Netzbetreiber bzw. Lieferanten eine neue zeitlich unmittelbar anknüpfende Folgevereinbarung abgeschlossen, ist i.d.R. die Genehmigung der bisherigen Vereinbarung aufzuheben und für die neu abgeschlossene Vereinbarung eine neue Genehmigung zu beantragen. In diesen Fällen ist auch eine unterjährige Genehmigung der Anschlussvereinbarung möglich.

### 5.4. Wirkung der Genehmigung

Bis zum Zeitpunkt der wirksamen Bekanntgabe der Genehmigung ist der Netzbetreiber berechtigt, für die von ihm erbrachten Leistungen monatliche Abschlagszahlungen auf Basis der veröffentlichten allgemeinen Netzentgelte zu verlangen. Ab dem Zeitpunkt der wirksamen Bekanntgabe der Genehmigung ist der Netzbetreiber verpflichtet die monatlichen Abschlagszahlungen auf Basis der nach § 19 Abs. 2 S. 1 StromNEV genehmigten individuellen Netzentgeltvereinbarung zu ermitteln. Darüber hinaus ist er verpflichtet, die in die Laufzeit der Vereinbarung fallenden, zu viel gezahlten monatlichen Abschlagszahlungen, unverzüglich an den Letztverbraucher bzw. Netznutzer zurückzuerstatten.

Im Rahmen der Konsultation der Festlegung wurde von Seiten der Netzbetreiber vorgetragen, dass eine unmittelbare Reduzierung der zu zahlenden Abschläge und Rückerstattung der zu viel geleisteten Beträge für Netzbetreiber ein nicht vertretbares finanzielles Risiko darstelle. Eine regulatorische Anerkennung von Zahlungsausfällen auf Grund der Insolvenz eines Letztverbrauchers oder eines Lieferanten sei derzeit unzureichend geregelt. Um dieses Insolvenzrisiko für den Netzbetreiber zu vermeiden, solle daher die Verrechnung und Auszahlung der sich ergebenden Entgeltreduzierung erst zum Ende eines jeden Kalenderjahres erfolgen. Demgegenüber besteht aus Sicht der Regulierungsbehörde insoweit kein tatsächliches Insolvenzrisiko. Zunächst ist zu berücksichtigen, dass den Netzbetreibern bereits im Rahmen der Kalkulation der allgemeinen Netzentgelte entsprechende Positionen für Forderungsausfälle gewährt werden und bereits deshalb kein zusätzliches Sicherungsinteresse mehr ersichtlich ist. Auch ergibt sich aus dem Umstand, dass nach der Festlegung der Regulierungsbehörde Forderungsausfälle nicht in die § 19-Umlage einfließen dürfen, kein zusätzliches Schutzbedürfnis. Sollten dem Netzbetreiber zum einen tatsächliche Anhaltspunkte in Bezug auf eine mögliche finanzielle Notlage des betroffenen Letztverbrauchers bekannt werden und zum anderen ausreichende Hinweise dafür vorliegen, dass der Letztverbraucher entgegen der Prognose im laufenden Kalenderjahr auch die tatsächlichen Genehmigungsvoraussetzungen nicht wird erfüllen können, besteht zudem die Möglichkeit, bei der Regulierungsbehörde eine Überprüfung der Genehmigung zu beantragen.

Die von einigen Netzbetreibern vorgeschlagene abweichende Vereinbarung einer rückwirkenden Erstattung zum jeweiligen Jahresende wäre aus Sicht der Regulierungsbehörde allenfalls dann genehmigungsfähig, wenn sich die Beteiligten hierauf einvernehmlich verständigen.

## 6. Materielle Genehmigungsvoraussetzungen

Bei der Beantragung der Genehmigung individueller Netzentgeltvereinbarungen nach § 19 Abs. 2 S. 1 StromNEV sind die nachfolgenden materiellen Genehmigungsvoraussetzungen zu beachten.

### 6.1. Hochlastzeitfenster

Die Zeitfenster, innerhalb derer ein atypischer Netznutzer im Vergleich zu den übrigen Netznutzern eine Lastabsenkung aufweist (Hochlastzeitfenster des Netzes), sind durch den Netzbetreiber zu ermitteln. Sie sind für jeden Netzbetreiber und für jede Netz- und Umspannebene gesondert zu bestimmen. Relevant ist jeweils die Netz- oder Umspannebene, aus welcher der betreffende Letztverbraucher elektrische Energie entnimmt. Die Pflicht zur Veröffentlichung der Hochlastzeitfenster wird dabei für alle Netzbetreiber verbindlich festgelegt. Für die Bildung der Hochlastzeitfenster je Netz- und Umspannungsebene sind zwei Kurvenverläufe zu bestimmen.

### 6.1.1. Referenzzeitraum und Veröffentlichung

Als Datenbasis für die Ermittlung der Hochlastzeitfenster ist grundsätzlich auf den Zeitraum unmittelbar vor dem beantragten Genehmigungsjahr abzustellen. Da die Hochlastzeitfenster im Interesse der Planungssicherheit der Beteiligten spätestens zu Beginn des Genehmigungszeitraum bekannt sein müssen, um insbesondere dem Letztverbraucher die Möglichkeit zu geben, sein individuelles Netznutzungsverhalten an den Zeitfenstern auszurichten, soll die Berechnung der Hochlastzeitfenster grundsätzlich auf Grundlage der Daten der Monaten September bis Dezember des Vor-Vorjahres sowie den Monaten Januar bis August des Genehmigungszeitraums vorhergehenden Kalenderjahres (Referenzzeitraum) erfolgen. Die Hochlastzeitfenster können dann im Herbst des vorhergehenden Kalenderjahres berechnet werden und sind durch alle Netzbetreiber bis spätestens zum 31.10. zu veröffentlichen.

Zu § 19 Stromnetzentgeltverordnung                           Anlage § 019–01

In den Stellungnahmen zur Konsultation wurde gegen eine generelle Veröffentlichungspflicht von Hochlastzeitfenstern vorgetragen, dass dies für diejenigen Netzbetreiber, in deren Netzgebiet kein individuelles Netzentgelt angeboten werden müsse, da aus der Sicht des Netzbetreibers keine antragsberechtigten Letztverbraucher zu erwarten seien, einen unverhältnismäßig hohen Aufwand bedeuten würde. Zur Beurteilung, ob es in einem Netzgebiet antragsberechtigte Letztverbraucher gibt, müssen die Hochlastzeitfenster jedoch ohnehin bekannt sein. Für den Nachweis, dass in einem Netzgebiet keine antragsberechtigten Letztverbraucher existierten, müsste ein Netzbetreiber die Hochlastzeitfenster berechnen und zusätzlich für jeden potentiellen Letztverbraucher eine Einzelfallprüfung durchführen. Die Veröffentlichung von Hochlastzeitfenstern ist insofern für die Netzbetreiber mit weniger Aufwand verbunden als der Nachweis, dass es keine Anwendungsfälle in dem jeweiligen Netzgebiet gibt. Ferner ist die Veröffentlichung der Hochlastzeitfenster auch für diejenigen Letztverbraucher notwendig, die aktuell die Voraussetzungen für ein individuelles Netzentgelt nicht erfüllen, durch Änderungen in der Produktion bzw. im Betriebsablauf jedoch zukünftig in den Genuss einer Netzentgeltreduzierung kommen könnten.

Die Veröffentlichung zum 31.10. lässt den Letztverbrauchern hinreichend Zeit, die Betriebs- und Produktionsprozesse derart anzupassen, dass die Einhaltung der Hochlastzeitfenster im Folgejahr möglich wird.

6.1.2. Maximalwertkurve des Tages

Zur Bestimmung der Hochlastzeitfenster ist im ersten Schritt die Maximalwertkurve des Tages für unterschiedliche Jahreszeiten zu bilden. Dabei ist von folgenden Jahreszeiten, die nicht den kalendarischen (astronomischen) Jahreszeiten entsprechen, auszugehen:

| Winter   | 1. Januar bis 28. bzw. 29. Februar |
|----------|------------------------------------|
| Frühling | 1. März bis 31. Mai                |
| Sommer   | 1. Juni bis 31. August             |
| Herbst   | 1. September bis 30. November      |
| Winter   | 1. Dezember bis 31. Dezember       |

Die Maximalwertkurve des Tages wird zusammengesetzt aus den einzelnen höchsten Viertelstundenmaximalwerten in allen Viertelstunden für die jeweilige Jahreszeit.

Im Rahmen der Konsultation wurde vorgeschlagen, anstatt der beschriebenen Maximalwertkurve eine Kurve aus dem arithmetischen Mittelwert der höchsten Viertelstundenwerte anzusetzen. In einer anderen Stellungnahme wurde die Ermittlung monatsscharfer Hochlastzeitfenster gefordert. Aus den vorgetragenen Argumenten lässt sich die Notwendigkeit einer Anpassung der bisherigen Praxis, die von der Branche weitgehend akzeptiert wird, nicht ableiten. Bei der Nutzung von Mittelwerten besteht die Gefahr, dass die Maximalwertkurve die tatsächliche Jahrhöchstlast nicht abbildet. Aufgrund ihrer entscheidenden Bedeutung für die Auslastung des Netzes ist es jedoch sachwidrig, wenn die absolute Lastspitze nicht mit dem tatsächlichen Wert in die Maximalwertkurve eingeht.

Soweit in der Konsultation die Ermittlung monatsscharfer Hochlastzeitfenster vorgeschlagen wurde, spricht hiergegen der hohe Anpassungsaufwand auf Seiten der Letztverbraucher an eventuell leicht verschobene Hochlastzeitfenster in einzelnen Monaten. Ferner beruht die Bestimmung der Hochlastzeitfenster auf Lastdaten eines Referenzzeitraums in der Vergangenheit. Eine monatsscharfe Bestimmung von Hochlastzeiten suggeriert eine Scheingenauigkeit der tatsächlichen Netzauslastung im aktuellen Jahr. Die Betrachtung in Jahreszeiten bildet die unterschiedlichen Netzbelastungen im Jahresverlauf hinreichend ab.

Die Regulierungsbehörde hält daher an der bisher gültigen und hier festgelegten Vorgehensweise zur Bestimmung der Hochlastzeitfenster fest.

6.1.3. Trennlinie

Im zweiten Schritt ist zur Bestimmung der Hochlastzeitfenster eine Trennlinie grafisch als horizontale Linie in die vier Maximalwertkurven des Tages je Netz- und Umspannungsebene einzutragen. Die Höhe der Trennlinie je Netzebene ist zu bestimmen durch einen 5%-Abschlag auf die zeitgleiche Jahreshöchstlast des Referenzzeitraums. Es ergibt sich ein Wert für das gesamte Jahr, welcher für die Ermittlung der Hochlastzeitfenster aller Jahreszeiten gilt.

6.1.4. Bestimmung der Hochlastzeitfenster

# Anlage § 019–01

Zu § 19 Stromnetzentgeltverordnung

Zu Bestimmung der Hochlastzeitfenster werden die Trennlinie und die jahreszeitlich spezifischen Maximalwertkurven übereinandergelegt. Ergeben sich hierbei Schnittpunkte zwischen der Trennlinie und der jahreszeitlich spezifischen Maximalwertkurve, so bilden die Segmente zwischen den Schnittpunkten oberhalb der Trennlinie und der jahrszeitlich spezifischen Maximalwertkurven die Hochlastzeiten. Die Segmente unterhalb der Trennlinie bestimmen die Nebenzeiten. Es ist möglich, dass für bestimmte Jahreszeiten keine Hochlastzeitfenster gebildet werden können.

Für den Fall, dass sich im Einzelfall nur ein sehr kurzes Hochlastzeitfenster von weniger als 3 Stunden ergibt, kann der Netzbetreiber dieses auf maximal 3 Stunden pro Tag je Jahreszeit erweitern. Für den Fall, dass sich ein überlanges Hochlastzeitfenster ergibt, ist dieses vom Netzbetreiber auf eine Maximaldauer von 10 Stunden pro Tag und je Jahreszeit zu begrenzen.

In den Stellungnahmen im Rahmen der Konsultation wurde vorgeschlagen, die Trennlinie zu verändern (z. B. auf einen Abschlag von 15% der Jahreshöchstlast), um hierdurch Jahreszeiten ohne Hochlastzeitfenster zu vermeiden. Das Fehlen von Hochlastzeitfenstern in einigen Jahreszeiten ist auf das insgesamt niedrigere Lastniveau zu diesen Zeiten zurückzuführen. Da das Netz auf die absolute Höchstlast ausgelegt ist, ist die Angabe von Hochlastzeitfenstern nur in den Jahreszeiten notwendig, in denen eine Netzauslastung nahe der Jahreshöchstlast tatsächlich vorliegt.

Die in verschiedenen Stellungnahmen vorgeschlagene zeitliche Ausweitung der Hochlastzeitfenster durch Absenken der Trennlinie auf einen Wert größer 5% hält die Regulierungsbehörde ebenfalls für nicht sachgerecht. Die derzeitige Ermittlungsmethode bestimmt die tatsächlichen Hochlastzeitfenster in der betreffenden Netz- und Umspannebene mit hinreichender Sicherheit. Der Regulierungsbehörde liegen derzeit keine neuen Erkenntnisse vor, die eine Anpassung der aktuellen Ermittlungsmethode rechtfertigen würde.

Im Rahmen der Konsultation wurde vorgetragen, dass die Gefahr eines „Hin- und Herpendelns" oder „Pulsierens" der Hochlastzeitfenster von Jahr zu Jahr aufgrund der Verschiebung von Lasten knapp neben die Hochlastzeitfenster und durch das Entstehen neuer Lastspitzen bestünde. Dieser Hinweis könnte aus Sicht der Regulierungsbehörde in erster Linie für sehr kurze Hochlastzeitfenster relevant sein. Da bislang von Seiten der Netzbetreiber allerdings nur abstrakt auf diese Möglichkeit hingewiesen wurde, über das tatsächliche Auftreten derartiger Phänomene bislang jedoch noch nichts bekannt geworden ist, sieht die Regulierungsbehörde für gegensteuernde Regelungen aktuell keinen Anlass.

Obwohl bei sehr kurzen Hochlastzeitfenstern die Möglichkeit besteht, diese auf maximal 3 Stunden zu erweitern, haben in der Praxis viele Netzbetreiber von dieser Möglichkeit bisher keinen Gebrauch gemacht. Sollte es von Jahr zu Jahr zu leicht verschobenen kurzen Hochlastzeitfenstern kommen, wäre dies ein Fall, in dem nach Auffassung der Regulierungsbehörde die sachgerechte Ausdehnung der Hochlastzeitfenster geboten wäre. Bei normal langen Hochlastzeitfenstern könnten eine Lastverlagerung und damit eine Lastglättung in Hochlastzeitphasen zu einer Ausdehnung der Hochlastzeitfenster führen. Dies wäre in dem Fall dann jedoch sachgerecht. Die Gefahr eines „Hin- und Herpendelns" bei normal langen Hochlastzeitfenstern sieht die Regulierungsbehörde dagegen vor dem Hintergrund, dass bisher keine solchen Erfahrungen vorgetragen wurden, nicht. Es wird daher an der bisherigen Praxis zur Bestimmung der Hochlastzeitfenster, die von der Branche allgemein akzeptiert ist, festgehalten. Die Konsultation hat keine wesentlichen neuen Erkenntnisse hervorgebracht, die eine Abweichung von der vorgenannten Position rechtfertigen würden. Insbesondere wurden keine Fakten vorgetragen, durch die die abstrakt befürchteten, unerwünschten Lastverlagerungen und neuen Lastspitzen nachvollziehbar würden.

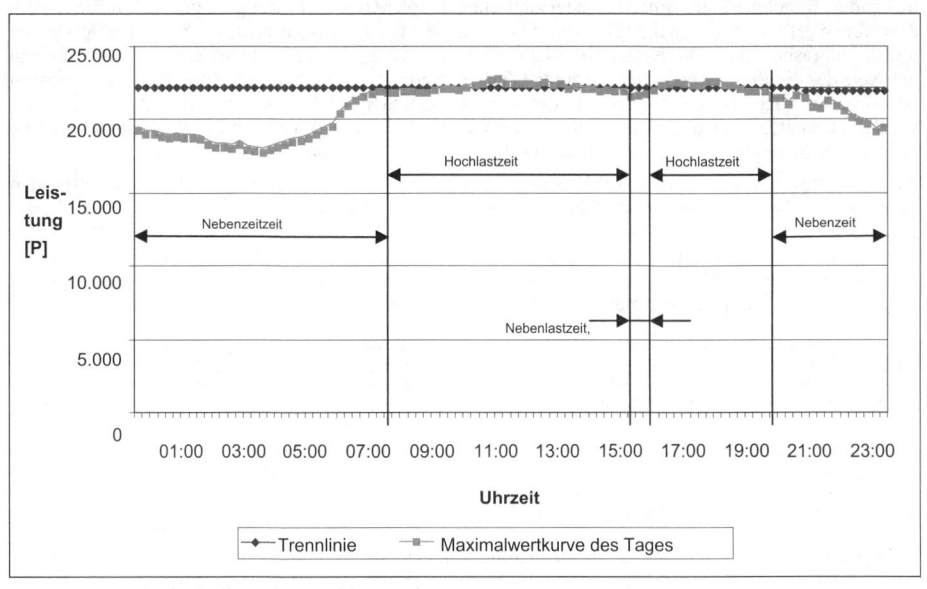

Zu § 19 Stromnetzentgeltverordnung  **Anlage § 019–01**

*Grafische Musterdarstellung für Hochlastzeitfenster*
Die Hochlastzeitfenster sind ausschließlich an Werktagen (Montag – Freitag) gültig. Wochenenden, Feiertage und maximal ein Brückentag pro Woche sowie die Zeit zwischen Weihnachten und Neujahr gelten als Nebenzeiten. In der Konsultation wurde u.a. vorgeschlagen, Samstage als Werktage einzustufen, ohne dies jedoch näher zu begründen. Die Regulierungsbehörde hält daher weiterhin an den definierten Nebenzeiten fest, da der Eintritt der zeitgleichen Jahreshöchstlast an Samstagen auf Grundlage der bisherigen Erfahrungen als sehr unwahrscheinlich erscheint.

Entgegen entsprechender Äußerungen im Konsultationsverfahren sind individuelle Netzentgeltvereinbarungen nicht genehmigungsfähig, wenn die Hochlastzeitfenster nachgelagerter Netz- und Umspannebenen die Zeiträume der vorgelagerten Netz- und Umspannebenen einschließen (sog. Top-Down-Überdeckung der Hochlastzeiten). Eine Top-Down-Überdeckung der Hochlastzeitfenster ist nicht notwendig, da bei der Ermittlung der Hochlastzeitfenster ebenfalls die Entnahme der unterlagerten Netzebene berücksichtigt wird. Dominiert die Entnahme der unterlagerten Netzebene die Höchstlast der betreffenden Netz- oder Umspannebene erheblich, wird dies dazu führen, dass die ermittelten Hochlastzeitfenster dies auch angemessen widerspiegeln.

Eine Top-Down-Überdeckung der Hochlastzeitfenster widerspricht zudem dem Wortlaut des § 19 Abs. 2 S. 1 StromNEV, wonach die Abweichung des Höchstlastbeitrags des Letztverbrauchers von der zeitgleichen Jahreshöchstlast aller Entnahmen aus „dieser" Netz- oder Umspannebene entscheidend ist. Die Entnahmen der vorgelagerten Netz- oder Umspannebenen sind somit nicht über eine Top-Down-Überdeckung der Hochlastzeitfenster zu berücksichtigen.

6.2. Berechnung des Individuellen Netzentgelts

Für die atypische Netznutzung ist ein individuelles Netzentgelt zu berechnen, welches grundsätzlich auf den veröffentlichten allgemeinen Netznutzungsentgelten beruht.

Veröffentlichtes Entgelt i.S.d. § 19 Abs. 2 S. 1 StromNEV ist das für den Zeitraum jeweils jährlich geltende allgemeine Entgelt aus dem Preisblatt des Netzbetreibers, welches dem Vereinbarungszeitraum entspricht. Sowohl bei der Berechnung des allgemeinen als auch des individuellen Entgeltes sind der identische Leistungs- und Arbeitspreis zugrunde zu legen. Hierbei ist für die Berechnung der Benutzungsdauer die tatsächliche Höchstlast heranzuziehen.

Leistungsspitzen, die nachweislich durch kuratives Redispatch, aufgrund von Anforderungen des Netzbetreibers, oder durch die Erbringung negativer Regelenergie induziert wurden, sind bei der Ermittlung der in die Hochlastzeitfenster fallenden Jahreshöchstlast nicht zu berücksichtigen. Hintergrund ist die Erwägung, dass diese Leistungsspitzen primär auf Veranlassung des für die Netzsicherheit und Netzstabilität verantwortlichen Übertragungsnetzbetreibers erfolgen werden und sich dem Steuerungseinfluss des betroffenen Unternehmens insoweit entziehen. Zudem ist zu berücksichtigen, dass die be-

# Anlage § 019–01

Zu § 19 Stromnetzentgeltverordnung

treffenden Regelenergieleistungen tendenziell eher in solchen Zeiten nachgefragt wird, in denen ein Zusammentreffen der durch die Erbringung von Regelenergieleistungen verursachten Leistungsspitzen und der Jahreshöchstlast des Netzes eher nicht zu erwarten ist. Sofern der Netznutzer nicht unmittelbar an das Netz des die Regelenergiedienstleistungen anfordernden Übertragungsnetzbetreibers angeschlossen ist, ist er verpflichtet, Leistungsspitzen, die durch entsprechende Maßnahmen verursacht wurden, unverzüglich, spätestens jedoch innerhalb von drei Werktagen nach Auftreten der Leistungsspitze, bei dem unmittelbar für seine Versorgung zuständigen Netzbetreiber zu melden.

Bei der Ermittlung des individuellen Leistungsentgeltes wird der Leistungspreis nicht mit der absoluten Jahreshöchstleistung multipliziert. Stattdessen wird bei der Ermittlung des individuellen Leistungsentgelts dieser Leistungspreis mit dem höchsten Leistungswert aus allen Hochlastzeitfenstern multipliziert. Unverändert bleibt die Ermittlung des Arbeitsentgeltes. Individuelles Leistungsentgelt und Arbeitsentgelt werden addiert. Das so berechnete reduzierte Entgelt ist mit dem allgemeinen Entgelt zu vergleichen und kann zu einer maximalen Reduzierung von 80 % diesem gegenüber führen, vgl. § 19 Abs. 2 S. 1 StromNEV.

| Berechnung allgemeines Entgelt: | Berechnung individuelles Entgelt: |
|---|---|
| Leistungspreis x Jahreshöchstleistung | Leistungspreis x höchste Leistung in den Hochlastzeitfenstern |
| + Arbeitspreis x Jahresarbeit<br>= allgemeines Entgelt | + Arbeitspreis x Jahresarbeit<br>= individuelles Entgelt |
| Bedingung: Individuelles Netzentgelt ≥ allg. Entgelt x 20 % ||

Dabei wird für Netznutzer unter 2.500 Benutzungsstunden eine Wahloption eingeräumt. Für die individuelle Netzentgeltermittlung kann bei Netznutzern unterhalb von 2.500 Benutzungsstunden der allgemein gültige Leistungs- und Arbeitspreis (der jeweiligen Netzebene) oberhalb von 2.500 Benutzungsstunden für die Bestimmung des individuellen Netzentgelts herangezogen werden. Hierbei wird bei der Ermittlung des individuellen Leistungsentgelts der allgemeine Leistungspreis oberhalb von 2.500 Stunden mit dem höchsten Leistungswert des Netznutzers aus allen Hochlastzeitfenstern multipliziert. Für die Ermittlung des Arbeitspreises wird der allgemeine Arbeitspreis oberhalb von 2.500 Stunden mit der Jahresgesamtarbeit des Netznutzers multipliziert. Aus diesen beiden Komponenten ergibt sich das individuell zu zahlende Netzentgelt.

Das individuelle Netzentgelt ist mit dem ohne die Genehmigung tatsächlich zu zahlenden allgemeinen Netzentgelt zu vergleichen und kann zu einer maximalen Reduzierung von 80% gegenüber diesem führen, vgl. 19 Abs. 2 S.1 StromNEV. Die Regulierungsbehörde weicht in diesem Punkt ausdrücklich von ihrer bisherigen Auffassung ab, nach der im Falle der Ausübung der Wahloption als Referenz für die Ermittlung des Mindestentgelts in Höhe 20% ebenfalls auf das Entgelt abzustellen ist, welches sich bei den Preisen von mehr als 2.500 Benutzungsstunden ergeben würde. Die bisherige Auffassung beruhte auf der Erwägung, dass ein Abstellen auf die tatsächlich zu zahlenden allgemeinen Netzentgelte zu einer überproportionalen Reduzierung und damit zu einer sachlich nicht gerechtfertigten Bevorzugung gegenüber Letztverbrauchern mit tatsächlich mehr als 2.500 Benutzungsstunden führen würde, die sachlich nicht gerechtfertigt wäre. Anlass für die dennoch erfolgte Änderung der Spruchpraxis ist ein am 09.10.2012 unter dem Aktenzeichen EnVR 42/11 ergangener Beschluss des BGH, in dem dieser eine entsprechende Regelung der Regulierungsbehörde auf Beschwerde eines betroffenen Letztverbrauchers aufgehoben hat. Trotz noch verbleibender Unsicherheiten im Hinblick auf die derzeit noch nicht vorliegenden Entscheidungsgründe ist es daher nach Auffassung der Regulierungsbehörde notwendig, als Maßstab für das Mindestentgelt zukünftig das tatsächlich zu zahlende Entgelt heranzuziehen, also für Letztverbraucher mit weniger als 2.500 Benutzungsstunden auch das allgemeine Entgelt unter 2.500 Benutzungsstunden.

Ob die Wahloption in Anspruch genommen wird, muss dem Netzbetreiber spätestens zum Zeitpunkt des Abschlusses der individuellen Netzentgeltvereinbarung mitgeteilt werden. Hat der Netznutzer sich im Rahmen von § 19 Abs. 2 S. 1 StromNEV für die Geltungsdauer der Vereinbarung für die Wahloption entschieden, kann er während eines laufenden Genehmigungsjahres keine Umstellung des individuellen Netzentgeltes auf die Arbeits- und Leistungspreise unter 2.500 Benutzungsstunden geltend machen. Da das Verhalten des Netznutzers vorhersehbar und prognostizierbar sein soll, kann es insoweit keine nachträgliche Bestabrechnung geben. Dies würde der Vorhersehbarkeit entgegenstehen. Der Netznutzer muss dann im ungünstigsten Fall die allgemein zu zahlenden Netzentgelte entrichten, wobei die bei Zugrundelegung der tatsächlichen Benutzungsstundenzahl zu zahlenden allgemeinen Netzentgelte auch im Falle der Nutzung der Wahloption die Obergrenze des vom Letztverbraucher zu zahlenden Entgelts bilden. In den Folgejahren kann der Netznutzer dem Netzbetreiber jeweils bis spätestens zum 31.10. mit-

Zu § 19 Stromnetzentgeltverordnung                                    **Anlage § 019–01**

teilen, ob er für das kommende Kalenderjahr an der Wahloption festhalten möchte oder ob die Berechnung wieder auf Basis der der tatsächlichen allgemeinen Arbeits- und Leistungspreise unter 2.500 Stunden erfolgen soll. Erfolgt keine Mitteilung, wird angenommen, dass die für das laufende Kalenderjahr gewählte Berechnungsmethode auch im nächsten Jahr weiter gelten soll. Durch die vorgenannte Frist wird insoweit sichergestellt, dass sich der Netzbetreiber rechtzeitig auf die im Folgejahr anzusetzenden Entgelte einstellen kann. Die Möglichkeit zur jährlichen Ausübung der Wahloption rechtfertigt sich damit, dass der Letztverbraucher in dem Fall, dass sich die Wahloption wider erwarten für ihn nicht rechnet, gezwungen wäre, die bestehende Vereinbarung aufzukündigen und eine neue, seinem Nutzungsverhalten gerecht werdende Vereinbarung zur Genehmigung vorzulegen. Die Folge wäre ein erheblicher administrativer Mehraufwand sowohl für die betroffenen Unternehmen als auch für die Regulierungsbehörde.

### 6.3. Erheblichkeitsschwelle

Um sicherzustellen, dass der Höchstlastbeitrag des Letztverbrauchers vorhersehbar erheblich von der prognostizierten zeitgleichen Jahreshöchstlast der übrigen Entnahmen des Netzes abweichen wird, ist ein individuelles Entgelt nur dann anzubieten, wenn die voraussichtliche Höchstlast des betroffenen Letztverbrauchers innerhalb der Hochlastzeitfensters einen ausreichenden Abstand zur voraussichtlichen Jahreshöchstlast außerhalb der Hochlastzeitfenster aufweisen wird. Insoweit sind für die betreffenden Netzebenen Mindestabstände (Erheblichkeitsschwellen) einzuhalten. Die jeweilige Erheblichkeitsschwelle ist prozentual und absolut anhand der Lastreduzierung zu bestimmen.

Bei der Ermittlung der prozentualen Lastreduzierung wird die Jahreshöchstlast des Netznutzers ins Verhältnis gesetzt zur höchsten Last im Hochlastzeitfenster des Netznutzers. Dabei ist auf die jeweilige Netz- bzw. Umspannebene abzustellen.

Erheblichkeitsschwelle des Netznutzers:

$$\frac{\text{Jahreshöchstlast des LV} - \text{Höchste Last des LV im HLZF}}{\text{Jahreshöchstlast des LV}} * 100 \geq \text{Prozentwert der Netz-/Umspannungsebene}$$

Es gelten die nachfolgend dargestellten Schwellenwerte:

| Netz/Umspannebene | Erheblichkeitsschwelle |
|---|---|
| HöS | 5 % |
| HöS/HS | 10 % |
| HS | 10 % |
| HS/MS | 20 % |
| MS | 20 % |
| MS/NS | 30 % |
| NS | 30 % |

Ein individuelles Netzentgelt kann demnach nur dann genehmigt werden, wenn beispielsweise ein Netznutzer in der Niederspannung seine Last soweit verlagern kann, dass seine individuelle Höchstlast in den auf Basis der Methode der Regulierungsbehörde ermittelten Hochlastzeitfenstern voraussichtlich 30 % unterhalb seiner absoluten Jahreshöchstlast liegen wird.

Darüber hinaus ist eine Mindestverlagerung von 100 kW in allen Netz- und Umspannebenen erforderlich.

$$\text{Höchstlast des LV} - \text{Höchste Last des LV im HLZF} \geq 100 \text{ kW}$$

Durch die festgelegten Schwellenwerte wird sichergestellt, dass der Höchstlastbeitrag des Letztverbrauchers vorhersehbar erheblich von der prognostizierten zeitgleichen Jahreshöchstlast der übrigen Entnahmen des Netzes abweichen wird. Die Notwendigkeit eines über die bisherigen Regelungen hinaus geltenden zusätzlichen Schwellenwerts von 100 kW Mindestverlagerung begründet sich damit, dass allein eine relativ bemessene Schwelle nicht vollumfänglich sicherstellt, dass tatsächlich eine erhebliche Lastverlagerung eintritt. Dies gilt insbesondere in den unteren Spannungsebenen, in denen häufig sehr kleine Letztverbraucher angesiedelt sind, die für sich betrachtet keinen maßgeblichen Einfluss auf die vom Netz bereit zu stellende Kapazität haben. Diese Letztverbraucher leisten aufgrund ihres in der Relation eher geringen Leistungsbezugs keinen nennenswerten Beitrag zur tatsächlichen Entlastung des Netzes in den Hochlastzeiten. Ein absolut bemessener Schwellenwert kann diese hingegen gewährleisten. In ihren Stellungnahmen im Rahmen der Konsultation der Eckpunkte haben eine Reihe von Netzbetreiber bestätigt, dass bei 100 kW tatsächlich von einer erheblichen Lastverlagerung zu sprechen ist. Dies zeigen auch die Auswertungen der bisher vorliegenden Anträge durch die Bundesnetzagentur. Durch die Vorgabe einer Mindestverlagerung von 100 kW wird insoweit dem Umstand Rechnung getragen, dass das Verlagerungsvolumen gerade in den Netzebenen Niederspannung und Umspannung von der Mittelspannung zur Niederspannung in der Regel so marginal ausfällt, dass hiervon kein energiewirtschaftlich signifikanter Betrag für eine bessere Netzauslastung zu erwarten ist. Den insoweit in den Stellungnahmen als signifikant genannten Wert einer Differenz zwischen absoluter Jahreshöchstlast und Höchstlast in den Hochlastzeitfenster von mindestens 100 kW schätzt die Regulierungsbehörde in diesem Zusammenhang als nachvollziehbar und sachgerecht ein. Insbesondere besteht kein Anlass, eine absolute Lastverlagerung von 1 MW zu verlangen, wie in einer Stellungnahme gefordert. Mit einer solchen Vorgabe würde die atypische Netznutzung in den unteren Spannungsebenen praktisch ausgeschlossen. Dies erscheint der Regulierungsbehörde unangemessen.

Für weitergehende Einschränkungen sieht die Regulierungsbehörde derzeit keinen Anlass. Insbesondere hält sie nicht mehr an ihrer ursprünglichen in den Eckpunkten veröffentlichten Absicht fest, die Erheblichkeitsgrenze in den Netz- und Umspannebenen Niederspannung und Umspannung Niederspannung/ Mittelspannung auf 50% anzuheben, bzw. die Erheblichkeitsschwelle jahreszeitenbezogen anzuwenden.

Im Rahmen der Konsultation wurden diesbezüglich sowohl von Seiten der Letztverbraucher als auch von Seiten der Netzbetreiber erhebliche Bedenken insbesondere gegen die von der Regulierungsbehörde ins Auge gefassten jahreszeitbezogene Erheblichkeitsbetrachtung vorgetragen. Dabei wurde unter anderem darauf hingewiesen, dass die Norm auf Jahreshöchstlast abstelle und daher eine Jahreszeitenbetrachtung nicht zulässig sei. Auch verlange die Norm keine aktive Lastverlagerung. Es gebe auch keine energiewirtschaftlich tragfähige Begründung für beabsichtigte Anhebung der Erheblichkeitsschwelle von 30% auf 50%. Die vorgetragenen Einwände haben die Regulierungsbehörde veranlasst, von den geplanten Änderungen vorerst Abstand zu nehmen.

### 6.4. Prognosewerte

Für die unter Punkt 6.2. dargestellte Berechnung sind hinreichend plausible Prognosewerte zugrunde zu legen. Diese können beispielsweise aus den Verbrauchswerten der Vorjahre abgeleitet werden und sind gegenüber der Regulierungsbehörde in nachvollziehbarer Weise zu begründen.

In verschiedenen Stellungnahmen wurde darüber hinaus angeregt, die Erteilung der Genehmigung davon abhängig zu machen, ob ein konstant atypisches Verhalten über mehrere Kalenderjahre nachgewiesen werden könne. Alternativ solle die Genehmigung auch dann erfolgen, wenn bei Nichtvorliegen eines atypischen Verhaltens über mehrere Jahre der Netznutzer dokumentiert, dass – etwa durch die Installation eines Energiemanagementsystems – die Möglichkeit zur Verbrauchsverlagerung geschaffen wurde.

Nach § 19 Abs. 2 S. 1 StromNEV ist es für einen Anspruch auf Abschluss einer individuellen Netzentgeltvereinbarung ausreichend, wenn auf Grund vorliegender oder prognostizierter Verbrauchsdaten oder aufgrund technischer oder vertraglicher Gegebenheiten offensichtlich ist, dass der Höchstlastbetrag des Letztverbrauchers vorhersehbar von der zeitgleichen Jahreshöchstlast aller Entnahmen aus der Netz- oder Umspannebene abweichen wird. Hierfür ist es aus Sicht der Regulierungsbehörde nicht zwingend erforderlich eine rückwärtige Betrachtung über einen mehrjährigen Beobachtungszeitraum anzustellen. Dies würde nämlich dazu führen, gerade solche Unternehmen, die bislang noch kein atypisches Nutzungsverhalten aufweisen, dieses jedoch in Zukunft atypisch gestalten wollen, über mehrere Jahre von der Regelung auszuschließen. Hier muss es nach Sinn und Zweck der Regelung ausreichen, die Plausibilität der prognostizierten Verbrauchswerte in geeigneter anderer Art und Weise nachvollziehbar zu begründen. Denkbar sind insoweit etwa Erläuterungen zu den technischen bzw. vertraglichen Gegebenheiten z. B. zu den Produktionsprozessen bzw. Betriebsabläufen um zu einer Beurteilung der längerfristigen Erfüllung der Genehmigungsvoraussetzungen zu erlangen.

Die Regulierungsbehörde sieht die Genehmigungsvoraussetzungen auch dann als erfüllt an, wenn die vorliegenden Verbrauchsdaten des Letztverbrauchers im letzten Kalenderjahr vor dem Genehmigungszeit die Kriterien für ein individuelles Entgelt nicht erfüllen, der Letztverbraucher aber glaubhaft darlegen kann, dass die prognostizierten Verbrauchsdaten durch Veränderungen im Produktionsprozess bzw. den Betriebsabläufen ab dem ersten Jahr des Genehmigungszeitraums die Voraussetzungen für ein individuelles Entgelt erfüllen.

### 6.5. Bagatellgrenze

Es wird eine Bagatellgrenze in Höhe von 500 € angesetzt.

Zu § 19 Stromnetzentgeltverordnung      Anlage § 019–01

Um zu verhindern, dass die mit der Bearbeitung des Antrags verbundenen Transaktionskosten der beteiligten Unternehmen die im Falle einer Genehmigung zu erzielenden Kostenreduktion übersteigen, ist ein Antrag auf Genehmigung eines individuellen Netzentgelts nur dann genehmigungsfähig, wenn die anhand der Prognose zu erwartende Entgeltreduzierung mindestens 500 € beträgt.

Gemäß § 19 Abs. 2 S. 4 StromNEV kann der Antrag auf ein individuelles Netzentgelt nach Satz 1 sowohl durch den Netzbetreiber als auch durch den Letztverbraucher gestellt werden. Eine nur einseitige Belastung des Letztverbrauchers durch eine Fallgebühr gegenüber dem Netzbetreiber, wie in einigen Stellungnahmen angeregt, um die Zahl der Antragstellungen durch Letztverbraucher zu begrenzen, ist von daher nicht sachgerecht.

Das Erreichen der Bagatellgrenze in Höhe von 500 € ist jährlich zu überprüfen. Sofern die Bagatellgrenze unterschritten wird, ist das allgemeine Netzentgelt zu zahlen (vgl. Punkt 6.6.).

### 6.6. Tatsächlicher Eintritt der Voraussetzungen

Die Vereinbarung eines individuellen Netzentgelts erfolgt gem. § 19 Abs. 2 S. 9 StromNEV unter dem Vorbehalt, dass die Genehmigungsvoraussetzungen nach § 19 Abs. 2 S. 1 StromNEV auch tatsächlich eintreten.

Da die Antragstellung für die Genehmigung eines individuellen Netzentgelts vor dem beantragten Genehmigungszeitraum oder spätestens bis zum 30.09. des ersten Kalenderjahres des beantragten Genehmigungszeitraums erfolgt, ist die endgültige Beurteilung des Nutzungsverhaltens und damit auch die endgültige Berechnung des individuellen Netzentgelts erst nach Abschluss eines jeden Jahres innerhalb des Genehmigungszeitraums möglich. Tritt die Voraussetzung einer erhebliche Abweichung des Höchstlastbeitrags des Letztverbrauchers von der zeitgleichen Jahreshöchstlast aller Entnahmen aus dieser Netz- oder Umspannebene gemäß § 19 Abs. 2 S. 9 StromNEV „tatsächlich" nicht ein oder wird die Bagatellgrenze in einem Kalenderjahr nicht erreicht, ergibt sich für das betreffende Jahr keine Netzentgeltreduktion.

Da es sich bei § 19 Abs. 2 S. 9 StromNEV um eine sich unmittelbar aus der Rechtsverordnung ergebende Regelung handelt, ist diese von den Vertragsparteien auch dann zu beachten, wenn sie nicht ausdrücklich in der Vereinbarung des individuellen Netzentgelts aufgenommen worden ist. Hieraus folgt, dass der Netzbetreiber auf im Falle einer fehlenden vertraglichen Regelung gemäß § 19 Abs. 2 S. 10 StromNEV verpflichtet ist, die Abrechnung der Netznutzung nach den allgemein gültigen Netzentgelten vorzunehmen, wenn die Voraussetzungen nach Satz 1 entgegen der Prognose nicht eintreten.

Eine einmalige Nichterfüllung der Genehmigungsvoraussetzungen im Rahmen einer unbefristet erlassenen Genehmigung hat nicht automatisch den Widerruf des Bescheides zur Folge. Vielmehr beabsichtigt die Regulierungsbehörde vor einem möglichen Widerruf zunächst die Entwicklung des sich anschließenden Kalenderjahres zu prüfen. Werden die Genehmigungsvoraussetzungen in mindestens zwei aufeinanderfolgenden Jahren nicht erfüllt, behält sich die Regulierungsbehörde den Widerruf des Bescheides vor. Sind Voraussetzungen für ein individuelles Netzentgelt bei einem Letztverbraucher in einer ex-post Betrachtung für ein Kalenderjahr nicht erfüllt, ist der Netzbetreiber wie oben beschrieben verpflichtet, trotz gültiger Genehmigung die Netznutzung nach den allgemeinen Netzentgelten vorzunehmen.

### 7. Sonstiges

Bei der Beantragung der Genehmigung individueller Netzentgeltvereinbarungen nach § 19 Abs. 2 S. 1 StromNEV sind die nachfolgenden sonstigen Vorgaben zu beachten.

### 7.1. Abnahmestelle

Unter dem Begriff der Abnahmestelle im Sinne von § 19 Abs. 2 StromNEV ist grundsätzlich die Summe aller räumlich zusammenhängenden elektrischen Einrichtungen eines Letztverbrauchers zu verstehen, die sich auf einem in sich abgeschlossenen Betriebsgelände befinden, untereinander elektrisch verbunden sind sowie über einen oder mehrere Entnahmepunkte mit dem Netz des unmittelbar vorgelagerten Netzbetreibers verbunden sind.

Entscheidend für ein räumlich zusammenhängendes Betriebsgelände ist, dass einerseits eine erkennbare Abgrenzung des Betriebsgeländes nach außen (Mauer, Zaun, Graben, etc.) vorhanden ist, so dass das Gelände von außen als räumlich zusammengehörend wahrgenommen wird. Andererseits sollten alle Teile des genutzten Areals räumlich miteinander verbunden sein, beispielsweise mittels entsprechender Brückenbauwerke bzw. Rohrüberquerungen. Die bloße Durchquerung einer Bahntrasse oder einer öffentlichen Straße steht dabei der Einstufung als räumlich zusammenhängendes Betriebsgelände nicht entgegen.

**Anlage § 019–01**                                                                         Zu § 19 Stromnetzentgeltverordnung

Das Bestehen eines räumlichen Zusammenhangs zwischen den elektrischen Einrichtungen auf dem Betriebsgelände eines Letztverbrauchers setzt zudem voraus, dass die Möglichkeit besteht, die betreffenden Entnahmepunkte untereinander elektrisch miteinander zu verbinden. Die bloße Möglichkeit der baulichen Errichtung ist dabei nicht ausreichend. Vielmehr zielt die Regelung darauf ab, dass die bestehende technische Verbindung nicht permanent im geschlossenen Zustand gefahren werden muss, jedoch durch eine Schalthandlung die Möglichkeit besteht, diese Verbindung herzustellen. Zudem muss diese Verbindung einen hohen Anteil des Leistungsbedarfs von einem zum anderen Entnahmepunkt leiten können. Die Spannungsebene ist hierfür unerheblich.

Sofern die Sammelschiene im Eigentum des Netzbetreibers ist, stellt sie als gemeinsamer Anschlusspunkt im Umspannwerk keine kundenseitige Verbindung, d.h. eine Verbindung innerhalb des unterlagerten Netzes, dar. Verbindungsleitungen Dritter in unterlagerten fremden Netzen erfüllen die Bedingungen der kundenseitigen Verbindbarkeit ebenfalls nicht.

Die Zusammenfassung mehrer Entnahmepunkte zu einer Abnahmestelle ist nicht möglich, wenn der Letztverbraucher an geografisch verschiedenen Stellen mit dem Netz der allgemeinen Versorgungen verbunden ist oder die Abnahme in unterschiedlichen Spannungsebenen oder aus unterschiedlichen Netzgebieten erfolgt.

Sind die Anschlusskriterien an das Netz des Netzbetreibers erfüllt, erfolgt die Bewertung der Genehmigungsvoraussetzungen anhand des Abnahmeverhaltens an der zusammengefassten Abnahmestelle des Letztverbrauchers. Werden diese nicht erfüllt, erfolgt die Prüfung der Genehmigungsvoraussetzungen separat für jede Abnahmestelle. Im Ergebnis ist der Begriff der Abnahmestelle im Sinne von § 19 Abs. 2 StromNEV somit weiter zufassen als der im § 17 StromNEV verwendete Begriff der Entnahmestelle.

### 7.2. Zuruf- oder Abschaltregelung

Zusätzlich zu einer reinen Hochlastzeitfensterregelung kann der Netzbetreiber auch weiterhin den Abschluss einer um „Zuruf - oder Abschaltregelungen" ergänzten Hochlastzeitfensterregelung anbieten. Danach kann sich der Letztverbraucher etwa dazu verpflichten, seine Leistung während eines bestimmten Zeitraums innerhalb der Hochlastzeitfenster zu reduzieren, und dem Netzbetreiber das Recht einräumen, den Leistungsbezug des Letztverbrauchers im Falle von außerhalb dieses vereinbarten „Kernzeitraums" auftretenden Höchstlasten per Fernabschaltung zu reduzieren oder auf Zuruf drosseln zu lassen. Im Ergebnis führt eine solche Regelung zur Flexibilisierung der Hochlastzeitfenster in den Randbereichen, ohne von dem Grundprinzip der Ermittlung von Hochlastzeitfenstern abzugehen. Maßgeblich für die Berechnung des individuellen Netzentgelts ist dann die höchste Jahresleistung des Letztverbrauchers innerhalb des Kernzeitraums.

Denkbar ist auch, dass sich der Letztverbraucher zu einer dauerhaften Leistungsreduzierung innerhalb der Hochlastzeitfenster verpflichtet, er aber mit Zustimmung des Netzbetreibers berechtigt ist, in bestimmten Ausnahmefällen seine Leistung auch innerhalb eines Hochlastzeitfensters nicht zu drosseln. Die Zustimmung durch den Netzbetreiber darf nur dann erteilt werden, wenn nicht zu erwarten ist, dass es während dieser zusätzlichen Hochlastzeiten des Letztverbrauchers zu einer zeitgleichen Höchstlast des Netzes kommen wird („umgekehrte Zurufregelung"). In diesem Falle ist für die Berechnung des individuellen Entgelts der Leistungsbezug im Hochlastzeitfenster irrelevant. Die für die Ermittlung der Lastverschiebung maßgeblichen Hochlastzeitfenster reduzieren sich entsprechend.

In der Konsultation wurde angeregt, zur Beseitigung von Unklarheiten, spezifische Zeitfenster für die Zulässigkeit oder Unzulässigkeit von Zurufregelungen zu definieren und hierfür verbindliche Vorgaben zu treffen. Dies erscheint nach Auffassung der Regulierungsbehörde indes nicht geboten, da die vorgeschlagenen Zeitrahmen für Kernzeiten von bis zu 8 Stunden und Schwachlastzeiten von mindestens 12 Stunden keine Steuerungswirkung mehr entfalten und sich daher als ungeeignet darstellen.

Dagegen ist es nicht möglich, für die gemäß § 19 Abs. 2 S. 1 StromNEV zu treffende Prognoseentscheidung ausschließlich auf bestehende vertragliche oder technische Gegebenheiten abzustellen, da in diesen Fällen die Entscheidung, unter welchen Voraussetzungen eine atypische Netznutzung anzunehmen ist, nicht mehr anhand einheitlicher und für alle Letztverbraucher verbindlicher Kriterien durch die Regulierungsbehörde erfolgt, sondern letztlich anhand eigener Kriterien vom Netzbetreiber selbst getroffen würde.

Insofern können reine Abschalt- oder Zurufregelungen, d.h. ein völliges Absehen von Hochlastzeitfenstern, nach Einschätzung der Regulierungsbehörde nicht in den Anwendungsbereich des § 19 Abs. 2 S. 1 StromNEV fallen, da in diesen Fällen kein atypisches Nutzungsverhalten im Sinne der Regelung mehr vorliegt. Dies bedeutet jedoch nicht, dass derartige Regelungen per se als unzulässig zu betrachten sind. Vielmehr könnte es sich nach Auffassung der Regulierungsbehörde möglicherweise um Maßnahmen nach § 13 Abs. 1 i.V.m. § 14 EnWG handeln. Entsprechende Vertragsgestaltungen unterliegen nach Auffassung der Regulierungsbehörde allerdings keiner Genehmigungspflicht, da in diesen Fällen

Zu § 19 Stromnetzentgeltverordnung **Anlage § 019–01**

die Abrechnung der Netzleistung nach allgemeinem Netzentgelt erfolgt, auf das insoweit eine individuell vereinbarte Vergütung für die auf Veranlassung des Netzbetreibers erfolgte Leistungsreduzierung anzurechnen ist.

Eine Einschränkung der bisher im Leitfaden getroffenen Regelungen ist nicht beabsichtigt, vielmehr sollen diese inhaltlich weiterhin gelten. Auch eine Verpflichtung des Netzbetreibers zum Angebot einer Zuruf- oder Abschaltregelung an den Lieferanten ist nicht erforderlich, da hier eine starre regulatorische Vorgabe den spezifischen Bedürfnissen möglicherweise nicht ausreichend Rechnung tragen könnte. Die Regulierungsbehörde sieht keine Veranlassung, von der bisherigen Einschätzung abzuweichen.

Eine Einbeziehung der Lieferanten, wie teilweise gefordert, in die Zuruf- oder Abschaltregelungen ist nicht geboten. Das Ziel, das Netz des Netzbetreibers durch gesteuerte Eingriffe zu entlasten, wird bereits durch das Zusammenwirken von Netzbetreiber und Letztverbraucher verwirklicht. Auch die Bilanzierungspflichten des Lieferanten erfordern keine Einbeziehung in die getroffenen Regelungen zwischen Netzbetreiber und Letztverbraucher, da diese nicht im unmittelbaren Zusammenhang mit der Laststeuerung stehen.

Eine in der Konsultation geforderte Klarstellung der Ablehnungsgründe hinsichtlich des Ersuchens eines Letztverbrauchers für eine Zuruf- oder Abschaltregelung, gegebenenfalls unter Anlehnung an § 20 Abs. 2 EnWG, erscheint auf Grundlage der bisherigen Erfahrungswerte nicht notwendig. Hinsichtlich einer Anlehnung an § 20 Abs. 2 EnWG ist festzustellen, dass es sich bei einer Zuruf- oder Abschaltregelung nicht um eine Verpflichtung des Netzbetreibers handelt, so dass eine Übertragung unpassend erscheint. Zudem sind auch die Regelungsgegenstände verschieden, da im Rahmen der Festlegung ein Zugang zum Versorgungsnetz des Netzbetreibers bereits besteht, wohingegen ein solcher im Rahmen von § 20 Abs. 2 EnWG erst begehrt wird.

7.3. Lieferanten/ integrierte Stromlieferverträge

Der Abschluss einer individuellen Netzentgeltvereinbarung ist auch im Falle des Bestehens eines integrierten Stromliefervertrages (All-inclusive-Vertrag) möglich.

Einer Genehmigung nach § 19 Abs. 2 S. 1 StromNEV steht nicht entgegen, dass der Letztverbraucher im Falle eines integrierten Stromliefervertrages (All-inclusive-Vertrag) nicht selbst Netznutzer ist. Bei entsprechender Vertragsgestaltung werden die Netznutzungsverträge nicht zwischen Netzbetreiber und Letztverbraucher abgeschlossen, sondern sind Bestandteil des Lieferantenrahmenvertrags zwischen Netzbetreiber und Lieferant (Netznutzer). Netznutzer und damit auch Netzentgeltverpflichteter ist in diesen Fällen nicht der Letztverbraucher, sondern der Lieferant. Würde man ein unmittelbares Netznutzungsverhältnis zwischen Letztverbraucher und Netzbetreiber zur Tatbestandsvoraussetzung des § 19 Abs. 2 S. 1 StromNEV machen, hätte dies zur Folge, dass während der Laufzeit eines Lieferantenrahmenvertrages weder der Letztverbraucher noch der Lieferant in den Genuss eines individuellen Netzentgelts nach § 19 Abs. 2 S. 1 StromNEV kommen könnte, weil es einerseits dem Letztverbraucher am Merkmal der eigenen Netznutzung und andererseits dem Lieferanten am Merkmal des Letztverbrauchers fehlt.

Es widerspricht jedoch der Intention des § 19 Abs. 2 S. 1 StromNEV, nur jenen Letztverbrauchern einen Anspruch auf ein individuelles Netzentgelt zuzugestehen, die in einem direkten Vertragsverhältnis mit dem Netzbetreiber stehen, während Letztverbraucher ohne eigenen Netznutzungsvertrag vom Anwendungsbereich des § 19 Abs. 2 S. 1 StromNEV ausgeschlossen würden. Denn auch diese werden, jedenfalls mittelbar, über den Netznutzer voll zur Deckung der Netzkosten des Netzbetreibers herangezogen.

Hinsichtlich der konkreten Vertragsausgestaltung kommen folgende Varianten in Betracht:

Variante 1: Der Netzbetreiber und der Letztverbraucher schließen eine Vereinbarung über ein individuelles Netzentgelt gemäß § 19 Abs. 2 S. 1 StromNEV. Dies gilt auch, wenn bei Vorliegen eines integrierten Lieferantenverhältnisses der Lieferant der eigentliche Netznutzer ist. Voraussetzung dafür ist jedoch, dass der Lieferant dem Abschluss der Vereinbarung zugestimmt hat, da die Vereinbarung unmittelbare Auswirkungen auf die Abwicklung des zwischen ihm und dem Netzbetreiber bestehenden Nutzungsvertrages hat.

Variante 2: Der Letztverbraucher erteilt seinem Lieferanten eine Vollmacht zur Ausübung seines Rechts aus § 19 Abs. 2 S. 1 StromNEV. Dieser vereinbart in Ergänzung zum bestehenden Lieferantenrahmenvertrag ein individuelles Netzentgelt zugunsten des über die betreffende Abnahmestelle versorgten Letztverbrauchers.

Variante 3: In einem dreiseitigen Vertrag zwischen Netzbetreiber, Netznutzer und Letztverbraucher wird ein individuelles Netzentgelt zugunsten des über die betreffende Abnahmestelle versorgten Letztverbrauchers vereinbart.

**Anlage § 019–01**                                           Zu § 19 Stromnetzentgeltverordnung

Alle drei Varianten sind aus Sicht der Bundesnetzagentur geeignet, das oben skizzierte Problem des Auseinanderfallens von Netznutzung und Letztverbraucher in einer praktikablen und sachgerechten Weise zu lösen, in dem sowohl die Vereinbarung des Letztverbrauchers mit dem Netzbetreiber als auch die Vereinbarung des Lieferanten mit dem Netzbetreiber vom Einverständnis der jeweils anderen Partei abhängig gemacht wird. Den Beteiligten wird insoweit die Möglichkeit eingeräumt, ihre ggf. gegenläufigen Interessen im Vorfeld der Einwilligung einvernehmlich zu klären und so zu einem allen betroffenen Parteien gerecht werdenden Interessenausgleich zu kommen.

Soweit in der Konsultation im Zusammenhang mit Variante 1 der Einwand vorgetragen wurde, dass im Falle integrierter Stromlieferverträge die sich aus der Netznutzung ergebenden Rechte und Pflichten nicht zwischen dem Letztverbraucher und dem Netzbetreiber, sondern ausschließlich zwischen dem Netzbetreiber und dem Lieferanten bestehen und der Letztverbraucher diesbezüglich gar nicht mehr in der Lage ist, mit dem Netzbetreiber im eigenen Namen entsprechende vertragliche Regelungen zu treffen, wurde dem dadurch Rechnung getragen, dass die bloße Kenntnisnahme nun nicht mehr ausreicht, sondern die explizite Zustimmung des Lieferanten zur zwischen dem Netzbetreiber und dem Letztverbraucher geschlossenen individuellen Netzentgeltvereinbarung erforderlich ist.

Nicht angeschlossen hat sich die Bundesnetzagentur dem Vorschlag, bei Bestehen eines integrierten Stromliefervertrages ausschließlich eine Vereinbarung zwischen Netzbetreiber und Lieferant nach erfolgter vorheriger Ermächtigung gemäß § 185 BGB durch den Letztverbraucher zuzulassen. Für eine derartige Lösung spräche zwar, dass sie sowohl den Interessen der Letztverbraucher, als auch der betroffenen Lieferanten ausreichend Rechnung tragen würde. Sie erscheint jedoch rechtlich nicht unproblematisch, weil es sich bei der individuellen Netzentgeltvereinbarung um ein schuldrechtliches Verpflichtungsgeschäft handelt, § 185 BGB nach herrschender Auffassung jedoch nur auf Verfügungsgeschäfte anwendbar ist (z. B. Heinrichs, in: Palandt, BGB, § 185 Rn. 3; Jauernig, in: Jauernig, BGB, § 185 Rn. 3, jeweils m. w. N.).

Ebenfalls nicht angeschlossen hat sich die Bundesnetzagentur dem Vorschlag, dem Lieferanten bei Bestehen eines integrierten Stromlieferungsvertrages in analoger Anwendung des § 19 Abs. 2 S. 1 StromNEV einen eigenen, von der Mitwirkung des Letztverbrauchers völlig losgelösten Anspruch auf Abschluss einer individuellen Netzentgeltvereinbarung einzuräumen. Hiergegen spricht, dass in diesem Fall für den Lieferanten kaum noch ein Anreiz bestehen würde, die erzielten Vergünstigungen auch an den Letztverbraucher weiterzugeben. Darüber hinaus würde die Möglichkeit einer analogen Anwendung das Bestehen einer tatsächlichen gesetzlichen Regelungslücke voraussetzen. Dies erscheint der Regulierungsbehörde jedoch fraglich, da es dem Verordnungsgeber im Rahmen des § 19 Abs. 2 S. 1 StromNEV primär darum ging, ein aus seiner Sicht besonders netzdienliches Nutzungsverhalten zu honorieren. Diese Intention würde jedoch leerlaufen, wenn man dem Lieferanten ein von der Mitwirkung des Letztverbrauchers unabhängigen Anspruch zusprechen würde.

Von verschiedenen Seiten wurde im Zusammenhang mit dem vorliegenden Festlegungsverfahren auch der Wunsch nach einer für alle Beteiligten verbindlichen Mustervereinbarung geäußert. Die verbindliche Vorgabe einer oder mehrer Mustervereinbarungen für die oben dargestellten Vertragskonstellationen als Bestandteil der vorliegenden Festlegung würde jedoch aus Sicht der Regulierungsbehörde den Spielraum für mögliche individuelle Vertragsgestaltungen und damit die Vertragsautonomie der Beteiligten übermäßig einschränken. Unabhängig hiervon beabsichtigt die Regulierungsbehörde jedoch losgelöst von der eigentlichen Festlegung einen unverbindlichen Vorschlag für mögliche, sowohl den Anforderungen des § 19 Abs. 2 S. 1 StromNEV als auch der vorliegenden Festlegung gerecht werdende Mustervereinbarungen sowie zum Zwecke der Antragserleichterung einen elektronischen Erhebungsbogen auf ihrer Internetseite zu veröffentlichen.

7.4. Geschlossene Verteilernetze

Aufgrund der Neuregelung des § 110 EnWG, wonach geschlossene Verteilernetze mit Ausnahmen grundsätzlich der Regulierung unterliegen, sind diese mit Blick auf § 19 Abs. 2 S. 1 StromNEV nicht mehr als Letztverbraucher im Sinne des § 19 Abs. 2 S. 1 StromNEV einzustufen.

Letztverbraucher im Sinne der Regelungen des Energiewirtschaftsrechts sind gemäß § 3 Nr. 25 EnWG natürliche oder juristische Personen, die Energie für den eigenen Verbrauch kaufen. Bei einem Betreiber eines geschlossenen Verteilernetzes erfolgt der von ihm erfolgte Kauf von Energie nicht für den eigenen Verbrauch, sondern zum Zwecke der Belieferung der an das geschlossene Verteilernetz angeschlossenen Netznutzer. Nur diese können, sofern sie die in § 19 Abs. 2 S. 1 StromNEV genannten Voraussetzungen erfüllen, einen Anspruch auf Abschluss einer individuellen Netzentgeltvereinbarung gem. § 19 Abs. 2 S. 1 StromNEV gegenüber dem Betreiber des geschlossenen Verteilernetzes geltend machen. Der Betreiber eines geschlossenen Verteilernetzes ist damit selbst nicht berechtigt, Anträge gemäß § 19 Abs. 2 S. 1 StromNEV zu stellen, da er gemäß § 110 EnWG mit Ausnahme bestimmter dort explizit genannter regulatorischer Privilegierungen grundsätzlich wie ein ganz normaler Betreiber eines Elektrizitätsversorgungsnetzes zu behandeln ist und damit gerade kein Letztverbraucher i.S.v. § 19 Abs. 2 S. 1 StromNEV sein kann.

Dem steht entgegen einer Stellungnahme auch nicht die von der Regulierungsbehörde vorgenommene Festlegung eines Umlagesystems (vgl. Beschluss BK8-11-024 vom 14.12.2011) entgegen. Aus der Festlegung an sich ergeben sich bereits deshalb keine präjudizierenden Wirkungen auf das Genehmigungsverfahren nach § 19 Abs. 2 S. 1 StromNEV, weil es insoweit um völlig unterschiedliche Regelungstatbestände geht. Während § 19 Abs. 2 S. 1 StromNEV das „Ob" der Genehmigung regelt, wird mit der Festlegung der Regulierungsbehörde davon unabhängig das „Wie" des Ausgleiches in den Blick genommen (vgl. Beschluss des OLG Thüringen vom 23.04.2012, Az. 2 Kart 1/12).

Im Übrigen können Betreiber geschlossener Verteilernetze unter bestimmten Voraussetzungen durchaus auch unter den Anwendungsbereich des von der Beschlusskammer 8 festgelegten Umlagesystems fallen. Diese können ihre mit dem Abschluss individueller Netzentgeltvereinbarungen verbundenen Mindererlöse grundsätzlich ebenfalls im Rahmen des in § 19 Abs. 2 S. 6 und 7 StromNEV geregelten Wälzungsmechanismus an den vorgelagerten Übertragungsnetzbetreiber weiterreichen.

### 7.5. Kundenanlagen

Betreiber von Kundenanlagen i. S. v. § 3 Nummer 24a/b EnWG sind grundsätzlich berechtigt, Anträge nach § 19 Abs. 2 S. 1 StromNEV zu stellen. Voraussetzung hierfür ist, dass sie im Hinblick auf den selbst verbrauchten Strom die in Satz 1 genannten Voraussetzungen erfüllen. Dagegen ist eine Einbeziehung der von den übrigen Nutzern der Kundenanlage bezogenen Verbrauchsmengen nicht möglich. Die übrigen Nutzer der Kundenanlage hätten dann einen entsprechenden Anspruch gegen den vorgelagerten Netzbetreiber, wenn sie über einen abrechnungsrelevanten Zählpunkt i.S.v. § 20 1d EnWG zum unmittelbar vorgelagerten Netzbetreiber verfügen.

Im Rahmen der Konsultation wurde die vorstehende Regelung von keinem der Beteiligten grundsätzlich in Frage gestellt. Allerdings wurde eine Klarstellung erbeten, welche Anforderungen an die vom Betreiber der Kundenanlage intern vorgenommene Messung des von den übrigen Nutzern der Kundenanlage bezogenen Stroms zu stellen sind, um eine hinreichende Ermittlung des selbst verbrauchten Stroms zu ermöglichen.

Diesbezüglich ist aus Sicht der Regulierungsbehörde für eine ordnungsgemäße Bestimmung des an der betroffenen Abnahmestelle eigenverbrauchten Stroms grundsätzlich ausreichend, wenn der Betreiber der Kundenanlage im Einvernehmen mit dem betroffenen Netzbetreiber eine sachgerechte Schätzung über die Verbrauchs- und Leistungswerte des eigenverbrauchten Stroms durchführt, die gegenüber der Regulierungsbehörde schriftlich bestätigt wird. Im Rahmen dessen ist auch die Testierung der Daten durch einen Wirtschaftsprüfer denkbar. Nur sofern der in einer Kundenanlage angeschlossene Dritte einen Lieferantenwechsel erstrebt, ist es aus Sicht der Regulierungsbehörde zwingend erforderlich, messtechnischen Voraussetzungen nach § 8 MessZV vorzuhalten.

Für die Ermittlung der von der Genehmigung nicht umfassten Netzentgelte ist der im Genehmigungsbescheid festgestellte Wert entscheidend. Dieser gilt für die Dauer der Genehmigung. Ausschließlich der verbleibende Anteil kann über den Belastungsausgleich nach § 19 Abs. 2 S. 6 StromNEV gegenüber dem vorgelagerten Übertragungsnetzbetreiber geltend gemacht werden. Eine über den im Bescheid festgestellten Anteil der begünstigten Netznutzung hinausgehende Berücksichtigung über den Belastungsausgleich ist dagegen nicht möglich. Der Anteil des Netzentgelts, der nicht von der Netzentgeltgenehmigung umfasst ist, sondern den an die Kundenanlage angeschlossenen Dritten zuzurechnen ist, ist gegenüber der Betreiberin der Kundenanlage in gewohnter Weise abzurechnen. Etwaig zu zahlende Netzentgelte für singulär genutzte Betriebsmittel sind entsprechend anteilig abzurechnen.

### 7.6. Nachtspeicherheizungen/Wärmepumpen

Eine zusätzliche Genehmigung nach § 19 Abs. 2 S. 1 StromNEV ist nicht erforderlich, da die Preisbestandteile für Nachtspeicherheizungen und Wärmepumpen bereits nach § 4 ARegV Bestandteil der Erlösobergrenzen sind.. In der Festlegung der Bundesnetzagentur zur § 19-Umlage vom 14.12.2011 wurde diesbezüglich festgestellt, dass eine bundesweite Umlage entgangener Erlöse aus unterbrechbaren Verbrauchseinrichtungen nicht sachgerecht ist. § 14a EnWG macht deutlich, dass für unterbrechbare Verbrauchseinrichtungen ein eigenes Preissegment zu schaffen ist. Daher sind unterbrechbare Verbrauchseinrichtungen im Sinne des § 14a EnWG dem unmittelbaren Anwendungsbereich des § 19 Abs. 2 StromNEV entzogen. Unterbrechbare Verbrauchseinrichtungen (z. B. Nachtspeicherheizungen und Wärmepumpen) sind somit zukünftig in einem separat zu bestimmenden Netzentgelt in Abweichung von § 17 Abs. 8 StromNEV zu erfassen.

**Anlage § 019–01**  Zu § 19 Stromnetzentgeltverordnung

## 8. Nachweis- und Mitwirkungspflichten gegenüber der Regulierungsbehörde

### 8.1. Nachweis- und Begründungspflicht

Gemäß § 19 Abs. 2 S. 9 StromNEV hat der Netzbetreiber unverzüglich alle erforderlichen Unterlagen zur Beurteilung der Genehmigungsvoraussetzungen eines individuellen Netzentgelts nach § 19 Abs. 2 S. 1 StromNEV vorzulegen.

Um eine möglichst zeitnahe und erfolgreiche Durchführung des Genehmigungsverfahrens zu realisieren, zählt hierzu insbesondere die Verpflichtung zur Vorlage folgender Angaben und Nachweise:

– eine zwischen Netzbetreiber und Letztverbraucher bzw. zwischen Netzbetreiber und Lieferanten (Netznutzer) abgeschlossene individuelle Netzentgeltvereinbarung,

– Angaben zum Netznutzungsvertrag für die Abnahmestelle, insbesondere Angaben, ob der Letztverbraucher selbst Netznutzer ist oder ob ein Lieferant im Rahmen eines Lieferantenrahmenvertrages mit dem Netzbetreiber die Rolle des Netznutzers einnimmt,

– alle zum Abschluss der vorgelegten individuellen Netzentgeltvereinbarung und zur Antragstellung nach § 19 Abs. 2 S. 1 StromNEV erforderlichen Vollmachten, sofern dies nicht unmittelbar in der individuellen Netzentgeltvereinbarung geregelt ist, und sofern der Antrag durch einen Verfahrensbevollmächtigten gestellt wurde,

– Angaben zu den maximalen Höchstlastbeträgen des Vorjahres (z. B. $HL_i^{LV}$ 2012),

– Angaben zu den Höchstlastbeträgen innerhalb der Hochlastzeitfenster des Vorjahres (z. B. $HL^{LV}_{HLZi}$ 2012),

– Angaben zur im Vorjahr in Anspruch genommenen Jahresarbeit (z. B. $W_{ges}$ 2012),

– Angabe der Benutzungsstundenzahl des Vorjahres,

– Angaben zu den für das erste Genehmigungsjahr prognostizierten maximalen Höchstlastbeträgen (z. B. Prog. $HL_i^{LV}$ 2013),

– Angaben zu den für das erste Genehmigungsjahr prognostizierten Höchstlastbeträgen innerhalb der einzelnen Hochlastzeitfenster (z. B. Prog. $HL^{LV}_{HLZi}$ 2013),

– Angaben zur für das erste Genehmigungsjahr prognostizierten Jahresarbeit (z. B. Prog. $W_{ges}$ 2013),

– Angabe der für das erste Genehmigungsjahr prognostizierten Benutzungsstundenzahl,

– Angaben zur Höhe der jeweils für die betreffende Entnahmeebene veröffentlichten allgemeinen Leistungs- und Arbeitspreise (Preisblätter),

– Angaben zu den Hochlastzeitfenster für das erste Genehmigungsjahr,

– Angaben zum betroffenen Netzbetreiber, Letztverbraucher und ggf. zum Lieferanten im Antrag und in der individuellen Entgeltvereinbarung,

– Angaben zur Firmierung und zur Haftung des Letztverbrauchers, z. B. bei der Rechtsform der GmbH & Co. KG auch Angabe über den Komplementär, also die persönlich haftende Gesellschaft,

– eindeutige Angaben zur betroffenen Abnahmestelle im Antrag und in der individuellen Entgeltvereinbarung (ggf. Vorlage des Netzplans),

– eindeutige Angabe der Spannungsebene des Letztverbrauchers im Antrag und in der individuellen Entgeltvereinbarung,

– Angabe der Branche, in der der Letztverbraucher tätig ist, inklusive Angabe der Tätigkeit/Produktion an der betroffenen Abnahmestelle,

– eine nachvollziehbare Begründung, warum der Letztverbraucher in der Lage sein wird, die in der Festlegung genannten Voraussetzungen für ein individuelles Netzentgelt im Genehmigungszeitraum zu erreichen. Neben dem Nachweis über die Verbrauchs- und Leistungswerte des Vorjahres ist eine ausführliche Beschreibung der leistungsintensiven Prozesse und deren Flexibilitäts- bzw. Steuerungspotentiale erforderlich, um zu belegen, dass die Voraussetzung auch in Zukunft erfüllt werden können.

Die Nachweis- und Begründungspflichten sind gem. § 19 Abs. 2 S. 5 StromNEV grundsätzlich durch den Netzbetreiber zu erfüllen. Im Zuge der Verfahrensbeschleunigung sieht es die Regulierungsbehörde jedoch als sachgerecht an, fehlende Angaben im Rahmen seiner im Verwaltungsverfahren bestehenden Mitwirkungspflicht zunächst beim Antragsteller, sofern dieser selbst nicht der Netzbetreiber ist, einzuholen. Wie bereits oben unter Punkt 7.3 ausgeführt, beabsichtigt die Regulierungsbehörde den Antragstellern zur Antragserleichterung in Kürze einen entsprechenden elektronischen Erhebungsbogen zur Verfügung zu stellen.

## 8.2. Berichtspflichten

Nach Erteilung der Genehmigung muss der betroffene Netzbetreiber unverzüglich (innerhalb des 1. Jahresquartals des Folgejahres) der Regulierungsbehörde einen Nachweis über die Einhaltung der Genehmigungskriterien für ein individuelles Netzentgelt gemäß § 19 Abs. 2 S. 1 StromNEV sowie einen Nachweis über die tatsächlich geltend gemachten Mindererlöse gemäß § 19 Abs. 2 S. 6 und 7 StromNEV vorlegen. Hierfür steht ab 2013 auf der Internetseite der Regulierungsbehörde ein Erhebungsbogen zur Verfügung. In diesen sind die tatsächlichen Verbrauchs- und Leistungsdaten sowie die Mindererlöse je genehmigter Vereinbarung einzeln darzustellen. Die Summe der Mindererlöse muss darüber hinaus durch ein Wirtschaftsprüfertestat bestätigt sein. Die Nachweise sind in elektronischer Form der jeweils zuständigen Regulierungsbehörde zu übermitteln. Die Übermittlung an die Bundesnetzagentur hat über das Energiedatenportal zu erfolgen.

Die Verpflichtung zur Vorlage dieser Nachweise dient insoweit dem Zweck, der Regulierungsbehörde die Kontrolle der Einhaltung des § 19 Abs. 2 S. 9 StromNEV zu ermöglichen. Insbesondere soll die Prüfung ermöglicht werden, ob die ursprünglich nach § 19 Abs. 2 S. 1 StromNEV prognostizierten Voraussetzungen auch tatsächlich eingetreten sind oder ob die Abrechnung der Netznutzung gemäß § 19 Abs. 2 S. 10 StromNEV nach den allgemein gültigen Netzentgelten zu erfolgen hat.

Zusätzlich soll die Regulierungsbehörde in die Lage versetzt werden, die mit dem vorgesehenen Wälzungsmechanismus verbundenen tatsächlichen Kostenverlagerungen auf die Übertragungsnetzbetreiber nach § 19 Abs. 2 S. 6 StromNEV bzw. die tatsächliche Verrechnung der Mindererlöse zwischen den Übertragungsnetzbetreibern nach § 19 Abs. 2 S. 7 StromNEV im Hinblick auf die Ermittlung der Erlösobergrenzen gemäß § 4 ARegV nachvollziehen zu können.

Entgegengesetzt zu Stellungnahmen, den Nachweis bis zum 30.06. des Folgejahres zu erbringen, hält es die Regulierungsbehörde für sachgerecht, das 1. Quartal des Folgejahres heranzuziehen. Durch die zusätzliche Angabe der Summe der Mindererlöse entfällt die Möglichkeit, die Nachweispflicht auf den Letztverbraucher bzw. Lieferanten zu übertragen.

## 9. Widerrufsvorbehalt

Die Regulierungsbehörde behält sich gemäß § 36 Abs. 2 Ziff. 3 VwVfG den Widerruf dieser Festlegungsentscheidung vor. Dieser Vorbehalt soll insbesondere sicherstellen, dass neue Erkenntnisse berücksichtigt werden können, soweit dies erforderlich ist. Nur so kann die Zukunftsoffenheit aufgrund eines derzeit nicht konkret absehbaren Anpassungsbedarfs gewährleistet werden. Hiervon wird das berechtigte Bedürfnis der Unternehmen nach Planungssicherheit nicht beeinträchtigt, da solche Erwägungen in einem etwaigen Änderungsverfahren unter Beachtung der Verhältnismäßigkeit zu berücksichtigen sind.

## III. Kosten

Hinsichtlich der Kosten bleibt ein gesonderter Bescheid gemäß § 91 EnWG vorbehalten.

### Rechtsmittelbelehrung

Gegen diese Entscheidung ist die Beschwerde zulässig. Sie ist schriftlich binnen einer mit der Bekanntgabe der Entscheidung beginnenden Frist von einem Monat bei der Bundesnetzagentur für Elektrizität, Gas, Telekommunikation, Post und Eisenbahnen, Tulpenfeld 4, 53113 Bonn (Postanschrift: Postfach 80 01, 53105 Bonn) einzureichen. Zur Fristwahrung genügt jedoch, wenn die Beschwerde innerhalb dieser Frist bei dem Beschwerdegericht, dem Oberlandesgericht Düsseldorf (Hausanschrift: Cecilienallee 3, 40474 Düsseldorf), eingeht.

Die Beschwerde ist zu begründen. Die Frist für die Begründung beträgt einen Monat ab Einlegung der Beschwerde. Sie kann auf Antrag vom Vorsitzenden des Beschwerdegerichts verlängert werden. Die Beschwerdebegründung muss die Erklärung enthalten, inwieweit die Entscheidung angefochten und ihre Abänderung oder Aufhebung beantragt wird. Ferner muss sie die Tatsachen und Beweismittel angeben, auf die sich die Beschwerde stützt. Beschwerdeschrift und Beschwerdebegründung müssen von einem Rechtsanwalt unterzeichnet sein.

Die Beschwerde hat keine aufschiebende Wirkung (§ 76 Abs. 1 EnWG).

Dr. Frank-Peter Hansen
– Vorsitzende –

Rainer Busch
– Beisitzer –

Mario Lamoratta
– Beisitzer –

**Anlage § 019–02**　　　　　　　　　　　　　　　Zu § 19 Stromnetzentgeltverordnung

## BK4-13-739 zur Änderung BK4-12-1656

Beschluss vom 11.12.2013

Quelle: Bundesnetzagentur
http://www.bundesnetzagentur.de/cln_1431/DE/Service-Funktionen/Beschlusskammern/
1BK-Geschaeftszeichen-Datenbank/BK4-GZ/2013/bis_0999/2013_700bis799/BK4-13-739_BKV/
BK4-13-739_Entscheidung_BF.html

### Beschluss

In dem Verwaltungsverfahren zur Festlegung hinsichtlich der sachgerechten Ermittlung individueller Entgelte nach § 29 Abs. 1 und Abs. 2 Satz 1 EnWG i.V.m. § 19 Abs. 2 StromNEV und § 30 Abs. 2 Nummer 7 StromNEV in der Fassung des Art. 2 der Verordnung zur Änderung von Verordnungen auf dem Gebiet des Energiewirtschaftsrechts vom 14.08.2013 (BGBl. I S. 3250) mit Wirkung ab dem 01.01.2014 Verfahrensbeteiligte:

Akzo Nobel Industrial Chemicals GmbH, Kreuzauer Str. 46, 52355 Düren,
Verfahrensbevollmächtigte: CMS Hasche Sigle, Schöttlestraße 8, 70597 Stuttgart,　　Beigeladene 1),
Bundesverband der Energie-Abnehmer e.V., Zeißstraße 72, 30519 Hannover,　　Beigeladene 2),
VIK Verband der Industriellen Energie- und Kraftwirtschaft e. V.,
Richard-Wagner-Straße 41, 45128 Essen,　　Beigeladene 3),
Vodafone Group Services GmbH, Ferdinand-Braun-Platz 1, 40549 Düsseldorf,
Verfahrensbevollmächtigte: CMS Hasche Sigle, Schöttlestraße 8, 70597 Stuttgart,　　Beigeladene 4),
VW Kraftwerk GmbH, Berliner Ring 2, 38440 Wolfsburg,
Verfahrensbevollmächtigte: CMS Hasche Sigle, Schöttlestraße 8, 70597 Stuttgart,　　Beigeladene 5),

hat die Beschlusskammer 4 der Bundesnetzagentur für Elektrizität, Gas, Telekommunikation, Post und Eisenbahnen, Tulpenfeld 4, 53113 Bonn,

durch

den Vorsitzenden Matthias Otte,
den Beisitzer Rainer Busch und
den Beisitzer Mario Lamoratta

am 11.12.2013

beschlossen:

1. Die mit Beschluss BK4-12-1656 vom 05.12.2012 erlassene „Festlegung zur Ermittlung sachgerechter Entgelte im Rahmen der Genehmigung von individuellen Netzentgeltvereinbarungen gemäß § 29 Abs. 1 EnWG für § 19 Abs. 2 S. 1 StromNEV" wird aufgrund § 29 Abs. 2 Satz 1 EnWG dahingehend abgeändert, dass für individuelle Netzentgeltvereinbarungen nach § 19 Abs. 2 S. 1 StromNEV mit erstmaligem Geltungszeitraum ab dem 01.01.2014 die nachfolgend unter Nrn. 2 und 4. bis 7 des Tenors enthaltenen Vorgaben gelten. Im Übrigen, namentlich für individuelle Netzentgeltvereinbarungen, die Geltungszeiträume vor dem 01.01.2014 mit umfassen, bleibt die vorgenannte Festlegung in der Fassung vom 05.12.2012 unverändert bestehen.

2. Für die sachgerechte Ermittlung individueller Netzentgelte nach § 19 Abs. 2 S. 1 StromNEV gelten die nachfolgenden Kriterien:

    a) Hochlastzeitfenster

    Die Zeitfenster, innerhalb derer ein atypischer Netznutzer im Vergleich zu den übrigen Netznutzern eine Lastabsenkung aufweist (Hochlastzeitfenster des Netzes), sind durch den Netzbetreiber zu ermitteln. Sie sind für jeden Netzbetreiber und für jede Netz- oder Umspannebene gesondert zu bestimmen. Relevant ist jeweils die Netz- oder Umspannebene, aus welcher der betreffende Letztverbraucher elektrische Energie entnimmt.

    b) Referenzzeitraum und Veröffentlichung

    Als Datenbasis für die Ermittlung der Hochlastzeitfenster ist grundsätzlich auf den Zeitraum unmittelbar vor dem vereinbarten Geltungszeitraum abzustellen. Da die Hochlastzeitfenster im Interesse der Planungssicherheit der Beteiligten spätestens zu Beginn des Vereinbarungszeitraums bekannt sein müssen, um insbesondere dem Letztverbraucher die Möglichkeit zu geben, sein individuelles Netznutzungsverhalten an den Zeitfenstern auszurichten, soll die Berechnung der Hochlastzeitfenster grundsätzlich auf Grundlage der Daten der Monate September bis Dezember des Vor-Vorjahres sowie den Monaten Januar bis August des dem Geltungszeitraums vorhergehenden Kalenderjahres (Referenzzeitraum) erfolgen. Die Hochlastzeitfenster können dann im Herbst des vorhergehenden Kalenderjahres berechnet werden und sind durch alle Netzbetreiber bis spätestens zum 31. Oktober zu veröffentlichen.

c) Maximalwertkurve des Tages

Zur Bestimmung der Hochlastzeitfenster ist im ersten Schritt die Maximalwertkurve des Tages für unterschiedliche Jahreszeiten zu bilden. Dabei ist von folgenden Jahreszeiten, die nicht den kalendarischen (astronomischen) Jahreszeiten entsprechen, auszugehen:

| Winter | 1. Januar bis 28. bzw. 29. Februar |
| Frühling | 1. März bis 31. Mai |
| Sommer | 1. Juni bis 31. August |
| Herbst | 1. September bis 30. November |
| Winter | 1. Dezember bis 31. Dezember |

Die Maximalwertkurve des Tages wird zusammengesetzt aus den einzelnen höchsten Viertelstundenmaximalwerten in allen Viertelstunden für die jeweilige Jahreszeit.

d) Trennlinie

Im zweiten Schritt ist zur Bestimmung der Hochlastzeitfenster eine Trennlinie grafisch als horizontale Linie in die vier Maximalwertkurven des Tages je Netz- und Umspannungsebene einzutragen. Die Höhe der Trennlinie je Netzebene ist zu bestimmen durch einen Fünf-Prozent-Abschlag auf die zeitgleiche Jahreshöchstlast des Referenzzeitraums. Es ergibt sich ein Wert für das gesamte Jahr, welcher für die Ermittlung der Hochlastzeitfenster aller Jahreszeiten gilt.

e) Bestimmung der Hochlastzeitfenster

Zur Bestimmung der Hochlastzeitfenster werden die Trennlinie und die jahreszeitlich spezifischen Maximalwertkurven übereinandergelegt. Ergeben sich hierbei Schnittpunkte zwischen der Trennlinie und der jahreszeitlich spezifischen Maximalwertkurve, so bilden die Segmente zwischen den Schnittpunkten oberhalb der Trennlinie und der jahreszeitlich spezifischen Maximalwertkurven die Hochlastzeiten. Die Segmente unterhalb der Trennlinie bestimmen die Nebenzeiten. Es ist möglich, dass für bestimmte Jahreszeiten keine Hochlastzeitfenster gebildet werden können.

Sofern sich im Einzelfall nur ein sehr kurzes Hochlastzeitfenster von weniger als drei Stunden ergibt, kann der Netzbetreiber dieses auf maximal drei Stunden pro Tag je Jahreszeit erweitern. Für den Fall, dass sich ein überlanges Hochlastzeitfenster ergibt, ist dieses vom Netzbetreiber auf eine Maximaldauer von zehn Stunden pro Tag und je Jahreszeit zu begrenzen.

Die Hochlastzeitfenster sind ausschließlich an Werktagen (Montag – Freitag) gültig. Wochenenden, Feiertage und maximal ein Brückentag pro Woche sowie die Zeit zwischen Weihnachten und Neujahr ( 24. Dezember – 1. Januar) gelten als Nebenzeiten.

Eine Berücksichtigung von Hochlastzeiträumen in vorgelagerten Netz- und Umspannebenen bei der Bildung von Hochlastzeitfenster in nachgelagerter Netz- und Umspannebene (sog. Top-Down-Überdeckung der Hochlastzeiten) ist nicht zulässig.

f) Berechnung des individuellen Netzentgelts

Für die atypische Netznutzung ist ein individuelles Netzentgelt zu berechnen, welches grundsätzlich auf den veröffentlichten allgemeinen Netznutzungsentgelten beruht.

Veröffentlichtes Entgelt i.S.d. § 19 Abs. 2 S. 1 StromNEV ist das für den Zeitraum jeweils jährlich geltende allgemeine Entgelt aus dem Preisblatt des Netzbetreibers, welches dem Vereinbarungszeitraum entspricht. Sowohl bei der Berechnung des allgemeinen als auch des individuellen Entgeltes sind die identischen Leistungs- und Arbeitspreis zugrunde zu legen. Hierbei ist für die Berechnung der Benutzungsdauer die tatsächliche Höchstlast heranzuziehen.

Leistungsspitzen, die nachweislich durch kuratives Redispatch, aufgrund von Anforderungen des Netzbetreibers oder durch die Erbringung negativer Regelenergie induziert wurden, sind bei der Ermittlung der in die Hochlastzeitfenster fallenden Jahreshöchstlast nicht zu berücksichtigen. Sofern der Letztverbraucher nicht unmittelbar an das Netz des die Regelenergiedienstleistungen anfordernden Übertragungsnetzbetreibers angeschlossen ist, ist er verpflichtet, Leistungsspitzen, die durch entsprechende Maßnahmen verursacht wurden, unverzüglich, spätestens jedoch innerhalb von drei Werktagen nach Auftreten der Leistungsspitze, bei dem unmittelbar für seine Versorgung zuständigen Netzbetreiber zu melden.

# Anlage § 019–02

*Zu § 19 Stromnetzentgeltverordnung*

Bei der Ermittlung des individuellen Leistungsentgeltes wird der Leistungspreis nicht mit der absoluten Jahreshöchstleistung multipliziert. Stattdessen wird bei der Ermittlung des individuellen Leistungsentgelts dieser Leistungspreis mit dem höchsten Leistungswert aus allen Hochlastzeitfenstern multipliziert. Unverändert bleibt die Ermittlung des Arbeitsentgeltes. Individuelles Leistungsentgelt und Arbeitsentgelt werden addiert. Das so berechnete reduzierte Entgelt ist mit dem allgemeinen Entgelt zu vergleichen und kann zu einer maximalen Reduzierung von 80 Prozent diesem gegenüber führen, vgl. § 19 Abs. 2 S. 1 StromNEV.

Dabei wird für Letztverbraucher unter 2.500 Benutzungsstunden eine Wahloption eingeräumt. Für die individuelle Netzentgeltermittlung kann bei Letztverbrauchern unterhalb von 2.500 Benutzungsstunden der allgemein gültige Leistungs- und Arbeitspreis (der jeweiligen Netzebene) oberhalb von 2.500 Benutzungsstunden für die Bestimmung des individuellen Netzentgelts herangezogen werden. Hierbei wird bei der Ermittlung des individuellen Leistungsentgelts der allgemeine Leistungspreis oberhalb von 2.500 Stunden mit dem höchsten Leistungswert des Letztverbrauchers aus allen Hochlastzeitfenstern multipliziert. Für die Ermittlung des Arbeitspreises wird der allgemeine Arbeitspreis oberhalb von 2.500 Stunden mit der Jahresgesamtarbeit des Letztverbrauchers multipliziert. Aus diesen beiden Komponenten ergibt sich das individuell zu zahlende Netzentgelt.

Das individuelle Netzentgelt ist mit dem ohne die Vereinbarung tatsächlich zu zahlenden allgemeinen Netzentgelt zu vergleichen und kann zu einer maximalen Reduzierung von 80 Prozent gegenüber diesem führen, vgl. 19 Abs. 2 S.1 StromNEV.

Ob die Wahloption in Anspruch genommen wird, muss dem Netzbetreiber spätestens zum Zeitpunkt des Abschlusses der individuellen Netzentgeltvereinbarung mitgeteilt werden. Hat der Letztverbraucher sich im Rahmen von § 19 Abs. 2 S. 1 StromNEV für die Geltungsdauer der Vereinbarung für die Wahloption entschieden, kann er während eines laufenden Kalenderjahres keine Umstellung des individuellen Netzentgeltes auf die Arbeits- und Leistungspreise unter 2.500 Benutzungsstunden geltend machen.

In den Folgejahren des ersten Jahres der Vereinbarung kann der Letztverbraucher dem Netzbetreiber jeweils bis spätestens zum 15. November mitteilen, ob er für das kommende Kalenderjahr an der Wahloption festhalten möchte oder ob die Berechnung wieder auf Basis der tatsächlichen allgemeinen Arbeits- und Leistungspreise unter 2.500 Stunden erfolgen soll. Erfolgt keine Mitteilung, wird angenommen, dass die für das laufende Kalenderjahr gewählte Berechnungsmethode auch im nächsten Jahr weiter gelten soll.

g) Erheblichkeitsschwelle

Ein individuelles Entgelt ist nur dann anzubieten, wenn die voraussichtliche Höchstlast des betroffenen Letztverbrauchers innerhalb des Hochlastzeitfensters einen ausreichenden Abstand zur voraussichtlichen Jahreshöchstlast außerhalb des Hochlastzeitfenster aufweisen kann. Insoweit sind für die betreffenden Netzebenen Mindestabstände (Erheblichkeitsschwellen) einzuhalten. Die jeweilige Erheblichkeitsschwelle ist prozentual und absolut anhand der Lastreduzierung zu bestimmen.

Bei der Ermittlung der prozentualen Lastreduzierung wird die Jahreshöchstlast des Letztverbrauchers ins Verhältnis gesetzt zur höchsten Last im Hochlastzeitfenster des Letztverbrauchers. Dabei ist auf die jeweilige Netz- bzw. Umspannebene abzustellen.

Erheblichkeitsschwelle des Letztverbrauchers:

$$\frac{\text{Jahreshöchstlast des LV} - \text{Höchste Last des LV im HLZF}}{\text{Jahreshöchstlast des LV}} * 100 \geq \text{Prozentwert der Netz-/Umspannungsebene}$$

Es gelten die nachfolgend dargestellten Schwellenwerte:

| Netz/Umspannebene | Erheblichkeitsschwelle |
|---|---|
| HöS | 5 % |
| HöS/HS | 10 % |
| HS | 10 % |
| HS/MS | 20 % |
| MS | 20 % |
| MS/NS | 30 % |
| NS | 30 % |

Darüber hinaus ist eine Mindestverlagerung von 100 kW in allen Netz- und Umspannebenen erforderlich.

Höchstlast des LV – Höchste Last des LV im HLZF ≥ 100 kW

h) Prognosewerte

Für die unter Ziffer 2. f. des Tenors dargestellte Berechnung sind hinreichend plausible Prognosewerte zugrunde zu legen. Diese können beispielsweise aus den Verbrauchwerten der Vorjahre abgeleitet werden.

i) Prognosebegründung

Nach § 19 Abs. 2 S. 1 StromNEV ist es für einen Anspruch auf Abschluss einer individuellen Netzentgeltvereinbarung ausreichend, wenn auf Grund vorliegender oder prognostizierter Verbrauchsdaten oder aufgrund technischer oder vertraglicher Gegebenheiten offensichtlich ist, dass der Höchstlastbetrag des Letztverbrauchers vorhersehbar von der zeitgleichen Jahreshöchstlast aller Entnahmen aus der Netz- oder Umspannebene abweichen wird. Es ist hierbei nicht erforderlich, eine rückwärtige Betrachtung über einen mehrjährigen Beobachtungszeitraum anzustellen. Es reicht vielmehr aus, die Plausibilität der prognostizierten Verbrauchswerte in geeigneter anderer Art und Weise nachvollziehbar zu begründen.

j) Bagatellgrenze

Es gilt eine Bagatellgrenze einer Entgeltreduzierung in Höhe von 500 Euro.

Das Erreichen der Bagatellgrenze in Höhe von 500 Euro ist jährlich zu überprüfen. Sofern die Bagatellgrenze unterschritten wird, ist in dem betreffenden Kalenderjahr das allgemeine Netzentgelt zu zahlen.

3. Für die sachgerechte Ermittlung individueller Netzentgelte nach § 19 Abs. 2 S. 2 bis 4 StromNEV werden auf Grund § 29 Abs. 1 EnWG die nachfolgenden Kriterien festgelegt.

a) Ermittlung der Benutzungsstunden und des Verbrauchs

Der Anspruch eines stromintensiven Letztverbrauchers auf Gewährung eines individuellen Netzentgelts nach § 19 Abs. 2 S. 2 StromNEV setzt zunächst voraus, dass die Stromabnahme aus dem Netz der allgemeinen Versorgung für den eigenen Verbrauch an einer Abnahmestelle pro Kalenderjahr die Benutzungsstundenzahl von mindestens 7.000 Stunden erreicht und zudem der Stromverbrauch 10 Gigawattstunden übersteigt.

Bei der Berechnung der Benutzungsstundendauer ist die physikalisch gemessene Jahreshöchstlast des Letztverbrauchers an der betreffenden Abnahmestelle zu berücksichtigen. Diese umfasst ebenfalls die Leistungsinanspruchnahme aufgrund des Ausfalls von Eigenerzeugungsanlagen, die über Netzreservekapazität entgolten werden, soweit dies den im Tenor 3. c. getroffenen Regelungen nicht entgegensteht.

Bei der Ermittlung der Anspruchsvoraussetzungen ist eine kaufmännisch-bilanzielle Verrechnung des Strombezugs nicht zulässig.

Die Zahl der Benutzungsstunden ergibt sich aus der Gesamtarbeit, gemessen innerhalb eines Kalenderjahres, dividiert durch die Höchstlast innerhalb dieser Zeitspanne.

b) Staffelung des Entgelts

Gemäß § 19 Abs. 2 S. 3 StromNEV beträgt das individuelle Netzentgelt nach § 19 Abs. 2 S. 2 StromNEV bei einer Stromabnahme aus dem Netz der allgemeinen Versorgung für den eigenen Verbrauch an einer Abnahmestelle von mehr als 10 Gigawattstunden pro Kalenderjahr mindestens 20 Prozent des veröffentlichten Netzentgeltes im Falle einer Benutzungsstundenzahl von mindestens 7.000 Stunden im Jahr, mindestens 15 Prozent des veröffentlichten Netzentgeltes im Falle einer Benutzungsstundenzahl von mindestens 7.500 Stunden im Jahr oder mindestens 10 Prozent des veröffentlichten Netzentgeltes im Falle einer Benutzungsstundenzahl von mindestens 8.000 Stunden im Jahr.

c) Berechnung des Beitrags des Letztverbrauchers zu einer Senkung oder Vermeidung der Erhöhung der Kosten der Netz- oder Umspannebene:

i. Berechnung eines individuellen Netzentgelts auf Basis des physikalischen Pfades

Bei der Berechnung eines individuellen Netzentgelts auf Basis eines sogenannten physikalischen Pfades wird ausgehend vom betreffenden Netzanschlusspunkt des Letztverbrauchers eine fiktive Leitungsnutzung bis zu einer geeigneten Stromerzeugungsanlage auf bereits bestehenden Trassen berechnet. Die Differenz zwischen den Kosten dieser fiktiven Leitungsnutzung und den allgemeinen Netzentgelten, die der Letztverbraucher zu zahlen hätte, stellt den Beitrag des Letztverbrauchers zu einer Senkung oder einer Vermeidung der Erhöhung der Netzkosten der jewei-

**Anlage § 019–02**　　　　　　　　　　　　　　　　　　　　Zu § 19 Stromnetzentgeltverordnung

ligen Netzebene dar. Die Erfüllung der Mindestvoraussetzungen führt somit nicht per se zu einem Anspruch auf eine Netzentgeltreduktion. Ein Anspruch auf Gewährung eines individuellen Netzentgelts besteht nicht, wenn die Berechnung gegenüber dem allgemeinen Netzentgelt nicht zu einer Entgeltreduzierung führt.

ii. Geeignete Erzeugungsanlage

Als geeignete Erzeugungsanlagen in Betracht kommen neben den herkömmlichen Grundlastkraftwerken auch solche Kraftwerke, die unabhängig von ihrer tatsächlichen Verfügbarkeit grundsätzlich in der Lage sind, mit ihrer installierten Leistung den Strombedarf des betroffenen Letztverbrauchers kontinuierlich abzudecken. Dies ist insbesondere dann der Fall, wenn die Nennleistung der Erzeugungsanlage die maximal mögliche Leistung des Letztverbrauchers übersteigt und die Erzeugungsanlage technisch in der Lage ist, diese Nennleistung das ganze Jahr hindurch zu erbringen. Von dieser Betrachtungsweise sind bereits stillgelegte Erzeugungsanlagen auszuschließen.

iii. Bildung des physikalischen Pfades bis zu einem geeigneten Netzknotenpunkt

Abweichend kann der physikalische Pfad vom Netzanschlusspunkt des Letztverbrauchers auch bis zu einem vom Letztverbraucher zu bestimmenden Netzknotenpunkt gebildet werden. In diesem Fall setzt sich das individuelle Netzentgelt aus den individuell zurechenbaren Kosten des physikalischen Pfades in der Anschlussnetzebene und dem allgemeinen Netzentgelt der vorgelagerten Netz- und Umspannebene zusammen. Ermittelt wird der Beitrag zur Vermeidung der Erhöhung der Netzkosten aus der Differenz bspw. für einen Hochspannungsanschluss zwischen dem von dem Letztverbraucher gemäß veröffentlichten Preisblatt des Netzbetreibers zu entrichtenden Netzentgelt für die Hochspannung und dem Betrag, der sich aus der Bewertung des dem Letztverbraucher individuell zurechenbaren Anteils an der Nutzung der Anschlussnetzebene und den allgemeinen Netzentgelten der vorgelagerten Umspannebene von Höchst- auf Hochspannung berechnet. Im Unterschied zur Beurteilung einer singulären Nutzung nach § 19 Abs. 3 StromNEV kommt es hier auf die Eigensicherheit des Netzknotenpunkts nicht an.

iv. Bildung des physikalischen Pfades über mehrere Netzebenen

Der physikalische Pfad kann sich auch über mehrere Netz- und Anschlussebenen erstrecken, falls sich die Abnahmestelle des Letztverbrauchers und die in Betracht kommende Erzeugungsanlage in unterschiedlichen Netz- bzw. Umspannebenen befinden.

Die Bildung und Bewertung des physikalischen Pfades erfolgt in den vorgelagerten Netzen analog zum originären Netz. Bei der Bildung eines physikalischen Pfades aus einem Verteilernetz hinaus zu einem Netzknotenpunkt in einem Übertragungsnetz ist daher für die Netzebenen, durch die der physikalische Pfad im Übertragungsnetz führt, anteilig die Netzreservekapazität zu berechnen. Die anteilige Netzreservekapazität ergibt sich aus der Differenz des Preises für Netzreservekapazität zur vorgelagerten Netzebene.

v. Ermittlung der Kosten des physikalischen Pfades

Die Kosten des physikalischen Pfades errechnen sich aus den Annuitäten der Betriebsmittel, ggf. den Kosten für die Erbringung von Netzreserveleistungen im Fall des Ausfalls der Erzeugungsanlage, ggf. Kosten für Systemdienstleistungen, den Kosten der Verlustenergie und im Falle der Bildung des physikalischen Pfades bis zum nächstgelegenen Netzknotenpunkt aus den Netzentgelten der vorgelagerten Netzebene. Die Annuitäten der Betriebsmittel enthalten dabei sowohl Kapitalkosten als auch den Betriebsmitteln direkt zuzuordnende Betriebskosten. Die Berechnung der Annuitäten für Betriebsmittel hat sich an der Berechnung der allgemeinen Netzkosten zu orientieren. Individuell geleistete Netzanschlusskostenbeiträge und Baukosten bleiben bei der Ermittlung der Annuitäten für Betriebsmittel unberücksichtigt. Bei Kalkulation der Betriebsmittelannuitäten sind die Vorgaben des § 4 StromNEV zu beachten. Der Netzbetreiber ist insoweit verpflichtet, diese Kosten auf Verlangen des Letztverbrauchers nachzuweisen.

vi. Geeignetheit der Betriebsmittel

Die Betriebsmittel des physikalischen Pfades richten sich in ihrer Art und Dimensionierung nach den vorhandenen Trassen und den Verbrauchswerten des Letztverbrauchers. Die Betriebsmittel des physikalischen Pfades müssen geeignet sein, die zu erwartende maximale Leistung des Letztverbrauchers zu decken. Bei der Bildung des physikalischen Pfades in Übertragungsnetzen mit einem Netzknotenpunkt kann anstelle der anzusetzenden Kosten für die Inanspruchnahme von Netzreserveleistungen für den Ausfall von Betriebsmitteln der physikalische Pfad (n-1)-sicher gestaltet werden.

vii. Berechnung der anteiligen Nutzung

Die Kosten der Betriebsmittel des physikalischen Pfades werden nur mit dem Anteil berücksichtigt, mit dem der betroffene Letztverbraucher die Betriebsmittel auch tatsächlich nutzt. Die anteilige Berechnung erfolgt entsprechend dem Verhältnis von vereinbarter Anschlusskapazität zur Gesamtkapazität der genutzten Betriebsmittel. Bei der Berechnung des dem Letztverbraucher zurechenbaren Anteils der Betriebsmittelkosten ist ein pauschaler Sicherheitsabschlag für etwaige Leerkapazitäten in Höhe von 20 Prozent zu berücksichtigen. Die entsprechende Berechnung ist für jedes zum physikalischen Pfad zählende Betriebsmittel gesondert vorzunehmen.

viii. Berücksichtigung der Kosten für Netzreservekapazität

Bei der Bildung des physikalischen Pfades zur nächstgelegenen geeigneten Erzeugungsanlage wird hypothetisch davon ausgegangen, dass der betreffende Letztverbraucher ausschließlich durch die betreffende Erzeugungsanlage versorgt wird. In Übertragungsnetzen sind bei der Bildung des physikalischen Pfades bis zum nächstgelegenen Netzknotenpunkt die Kosten für Netzreserveleistungen zu berechnen. Soweit keine Übertragungsnetzbetreiber betroffen sind, sind bei der Berechnung des individuellen Netzentgelts dagegen grundsätzlich keine Kosten für Netzreserveleistungen bei der Bildung des physikalischen Pfades mit einem Netzknotenpunkt anzusetzen.

ix. Deckelung der Kosten für Netzreservekapazität

Kosten für den Bezug von Netzreservekapazität dürfen vom Netzbetreiber maximal in Höhe von zehn Prozent der allgemeinen Netzentgelte angesetzt werden.

x. Berücksichtigung von Systemdienstleistungen

Bei der Berechnung der Annuitäten für Betriebsmittel in der Höchstspannungsebene sind Kosten für Systemdienstleistungen nicht hinzuzurechnen. Das Modell des physikalischen Pfades berechnet fiktiv die individuellen Kosten einer direkten Versorgung aus einer geeigneten Erzeugungsanlage über bestehende Trassen. In diesem Modell deckt die Erzeugungsanlage die Last des Letztverbrauchers zu jedem Zeitpunkt vollständig ab. Mögliche Zeiten der Nichtverfügbarkeit dieser geeigneten Erzeugungsanlage sind durch Berechnung von Netzreserveleistungen zu berücksichtigen. Bei der Bildung des physikalischen Pfades bis zu einem Netzknotenpunkt sind die Kosten der Systemdienstleistungen in den allgemeinen Netzentgelten, die an diesem Netzknotenpunkt zu zahlen sind, enthalten.

xi. Berücksichtigung der Kosten der Verlustenergie

In die Kosten des physikalischen Pfades sind die Kosten der Verlustenergie mit einzubeziehen. Die Berechnung der Verlustenergiemenge muss individuell für die Abnahme des betreffenden Letztverbrauchers und entsprechend dem gewählten physikalischen Pfad, der der Berechnung des individuellen Netzentgelts zugrunde liegt, erfolgen. Ob die Berechnung der Verlustenergiemenge nach der Benutzungsstundendauer, bezüglich der benutzten Betriebsmittel oder entsprechend dem tatsächlichen Lastgang des Letztverbrauchers erfolgt, bleibt den am Abschluss der Vereinbarung beteiligten Vertragsparteien überlassen. Die Kosten der Verlustenergie sind aufzuschlüsseln in die Verlustenergiemenge und den (prognostizierten) Beschaffungspreis dieser Verlustenergiemenge im Geltungszeitraum. Eine weitere Aufschlüsselung der Verlustenergiekosten oder weitere Kostenpositionen wie beispielsweise die Kosten des Bezugs der Verlustenergie aus der vorgelagerten Netz- oder Umspannebene sind nicht mit einzubeziehen oder im Preis für die Verlustenergie zu berücksichtigen. Die Verlustenergie wird nur in der Höhe berücksichtigt, die der betroffene Letztverbraucher in den Betriebsmitteln des physikalischen Pfades verantwortet. Für die Berechnung der tatsächlich genutzten Verlustenergie ist insoweit der ermittelte prozentuale Nutzungsanteil der zum physikalischen Pfad gehörenden Betriebsmittel zu Grunde zulegen.

Im Übrigen gelten die Vorgaben der Nrn. 4 bis 7 des Tenors.

4. Hinsichtlich der Durchführung des Anzeigeverfahrens nach § 19 Abs. 2 Satz 6 StromNEV sind für Vereinbarungen individueller Netzentgelte nach § 19 Abs. 2 Satz 1 bis 4 StromNEV die in Punkt II. 4. der Begründung enthaltenen Vorgaben zu beachten.

5. Die Vorgaben dieser Festlegung richten sich an alle im Bundesgebiet aktiven Betreiber von Elektrizitätsversorgungsnetzen im Sinne des § 3 Nr. 2 EnWG sowie die von diesen versorgten Letztverbraucher.

6. Die Entscheidungen in Nr. 1 bis 4 des Tenors werden erst ab dem 01.01.2014 wirksam.

7. Der Beschluss steht unter dem Vorbehalt des Widerrufs.

8. Eine Kostenentscheidung bleibt vorbehalten.

**Anlage § 019–02**  Zu § 19 Stromnetzentgeltverordnung

### Gründe

#### I.

Die Beschlusskammer 4 hat von Amts wegen ein Verfahren nach § 29 Abs. 1 EnWG in Verbindung mit § 30 Abs. 2 Nr. 7 StromNEV zur Festlegung hinsichtlich der sachgerechten Ermittlung individueller Entgelte nach § 19 Abs. 2 S. 1 bis 4 StromNEV durch Mitteilung auf der Internetseite der Bundesnetzagentur eingeleitet.

Dazu hat die Beschlusskammer 4 ein Eckpunktepapier zu der beabsichtigen Festlegung auf der Internetseite der Bundesnetzagentur am 25.09.2013 zur Konsultation veröffentlicht und den betroffenen Marktteilnehmern die Möglichkeit zur Abgabe von Stellungnahmen gemäß § 67 Abs. 1 EnWG bis zum 23.10.2013 gegeben.

Für Vereinbarungen individueller Netzentgelte nach § 19 Abs. 2 Satz 1 StromNEV mit erstmaliger Wirkung ab dem 01.01.2014 ändert die Beschlusskammer mit der vorliegenden Entscheidung zum einen die mit Beschluss BK4-12-1656 am 05.12.2012 getroffene „Festlegung zur Ermittlung sachgerechter Entgelte im Rahmen der Genehmigung von individuellen Netzentgeltvereinbarungen gemäß § 29 Absatz 1 EnWG für § 19 Absatz 2 S. 1 StromNEV" ab. Weiterhin trifft die Beschlusskammer mit der vorliegenden Entscheidung eine Festlegung für Vereinbarungen individueller Netzentgelte nach § 19 Abs. 2 Satz 2 und 3 StromNEV mit erstmaliger Wirkung ab dem 01.01.2014, die den bisher als Grundlage für ihre Entscheidungspraxis geltenden „Leitfaden zur Genehmigung von Befreiungen von den Netzentgelten nach § 19 Abs. 2 S. 2 Strom- NEV" (Stand Dezember 2012) ablöst.

Insgesamt sind 57 Stellungnahmen bei der Bundesnetzagentur eingegangen. Die folgenden Netzbetreiber, Unternehmen, Verbände und Behörden haben von der Möglichkeit zur Stellungnahme Gebrauch gemacht:

- Amprion GmbH
- Avacon AG
- BASF SE
- Bayernwerk AG
- BDEW Bundesverband der Energie- und Wasserwirtschaft e.V.
- Bender GmbH
- Bundesverband Glasindustrie e. V.
- DREWAG Netz GmbH
- E.DIS AG
- E.ON Mitte AG
- E.ON Netz GmbH
- Egger Holzwerkstoffe Brilon GmbH & Co. KG
- Egger Holzwerkstoffe Wismar GmbH & Co. KG
- enerstorage GmbH
- enexion GmbH
- Entelios AG
- Evonik Industries AG
- EWE Netz GmbH
- Gemeindewerke Baiersbronn
- Handelsverband Deutschland – HDE e.V.
- HSN Magdeburg GmbH
- Hydro Aluminium Rolled Products GmbH
- Industrieverband Hamburg e.V.
- infineon AG
- Infraserv GmbH & Co. Gendorf KG
- Landesregulierungsbehörde Baden-Württemberg
- Landesregulierungsbehörde Nordrhein-Westfalen
- Landesregulierungsbehörde Sachsen
- Netzgesellschaft Gütersloh mbH
- Nordenhammer Zinkhütte GmbH

Zu § 19 Stromnetzentgeltverordnung    Anlage § 019–02

- Orth Kluth Rechtsanwälte
- Papierfabrik Adolf Jass Schwarza GmbH
- Partnergesellschaft Fey Seidenberg Hill
- RWE Generation SE
- Schleswig Holstein Netz AG
- Stadtwerke Bad Lauterberg im Harz GmbH
- Stadtwerke Bad Salzuflen GmbH
- Stadtwerke Germersheim GmbH
- Stadtwerke Homburg GmbH
- Stadtwerke Karlsruhe Netze GmbH
- Stadtwerke Mainz Netze GmbH
- Stadtwerke Passau GmbH
- TEN Thüringer Energienetze GmbH
- Tennet TSO GmbH
- Überlandwerk Röhn GmbH
- Vattenfall GmbH
- VCI – Verband der Chemischen Industrie e.V.
- VDA Verband der Automobile
- VEA Bundesverband der Energie-Abnehmer e.V.
- Verband der Industriellen Energie- und Kraftwirtschaft e.V.
- Verband deutscher Papierfabriken
- VGB PowerTech e.V.
- VKU Verband kommunaler Unternehmen e.V.
- Voerdahl Aluminium GmbH i.L.
- Wirtschaftsvereinigung Metalle e.V.
- Wirtschaftsvereinigung Stahl
- Zwei die Elektroindustrie

Die Stellungnahmen enthalten im Wesentlichen Anmerkungen zu den im Folgenden aufgeführten Inhalten des zur Konsultation gestellten Eckpunktepapiers:

**1. Einführung**

In mehreren Stellungnahmen wurde begrüßt, dass neben der bereits im vergangen Jahr erfolgten Festlegung der Anspruchsvoraussetzungen für atypische Netznutzer nach § 19 Abs. 2 S. 1 StromNEV nun auch eine Festlegung der Anspruchsvoraussetzungen für stromintensive Netznutzer nach § 19 Abs. 2 S. 2 StromNEV erfolge. Die gleichzeitige Aufhebung der Festlegung zur sachgerechten Ermittlung individueller Netzentgelte nach § 19 Abs. 2 S. 1 StromNEV vom 05.12.2012 wurde dabei generell befürwortet. Während in einigen Stellungnahmen insbesondere aus kompetenzrechtlichen Erwägungen Bedenken gegen eine bundeseinheitliche Festlegung geäußert wurden, wurde in anderen Stellungnahmen eine bundeseinheitliche Festlegung befürwortet, da die spezifische Festlegung je Bundesland durch die jeweils zuständige Landesregulierungsbehörde zu Gleichbehandlungsproblemen der Unternehmen führen könne. In zahlreichen Stellungnahmen wurde darum gebeten, neben den Eckpunkten auch die geplante Festlegung zu konsultieren. Zudem wurde mehrfach angeregt, auch die Erhebungsbögen für die Anzeige eines individuellen Netzentgelts zu konsultieren. Darüber hinaus wurde angeregt, auf Grund der erheblichen Regelungswirkung auch die Mustervereinbarung für die Anzeige eines individuellen Netzentgelts zu konsultieren. Eine Vielzahl Netzbetreiber hat vorgetragen, dass die Kosten der Ermittlung des individuellen Netzentgelts (z. B. für Gutachten) nicht berücksichtigt würden und diese künftig zur Anpassung der jährlichen Erlösobergrenzen führen sollten.

a) Wirkung der Genehmigung
Wiederholt wurde von Seiten der Netzbetreiber die aktuelle Regelung bezüglich des Zeitpunkts der Auszahlung des individuellen Netzentgelts an den Letztverbraucher kritisiert. Die derzeitige Regelung berücksichtige nicht, dass im Falle einer Insolvenz des Letztverbrauchers allein der Netzbetreiber das Risiko der Einbringung möglicher Nachforderungen der Netzentgelte trage. Zudem sei die Wälzung der entsprechenden Mindererlöse über die § 19-Umlage explizit ausgeschlossen und über andere Verfahren

# Anlage § 019–02

*Zu § 19 Stromnetzentgeltverordnung*

nicht vorgesehen. Bereits vorliegende richterliche Hinweise wiesen zudem darauf hin, dass der Wille des Verordnungsgebers, entgangene Netzentgelte auf die Netznutzer umzulegen, impliziere, dass das Insolvenzrisiko nicht beim Netzbetreiber verbleiben solle. Um das bestehende Insolvenzrisiko des Netzbetreibers zu minimieren, wurde daher vorgeschlagen, eine Regelung festzulegen, die es dem Netzbetreiber erlaube, individuelle Netzentgelte erst nach der tatsächlichen Erfüllung der Kriterien (also am Jahresende) auszuzahlen oder aber festzulegen, dass der Netzbetreiber die insolvenzbedingten Erlösausfälle nicht zu tragen habe. Ein anderer Vorschlag lautete, das individuelle Netzentgelt zunächst auf Basis des sich aus dem letzten abgeschlossenen Kalenderjahr ergebenen Reduktionsfaktors bei der Rechnungsstellung zu berücksichtigen und erst nach Abschluss des Kalenderjahres endgültig abzurechnen.

### b) Zustimmung Lieferant

Vereinzelt wurde um eine Klarstellung gebeten, dass in Fällen, in denen der Letztverbraucher nicht selbst Netznutzer ist, die Zustimmung des Lieferanten zur Vereinbarung erforderlich sei, da diese direkte Auswirkungen auf das zwischen dem Netzbetreiber und dem Lieferanten bestehende Netznutzungsverhältnis habe.

### c) Jährliche Neuberechnung

Aus Gründen der Rechtssicherheit wurde von mehreren Netzbetreibern um eine klare Regelung bezüglich der Notwendigkeit einer jährlichen Neuberechnung des individuellen Netzentgelts gebeten. Eine Klarstellung sei notwendig, da es bisher keine eindeutige Aussage darüber gäbe, ob das in der Vereinbarung geregelte individuelle Netzentgelt innerhalb des Anwendungszeitraums der Vereinbarung neu berechnet werden müsse.

## 2. Anpassung der bisherigen Festlegung zur Ermittlung sachgerechter Entgelte im Rahmen der Genehmigung von individuellen Netzentgeltvereinbarungen gemäß § 29 Absatz 1 EnWG für § 19 Absatz 2 Satz 1 StromNEV mit Wirkung ab 01.01.2014

Die Übernahme der bisherigen Genehmigungskriterien wurde generell begrüßt, insbesondere, da die Fortführung der bisherigen Kriterien über mehrere Jahre die Umsetzung der Regelungen bei den Netzbetreibern deutlich vereinfache.

### a) Bagatellgrenze

Hinsichtlich der Höhe der Bagatellgrenze wurde eine Anhebung von derzeit 500 € auf 800 € bis 1.000 € gefordert. Die Anhebung sei gerechtfertigt, da die Beantragung bzw. Anzeige individueller Netzentgeltvereinbarungen bei allen Beteiligten einen hohen administrativen Aufwand verursache.

### b) Wahloption

In einigen Stellungnahmen wurde vorgetragen, dass eine Wahloption, insbesondere in der Niederspannung, nicht sachgerecht sei. Diesbezüglich wurde auch angeführt, dass sich die Wahloption weder aus dem Gesetz noch aus dem BGH Katellsenat Beschluss vom 09.10.2012 (EnVR 42/11Pumpspeicherkraftwerke III) ableiten lasse und daher entfallen sollte.

### c) Berechnung der Hochlastzeitfenster

Von einigen wenigen Netzbetreibern wurde die aktuell geltende Regelung zu der Berechnung der Hochlastzeitfenster kritisiert. Demnach würden Veränderungen durch Netzübergänge die Berechnungen verfälschen. Es bestünde zudem ein „Jojo-Effekt", da die laststarken Zeiten eines Jahres im Folgejahr zu einer Verlagerung der Hochlast in bisher lastschwache Zeiten führen würde, die dann im folgenden Jahr als laststarke Zeiten anstelle der verdrängten alten Hochlastzeit wirksam würden. Dies führe in der Praxis dazu, dass die Hochlastzeiten die Letztverbraucher zu immer anderen Zeiten träfen. Daher wurde teilweise angeregt, eine neue Berechnungsmethodik einzuführen. Dies sei notwendig, da die derzeitige Regelung einige Besonderheiten, wie beispielsweise die höhere Netzbelastung im Sommer wegen fehlender natürlicher Kühlung, nicht berücksichtige. Zudem bevorzuge die aktuelle Regelung zur Bildung der Hochlastzeitfenster Betriebe mit saisonalem Geschäft.

Des Weiteren wurde vorgeschlagen, aus der vorhandenen „kann-Regelung" zur Bildung zu kurzer Hochlastzeit-Fenster eine „muss-Regelung" zu machen. Dies solle dazu führen, dass zumindest für eine Jahreszeit das Hochlastzeitfenster mindestens drei Stunden betrage.

Zu § 19 Stromnetzentgeltverordnung    Anlage § 019–02

**3. Festlegung zur Ermittlung sachgerechter Entgelte im Rahmen der Genehmigung von individuellen Netzentgeltvereinbarungen gemäß § 29 Absatz 1 EnWG für § 19 Absatz 2 Satz 2 bis 4 StromNEV mit Wirkung ab 01.01.2014**

Die überwiegende Zahl der Stellungnahmen hat sich mit dem vorgeschlagenen Modell zur Berechnung des Beitrages des Letztverbrauchers zu einer Senkung oder Vermeidung der Erhöhung der Kosten der Netz- oder Umspannebene (sog. physikalische Komponente) auseinandergesetzt. Diesbezüglich wurde zu den folgenden Punkten Stellung genommen.

a) Prüfungszeitraum für die Erfüllung der Kriterien

Die Klarstellung, dass sich die Verbrauchsdaten für die Prüfung der Kriterien nach § 19 Abs. 2 StromNEV auch künftig jeweils auf ein vollständiges Kalenderjahr beziehen, wurde begrüßt, da so zusätzliche Rechtssicherheit geschaffen werde.

b) Erfüllung der Mindestvoraussetzungen nach § 19 Absatz 2 Satz 2 StromNEV

In einigen Stellungnahmen wurde die Forderung vorgetragen, die Erbringung positiver und negativer Regelenergie auch im Rahmen der Ermittlung der Netzentgelte nach § 19 Abs. 2 S. 2 StromNEV zugunsten der betroffenen Letztverbraucher zu berücksichtigen.

Die vorgesehene Regelung schließe eine Teilnahme von großen und mittelgroßen Letztverbrauchern am Regelenergiemarkt praktisch aus. Ein Beitrag der großen Letztverbraucher zur Netzstabilität in Rahmen von Regelleistungen werde damit sogar bestraft. Es sei sachgerecht, dass bei der Ermittlung der Gesamtarbeit Regelenergie, die vom Letztverbraucher im Falle der Erbringung positiver Regelenergie nicht benötigt worden sei, zur Gesamtarbeit addiert wird und im Falle der Erbringung von negativer Regelenergie nicht von der Gesamtarbeit abgezogen werde. In anderen Fällen von netzstabilisierenden Maßnahmen, wie z. B. der Teilnahme am Verfahren nach der Verordnung über Vereinbarungen zu abschaltbaren Lasten (AbLaV), existierten bereits solche Regelungen (AbLaV § 15 Abs. 3).

In der Festlegung müsse näher spezifiziert werden, nach welchen Kriterien und unter welchen Voraussetzungen Regelenergie für die Berechnung der Gesamtarbeit einer Abnahmestelle nicht zu berücksichtigen sei. Dafür sollten die bereits in der Festlegung BK4-121656 vorhanden Regelungen bezüglich Regelenergie und Redispatch auch für die Satz-2Fälle übernommen werden und zudem klargestellt werden, welche Nachweise seitens des Netzbetreibers vorzulegen seien.

Hinsichtlich der Mindestvoraussetzungen sei nicht nachvollziehbar, dass einerseits die Erbringung negativer Regelenergie bei der Jahreshöchstlast berücksichtigt werde und andererseits bei der Jahresgesamtarbeit ausgeblendet werden solle. Es sollte daher eine Klarstellung erfolgen, dass die Erbringung von Regelenergie grundsätzlich bei der Ermittlung der Gesamtarbeit und der Jahreshöchstlast nicht berücksichtigt werde.

c) Begriff der Abnahmestelle im Sinne von § 19 Absatz 2 StromNEV

In einigen Stellungnahmen wurde auf die als § 2 Nr. 1 StromNEV neu eingeführte Legaldefinition des Begriffs der Abnahmestelle hingewiesen und die Konkretisierung der Anforderungen an die galvanische Verbindung bzw. Verbindbarkeit von Entnahmestellen zu einer Abnahmestelle begehrt.

Zudem wurde teilweise angemerkt, dass bei der Festlegung von Kriterien für Abnahmestellen auch die neuen Vorgaben des § 17 Abs. 2a StromNEV zum sog. „Pooling" zu berücksichtigen seien. In Ansehung der Neuregelung in § 17 StromNEV können die Voraussetzungen für die Bildung einer Abnahmestelle nicht enger sein als die des Poolings mehrerer Entnahmestellen. Das Erfordernis einer kundenseitigen galvanischen Verbindbarkeit der zusammenzufassenden Entnahmestellen ergebe sich nicht aus der neuen Legaldefinition des § 2 Nr. 1 StromNEV. Aus der Verordnungsbegründung folge viel mehr, dass beim Pooling im Fall des Vorliegens eines Netzknotens auf die Möglichkeit einer galvanischen Verbindbarkeit als Zulässigkeitsvoraussetzung verzichtet werden könne. Liege kein Netzknoten vor, käme es zwar noch auf eine galvanische Verbindbarkeit an, diese müsse aber nicht zwangsläufig kundenseitig gegeben sein. Diese Wertung solle auch für die Abnahmestelle übernommen werden. Dies wäre auch kongruent zur Definition der Abnahmestelle in § 41 Nr. 4 EEG. Da § 2 Nr. 1 StromNEV nunmehr eine lt. Verordnungsbegründung zum EEG gleich laufende Definition der Abnahmestelle enthalten soll, liege es nahe, die Auslegungsgrundsätze des Bundesamtes für Wirtschaft und Ausfuhrkontrolle heranzuziehen. Diese fordern eine galvanische Verbindung nur in Ausnahmefällen als ausfüllendes Merkmal des „räumlichen Zusammenhangs". Maßgeblich könne nur sein, dass alle Entnahmestellen demselben Letztverbraucher zugeordnet sind und an das Netz desselben Netzbetreibers angeschlossen sind.

Von anderer Stelle wurde hingegen vorgebracht, dass die Zusammenfassung von Entnahmestellen zu einer Abnahmestelle unabhängig von der Regelung in § 17 StromNEV zu verstehen sei. Insbesondere sei klarzustellen, dass eine kundenseitige galvanische Verbindbarkeit Voraussetzung für die Annahme einer

# Anlage § 019–02

Zu § 19 Stromnetzentgeltverordnung

Abnahmestelle sei, denn der Verordnungsgeber habe mit der Neuregelung des § 2 Nr. 1 StromNEV klargestellt, dass er eine deckungsgleiche Verwendung der Begriffe (in § 17 und § 19) ablehnt.

d) Betreiber von Kundenanlagen:

Diesbezüglich wurde ausgeführt, dass im Rahmen der Festlegung weitere Klarstellungen zur Berücksichtigung des selbst verbrauchten Stroms in einer Kundenanlage notwendig seien. Die bisherige Position der Regulierungsbehörde, wonach eine kaufmännischbilanzielle Verrechnung des von EE-Anlagen erzeugten Stroms nicht möglich sei, stehe nicht im Einklang mit dem Zweck des § 19 Abs. 2 S. 2 StromNEV und widerspreche zudem eigenen Ausführungen der Regulierungsbehörde zur Anwendbarkeit der StromNEV auf EEG-Ersatzstrom, wenn es um dessen Entgeltpflichtigkeit gehe.

e) Beitrag des Letztverbrauchers zu einer Senkung oder Vermeidung der Erhöhung der Kosten der Netz- oder Umspannebene (sog. physikalische Komponente)

Grundsätzliche Geeignetheit des physikalischen Pfades

Die grundsätzliche Eignung des Modells des physikalischen Pfades wurde von der überwiegenden Mehrzahl der am Konsultationsverfahren Beteiligten nicht in Frage gestellt. Allerdings wurde teilweise kritisiert, dass das Modell nicht alle Kostensenkungs- bzw. – vermeidungseffekte abbilde und es nicht sachgerecht sei, für die Bildung des physikalischen Pfades auf bereits bestehende Betriebsmittel und nicht auf Kosten eines vermiedenen Direktleitungsbaus abzustellen.

Von einem Teil der betroffenen Unternehmen wurde kritisiert, dass das Modell zwar den Beitrag des Letztverbrauchers zu einer Senkung oder Vermeidung einer Erhöhung der Netzkosten durch eine bessere Auslastung der Betriebsmittel im Nahbereich des Anschlusspunkt widerspiegele, weitere Kostensenkungseffekte jedoch unberücksichtigt lasse. In Betracht kämen etwa kostensenkende Auswirkungen eines Letztverbrauchers auf die Auslegung der Netzinfrastruktur außerhalb des Nahbereichs um seinen Netzanschlusspunkt, etwa durch Reduktion der für Ferntransporte benötigten Leitungskapazität oder der zum Abtransport erzeugten Stroms in vorgelagerte Netze benötigten Umspannkapazität. Daneben sei es auch angemessen, den besonders geringen Beitrag dieser Art von Letztverbrauchern auf den Regelleistungsbedarf im Gesamtsystem bei der Bemessung des individuellen Netzentgelts als einen Kostensenkungseffekt zu berücksichtigen.

Kritisiert wurde auch, dass die vorgeschlagene Berechnungsmethodik nicht an die physikalischen Gegebenheiten der intensiven Netznutzung als Berechnungsbasis anknüpfe, sondern an die Lage des Letztverbrauchers in Relation zur Lage eines Grundlastkraftwerkes. Das Modell verursache daher regionale Wettbewerbsverzerrungen und ließe Standortnachteile entstehen. Diese führe in der Konsequenz zu einer Schwächung bestimmter Regionen und sei daher nicht mit dem Grundgedanken der Neufassung des § 19 Abs. 2 StromNEV vereinbar.

Das Modell könne sich in der Konsequenz sogar nachteilig auf die Netzfinanzierung auswirken, da bei Verlagerung von Produktionsstätten die zu entrichtenden Netzentgelte in Höhe von 10 bis 20 Prozent wegfallen würden. Hierdurch könnten sich die Netzentgelte in lastschwachen Gebieten für alle übrigen Letztverbraucher erhöhen.

Das Modell berücksichtige auch nicht ausreichend, dass die Produktionsmenge von Industrieunternehmen wesentlich durch die Nachfrage gesteuert werde. Eine stetige Netznutzung könne daher immer nur durch zeitliche Produktionsverlagerung und Reduktion der maximalen Leistungsaufnahme erreicht werden (z. B: Produktionsverlagerung in Randzeiten). Durch die intensive Netznutzung würden daher dringend benötigte Netzkapazitäten verfügbar und zudem die Integration der Erneuerbaren Energien volkswirtschaftlich günstiger. Gerade in Regionen mit relativ vielen EE-Anlagen seien die Beiträge der bandförmigen Netznutzer sehr wichtig. Das vorgeschlagene Modell reize dieses Abnahmeverhalten jedoch nicht an, da die Methode des physikalischen Pfades kalkulatorisch zu überproportional hohen Kosten führe und dadurch jegliche Netzentgeltreduzierung entfalle.

Alternative Modellvorschläge:

Im Rahmen der Konsultation wurden seitens der beteiligten Unternehmen und Interessenverbände verschiedene Berechnungsmethoden vorgeschlagen, die zusätzliche Vergünstigungen gegenüber dem bestehenden Modell des physikalischen Pfades zum Gegenstand haben. Diese zeichnen sich im Kern dadurch aus, dass über die Kosten des physikalischen Pfades hinaus noch andere angeblich nicht hinreichend abgedeckte Kostenvermeidungseffekte bestimmt werden sollen.

Ferner wurden ein Bonusmodell auf Basis einer mengenabhängigen Komponente oder ein pauschalisiertes Modell zur Bestimmung der Netzentgeltreduzierung anhand eines typischen durchschnittlichen Entlastungsgrads auf Basis der technischen Netzanschlussebene (z. B. Mittelspannung) unter Berücksichtigung der erreichten Benutzungsstunden als Berechnungsmethoden dargestellt.

Ebenso wurde ein Modell empfohlen, welches zwischen den in § 19 Abs. 2 S. 3 StromNEV enthaltenen Mindestbeträgen für die individuellen Netzentgelte je nach Benutzungsstundenzahl interpoliert, die nächsthöhere Unter- also gleichsam zur Obergrenze macht. Innerhalb dieser Kategorien solle dann anhand eines fiktiven Direktleitungsbaus das eigentliche individuelle Netzentgelt ermittelt werden.

In einer Stellungnahme wurde vorgetragen, dass kein Netzkunde einen Beitrag zur Senkung oder Vermeidung der Erhöhung von Netzkosten leiste. Bestenfalls müsse das Netz für einen Kundenanschluss nicht verstärkt oder ausgebaut werden. In diesem Zusammenhang gäbe es auch keine sinkenden Netzkosten. Der Gesetzgeber könne daher nur gemeint haben, dass spezifische Netzkosten sinken würden. Tatsächlich sei es denkbar, dass ein Netzkunde mehr zahle, als ihm aufgrund seiner Netzstruktur im Rahmen der pauschalen Kostenverteilung zukommen müsste. Ob ein derartiges Verhalten bei Kunden über 7.000 Benutzungsstunden wahrscheinlich sei, könne mit Hilfe einer Differenzbriefmarke ermittelt werden. Eine fiktive Briefmarke der Anschlussebene ließe sich ermitteln, indem die Netzkosten durch die zeitgleiche Jahreshöchstlast aller Entnahmen mit Ausnahme des betreffenden Netzkunden geteilt werden. Von der fiktiven Briefmarke müsse die tatsächliche Briefmarke abgezogen werden. Die sich ergebende Differenzbriefmarke müsse dann mit der Jahreshöchstleistung des Kunden und seinem Gleichzeitigkeitsgrad multipliziert werden. Der sich ergebende Eurobetrag stelle die dem Kunden individuell zurechenbaren Netzkosten dar. Läge dieser Betrag unterhalb des pauschalen Netzentgelts, so würde sich aus der Differenz die Netzentgeltreduktion ergeben.

Vorgeschlagen wurde schließlich auch, ganz auf die Berechnung des physikalischen Pfades zu verzichten und die Entgelte durch die in der Norm genannten gestaffelten Prozentwerte nach oben zu begrenzen. Danach spiele die regionale Lage der Unternehmen eine zu große Rolle. Es sei richtiger die gleichmäßige Nutzung (Grundlastabnahme) als Komponente aufzunehmen. Dadurch erhöhe sich die Netzstabilität und Prognostizierbarkeit und erleichtere sich die Spannungs- und Frequenzhaltung und es ergeben sich mehr freie Netzkapazitäten. Letztverbraucher mit einer solchen Grundlast und über 7000 Benutzungsstunden sollten daher keine über die Staffelwerte des § 19 Abs. 2 S. 2 u. 3 StromNEV hinaus bezahlen.

Geeignete Erzeugungsanlagen

In vielen Stellungnahmen wurde gefordert, die Bildung des physikalischen Pfades nicht wie bislang nur zu einem Grundlastkraftwerk, sondern auch zu anderen geeigneten Kraftwerken zuzulassen.

Als Begründung wurde angeführt, dass in der Verordnungsbegründung gerade nicht auf ein Grundlastkraftwerk sondern auf die physikalische Verbindung zu einer geeigneten Erzeugungsanlage abgestellt werde. Geeignete Erzeugungsanlagen seien danach auch alle sonstigen konventionellen und planbar einsetzbaren Kraftwerke, einschließlich industrieller KWK-Anlagen.

Die Notwendigkeit einer Lockerung der an eine geeignete Erzeugungsanlage zu stellenden Anforderungen ergebe sich auch aus einer deutlich veränderten Situation im Bereich der Energieerzeugung. Der stark wachsende Anteil der EE-Anlagen und deren schwankende Verfügbarkeit habe die Fahrweise der konventionellen Kraftwerke wesentlich verändert. Anstatt als Grundlastkraftwerk mit hohen Benutzungsstunden würden heute auch Kohlekraftwerke flexibel betrieben. Die in den Eckpunkten noch vorgesehene Berechnung eines Malus für Steinkohlekraftwerke sei daher zu hinterfragen. Als geeignete Erzeugungsanlagen in Betracht müssten daher solche Kraftwerke kommen, die bauartbedingt in der Lage seien, einen Bandlastkunden zu beliefern. Diese Frage sei für alle konventionellen Kraftwerke uneingeschränkt zu bejahen. Insbesondere seien Anlagen mit einer geringeren Volllaststundenzahl auch dann geeignet, wenn sie in der Lage seien, den in Betracht kommenden Letztverbraucher zumindest mit einem Teil ihrer installierten Leistung kontinuierlich mit Last zu versorgen.

Bei der Einstufung als geeignete Erzeugungsanlage sei auch zu berücksichtigen, dass sich die Auslastung der Kraftwerke primär nach den Grenzkosten ausrichte. Daher hätten Kraftwerke mit teureren Brennstoffen per se eine geringere Auslastung als Kraftwerke mit niedrigeren Brennstoffkosten. Ein Zusammenhang mit der Verfügbarkeit bestünde daher nicht. Der Einsatz konventioneller Kraftwerke hänge zudem immer stärker vom Angebot Erneuerbarer Energien ab und gehe zulasten der Kraftwerke mit den teuersten Brennstoffen. Daher habe sich z. B. die Ausnutzungsdauer von Erdgaskraftwerken aufgrund der hohen Brennstoffkosten von 2002 bis 2012 um rund 40 Prozent reduziert. Die Ausnutzungsdauer von Kern-, Laufwasser- und Braunkohlekraftwerken sei dagegen zwar noch konstant geblieben. Vor dem Hintergrund der Erreichung der Ziele der Energiewende sei allerdings zu rechnen, dass sich dieser Effekt auch auf die übrigen konventionellen Kraftwerke ausdehnen werde.

Für den Fall, dass die Bundesnetzagentur auch weiterhin auf die durchschnittliche Ausnutzungsdauer abstellen sollte, müsse man sachgerecht die Netto-Engpassleistungen des Kraftwerkes mit der Ausnutzungsdauer (in Prozent) multiplizieren und mit dem Leistungsbedarf des Letztverbrauchers vergleichen.

# Anlage § 019–02

Zu § 19 Stromnetzentgeltverordnung

Nur wenn sich hierbei eine Unterdeckung ergäbe, wäre ein Malus auf die Reservenetzkapazität zu rechtfertigen.

Es müsse berücksichtigt werden, dass die ausgewählten Kraftwerke leistungsmäßig in der Lage sein müssten, die (oftmals sehr großen) Verbraucher zu versorgen. Bekanntlich gäbe es auch sehr kleine Laufwasserkraftwerke. Kleinere Kraftwerke sollten aus der Betrachtung herausgenommen werden (etwa durch generellen Ausschluss von Erzeugungsanlagen in Nieder- und Mittelspannung). Darüber hinaus sollte festgelegt werden, dass ein Grundlastkraftwerk zumindest theoretisch in der Lage sein müsse, den stromintensiven Großverbraucher zu versorgen.

Kosten des fiktiven Direktleitungsbaus auf das nächstgelegene Grundlastkraftwerk zu beziehen sei nicht sachgerecht und führe zur willkürlichen Schlechterstellung von Letztverbrauchern, die in einer größeren Entfernung zum relevanten Grundlastkraftwerk liegen. Der tatsächliche Kostendämpfungs- und -senkungseffekt hänge nicht von der Entfernung zu einem Grundlastkraftwerk ab. Wenn schon die Entfernung als ein Kostenfaktor herangezogen werden solle, dann müsste jede ins Netz einspeisende Erzeugungsanlage berücksichtigt werden. Der Verordnungsgeber habe die Kosten des fiktiven Direktleitungsbaus nur als Beispiel dafür genannt, was bei einem individuellen Netzentgelt berücksichtigt werden könne. Den Bezug zu einem Grundlastkraftwerk habe der Verordnungsgeber nicht vorgesehen. Eine Bestimmung von anderen/weiteren Kriterien für eine geeignete Erzeugungsanlage müssten abgebildet werden.

Es solle nicht auf Grundlastkraftwerke, sondern auf „verfügbare, einsatzfähige Kraftwerke" abgestellt werden.

Bei Laufwasserkraftwerken müsse eine Klarstellung erfolgen, dass das betreffende Kraftwerk allein die benötigte Leistung decken können müsse. Diese Leistung würde in anderen Fällen nicht mehr zur Verfügung stehen.

In anderen Stellungnahmen wurde dagegen das Erfordernis der Grundlastfähigkeit der geeigneten Erzeugungsanlage nicht grundsätzlich in Frage gestellt.

Allerdings wurde unter anderem vorgeschlagen, bei der Einordnung als „Grundlastkraftwerk" allein auf die Verfügbarkeit eines Kraftwerks, d.h. dessen anzunehmende Benutzungsdauer (<7.000h/a), abzustellen. Diese sollte technisch in der Festlegung definiert sein; eine Aufzählung von Grundlastkraftwerken reiche dagegen nicht aus. In einer anderen Stellungnahme wurde dagegen explizit die Erstellung eines solchen Katalogs mit in Frage kommenden Grundlastkraftwerken gefordert.

In einer Stellungnahme wurde die Eignung von Kernkraftwerken als Bezugspunkt für den physikalischen Pfad in Frage gestellt. Da bei diesen ein Abschaltzeitpunkt bereits gesetzlich feststehe, könnten diese nicht ohne weiteres als Grundlastkraftwerke definiert werden. Im Falle einer späteren Abschaltung falle die physikalische Komponente weg oder verringere sich stark. Kernkraftwerke sollten deshalb nicht als Grundlastkraftwerke herangezogen werden. Alternativ solle stattdessen ein anderes grundlastfähiges Kraftwerk herangezogen werden.

Vorgeschlagen wurde ferner, zwar endgültig stillgelegte Kraftwerke nicht zu berücksichtigen, zur Stilllegung angemeldete Kraftwerke bis zur tatsächlichen Stilllegung jedoch schon.

Netzknotenpunkt

Im Hinblick auf die vorgesehene Bildung des physikalischen Pfades bis zu einem geeigneten Netzkontenpunkt wurde in verschiedenen Stellungnahmen der Wunsch geäußert, diesbezüglich nähere Regelungen für eine sachgerechte Bestimmung vorzugeben.

Um eine einheitliche und rechtssichere Berechnungsvorschrift zu gewährleisten, sollten die Begrifflichkeiten „in unmittelbarer Nähe" und „Netzknotenpunkt" näher definiert werden, z. B. „...im Sinne des Netzknotens gem. § 2 Nr. 11 StromNEV...". Um Interpretationsspielräume zu vermeiden, sollte dabei die Beschreibung Netzknotenpunkt „in unmittelbarer Nähe" durch „nächstgelegenen Netzknoten mit Anschluss an die nächsthöhere Netzebene" ersetzt werden.

Um eine Ungleichbehandlung zwischen Letztverbrauchern, die in höheren bzw. niedrigeren Spannungsebenen angeschlossen sind, zu vermeiden, sollte nicht zwingend der nächsthöher gelegene Netzknotenpunkt maßgeblich sein. Außerdem sollte klargestellt werden, dass auch ein physikalischer Pfad zu einem Netzknoten in HöS/HS-Umspannung möglich sei.

Die Formulierung „Abweichend kann der physikalische Pfad vom Netzanschlusspunkt des Letztverbrauchers auch bis zu einem Netzknotenpunkt in unmittelbarer Nähe des Letztverbrauchers gebildet werden." müsse ersetzt werden durch die Formulierung „Sofern der Letztverbraucher an einem Verteilernetz angeschlossen ist, in dem sich kein Grundlastkraftwerk befindet, das die erforderlichen Lasten des Letztverbrauchers technisch decken könnte, kann der ..." Dies sei notwendig, um eine nach der derzeitigen Fassung mögliche best-of-Kalkulation zu vermeiden.

Zu § 19 Stromnetzentgeltverordnung **Anlage § 019–02**

Geklärt werden müsse auch, ob das Abstellen auf Netzknotenpunkte einen Konflikt zum Thema Pooling darstelle. Es sei insbesondere fraglich, ob hier die Definition in § 2 Nr. 11 StromNEV zugrunde gelegt werden solle. Unklar sei auch, wann die Betrachtung bis zum Netzknotenpunkt ausreiche und wann sie weiter bis zum Grundlastkraftwerk reiche.

Ermittlung der Kosten des physikalischen Pfades

Hinsichtlich der konkreten Berechnung der Kosten des physikalischen Pfades wurden seitens der Beteiligten zahlreiche Kritikpunkte und Änderungswünsche vorgetragen.

So wurde vorgeschlagen, aufgrund des Umstands, dass die betroffenen Betriebsmittel aufgrund der bandförmigen, gleichmäßigen Nutzung weniger stark beansprucht werden als bei einer durchschnittlichen Netznutzung, die anzusetzenden betriebsgewöhnlichen Nutzungsdauern zu erhöhen.

Ferner wurde um klare Vorgaben zur Ermittlung der Kosten der genutzten Betriebsmittel (z. B. Tagesneuwerte) und um eine Vereinheitlichung der Kostenansätze gebeten.

Auch wurde gefordert, in den Fällen, in denen das Grundlastkraftwerk im Netz eines vorgelagerten Netzbetreibers liegt, den Betreiber dieses Netzes zur Bereitstellung der entsprechenden Daten zu verpflichten. Sofern dies nicht möglich sei, müsste für solche Konstellationen alternativ die Möglichkeit der Bildung des „physikalischen Pfades zum nächsten Netzknoten" festgelegt werden.

Für den Fall, dass Letztverbraucher in einer anderen Spannungsebene angeschlossen sein können als das relevante Grundlastkraftwerk, müsse geklärt werden, in welcher Spannungsebene die fiktive Direktleitung entworfen werden müsse und welcher Spannungsebene die angesetzte Reservenetzkapazität zuzurechnen sei.

In einer Stellungnahme wurde kritisiert, dass die in den Eckpunkten enthaltene Beispielrechnung zum physikalischen Pfad nicht eindeutig beschrieben sei. Insbesondere sei nicht schlüssig nachvollziehbar, aus welchem Grund bei der Berechnung eines fiktiven Direktleitungsbaus die Annahme getroffen werde, dass eine höhere Kapazität des genutzten Betriebsmittels zu installieren sei, wenn die vereinbarte Anschlusskapazität dagegen viel geringer sei.

Um eine eindeutige Kalkulation zu ermöglichen, sei es erforderlich, eindeutige Kriterien für die Identifikation der relevanten anteilig genutzten Betriebsmittel, für die Berechnung der Annuitäten, für die Betriebskosten und die Netzreserveleistungen vorzugeben. Dies sei auch deshalb notwendig, weil der physikalische Pfad unter Umständen über mehrere Netzebenen und in Abstimmung mehrerer Netzbetreiber ermittelt werden müsse.

Ferner wurde bemängelt, dass unklar sei, welche Nutzungsdauern bei der Berechnung der Kapitalkosten zugrunde gelegt werden müssten. Es gebe hier deutliche Unterschiede zwischen Strom und Gas. Die Nutzungsdauern der StromNEV zugrunde zu legen sei problematisch, da es dann ggf. einen Widerspruch zum Direktleitungsbau im Gassektor geben könne. Bei Direktleitungsbau seien 7-15 Jahre vielleicht realistisch, alternativ sollte zur Absicherung über Pönalen für höhere Nutzungsdauern nachgedacht werden.

Sofern der Letztverbraucher an ein geschlossenes Verteilernetz angeschlossen sei, sei es erforderlich, auch die zum geschlossenen Verteilernetz gehörenden Betriebsmittel in die Berechnung des physikalischen Pfades mit einzubeziehen.

Es sei auch sinnvoll, einen deutschlandweit einheitlichen Annuitätenkatalog mit Standardwerten je Betriebsmittel vorzugeben.

Ferner wurde bemängelt, dass unklar sei, ob auf die kalkulatorischen Restwerte (ggf. gleich Null) abgestellt werde, oder auf die Kosten eines fiktiven Direktleitungsbaus. Wenn nach Restwerten kalkuliert werden solle, müsse der Netzbetreiber in die Mitwirkungspflicht aufgenommen werden. Wenn nach Kosten eines fiktiven Direktleitungsbaus kalkuliert werden müsse, sollte die Regelung gemäß § 20 (2) GasNEV Anwendung finden und dabei auf die vollen Kosten des Direktleitungsbaus abgestellt werden und nicht nur anteilig, da es für einen 20%-Abschlag keine Begründung gebe.

Unklar sei auch, wie der physikalische Pfad bei singulärem Netzanschluss zu bilden sei. Hier sollte passend zum technischen Netz auch die technische Anschlussebene als Bezugspunkt gelten.

Bei der Betrachtung des Direktleitungsbaus sollte nicht nur die bestehende Trasse betrachtet werden, sondern auch die Möglichkeit, einen alternativen Pfad zu berechne, gegeben werden. Bei tatsächlichem Bau würden schließlich auch die aktuell wirtschaftlich günstigsten Wege genutzt werden.

Auch wurde gefordert, bei der Kalkulation nicht auf die kontrahierte Netzanschlusskapazität abzustellen, sondern stattdessen den tatsächlichen Scheinleistungsbezug des Kunden auf Basis der Istwerte des Vorjahres heranzuziehen.

**Anlage § 019–02**  Zu § 19 Stromnetzentgeltverordnung

Berechnung der anteiligen Nutzung

Im Hinblick auf die Berechnung der anteiligen Nutzung der zum physikalischen Pfad gehörenden Betriebsmittel wurde im Wesentlichen bemängelt, dass die Kalkulation eines Sicherheitsabschlags für Leerkapazitäten in Höhe von 20 Prozent weder dem Grunde noch der Höhe nach begründet sei. Dies müsse in der Festlegung erfolgen oder aber der Sicherheitsabschlag gänzlich entfallen.

Auch wurde vorgetragen, dass der Ansatz des pauschalen Sicherheitsabschlags in Höhe von 20 Prozent indirekt die in der Verordnung vorgegebene Staffelung zum Nachteil der Letztverbraucher ändere. Ein angenommener Leerstand von 20 Prozent läge wegen der häufig auftretenden Netzengpässe nicht vor. Im Rahmen der Anreizregulierung sei jeder Netzbetreiber bemüht, jeglichen Leerstand zu vermeiden. Daher müssten entweder der Sicherheitsabschlag deutlich niedriger angesetzt werden oder Fallgruppen gebildet werden, mit Hilfe derer der tatsächliche Leerstand besser abgebildet werden könne.

Gefordert wurde zudem, einen sachgerechten Aufschlag zur Bestimmung der kalkulatorischen Kapazität unter Berücksichtigung der Netzgleichzeitigkeit aufzunehmen.

Als Argument gegen den Abschlag von 20 Prozent bei den Kapazitäten der Betriebsmittel wurde schließlich auch vorgetragen, dass dies mit dem Grundsatz, wonach Netze und Betriebsmittel immer auf Basis von Gleichzeitigkeitsfaktoren auszulegen seien, nicht zu vereinbaren sei.

Netzreserveleistungen

Ein wesentlicher Kritikpunkt in vielen Stellungnahmen war die in den Eckpunkten vorgesehene Fortschreibung der bisherigen Methode zur Bestimmung der Netzreservekapazitätskosten.

So wurde in Frage gestellt, ob und inwieweit durch die fortschreitende Energiewende die Modelle „Grundlastkraftwerke als Erzeugungsanlage für Bandlast" und „Reservenetzkapazität" die tatsächliche Situation der Erzeugung überhaupt noch korrekt widerspiegelten. Gerade in Norddeutschland sei die Erzeugerseite von einer sehr hohen Anzahl kleinerer Erzeugungsanlagen geprägt. Ein technischer Ausfall einer dieser Anlagen habe daher praktisch keine Auswirkung auf die Netzstabilität. Künftig würde man zwar auch konventionelle Kraftwerke benötigen, um die Lücke zwischen prognostizierter Last und der Einspeisung durch EE-Anlagen zu schließen. Dies geschehe am Strommarkt und spiegele sich in den Base- und Peak-Preisen, nicht aber in den Netzkosten wider. Die fiktive Berechnung eines Reservekraftwerkes sei folglich grundsätzlich nicht gerechtfertigt.

Vorgeschlagen wurde auch, Kosten für Netzreserveleistungen nur bei Kraftwerken anzusetzen, bei denen auch tatsächlich ein Totalausfall wahrscheinlich ist. Bei Kraftwerksanlagen, die aus mehreren Kesseln und Turbinen bzw. Blöcken bestehen, sei das Anrechnen von Netzreserveleistungen nicht sachgerecht.

Bemängelt wurde auch, die Höhe des Reduktionsfaktors für Netzreservekapazität mit dem Faktor 0,35 anzusetzen. Dieser sei noch auf die Verbändevereinbarung II (VV II) zurückzuführen, sodass grundsätzlich fraglich sei, inwieweit ein solches Entgelt bei der Ausgestaltung des § 19 Abs. 2 StromNEV überhaupt Anwendung finden dürfe. Die Richtigkeit der Einbeziehung der Netzreservekapazität nach der VV II sei nicht mehr überzeugend. Durch die kombinierte Anwendung der Netzreservekapazität mit dem Stufenmodell sei die Erreichbarkeit der Untergrenzen von 10, 15, bzw. 20 Prozent des allgemeinen Netzentgelts per se nicht gewährleistet. Das Modell sei daher nicht mit der Intention der Verordnung und dabei insbesondere mit der vom Verordnungsgeber anerkannten Gesichtspunkte der netzstabilisierenden Wirkung von Bandlastkunden vereinbar.

In einer Stellungnahme wurde vorgeschlagen, die Netzreservekapazität in der HöS-Ebene alternativ durch einen pauschalen Wert, z. B. 200 h/a, oder durch eine an der Verfügbarkeit der Grundlastkraftwerke orientierten Ausdifferenzierung zu bestimmen.

Auch sollte zur Abbildung des Ausfalls von Leitungen die Möglichkeit bestehen, anstelle des Ansatzes von Netzreservekapazität einen fiktiven (n-1)-sicheren physikalischen Pfad darzustellen. Bei der Bestimmung von Reservenetzkapazität sollten zudem Vorgaben zur Höhe der Ausfallzeiten gemacht werden. Zu beachten sei, dass die anzusetzenden Reservenetzkapazitäten nur den Kostenblock enthalten dürfen, der die Betriebsmittel der jeweils ausfallenden Ebenen umfasst.

Umgekehrt wurde in einigen Stellungnahmen gefordert, auch in Verteilernetzen die Berücksichtigung von Netzreserve zu prüfen, da Verteilernetze in wesentlichen Teilen ebenfalls (n-1)-sicher seien.

Kosten für Systemdienstleistungen

Hinsichtlich der Systemdienstleistungen sei eine Klarstellung erforderlich, ob eine explizite Berücksichtigung weder im Übertragungs- noch im Verteilernetz erfolge. Eine Berücksichtigung des allgemeinen Entgelts bis zum Netzknotenpunkt beinhalte immer die über die Netzentgelte gewälzten Systemdienstleistungskosten des Übertragungsnetzbetreibers bzw. des vorgelagerten Netzes. Dagegen blieben bei einem Anschluss im HöS-Netz bzw. in der Umspannebene HöS/HS die Systemdienstleistungskosten unberücksichtigt.

Da im HöS-Netz der physikalische Pfad immer zu einem Grundlastkraftwerk gebildet werde, seien in dieser Netzebene keine Systemdienstleistungen zu berücksichtigen. Ansonsten sei zu konkretisieren, welche Arten der Systemdienstleistung zu berücksichtigen seien und welche nicht. Für den Verteilernetzbereich gelte, dass bei der Bildung des physikalischen Pfades bis zu einem Netzknoten die Systemdienstleistungen bereits Bestandteil der allgemeinen Netzentgelte seien, die an diesem Netzknoten zu zahlen sind.

Hinsichtlich der Systemdienstleistungen sei eine Klarstellung erforderlich, dass eine explizite Berücksichtigung weder im Übertragungs- noch im Verteilernetz erfolge. Eine Berücksichtigung des allgemeinen Entgelts bis zum Netzknotenpunkt beinhalte immer die über die Netzentgelte gewälzten Systemdienstleistungskosten des Übertragungsnetzbetreibers bzw. des vorgelagerten Netzes. Dagegen blieben bei einem Anschluss im HöS- Netz bzw. in der Umspannebene HöS/HS die Systemdienstleistungskosten unberücksichtigt.

Verlustenergiekosten

Im Hinblick auf den Ansatz von Verlustenergiekosten wurde im Wesentlichen bemängelt, dass in den Eckpunkten keine Vorgabe einer bestimmten Methode zur Bestimmung dieser Kosten vorgesehen sei.

Ferner wurde vorgeschlagen, die Kosten für Verlustenergie zu berücksichtigen, allerdings nicht durch individuelle Berechnung, sondern durch einen Standardansatz für die Netzverluste je Trafo oder je Leitungskilometer. Als Preis für Verlustenergie solle als Beschaffungspreis der EEX Phelix Base Year Future t-1,5 bis t-0,5 Jahre herangezogen werden.

## 4. Einführung und Ausgestaltung des Anzeigeverfahrens

In diversen Stellungnahmen wurden Anregungen bezüglich der ab dem Kalenderjahr 2014 geplanten Umstellung des bisherigen Genehmigungsverfahrens auf ein Anzeigeverfahren geäußert. Von verschiedenen Netzbetreibern wurde diesbezüglich angeregt, eine Bestätigung der Anzeige einzuführen. In der Festlegung sollte zudem geregelt werden, inwieweit die Regulierungsbehörde den Netzbetreiber über die Anzeige unterrichtet, damit dieser Kenntnis vom Eintritt der Wirksamkeit der abgeschlossenen Vereinbarung erlangen könne.

a) Einführung eines Anzeigeverfahrens

Der Übergang von einem Genehmigungsverfahren zu einem Anzeigeverfahren wurde mehrheitlich begrüßt. In einigen wenigen Stellungnahmen wurde die Einführung des Anzeigeverfahrens durch die Festlegung kritisiert, da diese von der Regelung des § 30 Abs. 2 Nr. 7 StromNEV nicht abgedeckt sei. Vielmehr regle die Festlegung insoweit lediglich die Kriterien bzw. Systematik für die Einführung eines Anzeigeverfahrens. Die zeitnahe Umsetzung des Anzeigeverfahrens wurde überwiegend als positiv erachtet. In einer Stellungnahme wurde jedoch eine ein- bis zweijährige Übergangszeit angeregt, da die kurzfriste Einführung des Anzeigeverfahrens zu Interessenkonflikten führen könne. Mehrfach wurde um die genauere Spezifizierung des Anzeigeverfahrens erbeten, z. B. um die mit dem Anzeigeverfahren verbundenen Risiken für Netzbetreiber und Letztverbraucher zu minimieren. Zudem wurde vielfach der Wunsch geäußert, alle für die Anzeige notwendigen Unterlagen zu benennen. Dies sei auch deshalb erforderlich, da unklar geregelte Vorgaben den administrativen Aufwand aller Beteiligten unnötig steigern würden (z. B. durch Gerichtsverfahren aufgrund von Schadensersatzansprüchen).In einigen Stellungnahmen wurde angeführt, dass es keine Aussage darüber gebe, über welchen Zeitraum die Anzeige der Vereinbarung gelten solle. Diesbezüglich wurde vorgetragen, dass sich das Anzeigeverfahren – wie auch die Genehmigung – an der Regulierungsperiode orientieren solle.

b) Begründungs- und Mitwirkungspflichten

Mehrfach wurde die Pflicht zur vollständigen Vorlage der Antragsunterlagen im Anzeigeverfahren als kritisch erachtet. In Bezug auf die Mitwirkungspflicht der Netzbetreiber würde diese viele Probleme und Diskussionen nach sich ziehen. Bezüglich der sich daraus resultierenden Untersagung der Netzentgeltermäßigung im Antragsjahr wurde von Seiten der Netzbetreiber die Sorge vorgetragen, dass die damit einhergehende Untersagung der Genehmigung zu Schadensersatzforderungen des betroffenen Netznutzers gegenüber dem Netzbetreiber führen könnten, da dieser verpflichtet sei, alle notwendigen Unterlagen zur Verfügung zu stellen.

Damit die Netzbetreiber ihrer Pflicht zur rechtzeitigen Datenlieferung nachkommen, wurde zur Vermeidung von (ggf. missbräuchlichen) Verzögerungen der Informationsweitergabe angeregt, eine Frist zur Datenlieferung festzusetzen. Die Praxis habe gezeigt, dass es immer wieder Verzögerungen bei der

**Anlage § 019–02**  Zu § 19 Stromnetzentgeltverordnung

Datenlieferung und deren Vollständigkeit gebe, die der Letztverbraucher nicht zu verantworten habe. Diese Frist solle auch für die Unterzeichnung bereits endverhandelter Vereinbarungen gelten.

Der Umfang der einzureichenden Unterlagen sollte möglichst schlank gehalten und abschließend benannt werden. Es solle eine Art Checkliste der insgesamt vom Netzbetreiber dem Letztverbraucher zur Verfügung zu stellende Unterlagen geben, vor allem um das Haftungsrisiko des Netzbetreibers zu minimieren, falls die Anzeige nicht bis zum 30. September vollständig bei der BNetzA eingehe. Bezüglich der Einhaltung der Kriterien im ersten Anzeigejahr solle sogar eine entsprechende Versicherung genügen; im Übrigen solle auf eine Einreichung und Prüfung weiterer Unterlagen außerhalb der ohnehin im Folgejahr zu erfüllenden Berichtspflichten verzichtet werden.

In Bezug auf die Letztverbraucher wurde zudem vorgetragen, dass diese nicht in der Lage seien, die erforderlichen Unterlagen eigenständig beizubringen. Der Letztverbraucher müsse bereits im laufenden Kalenderjahr wissen, ob er die Kriterien erfüllen kann, damit er ggf. sein Abnahmeverhalten ändern könne. Hierfür wäre es erforderlich, dass der Netzbetreiber mindestens monatlich, vorzugsweise täglich, die erforderlichen Lastgangdaten bereitstelle.

Netzbetreiber sollten dazu verpflichtet werden, sowohl die Kostenansätze für die Betriebsmittel als auch den gewählten physikalischen Pfad mit allen in Anspruch genommenen Betriebsmitteln sowie möglichen Alternativen (z. B. anhand von Netzplänen) transparent offenzulegen.

Künftig habe der Letztverbraucher der Regulierungsbehörde alle zur Beurteilung der Voraussetzungen erforderlichen Unterlagen vorzulegen. Diese habe der Netzbetreiber elektronisch zu bestätigen. In welcher Form diese Bestätigung zu erfolgen habe, müsse noch eindeutiger geregelt werden.

Zusätzlich sei es notwendig festzulegen, dass der Letztverbraucher seine Anzeige bei der Regulierungsbehörde parallel auch dem Netzbetreiber zukommen lassen müsse. Dies sei notwendig, da andernfalls der Netzbetreiber keine Kenntnis darüber habe, welche von ihm unterzeichnete Vereinbarung auch tatsächlich angezeigt worden sei.

Folgende Präzisierung solle vorgenommen werden: „Erforderliche Unterlagen umfassen Trassenpläne, aus denen der physikalische Pfad hervorgeht. Der Netzbetreiber ist nicht verpflichtet, darüber hinausgehende Unterlagen zur Verfügung zu stellen, die Geschäftsgeheimnisse für Wettbewerber wie etwa Konkurrenten im Konzessionswettbewerb oder Betreiber von geschlossenen Verteilernetzen enthalten können." Da der Netzbetreiber bei der Vergabe von Konzessionen oder bei der Erschließung von neuen Gebieten im Wettbewerb mit anderen Netzbetreibern bzw. mit Betreibern von geschlossenen Verteilernetzen stünde, dürfe er nicht verpflichtet werden, Geschäftsgeheimnisse offen zu legen, die zu Wettbewerbsvorteilen für Konkurrenten führen könnten.

Im Zusammenhang mit der Kalkulation und Datenerhebung stelle sich für den Netzbetreiber die Frage, welche Daten herausgegeben werden müssten und in welchem Umfang. In diesem Zusammenhang sei es für den Netzbetreiber von Bedeutung, ob der Aufwand zumutbar sei, ob Sicherheitsbelange betroffen seien und ob es sich bei den Daten um Betriebs- und Geschäftsgeheimnisse handle. In diesem Zusammenhang sei unklar, ob lediglich die Trassenlage zu übermitteln sei oder auch die dort konkret stehenden Betriebsmittel und ob die annuitätische Betrachtung insoweit auf Betriebsmitteln aufbauen solle. Diesbezüglich sollte klargestellt werden, dass es sich nicht um konkrete Betriebsmittel handle.

Weiterhin wurde vorgetragen, dass die zur Berechnung des physikalischen Pfades benötigten Daten teilweise weder dem Letztverbraucher noch dem Netzbetreiber zugerechnet werden könnten und daher eine Regelung dazu getroffen werden müsse, wer die Daten einzuholen habe und welche Mitwirkungspflichten dritte Unternehmen hierbei zu erfüllen hätten.

Die vom Netzbetreiber dann bereitzustellenden Daten habe dieser dem Letztverbraucher und bevollmächtigten Dritten entgeltfrei zu überlassen. Die Praxis zeige, dass Netzbetreiber sehr hohe Entgelte für die Datenübermittlung fordern. Dies widerspreche der Intention des Verordnungsgebers, den Letztverbraucher von den Kosten der Netznutzung zu entlasten.

Bei Lieferantenrahmenverträgen solle der Netzbetreiber eine individuelle Netzentgeltvereinbarung nicht mehr ablehnen dürfen, sobald der Lieferant dieser zugestimmt habe. Die Festlegung solle eine entsprechende Klarstellung enthalten. Zumindest sollten konkrete Mitwirkungspflichten beschrieben werden, damit sich Netzbetreiber bzw. Lieferanten nicht wegen behaupteter Unzuständigkeit einer Vereinbarung verweigern können. Es wurde vereinzelt angeregt festzulegen, dass in Fällen, in denen sich wesentliche Parameter ändern (z. B. Wechsel des Netznutzers), der Letztverbraucher verpflichtet sei, den Netzbetreiber unverzüglich zu informieren.

c) Berichtspflichten

Vielfach haben sich vor allem die Netzbetreiber zu den Änderungen bei der Erfüllung der Berichtspflichten geäußert. Dabei hat sich eine Vielzahl der Netzbetreiber für die Beibehaltung der bisherigen

Praxis ausgesprochen und damit für die jährliche Übersendung eines Erhebungsbogens an die Regulierungsbehörde. Es sei dagegen nicht praktikabel, dass der Letztverbraucher die Berichtspflicht erfülle, in dem er einen Nachweis über die Einhaltung der Kriterien übermittle, welcher zuvor durch den Netzbetreiber bestätigt wurde. Darüber hinaus wurde geäußert, dass die Übertragung der Berichtspflichten an den Letztverbraucher diesen unnötig belaste, da die Quelle der Daten die Netzbetreiber seien. Zudem erhöhe diese Umstellung den administrativen Aufwand für die Netzbetreiber und die Regierungsbehörde, da Hunderte von Einzelmeldungen erstellt und geprüft werden müssten.

Abweichend zum bisherigen Verfahren zur Genehmigung individueller Netzentgelte nach § 19 Abs. 2 S. 1 StromNEV habe der Letztverbraucher nun bis zum 30. Juni des Folgejahres einen Nachweis über die Einhaltung der Kriterien durch Zusendung eines Erhebungsbogens anzuzeigen. Der betroffene Netzbetreiber habe dies zu bestätigen. Wie diese Bestätigung der vom Letztverbraucher elektronisch zu übermittelnden Angaben technisch ablaufen soll, sei offen. Abgesehen davon werde hier für den Letztverbraucher eine völlig neuartige Kommunikation vorgeschrieben, ohne dass die technischen Anforderungen ersichtlich seien.

Von Seiten der Netzbetreiber wurde die Verschiebung des Übermittlungszeitpunktes des Wirtschaftsprüfertestats begrüßt. Mit der Verlegung dieser Pflicht auf den 30. Juni eines Folgejahres würde eine Vereinheitlichung der zu erbringenden Nachweise für die Beschlusskammer 4 und Beschlusskammer 8 der Bundesnetzagentur erreicht. Es wurde angeregt, auch andere an die Übertragungsnetzbetreiber zu übermittelnde Nachweise hinsichtlich Form und Frist zu synchronisieren.

Es bestünden konkrete Bedenken gegen die mit der zu erwartenden Festlegung erfolgte Umsetzung der Ermächtigung der Regulierungsbehörde, indem das Anzeigeverfahren quasi wie eine regelmäßige nachträgliche Kontrolle ausgestaltet werde. Außerdem bestünden Zweifel an der Ausgestaltung zur atypischen Netznutzung, da verschiedene geforderte Daten (Verbrauchs- und Leistungsdaten) dafür nicht relevant seien.

Ein Netzbetreiber wolle freiwillig weiter Daten mit Hilfe von Erhebungsbögen schicken, wolle aber nicht verpflichtet werden, Einzelnachweise der Letztverbraucher zu prüfen.

Der Letztverbraucher sei verpflichtet, die Daten zu liefern. Der Netzbetreiber solle diese nicht mehr prüfen müssen, da die Daten ohnehin auf der Endabrechnung der Netzbetreiber basierten.

Es sei unklar, wie der Netzbetreiber die Berichtspflicht des Letztverbrauchers durch eine ex-post-Dokumentation seiner Leistungsdaten im Erhebungsbogen bestätigen soll. Diesbezüglich dürfe keine Erlöswirksamkeit beim Netzbetreiber aufgrund fehlender Angaben durch den Letztverbraucher entstehen.

Bezüglich der ex-post-Kontrolle wird gefordert, dass die Rechtmäßigkeit der Vereinbarung nur einmalig durch die Regulierungsbehörde zu prüfen sei, da die tatsächliche atypische Netznutzung nur durch den Netzbetreiber zu kontrollieren sei.

d) Anzeigefrist und Untersagung

In mehreren Stellungnahmen wurde die Festlegung des 30. September als Anzeigefrist als sinnvoll erachtet. In einigen Stellungnahmen wurde zudem der Wunsch geäußert festzulegen, ab wann die erstmalige Anzeige einer Vereinbarung Wirkung erlangt. In diesem Zusammenhang wurde zudem angeregt die Anzeige erst nach Abschluss der Vereinbarung wirken zu lassen, um Mitnahmeeffekte auszuschließen.

In anderen Stellungnahmen wurde ausgeführt, dass es keine rechtliche Grundlage für die Festlegung einer Ausschlussfrist durch die Regulierungsbehörde gebe und zudem der 30. September als nicht sachgerecht mit Blick auf die Umlage nach §19 StromNEV erscheine. Die Festlegung einer Ausschlussfrist ließe sich allenfalls aus der Festlegungsbefugnis ableiten.

Außerdem wurde angeregt, bei Vorliegen eines unterjährigen Lieferantenwechsels die Anzeige auch nach dem 30. September des jeweiligen Kalenderjahres zu ermöglichen, um einen nahtlosen Übergang von unterjährigen Vereinbarungen zu gewährleisten.

Zudem wurde vorgetragen, dass die Untersagung der Vereinbarung aufgrund unvollständiger Antragsunterlagen wegen der Schwere der Sanktion eine ausdrückliche rechtliche Grundlage benötige. Diesbezüglich wurde darauf hingewiesen, dass die Befugnisse der Regulierungsbehörde bei Rechtswidrigkeit der Vereinbarung nicht in der Festlegung zu regeln seien, sondern sich unmittelbar aus der Verordnung ergäben würden.

Die Landesregulierungsbehörden wurden erstmalig im Rahmen der Sitzung des Arbeitskreises Netzentgelte vom 04.09.2013 über die geplante Einleitung eines Verfahrens zur Festlegung sachgerechter Kriterien für die Ermittlung individueller Netzentgelte in Kenntnis gesetzt. Sie wurden zudem, ebenso wie das Bundeskartellamt, über die Einleitung des Verfahrens informiert. In diesem Zusammenhang wurde dem Bundeskartellamt und den Landesregulierungsbehörden auch die Gelegenheit zur Stellungnahme zu dem veröffentlichten Eckpunktepapier eingeräumt.

Dem Länderausschuss bei der Bundesnetzagentur wurde der Festlegungsentwurf in der Sitzung vom 21.11.2013 vorgestellt und Gelegenheit zur Stellungnahme gegeben. Während sich die ganz überwiegende Anzahl der im Länderausschuss vertretenen Landesregulierungsbehörden sowohl aus Verfahrensgründen als auch zur Wahrung gleichwertiger wirtschaftlicher Verhältnisse i.S.v. § 54 Abs. 3 S. 2 EnWG für eine bundeseinheitliche Festlegung ausgesprochen haben, bestehen bei zwei Regulierungsbehörden Bedenken gegen eine bundeseinheitliche Festlegung, da diese Behörden die hierfür nach § 54 Abs. 3 S. 2 EnWG erforderlichen Voraussetzungen als nicht erfüllt ansehen. Inhaltlich wurde seitens einer Regulierungsbehörde kritisiert, dass das in der Festlegung vorgesehene System zu § 19 Abs. 2 S. 1 StromNEV nicht sachgerecht sei und nicht der Intention des Verordnungsgebers entspreche. Es führe zu viel zu weitgehenden Rabattierungen mit erheblichen Mitnahmeeffekten, die auf zufällig auftretende Hochlastzeitfenster und eine zu „geringe" (derzeit nur 5 Prozent)-Trennlinie zurückzuführen seien. Zusätzliche Mitnahmeeffekte würden durch die Wahloption begründet.

Dem Bundeskartellamt und den Landesregulierungsbehörden ist unter dem 02.12.2013 Gelegenheit zur Stellungnahme gem. § 58 Abs. 1 S. 2 EnWG gegeben worden.

Wegen der Einzelheiten wird auf den Inhalt der Verfahrensakte verwiesen.

## II.

Die vorliegende Festlegung beruht auf § 29 Abs. 1 und Abs. 2 Satz 1 EnWG i.V.m. § 30 Abs. 2 Nr. 7 StromNEV. Danach kann die Regulierungsbehörde zum einen eine Festlegung nach § 29 Abs. 1 EnWG zur sachgerechten Ermittlung individueller Netzentgelte nach § 19 Abs. 2 S. 1 bis 4 StromNEV treffen und zum anderen eine bereits erfolgte Festlegung gemäß § 29 Abs. 2 Satz 1 EnWG ändern.

Im Hinblick auf Vereinbarungen individueller Netzentgelte nach § 19 Abs. 2 Satz 1 StromNEV handelt es sich vorliegend um eine Änderung der Festlegung der Bundesnetzagentur vom 05.12.2012, BK4-12-1656, betreffend die Ermittlung sachgerechter Entgelte im Rahmen der Genehmigung von individuellen Netzentgeltvereinbarungen gemäß § 29 Abs. 2 Satz 1 EnWG. In Bezug auf Vereinbarungen individueller Netzentgelte nach § 19 Abs. 2 Satz 2 bis 4 StromNEV handelt es sich um eine (neue) Festlegung nach § 29 Abs. 1 EnWG. Insoweit tritt die vorliegende Festlegung an die Stelle des Leitfadens der Bundesnetzagentur zur Genehmigung von Befreiungen von den Netzentgelten nach § 19 Abs. 2 Satz 2 StromNEV (alte Fassung) vom Dezember 2012.

### 1. Zuständigkeit

Die Bundesnetzagentur ist gemäß § 54 Abs. 3 S. 2 EnWG die für die Festlegung zuständige Regulierungsbehörde. Nach der Vorschrift des § 54 Abs. 3 S. 2 EnWG nimmt die Bundesnetzagentur die entsprechenden Festlegungsbefugnisse wahr, wenn zur Wahrung gleichwertiger wirtschaftlicher Verhältnisse im Bundesgebiet eine bundeseinheitliche Festlegung nach § 29 Abs. 1 EnWG erforderlich ist. Dies bedeutet nach Auffassung der Beschlusskammer, dass eine bundeseinheitliche Festlegung insbesondere dann in Betracht kommt, um möglichst gleiche Voraussetzungen und Bedingungen für die wirtschaftliche Betätigung im ganzen Bundesgebiet sicherzustellen. Dies ist vorliegend der Fall. Danach wird durch die Festlegung gewährleistet, dass sowohl die betroffenen Netzbetreiber als auch Letztverbraucher im gesamten Bundesgebiet im Hinblick auf die Vereinbarung individueller Netzentgelte nach § 19 Abs. 2 S. 1 bis 4 StromNEV zukünftig die gleichen regulatorischen Rahmenbedingungen vorfinden.

Insbesondere für Letztverbraucher mit Standorten in verschiedenen Bundesländern und Netzgebieten ist es nur schwer nachvollziehbar, wenn sich die Bedingungen für den Abschluss einer individuellen Netzentgeltvereinbarung nach § 19 Abs. 2 S. 1 bis 4 StromNEV je nach Festlegung der im Einzelfall zuständigen Regulierungsbehörde unterscheiden. Gleiches gilt auch dann, wenn infolge einer uneinheitlichen Anwendung der Regelung des § 19 Abs. 2 S. 1 bis 4 Strom- NEV in den bestehenden Wettbewerb zwischen den für eine atypische oder stromintensive Netznutzung in Betracht kommenden Letztverbrauchern eingegriffen werden würde. Eine bundeseinheitliche Regelung ist daher geboten.

Die bundeseinheitliche Festlegung ist auch deshalb erforderlich, weil ansonsten die unterschiedliche Behandlung eines identischen Sachverhaltes eintreten könnte. Ein Letztverbraucher, der mit eigenen Betriebsmitteln zum einem Umspannwerk gelangt, kann dort Netzanschluss sowohl beim nachgelagerten Verteilernetzbetreiber als auch beim vorgelagerten Verteilernetzbetreiber bzw. Übertragungsnetzbetreiber. Diese Wahlfreiheit des Anschlussnehmers entspricht der ständigen Spruchpraxis der Bundesnetzagentur und ist auch höchstrichterlich bestätigt worden. Ohne bundeseinheitliche Festlegung könnte je nach der Wahl des Anschlussnetzbetreibers ein unterschiedliches individuelles Netzentgelt errechnet werden, wenn die vor- und nachgelagerter Netzbetreiber in unterschiedliche Zuständigkeit fallen und unterschiedliche Festlegungen vorliegen. Dies wäre ein höchst unbilliges Ergebnis, weil in der gleichen technischen Konstellation ein unterschiedliches Netzentgelt berechnet würde. Außerdem würde damit das Wahlrecht des Anschlussnehmers faktisch eingeschränkt, weil die Höhe des individuellen Netzentgeltes seine Entscheidung über die Wahl des Anschlusses wesentlich beeinflusst. Das Beispiel unterstreicht die Notwendigkeit eines bundeseinheitlichen Vorgehens bei der Berechnung und Erlangung eines individuellen Netzentgeltes.

Auch lässt sich aus der Regelung des § 54 Abs. 3 S. 2 EnWG nicht ableiten, dass eine bundeseinheitliche Festlegung „nur bei wesentlichen und wichtigen Regulierungsaspekten" in Betracht kommen kann. Voraussetzung ist vielmehr alleine die Erforderlichkeit zur Wahrung gleichwertiger wirtschaftlicher Verhältnisse im Bundesgebiet. Unabhängig hiervon kann eine unterschiedliche Genehmigungspraxis für die betroffenen Unternehmen durchaus von ganz erheblicher und existenzieller Bedeutung sein, etwa dann, wenn trotz objektiv gleicher Genehmigungsvoraussetzungen eines von zwei im Wettbewerb stehenden Unternehmen in den Genuss einer Netzentgeltvergünstigung kommt, dass andere dagegen nicht. Die bundeseinheitliche Festlegung führt im Übrigen auch nicht zu einer verfassungsrechtlich problematischen Mischverwaltung.

Im Übrigen folgt die Bundesnetzagentur mit der bundeseinheitlichen Festlegung der Auffassung der überwiegenden Mehrzahl der Mitglieder des Länderausschusses, so wie es § 54 Abs. 3 S. 5 EnWG vorsieht.

**2. Formelle Anforderungen**

a) Adressaten der Festlegung

Das Verfahren richtet sich an alle im Bundesgebiet aktiven Betreiber von Elektrizitätsversorgungsnetzen im Sinne des § 3 Nr. 2 EnWG sowie die von diesen versorgten Letztverbraucher.

b) Beteiligung von Bundeskartellamt, Landesregulierungsbehörden und Länderausschuss

Das Bundeskartellamt sowie die Landesregulierungsbehörden wurden über die Einleitung des Verfahrens benachrichtigt. Darüber hinaus wurde ihnen Gelegenheit zur Stellungnahme gemäß § 58 Abs. 1 S. 2 EnWG gegeben. Dem Länderausschuss wurde gemäß § 60a EnWG ebenfalls Gelegenheit zur Stellungnahme gegeben.

c) Anhörung

Den Beteiligten wurde gemäß § 67 Abs. 1 EnWG im Rahmen der Konsultation die Gelegenheit zur Stellungnahme gegeben. Entgegen den in einigen Stellungnahmen geäußerten Forderungen nach etwaigen zusätzlichen Stellungnahmemöglichkeiten etwa zum Ergebnis der Festlegung oder zur inhaltlichen Gestaltung der für die Anzeige eines individuellen Netzentgelts vorgesehenen Erhebungsbögen wurde dem Gebot nach rechtlichem Gehör nach Auffassung der Beschlusskammer mit der Veröffentlichung des umfassenden Eckpunktepapiers Genüge getan.

**3. Anwendungsbereich**

Die vorliegende Festlegung gilt für individuelle Netzentgeltvereinbarungen nach § 19 Abs. 2 S. 1 bis 4 StromNEV mit einer erstmaligen Wirkung ab dem 01.01.2014. Sie soll, um etwaige Rückwirkungsproblematiken zu vermeiden, nicht für individuelle Netzentgeltvereinbarungen nach § 19 Abs. 2 gelten, die frühere Geltungszeiträume beinhalten bzw. mitumfassen. Diese unterliegen insoweit auch weiterhin der Genehmigungspflicht nach § 19 Abs. 2 S. 5 StromNEV.

Die Rechtsgrundlage für die damit einhergehende Beschränkung des Anwendungsbereichs der Festlegung BK4-12-1656 ergibt sich zum einen aus § 29 Abs. 2 S. 1 EnWG. Danach ist die Regulierungsbehörde befugt, die nach § 29 Abs. 1 EnWG von ihr festgelegten oder genehmigten Bedingungen und Methoden nachträglich zu ändern, soweit dies erforderlich ist, um sicherzustellen, dass sie auch weiterhin den Voraussetzungen für eine Festlegung oder Genehmigung genügen. Die Änderung dient insoweit dem Zweck, die mit Beschluss BK4-12-1656 festgelegten Kriterien zur Ermittlung sachgerechter Entgelte im Rahmen der Genehmigung von individuellen Netzentgeltvereinbarungen mit Wirkung ab dem 01.01.2014 an die durch Art. 2 der Verordnung zur Änderung von Verordnungen auf dem Gebiet des Energiewirtschaftsrechts vom 14.08.2013 (BGBl. I S. 3250) vorgenommenen Neuregelung des § 19 Abs. 2 StromNEV anzupassen.

Die Befugnis zur Abänderung des Ausgangsbescheides folgt zum anderen aus § 49 Abs. 2 Nr. 1 VwVfG. Danach darf ein rechtmäßiger begünstigender Verwaltungsakt, auch nachdem er unanfechtbar geworden ist, ganz oder teilweise mit Wirkung für die Zukunft widerrufen werden, wenn der Widerruf durch Rechtsvorschrift zugelassen oder im Verwaltungsakt vorbehalten ist. Die unter dem Az. BK4-12-1656 am 05.12.2012 erfolgte „Festlegung zur Ermittlung sachgerechter Entgelte im Rahmen der Genehmi-

**Anlage § 019–02**  Zu § 19 Stromnetzentgeltverordnung

gung von individuellen Netzentgeltvereinbarungen gemäß § 29 Abs. 1 EnWG für § 19 Abs. 2 S. 1 StromNEV" enthält insoweit in Ziffer 3 einen entsprechenden Widerrufsvorbehalt für den Fall, dass später aufgrund neuer Erkenntnisse zu einem im Zeitpunkt der Entscheidung noch nicht absehbaren Anpassungsbedarf kommen sollte. Dieser ergibt sich vorliegend aus der erfolgten grundlegenden Neuregelung des § 19 Abs. 2 StromNEV.

### 4. Materielle Festlegungsvoraussetzungen

a) Aufgreifermessen

Der Erlass der vorliegenden Festlegung war geboten und erforderlich.

Nach § 30 StromNEV kann die Regulierungsbehörde Festlegungen zur Gewährleistung einer sachgerechten Ermittlung der Entgelte für dezentrale Einspeisung nach § 18 StromNEV sowie individueller Entgelte nach § 19 Abs. 2 StromNEV treffen.

Die vorliegende Festlegung dient der Gewährleistung einer sachgerechten Ermittlung der individuellen Entgelte nach § 19 Abs. 2 StromNEV. Die Vorgabe einer einheitlichen Methode dient insoweit zum einen dem Zweck, eine für alle betroffenen Netzbetreiber und Letztverbraucher gleiche Methode für die Berechnung individueller Netzentgelte nach § 19 Abs. 2 S. 1 bzw. § 19 Abs. 2 S. 2 bis 4 StromNEV vorzugeben, um insbesondere Meinungsverschiedenheiten zwischen Netzbetreibern und Letztverbrauchern über die richtige Berechnung der individuellen Netzentgelte zu vermeiden. Sie dient zum anderen dem Zweck, den mit der Durchführung einer hohen Zahl von Einzelgenehmigungsverfahren verbundenen erheblichen administrativen Aufwand sowohl für den Netzbetreiber, den Letztverbraucher, aber auch für die Verwaltungsbehörde durch die Einführung einer Anzeigepflicht zu verringern. Ein weiterer Vorteil für die betroffenen Letztverbraucher folgt aus dem Umstand, dass ihnen der Ausgleich für die Entlastungswirkung zeitnah im Anschluss an die erfolgte Anzeige zu Gute kommt und sie aufgrund der Vielzahl der Genehmigungsanträge nicht mehr monate- und im Extremfall sogar jahrelang auf eine Genehmigungserteilung warten müssen. Ein Erwägungspunkt ist schließlich auch der Umstand, dass die der Festlegung zugrunde liegenden Normen im Rahmen der erfolgten Änderung von Verordnungen auf dem Gebiet des Energiewirtschaftsrechts vom 14.08.2013 (BGBl. I S. 3250) in wesentliche Punkten neu geregelt worden sind. Hervorzuheben ist in diesem Zusammenhang insbesondere die gemäß Art. 2 der Verordnung vom 14.08.2013 mit Wirkung zum 01.01.2014 vorgesehene (Wieder-) Einführung einer physikalischen Komponente für die Berechnung der individuellen Netzentgelte gemäß § 19 Abs. 2 S. 4 StromNEV.

Der Festlegung steht insoweit auch nicht entgegen, dass diese bereits vor dem Zeitpunkt des eigentlichen Inkrafttretens der erst ab 01.01.2014 geltenden Regelungen der StromNEV erfolgt. Insoweit ist zu berücksichtigen, dass die eigentlich Regelung zur Festlegungskompetenz in § 30 Abs. Nr. 7 StromNEV von der Verordnungsänderung nicht betroffen gewesen ist und die zum 01.01.2014 erfolgte Neuregelung des § 19 Abs. 2 StromNEV lediglich darauf abzielt, die Vorrausetzungen für den Abschluss von individuellen Netzentgeltvereinbarungen sowie das Verfahren zur Überprüfung dieser Entgelte durch die Regulierungsbehörde zu modifizieren. Da die Festlegungskompetenz in jedem Fall bereits besteht, kann ein entsprechendes Festlegungsverfahren bereits im Vorfeld eingeleitet und durchgeführt werden. Dies ist auch sinnvoll, um den Beteiligten bereits im Zeitpunkt des Inkrafttretens entsprechende Kriterien, beispielsweise für die Ermittlung der neu eingeführten physikalischen Komponente, an die Hand zu geben.

b) Berechnung individueller Netzentgelte gem. § 19 Abs. 2 S. 1 StromNEV

Die im Tenor enthaltene Hochlastzeitfensterregelung stellt aus Sicht der Beschlusskammer trotz der vereinzelt geäußerten Bedenken auch weiterhin eine geeignete, erforderliche und die Beteiligten nicht unverhältnismäßig belastende Methode dar, um individuelle Netzentgelte nach § 19 Abs. 2 S. 1 StromNEV sachgerecht zu ermitteln.

Hauptvoraussetzung einer Entgeltreduzierung gemäß § 19 Abs. 2 S. 1 StromNEV ist, dass der Höchstlastbeitrag des Letztverbrauchers vorhersehbar und erheblich von der Jahreshöchstlast in der jeweiligen Netzebene abweicht. Die tatsächliche zeitgleiche Jahreshöchstlast kann nur ex post ermittelt werden. Es bedarf folglich einer Bestimmung der Hochlastzeitfenster, die die Unsicherheit zwischen Vorhersehbarkeit und tatsächlichem Eintritt der zeitgleichen Jahreshöchstlast erfasst. Zur Beurteilung, ob eine erhebliche Abweichung von der Jahreshöchstlast i.S.v. § 19 Abs. 2 S. 1 StromNEV vorliegt, ist neben der Einhaltung der Hochlastzeitfenster zusätzlich eine erhebliche Lastverschiebung (Erheblichkeitsschwelle) durch den Letztverbraucher zu verlangen.

i. Hochlastzeitfenster

Die Zeitfenster, innerhalb derer ein atypischer Netznutzer im Vergleich zu den übrigen Netznutzern eine Lastabsenkung aufweist (Hochlastzeitfenster des Netzes), sind durch den Netzbetreiber zu er-

Zu § 19 Stromnetzentgeltverordnung                                      Anlage § 019–02

    mitteln. Sie sind für jeden Netzbetreiber und für jede Netz- und Umspannebene gesondert zu bestimmen. Relevant ist jeweils die Netz- oder Umspannebene, aus welcher der betreffende Letztverbraucher elektrische Energie entnimmt. Die Pflicht zur Veröffentlichung der Hochlastzeitfenster wird dabei für alle Netzbetreiber verbindlich festgelegt.

ii. Referenzzeitraum und Veröffentlichung

    Als Datenbasis für die Ermittlung der Hochlastzeitfenster ist grundsätzlich auf den Zeitraum unmittelbar vor dem Kalenderjahr abzustellen, für das das individuelle Netzentgelt erstmalig vereinbart wird. Da die Hochlastzeitfenster im Interesse der Planungssicherheit der Beteiligten spätestens zu Beginn des Kalenderjahres, in dem das individuelle Netzentgelt erstmals zur Anwendung kommen soll, bekannt sein müssen, um insbesondere dem Letztverbraucher die Möglichkeit zu geben, sein individuelles Netznutzungsverhalten an den Zeitfenstern auszurichten, soll die Berechnung der Hochlastzeitfenster grundsätzlich auf Grundlage der Daten der Monate September bis Dezember des Vor-Vorjahres sowie der Monate Januar bis August des der individuellen Netzentgeltvereinbarung vorausgehenden Kalenderjahres (Referenzzeitraum) erfolgen. Die Hochlastzeitfenster können dann im Herbst des vorhergehenden Kalenderjahres berechnet werden und sind durch alle Netzbetreiber bis spätestens zum 31. Oktober für das Folgejahr zu veröffentlichen.

    Dies gilt unabhängig davon, ob bei dem betreffenden Netzbetreiber bereits entsprechende individuelle Netzentgelte nachgefragt wurden. Die Veröffentlichung der Hochlastzeitfenster ist auch für diejenigen Letztverbraucher notwendig, die aktuell die Voraussetzungen für ein individuelles Netzentgelt nicht erfüllen, durch Änderungen in der Produktion bzw. im Betriebsablauf jedoch zukünftig in den Genuss einer Netzentgeltreduzierung kommen könnten.

    Die Veröffentlichung zum 31. Oktober lässt den Letztverbrauchern hinreichend Zeit, die Betriebs- und Produktionsprozesse derart anzupassen, dass die Einhaltung der Hochlastzeitfenster im Folgejahr möglich wird.

iii. Maximalwertkurve des Tages

    Zur Bestimmung der Hochlastzeitfenster ist im ersten Schritt die Maximalwertkurve des Tages für unterschiedliche Jahreszeiten zu bilden. Dabei ist von folgenden Jahreszeiten, die nicht den kalendarischen (astronomischen) Jahreszeiten entsprechen, auszugehen:

| Winter   | 1. Januar bis 28. bzw. 29. Februar |
| Frühling | 1. März bis 31. Mai |
| Sommer   | 1. Juni bis 31. August |
| Herbst   | 1. September bis 30. November |
| Winter   | 1. Dezember bis 31. Dezember |

    Die Maximalwertkurve des Tages wird zusammengesetzt aus den einzelnen höchsten Viertelstundenmaximalwerten in allen Viertelstunden für die jeweilige Jahreszeit.

iv. Trennlinie

    Im zweiten Schritt ist zur Bestimmung der Hochlastzeitfenster eine Trennlinie grafisch als horizontale Linie in die vier Maximalwertkurven des Tages je Netz- und Umspannungsebene einzutragen. Die Höhe der Trennlinie je Netzebene ist durch einen fünf Prozent-Abschlag auf die zeitgleiche Jahreshöchstlast des Referenzzeitraums zu bestimmen. Es ergibt sich ein Wert für das gesamte Jahr, welcher für die Ermittlung der Hochlastzeitfenster aller Jahreszeiten gilt. Entgegen einer im Verfahren geäußerten Auffassung erscheint die Höhe von 5 Prozent auch weiterhin ausreichend um sicherzustellen, dass der Höchstlastbeitrag eines Letztverbrauchers vorhersehbar erheblich von der zeitgleichen Jahreshöchstlast aller Entnahmen aus dieser Netz- oder Umspannebene abweicht. Ob in diesem Zusammenhang von einzelnen Letztverbrauchern möglicherweise Mitnahmeeffekte erzielt werden können, ist für die Beurteilung im Ergebnis irrelevant.

v. Bestimmung der Hochlastzeitfenster

    Zur Bestimmung der Hochlastzeitfenster werden die Trennlinie und die jahreszeitlich spezifischen Maximalwertkurven übereinandergelegt. Ergeben sich hierbei Schnittpunkte zwischen der Trennlinie und der jahreszeitlich spezifischen Maximalwertkurve, so bilden die Segmente zwischen den Schnittpunkten oberhalb der Trennlinie und der jahreszeitlich spezifischen Maximalwertkurven die Hochlastzeiten. Die Segmente unterhalb der Trennlinie bestimmen die Nebenzeiten. Es ist sowohl möglich, dass für bestimmte Jahreszeiten keine Hochlastzeitfenster gebildet werden können oder dass sich mehrere Hochlastzeitfenster pro Tag ergeben.

# Anlage § 019–02

Zu § 19 Stromnetzentgeltverordnung

Für den Fall, dass sich im Einzelfall nur ein sehr kurzes Hochlastzeitfenster von weniger als drei Stunden ergibt, kann der Netzbetreiber dieses auf maximal drei Stunden pro Tag je Jahreszeit erweitern. Für den Fall, dass sich ein überlanges Hochlastzeitfenster ergibt, ist dieses vom Netzbetreiber auf eine Maximaldauer von zehn Stunden pro Tag und je Jahreszeit zu begrenzen. Den in der Konsultation gemachten Vorschlag, aus der vorhandenen „kann-Regelung" zur Bildung zu kurzer Hochlastzeit-Fenster, eine „muss- Regelung" zu machen, damit zumindest für eine Jahreszeit das Hochlastzeitfenster mindestens drei Stunden betragen muss, hält die Beschlusskammer für nicht sachgerecht. Eine zwingende Notwendigkeit zur Festlegung einer Mindestdauer besteht aus Sicht der Beschlusskammer nicht. Nach den bisherigen Erfahrungen ist das bisherige HLZF-Modell zur Verhinderung eines Zusammentreffens der individuellen Höchstlast des Letztverbrauchers mit der Jahreshöchstlast des Netzes völlig ausreichend.

Soweit in früheren Konsultationen vorgeschlagen wurde, die Trennlinie zu verändern (z. B. auf einen Abschlag von 15 Prozent der Jahreshöchstlast), um hierdurch Jahreszeiten ohne Hochlastzeitfenster zu vermeiden, ist diesbezüglich festzustellen, dass das Fehlen von Hochlastzeitfenstern in einigen Jahreszeiten auf das insgesamt niedrigere Lastniveau zu diesen Zeiten zurückzuführen ist. Da das Netz auf die absolute Höchstlast ausgelegt ist, ist die Angabe von Hochlastzeitfenstern nur in den Jahreszeiten notwendig, in denen eine Netzauslastung nahe der Jahreshöchstlast tatsächlich vorliegt.

Ebenfalls nicht sachgerecht ist eine zeitliche Ausweitung der Hochlastzeitfenster durch Absenken der Trennlinie auf einen Wert größer fünf Prozent. Die derzeitige Ermittlungsmethode bestimmt die tatsächlichen Hochlastzeitfenster in der betreffenden Netz- und Umspannebene mit hinreichender Sicherheit. Der Regulierungsbehörde liegen derzeit keine neuen Erkenntnisse vor, die eine Anpassung der aktuellen Ermittlungsmethode rechtfertigen würde.

Gleiches gilt schließlich auch für die Vorschläge, jahreszeitabhängig höhere Abschläge vorzusehen oder die Bildung von Hochlastzeitfenstern für das ganze Jahr verbindlich vorzuschreiben.

Im Rahmen der Konsultation wurde vorgetragen, dass die Gefahr eines „Hin- und Herpendelns" oder „Pulsierens" der Hochlastzeitfenster von Jahr zu Jahr aufgrund der Verschiebung von Lasten knapp neben die Hochlastzeitfenster und durch das Entstehen neuer Lastspitzen bestünde. Dieser Hinweis könnte aus Sicht der Regulierungsbehörde in erster Linie für sehr kurze Hochlastzeitfenster relevant sein. Da bislang von Seiten der Netzbetreiber allerdings nur abstrakt auf diese Möglichkeit hingewiesen wurde, über das tatsächliche Auftreten derartiger Phänomene bislang jedoch noch nichts bekannt geworden ist, sieht die Regulierungsbehörde für gegensteuernde Regelungen aktuell keinen Anlass.

Obwohl bei sehr kurzen Hochlastzeitfenstern die Möglichkeit besteht, diese auf maximal drei Stunden zu erweitern, haben in der Praxis viele Netzbetreiber von dieser Möglichkeit bisher keinen Gebrauch gemacht. Sollte es von Jahr zu Jahr zu leicht verschobenen kurzen Hochlastzeitfenstern kommen, wäre dies ein Fall, in dem nach Auffassung der Regulierungsbehörde die sachgerechte Ausdehnung der Hochlastzeitfenster geboten wäre. Bei normal langen Hochlastzeitfenstern könnten eine Lastverlagerung und damit eine Lastglättung in Hochlastzeitphasen zu einer Ausdehnung der Hochlastzeitfenster führen. Dies wäre in dem Fall dann jedoch sachgerecht. Die Gefahr eines „Hin- und Herpendelns" bei normal langen Hochlastzeitfenstern sieht die Regulierungsbehörde dagegen vor dem Hintergrund, dass bisher keine solchen Erfahrungen vorgetragen wurden, nicht. Es wird daher an der bisherigen Praxis zur Bestimmung der Hochlastzeitfenster, die von der Branche allgemein akzeptiert ist, festgehalten. Die Konsultation hat keine wesentlichen neuen Erkenntnisse hervorgebracht, die eine Abweichung von der vorgenannten Position rechtfertigen würden. Insbesondere wurden keine Fakten vorgetragen, durch die die abstrakt befürchteten, unerwünschten Lastverlagerungen und neuen Lastspitzen nachvollziehbar würden.

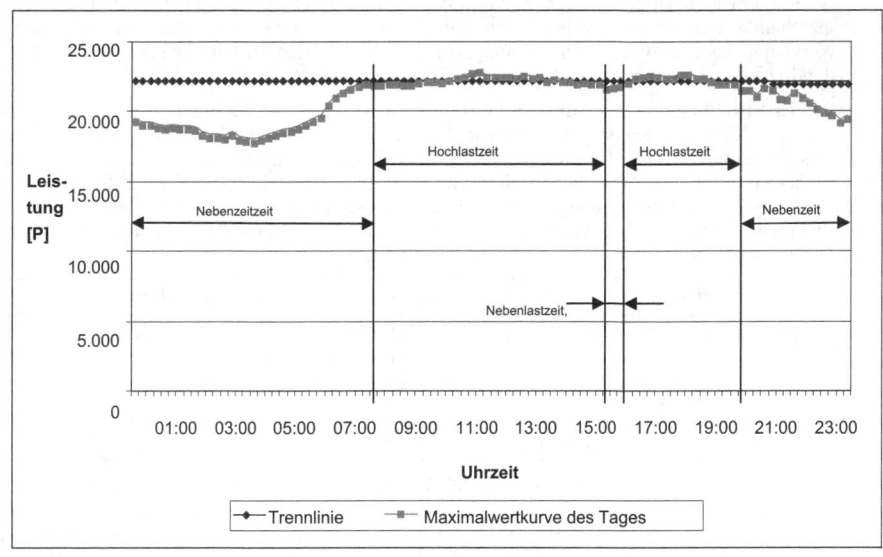

Zu § 19 Stromnetzentgeltverordnung  **Anlage § 019–02**

*Grafische Musterdarstellung für Hochlastzeitfenster*

Die Hochlastzeitfenster sind ausschließlich an Werktagen (Montag – Freitag) gültig. Wochenenden, Feiertage und maximal ein Brückentag pro Woche sowie die Zeit zwischen Weihnachten und Neujahr (24. Dezember bis 1. Januar) gelten als Nebenzeiten.

Entgegen entsprechender Forderungen in früheren Konsultationsverfahren sind individuelle Netzentgeltvereinbarungen nicht zulässig, wenn die Hochlastzeitfenster nachgelagerter Netz- und Umspannebenen die Zeiträume der vorgelagerten Netz- und Umspannebenen einschließen (sog. Top-Down-Überdeckung der Hochlastzeiten). Eine Top-Down-Überdeckung der Hochlastzeitfenster ist nicht notwendig, da bei der Ermittlung der Hochlastzeitfenster ebenfalls die Entnahme der unterlagerten Netzebene berücksichtigt wird. Dominiert die Entnahme der unterlagerten Netzebene die Höchstlast der betreffenden Netz- oder Umspannebene erheblich, wird dies dazu führen, dass die ermittelten Hochlastzeitfenster dies auch angemessen widerspiegeln.

Eine Top-Down-Überdeckung der Hochlastzeitfenster widerspricht zudem dem Wortlaut des § 19 Abs. 2 S. 1 StromNEV, wonach die Abweichung des Höchstlastbeitrags des Letztverbrauchers von der zeitgleichen Jahreshöchstlast aller Entnahmen aus „dieser" Netz- oder Umspannebene entscheidend ist. Die Entnahmen der vorgelagerten Netz- oder Umspannebenen sind somit nicht durch eine Top-Down-Überdeckung der Hochlastzeitfenster zu berücksichtigen.

vi. Berechnung des Individuellen Netzentgelts

Für die atypische Netznutzung ist ein individuelles Netzentgelt zu berechnen, welches grundsätzlich auf den veröffentlichten allgemeinen Netznutzungsentgelten beruht.

Veröffentlichtes Entgelt i.S.d. § 19 Abs. 2 S. 1 StromNEV ist das für den Zeitraum jeweils jährlich geltende allgemeine Entgelt aus dem Preisblatt des Netzbetreibers, welches dem Vereinbarungszeitraum entspricht. Sowohl bei der Berechnung des allgemeinen als auch des individuellen Entgeltes sind die identischen Leistungs- und Arbeitspreis zugrunde zu legen. Hierbei ist für die Berechnung der Benutzungsdauer die tatsächliche Höchstlast heranzuziehen.

Leistungsspitzen, die nachweislich durch kuratives Redispatch, aufgrund von Anforderungen des Netzbetreibers, oder durch die Erbringung negativer Regelenergie induziert wurden, sind bei der Ermittlung der in die Hochlastzeitfenster fallenden Jahreshöchstlast nicht zu berücksichtigen. Hintergrund ist die Erwägung, dass diese Leistungsspitzen primär auf Veranlassung des für die Netzsicherheit und Netzstabilität verantwortlichen Übertragungsnetzbetreibers erfolgen und sich dem Steuerungseinfluss des betroffenen Unternehmens insoweit entziehen. Zudem ist zu berücksichtigen, dass die betreffenden Regelenergieleistungen tendenziell eher in solchen Zeiten nachgefragt werden, in denen ein Zusammentreffen der durch die Erbringung von Regelenergieleistungen verursachten Leistungsspitzen und der Jahreshöchstlast des Netzes eher nicht zu erwarten ist. Sofern der Netznutzer nicht unmittelbar an das Netz des die Regelenergiedienstleistungen anfordernden

# Anlage § 019–02

Zu § 19 Stromnetzentgeltverordnung

Übertragungsnetzbetreibers angeschlossen ist, ist er verpflichtet, Leistungsspitzen, die durch entsprechende Maßnahmen verursacht wurden, unverzüglich, spätestens jedoch innerhalb von drei Werktagen nach Auftreten der Leistungsspitze, bei dem unmittelbar für seine Versorgung zuständigen Netzbetreiber zu melden.

Bei der Ermittlung des individuellen Leistungsentgeltes wird der Leistungspreis nicht mit der absoluten Jahreshöchstleistung multipliziert. Stattdessen wird bei der Ermittlung des individuellen Leistungsentgelts dieser Leistungspreis mit dem höchsten Leistungswert aus allen Hochlastzeitfenstern multipliziert. Unverändert bleibt die Ermittlung des Arbeitsentgeltes. Individuelles Leistungsentgelt und Arbeitsentgelt werden addiert. Das so berechnete reduzierte Entgelt ist mit dem allgemeinen Entgelt zu vergleichen und kann zu einer maximalen Reduzierung von 80 Prozent diesem gegenüber führen, vgl. § 19 Abs. 2 S. 1 StromNEV.

| Berechnung allgemeines Entgelt: | Berechnung individuelles Entgelt: |
|---|---|
| Leistungspreis x Jahreshöchstleistung<br>+ Arbeitspreis x Jahresarbeit<br>= allgemeines Entgelt | Leistungspreis x höchste Leistung in den Hochlastzeitfenstern<br>+ Arbeitspreis x Jahresarbeit<br>= individuelles Entgelt |
| Bedingung: Individuelles Netzentgelt ≥ allg. Entgelt x 20 % ||

Dabei wird für Letztverbraucher unter 2.500 Benutzungsstunden eine Wahloption eingeräumt. Für die individuelle Netzentgeltermittlung kann bei Letztverbrauchern unterhalb von 2.500 Benutzungsstunden der allgemein gültige Leistungs- und Arbeitspreis (der jeweiligen Netzebene) oberhalb von 2.500 Benutzungsstunden für die Bestimmung des individuellen Netzentgelts herangezogen werden. Hierbei wird bei der Ermittlung des individuellen Leistungsentgelts der allgemeine Leistungspreis oberhalb von 2.500 Stunden mit dem höchsten Leistungswert des Netznutzers aus allen Hochlastzeitfenstern multipliziert. Für die Ermittlung des Arbeitspreises wird der allgemeine Arbeitspreis oberhalb von 2.500 Stunden mit der Jahresgesamtarbeit des Netznutzers multipliziert. Aus diesen beiden Komponenten ergibt sich das individuell zu zahlende Netzentgelt.

Den in der Konsultation gemachten Vorschlag, die Wahloption wegfallen zu lassen, ist nicht sachgerecht. Die Sachgerechtigkeit einer Wahloption wurde im Rahmen von zwei Entscheidungen des BGH grundsätzlich bestätigt. Der Wegfall der Wahloption würde insoweit zu einem inkonsistenten Berechnungsmodell führen, da ein Letztverbraucher bei gleicher Leistung und einer Benutzungsstundenzahl unter 2.500 Stunden ggf. ein höheres individuelles Netzentgelt zahlen müsste, als ein Letztverbraucher mit mehr als 2.500 Stunden. Grund hierfür ist der Umstand, dass sich mit Erreichen der 2.500Stunden-grenze die Gewichtung von Arbeits- und Leistungspreis umkehrt.

Der Vorschlag einer Landesregulierungsbehörde, die Wahloption auf einen bestimmten Bereich um 2.500 Benutzungsstunden zu begrenzen, um etwaige Mitnahmeeffekte zu vermeiden, ist nach Einschätzung der Beschlusskammer ebenfalls nicht sachgerecht. Insoweit ist zu berücksichtigen, dass sich der positive Effekt der Wahloption ab einer bestimmten Benutzungsstundenzahl zwischen 0 und 2.500 für den betroffenen Letztverbraucher ohnehin wieder ins Negative umkehrt. Hierdurch ist sichergestellt, dass nur solche in den Genuss der Wahloption kommen können, auf die sich die Berechnungsmethodik zu § 19 Abs. 2 S. 1 StromNEV auch tatsächlich nachteilig auswirken würde.

Das individuelle Netzentgelt ist mit dem ohne die Regelung des § 19 Abs. 2 S.1 StromNEV tatsächlich zu zahlenden allgemeinen Netzentgelt zu vergleichen und kann zu einer maximalen Reduzierung von 80 Prozent gegenüber diesem führen. Die Regulierungsbehörde weicht in diesem Punkt ausdrücklich von ihrer früheren Auffassung ab, nach der im Falle der Ausübung der Wahloption als Referenz für die Ermittlung des Mindestentgelts in Höhe von 20 Prozent ebenfalls auf das Entgelt abzustellen ist, welches sich bei den Preisen von mehr als 2.500 Benutzungsstunden ergeben würde. Die frühere Auffassung beruhte auf der Erwägung, dass ein Abstellen auf die tatsächlich zu zahlenden allgemeinen Netzentgelte zu einer überproportionalen Reduzierung und damit zu einer sachlich nicht gerechtfertigten Bevorzugung gegenüber Letztverbrauchern mit tatsächlich mehr als 2.500 Benutzungsstunden führen würde, die sachlich nicht gerechtfertigt wäre. Anlass für die dennoch erfolgte Änderung der Spruchpraxis ist ein am 09.10.2012 unter dem Aktenzeichen EnVR 42/11 ergangener Beschluss des BGH, in dem dieser eine entsprechende Regelung der Regulierungsbehörde auf Beschwerde eines betroffenen Letztverbrauchers aufgehoben hat. Es ist daher nach Auffassung der Regulierungsbehörde notwendig, als Maßstab für das Mindestentgelt das tatsächlich zu zahlende Entgelt heranzuziehen, also für Letztverbraucher mit weniger als 2.500 Benutzungsstunden auch das allgemeine Entgelt unter 2.500 Benutzungsstunden.

Ob die Wahloption in Anspruch genommen wird, muss dem Netzbetreiber spätestens zum Zeitpunkt des Abschlusses der individuellen Netzentgeltvereinbarung mitgeteilt werden. Hat der Letztverbraucher sich im Rahmen von § 19 Abs. 2 S. 1 StromNEV für die Geltungsdauer der Vereinbarung für die Wahloption entschieden, kann er während eines laufenden Kalenderjahres keine Umstellung des individuellen Netzentgeltes auf die Arbeits- und Leistungspreise unter 2.500 Benutzungsstunden geltend machen. Da das Verhalten des Letztverbrauchers vorhersehbar und prognostizierbar sein soll, kann es insoweit keine nachträgliche Bestabrechnung geben. Dies würde der Vorsehbarkeit entgegenstehen. Der Letztverbraucher muss dann im ungünstigsten Fall die allgemein zu zahlenden Netzentgelte entrichten, wobei die bei Zugrundelegung der tatsächlichen Benutzungsstundenzahl zu zahlenden allgemeinen Netzentgelte auch im Falle der Nutzung der Wahloption die Obergrenze des vom Letztverbraucher zu zahlenden Entgelts bilden. In den Folgejahren kann der Letztverbraucher dem Netzbetreiber jeweils bis spätestens zum 15. November mitteilen, ob er für das kommende Kalenderjahr an der Wahloption festhalten möchte oder ob die Berechnung wieder auf Basis der tatsächlichen allgemeinen Arbeits- und Leistungspreise unter 2.500 Stunden erfolgen soll. Erfolgt keine Mitteilung, wird angenommen, dass die für das laufende Kalenderjahr gewählte Berechnungsmethode auch im nächsten Jahr weiter gelten soll. Durch die vorgenannte Frist wird insoweit sichergestellt, dass sich der Netzbetreiber rechtzeitig auf die im Folgejahr anzusetzenden Entgelte einstellen kann, gleichzeitig liegt der 15. November auch nach der Veröffentlichung der Hochlastzeitfenster, so dass sich der Letztverbraucher zusammen mit seiner Prognose für die für ihn günstigste Variante entscheiden kann. Die Möglichkeit zur jährlichen Ausübung der Wahloption rechtfertigt sich damit, dass der Letztverbraucher in dem Fall, dass sich die Wahloption wider Erwarten für ihn nicht rechnet, gezwungen wäre, die bestehende Vereinbarung aufzukündigen und eine neue, seinem Nutzungsverhalten gerecht werdende Vereinbarung zur Anzeige vorzulegen. Die Folge wäre ein erheblicher administrativer Mehraufwand für die Beteiligten.

vii. Erheblichkeitsschwelle

Um sicherzustellen, dass der Höchstlastbeitrag des Letztverbrauchers vorhersehbar erheblich von der prognostizierten zeitgleichen Jahreshöchstlast der übrigen Entnahmen des Netzes abweichen wird, ist ein individuelles Entgelt nur dann anzubieten, wenn die voraussichtliche Höchstlast des betroffenen Letztverbrauchers innerhalb der Hochlastzeitfenster einen ausreichenden Abstand zur voraussichtlichen Jahreshöchstlast außerhalb der Hochlastzeitfenster aufweisen wird. Insoweit sind für die betreffenden Netzebenen Mindestabstände (Erheblichkeitsschwellen) einzuhalten. Die jeweilige Erheblichkeitsschwelle ist prozentual und absolut anhand der Lastreduzierung zu bestimmen.

Bei der Ermittlung der prozentualen Lastreduzierung wird die Jahreshöchstlast des Letztverbrauchers ins Verhältnis gesetzt zur höchsten Last des Letztverbrauchers im Hochlastzeitfenster. Dabei ist auf die jeweilige Netz- bzw. Umspannebene abzustellen.

Erheblichkeitsschwelle des Letztverbrauchers:

$$\frac{\text{Jahreshöchstlast des LV} - \text{Höchste Last des LV im HLZF}}{\text{Jahreshöchstlast des LV}} * 100 \geq \text{Prozentwert der Netz-/Umspannungsebene}$$

Es gelten die nachfolgend dargestellten Schwellenwerte:

| Netz/Umspannebene | Erheblichkeitsschwelle |
|---|---|
| HöS | 5 % |
| HöS/HS | 10 % |
| HS | 10 % |
| HS/MS | 20 % |
| MS | 20 % |
| MS/NS | 30 % |
| NS | 30 % |

Eine Vereinbarung über ein individuelles Netzentgelt kann nur dann abgeschlossen werden, wenn beispielsweise ein Letztverbraucher in der Niederspannung seine Last soweit verlagern kann, dass seine individuelle Höchstlast in den auf Basis der Methode der Regulierungsbehörde ermittelten Hochlastzeitfenstern voraussichtlich 30 Prozent unterhalb seiner absoluten Jahreshöchstlast liegen wird. Darüber hinaus ist eine Mindestverlagerung von 100 kW in allen Netz- und Umspannebenen erforderlich:

Höchstlast des LV – Höchste Last des LV im HLZF $\geq$ 100 kW

Durch die festgelegten Schwellenwerte wird sichergestellt, dass der Höchstlastbeitrag des Letztverbrauchers vorhersehbar erheblich von der prognostizierten zeitgleichen Jahreshöchstlast der übrigen Entnahmen des Netzes abweichen wird. Die Notwendigkeit eines über die bisherigen Regelungen hinaus geltenden zusätzlichen Schwellenwerts von 100 kW Mindestverlagerung begründet sich damit, dass allein eine relativ bemessene Schwelle nicht vollumfänglich sicherstellt, dass tatsächlich eine erhebliche Lastverlagerung eintritt. Dies gilt insbesondere in den unteren Spannungsebenen, in denen häufig sehr kleine Letztverbraucher angesiedelt sind, die für sich betrachtet keinen maßgeblichen Einfluss auf die vom Netz bereit zu stellende Kapazität haben. Diese Letztverbraucher leisten aufgrund ihres in der Relation eher geringen Leistungsbezugs keinen nennenswerten Beitrag zur tatsächlichen Entlastung des Netzes in den Hochlastzeiten. Ein absolut bemessener Schwellenwert kann diese hingegen gewährleisten. In ihren Stellungnahmen bei der Konsultation der Eckpunkte zur Festlegung vom 05.12.2012 (Az.: BK4-12-1656) haben eine Reihe von Netzbetreibern bestätigt, dass bei einem Wert von 100 kW tatsächlich von einer erheblichen Lastverlagerung auszugehen ist. Dies zeigen auch die seinerzeit vorgenommenen Auswertungen der bisher vorliegenden Anträge durch die Bundesnetzagentur. Durch die Vorgabe einer Mindestverlagerung von 100 kW wird insoweit dem Umstand Rechnung getragen, dass das Verlagerungsvolumen gerade in den Netzebenen Niederspannung und Umspannung von der Mittelspannung zur Niederspannung in der Regel so marginal ausfällt, dass hiervon kein energiewirtschaftlich signifikanter Beitrag für eine bessere Netzauslastung zu erwarten ist. Den insoweit in den seinerzeitigen Stellungnahmen als signifikant genannten Wert einer Differenz zwischen absoluter Jahreshöchstlast und Höchstlast in den Hochlastzeitfenster von mindestens 100 kW schätzt die Regulierungsbehörde in diesem Zusammenhang weiterhin als nachvollziehbar und sachgerecht ein.

Für weitergehende Einschränkungen sieht die Regulierungsbehörde keinen Anlass.

viii. Prognosewerte

Für die oben dargestellte Berechnung sind hinreichend plausible Prognosewerte zugrunde zu legen. Diese können beispielsweise aus den Verbrauchwerten der Vorjahre abgeleitet werden und sind gegenüber der Regulierungsbehörde in nachvollziehbarer Weise zu begründen.

Nach § 19 Abs. 2 S. 1 StromNEV ist es für einen Anspruch auf Abschluss einer individuellen Netzentgeltvereinbarung ausreichend, wenn auf Grund vorliegender oder prognostizierter Verbrauchsdaten oder aufgrund technischer oder vertraglicher Gegebenheiten offensichtlich ist, dass der Höchstlastbetrag des Letztverbrauchers vorhersehbar von der zeitgleichen Jahreshöchstlast aller Entnahmen aus der Netz- oder Umspannebene abweichen wird. Hierfür ist es aus Sicht der Regulierungsbehörde nicht zwingend erforderlich eine rückwärtige Betrachtung über einen mehrjährigen Beobachtungszeitraum anzustellen. Dies würde nämlich dazu führen, dass gerade solche Unternehmen, die bislang noch kein atypisches Nutzungsverhalten aufweisen, dieses jedoch in Zukunft atypisch gestalten wollen, über mehrere Jahre von der Regelung ausgeschlossen würden. Hier muss es nach Sinn und Zweck der Regelung ausreichen, die Plausibilität der prognostizierten Verbrauchswerte in geeigneter anderer Art und Weise nachvollziehbar zu begründen. Denkbar sind insoweit etwa Erläuterungen zu den technischen bzw. vertraglichen Gegebenheiten z. B. zu den Produktionsprozessen bzw. Betriebsabläufen, um zu einer Beurteilung der längerfristigen Erfüllung der Anspruchsvoraussetzungen nach § 19 Abs. 2 S. 1 StromNEV zu gelangen.

Die Regulierungsbehörde sieht die Voraussetzungen für einen Anspruch aus § 19 Abs. 2 S. 1 StromNEV auch dann als erfüllt an, wenn die vorliegenden Verbrauchsdaten des Letztverbrauchers im letzten Kalenderjahr vor Beginn der beabsichtigten Vertragslaufzeit die Kriterien für ein individuelles Entgelt nicht erfüllen, der Letztverbraucher aber glaubhaft darlegen kann, dass die prognostizierten Verbrauchsdaten durch Veränderungen im Produktionsprozess bzw. den Betriebsabläufen ab dem ersten Jahr der Vertragslaufzeit die Voraussetzungen für ein individuelles Entgelt erfüllen.

ix. Bagatellgrenze

Es ist eine Bagatellgrenze in Form einer Mindestentgeltreduktion in Höhe von 500 Euro zu beachten. Um zu verhindern, dass die mit der Bearbeitung der individuellen Netzentgeltvereinbarung verbundenen Transaktionskosten der beteiligten Unternehmen die im Falle einer Anzeige zu erzielende Kostenreduktion übersteigen, muss der Netzbetreiber eine individuelle Netzentgeltvereinbarung nach § 19 Abs. 2 S. 1 StromNEV nur dann abschließen, wenn die anhand der Prognose zu erwartende Entgeltreduzierung mindestens 500 Euro beträgt. Das Erreichen der Bagatellgrenze in Höhe von 500 Euro ist jährlich zu überprüfen. Sofern die Bagatellgrenze unterschritten wird, ist das allgemeine Netzentgelt zu zahlen.

x. Tatsächlicher Eintritt der Voraussetzungen

Die Vereinbarung eines individuellen Netzentgelts erfolgt gem. § 19 Abs. 2 S. 17 StromNEV unter dem Vorbehalt, dass die Voraussetzungen nach § 19 Abs. 2 S. 1 StromNEV auch tatsächlich eintreten.

Da die Vereinbarung eines individuellen Netzentgelts spätestens bis zum 30.September des ersten Kalenderjahres der vorgesehenen Vertragslaufzeit erfolgen soll, ist die endgültige Beurteilung des Nutzungsverhaltens und damit auch die endgültige Berechnung des individuellen Netzentgelts erst nach Abschluss eines jeden Jahres innerhalb des Geltungszeitraumes der Vereinbarung möglich. Tritt die Voraussetzung einer erheblichen Abweichung des Höchstlastbeitrags des Letztverbrauchers von der zeitgleichen Jahreshöchstlast aller Entnahmen aus dieser Netz- oder Umspannebene gemäß § 19 Abs. 2 S. 17 StromNEV tatsächlich nicht ein oder wird die Bagatellgrenze in einem Kalenderjahr nicht erreicht, ergibt sich für das betreffende Jahr keine Netzentgeltreduktion gegenüber den allgemeinen Netzentgelten.

Da es sich bei § 19 Abs. 2 S. 17 StromNEV um eine sich unmittelbar aus der Rechtsverordnung ergebende Regelung handelt, ist diese von den Vertragsparteien auch dann zu beachten, wenn sie nicht ausdrücklich in der Vereinbarung des individuellen Netzentgelts aufgenommen worden ist. Hieraus folgt, dass der Netzbetreiber auch im Falle einer fehlenden vertraglichen Regelung gemäß § 19 Abs. 2 S. 18 StromNEV verpflichtet ist, die Abrechnung der Netznutzung nach den allgemein gültigen Netzentgelten vorzunehmen, wenn die Voraussetzungen nach Satz 1 entgegen der Prognose nicht eintreten.

Eine einmalige Nichterfüllung der Voraussetzungen nach § 19 Abs. 2 S. 1 StromNEV hat nicht automatisch die Unwirksamkeit der getroffenen Vereinbarung zur Folge. Werden die Voraussetzungen in mindestens zwei aufeinanderfolgenden Jahren nicht erfüllt, behält sich die Regulierungsbehörde vor, die Erforderlichkeit einer möglichen Untersagung der Vereinbarung zu prüfen. Sind Voraussetzungen für ein individuelles Netzentgelt bei einem Letztverbraucher in einer ex-post Betrachtung für ein Kalenderjahr nicht erfüllt, ist der Netzbetreiber wie oben beschrieben verpflichtet, trotz bestehender Vereinbarung die Netznutzung nach den allgemeinen Netzentgelten vorzunehmen.

c) Berechnung individueller Netzentgelte gem. § 19 Abs. 2 S. 2 bis 4 StromNEV

Die im Tenor geregelte Methode stellt aus Sicht der Beschlusskammer eine geeignete, erforderliche und die Beteiligten nicht unverhältnismäßig belastende Methode dar, um individuelle Netzentgelte nach § 19 Abs. 2 S. 2 bis 4 StromNEV sachgerecht zu ermitteln.

i. Ermittlung der Benutzungsstunden und des Verbrauchs

Die Voraussetzungen für einen Anspruch stromintensiver Letztverbraucher auf individuelle Netzentgelte sind nach § 19 Abs. 2 S. 2 StromNEV grundsätzlich erfüllt, wenn die Stromabnahme aus dem Netz der allgemeinen Versorgung für den eigenen Verbrauch an einer Abnahmestelle die Benutzungsstundenzahl von mindestens 7.000 Stunden erreicht und zudem der Stromverbrauch 10 Gigawattstunden pro Kalenderjahr übersteigt.

Bei der Berechnung der Benutzungsstundendauer ist die Jahreshöchstlast des Letztverbrauchers an der betreffenden Abnahmestelle zu berücksichtigen. Diese umfasst ebenfalls die Leistungsinanspruchnahme aufgrund des Ausfalls von Eigenerzeugungsanlagen, die über Netzreservekapazität entgolten werden, soweit dies den in diesem Kapitel getroffenen Regelungen nicht entgegensteht. Für die Berechnung der Benutzungsstunden ist die physikalisch gemessene Jahreshöchstlast des Letztverbrauchers an der Abnahmestelle zu berücksichtigen.

Beispiel:

Nach entsprechender Aufforderung durch den Letztverbraucher gibt der Netzbetreiber Anfang des Jahres 2014 ein Angebot für ein individuelles Netzentgelt ab 2014 ab. Maßgeblich für die Erfüllung der Mindestvorausetzungen von 7.000 und 10 Gigawattstunden ist in diesem Fall das Jahr 2013. Erfolgt das Angebot dagegen bereits im Jahr 2013, so ist für die Erfüllung der Mindestvorausetzungen auf das Jahr 2012 abzustellen. Unabhängig hiervon müssen in beiden Varianten die Mindestvorausetzungen im Genehmigungszeitraum ebenfalls erfüllt werden. Ist dies nicht der Fall, muss die Abrechnung der Netznutzung nach den allgemeinen Netzentgelten erfolgen.

Dies bedeutet umgekehrt, dass die Mindestvoraussetzungen nicht erfüllt werden, wenn der Letztverbraucher innerhalb eines Kalenderjahres die Mindestvoraussetzungen von 7.000 Benutzungsstunden und einer Abnahme von 10 Gigawattstunden pro Jahr nicht erfüllt.

Es bleibt jedoch den Vertragsparteien überlassen, wann die Abrechnung der individuellen Netzentgelte stattfindet. Aus § 19 Abs. 2 S. 17 StromNEV ergibt sich lediglich, dass das allgemeine Entgelt zu bezahlen ist, wenn sich nach Ablauf des Genehmigungszeitraums herausstellt, dass die Voraussetzungen tatsächlich nicht erfüllt sind. Ob der Netznutzer zunächst nur ein individuelles Netzentgelt und ggf. nach Ablauf des Genehmigungszeitraums die Differenz zum allgemeinen Entgelt zahlt oder der Netznutzer zunächst das allgemeine Netzentgelt zahlt und ggf. nachträglich eine Reduktion erhält, bleibt den Vertragsparteien überlassen. Die Art der Abrechnung wird weder durch § 19 Abs. 2 StromNEV noch durch die Bundesnetzagentur vorgegeben.

Zu beachten ist, dass § 19 Abs. 2 S. 2 StromNEV sich hinsichtlich der Eingangsvoraussetzungen von 7.000 Benutzungsstunden und 10 Gigawattstunden auf ein vollständiges Kalenderjahr bezieht, da der Verordnungsgeber von der Beantragung für ein gesamtes Kalenderjahr ausgegangen ist. Auch in den Fällen, in denen die Vereinbarung ausnahmsweise für einen kürzeren Zeitraum von einigen Monaten geschlossen wird, ist hinsichtlich der Erfüllung der Eingangsvoraussetzungen auf das vollständige betroffene Kalenderjahr abzustellen.

Ein individuelles Netzentgelt nach § 19 Abs. 2 S. 2 bis 4 StromNEV kann grundsätzlich auch unbefristet vereinbart werden. Die Vereinbarung gilt dann bis zu deren Kündigung oder der Änderung wesentlicher Bestandteile, insbesondere der Änderung des physikalischen Pfades. Die Nichterfüllung der Mindestvoraussetzungen innerhalb des Geltungszeitraums führt, soweit nicht anders vertraglich vereinbart, nicht zum Erlöschen der Vereinbarung. Soweit in einem Kalenderjahr die Mindestvoraussetzungen nicht tatsächlich erfüllt werden, sind nach § 19 Abs. 2 S. 18 StromNEV die allgemeinen Netzentgelte abzurechnen. Dies gilt auch, wenn in einem Kalenderjahr das individuelle Netzentgelt nach § 19 Abs. 2 S. 2 bis 4 StromNEV das allgemeine Netzentgelt übersteigt.

Bei der Berechnung der Benutzungsstundendauer ist die Jahreshöchstlast des Letztverbrauchers an der betreffenden Abnahmestelle zu berücksichtigen. Diese umfasst ebenfalls die Leistungsinanspruchnahme aufgrund des Ausfalls von Eigenerzeugungsanlagen, die über Netzreservekapazität entgolten werden. Für die Berechnung der Benutzungsstunden ist die physikalisch gemessene Jahreshöchstlast des Letztverbrauchers an der Abnahmestelle zu berücksichtigen.

Das zu fakturierende individuelle Netzentgelt errechnet sich somit jährlich, auch bei unbefristeter Laufzeit, auf Basis der aktuellen Verbrauchswerte des Letztverbrauchers und der aktuellen Kostenkalkulation des physikalischen Pfades. Die Zahl der Benutzungsstunden (h) ergibt sich aus der Gesamtarbeit, gemessen in einer bestimmten Zeitspanne (vorliegend innerhalb eines Kalenderjahres), dividiert durch die Höchstlast innerhalb dieser Zeitspanne. Bei der Ermittlung der Gesamtarbeit sind weder Regelenergie noch Minutenreserve zu berücksichtigen. Bei der Ermittlung der Anspruchsvoraussetzungen ist entgegen zahlreichen Stellungnahmen eine kaufmännisch-bilanzielle Verrechnung des Strombezugs nicht zulässig. Insoweit ist zu berücksichtigen, dass nach der Intention der Regelung ausschließlich solche Unternehmen privilegiert werden sollen, die aufgrund ihres tatsächlichen besonders stromintensiven Nutzungsverhaltens einen wesentlichen Beitrag zur Netzstabilität leisten. Dies ist jedoch gerade nicht der Fall, wenn der Strom nicht mehr vollständig aus dem Netz, sondern zumindest teilweise aus unmittelbar angeschlossenen Eigenerzeugungsanlagen bezogen wird. Daran ändert auch die kaufmännisch-bilanzielle Verrechnung nichts, da diese sich nicht auf die tatsächlichen physikalischen Verhältnisse auswirkt.

Gleiches gilt insoweit auch sowohl in Bezug auf die Forderung der Nichtberücksichtigung von Leistungsspitzen bei der Erbringung negativer Regelenergie als auch für die Forderung nach einer fiktiven Berücksichtigung von in Folge der Erbringung positiver Regelenergieleistungen nicht bezogener Arbeitsmengen für die Berechnung des jährlichen Mindestverbrauchs. Hinsichtlich der Forderung der Nichtberücksichtigung von Leistungsspitzen bei der Erbringung negativer Regelenergie ist bereits die tatsächliche Relevanz dieser Forderung eher fraglich. Die für § 19 Abs. 2 Satz 2 bis 4 StromNEV in Betracht kommenden Letztverbraucher zeichnen sich ja gerade durch eine hohe Bandlastnutzung, das heißt einen sehr hohen und sehr gleichmäßigen Strombezug aus. Vor diesem Hintergrund ist die Erbringung von negativer Regelenergie durch zusätzliche Leistungsspitzen nicht sehr wahrscheinlich. Es kommt hinzu, dass mit der geforderten Ausnahme das als sachliche Rechtfertigung für eine Begünstigung stromintensiver Letztverbraucher angeführte Argument, wonach diese Letztverbraucher aufgrund ihrer hohen Bandlastnutzung einen wichtigen Beitrag zur Netzstabilität leistet, ad absurdum geführt wird.

Ebenfalls unbegründet ist auch die Forderung nach einer fiktiven Berücksichtigung von in Folge der Erbringung positiver Regelenergieleistungen nicht bezogener Arbeitsmengen für die Berechnung des jährlichen Mindestverbrauchs. Auch hier erscheint die tatsächliche Relevanz eher fraglich. Es ist allerdings nicht ausgeschlossen, dass insbesondere bei nicht ganz so großen Letztverbrauchern die Erbringung positiver Regelenergie durch Abschaltung von Lasten dazu führen könnte, dass die Grenze von 10 Gigawattstunden pro Kalenderjahr verfehlt wird. Auch hier ist jedoch die Prämisse zu beachten, dass nach der Einschätzung des Verordnungsgebers nur solche Unternehmen einen Beitrag zur Netzstabilität leisten, deren Verbrauch tatsächlich die Grenze von 10 Gigawattstunden pro Jahr übersteigt. Dies ist nicht mehr der Fall, wenn die im Kalenderjahr bezogene Energiemenge die geforderte Mindestabnahme von 10 Gigawattstunden pro Jahr nicht erreicht.

ii. Staffelung des Entgelts

Gemäß § 19 Abs. 2 S. 3 StromNEV beträgt das individuelle Netzentgelt nach Satz 2 bei einer Stromabnahme aus dem Netz der allgemeinen Versorgung für den eigenen Verbrauch an einer Abnahmestelle von mehr als 10 Gigawattstunden pro Kalenderjahr 20 Prozent des veröffentlichten Netzentgeltes im Falle einer Benutzungsstundenzahl von mindestens 7.000 Stunden im Jahr, mindestens 15 Prozent des veröffentlichten Netzentgeltes im Falle einer Benutzungsstundenzahl von mindestens 7.500 Stunden im Jahr oder mindestens 10 Prozent des veröffentlichten Netzentgeltes im Falle einer Benutzungsstundenzahl von mindestens 8.000 Stunden im Jahr.

Hierbei handelt es sich um eine Neuregelung. Hinsichtlich der Berechnung der Benutzungsstunden kann insoweit an die oben dargelegten Kriterien zur Ermittlung der Mindestvorrausetzungen angeschlossen werden. Es sind insoweit keine Gesichtspunkte erkennbar, die für die Anwendung unterschiedlicher Kriterien bei der Ermittlung der sowohl nach Satz 2 als auch nach Satz 3 erforderlichen Verbrauchswerte sprechen könnten.

iii. Berechnung des Beitrags des Letztverbrauchers zu einer Senkung oder Vermeidung der Erhöhung der Kosten der Netz- oder Umspannebene

Gemäß § 19 Absatz 2 Satz 4 StromNEV hat die Bemessung des nach den Sätzen 2 und 3 gebildeten individuellen Netzentgelts den Beitrag des Letztverbrauchers zu einer Senkung oder zu einer Vermeidung der Erhöhung der Kosten der Netz- oder Umspannebene, an die der Letztverbraucher angeschlossen ist, widerzuspiegeln. Die Regelung orientiert sich insoweit am Wortlaut der bis zum 03.08.11 geltenden Fassung des § 19 Absatz 2 Satz 3 StromNEV (vgl. Begründung zu Artikel 2 Nr. 1 der Verordnung zur Änderung von Verordnungen auf dem Gebiet des Energiewirtschaftsrechts vom 14.08.2013 – Bundesrat-Drucksache 447/13 v. 29.05.2013, welche von einer Wiedereinführung der physikalischen Komponente spricht). Mit Satz 4 wird gewährleistet, dass bei der Bemessung der Höhe des reduzierten Netzentgelts die Auswirkungen des Abnahmeverhaltens auf das Netz und damit die netzdienliche bzw. -stabilisierende Wirkung des Letztverbrauchers bei der Höhe der Reduzierung berücksichtigt wird.

Die Ermittlung des individuellen Netzentgeltes soll auf der Grundlage des sog. physikalischen Pfades zu einer geeigneten Erzeugungsanlage erfolgen. Dies bedeutet, dass als Maßstab für den individuell zurechenbaren Kostensenkungs- bzw. Kostenvermeidungsbeitrag die Differenz der Kosten einer fiktiven Leitungsnutzung vom Netzanschlusspunkt zur nächsten geeigneten Erzeugungsanlage bzw. Netzknotenpunkt und den allgemeinen Netzentgelten, die vom Letztverbraucher zu zahlen wären, als Entlastungsbeitrag herangezogen wird. Die durch die Staffelung des § 19 Abs. 2 S. 3 Strom- NEV vorgegebenen prozentualen Anteile des veröffentlichten allgemeinen Netzentgelts sind bei der Ermittlung des individuellen Entgelts auf Grundlage des physikalischen Pfades dem Wortlaut nach als Untergrenzen zu verstehen. Bei der Ermittlung des Entgelts sind insbesondere folgende Kriterien zu berücksichtigen.

Berechnung eines individuellen Netzentgelts auf Basis des physikalischen Pfades

Bei der Berechnung eines individuellen Netzentgelts auf Basis eines sogenannten physikalischen Pfades wird ausgehend vom betreffenden Netzanschlusspunkt des Letztverbrauchers eine fiktive Leitungsnutzung auf bereits bestehenden Trassen zu einer geeigneten Erzeugungsanlage bzw. zu einem Netzknotenpunkt berechnet. Die Differenz zwischen den Kosten dieser fiktiven Leitungsnutzung und den allgemeinen Netzentgelten, die der Letztverbraucher zu zahlen hätte, stellt den Beitrag des Letztverbrauchers zu einer Senkung oder einer Vermeidung der Erhöhung der Netzkosten der jeweiligen Netzebene dar. Die Erfüllung der Mindestvoraussetzungen des § 19 Abs.2 S. 2, 3 StromNEV führt somit nicht per se zu einem Anspruch auf eine Netzentgeltreduktion.

Die Entgelte, die sich unter Berücksichtigung des fiktiven physikalischen Pfades ergeben, sind vielmehr nur dann genehmigungsfähig, wenn sie gegenüber dem allgemeinen Netzentgelt aller Voraussicht nach zu einer Entgeltreduzierung führen werden.

## Anlage § 019–02

Zu § 19 Stromnetzentgeltverordnung

Im Rahmen der Konsultation wurde gegen die Anwendung des physikalischen Pfades zahlreiche Kritik, verbunden mit Vorschlägen zu alternativen Modellen, vorgetragen.

Da das Modell des physikalischen Pfades lediglich den Beitrag des Letztverbrauchers zu einer Senkung oder Vermeidung einer Erhöhung der Netzkosten widerspiegelt, ohne die netzstabilisierende Wirkung des Bandlastkunden zu berücksichtigen, wurden verschiedene Modelle vorgeschlagen, welche die Stromabnahme des Letztverbrauchers zum Maßstab für die Entgeltreduzierung machen. So wurden ein Bonusmodell auf Basis einer mengenabhängigen Komponente oder ein pauschalisiertes Modell zur Bestimmung der Netzentgeltreduzierung anhand eines typischen durchschnittlichen Entlastungsgrads auf Basis der technischen Netzanschlussebene (z. B. Mittelspannung) unter Berücksichtigung der erreichten Benutzungsstunden als Berechnungsmethoden dargestellt. Ebenso wurde ein Modell empfohlen, welches zwischen den in § 19 Abs. 2 S. 3 StromNEV enthaltenen Mindestbeträgen für die individuellen Netzentgelte je nach Benutzungsstundenzahl interpoliert, indem die nächsthöhere Unter- also gleichsam zur Obergrenze gemacht wird. Innerhalb dieser Kategorien solle dann anhand eines fiktiven Direktleitungsbaus das eigentliche individuelle Netzentgelt ermittelt werden.

Zunächst verkennen alle Vorschläge, welche zur Bestimmung der physikalischen Komponente auf die abgenommene Strommenge bzw. die Zahl der Benutzungsstunden abstellen, dass eine netzstabilisierende Wirkung eine Frage des „ob" eines individuellen Netzentgeltes ist, nicht des „wie". Die Voraussetzungen, dass überhaupt für stromintensive Letztverbraucher individuelle Netzentgelte vereinbart werden dürfen, sind gemäß § 19 Abs. 2 S. 2 StromNEV die von ihnen abgenommene Strommenge und die Zahl der jährlichen Benutzungsstunden. Grund hierfür ist, dass dieses spezifische Abnahmeverhalten als netzstabilisierend und vom Verordnungsgeber damit als förderungswürdig angesehen wird. Wie hoch dann das individuelle Netzentgelt tatsächlich ist, hängt aber nur noch in Form der ausdrücklichen Untergrenzen des § 19 Abs. 2 S. 3 StromNEV vom Stromverbrauch ab. Die letztliche Höhe des zu zahlenden Entgelts bestimmt sich anhand der physikalischen Komponente des § 19 Abs. 2 S. 4 StromNEV. Erforderlich bei der Bestimmung dieser Komponente ist zudem eine verursachungsgerechte Ermittlung des individuellen Kostensenkungsbeitrags, die bei pauschalen Ansätzen nicht gewährleistet ist. Ein Modell zur Bestimmung der physikalischen Komponente kann also von vornherein nicht zu diesem Zweck geeignet sein, wenn es an den Stromverbrauch als solchen anknüpft oder wenn es eine individuelle Berechnung durch Pauschalansätze ersetzt.

Erst recht kann nicht – wie im Rahmen der Konsultation dennoch gefordert wurde – trotz Vorgabe in § 19 Abs. 2 S. 4 StromNEV von der Einführung einer physikalischen Komponente von vornherein abgesehen werden. Dies gilt auch ungeachtet der Einwendung, dass die zusätzliche Aufnahme eines physikalischen Pfades eher ländlich geprägte Regionen benachteilige. Industrielle Großverbraucher in solchen Regionen würden gegenüber anderen Verbrauchern dadurch benachteiligt, dass sie sehr weit von einem Grundlastkraftwerk bzw. Netzknotenpunkt entfernt liegen. Die Berücksichtigung des physikalischen Pfades würde so die Wettbewerbssituation von Unternehmen in strukturschwachen Regionen nachteilig beeinflussen. Es ist zwar richtig, dass durch die Methode solche Unternehmen belastet werden, die weiter von einer geeigneten Erzeugungsanlage entfernt an das Netz angeschlossen sind. Dies ist insoweit aber auch sachgerecht, als sie tendenziell einen geringeren Betrag zur Netzstabilität leisten als Letztverbraucher, die sich in unmittelbarer Nähe der relevanten Erzeugungsanlage befinden. Dies gilt insbesondere dann, wenn sich der Anschlusspunkt ein oder sogar mehrere Netzebenen unterhalb der Netzebene der Erzeugungsanlage befindet, da sich hier der Bandlasteffekt des Letztverbrauches mit den volatileren Verbräuchen der übrigen in der Netzanschlussebene befindlichen Netznutzern vermischt.

Ein weiterer Vorschlag, der im Konsultationsverfahren mehrfach geäußert wurde, betrifft die für die physikalische Komponente zu berücksichtigenden Betriebsmittel. So sei ein fiktiver Direktleitungsbau auf „bestehenden" Trassen ein logischer und ökonomischer Widerspruch. Es solle beim fiktiven Direktleitungsbau auch die Möglichkeit von neuen, nach aktuellen Planungsmöglichkeiten umsetzbaren Trassen berücksichtigt werden können. Beim tatsächlichen Bau von neuen Trassen würden schließlich auch die aktuell wirtschaftlich günstigsten Wege genutzt werden.

Nach der bereits bis 2011 bestehenden und vom Verordnungsgeber auch anerkannten Methode des physikalischen Pfades werden nur solche Betriebsmittel angesetzt, die bereits tatsächlich bestehen und welche die kürzeste Verbindung zwischen der Erzeugungsanlage und dem Letztverbraucher darstellen. Ob im Falle eines tatsächlichen Direktleitungsbaus ggf. eine andere Verbindung in Betracht käme, ist im Rahmen dieses Modelles unerheblich. Nach Auffassung der Kammer muss sich das Entgelt vergleichbar wie singuläre Netzentgelte nach § 19 Abs. 3 StromNEV an den individuell zurechenbaren Kosten der zum physikalischen Pfad zählenden Betriebsmittel unter Beachtung von

Zu § 19 Stromnetzentgeltverordnung **Anlage § 019–02**

§ 4 StromNEV orientieren. Eine alternative Betrachtung von tatsächlich nicht vorhandenen Trassen erscheint hingegen nicht sachgerecht, da sich teilweise bereits nicht beurteilen lässt, ob ein alternativer Pfad sich überhaupt realisieren ließe. Jedenfalls könnte nicht tatsächlich ermittelt werden, ob der fiktive Pfad auch günstiger wäre als ein bestehender Pfad über bereits vorhandene Betriebsmittel. Um den Bezug zu schon vorhandenen Betriebsmitteln begrifflich besser abzubilden, wird statt des Ausdrucks „fiktiver Direktleitungsbau" von der Beschlusskammer nunmehr der Begriff „fiktive Leitungsnutzung" verwendet.

Letztlich wurde gegen die Unterstellung einer fiktiven Leitungsnutzung zur Ermittlung der physikalischen Komponente eingewendet, dass dieser ein hoher Verwaltungsaufwand innewohne und sie daher in dieser Form nicht glücklich umgesetzt sei. Nach Einschätzung der Beschlusskammer lässt sich die Verpflichtung zur Ermittlung des individuellen zurechenbaren Kostenvermeidungsbeitrags derzeit nicht anders darstellen, da etwaige vereinfachende pauschale Ansätze den Voraussetzungen des § 19 Abs. 2 S. 4 StromNEV nicht gerecht werden.

Indessen schließt sich die Beschlusskammer in Abweichung zu den konsultierten Eckpunkten folgender Erwägung an:

Die durch den physikalischen Pfad vorgegebene Betrachtungsweise nur auf den Pfad zur nächsten Netzebene ist zu wenig, da auch die vorgelagerten Netzebenen durch die stetige Netznutzung profitieren. Der Vorschlag ist aus Sicht der Beschlusskammer sachgerecht. Wie bereits oben dargelegt, werden auch Kostenvermeidungseffekte in den vorgelagerten Netz- und Umspannebenen durch die vom Verordnungsgeber ausdrücklich als sachgerecht anerkannte Methode des fiktiven Direktleitungsbaus zur nächstgelegenen Erzeugungsanlage berücksichtigt.

Geeignete Erzeugungsanlage

Als geeignete Erzeugungsanlagen kommen neben den herkömmlichen Grundlastkraftwerken auch solche Kraftwerke in Betracht, die unabhängig von ihrer tatsächlichen Verfügbarkeit grundsätzlich in der Lage sind, mit ihrer installierten Leistung den Strombedarf des betroffenen Letztverbrauchers kontinuierlich abzudecken. Dies ist insbesondere dann der Fall, wenn zum einen die Nennleistung des Kraftwerks die maximal mögliche Leistung des Letztverbrauchers übersteigt und das Kraftwerk technisch in der Lage ist, diese Nennleistung das ganze Jahr hindurch zu erbringen. Die Beschlusskammer weicht insoweit von ihrer bisherigen Auffassung ab, dass als geeignete Erzeugungsanlagen grundsätzlich nur herkömmliche Grundlastkraftwerke in Betracht kommen. Hintergrund sind einerseits die zwischenzeitlichen und absehbaren Änderungsprozesse im Erzeugungssektor, wo festzustellen ist, dass der Einsatz konventioneller Kraftwerke immer stärker vom Angebot Erneuerbarer Energien abhängt und damit auf deren tatsächliche Ausnutzung durchschlägt. So hat sich beispielsweise die Ausnutzungsdauer von Erdgaskraftwerken aufgrund der hohen Brennstoffkosten von 2002 bis 2012 um rund 40 Prozent reduziert. Angesichts der Vorgaben der Energiewende erscheint es nicht unwahrscheinlich, dass dieser Effekt auch auf andere konventionelle Erzeugungsanlagen ausdehnen wird. Zum anderen ist zu berücksichtigen, dass auch in der Begründung der Verordnungsnovelle selbst nur von einer „geeigneten Erzeugungsanlage in unmittelbarer Nähe des Letztverbrauchers" gesprochen wird. Dies spricht aus Sicht der Beschlusskammer dagegen, die Eignung einer Erzeugungsanlage weiterhin nur vom stark vereinfachenden Kriterium der Volllaststundenzahl abhängig zu machen. Vielmehr sind grundsätzlich auch Anlagen mit einer gegenüber herkömmlichen Grundlastkraftwerken geringeren Volllaststundenzahl technisch geeignet, stromintensive Letztverbraucher zumindest mit einem Teil ihrer installierten Leistung mit kontinuierlicher Last zu versorgen. Als geeignete Erzeugungsanlage kommen daher unabhängig vom Grad ihrer tatsächlichen Verfügbarkeit alle Kraftwerke in Betracht, die technisch in der Lage wären, den Grundlastbedarf des betreffenden Letztverbrauchers abzudecken, also insbesondere alle Kraftwerke, die aufgrund ihrer Funktionsweise in der Lage sind, die für die Abdeckung des Grundlastbedarfs erforderliche Leistung kontinuierlich zur Verfügung zu stellen, z. B. also auch Gas- und Steinkohlekraftwerke und KWK-Anlagen.

Nicht geeignet erscheinen dagegen solche Erzeugungsanlagen, bei denen die dauerhafte Sicherstellung des Grundlastbedarfs aufgrund vom Betreiber nicht zu beeinflussenden Faktoren oder aufgrund ihrer besonderen Funktionsweise nicht möglich ist, z. B. Windkraftanlagen, Solarparks oder Pumpspeicherwerke. Als nicht praktikabel erachtet die Bundesnetzagentur in diesem Zusammenhang den in der Konsultation geäußerten Vorschlag, eine abschließende Liste mit allen in Betracht kommenden Erzeugungsanlagen zu veröffentlichen. Eine Katalogisierung birgt insbesondere die Gefahr, dass geeignete Erzeugungsanlagen möglicherweise nicht identifiziert und damit auch nicht erfasst werden. Umso wichtiger ist es jedoch, den Beteiligten, wie vorliegend erfolgt, geeignete Maßstäbe und Kriterien für die Einstufung als geeignete Erzeugungsanlage zu benennen.

Der Verzicht auf die tatsächliche Verfügbarkeit der Erzeugungsanlage erscheint auch deshalb folgerichtig, da der Verordnungsgeber bereits in seiner Begründung zur Kostenermittlung des physikalischen Pfades einen Vergleich zwischen tatsächlichen Netzentgelten und Kosten dieser fiktiven Leitungsnutzung abstellt. Diese Betrachtungsweise gilt allerdings nicht in Bezug auf bereits stillgelegte Erzeugungsanlagen, denn hier ist es bereits nach dem erklärten Willen des Betreibers der Erzeugungsanlage ausgeschlossen, dass diese Kapazität zur Versorgung irgendeines Letztverbrauchers zur Verfügung steht.

Bildung des physikalischen Pfades bis zu einem geeigneten Netzknotenpunkt

Abweichend kann der physikalische Pfad vom Netzanschlusspunkt des Letztverbrauchers auch bis zu einem vom Letztverbraucher zu bestimmenden geeigneten Netzknotenpunkt gebildet werden. Geeignet ist der Netzknotenpunkt dann, wenn er so dimensioniert ist, dass dieser in der Lage ist, den vollständigen Strombedarf des Letztverbrauchers abzudecken. In diesem Fall setzt sich das individuelle Netzentgelt aus den individuell zurechenbaren Kosten des physikalischen Pfades in der Anschlussnetzebene und dem allgemeinen Netzentgelt der vorgelagerten Netz- und Umspannebene zusammen. Dies erscheint sachgerecht, da die im Modell des physikalischen Pfades vorgesehene vollständige Deckung der Last durch eine geeignete Erzeugungsanlage im Bereich der Verteilernetze in vielen Fällen ins Leere liefe, da sich die aufgrund ihrer Erzeugungsleistung in Betracht kommenden Kraftwerke in höheren Spannungsebenen am Netz angeschlossen sind. Insbesondere in den Verteilernetzen ist daher in der Regel der nächstgelegene Netzknoten als Einspeisepunkt anzusetzen. Ermittelt wird der Beitrag zur Vermeidung der Erhöhung der Netzkosten in diesem Fall aus der Differenz bspw. für einen Hochspannungsanschluss zwischen dem von dem Letztverbraucher gemäß veröffentlichten Preisblatt des Netzbetreibers zu entrichtenden Netzentgelt für die Hochspannung und dem Betrag, der aus der Bewertung des dem Letztverbraucher individuell zurechenbaren Anteils an der Nutzung der Anschlussnetzebene und den allgemeinen Netzentgelten der vorgelagerten Umspannebene von Höchst- auf Hochspannung resultiert. Im Unterschied zur Beurteilung einer singulären Nutzung nach § 19 Abs. 3 StromNEV kommt es hier auf die Eigensicherheit des Netzknotenpunkts nicht an.

Entgegen dem in einigen Stellungnahmen geäußerten Wunsch hat die Beschlusskammer davon abgesehen, im Falle der Bildung des physikalischen Pfades bis zu einem Netzknoten nähere Regelungen für eine sachgerechte Bestimmung vorzugeben.

Aus Sicht der Beschlusskammer bleibt es der Einschätzung des Letztverbrauchers vorbehalten, bis zu welchem konkreten Netzübergangspunkt er im Einzelfall den physikalischen Pfad ansetzen möchte.

Bildung des physikalischen Pfades über mehrere Netzebenen

Der physikalische Pfad kann sich auch über mehrere Netz- und Anschlussebenen erstrecken, falls sich die Abnahmestelle des Letztverbrauchers und die in Betracht kommende Erzeugungsanlage in unterschiedlichen Netz- bzw. Umspannebenen befinden. Nach § 19 Abs. 2 S. 4 StromNEV hat das individuelle Netzentgelt den Beitrag des Letztverbrauchers zu einer Senkung oder zu einer Vermeidung der Erhöhung der Kosten der Netz- oder Umspannebene, an die der Letztverbraucher angeschlossen ist, widerzuspiegeln. Hier weicht die Regelung zwar in gewissem Maße von der früheren Formulierung der bis zum 04.11.2011 geltende Regelung ab, in der vorgesehen war, dass das nach § 19 Abs. 2 StromNEV gebildete individuelle Netzentgelt den Beitrag des Letztverbrauchers zu einer Senkung oder zu einer Vermeidung der Erhöhung der Netzkosten dieser und aller vorgelagerten Netz- und Umspannebenen widerzuspiegeln hatte. Trotz der unterschiedlichen Formulierung ist jedoch davon auszugehen, dass wie bislang nicht nur die Kostensenkungs- und Kostenvermeidungseffekte in der Anschlussnetzebene sondern auch diejenigen in den vorgelagerten Netzebenen zu berücksichtigen sind. Es sind insoweit keine Anhaltspunkte dafür erkennbar, die darauf hindeuten, dass nach dem Willen des Verordnungsgebers im Unterschied zu früher nur noch der Entlastungsbeitrag in der Anschlussnetzebene ermittelt werden soll. So ist in der Verordnungsbegründung explizit von der Rede, dass mit der Regelung die sogenannte physikalische Komponente „wieder eingeführt" wird, die sich in der Vergangenheit nicht bloß auf die Anschlussebene beschränkt hat, sondern unabhängig von der Person des Netzbetreibers über mehrere Netz- und Umspannebenen erstrecken konnte. Hinzukommt, dass in der Begründung als mögliche Methode zur Ermittlung des Kostenvermeidungsbeitrags explizit auf den Vergleich zwischen den allgemeinen Netzentgelten und den Kosten einer fiktiven Leitungsnutzung zwischen dem Netzanschlusspunkt und einer geeigneten Erzeugungsanlage in unmittelbarer Nähe des Letztverbrauchers hingewiesen wird. Angesichts der Tatsache, dass sich die Mehrzahl der in Betracht kommenden Erzeugungsanlagen in der Höchstspannungsebene befinden, hätte eine Begrenzung des physikalischen Pfades auf die Anschlussebene zur Folge, dass sich die volle entlastende Wirkung der Regelung auf solche Letztverbraucher beschränken würde, die selbst in der Höchstspannungsebene angeschlossen sind. Andere im Hinblick auf den Strombezug vergleichbare Letztverbraucher würden dagegen lediglich partiell entlastet, da ihre ebenfalls positiven Auswirkungen auf das vorgelagerte Netz unberücksichtigt blieben. Der Wortlaut der Regelung ist damit dahin gehend zu verstehen, dass hier lediglich eine Grenze definiert werden soll, bis zu der, ausgehend von der Höchstspannungs-Ebene, kostenvermeidende Effekte berücksichtigt werden können.

Die Bildung und Bewertung des physikalischen Pfades erfolgt in den vorgelagerten Netzen analog zum originären Netz.

Ermittlung der Kosten des physikalischen Pfades

Die Kosten des physikalischen Pfades errechnen sich aus den Annuitäten der Betriebsmittel, ggf. den Kosten für die Erbringung von Netzreserveleistungen im Fall des Ausfalls der Erzeugungsanlage, ggf. Kosten für Systemdienstleistungen, den Kosten der Verlustenergie und im Falle der Bildung des physikalischen Pfades bis zum nächstgelegenen Netzknotenpunkt aus den Netzentgelten der vorgelagerten Netzebene. Die Annuitäten der Betriebsmittel enthalten dabei sowohl Kapitalkosten als auch den Betriebsmitteln direkt zuzuordnende Betriebskosten. Die Berechnung der Annuitäten für Betriebsmittel hat sich an der Berechnung der allgemeinen Netzkosten zu orientieren. Individuell geleistete Netzanschlusskostenbeiträge und Baukosten bleiben bei der Ermittlung der Annuitäten für Betriebsmittel unberücksichtigt. Bei der Kalkulation der Betriebsmittelannuitäten sind die Vorgaben des § 4 StromNEV zu beachten. Der Netzbetreiber ist insoweit verpflichtet, diese Kosten auf Verlangen des Letztverbrauchers nachzuweisen. Darüber hinaus gehende Vorgaben, die insbesondere auf deutlich kürzere Abschreibungsdauern als in der StromNEV oder gar eine analoge Anwendung der GasNEV abzielen, sind nach Einschätzung der Beschlusskammer insoweit weder sachgerecht noch erforderlich, da andere Abschreibungsdauern als bei der Kalkulation der allgemeinen Netzentgelte zwangsläufig Inkonsistenzen zu Folge haben würden. Insoweit ist zu berücksichtigen, dass die Methode des physikalischen Pfades gerade nicht das Modell eines fiktiven Direktleitungsbaus ist, bei dem es im Kern um die Ermittlung von vermiedenen Kosten eines Leistungsneubaus zu einer geeigneten Erzeugungsanlage geht, sondern um das Modell einer fiktiven Leitungsmitnutzung auf Basis bestehender Trassen. Für die Berechnung der Annuitäten müssen daher die gleichen Maßstäbe gelten, wie für die nach den Vorgaben von §§ 4 ff. StromNEV auf Basis der Kosten dieser Trassen ermittelten allgemeinen Netzentgelte.

Geeignetheit der Betriebsmittel

Die Betriebsmittel des physikalischen Pfades richten sich in ihrer Art und Dimensionierung nach den vorhandenen Trassen und den Verbrauchswerten des Letztverbrauchers. Die Betriebsmittel des physikalischen Pfades müssen geeignet sein, die zu erwartende maximale Leistung des Letztverbrauchers zu decken. Bei der Bildung des physikalischen Pfades in Übertragungsnetzen mit einem Netzknotenpunkt kann anstelle der anzusetzenden Kosten für die Inanspruchnahme von Netzreserveleistungen für den Ausfall von Betriebsmitteln der physikalische Pfad (n-1)-sicher gestaltet werden.

Berechnung der anteiligen Nutzung

Die Kosten der Betriebsmittel des physikalischen Pfades werden nur mit dem Anteil berücksichtigt, mit dem der betroffene Letztverbraucher die Betriebsmittel auch tatsächlich nutzt. Die anteilige Berechnung erfolgt entsprechend dem Verhältnis von vereinbarter Anschlusskapazität zur Gesamtkapazität der genutzten Betriebsmittel. Bei der Berechnung des dem Letztverbraucher zurechenbaren Anteils der Betriebsmittelkosten ist ein pauschaler Sicherheitsabschlag für etwaige Leerkapazitäten in Höhe von 20 Prozent zu berücksichtigen.

Beispiel:

| | |
|---|---|
| Kapazität des genutzten Betriebsmittels: | 1.000 MVA |
| Sicherheitsabschlag für Leerkapazitäten: | 200 MVA |
| Bereinigte Kapazität: | 800 MVA |
| Vereinbarte Anschlusskapazität: | 400 MVA |
| Zurechenbarer Anteil: | 50 Prozent |

Die entsprechende Berechnung ist für jedes zum physikalischen Pfad zählende Betriebsmittel gesondert vorzunehmen.

Die Berechnung des physikalischen Pfades erfolgt anhand der tatsächlichen Netzgegebenheiten. Unter Berücksichtigung der in § 19 Abs. 2 S. 4 StromNEV enthaltenen Vorgabe, nach der das individuelle Netzentgelt den jeweiligen Beitrag zur Senkung oder zur Vermeidung der Erhöhung der

# Anlage § 019–02

Zu § 19 Stromnetzentgeltverordnung

Netzkosten widerzuspiegeln hat, erscheint es sachgerecht, die Kosten der dem physikalischen Pfad zuzurechnenden technischen Anlagen und für die Beschaffung von Verlustenergie nur in dem Umfang zu berücksichtigen, in dem der betroffene Letztverbraucher die Betriebsmittel tatsächlich beansprucht.

Ebenfalls ist nicht erkennbar, dass die Ermittlung des Umfangs der anteiligen Nutzung zu einem unverhältnismäßig hohem Aufwand führen würde. Vielmehr lässt sich die anteilige Berechnung entsprechend dem Verhältnis von vereinbarter Anschlusskapazität zur Kapazität des betrachteten Betriebsmittels ermitteln. Allerdings erscheint es in diesem Zusammenhang als sachgerecht, bei der Berechnung des dem Letztverbraucher zurechenbaren Anteils der Betriebsmittelkosten einen pauschalen Sicherheitsabschlag für etwaige Leerkapazitäten in Höhe von 20 Prozent zu berücksichtigen.

Auch die im aktuellen Konsultationsverfahren gegen den 20-prozentigen Sicherheitsabschlag geäußerten Bedenken können im Ergebnis nicht überzeugen. Wie bereits dargelegt, sind für die Kalkulation nach dem vorliegenden Modell nicht die Betriebsmittel einer fiktiven Direktleitung, sondern die tatsächlichen zum physikalischen Pfad zwischen Letztverbraucher und Erzeugungsanlage bzw. dem relevanten Netzknotenpunkt gehörenden Betriebsmittel zugrunde zu legen. Da die zum physikalischen Pfad gehörenden Betriebsmittel jedenfalls im Normalfall nicht nur durch den betreffenden Letztverbraucher selbst, sondern auch durch andere Netznutzer mitgenutzt werden, ist es insoweit erforderlich, eine am individuellen Nutzungsgrad ausgerichtete Kostenaufteilung vorzunehmen. Bei der Bemessung des 20-prozentigen Sicherheitsabschlags hat die Beschlusskammer die Tatsache berücksichtigt, dass die jeweiligen Betriebsmittel vom Netzbetreiber in der Regel nicht vollständig ausgelastet werden. Die Sachgerechtigkeit der Höhe des Abschlags wurde bei seiner erstmaligen Einführung im Rahmen des Leitfadens für die Genehmigung individueller Netzentgelte nach § 19 Abs. 2 S. 1 u. 2 StromNEV ab 2011 von der Mehrzahl der am Verfahren Beteiligten auch bestätigt. Gegenüber der theoretisch ebenfalls bestehenden Möglichkeit, den jeweiligen Auslastungsgrad betriebsmittelscharf zu ermitteln, stellt der Ansatz eines pauschalen Sicherheitsabschlags eine für alle Beteiligten deutlich praktikablere und im Ergebnis weniger belastende Vorgabe dar.

Soweit in der Konsultation vorgetragen wurde, der Sicherheitsabschlag von 20 Prozent ändere indirekt die in der Verordnung vorgegebene Staffelung zum Nachteil der Letztverbraucher, so ist dies nicht nachvollziehbar. Möglicherweise wurde insoweit verkannt, dass der 20-prozentige Sicherheitsabschlag und die Verordnung enthaltene 20prozentige Untergrenze auf völlig unterschiedliche Bezugspunkte abstellen. Ebenfalls verfehlt ist die Einschätzung, dass sämtliche Betriebsmittel von den Netzbetreibern vollständig ausgelastet würden.

Berücksichtigung der Kosten für Netzreservekapazität

Bei der Bildung des physikalischen Pfades zur nächstgelegenen geeigneten Erzeugungsanlage wird hypothetisch davon ausgegangen, dass der betreffende Letztverbraucher ausschließlich durch die betreffende Erzeugungsanlage versorgt wird. In Übertragungsnetzen sind bei der Bildung des physikalischen Pfades bis zum nächstgelegenen Netzknotenpunkt die Kosten für Netzreserveleistungen zu berechnen. Soweit keine Übertragungsnetzbetreiber betroffen sind, sind bei der Berechnung des individuellen Netzentgelts dagegen grundsätzlich keine Kosten für Netzreserveleistungen bei der Bildung des physikalischen Pfades mit einem Netzknotenpunkt anzusetzen.

Bei der Bildung eines physikalischen Pfades aus einem Verteilernetz hinaus zu einem Netzknotenpunkt in einem Übertragungsnetz ist für die Netzebenen, durch die der physikalische Pfad im Übertragungsnetz führt, anteilig die Netzreservekapazität zu berechnen. Die anteilige Netzreservekapazität ergibt sich aus der Differenz des Preises für Netzreservekapazität der Anschlussnetzebene und dem Preis der Netzreservekapazität der vorgelagerten Netzebene.

Insbesondere seitens der betroffenen Letztverbraucher wurde im Rahmen der Konsultation gefordert, von der Berücksichtigung der Kosten für Netzreservekapazität völlig abzusehen, bzw. die Kosten für die Bereitstellung von Netzreservekapazität auf einen Betrag von 200 h/a zu begrenzen. Begründet wurde diese Forderung im Wesentlichen damit, dass der Reduktionsfaktor für Netzreservekapazität von 0,35 auf die Verbändevereinbarung II (VV II) zurückzuführen sei. Daher sei es grundsätzlich fraglich, inwieweit ein solches Entgelt bei der Ausgestaltung des § 19 Abs. 2 StromNEV überhaupt Anwendung finden dürfe, insbesondere weil es hierdurch unmöglich werden würde, eine gemäß § 19 Abs. 2 S. 4 StromNEV mögliche maximale Absenkung auf 10, 15 bzw. 20 Prozent des allgemeinen Netzentgelts überhaupt zu erreichen. Zwar erscheint insoweit ein völliger Verzicht nicht sachgerecht, da es bei jedem Kraftwerk zu wartungsbedingten Ausfällen kommen kann. Allerdings erachtet es die Beschlusskammer als sachlich gerechtfertigt, die Kosten für Netzreservekapazität auf maximal 10 Prozent des allgemeinen Netzentgelts zu begrenzen. Insoweit ist insbesondere zu berücksichtigen, dass das Modell des physikalischen Pfades seinerzeit noch vor dem Hintergrund einer Untergrenze von 50 Prozent der allgemeinen Netzentgelte entwickelt wurde. Auch ist zu beachten, dass es sich bei dem üblicherweise für Netzreservekapazität berechneten Betrag in Höhe von 35 Prozent des allgemeinen Netzentgelts um einen von Seiten der Netzbetreiber frei festgelegten und jedenfalls bislang noch nicht überprüften Wert handelt, der eigentlich dazu dient, Betreiber von Eigenerzeugungsanlagen für den Fall des Ausfalls dieser Anlage abzusichern. Es erscheint daher sachgerecht, den für den Bezug von Netzreservekapazität vorgesehenen Anteil auf maximal zehn Prozent der allgemeinen Netzentgelte zu begrenzen, wobei sich dieser Wert insoweit an der in der Verordnung angelegten maximalen Preisuntergrenze für Unternehmen mit mehr als 8.000 Benutzungsstunden im Jahr orientiert.

Darüber hinaus erscheint der Ansatz von Netzreservekapazität verzichtbar, wenn die Herstellung der (n-1)-Sicherheit in anderer Weise sichergestellt werden kann, was beispielsweise im Falle der Versorgung durch ein mit mehreren Blöcken betriebenes Kraftwerk der Fall sein kann.

Nicht anschließen kann sich die Beschlusskammer der Forderung, bei der Ermittlung des physikalischen Pfades durch Verteilernetzbetreiber nunmehr wieder Kosten für Netzreservekapazität anzusetzen. Insoweit ist zu berücksichtigen, dass ein Verteilernetzbetreiber im Unterschied zum Übertragungsnetzbetreiber nicht verpflichtet ist, sein Netz in vollem Umfang (n-1)-sicher zu planen und zu betreiben. Dementsprechend handelt es sich bei den Kosten für Netzreservekapazität nicht um notwendige Kosten, die insoweit zwingend anfallen.

Berücksichtigung von Systemdienstleistungen

Bei der Berechnung der Annuitäten für Betriebsmittel in der Höchstspannungsebene sind Kosten für Systemdienstleistungen nicht hinzuzurechnen. Das Modell des physikalischen Pfades berechnet fiktiv die individuellen Kosten einer direkten Versorgung aus einer geeigneten Erzeugungsanlage. In diesem Modell deckt die geeignete Erzeugungsanlage die Last des Letztverbrauchers zu jedem Zeitpunkt vollständig ab. Mögliche Zeiten der Nichtverfügbarkeit dieser geeigneten Erzeugungsanlage sind daher durch Berechnung von Netzreserveleistungen zu berücksichtigen. Bei der Bildung des physikalischen Pfades bis zu einem Netzknotenpunkt sind hingegen die Kosten der Systemdienstleistungen in den allgemeinen Netzentgelten, die an diesem Netzknotenpunkt zu zahlen sind, enthalten.

Entgegen entsprechenden Forderungen im Konsultationsverfahren sieht die Bundesnetzagentur keine Möglichkeit, vermiedene Kosten für Systemdienstleistungen und Regelenergie beim physikalischen Pfad unterhalb der Höchstspannungsebene zu ermitteln. Die Kosten für Systemdienstleistungen fließen in die Netzentgelte der Höchstspannungsebene ein und werden durch die Netzentgeltwälzung weitergegeben. Bei der Bildung des physikalischen Pfades mit einem nächstgelegenen Netzknotenpunkt sind damit die Kosten für Systemdienstleistungen folgerichtig in den allgemeinen Netzentgelten, die an diesem Netzknotenpunkt zu berechnen sind, enthalten. Bei der Bildung des physikalischen Pfades mit einer geeigneten Erzeugungsanlage sind die Kosten für vermiedene Systemdienstleistungen nicht in den Betriebsmittelannuitäten enthalten. Soweit der physikalische Pfad Betriebsmittel der Höchstspannungsebene umfasst, sind die Annuitäten der Betriebsmittel in der Höchstspannungsebene um die Kostenanteile für Systemdienstleistungen zu reduzieren.

Berücksichtigung von Verlustenergiekosten

In die Kosten des physikalischen Pfades sind die Kosten der Verlustenergie mit einzubeziehen. Die Berechnung der Verlustenergiemenge muss individuell für die Abnahme des betreffenden Letztverbrauchers und entsprechend dem gewählten physikalischen Pfad, der der Berechnung des individuellen Netzentgelts zugrunde liegt, erfolgen. Ob die Berechnung der Verlustenergiemenge nach der Benutzungsstundendauer bezüglich der benutzten Betriebsmittel oder entsprechend dem tatsächlichen Lastgang des Letztverbrauchers erfolgt, bleibt den am Abschluss der Vereinbarung beteiligten Vertragsparteien überlassen. Die Kosten der Verlustenergie sind aufzuschlüsseln in die Verlustenergiemenge und den (prognostizierten) Beschaffungspreis dieser Verlustenergiemenge im jeweiligen Kalenderjahr. Eine weitere Aufschlüsselung der Verlustenergiekosten oder weitere Kostenpositionen wie beispielsweise die Kosten des Bezugs der Verlustenergie aus der vorgelagerten Netz- oder Umspannebene sind nicht mit einzubeziehen oder im Preis für die Verlustenergie zu berücksichtigen. Die Verlustenergie wird nur in der Höhe berücksichtigt, die dem betroffenen Letztverbraucher in den Betriebsmitteln des physikalischen Pfades zuzurechnen sind. Für die Berechnung der tatsächlich genutzten Verlustenergie ist insoweit der ermittelte prozentuale Nutzungsanteil der zum physikalischen Pfad gehörenden Betriebsmittel zu Grunde zulegen. Soweit in den Stellungnahmen zur beabsichtigten Festlegung gefordert wurde, eine bestimmte Methode vorzugeben, ist dies nach Einschätzung der Beschlusskammer nicht erforderlich. Die Beschlusskammer hält es insoweit für ausreichend, wenn die Wahl der Berechnungsmethode in beiderseitigem Einvernehmen erfolgt. Dies stellt insoweit auch keine unangemessene Benachteiligung des Letztverbrauchers gegenüber dem Netzbetreiber dar, da dieser entsprechend dem auch in § 19 Abs. 3 S. 4 StromNEV zum Ausdruck kommenden Rechtsgedanken die Möglichkeit hat, vom Netzbetreiber einen ausreichenden Kostennachweis zu verlangen. Dies ergibt sich insoweit auch aus der in § 19 Abs. 2 S. 12 StromNEV geregelten Mitwirkungspflicht, nach der der Netzbetreiber dem Letztverbraucher unverzüglich alle zur Beurteilung der Voraussetzungen des § 19 Abs. 2 S. 1 bis 4 StromNEV erforderlichen Unterlagen zur Verfügung zu stellen hat, die dieser benötigt, um die getroffene Vereinbarung zur Anzeige bei der Regulierungsbehörde vorzulegen.

Tatsächlicher Eintritt der Voraussetzungen

Bedingung für die Gewährung von den individuellen Netzentgelten nach § 19 Abs. 2 S. 2 bis 4 StromNEV ist, dass die Anspruchsvoraussetzungen auch tatsächlich eintreten, vgl. § 19 Abs. 2 S. 17 StromNEV. Dabei ist zu beachten, dass sich nach der eindeutigen Intention des Verordnungsgebers hinsichtlich der Anspruchsvoraussetzungen, trotz des im Vergleich zur bis zum 04.08.2011 geltenden Fassung der StromNEV fehlenden ausdrücklichen Bezugs, auch weiterhin die Erfüllung der Anspruchsvoraussetzungen jeweils auf ein vollständiges Kalenderjahr beziehen muss. Auch in den Fällen, in denen die Vereinbarung ausnahmsweise für einen kürzeren Zeitraum von einigen Monaten abgeschlossen wird, ist hinsichtlich der Erfüllung der Voraussetzungen auf das vollständige betroffene Kalenderjahr abzustellen.

Da die Anzeige der geschlossenen Netzentgeltvereinbarung im Jahr vor dem vereinbarten Wirksamwerden der Vereinbarung oder spätestens bis zum 30. September des ersten Kalenderjahres des vorgesehenen Geltungszeitraums zu erfolgen hat, ist die endgültige Beurteilung des Nutzungsverhaltens i.d.R. erst nach Abschluss eines jeden Jahres innerhalb des Genehmigungszeitraums möglich. Tritt die Voraussetzung der jährlichen Mindestbenutzungsstundenzahl von 7.000 h und/oder ein jährlicher Verbrauch von mindestens 10 Gigawattstunden gemäß § 19 Abs. 2 S. 17 StromNEV nicht „tatsächlich" ein, ergibt sich für das betreffende Jahr keine Netzentgeltreduktion. Da es sich bei § 19 Abs. 2 S. 17 StromNEV um eine sich unmittelbar aus der Rechtsverordnung ergebende Regelung handelt, ist der Netzbetreiber in diesen Fällen gemäß § 19 Abs. 2 S. 18 StromNEV dazu verpflichtet, die Abrechnung der Netznutzung nach den allgemein gültigen Netzentgelten rückwirkend vorzunehmen.

Eine einmalige Nichterfüllung der Voraussetzungen nach § 19 Abs. 2 S. 2 bis 4 StromNEV hat nicht automatisch die Unwirksamkeit der getroffenen Vereinbarung zur Folge. Werden die Voraussetzungen in mindestens zwei aufeinanderfolgenden Jahren nicht erfüllt, behält sich die Regulierungsbehörde vor, die Erforderlichkeit einer möglichen Untersagung der Vereinbarung zu prüfen. Sind Voraussetzungen für ein individuelles Netzentgelt bei einem Letztverbraucher in einer ex-post Betrachtung für ein Kalenderjahr nicht erfüllt, ist der Netzbetreiber, wie oben beschrieben verpflichtet, trotz bestehender Vereinbarung die Netznutzung nach den allgemeinen Netzentgelten vorzunehmen. Dies gilt ebenso bei Vorliegen eines absehbaren und dauerhaften Verfehlens der tatsächlichen Voraussetzungen (z. B. auf Grund von technischen Veränderungen der Anschlusssituation oder der Umstellung von Produktions-/Betriebsprozessen).

## 5. Ausgestaltung des Anzeigeverfahrens

a) Einführung eines Anzeigeverfahrens

Sowohl die Vereinbarung eines individuellen Netzentgelts nach § 19 Abs. 2 S. 1 StromNEV als auch die Befreiung der Netzentgelte nach § 19 Abs. 2 S. 2 StromNEV (a.F.) bedurften bislang zum Wirksamwerden der vorherigen Genehmigung durch die jeweilige Regulierungsbehörde. Gemäß der Neuregelung in § 19 Abs. 2 S. 7 StromNEV genügt ab 01.01.2014 eine schriftliche Anzeige der getroffenen Vereinbarung eines individuellen Netzentgelts gegenüber der nach § 54 EnWG bislang für die Genehmigung zuständigen Regulierungsbehörde, sofern die gemäß § 54 Abs. 3 EnWG zuständige Regulierungsbehörde zuvor durch Festlegung nach § 29 Abs. 1 EnWG die Kriterien zur sachgerechten Ermittlung individueller Netzentgelte nach § 19 Abs. 2 S. 1 bis 4 StromNEV konkretisiert hat. Die Kompetenzen für die Festlegung einerseits und die Überprüfung der individuellen Netzentgeltvereinbarungen andererseits können insoweit nach § 54 Abs. 2 und Abs. 3 StromNEV enthaltenen Zuständigkeitsregelungen gegebenenfalls auch auseinanderfallen.

Die bereits vorliegende Festlegung BK4-12-1656 zur sachgerechten Ermittlung individueller Netzentgelte nach § 19 Abs. 2 S. 1 StromNEV sowie der Leitfaden zur Genehmigung von Befreiungen von den Netzentgelten nach § 19 Abs. 2 S. 2 StromNEV begründen keine Anzeigenpflicht, da diese noch auf Basis der Regelung des § 19 Abs. 2 S. 1 und 2 StromNEV a.F. erlassen wurden. Durch die neue Fassung des § 19 Abs. 2 StromNEV genügt künftig eine schriftliche Anzeige der getroffenen Vereinbarung eines individuellen Netzentgelts gegenüber der Regulierungsbehörde, sofern die Regulierungsbehörde die Kriterien der sachgerechten Ermittlung individueller Netzentgelte nach § 19 Abs. 2 S. 1 bis 3 (bzw. § 19 Abs. 2 S. 1 bis 4 ab 01.01.2014) StromNEV festlegt. Da grundsätzlich die ex-post-Kontrolle aller angezeigten individuellen Vereinbarungen eine Überprüfung der Einhaltung der Kriterien ermöglicht, spricht der erhebliche administrative Aufwand aller beteiligten Parteien bei einem Genehmigungsverfahren für die Umstellung auf ein Anzeigeverfahren.

b) Berechtigung zur Anzeige

Bislang konnten sowohl Letztverbraucher als auch Netzbetreiber die Genehmigung einer Vereinbarung individueller Netzentgelte nach § 19 Abs. 2 S. 1 StromNEV a.F. bzw. die Befreiung der Netzentgelte nach § 19 Abs. 2 S. 2 StromNEV a.F. beantragen. Nach der durch Änderung von Verordnungen auf dem Gebiet des Energiewirtschaftsrechts vom 14.08.2013 (BGBl. I S. 3250) erfolgten Neuregelung ist nunmehr nur noch der betroffene Letztverbraucher antrags- bzw. anzeigeberechtigt, vgl. § 19 Abs. 2 S. 11 StromNEV. Allerdings können sich Letztverbraucher bei der Anzeige auch durch eine andere Person, beispielsweise den Netzbetreiber, den Netznutzer oder einen anderen Verfahrensbevollmächtigten vertreten lassen. In diesem Fall ist mit den Anzeigeunterlagen auch ein Nachweis über die entsprechende Bevollmächtigung vorzulegen. Die bereits vorliegende Festlegung BK4-12-1656 zur sachgerechten Ermittlung individueller Netzentgelte nach § 19 Abs. 2 S. 1 StromNEV sowie der Leitfaden zur Genehmigung von Befreiungen von den Netzentgelten nach § 19 Abs. 2 S. 2 StromNEV gehen bisher von einer Antragstellung durch den Netzbetreiber oder den Letztverbraucher aus, da diese noch auf Basis der Regelung des § 19 Abs. 2 S. 1 und 2 Strom- NEV a.F. erlassen wurden. Da die Anzeige nunmehr allein dem Letztverbraucher obliegt, ist die Festlegung dementsprechend zu fassen.

c) Nachweis- und Begründungspflicht

Gemäß § 19 Abs. 2 StromNEV a.F. hatte der Netzbetreiber unverzüglich alle erforderlichen Daten zur Beurteilung der Genehmigungsvoraussetzungen eines individuellen Netzentgelts bzw. der Befreiungsvoraussetzungen vorzulegen. Nunmehr hat der Letztverbraucher der Regulierungsbehörde mit der Anzeige alle zur Beurteilung der Voraussetzungen erforderlichen Unterlagen vorzulegen. Der Netzbetreiber ist verpflichtet, dem Letztverbraucher alle dafür notwendigen Unterlagen zur Verfügung zu stellen. Die Anzeige ist vollständig bei der Regulierungsbehörde bis zur Anzeigefrist vorzulegen. Nach der Anzeigefrist eingereichte, ergänzende Unterlagen werden nicht berücksichtigt, sodass die angezeigte Vereinbarung für das Anzeigejahr untersagt wird und frühestens im Folgejahr wieder angezeigt werden kann. Auf der Internetseite der Bundesnetzagentur wird ab dem 1. Quartal 2014 ein entsprechender Erhebungsbogen jeweils für die individuellen Netzentgelte nach § 19 Abs. 2 S. 1 Strom- NEV und die individuellen Netzentgelte nach § 19 Abs. 2 S. 2 bis 4 StromNEV zur Verfügung gestellt.

d) Berichtspflichten

Nach erteilter Genehmigung hatte der betroffene Netzbetreiber der Regulierungsbehörde einen Nachweis über die Einhaltung der Genehmigungskriterien zu erbringen. Dies sollte in Form eines Erhebungsbogens, der auf der Internetseite der Regulierungsbehörde veröffentlicht war, erfolgen. Nunmehr hat der Letztverbraucher jährlich bis zum 30. Juni des Folgejahres einen Nachweis über die Einhaltung der festgelegten Kriterien bei der Regulierungsbehörde vorzulegen, nachdem die Vereinbarung bei der Bundesnetzagentur angezeigt worden ist. Auf der Internetseite der Regulierungsbehörde wird ab dem 1. Quartal 2014 ein entsprechender Erhebungsbogen jeweils für die individuellen Netzentgelte nach § 19 Abs. 2 S. 1 StromNEV und die individuellen Netzentgelte nach § 19 Abs. 2 S. 2 bis 4 StromNEV zur Verfügung gestellt.

Die Verpflichtung zur Vorlage der Nachweise dient insoweit dem Zweck, der Bundesnetzagentur die Kontrolle der Einhaltung zu ermöglichen. Insbesondere soll geprüft werden, ob die ursprünglich prognostizierten Verbrauchs- und Leistungsdaten tatsächlich aufgetreten sind und somit die Kriterien erfüllt wurden. Diese Nachweispflicht kann auch nur von dem Letztverbraucher erfolgen, da dieser als Begünstigter dafür Sorge zu tragen hat, dass die Voraussetzungen tatsächlich eintreten. Es spricht allerdings nichts dagegen, wenn der Letztverbraucher seinen Netzbetreiber als „Erfüllungsgehilfen" mit der Übersendung der betreffenden Erhebungsbögen betraut.

e) Anzeigefrist

Im Rahmen des Anzeigeverfahrens sollen alle Vereinbarungen individueller Netzentgelte i. S. v. § 19 Abs. 2 S. 1 bis 4 StromNEV n.F. bis zum 30. September des Kalenderjahres angezeigt werden, in welchem sie erstmalig gelten. Die Frist orientiert sich insoweit an den bisherigen Vorgaben der Bundes-

**Anlage § 019–02**   Zu § 19 Stromnetzentgeltverordnung

netzagentur zur Genehmigung von individuellen Netzentgelten nach § 19 Abs. 2 S. 1 StromNEV und von Entgeltbefreiungen gemäß § 19 Abs. 2 S. 2 StromNEV in der bis zum 14.08.2013 geltenden Fassung. Durch die vorliegende Festlegung soll nunmehr ein einheitliches Anzeigeverfahren eingeführt werden. Die bisherigen Antragsfristen sollen beibehalten und auf das Anzeigeverfahren übertragen werden.

Die vorgetragenen Bedenken gegen die Festlegung einer Anzeigefrist können insoweit nicht überzeugen. Zwar enthält die Verordnung insoweit selbst keine explizite Antragsfrist. Allerdings bestünde ohne Vorgabe einer Anzeigefrist die Gefahr, dass ggf. noch nach Jahren individuelle Netzentgeltvereinbarungen mit Wirkung für die Vergangenheit abgeschlossen werden könnten. Dies würde zum einen zu gravierenden Problemen im Zusammenhang mit der Ermittlung der § 19 StromNEV-Umlage führen. Darüber hinaus müsste der Netzbetreiber nachträglich mit gravierenden Erlösausfällen für die Vergangenheit rechnen. Davon abgesehen stellt die Möglichkeit, die Anzeige noch bis zum 30. Septembers des Jahres zu stellen, in dem die Vereinbarung wirksam werden soll, eine für die Vertragsbeteiligten begünstigende Regelung dar. Vor dem Hintergrund der gemäß § 19 Abs. 2 StromNEV bestehender Genehmigungs- bzw. Anzeigepflicht, ließe sich aus der Intention der Regelung selbstverständlich auch ableiten, die Wirksamkeit der geschlossenen Vereinbarung von einer vor der geplanten Geltungszeit erfolgten Anzeige bei der Regulierungsbehörde abhängig zu machen.

Durch die Bestimmung des 30.Septembers als letztmöglicher Anzeigezeitpunkt wird sowohl dem Letztverbraucher als auch dem Netzbetreiber ausreichend Zeit für eine Vorbereitung der Anzeige eingeräumt. Angesichts des Umstandes, dass sich viele Letztverbraucher erst auf Basis der Auswertung der letzten Jahresrechnung für eine individuelle Netzentgeltvereinbarung entscheiden, sollte die Frist für die Vorlage nicht zu weit nach vorne verlegt werden. Andererseits darf der Anzeigetermin auch nicht so weit in der Zukunft liegen, dass entgegen der Intention der Regelung dem Letztverbraucher die faktische Möglichkeit zu einer Bestabrechnung eingeräumt wird.

f) Wirkung der Anzeige

Mit Eingang der Anzeige bei der Regulierungsbehörde erlangt die abgeschlossene individuelle Netzentgeltvereinbarung gemäß § 19 Abs. 2 S. 1 bis 4, 7 StromNEV ihre Wirksamkeit. Dies bedeutet konkret, dass der betroffene Netzbetreiber ab dem Zeitpunkt der Wirksamkeit der Vereinbarung seine Leistungserbringung nicht mehr von vorherigen Abschlagszahlungen oder sonstigen liquiditätswirksamen Sicherheitsleistungen abhängig machen darf und bereits erhaltene Abschlagszahlungen unverzüglich an den Letztverbraucher zurückzahlen muss.

Dies stellt entgegen einer in einigen Stellungnahmen geäußerten Auffassung auch keine ungerechtfertigte Benachteiligung des Netzbetreibers im Hinblick auf ein mögliches Insolvenzrisiko dar. Ob vorliegend tatsächlich übermäßige Ausfallrisiken zu Lasten der Netzbetreiber bestehen, ist aus Sicht der Beschlusskammer äußerst fraglich, da den Netzbetreibern bereits bei der Kalkulation der allgemeinen Netzentgelte ein entsprechender Zuschlag für etwaige Zahlungsausfälle zugestanden wurde. Darüber hinaus würde eine Berücksichtigung zu Lasten der Letztverbraucher die beabsichtigte Entlastungswirkung der Regelung in Frage stellen.

**6. Sonstiges**

Bei der Anzeige individueller Netzentgeltvereinbarungen nach § 19 Abs. 2 S. 1 bis 4 StromNEV sind die nachfolgenden sonstigen Vorgaben zu beachten.

a) Gegenstand der Vereinbarung

Die Vereinbarung nach § 19 Abs. 2 S. 1 bis 4 StromNEV betrifft das vom betroffenen Letztverbraucher zu zahlende Netzentgelt, welches sich gemäß § 17 Abs. 2 StromNEV aus dem Jahresleistungsentgelt und dem Arbeitsentgelt zusammensetzt. Das vereinbarte individuelle Netzentgelt umfasst dagegen nicht:

– die gemäß § 17 Abs. 7 StromNEV ferner zu zahlenden Entgelte für den Messstellenbetrieb, die Messung und die Abrechnung,
– etwaige Entgelte für vom betroffenen Letztverbraucher in Anspruch genommene Netzreservekapazitätsleistungen,
– den Anteil des Netzentgelts, der im Falle des Betriebs einer Kundenanlage i. S. v. § 3 Nr. 24a/b EnWG den an die Kundenanlage angeschlossenen Nutzern (Dritten) zuzurechnen ist, es sei denn, bei den Nutzern handelt es sich um mit dem Letztverbraucher verbundene Unternehmen im Sinne des § 15 AktG, und
– weitere Rechnungspositionen wie die KWK-Abgabe oder die Konzessionsabgabe, da es sich insoweit um gesetzliche Umlagen handelt, die ebenso wenig Bestandteil des Netzentgelts sind, wie etwa

die EEG-Umlage und die Offshore-Umlage. Gleiches gilt auch für die von den Übertragungsnetzbetreibern erhobene sog. § 19-Umlage,

– etwaig zu zahlende Entgelte für vom Letztverbraucher singulär genutzte Betriebsmittel nach § 19 Abs. 3 StromNEV an der betroffenen Abnahmestelle.

b) Abnahmestelle

Der Begriff der Abnahmestelle wurde in § 2 Nr. 1 StromNEV neu definiert und entspricht nunmehr der Legaldefinition der Abnahmestelle, wie sie sich in § 41 Abs. 4 EEG findet.

Zur Vereinheitlichung der Rechtsanwendung ist es aus Sicht der Beschlusskammer deshalb erforderlich, abweichend von der bisherigen Genehmigungspraxis zukünftig die bereits zu § 41 Abs. 4 EEG entwickelten Auslegungsgrundsätze heranzuziehen. Diese stehen jedoch nicht im Zusammenhang mit der Regelung des § 17 Abs. 2a StromNEV, da dieser nur die Zusammenführung von Entnahmestellen zu einer Entnahmestelle zum Gegenstand hat, nicht die Zusammenfassung von Entnahmestellen zu einer Abnahmestelle.

In Abweichung zu ihrer bisherigen Praxis wird von der Beschlusskammer keine galvanische Verbindbarkeit der Entnahmestellen mehr gefordert. In Anlehnung an die Verwaltungspraxis des Bundesamts für Wirtschaft und Ausfuhrkontrolle hat indessen bei der Frage, ob eine Abnahmestelle vorliegt, eine wertende Zusammenfassung aller auf einem Betriebsgrundstück vorhandenen Verbindungsstellen zu erfolgen. Dabei müssen die elektrischen Einrichtungen in der Dispositionsbefugnis des anzeigenden Letztverbrauchers stehen sowie sich räumlich zusammenhängend auf einem abgegrenzten und in sich geschlossenen Betriebsgelände befinden. Eine bestehende galvanische Verbindung kann dabei als Merkmal zur Bestimmung des unmittelbaren räumlichen Zusammenhangs herangezogen werden.

c) Zuruf- oder Abschaltregelung

Zusätzlich zu einer reinen Hochlastzeitfensterregelung kann der Netzbetreiber auch weiterhin den Abschluss einer um „Zuruf- oder Abschaltregelungen" ergänzten Hochlastzeitfensterregelung anbieten. Danach kann sich der Letztverbraucher etwa dazu verpflichten, seine Leistung während eines bestimmten Zeitraums innerhalb der Hochlastzeitfenster zu reduzieren und dem Netzbetreiber das Recht einräumen, den Leistungsbezug des Letztverbrauchers im Falle von außerhalb dieses vereinbarten „Kernzeitraums" auftretenden Höchstlasten per Fernabschaltung zu reduzieren oder auf Zuruf drosseln zu lassen. Im Ergebnis führt eine solche Regelung zur Flexibilisierung der Hochlastzeitfenster in den Randbereichen, ohne von dem Grundprinzip der Ermittlung von Hochlastzeitfenstern abzuweichen. Maßgeblich für die Berechnung des individuellen Netzentgelts ist dann die höchste Jahresleistung des Letztverbrauchers innerhalb des Kernzeitraums.

Denkbar ist auch, dass sich der Letztverbraucher zu einer dauerhaften Leistungsreduzierung innerhalb der Hochlastzeitfenster verpflichtet, er aber mit Zustimmung des Netzbetreibers berechtigt ist, in bestimmten Ausnahmefällen seine Leistung auch innerhalb eines Hochlastzeitfensters nicht zu drosseln. Die Zustimmung durch den Netzbetreiber darf nur dann erteilt werden, wenn nicht zu erwarten ist, dass es während dieser zusätzlichen Hochlastzeiten des Letztverbrauchers zu einer zeitgleichen Höchstlast des Netzes kommen wird („umgekehrte Zurufregelung"). In diesem Falle ist für die Berechnung des individuellen Entgelts der Leistungsbezug im Hochlastzeitfenster irrelevant. Die für die Ermittlung der Lastverschiebung maßgeblichen Hochlastzeitfenster reduzieren sich entsprechend.

Dagegen ist es nicht möglich, für die gemäß § 19 Abs. 2 S. 1 StromNEV zu treffende Prognoseentscheidung ausschließlich auf bestehende vertragliche oder technische Gegebenheiten abzustellen, da in diesen Fällen die Entscheidung, unter welchen Vorraussetzungen eine atypische Netznutzung anzunehmen ist, nicht mehr anhand einheitlicher und für alle Letztverbraucher verbindlicher Kriterien durch die Regulierungsbehörde erfolgt, sondern letztlich anhand eigener Kriterien vom Netzbetreiber selbst getroffen würde.

Insofern können reine Abschalt- oder Zurufregelungen, d.h. ein völliges Absehen von Hochlastzeitfenstern, nach Einschätzung der Regulierungsbehörde nicht in den Anwendungsbereich des § 19 Abs. 2 S. 1 StromNEV fallen, da in diesen Fällen kein atypisches Nutzungsverhalten im Sinne der Regelung mehr vorliegt. Dies bedeutet jedoch nicht, dass derartige Regelungen per se als unzulässig zu betrachten sind. Vielmehr könnte es sich nach Auffassung der Regulierungsbehörde möglicherweise um Maßnahmen nach § 13 Abs. 1 i.V.m. § 14 EnWG handeln. Entsprechende Vertragsgestaltungen unterliegen nach Auffassung der Regulierungsbehörde allerdings keiner Genehmigungspflicht, da in diesen Fällen die Abrechnung der Netzleistung nach allgemeinem Netzentgelt erfolgt, auf das insoweit eine individuell vereinbarte Vergütung für die auf Veranlassung des Netzbetreibers erfolgte Leistungsreduzierung anzurechnen ist.

#### d) Lieferanten-/integrierte Stromlieferverträge

Der Abschluss einer individuellen Netzentgeltvereinbarung ist auch im Falle des Bestehens eines integrierten Stromliefervertrages (All-inclusive-Vertrag) möglich.

Einer Vereinbarung nach § 19 Abs. 2 S. 1 bis 4 StromNEV steht nicht entgegen, dass der Letztverbraucher im Falle eines integrierten Stromliefervertrages (All-inclusive-Vertrag) nicht selbst Netznutzer ist. Bei entsprechender Vertragsgestaltung werden die Netznutzungsverträge nicht zwischen Netzbetreiber und Letztverbraucher abgeschlossen, sondern sind Bestandteil des Lieferantenrahmenvertrags zwischen Netzbetreiber und Lieferant (Netznutzer). Netznutzer und damit auch Netzentgeltverpflichteter ist in diesen Fällen nicht der Letztver braucher, sondern der Lieferant. Würde man ein unmittelbares Netznutzungsverhältnis zwischen Letztverbraucher und Netzbetreiber zur Tatbestandsvoraussetzung des § 19 Abs. 2 S. 1 bis 4 StromNEV machen, hätte dies zur Folge, dass während der Laufzeit eines Lieferantenrahmenvertrages weder der Letztverbraucher noch der Lieferant in den Genuss eines individuellen Netzentgelts nach § 19 Abs. 2 S. 1 bis 4 StromNEV kommen könnte, weil es einerseits dem Letztverbraucher am Merkmal der eigenen Netznutzung und andererseits dem Lieferanten am Merkmal des Letztverbrauchers fehlt.

Es widerspricht jedoch der Intention des § 19 Abs. 2 S. 1 bis 4 StromNEV, nur jenen Letztverbrauchern einen Anspruch auf ein individuelles Netzentgelt zuzugestehen, die in einem direkten Vertragsverhältnis mit dem Netzbetreiber stehen, während Letztverbraucher ohne eigenen Netznutzungsvertrag vom Anwendungsbereich des § 19 Abs. 2 S. 1 bis 4 StromNEV ausgeschlossen würden. Denn auch diese werden, jedenfalls mittelbar, über den Netznutzer voll zur Deckung der Netzkosten des Netzbetreibers herangezogen.

Hinsichtlich der konkreten Vertragsausgestaltung kommen folgende Varianten in Betracht:

Variante 1:

Der Netzbetreiber und der Letztverbraucher schließen eine Vereinbarung über ein individuelles Netzentgelt gemäß § 19 Abs. 2 S. 1 bis 4 StromNEV. Dies gilt auch, wenn – bei Vorliegen eines integrierten Lieferantenverhältnisses – der Lieferant der eigentliche Netznutzer ist. Voraussetzung dafür ist jedoch, dass der Lieferant dem Abschluss der Vereinbarung zugestimmt hat, da die Vereinbarung unmittelbare Auswirkungen auf die Abwicklung des zwischen ihm und dem Netzbetreiber bestehenden Nutzungsvertrages hat.

Variante 2:

Der Letztverbraucher erteilt seinem Lieferanten eine Vollmacht zur Ausübung seines Rechts aus § 19 Abs. 2 S. 1 bis 4 StromNEV. Dieser vereinbart in Ergänzung zum bestehenden Lieferantenrahmenvertrag ein individuelles Netzentgelt zugunsten des über die betreffende Abnahmestelle versorgten Letztverbrauchers.

Variante 3:

In einem dreiseitigen Vertrag zwischen Netzbetreiber, Netznutzer und Letztverbraucher wird ein individuelles Netzentgelt zugunsten des über die betreffende Abnahmestelle versorgten Letztverbrauchers vereinbart.

Alle drei Varianten sind aus Sicht der Bundesnetzagentur geeignet, das oben skizzierte Problem des Auseinanderfallens von Netznutzung und Letztverbraucher in einer praktikablen und sachgerechten Weise zu lösen, in dem sowohl die Vereinbarung des Letztverbrauchers mit dem Netzbetreiber als auch die Vereinbarung des Lieferanten mit dem Netzbetreiber vom Einverständnis der jeweils anderen Partei abhängig gemacht wird. Den Beteiligten wird insoweit die Möglichkeit eingeräumt, ihre ggf. gegenläufigen Interessen im Vorfeld der Einwilligung einvernehmlich zu klären und so zu einem allen betroffenen Parteien gerecht werdenden Interessenausgleich zu kommen.

#### e) Geschlossene Verteilernetze

Aufgrund der Neuregelung des § 110 EnWG, wonach geschlossene Verteilernetze mit Ausnahmen grundsätzlich der Regulierung unterliegen, sind diese mit Blick auf § 19 Abs. 2 S. 1 bis 4 StromNEV nicht mehr als Letztverbraucher im Sinne des § 19 Abs. 2 S. 1 bis 4 Strom- NEV einzustufen.

Letztverbraucher im Sinne der Regelungen des Energiewirtschaftsrechts sind gemäß § 3 Nr. 25 EnWG natürliche oder juristische Personen, die Energie für den eigenen Verbrauch kaufen. Bei einem Betreiber eines geschlossenen Verteilernetzes erfolgt der von ihm erfolgte Kauf von Energie nicht für den eigenen Verbrauch, sondern zum Zwecke der Belieferung der an das geschlossene Verteilernetz angeschlossenen Netznutzer. Nur diese können, sofern sie die in § 19 Abs. 2 S. 1 bis 4 StromNEV genannten Voraussetzungen erfüllen, einen Anspruch auf Abschluss einer individuellen Netzentgeltvereinbarung gem.

§ 19 Abs. 2 S. 1 bis 4 StromNEV gegenüber dem Betreiber des geschlossenen Verteilernetzes geltend machen.

Der Betreiber eines geschlossenen Verteilernetzes ist damit selbst nicht berechtigt, gemäß § 19 Abs. 2 S. 1 bis 4 StromNEV Ansprüche auf Abschluss individueller Netzentgeltvereinbarungen gegenüber dem vorgelagerten Netzbetreiber geltend zu machen, da er gemäß § 110 EnWG mit Ausnahme bestimmter dort explizit genannter regulatorischer Privilegierungen grundsätzlich wie ein ganz normaler Betreiber eines Elektrizitätsversorgungsnetzes zu behandeln ist und damit gerade kein Letztverbraucher i. S. v. § 19 Abs. 2 S. 1 bis 4 StromNEV sein kann.

Im Übrigen können Betreiber geschlossener Verteilernetze unter bestimmten Vorraussetzungen durchaus auch unter den Anwendungsbereich des von der Beschlusskammer 8 festgelegten Umlagesystems fallen. Diese können ihre mit dem Abschluss individueller Netzentgeltvereinbarungen verbundenen Mindererlöse grundsätzlich ebenfalls im Rahmen des in § 19 Abs. 2 S. 13 und 14 StromNEV geregelten Wälzungsmechanismus an den vorgelagerten Übertragungsnetzbetreiber weiterreichen.

f) Kundenanlagen

Betreiber von Kundenanlagen i.S.v. § 3 Nummer 24a/b EnWG sind grundsätzlich berechtigt, individuelle Netzentgeltvereinbarungen nach § 19 Abs. 2 S. 1 bis 4 StromNEV mit dem Netzbetreiber abzuschließen. Voraussetzung hierfür ist, dass sie im Hinblick auf den selbst verbrauchten Strom die in Satz 1 und Satz 2 bis 4 genannten Voraussetzungen erfüllen. Dagegen ist eine Einbeziehung der von den übrigen Nutzern der Kundenanlage bezogenen Verbrauchsmengen nicht möglich. Die übrigen Nutzer der Kundenanlage hätten dann einen entsprechenden Anspruch gegen den vorgelagerten Netzbetreiber, wenn sie über einen abrechnungsrelevanten Zählpunkt i.S.v. § 20 1d EnWG zum unmittelbar vorgelagerten Netzbetreiber verfügen.

Für eine ordnungsgemäße Bestimmung des an der betroffenen Abnahmestelle eigenverbrauchten Stroms ist es grundsätzlich ausreichend, wenn der Betreiber der Kundenanlage im Einvernehmen mit dem betroffenen Netzbetreiber eine sachgerechte Schätzung über die Verbrauchs- und Leistungswerte des eigenverbrauchten Stroms durchführt, die gegenüber der Regulierungsbehörde schriftlich bestätigt wird. Im Rahmen dessen ist auch die Testierung der Daten durch einen Wirtschaftsprüfer denkbar. Nur sofern der in einer Kundenanlage angeschlossene Dritte einen Lieferantenwechsel anstrebt, ist es aus Sicht der Regulierungsbehörde zwingend erforderlich, messtechnische Voraussetzungen nach § 8 MessZV zu schaffen.

Für die Ermittlung der von der Vereinbarung nicht umfassten Netzentgelte ist der im Rahmen der Anzeige benannte Wert entscheidend. Dieser gilt für die Dauer der Vereinbarung. Ausschließlich der verbleibende Anteil kann über den Belastungsausgleich nach § 19 Abs. 2 S. 13 und 14 StromNEV gegenüber dem vorgelagerten Übertragungsnetzbetreiber geltend gemacht werden. Eine über den in der Anzeige benannten Anteil der begünstigten Netznutzung über den Belastungsausgleich hinausgehende Berücksichtigung ist dagegen nicht möglich. Der Anteil des Netzentgelts, der nicht von der Netzentgeltreduktion umfasst ist, sondern den an die Kundenanlage angeschlossenen Dritten zuzurechnen ist, ist gegenüber der Betreiberin der Kundenanlage in gewohnter Weise abzurechnen. Etwaig zu zahlende Netzentgelte für singulär genutzte Betriebsmittel sind entsprechend anteilig abzurechnen.

g) Nachtspeicherheizungen/Wärmepumpen

Eine Anzeige nach § 19 Abs. 2 S. 1 StromNEV ist nicht erforderlich, da die Preisbestandteile für Nachtspeicherheizungen und Wärmepumpen bereits nach § 4 ARegV Bestandteil der Erlösobergrenzen sind. In der Festlegung der Bundesnetzagentur zur § 19-Umlage vom 14.12.2011 wurde diesbezüglich festgestellt, dass eine bundesweite Umlage entgangener Erlöse aus unterbrechbaren Verbrauchseinrichtungen nicht sachgerecht ist. § 14a EnWG macht deutlich, dass für unterbrechbare Verbrauchseinrichtungen ein separates Preissegment zu schaffen ist. Daher sind unterbrechbare Verbrauchseinrichtungen im Sinne des § 14a EnWG dem unmittelbaren Anwendungsbereich des § 19 Abs. 2 StromNEV entzogen. Unterbrechbare Verbrauchseinrichtungen (z. B. Nachtspeicherheizungen und Wärmepumpen) sind somit zukünftig in einem separat zu bestimmenden Netzentgelt in Abweichung von § 17 Abs. 8 StromNEV zu erfassen.

h) Nachweis- und Mitwirkungspflichten gegenüber der Regulierungsbehörde

Gemäß § 19 Abs. 2 S. 12 StromNEV hat der Letztverbraucher mit Anzeige der Vereinbarung alle erforderlichen Unterlagen zur Beurteilung der Voraussetzungen eines individuellen Netzentgelts nach § 19 Abs. 2 S. 1 bis 4 StromNEV vorzulegen. Hierzu zählen insbesondere die Verpflichtung zur Vorlage folgender Angaben und Nachweise:

# Anlage § 019–02

Zu § 19 Stromnetzentgeltverordnung

Anzeige individueller Netzentgelte nach § 19 Abs. 2 S. 1 StromNEV:
- die zwischen Netzbetreiber und Letztverbraucher bzw. zwischen Netzbetreiber und Lieferanten (Netznutzer) abgeschlossene individuelle Netzentgeltvereinbarung,
- einen Erhebungsbogen mit Angaben zum Netznutzungsvertrag (Netzbetreiber, Letztverbraucher, sonstige Netznutzer etc.), zur betroffenen Abnahmestelle (Adresse, Zählpunkt, Spannungsebene, Pooling etc.), zum tatsächlichen und prognostizierten Nutzungsverhalten (maximalen Höchstlastbeträgen, Höchstlastbeträgen innerhalb der Hochlastzeitfenster, Jahresarbeit, Benutzungsstundenzahl etc.) sowie zur Berechnung des vereinbarten Netzentgelts.
- Hierfür soll ab 2014 auf der Internetseite der Bundesnetzagentur ein Erhebungsbogen zur Verfügung gestellt werden. In diesem sind die tatsächlichen Verbrauchs- und Leistungsdaten sowie die Mindererlöse je genehmigter Vereinbarung ersichtlich darzustellen.
- Angaben zur Höhe der jeweils für die betreffende Entnahmeebene veröffentlichten allgemeinen Leistungs- und Arbeitspreise (Preisblätter),
- Angaben zu den im ersten Jahr der Vereinbarung geltenden Hochlastzeitfenstern,

Anzeige individueller Netzentgelte nach § 19 Abs. 2 S. 2 bis 4 StromNEV:
- die zwischen Netzbetreiber und Letztverbraucher bzw. zwischen Netzbetreiber und Lieferanten (Netznutzer) abgeschlossene individuelle Netzentgeltvereinbarung,
- einen Erhebungsbogen, der insbesondere Angaben zum Netznutzungsvertrag (Netzbetreiber, Letztverbraucher, sonstige Netznutzer etc.), zur betroffenen Abnahmestelle (Adresse, Zählpunkt, Spannungsebene, Pooling etc.), zum tatsächlichen und prognostizierten Nutzungsverhalten (Jahresarbeit, Benutzungsstundenzahl etc.) zur Bildung des physikalischen Pfades sowie zur Berechnung des vereinbarten individuellen Netzentgelts enthält.
- Hierfür soll ebenfalls ab 2014 auf der Internetseite der Bundesnetzagentur ein Erhebungsbogen zur Verfügung gestellt werden. In diesem sind die tatsächlichen Verbrauchs- und Leistungsdaten sowie die Mindererlöse je genehmigter Vereinbarung ersichtlich darzustellen.
- Angaben zur Höhe der jeweils für die betreffende Entnahmeebene veröffentlichten allgemeinen Leistungs- und Arbeitspreise (Preisblätter),

Die Nachweis- und Begründungspflichten sind gem. § 19 Abs. 2 S. 12 StromNEV durch den Letztverbraucher zu erfüllen ; der Netzbetreiber hat dem Letztverbraucher alle zur Beurteilung der Voraussetzungen der Sätze 1 bis 4 erforderlichen Unterlagen dem Letztverbraucher unverzüglich zur Verfügung zu stellen.

## 7. Widerrufsvorbehalt

Die Regulierungsbehörde behält sich gemäß § 36 Abs. 2 Ziff. 3 VwVfG den Widerruf dieser Festlegungsentschei dung vor. Dieser Vorbehalt soll insbesondere sicherstellen , dass neue Erkenntnisse berücksichtigt werden können, soweit dies erforderlich ist. Nur so kann die Zukunftsoffenheit aufgrund eines derzeit nicht konkret absehbaren Anpassungsbedarfs gewährleistet werden . Hiervon wird das berechtigte Bedürfnis der Unternehmen nach Planungssicherheit nicht beeinträchtigt, da solche Erwägungen in einem etwaigen Änderungsverfahren unter Beachtung der Verhältnismäßigkeit zu berücksichtigen sind.

## III. Kosten

Hinsichtlich der Kosten bleibt ein gesonderter Bescheid vorbehalten.

## Rechtsmittelbelehrung

Gegen diese Entscheidung ist die Beschwerde zulässig. Sie ist schriftlich binnen einer mit der Bekanntgabe der Entscheidung beginnenden Frist von einem Monat bei der Bundesnetzagentur für Elektrizität, Gas, Telekommunikation, Post und Eisenbahnen, Tulpenfeld 4, 53113 Bonn (Postanschrift: Postfach 80 01, 53105 Bonn) einzureichen. Zur Fristwahrung genügt jedoch , wenn die Beschwerde innerhalb dieser Frist bei dem Beschwerdegericht, dem Oberlandesgericht Düsseldorf (Hausanschrift: Cecilienallee 3, 40474 Düsseldorf) , eingeht.

Die Beschwerde ist zu begründen. Die Frist für die Begründung beträgt einen Monat ab Einlegung der Beschwerde. Sie kann auf Antrag vom Vorsitzenden des Beschwerdegerichts verlängert werden. Die Beschwerdebegründung muss die Erklärung enthalten, inwieweit die Entscheidung angefochten und ihre Abänderung oder Aufhebung beantragt wird. Ferner muss sie die Tatsachen und Beweismittel angeben, auf die sich die Beschwerde stützt. Beschwerdeschrift und Beschwerdebegründung müssen von einem Rechtsanwalt unterzeichnet sein.

Die Beschwerde hat keine aufschiebende Wirkung (§ 76 Abs. 1 EnWG).

Matthias Otte
– Vorsitzender –

Rainer Busch
– Beisitzer –

Mario Lamoratta
– Beisitzer –

# Anlage § 019–03

Zu § 19 Stromnetzentgeltverordnung

## Vereinbarung über ein individuelles Netzentgelt gemäß § 19 Absatz 2 Satz 1 StromNEV

Quelle: Bundesnetzagentur

http://www.bundesnetzagentur.de/cln_1411/DE/Service-Funktionen/Beschlusskammern/
Beschlusskammer4/BK4_71_Individuelle_Netzentgelte_Strom/Paragr_19Abs2Satz1/2014/
BK4_Netzentgelte_%C2%A719_Abs2_Satz1_Mustervereinbarung_download_BF.html

zwischen
[Name des Netzbetreibers]
Straße
PLZ Ort
nachfolgend „Netzbetreiber" genannt
und
[Name des Letztverbrauchers]
Straße
PLZ Ort
nachfolgend „Letztverbraucher" genannt
im Folgenden gemeinsam „Vertragsparteien" genannt
für die Abnahmestelel:
[Name der Abnahmestelle]
Straße
PLZ Ort
Zählpunktbezeichnung: DEOOxxxxxxxxxxxxxxxxxxxx
in der Netz- oder Umspannebene:
[Angabe der Spannungsebene]
im Folgenden „Abnahmestelle" genannt
Netznutzer:
[Name des Netznutzers]Straße
PLZ Ort

**Präambel**

Der Netzbetreiber ist Betreiber eines Elektrizitätsversorgungsnetzes im Sinne des § 3 Nr. 2 EnWG, an dessen Netz die oben genannte Abnahmestelle des Letztverbrauchers angeschlossen ist.

Sofern der Letztverbraucher nicht selbst Netznutzer ist, sondern ein Dritter aufgrund eines Lieferantenrahmenvertrages Vertragspartner des Netzbetreibers für die Netz nutzung dieser Abnahmestelle ist, so versichern die Vertragsparteien, dass der Netznutzer seine Zustimmung zum Abschluss der Vereinbarung eines individuellen Netzentgelts zwischen dem Netzbetreiber und dem Letztverbraucher erteilt hat.

Gemäß § 19 Abs. 2 S. 1 StromNEV haben Betreiber von Elektrizitätsversorgungsnetzen bestimmten Letztverbrauchern in Abweichung von § 16 StromNEV ein individuelles Netzentgelt anzubieten, soweit auf Grund vorliegender oder prognostizierter Verbrauchsdaten oder auf Grund technischer oder vertraglicher Gegebenheiten offensichtlich ist, dass der Höchstlastbeitrag eines Letztverbrauchers vorhersehbar erheblich von der zeitgleichen Jahreshöchstlast aller Entnahmen aus dieser Netz- oder Umspannebene abweicht.

Die Vertragsparteien schließen die Vereinbarung, da der Letztverbraucher gegenüber dem Netzbetreiber glaubhaft dargelegt hat, dass für die oben genannte Abnahmesteile die Voraussetzungen zur Vereinbarung eines individuellen Netzentgelts gem. § 19 Abs. 2 S. 1 StromNEV gegeben sind, wie sich aus der Berechnung in Anlage 1 zu dieser Vereinbarung ergibt.

Die Vereinbarung besteht solange, wie die Vorgaben der von der Bundesnetzagentur gemäß § 29 Abs. 1 EnWG i.V.m. § 30 Abs. 2 Nr. 7 StromNEV getroffenen Festlegung zur sachgerechten Ermittlung individueller Entgelte nach § 19 Abs. 2 S. 1 StromNEV in der jeweils gültigen Fassung (nachfolgend „Festlegung" genannt) erfüllt werden.

Die jeweils einschlägige Vertragspartei ist verpflichtet, alle erforderlichen Daten, die zur Genehmigung der Vereinbarung mit einzureichen sind, der Antrag stellenden Partei zur Verfügung zu stellen.

Zu § 19 Stromnetzentgeltverordnung　　　　　　　　　　**Anlage § 019–03**

## 1. Vertragsparteien

Die Vereinbarung kommt unmittelbar zwischen Netzbetreiber und Letztverbraucher zustande.

Sofern anstelle des Letztverbrauchers eine dritte Person handelt, so versichert diese, dass eine wirksame Bevollmächtigung durch den Letztverbraucher vorliegt. Der Bevollmächtigte verpflichtet sich, diejenigen Informationen und Unterlagen, die vom Letztverbraucher erforderlich sind, zu beschaffen und an den Netzbetreiber weiterzugeben. Der Bevollmächtigte informiert den Letztverbraucher über diese abgeschlossene Vereinbarung.

## 2. Voraussetzungen

Bei der Beantragung der Genehmigung sind die nachfolgenden Voraussetzungen zu beachten:

### 2.1. Hochlastzeitfenster

Entsprechend den Vorgaben der Festlegung werden die Hochlastzeitfenster vom Netzbetreiber ermittelt und jährlich bis spätestens zum 31. Oktober für das Folgejahr auf der Internetseite des Netzbetreibers veröffentlicht.

### 2.2. Erheblichkeit

Der Höchstlastbeitrag des Letztverbrauchers an der oben bezeichneten Abnahmestelle muss erheblich von der zeitgleichen Jahreshöchstlast aller Entnahmen aus dieser Netz- und Umspannebene abweichen. Die Erheblichkeit wird prozentual anhand der Lastreduzierung bestimmt. Bei der Ermittlung der prozentualen Lastreduzierung wird die Jahreshöchstlast des Letztverbrauchers ins Verhältnis gesetzt zur höchsten Last im Hochlastzeitfenster des Letztverbrauchers. Dabei ist auf die jeweilige Netz- bzw. Umspannebene abzustellen.

| Netz-/Umspannebene | HöS | HöS/HS | HS | HS/MS | MS | MS/NS | NS |
|---|---|---|---|---|---|---|---|
| Erheblichkeitsschwelle | 5 % | 10 % | 10 % | 20 % | 20 % | 30 % | 30 % |

Zudem muss die Lastreduzierung der höchsten Last des Letztverbrauchers im Hochlastzeitfenster gegenüber der Jahreshöchstlast des Letztverbrauchers an der oben bezeichneten Abnahmestelle wenigstens 100 kW betragen.

### 2.3. Bagatellgrenze

Ein Anspruch auf ein individuelles Netzentgelt ist nur dann gegeben, wenn die anhand der Prognose zu erwartende Entgeltreduzierung mindestens 500,00 € im jeweiligen Abrechnungsjahr beträgt.

## 3. Berechnungsgrundlagen/Ermittlung des Individuellen Netzentgeltes

Das individuelle Netzentgelt begründet sich darin, dass aufgrund der dem Netzbetreiber vorliegenden oder prognostizierten oder technisch bedingten oder vertraglich festgelegten Verbrauchsdaten der Höchstlastbeitrag des Netznutzers voraussichtlich erheblich von der zeitgleichen Jahreshöchstlast aller Entnahmen dieser Netz- oder Umspannebene abweichen wird. Die tatsächliche Belastung des allgemeinen Netzes durch den Letztverbraucher ist damit wegen des atypischen Verhaltens seines Leistungsbezuges (geringer Beitrag zur Jahreshöchstlast) im Vergleich zu anderen Letztverbrauchern geringer.

Als Bewertungskriterium für die sich daraus ergebende Kosteneinsparung werden die Hochlastzeitfenster gemäß Ziffer 2.1 angesetzt.

Abrechnungsgrundlage für das individuelle Netzentgelt sind die jeweils aktuell gültigen, auf der Internetseite des Netzbetreibers veröffentlichten Preisblätter des Netzbetreibers. Bei der Ermittlung des individuellen Netzentgeltes wird der allgemeine Leistungspreis mit dem höchsten gemessenen Leistungswert innerhalb der Hochlastzeitfenster multipliziert. Der Arbeitspreis wird mit der gemessenen Jahresarbeit multipliziert. Das so erhaltene Arbeitsentgelt wird zu dem individuellen Leistungsentgelt addiert und ergibt das individuelle Netzentgelt Dieses individuelle Netzentgelt wird mit dem allgemeinen Netzentgelt verglichen. Sofern das individuelle Netzentgelt geringer als 20 % des allgemeinen Netzentgeltes ist, wird es gemäß § 19 Abs. 2 S. 4 StromNEV auf diesen Wert begrenzt.

| Berechnung allgemeines Entgelt: | Berechnung individuelles Entgelt: |
|---|---|
| Leistungspreis x Jahreshöchstleistung | Leistungspreis X höchste Leistung in den Hochlastzeitfenstern |
| + Arbeitspreis x Jahresarbeit | + Arbeitspreis x Jahresarbeit |
| = allgemeines Entgelt | = individuelles Entgelt |
| Bedingung: Individuelles Netzentgelt ≥ allg. Entgelt x 20 % | |

# Anlage § 019–03
Zu § 19 Stromnetzentgeltverordnung

Die eventuelle Nutzung von separat bestellter Netzreservekapazität bleibt bei der Ermittlung der höchsten Entnahmeleistung des Letztverbrauchers in den Hochlastzeitfenstern unberücksichtigt.

Leistungsspitzen, die nachweislich durch kuratives Redispatch aufgrund von Anforderungen des zuständigen Übertragungsnetzbetreibers oder durch die Erbringung negativer Regelenergie induziert wurden, sind bei der Ermittlung der Jahreshöchstlast nicht zu berücksichtigen. Leistungsspitzen, die durch entsprechende Maßnahmen verursacht wurden, sind vom Letztverbraucher unverzüglich, spätestens jedoch innerhalb von drei Werktagen nach Auftreten der Leistungsspitze, unter Angabe von Zeitraum, Laständerung und Ursache beim Netzbetreiber zu melden. Wird kein ausreichender Nachweis vom Letztverbraucher dafür erbracht, dass die Leistungsspitze aufgrund einer Maßnahme des kurativen Redispatch oder der Erbringung negativer Regelenergie entstanden ist, kann diese Leistungsspitze bei der Ermittlung der Jahreshöchstlast nicht unberücksichtigt bleiben.

Sofern die Netznutzung unterhalb von 2.500 Benutzungsstunden liegt, hat der Letztverbraucher die Wahloption, für die Berechnung des individuellen Netzentgeltes den allgemein gültigen Leistungs- und Arbeitspreis oberhalb von 2.500 Benutzungsstunden heranzuziehen.

Ob die Wahloption in Anspruch genommen wird, muss dem Netzbetreiber spätestens zum Zeitpunkt des Abschlusses der individuellen Netzentgeltvereinbarung mitgeteilt werden. Hat der Letztverbraucher sich im Rahmen von § 19 Abs. 2 S. 1 StromNEV für das erste Jahr der Vereinbarung für die Wahloption entschieden, kann er während eines laufenden Abrechnungsjahres keine Umstellung des individuellen Netzentgeltes auf die Arbeits- und Leistungspreise unter 2.500 Benutzungsstunden geltend machen. Die bei Zugrundelegung der tatsächlichen Benutzungsstundenzahl zu zahlenden allgemeinen Netzentgelte bilden auch im Falle der Nutzung der Wahloption die Obergrenze des vom Letztverbraucher zu zahlenden Entgelts. In den Folgejahren kann der Letztverbraucher dem Netzbetreiber jeweils bis spätestens zum 31. Oktober mitteilen, ob er für das kommende Kalenderjahr an der Wahloption festhalten möchte oder ob die Berechnung wieder auf Basis der der tatsächlichen allgemeinen Arbeits- und Leistungspreise unter 2.500 Stunden erfolgen soll. Erfolgt keine Mitteilung, wird angenommen, dass die für das laufende Kalenderjahr gewählte Berechnungsmethode auch im nächsten Jahr weiter gelten soll.

Falls zutreffend, bitte ankreuzen:

☐ Der Letztverbraucher übt die Wahloption für Letztverbraucher unter 2.500 Benutzungsstunden aus. Für das erste Jahr der Vereinbarung werden bei der Ermittlung des individuellen Netzentgeltes der Leistungs- und Arbeitspreis gemäß veröffentlichtem Preisblatt oberhalb von 2.500 Benutzungsstunden zugrunde gelegt.

Der Letztverbraucher informiert den Netzbetreiber über absehbare Änderungen seines Verbrauchsverhaltens, die für die Ermittlung des individuellen Netzentgeltes im folgenden Kalenderjahr maßgeblich sind.

## 4. Abrechnung

Bis zum Zeitpunkt der Genehmigung der vorliegenden Vereinbarung durch die Bundesnetzagentur zahlt der Letztverbraucher für die vom Netzbetreiber erbrachten Leistungen monatliche Abschlagszahlungen auf Basis der veröffentlichten allgemeinen Netzentgelte. Ab dem Zeitpunkt der wirksamen Bekanntgabe der Genehmigung erfolgt die Ermittlung der monatlichen Abschlagszahlungen dann auf Basis der in der Genehmigung als Prognosewerte angenommenen individuellen Netzentgelte. Darüber hinaus erstattet der Netzbetreiber die in die Laufzeit der Vereinbarungen fallenden, bereits zu viel gezahlten monatlichen Abschlagszahlungen, unverzüglich an den Letztverbraucher zurück.

## 5. Laufzeit

Die zwischen den Vertragsparteien getroffene Vereinbarung über ein individuelles Netzentgelt gemäß § 19 Abs. 2 S. 1 StromNEV tritt nach ihrer Genehmigung durch die Regulierungsbehörde ggf. rückwirkend zum [Angabe der Wirksamkeit der Vereinbarung] in Kraft und gilt unbefristet.

Diese Vereinbarung endet ohne erneute Erklärung automatisch, wenn die Regulierungsbehörde die von ihr erteilte Genehmigung wirksam widerruft oder wenn an der Abnahmestelle der Netzbetreiber oder der Letztverbraucher wechselt.

Das Recht der Vertragsparteien zur Kündigung aus wichtigem Grund bleibt hiervon unberührt.

## 6. Tatsächlicher Eintritt der Voraussetzungen

Die Vereinbarung eines individuellen Netzentgelts erfolgt gem. § 19 Abs. 2 S. 1 StromNEV unter dem Vorbehalt, dass die Genehmigungsvoraussetzungen nach§ 19 Abs. 2 S. 1 StromNEV auch tatsächlich eintreten. Tritt die Voraussetzung einer erheblichen Abweichung des Höchstlastbeitrags des Letztverbrauchers von der zeitgleichen Jahreshöchstlast aller Entnahmen aus dieser Netz- oder Umspannebene gemäß § 19 Abs. 2 S. 9 StromNEV tatsächlich nicht ein oder wird die Bagatellgrenze in einem

Zu § 19 Stromnetzentgeltverordnung     Anlage § 019–03

Kalenderjahr nicht erreicht, ergibt sich für das betreffende Jahr keine Netzentgeltreduktion. Für die Abrechnung der Netznutzung werden in diesem Fall die allgemein gültigen Netzentgelte zugrunde gelegt.

**7. Genehmigungsvorbehalt**

Die Gewährung des vereinbarten individuellen Netzentgeltes für die atypische Netznutzung steht unter dem Vorbehalt der Genehmigung durch die Regulierungsbehörde gemäß § 19 Abs. 2 S. 3 StromNEV. Der Netzbetreiber/Letztverbraucher wird diese Vereinbarung sowie die Berechung unmittelbar nach Vertragsschluss der Regulierungsbehörde zur Genehmigung vorlegen.

**8. Schlussbestimmungen**

Gebühren und Auslagen gemäß der Energiewirtschaftskostenverordnung für die Genehmigung dieser Vereinbarung durch die Regulierungsbehörde trägt der Letztverbraucher.

**9. Anlagen**

Die Anlage 1 ist wesentlicher Bestandteil der Vereinbarung.


Ort, den _____     Ort, den _____




_____     _____
Letztverbraucher                 [Name des Netzbetreibers]
(ggf. mit Firmenname bzw. Firmenstempel)


**Anlage**

1 – vorläufige quantitative Bewertung für das Kalenderjahr [Angabe des Kalenderjahres]

**Anlage § 019–04**  Zu § 19 Stromnetzentgeltverordnung

## Anlage zur Mustervereinbarung über ein individuelles Netzentgelt

Quelle: Bundesnetzagentur
http://www.bundesnetzagentur.de/cln_1431/SiteGlobals/Forms/Suche/Servicesu-che_Formular.html?nn=265840&resourceId=345228pageLoca-le=de&templateQueryString=Anlage+Mustervereinbarung+nutzungsentgelt&sortString=-score

**Anlage 1 zur Mustervereinbarung [gültig ab 20XX]**

Netzdaten: _____

Netznutzer: _____

Letztverbraucher: _____

Abnahmestelle: _____

Zählpunktbezeichnung: _____

Netzbetreiber: _____

Netzebene: _____

Prognostizierte Verbrauchswerte:

| | |
|---|---|
| Jahreshöchstlast 20XX | kw |
| Jahresarbeit 20XX | kwh/a |
| Jahresbenutzungsstunden 20XX | h/a |
| Jahreshöchstlast im Hochlastzeitfenster 20XX | kW |
| Prozentuale Abweichung Höchstlast 20XX | % |
| Absolute Abweichung Höchstlast 20XX | kW |
| Wahloption (</> 2.500 h) ausgeübt | ja/nein |

Prognostizierte Netzentgeltreduzierung:

Allgemeines Netzentgelt:
(wenn Wahloption ausgeübt wird. Berechnung auf Grundlage der tatsächlichen kWh/a)

  Leistungspreis: kW: * €/kWa =  €/a

  Arbeitspreis: kWh/a * ct/kWh/a =  €/a

                =  €/a

Individuelles Netzentgelt:

  Leistungspreis: kW: * €/kWa = = €/a

  Arbeitspreis: kWh/a * ct/kWh/a = €/a

                = €/a

20 %-Deckelung des individuellen Netzentgeltes: = €/a

Netzentgeltreduzierung relativ:    %

Bagatellgrenze eingehalten    ja/nein

Branche und Tätigkeit des Letztverbrauchers:


Begründung für Vorhersehbarkeit der Lastverschiebung Netzentgeltreduzierung:

Zu § 64 Erneuerbare-Energiengesetz            **Anlage § 064–01**

## BAFA Merkblatt Unternehmen des Produzierenden Gewerbes 2014

Merkblatt vom 27.8.2014

Quelle: Bundesamt für Wirtschaft und Ausfuhrkontrolle (BAFA)
http://www.bafa.de/bafa/de/energie/besondere_ausgleichsregelung_eeg/merkblaetter/
merkblatt_produzierendes_gewerbe.pdf

Es gelten die allgemeinen deutschen Sprachregelungen. Deshalb werden nicht zusätzlich weibliche Wortformen verwendet, soweit nicht ausdrücklich zwischen männlichen und weiblichen Formen unterschieden werden soll.

Wenn vom Wirtschaftsprüfer oder der Wirtschaftsprüferbescheinigung gesprochen wird, meint dieses gleichzeitig auch den vereidigten Buchprüfer, eine Wirtschaftsprüfungsgesellschaft oder eine Buchprüfungsgesellschaft sowie die von diesen erstellten Bescheinigungen.

### Vorbemerkung

Das Erneuerbare-Energien-Gesetz (EEG 2014) ist am 01.08.2014 in Kraft getreten und hat damit das EEG 2012 abgelöst. Seit diesem Zeitpunkt darf das Bundesamt für Wirtschaft und Ausfuhrkontrolle (im Weiteren: BAFA) nach § 103 Absatz 1 Nummer 6 EEG 2014 Anträge, die für das Begrenzungsjahr 2015 gestellt und bis zum 31.07.2014 noch nicht bestandskräftig beschieden wurden, nur nach dem neuen EEG 2014 bescheiden. Das EEG 2012 kann zudem für diese Anträge schon deshalb nicht zur Anwendung kommen, weil die EU- Kommission am 18. Dezember 2013 ein Beihilfeprüfverfahren zur Besonderen Ausgleichsregelung nach dem EEG 2012 eröffnet hat. Mit dem Eröffnungsbeschluss gilt ein sog. Durchführungsverbot. Auf Grund dessen darf das BAFA bis zum Abschluss des Verfahrens keine Begrenzungsbescheide auf Basis des EEG 2012 erlassen.

### I. Sinn und Zweck der Besonderen Ausgleichsregelung EEG

### 1. Was ist die EEG-Umlage?

Das EEG regelt die bevorzugte Einspeisung von Strom aus erneuerbaren Energien in das öffentliche Netz und garantiert den Betreibern dieser Anlagen einen festen Vergütungsbetrag. Dieser aus erneuerbaren Energien erzeugte Strom wird an der Börse verkauft, doch fallen die hierfür erzielten Einnahmen insgesamt niedriger aus als die an die Anlagenbetreiber zu entrichtenden Vergütungsbeträge. In Höhe dieser Differenz entstehen also Mehrausgaben, die nicht über die Vermarktung an der Börse gedeckt werden können und folglich in Form einer EEG-Umlage auf die Stromendverbraucher, dazu gehören auch Unternehmen, verteilt werden. Die Höhe der bundeseinheitlichen EEG-Umlage wird von den vier Übertragungsnetzbetreibern (ÜNB; siehe Karte im Anhang) immer Mitte Oktober unter Zugrundelegung der voraussichtlichen gesamten Mehrkosten für das Folgejahr in ct/kWh ermittelt und bekannt gegeben. Die EEG-Umlage wird in Abhängigkeit von der Strombezugsmenge über die Elektrizitätsversorgungsunternehmen (EVU) an die Letztverbraucher weitergereicht, so dass die entsprechenden Beträge in die jeweiligen Stromrechnungen einfließen.

### 2. Konzept und Zielsetzung der Besonderen Ausgleichsregelung

Die vorgelegte Neuregelung der Besonderen Ausgleichsregelung ist Teil der grundlegenden Reform des EEG 2014. Durch die EEG-Novelle 2014 sollen die Kosten des Ausbaus der erneuerbaren Energien angemessen verteilt werden. Dabei sollen alle Stromverbraucher in adäquater Weise an den Kosten beteiligt werden – jedoch ohne dass dabei die internationale Wettbewerbsfähigkeit der stromkostenintensiven Industrie gefährdet wird. Vor diesem Hintergrund ist die Besondere Ausgleichsregelung für stromkostenintensive Unternehmen weitgehend neugefasst worden. Anhand der Vorgaben der Umwelt- und Energiebeihilfeleitlinien der EU-Kommission vom 28. Juni 2014 ist sie auf stromkostenintensive Unternehmen konzentriert worden, die im internationalen Wettbewerb stehen.

Benötigt ein Unternehmen für die Produktion seiner Erzeugnisse sehr große Strommengen und erreichen die Stromkosten des Unternehmens unter Berücksichtigung der Mehrbelastung durch die EEG-Umlage ein besonders hohes Niveau im Verhältnis zu seiner Bruttowertschöpfung, so kann dies zu einer Beeinträchtigung seiner Wettbewerbsfähigkeit führen und das Unternehmen zur Abwanderung ins Ausland veranlassen. Um solchen negativen Auswirkungen aufgrund der EEG-Mehrbelastung entgegenzusteuern, gibt es für besonders stromkostenintensive Unternehmen eine Entlastungsmöglichkeit, deren Inanspruchnahme an strenge, auf Basis von Ist-Daten zu erfüllende Voraussetzungen gebunden ist. Das für diesen Zweck entwickelte Instrument ist die Besondere Ausgleichsregelung. Im Rahmen der Besonderen Ausgleichsregelung können bestimmte stromkostenintensive Unternehmen bestimmter Bran-

1337

chen und Schienenbahnen beim BAFA einen Antrag für eine Abnahmestelle auf Begrenzung der EEG-Umlage stellen.

Diese Begrenzung erfolgt, um die Stromkosten dieser Unternehmen zu senken und so ihre internationale Wettbewerbsfähigkeit – bei Schienenbahnen die Wettbewerbsfähigkeit gegenüber anderen Verkehrsträgern (intermodale Wettbewerbsfähigkeit) – zu erhalten. Diese Verminderung einer Belastung stromkostenintensiver Unternehmen führt zu einer entsprechenden höheren EEG-Umlage für private Haushalte, öffentliche Einrichtungen, Landwirtschaft, Handel und Gewerbe sowie für diejenigen industriellen Stromabnehmer, die nicht von der Besonderen Ausgleichsregelung profitieren.

Die Besondere Ausgleichsregelung stellt sicher, dass auch die begünstigten Unternehmen einen Beitrag zur Förderung der erneuerbaren Energien leisten: Sie führt nicht zu einer vollständigen Freistellung von der Pflicht zur Zahlung der EEG-Umlage, sondern verringert diese. Das Risiko, dass andernfalls stromkostenintensive Unternehmen ihre Produktion bzw. Tätigkeit verringern oder ins Ausland verlagern, würde auch deren Beitrag zur Förderung erneuerbarer Energien minimieren bzw. verloren gehen lassen. Mit der Begrenzung der Umlagezahlungen wird also auch langfristig die Finanzierungsbasis für die Förderung der erneuerbaren Energien gesichert.

Die Begrenzung erfolgt für den vom Unternehmen selbst verbrauchte, umlagepflichtige Strommengen, was jeweils sowohl den von einem EVU gelieferten als auch den eigenerzeugten Strom erfasst.

Die Besondere Ausgleichsregelung ist eine Ausnahmevorschrift, bei der besonders strenge Maßstäbe angelegt werden, was sich in den engen Grenzen der zu erfüllenden gesetzlichen Voraussetzungen widerspiegelt. In diesem Zusammenhang ist insbesondere auch auf die für die Einreichung des Antrags und der vollständigen Antragsunterlagen geltende gesetzliche Ausschlussfrist hinzuweisen. Nach § 66 Absatz 1 EEG 2014 müssen Anträge bis zum 30. Juni eines Jahres beim BAFA eingereicht werden. Im Antragsjahr 2014 wird ausnahmsweise die Ausschlussfrist bis zum 30. September 2014 nach § 103 Absatz 1 Nummer 5 EEG 2014 verlängert. Damit werden die besonderen Umstände des Antragsverfahrens im Jahr 2014 berücksichtigt, die durch die Neuregelung der Besonderen Ausgleichsregelung und ihre Anpassung an die Vorgaben der Umwelt- und Energiebeihilfeleitlinien der EU-Kommission sowie durch das Inkrafttreten des EEG 2014 erst zum 1. August 2014 eingetreten sind.

Wird die Frist versäumt, führt dies zwangsläufig zu einer Ablehnung des Antrags, da es sich um eine materielle Ausschlussfrist handelt, bei der keine Möglichkeit zur Fristverlängerung oder zur Wiedereinsetzung in den vorigen Stand besteht. Die Rechtsfolgen einer Überschreitung dieser materiellen Ausschlussfrist treten auch dann ein, wenn einzelne, nach dem Gesetz innerhalb der Frist vorzulegende Antragsunterlagen oder gesetzlich vorgeschriebene Angaben ganz oder teilweise fehlen. Vor diesem Hintergrund und im Hinblick auf die in der Regel weitreichenden finanziellen Folgen einer Fristversäumnis unterliegen die Unternehmen einer besonderen Sorgfaltspflicht.

Die Begrenzung der EEG-Umlage erfolgt stets auf Basis bestimmter Vergangenheitsdaten des Unternehmens und wird mit Wirkung für das nächste Kalenderjahr (Begrenzungsjahr) gewährt. Eine rückwirkende Erstattung bereits geleisteter Zahlungen für die EEG-Umlage erfolgt nicht. Die Entscheidung über die Begrenzung der EEG-Umlage wird gegenüber dem antragstellenden Unternehmen, den beteiligten EVU und dem regelverantwortlichen ÜNB durch förmlichen Bescheid bekanntgegeben.

## II. Kreis der Antragsberechtigten

### 1. Stromkostenintensive Unternehmen

Der Gesetzgeber hat eine Antragstellung nach §§ 63, 64 EEG 2014 auf stromkostenintensive Unternehmen, die bestimmten Branchen des Bergbaus, der Gewinnung von Erden und Steinen sowie des verarbeitenden Gewerbes zugehörig sind, beschränkt. Die Branchenlisten sind in Anlage 4 des EEG festgeschrieben. Nach § 5 Nummer 34 EEG 2014 ist ein Unternehmen jede rechtsfähige Personenvereinigung oder juristische Person, die über einen nach Art und Umfang in kaufmännischer Weise eingerichteten Geschäftsbetrieb verfügt, der unter Beteiligung am allgemeinen wirtschaftlichen Verkehr nachhaltig mit eigener Gewinnerzielungsabsicht betrieben wird. Es wird auf die kleinste rechtlich selbständige Einheit abgestellt. Bei Konzernen wird die einzelne Konzerngesellschaft betrachtet. So können beispielsweise zwei rechtlich selbständige Schwestergesellschaften innerhalb eines Konzerns nicht als ein Unternehmen behandelt werden, sondern beide Schwestergesellschaften müssen unabhängig voneinander die Antragsvoraussetzungen für die Besondere Ausgleichsregelung erfüllen. Auch die Möglichkeit der Zusammenrechnung mehrerer Rechtsträger über die Konstruktion einer steuerlichen, umsatzsteuerlichen oder EEG-rechtlichen Organschaft ist ausgeschlossen.

Unternehmen, die eine Begrenzung der Umlage erhalten wollen, müssen einer der Branchen, die in den Listen 1 oder 2 der Anlage 4 zu § 64 EEG 2014 aufgeführt sind, angehören (Anlage 4 ist im Anhang dieses Merkblatts angefügt). Dort werden die Branchen identifiziert, die in Anbetracht ihrer Stromkosten- und Handelsintensität bei voller Umlagepflicht einem Risiko für ihre internationale Wettbewerbssituation ausgesetzt sind. Die Einordnung des Unternehmens in eine der beiden Listen der Anlage 4 bestimmt, welche Hürde der Stromkostenintensität für das betreffende Unternehmen maßgeblich ist.Zusätzlich muss das Unternehmen auch an der jeweils beantragten Abnahmestelle einer der Branchen in Anlage 4 angehören. Für die Begrenzungswirkung kommt es nur noch darauf an, ob die jeweilige Abnahmestelle überhaupt zu einer der Listen gehört, aber nicht welche. Damit soll die Begrenzung zielgenau für die Bereiche des Unternehmens erfolgen, in denen Aktivitäten stattfinden, die die Umwelt- und Energiebeihilfeleitlinien als im internationalen Wettbewerb stehend identifizieren. Im Hinblick auf die Begrenzungswirkung wird nach Abnahmestellen differenziert.

Für die Zuordnung eines Unternehmens zu den Branchen nach Anlage 4 ist nach § 64 Absatz 7 EEG 2014 das Ende des letzten abgeschlossenen Geschäftsjahres des Unternehmens der maßgebliche Zeitpunkt.

Soweit ein Unternehmen nicht zu einer der in den Listen 1 und 2 aufgeführten Branchen zählt oder es nicht das geforderte Mindestmaß an Stromkostenintensität nach § 64 Absatz 1 Nummer 2 EEG 2014 aufweist, wird das BAFA prüfen, ob sich für das Unternehmen eine Antragsberechtigung aus § 103 Absätze 3 und 4 EEG 2014 verankerten Übergangs- und Härtefallregelungen ergibt. In den Anwendungsfall dieser Regelung können Unternehmen (und selbständige Unternehmensteile) fallen, die über eine bestandskräftige Begrenzungsentscheidung für das Begrenzungsjahr 2014 verfügen.

Überblick über die Antragsmöglichkeiten nach dem EEG 2014:

| Branchenzuordnung des Unternehmens nach Anlage 4 des EEG 2014 | Stromkostenintensität (SKI) für die Begrenzung im Kalenderjahr 2015 | Unternehmen | Selbständiger Unternehmensteil | Rechtsgrundlagen |
|---|---|---|---|---|
| Liste 1 | SKI ≥ 16 % | X | | § 64 Absatz 1 i.V.m. § 103 Absatz 1 EEG 2014 |
| | | | X | § 64 Absatz 5 i.V.m. Absatz 1 und § 103 Absatz 1 EEG 2014 |
| | 14 % ≤ SKI < 16 % | X | | § 103 Absatz 3 Satz 2 i.V.m. Absatz 1 EEG 2014 (Übergangsregelung bis 2018, sofern eine bestandskräftige Begrenzungsentscheidung für das Begrenzungsjahr 2014 vorliegt) |
| | | | X | § 103 Absatz 3 Satz 2 i.V.m. Absatz 1 EEG 2014 (Übergangsregelung bis 2018, sofern eine bestandskräftige Begrenzungsentscheidung für das Begrenzungsjahr 2014 vorliegt) |

# Anlage § 064–01

Zu § 64 Erneuerbare-Energiengesetz

| Branchenzuordnung des Unternehmens nach Anlage 4 des EEG 2014 | Stromkostenintensität (SKI) für die Begrenzung im Kalenderjahr 2015 | Unternehmen | Selbständiger Unternehmensteil | Rechtsgrundlagen |
|---|---|---|---|---|
| Liste 2 | SKI ≥ 20 % | X | | § 64 Absatz 1 i.V.m. § 103 Absatz 1 EEG 2014 |
| | | | X | § 103 Absatz 4 Satz 2 i.V.m. Absatz 1 EEG 2014 (Härtefallregelung, sofern eine bestandskräftige Begrenzungsentscheidung für das Begrenzungsjahr 2014 vorliegt) |
| | 14 % ≤ SKI < 20 % | X | | § 103 Absatz 4 Satz 1 i.V.m. Absatz 1 EEG 2014 (Härtefallregelung, sofern eine bestandskräftige Begrenzungsentscheidung für das Begrenzungsjahr 2014 vorliegt) |
| | | | X | § 103 Absatz 4 Satz 1 und 2 i.V.m. Absatz 1 EEG 2014 (Härtefallregelung, sofern eine bestandskräftige Begrenzungsentscheidung für das Begrenzungsjahr 2014 vorliegt) |
| keiner Branche nach Anlage 4 des EEG 2014 zuordenbar | SKI ≥ 14 % | X | | § 103 Absatz 4 Satz 1 i.V.m. Absatz 1 EEG 2014 (Härtefallregelung, sofern eine bestandskräftige Begrenzungsentscheidung für das Begrenzungsjahr 2014 vorliegt) |
| | | | X | § 103 Absatz 4 Satz 1 und 2 i.V.m. Absatz 1 EEG 2014 (Härtefallregelung, sofern eine bestandskräftige Begrenzungsentscheidung für das Begrenzungsjahr 2014 vorliegt) |

## 2. Selbständige Unternehmensteile (§ 64 Absatz 5 EEG 2014)

Gemäß § 64 Absatz 5 EEG 2014 kann anstelle eines Unternehmens auch ein selbständiger Unternehmensteil eine Begrenzung der EEG-Umlage erhalten, wenn bei diesem die in § 64 Absatz 1 bis 4 EEG 2014 genannten Anspruchsvoraussetzungen entsprechend vorliegen. Grundvoraussetzung für die Antragsberechtigung eines selbständigen Unternehmensteils ist die Branchenzugehörigkeit des Unternehmens zur Liste 1 des Anhangs 4. Somit kommt es nicht darauf an, welcher Branche der selbständige Unternehmensteil zugeordnet ist. Entscheidend ist die Zuordnung des Unternehmens und der Abnahmestelle(n).

Damit ein selbständiger Unternehmensteil (sUT) in den Genuss einer Begrenzung kommt, sind folgende Voraussetzungen zu erfüllen:

a) Gesamtunternehmen ist einer Branche nach Liste 1 zuzuordnen.

b) Es liegt ein sUT i.S. der gesetzlichen Bestimmungen vor.

c) Die Daten des sUT erfüllen die Stromkostenintensität (SKI) von 16P rozent.

d) Die beantragte(n) Abnahmestelle(n) ist (sind) einer der Listen des Anhangs 4 zuzuordnen.

In die gesetzlichen Bestimmungen des EEG 2012 wurde bereits eine Legaldefinition des selbständigen Unternehmensteils aufgenommen, die im Kontext der Präzisierungen in der Gesetzesbegründung zu § 41 Absatz 5 EEG 2012 in Verbindung mit § 64 Absatz 5 EEG 2014 und der Begründung dazu auszulegen ist. Demnach muss ein selbständiger Unternehmensteil kumulativ folgende Tatbestandsmerkmale aufweisen:

1. kein eigenständiger Rechtsträger,

2. ein eigener Standort oder ein vom übrigen Unternehmen am Standort abgegrenzter Teilbetrieb,

3. das Vorhandensein der wesentlichen Funktionen eines Unternehmens,
4. die jederzeit bestehende Möglichkeit zur rechtlichen Verselbständigung und
5. eigenständigen Führung der Geschäfte.
6. Abweichend vom bisherigen Recht ist eine Begrenzung bei selbständigen Teilen eines Unternehmens künftig nur zulässig, sofern das Unternehmen einer Branche nach Liste 1 der Anlage 4 zuzuordnen ist (siehe VI.2).
7. Die Erlöse wurden wesentlich mit externen Dritten erzielt.
8. Der selbständige Unternehmensteil muss über eine eigene Abnahmestelle verfügen.
9. Eine eigene Bilanz und Gewinn- und Verlustrechnung des sUT in entsprechender Anwendung der für alle Kaufleute geltenden Vorschriften des Handelsgesetzbuches ist zu erstellen und prüfen zu lassen.

Durch Unternehmensorganisation künstlich gebildete selbständige Unternehmensteile, die lediglich zur Ausschöpfung der Möglichkeiten der Besonderen Ausgleichsregelung geschaffen werden, sollen nicht in den Genuss der Begünstigung nach §§ 63 ff. EEG 2014 kommen. Demnach stellen Teile eines Unternehmens, die lediglich Bestandteil eines Produktionsprozesses oder einer Produktionskette sind, keine selbständigen Unternehmensteile dar. Unternehmensteile, die aus einer Fusion oder einer Ausgliederung und anschließendem Verkauf entstanden sind, können hingegen in den Anwendungsbereich der Besonderen Ausgleichsregelung fallen. So besteht eine gewisse Vermutung, dass ein unter Verlust der rechtlichen Eigenständigkeit erworbenes und dabei in einen anderen Rechtsträger eingegliedertes Unternehmen die Voraussetzungen eines selbständigen Unternehmensteils erfüllt, soweit die Organisationsstrukturen im Wesentlichen erhalten bleiben.

Die Besondere Ausgleichsregelung stellt bereits eine Ausnahmevorschrift dar, die eng auszulegen ist. Für selbständige Unternehmensteile müssen daher besonders stringente Maßstäbe angelegt werden, damit die Vergleichbarkeit mit einem idealtypischen Unternehmen gegeben ist. Welche konkreten Merkmale ein selbständiger Unternehmensteil aufweisen muss, wird unter Abschnitt III.7 näher beschrieben.

### 3. Neugründungen (§ 64 Absatz 4 EEG 2014)

Antragsberechtigt können auch neu gegründete Unternehmen sein. Als neu gegründete Unternehmen gelten nur solche, die unter Schaffung von im Wesentlichen neuem Betriebsvermögen ihre Tätigkeit erstmals aufnehmen und nicht durch Umwandlung entstanden sind. Neu geschaffenes Betriebsvermögen liegt vor, wenn über das Grund- und Stammkapital hinaus weitere Vermögensgegenstände des Anlage- oder Umlaufvermögens erworben, gepachtet oder geleast wurden. Der Begriff der Umwandlung umfasst sämtliche Änderungen bereits bestehender Konstruktionen, sei es durch Kauf, Ausgliederungen oder Überlassung von Unternehmensteilen an Dritte und ähnliche Fallgestaltungen.

Als Zeitpunkt der Neugründung gilt der Zeitpunkt, an dem erstmals Strom zu Produktionszwecken verbraucht wird. Demnach gelten z.B. folgende Konstellationen nicht als Neugründung i. S. der Besonderen Ausgleichsregelung:

– Verschmelzung, Spaltung (Abspaltung, Aufspaltung, Ausgliederung) oder ein Formwechsel,
– Entstehung eines neuen Unternehmens im Wege der Einzel- oder Gesamtrechtsnachfolge, Übernahme eines in Insolvenz befindlichen Unternehmens im Rahmen eines asset deals durch einen Investor.

Erfolgt die Gründung also auf Basis des Betriebsvermögens eines bereits bestehenden Unternehmens, liegt keine Neugründung i.S.d. Besonderen Ausgleichsregelung vor.

### 4. Umstrukturierung / Umwandlung (§ 67 EEG 2014)

Umwandlungen nach § 5 Nummer 32 EEG 2014 stellen einen Einschnitt in das Unternehmensgefüge dar, bei dem zu prüfen ist, ob eine Vergleichbarkeit zwischen Antragsgegenstand und den Verhältnissen im Nachweiszeitraum gegeben ist. Es ist davon auszugehen, dass solche Umwandlungen Auswirkungen auf die Antragstellung, die Nachweisführung und die Entscheidung des BAFA haben.

Im Zusammenhang mit der Umwandlung von Unternehmen treten im Hinblick auf die §§ 64 ff. EEG 2014 zahlreiche Rechtsfragen für die antragstellenden bzw. bereits begünstigten Unternehmen auf. § 67 Absatz 1 EEG 2014 soll Unternehmen, die kürzlich umgewandelt wurden, die Antragstellung erleichtern bzw. überhaupt erst ermöglichen. Voraussetzung ist jedoch, dass sich die wirtschaftliche und organisatorische Einheit des Unternehmens, auf dessen Daten zurückgegriffen wird, in dem übernehmenden, nun den Antrag stellenden Unternehmen wiederfindet.

Genauere Informationen zur Nachweisführung entnehmen Sie bitte dem Abschnitt V.2.

## Anlage § 064–01

Zu § 64 Erneuerbare-Energiengesetz

### III. Antragsvoraussetzungen (§ 64 Absatz 1 Nummer 1, 2 und 3 EEG 2014)

#### 1. Gesetzliche Grundlagen

Gemäß § 64 Absatz 1 EEG 2014 erfolgt bei einem Unternehmen, das einer Branche nach Anlage 4 zuzuordnen ist, die Begrenzung nur, soweit es nachweist, dass und inwieweit

1. im letzten abgeschlossenen Geschäftsjahr die nach § 60 Absatz 1 oder § 61 EEG 2014 umlagepflichtige und selbst verbrauchte Strommenge an einer Abnahmestelle, an der das Unternehmen einer Branche nach Anlage 4 zuzuordnen ist, mehr als 1 Gigawattstunde betragen hat,
2. die Stromkostenintensität
   a) bei einem Unternehmen, das einer Branche nach Liste 1 der Anlage 4 zuzuordnen ist, mindestens den folgenden Wert betragen hat:
      aa) 16 Prozent für die Begrenzung im Kalenderjahr 2015 und
      bb) 17 Prozent für die Begrenzung ab dem Kalenderjahr 2016,
   b) bei einem Unternehmen, das einer Branche nach Liste 2 der Anlage 4 zuzuordnen ist, mindestens 20 Prozent betragen hat und
3. das Unternehmen ein zertifiziertes Energie-oder Umweltmanagementsystem oder, sofern das Unternehmen im letzten abgeschlossenen Geschäftsjahr weniger als 5 Gigawattstunden Strom verbraucht hat, ein alternatives System zur Verbesserung der Energieeffizienz nach § 3 der Spitzenausgleich-Effizienzsystemverordnung in der jeweils zum Zeitpunkt des Endes des letzten abgeschlossenen Geschäftsjahrs geltenden Fassung betreibt.

Ab dem Begrenzungszeitraum 2015 werden bestimmte Unternehmen und selbständige Unternehmensteile, die über eine bestandskräftige Begrenzungsentscheidung für das Begrenzungsjahr 2014 verfügen, die Besondere Ausgleichsregelung nicht mehr in Anspruch nehmen können, sei es, weil sie keiner Branche nach Anlage 4 zuzuordnen sind, sei es, weil ihre Stromkostenintensität nicht das geforderte Mindestmaß beträgt. § 103 Absatz 4 EEG 2014 schafft für diese Unternehmen/selbständige Unternehmensteile eine Härtefallregelung. Nach dieser gilt:

Für Unternehmen oder selbständige Unternehmensteile, die

1. als Unternehmen des produzierenden Gewerbes nach § 3 Nummer 14 des Erneuerbare-Energien-Gesetzes in der am 31. Juli 2014 geltenden Fassung für das Begrenzungsjahr 2014 über eine bestandskräftige Begrenzungsentscheidung nach den §§ 42 bis 44 des Erneuerbare-Energien-Gesetzes in der am 31. Juli 2014 geltenden Fassung verfügen

und

2. die Voraussetzungen nach § 64 dieses Gesetzes nicht erfüllen, weil sie
   a) keiner Branche nach Anlage 4 zuzuordnen sind oder
   b) einer Branche nach Liste 2 der Anlage 4 zuzuordnen sind, aber ihre Stromkostenintensität weniger als 20 Prozent beträgt,

begrenzt das BAFA auf Antrag die EEG-Umlage für den Stromanteil über 1 Gigawattstunde auf 20 Prozent der nach § 60 Absatz 1 EEG 2014 ermittelten EEG-Umlage, wenn und insoweit das Unternehmen oder der selbständige Unternehmensteil nachweist, dass seine Stromkostenintensität im Sinne des § 64 Absatz 6 Nummer 3 EEG 2014 in Verbindung mit Absatz 1 und 2 dieses Paragrafen mindestens 14 Prozent betragen hat. Satz 1 ist auch anzuwenden für selbständige Unternehmensteile, die abweichend von Satz 1 Nummer 2 a oder b die Voraussetzungen nach § 64 EEG 2014 deshalb nicht erfüllen, weil das Unternehmen einer Branche nach Liste 2 der Anlage 4 zuzuordnen ist. Im Übrigen sind Absatz 3 und die §§ 64, 66, 68 und 69 EEG 2014 entsprechend anzuwenden.

Die Härtefallregelung des § 103 Absatz 4 EEG 2014 (dauerhaft nur 20 Prozent der EEG-Umlage) greift nicht für Unternehmen aus Branchen der Liste 1, die die Stromintensität von 16Prozent (für das Begrenzungsjahr 2015) bzw. 17Prozent (für das Begrenzungsjahr 2016) nicht erreichen. Für sie wird nach § 103 Absatz 3 Satz 2 EEG 2014 die Übergangsregelung des § 103 Absatz 3 EEG 2014 entsprechend angewandt. Dies bedeutet, dass der Umlagebetrag in Cent pro Kilowattstunde für die Begrenzungsjahre 2015 bis 2018 sich jeweils jährlich maximal verdoppeln darf.

#### 2. Stromverbrauch an einer Abnahmestelle

Für eine Begrenzung der EEG-Umlage ist es u. a. erforderlich, dass das antragstellende Unternehmen im letzten abgeschlossenen Geschäftsjahr an der jeweils zu begünstigenden Abnahmestelle eine Strommenge von mehr als 1 GWh selbst verbraucht hat. Hierbei sind sowohl die von einem Elektrizitätsversorgungsunternehmen bezogenen als auch die eigenerzeugten Strommengen, soweit sie der Umlagepflicht nach § 61 EEG 2014 unterlegen haben, zu berücksichtigen.

Zu § 64 Erneuerbare-Energiengesetz   **Anlage § 064–01**

Um die selbstverbrauchte Strommenge an der jeweils zu begünstigenden Abnahmestelle zu ermitteln, sind von den gesamten Strommengen diejenigen Strommengen abzuziehen, die das Unternehmen an der zu begünstigenden Abnahmestelle an Dritte weitergeleitet hat. Mithin sind auch an Mutter-, Schwester- oder Tochtergesellschaften weitergegebene Strommengen abzuziehen. Dies gilt unabhängig davon, zu welchem Zweck die Weiterleitung erfolgt ist.

Eine genaue Definition, was unter einer Abnahmestelle im Sinne des EEG 2014 zu verstehen ist, ergibt sich aus Abschnitt III.6 dieses Merkblatts.

### 3. Ermittlung der Stromkostenintensität

Die gesetzlichen Bestimmungen sehen als weitere Antragsvoraussetzung vor, dass die Stromkostenintensität eines Unternehmens, die sich aus dem Verhältnis der vom Unternehmen zu tragenden Stromkosten und seiner Bruttowertschöpfung ergibt, ein bestimmtes prozentuales Mindestverhältnis aufweist. Die Berechnung für die Ermittlung dieses Verhältnisses wird stufenweise bis zum Antragsjahr 2016 auf eine neue Systematik umgestellt. Dieser Anpassungsprozess wurde gleitend gestaltet. Dazu hat der Gesetzgeber Übergangs- und Härtefallbestimmungen entwickelt, die in § 103 EEG 2014 niedergelegt sind.

Nach § 64 Absatz 6 Nummer 3 EEG 2014 ist die Stromkostenintensität das Verhältnis der maßgeblichen Stromkosten einschließlich der Stromkosten für die nach § 61 umlagepflichtige selbst verbrauchte Strommenge zum arithmetischen Mittel der Bruttowertschöpfung in den letzten drei abgeschlossenen Geschäftsjahren des Unternehmens.

Wird bei der Ermittlung der Stromkostenintensität auf die letzten drei abgeschlossenen Geschäftsjahre abgestellt, muss für jedes einzelne Geschäftsjahr ein geprüfter Jahresabschluss zur Ermittlung der Bruttowertschöpfung nach EEG 2014 zu Grunde gelegt werden.

Wie sich aus § 103 Absatz 1 Nummer 2 EEG 2014 ergibt, kann für Anträge für das Begrenzungsjahr 2015 anstelle des arithmetischen Mittels der Bruttowertschöpfung nach EEG 2014 für die letzten drei abgeschlossenen Geschäftsjahre nur das letzte abgeschlossene Geschäftsjahr und nach § 103 Absatz 2 Nummer 1 EEG 2014 für das Begrenzungsjahr 2016 das arithmetische Mittel der letzten beiden abgeschlossenen Geschäftsjahre herangezogen werden. Das Unternehmen macht seine Wahl des bevorzugten Zeitraums durch Angabe der entsprechende Daten kenntlich. Der Wirtschaftsprüfer hat eindeutig darzustellen, ob das letzte abgeschlossene Geschäftsjahr oder das arithmetische Mittel der letzten drei abgeschlossenen Geschäftsjahre als Grundlage für die Bruttowertschöpfung gewählt wird. Eine Günstigerprüfung durch das BAFA erfolgt nicht. Wird für das Begrenzungsjahr 2015 nicht die Erleichterung des § 103 Absatz 1 Nummer 2 EEG 2014 in Anspruch genommen, muss jeweils für die Ermittlung der Bruttowertschöpfung für die letzten drei abgeschlossenen Geschäftsjahre ebenfalls die neue Definition der Bruttowertschöpfung i.S.d. § 64 Absatz 6 Nummer 2 EEG 2014 herangezogen werden.

Die Bruttowertschöpfung im Sinne des EEG 2014 ist die Bruttowertschöpfung zu Faktorkosten nach der Definition des Statistischen Bundesamtes, Fachserie 4, Reihe 4.3, Wiesbaden 2007, ohne Abzug der Personalkosten für Leiharbeitsverhältnisse. Hierbei werden die durch vorangegangene Begrenzungsentscheidungen hervorgerufenen Wirkungen bei der Berechnung der Bruttowertschöpfung außer Betracht gelassen. Dies bedeutet, dass nur Unternehmen, die in ihrem letzten abgeschlossenen Geschäftsjahr eine Begrenzung ihrer EEG-Umlage erhalten haben, sich so stellen können, als hätten sie keine Begrenzung erhalten. Maßstab dafür ist, was sie anstelle der Begrenzung laut ihren Verträgen an EEG-Umlage zu zahlen hätten, maximal jedoch die von den ÜNB veröffentlichte EEG-Umlage.

§ 64 Absatz 1 Nummer 2 EEG 2014 enthält die Anforderungen an die Stromkostenintensität des Unternehmens. Je nachdem, ob ein Unternehmen einer Branche nach Liste 1 oder 2 der Anlage 4 angehört, ergeben sich bezüglich der Stromkostenintensität unterschiedliche Eintrittsschwellen:

1. Unternehmen, die einer Branche nach Liste 1 der Anlage 4 angehören, müssen

    a. für das Begrenzungsjahr 2015 eine Stromkostenintensität von mindestens 16 Prozent und

    b. ab dem Begrenzungsjahr 2016 von mindestens 17 Prozent nachweisen.

2. Unternehmen, die den Branchen nach Liste 2 der Anlage 4 angehören, müssen eine Stromkostenintensität von mindestens 20 Prozent nachweisen.

§ 103 Absatz 4 EEG 2014 sieht eine Begünstigungsmöglichkeit für diejenigen Unternehmen oder selbständigen Unternehmensteile vor, die keiner Branche nach Anlage 4 zuzuordnen sind oder die einer Branche nach Liste 2 der Anlage 4 zuzuordnen sind, deren Stromkostenintensität jedoch weniger als 20 Prozent beträgt. Voraussetzung dafür ist, dass diese Unternehmen bzw. selbständige Unternehmensteile

# Anlage § 064–01

Zu § 64 Erneuerbare-Energiengesetz

– für das Begrenzungsjahr 2014 über eine bestandskräftige Begrenzungsentscheidung nach den §§ 42 bis 44 des Erneuerbare-Energien-Gesetzes in der am 31. Juli 2014 geltenden Fassung an der betreffenden Abnahmestelle verfügen und

– die Stromkostenintensität im Sinne des § 64 Absatz 6 Nummer 3 i.V.m. § 103 Absatz 1 Nummer 4 und Absatz 2 Nummer 2 EEG im Nachweiszeitraum mindestens 14 Prozent betragen hat.

Dies gilt auch für selbständige Teile eines Unternehmens, das einer Branche nach Liste 2 der Anlage 4 zuzuordnen ist, die daher die Voraussetzung des § 64 Absatz 5 EEG 2014 – Zuordnung des Unternehmens zu Liste 1 – nicht erfüllen.

## 3.1 Nachweiszeitraum

Nach § 64 Absatz 6 Nummer 3 EEG 2014 ist die Stromkostenintensität das Verhältnis der maßgeblichen Stromkosten – einschließlich der Stromkosten für nach § 61 EEG 2014 umlagepflichtige selbst verbrauchte Strommengen – zum arithmetischen Mittel der Bruttowertschöpfung in den letzten drei abgeschlossenen Geschäftsjahren des Unternehmens.

Im Antragsjahr 2014 besteht ein Wahlrecht. So kann gemäß § 103 Absatz 1 Nummer 2 EEG 2014 entweder bei der Bruttowertschöpfung auf das letzte abgeschlossene Geschäftsjahr oder nach § 64 Absatz 6 Nummer 3 EEG 2014 auf das arithmetische Mittel der letzten drei abgeschlossenen Geschäftsjahre zurückgegriffen werden. Im Antragsjahr 2015 besteht ebenfalls ein Wahlrecht. So kann gemäß § 103 Absatz 2 Nummer 1 EEG 2014 entweder bei der Bruttowertschöpfung auf das arithmetische Mittel der letzten beiden abgeschlossenen Geschäftsjahre des Unternehmens oder nach § 64 Absatz 6 Nummer 3 EEG 2014 auf das arithmetische Mittel der letzten drei abgeschlossenen Geschäftsjahre zugrunde gelegt werden. Das Unternehmen muss seine Wahl im Antrag gegenüber dem BAFA geltend machen. Eine Günstigerprüfung durch das BAFA erfolgt nicht.

Umfasst ein Geschäftsjahr weniger als 12 Monate, so dass es sich um ein handelsrechtliches Rumpfgeschäftsjahr handelt, so ist dieser Zeitraum als ein Geschäftsjahr zu Grunde zu legen. Zum Nachweis der Antragsvoraussetzungen sind weder eine Hochrechnung der Daten des Rumpfgeschäftsjahres noch eine Prognoserechnung zulässig. Eine Zusammenrechnung von Daten aus mehreren Rumpfgeschäftsjahren zu einem Geschäftsjahr ist ebenfalls ausgeschlossen. Dies gilt auch dann, wenn ein zwölf Monate umfassendes Geschäftsjahr (z.B. infolge eines Gesellschafterwechsels oder einer Umstrukturierung) in zwei Rumpfgeschäftsjahre gegliedert wurde. Werden in diesem letzten Rumpfgeschäftsjahr die Anspruchsvoraussetzungen der §§ 63 ff. EEG 2014 nicht erfüllt, kann ausnahmsweise auf das davor liegende (vollständige) Geschäftsjahr bzw. Rumpfgeschäftsjahr abgestellt werden. Dieses Wahlrecht ist letztmalig im Antragsjahr 2014 möglich.

In Fällen, in denen das Geschäftsjahr kürzer ist als zwölf Kalendermonate, ist nur zur Bestimmung der Höhe der maßgeblichen Deckel (§ 64 Absatz 2 Nummer 3 EEG 2014) als Anteil der Bruttowertschöpfung der Zeitraum des Geschäftsjahres auf einen Zwölfmonatszeitraum hochzurechnen.

Besonderheiten zum Nachweiszeitraum sind zudem auch in Fällen von Neugründungen zu beachten. Auch neu gegründete Unternehmen müssen den Nachweis der Erfüllung der Grenzwerte nach § 64 Absatz 1 EEG 2014 durch Vergangenheitsdaten führen.

Neu gegründete Unternehmen sind gemäß § 64 Absatz 4 Satz 5 EEG 2014 nur solche, die unter Schaffung von im Wesentlichen neuem Betriebsvermögen ihre Tätigkeit erstmals aufnehmen. Sie dürfen nicht durch Umwandlung entstanden sein. Neu geschaffenes Betriebsvermögen liegt nur vor, wenn über das Grund- und Stammkapital hinaus weitere Vermögensgegenstände des Anlage- oder Umlaufvermögens erworben, gepachtet oder geleast wurden. Als Zeitpunkt der Neugründung gilt nach § 64 Absatz 4 Satz 7 EEG 2014 der Zeitpunkt, an dem erstmalig Strom zu Produktionszwecken abgenommen wird.

Soweit der Antrag sich auf ein neu gegründetes Unternehmen bezieht, müssen die gesellschaftsrechtlichen und wirtschaftlichen Hintergründe dieser Neugründung dargestellt werden. Es muss insbesondere auch erkennbar sein, ob und inwieweit neues Betriebsvermögen im Rahmen der Neugründung geschaffen wurde. Als Belege eignen sich z.B. Handelsregisterauszüge, Kauf- und Übernahmeverträge, Vorstands- und Gesellschafterbeschlüsse, die Eröffnungsbilanz usw.

Unternehmen, die nach dem 30. Juni des Vorjahres neu gegründet wurden, können abweichend von § 64 Absatz 3 Nummer 1 EEG 2014 im ersten Jahr nach der Neugründung Daten über ein Rumpfgeschäftsjahr übermitteln, im zweiten Jahr nach der Neugründung Daten für das erste abgeschlossene Geschäftsjahr und im dritten Jahr nach der Neugründung Daten für das erste und zweite abgeschlossene Geschäftsjahr. Für das erste Jahr nach der Neugründung ergeht die Begrenzungsentscheidung allerdings unter Vorbehalt des Widerrufs im Sinne des § 36 Absatz 2 Nummer 3 VwVfG. Nach Vollendung des ersten abgeschlossenen Geschäftsjahres erfolgt eine nachträgliche Überprüfung der Antragsvoraussetzungen und des Begrenzungsumfangs durch das BAFA anhand der Daten des abgeschlossenen Geschäftsjahres.

Zu § 64 Erneuerbare-Energiengesetz                                              **Anlage § 064–01**

Wenn sich daraus maßgebliche Änderungen ergeben, erfolgt ein Widerruf oder eine Anpassung mit Teilwiderruf der Begrenzungsentscheidung. Für die Nachweisführung gilt § 64 Absatz 3 EEG 2014 entsprechend.

Das Rumpfgeschäftsjahr umfasst eine Zeitspanne, die von der Gründung des Unternehmens bis zu einem Abschlusszeitpunkt, der vor dem 30.09. des Antragsjahres liegen muss, reicht. Das (Rumpf-) Geschäftsjahr kann nicht länger als ein Jahr sein. Dies bedeutet, dass ein vom Kalenderjahr abweichender, weniger als zwölf Kalendermonate umfassender Zeitraum ein Rumpfgeschäftsjahr im Sinne dieser Definition darstellt. Das Rumpfgeschäftsjahr muss mit einem geprüften Jahresabschluss abgeschlossen sein. Die Antragsvoraussetzungen des § 64 Absatz 1 Nummer 1 EEG 2014 müssen in diesem Rumpfgeschäftsjahreszeitraum erfüllt worden sein.

### 3.2 Stromkosten

§ 103 Absatz 1 Nummer 4 und Absatz 2 Nummer 2 EEG 2014 sehen vor, dass in den Antragsjahren 2014 und 2015 die Stromkostenintensität anhand der tatsächlichen Stromkosten im jeweils letzten abgeschlossenen Geschäftsjahr berechnet wird. Die Berechnung nach § 64 Absatz 6 Nummer 3 EEG 2014 ist ab dem Antragsjahr 2016 anzuwenden.

Tatsächliche Stromkosten sind sämtliche für den Strombezug des Unternehmens entrichtete Kosten einschließlich insbesondere der Stromlieferkosten (inklusive Börse und Stromhändler), der Netzentgelte, eventueller Systemdienstleistungskosten und der Stromsteuern. Hierbei sind Stromsteuer- und Netzentgelterstattungen sowie die Umsatzsteuer abzuziehen. Diese Pflicht zur Eliminierung der vorgenannten Kosten entspricht bereits den präzisierten Bestimmungen nach § 41 Absatz 1 Nummer 1 b EEG 2012, wonach auf die vom Unternehmen zu tragenden Stromkosten abzustellen ist. Als Stromkosten können nur diejenigen Aufwendungen geltend gemacht werden, die auf den EEG- umlagepflichtigen Stromverbrauch des Unternehmens im letzten abgeschlossenen Geschäftsjahr entfallen.

Erhält ein antragstellendes Unternehmen Stromkostenbeihilfen im Rahmen des Emissionshandels, so sind diese Entlastungen bei der Berechnung des Verhältnisses der Stromkosten zur Bruttowertschöpfung nur als Subventionen wertmindernd zu berücksichtigen. Bei der Stromkostenermittlung sind diese Strompreiskompensationen nicht zu berücksichtigen.

Entsprechend der Höhe des bestehenden Anspruchs ergeben sich für das betreffende Geschäftsjahr Stromsteuerreduzierungen, die unabhängig von der tatsächlichen Antragstellung zu berücksichtigen sind. Im Ergebnis wird das Unternehmen also immer so behandelt, als hätte es den Anspruch in voller Höhe geltend gemacht.

Netzentgelterstattungen, die bis zum Ende des jeweiligen Antragsjahres ihrer Höhe nach feststehen, sind stromkostenmindernd anzusetzen.

Für eigenerzeugte nach § 61 umlagepflichtige selbst verbrauchte Strommengen sind ebenfalls die tatsächlichen Stromkosten des Unternehmens anzusetzen. Die Kosten für diese Strommengen sind beispielsweise anhand von Rechnungen und Verträgen zur Beschaffung der Eigenerzeugungsanlage, Rechnungen und Verträge mit Dritten hinsichtlich der Beschaffung der eingesetzten Energieträger, die Roh- Hilfs- und Betriebsstoffe (z.B. Öl, Kohle, Gas) der Eigenerzeugungsanlage, der technischen Beschreibung der Eigenerzeugungsanlage (z.B. Inbetriebnahmeprotokolle, Wartungsprotokolle) mit Angabe der installierten Leistung, Erzeugungsvolumen etc. nachzuweisen. Die Ermittlung der Stromkosten für die nach § 61 umlagepflichtige Strommenge muss innerhalb der handelsrechtlichen Wertobergrenze und Wertuntergrenze erfolgen. Demzufolge sind beispielsweise die Vertriebskosten, die Aufwendungen für Forschung oder allgemeine Fremdkapitalzinsen nicht ansetzbar. Das BAFA kann für die Ermittlung und Überprüfung der Kosten weitere Unterlagen und Nachweise anfordern. Bei der Berechnung der Stromkostenintensität werden nur solche Strommengen berücksichtigt, für die nach § 61 EEG 2014 eine EEG-Umlagepflicht besteht. Kosten für eigenerzeugte und selbst verbrauchte Strommengen, die unter eine der Ausnahmen des § 61 Absatz 2 bis 4 EEG 2014 fallen, werden bei der Berechnung der Bruttowertschöpfung und der Stromkosten nicht angesetzt.

Anders ist dies nach dem jeweils zweiten Halbsatz von § 103 Absatz 1 Nummer 4 (Begrenzungsjahr 2015) und Absatz 2 Nummer 2 EEG 2014 (Begrenzungsjahr 2016) nur, wenn das Unternehmen zwischenzeitlich von einer nicht EEG-umlagepflichtigen Stromversorgung dauerhaft zu einer EEG-umlagepflichtigen Stromversorgung übergegangen ist. Dies kann beispielsweise auftreten bei einem dauerhaften Wechsel von einer Eigenversorgung zum Strombezug von einem Elektrizitätsversorgungsunternehmen oder wenn bislang umlagebefreite Strommengen aus Eigenversorgung erstmals nach § 61 EEG 2014 umlagepflichtig werden. Letzteres wird im Wesentlichen erst ab dem Antragsjahr 2015 relevant, weil erst im Laufe des Jahres 2014 mit Inkrafttreten des EEG 2014 Strommengen aus Eigenversorgung erstmals nach § 61 EEG 2014 umlagepflichtig und nach den §§ 63 ff. EEG 2014 in die Besondere Ausgleichsregelung einbezogen werden. In beiden Konstellationen werden ausnahmsweise die tatsächlichen Kosten der nicht bei § 61 Absatz 1 Nummer 1 berücksichtigungsfähigen Strommengen in die Berechnung der Stromkostenintensität einbezogen. Damit wird ein übergangsloser Wechsel von der nicht umlagepflichtigen Eigenversorgung in die Besondere Ausgleichsregelung verbessert.

## 3.3 Bruttowertschöpfung nach EEG 2014

Die Bruttowertschöpfung umfasst die innerhalb des Geltungsbereichs des EEG 2014 im Nachweiszeitraum erbrachte wirtschaftliche Leistung des Unternehmens. Außerordentliche, betriebs- und periodenfremde Einflüsse werden nicht einbezogen. Die erbrachte wirtschaftliche Leistung stellt demnach das Ergebnis aus der typischen und spezifischen Leistungserstellung (der Produktion) des Unternehmens dar. Sie ist Ausdruck des Wertes aller in der betreffenden Periode produzierten Waren und Dienstleistungen abzüglich des Wertes der bezogenen und bei der Produktion verbrauchten Güter (Vorleistungen). Unter Vorleistungen ist der Wert der Waren und Dienstleistungen zu verstehen, die das inländische Unternehmen von anderen in- und ausländischen Wirtschaftseinheiten (Unternehmen) bezogen hat und im letzten abgeschlossenen Geschäftsjahr im Zuge der Produktion verbraucht hat. Die Bruttowertschöpfung zu Faktorkosten nach dem EEG 2014 unterscheidet sich von der bisherigen Bruttowertschöpfung nach dem EEG 2012 dadurch, dass hiervon indirekte Steuern abgezogen und Subventionen hinzugerechnet werden.

Anders als die Bruttowertschöpfung zu Faktorkosten nach der Definition des Statistischen Bundesamtes, Fachserie 4, Reihe 4.3, Wiesbaden 2007 dürfen zudem die Personalkosten für Leiharbeitnehmer nicht abgezogen werden. Damit werden abweichend von der Definition des Statistischen Bundesamtes bei der Berechnung der Bruttowertschöpfung nach EEG 2014 die Personalkosten für Leiharbeitsverhältnisse wie Personalkosten für die eigenen Beschäftigten des Unternehmens behandelt. Gleiches gilt in Fällen, in denen zwei Unternehmen zwar einen Vertrag geschlossen haben, den sie als Werk-, Dienstleistungs- oder ähnlichen Vertrag bezeichnet oder ausgestaltet haben, der nach der tatsächlichen Vertragspraxis aber eine Arbeitnehmerüberlassung darstellt (verdeckte Arbeitnehmerüberlassung). In beiden Fällen wird die Position „Personalkosten für Leiharbeitsverhältnisse" nach der Definition des Statistischen Bundesamtes, Fachserie 4, Reihe 4.3, Wiesbaden 2007, zur Ermittlung der Bruttowertschöpfung zu Faktorkosten nicht abgezogen. Gewöhnliche Werk- oder Dienstleistungsverträge mit Dritten sind nicht betroffen.

Das detaillierte Gliederungsschema zur Bruttowertschöpfung zu Faktorkosten, auf das hier ausdrücklich verwiesen wird, ist in Abschnitt IV.2.3.3 dieses Merkblatts abgebildet. Ausführliche Erläuterungen zu den einzelnen Positionen entnehmen Sie bitte dem Informationsteil zur Ermittlung der Bruttowertschöpfung zu Faktorkosten nach der Definition des Statistischen Bundesamtes, Fachserie 4, Reihe 4.3, Wiesbaden 2007, der als separates Dokument auf der BAFA-Homepage zur Verfügung gestellt ist.

Die nachfolgenden Ausführungen erstrecken sich auf ausgewählte Positionen der Bruttowertschöpfung nach EEG 2014, die eine erhöhte Aufmerksamkeit zur Vermeidung von fehlerhaften Ansätzen und Bewertungen erfordern. Der geprüfte Jahresabschluss ist die Basis der Bruttowertschöpfung nach EEG 2014. Häufig sind aber Anpassungen mittels Überleitungsrechnungen notwendig oder es sind spezielle, sich aus der Systematik der Bruttowertschöpfung ergebende Unterschiede zwischen Jahresabschluss und Bruttowertschöpfung zu berücksichtigen. Die zum Teil abweichenden Ansatz- und Bewertungsregeln sind der Tatsache geschuldet, dass Jahresabschluss und Bruttowertschöpfungsrechnung zwei Rechnungslegungswerke sind, die mit einer unterschiedlichen Zielsetzung ausgestattet sind.

Insbesondere bei den Positionen „Umsatz aus eigenen Erzeugnissen" sowie „Umsatz aus eigenen Erzeugnissen und sonstigen nichtindustriellen/handwerklichen Dienstleistungen (Lohnarbeiten usw.)" können zwischen der Bruttowertschöpfung und der GuV im Jahresabschluss Unterschiede bestehen. Diese beruhen einerseits auf Differenzen im Gliederungsschema, andererseits der qualitativen Einstufung und der dementsprechenden Zuordnung bestimmter Erlöse. Als „Umsatz aus eigenen Erzeugnissen" gilt, unabhängig vom Zahlungseingang, der Gesamtbetrag (ohne Umsatzsteuer) der abgerechneten Lieferungen und Leistungen an externe Dritte. Dabei sind auch getrennt in Rechnung gestellte Kosten für Fracht, Porto und Verpackung mit einzubeziehen. Es dürfen nur Lieferungen und Leistungen mit externe Dritten bei den Umsätzen berücksichtigt werden. Externe Dritte sind beispielsweise auch rechtlich selbständige Unternehmen desselben Konzerns. Abzusetzen sind immer Preisnachlässe (Rabatte, Boni, Skonti, Abzüge, die auf begründeten Beanstandungen beruhen und dergleichen) sowie Retouren.

In die Position Umsatz aus eigenen Erzeugnissen sind insbesondere mit einzuschließen:

– Umsätze aus dem Verkauf von allen im Rahmen der Produktionstätigkeit des Unternehmens entstandenen Erzeugnissen,
– die vollen Erlöse aus dem Verkauf von eigenen Erzeugnissen, die unter Verwendung von Fremdbauteilen hergestellt wurden,

Zu § 64 Erneuerbare-Energiengesetz  Anlage § 064–01

- Umsätze aus dem Verkauf von Waren, die in Lohnarbeit bei anderen Unternehmen hergestellt wurden,
- Erlöse aus Reparaturen, Instandhaltungen, Installationen und Montagen,
- Umsätze aus dem Verkauf von Elektrizität, Fernwärme, Gas, Dampf, Wasser,
- Umsätze aus dem Verkauf von Nebenerzeugnissen,
- Erlöse für verkaufsfähige Produktionsrückstände (z.B. bei der Produktion anfallender Schrott, Gussbruch, Wollabfälle und Ähnliches),
- Erlöse für die Vermietung bzw. das Leasing von im Rahmen der Produktionstätigkeit des Unternehmens selbst hergestellten Erzeugnissen oder Anlagen,
- Erlöse aus Redaktions- und Verlagstätigkeit und
- Umsatz aus Recycling.

Soweit eine Erfassung dieser Erträge bzw. Erlöse nicht unter der Position „Umsatz aus eigenen Erzeugnissen" in Frage kommt, ist eventuell ein Ansatz unter der Position „Umsatz aus sonstigen nichtindustriellen/handwerklichen Tätigkeiten" möglich. Um eine vollständige Erfassung der ansatzpflichtigen Erlöse zu gewährleisten, ist eine sorgfältige Analyse der verschiedenen Erlösarten bzw. der zugrunde liegenden Geschäftsvorfälle erforderlich.

Zu der Position der „Umsätze aus sonstigen nichtindustriellen/handwerklichen Tätigkeiten ohne Umsatzsteuer" zählen im Wesentlichen:

- Umsätze aus der Vermietung und Verpachtung von Geräten, betrieblichen Anlagen und Einrichtungen, die nicht im Rahmen der Produktionstätigkeit des Unternehmens entstanden sind (einschließlich Leasing),
- Erlöse aus Wohnungsvermietung (von betrieblich und nicht betrieblich genutzten Wohngebäuden), jedoch ohne Erlöse aus Grundstücksverpachtung,
- Erlöse aus der Veräußerung von Patenten und der Vergabe von Lizenzen,
- Erlöse aus Transportleistungen für Dritte,
- Erlöse aus Belegschaftseinrichtungen (z.B. Erlöse einer vom Unternehmen auf eigene Rechnung betriebenen Kantine),
- Erlöse aus dem Verkauf von eigenen landwirtschaftlichen Erzeugnissen,
- Erlöse aus Reparaturen von Gebrauchsgütern, Instandhaltung und Reparatur von Kraftwagen und Krafträdern,
- Erlöse aus Instandhaltung und Reparatur von Büromaschinen, Datenverarbeitungsgeräten und -einrichtungen,
- Erlöse aus Beratungs- und Planungstätigkeit (z.B. Verwaltungs- und IT-Dienstleistungen an verbundene Unternehmen) und
- Provisionseinnahmen.

Einige Aufwendungen, die in der Gewinn- und Verlustrechnung (GuV) ergebnismindernd berücksichtigt werden, haben keine entsprechende Abzugsfähigkeit im Rahmen der Bruttowertschöpfungsrechnung oder werden erst auf einer der Bruttowertschöpfung nach EEG 2014 nachgelagerten Stufe in der Wertschöpfungsrechnung als Abzugspositionen erfasst. Insbesondere sind folgende Kosten bei der Bruttowertschöpfung nach EEG 2014 nicht abzugsfähig: Abschreibungen, eigene Personalkosten des Unternehmens, Kapitalkosten, Zuführungen zu den Rückstellungen (mögliche Ausnahme: Rückstellung für bereits erbrachte Leistungen, die noch nicht in Rechnung gestellt wurden), Währungsdifferenzen, Kursverluste, Forderungsverluste. Es handelt sich hierbei um Positionen, die nach der zu berücksichtigenden Systematik keine Minderungen der Bruttowertschöpfung nach EEG 2014 darstellen und demnach auch nicht als Abzugsposten angesetzt werden können. Diese Kosten sind auch nicht unter der Position „Sonstige Kosten" zu erfassen.

Es handelt sich um „Sonstige Kosten", wenn die Aufwendungen folgende Merkmale kumulativ aufweisen:

- Dienstleistungen, die unter keiner anderen Position der Bruttowertschöpfungsrechnung eingeordnet werden können,
- ausschließlich an dritte Unternehmen geleistete Zahlungen,
- mit ausschließlichem Vorleistungscharakter,
- keine außerordentlichen, betriebs- oder periodenfremden Aufwendungen darstellen und
- aus der laufenden Produktion resultierend.

# Anlage § 064–01

Zu § 64 Erneuerbare-Energiengesetz

Zu den „Sonstigen Kosten" zählen z.B. Werbe-, Vertreter-, Reisekosten, Provisionen, Lizenzgebühren, Kosten für den Grünen Punkt, Ausgangsfrachten und sonstige Kosten für den Abtransport von Gütern durch fremde Unternehmen, Porto- und Postgebühren, Ausgaben für durch Dritte durchgeführte Beförderung der Arbeitnehmer zwischen Wohnsitz und Arbeitsplatz, Versicherungsbeiträge, Prüfungs-, Beratungs- und Rechtskosten, Bankspesen, Beiträge zu Industrie- und Handelskammer, zur Handwerkskammer, zu Wirtschaftsverbänden und dergleichen. Kosten für Büro- und Werbematerial sowie Kosten für den eigenerzeugten und fremdbezogen Strom sowie beispielsweise die Kosten für Öl, Gas, Kohle etc., sind keine „Sonstigen Kosten". Sie sind unter der Position der Roh-, Hilfs- und Betriebsstoffe erfasst.

Zu der Position „indirekte Steuern" zählen gemäß Fachserie 4, Reihe 4.3 des Statistischen Bundesamtes z.b. Grundsteuer, Gewerbesteuer, Kraftfahrzeugsteuern und die Verbrauchssteuern (Bier-, Mineralöl-, Schaumwein-, Tabaksteuer und Branntweinaufschlag), die das Unternehmen auf die selbst hergestellten verbrauchsteuerpflichtigen Erzeugnisse schuldet. Verbrauchssteuern auf bezogene Erzeugnisse sind Anschaffungsnebenkosten und deshalb bei den Beständen bzw. Eingängen an Roh-, Hilfs- und Betriebsstoffen zu berücksichtigen.

Unter die Position „Subventionen" fallen Zuwendungen, die Bund, Länder und Gemeinden oder Einrichtungen der Europäischen Gemeinschaften ohne Gegenleistung an das Unternehmen für Forschungs- und Entwicklungsvorhaben (nicht spezielle Auftragsforschung für den Staat) oder für laufende Produktionszwecke gewähren, um

– die Produktionskosten zu verringern und/oder
– die Verkaufspreise der Erzeugnisse zu senken und/oder
– eine hinreichende Entlohnung der Produktionsfaktoren zu ermöglichen.

Hierzu zählen z.B.:

– Zinszuschüsse, gleichgültig für welche Zwecke sie gewährt werden (auch dann, wenn sie an den Kreditgeber direkt bezahlt werden),
– Frachthilfen,
– Lohnkostenzuschüsse für ältere Arbeitnehmer nach § 97 AFG,
– Stützungsmaßnahmen für Magermilch,
– Strompreiskompensation und
– Steinkohlebeihilfen.

Subventionen dürfen in den Umsatzerlösen nicht enthalten sein.

Nicht zu den Subventionen zählen: Steuererleichterung, Investitionszuschüsse, -zulagen nach dem Investitionszulagengesetz sowie Ersatzleistungen für Katastrophenschäden und sonstige außerordentliche bzw. außerhalb des Verantwortungsbereiches des Unternehmens liegende Verluste. Leistungen, die mit Umsatzsteuer belegt sind, zählen nicht zu den Subventionen. Die durch eine frühere Begrenzungsentscheidung des BAFA aufgrund der Besonderen Ausgleichsregelung hervorgerufene geringere Verpflichtung zur Zahlung von EEG-Umlage ist keine Subvention.

Zur Ermittlung der Bruttowertschöpfung nach EEG 2014 für selbständige Unternehmensteile gelten ergänzende Bestimmungen in Abschnitt III.7.

## 3.4 Fiktion der Nichtbegünstigung

Die durch eine vorangegangene Entscheidung zur Begrenzung der EEG-Umlage hervorgerufenen Wirkungen bleiben gemäß § 64 Absatz 6 Nummer 2 und 3 EEG 2014 bei der Berechnung des Verhältnisses der Stromkosten zur Bruttowertschöpfung nach EEG 2014 außer Betracht. Das Unternehmen kann sich fiktiv so stellen, als wäre es im Nachweiszeitraum nicht durch die Besondere Ausgleichsregelung begrenzt gewesen und hätte vollständig die Belastung an EEG-Umlage ohne Begrenzung getragen. Die Fiktion der Nichtbegünstigung kann ausschließlich von Unternehmen in Anspruch genommen werden, die für den Nachweiszeitraum oder Teile hiervon einen Begrenzungsbescheid des BAFA erhalten hatten.

Diese Fiktion gilt sowohl für die Ermittlung der Stromkosten („fiktive EEG-Stromkosten") als auch der Bruttowertschöpfung nach EEG 2014 („fiktive EEG-Stromkosten bei der Ermittlung der Roh-, Hilfs- und Betriebsstoffe"). Maßgeblich für die Höhe der Belastung sind die individuellen Vereinbarungen in den Stromlieferverträgen zwischen Unternehmen und EVU, d.h. welche konkrete EEG-Umlagenbelastung dem Unternehmen aufgrund seiner vertraglichen Verpflichtung ohne eine Begrenzung der EEG-Umlage entstanden wäre, jedoch maximal in Höhe der für den Zeitraum durch die Übertragungsnetzbetreiber bekannt gegebenen EEG-Umlage. Damit ist bei der Berechnung der Stromkosten für von einem Elektrizitätsversorgungsunternehmen bezogene Strommengen die nach § 60 Absatz 1 EEG 2014 ermittelte Umlage und für eigenerzeugte, selbst verbrauchte Strommengen die Umlage nach § 61 EEG 2014 anzusetzen, nicht jedoch die jeweils im Vorjahr vom Unternehmen tatsächlich gezahlte begrenzte Umlage.

**4. Tatsächliche Zahlung der EEG-Umlage**

Für die Bestimmung der Höhe der nach § 64 Absatz 2 EEG 2014 maximal zu zahlenden EEG-Umlage ist die tatsächlich gezahlte EEG-Umlage der begrenzten Abnahmestellen anzugeben.

**5. Zertifizierung**

Jedes Unternehmen, das einen Antrag auf Begrenzung der EEG 2014-Umlage nach den §§ 63 ff. EEG 2014 stellt, muss ein zertifiziertes Energie- oder Umweltmanagementsystem betreiben. Diese Voraussetzung muss gemäß § 64 Abs. 3 Nr. 2 EEG 2014 2014 durch ein gültiges DIN EN ISO 50001-Zertifikat oder einen gültigen Eintragungs- oder Verlängerungsbescheid der EMAS-Registrierungsstelle über die Eintragung in das EMAS- Register nachgewiesen werden.

Alternativ können Unternehmen, die im letzten abgeschlossenen Geschäftsjahr weniger als 5 Gigawattstunden Strom verbraucht haben, den Betrieb eines alternativen Systems zur Verbesserung der Energieeffizienz nach § 3 der Spitzenausgleich-Effizienzsystemverordnung in der jeweils zum Zeitpunkt des Endes des letzten abgeschlossenen Geschäftsjahrs geltenden Fassung nachweisen.

Ferner können Unternehmen mit einem Stromverbrauch von unter 10 Gigawattstunden im letzten abgeschlossenen Geschäftsjahr im Antragsjahr 2014 die Übergangsregelung des § 103 Abs. 1 Nr. 1 EEG 2014 in Anspruch nehmen. Danach ist § 64 Abs. 1 Nr. 3 EEG 2014 für diese Unternehmen nicht anzuwenden, wenn sie dem BAFA nachweisen, dass sie innerhalb der Antragsfrist bis zum 30.09.2014 nicht in der Lage war, eine gültige Bescheinigung nach § 64 Abs. 3 Nr. 2 EEG 2014 zu erlangen.

Eine Muster-Nachweis-Erklärung findet sich im Anhang (XI.4.).

**6. Abnahmestelle (§ 64 Absatz 6 Nummer 1 EEG 2014)**

Der Begriff der Abnahmestelle ist in § 64 Absatz 6 Nummer 1 EEG 2014 geregelt. Eine Abnahmestelle ist

1. die Summe aller räumlich und physikalisch zusammenhängenden elektrischen Einrichtungen einschließlich der Eigenversorgungsanlagen eines Unternehmens, die sich
2. auf einem in sich abgeschlossenen Betriebsgelände befinden und
3. über einen oder mehrere Entnahmepunkte mit dem Netz des Netzbetreibers verbunden sind;
4. sie muss über eigene Stromzähler an allen Entnahmepunkten und Eigenversorgungsanlagen verfügen. Nach § 103 Absatz 1 Nummer 3 EEG 2014 besteht für das Erfordernis des Vorhandenseins von Stromzählern eine Übergangsregelung. Danach müssen für Anträge für das Begrenzungsjahr 2015 an allen Entnahmepunkten und Eigenversorgungsanlagen Stromzähler noch nicht vorhanden sein.

Bei der Definition der Abnahmestelle sind Eigenversorgungsanlagen eingeschlossen. Eigenversorgungsanlagen sind Teil der Abnahmestelle, wenn sie sich auf demselben, in sich abgeschlossenen Betriebsgelände befinden. Die selbst erzeugten und selbst verbrauchten Strommengen gehören zur Abnahmestelle und sind damit für den Nachweis der Voraussetzung des § 64 Absatz 1 Nummer 1 EEG 2014 relevant, soweit sie nach § 61 EEG 2014 umlagepflichtig sind.

Bei der Beurteilung, ob es sich um eine Abnahmestelle handelt, hat eine wertende Zusammenfassung aller auf einem Betriebsgrundstück vorhandenen Verbindungsstellen zu erfolgen. Hintergrund ist, dass sowohl den technischen Zwängen Rechnung zu tragen ist, etwa dem Bezug aus Netzen verschiedener Spannungsebenen, als auch Vorkehrungen zu treffen sind, wie die Schaffung mehrerer Verbindungen, um in Revisionszeiten die Stromversorgung nicht zu gefährden. Entscheidend ist zudem, dass die elektrischen Einrichtungen in der Dispositionsbefugnis des antragstellenden Unternehmens stehen.

Die technischen elektrischen Einrichtungen müssen räumlich zusammenhängen und sich auf einem abgegrenzten und in sich geschlossenen Betriebsgelände befinden. Maßstab dafür ist, dass sich das Betriebsgelände für einen außen stehenden Dritten als Einheit darstellt. So liegen unterschiedliche Abnahmestellen bereits vor, wenn auf einem Betriebsgelände mehrere hinsichtlich der Stromversorgung unabhängige und räumlich voneinander getrennte Bereiche bestehen. Sofern ein Unternehmen über verschiedene Betriebsgelände verfügt, können deren Strombezüge nicht als an einer Abnahmestelle bezogen addiert werden.

Die räumlich und physikalisch zusammenhängenden elektrischen Einrichtungen des Unternehmens umfassen nicht nur die einzelnen Kuppelstellen zwischen dem Netz der allgemeinen Versorgung und dem Betriebsgelände des Unternehmens, sondern auch alle für den Strombezug erforderlichen Einrichtungen, wie Leitungen, Transformatoren, Umspannwerke und Schaltanlagen.

# Anlage § 064–01

Zu § 64 Erneuerbare-Energiengesetz

Der räumliche Zusammenhang eines in sich abgeschlossenen Betriebsgeländes ist ggf. noch gewahrt, wenn das Betriebsgelände durch eine öffentliche Straße in zwei Teile getrennt wird, jedoch die vorhandenen Betriebsanlagen und Betriebsmittel auf beiden Seiten der Straße ein sinnvolles Ganzes ergeben und die elektrischen Anlagen physikalisch miteinander verbunden sind. So ist die Einheitlichkeit des Betriebszwecks entscheidend, wobei daran sehr hohe Anforderungen zu stellen sind. Dies ist beispielsweise gegeben, wenn beide Seiten der Straße über direkte Förderbänder, Brücken oder Ähnliches miteinander verbunden sind. Ein einheitlicher Betriebszweck ist dagegen nicht mehr gegeben, wenn auf den durch eine öffentliche Straße getrennten Betriebsgeländen eine Produktion jeweils unterschiedlicher Produktionsstufen oder unterschiedlicher Produkte erfolgt. Ein in sich abgeschlossenes Betriebsgelände liegt nicht mehr vor, wenn sich die zusammenhängenden elektrischen Einrichtungen über eine erhebliche Distanz erstrecken und sich zwischen den einzelnen Betriebsgeländen des Unternehmens Wohnbebauungen, Straßen, Felder, Wälder, Hafenanlagen, Flugplätze, öffentliche Einrichtungen oder andere Gewerbebetriebe befinden. Funktionelle oder historische Gründe sind für die Beurteilung der Einheitlichkeit des Betriebsgeländes irrelevant.

Entnahmepunkte dienen der Verbindung der elektrischen Einrichtungen des Unternehmens mit dem Netz der allgemeinen Versorgung, die durch ihre Zählpunktbezeichnung eindeutig gekennzeichnet sind. Nach § 5 Nummer 26 EEG 2014 ist ein Netz i.S. des § 64 Absatz 6 Nummer 1 EEG 2014 die Gesamtheit der miteinander verbundenen technischen Einrichtungen zur Abnahme, Übertragung und Verteilung von Elektrizität für die allgemeine Versorgung. Auf Betriebsgeländen, die keinerlei Verbindung zum Netz für die allgemeine Versorgung haben, weder zur Absicherung noch für die Versorgung während Revisionsphasen, sondern völlig autark sind, liegt keine Abnahmestelle i.S. des § 64 Absatz 6 Nummer 1 EEG 2014 vor. Eine mittelbare Verbindung des Betriebsgeländes zum Netz der allgemeinen Versorgung über private Leitungen oder Netze Dritter reicht aus.

## 7. Besonderheiten bei selbständigen Unternehmensteilen

Die Antragsberechtigung nach § 64 Absatz 5 EEG 2014 ergibt sich für selbständige Unternehmensteile nur dann, wenn das Unternehmen, zu dem der selbständige Unternehmensteil gehört, einer Branche nach Liste 1 der Anlage 4 zuzuordnen ist. Gehört der selbständige Unternehmensteil zu einem Unternehmen, das einer Branche der Liste 2 der Anlage 4 zuzurechnen ist, besteht keine Möglichkeit für eine Begrenzung nach § 64 Absatz 2 EEG 2014.

Darüber hinaus müssen die Kriterien eines selbständigen Unternehmensteils erfüllt werden. Ein selbständiger Unternehmensteil liegt nach § 64 Absatz 5 Satz 2 bis 4 EEG 2014 nur vor, wenn es sich um einen Teilbetrieb mit eigenem Standort oder einen vom übrigen Unternehmen vom Standort abgegrenzten Betrieb mit den wesentlichen Funktionen (Beschaffung, Produktion, Absatz, Verwaltung, Leitung) eines Unternehmens handelt, der Unternehmensteil jederzeit als rechtlich selbständiges Unternehmen seine Geschäfte führen könnte, seine Erlöse wesentlich mit externen Dritten erzielt und über eine eigene Abnahmestelle verfügt. Für den selbständigen Unternehmensteil sind eine eigene Bilanz und eine eigene Gewinn- und Verlustrechnung in entsprechender Anwendung der für alle Kaufleute geltenden Vorschriften des Handelsgesetzbuches aufzustellen. Die Bilanz und die Gewinn- und Verlustrechnung nach Satz 3 sind in entsprechender Anwendung der §§ 317 bis 323 des Handelsgesetzbuches zu prüfen. Im Übrigen gelten der bisherige Begriff des selbständigen Unternehmensteils sowie die Begründung des EEG 2012 zum selbständigen Unternehmensteil unverändert fort.

Ein selbständiger Unternehmensteil besitzt selbst keine eigene Rechtspersönlichkeit, da sonst bereits ein eigenständiges Unternehmen vorliegen würde. Als „selbständig" kann nur ein Teil eines Unternehmens gelten, der in der Lage ist, rechtlich wie tatsächlich ein eigenes Unternehmen zu bilden. Eine rechtliche Verselbständigung muss ohne wesentliche Umstrukturierungen möglich sein. Der selbständige Unternehmensteil muss insofern eine ausgeprägte, insbesondere auch wirtschaftliche Selbständigkeit in einem Rechtsträger haben. Für die Anforderungen an einen selbständigen Teil des Unternehmens bedeutet dies, dass der „Teil" des Unternehmens sich mit einem „idealtypischen" rechtlich selbständigen Unternehmen vergleichen lassen muss, welches im internationalem Wettbewerb steht. Als selbständiger Teil eines Unternehmens gelten Einrichtungen, die sich aus der wirtschaftlichen Gesamtbetätigung des Unternehmens wesentlich herausheben und das Bild eines selbständig agierenden Unternehmens des produzierenden Gewerbes bieten. Es muss sich demzufolge um eine organisatorische Einheit handeln, die zu unternehmerischen und planerischen Entscheidungen in der Lage ist.

Ein selbständiger Unternehmensteil ist die Gesamtheit der in einem Teil des Unternehmens vorhandenen aktiven und passiven Wirtschaftsgüter, die sich auch in organisatorischer Hinsicht wie ein selbständiges Unternehmen darstellen. Es handelt sich insofern um eine aus eigenen Mitteln funktionsfähige Einheit mit klar definierten Schnittstellen zu anderen Teilen des Gesamtunternehmens. Maßgebend dafür ist, ob die Wirtschaftsgüter ein hinreichendes Ganzes bilden, um die nachhaltige Ausübung einer betrieblichen

Zu § 64 Erneuerbare-Energiengesetz **Anlage § 064–01**

Tätigkeit zu ermöglichen. Dabei werden die Begleitumstände einer Gesamtbewertung unterzogen, bei der insbesondere die Art der Vermögensgegenstände und der Grad der Ähnlichkeit und Zusammengehörigkeit im Lichte der gewerblichen Tätigkeit zu berücksichtigen sind. Der selbständige Unternehmensteil muss sich des Weiteren im Zeitablauf als funktionsfähig erwiesen haben, und es muss eine Perspektive (Fortführung der betrieblichen Tätigkeit) vorhanden sein. Die funktionsfähige Einheit der Wirtschaftsgüter muss sich von ihrer Art nach von der übrigen betrieblichen Betätigung des Gesamtunternehmens abheben und unterscheiden. Entscheidend für das Vorliegen eines selbständigen Unternehmensteils ist das Gesamtbild der Verhältnisse. Es hat eine Gesamtwürdigung des Einzelfalles zu erfolgen.

Auch selbständige Unternehmensteile müssen die Antragsvoraussetzungen des § 64 Absatz 1 EEG 2014 erfüllen, wobei sich die für die Nachweisführung zu ermittelnden Werte auf den jeweiligen selbständigen Unternehmensteil beziehen müssen. Es sind also nur der Stromverbrauch und die EEG-Umlage, die auf diese Teileinheit entfallen, zu betrachten. Dies gilt auch für die Bestimmung des Verhältnisses der Stromkosten zur Bruttowertschöpfung nach EEG 2014. Bevor diese Relation ermittelt werden kann, ist klar abzugrenzen, welche Teile des Gesamtunternehmens zum selbständigen Unternehmensteil gehören. Erst danach können zweifelsfrei die Umsätze und Kosten des selbständigen Unternehmensteils ermittelt und im Rahmen der Bruttowertschöpfungsrechnung berücksichtigt werden. Als Grundlage ist hierfür eine geprüfte Gewinn- und Verlustrechnung des selbständigen Unternehmensteils erforderlich. Dabei darf der Unternehmensteil nicht besser gestellt sein als ein Unternehmen, das einen Antrag stellt.

Ob bestimmte Aufwendungen und Erlöse im Rahmen der Berechnung der Bruttowertschöpfung nach EEG 2014 nach der Definition des Statistischen Bundesamtes, Fachserie 4, Reihe 4.3. zu berücksichtigen sind, ist u.a. davon abhängig, ob diese durch Lieferungs- und Leistungsbeziehungen mit externen Dritten entstanden sind. Die Ansatzfähigkeit ist also unmittelbar geknüpft an die gegenüber externen Dritten eingetretene Realisierung der zugrunde liegenden Geschäftsvorfälle. Andere Unternehmensteile desselben Rechtsträgers sind gemäß dieser Definition keine externe Dritte.

Aufwendungen und Erlöse, die aus Lieferungs- und Leistungsbeziehungen mit externen Dritten entstanden sind, d.h. z.B. auch mit anderen Rechtsträgern desselben Konzerns, sind bei der Ermittlung der Bruttowertschöpfung zu berücksichtigen. Insbesondere gilt dies auch für den Personalaufwand. Aufwendungen (Vorleistungen) können dabei allerdings nur insoweit berücksichtigt werden, als sie mit diesen externen Erlösen des selbständigen Unternehmensteils korrespondieren. Gleiches gilt für die Stromkosten des selbständigen Unternehmensteils. Fallen also Stromkosten auf interne und externe Umsatzerlöse, ist nur derjenige Anteil der Stromkosten anzusetzen, der auf die externen Umsatzerlöse entfällt. Insbesondere gilt dies neben der Position „Sonstige Kosten" auch für die Position der „Umsätze aus sonstigen nichtindustriellen/handwerklichen Tätigkeiten" und die Position der „Kosten für sonstige industrielle/handwerkliche Dienstleistungen (nur fremde Leistungen)" wie Reparaturen, Instandhaltungen, Installationen und Montagen.

Aufwendungen und Erlöse, die aus Lieferungs- und Leistungsbeziehungen mit anderen Teilen desjenigen Rechtsträgers resultieren, zu dem der selbständige Unternehmensteil gehört, können hingegen nicht bei der Ermittlung der Bruttowertschöpfung berücksichtigt werden. Umlagen (z.B. Konzernumlagen) können nur insoweit die Bruttowertschöpfung des selbständigen Unternehmensteils verringern, als sie Kosten darstellen, die auf Vorleistungen beruhen, die von externen Dritten (d.h. anderen Rechtsträgern) erbracht wurden.

### IV. Antragsverfahren

#### 1. Antragstellung

Der Antrag nach § 63 in Verbindung mit § 64 EEG 2014 einschließlich der Bescheinigungen nach § 64 Absatz 3 Nummer 1 c) und Nummer 2 EEG 2014 ist jeweils zum 30. Juni eines Jahres (materielle Ausschlussfrist) für das folgende Kalenderjahr zu stellen. Endet die Frist am Wochenende oder an einem Feiertag, müssen die Anträge spätestens am darauf folgenden Werktag vollständig im BAFA eingegangen sein. Für neu gegründete Unternehmen besteht eine verlängerte Ausschlussfrist, wonach die entsprechenden Antragsunterlagen vollständig bis zum 30. September eines Jahres eingereicht werden müssen.

Abweichend von § 66 Absatz 1 Satz 1 und 2 EEG 2014 kann gemäß § 103 Absatz 1 Nummer 5 EEG 2014 im Antragsjahr 2014 ein Antrag einmalig bis zum 30. September 2014 (materielle Ausschlussfrist) gestellt werden.

Es handelt sich bei der Antragsfrist des § 66 Absatz 1 Satz 1 EEG 2014 um eine materielle Ausschlussfrist. Eine Fristverlängerung sowie eine Wiedereinsetzung in den vorigen Stand kann bei Fristversäumnis nicht gewährt werden. Selbst bei unverschuldeter Versäumung der Ausschlussfrist ist eine

# Anlage § 064–01

Zu § 64 Erneuerbare-Energiengesetz

Wiedereinsetzung in den vorigen Stand nach § 32 VwVfG nicht möglich. Eine Fristversäumnis führt unweigerlich zu einer Antragsablehnung. Die Rechtsfolgen einer Überschreitung dieser materiellen Ausschlussfrist treten auch dann ein, wenn bestimmte nach dem Gesetz vorzulegende Antragsunterlagen (Antrag, Zertifizierungsnachweise und/oder Wirtschaftsprüferbescheinigung) oder gesetzlich vorgeschriebene Angaben in diesen Unterlagen ganz oder teilweise fehlen.

Die alleinige Verantwortung für die Organisation der Antragvorbereitung und die rechtzeitige und ordnungsgemäße Antragstellung liegt beim Unternehmen und seinen Organen. Das Unternehmen kann sich nicht auf Versäumnisse, Krankheit o. ä. einzelner Mitarbeiter berufen, da es die Organisation der ordnungsgemäßen und fristgerechten Antragstellung sicherstellen muss. Die Sicherstellung der ordnungsgemäßen Antragstellung ist Chefsache.

Maßgeblich für die rechtzeitige Antragstellung ist das Datum des Eingangs der vollständigen Antragsunterlagen im BAFA, Frankfurter Straße 29 – 35, 65760 Eschborn. Eine Übersendung der Antragsunterlagen per E-Mail zur Fristwahrung ist nicht zulässig.

Für die Antragstellung und die Übersendung der betreffenden Unterlagen wird Ihnen ein papierloses, elektronisches Teilnehmerverfahren über das Online-Portal ELAN-K2 zur Verfügung gestellt. Ab dem Antragsjahr 2015 muss der Antrag elektronisch gestellt werden. Das dafür eingerichtete Online-Portal beruht auf dem Konzept der Benutzer-Selbstverwaltung und enthält zahlreiche Hilfestellungen und Hinweise, um die Antragstellung einfacher und komfortabler zu ermöglichen.

Um an diesem Verfahren zur Nutzung des Online-Portals des BAFA teilnehmen zu können, muss zunächst einmalig eine Registrierung erfolgen. Eine entsprechende Anleitung zur Selbstregistrierung im Online-Portal ELAN-K2 befindet sich auf der BAFA-Homepage. Nach der Freigabe der aktivierten Registrierungen kann das Unternehmen das elektronische Teilnehmerverfahren über das Online-Portal ELAN-K2 für die Besondere Ausgleichsregelung nutzen. Sollte es bereits über eine Registrierung (z.B. aus dem Vorjahr) verfügen, so kann es sich für die Antragsbearbeitung mit der bereits vorhandenen Kennung und dem entsprechenden Passwort einloggen.

Im ELAN-K2-Portal ist es möglich, die erforderlichen Daten und Nachweise sukzessive bis zur materiellen Ausschlussfrist vorzubereiten und anschließend dem BAFA zuzuleiten. Die Antragsunterlagen sollten möglichst frühzeitig übermittelt werden. Die Verantwortung für die rechtzeitige Vorlage vollständiger Antragsunterlagen liegt ausschließlich beim Antragsteller. Verbindliche telefonische Auskünfte bezüglich des vollständigen Eingangs Ihres Antrages werden nicht erteilt.

Im Hinblick auf die gesetzliche materielle Ausschlussfrist und die damit verbundenen Rechtsfolgen empfiehlt es sich, den Antrag möglichst frühzeitig zu stellen und die elektronische Kopie der Wirtschaftsprüferbescheinigung einschließlich sämtlicher Anlagen als ein Dokument hochzuladen. Im Antrag muss klar erkennbar sein, ob der Antrag für das Gesamtunternehmen oder für einen selbständigen Unternehmensteil gestellt wird. Zudem muss klar hervorgehen, an welchen konkreten Abnahmestellen des Unternehmens oder selbständigen Unternehmensteils die EEG-Umlage begrenzt werden soll.

Sämtliche Antragsunterlagen müssen in jedem Antragsjahr erneut übermittelt werden. Dies gilt insbesondere auch für die bereits in Vorjahren eingereichten Stromlieferungsverträge des Unternehmens bzw. selbständigen Unternehmensteils. Ein Verweis auf Vorjahre ist zudem auch in der Bescheinigung des Wirtschaftsprüfers nicht zulässig (z.B. Feststellungen des Wirtschaftsprüfers aus den Vorjahresbescheinigungen, Anlagen zu Berichten aus Vorjahren, usw.).

Das Unternehmen hat den

– Antrag,
– die Wirtschaftsprüferbescheinigung einschließlich sämtlicher Anlagen/Pflichtangaben
– und den Nachweis der Zertifizierung (Energiemanagementsystem)

fristgerecht einzureichen.

Mit dem Antrag sollten die Stromrechnungen und Stromlieferungsverträge für das letzte abgeschlossene Geschäftsjahr sowie der geprüfte Jahresabschluss für das letzte abgeschlossene Geschäftsjahr bzw. die geprüften Jahresabschlüsse der letzten drei abgeschlossenen Geschäftsjahre übermittelt werden. Das Fehlen dieser Dokumente bei der Einreichung des Antrages führt nicht zur Fristversäumnis. Das BAFA erwartet jedoch, dass diese Unterlagen schnellstmöglich nachgereicht werden. Sollten diese Unterlagen nach Aufforderung dem BAFA nicht innerhalb einer angemessenen Frist vorgelegt werden, so wird der Antrag wegen mangelnder Mitwirkung und fehlender Möglichkeit der Voraussetzungsprüfung dennoch abgelehnt.

Zu beachten ist, dass dem BAFA die Wirtschaftsprüferbescheinigung einschließlich sämtlicher Anlagen auch im Original sowie die persönliche Erklärung, die Sie am Ende des elektronischen Verfahrens ausdrucken und rechtsverbindlich unterschreiben müssen, in Papierform zu übersenden sind.

Zu § 64 Erneuerbare-Energiengesetz                                    **Anlage § 064–01**

Eine Rücksendung von Unterlagen erfolgt nicht.

## 2. Nachweisführung (§ 64 Absatz 3 EEG)

Das Schaubild zeigt die für die Antragstellung und deren Nachweiszeitraum für die Begrenzung der EEG- Umlage relevanten Phasen:

**Zeitliche Abfolge am Beispiel des Antragsjahres 2014**

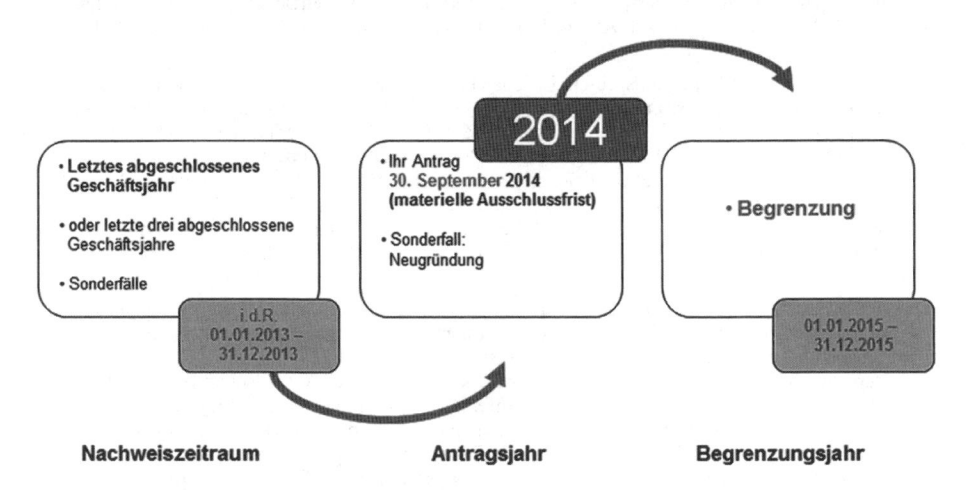

- Letztes abgeschlossenes Geschäftsjahr
- oder letzte drei abgeschlossene Geschäftsjahre
- Sonderfälle

i.d.R. 01.01.2013 – 31.12.2013

- Ihr Antrag 30. September 2014 (materielle Ausschlussfrist)
- Sonderfall: Neugründung

2014

- Begrenzung

01.01.2015 – 31.12.2015

**Nachweiszeitraum**   **Antragsjahr**   **Begrenzungsjahr**

Das BAFA ist im Rahmen des Untersuchungsgrundsatzes nach § 24 VwVfG berechtigt, jederzeit weitere Unterlagen als die nachgenannten anzufordern. Es kann die Entscheidung von der Vorlage dieser Unterlagen abhängig machen.

### 2.1 Stromlieferungsverträge für das letzte abgeschlossene Geschäftsjahr

Gemäß § 64 Absatz 3 Nummer 1 a) EEG 2014 sind die das letzte abgeschlossene Geschäftsjahr betreffenden vollständigen Stromlieferverträge (inklusive Nachträge, Zusatzvereinbarungen, usw.) beim BAFA einzureichen. Sollten neben mündlichen Absprachen keine schriftlichen Stromlieferungsverträge existieren, hat das Unternehmen den Antragsunterlagen Gesprächsprotokolle oder eine vom EVU bestätigte Erklärung beizufügen.

Es ist zu beachten, dass sämtliche vertragliche Vereinbarungen, die die Stromlieferungen im letzten abgeschlossenen Geschäftsjahr geregelt haben, einzureichen sind. Hierzu gehören auch die Netzverträge oder Sondervereinbarungen für die Stromlieferung zu Spitzenzeiten oder für Notfälle. Wurde das antragstellende Unternehmen im Nachweiszeitraum von mehreren EVU mit Strom beliefert, sei es aufgrund eines unterjährigen Wechsels des Stromlieferanten oder dass mehrere Strombezugsquellen genutzt wurden, sind die Verträge mit sämtlichen Stromlieferanten zu übersenden.

### 2.2 Stromrechnungen für das letzte abgeschlossene Geschäftsjahr

Darüber hinaus sind nach § 64 Absatz 3 Nummer 1 a EEG 2014 auch die das letzte abgeschlossene Geschäftsjahr betreffenden vollständigen Stromrechnungen beim BAFA einzureichen. Zum Nachweis genügt die fristgerechte Vorlage von Quartals- oder Jahresrechnungen, wenn darin die erforderlichen Informationen aus den Einzelrechnungen enthalten sind. Hierbei müssen alle Stromkostenbestandteile durch Vorlage der entsprechenden Rechnungen –oder durch andere Nachweise belegt werden. Dies gilt auch z.B. für die Netzentgelte, Stromsteuer, KWKG-Kosten, etc. Zum Teil werden z.B. für die Netzentgelte oder die EEG- Umlage separate Rechnungen gestellt, die dann ebenfalls vorzulegen sind. Es empfiehlt sich, Stromrechnungen und Stromlieferungsverträge vor der Übermittlung an das BAFA noch einmal auf ihre Kompatibilität zu überprüfen, damit eine vollständige, ordnungsmäßige Nachweisführung gewährleistet wird.

# Anlage § 064–01

## 2.3 Bescheinigung des Wirtschaftsprüfers und Jahresabschluss

### 2.3.1 Materielle und formale Voraussetzungen im Überblick

Nach § 64 Absatz 3 Nummer 1 c) EEG 2014 ist eine Wirtschaftsprüferbescheinigung auf Grundlage des geprüften Jahresabschlusses für das letzte abgeschlossene Geschäftsjahr fristgerecht vorzulegen. Die Vorlage des geprüften Jahresabschlusses muss nicht innerhalb der materiellen Ausschlussfrist erfolgen. Der geprüfte Jahresabschluss, nicht aber die Wirtschaftsprüferbescheinigung, kann bis zur Bescheiderteilung nachgereicht werden. Erst wenn der geprüfte Jahresabschluss beim BAFA vorgelegt worden ist, kann eine eventuelle positive Entscheidung des BAFA getroffen werden. Dies gilt auch für nach dem Handelsgesetzbuch nicht prüfungspflichtige Unternehmen. Für die Wirtschaftsprüferbescheinigungen gelten § 319 Absatz 2 bis 4, § 319b Absatz 1, § 320 Absatz 2 und § 323 des Handelsgesetzbuches entsprechend.

Die Bescheinigung des Wirtschaftsprüfers ist hinsichtlich Aufbau, Struktur, Inhalt und Form so zu erstellen, dass sie einen Standard erreicht, der mit den Verlautbarungen des Instituts der Wirtschaftsprüfer (IDW) vergleichbar ist (siehe „IDW Prüfungsstandard: Prüfungen nach dem Erneuerbare-Energien-Gesetz (IDW PS 970)" sowie „IDW Prüfungshinweis: Besonderheiten der Prüfung im Zusammenhang mit der Antragstellung auf Besondere Ausgleichsregelung nach dem EEG 2014 im Antragsjahr 2014 (IDW PH 9.970.1)") und damit auch den Gepflogenheiten des Berufsstands der Wirtschaftsprüfer in vollem Umfang gerecht wird. Das Unternehmen und die Wirtschaftsprüfer haben bei der Erstellung der Wirtschaftsprüferbescheinigung darauf zu achten, dass die vorgenannten Prüfungshinweise berücksichtigt wurden.

Der Wirtschaftsprüfer hat die Prüfung in sachlicher, personeller und zeitlicher Hinsicht so zu planen, dass eine ordnungsgemäße Prüfungsdurchführung gewährleistet ist. Dazu hat er sich ein Verständnis von dem zu prüfenden Unternehmen – einschließlich der Systeme zur Erfassung, Verarbeitung und Aufzeichnung der Daten, die für die Ermittlung der jeweils zu prüfenden Angaben der Gesellschaft relevant sind – und dessen Umfeld zu verschaffen. Der Wirtschaftsprüfer hat sich im Zuge der Erteilung der Bescheinigung über die tatsächlichen Gegebenheiten zu informieren. Sämtliche Angaben des Unternehmens sind derart zu prüfen, dass der Wirtschaftsprüfer hinreichende Sicherheit erlangt, um eine Aussage treffen zu können, ob und inwieweit die Angaben des Unternehmens ordnungsgemäß sind. Eine prüferische Durchsicht der entsprechenden Angaben und Unterlagen des Unternehmens genügt diesen Anforderungen nicht. Bescheinigungen, die nicht den formalen Mindestanforderungen entsprechen, werden regelmäßig beanstandet. Eine hinreichend detaillierte Nachweisführung hat durch das Unternehmen zu erfolgen, die in der Bescheinigung des Wirtschaftsprüfers als Anlagen beizufügen sind. Soweit in der Bescheinigung des Wirtschaftsprüfers auf Anlagen verwiesen wird, sind diese der Bescheinigung als feste Bestandteile (gebundene Exemplare, keine Ringlochung oder Klammerheftung) beizufügen. Erst dadurch liegt eine den berufsständigen Anforderungen entsprechende Bescheinigung vor.

Das BAFA kann auf Grund seiner hoheitlichen Tätigkeit weder direkt noch indirekt in Haftungsbeschränkungen und/oder vertraglichen Beziehungen zwischen Wirtschaftsprüfer und dem Unternehmen einbezogen werden. Sind in der Wirtschaftsprüferbescheinigung Klauseln enthalten, die das BAFA durch Kenntnisnahme und/oder Nutzung der Bescheinigung in die zwischen Unternehmen und Wirtschaftsprüfer getroffenen Regelungen einschließlich der Haftungsregelungen mit einbezieht, behält sich das BAFA vor, diese Bescheinigung wieder an das Unternehmen zurück zu schicken. Liegt bis zur Ausschlussfrist keine „neue" Wirtschaftsprüferbescheinigung ohne diese Regelung beim BAFA vor, wird der Antrag als „verfristet" zurückgewiesen.

Wirtschaftsprüferbescheinigungen nach dem EEG 2012 sind zum Nachweis der Antragsvoraussetzungen nicht ausreichend. Bis zur Ausschlussfrist am 30.09.2014 ist zwingend eine Wirtschaftsprüferbescheinigung nach dem EEG 2014 unter Bezugnahme auf die Prüfungshinweise des IDW (IDW PH 9.970.1) und dieses Merkblatt einzureichen.

### 2.3.2 Nachweis der bezogenen und selbst verbrauchten Strommenge je Abnahmestelle

Nach § 64 Absatz 3 Nummer 1 b) i.V.m. c) bb) EEG 2014 muss für jede beantragte Abnahmestelle des Unternehmens der gesamte im zugrunde zu legenden Nachweiszeitraum von einem EVU gelieferte und selbst verbrauchte sowie weitergeleitete Strommengen des Unternehmens separat ausgewiesen werden. Zudem muss aufgrund der Regelungen zur Fiktion der Nichtbegünstigung angegeben werden, in welcher Höhe ohne Begrenzung für diese Strommengen die EEG-Umlage zu zahlen gewesen wäre. Die selbst erzeugten und selbst verbrauchten Strommengen sind einzubeziehen, sofern sie nach § 61 EEG 2014 umlagepflichtig sind. Eine Berücksichtigung solcher Strommengen nach § 61 EEG 2014 dürfte im Antragsjahr 2014 einen Ausnahmefall darstellen, da der relevante Nachweiszeitraum in der Regel vor dem 01.08.2014 enden wird.

Zu § 64 Erneuerbare-Energiengesetz　　　　　　　　　　　　　　　　　　　**Anlage § 064–01**

Ist der räumliche Zusammenhang der Stromentnahmepunkte zweifelhaft, z.B. aufgrund einer Anschrift, die aus mehreren Straßennamen besteht, muss das antragstellende Unternehmen durch entsprechende Erläuterungen die für die Beurteilung erforderlichen Verhältnisse darlegen. Diese Angaben des Unternehmens gehören somit zu den vom Wirtschaftsprüfer bei einer Prüfung nach § 64 Absatz 3 Nummer 1 c bb) EEG 2014 zu prüfenden Angaben.

Die relevanten Strommengen sind in einer tabellarischen Aufgliederung in Form des nachstehenden Musters darzustellen.

Folgende Tabelle gibt die Strommengen wieder, die die Mustermann AG im Nachweiszeitraum an den aufgeführten Abnahmestellen von dem EVU ABC GmbH bezogen bzw. eigenerzeugt und selbst verbraucht hat:

| Bezeichnung der Abnahmestelle | gelieferte Strommenge [kWh] | davon weitergeleitete Strommenge [kWh] | umlagepflichtige Eigenstrommenge [kWh] | Umlagepflichtige Stromverbrauchsmenge [kWh] |
|---|---|---|---|---|
| | (1) | (2) | (3) | (4)=(1)–(2)+(3) |
| | | | | |
| | | | | |
| | | | | |
| | | | | |

### 2.3.3 Nachweis der Stromkostenintensität

Das Verhältnis der vom Unternehmen zu tragenden Stromkosten zur Bruttowertschöpfung des Unternehmens nach EEG 2014 ist für den Nachweiszeitraum zu ermitteln und transparent darzulegen. Als Grundlage dient die Definition der Bruttowertschöpfung zu Faktorkosten gemäß Fachserie 4, Reihe 4.3 des Statistischen Bundesamtes, Wiesbaden 2007, abzüglich der Personalkosten für Leiharbeitsverhältnisse. Die für die Nachweisführung erforderlichen Angaben sind vom Wirtschaftsprüfer zu prüfen, zu bestätigen und die bestätigten Darlegungen des Unternehmens als Anlage der Bescheinigung beizufügen. Im Hinblick auf den für eine hinreichende Dokumentation erforderlichen Detaillierungsgrad hat eine Darstellung der aufzubereitenden Daten entsprechend der nachfolgenden Tabelle zu erfolgen.

Definition der Bruttowertschöpfung im Sinne des § 64 Absatz 6 Nummer 2 EEG 2014:

| | Umsatz aus eigenen Erzeugnissen und aus industriellen / handwerklichen Dienstleistungen (Lohnarbeiten usw.) ohne Umsatzsteuer |
|---|---|
| + | Umsatz aus Handelsware ohne Umsatzsteuer |
| + | Provisionen aus der Handelsvermittlung |
| + | Umsatz aus sonstigen nichtindustriellen / handwerklichen Tätigkeiten ohne Umsatzsteuer |
| | Bestände an unfertigen und fertigen Erzeugnissen aus eigener Produktion |
| ./. | am Anfang des Geschäftsjahres |
| + | am Ende des Geschäftsjahres |
| + | selbsterstellte Anlagen (einschließlich Gebäude und selbstdurchgeführte Großreparaturen), soweit aktiviert |
| = | Gesamtleistung – Bruttoproduktionswert ohne Umsatzsteuer |
| | Bestände an Roh-, Hilfs- und Betriebsstoffen |
| ./. | am Anfang des Geschäftsjahres |
| + | am Ende des Geschäftsjahres |
| ./. | Eingänge an Roh-, Hilfs- und Betriebsstoffen ohne Umsatzsteuer, die als Vorsteuer abzugsfähig ist |
| | Bestände an Handelsware ohne Umsatzsteuer, die als Vorsteuer abzugsfähig ist |
| ./. | am Anfang des Geschäftsjahres |
| + | am Ende des Geschäftsjahres |

# Anlage § 064–01

Zu § 64 Erneuerbare-Energiengesetz

| | |
|---|---|
| ./. | Eingänge an Handelsware ohne Umsatzsteuer, die als Vorsteuer abzugsfähig ist |
| ./. | Kosten für durch andere Unternehmen ausgeführte Lohnarbeiten (auswärtige Bearbeitung) |
| = | Nettoproduktionswert ohne Umsatzsteuer |
| ./. | Kosten für Leiharbeitnehmer*) |
| ./. | Kosten für sonstige industrielle / handwerkliche Dienstleistungen (nur fremde Leistungen) wie Reparaturen, Instandhaltungen, Installationen und Montagen ohne Umsatzsteuer |
| ./. | Mieten und Pachten ohne Umsatzsteuer |
| ./. | Sonstige Kosten ohne Umsatzsteuer |
| = | Bruttowertschöpfung ohne Umsatzsteuer |
| ./. | Sonstige indirekte Steuern |
| + | Subventionen für die laufende Produktion |
| = | Bruttowertschöpfung zu Faktorkosten |
| + | Personalkosten für Leiharbeitsverhältnisse*) |
| = | Bruttowertschöpfung i.S.d. § 64 Absatz 6 Nummer 2 EEG 2014 |

*) Nach § 64 Absatz 6 Nummer 2 EEG 2014 vermindern die „Personalkosten für Leiharbeitsverhältnisse" die Bruttowertschöpfung nach EEG 2014 nicht und müssen abweichend vom originären Gliederungsschema des Statistischen Bundesamtes wieder hinzugerechnet werden.

In der Wirtschaftsprüferbescheinigung ist darzulegen, dass die in ihr enthaltenen Daten mit hinreichender Sicherheit frei von wesentlichen Falschangaben und Abweichungen sind. Die Wesentlichkeitsschwelle von 5 Prozent gemäß § 64 Absatz 3, Nummer 1 c) EEG 2014 bezieht sich nicht auf Falschangaben des Unternehmens. Jede entdeckte Falschangabe ist zu korrigieren, auch wenn sie eine Abweichung von weniger als 5 Prozent verursacht. Die Wesentlichkeitsschwelle bezieht sich ausschließlich auf die Prüfung des Umfangs der dem Wirtschaftsprüfer durch das Unternehmen vorgelegten Bruttowertschöpfungsrechnung. Die Unternehmen dürfen bei der Ermittlung der Bruttowertschöpfung nach EEG 2014 diese Wesentlichkeitsschwelle nicht in Anspruch nehmen, d.h. hier ist die Bruttowertschöpfungsrechnung vollumfänglich und exakt mit den richtigen Ansätzen und Bewertungen nach den Regelungen der Fachserie 4, Reihe 4.3 des Statistischen Bundesamtes, Wiesbaden 2007, aufzustellen.

Bei der Ermittlung der Bruttowertschöpfung nach EEG 2014 nach dem oben abgebildeten Schema werden unter der Position „Sonstige Kosten" eine Fülle unterschiedlichster Kosten erfasst. Ob und inwieweit bestimmte Aufwendungen nach den Definitionen des Statistischen Bundesamtes Abzugspositionen darstellen, lässt sich häufig erst nach einem differenzierten Analyse- und Prüfungsprozess im Kontext zu den betreffenden Geschäftsvorfällen bzw. Konten beurteilen. Um diese Sammelposition in ihrer Zusammensetzung transparenter und plausibler zu machen, sind möglichst genaue Angaben zu den einzelnen Kostenarten und den auf sie entfallenden Teilbeträgen erforderlich. Deshalb hat eine tabellarische Darstellung (siehe Muster unten) mit genauen Bezeichnungen zu erfolgen, die der Wirtschaftsprüferbescheinigung als Anlage beizufügen ist.

Die nachfolgende Tabelle zeigt die Ermittlung der Position der „Sonstigen Kosten" im Rahmen der Bruttowertschöpfung nach EEG 2014 der Mustermann AG oder des selbständigen Unternehmensteils Muster- Unternehmensteil nach der Definition des Statistischen Bundesamtes, Fachserie 4, Reihe 4.3, Wiesbaden 2007 für den Nachweiszeitraum:

| Bestandteile der Sonstigen Kosten | Angabe in Euro |
|---|---|
| … | |
| … | |
| … | |
| … | |
| Sonstige Kosten (gesamt) | |

Die Übergangsregelungen in § 103 Absatz 1 Nummer 2 und Absatz 2 Nummer 1 EEG 2014 eröffnen für die Antragsjahre 2014 und 2015 die Möglichkeit, bei der Bruttowertschöpfung noch nicht das arithme-

Zu § 64 Erneuerbare-Energiengesetz  **Anlage § 064–01**

tische Mittel der letzten drei abgeschlossenen Geschäftsjahre zu Grunde zu legen. Im Antragsjahr 2014 kann stattdessen nur das letzte abgeschlossene Geschäftsjahr und im Antragsjahr 2015 das arithmetische Mittel der letzten beiden abgeschlossenen Geschäftsjahre herangezogen werden. Die Unternehmen können somit die Bruttowertschöpfung nach EEG 2014 sukzessive aufbauen, bis ihnen Werte für die jeweils drei letzten abgeschlossenen Geschäftsjahre vorliegen, aus denen das arithmetische Mittel errechnet werden kann. Ergäben sich hinsichtlich einer für ein weiter zurückliegendes Geschäftsjahr errechneten Bruttowertschöpfung nach EEG 2014 Änderungen, die aus Korrekturen der Bilanz oder Gewinn- und Verlustrechnung resultieren, so müssen diese nicht nachträglich geändert werden. Gleichwohl steht dem Unternehmen die Möglichkeit der Vorlage einer geänderten Bruttowertschöpfung für die betreffenden Geschäftsjahre vor dem letzten abgeschlossenen Geschäftsjahr offen.

Die Unternehmen können bereits im Antragsverfahren 2014 das arithmetische Mittel der Bruttowertschöpfung nach EEG 2014 der letzten drei abgeschlossenen Geschäftsjahre vorlegen. In diesem Fall muss für alle drei abgeschlossenen Geschäftsjahre jeweils ein nach handelsrechtlichen Bestimmungen geprüfter Jahresabschluss vorgelegt werden.

Generell ist eine Überleitungsrechnung zu erstellen, die die Ableitung bzw. den Übergang von den Werten aus der Gewinn- und Verlustrechnung zu den in der Bruttowertschöpfungsrechnung ausgewiesenen Werten zeigt. Es wird ausdrücklich empfohlen, diese in die Anlagen zur Wirtschaftsprüferbescheinigung aufzunehmen.

Zum Nachweis der Bruttowertschöpfung ist neben der Wirtschaftsprüferbescheinigung der geprüfte vollständige handelsrechtliche Jahresabschluss einschließlich Prüfungsbericht einzureichen. Sofern in den relevanten Jahresabschlüssen falsche Angaben, die sich auf die Höhe der Bruttowertschöpfung auswirken, nicht korrigiert wurden, sind diese Korrekturen bei der Ermittlung der Bruttowertschöpfung(en) nachzuholen.

Wird der handelsrechtliche Jahresabschluss zum Zeitpunkt der Antragstellung nach §§ 63 ff. EEG 2014 noch durch den Abschlussprüfer geprüft, so hat das Unternehmen den noch nicht geprüften handelsrechtlichen Jahresabschluss einschließlich einer Erklärung vorzulegen. Aus dieser Erklärung muss hervorgehen, dass das Unternehmen den nach der Antragstellung geprüften Jahresabschluss dem BAFA unverzüglich und unaufgefordert - möglichst bis spätestens Ende November des Antragsjahres – nachreicht. In diesem Fall muss der Wirtschaftsprüfer eine verbindliche Erklärung abgeben, dass sich an der eingereichten Bescheinigung durch die nunmehr abgeschlossene Prüfung des Jahresabschlusses nichts mehr geändert hat. Bei Abweichungen ist eine korrigierte Bescheinigung einzureichen.

Liegt der Prüfung nach § 64 Absatz 3 Nummer 1 c) EEG 2014 ein Jahresabschluss zugrunde, zu dem ein eingeschränkter Bestätigungsvermerk erteilt wurde, ist der Einschränkungsgrund unter Angabe der wesentlichen Auswirkungen auf das Ergebnis der Prüfung nach § 64 Absatz 3 Nummer 1 c) EEG 2014 anzugeben (z.B. fehlende Teilnahme an der Inventur).

Die auf den Nachweiszeitraum des Unternehmens entfallenden Stromkosten sind in ihren Bestandteilen zum einen auf Basis des gesamten Unternehmens (Rechtsträgers) und zum anderen für jede beantragte Abnahmestelle separat darzustellen. Entsprechende Mustertabellen zur transparenten Darstellung finden Sie auf den nachfolgenden Seiten.

**Stromkostenbestandteile des Unternehmens**

|  | Euro |
|---|---|
| + Stromlieferkosten (inklusive Börse und Stromhändler) | |
| + tatsächliche Stromkosten für umlagepflichtige oder dauerhaft umlagepflichtige abgelösteEigenstrommengen | |
| + Netzentgelte (vor Erstattungen) *) | |
| + Systemdienstleistungskosten | |
| + Sonstige Stromkosten (sind im Anschluss an diese Tabelle detailliert zu erläutern) | |
| + Stromsteuer (vor Erstattungen) | |
| + tatsächlich entrichtete EEG-Umlage | |
| + fiktive EEG-Stromkosten (Verbrauchte Strommenge x bundeseinheitliche EEG-Umlage in ct/kWh ./. tatsächlich entrichtete EEG-Umlage**) | |
| + KWKG-Kosten | |

# Anlage § 064–01

Zu § 64 Erneuerbare-Energiengesetz

| | |
|---|---|
| + Konzessionsabgaben | |
| + § 19 StromNEV-Umlage | |
| + Offshore-Haftungsumlage nach § 17 f) EnWG | |
| + Abschaltbare Lasten-Umlage nach § 18 AbLaV | |
| ./. erhaltene und erwartete Stromsteuererstattungen (§ 9a, 9b und § 10 StromStG) | |
| ./. erhaltene und erwartete Netzentgelterstattungen (§ 19 Absatz 2 StromNEV) | |
| ./. Entlastungen nach § 9 Absatz 7 Satz 3 und 4 KWKG | |
| ./. Entlastungen nach § 17f Absatz 5 Satz 3 EnWG | |
| ./. Strombezugskosten, die auf weitergeleitete Strommengen entfallen | |
| = zu tragende tatsächliche Stromkosten für selbst verbrauchte Strommengen i.S.d. § 103 Absatz 1 Nummer 4 EEG 2014 | |

*) Nach derzeitigem Kenntnisstand bleibt die Strompreiskompensation bei der Ermittlung der Stromkosten unberücksichtigt.

**) Die bundeseinheitliche EEG-Umlage im Kalenderjahr 2013 betrug 5,277 ct/kWh. Bei abweichenden Geschäftsjahren bitte unterschiedliche EEG-Umlage beachten (http://www.netztransparenz.de).

Die gesetzlichen Regelungen in § 103 Absatz 1 Nummer 4 und Absatz 2 Nummer 2 EEG 2014 sehen vor, dass in den nächsten beiden Antragsjahren die Stromkostenintensität noch anhand der tatsächlichen Stromkosten im jeweils letzten abgeschlossenen Geschäftsjahr berechnet werden kann. Die Berechnung nach § 64 Absatz 6 Nummer 3 EEG 2014 ist erst in den folgenden Antragsjahren anzuwenden.

Tatsächliche Stromkosten sind sämtliche für den Strombezug des Unternehmens entrichtete Kosten einschließlich insbesondere der Stromlieferkosten (inklusive Börse und Stromhändler), der Netzentgelte, eventueller Systemdienstleistungskosten und der Steuern. Hierbei sind Umlagen- oder Steuererstattungen – auch wenn ihre Höhe erst nach der Antragstellung, aber vor Beginn des Begrenzungszeitraums endgültig feststeht – sowie die Umsatzsteuer abzuziehen. Für eigenerzeugten, selbst verbrauchten Strom sind ebenfalls die tatsächlichen Stromkosten des Unternehmens darzulegen. Die Ermittlung dieser Stromkosten ist dezidiert und anhand geeigneter Unterlagen nachzuweisen und darzustellen.

Bei unzureichender Darstellung der Stromkosten wird das BAFA regelmäßig weitere Unterlagen und Nachweise anfordern. Bei der Berechnung der Stromkostenintensität werden nur solche Strommengen berücksichtigt, für die nach § 61 EEG 2014 eine EEG-Umlagepflicht besteht. Kosten für eigenerzeugte und selbst verbrauchte Strommengen, die einer der Ausnahmen des § 61 Absatz 2 bis 4 EEG 2014 unterfallen, sind bei der Berechnung der Bruttowertschöpfung und der Stromkosten nicht in Ansatz zu bringen.

### 2.3.4 Nachweis der EEG-Umlage

Der Nachweis der EEG-Umlage ist in § 64 Absatz 3 Satz 1 c) bb) EEG 2014 geregelt. Neben den Angaben zu den Strommengen des Unternehmens, die von Elektrizitätsversorgungsunternehmen geliefert oder selbst erzeugt und selbst verbraucht wurden, ist in der Bescheinigung des Wirtschaftsprüfers anzugeben, in welcher Höhe ohne Begrenzung für diese Strommengen die EEG-Umlage zu zahlen gewesen wäre.

Zur transparenten Dokumentation der relevanten EEG-Umlage bietet sich eine tabellarische Aufgliederung in Form des nachstehenden Musters an, die für alle Antragstellungen empfohlen wird.

Zu § 64 Erneuerbare-Energiengesetz  **Anlage § 064–01**

Folgende Tabelle gibt an, in welcher Höhe die EEG-Umlage von der Mustermann AG für diese Strommengen ohne Begrenzung im Nachweiszeitraum an den Abnahmestellen zu zahlen gewesen wäre:

| Bezeichnung der Abnahmestelle | EEG-Umlage ohne Begrenzung | | | |
|---|---|---|---|---|
| | gelieferte Strommenge [EUR] | davon weitergeleitete Strommenge [EUR] | umlagepflichtige Eigenstrommenge [EUR] | umlagepflichtige Stromverbrauchsmenge [EUR] |
| | (1) | (2) | (3) | (4)=(1)-(2)+(3) |
| | | | | |
| | | | | |
| | | | | |

Folgende Tabelle zeigt die von der Mustermann AG im Nachweiszeitraum für diese Strommengen tatsächlich gezahlte EEG-Umlage an den Abnahmestellen an:

| Bezeichnung der begrenzten Abnahmestelle | Tatsächlich gezahlte EEG-Umlage für die | | | | |
|---|---|---|---|---|---|
| | gelieferte-Strommenge [EUR] (1) | davon weitergeleitete Strommenge [EUR] (2) | umlagepflichtige Eigenstrommenge [EUR] (3) | umlagepflichtige Stromverbrauchsmenge [EUR] (4)=(1)-(2)+(3) | umlagepflichtige Stromverbrauchsmenge [Cent/kWh] |
| | | | | | |
| | | | | | |
| | | | | | |

### 2.3.5 Nachweis der Klassifizierung des Unternehmens

Nach § 64 Absatz 3 Nummer 1 d) EEG 2014 muss das Unternehmen belegen, wie es bei den Statistischen Landesämtern nach der Klassifikation der Wirtschaftszweige des Statistischen Bundesamtes, Ausgabe 2008, eingeordnet ist. Dieser Nachweis erfolgt durch eine Bescheinigung des Statistischen Landesamtes, die das Unternehmen anfordern muss und die die Klassifizierung des Unternehmens durch das Statistische Landesamt auf Viersteller-Ebene enthält. Zugleich muss das Unternehmen mit der Antragstellung darin einwilligen, dass sich das BAFA die Klassifizierung durch die Statistischen Landesämter, bei denen das Unternehmen oder seine Betriebsstätten registriert sind, übermitteln lassen darf. Dadurch erhält das BAFA die Möglichkeit, die Zuordnung zu den Branchen nach Anlage 4 nach der Klassifikation der Wirtschaftszweige zu überprüfen und mit Klassifizierungen der Statistischen Landesämter von den Unternehmen abzugleichen. Das BAFA entscheidet für die Besondere Ausgleichsregelung eigenverantwortlich, ob das Unternehmen einer Branche nach Anlage 4 in Anwendung der Klassifikation der Wirtschaftszweige zuzuordnen ist, und hat insoweit ein eigenes Prüfungsrecht. Es ist dabei an Zuordnungen anderer Behörden, insbesondere der Statistischen Landesämter, nicht gebunden.

Nach § 64 Absatz 3 Satz 1 c) aa) EEG 2014 sind in die Bescheinigung des Wirtschaftsprüfers Angaben zum Betriebszweck und der Betriebstätigkeit des Unternehmens und der beantragten Abnahmestellen aufzunehmen.

Bei der Angabe des Unternehmens zum Wirtschaftszweig ist auf die Klassifikation der Wirtschaftszweige, Ausgabe 2008 (WZ 2008) des Statistischen Bundesamtes abzustellen. Da das BAFA bei der Zuordnung der beantragten Abnahmestelle(n) des Unternehmens zu den in der der Anlage 4 zum EEG 2014 aufgeführten Wirtschaftszweigen ein eigenes Prüfungsrecht hat, sind Ausführungen vom Unternehmen zu den Schwerpunkten der Produktionstätigkeiten – bezogen auf das Unternehmen und die beantragten Abnahmestelle(n) – in die Angaben aufzunehmen, die als Anlage der Bescheinigung des Wirtschaftsprüfers beigefügt werden. Dies gilt verstärkt bei Unternehmen, bei denen der Geschäftszweck nicht offensichtlich ist, so dass nähere Erläuterungen zum Produktionsverfahren und den erzeugten Produkten notwendig sind. Gleiches gilt für Unternehmen, bei denen sich die Zuordnung gegenüber dem Vorjahr geändert hat. Aus der Bescheinigung des Wirtschaftsprüfers muss hervorgehen, ob dem Wirtschaftsprüfer Anhaltspunkte vorliegen, dass es sich bei dem betreffenden Unternehmen nicht um ein Unternehmen der Liste 1 oder 2 des Anhangs 4 des EEG 2014 handelt.

### 2.4 Zusatzangaben bei selbständigen Unternehmensteilen und deren Prüfung durch den Wirtschaftsprüfer

Der selbständige Unternehmensteil ist vom Unternehmen genau darzustellen. Diese Darstellung ist der Bescheinigung des Wirtschaftsprüfers als Anlage beizufügen. Es muss zunächst klar erkennbar sein, welcher Teil des Unternehmens Gegenstand des Antrags ist. Auf diesen Teil muss sich auch die Nachweisführung erstrecken. Hierfür ist zunächst die Aufbauorganisation des Unternehmens darzustellen. Anhand eines Organigramms ist zu zeigen, wie der selbständige Unternehmensteil in das Unternehmen eingebunden ist, inwiefern er sich deutlich von den übrigen Teilen des Unternehmens abgrenzt und wo die Schnittstellen zu anderen Teilen des Unternehmens verlaufen. In jedem Fall muss die Abgrenzung zum Restunternehmen klar ersichtlich sein.

Ist die zu betrachtende Teileinheit eindeutig identifiziert und in der Organisationsstruktur des Gesamtunternehmens nachvollziehbar dargelegt, schließt sich die Darstellung des selbständigen Unternehmensteils an. Die entsprechenden Ausführungen und Daten sind dabei auf den selbständigen Unternehmensteil zu fokussieren. Dies gilt insbesondere auch für die Nachweisführung hinsichtlich der materiellen Antragsvoraussetzungen.

Verfügt der selbständige Unternehmensteil über keinen eigenen Standort, muss es sich um einen vom übrigen Unternehmen am Standort abgegrenzten Betrieb mit den wesentlichen Funktionen eines Unternehmens handeln. Der selbständige Unternehmensteil muss selbst am Markt Leistungen anbieten, einen eigenen Kundenkreis unterhalten und am allgemeinen wirtschaftlichen Verkehr teilnehmen. Dies hat zur Folge, dass Umsätze wesentlich mit externen Dritten (anderen Rechtsträgern) erzielt werden müssen und der selbständige Unternehmensteil über eine eigene Abnahmestelle verfügen muss. Der Unternehmensteil hat die Aufteilung der Umsätze (intern/extern) zu erläutern. Diese Erläuterungen sind als Anlage der Bescheinigung des Wirtschaftsprüfers beizufügen.

Die Darstellung der Aktivitäten, Kompetenzen und Entscheidungsbefugnisse hinsichtlich Beschaffung, Produktion, Absatz, Verwaltung/Organisation (z.B. Personalverwaltung, Controlling, Mahnwesen, Qualitätsmanagement, IT-Dienstleistungen etc.), Leitung ist ein Kernstück der Darstellung zum selbständigen Unternehmensteil. Für die einzelnen Funktionsbereiche ist dezidiert und jeweils separat darzulegen, welche Aktivitäten, Kompetenzen und Entscheidungsbefugnisse im selbständigen Unternehmensteil angesiedelt sind und wo bei der Wahrnehmung der einzelnen Funktionen dem selbständigen Unternehmensteil Grenzen gesetzt sind bzw. welchen Restriktionen er unterworfen ist.

Hierbei sind insbesondere folgende Aspekte in die Analyse der einzelnen Funktionsbereiche einzubeziehen:

– Beschreibung des Aufgabenspektrums des jeweiligen Funktionsbereichs,

– Konkretisierung der Produkte und/oder erbrachten Leistungen

– Darstellung der Prozesse mit den jeweiligen Abläufen,

– Ausmaß der Verantwortung und Befugnisse für die vom Unternehmensteil zu erfüllenden Aufgaben in Verbindung mit den jeweiligen Zuständigkeiten,

– Weisungs- und Entscheidungskompetenzen,

– Grad der Autonomie im Verhältnis zum Restunternehmen bzw. anderen Hierarchiestufen.

In diesem Zusammenhang ist auch darzulegen, welche Leistungsverflechtungen mit anderen Unternehmensteilen innerhalb und außerhalb des Rechtsträgers bestehen, welche Schnittstellen zu anderen Teileinheiten des Unternehmens bestehen und wie diese organisatorisch umgesetzt sind. Die Ausführungen zu den Funktionsbereichen müssen auf den selbständigen Unternehmensteil fokussiert sein. Wird z.B. über Absatz-, Beschaffungs- oder Produktionsaktivitäten berichtet, muss sich die Darstellung auf die im zu betrachtenden Unternehmensteil angesiedelten Tätigkeiten, Kompetenzen und Entscheidungsbefugnisse konzentrieren. Die Ausführungen können durch aussagefähige grafische Darstellungen, wie Schaubilder, Pläne, Skizzen etc., oder Vollmachten, Stellenbeschreibungen oder sonstige Dokumente gestützt werden.

Es muss zudem deutlich gezeigt werden, wie der selbständige Unternehmensteil im Rechnungswesen abgegrenzt ist, auf welchen konkreten Aktivitäten die Umsätze basieren und welche betriebswirtschaftlichen Auswertungen für den selbständigen Unternehmensteil in welchen Zeitabständen – mit Angabe der entsprechenden Informationspflichten gegenüber der Unternehmensleitung – erstellt werden.

Zu § 64 Erneuerbare-Energiengesetz  Anlage § 064–01

Der selbständige Unternehmensteil hat ausdrücklich zu bestätigen, dass im Rahmen der Bruttowertschöpfung nur Aufwendungen und Erlöse angesetzt wurden, die aus Lieferungs- und Leistungsbeziehungen mit externen Dritten (anderen Rechtsträgern) entstanden sind. Dies gilt auch für die anzusetzenden Stromkosten. Stromkosten der Eigenerzeugung aus Teilen des Unternehmens, die nicht dem selbständigen Unternehmensteil zuzuordnen sind, bleiben bei der Berechnung sowohl der Bruttowertschöpfung als auch der Stromkosten außer Betracht. Der Wirtschaftsprüfer hat darauf zu achten, dass diese Bestätigung in den Anlagen, die der Bescheinigung beigefügt werden, enthalten ist.

Der selbständige Unternehmensteil muss nach § 64 Absatz 5 Satz 3 und 4 EEG 2014 eine eigene Bilanz und Gewinn- und Verlustrechnung aufstellen und prüfen lassen, obwohl dieser über kein eigenes Geschäftsjahr verfügt. Es besteht nicht die Möglichkeit, ersatzweise die geprüfte Bilanz und Gewinn- und Verlustrechnung des Rechtsträgers des selbständigen Unternehmensteils einzureichen. Auch wenn der Rechtsträger lediglich eine Einnahmen-Überschuss-Rechnung erstellt oder nicht zur Prüfung seines Jahresabschluss verpflichtet ist, hat der selbständige Unternehmensteil dieses Rechtsträgers dennoch eine geprüfte Bilanz und Gewinn- und Verlustrechnung dem BAFA vorzulegen.

Die Bilanz und die Gewinn- und Verlustrechnung des selbständigen Unternehmensteils muss mit einem Bestätigungsvermerk des Abschlussprüfers versehen sein. Es ist bei der Prüfung der Bilanz und der Gewinn- und Verlustrechnung des selbständigen Unternehmensteils nicht zulässig, sich nur auf diejenigen Positionen zu beschränken, die Einfluss auf die Bruttowertschöpfung nach der Definition des Statistischen Bundesamtes haben. Ein Exemplar der geprüften Bilanz und Gewinn- und Verlustrechnung des selbständigen Unternehmensteils ist dem BAFA mit dem Antrag zur Besonderen Ausgleichsregelung vorzulegen.

### 2.5 Bescheinigung der Zertifizierungsstelle

Die Voraussetzungen nach § 64 Absatz 1 Nummer 3 EEG 2014 sind durch ein gültiges DIN EN ISO 50001-Zertifikat, einen gültigen Eintragungs- oder Verlängerungsbescheid der EMAS-Registrierungsstelle über die Eintragung in das EMAS-Register oder – dies gilt jedoch nur für Unternehmen mit einem Stromverbrauch unter 5 GWh im letzten abgeschlossenen Geschäftsjahr – einen gültigen Nachweis des Betriebs eines alternativen Systems zur Verbesserung der Energieeffizienz gemäß § 3 i.V.m. § 4 Absatz 1 bis 3 der Spitzenausgleich-Effizienzsystemverordnung nachzuweisen (Inhalt bzw. Anforderungen dieses Nachweises siehe Anhang). Hierbei ist die jeweils zum Zeitpunkt des Endes des letzten abgeschlossenen Geschäftsjahrs geltende Fassung zu Grunde zu legen.

Mit der Ausstellung eines Zertifikates/Auditberichts wird der Abschluss des Zertifizierungsprozesses dokumentiert. Insofern stellt das Zertifikat für die Erfüllung der Voraussetzungen nach § 64 Absatz 1 Nummer 3 i.V.m. Absatz 3 Nummer 2 EEG 2014 den entscheidenden Nachweis dar. Für die unter Abschnitt III.5. genannten Zertifizierungsverfahren ist Folgendes zu beachten:

Bei dem Zertifikat muss es sich um einen bei der Antragstellung aktuell gültigen Nachweis handeln. Aufgrund der Zertifizierungsverfahrenssystematik (jährlich durchzuführende Überprüfungen) muss dies in jedem Fall die eigentliche Registrierungs-/Zertifizierungsurkunde sein bzw. zusätzlich einen Bericht eines aktuellen Überwachungsaudits resp. eine validierte Umwelterklärung einschließen. Es muss sichergestellt sein, dass die Gültigkeit der Registrierungs-/Zertifizierungsurkunde durch eine lückenlose Auditierung des Energiemanagementsystems nachgewiesen wird.

Die Zertifizierung muss sich auf das gesamte Unternehmen mit allen Standorten erstrecken. Die Beurteilung, ob es sich um einen Standort handelt, obliegt ausschließlich dem verantwortlichen Zertifizierer. Aus dem Zertifikat muss hervorgehen, dass in jedem Fall sämtliche beantragten Abnahmestellen unmittelbarer Gegenstand des aktuellen Auditverfahrens waren.

Für Unternehmen mit einem Stromverbrauch von unter 10 GWh, die hinsichtlich des Zertifizierungsnachweises die Übergangsregelung gemäß § 103 Absatz 1 Nummer 1 EEG 2014 im Antragsjahr 2014 in Anspruch nehmen (siehe hierzu auch Abschnitt III.5), gilt hierbei ein gesonderter Nachweis. Bei der Ermittlung des Stromverbrauchs für diesen Schwellenwert sind sowohl die fremdbezogenen als auch die eigenerzeugten Strommengen einzubeziehen. Bei den eigenerzeugten Strommengen ist es dabei unerheblich, ob diese Strommengen nach § 61 EEG 2014 umlagepflichtig sind oder keiner Umlagepflicht nach EEG unterliegen.

Diesen Nachweis können die betroffenen Unternehmen dem BAFA durch die Erklärung eines Zertifizierungsunternehmens erbringen,

– dass sie den Betrieb eines Energie- und Umweltmanagementsystems nicht rechtzeitig aufnehmen konnten (Unternehmensseite) und/oder
– dass in der Kürze der für die Antragstellungverbleibenden Zeit (wegen Kapazitätsauslastung im Zusammenhang mit der Ausschlussfrist) kein Zertifizierungsprozess möglich war (Zertifiziererseite).

1361

# Anlage § 064–01

Zu § 64 Erneuerbare-Energiengesetz

Ausreichend ist die entsprechende Erklärung eines Zertifizierungsunternehmens mit aktueller Akkreditierungs- oder Zulassungsurkunde, die vor dem 01.10.2014 datiert sein muss. Unternehmen, deren Stromverbrauch im letzten abgeschlossenen Geschäftsjahr unter 10 GWh lag, können das BAFA-Formular zum Nachweis nach § 103 Absatz 1 Nummer 1 EEG 2014 nutzen.

## V. Sonderfälle

### 1. Neugründung

Auch neu gegründete Unternehmen müssen den Nachweis der Erfüllung der Grenzwerte nach § 64 Absatz 4 EEG 2014 durch Vergangenheitsdaten auf der Basis zumindest eines letzten abgeschlossenen Rumpfgeschäftsjahres führen. Als Zeitpunkt der Neugründung gilt der Zeitpunkt, an dem erstmalig Strom zu Produktionszwecken abgenommen wird. (Siehe oben II.3 und 3.1)

### 2. Umstrukturierung / Umwandlung (§ 67 EEG 2014)

Im Zusammenhang mit der Umwandlung von Unternehmen treten im Hinblick auf die §§ 63 ff. EEG 2014 zahlreiche Rechtsfragen für die antragstellenden bzw. bereits begünstigten Unternehmen auf. Da gesellschaftsrechtliche Veränderungen sowohl im Nachweiszeitraum, im Antragsjahr als auch im Regelungsjahr Auswirkungen auf die Entscheidung des BAFA haben können, sind sämtliche für diese Zeiträume geplanten oder bereits durchgeführten Umwandlungen oder Umfirmierungen offen zu legen. Bei Unternehmen, die eine solche Maßnahme planen bzw. bereits durchgeführt haben, sollte möglichst frühzeitig vor der Antragstellung mit dem BAFA geklärt werden, auf welcher Datenbasis die Tatbestandsmerkmale des § 64 Absatz 1 Nummer 1 EEG 2014 nachzuweisen sind und welche Auswirkungen dies auf die Begrenzungsentscheidung haben könnte. In diesen Fällen muss das Unternehmen die Vorher- und Nachher-Situation ausführlich darlegen und mittels geeigneter Unterlagen (z.B. Handelsregisterauszüge, Kauf- und Übernahmeverträge, Vorstands- und Gesellschafterbeschlüsse usw.) belegen. Die Darlegungen des Unternehmens sind der Wirtschaftsprüferbescheinigung als Anlage beizufügen.

Die gesetzlichen Regelungen zur Umwandlung sind in § 67 EEG 2014 festgelegt und sollen Unternehmen, die kürzlich umgewandelt wurden, die Antragstellung erleichtern bzw. überhaupt erst ermöglichen. Voraussetzung ist jedoch nach § 67 Absatz 1 EEG 2014, dass sich die wirtschaftliche und organisatorische Einheit des Unternehmens, auf dessen Daten zurückgegriffen wird, in dem übernehmenden, nun den Antrag stellenden Unternehmen wiederfindet. Grund hierfür ist, dass die Daten des Unternehmens vor der Umwandlung nur dann die Basis für die Entscheidung des BAFA bilden können, wenn sie für das aus der Umwandlung hervorgegangene Unternehmen weiterhin aussagekräftig sind. Die Formulierung „wirtschaftliche und organisatorische Einheit" ist dabei an die Definition des Unternehmensbegriffs in § 5 Nummer 34 EEG 2014 angelehnt. Sie impliziert, dass für eine Heranziehung der Daten die Substanz des Unternehmens nach der Umwandlung im Wesentlichen unverändert geblieben sein muss. Lediglich geringfügige Abweichungen hiervon sind unschädlich. Von einer nahezu vollständigen Erhaltung der wirtschaftlichen und organisatorischen Einheit ist z.B. für das Unternehmen B auszugehen, das durch Aufspaltung des Unternehmens A in die Unternehmen B und C entsteht, wobei auf das Unternehmen B 90 Prozent der Betriebsmittel und Arbeitnehmer übergehen und dort unter der gleichen einheitlichen Leitung und selbständigen Führung verbleiben, wie dies zuvor im Unternehmen A der Fall war.

Unternehmen, die einen Antrag auf Begrenzung gestellt haben bzw. bereits positiv beschieden worden sind, sind nach § 67 Absatz 2 EEG 2014 verpflichtet, dem BAFA Umwandlungen unverzüglich anzuzeigen. Im Falle eines bereits begünstigten Unternehmens ergibt sich die Anzeigepflicht bereits aus dem Begünstigungsbescheid, nach dem das Unternehmen dem BAFA unverzüglich und unaufgefordert alle auch nachträglichen Änderungen von Tatsachen schriftlich mitzuteilen hat, die Auswirkungen auf den Bestand des Begrenzungsbescheides haben könnten.

Ein Begrenzungsbescheid kann nach § 67 Absatz 3 EEG 2014 durch das „neue" Unternehmen weiter genutzt werden, sofern die Substanz des ursprünglich begünstigten Unternehmens im Wesentlichen nach einer Umwandlung unverändert fortbesteht. Umwandlungen nach dem Umwandlungsgesetz werden mit ihrer Eintragung ins Handelsregister wirksam. In anderen Fällen, z.B. bei zeitlich gestaffelten Einzelrechtsnachfolgen, wird die Übertragung mit der letzten von mehreren Einzelrechtsübertragungen wirksam.

Die Anwendbarkeit der § 67 Absätze 1 bis 3 EEG 2014 auf selbständige Unternehmensteile ergibt sich aus den Bestimmungen in § 67 Absatz 4 EEG 2014. Hierdurch werden nun auch die Fälle erfasst, in denen zwar bezogen auf das Gesamtunternehmen kein nahezu vollständiger Übergang der wirtschaftlichen und organisatorischen Einheit auf einen übernehmenden Rechtsträger festzustellen ist, dies jedoch für einen selbständigen Unternehmensteil bejaht werden kann, der bereits im ursprünglichen

Zu § 64 Erneuerbare-Energiengesetz                                                    **Anlage § 064–01**

Unternehmen die Begrenzung in Anspruch nehmen konnte und als solcher nach der Umwandlung fortbesteht.

Bei Neugründungen und Umwandlungen empfiehlt es sich generell, möglichst frühzeitig mit dem BAFA Kontakt aufzunehmen.

## VI. Entscheidungswirkung (§ 66 EEG 2014)

### 1. Begrenzungsentscheidung

Die Begrenzungsentscheidung ist eine gebundene Entscheidung, bei der das BAFA kein Ermessen hat.

Die Entscheidung des BAFA ergeht nach § 66 Absatz 4 EEG 2014 mit Wirkung gegenüber dem Unternehmen, dem EVU und dem regelverantwortlichen ÜNB. Das begrenzte Unternehmen erhält im Rahmen des Bescheidversands das Original des Begrenzungsbescheides. Jeweils eine Zweitausfertigung geht an das voraussichtlich im Begrenzungszeitraum beliefernde EVU und den regelverantwortlichen ÜNB (siehe Karte im Anhang). Da das BAFA über diesen Vorgang gemäß § 66 Absatz 5 Satz 1 EEG 2014 in den Regelungsprozess eingreift, ist es unbedingt erforderlich, die Adressdaten des im Begrenzungszeitraum beliefernde EVU und den regelverantwortlichen ÜNB für den Begrenzungszeitraum während des laufenden Antragsverfahrens anzugeben. Änderungen sind unverzüglich dem BAFA anzuzeigen.

Das BAFA behält sich vor, die rechtmäßige Umsetzung der erteilten Begrenzungsbescheide zu prüfen. Der Begrenzungsbescheid darf nur für das begrenzte Unternehmen mit seinen begrenzten Abnahmestellen genutzt werden und nicht auch für Strommengen an nicht begrenzten Abnahmestellen des Unternehmens bzw. andere Unternehmensteile des Unternehmens oder anderer Unternehmen in Anspruch genommen werden. Das gleiche gilt auch bei weitergeleiteten Strommengen. Zuwiderhandlungen können strafrechtliche Konsequenzen haben. Das BAFA ist verpflichtet, bei einem entsprechenden Verdacht dieses unverzüglich der Staatsanwaltschaft anzuzeigen.

Die Begrenzungsentscheidung wird zum 01. Januar des Folgejahres mit einer Geltungsdauer von einem Jahr wirksam, § 66 Absatz 4 Satz 2 EEG 2014. Dies bedeutet, dass auf den Antrag, der im Antragsjahr 2014 gestellt worden ist, die Begrenzungswirkungen sich auf den Zeitraum vom 01.01.2015, 0:00 Uhr bis zum 31.12.2015, 24:00 Uhr erstrecken. Eine kürzere Geltungsdauer als die in § 66 Absatz 4 Satz 2 EEG 2014 kann sich insbesondere dann ergeben, wenn das Unternehmen umstrukturiert wird oder seine Produktionstätigkeit im Laufe des Begrenzungsjahres einstellt.

### 2. Umfang der Begrenzung

Der Umfang der Begrenzung ergibt sich für den Begünstigungszeitraum aus den Bestimmungen des § 64 Absatz 2 EEG 2014. Demnach gilt:

Die EEG-Umlage wird an den Abnahmestellen, an denen das Unternehmen einer Branche nach Anlage 4 zuzuordnen ist, für den Strom, den das Unternehmen dort im Begrenzungszeitraum selbst verbraucht, wie folgt begrenzt:

1. Die EEG-Umlage wird für den Stromanteil bis einschließlich 1 Gigawattstunde nicht begrenzt (Selbstbehalt). Dieser Selbstbehalt muss im Begrenzungsjahr zuerst gezahlt werden.
2. Die EEG-Umlage wird für den Stromanteil über 1 Gigawattstunde auf 15 Prozent der nach § 60 Absatz 1 EEG 2014 ermittelten EEG-Umlage begrenzt.
3. Die Höhe der nach Nummer 2 zu zahlenden EEG-Umlage wird in Summe aller begrenzten Abnahmestellen des Unternehmens auf höchstens den folgenden Anteil der Bruttowertschöpfung begrenzt, die das Unternehmen im arithmetischen Mittel der letzten drei abgeschlossenen Geschäftsjahre erzielt hat:
    a) 0,5 Prozent der Bruttowertschöpfung, sofern die Stromkostenintensität des Unternehmens mindestens 20 Prozent betragen hat, oder
    b) 4,0 Prozent der Bruttowertschöpfung, sofern die Stromkostenintensität des Unternehmens weniger als 20 Prozent betragen hat.
4. Die Begrenzung nach den Nummern 2 und 3 erfolgt nur so weit, dass die von dem Unternehmen zu zahlende EEG-Umlage für den Stromanteil über 1 Gigawattstunde den folgenden Wert nicht unterschreitet:
    a) 0,05 Cent pro Kilowattstunde an Abnahmestellen, an denen das Unternehmen einer Branche mit der laufenden Nummer 130, 131 oder 132 nach Anlage 4 zuzuordnen ist, oder
    b) 0,1 Cent pro Kilowattstunde an sonstigen Abnahmestellen;

der Selbstbehalt nach Nummer 1 bleibt unberührt.

## Anlage § 064–01

Zu § 64 Erneuerbare-Energiengesetz

Für die erste verbrauchte GWh erfolgt keine Begrenzung. Für diesen Selbstbehalt ist im Begrenzungsjahr immer zuerst die unbegrenzte EEG-Umlage zu zahlen (§ 64 Absatz 2 Nummer 1 EEG 2014), die in § 60 Absatz 1 EEG 2014 geregelt ist.

Sofern das Unternehmen nachweist, dass es im gesamten Begrenzungsjahr weniger als eine GWh aus Fremdstromlieferung erhält und damit Anteile des Selbstbehalts aus einer Eigenversorgung des Unternehmens stammen, kann dafür in entsprechendem Umfang anteilig die EEG-Umlage nach § 61 EEG 2014 (EEG-Umlage für Letztverbraucher und Eigenversorger) herangezogen werden.

Der Mindestbeitrag eines begünstigten Unternehmens beträgt grundsätzlich 15 Prozent der vollen EEG-Umlage, § 64 Absatz 2 Nummer 2 EEG 2014. Auch für eigenerzeugte und selbst verbrauchte Strommengen ist die nach § 60 Absatz 2 EEG 2014 ermittelte Umlage (und nicht die nach § 61 EEG 2014) maßgeblich.

In bestimmten Fällen wird die Mindest-EEG-Umlage von 15 Prozent gedeckelt. Dies gilt, wenn bestimmte Relationen bei der Stromkostenintensität des Unternehmens oder des selbständigen Unternehmensteils überschritten werden. Liegt die Stromkostenintensität bei mindestens 20 Prozent, beträgt der Deckel 0,5 Prozent der für den Nachweiszeitraum ermittelten durchschnittlichen Bruttowertschöpfung nach EEG 2014 des Unternehmens (sogenanntes „Super-Cap"). Führt also z.B. die Anwendung der Mindest-EEG-Umlage von 15 Prozent zu dem Ergebnis, dass eine EEG-Umlage von 500 TEUR für die begrenzten Abnahmestellen zu zahlen wäre, gleichzeitig aber 0,5 Prozent der durchschnittlichen Bruttowertschöpfung nach EEG 2014 400 TEUR betragen, wäre auch nur eine EEG-Umlage in Höhe von 400 TEUR zu leisten. Liegt die Stromkostenintensität bei weniger als 20 Prozent, beträgt der Deckel 4 Prozent der für den Nachweiszeitraum ermittelten durchschnittlichen Bruttowertschöpfung nach EEG 2014 des Unternehmens (sogenanntes „Cap").

Für die Berechnung, ob der aus der Bruttowertschöpfung ermittelte Höchstbetrag (Deckel) erreicht ist, wird die begrenzte EEG-Umlage, die an allen begünstigten Abnahmestellen eines Unternehmens insgesamt zu zahlen ist, addiert. Nicht begünstigte Abnahmestellen eines Unternehmens bleiben bei der Betrachtung außen vor, für sie ist die volle EEG-Umlage ohne Deckel zu zahlen.

Aus § 64 Absatz 2 Nummer 4 EEG 2014 ergibt sich, dass die EEG-Umlage auch bei Beachtung der Deckel nach Nummer 3 nicht auf weniger als die volle Umlage für die erste Gigawattstunde und einen Mindestbetrag für den Stromanteil darüber hinaus begrenzt wird. Dieser Mindestbetrag beläuft sich an Abnahmestellen, an denen das Unternehmen den Branchen „Erzeugung und erste Bearbeitung von Aluminium", „Erzeugung und erste Bearbeitung von Blei, Zink und Zinn" sowie „Erzeugung und erste Bearbeitung von Kupfer" zuzuordnen ist, auf 0,05 Cent je Kilowattstunde. An allen anderen Abnahmestellen beträgt er 0,1 Cent je Kilowattstunde. Insgesamt wird durch diese Festlegung von Mindestbeträgen sichergestellt, dass alle begünstigten Unternehmen auch unter Berücksichtigung der o.g. Deckel einen Grundbeitrag zur Umlage erbringen. Dies betrifft unter anderem Unternehmen mit einer negativen Bruttowertschöpfung, für die bei Anwendung des Deckels ohne diesen Grundbeitrag von 0,05 bzw. 0,1 Cent je Kilowattstunde die Umlage auf null begrenzt würde.

Darüber hinaus gelten in bestimmten Fällen abweichende Regeln für Unternehmen oder selbständige Unternehmensteile. Entsprechend der Differenzierung gemäß § 103 Absatz 3 und 4 EEG 2014 werden 2 Fallgruppen unterschieden:

Die erste Gruppe („Übergangsregelung") ergibt sich aus § 103 Absatz 3 Satz 1 EEG 2014. Für Unternehmen oder selbständige Unternehmensteile, die als Unternehmen des produzierenden Gewerbes nach § 3 Nummer 14 EEG 2014 für das Begrenzungsjahr 2014 über eine bestandskräftige Begrenzungsentscheidung nach den §§ 40 bis 44 des Erneuerbare-Energien-Gesetzes in der am 31. Juli 2014 geltenden Fassung verfügen, begrenzt das BAFA die EEG-Umlage für die Jahre 2015 bis 2018 nach den §§ 63 bis 69 EEG 2014 so, dass die EEG- Umlage für ein Unternehmen in einem Begrenzungsjahr jeweils nicht mehr als das Doppelte des Betrags in Cent pro Kilowattstunde beträgt, der für den selbst verbrauchten Strom an den begrenzten Abnahmestellen des Unternehmens im jeweils dem Antragsjahr vorangegangenen Geschäftsjahr nach Maßgabe des für dieses Jahr geltenden Begrenzungsbescheides zu zahlen war.

Dies gilt gemäß § 103 Absatz 3 Satz 2 EEG 2014 entsprechend für Unternehmen oder selbständige Unternehmensteile, die für das Begrenzungsjahr 2014 über eine bestandskräftige Begrenzungsentscheidung verfügen und die Voraussetzungen nach § 64 EEG 2014 nicht erfüllen, weil sie einer Branche nach Liste 1 der Anlage 4 zuzuordnen sind, aber ihre Stromkostenintensität weniger als 16 Prozent für das Begrenzungsjahr 2015 oder weniger als 17 Prozent ab dem Begrenzungsjahr 2016 beträgt, wenn und insoweit das Unternehmen oder der selbständige Unternehmensteil nachweist, dass seine Stromkostenintensität im Sinne des § 64 Absatz 6 Nummer 3 EEG 2014 in Verbindung mit Ab-

Zu § 64 Erneuerbare-Energiengesetz **Anlage § 064–01**

satz 1 und 2 dieses Paragrafen mindestens 14 Prozent betragen hat; im Übrigen sind die §§ 64, 66, 68 und 69 EEG 2014 entsprechend anzuwenden.

Die zweite Gruppe („Härtefallregelung") bestimmt sich aus den Regelungen des § 103 Absatz 4 EEG 2014, wo es heißt:

Für Unternehmen oder selbständige Unternehmensteile, die

1. als Unternehmen des produzierenden Gewerbes nach § 3 Nummer 14 des Erneuerbare-Energien-Gesetzes in der am 31. Juli 2014 geltenden Fassung für das Begrenzungsjahr 2014 über eine bestandskräftige Begrenzungsentscheidung nach den §§ 40 bis 44 des Erneuerbare-Energien-Gesetzes in der am 31. Juli 2014 geltenden Fassung verfügen und

2. die Voraussetzungen nach § 64 dieses Gesetzes nicht erfüllen, weil sie

   a) keiner Branche nach Anlage 4 zuzuordnen sind oder

   b) einer Branche nach Liste 2 der Anlage 4 zuzuordnen sind, aber ihre Stromkostenintensität weniger als 20 Prozent beträgt,

begrenzt das BAFA auf Antrag die EEG-Umlage für den Stromanteil über 1 GWh auf 20 Prozent der nach § 60 Absatz 1 EEG 2014 ermittelten Umlage, wenn und insoweit das Unternehmen oder der selbständige Unternehmensteil nachweist, dass seine Stromkostenintensität im Sinne des § 64 Absatz 6 Nummer 3 EEG 2014 in Verbindung mit Absatz 1 und 2 dieses Paragrafen mindestens 14 Prozent betragen hat. Satz 1 ist auch anzuwenden für selbständige Unternehmensteile, die abweichend von Satz 1 Nummer 2 a oder b die Voraussetzungen nach § 64 EEG 2014 deshalb nicht erfüllen, weil das Unternehmen einer Branche nach Liste 2 der Anlage 4 zuzuordnen ist. Im Übrigen sind Absatz 3 und die §§ 61, 63, 64 und 65 EEG 2014 entsprechend anzuwenden.

Der Kreis der Unternehmen, die eine Begrenzungsentscheidung erhalten, ändert sich im Vergleich zur Rechtslage des EEG 2012. Teilweise werden Unternehmen und selbständige Unternehmensteile, die derzeit über bestandskräftige Begrenzungsentscheidungen verfügen, künftig die Besondere Ausgleichsregelung nicht mehr in Anspruch nehmen können, sei es, weil sie keiner Branche nach Anlage 4 zuzuordnen sind, sei es, weil ihre Stromkostenintensität nicht das geforderte Mindestmaß beträgt, oder sei es, weil sie als selbständige Teile eines Unternehmens, das einer Branche nach Liste 2 zuzuordnen ist, die Voraussetzung des § 64 Absatz 5 EEG 2014 – Zuordnung zu Liste 1 – nicht erfüllen (unabhängig von ihrer Stromkostenintensität). § 103 Absatz 4 EEG 2014 schafft für diese Unternehmen und selbständige Unternehmensteile eine Härtefallregelung. Die Unternehmen und selbständigen Unternehmensteile zahlen in den kommenden Jahren jeweils einen verringerten Satz von 20 Prozent der nach § 60 Absatz 1 EEG 2014 ermittelten EEG-Umlage, ggf. zusätzlich begrenzt durch die nach § 103 Absatz 3 vorgesehene Maximalsteigerung.

Die §§ 64, 66, 67, 68 und 69 EEG 2014 sind im Übrigen entsprechend anzuwenden; auch § 103 Absatz 3 EEG 2014 findet Anwendung. Die Unternehmen müssen insbesondere einen Mindeststromverbrauch von einer Gigawattstunde an der betreffenden Abnahmestelle und den Betrieb eines Energie- oder Umweltmanagementsystems oder eines alternativen Systems zur Verbesserung der Energieeffizienz nachweisen sowie den Antrag auf Begrenzung für jedes Jahr im jeweiligen Vorjahr stellen.

### VII. Rücknahme der Entscheidung, Auskunft, Betretungsrecht (§ 68 EEG 2014)

Die Entscheidung nach § 63 EEG 2014 ist mit Wirkung auch für die Vergangenheit zurückzunehmen, wenn bekannt wird, dass bei ihrer Erteilung die Voraussetzungen nach den §§ 64 oder 65 EEG 2014 nicht vorlagen. Zum Zweck der Prüfung der gesetzlichen Voraussetzungen sind die Bediensteten des BAFA und dessen Beauftragte befugt, von den für die Begünstigten handelnden natürlichen Personen für die Prüfung erforderliche Auskünfte zu verlangen, innerhalb der üblichen Geschäftszeiten die geschäftlichen Unterlagen einzusehen und zu prüfen sowie Betriebs- und Geschäftsräume sowie die dazugehörigen Grundstücke der begünstigten Personen während der üblichen Geschäftszeiten zu betreten. Die für die Begünstigten handelnden natürlichen Personen müssen die verlangten Auskünfte erteilen und die Unterlagen zur Einsichtnahme vorlegen. Zur Auskunft Verpflichtete können die Auskunft auf solche Fragen verweigern, deren Beantwortung sie selbst oder in § 383 Absatz 1 Nummer 1 bis 3 der Zivilprozessordnung (ZPO) bezeichnete Angehörige der Gefahr strafrechtlicher Verfolgung oder eines Verfahrens nach dem Gesetz über Ordnungswidrigkeiten aussetzen würde.

### VIII. Mitwirkungs- und Auskunftspflicht (§ 69 EEG 2014)

Unternehmen, die eine Entscheidung nach § 63 EEG 2014 beantragen oder erhalten haben, müssen bei der Evaluierung und Fortschreibung der §§ 63 bis 68 EEG 2014 durch das Bundesministerium für Wirtschaft und Energie, das BAFA oder deren Beauftragten mitwirken. Sie müssen auf Verlangen erteilen:

**Anlage § 064–01**  Zu § 64 Erneuerbare-Energiengesetz

1. Auskunft über sämtliche von ihnen selbst verbrauchten Strommengen, auch solche, die nicht von der Begrenzungsentscheidung erfasst sind, um eine Grundlage für die Entwicklung von Effizienzanforderungen zu schaffen,
2. Auskunft über mögliche und umgesetzte effizienzsteigernde Maßnahmen, insbesondere Maßnahmen, die durch den Betrieb des Energie- oder Umweltmanagementsystems oder eines alternativen Systems zur Verbesserung der Energieeffizienz aufgezeigt wurden,
3. Auskunft über sämtliche Bestandteile der Stromkosten des Unternehmens, soweit dies für die Ermittlung durchschnittlicher Strompreise für Unternehmen mit ähnlichen Stromverbräuchen erforderlich ist, und
4. weitere Auskünfte, die zur Evaluierung und Fortschreibung der §§ 63 bis 68 EEG 2014 erforderlich sind.

Das BAFA kann die Art der Auskunftserteilung nach § 69 Satz 2 Nummer 1 bis 4 EEG 2014 näher ausgestalten. Es wird die Erteilung diesbezüglicher Auskünfte regelmäßig über eine entsprechende Abfrage im elektronischen Portal bei der Antragsstellung verlangen. Dies sind Informationen, über die nur die Antragsteller verfügen und die erforderlich sind, um die Effizienzanforderungen in der Besonderen Ausgleichsregelung weiterzuentwickeln und eine Festlegung durchschnittlicher Strompreise zu ermöglichen. Beides dient der Umsetzung der Umwelt- und Energiebeihilfeleitlinien. Dort sind Effizienzreferenzwerte und die Verwendung durchschnittlicher Strompreise bei der Berechnung der Stromkostenintensität vorgesehen. Die Daten können insbesondere genutzt werden für die Vorbereitung und den Erlass der Verordnungen nach § 94 Nummer 1 und 2 EEG 2014. Aufgrund des engen Bezuges der Energieeffizienzanforderungen des § 64 Absatz 1 Nummer 3 EEG 2014 zur europäischen Energieeffizienz-Richtlinie können die Daten auch – in aggregierter und anonymisierter Form – für die Umsetzung der Energieeffizienz-Richtlinie genutzt werden, z.B. für eine Anrechnung des Beitrags energieintensiver Unternehmen an der Erfüllung der Effizienzvorgaben aus der Richtlinie.

Soweit es sich um für die Unternehmen sensible Daten handelt, werden diese nicht an Beauftragte des Bundesministeriums für Wirtschaft und Energie oder des BAFA weitergegeben. Betriebs- und Geschäftsgeheimnisse müssen gewahrt werden.

### IX. Gebühren und Auslagen

Nachfolgend ist die Gebührenverordnung über Gebühren und Ausgaben des BAFA im Zusammenhang mit der Bearbeitung und Entscheidung der Anträge in der Besonderen Ausgleichsregelung (Auszug aus dem Bundesgesetzblatt vom 18.03.2013) einschließlich der Ersten Verordnung zur Änderung der Besondere- Ausgleichsregelung-Gebührenverordnung (Stand 03.07.2014), die die originäre Gebührenverordnung entsprechend beeinflusst, abgedruckt; die maßgeblichen Gebühren sind ausschließlich der Änderungsverordnung zu entnehmen.

Das BAFA erstellt im Anschluss an das Bescheidverfahren einen Gebührenbescheid. Erst auf diesen sind Zahlungen zu leisten.

Zu § 64 Erneuerbare-Energiengesetz  Anlage § 064–01

**Verordnung über Gebühren und Auslagen des Bundesamtes für Wirtschaft und Ausfuhrkontrolle im Zusammenhang mit der Begrenzung der EEG-Umlage (Besondere-Ausgleichsregelung-Gebührenverordnung – BAGebV)**

**Eingangsformel**

Auf Grund des § 63a Absatz 2 Satz 3 Nummer 4 des Erneuerbare-Energien-Gesetzes, der durch Artikel 1 Nummer 20 des Gesetzes vom 17. August 2012 (BGBl. I S. 1754) geändert worden ist, in Verbindung mit dem 2. Abschnitt des Verwaltungskostengesetzes vom 23. Juni 1970 (BGBl. I S. 821) verordnet das Bundesministerium für Umwelt, Naturschutz und Reaktorsicherheit im Einvernehmen mit dem Bundesministerium für Wirtschaft und Technologie:

**§ 1 Gebühren und Auslagen**

(1) Das Bundesamt für Wirtschaft und Ausfuhrkontrolle erhebt für Amtshandlungen im Zusammenhang mit der Begrenzung der EEG-Umlage nach den §§ 63 bis 67 und § 103 des Erneuerbare-Energien-Gesetzes Gebühren und Auslagen. Die gebührenpflichtigen Tatbestände und die Gebührensätze ergeben sich aus dem Gebührenverzeichnis der Anlage zu dieser Verordnung.

(2) Hinsichtlich der Auslagen ist § 10 des Verwaltungskostengesetzes mit Ausnahme des Absatzes 1 Nummer 1 anzuwenden.

**§ 2 Zurücknahme von Anträgen**

Für die Zurücknahme eines Antrags auf Begrenzung der EEG-Umlage, mit dessen sachlicher Bearbeitung begonnen worden ist, beträgt die Gebühr 40 Prozent der vorgesehenen Gebühr nach den Nummern 1 bis 3 der Anlage zu dieser Verordnung. § 15 Absatz 2 zweiter Halbsatz des Verwaltungskostengesetzes bleibt unberührt.

**§ 3 Ablehnung von Anträgen**

Wird ein Antrag auf Begrenzung der EEG-Umlage abgelehnt, beträgt die Gebühr 70 Prozent der vorgesehenen Gebühr nach den Nummern 1 bis 3 der Anlage zu dieser Verordnung. § 15 des Verwaltungskostengesetzes bleibt unberührt.

**§ 4 Übergangsregelung**

Für Anträge auf Begrenzung der EEG-Umlage nach den §§ 63 bis 66 sowie § 103 des Erneuerbare-Energien- Gesetzes, die einschließlich der vollständigen Antragsunterlagen vor dem 5. August 2014 beim Bundesamt für Wirtschaft und Ausfuhrkontrolle eingegangen sind, ist § 2 mit der Maßgabe anzuwenden, dass die Gebühr entfällt, wenn der Antrag vor dem 1. September 2014 zurückgenommen wurde.

**Anlage (zu § 1 Absatz 1 Satz 2)**
**Gebührenverzeichnis**
(Fundstelle: BGBl. I 2014, 1318)

|  | Amtshandlungen des Bundesamtes für Wirtschaft und Ausfuhrkontrolle | Gebührensatz |
|---|---|---|
| 1. | Begrenzung der EEG-Umlage für stromkostenintensive Unternehmen nach § 64 des Erneuerbare-Energien- Gesetzes | |
| 1.1 | Gebühr je antragstellendem Unternehmen oder | 800 Euro |
|  | Amtshandlungen desBundesamtes für Wirtschaft und Ausfuhrkontrolle selbständigem Unternehmensteil | Gebührensatz |

1367

# Anlage § 064–01

Zu § 64 Erneuerbare-Energiengesetz

| | Amtshandlungen des Bundesamtes für Wirtschaft und Ausfuhrkontrolle | Gebührensatz |
|---|---|---|
| 1.2 | Gebühr je beantragter Abnahmestelle und Stromverbrauchsmenge über 1 Gigawattstunde nach § 64 Absatz 1 des Erneuerbare-Energien-Gesetzes im letzten abgeschlossenen Geschäftsjahr; maßgeblich ist die angefangene und an der Abnahmestelle selbst verbrauchte Gigawattstunde | 125 Euro je Gigawattstunde, wenn die Antragsprüfung unter Zugrundelegung des Stromverbrauchs im letzten abgeschlossenen Geschäftsjahr für das Unternehmen eine Begrenzung der EEG- Umlage nach § 64 Absatz 2 Nummer 3 in Verbindung mit Nummer 4 Buchstabe a des Erneuerbare-Energien-Gesetzes auf unter 0,1 Cent pro Kilowattstunde ergibt |
| | | 105 Euro je Gigawattstunde, wenn die Antragsprüfung unter Zugrundelegung des Stromverbrauchs im letzten abgeschlossenen Geschäftsjahr für das Unternehmen eine Begrenzung der EEG- Umlage nach § 64 Absatz 2 Nummer 4 Buchstabe b des Erneuerbare-Energien- Gesetzes ergibt |
| | | 90 Euro je Gigawattstunde, wenn die Antragsprüfung unter Zugrundelegung des Stromverbrauchs im letzten abgeschlossenen Geschäftsjahr für das Unternehmen eine Begrenzung der EEG- Umlage nach § 64 Absatz 2 Nummer 3 Buchstabe a des Erneuerbare-Energien- Gesetzes ergibt |
| | | 80 Euro je Gigawattstunde, wenn die Antragsprüfung unter Zugrundelegung des Stromverbrauchs im letzten abgeschlossenen Geschäftsjahr für das Unternehmen eine Begrenzung der EEG- Umlage nach § 64 Absatz 2 Nummer 3 Buchstabe b des Erneuerbare-Energien- Gesetzes ergibt |
| | | 70 Euro je Gigawattstunde, wenn die Antragsprüfung unter Zugrundelegung des Stromverbrauchs im letzten abgeschlossenen Geschäftsjahr eine Begrenzung der EEG-Umlage nach § 64 Absatz 2 Nummer 2 des Erneuerbare- Energien-Gesetzes ergibt |
| 2. | Begrenzung der EEG-Umlage für Schienenbahnen nach §65 des Erneuerbare-Energien-Gesetzes | |
| 2.1 | Gebühr je Schienenbahn | 500 Euro |
| 2.2 | Gebühr je Stromverbrauchsmenge an der betreffenden Abnahmestelle nach § 65 Absatz 1 des Erneuerbare- Energien-Gesetzes im letzten abgeschlossenen Geschäftsjahr; maßgeblich ist die angefangene und an der Abnahmestelle selbst verbrauchte Gigawattstunde | 60 Euro je Gigawattstunde |

Zu § 64 Erneuerbare-Energiengesetz    **Anlage § 064–01**

|  | Amtshandlungen des Bundesamtes für Wirtschaft und Ausfuhrkontrolle | Gebührensatz |
|---|---|---|
| 3. | Gebühr für die Begrenzung der EEG-Umlage bei Unternehmen nach § 103 Absatz 3 Satz 2 oder Absatz 4 des Erneuerbare-Energien-Gesetzes je beantragter Abnahmestelle und Stromverbrauchsmenge über 1 Gigawattstunde im letzten abgeschlossenen Geschäftsjahr; maßgeblich ist die angefangene und an der Abnahmestelle selbst verbrauchte Gigawattstunde | 330 Euro je Gigawattstunde |
| 4. | Gebühr für die Übertragung eines Begrenzungsbescheides nach § 67 Absatz 3 des Erneuerbare-Energien-Gesetzes oder seine Umschreibung, soweit nicht die Umschreibung infolge eines Wechsels des Energieversorgungsunternehmens oder des Übertragungsnetzbetreibers beantragt wird | 250 Euro |

**X. Begriffsbestimmungen (Stichwortverzeichnis)**
**Begriffsbestimmungen**
**Abnahmestelle** (§ 64 Absatz 6 Nummer 1 EEG 2014): Eine Abnahmestelle ist die Summe aller räumlich und physikalisch zusammenhängenden elektrischen Einrichtungen einschließlich der Eigenversorgungsanlagen eines Unternehmens, die sich auf einem in sich abgeschlossenen Betriebsgelände befinden und über eine oder mehrere Entnahmepunkte mit dem Netz des Netzbetreibers verbunden sind; sie muss über eigene Stromzähler an allen Entnahmepunkten und Eigenversorgungsanlagen verfügen.
**Elektrizitätsversorgungsunternehmen** (§ 5 Nummer 13 EEG 2014): jede natürliche oder juristische Person, die Elektrizität an Letztverbraucherinnen oder Letztverbraucher liefert
**Letztverbraucher** (§ 5 Nummer 24 EEG 2014): jede natürliche oder juristische Person, die Strom verbraucht
**Netz** (§ 5 Nummer 26 EEG 2014): die Gesamtheit der miteinander verbundenen technischen Einrichtungen zur Abnahme, Übertragung und Verteilung von Elektrizität für die allgemeine Versorgung
**Netzbetreiber** (§ 5 Nummer 27 EEG 2014): jeder Betreiber eines Netzes für die allgemeine Versorgung mit Elektrizität, unabhängig von der Spannungsebene
**Neugründungen** (§ 64 Absatz 4, S. 4 EEG 2014): Neu gegründete Unternehmen sind nur solche, die unter Schaffung von im Wesentlichen neuem Betriebsvermögen ihre Tätigkeit erstmals aufnehmen; sie dürfen nicht durch Umwandlung entstanden sein.
**Übertragungsnetzbetreiber** (§ 5 Nummer 31 EEG 2014): der regelverantwortliche Netzbetreiber von Hoch- und Höchstspannungsnetzen, die der überregionalen Übertragung von Elektrizität zu nachgeordneten Netzen dienen
**Umwandlung** (§ 5 Nummer 32 EEG 2014): jede Umwandlung von Unternehmen nach dem Umwandlungsgesetz oder jede Übertragung sämtlicher Wirtschaftsgüter eines Unternehmens oder Unternehmensteils im Wege der Singularsukzession
**Umweltgutachter** (§ 5 Nummer 33 EEG 2014): jede Person oder Organisation, die nach dem Umweltauditgesetz in der jeweils geltenden Fassung als Umweltgutachter oder Umweltgutachterorganisation tätig werden darf
**Unternehmen** (§ 5 Nummer 34 EEG 2014): jede rechtsfähige Personenvereinigung oder juristische Person, die über einen nach Art und Umfang in kaufmännischer Weise eingerichteten Geschäftsbetrieb verfügt, der unter Beteiligung am allgemeinen wirtschaftlichen Verkehr nachhaltig mit eigener Gewinnerzielungsabsicht betrieben wird
**Zertifizierer** (i. S. des § 64 Absatz 1 Nummer 3 i.V.m. Absatz 3 Satz 2 EEG 2014):
1. Umweltgutachter und Umweltgutachterorganisationen gemäß Umweltauditgesetz (UAG) für EMAS in ihrem jeweiligen Zulassungsbereich,
2. Zertifizierer für ISO 50001 in ihrem jeweiligen akkreditierten Bereich

# Anlage § 064–01

Zu § 64 Erneuerbare-Energiengesetz

## XI. Anhang

### 1. Schaubild EEG-Ausgleichsmechanismus

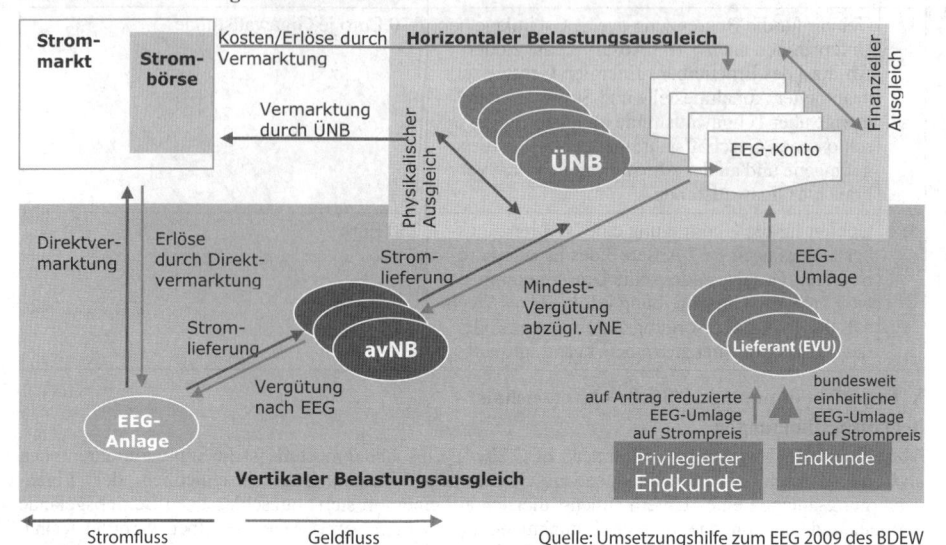

Quelle: Umsetzungshilfe zum EEG 2009 des BDEW

Begriffe:
avNB – aufnahme- und vergütungspflichtiger Netzbetreiber
EVU – Energieversorgungsunternehmen
rÜNB – regelverantwortlicher Übertragungsnetzbetreiber
vNE – vermiedene Netzentgelte

Zu § 64 Erneuerbare-Energiengesetz

**Anlage § 064–01**

## 2. Aufteilung der Bundesrepublik Deutschland auf die vier ÜNB

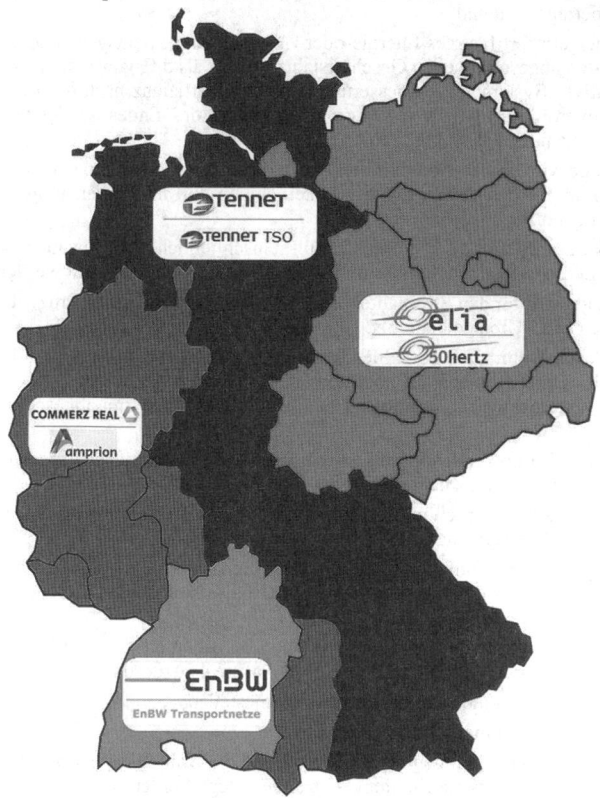

## 3. Wesentliche gesetzliche Bestimmungen der Besonderen Ausgleichsregelung im EEG
### § 63 Grundsatz
Auf Antrag begrenzt das Bundesamt für Wirtschaft und Ausfuhrkontrolle abnahmestellenbezogen
1. nach Maßgabe des § 64 die EEG-Umlage für Strom, der von stromkostenintensiven Unternehmen selbst verbraucht wird, um den Beitrag dieser Unternehmen zur EEG-Umlage in einem Maße zu halten, das mit ihrer internationalen Wettbewerbssituation vereinbar ist, und ihre Abwanderung in das Ausland zu verhindern, und
2. nach Maßgabe des § 65 die EEG-Umlage für Strom, der von Schienenbahnen selbst verbraucht wird, um die intermodale Wettbewerbsfähigkeit der Schienenbahnen zu erhalten,

soweit hierdurch jeweils die Ziele des Gesetzes nicht gefährdet werden und die Begrenzung mit dem Interesse der Gesamtheit der Stromverbraucher vereinbar ist.

### § 64 Stromkostenintensive Unternehmen
(1) Bei einem Unternehmen, das einer Branche nach Anlage 4 zuzuordnen ist, erfolgt die Begrenzung nur, soweit es nachweist, dass und inwieweit
1. im letzten abgeschlossenen Geschäftsjahr die nach § 60 Absatz 1 oder § 61 umlagepflichtige und selbst verbrauchte Strommenge an einer Abnahmestelle, an der das Unternehmen einer Branche nach Anlage 4 zuzuordnen ist, mehr als 1 Gigawattstunde betragen hat,
2. die Stromkostenintensität
    a) bei einem Unternehmen, das einer Branche nach Liste 1 der Anlage 4 zuzuordnen ist, mindestens den folgenden Wert betragen hat:
        aa) 16 Prozent für die Begrenzung im Kalenderjahr 2015 und
        bb) 17 Prozent für die Begrenzung ab dem Kalenderjahr 2016,

# Anlage § 064–01

Zu § 64 Erneuerbare-Energiengesetz

b) bei einem Unternehmen, das einer Branche nach Liste 2 der Anlage 4 zuzuordnen ist, mindestens 20 Prozent betragen hat und

3. das Unternehmen ein zertifiziertes Energie-oder Umweltmanagementsystem oder, sofern das Unternehmen im letzten abgeschlossenen Geschäftsjahr weniger als 5 Gigawattstunden Strom verbraucht hat, ein alternatives System zur Verbesserung der Energieeffizienz nach § 3 der Spitzenausgleich-Effizienzsystemverordnung in der jeweils zum Zeitpunkt des Endes des letzten abgeschlossenen Geschäftsjahrs geltenden Fassung betreibt.

(2) Die EEG-Umlage wird an den Abnahmestellen, an denen das Unternehmen einer Branche nach Anlage 4 zuzuordnen ist, für den Strom, den das Unternehmen dort im Begrenzungszeitraum selbst verbraucht, wie folgt begrenzt:

1. Die EEG-Umlage wird für den Stromanteil bis einschließlich 1 Gigawattstunde nicht begrenzt (Selbstbehalt). Dieser Selbstbehalt muss im Begrenzungsjahr zuerst gezahlt werden.
2. Die EEG-Umlage wird für den Stromanteil über 1 Gigawattstunde auf 15 Prozent der nach § 60 Absatz 1 ermittelten EEG-Umlage begrenzt.
3. Die Höhe der nach Nummer 2 zu zahlenden EEG-Umlage wird in Summe aller begrenzten Abnahmestellen des Unternehmens auf höchstens den folgenden Anteil der Bruttowertschöpfung begrenzt, die das Unternehmen im arithmetischen Mittel der letzten drei abgeschlossenen Geschäftsjahre erzielt hat:
   a) 0,5 Prozent der Bruttowertschöpfung, sofern die Stromkostenintensität des Unternehmens mindestens 20 Prozent betragen hat, oder
   b) 4,0 Prozent der Bruttowertschöpfung, sofern die Stromkostenintensität des Unternehmens weniger als 20 Prozent betragen hat.
4. Die Begrenzung nach den Nummern 2 und 3 erfolgt nur so weit, dass die von dem Unternehmen zu zahlende EEG-Umlage für den Stromanteil über 1 Gigawattstunde den folgenden Wert nicht unterschreitet:
   a) 0,05 Cent pro Kilowattstunde an Abnahmestellen, an denen das Unternehmen einer Branche mit der laufenden Nummer 130, 131 oder 132 nach Anlage 4 zuzuordnen ist, oder
   b) 0,1 Cent pro Kilowattstunde an sonstigen Abnahmestellen;
   der Selbstbehalt nach Nummer 1 bleibt unberührt.

(3) Die Erfüllung der Voraussetzungen nach Absatz 1 und die Bruttowertschöpfung, die nach Absatz 2 Nummer 3 für die Begrenzungsentscheidung zugrunde gelegt werden muss (Begrenzungsgrundlage), sind wie folgt nachzuweisen:

1. für die Voraussetzungen nach Absatz 1 Nummer 1 und 2 und die Begrenzungsgrundlage nach Absatz 2 durch
   a) die Stromlieferungsverträge und die Stromrechnungen für das letzte abgeschlossene Geschäftsjahr
   b) die Angabe der jeweils in den letzten drei abgeschlossenen Geschäftsjahren von einem Elektrizitätsversorgungsunternehmen gelieferten oder selbst erzeugten und selbst verbrauchten sowie weitergeleiteten Strommengen und
   c) die Bescheinigung eines Wirtschaftsprüfers, einer Wirtschaftsprüfungsgesellschaft, eines vereidigten Buchprüfers oder einer Buchprüfungsgesellschaft auf Grundlage der geprüften Jahresabschlüsse nach den Vorgaben des Handelsgesetzbuches für die letzten drei abgeschlossenen Geschäftsjahre; die Bescheinigung muss die folgenden Angaben enthalten:
      aa) Angaben zum Betriebszweck und zu der Betriebstätigkeit des Unternehmens,
      bb) Angaben zu den Strommengen des Unternehmens, die von Elektrizitätsversorgungsunternehmen geliefert oder selbst erzeugt und selbst verbraucht wurden, einschließlich der Angabe, in welcher Höhe ohne Begrenzung für diese Strommengen die EEG-Umlage zu zahlen gewesen wäre, und
      cc) sämtliche Bestandteile der Bruttowertschöpfung;
      auf die Bescheinigung sind die §§ 319 Absatz 2 bis 4, 319b Absatz 1, 320 Absatz 2 und 323 des Handelsgesetzbuchs entsprechend anzuwenden; in der Bescheinigung ist darzulegen, dass die in ihr enthaltenen Daten mit hinreichender Sicherheit frei von wesentlichen Falschangaben und Abweichungen sind; bei der Prüfung der Bruttowertschöpfung ist eine Wesentlichkeitsschwelle von fünf Prozent ausreichend,
   d) einen Nachweis über die Klassifizierung des Unternehmens durch die statistischen Ämter der Länder in Anwendung der Klassifikation der Wirtschaftszweige des Statistischen Bundesamtes,

Ausgabe 2008,[1)] und die Einwilligung des Unternehmens, dass sich das Bundesamt für Wirtschaft und Ausfuhrkontrolle von den statistischen Ämtern der Länder die Klassifizierung des bei ihnen registrierten Unternehmens und seiner Betriebsstätten übermitteln lassen kann,

2. für die Voraussetzungen nach Absatz 1 Nummer 3 durch ein gültiges DIN EN ISO 50001-Zertifikat, einen gültigen Eintragungs- oder Verlängerungsbescheid der EMAS-Registrierungsstelle über die Eintragung in das EMAS-Register oder einen gültigen Nachweis des Betriebs eines alternativen Systems zur Verbesserung der Energieeffizienz; § 4 Absatz 1 bis 3 der Spitzenausgleich- Effizienzsystemverordnung in der jeweils zum Zeitpunkt des Endes des letzten abgeschlossenen Geschäftsjahrs geltenden Fassung ist entsprechend anzuwenden.

(4) Unternehmen, die nach dem 30. Juni des Vorjahres neu gegründet wurden, können abweichend von Absatz 3 Nummer 1 im ersten Jahr nach der Neugründung Daten über ein Rumpfgeschäftsjahr übermitteln, im zweiten Jahr nach der Neugründung Daten für das erste abgeschlossene Geschäftsjahr und im dritten Jahr nach der Neugründung Daten für das erste und zweite abgeschlossene Geschäftsjahr. Für das erste Jahr nach der Neugründung ergeht die Begrenzungsentscheidung unter Vorbehalt des Widerrufs. Nach Vollendung des ersten abgeschlossenen Geschäftsjahres erfolgt eine nachträgliche Überprüfung der Antragsvoraussetzungen und des Begrenzungsumfangs durch das Bundesamt für Wirtschaft und Ausfuhrkontrolle anhand der Daten des abgeschlossenen Geschäftsjahres. Absatz 3 ist im Übrigen entsprechend anzuwenden. Neu gegründete Unternehmen sind nur solche, die unter Schaffung von im Wesentlichen neuem Betriebsvermögen ihre Tätigkeit erstmals aufnehmen; sie dürfen nicht durch Umwandlung entstanden sein. Neu geschaffenes Betriebsvermögen liegt vor, wenn über das Grund- und Stammkapital hinaus weitere Vermögensgegenstände des Anlage- oder Umlaufvermögens erworben, gepachtet oder geleast wurden. Es wird unwiderleglich vermutet, dass der Zeitpunkt der Neugründung der Zeitpunkt ist, an dem erstmals Strom zu Produktionszwecken verbraucht wird.

(5) Die Absätze 1 bis 4 sind für selbständige Teile eines Unternehmens, das einer Branche nach Liste 1 der Anlage 4 zuzuordnen ist, entsprechend anzuwenden. Ein selbständiger Unternehmensteil liegt nur vor, wenn es sich um einen Teilbetrieb mit eigenem Standort oder einen vom übrigen Unternehmen am Standort abgegrenzten Betrieb mit den wesentlichen Funktionen eines Unternehmens handelt, der Unternehmensteil jederzeit als rechtlich selbständiges Unternehmen seine Geschäfte führen könnte, seine Erlöse wesentlich mit externen Dritten erzielt und über eine eigene Abnahmestelle verfügt. Für den selbständigen Unternehmensteil sind eine eigene Bilanz und eine eigene Gewinn- und Verlustrechnung in entsprechender Anwendung der für alle Kaufleute geltenden Vorschriften des Handelsgesetzbuches aufzustellen. Die Bilanz und die Gewinn- und Verlustrechnung nach Satz 3 sind in entsprechender Anwendung der §§ 317 bis 323 des Handelsgesetzbuches zu prüfen.

(6) Im Sinne dieses Paragraphen ist

1. „Abnahmestelle" die Summe aller räumlich und physikalisch zusammenhängenden elektrischen Einrichtungen einschließlich der Eigenversorgungsanlagen eines Unternehmens, die sich auf einem in sich abgeschlossenen Betriebsgelände befinden und über einen oder mehrere Entnahmepunkte mit dem Netz verbunden sind; sie muss über eigene Stromzähler an allen Entnahmepunkten und Eigenversorgungsanlagen verfügen,

2. „Bruttowertschöpfung" die Bruttowertschöpfung des Unternehmens zu Faktorkosten nach der Definition des Statistischen Bundesamtes, Fachserie 4, Reihe 4.3, Wiesbaden 2007[2)], ohne Abzug der Personalkosten für Leiharbeitsverhältnisse; die durch vorangegangene Begrenzungsentscheidungen hervorgerufenen Wirkungen bleiben bei der Berechnung der Bruttowertschöpfung außer Betracht, und

3. „Stromkostenintensität" das Verhältnis der maßgeblichen Stromkosten einschließlich der Stromkosten für nach § 61 umlagepflichtige selbst verbrauchte Strommengen zum arithmetischen Mittel der Bruttowertschöpfung in den letzten drei abgeschlossenen Geschäftsjahren des Unternehmens; hierbei werden die maßgeblichen Stromkosten berechnet durch die Multiplikation des arithmetischen Mittels des Stromverbrauchs des Unternehmens in den letzten drei abgeschlossenen Geschäftsjahren oder dem standardisierten Stromverbrauch, der nach Maßgabe einer Rechtsverordnung nach § 94 Nummer 1 ermittelt wird, mit dem durchschnittlichen Strompreis für Unternehmen mit ähnlichen Stromverbräuchen, der nach Maßgabe einer Rechtsverordnung nach § 94 Nummer 2 zugrunde zu legen ist; die durch vorangegangene Begrenzungsentscheidungen hervorgerufenen Wirkungen bleiben bei der Berechnung der Stromkostenintensität außer Betracht.

---

1) Amtlicher Hinweis: Zu beziehen beim Statistischen Bundesamt, Gustav-Stresemann-Ring 11, 65189 Wiesbaden; auch zu beziehen über www.destatis.de.

2) Amtlicher Hinweis: Zu beziehen beim Statistischen Bundesamt, Gustav-Stresemann-Ring 11, 65189 Wiesbaden; auch zu beziehen über www.destatis.de.

# Anlage § 064–01

Zu § 64 Erneuerbare-Energiengesetz

(7) Für die Zuordnung eines Unternehmens zu den Branchen nach Anlage 4 ist der Zeitpunkt des Endes des letzten abgeschlossenen Geschäftsjahrs maßgeblich.

## § 65 Schienenbahnen

(1) Bei einer Schienenbahn erfolgt die Begrenzung der EEG-Umlage nur, sofern sie nachweist, dass und inwieweit im letzten abgeschlossenen Geschäftsjahr die an der betreffenden Abnahmestelle selbst verbrauchte Strommenge unmittelbar für den Fahrbetrieb im Schienenbahnverkehr verbraucht wurde und unter Ausschluss der rückgespeisten Energie mindestens 2 Gigawattstunden betrug.

(2) Für eine Schienenbahn wird die EEG-Umlage für die gesamte Strommenge, die das Unternehmen unmittelbar für den Fahrbetrieb im Schienenbahnverkehr selbst verbraucht, unter Ausschluss der rückgespeisten Energie an der betreffenden Abnahmestelle auf 20 Prozent der nach § 60 Absatz 1 ermittelten EEG-Umlage begrenzt.

(3) Abnahmestelle im Sinne der Absätze 1 und 2 ist die Summe der Verbrauchsstellen für den Fahrbetrieb im Schienenbahnverkehr des Unternehmens. § 64 Absatz 3 Nummer 1 a bis c und Absatz 4 ist entsprechend anzuwenden; es wird unwiderleglich vermutet, dass der Zeitpunkt der Neugründung der Zeitpunkt ist, zu dem erstmals Strom zu Fahrbetriebszwecken verbraucht wird.

## § 66 Antragstellung und Entscheidungswirkung

(1) Der Antrag nach § 63 in Verbindung mit § 64 einschließlich der Bescheinigungen nach § 64 Absatz 3 Nummer 1 c und Nummer 2 ist jeweils zum 30. Juni eines Jahres (materielle Ausschlussfrist) für das folgende Kalenderjahr zu stellen. Satz 1 ist entsprechend anzuwenden auf Anträge nach § 63 in Verbindung mit § 65 einschließlich der Bescheinigungen nach § 64 Absatz 3 Nummer 1 c. Einem Antrag nach den Sätzen 1 und 2 müssen die übrigen in den §§ 64 oder 65 genannten Unterlagen beigefügt werden.

(2) Ab dem Antragsjahr 2015 muss der Antrag elektronisch über das vom Bundesamt für Wirtschaft und Ausfuhrkontrolle eingerichtete Portal gestellt werden. Das Bundesamt für Wirtschaft und Ausfuhrkontrolle wird ermächtigt, Ausnahmen von der Pflicht zur elektronischen Antragstellung nach Satz 1 durch Allgemeinverfügung, die im Bundesanzeiger bekannt zu machen ist, verbindlich festzulegen.

(3) Neu gegründete Unternehmen im Sinne des § 64 Absatz 4 können den Antrag abweichend von Absatz 1 Satz 1 bis zum 30. September eines Jahres für das folgende Kalenderjahr stellen. Satz 1 ist für neu gegründete Schienenbahnen entsprechend anzuwenden.

(4) Die Entscheidung ergeht mit Wirkung gegenüber der antragstellenden Person, dem Elektrizitätsversorgungsunternehmen und dem regelverantwortlichen Übertragungsnetzbetreiber. Sie wirkt jeweils für das dem Antragsjahr folgende Kalenderjahr (Begrenzungsjahr).

(5) Der Anspruch des an der betreffenden Abnahmestelle regelverantwortlichen Übertragungsnetzbetreibers auf Zahlung der EEG-Umlage gegenüber den betreffenden Elektrizitätsversorgungsunternehmen wird nach Maßgabe der Entscheidung des Bundesamtes für Wirtschaft und Ausfuhrkontrolle begrenzt. Die Übertragungsnetzbetreiber haben diese Begrenzung beim Ausgleich nach § 58 zu berücksichtigen. Erfolgt während des Geltungszeitraums der Entscheidung ein Wechsel des an der betreffenden Abnahmestelle regelverantwortlichen Übertragungsnetzbetreibers oder des betreffenden Elektrizitätsversorgungsunternehmens, muss die begünstigte Person dies dem Übertragungsnetzbetreiber oder dem Elektrizitätsversorgungsunternehmen und dem Bundesamt für Wirtschaft und Ausfuhrkontrolle unverzüglich mitteilen.

## § 67 Umwandlung von Unternehmen

(1) Wurde das antragstellende Unternehmen in seinen letzten drei abgeschlossenen Geschäftsjahren vor der Antragstellung oder in dem danach liegenden Zeitraum bis zum Ende der materiellen Ausschlussfrist umgewandelt, so kann das antragstellende Unternehmen für den Nachweis der Anspruchsvoraussetzungen auf die Daten des Unternehmens vor seiner Umwandlung nur zurückgreifen, wenn die wirtschaftliche und organisatorische Einheit dieses Unternehmens nach der Umwandlung nahezu vollständig in dem antragstellenden Unternehmen erhalten geblieben ist. Andernfalls ist § 64 Absatz 4 Satz 1 bis 4 entsprechend anzuwenden.

(2) Wird das antragstellende oder begünstigte Unternehmen umgewandelt, so hat es dies dem Bundesamt für Wirtschaft und Ausfuhrkontrolle unverzüglich schriftlich anzuzeigen.

(3) Geht durch die Umwandlung eines begünstigten Unternehmens dessen wirtschaftliche und organisatorische Einheit nahezu vollständig auf ein anderes Unternehmen über, so überträgt auf Antrag des anderen Unternehmens das Bundesamt für Wirtschaft und Ausfuhrkontrolle den Begrenzungsbescheid auf dieses. Die Pflicht des antragstellenden Unternehmens zur Zahlung der nach § 60 Absatz 1 ermittelten EEG- Umlage besteht nur dann, wenn das Bundesamt für Wirtschaft und Ausfuhrkontrolle den

Antrag auf Übertragung des Begrenzungsbescheides ablehnt. In diesem Fall beginnt die Zahlungspflicht der nach § 60 Absatz 1 ermittelten EEG-Umlage mit dem Wirksamwerden der Umwandlung.

(4) Die Absätze 1 und 3 sind auf selbständige Unternehmensteile und auf Schienenbahnen entsprechend anzuwenden.

### § 68 Rücknahme der Entscheidung, Auskunft, Betretungsrecht

(1) Die Entscheidung nach § 63 ist mit Wirkung auch für die Vergangenheit zurückzunehmen, wenn bekannt wird, dass bei ihrer Erteilung die Voraussetzungen nach den §§ 64 oder 65 nicht vorlagen.

(2) Zum Zweck der Prüfung der gesetzlichen Voraussetzungen sind die Bediensteten des Bundesamtes für Wirtschaft und Ausfuhrkontrolle und dessen Beauftragte befugt, von den für die Begünstigten handelnden natürlichen Personen für die Prüfung erforderliche Auskünfte zu verlangen, innerhalb der üblichen Geschäftszeiten die geschäftlichen Unterlagen einzusehen und zu prüfen sowie Betriebs- und Geschäftsräume sowie die dazugehörigen Grundstücke der begünstigten Personen während der üblichen Geschäftszeiten zu betreten. Die für die Begünstigten handelnden natürlichen Personen müssen die verlangten Auskünfte erteilen und die Unterlagen zur Einsichtnahme vorlegen. Zur Auskunft Verpflichtete können die Auskunft auf solche Fragen verweigern, deren Beantwortung sie selbst oder in § 383 Absatz 1 Nummer 1 bis 3 der Zivilprozessordnung bezeichnete Angehörige der Gefahr strafrechtlicher Verfolgung oder eines Verfahrens nach dem Gesetz über Ordnungswidrigkeiten aussetzen würde.

### § 69 Mitwirkungs- und Auskunftspflicht

Unternehmen und Schienenbahnen, die eine Entscheidung nach § 63 beantragen oder erhalten haben, müssen bei der Evaluierung und Fortschreibung der §§ 63 bis 68 durch das Bundesministerium für Wirtschaft und Energie, das Bundesamt für Wirtschaft und Ausfuhrkontrolle oder deren Beauftragten mitwirken. Sie müssen auf Verlangen erteilen

1. Auskunft über sämtliche von ihnen selbst verbrauchten Strommengen, auch solche, die nicht von der Begrenzungsentscheidung erfasst sind, um eine Grundlage für die Entwicklung von Effizienzanforderungen zu schaffen,
2. Auskunft über mögliche und umgesetzte effizienzsteigernde Maßnahmen, insbesondere Maßnahmen, die durch den Betrieb des Energie- oder Umweltmanagementsystems oder eines alternativen Systems zur Verbesserung der Energieeffizienz aufgezeigt wurden,
3. Auskunft über sämtliche Bestandteile der Stromkosten des Unternehmens, soweit dies für die Ermittlung durchschnittlicher Strompreise für Unternehmen mit ähnlichen Stromverbräuchen erforderlich ist, und
4. weitere Auskünfte, die zur Evaluierung und Fortschreibung der §§ 63 bis 68 erforderlich sind.

Das Bundesamt für Wirtschaft und Ausfuhrkontrolle kann die Art der Auskunftserteilung nach Satz 2 Nummer 1 bis 4 näher ausgestalten. Betriebs- und Geschäftsgeheimnisse müssen gewahrt werden.

### § 94 Verordnungsermächtigungen zur Besonderen Ausgleichsregelung

Das Bundesministerium für Wirtschaft und Energie wird ermächtigt, durch Rechtsverordnung ohne Zustimmung des Bundesrates

1. Vorgaben zu regeln zur Festlegung von Effizienzanforderungen, die bei der Berechnung des standardisierten Stromverbrauchs im Rahmen der Berechnung der Stromkostenintensität nach § 64 Absatz 6 Nummer 3 anzuwenden sind, insbesondere zur Festlegung von Stromeffizienzreferenzwerten, die dem Stand fortschrittlicher stromeffizienter Produktionstechnologien entsprechen, oder von sonstigen Effizienzanforderungen, so dass nicht der tatsächliche Stromverbrauch, sondern der standardisierte Stromverbrauch bei der Berechnung der Stromkosten angesetzt werden kann; hierbei können
   a) Vorleistungen berücksichtigt werden, die von Unternehmen durch Investitionen in fortschrittliche Produktionstechnologien getätigt wurden, oder
   b) Erkenntnisse aus den Auskünften über den Betrieb von Energie- oder Umweltmanagementsystemen oder über von alternativen Systemen zur Verbesserung der Energieeffizienz durch die Unternehmen nach § 69 Satz 2 Nummer 1 und 2 herangezogen werden,
2. festzulegen, welche durchschnittlichen Strompreise nach § 64 Absatz 6 Nummer 3 für die Berechnung der Stromkostenintensität eines Unternehmen zugrunde gelegt werden müssen und wie diese Strompreise berechnet werden; hierbei können insbesondere
   a) Strompreise für verschiedene Gruppen von Unternehmen mit ähnlichem Stromverbrauch oder Stromverbrauchsmuster gebildet werden, die die Strommarktrealitäten abbilden, und
   b) verfügbare statistische Erfassungen von Strompreisen in der Industrie berücksichtigt werden.

# Anlage § 064–01

Zu § 64 Erneuerbare-Energiengesetz

3. Branchen in die Anlage 4 aufzunehmen oder aus dieser herauszunehmen, sobald und soweit dies für eine Angleichung an Beschlüsse der Europäischen Kommission erforderlich ist.

### § 103 Übergangs- und Härtefallbestimmungen zur Besonderen Ausgleichsregelung

(1) Für Anträge für das Begrenzungsjahr 2015 sind die §§ 63 bis 69 mit den folgenden Maßgaben anzuwenden:

1. § 64 Absatz 1 Nummer 3 ist für Unternehmen mit einem Stromverbrauch von unter 10 Gigawattstunden im letzten abgeschlossenen Geschäftsjahr nicht anzuwenden, wenn das Unternehmen dem Bundesamt für Wirtschaft und Ausfuhrkontrolle nachweist, dass es innerhalb der Antragsfrist nicht in der Lage war, eine gültige Bescheinigung nach § 64 Absatz 3 Nummer 2 zu erlangen.
2. § 64 Absatz 2 und 3 Nummer 1 ist mit der Maßgabe anzuwenden, dass anstelle des arithmetischen Mittels der Bruttowertschöpfung der letzten drei abgeschlossenen Geschäftsjahre auch nur die Bruttowertschöpfung nach § 64 Absatz 6 Nummer 2 des letzten abgeschlossenen Geschäftsjahrs des Unternehmens zugrunde gelegt werden kann.
3. § 64 Absatz 6 Nummer 1 letzter Halbsatz ist nicht anzuwenden.
4. § 64 Absatz 6 Nummer 3 ist mit der Maßgabe anzuwenden, dass die Stromkostenintensität das Verhältnis der von dem Unternehmen in dem letzten abgeschlossenen Geschäftsjahr zu tragenden tatsächlichen Stromkosten einschließlich der Stromkosten für nach § 61 umlagepflichtige selbst verbrauchte Strommengen zu der Bruttowertschöpfung zu Faktorkosten des Unternehmens nach Nummer 2 ist; Stromkosten für nach § 61 nicht umlagepflichtige selbst verbrauchte Strommengen können berücksichtigt werden, soweit diese im letzten abgeschlossenen Geschäftsjahr dauerhaft von nach § 60 Absatz 1 oder nach § 61 umlagepflichtigen Strommengen abgelöst wurden; die Bescheinigung nach § 64 Absatz 3 Nummer 1 c muss sämtliche Bestandteile der vom Unternehmen getragenen Stromkosten enthalten.
5. Abweichend von § 66 Absatz 1 Satz 1 und 2 kann ein Antrag einmalig bis zum 30. September 2014 (materielle Ausschlussfrist) gestellt werden.
6. Im Übrigen sind die §§ 63 bis 69 anzuwenden, es sei denn, dass Anträge für das Begrenzungsjahr 2015 bis zum Ablauf des 31. Juli 2014 bestandskräftig entschieden worden sind.

(2) Für Anträge für das Begrenzungsjahr 2016 sind die §§ 63 bis 69 mit den folgenden Maßgaben anzuwenden:

1. § 64 Absatz 2 und 3 Nummer 1 ist mit der Maßgabe anzuwenden, dass anstelle des arithmetischen Mittels der Bruttowertschöpfung der letzten drei abgeschlossenen Geschäftsjahre auch das arithmetische Mittel der Bruttowertschöpfung nach § 64 Absatz 6 Nummer 2 der letzten beiden abgeschlossenen Geschäftsjahre des Unternehmens zugrunde gelegt werden kann.
2. § 64 Absatz 6 Nummer 3 ist mit der Maßgabe anzuwenden, dass die Stromkostenintensität das Verhältnis der von dem Unternehmen in dem letzten abgeschlossenen Geschäftsjahr zu tragenden tatsächlichen Stromkosten einschließlich der Stromkosten für nach § 61 umlagepflichtige selbst verbrauchte Strommengen zu der Bruttowertschöpfung zu Faktorkosten des Unternehmens nach Nummer 1 ist; Stromkosten für nach § 61 nicht umlagepflichtige selbst verbrauchte Strommengen können berücksichtigt werden, soweit diese im letzten abgeschlossenen Geschäftsjahr dauerhaft von nach § 60 Absatz 1 oder nach § 61 umlagepflichtigen Strommengen abgelöst wurden; die Bescheinigung nach § 64 Absatz 3 Nummer 1 c muss sämtliche Bestandteile der vom Unternehmen getragenen Stromkosten enthalten.
3. Im Übrigen sind die §§ 63 bis 69 anzuwenden.

(3) Für Unternehmen oder selbständige Unternehmensteils, die als Unternehmen des produzierenden Gewerbes nach § 3 Nummer 14 des Erneuerbare-Energien-Gesetzes in der am 31. Juli 2014 geltenden Fassung für das Begrenzungsjahr 2014 über eine bestandskräftige Begrenzungsentscheidung nach den §§ 42 bis 44 des Erneuerbare-Energien-Gesetzes in der am 31. Juli 2014 geltenden Fassung verfügen, begrenzt das Bundesamt für Wirtschaft und Ausfuhrkontrolle die EEG-Umlage für die Jahre 2015 bis 2018 nach den §§ 63 bis 69 so, dass die EEG-Umlage für ein Unternehmen in einem Begrenzungsjahr jeweils nicht mehr als das Doppelte des Betrags in Cent pro Kilowattstunde beträgt, der für den selbst verbrauchten Strom an den begrenzten Abnahmestellen des Unternehmens im jeweils dem Antragsjahr vorangegangenen Geschäftsjahr nach Maßgabe des für dieses Jahr geltenden Begrenzungsbescheides zu zahlen war. Satz 1 gilt entsprechend für Unternehmen oder selbständige Unternehmensteile, die für das Begrenzungsjahr 2014 über eine bestandskräftige Begrenzungsentscheidung verfügen und die Voraussetzungen nach § 64 nicht erfüllen, weil sie einer Branche nach Liste 1 der Anlage 4 zuzuordnen sind, aber ihre Stromkostenintensität weniger als 16 Prozent für das Begrenzungsjahr 2015 oder weniger als 17 Prozent ab dem Begrenzungsjahr 2016 beträgt, wenn und insoweit das Unternehmen oder der

Zu § 64 Erneuerbare-Energiengesetz       Anlage § 064–01

selbständige Unternehmensteil nachweist, dass seine Stromkostenintensität im Sinne des § 64 Absatz 6 Nummer 3 in Verbindung mit Absatz 1 und 2 dieses Paragrafen mindestens 14 Prozent betragen hat; im Übrigen sind die §§ 64, 66, 68 und 69 entsprechend anzuwenden.

(4) Für Unternehmen oder selbständige Unternehmensteile, die

1. als Unternehmen des produzierenden Gewerbes nach § 3 Nummer 14 des Erneuerbare-Energien-Gesetzes in der am 31. Juli 2014 geltenden Fassung für das Begrenzungsjahr 2014 über eine bestandskräftige Begrenzungsentscheidung nach den §§ 40 bis 44 des Erneuerbare-Energien-Gesetzes in der am 31. Juli 2014 geltenden Fassung verfügen und

2. die Voraussetzungen nach § 64 dieses Gesetzes nicht erfüllen, weil sie

    a) keiner Branche nach Anlage 4 zuzuordnen sind oder

    b) einer Branche nach Liste 2 der Anlage 4 zuzuordnen sind, aber ihre Stromkostenintensität weniger als 20 Prozent beträgt,

begrenzt das Bundesamt für Wirtschaft und Ausfuhrkontrolle auf Antrag die EEG-Umlage für den Stromanteil über 1 Gigawattstunde auf 20 Prozent der nach § 60 Absatz 1 ermittelten EEG-Umlage, wenn und insoweit das Unternehmen oder der selbständige Unternehmensteil nachweist, dass seine Stromkostenintensität im Sinne des § 64 Absatz 6 Nummer 3 in Verbindung mit Absatz 1 und 2 dieses Paragrafen mindestens 14 Prozent betragen hat. Satz 1 ist auch anzuwenden für selbständige Unternehmensteile, die abweichend von Satz 1 Nummer 2 a bis c die Voraussetzungen nach § 64 dieses Gesetzes deshalb nicht erfüllen, weil das Unternehmen einer Branche nach Liste 2 der Anlage 4 zuzuordnen ist. Im Übrigen sind Absatz 3 und die §§ 64, 66, 68 und 69 entsprechend anzuwenden.

(5) Für Schienenbahnen, die noch keine Begrenzungsentscheidung für das Begrenzungsjahr 2014 haben, sind die §§ 63 bis 69 für die Antragstellung auf Begrenzung für die zweite Jahreshälfte des Jahres 2014 mit den Maßgaben anzuwenden, dass

1. die EEG-Umlage für die gesamte Strommenge, die das Unternehmen unmittelbar für den Fahrbetrieb im Schienenbahnverkehr selbst verbraucht hat, auf 20 Prozent der nach § 37 Absatz 2 des Erneuerbare-Energien-Gesetzes in der am 31. Juli 2014 geltenden Fassung ermittelten EEG-Umlage für das Jahr 2014 begrenzt wird,

2. der Antrag nach § 63 in Verbindung mit § 65 einschließlich der Bescheinigung nach § 64 Absatz 3 Nummer 1 c bis zum 30. September 2014 zu stellen ist (materielle Ausschlussfrist) und

3. die Entscheidung rückwirkend zum 1. Juli 2014 mit einer Geltungsdauer bis zum 31. Dezember 2014 wirksam wird.

(6) Die Übertragungsnetzbetreiber haben gegen Elektrizitätsversorgungsunternehmen für die außerhalb der Regelverantwortung eines Übertragungsnetzbetreibers eigens für die Versorgung von Schienenbahnen erzeugten, unmittelbar in das Bahnstromnetz eingespeisten und unmittelbar für den Fahrbetrieb im Schienenverkehr verbrauchten Strommengen (Bahnkraftwerksstrom) für die Jahre 2009 bis 2013 nur Anspruch auf Zahlung einer EEG-Umlage von 0,05 Cent pro Kilowattstunde. Die Ansprüche werden wie folgt fällig:

1. für Bahnkraftwerksstrom, der in den Jahren 2009 bis 2011 verbraucht worden ist, zum 31. August 2014,

2. für Bahnkraftwerksstrom, der im Jahr 2012 verbraucht worden ist, zum 31. Januar 2015 und

3. für Bahnkraftwerksstrom, der im Jahr 2013 verbraucht worden ist, zum 31. Oktober 2015.

Elektrizitätsversorgungsunternehmen müssen ihrem Übertragungsnetzbetreiber unverzüglich die Endabrechnungen für die Jahre 2009 bis 2013 für den Bahnkraftwerksstrom vorlegen; § 75 ist entsprechend anzuwenden. Elektrizitätsversorgungsunternehmen können für Bahnkraftwerksstrom, den sie vor dem 1. Januar 2009 geliefert haben, die Abnahme und Vergütung nach § 37 Absatz 1 Satz 1 des Erneuerbare-Energien-Gesetzes in der am 31. Dezember 2011 geltenden Fassung und nach § 14 Absatz 3 Satz 1 des Erneuerbare-Energien-Gesetzes in der am 31. Juli 2008 geltenden Fassung verweigern.

# Anlage § 064–01

Zu § 64 Erneuerbare-Energiengesetz

| Laufende Nummer | WZ 2008[1] Code | WZ 2008 – Bezeichnung (a.n.g. = anderweitig nicht genannt) | Liste 1 | Liste 2 |
|---|---|---|---|---|
| 1. | 510 | Steinkohlenbergbau | X | |
| 2. | 610 | Gewinnung von Erdöl | | X |
| 3. | 620 | Gewinnung von Erdgas | | X |
| 4. | 710 | Eisenerzbergbau | | X |
| 5. | 729 | Sonstiger NE-Metallerzbergbau | X | |
| 6. | 811 | Gewinnung von Naturwerksteinen und Natursteinen, Kalk- und Gipsstein, Kreide und Schiefer | X | |
| 7. | 812 | Gewinnung von Kies, Sand, Ton und Kaolin | | X |
| 8. | 891 | Bergbau auf chemische und Düngemittelminerale | X | |
| 9. | 893 | Gewinnung von Salz | X | |
| 10. | 899 | Gewinnung von Steinen und Erden a. n. g. | X | |
| 11. | 1011 | Schlachten (ohne Schlachten von Geflügel) | | X |
| 12. | 1012 | Schlachten von Geflügel | | X |
| 13. | 1013 | Fleischverarbeitung | | X |
| 14. | 1020 | Fischverarbeitung | | X |
| 15. | 1031 | Kartoffelverarbeitung | | X |
| 16. | 1032 | Herstellung von Frucht- und Gemüsesäften | X | |
| 17. | 1039 | Sonstige Verarbeitung von Obst und Gemüse | X | |
| 18. | 1041 | Herstellung von Ölen und Fetten (ohne Margarine u.ä. Nahrungsfette) | X | |
| 19. | 1042 | Herstellung von Margarine u. ä. Nahrungsfetten | | X |
| 20. | 1051 | Milchverarbeitung (ohne Herstellung von Speiseeis) | | X |
| 21. | 1061 | Mahl- und Schälmühlen | | X |
| 22. | 1062 | Herstellung von Stärke und Stärkeerzeugnissen | X | |
| 23. | 1072 | Herstellung von Dauerbackwaren | | X |
| 24. | 1073 | Herstellung von Teigwaren | | X |
| 25. | 1081 | Herstellung von Zucker | | X |
| 26. | 1082 | Herstellung von Süßwaren (ohne Dauerbackwaren) | | X |
| 27. | 1083 | Verarbeitung von Kaffee und Tee, Herstellung von Kaffee-Ersatz | | X |
| 28. | 1084 | Herstellung von Würzmitteln und Soßen | | X |
| 29. | 1085 | Herstellung von Fertiggerichten | | X |
| 30. | 1086 | Herstellung von homogenisierten und diätetischen-Nahrungsmitteln | | X |
| 31. | 1089 | Herstellung von sonstigen Nahrungsmitteln a. n. g. | | X |

1) Amtlicher Hinweis: Klassifikation der Wirtschaftszweige des Statistischen Bundesamtes, Ausgabe 2008. Zu beziehen beim Statistischen Bundesamt, Gustav-Stresemann-Ring 11, 65189 Wiesbaden; auch zu beziehen über www.destatis.de.

Zu § 64 Erneuerbare-Energiengesetz                                            **Anlage § 064–01**

| Laufende Nummer | WZ 2008[1] Code | WZ 2008 – Bezeichnung (a.n.g. = anderweitig nicht genannt) | Liste 1 | Liste 2 |
|---|---|---|---|---|
| 32. | 1091 | Herstellung von Futtermitteln für Nutztiere | | X |
| 33. | 1092 | Herstellung von Futtermitteln für sonstige Tiere | | X |
| 34. | 1101 | Herstellung von Spirituosen | | X |
| 35. | 1102 | Herstellung von Traubenwein | | X |
| 36. | 1103 | Herstellung von Apfelwein und anderen Fruchtweinen | | X |
| 37. | 1104 | Herstellung von Wermutwein und sonstigen aromatisierten Weinen | X | |
| 38. | 1105 | Herstellung von Bier | | X |
| 39. | 1106 | Herstellung von Malz | X | |
| 40. | 1107 | Herstellung von Erfrischungsgetränken; Gewinnung natürlicher Mineralwässer | | X |
| 41. | 1200 | Tabakverarbeitung | | X |
| 42. | 1310 | Spinnstoffaufbereitung und Spinnerei | X | |
| 43. | 1320 | Weberei | X | |
| 44. | 1391 | Herstellung von gewirktem und gestricktem Stoff | | X |
| 45. | 1392 | Herstellung von konfektionierten Textilwaren (ohne-Bekleidung) | | X |
| 46. | 1393 | Herstellung von Teppichen | | X |
| 47. | 1394 | Herstellung von Seilerwaren | | X |
| 48. | 1395 | Herstellung von Vliesstoff und Erzeugnissen daraus(ohne Bekleidung) | X | |
| 49. | 1396 | Herstellung von technischen Textilien | | X |
| 50. | 1399 | Herstellung von sonstigen Textilwaren a. n. g. | | X |
| 51. | 1411 | Herstellung von Lederbekleidung | X | |
| 52. | 1412 | Herstellung von Arbeits- und Berufsbekleidung | | X |
| 53. | 1413 | Herstellung von sonstiger Oberbekleidung | | X |
| 54. | 1414 | Herstellung von Wäsche | | X |
| 55. | 1419 | Herstellung von sonstiger Bekleidung undBekleidungszubehör a. n. g. | | X |
| 56. | 1420 | Herstellung von Pelzwaren | | X |
| 57. | 1431 | Herstellung von Strumpfwaren | | X |
| 58. | 1439 | Herstellung von sonstiger Bekleidung aus gewirktemund gestricktem Stoff | | X |
| 59. | 1511 | Herstellung von Leder und Lederfaserstoff; Zurichtung und Färben von Fellen | | X |
| 60. | 1512 | Lederverarbeitung (ohne Herstellung vonLederbekleidung) | | X |
| 61. | 1520 | Herstellung von Schuhen | | X |

---

[1] Amtlicher Hinweis: Klassifikation der Wirtschaftszweige des Statistischen Bundesamtes, Ausgabe 2008. Zu beziehen beim Statistischen Bundesamt, Gustav-Stresemann-Ring 11, 65189 Wiesbaden; auch zu beziehen über www.destatis.de.

**Anlage § 064–01**　　　　　　　　　　　　　　　　　　　　　　　Zu § 64 Erneuerbare-Energiengesetz

| Laufende Nummer | WZ 2008[1] Code | WZ 2008 – Bezeichnung (a.n.g. = anderweitig nicht genannt) | Liste 1 | Liste 2 |
|---|---|---|---|---|
| 62. | 1610 | Säge-, Hobel- und Holzimprägnierwerke | X | |
| 63. | 1621 | Herstellung von Furnier-, Sperrholz-, Holzfaser- und Holzspanplatten | X | |
| 64. | 1622 | Herstellung von Paketttafeln | | X |
| 65. | 1623 | Herstellung von sonstigen Konstruktionsteilen, Fertigbauteilen, Ausbauelementen und Fertigteilbautenaus Holz | | X |
| 66. | 1624 | Herstellung von Verpackungsmitteln, Lagerbehältern und Ladungsträgern aus Holz | | X |
| 67. | 1629 | Herstellung von Holzwaren a. n. g., Kork-, Flecht- und Korbwaren (ohne Möbel) | | X |
| 68. | 1711 | Herstellung von Holz- und Zellstoff | X | |
| 69. | 1712 | Herstellung von Papier, Karton und Pappe | X | |
| 70. | 1721 | Herstellung von Wellpapier und -pappe sowie vonVerpackungsmitteln aus Papier, Karton und Pappe | | X |
| 71. | 1722 | Herstellung von Haushalts-, Hygiene- undToilettenartikeln aus Zellstoff, Papier und Pappe | X | |
| 72. | 1723 | Herstellung von Schreibwaren und Bürobedarf aus Papier, Karton und Pappe | | X |
| 73. | 1724 | Herstellung von Tapeten | | X |
| 74. | 1729 | Herstellung von sonstigen Waren aus Papier, Karton und Pappe | | X |
| 75. | 1813 | Druck- und Medienvorstufe | | X |
| 76. | 1910 | Kokerei | | X |
| 77. | 1920 | Mineralölverarbeitung | X | |
| 78. | 2011 | Herstellung von Industriegasen | X | |
| 79. | 2012 | Herstellung von Farbstoffen und Pigmenten | X | |
| 80. | 2013 | Herstellung von sonstigen anorganischen Grundstoffen und Chemikalien | X | |
| 81. | 2014 | Herstellung von sonstigen organischen Grundstoffen und Chemikalien | X | |
| 82. | 2015 | Herstellung von Düngemitteln undStickstoffverbindungen | X | |
| 83. | 2016 | Herstellung von Kunststoffen in Primärformen | X | |
| 84. | 2017 | Herstellung von synthetischem Kautschuk inPrimärformen | X | |
| 85. | 2020 | Herstellung von Schädlingsbekämpfungs-, Pflanzenschutz- und Desinfektionsmitteln | | X |
| 86. | 2030 | Herstellung von Anstrichmitteln, Druckfarben undKitten | | X |
| 87. | 2041 | Herstellung von Seifen, Wasch-, Reinigungs- und Poliermitteln | | X |
| 88. | 2042 | Herstellung von Körperpflegemitteln und Duftstoffen | | X |

[1] Amtlicher Hinweis: Klassifikation der Wirtschaftszweige des Statistischen Bundesamtes, Ausgabe 2008. Zu beziehen beim Statistischen Bundesamt, Gustav-Stresemann-Ring 11, 65189 Wiesbaden; auch zu beziehen über www.destatis.de.

Zu § 64 Erneuerbare-Energiengesetz

**Anlage § 064–01**

| Laufende Nummer | WZ 2008[1] Code | WZ 2008 – Bezeichnung (a.n.g. = anderweitig nicht genannt) | Liste 1 | Liste 2 |
|---|---|---|---|---|
| 89. | 2051 | Herstellung von pyrotechnischen Erzeugnissen | | X |
| 90. | 2052 | Herstellung von Klebstoffen | | X |
| 91. | 2053 | Herstellung von etherischen Ölen | | X |
| 92. | 2059 | Herstellung von sonstigen chemischen Erzeugnissen a. n. g. | | X |
| 93. | 2060 | Herstellung von Chemiefasern | X | |
| 94. | 2110 | Herstellung von pharmazeutischen Grundstoffen | X | |
| 95. | 2120 | Herstellung von pharmazeutischen Spezialitäten und sonstigen pharmazeutischen Erzeugnissen | | X |
| 96. | 2211 | Herstellung und Runderneuerung von Bereifungen | | X |
| 97. | 2219 | Herstellung von sonstigen Gummiwaren | | X |
| 98. | 2221 | Herstellung von Platten, Folien, Schläuchen und Profilen aus Kunststoffen | X | |
| 99. | 2222 | Herstellung von Verpackungsmitteln aus Kunststoffen | X | |
| 100. | 2223 | Herstellung von Baubedarfsartikeln aus Kunststoffen | | X |
| 101. | 2229 | Herstellung von sonstigen Kunststoffwaren | | X |
| 102. | 2311 | Herstellung von Flachglas | X | |
| 103. | 2312 | Veredlung und Bearbeitung von Flachglas | X | |
| 104. | 2313 | Herstellung von Hohlglas | X | |
| 105. | 2314 | Herstellung von Glasfasern und Waren daraus | X | |
| 106. | 2319 | Herstellung, Veredlung und Bearbeitung von sonstigem Glas einschließlich technischen Glaswaren | X | |
| 107. | 2320 | Herstellung von feuerfesten keramischen Werkstoffen und Waren | | |
| 108. | 2331 | Herstellung von keramischen Wand- und Bodenfliesen und -platten | X | |
| 109. | 2332 | Herstellung von Ziegeln und sonstiger Baukeramik | X | |
| 110. | 2341 | Herstellung von keramischen Haushaltswaren und Ziergegenständen | | X |
| 111. | 2342 | Herstellung von Sanitärkeramik | X | |
| 112. | 2343 | Herstellung von Isolatoren und Isolierteilen aus Keramik | X | |
| 113. | 2344 | Herstellung von keramischen Erzeugnissen für sonstige technische Zwecke | | X |
| 114. | 2349 | Herstellung von sonstigen keramischen Erzeugnissen | X | |
| 115. | 2351 | Herstellung von Zement | X | |
| 116. | 2352 | Herstellung von Kalk und gebranntem Gips | X | |
| 117. | 2362 | Herstellung von Gipserzeugnissen für den Bau | | X |
| 118. | 2365 | Herstellung von Faserzementwaren | | X |

[1] Amtlicher Hinweis: Klassifikation der Wirtschaftszweige des Statistischen Bundesamtes, Ausgabe 2008. Zu beziehen beim Statistischen Bundesamt, Gustav-Stresemann-Ring 11, 65189 Wiesbaden; auch zu beziehen über www.destatis.de.

# Anlage § 064–01

Zu § 64 Erneuerbare-Energiengesetz

| Laufende Nummer | WZ 2008[1] Code | WZ 2008 – Bezeichnung (a.n.g. = anderweitig nicht genannt) | Liste 1 | Liste 2 |
|---|---|---|---|---|
| 119. | 2369 | Herstellung von sonstigen Erzeugnissen aus Beton, Zement und Gips a. n. g. | | X |
| 120. | 2370 | Be- und Verarbeitung von Naturwerksteinen und Natursteinen a. n. g. | | X |
| 121. | 2391 | Herstellung von Schleifkörpern und Schleifmitteln auf Unterlage | | X |
| 122. | 2399 | Herstellung von sonstigen Erzeugnissen aus nichtmetallischen Mineralien a. n. g. | X | |
| 123. | 2410 | Erzeugung von Roheisen, Stahl und Ferrolegierungen | X | |
| 124. | 2420 | Herstellung von Stahlrohren, Rohrform-, Rohrverschluss- und Rohrverbindungsstücken ausStahl | X | |
| 125. | 2431 | Herstellung von Blankstahl | X | |
| 126. | 2432 | Herstellung von Kaltband mit einer Breite von weniger als 600 mm | X | |
| 127. | 2433 | Herstellung von Kaltprofilen | | X |
| 128. | 2434 | Herstellung von kaltgezogenem Draht | X | |
| 129. | 2441 | Erzeugung und erste Bearbeitung von Edelmetallen | X | |
| 130. | 2442 | Erzeugung und erste Bearbeitung von Aluminium | X | |
| 131. | 2443 | Erzeugung und erste Bearbeitung von Blei, Zink und Zinn | X | |
| 132. | 2444 | Erzeugung und erste Bearbeitung von Kupfer | X | |
| 133. | 2445 | Erzeugung und erste Bearbeitung von sonstigen NE-Metallen | X | |
| 134. | 2446 | Aufbereitung von Kernbrennstoffen | X | |
| 135. | 2451 | Eisengießereien | X | |
| 136. | 2452 | Stahlgießereien | X | |
| 137. | 2453 | Leichtmetallgießereien | X | |
| 138. | 2454 | Buntmetallgießereien | X | |
| 139. | 2511 | Herstellung von Metallkonstruktionen | | X |
| 140. | 2512 | Herstellung von Ausbauelementen aus Metall | | X |
| 141. | 2521 | Herstellung von Heizkörpern und -kesseln für Zentralheizungen | | X |
| 142. | 2529 | Herstellung von Sammelbehältern, Tanks u. ä. Behältern aus Metall | | X |
| 143. | 2530 | Herstellung von Dampfkesseln (ohne Zentralheizungskessel) | | X |
| 144. | 2540 | Herstellung von Waffen und Munition | | X |
| 145. | 2571 | Herstellung von Schneidwaren und Bestecken aus unedlen Metallen | | X |

[1] Amtlicher Hinweis: Klassifikation der Wirtschaftszweige des Statistischen Bundesamtes, Ausgabe 2008. Zu beziehen beim Statistischen Bundesamt, Gustav-Stresemann-Ring 11, 65189 Wiesbaden; auch zu beziehen über www.destatis.de.

Zu § 64 Erneuerbare-Energiengesetz

Anlage § 064–01

| Laufende Nummer | WZ 2008[1] Code | WZ 2008 – Bezeichnung (a.n.g. = anderweitig nicht genannt) | Liste 1 | Liste 2 |
|---|---|---|---|---|
| 146. | 2572 | Herstellung von Schlössern und Beschlägen aus unedlen Metallen | | X |
| 147. | 2573 | Herstellung von Werkzeugen | | X |
| 148. | 2591 | Herstellung von Fässern, Trommeln, Dosen, Eimern u.ä. Behältern aus Metall | | X |
| 149. | 2592 | Herstellung von Verpackungen und Verschlüssen aus Eisen, Stahl und NE-Metall | | X |
| 150. | 2593 | Herstellung von Drahtwaren, Ketten und Federn | | X |
| 151. | 2594 | Herstellung von Schrauben und Nieten | | X |
| 152. | 2599 | Herstellung von sonstigen Metallwaren a. n. g. | | X |
| 153. | 2611 | Herstellung von elektronischen Bauelementen | X | |
| 154. | 2612 | Herstellung von bestückten Leiterplatten | | X |
| 155. | 2620 | Herstellung von Datenverarbeitungsgeräten und peripheren Geräten | | X |
| 156. | 2630 | Herstellung von Geräten und Einrichtungen der Telekommunikationstechnik | | X |
| 157. | 2640 | Herstellung von Geräten der Unterhaltungselektronik | | X |
| 158. | 2651 | Herstellung von Mess-, Kontroll-, Navigations- u. ä. Instrumenten und Vorrichtungen | | X |
| 159. | 2652 | Herstellung von Uhren | | X |
| 160. | 2660 | Herstellung von Bestrahlungs- und Elektrotherapiegeräten und elektromedizinischen Geräten | | X |
| 161. | 2670 | Herstellung von optischen und fotografischen Instrumenten und Geräten | | X |
| 162. | 2680 | Herstellung von magnetischen und optischen Datenträgern | X | |
| 163. | 2711 | Herstellung von Elektromotoren, Generatoren und Transformatoren | | X |
| 164. | 2712 | Herstellung von Elektrizitätsverteilungs- und -schalteinrichtungen | | X |
| 165. | 2720 | Herstellung von Batterien und Akkumulatoren | X | |
| 166. | 2731 | Herstellung von Glasfaserkabeln | | X |
| 167. | 2732 | Herstellung von sonstigen elektronischen und elektrischen Drähten und Kabeln | | X |
| 168. | 2733 | Herstellung von elektrischem Installationsmaterial | | X |
| 169. | 2740 | Herstellung von elektrischen Lampen und Leuchten | | X |
| 170. | 2751 | Herstellung von elektrischen Haushaltsgeräten | | X |
| 171. | 2752 | Herstellung von nicht elektrischen Haushaltsgeräten | | X |
| 172. | 2790 | Herstellung von sonstigen elektrischen Ausrüstungen und Geräten a. n. g. | | X |

1) Amtlicher Hinweis: Klassifikation der Wirtschaftszweige des Statistischen Bundesamtes, Ausgabe 2008. Zu beziehen beim Statistischen Bundesamt, Gustav-Stresemann-Ring 11, 65189 Wiesbaden; auch zu beziehen über www.destatis.de.

**Anlage § 064–01** Zu § 64 Erneuerbare-Energiengesetz

| Laufende Nummer | WZ 2008[1] Code | WZ 2008 – Bezeichnung (a.n.g. = anderweitig nicht genannt) | Liste 1 | Liste 2 |
|---|---|---|---|---|
| 173. | 2811 | Herstellung von Verbrennungsmotoren und Turbinen (ohne Motoren für Luft- und Straßenfahrzeuge) |  | X |
| 174. | 2812 | Herstellung von hydraulischen und pneumatischen Komponenten und Systemen |  | X |
| 175. | 2813 | Herstellung von Pumpen und Kompressoren a. n. g. |  | X |
| 176. | 2814 | Herstellung von Armaturen a. n. g. |  | X |
| 177. | 2815 | Herstellung von Lagern, Getrieben, Zahnrädern und Antriebselementen |  | X |
| 178. | 2821 | Herstellung von Öfen und Brennern |  | X |
| 179. | 2822 | Herstellung von Hebezeugen und Fördermitteln |  | X |
| 180. | 2823 | Herstellung von Büromaschinen (ohne Datenverarbeitungsgeräte und periphere Geräte) |  | X |
| 181. | 2824 | Herstellung von handgeführten Werkzeugen mit Motorantrieb |  | X |
| 182. | 2825 | Herstellung von kälte- und lufttechnischen Erzeugnissen, nicht für den Haushalt |  | X |
| 183. | 2829 | Herstellung von sonstigen nicht wirtschaftszweigspezifischen Maschinen a. n. g. |  | X |
| 184. | 2830 | Herstellung von land- und forstwirtschaftlichen Maschinen |  | X |
| 185. | 2841 | Herstellung von Werkzeugmaschinen für die Metallbearbeitung |  | X |
| 186. | 2849 | Herstellung von sonstigen Werkzeugmaschinen |  | X |
| 187. | 2891 | Herstellung von Maschinen für die Metallerzeugung, von Walzwerkseinrichtungen und Gießmaschinen |  | X |
| 188. | 2892 | Herstellung von Bergwerks-, Bau- und Baustoffmaschinen |  | X |
| 189. | 2893 | Herstellung von Maschinen für die Nahrungs- und Genussmittelerzeugung und die Tabakverarbeitung |  | X |
| 190. | 2894 | Herstellung von Maschinen für die Textil- und Bekleidungsherstellung und die Lederverarbeitung |  | X |
| 191. | 2895 | Herstellung von Maschinen für die Papiererzeugung und -verarbeitung |  | X |
| 192. | 2896 | Herstellung von Maschinen für die Verarbeitung von Kunststoffen und Kautschuk |  | X |
| 193. | 2899 | Herstellung von Maschinen für sonstige bestimmte Wirtschaftszweige a. n. g. |  | X |
| 194. | 2910 | Herstellung von Kraftwagen und Kraftwagenmotoren |  | X |
| 195. | 2920 | Herstellung von Karosserien, Aufbauten und Anhängern |  | X |
| 196. | 2931 | Herstellung elektrischer und elektronischer Ausrüstungsgegenstände für Kraftwagen |  | X |

[1] Amtlicher Hinweis: Klassifikation der Wirtschaftszweige des Statistischen Bundesamtes, Ausgabe 2008. Zu beziehen beim Statistischen Bundesamt, Gustav-Stresemann-Ring 11, 65189 Wiesbaden; auch zu beziehen über www.destatis.de.

Zu § 64 Erneuerbare-Energiengesetz **Anlage § 064–01**

| Laufende Nummer | WZ 2008[1] Code | WZ 2008 – Bezeichnung (a.n.g. = anderweitig nicht genannt) | Liste 1 | Liste 2 |
|---|---|---|---|---|
| 197. | 2932 | Herstellung von sonstigen Teilen und sonstigem Zubehör für Kraftwagen | | X |
| 198. | 3011 | Schiffbau (ohne Boots- und Yachtbau) | | X |
| 199. | 3012 | Boots- und Yachtbau | | X |
| 200. | 3020 | Schienenfahrzeugbau | | X |
| 201. | 3030 | Luft- und Raumfahrzeugbau | | X |
| 202. | 3040 | Herstellung von militärischen Kampffahrzeugen | | X |
| 203. | 3091 | Herstellung von Krafträdern | | X |
| 204. | 3092 | Herstellung von Fahrrädern sowie von Behindertenfahrzeugen | | X |
| 205. | 3099 | Herstellung von sonstigen Fahrzeugen a. n. g. | | X |
| 206. | 3101 | Herstellung von Büro- und Ladenmöbeln | | X |
| 207. | 3102 | Herstellung von Küchenmöbeln | | X |
| 208. | 3103 | Herstellung von Matratzen | | X |
| 209. | 3109 | Herstellung von sonstigen Möbeln | | X |
| 210. | 3211 | Herstellung von Münzen | | X |
| 211. | 3212 | Herstellung von Schmuck, Gold- und Silberschmiedewaren (ohne Fantasieschmuck) | | X |
| 212. | 3213 | Herstellung von Fantasieschmuck | | X |
| 213. | 3220 | Herstellung von Musikinstrumenten | | X |
| 214. | 3230 | Herstellung von Sportgeräten | | X |
| 215. | 3240 | Herstellung von Spielwaren | | X |
| 216. | 3250 | Herstellung von medizinischen und zahnmedizinischen Apparaten und Materialien | | X |
| 217. | 3291 | Herstellung von Besen und Bürsten | | X |
| 218. | 3299 | Herstellung von sonstigen Erzeugnissen a. n. g. | X | |
| 219. | 3832 | Rückgewinnung sortierter Werkstoffe | X | |

[1] Amtlicher Hinweis: Klassifikation der Wirtschaftszweige des Statistischen Bundesamtes, Ausgabe 2008. Zu beziehen beim Statistischen Bundesamt, Gustav-Stresemann-Ring 11, 65189 Wiesbaden; auch zu beziehen über www.destatis.de.

**Anlage § 064–01**  Zu § 64 Erneuerbare-Energiengesetz

**4. Muster eines „Nachweis-Formulars" gemäß § 103 Abs. 1 Nummer 1 EEG 2014**
Briefkopf der Zertifizierungsstelle nach § 64 Abs. 3 Nr. 2 EEG 2014
An
das Unternehmen oder den
selbständigen Unternehmensteil,
das einen Antrag nach im Rahmen
von §§ 63 ff. EEG beim Bundesamt
für Wirtschaft und Ausfuhrkontrolle
stellen möchte  Datum (vor dem 01.10.2014)

**Nachweis gemäß § 64 Abs. 3 Nr. 2 i.V.m. § 64 Abs. 1 Nr. 3 EEG 2014**
Hiermit bestätigen wir Ihnen, dass die Anfrage zur Zertifizierung eines zertifizierten Energie- oder Umweltmanagementsystem nach § 64 Abs. 3 Nr. 2 i.V.m. § 64 Abs. 1 Nr. 3 EEG 2014
am xx.xx.2014 (bis zum 30.09.2014)
durch Sie erfolgt ist und die nach § 64 Abs. 3 Nr. 2 i.V.m. § 64 Abs. 1 Nr. 3 EEG 2014 erforderliche Bescheinigung bis zum 30.09.2014 von uns nicht ausgestellt werden konnte, weil
Sie den Betrieb eines Energie- und Umweltmanagementsystem nicht rechtzeitig aufnehmen konnten und/oder
in der Kürze der für die Antragsstellung verbleibenden Zeit kein Zertifizierungsprozess möglich war.
In der Anlage zu diesem Schreiben finden Sie eine Kopie unserer aktuellen Akkreditierungs- oder Zulassungsurkunde.
Mit freundlichen Grüßen
Stempel und Unterschrift

**5. Inhaltliche Anforderlllgen an einen Energieaudit-Bericht entsprechend DIN EN 16247-1gem § 3 Satz 1 Nummer 1 SpaEfV, Anlage 1**
Inhaltliche Anforderungen an einen Energieaudit-Bericht entsprechend DIN EN 16247-1
Der genaue Inhalt des Berichts muss dem Anwendungsbereich, dem Ziel und der Gründlichkeit des Energieaudits entsprechen.
Der Bericht des Energieaudits muss enthalten:
1. Zusammenfassung:
   a) Rangfolge der Möglichketien zur Verbesserung der Energieeffizienz;
   b) vorgeschlagenes Umsetzungsprogramm.
2. Hintergrund:
   a) allgemeine Informationen über die auditierte Organisation, den Energie- auditor und die Energieauditmethodik;
   b) Kontext des Energieaudits;
   c) Beschreibung des/der auditierten Objekte(s);
   d) relevante Normen und Vorschriften.
3. Energieaudit
   a) Beschreibung des Energieaudits, Anwendungsbereich, Ziel und Gründlichkeit, Zeitrahmen und Grenzen;
   b) Informationen zur Datenerfassung:
      aa) Messaufbau (aktuelle Situation);
      bb) Aussage, welche Werte verwendet wurden (und welche Werte davon gemessen und welche geschätzt sind);
      cc) Kopie der verwendeten Schlüsseldaten und der Kalibrierungszertifikate, soweit solche Unterlagen vorgeschrieben sind. c) Analyse des Energieverbrauchs;
   d) Kriterien für die Rangfolge von Maßnahmen zur Verbesserung der Ener gieeffizienz.
4. Möglichkeiten zur Verbesserung der Energieeffizienz:
   a) vorgeschlagene Maßnahmen, Empfehlungen, Plan und Ablaufplan für die Umsetzung;
   b) Annahmen, von denen bei der Berechnung von Einsparungen ausgegangen wurde, und die resultierende Genauigkeit der Empfehlungen;
   c) Informationen über anwendbare Zuschüsse und Beihilfen;

Zu § 64 Erneuerbare-Energiengesetz  **Anlage § 064–01**

d) geeignete Wirtschaftlichkeitsanalyse;
e) mögliche Wechselwirkungen mit anderen vorgeschlagenen Empfehlungen;
f) Mess- und Nachweisverfahren, die für eine Abschätzung der Einsparun gen nach der Umsetzung der empfohlenen Möglichkeiten anzuwenden sind.

5. Schlussfolgerungen.

6. **Alternatives System zu § 3 Satz 1 Nummer 2 Spitzenausgleichs-Effizienzverordnung Anlage 2**

(zu § 3 Satz 1 Nummer 2)

Alternatives System

1. Erfassung und Analyse eingesetzter Energieträger
   – Bestandsaufnahme der Energieströme und Energieträger.
   – Ermittlung wichtiger Kenngrößen in Form von absoluten und prozentualen Einsatzmengen, gemessen in technischen und bewertet in monetären Einheiten.
   – Dokumentation der eingesetzten Energieträger mit Hilfe einer Tabelle (siehe Tabelle 1).

Tabelle 1
Erfassung und Analyse eingesetzter Energieträger

| Jahr | Eingesetzte Energie/ Energieträger | Verbrauch (kWh/Jahr) | Anteil am Gesamtenergieverbrauch | Kosten | Kostenanteil | Messsystem | Genauigkeit/Kalibrierung |
|---|---|---|---|---|---|---|---|
|  |  |  |  |  |  |  |  |

2. Erfassung und Analyse von Energie verbrauchenden Anlagen und Geräten
   – Energieverbrauchsanalyse in Form einer Aufteilung der eingesetzten Energieträger auf die Verbraucher.
   – Erfassung der Leistungs- und Verbrauchsdaten der Produktionsanlagen sowie Nebenanlagen.
   – Für gängige Geräte wie zum Beispiel Drucklufterzeugung, Pumpen, Ventilatoren, Antriebsmotoren, Wärme- und Kälteerzeugung sowie Beleuchtung und Bürogeräte Ermittlung des Verbrauchs durch kontinuierliche Messung oder durch Schätzung mittels zeitweise installierter Messeinrichtungen (zum Beispiel Stromzange, Wärmezähler) und nachvollziehbarer Hochrechnungen über Betriebs- und Lastkenndaten. Schätzungen bei Anlagen zur Wärme- und Kälteerzeugung müssen unter der Verwendung von Methoden zur Temperaturbereinigung erfolgen.
   – Dokumentation des Energieverbrauchs mit Hilfe einer Tabelle (siehe Tabelle 2).

Tabelle 2
Erfassung und Analyse von Energieverbrauchern

| Energieverbraucher | | | | Eingesetze Energie (kWh) und Energieträger | Abwärme (Temperaturniveau) | Messsystem/ Messart | Genauigkeit/ Kalibrierung |
|---|---|---|---|---|---|---|---|
| Nr. | Anlage/ Teil | Alter | Kapazität |  |  |  |  |

3. Bewertung der Einsparpotenziale
   – Identifizierung der Energieeinsparpotenziale (wie zum Beispiel die energetische Optimierung der Anlagen und Systeme sowie die Effizienzsteigerung einzelner Geräte).
   – Bewertung der Potenziale zur Verminderung des Energieverbrauchs anhand wirtschaftlicher Kriterien.
   – Ermittlung der energetischen Einsparpotenziale in Energieeinheiten und monetären Größen und Aufstellung der Aufwendungen für Energiesparmaßnahmen, beispielsweise für Investitionen.

# Anlage § 064–01

Zu § 64 Erneuerbare-Energiengesetz

– Bewertung der Wirtschaftlichkeit der Maßnahmen anhand geeigneter Methoden zur Investitionsbeurteilung, wie interner Verzinsung (Rentabilität) und Amortisationszeit (Risiko); vgl. hierzu das Beispiel der Tabelle 3).

Tabelle 3
Bewertung nach interner Verzinsung und Amortisationszeit

| Allgemeine Angaben | | | | Interne Verzinsung | Statische Amortisation |
|---|---|---|---|---|---|
| Investition/ Maßnahme | Investitionssumme | Einsparung | Technische Nutzung | Rentabilität der Investition/a | Kapitalrückfluss |
| | [Euro] | [Euro/Jahr] | [Jahre] | [%] | [Jahre] |
| | | | | | |

4. Rückkopplung zur Geschäftsführung und Entscheidung über den Umgang mit den Ergebnissen
Einmal jährlich hat sich die Geschäftsführung über die Ergebnisse der Nummern 1 bis 3 zu informieren und auf dieser Grundlage entsprechende Beschlüsse über Maßnahmen und Termine zu fassen.

Zu § 64 Erneuerbare-Energiengesetz

**Anlage § 064–02**

## BAFA Merkblatt Unternehmen des Produzierenden Gewerbes 2013

Merkblatt vom 7.5.2013

Quelle: Bundesamt für Wirtschaft und Ausfuhrkontrolle (BAFA)
http://www.bafa.de/bafa/de/energie/besondere_ausgleichsregelung_eeg/merkblaetter/
merkblatt_produzierendes_gewerbe.pdf

### I. Sinn und Zweck der Besonderen Ausgleichsregelung EEG

#### 1. Was ist die EEG-Umlage?

Das Erneuerbare-Energien-Gesetz (EEG) regelt die bevorzugte Einspeisung von Strom aus erneuerbaren Energien in das öffentliche Netz und garantiert den Betreibern dieser Anlagen einen festen Vergütungsbetrag. Dieser erzeugte Strom wird an der Börse verkauft, doch fallen die hierfür erzielten Einnahmen insgesamt niedriger aus als die an die Anlagenbetreiber zu entrichtenden Vergütungsbeträge. In Höhe dieser Differenz entstehen also Mehrausgaben, die nicht über die Vermarktung an der Börse gedeckt werden können und folglich in Form einer EEG-Umlage auf die Stromendverbraucher, dazu gehören auch Unternehmen, verteilt werden. Die Höhe der bundeseinheitlichen EEG-Umlage wird von den vier Übertragungsnetzbetreibern (ÜNB; siehe Karte im Anhang) immer Mitte Oktober unter Zugrundelegung der voraussichtlichen gesamten Mehrkosten für das Folgejahr in ct/kWh ermittelt und bekannt gegeben. Die EEG-Umlage wird in Abhängigkeit von der Strombezugsmenge über die Elektrizitätsversorgungsunternehmen (EVU) an die Letztverbraucher weitergereicht, so dass die entsprechenden Beträge in die jeweiligen Stromrechnungen einfließen.

#### 2. Konzept und Zielsetzung der Besonderen Ausgleichsregelung

Benötigt ein Unternehmen für die Produktion seiner Erzeugnisse sehr große Strommengen und erreichen die Stromkosten des Unternehmens unter Berücksichtigung der Mehrbelastung durch die EEG-Umlage ein besonders hohes Niveau, so kann dies zu einer erheblichen Beeinträchtigung seiner Wettbewerbsfähigkeit führen. Um solchen negativen Auswirkungen aufgrund der EEG-Mehrbelastung entgegenzusteuern, gibt es für besonders stromintensive Unternehmen eine gesetzlich bestimmte Entlastungsmöglichkeit, deren Inanspruchnahme an strenge, im letzten abgeschlossenen Geschäftsjahr zu erfüllende Voraussetzungen gebunden ist. Das für diesen Zweck entwickelte Instrument ist die Besondere Ausgleichsregelung, die einen integralen Bestandteil des EEG darstellt. Im Rahmen der Besonderen Ausgleichsregelung können Unternehmen des produzierenden Gewerbes und Schienenbahnen beim Bundesamt für Wirtschaft und Ausfuhrkontrolle (im weiteren: BAFA) einen Antrag für eine Abnahmestelle auf Begrenzung der EEG-Umlage stellen.

Diese Begrenzung erfolgt, um die Stromkosten dieser Unternehmen zu senken und so ihre internationale Wettbewerbsfähigkeit – bei Schienenbahnen die Wettbewerbsfähigkeit gegenüber anderen Verkehrsträgern (intermodal) – zu erhalten. Diese Vermeidung einer Belastung stromintensiver Unternehmen führt zu einer entsprechenden höheren EEG-Umlage für private Haushalte, öffentliche Einrichtungen, Landwirtschaft, Handel und Gewerbe sowie für diejenigen industriellen Stromabnehmer, die nicht von der besonderen Ausgleichsregelung profitieren.

Die Besondere Ausgleichsregelung ist folglich als Ausnahmevorschrift konzipiert, bei der besonders enge Maßstäbe angelegt werden, was sich in den engen Grenzen der zu erfüllenden gesetzlichen Antragsvoraussetzungen widerspiegelt. In diesem Zusammenhang ist insbesondere auch auf die für die Einreichung des Antrags und der vollständigen Antragsunterlagen geltende gesetzliche Ausschlussfrist, die am 30.06. des laufenden Jahres (30.09. bei neu gegründeten Unternehmen) endet, hinzuweisen. Wird die Frist versäumt, führt dies zwangsläufig zu einer Ablehnung des Antrags, da es sich um eine materielle Ausschlussfrist handelt, bei der keine Möglichkeit zur Fristverlängerung oder zur Wiedereinsetzung in den vorigen Stand besteht. Die Rechtsfolgen einer Überschreitung dieser materiellen Ausschlussfrist treten auch dann ein, wenn einzelne, nach dem Gesetz vorzulegende Antragsunterlagen oder gesetzlich vorgeschriebene Angaben ganz oder teilweise fehlen. Vor diesem Hintergrund und im Hinblick auf die in der Regel weitreichenden finanziellen Folgen einer Fristversäumnis unterliegen die Unternehmen einer besonderen Sorgfaltspflicht.

Die Begrenzung der EEG-Umlage erfolgt stets auf Basis bestimmter Vergangenheitsdaten des Unternehmens und wird mit Wirkung für das nächste Kalenderjahr, also immer zukunftsgerichtet, gewährt. Eine rückwirkende Erstattung bereits geleisteter Zahlungen für die EEG-Umlage ist hingegen nicht möglich. Die Entscheidung über die Begrenzung der EEG-Umlage wird gegenüber dem antragstellenden Unternehmen, den beteiligten EVU und den regelverantwortlichen ÜNB durch förmlichen Bescheid bekanntgegeben.

# Anlage § 064–02

Zu § 64 Erneuerbare-Energiengesetz

## II. Kreis der Antragsberechtigten

### 1. Unternehmen des produzierenden Gewerbes

Der Gesetzgeber hat eine Antragstellung nach §§ 40, 41 EEG auf Unternehmen des produzierenden Gewerbes beschränkt. Im Zuge der EEG-Novellierung ist nun auch die bereits in ständiger Verwaltungspraxis angewandte Definition des Unternehmensbegriffs gesetzlich verankert worden. Wie sich aus § 3 Nr. 13 EEG ergibt, gilt als Unternehmen stets die kleinste rechtlich selbständige Einheit. Demnach ist auch bei Konzernen auf die einzelne Konzerngesellschaft abzustellen, was eine Gesamtbetrachtung des Konzerns ausschließt. So können beispielsweise zwei rechtlich selbständige Schwestergesellschaften innerhalb eines Konzerns nicht als ein Unternehmen behandelt werden. Auch die Möglichkeit der Zusammenrechnung mehrerer Rechtsträger über die Konstruktion einer „EEG-rechtlichen Organschaft" ist ausgeschlossen.

Als Unternehmen wird die kleinste wirtschaftlich, finanziell und rechtlich selbständige Einheit, die unter einheitlicher und selbständiger Führung steht, angesehen. Der Begriff Unternehmen ist unabhängig von der konkreten Rechtsform, in der ein Unternehmen betrieben wird.

Die Antragsberechtigung erfordert zudem das Vorliegen eines Gewerbes, was in § 3 Nr. 4a EEG genau definiert ist. Insofern kann es sich nur um ein gewerbliches Unternehmen im Sinne der §§ 40 ff. EEG handeln, wenn ein nach Art und Umfang in kaufmännischer Weise eingerichteter Geschäftsbetrieb vorhanden ist, der unter Beteiligung am allgemeinen wirtschaftlichen Verkehr nachhaltig mit eigener Gewinnerzielungsabsicht betrieben wird.

Der einzelne Gewerbebetrieb muss am allgemeinen Wirtschaftsleben teilnehmen und sich durch eine organisatorische, finanzielle, sachliche und wirtschaftliche Verflechtung auszeichnen. Damit soll verhindert werden, dass unselbständige Subauftragnehmer oder Unternehmenskonstrukte, die lediglich als verlängerte Werkbank oder in ähnlicher Form tätig werden, in den Genuss der Besonderen Ausgleichsregelung kommen, obwohl sie selbst gar nicht am allgemeinen Geschäftsverkehr teilnehmen und so auch nicht mit ihren Produkten selbst in einem internationalen Wettbewerbsverhältnis i.S.d. § 40 EEG stehen.

Ein Unternehmen des produzierenden Gewerbes ist gemäß § 3 Nr. 14 EEG jedes Unternehmen, das an der zu begünstigenden Abnahmestelle dem Bergbau, der Gewinnung von Steinen und Erden oder dem verarbeitenden Gewerbe in entsprechender Anwendung der Abschnitte B und C der Klassifikation der Wirtschaftszweige des Statistischen Bundesamtes, Ausgabe 2008 zuzuordnen ist. Das produzierende Gewerbe zeichnet sich durch die Herstellung eines Produkts im Sinne einer substanziellen Veränderung der eingesetzten Materialien oder durch die Veredelung von Erzeugnissen aus. Beim produzierenden Gewerbe erfolgt eine mechanische, physikalische oder chemische Umwandlung von Stoffen oder Teilen in Waren, wobei bei der Herstellung von Waren Rohstoffe in Waren umgewandelt werden. Entscheidend hierbei ist, dass das Unternehmen des produzierenden Gewerbes durch seine wirtschaftliche Tätigkeit aus den Ausgangsmaterialien tatsächlich eine neue Ware herstellt und es sich bei diesen Tätigkeiten nicht um sogenannte „handelsübliche Manipulationen" handelt.

Eine Zuordnung zum produzierenden Gewerbe setzt voraus, dass in Anlehnung an die statistischen Zuordnungsmethoden der Schwerpunkt der wirtschaftlichen Tätigkeit der beantragten Abnahmestelle in einem der vorgenannten Wirtschaftsbereiche liegt.

Das BAFA entscheidet eigenverantwortlich, ob das jeweilige Unternehmen dem produzierenden Gewerbe zuzuordnen ist. Durch die Ausübung des eigenständigen Prüfungsrechts kann das BAFA auch zu Einstufungen kommen, die von den Beurteilungen anderer Behörden, z. B. Statistikbehörden oder Hauptzollämter etc., abweichen. Demnach kann eine Prüfung z. B. zu dem Ergebnis führen, dass einzelne Unternehmen aus den Abschnitten B und C der Klassifikation der Wirtschaftszweige nicht zum produzierenden Gewerbe i.S.d. EEG zählen.

Bei der im Antrag vorgesehenen Angabe zum Wirtschaftszweig ist auf die Klassifikation der Wirtschaftszweige, Ausgabe 2008 (WZ 2008) des Statistischen Bundesamtes abzustellen. Die entsprechende Zuordnung zu einem Wirtschaftszweig dient vorwiegend statistischen Zwecken und begründet keinen Anspruch darauf, als ein Unternehmen des produzierenden Gewerbes i.S.d. EEG vom BAFA anerkannt zu werden. Das BAFA wird allerdings nur in besonders gelagerten Einzelfällen von der Einstufung des Statistischen Bundesamtes abweichen.

### 2. Selbständige Unternehmensteile des prod. Gewerbes (§ 41 Abs. 5 EEG)

Gemäß § 41 Abs. 5 EEG kann anstelle eines Unternehmens auch ein selbständiger Unternehmensteil von der EEG-Umlage größtenteils befreit werden, wenn bei diesem die in § 41 Abs. 1 bis 4 EEG genannten Anspruchsvoraussetzungen vorliegen. In die gesetzlichen Bestimmungen des EEG 2012 wurde eine Legaldefinition des selbständigen Unternehmensteils aufgenommen, die im Kontext der Präzisierungen

Zu § 64 Erneuerbare-Energiengesetz **Anlage § 064–02**

in der Gesetzesbegründung zu § 41 Abs. 5 EEG zu interpretieren ist. Demnach muss ein selbständiger Unternehmensteil kumulativ folgende Tatbestandsmerkmale aufweisen:
1. kein eigenständiger Rechtsträger,
2. ein eigener Standort oder ein vom übrigen Unternehmen am Standort abgegrenzter Teilbetrieb,
3. das Vorhandensein der wesentlichen Funktionen eines Unternehmens,
4. die jederzeit bestehende Möglichkeit zur rechtlichen Verselbständigung und
5. die eigenständige Führung der Geschäfte.

Durch Unternehmensorganisation künstlich geschaffene selbständige Unternehmensteile, die lediglich zur Ausschöpfung der Möglichkeiten der Besonderen Ausgleichsregelung geschaffen werden, sollen nicht in den Genuss der Begünstigung nach §§ 40 ff. EEG kommen. Demnach stellen Teile eines Unternehmens, die lediglich Bestandteil eines Produktionsprozesses oder einer Produktionskette sind, keine selbständigen Unternehmensteile dar. Unternehmensteile, die aus einer Fusion oder einer Ausgliederung und anschließendem Verkauf entstanden sind, können hingegen typischerweise in den Anwendungsbereich der Besonderen Ausgleichsregelung fallen. So besteht eine gewisse Vermutung, dass ein unter Verlust der rechtlichen Eigenständigkeit erworbenes und dabei in einen anderen Rechtsträger eingegliedertes Unternehmen die Voraussetzungen eines selbständigen Unternehmensteils erfüllt, soweit die Organisationsstrukturen im Wesentlichen erhalten bleiben.

Die Besondere Ausgleichsregelung stellt bereits eine Ausnahmevorschrift dar, die eng auszulegen ist. Für selbständige Unternehmensteile müssen daher besonders stringente Maßstäbe angelegt werden, damit die Vergleichbarkeit mit einem idealtypischen Unternehmen gegeben ist. Welche konkreten Merkmale ein selbständiger Unternehmensteil aufweisen muss, wird unter Abschnitt III.8 beschrieben.

**3. Neugründungen (§ 41 Abs. 2a EEG)**
Antragsberechtigt können auch neu gegründete Unternehmen sein, sofern sie über bestimmte Merkmale verfügen. Als neu gegründete Unternehmen gelten nur solche, die unter Schaffung von im Wesentlichen neuem Betriebsvermögen ihre Tätigkeit erstmals aufnehmen und nicht durch Umwandlung entstanden sind. Der Begriff der Umwandlung umfasst sämtliche Änderungen bereits bestehender Konstruktionen, sei es durch Kauf von Unternehmensteilen, Ausgliederungen oder Überlassung von Unternehmensteilen an Dritte und ähnliche Fallgestaltungen.

Demnach gelten z. B. folgende Konstellationen nicht als Neugründung i. S. der Besonderen Ausgleichsregelung:
– Verschmelzung, Spaltung, Ausgliederung oder ein Formwechsel,
– Entstehung eines neuen Unternehmens im Wege der Einzel- oder Gesamtrechtsnachfolge,
– Übernahme eines in Insolvenz befindlichen Unternehmens im Rahmen eines asset deals durch einen Investor.

Erfolgt die Neugründung also auf Basis des Betriebsvermögens eines bereits bestehenden Unternehmens, liegt keine Neugründung i.S.d. Besonderen Ausgleichsregelung vor.

**4. Umstrukturierungen**
Umstrukturierungen stellen einen Einschnitt in das Unternehmensgefüge dar, bei dem zu prüfen ist, ob eine Vergleichbarkeit zwischen Antragsgegenstand und der Verhältnisse im letzten abgeschlossenen Geschäftsjahr gegeben ist. Es ist davon auszugehen, dass solche Umstrukturierungen Auswirkungen auf die Antragstellung, Nachweisführung und Entscheidung des BAFA haben.

**Genauere Informationen zur Nachweisführung entnehmen Sie bitte Abschnitt V.2.**

**III. Antragsvoraussetzungen (§ 41 Abs. 1 Nr. 1 und 2 EEG)**

**1. Gesetzliche Grundlagen**
Gemäß § 41 Abs. 1 EEG kann ein Unternehmen des produzierenden Gewerbes eine Begrenzung nur erhalten, soweit es nachweist, dass und inwieweit
1. im letzten abgeschlossenen Geschäftsjahr
    a) der von einem EVU bezogene und selbst verbrauchte Strom an einer Abnahmestelle mindestens 1 GWh betragen hat,
    b) das Verhältnis der von dem Unternehmen zu tragenden Stromkosten zur Bruttowertschöpfung des Unternehmens nach der Definition des Statistischen Bundesamtes, Fachserie 4, Reihe 4.3, Wiesbaden 2007, mindestens 14 Prozent betragen hat,
    c) die EEG-Umlage anteilig an das Unternehmen weitergereicht wurde und

2. eine Zertifizierung erfolgt ist, die belegt, dass der Energieverbrauch und die Potenziale zur Verminderung des Energieverbrauchs erhoben und bewertet worden sind; dies gilt nicht für Unternehmen mit einem Stromverbrauch von unter 10 GWh.

Eine Zusammenstellung der wesentlichen gesetzlichen Grundlagen zur Besonderen Ausgleichsregelung finden Sie im Anhang.

## 2. Stromverbrauch an einer Abnahmestelle

Für eine Begrenzung der EEG-Umlage ist es u. a. erforderlich, dass das antragstellende Unternehmen im letzten abgeschlossenen Geschäftsjahr an der jeweils zu begünstigenden Abnahmestelle von einem EVU eine Strommenge von mindestens 1 GWh bezogen und selbst verbraucht hat. Eine genaue Definition, was unter einer Abnahmestelle im Sinne des EEG zu verstehen ist, ergibt sich aus Abschnitt III.7 dieses Merkblatts.

Um die selbstverbrauchte Strommenge zu ermitteln, sind von den Strombezugsmengen diejenigen Strommengen abzuziehen, die das Unternehmen an der zu begünstigenden Abnahmestelle an Dritte weitergeleitet hat. Mithin sind auch an Mutter-, Schwester- oder Tochtergesellschaften weitergegebene Strommengen abzuziehen. Dies gilt unabhängig davon, zu welchem Zweck die Weiterleitung erfolgt ist. Das Unternehmen hat sicherzustellen, dass eine genaue Unterscheidung zwischen selbst verbrauchtem und weitergegebenem Strom möglich ist. Hierfür sind ggf. Zwischenmessungen über Stromzähler erforderlich. Dies gilt insbesondere auch bei Anträgen für selbständige Unternehmensteile.

Es handelt sich um Strommengen im Sinne des § 41 Abs. 1 Nr. 1a EEG nur dann, wenn der Bezug über ein EVU erfolgt ist. Ein EVU ist gemäß § 3 Nr. 2d EEG jede natürliche oder juristische Person, die Elektrizität an Letztverbraucherinnen und Letztverbraucher (diejenigen, die Elektrizität für den eigenen Verbrauch kaufen) liefert. Dabei ist sowohl Strom aus dem Netz der allgemeinen Versorgung als auch Strom aus oder in anderen Netzen, wie z. B. Areal- und Objektnetze/geschlossene Verteilnetze, mit einzubeziehen. Unternehmen, die eigenständig ihre Strombeschaffung über einen Bilanzkreis am Elektrizitätsmarkt durchführen, gelten selbst als EVU. Eigenerzeugte Strommengen sind hingegen nicht berücksichtigungsfähig, soweit diese nicht mit EEG-Umlage belastet wurden (Bei Durchleitung eigenerzeugter Strommengen durch ein fremdes bzw. ein Netz der allgemeinen Versorgung fällt EEGUmlage an, § 37 Abs. 3 Nr. 2 EEG).

Auch bei einem selbständigen Unternehmensteil gilt als Fremdbezug nur derjenige Strom, der von einem anderen Rechtsträger bezogen wird. Folglich können als Strommengen, die der selbständige Unternehmensteil innerhalb desselben Rechtsträgers aus dessen Eigenstromerzeugung bezieht, nicht als Strommengen im Sinne des § 41 Abs. 1 Nr. 1 EEG berücksichtigt werden.

## 3. Verhältnis der Stromkosten zur Bruttowertschöpfung

Die gesetzlichen Bestimmungen sehen als weitere Antragsvoraussetzung vor, dass das Verhältnis der zu tragenden Stromkosten zur Bruttowertschöpfung nach der Definition des Statistischen Bundesamtes, Fachserie 4, Reihe 4.3, Wiesbaden 2007 im letzten abgeschlossenen Geschäftsjahr mindestens 14 Prozent betragen haben muss. Dieses Verhältnis ist auf der Grundlage des Jahresabschluss für das letzte abgeschlossene Geschäftsjahr des Unternehmens zu bestimmen.

### 3.1 Stromkosten

Stromkosten i. S. d. §§ 40 ff. EEG sind sämtliche für den Strombezug des Unternehmens entrichtete Kosten, die auf das letzte abgeschlossene Geschäftsjahr entfallen. Die Stromkosten umfassen die Stromlieferkosten (inklusive Börse und Stromhändler), die Netzentgelte, die Systemdienstleistungskosten, die Preisaufschläge z. B. aufgrund von EEG, KWKG und StromNEV sowie die Steuern. Zu den Steuern zählt insbesondere die Stromsteuer, nicht jedoch die Umsatzsteuer. Von den Stromkosten sind die Entlastungen beziehungsweise die zu erwartenden Entlastungen gemäß §§ 9a, 9b und 10 StromStG sowie gemäß StromNEV abzuziehen. Dies gilt unabhängig davon, ob eine diesbezügliche Erstattung beantragt wurde. Nachzahlungen für den Strombezug vorhergehender Jahre und Vorauszahlungen für den Strombezug späterer Jahre dürfen bei der Ermittlung der Stromkosten nicht enthalten sein.

Diese Pflicht zur Eliminierung der vorgenannten Kosten entspricht den präzisierten Bestimmungen nach § 41 Abs. 1 Nr. 1 b EEG, wonach auf die von dem Unternehmen zu tragenden Stromkosten abzustellen ist. Als Stromkosten können nur diejenigen Aufwendungen geltend gemacht werden, die durch den Strombezug von einem EVU entstanden sind und auf den Stromverbrauch des Unternehmens im letzten abgeschlossenen Geschäftsjahr entfallen. Erhält ein antragstellendes Unternehmen Stromkostenbeihilfen im Rahmen des Emissionshandels, so sind diese Entlastungen bei der Berechnung des Verhältnisses der Stromkosten zur Bruttowertschöpfung wertmindernd zu berücksichtigen. Entfallen diese Vergünstigungen also auf das letzte abgeschlossene Geschäftsjahr, führt dies im Ergebnis zu einer Reduzierung der Stromkosten in diesem Zeitraum. Dieselbe Wirkung entfaltet sich, wenn das Unternehmen einen Anspruch auf Vergünstigungen bei den Netzentgelten hat. Entsprechend der Höhe des bestehenden Anspruchs ergeben sich für das betreffende Geschäftsjahr Stromkostenreduzierungen, die unabhängig von der tatsächlichen Antragstellung zu berücksichtigen sind. Im Ergebnis wird das Unternehmen also immer so behandelt, als hätte es den Anspruch in voller Höhe geltend gemacht.

## 3.2 Bruttowertschöpfung

Die Bruttowertschöpfung umfasst die innerhalb des Geltungsbereichs des EEG im letzten abgeschlossenen Geschäftsjahr erbrachte wirtschaftliche Leistung. Außerordentliche, betriebs- und perioden fremde Einflüsse werden nicht einbezogen. Die erbrachte wirtschaftliche Leistung stellt demnach das Ergebnis aus der typischen und spezifischen Leistungserstellung (der Produktion) des Unternehmens dar. Sie ist Ausdruck des Wertes aller in der betreffenden Periode produzierten Waren und Dienstleistungen abzüglich des Wertes der bezogenen und bei der Produktion verbrauchten Güter (Vorleistungen). Unter Vorleistungen ist der Wert der Waren und Dienstleistungen zu verstehen, die das inländische Unternehmen von anderen in- und ausländischen Wirtschaftseinheiten (Unternehmen) bezogen hat und im letzten abgeschlossenem Geschäftsjahr im Zuge der Produktion verbraucht hat.

Das detaillierte Gliederungsschema zur Bruttowertschöpfung, auf das hier ausdrücklich verwiesen wird, ist in Abschnitt IV.2.3.3 dieses Merkblatts abgebildet. Ausführliche Erläuterungen zu den einzelnen Positionen entnehmen Sie bitte dem Informationsteil zur Ermittlung der Bruttowertschöpfung nach der Definition des Statistischen Bundesamtes, Fachserie 4, Reihe 4.3, Wiesbaden 2007, der als separates Dokument auf der BAFA-Homepage zur Verfügung gestellt ist. Bitte beachten Sie, dass diese begleitenden Informationen ganz wesentliche Hinweise enthalten, um eine regelkonforme Ermittlung der Bruttowertschöpfung zu erhalten. Insofern ist die Berücksichtigung dieser Ausführungen ein unverzichtbarer Bestandteil einer ordnungsgemäßen Nachweisführung im Rahmen der Antragstellung.

Die nachfolgenden Ausführungen erstrecken sich mithin nur auf ausgewählte Positionen, die mit einer besonderen Problematik behaftet sind oder aufgrund ihrer komplexen Struktur ein hohes Risiko für fehlerhafte Ansatz- und Bewertungsmaßnahmen enthalten. Der Jahresabschluss ist zwar die Ausgangsbasis für die Ermittlung der Bruttowertschöpfung, doch sind häufig Anpassungen der Rohdaten, verbunden mit entsprechenden Überleitungsrechnungen, vorzunehmen oder spezielle, sich aus der Systematik der Bruttowertschöpfungsrechnung ergebende Unterschiede im Zahlenwerk zu berücksichtigen. Die zum Teil abweichenden Ansatz- und Bewertungsregeln sind der Tatsache geschuldet, dass Jahresabschluss und Bruttowertschöpfungsrechnung zwei Rechnungslegungswerke sind, die mit einer unterschiedlichen Zielsetzung ausgestattet sind. Dies führt in bestimmten Fällen dazu, dass z. B. einige Aufwendungen, die in der Gewinn- und Verlustrechnung (GuV) ergebnismindernd berücksichtigt werden, keine entsprechende Abzugsfähigkeit im Rahmen der Bruttowertschöpfungsrechnung haben oder erst auf einer der Bruttowertschöpfung nachgelagerten Stufe in der Wertschöpfungsrechnung als Abzugspositionen erfasst werden. Demnach sind insbesondere folgende Kosten nicht abzugsfähig:

Abschreibungen, eigene Personalkosten des Unternehmens, Kapitalkosten, Zuführungen zu den Rückstellungen (mögliche Ausnahme: Rückstellung für bereits erbrachte Leistungen, die noch nicht in Rechnung gestellt wurden), Währungsdifferenzen, Kursverluste, Forderungsverluste oder auch bestimmte Steuern, wie z. B. Grund-, Gewerbe-, Kraftfahrzeug- und Verbrauchssteuern, sofern letztere auf eigenerzeugte Güter anfallen. Es handelt sich hierbei um Positionen, die nach der zu berücksichtigenden Systematik keine Minderungen der Bruttowertschöpfung darstellen und demnach auch nicht als Abzugsposten angesetzt werden können. Klarstellend wird an dieser Stelle noch einmal darauf hingewiesen, dass sie folglich auch nicht unter der Position „Sonstige Kosten" zu erfassen sind.

Es handelt sich nur dann um „Sonstige Kosten", wenn die Aufwendungen folgende Merkmale kumulativ aufweisen:

– Dienstleistungen, die unter keiner anderen Position der Bruttowertschöpfungsrechnung eingeordnet werden können,
– ausschließlich an dritte Unternehmen geleistete Zahlungen,
– mit ausschließlichem Vorleistungscharakter,
– keine außerordentlichen, betriebs- oder periodenfremden Aufwendungen darstellen und
– aus der laufenden Produktion resultierend.

Zu den „Sonstigen Kosten" zählen z. B. Werbe-, Vertreter-, Reisekosten, Provisionen, Lizenzgebühren, Kosten für den Grünen Punkt, Ausgangsfrachten und sonstige Kosten für den Abtransport von Gütern durch fremde Unternehmen, Porto- und Postgebühren, Ausgaben für durch Dritte durchgeführte Beförderung der Arbeitnehmer zwischen Wohnsitz und Arbeitsplatz, Versicherungsbeiträge, Prüfungs-, Beratungs- und Rechtskosten, Bankspesen, Beiträge zu Industrie- und Handelskammer, zur Handwerkskammer, zu Wirtschaftsverbänden und dergleichen.

**Anlage § 064–02**  Zu § 64 Erneuerbare-Energiengesetz

Kosten für Büro- und Werbematerial sowie Kosten für den Energieverbrauch sind keine „Sonstigen Kosten" im Sinne der Fachserie 4, Reihe 4.3 des Statistischen Bundesamtes. Sie werden stattdessen unter den Roh-/Hilfs- und Betriebsstoffen erfasst, so dass sie das Ergebnis der Bruttowertschöpfung mindern.

Eine besondere Aufmerksamkeit ist bei den beiden Positionen „Umsatz aus eigenen Erzeugnissen" sowie „Umsatz aus eigenen Erzeugnissen und sonstigen nichtindustriellen/handwerklichen Dienstleistungen (Lohnarbeiten usw.)" geboten, da Abweichungen zur GuV im Jahresabschluss bestehen. Diese beruhen einerseits auf Differenzen im Gliederungsschema, andererseits auf der qualitativen Einstufung und der dementsprechenden Zuordnung bestimmter Erlöse.

Als Umsatz aus eigenen Erzeugnissen gilt, unabhängig vom Zahlungseingang, der Gesamtbetrag (ohne Umsatzsteuer) der abgerechneten Lieferungen und Leistungen an externe Dritte. Dabei sind Erlöse aus Lieferungen und Leistungen an mit dem Unternehmen verbundene rechtlich selbständige Konzern- und Verkaufsgesellschaften und auch getrennt in Rechnung gestellte Kosten für Fracht, Porto und Verpackung mit einzubeziehen. Externe Dritte sind auch rechtlich selbständige Unternehmen desselben Konzerns. Grundsätzlich sind abzusetzen Preisnachlässe (Rabatte, Boni, Skonti, Abzüge, die auf begründete Beanstandungen beruhen und dergleichen) sowie Retouren.

In die Position Umsatz aus eigenen Erzeugnissen sind insbesondere mit einzuschließen:
- Umsätze aus dem Verkauf von allen im Rahmen der Produktionstätigkeit des Unternehmens entstandenen Erzeugnissen,
- die vollen Erlöse aus dem Verkauf von eigenen Erzeugnissen, die unter Verwendung von Fremdbauteilen hergestellt wurden,
- Umsätze aus dem Verkauf von Waren, die in Lohnarbeit bei anderen Unternehmen hergestellt wurden,
- Erlöse aus Reparaturen, Instandhaltungen, Installationen und Montagen,
- Umsätze aus dem Verkauf von Elektrizität, Fernwärme, Gas, Dampf, Wasser,
- Umsätze aus dem Verkauf von Nebenerzeugnissen,
- Erlöse für verkaufsfähige Produktionsrückstände (z. B. bei der Produktion anfallender Schrott, Gussbruch, Wollabfälle und Ähnliches),
- Erlöse für die Vermietung bzw. das Leasing von im Rahmen der Produktionstätigkeit des Unternehmens selbst hergestellten Erzeugnissen oder Anlagen,
- Erlöse aus Redaktions- und Verlagstätigkeit,
- Umsatz aus Recycling.

Soweit eine Erfassung dieser Erträge bzw. Erlöse nicht unter dieser Position in Frage kommt, ist möglicherweise ein Ansatz unter der Position „Umsatz aus sonstigen nichtindustriellen/handwerklichen Tätigkeiten" geboten. Um eine vollständige Erfassung sämtlicher ansatzpflichtiger Erlöse zu gewährleisten, ist eine sorgfältige Analyse der verschiedenen Erlösarten bzw. der zugrunde liegenden Geschäftsvorfälle erforderlich.

Zu den Umsätzen aus sonstigen nichtindustriellen/handwerklichen Tätigkeiten ohne Umsatzsteuer zählen im Wesentlichen:
- Umsätze aus der Vermietung und Verpachtung von Geräten, betrieblichen Anlagen und Einrichtungen, die nicht im Rahmen der Produktionstätigkeit des Unternehmens entstanden sind (einschließlich Leasing),
- Erlöse aus Wohnungsvermietung (von betrieblich und nicht betrieblich genutzten Wohngebäuden), jedoch ohne Erlöse aus Grundstücksverpachtung,
- Erlöse aus der Veräußerung von Patenten und der Vergabe von Lizenzen,
- Erlöse aus Transportleistungen für Dritte,
- Erlöse aus Belegschaftseinrichtungen (z. B. Erlöse einer vom Unternehmen auf eigene Rechnung betriebenen Kantine),
- Erlöse aus dem Verkauf von eigenen landwirtschaftlichen Erzeugnissen,
- Erlöse aus Reparaturen von Gebrauchsgütern, Instandhaltung und Reparatur von Kraftwagen und Krafträdern,
- Erlöse aus Instandhaltung und Reparatur von Büromaschinen, Datenverarbeitungsgeräten und -einrichtungen,
- Erlöse aus Beratungs- und Planungstätigkeit (z. B. Verwaltungs- und IT-Dienstleistungen an verbundene Unternehmen),

– Provisionseinnahmen.

Zur Ermittlung der Bruttowertschöpfung für selbständige Unternehmensteile weisen wir ausdrücklich auf die ergänzenden Bestimmungen in Abschnitt III.8 hin.

### 3.3 Fiktion der Nichtbegünstigung

Die durch eine vorangegangene Entscheidung zur Begrenzung der EEG-Umlage hervorgerufenen Wirkungen bleiben gemäß § 43 Abs. 1 Satz 4 EEG bei der Berechnung des Verhältnisses der Stromkosten zur Bruttowertschöpfung außer Betracht. Das Unternehmen kann sich also fiktiv so stellen, als wäre es im letzten abgeschlossenen Geschäftsjahr nicht begrenzt gewesen und hätte vollständig die vertraglich vereinbarte Belastung an EEG-Umlage ohne Begrenzung getragen.

Die Berücksichtigung der fiktiven EEG-Stromkosten ist also nur dann zulässig, wenn und soweit das Unternehmen für das letzte abgeschlossene Geschäftsjahr an der entsprechenden Abnahmestelle bereits begrenzt war.

Diese Fiktion gilt sowohl für die Ermittlung der Stromkosten („fiktive EEG-Stromkosten") als auch der Bruttowertschöpfung („fiktive EEG-Stromkosten bei der Ermittlung der Roh-, Hilfs- und Betriebsstoffen"). Maßgeblich für die Höhe der Belastung sind die individuellen Vereinbarungen in den Stromlieferverträgen zwischen Unternehmen und EVU, d.h. welche konkrete EEG-Umlagenbelastung dem Unternehmen aufgrund seiner vertraglichen Verpflichtung ohne eine Begrenzung der EEGUmlage entstanden wäre (maximal in Höhe der veröffentlichten EEG-Umlage).

### 4. Tatsächliche Zahlung der EEG-Umlage

Nach § 41 Abs. 1 Nr. 1c EEG muss ein Unternehmen des produzierenden Gewerbes für die Begrenzung nach §§ 40 ff. EEG unter anderem nachweisen, dass und inwieweit im letzten abgeschlossenen Geschäftsjahr die EEG-Umlage anteilig an das Unternehmen weitergereicht wurde.

Der Gesetzgeber räumt dem EVU die Möglichkeit ein, die EEG-Umlage kostenmäßig auf Letztverbraucher weiter zu belasten, zwingt es jedoch nicht dazu. Die o.g. Anspruchsvoraussetzung ist jedoch nur erfüllt, wenn die EEG-Umlage vom Unternehmen getragen wurde.

### 5. Zertifizierung

Gemäß § 41 Abs. 1 Nr. 2 EEG kann ein Unternehmen bzw. ein selbständiger Unternehmensteil des produzierenden Gewerbes eine Begrenzung nur erhalten, soweit es nachweist, dass und inwieweit eine Zertifizierung erfolgt ist, die belegt, dass der Energieverbrauch und die Potenziale zur Verminderung des Energieverbrauchs erhoben und bewertet worden sind; dies gilt nicht für Unternehmen mit einem Stromverbrauch von unter 10 GWh.

Der Gesetzgeber unterscheidet bei dieser Voraussetzung zwischen zwei möglichen Fällen, indem er die Nachweispflicht an das Erreichen bzw. Überschreiten einer Stromverbrauchsgrenze (10 GWh) knüpft: Hat ein Unternehmen bzw. ein selbständiger Unternehmensteil im letzten abgeschlossenen Geschäftsjahr insgesamt 10 GWh oder mehr Strom verbracht, muss für das Unternehmen bzw. den selbständigen Unternehmensteil ein anerkanntes Energiemanagementsystem bestehen, das durch Vorlage einer entsprechenden Bescheinigung der betreffenden Zertifizierungsstelle dokumentiert werden muss.

Davon zu unterscheiden sind Unternehmen bzw. selbständige Unternehmensteile, deren Stromverbrauch im letzten abgeschlossenen Geschäftsjahr weniger als 10 Gigawattstunden betragen hat. Für sie entfällt diese Nachweispflicht. Im Gegenzug dazu sind an Dritte bzw. bei selbständigen Unternehmensteilen an andere Teileinheiten weitergeleitete Strommengen nicht zu berücksichtigen.

Die Zertifizierungsanforderung des Gesetzgebers erstreckt sich auf das gesamte antragstellende Unternehmen bzw. den betreffenden selbständigen Unternehmensteil, so dass es nicht genügt, nur die jeweils beantragte(n) Abnahmestelle(n) zertifizieren zu lassen. Die Zertifizierung muss zum Zeitpunkt der Antragstellung gültig sein, d. h. es genügt nicht die Einreichung einer in der Vergangenheit einmal erteilten Zertifizierung.

Beispiel 1:

Ein Unternehmen hatte im letzten abgeschlossenen Geschäftsjahr von einem EVU eine Strommenge von 11 GWh bezogen und selbst verbraucht, so dass eine entsprechende Zertifizierung erforderlich ist.

Beispiel 2:

Ein Unternehmen hatte im letzten abgeschlossenen Geschäftsjahr von einem EVU eine Strommenge von 11 GWh bezogen, wovon aber 2 GWh an Dritte weitergeleitet wurde. Im Betrachtungszeitraum ergibt sich für das Unternehmen somit ein Gesamtstromverbrauch von 9 GWh, so dass eine entsprechende Zertifizierung in diesem Fall nicht erforderlich ist.

In der Besonderen Ausgleichsregelung werden folgende Zertifizierungsverfahren anerkannt:

## Anlage § 064–02

Zu § 64 Erneuerbare-Energiengesetz

- Zertifizierungsverfahren nach der EMAS-Verordnung (EG) Nr. 761/2001 und
- Zertifizierungsverfahren nach ISO 50001:

Die ISO 50001 beschreibt eine weltweit gültige Norm, die Organisationen beim Aufbau eines systematischen Energiemanagements unterstützen soll. Sie wurde im Juni 2011 von der Internationalen Organisation für Normung (ISO) veröffentlicht und ist am 24. April 2012 in Deutschland in Kraft getreten und ersetzt dabei die europäische Vorgänger-Norm EN 16001.

Sofern der Antrag nach §§ 40 ff. EEG auf Basis eines selbständigen Unternehmensteils des produzierenden Gewerbes gestellt wird, hat der Antragsteller hier ein Wahlrecht, die Zertifizierung auf Basis des selbständigen Unternehmensteils oder auf Basis des gesamten Unternehmens (Rechtsträgers des selbständigen Unternehmensteils) zu erbringen.

Der erfolgreiche Abschluss des Zertifizierungsverfahrens muss durch ein Zertifikat dokumentiert werden, das im Antragsverfahren fristgerecht (bis zum Ende der Ausschlussfrist des lfd. Antragsjahres) einzureichen ist. Ein Zertifikat hat eine Gültigkeit von drei Jahren und wird in diesem Zeitraum zweimal durch ein Überwachungsaudit bestätigt. Die Vorgaben der Zertifizierungsstellen bezüglich der Fristen der Überwachungen sind zu beachten. Ist das Zertifikat älter als 1 Jahr, ist der Bericht des aktuellen Überwachungsaudits beizulegen.

Im Falle einer eingeschränkten Gültigkeit des Zertifikates z. B. zeitweise Aussetzung durch die Zertifizierungsstelle, ist dies dem BAFA im Rahmen der Antragstellung mitzuteilen.

Als Zertifizierer im Sinne des § 41 Abs. 1 Nr. 2 i.V.m. Abs. 2 Satz 3 EEG werden anerkannt:

1. Umweltgutachter und Umweltgutachterorganisationen, die nach dem Umweltauditgesetz in ihrem jeweiligen Zulassungsbereich tätig werden dürfen, sowie
2. Zertifizierungsstellen, soweit sie für den jeweiligen Bereich nach ISO 50001 akkreditiert sind.

Ausländische Zulassungen und Akkreditierungsurkunden von Umweltgutachtern, Umweltgutachterorganisationen, Zertifizierer, die ISO 50001 zertifizieren dürfen, können anerkannt werden, wenn diese ausländischen Zulassungen und Akkreditierungen zumindest gleichwertig den internationalen, europäischen oder deutschen Anforderungen an eine Zulassung oder Akkreditierung entsprechen.

Namen und Anschriften von Umweltgutachtern, Umweltgutachterorganisationen oder Zertifizierer, die EMAS oder ISO 50001 zertifizieren, und Informationen, z. B. auch zu den Zertifizierungsverfahren, können über die DAU GmbH oder die Deutsche Akkreditierungsstelle GmbH (DAkkS) eingeholt werden. Das BAFA ist aufgrund seines Auftrages nicht befugt, entsprechende Auskünfte zu erteilen. Hinweise zu den Anforderungen bzgl. der vorzulegenden Zertifikate finden Sie im nachfolgenden Abschnitt IV.2.5.

Soweit auf Grund eines vom Kalenderjahr abweichenden Geschäftsjahres oder einer früheren Übergangsregelung in BAFA-Merkblättern ein anderer Zertifizierungsnachweis eingereicht werden soll, sollte dies vorab noch einmal mit dem BAFA abgeklärt werden.

### 6. Letztes abgeschlossenes Geschäftsjahr

Sämtliche Voraussetzungen des § 41 Abs. 1 Nr. 1 EEG sind für das letzte abgeschlossene Geschäftsjahr des Unternehmens vor dessen Antragstellung nachzuweisen. Der Gesetzgeber wollte bei der Nachweisführung an feststehende Daten anknüpfen und dadurch eine Entscheidung aufgrund einer gesicherten Tatsachenbasis gewährleisten. Das letzte abgeschlossene Geschäftsjahr ist i.d.R. das Kalenderjahr vor Antragstellung (z. B. 01.01.2012 bis 31.12.2012). Ist das letzte abgeschlossene Geschäftsjahr des Unternehmens nicht identisch mit dem Kalenderjahr, ist auf das vom Kalenderjahr abweichende letzte abgeschlossene Geschäftsjahr (z. B. 01.10.2011 bis 30.09.2012) abzustellen.

Umfasst das letzte abgeschlossene Geschäftsjahr weniger als 12 Monate, so dass es sich um ein Rumpfgeschäftsjahr handelt, so ist dieser Zeitraum zu Grunde zu legen. Eine Hochrechnung der Daten eines Rumpfgeschäftsjahres auf ein rechnerisch zwölf Monate umfassendes Geschäftsjahr oder auch eine Prognoserechnung ist zum Nachweis der Antragsvoraussetzungen nicht zulässig. Eine Zusammenrechnung von Daten aus mehreren Rumpfgeschäftsjahren ist ebenfalls ausgeschlossen. Dies gilt auch dann, wenn ein zwölf Monate umfassendes Geschäftsjahr (z. B. infolge eines Gesellschafterwechsels oder einer Umstrukturierung) in zwei Rumpfgeschäftsjahre gegliedert wurde. Es ist in diesem Fall i.d.R. das letzte abgeschlossene Rumpfgeschäftsjahr maßgebend. Werden in diesem Rumpfgeschäftsjahr die Anspruchsvoraussetzungen des §§ 40 ff. EEG nicht erfüllt, kann ausnahmsweise auf das davor liegende (vollständige) Geschäftsjahr bzw. Rumpfgeschäftsjahr abgestellt werden.

Unternehmen, die nach dem 30.06. des Vorjahres der Antragstellung neu gegründet wurden, können Daten über ein (vom regulären Geschäftsjahr abweichendes) Rumpfgeschäftsjahr vorlegen. Dieses Rumpfgeschäftsjahr muss dabei eine Zeitspanne von der Gründung des Unternehmens (= erstmalige

Stromabnahme zu Produktionszwecken) bis zu einem frei wählbaren Abschlusszeitpunkt vor dem 30.09. des Antragsjahres umfassen. Die Antragsvoraussetzungen des § 41 Abs. 1 Nr. 1 EEG müssen dann in diesem Zeitraum erfüllt worden sein.

### 7. Abnahmestelle (§ 41 Abs. 4 EEG)

Der Begriff der Abnahmestelle ist in § 41 Abs. 4 EEG geregelt. Nach dieser Definition ist eine Abnahmestelle

- die Summe aller räumlich und physikalisch zusammenhängenden elektrischen Einrichtungen eines Unternehmens, die sich
- auf einem in sich abgeschlossenen Betriebsgelände befinden und
- über eine oder mehrere Entnahmepunkte mit dem Netz des Netzbetreibers verbunden sind.

Eine Abnahmestelle liegt also nur dann vor, wenn die vorgenannten Merkmale kumulativ gegeben, d.h. sämtliche Abgrenzungskriterien erfüllt sind.

Die räumlich und physikalisch zusammenhängenden elektrische Einrichtungen des Unternehmens umfassen nicht nur die einzelnen Kuppelstellen zwischen dem Netz der allgemeinen Versorgung und dem Betriebsgelände des Unternehmens, sondern auch alle für den Strombezug erforderlichen Einrichtungen, wie Leitungen, Transformatoren, Umspannwerke und Schaltanlagen.

Bei der Beurteilung, ob es sich um eine Abnahmestelle handelt, hat eine wertende Zusammenfassung aller auf einem Betriebsgrundstück vorhandenen Verbindungsstellen zu erfolgen. Hintergrund ist, dass sowohl den technischen Zwängen Rechnung zu tragen ist, etwa dem Bezug aus Netzen verschiedener Spannungsebenen, als auch Vorkehrungen zu treffen sind, wie die Schaffung mehrerer Verbindungen, um in Revisionszeiten die Stromversorgung nicht zu gefährden. Entscheidend ist zudem, dass die elektrischen Einrichtungen in der Dispositionsbefugnis des antragstellenden Unternehmens stehen.

Die technischen elektrischen Einrichtungen müssen sich darüber hinaus räumlich zusammenhängend auf einem abgegrenzten und in sich geschlossenen Betriebsgelände befinden. Maßstab dafür ist, dass sich das Betriebsgelände für einen außen stehenden Dritten als Einheit darstellt. So liegen unterschiedliche Abnahmestellen bereits vor, wenn auf einem Betriebsgelände mehrere hinsichtlich der Stromversorgung unabhängige und räumlich voneinander getrennte Bereiche bestehen. Sofern ein Unternehmen über verschiedene Betriebsgelände verfügt, können deren Strombezüge nicht als an einer Abnahmestelle bezogen addiert werden.

Der räumliche Zusammenhang eines in sich abgeschlossenen Betriebsgelände ist ggf. noch gewahrt, wenn das Betriebsgelände durch eine öffentliche Straße in zwei Teile getrennt wird, jedoch die vorhandenen Betriebsanlagen und Betriebsmittel auf beiden Seiten der Straße ein sinnvolles Ganzes ergeben und die elektrischen Anlagen physikalisch miteinander verbunden sind. So ist die Einheitlichkeit des Betriebszwecks entscheidend, wobei daran sehr hohe Anforderungen zu stellen sind. Dies ist beispielsweise gegeben, wenn beide Seiten der Straße über direkte Förderbänder, Brücken oder ähnliches miteinander verbunden sind. Ein einheitlicher Betriebszweck ist dagegen nicht mehr gegeben, wenn auf den durch eine öffentliche Straße getrennten Betriebsgeländen eine Produktion jeweils unterschiedlicher Produktionsstufen oder unterschiedlicher Produkte erfolgt. Ein in sich abgeschlossenes Betriebsgelände liegt nicht mehr vor, wenn sich die zusammenhängenden elektrischen Einrichtungen über eine erhebliche Distanz erstrecken und sich zwischen den einzelnen Betriebsgeländen des Unternehmens Wohnbebauungen, Straßen, Felder, Wälder, Hafenanlagen, Flugplätze, öffentliche Einrichtungen oder andere Gewerbebetriebe befinden. Funktionelle oder historische Gründe sind für die Beurteilung der Einheitlichkeit des Betriebsgeländes irrelevant.

Entnahmepunkte dienen der Verbindung der elektrischen Einrichtungen des Unternehmens mit dem Netz der allgemeinen Versorgung, die durch ihre Zählpunktbezeichnung eindeutig gekennzeichnet sind. Nach § 3 Nr. 7 EEG ist ein Netz i.S.d. § 41 Abs. 4 EEG die Gesamtheit der miteinander verbundenen technischen Einrichtungen zur Abnahme, Übertragung und Verteilung von Elektrizität für die allgemeine Versorgung. Auf Betriebsgeländen, die keinerlei Verbindung zum Netz für die allgemeine Versorgung haben, weder zur Absicherung noch für die Versorgung während Revisionsphasen, sondern völlig autark sind, liegt keine Abnahmestelle i.S.d. Abs. 4 vor. Eine mittelbare Verbindung des Betriebsgeländes zum Netz der allgemeinen Versorgung über private Leitungen oder Netze Dritter reicht aus, da Abs. 4 die Form der Verbindung zum Netz der allgemeinen Versorgung nicht vorschreibt. Dies entspricht dem vom Gesetzgeber zu Grunde gelegten Verständnis von Elektrizitätsversorgungsunternehmen i.S.d. § 37 Abs. 1 EEG. Danach sind nicht nur diejenigen Unternehmen erfasst, die ihre Kunden über Netze der allgemeinen Versorgung beliefern, sondern auch solche, die innerhalb sonstiger Netze andere mit Strom versorgen.

# Anlage § 064–02

Zu § 64 Erneuerbare-Energiengesetz

Bei einem Standortwechsel des Unternehmens sind ausschließlich die Gegebenheiten am neuen Standort maßgeblich.

## 8. Besonderheiten bei selbständigen Unternehmensteilen

Die Absätze 1 bis 4 des § 41 EEG gelten für selbständige Teile des Unternehmens entsprechend. Ein selbständiger Unternehmensteil liegt nur vor, wenn es sich um einen eigenen Standort oder einen vom übrigen Unternehmen am Standort abgegrenzten Teilbetrieb mit den wesentlichen Funktionsbereichen (Beschaffung, Produktion, Absatz, Verwaltung, Leitung) eines Unternehmens handelt. Für den selbständigen Unternehmensteil sind eine eigene Bilanz und eine eigene Gewinn- und Verlustrechnung in entsprechender Anwendung der für alle Kaufleute geltenden Vorschriften des Handelsgesetzbuches aufzustellen. Die Bilanz und die Gewinn- und Verlustrechnung sind in entsprechender Anwendung der §§ 317 bis 323 des Handelsgesetzbuches zu prüfen.

Die Gesetzesbegründung zu § 41 Abs. 5 EEG präzisiert die Regelungen zu selbständigen Unternehmensteilen. Ein selbständiger Unternehmensteil besitzt selbst keine eigene Rechtspersönlichkeit, da sonst bereits ein eigenständiges Unternehmen vorliegen würde. Als „selbständig" kann nur ein Teil eines Unternehmens gelten, der in der Lage ist, rechtlich wie tatsächlich ein eigenes Unternehmen zu bilden. Eine rechtliche Verselbständigung muss ohne wesentliche Umstrukturierungen möglich sein. Der selbständige Unternehmensteil muss insofern eine ausgeprägte, insbesondere auch wirtschaftliche Selbständigkeit in einem Rechtsträger haben. Für die Anforderungen an einen selbständigen Teil des Unternehmens bedeutet dies, dass der „Teil" des Unternehmens sich mit einem „idealtypischen" rechtlich selbständigen Unternehmen vergleichen lassen muss, welches in internationalem Wettbewerb steht. Als selbständiger Teil eines Unternehmens gelten Einrichtungen, die sich aus der wirtschaftlichen Gesamtbetätigung des Unternehmens wesentlich herausheben und das Bild eines selbständig agierenden Unternehmens des produzierenden Gewerbes bieten. Es muss sich demzufolge um eine organisatorische Einheit handeln, die sowohl zu unternehmerischen als auch planerischen Entscheidungen in der Lage ist.

Ein selbständiger Unternehmensteil ist die Gesamtheit der in einem Teil des Unternehmens vorhandenen aktiven und passiven Wirtschaftsgüter, die sich auch in organisatorischer Hinsicht wie ein selbständiges Unternehmen darstellen. Es handelt sich insofern um eine aus eigenen Mitteln funktionsfähige Einheit mit klar definierten Schnittstellen zu anderen Teilen des Gesamtunternehmens. Maßgebend dafür ist, ob die Wirtschaftsgüter ein hinreichendes Ganzes bilden, um eine nachhaltige Ausübung einer betrieblichen Tätigkeit zu ermöglichen. Dabei werden die Begleitumstände einer Gesamtbewertung unterzogen, bei der insbesondere die Art der Vermögensgegenstände und der Grad der Ähnlichkeit und Zusammengehörigkeit im Lichte der gewerblichen Tätigkeit zu berücksichtigen sind.

Der selbständige Unternehmensteil muss sich des Weiteren im Zeitablauf als funktionsfähig erwiesen haben, und es muss eine Perspektive (Fortführung der betrieblichen Tätigkeit) vorhanden sein. Die funktionsfähige Einheit der Wirtschaftsgüter muss sich von ihrer Art nach von der übrigen betrieblichen Betätigung des Gesamtunternehmens abheben und unterscheiden. Entscheidend für das Vorliegen eines selbständigen Unternehmensteils ist das Gesamtbild der Verhältnisse. Es hat eine Gesamtwürdigung des Einzelfalles zu erfolgen.

Auch selbständige Unternehmensteile müssen die Antragsvoraussetzungen des § 41 EEG erfüllen, so dass sich die für die Nachweisführung zu ermittelnden Werte auf den jeweiligen selbständigen Unternehmensteil beziehen müssen. Es sind also nur der Stromverbrauch und die EEG-Umlage, die auf diese Teileinheit entfallen, zu betrachten. Dies gilt auch für die Bestimmung des Verhältnisses der Stromkosten zur Bruttowertschöpfung. Bevor diese Relation ermittelt werden kann, ist klar abzugrenzen, welche Teile des Gesamtunternehmens zum selbständigen Unternehmensteil gehören. Erst danach können zweifelsfrei die Umsätze und Kosten des selbständigen Unternehmensteils ermittelt und im Rahmen der Bruttowertschöpfungsrechnung berücksichtigt werden. Als Grundlage ist hierfür eine Gewinn- und Verlustrechnung des selbständigen Unternehmensteils erforderlich. Dabei darf der Unternehmensteil nicht besser gestellt sein als ein Unternehmen, das einen Antrag stellt.

Ob bestimmte Aufwendungen und Erlöse im Rahmen der Berechnung der Bruttowertschöpfung nach der Definition des Statischen Bundesamtes, Fachserie 4, Reihe 4.3. zu berücksichtigen sind, ist u.a. davon abhängig, ob diese durch Lieferungs- und Leistungsbeziehungen mit externen Dritten entstanden sind. Die Ansatzfähigkeit ist also unmittelbar geknüpft an die gegenüber Dritten eingetretene Realisierung der zugrunde liegenden Geschäftsvorfälle. Andere Unternehmensteile desselben Rechtsträgers sind gemäß dieser Definition keine externe Dritte.

Aufwendungen und Erlöse, die aus Lieferungs- und Leistungsbeziehungen mit externen Dritten entstanden sind, d.h. z. B. auch mit anderen Rechtsträgern desselben Konzerns, sind bei der Ermittlung der Bruttowertschöpfung zu berücksichtigen. Insbesondere gilt dies auch für den Personalaufwand. Aufwendungen (Vorleistungen) können dabei allerdings nur insoweit berücksichtigt werden, als sie mit diesen externen Erlösen des selbständigen Unternehmensteils korrespondieren. Gleiches gilt für die Stromkosten des selbständigen Unternehmensteils. Fallen also Stromkosten auf interne und externe Umsatzerlöse, ist nur derjenige Anteil der Stromkosten anzusetzen, der auf die externen Umsatzerlöse entfällt.

Insbesondere gilt dies neben der Position sonstige Kosten auch für Umsätze aus sonstigen nichtindustriellen/handwerklichen Tätigkeiten und Kosten für sonstige industrielle/handwerkliche Dienstleistungen (nur fremde Leistungen) wie Reparaturen, Instandhaltungen, Installationen und Montagen.

Aufwendungen und Erlöse, die aus Lieferungs- und Leistungsbeziehungen mit anderen Teilen desjenigen Rechtsträgers resultieren, zu dem der selbständige Unternehmensteil gehört, können hingegen nicht bei der Ermittlung der Bruttowertschöpfung berücksichtigt werden. Umlagen können nur insoweit die Bruttowertschöpfung des selbständigen Unternehmensteils verringern, als sie Kosten darstellen, die auf Vorleistungen beruhen, die von externen Dritten (d.h. anderen Rechtsträgern) erbracht wurden.

## IV. Antragsverfahren

### 1. Antragstellung

Anträge nach §§ 40 ff. EEG auf eine Begrenzung der EEG-Umlage müssen einschließlich der vollständigen Unterlagen und Nachweise bis zum 30. Juni des Antragsjahres eingereicht werden. Endet die Frist am Wochenende oder an einem Feiertag, müssen die Anträge spätestens am darauf folgenden Werktag vollständig im BAFA eingegangen sein.

Da der 30.06.2013 auf einen Sonntag fällt, endet die betreffende Frist in 2013 am 01. Juli.

Nur für neu gegründete Unternehmen besteht eine verlängerte Ausschlussfrist, wonach die entsprechenden Antragsunterlagen vollständig bis zum 30.09.2013 eingereicht werden müssen.

Es handelt sich bei der Antragsfrist des § 43 Abs. 1 Satz 1 EEG um eine gesetzliche materielle Ausschlussfrist. Eine Fristverlängerung sowie eine Wiedereinsetzung in den vorigen Stand kann bei Fristversäumnis nicht gewährt werden. Selbst bei unverschuldeter Versäumung der Ausschlussfrist ist eine Wiedereinsetzung in den vorigen Stand nach § 32 VwVfG nicht möglich. Eine Fristversäumnis führt unweigerlich zu einer Antragsablehnung. Die Rechtsfolgen einer Überschreitung dieser materiellen Ausschlussfrist treten auch dann ein, wenn einzelne nach dem Gesetz vorzulegende Antragsunterlagen oder gesetzlich vorgeschriebene Angaben ganz oder teilweise fehlen (Stromrechnungen, Stromliefer-verträge, Zertifizierungsnachweise, Wirtschaftsprüferbescheinigung).

Die alleinige Verantwortung für die Organisation der Antragvorbereitung und die rechtzeitige und ordnungsgemäße Antragstellung liegt bei dem Unternehmen und seinen Organen. Das Unternehmen kann sich nicht auf Versäumnisse, Krankheit o. ä. einzelner Mitarbeiter berufen, da es die Organisation der ordnungsgemäßen und fristgerechten Antragstellung sicherstellen muss. Die Sicherstellung der ordnungsgemäßen Antragstellung ist Chefsache.

Maßgeblich für die rechtzeitige Antragstellung ist das Datum des Eingangs der vollständigen Antragsunterlagen im BAFA, Frankfurter Straße 29 – 35, 65760 Eschborn. Eine Übersendung der Antragsunterlagen per E-Mail zur Fristwahrung ist nicht zulässig.

Für die Antragstellung und die Übersendung der betreffenden Unterlagen wird Ihnen ein papierloses, elektronisches Teilnehmerverfahren über das Online-Portal ELAN-K2 angeboten. Dieses Portal für die online nutzbare Fachanwendung beruht auf dem Konzept der Benutzer-Selbstverwaltung. Um an diesem Verfahren zur Nutzung des Online-Portals des BAFA teilnehmen zu können, muss zunächst einmalig eine Registrierung erfolgen. Eine entsprechende Anleitung zur Selbstregistrierung im OnlinePortal ELAN-K2 finden Sie auf der BAFA-Homepage. Nach der Freigabe der aktivierten Registrierungen können Sie das elektronische Teilnehmerverfahren über das Online-Portal ELAN-K2 für die Besondere Ausgleichsregelung nutzen. Sollten Sie bereits über eine Registrierung (z. B. aus dem Vorjahr) verfügen, so loggen Sie sich bitte für die Antragsbearbeitung mit Ihrer bereits vorhandenen Kennung und dem entsprechenden Passwort ein.

Im ELAN-K2-Portal ist es Ihnen möglich, dem BAFA einzelne Antragsunterlagen sukzessive bis zur materiellen Ausschlussfrist zuzuleiten. Bitte übermitteln Sie Ihre Antragsunterlagen möglichst frühzeitig. Die Verantwortung für die rechtzeitige Vorlage vollständiger Antragsunterlagen liegt ausschließlich beim Antragsteller. Verbindliche telefonische Auskünfte bezüglich des vollständigen Eingangs Ihres Antrages können nicht erteilt werden.

Im Hinblick auf die gesetzliche materielle Ausschlussfrist und die damit verbundenen Rechtsfolgen empfiehlt es sich, den Antrag möglichst frühzeitig zu stellen und die elektronische Kopie der Wirtschaftsprüferbescheinigung einschließlich sämtlicher Anlagen als ein Dokument hochzuladen. Im Antrag muss klar erkennbar sein, ob der Antrag für das Gesamtunternehmen oder für einen selbständigen

# Anlage § 064–02

Zu § 64 Erneuerbare-Energiengesetz

Unternehmensteil gestellt wird. Zudem muss klar hervorgehen, an welchen konkreten Abnahmestellen des Unternehmens oder selbständigen Unternehmensteils die EEG-Umlage begrenzt werden soll.

Sämtliche Antragsunterlagen müssen in jedem Antragsjahr erneut übermittelt werden. Dies gilt insbesondere auch für die bereits in Vorjahren eingereichten Stromlieferungsverträge des Unternehmens bzw. selbständigen Unternehmensteils. Ein Verweis auf Vorjahre ist zudem auch in der Bescheinigung des Wirtschaftsprüfers nicht zulässig (z. B. Feststellungen des Wirtschaftsprüfers aus den Vorjahresbescheinigungen, Anlagen zu Berichten aus Vorjahren, usw.).

Das Unternehmen hat den
– Antrag,
– die Stromlieferungsverträge für das letzte abgeschlossene Geschäftsjahr,
– die Stromrechnungen für das letzte abgeschlossene Geschäftsjahr,
– die Wirtschaftsprüfer-Bescheinigung einschließlich sämtlicher Anlagen/Pflichtangaben
– und den Nachweis der Zertifizierungsstelle (sofern erforderlich)

fristgerecht einzureichen.

Darüber hinaus ist auch der Jahresabschluss für das letzte abgeschlossene Geschäftsjahr zu übermitteln.

Bitte beachten Sie, dass dem BAFA die Wirtschaftsprüfer-Bescheinigung einschließlich sämtlicher Anlagen auch im Original sowie die persönliche Erklärung, die Sie am Ende des elektronischen Verfahrens ausdrucken und rechtsverbindlich unterschreiben müssen, in Papierform zu übersenden sind. Eine Rücksendung von Unterlagen erfolgt grundsätzlich nicht.

Nachfolgendes Schaubild zeigt die für eine Begrenzung der EEG-Umlage relevanten Phasen:

## Zeitliche Abfolge

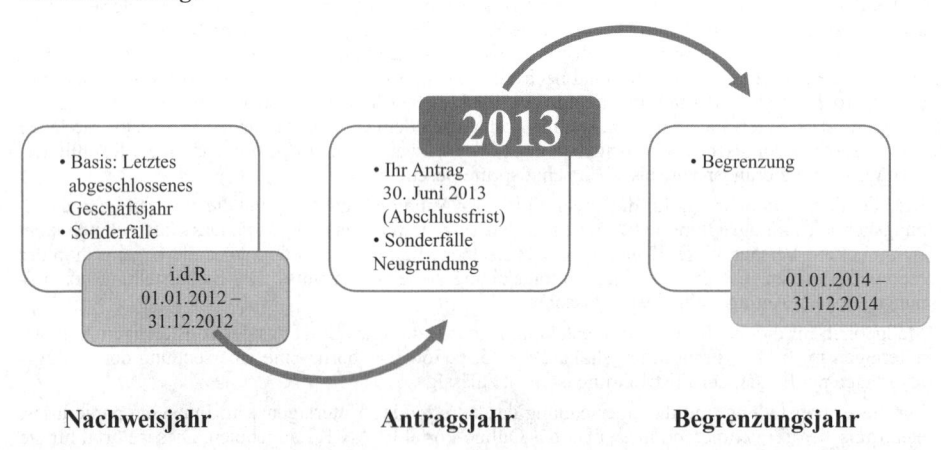

- Basis: Letztes abgeschlossenes Geschäftsjahr
- Sonderfälle

  i.d.R. 01.01.2012 – 31.12.2012

- Ihr Antrag 30. Juni 2013 (Abschlussfrist)
- Sonderfälle Neugründung

**2013**

- Begrenzung

  01.01.2014 – 31.12.2014

**Nachweisjahr**         **Antragsjahr**         **Begrenzungsjahr**

## 2. Nachweisführung (§ 41 Abs. 2 EEG)

### 2.1 Stromlieferungsverträge für das letzte abgeschlossene Geschäftsjahr

Gemäß § 41 Abs. 2 Satz 1 EEG sind die das letzte abgeschlossene Geschäftsjahr und die zu begrenzenden Abnahmestellen des Unternehmens betreffenden vollständigen Stromlieferverträge (inklusive Nachträge, Zusatzvereinbarungen, usw.) beim BAFA einzureichen. Sollten neben mündlichen Absprachen keine schriftlichen Stromlieferungsverträge existieren, hat das Unternehmen den Antragsunterlagen Gesprächsprotokolle oder eine vom EVU bestätigte Erklärung beizufügen.

Bitte beachten Sie, dass sämtliche vertragliche Vereinbarungen, die die Stromlieferungen im letzten abgeschlossenen Geschäftsjahr geregelt haben, einzureichen sind; hierzu gehören auch die Netzverträge. Wurde das antragstellende Unternehmen im Betrachtungszeitraum von mehreren EVU mit Strom beliefert, sei es aufgrund eines unterjährigen Wechsels des Stromlieferanten oder dass mehrere Strombezugsquellen genutzt wurden, sind die Verträge mit sämtlichen Stromlieferanten zu übersenden.

### 2.2 Stromrechnungen für das letzte abgeschlossene Geschäftsjahr

Darüber hinaus sind nach § 41 Abs. 2 Satz 1 EEG auch die das letzte abgeschlossene Geschäftsjahr und die zu begrenzenden Abnahmestellen des Unternehmens betreffenden vollständigen Stromrechnungen beim BAFA einzureichen. Zum Nachweis genügt die fristgerechte Vorlage von Quartals- oder Jahresrechnungen, wenn darin die erforderlichen Informationen aus den Einzelrechnungen enthalten sind. Hierbei ist zu beachten, dass alle deklarierten Stromkosten, wie z. B. auch Netzentgelte, Stromsteuer, KWKG-Kosten, durch Vorlage der entsprechenden Rechnungen und – soweit erforderlich – durch andere Nachweise zu belegen sind. Bitte beachten Sie, dass z. B. für die Netzentgelte oder die EEG-Umlage häufig auch separate Rechnungen gestellt werden. Da es sich auch hierbei um Pflichtunterlagen zur Dokumentation des Stromverbrauchs und der Stromkosten handelt, sind auch diese Belege fristgerecht zu übermitteln. Es empfiehlt sich, Stromrechnungen und Stromlieferungsverträge vor der Übermittlung an das BAFA noch einmal auf ihre Kompatibilität zu überprüfen, damit eine vollständige, ordnungsmäßige Nachweisführung gewährleistet wird.

### 2.3 Bescheinigung des Wirtschaftsprüfers und Jahresabschluss

#### 2.3.1 Materielle und formale Voraussetzungen im Überblick

Zum Nachweis der Antragsvoraussetzungen nach § 41 Abs. 1 Nr. 1 EEG sieht die gesetzliche Bestimmung in § 41 Abs. 2 EEG vor, dass auch eine Bescheinigung eines Wirtschaftsprüfers auf Grundlage des Jahresabschlusses für das letzte abgeschlossene Geschäftsjahr fristgerecht vorzulegen ist. Für diese Bescheinigungen gelten § 319 Absatz 2 bis 4, § 319b Absatz 1, § 320 Absatz 2 und § 323 des Handelsgesetzbuches entsprechend.

Die Bescheinigung des Wirtschaftsprüfers ist hinsichtlich Aufbau, Struktur, Inhalt und Form so zu erstellen, dass sie einen Standard erreicht, der mit den Richtlinien des Instituts der Wirtschaftsprüfer (IDW) vergleichbar ist (siehe IDW Prüfungsstandard: Prüfungen nach dem Erneuerbare-EnergienGesetz (IDW PS 970), jeweils aktueller Stand) und damit auch den Gepflogenheiten des Berufsstands der Wirtschaftsprüfer in vollem Umfang gerecht wird. Wirtschaftsprüfer-Bescheinigungen, die diese Anforderungen nicht oder nicht vollständig erfüllen, werden regelmäßig vom BAFA beanstandet, bei groben Verstößen auch abgelehnt.

Der Wirtschaftsprüfer hat die Prüfung in sachlicher, personeller und zeitlicher Hinsicht so zu planen, dass eine ordnungsgemäße Prüfungsdurchführung gewährleistet ist. Dazu hat er sich ein Verständnis von dem zu prüfenden Unternehmen – einschließlich der Systeme zur Erfassung, Verarbeitung und Aufzeichnung der Daten, die für die Ermittlung der jeweils zu prüfenden Angaben der Gesellschaft relevant sind – und dessen Umfeld zu verschaffen. Der Wirtschaftsprüfer hat sich im Zuge der Erteilung der Bescheinigung über die tatsächlichen Gegebenheiten zu informieren. Sämtliche Angaben des Unternehmens sind derart zu prüfen, dass der Wirtschaftsprüfer hinreichende Sicherheit erlangt, um eine Aussage treffen zu können, ob und inwieweit die Angaben des Unternehmens ordnungsgemäß sind. Eine prüferische Durchsicht der entsprechenden Angaben und Unterlagen des Unternehmens genügt diesen Anforderungen nicht. Bescheinigungen, die nicht den formalen Mindestanforderungen entsprechen, werden regelmäßig beanstandet. Eine hinreichend detaillierte Nachweisführung hat durch das antrag-stellende Unternehmen zu erfolgen, der der Bescheinigung des Wirtschaftsprüfers als Anlagen beizufügen sind. Soweit in der Bescheinigung des Wirtschaftsprüfers auf Anlagen verwiesen wird, sind diese der Bescheinigung als feste Bestandteile (gebundene Exemplare, keine Ringlochung oder Klammerheftung) beizufügen. Erst dadurch liegt eine den berufsständigen Anforderungen entsprechende Bescheinigung vor.

Das BAFA kann auf Grund seiner hoheitlichen Tätigkeit weder direkt noch indirekt in Haftungsbeschränkungen und/oder vertraglichen Beziehungen zwischen Wirtschaftsprüfer und dem Unternehmen einbezogen werden. Sind in der Wirtschaftsprüfer-Bescheinigung Klauseln enthalten, die das BAFA durch Kenntnisnahme und/oder Nutzung der Bescheinigung in die zwischen Unternehmen und Wirtschaftsprüfer getroffenen Regelungen einschließlich der Haftungsregelungen mit einbezieht, behält sich das BAFA vor, diese Bescheinigung wieder an das Unternehmen zurück zu schicken. Liegt bis zur Ausschlussfrist keine „neue" Wirtschaftsprüfer-Bescheinigung – ohne diese Regelung – beim BAFA vor, wird der Antrag als „verfristet" zurückgewiesen.

#### 2.3.2 Nachweis der bezogenen und selbst verbrauchten Strommenge je Abnahmestelle

Für jede beantragte Abnahmestelle muss der gesamte im letzten abgeschlossenen Geschäftsjahr von einem EVU bezogene und selbst verbrauchte Strom des Unternehmens separat ausgewiesen werden. Ist der räumliche Zusammenhang der Stromentnahmepunkte zweifelhaft (z. B. aufgrund einer Anschrift, die aus mehreren Straßennamen besteht), muss das antragstellende Unternehmen durch entsprechende Erläuterungen die für die Beurteilung erforderlichen Verhältnisse darlegen. Diese Angaben des antragstellenden Unternehmens gehören somit zu den vom Wirtschaftsprüfer bei einer Prüfung nach § 41 Abs. 2 Satz 1 EEG zu prüfenden Angaben.

Zur transparenten Dokumentation der relevanten Strommengen bietet sich eine tabellarische Aufgliederung in Form des nachstehenden Musters an:

**Anlage § 064–02**  Zu § 64 Erneuerbare-Energiengesetz

Folgende Tabelle gibt die Strommengen wieder, die die Mustermann AG im letzten abgeschlossenen Geschäftsjahr vom 01.01.2012 bis 31.12.2012 an den aufgeführten Abnahmestellen von dem EVU ABC GmbH bezogen und selbst verbraucht hat:

| Bezeichnung der Abnahmestelle | vom EVU nach § 37 Abs. 1 EEG an der Abnahmestelle bezogene Gesamtstrommenge in kWh | davon selbst verbrauchte Strommenge in kWh |
|---|---|---|
| ... | | |
| ... | | |
| Insgesamt | | |

Bei einem Standortwechsel des Unternehmens können lediglich die bezogenen und selbst verbrauchten Strommenge der jeweils aktuellen Abnahmestelle Berücksichtigung finden.

### 2.3.3 Nachweis des Verhältnisses der Stromkosten zur Bruttowertschöpfung

Das Verhältnis der vom Unternehmen zu tragenden Stromkosten zur Bruttowertschöpfung des Unternehmens ist für das letzte abgeschlossene Geschäftsjahr nach der Definition der Bruttowertschöpfung gemäß Fachserie 4, Reihe 4.3 des Statistischen Bundesamtes, Wiesbaden 2007 vom antragstellenden Unternehmen zu ermitteln und transparent darzulegen. Die für die Nachweisführung erforderlichen Angaben sind vom Wirtschaftsprüfer zu prüfen, zu bestätigen und die Darlegungen des Unternehmens als Anlage der Bescheinigung beizufügen. Im Hinblick auf den für eine hinreichende Dokumentation erforderlichen Detaillierungsgrad ist eine Darstellung der aufzubereitenden Daten in Analogie zu den nachfolgenden Tabellen unentbehrlich.

Definition der Bruttowertschöpfung gemäß Fachserie 4, Reihe 4.3 des Statistischen Bundesamtes, Wiesbaden 2007:

| | |
|---|---|
| | Umsatz aus eigenen Erzeugnissen und aus industriellen/handwerklichen Dienstleistungen (Lohnarbeiten usw.) ohne Umsatzsteuer |
| + | Umsatz aus Handelsware ohne Umsatzsteuer |
| + | Provisionen aus der Handelsvermittlung |
| + | Umsatz aus sonstigen nichtindustriellen/handwerklichen Tätigkeiten ohne Umsatzsteuer |
| | Bestände an unfertigen und fertigen Erzeugnissen aus eigener Produktion |
| ./. | am Anfang des Geschäftsjahres |
| + | am Ende des Geschäftsjahres |
| + | selbsterstellte Anlagen (einschließlich Gebäude und selbstdurchgeführte Großreparaturen), soweit aktiviert |
| = | Gesamtleistung – Bruttoproduktionswert ohne Umsatzsteuer |
| | Bestände an Roh-, Hilfs- und Betriebsstoffen |
| ./. | am Anfang des Geschäftsjahres |
| + | am Ende des Geschäftsjahres |
| ./. | Eingänge an Roh-, Hilfs- und Betriebsstoffen ohne Umsatzsteuer, die als Vorsteuer abzugsfähig ist |
| | Bestände an Handelsware ohne Umsatzsteuer, die als Vorsteuer abzugsfähig ist |
| ./. | am Anfang des Geschäftsjahres |
| + | am Ende des Geschäftsjahres |
| ./. | Eingänge an Handelsware ohne Umsatzsteuer, die als Vorsteuer abzugsfähig ist |
| ./. | Kosten für durch andere Unternehmen ausgeführte Lohnarbeiten (auswärtige Bearbeitung) |
| = | Nettoproduktionswert ohne Umsatzsteuer |
| ./. | Kosten für Leiharbeitnehmer |

| ./. | Kosten für sonstige industrielle/handwerkliche Dienstleistungen (nur fremde Leistungen) wie Reparaturen, Instandhaltungen, Installationen und Montagen ohne Umsatzsteuer |
|---|---|
| ./. | Mieten und Pachten ohne Umsatzsteuer |
| ./. | Sonstige Kosten ohne Umsatzsteuer |
| = | Bruttowertschöpfung ohne Umsatzsteuer |

Bei der Ermittlung der Bruttowertschöpfung nach dem oben abgebildeten Schema werden unter der Position „Sonstige Kosten" eine Fülle unterschiedlichster Kosten erfasst. Ob und inwieweit bestimmte Aufwendungen nach den Definitionen des Statistischen Bundesamtes Abzugspositionen darstellen, lässt sich häufig erst nach einem differenzierten Analyse- und Prüfungsprozess im Kontext zu den betreffenden Geschäftsvorfällen bzw. Konten beurteilen. Um diese Sammelposition in ihrer Zusammensetzung transparenter und plausibler zu machen, sind möglichst genaue Angaben zu den einzelnen Kostenarten und den auf sie entfallenden Teilbeträgen erforderlich. Es bietet sich auch hier eine tabellarische Darstellung (siehe Muster unten) mit genauen Bezeichnungen an, die der Bescheinigung des Wirtschaftsprüfers als Anlage beizufügen ist.

Die nachfolgende Tabelle zeigt die Ermittlung der Sonstigen Kosten im Rahmen der Bruttowertschöpfung der Mustermann AG oder des selbständigen Unternehmensteils Muster-Unternehmensteil nach der Definition des Statistischen Bundesamtes, Fachserie 4, Reihe 4.3, Wiesbaden 2007 für das letzte abgeschlossene Geschäftsjahr vom XX.XX.201X bis XX.XX.201X:

| Bestandteile der Sonstigen Kosten | Angabe in Euro |
|---|---|
| ... | |
| ... | |
| ... | |
| ... | |
| Sonstige Kosten (gesamt) | |

Zur Erhöhung der Transparenz und der besseren Nachvollziehbarkeit wird empfohlen, eine Überleitungsrechnung in die Anlagen zur Wirtschaftsprüfer-Bescheinigung aufzunehmen, die die Ableitung bzw. den Übergang von den Werten aus der GuV zu den in der Bruttowertschöpfungsrechnung ausgewiesenen Werten zeigt. Ziel ist die Vermeidung von Rückfragen bei gleichzeitiger Plausibilisierung der Wertermittlung.

Zum Nachweis der Bruttowertschöpfung ist neben der Wirtschaftsprüfer-Bescheinigung der geprüfte vollständige handelsrechtliche Jahresabschluss einschließlich Prüfungsbericht einzureichen. Wenn das Unternehmen nicht den Prüfungspflichten nach HGB unterliegt, aber zur Aufstellung eines prüfungspflichtigen Jahresabschluss nach US-GAAP oder IAS/IFRS verpflichtet ist, muss es diesen entsprechend geprüften Abschluss einreichen. Muss das Unternehmen zwar einen Abschluss erstellen, ist aber von der Prüfungspflicht befreit, so ist dieser (ungeprüfte) Jahresabschluss den Antragsunterlagen beizufügen.

In allen Fällen, in denen kein prüfungspflichtiger Jahresabschluss erforderlich ist, hat der Wirtschaftsprüfer in seiner Bescheinigung über die Prüfung eines stromintensiven Unternehmens nach § 41 Abs. 2 EEG zumindest ausdrücklich zu bescheinigen, dass er den Auftrag unter Beachtung des Grundsatzes der Wesentlichkeit so geplant und durchgeführt hat, dass er seine Beurteilung mit hinreichender Sicherheit abgeben kann. Durch die entsprechende Bestätigung dokumentiert der Wirtschaftsprüfer erkennbar und mit der gebotenen Verbindlichkeit die Angemessenheit der auf Basis des Jahresabschlusses ermittelten Werte. Ist der Jahresabschluss des Unternehmens nicht prüfungspflichtig, so ist ein entsprechender Hinweis in der Bescheinigung des Wirtschaftsprüfers aufzunehmen.

Wird der handelsrechtliche Jahresabschluss zum Zeitpunkt der Antragstellung nach §§ 40 ff. EEG noch durch den Abschlussprüfer geprüft, so hat das Unternehmen den noch nicht geprüften handelsrechtlichen Jahresabschluss einschließlich einer Erklärung vorzulegen. Aus dieser Erklärung muss hervorgehen, dass das Unternehmen den nach der Antragstellung geprüften Jahresabschluss nach HGB, US-GAAP oder IAS/IFRS dem BAFA unverzüglich und unaufgefordert – möglichst bis spätestens Ende November des Antragsjahres – nachreicht. In diesem Fall muss der Wirtschaftsprüfer eine verbindliche Erklärung abgeben, dass sich an der eingereichten Bescheinigung durch die nunmehr abgeschlossene Prüfung des Jahresabschlusses nichts mehr geändert hat. Bei Abweichungen ist eine korrigierte Bescheinigung einzureichen.

# Anlage § 064–02

Zu § 64 Erneuerbare-Energiengesetz

Die auf das letzte abgeschlossene Geschäftsjahr des Unternehmens entfallenden Stromkosten sind in ihren Bestandteilen zum einen auf Basis des gesamten Unternehmens (Rechtsträgers) und zum anderen für jede beantragte Abnahmestelle separat darzustellen. Entsprechende Mustertabellen zur transparenten Darstellung finden Sie auf den nachfolgenden Seiten.

Stromkostenbestandteile des Unternehmens

| | Euro |
|---|---|
| + Stromlieferkosten (inklusive Börse und Stromhändler) | |
| + Netzentgelte | |
| + Systemdienstleistungskosten | |
| + Sonstige Stromkosten (sind im Anschluss an diese Tabelle detailliert zu erläutern) | |
| + Stromsteuer | |
| + EEG-Stromkosten | |
| + fiktive EEG-Stromkosten (§ 43 Abs. 1 Satz 4 EEG) | |
| + KWKG-Kosten | |
| ./. erhaltene und erwartete Stromsteuererstattungen (§ 9a, 9b und § 10 StromStG) | |
| ./. erhaltene und erwartete Netzentgelterstattungen (§ 19 Abs. 2 StromNEV) | |
| ./. Strombezugskosten, die auf die Weiterleitung von Strom an Dritte entfallen | |
| = Stromkosten, gesamt | |

Die nachfolgende Tabelle gibt die Stromkosten der beantragten Abnahmestellen wieder. Sie ist für jede beantragte Abnahmestelle des Unternehmens getrennt zu erstellen. Für die nicht beantragten Abnahmestellen ist diese differenzierte Aufstellung nicht erforderlich; hier genügt die Angabe der auf diese Abnahmestellen insgesamt entfallenden Stromkosten und Strommengen in einer Summe. Im ELAN-K2-Portal sind nur die beantragten Abnahmestellen anzulegen.

Zu § 64 Erneuerbare-Energiengesetz  **Anlage § 064–02**

Diese Tabelle ist für jede beantragte Abnahmestelle auszufüllen.

| Bezeichnung der Abnahmestelle: Musterstraße 1, 12345 Musterstadt | | | | | | | | | |
|---|---|---|---|---|---|---|---|---|---|
| Zeitraum des letzten abgeschlossenen Geschäftsjahres (vom, bis) | Stromlieferkosten (inklusive Börse und Stromhändler) | Netzentgelte | Systemdienstleistungskosten | Sonstige Stromkosten | Stromsteuer | EEG-Stromkosten | KWKG-Kosten | Gesamtstromkosten | Von einem Elektrizitätsversorgungsunternehmen bezogene Strommenge |
| | in EUR | in EUR | in EUR | in EUR | in EUR | in EUR | in EUR | in EUR | in kWh |
| 1. Abrechnungsperiode | | | | | | | | 0,00 | |
| 2. Abrechnungsperiode | | | | | | | | 0,00 | |
| 3. Abrechnungsperiode | | | | | | | | 0,00 | |
| 4. Abrechnungsperiode | | | | | | | | 0,00 | |
| 5. Abrechnungsperiode | | | | | | | | 0,00 | |
| 6. Abrechnungsperiode | | | | | | | | 0,00 | |
| 7. Abrechnungsperiode | | | | | | | | 0,00 | |
| 8. Abrechnungsperiode | | | | | | | | 0,00 | |
| 9. Abrechnungsperiode | | | | | | | | | |
| 10. Abrechnungsperiode | | | | | | | | | |
| 11. Abrechnungsperiode | | | | | | | | | |
| 12. Abrechnungsperiode | | | | | | | | | |
| **Insgesamt** | 0,00 | 0,00 | 0,00 | 0,00 | 0,00 | 0,00 | 0,00 | 0,00 | 0 |
| ./. erhaltene und erwartete Stromsteuererstattung nach §§ 9a, 9b oder 10 StromStG | | | | | | | | | |
| ./. erhaltene und erwartete Stromnetzentgelt-Erstattungen (§ 19 Abs. 2 StromNEV) | | | | | | | | | |
| ./. Weiterleitung von bezogenem Strom an Dritte | | | | | | | | 0,00 | 0 |
| = **Stromkosten in EUR, gesamt / Stromverbrauch in kWh** | | | | | | | | | |

**Anlage § 064–02**                            Zu § 64 Erneuerbare-Energiengesetz

Die Berücksichtigung von fiktiven EEG-Stromkosten nach § 43 Abs. 1 Satz 4 EEG ist bei der Ermittlung der Stromkosten nur insoweit zulässig, als das Unternehmen für das letzte abgeschlossene Geschäftsjahr einen Begrenzungsbescheid vom BAFA erhalten hat. Wird die Fiktion der Nichtbegünstigung in Anspruch genommen, ist die entsprechende Wertermittlung vom antragstellenden Unternehmen dezidiert darzulegen. Die Darlegung ist vom Wirtschaftsprüfer zu prüfen und in die Anlage zur Wirtschaftsprüferbescheinigung aufzunehmen.

Die nachfolgende Tabelle zeigt ein Beispiel zur Berechnung der fiktiven EEG-Stromkosten:

| Beispielberechnung Fiktion der Nichtbegünstigung | | | | |
|---|---|---|---|---|
| Berechnung der EEG-Umlage | | tatsächlich gezahlte EEG-Umlage gemäß Bescheid vom 17.12.2010 (mit Selbstbehalt) | EEG-Umlage unter Berücksichtigung der Fiktion der Nichtbegünstigung | Differenz zwischen hochgerechneter (fiktiver) und tatsächlich gezahlter EEG-Umlage |
| bezogene Gesamtstrommenge 2012* | kWh | 15.000.000 | 15.000.000 | |
| Selbstbehalt lt. Bescheid (18.12.11) | kWh | 1.300.000 | 1.300.000 | |
| EEG-Umlage 2012 | ct/kWh | 3,592 | 3,592 | |
| EEG-Umlage Selbstbehalt | € | 46.696,00 | 46.696,00 | |
| Weiterleitung an Dritte 2012 | kWh | 800.000 | 800.000 | |
| EEG-Umlage 2012 | ct/kWh | 3,592 | 3,592 | |
| EEG-Umlage Weiterleitung | € | 28.736,00 | 28.736,00 | |
| Restmenge (privilegierte Menge) | kWh | 12.900.000 | 12.900.000 | |
| Begrenzung lt. Bescheid (18.12.11) | ct/kWh | 0,05 | 3,592 | |
| EEG-Umlage (privilegierte Menge) | € | 6.450,00 | 463.368,00 | |
| gesamte EEG-Umlage | € | 81.882,00 | 538.800,00 | 456.918,00 |
| davon EEG-Umlage für den Selbstverbrauch | € | 53.146,00 | 510.064,00 | 456.918,00 |

\* bei abweichendem Geschäftsjahr anpassen

Im vorliegenden Beispiel könnte im Hinblick auf die Fiktion der Nichtbegünstigung ein zusätzlicher Betrag in Höhe von 456.918,00 € (510.064,00 € – 53.146,00 €) bei der Ermittlung der Stromkosten als fiktiver Posten angesetzt werden.

### 2.3.4 Nachweis der gezahlten EEG-Umlage

Nach § 41 Abs. 1 Nr. 1 c EEG muss ein Unternehmen des produzierenden Gewerbes für die Begrenzung nach §§ 40 ff. EEG unter anderem nachweisen, dass und inwieweit im letzten abgeschlossenen Geschäftsjahr die EEG-Umlage anteilig an das Unternehmen weitergereicht wurde. Vom antragstellenden Unternehmen ist deshalb in den als Anlage zur Bescheinigung des Wirtschaftsprüfers aufzunehmenden Angaben auszuweisen, in welcher Höhe an der jeweiligen Abnahmestelle EEG-Umlage entrichtet wurde und wie hoch der Anteil der EEG-Umlage ist, der auf den Stromverbrauch des Unternehmens entfällt. Diese Angaben des antragstellenden Unternehmens gehören somit zu den vom Wirtschaftsprüfer zu prüfenden Angaben bei einer Prüfung nach § 41 Abs. 2 Satz 1 EEG. Die Angaben könnten wie folgt dargestellt werden:

| Bezeichnung der Abnahmestelle | vom EVU nach § 37 Abs. 1 EEG an der Abnahmestelle anteilig weitergereichte EEGUmlage in Euro | davon auf die selbst verbrauchte Strommenge entfallende EEG-Umlage in Euro |
|---|---|---|
| ... | | |
| ... | | |
| Insgesamt | | |

## 2.3.5 Sonstige Angaben

Aus der Zielsetzung der Besonderen Ausgleichsregelung leitet sich das Erfordernis ab, dass das Unternehmen seine internationale Wettbewerbssituation unter besonderer Berücksichtigung seiner Absatzmärkte, der Produktportfolios und der individuellen Konkurrenzsituation ausführlich darlegt. In diesem Zusammenhang bietet es sich auch an zu zeigen, ob und inwieweit eine mögliche Begrenzung im Rahmen der Besonderen Ausgleichsregelung dazu führen würde, dass die Stromkosten des Unternehmens sinken und so deren internationale Wettbewerbsfähigkeit erhalten werden kann. Diese Darstellung ist in die Anlage zur Bescheinigung des Wirtschaftsprüfers aufzunehmen, wobei die Angaben zur internationalen Wettbewerbssituation vom Wirtschaftsprüfer dahingehend zu prüfen sind, ob offensichtlich gegenteilige Anhaltspunkte hinsichtlich der Ausführungen zur tatsächlichen oder potenziellen internationalen Wettbewerbslage des Unternehmens oder des selbständigen Unternehmensteils bekannt sind.

Bei der Angabe des Unternehmens zum Wirtschaftszweig ist auf die Klassifikation der Wirtschaftszweige, Ausgabe 2008 (WZ 2008) des Statistischen Bundesamtes abzustellen. Da das BAFA bei der Zuordnung der beantragten Abnahmestelle(n) des Unternehmens zum produzierenden Gewerbe ein eigenes Prüfungsrecht hat, sind Ausführungen vom antragstellenden Unternehmen zu den Schwerpunkten der Produktionstätigkeiten – bezogen auf das Unternehmen und die beantragten Abnahmestelle(n) – in die Angaben aufzunehmen, die als Anlage der Bescheinigung des Wirtschaftsprüfers beigefügt werden. Dies gilt verstärkt bei Unternehmen, bei denen der Geschäftszweck nicht offensichtlich ist, so dass nähere Erläuterungen zum Produktionsverfahren und den erzeugten Produkten notwendig sind. Gleiches gilt für Unternehmen, bei denen sich die Zuordnung gegenüber dem Vorjahr geändert hat. Aus der Bescheinigung des Wirtschaftsprüfers muss hervorgehen, ob dem Wirtschaftsprüfer Anhaltspunkte vorliegen, dass es sich bei dem betreffenden Unternehmen nicht um ein Unternehmen des produzierenden Gewerbes handelt.

## 2.4 Zusatzangaben bei selbständigen Unternehmensteilen und deren Prüfung durch den Wirtschaftsprüfer

Der selbständige Unternehmensteil ist vom antragstellenden Unternehmen genau darzustellen. Diese Darstellung ist der Bescheinigung des Wirtschaftsprüfers als Anlage beizufügen. Es muss zunächst klar erkennbar sein, welcher Teil des Unternehmens Gegenstand des Antrags ist. Auf diesen Teil muss sich auch die Nachweisführung erstrecken. Hierfür ist zunächst die Aufbauorganisation des Unternehmens darzustellen. Anhand eines Organigramms sollte gezeigt werden, wie der selbständige Unternehmensteil in das Unternehmen eingebunden ist, wie er sich deutlich von den übrigen Teilen des Unternehmens abgegrenzt und wie die Schnittstellen zu anderen Teilen des Unternehmens verlaufen. In jedem Fall muss die Abgrenzung zum Restunternehmen klar ersichtlich sein.

Ist die zu betrachtende Teileinheit eindeutig identifiziert und in der Organisationsstruktur des Gesamtunternehmens nachvollziehbar dargelegt, schließt sich nun die Darstellung des selbständigen Unternehmensteils an. Hierbei ist besonders darauf zu achten, dass entsprechende Ausführungen oder Daten auf den selbständigen Unternehmensteil zu fokussieren sind. Dies gilt insbesondere auch für die Nachweisführung hinsichtlich der materiellen Antragsvoraussetzungen.

Verfügt der selbständige Unternehmensteil über keinen eigenen Standort, muss es sich beim selbständigen Unternehmensteil um einen vom übrigen Unternehmen am Standort abgegrenzten Teilbetrieb mit den wesentlichen Funktionen eines Unternehmens handeln. Die Teilbetriebseigenschaft setzt u. a. voraus, dass die zu betrachtende Teileinheit selbst am Markt Leistungen anbietet, einen eigenen Kundenkreis unterhält und am allgemeinen wirtschaftlichen Verkehr teilnimmt (in Anlehnung an die gesetzliche Definition des Gewerbebetriebs gem. § 15 Abs. 2 EStG). Dies hat zur Folge, dass Umsätze mit Dritten erzielt werden müssen, damit eine Teileinheit überhaupt als selbständiger Unternehmensteil in Betracht kommt. Das Kriterium „selbständig" wird jedoch nur als gewahrt gelten können, wenn der zu betrachtende Unternehmensteil seine Umsätze zum überwiegenden Teil mit Dritten (anderen Rechtsträgern) erzielt; andernfalls handelt es sich nicht mehr um einen selbständigen Unternehmensteil. Der

**Anlage § 064–02**  Zu § 64 Erneuerbare-Energiengesetz

antragstellende Unternehmensteil hat die Aufteilung der Umsätze (intern/extern) zu erläutern. Diese Erläuterungen sind als Anlage der Bescheinigung des Wirtschaftsprüfers beizufügen.

Die Darstellung der Aktivitäten, Kompetenzen und Entscheidungsbefugnisse hinsichtlich Beschaffung, Produktion, Absatz, Verwaltung/Organisation (z. B. Personalverwaltung, Controlling, Mahnwesen, Qualitätsmanagement, IT-Dienstleistungen etc.), Leitung ist ein Kernstück der Darstellung zum selbständigen Unternehmensteil. Für die einzelnen Funktionsbereiche ist also dezidiert und jeweils separat darzulegen, welche Aktivitäten, Kompetenzen und Entscheidungsbefugnisse im selbständigen Unternehmensteil diesbezüglich angesiedelt sind und wo bei der Wahrnehmung der einzelnen Funktionen dem selbständigen Unternehmensteil Grenzen gesetzt sind bzw. welchen Restriktionen er unterworfen ist.

Hierbei sind insbesondere folgende Aspekte in die Analyse der einzelnen Funktionsbereiche einzubeziehen:

– Beschreibung des Aufgabenspektrums des jeweiligen Funktionsbereichs,
– Konkretisierung der Produkte und/oder erbrachten Leistungen
– Darstellung der Prozesse mit den jeweiligen Abläufen,
– Ausmaß der Verantwortung und Befugnisse für die vom Unternehmensteil zu erfüllenden Aufgaben in Verbindung mit den jeweiligen Zuständigkeiten,
– Weisungs- und Entscheidungskompetenzen,
– Grad der Autonomie im Verhältnis zum Restunternehmen bzw. anderen Hierarchiestufen.

In diesem Zusammenhang ist auch darzulegen, welche Leistungsverflechtungen mit anderen Unternehmensteilen bestehen, welche Schnittstellen zu anderen Teileinheiten des Unternehmens bestehen und wie diese organisatorisch umgesetzt sind. Bitte berücksichtigen Sie, dass die Ausführungen zu den Funktionsbereichen auf den selbständigen Unternehmensteil fokussiert sind. Wird z. B. über Absatz-, Beschaffungs- oder Produktionsaktivitäten berichtet, muss sich die Darstellung auf die im zu betrachtenden Unternehmensteil angesiedelten Tätigkeiten, Kompetenzen und Entscheidungsbefugnisse konzentrieren. Die Ausführungen können durch aussagefähige grafische Darstellungen, wie Schaubilder, Pläne, Skizzen etc., oder Vollmachten, Stellenbeschreibungen oder sonstige Dokumente gestützt werden.

Es muss zudem deutlich gezeigt werden, wie der selbständige Unternehmensteil im Rechnungswesen abgegrenzt ist, auf welchen konkreten Aktivitäten die Umsätze basieren und welche betriebswirtschaftlichen Auswertungen für den selbständigen Unternehmensteil in welchen Zeitabständen – mit Angabe der entsprechenden Informationspflichten gegenüber der Unternehmensleitung – erstellt werden.

Der selbständige Unternehmensteil hat ausdrücklich zu bestätigen, dass im Rahmen der Bruttowertschöpfung nur Aufwendungen und Erlöse angesetzt wurden, die aus Lieferungs- und Leistungsbeziehungen mit externen Dritten (anderen Rechtsträgern) entstanden sind. Der Wirtschaftsprüfer hat darauf zu achten, dass diese Bestätigung in den Anlagen, die der Bescheinigung beigefügt werden, enthalten ist.

Der selbständige Unternehmensteil muss eine eigene Bilanz und Gewinn- und Verlustrechnung aufstellen und prüfen lassen, obwohl dieser über kein eigenes Geschäftsjahr verfügt. Es besteht nicht die Möglichkeit, ersatzweise die geprüfte Bilanz und Gewinn- und Verlustrechnung des Rechtsträgers des selbständigen Unternehmensteils einzureichen. Auch wenn der Rechtsträger nach anderen Vorschriften nicht zur Prüfung seines Jahresabschlusses verpflichtet ist, hat der selbständige Unternehmensteil dieses Rechtsträgers dennoch eine geprüfte Bilanz und Gewinn- und Verlustrechnung dem BAFA vorzulegen. Das gleiche gilt für selbständige Unternehmensteile, deren Rechtsträger lediglich eine Einnahme-Überschuss-Rechnung tätigt.

Die Bilanz und die Gewinn- und Verlustrechnung des selbständigen Unternehmensteils muss mit einem Bestätigungsvermerk des Abschlussprüfers versehen sein. Es ist bei der Prüfung der Bilanz und der Gewinn- und Verlustrechnung des selbständigen Unternehmensteils nicht zulässig, sich nur auf diejenigen Positionen zu beschränken, die Einfluss auf die Bruttowertschöpfung nach der Definition des Statistischen Bundesamtes haben. Ein Exemplar der geprüften Bilanz und Gewinn- und Verlustrechnung des selbständigen Unternehmensteils ist dem BAFA mit dem Antrag zur Besonderen Ausgleichsregelung vorzulegen.

Das Erfordernis der Vorlage einer eigenen Bilanz und GuV gilt nicht für selbständige Unternehmensteile, bei denen der Anteil der Strommenge nach § 41 EEG in der am 31. Dezember 2011 geltenden Fassung oder die EEG-Umlage nach Maßgabe des § 6 AusglMechV in der am 31. Dezember geltenden Fassung bereits vor dem 1. Januar 2012 begrenzt worden ist. Der § 66 Abs. 13a EEG sieht eine Übergangsregelung für die neuen Nachweisregelungen des § 41 Abs. 5 Satz 3 und 4 EEG vor, die ab dem

01.01.2012 für neue antragstellende Unternehmen die Aufstellung und Prüfung eigener Bilanzen und eigener Gewinn- und Verlustrechnungen für selbständige Unternehmensteile vorschreiben. Die Bestandsschutzregelung des § 66 Abs. 13a EEG bezieht sich jedoch nicht auf die Definition des selbständigen Unternehmensteils gemäß § 41 Abs. 5 Satz 2 EEG per se. Nur für selbständige Unternehmensteile, die durch das BAFA nach §§ 40 ff. EEG in der am 31. Dezember 2011 geltenden Fassung (EEG 2009) begrenzt worden sind, gelten die Nachweisanforderungen des § 41 Abs. 5 Satz 3 und 4 EEG nicht. Kommt es innerhalb des nach der bisherigen Rechtslage privilegierten selbständigen Unternehmensteils zu Umstrukturierungen, kann dieser selbständige Unternehmensteil nach der Umstrukturierung ebenfalls nicht von dieser Übergangsregelung Gebrauch machen.

### 2.5 Bescheinigung der Zertifizierungsstelle

Mit der Ausstellung eines Zertifikates wird der Abschluss des Zertifizierungsprozesses dokumentiert. Insofern stellt das Zertifikat für die Erfüllung der Voraussetzungen nach § 41 Abs. 1 Nr. 2 i.V.m. Abs. 2 Satz 3 EEG den entscheidenden Nachweis dar. Für die unter Abschnitt III.5. genannten Zertifizierungsverfahren ist Folgendes zu beachten:

Bei dem Zertifikat muss es sich um einen bei der Antragstellung aktuell gültigen Nachweis handeln. Aufgrund der Zertifizierungsverfahrenssystematik (jährlich durchzuführende Überprüfungen) muss dies in jedem Fall die eigentliche Registrierungs-/Zertifizierungsurkunde sein bzw. zusätzlich ein Bericht eines aktuellen Überwachungsaudits resp. eine validierte Umwelterklärung eingeschlossen.

Es muss in jedem Fall sichergestellt sein, dass die Gültigkeit der Registrierungs-/Zertifizierungsurkunde durch eine lückenlose Auditierung des Energiemanagementsystems nachgewiesen wird.

Grundsätzlich gilt, dass sich die Zertifizierung auf das gesamte Unternehmen mit allen Standorten gem. den Regelungen des jeweils aktuellen IAF-Leitfadens MD1 erstreckt. Die Beurteilung, ob es sich um einen Standort im Sinne dieses Leitfadens handelt, obliegt ausschließlich dem verantwortlichen Zertifizierer. Aus dem Zertifikat muss hervorgehen, dass in jedem Fall sämtliche beantragten Abnahmestellen unmittelbarer Gegenstand des aktuellen Auditverfahrens waren.

### V. Sonderfälle

#### 1. Neugründung

Auch neu gegründete Unternehmen müssen den Nachweis der Erfüllung der Grenzwerte nach § 41 Abs. 1 Nr. 1 EEG durch Vergangenheitsdaten auf der Basis zumindest eines letzten abgeschlossenen Rumpfgeschäftsjahres führen. Als Zeitpunkt der Neugründung gilt der Zeitpunkt, an dem erstmalig Strom zu Produktionszwecken abgenommen wird.

Das Rumpfgeschäftsjahr umfasst dabei eine Zeitspanne, die von der Gründung des Unternehmens bis zu einem Abschlusszeitpunkt, der vor dem 30.09. des Antragsjahres liegen muss, reicht. Das (Rumpf)Geschäftsjahr kann nicht länger als ein Jahr sein. Dies bedeutet, dass ein vom Kalenderjahr abweichender, weniger als zwölf Monate umfassender Zeitraum ein Rumpfgeschäftsjahr im Sinne dieser Definition darstellt. Das Rumpfgeschäftsjahr muss mit einem Jahresabschluss abgeschlossen sein. Die Antragsvoraussetzungen des § 41 Abs. 1 Nr. 1 müssen dann in diesem Rumpfgeschäftsjahreszeitraum erfüllt worden sein. Eine Hochrechnung der Daten eines Rumpfgeschäftsjahres auf ein rechnerisch zwölf Monate umfassendes Geschäftsjahr als auch eine Prognoserechnung ist zum Nachweis der Antragsvoraussetzungen nicht zulässig. Eine Zusammenrechnung von mehreren Rumpfgeschäftsjahren ist ebenfalls ausgeschlossen.

Soweit der Antrag sich auf ein neu gegründetes Unternehmen bezieht, müssen die gesellschaftsrechtlichen und wirtschaftlichen Hintergründe dieser Neugründung dargestellt werden. Es muss insbesondere auch erkennbar sein, ob und inwieweit neues Betriebsvermögen im Rahmen der Neugründung geschaffen wurde. Als Belege eignen sich z. B. Handelsregisterauszüge, Kauf- und Übernahmeverträge, Vorstands- und Gesellschafterbeschlüsse, die Eröffnungsbilanz usw.

#### 2. Umstrukturierungen

Da gesellschaftsrechtliche Veränderungen sowohl im Nachweisjahr (letztes abgeschlossenes Geschäftsjahr), im Antragsjahr als auch im Regelungsjahr Auswirkungen auf die Entscheidung des BAFA haben können, sind sämtliche für diese Zeiträume geplanten oder bereits durchgeführten Umstrukturierungen, Umwandlungen oder Umfirmierungen offen zu legen. Bei Unternehmen, die eine solche Maßnahme planen bzw. bereits durchgeführt haben, sollte vor der Antragstellung mit dem BAFA geklärt werden, auf welcher Unternehmensdatenbasis die Tatbestandsmerkmale des § 41 Abs. 1 Nr. 1 EEG nachzuweisen sind und welche Auswirkungen dies auf die Begrenzungsentscheidung haben könnte. In diesen Fällen muss das antragstellende Unternehmen die Vorher- und NachherSituation ausführlich darlegen und mittels geeigneter Unterlagen (z. B. Handelsregister-auszüge, Kauf- und Übernahmeverträge, Vorstands- und Gesellschafterbeschlüsse usw.) belegen. Die Darlegungen des Unternehmens sind der Wirtschaftsprüfer-Bescheinigung als Anlage beizufügen.

Bei Neugründungen und Umstrukturierungen empfiehlt es sich generell, möglichst frühzeitig mit dem BAFA Kontakt aufzunehmen.

## VI. Entscheidungswirkung (§ 41 Abs 3 und § 43 EEG)

### 1. Begrenzungsentscheidung

Die Begrenzungsentscheidung ist eine gebundene Entscheidung, bei der die Behörde kein Ermessen hat.

Die Entscheidung des BAFA ergeht nach § 43 Abs. 1 Satz 2 EEG mit Wirkung gegenüber dem Unternehmen, dem EVU und dem regelverantwortlichen ÜNB. Das begrenzte Unternehmen erhält im Rahmen des Bescheidversands das Original des Begrenzungsbescheides. Jeweils eine Zweitausfertigung davon geht an das voraussichtliche Liefer-EVU und den regelverantwortlichen ÜNB (s. Karte im Anhang) des Unternehmens. Da das BAFA über diesen Vorgang gem. § 43 Abs. 3 EEG in den Regelungsprozess eingreift, ist es unbedingt erforderlich, die Adressdaten des Liefer-EVU und des regelverantwortlichen ÜNB für den Begrenzungszeitraum während des laufenden Antragsverfahrens anzugeben.

Das BAFA behält sich vor, die rechtmäßige Umsetzung der erteilten Begrenzungsbescheide zu prüfen. Bitte achten Sie darauf, dass der Begrenzungsbescheid nur für das begrenzte Unternehmen genutzt wird und nicht auch für andere Strommengen des Unternehmens bzw. andere Unternehmensteile in Anspruch genommen wird. Das gleiche gilt auch bei weitergeleiteten Strommengen. Zuwiderhandlungen können strafrechtliche Konsequenzen haben.

Die Begrenzungsentscheidung wird zum 01. Januar des Folgejahres mit einer Geltungsdauer von einem Jahr wirksam, § 43 Abs. 1 Satz 3 EEG. Dies bedeutet, dass auf den Antrag, der auf Basis des letzten abgeschlossenen Geschäftsjahres des Unternehmens im Antragsjahr 2012 gestellt worden ist, die Begrenzungswirkungen sich auf den Zeitraum vom 01.01.2013, 0:00 Uhr bis zum 31.12.2013, 24:00 Uhr erstrecken. Eine kürzere Geltungsdauer als die in § 43 Abs. 1 Satz 3 EEG kann sich insbesondere dann ergeben, wenn das Unternehmen umstrukturiert wird oder seine Produktionstätigkeit im Laufe des Begrenzungsjahres einstellt.

### 2. Umfang der Begrenzung

Der Umfang der Begrenzung ergibt sich für den Begünstigungszeitraum aus einer Stufenregelung, die in § 41 EEG festgelegt ist. Demnach werden zwei Fallgruppen unterschieden:

1. Für Unternehmen, bei denen im letzten abgeschlossenen Geschäftsjahr das Verhältnis der vom Unternehmen zu tragenden Stromkosten zur Bruttowertschöpfung bei mehr als 20 Prozent lag und der Strombezug an der Abnahmestelle mindestens 100 GWh betragen hat, wird die nach § 37 Abs. 2 EEG ermittelte EEG-Umlage ab der ersten Kilowattstunde auf 0,05 Cent je Kilowattstunde begrenzt (§ 41 Abs. 3 Satz 1 Nr. 2 EEG).

2. Für Unternehmen, bei denen im letzten abgeschlossenen Geschäftsjahr das Verhältnis der vom Unternehmen zu tragenden Stromkosten zur Bruttowertschöpfung nicht über 20 Prozent lag und/oder deren Strombezug an der Abnahmestelle unter 100 GWh betragen hat, erfolgt die Begrenzung an den beantragten Abnahmestellen für den selbstverbrauchten Strom nach § 41 Abs. 3 Satz 1 Nr. 1 EEG gem. folgender Staffelung:

   a) Der Stromanteil bis einschließlich 1 GWh wird nicht begrenzt;

   b) der Stromanteil über 1 GWh bis einschließlich 10 GWh wird auf 10 Prozent der nach § 37 Abs. 2 EEG ermittelten EEG-Umlage begrenzt;

   c) der Stromanteil über 10 bis einschließlich 100 GWh wird auf 1 Prozent der nach § 37 Abs. 2 EEG ermittelten EEG-Umlage begrenzt und

   d) der Stromanteil über 100 GWh wird auf 0,05 Cent je Kilowattstunde begrenzt.

Nachfolgend sind drei Berechnungsbeispiele für die Ermittlung der Begrenzungswirkung bei unterschiedlichen Fallkonstellationen tabellarisch dargestellt. Hierbei ist in der Spalte „EEGUmlageberechnung" die im Falle einer Begrenzung tatsächlich zu tragende EEG-Umlage ausgewiesen. Die Spalte „Entlastung" zeigt die sich aus der Begrenzung der EEG-Umlage für das Unternehmen ergebende Ersparnis, d.h. die nicht zu zahlende EEG-Umlage. Die folgenden Berechnungsbeispiele beziehen sich alle auf das Begrenzungsjahr 2013. Für 2014 kann die Begrenzungswirkung erst ermittelt werden, wenn die ÜNB die Höhe der EEG-Umlage festgelegt haben, was im Oktober 2013 erfolgen wird.

Zu § 64 Erneuerbare-Energiengesetz

**Anlage § 064–02**

| Beispiel 1: Staffelungsberechnung | | | | | |
|---|---|---|---|---|---|
| Relation Stromkosten zur BWS | | <20 % | | | |
| Verbrauchsmenge im letzten abgeschl. Geschäftsjahr | | 1.600.245 | | | |
| Im Begrenzungsjahr verbrauchte Gesamtstrommenge in kWh | | 1.245.200 | | | |
| Volle EEG-Umlage in Ct/kWh | | 5,27700 | | | |

| Verbrauch | EEG-Umlage-Berechnung | | | Entlastung | |
|---|---|---|---|---|---|
| | kWh | Ct/kWh | zu tragende EEG-Umlage in € | Ct/kWh | ersparte EEG-Umlage in € |
| bis einschl. 1 GWh die volle EEG-Umlage | 1.000.000 | 5,27700 | 52.770,00 | 0,00000 | 0,00 |
| über 1 GWh bis einschl. 10 GWh auf 10 % der EEG-Umlage | 245.200 | 0,52770 | 1.293,92 | 4,74930 | 11.645,28 |
| über 10 GWh bis einschl. 100 GWh auf 1 % der EEG-Umlage | 0 | 0,05277 | 0,00 | 5,22423 | 0,00 |
| über 100 GWh auf 0,05 Ct/kWh | 0 | 0,05000 | 0,00 | 5,22700 | 0,00 |
| Summe | 1.245.200 | | 54.063,92 | | 11.645,28 |

| Beispiel 2: Staffelungsberechnung | | | | | |
|---|---|---|---|---|---|
| Relation Stromkosten zur BWS | | >20 % | | | |
| Verbrauchsmenge im letzten abgeschl. Geschäftsjahr | | 80.020.500 | | | |
| Im Begrenzungsjahr verbrauchte Gesamtstrommenge in kWh | | 61.620.300 | | | |
| Volle EEG-Umlage in Ct/kWh | | 5,27700 | | | |

| Verbrauch | EEG-Umlage-Berechnung | | | Entlastung | |
|---|---|---|---|---|---|
| | kWh | Ct/kWh | zu tragende EEG-Umlage in € | Ct/kWh | ersparte EEG-Umlage in € |
| bis einschl. 1 GWh die volle EEG-Umlage | 1.000.000 | 5,27700 | 52.770,00 | 0,00000 | 0,00 |
| über 1 GWh bis einschl. 10 GWh auf 10 % der EEG-Umlage | 9.000.000 | 0,52770 | 47.493,00 | 4,74930 | 427.437,00 |
| über 10 GWh bis einschl. 100 GWh auf 1 % der EEG-Umlage | 51.620.300 | 0,05277 | 27.240,03 | 5,22423 | 2.696.763,00 |
| über 100 GWh auf 0,05 Ct/kWh | 0 | 0,05000 | 0,00 | 5,22700 | 0,00 |
| Summe | 61.620.300 | | 127.503,03 | | 3.124.200,20 |

| Beispiel 3: Begrenzung ab der ersten kWh | | | | | |
|---|---|---|---|---|---|
| Relation Stromkosten zur BWS | | >20 % | | | |
| Verbrauch im letzten abgeschl. Geschäftsjahr (Angabe in kWh) | | 250.300.400 | | | |
| Im Begrenzungsjahr verbrauchte Gesamtstrommenge über 100 GWh (Angabe in kWh) | | 360.345.200 | | | |
| Volle EEG-Umlage in Ct/kWh | | 5,27700 | | | |

| Verbrauch | EEG-Umlage-Berechnung | | | Entlastung | |
|---|---|---|---|---|---|
| | kWh | Ct/kWh | zu tragende EEG-Umlage in € | Ct/kWh | ersparte EEG-Umlage in € |
| ab der ersten kWh auf 0,05 Ct/kWh | 360.345.200 | 0,05000 | 180.172,60 | 5,22700 | 18.835.243,60 |

### VII. Auskunftspflicht (§ 44 EEG)

Gem. § 44 EEG haben die Begünstigten der Entscheidung nach § 40 EEG dem Bundesministerium für Umwelt, Naturschutz und Reaktorsicherheit und seinen Beauftragten auf Verlangen Auskunft über alle Tatsachen zu geben, die für die Beurteilung erforderlich sind, ob die Ziele des § 40 Abs. 1 Satz 2 EEG erreicht werden. Die Antragsteller sind somit zur Mitwirkung in allen Belangen verpflichtet, wobei Betriebs- und Geschäftsgeheimnisse gewahrt bleiben. Das BAFA hat entsprechende Auskunftsverlangen in den Antrag eingearbeitet.

**Anlage § 064–02**　　　　　　　　　　　　　　　　　Zu § 64 Erneuerbare-Energiengesetz

### VIII. Gebühren und Auslagen

Nachfolgend ist die Gebührenverordnung über Gebühren und Ausgaben des Bundesamtes für Wirtschaft und Ausfuhrkontrolle im Zusammenhang mit der Bearbeitung und Entscheidung der Anträge in der Besonderen Ausgleichsregelung abgedruckt (Auszug aus dem Bundesgesetzblatt vom 18.03.2013). Das BAFA erstellt im Anschluss an das Bescheidverfahren einen Gebührenbescheid. Erst auf diesen sind Zahlungen zu leisten.

Bundesgesetzblatt Jahrgang 2013 Teil I Nr. 13.ausgegeben zu Bom am 18. März 2013

**Verordnung über Gebühren und Auslagen des Bundesamtes für Wirtschaft und Ausfuhrkontrolle im Zusammenhang mit der Begrenzung der EEG-Umlage (Besonder-Ausgleichsregelung-Gebührenverordnung – BAGebV)**

**Vom 5. März 2013**

Auf Grund des § 63a Absatz 2 Satz 3 Nummer 4 des Erneuerbare-Energien-Gesetzes, der durch Artikel 1 Nummer 20 des Gesetzes vom 17. August 2012 (BGBl. I S. 1754) geändert worden ist, in Verbindung mit dem 2. Abschnitt des Verwaltungskostengesetzes vom 23. Juni 1970 (BGBl. I S. 821) verodnet das Bundesministerium für Umwelt, Naturschutz und Reaktorsicherheit im Einvernehmen mit dem Bundesministerium für Wirtschaft und Technologie:

**§ 1**
**Gebühren und Auslagen**

(1) Das Bundesamt für Wirtschaft und Ausfuhrkontrolle erhebt für Amtshandlungen im Zusammenhang mit der Begrenzung der EEG-Umlage nach dem §§40 bis 43 des Erneuerbare–Energien-Gesetzes Gebühren und Auslagen. Die gebührenpflichtigen Tatbestände und die Gebührensätze ergeben sich aus dem Gebührenverzeichnis der Anlage zu dieser Verordnung.

(2) Hinsichtlich der Auslagen ist § 10 des Verwaltungskostengesetzes mit Ausnahme des Absatzes 1 Nummer 1 anzuwenden.

**§ 2**
**Zurücknahme von Anträgen**

Für die Zurücknahme eines Antrags auf Begrenzung der EEG-Umlage, mit dessen sachlicher Bearbeitung begonnen worden ist, beträgt die Gebühr 40 Prozent der vorgesehenen Gebühr nach der Nummer 1der Anlage zu dieser Verordnung. § 15 Absatz 2 zweiter Halbsatz des Verwaltungskostengesetzes bleibt unberührt.

**§ 3**
**Ablehnung von Anträgen**

Wird ein Antrag auf Begrenzung der EEG-Umlage abgelehnt, beträgt die Gebühr 70 Prozent der vorgesehenen Gebühr nach der Nummer 1 der Anlage zu dieser Verordnung. § 15 des Verwaltungskostengesetzes bleibt unberührt.

**§ 4**
**Inkrafttreten**

Diese Verordnung tritt am Tag nach der Verkündung in Kraft.

Bonn, den 5. März 2013

　　　　　　　　　　　　Der Bundesminister

Zu § 64 Erneuerbare-Energiengesetz  Anlage § 064–02

**Anlage**
(zu § 1 Absatz 1 Salz 2 )

### Gebührenverzeichnis

| | Amtshandlungen des Bundesamtes für Wirtschaft und Ausfuhrkontrolle | Gebührensatz |
|---|---|---|
| 1. | Gebühr für die Begrenzung der EEG-Umlage je beantragter Abnahmestelle und Stromverbrauchsmenge nach den §§ 41, 42 des Erneuerbare-Energien-Gesetzes im letzten abgeschlossenen Geschäftsjahr; maßgeblich ist die angefangene und an der Abnahmestelle selbst verbrauchte Gigawattstunde. Kene Gebühr wird in dem nach § 41 Absatz 3 Satz 1 Nummer 1 Buchstabe a oder § 42 Absatz 1 Satz 1 des Erneuerbare-Energien-Gesetzes die EEG-Umlage nicht begrenzt wird. | 65 Euro je Gigawattstunde |
| 2. | Gebühr für die Umschreibung oder Übertragung eines Begrenzungsbescheides, soweit nicht die Umschreibung infolge eines Wechsels des Energieversorgungsunternehmens beantragt wird. | entsprechende Anwendung der Nummer 1, jedoch höchstens 250 Euro |

### IX. Begriffsbestimmungen (Stichwortverzeichnis)

**Begriffsbestimmungen**

Abnahmestelle (§ 41 Abs. 4 EEG 2012): Eine Abnahmestelle ist die Summe aller räumlich und physikalisch zusammenhängenden elektrischen Einrichtungen eines Unternehmens, die sich auf einem in sich abgeschlossenen Betriebsgelände befinden und über eine oder mehrere Entnahmepunkte mit dem Netz des Netzbetreibers verbunden sind.

Elektrizitätsversorgungsunternehmen (§ 3 Nr. 2d EEG 2012): jede natürliche oder juristische Person, die Elektrizität an Letztverbraucherinnen oder Letztverbraucher liefert.

Unter dem Begriff der Letztverbraucherinnen und Letztverbraucher sind diejenigen zu verstehen, die die Elektrizität für den eigenen Verbrauch kaufen.

Gewerbe (§ 3 Nr. 4a EEG 2012): ein nach Art und Umfang in kaufmännischer Weise eingerichteter Geschäftsbetrieb, der unter Beteiligung am allgemeinen wirtschaftlichen Verkehr nachhaltig mit eigener Gewinnerzielungsabsicht betrieben wird.

Netz (§ 3 Nr. 7 EEG 2012): die Gesamtheit der miteinander verbundenen technischen Einrichtungen zur Abnahme, Übertragung und Verteilung von Elektrizität für die allgemeine Versorgung

Netzbetreiber (§ 3 Nr. 8 EEG 2012): die Betreiber von Netzen aller Spannungsebenen für die allgemeine Versorgung mit Elektrizität

Neugründungen (§ 41 Abs. 2a, S. 2 EEG 2012): Neu gegründete Unternehmen sind nur solche, die unter Schaffung von im Wesentlichen neuem Betriebsvermögen ihre Tätigkeit erstmals aufnehmen; sie dürfen nicht durch Umwandlung entstanden sein.

Übertragungsnetzbetreiber (§ 3 Nr. 11 EEG 2012): der regelverantwortliche Netzbetreiber von Hoch- und Höchstspannungsnetzen, die der überregionalen Übertragung von Elektrizität zu nachgeordneten Netzen dienen.

Umweltgutachterin oder Umweltgutachter (§ 3 Nr. 12 EEG 2012): eine Person oder Organisation, die nach dem Umweltauditgesetz in der Fassung der Bekanntmachung vom 4. September 2002 (BGBl. I S. 3490), das zuletzt durch Artikel 11 des Gesetzes vom 17. März 2008 (BGBl. I S. 399) geändert worden ist, in der jeweils geltenden Fassung, als Umweltgutachterin, Umweltgutachter oder Umweltgutachterorganisation tätig werden darf.

Unternehmen (§ 3 Nr. 13 EEG 2012): die kleinste rechtlich selbständige Einheit.

Unternehmen des produzierenden Gewerbes (§ 3 Nr. 14 EEG 2012): jedes Unternehmen, das an der zu begünstigenden Abnahmestelle dem Bergbau, der Gewinnung von Steinen und Erden oder dem verarbeitenden Gewerbe in entsprechender Anwendung der Abschnitte B und C der Klassifikation der Wirtschaftszweige, Ausgabe 2008, des Statistischen Bundesamtes zuzuordnen ist.

# Anlage § 064–02

Zu § 64 Erneuerbare-Energiengesetz

Zertifizierer (i. S. des § 41 Abs. 1 Nr. 2 i.V.m. Abs. 2 Satz 3 EEG):
1. Umweltgutachter und Umweltgutachterorganisationen gem. Umweltauditgesetz (UAG) für EMAS in ihrem jeweiligen Zulassungsbereich,
2. Zertifizierer für ISO 50001 in ihrem jeweiligen akkreditierten Bereich.

## X. Anhang

### 1. Schaubild EEG-Ausgleichsmechanismus

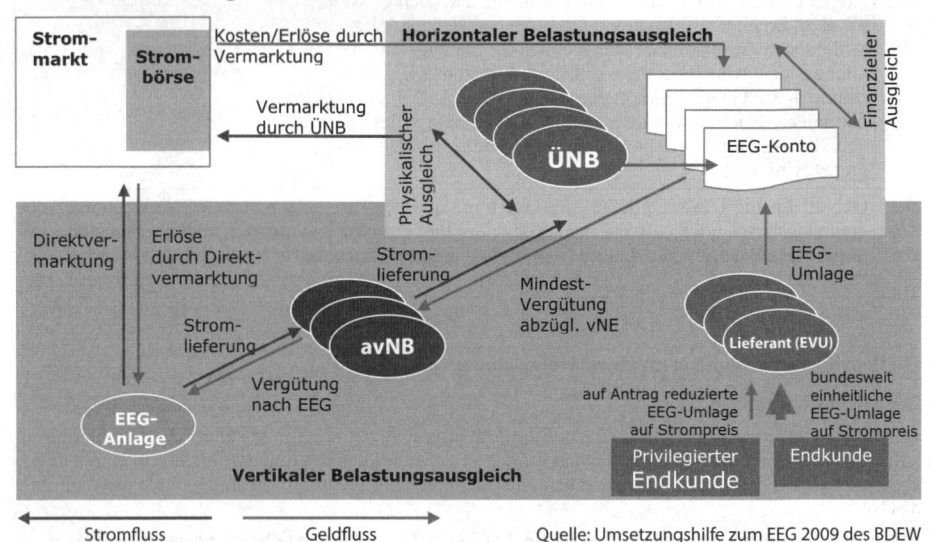

Quelle: Umsetzungshilfe zum EEG 2009 des BDEW

Begriffe:
avNB – aufnahme- und vergütungspflichtiger Netzbetreiber
EVU – Energieversorgungsunternehmen
rÜNB – regelverantwortlicher Übertragungsnetzbetreiber
vNE – vermiedene Netzentgelte

Zu § 64 Erneuerbare-Energiengesetz  **Anlage § 064–02**

## 2. Aufteilung der Bundesrepublik Deutschland auf die vier ÜNB

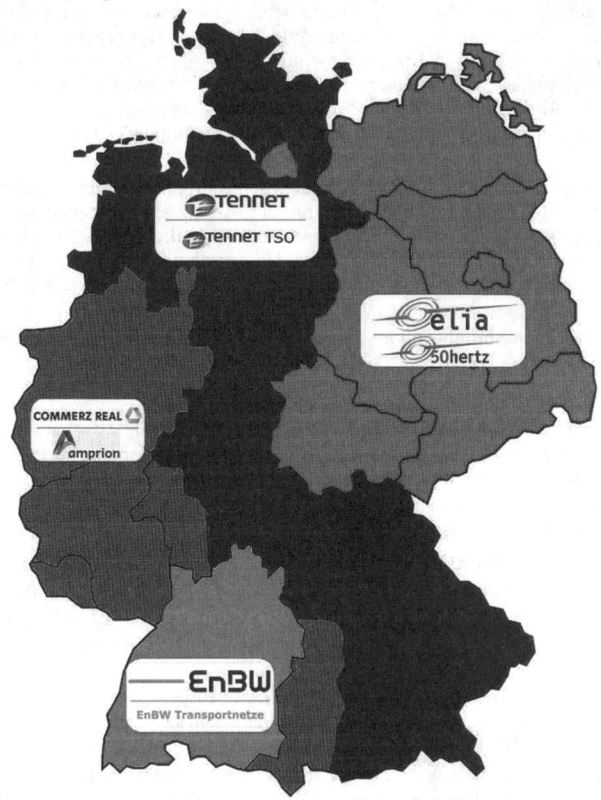

## 3. Wesentliche gesetzliche Bestimmungen der Besonderen Ausgleichsregelung im EEG

### § 40 Grundsatz

Das Bundesamt für Wirtschaft und Ausfuhrkontrolle begrenzt auf Antrag für eine Abnahmestelle die EEG-Umlage, die von Elektrizitätsversorgungsunternehmen an Letztverbraucher, die stromintensive Unternehmen des produzierenden Gewerbes mit hohem Stromverbrauch oder Schienenbahnen sind, weitergegeben wird, entsprechend der §§ 41 und 42. Die Begrenzung erfolgt, um die Stromkosten dieser Unternehmen zu senken und so ihre internationale und intermodale Wettbewerbsfähigkeit zu erhalten, soweit hierdurch die Ziele des Gesetzes nicht gefährdet werden und die Begrenzung mit den Interessen der Gesamtheit der Stromverbraucherinnen und Stromverbraucher vereinbar ist.

### § 41 Unternehmen des produzierenden Gewerbes

(1) Bei einem Unternehmen des produzierenden Gewerbes erfolgt die Begrenzung nur, soweit es nachweist, dass und inwieweit

1. im letzten abgeschlossenen Geschäftsjahr
   a) der von einem Elektrizitätsversorgungsunternehmen bezogene und selbst verbrauchte Strom an einer Abnahmestelle mindestens 1 Gigawattstunde betragen hat,
   b) das Verhältnis der von dem Unternehmen zu tragenden Stromkosten zur Bruttowertschöpfung des Unternehmens nach der Definition des Statistischen Bundesamtes, Fachserie 4, Reihe 4.3, Wiesbaden 2007, mindestens 14 Prozent betragen hat,
   c) die EEG-Umlage anteilig an das Unternehmen weitergereicht wurde und
2. eine Zertifizierung erfolgt ist, mit der der Energieverbrauch und die Potenziale zur Verminderung des Energieverbrauchs erhoben und bewertet worden sind; dies gilt nicht für Unternehmen mit einem Stromverbrauch von unter 10 Gigawattstunden.

# Anlage § 064–02

Zu § 64 Erneuerbare-Energiengesetz

(2) Die Voraussetzungen nach Absatz 1 Nummer 1 sind durch die Stromlieferungsverträge und die Stromrechnungen für das letzte abgeschlossene Geschäftsjahr sowie der Bescheinigung einer Wirtschaftsprüferin, eines Wirtschaftsprüfers, einer Wirtschaftsprüfungsgesellschaft, einer vereidigten Buchprüferin oder eines vereidigten Buchprüfers auf Grundlage des Jahresabschlusses für das letzte abgeschlossene Geschäftsjahr nachzuweisen. Für die Bescheinigungen nach Satz 1 gelten die §§ 319 Absatz 2 bis 4, 319b Absatz 1, 320 Absatz 2 und § 323 des Handelsgesetzbuches entsprechend. Die Voraussetzung nach Absatz 1 Nummer 2 ist durch die Bescheinigung der Zertifizierungsstelle nachzuweisen.

(2a) Unternehmen, die nach dem 30. Juni des Vorjahres neu gegründet wurden, können abweichend von Absatz 1 Daten über ein Rumpfgeschäftsjahr übermitteln. Absatz 2 gilt entsprechend. Neu gegründete Unternehmen sind nur solche, die unter Schaffung von im Wesentlichen neuem Betriebsvermögen ihre Tätigkeit erstmals aufnehmen; sie dürfen nicht durch Umwandlung entstanden sein. Als Zeitpunkt der Neugründung gilt der Zeitpunkt, an dem erstmalig Strom zu Produktions- oder Fahrbetriebszwecken abgenommen wird.

(3) Für Unternehmen, deren Strombezug im Sinne von Absatz 1 Nummer 1 Buchstabe a
1. mindestens 1 Gigawattstunde betragen hat, wird die EEG-Umlage hinsichtlich des an der betreffenden Abnahmestelle im Begrenzungszeitraum selbst verbrauchten Stroms
   a) für den Stromanteil bis einschließlich 1 Gigawattstunde nicht begrenzt,
   b) für den Stromanteil über 1 bis einschließlich 10 Gigawattstunden auf 10 Prozent der nach § 37 Absatz 2 ermittelten EEG-Umlage begrenzt,
   c) für den Stromanteil über 10 bis einschließlich 100 Gigawattstunden auf 1 Prozent der nach § 37 Absatz 2 ermittelten EEG-Umlage begrenzt und
   d) für den Stromanteil über 100 Gigawattstunden auf 0,05 Cent je Kilowattstunde begrenzt oder
2. mindestens 100 Gigawattstunden und deren Verhältnis der Stromkosten zur Bruttowertschöpfung mehr als 20 Prozent betragen hat, wird die nach § 37 Absatz 2 ermittelte EEG-Umlage auf 0,05 Cent je Kilowattstunde begrenzt. Die Nachweise sind in entsprechender Anwendung des Absatzes 2 zu führen.

(4) Eine Abnahmestelle ist die Summe aller räumlich und physikalisch zusammenhängenden elektrischen Einrichtungen eines Unternehmens, die sich auf einem in sich abgeschlossenen Betriebsgelände befinden und über eine oder mehrere Entnahmepunkte mit dem Netz des Netzbetreibers verbunden sind.

(5) Die Absätze 1 bis 4 gelten für selbständige Teile des Unternehmens entsprechend. Ein selbständiger Unternehmensteil liegt nur vor, wenn es sich um einen eigenen Standort oder einen vom übrigen Unternehmen am Standort abgegrenzten Teilbetrieb mit den wesentlichen Funktionen eines Unternehmens handelt und der Unternehmensteil jederzeit als rechtlich selbständiges Unternehmen seine Geschäfte führen könnte. Für den selbständigen Unternehmensteil sind eine eigene Bilanz und eine eigene Gewinn- und Verlustrechnung in entsprechender Anwendung der für alle Kaufleute geltenden Vorschriften des Handelsgesetzbuches aufzustellen. Die Bilanz und die Gewinn- und Verlustrechnung nach Satz 3 sind in entsprechender Anwendung der §§ 317 bis 323 des Handelsgesetzbuches zu prüfen.

## § 42 Schienenbahnen

(1) Eine Begrenzung der EEGUmlage für Schienenbahnen ist nur für die Strommenge möglich, die über 10 Prozent des im Begrenzungszeitraum an der betreffenden Abnahmestelle bezogenen oder selbst verbrauchten Stroms hinausgeht. Die begrenzte EEG-Umlage beträgt 0,05 Cent pro Kilowattstunde.

(2) Bei Schienenbahnen erfolgt die Begrenzung der EEG-Umlage, sofern diese nachweisen, dass und inwieweit
1. die bezogene Strommenge unmittelbar für den Fahrbetrieb im Schienenbahnverkehr verbraucht wird und mindestens 10 Gigawattstunden beträgt und
2. die EEG-Umlage anteilig an das Unternehmen weitergereicht wurde.

(3) Abnahmestelle im Sinne des Absatzes 1 ist die Summe der Verbrauchsstellen für den Fahrbetrieb im Schienenbahnverkehr des Unternehmens. § 41 Absatz 2 und 2a gilt entsprechend.

## § 43 Antragsfrist und Entscheidungswirkung

(1) Der Antrag nach § 40 Abs. 1 in Verbindung mit § 41 oder § 42 einschließlich der vollständigen Antragsunterlagen ist jeweils zum 30. Juni des laufenden Jahres zu stellen (materielle Ausschlussfrist). Die Entscheidung ergeht mit Wirkung gegenüber der antragstellenden Person, dem Elektrizitätsversorgungsunternehmen und dem regelverantwortlichen Übertragungsnetzbetreiber. Sie wird zum 1. Januar des Folgejahres mit einer Geltungsdauer von einem Jahr wirksam. Die durch eine vorangegangene Ent-

scheidung hervorgerufenen Wirkungen bleiben bei der Berechnung des Verhältnisses der Stromkosten zur Bruttowertschöpfung nach § 41 Absatz 1 Nummer 1 Buchstabe b und Absatz 3 außer Betracht.

(2) Neu gegründete Unternehmen im Sinne des § 41 Abs. 2a können den Antrag abweichend von Absatz 1 Satz 1 bis zum 30. September des laufenden Jahres stellen. Satz 1 gilt für Schienenbahnunternehmen entsprechend.

(3) Der Anspruch des an der betreffenden Abnahmestelle regelverantwortlichen Übertragungsnetzbetreibers auf Zahlung der EEG-Umlage gegenüber den betreffenden Elektrizitätsversorgungsunternehmen wird entsprechend der Entscheidung des Bundesamtes für Wirtschaft und Ausfuhrkontrolle begrenzt; die Übertragungsnetzbetreiber haben diese Begrenzungen im Rahmen von § 36 zu berücksichtigen.

## § 44 Auskunftspflicht

Die Begünstigten der Entscheidung nach § 40 haben dem Bundesministerium für Umwelt, Naturschutz und Reaktorsicherheit und seinen Beauftragten auf Verlangen Auskunft über alle Tatsachen zu geben, die für die Beurteilung erforderlich sind, ob die Ziele des § 40 Abs. 1 Satz 2 erreicht werden. Betriebs- und Geschäftsgeheimnisse werden gewahrt.

**Anlage § 065–01**  Zu § 65 Erneuerbare-Energiengesetz

## BAFA Merkblatt Schienenbahnbahnen 2014

Merkblatt vom 28.7.2014

Quelle: Bundesamt für Wirtschaft und Ausfuhrkontrolle (BAFA)
http://www.bafa.de/bafa/de/energie/besondere_ausgleichsregelung_eeg/merkblaetter/
merkblatt_schienenbahnen_2013.pdf

### Wichtige Einleitung
### Hinweise zur Antragsstellung; Schienenbahnen

Das EEG 2012 ist derzeit noch in Kraft. Es wird jedoch keine Begrenzungsbescheide für das Begrenzungsjahr 2015 mehr auf Basis dieses Gesetzes geben, da das Bundesamt für Wirtschaft und Ausfuhrkontrolle (BAFA) – wie in früheren Jahren auch - regelmäßig alle Bescheide gleichzeitig erlässt und dies jeweils regelmäßig erst zum Jahresende erfolgt. Außerdem regelt § 103 Absatz 1 Nr. 6 des Regierungsentwurfs zum EEG 2014, dass Bescheide des Antragsjahres 2014, die nicht bis zum 31.07.2014 bestandskräftig beschieden sind, sich nach dem neuen EEG 2014 richten und danach zu bescheiden sind.

Am 01. August 2014 soll die EEG-Novelle 2014 in Kraft treten. In § 103 Absatz 1 Nr. 5 des Regierungsentwurfs ist festgelegt, dass die Anträge für das Begrenzungsjahr bis zum 30. September 2014 (Ausschlussfrist) gestellt werden können, sich mithin an die Ausschlussfrist 30. Juni 2014 nach dem EEG 2012 eine Verlängerung unmittelbar anschließt.

Um den Unternehmen eine Orientierung im Hinblick auf die Antragsstellung 2014 zu geben, veröffentlicht das BAFA das Merkblatt für Schienenbahnen mit den folgenden Hinweisen:

1. Das BAFA hat sein Antragsportal am 12.05.2014 geöffnet, das Absenden des Antrages mittels des Absende-Buttons ist jedoch voraussichtlich erst ab dem 02.06.2014 möglich. Die nach der Kabinettsfassung des EEG 2014 geänderten Voraussetzungen sind im Portal bereits eingearbeitet. Bitte stellen Sie keine Anträge in Papierform. Dies führt nur zu zusätzlichen Arbeiten für alle Beteiligten und verschafft diesen Antragstellern keine Vorteile. Das BAFA bittet darum die Antragstellung so früh wie möglich im Portal vorzubereiten und zeitnah abzusenden.

2. Es macht keinen Sinn, den Antrag ausschließlich nach dem zur Zeit noch geltenden EEG 2012 zu stellen, da die Besondere Ausgleichsregelung ab dem 01.08.2014 durch das EEG 2014 neu gefasst und die Entscheidungen ausschließlich nach den Regelungen des EEG 2014 getroffen werden müssen. Deshalb müssen die Anträge und die einzureichenden Unterlagen die zu erwartenden Neuregelungen bereits berücksichtigen, um Nachforderungen seitens des BAFA und damit eine Verzögerung der Bescheiderteilung insgesamt zu vermeiden.

3. Das nachstehende Merkblatt enthält bereits die Regelungen des EEG 2014. Das am 01.08.2014 in Kraft treten wird (Fassung Bundesgesetzblatt Jahrgang 2014 Teil I Nr. 33, ausgegeben zu Bonn am 24. Juli 2014). Für den Fall, dass sich an diesen im Laufe des Gesetzgebungsverfahrens Änderungen ergeben, wird das BAFA zeitnah eine entsprechend geänderte Fassung veröffentlichen.

Die Antragsteller und Wirtschaftsprüfer werden gebeten, sich anhand der veröffentlichten Beschlussfassung des Bundestages zur Besonderen Ausgleichsregelung mit den neuen Regelungen vertraut zu machen.

### I. Kreis der Antragsberechtigten

Gemäß § 63 Nr. 2 EEG 2014 begrenzt das Bundesamt für Wirtschaft und Ausfuhrkontrolle auf Antrag für eine Abnahmestelle die EEG-Umlage für den Strom, der von Elektrizitätsversorgungsunternehmen an Letztverbraucher, die Schienenbahnen sind, geliefert wird oder von diesen selbst erzeugt und verbraucht wird, soweit hierdurch die Ziele des Gesetzes nicht gefährdet werden und die Begrenzung mit dem Interesse der Gesamtheit der Stromverbraucher vereinbar ist.

Im Folgenden wird der Kreis der Antragsberechtigten präzisiert.

### 1. Begriff des Unternehmens

Nach § 5 Nr. 34 EEG 2014 ist ein Unternehmen jede rechtsfähige Personenvereinigung oder juristische Person mit Ausnahme der im Dritten Buch des Aktiengesetzes geregelten verbundenen Unternehmen, die über einen nach Art und Umfang in kaufmännischer Weise eingerichteten Geschäftsbetrieb verfügt, der unter Beteiligung am allgemeinen Wirtschaftsverkehr betrieben wird. Der Begriff des Unternehmens ist unabhängig von der konkreten Rechtsform, in der ein Unternehmen betrieben wird, und umfasst juristische Personen und Personengesellschaften ebenso wie kommunale Eigenbetriebe. Im Bereich von

Zu § 65 Erneuerbare-Energiengesetz                                                              **Anlage § 065–01**

Konzernen ist auf die jeweils einzelne Konzerngesellschaft - und nicht auf die Konzerne oder Muttergesellschaften in ihrer Gesamtheit - abzustellen. So können beispielsweise zwei rechtlich selbstständige Schwestergesellschaften innerhalb eines Konzerns nicht als ein Unternehmen behandelt werden. Auch die Möglichkeit der Zusammenfassung mehrerer Rechtsträger über die Konstruktion einer „EEG-rechtlichen Organschaft" ist ausgeschlossen.

## 2. Begriff der Schienenbahn

Mit dem EEG 2014 wurde der Begriff der Schienenbahn erstmals legaldefiniert (§ 5 Nr. 28 EEG 2014). Demnach ist unter einer Schienenbahn jedes Unternehmen zu verstehen, das zum Zweck des Personen- oder Güterverkehrs Fahrzeuge wie Eisenbahnen, Magnetschwebebahnen, Straßenbahnen oder nach ihrer Bau- und Betriebsweise ähnliche Bahnen auf Schienen oder die für den Betrieb dieser Fahrzeuge erforderlichen Infrastrukturanlagen betreibt.

Das betreffende Unternehmen muss als Schienenbahnverkehrsunternehmen selbst tatsächlich Schienenfahrzeuge auf einer Eisenbahninfrastruktur betreiben. Maßgeblich ist die Schienengebundenheit des betriebenen Verkehrsmittels. Der Betrieb von Oberleitungsomnibussen und ähnlichen Fahrzeugen fällt daher nicht in den Anwendungsbereich der Besonderen Ausgleichsregelung. Erfasst sind aufgrund ihrer Schienengebundenheit Straßenbahnen, Magnetschwebebahnen und nach ihrer Bau- oder Betriebsweise ähnliche Bahnen, Bergbahnen und sonstige Bahnen besonderer Bauart.

Die Definition umfasst auch Schienenbahninfrastrukturunternehmen, die Infrastrukturanlagen betreiben, die für die Zugbildung und Zugvorbereitung sowie für die Bereitstellung und Sicherung der Fahrtrasse benötigt werden und damit mittelbar zum Betrieb der Schienenfahrzeuge beitragen. Dabei ist zu beachten, dass sich die Besondere Ausgleichsregelung nur auf unmittelbar für den Fahrbetrieb im Schienenbahnverkehr verbrauchten Strom bezieht und nur für diese Strommengen eine Begrenzung der Umlage erfolgt.

Bei Schienenbahnen kann keine Begünstigung auf Basis selbstständiger Unternehmensteile begehrt werden.

## 3. Neugründungen
### § 64 Abs. 4 S. 1 EEG 2014

Unternehmen, die nach dem 30. Juni des Vorjahres neu gegründet wurden, können abweichend von § 65 Abs. 1 EEG 2014 nach § 65 Abs. 3 EEG 2014 i.V.m. § 64 Abs. 4 EEG 2014 im ersten Jahr nach der Neugründung Daten über ein Rumpfgeschäftsjahr übermitteln [...].

Neu gegründete Unternehmen sind nach § 64 Abs. 4 EEG 2014 nur solche, die unter Schaffung von im Wesentlichen neuem Betriebsvermögen ihre Tätigkeit erstmals aufnehmen; sie dürfen nicht durch Umwandlung entstanden sein. Neu geschaffenes Betriebsvermögen liegt vor, wenn über das Grund- und Stammkapital hinaus weitere Vermögensgegenstände des Anlage- oder Umlaufvermögens erworben, gepachtet oder geleast wurden. Es wird unwiderleglich vermutet, dass der Zeitpunkt der Neugründung der Zeitpunkt ist, an dem erstmals Strom zu Fahrbetriebszwecken verbraucht wird (§ 65 Abs. 3 EEG 2014).

## II. Anspruchsvoraussetzungen des § 65 Abs. 1 EEG 2014

### 1. Gesetzliche Grundlagen

§ 63 EEG 2014

Grundsatz

Auf Antrag begrenzt das Bundesamt für Wirtschaft und Ausfuhrkontrolle abnahmestellenbezogen

1. nach Maßgabe des § 64 die EEG-Umlage für Strom, der von stromkostenintensiven Unternehmen selbst verbraucht wird, um den Beitrag dieser Unternehmen zur EEG-Umlage in einem Maße zu halten, das mit ihrer internationalen Wettbewerbssituation vereinbar ist, und ihre Abwanderung in das Ausland zu verhindern, und
2. nach Maßgabe des § 65 die EEG-Umlage für Strom, der von Schienenbahnen selbst verbraucht wird, um die internodale Wettbewerbsfähigkeit der Schienenbahnen zu erhalten,

soweit hierdurch die Ziele des Gesetzes nicht gefährdet werden und die Begrenzung mit dem Interesse der Gesamtheit der Stromverbraucher vereinbar ist.

§ 65 EEG 2014

Schienenbahnen

(1) Bei einer Schienenbahn erfolgt die Begrenzung der EEG-Umlage nur, sofern sie nachweist, dass und inwieweit im letzten abgeschlossenen Geschäftsjahr die an der betreffenden Abnahmestelle selbst ver-

# Anlage § 065–01

Zu § 65 Erneuerbare-Energiengesetz

brauchte Strommenge unmittelbar für den Fahrbetrieb im Schienenbahnverkehr verbraucht wurde und unter Ausschluss der rückgespeisten Energie mindestens 2 Gigawattstunden betrug.

(2) Für eine Schienenbahn wird die EEG-Umlage für die gesamte Strommenge, die das Unternehmen unmittelbar für den Fahrbetrieb im Schienenbahnverkehr selbst verbraucht, unter Ausschluss der rückgespeisten Energie an der betreffenden Abnahmestelle auf 20 Prozent der nach § 60 Absatz 1 ermittelten EEG-Umlage begrenzt.

(3) Abnahmestelle im Sinne der Absätze 1 und 2 ist die Summe der Verbrauchsstellen für den Fahrbetrieb im Schienenbahnverkehr des Unternehmens. § 64 Absatz 3 Nummer 1 Buchstabe a bis c und Absatz 4 ist entsprechend anzuwenden; es wird unwiderleglich vermutet, dass der Zeitpunkt der Neugründung der Zeitpunkt ist, zu dem erstmals Strom zu Fahrbetriebszwecken verbraucht wird.

§ 64 EEG 2014

Stromkostenintensive Unternehmen

[Nachweise; auch für Schienenbahnen]

...

(3) Die Erfüllung der Voraussetzungen nach Absatz 1 [...], sind wie folgt nachzuweisen:
1. für die Voraussetzungen nach Absatz 1 Nummer 1 und 2 und die Begrenzungsgrundlage nach Absatz 2 durch

a) die Stromlieferungsverträge und die Stromrechnungen für das letzte abgeschlossene Geschäftsjahr,

...

c) die Bescheinigung eines Wirtschaftsprüfers, einer Wirtschaftsprüfungsgesellschaft, eines vereidigten Buchprüfers oder einer Buchprüfungsgesellschaft auf Grundlage der geprüften Jahresabschlüsse nach den Vorgaben des Handelsgesetzbuches für die letzten drei abgeschlossenen Geschäftsjahre (hier nur letztes abgeschlossenes Geschäftsjahr); die Bescheinigung muss die folgenden Angaben enthalten:

...

bb) Angaben zu den Strommengen des Unternehmens, die von Elektrizitätsversorgungsunternehmen geliefert oder selbst erzeugt und selbst verbraucht wurden, einschließlich der Angabe, in welcher Höhe ohne Begrenzung für diese Strommengen die EEG- Umlage zu zahlen gewesen wäre, und

...

(4) Unternehmen, die nach dem 30. Juni des Vorjahres neu gegründet wurden, können abweichend von Absatz 3 Nummer 1 im ersten Jahr nach der Neugründung Daten über ein Rumpfgeschäftsjahr übermitteln,

...

Neu gegründete Unternehmen sind nur solche, die unter Schaffung von im Wesentlichen neuem Betriebsvermögen ihre Tätigkeit erstmals aufnehmen; sie dürfen nicht durch Umwandlung entstanden sein. Neu geschaffenes Betriebsvermögen liegt vor, wenn über das Grund- und Stammkapital hinaus weitere Vermögensgegenstände des Anlage- oder Umlaufvermögens erworben, gepachtet oder geleast wurden. Es wird unwiderleglich vermutet, dass der Zeitpunkt der Neugründung der Zeitpunkt ist, an dem erstmals Strom zu Produktionszwecken (hier zu Fahrbetriebszwecken) verbraucht wird.

§ 67 EEG 2014

Umwandlung von Unternehmen

(1) Wurde das antragstellende Unternehmen in seinen letzten drei abgeschlossenen Geschäftsjahren vor der Antragstellung oder in dem danach liegenden Zeitraum bis zum Ende der materiellen Ausschlussfrist umgewandelt, so kann das antragstellende Unternehmen für den Nachweis der Anspruchsvoraussetzungen auf die Daten des Unternehmens vor seiner Umwandlung nur zurückgreifen, wenn die wirtschaftliche und organisatorische Einheit dieses Unternehmens nach der Umwandlung nahezu vollständig in dem antragstellenden Unternehmen erhalten geblieben ist. Andernfalls ist § 64 Absatz 4 Satz 1 bis 4 entsprechend anzuwenden.

(2) Wird das antragstellende oder begünstigte Unternehmen umgewandelt, so hat dies dem Bundesamt für Wirtschaft und Ausfuhrkontrolle unverzüglich schriftlich anzuzeigen.

(3) Geht durch die Umwandlung eines begünstigten Unternehmens dessen wirtschaftliche und organisatorische Einheit nahezu vollständig auf ein anderes Unternehmen über, so überträgt auf Antrag des anderen Unternehmens das Bundesamt für Wirtschaft und Ausfuhrkontrolle den Begrenzungsbescheid auf dieses. Die Pflicht des antragstellenden Unternehmens zur Zahlung der nach § 60 Absatz 1 ermittelten EEG-Umlage besteht nur dann, wenn das Bundesamt für Wirtschaft und Ausfuhrkontrolle den

Zu § 65 Erneuerbare-Energiengesetz **Anlage § 065–01**

Antrag auf Übertragung des Begrenzungsbescheides ablehnt. In diesem Fall beginnt die Zahlungspflicht der nach § 60 Absatz 1 ermittelten EEG-Umlage mit dem Wirksamwerden der Umwandlung.

(4) Die Absätze 1 und 3 sind auf selbständige Unternehmensteile und auf Schienenbahnen entsprechend anzuwenden.

## 2. Letztes abgeschlossenes Geschäftsjahr

### 2.1. Definition

Sämtliche Voraussetzungen sind für das letzte abgeschlossene Geschäftsjahr des Schienenbahn- Unternehmens vor dessen Antragstellung nachzuweisen. Der Gesetzgeber wollte bei der Nachweisführung an feststehende Daten anknüpfen und dadurch eine Entscheidung aufgrund einer gesicherten Tatsachenbasis gewährleisten. Das letzte abgeschlossene Geschäftsjahr ist i.d.R. das Kalenderjahr vor Antragstellung (z.B. 01.01.2013 bis 31.12.2013). Ist das letzte abgeschlossene Geschäftsjahr des Unternehmens nicht identisch mit dem Kalenderjahr, ist auf das vom Kalenderjahr abweichende letzte abgeschlossene Geschäftsjahr (z.B. 01.10.2012 bis 30.09.2013) abzustellen.

Umfasst das letzte abgeschlossene Geschäftsjahr weniger als 12 Monate, so dass es sich um ein Rumpfgeschäftsjahr handelt, so ist dieser Zeitraum zu Grunde zu legen. Eine Hochrechnung der Daten eines Rumpfgeschäftsjahres auf ein rechnerisch zwölf Monate umfassendes Geschäftsjahr oder auch eine Prognoserechnung ist zum Nachweis der Antragsvoraussetzungen nicht zulässig. Eine Zusammenrechnung von Daten aus mehreren Rumpfgeschäftsjahren ist ebenfalls ausgeschlossen. Dieses gilt auch dann, wenn ein zwölf Monate umfassendes Geschäftsjahr (z.B. infolge eines Gesellschafterwechsels oder einer Umstrukturierung) in zwei Rumpfgeschäftsjahre gegliedert wurde. Es ist in diesem Fall i.d.R. das letzte abgeschlossene Rumpfgeschäftsjahr maßgebend. Werden in diesem Rumpfgeschäftsjahr die Anspruchsvoraussetzungen des § 65 EEG 2014 nicht erfüllt, kann ausnahmsweise auf das davor liegende (vollständige) Geschäftsjahr bzw. Rumpfgeschäftsjahr abgestellt werden.

Schienenbahn-Unternehmen, die nach dem 30.06. des Vorjahres der Antragstellung neu gegründet wurden, können Daten über ein (vom regulären Geschäftsjahr abweichendes) Rumpfgeschäftsjahr vorlegen. Dieses Rumpfgeschäftsjahr muss dabei eine Zeitspanne von der Gründung des Unternehmens (= erstmalige Stromabnahme zu Fahrbetriebszwecken bis zu einem frei wählbaren Abschlusszeitpunkt vor dem 30.09. des Antragsjahres umfassen. Die Antragsvoraussetzungen des § 65 Abs. 1 EEG 2014 müssen dann in diesem Zeitraum erfüllt worden sein.

### 2.2. Umstrukturierung/Umwandlung

Umstrukturierungen stellen einen Einschnitt in das Unternehmensgefüge dar, bei dem zu prüfen ist, ob eine Vergleichbarkeit zwischen Antragsgegenstand und der Verhältnisse im letzten abgeschlossenen Geschäftsjahr gegeben ist. Es ist davon auszugehen, dass solche Umstrukturierungen Auswirkungen auf die Antragstellung, Nachweisführung und Entscheidung des BAFA haben.

Da gesellschaftsrechtliche Veränderungen sowohl im Nachweisjahr (letztes abgeschlossenes Geschäftsjahr), im Antragsjahr als auch im Regelungsjahr Auswirkungen auf die Entscheidung des BAFA haben können, sind sämtliche für diese Zeiträume geplanten oder bereits durchgeführten Umstrukturierungen, Umwandlungen oder Umfirmierungen offen zu legen. Bei Schienenbahn- Unternehmen, die eine solche Maßnahme planen bzw. bereits durchgeführt haben, sollte vor der Antragstellung mit dem BAFA geklärt werden, auf welcher Unternehmensdatenbasis die Tatbestandsmerkmale des § 65 Abs. 1 EEG 2014 nachzuweisen sind und welche Auswirkungen dies auf die Begrenzungsentscheidung haben könnte. In diesen Fällen muss in der Anlage zur Wirtschaftsprüfer-Bescheinigung die Vorher-und Nachher- Situation ausführlich dargelegt und mittels geeigneter Unterlagen (z.B. Handelsregisterauszüge, Kauf- und Übernahmeverträge, Vorstands- und Gesellschafterbeschlüsse usw.) belegt werden.

Bei Neugründungen und Umstrukturierungen empfiehlt es sich generell, möglichst frühzeitig mit dem BAFA Kontakt aufzunehmen.

§ 67 EEG 2014

## 3. Selbst verbrauchte (Fahr-)Strommenge

Um einen Anspruch auf Begrenzung der EEG-Umlage zu erhalten, ist es nach § 65 Abs. 1 EEG 2014 erforderlich, dass die an der Abnahmestelle selbst verbrauchte Strommenge unmittelbar für den Fahrbetrieb im Schienenbahnverkehr verbraucht wurde und unter Ausschluss der rückgespeisten Energie mindestens 2 Gigawattstunden betrug.

### 3.1. Abnahmestelle

Die für den Fahrbetrieb selbst verbrauchte Strommenge muss an der Abnahmestelle unter Ausschluss der rückgespeisten Energie mindestens 2 Gigawattstunden im letzten abgeschlossenen Geschäftsjahr be-

# Anlage § 065–01

Zu § 65 Erneuerbare-Energiengesetz

tragen haben. Aufgrund der fehlenden Ortsgebundenheit wird als Abnahmestelle der Schienenbahn die Summe aller Verbrauchsstellen für den Fahrbetrieb im Schienenbahnverkehr betrachtet, § 65 Abs. 3 S. 1 EEG 2014.

## 3.2. Selbst verbrauchte Strommenge

Der Fahrstrom muss im letzten abgeschlossenen Geschäftsjahr selbst verbraucht worden sein. Ein Selbstverbrauch liegt nicht mehr vor, wenn Strom an ein rechtlich selbstständiges Unternehmen geliefert wurde (Weiterleitung), selbst wenn dieses demselben Konzern angehört wie das stromliefernde Unternehmen. Bei der Ermittlung der Stromverbrauchsmengen sind alle von der Schienenbahn bezogenen Strommengen abzuziehen, die diese an andere weitergegeben hat. Unbeachtlich ist, wer der Empfänger des weitergegebenen Stroms ist und zu welchem Zweck dieser weitergeleitet wurde. Die Schienenbahn hat sicherzustellen, dass eine genaue Unterscheidung zwischen selbst verbrauchtem und weitergegebenem Strom möglich ist. Zur Nachvollziehbarkeit sind ggfs. Zwischenmessungen durchzuführen. Zuwiderhandlungen können strafrechtliche Konsequenzen haben.

Mit der EEG-Novelle 2014 sind selbst erzeugte Strommengen, die für den Fahrbetrieb selbst verbraucht wurden, bei der Ermittlung der Fahrstrommengen im Sinne des § 65 Abs. 1 EEG 2014 berücksichtigungsfähig.

## 3.3. Fahrstrom

Es sind nur diejenigen Strommengen zu berücksichtigen, die unmittelbar für den Fahrbetrieb im Schienenbahnverkehr verbraucht werden, § 65 Abs. 1 EEG 2014.

Es handelt sich um Fahrstrom, wenn der Strom nach § 9 Abs. 2 StromStG einem ermäßigten Steuersatz unterliegt. Hierzu muss Strom für den Fahrbetrieb im Schienenbahnverkehr mit Ausnahme der betriebsinternen Werkverkehre und Bergbahnen entnommen werden. Die Steuerermäßigung erstreckt sich dabei nach § 13 StromStV auf den zum Antrieb der Fahrzeuge und den zum Betrieb ihrer sonstigen elektrischen Anlagen verbrauchten Strom sowie darüber hinaus im Verkehr mit Schienenbahnen auch auf den für die Zugbildung und -vorbereitung sowie den für die Bereitstellung und Sicherung der Fahrtrassen und Fahrwege verbrauchten Strom.

Ob es sich um Fahrstrom handelt, kann die nachstehende Zusammenstellung der begünstigten und nicht begünstigten Strommengen auf Grund der vielfältigen Verbrauchsmöglichkeiten von Strom und der fortschreitenden Technik in diesem Bereich nicht abschließend beurteilen. Die Zusammenstellung sollte jedoch die wesentlichen Verbrauchstatbestände und darüber hinaus Anhaltspunkte und Abgrenzungskriterien für die stromsteuerliche Beurteilung nicht geführter Strommengen enthalten.

Um Fahrstrom handelt es sich bei folgenden Strommengen die von der Steuerermäßigung nach § 9 Abs. 2 StromStG erfasst sind:

1. Verbrauch zum Antrieb der Fahrzeuge und zum Betrieb ihrer sonstigen elektrischen Anlagen
   - Fahr- bzw. Traktionsstrom (zum Beispiel auch für Rangier-, Reparatur-, Test- und Ausbildungsfahrten),
   - Zugbeleuchtung, Heizung, Klimatisierung, Bordküchen, Steckdosen für Fahrgäste, Zugfunk usw.,
   - soweit sich die Anlagen in den Fahrzeugen befinden.
2. Verbrauch für die Zugbildung und Zugvorbereitung
   - Betriebs- und Rangieranlagen für die Zugbildung (Drehscheiben, Schiebebühnen, Ablaufbremsen usw.),
   - Gleisfeldbeleuchtung im Rangierbereich,
   - Zugvorheizung.
3. Verbrauch für die Bereitstellung und Sicherheit der Fahrtrasse und Fahrwege
   - Betriebsleit- und Rangieranlagen,
   - Stellwerke,
   - Signalanlagen,
   - Sicherungseinrichtungen (Achszähler, Heißlaufüberwachung usw.),
   - Weichenbetrieb (Motor, Heizung, Verriegelung usw.),
   - Betriebs- und Zugfunk,
   - Tunnelbeleuchtung und -belüftung,
   - Bahnübergänge, Bahnübergangssicherung,
   - Bahnsteig- und Haltestellenbeleuchtung (unmittelbare Beleuchtung nur der Bahnsteige und Haltestellen)

Nicht um Fahrstrom handelt es sich, wenn die Voraussetzungen für eine Steuerermäßigung insbesondere bei den folgenden Strommengen nicht vorliegen:
- Werkstätten (Reparatur, Wartung, Instandhaltung usw.),
- Verwaltungs-/Bürobereich der Verkehrsunternehmen,
- Zugreinigungsanlagen,
- Betrieb von Bahnhöfen (allgemeine Bahnhofsbeleuchtung, Geschäfte, Verkaufsstände, Kundenbüros, Serviceeinrichtungen, Fahrscheinautomaten, Werbebeleuchtungen usw.),
- Zugangsbereiche (Beleuchtung von Zugangswegen, Fußgängertunneln und Fußgängerbrücken, Rolltreppen usw.).

Für die Erfüllung der erforderlichen Fahrstrommenge gemäß § 65 Abs. 1 EEG 2014 sind sowohl die Fahrstrommengen, die der Regelverantwortung von Übertragungsnetzbetreibern unterliegen, als auch die nicht der Regelverantwortung von Übertragungsnetzbetreibern unterliegenden Fahrstrommengen aus eigens für die Versorgung von Schienenbahnen betriebenen Kraftwerken (Bahnkraftwerksstrom) anzusetzen.

### 3.4. Rückspeiseenergie

In § 65 Absatz 1 EEG 2014 legt der Gesetzgeber fest, dass die sogenannte rückgespeiste Energie – also vom Schienenfahrzeug insbesondere beim Bremsvorgang freigesetzte und wieder in das Bahnstromnetz eingespeiste Energie – bei der Ermittlung der selbst verbrauchten Fahrstrommenge im Sinne von § 65 Abs. 1 EEG 2014 von der bezogenen bzw. selbst erzeugten Fahrstrommenge abgezogen wird.

Beispiel A:

Schienenbahn A bezog im letzten abgeschlossenen Geschäftsjahr insgesamt 3 Gigawattstunden Strom. Der bezogene Strom wurde als Fahrstrom selbst verbraucht, jedoch wurden gemäß den Angaben in der Rechnung während des Betriebs 1,2 Gigawattstunden in das Bahnstromnetz rückgespeist.

- Die rückgespeiste Strommenge von 1,2 Gigawattstunden ist von der bezogenen Fahrstrommenge abzuziehen. Daher verbrauchte die Schienenbahn A insgesamt lediglich 1,8 Gigawattstunden Fahrstrom selbst. Folglich ist die Anspruchsvoraussetzung des § 65 Abs. 1 EEG 2014 (mindestens 2 Gigawattstunden selbst verbrauchter Fahrstrom) nicht erfüllt.

Beispiel B:

Schienenbahn B bezog im letzten abgeschlossenen Geschäftsjahr insgesamt 3 Gigawattstunden Strom. Der bezogene Strom wurde als Fahrstrom selbst verbraucht, jedoch wurden gemäß den Angaben in der Rechnung während des Betriebs 0,8 Gigawattstunden in das Bahnstromnetz rückgespeist.

- Die rückgespeiste Strommenge von 0,8 Gigawattstunden ist von der bezogenen Fahrstrommenge abzuziehen. Daher verbrauchte die Schienenbahn B insgesamt 2,2 Gigawattstunden Fahrstrom selbst. Folglich ist die Anspruchsvoraussetzung des § 65 Abs. 1 EEG 2014 (mindestens 2 Gigawattstunden selbst verbrauchter Fahrstrom) erfüllt.

Durch Bremsenergie erzeugter Strom, der im Netz des Antragsstellers verbleibt und so dessen Strombezug von seinem Energieversorgungsunternehmen von vorne herien mindert, ist nicht als „rückgespeiste Energie" abzuziehen.

Das antragstellende Schienenbahnunternehmen hat neben dem Stromverbrauch für den Fahrbetrieb auch den gesamten bezogenen bzw. selbst erzeugten und davon selbst verbrauchten Strom (inklusive Nichtfahrstrommengen) anzugeben. Der Antragsteller hat ferner dafür Sorge zu tragen, dass die im Antrag benannten Fahrstrommengen nachweislich dem Fahrbetrieb zugerechnet werden können und dies anhand geeigneter Unterlagen zu belegen.

### III. Antragsverfahren

#### 1. Antragstellung

Sämtliche Antragsunterlagen müssen in jedem Antragsjahr erneut vorgelegt werden. Dies gilt insbesondere auch für die bereits in Vorjahren eingereichten Stromlieferungsverträge und die das letzte abgeschlossene Geschäftsjahr abdeckenden Stromrechnungen der Abnahmestelle/der Verbrauchsstellen der Schienenbahn. Ein Verweis auf Vorjahre ist zudem auch in der Bescheinigung des Wirtschaftsprüfers nicht zulässig (z.B. Feststellungen des Wirtschaftsprüfers aus den Vorjahresbescheinigungen, Anlagen zu Berichten aus Vorjahren, usw.).

Den Antrag stellen Sie bitte elektronisch über das Online-Portal ELAN-K2. Bitte registrieren Sie sich unter www.bafa.de/bafa/de/energie/besondere_ausgleichsregelung_eeg/formulare/index.html für das elektronische Antragsverfahren. Hier finden Sie auch eine Anleitung zur Selbstregistrierung für ELAN-K2. Nach der Freigabe der aktivierten Registrierungen können Sie das elektronische Antragsverfahren

# Anlage § 065–01

Zu § 65 Erneuerbare-Energiengesetz

nutzen. Eine Anleitung zur Anwendung im Online-Portal ELAN-K2 finden Sie ebenfalls unter der o.g. Internetadresse.

Sollten Sie bereits eine Registrierung (z.B. aus dem Vorjahr) haben, so loggen Sie sich zur Bearbeitung des neuen Antrages bitte wie gewohnt in das Online-Portal ein.

Neben dem Standardantrag nach § 63 in Verbindung mit § 65 EEG 2014 ist es im Antragsjahr 2014 einmalig möglich einen zusätzlichen Antrag gemäß § 103 Abs. 5 EEG 2014 zu stellen. Dieser Zusatzantrag ermöglicht bislang nicht begünstigen Schienenbahnen (Schienenbahn-Unternehmen, die für 2014 keinen Antrag gestellt haben und folglich keine Begrenzungsentscheidung erhalten haben) eine nachträgliche Antragsstellung, um eine Begrenzung für die zweite Jahreshälfte 2014 zu erlangen (vgl. unten Punkt V.).

## 2. Nachweis der Tatbestandsvoraussetzungen des § 65 Abs. 1 EEG 2014

§ 65 Abs. 1 EEG 2014 in Verbindung mit § 64 Abs. 3 Nr. 1 EEG 2014 verlangt den Nachweis, dass und inwieweit die selbst verbrauchte Strommenge unmittelbar für den Fahrbetrieb im Schienenbahnverkehr verbraucht wurde und unter Ausschluss der Rückspeiseenergie mindestens 2 Gigawattstunden betrug.

Folgende Unterlage ist bis zum Ablauf der Ausschlussfrist am 30.06. (im Antragsjahr 2014 am 30.09.) einzureichen:

– Bescheinigung des Wirtschaftsprüfers:

Die an der beantragten Abnahmestelle selbst verbrauchte (Fahr-)Strommenge in kWh gehört zu den vom Wirtschaftsprüfer bei einer Prüfung nach § 64 Abs. 3 Nr. 1 Buchst. c zu prüfenden Angaben.

Die Bescheinigung des Wirtschaftsprüfers ist in Anlehnung an den IDW Prüfungsstandard: Prüfungen nach dem Erneuerbare-Energien-Gesetz (IDW PS 970) (Stand: 06.09.2012) in Verbindung mit dem IDW Prüfungshinweis: Besonderheiten der Prüfung im Zusammenhang mit der Antragstellung auf Besondere Ausgleichsregelung nach dem EEG 2014 im Antragsjahr 2014 (IDW PH 9.970.1), der derzeit noch erarbeitet wird, zu erstellen und muss die folgenden Angaben enthalten:

| | |
|---|---|
| 1. | die von Elektrizitätsversorgungsunternehmen oder Dritten gelieferte Strommenge |
| 2. | die davon an Dritte weitergeleitete Strommenge |
| 3. | die selbst erzeugte und selbst verbrauchte Strommenge, sofern diese nach § 61 EEG 2014 umlagepflichtig ist |
| 4. | die von Schienenfahrzeugen insbesondere beim Bremsvorgang wieder rückgespeist Strommenge („rückgespeiste Energie") |
| 5. | die insgesamt nach § 60 Abs. 1 EEG 2014 oder § 61 EEG 2014 umlagepflichtige und selbstverbrauchte Strommenge (Summe 1. und 3. abzüglich 2. und 4.)* |
| 6. | die davon nicht unmittelbar für den Fahrbetrieb im Schienenbahnverkehr selbst ver- brauchte Strommenge |
| 7. | die an der Abnahmestelle nach § 65 Abs. 3 Satz 1 EEG 2014 unmittelbar für den Fahrbetrieb im Schienenbahnverkehr selbst verbrauchte und nach § 60 Abs. 1 EEG 2014 oder § 61 EEG2014 umlagepflichtige Strommenge (5. abzüglich 6.)** |

\* wird in ELAN-K2 als „Gesamtstrommenge" bezeichnet

\*\* wird in ELAN-K2 als „davon für den Fahrbetrieb selbst verbrauchte Strommenge" bezeichnet

Die Bescheinigung des Wirtschaftsprüfers ist hinsichtlich Aufbau, Struktur, Inhalt und Form so zu erstellen, dass sie einen Standard erreicht, der mit den Verlautbarungen des Instituts der Wirtschaftsprüfer (IDW) vergleichbar ist (siehe IDW PS 970, Stand 06.09.2012, und IDW PH 9.970.1 des Instituts der Wirtschaftsprüfer[1]) und damit auch den Gepflogenheiten des Berufsstands der Wirtschaftsprüfer in vollem Umfang gerecht wird. Wirtschaftsprüfer-Bescheinigungen, die diese Anforderungen nicht oder nicht vollständig erfüllen, werden stets vom BAFA beanstandet.

Für den Zusatzantrag nach § 103 Abs. 5 EEG 2014 (vgl. unten Punkt V) genügt eine Bescheinigung des Wirtschaftsprüfers für das letzte abgeschlossene Geschäftsjahr, da die Antragsvoraussetzungen bzw. die

---

1) Der IDW Prüfungsstandard: Prüfungen nach dem Erneuerbare-Energien-Gesetz (IDW PS 970) (Stand: 06.09.2012) sowie der IDW Prüfungshinweis: Besonderheiten der Prüfung im Zusammenhang mit der Antragstellung auf Besondere Ausgleichsregelung nach dem EEG 2014 im Antragsjahr 2014 (IDW PH 9.970.1) nach seiner Veröffentlichung sind beim Institut der Wirtschaftsprüfer, Postfach 32 05 80, 40420 Düsseldorf oder www.idw.de erhältlich.

Zu § 65 Erneuerbare-Energiengesetz

**Anlage § 065–01**

Daten des letzten abgeschlossenen Geschäftsjahres für den Standardantrag als auch für den Zusatzantrag identisch sind.

Bitte laden Sie uns ungeachtet dessen für jeden Antrag separat eine elektronische Kopie (z.b. im pdf-Format) der WP-Bescheinigung als Antragsunterlage hoch, da die Antragsbearbeitung ggf. durch unterschiedliche Referate erfolgt.

Darüber hinaus sind mit der Antragstellung noch folgende Unterlagen einzureichen, welche nicht der Ausschlussfrist unterliegen:

– Stromlieferverträge für das letzte abgeschlossene Geschäftsjahr:

Da bei Schienenbahnen die Summe aller Verbrauchsstellen, an denen Strom für Fahrzwecke selbst verbraucht wird, als eine Abnahmestelle zu qualifizieren sind, sind sämtliche Stromlieferverträge für die einzelnen Verbrauchsstellen einzureichen. Diese Verträge müssen den Zeitraum des letzten abgeschlossenen Geschäftsjahres abdecken.

– Stromrechnungen für das letzte abgeschlossene Geschäftsjahr:

Analog zu den Stromlieferverträgen sind sämtliche Stromrechnungen für alle Verbrauchsstellen, an denen Strom für Fahrzwecke selbst verbraucht wird, einzureichen. Zur Vereinfachung des Antragsverfahrens für die Antragsteller und das Bundesamt reichen Sie idealerweise die Rechnungen in Form von Quartals- oder Jahresrechnungen ein, wenn darin die entsprechenden Informationen aus den Einzelrechnungen enthalten sind.

Wie unter II.3.3. dargestellt, sind nur alle im letzten abgeschlossenen Geschäftsjahr selbst verbrauchten Fahrstrommengen (auch jene, welche der Regelverantwortung von Übertragungsnetzbetreibern nicht unterlagen) berücksichtigungsfähig. Aus den Rechnungen müssen daher in der Regel sowohl die Fahrstromeigenschaft des selbst verbrauchten Stroms (ermäßigter Stromsteuersatz, vgl. II.3.3.) als auch die in das Bahnstromnetz rückgespeisten Strommenge hervorgehen.

### IV. Begrenzungsentscheidung

#### 1. Umfang der Begrenzungsentscheidung auf die EEG-Umlage

Gemäß § 63 Nr. 2 EEG 2014 begrenzt das BAFA auf Antrag abnahmestellenbezogen die EEG-Umlage für Schienenbahnen selbst verbrauchten Fahrstrom, der selbst erzeugt wurde oder von einem Elektrizitätsversorgungsunternehmen an die Schienenbahn geliefert wurde. Nach § 65 Abs. 2 EEG 2014 wird für eine Schienenbahn die EEG-Umlage nur für die Strommenge begrenzt, die das Unternehmen an der betreffenden Abnahmestelle unmittelbar für den Fahrbetrieb im Schienenbahnverkehr (nach Abzug der in das Bahnstromnetz rückgespeisten Strommengen) selbst verbraucht.

Die begrenzte EEG-Umlage beträgt 20 Prozent der nach § 60 Absatz 1 EEG 2014 ermittelten EEG-Umlage (ab der ersten verbrauchten Kilowattstunde).

#### 2. Bekanntgabe der Entscheidung des BAFA

Die Begrenzungsentscheidung ist eine gebundene Entscheidung, bei der die Behörde kein Ermessen hat. Die Begrenzungsentscheidung ist ein Verwaltungsakt i.S.d. § 35 Satz 1 VwVfG und wurde bisher immer zu einem einheitlichen Termin Ende Dezember des Antragsjahres versandt. Aus diesem Grund bitten wir von Sachstandsanfragen vor dem auf der Homepage des BAFA angekündeten einheitlichen Bescheidversandtermin Abstand zu nehmen.

Die Entscheidung des BAFA ergeht nach § 66 Abs. 4 EEG 2014 mit Wirkung gegenüber der Schienenbahn, dem Elektrizitätsversorgungsunternehmen und dem regelverantwortlichen Übertragungsnetzbetreiber. Sie wirkt jeweils für das dem Antragsjahr folgende Kalenderjahr. Das begrenzte Unternehmen erhält im Rahmen des Bescheidversands das Original und das Elektrizitätsversorgungsunternehmen und der Übertragungsnetzbetreiber jeweils eine Kopie des Begrenzungsbescheides. Das BAFA sendet dabei eine Kopie des Begrenzungsbescheides an das Elektrizitätsversorgungsunternehmen, das das Unternehmen im Regelungsjahr voraussichtlich mit Strom beliefern wird. Das gleiche gilt für den Übertragungsnetzbetreiber, der gemäß § 5 Nr. 31 EEG 2014 der regelverantwortliche Netzbetreiber der allgemeinen Versorgung von Hoch- und Höchstspannungsnetzen, die der überregionalen Übertragung von Elektrizität zu nachgeordneten Netzen dienen, ist. Hintergrund für diese Vorgehensweise ist, dass die Übertragungsnetzbetreiber gemäß § 66 Abs. 5 S. 2 EEG 2014 diese Begrenzungen im Rahmen von § 58 EEG 2014 zu berücksichtigen haben.

Dem BAFA ist im Antragsformular anzugeben, welches Elektrizitätsversorgungsunternehmen und welcher Übertragungsnetzbetreiber im Begrenzungszeitraum die Verbrauchsstellen der antragstellenden Schienenbahn mit Fahrstrom beliefern wird. Sofern dieses nicht bereits im Rahmen der Antragstellung erfolgt ist, ist dieses unverzüglich nachzuholen. Sollten sich nach der Antragstellung diesbezügliche

# Anlage § 065–01

Zu § 65 Erneuerbare-Energiengesetz

Veränderungen ergeben, ist das Unternehmen verpflichtet, unverzüglich das BAFA davon in Kenntnis zu setzen, damit eventuelle Begrenzungsbescheide entsprechend bekannt gegeben werden können.

Das BAFA behält sich vor, die rechtmäßige Umsetzung der erteilten Begrenzungsbescheide zu prüfen. Bitte achten Sie darauf, dass der Begrenzungsbescheid tatsächlich auch nur für die begrenzte Schienenbahn und für die Strommengen, auf die sich die Begrenzung erstreckt, genutzt wird. Die Begrenzung bezieht sich ausschließlich auf bezogene oder selbst erzeugte und unmittelbar für den Fahrbetrieb selbst verbrauchte Strommengen, die in den Ausgleichsmechanismus nach dem EEG einbezogen sind. Von Ihrem Schienenbahn-Unternehmen an Dritte weitergeleitete Strommengen sind von der Begrenzung ausgenommen. Zuwiderhandlungen können strafrechtliche Konsequenzen haben.

Die Begrenzungsentscheidung wird zum 01. Januar des Folgejahres mit einer Geltungsdauer von einem Jahr wirksam, § 66 Abs. 4 Satz 2 EEG 2014. Dies bedeutet, dass auf eine Antragstellung im Jahr 2014, welche auf Basis des letzten abgeschlossenen Geschäftsjahres des Schienenbahn- Unternehmens (in der Regel das Kalenderjahr 2013) erfolgt, sich die Begrenzungswirkung auf den Zeitraum vom 01.01.2015 bis zum 31.12.2015 erstreckt. Eine kürzere Geltungsdauer als die in § 66 Abs. 4 Satz 2 EEG 2014 kann sich insbesondere dann ergeben, wenn das Unternehmen umstrukturiert wird oder seine Tätigkeit im Laufe des Begrenzungsjahres einstellt.

## V. Übergangsregelung

§ 103 Abs. 5 EEG 2014:

Für Schienenbahnen, die noch keine Begrenzungsentscheidung für das Begrenzungsjahr 2014 haben, sind die §§ 63 bis 69 für die Antragsstellung auf Begrenzung für die zweite Jahreshälfte des Jahres 2014 mit den Maßgaben anzuwenden, dass

1. die EEG-Umlage für die gesamte Strommenge, die das Unternehmen unmittelbar für den Fahrbetrieb im Schienenbahnverkehr selbst verbraucht hat, auf 20 Prozent der nach § 37 Absatz 2 des Erneuerbare-Energien-Gesetzes in der am 31. Juli 2014 geltenden Fassung ermittelten EEG-Umlage für das Jahr 2014 begrenzt wird,
2. der Antrag nach § 63 in Verbindung mit § 65 einschließlich der Bescheinigungen nach § 64 Absatz 3 Nummer 1 Buchstabe c bis zum 30. September 2014 zu stellen ist (materielle Ausschlussfrist) und
3. die Entscheidung rückwirkend zum 1. Juli 2014 mit einer Geltungsdauer bis zum 31. Dezember 2014 wirksam wird.

Da die Neuregelung des § 65 EEG 2014 möglichst schnell umfassende Geltung erlangen soll, ist diese für nach der Vorgabe des § 65 Absatz 1 EEG 2014 zusätzlich antragsberechtigte (bislang nicht begünstigte) Schienenbahnen bereits für die zweite Jahreshälfte 2014 vorgesehen. § 103 Abs. 5 EEG 2014 ermöglicht diesen bislang nicht begünstigen Schienenbahnen eine nachträgliche bzw. zusätzliche Antragsstellung für eine Begrenzung in der zweiten Jahreshälfte 2014.

Für den Zusatzantrag nach § 103 Abs. 5 EEG 2014 genügt es, den Prüfungsauftrag für die Wirtschaftsprüfer-Bescheinigung nur einmal zu erteilen, da die Antragsvoraussetzungen bzw. die Daten des letzten abgeschlossenen Geschäftsjahres für den Standardantrag als auch für den Zusatzantrag identisch sind. Vom Wirtschaftsprüfer muss ein weiteres Exemplar der WP-Bescheinigung für den Zusatzantrag ausgestellt werden, welches als Antragsunterlage entsprechend eingereicht werden muss.

Bereits für den Begrenzungszeitraum 2014 erteilte Begrenzungsbescheide nach § 42 EEG 2012 werden dadurch nicht in ihrer Wirksamkeit oder Reichweite berührt. Ab dem Begrenzungsjahr 2015 gilt die Neuregelung des § 65 EEG 2014 für alle Schienenbahnen.

Für die Antragstellung gelten die unter III. gemachten Ausführungen zu Anspruchsvoraussetzungen und Nachweisführung entsprechend (materielle Ausschlussfrist: 30.09.2014).

## V. Checkliste

zur Antragstellung nach §§ 65, 64 Abs. 3 und 4, 103 Abs. 5 EEG Erneuerbare-Energien-Gesetz (EEG 2014) für Schienenbahnen.

Wichtig: Der Antrag muss bis zum 30.06. des Antragsjahres (im Antragsjahr 2014 der 30.09.) mit den nachbezeichneten ausschlussfristrelevanten Unterlagen und allen erforderlichen Angaben beim BAFA eingegangen sein. Es handelt sich um eine im Gesetz festgelegte materielle Ausschlussfrist, bei deren Versäumung ein Antrag ohne weitere inhaltliche Prüfung regelmäßig abgelehnt wird.

Die Anspruchsvoraussetzungen lauten:

– Vorliegen einer Schienenbahn (siehe I.2. im Merkblatt)
– Mindestens 2 Gigawattstunden für den Fahrbetrieb im Schienenbahnverkehr selbst verbrauchter Strom (unter Ausschluss der rückgespeisten Energie) im letzten abgeschlossenen Geschäftsjahr

Zu § 65 Erneuerbare-Energiengesetz                                                       **Anlage § 065–01**

(siehe II.1., 2. und 3. im Merkblatt); hierbei ist es unerheblich, ob die selbst verbrauchte Fahrstrommenge der Regelverantwortung von Übertragungsnetzbetreibern unterlag oder nicht

Bis zum Ablauf der Ausschlussfrist am 30.09.2014, 24 Uhr, muss jeder Antrag nebst folgender Unterlage mit allen Angaben vollständig vorliegen:

– Vollständig ausgefüllter und über das ELAN-K2-Portal abgesendeter Antrag
– Bescheinigung eines Wirtschaftsprüfers oder vereidigten Buchprüfers über die im letzten abgeschlossenen Geschäftsjahr an der betreffenden Abnahmestelle selbst verbrauchte Fahrstrommenge (die der Regelverantwortung von Übertragungsnetzbetreibern unterliegenden und nicht unterliegenden Fahrstrommengen). Zusätzlich muss aus der Bescheinigung die bezogene bzw. selbst erzeugte Gesamtstrommenge und die rückgespeisten bzw. weitergeleiteten Strommengen hervorgehen (siehe III.2. im Merkblatt)

Zusätzlich sind zu jedem Antrag einzureichen:

– Sämtliche Stromlieferverträge für das letzte abgeschlossene Geschäftsjahr (für alle an der Abnahmestelle / an den Verbrauchsstellen bezogenen und selbst verbrauchten Fahrstrommengen; siehe III.2. im Merkblatt)
– Die Stromrechnungen für das letzte abgeschlossene Geschäftsjahr für alle an der Abnahmestelle / an den Verbrauchsstellen bezogenen und selbst verbrauchten Fahrstrommengen. Aus den Rechnungen müssen die Fahrstromeigenschaft des bezogenen und selbst verbrauchten Stroms (ermäßigter Stromsteuersatz) und evtl. rückgespeiste Strommengen hervorgehen (siehe III.2. im Merkblatt)

Hinweis:

Diese Checkliste stellt nur eine Gedankenstütze für die einzureichenden Unterlagen dar. Wir empfehlen grundsätzlich das komplette Merkblatt zu lesen.

(Ausführliche Erläuterungen zu den Anspruchsvoraussetzungen und den erforderlichen Nachweisen finden Sie im ausführlichen Merkblatt Schienenbahnunternehmen 2014 auf der BAFA-Homepage.)

**Anlage § 065–02**  Zu § 65 Erneuerbare-Energiengesetz

## BAFA Merkblatt Schienenbahnbahnen 2013

Merkblatt vom 6.5.2013

Quelle: Bundesamt für Wirtschaft und Ausfuhrkontrolle (BAFA)
http://www.bafa.de/bafa/de/energie/besondere_ausgleichsregelung_eeg/merkblaetter/
merkblatt_schienenbahnen_2013.pdf

### I. Kreis der Antragsberechtigten

Gemäß § 40 Satz 1 EEG begrenzt das Bundesamt für Wirtschaft und Ausfuhrkontrolle auf Antrag für eine Abnahmestelle die EEG-Umlage, die von Elektrizitätsversorgungsunternehmen an Letztverbraucher, die Schienenbahnen sind, weitergegeben wird.

Im Folgenden wird der Kreis der Antragsberechtigten präzisiert.

### 1. Begriff des Unternehmens

Nach § 3 Nr. 13 EEG ist ein Unternehmen die kleinste rechtlich selbstständige Einheit. Der Begriff des Unternehmens ist unabhängig von der konkreten Rechtsform, in der ein Unternehmen betrieben wird, und umfasst juristische Personen und Personengesellschaften ebenso wie kommunale Eigenbetriebe. Im Bereich von Konzernen ist auf die jeweils einzelne Konzerngesellschaft – und nicht auf die Konzerne oder Muttergesellschaften in ihrer Gesamtheit – abzustellen. So können beispielsweise zwei rechtlich selbstständige Schwestergesellschaften innerhalb eines Konzerns nicht als ein Unternehmen behandelt werden. Auch die Möglichkeit der Zusammenfassung mehrerer Rechtsträger über die Konstruktion einer „EEG-rechtlichen Organschaft" ist ausgeschlossen.

### 2. Begriff der Schienenbahn

Unter dem Begriff Schienenbahnen im Sinne des Gesetzes sind Unternehmen zu verstehen, die Eisenbahnen und andere Bahnen wie Magnetschwebebahnen, Straßenbahnen und nach ihrer Bau- und Betriebsweise ähnliche Bahnen betreiben, die auf Schienen Güter und / oder Menschen transportieren. Im betreffenden Merkblatt zu §§ 40 ff. EEG wird der Begriff Schienenbahnunternehmen verwendet. Maßgeblich ist die Schienengebundenheit des Verkehrsmittels. Nicht in den Anwendungsbereich der besonderen Ausgleichsregelung fallen Oberleitungsomnibusse und Schienenbahninfrastrukturunternehmen. Bei Schienenbahnunternehmen kann keine Begünstigung auf Basis selbstständiger Unternehmensteile begehrt werden.

### 3. Neugründungen/Umstrukturierungen

Antragsberechtigt können auch neu gegründete Unternehmen sein, sofern sie über bestimmte Merkmale verfügen. Als neu gegründete Unternehmen gelten nur solche, die unter Schaffung von im Wesentlichen neuem Betriebsvermögen ihre Tätigkeit erstmals aufnehmen und nicht durch Umwandlung entstanden sind. Der Begriff der Umwandlung umfasst sämtliche Änderungen bereits bestehender Konstruktionen, sei es durch Kauf von Unternehmensteilen, Ausgliederungen oder Überlassung von Unternehmensteilen an Dritte und ähnliche Fallgestaltungen.

Demnach gelten z. B. folgende Konstellationen nicht als Neugründung i. S. der Besonderen Ausgleichsregelung:

- Verschmelzung, Spaltung oder ein Formwechsel,
- Entstehung eines neuen Unternehmens im Wege der Einzel- oder Gesamtrechtsnachfolge,
- Übernahme eines in Insolvenz befindlichen Unternehmens im Rahmen eines asset deals durch einen Investor.

Erfolgt die Neugründung also auf Basis des Betriebsvermögens eines bereits bestehenden Unternehmens, liegt keine Neugründung i.S.d. Besonderen Ausgleichsregelung vor.

Umstrukturierungen stellen einen Einschnitt in das Unternehmensgefüge dar, bei dem zu prüfen ist, ob eine Vergleichbarkeit zwischen Antragsgegenstand und der Verhältnisse im letzten abgeschlossenen Geschäftsjahr gegeben ist. Es ist davon auszugehen, dass solche Umstrukturierungen Auswirkungen auf die Antragstellung, Nachweisführung und Entscheidung des BAFA haben.

Da gesellschaftsrechtliche Veränderungen sowohl im Nachweisjahr (letztes abgeschlossenes Geschäftsjahr), im Antragsjahr als auch im Regelungsjahr Auswirkungen auf die Entscheidung des BAFA haben können, sind sämtliche für diese Zeiträume geplanten oder bereits durchgeführten Umstrukturierungen, Umwandlungen oder Umfirmierungen offen zu legen. Bei Unternehmen, die eine solche

Zu § 65 Erneuerbare-Energiengesetz  **Anlage § 065–02**

Maßnahme planen bzw. bereits durchgeführt haben, sollte vor der Antragstellung mit dem BAFA geklärt werden, auf welcher Unternehmensdatenbasis die Tatbestandsmerkmale des § 41 Abs. 1 Nr. 1 EEG nachzuweisen sind und welche Auswirkungen dies auf die Begrenzungsentscheidung haben könnte. In diesen Fällen muss in der Anlage zur Wirtschaftsprüfer-Bescheinigung die Vorher- und Nachher-Situation ausführlich dargelegt und mittels geeigneter Unterlagen (z. B. Handelsregisterauszüge, Kauf- und Übernahmeverträge, Vorstands- und Gesellschafterbeschlüsse usw.) belegt werden.

Bei Neugründungen und Umstrukturierungen empfiehlt es sich generell, möglichst frühzeitig mit dem BAFA Kontakt aufzunehmen.

## II. Anspruchsvoraussetzungen des § 42 Abs. 2 EEG

### 1. Gesetzliche Grundlagen

§ 40 EEG

Grundsatz:

Das Bundesamt für Wirtschaft und Ausfuhrkontrolle begrenzt auf Antrag für eine Abnahmestelle die EEG-Umlage, die von Elektrizitätsversorgungsunternehmen an Letztverbraucher, die stromintensive Unternehmen des produzierenden Gewerbes mit hohem Stromverbrauch oder Schienenbahnen sind, weitergegeben wird, entsprechend der §§ 41 und 42. Die Begrenzung erfolgt, um die Stromkosten dieser Unternehmen zu senken und so ihre internationale und intermodale Wettbewerbsfähigkeit zu erhalten, soweit hierdurch die Ziele des Gesetzes nicht gefährdet werden und die Begrenzung mit den Interessen der Gesamtheit der Stromverbraucherinnen und Stromverbraucher vereinbar ist.

§ 42 EEG

Schienenbahnen:

Absatz 1:

Eine Begrenzung der EEG-Umlage für Schienenbahnen ist nur für die Strommenge möglich, die über 10 Prozent des im Begrenzungszeitraum an der betreffenden Abnahmestelle bezogenen und selbst verbrauchten Stroms hinausgeht. Die begrenzte EEG-Umlage beträgt 0,05 Cent pro Kilowattstunde.

Absatz 2:

Bei Schienenbahnen erfolgt die Begrenzung der EEG-Umlage, sofern diese nachweisen, dass und inwieweit

1. die bezogene Strommenge unmittelbar für den Fahrbetrieb im Schienenbahnverkehr verbraucht wird und mindestens 10 Gigawattstunden beträgt und
2. G-Umlage anteilig an das Unternehmen weitergereicht wurde.

Absatz 3:

Abnahmestelle im Sinne des Absatzes 1 ist die Summe der Verbrauchsstellen für den Fahrbetrieb im Schienenbahnverkehr des Unternehmens. § 41 Absatz 2 und 2a gilt entsprechend.

§ 41 EEG

Absatz 2:

Die Erfüllung der Voraussetzungen nach Absatz 1 Nummer 1 ist durch die Stromlieferungsverträge und die Stromrechnungen für das letzte abgeschlossene Geschäftsjahr sowie die Bescheinigung einer Wirtschaftsprüferin, eines Wirtschaftsprüfers, einer Wirtschaftsprüfungsgesellschaft, einer vereidigten Buchprüferin oder eines vereidigten Buchprüfers auf Grundlage des Jahresabschlusses für das letzte abgeschlossene Geschäftsjahr nachzuweisen. Für die Bescheinigungen nach Satz 1 gelten § 319 Absatz 2 bis 4, § 319 b Absatz 1, § 320 Absatz 2 und § 323 des Handelsgesetzbuches entsprechend. Die Voraussetzung nach Absatz 1 Nummer 2 ist durch die Bescheinigung der Zertifizierungsstelle nachzuweisen.

Absatz 2a:

Unternehmen, die nach dem 30. Juni des Vorjahres neu gegründet wurden, können abweichend von Absatz 1 Daten über ein Rumpfgeschäftsjahr übermitteln. Absatz 2 gilt entsprechend. Neu gegründete Unternehmen sind nur solche, die unter Schaffung von im Wesentlichen neuem Betriebsvermögen ihre Tätigkeit erstmals aufnehmen; sie dürfen nicht durch Umwandlung entstanden sein. Als Zeitpunkt der Neugründung gilt der Zeitpunkt, an dem erstmals Strom zu Produktions- oder Fahrbetriebszwecken abgenommen wird.

### 2. Letztes abgeschlossenes Geschäftsjahr

Sämtliche Voraussetzungen sind für das letzte abgeschlossene Geschäftsjahr des Unternehmens vor dessen Antragstellung nachzuweisen. Der Gesetzgeber wollte bei der Nachweisführung an feststehende

# Anlage § 065–02

Zu § 65 Erneuerbare-Energiengesetz

Daten anknüpfen und dadurch eine Entscheidung aufgrund einer gesicherten Tatsachenbasis gewährleisten. Das letzte abgeschlossene Geschäftsjahr ist i.d.R. das Kalenderjahr vor Antragstellung (z. B. 01.01.2012 bis 31.12.2012). Ist das letzte abgeschlossene Geschäftsjahr des Unternehmens nicht identisch mit dem Kalenderjahr, ist auf das vom Kalenderjahr abweichende letzte abgeschlossene Geschäftsjahr (z. B. 01.10.2011 bis 30.09.2012) abzustellen.

Umfasst das letzte abgeschlossene Geschäftsjahr weniger als 12 Monate, so dass es sich um ein Rumpfgeschäftsjahr handelt, so ist dieser Zeitraum zu Grunde zu legen. Eine Hochrechnung der Daten eines Rumpfgeschäftsjahres auf ein rechnerisch zwölf Monate umfassendes Geschäftsjahr oder auch eine Prognoserechnung ist zum Nachweis der Antragsvoraussetzungen nicht zulässig. Eine Zusammenrechnung von Daten aus mehreren Rumpfgeschäftsjahren ist ebenfalls ausgeschlossen. Dieses gilt auch dann, wenn ein zwölf Monate umfassendes Geschäftsjahr (z. B. infolge eines Gesellschafterwechsels oder einer Umstrukturierung) in zwei Rumpfgeschäftsjahre gegliedert wurde. Es ist in diesem Fall i.d.R. das letzte abgeschlossene Rumpfgeschäftsjahr maßgebend. Werden in diesem Rumpfgeschäftsjahr die Anspruchsvoraussetzungen der §§ 40 ff. EEG nicht erfüllt, kann ausnahmsweise auf das davor liegende (vollständige) Geschäftsjahr bzw. Rumpfgeschäftsjahr abgestellt werden.

Unternehmen, die nach dem 30.06. des Vorjahres der Antragstellung neu gegründet wurden, können Daten über ein (vom regulären Geschäftsjahr abweichendes) Rumpfgeschäftsjahr vorlegen. Dieses Rumpfgeschäftsjahr muss dabei eine Zeitspanne von der Gründung des Unternehmens (= erstmalige Stromabnahme zu Produktionszwecken) bis zu einem frei wählbaren Abschlusszeitpunkt vor dem 30.09. des Antragsjahres umfassen. Die Antragsvoraussetzungen des § 41 Abs. 1 Nr. 1 EEG müssen dann in diesem Zeitraum erfüllt worden sein.

## 3. Die von einem EVU bezogene und selbst verbrauchte (Fahr-)Strommenge

Um einen Anspruch auf Begrenzung der anteilig weitergereichten EEG-Umlage zu erhalten, ist es unter anderem nach § 42 Abs. 2 Nr. 1 EEG erforderlich, dass die an der Abnahmestelle bezogene Strommenge unmittelbar für den Fahrbetrieb im Schienenbahnenverkehr selbst verbraucht wird und mindestens 10 GWh beträgt.

### 3.1. Abnahmestelle

Der von einem Elektrizitätsversorgungsunternehmen für den Fahrbetrieb bezogene und selbst verbrauchte Strom muss an der Abnahmestelle mindestens 10 Gigawattstunden im letzten abgeschlossenen Geschäftsjahr betragen haben. Aufgrund der fehlenden Ortsgebundenheit wird als Abnahmestelle des Schienenbahnunternehmens die Gesamtheit aller Verbrauchsstellen für den Fahrbetrieb im Schienenbahnverkehr betrachtet, § 42 Abs. 3 S. 1 EEG.

### 3.2. Elektrizitätsversorgungsunternehmen (EVU)

Das Schienenbahnunternehmen muss den Strom von einem Elektrizitätsversorgungsunternehmen (EVU) bezogen haben. Ein EVU ist gemäß § 3 Nr. 2d EEG jede natürliche oder juristische Person, die Elektrizität an Letztverbraucher liefert. Dabei ist sowohl der Strom, der aus dem Netz für die allgemeine Versorgung bezogen wird, als auch der Strom, der außerhalb eines solchen Netzes erzeugt wird und an Letztverbraucher geliefert wird, mit einzubeziehen. Unter dem Begriff der Letztverbraucher sind diejenigen zu verstehen, die die Elektrizität für den eigenen Verbrauch kaufen. Ein Strombezug in diesem Sinne liegt z. B. auch dann vor, wenn ein Unternehmen seinen von einem EVU bezogenen Strom an ein anderes Unternehmen weiterleitet. Unternehmen, die einen eigenen Bilanzkreis bewirtschaften (Bilanzkreisverantwortliche) oder innerhalb des Bilanzkreises eines Dritten eigenständig ihre Strombeschaffung am Elektrizitätsmarkt durchführen, also ihren selbst verbrauchten Strom nicht von einem EVU beziehen, sondern ihn selbstständig am Strommarkt beschaffen, gelten selbst als EVU.

### 3.3. Selbst verbrauchte Strommengen

Der vom Schienenbahnunternehmen bezogene Strom muss von diesem im letzten abgeschlossenen Geschäftsjahr selbst verbraucht worden sein. Ein Selbstverbrauch liegt nicht mehr vor, wenn Strom an ein rechtlich selbstständiges Unternehmen geliefert wurde (Weiterleitung), selbst wenn dieses demselben Konzern angehört wie das stromliefernde Unternehmen. Bei der Ermittlung der Stromverbrauchsmengen sind alle vom Schienenbahnunternehmen bezogenen Strommengen abzuziehen, die dieses an andere weitergegeben hat. Unbeachtlich ist, wer der Empfänger des weitergegebenen Stroms ist und zu welchem Zweck dieser weitergeleitet wurde. Das Schienenbahnunternehmen hat sicherzustellen, dass eine genaue Unterscheidung zwischen selbst verbrauchtem und weitergegebenem Strom möglich ist. Zur Nachvollziehbarkeit sind ggfs. Zwischenmessungen durchzuführen. Zuwiderhandlungen können strafrechtliche Konsequenzen haben.

### 3.4. Fahrstrom

Es sind nur diejenigen Strommengen zu berücksichtigen, die unmittelbar für den Fahrbetrieb im Schienenbahnverkehr verbraucht werden, § 42 Abs. 2 Nr. 1 EEG.

Es handelt sich um Fahrstrom, wenn der Strom nach § 9 Abs. 2 StromStG einem ermäßigten Steuersatz unterliegt. Hierzu muss Strom für den Fahrbetrieb im Schienenbahnverkehr (mit Ausnahme der betriebsinternen Werkverkehre und Bergbahnen) entnommen werden. Die Steuerermäßigung erstreckt sich dabei nach § 13 StromStV auf den zum Antrieb der Fahrzeuge und den zum Betrieb ihrer sonstigen elektrischen Anlagen verbrauchten Strom sowie darüber hinaus im Verkehr mit Schienenbahnen auch auf den für die Zugbildung und -vorbereitung sowie den für die Bereitstellung und Sicherung der Fahrtrassen und Fahrwege verbrauchten Strom.

Die nachstehende Zusammenstellung der begünstigten und nicht begünstigten Strommengen kann auf Grund der vielfältigen Verbrauchsmöglichkeiten von Strom und der fortschreitenden Technik in diesem Bereich nicht abschließend sein. Die Übersicht sollte jedoch die wesentlichen Verbrauchstatbestände und darüber hinaus Anhaltspunkte und Abgrenzungskriterien für die stromsteuerliche Beurteilung nicht geführter Strommengen enthalten.

Um Fahrstrom handelt es sich bei folgenden Strommengen, die von der Steuerermäßigung nach § 9 Abs. 2 StromStG erfasst sind:

1. Verbrauch zum Antrieb der Fahrzeuge und zum Betrieb ihrer sonstigen elektrischen Anlagen
   - Fahr- bzw. Traktionsstrom (zum Beispiel auch für Rangier-, Reparatur-, Test- und Ausbildungsfahrten),
   - Zugbeleuchtung, Heizung, Klimatisierung, Bordküchen, Steckdosen für Fahrgäste, Zugfunk usw.,
   - soweit sich die Anlagen in den Fahrzeugen befinden.

2. Verbrauch für die Zugbildung und Zugvorbereitung
   - Betriebs- und Rangieranlagen für die Zugbildung (Drehscheiben, Schiebebühnen, Ablaufbremsen usw.),
   - Gleisfeldbeleuchtung im Rangierbereich,
   - Zugvorheizung.

3. Verbrauch für die Bereitstellung und Sicherheit der Fahrtrasse und Fahrwege
   - Betriebsleit- und Rangieranlagen,
   - Stellwerke,
   - Signalanlagen,
   - Sicherungseinrichtungen (Achszähler, Heißlaufüberwachung usw.),
   - Weichenbetrieb (Motor, Heizung, Verriegelung usw.)
   - Betriebs- und Zugfunk,
   - Tunnelbeleuchtung und -belüftung,
   - Bahnübergänge, Bahnübergangssicherung,
   - Bahnsteig- und Haltestellenbeleuchtung (unmittelbare Beleuchtung nur der Bahnsteige und Haltestellen)

Nicht um Fahrstrom handelt es sich, wenn die Voraussetzungen für eine Steuerermäßigung insbesondere bei den folgenden Strommengen nicht vorliegen:
- Werkstätten (Reparatur, Wartung, Instandhaltung usw.),
- Verwaltungs-/Bürobereich der Verkehrsunternehmen,
- Zugreinigungsanlagen,
- Betrieb von Bahnhöfen (allgemeine Bahnhofsbeleuchtung, Geschäfte, Verkaufsstände, Kundenbüros, Serviceeinrichtungen, Fahrscheinautomaten, Werbebeleuchtungen usw.),
- Zugangsbereiche (Beleuchtung von Zugangswegen, Fußgängertunneln und Fußgängerbrücken, Rolltreppen usw.).

Das antragstellende Schienenbahnunternehmen hat neben dem Stromverbrauch für den Fahrbetrieb auch den gesamten an der Abnahmestelle bezogenen und davon selbst verbrauchten Strom anzugeben. Der Antragsteller hat ferner dafür Sorge zu tragen, dass die im Antrag benannten Strommengen nachweislich dem Fahrbetrieb zugerechnet werden können und dies anhand geeigneter Unterlagen zu belegen.

## 4. Anteilige Weiterreichung der EEG-Umlage

Nach § 42 Abs. 2 Nr. 2 EEG muss ein Schienenbahnenunternehmen für die Begrenzung nach § 42 Abs. 1 EEG unter anderem nachweisen, dass und inwieweit im letzten abgeschlossenen Geschäftsjahr die EEG-Umlage anteilig an das Unternehmen weitergereicht wurde.

Das EEG schreibt die kostenmäßige Weiterbelastung der EEG-Umlage an den Letztverbraucher nicht vor, doch räumt es dem EVU die Möglichkeit dazu auf vertraglicher Grundlage ein. Damit diese Anspruchsvoraussetzung aber erfüllt ist, muss die EEG-Umlage vom Unternehmen getragen worden sein.

Durch die Besondere Ausgleichsregelung soll nur das Unternehmen von den EEG-Stromkosten entlastet werden, das diese zuvor zu tragen hatte. Daher sind selbst erzeugte Strommengen bei der Ermittlung der Fahrstrommengen im Sinne des § 42 Abs. 2 EEG nicht berücksichtigungsfähig, weil diese nicht von einem EVU bezogen wurden und nicht der EEG-Umlagepflicht unterlegen haben. Bezieht das Unternehmen neben seinem eigenerzeugten Strom noch Strom von einem EVU, der mit EEG-Umlage belastet ist, so kommt es für die Voraussetzung des § 42 Abs. 2 EEG allein auf diese Strombezugsmenge an. Von Schienenbahnen in das Netz rückgespeiste Traktionsenergie ist nicht in das EEG-Umlagesystem einbeziehbar.

## III. Antragsverfahren

### 1. Antragstellung

Sämtliche Antragsunterlagen müssen in jedem Antragsjahr erneut vorgelegt werden. Dies gilt insbesondere auch für die bereits in Vorjahren eingereichten Stromlieferungsverträge und die das letzte abgeschlossene Geschäftsjahr abdeckenden Stromrechnungen der Abnahmestelle/der Verbrauchsstellen des Schienenbahnunternehmens. Ein Verweis auf Vorjahre ist zudem auch in der Bescheinigung des Wirtschaftsprüfers nicht zulässig (z. B. Feststellungen des Wirtschaftsprüfers aus den Vorjahresbescheinigungen, Anlagen zu Berichten aus Vorjahren, usw.).

Den Antrag stellen Sie bitte elektronisch über das Online-Portal ELAN-K2. Bitte registrieren Sie sich unter www.bafa.de/bafa/de/energie/besondere_ausgleichsregelung_eeg/formulare/index.html für das elektronische Antragsverfahren. Hier finden Sie auch eine Anleitung zur Selbstregistrierung für ELAN-K2. Nach der Freigabe der aktivierten Registrierungen können Sie das elektronische Antragsverfahren nutzen. Eine Anleitung zur Anwendung im Online-Portal ELNAN-K2 finden Sie ebenfalls unter der o.g. Internetadresse.

Sollten Sie bereits eine Registrierung (z. B. aus dem Vorjahr) haben, so loggen Sie sich zur Bearbeitung des neuen Antrages bitte wie gewohnt in das Online-Portal ein.

### 2. Nachweis der Tatbestandsvoraussetzungen des § 42 Abs. 2 EEG

§ 42 Abs. 2 EEG in Verbindung mit § 41 Abs. 2 EEG verlangt den Nachweis, dass und inwieweit die bezogene Strommenge unmittelbar für den Fahrbetrieb im Schienebahnenverkehr verbraucht wird und mindestens 10 Gigawattstunden beträgt und die EEG-Umlage anteilig an das Antrag stellende Unternehmen weitergereicht wurde.

Folgende Unterlagen sind bis zum Ablauf der Ausschlussfrist am 30.06. (im Antragsjahr 2013 am 01.07.) einzureichen:

– Bescheinigung des Wirtschaftsprüfers:

Die an der beantragten Abnahmestelle selbst verbrauchte Strommenge in kWh und die entsprechende EEG-Umlage gehören zu den vom Wirtschaftsprüfer bei einer Prüfung nach § 41 Abs. 2 Satz 1 zu prüfenden Angaben.

Die Bescheinigung des Wirtschaftsprüfers ist in Anlehnung an den IDW-Prüfungsstandard EPS 970 (aktueller Stand) zu erstellen und muss die folgenden Angaben enthalten:

| Gesamtstrommenge, die an der Abnahmestelle bezogen wurde (in GWh) |
|---|
| davon unmittelbar für den Fahrbetrieb im Schienenbahnverkehr bezogene (in GWh) |
| davon unmittelbar für den Fahrbetrieb im Schienenbahnverkehr selbst verbraucht (in GWh) |

| EEG-Umlage (weitergereicht bzw. gezahlt) für die bezogene und unmittelbar für den Fahrbetrieb im Schienenbahnverkehr selbst verbrauchte Strommenge (in EUR) |
|---|

Die Bescheinigung des Wirtschaftsprüfers ist hinsichtlich Aufbau, Struktur, Inhalt und Form so zu erstellen, dass sie einen Standard erreicht, der mit den Richtlinien des Instituts der Wirtschaftsprüfer (IDW) vergleichbar ist (siehe IDW Prüfungsstandard: Prüfungen nach dem Erneuerbare-Energien-Gesetz (IDW PS 970), jeweils aktueller Stand) des Instituts der Wirtschaftsprüfer[1] und damit auch den Gepflogenheiten des Berufsstands der Wirtschaftsprüfer in vollem Umfang gerecht wird. Wirtschaftsprüfer-Bescheinigungen, die diese Anforderungen nicht oder nicht vollständig erfüllen, werden stets vom BAFA beanstandet.

– Stromlieferverträge für das letzte abgeschlossene Geschäftsjahr:

Da bei Schienenbahnunternehmen die Summe aller Verbrauchsstellen, an denen bezogener Strom unmittelbar für den Fahrbetrieb im Schienenbahnverkehr verbraucht wird, als eine Abnahmestelle zu qualifizieren ist, sind sämtliche Stromlieferverträge für die einzelnen Verbrauchsstellen einzureichen. Diese Verträge müssen den Zeitraum des letzten abgeschlossenen Geschäftsjahres abdecken.

– Stromrechnungen für das letzte abgeschlossene Geschäftsjahr:

Analog zu den Stromlieferverträgen sind sämtliche Stromrechnungen für alle Verbrauchsstellen, an denen bezogener Strom unmittelbar für den Fahrbetrieb im Schienenbahnverkehr verbraucht wird, einzureichen. Zur Vereinfachung des Antragsverfahrens für die Antragsteller und das Bundesamt reichen Sie idealerweise die Rechnungen in Form von Quartals- oder Jahresrechnungen ein, wenn darin die entsprechenden Informationen aus den Einzelrechnungen enthalten sind.

**IV. Begrenzungsentscheidung**

**1. Umfang der Begrenzungsentscheidung auf die EEG-Umlage**

Gemäß § 40 Satz 1 EEG begrenzt das BAFA auf Antrag für eine Abnahmestelle die EEG-Umlage, die von EVU an Letztverbraucher, die Schienenbahnen sind, weitergegeben wird. Nach § 42 Abs. 1 EEG ist für Schienenbahnen eine Begrenzung der EEG-Umlage nur für die Strommenge möglich, die über 10 Prozent des im Begrenzungszeitraums an der betreffenden Abnahmestelle bezogenen und selbst verbrauchten Stroms hinausgeht. Die begrenzte EEG-Umlage beträgt 0,05 Cent pro Kilowattstunde.

**2. Bekanntgabe der Entscheidung des BAFA**

Die Begrenzungsentscheidung ist eine gebundene Entscheidung, bei der die Behörde kein Ermessen hat. Die Begrenzungsentscheidung ist ein Verwaltungsakt i.S.d. § 35 Satz 1 VwVfG und wurde bisher immer zu einem einheitlichen Termin Ende Dezember des Antragsjahres versandt. Aus diesem Grund bitten wir von Sachstandsanfragen vor dem zu entsprechender Zeit auf der Homepage des BAFA angekündeten einheitlichen Bescheidversandtermin Abstand zu nehmen.

Die Entscheidung des BAFA ergeht nach § 43 Abs. 1 Satz 2 EEG mit Wirkung gegenüber dem Unternehmen, dem EVU und dem regelverantwortlichen Übertragungsnetzbetreiber. Das begrenzte Unternehmen erhält im Rahmen des Bescheidversands das Original und das EVU und der Übertragungsnetzbetreiber jeweils eine Kopie des Begrenzungsbescheides. Das BAFA sendet dabei eine Kopie des Begrenzungsbescheides an das EVU, das das Unternehmen im Regelungsjahr voraussichtlich mit Strom beliefern wird. Das gleiche gilt für den Übertragungsnetzbetreiber, der gemäß § 3 Nr. 11 EEG der regelverantwortliche Netzbetreiber von Hoch- und Höchstspannungsnetzen, die der überregionalen Übertragung von Elektrizität zu nachgeordneten Netzen dienen, ist. Hintergrund für diese Vorgehensweise ist, dass die Übertragungsnetzbetreiber gemäß § 43 Abs. 3, 2. HS EEG diese Begrenzungen im Rahmen von § 36 EEG zu berücksichtigen haben.

Dem BAFA ist im Antrag anzugeben, welche(s) EVU(s) und welcher Übertragungsnetzbetreiber im Begrenzungszeitraum die Abnahmestelle der antragstellenden Schienenbahn beliefern wird. Sofern dieses nicht bereits im Rahmen des Antrag erfolgt ist, ist dieses unverzüglich nachzuholen. Sollten sich nach der Antragstellung diesbezügliche Veränderungen ergeben, ist das Unternehmen verpflichtet, unverzüglich das BAFA davon in Kenntnis zu setzen, damit eventuelle Begrenzungsbescheide entsprechend bekannt gegeben werden können.

Das BAFA behält sich vor, die rechtmäßige Umsetzung der erteilten Begrenzungsbescheide zu prüfen. Bitte achten Sie darauf, dass der Begrenzungsbescheid tatsächlich auch nur für das begrenzte Schienenbahnunternehmen und für die Strommengen, auf die sich die Begrenzung erstreckt, genutzt wird. Die Begrenzung bezieht sich ausschließlich auf die Lieferung von unmittelbar für den Fahrbetrieb bezogene und selbst verbrauchte Strommengen, die in den Ausgleichsmechanismus nach dem EEG einbezogen sind. Von Ihrem Unternehmen an Dritte weitergeleitete Strommengen sind von der Begrenzung ausgenommen. Zuwiderhandlungen können strafrechtliche Konsequenzen haben.

---

[1] Der Prüfungshinweis: Prüfungen nach dem Erneuerbare-Energien-Gesetz (IDW EPS 970) ist beim Institut der Wirtschaftsprüfer, Postfach 32 05 80, 40420 Düsseldorf oder www.idw.de erhältlich.

**Anlage § 065–02**  Zu § 65 Erneuerbare-Energiengesetz

Die Begrenzungsentscheidung wird zum 01. Januar des Folgejahres mit einer Geltungsdauer von einem Kalenderjahr wirksam, § 43 Abs. 1 Satz 3 EEG. Dies bedeutet, dass auf eine Antragstellung beispielsweise im Jahr 2013, welche auf Basis des letzten abgeschlossenen Geschäftsjahres des Unternehmens (in der Regel das Kalenderjahr 2012) erfolgt, sich die Begrenzungswirkung auf den Zeitraum vom 01.01.2014 bis zum 31.12.2014 erstrecken wird. Eine kürzere Geltungsdauer als die in § 43 Abs. 1 Satz 3 EEG kann sich insbesondere dann ergeben, wenn das Unternehmen umstrukturiert wird oder seine Tätigkeit im Laufe des Begrenzungsjahres einstellt.

Zu § 1 Kraft Wärme Kopplung Gesetz
Anlage § 001–01

## Merkblatt Kraft–Wärme–Kopplung-Förderung

Merkblatt vom 1.1.2013

Quelle: Bundesamt für Wirtschaft und Ausfuhrkontrolle (BAFA)
http://www.bafa.de/bafa/de/energie/kraft_waerme_kopplung/publikationen/flyer_kwk.pdf

Sehr geehrte Interessentinnen und Interessenten,
die Novellierung des Kraft-Wärme-Kopplungsgesetzes (KWKG) im Juli 2012 setzt deutliche Anreize für Investitionen in hocheffiziente Technologien. Das Bundesamt für Wirtschaft und Ausfuhrkontrolle (BAFA) fördert neue oder modernisierte KWK-Anlagen, Wärme- und Kältenetze sowie Wärme- und Kältespeicher zu attraktiven Bedingungen.

**Weshalb wird die Technologie „Kraft-Wärme-Kopplung" gefördert?**
In KWK-Anlagen (z. B. in einem Blockheizkraftwerk) werden gleichzeitig Strom und Nutzwärme erzeugt. Durch die gekoppelte Erzeugung wird weniger Brennstoff verbraucht als bei der Erzeugung in getrennten Anlagen. Zudem sind die $CO_2$- Emissionen niedriger. Die Technik ist daher wesentlich effizienter als die getrennte Strom- und Wärmeerzeugung.

**Welche Maßnahmen werden gefördert?**
Der in einer KWK-Anlage erzeugte Strom wird durch das KWKG zu bestimmten Sätzen vergütet. Die Vergütung erfolgt unabhängig davon, ob Sie den Strom selbst nutzen und/oder in das allgemeine Stromnetz einspeisen. Wenn Sie mit der gleichzeitig erzeugten Nutzwärme beispielsweise noch weitere Abnehmer mit Wärme versorgen, kann zusätzlich auch der Leitungsbau gefördert werden. Mittels eines Speichers können KWK-Anlagen stärker stromgeführt betrieben werden und einen Ausgleich zur schwankenden Stromerzeugung aus erneuerbaren Energien leisten.

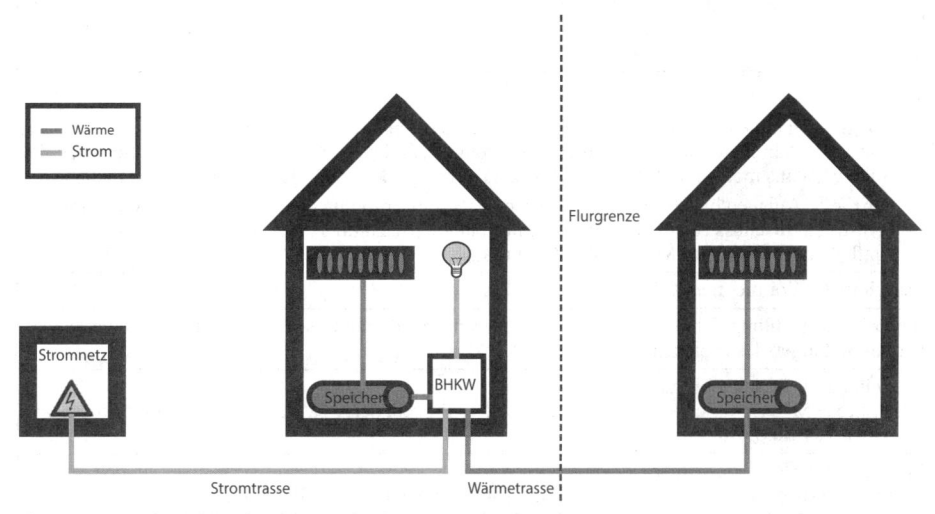

Die Vergütung wird auf der Grundlage des Zulassungsbescheides des BAFA durch den Stromnetzbetreiber ausgezahlt.
Weiterführende Informationen zu den einzelnen Fördervoraussetzungen erhalten Sie unter den angegebenen Kontaktdaten am Ende der Übersicht.

# Anlage § 001–01

Zu § 1 Kraft Wärme Kopplung Gesetz

| Zuschuss für KWK-Anlagen [1] | |
|---|---|
| → bis 2 kW$_{el}$ [2] | 5,41 Cent/kWh |
| Die Auszahlung erfolgt wahlweise über einen Zeitraum von 10 Jahren ab Erstaufnahme des Dauerbetriebs oder als einmalige Zahlung für 30.000 Vollbenutzungsstunden (Vbh). Beispiel: Einmaliger Zuschlag für ein 2 kW-BHKW 5,41 Cent/kWh x 30.000 Vbh x 2 kW = 3.246,00 Euro | |
| → über 2 – 50 kW | 5,41 Cent/kWh |
| Wahlweise 10 Jahre oder 30.000 Vbh | |
| → über 50 kW Die Stromvergütung bei Anlagen von mehr als 50 kW ist nach Leistungsanteilen gestaffelt: | |
| bis 50 kW | 5,41 Cent/kWh |
| über 50 – 250 kW | 4,00 Cent/kWh |
| über 250 kW – 2 MW | 2,40 Cent/kWh |
| über 2 MW | 1,80 Cent/kWh |
| Die Auszahlung erfolgt für 30.000 Vbh ab Erstaufnahme des Dauerbetriebs. | |
| Modernisierung und Nachrüstung Investitionen in die Modernisierung einer KWK-Anlage sind ab einer Investition von 25 Prozent im Vergleich zu einer entsprechenden neuen Anlage zuschlagsfähig. Die Nachrüstung von Anlagen der ungekoppelten Strom- oder Wärmeerzeugung zu KWK-Anlagen über 2 MW ist ab einer Investitionsquote von 10 Prozent zuschlagsfähig. | |
| Antragsfrist Damit Ihnen keine Nachteile entstehen und Sie die volle Vergütung in Anspruch nehmen können, sollte der Antrag bis zum 31.12. des Jahres der Inbetriebnahme der KWK-Anlage beim BAFA eingegangen sein. | |

**Tipps**

– Für Anlagen mit einer elektrischen Leistung bis 50 kW haben wir für Sie ein einfaches elektronisches Anzeigeverfahren auf unserer Internetseite bereitgestellt. Dort können Sie in wenigen Schritten Ihre Anlage bei uns melden und im Anschluss den Zuschlag von Ihrem Stromnetzbetreiber erhalten.

– Für KWK-Anlagen bis 20 kW besteht neben der Stromvergütung die Möglichkeit, einen einmaligen Investitionszuschuss zu erhalten. Nähere Informationen dazu finden Sie unter www.bafa.de (Energie/ Kraft-Wärme-Kopplung/Mini-KWK-Zuschuss).

| Zuschuss für Wärme- und Kältenetze |
|---|
| Die Zuschlagzahlung richtet sich nach dem mittleren Nenndurchmesser (DN-Wert) der neu verlegten Vorlaufleitungen des Projektes. |
| Vergütung für Projekte bis zu DN 100 100 Euro je Meter Trassenlänge, jedoch maximal 40 Prozent der ansatzfähigen Investitionskosten und maximal 10 Mio. Euro. |
| Vergütung für Projekte größer DN 100 Immer 30 Prozent der ansatzfähigen Investitionskosten und maximal 10 Mio. Euro. |
| Antragsfrist 1. Juli des auf die Inbetriebnahme folgenden Kalenderjahres. |

---

1) Aufnahme des Dauerbetriebs ab dem 19. Juli 2012.
2) Soweit im Folgenden nicht anders gekennzeichnet ist darunter jeweils die elektrische Leistung zu verstehen.

Zu § 1 Kraft Wärme Kopplung Gesetz **Anlage § 001–01**

| Zuschuss für Wärme- und Kältespeicher[1] | |
|---|---|
| Die Mindestgröße des Speichers beträgt 1 m³ oder mindestens 0,3 m³ pro Kilowatt der installierten elektrischen Leistung der in den Speicher einspeisenden KWK-Anlage.<br>Die Zuschlagzahlung richtet sich nach dem Volumen des Speichers: | |
| → bis 50 m³ | 250 Euro/m³ |
| → über 50 m³ | 250 Euro/m³ |
| Ab einem Volumen über 50 m³ max. 30 % der ansatzfähigen Investitionskosten, max. 5 Mio. Euro. | |
| Die Speicher müssen bestimmte technische Anforderungen erfüllen. Dazu haben wir Ihnen auf unserer Internetseite einen Berechnungsleitfaden sowie ein Merkblatt zur Verfügung gestellt. | |
| Antragsfrist<br>1. Juli des auf die Inbetriebnahme folgenden Kalenderjahres. | |

---

[1] Speicher mit einem Baubeginn ab dem 19. Juli 2012.

**Anlage § 005–01**  Zu § 5 Kraft Wärme Kopplung Gesetz

## Merkblatt Förderung von KWK-Anlagen

Merkblatt vom 1.7.2014

Quelle: Bundesamt für Wirtschaft und Ausfuhrkontrolle (BAFA)
http://www.bafa.de/bafa/de/energie/kraft_waerme_kopplung/publikationen/
merkblatt_fernwaermeverdraengung.pdf

KWK-Anlagen erzeugen Strom und Nutzwärme gekoppelt, d. h. gleichzeitig in einem Prozess. Hierdurch kann der eingesetzte Brennstoff sehr viel effizienter genutzt werden als bei der herkömmlichen Produktion in getrennten Anlagen. Da geringere Brennstoffmengen verbraucht werden, fallen auch weniger klimaschädliche $CO_2$-Emissionen an.

Das BAFA setzt zwei Verfahren zur Förderung von KWK-Anlagen um:

1. Nach der Richtlinie zur Förderung von KWK-Anlagen mit einer elektrischen Leistung bis 20 kW zahlt das BAFA einen einmaligen Investitionszuschuss an den Anlagenbetreiber aus.
2. Nach dem Kraft-Wärme-Kopplungsgesetz (KWKG) zahlt der Stromnetzbetreiber unabhängig von der elektrischen Leistung der KWK-Anlage auf Grundlage des Zulassungsbescheides des BAFA für den erzeugten KWK-Strom über einen bestimmten Zeitraum einen Zuschlag an den Anlagenbetreiber.

**Hinweis:**

Es handelt sich um zwei eigenständige Verfahren. Wenn Sie beide Förderungen erhalten möchten, müssen Sie daher für jedes Verfahren einen gesonderten Antrag stellen. Beachten Sie bitte auch die vorgeschriebenen unterschiedlichen Zeitpunkte der Antragstellung.

Nähere Informationen zum Investitionskostenzuschuss für Anlagen bis 20 kW finden Sie auf der Internetseite des BAFA www.bafa.de unter Energie – Kraft-Wärme-Kopplung und dem Menüpunkt Mini-KWK-Zuschuss. Für Informationen zur Stromvergütung durch den Stromnetzbetreiber wählen Sie bitte im Menü Stromvergütung die entsprechende Leistungsklasse Ihrer KWK-Anlage.

### 1. Antragsverfahren – Stromvergütung durch Stromnetzbetreiber

Voraussetzung für die Auszahlung des KWK-Zuschlags ist die Zulassung der KWK-Anlage durch das BAFA. Die Antragstellung erfolgt im Regelfall ausschließlich elektronisch durch den Anlagenbetreiber.

#### a) Allgemeinverfügung

Für neue KWK-Anlagen mit einer elektrischen Leistung bis einschließlich 50kWel hat das BAFA ein vereinfachtes Anzeigeverfahren eingerichtet. Durch dieses vereinfachte Verfahren kann die KWK-Anlage gebührenfrei und unbürokratisch in wenigen Schritten beim BAFA angezeigt werden.

Das elektronische Anzeigeverfahren ist immer dann zu nutzen, wenn die folgenden Voraussetzungen erfüllt werden:

– Der Anlagentyp ist in der BAFA-Typenliste aufgeführt,
– die Inbetriebnahme der KWK-Anlage liegt nicht länger als 24 Monate zurück (andernfalls benutzen Sie das papiergebundene Antragsverfahren),
– die KWK-Anlage ist fabrikneu,
– am Standort der KWK-Anlage ist kein Nah- oder Fernwärmenetz vorhanden,
– die KWK-Anlage wird nur an diesem Standort betrieben,
– die KWK-Anlage ist die einzige KWK-Anlage, die ab dem 19. Juli 2012 innerhalb von zwölf aufeinanderfolgenden Kalendermonaten an diesem Standort in Dauerbetrieb genommen worden ist.

Nach erfolgreicher Anzeige erhalten Sie eine Eingangsbestätigung zur Vorlage beim Stromnetzbetreiber auf die zuvor hinterlegte E-Mail-Adresse. Die Auszahlung des KWK-Zuschlags erfolgt durch den Stromnetzbetreiber, an dessen Netz die Anlage angeschlossen wurde. Eine druckbare Version der Eingangsbestätigung zur Vorlage beim Stromnetzbetreiber steht auch im Anschluss an das elektronische Anzeigeverfahren zur Verfügung.

Wichtiger Hinweis zum Zeitpunkt der Antragstellung:

Bitte geben Sie die Meldung zeitnah (innerhalb von 4 Wochen) nach Aufnahme des Dauerbetriebs der KWK-Anlage ab. Nur wenn die elektronische Anzeige bis zum 31.12. des Inbetriebnahmejahres beim BAFA erfolgt, besteht ein Anspruch auf die maximal mögliche Förderung. Bei einer späteren Anzeige werden die Vergütungsansprüche gekürzt.

Zu § 5 Kraft Wärme Kopplung Gesetz  **Anlage § 005–01**

Beispiel: Aufnahme des Dauerbetriebs der KWK-Anlage am 5. Juli 2013, elektronische Anzeige beim BAFA erfolgt am 15.05.2014. In diesem Fall entsteht der Vergütungsanspruch erst ab dem 1. Januar 2014, das heißt in dem Jahr, in dem die elektronische Anzeige beim BAFA erfolgt ist. Die Vergütung für den Zeitraum vom 5. Juli bis 31.12.2013 ist in diesem Fall verloren.

**b) Papiergebundenes Antragsverfahren**
Sollten Sie eine oder mehrere der genannten Voraussetzungen nicht erfüllen (z.B. bei gebrauchten oder modernisierten Anlagen), müssen Sie das gebührenpflichtige papiergebundene Antragsverfahren in Anspruch nehmen. Verwenden Sie bitte das Antragsformular für Anlagen bis 50 kWel, welches Sie unter dem Menüpunkt „Formulare" finden.

Für die papiergebundene Antragsbearbeitung für fabrikneue und modernisierte KWK-Anlagen erhebt das BAFA eine Bearbeitungsgebühr in Höhe von 75 Euro für Anlagen mit Inbetriebnahme vor dem 19.07.2012 und 100 Euro für später in Betrieb genommene Anlagen.

**Neuanlagen bzw. Ersatzanlagen**
Für neue KWK-Anlagen (auch Ersatzanlagen) sind dem Antrag folgenden Unterlagen beizufügen bzw. nachzureichen:
- Inbetriebnahmeprotokoll
- Datenblatt des Herstellers
- Nachweis der Hocheffizienz
- Sachverständigengutachten bei nicht serienmäßig hergestellten KWK-Anlagen z. B. Eigenbau

Das ausgefüllte Antragsformular sowie die zur Bearbeitung erforderlichen Unterlagen und Nachweise reichen Sie bitte in Papierform beim BAFA ein.

**Modernisierte KWK-Anlagen**
KWK-Anlagen, die modernisiert und ab dem 19. Juli 2012 wieder in Dauerbetrieb genommen werden, können unter bestimmten Bedingungen wieder vom BAFA zugelassen werden. Voraussetzung ist, dass effizienzbestimmende Anlagenteile (wie Motor, Generator, Steuerung) durch Neuteile ersetzt werden und die Kosten hierfür mindestens 25% der Kosten einer vergleichbaren Neuanlage entsprechen. Auf der Internetseite des BAFA www.bafa.de unter Energie – Kraft-Wärme-Kopplung – Stromvergütung unter dem Menüpunkt „Publikationen" finden Sie das „Merkblatt zur Modernisierung". Für die Zulassung benutzen Sie bitte das Formular „Antrag auf Zulassung einer hocheffizienten modernisierten KWK-Anlage bis 2 $MW_{el}$".

Für modernisierte KWK-Anlagen sind dem Antrag zusätzlich folgenden Unterlagen beizufügen bzw. nachzureichen:
- Unterlagen, aus denen die Kosten für die Erneuerung der effizienzbestimmenden Anlagenteile sowie Art und Umfang der erneuerten Anlagenteile ersichtlich sind (Rechnungskopie(n) über die durchgeführten Modernisierungsmaßnahmen)
- Unterlagen, aus denen die hypothetischen Kosten für eine Neuerrichtung der KWK-Anlage ersichtlich sind (vollumfängliches Richtpreisangebot)

Nach erfolgter Antragsbearbeitung und Erfüllung der Zulassungsvoraussetzungen erhalten Sie einen Zulassungsbescheid zur Vorlage beim Stromnetzbetreiber. Die Auszahlung des KWK-Zuschlags erfolgt durch den Stromnetzbetreiber, an dessen Netz die Anlage angeschlossen wurde.

Wichtiger Hinweis zum Zeitpunkt der Antragstellung:
Nur wenn der Antrag bis zum 31.12. des Inbetriebnahmejahres beim BAFA eingereicht wird, besteht ein Anspruch auf die maximal mögliche Förderung. Bei einer späteren Antragstellung werden die Vergütungsansprüche gekürzt.

**2. Förderhöhe – Förderdauer**
Die Höhe des KWK-Zuschlags und die Dauer der Zahlung für den erzeugten KWK-Nettostrom richten sich nach dem Zeitpunkt der Aufnahme des Dauerbetriebs der KWK-Anlage:
bis zum 18. Juli 2012
- fabrikneue KWK-Anlagen:   5,11 Cent/kWh über 10 Jahre ab Erstaufnahme des Dauerbetriebs
- modernisierte KWK-Anlagen: 5,11 Cent/kWh über 10 Jahre ab Wiederaufnahme des Dauerbetriebs

ab dem 19. Juli 2012
- fabrikneue KWK-Anlagen bis 2 $kW_{el}$
   o 5,41 Cent/kWh über 10 Jahre

# Anlage § 005–01

Zu § 5 Kraft Wärme Kopplung Gesetz

oder
- eine einmalige pauschalierte Zahlung für 30.000 Vollbenutzungsstunden (Vbh)

Beispiel: Bei Anlagen mit 2 $kW_{el}$ * 5,41 Cent/kWh * 30.000 Vbh = 3.246 Euro KWK-Zuschlag) bzw. für

- fabrikneue KWK-Anlagen über 2 $kW_{el}$ bis 50$kW_{el}$
  - 5,41 Cent/kWh für 10 Jahre
  
  oder
  - 30.000 Vollbenutzungsstunden ab Erstaufnahme des Dauerbetriebs
- modernisierte KWK-Anlagen mit einem Modernisierungsanteil
  - von mindestens 25 % der Neukosten:
    - 5,41 Cent/kWh über 5 Jahre
    
    oder
    - 15.000 Vbh ab Wiederaufnahme des Dauerbetriebs bzw.
  - von mindestens 50 % der Neukosten:
    - 5,41Cent/kWh über 10 Jahre
    
    oder
    - 30.000 Vbh ab Wiederaufnahme des Dauerbetriebs.

Bei der Entscheidung für einer der beiden Alternativen kann sich in erster Linie an den KWK-Vollbenutzungsstunden pro Jahr orientiert werden. Wird bei der Anlagenplanung und –Auslegung mit einer durchschnittlichen Auslastung vom mehr als 3.000 Vollbenutzungsstunden pro Jahr kalkuliert, ist es im Regelfall günstiger, den Förderzeitraum über 10 Jahre ab Aufnahme des Dauerbetriebs zu wählen. Andernfalls ist es normalerweise vorteilhafter die Förderung über 30.000 Vollbenutzungsstunden ab Aufnahme des Dauerbetriebs zu wählen.

Die Festlegung auf den Förderzeitraum kann zu einem späteren Zeitpunkt nicht mehr geändert werden.

**3. Meldepflichten: Monats- bzw. Jahresmeldungen**

Ab dem Berichtsjahr 2012 ist die Pflicht zur Meldung der jährlichen Erzeugungs- und Verbrauchszahlen für KWK- Anlagen bis zu einer elektrischen Leistung von 50 kW entfallen.

Zu § 5 Kraft Wärme Kopplung Gesetz  Anlage § 005–02

## Merkblatt Mini-KWK-Anlagen

Merkblatt vom 10.2.2014

Quelle: Bundesamt für Wirtschaft und Ausfuhrkontrolle (BAFA)
http://www.bafa.de/bafa/de/energie/kraft_waerme_kopplung/publikationen/
merkblatt_fernwaermeverdraengung.pdf

**Vorwort**

Das Merkblatt soll den Betreibern von Mini-KWK-Anlagen die Antragstellung erleichtern und die Notwendigkeit der Erhebung bestimmter Daten beim Antragsteller anhand der einschlägigen Richtlinienvorschriften genauer erläutern.

Die Voraussetzungen zur Förderung von KWK-Anlagen bis 20 kWel sind in den Richtlinien an Haupt- sowie an Nebenbedingungen geknüpft. Diese werden in der allgemeinen Verwaltungspraxis in Absprache mit dem Bundesministerium für Umwelt, Naturschutz und Reaktorsicherheit (BMU), Industrieverbänden und wissenschaftlichen Institutionen, wie in folgendem beschrieben, umgesetzt.

**Stufe 1: Antragsverfahren**

**1. Sonstige öffentliche Förderung (Kumulierung)**

– siehe Antragsformular: Punkt 3
– siehe Richtlinie: Punkt 4

Die Förderung ist mit anderen öffentlichen Zuschüssen kumulierbar. und nur bei Überschreitung der Kumulierungshöchstgrenze ist der Förderbetrag zu kürzen.

Sollten bezüglich der KWK-Anlage andere öffentliche Zuschüsse beantragt bzw. bereits bewilligt worden sein, ist der Zuwendungsbescheid dieser anderen Förderung in Kopie einzureichen.

Sollte für die KWK-Anlage ein Darlehen bzw. ein zinsgünstiger Kredit in Anspruch genommen werden, muss dies nicht angezeigt werden.

**2. Fernwärme**

– siehe Antragsformular: Punkt 4.1

Die KWK-Anlage darf nicht in einem Gebiet errichtet werden, für welches eine gemeindliche Satzung einen Anschluss- und Benutzungsgebot für Fernwärme vorsieht.

Gebiete mit Anschluss- und Benutzungszwang für Fernwärme werden vom jeweiligen Ortsgesetzgeber (Kommune) per Satzung ausgewiesen.

Wenn Sie unsicher sind, ob ein Anschluss- und Benutzungsgebot für Ihren Standort besteht, wenden Sie sich an Ihren örtlichen Versorgungsbetrieb.

**3. Liste förderfähiger Anlagen (Herstellerliste)**

– siehe BAFA Homepage

Das BAFA führt eine Liste über alle, im Rahmen eines förmlichen Anerkennungsverfahrens zugelassenen und somit förderfähigen KWK-Anlagen.

Zur Gewährleistung einer Qualitätssicherung bei der Begutachtung förderfähiger Anlagen werden nur noch Gutachten von TÜV, DEKRA, DVGW, Hochschulen, Forschungsinstituten oder anderen unabhängigen Gutachtern (Nachweis ist erforderlich) akzeptiert.

Baugleiche Anlagen

Grundsätzlich ist in dem förmlichen Verfahren zur Listung von Anlagen ausschließlich der tatsächliche Hersteller einer Anlage antragsberechtigt. Damit sind Anträge, die lediglich von Vertriebsorganisationen oder Vertriebspartnern des Herstellers gestellt werden, im Grunde abzulehnen. Der Vertriebspartner wird dann in der Regel gebeten, den eigentlichen Hersteller auf die Notwendigkeit einer Antragstellung hinzuweisen.

Ausnahme: Wird eine Anlage von einem Hersteller auf verschiedenen Märkten und über unterschiedliche Vertriebsorganisationen mit einer anderen Typenbezeichnung vertrieben, obwohl die Anlagen im übrigen völlig baugleich sind, so kann durch Vorlage der Hersteller- sowie der Vertreibererklärung (siehe BAFA-Homepage: http://x.co/pIca) die Baugleichheit einer Anlage nachgewiesen werden und die baugleiche Anlage ebenfalls in die Förderung aufgenommen werden.

# Anlage § 005–02

*Zu § 5 Kraft Wärme Kopplung Gesetz*

### 4. Wärmemengenzähler, Schnittstelle, Smart Meter
- siehe Antragsformular: Punkt 4.4
- siehe Richtlinien: Punkt 5; Weitere Anforderungen, Unterpunkt 2 und 3

Fördervoraussetzung einer KWK-Anlage ist
- die Listung auf der Herstellerliste
- mit „Ja" angekreuzten Angaben im Antragsformular, zur Strom- und Wärmemengenzählung, Regelung, Steuerung und externen Leistungsvorgabe.

Die Angaben zur Regelung, Steuerung und der definierten Schnittstelle zur externen Leistungsvorgabe werden nur für Anlagen ab $\geq 3$ kWel erhoben. Für kleinere Anlagen $< 3$ kWel entfallen diese Forderungen komplett. Für diese muss jedoch sowohl ein Strom- als auch ein Wärmemengenzähler nachgewiesen werden.

Die Forderung nach einem Smart-Meter und einer definierten Schnittstelle laut Richtlinien wird wie folgt umgesetzt:

Es muss eine technische Einrichtung im Bereich der (Informations- und Kommunikationstechnik (IKT) einer KWK-Anlage, vorhanden sein, welche folgende Funktionalitäten gewährleistet:
- Mindestvoraussetzung an Steuerung und Regelung ist die Möglichkeit der externen Fernabschaltung

und
- Möglichkeit eines externen Lastmanagements durch
  - direkte, ferngesteuerte Reduzierung der Einspeiseleistung und Abrufung der Ist-Einspeisung.

  oder
  - andere IKT-basierte Reaktionen der Anlage auf Signale aus dem Verteiler- oder Übertragungsnetz.

Sofern diese Funktionalitäten, bei einer auch im übrigen förderfähigen Anlage,, technisch gewährleistet sind, werden die Richtlinienanforderungen aus Punkt 5; Weitere Anforderungen, Unterpunkt 2 und 3, als erfüllt angesehen.

### 5. Umwälzpumpen
- siehe Antragsformular: Punkt 4.5
- siehe Richtlinien: Punkt 5; Weitere Anforderungen, Unterpunkt 5

Die Forderung wird angewendet beim erstmaligen Einbau und bei der Ersetzung von Umwälzpumpen nach heutigem Standard. In diesen Fällen müssen die Neu-Installationen mindestens der Effizienzklasse A oder einem Energieeffizienzindex EEI von 0,27 gemäß Ökodesignrichtlinie entsprechen.

### 6. Pufferspeicher
- Antragsformular: Punkt 4.6
- Richtlinie: Punkt 5; Weitere Anforderungen, Unterpunkt 1

Die Richtlinien definieren die Mindestgröße des Pufferspeichers über den erforderlichen Energiegehalt. Demnach werden mindestens 1,6 kWh pro installiertem kWtherm gefordert. In der Verwaltungspraxis und basierend auf einer (Standard-) Temperaturspreizung von 20 K zwischen Vor- und Rücklauf auf der Wärmeerzeugerseite (KWK-Anlage) ergibt dies ein spezifisches Speichervolumen von mindestens 70 Liter / kWtherm (1,6 / 20 / 0,00116).

Das absolute Mindestspeichervolumen beträgt jedoch 300 l, entsprechend einem Energiegehalt von 6,9 kWh. Bei Anlagen mit mehr als 29 kWtherm sind 1600 Liter absolutes Speichervolumen ausreichend.

Ausnahme: Bei einer signifikant größeren Temperaturspreizung als 20 K zwischen KWK-Anlage (Vorlauf) und Pufferspeicher (Rücklauf) – siehe Skizze unten – die vom Hersteller schriftlich nachzuweisen ist, kann in Ausnahmefällen (Einzelfallentscheidung) ein geringeres als das geforderte spezifische Mindest-Speichervolumen (70 l / kWtherm) zugelassen werden. Für den Nachweis muss die Anlage mindestens 1 Stunde lang mit der größeren Temperaturdifferenz betrieben werden.

Für die (Neu)berechnung des Speichervolumens wird eine Temperaturdifferenz von maximal 25 Kelvin berücksichtigt.

**Stufe 2: Verwendungsnachweisverfahren**

### 7. Hydraulischer Abgleich
- Richtlinie: Punkt 5; Weitere Anforderungen, Unterpunkt 4

Erfordernis des hydraulischen Abgleichs:
- wenn mit dem Einbau der KWK-Anlage ein bestehender (Alt-) Kessel ersetzt oder

Zu § 5 Kraft Wärme Kopplung Gesetz  **Anlage § 005–02**

- ein neuer Heizungskessel eingebaut oder
- die gesamte Heizkreisverteilung erneuert wird

Ein Kessel gilt als erhalten, wenn er umgehend sowie ohne manuelle Umbau- oder Regelungsmaßnahmen als Spitzenkessel die Wärmeversorgung ganz oder teilweise übernehmen kann.

## 8. Vorzeitiger Maßnahmebeginn

Nach den Richtlinien zur Förderung von KWK-Anlagen können Anlagen nur gefördert werden, wenn mit der zu fördernden Maßnahme zum Zeitpunkt der Antragstellung noch nicht begonnen wurde.

Als Vorhabensbeginn gilt der rechtsgültige Abschluss eines der Ausführung zuzurechnenden Lieferungs- oder Leistungsvertrages (Auftragsbestätigung) und nicht der Beginn des Einbaus der KWK-Anlage.

# Anlage § 005–03

*Zu § 5 Kraft Wärme Kopplung Gesetz*

## Merkblatt Fernwärmedämmung

Merkblatt vom 10.9.2013

Quelle: Bundesamt für Wirtschaft und Ausfuhrkontrolle (BAFA)
http://www.bafa.de/bafa/de/energie/kraft_waerme_kopplung/publikationen/
merkblatt_fernwaermeverdraengung.pdf

### I. Wann muss der Vorbehalt der Fernwärmeverdrängung geprüft werden?

Das Kraft-Wärme-Kopplungs-Gesetz (KWKG) ist am 19. Juli 2012 in novellierter Fassung in Kraft getreten. Für die Zulassung von KWK-Anlagen sah das KWKG auch bisher schon vor, dass eine Zuschlagberechtigung nur dann besteht, soweit durch die neue KWK-Anlage keine bereits bestehende Fernwärmeversorgung aus KWK-Anlagen verdrängt wird. Nach der aktuellen Gesetzesfassung ist der Vorbehalt der Fernwärmeverdrängung für folgende Kategorien von KWK-Anlagen zu prüfen:

- Kleine KWK-Anlagen (elektrische Leistung bis 2 MW) mit fabrikneuen Hauptbestandteilen, die nach dem 1. Januar 2009 und bis zum 31. Dezember 2020 in Dauerbetrieb genommen worden sind (§ 5 Abs. 1 S. 1 Nr. 1 KWKG),
- KWK-Anlagen (elektrische Leistung über 2 MW) mit fabrikneuen Hauptbestandteilen, die nach dem 1. Januar 2009 und bis zum 31. Dezember 2020 in Dauerbetrieb genommen worden sind (§ 5 Abs. 2 KWKG),
- nachgerüstete KWK-Anlagen mit einer elektrischen Leistung über 2 MW, die nach dem 19. Juli 2012 und bis zum 31. Dezember 2020 in Dauerbetrieb genommen worden sind.

### II. Wann liegt keine Fernwärmeverdrängung vor?

Eine Verdrängung von Fernwärmeversorgung liegt nach § 5 Abs. 1 S. 2 KWKG nunmehr nicht vor, wenn:

- Der Umfang der Wärmeeinspeisung aus KWK-Anlagen nicht mehr den Anforderungen nach § 5a Absatz 1 Nummer 2 Buchstabe b entspricht.

In der Beschlussempfehlung des Bundestages vom 11.5.2012 (BT-Drs. 17/9617) findet sich hierzu folgende Aussage:

Durch die Ergänzung wird ein Mindestanteil von KWK-Wärme von 60 Prozent festgelegt, der bei Förderung einer neuen KWK-Anlage in einem bestehenden Netz nicht unterschritten werden darf. Hierdurch wird der Anschluss von neuen KWK-Anlagen an bestehende Fernwärmesysteme erleichtert und der Wettbewerb gestärkt. Bislang wird das sogenannte Verdrängungsverbot in § 5 Absatz 1 Satz 1 so ausgelegt, dass auch ein geringfügiger KWK-Wärmeanteil in einem ansonsten aus reinen Heizwerken gespeisten Netz die Förderung neuer Anlage an dem Standort verhindert. Bislang kann daher der Betrieb relativ kleiner KWK-Anlagen in einer Fernwärme- Heizzentrale sinnvolle KWK-Projekte im Fernwärmeversorgungsgebiet blockieren. Dies soll durch Quantifizierung des KWK-Anteils verhindert werden.

oder

wenn

- eine bestehende KWK-Anlage vom selben Betreiber oder im Einvernehmen mit diesem durch eine oder mehrere neue KWK-Anlagen ersetzt wird. Die bestehende KWK-Anlage muss nicht stillgelegt werden.

Laut der Begründung zum Gesetzentwurf (Drucksache 854/11 v. 30.12.2011) wird hierdurch das bereits bestehende Verbot der Förderung einer KWK-Anlage, die eine bestehende Fernwärmeversorgung aus KWK-Anlagen verdrängen würde, vor dem Hintergrund von Erfahrungen aus der Verwaltungspraxis des BAFA präzisiert.

Hinweis:

Das Kraft-Wärme-Kopplungsgesetz sieht eine nachträgliche Prüfung der Zulassungsvoraussetzungen vor, d.h. eine verbindliche Aussage über die Möglichkeit der Zulassung einer KWK-Anlage kann erst getroffen werden, wenn die Anlage den Dauerbetrieb aufgenommen hat und der Antrag auf Zulassung mit allen erforderlichen Nachweise vorliegt.

Zu § 5 Kraft Wärme Kopplung Gesetz  **Anlage § 005–04**

## Merkblatt Speichereffizienz

Merkblatt vom 4.2.2013

Quelle: Bundesamt für Wirtschaft und Ausfuhrkontrolle (BAFA)
http://www.bafa.de/bafa/de/energie/kraft_waerme_kopplung/publikationen/berechnungsleitfaden.pdf

Der vorliegende Berechnungsleitfaden wurde im Rahmen des AGFW Expertenkreises „Wärme-/Kältespeicher"[1] in Abstimmung mit dem BAFA, Herrn Teske, erarbeitet. Der Berechnungsleitfaden erhebt keinen Anspruch auf Vollständigkeit und ist nicht rechtsverbindlich.

### I. Gesetzesgrundlage

Das KWKG 2012 sieht unter anderem eine Zulassung des Neu- und Ausbaus von Wärme- und Kältespeichern mit einem Volumen von mindestens 1 m$^3$ Wasseräquivalent vor. Hierbei erhalten Kälte- und Wärmespeicher, in die überwiegend Kälte bzw. Wärme aus KWK-Prozessen gespeichert wird, eine finanzielle Förderung, den so genannten Zuschlag.

Die Höhe des Zuschlags berechnet sich grundsätzlich proportional zum Wasseräquivalent des Speichers. Bei Wärmespeichern über 95°C (Druckspeicher) wird aufgrund deren höherer Energiedichte in der Zuschlagberechnung ein Korrekturfaktor berücksichtigt, durch den ein sachgerechter Zuschlag ermöglicht wird. Nähere Einzelheiten dazu entnehmen Sie bitte dem BAFA-Merkblatt Wärme- und Kältespeicher.

Als notwendige Zulassungsbedingung wird gemäß § 5b Absatz 1 Nr. 3 und Absatz 4 KWKG gefordert, dass die mittleren Verluste des Speichers weniger als 15 W/m$^2$ Behälteroberfläche betragen müssen.

### II. Rahmenbedingungen

Die folgende Berechnungsvorschrift stellt eine verhältnismäßig einfache Methode zur Bestimmung der mittleren Speicherverluste dar.

Die Speichertypologien, welche in dem zulassungsfähigen Bereich eingesetzt und gebaut werden, beschränken sich zu ca. 90% auf Behälter- bzw. Tankspeicher, wie sie in Abbildung 1 beispielhaft dargestellt sind. Die nachfolgende Vorschrift bezieht sich daher hauptsächlich auf diese Art von thermischen Speichern.

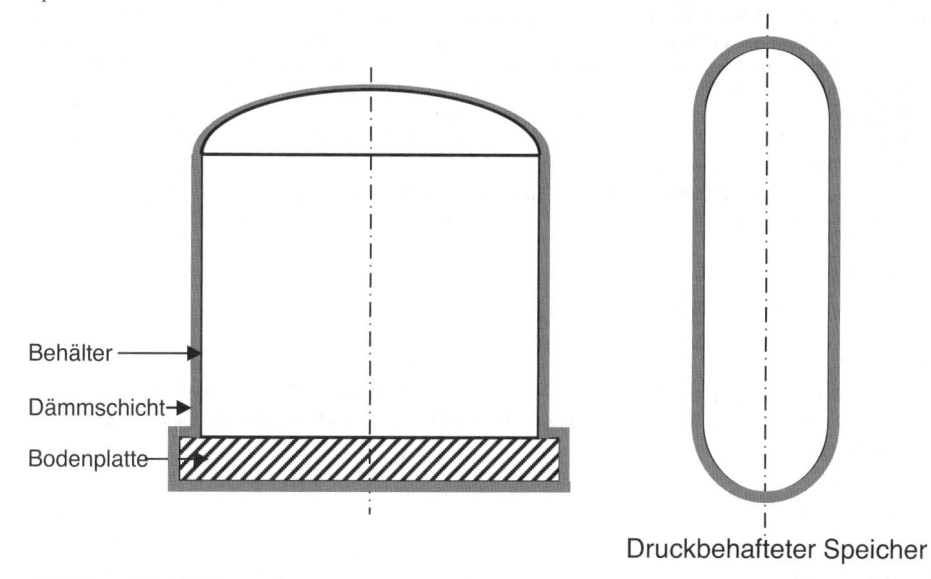

*Abbildung 1: Häufigste Bauarten von thermischen Kurzzeitspeichern mit angebrachter Dämmschicht*

---
1) Beteiligt daran waren: Dr. Marc Jüdes, EnBW Kraftwerke AG; Roland Krupp, GKM, Mannheim; Dr. Jens Kühne, AGFW e.V.; Helmut Theiss, N-ERGIE, Nürnberg; Dr. Thorsten Urbaneck, TU Chemnitz; Stefan Zinsler, Fernwärme Ulm.

# Anlage § 005–04

Zu § 5 Kraft Wärme Kopplung Gesetz

## III. Berechnungsvorschrift
### Wasseräquivalent

Verschiedene Großspeicher nutzen auch andere Stoffe als Wasser (z. B. Erdreich). Um eine Vergleichbarkeit zum Speichermedium Wasser herzustellen, beschreibt man die Speicherkapazität mit dem Volumen eines Wasserspeichers $V_{sp,W}$.

Das Wasseräquivalent bezieht sich auf die mittlere Temperatur von flüssigem Wasser bei Umgebungsdruck (1,013 bar), d.h. einem Temperaturbereich von 0-100°C. Als Referenztemperatur wird daher der arithmetische Mittelwert von 50°C angenommen.

Mit Stoffdaten aus dem VDI Wärmeatlas ergibt sich daher ein Wert von $(\rho c)_W$

**Formel 1**

$(\rho c)_W = 988{,}05 \text{kg/m}^3 \; 4{,}18 \text{kJ/(kgK)} = 4130{,}049 \text{kJ/m}^3 \text{ K}$

Hierbei stehen $\rho$ für die spezifische Dichte und $c$ für die spezifische Wärmekapazität des Speicherstoffes von Wasser jeweils bei einer durchschnittlichen Temperatur von 50°C. Analog zu Formel 1 kann das Produkt der beiden ermittelten Werte für jeden möglichen Speicherstoff berechnet werden berechnet werden zu $(\rho c)_{Sp}$. Das Wasseräquivalent $V_{Sp,W}$ berechnet sich gemäß Formel 2 zu:

**Formel 2**

$V_{Sp,W} = V_{Sp} (\rho c)_{Sp}/(\rho c)_W$

## IV. Konzept

Die Idee hinter der im Folgenden beschriebenen Berechnungsvorschrift basiert auf einer eindimensionalen Wärmeverlustrechnung an allen Oberflächen des Speichers nach folgender Gleichung:

**Formel 3**

$\dot{q} = (\lambda / s)\Delta T$

Hierbei bezeichnet $\dot{q}$ die Wärmestromdichte, $\lambda$ die Wärmeleitfähigkeit des verwendeten Dämmmaterials, $s$ die Dicke der aufgebrachten Dämmschicht und $\Delta T$ die treibende Temperaturdifferenz zwischen dem Behälterinneren und der Umgebung.

## V. Vorgehen

Der erste Schritt dieser Vorschrift sieht die Berechnung einer mittleren Dämmschichtdicke auf Basis einer jahresmittleren Speichertemperatur (Vernachlässigung des tatsächlichen Temperaturprofils) und einer jahresmittleren Umgebungstemperatur vor. Auf Basis dieser mittleren Dämmschichtdicke wird mithilfe der Behälteroberfläche A ein Dämmvolumen $V_{m,D}$ berechnet. Dieses kann variabel, je nach tatsächlichem Temperaturprofil innerhalb des Speichers, am gesamten Behälter verteilt werden. Bei der Verteilung des Dämmvolumens ist darauf zu achten, dass die ermittelte mittlere Schichtdicke $s_m$ überall zu mindestens 50 % erreicht ist und jeweils die nächststärkere kommerziell verfügbare Dämmstärke verwendet wird.

Zur Ermittlung der mittleren Dämmschichtdicke $s_m$ wird Formel 3 umgestellt und die gesetzlich geforderte Wärmestromdichte $\dot{q}$ von 15 W/m² eingesetzt. Daraus ergibt sich folgende Berechnungsvorschrift:

**Formel 4**

$s_m = (\lambda/\dot{q})\Delta T = (\lambda/15)\Delta T$

**Formel 5**

$V_{m,D} = s_m A$

Im folgenden Teil werden zu allen verwendeten Größen Definitionen geliefert. Dabei wird auch detailliert auf die zugrundeliegenden Überlegungen eingegangen. Es handelt sich bei den Größen um

1. Behälteroberfläche
2. Dämmung
3. Temperaturen.

## VI. Behälteroberfläche

Ein Behälter hat drei Aufgaben: Tragen, Dichten und Schützen. Aus dieser Überlegung heraus wird die Behälteroberfläche als die innere Hüllfläche des Speicherbehälters definiert. Hierbei werden alle Unregelmäßigkeiten vernachlässigt, wie z. B. Rohre, Leitern, Stützgerüste, etc. Diese Größe kann insbesondere aus der Bauzeichnung in der Planungsphase oder auch bei einer Begehung ermittelt und überprüft werden.

Zu § 5 Kraft Wärme Kopplung Gesetz **Anlage § 005–04**

## VII. Dämmung

In der erarbeiteten Berechnungsvorschrift werden alle Wärmeübergänge, sowohl innen als auch außen, vernachlässigt. Jede andere Annahme würde zu komplizierten und nicht eindeutig zu berechnenden Zuständen führen. Dabei wäre beispielsweise allein an die Berücksichtigung der Anströmungsverhältnisse an der Speicheroberfläche zu denken.

Bei der Dämmung des Speichers wird ausschließlich die aufgebrachte Dämmschicht betrachtet. Weitere Schichten, wie die eigentliche Behälterwandstärke (die z. B. im Falle eines Betonbehälters durchaus signifikant sein kann) oder z.B. Korrosionsschutzschichten werden in dieser Betrachtung nicht berücksichtigt.

Zur Bewertung der Dämmung ist darauf hinzuweisen, dass alle Dämmarbeiten gemäß Richtlinie VDI 2055:1994-07: „Wärme- und Kälteschutz für betriebs- und haustechnische Anlagen – Berechnungen, Gewährleistungen, Mess- und Prüfverfahren, Gütesicherung, Lieferbedingungen" und DIN 4140:2008-03: „Dämmarbeiten an betriebstechnischen Anlagen in der Industrie und in der technischen Gebäudeausrüstung – Ausführung von Wärme- und Kältedämmungen" durchgeführt werden müssen.

Die Berechnung der Wärmeleitung erfolgt unter der Annahme eindimensionaler Wärmeleitung an einer ebenen Platte. Dies kann damit begründet werden, dass die Dämmschichtdicke im Vergleich viel kleiner als der Behälterradius ist.

Bei der Berechnung der Dämmung am Boden von Flachbodenspeichern wird die Bodenplatte nicht berücksichtigt, d.h. die um die Bodenplatte angebrachte Dämmschichtdicke wird direkt auf die Behälteroberfläche projiziert (siehe Abbildung 2).

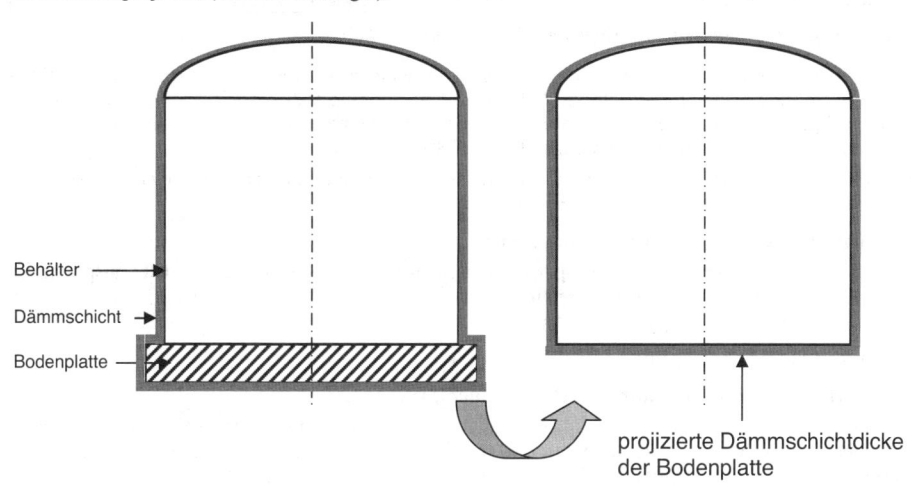

*Abbildung 2: Projektion der Bodenplattendämmschicht*

Die Wärmeleitfähigkeit des Dämmmaterials wird bei der mittleren Speicherbetriebstemperatur ermittelt. Hierzu gelten die Angaben des VDI Wärmeatlas, Kapitel Dec.

Bei der Ausschäumung von Trapezblechen gilt die Dicke an der dünnsten Stelle, siehe Abbildung 3.

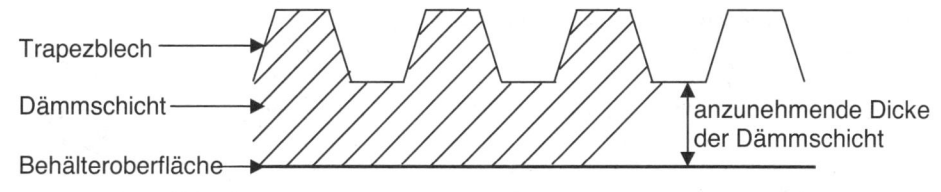

*Abbildung 3: Anzunehmende Dämmschichtdicke bei Trapezverschalung*

## VIII. Temperaturen

Die mittlere Jahresdurchschnittstemperatur der Klimazone Deutschland wird als 8,2 °C angenommen.

# Anlage § 005–04

Zu § 5 Kraft Wärme Kopplung Gesetz

Die mittlere Erdreichtemperatur wird zu 10°C definiert (vgl. FW 401 – Teil 2 „Verlegung und Statik von Kunststoffmantelrohren (KMR) für Fernwärmenetze").

Die mittlere Speicherbetriebstemperatur berechnet sich als arithmetischer Mittelwert aus höchster und niedrigster ausgelegter Betriebstemperatur, beträgt jedoch mindestens 50°C für Wärmespeicher.

**Beispielrechnung**

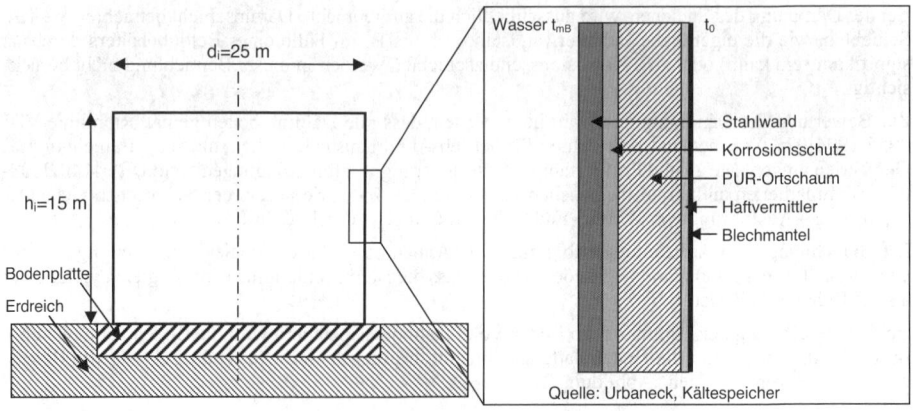

*Abbildung 4: Verwendeter Wärmespeicher für die Beispielrechnung*

Im folgenden Abschnitt wird beispielhaft das Vorgehen an einem Wärmespeicher vorgestellt. Als Basis für diese Beispielrechnung dient der in Abbildung 4 dargestellte Wärmespeicher. Hierbei handelt es sich um einen drucklos ausgeführten Warmwasserspeicher mit einer minimalen Speichertemperatur von 55°C und einer maximalen Speichertemperatur von 98°C.

Die Abmaße sind der Zeichnung zu entnehmen. Der Behälter ist als zylindrische Stahlwandkonstruktion ausgeführt mit einer Dämmschicht aus PUR-Ortschaum.

**1. Schritt: Berechnung des Wasseräquivalents**

Da es sich bei dem hier berechneten Speicher um einen Warmwasserspeicher handelt, entspricht das tatsächliche Volumen auch dem Wasseräquivalent.

Das Volumen des Behälters beträgt:

$V_{sp,W} = \pi \cdot r^2 \cdot h = 3{,}14 \cdot (12{,}5m)^2 \cdot 15m = 7363{,}11 m^3$.

**2. Schritt: Berechnung der mittleren Dämmschichtdicke**

Bei der Berechnung der mittleren Dämmschichtdicke sind die unterschiedlichen Temperaturdifferenzen zwischen Behälterinnerem und Außenluft bzw. Erdreich zu berücksichtigen. Hierzu geht man schrittweise jede Fläche des Behälters einzeln durch.

Die Bestimmung der mittleren Speichertemperatur erfolgt mit:

$T_{Sp,m} = (T_{min} + T_{max})/2 = (55°C + 98°C)/2 = 76{,}5°C$

Die mittlere jährliche Außentemperatur beträgt $T_0 = 8{,}2°C$.

Die mittlere Erdreichtemperatur $T_{Erde}$ beträgt 10°C (vgl. FW 401 – Teil 2 „Verlegung und Statik von Kunststoffmantelrohren (KMR) für Fernwärmenetze").

**Für die Mantelfläche ergeben sich folgende Werte:**

Die Fläche der Mantelfläche beträgt:

$A_{Mantel} = \pi \cdot d \cdot h = 3{,}14 \cdot 25m \cdot 15m = 1177{,}5 m^2$.

Die treibende Temperaturdifferenz zwischen Behälterinnerem und Außentemperatur $T_0$ berechnet sich zu:

$\Delta T_{Mantel} = T_{Sp,m} - T_0 = 76{,}5°C - 8{,}2°C = 68{,}3 K$.

Die Wärmeleitfähigkeit des PUR-Ortschaum beträgt bei der mittleren Speicherbetriebstemperatur von $T_{Sp,m} = 76{,}5°C$ nach VDI-Wärmeatlas Abschnitt Dec $\lambda_{Mantel} = 0{,}04 W/(mK)$.

Mithilfe von Formel 4 errechnet sich die mittlere Dämmschichtdicke an der Mantelfläche zu:

$s_{m,Mantel} = (\lambda_{Mantel}/\dot{q}) \Delta T_{Mantel} = (0{,}04 W/(mK)/15 W/m^2) \cdot 68{,}3 K = 0{,}182 m$

Zu § 5 Kraft Wärme Kopplung Gesetz **Anlage § 005–04**

Das erforderliche Dämmmaterialvolumen der Mantelfläche beträgt:
$V_{m,D,Mantel} = A_{Mantel} \cdot s_{m,Mantel} = 1177,5m^2 \cdot 0,182m = 214,3m^3$

**Für die Deckelfläche ergeben sich die folgenden Werte:**
Die Fläche des Speicherdeckels beträgt:
$A_{Deckel} = \pi \cdot r^2 = 3,14 \cdot (12,5m)^2 = 490,625m^2$.

Als treibende Temperaturdifferenz gelten dieselben Annahmen wie für die Mantelfläche, daher ergibt sich:
$\Delta T_{Deckel} = T_{Sp,m} - T_0 = 76,5°C - 8,2°C = 68,3K$.

Auch für die Wärmeleitfähigkeit des PUR-Ortschaum gelten die gleichen Bedingungen wie für den Mantel, daher gilt:
$\lambda_{Deckel} = 0,04 W/(mK)$.

Die mittlere Dämmschichtdicke errechnet sich analog der Mantelflächenberechnung zu:
$s_{m,Deckel} = (\lambda_{Deckel}/\dot{q})\Delta T_{Deckel} = (0,04W/(mK)/15W/m^2) \cdot 68,3K = 0,182m$.

Daraus folgt für das Dämmmaterialvolumen am Deckel:
$V_{m,D,Deckel} = A_{Deckel} \cdot s_{m,Deckel} = 490,625m^2 \cdot 0,177m = 89,294m^3$

**Die Werte für den Boden berechnen sich wie folgt:**
Die Fläche des Bodens entspricht dem des Deckels, da hier die Bodenplatte nicht berücksichtigt wird, sondern nur der Behälterboden.
$A_{Boden} = \pi \cdot r^2 = 3,14 \cdot (12,5m)^2 = 490,625m^2$

Die treibende Temperaturdifferenz ist jetzt im Gegensatz zu den restlichen Oberflächen mit der mittleren Speichertemperatur und der mittleren Erdreichtemperatur zu bilden.
Daraus ergibt sich:
$\Delta T_{Boden} = T_{Sp,m} - T_{Erde} = 76,5°C - 10°C = 66,5K$.

Mit demselben Wert der Wärmeleitfähigkeit des PUR-Ortschaums ergibt sich die mittlere Dämmschichtdicke am Boden zu:
$s_{m,Boden} = (\lambda_{Boden}/\dot{q})\Delta T_{Boden} = (0,04W/(mK)/15W/m^2) \cdot 66,5K = 0,177m$.

Als Dämmschichtvolumen am Boden berechnet sich:
$V_{m,D,Boden} = A_{Boden} \cdot s_{m,Boden} = 490,625m^2 \cdot 0,177m = 86,84m^3$

**Für den Speicher gilt nun:**
Die mittlere Dämmschichtdicke ist in dem vorliegenden Fall trivial, da am gesamten Speicher derselbe Dämmstoff verwendet wurde und zusätzlich die Temperaturdifferenzen nahezu identisch waren.
Allgemein berechnet sich die mittlere Dämmschichtdicke mit:
$s_{m,Sp} = \Sigma V_{m,D}/\Sigma A = (214,3 + 89,29 + 86,84)m^3/(1177,5 + 490,625 + 490,625)m^2 = 0,181m$.

Da in einem realen Speicher die Temperatur des Speicherstoffes oben höher und unten niedriger ist, kann eine Optimierung der Dämmstoffverteilung sinnvoll sein. Daher kann das errechnete Dämmschichtvolumen mit unterschiedlichen Dämmschichtdicken auf dem Behälter verteilt werden. Dafür bietet sich eine dickere Dämmschicht auf dem Deckel des Behälters an und eine geringe Dämmschicht am Speicherboden. Außerdem kann die Zylindermantelfläche des Speichers konisch von unten nach oben mit ansteigender Dämmschichtdicke ausgeführt werden. Wichtig hierfür ist nur, dass zum einen das Dämmschichtvolumen eingehalten wird und zusätzlich die berechnete mittlere Dämmschichtdicke nicht um mehr als die Hälfte unterschritten wird.

In dem vorliegenden Fall darf an keiner Stelle des Speichers die Dämmschichtdicke kleiner als 0,0885m sein.

In der Praxis müssen Dämmplatten ohnehin in der nächststärkeren Ausführung eingekauft werden, weshalb für eine ausreichende Wärmedämmung gesorgt ist.

### IX. Besonderheiten bei Kältespeichern

Beim Einsatz von (Kurzzeit)-Kältespeichern sind folgende abweichende Festlegungen im Vergleich zu Wärmespeichern zu beachten[1]:
– Die mittlere Speichertemperatur ist
  – bei Speichern ohne Phasenwechsel die minimale Auslegungstemperatur,

---
1) Diese Betrachtung ist unabhängig von der Tauwasserproblematik bzw. einer funktionalen Speicherhülle.

# Anlage § 005–04

*Zu § 5 Kraft Wärme Kopplung Gesetz*

- z. B. Kaltwasserspeicher mit 5 °C,
- z. B. Speicher mit Wasser-Glykol mit –15 °C,
- bei Speichern mit Phasenwechsel die Phasenwechseltemperatur[1],
- z. B. Eisspeicher mit 0 °C,
- z. B. Speicher einem Paraffin mit –3 °C,
- bei Speichern mit anderen Effekten die minimale Betriebstemperatur,
- z. B. Speicher mit Zeolith (Adsorbenz) mit –10 °C.
- Die Außentemperatur wird in Abhängigkeit des Standortes gewählt,
- bei Speichern im Außenbereich (z. B. oberirdische Tanks) 25 °C,
- bei Speichern in Gebäuden 20 °C,
- bei Speichern, die über 50 % zum Erdreich Kontakt haben (z. B. Speicher im Keller, vergrabene Speicher), mittlere Erdreichtemperatur von 10 °C.
- Basiert die Speicherwirkung nicht nur auf der Temperaturänderung ist die Speicherkapazität mithilfe des Wasseräquivalents zu ermitteln.

## X. Besonderheiten bei Erdsonden- und Aquifer-Wärmespeichern

Beide Speicherarten können im Einzelfall Wärme- bzw. Kältespeicher i.S.d. § 3 Absatz 18 und Absatz 19 KWKG sein. Dies setzt unter anderem voraus, dass es sich um technische Vorrichtungen zur zeitlich befristeten Speicherung von Nutzwärme bzw. -kälte handelt. Von einer technischen Vorrichtung im vorgenannten Sinne ist insbesondere auszugehen, wenn Technik wie Rohrleitungen, Brunnen etc. gebaut werden, um den Untergrund zur Wärmespeicherung erschließen zu können.

Die oben genannte Berechnungsvorschrift kann bei Erdsonden- und Aquifer-Wärmespeichern nicht angewandt werden.

Für Erdsonden- und Aquifer-Wärmespeicher kann die Einhaltung der Förderbedingung z.B. über eine dynamische Simulation des Speichers mit einschlägigen Simulationsprogrammen wie z. B. TRNSYS, Feflow, Ansys oder anderen CFD-Simulationsprogrammen nachgewiesen werden. Hierbei sind die geplanten Speicherbetriebsweisen im Simulationsprogramm abzubilden und über eine thermische Berechnung der Nennbetriebsfälle die Einhaltung der maximalen Verluste des Speichers von 15 W/m² Behälteroberfläche nachzuweisen.

Anmerkung: In der Regel werden Erdsonden- und Aquifer-Wärmespeicher zur Speicherung von Wärme und Kälte über längere Zeiträume von Wochen oder Monaten gebaut. Die dabei entstehenden Wärmeverluste liegen in der Regel über dem Grenzwert des KWKG. Bei angepassten Nutzungen des Speichers können jedoch Systeme entstehen, die die Förderbedingung einhalten, indem z. B. die Wärmeverluste des Speichers in den umgebenden Untergrund durch eine Wärmepumpe wieder rückgewonnen werden können. Die Simulationen zum Nachweis der Einhaltung der Zulassungsbedingung müssen daher dann das technische System, in das der Speicher eingebunden ist, umfassen.

---

[1] In der Praxis tritt der Phasenwechsel in einem Temperaturbereich auf. Dann ist die mittlere Temperatur des Schmelzbereiches zu verwenden.

Zu § 5 Kraft Wärme Kopplung Gesetz						**Anlage § 005–05**

## Merkblatt Modernisierung

Merkblatt vom 1.11.2013

Quelle: Bundesamt für Wirtschaft und Ausfuhrkontrolle (BAFA)
http://www.bafa.de/bafa/de/energie/kraft_waerme_kopplung/publikationen/
merkblatt_modernisierung_november_2013.pdf

**Vorwort**

Nach § 5 Abs. 3 Satz 1 Alt. 1 Kraft-Wärme-Kopplungsgesetz (KWKG) besteht ein Anspruch auf Zahlung des KWK-Zuschlags für Strom aus KWK-Anlagen, die modernisiert wurden und ab dem 1. Januar 2009 bis 31. Dezember 2020 wieder in Dauerbetrieb genommen worden sind, sofern die modernisierte KWK-Anlage hocheffizient ist. Eine Modernisierung liegt vor, wenn wesentliche die Effizienz bestimmende Anlagenteile erneuert worden sind und die Kosten der Erneuerung mindestens 25 Prozent der Kosten für die Neuerrichtung der KWK-Anlage betragen.

Dieses Merkblatt richtet sich an den Antragsteller und enthält die Anforderungen, die das Bundesamt für Wirtschaft und Ausfuhrkontrolle (BAFA) an die für die Zulassung einer hocheffizienten modernisierten KWK-Anlage erforderlichen Nachweise und Unterlagen stellt.

Das Merkblatt wird regelmäßig aktualisiert und erhebt keinen Anspruch auf Vollständigkeit. Zu beachten ist, dass Anwendung und Auslegung der zugrundeliegenden Vorschriften unter dem Vorbehalt einer abweichenden Auslegung durch die Gerichte steht. Der Inhalt ist daher nicht rechtsverbindlich.

Das Merkblatt gilt für alle hocheffizienten modernisierten KWK-Anlagen, die ab dem 01.01.2009 wieder in Betrieb genommen wurden.

## I. Begriffsbestimmungen

**KW(K)K-Anlagen im Sinne des KWKG**

Der Anwendungsbereich des KWKG gemäß § 2 umfasst Kraft-Wärme-(Kälte)-Kopplungsanlagen (KW(K)K-Anlagen), die auf Basis von Steinkohle, Braunkohle, Abfall, Abwärme, Biomasse, gasförmigen oder flüssigen Brennstoffen betrieben werden.

Die Kraft-Wärme-(Kälte)-Kopplung ist die gleichzeitige Umwandlung von eingesetzter Energie in elektrische Energie und Nutzwärme bzw. Nutzkälte in einer ortsfesten technischen Anlage, vgl. § 3 Abs. 1 KWKG.

Nutzwärme ist die aus einem KWK-Prozess ausgekoppelte Wärme, die außerhalb der KWK-Anlage für die Raumheizung, die Warmwasserbereitung, die Kälteerzeugung oder als Prozesswärme verwendet wird, § 3 Abs. 6 KWKG.

In Abgrenzung zur Raumwärme, Warmwasserbereitung und Kälteerzeugung bezeichnet Prozesswärme bereitgestellte Wärme, die zur Herstellung, Weiterverarbeitung oder Veredelung von Produkten verwendet oder zur Erbringung einer Dienstleistung mit Prozesswärmebedarf genutzt wird.

**Antragsteller**

Antragsberechtigt ist ausschließlich der → KWK-Anlagenbetreiber, vgl. § 3 Abs. 10 S. 1 KWKG.

**KWK-Anlagenbetreiber**

KWK-Anlagenbetreiber sind diejenigen, die den in der KWK-Anlage erzeugten KWK-Strom in ein Netz im Sinne des § 3 Abs. 9 KWKG einspeisen oder für die Eigenversorgung bereitstellen. Der Betreiber muss nicht der Eigentümer der KWK-Anlage sein, § 3 Abs. 10 KWKG.

Entscheidend ist nach der Verwaltungspraxis, wer das wirtschaftliche Risiko für den Betrieb der KWK-Anlage trägt.

**Instandhaltung**

Die Instandhaltung umfasst alle Maßnahmen zur Bewahrung und Wiederherstellung des Sollzustandes sowie zur Feststellung und Beurteilung des Istzustandes von technischen Mitteln eines Systems. Die Instandhaltung umfasst die Wartung, Inspektion und Instandsetzung, vgl. DIN EN 13306. Die im Rahmen der ordnungsgemäßen Wartung und Instandhaltung durchzuführenden Maßnahmen sind i.d.R. den Wartungshandbüchern des Herstellers zu entnehmen. Instandhaltung ist definiert als „Aufrechterhaltung des ursprünglichen Zustandes durch pflegende, erhaltende, vorsorgende Maßnahmen".

**Wartung/Inspektion**

Die Wartung bzw. Inspektion betrifft vorbeugende Maßnahmen, die der Vermeidung von Schäden dienen sowie die ständige Beaufsichtigung und Überprüfung einer Sache auf drohende Verschlechterungen ihres Zustandes und ihrer Gebrauchstauglichkeit.

1451

# Anlage § 005–05

Zu § 5 Kraft Wärme Kopplung Gesetz

**Instandsetzung (Grund-)**

Die Instandsetzung (Grund-) umfasst die Behebung von Mängeln oder Schäden (Reparatur), die insbesondere durch Abnutzung, Alterung und andere betriebsbedingte Einflüsse entstanden sind. Bei der Instandsetzung geht es um die Erhaltung und Wiederherstellung des ursprünglichen technischen und wirtschaftlichen Zustands („Soll"-Zustand) d.h. der Ersatz unbrauchbarer, verschlissener Teile und die Behebung baulicher und technischer Mängel.

**Modernisierung**

Eine Modernisierung liegt nach § 5 Abs. 3 Satz 2 KWKG vor, wenn wesentliche die Effizienz bestimmende Anlagenteile erneuert worden sind und die Kosten der Erneuerung mindestens 25 Prozent der Kosten für die Neuerrichtung der KWK-Anlage betragen.

Unter den Begriff Modernisierung fallen daher solche Maßnahmen, die der Verbesserung der effizienzbestimmenden Anlagenteile und/oder der KWK-Anlage selbst dienen. Dazu zählen der partielle oder vollständige Ersatz der für die Strom- und Wärmeerzeugung maßgeblichen Anlagenteile durch den Einbau neuer bzw. neuartiger Teile und Komponenten mit verbesserten Eigenschaften.

Ziel des Gesetzes ist es, dass sich durch die Maßnahme die wesentlichen Eigenschaften der KWK-Anlage auf Dauer verbessern und eine nachhaltige Einsparung an Primärenergie (PEE) bewirkt wird. Eine Modernisierung wirkt sich immer auf die gesamte KWK-Anlage aus.

**II. Voraussetzungen nach § 5 Abs. 3 KWKG**

Die Zulassung als modernisierte KWK-Anlage setzt voraus, dass wesentliche die Effizienz bestimmenden Anlagenteile erneuert worden sind und die Kosten der Erneuerung mindestens 25 % der Kosten für die Neuerrichtung der KWK-Anlage betragen.

Eine zulassungsfähige Modernisierung im Sinne einer Erneuerung liegt vor, wenn die effizienzbestimmenden Anlagenteile durch fabrikneue bzw. neuartige Anlagenteile ersetzt werden. Es muss sich um zeitlich zusammenhängende, partielle Ersatzmaßnahmen der maschinen- und energietechnischen Anlagenkomponenten handeln. Üblicherweise lassen sich je nach Anlagengröße und Komplexität der technischen Sachverhalte solche Modernisierungsmaßnahmen der maschinen- und energietechnischen Anlagenkomponenten in einem Zeitraum von bis zu 36 Monaten realisieren. Der Zeitraum endet mit der Wiederaufnahme einer dauerhaften Strom- und Wärmeversorgung. Ist mit längeren Modernisierungszeiträumen zu rechnen, ist hierzu frühzeitig das BAFA zu konsultieren. Gleiches gilt bei der Zerlegung von Sammelschienenanlagen in thermodynamisch abgrenzbare Einheiten (Blockbetrachtung).

**Abgrenzung Instandhaltung – Modernisierung**

Bei einer Modernisierung im Sinne einer Erneuerung handelt es sich um eine Ersatzinvestition in wesentliche die Effizienz bestimmenden Anlagenteile, die aus Altersgründen, auf Grund eines Schadens bzw. auf Grund des technischen Fortschritts erforderlich ist.

Demgegenüber handelt es sich bei reinen Instandhaltungsarbeiten zur laufenden Sicherstellung der Funktionstüchtigkeit und Betriebsbereitschaft der KWK-Anlage sowie bei General- bzw. Grundüberholungen, Grundinstandsetzungen oder Revisionen nicht um ansatzfähige Modernisierungsmaßnahmen.

Zur Instandhaltung bzw. Instandsetzung gehören z. B.:

- die Anpassung der KWK-Anlage an neue immissionsschutzrechtliche Anforderungen
- der Erhaltung von anlagen- und maschinentechnischen Teilen sowie von Nebenanlagen in ordnungsgemäßem Zustand
- Energieeinsparungsmaßnahmen mit geringem technischen Aufwand
- Ergänzung unbrauchbar gewordener Teile und Ersatzbeschaffung von Einzelkomponenten
- Reinigung
- die Behebung von Mängeln oder Schäden durch Abnutzung und betriebsbedingte Einflüsse
- der Ersatz unbrauchbarer, verschlissener Teile
- die Behebung baulicher und technischer Mängel

General- bzw. Grundüberholungen, Grundinstandsetzungen und Revisionen im Rahmen der ordnungsgemäßen Instandhaltung erfüllen nicht die Anforderungen an eine Modernisierung im Sinne einer Erneuerung und sind kostenmäßig nicht ansatzfähig. Nur der Austausch kompletter Anlagenteile durch neue und effizientere Teile wird anerkannt.

Eine Erneuerung im Sinne des Gesetzes liegt nur vor, wenn in die KWK-Anlage fabrikneue bzw. neuartige Anlagenteile eingebaut werden. Findet lediglich ein Austausch durch bereits gebrauchte Anlagenteile statt, handelt es sich nicht um eine Erneuerung. Die Erneuerung muss sich auf komplette Anlagenteile und nicht lediglich auf einzelne Komponenten dieser Anlagenteile beziehen.

## III. Bestandteile einer KWK-Anlage

### 1. Anlagenumfang einer Neuerrichtung

Eine KWK-Anlage im Sinne des KWKG setzt sich aus mehreren Anlagenteilen und diese wiederum aus mehreren Funktionseinheiten zusammen, die zueinander in Wechselwirkung stehen. Der sichere Betrieb der KWK-Anlage wird wesentlich von diesen Wechselwirkungen bestimmt. Zum Anlagenumfang einer Neuerrichtung gehören alle Vorrichtungen bzw. Einrichtungen einer KWK-Anlage, die für deren sicheren Betrieb erforderlich sind und nicht nur die Teile der Anlage, die für die Strom- und Wärmeproduktion notwendig sind.

Eine Übersicht über den Anlagenumfang einer Neuerrichtung ist in der Anlage 1 zu finden.

### 2. Wesentliche, die Effizienz bestimmende Anlagenteile

Darunter fallen alle verfahrenstechnischen und betriebsnotwendigen Anlagenteile, Funktionsgruppen und -einheiten einer KWK-Anlage, die maßgeblich für die Strom- und Wärmeerzeugung sind. Diese Anlagenteile sind regelmäßig von wesentlicher Bedeutung für die Effizienz einer Anlage. Gemessen wird die Effizienz einer Anlage an der Stromerzeugung bei gleichzeitiger Nutzwärmeauskopplung. Effizienzbestimmend sind daher alle Anlagenteile, die unmittelbar die Stromerzeugung bei gleichzeitiger Nutzwärmeauskopplung beeinflussen.

Eine Übersicht über die effizienzbestimmenden Anlagenteile ist in der Anlage 2 zu finden.

## IV. Bestimmung des Erneuerungsgrades der KWK-Anlage

Die Zulassung als modernisierte KWK-Anlage setzt voraus, dass die Kosten der Erneuerung mindestens 25 Prozent der hypothetischen Kosten einer vergleichbaren Neuanlage betragen.

### Kosten der Modernisierung der KWK-Anlage

Zu den ansatzfähigen Kosten der Modernisierung gehören alle Kosten für Leistungen – maßgeblich sind jeweils die Nettobeträge (ohne Umsatzsteuer) –, die dem Anlagenbetreiber bei Austausch wesentlicher effizienzbestimmender Anlagenteile durch den Einbau neuer oder neuartiger Teile und Komponenten mit verbesserten Eigenschaften tatsächlich und nachweisbar entstanden sind. Dazu gehören auch die Kosten für Planungsleistungen, Bauleistungen, Genehmigungsverfahren und Gutachten sowie die Kosten für Transport, Einbringung und Inbetriebnahme, sofern diese im Zusammenhang mit dem Ersatz der effizienzbestimmenden Anlagenteile stehen. Diese ingenieurtechnischen Dienstleistungen ermöglichen i.d.R. erst die Modernisierung. Die Kosten der Modernisierung bzw. der modernisierten Anlagenteile sind anhand der tatsächlich entstandenen Kosten durch Schlussrechnungen (Kopie) nachzuweisen.

### Hypothetische Kosten der Neuerrichtung der KWK-Anlage

Die hypothetischen Kosten der Neuerrichtung der KWK-Anlage beziehen sich auf alle technischen und betriebsnotwendigen Anlagenteile und Komponenten. Die hypothetischen Kosten der Neuerrichtung der KWK-Anlage sind nach heutiger Technologie bei konstruktiver Gleichheit und zu heutigen Kosten im Zeitpunkt der Modernisierungsmaßnahme zu betrachten. Ausgangsbasis ist der Zustand der KWK-Anlage zum Zeitpunkt der Wiederinbetriebnahme der modernisierten KWK-Anlage. Die hypothetischen Kosten der Neuerrichtung der KWK-Anlage können dabei anhand von:

– Richtpreisangeboten (für betriebsnotwendige Anlagenteile),
– Budgetplanungen (Investitionsvorbereitung Grob- und Detailplanung) sowie durch
– Berechnung des Tagesneuwertes für weiterverwendete Anlagenteile auf Basis der historischen Anschaffungs- und Herstellungskosten der Anlagenteile mithilfe des Index der Erzeugerpreise gewerblicher Produkte (Fachserie 17 Reihe 2)

ermittelt werden.

## V. Hinweis zum Antragsverfahren

Dem Antrag auf Zulassung einer hocheffizienten modernisierten KWK-Anlage ist eine Beschreibung der durchgeführten Maßnahmen, der Nachweis über die tatsächlich entstandenen Kosten der Modernisierung, sowie der hypothetischen Kosten der Neuerrichtung beizufügen. Weiterhin ist ein Nachweis über die Wiederaufnahme des Dauerbetriebs sowie die Hocheffizienz der KWK-Anlage erforderlich. Der Antrag sollte im Jahr der Wiederaufnahme des Dauerbetriebs der modernisierten KWK-Anlage gestellt werden, damit der Vergütungsanspruch in voller Höhe entsteht.

**Anlage § 005–05**　　　　　　　　　　　　　　　　Zu § 5 Kraft Wärme Kopplung Gesetz

## VI. Beispiel

Eine Verbrennungsmotorenanlage (BHKW – Inbetriebnahme im Jahr 2001) wurde durch Erneuerung des Motoraggregates (Motor-Generator-Satz) sowie der Wärmeauskopplung modernisiert. Im Einzelnen wurde sowohl der vorhandene Motor-Generator-Satz als auch der vorhandene Abgaswärmetauscher demontiert. Eine Effizienzverbesserung und Wirkungsgradsteigerung wurde durch den Einbau einer neuen Motor-Generator-Einheit und eines neuen Abgaswärmetauschers mit höherer thermischer Leistung durch Absenkung der Abgastemperatur auf unter 100°C realisiert. Durch die Erneuerung der Maschineneinheit musste das Fundament des Maschinenplatzes angepasst werden. Die durchgeführten Maßnahmen erfüllen die Voraussetzungen nach Kapitel II. Es handelt sich um effizienzbestimmende Anlagenteile. Die hypothetischen Kosten der Neuerrichtung der KWK-Anlage können durch die Ermittlung der Tagesneuwerte für die weiterverwendeten Anlagenteile auf Basis der historischen Anschaffungs- und Herstellungskosten der Anlagenteile mithilfe des Index der Erzeugerpreise gewerblicher Produkte (Fachserie 17 Reihe 2) ermittelt werden.

### Ermittlung der Preissteigerungsrate

| | Index der Erzeugerpreise für gewerblicher Produkte (Fachserie 17 Reihe 2) | | | |
|---|---|---|---|---|
| Lfd.Nr.: | Anlagenteile | Indexwert | | Faktor |
| | | 2001 | 2013 | |
| 404 | Maschinen (Maschinenbauerzeugnisse) | 95,20 | 114,70 | 1,20 |
| 452 | Verbrennungsmotoren/Turbinen | 99,00 | 107,20 | 1,08 |
| 424 | Wärmetauscher | 98,80 | 112,00 | 1,13 |
| 377 | MSR-Technik | 94,30 | 104,20 | 1,10 |

### Kostenvergleich Modernisierung KWK

| | | Kostengegenüberstellung Modernisierung – Neuerrichtung | | | | | | |
|---|---|---|---|---|---|---|---|---|
| Pos. | Anlagenkomponenten von KWK-Anlagen | hypothetische Kosten der Altanlage | | | weitergenutzte Anlagenteile | demontierte Anlagenteile | Investition Modernisierung | hypothetische Kosten der Neuanlage |
| | | historische Kosten im Jahr 2001 | Faktor | Tagesneuwert im Jahr 2013 | | | | |
| 0. | ingenieurtechnische Dienstleistungen | 32.000 € | 1,20 | 38.400 € | | | 28.000 € | 38.400 € |
| 1. | Erschließungsmaßnahmen | 25.000 € | 1,20 | 30.000 € | | | | 30.000 € |
| 2. | Bautechnik/Konstruktion | 35.000 € | 1,20 | 42.000 € | 42.000 € | | | 42.000 € |
| 3. | KWK-Gebäude | 75.000 € | 1,20 | 90.000 € | 90.000 € | | 12.000 € | 90.000 € |
| 4.1.3 | Motoraggregate | 820.000 € | 1,08 | 885.600 € | 0 € | 885.600 € | 680.000 € | 680.000 € |
| 4.2.3 | Wärmetauscher | 46.000 € | 1,13 | 51.980 € | 21.980 € | 30.000 € | 60.000 € | 81.980 € |
| 4.4 | Kaminanlage | 60.000 € | 1,20 | 72.000 € | 72.000 € | | | 72.000 € |
| 4.5 | Brennstoffversorgungsanlage | 16.000 € | 1,20 | 19.200 € | 19.200 € | | | 19.200 € |
| 4.9 | Schmierölversorgungsanlage | 18.000 € | 1,20 | 21.600 € | 21.600 € | | | 21.600 € |
| 4.10 | E-/MSR-Technik/Leittechnik | 17.000 € | 1,10 | 18.700 € | 18.700 € | | | 18.700 € |
| 4.14.2 | Notkühler einschl. Kreislaufkomponenten | 13.000 € | 1,13 | 14.690 € | 14.690 € | | | 14.690 € |
| | Summe | 1.157.000 € | | 1.284.170 € | | | 780.000 € | 1.108.570 € |
| | Modernisierungsanteil | | | | | | | 70,36 % |

Zu § 5 Kraft Wärme Kopplung Gesetz  **Anlage § 005–05**

## VII. Anlagen
### Anlage 1: Anlagenumfang einer KWK-Anlage

| | Positionen, die in der Regel Bestandteil einer Anlagenneuerrichtung sind | |
|---|---|---|
| Pos. | Anlagenkomponenten von KWK-Anlagen | Komponentenumfang |
| 0. | ingenieurtechnische Dienstleistungen | Planungs- und Bauleistungen, Genehmigungsverfahren, Transport/Einbringung/Inbetriebnahme |
| 1. | Erschließungsmaßnahmen | nur Versorgungsanschlüsse für die KWK-Anlage (Anschluss Kanalnetz, Stromnetz, Gasnetz) |
| 2. | Bautechnik/Konstruktion | Aufwendungen für die Errichtung und Herrichtung von KWK-Gebäuden, Tragwerkskonstruktion der energietechnischen Anlageteile |
| 3. | KWK-Gebäude | Gebäude für Verdichterstation, Kessel-/Maschinenhaus, Container, Schallschutz, Fundamente, Tragwerkskonstruktionen |
| 4. | Energietechnische Anlagen | Ausführung jeweils als komplette funktionsfähige Einheit |
| 4.1 | Maschinentechnik | |
| 4.1.1 | Dampfturbinenanlage | Dampfturbine, Generator, Turbinenreglung, Hydraulikanlage, Entwässerungseinrichtung, Generatorkühlanlage einschl. Rückkühlwerk, Feuerlöscheinrichtung, Generatorschaltanlage, E-/MSR-Technik |
| 4.1.2 | Gasturbinenaggregate | Luftansaugung, Verdichterturbine, Brennstoffregelstrecke, Brennkammer, Leistungsturbine, Kupplung/Getriebe, Generator, E-/MSR-Technik, Schaltanlage |
| 4.1.3 | Motoraggregate | Luftansaugung (Luftfilter, Schalldämpfer), Verbrennungsmotor komplett (Zündanlage, Vergaser- bzw. Einspritzanlage, Abgassystem, Ölwanne, Ölpumpen, Anlasser, Dreheinrichtung), Brennstoffregelstrecke, Ladeluftkühler, Abgasturbolader, Generator, Schaltanlage, E-/MSR-Technik, Kühlwasser- und Schmierölsystem |
| 4.2 | Wärmeerzeuger | Ausführung als komplette funktionsfähige Einheit |
| 4.2.1 | Dampfkesselanlage | Dampfkessel einschl. grober und feiner Armaturen, Feuerung, Isolierung, Frischluftgebläse, Brennstoffregelstrecke, Rauchgaskanäle, E-/MSR-Technik |
| 4.2.2 | Heizkondensatoranlage | Heizkondensator, Rückkühlanlage, Pumpen, Rohrleitungen, Behälter, Armaturen, E-/MSR-Technik, |
| 4.2.3 | Wärmetauscher | Abgaswärmetauscher, Kühlwasserwärmetauscher, Schmierölwärmetauscher, Gemischkühlerwärmetauscher (NT, HT) |
| 4.2.4 | Abhitzekesselanlage | Abhitzekessel einschl. grober und feiner Armaturen, Isolierung, Zusatzfeuerung, Frischluftgebläse, Brennstoffregelstrecke, Abgaskanäle, Rauchgaskanäle, E-/MSR-Technik |
| 4.3 | Abgasreinigungsanlage | je nach Erfordernis als Komplettsystem einschl. Abgasabführung und zugehöriger E-/MSR-Technik |
| 4.4 | Kaminanlage | Komplettsystem einschl. Kondensatableitung, Leiter, Schall- und Schwingungsdämpfer, ansatzfähig bei Feuerungsumstellung |
| 4.5 | Brennstoffversorgungsanlage | Brennstoffzuführung KWK-Anlage (Vorschub, Anschlussleitungen, Druckerhöhung, Armaturen, Rohrleitungen, E-/MSR-Technik) |

# Anlage § 005–05

Zu § 5 Kraft Wärme Kopplung Gesetz

| Positionen, die in der Regel Bestandteil einer Anlagenneuerrichtung sind | | |
|---|---|---|
| Pos. | Anlagenkomponenten von KWK-Anlagen | Komponentenumfang |
| 4.6 | Entaschungsanlage | nur bei Festbrennstoffkesselanlagen als Komplettanlage einschl. E-/MSR-Technik, Rohrleitungen, Behälter, Armaturen, Aschebunker/-Silos |
| 4.7 | Betriebswasserversorgungsanlage | Wasserversorgung, Wasseraufbereitung (Enthärtung, Vollentsalzung), Rohrleitungen, Behälter, E-/MSR-Technik |
| 4.8 | Druckluftversorgungsanlage | Druckluftkompressor, Druckluftflaschen, Windkessel, Druckluftaufbereitung, Rohrleitungen, nur Steuerluft |
| 4.9 | Schmierölversorgungsanlage | Frischöl-/Altöl-Fasslager, Frischöl-/Altöl-Vorratstank, Frischölversorgungssystem einschl. Rohrleitungen und Frischöl-/Altölpumpen |
| 4.10 | E-/MSR-Technik/Leittechnik | übergeordnete Schaltanlagen (Netzkuppelschalter, Messfelder, Transformatoren, Synchronisiereinrichtung, Leistungsschalter), übergeordnete MSR- und Leittechnik (Protokollier- und Visualisierungssysteme) |
| 4.11 | Reserve-/Spitzenlastkesselanlage | nur wenn Bestandteil der KWK-Anlage bzw. des KWK-Prozesses |
| 4.12 | Heizwasser-Kreislauf-Komponenten | Bestandteil des Fern- bzw. Nahwärmeversorgungssystems (nicht zur KWK-Anlage gehörend) |
| 4.13 | Dampf-/Kondensat-Kreislauf-Komponenten | Entgaser, Speisewasserbehälter, Kessel-/Speisepumpen, Kondensatpumpen, Speisewasservorwärmer, Kondensatbehälter, Rohrleitungen (Frischdampf-/ Kondensatleitungen), E-/MSR-Technik |
| 4.14 | Notkühleinrichtungen | |
| 4.14.1 | Kondensationsanlage einschl. Rückkühlwerk | Luftkondensator, Rückkühlanlage, Pumpen, Rohrleitungen, Behälter, Armaturen, E-/MSR-Technik, Abgasbypass, Kesselbypass, Notkamin, Dach- und Tischkühler |
| 4.14.2 | Notkühler einschl. Kreislaufkomponenten | |

## Anlage 2: effizienzbestimmende Anlageteile

| Pos. | Anlagenkomponenten von KWK-Anlagen | Positionen, die in der Regel Bestandteil einer Modernisierung sind | | | |
|---|---|---|---|---|---|
| | | Verbrennungs-motorenanlagen | Gasturbinen-anlagen | Dampfturbinen-anlagen | GuD-Anlagen |
| 0. | ingenieurtechnische Dienstleistungen | Nur in Zusammenhang mit effizienzbestimmenden Anlageteilen der KWK-Anlage ansatzfähig. Diese ingenieurtechnischen Leistungen gehören zu den Modernisierungskosten. Sie ermöglichen erst die Modernisierung. | | | |
| 1. | Erschließungsmaßnahmen | Versorgungsanschlüsse für KWK-Anlage sind ansatzfähig nur im Zusammenhang mit effizienzbestimmenden Anlageteilen | | | |
| 2. | Bautechnik/Konstruktion | Demontage für Baufreiheit bzw. Erneuerung (Umbaumaßnahmen) sowie Schallschutz, Fundamente und die mit der Tragwerkskonstruktion verbundenen Gebäudeteile sind ansatzfähig nur im Zusammenhang mit effizienzbestimmenden Anlageteilen | | | |
| 3. | KWK-Gebäude | | | | |
| 4. | Energietechnische Anlagen | effizienzbestimmende Anlageteile | | | |
| 4.1 | Maschinentechnik | | | | |
| 4.1.1 | Dampfturbinenanlage | x | x | Dampfturbine Getriebe/Kupplung Generator SchaltanlageE-/MSR-Technik | Dampfturbine Getriebe/Kupplung Generator SchaltanlageE-/MSR-Technik |
| 4.1.2 | Gasturbinenaggregate | x | Luftansaugung Verdichterturbine Brennkammer Leistungsturbine Getriebe/Kupplung Generator, SchaltanlageE-/MSR-Technik | x | Luftansaugung Verdichterturbine Brennkammer Leistungsturbine Getriebe/ Kupplung Generator, SchaltanlageE-/MSR-Technik |
| 4.1.3 | Motoraggregate | Verbrennungsmotor Zündanlage Vergaser, Einspritzanlage Turbolader Ladeluftkühler Generator SchaltanlageE-/MSR-Technik | x | x | x |
| 4.2 | Wärmeerzeuger | | | | |
| 4.2.1 | Dampfkesselanlage | x | x | Feuerung/Brenner Verdampfer Überhitzer Economiser Rohrleitungen Rauchgaskanäle LuVo/ Regenerator/Rekuperator E-/MSR-Technik | x |
| 4.2.2 | Heizkondensatoranlage | x | x | Heizkondensatoren incl. Nebenanlagen | |
| 4.2.3 | Wärmetauscher | Abgas-WT Kühlwasser-WT Schmieröl-WT Gemischkühler-WT | x | x | x |

**Anlage § 005–05**  Zu § 5 Kraft Wärme Kopplung Gesetz

| Pos. | Anlagenkomponenten von KWK-Anlagen | Positionen, die in der Regel Bestandteil einer Modernisierung sind ||||
|---|---|---|---|---|---|
| | | Verbrennungs-motorenanlagen | Gasturbinen-anlagen | Dampfturbinen-anlagen | GuD-Anlagen |
| 4.2.4 | Abhitzekesselanlage | x | Zusatzfeuerung Brenner Verdampfer Überhitzer Economiser Rohrleitungen Rauchgaskanäle E-/MSR-Technik | x | Zusatzfeuerung Brenner Verdampfer Überhitzer Economiser Rohrleitungen Rauchgaskanäle E-/MSR-Technik |
| 4.3 | Abgasreinigungsanlage | nicht effizienzbestimmend ||||
| 4.4 | Kaminanlage | ansatzfähig i.S. einer Modernisierung nur bei Brennstoff- bzw. Feuerungsumstellung ||||
| 4.5 | Brennstoffversorgungsanlage | Brennstoffzuführung KWK-Anlage (oft in 4.1 bzw. 4.2 enthalten) ||||
| 4.6 | Entaschungsanlage | x | x | nicht effizienzbestimmend ||
| 4.7 | Betriebswasserversorgungsanlage | x | ansatzfähig i.S. einer Modernisierung nur für Zusatzwasser für Dampfkesselanlagen |||
| 4.8 | Druckluftversorgungsanlage | ansatzfähig i. S. einer Modernisierung nur für Steuerluft ||||
| 4.9 | Schmierölversorgungsanlage | nicht effizienzbestimmend ||||
| 4.10 | E-/MSR-Technik/Leittechnik | ELT u. MSR Technik übergeordnete Schaltanlagen Steuerung/SPS-Hard- & Software übergeordnete Leittechnik Transformatorenanlagen (Netzanbindung) ||||
| 4.11 | Reserve-/Spitzenlastkesselanlage | x | siehe 4.2 |||
| 4.12 | Heizwasser-Kreislauf-Komponenten | Bestandteil des Fern- bzw. Nahwärmeversorgungssystems (nicht zur KWK-Anlage gehörend) ||||
| 4.13 | Dampf-/Kondensat-Kreislauf-Komponenten | thermische Wasseraufbereitung incl. Speisewasservorwärmer und Nebenanlagen ||||
| 4.14 | Notkühleinrichtungen | ||||
| 4.14.1 | Kondensationsanlage einschl. Rückkühlwerk | ansatzfähig nur im Zusammenhang mit effizienzbestimmenden Anlagenteilen ||||
| 4.14.2 | Notkühler einschl. Kreislaufkomponenten | ||||

# RICHTLINIE 2003/96/EG DES RATES
## zur Restrukturierung der gemeinschaftlichen Rahmenvorschriften zur Besteuerung von Energieerzeugnissen und elektrischem Strom

Amtsblatt der Europäischen Union vom 27.10.2003

DER RAT DER EUROPÄISCHEN UNION –

gestützt auf den Vertrag zur Gründung der Europäischen Gemeinschaft, insbesondere auf Artikel 93,

auf Vorschlag der Kommission,

nach Stellungnahme des Europäischen Parlaments,

nach Stellungnahme des Europäischen Wirtschafts und Sozialausschusses,

in Erwägung nachstehender Gründe:

(1) Der Geltungsbereich der Richtlinie 92/81/EWG des Rates vom 19. Oktober 1992 zur Harmonisierung der Struktur der Verbrauchsteuern auf Mineralöle[1] und der Richtlinie 92/82/ EWG des Rates vom 19. Oktober 1992 zur Annäherung der Verbrauchsteuersätze für Mineralöle[2] ist auf die Mineralölerzeugnisse beschränkt.

(2) Das Fehlen von Gemeinschaftsbestimmungen über eine Mindestbesteuerung für elektrischen Strom und Energieerzeugnisse mit Ausnahme der Mineralöle kann dem reibungslosen Funktionieren des Binnenmarktes abträglich sein.

(3) Das reibungslose Funktionieren des Binnenmarktes und die Erreichung der Ziele der anderen Gemeinschaftspolitiken erfordern die Festsetzung von gemeinschaftlichen Mindeststeuerbeträgen für die meisten Energieerzeugnisse einschließlich elektrischen Stroms, Erdgas und Kohle.

(4) Erhebliche Abweichungen zwischen den von den einzelnen Mitgliedstaaten vorgeschriebenen nationalen Energiesteuerbeträgen könnten sich als abträglich für das reibungslose Funktionieren des Binnenmarktes erweisen.

(5) Durch die Festsetzung angemessener gemeinschaftlicher Mindeststeuerbeträge lassen sich die derzeit bestehenden Unterschiede bei den nationalen Steuersätzen möglicherweise verringern.

(6) Nach Artikel 6 des Vertrags müssen die Erfordernisse des Umweltschutzes bei der Festlegung und Durchführung der anderen Gemeinschaftspolitiken einbezogen werden.

(7) Die Gemeinschaft hat als Unterzeichner des Rahmenübereinkommens der Vereinten Nationen über Klimaänderungen das Protokoll von Kyoto ratifiziert. Die Besteuerung der Energieerzeugnisse – und, gegebenenfalls, des elektrischen Stroms – ist eines der Instrumente, die zur Verfügung stehen, um die Ziele des Protokolls von Kyoto zu erreichen.

(8) Der Rat muss in regelmäßigen Abständen die Befreiungen, die Ermäßigungen und die Mindeststeuerbeträge unter Berücksichtigung des reibungslosen Funktionierens des Binnenmarktes, des realen Werts der Mindeststeuerbeträge, der internationalen Wettbewerbsfähigkeit der Wirtschaft der Gemeinschaft und der allgemeinen Ziele des Vertrags überprüfen.

(9) Den Mitgliedstaaten sollte die nötige Flexibilität für die Festlegung und die Durchführung von auf den jeweiligen nationalen Kontext abgestimmten politischen Maßnahmen eingeräumt werden.

(10) Die Mitgliedstaaten haben den Wunsch geäußert, Steuern unterschiedlicher Art auf Energieerzeugnisse und auf elektrischen Strom einzuführen oder beizubehalten. Im Hinblick darauf sollte bestimmt werden, dass die Mitgliedstaaten die Anforderung hinsichtlich der Mindeststeuerbeträge erfüllen, wenn die Gesamtheit der von ihnen als indirekte Steuern erhobenen Abgaben (mit Ausnahme der Mehrwertsteuer) die gemeinschaftlichen Mindeststeuerbeträge nicht unterschreitet.

(11) Es ist Sache des einzelnen Mitgliedstaats zu entscheiden, durch welche steuerlichen Maßnahmen er diesen gemeinschaftlichen Rahmen zur Besteuerung von Energieerzeugnissen und von elektrischem Strom umsetzen will. Die Mitgliedstaaten können in diesem Zusammenhang auch beschließen, die Gesamtsteuerlast nicht zu erhöhen, falls sie der Ansicht sind, dass die Umsetzung dieses Grundsatzes der Aufkommensneutralität dazu beitragen könnte, ihre Steuersysteme zu restrukturieren und zu modernisieren, indem umweltfreundlichere Verhaltensweisen begünstigt werden und eine verstärkte Beachtung des Faktors Arbeitseinsatz gefördert wird.

---

1) ABl. L 316 vom 31.10.1992, S. 12. Zuletzt geändert durch die Richtlinie 94/ 74/EG (ABl. L 365 vom 31.12.1994, S. 46).
2) ABl. L 316 vom 31.10.1992, S. 19. Zuletzt geändert durch die Richtlinie 94/ 74/EG.

(12) Die Energiepreise sind Schlüsselelemente der Energie-, Verkehrs- und Umweltpolitik der Gemeinschaft.

(13) Die Preise der Energieerzeugnisse und des elektrischen Stroms werden unter anderem durch den Steueranteil bedingt.

(14) Die Mindeststeuerbeträge sollten die Wettbewerbsposition der jeweiligen Energieerzeugnisse und des elektrischen Stroms widerspiegeln. In diesem Zusammenhang wäre es ratsam, diese Mindestbeträge soweit wie möglich nach dem Energieinhalt dieser Erzeugnisse zu berechnen. Es ist jedoch nicht angebracht, diese Methode auf Kraftstoffe anzuwenden.

(15) Die Möglichkeit, gestaffelte nationale Steuersätze für ein und dasselbe Erzeugnis anzuwenden, sollte unter bestimmten Umständen oder beständigen Voraussetzungen zulässig sein, sofern die gemeinschaftlichen Mindeststeuerbeträge und die Binnenmarkt- und Wettbewerbsregeln eingehalten werden.

(16) Da der innergemeinschaftliche Handel mit Wärme nur einen sehr begrenzten Umfang hat, sollte dieser gemeinschaftliche Rahmen nicht für die Endenergiebesteuerung von Wärme gelten.

(17) Je nach Verwendung der Energieerzeugnisse und des elektrischen Stroms sind unterschiedliche gemeinschaftliche Mindeststeuerbeträge festzusetzen.

(18) Die zu bestimmten industriellen und gewerblichen Zwecken sowie als Heizstoff verwendeten Energieerzeugnisse werden in der Regel niedriger besteuert als die als Kraftstoff verwendeten Energieerzeugnisse.

(19) Für Dieselkraftstoffe, die insbesondere von gemeinschaftsweit tätigen Güterkraftverkehrsunternehmern verwendet werden, ist die Möglichkeit einer besonderen steuerlichen Behandlung einschließlich von Maßnahmen, die die Einführung eines Systems von Straßennutzungsgebühren ermöglichen, vorzusehen, um die Wettbewerbsverzerrungen in Grenzen zu halten, denen die Wirtschaftsbeteiligten ausgesetzt sein könnten.

(20) Die Mitgliedstaaten müssen gegebenenfalls zwischen gewerblich und nichtgewerblich genutztem Dieselkraftstoff differenzieren können. Sie können diese Möglichkeit nutzen, um die Kluft zwischen nichtgewerblich als Kraftstoff besteuertem Gasöl und Benzin zu verringern.

(21) In steuerlicher Hinsicht kann zwischen betrieblicher und nichtbetrieblicher Verwendung von Energieerzeugnissen und von Strom unterschieden werden.

(22) Für Energieerzeugnisse sollten im Wesentlichen dann gemeinschaftliche Rahmenvorschriften gelten, wenn sie als Heizstoff oder Kraftstoff verwendet werden. Es entspricht daher der Art und Logik des Steuersystems, die Verwendung von Energieerzeugnissen zu zweierlei Zwecken und zu anderen Zwecken als als Kraft- oder Heizstoff sowie für mineralogische Verfahren vom Anwendungsbereich der Rahmenvorschriften auszunehmen. Elektrischer Strom, der in ähnlicher Weise verwendet wird, sollte ebenso behandelt werden.

(23) Bestehende internationale Verpflichtungen sowie der Erhalt der Wettbewerbsfähigkeit von Unternehmen in der Gemeinschaft machen es ratsam, bestehende Steuerbefreiungen für Energieprodukte zur Verwendung in der Luft- und Schifffahrt – außer in der Luft- und Schifffahrt zu privaten Vergnügungszwecken – beizubehalten; die Mitgliedstaaten sollten die Möglichkeit haben, diese Steuerbefreiungen einzuschränken.

(24) Den Mitgliedstaaten sollte die Möglichkeit eingeräumt werden, bestimmte weitere Steuerbefreiungen oder -ermäßigungen anzuwenden, sofern dies nicht das reibungslose Funktionieren des Binnenmarktes beeinträchtigt oder zu Wettbewerbsverzerrungen führt.

(25) Insbesondere die Kraft-Wärme-Kopplung und – im Hinblick auf die Förderung des Einsatzes alternativer Energiequellen – erneuerbare Energieträger können Anspruch auf eine Vorzugsbehandlung haben.

(26) Es ist angebracht, einen gemeinschaftlichen Rechtsrahmen zu schaffen, der den Mitgliedstaaten Verbrauchsteuerbefreiungen oder -ermäßigungen zugunsten von Biokraftstoffen erlaubt, wodurch ein Beitrag zu einem reibungsloseren Funktionieren des Binnenmarktes geleistet und sowohl den Mitgliedstaaten als auch den Wirtschaftsbeteiligten angemessene Rechtssicherheit geboten würde. Die Auswirkungen ungleicher Wettbewerbsbedingungen sollten begrenzt werden, und die Erzeuger und Verteiler von Biokraftstoffen müssen weiterhin Anreize in Form von Senkungen der Gestehungskosten erhalten, unter anderem durch Anpassungen der Verbrauchsteuersätze seitens der Mitgliedstaaten entsprechend der Entwicklung der Rohstoffpreise.

(27) Diese Richtlinie steht der Anwendung der einschlägigen Bestimmungen der Richtlinie 92/12/EWG des Rates vom 25. Februar 1992 über das allgemeine System, den Besitz, die Beförderung und die

Kontrolle verbrauchsteuerpflichtiger Ware[1] sowie der Richtlinie 92/83/EWG des Rates vom 19. Oktober 1992 zur Harmonisierung der Struktur der Verbrauchsteuern auf Alkohol und alkoholische Getränke[2] nicht entgegen, wenn das zur Verwendung als Kraftstoff oder als Zusatz oder Verlängerungsmittel von Kraftstoffen bestimmte oder als solches zum Verkauf angebotene oder verwendete Erzeugnis Ethylalkohol gemäß der Definition in der Richtlinie 92/83/EWG ist.

(28) Bestimmte Steuerbefreiungen oder -ermäßigungen könnten sich vor allem wegen der unzureichenden Harmonisierung auf Gemeinschaftsebene, wegen der Gefahr einer niedrigeren Wettbewerbsfähigkeit auf internationaler Ebene oder aus sozialen oder umweltpolitischen Erwägungen als erforderlich erweisen.

(29) Betriebe, die freiwillige Vereinbarungen eingehen, um den Umweltschutz und die Energieeffizienz wesentlich zu verstärken, verdienen Aufmerksamkeit. Unter diesen Betrieben verdienen energieintensive Betriebe eine Sonderbehandlung.

(30) Übergangsfristen und Sondervereinbarungen können erforderlich sein, um den Mitgliedstaaten eine reibungslose Angleichung an die neuen Steuersätze zu ermöglichen und dadurch negative Nebenwirkungen einzuschränken.

(31) Es muss ein Verfahren vorgesehen werden, das den Mitgliedstaaten in einem bestimmten Zeitraum die Einführung weiterer Ausnahmeregelungen oder ermäßigte Steuersätze gestattet. Solche Ausnahmeregelungen oder Ermäßigungen sollten regelmäßig überprüft werden.

(32) Es sollte vorgesehen werden, dass die Mitgliedstaaten der Kommission bestimmte nationale Maßnahmen melden. Diese Meldung entbindet die Mitgliedstaaten nicht von der Mitteilungspflicht bei bestimmten nationalen Maßnahmen im Sinne von Artikel 88 Absatz 3 des Vertrags. Diese Richtlinie greift dem Ergebnis etwaiger Verfahren über staatliche Beihilfen gemäß den Artikeln 87 und 88 des Vertrags nicht vor.

(33) Der Geltungsbereich der Richtlinie 92/12/EWG sollte erforderlichenfalls auf die in dieser Richtlinie erfassten Erzeugnisse und indirekten Steuern ausgeweitet werden.

(34) Die zur Durchführung dieser Richtlinie erforderlichen Maßnahmen sollten gemäß dem Beschluss 1999/468/EG des Rates vom 28. Juni 1999 zur Festlegung der Modalitäten für die Ausübung der der Kommission übertragenen Durchführungsbefugnisse[3] erlassen werden –

HAT FOLGENDE RICHTLINIE ERLASSEN:

### Artikel 1

Die Mitgliedstaaten erheben nach Maßgabe dieser Richtlinie Steuern auf Energieerzeugnisse und elektrischen Strom.

### Artikel 2

(1) Als Energieerzeugnisse im Sinne dieser Richtlinie gelten die Erzeugnisse:
a) der KN-Codes 1507 bis 1518, die als Heiz oder Kraftstoff verwendet werden;
b) der KN-Codes 2701, 2702 und 2704 bis 2715;
c) der KN-Codes 2901 bis 2902;
d) des KN-Codes 2905 11 00, die nicht von synthetischer Herkunft sind und die als Heiz- oder Kraftstoff verwendet werden;
e) des KN-Codes 3403;
f) des KN-Codes 3811;
g) des KN-Codes 3817;
h) des KN-Codes 3824 90 99, die als Heiz- oder Kraftstoff verwendet werden.

(2) Diese Richtlinie gilt ferner für folgendes Erzeugnis:
Elektrischer Strom im Sinne des KN-Codes 2716.

(3) Zum Verbrauch als Heiz- oder Kraftstoff bestimmte oder als solche zum Verkauf angebotene bzw. verwendete andere Energieerzeugnisse als diejenigen, für die in dieser Richtlinie ein Steuerbetrag fest-

---

1) ABl. L 76 vom 23.3.1992, S. 1. Zuletzt geändert durch die Richtlinie 2000/ 47/EG (ABl. L 193 vom 29.7.2000, S. 73).
2) ABl. L 316 vom 31.10.1992, S. 21.
3) ABl. L 184 vom 17.7.1999, S. 23.

gelegt wurde, werden je nach Verwendung zu dem für einen gleichwertigen Heiz- oder Kraftstoff erhobenen Steuersatz besteuert.

Neben den in Absatz 1 genannten steuerbaren Erzeugnissen sind alle zur Verwendung als Kraftstoff oder als Zusatz oder Verlängerungsmittel von Kraftstoffen bestimmten oder als solche zum Verkauf angebotenen bzw. verwendeten Erzeugnisse zu dem für einen gleichwertigen Kraftstoff erhobenen Steuersatz zu besteuern.

Neben den in Absatz 1 genannten steuerbaren Erzeugnissen wird mit Ausnahme von Torf jeder andere Kohlenwasserstoff, der zum Verbrauch zu Heizzwecken bestimmt ist oder als solcher zum Verbrauch angeboten bzw. verwendet wird, zu dem für ein gleichwertiges Energieerzeugnis erhobenen Steuersatz besteuert.

(4) Diese Richtlinie gilt nicht für:

a) die Endenergiebesteuerung der Wärme und für die Besteuerung von Erzeugnissen der KN-Codes 4401 und 4402.

b) für folgende Verwendungen von Energieerzeugnissen und elektrischem Strom:

– für Energieerzeugnisse, die für andere Zwecke als als Heiz- oder Kraftstoff verwendet werden;

– für Energieerzeugnisse mit zweierlei Verwendungszweck;

Ein Energieerzeugnis hat dann zweierlei Verwendungszweck, wenn es sowohl als Heizstoff als auch für andere Zwecke als als Heiz- oder Kraftstoff verwendet wird. Die Verwendung von Energieerzeugnissen bei der chemischen Reduktion, bei Elektrolysen und bei Prozessen in der Metallindustrie ist als zweierlei Verwendungszweck anzusehen.

– für elektrischen Strom, der hauptsächlich für die Zwecke der chemischen Reduktion, bei der Elektrolyse und bei Prozessen in der Metallindustrie verwendet wird;

– für elektrischen Strom, wenn er mehr als 50 % der Kosten für ein Erzeugnis ausmacht. Die Kosten eines Erzeugnisses errechnen sich durch die Addition der insgesamt erworbenen Waren und Dienstleistungen sowie der Personalkosten zuzüglich der Abschreibungen auf Ebene des Betriebs im Sinne von Artikel 11. Dabei werden die durchschnittlichen Kosten pro Einheit berechnet. Die „Kosten des elektrischen Stroms" werden bestimmt durch den tatsächlich gezahlten Strompreis oder die Kosten für die Stromerzeugung, wenn der Strom im Betrieb gewonnen wird;

– für mineralogische Verfahren;

Als mineralogische Verfahren gelten Verfahren, die gemäß der Verordnung (EWG) Nr. 3037/90 des Rates vom 9. Oktober 1990 betreffend die statistische Systematik der Wirtschaftszweige in der Europäischen Gemeinschaft[1] unter die NACE-Klasse DI 26 „Verarbeitung nicht-metallischer Mineralien" fallen.

Für diese Energieerzeugnisse gilt jedoch Artikel 20.

(5) Die in dieser Richtlinie genannten Codes der Kombinierten Nomenklatur beziehen sich auf die gemäß der Verordnung (EG) Nr. 2031/2001 der Kommission vom 6. August 2001 zur Änderung des Anhangs I der Verordnung (EWG) Nr. 2658/87 des Rates über die zolltarifliche und statistische Nomenklatur sowie den Gemeinsamen Zolltarif[2] geltende Fassung.

Einmal jährlich wird nach dem in Artikel 27 genannten Verfahren eine Entscheidung über die Aktualisierung der Codes der Kombinierten Nomenklatur für die in dieser Richtlinie genannten Erzeugnisse getroffen. Diese Entscheidung darf nicht dazu führen, dass die Mindeststeuersätze nach dieser Richtlinie geändert werden oder dass Energieerzeugnisse oder elektrischer Strom zu der Liste hinzugefügt oder daraus gestrichen werden.

## Artikel 3

Die in der Richtlinie 92/12/EWG genannten Begriffe „Mineralöle" und „Verbrauchsteuern", soweit diese auf Mineralöle Anwendung finden, sind dahin gehend auszulegen, dass sie alle Energieerzeugnisse, den elektrischen Strom und alle nationalen indirekten Steuern nach Artikel 2 bzw. Artikel 4 Absatz 2 dieser Richtlinie umfassen.

---

1) ABl. L 293 vom 24.10.1990, S. 1. Zuletzt geändert durch die Verordnung (EG) Nr. 29/2002 der Kommission (ABl. L 6 vom 10.1.2002, S. 3).

2) ABl. L 279 vom 23.10.2001, S. 1.

### Artikel 4

(1) Die Steuerbeträge, die die Mitgliedstaaten für Energieerzeugnisse und elektrischen Strom nach Artikel 2 vorschreiben, dürfen die in dieser Richtlinie vorgesehenen Mindeststeuerbeträge nicht unterschreiten.

(2) Im Sinne dieser Richtlinie bezeichnet der Begriff „Steuerbetrag" die Gesamtheit der als indirekte Steuern (mit Ausnahme der Mehrwertsteuer) erhobenen Abgaben, die zum Zeitpunkt der Überführung in den freien Verkehr direkt oder indirekt anhand der Menge an Energieerzeugnissen und elektrischem Strom berechnet werden.

### Artikel 5

Die Mitgliedstaaten können unter Steueraufsicht gestaffelte Steuersätze anwenden, soweit diese die in dieser Richtlinie vorgesehenen Mindeststeuerbeträge nicht unterschreiten und mit dem Gemeinschaftsrecht vereinbar sind, und zwar in den folgenden Fällen:

– Es besteht ein direkter Zusammenhang zwischen den gestaffelten Steuersätzen und der Qualität der Erzeugnisse;
– die gestaffelten Steuersätze richten sich nach dem Verbrauch an elektrischem Strom und sonstigen Energieerzeugnissen, die als Heizstoff verwendet werden;
– die Steuersätze gelten für den öffentlichen Personennahverkehr (einschließlich Taxis), die Müllabfuhr, die Streitkräfte und öffentliche Verwaltung, Menschen mit Behinderung oder Krankenwagen.
– es wird bei den in den Artikeln 9 und 10 genannten Energieerzeugnissen bzw. dem elektrischen Strom zwischen betrieblicher und nicht betrieblicher Verwendung unterschieden.

### Artikel 6

Den Mitgliedstaaten steht es frei, die in dieser Richtlinie vorgesehenen Steuerbefreiungen oder Steuerermäßigungen zu gewähren, und zwar entweder:

a) direkt
b) über einen gestaffelten Steuersatz oder
c) indem sie die entrichteten Steuern vollständig oder teilweise erstatten.

### Artikel 7

(1) Ab dem 1. Januar 2004 und ab dem 1. Januar 2010 gelten für Kraftstoffe die in Anhang I Tabelle A festgelegten Mindeststeuerbeträge.

Spätestens am 1. Januar 2012 beschließt der Rat einstimmig nach Anhörung des Europäischen Parlaments auf der Grundlage eines Berichts und eines Vorschlags der Kommission die Mindeststeuerbeträge für Gasöl für einen weiteren am 1. Januar 2013 beginnenden Zeitraum.

(2) Die Mitgliedstaaten dürfen zwischen gewerblich und nicht gewerblich genutztem Gasöl, das als Kraftstoff verwendet wird, differenzieren, vorausgesetzt, die gemeinschaftlichen Mindeststeuerbeträge werden eingehalten und der Steuersatz für gewerbliches Gasöl, das als Kraftstoff verwendet wird, wird nicht unter den am 1. Januar 2003 geltenden nationalen Steuerbetrag abgesenkt; dies gilt ungeachtet der in dieser Richtlinie für diese Nutzung festgelegten Ausnahmeregelungen.

(3) „Gewerblich genutztes Gasöl, das als Kraftstoff verwendet wird", ist Gasöl, das zu folgenden Zwecken als Kraftstoff genutzt wird:

a) Güterbeförderung für Rechnung anderer oder für eigene Rechnung mit einem Kraftfahrzeug oder Lastzug, die ausschließlich zur Beförderung von Gütern im Kraftverkehr bestimmt sind und ein zulässiges Gesamtgewicht von nicht weniger als 7,5 Tonnen aufweisen;
b) regelmäßige oder gelegentliche Personenbeförderung mit einem Kraftfahrzeug der Kategorie M2 oder der Kategorie M3 gemäß der Definition in Richtlinie 70/156/EWG des Rates vom 6. Februar 1970 zur Angleichung der Rechtsvorschriften der Mitgliedstaaten über die Betriebserlaubnis für Kraftfahrzeuge und Kraftfahrzeuganhänger[1].

(4) Unbeschadet des Absatzes 2 können die Mitgliedstaaten, die ein System von Straßenbenutzungsabgaben für Kraftfahrzeuge oder Lastzüge einführen, die ausschließlich zur Beförderung von Gütern im Kraftverkehr bestimmt sind, auf das von diesen Fahrzeugen verwendete Gasöl einen ermäßigten Steuersatz anwenden, der unter dem am 1. Januar 2003 geltenden nationalen Steuerbetrag liegt, solange die Gesamtsteuerlast weit gehend gleich bleibt und sofern die gemeinschaftlichen Mindeststeuerbeträge eingehalten werden sowie der am 1. Januar 2003 für – als Kraftstoff verwendetes – Gasöl geltende na-

---
1) ABl. L 42 vom 23.2.1970, S. 1.

tionale Steuerbetrag mindestens doppelt so hoch ist wie der am 1. Januar 2004 geltende Mindeststeuerbetrag.

### Artikel 8

(1) Unbeschadet des Artikels 7 gelten ab dem 1. Januar 2004 für die Erzeugnisse, die als Kraftstoff im Sinne von Absatz 2 verwendet werden, die in Anhang I Tabelle B festgelegten Mindeststeuerbeträge.

(2) Dieser Artikel gilt für die nachstehend genannten industriellen und gewerblichen Verwendungszwecke:

a) Arbeiten in Landwirtschaft und Gartenbau, in der Fischzucht und in der Forstwirtschaft;

b) ortsfeste Motoren;

c) Betrieb von technischen Einrichtungen und Maschinen, die im Hoch- und Tiefbau und bei öffentlichen Bauarbeiten eingesetzt werden;

d) Fahrzeuge, die bestimmungsgemäß abseits von öffentlichen Straßen eingesetzt werden oder über keine Genehmigung für die überwiegende Verwendung auf öffentlichen Straßen verfügen.

### Artikel 9

(1) Ab dem 1. Januar 2004 gelten für Heizstoffe die in Anhang I Tabelle C festgelegten Mindeststeuerbeträge.

(2) Die Mitgliedstaaten, die am 1. Januar 2003 ermächtigt sind, eine Kontrollgebühr auf Gasöl für Heizzwecke zu erheben, können auch weiterhin für dieses Produkt einen verringerten Satz von 10 EUR je 1 000 l erheben. Diese Ermächtigung wird am 1. Januar 2007 aufgehoben, sofern der Rat dies auf der Grundlage eines Berichts und eines Vorschlags der Kommission einstimmig beschließt, nachdem er festgestellt hat, dass der ermäßigte Satz zu niedrig ist, um Probleme im Zusammenhang mit Handelsverzerrungen zwischen den Mitgliedstaaten zu vermeiden.

### Artikel 10

(1) Ab dem 1. Januar 2004 gelten für elektrischen Strom die in Anhang I Tabelle C festgelegten Mindeststeuerbeträge.

(2) Oberhalb der in Absatz 1 genannten Mindeststeuerbeträge können die Mitgliedstaaten festlegen, welche Besteuerungsgrundlage anzuwenden ist, sofern sie dabei die Richtlinie 92/12/EWG einhalten.

### Artikel 11

(1) „Betriebliche Verwendung" bezeichnet in dieser Richtlinie die Verwendung durch eine Betriebseinheit im Sinne von Absatz 2, die selbstständig und unabhängig von ihrem Ort Ware liefert oder Dienstleistungen erbringt, gleichgültig zu welchem Zweck und mit welchem Ergebnis diese wirtschaftlichen Tätigkeiten ausgeübt werden.

Diese wirtschaftlichen Tätigkeiten umfassen alle Tätigkeiten eines Erzeugers, Händlers oder Dienstleistenden einschließlich der Tätigkeiten der Urproduzenten und der Landwirte, sowie die Tätigkeiten der freien Berufe.

Staaten, Länder, Gemeinden und sonstige Einrichtungen des öffentlichen Rechts gelten nicht als Betriebseinheiten, soweit sie die Tätigkeiten ausüben oder Leistungen erbringen, die ihnen im Rahmen der öffentlichen Gewalt obliegen. Bei der Ausübung bzw. Erbringung solcher Tätigkeiten oder Leistungen gelten sie jedoch dann für diese Tätigkeiten oder Leistungen als Betriebe, wenn eine Behandlung als Nicht-Betriebe zu größeren Wettbewerbsverzerrungen führen würde.

(2) Im Sinne dieser Richtlinie ist davon auszugehen, dass eine Betriebseinheit keine kleinere Einrichtung ist als ein Teil eines Unternehmens oder einer juristischen Person, die in organisatorischer Hinsicht einen selbstständigen Betrieb, d. h. eine aus eigenen Mitteln funktionsfähige Einheit, darstellt.

(3) Bei einer gemischten Verwendung entspricht die Besteuerung dem jeweils verwendeten Anteil, wobei allerdings ein nur geringfügiger betrieblicher oder nichtbetrieblicher Anteil außer Acht gelassen werden kann.

(4) Die Mitgliedstaaten können den Anwendungsbereich des ermäßigten Steuerbetrags für betriebliche Verwendungen begrenzen.

### Artikel 12

(1) Die Mitgliedstaaten können ihre nationalen Steuersätze in anderen Währungseinheiten als in den Artikeln 7 bis 10 dieser Richtlinie vorgesehen ausdrücken, sofern die entsprechenden Steuersätze nach der Umrechnung in diese Währungseinheiten nicht die in dieser Richtlinie festgelegten Mindestbeträge unterschreiten.

(2) Für Energieerzeugnisse nach den Artikeln 7, 8 und 9, deren Steuerbeträge sich auf Volumen stützen, erfolgt die Volumenmessung bei 15 °C.

## Artikel 13

(1) Für die Mitgliedstaaten, die den Euro nicht eingeführt haben, wird der Kurs für die Umrechnung des Euro zur Berechnung der Steuerbeträge in den Landeswährungen einmal pro Jahr festgelegt. Maßgeblich sind die am ersten Werktag im Oktober geltenden und im Amtsblatt der Europäischen Union veröffentlichten Kurse; sie finden ab 1. Januar des darauf folgenden Kalenderjahrs Anwendung.

(2) Erhöhen sich die in Landeswährung ausgedrückten Steuerbeträge durch die Umrechnung der in Euro ausgedrückten Steuerbeträge um weniger als 5 % oder um weniger als 5 Euro, wobei der jeweils niedrigere Wert maßgeblich ist, so können die Mitgliedstaaten den Steuerbetrag beibehalten, der zum Zeitpunkt der in Absatz 1 vorgesehenen jährlichen Anpassung gilt.

## Artikel 14

(1) Über die allgemeinen Vorschriften für die steuerbefreite Verwendung steuerpflichtiger Erzeugnisse gemäß der Richtlinie 92/12/ EWG hinaus und unbeschadet anderer Gemeinschaftsvorschriften befreien die Mitgliedstaaten unter den Voraussetzungen, die sie zur Sicherstellung der korrekten und einfachen Anwendung solcher Befreiungen und zur Verhinderung von Steuerhinterziehung und -vermeidung oder Missbrauch festlegen, die nachstehenden Erzeugnisse von der Steuer:

a) bei der Stromerzeugung verwendete Energieerzeugnisse bzw. verwendeter elektrischer Strom sowie elektrischer Strom, der zur Aufrechterhaltung der Fähigkeit, elektrischen Strom zu erzeugen, verwendet wird. Es steht den Mitgliedstaaten allerdings frei, diese Erzeugnisse aus umweltpolitischen Gründen zu besteuern, ohne die in der Richtlinie vorgesehenen Mindeststeuerbeträge einhalten zu müssen. In diesem Fall wird die Besteuerung dieser Erzeugnisse in Bezug auf die Einhaltung der Mindeststeuerbeträge für elektrischen Strom im Sinne von Artikel 10 nicht berücksichtigt;

b) Lieferungen von Energieerzeugnissen zur Verwendung als Kraftstoff für die Luftfahrt mit Ausnahme der privaten nichtgewerblichen Luftfahrt.

Im Sinne dieser Richtlinie ist unter der „privaten nichtgewerblichen Luftfahrt" zu verstehen, dass das Luftfahrzeug von seinem Eigentümer oder der durch Anmietung oder aus sonstigen Gründen nutzungsberechtigten natürlichen oder juristischen Person für andere als kommerzielle Zwecke und insbesondere nicht für die entgeltliche Beförderung von Passagieren oder Waren oder für die entgeltliche Erbringung von Dienstleistungen oder für behördliche Zwecke genutzt wird.

Die Mitgliedstaaten können die Steuerbefreiung auf Lieferungen von Flugturbinenkraftstoff (KN-Code 2710 19 21) beschränken.

c) Lieferungen von Energieerzeugnissen zur Verwendung als Kraftstoff für die Schifffahrt in Meeresgewässern der Gemeinschaft (einschließlich des Fischfangs), mit Ausnahme der privaten nichtgewerblichen Schifffahrt, und an Bord von Schiffen erzeugter elektrischer Strom.

Im Sinne dieser Richtlinie ist unter der „privaten nichtgewerblichen Schifffahrt" zu verstehen, dass das Wasserfahrzeug von seinem Eigentümer oder der durch Anmietung oder aus sonstigen Gründen nutzungsberechtigten natürlichen oder juristischen Person für andere als kommerzielle Zwecke und insbesondere nicht für die entgeltliche Beförderung von Passagieren oder Waren oder für die entgeltliche Erbringung von Dienstleistungen oder für behördliche Zwecke genutzt wird.

(2) Die Mitgliedstaaten können diese in Absatz 1 Buchstaben b) und c) vorgesehenen Steuerbefreiungen auf internationale oder innergemeinschaftliche Transporte beschränken. In den Fällen, wo ein Mitgliedstaat ein bilaterales Abkommen mit einem anderen Mitgliedstaat geschlossen hat, kann von den in Absatz 1 Buchstaben b) und c) vorgesehenen Befreiungen abgesehen werden. In diesen Fällen können die Mitgliedstaaten einen Steuerbetrag vorschreiben, der die in dieser Richtlinie festgesetzten Mindestbeträge unterschreitet.

## Artikel 15

(1) Unbeschadet anderer Gemeinschaftsvorschriften können die Mitgliedstaaten unter Steueraufsicht uneingeschränkte oder eingeschränkte Steuerbefreiungen oder Steuerermäßigungen gewähren für

a) steuerbare Erzeugnisse, die bei Pilotprojekten zur technologischen Entwicklung umweltverträglicherer Produkte oder in Bezug auf Kraftstoffe aus erneuerbaren Rohstoffen unter Steueraufsicht verwendet werden;

b) elektrischen Strom,
   – der auf der Nutzung der Sonnenenergie, Windkraft, Wellen- oder Gezeitenenergie oder Erdwärme beruht;

- der in Wasserkraftwerken gewonnen wird;
- der aus Biomasse oder aus Biomasse hergestellten Erzeugnissen gewonnen wird;
- der aus den Methanemissionen aufgegebener Kohlengruben erzeugt wird;
- der aus Brennstoffzellen erzeugt wird;

c) Energieerzeugnisse und elektrischen Strom, die für die Kraft-WärmeKopplung verwendet werden;
d) elektrischen Strom, der bei der Kraft-Wärme-Kopplung erzeugt wird, sofern die Anlagen der Kraft-Wärme-Kopplung umweltverträglich sind. Die Mitgliedstaaten können für den Begriff der „umweltverträglichen" (oder hoch effizienten) Kraft-Wärme-Kopplung nationale Definitionen verwenden, bis der Rat auf der Grundlage eines Berichts und Vorschlags der Kommission einstimmig eine gemeinsame Definition annimmt;
e) Energieerzeugnisse und elektrischen Strom zur Verwendung als Kraftstoff für den Personen- und Gütertransport im Eisenbahn-, im U-Bahn-, im Straßenbahn- und im Oberleitungsbusverkehr;
f) Lieferungen von Energieerzeugnissen zur Verwendung als Kraftstoff für die Schifffahrt in Binnengewässern der Gemeinschaft (einschließlich des Fischfangs), mit Ausnahme der privaten nichtgewerblichen Schifffahrt, und an Bord von Schiffen erzeugter elektrischer Strom;
g) Erdgas in den Mitgliedstaaten, in denen der Erdgasanteil am Endenergieverbrauch im Jahr 2000 unter 15 % lag;

Die uneingeschränkten oder eingeschränkten Steuerbefreiungen oder Steuerbetragermäßigungen dürfen höchstens für einen Zeitraum von zehn Jahren nach Inkrafttreten dieser Richtlinie oder so lange gewährt werden, bis der nationale Erdgasanteil am Endenergieverbrauch 25 % beträgt, wenn dieser Wert eher erreicht wird. Sobald der nationale Erdgasanteil am Endenergieverbrauch jedoch 20 % erreicht, wenden die betreffenden Mitgliedstaaten nur noch einen positiven Steuerbetrag an, der jährlich ansteigt und am Ende der oben genannten Frist zumindest den Mindestsatz erreicht.

Das Vereinigte Königreich Großbritannien und Nordirland können die uneingeschränkten oder eingeschränkten Steuerbefreiungen oder Steuerermäßigungen für Erdgas auf Nordirland gesondert anwenden.

h) elektrischen Strom, Erdgas, Kohle und feste Heizstoffe, die von privaten Haushalten und/oder von vom betreffenden Mitgliedstaat als gemeinnützig anerkannten Organisationen verwendet werden. Bei solchen gemeinnützigen Organisationen können die Mitgliedstaaten die Steuerbefreiung oder Steuerermäßigung auf nichtbetriebliche Tätigkeiten beschränken. Bei gemischter Verwendung erfolgt eine anteilige Besteuerung für jeden Verwendungszweck, wobei allerdings eine nur geringfügige Verwendung außer Acht gelassen werden kann;
i) Erdgas und Flüssiggas, die als Kraftstoff verwendet werden;
j) Kraftstoffe, die bei der Fertigung, Entwicklung, Erprobung und Wartung von Luftfahrzeugen und Schiffen verwendet werden;
k) Kraftstoffe, die bei Baggerarbeiten an Wasserstraßen und in Häfen verwendet werden;
l) Erzeugnisse des KN-Codes 2705, die zu Heizzwecken verwendet werden;

(2) Die Mitgliedstaaten können dem Stromerzeuger den Steuerbetrag, den der Verbraucher für elektrischen Strom zahlt, der aus Erzeugnissen gemäß Absatz 1 Buchstabe b) gewonnen wird, auch teilweise oder ganz erstatten.

(3) Die Mitgliedstaaten können einen bis zu Null gehenden Steuerbetrag auf Energieerzeugnisse und elektrischen Strom anwenden, die für Arbeiten in Landwirtschaft und Gartenbau, in der Fischzucht und in der Forstwirtschaft verwendet werden.

Der Rat prüft auf der Grundlage eines Vorschlags der Kommission vor dem 1. Januar 2008, ob die Möglichkeit der Anwendung eines bis zu Null gehenden Steuerbetrags aufgehoben werden soll.

## Artikel 16

(1) Unbeschadet des Absatzes 5 können die Mitgliedstaaten auf die in Artikel 2 bezeichneten steuerbaren Erzeugnisse unter Steueraufsicht eine Steuerbefreiung oder einen ermäßigten Steuersatz anwenden, wenn sie einen oder mehrere der nachstehend genannten Erzeugnisse enthalten bzw. wenn sie sich aus einem oder mehreren der nachstehend genannten Erzeugnisse zusammensetzen:

- Erzeugnisse der KN-Codes 1507 bis 1518;
- Erzeugnisse der KN-Codes 3824 90 55 und 3824 90 80 bis 3824 90 99 für ihre aus Biomasse gewonnenen Bestandteile;
- Erzeugnisse der KN-Codes 2207 20 00 und 2905 11 00, die nicht von synthetischer Herkunft sind;

Energie- und Stromsteuerrecht **Anhang 1–01**

- Erzeugnisse aus Biomasse, einschließlich Erzeugnisse der KN-Codes 4401 und 4402.

Die Mitgliedstaaten können auf die in Artikel 2 bezeichneten steuerbaren Erzeugnisse unter Steueraufsicht einen ermäßigten Steuersatz auch anwenden, wenn diese Erzeugnisse Wasser enthalten (KN-Codes 2201 und 2851 00 10).

Unter „Biomasse" ist der biologisch abbaubare Anteil von Erzeugnissen, Abfällen und Rückständen der Landwirtschaft (einschließlich pflanzlicher und tierischer Stoffe), der Forstwirtschaft und damit verbundener Industriezweige sowie der biologisch abbaubare Anteil von Abfällen aus Industrie und Haushalten zu verstehen.

(2) Die sich aus der Anwendung des ermäßigten Steuersatzes gemäß Absatz 1 ergebende Steuerbefreiung oder -ermäßigung darf nicht höher liegen als der Steuerbetrag, der für die Menge an den in Absatz 1 aufgeführten Erzeugnissen geschuldet würde, die in den Erzeugnissen enthalten sind, für die diese Ermäßigung in Anspruch genommen werden kann.

Die Mitgliedstaaten dürfen für Erzeugnisse, die die in Absatz 1 aufgeführten Erzeugnisse enthalten bzw. die sich aus einem oder mehreren dieser Erzeugnisse zusammensetzen, Steuerbeträge festlegen, die unter den in Artikel 4 festgelegten Mindestbeträgen liegen.

(3) Die von den Mitgliedstaaten angewandten Steuerbefreiungen oder -ermäßigungen sind entsprechend der Entwicklung der Rohstoffpreise zu modulieren, damit sie nicht zu einer Überkompensation der Mehrkosten im Zusammenhang mit der Erzeugung der in Absatz 1 aufgeführten Erzeugnisse führen.

(4) Bis zum 31. Dezember 2003 dürfen die Mitgliedstaaten Erzeugnisse, die sich ausschließlich oder nahezu ausschließlich aus den in Absatz 1 aufgeführten Erzeugnissen zusammensetzen, von der Steuer befreien oder derartige Befreiungen weiter gelten lassen.

(5) Die Befreiung oder Ermäßigung für die in Absatz 1 aufgeführten Erzeugnisse kann im Rahmen eines mehrjährigen Programms in der Weise gewährt werden, dass eine Behörde einem Wirtschaftsbeteiligten eine entsprechende Genehmigung für mehr als ein Kalenderjahr erteilt. Eine solche Genehmigung für eine Befreiung oder Ermäßigung darf höchstens sechs aufeinander folgende Jahre gelten. Dieser Zeitraum kann verlängert werden.

Im Rahmen eines vor dem 31. Dezember 2012 genehmigten mehrjährigen Programms können die Mitgliedstaaten die Befreiung oder Ermäßigung gemäß Absatz 1 über den 31. Dezember 2012 hinaus bis zum Abschluss dieses Programms anwenden. Dieser Zeitraum kann nicht verlängert werden.

(6) Sollten die Mitgliedstaaten infolge gemeinschaftlicher Rechtsvorschriften gehalten sein, rechtsverbindliche Verpflichtungen einzuhalten, wonach ein Mindestanteil der in Absatz 1 genannten Erzeugnisse im jeweiligen Mitgliedstaat in Verkehr zu bringen ist, so finden die Absätze 1 bis 5 ab dem Zeitpunkt, zu dem diese Verpflichtungen für die Mitgliedstaaten rechtsverbindlich werden, keine Anwendung mehr.

(7) Die Mitgliedstaaten übermitteln der Kommission bis zum 31. Dezember 2004 und danach alle zwölf Monate eine Aufstellung der Steuerermäßigungen oder -befreiungen gemäß diesem Artikel.

(8) Die Kommission berichtet dem Rat bis zum 31. Dezember 2009 über die steuer-, wirtschafts-, landwirtschafts-, energie-, industrie- und umweltrelevanten Aspekte der Ermäßigungen gemäß diesem Artikel.

### Artikel 17

(1) Die Mitgliedstaaten können in den nachstehenden Fällen für den Verbrauch von Energieerzeugnissen, die zu Heizzwecken bzw. für die Zwecke des Artikels 8 Absatz 2 Buchstaben b) und c) verwendet werden, und von elektrischem Strom Steuerermäßigungen anwenden, sofern die in dieser Richtlinie vorgeschriebenen Mindeststeuerbeträge im Durchschnitt für alle Betriebe eingehalten werden:

a) Für energieintensive Betriebe.

Als „energieintensiver Betrieb" gilt eine Betriebseinheit im Sinne von Artikel 11, bei der sich entweder die Energie- und Strombeschaffungskosten auf mindestens 3,0 % des Produktionswertes belaufen oder die zu entrichtende nationale Energiesteuer mindestens 0,5 % des Mehrwertes beträgt. Im Rahmen dieser Definition können die Mitgliedstaaten enger gefasste Begriffe anwenden, einschließlich verkaufswert-, prozess- und sektorbezogener Definitionen.

Als „Energie- und Strombeschaffungskosten" gelten die tatsächlichen Kosten für die Beschaffung der Energie oder für die Gewinnung der Energie im Betrieb. Hierzu zählen ausschließlich elektrischer Strom, Heizstoffe und Energieerzeugnisse, die zu Heizzwecken bzw. für die Zwecke des Artikels 8 Absatz 2 Buchstaben b) und c) verwendet werden. Alle Steuern sind inbegriffen, ausgenommen abzugsfähige MWSt.

Als „Produktionswert" gilt der Umsatz – einschließlich der unmittelbar an den Preis des Erzeugnisses geknüpften Subventionen – plus/minus Vorratsveränderungen bei fertigen und unfertigen Erzeugnissen und zum Wiederverkauf erworbenen Waren und Dienstleistungen minus Käufe von Waren und Dienstleistungen zum Wiederverkauf.

Als „Mehrwert" gilt der gemäß Mehrwertsteuerrecht steuerbare Gesamtumsatz einschließlich der Exportverkäufe abzüglich des gesamten mehrwertsteuerbaren Ankaufs einschließlich der Einfuhren.

Mitgliedstaaten, die derzeit einzelstaatliche Energiesteuersysteme anwenden, bei denen energieintensive Betriebe nach anderen Kriterien als nach dem Verhältnis zwischen Energiekosten und Produktionswert bzw. zwischen zu entrichtender nationaler Energiesteuer und Mehrwert definiert werden, wird für die Anpassung an die Definition gemäß Buchstabe a) Unterabsatz 1 eine höchstens bis 1. Januar 2007 dauernde Übergangsfrist eingeräumt.

b) Es bestehen Vereinbarungen mit Unternehmen oder Unternehmensverbänden oder es werden Regelungen über handelsfähige Zertifikate oder gleichwertige Regelungen umgesetzt, sofern damit Umweltschutzziele erreicht werden oder die Energieeffizienz erhöht wird.

(2) Unbeschadet des Artikels 4 Absatz 1 können die Mitgliedstaaten bei Energieerzeugnissen und elektrischem Strom nach Artikel 2, die von energieintensiven Betrieben im Sinne des Absatzes 1 dieses Artikels verwendet werden, einen bis zu Null gehenden Steuerbetrag anwenden.

(3) Unbeschadet des Artikels 4 Absatz 1 können die Mitgliedstaaten bei Energieerzeugnissen und elektrischem Strom nach Artikel 2, die von Betriebseinheiten im Sinne des Artikels 11 verwendet werden, die keine energieintensiven Betriebe im Sinne des Absatzes 1 des vorliegenden Artikels sind, einen niedrigeren Steuerbetrag anwenden, der bis zu 50 % unter den in dieser Richtlinie festgelegten Mindestbeträgen liegt.

(4) Für Betriebe, auf die die Möglichkeiten nach den Absätzen 2 und 3 Anwendung finden, gelten die in Absatz 1 Buchstabe b) genannten Vereinbarungen, Regelungen über handelsfähige Zertifikate oder gleichwertigen Regelungen. Die Vereinbarungen, Regelungen über handelsfähige Zertifikate oder gleichwertigen Regelungen müssen weit gehend in gleichem Maße zur Erreichung der Umweltziele oder zu besserer Energieeffizienz führen, wie dies bei Einhaltung der normalen gemeinschaftlichen Mindestsätze der Fall wäre.

### Artikel 18

(1) M1 Die in Anhang II aufgeführten Mitgliedstaaten werden ermächtigt, in Abweichung von den Bestimmungen dieser Richtlinie die in dem genannten Anhang aufgeführten Steuerermäßigungen und Steuerbefreiungen beizubehalten.

Die Geltungsdauer dieser Ermächtigung läuft – vorbehaltlich einer vorherigen Überprüfung durch den Rat auf der Grundlage eines Vorschlags der Kommission – am 31. Dezember 2006 oder an dem in Anhang II genannten Datum aus.

(2) Unbeschadet der M1 in den Absätzen 3 bis 13 genannten Zeiträume wird, sofern dies nicht zu erheblichen Wettbewerbsverzerrungen führt, den Mitgliedstaaten, denen die Anwendung der neuen Mindeststeuerbeträge Schwierigkeiten bereitet, eine Übergangsfrist bis zum 1. Januar 2007 gewährt, insbesondere um die Preisstabilität nicht zu gefährden.

(3) Das Königreich Spanien darf von einer Übergangszeit bis zum 1. Januar 2007 Gebrauch machen, um seinen nationalen Steuerbetrag für als Kraftstoff verwendetes Gasöl dem neuen Mindestbetrag von 302 EUR anzugleichen, sowie von einer Übergangszeit bis zum 1. Januar 2012, um den Betrag von 330 EUR zu erreichen. Bis zum 31. Dezember 2009 kann es zudem einen speziellen ermäßigten Steuersatz auf die gewerbliche Nutzung von Gasöl, das als Kraftstoff verwendet wird, anwenden, sofern dies nicht zu einer Besteuerung unter 287 EUR je 1 000 Liter führt und die am 1. Januar 2003 geltenden nationalen Steuerbeträge sich nicht verringern. Zwischen dem 1. Januar 2010 und dem 1. Januar 2012 kann es einen gestaffelten Steuersatz auf die gewerbliche Nutzung von Gasöl, das als Kraftstoff verwendet wird, anwenden, sofern dies nicht zu einer Besteuerung unter 302 EUR je 1 000 Liter führt und die am 1. Januar 2010 geltenden nationalen Steuerbeträge sich nicht verringern. Der spezielle ermäßigte Steuersatz auf die gewerbliche Nutzung von Gasöl, das als Kraftstoff verwendet wird, kann bis zum 1. Januar 2012 auch auf Taxis angewandt werden. Hinsichtlich Artikel 7 Absatz 3 Buchstabe a) kann es bis zum 1. Januar 2008 bei der Definition der „gewerblichen Zwecke" ein zulässiges Gesamtgewicht von nicht weniger als 3,5 Tonnen anwenden.

(4) Die Republik Österreich darf von einer Übergangszeit bis zum 1. Januar 2007 Gebrauch machen, um ihren nationalen Steuerbetrag für als Kraftstoff verwendetes Gasöl dem neuen Mindestbetrag von 302 EUR anzugleichen, sowie von einer Übergangszeit bis zum 1. Januar 2012, um den Betrag von 330 EUR zu erreichen. Bis zum 31. Dezember 2009 kann sie zudem einen speziellen ermäßigten Steuersatz

auf die gewerbliche Nutzung von Gasöl, das als Kraftstoff verwendet wird, anwenden, sofern dies nicht zu einer Besteuerung unter 287 EUR je 1 000 Liter führt und die am 1. Januar 2003 geltenden nationalen Steuerbeträge sich nicht verringern. Zwischen dem 1. Januar 2010 und dem 1. Januar 2012 kann sie einen gestaffelten Steuersatz auf die gewerbliche Nutzung von Gasöl, das als Kraftstoff verwendet wird, anwenden, sofern dies nicht zu einer Besteuerung unter 302 EUR je 1 000 Liter führt und die am 1. Januar 2010 geltenden nationalen Steuerbeträge sich nicht verringern.

(5) Das Königreich Belgien darf von einer Übergangszeit bis zum 1. Januar 2007 Gebrauch machen, um seinen nationalen Steuerbetrag für als Kraftstoff verwendetes Gasöl dem neuen Mindestbetrag von 302 EUR anzugleichen, sowie von einer Übergangszeit bis zum 1. Januar 2012, um den Betrag von 330 EUR zu erreichen. Bis zum 31. Dezember 2009 kann es zudem einen speziellen ermäßigten Steuersatz auf die gewerbliche Nutzung von Gasöl, das als Kraftstoff verwendet wird, anwenden, sofern dies nicht zu einer Besteuerung unter 287 EUR je 1 000 Liter führt und die am 1. Januar 2003 geltenden nationalen Steuerbeträge sich nicht verringern. Zwischen dem 1. Januar 2010 und dem 1. Januar 2012 kann es einen gestaffelten Steuersatz auf die gewerbliche Nutzung von Gasöl, das als Kraftstoff verwendet wird, anwenden, sofern dies nicht zu einer Besteuerung unter 302 EUR je 1 000 Liter führt und die am 1. Januar 2010 geltenden nationalen Steuerbeträge sich nicht verringern.

(6) Das Großherzogtum Luxemburg darf von einer Übergangszeit bis zum 1. Januar 2009 Gebrauch machen, um seinen nationalen Steuerbetrag für als Kraftstoff verwendetes Gasöl dem neuen Mindestbetrag von 302 EUR anzugleichen, sowie von einer Übergangszeit bis zum 1. Januar 2012, um den Betrag von 330 EUR zu erreichen. Bis zum 31. Dezember 2009 kann es zudem einen speziellen ermäßigten Steuersatz auf die gewerbliche Nutzung von Gasöl, das als Kraftstoff verwendet wird, anwenden, sofern dies nicht zu einer Besteuerung unter 272 EUR je 1 000 Liter führt und die am 1. Januar 2003 geltenden nationalen Steuerbeträge sich nicht verringern. Zwischen dem 1. Januar 2010 und dem 1. Januar 2012 kann es einen gestaffelten Steuersatz auf die gewerbliche Nutzung von Gasöl, das als Kraftstoff verwendet wird, anwenden, sofern dies nicht zu einer Besteuerung unter 302 EUR je 1 000 Liter führt und die am 1. Januar 2010 geltenden nationalen Steuerbeträge sich nicht verringern.

(7) Die Portugiesische Republik kann für in den autonomen Regionen Azoren und Madeira verbrauchte Energieerzeugnisse und elektrischen Strom als Ausgleich für die Transportkosten, die aufgrund der Insellage dieser Regionen und der großen Entfernungen zwischen den einzelnen Inseln entstehen, Steuerbeträge festlegen, die unter den in dieser Richtlinie festgesetzten Mindeststeuerbeträgen liegen.

Die Portugiesische Republik darf von einer Übergangszeit bis zum 1. Januar 2009 Gebrauch machen, um ihren nationalen Steuerbetrag für als Kraftstoff verwendetes Gasöl dem neuen Mindestbetrag von 302 EUR anzugleichen, sowie von einer Übergangszeit bis zum 1. Januar 2012, um den Betrag von 330 EUR zu erreichen. Bis zum 31. Dezember 2009 kann sie zudem einen speziellen ermäßigten Steuersatz auf die gewerbliche Nutzung von Gasöl, das als Kraftstoff verwendet wird, anwenden, sofern dies nicht zu einer Besteuerung unter 272 EUR je 1 000 Liter führt und die am 1. Januar 2003 geltenden nationalen Steuerbeträge sich nicht verringern. Zwischen dem 1. Januar 2010 und dem 1. Januar 2012 kann sie einen gestaffelten Steuersatz auf die gewerbliche Nutzung von Gasöl, das als Kraftstoff verwendet wird, anwenden, sofern dies nicht zu einer Besteuerung unter 302 EUR je 1 000 Liter führt und die am 1. Januar 2010 geltenden nationalen Steuerbeträge sich nicht verringern. Der gestaffelte Steuersatz auf die gewerbliche Nutzung von Gasöl, das als Kraftstoff verwendet wird, kann bis zum 1. Januar 2012 auch auf Taxis angewandt werden. Bis zum 1. Januar 2008 kann sie bei der Definition der „gewerblichen Zwecke" gemäß Artikel 7 Absatz 3 Buchstabe a) ein zulässiges Gesamtgewicht von nicht weniger als 3,5 Tonnen anwenden.

Die Portugiesische Republik kann bis zum 1. Januar 2010 bei den Steuerbeträgen für elektrischen Strom uneingeschränkte oder eingeschränkte Steuerbefreiungen gewähren.

(8) Die Griechische Republik kann für als Kraftstoff verwendetes Gasöl und für Benzin, das in den Verwaltungsbezirken Lesbos, Chios, Samos, Dodekanes und Kykladen sowie auf den Ägäis-Inseln Thasos, Nördliche Sporaden, Samothrake und Skiros verbraucht wird, Steuerbeträge festlegen, die bis zu 22 EUR je 1 000 Liter unter den in dieser Richtlinie festgesetzten Mindestsätzen liegen.

Die Griechische Republik darf von einer Übergangszeit bis zum 1. Januar 2010 Gebrauch machen, um ihr derzeitiges System der Inputbesteuerung von elektrischem Strom in ein System der Endenergiebesteuerung umzuwandeln und den neuen Mindeststeuerbetrag für Benzin zu erreichen.

Die Griechische Republik darf von einer Übergangszeit bis zum 1. Januar 2010 Gebrauch machen, um ihren nationalen Steuerbetrag für als Kraftstoff verwendetes Gasöl dem neuen Mindestbetrag von 302 EUR anzugleichen, sowie von einer Übergangszeit bis zum 1. Januar 2012, um den Betrag von 330 EUR zu erreichen. Bis zum 31. Dezember 2009 kann sie zudem einen gestaffelten Steuersatz auf die gewerbliche Nutzung von Gasöl, das als Kraftstoff verwendet wird, anwenden, sofern dies nicht zu einer

Besteuerung unter 264 EUR je 1 000 Liter führt und die am 1. Januar 2003 geltenden nationalen Steuerbeträge sich nicht verringern. Zwischen dem 1. Januar 2010 und dem 1. Januar 2012 kann sie einen gestaffelten Steuersatz auf die gewerbliche Nutzung von Gasöl, das als Kraftstoff verwendet wird, anwenden, sofern dies nicht zu einer Besteuerung unter 302 EUR je 1 000 Liter führt und die am 1. Januar 2010 geltenden nationalen Steuerbeträge sich nicht verringern. Der gestaffelte Steuersatz auf die gewerbliche Nutzung von Gasöl, das als Kraftstoff verwendet wird, kann bis zum 1. Januar 2012 auch auf Taxis angewandt werden. Hinsichtlich Artikel 7 Absatz 3 Buchstabe a) kann sie bis zum 1. Januar 2008 bei der Definition der „gewerblichen Zwecke" ein zulässiges Gesamtgewicht von nicht weniger als 3,5 Tonnen anwenden.

(9) Irland kann bis 1. Januar 2008 bei den Steuerbeträgen für elektrischen Strom uneingeschränkte oder eingeschränkte Befreiungen oder Ermäßigungen gewähren.

(10) Die Französische Republik kann bis zum 1. Januar 2009 uneingeschränkte oder eingeschränkte Steuerbefreiungen oder Steuersatzermäßigungen für Energieerzeugnisse und elektrischen Strom gewähren, die vom Staat, den Regionen, Gemeinden und sonstigen Einrichtungen des öffentlichen Rechts verwendet werden, soweit diese die Tätigkeiten ausüben oder die Leistungen erbringen, die ihnen im Rahmen der öffentlichen Gewalt obliegen.

Die Französische Republik darf von einer Übergangszeit bis zum 1. Januar 2009 Gebrauch machen, um ihr derzeitiges System der Besteuerung von elektrischem Strom an die Vorschriften dieser Richtlinie anzupassen. Während dieses Zeitraums wird der Gesamtdurchschnittsbetrag der derzeitigen lokalen Besteuerung von elektrischem Strom bei der Beurteilung der Frage berücksichtigt, ob die Mindestsätze nach dieser Richtlinie eingehalten werden.

(11) Die Italienische Republik kann bis zum 1. Januar 2008 bei der Definition der „gewerblichen Zwecke" gemäß Artikel 7 Absatz 3 Buchstabe a) ein zulässiges Gesamtgewicht von nicht weniger als 3,5 Tonnen anwenden.

(12) Die Bundesrepublik Deutschland kann bis zum 1. Januar 2008 bei der Definition der „gewerblichen Zwecke" gemäß Artikel 7 Absatz 3 Buchstabe a) ein zulässiges Gesamtgewicht von nicht weniger als 12 Tonnen anwenden.

(13) Das Königreich der Niederlande kann bis zum 1. Januar 2008 bei der Definition der „gewerblichen Zwecke" gemäß Artikel 7 Absatz 3 Buchstabe a) ein zulässiges Gesamtgewicht von nicht weniger als 12 Tonnen anwenden.

(14) Während der festgelegten Übergangszeiten verringern die Mitgliedstaaten schrittweise die bei ihnen jeweils bestehenden Abstände zu den neuen Mindeststeuerbeträgen. Beträgt die Differenz zwischen dem nationalen Steuerbetrag und dem Mindeststeuerbetrag jedoch nicht mehr als 3 % dieses Mindeststeuerbetrags, so kann der betreffende Mitgliedstaat bis zum Ende des Zeitraums warten, bevor er seinen nationalen Betrag anpasst.

### Artikel 18a

(1) Die in Anhang III aufgeführten Mitgliedstaaten werden ermächtigt, in Abweichung von den Bestimmungen dieser Richtlinie die in dem genannten Anhang aufgeführten Steuerermäßigungen und Steuerbefreiungen anzuwenden.

Die Geltungsdauer dieser Ermächtigung läuft – vorbehaltlich einer vorherigen Überprüfung durch den Rat auf der Grundlage eines Vorschlags der Kommission – am 31. Dezember 2006 oder an dem in Anhang III genannten Datum aus.

(2) Unbeschadet der in den Absätzen 3 bis 11 genannten Zeiträume wird, sofern dies nicht zu erheblichen Wettbewerbsverzerrungen führt, den Mitgliedstaaten, denen die Anwendung der neuen Mindeststeuerbeträge Schwierigkeiten bereiten, eine Übergangszeit bis zum 1. Januar 2007 gewährt werden, insbesondere um die Preisstabilität nicht zu gefährden.

(3) Die Tschechische Republik kann bis zum 1. Januar 2008 bei den Steuerbeträgen für elektrischen Strom, feste Brennstoffe und Erdgas uneingeschränkte oder eingeschränkte Befreiungen oder Ermäßigungen gewähren.

(4) Die Republik Estland darf von einer Übergangszeit bis zum 1. Januar 2010 Gebrauch machen, um ihren nationalen Steuerbetrag für als Kraftstoff verwendetes Gasöl an den neuen Mindestbetrag von 330 EUR je 1 000 Liter anzugleichen. Der Steuerbetrag für als Kraftstoff verwendetes Gasöl muss jedoch ab dem 1. Mai 2004 mindestens 245 EUR je 1 000 Liter betragen.

Die Republik Estland darf darüber hinaus von einer Übergangszeit bis zum 1. Januar 2010 Gebrauch machen, um ihren nationalen Steuerbetrag für als Kraftstoff verwendetes unverbleites Benzin an den neuen Mindestbetrag von 359 EUR je 1 000 Liter anzugleichen. Der Steuerbetrag für unverbleites Benzin muss jedoch ab dem 1. Mai 2004 mindestens 287 EUR je 1 000 Liter betragen.

Die Republik Estland darf bis zum 1. Januar 2009 für Ölschiefer eine uneingeschränkte Steuerbefreiung gewähren. Bis zum 1. Januar 2013 darf sie für Ölschiefer außerdem eine Steuerermäßigung gewähren, sofern die Steuer dadurch ab dem 1. Januar 2011 nicht unter 50 % des einschlägigen Mindestsatzes der Gemeinschaft liegt.

Die Republik Estland darf von einer Übergangszeit bis zum 1. Januar 2010 Gebrauch machen, um ihren nationalen Steuerbetrag für Schieferöl, das für die Fernwärmeversorgung verwendet wird, an den Mindeststeuerbetrag anzugleichen.

Die Republik Estland darf von einer Übergangszeit bis zum 1. Januar 2010 Gebrauch machen, um ihr derzeitiges System der Inputbesteuerung von elektrischem Strom in ein System der Endenergiebesteuerung von elektrischem Strom umzuwandeln.

(5) Die Republik Lettland darf von einer Übergangszeit bis zum 1. Januar 2011 Gebrauch machen, um ihren nationalen Steuerbetrag für als Kraftstoff verwendetes Gasöl und Kerosin der neuen Mindeststeuer von 302 EUR je 1 000 Liter anzugleichen, sowie von einer Übergangszeit bis zum 1. Januar 2013, um den Betrag von 330 EUR zu erreichen. Der Steuerbetrag für Gasöl und Kerosin muss jedoch ab dem 1. Mai 2004 mindestens 245 EUR je 1 000 Liter und ab dem 1. Januar 2008 mindestens 274 EUR je 1 000 Liter betragen.

Die Republik Lettland darf von einer Übergangszeit bis zum 1. Januar 2011 Gebrauch machen, um ihren nationalen Steuerbetrag für als Kraftstoff verwendetes unverbleites Benzin an den neuen Mindestbetrag von 359 EUR je 1 000 Liter anzugleichen. Der Steuerbetrag für unverbleites Benzin muss jedoch ab dem 1. Mai 2004 mindestens 287 EUR je 1 000 Liter und ab dem 1. Januar 2008 mindestens 323 EUR je 1 000 Liter betragen.

Die Republik Lettland darf von einer Übergangszeit bis zum 1. Januar 2010 Gebrauch machen, um ihren nationalen Steuerbetrag für schweres Heizöl, das für die Fernwärmeversorgung verwendet wird, an den Mindeststeuerbetrag anzugleichen.

Die Republik Lettland darf von einer Übergangszeit bis zum 1. Januar 2010 Gebrauch machen, um ihren nationalen Steuerbetrag für elektrischen Strom an die einschlägigen Mindeststeuerbeträge anzugleichen. Die Steuer für elektrischen Strom muss jedoch ab dem 1. Januar 2007 mindestens 50 % der einschlägigen Mindestsätze der Gemeinschaft betragen.

Die Republik Lettland darf von einer Übergangszeit bis zum 1. Januar 2009 Gebrauch machen, um ihren nationalen Steuerbetrag für Kohle und Koks an die einschlägigen Mindeststeuerbeträge anzugleichen. Der Steuerbetrag für Kohle und Koks muss jedoch ab dem 1. Januar 2007 mindestens 50 % der einschlägigen Mindestsätze der Gemeinschaft betragen.

(6) Die Republik Litauen darf von einer Übergangszeit bis zum 1. Januar 2011 Gebrauch machen, um ihren nationalen Steuerbetrag für als Kraftstoff verwendetes Gasöl und Kerosin an den neuen Mindestbetrag von 302 EUR je 1 000 Liter anzugleichen, sowie von einer Übergangszeit bis zum 1. Januar 2013, um den Betrag von 330 EUR zu erreichen. Der Steuerbetrag für Gasöl und Kerosin muss jedoch ab dem 1. Mai 2004 mindestens 245 EUR je 1 000 Liter und ab dem 1. Januar 2008 mindestens 274 EUR je 1 000 Liter betragen.

Die Republik Litauen darf von einer Übergangszeit bis zum 1. Januar 2011 Gebrauch machen, um ihren nationalen Steuerbetrag für als Kraftstoff verwendetes unverbleites Benzin an den neuen Mindestbetrag von 359 EUR je 1 000 Liter anzugleichen. Der Steuerbetrag für unverbleites Benzin muss jedoch ab dem 1. Mai 2004 mindestens 287 EUR je 1 000 Liter und ab dem 1. Januar 2008 mindestens 323 EUR je 1 000 Liter betragen.

(7) Die Republik Ungarn darf von einer Übergangszeit bis zum 1. Januar 2010 Gebrauch machen, um ihren nationalen Steuerbetrag für elektrischen Strom, Erdgas, Kohle und Koks, die für die Fernwärmeversorgung verwendet werden, an die einschlägigen Mindeststeuerbeträge anzugleichen.

(8) Die Republik Malta darf von einer Übergangszeit bis zum 1. Januar 2010 Gebrauch machen, um ihren nationalen Steuerbetrag für elektrischen Strom anzugleichen. Die Steuerbeträge für elektrischen Strom müssen jedoch ab dem 1. Januar 2007 mindestens 50 % der einschlägigen Mindestsätze der Gemeinschaft betragen.

Die Republik Malta darf von einer Übergangszeit bis zum 1. Januar 2010 Gebrauch machen, um ihren nationalen Steuerbetrag für als Kraftstoff verwendetes Gasöl und Kerosin an die Mindestbeträge von 330 EUR je 1 000 Liter anzugleichen. Die Steuerbeträge für als Kraftstoff verwendetes Gasöl und Kerosin müssen jedoch ab dem 1. Mai 2004 mindestens 245 EUR je 1 000 Liter betragen.

Die Republik Malta darf von einer Übergangszeit bis zum 1. Januar 2010 Gebrauch machen, um ihren nationalen Steuerbetrag für als Kraftstoff verwendetes unverbleites und verbleites Benzin den einschlägigen Mindeststeuerbeträgen anzugleichen. Die Steuerbeträge für unverbleites und verbleites Benzin müssen jedoch ab dem 1. Mai 2004 mindestens 287 EUR je 1 000 Liter bzw. 337 EUR je 1 000 Liter betragen.

Die Republik Malta darf von einer Übergangszeit bis zum 1. Januar 2010 Gebrauch machen, um ihren nationalen Steuerbetrag für als Heizstoff verwendetes Erdgas an die einschlägigen Mindeststeuerbeträge anzugleichen. Die auf Erdgas angewandten effektiven Steuersätze müssen jedoch ab dem 1. Januar 2007 mindestens 50 % der einschlägigen Mindestsätze der Gemeinschaft betragen.

Die Republik Malta darf von einer Übergangszeit bis zum 1. Januar 2009 Gebrauch machen, um ihren nationalen Steuerbetrag für feste Brennstoffe an die einschlägigen Mindeststeuerbeträge anzugleichen. Die auf die betreffenden Energieerzeugnisse angewandten effektiven Steuersätze müssen jedoch ab dem 1. Januar 2007 mindestens 50 % der einschlägigen Mindestsätze der Gemeinschaft betragen.

(9) Die Republik Polen darf von einer Übergangszeit bis zum 1. Januar 2009 Gebrauch machen, um ihren nationalen Steuerbetrag für als Kraftstoff verwendetes unverbleites Benzin an den neuen Mindestbetrag von 359 EUR je 1 000 Liter anzugleichen. Der Steuerbetrag für unverbleites Benzin muss jedoch ab dem 1. Mai 2004 mindestens 287 EUR je 1 000 Liter betragen.

Die Republik Polen darf von einer Übergangszeit bis zum 1. Januar 2010 Gebrauch machen, um ihren nationalen Steuerbetrag für als Kraftstoff verwendetes Gasöl an den neuen Mindestbetrag von 302 EUR je 1 000 Liter anzugleichen, sowie von einer Übergangszeit bis zum 1. Januar 2012, um den Betrag von 330 EUR zu erreichen. Der Steuerbetrag für Gasöl muss jedoch ab dem 1. Mai 2004 mindestens 245 EUR je 1 000 Liter und ab dem 1. Januar 2008 mindestens 274 EUR je 1 000 Liter betragen.

Die Republik Polen darf von einer Übergangszeit bis zum 1. Januar 2008 Gebrauch machen, um ihren nationalen Steuerbetrag für schweres Heizöl an den neuen Mindestbetrag von 15 EUR je 1 000 kg anzugleichen. Der Steuerbetrag für schweres Heizöl muss jedoch ab dem 1. Mai 2004 mindestens 13 EUR je 1 000 kg betragen.

Die Republik Polen darf von einer Übergangszeit bis zum 1. Januar 2012 Gebrauch machen, um ihren nationalen Steuerbetrag für Kohle und Koks, die zur Fernwärmeversorgung verwendet werden, an den einschlägigen Mindeststeuerbetrag anzugleichen.

Die Republik Polen darf von einer Übergangszeit bis zum 1. Januar 2012 Gebrauch machen, um ihren nationalen Steuerbetrag für Kohle und Koks, die für andere Heizzwecke als die Fernwärmeversorgung verwendet werden, an die einschlägigen Mindeststeuerbeträge anzugleichen.

Die Republik Polen darf bis zum 1. Januar 2008 uneingeschränkte oder eingeschränkte Steuerbefreiungen oder Steuerermäßigungen für von Schulen, Kinderbetreuungseinrichtungen und sonstigen öffentlichen Einrichtungen als Heizstoff verwendetes Gasöl gewähren, soweit diese Einrichtungen damit in ihrer Eigenschaft als Träger öffentlicher Gewalt Tätigkeiten ausüben oder Leistungen erbringen.

Die Republik Polen darf von einer Übergangszeit bis zum 1. Januar 2006 Gebrauch machen, um ihr System zur Besteuerung von elektrischem Strom an die gemeinschaftlichen Rahmenvorschriften anzupassen.

(10) Die Republik Slowenien darf unter Steueraufsicht für Erdgas uneingeschränkte oder eingeschränkte Steuerbefreiungen oder Steuerermäßigungen gewähren. Die uneingeschränkten oder eingeschränkten Steuerbefreiungen oder Steuerermäßigungen dürfen bis Mai 2014 oder so lange gewährt werden, bis der Erdgasanteil am nationalen Endenergieverbrauch 25 % beträgt, wenn dieser Wert eher erreicht wird. Sobald der Erdgasanteil am nationalen Endenergieverbrauch jedoch 20 % erreicht, wendet die Republik Slowenien nur noch einen positiven Steuerbetrag an, der jährlich ansteigt und am Ende der oben genannten Frist zumindest den Mindestsatz erreicht.

(11) Die Slowakische Republik darf von einer Übergangszeit bis zum 1. Januar 2010 Gebrauch machen, um ihren nationalen Steuerbetrag für elektrischen Strom und als Heizstoff verwendetes Erdgas an die einschlägigen Mindeststeuerbeträge anzugleichen. Der Steuerbetrag für elektrischen Strom und als Heizstoff verwendetes Erdgas muss jedoch ab dem 1. Januar 2007 mindestens 50 % der einschlägigen Mindestsätze der Gemeinschaft betragen.

Die Slowakische Republik darf von einer Übergangszeit bis zum 1. Januar 2009 Gebrauch machen, um ihren nationalen Steuerbetrag für feste Brennstoffe an die einschlägigen Mindeststeuerbeträge anzugleichen. Der Steuerbetrag für feste Brennstoffe muss jedoch ab dem 1. Januar 2007 mindestens 50 % der einschlägigen Mindestsätze der Gemeinschaft betragen.

(12) Während der festgelegten Übergangszeiten verringern die Mitgliedstaaten schrittweise die bei ihnen jeweils bestehende Differenz zu den neuen Mindeststeuerbeträgen. Beträgt die Differenz zwischen dem

nationalen Steuerbetrag und dem Mindeststeuerbetrag jedoch nicht mehr als 3 % dieses Mindeststeuerbetrags, so kann der betreffende Mitgliedstaat bis zum Ende des Zeitraums warten, bevor er seinen nationalen Steuerbetrag anpasst.

**Artikel 18b**

(1) Unbeschadet der in Absatz 2 festgelegten Fristen und unter der Voraussetzung, dass dadurch keine erheblichen Wettbewerbsverzerrungen entstehen, kann Mitgliedstaaten, die Schwierigkeiten bei der Anwendung der neuen Mindeststeuerniveaus haben, eine Übergangsfrist bis zum 1. Januar 2007 eingeräumt werden, um insbesondere die Preisstabilität nicht zu gefährden.

(2) Die Republik Zypern verfügt über eine Übergangsfrist bis zum 1. Januar 2008, um ihre nationale Steuer für als Kraftstoff verwendetes Gasöl und Kerosin an die neue Mindeststeuer von 302 EUR je 1 000 Liter anzugleichen, sowie über eine Übergangsfrist bis zum 1. Januar 2010, um den Betrag von 330 EUR zu erreichen. Die Steuer für als Kraftstoff verwendetes Gasöl und Kerosin muss dabei jedoch ab dem 1. Mai 2004 mindestens 245 EUR je 1 000 Liter betragen.

Die Republik Zypern verfügt darüber hinaus über eine Übergangsfrist bis zum 1. Januar 2010, um ihre nationale Steuer für als Kraftstoff genutztes unverbleites Benzin an den neuen Mindestsatz von 359 EUR je 1 000 Liter anzugleichen. Die Steuer für unverbleites Benzin muss jedoch ab dem 1. Mai 2004 mindestens 287 EUR je 1 000 Liter betragen.

(3) Während der festgelegten Übergangsfristen verringern die Mitgliedstaaten schrittweise die bei ihnen jeweils bestehende Differenz zu den neuen Mindeststeuern. Beträgt die Differenz zwischen der nationalen Steuer und der Mindeststeuer jedoch nicht mehr als 3 % dieser Mindeststeuer, so kann der betreffende Mitgliedstaat bis zum Ende des Zeitraums warten, bevor er seine nationale Steuer anpasst.

**Artikel 19**

(1) Zusätzlich zu den Bestimmungen der vorstehenden Artikel, insbesondere der Artikel 5, 15 und 17, kann der Rat einstimmig auf Vorschlag der Kommission einen Mitgliedstaat ermächtigen, auf Grund besonderer politischer Erwägungen weitere Befreiungen oder Ermäßigungen einzuführen.

Mitgliedstaaten, die eine solche Maßnahme einzuführen beabsichtigen, setzen die Kommission hiervon in Kenntnis und übermitteln ihr alle einschlägigen und erforderlichen Informationen.

Die Kommission prüft den Antrag unter anderem im Hinblick auf das reibungslose Funktionieren des Binnenmarktes, die Wahrung des lauteren Wettbewerbs sowie die Gesundheits-, Umweltschutz-, Energie- und Verkehrspolitik der Gemeinschaft.

Innerhalb von drei Monaten nach Eingang aller einschlägigen und erforderlichen Informationen legt die Kommission entweder einen Vorschlag für die Ermächtigung einer derartigen Maßnahme durch den Rat vor oder aber sie teilt dem Rat die Gründe dafür mit, warum sie die Ermächtigung einer derartigen Maßnahme nicht vorgeschlagen hat.

(2) Die Ermächtigungen im Sinne von Absatz 1 können für eine Höchstdauer von sechs Jahren gewährt werden; eine Verlängerung gemäß dem Verfahren des Absatzes 1 ist möglich.

(3) Gelangt die Kommission zu der Auffassung, dass die in Absatz 1 genannten Befreiungen oder Ermäßigungen insbesondere unter dem Aspekt des lauteren Wettbewerbs oder des reibungslosen Funktionierens des Binnenmarkts oder aufgrund der Gesundheits-, Umweltschutz-, Energie- und Verkehrspolitik der Gemeinschaft nicht länger aufrechterhalten werden können, so unterbreitet sie dem Rat geeignete Vorschläge. Der Rat beschließt über diese Vorschläge einstimmig.

**Artikel 20**

(1) Die Kontroll- und Beförderungsbestimmungen der Richtlinie 92/ 12/EWG gelten ausschließlich für die nachstehend aufgeführten Energieerzeugnisse:
a) Erzeugnisse der KN-Codes 1507 bis 1518, die als Kraftstoff oder zu Heizwecken verwendet werden;
b) Erzeugnisse der KN-Codes 2707 10, 2707 20, 2707 30 und 2707 50;
c) Erzeugnisse der KN-Codes 2710 11 bis 2710 19 69. Für Erzeugnisse der KN-Codes 2710 11 21, 2710 11 25 und 2710 19 29 gelten die Bestimmungen über die Kontrolle und die Beförderung nur, soweit sie als lose Ware befördert werden;
d) Erzeugnisse des KN-Codes 2711 (mit Ausnahme von 2711 11, 2711 21 und 2711 29);
e) Erzeugnisse des KN-Codes 2901 10;
f) Erzeugnisse der KN-Codes 2902 20, 2902 30, 2902 41, 2902 42, 2902 43 und 2902 44;
g) Erzeugnisse des KN-Codes 2905 11 00, die nicht von synthetischer Herkunft sind und die als Kraftstoff oder zu Heizwecken verwendet werden.

h) Erzeugnisse des KN-Codes 3824 90 99, die als Kraftstoff oder zu Heizzwecken verwendet werden.

(2) Ist ein Mitgliedstaat der Ansicht, dass andere als die in Absatz 1 genannten Energieerzeugnisse zum Verbrauch als Heizstoff oder Kraftstoff bestimmt sind oder als solche zum Verkauf angeboten bzw. verwendet werden oder anderweitig Anlass zu Steuerhinterziehung, -vermeidung oder Missbrauch geben, so setzt er die Kommission unverzüglich davon in Kenntnis. Diese Bestimmung gilt auch für elektrischen Strom. Die Kommission leitet die Mitteilung innerhalb eines Monats nach ihrem Erhalt an die anderen Mitgliedstaaten weiter. Ob für die betreffenden Erzeugnisse die Bestimmungen der Richtlinie 92/12/EWG über die Kontrolle und Beförderung angewendet werden, wird nach dem in Artikel 27 Absatz 2 genannten Verfahren entschieden.

(3) Im Rahmen bilateraler Vereinbarungen können die Mitgliedstaaten für alle oder einige der in Absatz 1 genannten Erzeugnisse, soweit sie nicht unter die Artikel 7, 8 und 9 dieser Richtlinie fallen, die in der Richtlinie 92/12/EWG vorgesehenen Kontrollmaßnahmen ganz oder teilweise aussetzen. Diese Vereinbarungen gelten nur für Mitgliedstaaten, die die betreffenden Vereinbarungen unterzeichnet haben. Alle bilateralen Vereinbarungen dieser Art sind der Kommission mitzuteilen, die ihrerseits die anderen Mitgliedstaaten davon in Kenntnis setzt.

### Artikel 21

(1) Über die allgemeinen Vorschriften zur Definition des Steuertatbestands und die Vorschriften für die Entrichtung der Steuer gemäß der Richtlinie 92/12/EWG hinaus entsteht die Steuer auf Energieerzeugnisse ferner bei Eintritt eines Steuertatbestands gemäß Artikel 2 Absatz 3 der vorliegenden Richtlinie.

(2) Im Sinne dieser Richtlinie schließt der in Artikel 4 Buchstabe c) und in Artikel 5 Absatz 1 der Richtlinie 92/12/EWG genannte Begriff „Herstellung" gegebenenfalls die „Förderung" ein.

(3) Der Verbrauch von Energieerzeugnissen innerhalb des Betriebsgeländes eines Betriebes, der Energieerzeugnisse herstellt, gilt nicht als einen Steueranspruch begründender Steuerentstehungstatbestand, sofern es sich bei dem Verbrauch um Energieerzeugnisse handelt, die innerhalb des Betriebsgeländes dieses Betriebes hergestellt worden sind. Die Mitgliedstaaten können auch den Verbrauch von elektrischem Strom und von anderen Energieerzeugnissen, die nicht innerhalb des Betriebsgeländes eines solchen Betriebes hergestellt worden sind, sowie den Verbrauch von Energieerzeugnissen und elektrischem Strom innerhalb des Betriebsgeländes eines Betriebes, der Kraftstoffe für die Erzeugung von elektrischem Strom herstellt, als nicht einen Steueranspruch begründenden Steuerentstehungstatbestand ansehen. Erfolgt der Verbrauch jedoch zu Zwecken, die nicht mit der Herstellung von Energieerzeugnissen im Zusammenhang stehen, und zwar insbesondere zum Antrieb von Fahrzeugen, so gilt dies als einen Steueranspruch begründender Steuerentstehungstatbestand.

(4) Die Mitgliedstaaten können ferner vorsehen, dass die Steuer auf Energieerzeugnisse und elektrischen Strom entsteht, wenn festgestellt wird, dass eine Voraussetzung für den Endverbrauch, die in den einzelstaatlichen Rechtsvorschriften für die Gewährung eines ermäßigten Steuersatzes oder einer Steuerbefreiung vorgesehen ist, nicht oder nicht mehr erfüllt wird.

(5) In Anwendung der Artikel 5 und 6 der Richtlinie 92/12/EWG werden für elektrischen Strom und Erdgas Steuern erhoben; diese entstehen zum Zeitpunkt der Lieferung durch den Verteiler oder Weiterverteiler. Erfolgt die Lieferung zum Verbrauch in einem Mitgliedstaat, in dem der Verteiler oder Weiterverteiler nicht niedergelassen ist, so ist die Steuer des Liefermitgliedstaats von einem Unternehmen zu entrichten, das in diesem Staat registriert sein muss. Die Steuer wird in allen Fällen nach den Verfahren des jeweiligen Mitgliedstaats erhoben und eingezogen.

Unbeschadet von Unterabsatz 1 haben die Mitgliedstaaten für den Fall, dass es keine Verbindung zwischen ihren Gasfernleitungen und denen anderer Mitgliedstaaten gibt, das Recht, den Steuerentstehungstatbestand festzulegen.

Eine Einheit, die elektrischen Strom zur eigenen Verwendung erzeugt, gilt als Verteiler. Unbeschadet des Artikels 14 Absatz 1 Buchstabe a) können die Mitgliedstaaten kleine Stromerzeuger von der Steuer befreien, sofern sie die zur Erzeugung dieses Stroms verwendeten Energieerzeugnisse besteuern.

In Anwendung der Artikel 5 und 6 der Richtlinie 92/12/EWG werden für Steinkohle, Koks und Braunkohle Steuern erhoben; diese entstehen zum Zeitpunkt der Lieferung durch Unternehmen, die zu diesem Zweck bei den zuständigen Behörden registriert sein müssen. Die genannten Behörden können es dem Erzeuger, dem Händler, dem Einführer oder einem Steuervertreter gestatten, anstelle des registrierten Unternehmens dessen steuerliche Verpflichtungen zu übernehmen. Die Steuer wird nach dem Verfahren des jeweiligen Mitgliedstaats erhoben und eingezogen.

(6) Die Mitgliedstaaten brauchen folgende Vorgänge nicht als „Erzeugung von Energieerzeugnissen" zu behandeln:

a) Vorgänge, bei denen als Nebenprodukte kleinere Mengen an Energieerzeugnissen anfallen;

b) Vorgänge, durch die der Verwender eines Energieerzeugnisses dessen Wiederverwendung in seinem eigenen Unternehmen ermöglicht, sofern der Betrag der für dieses Erzeugnis bereits entrichteten Steuer nicht geringer ist als der Steuerbetrag, der zu entrichten wäre, wenn das wieder verwendete Energieerzeugnis erneut der Besteuerung unterliegen würde;

c) das bloße Mischen von Energieerzeugnissen untereinander oder mit anderen Stoffen außerhalb eines Herstellungsbetriebes oder eines Zolllagers, sofern

   i) die Steuer für die einzelnen Bestandteile zuvor entrichtet worden ist und

   ii) der entrichtete Betrag nicht niedriger ist als der Steuerbetrag, mit dem das Gemisch belastet würde.

Die in Ziffer i) genannte Bedingung gilt nicht, wenn für das Gemisch bei einer bestimmten Verwendung Steuerbefreiung gewährt wird.

### Artikel 22

Bei einer Änderung der Steuersätze kann für Lagerbestände von bereits zum Verbrauch abgegebenen Energieerzeugnissen die Steuer erhöht oder gesenkt werden.

### Artikel 23

Es steht den Mitgliedstaaten frei, bereits entrichtete Steuerbeträge auf verunreinigte oder zufällig vermischte Energieerzeugnisse, die zur Wiederaufbereitung in ein Steuerlager überführt worden sind, zu erstatten.

### Artikel 24

(1) In den steuerrechtlich freien Verkehr eines Mitgliedstaats überführte Energieerzeugnisse, die in den Hauptbehältern von Nutzfahrzeugen enthalten und als Kraftstoff für diese Fahrzeuge bestimmt sind bzw. in Spezialcontainern mitgeführt werden und dem Betrieb der Anlagen, mit denen diese Container ausgestattet sind, während der Beförderung dienen, sind in den anderen Mitgliedstaaten von der Verbrauchsteuer befreit.

(2) Für die Anwendung dieses Artikels gelten als

„Hauptbehälter"

– die vom Hersteller für alle Kraftfahrzeuge desselben Typs fest eingebauten Behälter, die die unmittelbare Verwendung des Treibstoffs für den Antrieb der Kraftfahrzeuge und gegebenenfalls für den Betrieb der Kühlanlage oder sonstigen Anlagen während der Beförderung ermöglichen. Als Hauptbehälter gelten auch Gasbehälter in Kraftfahrzeugen, die unmittelbar mit Gas betrieben werden können, sowie die Behälter für sonstige Einrichtungen, mit denen die Fahrzeuge gegebenenfalls ausgerüstet sind;

– die vom Hersteller in alle Container desselben Typs fest eingebauten Behälter, die die unmittelbare Verwendung des Treibstoffs für den Betrieb der Kühlanlage oder sonstiger Anlagen von Spezialcontainern während der Beförderung ermöglichen.

„Spezialcontainer" alle Behälter mit Vorrichtungen, die speziell für Systeme der Kühlung, Sauerstoffzufuhr oder Wärmeisolierung oder für andere Systeme geeignet sind.

### Artikel 25

(1) Die Mitgliedstaaten teilen der Kommission die Steuerbeträge mit, die sie für die in Artikel 2 genannten Erzeugnisse zum 1. Januar eines jeden Jahres sowie nach jeder Änderung der nationalen Rechtsvorschriften vorschreiben.

(2) Sind die von den Mitgliedstaaten vorgeschriebenen Steuerbeträge in anderen als den in Artikel 7 bis 10 für jedes Erzeugnis festgesetzten Maßeinheiten ausgedrückt, so teilen die Mitgliedstaaten der Kommission ferner die entsprechenden Steuerbeträge nach der Umrechnung in diese Maßeinheiten mit.

### Artikel 26

(1) Die Mitgliedstaaten teilen der Kommission die gemäß Artikel 5, Artikel 14 Absatz 2 sowie Artikel 15 und 17 getroffenen Maßnahmen mit.

(2) Die im Sinne dieser Richtlinie vorgesehenen Maßnahmen wie Steuerbefreiungen, Steuerermäßigungen oder Steuersatzdifferenzierungen sowie Erstattungen können staatliche Beihilfen darstellen und sind in dem Fall der Kommission nach Maßgabe von Artikel 88 Absatz 3 des Vertrags mitzuteilen.

Die der Kommission auf der Grundlage dieser Richtlinie übermittelten Informationen entbinden die Mitgliedstaaten nicht von der Mitteilungspflicht im Sinne von Artikel 88 Absatz 3 des Vertrags.

(3) Die in Absatz 1 vorgesehene Verpflichtung zur Unterrichtung der Kommission über die nach Maßgabe von Artikel 5 ergriffenen Maßnahmen entbindet die Mitgliedstaaten nicht von der Mitteilungspflicht nach der Richtlinie 83/189/EWG.

### Artikel 27
(1) Die Kommission wird von dem gemäß Artikel 24 Absatz 1 der Richtlinie 92/12/EWG eingesetzten Verbrauchsteuerausschuss unterstützt.

(2) Wird auf diesen Absatz Bezug genommen, so gelten die Artikel 5 und 7 des Beschlusses 1999/468/EG.

Der Zeitraum nach Artikel 5 Absatz 6 des Beschlusses 1999/468/EG wird auf drei Monate festgesetzt.

(3) Der Ausschuss gibt sich eine Geschäftsordnung.

### Artikel 28
(1) Die Mitgliedstaaten erlassen und veröffentlichen die erforderlichen Rechts- und Verwaltungsvorschriften, um dieser Richtlinie spätestens am 31. Dezember 2003 nachzukommen; sie setzen die Kommission unverzüglich davon in Kenntnis.

(2) Sie wenden diese Rechtsvorschriften ab dem 1. Januar 2004 an mit Ausnahme der Bestimmungen nach Artikel 16 und Artikel 18 Absatz 1, die die Mitgliedstaaten ab dem 1. Januar 2003 anwenden können.

(3) Wenn die Mitgliedstaaten diese Vorschriften erlassen, nehmen sie in den Vorschriften selbst oder durch einen Hinweis bei der amtlichen Veröffentlichung auf diese Richtlinie Bezug. Die Mitgliedstaaten regeln die Einzelheiten der Bezugnahme.

(4) Die Mitgliedstaaten teilen der Kommission den Wortlaut der wichtigsten innerstaatlichen Rechtsvorschriften mit, die sie auf dem unter diese Richtlinie fallenden Gebiet erlassen.

### Artikel 29
Der Rat überprüft in regelmäßigen Abständen auf der Grundlage eines Berichts der Kommission, dem diese gegebenenfalls einen Vorschlag beifügt, die in dieser Richtlinie festgelegten Befreiungen, Ermäßigungen und Mindeststeuerbeträge und erlässt nach Anhörung des Europäischen Parlaments einstimmig die erforderlichen Maßnahmen. Im Bericht der Kommission und in den Erwägungen des Rates ist dem reibungslosen Funktionieren des Binnenmarkts, dem realen Wert der Mindeststeuerbeträge sowie den allgemeinen Zielen des Vertrags Rechnung zu tragen.

### Artikel 30
Unbeschadet des Artikels 28 Absatz 2 werden die Richtlinien 92/81/ EWG und 92/82/EWG ab dem 31. Dezember 2003 aufgehoben.

Alle Verweise auf die aufgehobenen Richtlinien gelten als Verweise auf diese Richtlinie.

### Artikel 31
Diese Richtlinie tritt am Tag ihrer Veröffentlichung im Amtsblatt der Europäischen Union in Kraft.

### Artikel 32
Diese Richtlinie ist an alle Mitgliedstaaten gerichtet.

# ANHANG I

**Tabelle A – Mindeststeuerbeträge für Kraftstoffe**

|  | 1. Januar 2004 | 1. Januar 2010 |
|---|---|---|
| Verbleites Benzin (in EUR je 1 000 l)<br>KN-Codes 2710 11 31, 2710 11 51 und 2710 11 59 | 421 | 421 |
| Unverbleites Benzin (in EUR je 1 000 l)<br>KN-Codes 2710 11 31, 2710 11 41, 2710 11 45 und 2710 11 49 | 359 | 359 |
| Gasöl(in EUR je 1 000 l)<br>KN-Codes 2710 19 41 bis 2710 19 49 | 302 | 330 |
| Kerosin(in EUR je 1 000 l)<br>KN-Codes 2710 19 21 und 2710 19 25 | 302 | 330 |
| Flüssiggas(in EUR je 1 000 kg)<br>KN-Codes 2711 12 11 bis 2711 19 00 | 125 | 125 |
| Erdgas(in EUR je Gigajoule/Bruttoheizwert)<br>KN-Code 2711 11 00 und 2711 21 00 | 2,6 | 2,6 |

**Tabelle B – Mindeststeuerbeträge für Kraftstoffe, die für die in Artikel 8 Absatz 2 genannten Zwecke verwendet werden**

| | |
|---|---|
| Gasöl(in EUR je 1 000 l)<br>KN-Codes 2710 19 41 bis 2710 19 49 | 21 |
| Kerosin(in EUR je 1 000 l)<br>KN-Codes 2710 19 21 und 2710 19 25 | 21 |
| Flüssiggas(in EUR je 1 000 kg)<br>KN-Codes 2711 12 11 bis 2711 19 00 | 41 |
| Erdgas(in EUR je Gigajoule/Bruttoheizwert)<br>KN-Code 2711 11 00 und 2711 21 00 | 0,3 |

**Tabelle C – Mindeststeuerbeträge für Heizstoffe und elektrischen Strom**

|  | Betriebliche Verwendung | Nichtbetriebliche Verwendung |
|---|---|---|
| Gasöl (in EUR je 1 000 l)<br>KN-Codes 2710 19 41 bis 2710 19 49 | 21 | 21 |
| Schweres Heizöl(in EUR je 1 000 kg)<br>KN-Codes 2710 19 61 bis 2710 19 69 | 15 | 15 |
| Kerosin(in EUR je 1 000 l)<br>KN-Codes 2710 19 21 und 2710 19 25 | 0 | 0 |
| Flüssiggas(in EUR je 1 000 kg)<br>KN-Codes 2711 12 11 bis 2711 19 00 | 0 | 0 |
| Erdgas(in EUR je Gigajoule/Bruttoheizwert)<br>KN-Codes 2711 11 00 und 2711 21 00 | 0,15 | 0,3 |
| Kohle und Koks(in EUR je Gigajoule/Bruttoheizwert)<br>KN-Codes 2701, 2702 und 2704 | 0,15 | 0,3 |
| Elektrischer Strom (in EUR je MWh)<br>KN-Code 2716 | 0,5 | 1,0 |

## ANHANG II

Steuerermäßigungen und Steuerbefreiungen im Sinne von Artikel 18 Absatz 1:

1. BELGIEN:
   - für Flüssiggas (LPG), Erdgas und Methan;
   - für Fahrzeuge, die im öffentlichen Personennahverkehr eingesetzt werden;
   - für die Luftfahrt mit den Ausnahmen nach Artikel 14 Absatz 1 Buchstabe b) dieser Richtlinie;
   - für die Verwendung in der privaten nichtgewerblichen Schifffahrt;
   - Ermäßigung des Verbrauchsteuersatzes auf schweres Heizöl zur Förderung der Verwendung umweltfreundlicherer Brennstoffe; diese Ermäßigung ist an den Schwefelgehalt geknüpft, und der ermäßigte Satz darf 6,5 EUR/t keinesfalls unterschreiten;
   - für Altöl, das – aufbereitet oder nicht – als Heizstoff wiederverwendet wird und dessen Wiederverwendung steuerpflichtig ist;
   - Anwendung eines gestaffelten Verbrauchsteuersatzes auf unverbleites Benzin mit niedrigem Schwefelgehalt (50 ppm) und niedrigem Aromatengehalt (35 %);
   - Anwendung eines gestaffelten Verbrauchsteuersatzes auf Dieselkraftstoff mit niedrigem Schwefelgehalt (50 ppm).

2. DÄNEMARK:
   - Vom 1. Februar 2002 bis 31. Januar 2008 Staffelung des Verbrauchsteuersatzes auf schweres und leichtes Heizöl, das von energieintensiven Betrieben zur Erzeugung von Wärme und Warmwasser verwendet wird. Die Staffelung der Verbrauchsteuer darf sich höchstens auf 0,0095 EUR/kg schwerem Heizöl und 0,008 EUR/Liter leichtem Heizöl belaufen. Die Reduzierungen der Verbrauchsteuer müssen den Bestimmungen dieser Richtlinie, insbesondere den in ihr genannten Mindestsätzen, entsprechen;
   - Ermäßigung des Verbrauchsteuersatzes für Dieselkraftstoff zur Förderung der Verwendung umweltfreundlicherer Brennstoffe, unter der Voraussetzung, dass die Anreize an die einschlägigen technischen Merkmale wie spezifisches Gewicht, Schwefelgehalt, Destillationspunkt, Cetan-Zahl und -Index geknüpft sind und diese Sätze den Anforderungen dieser Richtlinie entsprechen;
   - Anwendung gestaffelter Verbrauchsteuersätze für Benzin, je nachdem ob es sich um eine Abgabe in Tankstellen mit einem System zur Rückführung von Kraftstoffdämpfen oder die Abgabe in anderen Tankstellen handelt, unter der Voraussetzung, dass diese Sätze den Anforderungen dieser Richtlinie und insbesondere den Verbrauchsteuer-Mindestsätzen entsprechen;
   - Anwendung gestaffelter Verbrauchsteuersätze für Benzin, unter der Voraussetzung, dass diese Sätze den Anforderungen dieser Richtlinie und insbesondere den Steuermindestsätzen des Artikels 7 entsprechen;
   - für Fahrzeuge, die im öffentlichen Personennahverkehr eingesetzt werden;
   - Anwendung gestaffelter Verbrauchsteuersätze für Gasöl, unter der Voraussetzung, dass diese Sätze den Anforderungen dieser Richtlinie und insbesondere den Steuermindestsätzen des Artikels 7 entsprechen;
   - teilweise Steuerrückzahlung an die gewerbliche Wirtschaft, unter der Voraussetzung, dass die betreffenden Steuern den Gemeinschaftsvorschriften entsprechen und der Betrag der gezahlten, aber nicht erstatteten Steuer zu keiner Zeit die im Gemeinschaftsrecht für Abgaben und Kontrollgebühren auf Mineralöl vorgesehenen Sätze unterschreitet;
   - für die Luftfahrt mit den Ausnahmen nach Artikel 14 Absatz 1 Buchstabe b) dieser Richtlinie;
   - Anwendung eines um maximal 0,03 DKK je Liter ermäßigten Verbrauchsteuersatzes für Benzin, das an Tankstellen abgegeben wird, die striktere Ausrüstungs- und Betriebsnormen erfüllen, mit denen verhindert werden soll, dass Methyl-tertiär-butylether durch Leckage in das Grundwasser gelangt, unter der Voraussetzung, dass diese gestaffelten Verbrauchsteuersätze den Anforderungen dieser Richtlinie und insbesondere den VerbrauchsteuerMindestsätzen entsprechen.

3. DEUTSCHLAND:
   - Vom 1. Januar 2003 bis 31. Dezember 2005 Staffelung des Verbrauchsteuersatzes auf Brenn- bzw. Kraftstoffe mit einem maximalen Schwefelgehalt von 10 ppm;
   - Verwendung von als Abfallgas anfallenden gasförmigen Kohlenwasserstoffen als Heizstoff;
   - einen gestaffelten Verbrauchsteuersatz auf Mineralöle, die als Kraftstoff im öffentlichen Personennahverkehr verwendet werden, unter der Voraussetzung, dass die Anforderungen der Richtlinie 92/82/EWG beachtet werden;

- Entnahme von Mineralölproben für Analysen, Produktionstests oder andere wissenschaftliche Zwecke;
- gestaffelte Verbrauchsteuersätze auf Heizstoffe, die von Unternehmen des produzierenden Gewerbes verbraucht werden, unter der Voraussetzung, dass diese Sätze den Anforderungen dieser Richtlinie entsprechen;
- für Altöl, das – aufbereitet oder nicht – als Heizstoff wiederverwendet wird und dessen Wiederverwendung steuerpflichtig ist.

4. GRIECHENLAND:
   - für die Nutzung durch die griechische Armee;
   - Befreiung von der Verbrauchsteuer auf Mineralöle, die als Kraftstoff für den Betrieb von Dienstfahrzeugen des Amtes des Ministerpräsidenten und der nationalen Polizei benutzt werden;
   - für Fahrzeuge, die im öffentlichen Personennahverkehr eingesetzt werden;
   - Anwendung von je nach Umweltklasse gestaffelten Verbrauchsteuersätzen für unverbleites Benzin, unter der Voraussetzung, dass diese Sätze den Anforderungen dieser Richtlinie und insbesondere den Steuermindestsätzen des Artikels 7 entsprechen;
   - für Flüssiggas und Methan für industrielle Zwecke.

5. SPANIEN:
   - für Flüssiggas, welches in Fahrzeugen, die im öffentlichen Personennahverkehr verwendet werden, als Kraftstoff eingesetzt wird;
   - für Flüssiggas, welches als Kraftstoff in Taxis eingesetzt wird;
   - Anwendung von je nach Umweltklasse gestaffelten Verbrauchsteuersätzen für unverbleites Benzin, unter der Voraussetzung, dass diese Sätze den Anforderungen dieser Richtlinie und insbesondere den Steuermindestsätzen des Artikels 7 entsprechen;
   - für Altöl, das – aufbereitet oder nicht – als Heizstoff wiederverwendet wird und dessen Wiederverwendung steuerpflichtig ist.

6. FRANKREICH:
   - bis zum 1. Januar 2005 Anwendung gestaffelter Steuersätze auf Dieselkraftstoff, der für gewerblich genutzte Fahrzeuge verwendet wird, sofern diese ab dem 1. März 2003 nicht unter 380 EUR/ 1 000 Liter liegen;
   - für bestimmte Maßnahmen zur Unterstützung von Regionen, die einen Bevölkerungsverlust erleiden;
   - für den Verbrauch auf der Insel Korsika, sofern die ermäßigten Sätze zu keiner Zeit die im Gemeinschaftsrecht für Abgaben auf Mineralöle vorgesehenen Mindestsätze unterschreiten;
   - Anwendung eines gestaffelten Verbrauchsteuersatzes für einen neuen Brennstoff aus einer durch Tenside stabilisierten Wasser-/Frostschutzmittel-/ Diesel-Emulsion, unter der Voraussetzung, dass diese Sätze den Anforderungen dieser Richtlinie und insbesondere den Verbrauchsteuer-Mindestsätzen entspricht;
   - Anwendung eines gestaffelten Verbrauchsteuersatzes für hochoktaniges, unverbleites Benzin, das zur Verbesserung der Verbrennungseigenschaften einen Zusatzstoff auf der Grundlage von Pottasche (oder einen anderen Zusatz gleicher Wirkung) enthält;
   - im Rahmen eines jährlichen Kontingents für Kraftstoff in Taxis;
   - im Rahmen eines jährlichen Kontingents für eine Verbrauchsteuerbefreiung für Gas, welches als Kraftstoff im öffentlichen Personenverkehr verwendet wird;
   - Verbrauchsteuerbefreiung für Gas, das als Kraftstoff für Müllsammelfahrzeuge mit Gasantrieb verwendet wird;
   - Ermäßigung des Steuersatzes auf schweres Heizöl zur Förderung der Verwendung umweltfreundlicherer Brennstoffe; diese Ermäßigung ist an den Schwefelgehalt geknüpft, und der Steuersatz auf schweres Heizöl muss dem gemeinschaftsrechtlich vorgeschriebenen Mindestsatz für schweres Heizöl entsprechen;
   - Steuerbefreiung für schweres Heizöl, das als Brennstoff für die Tonerdegewinnung in der Region Gardanne verwendet wird;
   - für die Luftfahrt mit den Ausnahmen nach Artikel 14 Absatz 1 Buchstabe b) dieser Richtlinie;
   - für die Verteilung von Treibstoff in korsischen Häfen an private nichtgewerbliche Wasserfahrzeuge;

- für Altöl, das – aufbereitet oder nicht – als Heizstoff wiederverwendet wird und dessen Wiederverwendung steuerpflichtig ist.
- bis zum 31. Dezember 2005 für Fahrzeuge, die im öffentlichen Personenverkehr eingesetzt werden;
- für die Erteilung von Zulassungen, die es gestatten, die Verbrauchsteuer auf als Kraftstoff verwendete Mischungen aus Benzin und Ethylalkoholderivaten, deren Alkoholanteil pflanzlichen Ursprungs ist, sowie auf als Kraftstoff verwendete Mischungen aus Gasöl und Pflanzenöl-Methylester zu staffeln. Um eine Ermäßigung der Verbrauchsteuer auf Mischungen in Anspruch nehmen zu können, die Pflanzenöl-Methylester und Ethylalkoholderivate enthalten und die als Kraftstoff im Sinne dieser Richtlinie verwendet werden, benötigen die betreffenden Einrichtungen zur Erzeugung von Biokraftstoffen eine entsprechende Zulassung, die die französischen Behörden ihnen bis spätestens 31. Dezember 2003 erteilen müssen. Diese Zulassungen gelten für einen Zeitraum von höchstens sechs Jahren, gerechnet ab dem Datum ihrer Erteilung. Die durch die Zulassung gestattete Steuerermäßigung kann über den 31. Dezember 2003 hinaus bis zum Ablauf der Zulassung angewendet werden. Die im Rahmen dieser Zulassungen gewährten Verbrauchsteuerermäßigungen betragen bei PflanzenölMethylestern höchstens 35,06 EUR/hl bzw. 396,64 EUR/t und bei Ethylalkoholderivaten höchstens 50,23 EUR/hl bzw. 297,35 EUR/t, wenn diese in den genannten Mischungen verwendet werden. Die Verbrauchsteuerermäßigungen müssen an die Entwicklung der Rohstoffpreise angepasst werden, um zu gewährleisten, dass diese Steuerermäßigungen nicht zu einer Überkompensation der Mehrkosten für die Erzeugung der Biokraftstoffe führen. Diese Entscheidung gilt mit Wirkung vom 1. November 1997. Ihre Geltungsdauer endet am 31. Dezember 2003;
- für die Erteilung von Zulassungen, die es gestatten, die Verbrauchsteuer auf Mischungen aus leichtem Heizöl und Pflanzenöl-Methylester zu staffeln. Um eine Ermäßigung der Verbrauchsteuer auf Mischungen in Anspruch nehmen zu können, die Pflanzenöl-Methylester enthalten und die als Brennstoff im Sinne dieser Richtlinie verwendet werden, benötigen die betreffenden Einrichtungen zur Erzeugung von Biokraftstoffen eine entsprechende Zulassung, die die französischen Behörden ihnen bis spätestens 31. Dezember 2003 erteilen müssen. Diese Zulassungen gelten für einen Zeitraum von höchstens sechs Jahren, gerechnet ab dem Datum ihrer Erteilung. Die durch die Zulassung gestattete Steuerermäßigung kann über den 31. Dezember 2003 hinaus bis zum Ablauf der Zulassung angewendet werden; eine Verlängerungsmöglichkeit besteht nicht. Die Verbrauchsteuerermäßigung beträgt bei Pflanzenöl-Methylestern, die in den genannten Mischungen verwendet werden, höchstens 35,06 EUR/hl bzw. 396,64 EUR/t. Die Verbrauchsteuerermäßigungen müssen an die Entwicklung der Rohstoffpreise angepasst werden, um zu gewährleisten, dass diese Steuerermäßigungen nicht zu einer Überkompensation der Mehrkosten für die Erzeugung der Biokraftstoffe führen. Diese Entscheidung gilt mit Wirkung vom 1. November 1997. Ihre Geltungsdauer endet am 31. Dezember 2003;

7. IRLAND:
   - für Flüssiggas, Erdgas und Methan als Kraftstoff;
   - in Kraftfahrzeugen von Behinderten;
   - für Fahrzeuge, die im öffentlichen Personennahverkehr eingesetzt werden;
   - Anwendung von je nach Umweltklasse gestaffelten Verbrauchsteuersätzen für unverbleites Benzin, unter der Voraussetzung, dass diese Sätze den Anforderungen dieser Richtlinie und insbesondere den Steuermindestsätzen des Artikels 7 entsprechen;
   - gestaffelter Verbrauchsteuersatz für Gasöl mit niedrigem Schwefelgehalt;
   - für die Tonerdegewinnung im Shannon-Gebiet;
   - für die Luftfahrt mit den Ausnahmen nach Artikel 14 Absatz 1 Buchstabe b) dieser Richtlinie;
   - für die Verwendung in der privaten nichtgewerblichen Schifffahrt;
   - für Altöl, das – aufbereitet oder nicht – als Heizstoff wiederverwendet wird und dessen Wiederverwendung steuerpflichtig ist.

8. ITALIEN:
   - bis zum 30. Juni 2004 Staffelung der Verbrauchsteuersätze auf als Kraftstoff verwendete Mischungen mit einem Biodieselanteil von 5 % bzw. 25 %. Die Verbrauchsteuerermäßigung darf den Verbrauchsteuerbetrag, der für den Anteil an Biokraftstoffen geschuldet würde, der in den begünstigten Erzeugnissen enthalten ist, nicht überschreiten. Die Verbrauchsteuerermäßigungen müssen an die Entwicklung der Rohstoffpreise angepasst werden, damit diese Steuerermäßi-

gungen nicht zu einer Überkompensation der Mehrkosten für die Erzeugung der Biokraftstoffe führen;
- bis zum 1. Januar 2005 Anwendung eines ermäßigten Verbrauchsteuersatzes auf Kraftstoffe, die von Straßenverkehrsunternehmen verwendet werden, sofern dieser ab 1. Januar 2004 nicht unter 370 EUR/1 000 Liter liegt;
- für die Verwendung von als Abfallgas anfallenden gasförmigen Kohlenwasserstoffen als Brennstoff;
- Anwendung eines ermäßigten Verbrauchsteuersatzes für eine Wasser-/DieselEmulsion und Wasser-/schweres Heizöl-Emulsion vom 1. Oktober 2000 bis 31. Dezember 2005, unter der Voraussetzung, dass der ermäßigte Steuersatz den Anforderungen dieser Richtlinie und insbesondere den Verbrauchsteuermindestsätzen entspricht;
- für Methan als Kraftstoff für Kraftfahrzeuge;
- für die Nutzung durch die nationalen Streitkräfte;
- für Krankenwagen;
- für Fahrzeuge, die im öffentlichen Personennahverkehr eingesetzt werden;
- für den Kraftstoff, der in Taxis verwendet wird;
- in einigen geografisch besonders benachteiligten Gebieten ermäßigte Verbrauchsteuersätze für Heizöl und Flüssiggas, das für Heizzwecke verwendet und über Leitungen in diesen Gebieten verteilt wird, unter der Voraussetzung, dass diese Sätze den Anforderungen dieser Richtlinie und insbesondere den Verbrauchsteuer-Mindestsätzen entsprechen;
- für den Verbrauch in der Region Aostatal und der Provinz Görz;
- Ermäßigung des Verbrauchsteuersatzes für in der Region Friaul-JulischVenetien verbrauchtes Benzin, unter der Voraussetzung, dass dieser Satz den Anforderungen dieser Richtlinie und insbesondere den VerbrauchsteuerMindestsätzen entspricht;
- Ermäßigung des Verbrauchsteuersatzes auf für in den Provinzen Udine und Triest verbrauchte Mineralöle, unter der Voraussetzung, dass dieser Satz den Anforderungen dieser Richtlinie entspricht;
- Verbrauchsteuerbefreiung für Mineralöle, die bei der Herstellung von Tonerde auf Sardinien als Brennstoff eingesetzt werden;
- Ermäßigung des Verbrauchsteuersatzes für Heizöl, das für die Dampfgewinnung verwendet wird, und für Gasöl, das zur Trocknung und „Aktivierung" von Molekularsieben in der Provinz Kalabrien verwendet wird, unter der Voraussetzung, dass dieser Satz den Anforderungen dieser Richtlinie entspricht;
- für die Luftfahrt mit den Ausnahmen nach Artikel 14 Absatz 1 Buchstabe b) dieser Richtlinie;
- für Altöl, das – aufbereitet oder nicht – als Heizstoff wieder verwendet wird und dessen Wiederverwendung steuerpflichtig ist.

9. LUXEMBURG:
- für Flüssiggas, Erdgas und Methan;
- für Fahrzeuge, die im öffentlichen Personenverkehr eingesetzt werden;
- Ermäßigung des Verbrauchsteuersatzes auf schweres Heizöl zur Förderung der Verwendung umweltfreundlicherer Brennstoffe; diese Ermäßigung ist an den Schwefelgehalt geknüpft, und der ermäßigte Satz darf 6,5 EUR/t keinesfalls unterschreiten;
- für Altöl, das – aufbereitet oder nicht – als Heizstoff wieder verwendet wird und dessen Wiederverwendung steuerpflichtig ist.

10. NIEDERLANDE:
- für Flüssiggas, Erdgas und Methan;
- Entnahme von Mineralölproben für Analysen, Produktionstests oder andere wissenschaftliche Zwecke;
- für die Nutzung durch die nationalen Streitkräfte;
- Anwendung gestaffelter Verbrauchsteuersätze auf Flüssiggas, welches als Kraftstoff im öffentlichen Personenverkehr verwendet wird;
- gestaffelter Verbrauchsteuersatz für Flüssiggas, das als Kraftstoff für Müllfahrzeuge, Kanalsauger und Kehrfahrzeuge verwendet wird.
- gestaffelter Verbrauchsteuersatz für Gasöl mit niedrigem Schwefelgehalt (50 ppm) bis zum 31. Dezember 2004;

- gestaffelter Verbrauchsteuersatz für Benzin mit niedrigem Schwefelgehalt (50 ppm) bis zum 31. Dezember 2004.

11. ÖSTERREICH:
- für Erdgas und Methan;
- für Flüssiggas, das als Kraftstoff im öffentlichen Personennahverkehr verwendet wird;
- für Altöl, das – aufbereitet oder nicht – als Heizstoff wieder verwendet wird und dessen Wiederverwendung steuerpflichtig ist.

12. PORTUGAL:
- Anwendung von je nach Umweltklasse gestaffelten Verbrauchsteuersätzen für unverbleites Benzin, unter der Voraussetzung, dass diese Sätze den Anforderungen dieser Richtlinie und insbesondere den Steuermindestsätzen des Artikels 7 entsprechen;
- Verbrauchsteuerbefreiung auf Flüssiggas, Erdgas und Methan, welches als Kraftstoff im öffentlichen Personennahverkehr verwendet wird;
- Verbrauchsteuerermäßigung für Heizöl, das in der autonomen Region Madeira verbraucht wird, wobei diese Ermäßigung die Mehrkosten für die Beförderung in die Region nicht übersteigen darf;
- Ermäßigung des Verbrauchsteuersatzes auf schweres Heizöl zur Förderung der Verwendung umweltfreundlicherer Brennstoffe; eine derartige Ermäßigung ist speziell an den Schwefelgehalt geknüpft, und der für schweres Heizöl erhobene Satz muss dem nach dem Gemeinschaftsrecht geltenden Mindestsatz für schweres Heizöl entsprechen;
- für die Luftfahrt mit den Ausnahmen nach Artikel 14 Absatz 1 Buchstabe b) dieser Richtlinie;
- für Altöl, das – aufbereitet oder nicht – als Heizstoff wieder verwendet wird und dessen Wiederverwendung steuerpflichtig ist.

13. FINNLAND:
- für Erdgas, das als Kraftstoff verwendet wird;
- Verbrauchsteuerbefreiung für Methan und Flüssiggas für alle Verwendungszwecke;
- Ermäßigung der Verbrauchsteuersätze auf Dieselkraftstoff und zu Heizungszwecken verwendetes Gasöl, unter der Voraussetzung, dass diese Sätze den Anforderungen dieser Richtlinie und insbesondere den Steuermindestsätzen der Artikel 7, 8 und 9 entsprechen;
- Ermäßigung der Verbrauchsteuersätze auf reformuliertes unverbleites und verbleites Benzin, unter der Voraussetzung, dass diese Sätze den Anforderungen dieser Richtlinie und insbesondere den Steuermindestsätzen des Artikels 7 entsprechen;
- für die Luftfahrt mit den Ausnahmen nach Artikel 14 Absatz 1 Buchstabe b) dieser Richtlinie;
- für die Verwendung in der privaten nichtgewerblichen Schifffahrt;
- für Altöl, das – aufbereitet oder nicht – als Heizstoff wieder verwendet wird und dessen Wiederverwendung steuerpflichtig ist.

14. SCHWEDEN:
- Verbrauchsteuerermäßigung für Dieselkraftstoff entsprechend umwelttechnischen Klassifizierungen;
- Anwendung von je nach Umweltklasse gestaffelten Verbrauchsteuersätzen für unverbleites Benzin, unter der Voraussetzung, dass diese Sätze den Anforderungen dieser Richtlinie und insbesondere den VerbrauchsteuerMindestsätzen entsprechen;
- bis 30. Juni 2008 Anwendung eines gestaffelten Energiesteuersatzes auf Alkylatbenzin für Zweitaktmotoren, solange die gesamte zur Anwendung kommende Verbrauchsteuer die in dieser Richtlinie genannten Voraussetzungen erfüllt;
- Verbrauchsteuerbefreiung für biologisch gewonnenes Methan und andere Abfallgase;
- Ermäßigung der Verbrauchsteuersätze für Mineralöle, die für gewerbliche Zwecke verbraucht werden, unter der Voraussetzung, dass diese Sätze den Anforderungen dieser Richtlinie entsprechen;
- Ermäßigung der Verbrauchsteuersätze auf Mineralöle, die für gewerbliche Zwecke verbraucht werden, in Form eines niedrigeren Satzes als des Regelsatzes und eines ermäßigten Satzes für energieintensive Unternehmen, unter der Voraussetzung, dass diese Sätze den Anforderungen dieser Richtlinie entsprechen und keine Wettbewerbsverzerrungen hervorrufen;
- für die Luftfahrt mit den Ausnahmen nach Artikel 14 Absatz 1 Buchstabe b) dieser Richtlinie.

15. VEREINIGTES KÖNIGREICH:
   – bis 31. März 2007 Anwendung gestaffelter Verbrauchsteuersätze auf Kraftstoff im Straßenverkehr, der Biodiesel enthält, und auf reinen als Kraftstoff im Straßenverkehr verwendeten Biodiesel. Die gemeinschaftlichen Mindestsätze sind einzuhalten und es darf keine Überkompensierung der zusätzlichen Kosten geben, die bei der Herstellung von Biokraftstoffen anfallen;
   – für Flüssiggas, Erdgas und Methan, die als Kraftstoff verwendet werden;
   – Verbrauchsteuerermäßigung für Dieselkraftstoff zur Förderung der Verwendung umweltfreundlicherer Kraftstoffe;
   – Anwendung von je nach Umweltklasse gestaffelten Verbrauchsteuersätzen für unverbleites Benzin, unter der Voraussetzung, dass diese Sätze den Anforderungen dieser Richtlinie und insbesondere den Steuermindestsätzen des Artikels 7 entsprechen;
   – für Fahrzeuge, die im öffentlichen Personennahverkehr eingesetzt werden;
   – Staffelung der Verbrauchsteuer auf Emulsionen aus Wasser und Dieselöl, unter der Voraussetzung, dass die Sätze den Anforderungen dieser Richtlinie und insbesondere den Verbrauchsteuer-Mindestsätzen entsprechen;
   – für die Luftfahrt mit den Ausnahmen nach Artikel 14 Absatz 1 Buchstabe b) dieser Richtlinie;
   – für die Verwendung in der privaten nichtgewerblichen Schifffahrt;
   – für Altöl, das – aufbereitet oder nicht – als Heizstoff wieder verwendet wird und dessen Wiederverwendung steuerpflichtig ist.

## ANHANG III

Steuerermäßigungen und Steuerbefreiungen im Sinne von Artikel 18a Absatz 1:

1. Lettland
   – für Energieerzeugnisse und elektrischen Strom zur Verwendung in Fahrzeugen, die im öffentlichen Personennahverkehr eingesetzt werden.
2. Litauen
   – für Steinkohle, Koks und Braunkohle bis zum 1. Januar 2007,
   – für Erdgas und elektrischen Strom bis zum 1. Januar 2010,
   – für Orimulsion, sofern diese für andere Zwecke als die Strom oder Wärmeerzeugung verwendet wird, bis zum 1. Januar 2010.
3. Ungarn
   – für Kohle und Koks bis zum 1. Januar 2009.
4. Malta
   – für die Verwendung in der privaten nichtgewerblichen Schifffahrt,
   – für die Luftfahrt mit den Ausnahmen nach Artikel 14 Absatz 1 Buchstabe b) der Richtlinie 2003/96/EG.
5. Polen
   – für Flugbenzin und Turbinenkraftstoff sowie Motorenöl für Flugzeugtriebwerke, die vom Hersteller solcher Kraftstoffe im Auftrag des Verteidigungsministeriums oder des Innenministeriums für die Verwendung in der Luftfahrt, im Auftrag des Amtes für Rohstoffreserven zur Aufstockung der Rohstoffvorräte des Landes oder im Auftrag der Verwaltungsorgane der Ambulanzluftfahrt für die Zwecke dieser Organe verkauft werden,
   – für Gasöl für Schiffsmotoren und Motoren für die Meerestechnologie sowie Motoröle für Schiffsmotoren und für die Meerestechnologie, die vom Hersteller solcher Kraftstoffe im Auftrag des Amtes für Rohstoffreserven zur Aufstockung der Rohstoffvorräte des Landes, im Auftrag des Verteidigungsministeriums zur Verwendung in der Marine oder im Auftrag des Innenministeriums zur Verwendung in der Meerestechnik verkauft werden,
   – für Flugbenzin, Turbinenkraftstoff und Gasöl für Schiffsmotoren und Motoren, die in der Meerestechnologie verwendet werden, sowie für Öle für Flugzeugtriebwerke, Schiffsmotoren und Motoren in der Meerestechnologie, die vom Amt für Rohstoffreserven im Auftrag des Verteidigungsministeriums oder des Innenministeriums verkauft werden.

# RICHTLINIE 2008/118/EG DES RATES über das allgemeine Verbrauchsteuersystem und zur Aufhebung der Richtlinie 92/12/EWG

Amtsblatt der Europäischen Union vom vom 16.12.2008

DER RAT DER EUROPÄISCHEN UNION –

gestützt auf den Vertrag zur Gründung der Europäischen Gemeinschaft, insbesondere auf Artikel 93,

auf Vorschlag der Kommission,

nach Stellungnahme des Europäischen Parlaments [1],

nach Stellungnahme des Europäischen Wirtschafts und Sozialausschusses [2],

in Erwägung nachstehender Gründe:

(1) Die Richtlinie 92/12/EWG des Rates vom 25. Februar 1992 über das allgemeine System, den Besitz, die Beförderung und die Kontrolle verbrauchsteuerpflichtiger Waren [3] wurde mehrfach in wesentlichen Punkten geändert. Da noch weitere Änderungen vorgenommen werden müssen, empfiehlt es sich aus Gründen der Klarheit, diese Richtlinie zu ersetzen.

(2) Um das reibungslose Funktionieren des Binnenmarkts zu gewährleisten, müssen die Voraussetzungen für die Erhebung von Verbrauchsteuern auf Waren, die der Richtlinie 92/12/EWG unterliegen (nachstehend „verbrauchsteuerpflichtige Waren" genannt), harmonisiert bleiben.

(3) Es sind diejenigen verbrauchsteuerpflichtigen Waren zu nennen, auf die die vorliegende Richtlinie anwendbar ist; hierbei ist Bezug zu nehmen auf die Richtlinie 92/79/EWG des Rates vom 19. Oktober 1992 zur Annäherung der Verbrauchsteuern auf Zigaretten [4], die Richtlinie 92/80/EWG des Rates vom 19. Oktober 1992 zur Annäherung der Verbrauchsteuern auf andere Tabakwaren als Zigaretten [5], die Richtlinie 92/83/EWG des Rates vom 19. Oktober 1992 zur Harmonisierung der Struktur der Verbrauchsteuern auf Alkohol und alkoholische Getränke [6], die Richtlinie 92/84/EWG des Rates vom 19. Oktober 1992 über die Annäherung der Verbrauchsteuersätze auf Alkohol und alkoholische Getränke [7], die Richtlinie 95/59/EG des Rates vom 27. November 1995 über die anderen Verbrauchsteuern auf Tabakwaren als die Umsatzsteuer [8] und die Richtlinie 2003/96/EG des Rates vom 27. Oktober 2003 zur Restrukturierung der gemeinschaftlichen Rahmenvorschriften zur Besteuerung von Energieerzeugnissen und elektrischem Strom [9].

(4) Auf verbrauchsteuerpflichtige Waren können für besondere Zwecke andere indirekte Steuern erhoben werden. Um die Wirksamkeit der Gemeinschaftsregelungen im Bereich der indirekten Steuern in solchen Fällen nicht zu gefährden, sollten die Mitgliedstaaten bestimmte wesentliche Kernpunkte dieser Regelungen berücksichtigen.

(5) Um den freien Warenverkehr zu gewährleisten, sollte die Besteuerung anderer als verbrauchsteuerpflichtiger Waren keine mit dem Grenzübertritt verbundenen Formalitäten nach sich ziehen.

(6) Die Durchführung bestimmter Formalitäten muss gewährleistet sein, wenn verbrauchsteuerpflichtige Waren aus Gebieten, die zwar als Teil des Zollgebiets der Gemeinschaft gelten, aber vom Anwendungsbereich dieser Richtlinie ausgenommen wurden, in Gebiete befördert werden, die ebenfalls als Teil des Zollgebiets der Gemeinschaft gelten, auf die die vorliegende Richtlinie jedoch anwendbar ist.

(7) Da im Rahmen der zollrechtlichen Nichterhebungsverfahren nach der Verordnung (EWG) Nr. 2913/92 des Rates vom 12. Oktober 1992 zur Festlegung des Zollkodex der Gemeinschaften [10] angemessene Kontrollen vorgesehen sind, solange die verbrauchsteuerpflichtigen Waren den Bestimmungen dieser Verordnung unterliegen, bedarf es für den Zeitraum, in dem sich die ver-

---

1) Stellungnahme vom 18.11.2008 (noch nicht im Amtsblatt veröffentlicht).
2) Stellungnahme vom 22.10.2008 (noch nicht im Amtsblatt veröffentlicht).
3) ABl. L 76 vom 23.3.1992, S. 1.
4) ABl. L 316 vom 31.10.1992, S. 8.
5) ABl. L 316 vom 31.10.1992, S. 10.
6) ABl. L 316 vom 31.10.1992, S. 21.
7) ABl. L 316 vom 31.10.1992, S. 29.
8) ABl. L 291 vom 6.12.1995, S. 40.
9) ABl. L 283 vom 31.10.2003, S. 51.
10) ABl. L 302 vom 19.10.1992, S. 1.

brauchsteuerpflichtigen Waren in einem zollrechtlichen Nichterhebungsverfahren der Gemeinschaft befinden, keines gesonderten Systems der verbrauchsteuerlichen Überwachung.

(8) Da es nach wie vor für ein reibungsloses Funktionieren des Binnenmarktes erforderlich ist, dass der Begriff der Verbrauchsteuer und die Voraussetzungen für die Entstehung des Verbrauchsteueranspruchs in allen Mitgliedstaaten gleich sind, muss auf Gemeinschaftsebene klargestellt werden, zu welchem Zeitpunkt die Überführung der verbrauchsteuerpflichtigen Waren in den steuerrechtlich freien Verkehr erfolgt und wer der Verbrauchssteuerschuldner ist.

(9) Da die Verbrauchsteuer auf den Verbrauch bestimmter Waren erhoben wird, sollte sie nicht auf Waren erhoben werden, die unter bestimmten Umständen zerstört wurden oder unwiederbringlich verloren gegangen sind.

(10) Da sich die Verfahren für die Erhebung und die Erstattung der Steuer auf das reibungslose Funktionieren des Binnenmarkts auswirken, sollten sie sich nach nicht diskriminierenden Kriterien richten.

(11) Im Falle einer Unregelmäßigkeit sollte die Steuer in dem Mitgliedstaat erhoben werden, in dessen Gebiet die Unregelmäßigkeit begangen wurde, die zur Überführung in den steuerrechtlich freien Verkehr geführt hat, oder – falls der Ort, an dem die Unregelmäßigkeit begangen wurde, nicht festgestellt werden kann – in dem Mitgliedstaat, in dem sie entdeckt wurde. Treffen die verbrauchsteuerpflichtigen Waren nicht an ihrem Bestimmungsort ein und wurde keine Unregelmäßigkeit festgestellt, so gilt die Unregelmäßigkeit als im Abgangsmitgliedstaat begangen.

(12) Zusätzlich zu den in dieser Richtlinie vorgesehenen Erstattungsfällen sollte es den Mitgliedstaaten erlaubt sein, Verbrauchsteuern, die auf bereits in den steuerrechtlich freien Verkehr überführte Waren gezahlt wurden, zu erstatten, sofern das Ziel dieser Richtlinie dies zulässt.

(13) Die Bestimmungen und Voraussetzungen für die Befreiung von Lieferungen von der Verbrauchsteuer sollten harmonisiert bleiben. Für steuerfreie Lieferungen an Einrichtungen in anderen Mitgliedstaaten sollte eine Freistellungsbescheinigung verwendet werden.

(14) Die Fälle, in denen steuerbefreite Verkäufe an Reisende, die das Gebiet der Gemeinschaft verlassen, zulässig sind, sollten klar festgelegt werden, um Steuerhinterziehung und Betrug zu vermeiden. Da sich Personen, die auf dem Landweg reisen, im Vergleich zu Flug– oder Schiffsreisenden häufiger und freier bewegen können, ist das Risiko der Nichtbeachtung der Bedingungen der Abgaben– und Steuerfreiheit für Einfuhren durch den Reisenden und folglich der Kontrollaufwand für die Zollbehörden im Fall einer Reise auf dem Landweg deutlich höher. Verbrauchsteuerfreie Verkäufe an den Landgrenzen sollten daher nicht zulässig sein, was in den meisten Mitgliedstaaten bereits der Fall ist. Allerdings sollte es den Mitgliedstaaten während eines Übergangszeitraums gestattet sein, für Waren, die von bereits bestehenden, an ihren Landgrenzen zu einem Drittland gelegenen Tax-free-Verkaufsstellen abgegeben werden, weiterhin eine Verbrauchsteuerbefreiung zu gewähren.

(15) Da in Herstellungs und Lagerstätten Kontrollen durchgeführt werden müssen, um die Einziehung der Steuern sicherzustellen, sollte zur Erleichterung solcher Kontrollen ein System behördlich zugelassener Lager unterhalten werden.

(16) Es sollten auch die Verpflichtungen festgelegt werden, die zugelassene Lagerinhaber und Wirtschaftsbeteiligte zu erfüllen haben, denen keine Zulassung zum Betrieb eines Steuerlagers erteilt wurde.

(17) Es sollte möglich sein, dass verbrauchsteuerpflichtige Waren vor ihrer Überführung in den steuerrechtlich freien Verkehr innerhalb der Gemeinschaft unter Steueraussetzung befördert werden. Solche Beförderungen von einem Steuerlager zu verschiedenen Bestimmungsorten, insbesondere zu einem anderen Steuerlager, aber auch zu im Sinne dieser Richtlinie gleichgestellten Bestimmungsorten, sollten zulässig sein.

(18) Die Beförderung verbrauchsteuerpflichtiger Waren unter Aussetzung der Steuer sollte auch vom Ort der Einfuhr zu diesen Bestimmungsorten zulässig sein, weshalb der Status der Person geregelt werden sollte, die die Waren von diesem Ort der Einfuhr aus versenden, sie jedoch nicht lagern darf.

(19) Um die Zahlung der Verbrauchsteuern im Falle der Nichterledigung der Beförderung verbrauchsteuerpflichtiger Waren sicherzustellen, sollten die Mitgliedstaaten die Leistung einer Sicherheit verlangen, die von dem zugelassenen Lagerinhaber als Versender oder dem registrierten Versender oder, sofern der Abgangsmitgliedstaat dies genehmigt, von einer anderen an der Warenbeförderung beteiligten Person nach Maßgabe der von den Mitgliedstaaten festgelegten Bedingungen zu erbringen ist.

(20) Um die Erhebung der Steuern zu den von den Mitgliedstaaten festgelegten Sätzen zu gewährleisten, ist es erforderlich, dass die zuständigen Behörden in der Lage sind, die Beförderungen der ver-

brauchsteuerpflichtigen Waren zu verfolgen; daher sollte ein System zur Überwachung dieser Waren vorgesehen werden.

(21) Es ist angemessen, hierfür das EDV-gestützte System einzusetzen, das infolge der Entscheidung Nr. 1152/2003/EG des Europäischen Parlaments und des Rates vom 16. Juni 2003 über die Einführung eines EDV- gestützten Systems zur Beförderung und Kontrolle der Beförderung verbrauchsteuerpflichtiger Waren[1] eingerichtet wurde. Die Verwendung dieses Systems beschleunigt gegenüber einem papiergestützten System die Erledigung der erforderlichen Formalitäten und erleichtert die Überwachung der Beförderung verbrauchsteuerpflichtiger Waren unter Steueraussetzung.

(22) Es ist angezeigt das Verfahren festzulegen, nach dem die Wirtschaftsbeteiligten die Steuerbehörden der Mitgliedstaaten über den Versand oder den Empfang von Sendungen verbrauchsteuerpflichtiger Waren informieren. Dabei sollte der Situation bestimmter Empfänger, die nicht an das EDV-gestützte System angeschlossen sind, aber dennoch unter Steueraussetzung beförderte Waren erhalten können, auf angemessene Weise Rechnung getragen werden.

(23) Um die reibungslose Anwendung der Bestimmungen über die Beförderung verbrauchsteuerpflichtiger Waren unter Steueraussetzung zu gewährleisten, sollten die Bestimmungen über Beginn und Ende der Beförderung sowie über die Wahrnehmung der damit verbundenen Zuständigkeiten präzisiert werden.

(24) Es sind die Verfahren festzulegen, nach denen vorzugehen ist, falls das EDV-gestützte System nicht zur Verfügung steht.

(25) Die Mitgliedstaaten sollten die Möglichkeit haben, für Beförderungen verbrauchsteuerpflichtiger Waren unter Steueraussetzung, die ausschließlich in ihrem Gebiet erfolgen, eine besondere Regelung vorzusehen, oder zur Vereinfachung der Verfahren bilaterale Vereinbarungen mit anderen Mitgliedstaaten zu schließen.

(26) Es ist angebracht, die Besteuerungs und die Verfahrensregeln für die Beförderung von Waren, für die in einem Mitgliedstaat bereits Verbrauchsteuern entrichtet wurden zu präzisieren, ohne deren grundsätzlichen Aufbau zu ändern.

(27) Werden verbrauchsteuerpflichtige Waren von Privatpersonen für ihren Eigenbedarf erworben und von diesen in einen anderem Mitgliedstaat verbracht, so sollten die Verbrauchsteuern nach dem Grundprinzip des Binnenmarkts im Mitgliedstaat des Erwerbs der Waren entrichtet werden.

(28) Werden verbrauchsteuerpflichtige Waren nach ihrer Überführung in den steuerrechtlich freien Verkehr in einem anderen Mitgliedstaat als dem, in dem die Überführung erfolgte, zu gewerblichen Zwecken in Besitz gehalten, ist es erforderlich festzulegen, dass die Verbrauchsteuer in diesem zweiten Mitgliedstaat zu entrichten ist. Hierzu ist es insbesondere erforderlich, den Begriff „gewerbliche Zwecke" zu definieren.

(29) Werden verbrauchsteuerpflichtige Waren von Personen erworben, die keine zugelassenen Lagerinhaber oder registrierten Empfänger sind und keine selbstständige wirtschaftliche Tätigkeit ausüben, und werden diese Waren mittelbar oder unmittelbar vom Verkäufer oder für diesen versandt oder befördert, so sollten die Verbrauchsteuern im Bestimmungsmitgliedstaat entrichtet werden, und das vom Verkäufer einzuhaltende Verfahren sollten festgelegt werden.

(30) Um Interessenkonflikte zwischen Mitgliedstaaten und Doppelbesteuerung zu vermeiden, wenn bereits in einem Mitgliedstaat in den steuerrechtlich freien Verkehr überführte verbrauchsteuerpflichtige Waren innerhalb der Gemeinschaft befördert werden, sollten Bestimmungen für die Fälle festgelegt werden, in denen nach der Überführung der verbrauchsteuerpflichtigen Waren in den steuerrechtlich freien Verkehr Unregelmäßigkeiten auftreten.

(31) Mitgliedstaaten sollte es erlaubt sein festzulegen, dass in den steuerrechtlich freien Verkehr überführte Waren mit Steuerzeichen oder mit nationalen Erkennungszeichen versehen sind. Die Verwendung solcher Steuer- bzw. Erkennungszeichen sollten keine Hemmnisse für den innergemeinschaftlichen Handel schaffen.

Da die Verwendung dieser Steuer- bzw. Erkennungszeichen nicht zu einer Doppelbesteuerung führen darf, sollte klargestellt werden, dass der Mitgliedstaat, der die Zeichen ausgegeben hat, jeden Betrag, der dafür bezahlt oder als Sicherheit geleistet wurde, erstattet, erlässt oder freigibt, wenn die Steuerschuld in einem anderen Mitgliedstaat entstanden ist und dort auch eingezogen wurde.

---

1) ABl. L 162 vom 1.7.2003, S. 5.

Um allerdings jede Form des Missbrauchs zu vermeiden, können die Mitgliedstaaten, die diese Steuer- bzw. Erkennungszeichen ausgegeben haben, die Erstattung, den Erlass oder die Freigabe davon abhängig machen, dass ein Nachweis für die Entfernung oder Zerstörung der Zeichen erbracht wird.

(32) Die regulären Verpflichtungen hinsichtlich der Beförderung und Überwachung verbrauchsteuerpflichtiger Waren können für kleine Weinerzeuger einen unverhältnismäßig hohen Verwaltungsaufwand nach sich ziehen. Deshalb sollten die Mitgliedstaaten die Möglichkeit haben, diese Erzeuger von bestimmten Verpflichtungen freizustellen.

(33) Es ist zu berücksichtigen, dass in Bezug auf verbrauchsteuerpflichtige Waren, die der Versorgung von Schiffen und Luftfahrzeugen dienen, bisher keine geeignete gemeinsame Herangehensweise gefunden wurde.

(34) Hinsichtlich verbrauchsteuerpflichtiger Waren, die für den Bau und die Instandhaltung von Grenzbrücken zwischen Mitgliedstaaten verwendet werden, sollte es den betreffenden Mitgliedstaaten erlaubt sein, Maßnahmen zu erlassen, die von den normalen Vorschriften und Verfahren für von einem Mitgliedstaat in den anderen beförderte verbrauchsteuerpflichtige Waren abweichen, um den Verwaltungsaufwand zu verringern.

(35) Die zur Durchführung dieser Richtlinie erforderlichen Maßnahmen sollten gemäß dem Beschluss 1999/468/EG des Rates vom 28. Juni 1999 zur Festlegung der Modalitäten für die Ausübung der der Kommission übertragenen Durchführungsbefugnisse[1] erlassen werden.

(36) Um eine Phase der Anpassung an das System zur elektronischen Kontrolle der Beförderungen unter Steueraussetzung zu ermöglichen, sollte Mitgliedstaaten ein Übergangszeitraum zugestanden werden, innerhalb dessen die Beförderung verbrauchsteuerpflichtiger Waren unter Steueraussetzung weiterhin unter Einhaltung der in der Richtlinie 92/12/EWG festgelegten Formalitäten zugelassen ist.

(37) Da das mit der vorliegenden Richtlinie angestrebte Ziel, nämlich für bestimmte Aspekte der Verbrauchsteuern gemeinsame Regelungen zu schaffen, auf Ebene der Mitgliedstaaten nicht ausreichend verwirklicht werden kann und wegen seines Umfangs und seiner Auswirkungen besser auf Gemeinschaftsebene zu verwirklichen ist, kann die Gemeinschaft im Einklang mit dem in Artikel 5 des Vertrags niedergelegten Subsidiaritätsprinzip tätig werden. Entsprechend dem in demselben Artikel genannten Verhältnismäßigkeitsprinzip geht diese Richtlinie nicht über das für die Erreichung dieses Ziels erforderliche Maß hinaus –

HAT FOLGENDE RICHTLINIE ERLASSEN:

## KAPITEL I

### ALLGEMEINE BESTIMMUNGEN

#### Artikel 1

(1) Diese Richtlinie legt ein allgemeines System für die Verbrauchsteuern fest, die mittelbar oder unmittelbar auf den Verbrauch folgender Waren (nachstehend „verbrauchsteuerpflichtige Waren" genannt) erhoben werden:

a) Energieerzeugnisse und elektrischer Strom gemäß der Richtlinie 2003/96/EG;

b) Alkohol und alkoholische Getränke gemäß den Richtlinien 92/83/EWG und 92/84/EWG;

c) Tabakwaren gemäß den Richtlinien 95/59/EG, 92/79/EWG und 92/80/EWG.

(2) Die Mitgliedstaaten können für besondere Zwecke auf verbrauchsteuerpflichtige Waren andere indirekte Steuern erheben, sofern diese Steuern in Bezug auf die Bestimmung der Bemessungsgrundlage, die Berechnung der Steuer, die Entstehung des Steueranspruchs und die steuerliche Überwachung mit den gemeinschaftlichen Vorschriften für die Verbrauchsteuer oder die Mehrwertsteuer vereinbar sind, wobei die Bestimmungen über die Steuerbefreiungen ausgenommen sind.

(3) Die Mitgliedstaaten können Steuern erheben auf:

a) andere als verbrauchsteuerpflichtige Waren;

b) Dienstleistungen, auch im Zusammenhang mit verbrauchsteuerpflichtigen Waren, sofern es sich nicht um umsatzbezogene Steuern handelt.

Die Erhebung solcher Steuern darf jedoch im grenzüberschreitenden Handelsverkehr zwischen Mitgliedstaaten keine mit dem Grenzübertritt verbundenen Formalitäten nach sich ziehen.

---

1) ABl. L 184 vom 17.7.1999, S. 23.

## Artikel 2

Verbrauchsteuerpflichtige Waren werden verbrauchsteuerpflichtig mit
a) ihrer Herstellung, gegebenenfalls einschließlich ihrer Förderung, innerhalb des Gebiets der Gemeinschaft;
b) ihrer Einfuhr in das Gebiet der Gemeinschaft.

## Artikel 3

(1) Auf den Eingang verbrauchsteuerpflichtiger Waren aus einem der in Artikel 5 Absatz 2 aufgeführten Gebiete in die Gemeinschaft sind die in den gemeinschaftlichen zollrechtlichen Vorschriften vorgesehenen Formalitäten für den Eingang von Waren in das Zollgebiet der Gemeinschaft entsprechend anzuwenden.

(2) Auf den Ausgang verbrauchsteuerpflichtiger Waren aus der Gemeinschaft in eines der in Artikel 5 Absatz 2 aufgeführten Gebiete sind die in den gemeinschaftlichen zollrechtlichen Vorschriften vorgesehenen Formalitäten für den Ausgang von Waren aus dem Zollgebiet der Gemeinschaft entsprechend anzuwenden.

(3) In Abweichung von den Absätzen 1 und 2 wird Finnland ermächtigt, auf Beförderungen verbrauchsteuerpflichtiger Waren zwischen seinem Gebiet gemäß der Definition in Artikel 4 Ziffer 2 und den in Artikel 5 Absatz 2 Buchstabe c genannten Gebieten dieselben Verfahren anzuwenden wie auf Beförderungen innerhalb seines Gebiets gemäß der Definition in Artikel 4 Ziffer 2.

(4) Die Kapitel III und IV gelten nicht für verbrauchsteuerpflichtige Waren, die einem zollrechtlichen Nichterhebungsverfahren unterliegen.

## Artikel 4

Im Sinne dieser Richtlinie und ihrer Durchführungsbestimmungen gelten folgende Definitionen:

1. Ein „zugelassener Lagerinhaber" ist eine natürliche oder juristische Person, die von den zuständigen Behörden eines Mitgliedstaats ermächtigt wurde, in Ausübung ihres Berufs im Rahmen eines Verfahrens der Steueraussetzung verbrauchsteuerpflichtige Waren in einem Steuerlager herzustellen, zu verarbeiten, zu lagern, zu empfangen oder zu versenden.
2. „Mitgliedstaat" und „Gebiet eines Mitgliedstaats" ist das Gebiet eines jeden Mitgliedstaats der Gemeinschaft, auf das der Vertrag gemäß seinem Artikel 299 Anwendung findet, mit Ausnahme von Drittgebieten.
3. „Gemeinschaft" und „Gebiet der Gemeinschaft" sind die Gebiete der Mitgliedstaaten im Sinne von Ziffer 2.
4. „Drittgebiete" sind die in Artikel 5 Absätze 2 und 3 genannten Gebiete.
5. „Drittland" ist jeder Staat oder jedes Gebiet, auf den/das der Vertrag keine Anwendung findet.
6. „Zollrechtliche Nichterhebungsverfahren" sind alle nach der Verordnung (EWG) Nr. 2913/92 vorgesehenen besonderen Verfahren der Zollüberwachung für Nichtgemeinschaftswaren bei ihrem Eingang in das Zollgebiet der Gemeinschaft, die vorübergehende Verwahrung, Freizonen oder Freilager sowie alle Verfahren gemäß Artikel 84 Absatz 1 Buchstabe a der genannten Verordnung.
7. Das „Verfahren der Steueraussetzung" ist eine steuerliche Regelung, die auf die Herstellung, die Verarbeitung, die Lagerung sowie die Beförderung verbrauchsteuerpflichtiger Waren, die keinem zollrechtlichen Nichterhebungsverfahren unterliegen, unter Aussetzung der Verbrauchsteuer Anwendung findet.
8. Die „Einfuhr verbrauchsteuerpflichtiger Waren" ist der Eingang verbrauchsteuerpflichtiger Waren in das Gebiet der Gemeinschaft, sofern die Waren bei ihrem Eingang in die Gemeinschaft nicht in ein zollrechtliches Nichterhebungsverfahren überführt werden, sowie die Entlassung dieser Waren aus einem zollrechtlichen Nichterhebungsverfahren.
9. Ein „registrierter Empfänger" ist eine natürliche oder juristische Person, die von den zuständigen Behörden des Bestimmungsmitgliedstaats ermächtigt wurde, in Ausübung ihres Berufs und gemäß den von diesen Behörden festgesetzten Voraussetzungen, in einem Verfahren der Steueraussetzung beförderte verbrauchsteuerpflichtige Waren aus einem anderen Mitgliedstaat zu empfangen.
10. Ein „registrierter Versender" ist eine natürliche oder juristische Person, die von den zuständigen Behörden des Einfuhrmitgliedstaats ermächtigt wurde, in Ausübung ihres Berufs und entsprechend den von diesen Behörden festgesetzten Voraussetzungen, verbrauchsteuerpflichtige Waren nach ihrer Überführung in den zollrechtlich freien Verkehr gemäß Artikel 79 der Verordnung (EWG) Nr. 2913/92 in einem Verfahren der Steueraussetzung lediglich zu versenden.

11. Ein „Steuerlager" ist jeder Ort, an dem unter bestimmten von den zuständigen Behörden des Mitgliedstaats, in dem sich das Steuerlager befindet, festgelegten Voraussetzungen verbrauchsteuerpflichtige Waren im Rahmen eines Verfahrens der Steueraussetzung vom zugelassenen Lagerinhaber in Ausübung seines Berufs hergestellt, verarbeitet, gelagert, empfangen oder versandt werden.

### Artikel 5

(1) Diese Richtlinie sowie die in Artikel 1 genannten Richtlinien gelten für das Gebiet der Gemeinschaft.

(2) Diese Richtlinie sowie die in Artikel 1 genannten Richtlinien gelten nicht für folgende Gebiete, die Teil des Zollgebiets der Gemeinschaft sind:

a) Kanarische Inseln;

b) französische überseeische Departements;

c) Ålandinseln;

d) Kanalinseln.

(3) Diese Richtlinie sowie die in Artikel 1 genannten Richtlinien gelten weder für Gebiete im Sinne des Artikels 299 Absatz 4 des Vertrags, noch für folgende sonstige Gebiete, die nicht Teil des Zollgebiets der Gemeinschaft sind:

a) Insel Helgoland;

b) Gebiet von Büsingen;

c) Ceuta;

d) Melilla;

e) Livigno;

f) Campione d'Italia;

g) den zum italienischen Gebiet gehörenden Teil des Luganer Sees.

(4) Spanien kann mittels einer Erklärung notifizieren, dass auf den Kanarischen Inseln – vorbehaltlich bestimmter Anpassungen zur Berücksichtigung ihrer äußersten Randlage – sowohl diese Richtlinie als auch die in Artikel 1 genannten Richtlinien auf alle oder einen Teil der in Artikel 1 genannten verbrauchsteuerpflichtigen Waren ab dem ersten Tag des zweiten Monats, der auf die Hinterlegung einer solchen Erklärung folgt, anwendbar sind.

(5) Frankreich kann mittels einer Erklärung notifizieren, dass in den französischen überseeischen Departements – vorbehaltlich bestimmter Anpassungen zur Berücksichtigung ihrer äußersten Randlage – sowohl diese Richtlinie als auch die in Artikel 1 genannten Richtlinien auf alle oder einen Teil der in Artikel 1 genannten verbrauchsteuerpflichtigen Waren ab dem ersten Tag des zweiten Monats, der auf die Hinterlegung einer solchen Erklärung folgt, anwendbar sind.

(6) Die Bestimmungen dieser Richtlinie stehen der Beibehaltung des durch Artikel 105 der griechischen Verfassung garantierten Sonderstatus für den Berg Athos in Griechenland nicht entgegen.

### Artikel 6

(1) Angesichts der Abkommen und Verträge, die sie mit Frankreich, Italien, Zypern und dem Vereinigten Königreich geschlossen haben, gelten das Fürstentum Monaco, San Marino, die Hoheitszonen des Vereinigten Königreichs Akrotiri und Dhekelia sowie die Insel Man für die Zwecke dieser Richtlinie nicht als Drittländer.

(2) Die Mitgliedstaaten ergreifen die erforderlichen Maßnahmen, um sicherzustellen, dass die Beförderung verbrauchsteuerpflichtiger Waren von oder nach

a) dem Fürstentum Monaco so behandelt wird, als befinde sich der Ausgangs– oder Bestimmungsort in Frankreich;

b) San Marino so behandelt wird, als befinde sich der Ausgangs– oder Bestimmungsort in Italien;

c) den Hoheitszonen Akrotiri und Dhekelia des Vereinigten Königreichs so behandelt wird, als befinde sich der Ausgangs– oder Bestimmungsort auf Zypern;

d) der Insel Man so behandelt wird, als befinde sich der Ausgangs– oder Bestimmungsort im Vereinigten Königreich.

(3) Die Mitgliedstaaten ergreifen die erforderlichen Maßnahmen, um sicherzustellen, dass die Beförderung verbrauchsteuerpflichtiger Waren von oder nach Jungholz und Mittelberg (Kleines Walsertal) so behandelt wird, als befinde sich der Ausgangs– oder Bestimmungsort in Deutschland.

## KAPITEL II
## ENTSTEHUNG DES VERBRAUCHSTEUERANSPRUCHS, ERSTATTUNG UND STEUERBEFREIUNG

### ABSCHNITT 1
### Zeitpunkt und Ort der Entstehung des Verbrauchsteueranspruchs

#### Artikel 7

(1) Der Verbrauchsteueranspruch entsteht zum Zeitpunkt und im Mitgliedstaat der Überführung in den steuerrechtlich freien Verkehr.

(2) Als Überführung in den steuerrechtlich freien Verkehr im Sinne dieser Richtlinie gilt

a) die Entnahme verbrauchsteuerpflichtiger Waren, einschließlich der unrechtmäßigen Entnahme, aus dem Verfahren der Steueraussetzung;

b) der Besitz verbrauchsteuerpflichtiger Waren außerhalb eines Verfahrens der Steueraussetzung, wenn keine Verbrauchsteuer gemäß den geltenden Bestimmungen des Gemeinschaftsrechts und des einzelstaatlichen Rechts erhoben wurde;

c) die Herstellung verbrauchsteuerpflichtiger Waren, einschließlich der unrechtmäßigen Herstellung, außerhalb eines Verfahrens der Steueraussetzung;

d) die Einfuhr verbrauchsteuerpflichtiger Waren, einschließlich der unrechtmäßigen Einfuhr, es sei denn, die verbrauchsteuerpflichtigen Waren werden unmittelbar bei ihrer Einfuhr in ein Verfahren der Steueraussetzung überführt.

(3) Als Zeitpunkt der Überführung in den steuerrechtlich freien Verkehr gilt

a) in den Fällen des Artikels 17 Absatz 1 Buchstabe a Ziffer ii der Empfang der verbrauchsteuerpflichtigen Waren durch den registrierten Empfänger;

b) in den Fällen des Artikels 17 Absatz 1 Buchstabe a Ziffer iv der Empfang der verbrauchsteuerpflichtigen Waren durch den Empfänger;

c) in den Fällen des Artikels 17 Absatz 2 der Empfang der verbrauchsteuerpflichtigen Waren am Ort der Direktlieferung.

(4) Die vollständige Zerstörung oder der unwiederbringliche Verlust einem Verfahren der Steueraussetzung unterstellter verbrauchsteuerpflichtiger Waren aufgrund ihrer Beschaffenheit, infolge unvorhersehbarer Ereignisse oder höherer Gewalt oder einer von den zuständigen Behörden des Mitgliedstaates erteilten Genehmigung gelten nicht als Überführung in den steuerrechtlich freien Verkehr.

Im Sinne dieser Richtlinie gelten Waren dann als vollständig zerstört oder unwiederbringlich verloren gegangen, wenn sie nicht mehr als verbrauchsteuerpflichtige Waren genutzt werden können.

Die vollständige Zerstörung oder der unwiederbringliche Verlust der betreffenden verbrauchsteuerpflichtigen Waren ist den zuständigen Behörden des Mitgliedstaats, in dem die vollständige Zerstörung oder der unwiederbringliche Verlust eingetreten ist, oder, wenn nicht festgestellt werden kann, wo der Verlust eingetreten ist, den zuständigen Behörden des Mitgliedstaats, in dem der Verlust entdeckt wurde, hinreichend nachzuweisen.

(5) Jeder Mitgliedstaat legt seine eigenen Regeln und Bedingungen fest, nach denen ein Verlust nach Absatz 4 bestimmt wird.

#### Artikel 8

(1) Steuerschuldner eines entstandenen Verbrauchssteueranspruchs ist:

a) im Zusammenhang mit der Entnahme verbrauchsteuerpflichtiger Waren aus dem Verfahren der Steueraussetzung nach Artikel 7 Absatz 2 Buchstabe a:

   i) der zugelassene Lagerinhaber, der registrierte Empfänger oder jede andere Person, die die verbrauchsteuerpflichtigen Waren aus dem Verfahren der Steueraussetzung entnimmt oder in deren Namen die Waren aus diesem Verfahren entnommen werden, und – im Falle der unrechtmäßigen Entnahme aus dem Steuerlager – jede Person, die an dieser Entnahme beteiligt war;

   ii) im Falle einer Unregelmäßigkeit bei der Beförderung verbrauchsteuerpflichtiger Waren in einem Verfahren der Steueraussetzung nach Artikel 10 Absätze 1, 2 und 4 der zugelassene Lagerinhaber, der registrierte Versender oder jede andere Person, die die Sicherheit nach Artikel 18 Absätze 1 und 2 geleistet hat, und jede Person, die an der unrechtmäßigen Entnahme beteiligt war und wusste oder vernünftigerweise hätte wissen müssen, dass die Entnahme unrechtmäßig war;

b) im Zusammenhang mit dem Besitz verbrauchsteuerpflichtiger Waren nach Artikel 7 Absatz 2 Buchstabe b: jede Person, die im Besitz der verbrauchsteuerpflichtigen Waren ist, oder jede andere am Besitz dieser Waren beteiligte Person;

c) im Zusammenhang mit der Herstellung verbrauchsteuerpflichtiger Waren nach Artikel 7 Absatz 2 Buchstabe c: jede Person, die die verbrauchsteuerpflichtigen Waren herstellt, und – im Falle der unrechtmäßigen Herstellung – jede andere an der Herstellung dieser Waren beteiligte Person;

d) im Zusammenhang mit der Einfuhr verbrauchsteuerpflichtiger Waren nach Artikel 7 Absatz 2 Buchstabe d: die Person, die die verbrauchsteuerpflichtigen Waren anmeldet oder in deren Namen diese Waren bei der Einfuhr angemeldet werden, und – im Falle der unrechtmäßigen Einfuhr – jede andere an der Einfuhr beteiligte Person.

(2) Gibt es für eine Verbrauchsteuerschuld mehrere Steuerschuldner, so sind diese gesamtschuldnerisch zur Erfüllung dieser Steuerschuld verpflichtet.

### Artikel 9

Die Voraussetzungen für das Entstehen des Steueranspruchs und der anzuwendende Verbrauchsteuersatz richten sich nach den Bestimmungen, die zum Zeitpunkt des Entstehens des Steueranspruchs in dem Mitgliedstaat gelten, in dem die Überführung in den steuerrechtlich freien Verkehr stattfindet.

Die Verbrauchsteuer wird nach den von jedem Mitgliedstaat festgelegten Verfahren erhoben und eingezogen, bzw. gegebenenfalls erstattet oder erlassen. Die Mitgliedstaaten wenden auf im Inland hergestellte Waren und auf Waren mit Herkunft aus anderen Mitgliedstaaten dieselben Verfahren an.

### Artikel 10

(1) Wurde bei der Beförderung verbrauchsteuerpflichtiger Waren in einem Verfahren der Steueraussetzung eine Unregelmäßigkeit begangen, die eine Überführung dieser Waren in den steuerrechtlich freien Verkehr nach Artikel 7 Absatz 2 Buchstabe a zur Folge hatte, so findet die Überführung der verbrauchsteuerpflichtigen Waren in den steuerrechtlich freien Verkehr in dem Mitgliedstaat statt, in dem die Unregelmäßigkeit begangen wurde.

(2) Wurde bei der Beförderung verbrauchsteuerpflichtiger Waren in einem Verfahren der Steueraussetzung eine Unregelmäßigkeit festgestellt, die eine Überführung dieser Waren in den steuerrechtlich freien Verkehr nach Artikel 7 Absatz 2 Buchstabe a zur Folge hatte, und kann der Ort, an dem die Unregelmäßigkeit begangen wurde, nicht bestimmt werden, so gilt die Unregelmäßigkeit als in dem Mitgliedstaat und zu dem Zeitpunkt eingetreten, in dem bzw. zu dem sie entdeckt wurde.

(3) In den in den Absätzen 1 und 2 genannten Fällen unterrichten die zuständigen Behörden des Mitgliedstaats, in dem die Waren in den steuerrechtlich freien Verkehr überführt wurden oder als in den steuerrechtlich freien Verkehr überführt gelten, die zuständigen Behörden des Abgangsmitgliedstaats.

(4) Sind verbrauchsteuerpflichtige Waren, die in einem Verfahren der Steueraussetzung befördert werden, nicht an ihrem Bestimmungsort eingetroffen und wurde während der Beförderung keine Unregelmäßigkeit festgestellt, die eine Überführung dieser Waren in den steuerrechtlich freien Verkehr nach Artikel 7 Absatz 2 Buchstabe a zur Folge hatte, so gilt eine Unregelmäßigkeit als im Abgangsmitgliedstaat und zu dem Zeitpunkt begangen, zu dem die Beförderung begonnen hat, es sei denn, dass den zuständigen Behörden des Abgangsmitgliedstaats innerhalb von vier Monaten nach Beginn der Beförderung gemäß Artikel 20 Absatz 1 ein hinreichender Nachweis über die Beendigung der Beförderung nach Artikel 20 Absatz 2 oder über den Ort, an dem die Unregelmäßigkeit begangen wurde, erbracht wird.

Falls die Person, die die Sicherheit nach Artikel 18 geleistet hat, keine Kenntnis davon hatte oder haben konnte, dass die Waren nicht an ihrem Bestimmungsort eingetroffen sind, so wird ihr eine Frist von einem Monat ab Übermittlung dieser Information durch die zuständigen Behörden des Abgangsmitgliedstaats eingeräumt, um ihr zu ermöglichen, den Nachweis für das Ende der Beförderung nach Artikel 20 Absatz 2 oder den Ort, an dem die Unregelmäßigkeit eingetreten ist, zu erbringen.

(5) Wird jedoch in den in den Absätzen 2 und 4 genannten Fällen vor Ablauf einer Frist von drei Jahren ab dem Tag, an dem die Beförderung nach Artikel 20 Absatz 1 begonnen hat, ermittelt, in welchem Mitgliedstaat die Unregelmäßigkeit tatsächlich begangen wurde, so findet Absatz 1 Anwendung. In diesen Fällen unterrichten die zuständigen Behörden des Mitgliedstaates, in dem die Unregelmäßigkeit begangen wurde, die zuständigen Behörden desjenigen Mitgliedstaates, in dem die Verbrauchsteuer erhoben wurde; diese erstatten oder erlassen und die Verbrauchsteuer, sobald der Nachweis vorliegt, dass diese in dem anderen Mitgliedstaat erhoben wurde.

(6) Als Unregelmäßigkeit im Sinne dieses Artikels gilt ein während der Beförderung verbrauchsteuerpflichtiger Waren in einem Verfahren der Steueraussetzung eintretender Fall – mit Ausnahme des in

Artikel 7 Absatz 4 genannten Falls –, aufgrund dessen eine Beförderung oder ein Teil einer Beförderung verbrauchsteuerpflichtiger Waren nicht nach Artikel 20 Absatz 2 beendet wurde.

## ABSCHNITT 2

### Erstattung und Erlass

### Artikel 11

Neben den in Artikel 33 Absatz 6, Artikel 36 Absatz 5 und Artikel 38 Absatz 3 genannten Fällen, sowie den Fällen, die in den in Artikel 1 genannten Richtlinien vorgesehen sind, kann die Verbrauchsteuer für in den steuerrechtlich freien Verkehr überführte verbrauchsteuerpflichtige Waren auf Antrag einer betroffenen Person von den zuständigen Behörden des Mitgliedstaats, in dem die Waren in den steuerrechtlich freien Verkehr überführt wurden, in den von den Mitgliedstaaten festgelegten Situationen und zu den Bedingungen, die die Mitgliedstaaten zur Vorbeugung von Steuerhinterziehung oder Missbrauch festlegen, erstattet oder erlassen werden.

Eine solche Erstattung oder ein solcher Erlass darf nicht zu anderen Steuerbefreiungen führen als denen, die in Artikel 12 oder einer der in Artikel 1 genannten Richtlinien vorgesehen sind.

## ABSCHNITT 3

### Steuerbefreiungen

### Artikel 12

(1) Verbrauchsteuerpflichtige Waren sind von der Verbrauchsteuer befreit, wenn sie zur Verwendung für einen der folgenden Zwecke oder durch einen der folgenden Empfänger bestimmt sind:

a) im Rahmen diplomatischer oder konsularischer Beziehungen;

b) durch internationale Einrichtungen, die von den Behörden des Aufnahmemitgliedstaats als solche anerkannt sind, sowie durch die Mitglieder dieser Einrichtungen, und zwar in den Grenzen und entsprechend den Bedingungen, die in den internationalen Übereinkommen zur Gründung dieser Einrichtungen oder in den Sitzabkommen festgelegt sind;

c) durch die Streitkräfte der Vertragsparteien des Nordatlantikpakts mit Ausnahme des Mitgliedstaats, in dessen Hoheitsgebiet der Verbrauchsteueranspruch entsteht, und zwar für den Gebrauch oder Verbrauch dieser Streitkräfte oder ihr ziviles Begleitpersonal oder für die Versorgung ihrer Kasinos oder Kantinen;

d) durch die Streitkräfte des Vereinigten Königreichs, die gemäß dem Vertrag zur Gründung der Republik Zypern vom 16. August 1960 auf der Insel Zypern stationiert sind, und zwar für den Gebrauch oder Verbrauch dieser Streitkräfte oder ihr ziviles Begleitpersonal oder für die Versorgung ihrer Kasinos oder Kantinen;

e) für den Verbrauch im Rahmen von mit Drittländern oder internationalen Einrichtungen geschlossenen Abkommen, sofern das Abkommen hinsichtlich der Mehrwertsteuerbefreiung zugelassen oder genehmigt worden ist.

(2) Der Aufnahmemitgliedstaat legt Voraussetzungen und Grenzen dieser Steuerbefreiung fest. Die Mitgliedstaaten können die Steuerbefreiung in Form einer Erstattung der Verbrauchsteuer gewähren.

### Artikel 13

(1) Unbeschadet des Artikels 21 Absatz 1 ist bei der Beförderung verbrauchsteuerpflichtiger Waren in einem Verfahren der Steueraussetzung zu einem der in Artikel 12 Absatz 1 genannten Empfänger eine Freistellungsbescheinigung mitzuführen.

(2) Die Kommission legt Form und Inhalt der Freistellungsbescheinigung im Einklang mit dem Verfahren gemäß Artikel 43 Absatz 2 fest.

(3) Das in den Artikeln 21 bis 27 festgelegte Verfahren gilt nicht für die Beförderungen verbrauchsteuerpflichtiger Waren in einem Verfahren der Steueraussetzung zu den in Artikel 12 Absatz 1 Buchstabe c genannten Streitkräften, wenn diese einem Verfahren unterliegen, das unmittelbar auf dem Nordatlantikpakt beruht.

Die Mitgliedstaaten können jedoch vorsehen, dass das in den Artikeln 21 bis 27 festgelegte Verfahren bei entsprechenden Beförderungen angewandt wird, die gänzlich in ihrem Hoheitsgebiet oder – aufgrund einer Vereinbarung zwischen den betroffenen Mitgliedstaaten – zwischen deren Hoheitsgebieten stattfinden.

## Artikel 14

(1) Die Mitgliedstaaten können eine Steuerbefreiung für Waren gewähren, die von Tax-free-Verkaufsstellen abgegeben und im persönlichen Gepäck von Reisenden mitgeführt werden, die sich an Bord eines Flugzeugs oder Schiffs in ein Drittgebiet oder ein Drittland begeben.

(2) Waren, die im Verlauf einer Flug– oder Schiffsreise in ein Drittgebiet oder ein Drittland an Bord des Flugzeugs oder Schiffes abgegeben werden, sind den durch Tax-free-Verkaufsstellen abgegebenen Waren gleichgestellt.

(3) Die Mitgliedstaaten treffen die erforderlichen Maßnahmen, um zu gewährleisten, dass bei Anwendung der Steuerbefreiung nach den Absätzen 1 und 2 Steuerhinterziehung, -umgehung oder -missbrauch vorgebeugt wird.

(4) Mitgliedstaaten, die zum 1. Juli 2008 über Tax-free-Verkaufsstellen außerhalb von Flug– oder Seehäfen verfügen, können bis zum 1. Januar 2017 weiterhin eine Steuerbefreiung für verbrauchsteuerpflichtige Waren gewähren, die von diesen Verkaufsstellen abgegeben und im persönlichen Gepäck von Reisenden mitgeführt werden, die sich in ein Drittgebiet oder ein Drittland begeben.

(5) Im Sinne dieses Artikels gelten als

a) „Tax-free-Verkaufsstelle" jede Verkaufsstelle innerhalb eines Flug– oder Seehafens, welche die Bedingungen erfüllt, die von den zuständigen Behörden des Mitgliedstaats, insbesondere in Anwendung des Absatzes 3, festgelegt wurden;

b) „Reisende, die sich in ein Drittgebiet oder ein Drittland begeben" alle Reisenden, die im Besitz eines Flugscheines oder einer Schiffsfahrkarte sind, worin als Endbestimmungsort ein Flug– oder Seehafen in einem Drittgebiet oder Drittland genannt ist.

## KAPITEL III

### HERSTELLUNG, VERARBEITUNG UND LAGERUNG

## Artikel 15

(1) Jeder Mitgliedstaat erlässt die Vorschriften für die Herstellung, die Verarbeitung und die Lagerung verbrauchsteuerpflichtiger Waren vorbehaltlich der Bestimmungen dieser Richtlinie.

(2) Die Herstellung, die Verarbeitung und die Lagerung verbrauchsteuerpflichtiger und noch nicht versteuerter Waren erfolgen in einem Steuerlager.

## Artikel 16

(1) Die Eröffnung und der Betrieb eines Steuerlagers durch einen zugelassenen Lagerinhaber bedürfen der Zulassung durch die zuständigen Behörden des Mitgliedstaates, in dem das Steuerlager belegen ist.

Die Zulassung unterliegt den Bedingungen, die die Behörden zur Vorbeugung von Steuerhinterziehung oder -missbrauch festlegen können.

(2) Der zugelassene Lagerinhaber ist verpflichtet:

a) erforderlichenfalls eine Sicherheit zur Abdeckung der mit der Herstellung, der Verarbeitung und der Lagerung der verbrauchsteuerpflichtigen Waren verbundenen Risiken zu leisten;

b) den von dem Mitgliedstaat, in dessen Gebiet sich das Steuerlager befindet, vorgeschriebenen Verpflichtungen nachzukommen;

c) eine nach Lagern getrennte Buchhaltung über die Bestände und Warenbewegungen verbrauchsteuerpflichtiger Waren zu führen;

d) alle in einem Verfahren der Steueraussetzung beförderten verbrauchsteuerpflichtigen Waren nach Beendigung der Beförderung in sein Steuerlager zu verbringen und in seinen Büchern zu erfassen, sofern Artikel 17 Absatz 2 keine Anwendung findet;

e) alle Maßnahmen zur Kontrolle oder zur amtlichen Bestandsaufnahme zu dulden.

Die Bedingungen für die Leistung der unter Buchstabe a aufgeführten Sicherheit werden von den zuständigen Behörden des Mitgliedstaats festgelegt, in dem das Steuerlager zugelassen ist.

## KAPITEL IV
## BEFÖRDERUNG VERBRAUCHSTEUERPFLICHTIGER WAREN UNTER STEUERAUSSETZUNG
### ABSCHNITT 1
### Allgemeine Bestimmungen
#### Artikel 17

(1) Verbrauchsteuerpflichtige Waren können in einem Verfahren der Steueraussetzung wie folgt innerhalb des Gebiets der Gemeinschaft befördert werden, und zwar auch dann, wenn die Waren über ein Drittland oder ein Drittgebiet befördert werden:

a) aus einem Steuerlager zu
   i) einem anderen Steuerlager,
   ii) einem registrierten Empfänger,
   iii) einem Ort, an dem die verbrauchsteuerpflichtigen Waren entsprechend Artikel 25 Absatz 1 das Gebiet der Gemeinschaft verlassen;
   iv) einem der in Artikel 12 Absatz 1 aufgeführten Empfänger, wenn die Waren von einem anderen Mitgliedstaat aus versandt werden;
b) vom Ort der Einfuhr zu jedem der unter Buchstabe a aufgeführten Bestimmungsorte, wenn die Waren von einem registrierten Versender versandt werden.

Der „Ort der Einfuhr" im Sinne dieses Artikels ist der Ort, an dem sich die Waren bei ihrer Überführung in den zollrechtlich freien Verkehr nach Artikel 79 der Verordnung (EWG) Nr. 2913/92 befinden.

(2) Abweichend von Absatz 1 Buchstabe a Ziffern i und ii und Absatz 1 Buchstabe b dieses Artikels und außer in dem in Artikel 19 Absatz 3 genannten Fall kann der Bestimmungsmitgliedstaat nach von ihm festzusetzenden Bedingungen die Beförderung verbrauchsteuerpflichtiger Waren in einem Verfahren der Steueraussetzung an einen in seinem Gebiet befindlichen Bestimmungsort für eine Direktlieferung zulassen, wenn dieser Ort vom zugelassenen Lagerinhaber im Bestimmungsmitgliedstaat oder vom registrierten Empfänger angegeben wurde.

Dieser zugelassene Lagerinhaber oder dieser registrierte Empfänger bleiben für die Übermittlung der Eingangsmeldung nach Artikel 24 Absatz 1 verantwortlich.

(3) Die Absätze 1 und 2 gelten auch für die Beförderung verbrauchsteuerpflichtiger Waren, die dem Nullsatz unterliegen und nicht in den steuerrechtlich freien Verkehr überführt worden sind.

#### Artikel 18

(1) Die zuständigen Behörden des Abgangsmitgliedstaats verlangen unter von ihnen festgelegten Bedingungen, dass die mit der Beförderung verbrauchsteuerpflichtiger Waren unter Steueraussetzung verbundenen Risiken durch eine Sicherheit abgedeckt werden, die von dem zugelassenen Lagerinhaber als Versender oder dem registrierten Versender zu leisten ist.

(2) Abweichend von Absatz 1 können die zuständigen Behörden des Abgangsmitgliedstaats unter den von ihnen festgesetzten Bedingungen gestatten, dass die in Absatz 1 genannte Sicherheit von dem Beförderer, dem Eigentümer der verbrauchsteuerpflichtigen Waren, dem Empfänger oder gemeinsam von zwei oder mehreren dieser Personen und den in Absatz 1 genannten Personen geleistet wird.

(3) Die Sicherheitsleistung ist für die gesamte Gemeinschaft gültig. Ihre Einzelheiten werden von den Mitgliedstaaten geregelt.

(4) Der Abgangsmitgliedstaat kann bei folgenden Beförderungen verbrauchsteuerpflichtiger Waren in einem Verfahren der Steueraussetzung auf die Sicherheitsleistung verzichten:

a) Beförderungen, die ausschließlich in seinem Gebiet erfolgen;
b) Beförderungen von Energieerzeugnissen innerhalb der Gemeinschaft auf dem Seeweg oder durch feste Rohrleitungen, wenn die anderen betroffenen Mitgliedstaaten dem zustimmen.

#### Artikel 19

(1) Ein registrierter Empfänger darf verbrauchsteuerpflichtige Waren in einem Verfahren der Steueraussetzung weder lagern noch versenden.

(2) Ein registrierter Empfänger ist verpflichtet:

a) Vor dem Versand der verbrauchsteuerpflichtigen Waren eine Sicherheit für die Entrichtung der Verbrauchsteuer nach Maßgabe der von den zuständigen Behörden des Bestimmungsmitgliedstaats festgelegten Bedingungen zu leisten;
b) nach Beendigung der Beförderung alle in einem Verfahren der Steueraussetzung empfangenen verbrauchsteuerpflichtigen Waren in seinen Büchern zu erfassen;
c) alle Kontrollen zu dulden, die es den zuständigen Behörden des Bestimmungsmitgliedstaats ermöglichen, sich vom tatsächlichen Empfang der Waren zu überzeugen.

(3) Die Berechtigung nach Artikel 4 Nummer 9 ist für einen registrierten Empfänger, der nur gelegentlich verbrauchsteuerpflichtige Waren empfängt, auf eine bestimmte Menge verbrauchsteuerpflichtiger Waren, einen einzigen Versender und einen bestimmten Zeitraum beschränkt. Die Mitgliedstaaten können die Berechtigung auf eine einzige Beförderung beschränken.

### Artikel 20

(1) Die Beförderung verbrauchsteuerpflichtiger Waren in einem Verfahren der Steueraussetzung beginnt in den in Artikel 17 Absatz 1 Buchstabe a dieser Richtlinie genannten Fällen, wenn die verbrauchsteuerpflichtigen Waren das Abgangssteuerlager verlassen, und in den in Artikel 17 Absatz 1 Buchstabe b dieser Richtlinie genannten Fällen bei ihrer Überführung in den zollrechtlich freien Verkehr nach Artikel 79 der Verordnung (EWG) Nr. 2913/92.

(2) Die Beförderung verbrauchsteuerpflichtiger Waren in einem Verfahren der Steueraussetzung endet in den in Artikel 17 Absatz 1 Buchstabe a Ziffern i, ii und iv und Artikel 17 Absatz 1 Buchstabe b genannten Fällen, wenn der Empfänger die verbrauchsteuerpflichtigen Waren übernommen hat, und in den in Artikel 17 Absatz 1 Buchstabe a Ziffer iii genannten Fällen, wenn die Waren das Gebiet der Gemeinschaft verlassen haben.

### ABSCHNITT 2
### Verfahren für die Beförderung verbrauchsteuerpflichtiger Waren unter Steueraussetzung

### Artikel 21

(1) Eine Beförderung verbrauchsteuerpflichtiger Waren gilt nur dann als in einem Verfahren der Steueraussetzung durchgeführt, wenn sie mit einem elektronischen Verwaltungsdokument erfolgt, das nach den Absätzen 2 und 3 erstellt wurde.

(2) Für die Zwecke des Absatzes 1 dieses Artikels übermittelt der Versender den zuständigen Behörden des Abgangsmitgliedstaats unter Verwendung des in Artikel 1 der Entscheidung Nr. 1152/2003/EG genannten EDV-gestützten Systems (nachstehend „EDV-gestütztes System" genannt) einen Entwurf des elektronischen Verwaltungsdokuments.

(3) Die zuständigen Behörden des Abgangsmitgliedstaats überprüfen elektronisch die Angaben in dem Entwurf des elektronischen Verwaltungsdokuments.

Sind diese Angaben fehlerhaft, so wird dies dem Versender unverzüglich mitgeteilt.

Sind diese Angaben korrekt, so weisen die zuständigen Behörden des Abgangsmitgliedstaats dem Dokument einen einzigen administrativen Referenzcode zu und teilen diesen dem Versender mit.

(4) In den in Artikel 17 Absatz 1 Buchstabe a Ziffern i, ii und iv sowie Artikel 17 Absatz 1 Buchstabe b und Absatz 2 genannten Fällen übermitteln die zuständigen Behörden des Abgangsmitgliedstaats das elektronische Verwaltungsdokument unverzüglich den zuständigen Behörden des Bestimmungsmitgliedstaats, die es ihrerseits an den Empfänger weiterleiten, wenn dieser ein zugelassener Lagerinhaber oder ein registrierter Empfänger ist.

Sind die verbrauchsteuerpflichtigen Waren für einen zugelassenen Lagerinhaber im Abgangsmitgliedstaat bestimmt, senden die zuständigen Behörden dieses Mitgliedstaats das elektronische Verwaltungsdokument direkt an ihn.

(5) Im Falle des Artikels 17 Absatz 1 Buchstabe a Ziffer iii dieser Richtlinie leiten die zuständigen Behörden des Abgangsmitgliedstaats das elektronische Verwaltungsdokument an die zuständigen Behörden des Mitgliedstaats, in dem nach Artikel 161 Absatz 5 der Verordnung (EG) Nr. 2913/92 die Ausfuhranmeldung abgegeben wird (nachfolgend „Ausfuhrmitgliedstaat" genannt), weiter, sofern dieser Mitgliedstaat nicht der Abgangsmitgliedstaat ist.

(6) Der Versender übermittelt der Person, die die verbrauchsteuerpflichtigen Waren begleitet, ein schriftliches Exemplar des elektronischen Verwaltungsdokuments oder eines anderen Handelspapiers, aus dem der einzige administrative Referenzcode eindeutig hervorgeht. Dieses Dokument muss den zuständigen Behörden während der gesamten Beförderung in einem Verfahren der Steueraussetzung auf Verlangen jederzeit vorgelegt werden können.

(7) Der Versender kann das elektronische Verwaltungsdokument annullieren, solange die Beförderung gemäß Artikel 20 Absatz 1 noch nicht begonnen hat.

(8) Während der Beförderung verbrauchsteuerpflichtiger Waren in einem Verfahren der Steueraussetzung kann der Versender den Bestimmungsort über das EDV-gestützte System ändern und einen anderen Bestimmungsort angeben, der einer der in Artikel 17 Absatz 1 Buchstabe a Ziffern i, ii oder iii oder gegebenenfalls in Artikel 17 Absatz 2 genannten Bestimmungsorte sein muss.

## Artikel 22

(1) Steht bei einer Beförderung von Energieerzeugnissen in einem Verfahren der Steueraussetzung im Seeverkehr oder auf Binnenwasserstraßen der Empfänger bei Übermittlung des Entwurfs des elektronischen Verwaltungsdokuments nach Artikel 21 Absatz 2 noch nicht endgültig fest, so können die zuständigen Behörden des Abgangsmitgliedstaats dem Versender gestatten, in dem Dokument die Angaben zum Empfänger wegzulassen.

(2) Sobald die Angaben zum Empfänger bekannt sind, spätestens jedoch bei Ende der Beförderung, übermittelt der Versender diese den zuständigen Behörden des Abgangsmitgliedstaats nach dem Verfahren gemäß Artikel 21 Absatz 8.

## Artikel 23

Die zuständigen Behörden des Abgangsmitgliedstaats können dem Versender nach den vom Abgangsmitgliedstaat festgelegten Bedingungen gestatten, eine Beförderung von Energieerzeugnissen in einem Verfahren der Steueraussetzung in zwei oder mehrere Beförderungen aufzuteilen, sofern

1. sich an der Gesamtmenge der verbrauchsteuerpflichtigen Waren nichts ändert,
2. die Aufteilung in dem Gebiet eines Mitgliedstaats vorgenommen wird, der eine solche Vorgehensweise gestattet;
3. die zuständigen Behörden dieses Mitgliedstaates darüber informiert werden, wo die Aufteilung erfolgt.

Die Mitgliedstaaten teilen der Kommission mit, ob und unter welchen Bedingungen sie die Aufteilung von Beförderungen in ihrem Gebiet gestatten. Die Kommission leitet diese Informationen an die anderen Mitgliedstaaten weiter.

## Artikel 24

(1) Beim Empfang verbrauchsteuerpflichtiger Waren an einem der in Artikel 17 Absatz 1 Buchstabe a Ziffern i, ii oder iv oder Artikel 17 Absatz 2 genannten Bestimmungsorte übermittelt der Empfänger den zuständigen Behörden des Bestimmungsmitgliedstaats über das EDV-gestützte System unverzüglich, spätestens jedoch fünf Werktage nach Beendigung der Beförderung, außer in den zuständigen Behörden ordnungsgemäß nachgewiesenen Fällen, eine Meldung über den Eingang der Waren (nachfolgend „Eingangsmeldung" genannt).

(2) Die zuständigen Behörden des Bestimmungsmitgliedstaates legen die Einzelheiten der Übermittlung der Eingangsmeldung über den Empfang der Waren durch die Empfänger nach Artikel 12 Absatz 1 fest.

(3) Die zuständigen Behörden des Bestimmungsmitgliedstaats überprüfen elektronisch die Angaben in der Eingangsmeldung.

Sind diese Angaben fehlerhaft, so wird dies dem Empfänger unverzüglich mitgeteilt.

Sind diese Angaben korrekt, so bestätigen die zuständigen Behörden des Bestimmungsmitgliedstaats dem Empfänger den Erhalt der Eingangsmeldung und übermitteln sie den zuständigen Behörden des Abgangsmitgliedstaats.

(4) Die zuständigen Behörden des Abgangsmitgliedstaats leiten die Eingangsmeldung an den Versender weiter. Befinden sich der Abgangs und der Bestimmungsort im selben Mitgliedstaat, so übermitteln dessen zuständige Behörden die Eingangsmeldung direkt dem Versender.

## Artikel 25

(1) In den Fällen nach Artikel 17 Absatz 1 Buchstabe a Ziffer iii sowie gegebenenfalls Artikel 17 Absatz 1 Buchstabe b dieser Richtlinie erstellen die zuständigen Behörden des Ausfuhrmitgliedstaats auf der Grundlage des von der Ausgangszollstelle nach Artikel 793 Absatz 2 der Verordnung (EWG) Nr. 2454/93 der Kommission vom 2. Juli 1993 mit Durchführungsvorschriften zu der Verordnung (EWG) Nr. 2913/92 des Rates zur Festlegung des Zollkodex der Gemeinschaften[1] oder von der Zollstelle, bei der die Formalitäten nach Artikel 3 Absatz 2 dieser Richtlinie erledigt werden, erteilten Sichtvermerks

---
1) ABl. L 253 vom 11.10.1993, S. 1.

eine Ausfuhrmeldung, in der bestätigt wird, dass die verbrauchsteuerpflichtigen Waren das Gebiet der Gemeinschaft verlassen haben.

(2) Die zuständigen Behörden des Ausfuhrmitgliedstaats überprüfen elektronisch die Angaben, die sich aus dem in Absatz 1 genannten Sichtvermerk ergeben. Sobald diese Angaben überprüft wurden, senden die zuständigen Behörden des Ausfuhrmitgliedstaats die Ausfuhrmeldung an die zuständigen Behörden des Abgangsmitgliedstaats, falls der Abgangsmitgliedstaat nicht auch der Ausfuhrmitgliedstaat ist.

(3) Die zuständigen Behörden des Abgangsmitgliedstaats leiten die Ausfuhrmeldung an den Versender weiter.

### Artikel 26

(1) Steht das EDV-gestützte System im Abgangsmitgliedstaat nicht zur Verfügung, kann der Versender abweichend von Artikel 21 Absatz 1 eine Beförderung verbrauchsteuerpflichtiger Waren in einem Verfahren der Steueraussetzung beginnen, vorausgesetzt,

a) den Waren ist ein Dokument in Papierform beigefügt, das dieselben Daten enthält wie der Entwurf des elektronischen Verwaltungsdokuments nach Artikel 21 Absatz 2;

b) er unterrichtet die zuständigen Behörden des Abgangsmitgliedstaats vor Beginn der Beförderung.

Der Abgangsmitgliedstaat kann auch eine Kopie des Dokuments nach Buchstabe a, die Überprüfung der in dieser Kopie enthaltenen Daten und – sofern der Versender für die Nichtverfügbarkeit verantwortlich ist – sachdienliche Informationen über die Gründe für diese Nichtverfügbarkeit vor Beginn der Beförderung anfordern.

(2) Steht das EDV-gestützte System wieder zur Verfügung, legt der Versender einen Entwurf des elektronischen Verwaltungsdokuments nach Artikel 21 Absatz 2 vor.

Sobald die in dem elektronischen Verwaltungsdokument enthaltenen Angaben gemäß Artikel 21 Absatz 3 validiert wurden, ersetzt dieses Dokument das Papierdokument nach Absatz 1 Buchstabe a dieses Artikels. Artikel 21 Absätze 4 und 5 sowie die Artikel 24 und 25 finden entsprechend Anwendung.

(3) Bis zu dem Zeitpunkt, zu dem die in dem elektronischen Verwaltungsdokument enthaltenen Angaben validiert werden, gilt die Beförderung als in einem Verfahren der Steueraussetzung mit dem Papierdokument nach Absatz 1 Buchstabe a durchgeführt.

(4) Der Versender bewahrt eine Kopie des Papierdokuments nach Absatz 1 Buchstabe a für seine Bücher auf.

(5) Steht das EDV-gestützte System im Abgangsmitgliedstaat nicht zur Verfügung, teilt der Versender die Informationen nach Artikel 21 Absatz 8 oder Artikel 23 mit, indem er andere Kommunikationsmittel nutzt. Hierzu unterrichtet er die zuständigen Behörden des Abgangsmitgliedstaats, bevor die Änderung des Bestimmungsortes oder die Aufteilung der Beförderung vorgenommen wird. Die Absätze 2 bis 4 dieses Artikels finden entsprechend Anwendung.

### Artikel 27

(1) Kann in den Fällen nach Artikel 17 Absatz 1 Buchstabe a Ziffern i, ii und iv, nach Artikel 17 Absatz 1 Buchstabe b sowie nach Artikel 17 Absatz 2 die Eingangsmeldung gemäß Artikel 24 Absatz 1 bei Beendigung der Beförderung der verbrauchsteuerpflichtigen Waren nicht innerhalb der in letztgenanntem Artikel niedergelegten Fristen vorgelegt werden, weil entweder das EDV-gestützte System im Bestimmungsmitgliedstaat nicht zur Verfügung steht oder – in dem in Artikel 26 Absatz 1 genannten Fall – die in Artikel 26 Absatz 2 vorgesehenen Verfahren noch nicht durchgeführt worden sind, so legt der Empfänger den zuständigen Behörden des Bestimmungsmitgliedstaats – außer in ordnungsgemäß nachgewiesenen Fällen – ein Papierdokument vor, das dieselben Angaben wie die Eingangsmeldung enthält und das Ende der Beförderung bestätigt.

Außer in dem Fall, dass die Eingangsmeldung nach Artikel 24 Absatz 1 vom Empfänger über das EDV-gestützte System kurzfristig vorgelegt werden kann, oder in ordnungsgemäß begründeten Fällen übermitteln die zuständigen Behörden des Bestimmungsmitgliedstaats eine Kopie des Papierdokuments nach Unterabsatz 1 an die zuständigen Behörden des Abgangsmitgliedstaats, die diese wiederum an den Versender weiterleiten oder für ihn aufbewahren.

Sobald das EDV-gestützte System im Bestimmungsmitgliedstaat wieder zur Verfügung steht oder die in Artikel 26 Absatz 2 genannten Verfahren durchgeführt worden sind, legt der Empfänger eine Eingangsmeldung nach Artikel 24 Absatz 1 vor. Artikel 24 Absätze 3 und 4 gelten sinngemäß.

(2) Kann in den Fällen nach Artikel 17 Absatz 1 Buchstabe a Ziffern iii die Ausfuhrmeldung gemäß Artikel 25 Absatz 1 bei Beendigung einer Beförderung verbrauchsteuerpflichtiger Waren nicht erstellt werden, weil entweder das EDV-gestützte System im Ausfuhrmitgliedstaat nicht zur Verfügung steht oder – in dem in Artikel 26 Absatz 1 genannten Fall – die in Artikel 26 Absatz 2 genannten Verfahren

noch nicht durchgeführt worden sind, so übermitteln die zuständigen Behörden des Ausfuhrmitgliedstaats den zuständigen Behörden des Abgangsmitgliedstaats ein Papierdokument, das dieselben Angaben wie die Ausfuhrmeldung enthält und das Ende der Beförderung bestätigt; dies gilt außer in dem Fall, dass die Ausfuhrmeldung nach Artikel 25 Absatz 1 über das EDV-gestützte System kurzfristig erstellt werden kann oder in ordnungsgemäß begründeten Fällen.

Die zuständigen Behörden des Abgangsmitgliedstaats übermitteln dem Versender eine Kopie des Papierdokuments nach Unterabsatz 1 oder bewahren sie für ihn auf.

Sobald das EDV-gestützte System im Ausfuhrmitgliedstaat wieder verfügbar ist oder die in Artikel 26 Absatz 2 genannten Verfahren durchgeführt worden sind, übermitteln die zuständigen Behörden des Ausfuhrmitgliedstaats eine Ausfuhrmeldung nach Artikel 25 Absatz 1. Artikel 25 Absätze 2 und 3 gelten entsprechend.

### Artikel 28

(1) Unbeschadet des Artikels 27 gilt die Eingangsmeldung nach Artikel 24 Absatz 1 oder die Ausfuhrmeldung nach Artikel 25 Absatz 1 als Nachweis, dass eine Beförderung verbrauchsteuerpflichtiger Waren nach Artikel 20 Absatz 2 beendet wurde.

(2) Abweichend von Absatz 1 kann für den Fall, dass – aus anderen als den in Artikel 27 genannten Gründen – keine Eingangs- oder Ausfuhrmeldung vorliegt, das Ende der Beförderung verbrauchsteuerpflichtiger Waren in einem Verfahren der Steueraussetzung in den Fällen nach Artikel 17 Absatz 1 Buchstabe a Ziffern i, ii und iv, nach Artikel 17 Absatz 1 Buchstabe b sowie nach Artikel 17 Absatz 2 auch durch einen Sichtvermerk der zuständigen Behörden des Bestimmungsmitgliedstaats nachgewiesen werden, wenn hinreichend belegt ist, dass die versandten verbrauchsteuerpflichtigen Waren den angegebenen Bestimmungsort erreicht haben, oder in dem in Artikel 17 Absatz 1 Buchstabe a Ziffer iii genannten Fall, durch einen Sichtvermerk der zuständigen Behörden des Mitgliedstaats, in dem sich die Ausgangszollstelle befindet, durch den bestätigt wird, dass die verbrauchsteuerpflichtigen Waren das Gebiet der Gemeinschaft verlassen haben.

Ein vom Empfänger vorgelegtes Dokument, das dieselben Angaben enthält wie die Eingangsmeldung oder die Ausfuhrmeldung, gilt als hinreichender Beleg im Sinne von Unterabsatz 1.

Wurden die entsprechenden Belege von den zuständigen Behörden des Abgangsmitgliedstaats akzeptiert, so gilt die Beförderung im EDV-gestützten System als abgeschlossen.

### Artikel 29

(1) Die Kommission erlässt nach dem in Artikel 43 Absatz 2 genannten Verfahren Bestimmungen zur Festlegung

a) der Struktur und des Inhalt der Meldungen, die für die Zwecke der Artikel 21 bis 25 bei einer Beförderung verbrauchsteuerpflichtiger Waren in einem Verfahren der Steueraussetzung zwischen den betreffenden Personen und den zuständigen Behörden auszutauschen sind;
b) der Vorschriften und Verfahren im Zusammenhang mit dem Austausch von Meldungen nach Buchstabe a;
c) der Struktur der Papierdokumente nach den Artikeln 26 und 27.

(2) Jeder Mitgliedstaat legt für die Zwecke der und im Einklang mit den Artikeln 26 und 27 die Fälle fest, in denen das EDV-gestützte System als nicht verfügbar betrachtet werden kann, sowie die in diesen Fällen einzuhaltenden Vorschriften und Verfahren.

### ABSCHNITT 3
#### Vereinfachte Verfahren

#### Artikel 30

Die Mitgliedstaaten können für Beförderungen verbrauchsteuerpflichtiger Waren, die in einem Verfahren der Steueraussetzung ausschließlich in ihrem Gebiet durchgeführt werden, vereinfachte Verfahren festlegen; dies schließt auch die Möglichkeit der Befreiung von der elektronischen Kontrolle dieser Beförderungen ein.

#### Artikel 31

Im Wege von Vereinbarungen und entsprechend den von allen betroffenen Mitgliedstaaten festgelegten Bedingungen können vereinfachte Verfahren für häufig und regelmäßig stattfindende Beförderungen von verbrauchsteuerpflichtigen Waren in einem Verfahren der Steueraussetzung zwischen den Gebieten von zwei oder mehr Mitgliedstaaten festgelegt werden.

Diese Bestimmung gilt auch für Beförderungen durch feste Rohrleitungen.

## KAPITEL V

## BEFÖRDERUNG UND BESTEUERUNG VERBRAUCHSTEUERPFLICHTIGER WAREN NACH DER ÜBERFÜHRUNG IN DEN STEUERRECHTLICH FREIEN VERKEHR

### ABSCHNITT 1

### Erwerb durch Privatpersonen

### Artikel 32

(1) Die Verbrauchsteuer auf verbrauchsteuerpflichtige Waren, die eine Privatperson für ihren Eigenbedarf erwirbt und selbst von einem Mitgliedstaat in einen anderen befördert, wird nur im Mitgliedstaat des Erwerbs erhoben.

(2) Um festzustellen, ob die verbrauchsteuerpflichtigen Waren nach Absatz 1 für den Eigenbedarf einer Privatperson bestimmt sind, berücksichtigen die Mitgliedstaaten insbesondere folgende Kriterien:

a) die handelsrechtliche Stellung und die Gründe des Besitzers für den Besitz der verbrauchsteuerpflichtigen Waren;

b) den Ort, an dem die verbrauchsteuerpflichtigen Waren sich befinden, oder gegebenenfalls die Art ihrer Beförderung;

c) alle Dokumente, die mit den verbrauchsteuerpflichtigen Waren zusammenhängen;

d) die Art der verbrauchsteuerpflichtigen Waren;

e) die Menge der verbrauchsteuerpflichtigen Waren.

(3) Für die Anwendung von Absatz 2 Buchstabe e können die Mitgliedstaaten Richtmengen festlegen, jedoch nur, um einen Anhaltspunkt zu gewinnen. Diese Richtmengen dürfen folgende Werte nicht unterschreiten:

a) für Tabakwaren:

- Zigaretten: 800 Stück,
- Zigarillos (Zigarren mit einem Höchstgewicht von 3 g/Stück): 400 Stück,
- Zigarren: 200 Stück,
- Rauchtabak: 1,0 kg;

b) für alkoholische Getränke:

- Spirituosen: 10 Liter,
- Zwischenerzeugnisse: 20 Liter,
- Wein: 90 Liter (davon höchstens 60 Liter Schaumwein),
- Bier: 110 Liter.

(4) Die Mitgliedstaaten können ferner vorsehen, dass im Verbrauchsmitgliedstaat ein Verbrauchsteueranspruch beim Erwerb von Mineralölen entsteht, die bereits in einem anderen Mitgliedstaat in den steuerrechtlich freien Verkehr überführt worden sind, wenn diese Waren von einer Privatpersonen oder auf deren Rechnung auf atypische Weise befördert worden sind.

Als „atypische Beförderungsarten" im Sinne dieses Absatzes gelten die Beförderung von Kraftstoff in anderen Behältnissen als dem Fahrzeugtank oder einem geeigneten Reservebehälter sowie die Beförderung von flüssigen Heizstoffen auf andere Weise als in Tankwagen, die auf Rechnung eines gewerblichen Unternehmers eingesetzt werden.

### ABSCHNITT 2

### Warenbesitz in einem anderen Mitgliedstaat

### Artikel 33

(1) Unbeschadet des Artikels 36 Absatz 1 unterliegen verbrauchsteuerpflichtige Waren, die in einem Mitgliedstaat bereits in den steuerrechtlich freien Verkehr überführt worden sind, sofern sie zu gewerblichen Zwecken in einem anderen Mitgliedstaat in Besitz gehalten und dort zur Lieferung oder Verwendung vorgesehen sind, der Verbrauchsteuer, die in diesem anderen Mitgliedstaat erhoben wird.

Als „Besitz zu gewerblichen Zwecken" im Sinne dieses Artikels gilt der Besitz verbrauchsteuerpflichtiger Waren durch eine Person, die keine Privatperson ist, oder durch eine Privatperson, sofern diese die Waren nicht für den Eigenbedarf erworben und, im Einklang mit Artikel 32, selbst befördert hat.

(2) Die Voraussetzungen für das Entstehen des Steueranspruchs und der anzuwendende Verbrauchsteuersatz richten sich nach den Bestimmungen, die zum Zeitpunkt des Entstehens des Steueranspruchs in diesem anderen Mitgliedstaat gelten.

(3) Steuerschuldner der zu entrichtenden Verbrauchsteuer ist entsprechend der in Absatz 1 genannten Fälle entweder die Person, die die Lieferung vornimmt oder in deren Besitz sich die zur Lieferung vorgesehenen Waren befinden oder an die die Waren im anderen Mitgliedstaat geliefert werden.

(4) Unbeschadet des Artikels 38 gilt der Besitz verbrauchsteuerpflichtiger Waren, die in einem Mitgliedstaat bereits in den steuerrechtlich freien Verkehr überführt wurden und anschließend innerhalb der Gemeinschaft zu gewerblichen Zwecken befördert werden, vor ihrer Ankunft im Bestimmungsmitgliedstaat nicht als solchen Zwecken dienend, wenn die Waren unter Einhaltung der in Artikel 34 festgelegten Formalitäten befördert werden.

(5) Der Besitz verbrauchsteuerpflichtiger Waren, die sich an Bord eines zwischen zwei Mitgliedstaaten verkehrenden Wasser- oder Luftfahrzeugs befinden, aber nicht zum Verkauf stehen, solange sich das betreffende Fahrzeug im Gebiet eines Mitgliedstaats befindet, gilt in diesem Mitgliedstaat nicht als gewerblichen Zwecken dienend.

(6) Die Verbrauchsteuer wird im Mitgliedstaat der Überführung in den steuerrechtlich freien Verkehr auf Antrag erstattet oder erlassen, wenn die zuständigen Behörden des anderen Mitgliedstaats feststellen, dass der Steueranspruch in diesem Mitgliedstaat entstanden ist und die Steuerschuld dort auch erhoben wurde.

## Artikel 34

(1) In den in Artikel 33 Absatz 1 genannten Fällen werden verbrauchsteuerpflichtige Waren zwischen den Gebieten der verschiedenen Mitgliedstaaten unter Mitführung eines Begleitdokuments befördert, das die wichtigsten Angaben des Dokuments nach Artikel 21 Absatz 1 enthält.

Die Kommission legt nach dem in Artikel 43 Absatz 2 genannten Verfahren Bestimmungen zu Form und Inhalt dieses Dokuments fest.

(2) Die in Artikel 33 Absatz 3 genannten Personen sind verpflichtet:

a) vor dem Versand der Waren bei den zuständigen Behörden des Bestimmungsmitgliedstaats eine Anmeldung abzugeben und eine Sicherheit für die Entrichtung der Verbrauchsteuern zu leisten;

b) nach dem vom Bestimmungsmitgliedstaats festgelegten Verfahren die Verbrauchsteuer des Bestimmungsmitgliedstaats zu entrichten;

c) alle Kontrollen zu dulden, die es den zuständigen Behörden des Bestimmungsmitgliedstaats ermöglichen, sich vom tatsächlichen Eingang der verbrauchsteuerpflichtigen Waren und der Entrichtung der dafür geschuldeten Verbrauchsteuern zu überzeugen.

Der Bestimmungsmitgliedstaat kann in den Fällen und nach den Modalitäten, die er festlegt, die Vorschriften unter Buchstabe a vereinfachen oder eine Abweichung von diesen Vorschriften gestatten. In diesem Fall setzt er die Kommission hiervon in Kenntnis, die ihrerseits die übrigen Mitgliedstaaten informiert.

## Artikel 35

(1) Für verbrauchsteuerpflichtige Waren, die in einem Mitgliedstaat bereits in den steuerrechtlich freien Verkehr überführt wurden und die durch das Gebiet eines anderen Mitgliedstaats zu einem Bestimmungsort im erstgenannten Mitgliedstaat befördert werden, gilt Folgendes:

a) bei einer solchen Beförderung ist das Begleitdokument nach Artikel 34 Absatz 1 mitzuführen, und es ist ein geeigneter Transportweg zu wählen;

b) der Versender gibt vor dem Versand der verbrauchsteuerpflichtigen Waren bei den zuständigen Behörden des Abgangsortes eine Anmeldung ab;

c) der Empfänger bescheinigt den Empfang der Waren nach den Vorschriften der zuständigen Behörden des Bestimmungsortes;

d) Versender und Empfänger dulden alle Kontrollen, die es ihren jeweiligen zuständigen Behörden ermöglichen, sich vom tatsächlichen Eingang der Waren zu überzeugen.

(2) Werden verbrauchsteuerpflichtige Waren häufig und regelmäßig unter den in Absatz 1 genannten Voraussetzungen befördert, so können die betreffenden Mitgliedstaaten im gegenseitigen Einvernehmen nach den von ihnen festzulegenden Modalitäten die Vorschriften nach Absatz 1 vereinfachen.

## ABSCHNITT 3

### Fernverkäufe

#### Artikel 36

(1) Werden Waren, die in einem Mitgliedstaat bereits in den steuerrechtlich freien Verkehr überführt wurden, von einer in einem anderen Mitgliedstaat niedergelassenen Person erworben, die kein zugelassener Lagerinhaber oder registrierter Empfänger ist, und keine selbstständige wirtschaftliche Tätigkeit ausübt, und werden diese Waren direkt oder indirekt vom Verkäufer oder für dessen Rechnung in einen anderen Mitgliedstaat versandt oder befördert, so unterliegen sie der Verbrauchsteuer im Bestimmungsmitgliedstaat.

Als „Bestimmungsmitgliedstaat" im Sinne dieses Artikels gilt der Mitgliedstaat, in dem der Versand oder die Beförderung endet.

(2) In dem Fall nach Absatz 1 entsteht der Verbrauchsteueranspruch im Bestimmungsmitgliedstaat zum Zeitpunkt der Lieferung der verbrauchsteuerpflichtigen Waren. Die Voraussetzungen für das Entstehen des Steueranspruchs und der anzuwendende Verbrauchsteuersatz richten sich nach den Bestimmungen, die zum Zeitpunkt des Entstehens des Steueranspruchs gelten.

Die Verbrauchsteuer ist nach dem vom Bestimmungsmitgliedstaat festgelegten Verfahren zu entrichten.

(3) Steuerschuldner im Bestimmungsmitgliedstaat ist der Verkäufer.

Allerdings kann der Bestimmungsmitgliedstaat vorsehen, dass der Steuerschuldner ein im Bestimmungsmitgliedstaat niedergelassener und von den zuständigen Behörden dieses Mitgliedstaats zugelassener Steuervertreter oder, falls der Verkäufer die Vorschrift nach Absatz 4 Buchstabe a nicht eingehalten hat, der Empfänger der verbrauchsteuerpflichtigen Waren ist.

(4) Der Verkäufer oder der Steuervertreter erfüllt die folgenden Vorschriften:

a) er lässt vor dem Versand der verbrauchsteuerpflichtigen Waren bei der hierfür eigens bestimmten zuständigen Stelle seine Identität registrieren und leistet eine Sicherheit für die Entrichtung der Verbrauchsteuern nach den vom Bestimmungsmitgliedstaat festgelegten Bedingungen;

b) er entrichtet die Verbrauchsteuer nach Eingang der verbrauchsteuerpflichtigen Waren bei der unter Buchstabe a genannten Stelle;

c) er führt Aufzeichnungen über die Warenlieferungen.

Die betroffenen Mitgliedstaaten können diese Vorschriften nach den von ihnen festgelegten Bedingungen auf der Grundlage bilateraler Vereinbarungen vereinfachen.

(5) In dem in Absatz 1 genannten Fall werden die im ersten Mitgliedstaat erhobenen Verbrauchsteuern auf Antrag des Verkäufers erstattet oder erlassen, wenn er oder sein Steuervertreter das Verfahren nach Absatz 4 eingehalten hat.

(6) Die Mitgliedstaaten können in Bezug auf verbrauchsteuerpflichtige Waren, für deren Vertrieb eine innerstaatliche Sonderregelung gilt, besondere Vorschriften zur Anwendung der Absätze 1 bis 5 erlassen.

## ABSCHNITT 4

### Zerstörung und Verlust

#### Artikel 37

(1) Wurden die verbrauchsteuerpflichtigen Waren während der Beförderung in einem Mitgliedstaat, der nicht der Mitgliedstaat ist, in dem die Waren in den steuerrechtlich freien Verkehr überführt wurden, aufgrund ihrer Beschaffenheit oder infolge unvorhersehbarer Ereignisse oder höherer Gewalt oder einer von den zuständigen Behörden dieses Mitgliedstaats erteilten Genehmigung vollständig zerstört oder sind diese unwiederbringlich verloren gegangen, so wird die Verbrauchsteuer in den in Artikel 33 Absatz 1 und Artikel 36 Absatz 1 genannten Fällen in diesem Mitgliedstaat nicht geschuldet.

Die vollständige Zerstörung oder der unwiederbringliche Verlust der betreffenden verbrauchsteuerpflichtigen Waren ist den zuständigen Behörden des Mitgliedstaats, in dem die vollständige Zerstörung oder der unwiederbringliche Verlust eingetreten ist, oder, wenn nicht festgestellt werden kann, wo der Verlust eingetreten ist, den zuständigen Behörden des Mitgliedstaats, in dem der Verlust entdeckt wurde, hinreichend nachzuweisen.

Die gemäß Artikel 34 Absatz 2 Buchstabe a oder Artikel 36 Absatz 4 Buchstabe a geleistete Sicherheit wird freigegeben.

(2) Jeder Mitgliedstaat legt seine eigenen Regeln und Bedingungen fest, nach denen sich ein Verlust nach Absatz 1 bestimmt.

## ABSCHNITT 5

### Unregelmäßigkeiten während der Beförderung verbrauchsteuerpflichtiger Waren

#### Artikel 38

(1) Wurde während der Beförderung verbrauchsteuerpflichtiger Waren gemäß Artikel 33 Absatz 1 oder Artikel 36 Absatz 1 in einem Mitgliedstaat, der nicht der Mitgliedstaat ist, in dem die Waren in den steuerrechtlich freien Verkehr überführt wurden, eine Unregelmäßigkeit begangen, so unterliegen diese Waren der Verbrauchsteuer, die in dem Mitgliedstaat anfällt, in dem die Unregelmäßigkeit eingetreten ist.

(2) Wurde während der Beförderung verbrauchsteuerpflichtiger Waren gemäß Artikel 33 Absatz 1 oder Artikel 36 Absatz 1 in einem Mitgliedstaat, der nicht der Mitgliedstaat ist, in dem die Waren in den steuerrechtlich freien Verkehr überführt wurden, eine Unregelmäßigkeit festgestellt und lässt sich der Ort, an dem sie begangen wurde, nicht feststellen, so gilt die Unregelmäßigkeit als in dem Mitgliedstaat begangen, in dem sie entdeckt wurde, und die Verbrauchsteuer ist in diesem Mitgliedstaat zu entrichten.

Lässt sich jedoch vor Ablauf einer Frist von drei Jahren ab dem Zeitpunkt des Erwerbs der verbrauchsteuerpflichtigen Waren bestimmen, in welchem Mitgliedstaat die Unregelmäßigkeit tatsächlich begangen wurde, so findet Absatz 1 Anwendung.

(3) Steuerschuldner ist die Person, die nach Artikel 34 Absatz 2 Buchstabe a oder Artikel 36 Absatz 4 Buchstabe a die Sicherheit für die Entrichtung der Steuer geleistet hat, und jede Person, die an der Unregelmäßigkeit beteiligt war.

Die zuständigen Behörden des Mitgliedstaats, in dem die verbrauchsteuerpflichtigen Waren in den steuerrechtlich freien Verkehr überführt wurden, erstatten oder erlassen auf Antrag die Verbrauchsteuer, wenn diese in dem Mitgliedstaat erhoben wurde, in dem die Unregelmäßigkeit begangen oder entdeckt wurde. Die zuständigen Behörden des Bestimmungsmitgliedstaats geben die Sicherheitsleistung nach Artikel 34 Absatz 2 Buchstabe a oder Artikel 36 Absatz 4 Buchstabe a frei.

(4) Als „Unregelmäßigkeit" im Sinne des vorliegenden Artikels gilt ein während einer Beförderung verbrauchsteuerpflichtiger Waren nach Artikel 33 Absatz 1 oder Artikel 36 Absatz 1 eintretender Fall, der nicht durch Artikel 37 abgedeckt ist, aufgrund dessen eine Beförderung oder ein Teil einer Beförderung verbrauchsteuerpflichtiger Waren nicht ordnungsgemäß beendet wurde.

## KAPITEL VI

## VERSCHIEDENES

### ABSCHNITT 1

#### Kennzeichnung

#### Artikel 39

(1) Unbeschadet des Artikels 7 Absatz 1 können die Mitgliedstaaten verlangen, dass verbrauchsteuerpflichtige Waren zu dem Zeitpunkt, zu dem sie in ihrem Gebiet in den steuerrechtlich freien Verkehr überführt werden oder zu dem sie in den Fällen nach Artikel 33 Absatz 1 Unterabsatz 1 und Artikel 36 Absatz 1 in ihr Gebiet eingebracht werden, mit Steuerzeichen oder mit zu steuerlichen Zwecken verwendeten nationalen Erkennungszeichen versehen sind.

(2) Die Mitgliedstaaten, die die Verwendung von Steuerzeichen oder nationalen Erkennungszeichen im Sinne des Absatzes 1 vorschreiben, stellen diese Zeichen den zugelassenen Lagerinhabern der anderen Mitgliedstaaten zur Verfügung. Allerdings kann jeder Mitgliedstaat vorsehen, dass diese Steuer– bzw. Erkennungszeichen einem von den zuständigen Steuerbehörden dieses Mitgliedstaats zugelassenen Steuervertreter zur Verfügung gestellt werden.

(3) Die Mitgliedstaaten tragen unbeschadet der Vorschriften, die sie zur ordnungsgemäßen Anwendung dieses Artikels und zur Vorbeugung gegen Steuerhinterziehung, Steuerumgehung oder Missbrauch erlassen, dafür Sorge, dass die Steuer– bzw. Erkennungszeichen im Sinne des Absatz 1 keine Hemmnisse für den freien Verkehr von verbrauchsteuerpflichtigen Waren schaffen.

Werden solche Steuer– bzw. Erkennungszeichen an den verbrauchsteuerpflichtigen Waren angebracht, so hat der Mitgliedstaat, der diese Zeichen ausgegeben hat, jeden Betrag, der für solche Zeichen bezahlt oder als Sicherheit geleistet wurde – mit Ausnahme der Ausgabegebühr –, zu erstatten oder zu erlassen, wenn die Steuerschuld in einem anderen Mitgliedstaat entstanden ist und dort auch eingezogen wurde.

Der Mitgliedstaat, der die Steuer– bzw. Erkennungszeichen ausgegeben hat, kann jedoch die Erstattung oder den Erlass des bezahlten oder als Sicherheit geleisteten Betrags davon abhängig machen, dass die Entfernung oder Zerstörung der Zeichen seinen zuständigen Behörden hinreichend nachgewiesen wird.

(4) Die Steuer- bzw. Erkennungszeichen im Sinne des Absatzes 1 sind nur in dem Mitgliedstaat, der sie ausgegeben hat, gültig. Die Mitgliedstaaten können diese Zeichen jedoch gegenseitig anerkennen.

## ABSCHNITT 2

### Kleine Weinerzeuger

#### Artikel 40

(1) Die Mitgliedstaaten können kleine Weinerzeuger von den Verpflichtungen der Kapitel III und IV sowie von den übrigen Verpflichtungen im Zusammenhang mit der Beförderung und Kontrolle befreien. Nehmen die kleinen Weinerzeuger selbst Lieferungen in andere Mitgliedstaaten vor, unterrichten sie die zuständigen Behörden ihres eigenen Mitgliedstaats darüber und erfüllen die Pflichten aus der Verordnung (EG) Nr. 884/2001 der Kommission vom 24. April 2001 mit Durchführungsbestimmungen zu den Begleitdokumenten für die Beförderung von Weinbauerzeugnissen und zu den Ein und Ausgangsbüchern im Weinsektor[1].

(2) Ist ein kleiner Weinerzeuger von den Verpflichtungen nach Absatz 1 befreit, so unterrichtet der Empfänger die zuständigen Steuerbehörden des Bestimmungsmitgliedstaats mittels des nach der Verordnung (EG) Nr. 884/2001 erforderlichen Dokuments oder durch einen Verweis darauf über die erhaltenen Weinlieferungen.

(3) „Kleine Weinerzeuger" im Sinne dieses Artikels sind Personen, die durchschnittlich weniger als 1 000 hl Wein im Jahr erzeugen.

## ABSCHNITT 3

### Versorgung von Seeschiffen und Luftfahrzeugen

#### Artikel 41

Die Mitgliedstaaten können ihre Bestimmungen über Steuerbefreiungen für die Versorgung von Seeschiffen und Luftfahrzeugen beibehalten, bis der Rat Gemeinschaftsbestimmungen für diesen Bereich erlässt.

## ABSCHNITT 4

### Sonderregelungen

#### Artikel 42

Mitgliedstaaten, die eine Übereinkunft über die Verantwortung für den Bau oder die Instandhaltung einer Grenzbrücke geschlossen haben, können von den Bestimmungen dieser Richtlinie abweichende Maßnahmen erlassen, um das Verfahren für die Erhebung der Verbrauchsteuern auf verbrauchsteuerpflichtige Waren, die für den Bau und die Instandhaltung dieser Brücke verwendet werden, zu vereinfachen.

Für die Zwecke dieser Maßnahmen gelten die in dieser Übereinkunft genannte Brücke bzw. Baustelle als Teil des Hoheitsgebiets des Mitgliedstaats, der für den Bau oder die Instandhaltung der Brücke nach dieser Übereinkunft verantwortlich ist.

Die betreffenden Mitgliedstaaten teilen diese Maßnahmen der Kommission mit, die wiederum die anderen Mitgliedstaaten unterrichtet.

# KAPITEL VII

## VERBRAUCHSTEUERAUSSCHUSS

#### Artikel 43

(1) Die Kommission wird von einem Ausschuss, dem „Verbrauchsteuerausschuss", unterstützt.

(2) Wird auf diesen Absatz Bezug genommen, so gelten die Artikel 5 und 7 des Beschlusses 1999/468/ EG.

Der Zeitraum nach Artikel 5 Absatz 6 des Beschlusses 1999/468/EG wird auf drei Monate festgesetzt.

#### Artikel 44

Neben seinen Aufgaben nach Artikel 43 prüft der Verbrauchsteuerausschuss die von seinem Vorsitzenden von sich aus oder auf Ersuchen des Vertreters eines Mitgliedstaats aufgeworfenen Fragen, die die Anwendung der Gemeinschaftsbestimmungen über die Verbrauchsteuern betreffen.

---

1) ABl. L 128 vom 10.5.2001, S. 32.

## KAPITEL VIII
## ÜBERGANGS UND SCHLUSSBESTIMMUNGEN
### Artikel 45
(1) Bis zum 1. April 2013 legt die Kommission dem Europäischen Parlament und dem Rat einen Bericht über die Umsetzung des EDV-gestützten Systems und insbesondere über die Verpflichtungen nach Artikel 21 Absatz 6 sowie über die im Falle der Nichtverfügbarkeit des Systems anzuwendenden Verfahren vor.

(2) Bis zum 1. April 2015 legt die Kommission dem Europäischen Parlament und dem Rat einen Bericht über die Umsetzung dieser Richtlinie vor.

(3) Die in den Absätzen 1 und 2 festgelegten Berichte basieren insbesondere auf den von den Mitgliedstaaten übermittelten Informationen.

### Artikel 46
(1) Bis zum 31. Dezember 2010 können die Abgangsmitgliedstaaten weiterhin nach Artikel 15 Absatz 6 und Artikel 18 der Richtlinie 92/12/EWG eingeleitete Beförderungen verbrauchsteuerpflichtiger Waren in einem Verfahren der Steueraussetzung zulassen.

Für diese Beförderungen einschließlich ihrer Erledigung gelten die in Unterabsatz 1 genannten Vorschriften sowie Artikel 15 Absätze 4 und 5 und Artikel 19 der Richtlinie 92/12/EWG. Artikel 15 Absatz 4 der genannten Richtlinie ist auf alle Sicherheitsleistenden nach Artikel 18 Absätze 1 und 2 der vorliegenden Richtlinie anzuwenden.

Die Artikel 21 bis 27 der vorliegenden Richtlinie sind auf solche Beförderungen nicht anwendbar.

(2) Beförderungen verbrauchsteuerpflichtiger Waren, die vor dem 1. April 2010 eingeleitet wurden, werden gemäß der Richtlinie 92/12/EWG durchgeführt und erledigt.

Die vorliegende Richtlinie ist auf solche Beförderungen nicht anwendbar.

### Artikel 47
(1) Die Richtlinie 92/12/EWG wird mit Wirkung vom 1. April 2010 aufgehoben.

Sie gilt jedoch innerhalb der in Artikel 46 festgelegten Grenzen und für die dort genannten Zwecke weiterhin.

(2) Bezugnahmen auf die aufgehobene Richtlinie gelten als Bezugnahmen auf die vorliegende Richtlinie.

### Artikel 48
(1) Die Mitgliedstaaten erlassen und veröffentlichen bis zum 1. Januar 2010 die erforderlichen Rechts- und Verwaltungsvorschriften, um dieser Richtlinie spätestens ab dem 1. April 2010 nachzukommen.

Sie übermitteln der Kommission unverzüglich den Wortlaut dieser Vorschriften sowie eine Entsprechungstabelle zwischen den genannten Vorschriften und dieser Richtlinie. Wenn die Mitgliedstaaten diese Vorschriften erlassen, nehmen sie in den Vorschriften selbst oder durch einen Hinweis bei der amtlichen Veröffentlichung auf diese Richtlinie Bezug. Die Mitgliedstaaten regeln die Einzelheiten der Bezugnahme.

(2) Die Mitgliedstaaten teilen der Kommission den Wortlaut der wichtigsten innerstaatlichen Rechtsvorschriften mit, die sie auf dem unter diese Richtlinie fallenden Gebiet erlassen.

### Artikel 49
Diese Richtlinie tritt am Tag nach ihrer Veröffentlichung im Amtsblatt der Europäischen Union in Kraft.

### Artikel 50
Diese Richtlinie ist an die Mitgliedstaaten gerichtet.
Geschehen zu Brüssel am 16. Dezember 2008.

Im Namen des Rates
Die Präsidentin
R. BACHELOT-NARQUIN

## VERORDNUNG (EWG) Nr. 3649/92 DER KOMMISSION
### über ein vereinfachtes Begleitdokument für die Beförderung von verbrauchsteuerpflichtigen Waren, die sich bereits im steuerrechtlich freien Verkehr des Abgangsmitgliedstaats befinden

Amtsblatt der Europäischen Union vom 17.12.1992

DIE KOMMISSION DER EUROPÄISCHEN GEMEINSCHAFTEN –

gestützt auf den Vertrag zur Gründung der Europäischen Wirtschaftsgemeinschaft,

gestützt auf die Richtlinie des Rates 92/12/EWG vom 25. Februar 1992 über das allgemeine System, den Besitz, die Beförderung und die Kontrolle verbrauchsteuerpflichtiger Waren[1], insbesondere auf Artikel 7 Absatz 4,

gestützt auf die Stellungnahme des Verbrauchsteuerausschusses,

in Erwägung nachstehender Gründe:

Für verbrauchsteuerpflichtige Waren, die sich nach Entrichtung der Verbrauchsteuer bereits im steuerrechtlich freien Verkehr eines Mitgliedstaats befinden, soll die Bewegungsfreiheit mit der Verwirklichung des Binnenmarktes nicht auf diesen Mitgliedstaat beschränkt bleiben. In den Fällen, in denen diese Waren in einem anderen Mitgliedstaat zu gewerblichen Zwecken bestimmt sind oder bereitgestellt werden, soll die Verbrauchsteuer dann erneut nach den Regeln des Bestimmungsmitgliedstaats erhoben werden und damit eine Erstattung der im Abgangsmitgliedstaat ursprünglich gezahlten Verbrauchsteuer ermöglicht werden.

Um für diese Fälle steuerliche Kontrollen während des Transports zu ermöglichen, sieht Artikel 7 Absatz 4 der Richtlinie 92/12/EWG ein vereinfachtes Begleitdokument vor, das die wesentlichen Angaben des Begleitdokuments nach Artikel 18 Absatz 1 der genannten Richtlinie für die Warenbeförderung im Steueraussetzungsverfahren enthalten soll. Form und Inhalt dieses Dokuments sind festzulegen.

Um die Wirtschaftsbeteiligten möglichst nicht zusätzlich zu belasten, sollten auch bereits vorhandene kaufmännische Unterlagen als Begleitdokument verwendet werden dürfen, wenn sie bestimmte Bedingungen erfüllen.

Außerdem ist es erforderlich, eine Ausfertigung des Begleitdokuments für die Erstattung der im Abgangsmitgliedstaat gezahlten Verbrauchsteuer vorzusehen.

Die Einzelheiten des Verfahrens sind festzulegen und die Anzahl der für das Begleitdokument erforderlichen Ausfertigungen zu bestimmen.

Ferner ist es erforderlich, ein Begleitdokument für die Beförderung von vollständig vergälltem Alkohol zu gewerblichen Zwecken vorzusehen –

HAT FOLGENDE VERORDNUNG ERLASSEN:

### Artikel 1

Wenn verbrauchsteuerpflichtige Waren, die sich bereits im steuerrechtlich freien Verkehr eines Mitgliedstaats befinden, zu den in Artikel 7 der Richtlinie 92/12/EWG genannten Zwecken in einem anderen Mitgliedstaat verwendet werden sollen, ist von demjenigen, der für die innergemeinschaftliche Beförderung verantwortlich ist, ein vereinfachtes Begleitdokument auszufertigen. Das Begleitdokument muß beim Transport der Sendung zwischen den Mitgliedstaaten mitgeführt und bei Kontrollen dun.:h die zuständigen Behörden der Mitgliedstaaten vorgelegt werden.

### Artikel 2

(1) Für das vereinfachte Begleitdokument kann das im Anhang aufgeführte Muster unter Berücksichtigung der Erläuterungen auf der Rückseite der Ausfertigung 1 dieses Musters verwendet werden.

(2) Es können jedoch auch kaufmännische Unterlagen wie z.B. Rechnungen, Lieferscheine, Frachtbriefe usw. als vereinfachtes Begleitdokument verwendet werden, wenn sie die gleichen Angaben wie das in Absatz 1 genannten Muster unter Hinweis auf die entsprechende Feldnummer des Musters enthalten.

### Artikel 3

Werden die in Artikel 2 Absatz 2 genannten kaufmännischen Unterlagen als vereinfachtes Begleitdokument verwendet, so sind sie an gut sichtbarer Stelle wie folgt zu kennzeichnen:

---
[1] ABl. Nr. L 76 vom 23. 3. 1992, S. 1.

„Vereinfachtes Begleitdokument (verbrauchsteuerpflichtige Waren) zu verbrauchsteuerlichen Kontrollzwecken"

### Artikel 4

Das vereinfachte Begleitdokument ist in dreifacher Ausfertigung zu erstellen.

Die erste Ausfertigung verbleibt zu steuerlichen Kontrollzwecken beim Lieferer der Waren.

Die zweite Ausfertigung begleitet die Sendung und verbleibt beim Empfänger.

Die dritte Ausfertigung begleitet die Sendung und ist vom Empfänger mit einer Empfangsbestätigung an den Lieferer zurückzusenden, sofern der Lieferer dies insbesondere aus Gründen der Steuererstattung wünscht. Die Empfangsbestätigung muß auch Aufschluß über die weitere steuerliche Behandlung der Waren im Bestimmungsmitgliedstaat geben. Diese dritte Ausfertigung ist gegebenenfalls . einem Erstattungsantrag für die zuerst gezahlte Verbrauchsteuer nach Artikel 22 Absatz 3 der Richtlinie 92/12/EWG beizufügen.

### Artikel 5

Das vereinfachte Begleitdokument ist auch bei der innergemeinschaftlichen Beförderung von vollständig vergälltem Alkohol zu gewerblichen Zwecken gemäß Artikel 27 Absatz 1 Buchstabe a) der Richtlinie 92/83/EWG des Rates[1] zu verwenden.

### Artikel 6

Diese Verordnung tritt am 1. Januar 1993 in Kraft.

Diese Verordnung ist in allen ihren Teilen verbindlich und gilt unmittelbar in jedem Mitgliedstaat.

Brüssel, den 17. Dezember 1992

Für die Kommission
Christiane SCRIVENER
Mitglied der Kommission

---

1) ABl. Nr. L 316 und 31.10.1992, S. 21.

# Anhang 1–03

Energie- und Stromsteuerrecht

**EUROPÄISCHE GEMEINSCHAFT** — **VEREINFACHTES BEGLEITDOKUMENT**
**VERBRAUCHSTEUERN** — **INNERGEMEINSCHAFTLICHE BEFÖRDERUNG VON WAREN DES STEUERRECHTLICH FREIEN VERKEHRS**

**Ausfertigung 1 für den Lieferer**

| Feld | Bezeichnung |
|---|---|
| 1 | Lieferer (Name und Adresse) — MwSt.-Nummer |
| 2 | Bezugsnummer des Lieferers |
| 3 | Zuständige Behörde des Bestimmungslandes (Bezeichnung und Anschrift) |
| 4 | Empfänger (Name und Adresse) — MwSt.-Nummer |
| 5 | Beförderer/Beförderungsmittel |
| 6 | Bezugsnummer und Datum der Anmeldung bei der zuständigen Behörde des Bestimmungslandes |
| 7 | Ort der Lieferung |
| 8 | Zeichen, Anzahl und Art der Packstücke, Warenbeschreibung |
| 9 | Warencode (KN-Code) |
| 10 | Menge |
| 11 | Rohgewicht (kg) |
| 12 | Eigengewicht (kg) |
| 13 | Rechnungspreis/Warenwert |
| 14 | Bescheinigungen (bestimmte Weine und Spirituosen, kleine Brauereien und Brennereien) |
| A | Kontrollvermerk der zuständigen Behörde |
| 15 | Für die Richtigkeit der Angaben in Feld 1–13: Rücksendung der Ausfertigung 3 gewünscht: Ja ☐ Nein ☐ (*) — Firma des Unterzeichners (mit Telefonnummer) — Name des Unterzeichners — Ort, Datum — Unterschrift |

Fortsetzung auf der Rückseite der Ausfertigungen 2 und 3

(*) Zutreffendes ankreuzen.

## ERLÄUTERUNGEN
(Rückseite der Ausfertigung 1)

**Innergemeinschaftliche Beförderung von verbrauchsteuerpflichtigen Waren, die sich im steuerrechtlich freien Verkehr des Abgangsmitgliedstaats befinden.**

### 1. Allgemeines

1.1. Das vereinfachte Verwaltungsdokument ist gemäß Artikel 7 der Richtlinie 92/12/EWG vom 25. Februar 1992 zu Verbrauchsteuerzwecken erforderlich.

1.2. Das Dokument ist leserlich und in dauerhafter Schrift auszufüllen. Die Angaben können vorab eingedruckt werden. Löschungen oder Überschreibungen sind nicht zulässig.

1.3. Die allgemeinen Spezifizierungen hinsichtlich des zu verwendenden Papiers und der Abmessungen der Felder sind dem Amtsblatt der Europäischen Gemeinschaften Nr. C 164 vom 1. 7. 1989, S. 3, zu entnehmen.

Für alle Exemplare ist weißes Papier im Format 210 × 297 mm zu verwenden, wobei in der Länge Abweichungen von −5 bis +8 mm zulässig sind.

1.4. Nicht genutzter Raum ist so durchzustreichen, daß keine weiteren Eintragungen vorgenommen werden können.

1.5. Das Begleitpapier umfaßt drei Ausfertigungen:

Ausfertigung 1: verbleibt beim Lieferer;

Ausfertigung 2: begleitet die Waren und ist für den Empfänger bestimmt;

Ausfertigung 3: begleitet die Waren und wird mit einer Empfangsbestätigung der in Feld 4 genannten Person an den Lieferer zurückgesandt, falls diese Ausfertigung vom Lieferer insbesondere zur Steuerstattung benötigt wird.

### 2. Titel der Felder

Feld 1 Lieferer: Name, Anschrift und gegebenenfalls Mehrwertsteuernummer desjenigen, der die Beförderung der Waren veranlaßt hat. Sofern eine Verbrauchsteuernummer erteilt worden ist, sollte auch diese angegeben werden. Falls der Lieferer die Rücksendung der Ausfertigung 3 mit einer Empfangsbestätigung wünscht, ist dies ebenfalls anzugeben.

Feld 2 Bezugsnummer des Lieferers: Nummer, anhand deren die Sendung in den kaufmännischen Aufzeichnungen des Lieferers feststellbar ist. Dies wird im allgemeinen Nummer und Datum der Rechnung sein.

Feld 3 Zuständige Behörde: Bezeichnung und Anschrift der Behörde im Bestimmungsmitgliedstaat, der die Beförderung im voraus angemeldet worden ist.

Feld 4 Empfänger: Name, Anschrift und gegebenenfalls Mehrwertsteuernummer desjenigen, der die Waren erhält. Sofern eine Verbrauchsteuernummer erteilt worden ist, sollte auch diese angegeben werden.

Feld 5 Beförderer: Einzutragen ist „Lieferer", „Empfänger" oder Name und Anschrift desjenigen, der für die erste Beförderung verantwortlich ist, falls die Beförderung nicht durch den Lieferer selbst (Feld 1) oder den Empfänger (Feld 4) erfolgt. Das Beförderungsmittel ist ebenfalls anzugeben.

Feld 6 Bezugsnummer und Datum der Anmeldung: Die vor der Beförderung erforderliche Anmeldung bei der zuständigen Behörde oder die Genehmigung durch die zuständige Behörde des Bestimmungsmitgliedstaats.

Feld 7 Ort der Lieferung: Lieferort, falls von Feld 4 abweichend.

Feld 8 Vollständige Beschreibung der Waren, Zeichen, Anzahl und Art der Packstücke: Zeichen und Anzahl der äußeren Packstücke (z. B. Behälter, Container, Anzahl der inneren Packstücke (z. B. Kartons), handelsübliche Bezeichnung der Waren. Die Warenbeschreibung kann auf einer jeden Ausfertigung beizufügenden gesondertem Blatt fortgesetzt werden. Dazu kann auch eine Packstückliste verwendet werden.

Bei Alkohol und alkoholischen Getränken mit Ausnahme von Bier ist der Alkoholgehalt in Volumenprozent bei 20°C anzugeben. Bei Bier ist entsprechend den Anforderungen des Bestimmungsmitgliedstaats entweder die Dichte in Grad Plato oder der Alkoholgehalt in Volumenprozent bei 20°C oder beides anzugeben. Bei Mineralölen ist die Dichte bei 15°C anzugeben.

Feld 9 Warencode: KN-code.

Feld 10 Menge: Entsprechend den Vorschriften des Bestimmungsmitgliedstaats die Anzahl, das Gewicht oder das Volumen, zum Beispiel:

— Zigaretten, Stückzahl in Tausend,

— Zigarren und Zigarillos, Nettogewicht,

— Alkohol und alkoholische Getränke, Liter bis zur zweiten Dezimalstelle bei 20°C,

— Mineralöle, ausgenommen Schweröle, Liter bei 15°C.

Feld 11 Rohgewicht: Bruttogewicht der Sendung.

Feld 12 Eigengewicht: Gewicht der Sendung ohne Verpackung (Nettogewicht).

Feld 13 Rechnungspreis/Warenwert: Hier ist der Gesamtrechnungspreis (einschließlich der Verbrauchsteuer) anzugeben. Liegt kein Kaufgeschäft in Verbindung mit der Beförderung vor, ist „Kein Verkauf" zu vermerken und der Handelswert der Waren anzugeben.

Feld 14 Bescheinigungen:

Dieses Feld ist bestimmten Bescheinigungen vorbehalten, die nur auf Ausfertigung 2 erforderlich sind.

1. Bei bestimmten Weinen sollte hier gegebenenfalls die erforderliche Herkunfts- und Qualitätsbescheinigung, abgegeben werden, wenn dies die in Betracht kommenden Gemeinschaftsvorschriften vorsehen.

2. Bei bestimmten Spirituosen sollte hier der erforderliche Herkunftsvermerk abgegeben werden, wenn dies die in Betracht kommenden Gemeinschaftsvorschriften vorsehen.

3. Bei Bier, das von einer unabhängigen kleinen Brauerei im Sinne der entsprechenden Ratsrichtlinie über die Verbrauchsteuerstrukturen für Alkohol und alkoholische Getränke gebraut wurde und für das im Bestimmungsmitgliedstaat die Anwendung eines ermäßigten Verbrauchsteuersatzes beansprucht werden soll, ist folgende Bescheinigung auszustellen:

„Hiermit wird bescheinigt, daß dieses Bier von einem unabhängigen Kleinunternehmen mit einem Jahresausstoß — bezogen auf das Vorjahr — von .......... Hektolitern gebraut wurde."

4. Bei Äthylalkohol, der von einer kleinen Brennerei im Sinne der entsprechenden Ratsrichtlinie über die Verbrauchsteuerstrukturen für Alkohol und alkoholische Getränke hergestellt wurde und für den im Bestimmungsmitgliedstaat die Anwendung eines ermäßigten Verbrauchsteuersatzes beansprucht werden soll, ist folgende Bescheinigung abzugeben:

„Hiermit wird bescheinigt, daß das genannte Erzeugnis von einem Kleinunternehmen mit einer Jahreszeugung — bezogen auf das Vorjahr — von .......... Hektolitern reinen Alkohol hergestellt wurde."

Feld 15 Firma des Unterzeichners: Das Dokument ist von demjenigen, der die Beförderung veranlaßt oder in dessen Auftrag auszufüllen. Dies kann entweder der Lieferer oder der Empfänger sein.

Falls der Lieferer die Rücksendung der Ausfertigung 3 mit einer Empfangsbestätigung wünscht, ist dies ebenfalls anzugeben.

Feld A Kontrollvermerk: Die zuständigen Behörden vermerken die durchgeführten Kontrollen auf den Ausfertigungen 2 und 3. Alle Vermerke sind mit Datum und Stempel zu versehen und von den dafür verantwortlichen Beamten zu unterzeichnen.

Feld B Empfangsbestätigung: Sie ist vom Empfänger auszufüllen und an den Lieferer zurückzusenden, falls er sie insbesondere für Steuerstattungszwecke benötigt.

# Anhang 1–03

**EUROPÄISCHE GEMEINSCHAFT**    **VEREINFACHTES BEGLEITDOKUMENT**
**VERBRAUCHSTEUERN**    **INNERGEMEINSCHAFTLICHE BEFÖRDERUNG VON WAREN DES STEUERRECHTLICH FREIEN VERKEHRS**

**Ausfertigung für den Empfänger — 2**

| Feld | Inhalt |
|---|---|
| 1 | Lieferer (Name und Adresse) — MwSt.-Nummer |
| 2 | Bezugsnummer des Lieferers |
| 3 | Zuständige Behörde des Bestimmungslandes (Bezeichnung und Anschrift) |
| 4 | Empfänger (Name und Adresse) — MwSt.-Nummer |
| 5 | Beförderer/Beförderungsmittel |
| 6 | Bezugsnummer und Datum der Anmeldung bei der zuständigen Behörde des Bestimmungslandes |
| 7 | Ort der Lieferung |
| 8 | Zeichen, Anzahl und Art der Packstücke, Warenbeschreibung |
| 9 | Warencode (KN-Code) |
| 10 | Menge |
| 11 | Rohgewicht (kg) |
| 12 | Eigengewicht (kg) |
| 13 | Rechnungspreis/Warenwert |
| 14 | Bescheinigungen (bestimmte Weine und Spirituosen, kleine Brauereien und Brennereien) |
| A | Kontrollvermerk der zuständigen Behörde |
| 15 | Für die Richtigkeit der Angaben in Feld 1–13: Rücksendung der Ausfertigung 3 gewünscht: Ja ☐ Nein ☐ (*) — Firma des Unterzeichners (mit Telefonnummer) — Name des Unterzeichners — Ort, Datum — Unterschrift |

Fortsetzung auf der Rückseite der Ausfertigungen 2 und 3

(*) Zutreffendes ankreuzen.

# Anhang 1–03

**B EMPFANGSBESTÄTIGUNG**

Die Waren sind beim Empfänger eingegangen

Ort _____ Datum _____ Bezugsnummer _____

Die Verbrauchsteuer ist entrichtet * / zur Zahlung angemeldet worden.

Datum _____ Bezugsnummer _____

Sonstige Bemerkungen des Empfängers:

Ort/Datum _____ Name des Unterzeichners _____

Unterschrift

*) Nichtzutreffendes streichen.

**A Kontrollvermerk (Fortsetzung)**

Energie- und Stromsteuerrecht **Anhang 1–03**

**EUROPÄISCHE GEMEINSCHAFT** — **VEREINFACHTES BEGLEITDOKUMENT**
**VERBRAUCHSTEUERN** — **INNERGEMEINSCHAFTLICHE BEFÖRDERUNG VON WAREN DES STEUERRECHTLICH FREIEN VERKEHRS**

**3** — Ausfertigung zur Rücksendung an den Lieferer — **3**

1 Lieferer — MwSt.-Nummer
☐ (Name und Adresse)

2 Bezugsnummer des Lieferers

3 Zuständige Behörde des Bestimmungslandes
(Bezeichnung und Anschrift)

4 Empfänger — MwSt.-Nummer
(Name und Adresse)

5 Beförderer/Beförderungsmittel

6 Bezugsnummer und Datum der Anmeldung bei der zuständigen Behörde des Bestimmungslandes

7 Ort der Lieferung

8 Zeichen, Anzahl und Art der Packstücke, Warenbeschreibung

9 Warencode (KN-Code)

10 Menge

11 Rohgewicht (kg)

12 Eigengewicht (kg)

13 Rechnungspreis/Warenwert

14 Bescheinigungen (bestimmte Weine und Spirituosen, kleine Brauereien und Brennereien)

A Kontrollvermerk der zuständigen Behörde

15 Für die Richtigkeit der Angaben in Feld 1–13:
Rücksendung der Ausfertigung 3
gewünscht: Ja ☐ Nein ☐ (*)
Firma des Unterzeichners (mit Telefonnummer)

Name des Unterzeichners

Ort, Datum

Unterschrift

Fortsetzung auf der Rückseite der Ausfertigungen 2 und 3

(*) Zutreffendes ankreuzen.

**B EMPFANGSBESTÄTIGUNG**

Die Waren sind beim Empfänger eingegangen

Ort ............................................... Datum ............................................... Bezugsnummer ...............................................

Die Verbrauchsteuer ist entrichtet * / zur Zahlung angemeldet worden.

Datum ............................................... Bezugsnummer ...............................................

Sonstige Bemerkungen des Empfängers:

Ort/Datum ............................................... Name des Unterzeichners ...............................................

Unterschrift

*) Nichtzutreffendes streichen.

**A Kontrollvermerk (Fortsetzung)**

# VERORDNUNG (EG) Nr. 684/2009 DER KOMMISSION
## zur Durchführung der Richtlinie 2008/118/EG des Rates in Bezug auf die EDV-gestützten Verfahren für die Beförderung verbrauchsteuerpflichtiger Waren unter Steueraussetzung

Amtsblatt der Europäischen Union vom 24.7.2009

DIE KOMMISSION DER EUROPÄISCHEN GEMEINSCHAFTEN –

gestützt auf den Vertrag zur Gründung der Europäischen Gemeinschaft,

gestützt auf die Richtlinie 2008/118/EG des Rates vom 16. Dezember 2008 über das allgemeine Verbrauchsteuersystem und zur Aufhebung der Richtlinie 92/12/EWG[1], insbesondere auf Artikel 29 Absatz 1,

in Erwägung nachstehender Gründe:

(1) Für die Beförderung verbrauchsteuerpflichtiger Waren unter Steueraussetzung ist ein elektronisches Verwaltungsdokument nach Artikel 21 Absatz 1 der Richtlinie 2008/118/EG erforderlich, das mittels des EDV-gestützten Systems zu erstellen ist, das aufgrund der Entscheidung Nr. 1152/2003/EG des Europäischen Parlaments und des Rates vom 16. Juni 2003 über die Einführung eines EDV-gestützten Systems zur Beförderung und Kontrolle der Beförderung verbrauchsteuerpflichtiger Waren[2] eingerichtet wurde.

(2) Da das EDV-gestützte System die Verfolgung und Überwachung der Beförderung verbrauchsteuerpflichtiger Waren unter Steueraussetzung ermöglichen soll, sind Struktur und Inhalt der bei diesen Beförderungen zu verwendenden elektronischen Meldungen festzulegen.

(3) Da die Beförderungen mit einem elektronischen Verwaltungsdokument durchgeführt werden sollen, sind insbesondere Struktur und Inhalt der durch dieses Dokument erfolgenden Meldungen festzulegen. Ebenso sind Struktur und Inhalt derjenigen Meldungen festzulegen, die die Eingangs- und die Ausfuhrmeldung darstellen.

(4) Nach der Richtlinie 2008/118/EG kann ein elektronisches Verwaltungsdokument annulliert, der Bestimmungsort der Waren geändert und eine Beförderung verbrauchsteuerpflichtiger Waren aufgeteilt werden. Daher sind die Struktur und der Inhalt der Meldungen für die Annullierung des elektronischen Verwaltungsdokuments, die Änderung des Bestimmungsorts und die Aufteilung einer Beförderung festzulegen, und es sind Regeln und Verfahren zu bestimmen, die für den Datenaustausch bei solchen Annullierungen, Änderungen des Bestimmungsorts und Beförderungsaufteilungen gelten sollen.

(5) Es ist erforderlich, die Struktur der Papierdokumente nach Maßgabe der Artikel 26 und 27 der Richtlinie 2008/118/EG festzulegen, die zu benutzen sind, wenn das EDV-gestützte System nicht zur Verfügung steht.

(6) Da die in dieser Verordnung festgesetzten Regeln die Bestimmungen der Verordnung (EWG) Nr. 2719/92 der Kommission vom 11. September 1992 zum begleitenden Verwaltungsdokument bei der Beförderung verbrauchsteuerpflichtiger Waren unter Steueraussetzung[3] ersetzen, sollte die letztgenannte Verordnung aufgehoben werden.

(7) Die in dieser Verordnung vorgesehenen Maßnahmen entsprechen der Stellungnahme des Verbrauchsteuerausschusses –

HAT FOLGENDE VERORDNUNG ERLASSEN:

## Artikel 1
### Gegenstand

Diese Verordnung legt Folgendes fest:

a) Die Struktur und den Inhalt der elektronischen Meldungen, die für die Zwecke der Artikel 21 bis 25 der Richtlinie 2008/118/EG mittels des in Artikel 21 Absatz 2 dieser Richtlinie genannten EDV-gestützten Systems auszutauschen sind;

b) die Vorschriften und Verfahren, die beim Austausch von Meldungen nach Buchstabe a zu befolgen sind;

---

1) ABl. L 9 vom 14.1.2009, S. 12.
2) ABl. L 162 vom 1.7.2003, S. 5.
3) ABl. L 276 vom 19.9.1992, S. 1.

c) die Struktur der Papierdokumente nach den Artikeln 26 und 27 der Richtlinie 2008/118/EG.

## Artikel 2
### Anforderungen an die mittels des EDV-gestützten Systems ausgetauschten Meldungen

Hinsichtlich ihrer Struktur und ihres Inhalts müssen die für die Zwecke der Artikel 21 bis 25 der Richtlinie 2008/118/EG ausgetauschten Meldungen den Anforderungen des Anhangs I dieser Verordnung entsprechen. Sind beim Ausfüllen bestimmter Dateneingabefelder dieser Meldungen Codes einzugeben, so sind die in Anhang II aufgeführten Codes zu verwenden.

## Artikel 3
### Förmlichkeiten vor Beginn der Beförderung verbrauchsteuerpflichtiger Waren

(1) Der entsprechend Artikel 21 Absatz 2 der Richtlinie 2008/118/EG eingereichte Entwurf des elektronischen Verwaltungsdokuments und das elektronische Verwaltungsdokument, dem nach Artikel 21 Absatz 3 Unterabsatz 3 dieser Richtlinie ein administrativer Referenzcode zugewiesen wurde, müssen den in Anhang I Tabelle 1 dieser Verordnung aufgeführten Anforderungen entsprechen.

(2) Der Entwurf des elektronischen Verwaltungsdokuments darf nicht früher als sieben Tage vor dem in dem Dokument als Versanddatum der betreffenden verbrauchsteuerpflichtigen Waren angegebenen Datum eingereicht werden.

## Artikel 4
### Annullierung des elektronischen Verwaltungsdokuments

(1) Ein Versender, der ein elektronisches Verwaltungsdokument nach Artikel 21 Absatz 7 der Richtlinie 2008/118/EG annullieren möchte, füllt die Felder des Entwurfs der Annullierungsmeldung aus und übermittelt diesen den zuständigen Behörden des Abgangsmitgliedstaats. Der Entwurf der Annullierungsmeldung muss den in Anhang I Tabelle 2 dieser Verordnung aufgeführten Anforderungen entsprechen.

(2) Die zuständigen Behörden des Abgangsmitgliedstaats überprüfen elektronisch die Angaben in dem Entwurf der Annullierungsmeldung.

Sind die Angaben korrekt, fügen diese Behörden Datum und Uhrzeit der Validierung der Annullierungsmeldung hinzu, übermitteln diese Information dem Versender und leiten die Annullierungsmeldung an die zuständigen Behörden des Bestimmungsmitgliedstaats weiter. Sind die Angaben fehlerhaft, so wird dies dem Versender unverzüglich mitgeteilt.

(3) Nach Eingang der Annullierungsmeldung leiten die zuständigen Behörden des Bestimmungsmitgliedstaats sie an den Empfänger weiter, wenn es sich bei diesem um einen zugelassenen Lagerinhaber oder einen registrierten Empfänger handelt.

## Artikel 5
### Meldungen über die Änderung des Bestimmungsorts der Beförderung verbrauchsteuerpflichtiger Waren

(1) Ein Versender, der den Bestimmungsort nach Artikel 21 Absatz 8 der Richtlinie 2008/118/EG ändern oder nach Artikel 22 Absatz 2 dieser Richtlinie eintragen will, füllt die Felder des Entwurfs der Meldung über die Änderung des Bestimmungsortes aus und übermittelt diesen den zuständigen Behörden des Abgangsmitgliedstaats. Der Entwurf der Meldung über die Änderung des Bestimmungsortes muss den in Anhang I Tabelle 3 dieser Verordnung aufgeführten Anforderungen entsprechen.

(2) Die zuständigen Behörden des Abgangsmitgliedstaats überprüfen elektronisch die Angaben in dem Entwurf der Meldung über die Änderung des Bestimmungsortes.

Sind diese Angaben korrekt, ergreifen die zuständigen Behörden des Abgangsmitgliedstaates folgende Maßnahmen:

a) Sie tragen in die Meldung über die Änderung des Bestimmungsortes Datum und Uhrzeit der Validierung und eine fortlaufende Vorgangsnummer ein und setzen den Versender hiervon in Kenntnis;

b) Sie aktualisieren das ursprüngliche elektronische Verwaltungsdokument entsprechend den in der Meldung über die Änderung des Bestimmungsortes enthaltenen Angaben.

Beinhaltet die Aktualisierung einen Wechsel des Bestimmungsmitgliedstaats oder des Empfängers, so ist auf das aktualisierte elektronische Verwaltungsdokument Artikel 21 Absätze 4 und 5 der Richtlinie 2008/118/EG anzuwenden.

(3) Beinhaltet die Aktualisierung nach Absatz 2 Buchstabe b einen Wechsel des Bestimmungsmitgliedstaats, so leiten die zuständigen Behörden des Abgangsmitgliedstaats die Meldung über die Änderung

des Bestimmungsortes an die zuständigen Behörden des im ursprünglichen elektronischen Verwaltungsdokument angegebenen Bestimmungsmitgliedstaates weiter.

Die letztgenannten Behörden teilen dem im ursprünglichen elektronischen Verwaltungsdokument angegebenen Empfänger mittels der „Mitteilung über die Änderung des Bestimmungsortes" die Änderung des Bestimmungsortes mit; diese Mitteilung muss den in Anhang I Tabelle 4 dieser Verordnung aufgeführten Anforderungen entsprechen.

(4) Beinhaltet die Aktualisierung nach Absatz 2 Buchstabe b eine Änderung des Lieferortes in der Datengruppe 7 des elektronischen Verwaltungsdokuments, jedoch keine Änderung des Bestimmungsmitgliedstaates oder des Empfängers, so leiten die zuständigen Behörden des Abgangsmitgliedstaats die Meldung über die Änderung des Bestimmungsortes an die zuständigen Behörden des im ursprünglichen elektronischen Verwaltungsdokument angegebenen Bestimmungsmitgliedstaates weiter.

Die letztgenannten Behörden leiten die Meldung über die Änderung des Bestimmungsortes an den Empfänger weiter.

(5) Sind die Angaben im Entwurf der Meldung über die Änderung des Bestimmungsortes fehlerhaft, so wird dies dem Versender unverzüglich mitgeteilt.

(6) Enthält das aktualisierte elektronische Verwaltungsdokument einen neuen Empfänger in demselben Mitgliedstaat, der auch im ursprünglichen elektronischen Verwaltungsdokument angegeben war, so unterrichten die zuständigen Behörden dieses Mitgliedstaates den im ursprünglichen elektronischen Verwaltungsdokument angegebenen Empfänger mittels der „Mitteilung über die Änderung des Bestimmungsortes", die den Anforderungen in Anhang I Tabelle 4 entsprechen muss, über die Änderung des Bestimmungsorts.

### Artikel 6
#### Meldungen über die Aufteilung der Beförderung verbrauchsteuerpflichtiger Waren

(1) Ein Versender, der eine Beförderung verbrauchsteuerpflichtiger Waren nach Artikel 23 der Richtlinie 2008/118/EG aufteilen will, füllt die Felder des Entwurfs der Meldung über die Aufteilung der Beförderung für jeden Bestimmungsort aus und übermittelt ihn den zuständigen Behörden des Abgangsmitgliedstaats. Der Entwurf der Meldung über die Aufteilung der Beförderung muss den in Anhang I Tabelle 5 dieser Verordnung aufgeführten Anforderungen entsprechen.

(2) Die zuständigen Behörden des Abgangsmitgliedstaats überprüfen elektronisch die Angaben in dem Entwurf der Meldung über die Aufteilung der Beförderung.

Sind diese Angaben korrekt, ergreifen die zuständigen Behörden des Abgangsmitgliedstaats folgende Maßnahmen:

a) Sie erstellen für jeden Bestimmungsort ein neues elektronisches Verwaltungsdokument, das das ursprüngliche elektronische Verwaltungsdokument ersetzt;

b) Sie erstellen für das ursprüngliche elektronische Verwaltungsdokument eine „Aufteilungsmitteilung", die den in Anhang I Tabelle 4 dieser Verordnung aufgeführten Anforderungen entsprechen muss.

c) Sie übermitteln die „Aufteilungsmitteilung" an den Versender und an die zuständigen Behörden des im ursprünglichen elektronischen Verwaltungsdokument aufgeführten Bestimmungsmitgliedstaats.

Auf jedes neue elektronische Verwaltungsdokument nach Buchstabe a sind Artikel 21 Absatz 3 Unterabsatz 3 und Artikel 21 Absätze 4, 5 und 6 der Richtlinie 2008/118/EG anzuwenden.

(3) Die zuständigen Behörden des im ursprünglichen elektronischen Verwaltungsdokument angegebenen Bestimmungsmitgliedstaats leiten die Aufteilungsmitteilung an den im ursprünglichen elektronischen Verwaltungsdokument aufgeführten Empfänger weiter, wenn es sich bei diesem um einen zugelassenen Lagerinhaber oder einen registrierten Empfänger handelt.

(4) Sind die Angaben im Entwurf der Meldung über die Aufteilung der Beförderung fehlerhaft, so wird dies dem Versender unverzüglich mitgeteilt.

### Artikel 7
#### Förmlichkeiten bei Beendigung der Beförderung verbrauchsteuerpflichtiger Waren

Die Eingangsmeldung nach Artikel 24 und die Ausfuhrmeldung nach Artikel 25 der Richtlinie 2008/118/EG müssen den in Anhang I Tabelle 6 dieser Verordnung aufgeführten Anforderungen entsprechen.

## Artikel 8

### Ausfallverfahren

(1) Das Dokument in Papierform nach Artikel 26 Absatz 1 Buchstabe a der Richtlinie 2008/118/EG trägt die Bezeichnung „Begleitdokument für Beförderungen verbrauchsteuerpflichtiger Waren unter Steueraussetzung im Ausfallverfahren". Die erforderlichen Angaben haben in Form von Datenelementen zu erfolgen, die ebenso darzustellen sind wie im elektronischen Verwaltungsdokument. Alle Datenelemente sowie alle Datengruppen und Datenuntergruppen, zu denen sie gehören, sind mittels der Zahlen und Buchstaben in Anhang I Tabelle 1 Spalten A und B dieser Verordnung zu kennzeichnen.

(2) Die Informationen, die der Versender nach Artikel 26 Absatz 5 der Richtlinie 2008/118/EG den zuständigen Behörden des Abgangsmitgliedstaats zu übermitteln hat, sind in Form von Datenelementen anzugeben, die ebenso darzustellen sind wie in der Meldung über die Änderung des Bestimmungsorts bzw. in der Meldung über die Aufteilung der Beförderung. Alle Datenelemente sowie alle Datengruppen und Datenuntergruppen, zu denen sie gehören, sind mittels der Zahlen und Buchstaben in Anhang I Tabelle 3 Spalten A und B und gegebenenfalls Tabelle 5 Spalten A und B dieser Verordnung zu kennzeichnen.

(3) Die Dokumente in Papierform nach Artikel 27 Absätze 1 und 2 der Richtlinie 2008/118/EG tragen die Bezeichnung „Eingangs- bzw. Ausfuhrmeldung für Beförderungen verbrauchsteuerpflichtiger Waren unter Steueraussetzung im Ausfallverfahren". Die erforderlichen Angaben haben in Form von Datenelementen zu erfolgen, die ebenso auszudrücken sind wie in der Eingangs- bzw. Ausfuhrmeldung. Alle Datenelemente sowie alle Datengruppen und Datenuntergruppen, zu denen sie gehören, sind mittels der Zahlen und Buchstaben in Anhang I Tabelle 6 Spalten A und B dieser Verordnung zu kennzeichnen.

## Artikel 9

### Aufhebung

Die Verordnung (EWG) Nr. 2719/92 wird mit Wirkung zum 1. April 2010 aufgehoben. Sie findet jedoch weiterhin auf Beförderungen nach Artikel 46 der Richtlinie 2008/118/EG Anwendung.

Bezugnahmen auf die aufgehobene Verordnung gelten als Bezugnahmen auf die vorliegende Verordnung.

## Artikel 10

### Inkrafttreten

Diese Verordnung tritt am zwanzigsten Tag nach ihrer Veröffentlichung im Amtsblatt der Europäischen Union in Kraft.

Sie gilt mit Ausnahme des Artikels 6, der ab dem 1. Januar 2012 gilt, ab dem 1. April 2010.

Diese Verordnung ist in allen ihren Teilen verbindlich und gilt unmittelbar in jedem Mitgliedstaat.

Brüssel, den 24. Juli 2009

Für die Kommission
László KOVÁCS
Mitglied der Kommission

## ANHANG I

### BEI DER BEFÖRDERUNG VERBRAUCHSTEUERPFLICHTIGER WAREN UNTER STEUERAUSSETZUNG VERWENDETE ELEKTRONISCHE MELDUNGEN

### ERLÄUTERUNGEN

1. Die Datenelemente der im Rahmen des EDV-gestützten Systems verwendeten elektronischen Meldungen nach Artikel 21 Absatz 2 der Richtlinie 2008/118/EG sind in Datengruppen und ggf. in Datenuntergruppen gegliedert. Die Einzelheiten zu den Daten und ihrer Verwendung finden sich in den Tabellen 1 bis 6. Hierfür gilt Folgendes:

    a) Spalte A enthält den numerischen Code (Zahl), der jeder Datengruppe und Datenuntergruppe zugeordnet wird; dabei erhält jede Untergruppe die Ordnungsnummer ihrer jeweiligen Daten(unter)gruppe (Beispiel: Die Datengruppe mit der Nummer 1 hat die Datenuntergruppe 1.1, deren Untergruppe wiederum die Nummer 1.1.1 hat);

    b) Spalte B enthält den alphabetischen Code (Buchstabe), der jedem Datenelement einer Daten(unter)gruppe zugeordnet wird;

    c) Spalte C enthält die Bezeichnung der Daten(unter)gruppe oder des Datenelements;

d) Spalte D enthält für jede Daten(unter)gruppe oder jedes Datenelement einen Kennbuchstaben, aus dem hervorgeht, ob die Eingabe der entsprechenden Daten
   - „R" (Required), d. h. erforderlich ist und die Angabe zwingend zu erfolgen hat. Hat eine Daten(unter)gruppe den Kennbuchstaben „O" (Optional), oder „C" (Conditional), können Datenelemente innerhalb dieser Datengruppe dennoch die Wertigkeit „R" (Required) besitzen, wenn die zuständigen Behörden des Mitgliedstaates beschlossen haben, dass die Daten in dieser Untergruppe anzugeben sind, oder wenn die entsprechende Bedingung anwendbar ist;
   - „O" (Optional) ist, was bedeutet, dass die Dateneingabe für die Person, die die Meldung abgibt (Versender oder Empfänger), fakultativ ist, es sei denn, ein Mitgliedstaat hat bestimmt, dass die Angabe der Daten entsprechend der in Spalte E für einige der fakultativen Daten(unter)gruppen oder Datenelemente vorgesehenen Option erforderlich sind;
   - „C" (Conditional) ist, d. h. dass die Verwendung der Daten(unter)gruppe oder des Datenelements durch andere Daten(unter)gruppen oder Datenelemente in derselben Meldung bedingt ist;
   - „D" (Dependent) ist, die Verwendung der Daten(unter)gruppe oder des Datenelements also von einer Bedingung abhängt, deren Vorliegen entsprechend den Spalten E und F nicht mittels des EDV-gestützten Systems überprüft werden kann.
e) Spalte E enthält die Bedingung(en) für die Eingabe bedingt anzugebender Daten („c"), sowie ggf. Erläuterungen zu den Daten, die optional („o") und abhängig von einer Bedingung („d") einzugeben sind, und gibt Aufschluss darüber, welche Daten von den zuständigen Behörden anzugeben sind;
f) Spalte F enthält, falls erforderlich, Erläuterungen zur Vervollständigung der Meldung;
g) Spalte G enthält
   - für einige Daten(unter)gruppen eine Zahl, gefolgt vom Zeichen „x", die angibt, wie oft die Daten(unter)gruppe in der Meldung wiederholt werden darf (Grundeinstellung = 1), sowie
   - für jedes Datenelement – außer für Datenelemente, die Uhrzeit und/oder Datum angeben – die Merkmale zur Kennung des Datentyps und der Datenlänge. Die Codes für die Datentypen sind: a alphabetisch, n numerisch, an alphanumerisch.
   - a alphabetisch,
   - n numerisch,
   - an alphanumerisch.
   Die Zahl nach dem Code gibt die zulässige Datenlänge für das betreffende Datenelement an. Die beiden fakultativen Punkte vor der Längenkennung zeigen an, dass die Daten keine festgelegte, jedoch höchstens die in der Längenkennung angegebene Zahl von Ziffern haben. Ein Komma in der Längenkennung bedeutet, dass die Daten Dezimalstellen enthalten können, wobei die Ziffer vor dem Komma die Gesamtlänge des Attributs und die Ziffer nach dem Komma die Höchstzahl der Ziffern nach dem Dezimalzeichen anzeigt;
   - für Datenelemente, die Uhrzeit und/oder Datum angeben, die Angabe „Datum", „Uhrzeit", oder „DatumUhrzeit", was bedeutet, dass Uhrzeit oder Datum bzw. Datum und Uhrzeit unter Verwendung der ISO 8601-Norm für die Darstellung von Datums- und Zeitangaben anzugeben sind.
2. In den Tabellen 1 bis 6 werden folgende Kurzformen verwendet:
   - e-VD: elektronisches Verwaltungsdokument
   - ARC: einziger administrativer Referenzcode
   - SEED: System zum Austausch von Verbrauchsteuerdaten (elektronische Datenbank nach Artikel 22 Absatz 1 der Verordnung (EG) Nr. 2073/2004 des Rates[1])
   - KN-Code: Code der Kombinierten Nomenklatur.

---

1) ABl. L 359 vom 4.12.2004, S. 1.

# Anhang 1–04

Energie- und Stromsteuerrecht

## Tabelle 1
### (gemäß Artikel 3 Absatz 1 und Artikel 8 Absatz 1)
### Entwurf des elektronischen Verwaltungsdokuments und elektronisches Verwaltungsdokument

| A | B | C | D | E | F | G |
|---|---|---|---|---|---|---|
| | | Nachrichtenart | R | | Mögliche Kennziffern:<br>1 = Regelvorlage (in allen Fällen zu verwenden, es sei denn, die Vorlage betrifft die Ausfuhr mit Anschreibeverfahren)<br>2 = Vorlage für die Ausfuhr mit Anschreibeverfahren (Anwendung von Artikel 283 der Verordnung (EWG) Nr. 2454/93 der Kommission[1])<br>Die Nachrichtenart darf weder im e-VD, für das ein Referenzcode (ARC) vergeben wurde, noch im Dokument in Papierform gemäß Artikel 8 Absatz 1 dieser Verordnung erscheinen. | n1 |
| 1 | | Kopfdaten des e-VD | R | | | |
| | a | Code Bestimmungsort | R | | Der Bestimmungsort der Beförderung ist anhand eines der folgenden Codes anzugeben:<br>1 = Steuerlager (Artikel 17 Absatz 1 Buchstabe a Ziffer i der Richtlinie 2008/118/EG)<br>2 = Registrierter Empfänger (Artikel 17 Absatz 1 Buchstabe a Ziffer ii der Richtlinie 2008/118/EG)<br>3 = Vorübergehend registrierter Empfänger (Artikel 17 Absatz 1 Buchstabe a Ziffer ii und Artikel 19 Absatz 3 der Richtlinie 2008/118/EG)<br>4 = Direktlieferung (Artikel 17 Absatz 2 der Richtlinie 2008/118/EG)<br>5 = Von der Verbrauchsteuer befreiter Empfänger (Artikel 17 Absatz 1 Buchstabe a Ziffer iv der Richtlinie 2008/118/EG)<br>6 = Ausfuhr (Artikel 17 Absatz 1 Buchstabe a Ziffer iii der Richtlinie 2008/118/EG)<br>8 = Bestimmungsort unbekannt (noch nicht endgültig feststehender Empfänger gemäß Artikel 22 der Richtlinie 2008/118/EG) | n1 |
| | b | Beförderungsdauer | R | | Anzugeben ist der normale Zeitaufwand für die Beförderung unter Berücksichtigung des Beförderungsmittels und der Entfernung in Stunden (H) oder Tagen (D), gefolgt von einer zweistelligen Zahl (Beispiele: H12 oder D04). Für H ist maximal die Zahl 24 anzugeben, für D maximal die Zahl 92. | an3 |
| | c | Veranlassung der Beförderung | R | | Anhand einer der folgenden Kennziffern ist anzugeben, wer für die Veranlassung der ersten Beförderung verantwortlich ist:<br>1 = Versender<br>2 = Empfänger<br>3 = Eigentümer der Waren<br>4 = Sonstiger | n1 |
| | d | Referenzcode (ARC) | R | Von den zuständigen Behörden des Abgangsmitgliedstaats bei der Validierung des Entwurfs des e-VD anzugeben | Siehe Anhang II Codeliste 2. | an21 |
| | e | Datum und Uhrzeit der Validierung des e-VD | R | Von den zuständigen Behörden des Abgangsmitgliedstaats bei der Validierung des Entwurfs des e-VD anzugeben | Die Uhrzeit ist als Ortszeit anzugeben. | Datum Uhrzeit |
| | f | Fortlaufende Vorgangsnummer | R | Von den zuständigen Behörden des Abgangsmitgliedstaats bei der Validierung des Entwurfs des e-VD sowie bei jeder Änderung des Bestimmungsorts anzugeben | Wird bei der Erstvalidierung auf 1 gesetzt und in jedem von den Behörden des Abgangsmitgliedstaats bei einer Änderung des Bestimmungsorts ausgestellten e-VD um 1 erhöht. | n..5 |

---

[1] ABl. L 253 vom 11.10.1993, S. 1.

# Energie- und Stromsteuerrecht

| A | B | C | D | E | F | G |
|---|---|---|---|---|---|---|
|   | g | Datum und Uhrzeit der Validierung der Änderung | C | Datum und Uhrzeit der Validierung der Meldung über die Änderung des Bestimmungsorts (Tabelle 3), von den zuständigen Behörden des Abgangsmitgliedstaats im Falle der Änderung des Bestimmungsorts anzugeben | Die Uhrzeit ist als Ortszeit anzugeben. | Datum-Uhrzeit |
|   | h | Kennzeichen für nachträgliche Vorlage des e-VD | D | „R", wenn ein e-VD für eine Beförderung, die mit dem Dokument in Papierform nach Artikel 8 Absatz 1 begonnen wurde, eingereicht wird | Mögliche Kennziffern: 0 = falsch 1 = richtig Die Grundeinstellung der Kennziffer ist „falsch". Dieses Datenelement darf weder im e-VD, für das ein Referenzcode (ARC) vergeben wurde, noch im Dokument in Papierform gemäß Artikel 8 Absatz 1 dieser Verordnung erscheinen. | n1 |
| 2 |   | VERSENDER | R |   |   |   |
|   | a | Verbrauchsteuernummer | R |   | Es ist eine gültige SEED-Registrierungsnummer des zugelassenen Lagerinhabers oder des registrierten Versenders anzugeben. | an13 |
|   | b | Name | R |   |   | an..182 |
|   | c | Straße | R |   |   | an..65 |
|   | d | Hausnummer | O |   |   | an..11 |
|   | e | Postleitzahl | R |   |   | an..10 |
|   | f | Stadt | R |   |   | an..50 |
|   | g | NAD_LNG | R |   | Geben Sie für die in dieser Datengruppe verwendete Sprache den in Anhang II Codeliste 1 genannten Sprachencode an. | a2 |
| 3 |   | ORT der Versendung | C | „R", wenn die Ausgangspunktkennziffer in Feld 9d „1" ist |   |   |
|   | a | Verbrauchsteuernummer Steuerlager | R |   | Es ist eine gültige SEED-Registrierungsnummer des Versendungssteuerlagers anzugeben. | an13 |
|   | b | Name des Wirtschaftsbeteiligten | O |   |   | an..182 |
|   | c | Straße | O |   |   | an..65 |
|   | d | Hausnummer | O |   |   | an..11 |
|   | e | Postleitzahl | O |   |   | an..10 |
|   | f | Stadt | O |   |   | an..50 |
|   | g | NAD_LNG | O |   | Geben Sie für die in dieser Datengruppe verwendete Sprache den in Anhang II Codeliste 1 genannten Sprachencode an. | a2 |
| 4 |   | EINFUHRZOLLSTELLE | C | „R", wenn die Ausgangspunktkennziffer in Feld 9d „2" ist |   |   |
|   | a | Dienststellenschlüsselnummer | R |   | Geben Sie den Code der Einfuhrzollstelle an. Siehe Anhang II Codeliste 5. | an8 |

# Anhang 1–04

| A | B | C | D | E | F | G |
|---|---|---|---|---|---|---|
| 5 | | EMPFÄNGER | C | „R", ausgenommen bei Meldungsart 2 (Vorlage für die Ausfuhr mit Anschreibeverfahren) oder Code Bestimmungsort 8 (Siehe Code für den Bestimmungsort in Feld 1a) | | |
| | a | Verbrauchsteuernummer/ Umsatzsteuer-ID-Nr. | C | – „R" bei Code Bestimmungsort 1,2, 3 und 4<br>– „O" bei Code Bestimmungsort 6<br>– Dieses Datenelement ist nicht anwendbar auf Code Bestimmungsort 5<br>(Siehe Code für den Bestimmungsort inFeld 1a) | Angaben bei Code(s) Bestimmungsort– 1, 2, 3 und 4: eine gültige SEED-Registrierungsnummer des zugelassenen Lagerinhabers oder des registrierten Empfängers– 6: Umsatzsteuer-Identifikationsnummer des Vertreters des Versenders bei der Ausfuhrzollstelle | an..16 |
| | b | Name | R | | | an..182 |
| | c | Straße | R | | | an..65 |
| | d | Hausnummer | O | | | an..11 |
| | e | Postleitzahl | R | | | an..10 |
| | f | Stadt | R | | | an..50 |
| | g | NAD_LNG | R | | Geben Sie für die in dieser Datengruppe verwendete Sprache den in Anhang II Codeliste 1 genanntenSprachencode an. | a2 |
| 6 | | ZUSATZDATEN: Empfänger | C | „R" bei Code Bestimmungsort 5 (Siehe Code für den Bestimmungsort in Feld 1a) | | |
| | a | Bestimmungsmitgliedstaat | R | | Geben Sie anhand des Mitgliedstaatencodes in Anhang II Codeliste 3 den Bestimmungsmitgliedstaat an. | a2 |
| | b | Nummer der Freistellungsbescheinigung | D | „R", wenn auf der Verbrauchsteuerfreistellungsbescheinigung gemäß Verordnung (EG) Nr. 31/96 der Kommission vom 10. Januar 1996über die Verbrauchsteuerfreistellungsbescheinigung[1]) eine laufende Nummer vermerkt ist | | an..255 |
| 7 | | ORT der Lieferung | C | – „R" bei Code Bestimmungsort 1 und 4<br>– „O" bei Code Bestimmungsort 2,3 und 5<br>(Siehe Code für den Bestimmungsort in Feld 1a) | Geben Sie den Ort der tatsächlichen Lieferung der verbrauchsteuerpflichtigen Waren an. | |
| | a | Verbrauchsteuernummer/ Sonstige Nr. | C | – „R" bei Code Bestimmungsort 1<br>– „O" bei Code Bestimmungsort 2,3 und 5<br>(Siehe Code für den Bestimmungsort inFeld 1a) | Angaben bei Code(s) Bestimmungsort<br>– 1: eine gültige SEED-Registrierungsnummer des Bestimmungssteuerlagers<br>– 2, 3 und 5: Umsatzsteuer-Identifikationsnummer oder andere Kennung | an..16 |

---

1) ABl. L 8 vom 11.1.1996, S. 11.

# Anhang 1–04

Energie- und Stromsteuerrecht

| A | B | C | D | E | F | G |
|---|---|---|---|---|---|---|
| | b | Name des Wirtschaftsbeteiligten | C | – „R" bei Code Bestimmungsort 1,2, 3 und 5<br>– „O" bei Code Bestimmungsort 4<br>(Siehe Code für den Bestimmungsort in Feld 1a) | | an..182 |
| | c | Straße | C | Für Feld 7c, 7e und 7f:<br>– „R" bei Code Bestimmungsort 2,3, 4 und 5<br>– „O" bei Code Bestimmungsort 1<br>(Siehe Code für den Bestimmungsort in Feld 1a) | | an..65 |
| | d | Hausnummer | O | | | an..11 |
| | e | Postleitzahl | C | | | an..10 |
| | f | Stadt | C | | | an..50 |
| | g | NAD_LNG | C | „R", wenn das betreffende Textfeld verwendet wird | Geben Sie für die in dieser Datengruppe verwendete Sprache den in Anhang II Codeliste 1 genannten Sprachencode an. | a2 |
| 8 | | AUSFUHRZOLLSTELLE | C | „R" bei Ausfuhr (Code Bestimmungsort 6)<br>(Siehe Code für den Bestimmungsort in Feld 1a) | | |
| | a | Dienststellenschlüsselnummer | R | | Geben Sie den Code der Ausfuhrzollstelle an, bei der die Ausfuhranmeldung gemäß Artikel 161 Absatz 5 der Verordnung (EWG) Nr. 2913/92[1)] abzugeben ist. Siehe Anhang II Codeliste 5. | an8 |
| 9 | | e-VD | R | | | |
| | a | Bezugsnummer | R | | Einmalige laufende Nummer, die der Versender dem e-VD zuordnet und die zur Identifizierung der Sendung in den Aufzeichnungen des Versenders dient. | an..22 |
| | b | Rechnungsnummer | R | | Geben Sie die Rechnungsnummer der für die Waren ausgestellten Rechnung an. Wurde die Rechnung noch nicht ausgestellt, so ist die Nummer des Lieferscheins oder eines sonstigen Beförderungsdokuments anzugeben. | an..35 |
| | c | Rechnungsdatum | O | Der Abgangsmitgliedstaat kann dieses Datenelement als „R" einstufen | Datum des in Feld 9b ausgewiesenen Dokuments | Datum |
| | d | Kennziffer Ausgangspunkt | R | | Mögliche Kennziffern für den Ausgangspunkt der Beförderung:<br>1 = Ausgangspunkt – Steuerlager (in den in Artikel 17 Absatz 1 Buchstabe a der Richtlinie 2008/118/EG genannten Fällen)<br>2 = Ausgangspunkt – Einfuhr (in den in Artikel 17 Absatz 1 Buchstabe b der Richtlinie 2008/118/EG genannten Fällen) | n1 |
| | e | Versanddatum | R | | Datum des Beginns der Beförderung gemäß Artikel 20 Absatz 1 der Richtlinie 2008/118/EG. Nach Vorlage des Entwurfs des e-VD dürfen bis zu diesem Datum nicht mehr als sieben Tage vergehen. In dem Fall nach Artikel 26 der Richtlinie 2008/118/EG darf das Versendungsdatum in der Vergangenheit liegen. | Datum |
| | f | Uhrzeit des Versands | O | Der Abgangsmitgliedstaat kann dieses Datenelement als „R" einstufen | Uhrzeit des Beginns der Beförderung gemäß Artikel 20 Absatz 1 der Richtlinie 2008/118/EG. Die Uhrzeit ist als Ortszeit anzugeben. | Uhrzeit |
| | g | Vorheriger ARC | D | Bei der Validierung neuer e-VD nach der Validierung der Meldung über die Aufteilung der Beförderung von den Behörden des Abgangsmitgliedstaats anzugeben (Tabelle 5) | Anzugeben ist der ARC des ersetzten e-VD. | an21 |

---

1) ABl. L 302 vom 19.10.1992, S. 1.

# Anhang 1–04

Energie- und Stromsteuerrecht

| A | B | C | D | E | F | G |
|---|---|---|---|---|---|---|
| 9.1 | EINHEITSPAPIER EINFUHR | C | | „R", wenn die Kennziffer in Feld 9d „2" (Einfuhr) lautet | | 9x |
| | a | Registriernummer | R | | Die Nummer des Einheitspapiers Einfuhr ist entweder vom Versender bei der Vorlage des Entwurfs des e-VD oder von den Behörden des Abgangsmitgliedstaats bei der Validierung des Entwurfs des e-VD anzugeben | Geben Sie die Nummer(n) des/der für die Überführung der Waren in den zollrechtlich freien Verkehr verwendeten Einheitspapiers bzw. Einheitspapiere an. | an..21 |
| 10 | | ZUSTÄNDIGE STELLE: zuständige Dienststelle für den Versender | R | | | | |
| | a | Dienststellenschlüsselnummer | R | | | Geben Sie den Code der für die Verbrauchsteuerkontrolle am Versendungsort zuständigen Stelle der zuständigen Behörden im Abgangsmitgliedstaat an. Siehe Anhang II Codeliste 5. | an8 |
| 11 | | SICHERHEITSLEISTUNG | R | | | | |
| | a | Code Sicherheitsleistender | R | | | Geben Sie anhand der Codes für den Sicherheitsleistenden in Anhang II Codeliste 6 an, wer für die Erbringung der Sicherheitsleistung verantwortlich ist. | n..4 |
| 12 | | SICHERHEITSLEISTENDER | C | | „R", wenn eine der nachstehenden Kennziffern für den Sicherheitsleistenden zutrifft: 2, 3, 12, 13, 23, 24, 34, 123, 124, 134, 234 oder 1234 (Siehe Code für den Sicherheitsleistenden in Anhang II Codeliste 6) | Geben Sie den Beförderer und/oder den Eigentümer der Waren an, wenn einer von beiden oder beide die Sicherheitsleistung erbringt bzw. erbringen. | 2x |
| | a | Verbrauchsteuernummer | O | | Der Abgangsmitgliedstaat kann dieses Datenelement als „R" einstufen | Es ist eine gültige SEED-Registrierungsnummer oder Umsatzsteuer-Identifikationsnummer des Beförderers oder Eigentümers der verbrauchsteuerpflichtigen Waren anzugeben. | an13 |
| | b | Umsatzsteuer-ID-Nr. | O | | | | an..35 |
| | c | Name | C | | Bei 12c, d, f und g: „O", wenn die Verbrauchsteuernummer des Wirtschaftsbeteiligten angegeben wird, andernfalls „R" | | an..182 |
| | d | Straße | C | | | | an..65 |
| | e | Hausnummer | O | | | | an..11 |
| | f | Postleitzahl | C | | | | an..10 |
| | g | Stadt | C | | | | an..50 |
| | h | NAD_LNG | C | | „R", wenn das betreffende Textfeld verwendet wird | Geben Sie für die in dieser Datengruppe verwendete Sprache den in Anhang II Codeliste 1 genannten Sprachencode an. | a2 |
| 13 | | BEFÖRDERUNG | R | | | | |
| | a | Code Beförderungsart | R | | | Geben Sie die Beförderungsart bei Beginn der Beförderung anhand der Codes in Anhang II Codeliste 7 an. | n..2 |

# Anhang 1–04

Energie- und Stromsteuerrecht

| A | B | C | D | E | F | G |
|---|---|---|---|---|---|---|
| 14 | | VERAN-LASSER der Beförderung | C | „R", um die Person zu identifizieren, die die erste Beförderung veranlasst, wenn die Kennziffer in Feld 1c „3" oder „4" lautet | | |
| | a | Umsatzsteuer-ID-Nr. | O | Der Abgangsmitgliedstaat kann dieses Datenelement als „R" einstufen | | an..35 |
| | b | Name | R | | | an..182 |
| | c | Straße | R | | | an..65 |
| | d | Hausnummer | O | | | an..11 |
| | e | Postleitzahl | R | | | an..10 |
| | f | Stadt | R | | | an..50 |
| | g | NAD_LNG | R | | Geben Sie für die in dieser Datengruppe verwendete Sprache den in Anhang II Codeliste 1 genanntenSprachencode an. | a2 |
| 15 | | ERSTER BEFÖRDERER | O | Der Abgangsmitgliedstaat kann dieses Datenelement als „R" einstufen | Angaben zur Identifizierung des ersten Beförderers. | |
| | a | Umsatzsteuer-ID-Nr. | O | | | an..35 |
| | b | Name | R | | | an..182 |
| | c | Straße | R | | | an..65 |
| | d | Hausnummer | O | | | an..11 |
| | e | Postleitzahl | R | | | an..10 |
| | f | Stadt | R | | | an..50 |
| | g | NAD_LNG | R | | Geben Sie für die in dieser Datengruppe verwendete Sprache den in Anhang II Codeliste 1 genanntenSprachencode an. | a2 |
| 16 | | BEFÖRDERUNGS-DETAILS | R | | | 99x |
| | a | Beförderungsmittel/Container | R | | Geben Sie unter Bezug auf die in Feld 13a genannte Beförderungsart den oder die Code(s) für die Beförderungsmittel/Container an. Siehe Anhang II Codeliste 8. | n..2 |
| | b | Kennzeichen Beförderungsmittel/Container | R | | Geben Sie die Kennzeichen der Beförderungsmittel/Container an. | an..35 |
| | c | Kennzeichen des Verschlusses | D | „R", wenn Verschlüsse verwendet werden | Geben Sie die Kennzeichen der Verschlüsse an, wenn sie zum Verschluss der Beförderungsmittel/Container verwendet werden. | an..35 |
| | d | Informationen zum Verschluss | O | | Machen Sie ergänzende Angaben zu den Verschlüssen (z. B. Verschlussart). | an..350 |
| | e | Informationen zum Verschluss_LNG | C | „R", wenn das betreffende Textfeld verwendet wird | Geben Sie für die in dieser Datengruppe verwendete Sprache den in Anhang II Codeliste 1 genanntenSprachencode an. | a2 |

# Anhang 1–04

Energie- und Stromsteuerrecht

| A | B | C | D | E | F | G |
|---|---|---|---|---|---|---|
| f | Ergänzende Informationen | O | | | Machen Sie ergänzende Angaben zur Beförderung, z. B. etwaigen nachfolgenden Beförderern oder Beförderungsmittel/Container. | an..350 |
| g | Ergänzende Informationen_SPR | C | | R, wenn das betreffende Textfeld verwendet wird | Geben Sie für die in dieser Datengruppe verwendete Sprache den in Anhang II Codeliste 1 genanntenSprachencode an. | a2 |
| 17 | POSITIONS-DATEN e-VD | R | | | Für alle Waren, aus denen sich eine Sendung zusammensetzt, ist eine gesonderte Datengruppe zu verwenden. | 999x |
| | a | Positionsnummer | R | | | Geben Sie eine Ordnungsnummer an (beginnend bei 1). | n..3 |
| | b | Verbrauchsteuer-Produktcode | R | | | Geben Sie den entsprechenden Produktcode an. Siehe Anhang II Codeliste 11. | an4 |
| | c | KN-Code | R | | | Geben Sie den am Versanddatum gültigen KN-Code an. | n8 |
| | d | Menge | R | | | Geben Sie die Menge (in der zum Produktcode gehörigen Maßeinheit) an. Siehe Anhang II Tabellen 11 und 12. Bei einer Beförderung an einen registrierten Empfänger gemäß Artikel 19 Absatz 3 der Richtlinie2008/118/EG darf die Menge nicht größer sein als die Menge, zu deren Empfang er berechtigt ist. Bei einer Beförderung an eine gemäß Artikel 12 der Richtlinie 2008/118/EG steuerbefreite Einrichtung darf die Menge nicht größer sein als die in der Verbrauchsteuerfreistellungsbescheinigung genannte Menge. | n..15,3 |
| | e | Bruttogewicht | R | | | Geben Sie das Bruttogewicht der Sendung an (die verbrauchsteuerpflichtigen Waren einschließlich derVerpackung). | n..15,2 |
| | f | Nettogewicht | R | | | Geben Sie das Gewicht der verbrauchsteuerpflichtigen Waren ohne Verpackung an (bei Alkohol und alkoholhaltigen Getränken, Energieerzeugnissen und Tabakwaren, ausgenommen Zigaretten). | n..15,2 |
| | g | Alkoholgehalt | C | | „R", wenn auf die betreffende verbrauchsteuerpflichtige Ware anwendbar | Geben Sie, wenn anwendbar, den Alkoholgehalt an (in Volumenprozent bei 20 °C) entsprechend Anhang II Codeliste 11. | n..5,2 |
| | h | Grad Plato | D | | „R", wenn der Abgangsmitgliedstaat und/oder der Bestimmungsmitgliedstaat Bier nach Stammwürzegehalt (Grad Plato) besteuert bzw. besteuern | Geben Sie bei Bier den Stammwürzegehalt (Grad Plato) an, wenn der Abgangsmitgliedstaat und/oder derBestimmungsmitgliedstaat Bier auf dieser Grundlage besteuern. Siehe Anhang II Codeliste 11. | n..5,2 |
| | i | Steuerzeichen/Kennzeichnung | O | | | Machen Sie ergänzende Angaben zu den im Bestimmungsmitgliedstaat erforderlichen Steuerzeichen/Kennzeichen. | an..350 |
| | j | Steuerzeichen/Kennzeichnung_LNG | C | | „R", wenn das betreffende Textfeld verwendet wird | Geben Sie für die in dieser Datengruppe verwendete Sprache den in Anhang II Codeliste 1 genanntenSprachencode an. | a2 |
| | k | Steuerzeichen/Kennzeichnung verwendet | D | | „R", wenn Steuerzeichen/Kennzeichen verwendet werden | Geben Sie „1" an, wenn die Waren Steuerzeichen/Kennzeichen tragen oder enthalten; geben Sie „0" an, wenn die Waren keine Steuerzeichen/Kennzeichen tragen oder enthalten. | n1 |

| A | B | C | D | E | F | G |
|---|---|---|---|---|---|---|
| | l | Ursprungsbezeichnung | O | | Dieses Feld kann zur Ausstellung einer Bescheinigung verwendet werden:<br>1. bei Weinen betreffend die geschützte Ursprungsbezeichnung oder geografische Angabe gemäß den einschlägigen Vorschriften des Gemeinschaftsrechts;<br>2. bei bestimmten Spirituosen betreffend den Herstellungsort gemäß den einschlägigen Vorschriften desGemeinschaftsrechts;<br>3. bei Bier, das von einer kleinen unabhängigen Brauerei im Sinne der Richtlinie 92/83/EWG[1)] des Rates gebraut wird und für das im Bestimmungsmitgliedstaat die Anwendung eines ermäßigten Verbrauchsteuersatzes beansprucht werden soll. Die Bescheinung sollte wie folgt formuliert sein: „Hiermit wird bescheinigt, dass das genannte Erzeugnis von einer kleinen unabhängigen Brauerei gebraut wurde."<br>4. Bei Ethylalkohol, der von einer kleinen Brennerei im Sinne der Richtlinie 92/83/EWG des Rates hergestellt wurde und für den im Bestimmungsmitgliedstaat die Anwendung eines ermäßigten Verbrauchsteuersatzes beansprucht werden soll. Die Bescheinigung sollte wie folgt formuliert sein: „Hiermit wird bescheinigt, dass das genannte Erzeugnis von einer kleinen Brennerei hergestellt wurde." | an..350 |
| | m | Ursprungsbezeichnung_LNG | C | „R", wenn das betreffende Textfeld verwendet wird | Geben Sie für die in dieser Datengruppe verwendete Sprache den in Anhang II Codeliste 1 genanntenSprachencode an. | a2 |
| | n | Jahreserzeugung | O | | Geben Sie bei Bier oder Spirituosen, für die in Feld 17l (Ursprungsbezeichnung) eine Bescheinigung ausgestellt wird, die Jahreserzeugung des vorangegangenen Jahres in Hektoliter Bier oder Hektoliter reinem Alkohol an. | n..15 |
| | o | Dichte | C | „R", wenn auf die betreffende steuerpflichtige Ware anwendbar | Geben Sie, wenn anwendbar, die Dichte bei 15 °C entsprechend Anhang II Codeliste 11 an. | n..5,2 |
| | p | Warenbeschreibung | O | Der Abgangsmitgliedstaat kann dieses Datenelement als „R" einstufen.<br>„R" bei Beförderung als Massengut der Weine nach Maßgabe von Anhang IV Absätze 1 bis 9 sowie Absätze 15 und 16 der Verordnung (EG) Nr. 479/2008[2)], für die die Warenbeschreibung die in Artikel 60 dieser Verordnung aufgeführten fakultativen Angaben enthält, sofern diese in der Etikettierung verwendet werden oder verwendet werden sollen | Geben Sie zur Identifizierung der beförderten Waren die Warenbeschreibung an. | an..350 |
| | q | Warenbeschreibung_LNG | C | „R", wenn das betreffende Textfeld verwendet wird | Geben Sie für die in dieser Datengruppe verwendete Sprache den in Anhang II Codeliste 1 genanntenSprachencode an. | a2 |

---

1) ABl. L 316 vom 31.10.1992, S. 21.
2) ABl. L 148 vom 6.6.2008, S. 1.

| A | B | C | D | E | F | G |
|---|---|---|---|---|---|---|
|   | r | Markenname | D | „R", wenn die verbrauchsteuerpflichtigen Waren einen Markennamen tragen. Der Abgangsmitgliedstaat kann bestimmen, dass der Markenname der beförderten Waren nicht angegeben werden muss, wenn er in der Rechnung oder in einem Handelsdokument nach Maßgabe von Feld 9b genannt ist | Geben Sie ggf. den Markennamen des Produkts an. | an..350 |
|   | s | Markenname_LNG | C | „R", wenn das betreffende Textfeld verwendet wird | Geben Sie für die in dieser Datengruppe verwendete Sprache den in Anhang II Codeliste 1 genanntenSprachencode an. | a2 |
| 17.1 |   | PACKSTÜCKE | R |   |   | 99x |
|   | a | Art | R |   | Geben Sie anhand der Codes in Anhang II Codeliste 9 die Art der Packstücke an. | a2 |
|   | b | Anzahl | C | „R", wenn als „zählbar" gekennzeichnet | Geben Sie, wenn die Packstücke entsprechend Anhang II Codeliste 9 zählbar sind, die Anzahl der Packstücke an. | n..15 |
|   | c | Kennzeichen des Verschlusses | D | „R", wenn Verschlüsse verwendet werden | Geben Sie die Kennzeichen der Verschlüsse an, wenn solche zum Verschluss der Packstücke verwendet werden. | an..35 |
|   | d | Informationen zum Verschluss | O |   | Machen Sie ergänzende Angaben zu den Verschlüssen (z. B. Verschlussart). | an..350 |
|   | e | Informationen zum Verschluss_LNG | C | „R", wenn das betreffende Textfeld verwendet wird | Geben Sie für die in dieser Datengruppe verwendete Sprache den in Anhang II Codeliste 1 genanntenSprachencode an. | a2 |
| 17.2 |   | WEINBAUERZEUGNIS | D | „R","R" bei Weinbauerzeugnissen, die in Anhang I Teil XII der Verordnung (EG) Nr. 1234/ 2007 des Rates[1] aufgeführt sind |   |   |
|   | a | Weinbauerzeugniskategorie | R |   | Geben Sie für in Anhang I Teil XII der Verordnung (EG) Nr. 1234/2007 aufgeführte Weinbauerzeugnisse eine der folgenden Kennziffern an:<br>1 = Wein ohne g.U./g.g.A.<br>2 = Rebsortenwein ohne g.U./g.g.A.<br>3 = Wein mit g.U. oder g.g.A.<br>4 = Eingeführter Wein<br>5 = Anderer | n1 |
|   | b | Code der Weinbauzone | D | „R" bei nicht abgefüllten Weinbauerzeugnissen (Nennvolumen von mehr als 60 l) | Geben Sie gemäß Anhang IX der Verordnung (EG) Nr. 479/2008 die Weinbauzone an, aus der die beförderte Ware stammt. | n..2 |
|   | c | Ursprungsdrittland | C | „R", wenn die Kategorie des Weinbauerzeugnisses in Feld 17.2a „4" (eingeführter Wein) lautet | Geben Sie den Ländercode gemäß Anhang II Codeliste 4 an. | a2 |
|   | d | Sonstige Informationen | O |   |   | an..350 |

---

[1] ABl. L 299 vom 16.11.2007, S. 1.

Energie- und Stromsteuerrecht **Anhang 1–04**

| A | B | C | D | E | F | G |
|---|---|---|---|---|---|---|
|  | e | Sonstige Informationen_LNG | C | „R", wenn das betreffende Textfeld verwendet wird | Geben Sie für die in dieser Datengruppe verwendete Sprache den in Anhang II Codeliste 1 genanntenSprachencode an. | a2 |
| 17.2.1 |  | BEHANDLUNG DES WEINBAUERZEUGNISSES – Code | D | „R" bei nicht abgefüllten Weinbauerzeugnissen (Nennvolumen von mehr als 60 l) |  | 99x |
|  | a | Code | R |  | Geben Sie einen oder mehrere Code(s) für die Behandlung des Weinbauerzeugnisses gemäß Anhang VI Buchstabe B Liste 1.4.b der Verordnung (EG) Nr. 436/2009 der Kommission[1] an. | n..2 |
| 18 |  | DOKUMENT – Zertifikat | O |  |  | 9x |
|  | a | Kurzbeschreibung Dokument | C | „R", wenn Datenfeld 18c nicht verwendet wird | Beschreiben Sie alle die beförderten Waren betreffenden Zertifikate, z. B. Zertifikate über die in Feld 17l genannte Ursprungsbezeichnung. | an..350 |
|  | b | Kurzbeschreibung Dokument_LNG | C | „R", wenn das betreffende Textfeld verwendet wird | Geben Sie für die in dieser Datengruppe verwendete Sprache den in Anhang II Codeliste 1 genanntenSprachencode an. | a2 |
|  | c | Dokumentreferenz | C | „R", wenn Feld 18a nicht verwendet wird | Geben Sie für alle die beförderten Waren betreffenden Zertifikate eine Referenznummer an. | an..350 |
|  | d | Dokumentreferenz_LNG | C | „R", wenn das betreffende Textfeld ausgefüllt ist | Geben Sie für die in dieser Datengruppe verwendete Sprache den in Anhang II Codeliste 1 genanntenSprachencode an. | a2 |

---

1) ABl. L 128 vom 27.5.2009, S 15.

## Tabelle 2
### (gemäß Artikel 4 Absatz 1)
### Annullierungsmeldung

| A | B | C | D | E | F | G |
|---|---|---|---|---|---|---|
| 1 |   | BEFÖRDERUNG VERBRAUCHSTEUERPFLICHTIGER WAREN: e-VD | R |   |   |   |
|   | a | Referenzcode (ARC) | R |   | Geben Sie den ARC des e-VD an, dessen Annullierung beantragt wird. | an21 |
| 2 |   | ANNULLIERUNG | R |   |   |   |
|   | a | Code Annullierungsgrund | R |   | Geben Sie den Grund der Annullierung des e-VD anhand der Codes in Anhang II Codeliste 10 an. | n1 |
| 3 |   | ATTRIBUT | R |   |   |   |
|   | a | Datum und Uhrzeit der Validierung der Annullierung | C | Von den zuständigen Behörden des Abgangsmitgliedstaats bei Validierung des Entwurfs der Annullierungsmeldung anzugeben | Die Uhrzeit ist als Ortszeit anzugeben. | Datum Uhrzeit |

## Tabelle 3
### (gemäß Artikel 5 Absatz 1 und Artikel 8 Absatz 2)
### Änderung des Bestimmungsorts

| A | B | C | D | E | F | G |
|---|---|---|---|---|---|---|
| 1 |   | ATTRIBUT | R |   |   |   |
|   | a | Datum und Uhrzeit der Validierung der Änderung des Bestimmungsorts | C | Von den zuständigen Behörden des Abgangsmitgliedstaats bei Validierung des Entwurfs der Meldung über die Änderung des Bestimmungsorts anzugeben | Die Uhrzeit ist als Ortszeit anzugeben. | dateTime |
| 2 |   | e-VD Aktualisierung | R |   |   |   |
|   | a | Fortlaufende Vorgangsnummer | C | Von den zuständigen Behörden des Abgangsmitgliedstaats bei Validierung des Entwurfs der Meldung über die Änderung des Bestimmungsorts anzugeben | Wird bei der Erstvalidierung des e-VD auf 1 gesetzt und bei jeder Änderung des Bestimmungsorts um 1 erhöht. | n..5 |
|   | b | Referenzcode (ARC) | R |   | Geben Sie den ARC des e-VD an, dessen Bestimmungsort geändert wird. | an21 |
|   | c | Beförderungsdauer | D | „R", wenn sich die Beförderungsdauer infolge der Änderung des Bestimmungsorts ändert | Geben Sie den normalen Zeitaufwand für die Beförderung unter Berücksichtigung des Beförderungsmittels und der Entfernung in Stunden (H) oder Tagen (D) an, gefolgt von einer zweistelligen Zahl (Beispiele: H12 oder D04). Für H ist maximal die Zahl 24 anzugeben, für D maximal die Zahl 92. | an3 |
|   | d | Änderung bei der Veranlassung der Beförderung | D | „R", wenn infolge der Änderung des Bestimmungsorts eine andere Person für die Veranlassung der Beförderung verantwortlich ist | Geben Sie anhand einer der folgenden Kennziffern an, wer für die Veranlassung der Beförderung verantwortlich ist:<br>1 = Versender<br>2 = Versender<br>3 = Eigentümer der Waren<br>4 = Sonstiger | N1 |
|   | e | Rechnungsnummer | D | „R", wenn sich die Rechnung infolge der Änderung des Bestimmungsorts ändert | Geben Sie die Rechnungsnummer der für die Waren ausgestellten Rechnung an. Wurde die Rechnung noch nicht ausgestellt, so ist die Nummer des Lieferscheins oder eines sonstigen Beförderungsdokuments anzugeben. | an..35 |
|   | f | Rechnungsdatum | O | Der Abgangsmitgliedstaat kann dieses Datenelement als „R" einstufen, wenn sich die Rechnungsnummer infolge der Änderung des Bestimmungsorts ändert | Datum des in Feld 2e ausgewiesenen Dokuments. | date |
|   | g | Code Beförderungsart | D | „R", wenn sich die Beförderungsart infolge der Änderung des Bestimmungsorts ändert | Geben Sie die Beförderungsart anhand der Codes in Anhang II Codeliste 7 an. | n..2 |
| 3 |   | GEÄNDERTER BESTIMMUNGSORT | R |   |   |   |

# Anhang 1–04

Energie- und Stromsteuerrecht

| A | B | C | D | E | F | G |
|---|---|---|---|---|---|---|
| | a | Code Bestimmungssort | R | | Geben Sie anhand eines der folgenden Codes den neuen Bestimmungsort der Beförderung an:<br>1 = Steuerlager (Artikel 17 Absatz 1 Buchstabe a Ziffer i der Richtlinie 2008/118/EG)<br>2 = Registrierter Empfänger (Artikel 17 Absatz 1 Buchstabe a Ziffer ii der Richtlinie 2008/118/EG)<br>3 = Vorübergehend registrierter Empfänger (Artikel 17 Absatz 1 Buchstabe a Ziffer ii und Artikel 19 Absatz 3 der Richtlinie 2008/118/EG)<br>4 = Direktlieferung (Artikel 17 Absatz 2 der Richtlinie 2008/118/EG)<br>6 = Ausfuhr (Artikel 17 Absatz 1 Buchstabe a Ziffer iii der Richtlinie 2008/118/EG) | n1 |
| 4 | | NEUER EMPFÄNGER | D | „R", wenn sich der Empfänger infolge der Änderung des Bestimmungsortsändert | | |
| | a | Verbrauchsteuernummer/ Umsatzsteuer-ID-Nr. | C | – „R" bei Code Bestimmungsort 1,2, 3 und 4<br>– „O" bei Code Bestimmungsort 6<br>(Siehe Code für den Bestimmungsort inFeld 3a) | Angaben bei Code Bestimmungsort<br>– 1, 2, 3 und 4: eine gültige SEED-Registrierungsnummer des zugelassenen Lagerinhabers oder des registrierten Empfängers<br>– 6: Umsatzsteuer-Identifikationsnummer des Vertreters des Versenders bei der Ausfuhrzollstelle | an..16 |
| | b | Name | R | | | an..182 |
| | c | Straße | R | | | an..65 |
| | d | Hausnummer | O | | | an..11 |
| | e | Postleitzahl | R | | | an..10 |
| | f | Stadt | R | | | an..50 |
| | g | NAD_LNG | R | | Geben Sie für die in dieser Datengruppe verwendete Sprache den in Anhang II Codeliste 1 genanntenSprachencode an. | a2 |
| 5 | | ORT DER LIEFERUNG | C | – „R" bei Code Bestimmungsort 1 und 4<br>– „O" bei Code Bestimmungsort 2 und 3<br>(Siehe Kennziffern für den Bestimmungsort in Feld 3a) | Geben Sie den Ort der tatsächlichen Lieferung der verbrauchsteuerpflichtigen Waren an. | |
| | a | Verbrauchsteuernummer/ Sonstige Nr. | C | – „R" bei Code Bestimmungsortkennziffer 1<br>– „O" bei Code Bestimmungsort 2 und 3<br>(Siehe Code für den Bestimmungsort inFeld 3a) | Angaben bei Code Bestimmungsort<br>– 1: eine gültige SEED-Registrierungsnummer des Bestimmungssteuerlagers<br>– 2 und 3: Umsatzsteuer-Identifikationsnummer oder andere Kennung | an..16 |
| | b | Name | C | – bei Code Bestimmungsort 1,2 und 3<br>– „O" bei Code Bestimmungsort 4<br>(Siehe Code für den Bestimmungsort inFeld 3a) | | an..182 |
| | c | Straße | C | Für Feld 5c, 5e und 5f:<br>– „R" bei Code Bestimmungsort 2,3 und 4<br>– „O" bei Code Bestimmungsort 1<br>(Siehe Code für den Bestimmungsort inFeld 3a) | | an..65 |
| | d | Hausnummer | O | | | an..11 |
| | e | Postleitzahl | C | | | an..10 |
| | f | Stadt | C | | | an..50 |
| | g | NAD_LNG | C | „R", wenn das betreffende Textfeld verwendet wird | Geben Sie für die in dieser Datengruppe verwendete Sprache den in Anhang II Codeliste 1 genanntenSprachencode an. | a2 |

# Energie- und Stromsteuerrecht  Anhang 1–04

| A | B | C | D | E | F | G |
|---|---|---|---|---|---|---|
| 6 | AUS-FUHR-ZOLL-STELLE | C | | „R" bei Ausfuhr (Code Bestimmungsort 6) (Siehe Code für den Bestimmungsort in Feld 3a) | | |
| | a | Dienststellenschlüsselnummer | R | | Geben Sie den Code der Ausfuhrzollstelle an, bei der die Ausfuhranmeldung gemäß Artikel 161 Absatz 5 der Verordnung (EWG) Nr. 2913/92 abzugeben ist. Siehe Anhang II Codeliste 5. | an8 |
| 7 | NEUER VERANLASSER DER BEFÖRDERUNG | C | | „R", um die Person zu identifizieren, die für die Veranlassung der Beförderung verantwortlich ist, wenn die Kennziffer in Feld 2d „3" oder „4" lautet | | |
| | a | Umsatzsteuer-ID-Nummer | O | | Der Abgangsmitgliedstaat kann dieses Datenelement als „R" einstufen. | an..35 |
| | b | Name | R | | | an..182 |
| | c | Straße | R | | | an..65 |
| | d | Hausnummer | O | | | an..11 |
| | e | Postleitzahl | R | | | an..10 |
| | f | Stadt | R | | | an..50 |
| | g | NAD_LNG | R | | Geben Sie für die in dieser Datengruppe verwendete Sprache den in Anhang II Codeliste 1 genannten Sprachencode an. | a2 |
| 8 | NEUER BEFÖRDERER | O | | Der Abgangsmitgliedstaat kann dieses Datenelement als „R" einstufen, wenn sich der Beförderer infolge der Änderung des Bestimmungsortsändert | Angaben zur Identifizierung des neuen Beförderers. | |
| | a | Umsatzsteuer-ID-Nummer | O | | | an..35 |
| | b | Name | R | | | an..182 |
| | c | Straße | R | | | an..65 |
| | d | Hausnummer | O | | | an..11 |
| | e | Postleitzahl | R | | | an..10 |
| | f | Stadt | R | | | an..50 |
| | g | NAD_LNG | R | | Geben Sie für die in dieser Datengruppe verwendete Sprache den in Anhang II Codeliste 1 genannten Sprachencode an. | a2 |
| 9 | BEFÖRDERUNGS-DETAILS | D | | „R", wenn sich die Angaben zur Beförderung infolge der Änderung des Bestimmungsorts ändern | | 99x |
| | a | Beförderungsmittel/Container | R | | | Geben Sie in Bezug auf die in Feld 2g genannte Beförderungsart den oder die Code(s) für die Beförderungsmittel/Container an. Siehe Anhang II Codeliste 8. | n..2 |
| | b | Kennzeichen Beförderungsmittel/Container | R | | | Geben Sie die Kennzeichen der Beförderungsmittel/Container an. | an..35 |

| A | B | C | D | E | F | G |
|---|---|---|---|---|---|---|
| | c | Kennzeichen des Verschlusses | D | „R", wenn Verschlüsse verwendet werden | Geben Sie die Kennzeichen der Verschlüsse an, wenn solche zum Verschluss der Beförderungsmittel/Container verwendet werden. | an..35 |
| | d | Informationen zum Verschluss | O | | Machen Sie ergänzende Angaben zu den Verschlüssen (z. B. Verschlussart). | an..350 |
| | e | Informationen zum Verschluss_LNG | C | R, wenn das betreffende Textfeld verwendet wird | Geben Sie für die in dieser Datengruppe verwendete Sprache den in Anhang II Codeliste 1 genanntenSprachencode an. | a2 |
| | f | Ergänzende Informationen | O | | Machen Sie ergänzende Angaben zur Beförderung, z. B. etwaigen nachfolgenden Beförderern oder.Beförderungsmittel/ Container. | an..350 |
| | g | Ergänzende Informationen_LNG | C | R, wenn das betreffende Textfeld verwendet wird | Geben Sie für die in dieser Datengruppe verwendete Sprache den in Anhang II Codeliste 1 genanntenSprachencode an. | a2 |

## Tabelle 4
(gemäß Artikel 5 Absatz 3 Unterabsatz 2, Artikel 5 Absatz 6 und Artikel 6 Absatz 2 Buchstabe b)
**Mitteilung über die Änderung des Bestimmungsorts – Aufteilungsmitteilung**

| A | B | C | D | E | F | | G |
|---|---|---|---|---|---|---|---|
| 1 | | VER-BRAUCH-STEUER-MITTEILUNG | R | | | | |
| | a | | Art der Mitteilung | R | Von den zuständigen Behörden des Bestimmungsmitgliedstaats (bei der Mitteilung über die Änderung des Bestimmungsorts) oder des Abgangsmitgliedstaats (bei der Aufteilungsmitteilung) anzugeben | Geben Sie anhand einer der folgenden Kennziffern den Grund der Mitteilung an:<br>1 = Änderung des Bestimmungsorts<br>2 = Aufteilung | n1 |
| | b | | Mitteilung: Datum und Uhrzeit | R | Von den zuständigen Behörden des Bestimmungsmitgliedstaats (bei der Mitteilung über die Änderung des Bestimmungsorts) oder des Abgangsmitgliedstaats (bei der Aufteilungsmitteilung) anzugeben | Die Uhrzeit ist als Ortszeit anzugeben. | Datum Uhrzeit |
| | c | | Referenzcode (ARC) | R | Von den zuständigen Behörden des Bestimmungsmitgliedstaats (bei der Mitteilung über die Änderung des Bestimmungsorts) oder des Abgangsmitgliedstaats (bei der Aufteilungsmitteilung) anzugeben | Geben Sie den ARC des e-VD an, das Gegenstand der Mitteilung ist. | an21 |
| 2 | | NACHFOLGENDER ARC | C | „R", wenn die Art der Mitteilung in Feld 1a „2" lautet<br>Von den zuständigen Behörden des Abgangsmitgliedstaats anzugeben | | | 9x |
| | a | | Referenzcode (ARC) | R | Von den zuständigen Behörden des Abgangsmitgliedstaats anzugeben | | an21 |

## Tabelle 5
### (gemäß Artikel 6 Absatz 1 und Artikel 8 Absatz 2)
### Aufteilung der Beförderung

| A | B | C | D | E | F | G |
|---|---|---|---|---|---|---|
| 1 | | e-VD: Aufteilung | R | | | |
| | a | Vorheriger ARC | R | | Geben Sie den ARC des aufzuteilenden e-VD an. Siehe Anhang II Codeliste 2. | an21 |
| 2 | | GEÄNDERTER BESTIMMUNGSORT | R | | | |
| | a | Code Bestimmungsort | R | | Geben Sie anhand einer der folgenden Codes den Bestimmungsort der Beförderung an:<br>1 = Geben Sie anhand einer der folgenden Codes den Bestimmungsort der Beförderung an:<br>2 = Registrierter Empfänger (Artikel 17 Absatz 1 Buchstabe a Ziffer ii der Richtlinie 2008/118/EG)<br>3 = Registrierter Empfänger (Artikel 17 Absatz 1 Buchstabe a Ziffer ii der Richtlinie 2008/118/EG)<br>4 = Direktlieferung (Artikel 17 Absatz 2 der Richtlinie 2008/118/EG)<br>6 = Ausfuhr (Artikel 17 Absatz 1 Buchstabe a Ziffer iii der Richtlinie 2008/118/EG)<br>8 = Bestimmungsort unbekannt (noch nicht endgültig feststehender Empfänger gemäß Artikel 22 derRichtlinie 2008/118/EG) | n1 |
| 3 | | ANGABEN ZUR AUFTEILUNG DES e-VD | R | | | 9x |
| | a | Bezugsnummer | R | | Einmalige laufende Nummer, die der Versender dem e-VD zuordnet und anhand derer die Sendung in den Aufzeichnungen des Versenders identifizierbar ist. | an..22 |
| | b | Beförderungsdauer | D | „R", wenn sich die Beförderungsdauer infolge der Aufteilung ändert | Geben Sie den normalen Zeitaufwand für die Beförderung unter Berücksichtigung des Beförderungsmittels und der Entfernung in Stunden (H) oder Tagen (D) an, gefolgt von einer zweistelligen Zahl (Beispiele: H12 oder D04). Für H ist maximal die Zahl 24 anzugeben, für D maximal die Zahl 92. | an3 |
| | c | Änderung bei der Veranlassung der Beförderung | D | „R", wenn die für die Veranlassung der Beförderung verantwortliche Person infolge der Aufteilung wechselt | Geben Sie anhand einer der folgenden Kennziffern an, wer für die Veranlassung der Erstbeförderung verantwortlich ist:<br>1 = Versender<br>2 = Empfänger<br>3 = Eigentümer der Waren<br>4 = Sonstiger | n1 |
| 4 | | NEUER EMPFÄNGER | D | „R", wenn der Empfänger infolge derAufteilung wechselt | | |
| | a | Verbrauchsteuernummer/ Umsatzsteuer-ID-Nr. | C | – „R" bei Code Bestimmungsort 1,2,3 und 4<br>– „O" bei Code Bestimmungsort 6<br>(Siehe Code für den Bestimmungsort inFeld 2a) | Angaben bei Code Bestimmungsort<br>– 1, 2, 3 und 4: eine gültige SEED-Registrierungsnummer des zugelassenen Lagerinhabers oder des registrierten Empfängers<br>– 6: Umsatzsteuer-Identifikationsnummer. des Vertreters des Versenders bei der Ausfuhrzollstelle | an..16 |
| | b | Name | R | | | an..182 |
| | c | Straße | R | | | an..65 |
| | d | Hausnummer | O | | | an..11 |
| | e | Postleitzahl | R | | | an..10 |
| | f | Stadt | R | | | an..50 |

Energie- und Stromsteuerrecht  **Anhang 1–04**

| A | B | C | D | E | F | G |
|---|---|---|---|---|---|---|
| | g | NAD_LNG | R | | Geben Sie für die in dieser Datengruppe verwendete Sprache den in Anhang II Codeliste 1 genanntenSprachencode an. | a2 |
| 5 | | ORT der Lieferung | C | – „R" bei Code Bestimmungsort 1 und 4<br>– „O" bei Code Bestimmungsort 2 und 3<br>(Siehe Code für den Bestimmungsort inFeld 2a) | | |
| | a | Verbrauchsteuernummer/ Sonstige Nr. | C | – „R" bei Code Bestimmungsort 1<br>– „O" bei Code Bestimmungsort 2 und 3<br>(Siehe Code für den Bestimmungsort inFeld 2a) | Angaben bei Code Bestimmungsort<br>– eine gültige SEED-Registrierungsnummer des Bestimmungssteuerlagers<br>– 2 und 3: Umsatzsteuer-Identifikationsnummer oder andere Kennung | an..16 |
| | b | Name | C | – „R" bei Code Bestimmungsort 1,2 und 3<br>– „O" bei Code Bestimmungsort 4<br>(Siehe Code für den Bestimmungsort inFeld 2a) | | an..182 |
| | c | Straße | C | Für Feld 5c, 5e und 5f:<br>– „R" bei Code Bestimmungsort 2,3 und 4<br>– „O" bei Code Bestimmungsort 1<br>(Siehe Code für den Bestimmungsort inFeld 2a) | | an..65 |
| | d | Hausnummer | O | | | an..11 |
| | e | Postleitzahl | C | | | an..10 |
| | f | Stadt | C | | | an..50 |
| | g | NAD_LNG | C | „R", wenn das betreffende Textfeld verwendet wird | Geben Sie für die in dieser Datengruppe verwendete Sprache den in Anhang II Codeliste 1 genanntenSprachencode an. | a2 |
| 6 | | AUSFUHRZOLLSTELLE | C | „R" bei Ausfuhr (geänderter Code Bestimmungsort 6)<br>(Siehe Code Bestimmungsort in Feld 2a) | | |
| | a | Dienststellenschlüsselnummer | R | | Geben Sie den Code der Ausfuhrzollstelle an, bei der die Ausfuhranmeldung gemäß Artikel 161 Absatz 5 der Verordnung (EWG) Nr. 2913/92 abzugeben ist.<br>Siehe Anhang II Codeliste 5. | an8 |
| 7 | | NEUER VERANLASSER DER BEFÖRDERUNG | C | „R", um den Veranlasser der Beförderung zu identifizieren, wenn die Kennziffer in Feld 3c 3 oder 4 lautet | | |
| | a | Umsatzsteuer-ID-Nummer | O | Der Abgangsmitgliedstaat kann dieses Datenelement als „R" einstufen | | an..35 |
| | b | Name | R | | | an..182 |
| | c | Straße | R | | | an..65 |
| | d | Hausnummer | O | | | an..11 |
| | e | Postleitzahl | R | | | an..10 |
| | f | Stadt | R | | | an..50 |
| | g | NAD_LNG | R | | Geben Sie für die in dieser Datengruppe verwendete Sprache den in Anhang II Codeliste 1 genanntenSprachencode an. | a2 |

# Anhang 1–04 — Energie- und Stromsteuerrecht

| A | B | C | D | E | F | G |
|---|---|---|---|---|---|---|
| 8 | | NEUER BEFÖRDERER | O | Der Abgangsmitgliedstaat kann dieses Datenelement als „R" einstufen, wenn der Beförderer infolge der Aufteilung wechselt | Angaben zur Identifizierung des neuen Beförderers. | |
| | a | Umsatzsteuer-ID-Nummer | O | | | an..35 |
| | b | Name | R | | | an..182 |
| | c | Straße | R | | | an..65 |
| | d | Hausnummer | O | | | an..11 |
| | e | Postleitzahl | R | | | an..10 |
| | f | Stadt | R | | | an..50 |
| | g | NAD_LNG | R | | Geben Sie für die in dieser Datengruppe verwendete Sprache den in Anhang II Codeliste 1 genanntenSprachencode an. | a2 |
| 9 | | BEFÖRDERUNGSDETAILS | D | „R", wenn sich die Angaben zur Beförderung infolge der Aufteilung ändern | | 99x |
| | a | Beförderungsmittel/Container | R | | Geben Sie den/die Code(s) für die Beförderungsmittel/Container an. Siehe Anhang II Codeliste 8. | n..2 |
| | b | Kennzeichen Beförderungsmittel/Container | R | | Geben Sie die Kennzeichen der Beförderungsmittel/Container an. | an..35 |
| | c | Kennzeichen des Verschlusses | D | „R", wenn Verschlüsse verwendet werden | Geben Sie die Kennung der Verschlüsse an, wenn solche zum Verschluss der Beförderungsmittel/Container verwendet werden. | an..35 |
| | d | Informationen zum Verschluss | O | | Machen Sie ergänzende Angaben über die Verschlüsse (z. B. Verschlussart). | an..350 |
| | e | Informationen zum Verschluss_LNG | C | „R", wenn das betreffende Textfeld verwendet wird | Geben Sie für die in dieser Datengruppe verwendete Sprache den in Anhang II Codeliste 1 genanntenSprachencode an. | a2 |
| | f | Ergänzende Informationen | O | | Machen Sie ergänzende Angaben zur Beförderung, z. B. etwaigen nachfolgenden Beförderern oder Beförderungsmittel/Container. | an..350 |
| | g | Ergänzende Informationen_LNG | C | „R", wenn das betreffende Textfeld verwendet wird | Geben Sie für die in dieser Datengruppe verwendete Sprache den in Anhang II Codeliste 1 genanntenSprachencode an. | a2 |
| 10 | | POSITIONSDATENe-VD | R | | Für alle Waren einer Sendung ist eine gesonderte Datengruppe zu verwenden. | 999x |
| | a | Positionsnr | R | | Geben Sie eine einmalige Ordnungsnummer an (beginnend bei 1). | n..3 |
| | b | Verbrauchsteuer-Produktcode | R | | Geben Sie den entsprechenden Produktcode an. Siehe Anhang II Codeliste 11. | an..4 |

# Anhang 1–04

| A | B | C | D | E | F | G |
|---|---|---|---|---|---|---|
| c | KN-Code | R | | | Geben Sie den am Tag der Meldung über die Aufteilung gültigen KN-Code an. | n8 |
| d | Menge | R | | | Geben Sie die Menge (in der zum Produktcode gehörigen Maßeinheit) an. Siehe Anhang II Tabellen 11 und 12. Bei einer Beförderung an einen registrierten Empfänger gemäß Artikel 19 Absatz 3 der Richtlinie 2008/118/EG darf die Menge nicht größer sein als die Menge, zu deren Empfang er berechtigt ist. Bei einer Beförderung an eine gemäß Artikel 12 der Richtlinie 2008/118/EG steuerbefreite Einrichtung darf die Menge nicht größer sein als die in der Verbrauchsteuerfreistellungsbescheinigung genannte Menge. | n..15,3 |
| e | Bruttogewicht | R | | | Geben Sie das Bruttogewicht der Sendung an (verbrauchsteuerpflichtige Waren einschließlich Verpackung). | n..15,2 |
| f | Nettogewicht | R | | | Geben Sie das Gewicht der verbrauchsteuerpflichtigen Waren ohne Verpackung an. | n..15,2 |
| i | Steuerzeichen/ Kennzeichnung | O | | | Machen Sie ergänzende Angaben zu den im Bestimmungsmitgliedstaat erforderlichen Steuerzeichen/Kennzeichen. | an..350 |
| j | Steuerzeichen/ Kennzeichnung_LNG | C | | „R", wenn das betreffende Textfeld verwendet wird | Geben Sie für die in dieser Datengruppe verwendete Sprache den in Anhang II Codeliste 1 genannten Sprachencode an. | a2 |
| k | Steuerzeichen/ Kennzeichnung verwendet | D | | „R", wenn Steuerzeichen verwendet werden | Geben Sie „1" an, wenn die Waren Steuerzeichen tragen oder enthalten; geben Sie „0" an, wenn die Waren keine Steuerzeichen tragen oder enthalten. | n1 |
| o | Dichte | C | | „R", wenn auf die betreffende steuerpflichtige Ware anwendbar | Geben Sie die Dichte bei 15 °C an, soweit gemäß Anhang II Codeliste 11 anwendbar. | n..5,2 |
| p | Warenbeschreibung | O | | Der Abgangsmitgliedstaat kann dieses Datenelement als „R" einstufen. | Geben Sie zur Identifizierung der beförderten Waren die handelsübliche Bezeichnung der Waren an. | an..350 |
| q | Warenbeschreibung_LNG | C | | „R", wenn das betreffende Textfeld verwendet wird | Geben Sie für die in dieser Datengruppe verwendete Sprache den in Anhang II Codeliste 1 genannten Sprachencode an. | a2 |
| r | Markenname | D | | „R", wenn die verbrauchsteuerpflichtigen Waren einen Markennamen tragen | Geben Sie, wenn anwendbar, den Markennamen des Produkts an. | an..350 |
| s | Markenname_LNG | C | | „R", wenn das betreffende Textfeld verwendet wird | Geben Sie für die in dieser Datengruppe verwendete Sprache den in Anhang II Codeliste 1 genannten Sprachencode an. | a2 |
| 11 | PACKSTÜCKE | | | | | 99x |
| a | Art | R | | | Geben Sie anhand der Codes in Anhang II Codeliste 9 die Art der Packstücke an. | a2 |
| b | Anzahl | C | | „R", wenn als „zählbar" gekennzeichnet | Geben Sie, wenn die Packstücke entsprechend Anhang II Codeliste 9 zählbar sind, die Anzahl der Packstücke an. | n..15 |
| c | Kennung des Verschlusses | D | | „R", wenn Verschlüsse verwendet werden | Geben Sie die Kennzeichen der Verschlüsse an, wenn solche zum Verschluss der Packstücke verwendet werden. | an..35 |
| d | Informationen zum Verschluss | O | | | Machen Sie ergänzende Angaben zu den Verschlüssen (z. B. Verschlussart). | an..350 |

# Anhang 1–04 — Energie- und Stromsteuerrecht

| A | B | C | D | E | F | G |
|---|---|---|---|---|---|---|
| | e | Informationen zum Verschluss_LNG | C | „R", wenn das betreffende Textfeld verwendet wird | Geben Sie für die in dieser Datengruppe verwendete Sprache den in Anhang II Codeliste 1 genanntenSprachencode an. | a2 |

## Tabelle 6
(gemäß Artikel 7 und Artikel 8 Absatz 3)
### Eingangsmeldung – Ausfuhrmeldung

| A | B | C | D | E | F | G |
|---|---|---|---|---|---|---|
| 1 | | ATTRIBUT | R | | | |
| | a | Datum und Uhrzeit der Validierung der Eingangs- bzw. Ausfuhrmeldung | C | Von den zuständigen Behörden des Bestimmungs-/Ausfuhrmitgliedstaates bei Validierung der Eingangsmeldung bzw. Ausfuhrmeldung anzugeben | Die Uhrzeit ist als Ortszeit anzugeben. | Datum Uhrzeit |
| 2 | | BEFÖRDERUNG VERBRAUCHSTEUERPFLICHTIGER WAREN: e-VD | R | | | |
| | a | Referenzcode (ARC) | R | | Geben Sie den ARC des e-VD an. Siehe Anhang II Codeliste 2. | an21 |
| | b | Ordnungsnummer | R | | Geben Sie die Ordnungsnummer des e-VD an. | n..5 |
| 3 | | EMPFÄNGER | R | | | |
| | a | Verbrauchsteuernummer/ Umsatzsteuer-ID-Nr. | C | – „R" bei Code Bestimmungsort 1,2, 3 und 4<br>– „O" bei Code Bestimmungsort 6<br>– Dieses Datenelement gilt nicht bei Code Bestimmungsort 5<br>(Siehe Code für den Bestimmungsort inTabelle 1 Feld 1a) | Angaben bei Code Bestimmungsort<br>– 1, 2, 3 und 4: eine gültige SEED-Registrierungsnummer des zugelassenen Lagerinhabers oder des registrierten Empfängers<br>– 6: Umsatzsteuer-Identifikationsnummer des Vertreters des Versenders bei der Ausfuhrzollstelle | an..16 |
| | b | Name | R | | | an..182 |
| | c | Straße | R | | | an..65 |
| | d | u | O | | | an..11 |
| | e | Postleitzahl | R | | | an..10 |
| | f | Stadt | R | | | an..50 |
| | g | NAD_LNG | R | | Geben Sie für die in dieser Datengruppe verwendete Sprache den in Anhang II Codeliste 1 genanntenSprachencode an. | a2 |
| 4 | | ORT der Lieferung | C | – „R" bei Code Bestimmungsort 1 und 4<br>– „O" bei Code Bestimmungsort 2,3 und 5<br>Siehe Code für den Bestimmungsort inTabelle 1 Feld 1a) | Geben Sie den Ort der tatsächlichen Lieferung der verbrauchsteuerpflichtigen Waren an. | |

Energie- und Stromsteuerrecht    **Anhang 1–04**

| A | B | C | D | E | F | G |
|---|---|---|---|---|---|---|
| | a | Verbrauchsteuernummer/ Umsatzsteuer-ID-Nr. | C | – „R" bei Code Bestimmungsort 1<br>– „O" bei Code Bestimmungsort 2,3 und 5<br>(Siehe Kennziffern für den Bestimmungsort in Tabelle 1 Feld 1a) | Angaben bei Code Bestimmungsort<br>– 1: eine gültige SEED-Registrierungsnummer des Bestimmungssteuerlagers<br>– 2, 3 und 5: Umsatzsteuer-Identifikationsnummer oder andere Kennung | an..16 |
| | b | Name | C | – „R" bei Code Bestimmungsort 1,2, 3 und 5<br>– „O" bei Code Bestimmungsort 4<br>(Siehe Code für den Bestimmungsort in Tabelle 1 Feld 1a) | | an..182 |
| | c | Straße | C | Für Feld 4c, 4e und 4f:<br>– „R" bei Code Bestimmungsort 2,3, 4 und 5<br>– „O" bei Code Bestimmungsort 1<br>(Siehe Codes für den Bestimmungsort in Tabelle 1 Feld 1a) | | an..65 |
| | d | Hausnummer | O | | | an..11 |
| | e | Postleitzahl | C | | | an..10 |
| | f | Stadt | C | | | an..50 |
| | g | NAD_LNG | C | „R", wenn das betreffende Textfeld verwendet wird | Geben Sie für die in dieser Datengruppe verwendete Sprache den in Anhang II Codeliste 1 genanntenSprachencode an. | a2 |
| 5 | | ZUSTÄNDIGE DIENSTSTELLE für den Empfänger | C | „R" bei Code Bestimmungsort 1, 2,3, 4, 5 und 8<br>(Siehe Codes für den Bestimmungsort in Tabelle 1 Feld 1a) | | |
| | a | Dienststellenschlüsselnummer | R | | Geben Sie den Code der für die Verbrauchsteuerkontrolle am Bestimmungsort zuständigen Stelle der zuständigen Behörden im Bestimmungsmitgliedstaat an. Siehe Anhang II Codeliste 5. | an8 |
| 6 | | EINGANGS/ AUSFUHRMELDUNG | R | | | |
| | a | Ankunftsdatum der verbrauchsteuerpflichtigen Waren | R | | Datum, an dem die Beförderung gemäß Artikel 20 Absatz 2 der Richtlinie 2008/118/EG endet | Date |
| | b | Empfangsergebnis | R | | Mögliche Kennziffern:<br>1 = Empfang der Waren erfolgt, keine Beanstandung<br>2 = Empfang der Waren erfolgt trotz Beanstandung<br>3 = Empfang der Waren verweigert<br>4 = Empfang der Waren teilweise verweigert<br>21 = Ausgang der Waren erfolgt, keine Beanstandung<br>22 = Ausgang der Waren erfolgt trotz Beanstandung2<br>23 = Ausgang der Waren verweigert | n..2 |
| | c | Ergänzende Informationen | O | | Machen Sie ergänzende Angaben zum Empfang der verbrauchsteuerpflichtigen Waren. | an..350 |
| | d | Ergänzende Informationen_LNG | C | „R", wenn das betreffende Textfeld verwendet wird | Geben Sie für die in dieser Datengruppe verwendete Sprache den in Anhang II Codeliste 1 genanntenSprachencode an. | a2 |

# Anhang 1–04  Energie- und Stromsteuerrecht

| A | B | C | D | E | F | G |
|---|---|---|---|---|---|---|
| 7 | | POSITI-ONS-DATEN der Eingangs-/Ausfuhrmeldung | C | „R", wenn die Kennziffer für das Empfangsergebnis weder „1" noch „21" lautet (siehe Feld 6b) | | 999x |
| | a | Positionsnr. | R | | Geben Sie bei verbrauchsteuerpflichtigen Waren, die nicht unter Code 1 oder 21 fallen, die einmaligePositionsnummer des dazu gehörigen e-VD (Tabelle 1 Feld 17a) an. | n..3 |
| | b | Kennzeichen Fehl-/Mehrmenge | D | „R", wenn für den betreffenden Datensatz eine Fehlmenge oder eine Mehrmenge festgestellt wird | Mögliche Kennziffern:<br>S = Fehlmenge (Shortage)<br>E = Mehrmenge (Excess) | a1 |
| | c | Festgestellte Fehlmenge oder Mehrmenge | C | „R" bei Anzeige in Feld 7b | Geben Sie die betreffende Menge (in der zum Produktcode gehörigen Maßeinheit) an. Siehe Anhang II Tabellen 11 und 12. | n..15,3 |
| | d | Verbrauchsteuer-Produktcode | R | | Geben Sie den entsprechenden Produktcode an. Siehe Anhang II Codeliste 11. | an4 |
| | e | Zurückgewiesene Menge | C | „R", wenn die Kennziffer für das Gesamtergebnis des Warenempfangs „4" lautet (siehe Feld 6b) | Geben Sie für jeden einzelnen Datensatz die Menge der abgelehnten verbrauchsteuerpflichtigen Waren (in der zum Warencode gehörigen Maßeinheit) an. Siehe Anhang II Tabellen 11 und 12. | n..15,3 |
| 7.1 | | GRUND DER BEANSTANDUNG | D | „R" für jeden einzelnen Datensatz, wenn die Kennziffer für das Gesamtergebnis des Warenempfangs 2, 3, 4,22 oder 23 lautet (siehe Feld 6b) | | 9x |
| | a | Code für die Beanstandung | R | | Mögliche Kennziffern<br>0 = Sonstiges<br>1 = Mehrmenge<br>2 = Fehlmenge<br>3 = Waren beschädigt<br>4 = Verschluss aufgebrochen<br>5 = Meldung durch ECS (Ausfuhrkontrollsystem)<br>6 = Unrichtige Kennziffern in einem oder mehreren Datensätzen | n1 |
| | b | Ergänzende Informationen | C | – „R", wenn die Kennziffer für denGrund der Beanstandung 0 lautet<br>– „O", wenn die Kennziffer für den Grund der Beanstandung 3, 4 oder 5 lautet<br>(siehe Feld 7.1.a) | Machen Sie ergänzende Angaben zum Empfang der verbrauchsteuerpflichtigen Waren. | an..350 |
| | c | Ergänzende Informationen_LNG | C | R, wenn das betreffende Textfeld verwendet wird | Geben Sie für die in dieser Datengruppe verwendete Sprache den in Anhang II Codeliste 1 genanntenSprachencode an. | a2 |

## ANHANG II
(gemäß Artikel 2)
**Codeliste**

1. SPRACHENCODES

Die Codes entsprechen der ISO-Norm 639.1 (Alpha-2-Codes). Hinzu kommen zwei freie Codes für die lateinische Wiedergabe von Sprachen, die nicht das lateinische Alphabet verwenden, nämlich:
- bt – Bulgarisch (lateinische Schrift)
- gr – Griechisch (lateinische Schrift)

| Code | Beschreibung |
|---|---|
| bg | Bulgarisch |
| bt | Bulgarisch (lateinische Schrift) |
| cs | Tschechisch |
| da | Dänisch |
| nl | Niederländisch |
| en | English |
| et | Estnisch |
| fi | Finnisch |
| fr | Französisch |
| ga | Irisch |
| gr | Griechisch (lateinische Schrift) |
| de | Deutsch |
| el | Griechisch |
| hu | Ungarisch |
| it | Italienisch |
| lv | Lettisch |
| lt | Litauisch |
| mt | Maltesisch |
| pl | Polnisch |
| pt | Portugiesisch |
| ro | Rumänisch |
| sk | Slowakisch |
| sl | Slowenisch |
| es | Spanisch |
| sv | Schwedisch |

2. EINZIGER ADMINISTRATIVER REFERENZCODE (ARC)

| Feld | Inhalt | Typ | Beispiel |
|---|---|---|---|
| 1 | Jahr | Numerisch 2 | 05 |
| 2 | Kennung des Mitgliedstaats, in dem das e-VD ursprünglich eingereicht wurde | Alphabetisch 2 | ES |
| 3 | Auf nationaler Ebene vergebener einmaliger Code | Alphanumerisch 16 | 7R19YTE17UIC8J45 |
| 4 | Prüfziffer | Numerisch 1 | 9 |

In Feld 1 werden die letzten beiden Ziffern des Jahres angegeben, in dem die Beförderung förmlich genehmigt wird.

In Feld 3 ist für jede Beförderung im Rahmen des EMCS eine einmalige Kennung anzugeben. Wie dieses Feld verwendet wird, ist Sache der Verwaltungen der Mitgliedstaaten, aber jede Beförderung im Rahmen des EMCS bedarf einer eigenen Nummer.

In Feld 4 wird die Prüfziffer für den gesamten ARC angegeben, wodurch Fehler bei dessen Eingabe leichter zu entdecken sind.

3. MITGLIEDSTAATEN

Die Mitgliedstaatencodes entsprechen den ISO-Alpha-2-Codes[1] (ISO-Norm 3166) mit Ausnahme
- Griechenlands, für das EL anstatt GR zu verwenden ist;
- des Vereinigten Königreichs, für das GB anstatt UK zu verwenden ist.

4. LÄNDERCODES

Es werden die ISO-Alpha-2-Codes (ISO-Norm 3166) verwendet.

5. DIENSTSTELLENSCHLÜSSELNUMMER

Die Dienststellenschlüsselnummer besteht aus einer Kennung des Mitgliedstaats (siehe Codeliste 3), gefolgt von einer aus sechs Zeichen gebildeten alphanumerischen nationalen Kombination, Beispiel IT0830AB.

6. CODE SICHERHEITSLEISTENDER

| Code | Beschreibung |
| --- | --- |
| 1 | Versender |
| 2 | Beförderer |
| 3 | Eigentümer der verbrauchsteuerpflichtigen Waren |
| 4 | Empfänger |
| 12 | Gemeinsame Sicherleistung durch den Versender und den Beförderer |
| 13 | Gemeinsame Sicherleistung durch den Versender und den Eigentümer der verbrauchsteuerpflichtigen Waren |
| 14 | Gemeinsame Sicherleistung durch den Versender und den Empfänger |
| 23 | Gemeinsame Sicherleistung durch den Beförderer und den Eigentümer der verbrauchsteuerpflichtigen Waren |
| 24 | Gemeinsame Sicherleistung durch den Beförderer und den Empfänger |
| 34 | Gemeinsame Sicherleistung durch den Eigentümer der verbrauchsteuerpflichtigen Waren und den Empfänger |
| 123 | Gemeinsame Sicherleistung durch den Versender, den Beförderer und den Eigentümer der verbrauchsteuerpflichtigen Waren |
| 124 | Gemeinsame Sicherleistung durch den Versender, den Beförderer und den Empfänger |
| 134 | Gemeinsame Sicherleistung durch den Versender, den Eigentümer der verbrauchsteuerpflichtigen Waren und den Empfänger |
| 234 | Gemeinsame Sicherleistung durch den Beförderer, den Eigentümer der verbrauchsteuerpflichtigen Waren und den Empfänger |
| 1234 | Gemeinsame Sicherleistung durch den Versender, den Beförderer, den Eigentümer der verbrauchsteuerpflichtigen Waren und den Empfänger |

---

[1] UN/ECE Trade Facilitation Recommendation Nr. 3, Dritte Ausgabe, angenommen von der Arbeitsgruppe für die Vereinfachung internationaler Handelsverfahren (Working Party on Facilitation of International Trade Procedures), Genf, Januar 1996, ECE/TRADE/201.

# Anhang 1–04

Energie- und Stromsteuerrecht

7. CODE BEFÖRDERUNGSART

| Code | Beschreibung |
|---|---|
| 0 | Sonstiger |
| 1 | Eisenbahnverkehr |
| 2 | Eisenbahnverkehr |
| 3 | Beförderung auf der Straße |
| 4 | Beförderung auf dem Luftweg |
| 5 | Postsendungen |
| 7 | Festinstallierte Transporteinrichtungen |
| 8 | Binnenschifffahrt |

8. CODE BEFÖRDERUNGSMITTEL/CONTAINER

| Code | Beschreibung |
|---|---|
| 1 | Container |
| 2 | Fahrzeug |
| 3 | Anhänger |
| 4 | Zugmaschine |

9. CODE PACKSTÜCKE

Es sind die Codes in Anhang 38 Feld 31 der Verordnung (EWG) Nr. 2454/93 zu verwenden.

10. CODE ANNULLIERUNGSGRUND

| Code | Beschreibung |
|---|---|
| 0 | Sonstiger |
| 1 | Tippfehler |
| 2 | Unterbrochenes Handelsgeschäft |
| 3 | Doppeltes e-VD |
| 4 | Beförderung wurde nicht am Tag der Versendung begonnen |

11. VERBRAUCHSTEUER-PRODUKTCODE (EPC)

| EPC | CAT | UNIT | Beschreibung | A | P | D |
|---|---|---|---|---|---|---|
| T200 | T | 4 | Zigaretten gemäß Artikel 4 Absatz 1 und Artikel 7 Absatz 2 der Richtlinie 95/59/EG des Rates [1] | N | N | N |
| T300 | T | 4 | Zigarren und Zigarillos gemäß Artikel 3 und Artikel 7 Absatz 1 derRichtlinie 95/59/EG | N | N | N |
| T400 | T | 1 | Feinschnitttabak für selbstgedrehte Zigaretten gemäß Artikel 6 der Richtlinie 95/59/EG | N | N | N |
| T500 | T | 1 | Sonstiger Rauchtabak gemäß Artikel 5 und Artikel 7 Absatz 2 der Richtlinie 95/59/EG | N | N | N |
| B000 | B | 3 | Bier gemäß Artikel 2 der Richtlinie 92/83/EWG | J | J | N |
| W200 | W | 3 | Nicht schäumender Wein und andere nicht schäumende gegorene Getränke mit Ausnahme von Wein und Bier gemäß Artikel 8 Absatz 1 und Artikel 12 Absatz 1 der Richtlinie 92/83/EWG | J | N | N |

---

[1] ABl. L 291 vom 6.12.1995, S. 40.

| EPC | CAT | UNIT | Beschreibung | A | P | D |
|---|---|---|---|---|---|---|
| W300 | W | 3 | Schaumwein und andere schäumende gegorene Getränke mit Ausnahme von Wein und Bier gemäß Artikel 8 Absatz 2 und Artikel 12 Absatz 2 der Richtlinie 92/83/EWG | J | N | N |
| I000 | I | 3 | Zwischenerzeugnisse gemäß Artikel 17 der Richtlinie 92/83/EWG | J | N | N |
| S200 | S | 3 | Alkoholische Getränke gemäß Artikel 20 erster, zweiter und dritterGedankenstrich der Richtlinie 92/83/EWG | J | N | N |
| S300 | S | 3 | Ethylalkohol gemäß Artikel 20 erster Gedankenstrich der Richtlinie92/83/EWG, der unter die KN-Codes 2207 und 2208 fällt, mit Ausnahme von alkoholischen Getränken (S200) | J | N | N |
| S400 | S | 3 | Teilweise denaturierter Alkohol gemäß Artikel 20 der Richtlinie92/83/EWG, der zwar denaturierter Alkohol ist, aber noch nicht die in Artikel 27 Absatz 1 Buchstabe a oder Buchstabe b dieser Richtlinie genannten Voraussetzungen für eine Steuerbefreiung erfüllt, mit Ausnahme von alkoholischen Getränken (S200) | J | N | N |
| S500 | S | 3 | Erzeugnisse, die Ethylalkohol gemäß Artikel 20 erster Gedankenstrich derRichtlinie 92/83/EWG enthalten und unter andere KN-Codes fallen als2207 und 2208 | J | N | N |
| E200 | E | 2 | Pflanzliche oder tierische Öle – Erzeugnisse der KN-Codes 1507 bis1518, die als Kraftstoff oder zu Heizzwecken verwendet werden(Artikel 20 Absatz 1 Buchstabe a der Richtlinie 2003/96/EG des Rates[1]) | N | N | J |
| E300 | E | 2 | Mineralöle (Energieerzeugnisse) – Erzeugnisse der KN-Codes 2707 10,2707 20, 2707 30 und 2707 50 (Artikel 20 Absatz 1 Buchstabe b derRichtlinie 2003/96/EG) | N | N | J |
| E410 | E | 2 | Verbleites Benzin der KN-Codes 2710 11 31, 2710 11 51 und2710 11 59 (Artikel 20 Absatz 1 Buchstabe c der Richtlinie2003/96/EG) | N | N | J |
| E420 | E | 2 | Bleifreies Benzin der KN-Codes 2710 11 31, 2710 11 41, 2710 11 45 und 2710 11 49 (Artikel 20 Absatz 1 Buchstabe c der Richtlinie2003/96/EG) | N | N | J |
| E430 | E | 2 | Unmarkiertes Gasöl der KN-Codes 2710 19 41 bis 2710 19 49 (Artikel 20 Absatz 1 Buchstabe c der Richtlinie 2003/96/EG) | N | N | J |
| E440 | E | 2 | Markiertes Gasöl der KN-Codes 2710 19 41 bis 2710 19 49 (Artikel 20Absatz 1 Buchstabe c der Richtlinie 2003/96/EG) | N | N | J |
| E450 | E | 2 | Unmarkiertes Leuchtöl (Kerosin) der KN-Codes 2710 19 21 und2710 19 25 (Artikel 20 Absatz 1 Buchstabe c der Richtlinie2003/96/EG) | N | N | J |
| E460 | E | 2 | Markiertes Leuchtöl (Kerosin) der KN-Codes 2710 19 21 und2710 19 25 (Artikel 20 Absatz 1 Buchstabe c der Richtlinie2003/96/EG) | N | N | J |
| E470 | E | 1 | Schweres Heizöl der KN-Codes 2710 19 61 bis 2710 19 69 (Artikel 20Absatz 1 Buchstabe c der Richtlinie 2003/96/EG) | N | N | N |

---

[1] ABl. L 283 vom 31.10.2003, S. 51.

# Anhang 1–04

| EPC | CAT | UNIT | Beschreibung | A | P | D |
|---|---|---|---|---|---|---|
| E480 | E | 2 | Erzeugnisse der KN-Codes 2710 11 21, 2710 11 25 und 2710 19 29 (Artikel 20 Absatz 1 Buchstabe c der Richtlinie 2003/96/EG) | N | N | J |
| E490 | E | 2 | Vorstehend nicht aufgeführte Erzeugnisse der KN-Codes 2710 11 bis 2710 19 69, ausgenommen Erzeugnisse der KN-Codes 2710 11 21, 2710 11 25, 2710 19 29, sofern sie nicht als lose Ware befördert werden (Artikel 20 Absatz 1 Buchstabe c der Richtlinie 2003/96/EG) | N | N | J |
| E500 | E | 1 | Verflüssigtes Erdgas und andere gasförmige Kohlenwasserstoffe der KN-Codes 2711 12 11 bis 2711 19 00 (Artikel 20 Absatz 1 Buchstabe d der Richtlinie 2003/96/EG) | N | N | N |
| E600 | E | 1 | Gesättigte acyclische Kohlenwasserstoffe des KN-Codes 2901 10 (Artikel 20 Absatz 1 Buchstabe e der Richtlinie 2003/96/EG) | N | N | N |
| E700 | E | 2 | Cyclische Kohlenwasserstoffe der KN-Codes 2902 20, 2902 30, 2902 41, 2902 42, 2902 43 und 2902 44 (Artikel 20 Absatz 1 Buchstabe f der Richtlinie 2003/96/EG) | N | N | J |
| E800 | E | 2 | Erzeugnisse des KN-Codes 2905 11 00 (Methanol (Methylalkohol)), die nicht von synthetischer Herkunft sind und die als Kraftstoff oder zu Heizzwecken verwendet werden (Artikel 20 Absatz 1 Buchstabe g der Richtlinie 2003/96/EG) | N | N | J |
| E910 | E | 2 | Fettsäuremonoalkylester mit einem Estergehalt von 96,5 % oder mehr, die unter den KN-Code 3824 90 99 fallen (Artikel 20 Absatz 1 Buchstabe h der Richtlinie 2003/96/EG) | N | N | J |
| E920 | E | 2 | Erzeugnisse des KN-Codes 3824 90 99, die als Kraftstoff oder zu Heizzwecken verwendet werden, ausgenommen Fettsäuremonoalkylester mit einem Estergehalt von 96,5 % oder mehr (Artikel 20 Absatz 1 Buchstabe h der Richtlinie 2003/96/EG) | N | N | J |

Hinweis: Die in der Tabelle für Energieerzeugnisse verwendeten KN-Codes entsprechen der Verordnung (EG) Nr. 2031/2001 der Kommission (ABl. L 279 vom 23.10.2001).

Spaltenbeschriftung:

EPC  Verbrauchsteuer-Produktcode (Excise Product Code)
CAT  Kategorie verbrauchsteuerpflichtiger Waren (Excise product category)
UNIT Maßeinheit (aus Liste 12)
A    Angabe des Alkoholgehalts erforderlich (Ja/Nein)
P    Angabe von Grad Plato möglich (Ja/Nein)
D    Angabe der Dichte bei 15 °C erforderlich (Ja/Nein)

12. CODE MASSEINHEIT

| Code Maßeinheit | Beschreibung |
|---|---|
| 1 | Kilogramm |
| 2 | Liter (bei 15 °C) |
| 3 | Liter (bei 20 °C) |
| 4 | 1 000 Stück |

## DURCHFÜHRUNGSVERORDNUNG (EU) Nr. 1221/2012 DER KOMMISSION
## zur Änderung der Verordnung (EG) Nr. 684/2009 in Bezug auf die Daten, die im EDV-gestützten Verfahren für die Beförderung verbrauchsteuerpflichtiger Waren unter Steueraussetzung einzureichen sind

Amtsblatt der Europäischen Union vom 12.12.2012

DIE EUROPÄISCHE KOMMISSION –

gestützt auf den Vertrag über die Arbeitsweise der Europäischen Union,

gestützt auf die Richtlinie 2008/118/EG des Rates vom 16. Dezember 2008 über das allgemeine Verbrauchsteuersystem und zur Aufhebung der Richtlinie 92/12/EWG des Rates[1], insbesondere auf Artikel 29 Absatz 1,

in Erwägung nachstehender Gründe:

(1) Wenn ein Eingabefeld im Entwurf des elektronischen Verwaltungsdokuments gemäß Anhang I der Verordnung (EG) Nr. 684/2009 der Kommission[2] nur mit einer Umsatzsteuer-Identifikationsnummer ausgefüllt werden kann, sollte die maximale Feldlänge der maximalen Feldlänge der von den Mitgliedstaaten vergebenen Umsatzsteuer-Identifikationsnummern entsprechen.

(2) Da festinstallierte Transporteinrichtungen nicht immer ein einmaliges Kennzeichen haben, sollte die Vorschrift in Anhang I, der zufolge die verwendeten Beförderungsmittel/Container anhand ihres einmaligen Kennzeichens zu identifizieren sind, nur dann gelten, wenn ein solches Kennzeichen vorhanden ist.

(3) Die Struktur der Tabellen 1, 2 und 5 in Anhang I der Verordnung (EG) Nr. 684/2009 sollte geändert werden, um der Tatsache Rechnung zu tragen, dass für einige der darin enthaltenen Datengruppen mehr als ein Eintrag erforderlich sein kann.

(4) Die Drittländercodes, die für das Datenelement Ursprungsdrittland in der Datenuntergruppe WEINBAUERZEUGNIS in Anhang I Tabelle 1 verwendet werden, sollten weder die in der Codeliste der Mitgliedstaaten in Anhang II aufgeführten Codes noch den für Griechenland in der ISO-Norm 3166 verwendeten Code „GR" umfassen. Anhang I sollte daher entsprechend geändert werden.

(5) Die Codeliste für die Beförderungsart in Anhang II der Verordnung (EG) Nr. 684/2009 enthält einen Code für andere als in der Liste aufgeführte Beförderungsarten (sonstige). Wird der Code für sonstige Beförderungsarten verwendet, muss die betreffende Beförderungsart in Worten beschrieben werden. Anhang I sollte entsprechend geändert werden.

(6) Um Änderungen des Bestimmungsorts oder Aufteilungen der Beförderung verbrauchsteuerpflichtiger Waren unter Steueraussetzung im Sinne der Artikel 5 und 6 der Verordnung (EG) Nr. 684/2009 zu kennzeichnen, sollte die fortlaufende Nummer jedes dieser Vorgänge in das elektronische Verwaltungsdokument eingetragen werden. Anhang I Tabelle 4 sollte entsprechend geändert werden.

(7) Aus der Meldung über die Aufteilung der Beförderung gemäß Anhang I Tabelle 5 der Verordnung (EG) Nr. 684/2009 sollte hervorgehen, in welchem Mitgliedstaat die Beförderung aufgeteilt wird. Daher sollte die Tabelle geändert werden, indem eine gesonderte Datengruppe mit diesen Angaben eingefügt wird.

(8) Die Codeliste für den Grund der Beanstandung in Anhang I Tabelle 6 der Verordnung (EG) Nr. 684/2009 enthält Code 6 „unrichtige Kennziffern in einem oder mehreren Datensätzen"; in diesem Code wird jedoch kein bestimmter Grund für die unrichtigen Kennziffern genannt, und damit enthält er auch keine anderweitig nicht genannten Angaben. Er sollte daher gestrichen werden.

(9) Nach Artikel 19 Absatz 3 der Richtlinie 2008/118/EG können die Mitgliedstaaten Personen für einen beschränkten Zeitraum ermächtigen, als registrierter Empfänger zu handeln. In dieser Ermächtigung kann für jede Kategorie verbrauchsteuerpflichtiger Waren, die empfangen werden können, eine zulässige Höchstmenge festgelegt werden. Es sollte möglich sein, anzugeben, ob eine Sendung die Höchstmenge überschreitet. Daher sollte die Codeliste für den Grund der Beanstandung in Anhang I Tabelle 6 der Verordnung (EG) Nr. 684/2009 geändert werden, indem ein neuer Code für diesen Zweck eingefügt wird.

---
1) ABl. L 9 vom 14.1.2009, S. 12.
2) ABl. L 192 vom 24.7.2009, S. 13.

(10) Zur Angabe der Dienststellenschlüsselnummer im elektronischen Verwaltungsdokument sollten die aus zwei Buchstaben bestehenden Ländercodes der ISO-Norm 3166 verwendet werden. Anhang II sollte entsprechend geändert werden.

(11) Es sollte möglich sein, in den Entwurf des elektronischen Verwaltungsdokuments eine Aufzeichnung über die Verwendung einer festinstallierten Transporteinrichtung als Beförderungsmittel/Container für verbrauchsteuerpflichtige Waren aufzunehmen. Daher sollte die Codeliste für die Beförderungsmittel/Container in Anhang II der Verordnung (EG) Nr. 684/2009 geändert werden, indem ein neues Element eingefügt wird.

(12) Gemäß dem Durchführungsbeschluss 2012/209/EU der Kommission vom 20. April 2012 zur Anwendung der Kontroll- und Beförderungsbestimmungen der Richtlinie 2008/118/EG des Rates auf bestimmte Additive gemäß Artikel 20 Absatz 2 der Richtlinie 2003/96/EG des Rates[1] sollen bestimmte Erzeugnisse, die als Kraftstoffzusätze verwendet werden sollen, den Kontroll- und Beförderungsbestimmungen der Richtlinie 2008/118/EG unterliegen. Daher sollte die Liste der Verbrauchsteuer- Produktcodes in Anhang II der Verordnung (EG) Nr. 684/2009 geändert werden, indem für diese Erzeugnisse ein neuer Verbrauchsteuer-Produktcode eingefügt wird.

(13) Die Verordnung (EG) Nr. 684/2009 sollte daher entsprechend geändert werden.

(14) Die Änderung der Liste der Verbrauchsteuer-Produktcodes in Anhang II der Verordnung (EG) Nr. 684/2009 sollte ab dem Datum gelten, ab dem gemäß Durchführungsbeschluss 2012/209/EU bestimmte Erzeugnisse, die als Kraftstoffzusätze verwendet werden sollen, den Kontroll- und Beförderungsbestimmungen der Richtlinie 2008/118/EG unterliegen. Zudem muss den Mitgliedstaaten und den Wirtschaftsbeteiligten genügend Zeit gelassen werden, um sich auf die neuen Anforderungen einzustellen, bevor die vorliegende Verordnung angewendet wird.

(15) Die in dieser Verordnung vorgesehenen Maßnahmen entsprechen der Stellungnahme des Verbrauchsteuerausschusses –

HAT FOLGENDE VERORDNUNG ERLASSEN:

### Artikel 1

Die Verordnung (EG) Nr. 684/2009 wird wie folgt geändert:
1. Anhang I wird entsprechend Anhang I der vorliegenden Verordnung geändert.
2. Anhang II wird entsprechend Anhang II der vorliegenden Verordnung geändert.

### Artikel 2

Diese Verordnung tritt am Tag nach ihrer Veröffentlichung im Amtsblatt der Europäischen Union in Kraft.

Sie gilt ab dem 1. Januar 2013.

Diese Verordnung ist in allen ihren Teilen verbindlich und gilt unmittelbar in jedem Mitgliedstaat.

Brüssel, den 12. Dezember 2012

Für die Kommission
Der Präsident
José Manuel BARROSO

---

1) ABl. L 110 vom 24.4.2012, S. 41.

# ANHANG I

Anhang I wird wie folgt geändert:
1. Tabelle 1 erhält folgende Fassung:

„Tabelle 1
**Entwurf des elektronischen Verwaltungsdokuments und elektronisches Verwaltungsdokument**
(gemäß Artikel 3 Absatz 1 und Artikel 8 Absatz 1)

| A | B | C | D | E | F | G |
|---|---|---|---|---|---|---|
| | | ATTRIBUT | R | | | |
| | a | Nachrichtenart | R | | Mögliche Kennziffern:<br>1 = Regelvorlage (in allen Fällen zu verwenden, es sei denn, die Vorlage betrifft die Ausfuhr mit Anschreibeverfahren)<br>2 = Vorlage für die Ausfuhr mit Anschreibeverfahren (Anwendung von Artikel 283 der Verordnung (EWG) Nr. 2454/93 der Kommission) Die Nachrichtenart darf weder im e-VD, dem ein ARC zugewiesen wurde, noch im Dokument in Papierform nach Artikel 8 Absatz 1 dieser Verordnung erscheinen. | n1 |
| | b | Kennzeichen für nachträgliche Vorlage des e-VD | D | ‚R', wenn ein e-VD für eine Beförderung, die mit dem Dokument in Papierform nach Artikel 8 Absatz 1 begonnen wurde, eingereicht wird | Mögliche Kennziffern:<br>0 = falsch<br>1 = richtig<br>Die Grundeinstellung der Kennziffer ist ‚falsch'. Dieses Datenelement darf weder im e-VD, dem ein ARC zugewiesen wurde, noch im Dokument in Papierform nach Artikel 8 Absatz 1 dieser Verordnung erscheinen. | n1 |
| 1 | | BEFÖRDERUNG VERBRAUCHSTEUERPFLICHTIGER WAREN: e-VD | R | | | |
| | a | Code Bestimmungsort | R | | Der Bestimmungsort der Beförderung ist anhand eines der folgenden Codes anzugeben:<br>1 = Steuerlager (Artikel 17 Absatz 1 Buchstabe a Ziffer i der Richtlinie 2008/118/EG)<br>2 = Registrierter Empfänger (Artikel 17 Absatz 1 Buchstabe a Ziffer ii der Richtlinie2008/118/EG)<br>3 = Registrierter Empfänger im Einzelfall (Artikel 17 Absatz 1 Buchstabe a Ziffer ii undArtikel 19 Absatz 3 der Richtlinie 2008/118/EG)<br>4 = Direktlieferung (Artikel 17 Absatz 2 der Richtlinie 2008/118/EG)<br>5 = Von der Verbrauchsteuer befreiter Empfänger (Artikel 17 Absatz 1 Buchstabe a Ziffer iv der Richtlinie 2008/118/EG)<br>6 = Ausfuhr (Artikel 17 Absatz 1 Buchstabe a Ziffer iii der Richtlinie 2008/118/EG)<br>8 = Bestimmungsort unbekannt (noch nicht endgültig feststehender Empfänger gemäß Artikel 22 der Richtlinie 2008/118/EG) | |
| | b | Beförderungsdauer | R | | Anzugeben ist der normale Zeitaufwand für die Beförderung unter Berücksichtigung des Beförderungsmittels und der Entfernung in Stunden (H) oder Tagen (D), gefolgt von einer zweistelligen Zahl (Beispiele: H12 oder D04). Für H ist maximal die Zahl 24 anzugeben, für D maximal die Zahl 92. | an3 |
| | c | Veranlassung der Beförderung | R | | Anhand einer der folgenden Kennziffern ist anzugeben, wer für die Veranlassung der erstenBeförderung verantwortlich ist:<br>1 = Versender<br>2 = Empfänger<br>3 = Eigentümer der Waren<br>4 = Sonstiger | n1 |

Energie- und Stromsteuerrecht **Anhang 1–05**

| A | B | C | D | E | F | G |
|---|---|---|---|---|---|---|
|   | d | Referenzcode (ARC) | R | Von den zuständigen Behörden des Abgangsmitgliedstaats bei der Validierung des Entwurfs des e-VD anzugeben | Siehe Anhang II Codeliste 2. | an21 |
|   | e | Datum und Uhrzeit der Validierung des e-VD | R | Von den zuständigen Behörden des Abgangsmitgliedstaats bei der Validierung des Entwurfs des e-VD anzugeben | Die Uhrzeit ist als Ortszeit anzugeben. | Datum Uhrzeit |
|   | f | Fortlaufende Vorgangsnummer | R | Von den zuständigen Behörden des Abgangsmitgliedstaats bei der Validierung des Entwurfs des e-VD sowie bei jeder Änderung des Bestimmungsorts anzugeben | Die Vorgangsnummer wird bei der Erstvalidierung auf 1 gesetzt und in jedem von den zuständigen Behörden des Abgangsmitgliedstaats bei einer Änderung des Bestimmungsorts ausgestellten e-VD um 1 erhöht. | n..2 |
|   | g | Datum und Uhrzeit der Validierung der Änderung | C | Datum und Uhrzeit der Validierung der Meldung über die Änderung des Bestimmungsorts (Tabelle 3), von den zuständigen Behörden des Abgangsmitgliedstaats im Falle der Änderung des Bestimmungsorts anzugeben | Die Uhrzeit ist als Ortszeit anzugeben. | Datum Uhrzeit |
| 2 |   | VERSENDER | R |   |   |   |
|   | a | Verbrauchsteuernummer | R |   | Anzugeben ist eine gültige Verbrauchsteuernummer des zugelassenen Lagerinhabers oder des registrierten Versenders. | an13 |
|   | b | Name | R |   |   | an..182 |
|   | c | Straße | R |   |   | an..65 |
|   | d | Hausnummer | O |   |   | an..11 |
|   | e | Postleitzahl | R |   |   | an..10 |
|   | f | Stadt | R |   |   | an..50 |
|   | g | NAD_LNG | R |   | Für die in dieser Datengruppe verwendete Sprache ist der Sprachencode gemäß Anhang II Codeliste 1 anzugeben. | a2 |
| 3 |   | ORT der Versendung | C | ‚R', wenn die Kennziffer für den Ausgangspunkt in Feld 9d ,1' lautet |   |   |
|   | a | Verbrauchsteuernummer Steuerlager | R |   | Anzugeben ist eine gültige Verbrauchsteuernummer des Abgangssteuerlagers. | an13 |
|   | b | Name | O |   |   | an..182 |
|   | c | Straße | O |   |   | an..65 |
|   | d | Hausnummer | O |   |   | an..11 |
|   | e | Postleitzahl | O |   |   | an..10 |
|   | f | Stadt | O |   |   | an..50 |
|   | g | NAD_LNG | C | ‚R', wenn das betreffende Textfeld verwendet wird | Für die in dieser Datengruppe verwendete Sprache ist der Sprachencode gemäß Anhang II Codeliste 1 anzugeben. | a2 |

| A | B | C | D | E | F | G |
|---|---|---|---|---|---|---|
| 4 | | EINFUHRZOLLSTELLE | C | ‚R', wenn die Kennziffer für den Ausgangspunkt in Feld 9d ‚2' lautet | | |
| | a | Dienststellenschlüsselnummer | R | | Anzugeben ist der Code der Einfuhrzollstelle. Siehe Anhang II Codeliste 5. | an8 |
| 5 | | EMPFÄNGER | C | ‚R', ausgenommen bei Nachrichtenart 2 (Vorlage für die Ausfuhr mit Anschreibeverfahren) oder Code Bestimmungsort 8 (Siehe Code Bestimmungsort in Feld 1a) | | |
| | a | Verbrauchsteuernummer Umsatzsteuer-Identifikationsnummer | C | – ‚R' bei Code Bestimmungsort 1, 2, 3 und 4<br>– ‚O' bei Code Bestimmungsort 6<br>– Dieses Datenelement ist nicht anwendbar auf Code Bestimmungsort 5 (Siehe Code Bestimmungsort in Feld 1a) | Angaben bei Code Bestimmungsort<br>– 1, 2, 3 und 4: eine gültige Verbrauchsteuernummer des zugelassenen Lagerinhabers oder des registrierten Empfängers<br>– 6: Umsatzsteuer-Identifikationsnummer des Vertreters des Versenders bei der Ausfuhrzollstelle | an..16 |
| | b | Name | R | | | an..182 |
| | c | Straße | R | | | an..65 |
| | d | Hausnummer | O | | | an..11 |
| | e | Postleitzahl | R | | | an..10 |
| | f | Stadt | R | | | an..50 |
| | g | NAD_LNG | R | | Für die in dieser Datengruppe verwendete Sprache ist der Sprachencode gemäß Anhang II Codeliste 1 anzugeben. | a2 |
| 6 | | ZUSATZDATEN: Empfänger | C | ‚R' bei Code Bestimmungsort 5 (Siehe Code Bestimmungsort in Feld 1a) | | |
| | a | Bestimmungsmitgliedstaat | R | | Der Bestimmungsmitgliedstaat ist anhand des Mitgliedstaatencodes in Anhang II Codeliste 3 anzugeben. | a2 |
| | b | Nummer der Freistellungsbescheinigung | D | ‚R', wenn auf der Verbrauchsteuerfreistellungsbescheinigung gemäß Verordnung (EG) Nr. 31/96 der Kommission vom 10. Januar 1996 über die Verbrauchsteuerfreistellungsbescheinigung eine laufende Nummer vermerkt ist | | an..255 |
| 7 | | ORT der Lieferung | C | – ‚R' bei Code Bestimmungsort 1 und 4<br>– ‚O' bei Code Bestimmungsort 2, 3 und 5 (Siehe Code Bestimmungsort in Feld 1a) | Anzugeben ist der Ort der tatsächlichen Lieferung der verbrauchsteuerpflichtigen Waren. | |

# Energie- und Stromsteuerrecht — Anhang 1–05

| A | B | C | D | E | F | G |
|---|---|---|---|---|---|---|
| a | Verbrauchsteuernummer/ sonstige Nummer | C | | – ‚R' bei Code Bestimmungsort 1<br>– ‚O' bei Code Bestimmungsort 2, 3 und 5 (Siehe Code Bestimmungsort in Feld 1a) | Angaben bei Code Bestimmungsort<br>– 1: eine gültige Verbrauchsteuernummer des Bestimmungssteuerlagers<br>– 2, 3 und 5: Umsatzsteuer-Identifikationsnummer oder sonstige Kennung | an..16 |
| b | Name | C | | – ‚R' bei Code Bestimmungsort 1, 2, 3 und 5<br>– ‚O' bei Code Bestimmungsort 4<br>(Siehe Code Bestimmungsort in Feld 1a) | | an..182 |
| c | Straße | C | | Für Feld 7c, 7e und 7f:<br>– ‚R' bei Code Bestimmungsort 3, 2, 4 und 5<br>– ‚O' bei Code Bestimmungsort 1<br>(Siehe Code Bestimmungsort in Feld 1a) | | an..65 |
| d | Hausnummer | O | | | | an..11 |
| e | Postleitzahl | C | | | | an..10 |
| f | Stadt | C | | | | an..50 |
| g | NAD_LNG | C | | ‚R', wenn das betreffende Textfeld verwendet wird | Für die in dieser Datengruppe verwendete Sprache ist der Sprachencode gemäß Anhang II Codeliste 1 anzugeben. | a2 |
| 8 | AUSFUHRZOLLSTELLE | C | | ‚R' bei Ausfuhr (Code Bestimmungsort 6)<br>(Siehe Code Bestimmungsort in Feld 1a) | | |
| a | Dienststellenschlüsselnummer | R | | | Anzugeben ist der Code der Ausfuhrzollstelle, bei der die Ausfuhranmeldung gemäß Artikel 161 Absatz 5 der Verordnung (EWG) Nr. 2913/92 des Rates abzugeben ist. Siehe Anhang II Codeliste 5. | an8 |
| 9 | e-VD | R | | | | |
| a | Bezugsnummer | R | | | Anzugeben ist eine einmalige laufende Nummer, die der Versender dem e-VD zuordnet und anhand deren die Sendung in den Aufzeichnungen des Versenders identifizierbar ist. | an..22 |
| b | Rechnungsnummer | R | | | Anzugeben ist die Rechnungsnummer der für die Waren ausgestellten Rechnung. Wurde die Rechnung noch nicht ausgestellt, so ist die Nummer des Lieferscheins oder eines sonstigen Beförderungsdokuments anzugeben. | an..35 |
| c | Rechnungsdatum | O | | Der Abgangsmitgliedstaat kann dieses Datenelement als ‚R' einstufen | Datum des in Feld 9b ausgewiesenen Dokuments | Datum |
| d | Kennziffer Ausgangspunkt | R | | | Mögliche Kennziffern für den Ausgangspunkt der Beförderung:<br>1 = Ausgangspunkt – Steuerlager (in den in Artikel 17 Absatz 1 Buchstabe a der Richtlinie 2008/118/EG genannten Fällen)<br>2 = Ausgangspunkt – Einfuhr (in den in Artikel 17 Absatz 1 Buchstabe b der Richtlinie 2008/118/EG genannten Fällen) | n1 |
| e | Versanddatum | R | | | Datum des Beginns der Beförderung gemäß Artikel 20 Absatz 1 der Richtlinie 2008/118/EG. Nach Vorlage des Entwurfs des e-VD dürfen bis zu diesem Datum nicht mehr als sieben Tage vergehen. In dem Fall nach Artikel 26 der Richtlinie 2008/118/EG darf das Versanddatum in der Vergangenheit liegen. | Datum |
| f | Uhrzeit des Versands | O | | Der Abgangsmitgliedstaat kann dieses Datenelement als ‚R' einstufen | Uhrzeit des Beginns der Beförderung gemäß Artikel 20 Absatz 1 der Richtlinie 2008/118/EG. Die Uhrzeit ist als Ortszeit anzugeben. | Uhrzeit |

# Anhang 1–05　　　　　　　　　　　　　　　　Energie- und Stromsteuerrecht

| A | B | C | D | E | F | G |
|---|---|---|---|---|---|---|
|   | g | Vorheriger ARC | D | Von den zuständigen Behörden des Abgangsmitgliedstaats bei der Validierung neuer e-VD nach der Validierung der Meldung über die Aufteilung der Beförderung (Tabelle 5) anzugeben | Anzugeben ist der ARC des ersetzten e-VD. | an21 |
| 9.1 |   | EINHEITSPAPIER EINFUHR | C | ‚R', wenn die Kennziffer für den Ausgangspunkt in Feld 9d ,2' (Einfuhr) lautet |   | 9x |
|   | a | Registriernummer | R | Die Nummer des Einheitspapiers Einfuhr ist entweder vom Versender bei der Vorlage des Entwurfs des e-VD oder von den zuständigen Behörden des Abgangsmitgliedstaats bei der Validierung des Entwurfs des e-VD anzugeben. | Anzugeben ist/sind die Nummer(n) des/der für die Überführung der Waren in den zollrechtlich freien Verkehr verwendeten Einheitspapiers bzw. Einheitspapiere. | an..21 |
| 10 |   | ZUSTÄNDIGE STELLE: zuständige Dienststelle für den Versender | R |   |   |   |
|   | a | Dienststellenschlüsselnummer | R |   | Anzugeben ist der Code der für die Verbrauchsteuerkontrolle am Versendungsort zuständigenStelle der zuständigen Behörden im Abgangsmitgliedstaat. Siehe Anhang II Codeliste 5. | an8 |
| 11 |   | SICHERHEITSLEISTUNG | R |   |   |   |
|   | a | Code Sicherheitsleistender | R |   | Anhand der Codes für den Sicherheitsleistenden in Anhang II Codeliste 6 ist anzugeben, wer für die Erbringung der Sicherheitsleistung verantwortlich ist. | n..4 |
| 12 |   | SICHERHEITSLEISTENDER | C | ‚R', wenn einer der nachstehenden Codes für den Sicherheitsleistenden zutrifft: 2, 3, 12, 13, 23, 24, 34, 123,124, 134, 234 oder 1234 (Siehe Code für den Sicherheitsleistenden in Anhang II Codeliste 6) | Anzugeben ist/sind der Beförderer und/oder der Eigentümer der Waren, wenn einer der beiden oder beide die Sicherheitsleistung erbringt bzw. erbringen. | 2x |
|   | a | Verbrauchsteuernummer | O | Der Abgangsmitgliedstaat kann diesesDatenelement als ‚R' einstufen | Anzugeben ist eine gültige Verbrauchsteuernummer oder Umsatzsteuer-Identifikationsnummer des Beförderers oder Eigentümers der verbrauchsteuerpflichtigen Waren. | an13 |
|   | b | Umsatzsteuer-Identifikationsnummer | O |   |   | an..14 |

Energie- und Stromsteuerrecht **Anhang 1–05**

| A | B | C | D | E | F | G |
|---|---|---|---|---|---|---|
| | c | Name | C | Bei 12c, d, f und g: ‚O', wenn die Verbrauchsteuernummer angegeben wird, andernfalls ‚R' | | an..182 |
| | d | Straße | C | | | an..65 |
| | e | Hausnummer | O | | | an..11 |
| | f | Postleitzahl | C | | | an..10 |
| | g | Stadt | C | | | an..50 |
| | h | NAD_LNG | C | ‚R', wenn das betreffende Textfeld verwendet wird | Für die in dieser Datengruppe verwendete Sprache ist der Sprachencode gemäß Anhang II Codeliste 1 anzugeben. | a2 |
| 13 | | BEFÖRDERUNG | R | | | |
| | a | Code Beförderungsart | R | | Die Beförderungsart bei Beginn der Beförderung ist anhand der Codes in Anhang II Codeliste 7 anzugeben. | n..2 |
| | b | Ergänzende Informationen | C | ‚R', wenn der Code für die Beförderungsart ‚Sonstiger' lautet Andernfalls ‚O' | Die Beförderungsart ist in Worten zu beschreiben. | an..350 |
| | c | Ergänzende Informationen_LNG | C | ‚R', wenn das betreffende Textfeld verwendet wird | Für die in dieser Datengruppe verwendete Sprache ist der Sprachencode gemäß Anhang II Codeliste 1 anzugeben. | a2 |
| 14 | | VERANLASSER der Beförderung | C | ‚R', um die für die Veranlassung der ersten Beförderung verantwortliche Person zu identifizieren, wenn die Kennziffer in Feld 1c ‚3' oder ‚4' lautet | | |
| | a | Umsatzsteuer-Identifikationsnummer | O | Der Abgangsmitgliedstaat kann dieses Datenelement als ‚R' einstufen | | an..14 |
| | b | Name | R | | | an..182 |
| | c | Straße | R | | | an..65 |
| | d | Hausnummer | O | | | an..11 |
| | e | Postleitzahl | R | | | an..10 |
| | f | Stadt | R | | | an..50 |
| | g | NAD_LNG | R | | Für die in dieser Datengruppe verwendete Sprache ist der Sprachencode gemäß Anhang II Codeliste 1 anzugeben. | a2 |
| 15 | | ERSTER BEFÖRDERER | O | Der Abgangsmitgliedstaat kann dieses Datenelement als ‚R' einstufen | Angaben zur Identifizierung des ersten Beförderers | |
| | a | Umsatzsteuer-Identifikationsnummer | O | | | an..14 |
| | b | Name | R | | | an..182 |
| | c | Straße | R | | | an..65 |
| | d | Hausnummer | O | | | an..11 |
| | e | Postleitzahl | R | | | an..10 |
| | f | Stadt | R | | | an..50 |

# Anhang 1–05

| A | B | C | D | E | F | G |
|---|---|---|---|---|---|---|
| | g | NAD_LNG | R | | Für die in dieser Datengruppe verwendete Sprache ist der Sprachencode gemäß Anhang II Codeliste 1 anzugeben. | a2 |
| 16 | | BEFÖRDERUNGSDETAILS | R | | | 99x |
| | a | Beförderungsmittel/Container | R | | Anzugeben ist/sind in Bezug auf die in Feld 13a genannte Beförderungsart der oder die Code(s)für die Beförderungsmittel/Container. Siehe Anhang II Codeliste 8. | n..2 |
| | b | Kennzeichen Beförderungsmittel/Container | C | ‚R', wenn der Code für die Beförderungsmittel/Container anders als 5 lautet (Siehe Feld 16a) | Anzugeben sind die Kennzeichen der Beförderungsmittel/Container, wenn der Code für dieBeförderungsmittel/Container anders als 5 lautet. | an..35 |
| | c | Kennzeichen des Verschlusses | D | ‚R', wenn Verschlüsse verwendet werden | Anzugeben sind die Kennzeichen der Verschlüsse, wenn solche zum Verschluss der Beförderungsmittel/Container verwendet werden. | an..35 |
| | d | Informationen zum Verschluss | O | | Anzugeben sind ergänzende Informationen zu den Verschlüssen (z. B. Verschlussart). | an..350 |
| | e | Informationen zum Verschluss_LNG | C | ‚R', wenn das betreffende Textfeld verwendet wird | Für die in dieser Datengruppe verwendete Sprache ist der Sprachencode gemäß Anhang II Codeliste 1 anzugeben. | a2 |
| | f | Ergänzende Informationen | O | | Anzugeben sind ergänzende Informationen zur Beförderung, z. B. etwaige nachfolgende Beförderer oder Beförderungsmittel/Container. | an..350 |
| | g | Ergänzende Informationen_LNG | C | ‚R', wenn das betreffende Textfeld verwendet wird | Für die in dieser Datengruppe verwendete Sprache ist der Sprachencode gemäß Anhang II Codeliste 1 anzugeben. | a2 |
| 17 | | POSITIONSDATEN e-VD | R | | Für jede Ware, die eine Sendung enthält, ist eine gesonderte Datengruppe zu verwenden. | 999x |
| | a | Positionsnummer | R | | Anzugeben ist eine Ordnungsnummer (beginnend bei 1). | n..3 |
| | b | Verbrauchsteuer-Produktcode | R | | Anzugeben ist der jeweilige Verbrauchsteuer-Produktcode. Siehe Anhang II Codeliste 11. | an..4 |
| | c | KN-Code | R | | Anzugeben ist der am Versanddatum gültige KN-Code. | n8 |
| | d | Menge | R | | Anzugeben ist die Menge (in der zum Produktcode gehörigen Maßeinheit). Siehe Anhang II Tabellen 11 und 12.<br>Bei einer Beförderung an einen registrierten Empfänger gemäß Artikel 19 Absatz 3 der Richtlinie 2008/118/EG darf die Menge nicht größer sein als die Menge, zu deren Empfang er berechtigt ist.<br>Bei einer Beförderung an eine gemäß Artikel 12 der Richtlinie 2008/118/EG steuerbefreite Einrichtung darf die Menge nicht größer sein als die in der Verbrauchsteuerfreistellungsbescheinigung genannte Menge. | n..15,3 |
| | e | Bruttogewicht | R | | Anzugeben ist das Bruttogewicht der Sendung (der verbrauchsteuerpflichtigen Waren einschließlich Verpackung). | n..15,2 |
| | f | Nettogewicht | R | | Anzugeben ist das Gewicht der verbrauchsteuerpflichtigen Waren ohne Verpackung (bei Alkohol und alkoholhaltigen Getränken, Energieerzeugnissen und Tabakwaren, ausgenommen Zigaretten). | n..15,2 |

# Energie- und Stromsteuerrecht

## Anhang 1–05

| A | B | C | D | E | F | G |
|---|---|---|---|---|---|---|
| g | Alkoholgehalt | C | | ‚R', wenn auf die betreffende verbrauchsteuerpflichtige Ware anwendbar | Wenn anwendbar, ist der Alkoholgehalt (in Volumenprozent bei 20 °C) entsprechend AnhangII Codeliste 11 anzugeben. | n..5,2 |
| h | Grad Plato | D | | ‚R', wenn der Abgangsmitgliedstaat und/ oder der Bestimmungsmitgliedstaat Bier nach Stammwürzegehalt (Grad Plato) besteuert bzw. besteuern | Bei Bier ist der Stammwürzegehalt (Grad Plato) anzugeben, wenn der Abgangsmitgliedstaat und/oder der Bestimmungsmitgliedstaat Bier auf dieser Grundlage besteuert bzw. besteuern. Siehe Anhang II Codeliste 11. | n..5,2 |
| i | Steuerzeichen/Kennzeichen | O | | | Anzugeben sind ergänzende Informationen zu den im Bestimmungsmitgliedstaat erforderlichenSteuerzeichen/Kennzeichen. | an..350 |
| j | Steuerzeichen/Kennzeichen_LNG | C | | ‚R', wenn das betreffende Textfeld verwendet wird | Für die in dieser Datengruppe verwendete Sprache ist der Sprachencode gemäß Anhang II Codeliste 1 anzugeben. | a2 |
| k | Steuerzeichen/Kennzeichen verwendet | | D | ‚R', wenn Steuerzeichen/ Kennzeichen verwendet werden | Anzugeben ist ‚1', wenn die Waren Steuerzeichen/Kennzeichen tragen oder enthalten; anzugeben ist ‚0', wenn die Waren keine Steuerzeichen/Kennzeichen tragen oder enthalten. | n1 |
| l | Ursprungsbezeichnung | O | | | Dieses Feld kann zur Ausstellung einer Bescheinigung verwendet werden: <br>1. bei Weinen betreffend die geschützte Ursprungsbezeichnung oder geografische Angabe gemäß den einschlägigen Vorschriften des Gemeinschaftsrechts <br>2. bei bestimmten Spirituosen betreffend den Herstellungsort gemäß den einschlägigen Vorschriften des Gemeinschaftsrechts <br>3. bei Bier, das von einer kleinen unabhängigen Brauerei im Sinne der Richtlinie 92/83/EWG des Rate gebraut wird und für das im Bestimmungsmitgliedstaat die Anwendung eines ermäßigten Verbrauchsteuersatzes beansprucht werden soll. Die Bescheinigung sollte wie folgt formuliert sein: ‚Hiermit wird bescheinigt, dass das genannte Erzeugnis von einer kleinen unabhängigen Brauerei gebraut wurde.' <br>4. bei Ethylalkohol, der von einer kleinen Brennerei im Sinne der Richtlinie 92/83/EWG hergestellt wurde und für den im Bestimmungsmitgliedstaat die Anwendung eines ermäßigten Verbrauchsteuersatzes beansprucht werden soll. Die Bescheinigung sollte wie folgt formuliert sein: „Hiermit wird bescheinigt, dass das genannte Erzeugnis von einer kleinen Brennerei hergestellt wurde." | an..350 |
| m | Ursprungsbezeichnung_LNG | C | | ‚R', wenn das betreffende Textfeld verwendet wird | Für die in dieser Datengruppe verwendete Sprache ist der Sprachencode gemäß Anhang II Codeliste 1 anzugeben. | a2 |
| n | Jahreserzeugung | O | | | Bei Bier oder Spirituosen, für die in Feld 17l (Ursprungsbezeichnung) eine Bescheinigung ausgestellt wird, ist die Jahreserzeugung des vorangegangenen Jahres in Hektoliter Bier oder Hektoliter reinem Alkohol anzugeben. | n..15 |
| o | Dichte | C | | ‚R', wenn auf die betreffende verbrauchsteuerpflichtige Ware anwendbar | Wenn anwendbar, ist die Dichte bei 15 °C entsprechend Anhang II Codeliste 11 anzugeben. | n..5,2 |

# Anhang 1–05

Energie- und Stromsteuerrecht

| A | B | C | D | E | F | G |
|---|---|---|---|---|---|---|
| | p | Warenbeschreibung | O | Der Abgangsmitgliedstaat kann diesesDatenelement als ‚R' einstufen. ‚R' bei Beförderung als Massengut der Weine nach Maßgabe von Anhang IV Absätze 1 bis 9 sowie Absätze 15 und 16 der Verordnung (EG) Nr.479/2008 des Rates, für die die Warenbeschreibung die in Artikel 60 dieser Verordnung aufgeführten fakultativen Angaben enthält, sofern diese in der Etikettierung verwendet werden oder verwendet werden sollen | Zur Identifizierung der beförderten Waren ist die Warenbeschreibung anzugeben. | an..350 |
| | q | Warenbeschreibung_LNG | C | ‚R', wenn das betreffende Textfeld verwendet wird | Für die in dieser Datengruppe verwendete Sprache ist der Sprachencode gemäß Anhang II Codeliste 1 anzugeben. | a2 |
| | r | Markenname | D | ‚R', wenn die verbrauchsteuerpflichtigen Waren einen Markennamen tragen. Der Abgangsmitgliedstaat kann bestimmen, dass der Markenname der beförderten Waren nicht angegeben werden muss, wenn er in der Rechnung oder in einem Handelsdokument nach Maßgabe von Feld 9b genannt ist. | Wenn anwendbar, ist der Markenname der Waren anzugeben. | an..350 |
| | s | Markenname_LNG | C | ‚R', wenn das betreffende Textfeld verwendet wird | Für die in dieser Datengruppe verwendete Sprache ist der Sprachencode gemäß Anhang II Codeliste 1 anzugeben. | a2 |
| 17.1 | | PACKSTÜCKE | R | | | 99x |
| | a | Art | R | | Die Art der Packstücke ist anhand der Codes in Anhang II Codeliste 9 anzugeben. | an2 |
| | b | Anzahl | C | ‚R', wenn als „zählbar" gekennzeichnet | Wenn die Packstücke entsprechend Anhang II Codeliste 9 zählbar sind, ist die Anzahl derPackstücke anzugeben. | n..15 |
| | c | Kennzeichen des Verschlusses | D | ‚R', wenn Verschlüsse verwendet werden | Anzugeben sind die Kennzeichen der Verschlüsse, wenn solche zum Verschluss der Packstücke verwendet werden. | an..35 |
| | d | Informationen zum Verschluss | O | | Anzugeben sind ergänzende Informationen zu den Verschlüssen (z. B. Verschlussart). | an..350 |
| | e | Informationen zum Verschluss_LNG | C | ‚R', wenn das betreffende Textfeld verwendet wird | Für die in dieser Datengruppe verwendete Sprache ist der Sprachencode gemäß Anhang II Codeliste 1 anzugeben. | a2 |
| 17.2 | | WEINBAUERZEUGNIS | D | ‚R' bei Weinbauerzeugnissen, die in Anhang I Teil XII der Verordnung (EG) Nr.1234/2007 aufgeführt sind | | |

Energie- und Stromsteuerrecht  **Anhang 1–05**

| A | B | C | D | E | F | G |
|---|---|---|---|---|---|---|
| | a | Weinbauerzeugniskategorie | R | | Für in Anhang I Teil XII der Verordnung (EG) Nr. 1234/2007 aufgeführte Weinbauerzeugnisse ist eine der folgenden Kennziffern anzugeben:<br>1 = Wein ohne g.U./g.g.A.<br>2 = Rebsortenwein ohne g.U./g.g.A.<br>3 = Wein mit g.U. oder g.g.A.<br>4 = Eingeführter Wein<br>5 = Sonstige | n1 |
| | b | Code der Weinbauzone | D | ‚R' bei nicht abgefüllten Weinbauerzeugnissen (Nennvolumen von mehr als 60 l) | Anzugeben ist die Weinbauzone gemäß Anhang IX der Verordnung (EG) Nr. 479/2008, aus der die beförderte Ware stammt. | n..2 |
| | c | Ursprungsdrittland | C | ‚R', wenn die Kategorie des Weinbauerzeugnisses in Feld 17.2a ‚4' (eingeführter Wein) lautet | Anzugeben ist ein Ländercode, der in Anhang II Codeliste 4, nicht aber in Anhang II Codeliste 3 aufgeführt wird, ausgenommen Ländercode ‚GR'. | a2 |
| | d | Sonstige Informationen | O | | | an..350 |
| | e | Sonstige Informationen_LNG | C | ‚R', wenn das betreffende Textfeld verwendet wird | Für die in dieser Datengruppe verwendete Sprache ist der Sprachencode gemäß Anhang II Codeliste 1 anzugeben. | a2 |
| 17.2.1 | | BEHANDLUNG DES WEINBAUERZEUGNISSES – Code | D | ‚R' bei nicht abgefüllten Weinbauerzeugnissen (Nennvolumen von mehr als 60 l) | | 99x |
| | a | Code | R | | Anzugeben ist/sind ein oder mehrere Code(s) für die Behandlung des Weinbauerzeugnisses gemäß Anhang VI Buchstabe B Liste 1.4.b der Verordnung (EG) Nr. 436/2009 der Kommission. | n..2 |
| 18 | | DOKUMENT – Zertifikat | O | | | 9x |
| | a | Kurzbeschreibung Dokument | C | ‚R', wenn Eingabefeld 18c nicht verwendet wird | Zu beschreiben sind alle die beförderten Waren betreffenden Zertifikate, z. B. Zertifikate über die in Feld 17l genannten Ursprungsbezeichnung. | an..350 |
| | b | Kurzbeschreibung Dokument_LNG | C | ‚R', wenn das betreffende Textfeld verwendet wird | Für die in dieser Datengruppe verwendete Sprache ist der Sprachencode gemäß Anhang II Codeliste 1 anzugeben. | a2 |
| | c | Dokumentenreferenz | C | ‚R', wenn Eingabefeld 18a nicht verwendet wird | Für alle die beförderten Waren betreffenden Zertifikate ist eine Referenznummer anzugeben. | an..350 |
| | d | Dokumentenreferenz_LNG | C | ‚R', wenn das betreffende Textfeld verwendet wird | Für die in dieser Datengruppe verwendete Sprache ist der Sprachencode gemäß Anhang II Codeliste 1 anzugeben. | a2" |

# Anhang 1–05

2. Tabelle 2 erhält folgende Fassung:

„Tabelle 2
**Annullierungsmeldung**
(gemäß Artikel 4 Absatz 1)

| A | B | C | D | E | F | G |
|---|---|---|---|---|---|---|
| 1 | | ATTRIBUT | R | | | |
| | a | Datum und Uhrzeit der Validierung der Annullierung | C | Von den zuständigen Behörden des Abgangsmitgliedstaats bei Validierung des Entwurfs der Annullierungsmeldung anzugeben | Die Uhrzeit ist als Ortszeit anzugeben. | Datum-Uhrzeit |
| 2 | | BEFÖRDERUNG VERBRAUCHSTEUERPFLICHTIGER WAREN: e-VD | R | | | |
| | a | Referenzcode (ARC) | R | | Anzugeben ist der ARC des e-VD, dessen Annullierung beantragt wird. | an21 |
| 3 | | ANNULLIERUNG | R | | | |
| | a | Code Annullierungsgrund | R | | Der Grund der Annullierung des e-VD ist anhand der Codes in Anhang II Codeliste 10 anzugeben. | n..1 |
| | b | Ergänzende Informationen | C | – ‚R', wenn der Code für den Annullierungsgrund 0 lautet<br>– ‚O', wenn der Code für den Annullierungsgrund 1, 2, 3 oder 4 lautet(Siehe Feld 3.a) | Anzugeben sind ergänzende Informationen zur Annullierung des e-VD. | an..350 |
| | c | Ergänzende Informationen_LNG | C | ‚R', wenn das betreffende Textfeld verwendet wird | Für die in dieser Datengruppe verwendete Sprache ist der Sprachencode gemäß Anhang II Codeliste 1 anzugeben. | a2" |

Energie- und Stromsteuerrecht                                    **Anhang 1–05**

3. Tabelle 3 erhält folgende Fassung:

„Tabelle 3
**Änderung des Bestimmungsorts**
(gemäß Artikel 5 Absatz 1 und Artikel 8 Absatz 2)

| A | B | C | D | E | F | G |
|---|---|---|---|---|---|---|
| 1 |   | ATTRIBUT | R |   |   |   |
|   | a | Datum und Uhrzeit der Validierung der Änderung des Bestimmungsorts | C | Von den zuständigen Behörden des Abgangsmitgliedstaats bei Validierung des Entwurfs der Meldung über die Änderung des Bestimmungsorts anzugeben | Die Uhrzeit ist als Ortszeit anzugeben. | Datum-Uhrzeit |
| 2 |   | e-VD Aktualisierung | R |   |   |   |
|   | a | Fortlaufende Vorgangsnummer | C | Von den zuständigen Behörden des Abgangsmitgliedstaats bei Validierung des Entwurfs der Meldung über die Änderung des Bestimmungsorts anzugeben | Die Vorgangsnummer wird bei der Erstvalidierung des e-VD auf 1 gesetzt und bei jederÄnderung des Bestimmungsorts um 1 erhöht. | n..2 |
|   | b | Referenzcode (ARC) | R |   | Anzugeben ist der ARC des e-VD, dessen Bestimmungsort geändert wird. | an21 |
|   | c | Beförderungsdauer | D | ‚R', wenn sich die Beförderungsdauer infolge der Änderung des Bestimmungsorts ändert | Anzugeben ist der normale Zeitaufwand für die Beförderung unter Berücksichtigung des Beförderungsmittels und der Entfernung in Stunden (H) oder Tagen (D), gefolgt von einer zweistelligen Zahl (Beispiele: H12 oder D04). Für ‚H' ist maximal die Zahl 24 anzugeben, für ‚D' maximal die Zahl 92. | an3 |
|   | d | Änderung bei der Veranlassung der Beförderung | D | ‚R', wenn die für die Veranlassung der Beförderung verantwortliche Person infolge der Änderung des Bestimmungsorts wechselt | Anhand einer der folgenden Kennziffern ist anzugeben, wer für die Veranlassung der Beförderung verantwortlich ist:<br>1 = Versender<br>2 = Empfänger<br>3 = Eigentümer der Waren<br>4 = Sonstiger | n1 |
|   | e | Rechnungsnummer | D | ‚R', wenn sich die Rechnung infolge der Änderung des Bestimmungsorts ändert | Anzugeben ist die Rechnungsnummer der für die Waren ausgestellten Rechnung. Wurde die Rechnung noch nicht ausgestellt, so ist die Nummer des Lieferscheins oder eines sonstigen Beförderungsdokuments anzugeben. | an..35 |
|   | f | Rechnungsdatum | O | Der Abgangsmitgliedstaat kann dieses Datenelement als ‚R' einstufen, wenn sich die Rechnungsnummer infolge der Änderung des Bestimmungsorts ändert | Anzugeben ist das Datum des in Feld 2e ausgewiesenen Dokuments. | Datum |
|   | g | Code Beförderungsart | D | ‚R', wenn sich die Beförderungsart infolge der Änderung des Bestimmungsorts ändert | Die Beförderungsart ist anhand der Codes in Anhang II Codeliste 7 anzugeben. | n..2 |
| 3 |   | GEÄNDERTER BESTIMMUNGSORT | R |   |   |   |

1559

## Anhang 1–05

| A | B | C | D | E | F | G |
|---|---|---|---|---|---|---|
|  | a | Code Bestimmungsort | R |  | Der neue Bestimmungsort der Beförderung ist anhand eines der folgenden Codes anzugeben:<br>1 = Steuerlager (Artikel 17 Absatz 1 Buchstabe a Ziffer i der Richtlinie 2008/118/EG)<br>2 = Registrierter Empfänger (Artikel 17 Absatz 1 Buchstabe a Ziffer ii der Richtlinie 2008/118/EG)<br>3 = Registrierter Empfänger im Einzelfall (Artikel 17 Absatz 1 Buchstabe a Ziffer ii und Artikel 19 Absatz 3 der Richtlinie 2008/118/EG)<br>4 = Direktlieferung (Artikel 17 Absatz 2 der Richtlinie 2008/118/EG)<br>6 = Ausfuhr (Artikel 17 Absatz 1 Buchstabe a Ziffer iii der Richtlinie 2008/118/EG) | n1 |
| 4 |  | NEUER EMPFÄNGER | D | ‚R', wenn sich der Empfänger infolge der Änderung des Bestimmungsorts ändert |  |  |
|  | a | Verbrauchsteuernummer/ Umsatzsteuer-Identifikationsnummer | C | – ‚R' bei Code Bestimmungsort 1, 2, 3 und 4<br>– ‚O' bei Code Bestimmungsort 6<br>(Siehe Code Bestimmungsort in Feld 3a) | Angaben bei Code Bestimmungsort<br>– 1, 2, 3 und 4: eine gültige Verbrauchsteuernummer des zugelassenen Lagerinhabers oder des registrierten Empfängers<br>– 6: Umsatzsteuer-Identifikationsnummer des Vertreters des Versenders bei der Ausfuhrzollstelle | an..16 |
|  | b | Name | R |  |  | an..182 |
|  | c | Straße | R |  |  | an..65 |
|  | d | Hausnummer | O |  |  | an..11 |
|  | e | Postleitzahl | R |  |  | an..10 |
|  | f | Stadt | R |  |  | an..50 |
|  | g | NAD_LNG | R |  | Für die in dieser Datengruppe verwendete Sprache ist der Sprachencode gemäß Anhang II Codeliste 1 anzugeben. | a2 |
| 5 |  | ORT der Lieferung | C | – ‚R' bei Code Bestimmungsort 1 und 4<br>– ‚O' bei Code Bestimmungsort 2 und 3<br>(Siehe Code Bestimmungsort in Feld 3a) | Anzugeben ist der Ort der tatsächlichen Lieferung der verbrauchsteuerpflichtigen Waren. |  |
|  | a | Verbrauchsteuernummer/ Umsatzsteuer-Identifikationsnummer | C | – ‚R' bei Code Bestimmungsort 1<br>– ‚O' bei Code Bestimmungsort 2 und 3<br>(Siehe Code Bestimmungsort in Feld 3a) | Angaben bei Code Bestimmungsort<br>– 1: eine gültige Verbrauchsteuernummer des Bestimmungssteuerlagers<br>– 2 und 3: Umsatzsteuer-Identifikationsnummer oder sonstige Kennung | an..16 |
|  | b | Name | C | – ‚R' bei Code Bestimmungsort 1, 2 und 3<br>– ‚O' bei Code Bestimmungsort 4<br>(Siehe Code Bestimmungsort in Feld 3a) |  | an..182 |
|  | c | Straße | C | Für Feld 5c, 5e und 5f:<br>– ‚R' bei Code Bestimmungsort 2, 3 und 4<br>– ‚O' bei Code Bestimmungsort 1<br>(Siehe Code Bestimmungsort in Feld 3a) |  | an..65 |
|  | d | Hausnummer | O |  |  | an..11 |
|  | e | Postleitzahl | C |  |  | an..10 |
|  | f | Stadt | C |  |  | an..50 |
|  | g | NAD_LNG | C | ‚R', wenn das betreffende Textfeld verwendet wird | Für die in dieser Datengruppe verwendete Sprache ist der Sprachencode gemäß Anhang II Codeliste 1 anzugeben. | a2 |

# Anhang 1–05

| A | B | C | D | E | F | G |
|---|---|---|---|---|---|---|
| 6 | | AUS-FUHR-ZOLL-STELLE | C | ‚R' bei Ausfuhr (Code Bestimmungsort 6) (Siehe Code Bestimmungsort in Feld 3a) | | |
| | a | Dienststellenschlüsselnummer | R | | Anzugeben ist der Code der Ausfuhrzollstelle, bei der die Ausfuhranmeldung gemäß Artikel 161 Absatz 5 der Verordnung (EWG) Nr. 2913/92 abzugeben ist. Siehe Anhang II Codeliste 5. | an8 |
| 7 | | NEUER VERANLASSER DER BEFÖRDERUNG | C | ‚R', um die Person zu identifizieren, die für die Veranlassung der Beförderung verantwortlich ist, wenn die Kennziffer in Feld 2d ‚3' oder ‚4' lautet | | |
| | a | Umsatzsteuer-Identifikationsnummer | O | Der Abgangsmitgliedstaat kann dieses Datenelement als ‚R' einstufen | | an..14 |
| | b | Name | R | | | an..182 |
| | c | Straße | R | | | an..65 |
| | d | Hausnummer | O | | | an..11 |
| | e | Postleitzahl | R | | | an..10 |
| | f | Stadt | R | | | an..50 |
| | g | NAD_LNG | R | | Für die in dieser Datengruppe verwendete Sprache ist der Sprachencode gemäß Anhang II Codeliste 1 anzugeben. | a2 |
| 8 | | NEUER BEFÖRDERER | O | Der Abgangsmitgliedstaat kann dieses Datenelement als ‚R' einstufen, wenn sich der Beförderer infolge der Änderung des Bestimmungsorts ändert | Angaben zur Identifizierung des neuen Beförderers | |
| | a | Umsatzsteuer-Identifikationsnummer | O | | | an..14 |
| | b | Name | R | | | an..182 |
| | c | Straße | R | | | an..65 |
| | d | Hausnummer | O | | | an..11 |
| | e | Postleitzahl | R | | | an..10 |
| | f | Stadt | R | | | an..50 |
| | g | NAD_LNG | R | | Für die in dieser Datengruppe verwendete Sprache ist der Sprachencode gemäß Anhang II Codeliste 1 anzugeben. | a2 |
| 9 | | BEFÖRDERUNGSDETAILS | D | ‚R', wenn sich die Beförderungsdetails infolge der Änderung des Bestimmungsorts ändern | | 99x |
| | a | Beförderungsmittel/Container | R | | Anzugeben ist/sind in Bezug auf die in Feld 2g genannte Beförderungsart der oder die Code(s)für die Beförderungsmittel/Container. Siehe Anhang II Codeliste 8. | n..2 |

| A | B | C | D | E | F | G |
|---|---|---|---|---|---|---|
| | b | Kennzeichen Beförderungsmittel/ Container | C | ‚R', wenn der Code für die Beförderungsmittel/ Container anders als 5 lautet (Siehe Feld 9a) | Die Kennzeichen der Beförderungsmittel/Container sind anzugeben, wenn der Code für die Beförderungsmittel/Container anders als 5 lautet. | an..35 |
| | c | Kennzeichen des Verschlusses | D | ‚R', wenn Verschlüsse verwendet werden | Die Kennzeichen der Verschlüsse sind anzugeben, wenn solche zum Verschluss der Beförderungsmittel/Container verwendet werden. | an..35 |
| | d | Informationen zum Verschluss | O | | Anzugeben sind ergänzende Informationen zu den Verschlüssen (z. B. Verschlussart). | an..350 |
| | e | Informationen zum Verschluss_LNG | C | ‚R', wenn das betreffende Textfeld verwendet wird | Für die in dieser Datengruppe verwendete Sprache ist der Sprachencode gemäß Anhang II Codeliste 1 anzugeben. | a2 |
| | f | Ergänzende Informationen | O | | Anzugeben sind ergänzende Informationen zur Beförderung, z. B. etwaige nachfolgende Beförderer oder Beförderungsmittel/Container. | an..350 |
| | g | Ergänzende Informationen_LNG | C | ‚R', wenn das betreffende Textfeld verwendet wird | Für die in dieser Datengruppe verwendete Sprache ist der Sprachencode gemäß Anhang II Codeliste 1 anzugeben. | a2" |

4. In Tabelle 4 wird folgende Zeile 1d eingefügt:

| A | B | C | D | E | F | G |
|---|---|---|---|---|---|---|
| | „d | Fortlaufende Vorgangsnummer | R | Von den zuständigen Behörden des Bestimmungsmitgliedstaats (bei der Mitteilung über die Änderung des Bestimmungsorts) oder des Abgangsmitgliedstaats (bei der Aufteilungsmitteilung) anzugeben | Anzugeben ist die Vorgangsnummer des e-VD. | n..2" |

# Anhang 1–05

5. Tabelle 5 erhält folgende Fassung:

„Tabelle 5
**Aufteilung der Beförderung**
(gemäß Artikel 6 Absatz 1 und Artikel 8 Absatz 2)

| A | B | C | D | E | F | G |
|---|---|---|---|---|---|---|
| 1 |   | e-VD: Aufteilung | R |   |   |   |
|   | a | Vorheriger ARC | R |   | Anzugeben ist der ARC des aufzuteilenden e-VD. Siehe Anhang II Codeliste 2. | an21 |
| 2 |   | MITGLIEDSTAAT der Aufteilung | R |   |   |   |
|   | a | Mitgliedstaatencode | R |   | Der Mitgliedstaat, in dessen Hoheitsgebiet die Beförderung aufgeteilt wird, ist anhand der Codes in Anhang II Codeliste 3 anzugeben. | a2 |
| 3 |   | ANGABEN ZUR AUFTEILUNG DES e-VD | R |   |   | 9x |
|   | a | Bezugsnummer | R |   | Anzugeben ist eine einmalige laufende Nummer, die der Versender dem e-VD zuordnet und anhand deren die Sendung in den Aufzeichnungen des Versenders identifizierbar ist. | an..22 |
|   | b | Beförderungsdauer | D | ‚R', wenn sich die Beförderungsdauer infolge der Aufteilung ändert | Anzugeben ist der normale Zeitaufwand für die Beförderung unter Berücksichtigung des Beförderungsmittels und der Entfernung in Stunden (H) oder Tagen (D), gefolgt von einer zweistelligen Zahl (Beispiele: H12 oder D04). Für ‚H' ist maximal die Zahl 24 anzugeben, für ‚D' maximal die Zahl 92. | an3 |
|   | c | Änderung bei der Veranlassung der Beförderung | D | ‚R', wenn die für die Veranlassung der Beförderung verantwortliche Person infolge der Aufteilung wechselt | Anhand einer der folgenden Kennziffern ist anzugeben, wer für die Veranlassung der erstenBeförderung verantwortlich ist: 1 = Versender 2 = Empfänger 3 = Eigentümer der Waren 4 = Sonstiger | n1 |
| 3.1 |   | GEÄNDERTER BESTIMMUNGSORT | R |   |   |   |
|   | a | Code Bestimmungsort | R |   | Der Bestimmungsort der Beförderung ist anhand eines der folgenden Codes anzugeben: 1 = Steuerlager (Artikel 17 Absatz 1 Buchstabe a Ziffer i der Richtlinie 2008/118/EG) 2 = Registrierter Empfänger (Artikel 17 Absatz 1 Buchstabe a Ziffer ii der Richtlinie2008/118/EG) 3 = Registrierter Empfänger im Einzelfall (Artikel 17 Absatz 1 Buchstabe a Ziffer ii undArtikel 19 Absatz 3 der Richtlinie 2008/118/EG) 4 = Direktlieferung (Artikel 17 Absatz 2 der Richtlinie 2008/118/EG) 6 = Ausfuhr (Artikel 17 Absatz 1 Buchstabe a Ziffer iii der Richtlinie 2008/118/EG) 8 = Bestimmungsort unbekannt (noch nicht endgültig feststehender Empfänger gemäß Artikel 22 der Richtlinie 2008/118/EG) | n1 |
| 3.2 |   | NEUER EMPFÄNGER | D | ‚R', wenn der Empfänger infolge der Aufteilung wechselt |   |   |

# Anhang 1–05

Energie- und Stromsteuerrecht

| A | B | C | D | E | F | G |
|---|---|---|---|---|---|---|
| | a | Verbrauch-steuernummer/ Umsatzsteuer-Identifikationsnummer | C | – ‚R' bei Code Bestimmungsort 1, 2, 3 und 4<br>– ‚O' bei Code Bestimmungsort 6<br>(Siehe Code Bestimmungsort in Feld 3.1a) | Angaben bei Code Bestimmungsort<br>– 1, 2, 3 und 4: eine gültige Verbrauchsteuernummer des zugelassenen Lagerinhabers oder des registrierten Empfängers<br>– 6: Umsatzsteuer-Identifikationsnummer des Vertreters des Versenders bei der Ausfuhrzollstelle | an..16 |
| | b | Name | R | | | an..182 |
| | c | Straße | R | | | an..65 |
| | d | Hausnummer | O | | | an..11 |
| | e | Postleitzahl | R | | | an..10 |
| | f | Stadt | R | | | an..50 |
| | g | NAD_LNG | R | | Für die in dieser Datengruppe verwendete Sprache ist der Sprachencode gemäß Anhang II Codeliste 1 anzugeben. | a2 |
| 3.3 | | ORT der Lieferung | C | – ‚R' bei Code Bestimmungsort 1 und 4<br>– ‚O' bei Code Bestimmungsort 2 und 3<br>(Siehe Code Bestimmungsort in Feld 3.1a) | | |
| | a | Verbrauch-steuernummer/ Umsatzsteuer-Identifikationsnummer | C | – ‚R' bei Code Bestimmungsort 1<br>– ‚O' bei Code Bestimmungsort 2 und 3<br>(Siehe Code Bestimmungsort in Feld 3.1a) | Angaben bei Code Bestimmungsort<br>– 1: eine gültige Verbrauchsteuernummer des Bestimmungssteuerlagers<br>– 2 und 3: Umsatzsteuer-Identifikationsnummer oder andere Kennung | an..16 |
| | b | Name | C | – ‚R' bei Code Bestimmungsort 1, 2 und 3<br>– ‚O' bei Code Bestimmungsort 4<br>(Siehe Code Bestimmungsort in Feld 3.1a) | | an..182 |
| | c | Straße | C | Für Feld 3.3c, 3.3e und 3.3f:<br>– ‚R' bei Code Bestimmungsort 2, 3 und 4<br>– ‚O' bei Code Bestimmungsort 1<br>(Siehe Code Bestimmungsort in Feld 3.1a) | | an..65 |
| | d | Hausnummer | O | | | an..11 |
| | e | Postleitzahl | C | | | an..10 |
| | f | Stadt | C | | | an..50 |
| | g | NAD_LNG | C | ‚R', wenn das betreffende Textfeld verwendet wird | Für die in dieser Datengruppe verwendete Sprache ist der Sprachencode gemäß Anhang II Codeliste 1 anzugeben. | a2 |
| 3.4 | | AUSFUHRZOLLSTELLE | C | ‚R' bei Ausfuhr (geänderter Code Bestimmungsort 6)<br>(Siehe Code Bestimmungsort in Feld 3.1a) | | |
| | a | Dienststellenschlüsselnummer | R | | Anzugeben ist der Code der Ausfuhrzollstelle, bei der die Ausfuhranmeldung gemäß Artikel 161 Absatz 5 der Verordnung (EWG) Nr. 2913/92 abzugeben ist. Siehe Anhang II Codeliste 5. | an8 |
| 3.5 | | NEUER VERANLASSER DER BEFÖRDERUNG | C | ‚R', um die Person zu identifizieren, die für die Veranlassung der Beförderung verantwortlich ist, wenn die Kennziffer in Feld 3c „3" oder „4" lautet | | |

# Energie- und Stromsteuerrecht

## Anhang 1–05

| A | B | C | D | E | F | G |
|---|---|---|---|---|---|---|
| | a | Umsatzsteuer-Identifikationsnummer | O | Der Abgangsmitgliedstaat kann diesesDatenelement als ‚R' einstufen | | an..14 |
| | b | Name | R | | | an..182 |
| | c | Straße | R | | | an..65 |
| | d | Hausnummer | O | | | an..11 |
| | e | Postleitzahl | R | | | an..10 |
| | f | Stadt | R | | | an..50 |
| | g | NAD_LNG | R | | Für die in dieser Datengruppe verwendete Sprache ist der Sprachencode gemäß Anhang II Codeliste 1 anzugeben. | a2 |
| 3.6 | | NEUER BEFÖRDERER | O | Der Abgangsmitgliedstaat kann dieses Datenelement als ‚R' einstufen, wenn der Beförderer infolge der Aufteilung wechselt | Angaben zur Identifizierung des neuen Beförderers | |
| | a | Umsatzsteuer-Identifikationsnummer | O | | | an..14 |
| | b | Name | R | | | an..182 |
| | c | Straße | R | | | an..65 |
| | d | Hausnummer | O | | | an..11 |
| | e | Postleitzahl | R | | | an..10 |
| | f | Stadt | R | | | an..50 |
| | g | NAD_LNG | R | | Für die in dieser Datengruppe verwendete Sprache ist der Sprachencode gemäß Anhang II Codeliste 1 anzugeben. | a2 |
| 3.7 | | BEFÖRDERUNGSDETAILS | D | ‚R', wenn sich die Angaben zur Beförderung infolge der Aufteilung ändern | | 99x |
| | a | Beförderungsmittel/Container | R | | Anzugeben ist/sind der/die Code(s) für die Beförderungsmittel/Container. Siehe Anhang II Codeliste 8. | n..2 |
| | b | Kennzeichen Beförderungsmittel/Container | C | ‚R', wenn der Code für die Beförderungsmittel/Container anders als 5 lautet (Siehe Feld 3.7a) | Die Kennzeichen der Beförderungsmittel/Container sind anzugeben, wenn der Code für dieBeförderungsmittel/Container anders als 5 lautet. | an..35 |
| | c | Kennzeichen des Verschlusses | D | ‚R', wenn Verschlüsse verwendet werden | Die Kennzeichen der Verschlüsse sind anzugeben, wenn solche zum Verschluss der Beförderungsmittel/Container verwendet werden. | an..35 |
| | d | Informationen zum Verschluss | O | | Anzugeben sind ergänzende Informationen zu den Verschlüssen (z. B. Verschlussart). | an..350 |
| | e | Informationen zum Verschluss_LNG | C | ‚R', wenn das betreffende Textfeld verwendet wird | Für die in dieser Datengruppe verwendete Sprache ist der Sprachencode gemäß Anhang II Codeliste 1 anzugeben. | a2 |

# Anhang 1–05 — Energie- und Stromsteuerrecht

| A | B | C | D | E | F | G |
|---|---|---|---|---|---|---|
| | f | Ergänzende Informationen | O | | Anzugeben sind ergänzende Informationen zur Beförderung, z. B. etwaige nachfolgende Beförderer oder Beförderungsmittel/Container. | an..350 |
| | g | Ergänzende Informationen_LNG | C | ‚R', wenn das betreffende Textfeld verwendet wird | Für die in dieser Datengruppe verwendete Sprache ist der Sprachencode gemäß Anhang II Codeliste 1 anzugeben. | a2 |
| 3.8 | | POSITIONSDATEN e-VD | R | | Für alle Waren, die eine Sendung enthält, ist eine gesonderte Datengruppe zu verwenden. | 999x |
| | a | Positionsnummer | R | | Anzugeben ist die Positionsnummer der Ware im ursprünglichen, aufzuteilenden e-VD. DiePositionsnummer ist je „Angaben zur Aufteilung des e-VD" nur einmal zu verwenden. | n..3 |
| | b | Verbrauchsteuer-Produktcode | R | | Anzugeben ist der jeweilige Produktcode. Siehe Anhang II Codeliste 11. | an..4 |
| | c | KN-Code | R | | Anzugeben ist der am Tag der Meldung über die Aufteilung gültige KN-Code. | n8 |
| | d | Menge | R | | Anzugeben ist die Menge (in der zum Produktcode gehörigen Maßeinheit). Siehe Anhang II Tabellen 11 und 12. Bei einer Beförderung an einen registrierten Empfänger im Einzelfall gemäß Artikel 19 Absatz3 der Richtlinie 2008/118/EG darf die Menge nicht größer sein als die Menge, zu deren Empfang er berechtigt ist. Bei einer Beförderung an eine gemäß Artikel 12 der Richtlinie 2008/118/EG steuerbefreite Einrichtung darf die Menge nicht größer sein als die in der Verbrauchsteuerfreistellungsbescheinigung genannte Menge. | n..15,3 |
| | e | Bruttogewicht | R | | Anzugeben ist das Bruttogewicht der Sendung (der verbrauchsteuerpflichtigen Waren einschließlich Verpackung). | n..15,2 |
| | f | Nettogewicht | R | | Anzugeben ist das Gewicht der verbrauchsteuerpflichtigen Waren ohne Verpackung. | n..15,2 |
| | i | Steuerzeichen/Kennzeichen | O | | Anzugeben sind ergänzende Informationen zu den im Bestimmungsmitgliedstaat erforderlichenSteuerzeichen/Kennzeichen. | an..350 |
| | j | Steuerzeichen/Kennzeichen_LNG | C | ‚R', wenn das betreffende Textfeld verwendet wird | Für die in dieser Datengruppe verwendete Sprache ist der Sprachencode gemäß Anhang II Codeliste 1 anzugeben. | a2 |
| | k | Steuerzeichen/Kennzeichen verwendet | D | ‚R', wenn Steuerzeichen/Kennzeichen verwendet werden | Anzugeben ist ‚1', wenn die Waren Steuerzeichen tragen oder enthalten; anzugeben ist ‚0', wenn die Waren keine Steuerzeichen tragen oder enthalten. | n1 |
| | o | Dichte | C | ‚R', wenn auf die betreffende verbrauchsteuerpflichtige Ware anwendbar | Wenn anwendbar, ist die Dichte bei 15 °C entsprechend Anhang II Codeliste 11 anzugeben. | n..5,2 |
| | p | Warenbeschreibung | O | Der Abgangsmitgliedstaat kann dieses Datenelement als ‚R' einstufen | Zur Identifizierung der beförderten Waren ist die Warenbeschreibung anzugeben. | an..350 |
| | q | Warenbeschreibung_LNG | C | ‚R', wenn das betreffende Textfeld verwendet wird | Für die in dieser Datengruppe verwendete Sprache ist der Sprachencode gemäß Anhang II Codeliste 1 anzugeben. | a2 |
| | r | Markenname | D | ‚R', wenn die verbrauchsteuerpflichtigen Waren einen Markennamen tragen | Wenn anwendbar, ist der Markenname der Waren anzugeben. | an..350 |

Energie- und Stromsteuerrecht                                                          **Anhang 1–05**

| A | B | C | D | E | F | G |
|---|---|---|---|---|---|---|
|   | s | Markenname_ LNG | C | ‚R', wenn das betreffende Textfeld verwendet wird | Für die in dieser Datengruppe verwendete Sprache ist der Sprachencode gemäß Anhang II Codeliste 1 anzugeben. | a2 |
| 3.8.1 |   | PACKSTÜCKE | R |   |   | 99x |
|   | a | Art | R |   | Die Art der Packstücke ist anhand der Codes in Anhang II Codeliste 9 anzugeben. | an2 |
|   | b | Anzahl | C | ‚R', wenn als ‚zählbar' gekennzeichnet | Wenn die Packstücke entsprechend Anhang II Codeliste 9 zählbar sind, ist die Anzahl derPackstücke anzugeben. | n..15 |
|   | c | Kennzeichen des Verschlusses | D | ‚R', wenn Verschlüsse verwendet werden | Die Kennzeichen der Verschlüsse sind anzugeben, wenn solche zum Verschluss der Packstücke verwendet werden. | an..35 |
|   | d | Informationen zum Verschluss | O |   | Anzugeben sind ergänzende Informationen zu den Verschlüssen (z. B. Verschlussart). | an..350 |
|   | e | Informationen zum Verschluss_ LNG | C | ‚R', wenn das betreffende Textfeld verwendet wird | Für die in dieser Datengruppe verwendete Sprache ist der Sprachencode gemäß Anhang II Codeliste 1 anzugeben. | a2" |

6. Tabelle 6 wird wie folgt geändert:
a) Zeile 3 wird wie folgt geändert:
   i) In Spalte D wird der Buchstabe „R" durch den Buchstaben „C" ersetzt.
   ii) In Spalte E wird der Text „‚R', wenn das Datenelement Nachrichtenart im entsprechenden elektronischen Verwaltungsdokument nicht auf ‚2 (Vorlage für die Ausfuhr mit Anschreibeverfahren)' gesetzt ist" eingefügt.
b) In Zeile 5 Spalte E wird der Text „‚R' bei Code Bestimmungsort 1, 2, 3, 4, 5 und 8" durch „‚R' bei Code Bestimmungsort 1, 2, 3, 4 und 5" ersetzt.
c) In Zeile 7.1a wird Spalte F wie folgt geändert:
   i) Der Text „6 = Unrichtige Kennziffern in einem oder mehreren Datensätzen" wird gestrichen.
   ii) Der Text „ 7 = Menge größer als in der Ermächtigung des registrierten Empfängers im Einzelfall genannt" wird eingefügt.
d) In Zeile 7.1b Spalte E wird 1der Text „‚O', wenn die Kennziffer für den Grund der Beanstandung 3, 4 oder 5 lautet" durch „‚O', wenn die Kennziffer für den Grund der Beanstandung 1, 2, 3, 4, 5 oder 7 lautet" ersetzt.

# Anhang 1–05

Energie- und Stromsteuerrecht

## ANHANG II

Anhang II wird wie folgt geändert:

1. In Punkt 2 wird nach der Tabelle zwischen dem Text „In Feld 1 werden die letzten beiden Ziffern des Jahres angegeben, in dem die Beförderung förmlich genehmigt wird." und dem Text „In Feld 3 ist für jede Beförderung im Rahmen des EMCS eine einmalige Kennung anzugeben. Wie dieses Feld verwendet wird, ist Sache der Verwaltungen der Mitgliedstaaten, aber jede Beförderung im Rahmen des EMCS bedarf einer eigenen Nummer." der neue Text „Der Eintrag in Feld 2 ist der Liste ‚MITGLIEDSTAATEN' (Codeliste 3) zu entnehmen." eingefügt.

2. Punkt 5 erhält folgende Fassung:

    „5. DIENSTSTELLENSCHLÜSSELNUMMER (COR)

    Die Dienststellenschlüsselnummer besteht aus dem Ländercode des Mitgliedstaats (aus Codeliste 4), gefolgt von einer aus sechs Zeichen gebildeten alphanumerischen nationalen Kombination, Beispiel IT0830AB."

3. In Punkt 8 wird folgende Zeile 5 eingefügt:

    „5 Festinstallierte Transporteinrichtung".

4. In Punkt 11 wird folgende Zeile eingefügt:

| EPC | CAT | UNIT | Beschreibung | A | P | D |
|---|---|---|---|---|---|---|
| „E930 | E | 2 | Additive der KN-Codes 3811 11, 3811 19 00 und 3811 90 00 | N | N | N" |

Energie- und Stromsteuerrecht                                                                            **Anhang 1–06**

## Einfuhr-Verbrauchsteuerbefreiungsverordnung (EVerbrStBV)

**Eingangsformel**

Auf Grund

- des § 31 Nr. 15 Buchstabe c des Tabaksteuergesetzes vom 21. Dezember 1992 (BGBl. I S. 2150), der durch Artikel 9 Nr. 3 des Gesetzes vom 24. Juni 1994 (BGBl. I S. 1395) geändert worden ist,
- des § 21 Nr. 3 des Biersteuergesetzes 1993 vom 21. Dezember 1992 (BGBl. I S. 2150, 2158; 1993 I S. 169),
- des § 150 Nr. 3 des Gesetzes über das Branntweinmonopol, der durch Artikel 3 Nr. 26 des Gesetzes vom 21. Dezember 1992 (BGBl. I S. 2150) eingefügt und durch Artikel 2 Nr. 14 Buchstabe a des Gesetzes vom 26. Mai 1998 (BGBl. I S. 1121) geändert worden ist,
- des § 20 Nr. 3 und des § 23 Abs. 3 des Gesetzes zur Besteuerung von Schaumwein und Zwischenerzeugnissen vom 21. Dezember 1992 (BGBl. I S. 2150, 2176), von denen § 20 Nr. 3 durch Artikel 3 Nr. 4 Buchstabe a des Gesetzes vom 26. Mai 1998 (BGBl. I S. 1121) geändert worden ist,
- des § 31 Abs. 3 Nr. 3 des Mineralölsteuergesetzes vom 21. Dezember 1992 (BGBl. I S. 2150, 2185; 1993 I S. 169), der durch Artikel 7 Nr. 12 Buchstabe b Doppelbuchstabe aa des Gesetzes vom 21. Dezember 1993 (BGBl. I S. 2352) geändert worden ist, und
- des § 19 Nr. 10 Buchstabe d des Kaffeesteuergesetzes vom 21. Dezember 1992 (BGBl. I S. 2150, 2199), der durch Artikel 7 Nr. 16 Buchstabe b und g Doppelbuchstabe dd des Gesetzes vom 12. Juli 1996 (BGBl. I S. 962) geändert worden ist,

verordnet das Bundesministerium der Finanzen:

### § 1 Steuerbefreiungen

(1) Verbrauchsteuerpflichtige Waren, die aus einem Drittland oder Drittgebiet in das Steuergebiet eingeführt werden, sind, soweit in den §§ 2 und 3 nichts Abweichendes bestimmt ist, von den besonderen Verbrauchsteuern befreit, wenn sie bei ihrer Einfuhr in das Zollgebiet der Gemeinschaft zollfrei sind

1. nach der Verordnung (EG) Nr. 1186/2009 des Rates vom 16. November 2009 über das gemeinschaftliche System der Zollbefreiungen (ABl. L 324 vom 10.12.2009, S. 23) in der jeweils geltenden Fassung, gemäß

   a) den Artikeln 74 bis 80 (Einfuhren zugunsten von Katastrophenopfern),

   b) Artikel 85 (Einfuhren zum persönlichen Gebrauch von Staatsoberhäuptern),

   c) Artikel 86 (Einfuhren von Warenmustern oder -proben von geringem Wert),

   d) den Artikeln 95 bis 101 (Einfuhren zu Prüfungs-, Analyse- oder Versuchszwecken),

   e) Artikel 104 Buchstabe d (Einfuhren von Waren als Beweisstücke oder zu ähnlichen Zwecken),

   f) den Artikeln 107 bis 111 (Einfuhren von Treib- und Schmierstoffen in Straßenkraftfahrzeugen und Spezialcontainern),

2. nach den Artikeln 185 bis 187 der Verordnung (EWG) Nr. 2913/92 des Rates vom 12. Oktober 1992 zur Festlegung des Zollkodex der Gemeinschaften (ABl. L 302 vom 19.10.1992, S. 1, L 79 vom 1.4.1993, S. 84, L 97 vom 18.4.1996, S. 38, L 321 vom 12.12.1996, S. 23), die zuletzt durch die Verordnung (EG) Nr. 1791/2006 (ABl. L 363 vom 20.12.2006, S. 1) geändert worden ist, in der jeweils geltenden Fassung, nach den Artikeln 844 bis 856 der Verordnung (EWG) Nr. 2454/93 der Kommission vom 2. Juli 1993 mit Durchführungsvorschriften zu der Verordnung (EWG) Nr. 2913/92 des Rates zur Festlegung des Zollkodex der Gemeinschaften (ABl. L 253 vom 11.10.1992, S. 1, L 268 vom 19.10.1994, S. 32, L 180 vom 19.7.1996, S. 34, L 156 vom 13.6.1997, S. 59, L 111 vom 29.4.1999, S. 88), die zuletzt durch die Verordnung (EG) Nr. 430/2010 (ABl. L 125 vom 21.5.2010, S. 10) geändert worden ist, in der jeweils geltenden Fassung,

3. nach den §§ 14 bis 19 der Zollverordnung oder

4. nach § 20 Absatz 2 und § 21 Absatz 1 der Zollverordnung, soweit es sich um Energieerzeugnisse handelt.

(2) Die Steuerbefreiung von Waren im persönlichen Gepäck von Reisenden bestimmt sich ausschließlich nach der Einreise-Freimengen-Verordnung vom 24. November 2008 (BGBl. I S. 2235; 2009 I S. 403) in der jeweils geltenden Fassung. Die Steuerbefreiung von Waren in Kleinsendungen nichtkommerzieller Art bestimmt sich ausschließlich nach der Kleinsendungs-Einfuhrfreimengen-Verordnung vom 11. Januar 1979 (BGBl. I S. 73), die zuletzt durch Artikel 3 der Verordnung vom 22. Dezember 2003 (BGBl. 2004 I S. 21) geändert worden ist, in der jeweils geltenden Fassung.

## § 2 Warenmuster oder -proben von geringem Wert

(1) Die Steuerbefreiung nach § 1 Absatz 1 Nummer 1 Buchstabe c gilt nur für die nachstehend genannten verbrauchsteuerpflichtigen Waren und ist auf folgende Mengen beschränkt:

1. Getränke der Positionen 2204 und 2205 der Kombinierten Nomenklatur mit einem Alkoholgehalt von mehr als 22 Volumenprozent sowie alkoholische Zubereitungen und Getränke der Position 2208 mit Ausnahme der Unterpositionen 2208 9091 und 2208 9099 der Kombinierten Nomenklatur, und zwar in Behältnissen mit einem Rauminhalt bis zu 100 Milliliter; die Gesamtmenge darf 1 000 Milliliter nicht übersteigen;
2. Getränke der Positionen 2204 und 2205 der Kombinierten Nomenklatur mit einem Alkoholgehalt bis 22 Volumenprozent und der Position 2206 der Kombinierten Nomenklatur, und zwar in Behältnissen mit einem Rauminhalt bis zu 500 Milliliter;
3. Energieerzeugnisse auf Mengen bis zu insgesamt 5 000 Gramm.

(2) Kombinierte Nomenklatur im Sinn dieser Verordnung ist die Warennomenklatur nach Artikel 1 der Verordnung (EWG) Nr. 2658/87 des Rates vom 23. Juli 1987 über die zolltarifliche und statistische Nomenklatur sowie den Gemeinsamen Zolltarif (ABl. L 256 vom 7.9.1987, S. 1, L 341 vom 3.12.1987, S. 38, L 378 vom 31.12.1987, S. 120, L 130 vom 26.5.1988, S. 42) in der am 19. Oktober 1992 geltenden Fassung und der bis zu diesem Zeitpunkt zur Durchführung der Verordnung (EWG) Nr. 2658/87 erlassenen Rechtsvorschriften.

## § 3 Waren zu Prüfungs und Analyse oder Versuchszwecken

Bei der Einfuhr von Waren zu Prüfungs-, Analyse oder Versuchszwecken sind Energieerzeugnisse von der Verbrauchsteuerbefreiung ausgeschlossen.

## § 4 Rückwaren

Verbrauchsteuerpflichtige Rückwaren nach den Artikeln 185 bis 187 der Verordnung (EWG) Nr. 2913/92 und den Artikeln 844 bis 856 der Verordnung (EWG) Nr. 2454/93 werden nur dann von den Verbrauchsteuern befreit, wenn sie ohne Steuervergünstigung aus dem Steuergebiet ausgeführt worden waren. Nach § 2 Absatz 1 Nummer 8 und Absatz 2, 3 und 4 des Energiesteuergesetzes versteuerte Waren sind jedoch nur in Höhe des ermäßigten Steuersatzes von der Steuer befreit. Unter den Voraussetzungen des Satzes 1 wird Verbrauchsteuerbefreiung auch für Waren gewährt, die in Artikel 185 Abs. 2 Buchstabe b der Verordnung (EWG) Nr. 2913/92 aufgeführt sind.

## § 5 Andere Steuerbefreiungen

Einzelsteuergesetze, die weitere, auch für eingeführte Waren geltende Verbrauchsteuerbefreiungen vorsehen, bleiben unberührt.

**Schlußformel**
Der Bundesrat hat zugestimmt.

## Verordnung über die Einfuhrabgabenfreiheit von Waren im persönlichen Gepäck von Reisenden (Einreise-Freimengen-Verordnung – EF-VO)

**Eingangsformel**

Auf Grund

- des § 29 Abs. 1 Nr. 1 Buchstabe d des Zollverwaltungsgesetzes vom 21. Dezember 1992 (BGBl. I S. 2125, 1993 I S. 2493), der durch Artikel 1 Nr. 10 Buchstabe b des Gesetzes vom 20. Dezember 1996 (BGBl. I S. 2030) neu gefasst worden ist,
- des § 5 Abs. 2 Nr. 8 des Umsatzsteuergesetzes in der Fassung der Bekanntmachung vom 21. Februar 2005 (BGBl. I S. 386),
- des § 31 Nr. 15 Buchstabe d des Tabaksteuergesetzes vom 21. Dezember 1992 (BGBl. I S. 2150), der zuletzt durch Artikel 1 Nr. 9 Buchstabe b des Gesetzes vom 16. August 2001 (BGBl. I S. 2081) neu gefasst worden ist,
- des § 21 Nr. 4 des Biersteuergesetzes 1993, der durch Artikel 2 Nr. 9 des Gesetzes vom 21. Dezember 1992 (BGBl. I S. 2081) neu gefasst worden ist,
- des § 20 Nr. 1 Buchstabe d des Gesetzes zur Besteuerung von Schaumwein und Zwischenerzeugnissen vom 21. Dezember 1992 (BGBl. I S. 2150, 2176), der zuletzt durch Artikel 4 Nr. 6 Buchstabe a des Gesetzes vom 16. August 2001 (BGBl. I S. 2081) neu gefasst worden ist,
- des § 19 Nr. 10 Buchstabe d des Kaffeesteuergesetzes vom 21. Dezember 1992 (BGBl. I S. 2150, 2199), der durch Artikel 6 Nr. 12 Buchstabe c des Gesetzes vom 16. August 2001 (BGBl. I S. 2081) neu gefasst worden ist,
- des § 150 Nr. 1 Buchstabe d und des § 178 Satz 1 des Gesetzes über das Branntweinmonopol in der im Bundesgesetzblatt Teil III, Gliederungsnummer 612-7, veröffentlichten bereinigten Fassung in Verbindung mit Artikel 129 des Grundgesetzes, von denen § 150 Nr. 1 zuletzt durch Artikel 3 Nr. 15 Buchstabe a des Gesetzes vom 16. August 2001 (BGBl. I S. 2081) neu gefasst worden ist, und
- des § 66 Abs. 1 Nr. 19 des Energiesteuergesetzes vom 15. Juli 2006 (BGBl. I S. 1534)

verordnet das Bundesministerium der Finanzen:

### § 1 Gegenstand, Begriffsbestimmungen

(1) Waren im persönlichen Gepäck von Reisenden, die aus einem Drittland oder aus einem Drittlandsgebiet eingeführt werden, sind nach Maßgabe dieser Verordnung von Einfuhrabgaben im Sinne des § 1 Abs. 1 Satz 3 des Zollverwaltungsgesetzes befreit.

(2) Im Sinne dieser Verordnung ist oder sind:

1. Drittland:

    ein Land, das nicht Mitgliedstaat der Europäischen Union ist; das Fürstentum Monaco gilt nicht als Drittland; die Republik San Marino gilt nicht als Drittland in Bezug auf die Verbrauchsteuern;

2. Drittlandsgebiet:

    ein Gebiet, in dem die Richtlinie 2006/112/EG des Rates vom 28. November 2006 über das gemeinsame Mehrwertsteuersystem (ABl. EU Nr. L 347 S. 1, 2007 Nr. L 335 S. 6), zuletzt geändert durch die Richtlinie 2008/8/EG des Rates vom 12. Februar 2008 (ABl. EU Nr. L 44 S. 11), oder die Richtlinie 92/12/EWG des Rates vom 25. Februar 1992 über das allgemeine System, den Besitz, die Beförderung und die Kontrolle verbrauchsteuerpflichtiger Waren (ABl. EG Nr. L 76 S. 1, 1995 Nr. L 17 S. 20, 1996 Nr. L 135 S. 36), zuletzt geändert durch die Richtlinie 2004/106/EG des Rates vom 16. November 2004 (ABl. EU Nr. L 359 S. 30), nicht gilt;

3. Flug- oder Seereisende:

    Passagiere, die im Luftverkehr oder im Seeverkehr reisen; ausgenommen sind die Binnenschifffahrt sowie die private nichtgewerbliche Luftfahrt und die private nichtgewerbliche Seefahrt;

4. private nichtgewerbliche Luftfahrt oder private nichtgewerbliche Seefahrt:

    die Nutzung eines Luftfahrzeugs oder eines Wasserfahrzeugs für den Seeverkehr durch Eigentümer oder Mieter; nicht dazu gehören Fahrzeuge, die für gewerbliche Zwecke, insbesondere für die entgeltliche Beförderung von Passagieren oder Waren oder für die entgeltliche Erbringung von Dienstleistungen oder für behördliche Zwecke genutzt werden;

5. persönliches Gepäck:

    sämtliche Gepäckstücke, die Reisende der Zollstelle bei Ankunft, sowie die Gepäckstücke, die derselben Zollstelle später gestellt werden, wobei nachzuweisen ist, dass sie bei Abreise bei der Gesellschaft, die den Reisenden befördert hat, als Reisegepäck aufgegeben wurden; anderer Kraftstoff als der Kraftstoff im Sinne des § 2 Abs. 1 Nr. 4 gilt nicht als persönliches Reisegepäck;

6. Reisemitbringsel:
   Waren, die Reisende gelegentlich und ausschließlich zum persönlichen Ge oder Verbrauch, für ihre Familienangehörigen oder als Geschenk in ihrem persönlichen Gepäck einführen;
7. Zigarillos:
   Zigarren mit einem Stückgewicht von höchstens drei Gramm;
8. Grenzgebiet:
   Gemeinden an der deutsch-schweizerischen Grenze, die in der deutschen Zollgrenzzone im Sinne des Artikels 1 Abs. 1 und 2 des deutsch-schweizerischen Abkommens vom 5. Februar 1958 über den Grenz und Durchgangsverkehr (BGBl. 1960 II S. 2161, 2283) gelegen sind;
9. Grenzarbeitnehmer und Grenzarbeitnehmerinnen:
   Personen, die zur Ausübung ihrer gewöhnlichen beruflichen Tätigkeit an den Tagen, an denen sie arbeiten, die Grenze überschreiten.

## § 2 Höchstmengen und Wertgrenzen

(1) Je Reisenden sind Reisemitbringsel (§ 1 Nr. 6) im Rahmen der folgenden Mengen und Wertgrenzen von den Einfuhrabgaben befreit:

1. Tabakwaren:
   a) 200 Zigaretten oder
   b) 100 Zigarillos oder
   c) 50 Zigarren oder
   d) 250 Gramm Rauchtabak oder
   e) eine anteilige Zusammenstellung dieser Waren;
2. Alkohol und alkoholhaltige Getränke:
   a) ein Liter Alkohol und alkoholische Getränke mit einem Alkoholgehalt von mehr als 22 Volumenprozent oder unvergällter Ethylalkohol mit einem Alkoholgehalt von 80 Volumenprozent oder mehr oder zwei Liter Alkohol und alkoholische Getränke mit einem Alkoholgehalt von höchstens 22 Volumenprozent oder eine anteilige Zusammenstellung dieser Waren,
   b) vier Liter nicht schäumende Weine und
   c) 16 Liter Bier;
3. Arzneimittel:
   die dem persönlichen Bedarf des Reisenden entsprechende Menge;
4. Kraftstoffe:
   für jedes Motorfahrzeug
   a) die im Hauptbehälter befindliche Menge und
   b) bis zu zehn Liter in einem tragbaren Reservebehälter;
5) andere Waren:
   a) bis zu einem Warenwert von insgesamt 300 Euro,
   b) für Flug bzw. Seereisende bis zu einem Warenwert von insgesamt 430 Euro,
   c) für Reisende unter 15 Jahren bis zu einem Warenwert von insgesamt 175 Euro.

(2) Der Wert einer Ware darf bei der Anwendung der Wertgrenzen nach Absatz 1 Nr. 5 nicht aufgeteilt werden.

(3) Der Wert des persönlichen Gepäcks von Reisenden, das vorübergehend eingeführt wird oder nach vorübergehender Ausfuhr wieder eingeführt wird, und der Wert der Arzneimittel nach Absatz 1 Nr. 3 bleiben bei der Anwendung der Warenwerte nach Absatz 1 Nr. 5 unberücksichtigt.

(4) Die Abgabenbefreiung im Seeverkehr hängt davon ab, ob das Wasserfahrzeug zuletzt aus einem Hafen ausgelaufen ist, der sich in einem Drittland oder Drittlandsgebiet befindet.

(5) Die Abgabenbefreiung nach Absatz 1 ist ausgeschlossen für
1. Waren, die durch ihre Art oder Menge darauf schließen lassen, dass eine Einfuhr aus gewerblichen Gründen erfolgt,
2. Tabakwaren sowie Alkohol und alkoholhaltige Getränke, die von Reisenden unter 17 Jahren eingeführt werden,

3. Kraftstoffe, die nicht unter Absatz 1 Nr. 4 fallen.

**§ 3 Sonderfälle**

(1) Bei Einfuhren durch

1. Personen mit Wohnsitz im Grenzgebiet, die an einem Ort einreisen, der weniger als 15 Kilometer Luftlinie von der Grenze ihrer Gemeinde entfernt ist, und deren Reise im Drittland oder Drittlandsgebiet nicht nachweislich über einen Umkreis von 15 Kilometern Luftlinie um den Ort der Einreise hinausgeführt hat,
2. Grenzarbeitnehmer und Grenzarbeitnehmerinnen,
3. Personen, die beruflich oder dienstlich auf gewerblich eingesetzten Beförderungsmitteln oder auf Land-, Luft- oder Wasserfahrzeugen von Behörden tätig sind oder Reisegesellschaften oder dergleichen begleiten und in dieser Eigenschaft üblicherweise mehr als einmal im Kalendermonat einreisen,

ist die Abgabenbefreiung nach § 2 Abs. 1 Nr. 1 auf

a) 40 Zigaretten oder

b) 20 Zigarillos oder

c) 10 Zigarren oder

d) 50 Gramm Rauchtabak oder

e) eine anteilige Zusammenstellung dieser Waren

beschränkt und für Alkohol und alkoholhaltige Getränke ausgeschlossen. Die Abgabenbefreiung nach § 2 Abs. 1 Nr. 5 ist unabhängig von der Verkehrsart auf Waren bis zu einem Warenwert von insgesamt 90 Euro beschränkt; davon dürfen nicht mehr als 30 Euro auf Lebensmittel des täglichen Bedarfs entfallen. Die Abgabenbefreiung darf nur einmal am Tag in Anspruch genommen werden.

(2) Die Abgabenbefreiung ist ausgeschlossen für Waren, die Personen bei der Rückkehr aus einer Freizone des Kontrolltyps I (§ 1 Abs. 1 Satz 1 des Zollverwaltungsgesetzes) oder die Personen, die in einer Freizone des Kontrolltyps I wohnen, bei der Einreise aus der Freizone des Kontrolltyps I mit sich führen.

(3) Reist eine Person mit einem privaten nichtgewerblichen Wasserfahrzeug ein, so hängt die Abgabenbefreiung für Tabakwaren, Alkohol und alkoholhaltige Getränke davon ab, dass die Waren nachweislich nicht als Schiffsbedarf nach § 27 der Zollverordnung vom 23. Dezember 1993 (BGBl. I S. 2449, 1994 I S. 162), die zuletzt durch die Verordnung vom 17. Dezember 2007 (BGBl. I S. 3002) geändert worden ist, in der jeweils geltenden Fassung bezogen worden sind.

(4) In den Fällen, in denen Tabakwaren, Alkohol und alkoholhaltige Getränke als Mundvorrat nach § 14 der Zollverordnung abgabenfrei bleiben oder die Abgabenbefreiung für Mundvorrat nach Absatz 4 dieser Vorschrift ausgeschlossen ist, hängt die Abgabenbefreiung davon ab, ob Reisende das Schiff endgültig oder für mehr als drei Tage verlassen.

(5) Reisende, die aus der Schweiz über den Bodensee einreisen, gelten nicht als Seereisende.

**§ 4 Inkrafttreten, Außerkrafttreten**

Diese Verordnung tritt am 1. Dezember 2008 in Kraft.

**Schlussformel**

Der Bundesrat hat zugestimmt.

## Verordnung über die Entgelte für den Zugang zu Elektrizitätsversorgungsnetzen (Stromnetzentgeltverordnung – StromNEV)

### Teil 1
### Allgemeine Bestimmungen

#### § 1 Anwendungsbereich

Diese Verordnung regelt die Festlegung der Methode zur Bestimmung der Entgelte für den Zugang zu den Elektrizitätsübertragungs- und Elektrizitätsverteilernetzen (Netzentgelte) einschließlich der Ermittlung der Entgelte für dezentrale Einspeisungen.

#### § 2 Begriffsbestimmungen

Im Sinne dieser Verordnung ist:

1. Abnahmestelle

   die Summe aller räumlich und physikalisch zusammenhängenden elektrischen Einrichtungen eines Letztverbrauchers, die sich auf einem in sich abgeschlossenen Betriebsgelände befinden und über einen oder mehrere Entnahmepunkte mit dem Netz des Netzbetreibers verbunden sind;

2. Absatzstruktur

   die Struktur und Menge der aus einer Netz- oder Umspannebene entnommenen elektrischen Leistung und Arbeit;

3. Benutzungsdauer

   der Quotient aus pro Jahr entnommener oder eingespeister elektrischer Arbeit und der in diesem Jahr höchsten Last der Entnahme oder Einspeisung;

4. Bezugszeitreihe

   die Zeitreihe einer Lastgangzählung in Form einer viertelstündlichen registrierenden Leistungsmessung, durch die die gemessenen Ausspeisungen an einer Entnahmestelle ausgewiesen werden;

5. Einspeisezeitreihe

   die Zeitreihe einer Lastgangzählung in Form einer viertelstündlichen registrierenden Lastgangmessung, durch die die gemessenen Einspeisungen an einer Entnahmestelle ausgewiesen werden;

6. Entnahmestelle

   der Ort der Entnahme elektrischer Energie aus einer Netz- oder Umspannebene durch Letztverbraucher, Weiterverteiler oder die jeweils nachgelagerte Netz- oder Umspannebene;

7. Jahreshöchstlast

   der höchste Leistungswert einer oder mehrerer Entnahmen aus einer Netz- oder Umspannebene oder einer oder mehrerer Einspeisungen im Verlauf eines Jahres;

8. Kalkulationsperiode

   das Geschäftsjahr des Betreibers eines Elektrizitätsübertragungs- oder Elektrizitätsverteilernetzes;

9. Lastgangzeitreihe

   die Zeitreihe einer Lastgangzählung in Form einer viertelstündlichen registrierenden Leistungsmessung einer Entnahmestelle, bestehend aus den zwei Zeitreihen für beide Energieflussrichtungen (Bezugszeitreihe und Einspeisezeitreihe);

10. Netzebene

    die Bereiche von Elektrizitätsversorgungsnetzen, in welchen elektrische Energie in Höchst-, Hoch-, Mittel- oder Niederspannung übertragen oder verteilt wird;

11. Netzknoten

    der räumlich eng begrenzte Teil eines Elektrizitätsversorgungsnetzes, der sich auf einem baulich zusammengehörenden Gebiet befindet und aus

    a) einem Umspannwerk, einer Umspannanlage, einer Umspannstation, einer Ortsnetzstation oder einer Schaltanlage oder

    b) einer sonstigen Übergabestelle bei Vorliegen einer den in Buchstabe a genannten Fällen vergleichbaren galvanischen Verbindung

    besteht, mit der eine oder mehrere Entnahmestellen verbunden sind;

12. **Umspannebene**

die Bereiche von Elektrizitätsversorgungsnetzen, in welchen die Spannung elektrischer Energie von Höchst- zu Hochspannung, Hoch- zu Mittelspannung oder Mittel- zu Niederspannung geändert wird;

13. **zeitgleiche Jahreshöchstlast**

die höchste zeitgleiche Summe der Leistungswerte einer Anzahl von Entnahmen aus einer Netz- oder Umspannebene oder einer Anzahl von Einspeisungen in eine Netz- oder Umspannebene im Verlauf eines Jahres.

### § 3 Grundsätze der Entgeltbestimmung

(1) Für die Ermittlung der Netzentgelte sind die Netzkosten nach den §§ 4 bis 11 zusammenzustellen. Die ermittelten Netzkosten sind anschließend nach § 13 vollständig den dort aufgeführten Hauptkostenstellen, welche die Struktur der Elektrizitätsübertragungs- und Elektrizitätsverteilernetze widerspiegeln, zuzuordnen. Danach sind die Hauptkostenstellen im Wege der Kostenwälzung nach § 14 den Kostenträgern zuzuordnen. Unter Verwendung einer Gleichzeitigkeitsfunktion nach § 16 sind die Netzentgelte für jede Netz- und Umspannebene zu bestimmen. Die Ermittlung der Kosten und der Netzentgelte erfolgt auf der Basis der Daten des letzten abgeschlossenen Geschäftsjahres; gesicherte Erkenntnisse über das Planjahr können dabei berücksichtigt werden. Soweit hinsichtlich der Kostenermittlung keine besonderen Regelungen getroffen werden, sind die Leitsätze für die Preisermittlung auf Grund von Selbstkosten nach der Anlage zur Verordnung PR Nr. 30/53 vom 21. November 1953 (BAnz. Nr. 244 vom 18. Dezember 1953), zuletzt geändert durch Artikel 289 der Verordnung vom 25. November 2003 (BGBl. I S. 2304), heranzuziehen.

(2) Mit der Entrichtung des Netzentgelts wird die Nutzung der Netz- oder Umspannebene des jeweiligen Betreibers des Elektrizitätsversorgungsnetzes, an die der Netznutzer angeschlossen ist, und aller vorgelagerten Netz- und Umspannebenen abgegolten.

### Teil 2

### Methode zur Ermittlung der Netzentgelte

### Abschnitt 1

### Kostenartenrechnung

### § 4 Grundsätze der Netzkostenermittlung

(1) Bilanzielle und kalkulatorische Kosten des Netzbetriebs sind nur insoweit anzusetzen, als sie den Kosten eines effizienten und strukturell vergleichbaren Netzbetreibers entsprechen.

(2) Ausgehend von den Gewinn- und Verlustrechnungen für die Elektrizitätsübertragung und Elektrizitätsverteilung des letzten abgeschlossenen Geschäftsjahres nach § 10 Abs. 3 des Energiewirtschaftsgesetzes ist zur Bestimmung der Netzkosten eine kalkulatorische Rechnung zu erstellen. Die Netzkosten setzen sich unter Beachtung von Absatz 1 aus den aufwandsgleichen Kosten nach § 5, den kalkulatorischen Abschreibungen nach § 6, der kalkulatorischen Eigenkapitalverzinsung nach § 7 sowie den kalkulatorischen Steuern nach § 8 unter Abzug der kostenmindernden Erlöse und Erträge nach § 9 zusammen. Netzverluste sind nach § 10 zu berücksichtigen.

(3) Bis zur erstmaligen Erstellung der jeweiligen Gewinn- und Verlustrechnung nach § 10 Abs. 3 des Energiewirtschaftsgesetzes ist abweichend von Absatz 2 der Bestimmung der Netzkosten jeweils eine auf die Tätigkeitsbereiche Elektrizitätsübertragung und Elektrizitätsverteilung beschränkte und nach handelsrechtlichen Grundsätzen ermittelte Gewinn- und Verlustrechnung des letzten abgeschlossenen Geschäftsjahres zu Grunde zu legen. Soweit Betreiber von Elektrizitätsversorgungsnetzen nicht nach § 10 Abs. 3 des Energiewirtschaftsgesetzes verpflichtet sind, haben diese der Entgeltbildung jeweils eine auf die Tätigkeitsbereiche Elektrizitätsübertragung und Elektrizitätsverteilung beschränkte und nach handelsrechtlichen Grundsätzen ermittelte Gewinn- und Verlustrechnung des letzten abgeschlossenen Geschäftsjahres zu erstellen und zu Grunde zu legen.

(4) Einzelkosten des Netzes sind dem Netz direkt zuzuordnen. Kosten des Netzes, die sich nicht oder nur mit unvertretbar hohem Aufwand als Einzelkosten direkt zurechnen lassen, sind als Gemeinkosten über eine verursachungsgerechte Schlüsselung dem Elektrizitätsübertragungs- oder Elektrizitätsverteilernetz zuzuordnen. Die zu Grunde gelegten Schlüssel müssen sachgerecht sein und den Grundsatz der Stetigkeit beachten. Die Schlüssel sind für sachkundige Dritte nachvollziehbar und vollständig zu dokumentieren. Änderungen eines Schlüssels sind nur zulässig, sofern diese sachlich geboten sind. Die hierfür maßgeblichen Gründe sind nachvollziehbar und vollständig zu dokumentieren.

(5) Kosten oder Kostenbestandteile, die auf Grund einer Überlassung betriebsnotwendiger Anlagegüter anfallen, können nur in der Höhe als Kosten anerkannt werden, wie sie anfielen, wenn der Betreiber Eigentümer der Anlagen wäre. Der Betreiber des Elektrizitätsversorgungsnetzes hat die erforderlichen Nachweise zu führen.

(5a) Betreiber von Stromversorgungsnetzen können Kosten oder Kostenbestandteile, die auf Grund von Dienstleistungen durch Dritte anfallen, maximal in der Höhe ansetzen, wie sie anfielen, wenn sie die Leistungen selbst erbringen würden. Der Betreiber des Stromversorgungsnetzes hat die erforderlichen Nachweise zu führen.

(6) Soweit außerordentliche Aufwendungen und Erträge die Netzkosten einer Kalkulationsperiode beeinflussen, sind diese der Regulierungsbehörde unverzüglich anzuzeigen.

### § 5 Aufwandsgleiche Kostenpositionen

(1) Aufwandsgleiche Kostenpositionen sind den nach § 10 Abs. 3 des Energiewirtschaftsgesetzes oder nach § 4 Abs. 3 erstellten Gewinn- und Verlustrechnungen für die Elektrizitätsübertragung und Elektrizitätsverteilung zu entnehmen und nach Maßgabe des § 4 Abs. 1 bei der Bestimmung der Netzkosten zu berücksichtigen.

(2) Fremdkapitalzinsen sind in ihrer tatsächlichen Höhe einzustellen, höchstens jedoch in der Höhe kapitalmarktüblicher Zinsen für vergleichbare Kreditaufnahmen.

(3) Soweit Betreiber von Elektrizitätsverteilernetzen nach § 18 Zahlungen an Betreiber dezentraler Erzeugungsanlagen entrichten, sind die Zahlungen des letzten abgeschlossenen Geschäftsjahres als Kostenposition bei der Bestimmung der Netzkosten nach § 4 zu berücksichtigen.

(4) Soweit Betreiber von Elektrizitätsversorgungsnetzen auf Grundlage einer Vereinbarung mit Städten oder Gemeinden oder Interessenverbänden der Städte und Gemeinden Zahlungen an Städte oder Gemeinden, auf deren Gebiet eine Freileitung auf neuer Trasse errichtet wird, entrichtet, sind die Zahlungen des letzten abgeschlossenen Geschäftsjahres nach Maßgabe des Satzes 2 als Kostenposition bei der Bestimmung der Netzkosten nach § 4 zu berücksichtigen. Eine Berücksichtigung nach Satz 1 ist nur für die Fälle des § 43 Nummer 1 des Energiewirtschaftsgesetzes bei tatsächlicher Inbetriebnahme der Leitung und nur bis zu der angegebenen Höhe einmalig möglich:

1. Höchstspannungsfreileitungen ab 380 Kilovolt 40 000 Euro pro Kilometer;
2. Gleichstrom-Hochspannungsfreileitungen ab 300 Kilovolt 40 000 Euro pro Kilometer.

### § 6 Kalkulatorische Abschreibungen

(1) Zur Gewährleistung eines langfristig angelegten leistungsfähigen und zuverlässigen Netzbetriebs ist die Wertminderung der betriebsnotwendigen Anlagegüter nach den Absätzen 2 bis 7 als Kostenposition bei der Ermittlung der Netzkosten in Ansatz zu bringen (kalkulatorische Abschreibungen). Die kalkulatorischen Abschreibungen treten insoweit in der kalkulatorischen Kosten- und Erlösrechnung an die Stelle der entsprechenden bilanziellen Abschreibungen der Gewinn- und Verlustrechnung. Bei der Ermittlung der kalkulatorischen Abschreibungen ist jeweils zu unterscheiden nach Anlagegütern, die vor dem 1. Januar 2006 aktiviert wurden (Altanlage), und Anlagegütern, die ab dem 1. Januar 2006 aktiviert werden (Neuanlage).

(2) Die kalkulatorischen Abschreibungen der Altanlagen sind unter Berücksichtigung der Eigenkapitalquote nach der linearen Abschreibungsmethode zu ermitteln. Für die Ermittlung der kalkulatorischen Abschreibungen

1. des eigenfinanzierten Anteils der Altanlagen ist die Summe aller anlagenspezifisch und ausgewogen von den jeweiligen Tagesneuwert nach Absatz 3 Satz 1 und 2 ermittelten Abschreibungsbeträge aller Altanlagen zu bilden und anschließend mit der Eigenkapitalquote zu multiplizieren;
2. des fremdfinanzierten Anteils der Altanlagen ist die Summe aller anlagenspezifisch und ausgewogen von den jeweiligen, im Zeitpunkt ihrer Errichtung erstmalig aktivierten Anschaffungs- und Herstellungskosten (historische Anschaffungs- und Herstellungskosten) ermittelten Abschreibungsbeträge aller Altanlagen zu bilden und anschließend mit der Fremdkapitalquote zu multiplizieren.

Die Eigenkapitalquote ergibt sich rechnerisch als Quotient aus dem betriebsnotwendigen Eigenkapital und den kalkulatorisch ermittelten Restwerten des betriebsnotwendigen Vermögens zu historischen Anschaffungs- und Herstellungskosten. Die anzusetzende Eigenkapitalquote wird kalkulatorisch für die Berechnung der Netzentgelte auf höchstens 40 Prozent begrenzt. Die Fremdkapitalquote ist die Differenz zwischen 100 Prozent und der Eigenkapitalquote.

(3) Der Tagesneuwert ist der unter Berücksichtigung der technischen Entwicklung maßgebliche Anschaffungswert zum jeweiligen Bewertungszeitpunkt. Die Umrechnung der historischen Anschaffungs- und Herstellungskosten der betriebsnotwendigen Anlagegüter auf Tagesneuwerte zum jeweiligen

Stichtag erfolgt unter Verwendung von Indexreihen des Statistischen Bundesamtes nach Maßgabe des § 6a. Im Falle der Elektrizitätsversorgungsnetze in Berlin, Brandenburg, Mecklenburg-Vorpommern, Sachsen, Sachsen-Anhalt und Thüringen können für jene Anlagegüter, deren Errichtung zeitlich vor ihrer erstmaligen Bewertung in Deutscher Mark liegt, die Anschaffungs- und Herstellungskosten unter Verwendung zeitnaher üblicher Anschaffungs- und Herstellungskosten und einer Rückrechnung mittels der anwendbaren Preisindizes ermittelt werden.

(4) Die kalkulatorischen Abschreibungen der Neuanlagen sind ausgehend von den jeweiligen historischen Anschaffungs- und Herstellungskosten nach der linearen Abschreibungsmethode zu ermitteln.

(5) Die kalkulatorischen Abschreibungen sind für jede Anlage jährlich auf Grundlage der jeweiligen betriebsgewöhnlichen Nutzungsdauern nach Anlage 1 vorzunehmen. Die jeweils für eine Anlage in Anwendung gebrachte betriebsgewöhnliche Nutzungsdauer ist für die Restdauer ihrer kalkulatorischen Abschreibung unverändert zu lassen. Die kalkulatorischen Abschreibungen sind jahresbezogen zu ermitteln. Dabei ist jeweils ein Zugang des Anlagegutes zum 1. Januar des Anschaffungsjahres zugrunde zu legen.

(6) Der kalkulatorische Restwert eines Anlageguts beträgt nach Ablauf des ursprünglich angesetzten Abschreibungszeitraums Null. Ein Wiederaufleben kalkulatorischer Restwerte ist unzulässig. Bei Veränderung der ursprünglichen Abschreibungsdauer während der Nutzung ist sicherzustellen, dass keine Erhöhung der Kalkulationsgrundlage erfolgt. In einem solchen Fall bildet der jeweilige Restwert des Wirtschaftsguts zum Zeitpunkt der Abschreibungsdauerumstellung die Grundlage der weiteren Abschreibung. Der neue Abschreibungsbetrag ergibt sich aus der Division des Restwertes durch die Restabschreibungsdauer. Es erfolgt keine Abschreibung unter Null.

(7) Das Verbot von Abschreibungen unter Null gilt ungeachtet der Änderung von Eigentumsverhältnissen oder der Begründung von Schuldverhältnissen.

### § 6a Preisindizes zur Ermittlung der Tagesneuwerte

(1) Bei der Ermittlung der Tagesneuwerte nach § 6 Absatz 3 Satz 2 sind folgende Indexreihen des Statistischen Bundesamtes [1] heranzuziehen:

1. für die Anlagengruppe der Grundstücksanlagen und Gebäude der Anlage 1 die Indexreihe Gewerbliche Betriebsgebäude, Bauleistungen am Bauwerk, ohne Umsatzsteuer (Statistisches Bundesamt, Fachserie 17, Preisindizes für die Bauwirtschaft);
2. für die Anlagengruppe der Kabel der Anlage 1
    a) die Indexreihe Ortskanäle, Bauleistungen am Bauwerk (Tiefbau), ohne Umsatzsteuer (Statistisches Bundesamt, Fachserie 17, Preisindizes für die Bauwirtschaft) mit einem Anteil von 70 Prozent und
    b) der Index Andere elektrische Leiter für eine Spannung von mehr als 1 000 Volt (Statistisches Bundesamt, Fachserie 17, Index der Erzeugerpreise gewerblicher Produkte) mit einem Anteil von 30 Prozent;
3. für die Anlagengruppe der Freileitungen der Anlage 1
    a) die Indexreihe Ortskanäle, Bauleistungen am Bauwerk (Tiefbau), ohne Umsatzsteuer (Statistisches Bundesamt, Fachserie 17, Preisindizes für die Bauwirtschaft) mit einem Anteil von 50 Prozent,
    b) der Index Andere elektrische Leiter für eine Spannung von mehr als 1 000 Volt (Statistisches Bundesamt, Fachserie 17, Index der Erzeugerpreise gewerblicher Produkte) mit einem Anteil von 15 Prozent und
    c) der Index Türme und Gittermaste, aus Eisen oder Stahl (Statistisches Bundesamt, Fachserie 17, Index der Erzeugerpreise gewerblicher Produkte) mit einem Anteil von 35 Prozent;
4. für die Anlagengruppe der Stationen der Anlage 1
    a) die Indexreihe Ortskanäle, Bauleistungen am Bauwerk (Tiefbau), ohne Umsatzsteuer (Statistisches Bundesamt, Fachserie 17, Preisindizes für die Bauwirtschaft) mit einem Anteil von 35 Prozent und
    b) der Index für Erzeugerpreise gewerblicher Produkte gesamt (ohne Mineralölerzeugnisse) (Statistisches Bundesamt, Fachserie 17, Index der Erzeugerpreise gewerblicher Produkte) mit einem Anteil von 65 Prozent;

---

[1] Amtlicher Hinweis: Zu beziehen beim Statistischen Bundesamt, Gustav-Stresemann-Ring 11, 65189 Wiesbaden; auch zu beziehen über www.destatis.de.

5. für alle übrigen Anlagengruppen, mit Ausnahme der Anlagengruppe I.1. Grundstücke der Anlage 1, die Indexreihe für Erzeugerpreise gewerblicher Produkte gesamt (ohne Mineralölerzeugnisse) (Statistisches Bundesamt, Fachserie 17, Index der Erzeugerpreise gewerblicher Produkte).

(2) Sofern die in Absatz 1 genannten Indexreihen des Statistischen Bundesamtes nicht für den notwendigen Zeitraum der Vergangenheit verfügbar sind, sind der Ermittlung der Tagesneuwerte Ersatzindexreihen zu Grunde zu legen, die mit den in Absatz 1 genannten Indexreihen zu verketten sind. Die Verkettungsfaktoren ergeben sich jeweils aus der Division des am weitesten in der Vergangenheit liegenden Indexwertes der Indexreihe nach Absatz 1 durch den Indexwert der Ersatzindexreihe für dasselbe Beobachtungsjahr. Es sind folgende Ersatzindexreihen heranzuziehen:

1. für die Indexreihe Gewerbliche Betriebsgebäude, Bauleistungen am Bauwerk, ohne Umsatzsteuer
   a) für den Zeitraum von 1958 bis 1968 die Indexreihe Gewerbliche Betriebsgebäude, Bauleistungen am Bauwerk, mit Umsatzsteuer (Statistisches Bundesamt, Fachserie 17, Preisindizes für die Bauwirtschaft) und
   b) für den Zeitraum vor 1958 die Indexreihe Wiederherstellungswerte für 1913/1914 erstellte Wohngebäude (Statistisches Bundesamt, Fachserie 17, Preisindizes für die Bauwirtschaft);
2. für die Indexreihe Ortskanäle, Bauleistungen am Bauwerk (Tiefbau) ohne Umsatzsteuer
   a) für den Zeitraum von 1958 bis 1968 die Indexreihe Ortskanäle, Bauleistungen am Bauwerk (Tiefbau), mit Umsatzsteuer (Statistisches Bundesamt, Fachserie 17, Preisindizes für die Bauwirtschaft) und
   b) für den Zeitraum vor 1958 die Indexreihe Wiederherstellungswerte für 1913/1914 erstellte Wohngebäude (Statistisches Bundesamt, Fachserie 17, Preisindizes für die Bauwirtschaft);
3. für die Indexreihe Erzeugerpreise gewerblicher Produkte gesamt (ohne Mineralölerzeugnisse) für den Zeitraum vor 1976 die Indexreihe Erzeugerpreise gewerblicher Produkte gesamt (Statistisches Bundesamt, Fachserie 17, Index der Erzeugerpreise gewerblicher Produkte);
4. für die Indexreihe Andere elektrische Leiter für eine Spannung von mehr als 1 000 Volt für den Zeitraum vor 1995
   a) die Indexreihe Kabel für die Anlagengruppe Kabel (Statistisches Bundesamt, Fachserie 17, Index der Erzeugnisse gewerblicher Produkte) und
   b) für die Anlagengruppe Freileitungen die Indexreihe Isolierte Drähte und Leitungen (Statistisches Bundesamt, Fachserie 17, Index der Erzeugerpreise gewerblicher Produkte);
5. für die Indexreihe Türme und Gittermaste, aus Eisen oder Stahl, für den Zeitraum vor 1976 die Indexreihe Fertigteilbauten überwiegend aus Metall, Konstruktionen aus Stahl und Aluminium (Statistisches Bundesamt, Fachserie 17, Index der Erzeugerpreise gewerblicher Produkte).

(3) Der Tagesneuwert im Basisjahr eines im Jahr t angeschafften Anlagegutes ergibt sich durch die Multiplikation des Indexfaktors des Jahres t mit den historischen Anschaffungs- und Herstellungskosten. Der Indexfaktor des Jahres t ergibt sich aus dem Quotienten des Indexwertes des Basisjahrs und dem Indexwert des Jahres t und ist auf vier Nachkommastellen zu runden.

## § 7 Kalkulatorische Eigenkapitalverzinsung

(1) Die Verzinsung des von Betreibern von Elektrizitätsversorgungsnetzen eingesetzten Eigenkapitals erfolgt im Wege einer kalkulatorischen Eigenkapitalverzinsung auf Grundlage des betriebsnotwendigen Eigenkapitals. Das betriebsnotwendige Eigenkapital ergibt sich aus der Summe der

1. kalkulatorischen Restwerte des Sachanlagevermögens der betriebsnotwendigen Altanlagen bewertet zu historischen Anschaffungs- und Herstellungskosten und multipliziert mit der Fremdkapitalquote nach § 6 Abs. 2,
2. kalkulatorischen Restwerte des Sachanlagevermögens der betriebsnotwendigen Altanlagen bewertet zu Tagesneuwerten und multipliziert mit der Eigenkapitalquote nach § 6 Abs. 2,
3. kalkulatorischen Restwerte des Sachanlagevermögens der betriebsnotwendigen Neuanlagen bewertet zu historischen Anschaffungs- und Herstellungskosten und
4. Bilanzwerte der betriebsnotwendigen Finanzanlagen und Bilanzwerte des betriebsnotwendigen Umlaufvermögens unter Abzug des Steueranteils der Sonderposten mit Rücklageanteil

und unter Abzug des Abzugskapitals und des verzinslichen Fremdkapitals. Grundstücke sind zu Anschaffungskosten anzusetzen. Es ist jeweils der Mittelwert aus Jahresanfangs- und Jahresendbestand anzusetzen. Soweit das nach Satz 2 ermittelte betriebsnotwendige Eigenkapital einen Anteil von 40 Prozent des sich aus der Summe der Werte nach Satz 2 Nr. 1 bis 4 ergebenden betriebsnotwendigen Vermögens übersteigt, ist der übersteigende Anteil dieses Eigenkapitals gemäß Absatz 7 zu verzinsen.

(2) Als Abzugskapital ist das zinslos zur Verfügung stehende Kapital zu behandeln. Es ist jeweils der Mittelwert aus Jahresanfangs- und Jahresendbestand der folgenden Positionen anzusetzen:
1. Rückstellungen;
2. erhaltene Vorauszahlungen und Anzahlungen von Kunden;
3. unverzinsliche Verbindlichkeiten aus Lieferungen und Leistungen;
4. erhaltene Baukostenzuschüsse einschließlich passivierter Leistungen der Anschlussnehmer zur Erstattung von Netzanschlusskosten;
5. sonstige Verbindlichkeiten, soweit die Mittel dem Betreiber von Elektrizitätsversorgungsnetzen zinslos zur Verfügung stehen.

(3) Zur Festlegung der Basis für die Eigenkapitalverzinsung ist das betriebsnotwendige Eigenkapital auf Neu- und Altanlagen aufzuteilen. Der auf die Neuanlagen entfallende Anteil bestimmt sich nach dem Anteil, den der Restwert der Neuanlagen nach Absatz 1 Satz 2 Nr. 3 an der Summe der Restwerte des Sachanlagevermögens nach Absatz 1 Satz 2 Nr. 1 bis 3 hat. Der auf die Altanlagen entfallende Anteil bestimmt sich nach dem Anteil, den die Summe der Restwerte der Altanlagen nach Absatz 1 Satz 2 Nr. 1 und 2 an der Summe der Restwerte des Sachanlagevermögens nach Absatz 1 Satz 2 Nr. 1 bis 3 hat.

(4) Der auf das betriebsnotwendige Eigenkapital, das auf Neuanlagen entfällt, anzuwendende Eigenkapitalzinssatz darf den auf die letzten zehn abgeschlossenen Kalenderjahre bezogenen Durchschnitt der von der Deutschen Bundesbank veröffentlichten Umlaufsrenditen festverzinslicher Wertpapiere inländischer Emittenten zuzüglich eines angemessenen Zuschlags zur Abdeckung netzbetriebsspezifischer unternehmerischer Wagnisse nach Absatz 5 nicht überschreiten. Der auf das betriebsnotwendige Eigenkapital, das auf Altanlagen entfällt, anzuwendende Eigenkapitalzinssatz ist zusätzlich um den auf die letzten zehn abgeschlossenen Kalenderjahre bezogenen Durchschnitt der Preisänderungsrate gemäß dem vom Statistischen Bundesamt veröffentlichten Verbraucherpreisgesamtindex zu ermäßigen.

(5) Die Höhe des Zuschlags zur Abdeckung netzbetriebsspezifischer unternehmerischer Wagnisse ist insbesondere unter Berücksichtigung folgender Umstände zu ermitteln:
1. Verhältnisse auf den nationalen und internationalen Kapitalmärkten und die Bewertung von Betreibern von Elektrizitätsversorgungsnetzen auf diesen Märkten;
2. durchschnittliche Verzinsung des Eigenkapitals von Betreibern von Elektrizitätsversorgungsnetzen auf ausländischen Märkten;
3. beobachtete und quantifizierbare unternehmerische Wagnisse.

(6) Über die Eigenkapitalzinssätze nach § 21 Abs. 2 des Energiewirtschaftsgesetzes entscheidet die Regulierungsbehörde in Anwendung der Absätze 4 und 5 vor Beginn einer Regulierungsperiode nach § 3 der Anreizregulierungsverordnung, erstmals zum 1. Januar 2009, durch Festlegung nach § 29 Abs. 1 des Energiewirtschaftsgesetzes. Die Festlegung nach Satz 1 erfolgt jeweils für die Dauer einer Regulierungsperiode nach § 3 der Anreizregulierungsverordnung. Bis zur erstmaligen Festlegung durch die Regulierungsbehörde beträgt der Eigenkapitalzinssatz bei Neuanlagen 7,91 Prozent vor Steuern und bei Altanlagen 6,5 Prozent vor Steuern.

(7) Der Zinssatz für den die Eigenkapitalquote übersteigenden Anteil des Eigenkapitals nach Absatz 1 Satz 5 bestimmt sich als Mittelwert des auf die letzten zehn abgeschlossenen Kalenderjahre bezogenen Durchschnitts der folgenden von der Deutschen Bundesbank veröffentlichten Umlaufsrenditen:
1. Umlaufsrendite festverzinslicher Wertpapiere inländischer Emittenten – Anleihen der öffentlichen Hand,
2. Umlaufsrendite festverzinslicher Wertpapiere inländischer Emittenten – Anleihen von Unternehmen (Nicht- MFIs) und
3. Umlaufsrendite inländischer Inhaberschuldverschreibungen – Hypothekenpfandbriefe. Weitere Zuschläge sind unzulässig.

### § 8 Kalkulatorische Steuern
Im Rahmen der Ermittlung der Netzkosten kann die dem Netzbereich sachgerecht zuzuordnende Gewerbesteuer als kalkulatorische Kostenposition in Ansatz gebracht werden.

### § 9 Kostenmindernde Erlöse und Erträge
(1) Sonstige Erlöse und Erträge sind, soweit sie sachlich dem Netzbetrieb zuzurechnen und insbesondere den Positionen
1. aktivierte Eigenleistungen,
2. Zins- und Beteiligungserträge,

3. Netzanschlusskosten,
4. Baukostenzuschüsse oder
5. sonstige Erträge und Erlöse

der netzbezogenen Gewinn- und Verlustrechnung zu entnehmen sind, von den Netzkosten in Abzug zu bringen. Die von stromverbrauchenden Anschlussnehmern entrichteten Baukostenzuschüsse sind über eine Dauer von 20 Jahren linear aufzulösen und jährlich netzkostenmindernd anzusetzen.

(2) Baukostenzuschüsse, die im Zusammenhang mit der Errichtung eines Anschlusses für die Einspeisung elektrischer Energie entrichtet wurden, sind anschlussindividuell über die Dauer von 20 Jahren linear aufzulösen.

(3) Einnahmen aus der Zuweisung der auf den Verbindungsleitungen zwischen nationalen Übertragungsnetzen verfügbaren Kapazitäten sowie die Verwendung dieser Einnahmen sind durch den jeweiligen Übertragungsnetzbetreiber schriftlich zu dokumentieren.

### § 10 Behandlung von Netzverlusten

(1) Die Kosten der Beschaffung von Energie zum Ausgleich physikalisch bedingter Netzverluste (Verlustenergie) können bei der Ermittlung der Netzkosten in Ansatz gebracht werden. Die Kostenposition ergibt sich aus den tatsächlichen Kosten der Beschaffung der entsprechenden Verlustenergie im abgelaufenen Kalenderjahr.

(2) Die Höhe der Durchschnittsverluste je Netz- und Umspannebene des Vorjahres sowie die durchschnittlichen Beschaffungskosten der Verlustenergie im Vorjahr in Cent pro Kilowattstunde sind von Betreibern von Elektrizitätsversorgungsnetzen zum 1. April eines Jahres auf ihrer Internetseite zu veröffentlichen.

### § 11 Periodenübergreifende Saldierung

Betreiber von Elektrizitätsversorgungsnetzen sind verpflichtet, nach Abschluss einer Kalkulationsperiode die Differenz zwischen

1. den in dieser Kalkulationsperiode aus Netzentgelten erzielten Erlösen und
2. den für diese Kalkulationsperiode nach Abschnitt 1 des Teils 2 zu Grunde gelegten Netzkosten

zu ermitteln. Liegen die Erlöse nach Satz 1 Nr. 1 über den Kosten nach Satz 1 Nr. 2, ist der Differenzbetrag zuzüglich einer Verzinsung des durchschnittlich gebundenen Betrages mit einem angemessenen Zinssatz kostenmindernd in Ansatz zu bringen. Liegen die Erlöse nach Satz 1 Nr. 1 unter den Kosten nach Satz 1 Nr. 2, kann der Differenzbetrag zuzüglich einer Verzinsung des durchschnittlichen Differenzbetrages mit einem angemessenen Zinssatz kostenerhöhend in Ansatz gebracht werden. Eine Saldierung erfolgt jeweils über die drei folgenden Kalkulationsperioden. Der durchschnittlich gebundene Betrag nach Satz 2 ist die Hälfte der Differenz aus den erzielten Erlösen nach Satz 1 Nr. 1 und den zu deckenden Kosten nach Satz 1 Nr. 2. Der durchschnittliche Differenzbetrag nach Satz 3 ist die Hälfte der Differenz aus den zu deckenden Kosten nach Satz 1 Nr. 2 und den erzielten Erlösen nach Satz 1 Nr. 1.

## Abschnitt 2
## Kostenstellenrechnung

### § 12 Grundsätze der Kostenverteilung

Die nach § 4 ermittelten Netzkosten sind soweit möglich direkt den Hauptkostenstellen nach § 13 zuzuordnen. Soweit eine direkte Zuordnung von Kosten nicht oder nur mit unvertretbar hohem Aufwand möglich ist, sind diese zunächst geeigneten Hilfskostenstellen zuzuordnen. Die Aufteilung dieser Netzkosten auf die Hauptkostenstellen hat verursachungsgerecht über eine angemessene Schlüsselung zu erfolgen. Die gewählten Schlüssel müssen sachgerecht sein und sind für sachkundige Dritte nachvollziehbar und vollständig schriftlich zu dokumentieren. Insbesondere sind die Schlüssel stetig anzuwenden. Änderungen eines Schlüssels sind nur zulässig, sofern diese sachlich geboten sind. Die sachlichen Gründe für diese Änderungen sind in einer für sachkundige Dritte nachvollziehbaren Weise und vollständig schriftlich zu dokumentieren.

### § 13 Kostenstellen

Für die Ermittlung der Netzentgelte haben Betreiber von Elektrizitätsversorgungsnetzen als Maßgrößen der Kostenverursachung Haupt- und Nebenkostenstellen nach Anlage 2 zu bilden. Die Netzkosten nach § 4 sind vollständig auf die Kostenstellen nach Anlage 2 zu verteilen. Die Bildung von Hilfskostenstellen ist zulässig.

## § 14 Kostenwälzung

(1) Die Kosten der Netz- und Umspannebenen werden, beginnend bei der Höchstspannung, jeweils anteilig auf die nachgelagerte Netz- oder Umspannebene verteilt (Kostenwälzung), soweit diese Kosten nicht der Entnahme von Letztverbrauchern und Weiterverteilern aus der jeweiligen Netz- oder Umspannebene zuzuordnen sind. Die Kostenwälzung lässt das Zahlungsausfallrisiko der Netzbetreiber für die jeweils in ihren Netzen anfallenden Kosten unberührt.

(2) Die Kosten werden entsprechend der von der vorgelagerten Netz- oder Umspannebene bezogenen und zeitgleich über alle Übergabepunkte gemessenen höchsten Leistung unter Berücksichtigung des Gleichzeitigkeitsgrades nach § 16 auf die nachgelagerte Netz- oder Umspannebene verteilt. An eine Netz- oder Umspannebene angeschlossene Letztverbraucher und Weiterverteiler sowie die nachgeordnete Netz- oder Umspannebene werden als Netzkunden der jeweiligen Netz- oder Umspannebene angesehen und gleichbehandelt. Führt dies bei Betreibern von Elektrizitätsversorgungsnetzen der allgemeinen Versorgung, die direkt miteinander verbundene Netze der gleichen Netz- oder Umspannebene betreiben, zu einer unbilligen Härte oder sind diese Netze so miteinander vermascht, dass sie nur gemeinsam sicher betrieben werden können, sind in Zusammenarbeit der Netzbetreiber sachgerechte Sonderregelungen zu treffen. Das Vorliegen der Voraussetzungen nach Satz 3 sowie die getroffenen Sonderregelungen sind in dem Bericht nach § 28 darzustellen.

(3) Ausgangspunkt der Zuordnung der Kosten auf die Kostenträger ist die Kostenstellenrechnung nach § 13. Die Kostenträger haben sich an den vorhandenen Netz- und Umspannebenen des Betreibers von Elektrizitätsversorgungsnetzen zu orientieren und sind im Einzelnen nach Anlage 3 zu bilden.

(4) Kostenträger der Kostenstellen Messung und Abrechnung sind die jeweiligen Netz- und Umspannebenen. Soweit sich Kosten dieser Kostenstellen nicht direkt einer Netz- oder Umspannebene zuordnen lassen, sind diese Kosten verursachungsgerecht zuzuordnen.

### Abschnitt 3
### Kostenträgerrechnung

## § 15 Grundsätze der Entgeltermittlung

(1) Grundlage des Systems der Entgeltbildung für den Netzzugang ist ein transaktionsunabhängiges Punktmodell. Die nach § 4 ermittelten Netzkosten werden über ein jährliches Netzentgelt gedeckt. Für die Einspeisung elektrischer Energie sind keine Netzentgelte zu entrichten.

(2) Die Kalkulation der Netzentgelte ist so durchzuführen, dass nach dem Ende einer bevorstehenden Kalkulationsperiode die Differenz zwischen den aus Netzentgelten tatsächlich erzielten Erlösen und den nach § 4 ermittelten und in der bevorstehenden Kalkulationsperiode zu deckenden Netzkosten möglichst gering ist.

## § 16 Gleichzeitigkeitsgrad

(1) Die Zuteilung der Kosten einer Netz- oder Umspannebene auf die aus dieser Netz- oder Umspannebene entnehmenden Netznutzer hat möglichst verursachungsgerecht zu erfolgen. Zu diesem Zweck werden zunächst für alle Netz- und Umspannebenen die spezifischen Jahreskosten gebildet. Die spezifischen Jahreskosten ergeben sich aus dem Quotienten aus den Jahreskosten einer Netz- oder Umspannebene nach § 14 Abs. 2 und der zeitgleichen Jahreshöchstlast aller Entnahmen aus dieser Netz- oder Umspannebene.

(2) Für die verursachungsgerechte Zuteilung der spezifischen Jahreskosten einer Netz- oder Umspannebene auf die Netzkunden dieser Netz- oder Umspannebene wird für alle Netz- und Umspannebenen jeweils eine Gleichzeitigkeitsfunktion nach Anlage 4 ermittelt.

## § 17 Ermittlung der Netzentgelte

(1) Die von Netznutzern zu entrichtenden Netzentgelte sind ihrer Höhe nach unabhängig von der räumlichen Entfernung zwischen dem Ort der Einspeisung elektrischer Energie und dem Ort der Entnahme. Die Netzentgelte richten sich nach der Anschlussnetzebene der Entnahmestelle, den jeweils vorhandenen Messvorrichtungen an der Entnahmestelle sowie der jeweiligen Benutzungsstundenzahl der Entnahmestelle.

(2) Das Netzentgelt pro Entnahmestelle besteht aus einem Jahresleistungspreis in Euro pro Kilowatt und einem Arbeitspreis in Cent pro Kilowattstunde. Das Jahresleistungsentgelt ist das Produkt aus dem jeweiligen Jahresleistungspreis und der Jahreshöchstleistung in Kilowatt der jeweiligen Entnahme im Abrechnungsjahr. Das Arbeitsentgelt ist das Produkt aus dem jeweiligen Arbeitspreis und der im Abrechnungsjahr jeweils entnommenen elektrischen Arbeit in Kilowattstunden.

(2a) Eine zeitgleiche Zusammenführung mehrerer Entnahmestellen zu einer Entnahmestelle zum Zwecke der Ermittlung des Jahresleistungsentgeltes nach Absatz 2 Satz 2 (Pooling) ist unabhängig von einem entsprechenden Verlangen des jeweiligen Netznutzers durchzuführen, wenn all diese Entnahmestellen
1. durch denselben Netznutzer genutzt werden,
2. mit dem Elektrizitätsversorgungsnetz desselben Netzbetreibers verbunden sind,
3. sich auf der gleichen Netz- oder Umspannebene befinden und
4. entweder Bestandteil desselben Netzknotens sind oder bei Vorliegen einer kundenseitigen galvanischen Verbindung an das Elektrizitätsversorgungsnetz angeschlossen sind.

Im Übrigen ist ein Pooling mehrerer Entnahmestellen unzulässig. Das Vorliegen der in Satz 1 genannten Voraussetzungen hat der Netznutzer nachzuweisen. Das Pooling erfolgt
1. im Falle des Satzes 1 Nummer 4 erste Alternative durch eine zeitgleiche und vorzeichengerechte Addition (Saldierung) der Lastgangzeitreihen der Entnahmestellen innerhalb des zeitgleichen Messintervalls der Lastgangzählung oder
2. im Falle des Satzes 1 Nummer 4 zweite Alternative durch eine zeitgleiche Addition der richtungsgleichen Lastgangzeitreihen der einzelnen Entnahmestellen innerhalb des zeitgleichen Messintervalls der Lastgangzählung.

(3) Zur Ermittlung der jeweiligen Netzentgelte einer Netz- oder Umspannebene in Form von Leistungs- und Arbeitspreisen werden die nach § 16 Abs. 1 ermittelten leistungsbezogenen Gesamtjahreskosten mit den Parametern der nach Anlage 4 ermittelten Geradengleichungen des Gleichzeitigkeitsgrades nach § 16 Abs. 2 multipliziert.

(4) Die abschnittsweise festgelegten Jahresleistungspreise einer Netz- oder Umspannebene eines Betreibers von Elektrizitätsversorgungsnetzen in Euro pro Kilowatt ergeben sich jeweils als Produkt der Gesamtjahreskosten und der jeweiligen Anfangswerte der Geradengleichungen des Gleichzeitigkeitsgrades.

(5) Die abschnittsweise festgelegten Arbeitspreise einer Netz- oder Umspannebene eines Betreibers von Elektrizitätsversorgungsnetzen in Cent pro Kilowattstunde ergeben sich jeweils als Produkt der Gesamtjahreskosten und der jeweiligen Steigung der Geradengleichungen der Gleichzeitigkeitsfunktion.

(6) Für Entnahmen ohne Leistungsmessung mittels Lastgangmessung im Niederspannungsnetz ist anstelle des Leistungs- und Arbeitspreises ein Arbeitspreis in Cent pro Kilowattstunde festzulegen. Soweit zusätzlich ein monatlicher Grundpreis in Euro pro Monat festgelegt wird, haben Grundpreis und Arbeitspreis in einem angemessenen Verhältnis zueinander zu stehen. Das sich aus Grundpreis und Arbeitspreis ergebende Entgelt hat in einem angemessenen Verhältnis zu jenem Entgelt zu stehen, das bei einer leistungsgemessenen Entnahme im Niederspannungsnetz auf der Grundlage der Arbeits- und Leistungswerte nach dem Standardlastprofil des Netznutzers entstehen würde. Abweichend von den Sätzen 1 bis 3 sind die Netzentgelte im Falle von im Verteilernetz angeschlossenen Anlagen zur Straßenbeleuchtung auch ohne Vorliegen einer Leistungsmessung mittels Lastgangmessung nach den Vorgaben von Absatz 2 zu ermitteln, wenn eine rechnerisch oder auf Grundlage einer Schätzung erfolgte Ermittlung von Arbeit und Leistung mit hinreichender Sicherheit zu vergleichbaren zuverlässigen Ergebnissen führt wie eine Leistungsmessung mittels Lastgangmessung.

(7) Ferner ist für jede Entnahmestelle und getrennt nach Netz- und Umspannebenen jeweils ein Entgelt für den Messstellenbetrieb, ein Entgelt für die Messung und ein Entgelt für die Abrechnung festzulegen, wobei die nach § 14 Abs. 4 auf die Netz- und Umspannebenen verteilten Kosten jeweils vollständig durch die Summe der pro Entnahmestelle entrichteten Entgelte der jeweiligen Netz- oder Umspannebene zu decken sind. Die Entgelte nach Satz 1 sind jeweils für jede Entnahmestelle einer Netz- oder Umspannebene zu erheben. In der Niederspannung sind davon abweichend jeweils Entgelte für leistungs- und für nicht leistungsgemessene Entnahmestellen zu bilden.

(8) Andere als in dieser Verordnung genannte Entgelte sind nicht zulässig.

### § 18 Entgelt für dezentrale Einspeisung

(1) Betreiber von dezentralen Erzeugungsanlagen erhalten vom Betreiber des Elektrizitätsverteilernetzes, in dessen Netz sie einspeisen, ein Entgelt. Dieses Entgelt muss den gegenüber den vorgelagerten Netz- oder Umspannebenen durch die jeweilige Einspeisung vermiedenen Netzentgelten entsprechen. Das Entgelt nach Satz 1 wird nicht gewährt, wenn die Stromeinspeisung
1. nach § 16 des Erneuerbare-Energien-Gesetzes vergütet oder in den Formen des § 33b Nummer 1 oder Nummer 2 des Erneuerbare-Energien-Gesetzes direkt vermarktet wird oder
2. nach § 4 Abs. 3 Satz 1 des Kraft-Wärme-Kopplungsgesetzes vergütet wird und in dieser Vergütung vermiedene Netzentgelte enthalten sind.

Netzbetreiber sind den Betreibern dezentraler Erzeugungsanlagen gleichzustellen, sofern sie in ein vorgelagertes Netz einspeisen und dort Netzentgelte in weiter vorgelagerten Netzebenen vermeiden.

(2) Die dem Entgelt für dezentrale Einspeisung zu Grunde liegenden vermiedenen gewälzten Kosten der vorgelagerten Netz- oder Umspannebenen werden für jede Netz- und Umspannebene einzeln ermittelt. Maßgeblich sind die tatsächliche Vermeidungsarbeit in Kilowattstunden, die tatsächliche Vermeidungsleistung in Kilowatt und die Netzentgelte der vorgelagerten Netz- oder Umspannebene. Die Vermeidungsarbeit ist unter Berücksichtigung der Netzverluste der jeweiligen Netz- oder Umspannebene die Differenz zwischen der durch Letztverbraucher, Weiterverteiler und nachgelagerte Netz- oder Umspannebene entnommenen elektrischen Energie in Kilowattstunden und der aus der vorgelagerten Netz- oder Umspannebene entnommenen elektrischen Energie in Kilowattstunden. Die Vermeidungsleistung ist die Differenz zwischen der zeitgleichen Jahreshöchstlast aller Entnahmen aus der Netz- oder Umspannebene und der maximalen Bezugslast dieses Jahres aus der vorgelagerten Netz- oder Umspannebene in Kilowatt.

(3) Die Aufteilung der nach Absatz 2 ermittelten vermiedenen Kosten der jeweils vorgelagerten Netz- oder Umspannebene auf die einzelnen dezentralen Einspeisungen hat sachgerecht nach individueller Vermeidungsarbeit und Vermeidungsleistung zu erfolgen. Betreiber, die aus dezentralen Erzeugungsanlagen einspeisen, welche keinen überwiegenden Anteil an der Vermeidungsleistung haben, können zwischen einer Berechnung auf Basis ihrer tatsächlichen Vermeidungsleistung und einem alternativen Verfahren, welches ihre Vermeidungsleistung verstetigt, wählen. Bei dezentralen Einspeisungen ohne Lastgangmessung ist grundsätzlich nur die Vermeidungsarbeit zu berücksichtigen.

(4) Betreiber von Elektrizitätsverteilernetzen sind verpflichtet, nach Abschluss einer Kalkulationsperiode die Differenz zwischen den an die Betreiber dezentraler Erzeugungsanlagen in Summe erstatteten Entgelten und den sich nach Absatz 2 rechnerisch ergebenden vermiedenen Kosten der vorgelagerten Netz- oder Umspannebene zu ermitteln. Der Differenzbetrag ist zuzüglich einer angemessenen Verzinsung in der nächsten Kalkulationsperiode in Ansatz zu bringen.

### § 19 Sonderformen der Netznutzung

(1) Für Letztverbraucher mit einer zeitlich begrenzten hohen Leistungsaufnahme, der in der übrigen Zeit eine deutlich geringere oder keine Leistungsaufnahme gegenübersteht, haben Betreiber von Elektrizitätsversorgungsnetzen, an deren Netz der jeweilige Letztverbraucher angeschlossen ist, neben dem Jahresleistungspreissystem eine Abrechnung auf der Grundlage von Monatsleistungspreisen anzubieten.

(2) Ist auf Grund vorliegender oder prognostizierter Verbrauchsdaten oder auf Grund technischer oder vertraglicher Gegebenheiten offensichtlich, dass der Höchstlastbeitrag eines Letztverbrauchers vorhersehbar erheblich von der zeitgleichen Jahreshöchstlast aller Entnahmen aus dieser Netz- oder Umspannebene abweicht, so haben Betreiber von Elektrizitätsversorgungsnetzen diesem Letztverbraucher in Abweichung von § 16 ein individuelles Netzentgelt anzubieten, das dem besonderen Nutzungsverhalten des Netzkunden angemessen Rechnung zu tragen hat und nicht weniger als 20 Prozent des veröffentlichten Netzentgeltes betragen darf. Ein individuelles Netzentgelt ist außerdem auch anzubieten, wenn die Stromabnahme aus dem Netz der allgemeinen Versorgung für den eigenen Verbrauch an einer Abnahmestelle pro Kalenderjahr sowohl die Benutzungsstundenzahl von mindestens 7 000 Stunden im Jahr erreicht als auch der Stromverbrauch an dieser Abnahmestelle pro Kalenderjahr zehn Gigawattstunden übersteigt. Das individuelle Netzentgelt nach Satz 2 beträgt bei einer Stromabnahme aus dem Netz der allgemeinen Versorgung für den eigenen Verbrauch an einer Abnahmestelle von mehr als zehn Gigawattstunden pro Kalenderjahr nicht weniger als:

1. 20 Prozent des veröffentlichten Netzentgeltes, im Falle einer Benutzungsstundenzahl von mindestens 7 000 Stunden im Jahr;
2. 15 Prozent des veröffentlichten Netzentgeltes, im Falle einer Benutzungsstundenzahl von mindestens 7 500 Stunden im Jahr oder
3. 10 Prozent des veröffentlichten Netzentgeltes, im Falle einer Benutzungsstundenzahl von mindestens 8 000 Stunden im Jahr.

Die Bemessung des nach den Sätzen 2 und 3 gebildeten individuellen Netzentgeltes hat den Beitrag des Letztverbrauchers zu einer Senkung oder zu einer Vermeidung der Erhöhung der Kosten der Netz- oder Umspannebene, an die der Letztverbraucher angeschlossen ist, widerzuspiegeln. Die Vereinbarung individueller Netzentgelte nach den Sätzen 1 bis 4 bedarf der Genehmigung der Regulierungsbehörde. Die Genehmigung ist in der Regel bis zu einem Ende einer Regulierungsperiode im Sinne des § 3 der Anreizregulierungsverordnung vom 29. Oktober 2007 (BGBl. I S. 2529), die zuletzt durch Artikel 4 der Verordnung vom 14. August 2013 (BGBl. I S. 3250) geändert worden ist, in der jeweils geltenden Fassung, zu befristen. Hat die Regulierungsbehörde durch Festlegung nach § 29 Absatz 1 des Energiewirtschaftsgesetzes die Kriterien der sachgerechten Ermittlung individueller Netzentgelte nach den Sätzen 1 bis 4 konkretisiert, genügt eine schriftliche Anzeige der getroffenen Vereinbarung eines individuellen Netzentgeltes gegenüber der Regulierungsbehörde. Ist im Falle von Satz 6 die gegenüber der Regulierungsbehörde angezeigte getroffene Vereinbarung individueller Netzentgelte rechtswidrig, insbesondere da sie nicht die Voraussetzungen der Sätze 1 bis 4 sowie der Festlegung der Regulierungsbehörde nach Satz 7 erfüllt oder im Hinblick auf ihre Rechtsfolgen von den Regelungen der Sätze 1 bis 4 abweicht, so kann die Regulierungsbehörde die angezeigte getroffene Vereinbarung individueller Netzentgelte untersagen. Die Regulierungsbehörde kann den Vertragsparteien alle Maßnahmen aufgeben, die erforderlich sind, um die festgestellten Zuwiderhandlungen wirksam abzustellen. § 33 des Energiewirtschaftsgesetzes ist anzuwenden. Die Antragstellung für die Erteilung der Genehmigung nach Satz 5 sowie die Anzeigeerstattung nach Satz 7 haben durch den Letztverbraucher zu erfolgen. Der Letztverbraucher hat der Regulierungsbehörde mit dem Antrag oder der Anzeige alle zur Beurteilung der Voraussetzungen der Sätze 1 bis 3 erforderlichen Unterlagen vorzulegen; der Netzbetreiber hat diese dem Letztverbraucher unverzüglich zur Verfügung zu stellen. Die Betreiber von Übertragungsnetzen haben entgangene Erlöse, die aus individuellen Netzentgelten nach den Sätzen 1 und 2 resultieren, nachgelagerten Betreibern von Elektrizitätsverteilnetzen zu erstatten. Sie haben diese Zahlungen sowie eigene entgangene Erlöse aus individuellen Netzentgelten nach den Sätzen 1 und 2 durch Verrechnung untereinander auszugleichen. Die Kosten nach den Sätzen 13 und 14 können als Aufschlag auf die Netzentgelte anteilig auf die Letztverbraucher umgelegt werden; § 9 des Kraft-Wärme-Kopplungsgesetzes vom 19. März 2002 (BGBl. I S. 1092), das zuletzt durch Artikel 1 des Gesetzes vom 12. Juli 2012 (BGBl. I S. 1494) geändert worden ist, ist in der jeweils geltenden Fassung entsprechend anzuwenden mit der Maßgabe, dass die Belastungsgrenzen in dessen Absatz 7 Satz 2 und 3 erst ab einem Jahresverbrauch von mindestens 1 000 000 Kilowattstunden und nur auf Strombezüge oberhalb von 1 000 000 Kilowattstunden anzuwenden sind. Der Umlagemechanismus nach Satz 15 ist erstmalig zum 1. Januar 2012 anzuwenden. Die Vereinbarung eines individuellen Netzentgeltes erfolgt unter dem Vorbehalt, dass die jeweiligen Voraussetzungen nach den Sätzen 1 bis 4 tatsächlich erfüllt werden. Ist dies nicht der Fall, erfolgt die Abrechnung der Netznutzung nach den angesichts der tatsächlich eingetretenen Verhältnisse zulässigen Netzentgelten.

(3) Sofern ein Netznutzer sämtliche in einer Netz- oder Umspannebene von ihm genutzten Betriebsmittel ausschließlich selbst nutzt, ist zwischen dem Betreiber dieser Netz- oder Umspannebene und dem Netznutzer für diese singulär genutzten Betriebsmittel gesondert ein angemessenes Entgelt festzulegen. Das Entgelt orientiert sich an den individuell zurechenbaren Kosten der singulär genutzten Betriebsmittel dieser Netz- oder Umspannebene unter Beachtung der in § 4 dargelegten Grundsätze. Diese Kosten sind auf Verlangen des Netznutzers durch den Netzbetreiber nachzuweisen. Der Letztverbraucher ist bezüglich seines Entgelts im Übrigen so zu stellen, als sei er direkt an die vorgelagerte Netz- oder Umspannebene angeschlossen.

### § 20 Verprobung

(1) Netzbetreiber haben im Rahmen der Ermittlung der Netzentgelte und vor der Veröffentlichung nach § 21 sicherzustellen, dass ein zur Veröffentlichung anstehendes Entgeltsystem geeignet ist, die nach § 4 ermittelten Kosten zu decken. Im Einzelnen ist sicherzustellen, dass die Anwendung

1. des Entgeltsystems auf die prognostizierte Absatzstruktur in ihrem Netzgebiet einen prognostizierten Erlös ergibt, welcher der Höhe nach den zu deckenden Kosten entspricht, und
2. der Entgelte für Messstellenbetrieb, für Messung und für Abrechnung auf die jeweiligen Entnahmestellen einen prognostizierten Erlös ergibt, der den zu deckenden Kosten der Messung und der Abrechnung nach § 13 entspricht.

(2) Die Verprobungen nach Absatz 1 sind vom Netzbetreiber in einer für sachkundige Dritte nachvollziehbaren Weise schriftlich zu dokumentieren und in den Bericht nach § 28 aufzunehmen.

### § 21 Änderungen der Netzentgelte

Ist ein Antrag nach § 23a Abs. 3 des Energiewirtschaftsgesetzes gestellt worden, hat der betreffende Betreiber von Elektrizitätsversorgungsnetzen dies unverzüglich auf seiner Internetseite bekannt zu geben.

## Teil 3

### Vergleichsverfahren

### § 22 Verfahren

(1) Die Regulierungsbehörde kann Vergleichsverfahren nach § 21 Abs. 3 des Energiewirtschaftsgesetzes in regelmäßigen zeitlichen Abständen für jede Netz- und Umspannebene durchführen. Diese Vergleichsverfahren können sich nach Maßgabe des § 23 auf die von Betreibern von Elektrizitäts-

versorgungsnetzen erhobenen Netzentgelte, die Erlöse oder Kosten beziehen. Die Regulierungsbehörde macht die Ergebnisse der Vergleichsverfahren in ihrem Amtsblatt öffentlich bekannt.

(2) Einzubeziehen in die Vergleichsverfahren sind alle Betreiber von Elektrizitätsversorgungsnetzen, soweit die in § 24 Abs. 4 aufgeführten Daten in der angegebenen Form der Regulierungsbehörde vorliegen. Zur Sicherstellung eines sachgerechten Vergleichs sind die Betreiber von Elektrizitätsversorgungsnetzen zunächst Strukturklassen zuzuordnen, die jedenfalls die in § 24 Abs. 1 bis 3 benannten Strukturmerkmale berücksichtigen.

(3) Die Regulierungsbehörde kann zur Vorbereitung einer Entscheidung nach § 30 Abs. 3 auch Feststellungen treffen über die Erlöse oder Kosten von Betreibern von Elektrizitätsversorgungsnetzen in anderen Mitgliedstaaten der Europäischen Union.

### § 23 Vergleich

(1) Der Vergleich nach § 22 hat getrennt nach Netz- und Umspannebenen zu erfolgen und die folgenden Grundsätze einzuhalten:

1. Im Falle eines Vergleichs der Netzentgelte ist sicherzustellen, dass dem Vergleich jeweils das durchschnittliche, mengengewichtete Netzentgelt der betrachteten Netz- oder Umspannebene zu Grunde liegt; ferner ist zu gewährleisten, dass das zu vergleichende Netzentgelt um jenen Anteil bereinigt ist, der infolge des Kostenwälzungsprinzips nach § 14 die Höhe des Netzentgelts der jeweiligen Netz- oder Umspannebene beeinflusst; einer unterschiedlichen Auslastung der verglichenen Netz- oder Umspannebenen ist Rechnung zu tragen.

2. Bei einem Vergleich der Erlöse aus Netzentgelten sind diese Erlöse um jenen Anteil zu bereinigen, der infolge des Kostenwälzungsprinzips nach § 14 die Höhe der Erlöse beeinflusst; ferner ist bei einem Vergleich der insoweit bereinigten Erlöse einer Netzebene insbesondere das Verhältnis dieser Erlöse zu der Stromkreislänge der jeweiligen Netzebene zu berücksichtigen; bei einem Vergleich der Erlöse einer Umspannebene ist insbesondere das Verhältnis der Erlöse zur installierten Leistung zu berücksichtigen.

3. Bei einem Vergleich der Kosten einer Netzebene ist insbesondere das Verhältnis der Kosten zu der Stromkreislänge der jeweiligen Netzebene zu berücksichtigen; bei einem Vergleich der Kosten der Umspannebenen ist insbesondere das Verhältnis der Kosten zur installierten Leistung zu berücksichtigen.

(2) Die nach Absatz 1 Satz 1 Nr. 1 und 2 erforderliche Bereinigung der Netzentgelte und der Erlöse um jenen Anteil, der infolge des Kostenwälzungsprinzips die Höhe des Netzentgelts oder der Erlöse beeinflusst, kann durch den Prozentsatz erfolgen, der sich aus dem Quotienten Kosten der Netz- oder Umspannebene nach § 13 geteilt durch Erlös der Netz- oder Umspannebene ergibt.

### § 24 Strukturklassen

(1) Für jede Netz- und Umspannebene ab Hochspannung abwärts sind jeweils sechs Strukturklassen zu bilden. Diese Strukturklassen richten sich

1. nach hoher, mittlerer und niedriger Absatzdichte einer Netz- oder Umspannebene und
2. nach der Belegenheit des Netzes in Berlin, Brandenburg, Mecklenburg-Vorpommern, Sachsen, SachsenAnhalt oder Thüringen (Strukturklasse Ost) oder den übrigen Ländern (Strukturklasse West).

Über die Abgrenzung zwischen hoher, mittlerer und niedriger Absatzdichte nach Satz 2 Nr. 1 entscheidet die Regulierungsbehörde. Soweit dies sachlich geboten ist, soll die Regulierungsbehörde ferner über die zeitliche Befristung der Anwendung der Strukturklassen Ost und West nach Satz 2 Nr. 2 entscheiden. Eine solche Entscheidung darf frühestens nach Ablauf von drei Regulierungsperioden nach § 21a Abs. 3 Satz 1 des Energiewirtschaftsgesetzes ergehen.

(2) Die Absatzdichte einer Netz- oder Umspannebene ist der Quotient aus der Gesamtentnahme eines Jahres aus dieser Netz- oder Umspannebene in Kilowattstunden und der versorgten Fläche in Quadratkilometer. Die versorgte Fläche ist in der Niederspannung die aus der amtlichen Statistik zur Bodenfläche nach Art der tatsächlichen Nutzung der Statistischen Landesämter ermittelbare Fläche. In der Mittel- und Hochspannung ist als versorgte Fläche die geografische Fläche des Netzgebietes zu Grunde zu legen.

(3) Ist die Belegenheit des Netzes im Hinblick auf dessen Zuordnung zu der Strukturklasse Ost nicht eindeutig, ist das Netzgebiet dieser Strukturklasse zuzuordnen, wenn mehr als 50 Prozent der Stromkreislänge geografisch auf dem Gebiet dieser Strukturklasse liegen. Andernfalls ist das Netzgebiet der Strukturklasse West zuzuteilen.

(4) Betreiber von Elektrizitätsversorgungsnetzen haben der Regulierungsbehörde jeweils jährlich zum 1. April getrennt nach Netz- und Umspannebenen folgende Angaben zu übermitteln:

1. die Kosten nach § 13 des letzten abgeschlossenen Geschäftsjahres,
2. die Erlöse aus Netzentgelten des Vorjahres,
3. die im Vorjahr entnommene Jahresarbeit in Kilowattstunden, getrennt nach Abgabe an Entnahmestellen inklusive Weiterverteilern und Abgabe an die nachgelagerte Netz- oder Umspannebene,
4. die Daten nach § 27 Abs. 2 Nr. 1 bis 7,
5. die zeitgleiche Jahreshöchstlast aller Entnahmen in Megawatt für jede Netz- und Umspannebene, die Spannungsebene dieser Entnahme und den Zeitpunkt des jeweiligen Auftretens und
6. die höchste zeitgleiche Entnahmelast des Vorjahres aus dem vorgelagerten Netz in Kilowatt und den Zeitpunkt des Auftretens.

Die Frist nach Satz 1 kann im Einzelfall auf Antrag des Betreibers von Elektrizitätsversorgungsnetzen von der Regulierungsbehörde um bis zu drei Monate verlängert werden.

### § 25 Kostenstruktur

Die Regulierungsbehörde kann im Rahmen von Vergleichen ermitteln, ob der Anteil der auf die Tätigkeiten Elektrizitätsübertragung und Elektrizitätsverteilung entfallenden Gemeinkosten des Gesamtunternehmens an den Kosten nach § 4 Abs. 1 sachgerecht ist. Die Regulierungsbehörde kann insbesondere überprüfen, ob die in Anwendung gebrachten Schlüssel sachgerecht sind.

### § 26 Mitteilungspflichten gegenüber der Regulierungsbehörde

(1) Im Rahmen der Vergleichsverfahren nach § 21 Abs. 3 des Energiewirtschaftsgesetzes sind Betreiber von Elektrizitätsversorgungsnetzen verpflichtet, der Regulierungsbehörde auf Verlangen
1. die nach § 4 Abs. 4 und § 12 dokumentierten Schlüssel mitzuteilen,
2. die Höhe der Einnahmen nach § 9 Abs. 3 sowie deren Verwendung mitzuteilen,
3. die für die Beurteilung eines angemessenen Verhältnisses von Gemeinkosten zu Einzelkosten des Netzes nach § 25 erforderlichen Auskünfte zur Verfügung zu stellen,
4. den Bericht nach § 28 vorzulegen und
5. in dem Bericht nach § 28 dokumentierte Informationen mitzuteilen.

Die Regulierungsbehörde kann weitere Auskünfte verlangen, soweit dies zur Durchführung des Vergleichsverfahrens erforderlich ist.

(2) Betreiber von Elektrizitätsversorgungsnetzen sind verpflichtet, die für ihr Netz geltenden Netzentgelte und deren Änderungen der Regulierungsbehörde unverzüglich mitzuteilen.

## Teil 4
### Pflichten der Netzbetreiber

### § 27 Veröffentlichungspflichten

(1) Betreiber von Elektrizitätsversorgungsnetzen sind verpflichtet, die für ihr Netz geltenden Netzentgelte auf ihren Internetseiten zu veröffentlichen und auf Anfrage jedermann unverzüglich in Textform mitzuteilen. Werden individuelle Netzentgelte nach § 19 gebildet, sind diese in die Veröffentlichung der Netzentgelte aufzunehmen und der Regulierungsbehörde unverzüglich anzuzeigen.

(2) Betreiber von Elektrizitätsversorgungsnetzen haben ferner jeweils zum 1. April eines Jahres folgende Strukturmerkmale ihres Netzes auf ihrer Internetseite zu veröffentlichen:
1. die Stromkreislänge jeweils der Kabel- und Freileitungen in der Niederspannungs-, Mittelspannungs-, Hoch- und Höchstspannungsebene zum 31. Dezember des Vorjahres,
2. die installierte Leistung der Umspannebenen zum 31. Dezember des Vorjahres,
3. die im Vorjahr entnommene Jahresarbeit in Kilowattstunden pro Netz- und Umspannebene,
4. die Anzahl der Entnahmestellen jeweils für alle Netz- und Umspannebenen,
5. die Einwohnerzahl im Netzgebiet von Betreibern von Elektrizitätsversorgungsnetzen der Niederspannungsebene zum 31. Dezember des Vorjahres,
6. die versorgte Fläche nach § 24 Abs. 2 Satz 2 und 3 zum 31. Dezember des Vorjahres und
7. die geographische Fläche des Netzgebietes zum 31. Dezember des Vorjahres.

### § 28 Dokumentation

(1) Betreiber von Elektrizitätsversorgungsnetzen haben einen Bericht über die Ermittlung der Netzentgelte zu erstellen. Der Bericht muss enthalten:
1. eine Darlegung der Kosten- und Erlöslage der abgeschlossenen Kalkulationsperiode,

Energierecht  Anhang 2–01

2. eine vollständige Darstellung der Grundlagen und des Ablaufs der Ermittlung der Netzentgelte nach § 3 sowie sonstiger Aspekte, die aus Sicht des Betreibers von Elektrizitätsversorgungsnetzen für die Netzentgelte von Relevanz sind,
3. die Höhe der von Betreibern von Elektrizitätsversorgungsnetzen entrichteten Konzessionsabgaben jeweils pro Gemeinde und in Summe,
4. einen Anhang und
5. den vollständigen Prüfungsbericht des Wirtschaftsprüfers zum Jahresabschluss nebst allen zugehörigen Ergänzungsbänden.

Die Angaben nach Satz 2 Nr. 1 und 2 müssen einen sachkundigen Dritten in die Lage versetzen, ohne weitere Informationen die Ermittlung der Netzentgelte vollständig nachzuvollziehen. Der Bericht ist zehn Jahre aufzubewahren.

(2) Der zu dem Bericht nach Absatz 1 Satz 2 Nr. 4 zu erstellende Anhang muss enthalten:
1. die nach § 4 Abs. 4 dokumentierten Schlüssel sowie deren Änderung,
2. die Einnahmen nach § 9 Abs. 3 sowie deren Verwendung,
3. die nach § 11 errechneten Differenzbeträge,
4. die nach § 12 dokumentierten Schlüssel sowie deren Änderung,
5. die Höhe der Entgelte für dezentrale Einspeisung nach § 18,
6. die Absatzstruktur des Netzgebietes nach Anlage 5,
7. den Betriebsabrechnungsbogen des Netzbetriebs,
8. den im Vorjahr an Betreiber dezentraler Erzeugungsanlagen entrichteten Gesamtbetrag und
9. im Vorjahr nach § 35 Abs. 2 des Erneuerbare-Energien-Gesetzes in Abzug gebrachten Netzentgelte.

### § 29 Mitteilungen gegenüber der Regulierungsbehörde

Die Regulierungsbehörde kann zur Vereinfachung des Verfahrens durch Festlegung nach § 29 Abs. 1 des Energiewirtschaftsgesetzes Entscheidungen treffen zu Umfang, Zeitpunkt und Form der ihr zu übermittelnden Informationen, insbesondere zu den zulässigen Datenträgern und Übertragungswegen.

### Teil 5
### Sonstige Bestimmungen

### § 30 Festlegungen der Regulierungsbehörde

(1) Zur Verwirklichung eines effizienten Netzzugangs und der in § 1 Abs. 1 des Energiewirtschaftsgesetzes genannten Zwecke kann die Regulierungsbehörde unter Beachtung der Anforderungen eines sicheren Netzbetriebs Entscheidungen durch Festlegung nach § 29 Abs. 1 des Energiewirtschaftsgesetzes treffen über
1. die Schlüsselung der Gemeinkosten nach § 4 Abs. 4,
2. die Aufschlüsselung der Positionen der Gewinn- und Verlustrechnungen nach § 5,
3. eine einheitliche und von sachkundigen Dritten nachvollziehbare Ermittlung der Gleichzeitigkeitsfunktion auch abweichend von § 16,
4. die weitere Unterteilung der Entgelte nach § 17,
5. eine möglichst einheitliche Handhabung von Gemeinkostenzuordnungen nach § 25,
6. zusätzliche Anforderungen an die Struktur und den Inhalt des Berichts nach § 28 und dessen Anhang,
7. die Gewährleistung einer sachgerechten und einheitlichen Ermittlung von Entgelten für Netzreservekapazität und
8. die Höhe der sich aus dem Belastungsausgleich nach § 9 Abs. 7 des Kraft-Wärme-Kopplungsgesetzes je Kalenderjahr ergebenden Zuschläge.

(2) Die Regulierungsbehörde kann ferner Festlegungen treffen zur Gewährleistung
1. der Zulässigkeit außerordentlicher Aufwendungen und Erträge sowie einer sachgerechten Verteilung dieser außerordentlichen Aufwendungen und Erträge auf mehrere Kalkulationsperioden nach § 4 Abs. 6, falls diese Aufwendungen und Erträge die Kosten der nächsten Kalkulationsperiode spürbar beeinflussen würden,
2. einer sachgerechten Gewichtung der bei der Ermittlung der Tagesneuwerte anzuwendenden Indexreihen, soweit § 6a Mischindizes vorsieht, insbesondere um Produktivitätsfortschritte in den relevanten Wirtschaftsbereichen zu berücksichtigen,
3. einer sachgerechten Ermittlung der kalkulatorischen Steuern nach § 8,

4. der Angemessenheit des Zinssatzes nach den §§ 11 und 18 Abs. 4,
5. der sachlichen Angemessenheit des Verhältnisses von Arbeits- und Grundpreis nach § 17 Abs. 6 in Bezug auf das zulässige Verhältnis beider Preise,
6. sachgerechter Entgelte in Abweichung von § 17 Abs. 8,
7. einer sachgerechten Ermittlung der Entgelte für dezentrale Einspeisung nach § 18 sowie individueller Entgelte nach § 19 Abs. 2 und
8. sachgerechter Anlagengruppen und Abschreibungszeiträume in Abweichung von Anlage 1.

(3) Die Absätze 1 und 2 gelten für die Durchführung eines Vergleichsverfahrens entsprechend.

## § 31 Ordnungswidrigkeiten

Ordnungswidrig im Sinne des § 95 Abs. 1 Nr. 5 Buchstabe a des Energiewirtschaftsgesetzes handelt, wer vorsätzlich oder fahrlässig

1. einer vollziehbaren Anordnung nach § 65 Abs. 2 des Energiewirtschaftsgesetzes in Verbindung mit § 4 Abs. 4 Satz 4 oder 6, § 9 Abs. 3, § 12 Satz 4 oder 7 oder § 20 Abs. 2 zuwiderhandelt,
2. entgegen § 24 Abs. 4 eine dort genannte Angabe nicht, nicht richtig, nicht vollständig, nicht in der vorgeschriebenen Weise oder nicht rechtzeitig übermittelt,
3. einer vollziehbaren Anordnung nach § 26 Abs. 1 zuwiderhandelt,
4. einer vollziehbaren Anordnung nach § 65 Abs. 2 des Energiewirtschaftsgesetzes in Verbindung mit § 26 Abs. 2 zuwiderhandelt,
5. einer vollziehbaren Anordnung nach § 65 Abs. 2 des Energiewirtschaftsgesetzes in Verbindung mit § 27 Abs. 1 Satz 1 oder Abs. 2 zuwiderhandelt oder
6. einer vollziehbaren Anordnung nach § 65 Abs. 2 des Energiewirtschaftsgesetzes in Verbindung mit § 28 Abs. 1 Satz 1 zuwiderhandelt.

## § 32 Übergangsregelungen

(1) Betreiber von Elektrizitätsversorgungsnetzen haben der Regulierungsbehörde spätestens bis zum 1. November 2005 getrennt nach Netz- und Umspannebenen die Angaben nach § 24 Abs. 4 Nr. 1 bis 6 zu übermitteln.

(2) Betreiber von Elektrizitätsversorgungsnetzen haben ihre Netzentgelte spätestens ab dem für sie maßgeblichen Zeitpunkt nach § 118 Abs. 1b Satz 1 des Energiewirtschaftsgesetzes auf der Grundlage dieser Verordnung zu bestimmen. § 21 findet bei der erstmaligen Bildung nach Satz 1 keine Anwendung. § 118 Abs. 1b Satz 2 des Energiewirtschaftsgesetzes bleibt unberührt.

(3) Zur erstmaligen Ermittlung der Netzentgelte nach Absatz 2 sind die kalkulatorischen Restwerte des Sachanlagevermögens für den eigenfinanzierten Anteil auf Tagesneuwertbasis nach § 6 Abs. 3, für den fremdfinanzierten Anteil anschaffungsorientiert zu bestimmen und anlagenscharf zu dokumentieren. Dabei sind die seit Inbetriebnahme der Sachanlagegüter der kalkulatorischen Abschreibung tatsächlich zu Grunde gelegten Nutzungsdauern heranzuziehen. Soweit vor dem Inkrafttreten dieser Verordnung bei der Stromtarifbildung nach der Bundestarifordnung Elektrizität Kosten des Elektrizitätsversorgungsnetzes zu berücksichtigen waren und von Dritten gefordert wurden, wird vermutet, dass die nach den Verwaltungsvorschriften der Länder zur Darstellung der Kosten- und Erlöslage im Tarifgenehmigungsverfahren jeweils zulässigen Nutzungsdauern der Ermittlung der Kosten zu Grunde gelegt worden sind. Soweit vor dem Inkrafttreten dieser Verordnung keine kostenbasierten Preise im Sinne des Satzes 3 gefordert worden sind, wird vermutet, dass der kalkulatorischen Abschreibung des Sachanlagevermögens die unteren Werte der in Anlage 1 genannten Spannen von Nutzungsdauern zu Grunde gelegt worden sind, es sei denn, der Betreiber des Elektrizitätsversorgungsnetzes weist etwas anderes nach.

(4) § 11 ist nicht mehr anzuwenden, sobald die Netzentgelte im Wege der Anreizregulierung nach § 21a des Energiewirtschaftsgesetzes bestimmt werden.

(5) Netzbetreiber, die am vereinfachten Verfahren nach § 24 der Anreizregulierungsverordnung teilnehmen können, den hierzu erforderlichen Antrag rechtzeitig gestellt haben und die für das letzte der Anreizregulierung vorangehende Kalenderjahr keine Erhöhung der Netzentgelte beantragen, müssen in ihrem Genehmigungsantrag für das letzte der Anreizregulierung vorangehende Kalenderjahr keine zusätzlichen oder neuen Unterlagen zu ihrem letzten geprüften Genehmigungsantrag vorlegen.

(6) Soweit individuelle Netzentgelte im Sinne des § 19 Abs. 2 Satz 2 für das Kalenderjahr 2008 von der Regulierungsbehörde genehmigt worden und die in § 19 Abs. 2 Satz 2 genannten Voraussetzungen im Kalenderjahr 2008 auch tatsächlich eingetreten sind, kann auf Antrag die Geltungsdauer dieser Genehmigung bis zum 31. Dezember 2010 verlängert werden. In diesem Falle gelten für den Verlängerungszeitraum die Voraussetzungen des § 19 Abs. 2 Satz 2 und 3 ohne erneute Prüfung als erfüllt; § 19 Abs. 2

Satz 10 findet insoweit keine Anwendung. § 19 Abs. 2 Satz 4 findet für den Verlängerungszeitraum in seiner ab dem 26. August 2009 geltenden Fassung Anwendung.

(7) Wurde ein Letztverbraucher in Bezug auf eine durch ihn genutzte Abnahmestelle noch nicht durch eine Genehmigung einer Regulierungsbehörde auf Grund des § 19 Absatz 2 Satz 2 und 3 der Stromnetzentgeltverordnung vom 25. Juli 2005 (BGBl. I S. 2225) in der zuletzt durch Artikel 4 des Gesetzes vom 28. Juli 2011 (BGBl. I S. 1690) geänderten Fassung, von den Netzentgelten befreit, so ist für diesen Letztverbraucher in Bezug auf eine durch ihn genutzte Abnahmestelle § 19 Absatz 2 Satz 2 und 3 in der ab dem 22. August 2013 geltenden Fassung mit Wirkung ab dem 1. Januar 2012 anzuwenden. Hat eine Regulierungsbehörde einem Letztverbraucher im Hinblick auf eine durch ihn genutzte Abnahmestelle auf Grund von § 19 Absatz 2 Satz 2 und 3 der Stromnetzentgeltverordnung vom 25. Juli 2005 (BGBl. I S. 2225) in der zuletzt durch Artikel 4 des Gesetzes vom 28. Juli 2011 (BGBl. I S. 1690) geänderten Fassung eine Genehmigung der Befreiung von den Netzentgelten erteilt, so wird diese Genehmigung mit Ablauf des 31. Dezember 2013 unwirksam. Die Sätze 1 und 2 sind entsprechend anzuwenden, sofern eine Regulierungsbehörde einem Letztverbraucher im Hinblick auf eine durch ihn genutzte Abnahmestelle auf Grund von § 19 Absatz 2 Satz 2 und 3 der Stromnetzentgeltverordnung vom 25. Juli 2005 (BGBl. I S. 2225) in der zuletzt durch Artikel 4 des Gesetzes vom 28. Juli 2011 (BGBl. I S. 1690) geänderten Fassung eine Genehmigung der Befreiung von den Netzentgelten erteilt hat und diese Genehmigung durch eine rechtskräftige gerichtliche Entscheidung aufgehoben wurde.

(8) Genehmigungen von Vereinbarungen individueller Netzentgelte auf Grund von § 19 Absatz 2 Satz 2 und 3 in der ab dem 22. August 2013 geltenden Fassung werden mit Ablauf des 31. Dezember 2013 unwirksam.

(9) Die Ermittlung der Tagesneuwerte nach § 6 Absatz 3 Satz 2 erfolgt ab dem 1. Januar 2013 unter Anwendung der Indexreihen des Statistischen Bundesamtes gemäß § 6a.

(10) Die Verzinsung des die Eigenkapitalquote im Sinne des § 7 Absatz 1 Satz 5 übersteigenden Anteils des Eigenkapitals erfolgt ab dem 1. Januar 2013 nach § 7 Absatz 7.

(11) Die Bundesnetzagentur untersucht die Auswirkungen des § 19 Absatz 2 Satz 2 auf den Betrieb von Elektrizitätsversorgungsnetzen und legt dem Bundesministerium für Wirtschaft und Technologie bis spätestens 31. Dezember 2014 einen Bericht vor. Die Bundesnetzagentur untersucht insbesondere, in welchem Umfang Maßnahmen, die der Anpassung des Verbrauchs an das Stromangebot dienen, bei der Bemessung des reduzierten Netzentgeltes berücksichtigt werden sollten und welche Handlungsmöglichkeiten bestehen.

(12) Die Regelung des § 17 Absatz 2a betreffend das Pooling mehrerer Entnahmestellen ist ab dem 1. Januar 2014 anzuwenden.

## § 33 Inkrafttreten

Die Verordnung tritt am Tage nach der Verkündung in Kraft.

**Schlussformel**

Der Bundesrat hat zugestimmt.

**Anlage 1 (zu § 6 Abs. 5 Satz 1)**

**Betriebsgewöhnliche Nutzungsdauern**

(Fundstelle des Originaltextes: BGBl. I 2005, 2236 – 2237; bzgl. der einzelnen Änderungen vgl. Fußnote)

| Anlagengruppen | Spanne (Jahre) |
|---|---|
| **I. Allgemeine Anlagen** | |
| 1. Grundstücke | 0 |
| 2. Grundstücksanlagen, Bauten für Transportwesen | 25-35 |
| 3. Betriebsgebäude | 50-60 |
| 4. Verwaltungsgebäude | 60-70 |
| 5. Gleisanlagen, Eisenbahnwagen | 23-27 |
| 6. Geschäftsausstattung (ohne EDV, Werkzeuge/Geräte); Vermittlungseinrichtungen | 8-10 |
| 7. Werkzeuge/Geräte | 14-18 |
| 8. Lagereinrichtung | 14-25 |

# Anhang 2–01    Energierecht

| Anlagengruppen | Spanne (Jahre) |
|---|---|
| 9. EDV-Anlagen | |
| – Hardware | 4-8 |
| – Software | 3-5 |
| 10. Fahrzeuge | |
| – Leichtfahrzeuge | 5 |
| – Schwerfahrzeuge | 8 |
| **II. Erzeugungsanlagen** | |
| 1. Dampfkraftwerksanlagen | 20-25 |
| 2. Kernkraftwerksanlagen | 20-25 |
| 3. Wasserkraftwerksanlagen | |
| – Staustrecken | 50-70 |
| – Wehranlagen, Einlaufbecken | 40-50 |
| – Bauten für Transportwesen | 30-35 |
| – Maschinen und Generatoren | 20-25 |
| – Kraftwerksnetzanlagen | 20-25 |
| – sonstige Anlagen der Wasserbauten | 25-30 |
| 4. Notstromaggregate | 13-17 |
| 5. andere Kraftwerksanlagen | 20-25 |
| 6. nachträglich eingebaute Umweltschutzanlagen | 10-15 |
| **III. Fortleitungs- und Verteilungsanlagen** | |
| 1. Netzanlagen für Hochspannungsübertragung | |
| 1.1 Leitungsnetze | |
| – Freileitung 110-380 kV | 40-50 |
| – Kabel 220 kV | 40-50 |
| – Kabel 110 kV | 40-50 |
| 1.2 Stationseinrichtungen und Hilfsanlagen inklusive Trafo und Schalter | 35-45 |
| 1.3 Schutz-, Mess- und Überspannungsschutzeinrichtungen, Fernsteuer-, Fernmelde-, Fernmess- und Automatikanlagen sowie Rundsteueranlagen einschließlich Kopplungs-, Trafo- und Schaltanlagen | 25-30 |
| 1.4 Sonstiges | 20-30 |
| 2. Netzanlagen des Verteilungsbetriebs | |
| 2.1 Mittelspannungsnetz | |
| – Kabel | 40-45 |
| – Freileitungen | 30-40 |
| 2.2 Niederspannungsnetz | |
| – Kabel 1 kV | 40-45 |
| – Freileitungen 1 kV | 30-40 |
| 2.3 Stationen mit elektrischen Einrichtungen: | |
| – 380/220/110/30/10 kV-Stationen | 25-35 |
| – Hauptverteilerstationen | 25-35 |
| – Ortsnetzstationen | 30-40 |
| – Kundenstationen | 30-40 |
| – Stationsgebäude | 30-50 |
| – Allgemeine Stationseinrichtungen, Hilfsanlagen | 25-30 |
| – ortsfeste Hebezeuge und Lastenaufzüge einschließlich Laufschienen, Außenbeleuchtung in Umspann- und Schaltanlagen | 25-30 |
| – Schalteinrichtungen | 30-35 |

| Anlagengruppen | Spanne (Jahre) |
|---|---|
| – Rundsteuer-, Fernsteuer-, Fernmelde-, Fernmess-, Automatikanlagen, Strom- und Spannungswandler, Netzschutzeinrichtungen | 25-30 |
| 2.4 Abnehmeranschlüsse | |
| – Kabel | 35-45 |
| – Freileitungen | 30-35 |
| 2.5 Ortsnetz-Transformatoren, Kabelverteilerschränke | 30-35 |
| 2.6 Zähler, Messeinrichtungen, Uhren, TFR-Empfänger | 20-25 |
| 2.7 Fernsprechleitungen | 30-40 |
| 2.8 Fahrbare Stromaggregate | 15-25 |

**Anlage 2 (zu § 13)**
**Haupt und Nebenkostenstellen**
Fundstelle des Originaltextes: BGBl. I 2005, 2238 – 2239

1. Hauptkostenstelle „Systemdienstleistungen"

    1.1 Nebenkostenstelle „Regelenergie": Kosten für Primärregelleistung und -arbeit sowie für die Vorhaltung von Sekundärregelleistung und Minutenreserveleistung;

    1.2 Nebenkostenstelle „Systemführung": Kosten der Betriebsführung der Regelzone (einschließlich Messung und Abrechnung zwischen Betreibern von Elektrizitätsversorgungsnetzen), soweit sie nicht direkt den Bilanzkreisverantwortlichen in Rechnung gestellt werden können.

2. Hauptkostenstelle „Höchstspannungsnetz 380 und 220 Kilovolt"

    2.1 Nebenkostenstelle „Höchstspannungsleitungsnetz": Kosten der Höchstspannungsleitungen;

    2.2 Nebenkostenstelle „Höchstspannungsanlagen": Kosten der Schaltanlagen der Höchstspannung in den Umspannwerken; Kosten der 380/220-Kilovolt-Umspannung; anteilige Berücksichtigung der zu den Schaltanlagen gehörigen Sekundärtechnik, Gebäude und Grundstücke.

3. Hauptkostenstelle „Umspannung 380/110 Kilovolt bzw. 220/110 Kilovolt": Kosten der Umspanner 380/110 Kilovolt bzw. 220/110 Kilovolt einschließlich der ober und unterspannungsseitigen Transformatorschaltfelder in den Schaltanlagen; anteilige Berücksichtigung der zu den Schaltanlagen gehörigen Sekundärtechnik, Gebäude und Grundstücke.

4. Hauptkostenstelle „Hochspannungsnetz 110 Kilovolt"

    4.1 Nebenkostenstelle „Hochspannungsleitungen": Kosten der Hochspannungsleitungen;

    4.2 Nebenkostenstelle „Hochspannungsanlagen": Kosten der Schaltanlagen der Hochspannung in den Umspannwerken; anteilige Berücksichtigung der zu den Schaltanlagen gehörigen Sekundärtechnik, Gebäude und Grundstücke; Kosten aus dem Betrieb von Ladestrom-, Erdschlussspulen oder Strombegrenzungsdrosseln.

5. Hauptkostenstelle „Umspannung 110 Kilovolt/Mittelspannung": Kosten der Umspanner 110 Kilovolt/ Mittelspannung einschließlich der Transformatorschaltfelder in den Schaltanlagen; anteilige Berücksichtigung der zu den Schaltanlagen gehörigen Sekundärtechnik, Gebäude und Grundstücke.

6. Hauptkostenstelle „Mittelspannungsnetz"

    6.1 Nebenkostenstelle „Mittelspannungsleitungen": Kosten der Mittelspannungsleitungen;

    6.2 Nebenkostenstelle „Mittelspannungsanlagen": Kosten der Schaltanlagen in Schwerpunktstationen der Mittelspannung; anteilige Berücksichtigung der zu den Schaltanlagen gehörigen Sekundärtechnik, Gebäude und Grundstücke; Kosten des Betriebs von Erdschlussspulen; Kosten der Schalt bzw. Schwerpunktstationen.

7. Hauptkostenstelle „Umspannung Mittel-/Niederspannung": Kosten der Ortsnetzstationen und – soweit in der Kostensphäre des Betreibers von Elektrizitätsversorgungsnetzen – der Kundenstationen inklusive der Kosten der in den Stationen installierten Mittelspannungs bzw. Niederspannungsschaltgeräte; Kosten der in Ortsnetzstationen installierten Niederspannungsanlagen.

8. Hauptkostenstelle „Niederspannungsnetz"
   8.1 Nebenkostenstelle „Niederspannungsleitungen": Kosten der Niederspannungsleitungen ohne Anlagen der Straßenbeleuchtung;
   8.2 Nebenkostenstelle „Anlagen der Straßenbeleuchtung": Kosten der Anlagen der Straßenbeleuchtung.
9. Hauptkostenstelle „Hausanschlussleitungen und Hausanschlüsse": Kosten der Erstellung von Hausanschlüssen und Hausanschlussleitungen.
10. Hauptkostenstelle „Messung":
    10.1 Nebenkostenstelle „Messung Höchstspannungsnetz";
    10.2 Nebenkostenstelle „Messung Umspannung 380/110 Kilovolt bzw. 220/110 Kilovolt";
    10.3 Nebenkostenstelle „Messung Hochspannungsnetz 110 Kilovolt";
    10.4 Nebenkostenstelle „Messung Umspannung 110 Kilovolt/Mittelspannung";
    10.5 Nebenkostenstelle „Messung Mittelspannung";
    10.6 Nebenkostenstelle „Messung Umspannung Mittel-/Niederspannung";
    10.7 Nebenkostenstelle „Messung Niederspannung".
10.a Hauptkostenstelle „Messstellenbetrieb"
    10a.1 Nebenkostenstelle „Messstellenbetrieb Höchstspannungsnetz";
    10a.2 Nebenkostenstelle „Messstellenbetrieb Umspannung 380/110 Kilovolt bzw. 220/110 Kilovolt";
    10a.3 Nebenkostenstelle „Messstellenbetrieb Hochspannungsnetz 110 Kilovolt";
    10a.4 Nebenkostenstelle „Messstellenbetrieb Umspannung 110 Kilovolt/Mittelspannung";
    10a.5 Nebenkostenstelle „Messstellenbetrieb Mittelspannung";
    10a.6 Nebenkostenstelle „Messstellenbetrieb Umspannung Mittel-/Niederspannung";
    10a.7 Nebenkostenstelle „Messstellenbetrieb Niederspannung".
11. Hauptkostenstelle „Abrechnung": Kosten der kaufmännischen Bearbeitung der Zählerdaten; Kosten der Beibringung fälliger Entgelte für die Netznutzung und Abrechnung;
    11.1 Nebenkostenstelle „Abrechnung Höchstspannungsnetz";
    11.2 Nebenkostenstelle „Abrechnung Umspannung 380/110 Kilovolt bzw. 220/110 Kilovolt";
    11.3 Nebenkostenstelle „Abrechnung Hochspannungsnetz 110 Kilovolt";
    11.4 Nebenkostenstelle „Abrechnung Umspannung 110 Kilovolt/Mittelspannung";
    11.5 Nebenkostenstelle „Abrechnung Mittelspannung";
    11.6 Nebenkostenstelle „Abrechnung Umspannung Mittel-/Niederspannung";
    11.7 Nebenkostenstelle „Abrechnung Niederspannung".

### Anlage 3 (zu § 14 Abs. 3)

**Kostenträger**

Fundstelle des Originaltextes: BGBl. I 2005, 2240

1. Die Kosten der Höchstspannungsebene umfassen die Kosten der Hauptkostenstellen „Systemdienstleistungen" und „Höchstspannungsnetz 380 und 220 Kilovolt".
2. Die Kosten der Umspannung Höchst zu Hochspannungsebene umfassen die gewälzten anteiligen Kosten der Höchstspannungsebene sowie die Kosten der Hauptkostenstelle „Umspannung 380/110 Kilovolt bzw. 220/110 Kilovolt".
3. Die Kosten der Hochspannungsebene umfassen die gewälzten anteiligen Kosten der Umspannung Höchst zu Hochspannung sowie die Kosten der Hauptkostenstelle „Hochspannungsnetz 110 Kilovolt".
4. Die Kosten der Umspannung Hoch zu Mittelspannungsebene umfassen die gewälzten anteiligen Kosten der Hochspannungsebene sowie die Kosten der Hauptkostenstelle „Umspannung 110 Kilovolt/Mittelspannung".
5. Die Kosten der Mittelspannungsebene umfassen die gewälzten anteiligen Kosten der Umspannung Hoch zu Mittelspannungsebene sowie die Kosten der Hauptkostenstelle „Mittelspannungsnetz".

6. Die Kosten der Umspannung Mittel- zu Niederspannungsebene umfassen die gewälzten anteiligen Kosten der Mittelspannungsebene sowie die Kosten der Hauptkostenstelle „Umspannung Mittel-/Niederspannung".
7. Die Kosten der Niederspannungsebene umfassen die gewälzten anteiligen Kosten der Umspannung Mittel zu Niederspannungsebene sowie die Kosten der Hauptkostenstellen „Niederspannungsnetz" und „Hausanschlussleitungen und Hausanschlüsse" abzüglich der Kosten der Nebenkostenstelle „Anlagen der Straßenbeleuchtung".

### Anlage 4(zu § 16 Abs. 2)
### Gleichzeitigkeitsfunktion und -grad
Fundstelle des Originaltextes: BGBl. I 2005, 2241

1. Die Gleichzeitigkeitsfunktion ordnet jeder Einzelentnahme (i) exakt einen Gleichzeitigkeitsgrad ($g_i$), welcher zwischen 0 und 1 liegen muss, zu. Dabei ist die Gleichzeitigkeitsfunktion so zu gestalten, dass der individuelle Gleichzeitigkeitsgrad einer Einzelentnahme mit der Wahrscheinlichkeit, dass diese Einzelentnahme einen hohen Beitrag zur Jahreshöchstlast der Netz- oder Umspannebene leistet, steigt. Solchen Einzelentnahmen, die mit einer hohen Wahrscheinlichkeit einen geringen Beitrag zur Jahreshöchstlast der Netzebene leisten, wird ein niedriger Gleichzeitigkeitsgrad zugeordnet. Damit ist dem Umstand Rechnung getragen, dass die Einzelentnahmen die von einem Betreiber von Elektrizitätsversorgungsnetzen vorzuhaltende Netzkapazität in unterschiedlicher Weise beeinflussen.
2. Der Gleichzeitigkeitsgrad einer Einzelentnahme ist definiert als durchschnittlicher, im Rahmen einer Gruppenkalkulation ermittelter Anteil der Höchstlast dieser Einzelentnahme an der Höchstlast des Netzes. Die Gruppenkalkulation umfasst alle Entnahmestellen der jeweiligen Netz- oder Umspannebene und muss der Bedingung genügen, wonach die zeitgleiche Jahreshöchstleistung aller Entnahmen dieser Netz- oder Umspannebene gleich der Summe aller zeitungleichen Jahreshöchstleistungen der Einzelentnahmen jeweils multipliziert mit dem Gleichzeitigkeitsgrad der Einzelentnahme ist.
3. Zur Bestimmung des Gleichzeitigkeitsgrades einer Entnahme aus einer Netz- oder Umspannebene ist ein abschnittsweise linearer Zusammenhang zwischen dem Gleichzeitigkeitsgrad und der Jahresbenutzungsdauer der Entnahme zu unterstellen. Die Jahresbenutzungsdauer ist der Quotient aus der in einem Abrechnungsjahr aus dem Netz entnommenen Arbeit und der in diesem Abrechnungsjahr in Anspruch genommenen Jahreshöchstleistung. Der abschnittsweise lineare Zusammenhang zwischen dem Gleichzeitigkeitsgrad und der Jahresbenutzungsdauer der Entnahme ist durch jeweils eine Geradengleichung für Jahresbenutzungsdauern unterhalb und oberhalb einer gegebenen Grenze (Knickpunkt) zu beschreiben.
4. Der untere Benutzungsdauerbereich der Gleichzeitigkeitsfunktion liegt zwischen 0 und 2.500 Jahresbenutzungsstunden. Der obere Benutzungsdauerbereich beginnt bei 2.500 Jahresbenutzungsstunden und endet bei 8.760 Jahresbenutzungsstunden. Der Betreiber von Elektrizitätsversorgungsnetzen legt die Koeffizienten der Geradengleichungen für die beiden Benutzungsdauerbereiche auf Basis der Entnahmeverhältnisse in seinem Netz sachgerecht fest. Dabei sind folgende Randbedingungen einzuhalten:
   – der Gleichzeitigkeitsgrad bei einer Jahresbenutzungsdauer von null Stunden beträgt maximal 0,2;
   – die beiden Geraden, die den Gleichzeitigkeitsgrad beschreiben, schneiden sich in einem Punkt, der durch die Jahresbenutzungsdauer 2.500 Stunden definiert ist;
   – der Gleichzeitigkeitsgrad bei einer Jahresbenutzungsdauer von 8.760 Stunden beträgt 1.

## Anlage 5 (zu § 28 Abs. 2 Nr. 6)
## Absatzstruktur
(Fundstelle: BGBl. I 2005, 2242)

| | < 2.500 h/a | | |
|---|---|---|---|
| | Summe der zeitungleichen Jahreshöchstleistungen über alle Entnahmen (Letztverbraucher und Weiterverteiler) | Anzahl der Entnahmen | Gesamtabgabe an Letztverbraucher und Weiterverteiler |
| Netz- oder Umspannebene | kW | | kWh |
| HöS | | | |
| HöS/HS | | | |
| HS | | | |
| HS/MS | | | |
| MS | | | |
| MS/NS | | | |
| NS mit LM | | | |
| NS ohne LM | | | |
| NS (mit und ohne LM) | | | |

| | > 2.500 h/a | | |
|---|---|---|---|
| | Summe der zeitungleichen Jahreshöchstleistungen über alle Entnahmen (Letztverbraucher und Weiterverteiler) | Anzahl der Entnahmen | Gesamtabgabe an Letztverbraucher und Weiterverteiler |
| Netz- oder Umspannebene | kW | | kWh |
| HöS | | | |
| HöS/HS | | | |
| HS | | | |
| HS/MS | | | |
| MS | | | |
| MS/NS | | | |
| NS mit LM | | | |
| NS ohne LM | | | |
| NS (mit und ohne LM) | | | |

| | nachgelagerte Netz- bzw. Umspannebenen | | Gesamtabgabe und -last | |
|---|---|---|---|---|
| | Abgabe an eigene nachgelagerte Netz- oder Umspannebene | zeitgleiche Jahreshöchstlast | Gesamtabgabe aus der Netz- oder Umspannebene | zeitgleiche Jahreshöchstlast |
| Netz- oder Umspannebene | kWh | kW | kWh | kW |
| HöS | | | | |
| HöS/HS | | | | |
| HS | | | | |
| HS/MS | | | | |
| MS | | | | |
| MS/NS | | | | |
| NS mit LM | | | | |
| NS ohne LM | | | | |
| NS (mit und ohne LM) | | | | |
| | eigene Entnahme aus vorgelagertem Netz | | zeitgleiche Jahreshöchstlast | |
| | kWH | | kW | |
| | | | | |

# Stichwortverzeichnis

## A

**Abfälle** § 1b Abs. 1 und Abs. 4 EnergieStV, Anlage § 001-02 EnergieStG
**Absetzung der Abnutzung** § 53a Abs. 2 Satz 1 EnergieStG
**Additive** § 1 Abs. 2, § 4 EnergieStG
**Allgemeine Erlaubnis** § 24 EnergieStG, §§ 55, 74, 84a EnergieStV
**Anlagen**
– Arbeitsmaschinen § 3a EnergieStG, Anlage § 002-02, § 027-03, § 027-04 EnergieStG
– Begriff § 9 EnergieStV, Anlage § 002-01 EnergieStG
– begünstigte § 3 EnergieStG
– Nutzungsgrad § 3 Abs. 3 EnergieStG, § 10 EnergieStV
– Ortsfestigkeit § 3 Abs. 2 EnergieStG
– Pflichten § 11 EnergieStV
**Anreizregulierung** § 21a EnWG, AnreizregulierungsV
**Anschreibungen** § 15 Abs. 2, § 19 Abs. 2, § 26 Abs. 4, § 27 Abs. 5, § 33 Abs. 3 und 4, § 51 Abs. 2, § 56 Abs. 3, § 57 Abs. 3 EnergieStV
**Anwendungsvorschriften** § 67 EnergieStG, § 13 StromStG
**Anzeigepflicht** § 23 Abs. 4 EnergieStG
**Aufnahme in Betriebe** § 11 Abs. 3, § 24 Abs. 6 EnergieStG, § 57 Abs. 7 EnergieStV, § 47 EnergieStG
**Aufnahme ins Steuerlager** § 10 Abs. 3, § 11 Abs. 3 EnergieStG, § 47 EnergieStG
**Ausfuhr** § 13, § 24 Abs. 4 EnergieStG
**Ausschlussfrist (EEG)** § 66 EEG 2014, § 43 EEG 2012

## B

**Bearbeiten** § 6 Abs. 1 EnergieStG
**Beförderung**
– aus anderen Mitgliedstaaten § 11 Abs. 1, § 15 Abs. 1, § 16 Abs. 1, § 18 Abs. 1 EnergieStG
**Beförderung**
– im Steuergebiet § 10 EnergieStG
**Beförderung**
– in andere Mitgliedstaaten § 11 Abs.1, § 24 Abs. 4 EnergieStG
**Beförderung**
– Sicherheitsleistung § 9b Abs. 2, § 10 Abs. 2, § 11 Abs. 2, § 13 Abs. 2 EnergieStG
**Beförderung**
– Streckengeschäft § 33 Abs. 5 und 6, § 57 Abs. 4 EnergieStV
**Beförderung**
– Unregelmäßigkeiten § 14, § 18a EnergieStG

**Begleitdokument** Anhang 1-03
**Begriffsbestimmungen** § 1a EnergieStG, § 1 EnergieStV
**Begünstigte Anlagen** § 49 Abs. 2a EnergieStG
**Belastungsausgleich KWK** § 9 KWK-G
**Bemessungsgrundlage** § 1a Nr. 17-20, § 2 EnergieStG, § 3 StromStG
**Besondere Ausgleichsregelung** §§ 63–69 EEG 2014, §§ 40–44 EEG 2012
**Bestandsanmeldung** § 15 Abs. 4, § 19 Abs. 4, § 56 Abs. 6 EnergieStV
**Bestimmen** § 6 Abs. 1 EnergieStG
**Bestimmungslandprinzip** § 34 EnergieStG, § 40 EnergieStG, § 46 EnergieStG
**Bilanzkreise** Anlage § 004-01 StromStG
**Biokraft- und Bioheizstoffe**
– Begriff § 1a Nr. 13a EnergieStG, § 50 EnergieStG
**Bußgeldvorschrift** § 64 EnergieStG

## C

**Chemische Reduktionsverfahren** § 9a Abs. 1 Nr. 4 StromStG

## D

**Differenzbesteuerung** § 20 EnergieStG, § 42 EnergieStG
**Differenzbesteuerung** § 42 EnergieStG, § 9 StromStG
**Diplomatenbenzin und -dieselkraftstoff** § 59 EnergieStG

## E

**EEG Begrenzung für Schienenbahnen** § 65 EEG 2014, § 42 EEG 2012
**EEG Begrenzungsbescheid** § 66 EEG 2014, § 43 EEG 2012
**EEG Umlage** §§ 60–62 EEG 2014, §§ 37–39 EEG 2012
**Eigenbedarf** § 16 Abs. 1 EnergieStG
**Eigenerzeuger** § 2 Nr. 2, § 4 StromStG, § 4 StromStV ; § 38 EnergieStG
**Eigenerzeugerprivileg** § 37 EEG
**Einfuhr**
– Begriff § 19 EnergieStG, Anlage § 019-01 EnergieStG
**Einfuhr**
– Steuerentstehung § 19b EnergieStG
**Einfuhr**
– Unregelmäßigkeiten § 19a EnergieStG

**Einfuhr-Verbrauchsteuerbefreiungsverordnung** Anhang 1-04
**Einlagerer** § 7 Abs. 4 EnergieStG
**Einreise-Freimengen-Verordnung** Anhang 1-05
**Elektrische Nennleistung**
§ 53 Abs. 1 Satz 1 EnergieStG
**Elektrolyse** § 9a Abs. 1 Nr. 1 StromStG
**EMCS**
– Ausfalldokument § 36 Abs. 3,
§ 36c Abs. 2 EnergieStV
**EMCS**
– Ausfallverfahren §§ 36-36d EnergieStV
**EMCS**
– Begriff § 28a EnergieStV
**EMCS**
– Elektronisches Verwaltungsdokument
§ 9d EnergieStG
**EMCS**
– Info für Teilnehmer
Anlage § 009d-03 EnergieStG
**EMCS**
– Merkblatt für Teilnehmer
Anlage § 009d-02 EnergieStG
**EMCS**
– Vereinfachungen im Steuergebiet
§ 35 EnergieStV
**EMCS**
– Verfahrensanweisung
Anlage § 009d-01 EnergieStG
**Empfangsbestätigung** § 57 Abs.1 EnergieStV
**Energieerzeugnis**
– Begriff § 1 Abs. 2 und 3 EnergieStG
**Energieerzeugnis**
– Steueraussetzung § 4 EnergieStG
**Energiesteuerrichtlinie** Anhang 1-01
**Entflechtung** § 6 EnWG
**Erdgas**
– Steuersatz § 2 EnergieStG
**Erdölbevorratungsverband**
§ 7 Abs. 6 EnergieStG
**Erlaubnis**
– Eigenerzeuger § 4 StromStG
**Erlaubnis**
– Erlaubnisschein § 53 EnergieStV
**Erlaubnis**
– Herstellungsbetrieb § 6 Abs. 3 EnergieStG,
§ 12 EnergieStV
**Erlaubnis**
– Lager für Energieerzeugnisse
§ 7 Abs. 2 EnergieStG, § 16 EnergieStV
**Erlaubnis**
– Registrierter Empfänger
§ 9a Abs. 2 EnergieStG, § 26 EnergieStV
**Erlaubnis**
– Registrierter Versender
§ 9b Abs. 2 EnergieStG, § 27 EnergieStV
**Erlaubnis**
– Versorger § 4 StromStG

**Erlaubnis**
– Verteiler § 24 Abs. 2 EnergieStG,
§§ 52-52 EnergieStV
**Ermächtigung** § 66 EnergieStG

**F**
**Fälligkeit der Steuer**
– Aufnahme in Betrieb § 9a Abs. 5 EnergieStG
**Fälligkeit der Steuer**
– Differenzversteuerung § 20 Abs. 4 EnergieStG
**Fälligkeit der Steuer**
– Einfuhr § 19b Abs. 3 EnergieStG
**Fälligkeit der Steuer**
– Entfernung aus Steuerlager
§ 8 Abs. 5 und 6 EnergieStG
**Fälligkeit der Steuer**
– Entnahme aus Hauptbehälter
§ 17 Abs. 2 EnergieStG
**Fälligkeit der Steuer**
– Heizölverdieselung § 21 Abs. 2 EnergieStG
**Fälligkeit der Steuer**
– Herstellung außerhalb Herstellungsbetrieb
§ 9 Abs. 2 EnergieStG
**Fälligkeit der Steuer**
– Sonstige Energieerzeugnisse
§ 23 Abs. 6 EnergieStG
**Fälligkeit der Steuer**
– Sonstige Steuerentstehung § 4 Erzeugnisse,
§ 22 Abs. 2 EnergieStG
**Fälligkeit der Steuer**
– Unregelmäßigkeiten bei Beförderung freier
Verkehr § 18a Abs. 3 EnergieStG
**Fälligkeit der Steuer**
– Unregelmäßigkeiten bei Beförderung unter
Steueraussetzung § 14 Abs. 7 EnergieStG
**Fälligkeit der Steuer**
– Verbringen zu gewerblichen Zwecken
§ 15 Abs. 5 EnergieStG
**Fälligkeit der Steuer**
– Verbringen zu privaten Zwecken
§ 16 Abs. 3 EnergieStG
**Fälligkeit der Steuer**
– Versandhandel § 18 Abs. 4 EnergieStG
**Fälligkeit der Steuer**
– Zweckwidrige Verwendung
§ 30 Abs. 2 EnergieStG
**Flüssiggas** § 1a Nr. 15 EnergieStG
**Freistellungsbescheinigung** § 9c EnergieStG,
§ 28 EnergieStV

**G**
**Gasförmige Gemische**
§ 47 Abs. 1 Nr. 2 EnergieStG
**Gasförmige Kohlenwasserstoffe**
– Begriff § 1a Nr. 16 EnergieStG

**Gasgewinnungsbetrieb**
 § 38 Abs. 1 Satz 2 EnergieStG;
 § 44 Abs. 1, 2 und 3 EnergieStG
**Gaslager** § 38 Abs. 1 Satz 2 EnergieStG
**Gasölgemische** § 48 EnergieStG
**Geschäftsstatistik** § 63 EnergieStG
**Gewerbliche Schifffahrt** § 9 StromStG
**Gewerblicher Zweck** § 34 EnergieStG,
 § 46 EnergieStG
**Gewinnen** § 6 Abs. 1 EnergieStG

**H**
**Härtefallregelung EEG**
– Siehe Besondere Ausgleichsregelung
**Hauptbehälter** § 15 Abs. 4, § 17 EnergieStG,
 Anlage § 015-01 und
 Anlage § 015-02 EnergieStG
**Heizöl, leichtes**
– Begriff § 1 Nr. 6 EnergieStV
**Heizöl, leichtes**
– Kennzeichnungsbetriebe §§ 3-6 EnergieStV
**Heizöl, leichtes**
– ordnungsgemäße Kennzeichnung
 § 2 EnergieStV,
 Anlagen § 002-03 bis § 002-05 EnergieStG
**Heizöl, leichtes**
– Steuertarif § 2 Abs. 3 EnergieStG
**Heizöl, leichtes**
– TKW-Restmengen
 Anlage § 021-01 EnergieStG
**Heizölverdieselung** § 21 EnergieStG
**Herstellerprivileg** § 26 EnergieStG,
 § 59 EnergieStV, Anlage § 026-01 EnergieStG
**Herstellung**
– Ausnahmen § 6 Abs. 2 EnergieStG
**Herstellung**
– außerhalb des Steuerlagers § 9 EnergieStG,
 § 24 EnergieStV
**Herstellung**
– Begriff § 6 Abs. 1 EnergieStG
**Herstellung**
– Betrieb § 13 EnergieStV

**I**
**Individuelle Netzentgelte**
 § 19 StromnetzentgeltV

**K**
**Kältenetze**
– Rechtstext Kraft-Wärme-Kopplungsgesetz
**Kohle**
– Begriff § 1a Nr. 13 EnergieStG
**Kohlenwasserstoffe** § 1 Abs. 3 EnergieStG
**Kombinierte Nomenklatur**
 § 1a Nr. 2 EnergieStG,
 Anlage 001-03 EnergieStG
**KWK-Anlage**
– Begriff § 3 EnergieStG,
 Anlage § 002-01 EnergieStG

**KWK-Förderung - Anlagenkategorien**
 § 5 KWK-G
**KWK-Förderung - Anwendungsbereich**
 § 2 KWK-G

**L**
**Lager für Energieerzeugnisse**
 § 7 Abs.1 EnergieStG,
 Anlage § 007-01 EnergieStG
**Lager ohne Lagerstätten** § 7 Abs. 5 EnergieStG
**Lagerbehandlungen** § 7 Abs. 1 EnergieStG,
 § 20 EnergieStV
**Land- und Forstwirtschaft**
– Begriff § 2 Nr. 5 StromStG
**Lastmanagement** § 19 StromnetzentgeltV
**Luftfahrt**
– Steuerbefreiung § 27 Abs. 2 EnergieStG

**M**
**Mischvorgänge** § 6 Abs. 1 EnergieStG

**N**
**NATO-Hauptquartiere** Anlage § 009c-01
**Netzentgeltbefreiung** § 19 StromnetzentgeltV
**Netzentgelte** Anhang 19
**Niederspannungsaufschläge**
 Anlage § 005-01 StromStG
**Nutzungsgrad** § 3 Abs. 3 und 4 EnergieStG

**O**
**Ortsfeste Anlage**
– Begünstigte Anlage § 3 Abs. 1 EnergieStG
**Ortsfeste Anlage**
– Begriff § 3 Abs. 2 EnergieStG

**P**
**Pflichten des Erlaubnisinhabers**
– Hersteller § 15 EnergieStG
**Pflichten des Erlaubnisinhabers**
– Lagerinhabers § 19 EnergieStG
**Pflichten des Erlaubnisinhabers**
– Verwender/Verteiler § 56 EnergieStV
**Privates Verbringen** § 16 EnergieStG
**Produzierendes Gewerbe**
– Begriff § 2 Nr. 3 StromStG
**Produzierendes Gewerbe**
– Zuordnung § 15 StromStV,
 Anlage § 002-01 StromStG
**Prozessbdingte Emissionen (TEHG)** § 13 TEHG

**R**
**Registrierter Empfänger** § 9a EnergieStG
**Registrierter Versender** § 9b EnergieStG
**Registrierung Projektmechanismen** § 5 ProMG

**S**
**Schienebahnverkehr** § 9 StromStG
**Schienenbahnen** § 65 EEG 2014, § 42 EEG 2012
**Schiff- und Luftverkehr**
– Steuerentlastung § 52 EnergieStG
**Schifffahrt**
– Steuerbefreiung § 27 Abs. 1 EnergieStG

Schifffahrt
– Art § 29 EnergieStV
Schifffahrt
– Gefährdung § 25 EnergieStV
Schifffahrt
– Herstellungsbetrieb § 6 Abs. 3, § 10 Abs. 2, § 11 Abs. 2, § 13 Abs. 2 EnergieStG
Schifffahrt
– Lager für Energieerzeugnisse § 7 Abs. 2, § 10 Abs 2, § 11 Abs. 2, § 13 Abs. 2 EnergieStG
Schifffahrt
– Registrierter Empfänger § 9a Abs. 2 EnergieStG
Schifffahrt
– Registrierter Versender § 9b Abs. 2, § 10 Abs 2, § 11 Abs 2, § 13 Abs. 2 EnergieStG
Schifffahrt
– Sonstige Energieerzeugnisse § 23 Abs. 5 EnergieStG
Schifffahrt
– Verbringen zu gewerblichen Zwecken § 15 Abs. 3 EnergieStG
Schifffahrt
– Versandhandel § 18 Abs. 4 EnergieStG
Sicherstellung
– Anfechtung § 65 EnergieStG
Sicherstellung
– gekennzeichnete Kraftstoffe § 65 EnergieStG
Spitzenausgleich § 55 EnrgieStG, § 10 StromStG
Spitzenlastsenkung § 19 StromnetzentgeltV
Statistik § 63 EnergieStG
Steueranmeldung
– Aufnahme in Betrieb § 9a Abs. 5 EnergieStG
Steueranmeldung
– Differenzversteuerung § 20 Abs. 4 EnergieStG
Steueranmeldung
– Einfuhr § 19b Abs. 3 EnergieStG
Steueranmeldung
– Entfernung aus Steuerlager § 8 Abs. 3 und 4 EnergieStG
Steueranmeldung
– Entnahme aus Hauptbehälter § 17 Abs. 2 EnergieStG
Steueranmeldung
– Heizölverdieselung § 21 Abs. 2 EnergieStG
Steueranmeldung
– Herstellung außerhalb Herstellungsbetrieb § 9 Abs. 2 EnergieStG
Steueranmeldung
– Sonstige Energieerzeugnisse § 23 Abs. 6 EnergieStG
Steueranmeldung
– Sonstige Steuerentstehung § 4 Erzeugnisse, § 22 Abs. 2 EnergieStG
Steueranmeldung
– Unregelmäßigkeiten bei Beförderung freier Verkehr § 18a Abs. 3 EnergieStG
Steueranmeldung
– Unregelmäßigkeiten bei Beförderung unter Steueraussetzung § 14 Abs. 7 EnergieStG

Steueranmeldung
– Verbringen zu gewerblichen Zwecken § 15 Abs. 5 EnergieStG
Steueranmeldung
– Verbringen zu privaten Zwecken § 16 Abs. 3 EnergieStG
Steueranmeldung
– Versandhandel § 18 Abs. 4 EnergieStG
Steueranmeldung
– Zweckwidrige Verwendung § 30 Abs. 2 EnergieStG
Steueranmeldung § 39 EnergieStG, § 8 StromStG Berechnung der Vorauszahlung, § 8 StromStGFestsetzung der Vorauszahlung, § 8 StromStG
Steueraufsicht § 61 EnergieStG
Steueraussetzung
– Beförderung § 9d, § 10, § 11, § 13 EnergieStG
Steueraussetzung
– Begriff § 5 EnergieStG, Anlage § 005-01 EnergieStG
Steueraussetzung
– Energieerzeugnisse § 4 EnergieStG
Steueraussetzung
– Herstellung unter § 6 EnergieStG
Steueraussetzung
– Lagern unter § 7 EnergieStG
Steuerbefreiung
– Einfuhr Anhang 1-04
Steuerbefreiung
– Einreise Anhang 1-05
Steuerbefreiung
– Eigenverbrauch des Herstellers § 26 EnergieStG
Steuerbefreiung
– Gase der Position 2705 KN § 28 S. 1 Nr. 2 EnergieStG
Steuerbefreiung
– gasförmige Kohlenwasserstoffe § 28 S. 1 Nr. 1 EnergieStG
Steuerbefreiung
– Luftfahrtbetriebstoffe § 27 Abs. 2 EnergieStG, Anlage § 027-05 EnergieStG
Steuerbefreiung
– nicht energetische Verwendung § 25 Abs. 1 EnergieStG
Steuerbefreiung
– Proben § 25 Abs. 2 EnergieStG
Steuerbefreiung
– Schiffbetriebsstoffe § 27 Abs. 1 EnergieStG, Anlage § 027-01, § 027-02 EnergieStG
Steuerbefreiung
– Verbringen zu privaten Zwecken § 16 EnergieStG
Steuerbefreiung
– Verfahren § 24 EnergieStG
Steuerentlastungen §§ 45 ff. EnergieStG; §§ 9a StromStG
Steuerentstehung
– Aufnahme in Betrieb § 9a Abs. 4 EnergieStG

Steuerentstehung
- Auffangtatbestand § 36 EnergieStG
Steuerentstehung
- Differenzversteuerung
  § 20 Abs. 1 und 2 EnergieStG
Steuerentstehung
- Einfuhr § 19b Abs. 1 EnergieStG
Steuerentstehung
- Entfernung aus Steuerlager
  § 8 Abs. 1 EnergieStG
Steuerentstehung
- Entnahme aus Hauptbehälter
  § 17 Abs. 1 EnergieStG
Steuerentstehung
- Entnahme zum Selbstverbrauch
  § 5 Abs. 1 StromStG
Steuerentstehung
- Entnahme aus Versorgungsnetz
  § 5 Abs. 1 StromStG
Steuerentstehung
- Heizölverdieselung § 21 Abs. 1 EnergieStG
Steuerentstehung
- Herstellung außerhalb Herstellungsbetrieb
  § 9 Abs. 1 EnergieStG
Steuerentstehung
- Sonstige Energieerzeugnisse
  § 23 Abs. 1 EnergieStG
Steuerentstehung
- Sonstige Steuerentstehung § 4-Erzeugnisse
Steuerentstehung
- Unregelmäßigkeiten bei Beförderung freier Verkehr § 18a Abs. 1 EnergieStG
Steuerentstehung
- Unregelmäßigkeiten bei Beförderung unter Steueraussetzung § 14 Abs. 1 EnergieStG
Steuerentstehung
- Verbringen zu gewerblichen Zwecken
  § 15 Abs. 1 EnergieStG
Steuerentstehung
- Verbringen zu privaten Zwecken
  § 16 Abs. 1 EnergieStG
Steuerentstehung
- Versandhandel § 18 Abs. 2 EnergieStG
Steuerentstehung
- Widerrechtliche Entnahme § 6 StromStG
Steuerentstehung
- Zweckwidrige Verwendung
  § 30 Abs. 1 EnergieStG
**Steuergebiet** § 1 Abs. 1 EnergieStG,
  § 1 Abs. 1 StromStG
**Steuergegenstand**
- Energieerzeugnisse
  § 1 Abs. 2 und 3 EnergieStG
**Steuergegenstand**
- Strom § 1 Abs. 1 StromStG
**Steuerhilfsperson** § 62 EnergieStG
**Steuerlager** § 5 Abs. 2 EnergieStG,
  Anlage § 005-02 EnergieStG
**Steuerschuldner**
- Aufnahme in Betrieb § 9a Abs. 4 EnergieStG

Steuerschuldner
- Differenzversteuerung § 20 Abs. 4 EnergieStG
Steuerschuldner
- Einfuhr § 19b Abs. 2 EnergieStG
Steuerschuldner
- Entfernung aus Steuerlager
  § 8 Abs. 2 EnergieStG
Steuerschuldner
- Entnahme aus Hauptbehälter
  § 17 Abs. 1 EnergieStG
Steuerschuldner
- Entnahme zum Selbstverbrauch
  § 5 Abs. 2 StromStG
Steuerschuldner
- Entnahme aus Versorgungsnetz
  § 5 Abs. 2 StromStG
Steuerschuldner
- Heizölverdieselung § 21 Abs. 2 EnergieStG
Steuerschuldner
- Herstellung außerhalb Herstellungsbetrieb
  § 9 Abs. 2 EnergieStG
Steuerschuldner
- Sonstige Energieerzeugnisse
  § 23 Abs. 3 EnergieStG
Steuerschuldner
- Sonstige Steuerentstehung
  § 4-Erzeugnisse § 22 Abs. 2 EnergieStG
Steuerschuldner
- Unregelmäßigkeiten bei Beförderung freier Verkehr § 18a Abs. 3 EnergieStG
Steuerschuldner
- Unregelmäßigkeiten bei Beförderung unter Steueraussetzung § 14 Abs. 6 EnergieStG
Steuerschuldner
- Verbringen zu gewerblichen Zwecken
  § 15 Abs. 1 EnergieStG
Steuerschuldner
- Verbringen zu privaten Zwecken
  § 16 Abs. 2 EnergieStG
Steuerschuldner
- Versandhandel § 18 Abs. 4 EnergieStG
Steuerschuldner
- Widerrechtliche Entnahme § 6 StromStG
Steuerschuldner
- Zweckwidrige Verwendung
  § 30 Abs. 2 EnergieStG

**Steuertarif** § 2 EnergieStG, § 1c EnergieStV,
§ 3 und 9 StromStG
**Streckengeschäft** § 33 Abs. 5 und 6,
§ 57 Abs. 4 EnergieStV
**Strom** § 1 Abs. 1 StromStG
**Strom aus erneuerbaren Energien** § 9 StromStG
**Strom zur Stromerzeugung**
§ 9 Abs. 1 Nr. 2 StromStG
**Stromerzeugung** §§ 53 ff. EnergieStG
**Stromkennzeichnung** § 42 EnWG
**Stromlieferung aus dem Ausland**
§ 7 StromStG
**Stromrechnungen, Transparenz** § 42 EnWG
**Systemreleveante Gaskraftwerke** § 13c EnWG
**Systemrichtlinie** Anhang 1-02

**U**

**Umspann- und Leitungsverluste** § 8 StromStG
**Unregelmäßigkeiten**
– Beförderung unter Steueraussetzung
§ 14 EnergieStG
**Unregelmäßigkeiten**
– Beförderung von Waren des freien Verkehrs
§ 18a EnergieStG
**Untergang** § 8 Abs. 1a EnergieStG
**Unternehmen**
– Begriff § 2 Nr. 4 StromStG
**Unternehmen**
– produzierendes Gewerbe § 2 Nr. 3 StromStG
**Unternehmen**
– Land- und Forstwirtschaft § 2 Nr. 5 StromStG

**V**

**Verbringen**
– zu gewerblichen Zwecken
§ 15 Abs. 1 EnergieStG

**Verbringen**
– zu privaten Zwecken § 16 Abs. 1 EnergieStG
**Verbringen**
– aus dem Steuergebiet § 18 Abs. 6,
§ 24 Abs. 4 EnergieStG
**Verbringen** § 46 EnergieStG
**Verheizen**
– Begriff § 1a Nr. 12 EnergieStG,
§ 1b Abs. 2 EnergieStV
**Verkehrs- und Verwendungs-beschränkungen**
§ 21Abs. 1 EnergieStG
**Versandhandel** § 18 EnergieStG
**Versorger**
– Begriff § 2 Nr. 1 StromStG
**Versorger**
– Erlaubnis § 4 StromStG
**Versorger**
– Steuerentstehung § 5 Abs. 1 StromStG
**Verteilung**
– zu steuerfreien Zwecken
§ 24 Abs. 1 EnergieStG
**Verwendung**
– steuerfreie § 24 Abs. 1 EnergieStG

**W**

**Wärmenetze**
– Rechtstext Kraft-Wärme-Kopplungsgesetz

**Z**

**Zahlungsausfall**
– Steuerentlastung § 60 EnergieStG

– Notizen –

– Notizen –

– Notizen –

– Notizen –

# IDW Textausgaben – handlich – aktuell – rechtssicher

IDW (Hrsg.)
**Wirtschaftsgesetze**
IDW Textausgabe
31., aktualisierte Auflage,
März 2015, 2.308 Seiten, Hardcover, mit Online-Zugang unter www.idw-verlag.de/wirtschaftsgesetze
**€ 43,00**
ISBN 978-3-8021-1991-0
https://shop.idw-verlag.de/11544

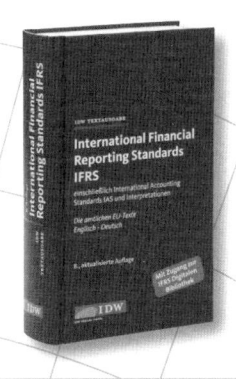

IDW (Hrsg.)
**International Financial Reporting Standards IFRS**
IDW Textausgabe, 8., aktualisierte Auflage,
November 2014, 2.108 Seiten, mit Online-Zugang zur IFRS Digitalen Bibliothek
**€ 79,00**
ISBN 978-3-8021-1988-0
https://shop.idw-verlag.de/11541

IDW (Hrsg.)
**International Standards on Auditing (ISAs)**
IDW Textausgabe Englisch – Deutsch
2011, 1.127 Seiten, mit Online-Zugang
**€ 99,00**
ISBN 978-3-8021-1822-7
https://shop.idw-verlag.de/11215

Verpassen Sie keine Neuerscheinungen aus dem IDW Verlag!
**Jetzt kostenfrei** zum neuen Newsletter anmelden:
**www.idw-verlag.de/newsletter**

**Bestellen Sie jetzt** unter www.idw-verlag.de
**Tel.** 0211 4561-222 • **Fax** 0211 4561-206 • **E-Mail** kundenservice@idw-verlag.de
**IDW Verlag GmbH** • Postfach 320580 • 40420 Düsseldorf

# Ihre Steuerfachbücher aus dem IDW Verlag

**Steuer-Paket 2014**
Ertragsteuern und Umsatzsteuer
- Einkommensteuer 2014
- Körperschaftsteuer 2014
- Umsatzsteuer 2014
- Gewerbesteuer 2014

inkl. Online-Zugang

4 Bände inkl. Online-Zugang
ISBN 978-3-8021-1992-7
€ 119,00 bis zum 30.06.2015, danach € 149,00

**Energie- und Stromsteuergesetz 2014**
- Kompakte Darstellung der wichtigsten energierechtlichen Normen
- Verknüpfung von Energie- und Stromsteuerrecht und EEG
- System. Zusammenstellung von Gesetzen, Verordnungen, Anweisungen und Urteilen

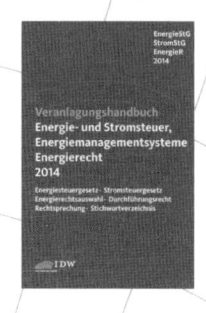

ISBN 978-3-8021-2002-2
ca. 1.500 Seiten, Hardcover
€ 89,00

**Lohnsteuer 2015**
- Einkommensteuergesetz
- LSt-Durchführungsverordnung
- LSt-Richtlinien und -Hinweise
- Anlagen
- Rechtsprechung
- Nebengesetze

ISBN 978-3-8021-1997-2
ca. 1.500 Seiten, Hardcover
€ 44,00 bis zum 30.06.2015, danach € 49,00

**Bewertung des Grundvermögens 2015**
- Bewertungsgesetz
- Richtlinien
- Grundsteuergesetz
- Grundsteuerrichtlinien
- Anlagen
- Rechtsprechung

ISBN 978-3-8021-2001-5
1.024 Seiten, Hardcover
€ 49,00 bis zum 30.06.2015, danach € 55,00

**Bestellen Sie jetzt** unter www.idw-verlag.de
Tel. 0211 4561-222 • **Fax** 0211 4561-206 • **E-Mail** kundenservice@idw-verlag.de
IDW Verlag GmbH • Postfach 320580 • 40420 Düsseldorf